JN432840

한국경제론

—성취와 유산, 그리고 도전

한국경제론

성취와 유산, 그리고 도전

최희갑 지음

율곡출판사

| 들어가는 글 |

우리나라는 유례를 찾아보기 어려운 경제적 성취를 일궈내었다. 덕분에 우리는 현재 많은 유산을 물려받았지만 동시에 우리가 가진 것을 사소하게 보이게 만드는 새로운 도전들에 직면하고 있다. 이 책은 한국경제의 성취와 유산 그리고 도전을 밝힘으로써 새로운 성취를 일궈내는 데 일조하고자 집필되었다. 성취와 유산 그리고 도전을 다룸에 있어 제1부에서는 거시적 관점에서 한국경제 전반을 다루고, 제2부에서는 기업지배, 산업조직, 금융, 노동, 교육, 복지의 미시적 · 세부적 주제를 파고들었다.

한국경제의 성취, 유산, 도전을 평가하기 위해서는 기준이 필요했다. 이를 위해 각 장은 관련된 세계적 경험과 경제이론을 먼저 소개하면서 출발하였다. 특히 이 책은 한국경제를 평가하기 위해 개인의 삶의 질, 사회제도, 정부정책 등을 평가하는 데 규범적 체계로 널리 사용되는 역량접근법(capability approach)에 의존하였다. 역량접근법은 아시아 최초의 노벨 경제학상 수상자로 경제학자이자 철학자인 아마르티아 센(Amartya Kumar Sen)이 제안한 것으로 유엔개발계획(UNDP)에서 각국의 인간발전 정도와 선진화 정도를 평가하는 인간개발보고서의 근간이 되는 방법이다. 제1장에서 소개하듯이 역량접근법은 부, 소득, 행복 등 단편적 지표보다는 개인이 그 사회에서 될 수 있고 할 수 있는 자유의 크기로 경제를 평가한다.

이 책에서 우리가 가진 성취, 유산, 도전 중 크게 주목한 것은 제도였다. 도전에 직면하여 한국 사회가 그동안 고안해낸 새로운 제도는 한국경제를 새로운 성취로 이끄는 동시에 유산으로 남겨졌다. 하지만 새로운 도전은 또다시 우리에게 새로운 제도의 고안을 요구하고 있다. 이 책은 국가와 사회 그리고 사회와 개인의 역학관계가 국가별로 달리 나타나고 이로 인해 동일한 도전에 직면하더라도 고안되는 제도 역시 달리 나타난다는 점에 주목하고, 미국, 독일, 프랑스, 스웨덴 4개국의 제도 유형을 대상으로 그 실태를 추적하였다. 4개국의 사례는 많은 제도적 교훈을 남기는 동시에 우리의 제도적 유산을 보다 뚜렷이 이해하고 혁신하는 데 도움이 될 것으로 판단한다.

이 책은 한국경제의 지속적 발전을 위해 한편으로는 생산성 향상이, 다른 한편으로는 사회통합이 동시에 필요함을 밝힌다. 다시 말해 한편으로는 경제정책이, 다른 한편으로는 사회정책이 모두 필요한 것이다. 그렇다고 생산성 향상과 사회통합 그리고 경제정책과 사회정책이 반드시 갈등적일 필요는 없다. 생산성 향상이 사회통합에 친화적일 수 있고, 또 사회통합이 생산성 향상에 친화적일 수 있기 때문이다. 우리가 이루어낸 지금까지의 성취와 유산이 그랬기에 앞으로 우리가 도전을 극복하고 이룩해낼 미래가 그럴 수 있으리라고 믿는다. 특히 혁신주도 성장 단계로 올라선 한국이 혁신의 보다 다양한 원천을 확보하기 위해서는 더더욱 그러하다.

이 책은 학제적 특성을 가진 역량접근법에 의존하여 한국경제의 성취와 도전을 평가하는 만큼 경제학뿐만 아니라 정치학, 사회학, 행정학, 역사학 등 다양한 인문 · 사회 · 과학 분야에서 그동안 우리의 인문 · 사회 · 과학도들이 일궈낸 학문적 성취에 크게 의존하였다. 보다 가깝게는 아주대학교의 학제적 특성이 강한 인문대학과 사회과학대학 교수들과의 일상적 교류와 담론은 길고 긴 저술기간 내내 저자의 판단을 가다듬는 데 큰 도움이 되었다.

교수에게 주어지는 직업적 안정성과 늦은 퇴근을 늘 걱정해 온 가족의 사랑도 내내 고마움을 갖게 하였다. 마지막으로 저자의 과욕으로 너무나 두꺼워진 이 책의 출판을 흔쾌히 수락해 주신 율곡출판사 박기남 사장님과 그 많은 원고를 꼼꼼히 편집해주신 박세린 님과 출판부 여러분께도 깊은 감사의 말씀 전하고 싶다.

2023년 2월

최희갑

| 차례 |

제2부 한국경제의 도전

제6장 기술혁신과 제4차 산업혁명

제7장 경제구조의 변화

제8장 글로벌화와 대외경제

제3부 기업과 그 조직

제9장 기업지배구조와 기업가정신

제10장 기업 간 관계와 산업의 조직, 산업정책

제4부 자본 형성과 금융시장

제11장 자본조달과 금융시장

제12장 금융 글로벌화와 대응

제5부 인적자본 형성과 노동 · 사회 정책

제13장 노동시장과 노사관계

제14장 교육과 훈련

제15장 사회위험과 사회정책

한국경제의 성취와 유산

제1장 한국경제의 성취와 도전 | **제2장** 한국경제 성장의 원천과 전망
제3장 경제제도와 경제성장 : 시장, 사회조직, 국가 | **제4장** 한국경제사와 거버넌스의 발전
제5장 한국경제 발전의 회고 : 도전과 응전

Part one

1

역량접근에 기초하여 한국경제의 현상을 평가하고(제1장) 한국 경제성장의 원천과 특징을 규명한다(제2장). 집단행동의 문제를 극복하는 경제성장의 제도적 원천으로서 강한 국가와 강한 사회의 조건을 검토하고(제3장) 한국사 속에서 중앙집권적 관료국가와 관계주의적 공동체의 역사적 유산과 그 한계를 살펴본다(제4장). 이상의 논의를 바탕으로 1945년 이후 한국의 경제발전 과정을 개관하고 평가(제5장)한다.

제1장 한국경제의 성취와 도전

1. 이론적 배경과 세계 경제 | 2. 한국경제의 현상

제1장에서는 한국경제의 현재 상황을 평가하고 도전 과제를 검토한다. 이를 위해 제1절에서는 경제적 성과를 평가하는 역량접근법을 소개하고, 경제적 성과와 사회적 안정을 동시에 분석하는 모형을 제시한다. 이에 기초해 제2절에서는 한국경제의 현황을 대내균형과 대외균형으로 나누어 분석하고 경제적 목표와 사회 · 정치적 목표 간의 갈등 문제를 다룬다. 한국경제는 경제적으로는 성장 · 혁신의 둔화 그리고 사회적으로는 양극화와 갈등 심화의 문제에 봉착한 것으로 평가된다. 이를 극복하기 위한 정부의 노력은 구조조정, 복지 강화, 수요 진작 등의 단기적 처방에 머물러 한국 역시 경제적 목표와 사회 · 정치적 목표 간 갈등을 해소하지 못한 채 많은 국가에서 관찰되는 일종의 라틴 함정에 빠져 있음을 확인할 수 있다. 보다 근본적 해결방안으로 혁신과 사회적 타협, 즉 노동생산성을 꾸준히 높여가는 노력과 동시에 과도한 격차를 완화하는 사회적 통합을 들 수 있다.

1. 이론적 배경과 세계 경제

1.1 경제적 성과의 분석

1) 경제적 성과와 역량접근법

경제 규모와 생활수준 그리고 행복

특정 국가의 경제 현황을 처음 살펴볼 때 던지는 질문은 두 가지이다. 국가의 경제력은 어느 수준일까? 개인의 생활수준은 얼마나 될까? 국가의 경제력은 특정 기간 중 그 나라 국민이 획득한 소득[국민총소득(Gross National Income ; GNI)]이나 영토 내에서 특정 기간 동안 새로이 이루어진 생산총액[국내총생산(Gross Domestic Product ; GDP)]으로 파악할 수 있다. 그러나 국가의 경제력이 크다고 해서 그 나라 국민들의 생활수준이 높은 것은 아니다. 경제활동의 궁극적 목표는 개인이건 국가건 생활수준을 높이는 데 있다. 두 번째 질문에 답하려면 1인당 소득수준, 특히 국민총소득을 인구 수로 나눈 1인당 소득을 검토해야 한다.[1] 한편 1950~1970년

1. 각국 국민소득의 비교를 위해서는 공통된 통화(특히 달러화)로 나타내야 한다. 다만 각국 물가수준의 현격한 차이에서 볼 수 있듯이 각국 통화의 구매력이 다르다는 점을 반영해야 한다. 그래서 국가별 가격의 평균치 또는 특정 국가(예 : 미국)의 물가로 각국의 소득 가치

대에 많은 저소득 국가에서 1인당 소득이 빠르게 증가했지만, 저소득층의 고용이나 소득 형편은 개선되지 않았거나 오히려 악화되었다. 고소득 국가들에서조차도 빈곤과 불평등, 그리고 사회불안이 지속되고 있다. 이로 인해 1인당 소득만으로 생활수준을 평가하는 것을 반성하며, 소득 불평등을 고려하여 생활수준이 '골고루' 꾸준히 높아지는지[경제발전(economic development)]를 보려는 노력도 생겨났다.

한편 소득은 삶을 위한 수단이며, 그 자체가 최종적 목적일 수 없다. 소득이 일정 수준을 넘어서면 행복은 소득이 커지는 만큼 증가하지 않는다[이스털린의 역설(Easterlin, 1974)]라는 점을 감안해 개인의 의견과 감정이 반영된 행복으로 생활수준을 파악할 수도 있다. 이 방식은 개인의 만족에 유념하는 경제학의 전통[2]에 가깝지만 한계가 있다. 금욕이 해탈의 기쁨을 줄 수 있듯이, 아주 가난한 사람도 큰 만족을 누릴 수 있기 때문이다. 하지만 정부가 저소득층에게 무소유의 기쁨을 권장할 수는 없다.

역량과 자유 : 역량접근

삶의 질(well-being)을 평가하는 데 있어 소득 또는 자원이나 행복의 대안으로 역량(capabilities)을 사용할 수 있다(Amartya Sen, 1985). 역량접근(Capability Approach ; CA)에서는 생활수준의 개선을 자신이 가치 있게 여기는 유형의 삶을 영위할 역량의 확장으로 정의한다. 개인은 삶을 살면서 특정한 존재 상태와 행동의 양식을 달성하며 그로부터 주관적 만족을 얻는다. 물론 선택 가능한 것과 실제로 선택한 것은 구별되어야 하는 것으로, 전자를 역량, 후자를 기능(function)이라 한다. 예를 들어 여행할 수 있는 실질적 기회가 역량이라면 이러한 기회를 행동으로 옮기는 실제의 여행은 기능이다. 삶의 다양한 존재 상태와 행동을 자유롭게 선택하고 추구할 수 있는 삶의 기회의 집합을 역량으로 정의할 수 있다.[3] 역량접근은 감정이나 소득 중심으로 행복을 정의하려 했던 기존의 접근과 달리 개인이 가치를 두고 있는 무언가를 자유롭게 추구하고 이룰 수 있는지의 가능성을 중시한다. 개인에게 있어 중요한 것은 '선택 가능한 기능들', 즉 무엇이 될 수 있고 무엇을 할 수 있느냐이다. 역량접근에서 개인의 삶의 질을 결정하는 것이 바로 이 역량 집합이며, 여기서 어떤 기능을

그림 1-1 자원, 역량, 기능, 효용의 체계

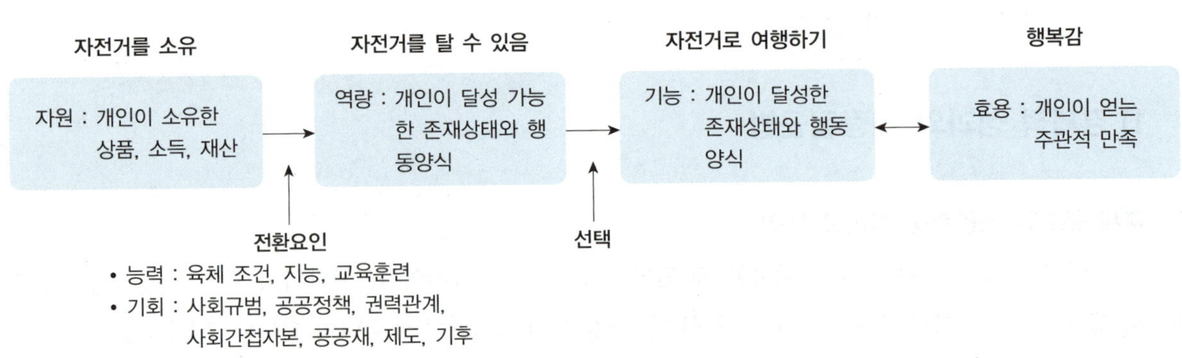

주 : 기능과 효용 간의 양방향 화살표는 효용이 기능의 결과물이지만 동시에 그 자체가 기능이기도 함을 나타낸다.

를 계산하는 구매력평가(purchasing power parity ; PPP) 기준 국민소득을 사용한다.

2. 인간 복지에 대한 경제이론, 즉 후생경제학은 인간을 기본적으로 효용을 극대화하는 존재로 간주한다. 효용은 예산 제약 내에서 시장에서 얻을 수 있는 재화와 용역의 규모로 결정된다. 공리주의는 '행복'을 개인과 사회의 궁극적 목표로 삼는데, 이때 행복은 '효용'의 충족으로부터 얻어진다고 간주된다. 공리주의에서 중요한 것은 결과이며, 과정과 관계없이 결과적으로 효용이 증대되기만 하면 된다.

3. '역량'이라는 표현이 익숙하지 않을 수 있는데, Amartya Sen의 저서 제목 『자유로서의 발전(Development as Freedom, 1999)』이 보여주듯이 '역량'은 '자유'로 대신해 이해할 수 있다.

실제로 선택할지는 개인의 몫이다. 개인은 살면서 한 가지 삶의 궤적만을 선택할 수 있으므로 모든 역량이 실제 기능으로 구현되는 것은 아니다.

역량에는 기회적 측면과 절차적 측면이 있다. 기회적 측면에서의 역량은 개인이 가치 있게 여기는 기능을 달성할 수 있는 실질적 기회이다. 절차적 측면에서의 역량은 자기 자신에게 가치 있는 것을 위해 행동할 수 있는 능력으로, 자신의 운명을 결정할 수 있는 능력이다. 즉, 절차적 측면에서 역량은 자신의 삶을 주도(capability of being)하고 사회에 영향을 미칠 수 있는 역량(capability for voice)이다. 후자와 관련하여 역량접근은 소극적 자유(간섭의 배제)를 넘어 적극적 자유(개인들이 가치 있다고 여기는 방식으로 삶을 영위하기 위해 실질적으로 가진 자유)를 강조한다. 살신성인이라는 말이 잘 대변하듯 사람들은 자신의 복지에 반드시 기여하는 것이 아닌 상태를 지향할 수 있다. 이 경우 평가의 초점은 복지 수준이 아니라 가치 있는 선택을 실현하는 사람들의 자유에 영향을 미치는 과정에 두어져야 한다.

역량접근은 자원 그 자체와 그 자원으로 할 수 있는 것(역량)을 구별한다. 이용 가능한 자원을 확장시키는 경제성장은 역량 확장을 위한 중요한 수단으로 작용한다. 하지만 어떤 개인이 자원을 충분히 갖고 있더라도 그 자원을 활용할 기회를 갖지 못할 수 있다. 자전거를 갖고 있어도 건강문제나 물리적 환경 또는 사회 규범의 제한으로 자전거 타기를 실제로 선택하지 못할 수 있다. 자원을 실제 기능으로 전환할 수 있는 가능성(역량)은 전환요인(Conversion Factor)에 의존한다. 전환요인에는 육체조건, 지능, 교육훈련 등의 개인적 조건과 더불어 구조적 조건이 포함된다. 후자에는 사회규범, 공공정책, 권력관계 등의 사회적 특성과 사회간접자본, 공공재, 제도, 기후 등과 관련된 환경적 특성이 포함된다. 전환요인은 개인의 선택을 넘어서는 것으로 정부나 사회조직의 역량이 요구된다. 또한 절차적 역량 역시 개인에 의해서만 통제되는 것은 아니며, 사회조직이나 정부의 활동에 의해 확장될 수 있다. 물론 정부나 사회조직의 역할은 개인이 자신의 발전을 주도하도록 자유롭게 하는 데 있다.

역량접근을 따르는 경제발전의 척도로는 인간개발지수(Human Development Index ; HDI)가 널리 사용된다. UNDP(United Nations Development Programme)는 1990년부터 매년 '인간개발보고서(Human Development Report ; HDR)'를 발간하고 있다. 이는 소득을 기능으로 전환하기 위해서는 건강과 교육이 필요하다고 보아 각국의 평균수명, 교육수준, 1인당 소득수준을 종합한 인간개발지수 또는 여기에 불평등을 감안한 불평등 조정 인간개발지수(Inequality-adjusted HDI)로 각국의 경제적 성과를 평가한다.

그림 1-2 인간개발지수의 작성 체계

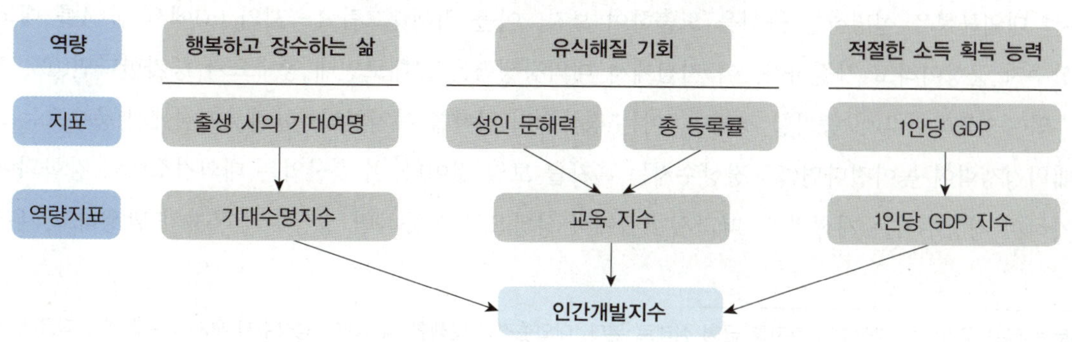

2) 대내균형과 대외균형 : BB-NN 모형

국민경제는 생활수준의 개선이나 역량의 확장 외에 다양한 경제 문제에 봉착할 수 있다. 대외교역이 활발한 개방경제에서 경제상황은 '경제적 균형(macroeconomic balances)'(거시경제적 균형 또는 국민경제적 균형)을 중심으로 분석할 수 있다. 경제적 균형은 대내균형(internal balance)과 대외균형(external balance)이 동시에 이루어진 상태이다. 대내균형은 국민경제가 완전고용과 물가안정을 달성한 경우이며, 대외균형은 적정한 경상수지를 보일 때이다. 이를 순서대로 보자.

첫째, 대내균형은 완전고용과 물가안정이 모두 달성된 상황으로 실제 GDP가 잠재 수준과 일치할 때이다. 잠재 GDP는 자원이 물가상승 압력을 낳지 않으며 완전히 활용될 때의 GDP 수준이다. 실제 GDP 규모가 잠재수준을 하회하면 인플레이션은 안정화되지만 실업이 증가하고, 실제 GDP가 잠재수준을 상회하면 실업문제가 완화되지만 대신 인플레이션이 악화된다. 내부균형은 특정 국가의 자원이 얼마나 활용되고 있는가를 보여준다.

둘째, 대외균형은 과도한 경상수지 흑자나 적자가 발생하지 않는 상태이다. 경상수지(current account balance ; CA)는 다른 나라에 제공한 재화와 용역(수출)에서 다른 나라로부터 제공받은 재화와 용역(수입)을 뺀 순수출을 말한다. 경상수지 적자가 발생하면 초과한 수입대금 지급을 위해 보유 외환을 사용하거나 외국으로부터 차입해야 한다. 해외차입은 원리금 상환부담을 낳아 수입 위축이나 지급불능을 야기할 수 있고, 신용등급 강등이나 해외대출의 급작스런 중단 또는 환율 급변을 낳을 수 있다.[4] 대외균형은 대외수지의 지속가능성에 관한 것으로 그 나라의 소비활동이 그 나라의 소득으로 유지될 수 있는가를 보여준다.

총수요와 경쟁력이 경제적 균형을 결정

경제상황은 다양한 요인에 의존하는데 소규모 개방경제의 경우 총수요(aggregate demand ; *AD*) 수준과 더불어 대외경쟁력이 중요하게 작용한다. 총수요는 수요의 주체에 따라 소비, 투자, 순수출, 정부지출로 구성되며, 가계와 기업의 활력과 더불어 정부의 통화정책이나 재정정책에 영향받을 수 있다. 대외경쟁력은 생산비용이나 생산성에 의존하는데, 개방경제의 경우 달러화로 표시한 생산비용(= 환율/생산비용)을 고려하여야 한다. 임금 하락뿐만 아니라 환율 상승(절하) 역시 대외경쟁력을 강화시킬 수 있기 때문이다.[5] 한편 최저임금이나 공공부문의 임금협상 역시 경쟁력에 영향을 미친다. 총수요 수준과 경쟁력을 각각 수평축과 수직축으로 하는 평면에서 대내균형과 대외균형을 나타내 보기로 하자([그림 1-3]).

우선 대외균형을 설명하는 곡선을 도출하여 보자. 이를 위해 [그림 1-3]의 (a)에서 점 *A*를 대외균형, 즉 경상수지 균형이라고 가정하자. 이 지점에서 대외경쟁력은 그대로인데 총수요가 증가한다면(①), 결과적으로 수입(수입품의 소비)이 증가할 것이며, 이는 경상수지 적자를 야기한다. 한편 *A*지점에서 총수요는 그대로인데 대외경쟁력이 높아진다면(②) 경상수지는 흑자를 보일 것이다. 수출산업은 대외경쟁력이 강화되어 수출이 증가하며 경상수지는 개선된다. 따라서 *A*점에서 상방으로 이동하면 경상수지 흑자가 발생하고, 우측으로

4. 실제로는 많은 국가에서 경상수지 흑자를 균형 상태로 본다. 대외충격이 발생할 경우에도 경상수지 흑자가 완충재로 작용해 안정적인 경제활동이 가능하기 때문이다.

5. 임금과 환율이 각각 수출재와 수입재의 가격을 대표한다. 임금이 낮아지면 수출재 가격이 낮아지고, 환율이 높아지면 수입재 가격이 높아진다.

그림 1-3 국민경제의 균형 관계

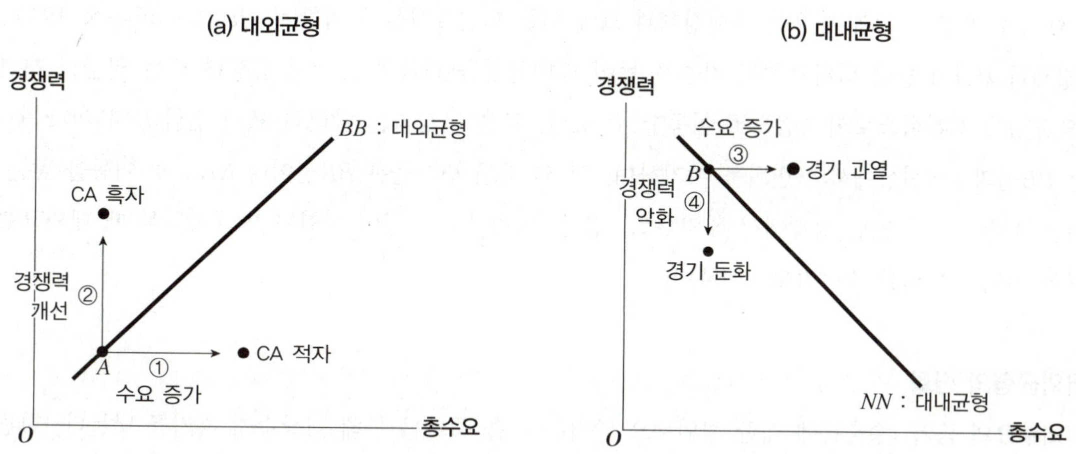

가면 경상수지 적자가 발생하며, 그 사이에서는 경상수지가 균형을 보인다. 다시 말해, 대외균형을 나타내는 곡선은 양의 기울기를 갖는 *BB*선으로 나타난다.

마찬가지 방법으로, 대내균형을 설명하는 곡선을 도출할 수 있다. 국민경제가 *B*점에서 대내균형 상태에 있다고 가정하자. 대외경쟁력이 일정하고 그에 따라 생산역량도 기존처럼 유지되는 상황에서 총수요가 증가하면(③) 국내 제품에 대한 수요가 증가해 더 많은 노동자가 고용되고 임금상승 압력이 발생한다. 한편 총수요를 그대로 유지한 채 대외경쟁력이 하락하면(④) 수출하던 일부 기업이 수출 감소로 도산해 실업자가 발생하고 경기 둔화가 생겨날 수 있다. 따라서 *B*점에서 하방으로 이동하면 실업과 경기 둔화가 발생하고 우측으로 이동하면 경기가 과열된다. 그 사이에서 움직인다면 대내균형이 나타날 것이다. 다시 말해 대내균형선은 음의 기울기를 갖는 *NN*선으로 나타난다.

*BB*선과 *NN*선이 교차하는 *A*점에서는 대내균형과 대외균형이 동시에 달성된다. *A*점 이외의 점에서는 대내균형과 대외균형이 동시에 달성되지 않아 실업이나 경상수지 적자 등의 불균형이 발생한다. 이러한 불균형은 4개의 불만 영역(four zones of economic discomfort)으로 나눌 수 있다. 영역 I에서 경제는 경상수지 흑자와 경기의 과열을 경험하며, 영역 II에서는 경기 과열과 경상수지 적자가 발생한다. [그림 1-4]에 기초해 경

그림 1-4 대내외 균형

상수지와 실업률을 *BB–NN* 평면 위에 표시한 후 경제가 어느 영역에 위치하는가를 판단해 경제상황을 이해할 수 있으며, 더불어 그에 대응한 경제정책과 그에 따른 파급효과를 논의할 수 있다(Dornbusch, 1996). 예를 들어 경제가 *B*점에 놓여 있다면 재정지출을 높여 대내균형을 회복하고, 비용경쟁력 또는 임금의 개선을 통해 대외균형을 회복함으로써 *A*점으로 이동할 수 있다. 축을 구성하는 달러화 표시 임금(*E*/*W*)이나 총수요의 변화는 *BB*선과 *NN*선상에서의 변화를 야기하며, 그 외 다른 변화들은 *BB*선이나 *NN*선의 이동을 낳는다. 이하에서는 *A*점에 놓여 있던 경제에서 해외수요, 생산성, 인구구조 등에 변화가 발생하였을 때 대외균형과 대내균형이 어떠한 변화를 겪는가를 살펴본다.

대외균형의 변화

해외수요의 증가 수출품에 대한 해외수요 증가는 수출 증가를 통해 경상수지 흑자를 낳는다. 한편 환율의 절하나 수출품의 가격 하락 역시 수출을 자극하여 경상수지 흑자를 낳을 것이다. 원래의 균형점에서 흑자가 나타난다는 것은 이 경제의 대외균형이 오른쪽에 위치한다는 것이고, 결국 해외수요의 증가는 대외균형선 *BB*의 우측 이동으로 나타낼 수 있다.[6]

자연재해 국내에서 자연재해로 인명 손실은 없었지만 생산시설이 훼손되었다고 하자. 이는 국내생산, 즉 수출 여력을 위축시킬 것이며, 국내 수요의 일부는 수입으로 대신하므로 경상수지는 적자로 전환할 것이다. 원래의 균형점 *A*에서 경상수지 적자가 나타난다는 것은 이 경제의 대외균형이 왼쪽에 위치하게 되었다는 것이고, 결국 자연재해는 대외균형선 *BB*의 좌측 이동으로 나타낼 수 있다.

생산성 증가 생산성이 높아지면 그에 따라 생산이 증가한다. 총수요가 일정하다면 이는 수출 증가로 귀결되고 결국 경상수지는 흑자로 전환될 것이다. 원래의 균형점 *A*가 흑자를 보인다는 것은 이 경제의 대외균형이 오른쪽에 위치한다는 것이고, 결국 생산성 증가는 대외균형선 *BB*의 우측 이동으로 나타낼 수 있다.

대내균형의 변화

인구 증가 인구가 증가하거나 외국인 노동자가 국내에 유입될 경우 우선 실업이 생겨나고 임금 하락이 야기된다. 원래의 균형점 *A*에서 실업 증가와 임금 하락이 나타난다는 것은 이 경제의 대내균형이 오른쪽에 위치한다는 것이고, 결국 인구 증가는 대내균형선 *NN*의 우측 이동으로 나타낼 수 있다. 노동수요의 위축을 낳는 국내산업의 사양화도 동일한 효과를 낳는다.

경제활동 참가율 증가 역시 외국인 노동자 유입 증가나 인구 증가와 유사한 영향을 낳는다. 그러나 노동시장 참여 증가가 양질의 여성 인력의 자아실현에서 비롯한다면 *NN*곡선의 우측 이동뿐만 아니라 *BB*선의 우측 이동도 나타난다. 외국인 노동자의 증가 또는 청년층의 증가가 양질의 인적자본 증가를 중심으로 전개될 경우에도 마찬가지 효과가 생겨난다. 즉, 생산과 수요의 증가가 발생하지만 임금의 향방은 모호해진다.

실업보험 혜택 축소 노동자가 실직할 경우 주어지는 실업보험 혜택의 축소도 인구 증가와 동일한 효과를 낳을 것이다. 개인들은 보다 적극적으로 구직에 나설 것이며, 이는 실업 증가와 임금하락 압력을 발생시키기 때문이다.

6. 수출재 가격의 하락은 교역조건의 악화에 상응한다. 교역조건은 외국재와 국내재의 교환비율이다. 즉, 외국재 한 단위를 얻기 위해 국내재를 몇 단위나 제공해야 하는가를 나타내므로 수출품 가격을 수입품 가격으로 나눈 것이다.

1.2 경제적 균형과 사회적 안정

1) BB-NN-SP 모형

실질임금 하락은 대외경쟁력을 높이지만, 지나치게 하락하여 근로자가 노동을 통해 받고자 하는 최소한의 기대임금 수준, 즉 유보임금(reservation wage) 수준을 밑돌 경우 사회 불만과 사회·정치적 불안이 생겨날 수 있다. 유보임금은 시민들이 받아들일 수 있는 최소의 생활수준으로 볼 수 있다. 이러한 유보임금에 상응하는 대외경쟁력 수준을 사회안정선(social peace line) *SP*로 설정하자.[7] *A*점에서는 실제 임금이 근로자들의 유보임금을 밑돌고 있으므로 현재의 임금수준에 불만을 가지게 된다. 임금에 대한 불만도는 *A*점과 *SP*선 간의 거리로 측정할 수 있다. 반면 *B*점에서는 실제 임금이 유보임금보다 높아 근로자들이 만족하며, 근로자의 만족 수준은 *B*점과 *SP*선 간의 거리로 측정할 수 있다.[8]

그림 1-5 사회안정선 : *SP*

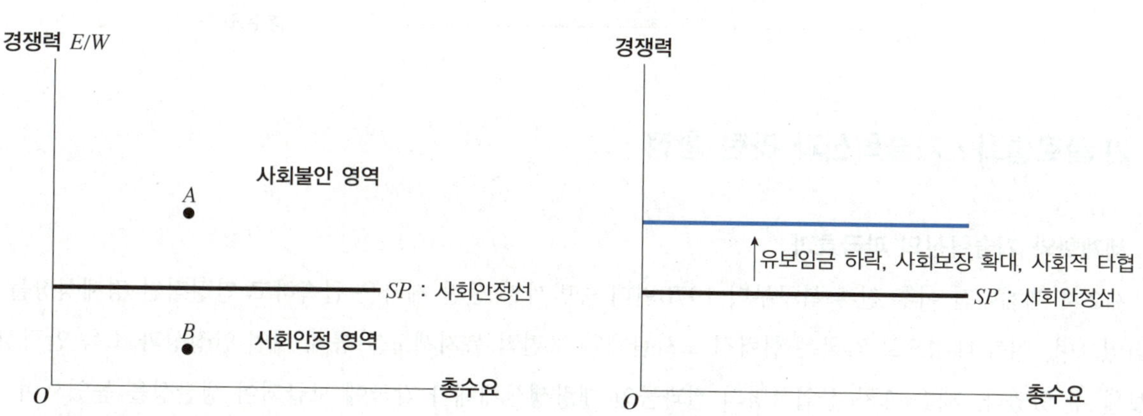

유보임금은 다양한 요인에 영향받을 수 있다. 실업급여 수준이 높아지거나 수령기간이 연장될 경우 유보임금 수준이 높아진다. 반면 실업률이 높아지거나 실업기간이 길어질 경우 유보임금은 낮아진다. 유보임금은 그 절대적 수준뿐만 아니라 상대적 수준도 문제가 된다. 빈곤은 절대적 빈곤과 상대적 빈곤으로 나누어지는데 절대적 빈곤은 최소한 유지되어야 할 최저생계비에 미달한 상태를, 상대적 빈곤이란 상대적으로 그 사회의 다른 사람들보다 적게 가지고 있는 상태를 의미한다. 마찬가지로 유보임금은 상대적으로 그 사회의 다른 사람들이 받는 임금수준 또는 임금 불평등도에 영향받는다.

이제 사회안정선을 대내외 균형선 *BB*–*NN*에 포함시켜 보자. 사회안정선은 대내외 균형점보다 위에 위치할까 아래에 위치할까? 세 개의 균형선 *BB*, *NN*, *SP*가 모두 같은 점을 지나갈 이유는 없다. 즉, 대내적 균형, 대내적 균형 그리고 사회적 균형이 동시에 달성된다는 보장은 없다. 많은 국가에서 *BB*–*NN* 균형보다 아

7. 사회안정선은 불가피하게 기대가 크게 작용한다. 정상이거나 받아들일 만한 것이 무엇이냐에 대한 기대가 불만족의 강도를 결정할 것이다. 이런 이유로 사회안정 수준은 국가마다 달라질 수 있다. 모든 사회에는 일정한 사회적·정치적 갈등이 잠재되어 있다는 점도 고려해야 한다.

8. 단순화를 위해 사회안정도는 총수요와는 무관하다고 보아 수평선으로 표시하였다. 하지만 생활수준은 공공재의 제공과 수요 수준과 관련되므로 수요 증가는 사회안정 또는 사회평화의 개선과 관련될 수 있다.

래쪽에 *SP*선이 위치한다고 볼 수 있다. 즉, 시장의 가격 신호를 따라 형성된 대내외 균형에서 성립한 임금수준이 기대수준보다 지나치게 낮다고 여겨지면 시장 자체에 대한 사회적 불만이 발생한다.

그림 1-6 사회 · 정치적 제약을 고려한 균형 : *BB*−*NN*−*SP* 모형

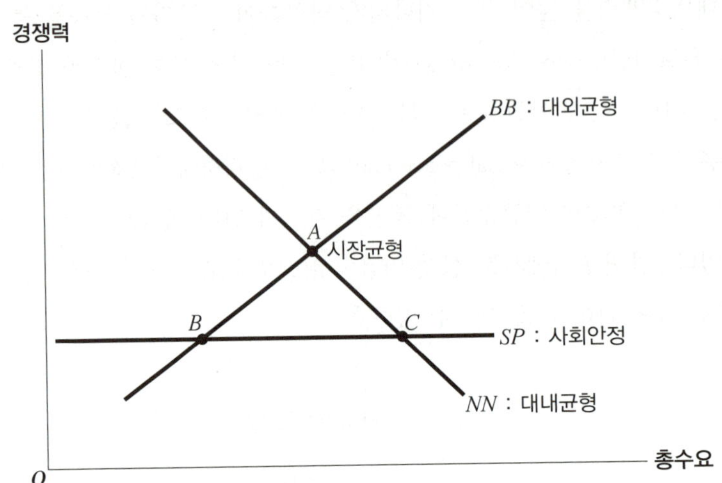

2) 글로벌화 · 기술혁신과 라틴 함정

세계화와 기술혁신의 파급효과

제2차 세계대전 이후 전후 복구부터 1970년대 중반까지 선진 제국은 급속하고 안정적인 경제성장을 경험하였으며, 이를 배경으로 각국은 협력적 노사관계와 보편적 복지제도를 통해 직업 안정성과 소득 안정성을 확보할 수 있었다. 제1~2차 산업혁명의 결과물인 대량생산체제가 각국에 보급되어 생산성을 높였으며, 안정적 노사관계 속에서 임금은 시장보다는 단체협상을 통해 결정되어 최저임금과 생활비 수준이 확보되고 생산성 증가를 자본과 공유할 수 있었다. 안정적 임금 상승은 대량소비를 뒷받침하였고, 이에 맞추어 기업들은 꾸준히 노동 절약적인 대량생산체제를 강화해 갔다. 한편 가족 대신 보편적 복지국가가 등장해 제2차 세계대전 이후 산업화와 도시화, 전통 농업의 쇠퇴가 낳은 급격한 사회변화를 수용하였다. 각국의 기업들은 대량생산체제가 제공하는 규모의 경제를 누리기 위해 적극적으로 해외진출 전략을 펼치게 되었고, 1960년대 중반 이후로 국제무역이 각국의 내수 시장보다 더 빠르게 팽창되며 세계화가 본격화되기에 이르렀다.

선진 제국이 관세를 낮추고, 수입 부문에 대한 보조금을 없애고, 수출입 절차의 복잡성과 부담을 줄임으로써 세계화가 촉진되었고, 그에 *BB*선은 상방으로 이동하였다. 관세 인하는 수입품의 국내가격을 낮추어 그 수요를 증가시키고 결국 수입이 증가하여 경상수지 적자를 야기하였다. 임금과 총수요가 일정한 상황에서 각국은 경상수지 적자를 경험하게 되었다. 따라서 세계화가 진척될 경우 원래의 점 *C*는 경상수지 적자를 보이는 대외불균형 영역에 놓여야 한다. 즉, 세계화의 파급효과는 *BB*선의 상방 이동으로 나타나며, 원래의 균형 상황 *C*가 경상수지 적자를 경험하는 대외불균형 상태로 바뀌는 형태로 나타난다.

세계화로 경상수지 적자가 야기된 경우 이를 극복하기 위해서는 다양한 국내적 변화가 필요하다. *BB*−*NN*−*SP* 모형을 기준으로 보면 실질환율의 하락(실질임금의 하락 또는 명목환율의 하락)과 국내수요의 하락이 우선 요구된다. 실제로 1970년대와 1980년대의 길고 고통스러웠던 성장 둔화의 기간 동안 거의 모든 국가는

그림 1-7 세계화와 기술혁신에 따른 균형의 변화

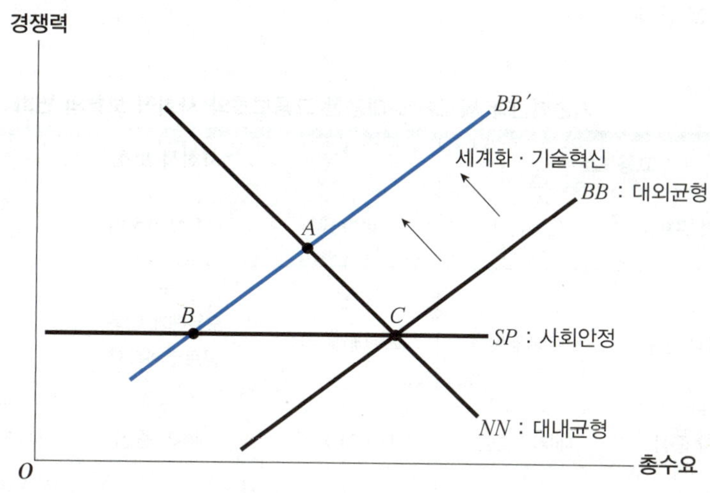

노동비용 절감이나 혁신과 품질 개선에 의존하여 국제경쟁력을 회복하고자 노력하였다. 이를 배경으로 좋은 경제정책과 복지체제에 대한 새로운 통념이 생겨났다. 기업은 사회의 핵심주체로 기술변화를 선도할 주체로 부상하여 친기업적 경제정책이 강조되었고, 대신 복지지출 절감과 노동유인 강화의 패러다임이 복지체계를 지배하게 되었다. 세계화는 비효율적인 산업부문의 몰락과 활력 있는 산업부문으로의 신속한 재편을 낳는 만큼 이를 뒷받침할 수 있도록 외부자를 중심으로 노동시장 유연성을 강화하고 취업 훈련과 알선의 적극적 노동시장 정책을 강조하게 되었다. 이것은 세계화 시대를 헤쳐 나가려는 노력으로 전개된 이른바 워싱턴 컨센서스라는 신자유주의적 정책 처방으로 기본적으로 C에 놓인 경제를 A로 전환시키기 위한 처방이라 할 수 있다. 그러나 모든 국가가 세계화와 기술혁신이 강제하는 노동 유연성에 동일하게 대응했던 것은 아니다. 미국, 영국 등 영미권의 영미 모형 신자유주의 또는 시장중심 모형(Neo-liberal or Market-based Model)을 채택한 국가는 생산물 시장에서의 경쟁을 강력히 뒷받침하고 고용법이나 단체협약이 취약한 가운데 고용보호와 사회적 보호를 낮게 유지하던 관행을 지속하는 방식으로 대응하였다. 공공복지에 입각한 사회적 규제에 의존했던 유럽대륙 국가와 달리 자율성을 존중하여 방임주의를 취하는 영미권 국가들은 상대적으로 고용보호 입법이 제한적으로 이루어질 수밖에 없었으며, 시장과 기업이 요구하는 방향으로 적응하도록 하였다.

반면 남유럽 국가는 생산물 시장에서의 경쟁이 상대적으로 약하고 고용법에 의존하여 강한 고용보호와 약한 사회적 보호를 유지해 왔으며, 이와 같은 남유럽 모형(South European Model)은 세계화에 의한 생산물 시장의 경쟁이 격화하면서 노동시장 보호와 사회보호에 있어 고용보호와 실업보호를 내부자에 집중시키고 고용유연화는 외부자에 부담시키는, 내부자와 외부자로 나뉘는 이중구조를 더욱 강화시켰다.

사회 파트너에 대한 의존성이 컸던 대륙유럽 국가와 북유럽 사민주의 국가는 유연화의 압력을 사회 파트너와의 조율 속에서 대응하였다. 노동법 규제와 단체협약에 의존하여 높은 고용보호 수준과 그보다는 다소 낮은 수준의 사회적 보호를 유지해 오던 대륙유럽 모형(Continental European Model)은 취약 근로자들을 노동시장에서 배제(labor-shedding)함으로써 노동유연화를 도모하였지만 이중구조로 말미암은 사회적 갈등이 커졌다. 독일의 사회조직은 전국적 단위보다는 산업별로 분할되어 있다는 점이 이중구조 출현에 큰 역할을 하였다. 북유럽 모형(Northern European Model)의 사민주의 국가는 산업화 초기부터 수출시장에 의존해 왔고 전국적 사회조직이 큰 영향을 미쳤던 관계로 상대적으로 노동시장 규제나 단체협약을 통한 고용보호는 제한적이었으며, 높은 수준의 사회적 보호에 더해 신속한 이직을 촉진하는 적극적 노동시장 정책 또는 활성화(activation) 정책을 강화하였다.

표 1-1 기술혁신과 세계화에 대응한 고용보호와 사회적 보호의 변화

	고용보호		사회적 보호			요약과 성과 (실업률, 빈곤율)
	노동법 규제	단체협약	실업보험	사후적 재분배	적극적 노동시장 정책	
영미 모형	− 모두에게 낮음	− 모두에게 낮음	− 모두에게 낮음	+ 모두에게 낮음 근로연계복지	−	유연성 (저, 고)
대륙유럽 모형	+ 내부자 중심	+ 내부자 중심	+ 내부자 중심	− 내부자 중심	제한적 + 내부자 중심	이중화 (고, 저)
북유럽 모형	− 모두에게 낮음	− 모두에게 낮음	+ 모두에게 높음	+	+ 모두에게 높음	유연안정성 (저, 저)
남유럽 모형	+	−	− 내부자 중심	− 내부자 중심	−	이중화 (고, 고)

자료 : Eichhorst and Konle-Seidl(2005) ; Bonoli(2003) ; Eichhorst and Hemerijck(2010) ; Obinger, Herbert, Peter Starke, and Alexandra Kaasch(2012).

라틴 함정

기술혁신과 세계화로 말미암아 사회가 놓일 수 있는 대표적인 상황은 3가지 경우로 나누어 볼 수 있다. [그림 1-7]에서 *C*점[남미균형, 포퓰리즘(populism)]에서는 완전고용이 달성되고 임금과 복지수준이 높아 사회적 평화를 낳지만, 이는 경상수지 적자를 대가로 이루어진 결과이다. 세계화의 압력 속에서 대외적자 그리고 그에 따라 대외채무가 누적된다면 이 상황은 계속될 수 없다. *B*점[유럽균형, 복지국가(welfare state)]에서도 임금이 높아 사회안정이 유지되고 경상수지도 만족스럽지만, 사람들은 과도한 실업으로 고통받는다. 임금은 높지만 실제 일하는 사람은 적거나 양극화된 이중 노동시장이 나타난다. *A*점[IMF 균형, IMF 신자유주의(neo-liberalism)]에서는 완전고용이 실현되고 경상수지도 균형이어서 대내외적 경제문제는 그리 심각하지 않지만, 임금이 지나치게 낮아 사회적 불만이 표출되므로 지속 가능성은 낮다.

문제는 어떤 점을 선택하는가이다. 간단한 해법은 없다. *A*, *B*, *C*의 세 상황은 모두 정치·사회적 목표와 경제적 목표 간의 갈등을 잘 보여주며, 장기적으로 지속 가능하지 못하다. 경제는 한곳에 머물기보다 세 점을 계속 옮겨 다니며 이른바 라틴 삼각지대(Latin triangle) 또는 라틴 함정(Latin trap)을 맴돈다.[9] 정치 환경이 보수적이어서 경제가 *A*점(IMF 균형)에 있었다고 하자. 노동자들은 낮은 임금이지만 대부분이 일하고 있기 때문에 실업률은 낮고, 비용경쟁력에 힘입어 경상수지는 균형에 놓여 있다. 그러나 경제적 균형은 이뤄졌지만, 낮은 임금에 대한 불만으로 시간이 지남에 따라 정치·사회적 불안이 생겨난다. 불만이 격화되어 대중시위와 심지어 폭동이 일어나는 수준까지 이르게 됨에 따라 정권은 이를 임금 인상으로 대응한다. 하지만 정권의 보수성과 경제 위기의 트라우마를 배경으로 대외균형이 유지되는 수준까지만 임금의 양보가, 그것도 이미 채용된 일부 핵심 근로자만을 중심으로 이루어진다. 경제는 *A*점에서 *B*점으로 이동하고 실업이 증가하기 시

9. 라틴 함정이라는 용어는 남미 역사에서 이러한 사태와 싸이클이 빈번하게 반복되면서 발생한 경제적 목표와 사회·정치적 목표 간의 갈등이 낳았던 파급효과를 잘 보여준다.

작한다. 그러나 아직 실업자는 많지 않고 조직화도 제한적이어서 임금 인상을 통해 노동자들을 손쉽게 안정시키고 실업자(통상적으로 저숙련자)들에게 구조조정의 비용을 전가한다. A점의 양호한 취업 상태에서 모두 불만을 표출하였지만, B점으로 옮겨감에 따라 선택된 내부자(취업자)는 임금 인상을 즐기지만 배제된 외부자(실업자)는 불만이 크다. 더욱이 외부자를 중심으로 한 실업의 증가는 총수요를 위축시킨다. 즉, 경제는 대외균형 BB선을 따라 A점에서 B점(유럽균형)으로 이동해 간다.[10] 세계화의 압력 속에서 각국은 고용보호를 완화하고 유연성을 강화시키는 동시에 점증하는 사회적 위험에 대응하여 사회적 보호를 도모하게 되었는데, 이른바 유연안정성(flexicurity)을 내세우게 되었다. 그러나 재정압박으로 인해 전면적인 사회보호제도의 정비는 어려워 노동시장 유연화 속도를 따라가지 못하고 일부 계층만을 중심으로 사회적 보호가 정비되어 오히려 사회 양극화만 심화되는 결과로 이어지게 되었다. 고용보호가 약화된 가운데 불안정한 노동시장을 만들어 놓고 여기서 발생하는 문제를 사회적 소득보장 체계로 해소한다는 것은 현실적으로 어려움이 크다.

B점에서는 임금 상승으로 말미암아 실업률이 크게 높아진다. 경제적 균형을 감안할 때 B점 역시 지속 불가능하다. 핵심부문에 집중된 임금 인상은 사회적 약자를 중심으로 실직을 더욱 증가시킴으로써 사회 · 정치의 불안정은 날로 커져간다. 실업자 증가와 더불어 정치적 압력도 높아지므로 이제 정부는 모든 사람들의 만족을 높여야 한다. 정부는 임금을 높게 유지하고 팽창적인 통화 · 재정 정책을 실시한다. 금리 인하와 감세 조치가 이루어지고 공공투자가 활발해지며, 실업률이 하락하고 경제는 C점(남미균형)으로 옮겨가며 모든 시민들은 만족을 표하게 된다. 이러한 국내수요의 팽창은 막대한 경상수지 적자와 차입을 통해 조달된다. 하지만 재정적자가 확대되고 민간소비도 팽창함에 따라 수입은 증가하는 반면, 이미 낮아진 대외경쟁력으로 경상수지 적자가 확대되고 대외차입이 점증한다. 그렇지만 낮은 실업률과 활황은 밝은 미래에 대한 기대심리를 자극하고 높은 임금에 대한 기대는 수그러들지 않는다. 결국 외채가 누적되며 환율 위기, 외채 위기, 은행 위기가 연이어 촉발된다. 마침내 C점에서 다면적인 경제위기를 배경으로 근본적인 구조개혁이 불가피해진다. 즉, 임금 인하, 증세, 정부지출 감축, 금리 인상과 통화가치 절하가 일어나는데, 이에 따라 경제는 다시 원래의 상태인 A점으로 복귀한다. 결국 경제는 다시 안정화되지만, 상당한 생활수준의 악화를 동반한다. 재정은 건전화되고 외채위기에서 탈피하며 고용이 회복되지만, 임금은 크게 하락하고 환율 절하는 인플레이션을 낳아 소비자의 구매력이 악화된다. 빈곤가구가 늘어나고 불평등이 심화되며, 소비자들은 공공연히 불만을 토로하여 이에 정부가 대응하는 과정에서 경제는 $A \rightarrow B \rightarrow C$의 라틴 순환으로 다시 접어든다.

그러나 C점(남미균형)에 놓인 경제에서 고통을 수반하는 구조개혁 또는 정책 전환을 도모한다는 것은 정치적으로 위험하기 때문에 용이한 일은 아니다. 대중은 높은 실질임금과 환율 절상 덕분에 저렴해진 수입품을 쉽게 포기할 수 없다. 더욱이 과도한 대외부채를 누적했다면 환율 절하는 전국적 파산을 낳을 것이다. 환율의 평가절하를 할 수 없다면 정부의 대안은 재정을 엄격하게 긴축하는 것이다. 이는 경제를 B점(유럽균형)으로 되돌릴 것이다. 이 과정에서 산출 감소와 실업 증가가 나타날 것이다. 이런 상황이 지속된다면 국내의 물가와 임금은 결국 하락하고 경제는 A점(IMF 균형)으로 옮겨갈 것이다. 그러나 이러한 긴축정책이 성립하려

10. 때때로 경제는 A에서 C로 이동할 수 있다. 국내 인플레이션이 해외 인플레이션보다 심해져서 실질환율이 절상되거나 아니면 노동시장이 경직적이고 생산성이 저하되어 점진적인 인플레이션과 실질환율이 발생하는 경제에서 C로의 이동이 나타난다. 또는 낙관적 희망에 기초한 외국인 투자자금의 유입이 생겨나 가계나 기업 또는 금융기관의 대외부채가 증가할 때에도 C로의 이동이 나타날 수 있다. 본문에서 설명하였듯이 이 경우 C점에서는 경상수지 적자와 대외부채의 급속한 증가가 발생하며, 결국 지속 가능하지 못한 상황에 내몰릴 수 있다.

면 물가와 임금이 하락해야 하는데, 이는 노동시장이 충분히 유연할 경우이거나 재정긴축이 허용될 경우에만 가능하며, 이 역시 정치적으로 실현하기 곤란한 대안이다.

노동생산성과 임금의 탈동조화

각국 경제에서 나타나는 경제적 균형과 사회적 균형 간의 괴리는 1970년대부터 계속되고 있는 노동생산성과 평균임금(소득)의 탈동조화(decoupling) 현상에서 찾아볼 수 있다. 즉, 노동생산성은 향상되고 있지만 임금 성장이 그에 미치지 못하거나(*A*점), 노동소득이 정체되는 가운데에서도 임금 격차가 확대(*B*점)하는 현상이 생겨날 수 있다. 이는 노동절약적 기술혁신, 기업 간 생산성 격차, 기업 내에서 숙련편향적 기술진보에 의한 근로자 간 생산성 격차 그리고 독과점적 시장구조와 사용자에게 유리한 노사관계의 변화 등에서 비롯한다. 기술혁신은 자동화에서 보듯이 숙련편향적인 특징을 가져 저학력 및 저숙련 단순직 일자리부터 자동화

그림 1-8 노동생산성과 임금 : 미국

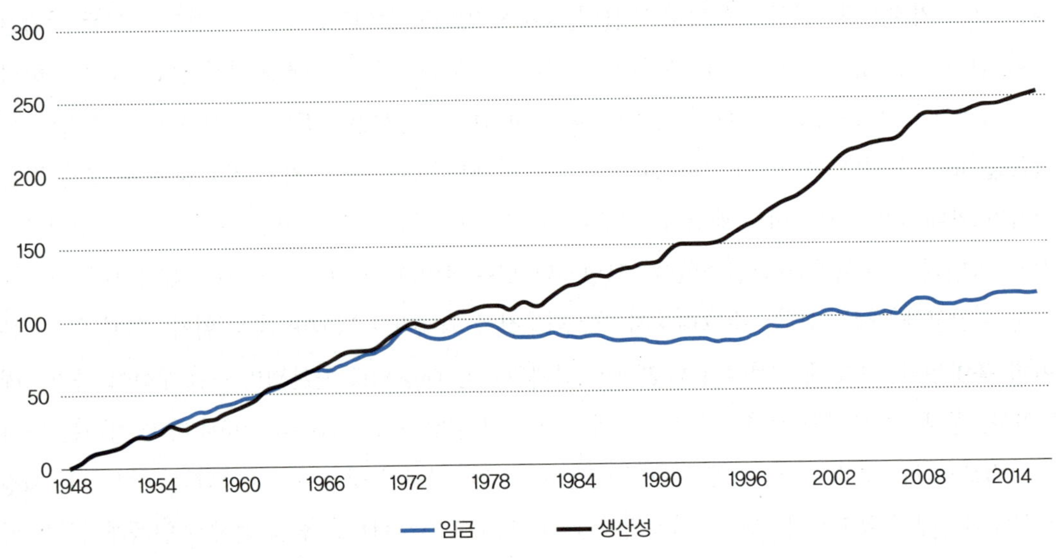

자료 : OECD Economic Outlook, Nov. 2018.

표 1-2 국가별 탈동조화

	연평균 증가율(%)			탈동조화에의 기여도		전체 탈동조화 (C−A)
	노동생산성 (A)	평균 실질임금 (B)	중위 실질임금 (C)	노동 배분 비중 (B−A)	임금 불평등 (C−B)	
한국	4.1	3.1	2.7	−1.0	−0.4	−1.4
미국	1.8	1.2	0.5	−0.6	−0.7	−1.3
일본	0.7	0.3	0.2	−0.4	−0.1	−0.5
독일	0.7	0.6	0.5	−0.1	−0.1	−0.2
스웨덴	2.4	2.7	2.6	0.3	−0.1	0.2
프랑스	1.1	1.4	1.3	0.3	−0.1	0.2
OECD	1.5	1.2	0.8	−0.3	−0.4	−0.7

자료 : OECD Compendium of Productivity Indicators 2019.

기기에 의해 대체되는 경향이 강하다. 글로벌화에 따른 시장개방으로 자본 유동성이 증가하면서 기업과 자본가들은 자본유출, 해외투자 등을 이용해 국가와 노동자를 상대로 법인세 인하, 규제 완화, 노동조합의 협상능력 약화 등을 성공적으로 이끌어내고 있다. 한편 낙오된 저숙련 노동자를 보호할 노동시장 정책이 갖추어지지 못하면서 저숙련 및 고숙련 노동자 간 격차가 심화되고 있다. 또한 조세나 사회복지지출을 통한 소득 불평등의 개선도 충분하지 못하다.

3) 경제정책과 사회정책

라틴 함정의 극복

어떻게 라틴 함정에서 벗어날 수 있을까? 여기서 주목할 점은 라틴 함정이 생겨난 이유가 통화 · 재정 · 환율 정책을 포함한 단기의 안정화 정책에 대한 지나친 의존 때문이라는 것이다. 애초에 금융재정 정책을 엄격하게 집행했었다면 라틴 함정이 생겨났을 이유가 없다. 그러나 일단 금융재정 정책이 이완되어 경제가 *B*나 *C*로 움직이기 시작하면 함정에 노출된다. 적절한 재정정책은 재정수지가 경기와 반대로 움직여 호경기 때 충분한 재정흑자를 비축하고 불경기 때 재정적자를 기록하는 것이다. 하지만 이런 정책은 쉽지 않다. 호경기에 재정 흑자로는 선거에서 이기기 어려우며, 늘어난 세수입을 감세나 정부지출로 사용하는 것이 정권 재창출을 약속할 것이다. 그리하지 않는다면 그런 약속을 하는 정당에게 정권을 빼앗길 것이다.

결과적으로 일단 라틴 함정이 생겨나면 단기의 안정화 정책으로 더 이상 해결하기 곤란해지며, 오직 사회적 균형을 고려한 구조 개혁만이 상황을 개선할 수 있다. IMF 균형이 경제적 관점에서 바람직하지만, 사회적 관점에서는 지속 가능성이 없기 때문에 사회적 균형이 고려되어야만 한다. *BB*선의 이동(생산성의 증가)이나 *NN*선의 이동(이민과 저출생)을 통해 IMF 균형 자체를 바꾸거나 *SP*선의 이동(사회안정과 타협)을 통한 사회적 수용성을 높여야만 지속 가능한 균형에 도달할 수 있다. 이제 라틴 함정을 극복하는 구조개혁 방안을 다루어보자.

사회안정과 타협

첫째, 사회안정과 타협을 통한 사회안정선 *SP*선의 상방 이동이다. 사회안정선은 우선적으로 국민들이 기대하는 최저임금 수준에 의존한다. 그러나 임금에만 의존하는 것은 아니다. 불평등도, 민주주의의 질적 수

그림 1-9 라틴 함정의 극복 : *SP*와 *NN*의 이동

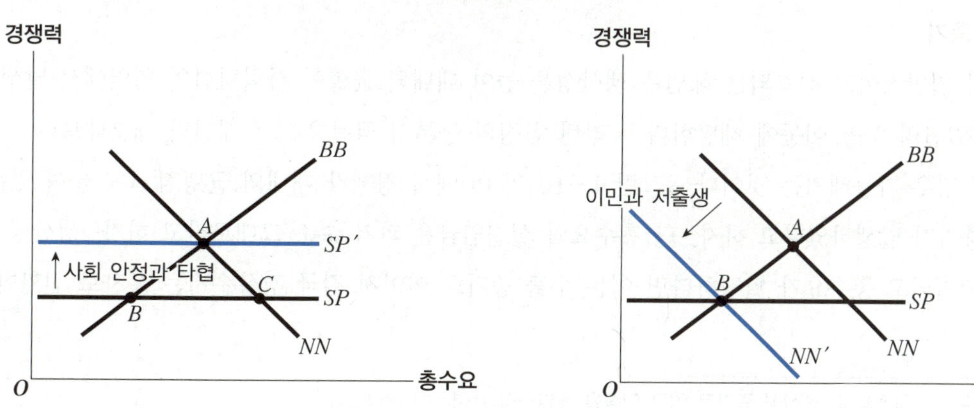

준, 정부의 정당성, 부패, 범죄 예방, 언론 자유 등이 개선되면 사람들은 똑같은 저임금이라도 더 감내할 수 있으며, 이에 따라 *SP*선은 위로 이동할 것이다. 사회적 대타협을 통한 고통분담이 이루어지는 "사회협약" 역시 *SP*선을 위로 이동시킬 것이다. 절대적 빈곤의 완화를 넘어 임금 격차나 불평등, 즉 상대적 빈곤을 완화하는 다양한 조치도 사회안정선 *SP*선의 상방 이동을 낳을 수 있다. 사회보장제도의 도입과 확장은 사회적 · 지역적 격차를 메꿈으로써 시민의 정체성을 확보하고 정치적 정당성을 높이고 국가를 통합할 것이다. 사회보장제도는 시민들 간 연대관계의 네트워크와 전국에 걸친 중앙정부의 영향력을 낳아 국가적 수준의 공동체 정서를 확립하고 국가의 정당성을 높일 것이다. 반면 고소득층 중심으로 임금이 상승하여 소득 격차가 확대되면 사회안정선 *SP*선이 오히려 아래로 이동할 수 있다. 소득이 높아질수록 사람들은 자신의 소득수준보다는 소득 격차에 더 유념하며, 그만큼 기대임금이 높아지면 *SP*선은 아래로 이동한다.

이민과 저출생

둘째, 이민과 저출생을 통한 대내균형선 *NN*선의 좌측 이동이다. *NN*선이 좌측이로 이동하는 가장 직접적 방법은 많은 사람들이 조국을 등지고 이민을 가는 것이다. 임금과 실질환율이 일정한 상태에서 노동자가 해외로 유출되면 직업을 구하는 사람이 감소하며, 그 결과 경제가 *A*점에 그대로 있다면 인력이 부족이 부족해 지는데, 인력 부족은 총수요가 감소하면 해소되며 이는 *NN*선이 좌측으로 이동한 경우에 해당한다. 또는 총수요는 그대로이지만 임금이 상승하면 인력 부족이 해소될 수 있으며, 이는 *NN*선이 아래쪽으로 이동한 경우에 해당한다. 결국 이민으로 노동자의 유출이 발생하면 대내균형은 임금 상승이나 총수요 위축을 요구하므로 대내균형선 *NN*선은 우하향한다.

그러나 가장 먼저 이민 길에 오르는 사람이 우수인력일 수 있으므로 이민을 적절한 해결책이라 볼 수 없다. 더구나 생산성 하락은 총수요와 임금 위축을 낳아 *BB*선을 좌측으로 이동시켜 문제를 더욱 더 악화시킬 뿐이다. 인구 감소도 동일한 효과를 낳는다. 노동공급 감소 때문에 실업이 감소하고(*NN*의 좌측 이동) 실질임금은 상승한다. 총수요는 감소하겠지만 1인당 수요는 증가한다. 결국 인구 감소는 생활수준을 높이는 역할을 한다. 많은 사람들은 인구 감소를 성장 침체의 한 방식으로 이해한다. 그러나 인구가 감소하면 분명히 총수요가 감소하지만 생활수준은 높아진다. 경제활동 참가율 감소는 해외이민 증가나 인구 감소와 동일한 효과를 동시에 갖는다. 고용보험 등 실직자를 보호하는 조치가 강화되는 경우 개인들의 직업탐색 노력은 약화된다. 실업은 감소하고 임금상승 압력이 생겨난다. 이는 해외이민 충격과 동일하다. 노동시장에 참여하는 근로자가 감소하기 때문이다.

생산성의 증가

셋째, 가장 일반적이고 선호되는 해법은 생산성을 높여 대내외 균형이 사회평화의 영역에서 발생하도록 하는 것으로 *BB*선의 하방 이동에 해당한다[11]. 라틴 함정의 근본적 극복은 소득개선의 재분배보다는 생산성 증가가 이뤄질 경우 가능해지는 것이다. [그림 1-10]의 (a)에서 경제가 대내외 균형점 *A*에 놓여 있는 상태에서 생산성 증가가 발생하였다고 하자. 단 총수요와 실질임금은 과거 수준 그대로라고 하자. 생산성 증가는 생산 증가로 귀결되고 총수요가 일정하다면 이는 수출 증가로 이어져 결국 경상수지는 흑자로 전환한다. 원

11. 이는 총수요 수준이 일정할 때 생산성 증가로 임금 인상을 뒷받침하는 경우에 해당한다.

그림 1-10 라틴 함정의 극복 : *BB*와 *SP*의 이동

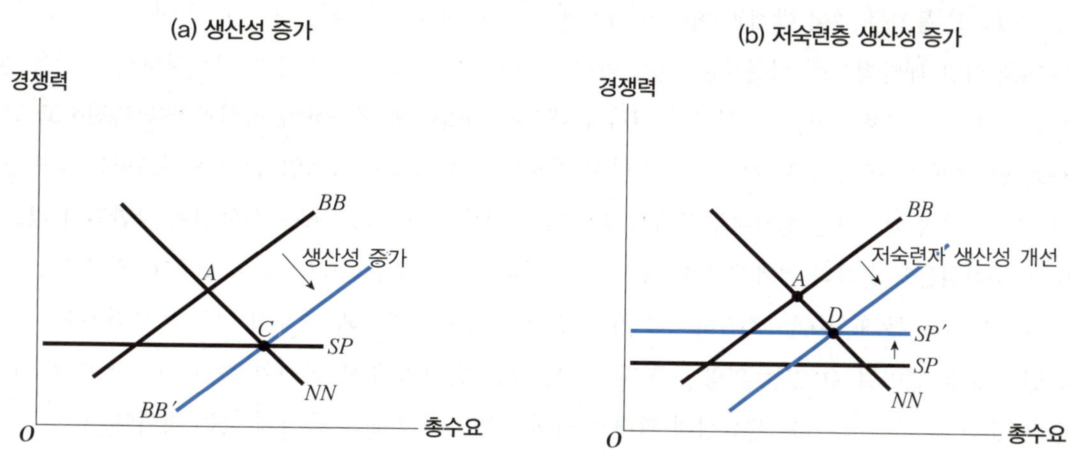

래의 균형점이 이처럼 흑자를 보인다는 것은 이 경제의 대외균형이 오른쪽에 위치한다는 것이고, 결국 대외균형선 *BB*선은 오른쪽 또는 하방으로 이동해야만 한다. 생산성 증가의 방법은 다양하다. 그 방법에는 새로운 기술 개발, 자본투자, 보건, 교육, 또는 다른 형태의 인적자본 개선, 경영기법과 조직구조의 개선 그리고 계약 강제나 사법시스템 또는 법치와 같은 제도 발전이 포함된다.

하지만 글로벌화와 기술혁신, 그에 따른 불확실성의 시대에 생산성 증가는 궁극적으로 개인 역량의 발휘에 의존한다. 이런 의미에서의 생산성 증가는 개인이나 기업이 스스로 독자적 해결책을 찾는 그리고 자신들이 가진 역량을 자신의 삶을 방어하기보다는 삶을 개척하는 데 사용하도록 하는 경제환경을 제공함으로써 가능해진다. 이를 위해서는 두 가지가 필요하다.

① **자원과 기회의 제공이다.** 특히 사회정책을 통해 역량의 불평등을 개선하고 모든 유효한 역량을 발휘할 수 있도록 하거나 자유를 보장할 수 있도록 해야 한다. 이러한 조건이 강화될수록 개인과 집단의 주도권이 촉진되고 경제적 효율성과 사회적 정의가 조화롭게 이루어질 것이다. 기회의 한 차원으로서 일자리의 전환도 요구된다. 일자리는 그 자체가 자유를 넓히지만 다른 자유를 넓히는 수단적 측면도 가진다. 즉, 금전 획득도 중요하지만 다른 의미의 자유는 좀 더 나은 역량을 갖는 것도 포함하므로 일자리의 성격이 바뀌어야 한다. 지금까지 대부분의 구조개혁은 시장기능의 강화를 도모하며 사회정책을 반생산적인 것으로 간주해 왔다. 물론 발전을 소득 증가로 파악할 경우 그렇다. 그러나 발전을 역량의 확장으로 보고 사회정책의 목표도 역량 확장에 있는 것으로 본다면, 소득 불평등의 개선이나 사회정책은 재평가되어야 한다. 소득은 인간 역량발전을 돕는 도구적 수단이지만 사회정책을 소득 불평등 개선을 위한 수단으로만 제한시킬 필요는 없는 것이다.

② **참여의 확대이다.** 개인과 기업에게 모든 수준에서 입법과 관련된 정보를 갖도록 하고 사회적 대화와 정치적 숙의에 참여하도록 포용해야 한다.[12] 포용은 물질적인 생활조건의 개선을 공유하고 동시에 변화 과정에의 더 광범위한 참여를 의미한다. 포용에는 소극적 포용과 적극적 포용이 있다. 전자는 소득을 높임으로

12. 역량의 개념은 법에서의 오랜 전통과도 일맥상통한다. 법률에서 역량은 절차적 · 실질적인 집단적 권리를 가진 사람의 부존자원으로, 법이 보장하는 내에서 모든 형태의 협력과 합의에 참여하는 것을 허용하는 것이다. 이는 개인이 자신의 행동에 책임을 지는 책임성의 토대이자 미래에 어떻게 행동할 것인가에 대한 기대의 원천이다.

로써 소득 불평등을 줄이고 빈곤에서 탈출시키는 것이다. 적극적 포용은 배제된 사람들에게 참여할 권리와 능력 그리고 동기를 주어 발전과 혁신의 과정에 적극 참여하도록 하는 것이다. 혁신은 과학자, 공학자, 경영자로부터만 배타적으로 비롯하는 것이 아니다. 혁신의 과정에 소비자와 근로자로서 시민을 참여시키는 민주적 또는 포용적 혁신은 실질적 권리를 배제된 자들에게 제공하여 혁신과정을 촉진하고 그에 따라 사회 및 경제발전을 촉진할 수 있다. 따라서 시장과 사회에의 효과적인 참여를 가로막는 장벽을 가능한 한 축소해야 한다. 이는 신자유주의에서 중시되는 법률, 계약역량 또는 재산권에 국한되지 않고 시장이 낳는 사회위험의 공유와 분배를 위한 집단적 메커니즘까지 포함한다(Deakin, 2005). 결국 모든 사람의 역량 신장과 그를 통해 참여를 촉진하도록 하는 정책은 사회적 개선과 경제적 번영을 불러온다. 사람들이 가치 있는 삶을 살아갈 수 있는 역량을 확장시키는 것은 발전의 주요 목적일 뿐만 아니라 주요 수단이기도 한 '선순환 과정'을 낳는다. 생산성의 확대가 사회적 평화의 촉진도 동시에 낳는 것이다.

라틴 함정의 관점에서 볼 때 생산성 증가를 도모하더라도 그 정책을 저숙련-저소득층에 집중하는 것이 보다 효과적일 수 있다. 저숙련층의 생산성 증가는 대외균형선 *BB*선의 하방 이동을 낳을 뿐만 아니라 임금 격차를 완화하여 상대적 임금 수준에 대한 민감성을 완화하여 사회평화선 *SP*선의 상방 이동을 낳을 수 있기 때문이다([그림 1-10]의 (b)). 이런 면에서 경제정책에만 집중하거나 분배 개선 중심의 사회정책에만 초점을 맞추기보다는 경제정책과 사회정책의 병행이 경제적 균형과 사회·정치적 균형을 동시에 달성하는 데 있어 보다 효율적이다.

참고로 교역조건의 개선이나 수출품에 대한 해외수요의 증가 역시 *BB*선의 우측 이동을 낳을 수 있다. 교역조건은 우리나라 수출품의 평균가격을 수입품의 평균가격으로 나눈 것이다. 수출품 가격의 증가는 수출매출액을 증가시켜 경상수지 흑자를 낳는데, 이는 대외균형선 *BB*선의 우측 이동을 낳는다. *BB*선이 우측으로 이동할 경우 균형임금이 증가하는데, 교역조건이 개선되지 않은 산업부문에는 임금 상승이 부정적 효과를 미칠 것이다. 우리 수출품에 대한 해외수요 증가는 우리 수출품의 가격이나 수량 증가를 통해 수출매출액의 증가를 낳을 것이다. 결국 교역조건의 개선과 유사하게 *BB*선의 우측 이동을 낳을 것이다.

2. 한국경제의 현상

세계은행은 미국 대비 45% 이상의 1인당 GDP를 보이는 국가를 고소득국이라 정의하는데, 이에 따르면 현재 한국은 고소득국으로 분류된다. 우리나라가 고소득국으로 분류되기 시작한 것은 1995년부터인데, 당시 우리나라의 1인당 GDP는 미국 대비 49% 수준이었다. 이후 우리나라는 미국을 뛰어넘는 성장세를 이어가서 2020년에는 68.5%까지 높아졌다.[13] 특정 국가가 일단 고소득국의 지위에 오르면 그 지위를 계속 유지할 가능성은 매우 높다. 그만큼 우리나라의 고소득국으로서의 지위는 앞으로도 계속 유지될 것이며, 더 나아가

13. 세계은행은 세계 각국을 저소득국(1,005달러 이하 또는 미국 GDP 대비 5% 미만, 124개국 중 29개국), 하위 중소득국(~3,975달러 또는 미국 GDP 대비 15% 미만, 31개국), 상위 중소득국(~12,275달러 또는 미국 GDP 대비 45% 미만, 30개국), 고소득국(12,276달러 이상 또는 미국 GDP 대비 45% 이상, 34개국)으로 분류한다(OECD.Stat, National Accounts, NA at a glance, GDP).

지금의 추세라면 미국과의 소득 격차는 더욱 더 축소될 것이다.

고소득국이 주로 포함되어 '선진국 클럽'이라 불리는 OECD 국가들과 비교할 때, 우리 경제는 경제성장률이 높은 가운데 물가상승률도 함께 높지만, 실업률은 크게 낮다. 동시에 경상수지도 대규모의 흑자가 장기간 이어지고 있다. 대내외 균형이 모두 양호한 것이다. 그러나 상대 빈곤율(중위소득 60% 이하의 소득을 얻는 가구의 비율)은 22.6%(가처분소득 기준. 시장소득 기준으로는 24.8%, 2018)에 달해 OECD 평균 18.5%(33.0%)에 비해 매우 높다. 참고로 상대빈곤율은 가처분소득 기준으로 프랑스 15.3%(시장소득 기준 33.0%), 독일 16.2%(35.5%), 미국 25.0%(31.3%, 2017), 스웨덴 16.6%(28.2%) 수준이다. 우리나라는 시장소득 기준으로 상대빈곤율이 선진국에 비해 매우 낮음에도 가처분소득 기준 상대빈곤율이 높은 국가이다. 정부의 사회지출을 통한 불평등 해소가 다른 나라에 비해 매우 미흡하기 때문이다.

표 1-3 **한국의 대내외 균형의 추이 : 1971~2019년**

	1971~1980 (평균)	1981~1990 (평균)	1991~2000 (평균)	2001~2010 (평균)	2011~2015	2016~2020	OECD 평균 (2011~2017)
경제성장률	9.4	10.0	7.2	4.7	3.1	2.1	2.0
실업률	4.1	3.5	3.5	3.6	3.4	3.8	7.1
인플레이션율	15.0	6.1	4.9	3.2	1.9	1.0	1.8
경상수지/GDP	–	−0.8	0.5	1.5	4.7	4.8	0.39
사회지출/GDP		2.7(1990)	4.5(2000)	8.2(2010)	10.2(2015)	10.8 (2016~2019)	20.2

주 : 경제성장률 : 산출(GDP)의 연간 성장률. 실업률 : 연간 평균. 인플레이션율 : 물가(GDP 디플레이터)의 연간 변화율. 1991~1997년 동안 경상수지/GDP 비율은 −1.5%였음에 주의.

출처 : 한국은행 경제통계시스템 국민계정, 통계청 국제북한통계, 공공 및 개인 사회적 지출, OECD. Statstics, Social Protection and Well-being, income distribution and poverty.

기대수명, 학교교육 수준과 기대 학업연도에 기초한 교육지표, 국민총소득(GNI)의 소득지표를 종합하여 계산하는 인간개발지수에 있어 한국은 2021년 191개국 중 19위로 높은 순위를 보인다. 특히 한국은 소득수준보다는 건강과 교육 수준이 특히 높은 국가로 나타난다. 그러나 한국의 교육, 건강, 소득의 불평등 정도로

표 1-4 **인간개발지수 현황**

	인간개발지수 (지수, 순위)		불평등수정 HDI (지수)	인간 불평등 계수	기대수명 불평등도 (%)	교육 불평등도 (%)	소득 불평등 (%)	지니계수
스웨덴	0.947	7	0.89	6.4	2.6	3.9	12.8	29.3
독일	0.942	9	0.88	6.2	3.4	2.7	12.5	31.7
일본	0.925	19	0.85	7.9	2.5	4.5	16.7	32.9
한국	0.925	19	0.84	9.3	2.8	8.8	16.1	31.4
미국	0.921	21	0.82	10.6	5.9	2.7	23.2	41.5
프랑스	0.903	28	0.83	8.5	3.8	7.7	13.9	32.4

자료 : UNDP, Human Development Data Bank.

수정한 불평등수정 인간개발지수(Inequality-adjusted Human Development Index ; IHDI)는 22위로 나타난다. 건강지표상의 불평등은 그리 크지 않으나 교육 불평등이 과다하고 뒤이어 소득의 불평등도 작지 않기 때문이다. 이하에서는 우리 경제의 대내적 균형, 대외적 균형, 사회적 균형 상태를 보다 자세히 검토한다.

2.1 대내균형 : 성장·혁신의 둔화와 양극화 그리고 금융불안

1) 성장 및 수익성의 둔화와 양극화

성장과 혁신의 둔화

한국경제와 관련한 가장 크고 오래된 우려 중 하나가 경제성장률과 노동생산성이 오랫동안 하락하며 소득 증가세가 크게 둔화되고 있다는 점이다. 경제성장률은 1980년대 10.0% 수준에서 1990년대 7.2%, 2000년대 4.7%로 점차 낮아졌으며, 특히 글로벌 금융위기 이후인 2010년대에는 2.8% 수준으로 하락하였다. 이러한 둔화는 우리의 주력산업에서의 성장 둔화와 구조조정 그리고 지역경제 침체로 일상생활 속에서 체감되고 있다. 성장 둔화는 우리나라가 고소득 국가에 진입한 만큼 성숙한 경제로서 OECD 국가들의 성장 형태와 유사한 모습을 갖게 된 것으로 해석할 수 있겠다. 문제는 성장 둔화의 상당부분이 혁신의 둔화에서 비롯하기 때문이라는 데 있다. 2001~2018년 동안 노동생산성 변화에 대해 인적자본 증가, 자본축적, 기술혁신(총요소생산성의 증가)이 각각 약 30%, 60%, 10%씩 기여하였다. 이를 글로벌 금융위기 이전과 이후로 나누어 보면 인적자본에 비해 자본축적과 기술혁신의 속도가 금융위기 이후 두드러지게 둔화된 것으로 나타났다(유혜미, 2020). 이 중 자본축적 둔화는 1990년대 급증했던 투자가 정상화되는 흐름 속에서 글로벌 금융위기 이후에는 불확실성 확대로 인한 기업의 투자활동이 부진해진 데서 찾아볼 수 있다. 하지만 보다 근본적으로는 우리 경제가 노동이나 자본과 같은 요소 투입에 주로 의존하는 추격형 경제에서 혁신형 경제로 전환하면서 나타난 자연스런 현상일 수 있다. 그러나 아직도 우리 경제의 성장이 요소 투입에 크게 의존하고 있는 가운데 기술혁신 속도가 둔화되고 있는 것은 작지 않은 문제라 할 수 있다.

경제력 집중과 양극화

우리나라 국민들이 성장세 둔화를 더 크게 걱정하는 것은 이러한 부진한 경제성장조차도 소수의 산업과 소수의 대기업에 집중되고 있기 때문이다. 더욱이 산업별로 생산성이 높은 산업의 고용이 감소하는 대신 생산성이 낮은 산업의 고용이 계속 증가하면서 산업과 국민경제의 양극화와 소득분배의 악화가 나타나고 있다. 이러한 현상이 가장 두드러진 것이 제조업과 서비스업 간의 양극화이다. 양극화는 제조업 내부에서도 관찰된다. 1970년대 후반부터 경공업과 중화학공업의 양극화가 계속 진행되어, 중화학공업은 기술집약적 가공조립형 산업을 중심으로 높은 생산성을 유지하는 동시에 대외 경쟁력이 강화되며 생산비중이 계속 확대되고 있다. 반면 경공업 또는 생활 관련형 산업은 상대적으로 낮은 생산성과 대외 경쟁력의 하락을 경험하였고 그 생산 비중이 크게 감소하고 있으며, 기초소재 산업 역시 낮아진 생산성과 대외경쟁력으로 인해 위축세를 이어가고 있다. 한편 소비와 투자의 부진이 이어지면서 내수제조업은 생산성과 생산 규모가 부진을 면치 못하는 반면, 중국 등에 대한 수출이 크게 증가하고 세계 경제의 호조를 배경으로 수출제조업은 생산성과 생산

규모가 증가해 왔다.[14] 마지막으로 1990년대 이후 IT 부문이 비IT 부문과 비교해서 상대적으로 생산 · 수출 비중이나 생산성이 지속적으로 증가해 왔다.

양극화는 산업 간에 나타날 뿐만 아니라 산업 내에서 대기업과 중소 영세기업 간 그리고 근로자 간에도 나타나고 있다. 특히 한국 산업은 OECD 국가들과 비교해 볼 때 고용기여도가 작지만 매출 및 부가가치 비중이 큰 소수의 대기업과 고용기여도가 크고 매출 및 부가가치 비중이 작은 절대 다수의 영세기업으로 구성되어 있다. OECD의 경우 39.1%의 근로자를 고용하는 대기업(250인 이상)이 영업이익의 62.0%를 점하지만, 우리나라는 고용의 27.1%를 점하는 대기업(300인 이상)이 영업이익의 57.4%를 점하고 있다. 이에 따라 경제성장의 혜택이 대기업의 주주나 그 종사자에게 집중된 정도가 OECD 국가들에 비해 상대적으로 매우 높다.

표 1-5 **영업이익과 근로자 수의 기업 규모별 분포**(제조업, 2017)

	구분	1~9인	10~49인	50~249인	중소기업(1~249인)	대기업(250인 이상)
OECD	영업이익	7.1	11.6	19.2	37.9	62.0
	근로자 수	13.3	20.4	27.1	60.9	39.1
프랑스	영업이익	5.2	7.3	11.9	24.4	75.6
	근로자 수	11.9	13.2	16.1	41.2	58.8
독일	영업이익	4.6	9.1	17.7	31.4	68.6
	근로자 수	6.0	14.4	24.4	44.9	55.1
한국	영업이익	0.1	18.3	24.2	42.5	57.4
	근로자 수	0.1	40.8	32.1	72.9	27.1
스웨덴	영업이익	6.5	7.6	14.5	28.7	71.3
	근로자 수	10.3	17.9	23.8	52.0	48.0
영국	영업이익	9.3	15.0	20.5	44.8	55.2
	근로자 수	9.9	19.5	26.7	56.1	43.9

자료 : OECD SDBS Structural Business Statistics(ISIC Rev. 4)

2) 고용 수준과 질 : 취약부문이 주도한 고용 증가

고용 없는 성장 : 낮은 고용률

우리 경제의 성장세 둔화를 경제가 성숙해 가는 징표로만 해석하기 곤란한 또 하나의 이유는 일자리 부족 때문이다. 우리나라는 그동안의 지속적 성장세에 힘입어 OECD의 절반 수준에 불과한 실업률을 꾸준히 유지해 왔다.[15] 그러나 고용률은 2020년 65.9%(15~64세 기준)로 OECD 국가들의 평균 고용률 66.3%에 비

14. 경제구조가 변하고 경쟁우위가 변함에 따라 내수산업과 수출산업의 구분도 계속 변한다는 점에 주의할 필요가 있다.

15. 청년 실업률(2017)은 10.3%로 OECD(11.9%)보다 낮으며, 장년(55~64세) 실업률은 2.4%로 OECD(4.2%)보다 더 두드러지게 낮다. 우리나라의 실업률이 이렇게 낮은 것은 통계작성 기준의 상이함보다는 취업구조나 고용관행의 상이함에서 비롯한다. 서구에 비해 많은 여성이 집에 머물러 가사노동에 전념하고, 농림어업 종사자와 자영업주 및 무급가족종사자가 상대적으로 많기 때문이다. 후자에서 농림 · 어업 부문은 비농림 · 어업 부문보다 상대적으로 취업자 비중이 높고, 자영업의 경우 생산성이 낮은 가족, 친지에게 일자리를 내주는 특성이 있기 때문이다. 또한 실업보험이나 직업 알선기관의 발달이 미흡하여 근로조건이 열악해도 가급적 현재의 직장에 머물려 하고 실업이 되어도 적극적으로 취업하기보다 자영업을 영위하려는 경향이 크다(한국은행, 알기쉬운 경제지표 2006).

해 여전히 낮다. 고용률이 이렇게 낮은 것은 생산인구 중 실제로 경제활동에 참가하는 사람들이 적기 때문이다. 우리의 경제활동 참가율은 68.6%(15~64세 기준)로 OECD 국가(71.5%)에 비해 낮다. 가사와 돌봄에서 여성이 큰 역할을 하고 학령기 인구의 비중이 높기 때문이다. 우리 경제의 낮은 고용률을 경직적 노동시장 탓으로 돌릴 수도 있다. 해고가 어렵고 정규직에 집중된 각종 급부로 기업들이 고용을 꺼리므로 고용률이 낮다는 것이다. 특히 고용보호 수준이 높고 여유로운 실업보험을 제공하는 유럽의 예를 들며 미국 유형의 노동시장 제도를 받아들여야 한다는 주장이 자주 제기되고 있다. 그러나 모든 유럽 국가가 높은 실업률을 보이는 것은 아니며, 노르웨이, 네덜란드 등의 실업률은 글로벌 금융위기 중에도 3~4%대에 머물렀다. 이들 국가의 노동시장 제도는 다른 유럽 국가와 유사하므로 높은 실업 문제의 원인은 보호가 아니라 정책이 집행되는 방식에 있을 것이라고 생각할 수 있다.

일부에서는 우리나라의 고용률과 경제활동 부진의 이유를 성장이 고용 증가로 이어지지 않는 '고용 없는 성장'에서 찾고 있다. 그러나 우리나라의 경우 고용과 생산이 그 속도의 차이는 있지만 그래도 꾸준히 동조적으로 성장해 왔다. 물론 산업별로 볼 때는 농업, 제조업, 금융업에서 고용의 정체 혹은 하락에 비해 매우 큰 규모의 생산 증가가 발생하고 있어 고용 없는 성장을 찾아볼 수 있다. 특히 제조업에서는 자동화와 자본사용 증가나 해외공장 이전이 그 원인으로 작용하고 있다. 그러나 제조업 고용의 감소는 서비스 고용의 증가에 비하면 그 규모가 작아 국민경제 전체로 보면 고용 없는 성장이 나타나지 않는다(길은선 · 송영진 · 신위뢰, 2019).

그림 1-11 15세 이상 인구의 구성(2020)

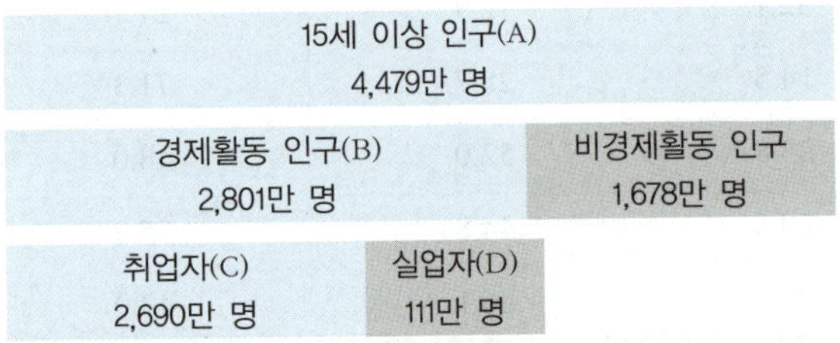

15세 이상 인구(A) 4,479만 명		
경제활동 인구(B) 2,801만 명		비경제활동 인구 1,678만 명
취업자(C) 2,690만 명	실업자(D) 111만 명	

	통계청	(15~64세, 2018)	
	한국	한국	OECD
경제활동 참가율(B/A)	62.5	68.6	71.5
고용률(C/A)	60.1	66.3	66.3
실업률(D/B)	4.0	4.0	7.3

주 : 15세 이상 인구는 군인, 전투경찰, 공익근무요원, 형이 확정된 교도소 수감자 등은 제외. 비경제활동 인구는 학생, 주부, 장기간 구직포기자 등을 포함.
자료 : OECD.Stat, Labor, Labor force Statistics ; 통계청, 고용동향, 각월.

고용불안과 기업 간 양극화

과다한 자영업자 일반적으로 취업 형태는 임금노동자와 자영업자로 구분된다. 통계적으로 자영업자는 취업자 중에서 임금노동자와 무급가족종사자를 제외한 고용주와 자영자로 정의된다. 우리나라의 자영업자 비율은 전체 취업자의 20.6%(약 553만 명, 2020)로 자영업자를 보조하는 무급가족종사자까지 합할 경우 취업자의 24.5%에 달해 일하는 사람 4명 중 1명이 자영업에 종사하고 있다.[16] 이러한 자영업자 비율은 OECD 평균(2019년, 15.3%)보다 매우 높아 OECD 국가 중 7위에 위치한다. 이는 우리나라와 산업구조가 유사한 일본(10.3%), 독일(9.9%)보다도 크게 높은 수준이다. 미국, 스웨덴, 프랑스는 자영업자 비율이 각각 6.3%, 9.6%, 11.7%로 우리에 비해 현격히 낮다. 우리나라의 경우 자영업자 비율이 1980년 52.8%에서 급감했

16. 해외 지표나 문헌에서는 주로 자영업자 비율에 주목하는데, 이는 무급가족종사자의 규모가 무시할 만큼 작기 때문이다. 그러나 한국에서는 무급가족종사자의 규모가 큰 만큼 자영업자뿐 아니라 무급가족종사자의 규모를 함께 분석하여야 한다.

지만, 여전히 매우 높은 수준에 있는 것이다. 25%를 넘나드는 자영업자가 얻는 소득(가계 영업잉여)은 피용자보수의 12.2%(2019)에 지나지 않는다. 국내 자영업의 약 70%가 도소매, 음식·숙박업 등 생산성이 낮은 저부가가치 서비스산업에 쏠려 있기 때문이다(더미래연구소, 2020년 대한민국 자영업보고). 낮은 소득과 더불어 자영업자들의 미래에 대한 불안이 큰 것도 문제다. 음식·숙박업만 보더라도 창업 5년 후 생존율(2019)은 20.5%에 불과하고 도소매업 역시 27.9%에 그치고 있다.[17]

자영업의 팽창을 부정적으로만 볼 일은 아닐 것이다. 최근 선진국들에서 다양한 근로 형태가 등장하면서 비임금 노동자, 즉 자영업자 역시 증가하는 현상이 나타나고 있다. 정보통신기술의 발전으로 인터넷 플랫폼이나 공유 오피스를 활용한 개인 사업이 과거보다 훨씬 용이해진 것도 이런 현상이 나타난 중요한 이유 중 하나이다. 문제는 전통적 산업사회의 표준적 고용관계와 일방적 노동방식을 전제로 성립하는 기존의 법·제도가 이런 새로운 형태의 고용을 아직 제대로 포용해 내지 못하고 있다는 점이다.

표 1-6 성별 및 종사상지위별 비임금 노동자 비율

		2009	2010	2015	2016	2019	2020
전체		30.0	28.8	25.9	25.5	24.6	24.4
성별	남자	30.8	30.0	27.5	27.5	26.6	26.5
	여자	28.8	27.1	23.6	22.8	22.1	21.7
종사상지위	고용원 있는 자영업자	6.5	6.3	6.1	6.0	5.7	5.1
	고용원 없는 자영업자	17.8	17.2	15.3	15.3	15.0	15.5
	무급가족종사자	5.7	5.3	4.4	4.3	4.0	3.9

자료 : 통계청, 비임금 근로자 비율, 국가주요지표

과다한 임시직과 비정규직의 고용불안 전체 노동자를 벗어나 임금 근로자로만 논의를 좁히더라도 우리 경제의 고용 문제가 잘 드러난다. 임금 근로자 중에서 기간제, 파견직, 일용직이 포함되는 '임시직(temporary employment)'이 높은 비중을 유지하며 그만큼 고용불안이 큰 노동자가 많아졌다. OECD 기준에 따르면 2018년 현재 우리나라 임시직은 전체 근로자 중 21.2%로 OECD 평균(11.7%)의 2배에 달하며, 우리보다

표 1-7 우리나라에서의 임금노동자의 구성과 노동 조건

(a) 임금노동자의 구성비(2019년 8월) (단위 : 천 명, %)

		본조사		소계
		상용	임시일용	
부가조사	정형	④ 12,002(58.4)	① 1,076(5.2)	①+④ 13,078(63.6)
	비정형*	③ 2,285(11.1)	② 5,196(25.3)	②+③ 7,481(36.4)
소계		③+④ 14,287(69.5)	①+② 6,271(30.5)	20,559(100.0)

주 : * 비정형 근로에는 한시(part-time), 시간제, 파견, 용역, 가내, 호출근로, 특수고용형태가 포함됨.
노동사회연구소 비정규직 = ①+②+③, 노동부 등 비정형근로 = ②+③, 통계청 임시일용 = ①+②.

17. 통계청, 기업생멸행정통계 ; 한국은행, 제도부문별 소득계정, 가계 및 비영리단체.

(b) 노동 조건 비교(%)

	노동자 수	급여 조건						주노동시간(시간)	근속 연수	사회보험 적용 비율			교육훈련 경험	노조 조직률
		최저임금 미만	월 임금(만원)	퇴직금 적용	상여금 적용	시간 외 수당 적용	유급휴가 적용			국민 연금	건강 보험	고용 보험		
①	1,076(5.2)	193	179	30.2	38.6	11.3	10.9	46.4	2.5	25.9	32.0	32.0	21.2	0.9
②	5,196(25.3)	136	128	13.4	16.8	13.1	10.0	30.1	1.4	15.7	22.0	22.2	32.7	0.7
③	2,285(11.1)	241	225	97.0	77.6	49.3	75.3	40.1	4.3	78.7	95.7	85.1	57.1	7.2
④	12,002(58.4)	332	321	99.3	92.2	67.0	88.6	42.9	8.5	95.0	98.8	83.7	65.9	19.7

자료 : 김유선(2018), 「비정규직 규모와 실태—통계청, "경제활동인구조사 부가조사"(2018. 8) 결과—」, 한국노동사회연구소.

임시직 비율이 높은 국가는 OECD 국가 중 5개국밖에 안된다. 일본은 13.7%(2012)로 매우 낮고, 제조업 강국인 독일도 12.5% 수준에 머물고 있다. 한편 프랑스(16.8%), 스웨덴(16.5%), 미국(4.2%, 2005)도 모두 우리보다 낮다.

임시직 문제는 종종 '표준적인 고용관계'에서 벗어난 노동 형태, 즉 '비정규직'으로도 파악된다. 정규직 노동자는 고용기간의 종료를 미리 정하지 않고 전일제로 근무하며 사용자와 노동자가 직접 고용계약을 맺고 일하는 노동자를 말하는데, 비정규직 노동자는 정규직 노동자의 잔여 범주에 해당하는 노동자이다. 비정규직은 임시직에 특수형태 근로종사자, 용역, 가정 내 근로 등을 포함한 보다 포괄적 개념이다.[18] 비정규직에 대한 보편적 정의는 없지만 정부는 한시적 고용 또는 시간제(파트타임)로 일하거나 파견 · 용역 · 호출 · 재택 등의 근로 방식을 취하는 비정형 노동자를 비정규직으로 정의하고 있다. 그러나 노동계는 이에 고용 계약기간을 기준으로 상용(1년 이상), 임시(1개월~1년), 일용(1개월 미만)직으로 구분하고 있는 경제활동인구조사에서 임시일용직에 포함된 정형근로자를 더해 이들을 비정규직으로 파악하고 있다. 한 가지 주의할 것은 전체 임금노동자 중에서 비정규직 노동자가 차지하는 비중은 일차적으로 고용형태의 다양화 정도를 포착하게 해주는 지표라는 점이다. 그러나 고용형태가 다양화되면 실제로는 고용의 불안정성과 근로조건이 악화되는 경향이 있기 때문에 비정규직노동자 비율은 임금노동자의 고용안정성과 노동 조건을 가늠하는 지표이기도 하다.

우리나라에서 비정규직 노동자의 규모가 보다 구체적으로 측정되고 안정적으로 집계되기 시작한 것은 2003년부터다. 이에 따르면 비정규직 노동자의 비율은 2004년 37.0%를 기록한 이래 감소하는 추세를 보여 2019년 8월 현재 그 비율은 전체 임금노동자의 약 1/3인 36.4%이다. 비정규직 비율을 하위 범주별로 보면, 전체 임금노동자 중에서 한시적 노동자가 23.3%(2018)로 가장 많고 시간제 노동자와 비전형 노동자가 각각 15.3%와 9.9%를 차지한다. 최근에는 시간제 노동자가 증가하는 한편 한시적 노동자는 감소 추세를 보이고 있다.[19]

---

18. 비정규직에는 한시적 근로자, 시간제 근로자, 비전형 근로자가 포함된다. 그러나 이들은 상호배타적인 개념이 아니어서 이 세 범주의 근로자의 합은 비정규직 규모보다 크다. 한시적 근로자는 근로계약기간을 정한 기간제 근로자와 근로계약기간을 정하지 않았으나 계약의 반복 갱신으로 계속 일할 수 있거나 비자발적 사유로 계속 근무를 기대할 수 없는 비기간제 근로자를 말하고, 시간제 근로자는 한 주에 36시간 미만 일하기로 정해져 있는 근로자를 말한다. 비전형 근로자는 파견 근로자, 용역 근로자, 특수형태 근로자, 가정 내(재택, 가내) 근로자, 일일(단기) 근로자를 말한다.

19. 한국은 한시적 근로자의 비율이 다른 나라에 비해 매우 높은 수준이지만 시간제 근로자의 비율은 낮은 편에 속한다. 그러나 이 통계는 OECD가 개별 국가로부터 취합한 것이기 때문에 같은 기준으로 측정되었다고 보기 어렵다. 또한 OECD 기준의 한시적 근로자에는 우리 기준과 달리 한시적 근로자뿐만 아니라 비전형 근로자에 해당하는 일일근로자가 포함된다.

대기업과 중소기업 간 격차가 더 큰 문제 한 가지 주의할 것은 정규직과 비정규직 간의 격차가 중요한 문제이긴 하지만, 우리나라에서는 대기업과 중소기업 간의 격차가 더 큰 문제라는 것이다. 중소기업에서는 정규직이라도 임금과 사회보험 가입률이 낮을 수 있으며, 대기업에서는 비정규직이라도 임금과 사회보험 가입률이 높을 수 있기 때문이다. 또한 전체 근로자 중 중소기업 정규직 근로자의 비중은 47.3%에 달하나, 비정규직은 그보다 낮은 39.5%의 비중을 보인다. 정규직과 비정규직 간의 차별은 전체 고용의 13%에 불과한 대기업 부문에서 주로 발생하는 문제이며, 중소기업 노동자는 정규직이든 비정규직이든 대기업 정규직 노동자보다 근로여건이 열악한 것으로 판단된다.

표 1-8 기업 규모별 노동 조건 비교

		구성비	비중	시간당 임금 (원)	고용 보험	건강 보험	국민 연금	산재 보험	상여금	퇴직 연금	노조 가입
300인 이상	정규직	11.1	84	32,428	95.2	100.0	98.7	99.7	88.5	78.8	36.4
	비정규직	2.1	16	22,353	98.4	97.7	96.1	100.0	40.3	44.8	1.6
300인 미만	정규직	47.3	54	18,588	94.3	98.2	98.2	97.6	56.6	55.2	9.0
	비정규직	39.5	46	14,440	72.7	62.6	59.1	97.3	19.9	22.1	0.6

자료 : 통계청, "2020년 고용형태별근로실태조사 보고서" ; 김유성(2020), 「비정규직 규모의 실체」, 한국노동사회연구소.

3) 물가안정 속 가계금융 불안의 심화

물가는 안정되었지만 구조적으로 저평가

우리나라의 경제성장이 둔화되며 상대적으로 과거에 비해 물가상승률도 안정세를 지속하고 있다. 그럼에도 불구하고 우리나라 물가가 지나치게 높다는 지적이 자주 등장한다. 하지만 한국의 물가를 미국을 100으로 둔 주요국의 물가수준과 비교한 [그림 1-12]에 따르면 서울 등 일부 대도시만 따지면 우리의 물가가 높을 수 있지만, 다른 나라와 비교했을 때는 낮다.

그림 1-12 OECD 대비 인플레이션 추이 비교

(a) 우리 경제의 인플레이션율 추이

35 30 25 20 15 10 5 0

1960 1972 1984 1996 2008 2020

한국 OECD

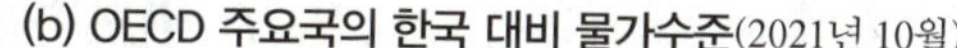
(b) OECD 주요국의 한국 대비 물가수준(2021년 10월)

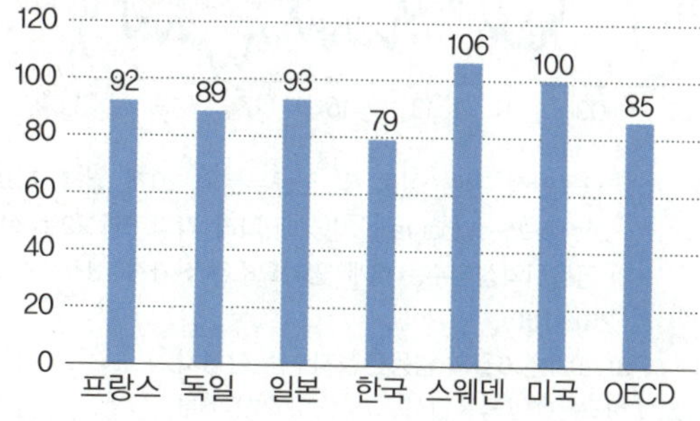

자료 : OECD.Stat, "Prices and Purchasing Power Parities", Monthly comparative price levels.

그러나 우리나라 물가상승률은 액면 그대로 받아들이기 어렵다. 지수 산정방식이나 공공요금 정책이 다른 국가와 크게 다르고 물가상승률을 체계적으로 저평가할 수 있기 때문이다. 단적으로 2022년 3월 미국과 유럽이 소비자물가 상승률이 각각 8.5%와 7.5%인 상황에서 우리나라 소비자물가 상승률은 절반 수준인 4.1%로 비교적 양호하였다. 그러나 이는 물가가 실제로 덜 오른 것이 아니라 지표상으로만 양호한 것이었다(서재용 · 장용성, 2022).[20] 가장 큰 문제는 우리나라 물가지수에서 주거비 비중이 미국(32%)보다 턱없이 낮은 수준(9.8%)이라는 점이다. 자기가 주택을 소유한 경우라도 기회비용으로 주거비를 감안하여야 하는데 이걸 배제하고 있는 것이다. 경제학은 선택의 학문이며 선택은 편익과 기회비용을 비교하여 이루어진다는 명제가 무시된 것이다. 그 다음 문제는 전월세 가격변동이 국민들이 실제로 접하는 시세(KB국민은행 또는 한국부동산원의 전셋값 지수)가 아니라는 점이다. 이 역시 기회비용 관점에서 보면 납득하기 어려운 통계처리 방식이다.[21] 이 두 가지 요인을 반영한 소비자물가 상승률은 발표된 수치보다 약 2.3%포인트 높다(서재용 · 장용성, 2022).

과도한 가계부채 누적에 따른 금융불안의 지속

물가안정에도 불구하고 우리 국민들은 자주 경제불안을 느끼고 있다. 특히 외환위기 이후 한국경제는 수시로 등장하는 금융불안과 경제위기설로 경제심리가 자주 동요되어 왔다. 내수부진 속에서 수출에 주로 의존하는 성장을 이어간 결과 세계 경제에 대한 노출이 커진 것도 한 가지 원인이지만, 내부적으로는 가계부채가 금융불안의 잠재적 진원지로 계속 작용하고 있다. 우리나라의 경우 가계부채는 절대수준이 높은 가운데 소득보다 빠른 속도로 증가하여 가계의 빚 상환 부담이 가중되고 있다. 우리나라의 가처분소득 대비 가계부채 비

그림 1-13 우리나라에서의 금융 안정 및 취약성 추이

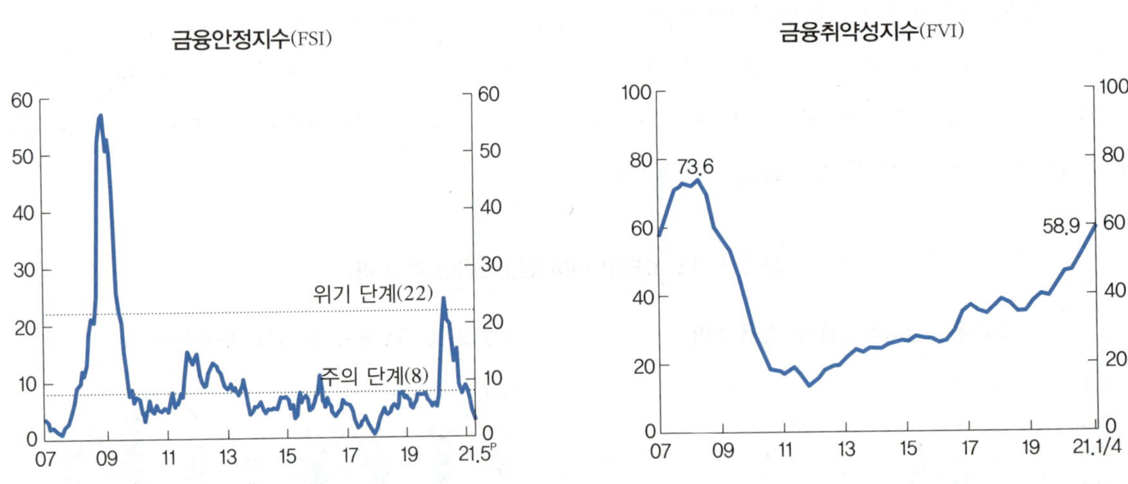

주 : 1) 금융안정 관련 실물 및 금융부분의 20개 월별 지표를 표준화하여 산출한 종합지수(0~100). 주의 및 위기 단계 임계치는 'noise-to-signal ratio' 방식에 따라 각각 8과 22로 설정.
2) 금융취약성지수는 3개 평가요소(자산가격, 신용축적 및 금융기관 복원력)와 관련된 39개 지표를 표준화하여 산출한 종합지수(0~100).
3) 2021년 6월의 금융안정지수는 잠정치.

자료 : 한국은행, "금융안정보고서", 2021년 6월.

20. 서재용 · 장용성(2022), 「소비자 물가상승률 통계의 잠재적 괴리 요인」, 『경제학연구』, 제70권 제2호.

21. 이 외에 전기, 가스 등의 요금이 정부가 관리하여 낮게 나타나는 것도 우리나라 소비자물가 상승률이 현실과 괴리되는 또 하나의 이유이다. 낮은 공공요금은 공공기관의 적자를 유발하여 이를 메꾸기 위해 결국에는 인상되기 마련이다. 서재용 · 장용성(2022)에 따르면 자가 주거비, 실제 전세가, 공공요금 미래 전가를 모두 수정할 경우 소비자물가 상승률은 7%대에 달한다.

율(GDP 대비 가계부채 비율)은 2014년 158.0(82.9)으로 OECD 평균 128.8(66.7)보다 높았으나 이후 증가세를 지속해 190.6(97.9, 2021)까지 높아져 OECD 평균 144.2(65.6)보다 격차가 더 커졌다. 한편 부채를 보유하지 않은 가계까지 포함한 모든 가구에 있어 연간소득 대비 원리금상환액 비율, 즉 총부채원리금상환비율(Debt Service Ratio ; DSR)은 BIS 추계에 따르면 2021년 6월 현재 12.4%로 미국(7.5%), 일본(7.7%), 독일(6.2%), 프랑스(6.6%), 스웨덴(12.1%) 등 주요국보다 크게 높다. DSR은 특정 기간에 갚아야 할 원리금이 가처분소득과 비교해 어느 정도인지를 나타내어 DSR이 높을수록 빚 상환 부담이 크다.[22]

우리나라의 가계부채 문제는 금융기관들이 외환위기 이후 위험한 기업대출보다는 부동산을 담보로 한 가계대출에 주력하고 부동산 가격의 상승세가 지속한 데서 비롯한다. 또 그 이후에는 글로벌 금융위기와 COVID19 위기를 배경으로 유례를 찾기 어려운 저금리가 장기간 지속되었다. 그러나 과도하게 팽창된 가계대출은 이미 2002년 신용카드 버블의 파열을 낳은 바 있고, 2010년 이후에는 부동산담보대출에 주력한 저축은행의 부실화를 양산하였다. 이로 말미암아 외환위기 이후에도 우리 경제는 금융시장이 곧잘 불안해지며 금융안정지수가 주의 단계를 넘나드는 모습을 자주 연출하고 있다.[23] 우리나라는 외환위기 이후에도 2001년 초 IT 버블 붕괴 때나 2008년 글로벌 금융위기 때 금융안정지수가 주의 단계를 넘어 위기 단계로 치달은 바가 있다. 그 외에 2003년 카드사태, 2011년 유럽 국가채무 위기 시기 등을 배경으로 주의 단계로 진입하는 등 반복적인 금융불안을 표출해 오고 있다.

2.2 대외균형 : 무역 대국의 불안

수출 증가와 대외균형

우리 경제의 대외적 균형은 외환위기 이후 근본적으로 개선되었다. 저성장으로 수입이 둔화된 가운데 세계 경제환경이 불안정한 속에서도 수출이 빠르게 증가함에 따라 경상수지는 지속적으로 흑자를 유지하고 있다. 이에 따라 경상수지 흑자로 누적된 외환보유고는 1997년 말 204억 달러에서 2020년 말 4,431억 달러로 20배 넘게 증가하며 세계 8위의 외환보유고를 보유하게 되었고, 1999년부터는 대외채권국의 지위를 유지하고 있다.

표 1-9 한국의 대외균형의 추이

	1981~1990 (평균)	1991~2000 (평균)	2001~2010 (평균)	2011~2015 (평균)	2016	2017	2018	2019	2020
경상수지/GDP	−0.8	0.6	1.6	5.1	7.0	5.1	4.5	3.6	4.6
외환보유고/GDP	7.3	8.1	22.6	25.0	24.7	24.0	23.4	24.8	27.0
순대외채권/GDP	−29.9	−7.9	5.8	13.0	26.6	28.7	27.7	29.5	29.5

출처 : 한국은행, 경제통계시스템

22. BIS, Debt service ratio for the private non-financial sector(bis.org/statistics/dsr.htm)

23. 금융안정지수란 금융시스템의 전반적인 안정 상황을 나타내는 지수로, 금융 및 실물 6개 부문(은행, 금융시장, 대외, 실물경제, 가계, 기업)의 20개 월별 지표를 표준화해 산출한다. 안정(0)에서 불안정(100) 사이의 값을 가지며, 8 이상 22 미만은 주의 단계로 대내외 충격이 영향을 미치고 있으나 심각하지 않은 경우를, 22 이상은 위기 단계로 대내외 충격이 우리나라에 심각한 영향을 미치는 경우를 의미한다.

수출의 지속적 증가와 경상수지 흑자는 물론 우리 기업과 산업의 국제경쟁력에 기초한다. 국내 기업은 지속적 성장을 통해 세계 속의 위상을 높이고 있다. 우리나라 기업중 포춘이 매년 매출액 기준으로 글로벌 상위 500대 기업을 발표하는 '포춘 글로벌 500'에 속한 기업은 2000년 12개사에서 2020년에는 15개(중국 124, 미국 122, 일본 53)로 증가하였다. 이에는 삼성전자(15위), 현대자동차(83위), 한국전력공사(222위), 포스코(226위), KB금융그룹(366위), 현대모비스(398위), CJ그룹(450위), LG화학(461위), 삼성물산(473위) 등이 포함되는 다양한 업종에 걸쳐 포함되고 있음을 알 수 있다.

한편 경상수지 흑자는 우리의 총지출이 낮고 그에 따른 외국재 수입이 국내재 수출에 미치지 못한 데서 비롯한 것으로도 볼 수 있다. 특히 지출 중에서 투자지출이 과거에 비해 계속 낮아진 것이 주요 원인이다. 우리나라의 투자율은 외환위기 이전인 1996년에는 40%에 달했지만 이후 꾸준히 감소하여 2020년에는 30.1%에 머물고 있다. 이렇게 낮아진 투자율에도 불구하고 수출경쟁력을 유지한 것은 실질임금 상승폭을 뛰어넘는 노동생산성 향상에서 기인한 면이 크다. 하지만 외환위기 이후 누적된 투자 감소는 결국 산업경쟁력, 즉 수출경쟁력 악화로 이어질 위험이 있다. 다만 2010년대에 이르러 그동안 하락세를 밟아오던 투자율이 2008년 28.3%까지 하락한 뒤 소폭이나마 상승 반전하고 있다.

대외지급능력이 양호한 가운데 대외 위험노출도가 증가

우리나라의 대외지급능력은 전반적으로 양호한 상태를 지속하고 있다. 순대외채권은 증가세를 이어가고 있으며, 명목 GDP 대비 대외채무 비율과 대외채무 중 단기외채의 비중은 30%를 밑도는 낮은 수준을 유지하고 있다. 외환보유고도 증가세를 이어가는 가운데 외환보유액 대비 단기외채 비율도 낮은 상태에 머물고 있다. 그러나 외환위기 수습 과정에서 금융시장이 완전히 개방되고 이로 인해 국제자금의 유출입이 크게 자유로워짐에 따라 대외부문은 지속적인 경제불안의 원인이 되고 있다. 경상수지 흑자와 외환보유고 축적에도 불구하고 우리나라의 금융시장과 외환시장 규모가 작아 국제자금 이동에 큰 영향을 받고 있기 때문이다.

2.3 사회적 균형 : 양극화와 갈등 증대

한국경제의 꾸준한 성취에도 불구하고 양질의 고용 확대나 임금 상승이 충분하지 못한 가운데 불평등이 커지며 빈곤이 확대하고 있다. 이러한 고용 양극화를 개선하는 역할을 해야 할 노동정책이나 사회정책은 충분하지 못할 뿐만 아니라 사각지대가 과도하며 이중구조화되어 있어 고용 양극화를 오히려 악화시키고 있다.

1) 생산활동의 양극화

사회정책은 고용과 임금에 대한 규제를 통해 생산 또는 근로라는 삶의 영역을 보호해야 한다. 또한 생산활동에서 이탈되었을 때 실업보험과 교육 · 훈련을 통해 생산 현장에 복귀하도록 지원해야 한다. 하지만 우리의 현실은 그렇지 못하다. 기술혁신과 글로벌화가 요구하는 생산 유연성은 성장 둔화 속에서 노동시장의 양극화를 초래하며 저임금과 불안정한 고용조건을 강화시켰다. 그 결과 생계부양자의 터전인 생산 영역이 열악해지고 소득 성장이 둔화되고 있다.

노동생산성과 임금의 탈동조화 : 노동소득 분배율과 가계소득 비중의 감소

앞에서 보았듯이 1995~2015년만 보더라도 한국은 OECD 국가 중에서 노동생산성과 평균임금, 그리고 노동생산성과 중위임금 간의 괴리가 폴란드를 제외하곤 가장 크게 나타나고 있다(OECD, 2018). 특히 임금불평등 확대로 인해 평균임금에 비해 중위임금 상승이 낮아서 노동생산성과 중위임금 사이의 괴리가 노동생산성과 평균임금 사이의 괴리보다 더 크게 나타났다.

경제 전체의 노동생산성과 임금의 괴리를 보기 위해 모든 노동자들을 포괄하는 국민계정 자료에 기초하되 물가지수의 영향을 피하기 위해 명목노동생산성과 명목임금을 비교할 수 있다. 이때 전체 노동자의 평균임금은 국민계정의 피용자보수를 임금 근로자 수로 나누어 계산하고, 명목노동생산성은 명목 GDP/취업자 수로 계산할 수 있다. 임금은 1980년대 중반에 들어 노동생산성을 하회하며 괴리되기 시작하였고, 1997년 이후에는 그 괴리가 뚜렷해졌다. 특히 1997년 외환위기와 2008년 글로벌 금융위기 이후 그 괴리가 더욱 확대되고 있음을 자료에서 찾아볼 수 있다.[24]

노동생산성과 임금이 괴리되어 노동자가 생산에 기여한 만큼 임금을 받지 못하는 현상은 노동소득 분배율 하락으로도 확인된다. 노동소득 분배율은 국민소득에서 노동자의 임금소득이 차지하는 몫을 의미한다. 노동소득 분배율은 그 측정에서 임금 근로자인 동시에 사업자인 자영업자의 소득(국민계정의 가계 및 비영리단체의 영업잉여)을 어떻게 처리하느냐에 따라 크게 달라진다. 특히 우리나라는 자영업자가 매우 많은 동시에 빠르게 그 비중이 축소되고 있고 자영업자 소득이 평균임금보다 크게 낮기 때문에 이를 사소하게 다룰 수 없다. 경제 전체의 노동소득 분배율을 계산하려면 자영업자의 복합적 소득을 노동소득과 자본소득으로 적절히 분할하여야 한다. 이때 자영업자의 소득을 모두 자본소득에 포함(한국은행의 노동소득 분배율, 방법 1)하거나 모두 노동소득에 포함(방법 2)하거나 무시하여 비자영업 또는 법인부문의 노동소득 분배율만 계산(방법 3)하거나 자영업자의 노동소득이 임금 근로자의 임금과 동일하다고 가정(방법 4, OECD와 ILO 등)하는 등의 방법으로 이른바 보정 노동소득 분배율이 계산될 수 있다. 노동소득 분배율(%, 요소비용국민소득 기준)은 한국은행을 따를 경우 1980년 이래 꾸준히 상승하다 1996년 62.4로 정점을 보인 후 2017년 62.3까지 안정적이었던 것으로 나타난다. 하지만 방법 2나 방법 3을 따르는 노동소득 분배율은 1980년 이래 1996년까지 안정세를 유지하다 각각 1996년 83.7에서 2017년 73.4로, 1996년 79.3에서 2017년 70.3로 하락했음을 보여준다(이강국, 2019[25]). 한편 방법 3을 따르는 OECD 통계의 경우 1996년 85.4에서 2012년 71.8로 하락한 것으로 나타난다.

평균임금과 중위임금의 탈동조화 : 노동소득 불평등의 확대

다른 국가들과 마찬가지로 우리나라도 평균임금보다 낮은 임금을 받는 사람이 상대적으로 많다. 2019년 근로자의 월평균 근로소득은 309만 원이지만, 250만 원에도 미치지 못하는 근로자의 비중이 53.6%로 절반을 넘었다(150~250만 원 28.5%, 85~150만 원 10.2%, 85만 원 미만 14.9%). 이에 따라 임금 근로자를 소득순으로 줄 세웠을 때 정중앙을 나타내는 '중위소득'은 이보다 낮은 234만 원에 머물고 있다. 한편 소득이 중위소

24. 노동생산성을 감가상각을 제외한 순부가가치, 즉 순노동생산성으로 측정할 경우 생산성과 임금과의 괴리가 작아지지만 괴리는 여전히 나타났다. 한편 명목 GDP에서 자영업자의 소득(가계 및 비영리단체의 영업잉여)을 제외한 값을 임금 근로자 수로 나누어도 이러한 괴리가 드러난다.

25. 이강국(2018), 「한국경제의 노동생산성과 임금, 그리고 노동소득분배율」, 『한국경제포럼』, 제12권 제2호, 73-94.

득의 50%(117만 원)에도 못 미치는 근로자를 통상적으로 (상대적) 빈곤 근로자(OECD)라 하는데 그 비율이 20.1%에 달한다. 노동시장이 불평등할 뿐만 아니라 일을 하고 있지만 빈곤한 근로 빈곤의 문제도 상당하다는 의미이다. 한편 개인기업체의 소득(178만 원)은 회사에 속한 근로자 임금(344만 원)의 절반 수준이며 중위소득에도 크게 못 미친다. 또한 중소기업 근로자의 소득(245만 원)은 대기업 근로자(515만 원)의 48% 수준이고 중위소득을 소폭 상회할 뿐이다.

표 1-10 **소득구간별 분포**(%)

소득구간별 분포										중위소득 기준
<85	85~150	150~250	250~350	350~450	450~550	550~650	650~800	800~1,000	1,000<	50% 미만
14.9	10.2	28.5	16.7	9.8	6.3	4.5	4.3	2.5	2.3	20.1

주 : 우리나라의 2018년 중위임금은 220만 원이며, 최저임금은 중위임금의 53.7%이다. 중위소득 기준으로 50% 미만(1~24등)은 빈곤층, 50~150%(25~74등)는 중산층, 150% 초과(75~100등)는 상류층으로 분류한다.

자료 : 통계청(2020. 1), "2018년 임금근로 일자리별 소득(보수) 결과".

더욱이 우리나라는 외환위기 이후 평균임금에 비해 중위임금의 상승이 상대적으로 크게 정체되고 있다. 이는 최상위 소득 비중을 통해 살펴볼 수 있다. 근로소득세 자료에 기초하여 상위 1%와 10%의 근로소득이 전체 근로소득에서 차지하는 비중은 1965년(19.8%)이나 외환위기 이전의 34.7%보다 크게 높아져 2019년 역대최고치인 49.35%에 달하고 있다(홍민기, 2015, 2021).[26] 이러한 소득집중도는 미국(50.0%)과 유사하며 일본(42.0%), 영국(39.1%), 스웨덴(30.7%), 프랑스(30.5%) 등에 비해서는 압도적으로 높다.

근로기회 보호를 위한 고용규제, 임금 · 근로규제, 실업대책의 부족과 이중구조

우리나라의 고용보호 수준은 다른 OECD 국가들 평균 수준에 못 미치고 있다. 특히 노동시장을 규율하는 기본적 제도인 「근로기준법」의 상당 부분이 5인 미만 사업체에 적용되지 않고 있다. 대기업이나 공공부문에서는 집단해고에 대한 규제가 지켜지지만, 비정규직에 대해서는 실질적 규제가 약하고, 사내하도급 등으로 탈법적인 간접고용이 남용되고 있다. 저임 노동을 규제하는 법정 최저임금제도에서 최근 최저임금 수준이 상승했지만, 최저임금을 지키지 않는 비순응률도 매우 높다. 최저임금 수준은 중위임금에 대한 비율로 측정된다. 한국의 최저임금은 그동안 꾸준히 상승해 2019년 기준으로 중위임금의 62.6% 수준에 이르렀다. 이는 미국(31.6%), 일본(43.6%), 독일(48.2%), 프랑스(61.4%)보다 높은 수준이다.

한국의 이직률은 OECD 회원국 가운데 가장 높은 반면, 노동시장이 경직적이어서 재취업 속도가 느리고 실업급여 수급자가 상대적으로 적을 뿐만 아니라 실업급여 수준도 매우 낮다[OECD의 고용전망 보고서(OECD Employment Outlook 2018)]. 우리나라의 2011~2013년 이직률(전체 피고용인 수 대비)은 31.8%로 OECD 평균(16.9%, 미국 19.7%, 일본 14.9%, EU 14%)의 2배에 육박하며, 비교 가능한 회원국 가운데 가장 높았다. 1년 이상 근속한 근로자가 해고되는 비율도 가장 높아 고용불안이 심각하다. 하지만 해고 이후 1년 이내 재취업률은 한국이 50% 미만(2003~2008), 40% 미만(2009~2010)으로 다른 OECD 국가들보다 상대적으로 낮았

26. 임금 불평등 지표인 상위 10%의 임금비중은 1950년대 말부터 고도성장과 더불어 꾸준히 높아지다가 1980년대부터 1990년대 중반까지 완화되었으나 1995년부터 반전되었고 외환위기 이후 상승세가 가속되었다. 임금불평등 증가는 직종별 차이보다는 직종 내 차이에서 주로 발생해 왔다.

다. 재취업 속도는 미국, 일본, 호주 등 다른 OECD 회원국들에 비해 크게 낮았다. 고용안정성이 떨어지지만, 고용보험이 보호하는 실업자의 범위가 좁고 실업자에 대한 실업급여 수준도 낮으며, 급여기간도 짧아 사회적 보호와 고용가능성 제고에 제대로 역할을 하지 못하고 있다. 근로소득 대비 실업급여 수준을 측정하는 '순소득 대체율(Net Replacement Rate ; NPR)'을 보면 실업 1년 동안 소득대체율이 31%로 OECD 평균(53%)보다 크게 낮고, 실업 초기 대체율도 50%로 OECD 평균(64%)보다 낮다. 특히 실직 후 5년 평균으로 보면 실업급여 소득대체율이 10%에 머물러 OECD 평균(28%)의 3분의 1 수준에 지나지 않는다. 외환위기 후 실업대책으로 적극적 노동시장정책을 크게 확대하였지만, 투자 규모가 작고 취업을 우선시하기 때문에 교육훈련보다는 임금보조나 공공근로를 통한 조기 취업을 강조하고 있다.

2) 사회복지제도가 오히려 경제 양극화를 강화

우리나라의 사회보험과 공공부조를 통한 사회안전망 제도는 규모가 충분히 크지도 않고, 포괄 대상도 충분하지 않다. 중요한 복지제도가 고용과 지나치게 긴밀하게 연계되어 있고 고용과 연계되지 않은 복지제도는 제한적이기 때문에 사회정책이 필요계층의 사회위험 완화에 크게 기여하지 못하고 오히려 불평등을 조장하고 있는 것이다.

저부담 - 저복지

한국경제는 1990년대 중반 고소득 국가로 진입한 이래 성장세를 이어가고 있지만, 그 속도는 점차 둔화되어 왔다. 더욱이 노동시장이 유연화되며 전통적인 남성 중심의 생계부양과 가족, 특히 여성에 기반한 사회적 재생산에 어려움을 겪고 있고, 정부는 이를 보완하기 위해 꾸준히 사회정책을 확대해가고 있으나 저복지-저부담 체계에 얽매여 한계를 보이고 있다. 2018년 우리나라 GDP 대비 사회지출(social expenditure ; SOCX)의 비율은 11.1%로 이는 OECD 평균(20.1%)의 절반 수준으로 우리나라는 사회지출비용이 가장 낮은 국가들 중 하나이다. 가장 높은 비중을 차지한 프랑스(31.2%)나 핀란드(28.7%)에 비하면 3분의 1에 불과하다. 사회지출은 사회적 목적을 가지고 고령, 실업, 산업재해, 육아, 주택 등과 관련된 급여 대상자에게 직접 지급되는 금액이다. 이러한 저복지는 그 재원이 되는 조세부담 수준이 낮을 뿐만 아니라(저부담) 그러한 조세가 사용되는 정부지출의 구성에 있어 사회복지 지출 비중이 낮기 때문에 일어난다.

낮은 조세부담 2019년 기준 우리나라의 국민부담률(조세수입/GDP)은 OECD 평균(33.8%)에 못 미치는 27.3% 수준으로 우리나라는 국민부담률이 가장 낮은 국가들 중 하나이다. 국민부담률은 국민이 1년간 부담한 조세와 각종 사회보장기여금이 GDP에서 차지하는 비중을 의미한다. 사회보장기여금은 건강보험, 산업재해보험, 국민연금, 사학연금, 공무원연금, 군인연금 등 각종 사회보험의 기여금(보험료)을 합한 금액이다. 한편 우리나라 조세부담률, 즉 경상 GDP에서 세금이 차지하는 비중은 20.0%로 OECD 회원국 36개국의 평균 조세부담률(24.9%)에 비해 낮은 수준이다. 우리나라의 복지지출 예산 비율은 OECD 통계에 편입된 1990년 이후부터 국민부담률은 1972년 이후부터 최하위 수준을 벗어나지 못하고 있다. 우리나라는 저부담-저복지 체제지만, 전일제 평생근로 남성가장을 중심으로 복지제도가 구성되어 연금과 의료에 대한 고정적 지출이 복지의 큰 축을 구성하고 있고, 최근 고령화가 진전되면서 이러한 지출이 급격하게 늘어나 미래의 복지재정 악화에 대한 우려도 빈번히 지적되는 문제점이다.

그림 1-14 주요국과 OECD의 국민부담률과 공공사회 복지지출(2018)

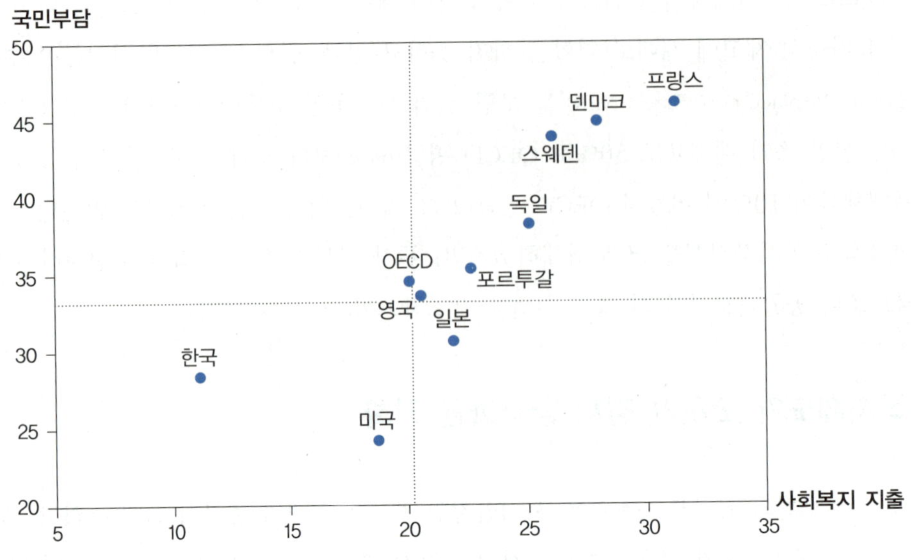

주 : 일본은 2015년 자료
자료 : OECD Stat(stats.oecd.org), Global Revenue Statistics Database, Social Expediture(SOCX)

조세부담률이 이렇게 낮은 이유는 OECD 국가들과 비교할 때 법인들의 조세 부담 수준이 상대적으로 높음에도 불구하고 근로소득세와 재산(소득)세의 부담 수준이 매우 미약하기 때문이다. 우리나라의 근로소득세가 OECD 평균에 비해 크게 낮은 이유는 면세자 비율이 지나치게 높은 데다, 소득세 관련 공제는 소득공제, 세액공제, 세액감면 등 그 종류가 다양하고 범위가 지나치게 과도하기 때문이다.[27] 소비세(부가가치세) 부담 역시 세율(한국 10%, OECD 평균 19.3%, 2018)이 지나치게 낮은데다 간이과세자(개인사업자 중 간이과세자 비율은 27.8%, 2018)도 지나치게 많아 일반과세자와의 조세형평 문제를 낳고 있다. 마지막으로 높은 거래세(취 · 등록세)를 이유로 미국의 1/10 수준에 불과하게 부과되고 있는 부동산 보유세 문제도 낮은 조세부담에 기여하며, 주식이나 유가증권을 매각할 경우의 양도소득세나 부동산 임대소득에 대한 과세 역시 매우 제한적으로 이루어지는 것도 문제이다.

낮은 복지지출 비중 OECD 주요국과의 통계를 비교할 경우 우리나라 정부지출 구조의 가장 두드러진 특징은 경제사업에의 과도한 편중과 복지예산의 저조라는 점을 쉽게 찾아볼 수 있다. 사회복지 및 보건에 대한 정부지출 비중은 OECD 평균이 51.3%(2019)이지만, 우리나라는 37.3%에 지나지 않는다. 그러나 GDP 대비 경제사업에의 정부지출 비중은 OECD 평균이 9.5%(2019)이지만, 우리나라는 이를 상회하는 14.1%에 달한다. 한편 우리나라 재정지출 중에서는 투자지출의 비중이 상당히 높으며(17.3%, OECD 평균 8.0%), 이러한 재정투자가 경제사업이나 주택 및 지역개발에 집중되고 있다.

27. 우리나라 근로소득의 면세자 비율은 41.0%(2017년, 2014년 48.1%)로 주요국(미국 32.5%, 일본 15.4%, 호주 16.6%, 영국 0.9%, 2014년 기준)보다 지나치게 높다.

표 1-11 기능별 정부지출의 비중(2019)

	일반 공공행정	국방	공공 질서	경제 사업	주택 및 지역개발	환경보호	오락, 문화, 종교	사회복지	보건	교육	재정투자
프랑스	10.0	3.1	3.0	10.8	1.9	1.8	2.6	42.9	14.5	9.5	7.0
독일	12.5	2.4	3.6	7.4	1.0	1.3	2.3	43.7	16.3	9.6	5.5
일본	9.7	2.4	3.2	9.5	1.7	2.9	1.0	41.4	19.7	8.5	10.0
한국	13.0	7.8	3.8	14.1	3.2	2.6	3.1	22.2	15.1	15.4	17.3
스웨덴	14.0	2.5	2.7	9.0	1.4	1.0	2.6	38.6	14.2	14.1	9.9
미국	15.3	8.8	5.1	9.0	1.3	0.0	0.7	19.9	24.5	15.5	8.9
OECD 평균	13.0	5.3	4.2	9.5	1.4	1.2	1.7	32.2	19.1	12.4	8.0

자료 : OECD(2020), *Government at a Glance 2021*.

OECD 국가와 비교해 볼 때 우리나라가 제도적으로는 포괄적인 사회복지제도를 갖추게 되었음에도 불구하고 우리나라 국민들의 GDP 대비 사회보장기여금 부담 수준은 여전히 저조하다. 이는 무엇보다도 우리나라 공공 사회복지지출의 60% 이상을 담당하며, 정부가 가입을 강제하는 고용보험, 국민연금 등 사회보험의 포괄범위가 크게 제한받고 있기 때문이다. 주지하다시피 우리나라 노동자 중 자영업종사자가 많고 최근에는 비정형적 근로형태가 늘고 있어 소득 파악에 어려움이 크고 사회보험제도의 포괄범위가 제한되며 그에 따라 사회보험의 재원조달 능력이 낮아지고 있다. 고용보험(실업급여)만 보더라도 근로자-고용주 관계에 있지 않은 자영업자뿐만 아니라 고용관계 및 소득 파악이 어려운 일용직 때문에 그 포괄범위는 2019년 49.1%에 그치는데, 이는 실업위험을 보호받을 대상인 경제활동인구 2,821만 명 중 1,386만 명만이 실제 고용보험의 보호를 받게 하고 있다. 국민연금 역시 명확한 고용관계가 있거나 종합소득신고로 소득을 파악할 수 있는 계층을 제외한 자영업자, 일용직 등 납부예외자가 광범위하게 존재한다. 납부예외자는 당연가입 대상이나 소득이 없다고 신고하여 보험료 납부의 예외를 인정받은 가입자이다. 국민연금의 경우 지역가입자는 723만 명이나 그 중 328만 명이 납부예외자이다. 이에 따라 공무원연금(116만 명, 2018), 사학연금(32만 명, 2018), 군인연금(18만 명, 2018) 가입자를 제외할 경우 국민연금은 노후소득보장이 필요한 경제활동인구의 68.2%만을 포괄하고 있을 뿐이다.[28] 한편 그동안 사회보장세에 해당하는 건강보험료나 국민연금보험료가 소득수준과 충분히 연계되지 못해 사회복지 재원 부족의 원인이 되었고 소득수준이 높을수록 세율이 낮아지는 역진성까지 야기해 왔다.[29]

사각지대와 사회보장의 이중구조

제한적인 복지지출과 더불어 우리나라 사회복지가 갖는 또 하나의 특징은 복지지출이 형편이 좋은 소득집단에 집중되어 있어 사회복지가 긴요한 계층이 사회복지 혜택을 제대로 받지 못하거나 오히려 배제되는 현상이 나타난다는 것이다. 결국 노동시장 이중구조에 기인하는 근로 빈곤과 소득 양극화가 노동시장과 연계된

---

28. 국회예산정책처(2019), 『2019~2028년 8대 사회보험 재정전망』 ; 안종석 · 전병목(2020), 『사회보장세에 대한 기초연구』, 한국조세재정연구원.

29. 예를 들어 OECD 소속 22개 국가 중 17개국이 연금소득에 건보료를 부과하고 있고 건보료 부과 수준이 근로자 또는 자영업자의 건보료율과 같거나 근로자보다 낮은 경우라도 보험료율은 50% 수준이지만 우리나라의 소득인정 비중은 50%이다.

사회정책으로 말미암아 노동시장의 불평등을 고착화하고 증폭시키고 있는 것이다. 즉, 노동시장이 이중구조화되어 있어서 1차 시장에 속한 사회구성원만이 고용을 통해서 생활안정을 누릴 수 있고, 2차 시장에서는 실업상태는 아니지만 저임금과 고용불안이 결합된 상태가 만연해 있다. 더 나아가 2차 시장 근로자의 상당수는 국가복지로부터도 배제되고 있어 노동시장 이중구조가 강화되고 있다. 더 나아가 사회보험 부담을 피하기 위해 사용자들은 정규직 고용을 기피하여 노동시장의 이중화를 더욱 심화시키고 있다.

우리나라 사회보장은 사회보험과 (법정) 기업복지의 비중이 크다는 특징을 가지고 있다. 기업복지 지출은 전체 사회지출의 25%에 가까운데 그 상당부분은 중견기업 이상 대기업에 속한 정규직 임금 근로자에게 돌아가고 있다. 전체 사회지출의 절반가량을 차지하는 사회보험제도 역시 고용과 연계되어 기여금을 낼 수 있는 1차 노동시장에 속한 노동자를 주로 포괄하고 있다. 이에 따라 소득단절의 위험이 높은 2차 노동시장 노동자들은 사회보험제도 밖에 놓여 있다. 더 나아가 조세를 통해 비용을 조달하는 사회부조와 사회 서비스의 지출은 2차 노동시장 노동자들이 의존할 수 있지만, 전체 사회지출의 25% 수준에 지나지 않아 필요계층에게 선별적으로 제공되고 있을 뿐이다.

표 1-12 임금 근로자의 사회보험 가입률

전체	국민연금(+특수직역)			건강보험					고용보험			
	미가입	직장 가입자	지역 가입자	미가입	직장 가입자	지역 가입자	의료 수급권자	직장 가입 피부양자	공무원 등	가입	적용 제외	미가입
임금 근로자	27.1	65.6	7.3	2.4	67.6	17.6	1.0	11.4	7.7	58.9	8.6	24.8
1차 시장	1.4	98.3	0.3	0.0	98.6	0.6	0.0	0.8	18.6	78.3	0.2	3.0
2차 시장	32.6	58.7	8.7	2.9	61.0	21.3	1.2	13.6	5.4	548.0	10.3	29.5

주 : 1차 시장과 2차 시장의 조작적 정의 : 1차는 100인 이상 사업체 정규직, 2차는 그 외 임금 근로자.
자료 : 통계청(2021. 8), "경제활동인구 근로형태별 부가조사" ; 이병희 등(2012).

사회보험제도 : 국민연금, 고용보험, 산재보험

국민연금, 고용보험, 산재보험은 전체 취업자 중 일부만을 포괄하며, 소기업 근로자, 영세 자영업자 등 사회적 보호가 절실한 집단의 가입률은 크게 낮다. 예를 들어 전체 취업자 대비 가입자는 공적연금(국민연금, 공무원연금, 사립학교교직원연금을 포함하고 국민연금에서 임의가입자를 제외한 경우) 65.6%(2021), 고용보험 58.9%(2010) 수준에 지나지 않는다. 또한 가입되어 있더라도 가입기간이 짧거나 소득이 적으면 의미 있는 혜택을 받지 못해 취약계층에 대한 보호가 충분하지 못한 실정이다. 이처럼 사회보험 가입률이 낮은 것은 자영업자가 흔히 의무가입 대상에서 제외되어 있고, 소기업 노동자들이 보험료 납부를 회피하고 있기 때문이다.

빈곤과 미흡한 공적부조 포괄범위

가구 소득이 중위소득의 50% 이하인 가구 비율인 상대빈곤율은 1990년대 이후 지속 상승하여 2018년 2/4분기에는 가처분소득 기준으로 15.7%(시장소득 기준 20.3%)를 기록하였다. 이는 OECD 평균 11.9%(시장소득 기준 29.6%)에 비해 크게 높은 수치다.

문제는 정부에 의한 소득불평등 개선 노력이 매우 제한적이라는 점이다. 시장소득은 가계가 벌어들이는 근로, 사업, 재산 등 모든 소득의 합이고, 가처분소득은 시장소득에서 세금과 각종 공과금을 빼고 정부나 지자체 등에서 지급하는 복지예산, 즉 공적이전소득을 더한 소득이다. 따라서 가처분소득은 정부의 사회정책이 적용된 뒤의 소득분배 상태를 나타낸다. 소득불평등도를 측정하는 지니계수의 경우 시장소득을 기준으로 할 때 0.406이고 OECD 30개국 평균은 0.485로 우리나라의 소득불평등이 상대적으로 양호함을 알 수 있다. 그러나 가처분소득으로 계산한 지니계수는 우리가 0.355인 반면, OECD는 0.324이어서 세후 기준으로 우리나라는 OECD 국가들보다 소득불평등이 크며, 이는 정부의 조세제도를 통한 소득재분배 기능이 현저히 떨어지는 데서 비롯하는 것임을 알 수 있다.

최저생계비 이하의 수입원을 가지고 있는 국민에게 최저생활을 보장하고자 하는 공적부조제도는 2000년 시행된 국민기초생활보장제도를 근간으로 하고 있으며,[30] 이 외에 기초노령연금(2009), 중증장애인연금(2010) 등 특정 인구집단을 지원하는 공공부조제도들이 확대되는 추세에 놓여 있다. 국민기초생활보장제도는 최저생계보장을 사회적 책무이자 '수급권'으로 인정하여 복지정책에서 시민권을 대폭 강화한 것이다. 그러나 부양의무 규정과 재산평가액의 반영 등으로 저소득층 가운데 상당수가 수급대상에서 제외되고 있다. 이에 따라 우리나라의 빈곤율은 10% 이상에 달하지만 기초생활보장제에 의하여 직접 도움을 받는 계층은 전 인구의 3.3%에 불과하다. 기초생활보장제도는 65세 이상 노인의 70%를 포괄하고 있으나, 너무 많은 노인(약 4백만 명)에게 너무 적은 금액(단독 월 94,600원, 부부 월 151,400원)을 제공하고 있다. 국민연금 등 사회보험에 가입할 여력이 없는데도 공공부조에서도 제외된, 즉 복지 사각지대에 방치된 준극빈층 또는 차상위계층의 비율은 전체 인구의 근 10%에 달한다. 특히 소득과 재산 등을 환산한 소득 인정액이 선정기준에 해당되더라도 부양능력이 있는 부양의무자가 있으면 대상에서 배제되고 있다. 이에 따라 유엔 사회권규약위원회는 2017년 우리 정부에 부양의무자 기준을 완전히 폐지할 것을 권고했고 우리도 교육급여(2015)와 주거급여(2018)에서 부양의무자 기준을 폐지하였지만 국민기초생활보장제도의 핵심인 생계 및 의료급여에서는 여전히 부양의무자 기준을 유지하고 있다.

참여와 혁신의 위기

경제 불평등, 특히 양극화는 혁신과 참여의 위기를 초래하고 있다. 고용 창출이 둔화되고 기존 일자리가 불안전해졌음에도 사회적 보호를 제공해야 할 사회정책이 제한적임에 따라 참여와 혁신의 위기가 생겨나고 있는 것이다. 일자리가 불안하고 협소해 지면서 가치 있는 삶을 실현하기보다는 생존을 위한 취업에 내몰리고 있어 일에서의 자유나 혁신을 도모하기 어렵게 변하고 있다. 개인과 사회의 고용가능성을 높이고자 하는 노력이 커지고 있지만 이것만으로는 실제 근로자들의 자율성을 약화시킬 수 있다. "고용 가능한" 사람이 되기 위해서는 스스로 선택한 기준보다 가치 있는 것에 대해 외부적으로 부과된 기준, 특히 고용주의 요구에 응답해야 하기 때문이다. 한편 "공적 추론"과 "토론에 의한 정부"에 참여하는 평등한 시민권을 위한 사회적 조건에는 사회 · 경제적 평등이 요구된다. 물론 완전한 평등이 아니더라도 시민은 최소한 억압적 관계로부터 보호받을 수 있을 만큼 충분한 평등을 가져야 한다. 일로부터의 자유를 가짐으로써 남의 의지에 따라 살지 않고 정치나 시민사회에 자유롭게 참여할 수 있으려면 사회정책을 통해 최소한의 사회적 보호가 확보되어야 한다. 그러나 우리나라에서 사회정책은 여전히 인적자본을 향상시키는 교육과 훈련에 초점이 맞추어지고 여

30. 우리나라는 공적부조제도로 재정 부담의 최소화와 근로 유인 장려를 위해 근로무능력자에게만 혜택을 주는 전근대적인 생활보호제도를 1961년 말 실시하였다. 근로능력자들에게는 자활을 통한 소득증대를 강조하는 자활프로그램을 실시했고 상당 기간 동안 지속했다.

타 사회정책은 부정적으로 간주되고 있다.

3) 재생산의 위기 : 사회 서비스—돌봄, 의료, 교육, 주거, 사회 참여

사회가 존속하고 발전하기 위해서는 그 구성원이 확보 · 유지 · 증진되어야만 하고 이를 위해 사회정책은 돌봄(사회 서비스)뿐만 아니라 주거와 교육 그리고 의료 서비스를 안정적으로 제공할 수 있어야 한다. 이는 사회정책의 재생산 활동에 해당한다. 그동안 우리나라에서 재생산 활동은 경제성장을 지원하기 위한 수단으로 활용되거나 경제성장에 대한 부담을 최소화하는 방향에서 그 책임과 비용을 노동자 자신이나 가족에게 최대한 전가하여 왔다. 즉, 재생산 활동 전반은 국가가 확보해야 할 '보편적 서비스'가 아니라 '취약계층을 위한 서비스'로 간주되어 왔다. 정부가 의료나 교육훈련처럼 인적자본 형성을 위해서 상대적으로 높은 투자를 유지해 왔지만, 그럼에도 개인들이 가족 구성원의 주거와 교육을 확보하기 위해 많은 희생을 감당하고 있는 것이 현실이다. 국가는 이들 서비스를 확보하는 것이 개인의 감당능력을 넘어설 경우 공적 수당보다는 각종 대출제도를 통한 금융지원에 머물렀다. 한편 저소득층을 중심으로 주택, 의료, 교육 서비스의 상당 부분은 민간이 지배하는 시장에 의존하도록 하였고 정부는 관리감독에 집중하며, 경제개발 전략에 부합하는 서비스를 중심으로 공급이 이루어지도록 해 왔다.

다행히 오랫동안 대다수 국민들은 급속한 경제성장에 수반된 전반적 소득 향상에 힘입어서 그동안 개인 책임으로 재생산 서비스를 확보하는 데 큰 문제가 없었다. 그러나 1970년대 이래 노동여건과 가족구조의 변화로 재생산 활동에 대한 위협이 나날이 점증하고 있다. 대다수 노동자들은 고용불안과 저임금으로 가족부양자로서의 소득 기반을 확보하는 데 커다란 어려움을 갖게 되었다. 생산(고용 또는 소득) 불안은 물적 기반을 교란시켜 가족에 의존하는 재생산을 교란시키고 있다. 남성 가장 노동자의 '가족생계 임금'의 안정적 확보가 어려워짐에 따라 가족 돌봄과 의료, 교육, 주거가 모두 곤란해지고 있다. 더욱이 여성들의 사회진출 증가에 더해 강제된 부인 취업이나 가족 단위 자영업이 늘어나 여성에 주로 의존하는 가족 재생산 체제의 근간이 흔들리고 있다. 특히 가족이 자원보다는 부담으로 작용함에 따라 혼인 · 출산의 동기가 약화되며, 가족 형성 자체가 교란받고 있다. 즉, 위험을 회피하기 위해 결혼을 미루거나 포기하고, 결혼을 하더라도 자녀 수를 최소화하고, 적극적으로 이혼이나 별거를 선택하는 등의 추세가 커졌다. 결과적으로 세계 최저 수준의 출산율, 세계 최고 수준의 이혼율, 초혼 연령의 급상승이 나타나고 있다.

돌봄 서비스

우리나라에서 돌봄 서비스 또는 사회 서비스는 가족의 돌봄을 받을 수 없고 노동능력이 없는 사회계층만을 대상으로 운영되어 왔고, 정부가 재원조달을 담당하되 비영리기관이 운영하는 시설에서의 치료적 돌봄을 제공하는 형태를 취해 왔다. 결국 대부분의 영유아, 장애인, 고령자에 대한 돌봄 책임은 가족(특히 여성)에게 돌려져 왔다. 그러나 소득성장세의 부진, 여성의 경제활동 증가로 인해 가족의 돌봄 기능이 약화되는 반면 고령화 등으로 인해 돌봄 요구는 증대되면서 돌봄의 위기가 나타나고 있다. 물론 2000년대 후반 들어 보육 서비스 확대, 장기요양보험제도의 도입 등의 돌봄 서비스가 확대되고 있으나 여전히 제한적이다. 또한 여전히 돌봄 서비스에 있어 민간시설 의존도가 높아 공공재원을 민간기관의 서비스 이용료로 지불하게 함에 따라 가족의 돌봄비용 부담이 여전하고 서비스의 질도 적절히 확보하지 못하고 있다.

의료 서비스

우리나라의 의료보험은 본인 의사와 관계없이 법률에 의해 강제 적용되는 사회보험을 근간으로 발전해 왔다. 급작스런 과도한 의료비로부터의 보호를 위해 각국은 다양한 의료제도를 운영하여, 국가가 직접 의료 서비스를 공급하거나 정부가 지원하는 공보험을 통해 제공되거나 기업 등이 집단적으로 가입하거나 개인적으로 가입하기도 한다. 공보험의 경우 건강보험 가입자가 많음에 따라 위험분담의 여지가 커져 보험의 효과가 커진다. 우리나라의 경우 건강보험 보험료를 6개월 이상 체납해 보험 적용에 제한을 받는 가구가 약 105만 가구(2021)다. 국민건강보험공단 조사에 따르면 이 중 70%인 약 73만 가구가 5만 원이 없어 보험료를 못내는 생계형 체납이다. 뿐만 아니라 우리나라 건강보험은 보험 적용이 되지 않는 소위 비급여가 과도하게 많아 국민들의 의료비 부담이 높다.

주거 서비스

주거복지는 국민의 기본적인 주거욕구를 충족시키기 위한 전반적인 주거 서비스를 말한다. 주택은 필수적인 생활공간으로, 주거가 안정되면 근로자의 근로의욕을 북돋아 생산성을 높이고 과도한 주거비용에 따른 임금 및 물가상승 압력을 해소할 수 있다. 한편 주택자산의 공평한 배분은 계층 간 상대적 박탈감과 상호 불신을 완화하고 사회통합과 경제발전을 촉진시킨다. 우리나라의 주거복지는 저소득층의 주거안정에 주로 초점을 맞추어 왔다. 우리나라의 경우 경제발전 초기 단계에 주택투자의 우선순위가 타 부문에 비해 낮았고, 경제성장으로 산업화와 도시화가 급속히 이루어짐에 따라 도시를 중심으로 주택난이 가중되자 정부는 주택분양을 중심으로 공급 확대를 도모했다. 이에 따라 구입능력이 취약한 저소득층에게는 지원이나 혜택이 충분히 돌아가지 못했다. 1990년대 들어 공공임대주택 공급이 시작되며, 주거복지에 대한 관심이 시작되었지만 아직까지 저소득계층을 대상으로 하는 잔여적 성격을 띠고 있다.

경제성장과 개인소득 향상에 힘입어 지난 수십 년간 우리나라 국민의 평균적 주거수준은 지속적으로 향상되었지만 주요 선진국과 비교하면 아직 낮은 상태이다. 우리나라의 주택보급률은 102.6%(2016)까지 높아졌으나 인구 천 명당 주택 수(364호, 2016, 국토교통부, 2017년 일반가구 주거실태조사, 주택업무편람), 자가점유비율(2016, 56.8%) 그리고 1인당 주거면적(33.2m^2)은 선진국에 비해 모두 낮다. 한편 2016년 기준 한국의 전체 주택 수 대비 공공임대주택 비중은 6.8%이고, 20년 이상 장기간 임대되는 공공임대주택은 5.6%에 달한다. 이러한 공공임대주택 비중(2015, 6.4%)은 OECD 회원국 중 네덜란드(34.1%), 영국(17.6%), 프랑스(18.7%) 등 주요 유럽 국가들에 비해서는 낮으나, 일본(3.8%), 미국(4.3%), 독일(3.9%) 등에 비해서는 높은 수준으로 조사 대상 24개국 중 10위에 위치한다.[31]

교육 서비스

교육은 “인간으로서 존엄과 가치를 가지며, 행복을 추구할 권리”(헌법 제10조)와 “인간다운 생활을 할 권리”(헌법 제34조 제1항)를 위해 반드시 필요한 조건이다. 우리나라는 교육복지 정책을 통해 저소득층에 대한 교육 기회 보장을 위해 노력해 왔다. 우리나라는 초등학교와 중등학교 취학률뿐만 아니라 대학진학률에 있어서도 세계적으로 높은 수치를 기록하고 있어 양적인 지표로서의 교육 기회 접근은 상당히 우수하다.[32] 아울러

31. www.oecd.org/social/affordable-housing-database.htm

32. 다만, 유아교육에 있어서 3~4세의 유아교육기관 취학률(2010)은 80.2%로 프랑스 100%, 독일 92.4%, 영국 90%, 일본 86.1% 등에 비

우리나라 학생의 읽기 성취도는 OECD 국가 중 최고 수준이고, 형평성 수준이 평균보다 높은 국가 집단에 속하나 상위권은 아니며 중간 수준 국가 중 상위에 속한다. 교육에서 형평성이란 학생의 가정배경이 성취도에 미치는 영향을 말한다. 단 한국의 학급당 학생 수나 교원 1인당 학생 수는 OECD 국가들에 비해 높아 상대적으로 교육여건이 열악하며, 그 차이는 중학교보다 초등학교에서 더 큰 실정이다.

그러나 경쟁적 교육풍토 속의 학업 스트레스, 적은 여가시간 등으로 인해 한국 아동 · 청소년의 삶의 만족도는 60.3%를 기록하여 OECD 국가 중 최하위를 기록하고 있다. 한국 학생들의 학교 만족도(OECD/PISA 2012)는 65%로, OECD 평균 78.2%에 비해 매우 저조하며. "학교에 있는 것이 행복한가"라는 질문에 대한 응답도 최하위를 기록하였다. 청소년 자살률의 경우 한국은 OECD 국가 중 평균 수준을 기록하고 있지만, 2000~2010년 기간 중 청소년 자살 증가율에서 한국은 OECD 국가 중 2위를 기록했다. 한국 청소년 자살의 가장 주된 원인은 역시 학업 및 성적과 관련된 것으로 나타난다. 한편 학교생활과 관련하여 한국 학생들의 학업중단율은 중등교육의 경우 0.9%로 상당히 낮은 편이고 결석, 지각 등의 비율도 가장 낮은 수준으로 학교활동 참여도는 매우 높으며, 학교 수업시간도 가장 긴 편에 속한다. 즉, 한국 학생들은 가장 오랜 시간 동안 학교활동에 참여하고 있지만 학교생활에 대한 만족도와 학교생활에서 오는 행복감은 가장 낮은 현상을 보이고 있다.

최근 우리 사회에서는 교육이 계층이동 사다리보다는 계층을 공고히 하는 수단으로 전락하고 있다는 비판의 목소리가 높다. 통계청의 '2017 한국의 사회지표'에 따르면 본인 세대에서 사회 · 경제적 지위가 상승할 가능성이 낮다고 생각하는 사람의 비율이 2013년 57.9%, 2015년 62.2%, 2017년 65.0%로 점점 더 커지고 자식 세대의 계층 상승 가능성이 낮다고 인식한 비율 또한 2013년 43.7%, 2015년 50.5%, 2017년 54.4%로 해가 갈수록 커지고 있다. 교육이 제공하는 사회적 이동의 가능성이 약화된 만큼 사회적 격차는 삶을 개선하려는 자극보다는 사회갈등을 심화시키는 요인이 되고 있다.

2.4 라틴 함정과 한국경제

라틴 함정에 빠져 있는 한국경제 : 남미균형 → IMF 균형 → 유럽균형

앞에서 다루었던 라틴 함정에서 현재 한국은 어디에 위치하고 있는 것일까? 외환위기 이전 시점부터 시작해 보자. 한국에서는 1980년대 초부터 시작된 강한 재정긴축 기조가 이후에도 오랫동안 유지되고 안정적 통화관리도 병행되어 왔다. 하지만 1990년대 금융자유화를 배경으로 대기업집단의 공격적 투자가 경상수지 적자와 단기외채를 급증시켰다. 1997년에 들어 그동안의 과도한 차입의 후유증으로 기업 부도가 확산하고 금융기관 부실이 커지는 가운데 동남아 국가들의 동시다발적 외환위기가 우리나라로 전염되어 외환보유고가 고갈되고 기업과 금융기관의 단기외채 만기연장에 어려움을 겪었다. 결국 1997년 말 정부는 IMF에 긴급구제금융을 요청하였다. 외환위기 이전에는 민주화 이후 꾸준한 임금 상승과 공격적 투자에 따른 국내경기 활황이 대내적 균형과 사회적 안정을 만족시키고 있었다. 하지만 1996년 GDP의 5%에 달하는 경상수지 적자는 전형적인 대외불균형의 표출로 볼 수 있어 결국 외환위기 이전의 우리 경제는 전형적인 라틴형 균형을 보였다고 할 수 있다. 외환위기를 극복하기 위해 IMF 구제금융이 이루어졌고 그에 따라 우리나라는 IMF가 요

하여 뒤진다.

[참고문헌]

길은선 · 송영진 · 신위뢰(2019), 『고용 없는 성장의 특성 및 산업별 분석』, 산업연구원.

서재용 · 장용성(2022), 「소비자 물가상승률 통계의 잠재적 괴리 요인」, 『경제학연구』, 제70권 제2호.

유혜미(2020), "2001년 이후 한국의 노동생산성 성장과 인적자본 : 교육의 질적 개선 효과를 중심으로", BOK 경제연구, 제2020-10호, 한국은행.

이병희 등(2012), "사회보험 사각지대 해소 방안-사회보험료 지원정책을 중심으로", 한국노동연구원.

장지연(2009), 「한국 사회 젠더레짐과 복지국가의 성격」, 정무권 편, 『한국 복지국가 성격논쟁 II』, 인간과 복지.

홍민기(2015), 「최상위 임금 비중의 장기 추세(1958~2013)」, 『산업노동연구』, 제21권 제1호, pp. 191~220.

______(2021), 「2019년까지의 최상위 소득 비중」, 『월간 노동리뷰』, 2021년 2월호, 한국노동연구원.

Bonoli, Giuliano(2003), "Social Policy through Labor Markets : Understanding National Differences in the Provision of Economic Security to Wage Earners," *Comparative Political Studies* 36(9).

Deakin, Simon(2005), "The 'Capability' Concept and the Evolution of European Social Policy," Working Paper 303, Centre for Business Research, University of Cambridge.

Dornbusch, Rudi(1996), "Latin Triangle," Working paper, Vol. 96, 9, MIT.

Easterlin, R.(1974), "Does Economic Growth Improve the Human Lot? Some Empirical Evidence," in David, R. and Reder, R., Eds., *Nations and Households in Economic Growth : Essays in Honor of Moses Abramovitz*, Academic Press, New York.

Eichhorst, W. and A. Hemerijck(2010), "Welfare and Employment : A European Dilemma?," in Jens Alber and Heil Gilbert(eds.), *United in Diversity? : Comparing Social Models In Europe And America*, Oxford University Press.

Eichhorst, W. and R. Konle-Seidl(2005), "The Interaction of Labor Market Regulation and Labor Market Policies in Welfare State Reform," IAB Discusstion Paper, No.19/2005.

Obinger, Herbert, Peter Starke and Alexandra Kaasch(2012), "Responses to Labor Market Divides in Small States Since The 1990s," *The Age of Dualization*, Oxford University Press.

Sapir, André(2006), "Globalization and the Reform of European Social Models," *Journal of Common Market Studies*, Vol. 44 Issue 2, pp. 369~390.

Sen, Amartya(1985), *Commodities and Capabilities*, North-Holland.

______(1992), *Inequality Reexamined*, Harvard University Press.

______(1999), *Development as Freedom*, Oxford University Press.

제2장 한국경제 성장의 원천과 전망

1. 이론적 배경과 세계 경제 | 2. 한국경제의 고도성장과 도전

제1장에서는 한국경제가 성장의 둔화와 양극화를 극복하기 위해 노동생산성 향상과 사회적 통합이 동시에 요구된다는 것을 보았다. 노동생산성이 지속적으로 높아지는 현상은 일반적으로 경제성장으로 정의된다. 아쉽게도 오래전부터 우리의 경제성장은 둔화되어 신흥국에 비해 크게 낮아졌을 뿐만 아니라 선진국과의 격차도 크게 감소하였다. 이를 새로운 현실(new normal)로 받아들여야 하는 것일까? 제2장에서는 경제성장의 원천을 검토한다. 제1절에서는 기술혁신이 경제성장의 궁극적 원천으로 사회조직과 정부의 집단적 노력이 필요함을 보인다. 또한 경제성장과 역량발전, 경제정책과 사회정책, 생산성 향상과 사회적 통합이 상호 보완적임을 살펴본다. 경제성장은 역량발전을 위한 기반이지만 동시에 역량발전은 경제성장의 기반이기도 하다. 제2절에서는 한국의 성장모형을 특징짓고 그 한계를 살펴본다. 한국경제는 요소주도에서 투자주도를 거쳐 혁신주도 경제로 전환하였다. 이러한 성장은 수출이 주도하였으며 왕성한 투자가 뒷받침한 결과였다. 하지만 동시에 경제성장은 교육정책과 사회정책으로 뒷받침된 역량 확장을 동반하였기에 지속 가능하였다. 경제성장은 한편으로는 발전국가의 주도와 다른 한편으로는 대기업집단의 협력 속에서 이루어졌다. 그러나 혁신주도 경제에서 발전국가와 지배적 대기업집단의 오래된 연합은 숙련 형성, 혁신 기업, 중소기업, 기초연구, 서비스산업 혁신 등 다양해진 혁신의 원천을 수용하는 데 어려움을 보이고 있다.

1. 이론적 배경과 세계 경제

1.1 경제성장과 경제발전 : 개념과 측정

경제성장과 경제발전

경제성장은 노동생산성 그리고 그에 따라 국민의 생활수준이 꾸준히 향상되는 현상으로 정의되며, 그 성과는 1인당 GDP나 1인당 경제성장률로 평가한다. 그러나 경제성장률이 높아도 소득격차가 커져 빈곤계층이 증가하거나 생활여건이 악화되고 광범위한 좌절감이 사회를 지배한다면 경제성장의 의미가 퇴색된다. 따라서 사회성원 모두의 생활이 골고루 개선되는 상황을 말하는 경제발전이 생활수준의 향상을 보다 잘 평가할 수 있다. 한편 역량접근에서 볼 때 경제성장은 가치 있는 삶을 영위할 역량 또는 자유의 확장에 기여하는 수단이며, 경제발전은 자유의 공평한 확장으로 간주된다.

경제성장의 경험

인류가 의미 있는 경제성장을 경험한 것은 최근의 일이다. 기원후 약 1,800년간 세계 각국은 경제성장이라 불릴 만한 생활수준의 향상을 경험하지 못했다. 대부분의 기간 동안 사람들은 기술변화가 별로 없었던 농업에 종사했다. 간헐적으로 발견 · 발명이 있었지만, 농업 산출을 근본적으로 높이는 데는 역부족이었다. 산출이 증가해도 곧 뒤따라 인구가 증가해 1인당 산출은 원래 수준으로 되돌아갔다(맬서스의 함정). 16세기 영국과 1세기의 로마를 비교하거나 우리의 신라와 조선을 비교하거나 대중의 생활수준에는 근본적 차이가 없었다. 이 함정에서 마침내 벗어난 첫 지역은 유럽이었다. 약 1500년부터 1700년까지 1인당 산출이 증가하기 시작했다. 증가율은 연간 0.1% 내외로 사소했지만, 1700~1820년 중에는 0.2%대로 높아졌다. 그러나 소득, 빈곤율, 교육 등을 모두 고려한 현재의 생활수준과 비교할 때 1700년대까지 세계의 모든 국가는 저소득 국가였다(Maddison, 2010). 물론 국가 간 격차는 있었다. 15세기까지 대부분의 기간 동안 중국은 세계에서 가장 높은 1인당 산출을 보였다. 이후 세계 경제 주도권은 수백 년간 북부 이탈리아의 도시로 이어졌고, 이어 1820년대 네덜란드를 거쳐 다시 1820~1870년에 이르러서는 영국으로 넘어갔다.

영국에서 시작된 산업혁명(industrial revolution)과 더불어 인류는 마침내 맬서스의 함정에서 벗어나 근본적인 생활수준의 개선을 경험하였다. 성장이 인구증가로 말미암아 주기적으로 제동이 걸리는 맬서스의 함정을 지속적인 생산성 증가로 극복한 것이다. 산업혁명이 낳은 경제를 근대경제라 하고 그 성장경험을 근대경제성장(modern economic growth)이라 칭한다. 근대경제란 공업화가 산업발전을 주도하고 1인당 산출이 지속 성장하며 그것을 뒷받침하는 제도와 기술이 확립된 경제이다. 토지와 노동력이 주된 생산요소였던 전근대 농경사회와 달리 자본과 기술진보가 주된 생산요소로 등장하였다. 1870년경 많은 국가들의 소득수준이 2천 달러를 넘어섰고 영국은 3천 달러에 도달했다. 이후 세계 경제성장은 미국이 주도하여 왔다. 자원은 풍부했으나 노동력이 부족했던 미국은 노동절약적인 대량생산기술과 유럽으로부터의 숙련노동자 이민에 기반한 산업을 발전시켜 19세기 말 선도국의 자리를 넘겨받는다. 그리고 19세기 중엽에는 독일 그리고 19세기 말에는 러시아와 일본이 전형적 후발국으로 산업화 대열에 들어섰다.

그러나 19세기 중반 이후 이들 선도국은 산업국의 위치를 지속한 반면, 나머지 후발국은 대부분 (식민지) 농업국으로 남았다. 선도국의 산업 성장은 후발국의 1차 상품을 필요로 하였고 수송 · 통신기술에 힘입은 국제무역의 확장은 식민지에 기반한 노동의 국제적 분업을 낳았다. 인도의 섬유업 억압에서 볼 수 있듯이 식민지 정책도 이에 기여했다. 자국 경제와 유리된 채 비정상적으로 팽창된 1차 산업과 이의 유지를 위한 억압적 제도들은 이들 국가에 전근대성과 만성적 불평등을 남겼다. 제2차 세계대전의 종식과 더불어 후발국 역시 제조업 중심으로 산업화 대열에 들어섰고, 그에 따라 세계 제조업 생산과 무역의 구조에는 근본적 변화가 발생하였다. 많은 제조업 부문이 개도국으로 이관되었고 이 과정에서 일부 후발국은 제조업을 기반으로 지속적인 경제성장과 산업화에 성공한다. 그중 하나가 한국이다. 한편 세계는 개인의 자유로운 선택이 중시되는 고도 대중소비 시대로 진입하며 한편으로는 제품 차별화가 중시되는 동시에 점차 정보통신 기술의 눈부신 발전, 이른바 정보통신혁명을 경험하였다. 정보통신혁명으로 지식이 생산과 경쟁의 원천이 되고 온라인 네트워크가 경제활동의 한 축이 되는 정보사회, 지식기반사회 또는 후기산업사회에 들어섰다.

1.2 경제성장의 원천 : 수요와 공급 그리고 기술진보

1) 총수요 vs 총공급

경제성장은 수요나 공급 측면에서 접근할 수 있다. 한 나라의 총수요는 소비, 투자, 정부지출, 그리고 순수출(수출−수입)의 합으로 나타난다. 수요 측면에서 한국과 같은 소국 개방경제에서의 경제성장은 수출에 크게 의존한다. 따라서 국제 경쟁력을 높이는 것이 수요를 통한 경제성장에 결정적이다. 하지만 수요 팽창에만 의존해서는 경제가 지속적으로 성장할 수 없다. 공급역량이 확충되지 않는다면 공급부족, 물가불안 그리고 수입증가로 대내외 균형에 어려움이 생겨난다. 이런 이유로 경제학자들은 공급 측면에서 경제성장 문제에 접근한다.

2) 총공급 : 자본축적 vs 기술진보

공급 측면에서 경제성장의 원천을 검토하기 위해 경제성장에 각 생산요소가 얼마나 기여했는가를 분석[성장회계(growth accounting)]해 보자. 1인당 GDP 증가를 공급요인으로 분해하기 위해 우선 국민경제를 전통부문($i = P$)과 선도부문($i = M$)으로 나눠 보자. GDP를 Y, 인구 수를 N, 총고용을 L, i부문의 산출을 Y_i, i부문의 고용을 L_i로 두자. 이 경우 산출과 고용은 전통부문과 선도부문으로 나누어져 $Y = Y_P + Y_M$, $L = L_P + L_M$으로 둘 수 있다. 이때 1인당 산출에 대해 다음이 성립한다 :

$$y = \frac{Y}{N} = \frac{L}{N} \times \left[\frac{L_P}{L} \times \frac{Y_P}{L_P} + \frac{L_M}{L} \times \frac{Y_M}{L_M}\right] = \frac{L}{N} \times (1 - \alpha\, \Delta) \times \frac{Y_M}{L_M}$$

여기서 $\alpha = L_P/L$와 $\Delta = [1 - (Y_P/L_P)/(Y_M/L_M)]$는 각각 전통부문 P의 고용비중과 선도부문과 전통부문 간의 생산성 격차를 나타낸다. 이때 $S = 1 - \alpha\,\Delta$는 구조변화의 효과를 측정하는데, 전통부문의 고용비중이 감소하거나 선도부문과 전통부문의 생산성 격차가 좁혀지면 S가 증가하여 1인당 산출 $y = Y/N$에 긍정적 효과를 가진다. 이제 $g(x)$가 변수 x의 증가율을 나타낸다고 하면 다음이 성립한다 :

$$g(y) = g\left(\frac{L}{N}\right) + g(S) + g\left(\frac{Y_M}{L_M}\right)$$

즉, 1인당 산출의 증가율은 ① 총인구 대비 총고용의 비율 $g(L/N)$, ② 전통부문에서 선도부문으로의 고용이동으로 측정되는 산업구조 전환율 $g(S)$, ③ 선도부문 M에서의 근로자 1인당 산출의 성장률 $g(Y_M/L_M)$에 의존한다(Szirmai, 2012).

한편 선도부문에서의 1인당 산출의 성장률은 기술진보율과 자본/노동의 증가율로 분해할 수 있다. 산출은 자본스톡(K_M), 노동(L_M), 기술수준(A)에 의존한다고 볼 수 있다[기술수준을 나타내는 A는 총요소생산성(total factor productivity ; TFP)으로도 불리는데 노동과 자본의 생산성을 높이는 모든 요소를 지칭한다]. 이때 한계생산이 체감하고 규모에 대한 수확이 불변한다면 생산함수는 $Y_M = A(K_M, L_M) = AK_M^{\alpha}L_M^{1-\alpha}$로 쓸 수 있다. 이를 1인당 산출로 나타내면 생산함수는 다음으로 나타난다 :

$$\frac{Y}{L_M} = AF\left(\frac{K_M}{L_M}\right) = A\left(\frac{K_M}{L_M}\right)^{\alpha} \quad \text{(식 2.1)}$$

즉, 1인당 산출의 성장률은 기술진보율과 1인당 자본의 성장률에 의존한다 :

$$g\left(\frac{Y_M}{L_M}\right) = g(A) + \alpha g\left(\frac{K_M}{L_M}\right)$$

결국 선도부문에서 경제성장이 발생하려면, 즉 1인당 산출(Y_M/L_M)이 증가하려면 기술수준(A)이나 1인당 자본(K_M/L_M)의 증가가 필요하다. 결국 선도부문 M에서의 경제성장률을 높이기 위해서는 더 높은 기술수준에 도달하거나(③ - ①), 더 높은 수준의 자본축적이 요구된다(③ - ②). 산업구조 전환은 선도부문의 자본축적 확대에 기반하므로 경제성장은 결국 노동을 포함한 기초적 생산요소의 확대, 자본축적 그리고 기술진보에 의존한다고 요약할 수 있다.

성장 원천으로 본 성장 유형

경제성장의 원천은 계속 변화해 왔다. 전통 농경사회에서 주된 생산요소는 토지와 노동으로 자본축적은 미약하였다. 근대에 들어와 발명과 혁신을 배경으로 자본축적이 주된 생산요소가 되고 경제성장의 원천이 되었다. 20세기 후반에는 컴퓨터 보급과 디지털 기술의 발전, 인터넷 기반의 정보 네트워크 확산으로 정보화가 가속화되면서 지식과 기술의 창출 · 확산 · 활용이 경제성장의 원천으로 더욱 부각되고 있다.

각국의 경제성장 경험을 보더라도 경제성장의 원천은 계속 변화해 왔다. 각국은 산업화 초기에 생산요소의 양적 투입 증대에 주로 의존해 성장하지만, 성숙할수록 요소 생산성의 향상과 기술진보가 중요해진다. 현재의 선진국은 제1차 산업혁명과 제2차 산업혁명을 거치면서 현재까지 발명과 혁신에 의존하여 자본축적을 낳으며 산업화를 주도하고 있다. 후발국들은 선도국을 모방하였지만, 여건의 차이로 산업화의 궤적은 달랐다. 독일, 일본, 러시아 등은 소비재보다는 자본재 산업, 노동보다는 자본설비, 자본시장(직접금융)보다는 대은행(간접금융), 기업가보다는 정부가 적극적 역할을 하였다. 특히 독일은 정부주도로 산업계가 협력하며 교

표 2-1 경제성장의 단계

요소주도형 경제 → 투자주도형 경제 → 혁신주도형 경제

	요소주도형 경제	투자주도형 경제	혁신주도형 경제
비교우위의 원천	생산요소 부존	표준 제품의 생산효율성	제품과 서비스의 혁신성
기술흡수	수입, FDI, 모방을 통한 외국 기술의 흡수	외국 기술을 흡수하고 개선하는 역량을 보유	기초연구 중심의 기술혁신, 금융의 선별능력 중요
가치사슬상의 기업의 역할	제한적 역할(조립, 노동집약적 제조, 자원추출에 초점)	제품과 가치사슬 참여범위가 확대, 독자 시장을 개척	독특한 전략으로 가치사슬을 통제
외부충격과 대응	세계 경기, 상품가격, 환율에 민감	정부 · 외부자금에 의존한 막대한 투자로 충격에 민감	서비스 비중이 높고 외부충격에 탄력적 대응

자료 : Ohno(2009), Porter(1990).

육체계를 확립한 뒤 과학기술 인력을 기반으로 경제성장을 일궈내었다. 제2차 세계대전 이후 산업화에 들어선 소수의 후발국은 농업이나 노동집약적 경공업이 지배하는 저소득국의 지위에서 출발하여, 산업화를 거치면서 선진국으로 도약해 왔다. 후발국에 나타나는 추격적 산업화를 고려할 때 성장 유형은 성장회계의 체계 내에서 요소주도형(factor-driven), 투자주도형(investment-driven), 혁신주도형(innovation-driven)으로 정형화할 수 있다(Ohno, 2009 ; Porter 1990). 경제성장 단계에 따라 국가가 직면한 도전과 기회가 상이하므로 기술혁신의 유형과 기업 행태 역시 달라진다.[1]

산업화 전단계 전쟁, 내분, 전제 정치, 경제위기를 겪은 저소득국은 취약한 경제구조를 가진다. 소득수준이 매우 낮고 무역과 투자는 제한적이며, 광물 · 단일작물 · 생존을 위한 농업 또는 외국 원조에 크게 의존한다. 활력 있는 제조업 부문이 부족하므로, 대신 부가가치가 낮은 1차 산업의 생산과 무역이 매우 큰 비중을 차지한다.

요소주도형 요소주도형 경제는 주로 자연으로부터의 생산 자원에 의존하는 경제이다. 대다수 인구가 농업에 크게 의존하는 가운데 산업화가 외국계 기업의 진입(foreign direct investment ; FDI)으로 시작되지만, 저임 노동이나 천연자원에 비교우위를 가지므로 요소주도형 경제라 부를 수 있다. 이들은 저렴하고 풍부한 생산적 자원에 기초한 저렴한 요소비용과 제품가격으로 국제경쟁에 나선다. 기술수준은 낮고 자본재 수입, FDI, 모방을 통해 기술을 흡수해 나간다. 외국계 기업이 지배하는 가운데 의류 · 신발 생산, 식품 가공의 계약 · 제조나 전자부품의 수조립 등 단순생산이 이루어진다. 즉, 기업들은 1차 상품이나 선진국에서 설계된 단순 상품을 생산한다. 거의 모든 원자재가 수입되며, 경영, R&D, 원재료와 핵심부품 생산, 물류, 마케팅은 모두 외국 기업이 주도한다. 수출시장과의 직접적 접촉은 역부족이고, 단지 미숙련노동과 입지를 제공하는 데 그쳐 가치사슬에서도 자원 추출이나 노동집약적 제조나 조립에 초점을 맞출 뿐이다. 산업화로 일자리와 소득이 생기지만 대부분의 부가가치는 외국계 기업이 창출한다. 결과적으로 경제는 수출단가에 영향을 미치는 세계 경기, 환율변동, 국제 가격의 추이에 크게 의존한다. 요소주도형 경제에서는 제도의 확충, 교통과 통신 등의 인프라, 경제의 안정, 건강과 교육 등의 기본 요건이 매우 중요하다.

투자주도형 또는 효율주도형 투자주도형 경제는 적정 수준으로 집약되어 높은 생산성을 보이는 생산 규모가 경제성장의 동인이 된다. 외국계에 의존하며 성장하던 요소주도형 경제에서 계약생산과 수조립이 임계수준을 넘어섬에 따라 조립업체에 대한 부분품의 국내공급과 사업체가 늘며 지원산업이 확장된다. 이에 따라 조립업체는 경쟁력이 강화되며 조립업체와 공급업체 간 선순환이 생겨난다. 생산요소의 국내공급을 통해 산업은 양적으로 팽창해 간다. 특히 인적자원 축적을 통해 숙련, 기술, 경영역량이 점차 내부화되며, 국내 기업이 R&D, 제품설계, 조립 · 생산, 물류, 마케팅 기능을 대체해 나간다. 대외의존이 감소하며 내부에서 기여하는 부가가치 비중이 증가한다. 고품질의 제조품 수출국이 되며 해외로 생산기지를 확대 투자하고 글로벌 산업지형에 영향을 준다.

기술수준은 아직 미흡하지만 지원산업과 인적자원이 축적됨에 따라 표준제품을 효율적으로 생산하는 데 비교우위를 갖게 된다. 핵심 기술과 디자인은 여전히 해외에 의존하지만, 새로 도입된 자본설비에 체화된 형태로 외국 기술을 흡수하고 도입한 기술을 개선하는 역량을 발전시킨다. 기업들은 제품의 범위나 가치사슬에서의 참여 범위를 확대해 나간다. 외국 기업이 요구하는 사양과 상표로 제품을 생산할 뿐만 아니라 독자적

1. 뱁슨대학교와 런던비즈니스스쿨이 공동 발표한 '글로벌 기업가정신 모니터 GEM(Global Entrepreneurship Monitor) 2013'은 한국을 아시아에서 일본, 싱가포르, 대만과 함께 혁신주도형 국가로 분류하고 있다.

시장도 개척한다. 더 다양한 제품, 시장, 기술로 확장됨에 따라 기존 기술의 모방과 투자의 범위가 더욱 확대된다.

국내 기업은 대규모 투자를 위한 외부자금의 확보가 중요해진다. 보조금과 감세 등 투자 유인책, 기업 관련 사회간접자본의 확충, 반경쟁 정책과 친기업적 행정의 필요성은 적극적 정부개입을 요청한다. 그러나 유치산업에의 대규모 투자를 감당하기 위해서 경험, 기술역량, 자본이 요구되는 만큼 기존 기업과 경험이 중시되고 신흥기업이나 혁신은 차별된다.

혁신주도형 혁신주도형 경제에서는 혁신과 그를 위한 R&D가 경제성장의 동인이다. 동시에 성숙된 경제 여건으로 부유해진 계층의 보편적 욕구를 충족할 수 있는 서비스 부문으로 산업의 중심이 이동한다. 기술적으로 뒤처진 국가들은 추격과정에서 새로운 기술이 체화된 자본에 투자함에 따라 자본축적이 혁신을 지배한다. 하지만 일단 기술선도국에 접근해 이들과 경쟁하게 되면 자본축적보다 기술진보가 중요해진다. 신제품을 창출하고 글로벌 시장을 주도하는 역량은 혁신에 의존한다. 혁신주도 경제에서는 기술역량이 세계 표준에 도달하여 첨단분야에서 신제품을 혁신, 설계, 생산하는 역량이 비교우위의 원천으로 작용한다. 특히 제조에 초점을 맞춘 응용개발연구보다 기초연구가 기술혁신의 주요 원천이다. 기업은 혁신적 제품의 창출과 더불어 이를 신속히 구현해 낼 수 있는 가치사슬 전반에 대한 통제역량을 가진다. 기업가정신과 기술혁신이 중요하지만, 이를 뒷받침하는 사회적 여건도 그만큼 중요하다. 무엇보다 다양한 혁신활동을 자극, 선별, 성장시킬 수 있는 금융체계가 중요하다. 아울러 과학기술과 혁신을 존중하는 문화가 자리 잡아야 하고, 이를 구체화한 기초연구 중심의 R&D 투자와 고등교육 지원, 옥석을 가려내는 풍부한 모험자본, 경쟁촉진적 법규를 갖추어야 한다. 혁신주도형 경제의 대표적 사례로는 19세기 영국과 현재의 미국을 들 수 있다. 미국의 경우 신흥기업의 고도의 흥망과 벤처캐피탈과 주식시장을 통한 선별적 금융기능이 혁신에서 핵심적인 역할을 하고 있다.

애덤 스미스 이래 20세기 초까지 대부분의 경제학자들은 자유방임주의를 지속가능한 경제성장을 달성하는 최선의 방법으로 간주했다. 성장하는 경제에서 자원배분 결정은 정부개입 없이 시장에서 가격신호를 따라 행동하는 경제 주체에 의해 이루어진다. 가격 시스템은 무엇을 어떻게 그리고 누구를 위해 생산할지를 결정한다. 자신의 목표를 추구하는 가계와 기업은 가격 기구에 이끌려 다른 이들 그리고 사회 전체에 이익이 되는 선택을 할 것이다. 이들은 근대화 이론으로 뒷받침되어 전통사회는 자체적 잠재력으로 근대 사회로 진화하는 것으로 간주되었다. 산업국의 역사적 패턴에 따르면 개도국은 저발전 상태에서 출발하여 전통사회, 도약 조건의 확립, 도약, 성숙, 고도 대중소비 시대로 단계적으로 발전해 간다(Rostow, 1960). 경제학자들은 선진국이 거쳐간 경제구조의 변화 패턴에도 주목하였다. 특히 농업(전통)부문에서 공업(근대)부문으로의 노동이동이라는 구조변화를 경제성장의 핵심적 원천으로 간주하였다(Lewis의 2부문 모형). 전통부문의 거의 제한이 없는 인력 공급으로 인해 근대부문으로 옮겨간 근로자들은 계속 생존수준의 저임금을 받을 것으로 간주되었다. 이에 따라 근대부문은 이윤을 축적하여 투자를 이어나가며 그에 따른 근대부문의 팽창은 다시 노동이동과 근대부문의 고용증가 그리고 선진국으로의 전환으로 이어질 것으로 기대되었다. 구조변화는 국제무역이나 소비유형뿐만 아니라 도시화나 인구증가와 분포 등 사회의 모든 부문에서 발생하는 것으로 간주되었다.

3) 자본축적론 또는 투자주도론과 그 한계

(1) 자본축적론의 한계 : 이론적 논의

자본축적은 경제성장에 기여하는 주요 요인 중 하나지만, 계속 자본축적에만 의존하여 경제성장을 도모할 수는 없다. 자본축적의 추가적 증가가 가져오는 생산에의 기여, 즉 한계생산이 체감하기 때문이다. 자본을 추가로 축적함에 따라 얻어지는 추가 산출과 소득, 그로부터 조달 가능한 투자 가용액인 저축은 점차 감소한다. 하지만 커져버린 자본설비를 유지하기 위한 유지보수 투자는 체감하지 않고 비례적으로 증가한다. 결국 일정 수준을 넘어 자본을 축적한 국가는 자본축적을 늘릴 수 있지만 계속 유지할 수는 없다. 자본축적을 이어가다 보면 주어진 자본으로 거두어들이는 수익으로 유지비용조차 감당할 수 없는 상황에 봉착하기 때문이다. 이러한 현상은 의욕적으로 과도하게 투자하는 기업이나 국가 모두에서 나타나는 현상이다. 자본축적이 충분히 이루어진 뒤에는 더 이상 자본축적에 의존하는 성장을 도모할 수 없으며, 기술진보만이 지속 가능한 성장의 유일한 원천으로 남게 된다.[2]

(2) 자본축적론의 한계 : 역사적 경험

제2차 세계대전 이후 경제발전을 고민했던 개발도상국의 관심은 대체로 자본축적에 두어졌다. 기술은 자유롭게 전파되므로 결국 필요한 것은 기술을 활용할 수 있도록 하는 자본축적이라는 관점이 지배하였다. 1930년대 남미 경제의 경험에 비추어볼 때 전통부문에 의존하던 개발도상국은 국제 농산품 가격의 추세적 하락으로 말미암아 도약이 차단된다고 지적되었다. 이를 극복하기 위해 수입대체를 통한 제조업의 육성 또는 근대부문의 최초의 팽창이나 도약과 이를 위한 투자가 주목받았다. 그렇지만 개발도상국에서는 시장실패가 광범위하게 나타나므로 필요한 투자가 실현되지 못한다. 투자에 대한 제약만 해소된다면 모든 국가는 선진국의 뒤를 밟을 것이다. 그에 따라 정부는 이를 교정하는 데 중요한 역할을 해야 한다고 강조되었으며 개발도상국 정부는 성장률 목표와 그에 필요한 투자 규모를 추계하고, 국내 저축만으로는 부족한 재원은 외국에서 조달하기 위해 분주히 움직였다.

종속이론과 세계체제론

자본축적을 위한 개발도상국의 노력에도 불구하고 후발국의 성장 경험은 기대를 크게 벗어났다. 정체되어 출발점에 머물거나 뒤로 후퇴하기까지 하였다. 구조전환도 마찬가지였다. 투자가 집중된 수입대체공업은 국제경쟁력을 확보하지 못했고, 농업 등의 핵심적 부문의 쇠퇴만을 경험했다. 산업화를 촉진하려 했던 수입대체는 수입품 경쟁으로부터의 보호조치를 동반하여 가격기구의 왜곡과 지대추구 그리고 경제적 비효율성으로 이어졌다. 교육, 보건 등 인적자본에 대한 투자 역시 경제성장으로 이어지지 못했다. 사하라 남부의 아프리카에서 기대수명과 진학률은 수십 년간 급증했지만, 1970년대 이래 경제는 성장이 더디었고 때로는 후퇴

2. 인적자본에 대한 투자 역시 마찬가지다. 인적자본에도 한계생산 체감의 법칙이 작용하고 감가상각도 생겨난다. 일정 수준 이상의 숙련을 쌓으면 점점 더 개선하기 어려워지며, 사용되지 않은 기능과 지식은 퇴화하고 사라진다. 따라서 인적자본에 대한 투자는 일시적으로 산출 수준을 높이지만 경제성장률을 높이지는 못한다.

까지 하였다.

자본축적과 구조 전환에 따른 성장의 성과가 부진함에 따라 1970～1980년대에는 종속이론(dependency theory)과 세계체제론(world-system theory)이 주목을 받았다. 시장과 자본 모두를 선진국에 의존하는 한 개발도상국은 불평등한 교환관계로 말미암아 저개발이 고착화된다는 것이었다. 특히 개발도상국의 정부는 제국주의적 중심국과 주변국 사이를 연결하는 자본가 계층의 이익에 종사할 뿐이므로 해외자본에 종속된 국내자본의 자율적 성장에 의존하기보다 세계 경제와의 단절만이 자율적 발전을 가능하게 할 것으로 간주되었다.

그러나 선진국에의 종속에서 벗어나고자 자급자족을 도모했던 개발도상국의 경험은 참담했다. 빈번한 성장 정체를 경험한 끝에 중국, 탄자니아, 인도 등을 중심으로 개방으로 돌아섰다. 1970～1980년대에 적극적인 대외지향적 정책을 추진하며, 고소득국으로 발전해 간 한국, 홍콩, 싱가포르, 대만 등 동아시아 신흥산업국의 경험은 종속이론의 가설에 심각한 반증을 제공하였다.

정부개입의 반성과 시장친화적 성장의 모색

1980년대 들어 개도국의 저발전이 선진국과 국제기구의 약탈적 행태보다는 자국의 잘못된 자원배분과 가격 왜곡을 통한 과도한 정부개입 그리고 이로 인한 경제적 유인의 결핍과 부패에서 기인한다는 인식이 확산되었다. 수입대체 산업화를 위한 광범위한 정부개입은 비효율적 산업만을 만들었을 뿐이다. 이들 산업이 국제경쟁력을 달성할 전망은 희미했으며 생존을 위해서 끝없는 지원이 불가피해 보였다. 더욱이 민간은 정부지원을 손쉽게 얻을 수 있는 지대추구에 매몰되어 생산적 활동에서 멀어졌다. 1980년대 사회주의 경제의 붕괴는 자유시장 경제의 승리를 상징하였다. 마지막으로 동아시아 국가의 눈부신 성장은 시장유인과 강력한 민간부문이 주도하는 대외지향적 모형에서 비롯한 것으로 분석되었다.

시장도 정부도 모두 취약한 개도국에서 주류 경제학자들은 정체에서 벗어나는 길은 정부보다는 시장에 의존하는 것임을 강조하였다. 필요한 것은 국유기업을 민영화하고 시장에서의 정부규제와 가격 왜곡을 제거하고 안정적인 투자환경에 필요한 안정화를 위한 노력이었다. 자본축적의 역사가 일천한 개발도상국은 자본-노동비율이 낮은 만큼 투자수익률이 높다. 선진국의 앞선 기술을 이용할 수 있도록 자국 시장을 개방하여 무역을 자유화하고 높은 투자수익률에 이끌리는 국제 민간투자와 원조가 개도국에 자유롭게 유입되도록 한다면, 개도국은 경제 효율성과 경제성장이 자극받아 선진국이 누리는 생활수준에 도달할 것으로 간주되었다.[3] 한국, 대만, 싱가포르와 같은 국가의 성공은 자유시장의 성공사례로, 아프리카와 남미의 실패는 국가개입의 실패로 지적하였다. 저축률이 낮은 폐쇄경제는 성장이 더디고 더 낮은 1인당 소득수준에 수렴한다. 반면 무역과 외국인 투자가 개방될 경우 자본·노동 비율이 낮고 그에 따라 투자에 따른 수익이 더 높은 개발도상국은 선진국의 자본이 유입됨에 따라 더 높은 1인당 소득수준으로 수렴하게 될 것이다.

개발도상국들은 출구를 찾기 위해서 그동안 등한시하였던 시장에 초점을 맞추었고, 그에 따라 자유화·안정화·민영화 정책이 경제발전 어젠다의 핵심적인 요소가 되었다.[4] 개발도상국들의 국제무역 참여와 민간

3. 이를 조건부 수렴이라 부른다. 이용할 수 있는 기술이 같고 저축률도 똑같은 국가는 동일한 (1인당) 자본설비를 그리고 그에 따라 동일한 (1인당) 산출 및 생활수준을 갖는 경향이 있다. 저축률, 인구증가율, 인적자본 비율이 선진국과 유사하다는 조건이 성립할 경우 개발도상국은 결국 선진국과 유사한 생활수준에 도달할 것이다. 모든 국가가 동일한 정상상태로 나아간다는 것을 무조건적 성장의 수렴(unconditional convergence)이라 하고 저축률, 투자율, 감가상각율 등 초기조건의 차이가 없는 경우에만 동일한 정상상태로 나아간다는 것을 조건부 수렴(conditional convergence)이라 부른다.
4. 1980년대부터 시작된 구조조정 프로그램의 주된 목표는 개도국에서 기능별 시장의 출현을 막던 왜곡요인을 제거하는 데 있었다.

국제투자 그리고 외국원조의 유입은 이들 국가의 경제적 효율성과 경제성장을 가속화할 것으로 기대되었다. 그러나 결과는 그렇지 못해 국가마다 경제성장률에 큰 차이가 나타났다(Azariadis and Drazen 1990). 한국과 같은 신흥공업국은 예외적 경우였고 대부분의 후발국은 선진국에 대한 추격은 말할 것도 없고 오히려 선진국과의 격차확대를 경험하고 있다. 친시장적 경제정책에 초점을 맞춘 대부분의 남미와 아프리카 국가들의 경험이 이를 잘 대변한다.

(3) 자본축적의 부활 : 인적자본의 병행 축적

자본축적만으로 지속적 성장을 낳지 못하는 이유는 다른 생산요소가 그대로인 상황에서 자본만 증가하여 자본의 한계생산이 체감하기 때문이다. 하지만 다른 생산요소가 자본에 비례하여 증가한다면 자본의 한계생산 체감 현상을 피할 수 있고 지속적 경제성장이 가능해진다. 사실 이상에서 다룬 자본은 물적자본의 축적만을 다룬 것이다. 하지만 생산은 물적자본 외에도 개인이 지닌 능력(ability), 숙련(skill), 지식(knowledge) 등을 포괄하는 노동의 질적 수준, 즉 인적자본에도 의존한다. 이러한 인적자본이 일정한 상태에서 물적자본만의 증가는 결국 수확체감에 봉착할 것이다. 물론 물적자본이 일정한 상태에서 인적자본만의 증가 역시 수확체감에 봉착하게 할 것이다. 그러나 물적자본과 인적자본이 함께 증가한다면 물적자본이나 인적자본의 한계생산성은 체감하지 않을 수 있고 그에 따라 지속적 생활수준의 상승, 즉 경제성장 역시 가능해진다. 물적자본은 생산시설에 대한 투자를 통해 축적되고 인적자본은 교육과 훈련을 통해 축적된다. 저축률의 증가 또는 교육과 훈련에 소비되는 산출 비율의 증가는 장기에서 산출의 지속적 증가를 낳을 수 있다. 즉, 저축률을 높여 물적 투자와 교육훈련을 동시에 증가시키는 경제의 경우 기술진보에 의존하지 않더라도 지속적 경제성장을 경험할 수 있는 것이다.

표 2-2 인적자본, 물적자본, R&D 투자의 국가별 비교

		북유럽	유럽대륙	영미권	남유럽
국가		스웨덴, 덴마크, 핀란드, 노르웨이	오스트리아, 프랑스, 독일, 네덜란드	호주, 캐나다, 일본, 영국, 미국	이탈리아, 스페인, 포르트갈
인적자본 투자	가족지원	상위	중위	하위	하위
	교육	상위	중하위	중하위	하위
	ALMP	상위	중상위	하위	하위
물적자본 투자(고정투자 증가율)		중위	중하위	상위	하위
상대적 R&D 지출		상위	중상위	중상위	하위

자료 : Sakamoto T.(2018), "Four Worlds of Productivity Growth : A Comparative Analysis of Human Capital Investment Policy and Productivity Growth Outcomes," *International Political Science Review*, 39(4), pp. 531~550.

인적자본 투자 정책에 속하는 주요 정책도구에는 공교육, 가족지원과 재분배, 직업훈련 및 기타 노동시장 프로그램이 포함된다. 공교육과 직업훈련은 인적자본(기술과 지식)을 향상시키고 생산성에 기여할 수 있다. 한편 가족지원과 재분배는 저소득 개인과 가족의 소득을 증가시킴으로써 저소득층이나 중소기업 근로자의 숙련 투자의 기회비용을 감소시킴으로써 간접적으로 개인의 교육훈련 투자를 촉진한다. 저소득층 가정의

개인에게 교육비는 상대적으로 높다. 특히 가족 지원에서 잘 작동하는 출산휴가 정책은 여성들이 일과 가정의 균형을 맞출 수 있게 해주기 때문에 여성들이 취업 시장에 진출하고 기술에 투자하도록 장려할 수 있다.

경제성장과 역량 확장

지속적 경제성장이 물적자본과 인적자본의 동시적 확장과 기술진보에 의존한다는 점은 경제성장과 인간 역량 확장에 중요한 시사점을 제공한다. 무엇보다도 경제성장은 역량 확장과 분리될 수 없음을 알 수 있다. 경제성장과 그에 따른 소득 증가는 인간 역량 확장을 위한 물적 기반이 되기 때문이다(Growth to Human Development ; G to H). 그렇지만 경제성장과 소득 증가가 항상 역량 확장을 낳는 것은 아니다. 성장 방식과 그에 따른 소득 배분 방식, 정부의 사회정책과 그 효과성, 시민사회의 압력 등을 포함한 사회정책은 경제성장의 성과가 역량 확장으로 얼마나 이어질지를 결정한다. 일반적으로 ① 빈곤수준이 낮을수록(즉, 1인당 소득이 동일할 경우 소득이 더 균등하게 배분되어 있을수록), ② 가계가 더 많은 소득을 역량 팽창에 할당할수록(여성의 교육수준과 여성의 가계소득에 대한 통제수준이 높을수록), ③ 정부의 사회지출 배분 비율이 높을수록, ④ 공동체나 NGO 등 사회조직의 역할이 클수록, ⑤ 인간 역량 팽창을 위한 지출의 효율성이 높을수록 경제성장의 인간 역량 확장에 대한 기여는 커질 것이다.

그림 2-1 경제성장과 역량 발전의 상호작용

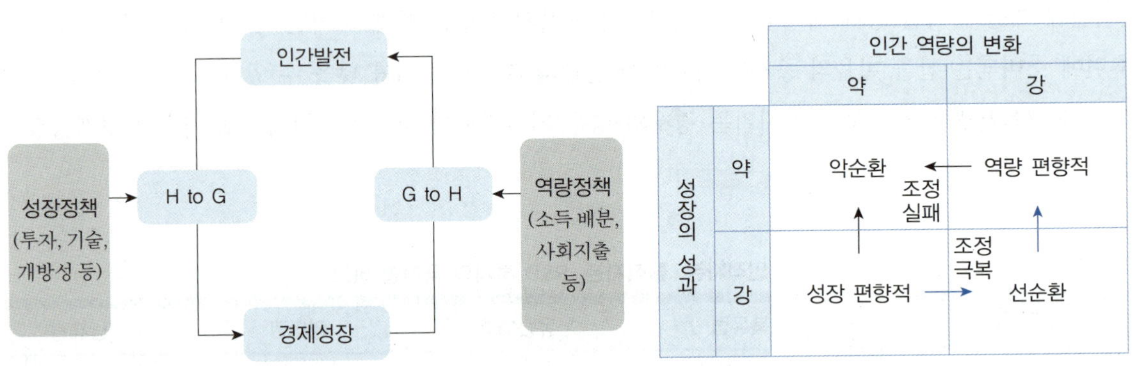

자료 : Ranis G. et. al.(2003), Schroder(2013).

역량 확장은 그 자체로 본질적 가치를 가지는 목적이 되므로 이를 가능하게 하는 물적 기반으로의 경제성장이 중요하다. 역량 확장은 경제발전의 궁극적 목적이기도 하지만 동시에 동인이기도 하다. 즉, 역량 확장은 경제성장의 중요한 기반이 된다(Human Development to Growth ; H to G). 역량 확장은 만족감을 높이거나 고통을 줄이는 것을 의미할 수 있다. 하지만 역량 확장에는 그 이상이 포함된다. 그것은 하고 싶은 일을 할 수 있는 인간의 능력을 포함한다. 역량 확장에 따라 사람들의 능력을 높이고 결과적으로 그들의 생산성과 창의성을 향상시켜 경제성장이 영향을 받게 된다. 역량 확장은 시민들로 하여금 노동자, 기업가, 관료로서의 능력을 높여 기술의 혁신과 수용 그리고 확산에 긍정적으로 작용한다. 노동자의 건강과 기초교육은 생산성을 높이며, 직업교육을 포함한 중등교육은 기술과 관리능력의 획득을 촉진하며, 고등교육은 지식기반의 확장, 수입 기술의 적절한 선택과 국내기술의 개발 및 적응을 지원하고, 중고등 교육은 경제성장과 사회적 목표에 핵심적인 정부, 법률, 금융시스템의 핵심 제도의 발전에 기여한다.

그렇지만 역량의 확장이 항상 경제성장을 낳는 것은 아니다. 경제성장의 지속을 위해서는 역량 확장이 필요하지만 그것으로 충분한 것은 아니다. 더 많은 교육을 받은 사람을 더 많이 만드는 것만으로는 충분하지 않다. 이들이 생산적으로 고용될 수 있는 기회가 있어야 한다. 이에는 저축과 투자, 정책과 제도 등이 관련된다. 보다 구체적으로 ① 교육시스템이 경제의 필요성에 잘 부합하느냐, ② 투자율이 높으냐, ③ 경제정책의 설정이 적절하냐, ④ 사회자본의 질이 잘 뒷받침하고 있느냐, ⑤ 소득 배분이 평등화되어 있느냐가 역량 확장이 경제성장에 기여하는 바를 높일 것이다. 또한 ⑥ 역량 있는 경제 주체들이 그 역량을 행사할 유인을 낳는 환경이 필요하다. 혁신은 역량 확장뿐만 아니라 그 역량을 발휘할 유인에도 의존한다(Evans, 2014c).

이처럼 경제성장과 역량 확장 간에는 상호 촉진의 관계가 존재하여, 높은 경제성장과 높은 역량 확장이 서로 촉진을 하는 선순환이 이루어질 수 있다. 하지만 동시에 저조한 경제성장과 저조한 역량 확장이 병존하며 서로 하강작용을 하는 악순환 또는 성장과 발전의 함정이 발생할 수 있다. 한편 어떤 경제는 일시적으로 경제성장이나 역량 확장 중 한쪽에 과도하게 편향될 수 있다. 그러나 편향적 상황은 지속되지 않으며 저조한 쪽이 걸림돌로 작용하여 상황을 더욱 악화시키며 악순환에 이르게 할 수 있다. 반면 정책 변화를 통해 저조한 쪽을 강화할 경우 선순환으로 반전하며 성장의 함정에서 탈피할 수 있다(Ranis et. al. 2011).

역량 확장이 경제성장에 기여하고, 경제성장이 역량 확장에 기여하도록 하는 정책이나 제도의 성격은 각 국가가 도달한 성장 단계에 따라 달라질 것이다. 예를 들어 실업과 불완전 고용이 많은 성장 초기 단계에서는 노동집약적 방법의 채택이 중요할 것이다. 하지만 산업화가 진척될수록 더 많은 자본과 기술집약적인 방법이 필요할 것이다. 소농(peasants)에 의한 저축의 생산적 사용을 촉진하는 제도는 경제성장 초기 단계에 특히 중요하다. 하지만 시간이 흐를수록 선별적인 금융중개망의 중요성이 커져간다. 또한 모든 성장 단계에서 교육의 질은 항상 중요하지만, 자원주도 성장 단계에서는 초등교육이 중요하고, 투자주도 단계에서는 중등교육과 직업교육이, 그리고 혁신주도 단계에서는 고등교육이 중요해질 것이다.

기술혁신이 인간 역량 행사에 근본적으로 의존하므로 기술혁신의 사회적 수익이 사적 수익보다 큰 만큼 역량 확장의 사회적 수익 역시 사적 수익보다 크다. 이에 따라 사적 시장은 지속적으로 인간 역량에 과소 투자한다. 기술진보와 생산성 향상의 기반이 되는 '인적자본' 형성 또는 역량 확장에 관여되는 부문은 서비스 부문을 중심으로 매우 다양하고 사회적으로도 매우 중요하지만, 시장에만 맡겨둘 경우 과소 평가되고 적절한 보상을 받지 못하며 제대로 작동하지 못하게 된다. 그만큼 역량 확장에는 국가의 적극적 개입이나 사회조직의 집단행동이 필요한 것이다. 그러나 신자유주의적 사조는 사회적 포용과 역량 확장에 국가 자원을 투자하는 데 적대적이기까지 하다.

4) 기술진보

각국의 경험(Crafts, 2008)은 대부분의 국가에서 기술진보가 자본축적보다 1인당 소득 증가에 더 중요한 역할을 해 왔음을 말해준다. 경제학자들 역시 기술진보만이 선진국 경제성장의 유일한 원천임을 강조해 왔다. 하지만 오랫동안 기술진보는 경제적 유인이나 적극적 선택에 영향을 받지 않는 것으로 간주되어 왔다. 마침내 Romer(1986, 1990)와 Lucas(1988)의 내생적 성장이론이 대두하여 기술변화가 경제 주체들의 적극적 선택의 결과물임을 제안하기 시작하였다. 즉, 기술진보는 R&D 활동에 의해 주도되며, 이는 결국 발명과 혁신으로부터 이익을 얻으려는 경제 주체들의 적극적 선택에 의해 촉진된다는 것이다. 다른 생산요소와 달리

아이디어와 지식은 여러 사람이 동시에 사용할 수 있다는 점에서 비경합적(non-rivalrous)이며, 새로운 지식은 기존 지식의 활용성을 높이고 외부효과(externality)를 통해 규모에 대한 수확체증을 낳을 수 있다. 이 때문에 자본의 한계생산은 체감하지 않아 지속적 경제성장이 가능해진다. [그림 2-2]는 전통적 성장모형과 내생적 성장모형의 차이점을 잘 보여준다. 경제 내에 두 기업 i와 j가 있다고 하자. [그림 2-2]의 (a) 전통적 성장모형에서는 개별 기업 i가 자본을 늘리면 이 기업의 산출은 증가하지만 한계생산이 체감하며, 동시에 다른 기업에는 아무런 영향도 미치지 못한다. [그림 2-2]의 (b) 내생적 성장모형에서는 이야기가 달라진다. 기업 i가 연구개발 투자로 새로운 아이디어를 얻었다 하자. 이 기업은 이 아이디어에 기초해 자본설비를 증가시킬 것이다. 동시에 새로운 아이디어는 널리 알려지고(외부효과) 다른 기업 j의 연구개발 투자를 자극하고 이는 더 새로운 아이디어를 낳고 그에 기초한 자본축적을 촉진시킨다. j의 아이디어는 거꾸로 i기업에 전파될 수 있고 이러한 상호과정은 계속 반복된다. 결과적으로 아이디어가 끊임없이 창출되고 전파되며, 그로 인해 자본은 끊임없이 축적되고 성장도 지속된다.

결과적으로 자본축적이 이미 충분히 이루어진 경제에서 그리고 자본의 한계생산이 체감하는 상황에서도 ① 새로운 아이디어와 지식을 낳는 경제활동과 ② 아이디어와 지식의 공유가 활발한 경제에서는 지속적 경제성장이 가능한 것이다. 여기서 세 가지 점에 유의할 필요가 있다.

첫째, 경제성장은 설비와 기타 유형자본의 축적보다 수익을 기대하며 이루어지는 기술혁신 노력, 즉 새로운 아이디어를 창출하고 활용하려는 개인의 적극적 노력에 의존한다.

둘째, 새로운 지식의 창출 이상으로 지식의 확산이 중요하다. 재화의 생산에서와 마찬가지로 개별적 연구개발 활동 역시 한계생산 체감의 영향을 받기 때문이다. 연구개발로 말미암아 창출되는 지식과 기술이 광범위하게 확산되어 공유될 때 한계생산 체감의 영향을 극복할 수 있다.

셋째, R&D 활동도 중요하지만 기술변화의 유일한 원천은 아니며, 어떤 일상적인 경제활동이라도 지식의 창출 · 확산과 관련된다면 지속적 경제성장의 원천이 된다. 경제성장의 관점에서 볼 때 투자나 교육은 그

그림 2-2 전통적 성장모형과 기술진보의 원천

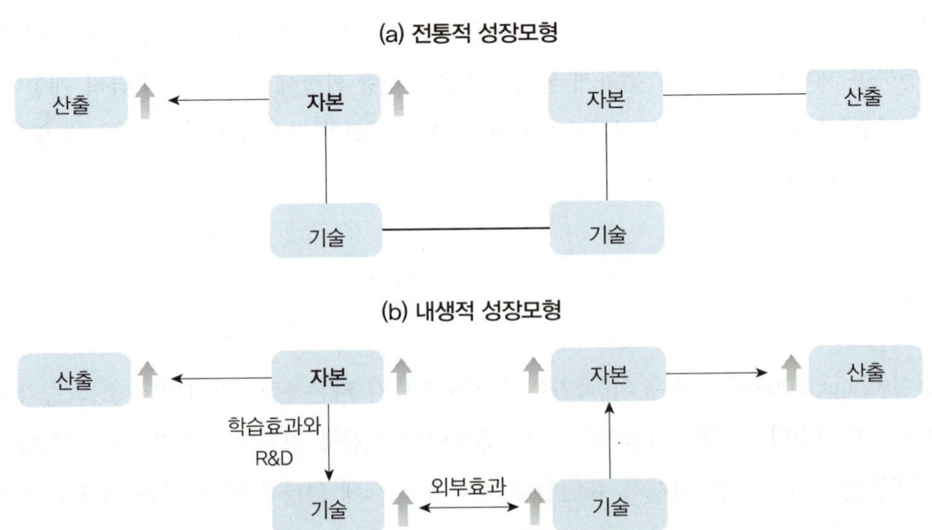

주 : 각 기업의 한계생산은 다른 기업이 축적한 자본의 증가함수이다. i기업의 자본이 증가하면 j기업이 가진 자본의 한계생산성이 높아진다.

규모가 아니라 그 활동의 내용이 지식의 창출 · 확산과 얼마나 큰 관련성을 갖는가가 중요하다.[5]

그러나 기술혁신을 개인의 노력으로만 남겨둘 수 없게 하는 큰 문제가 있다. 기술진보를 위한 투자는 투자 당사자뿐만 아니라 제3자도 이득을 창출(외부효과)할 수 있게 하지만, 투자 당사자는 외부효과에 대한 보상을 받을 수 없다. 결국 기술진보를 낳는 인적자본이나 연구개발 투자는 부진하기 쉽고, 그만큼 외부효과의 범위도 제한받는다. 특히 자본–노동비율이 낮은 개발도상국은 인적자본이나 연구개발에 대한 투자가 더욱 부진하여 선진국보다 더 높아야 할 잠재적 투자수익률을 실제로 실현할 수 없고 이는 다시 투자부진을 심화시키는 악순환을 보인다. 반대로 기술진보를 위한 투자가 많은 국가일수록 산출과 생산성의 증가세가 높고 그만큼 기술진보가 빨라지는 선순환이 생겨날 수 있다. 이로 말미암아 국가 간의 성장 수렴현상은 나타나지 않으며, 잘 나가던 선진국이 생산성 정체를 오랫동안 경험하는 현상도 나타난다. 결과적으로 기술진보는 개인과 기업의 의도적 노력에서 비롯하지만, 그것만으로는 부족하여 사회적으로 바람직한 수준 만큼 기술혁신이 생겨날 수 없다. 기술혁신에 따른 사회적 수익이 사적 수익보다 훨씬 높기 때문에 개인이나 시장은 지속적으로 기술혁신에 과소 투자한다. 결국 정부나 사회조직의 집단행동을 통해 개인의 혁신이 사회에 미치는 긍정적 효과만큼 추가로 보상하여야만 사회적으로 최적 수준의 기술혁신 노력이 생겨날 수 있다.

1.3 자본축적과 기술혁신에서의 시장실패와 조정실패

후발국에는 선도국으로부터의 기술유입(과 그를 위한 투자)을 가로막는 다양한 장애요인이 존재한다. 시장 자체가 실패할 수도 있고, 사회조직과 정부가 실패할 수도 있다. 국민경제에는 서로 다른 활동(투자, 산업)이 동시에 이루어져야만 성과가 생겨나고 커지는 상호 보완성(complementarity) 또는 네트워크 효과가 있다.[6] 경제 주체의 활동 수준과 그 생산성은 자신의 능력과 노력뿐만 아니라 다른 경제 주체들의 행동과 누구나 이용 가능한 공공재에 의존할 수 있다. 가격신호만 보며 각자의 이익만을 도모하는 시장에서는 이러한 상호 보완적 활동이 공존하도록 조율되지 못할 수 있는데 이를 조정실패(coordination failure)라 한다.[7] 상호 조정을 통해 보완적 투자를 만들어 낼 수 없다면 산업화에 실패할 수 있다. 외부효과가 발생하는 경제활동이라면 정부나 이해관계자 간의 상호협력이나 제3의 조직에 의한 조정이 장려되어야 한다.

---

5. 단순한 요소축적도가 높을 뿐인데도 기술수준이나 생산효율성 역시 높게 나타나는 국가가 있는 것은 이 때문이다. 저축과 투자 경험이 많은 국가일수록 지식수준이 높아질 것이기 때문이다. 저축률 상승은 금리를 낮추어 인적자본과 R&D에 대한 투자를 자극한다. 이는 생산성을 높일 것이고 경제성장률이 항구적으로 높아질 수 있다. 교육, 보건, 훈련 등 인적자본의 형성을 촉진하는 정책이나 연구개발 기금 조성 또는 지적재산권 보호 등은 R&D를 촉진할 것이다. 개발도상국에서의 R&D 활동은 제한적이고 기술 첨단에서 멀기 때문에 생산성 성장을 위해서는 국제기술 확산이 필수적이다. 국제경제 관계, 특히 국제무역은 물론 외국인 직접투자도 기술 이전과 생산성 증가의 중요한 통로다. 그러나 기술 확산은 인적자본의 수준이 충분히 높고, 기술향상에 대한 인센티브가 강하며, 제도가 비교적 잘 기능해야 효율적일 수 있다.

6. 한 경제 주체가 특정한 행동으로부터 얻게 되는 이익은 얼마나 많은 다른 경제 주체들이 동일한 행동을 할 것으로 예상되는지 또는 그러한 행동의 정도에 의존한다. 보통은 경제 내의 다른 주체들이 행동을 취하지 않는 경우에도 일단의 경제 주체들이 (투자와 같은) 보완적 행동을 취할 수 있다. 만약 소수만이 행동한다면 각 경제 주체들은 다른 이들로부터 고립되며 여파는 크지 않을 것이다. 그러나 충분한 투자가 이루어지고 나면 눈덩이(snowball) 효과가 나타날 것이다.

7. 조정실패 아이디어는 1990년대에 유행했지만 그 이전에도 보완적 산업 간에는 조율이 필요하다는 논의가 있었다.

1) 시장실패

시장실패는 시장이 자원을 효율적으로 배분하는 데 실패하는 상황을 말한다. 친시장적 경제정책의 실패는 시장이 다양하게 실패한다는 사실에 비추어보면 당연하다. 시장이 실패한다면 정부나 사회조직의 개입을 위한 집단행동이 요구된다.

시장실패는 시장, 재화, 정보의 속성 때문에 생겨난다. 시장실패를 낳는 시장의 속성은 시장지배력의 강도와 그 지배력을 시장을 조작하는 데 사용할 수 있는 잠재적 가능성을 말한다. 시장지배력은 단일 기업이나 기업집단이 충분한 시장비중을 가져 가격, 수량, 품질 또는 기타 핵심 정보의 제공에 영향을 미칠 수 있는 경우를 말한다. 시장지배력은 다른 기업의 진입을 방해하는 데 사용되기도 한다. 기업들은 자신들의 이윤을 극대화하기 위해 시장효율성을 희생하며 시장지배력을 활용할 강력한 유인을 갖는다.

시장실패를 낳는 재화의 속성은 공공재와 외부효과처럼 과잉 또는 과소 공급을 초래하는 속성이다. 한 개인에게만 재화를 공급하더라도 다른 모든 사람이 아무런 대가 없이 이용할 수 있고[비배제성(non-exclusiveness)] 한 사람이 소비하고 있더라도 다른 사람도 동시에 소비하는 것이 가능한[비경합성(non-rivalry)] 경우이다. 이렇게 되면 사용자로부터 대가를 받아 생산비용을 조달하는 것이 불가능해진다. 외부효과는 교환에 참여한 참여자의 행동이 교환에 참여하지 않는 다른 자들에게 의도하지 않은 비용이나 혜택을 낳는 경우이다. 시장에서 교환 당사자들은 자신들이 낳는 외부효과를 고려할 유인을 갖지 못한다.

정보는 시장 거래에 따른 비용과 편익을 알려준다. 정보는 이용가능성과 그 질이 중요한데, 정보가 부족하거나 불균형적으로 나타나면 거래는 적절한 수준만큼 이루어지지 않을 수 있다. 핵심 정보의 과소공급은 시장실패로 귀결될 수 있는데, 이 중에서 중요한 것이 정보 비대칭성이나 정보실패이다. 정보 비대칭성은 일부 교환 당사자들이 더 양질의 정보를 보유하여 자신에게 유리하게 그 정보를 사용하는 경우이다. 정보 불균형은 거래 당사자들 모두의 행동을 왜곡하여 역선택, 도덕적 위험, 주인-대리인 문제 등 다양한 문제를 야기한다. 정보실패는 교환 당사자의 정보가 부족한 경우이다. 이 경우 거래당사자들은 적절하지 못한 행동을 한다. 정보실패는 정보 결핍, 정보 편향, 조정실패, 불완전 계약의 형태로 나타난다.

한편 시장 간의 상호연관성으로 인해 특정 시장에서의 실패는 다른 시장들로까지 파급되는 효과를 가질 수 있다. 예를 들어 철강시장의 실패는 자동차, 건설 등 다양한 제조업에 영향을 미칠 수 있다. 시장이 실패할 경우 가장 고통받는 것은 중소기업과 소비자이다. 장애나 장벽을 우회할 수 있는 인적 · 물적 자원이 부족하기 때문이다. 시장실패는 숙련개발이나 연구개발과 같은 핵심적 투자의 부족을 낳기 때문에 기업들의 성장을 가로막는 격차를 확대한다.

2) 조정실패

조정실패와 네트워크 외부성

조정실패(coordination failure)는 시장에서 당사자들이 서로의 결정을 상호 조정하는 메커니즘이 없어서 발생하는 장애를 말한다. 한 쪽이 특정 선택을 하여야만 다른 쪽도 특정 선택을 하고 그 역도 성립하는 경우이다. 이 상황에서 각자는 상대에 대한 불신 때문에 어느 누구도 최선의 선택을 하지 못하게 되는 일이 벌어질 수 있다(자기 예언적 악순환). 조정실패는 다양한 형태로 나타난다.

첫째, 수요를 통한 외부효과(demand externality)이다. 특정 제품을 생산하려면 그 제품을 판매할 시장이 있어야만 한다. 거꾸로 어떤 제품의 판매 시장이 성립하려면 그에 앞서 그 제품이 생산되고 있어야만 한다. 농부는 판매처가 없다면 자급자족에 머물 것이다. 한편 복잡한 기술은 종종 국내에서의 다양한 요소투입과 생산자 서비스를 요구한다. 후자의 생산에서 수확체증은 최종재 부문에 외부효과를 낳을 수 있다. 신흥산업의 팽창은 이들 비교역재에 대한 수요를 낳고 이는 다시 요소비용을 낮추며 다양성을 확대한다. 중간재의 다양성 증가는 최종재의 생산을 보다 효율적으로 변화시킨다. 따라서 대부분의 산업부문이 변화하고 있다면 그렇지 않았던 산업도 동참하는 것이 유리하다. 그러나 다른 모든 산업이 중간재가 필요하지 않는 전통기술에 의존한다면 다른 산업도 계속 그렇게 남아있는 것이 유리하다.

둘째, 생산에서 투입요소 간 상호 보완성이 발생할 수 있으므로 생산성 격차가 있는 노동자 2명보다 생산성이 모두 높은 노동자 2명이 함께 일할 때 노동생산성이 더 높아진다. 동일한 능력을 가진 노동자도 고숙련 기업(경제)에 근무하는 경우 저숙련 기업(경제)에서보다 생산성이 높아진다. 기술과 숙련을 높이는 데 따른 보상은 다른 이들이 유사한 개선 노력을 하는가에 의존한다[오링 모형(O-ring Model)]. R&D는 기존 지식에 기반해 새로운 지식을 얻은 것이므로, 지식축적이 높은 사회일수록 R&D의 성과가 높아지며, R&D 투자 규모가 커질수록 R&D에 투자하려는 유인도 커진다. 근로자가 특정 전문기술에 투자할지 여부는 특정 기술에 대한 기업의 수요와 경제 내에서의 보완적 기술의 존재에 의존하며, 역으로 기업도 마찬가지다.

셋째, 다른 기업들의 생산 방법을 '보고 배울' 수 있으므로 앞선 기업 하나의 존재가 다른 기업에 파급효과를 일으켜 그들의 생산성을 높이고 비용을 낮춘다. 한 국가가 어떤 산업에 비교우위를 가질지에 대한 불확실성이 존재하며, 수입 기술이 생산적으로 활용되려면 현지 적응이 필요하다. 그러나 일단 현지에서의 불확실성과 적응이 극복되면, 다른 기업들에 의한 모방은 상대적으로 용이하다. 이를 정보 외부성(information externality)이라 한다.

넷째, 조정실패는 이른바 네트워크 외부성이라는 개념과도 밀접히 관련된다. 후자는 특정 재화의 가치가 얼마나 많은 사람들이 그 재화를 사용하느냐에 의존하는 경우이다. 네트워크 외부효과의 가치는 더 많은 사람들이 그 재화를 사용할수록 증가한다. 전화나 인터넷망 그리고 소셜미디어 서비스가 이에 해당한다. 새로운 재화가 도입될 경우 자주 발생한다.

집단행동의 제한

만약 참여자들 간 기대의 조정만이 필요하다면 협의체와 같은 민간 내의 자발적 집단활동만으로도 상황이 개선될 수 있다. 결국 상호이득이 되는 계획이 나타날 수 있고 관련된 이해당사자 모두에게 상생의 길이 될 수 있다. 한편 시장실패가 발생하더라도 사회적 편익이 그 기회비용을 초과한다면 민간부문 스스로 실패를 교정하려는 활동이 나타날 수 있다. 거래비용이 작다면 개인들은 효율적 자원배분에 협력할 것이다. 기업들이 경쟁하듯 우월한 제도가 결국 열악한 제도를 대체할 것이다.

그러나 집단행동에는 한계가 존재한다. 첫째, 집단행동에 수반되는 거래비용은 무시할 수 없다. 특히 관련 당사자가 많을 경우 다자간 협상은 지나친 거래비용을 초래한다. 둘째, 무임승차의 유혹이 존재한다. 집단행동을 통한 조정을 하면 그에 참여한 구성원들은 혜택을 누린다. 이러한 혜택을 집단 성원이라면 누구나 누리며[비배제성(non-excludable)], 또 함께 누린다[비경합성(jointly consumable)]는 의미에서 집단행동은 공공재에 속한다. 비배제성하에서는 집단행동을 위한 비용부담에 참여하지 않은 자라도 혜택을 누릴 수 있다. 무임승차하려는 구성원이 많을수록 집단행동은 어려워진다. 또한 집단행동에서 얻는 편익은 참여자마다 다르므로 자신의 집단행동에 대한 욕구를 감추어[선호변조(falsification)] 비용부담을 줄이려 한다. 무임승차와 선호변조는 집단행동을 성립하기 어렵게 만든다.

비효율적 집단행동

사회적 조정이 생겨난다 해도 그것이 반드시 효율적일 필요는 없다. 특정 환경을 염두에 두고 취해진 개인의 합리적인 행동이 사회적으로 합리적일 필요는 없다. 환경이 다를 것이라고 가정할 경우 다른 합리적 행동들이 나타나 새로운 환경을 구성할 것이며, 그로 인해 생겨난 새로운 환경이 더 나을 수도 있다. 개발도상국에서는 미발전된 시장으로 말미암아 비공식적인 사적 교환망이 생겨나지만, 사적 교환망이 역으로 시장의 발전을 막는 악순환이 발생할 수 있다. 어떤 부문에서는 시장교환이 지배하지만 다른 부문에서는 비공식적 사회조직이 작동하는 비효율적인 이중 경제구조가 등장할 수 있다.

기술과 시장기회가 불확실하여 새로이 드러나는 정보를 따라 투자의사 결정이 조정되어야만 한다. 이해관계자의 역할이 상호 보완적인 것으로 드러날 경우 상호 조정은 상생하는 투자사업으로 귀결될 것이다. 그러나 이해관계자의 역할이 상호 대체적이어서 희소한 자원을 두고 경쟁해야만 한다면 상호 조정에 기초한 집단행동보다는 각자도생의 경쟁이 사회적으로 더 바람직할 수 있다. 경제발전의 초기에는 많은 투자사업이 상호 보완성을 갖기 쉽다. 하지만 경제가 발전할수록 기술과 시장의 기회는 불확실하며, 서로 대체 가능하고 자원을 두고 경쟁해야만 하는 다양한 사업이 공존하게 된다. 과거 HDTV 산업에서 일본에서는 관민이 협의하여 아날로그 표준에 집중하였지만, 미국에서는 기업들이 표준에 대한 협의 없이 서로 다른 접근방식을 가지고 경쟁하였는데, 결국 경쟁이 중시되는 미국에서 첨단의 디지털 표준이 자리 잡게 되었다(Aoki, et. al, 2013).

3) 조정실패와 이례적 경제현상

시장실패와 조정실패는 이례적 경제현상을 만들어 낸다. 첫째, 다중균형과 저발전 균형(또는 빈곤의 함정)을 낳을 수 있다. 상호 보완성이 존재하면 두 유형의 균형이 생겨날 수 있다. 모든 투자가 동시에 이루어져 모든 관련자들의 상황이 좋아지는 균형과 서로 투자를 미루어 저투자의 상황이 지속되는 균형이다. 결국 모든 균형상태가 모두 바람직한 것은 아니다. 시장실패와 조정실패가 클 경우 경제는 저성장에 계속 머물 수 있다. 둘째, 제품, 부문, 기업의 각 차원에서 각기 다른 상호작용이 발생할 수 있으므로 산업화와 자급자족경제(enclave economy)가 공존할 수 있다. 일정 단지에 속한 기업들은 서로에게 큰 영향을 주지만 단지에 속하지 않는 기업들은 그렇지 못하다면 단지 내의 기업들만 번창할 수 있다. 이로 인해 소수의 근대부문이 다수의 전통 부문과 나란히 공존하는 이중 경제가 생겨난다. 셋째, 기득권이 자신에게 유리하도록 만들고 지속시켜 온 비효율적 제도가 국가의 진보를 막을 수 있다.

한편 세계 경제가 성장하는 과정에서 모든 국가가 세계 경제성장에 함께 참여하며 생활수준 향상을 함께 경험했던 것은 아니다. 경제성장은 순탄한 과정이 아니어서 경제는 안정적 추세를 따라 변동할 뿐만 아니라, 장기간의 정체나 침체가 이어지며 추세 자체가 둔화되는 성장둔화(growth slowdown) 현상도 발생한다. 성장의 둔화는 산업발전 수준과 상관없이 모든 국가에서 다양한 형태로 나타난다([그림 2－3]).

그림 2-3 경제발전에 따른 경제성장 함정의 변화

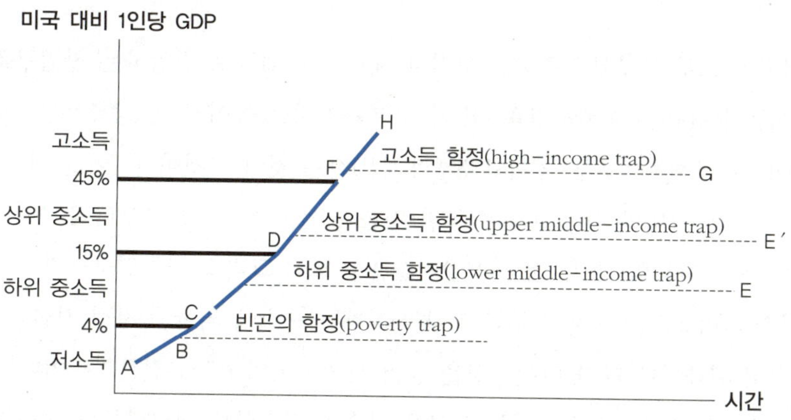

미국 대비 1인당 GDP
고소득
45%
상위 중소득
15%
하위 중소득
4%
저소득
H
고소득 함정(high-income trap)
F G
상위 중소득 함정(upper middle-income trap)
D E′
하위 중소득 함정(lower middle-income trap)
E
C
빈곤의 함정(poverty trap)
B
A
시간

첫째, 저소득에 머무는 B집단의 빈곤의 함정(poverty trap) **또는 저소득 함정**(low-income trap)이다. 빈곤의 함정은 빠른 인구증가 외에도 인적자본과 사회간접자본에 대한 공공투자와 기초적 소비에도 부족한 저소득(저생산성)으로 인한 낮은 저축과 투자에 기인할 수 있으며, 담보에 의존하는 금융시장은 상황을 악화시킨다. 특히 폐쇄적이고 열악한 자연환경으로 농업생산성이 낮고 질병에 노출된 국가는 시장의 힘만으로 함정을 극복하기 어렵다. 시장뿐만 아니라 시장참여자들의 유인을 규율하는 제도도 문제다. 정부 부패나 정치적 불안정으로 사유재산권과 계약이 존중되지 않을 경우 지대를 추구하는 활동이 지배적이다. 소수의 기득권에게 폐쇄적으로 유리하게 자원을 배분하는 제도가 수립되고 운영된다. 투자수익률이 높음에도 제도적 위험 때문에 외국인투자가 제한될 수 있다. 과도한 정부개입 · 규제나 방만한 재정운용 그리고 보호무역 등의 잘못된 정부정책 또한 상황을 악화시킨다.

빈곤의 함정에서 탈출하려면 적절한 투자가 이루어져 전통부문 대신 근대적인 요소주도형 제조부문으로의 구조전환이 발생해야 한다. 이를 위해서는 대규모(big-push)의 원조나 외국인투자가 필요하다. 그러나 이들 투자자원이 적절히 사용될 제도적 환경이 병행되지 않는다면 상황이 더욱더 악화될 수 있다는 것이 지금까지의 저소득 국가의 경험이다.

둘째, 하위 중소득 함정(lower middle-income trap)이다. 저소득 함정에서 벗어나 노동과 자연자원 등의 초기부존이나 자원부존과 관련된 비교우위를 활용하여 특화함으로써 선진국이 지배했던 제조업에서 국제경쟁력을 가질 수 있다[제품 생애주기(product life-cycle, Vernon, 1966)]. 이들 제조품 생산에는 FDI, 라이센스 또는 OEM을 통한 선진국 기업으로부터의 학습과 흡수 그리고 적응이 큰 역할을 하였다. R&D 역량이 낮은 상태여서 상대적으로 안전한 방법으로 외부기술이나 생산설비를 매입하거나 빌려 쓰고 기술수준이 낮거나 단순 조립 수준에 머무는 제조업에 특화한다. 정책도구에서는 기술정책의 역할이 작은 대신 관세나 평가절하에 의존하며, 운송, 에너지, 통신과 같은 공익시설이 중요하게 작용한다.

하위 중진국이 요소부존에 과도하게 의존하는 자원 산업이나 노동집약 산업에 매몰될 경우 성장이 둔화될 수 있다. 저임에 기초한 저부가의 노동집약 제품의 생산과 수출을 통한 성장은 지속되기 어렵다. 임금상승이나 후발국 진입으로 이들 제품의 경쟁력이 약화하기 때문이다. 더욱이 자원 산업에의 특화는 국제상품가격의 급변으로 제조업과 국민경제를 크게 교란할 수 있다[네덜란드 병(Dutch disease)]. 1차 상품수출 붐이 통화가치와 정부지출을 높이면 부동산과 서비스업 등 비교역재 부문이 과도하게 팽창되고 수출 제조부문의 경쟁력이 약화된다. 국제 상품가격이 반락하면 증가한 정부지출이나 채무를 감소시키기 어렵고 제조업은 더욱 위축될 수 있다.

결국 동일 산업에서 고부가 부문으로 이동하거나 새로운 산업들로 진입하는 산업구조의 개선이 필요하다. 하류부문으로 이동하여(원유수출국의 정유산업 진출) 부가가치를 높이거나, 상류부문으로 이동하여 비용경쟁력을 개선(철강산업 진출에 의한 자동차 · 선박의 경쟁력 개선)하는 것이 그것이다. 이들 산업 역시 FDI, 라이센스 또는 OEM 그리고 수입 장비와 시설 운영을 통한 경험과 선진국 기업으로부터의 기술의 유입과 학습 · 흡수가 큰 역할을 한다. 인적자본의 확보, 적극적인 기술흡수 노력 그리고 공공연구소가 기술흡수를 촉진한다. 그러나 선진국이 기술 라이센스를 점차 거부함에 따라 자체 연구소에 의한 독자적 기술역량 확보도 중요해진다. 독자적 기술역량이 확대됨에 따라 라이센싱을 넘어 사외 · 국외 R&D 전문기관이나 타 기업과의 공동개발이나 공공–민간 R&D 컨소시엄에 의존하는 새로운 학습과 기술확보 메커니즘도 작동한다. 그러나 민간기업의 기술역량은 아직 취약하므로 기술협력에서 주도권을 잡기 어렵다. 아울러 여전히 목표는 성숙기술과 모방이므로 R&D에 따른 불확실성은 상대적으로 작다.

셋째, 상위 중소득 함정(upper middle–income trap)이다. 하위 중소득 수준에서 새로운 유치산업에 진출하면서 다변화를 하여 성장을 지속할 수 있었지만, 기술모방에 머물며 비용경쟁력에 의존하던 산업은 후발 산업국의 추격으로 극심한 경쟁에 시달리게 된다. 기술모방에 기반한 투자주도 경제에서 혁신주도 경제로의 이행은 자연발생적이지 못하다. 투자주도를 이끈 정책들은 기존 기업에게 유리하게 작용하였기 때문이다. 기존 기업이 정치적 영향력을 가지며 반경쟁정책이나 수입대체정책처럼 투자주도를 이끌던 기존 정책을 유지하려 한다. 관료와 정치인들은 투자주도 성장 단계에서 성장한 기존 기업에 포획되어 필요한 개혁조치를 취하는데 저항할 것이다(Porter, 1990 ; Acemoglu et al., 2006). 제조업과 그 지원산업은 발전하였지만 외국계가 주도하거나 인적자본의 축적을 통해 기술과 경영을 내부화하지 못하여 혁신주도 경제로의 진입이 곤란할 수도 있다. 또한 정부주도의 경제운영이 지배하여 연구개발이나 투자에서 민간의 활력이 부족하거나 정부의 혁신적 정책역량이 부족할 수도 있다.

고소득 국가로 이행하기 위해서는 기존 제품이나 공장 그리고 기술의 모방에서 벗어나 새로운 제품과 기술을 개발해야 한다. 그러나 실패 위험이 커진 만큼 공공–민간 R&D 컨소시엄이나 공공연구소가 수행한 R&D의 이전이 필요하다. 단 공동개발에서 민간기업은 보완적 자산을 기반으로 공공연구소와 수평적인 협업이나 제휴를 하게 되고 우위를 점한다. 대신 공공연구소는 그 역할이 기술동향을 모니터링하고 적절한 기술 표준의 선택과 공동개발에 적합한 외국 파트너 파악에 대한 정보와 지식을 제공하는 것으로 변모한다. 마찬가지로 그동안 공동개발을 주도하던 외국 기업과도 수평적 협업이나 제휴의 관계를 갖게 되어 외국 기업이 이제 원천기술의 공급자가 되고 후발 기업과 컨소시엄은 상용화를 주도한다. 또한 표준의 제정과 공공조달 그리고 신흥기술의 조기 수용을 장려하여 취약한 초기 시장으로 인한 위험을 줄여야 한다.

넷째, 고소득 함정(high–income trap)이다. 집단 F~H는 OECD 회원국과 같은 고소득 국가로 구성된다. D에서 출발하여 성장세를 쉬지 않고 지속한 결과이다. World Bank(2012)는 1960년에 101개의 중위소득국 중 2008년에는 단 13개국만이 고소득 국가가 되었다고 추계한 바 있다. 그러나 최근 많은 고소득국가들이 미국과의 1인당 소득차를 좁히지 못하고 정체되고 있다. 일본이 가장 대표적이다. 지난 20년간 일본의 1인당 소득은 변하지 않고 있다. 이탈리아나 그보다는 덜하지만 프랑스 역시 유사한 문제를 가지고 있다. 2000년 이래 이들 국가의 1인당 소득은 거의 변하지 않고 있다. 일본의 경우 수출이 주도하며 세계적 제조업이

자리 잡았다. 그러나 1990년대 초 부동산 버블이 발생했을 때 과도하게 팽창된 금융부문이나 경쟁을 저해하는 거대기업에 대한 구조조정 없이 전례 없는 팽창적 통화재정 정책에 의존했다. 1997년 이래 노동인구를 감소시킬 정도로 저출생과 고령화로 대변되는 급격한 인구구조 변화가 문제를 더 악화시켰고, 이후 정책 마비증세가 만성화되었다(Neumann, 2015).

제4차 산업혁명 및 글로벌화와 시장 및 조정실패

현재 세계 경제를 특징짓고 있는 제4차 산업혁명과 글로벌화는 초특화(hyperspecialization)와 기업 내외 관계의 조밀화를 통해 생산성을 향상시키고 소득성장을 돕고 있다. 하지만 기술진보와 글로벌화가 성장을 촉진하는 강도나 그러한 성장의 혜택이 고르게 배분되어 역량 확장을 낳고 이것이 다시 성장을 촉진하는 정도는 국가마다 모두 다르며, 어떤 국가는 극심한 성장둔화를 경험할 수 있다. 시장실패와 조정실패가 국가마다 다양한 형태로 발생하며, 그에 대한 정부의 대응 방식도 국가마다 다르기 때문이다. 양질의 인적자본과 재훈련 그리고 이를 뒷받침하는 사회복지, 창업의 활성화, 상품, 서비스 그리고 국내외 자본의 자유로운 이동, 신뢰성 높고 낮은 비용의 통신 및 수송 서비스, 계약 및 지적재산권의 적절한 보호와 효과적 표준제도 등은 시장실패와 조정실패의 극복을 요구한다. 즉, 기술혁신과 그 확산을 촉진하는 경제정책과 역량 확장을 도모하는 사회정책이 동시에 필요한 것이다.

1.4 집단행동과 거버넌스의 국가별 유형

경제성장과 역량 확장에서의 집단행동 문제를 해소하는 사회 조직화와 정부운영의 형태는 국가별로 상당한 차이를 보인다. 〈표 2-3〉은 서구 주요국의 집단행동 유형을 4가지로 분류한 것이다(Campbell and Pederson, 2010 ; Aiginger and Leoni, 2009). 유형별로 각국에서 경제성장에 작동하는 집단행동 모형이 역량 확장에서도 유사한 형태로 작동하는 경향이 있다. 미국으로 대표되는 자유 다원주의는 경제성장에서 시장중심적 집단행동을 보이는 국가로 역량 확장에서도 동일한 시장중심적 집단행동 유형을 보인다. 스웨덴으로 대표되는 북유럽 사회조합주의가 보여준 보편적인 전국적 복지국가는 마찬가지로 보편적인 중앙집중적 경제조정에 의한 생산모형을 동반하였다. 독일의 국가조합주의는 보수적 복지국가로서 대규모의 재분배 없이 사회구성원 각자가 자신이 위치한 곳에 머물도록 노력하는 한편 생산영역에서는 단일 기업을 넘어서는 협력적 파트너십

표 2-3 집단행동의 유형

		개인 vs 사회	
		개인주의(갈등과 결사)	**공동체주의**(협력과 조합)
권위의 조직화	**국가 중심**	**자유 국가주의**(liberal nationalism) ▪ 개인이 중시되고 사회조직에 적대적 ▪ 중앙집중적 국가의 주도 ▪ 프랑스, 이탈리아	**국가 조합주의**(state corporatist) ▪ 제도화된 지속적 · 협력적 사회네트워크가 존재 ▪ 중앙관료와 공인된 사회집단이 결정의 주체 ▪ 독일
	사회 중심	**자유 다원주의**(liberal pluralism) ▪ 이해집단 간 경쟁으로 여론이 집약 ▪ 국가는 분권적이며 다수를 추종 ▪ 미국, 영국	**사회 조합주의**(social corporatist) ▪ 제도화된 전국적인 기능적 사회조직이 결정 주체 ▪ 정부는 주도하기보다 촉진자의 역할 ▪ 스웨덴, 덴마크, 핀란드

이 나타나지만 전국 수준으로까지 사회관계가 확대되지 않는다. 프랑스와 이탈리아를 포함하는 자유국가주의에서는 사회조직이 적대시되며 개인과 국가가 중심에 서는 경제운영과 복지정책이 지배한다.

1) 자유시장 경제와 자유주의 사회정책

미국과 영국으로 대표되는 자유시장 경제(liberal market economy)에서는 집단적 책임보다 개인주의가 앞세워진다. 자유와 개인의 책임을 강조하고 시장의 요구를 적극 수용하는 정책이 지배적이어서 '자유시장 경제'와 '자유주의 사회정책'을 갖는다.

자유시장 경제

자유시장 경제에서는 생산활동에서 자유시장이 자유와 동일시되어 자발적인 자유 교환이 중시되고 국가개입은 강압적인 것으로 본다. 시장은 최적 상태를 향해 스스로 조정해 간다고 간주되고, 정부개입은 강압적인 것으로 경제를 보다 자연스런 상태로 복귀시키는 것으로 그 역할을 제한하였다. 즉, 정부는 규칙을 설정하고 갈등을 해소하는 역할로 제한되며 종종 규칙의 관리조차도 자율 규제기관에 맡긴다. 시장질서를 보존하는 역할도 맡으며, 기업 및 근로자와 일정한 거리(arm's length)를 둔다. 예를 들어 경쟁의 복원을 위해 반독점법을 시행하며, 무역제한을 막고 자유무역을 강조한다. 미국의 경우 일찌감치 시민권이 부여되어 계층에 따른 조직화의 필요성이 작았다. 결사를 통한 이익대표 대신 자기결정을 경제질서의 핵심적 요소로 보아 결사의 광역화는 나타날 수 없었다. 기업활동에서 기업 간 연합이나 다른 사회조직과의 연대는 어려우며, 개별기업은 시장관계에 주로 의존하여 개별적으로 경제문제에 대처하는 분절주의(segmentalism)가 나타난다. 시장실패가 발생하는 경우 기능적인 국가개입이 광범위하게 나타나지만(예 : 반독점법), 조정실패가 발생하는 경우에는 국가나 사회조직의 집단적 활동은 찾아보기 어렵다.

자유주의 사회정책

자유주의 사회정책은 국가나 사회조직에 의한 집단적 책임보다는 개인주의와 자활을 앞세운다. 캘빈주의와 개혁파 개신교의 영향으로 사회적 지위는 시장에서의 성공에 의해 결정된다는 믿음이 있다. 세속적 직업과 부의 성공은 구원의 징표이며, 신의 영광을 높이는 삶은 개인의 책임성, 규율, 절제를 요구한다. 따라서 빈곤은 게으름과 죄에 대한 처벌이지 사회문제가 아니다. 자유와 개인의 책임을 강조하여 개인의 욕구를 집단적으로 제공하는 사회정책은 개인의 책임성을 약화시키므로 거부된다. 집단행동이 필요하더라도 국가보다는 자발적 결사를 중시한다. 따라서 대량실업과 근로 빈곤이 생겨난 대공황이 되어서야 사회복지제도가 본격적으로 시행될 만큼 도입이 늦었으며, 시행된 정책의 지출 규모나 수혜 대상도 제한적이다. 소득을 직접적으로 변경하는 이전지출 대신 개인의 자활을 자극하는 근로 장려세 등 조세 유인책이 자주 사용된다.

성장의 경험 : 신자유주의하의 성장재개

자유주의 경제운영의 특징은 이른바 신자유주의(neoliberalism) 정책에서 잘 드러났다. 전통적으로 시장개입을 회피해 오던 국가는 1980년대 초 시장경제와 복지제도 모두에서 자유주의적 경향을 강화하는 이른바 신자유주의 개혁정책을 추진하였다. 이들 정책은 공익추구에서 국가개입을 축소하여 간접적 개입방식과 민간의 역할을 강화하였다. 시장을 보호하는 데 초점을 두어 민영화와 규제완화뿐만 아니라 노조를 제한하고 사용자 측의 권한을 강화하여 노동시장 유연성을 강화하였다. 사회정책에서는 개인의 책임을 강화하여 복지를 축소하였는데, 실업자의 경우만 보더라도 복지혜택에서 근로요건을 강화하였다. 개혁 자체를 위해서는 국가의 역할이 요구되지만 미국은 연방제, 기업 이해관계의 영향력이 큰 다원주의 사회, 사회적 분절로 말미암아 개혁 추진은 자주 한계에 봉착해 왔다. 이러한 개혁정책의 결과 경제활동 참여율의 확대와 노동 이동성의 심화, 직업 안정성의 약화, 임금 격차의 확대를 경험했지만 대신 실업률이 하락하는 성과가 나타났다. 그러나 의료개혁은 부진하고 빈곤 문제가 완화되지 못하며 오히려 커지고 있다.

2) 부문별 국가 조합주의

부문별 생산협력

부문별 국가 조합주의(sectoral state corporatism, social partnership) 국가를 대표하는 독일은 1871년 프러시아의 주도하에 뒤늦게 통일되었다. 사회의 분열은 다양했고 중첩되었다. 지역적으로(남, 북), 종교적으로(카톨릭, 개신교들), 경제적으로(유산층, 무산층) 분열이 존재했다. 중세 이후 이어지는 권력투쟁과 전쟁을 겪으며 국가는 사회질서의 안정을 지향하였다. 진정한 완성이 기다리는 사후세계로 향하는 일시적 단계인 현세에서 완성을 찾지 않는 카톨릭 교리도 모든 사람이 그가 있는 곳에 머물게 하는 사회안정 이념을 뒷받침했다. 국가는 사회갈등의 규제와 통제를 통해 안정과 질서를 추구한다. 특히 다양한 이해관계자나 정책 결과에 영향을 받는 주요 이해관계자들 간의 갈등 해결과 협상을 위한 안정적인 맥락과 제도가 제공되며 이를 통해 정책 결정에 효과적으로 영향을 미칠 수 있다. 경쟁보다는 타협에 의해 선택이 조정된다. 국가는 사회조직들에 지위와 자원을 부여하여 정책결정에 참여하게 하며 사회조직 내외에서의 협상 · 합의 · 협력 · 조정의 책임을 부여한 뒤 이를 조정하는 역할을 한다. 국가는 사회조직들을 중재할 뿐만 아니라 그들의 활동을 촉진하며 종종 사회조직들에 의해 제도가 관리되도록 한다. 사회는 직업, 지역, 산업을 따라 다양한 집단으로 분할된 채 각 집단이 내부적으로 결속하며, 분할된 집단 간의 갈등과 협력은 국가의 중개를 통하는 부문별 사회 조합주의가 경제운영을 지배하였다. 국가는 소유와 통제를 국가기구로 옮기지 않고도 사회의 정책결정에 영향을 미친다. 시장을 보완하고 대체하는 기능 자체는 국가보다는 부문별 사회조직이 더 큰 역할을 한다. 국가는 노동규제와 임금협상에서 노사 모두와 대등한 관계나 국외자로 위치하고 시장을 통하지 않는 조정제도를 보호한다. 노사 간 조정은 기업이 주도하며 기업, 노동자, 국가 간에 협력적으로 이루어진다. 지역별로 공공정책의 결정과 집행에서 사회조직 간의 협력적 관계(사회 파트너십)가 나타나고 수요업체, 공급업체, 은행들이 네트워크를 형성해 함께 활동을 조정해가며, 기업 내에서는 이해관계자들의 공동결정과 협력이 제도화되어 있다. 그러나 북유럽에서 관찰되는 전국적인 연대, 재분배, 조정은 드물며, 국가적 차원에서 제도화된 3자 또는 2자 위원회는 존재하지 않는다.

사회질서 유지를 위한 국가의 역할

사회의 질서와 안정을 도모하기 위해 사회적 요구와 가치를 시장의 현실 및 압력과 조화시키는 국가의 역할이 역사적으로 반복되어 나타났다. 사회정책은 '사회 계층에서 개인의 지위를 유지'하고 그에 따라 사회 질서를 유지하는 데 그 목표가 두어져 왔다. 19세기 말의 추격적 산업화 과정에서 국가, 자본, 산업, 노동, 가족 간의 관계를 지배하는 보족성(subsidiarity)[8]과 상호조정의 전통이 생겨났다. 비스마르크는 노동자 계급혁명을 막고 신생 국가를 안정시키기를 원했다. '집단재를 나누고 교환하고 공유하는 집단'에 기초한 사회적 분할을 따라 사회보장이 구성되어 사회 파트너들은 공적으로 강제된 사회보험을 관리하는 데 참여하거나 독자적인 직종별 보험제도를 운영하게 되었다. 사회보험은 노동소득과 연계되어 남성생계부양자의 직업안정성이 확보되도록 하였다.[9] 한편 노동자들이 상품으로 취급되거나 국가개입으로 가족이 해체되는 것을 우려한 카톨릭의 영향하에서 소집단의 책임을 우선하는 민간 자선과 보족성의 원리도 유지되었다. 국가는 사회복지제도를 지시 · 강제하였지만, 북유럽과 달리 국가적 연대를 반영하거나 목표로 하지 않았다. 1930년대의 위기 때부터 질서 자유주의자(order-liberalists)들은 자유방임적 자유주의를 비판하며 국가개입을 통해 보호를 제공하는 복지제도가 창출 · 유지되는 사회적 시장경제(social market economy)를 주장해 왔다.[10] 이러한 질서자유주의의 전통은 제2차 세계대전 이후 시장을 정치적 개입과 사회적 대화의 장으로 끌어들일 수 있는 배경을 마련하며 사회적 시장경제의 구축에 기여하였다.

질서자유주의는 시장시스템의 효율성을 강조하지만 거대기업에 과도한 권력이 집중되어 남용될 때 소기업, 소비자, 노동자들에 대한 착취가 발생한다고 본다. 질서자유주의에서 국가의 핵심적 역할은 공정한 경제적 관계가 지속될 수 있는 확실한 규칙 또는 질서를 만들고 이것을 경제 주체들이 엄격하게 준수하도록 강제하는 것이다. 이러한 질서는 본질적으로 입법화된 제도적 협약에 기초한다. 독일의 연방 및 주들은 질서자유주의 원리에 따라 경제활동에 직접 개입해서는 안 되며, 게임의 틀 또는 제도적 · 규제적 틀을 정의하는 것으로 자신의 활동을 제한한다. 공공의 개입은 시장실패가 존재할 때만 보족성 원리하에 정당화된다. 이러한 원칙하에 경제정책의 권한은 연방과 주가 공유한다. 연방은 경제적 범주의 규제를 정하고, 주는 경제적 지원을 맡는다. 국가적 차원에서 부문별 산업정책은 없고 기술발전의 방향을 정하는 것도 연방정부의 소관이 아니다. 모든 정책지원은 대부분 모든 산업에 개방되며 특정 산업을 우선시하는 정책도 없다. 연방정부는 혁신재원 조달, 직업교육제도 지원, 기업양도 지원, 창업을 위한 금융수단 강화, 소액수출을 위한 보증지원과 절차완화, 에너지 이용 효율성 개선을 위한 지원, 관료주의 축소와 행정 단순화 등을 담당한다. 주는 재정지원과 R&D 및 혁신을 위한 클러스터 정책의 틀 내에서 경제 주체들의 협력을 지원한다.

성장의 경험 : 전후 라인강의 기적

독일의 경제운영 체제가 가장 잘 드러난 사례는 제2차 세계대전 이후 이루어 낸 라인강의 기적(Wirtschaftswunder)이다. 독일은 과거의 지역별 · 산업별 협력의 경험을 바탕으로 민간부문 내에서 기업 간, 노사 간, 금융기관 간 상호조정을 통해 성장을 도모하였다. 임금, 노동조건, 직업훈련은 노사 간의 협상에 의존하였고 기업 차원(감독이사회에의 노동자 대표 참여)과 사업장 차원(종업업 평의회)에서 노동자가 경영에 참여하였으며, 산업별로 집단적 임금협상이 이루어졌다. 노사가 공동 관리하는 도제제도를 중심으로 높은 수준

---

8. 보족성의 원칙이란 개인의 개별 욕구 충족이나 사회문제 해결은 개인에게 가장 가까운 사회 단위(가족, 교구, 지역사회, 자발적 조직의 순으로)에서 일차적으로 이루어져야 하고, 이러한 일차적 단위들의 능력을 넘어설 때 더 큰 사회 단위(지방자치단체, 국가)가 문제를 해결하도록 개입되어야 한다는 것이다. 상위 단위는 하위 단위의 지위를 빼앗아서는 안 되며, 하위 단위들이 과제를 해결하는 데 도움을 주어야 한다.
9. 종업원들에게 직장에서의 협력과 조정에 대한 유인을 주고 독일 고유의 생산체제의 진화를 뒷받침했다.
10. 18~19세기의 자유주의에서의 전형적인 국가개념과 달리 질서자유주의에서 시장 메커니즘과 경쟁의 효과는 정부의 조절하에서만 생겨날 수 있는 것으로 간주되었다. 질서자유주의에서 국가와 시장경제는 상호의존적인 것이다.

의 산업별 특화된 숙련 교육이 제공되었다. 이러한 제도는 독일 제조업체에게 수출품의 품질을 유지하는 제품 혁신과 공정 혁신을 가져다 주었다. 또한 투자재원은 주식을 신탁받은 은행과 (지방정부가 관할하는) 지역은행 네트워크가 담당하였다. 민간부문의 이러한 높은 수준의 조정은 많은 의사결정을 공인된 기업단체에 위임한 정부의 입법 조치의 뒷받침을 받았기에 가능하였다. 그러나 정부개입의 강도는 주변국보다 약했다. 제3제국의 국가 개입주의에 대한 대응으로 독일기독교민주당이 성립시킨 질서자유주의 철학과 일관되게 경제의 동력은 민간부문에 남겨졌고, 국가의 역할은 경제활동이 질서 있게 진행되도록 만드는 규칙을 확립하는 데 두어졌다. 그러나 이들 규칙들은 자유 방임주의와는 거리가 먼 것이었다. 제2차 세계대전 이후 독일의 국가조합주의는 민간부문 내에서 창출되는 높은 수준의 집단재에 의존하는 지역 수준에서의 고품질 특화상품 생산(diversified quality production) 시스템과 사회적 시장경제를 발전시켰다.

3) 사회 조합주의 : 스웨덴

경제정책과 사회정책—성장과 평등의 병행

사회 조합주의(social corporatism)가 지배적인 북유럽 국가는 자본의 이익에 대한 사회적 합의와 타협 그리고 합의적 관리기제를 통해 경제적 성과와 사회적 형평을, 성장과 복지를, 효율과 평등을, 자본계급의 이익과 복지 자본주의의 발전을 동시에 실현하고 있다. 낮은 법인세와 배당에 대한 높은 과세, 노동시장 유연성, 시장원리에 의한 산업 구조조정, 대기업 중심의 자본 및 산업 집중정책 등으로 시장원리에 따라 성장을 극대화하는 정책이다. 시장규율은 노동과 자본 모두에게 적용된다. 기업들은 수익을 내지 못하면 퇴출되어야 하고 생산성을 높여야 하며, 시장에서 살아남아 성장해야 한다는 철저하게 시장경제 원칙을 고수하게 만들었다. 산업 구조조정과 생산성을 중시한 결과 경제력의 집중과 자본의 독과점화 정도가 매우 높다. 높은 개인소득세, 노사협력 그리고 보편적 복지국가 등 평등지향적 사회정책이 이를 가능하게 하였다. 결과적으로 기회 · 소득 평등의 복지국가가 '자본가들의 왕조가문(capitalist dynasties)'과 공존하게 되었다. 자본과 기업에 대한 조세부담은 낮았지만 근로계층의 부담으로 보편적 복지가 가능했다.

노동자단체, 사용자 조직 등 이해관계를 가진 조직들과 정부는 서로 합의와 타협을 통해 시장의 작용을 제어하고 시장을 통하지 않고 상호 조정하는 제도와 관행을 발달시켜 왔다. 노동과 자본은 모두 중앙집권화되어 단위 노조와 개별 기업에 대한 통제가 가능한 권위를 확보하고 있으며, 중앙집권화된 노사조직이 양자 간의 협약을 중립적 입장에서 중재하고 협약 준수를 보장하고 있다. 친노동자 정당의 존재, 양보와 타협의 문화, 노동자의 희생을 사회정책으로 보상할 수 있는 국가 능력이 이를 가능하게 한 전제조건이었다.

계급 간 합의와 협력으로 스웨덴의 사회조합주의는 꾸준히 발전되어 왔다. 두 가지 차원의 사회조합주의가 모두 작동하였다. 노동시장에서는 노사협상의 조합주의로 임금자제와 노사평화가 유지되었다. 국정 차원에서도 조합주의가 작동되어 조직된 이익집단이 국가위원회에 대표로 참여한다. 즉, 국정의 파트너가 되어 정책결정 과정에 공적으로 포함된 것이다. 많은 위원회는 자문뿐만 아니라 결정권한도 가졌다.

스웨덴의 경우 유럽대륙 국가들에 비해 전쟁과 사회적 갈등에 따른 분열이 최소화되었다. 사회적 분열을 더 쉽게 극복했고, 이에 수반된 국가 정체성에 대한 강한 공감대는 사민주의와 사회정의에 대한 평등주의적인 개념을 이끌었다. 사회정의에 대한 평등주의적 관념은 스웨덴의 생산 체계와 사회정책을 특징지었다. 전국 단위에서 중앙집중적이고 포괄적인 조직이 제도화되어 국가의 지원과 정치적 교환이 가능했다. 때때로 이는 제도적 관성을 초래하고 협상에 의한 합의를 요구하므로 변화에 대한 적응이 늦어질 수 있다.

연대적 생산체제

정책결정은 정책당국보다는 공공, 민간단체, 민간기업 등 독립적 사회조직 간의 제도화된 협상에 크게 의존하며 정책당국은 참여자일 뿐이다. 개인들의 선호는 고정불변의 것이 아니어서 사회적 상호작용 속에서 재구성되며 의사결정이 이뤄진다. 국가와 전국 단위의 사회조직이 시장을 보완 · 대체하여 중앙집권적이지만 평등주의를 따르는 조정이 이루어진다. 스웨덴은 일찍부터 통일국가를 이루어 경제조정이 산업이나 지역에 국한되지 않고 전국적으로 이루어져 왔다. 협상 시스템이나 협상 대상이 모두 포괄적 · 전국적이며 중앙집중적으로 재분배된다. 특히 노동시장과 자본시장은 전국적 수준에서 타협 · 조정되고 규제된다. 1938년 사회민주당(이하 사민당) 정부, 전국노조, 전국 고용주 협회 사이의 살츠요바덴(Saltsjobaden) 타협, 1951년 렌-마이드너(Rehn-Meidner) 모델이 대표적인 사례이다.

1938년 살츠요바덴 협약에서는 자율적 사회조직인 노동과 자본이 서로 타협하고, 상충할 수 있는 이해에 대해 국가가 적극적으로 보전해주었다. 그 결과 자본이익의 보장과 대기업의 성장 그리고 노사협력과 보편적 복지국가의 발전이 공존할 수 있게 되었다. 1940년대 중반부터 노동과 자본의 대표가 정부의 각종 위원회, 입법 및 정책연구에 참여하여 자신들의 이해를 표출하고 이를 조정하여 정책에 반영하는 사회조합주의 체계가 본격화되었다. 노동과 자본의 대표는 사민당 정부가 주도한 비공식 노사정 협의체인 '목요클럽'(1945~1955)과 '합스푼드(Harpsund) 회의'(1955~1964)에도 참여하였다.

렌-마이드너 모형은 모든 임금을 생산성 증대와 연계하고 저임금을 높여 전국적으로 평준화하였는데, 연대주의적인 전국적 임금교섭이 이를 가능하게 하였다. 따라서 1970년대까지 스웨덴은 전국적 연대 속에서 경제를 조정하고, 전 인구를 대상으로 공공 서비스를 제공하고 2차 소득을 재분배하여 사회정책에도 동일한 전국적 연대를 반영했다. 전국적 임금연대는 작업장 내에서의 유사한 협력적 배치로 보완된다. 이는 시장에 대한 간섭을 피하는 자유주의나 특정 사회조직 내에서 조정에 의존하는 보수주의 국가와도 구별된다.

연대적 사회정책

스웨덴에서 국가는 전국적 사회보장과 인적자본의 창출과 유지에서 주도적인 역할을 담당한다. 17세기 후반 스웨덴 왕정은 귀족들로부터 토지를 빼앗아 소농에게 분배했다. 스웨덴은 농민들이 의회에 대표로 참석하는 유일한 유럽 국가로 이들의 이해관계가 고려하여야 했다. 1930년대에 사민당 집권 전부터 사회정책은 보편주의적 경향을 가졌다. 국가가 빈곤층의 삶을 개선하고 힘을 실어주어야 한다며 연대주의를 지향한 루터교도 뒷받침이 되었다. 보편적 복지제도는 사민당이 집권하기 이전부터 시작되었다. 본래 노동자의 소득과 납부 능력에 따르는 기여방식으로 추진되던 사회보험은 농민층의 반발로 모든 국민에게 적용되는 보편적, 비기여의 세금에 의한 사회보험으로 전환되었다. 상해보험(1901), 질병보험(1910), 연금(1913)은 직업으로 구분하지 않고 전체 인구를 대상으로 하는 보편적 제도였으며, 1932년 이후 사민당 정권의 '인민의 집(folkhemmet)'은 모든 개인을 똑같이 대우하고 전국적 차원에서 협력해야 함을 상징하였다. 사회는 개인을 부양해야 하지만 개인은 노동하고 자립해야 하며, 또한 국가 전체가 하나의 공동체이며 그 안에서 각 개인은 평등하다.

성장의 경험 : 렌－마이드너 모형

스웨덴은 1938년 살츠요바덴 협정이 성립하여 다른 기업들과 정부와 합의하고 그 결과를 산하조직에 강제할 수 있는 대표 기업들과 전국적 노조협의체가 상호조정을 통해 임금협상을 하는 시스템을 발전시켰다. 즉, 스웨덴은 전국 단위에서 조정할 수 있는 제도적 역량을 오래전부터 갖추었다.

제2차 세계대전 이후 렌－마이드너 모형이라 불리는 스웨덴의 성장 레짐은 3가지 특징을 보였다. 첫째, 연대 임금(Solidarity Wage) 협상이다. 경제의 거의 모든 부문에 걸친 임금은 정상단체인 전국노동연맹(Swedish Confederation of Trade Unions ; LO)과 전국 사용자연맹(Confederation of Swedish Enterprise ; SAF) 간의 협상에 의해 결정되었다. 동일 내용의 노동에 대해서는 동일 임금이 설정되었는데, 이로 인해 비효율적 기업은 생산성 향상과 합리화라는 채찍을 받지만, 효율적 기업은 투자 확대와 성장을 뒷받침하는 초과이윤의 당근이 생겨났다. 한편 저임 노동자의 임금을 고임 노동자보다 더 빠른 속도로 인상하는 연대적 요소도 포함되었다. 이는 저임 노동에 의존하는 기업들에게 자발적 구조조정(폐업 또는 효율화)을 압박함으로써 생산성을 높이는 역할을 한다. 한편 배당보다 투자에 대한 세금을 낮추는 자본시장 규제는 선도부문의 이윤증가가 투자로 전환되는 것을 장려하였다. 연대임금은 기업도산과 대량실업을 야기할 수 있으므로 이에 대응하는 정부의 역할이 요구된다. 둘째, 정부는 실업 증가에 대비하여 적극적 노동시장 정책을 펼쳐 직업탐색과 재훈련에 관대한 공적 지원을 제공하였다. 이를 통해 저생산성의 사양산업에서 고생산성의 신흥산업으로의 노동자 이동을 촉진하였다. 셋째, 정부는 인플레이션 억제에 책임을 가지고 상대적으로 긴축적 거시경제정책 기조에 의해 기업들에게 효율성을 높이도록 가하는 압력을 유지하였다. 이러한 성장모형이 낳은 1960년대의 경제성장은 노동 부족을 야기하였는데, 외국인 노동자의 유입을 촉진하는 대신 복지 강화를 통해 여성의 경제활동 참여율을 높임으로써 대응하였다. 렌－마이드너 모형은 높은 생산성을 보이는 대기업이나 다국적기업에 유리하며, 대신 중소기업이나 영세기업은 지속적인 구조조정 압력에 노출된다. 이에 따라 스웨덴은 대기업 중심의 산업구조를 지속하고 있다.

4) 자유 국가주의 : 프랑스와 남유럽

자유 국가주의(liberal nationalism)는 중앙집권화된 국가와 취약한 사회조직이 함께하며 지중해형 자본주의, 국가조정 시장경제 등으로도 불린다. 그리스, 스페인, 이탈리아, 포르투갈 등 남유럽 국가들과 프랑스를 포함한다. 사회조직은 취약하여 공동체가 거부되거나(프랑스) 인종이나 이념 또는 지역을 따라 분할(남유럽)되어 있다. 사회조직은 협력보다는 갈등과 상호 불인정의 정서가 지배적이고 전국 단위로까지 조직되지 못해 자유주의적 색채를 가지며, 협력은 가족을 넘지 못한다. 결국 시장의 보완과 대체에서 사회조직보다 국가가 주도한다. 즉, 사회공간을 국가가 점유하고 지배하면서 사회생활의 대부분을 규제하는 데 중심적인 역할을 한다. 이것은 프랑스에서 볼 수 있듯이 정치제도의 근대화가 경제구조의 근대화보다 선행하였기 때문에 가능했다. 국가가 중심성을 점하고 있음에도 불구하고 그 국가는 프랑스처럼 강할 수도 있고 이탈리아, 포르투갈, 그리스에서처럼 약할 수도 있다. 국가가 중심적이지만 취약할 경우 가족과 사회조직은 주변적이면서도 강한 지위를 점할 수 있다. 이에 따라 사회조직은 국가 기능에 장애를 야기하기도 한다. 국가와 사회조직은 밀접하게 연계되어, 갈등적인 서로 다른 사회조직의 통합 · 담합은 국가개입을 중단, 동결시키고 합의 형성을 방해한다. 이에 따라 국가는 중심적 위치를 점하지만 뚜렷한 정치적 방향을 제시하지 못하는 만성적 무능력을 보여 왔고, 항상 서로 다른 이해관계 사이에서 움직여야만 했다. 사회조직의 상대적 자율성은 국가 기능에 장애를 낳는다. 이는 후견주의, 족벌주의, 부패로 쉽게 퇴화될 수 있는 높은 수준의 특수주의를 통해 국가개입의 수단을 전복하고 변형시키고 전유하는 경향이 있다. 분열되고 사회적으로 분할된 사회 내에서 정당성 제고를 목표로 하는 국가에서 자신의 이익을 더 잘 확보할 수 있는 일부 사회집단은 특권을 누리게 된다. 사회적 이질성과 광범위한 비공식적 경제는 특수주의적 집단 구성을 넘어서는 연대의 확립과 보편주의와 갈등을 갖는 반면, 제도적 요인— 즉, 시민사회의 취약성과 후견주의의 지속과 함께 강력한 국가기술관료의 부족, 사회이익의 수렴자로서의 정당의 지배성—역시 정책 효과를 약화시키고 규율 없는 지출을 부추긴다 (Rhodes, 1998).

국가주도의 경제체제

이탈리아, 포르투갈, 그리스 국가가 중심성을 갖지만 취약한 경우 자신의 이익을 더 쉽게 확보할 수 있는 사회조직은 분명한 특권을 누리지만, 그렇지 않은 사회조직은 특권을 누리지 못한다. 1950년대 남유럽 경제는 주로 농업에 기반을 두었고, 1960년대와 1970년대에 들어서서야 대륙유럽 국가들에 견줄 만한 산업 표준을 발전시켰다. 그러나 지역적으로 제한된 경제성장이 나타나는 동시에 소상공인과 개인 서비스에 종사하는 자영업자의 비중이 커지며 그 중요성도 커졌다. 특히 북부 이탈리아와 북부 스페인은 유럽대륙과 유사한 속성을 가지게 되어 높은 수준의 내부 이민(1950년대와 1960년대 동안), 상대적으로 높은 수준의 산업화와 프롤레타리아화, 그리고 매우 역동적이고 혁신적인 자영업의 강력한 위상을 보여주고 있다.

프랑스 국가가 중심성을 가지며 동시에 강하기도 한 프랑스의 경우 오직 국가만이 이기적 기업가와 시장의 불합리성이 진보를 방해하는 것을 막을 수 있다고 보아 주요 제조업과 인프라를 위에부터 지도하는 것을 목표로 하였다[국가가 영향을 미치는 시장경제(state-influenced market economy, Schmidt, 2016)]. 정부의 영향력이 크며 특히 노사정 관계를 주도한다. 경제 주체들이 (대부분 직종별로) 분열되어 있는 상황에서 국가가 많은 부분을 보완하며, 국가 대표기업(National Champions)들을 보호하는 동시에 국제적 활동을 지원한다. 국가는 시장실패로부터 기업이나 노동자를 보호하기 위해 스스로가 필요하다고 판단되는 영역에 전략적으로 개입한다. 국가는 기업의 구제, 노동자에 대한 도덕적 교화, 임금협상과 연금개혁 등과 같은 영역에서의 조합주의적 협정 도출 등 다양한 방법을 동원한다. 국가는 기업과 노동자의 활동에 대해 경제 주체 간의 상호관계나 생산역량에 대한 파급효과를 고려하여 때로는 강화적 역할도 하지만 억제적 역할도 한다. 기업이 자율성을 갖는 기업전략, 투자, 생산, 임금협상 등에서 조정은 기업이 주도하지만, 기업이나 노동자가 주도할 수 없는 노동법규, 연금제도 등에서 경쟁력을 강화하기 위한 환경을 조성할 필요가 있다고 판단하는 경우 국가가 주도한다.

중앙정부주도의 사회정책

이탈리아, 포르투갈, 그리스 국가가 중심성을 갖지만 취약한 경우 보편적인 재분배적 보호체계를 부과할 정당성을 확립하지 못하여 자신의 이익을 더 잘 확보할 수 있는 사회조직은 분명한 특권을 누리지만, 그렇지 않은 사회조직은 특권을 누리지 못한다. 취약한 국가의 마비증세가 나타나면 일부 사회조직에 대한 매우 높은 수준의 관대함과 차별적 보호 그리고 사회복지에서의 낮은 급부와 서비스가 뚜렷이 드러나게 된다. 사회지출의 증가에도 불구하고 그 분배는 고르지 않고 공적 연금에 과도하게 배분되어 노동시장정책, 주택 또는 사회적 배제에는 자원이 거의 할당되지 못한다. 자영업자들은 정치적 목소리가 약하여 노동시장이 제공하는 주요 혜택에서 부분적으로 배제(불리한 연금, 가족수당 부족 등)된 상태로 남았고, 탈세 및 비공식 노동을 통해 사회에 통합되었다.

남유럽 국가들은 경제발전에서의 고도의 지역적 파편화 외에도 복지 제공에서의 고도의 파편화가 특징이며, 중대기업에 고용된 노동자를 중심으로 복지제도가 집중되어 고용경험이 없는 실업자, 비공식부문 노동자, 자영업자를 대상으로 하는 복지제도는 간과되어 왔다. 다만 2차 노동시장의 노동자 규모가 크기 때문에 이들의 사회통합은 주로 탈세와 광범위한 비공식 부문의 허용을 통해 이루어졌다. 이러한 일반적인 패턴 속에서 엄격한 노동법은 가장인 남성 노동자를 보호하여 여성과 청년의 고용 가능성을 약화시켰다. 그 결과 성인 남성의 실업률은 낮은 반면 여성과 청년의 실업률은 높다. 노동시장으로부터의 배제는 가족문화를 강화하는 기능을 해 왔다. 가족 내에서 여성노동의 중요성으로 말미암아 여성의 높은 실업률 문제는 인식되지 못해 왔다.

남유럽 복지모형의 주요 특징 중 하나는 가족적 성격이다. 이는 무엇보다도 돌봄이 가족, 특히 여성에게 강력히 위임된다는 것을 의미한다. 즉, 질병, 장애, 실업 등 많은 사회적 위험은 주로 가족과 및 친족의 책임으로 간주된다. 국가가 개입하지만 대부분 상대적으로 낮은 금전적 급부 혜택으로 제한된다. 유럽대륙 국가들과 마찬가지로 보족성의 원칙이 있다. 그러나 유럽대륙 국가에서는 보족성이 지배적이어서 국가가 관대한 이전지출과 사회 서비스를 통해 가족을 지원하고 보호하지만, 남유럽에서는 그렇지 못하다. 더욱이 유럽대륙 국가의 경우 사회안전망이 충분히 발전해 왔지만, 남유럽의 경우에는 최저소득 제도를 포함하여 그 발전이 매우 최근의 일이다. 이러한 상황으로 말미암아 돌봄 서비스의 발전은 낮은 수준에 머물러 있다. 일반적으로 가족제도는 핵가족, 확대 가족과 지역 사회의 높은 연대성, 가정 내의 엄격한 분업을 기반으로 한다. 남성은 가족 밖에서 일하고 여성은 가정 내부에서 다른 구성원을 돌보거나 가족기업을 돕는다. 각자의 역할은 상호 보완적이어서 대체될 수 없다. 이는 가족에 대한 높은 수준의 보족성과 노동시장 내에서 생계를 책임지는 가장의 중요성으로 특징지어진다. 이 모형에서 돌봄은 가족과 비영리 부문에 의해 수행되며, 가족이 실패할 때에만 국가가 개입한다. 사회적 권리에 대한 접근은 직간접적으로 고용 자격에 크게 의존하여 '내부자'와 '외부자'가 크게 대비된다. 국가와 노동조합의 보호를 받는 성인 남성가장의 모형이 소득유지 측면에서 시민권의 주요한 형태이다.

프랑스 국가가 중심성을 가지는 동시에 강력한 프랑스의 경우 사회정책 역시 국가가 주도하고 있다. 중세의 가족, 교회, 공동체 중심의 민간 중심 복지 공급에서 빈민문제에 대한 국가개입을 시작으로 국가복지가 이를 대체하였다. 사회조직이 아닌 중앙정부(내무부)가 중앙집중적으로 관리하는 사회보험제도(1905년과 1914년 실업보험, 1910년과 1930년 노령연금)를 제정한 이래 모든 형태의 복지제공에서 공공조치가 우선되는 전통이 세워졌다. 가입자의 직업과 직종에 따라, 그리고 사회적 위험에 따라 관련 제도가 다르다. 보수주의 복지국가에서와 같이 연금과 실업보험에서 급여와 급부 사이에 비례성을 확립하여 사회구성원의 사회적 지위를 유지시키려 한다. 그러나 사회결사 또는 사회집단 대신 국가가 복지제도를 조정한다. 사회적 권리를 요구하는 다양한 사회집단의 요구에도 불구하고 강력한 중앙정부는 사회적 권리를 보장할 수 있었다. 프랑스는 산업발전이 오래되어 기업 기반의 사회보험제도가 발전하여 점차 집중화되며 준공공적 지위를 확보하였다.

성장의 경험 : 국가주도적 유도계획

프랑스 자유 국가주의를 가진 프랑스의 특징이 가장 잘 드러난 시기는 제2차 세계대전 이후인 신산업 창출과 경제성장 과정에서였다. 제2차 세계대전 이후 전쟁의 여파에 대처하기 위해 사회 파트너들 간에 협조의 필요성이 제기되었다. 이는 노동조합에게 국가의 주요한 의사결정기구에 참여할 수 있는 계기를 제공해 주었으며, 전통적인 사용자들의 독립적 성향도 많이 완화되었고 이윤을 중시하는 풍조도 상당히 희석되었다. 프랑스 엘리트들은 프랑스의 산업부진 문제에 도전하여 경제성장과 안보 자립을 달성하고 프랑스의 지위를 유지해야 한다는 시각에서 관료가 투자의 우선 순위를 설정하고 성장에 핵심적인 산업과 세계 시장에서 지배적인 선도대기업 또는 국가 대표기업이 될 수 있는 기업으로 자금을 배분하는 유도계획 시스템을 중심으로 하는 경제성장 모형에 의존하였다. 이들은 정부가 새로운 산업 창출에서 정책결정자, 기업전략가, 기업가, 최초이자 최고의 고객, 시장의 근시안적 태도를 부정할 수 있는 기술 선도자라는 독특한 위치를 갖게 한다. 이것이 가능했던 것은 금융시스템에서 자금흐름을 통제할 수 있는 대규모 국영은행이 존재했기 때문이었다. 국가계획은 기업과 노조의 대표자들과 관료들이 모여 각 산업의 발전을 논의함으로써 성립하였다. 각 산업에서 정치 엘리트와 산업 엘리트들은 하나의 계층을 형성하며 민관의 경계도 모호했다. 민간자본은 국가를 호위하고 그 도움을 받으며 국가를 이용해 산업 구조조정을 하고 금융 및 인적 자원을 우선 분야에 투자해야 했다. 결과적으로 프랑스는 매우 성공적인 산업구조 변화를 경험하였고 영국을 뛰어넘었다.

2. 한국경제의 고도성장과 도전

2.1 한국경제의 성장 추이 : 중소득국에서 고소득국으로의 이행

한국의 경제성장 성과를 평가하기 위해서 세계은행의 소득수준에 따른 국가분류를 활용해 보자. 소득수준에 따라 국가를 분류하기 위해서는 분류 기준이 되는 소득의 임계값을 설정해야 한다. 세계은행은 2012년에 중국을 대상으로 6대 발전전략을 제안했던 China 2030에서 미국의 1인당 GDP의 5~45%에 놓인 국가를 중소득 국가로 분류하고 있다(World Bank, 2012). 또한 세계은행 융자 기준에서 각국은 저소득국, 하위 중소득국, 상위 중소득국, 고소득국으로 나뉘는데, 이들은 각각 미국 대비 1인당 소득 5%, 15%, 45%를 임계값으로 사용한다.[11] 한편 China 2030에서 세계은행은 Maddison Project Database에서의 각국의 1인당 GDP 데이터를 이용하여 국가 간 소득수준을 비교하고 있다. [그림 2-4]는 Maddison Project Database의 한국과 미국의 1인당 GDP 데이터를 이용하여 한국의 1인당 소득(1911~2016)의 미국 대비 수준을 나타내고, 동시에 세계은행의 소득 임계값을 함께 나타내고 있다.

[그림 2-4]는 몇 가지 흥미로운 사실을 알려준다. 첫째, 한국은 1911~1973년 기간 중 내내 하위 중소득국이었다. 1911년 한국의 1인당 소득은 647달러로 매우 낮지만, 미국 대비 8.4%로 하위 중소득 기준 비율 5%를 넘어서므로 하위 중소득국으로 분류된다. 또한 미국 대비 1인당 소득은 1910년대 10%까지 올라

11. 세계은행의 분류 기준은 정부조달에서의 내국인 우대 허용 여부, IDA 지원 조건, IBRD 지원 조건을 고려하여 설정된 기준이어서 상대적으로 잘 확립된 기준이며, 동시에 개도국의 경제상황과 국제기구의 개발정책을 잘 반영한 기준이기도 하다.

그림 2-4 한국 소득의 미국 대비 추이

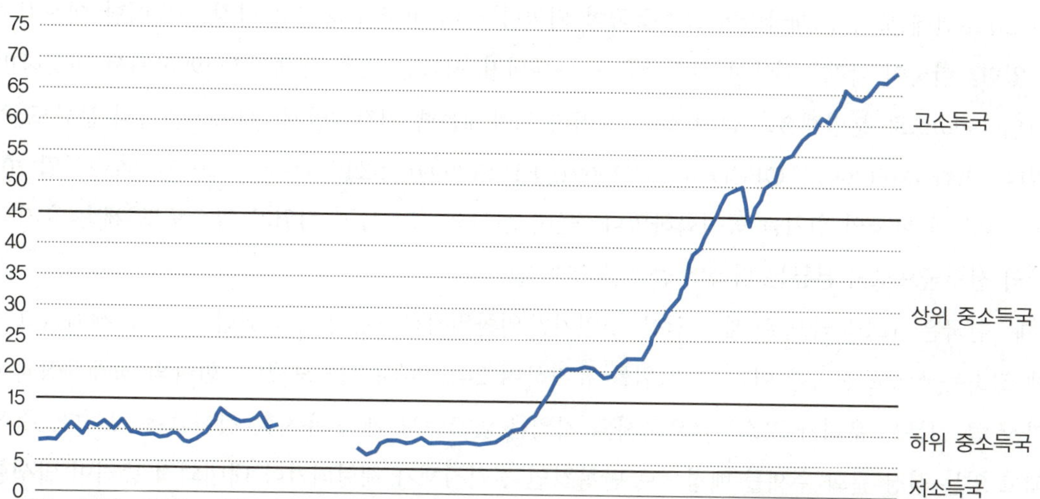

선 뒤 일제 강점기 내내 10% 내외를 보였다.[12] 독립 후에는 1960년대까지 8% 내외에 머물렀고 1960년대 말부터 상승하기 시작하였으나 1973년까지 15%를 넘지 못한다. 결과적으로 한국은 1911년부터 1960년대까지 내내 미국과의 소득 격차를 줄이지 못하는 하위 중소득 함정이라는 정체상태에 빠져 있었다. 이런 관점에서 하위 중소득국에 머물렀던 62년간의 성격, 특히 조선 말과 대한제국의 성격이나 그동안 과도한 관심을 부여해 온 식민지 시기의 경제성장에 대해서는 재평가가 필요하다.

둘째, 한국의 1인당 국민소득 수준은 1974년에 17.5%를 기록함으로써 마침내 상위 중소득국의 지위로 올라선다. 하지만 그것도 잠시 미국 대비 1인당 국민소득 비율은 10년 넘게 20%대 초에 머물렀으며, 다시 급성장한 것은 1986년부터였지만 1994년까지 고소득국의 임계수준인 45%를 넘지 못한다. 1974년의 상위 중소득국으로의 전환은 1960년대 한국 경제성장의 역할에 대한 재평가를 요구한다. 한국의 성장과정은 최빈국 또는 빈곤의 함정으로부터의 탈출이라기보다는 무려 62년 이상을 끌었던 하위 중소득 함정으로부터의 도약이라고 할 수 있기 때문이다.

셋째, 미국 대비 우리나라의 1인당 소득은 1995년에 처음 45%를 넘어선 48.7%를 기록하였다. 이후 세계은행은 1998~2000년의 3개년을 제외하고 지금까지 한국을 계속 고소득국으로 분류하고 있다.

넷째, 상위 중소득국이나 고소득국으로 올라서는 것은 얼마나 어려운 일일까? Penn World Table의 1950~2011년 데이터로 추계를 할 경우 20년의 기간 동안 하위 중소득국이 계속 그 상태에 머물 확률은 90%이며 상위 중소득 국가로 올라설 확률은 10%이다(Arias and Wen, 2015). 한편 상위 중소득국이 계속 그 상태에 머물 확률은 65%이며 고소득국으로 올라설 확률은 21%이다. 따라서 하위 중소득국이나 상위 중소득국이 상위의 소득 상태로 옮겨갈 확률은 매우 낮다. 상위 중소득국으로의 이행에 62년의 시간이 소요된 반면, 고소득국으로의 이행에는 21년밖에 걸리지 않았다는 점에 비추어볼 때 고소득국이 될 가능성이 상위 중소득국이 될 가능성보다 높지만, 고소득국으로 올라서는 데 소요된 기간은 상위 중소득국으로 올라서는데

12. 물론 일제 강점기의 경우 식민지 경제의 특성상 생산과 소득 통계의 큰 괴리가 불가피하므로 GDP 기준 10%의 소득은 주의 깊은 해석이 요구된다.

소요된 시간의 1/3에 지나지 않았다. 이 때문에 세계은행 보고서 China 2030은 "1960년에 101개 중소득국 중에서 2008년에 오직 13개국만이 고소득국이 되었다"라며 한국을 중진국 함정을 벗어난 대표적 사례로 평가하고 있다. 한국이 국제통계에서 선진국으로 분류되기 시작한 것은 세계은행(1995)에서 비롯하며 이후 OECD 가입(1996)으로 분명해졌고 삶의 질을 고려하는 세계은행 인간개발지수(1999)에서의 분류도 의미 있는 변화였다. 또한 IMF(2001), OECD-DAC(2009), FTSE(2009), S&P 다우존스(2013), 파리클럽(2016) 등도 선진국으로서의 한국의 위치를 공식화하였다. 물론 한국의 고소득국 지위가 앞으로도 계속 유지될 것인 만큼 한국의 선진국으로의 분류는 더욱더 늘어날 것이다.

다섯째, 한국은 고소득국으로 계속 남을 것인가? 외환위기로 3년간 후퇴했던 시기를 제외하고 한국은 1995년에 고소득국으로 진입한 이래 그 지위를 유지하며 24년의 시간을 보냈다. 한국의 경제성장과 관련한 당장의 가장 큰 질문은 우리가 고소득국으로서의 지위를 앞으로도 계속 유지할 것이냐는 것이다. 특히 장기간 지속되고 있는 성장 둔화 추세를 배경으로 반복적인 경기침체가 재현되거나 대내외적 충격이 발생할 때마다 한국의 경제성장에 대한 비관적 전망이나 위기설이 지배한다. 그러나 1870년 또는 1950년 이후의 세계 고소득국의 경험적 사례만 놓고 본다면 고소득국에 도달한 국가가 고소득국으로서의 지위를 잃을 확률은 극히 낮다. 보다 구체적으로 1950~2011년 동안의 Penn World Table에 기초할 경우 고소득국이 10년 사이에 고소득국을 유지할 확률은 97%이다. 1870~2010년 동안의 Maddison Database를 이용할 경우 고소득국이 10년 사이에 고소득을 유지할 확률은 90%이다. 대상 기간을 20년으로 확장하더라도 유지 확률은 거의 유사하다(Arias and Wen, 2015).

여섯째, 무엇이 상위 소득국으로의 이행을 가능하게 하였는가이다. 한국경제 발전과정에 대한 그동안의 논의는 고소득국으로의 이행은 소홀히 다룬 반면 최빈국 탈출과 고소득국으로의 추격 과정에 주로 초점을 맞추어 왔다. 하지만 중국 경제에 중진국 함정론이 제기되었다는 것과 고소득국으로의 이행 확률이 매우 낮다는 점을 보면 그렇게 어려운 고소득국으로의 이행이 한국에서 어떻게 가능했는지가 더 중요한 문제가 된다. 특히 상위 중소득국으로의 이행에 62년의 시간이 소요된 반면, 고소득국으로의 이행에는 21년밖에 걸리지 않은 것이다. 이렇게 짧은 기간 동안 한국의 고소득국으로의 이행을 가능하게 한 것은 무엇일까? 특히 이 시기 한국 사회를 특징짓는 산업화와 민주화 또는 민주주의와 경제성장의 관계가 궁금해진다. 한국경제의 성장 경험은 종종 권위주의와 경제성장 또는 민주적 가치의 제한과 경제성장 간의 긍정적 상호관계를 예시하는 것으로 자주 언급된다. 그러나 소득수준별로 시기를 구분할 경우 평가는 사뭇 달라진다. 한국의 고소득국으로의 이행과 미국과의 소득 갭의 지속적 축소는 민주주의의 지속적 확장과 분명한 긍정적 관계를 갖고 있음을 보여준다.[13]

13. 1987년 이후 한국의 경제성장률은 점진적으로 둔화되었다. 하지만 한국의 경제적 성과를 적절히 평가하려면 세계 경제환경에 대한 비교가 필요하다. [그림 2-4]에서 미국 대비 1인당 소득의 추이를 보면 1986년부터 우리나라의 1인당 국민소득의 급격한 상승추세를 관찰할 수 있다. 이는 경제성장률의 둔화 추이와는 상반되는 흐름이다.

2.2 한국의 성장구조

1) 한국의 성장요인 분해와 성장모형의 변천

한국이 빈곤에서 벗어나 중소득국 그리고 고소득국으로 나아간 요인은 무엇일까? 우선 성장요인을 요소(자본과 노동) 투입과 생산성 개선(자원 재배분, 규모의 경제, 기술진보)으로 나누어 살펴본 성장회계 〈표 2-4〉 결과를 순서대로 짚어보자.

표 2-4 한국경제의 시기별 성장요인 추이

	1963~1969	1970~1980	1980~1990	1990~2000	2000~2010	1963~2010
국민소득(성장률)	9.69	7.8	9.3	5.8	4.6	7.4
총요소투입(기여도, %p)	4.82	5.0	5.1	3.0	1.7	3.8
노동	3.13	3.1	3.4	1.8	1.0	2.4
취업자 수	1.36	2.8	3.2	1.5	1.0	1.8
주당 취업시간	0.42	0.4	0.0	−0.3	−0.7	1.0
성별 · 연령별 구성 변화	0.13	0.0	0.1	0.1	0.1	0.1
교육	0.28	0.1	0.5	0.4	0.3	0.3
근로시간 효율	−0.02	−0.1	0.0	0.2	0.2	0.1
자본	1.69	1.9	1.7	1.1	0.8	1.5
총요소생산성(기여도, %p)	4.87	2.8	4.2	2.8	2.9	3.6
자원재배분	0.90	0.7	0.2	−0.6	0.8	0.4
규모의 경제	1.57	1.4	1.8	1.1	0.8	1.3
불규칙요인	0.44	1.3	1.8	1.1	0.8	1.2
기술진보	1.96	0.7	2.2	2.3	1.3	1.7

주 : 윗줄은 각 변수의 연 평균 증가율(%), 아래 줄은 각 성장요인의 성장기여도(%)

자료 : 김동석 · 이진면 · 김민수(2002), 「한국경제의 성장요인 분석 : 1963~2000」, 한국개발연구원 ; 김동석 · 김민수 · 김영준 · 김승주(2012), 「한국경제의 성장요인 분석 : 1970~2010」 〈표 7-6〉.

1963~2010년 동안 한국경제는 연평균 7.4%의 성장률을 보였는데, 전체적으로 생산성 개선(3.6%)과 요소투입(3.8%)이 대체로 대등한 역할을 하였지만 2000년대 들어서는 생산성 개선(2.9%)이 요소투입(1.7%)을 압도하였다. 또한 7.4%의 경제성장률을 달성하는 데 노동투입(2.4%), 기술진보(1.7%), 자본투입(1.5%), 규모의 경제(1.3%) 순으로 역할을 하였다. 이를 보면 요소투입에서는 자본투입보다는 노동투입이 더 큰 역할을 하였음을 알 수 있다. 특히 1960~1980년대에 생산가능인구의 지속적 팽창이 크게 기여하였는데, 이후 빠른 속도로 그 기여가 감소하여 상대적으로 자본의 역할이 커졌다. 한편 생산성 개선에서는 기술진보와 규모의 경제가 중요하였으며 자원 재배분은 상대적으로 그 역할이 미미하였는데, 최근에는 기술진보가 주도하지만, 규모의 경제와 자원재배분(구조조정)도 상당한 기여를 하고 있다.

결과적으로 성장회계에 비추어 볼 때 우리나라가 빈곤에서 탈피하여 상위 중소득국에 이르는 것은 지속적인 노동 투입과 빠른 산업구조의 전환에 의한 것인 반면, 중소득국을 벗어나 고소득국으로 진입하고 안착한 것은 기술진보가 주도하는 가운데 적극적 투자에 따른 규모의 경제가 지속적으로 기여를 했다고 볼 수 있다. 이를 시간순으로 좀 더 자세히 살펴보자.

산업화 전단계 : 맬서스 국면

19세기 조선의 경제는 농업기술 진보에도 불구하고 인구 증가와 수확체감으로 1인당 산출이 정체되는 전형적인 맬서스 국면에 놓여 있었다. 맬서스 국면은 농업이 지배적 비중을 차지하고 1인당 소득의 낮은 상태에서 경제가 정체되는 경제상황이다. 농업국가에서는 토지 증가에 근본적 제한이 있기 때문에, 농업기술이 개선되어도 식량보다 인구가 더 빠르게 늘어나 1인당 소득이 생존수준으로 다시 감소하며 인구가 제어된다. 발전국가 관점에서 조선은 능력주의에 기초한 관료제로 중앙집권화되었지만, 세습 군주와 양반관료 · 지주의 사회계층이 상공업을 억압한 농업국가체제를 유지하는 속에서 서로를 견제하며 세력 균형을 유지했다. 국가의 사회에 대한 통제력과 침투력도 약하여 국가의 자율성과 역량은 한계를 보였다.

산업화의 시작과 하위 중소득국

1876년 개항과 더불어 이어진 근대적 개혁의 노력은 조선의 변화를 낳았다. 개항이 촉발한 국제무역과 국내 시장의 연계와 확장은 농산물 가격을 상승시켜 농업생산과 생산성을 높이는 계기를 마련하였다. 상공업이 활발해지며 회사 설립도 증가하였다. 섬유업은 공장제로까지 나아가지 못했지만, 기계화가 이루어졌다(박섭, 2009). 실질임금과 지대가 상승하며, 조선은 맬서스 국면을 벗어나 1910년에는 이미 미국 대비 1인당 GDP가 8.4%에 달하는 하위 중소득국으로 변모하였다. 그러나 국가의 자율성과 역량을 확보하고 사회적 기반을 갖는 독립 근대국가로의 전환 노력은 식민화를 겪으며 실패로 끝나게 된다.

미국 대비 1인당 소득은 1910년대에 10%로 높아진 뒤 일제 강점기 내내 그 수준을 유지하였다. 농업생산이 크게 증대된 데 더해 공장제가 확산되고 규모가 점차 커져 공업화가 이루어졌으며, 전시체제로 전환되면서 공업 내부에서는 중화학공업도 시작되었다. 이에 따라 제조업 비중은 1911년 4.4%에서 1940년 13.7%로 높아졌다(김낙년, 2012). 식민지 속성상 국가는 경찰과 관료의 중앙집권적인 폭력적 역량을 토대로 지주층, 신흥상공인, 노동자, 농민을 포함해 전체 한국사회를 전체주의적으로 포섭 · 통제하였다(김일영, 2002).

독립 후 1950년대까지 미국과 대비한 한국의 1인당 국민소득은 오랫동안 8% 내외에 머물렀다. 자연자원은 많이 빈약했지만, 냉전의 최전선에 놓인 한국에 제공된 원조와 빠르게 증가하는 인구가 자원의 역할을 하는 요소주도형 경제였다.[14] 정부는 자본거래를 규제하고 수입을 제한하였다. '국가 건설'이라는 목표가 '경제발전'보다 앞섰고, 경제의 우선 순위는 안정과 수입대체에 두어졌다. 정부는 시장에 체계적으로 개입하지 못했고 미국의 원조 정책에 크게 의존하였다. 대부분의 자원 의존국의 경험이 보여주듯 일제가 남긴 적산(敵産)과 원조를 중심으로 약탈적 국가가 나타났다. 정치인과 기업인들은 일반 대중을 희생하여 부를 축적했으며, 정권은 원조와 적산을 기업인들의 충성을 확보하기 위해 활용했다. 점차 미국 원조의 감소와 더불어 경

14. 한국은 본격적 산업화에 앞서 일제 강점기와 한국 전쟁기를 통해 상당한 인구-노동 구조의 변화를 경험하였다. 일제 강점기 동안 일본인 토지 소유의 확대, 쌀 가격의 상대적 하락, 국외에서의 고용기회 등으로 농촌의 응집도는 약화되었으며, 1940년경에 약 14%에 달하는 한국인이 일본과 만주 등지로 이주하였다. 해방 이후 이들 상당수는 귀국하여 주로 도시지역에 거주하게 되었다.

기 부진이 심화되며 위기감이 증폭되었다.

이 시기에 국가는 사회로부터 상대적으로 자율성을 확보할 수 있었다. 농지개혁과 한국전쟁으로 지주계급이 몰락하고 노동자와 농민 계급 역시 활력을 잃었지만, 강력한 산업자본가들이 아직 충분히 형성되지 못하였기 때문이었다. 동시에 농지개혁에 더한 교육의 급속한 팽창은 공무원의 능력주의 채용에 대한 압력을 증대시켜 능력주의 관료제가 서서히 발전하며 국가역량도 강화되어 갔다. 하지만 국가의 주요 목표가 경제발전보다 국가건설에 두어짐에 따라 발전국가적 경제 운용은 찾아볼 수 없었다.

1960년대 요소주도 경제 : 인적자본 팽창에 기초한 경공업 제품의 수출주도 경제

1960년대에 들어 정부는 사회의 열망을 반영하여 경제발전을 국가의 최우선 목표로 설정하였고, 기업과의 연계로 수출주도 공업화를 통해 경제성장을 도모하였다. 경제 운영은 정부가 주도하여 기업은 채찍과 당근으로, 노동자들은 억압으로 규율하였다. 정부는 경제기획원을 설립하여 경제개발 5개년 계획을 순차적으로 집행하며 자원의 동원과 배분을 선도하였다. 자율성과 역량을 갖춘 국가의 주도, 경제성장 목표의 설정, 그리고 수출 기업을 중심으로 한 사회 협력의 적극적 동원을 주요 특징으로 하는 발전국가가 전면에 등장한 것이다. 은행의 국유화, 이자율 규제, 대외차입 지급보증을 기반으로 한 신용 통제와 보조금, 감세 등의 직간접적 지원책을 레버리지로 민간기업으로 하여금 목표 산업의 발전과 수출 증대에 협조하게 하였다. 기업들은 수출 실적을 입증해야 안정적 기업경영이 가능했다.

오랫동안 수입대체가 진행되어 온 노동집약적 경공업 제품을 중심으로 한 수출과 생산의 증가는 높은 투자수익률로 나타났다. 그리고 이는 다시 저축과 투자의 확대로 이어졌고 투자로 높아진 경쟁력이 다시 수출을 자극하는 선순환이 1960년대 내내 이어졌다. 1950년대 각각 2%와 10%에 머물던 GNI 대비 수출과 제조업의 비율은 1960년대 말 13%와 18%를 넘어섰고, 경제성장률은 1950년대 후반 5%대에서 1960년대에는 10%에 근접한다. 한편 수출품 중 제조업 비중은 1971년에 86%까지 올라선다.

1963~1969년 동안 경제성장률(9.69%)은 요소투입 증가(4.82%)보다는 생산성 증가(4.87%)에 더 크게 의존하였다. 노동집약적인 경공업 중심의 수출산업이 팽창한 만큼 노동투입이 요소투입을 주도하였다. 한편 생산성 증가에 모방에 의한 기술진보(1.96%) 외에도 자본축적에 병행된 규모의 경제(1.57%)가 큰 역할을 하였고, 농업부문으로부터 광공업으로의 산업구조 개선(0.90%)도 도움이 되었다.[15]

경제성장에 대한 교육수준 상승의 기여율은 0.28%로 미미하여 인적자본의 기여를 과소평가할 수 있다. 성장률을 분해하는 성장회계로는 이미 축적된 교육수준의 효과를 포착할 수 없기 때문이다. 일제 강점기 말에 초등학교 취학률이 상승하여 30%를 넘어섰지만, 상급 학교를 포함한 본격적인 취학률 증가는 독립 후에야 가능했다. 특히 초등학교 의무교육이 1950년에 시작되며 초등학교 취학률이 1950년대에 90%를 넘어섰고 초등학교 졸업생 중 상급 학교 진학자가 늘어나면서 중학교와 고등학교 진학률은 각각 20%와 10%를 넘어섰으며, 1인당 인적자본은 미국의 60% 수준에 달하였다. 당시 한국의 예외적으로 높았던 교육수준은 높은 자본생산성을 가능하게 하였다. 이는 빠른 물적자본의 축적으로 이어졌고 기술도입과 확산도 촉진하여 생산성 증가의 기반이 되었다(Benhabib and Spigel, 1994 ; Lee, 1997).

15. GDP에서의 광공업 비중은 1962년 16%에서 1973년 26%로 증가하며, 농업부문의 비중은 37%에서 25%로 감소하였다.

1970년대 : 투자주도 경제—대기업 중화학공업 중심의 자본축적과 성장 둔화

수출 증대와 고도성장에 힘입어 1974년에 한국은 이른바 상위 중진국에 도달하였다. 1876년 개항 이후 근 100년 만에 하위 중진국을 벗어난 것이다. 이러한 성과에 기반하여 발전국가 체제는 체제의 권위주의와 더불어 더욱 강화되었고, 경제성장의 지속이나 국가안보적 고려에서 산업 · 수출 구조의 중화학공업화가 강력히 추진되었다. 중화학공업은 대규모 자본과 기술역량을 필요로 하여 정부주도가 더욱더 불가피했고 대기업과 국영기업에 적극 의존해야만 했다. 노동세력은 여전히 배제된 채 정부와 대기업이 연대하였다. 정부는 유치산업 육성을 위해 대기업들이 금융, 기술, 시장을 확보할 수 있도록 하였다. 기술 확보를 위해서 해외의 기술(주로 운영기술과 생산기술)과 노하우(라이센스, OEM 또는 FDI 계약을 통한) 확보를 넘어 업종별 공공연구소를 설립하여 기술 이전과 소화를 지원하였다. 하지만 동시에 산업집중화와 지대 추구는 견제되었고 기업의 생산과 수출 그리고 품질에서의 성과는 감시되었다. 협소한 국내 시장 때문에 세계 시장으로의 진출이 불가피하다는 인식도 기업의 규율에 한몫했다.

성장회계는 1970년대 한국경제가 투자가 주도하는 경제였음을 잘 보여준다. 높은 총요소생산성 증가율로 대변되는 1960년대의 성공담과 높은 자본수익률은 1970년대의 투자 및 자본스톡의 급증을 촉발했다. 경제성장에 대한 기여도에서 노동과 자본 등 생산요소투입이 총요소생산성의 증가를 큰 폭으로 상회하였다. 중화학공업 육성을 위한 대규모 투자로 인해 자본, 자원재배분, 규모의 경제, 기술진보 중 가장 큰 기여를 한 것은 자본투입의 증가(1.9%p)였고 규모의 경제(1.4%p)가 그 뒤를 이었으며, 자원재배분과 기술진보는 유사한 정도로 기여하였다(0.7%p). 이 시기의 가장 큰 특징은 한국이 60년 이상 머물던 하위 중진국에서 벗어나 마침내 상위 중진국으로 이행하였다는 점이다. 개항 이래 경공업을 중심으로 다변화되던 산업들은 1960년대 들어 수출 급증으로 그 성과가 나타났다. 1970년대에 중화학공업으로의 다변화가 이루어진 것도 상위 중진국으로 안착하는 데 기여하였다.

역량 확장 한편 이 시기에는 초등학교 교육을 의무화한 지 오래되었고 중학교나 고등학교 진학이 일반화됨에 따라 인적자본의 경제성장에 대한 긍정적 영향이 지속되었다. 교육수준은 동일 소득의 다른 국가에 비해 매우 높았지만 교육 확대를 위한 막대한 투자는 계속되었다. 중화학공업에서의 집중적인 자본투자는 규모의 경제, 자원 재배분, 그리고 기술진보 모두에 막대한 영향을 미쳤으며, 기술진보에는 물적자본의 급팽창에 따른 인적자본의 한계생산성 개선이 큰 역할을 하였다. 그러나 급격한 자본축적과 노동인구 증가에도 불구하고 매출 증가로 구체화되지 못해 생산성 증가는 매우 부진할 수밖에 없었다.

1971년과 1984년 사이에 전체 산업생산에서 중화학 공업이 차지하는 비중은 40%에서 62%까지 높아졌으며, 전체 수출의 13%에 지나지 않던 비중 역시 60%까지 높아졌다.

1980년대 : 투자주도 경제와 자유화

1980년대에도 권위주의적 정치체제가 지속되었고 초반에는 중화학 공업으로의 안정적 이행을 위해 발전국가적 면모를 유지하였다. 중화학공업 육성이 끝나고 구조조정을 거친 1980년대에는 자본축적이 다소 둔화되었다. 그러나 세계 경제 부진세가 점차 완화되고 3저 현상(낮은 금리, 낮은 유가, 낮은 원화가치)이 나타나 수출과 매출이 급증하면서 고용 팽창과 높은 생산성 증가가 나타났다. 이에 따라 경제성장에서 생산성 증가의 기여(4.2%p)가 현격히 높아졌다. 중화학공업에서의 구조조정도 요소투입보다 생산성 기여의 역할을 높였고 기술진보의 중요성이 다시 높아졌다. 1980년대 자본증가, 자원재배분, 규모의 경제, 기술진보가 경제성장에 미친 기여도는 각각 1.1%p, 0.2%p, 1.8%p, 2.2%p로 나타나 이 시기 기술진보와 규모의 경제가 경제성장에서 지배적 영향을 미쳤음을 알 수 있다. 중화학 공업부문에서 정부가 주도하는 적극적 구조조정이 이루어지며, 규모의 경제효과가 높아졌고 산업 구조조정은 기술 첨단을 향한 수렴의 속도를 높이는 데 기여했다. 자본축적이 주춤한 가운데 후반에 갈수록 급팽창한 매출 증가는 1인당 생산성과 자본수익률 증가로 귀결된 것이다. 즉, 1980년대는 중화학 공업에 대한 투자가 결실을 거두기 시작하며 생산성 증가가 이전보다 크게 높아진 10년이었다.

이러한 성과에도 불구하고 그 토대를 마련했던 발전국가 체계는 점차 한계를 보이기 시작했다. 국내외 시장에서 민간기업, 특히 재벌이 성장하고 정부 내에서도 신자유주의적 태도가 커지며 민간주도와 가격기구의 역할이 강조되었다. 재벌은 자동차 산업의 구조조정과정이나 반도체산업 투자에서 보듯이 정부주도에 적극 저항하거나 독립적 행보를 보이기 시작하였다. 경제 자유화가 진전되고 발전국가의 다양한 제도가 약화되었다. 특히 은행 민영화와 비은행 금융업의 진입완화 그리고 자본자유화로 국가의 금융부문과 그를 통한 재벌에 대한 통제력이 약화되고 외국인 투자자의 압력도 커졌다. 더욱이 재벌들은 비금융 금융기관을 인수하기 시작했다. 그러나 정부는 한국은행을 감독하고, 은행 임원을 지명하며 신용배분에 대한 통제를 이어갔다.

비용경쟁력에 기초한 범용 제품의 대량생산과 수출은 급성장을 낳았지만 이 전략은 1980년대 중반에 이미 한계를 보이기 시작하였다. 수출 성과를 유지하기 위해서는 기존 산업에서 저부가 제품으로부터 고부가 제품으로 전환할 뿐만 아니라 신흥기술에 기초한 첨단 산업으로의 이동이 요구되었다. 즉, 산업을 노동과 자본 집약에서 기술 집약으로 업그레이드해야 하는 압력이 커졌다. 하지만 기술역량 부족으로 고부가 활동으로 업그레이드하는 데 장애가 있었다. 한국 시장의 폐쇄적이고 독과점적 성격으로 기업은 첨단기술을 획득하거나 개발할 유인이 부족했다. 다행히 민간주도로의 변화에 따라 정부의 산업정책은 수직적 개입정책에서 수평적 기능정책으로 전환되었고, 특히 기술정책이 중시되었다. 1970년대 중화학공업 육성에서의 개입적 역할과는 대조적으로 1980년대에 정부는 기술발전을 주도하기보다는 촉진하는 역할을 선택했다. 시간이 지남에 따라 민간부문은 점차 국제경쟁 심화와 민간 R&D 활동을 지원하는 정책환경 변화에 대응하여 국가 R&D에서 더 큰 역할을 담당했다. 기업은 자체 연구소 설립으로 연구 기반을 확립한 뒤 국내외에서의 공동개발 계약이나 공공-민간 컨소시엄으로 기술학습과 혁신이 이루어지도록 하였다. GNP 대비 R&D 지출은 1980년 0.74%에서 1990년 1.87%로 증가했다. 민간부문은 1975년 국가 R&D 지출의 26%를 담당하였지만 1985년에는 75%로 높아져서 선진국과 신흥산업국 중 민간 R&D 지출의 비율이 가장 높아졌다. 특히 재벌은 규모에 힘입어 기술집약적 산업 발전에 중요한 역할을 담당했다. 대표적인 성공 사례가 1980년대의 Telephone Switches(TDX)의 수입대체 개발이었다.

기술발전을 뒷받침하는 변화도 이어졌다. 1980년대 중반 대학생 수는 두 배로 급증하였는데 대학 진학률은 1980년의 14.7%에서 1985년에는 34.1%로 급증하여 선진국의 평균 수준을 넘어섰다. 1980년대 초 GDP 대비 R&D 비율은 이미 1%를 넘었고 전체 R&D에서 차지하는 민간 비중도 1990년대에 80%에 달하였다. 이에 따라 근로자 1인당 연구개발 자본스톡은 1980년대 중반 이후 급증했으며, 기업의 매출액 대비 연구개발비도 1980년대 들어 급증하였다. 인적자본과 R&D 투자의 증가와 더불어 기업의 연구개발비 대비 로열티 지불 비중은 1970년대 중반을 기점으로 감소하였다. 이는 자체적인 R&D 활동이 활발해짐을 나타내며 그만큼 성과도 있었다.

그림 2-5 1980년대 인적자본과 R&D의 강화

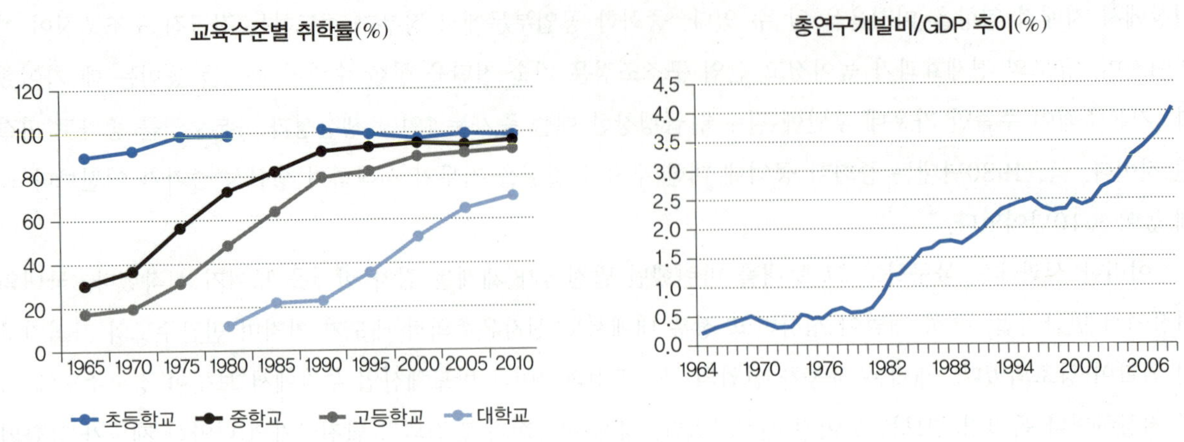

주 : 취학률(enrollment rate)은 각 교육 단계의 학령인구(초등학교 6~11세, 중학교 12~14세, 고등학교 15~17세, 대학교육 18~21세) 중 각급 학교에 등록한 사람의 비율.

자료 : 통계청, 『한국통계연감』; 한국교육개발원(http://cesi.kedi.re.kr), 사공일 · 고영선 편(2010)에서 재인용.

한편 억압에도 불구하고 노동부문의 저항과 시민사회의 민주화 열망이 강하게 표출되어 권위주의 체제는 1987년에 마침내 대통령 직선제를 허용하고 민주주의 정체로 이행하였다. 이에 따라 여당과 야당 그리고 행정부와 입법부 간의 빈번한 갈등도 빈번해졌다. 결과적으로 정책을 형성하고 집행하는 데서의 발전국가의 자율성에 현저한 약화가 나타났다.

1990년대 : 대기업 중심의 혁신주도 경제로의 전환과 고소득국으로의 도약

혁신주도 경제로의 전환 1980년대 말에 두드러졌던 기업실적의 개선이 1990년대 들어 높은 투자증가와 고도성장으로 이어지며 한국은 마침내 1995년부터 고소득국에 올라서게 되었다. 한국의 외교권이 박탈된 1905년 을사조약 체결 이래 100년 만에 세계 선도국의 일원이 된 것이다. 하지만 이 시기에도 여전히 생산성(2.8%p)보다는 요소투입(3.0%p)이 우리 경제의 성장을 지배했다. 그럼에도 불구하고 노동투입의 기여가 약화되고 대신 생산성의 중요성이 크게 커졌으며, 생산성 개선도 과거의 자본 재배분(−0.06%p)이나 규모의 경제(1.1%p)보다는 기술진보(2.3%p)가 압도적 기여를 하게 되었다. 결과적으로 1990년대부터 한국경제는 투자주도 성장 단계에서 혁신주도 성장 단계로의 전환이 시작되었다. 하지만 중화학공업의 비중이 크게 높아졌기 때문에 자본투입과 규모의 경제가 경제성장에 여전히 큰 기여를 하였다. 기술 선도국의 견제가 심화되어 기술 이전이 어렵게 됨에 따라 기술도입과 흡수 등에 기초한 첨단기술 추격과 이를 뒷받침하는 내부혁신이 중요해진 때문이었다. 대기업은 독자적 기술역량 확보에 나섰고 이는 기술집약 제품의 약진으로 이어졌다. 대표적인 예가 1980년대 초에 한국으로 이전된 4M DRAM으로 대표되는 도입기술의 개선이다. 삼성전자는 자체 기술역량으로 1991년 고메모리의 16M DRAM을 개발하여 미국 시장에 내놓았다. R&D 지출은 1983년 이전의 GDP의 1% 미만으로부터 크게 증가하여 1990년대에는 GDP의 2%에 달하였다. 이 과정에서 한국의 주력 업종들은 기술 첨단으로 더욱 다가갔다.

대기업의 영향력 확대 1980년대 경제자유화에 이은 정치민주화를 배경으로 대기업의 민간부문과 시장기능이 활성화되기 시작하였다. 민주적 정치과정은 대기업집단의 영향력을 광범위하게 강화시켰다. 업종 전문화 정책에도 불구하고 비핵심 업종 진입에 대한 정부의 제한은 크게 약화되었다. 누적된 경제자유화와 정치민주화로 발전국가의 통제는 크게 이완되었지만, 시장 원칙이 여전히 약하여 파산 시 정부 보호와 구제 조치를 기대할 수 있었고 그에 대한 대기업집단의 영향력도 지속되었다. 1980년대 말 민주화에 따라 사회조직은 국가에 자신을 투사해 정책에 큰 영향을 미치기 시작하였다. 경제정책의 결정과정에 다양한 사회조직의 참여가 제도화되고 지방자치단체의 역할이 강화되었다. 대표적으로 사회보호의 확장에서 성과가 두드러져서 1990년대 초 의사, 학계, 민주화 세력이 연대하여 단일의료보험을 성립시켰다. 이와 더불어 대중보건의 극적인 개선으로 인해 기대수명도 높아졌다. 그러나 동시에 소득분배의 불평등이 커져 1980년대 내내 하락했던 소득의 지니계수는 1990년대 중반부터 상승 반전하였다.

2000년대 : 다원적 혁신 경제로의 전환과 미국과의 소득갭 축소

외환위기와 구조조정 1980년대 이래 경제자유화와 더불어 민간주도와 시장기능이 강화되어 갔지만, 그에 걸맞는 시장규율은 충분히 확립하지 못하였다. 1990년대 초부터 대외개방에 대응하여 경쟁력 확보를 위해 공격적 투자와 사업 다각화, 그리고 이를 뒷받침한 대내외 차입으로 활발한 기업경영이 이어졌지만, 금융기관의 사전적 심사나 사후적 감시 모두 제대로 기능하지 못하였다. 정부의 금융건전성 감독도 미흡한 데다 대마불사의 신화도 계속되었다. 결국 단기 외채를 중심으로 한 규율받지 못한 과도한 대외차입으로 말미암아 우리 경제는 외환위기에 봉착하였고 이는 곧 금융위기와 경제위기로 이어졌다. 대외 채무국의 위치에 있었기 때문에 IMF 구제금융 조건을 협상할 위치에 있지 못한 데다 더 나아가 세계화와 정보화에 대응하려는 적극적인 개혁 · 개방 의지까지 겹쳐지며 시장기능과 시장규율을 크게 강화하는 광범위한 구조개혁이 펼쳐졌다.

외환위기 이후 구조조정 과정에서 부실한 기업이 정리되고 마침내 대마불사 신화가 무너졌으며, 기업경영의 투명성을 높이고 지배구조제도가 크게 개선되었다. 부실 금융기관은 대대적으로 정리되었고 금융감독이 강화되는 가운데 은행의 심사 · 감시 기능이 강화되는 한편 자본시장이 확대되며 시장 중심의 금융시스템으로 이행하기 시작하였다. 지배구조 개선, 직접금융 증대 및 외국인 지분 증가는 주식시장 성과가 중시되는 새로운 경영 패러다임으로 이어졌다. 이러한 시장규율 강화는 시민사회에 의한 기업감시의 활성화와 더불어 대기업집단에 대한 감시와 견제의 강화로 이어졌다. 노동시장도 실업대책이 강화되는 대신 정리해고제 시행과 파견근로제 도입으로 유연성이 높아졌다. 임시 · 일용직을 중심으로 고용유연성이 높은 비정규직 비중이 증가한 반면, 노조의 힘이 강하고 지불 능력이 있는 대기업의 정규직은 강한 고용보호제도를 유지하며 그 규모가 줄어들었다. 한편 임금체계의 연공서열적 성격이 완화되고 연봉제와 성과급이 확산된 점에서 임금 유연성이 증대하였지만, 노동력의 다기능화와 직무 순환을 통한 기능적 유연화로는 진전하지 못했다. 대외적으로도 제한적 개방체제는 이제 전면적인 것으로 전환되었다. 전면적 외환자유화로 자유변동환율제로의 전환이 이루어졌고 기업과 금융기관에 이어 개인의 외환거래가 자유화되었다. 자본자유화 조치로 외국인의 주식, 채권, 단기금융에 대한 투자제한이 대부분 철폐되었고 적대적 M&A가 허용되었다. 이에 외국인의 직간접 투자나 시장진출 그리고 금융시장 점유율 모두 현격하게 높아졌고 금융시장에서의 시장규율이 강화되는데 기여하였다. 수입다변화제도와 무역 관련 보조금 4개 항목 폐지 등 무역자유화도 겹쳐지며 시장이 거의 완전히 개방되고 외국자본이 대거 유입됨에 따라 국내 경제가 세계 경제의 흐름과 국제금융시장의 변화에 민감하게 반응하게 되었다.

혁신주도 경제로의 전환 강화 2000년대 인구성장 둔화와 투자 정체에도 교역이 확대되는 가운데 경제성장은 요소투입(1.7%p)보다 생산성 증가(2.9%p)가 압도하였다. 요소투입에서는 노동기여도는 더욱 낮아지고 자본투입의 기여도가 커졌다. 생산성 증가에서는 자원재배분과 규모의 경제가 유사한 영향(기여도 0.8%p)을 미쳤지만, 특히 기술진보의 기여도(1.3%p)가 두드러졌다. 이는 1990년대 우리나라 주력산업에서 전개되었던 빠른 자본축적이 외환위기 이후 구조조정을 거치면서 뚜렷한 생산성 증가로 이어진 결과로 볼 수 있다. 하지만 동시에 IT 혁명이 외환위기 이후의 한국경제 성장을 추동하였다. IT 기반 기술집약 산업의 급성장은 노동집약적 산업의 쇠퇴와 제조업의 양극화를 초래하였지만, 동시에 제조업 기반 경제에서 지식기반, 기술집약, 또는 혁신주도 경제로의 전환을 강화하였다.

1980년대에 1%대에 머물렀던 GDP 대비 R&D는 이후 빠르게 증가하여 2014년에는 4.3%로 세계 1위 수준에 이르렀으며 연구인력도 2011년에 인구 1,000명당 연구인력 수가 11.5명으로 핀란드(14.8명), 덴마크(13.1명), 대만(12.0명)에 이어 세계 4위를 기록했다. 이에 비례하여 우리나라는 2013년 IMD 국가경쟁력 지표에서 특허출원과 등록에서 4위를 차지하는 성과를 보였다. 특히 1980년대 이후 민간부문의 역할이 커지면서 우리나라 R&D는 민간부문이 주도하는 구조를 갖게 되었다. 한국은 민간기업 주도의 (응용) R&D에서의 강점을 바탕으로 글로벌 제조업에서 막강한 리더십을 구축하게 되었다. 한국은 투자주도형 경제에서 혁신주도형 경제로 옮겨갔고 그 배경에는 민간 R&D의 급증과 불확실성이 높은 기술개발 투자에 적극 나서도록 뒷받침한 정부의 선별적인 첨단산업 육성정책이 있었다. 특히 한국 기업들은 제조업에서 공정혁신의 선도, 부품 개선, 고부가 제품개발 및 기술설계 고도화를 통해 복잡한 고급 제조품의 생산과 혁신에서 글로벌 리더로 자리 잡게 되었다. 즉, 한국은 신제품 개발 및 디자인 활동으로의 제조활동 고도화와 함께 높은 수준의 제품 및 공정 고도화를 통해 성공을 거두고 있다. 그러나 한국 산업의 혁신은 뛰어난 제품개발과 기술설계를 제외하곤 주로 생산활동에 있으며, 가치사슬의 서비스 부문에서의 참여나 혁신은 제한적이다. 그와 더불어 서비스 산업은 전반적 성장세가 더디고 상대적으로 저조한 성과를 지속하고 있다. 참고로 선진국의 경우 자본장비 부문에서 인더스트리 4.0 기술과 서비스의 부상으로 판매 후 서비스가 선도기업 매출의 50% 이상을 차지하고 있다. 우리 기업도 생산기술 전문기업으로서의 리더십을 공고히 하고, 이를 기반으로 가치사슬의

표 2-5 한국의 GII 종합지수의 순위 추이(2015~2019)

구분	2015	2016	2017	2018	2019
종합(순위/국가 수)	14/141	11/128	11/127	12/126	11/129
혁신투입	15	13	16	14	10
제도	33	31	35	26	26
인적자원 및 연구	2	3	2	2	1
인프라	8	9	13	13	15
시장성숙도	16	14	14	14	11
사업성숙도	30	13	17	20	10
혁신산출	11	11	9	12	13
지식 및 기술성과	5	5	6	9	13
창의적 성과	28	21	15	17	17

주 : 세계지적재산기구(WIPO), 코넬대학(Cornell University), 인시아드(INSEAD)는 세계 각국의 혁신역량 측정 결과를 바탕으로 매년 세계혁신지수(The Global Innovation Index)를 발표. 혁신활동을 가능하게 하는 국가의 경제적 요소(혁신투입)와 국가 내에서 혁신활동의 결과물로 얻은 요소(혁신 산출)를 지수화하여 각국의 혁신 수준을 평가.

자료 : 한국과학기술기획평가원(2019), "2019년 세계혁신지수(GII) 분석".

고부가 서비스 부문에의 참여와 고도화를 도모할 여지가 아직 큰 것이다.

그러나 생산요소 투입 측면에서 저출산 · 고령화에 따라 노동공급이 둔화 또는 감소되는 속에서 경제성장률 둔화로 말미암아 투자 둔화세도 커질 것으로 보인다. 서비스업에서의 생산성 정체와 제조업에서의 공정혁신 발생의 여지가 크게 축소된 상황에서 자원배분에 따른 생산성 제고도 어렵고 중화학공업을 중심으로 자본집약 산업의 해외 이전으로 규모의 경제도 한계에 봉착해 있다. 마지막으로 대기업, 중소기업, 공공연구소, 대학 등 주요 혁신 주체들의 혁신 유인을 자극할 만한 제도적 환경도 큰 변화가 없는 상황이므로 기술혁신의 성과도 부진세를 이어갈 것으로 판단된다.

사회복지와 민관 연계의 강화 정부는 외환위기 이후 고용보험을 전 사업장으로 확대 적용하고 사회안전망도 강화하였다. 생활보호법을 대신하여 근로능력자를 제외한 최저생계비 이하의 모든 저소득층에게 실제 소득과 최저생계비의 차액을 보장하도록 하는 국민기초생활보장법을 실시하였다. 외환위기 이후에도 시위, 온라인 논쟁과 투표 등으로 직접적이고 참여적 민주주의가 꾸준히 진척되었고, 작업장이나 학교 그리고 여타 사회조직에서 분권화된 의사결정이 진전되었다. 또한 시민사회가 성장하며 시장과 정부에 대한 시민사회의 감시와 견제도 강화되었다. 역대 정부가 작지만 효율적 정부를 약속했지만 2000년대 내내 한국은 큰 정부를 유지 · 확대하였다. 금융기관과 기업지배구조를 개혁했지만, 이는 시장이 아닌 정부에 의해 주도되었다. 시장친화적 경제정책을 약속한 보수 정부조차도 정부의 역할은 쉽게 지울 수 없었다. 모든 정권하에서 사회복지정책이 지속적으로 확장되었지만, 발전국가가 시장을 주도했던 것처럼 복지정책 역시 민간부문의 협의나 주도보다는 정부에 의해 하향식으로 주도되었다. 한편 정부 정책결정의 제도적 기반은 취약한 채로 남아 있다. 정당은 개인 리더와 주로 연계되어 정당의 조직력은 여전히 취약하며, 각 정당은 상대 정당의 정당성을 쉽게 인정하지 않는다. 결과적으로 문제를 집약하고 사회관계를 중재하는 능력은 제한적이어서 강력한 시민사회의 요구는 정당보다는 행정부를 통해 해소되고 있다. 진보 정부는 시민사회와 지역 정부에 보다 많은 자율성을 주려 노력해 왔지만, 권위주의적 발전국가의 전통을 떨치지 못하고 있으며, 시민사회에서의 자율성조차도 정부가 주도하고 있다.

2) 수출주도 성장과 투자의존적 성장

대외지향적 성장과 수출

한국경제 성장구조의 두드러진 특징 중 하나는 제조품의 수출을 통한 산업화(export-led growth strategy)라는 독일과 스웨덴 유형의 대외지향적 발전을 따랐다는 것이다. 한국의 수출/GNP 비율은 1960년대 초 6% 미만에서 1980년대에 40%로 증가했다. 이는 발전과정에서 거의 일정한 비율의 수출/GNP을 유지했던 일본과도 차별되며, 1950~1960년대에 수입을 대체하는 국내 시장을 지향하는 국내 제조업의 성장으로 경제발전을 도모했던 대부분의 개도국의 수입대체 공업화(import substitution industrialization)와도 구별된다.

통상적으로 개발도상국은 대부분의 공업제품을 수입해야 하는 반면, 제한된 품목의 1차 상품을 수출한다. 물론 후발국의 경우 경제성장 초기에는 수출이 주도하는 수요가 성장의 중요한 원천이 될 수 있다. 그러나 1차 상품은 공급이 단기적으로 경직적이어서 그 수출액은 세계 시장가격에 크게 의존하며 불확실하다. 이에 따라 급작스런 차입금 급증이나 외환보유고 감소가 생겨나며, 무역적자가 지속될 경우 재정 긴축이나 환율 절하가 요구된다. 수출의 불확실성이나 환율 절하에 따른 수입가격 상승은 모두 공업화를 위한 투자 여력

그림 2-6 1950년 이후 수출과 투자의 GDP 대비 추이

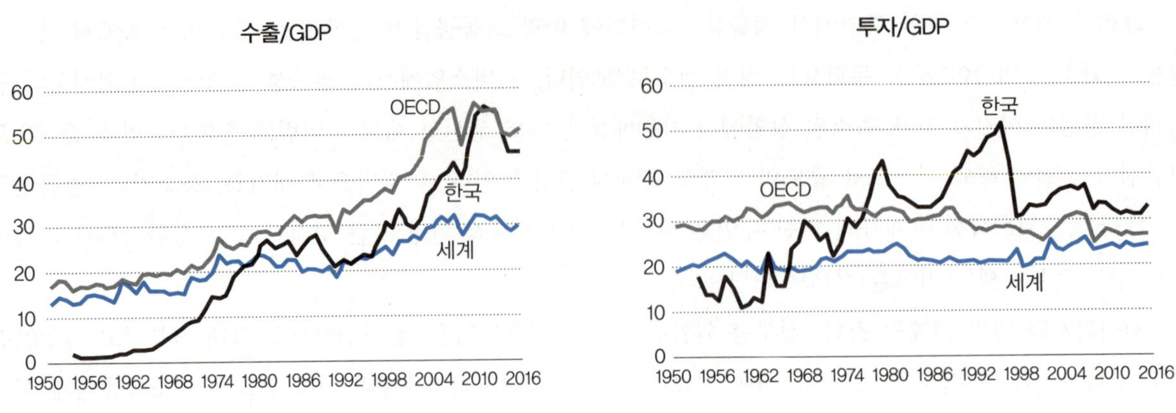

자료 : Penn World Table, version 10.0

을 축소시키며 경제성장을 저해한다.

세계 시장에서 충분한 경쟁력을 갖추기 어려운 후발국의 경우 1970년대 초까지 제조품 수출을 회의적으로 보며 위험스러운 일로 간주하였고, 소비재 수입품에서 시작한 뒤 중간재 산업으로 이어지는 수입대체 공업화에 나섰다. 이들 국가는 제조업 비중이 선진국과 유사해지며 경제성장을 경험했지만, 선진국과의 소득격차를 좁히지 못하였다. 보호된 협소한 국내 시장에서 효율적 규모의 생산시설을 갖지 못한 채 독과점적 이윤에 안주하는 제조업체가 양산된 때문이었다. 더욱이 수입대체를 위한 관세와 수입할당과 같은 무역제한 조치는 보호된 수입대체산업으로 자원을 이탈시켜 대외경쟁력이 있는 수출부문을 위축시켰다.

수입대체 공업화는 선발 산업국으로부터 원자재와 자본재를 수입해야 하며, 이에 필요한 외환을 불확실한 1차 상품 수출만으로 확보하기 어렵다. 1차 상품 수출의 문제점이나 이미 진척된 수입대체 산업의 대외의존성을 완화하기 위해 대안으로 수입대체한 제조품의 수출, 즉 대외지향적 전략을 추구할 수 있다. 한국은 식민지 시대부터 자원이 부족하고 공업 기반이 취약한 상태가 지속되어 수입 원자재와 수입 자본재에 의존하는 공업화가 이루어져 왔다. 이에 따라 1950년대까지도 원자재와 자본재 수입에 따른 무역적자가 컸으며 그 대부분은 원조로 충당되었다. 그러나 1950년대 말부터 무상원조가 감소하자 원조에 의존한 경제의 기반이 흔들렸고 원자재와 자본재 수입을 위한 외화를 확보하기 위해 수출에 의존해야만 했으며, 순수한 수입대체로 시작된 산업화는 곧 수출촉진을 포함하여 확장되었다. 1962년부터 시행된 경제개발계획의 원안은 국내저축과 국내수요에 의존하는 수입대체적 자립경제를 지향했지만, 곧 애로에 직면하여 수입대체와 수출촉진을 병행하는 대외지향적 전략으로 수정되었다. 수출 산업은 오래전부터 수입대체가 크게 진전된 노동집약적 소비재 산업에서 시작되었다. 이어서 수입대체는 중화학공업화를 따라 중간재와 자본재로 확대되어 주요 수출 품목에는 전통적 경공업 제품에 중화학공업 제품이 가세하였다. 1990년대에 들어서 수출품목의 기술집약성이 심화되는 한편 과거 사회주의 국가와 개발도상국으로 수출시장이 다변화되었으며, 2000년대에는 쌍무적 FTA나 지역무역협정을 통해 무역기회를 확대하게 되었다.

수출촉진은 수출부문에 대한 조세 및 금융 우대 그리고 환율정책과 더불어 관세와 수입허가에 의존한 유치산업의 보호에 의하여 이루어졌다. 또한 기업과 정부는 협력하여 노동자들의 임금 상승과 환율 하락을 억제하고 고용유연성과 임금안정성을 강화하여 수출제품의 가격경쟁력을 유지하도록 해 왔다. 그러나 수출은 국내산업이 보호의 장벽 뒤에 계속 숨을 수 없도록 함으로써 경쟁력을 갖추도록 강제하였다. 다양한 수출 지

원은 수출실적의 입증이 승자를 결정하는 경주(contests) 메커니즘에 의해 배분되었다. 수출시장은 경쟁적이므로 이들 보조금은 효율적 기업에 배분되었고 결국 효율성이 장려되었다. 무역의 대부분은 선진국을 대상으로 하므로 제품을 선진국 수준에 맞추는 과정은 제품의 국제 경쟁력을 높였다. 선진국으로부터 유입되는 정보와 기술은 생산성 증가로 이어졌다. 국내재가 수입재를 대체하도록 하기보다 수출로 이어지도록 함으로써 자원은 효율적으로 사용되었고, 비교우위를 가진 산업에 자원이 배분되도록 하였다. 수출시장은 생산 규모를 높여 규모의 경제를 누리도록 하였으며, 국제경쟁은 수출품의 고부가 및 첨단산업으로의 구조전환을 강제하였다. 노동수요의 확대와 노동생산성의 지속적 증가는 일자리 확대와 임금 인상으로 이어져 왔다.

대외지향적 성장이 긍정적인 것만은 아니다. 과도한 수출의존은 대외여건 변화에 매우 취약한 경제상황을 낳았다. 또한 짧은 기간 동안 신흥산업을 확충하고 수출경쟁력을 높이기 위해 기술뿐만 아니라 부품 · 소재 · 장비를 해외에 의존한 결과 수출의 국내 부가가치 유발효과와 고용 유발효과가 억제되었다.[16] 수요를 구성하는 소비, 투자, 수출이 부가가치에 미치는 효과를 나타내는 부가가치 유발계수로 보면, 소비가 0.79로 가장 높고 다음으로 투자가 0.73이며 수출은 0.51에 불과하다. 최종수요 10억 원당 취업유발 인원을 나타내는 취업유발계수도 마찬가지다. 10억 원당 취업유발 인원은 소비가 15.5명으로 가장 많고 수출이 7.8명으로 가장 적다. 결과적으로 수출의 낙수(trickle-down) 효과로서 수출이 잘되면 기업이 투자를 늘리고 일자리가 창출되고 중소기업의 일감도 늘어나며, 경제가 순조롭게 성장하는 메커니즘이 충분히 작동하지 못해 왔다.

내수와 수출의 불균형이 심화

외환위기 이후 내수증가율이 GDP 성장률에 크게 못 미치는 내수부진 현상이 장기간에 걸쳐 지속되고 있다. 반면 수출은 2011년 이후 민간소비를 넘어선 이래 GDP 내에서 가장 높은 비중을 이어가고 있다. 수출의 GDP 기여율은 1990년대 40%대에서 2000년대 70%대 후반으로 큰 폭 상승한 이후 높은 수준을 유지

그림 2-7 지출 부문별 GDP 기여율과 그 추이

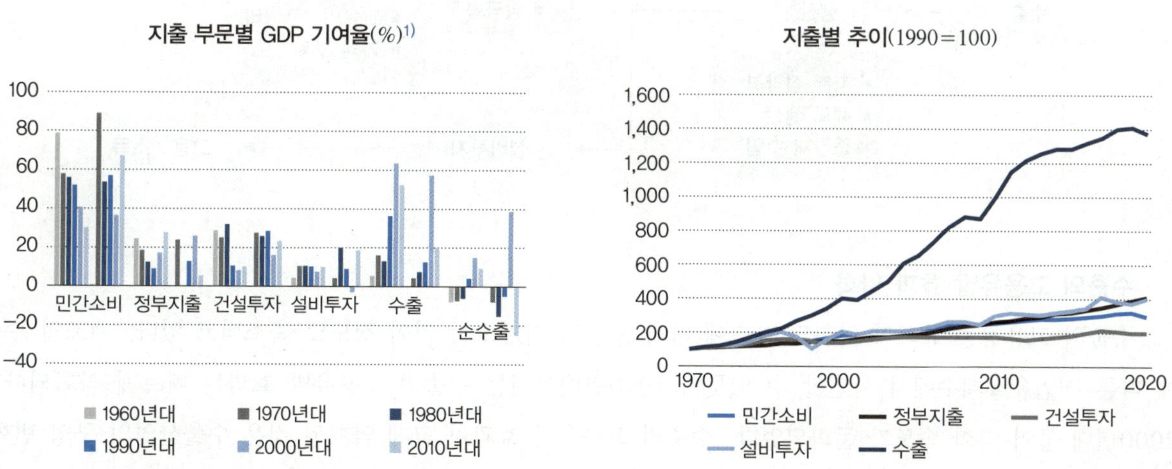

주 : 1) 부문별 GDP 기여율 지출항목별 실질 부가가치의 증감/실질 GDP의 증감

16. 한국 산업화를 기계류나 부품을 수입한 후 저임금 근로자를 활용해 제조품을 조립해 수출한다는 의미에서 '조립형 공업화'로 규정할 수 있다. 그러나 수출에 투입되는 수입의 비중이 높고 수출의 부가가치비율이 낮긴 하지만, 한국의 산업화는 조립형을 넘어선다. 수입되는 부품 · 소재와 자본재를 국산화하는 노력이 꾸준히 이루어졌기 때문이다. POSCO(포항종합제철)로 상징되는 1970년대의 중화학공업화는 소재 국산화를 위한 노력이었으며, 자동차, 반도체 등도 부품 국산화 노력이 거듭된 대표적 산업이다.

하고 있다.

수출의 빠른 신장세에도 불구하고 수출의 내수에 대한 파급효과는 꾸준히 둔화되어 내수와 수출의 불균형이 심화되고 있다. 수출은 생산과 투자를 유발하고 이에 따른 고용 · 임금과 소득의 증가를 통해 소비를 확대시킴으로써 내수에 영향을 미친다. 그러나 수출과 내수(소비+투자)의 상관관계는 1990년대 이후 점차 약화되고 있다. 특히 수출이 늘수록 수입도 동반 증가함에 따라 순내수(소비+투자-수입)는 수출과의 역의 관계가 심화되고 있다. 또한 수입을 고려한 순수출의 GDP에 대한 기여율은 2000년대 10%대 중반에서 2010년대 이후에는 마이너스로 전환되었다.

내수부진에는 1990년대 중반 이후, 특히 외환위기 이후 고용의 질 악화, 가계부채 증가 그리고 교육비와 의료비 부담의 증가가 기여하였다. 외형상 고용상황은 크게 악화되지 않았으나 고용 증가가 단기 근로자 및 고령층으로 이뤄져 소득개선 효과가 저조하였고 임시직과 영세 자영업자가 증가하면서 가계소득의 불안정성이 커져 소비여력을 악화시켰다. 가계부채 증가와 그에 따른 원리금 부담 증가 그리고 외환위기 이후 사회안전망 보강으로 4대보험 부담률이 증가하여 가계소득 중에서 처분 가능한 소득의 증가세가 둔화되었다. 가계대출 확대 과정에서 다중채무자가 늘어나고 제2금융권 대출이 확대되면서 고금리 대출비중이 증가하는 등 부채의 질도 악화되며 소비여력을 약화시키고 있다. 한편 가계지출에서 차지하는 자녀 교육비 및 고령화에 따른 의료비 증가 역시 민간소비를 위축시키는 원인으로 작용하고 있다. 우리나라 가계의 최종소비지출 대비 교육비 지출 비중은 6.7%를 기록, 미국(2.4%), 일본(2.2%), 영국(1.5%), 독일(1.0%)에 비해 과도하게 높은 수준(OECD, 2012)이다.

그림 2-8 수출과 내수(설비투자 및 소비)의 상호관계

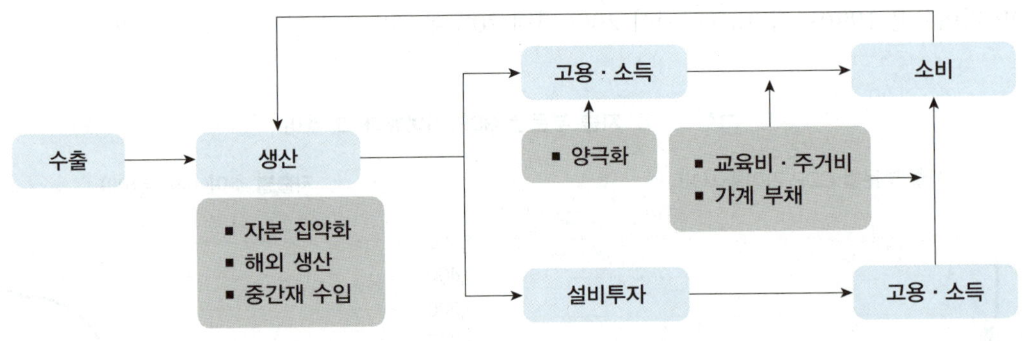

수출의 고용유발 효과 약화

수출의 고용창출 효과가 약화되고 그에 따라 수출의 가계소득 기여 정도도 축소되고 있다. 제조업 수출에 따른 취업유발계수에서 확인할 수 있듯이 1990년대까지는 수출의 고용유발 효과는 빠르게 약화되다가 2000년대 들어 약화 속도가 둔화되었다. 수출의 고용유발 효과가 크게 약화된 것은 수출산업의 구성 변화, 노동생산성 향상 등 구조적 요인에 기인하며 해외 직접투자 증가, 수출의 수입의존도 상승 등도 영향을 미쳤다(박종현 등, 2018).

첫째, 1990년대 이후 주력 (수출) 산업이 노동절약(자본집약) 산업 중심으로 빠르게 재편됨에 따라 동일한 수출증가에 따른 고용유발 효과가 예전에 비해 축소되었다. 1980년대까지 섬유 등 노동집약적 경공업의 수출이 크게 늘면서 상대적으로 많은 일자리 창출이 가능하였으나 1990년대 이후 수출 업종의 비교우위가 자본집약적인 중화학공업 중심으로 이동함에 따라 수출의 고용창출 효과가 약화되었다. 수출 산업의 구성 변화를 업종별로 살펴보면 노동집약도가 높은 섬유 · 가죽 제조업, 기타 제조업 등의 수출 비중이 하락한 반면 전기전자, 운송장비 등 노동절약적 업종 비중은 확대되었다.[17]

둘째, 자본의 노동 대체에 힘입어 산업 전반의 노동생산성이 향상된 점 또한 수출 증가에 따른 고용창출 효과를 약화시켰다. 높은 수준의 총투자율, 제조업의 로봇 도입 대수 등에 비추어 볼 때 1990년대 들어 기술 발전, 설비 자동화 등에 힘입어 노동생산성이 빠르게 높아졌다.

셋째, 국내 기업의 해외 직접투자에 따른 해외생산은 기존의 국내생산을 위축시키면서 수출의 국내 고용창출에 부정적 영향을 미쳤다. IT 제품, 자동차, 의류 등의 생산거점이 중국, 베트남, 멕시코 등으로 이전됨에 따라 해외생산 비중이 꾸준히 높아졌는데 특히 주요 수출품목 중 자동차, 휴대폰의 현지생산 비중이 2008년 각각 27.6%, 45.3%에서 2014년 49.8%, 86.3%로 크게 확대되었다.

넷째, 수출품 생산을 위한 수입 중간재 투입 비중이 높아짐에 따라 고용의 수출탄력성도 저하되었다. 수출 1단위 발생 시 직간접적으로 유발되는 중간재 수입의 규모를 나타내는 수출의 수입유발계수가 1990년 이후 꾸준히 상승하고 있다. 이는 전기전자, 화학제품 등 수입 중간재 활용도가 높은 산업의 수출 비중이 확대된 것과 관련이 있다. 특히 2000년대 들어 글로벌 가치사슬 심화 등으로 중간재 교역이 활발해지면서 전체 수입 중에서 수출로 인해 유발된 수입 비중도 꾸준히 상승하고 있다.

투자 의존적 성장

우리나라의 성장은 오랫동안 물적 투자에 의존해 왔고 그런 성향은 아직도 계속되고 있다. 지난 2011~2020년만 보더라도 GDP에서 물적 투자가 차지하는 비중은 31.1%였는데 이는 OECD 평균 22.2%를 크게 상회하는 것이다. 또한 우리만큼 수출에 대한 의존도가 큰 스웨덴(24.4%)이나 제조품 수출에 의존하는 독일(23.2%)이나 일본(24.9%)에 비해서도 매우 크다.

표 2-6 **GDP 구성 비중**(2011~2020)

	소비	정부지출	투자	수출	수입	투자 중 건설투자 비중
독일	54.2	23.8	23.2	29.9	31.1	54.0
프랑스	53.0	19.9	20.8	46.0	39.7	49.1
일본	55.9	19.9	24.9	16.5	17.2	46.1
한국	49.0	15.6	31.1	44.8	40.5	49.8
스웨덴	45.9	25.9	24.4	44.4	40.6	42.1
US	67.7	14.7	20.6	12.5	15.5	39.8
OECD	60.2	17.6	22.2	28.7	28.7	50.5

자료 : OECD Stat.

17. 이에 따라 노동절약적 업종의 수출 비중이 1980년 39.1%에서 2017년 81.4%로 상승했다(한국은행).

우리나라 산업이 크게 의존하는 수출재는 비교역재에 비해 대체로 자본집약적이다. 결과적으로 1960년대 초부터 지속된 수출 확대 기조는 투자 확대로 이어졌다. 특히 소품종 대량생산을 기반으로 하는 소수의 수출재에 특화하는 한국 산업의 특성과 맞물려 대규모 투자로 이어졌다. 세계 시장에서 규모의 경제에 기초한 제품의 경쟁력을 유지하기 위해 대규모 투자가 이루어져야 했다. 투자 의존적 성장은 보다 근본적으로 이른바 가공조립형 전략(Levy and Kuo, 1991 ; 핫또리 타미오, 2007)에서도 비롯한다. 즉, 대기업집단을 중심으로 작업장에서의 숙련형성보다는 대규모의 첨단 노동절약적 설비투자에 기반을 둔 엔지니어 주도의 최신 생산 · 공정기술의 확보에 의존하여 제품 고도화가 지속되고 있기 때문이다.

GDP 대비 투자 비율은 1950년대 10%대에서 증가하기 시작하여 1960년대 20%대로 높아지고 이어 1970년대에는 40%에 근접하였으나 1980년대 초 산업 구조조정과 더불어 일시 안정된 뒤 다시 급등하여 외환위기 직전에는 40%를 넘어서기까지 하였다. 외환위기 이후 신흥산업에의 진출이 제한된 가운데 보수적 경영과 부채에 대한 경각심으로 인해 투자비율은 급락하였지만, 여전히 세계 평균이나 OECD 평균을 크게 넘어선 30%대 수준을 유지하고 있다.

이러한 설비투자의 부진은 불확실성 증대, 내수 침체와 수출의 투자 유발효과 감소, 해외 직접투자 증가 등에 기인한다. 신성장 동력 발굴이 지연되며 불확실성에 따른 투자 부진이 생겨난 지 오래이다. 수출보다 규모가 더 크고 설비투자 관련 업종을 광범위하게 포함한 내수가 침체되어 설비투자 유발효과도 과거에 비해 약화되었다. 해외 직접투자 증가로 해외생산이 늘고 가공 · 중계 무역 등 무통관 수출이 확대되면서 수출의 국내투자에 대한 영향력이 저하되었다. 특히 수출 현지시장 진출을 위한 해외 직접투자가 자동차 등을 중심으로 최종재뿐만 아니라 중간재 생산업체로까지 확대되었다. 또한 수입중간재 의존도가 높은 자본집약적 산업이 팽창함에 따라 설비투자의 수입의존도가 커져 국내 설비생산 기업으로의 파급효과가 축소되었다.

그림 2-9 GDP 대비 지출 비중의 추이

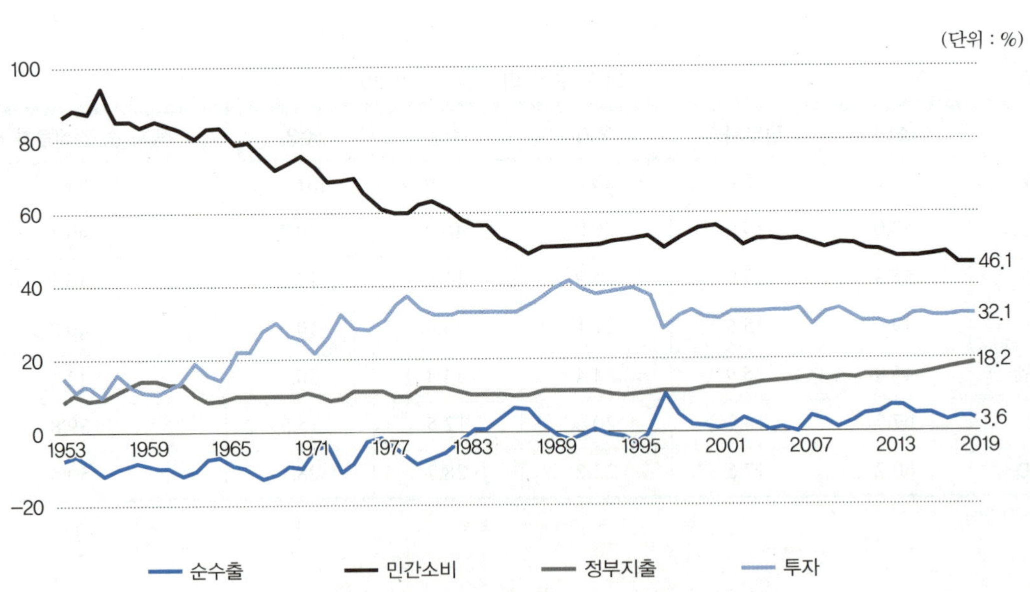

물적 투자에 의존한 경제성장은 과거 물적자본이 부족했던 시절에는 적절한 방법이었지만 이제는 더 이상 그렇지 못하다. 혁신주도 경제로의 이행, 즉 인적자원에 대한 투자와 기술혁신에 기초한 신사업과 신산업

창출 그리고 이를 뒷받침하는 구조조정에 의존해야 할 시기가 된 것이다. 자원의 해외의존과 이미 글로벌화한 한국 산업의 세계적 지위 그리고 해외시장이 제공하는 삶의 기회 확대에 비추어 볼 때 향후에도 우리나라의 수출주도형 성장이 지속되어야 할 것이다. 그러나 현재의 복잡한 고급 제조품 중심의 수출품 구성도 점차 고급 서비스와 혁신활동에 기초한 제품과 서비스로 전환될 것으로 보인다. 아울러 수출 경쟁력 자체도 새로운 최종 재화와 서비스를 출시하는 능력보다는 더 높은 부가가치를 낳는 연구개발이나 서비스 활동으로 이동 또는 고도화(Upgrading)하는 능력에서 창출되게 변모하고 있다. 그에 따라 투자에서도 역시 '새로운 아이디어를 창출하고 이용'할 수 있는 혁신능력과 유인이 '유형자본을 축적'하는 투자능력과 유인보다 성장에 더 중요하게 작용할 것이다. 혁신은 모두 사람이 하는 일로서 인적자본에 대한 투자를 통한 인적자본의 양과 질을 확충하고 이에 기반하여 기술혁신을 이루고 새로운 산업과 새로운 활동으로 경제구조를 조정해 가는 것을 요구한다. 이하에서는 우선 인적자원에 대한 투자로서 역량 확장문제를 다루고 이어서 기술혁신과 구조조정의 기반으로 한국경제의 성장레짐, 즉 거버넌스 구조를 다룬다.

3) 역량 확장을 동반한 경제성장

전통적으로 한국의 경제발전에서 사회정책의 역할은 무시되거나 간과되어 왔다. 시장친화적 접근방식으로 시장과 경쟁이 작동하도록 도왔던 정부는 사회정책에서도 비슷한 태도를 취한 것으로 평가된다. 물론 한국에서 사회정책은 성장과정에 참여할 수 없었던 계층을 위한 잔여적 안전망으로 제한되어 왔다. 분명히 경제성장 과정에서 한국의 사회정책은 서구 복지국가에서 발견되는 보편적 사회보험이나 공공부조 또는 사회서비스의 제공이 억제되었다. 사회복지 지출은 최소로 통제되었고 대신 복지에 대한 책임은 기업과 가족에 전가되었다. 복지 요구를 억압하고 잔여적이고 최소주의적 사회정책 또는 선택적(selective) 복지는 결과적으로 급속한 경제성장에 기여한 것으로 평가된다. 또한 비록 정교한 사회정책은 없었지만 경제가 성장함에 따라 사회발전이 생겨났다. 실제로 한국의 권위주의 국가는 사회적 욕구를 경제성장, 고용확대, 실질임금 상승으로 만족시키는 것이 최선이라고 주장하는 적하론(trickle-down theory)을 자주 주장해 왔다. 한국의 자본축적과 경제구조 변화에 중심적 역할을 하였던 한국의 발전국가는 사회정책을 경제정책에 종속시키거나 국가의 정당성을 유지하고 사회적 평화를 확보하기 위한 명목적 수단으로 활용하였다. 사회정책이 그 본질적 가치가 간과되거나 부정되고 주로 경제성장을 위한 도구로서 경제성장에 종속되었다는 주장은 '생산적(productivist) 복지레짐' 또는 '발전 복지국가(developmental welfare state)'로도 불리어 왔다(Holliday 2000).

그러나 경제성장이 사회발전으로 전환되는 자동적 메커니즘은 존재하지 않는다. 또한 경제성장을 지속하려면 사회적 보호와 재생산의 메커니즘을 확보하여야 한다. 경제성장을 낳는 선택적 집중은 사회적 긴장과 배분적 갈등을 초래하므로 이를 관리하고 해소하여야 한다. 동시에 사회발전을 위한 노력이 경제성장의 동력을 훼손하지 않도록 하여야 한다. 어떤 경제든 경제성장에 편향되거나 인간개발에 편향된 성장은 지속될 수 없으며 대체로 악순환에 빠져든다. 인간발전을 위한 제도와 정책이 자동적으로 경제성장을 낳는 것도 아니며 그 역도 마찬가지다. 상호작용을 촉진하는 메커니즘이 존재해야만 한다.

문제는 무엇이 한국에서 경제성장과 인간발전 간의 선순환을 낳았는가이다. 이른바 대리적 사회정책론[surrogate social policy(Mkandawire and Yi eds., 2014)]에 따르면 한국을 비롯한 동아시아의 경제성장에서 유럽 복지국가의 사회정책이 사용되지는 않았지만 대등한 기능을 하는 다른 수단이 존재했다. 이러한 견해는 사회정책이 복지국가의 사회지출로 파악되는 것 이상의 역할을 한다는 것을 강조한다. 즉, 사회정책은 재분배를 넘어 생산과 재생산에서 다양한 역할을 하고 광범위한 영역에 영향을 미치며 사회와 경제를 변환시킬 수 있다. 한국의 사회정책은 생산을 촉진하는 도구적 역할을 했을 뿐만 아니라 보호와 분배의 메커니즘을 통해 본질적인 사회적 목표를 달성하기 위해서도 노력해 왔다. 이러한 대리적 사회정책에는 광범위한 토지개혁, 의료정책, 교육기회 팽창과 숙련정책, 고용정책이 포함된다.

한편 발전국가론은 사회적 압력으로부터의 격리를 지나치게 과장해 왔다. 북한과의 대치 속에서 국가는 사회의 사회적 요구나 체제의 정당성을 유지할 필요성을 완전히 무시할 수 없었다. 또한 고도 경제성장이 낳은 사회적 전환과 구조적 변화는 사회변화를 요구하는 새로운 사회세력을 창출하였으며 사회정책은 이러한 요구를 잠재우기 위한 목적이 담겨 졌다.

토지개혁과 소농경제

초기 경제발전 단계였던 1940년대와 1950년대의 토지개혁은 뒤이은 한국의 경제발전과 사회발전에 큰 영향을 미쳤다. 많은 개발도상국들에서 과도하게 불평등한 자산소유는 빈곤 완화의 핵심적 장애요인이 되고 경제를 침체시키는 요인으로 작용하였다. 한국의 경우 1945년 50%에 근접하던 소작농비율은 1960년대에 7%로 급감하였다. 지주계층의 약화는 산업화에 제동을 거는 기득권층을 약화시키고 대신 발전국가와 기업의 주도권을 강화하였다. 토지개혁이 창출한 자작 소농들은 농업생산성 증대와 자녀교육에 노력을 기울였다. 농산물 원조 감소를 배경으로 1960년대 말부터 시작된 새로운 쌀품종의 도입이나 농업보조금은 1960년대와 1970년대의 수출지향적 경제에서 농업지역으로의 재분배를 낳았다.

교육의 확장

한국에서 노동시장에 대한 적극적인 지출은 극히 제한적이었지만 교육에 높은 가치를 부여하고 식자에게 지위를 부여하는 전통은 경제발전이 본격화되기에 앞서 교육과 직업훈련을 중심으로 한 인적자원 형성에 크게 기여하였다. 교육과 직업훈련을 통해 근로자들은 생산적 잠재력을 높였을 뿐만 아니라 자조적 역량을 강화할 수 있었다. 한국의 경제성장은 유사한 소득수준의 국가들보다 이례적으로 높은 교육수준을 가진 인구를 기반으로 시작되었으며, 산업화 내내 교육팽창을 위한 막대한 투자가 지속되었다. 앞에서 본 장기간의 성장회계만 볼 경우 우리 경제의 성장이 취업자 증가, 자본축적과 규모의 경제, 그리고 기술진보에 대부분 기인하고 교육 등 인적자본이 미친 영향은 매우 미미한 것으로 판단할 수 있다. 그러나 그렇지 않다. 우리 경제가 고도경제성장을 시작할 때 한국의 인적자본 수준은 미국 대비 60% 수준에 이미 도달하였고 총요소생산성도 37%에 달하였지만, 1인당 물적자본은 고작 6%에 지나지 않았었다. 1960년대 이후의 고도성장에 앞서 우리 경제의 인적자본 수준은 이미 매우 높은 수준에 올라섰기 때문에 이후의 증가세가 자본이나 취업자 수 증가 또는 생산성 개선 폭에 비해 상대적으로 낮아 보이는 것이다.

한국은 경제성장이 본격화되기 이전에 보편적인 초등교육을 달성하고 뒤이어·중등교육과 고등교육까지 빠르게 확대시켰다. 초등교육, 중등교육, 고등교육 순으로 확장되었다. 교육수준이 점진적으로 높아진 노동력은 점차로 산업의 고도화를 뒷받침하였다.

일제가 제한적인 직업학교와 훈련제도를 남긴 가운데 정부는 1960년대 초까지 보편적 교육제도의 확장에 치중하였고 직업훈련은 소외되었다. 하지만 1960년대 중반 이후 직업훈련법(1967)을 시행하면서 직업훈련이 본격적으로 강화되기 시작하였다. 특히 중화학공업화와 더불어 직업훈련기본법(1976)을 시행하면서 공공훈련기관을 확대하는 한편 기업 단위의 직업훈련을 강제하였다. 그러나 기업 단위의 직업훈련은 독일이나 일본과 같은 고기능의 장인집단 형성보다는 수입 기술을 도입–소화–개선할 수 있도록 교육기관에서 엔지니어링 교육을 강화하고 이들 엔지니어가 현장에서 근로자를 교육, 훈련, 통제하여 최종재를 위한 효과적인 공정라인을 구축하고 그에 필요한 기술과 숙련을 확보·개선하는 데 초점이 맞추어졌다. 기업 단위의 직업훈련은 대기업이 주도하는 중화학공업화와 기술집약화에 기여하였다. 1980년대 이후 정부는 산업고도화를 위해 중등교육기관 대신 고등교육 기관에서의 직업훈련을 강화하지만 4년제 대학의 지속적 팽창으로 말미암아 중등학교에서 전문대학 그리고 공공직업훈련기관에 이르는 직업훈련체계는 정상적 기능을 발휘하지 못하게 되었다. 기업부문 역시 대기업이 고숙련자들에 대해 수요 독점력을 누리며 상대적으로 직업훈련 유인이 약화되었다.

표 2–7 미국 대비 한국의 산출, 물적자본, 인적자본, 생산성 수준

	1인당 산출	1인당 물적자본	1인당 인적자본	총요소생산성
1955	9.1	6.7	70.2	24.0
1960	9.3	6.4	58.4	26.6
1970	12.1	8.6	64.7	28.0
1980	21.3	14.7	71.6	41.4
1990	38.3	26.9	82.9	58.6
2000	52.6	53.2	89.2	64.2
2010	60.7	72.8	93.7	64.3
2014	59.8	73.5	96.5	62.8

자료 : Penn World Table version 9.0 ; Feenstra, Inklaar and Timmer(2015).

사회정책의 지속적 확장

한국은 경제성장과 더불어 소득배분과 국민건강 수준의 개선이 동시에 진행된 대표적 국가이다. 우리나라 국민의 기대수명은 1980년대 중국과 유사했지만 2000년대 초에는 미국보다 높고 EU와 유사한 수준이 되었다. 대기업 근로자를 중심으로 도입되었던 사회보장제도는 민주화와 경제위기를 거치면서 보편적이고 포괄적으로 변모하여 국민 다수가 건강, 노령, 산업재해, 실업과 같은 주요한 사회적 위험으로부터 보호받게 되었다.

오랫동안 한국의 사회정책은 산업화 시기에 고용이 소득을 제공하고 기업복지와 사회보험에의 접근을 가능하게 함으로써 노동참여와 노동생산성을 높이고 기업특화적 숙련 형성을 촉진해 왔다. 1970년대에 중화학공업화는 대기업을 중심으로 대규모 근로자층을 양산하고 사회위험과 노동문제를 낳았다. 정부는 노동자의 정치적 동원은 억제하였지만 대기업에게 산업재해보험(1964)에 이어 국민건강보험(1977)을 강제하여 핵심 근로자층의 보호에 나섰다. 강제적 가입이었지만 민간이 재원을 공급하는 사회보험 원리를 적용하여 사회정책에서 정부의 재정부담은 최소화하였다. 대기업은 사내 복지와 고용안정성 그리고 연공급에 기초한 임금을 제공하여 숙련 근로자의 안정적 공급을 확보하고 기업특화적 숙련에의 투자를 장려하였다.

1980년대 말에 민주화와 더불어 기존 사회보험의 적용 범위가 크게 확대되고 새로운 사회보험이 도입되

었다. 최저임금법(1987), 국민연금(5인 이상 기업, 1988)이 도입되는 동시에 건강보험은 도시 자영업자를 대상으로 확대되며 우리나라 최초의 보편적 사회보험이 되었다. 농어민 대상으로 국민연금이 확대되고 고용보험도 시행되며 1990년대 중반까지 상해보험, 건강, 노령, 실업 등 4대 사회보험이 운영되기 시작하였다. 그러나 이 과정에서도 정부는 경제성장을 우선하고 정부의 재정부담을 최소화하는 기조를 유지하였다. 이에 따라 보험급여에 대한 기여의무를 엄격히 적용하였고 저소득층에 대한 직접 보조를 제한하였다. 결과적으로 기여금 지불이 어려웠던 비공식 부문과 한계 계층은 계속 급여 수혜자격에서 제외되며 복지 사각지대에 남겨졌다.

1990년대 말 외환위기는 사회복지 제도를 한 단계 더 확장시켰다. 정부는 '생산적 복지'라는 명목하에 그동안 배제되던 한계계층에 대한 보호를 확대하는 동시에 근로동기를 장려하는 광범위한 복지 개혁을 시행했다. 도시 빈곤층과 자영업자를 포함한 과세소득을 가진 모든 사람들에게 국민연금이 적용(1999)되었고, 고용보험(1999)과 산재보험(2000) 역시 모든 근로자를 대상으로 범위가 확대되었다. 1989년 이래로 이미 전체 인구를 포괄했던 건강보험에서는 효율화를 위한 통합(2000)이 이루어졌다. 아울러 빈곤층에 대한 안전망으로 근로 능력과 관계없이 빈곤층에게 최저 소득을 권리로 제공하는 공공부조제도로 국민기본생활보장제를 제정하였고, 2007년부터는 노인장기요양보호 프로그램을 시작하였다.

보편적 사회보장제도의 발전에도 불구하고 여전히 심각한 한계가 남아 있다. 기업별 복지의 역할이 아직 크고 사회보장제도가 고용이나 기업을 중심으로 근로자와 고용주의 기여로 운영되는 사회보험의 특성상 고용에의 적극적 참여를 장려하고 있어 복지제도와 생산활동 간에는 상호 강화의 메커니즘이 존재한다. 그러나 건강보험을 제외하고 대부분의 사회보험은 자격 있는 인구의 절반만을 보호하고 있다. 저임금 비정규직이나 저부가 분야의 중소기업 고용주가 기여금을 지불할 여력이 없기 때문이다. 그러나 이는 대규모 비공식 부문을 가진 유연한 노동시장에 어울리지 않게 복지제도가 엄격한 기여 기반의 사회보험제를 지속하고 있기 때문이기도 하다. 노동시장의 이중구조를 해소하고 사회보험제도를 기여 기반에서 세금 기반의 보편적 제도로 전환시켜야 할 필요가 있는 것이다.

지속적인 사회복지의 확충으로 경제성장과 더불어 인간 역량을 확장해 온 한국 경제성장의 중요한 특징은 1990년대 이후 지금까지 유지되어 왔다. 하지만 제4차 산업혁명으로 대표되는 기술혁신과 글로벌화는 기술혁신을 선도하고 글로벌 가치사슬에서의 참여 확대와 고도화로 성장과 일자리 창출을 촉진하는 경제정책을 넘어 역량 확장을 위한 보다 더 적극적인 사회정책을 요구한다. 기술혁신과 글로벌화가 일자리를 감축하지는 않겠지만 일자리의 파괴와 창출을 가속화시킬 것이다. 노동과정에도 적지 않은 변화가 발생하여 간단한 작업에서도 광범위한 전문지식과 소통 능력을 요구하며, 노동 참여방식은 훨씬 더 유연해질 것이다.

사회정책은 사회적 개선(social upgrading)과 사회 통합(social cohesion)의 두 관점에서 접근할 수 있다. 사회적 개선은 ILO의 "괜찮은 일자리(decent work)"에서 볼 수 있듯이 노동자로서 보수, 고용의 질과 노동조건, 숙련개발, 사회적 보호, 사회적 대화를 누릴 수 있도록 해야 한다. 또한 실업급여와 재훈련을 통해 노동시장에서의 위험으로부터 노동자를 보호하고 훈련이나 재교육을 받을 수 없고 일자리를 잃은 노동자는 더 강력한 사회적 보호 메커니즘에 의존할 수 있어야 한다. 한편 괜찮은 일자리에 대한 기회와 그를 위한 여건을 모두에게 제공하는 방향으로 사회통합을 강화해야 사회정책과 경제정책 간의 선순환이 가능할 것이다. 기술혁신은 인간 역량 그리고 새로운 아이디어를 창출 · 활용하려는 개인의 적극적 노력에 의존한다. 혁신의 능력은 개인이 역량을 가졌고 그 역량을 행사할 유인을 가졌느냐에 의존한다. 인간 역량 향상이나 기술혁신의 사적 수익은 사회적 수익에 미치지 못하므로 국가와 사회조직의 적극적 역할이 요청된다. 경제성장이 역량 확장으로 이어지고 확장된 역량이 경제성장에 적절히 사용될 수 있는 기회가 존재해야 한다. 한편 역량 향상은 교육이나 건강 또는 돌봄에서 보듯이 수요자와 공급자에 의해 공동 생산된다. 따라서 역량 향상을 위해 정부는 기반시설 제공에 머물지 않고 정책결정과 집행에서 관련 경제 주체들의 적극적 참여를 장려해야 한다.

혁신이 선도하는 경제성장을 심화시키고 제조업을 기반으로 고부가 서비스 부문에의 참여와 고도화가 필요한 한국은 모든 국가가 부러워하는 고등교육 인력을 확보하고 있다. 하지만 고등교육이 STEM 인력 양성에 치우쳐 서비스업이 요구하는 비STEM 교육훈련이 미흡하며 인더스트리 4.0 기술의 혜택을 받는 데 필요한 평생교육훈련도 다른 국가에 비해 절대적으로 부족한 실정이다.

우리나라에서의 인적투자 양식의 한계

우리나라의 경제성장이 역량 확장을 동반해 왔지만 많은 한계점도 보이고 있다. 기술혁신, 특히 공정기술의 혁신이 첨단의 설비투자에 크게 의존하고 그에 상응하는 인적 경쟁력의 강화나 인적자본에의 투자가 이루어지지 못해 왔다(박명준 등, 2020). 특히 이러한 현상은 대기업의 종속적 파트너 위치에 놓여 있는 중소기업에서 두드러지게 나타났다. 대기업 내에서도 연구개발 인력이나 엔지니어를 중심으로 기술혁신을 도모하여 엔지니어의 역량을 강화하려는 노력과 생산 현장에서의 현장노동자의 숙련을 증진시키는 노력이 균형적이지 못하다. 이러한 숙련형성은 중간숙련의 확보를 통한 점진적 혁신의 추진에 근본적 한계를 낳고 있을 뿐만 아니라 한국산업이 직면한 도전에 대응할 우리의 능력을 제한하고 있다. 즉, 우리 주력산업의 취약지대인 부품 · 소재 · 장비 산업의 육성, 주력산업의 글로벌가치사슬 내에서 고도화, 생산체제의 디지털화를 효과적으로 지원하는 작업현장의 암묵지나 경험적 지식의 확충을 위해서는 연구개발(제품기술), 엔지니어링(생산공정기술), 제조역량(작업장 숙련), 서비스 역량의 균형 있는 발전이 요구된다.

2.3 한국경제의 성장 레짐

1960년대 초 한국은 재원, 기술, 제도의 부족으로 대변되는 경제적 후진성[economic backwardness(Gerschenkron, 1962)]을 가진 전형적인 후발국이었다. 한국은 선발국의 경험을 빌리고 자본, 기술, 기술이 체화된 설비를 차용할 수 있다는 후발국으로서의 장점을 활용하고, 발전국가(developmental state)와 대기업집단이라는 새로운 제도를 창출함으로써 선발국을 향한 급속한 대질주[압축성장(condensed growth, compressed growth) 또는 추격(catching-up)]를 이루어냈다.

1) 정부의 적극적 역할 : 시장 친화적 정책과 발전국가

한국 경제성장의 뚜렷한 특징 중 하나는 시장 전반에서 정부의 개입이 매우 광범위하고 직접적이었다는 것이다. 한국정부가 수행한 역할과 그 성과에 대한 평가는 엇갈리지만 지금까지는 대체로 긍정적이다. 이에 따라 1980년대 이후 지속적으로 시장기능을 강화하고 있지만 정부의 역할은 여전히 작지 않으며 그에 대한 믿음 역시 지속되고 있다.

(1) 시장중심론과 시장친화론

주류 경제학자들은 오래전부터 한국 경제성장의 요인을 강력한 민간부문, 시장 유인 그리고 자유무역으로 요약되는 시장 중심적 경제운영으로 돌리는 시장중심론(market-centered view)을 제시하였다(Krueger, 1990). 즉, 사유재산권을 잘 정의 · 강제하며, 독점을 감시 · 규제하여 시장 기반을 조성하고, 공공재나 외부효과를 낳는 재화는 시장이 불완전한 만큼 정부가 개입하여 그 공급을 촉진하거나 시장을 창출하여 민간의 조정을 촉진하도록 하였다는 것이다. 특히 한국은 안정적 거시경제 환경과 법제를 마련하여 투자와 저축 그리고 인적자본 축적의 유인을 낳는 데 뛰어났다. 세계 경제로의 적극적 편입은 기업들을 국제경쟁에 노출시켜 비교우위를 확보하도록 하였다. 산업에 대한 정부개입은 효과가 없었거나 왜곡을 낳았지만, 시장조정의 발전과 효율성을 촉진하는 정부의 역할은 주효했다(World Bank, 1991).

그러나 한국의 빠른 경제성장이 시장에만 전적으로 의존한 것이 아니었으며, 선별적 산업정책과 재량적 금융개입과 같은 선택적 정부개입이 중요하게 작동했고 정부가 경제활동을 직접적으로 주도하기도 했다는 비판이 생겨났다(Amsden, 1989). 특히 시장이 성장주도 산업으로 투자가 이루어지도록 작동하는 데 실패하는 가운데, 정부는 유인체계를 변화시켜 가격을 왜곡함으로써 외면되던 신산업을 육성하였다.

이러한 비판에 직면하여 1993년 세계은행은 8개 아시아 신흥국을 분석한 "The East Asian Miracle : Economic Growth and Public Policy"에서 기존의 주류적 견해를 확장하여 시장 친화적 정부개입의 역할을 강조한 시장친화론(market-friendly view)을 제시하였다. 한국은 지속적 고도성장과 평등한 소득 배분을 보였는데 이는 거시경제의 안정성을 유지하며 급속한 자본축적, 효율적 자원배분, 급속한 기술추격과 생산성 증가의 결과였다. 이는 기반 정책(fundamental policies)과 선택적 개입정책(interventionist policies)이 동시에

그림 2-10 동아시아 국가의 시장친화적 정책의 개요

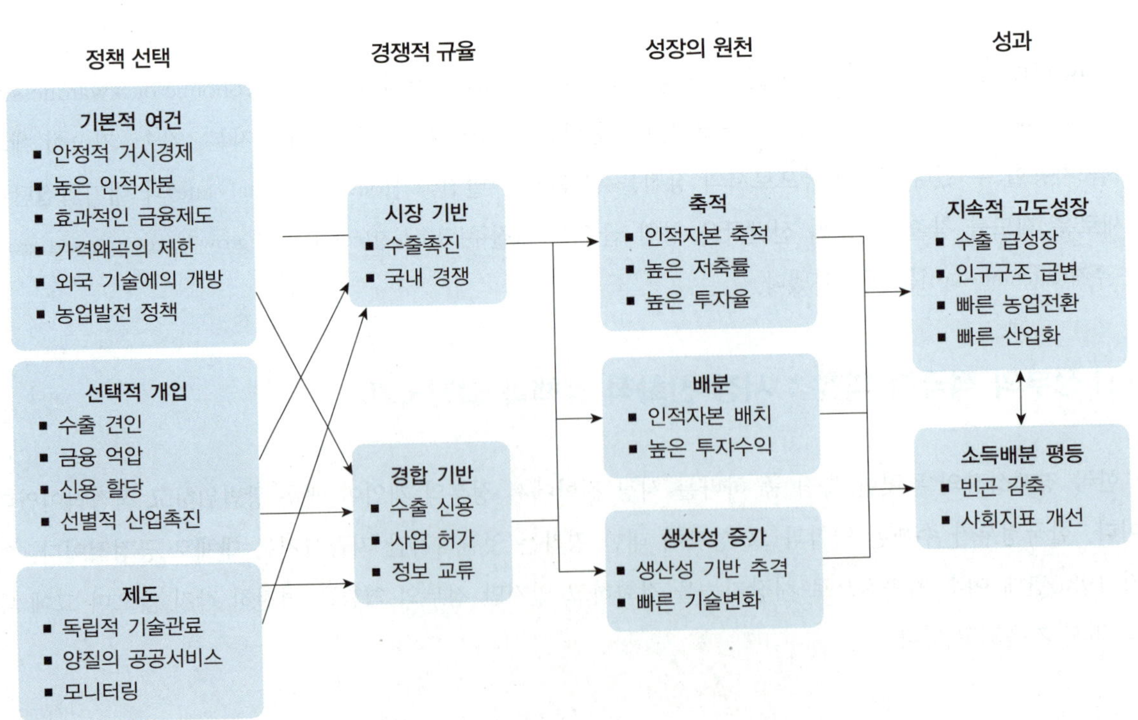

자료 : World Bank(1993), p. 11.

작용하였기에 주효했다고 주장되었다. 기반 정책에는 가격왜곡의 제한, 무역 개방과 외국 기술 도입 활성화, 사회 간접자본과 인적자본 투자, 안정적 금융시스템, 그리고 거시경제 안정화가 포함된다. 이들은 시장의 조정 기능을 강화하는 정책들로 기본적 여건을 확립하는(getting the fundamentals right) 것이었으며 정부의 우선적 과제였다. 선택적 개입정책에서는 저금리의 금융 억압, 강제 저축, 신용 통제, 무역정책을 통해 수출산업이나 중화학공업 등 특정 산업을 선택적으로 육성하였다. 이들 정책, 특히 선택적 개입정책은 시장(market)과 경주의 규율을 받았다는 점에서 시장 친화적이었고 바로 그 이유 때문에 긍정적 효과를 낳았다. 시장의 규율은 수출경쟁과 국내경쟁을 확보함으로써 이루어졌다. 경주라는 규율은 정부와 경쟁기업들이 함께 감시할 수 있는 공개적 성과에 기초해 수출신용 자격이나 신용을 배분함으로써 이루어졌다. 한편 조정실패에서는 민간기업 간 협력과 성과 기반의 평가가 강조되었다. 정부와 민간 간에는 양자가 모두 참여하는 다양한 중개기관이 존재하여 정보교환, 신용배분, 투자조정에서 민관 협력이 이루어질 수 있었다.

기반 정책과 선택적 개입정책은 시장과 경주라는 두 규율이 작동하도록 성과를 감시하고 이를 반영할 수 있는 능력 있고 실적주의를 따르는 기술 관료라는 제도적 기반이 존재했기 때문에 가능했다. 한편 빈곤 축소와 사회발전을 통한 소득 불평등 완화는 성장에 따라 모든 집단이 혜택을 보는 동반성장(shared growth)의 실현이었다. 동반성장의 원리를 따른 보편적 교육이 이루어져 인적자본 축적이 숙련 근로자, 기업가, 양질의 관료 확보로 이어지는 데 기여하였다.

정부 역할의 시장친화적 변화

1960년대와 1970년대의 산업화를 이끌었던 박정희 정부는 집권 초부터 경제개발을 국정의 중심과제로 삼았으며, 특히 원조와 외환보유고 급감에 대응하여 수출진흥에 초점을 두었다. 환율 현실화에 더해 수출실적과 연동된 각종 수출유인체계와 기민한 행정지원책을 실시하였다. 아울러 수입대체와 신규 수출산업 육성을 위한 공업화 정책과 사회간접자본 투자도 병행하였는데 1970년대의 중화학공업 육성 정책이 가장 두드러졌다. 정부는 기술, 인력, 금융, 세제 모든 면에 개입하며 공업화를 주도하였지만, 실행은 민간 대기업이 담당하도록 하였고 투자실적은 꾸준히 감시 · 평가되었다. 수출 진흥과 공업화에 다양한 정부정책이 동원되었다. 한국은행에 대한 통제를 강화하고 국유화한 일반은행과 새로 설립한 특수은행들은 통제되어 금융지원을 용이하게 했고, 외자유입을 촉진하되 유출은 억제하는 선별적 자본자유화와 차관에 대한 지급보증도 이루어졌다. 경상수지 관리와 국내산업 보호를 위해 수입 제한은 지속되었다. 통화의 과도한 팽창이 낳은 물가 불안은 가격규제를 낳았지만 그 효과는 크지 못했다. 마지막으로 노동운동과 임금 인상은 극도로 억압되었다.

대내외적 불균형이 증폭되었던 1970년대 말의 경제상황에 더해 대외개방 압력이 높아짐에 따라 그동안의 정부주도의 성장우선 정책에 대해 반성하고 안정 · 개방 · 자율 위에서 경제성장을 지향하려는 다양한 정책조치가 취해졌다. 특히 선택적 개입정책이 지속적으로 해소되며 정부의 역할이 꾸준히 축소되어 왔다.

안정 경제성장에 초점을 맞추었던 경제운용 목표에 물가안정이 더해졌다. 1980년대 초에 물가안정 방안은 직접 규제에서 통화 긴축, 재정 건전화 그리고 규제완화와 시장활성화로 전환되었다. 긴축재정은 오랫동안 지속되어 1987년 이후 통합재정수지의 흑자 기조를 정착시켰고, 낮은 재정지출 비율 · 조세부담률 · 국가채무 비율을 유지할 수 있도록 하고 있다. 이 때문에 1997년 외환위기와 2008년 글로벌 금융위기 동안 위기의 전염을 막고 재정의 적극적 역할을 통해 용이하게 위기를 극복할 수 있었다. 한편 통화정책 운용은 1980년대부터 통화총량과 지준총액을 운용목표로 삼아 물가안정 기조의 정착에 도움이 되었지만, 시장개입과 양적통제가 불가피했다. 외환위기 이후에 한국은행은 정책목표를 금리로 전환하고 순수하게 공개시장 조작만으로 정책금리가 결정되는 정책운용을 정착시켰다. 1997년 외환위기와 2008년 글로벌 금융위기를 극복하기 위한 정책체계 구축 과정에서 금융기관의 건전성 규제를 국제기준에 부합되게 정비하고 회계 및 공시제도를 강화하였으며, 금융안전망을 강화하였다.

개방 무역, 투자, 금융시스템의 자유화와 대외개방이 꾸준히 진행되었다. 제2차 석유파동으로 중단된 수입자유화는 1984년부터 재개되어 1990년에는 GATT 11조국으로 이행하였다. 이후에도 1990년대 중반에는 OECD 국가 수준으로 자유화가 이루어졌으며 비관세장벽도 완화되어갔다. 외환위기 이후에는 주요국과 자유무역협정을 체결하며 거의 모든 부문에서 개방화가 이루어졌다.

자본시장의 개방은 오랫동안 매우 신중하게 이루어져 1992년까지만 하더라도 자본계정 자유화에 관한 OECD 규약에 있는 항목 중 89%가 규제되고 있었다(OECD 평균 17%). 특히 국내은행에 의한 자본거래의 자유화를 허용하되 여타 자본유출입은 자유화가 연기되고 제한되었다. 단기 해외차입이 먼저 자유화되고 기업과 금융기관의 장기 해외차입이 계속 규제되는 가운데, 직접금융시장의 경우에도 제한적이고 점진적인 개방이 추진되었다. 채권시장은 폐쇄된 상태가 지속되었으며, 주식시장 개방이 1992년에 서서히 시작되었다. 1990년대 중반에는 국제경쟁력 강화를 위해 금융기관의 해외활동에 대한 규제를 대폭 완화하였다. 그러나 이러한 개방조치에 상응하는 건전성 감독은 부진하여 단기 외화차입이 과도해졌고 결국 1997년에 외환유동성 위기에 내몰렸다. 한편 대규모 경상수지 흑자를 경험하였고 1990년 시장평균환율제도를 채택하여 환율변동폭을 확대하였으며, 외환위기 이후에는 완전변동환율제로 이행하였다. 외환위기 이후에는 점진적으로 추진되던 자본시장 개방이 본격화되었다. 1998년에는 주식시장의 '완전개방' 조치가 단행되었고, 동시에 채권시장에 대한 개방정책도 폐쇄에서 완전 개방으로 전환되었다. 전면적 자본시장 개방으로 국내자본시장으로의 외국자본 유입은 크게 증가하였지만, 자본유출입의 변동성이 커지고 환율 불안정성도 높아졌다.

자율 정부의 역할이 축소되고 민간주도 경제운용으로의 전환이 이루어졌다. 정부는 국가의 시장개입을 축소하는 대신 시장 규칙을 제정하고 이를 감시하는 규제자 및 감독자의 역할을 보다 강화해 갔다. 무엇보다도 선택적 개입을 특징으로 하던 산업정책이 크게 약화되었다. 산업정책의 성격 전환과 함께 정책수단들 역시 대폭 축소됨으로써 민간기업들을 국가의 정책방향으로 유도하고 통제할 수 있는 정부의 능력을 상실하였다. 또한 경제관료기구도 조직적 응집력과 정책 조정능력을 상실해 갔고 1994년에는 선도기구였던 경제기획원 자체가 폐기되었다. 1980년대 초 개별 공업육성법이 폐지되고 단일 법률로 "공업발전법"이 성립하면서 금융세제지원을 통한 전략산업 육성은 간접적이고 기능적 지원방식으로 전환되었다. 세제혜택도 감세와 같은 직접적 형태에서 기술개발 준비금에 대한 조세감면의 간접적 형태로 바뀌었다. 대출에 대한 금리 보조도 사라졌고 정책금융 규모도 감소되었다. 또한 산업합리화 업종으로 지정된 경우에만 시장 진입과 투자를 규제하도록 함으로써 경쟁 제한조치를 크게 완화하였다. 정부의 일방적 결정을 점차 지양하고 민간기구인 '공업발전심의회'의 의견수렴을 거치게 하였다. 1980년대 초 주요 은행은 민영화되었고 비은행금융기관은 진입과 퇴출이 활성화되며 중요성이 커져갔지만, 대기업의 진출과 통제는 확대되었다. 한편 정책금융도 중소기업을 제외하곤 축소하고 총액대출한도제도를 도입하여 통화조절에서 중앙은행의 역할을 강화하였다.

상품 · 금융 · 노동 시장에서의 규제 완화를 통해 정부의 시장 개입을 줄여 나가고 시장의 역할을 넓혀갔다. 정부 내부의 운영 자체도 신공공관리 정부개혁을 추진하면서 시장기제와 성과관리 체제가 적극 수용되었다. 최고가격과 공정거래를 중심으로 한 가격 규제는 1970년대 중반 이래 점차 경쟁제한적 요인을 제거하는 공정거래법으로 대체되어 갔다. 금융시장도 자율화의 길을 걷기 시작하였다. 금리는 장기 · 증권 · 거액 금리부터 시작하여 단기 · 은행 · 소액 금리로 자유화의 폭을 넓히는 한편 발행물량 통제 등 간접적 규제도 감소되었다. 외환위기 이후에는 국채시장 정비를 통해 금리기능이 정상화되었다. 한편 노동시장의 경우 외환위기 이후 노동 기본권이 강화되는 반대급부로 1990년대부터 논란이 되어 오던 파견근로제와 정리해고 관련 규정이 정비되며 노동시장 유연화가 이루어졌다. 기업회계 기준 강화와 분식회계 및 부실감사에 대한 처벌 강화, 사외이사제도 정착, 주주권 강화를 통해 기업경영의 투명성과 책임성을 높이고 M&A에 대한 규제완화를 통해 자본시장의 기업경영에 대한 감시와 규율을 강화하였다. 그러나 사외이사의 역할은 아직 제한적이며 주주권의 행사나 적대적 M&A는 모두 저조하다. 민간 역할의 확대에도 불구하고 정부는 규제 · 보호 · 지원 · 조정 등의 산업개입을 지속하였고 공기업 부문을 계속 통제하에 두었으며 이를 해소하기 위한 규제완화와 민영화도 계속 부진하였다.[18] 그러나 외환위기 이후 과거보다 강력하고 폭넓은 민영화가 진행되고 규제개혁이 추진되었다. 큰 진전에도 불구하고 OECD의 상품시장 규제지수로 본 규제수준은 OECD 국가들 가운데 중하위권에 머물고 있다. 금융 · 의료 · 교육 · 문화 · 정보통신 등의 산업에서는 정부의 보호 · 육성 정책이 아직도 많이 남아 있기 때문이다.

많은 분야에서 정부의 시장개입이 줄었지만, 환경, 교육, 복지 등 시장실패를 겪는 분야에서는 정부의 역할이 강화되어 왔다. 특히 사회정책의 지속적인 강화가 이루어졌다. 여기서 더 나아가 중화학공업에 대한 투자조정(1979~1983)과 산업합리화(1980년대 중반) 조치는 불황산업이나 부실기업의 회생에 치중하여 신속한 산업 안정화에 도움이 되었으나 정부가 기업과 투자위험을 공유한다는 믿음을 강화하였고 자율에 따른 책임의 정착에는 실패하였다. 은행에서는 민영화 이후에도 인사, 자산운용, 조직 등에 대한 정부개입이 지속되었고, 금융자율화에 상응하는 건전성 감독도 수반되지 못하였다. 이는 금융부문과 기업부문의 부실을 누적시켜 결국 1997년 말의 외환위기가 금융위기, 나아가 전반적 경제위기로 확산되는 데 기여하였다. 외환위기 이후 구조조정은 부실기업을 원칙적으로 처리하고 기업과 금융기관은 물론 일반 투자자들까지 손실을 보도록 함으로써 대마불사의 신화와 도덕적 해이를 혁파할 수 있었다.

(2) 발전국가론 : 국가 자율성과 민관협력

한국경제 발전에서 정부의 역할은 종종 발전국가로 대표된다. 찰머스 존슨(Chalmers Johnson)은 『통상부와 일본의 기적』(MITI and the Japanese miracle, 1982)에서 1925~1975년 동안의 일본을 정부정책으로 서구 선진국을 추격해낸 발전국가로 규정하고, 한국 역시 일본의 모형을 밀접히 따랐다고 보았다. 발전국가는 자율적 관료집단이 경제성장 목표와 목표 달성을 위한 산업정책을 설정하고 민관협력을 통해 집행해 나감으로써 서구 선진국을 추격해 내었다.

발전국가는 국가의 자율성, 경제성장 목표, 공공 – 민간 협력의 3가지 요소를 갖는다.

첫째, 국가는 자율성(Autonomy)을 가진다. 발전국가는 고도로 중앙집권화된 권위적 정부와 응집력 있는 관료 그리고 효과적인 압제적 제도를 가진다. 관료는 능력에 의해 선발되었고 사회적 압력으로부터 자율성을

18. 1970년대 중반 이후 방치되던 경제력 집중은 1980년 공정거래법 제정으로 경쟁법이 강화되고 1980년대 중반부터 신규투자, 업종다변화, 자금조달, 채무보증, 소유구조 등을 백화점식으로 규제하기 시작하였으나 효과적이지 못했다. 이에 따라 1996년 이후에는 M&A 규제 완화, 소액주주권 확대, 감사제도 개편, 공시의무 강화 등 기업지배구조에 대한 규율을 강화하지만 효과는 제한적일 수밖에 없었다.

가진다. 경제활동을 광범위하게 규제하고 특정 이익집단에 사로잡히거나 사회와의 일상적이고 제도화된 협상 없이 정책을 형성할 수 있는 능력[강제적 권력(despotic power)]을 가진다. 한국은 일제의 지배와 해방 이후 토지개혁으로 신분제에 기댄 전통적 통치세력이나 대토지 소유자 등의 기득권 세력이 크게 약화되었다. 한국은 해방 이후 혼란과 한국전쟁에 뒤이은 냉전구도 속에서 좌익집단을 분쇄하고 조직화된 노동자와 농민 그리고 다른 사회집단도 효과적으로 억압 · 배제할 수 있었다.

한편 한국의 발전국가는 일본 모형과는 다른 특징을 갖기도 한다(최장집, 2010). 대통령의 정치적 목표와 이해관계가 경제 관료의 기술 합리성보다 우위에 있었으며 대통령은 관료들이 개인의 이익보다 국가 공동체 전체의 공익을 위해 봉사하도록 규율 · 통제하였다. 또한 경제정책에서는 경제관료 외에 안보기구가 중요한 역할을 했다. 특히 안보기구는 사회안정을 위한 노동 및 반체제 운동을 감시 · 억압했을 뿐만 아니라, 주요 경제정책 결정과정에 영향을 미치기도 하였다.

둘째, 국가는 오랫동안 불평등 해소나 복지에 대한 약속 없이 경제성장을 국가의 최우선 목표로 설정하였다. 이는 안보위협과 북한과의 체제경쟁이 배경이 되었으며, 한국전쟁과 토지개혁을 통해 상대적으로 평등한 기반이 이미 형성된 것도 도움이 되었다. 국가는 단기적 경제상황이나 당장의 비교우위나 수익보다는 신속한 산업화와 세계 시장에서의 장기적 비교우위 창출에 초점을 맞추었다. 국가는 이러한 목표에 맞추어 전략적 산업정책을 추구하여 소수의 산업을 선택하고 보조하고 지시하며 국제경쟁에 노출시켰다. 정부는 선별적 특성이 강한 산업정책과 재량적 성격의 정책수단(금융정책)을 기반으로 전략산업부문의 대기업들을 집중 육성하는 '집중화된 산업화 전략'을 취하였다.

셋째, 국가는 국가목표를 향해 선택적으로 민관협력을 주도하고 민간을 규율하였다. 국가는 사회에 침투하여 정책에 대한 동의를 창출하고 사회관계를 조직하고 조정하여 사회에 배태(embedded)됨으로써 정책의 실행을 위해 자원을 동원하고 정책을 집행하는 능력[하부구조적 권력(infrastructural power)]을 가졌다. 발전국가의 이러한 특징은 사회조직 간이나 정부와 사회조직 간에 제도화된 상호작용과 협력이 존재하는 조합주의(corporatism)로 종종 규정되기도 한다. 그러나 국가가 우위를 점하며 사회조직에게 국가의 전략적 선택에 대한 순응을 요구한다는 점에서 정책형성과 집행은 대등하고 독립적인 조직 간의 협상에 의한 것은 아니었다. 국가와 사회조직의 관계도 그러했고 사회조직 간의 관계도 그러했다. 더욱이 사회조직의 국가에 대한 접근은 제한적이고 선별적이었다. 노동자는 배제되었을 뿐만 아니라 억압되었는데, 노조의 정상조직은 정부에 의해 엄밀히 통제되어 노동자의 이익대표는 실질적으로 찾아볼 수 없었다. 이런 면에서 일본의 노동 없는 사회조합주의에 대응하여 한국의 민관 협력은 종종 "노동 없는 국가조합주의"라 불리기도 한다.

대규모 기업집단과 이들의 연합체는 국가의 산업정책의 주요 파트너가 되었으며, 각 산업별로 업종별 협회가 지정되어 산업정책의 형성과 집행을 지원하도록 하였다. 업종별 협회는 해당 업종에서 이해대표의 독점적 창구이자 국가통제의 수단이었다. 국가는 대규모 기업집단의 창출에 큰 역할을 하였으며, 산업정책에 대한 협력을 확보하고 전략적 목표를 집행하는 도구로 이들 대규모 기업집단을 활용하였다. 정부는 오랫동안 국영은행 제도를 유지하여 국내저축을 동원하고 자본흐름을 통제[금융억압(financial repression)]하고 소수의 대기업, 특히 재벌에게 집중하며 이들 기업들이 '국가대표'로서 산업화를 주도하도록 견인하였다. 정부는 저금리의 장기대출 외에 진입규제 등으로 안정적 투자환경을 창출하였고, 외국인 직접투자보다는 기술도입 장려와 기술지원을 통해 독자적 기술확보에 나설 것을 주문하였다. 정부는 기업이 적극적 지원에 상응하는 성과를 내도록 규율하였다. 비효율적 기업을 포기하는 데 주저하지 않았으며, 인허가와 대출접근을 제한하였고 수출목표의 설정 등을 통해 국제경쟁에 노출시켰다. 한편 업종별 협회는 산업 전반에 대한 정부정책의 창구가 되어 정부정책에 대한 기업부문의 지원을 동원하는 데 활용되었다. 사업등록, 검사와 인증, 회원사에 대한 감독과 제한과 같은 일을 정부로부터 위임받아 집행함으로써 정부가 지원하는 카르텔이자 정부를 위해 규제기관으로 활동하였다. 정부는 협회장 선출에 관여하기도 하고 퇴직 공무원을 선임하기도 하였다. 이처럼 정부는 민관협력을 주도하며 산업 전반에 광범위한 영향력을 발휘하였다.

국가의 사회에의 배태 또는 민관협력에는 한국 사회가 오랫동안 발전시킨 혈연, 지연, 학연의 비공식 네트워크가 결정적인 역할을 하였다. 관료라는 국가 엘리트와 대기업집단의 기업 엘리트는 유사가족의 특성을 보이는 전통적 연고망으로 연결되어 정보의 교류와 이해의 조율을 낳고, 사익과 국익을 일치시킴으로써 정책의 형성과 집행이 효과적일 수 있었다(이연호, 2016).

민주화 · 정보화 · 글로벌화와 발전국가의 이완

1980년대에 들어 거세어진 글로벌화 · 정보화 · 민주화는 발전국가의 변화를 초래하였다. 특히 한국의 경우 1987년 6 · 29 선언과 더불어 정치체제는 권위주의에서 민주주의로 전환되기 시작하였다. 1993년에는 군부정권이 민주정권으로 교체되었으며, 1998년에는 보수 여당에서 진보 야당으로 정권이 교체되었다.

가장 크게는 발전국가로서의 정부역량과 자율성이 크게 약화되었다. 1980년대 초부터 경제 자유화가 진전되며 금융, 규제, 조세 등 발전국가의 주요 정책도구가 크게 약화되었다. 1995년 WTO가 성립하면서 국가의 보조금 지급은 금지되어 주요 산업정책 수단이 무력화되었다. 자본시장 개방으로 기업의 자금 조달선이 더욱 확대되고, 외국인 투자자의 영향력도 커졌다. 중화학공업화에 힘입어 급성장한 재벌은 1980년대 초부터 민영화와 자유화 그리고 비은행 금융기관 소유로 영향력을 더욱 키울 수 있었다. 1987년 민주화 선언 이후에는 재벌의 경제자유화 요구는 더욱 거세어졌다. 민주화에 따라 민주적 경쟁과 견제체제가 자리 잡은 것도 정부의 역량과 자율성을 크게 약화시켰다. 집권당과 야당 간 그리고 행정부와 국회 간의 빈번한 대치로 정부는 정책 일관성이나 집행역량이 크게 훼손되었다. 반면 그동안 국가에 의해 철저히 억압되던 노조나 시민사회는 1987년 민주화 선언 이래 독자적인 영향력을 발휘하는 위치로 성장하였다.

경제발전이라는 목표에서 정당성의 토대를 찾던 발전국가는 보다 광범위한 시민사회와의 협력이 요구됨에 따라 삶의 질이나 복지 증진과 같은 새로운 목표가 더해지며 경제발전의 목표가 보다 광범위해졌고 민주적인 절차적 과정도 중시하도록 변화하였다. 정책은 대기업집단을 넘어 보다 광범위한 사회집단과 민주적으로 조직화된 사회적 숙의 속에서 유도되도록 변해 왔다. 1987년 민주화 선언 이후 노동자의 목소리가 정책의 수립 · 집행에 본격 반영되었으며, 외환위기 이후에는 노사정위원회가 구성되며 전국적 단위에서 국가–노동 관계의 변화가 생겨났다. 시민사회 역시 성장하여 주창을 넘어 위원회 참여와 정책 집행의 위임이 이루어지게 되었다.

민주화뿐만 아니라 정보화와 글로벌화로 권력은 정부 내에서 그리고 정부와 사회의 다양한 행위자 사이에서 분산되었다. 정책의 형성과 집행을 위해서는 대기업을 넘어 사회 내 다양한 경제 주체들과 상호협력하는 것이 더욱 중요해졌고 이것이 발전의 중요한 기반이 되었다. 지역 클러스터만 하더라도 중앙정부, 국내기업, 외국 다국적기업, 대학, 지방자치단체, 연구소 간의 밀접한 협력 네트워크를 필요로 하게 되었다. 그러나 국가기구의 자율성과 정책수단의 약화 그리고 민주화와 다양한 민간조직의 역할 확대에도 불구하고 국가 정책형성과 집행에서 사회적 · 민주적 기반의 확립은 아직도 부진하다. 이에 따라 상대적으로 비대해진 대기업집단은 정부에 의해서나 사회에 의해서나 효과적으로 통제 또는 규율되지 못하고 오히려 한국의 경제성장 모형이 어느새 주요한 기득권을 갖게 된 대기업집단의 이익에 부합하도록 재편되어 왔다.

발전국가의 유산

하지만 동시에 국가 우위의 발전국가적 성격의 경제운용도 지속되어 산업 구조조정이나 금융 및 경제위기 극복 과정에서 두드러지게 나타났다. 무엇보다도 1980년대의 중화학부문 투자조정과 부실기업정리를 목표로 한 산업 구조조정은 그 내용이 시장기제에 의한 조정이 아니라 국가에 의한 직권중재, 국가의 적극적 개입을 통한 산업구조 재편을 도모한 것이었다. 또한 우리는 외환위기 직후의 대기업집단 간의 빅딜에서 이를 성사시키기 위한 정부의 직접적 압력 행사과정을 지켜본 바 있다. 1990년대 이후 정부는 경제자유화(자율화)와 대외개방에 순응하면서도 산업 구조조정과 기술집약적 산업 전환을 강조하며 국가가 미래의 전략 산업 부문을 선도하겠다는 의지를 끊임없이 표출하였다. 역대 정부의 벤처기업 또는 부품소재산업 육성책이나 신성장 동력 및 혁신 클러스터 산업이 대표적인 사례이다.

산업정책의 형태는 바뀌었지만 정책이 결정되고 그것이 실행되는 구조와 방식은 여전히 발전국가의 과거의 조정 기제인 수직적 · 하향적 구조를 유지하고 있고, 정부는 산업 구조조정과 산업 발전을 위해 적극 개입하고 있다. 즉, 정부 정책은 여전히 중앙정부와 관료가 주도하는 지원시책에 머물러 다양한 이해관계자들의 수평적 · 협력적 협력은 매우 제한적으로만 이루어지고 있다. 기획을 위한 아이디어는 수요자보다는 중앙 차원에서 형성되고 지원의 배분은 형평성을 고려해 먼저 결정되고 이후 하위 이해관계자들의 기획이 이어지는 순서로 진행된다.

한편 발전국가와 대기업집단과의 발전연합도 지속되고 있을 뿐만 아니라 오히려 국가가 발전연합 내에서 열위에 위치하고 대기업집단에 포획되는 상황으로까지 나아가고 있다. 이에 따라 경제력 집중을 완화하여 시장에서 공정한 거래를 보장하려는 취지를 가진 공정거래제도의 강화에도 불구하고 소유집중이나 대기업집단으로의 경제력 집중이 지속되고 있으며, 대기업의 독점적 행위나 계열사들 간의 내부거래도 충분히 근절되지 못하고 있다. 또한 새로운 수평적 기능적 산업정책 조차도 결국에는 대기업의 사업발전과 자본축적을 지원하는 정책으로 실현되고 있다.

국가의 발전목표가 다원화되며 복지나 지속 가능한 환경이 강조되지만, 여전히 경제발전, 특히 산업진흥을 통한 경제성장이라는 목표가 지배적 위치에 있으며, 노동정책과 사회정책 역시 여전히 경제성장을 뒷받침해주는 자리에 위치해 있다. 노동배제적 노사정책과 노동유연화 역시 과거 노동억압적 관행의 변형으로 파악할 수 있다(지주형, 2016), 또한 사회정책에서의 정부의 역할은 커져가고 있지만, 그 역할은 '생산적 복지'라는 표현이 말해주듯이 경제성장의 보조적 역할에 머물며 여전히 발전국가의 이념을 담고 있다(정무권 편, 2009).

이렇게 변화한 권위적 발전국가는 어떤 측면을 강조하느냐에 따라 다양한 이름으로 불리고 있다. 시장기능 강화에 따른 근본적 변화에 주목할 경우 신자유주의 국가로 불리지만, 여전히 발전국가적 경제운영이 지속되고 있음을 강조하는 경우 국가 우위의 개입주의적 규제국가, 연성화된 발전국가 또는 포스트 발전국가라 불린다. 한편 권위적 발전국가의 민주화에 초점을 맞추어 민주적 발전국가(democratic developmental state)로도 불린다.

우리나라에서 발전국가의 유산은 혁신주도적 경제나 제4차 산업혁명이나 글로벌 가치사슬이 중요해진 경제환경에 어울리지 않으며, 국가의 역할은 기업에 매력적인 환경을 확충하는 것 외에 큰 여지가 없는 것으로 볼 수 있다. 그러나 기술진보와 글로벌화가 제도적 또는 규제적 진공 속에서 이루어지는 것은 아니다. 민간의 활력과 선도기업이나 기업 간 관계가 큰 영향을 미쳐야 할 기술과 산업의 진화에서도 실제로는 국가가 주도하는 혁신, 무역기조, 산업, 교육훈련, 노동시장에 대한 정부정책과 국가-기업관계는 각국의 글로벌 가치사슬의 형성에 큰 영향을 미치는 것으로 나타나고 있다. 더불어 국공유 기업이나 공공조달 뿐만 아니라 각종 법규와 표준의 설정, 민간 자율규제에 대한 국가의 뒷받침 등을 통해 기술발전이나 글로벌화의 경로에 국가는 큰 영향을 미치고 있다(Horner and Alford, 2019). 그만큼 발전국가의 폐기가 아니라 기술진보와 글로벌화에 걸맞는 발전국가의 질적 전환이 우리가 마주한 진정한 도전으로 판단된다.

(3) 대기업집단 중심의 성장과 다원화

한국의 경제성장과 발전국가는 민간부문의 활력에 절대적으로 의존해 왔으며, 민간부문은 가족이 소유 · 통제하는 대기업집단인 재벌[19]이 선도해 왔다. 이에 따라 기술 · 인력 · 자금 · 위험이 공유되고 노조와 직업훈련 그리고 수직적인 중소기업 하청 네트워크가 기업 단위로 구성되어 사업이 전개되며, 기업집단별로 협력과 조정이 이루어지는 시장경제가 기업집단 기반 조정 시장경제(group-based coordinated market economy)로 불리어지고 있다(Hall and Soskice, 2001). 재벌은 소유경영자가 중앙집중적으로 지배하며, 다각화된 사업 분야에서 대다수의 중소기업까지 수직적으로 통제하며 활동하는 폐쇄적 기업집단이다. 현재 대기업집단은 출하액과 부가가치에서 전체 광공업의 약 50%를 점하고 있으며, 특히 상위 5~10대의 대기업집단의 지위가 공고하다.

기업집단 단위의 조정시장경제 한국경제는 종종 기업집단 단위의 '조정시장 경제(Hall and Soskice, 2001)'의 한 형태로 경제활동이 경쟁적 시장을 통해 조정되기보다는 기업집단 단위로 기업 간에 조정과 협력이 이루어지고 있다. 기업집단 기반의 조정 시장경제는 개별 기업 중심으로 노동조합이 작동하고 기업집단을 단위로 기술이 개발 · 확산되고 기술표준이 설정되며, 직업훈련은 산업보다는 기업집단을 단위로 이루어졌다(Soskice, 1999, p. 106). 아울러 복지제도는 기업(집단) 단위로 실시되고 평생고용이나 연공급 기반의 임금설정이 이루어졌다. 기업 단위의 노동조합은 노동조합을 파편화하였고 집단협상을 분권화하였다. 기업 노조는 국민경제적 문제보다는 임금, 근로조건 등 기업 수준의 문제에 더 많은 관심을 기울였다. 노조활동은 대기업의 정규직을 대표하였지만, 중소기업의 근로자들은 산업 단위의 노조가 취약하여 노조를 구성하고 유지하기 어려웠다. 이런 이유로 전국적 또는 산업별 노조는 중앙정부의 사회정책 형성에 직접적 영향력을 행사할 수 없었다. 그러나 기업 단위의 복지제도나 평생고용이나 연공급에 기초한 임금은 기업특화적 숙련향상에 기여하였으며, 기업집단 단위로 이루어진 기술의 도입-소화-개선을 촉진하고 산업구조의 지속적 재편에 긍정적으로 작용하였다.

구상과 실행의 분리 대기업집단의 성장은 다층적으로 이루어지는 구상(conception)과 실행(execution)의

---

19. 경제학에서는 여러 분야에 동시에 진출해 있는 대규모 기업집단을 복합기업(conglomerate)이라 하는데, 우리나라에서는 복합기업을 가리키는 용어로 대규모 기업집단, 대기업집단 또는 재벌(chaebol)이라는 용어를 사용한다. 이 중 재벌은 가족에 의해 소유되는 대규모 기업집단이라는 의미로 사용된다. Oxford 영어사전에서는 재벌을 'a large business conglomerate, especially family-owned one'으로 정의하고 있다. 참고로 현행 독점거래 및 공정화에 관한 법률 제3조의 2(시장지배적 지위 남용금지)에서의 '시장지배적 사업자', 제7조(기업결합 제한)에서는 '大規模會社(대규모회사)'가 대기업집단에 상응하는 용어이다.

분리에 기초하였다.[20] 우선 창업 소유자가 참모조직의 뒷받침을 받으며 사업을 구상하면, 현장조직, 계열사 그리고 하청업체들은 선정된 사업을 실현하기 위해 일사불란하게 실행에 옮겼다.

한편 현장의 생산조직 내에서의 작업은 생산직의 숙련에 위임되기보다는, 엔지니어가 생산직의 저숙련을 보완 · 대체하거나 현장 노동자의 개입을 최소화하는 공정기술을 구상하면 현장 노동자는 단순반복 노동을 실행하기만 하였다. 이에 따라 대기업은 규모의 경제를 활용할 수 있는 소수의 품목을 대량 생산하였다. 대기업집단은 핵심 부품 · 소재를 계열기업들로 수직계열화하고 수요독점적 위치에서 중소 하청업체를 계열사처럼 위계적으로 통제하고 있다. 중소 하청업체는 독립적인 기획 · 구상 · 설계능력이 제한된 가운데 실행능력(제조)을 중심으로 종속적 파트너로 자리매김하여 온 것이다. 개별 사업 단위에서도 제품개발은 그 구상을 해외에 의존하고 국내의 연구개발 조직은 수입 기술의 소화와 고유모델 개발을 실행하도록 해 왔다. 결과적으로 한국의 기업은 다른 국가가 만든 상품을 모방 · 조립하는 능력은 탁월하지만, 혁신적인 제품과 서비스 그리고 산업을 새로이 만드는 능력은 떨어진다. 다시 말하면, 주어진 설계도를 해석하고 물리적으로 구현하는 '실행 역량'은 세계 최고 수준이지만, 제품과 서비스의 개념을 최초로 정의하는 '개념설계 역량'은 아직도 미약하다(이정동, 2016).

그림 2-11 재벌 대기업의 준수직계열화

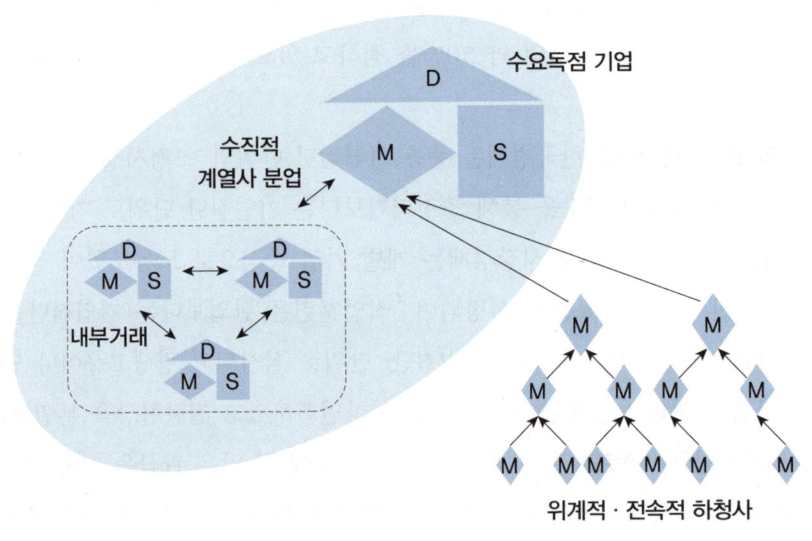

주 : D는 기획, M은 제조, S는 판매를 의미.
자료 : 박명준 등(2020)을 수정

우리나라 기업에서 다층적으로 구상과 실행의 분리가 발생한 이유는 다양하다. 첫째, 열악한 초기 조건과 급속한 산업화로 장인적 숙련을 형성할 여유를 갖기 어려웠기 때문에 숙련 축적을 절약하며 산업화하는 경로를 밟을 수밖에 없었다. 식민통치와 한국전쟁으로 왜곡 · 단절된 숙련 형성으로 말미암아 1960년대의 경공업은 저숙련에 기초한 공장제 대량생산을 취했다. 일제는 강점기에 기술교육을 철저히 회피하고 고급기

20. 한국경제의 성장에서 한때는 정부가, 후에는 대기업집단이 주도하며 '위로부터의 산업화' 또는 '구상과 실행이 분리된 산업화'가 나타났다. 1960년대 이후 민주화에 이르기까지 한국이 밟아 온 국가주도의 성장과정은 오랫동안 정부가 투자 프로젝트를 구상하고 대기업이 실행하는 구조였다.

술이 요구되는 분야에서는 조선인의 접근을 방지하였다. 1970년대에 들어 중화학공업이 육성되며 정부주도와 개별 근로자의 노력으로 숙련이 형성되기 시작하였다. 1980년대에 중화학공업의 고도화에서 기업의 역할이 커졌다. 그러나 1970년대부터 시작된 제3차 산업혁명의 자동화 물결 속에서 숙련절약적 생산방식이 보급되며, 생산에서의 구상과 실행의 분리가 더 심화되었다. 둘째, 산업고도화는 첨단 가공기계나 부품소재의 첨단화 · 고품질화를 요구했지만, 이 역시 국내의 해당 산업들이 이에 대처할 시간적 여유가 없었을 뿐만 아니라 이미 산업화를 거쳐간 일본이 있어 기계나 부품소재를 용이하게 수입할 수 있었다. 셋째, 우리나라가 산업화한 시기에는 NC 기계(반자동화)를 거쳐 로봇(자동화) 그리고 IT 기반 모듈화라는 기술적 변화가 급격히 실현되고 있었다. 기계가 쉽게 노동을 대체 또는 배제하는 기술혁신 환경에서 생산체계는 시간이 갈수록 숙련에 대한 의존성이 감소하였다. 더욱이 한국의 경우 민주화를 배경으로 노동자의 교섭력과 임금인상 요구가 지속적으로 높아진 것도 이러한 경향을 강화하였다.

기업집단의 성과

제도 발전이 미흡하고 시장실패가 만연한 후발산업국의 경우 전문기업보다는 다각화된 대기업집단이 적절할 수 있다(Amsden 2007, Khanna and Palepu 1997). 후발국 한국이 빈곤을 탈출하여 중소득 국가에 진입하고 이어서 상위 중소득 국가로 도약한 뒤 또다시 고소득 국가에 안착하는 과정은 경쟁적으로 다각화하는 대기업집단의 성장 과정이기도 했다. 그만큼 대기업집단은 한국경제의 성공적 추격과 고소득 국가로의 진입을 성취해낸 주역이었다고 할 수 있다. 경제발전 초기에 시장 발전이 일천한 상황에서 대기업과 기업집단이 제공하는 범위의 경제(economies of scope)는 생산자원 조달에서의 우위를 기반으로 경공업에서 중화학공업, 그리고 이후의 자본 및 기술 집약 산업으로의 산업 다각화를 지속적으로 뒷받침하였다. 대기업집단은 가격 경쟁이 치열한하고 성숙한 세계 시장에 후발 주자로 진입하여 진입 초기부터 대량생산을 가능하게 하고 수출시장의 확보에 나설 수 있었다. 대기업집단은 국내 시장에서의 독과점적 지위를 기반으로 대량생산에 의한 규모의 경제(economies of scale)를 통해 단위 비용을 낮추며 수출시장에서 경쟁할 수 있었다. 제품 설계와 부품조달, 막대한 투자나 진입 초기의 손실 감내, 그리고 이어지는 공정개선, 제품설계, 부품자립과 이를 위한 장기적인 R&D 역시 안정적 대기업집단이었기에 가능하였다. 또한 대기업집단을 중심으로 한 국산화 및 계열화는 견고한 기업 간, 산업 간 연관관계를 형성시켰으며, 이는 다시 대기업을 중심으로 한 산업화와 수출 증가가 대기업의 성장에만 머물지 않고 중소기업과 내수 그리고 전체 국민경제의 동반성장으로 연결되도록 하였다.

이러한 대기업집단의 형성과 성장에는 정부의 불균형 성장전략이 큰 기여를 하였다. 소수의 대기업에 자원을 우선적으로 배분하고 생산물 시장을 독과점화하는 한편 대기업 중심의 국산화 · 계열화가 이루어지도록 하였다. 기업집단의 성장에는 중소기업과 노동자의 역할도 컸다. 정부는 노동세력을 종속시키고 사회정책을 주변화하였다. 대기업이 최종재의 조립 · 가공에 주력할 수 있었던 것은 수직적 하도급 분업관계 속에서 부품 공급자 역할을 했던 하청 중소 · 중견기업의 경쟁력에서 비롯한 바가 작지 않다.

대기업집단 체제의 형성과 확장

1960년대 이후 정부주도의 산업화는 대기업집단 체제를 형성시키는 결정적 계기를 제공하였고, 정치민주화와 외환위기를 거치면서 상위 소수의 대기업집단의 지배체제는 더욱 공고화되었다.

대기업집단의 양성 1980년대 말까지 정부는 수출 드라이브 정책과 중화학공업을 적극 지원하고 추진하면서 기업의 성장을 이끄는 중요한 역할을 하였다. 이 시기 기업의 성공을 위한 핵심역량은 새로운 사업기회를 발굴하고 정부의 정책적 지원을 이끌어내고 활용하는 능력이었다. 그에 따라 이러한 역량을 상대적으로 풍부하게 보유한 소수의 대기업을 중심으로 한국경제의 성장이 이루어졌다. 1950년대부터 이미 무역업에 참여하고 귀속재산 매각과 원조물자 배정을 배경으로 경공업화에 편승하여 대기업집단이 형성되고 있었다. 이를 기반으로 1960~1970년대에 정부는 급속한 경제성장을 위한 도구로써 대기업집단을 선택하였다. 정부는 기업가(entreprneur)적 역할을 자임하며 특정 산업을 선정하여 세계 시장에서 경쟁하도록 유인하였고, 이 과정에서 대규모 기업집단도 함께 성장하였다. 정부는 국가목표를 지원하는 기업에게 유리한 환경뿐만 아니라 안전망(safety-net)도 제공했다. 또한 관료조직의 권위주의와 부패 또는 대기업의 기회주의적이고 분열적 활동은 경제기획원으로 대표되는 관료와 대기업 간의 지속적인 협의와 협력을 위한 제도적 연계와 업종별 협회로부터의 환류로 견제되었다. 1960년대의 수출성과에 기초한 수출지원체계에 힘입어 대기업집단은 해외에서의 가격경쟁력을 확보하고 또 그를 통해 국내에서의 경제적 지배력을 강화하였다. 수익성과 성장에 결정적 영향을 미치는 저리의 정책 대출과 수출 금융에 접근하기 위해 수출 증대가 대기업의 주요 목표가 되었다. 1970년대의 수출산업화를 목표로 한 중화학공업 육성은 대기업집단으로 하여금 경공업에 더해 중화학공업으로 다각화하게 하였다. 재벌이 상당기간 정부정책을 매개로 양성된 만큼 그 생존도 정부정책에 크게 의존하였다. 정부의 금융시스템 통제와 재벌의 과다한 대출 의존은 재벌을 순응시켰으며 특혜적 신용배분, 세금혜택, 시장보호는 기업들의 공격적 다각화를 자극하였다. 재원조달을 저리 대출에 의존하였으므로 신설기업의 소유지분과 경영통제는 재벌가에 집중되었고, 진입제한으로 독과점적 지위를 누렸다. 10대 재벌의 계열기업 수는 1960년에 66개, 1970년에 75개, 1979년에 250개로 급증하였다. 대기업집단의 다각화는 정부가 선도하는 경제성장의 추동력이자 결과였다.

과거 우리나라는 일천한 기업성장의 역사로 인해 자본시장이나 관련 부품산업 등 기업활동을 위한 각종 인프라가 충분히 발달하지 못한 상태에서 산업화를 시작하였다. 이를 극복하는 과정에서 대기업들은 다각화한 기업집단을 지향해 왔다. 원재료의 조달에서 판매 및 사후 서비스에 이르는 기업 가치사슬상의 특정 활동을 국내 시장에서 조달하기 어려운 경우에는 해당 활동을 기업이 직접 내부화하였다. 새로운 사업기회가 다양하게 산재해 있음에도 자본시장 미성숙으로 인해 효율적인 자금조달이 어려워 진입이 이루어지지 않는 경우에는 내부의 자금력을 동원해 새로운 사업영역으로 넓힘으로써 다양한 산업분야에 진출하는 비관련 다각화 기업으로 발달하였다.

대기업집단의 자립과 약진 1980년대에 들어 중화학공업 부진으로 대변되는 정부주도의 폐해가 부각됨에 따라 정부는 '민간주도 경제로의 이행'을 표방하고 규제완화, 민영화, 시장개방에 나섰다. 이는 이미 대기업 중심으로 경제가 재편된 상태에서 대기업 주도 경제로의 이행을 의미했다. 특히 정부와 기업이 협의하고 합의하지만 정부 대신 재벌이 주도하고 정부가 추종하는 상황으로 변화해 갔다. 경제운영이 관료에게 일임됨에 따라 규제포획(regulatory capture)의 가능성이 커지고 은행이 민영화되며 주식시장과 외자조달에 대한 의존도가 커지고 정부의 기업에 대한 통제력은 현저히 완화되었다. 금융자율화에 힘입어 대기업은 제1금융권과의 유착을 강화하였고 제2금융권에 진출하며 금융지배력을 키웠다. 중화학투자 조정정책에 병행하여 재벌기업 역시 계열사를 유지하며 중화학공업 중심으로 내실을 다지고 개별 시장에서의 시장지배력을 높여갔다. 특히 자회사 설립이나 중소기업의 하도급 계열화를 통해 표준화된 자본재와 부품의 수입대체를 진행하였는데, 이에 따라 1991년에 제조업 전체의 하도급기업 수는 제조업 전체 중소기업의 80% 수준에 달할 정도로 대기업 주도의 중화학공업이 공고화되었다. 동시에 주요 재벌은 중화학공업에서의 부진을 만회하고자 전자산업을 중심으로 첨단산업에 경쟁적으로 진입하였다. 반도체가 가장 대표적이었다. 1983년 삼성이 DRAM의 웨이퍼 제작에 투자하였고, 가전산업에서 경쟁하던 LG가 그 뒤를 이었다. 이전에 전자산업에 참여하지 않았던 현대는 DRAM에의 투자를 발표하였고, 1986년에 대우 역시 Zymos를 매입하며 반도체 산업에 진입하였다.

1980년대 후반에 3저 호황기와 시장 자유화를 배경으로 다시 기업집단의 공격적 다각화가 재개되었다. 1980년대 말의 민주화는 강력한 노조를 형성시키며 임금인상과 근로조건 개선을 낳았다. 국내임금이 상승하고 저임금 제조기지로 중국과 동남아가 부상하는 상황이었기에 재벌은 첨단기술 산업으로 이동해야 했다. 재벌은 기존 산업의 기술집약화에 나서는 한편 신사업에 진출하며 다각화를 강화하였다. 일본과 서구기업은 한국기업을 잠재적 경쟁자로 간주하여 기술이전을 꺼렸다. 30대 재벌의 계열기업 수는 1987년 490개에서 1995년 623개로 급증하였고 해외생산 네트워크도 극적으로 팽창하였다. 저-중급 기술의 산업에서 가격경쟁력 하락에 대응하여 저임금 지역에 생산기지를 설치하는 한편, 기술자원에 접근하기 위하여 기술집약적 산업에서 선진국에 막대한 투자를 하였다.

기업집단의 글로벌화 미흡한 감독과 투명성 부족 속에서 급진전된 금융 자유화는 손쉬운 차입과 과잉투자 그리고 국내외로의 과도한 다각화를 낳으며 외채를 중심으로 부채-자본 비율을 급등시켜 결국 1997년에 외환위기가 발발하였다. 위기 극복을 위해 정부는 1980년대 이후 점진적으로 추진하던 신자유주의적 개혁을 기업, 노동, 금융, 정부 등 전 분야에서 추진하였다. 정부는 재벌의 부채비율을 낮추고 투명성을 높이도록 하였으며 지배구조 개선을 강제하였다. 재벌 역시 다각화된 사업구조의 재구축과 핵심역량 확보 그리고 생산성 개선에 나섰다. 2000년대 초반의 과도했던 경기침체 속에서 경제안정의 필요성이 강조되어 재벌개혁은 소강상태로 접어들었다. 중국의 수요 증가와 미국에서의 소비 회복 덕분에 수출은 급신장세를 보였고 재벌 대기업은 세계 기업들을 넘어서는 성과를 보이게 되었다. 그리고 그에 따라 재벌에 대한 대중들의 인식도 크게 개선되고 구조개혁의 압력 역시 사라졌다.

외환위기 이후에 살아남은 일부 재벌들은 재무구조도 더 건전해졌고, 경영이 수익성과 경쟁력 위주로 전개되어 세계 시장에서 의미 있는 성과를 거두었고 세계적인 네트워크를 형성하며 생산 외에 혁신, 마케팅 역량을 강화한 글로벌 기업으로 등장하였다. 상위 5대 재벌은 주식시장 시가총액의 절반에 달하며, R&D의 대부분을 담당하고 글로벌한 경쟁력을 보유하여 전 세계적 인지도를 갖추고 세계 시장을 상대하고 있다. 그러나 이런 기업집단은 극소수에 그쳤고 많은 기업집단들이 성장성이나 수익성이 모두 취약한 가운데 글로벌 금융위기 이후에는 영업이익으로 이자도 내지 못해 도산하거나 법정관리 또는 구조조정에 돌입하면서 사세가 약화되었다.

대기업집단의 한계

2000년대에 들어서는 대기업집단의 높아진 경제적 위상에도 불구하고 그에 대한 비판이 커지고 있다. 상대적으로 중소 · 중견기업이 활성화되는 가운데 대기업집단의 시장 창출과 국제경쟁에서의 선도적 역할이 크게 약화된 반면 시장지배력의 남용 사례가 커졌기 때문이다.

성장주도 집단의 다원화 한국의 산업정책 환경은 중소기업보다 대기업을 우선시해 왔고, 중소기업 육성 노력도 기술창업이나 새로운 글로벌기업으로의 도약보다는 기존 대기업의 역량강화를 뒷받침하거나 실업 문제 해결에 초점을 맞추어왔다. 그러나 1990년대 말 이후 중소기업은 대기업을 지원하는 역할을 넘어 고유의 경쟁력을 확보하기 위해 노력하였으며, 그에 따라 기술혁신의 원천이 대기업에서 중소·중견기업으로 확대되고 기업 간의 혁신생태계도 활성화되어갔다. 2000년대 중반에 대기업과 중소기업 간 상생협력과 동반성장이 주요 이슈로 부각되었고 연구소나 대학과 기업 간의 산학협력이 확대되고 있으며, 정부도 민관 공동연구개발 프로젝트들을 통해 산업혁신 생태계를 형성하는 데 초점을 두고 있다. 하지만 가장 두드러진 변화는 기술집약형 벤처기업의 급증이다. 벤처기업 수는 1998년 2,042개에서 시작하여 2001년에 1만 개를 넘어선 후 주춤하다 2005년부터 다시 증가세가 지속되며 2016년 33,360개로 증가하였다. 1990년대 말 이후 중소기업 R&D가 대기업보다 빠르게 증가하여 총 민간 R&D에서의 중소기업 비중은 1988~1999년 중 평균 10.3%에서 2000~2011년 중 평균 20%대로 높아졌다. 중소제조업체의 경우 연구개발을 수행하는 기업의 비중이 2001년 12.4%에서 2009년 28.5%로 크게 확대되었다.[21] 연구개발을 수행하는 중소기업의 경우 매출액 대비 연구개발투자 비율은 1999년 이후 증가추세를 보였을 뿐만 아니라 대기업에 비해서도 지속적으로 높은 수준을 보이고 있고 그 격차도 다소 확대된 것으로 나타났다(김원규, 2011). 이러한 결과는 정부의 연구개발 지원에 크게 힘입고 있다. 중소기업의 연구개발투자 중 정부·공공부문의 부담 비중은 1999~2005년 12.6%에서 2000년대 후반 14.3%로 증가하였지만, 대기업에 대한 부담 비중은 4.0%에서 2.8%로 하락하였다. 정부의 중소기업 연구개발비 지원은 절대액에서 독일·일본을 능가하여 OECD 국가 중 미국 다음인 2위에 해당하며, 특히 창업기업을 포함한 50인 미만 소기업들이 중기업들보다 더 활발히 R&D 투자를 수행하고 있다. 이에 따라 자체 연구력을 가진 대기업들은 독립적으로 활동하는 반면 국가 R&D 사업에서 중소·중견기업이 출연연들과 공동연구를 하며 기술이전을 받는 상황이 많아지고 있다. 이러한 변화는 세계화와 기술혁신이 지배적인 오늘날 국가 간 경쟁이 대표기업을 넘어 관련 기업, 연구소, 대학을 포함한 혁신생태계 간의 경쟁으로 변화한 상황에 걸맞는 변화라 할 수 있다.

한국경제의 발전으로 혁신의 원천이 다원화된 만큼 정부-기업, 본사-계열사·하청사, 엔지니어-기능인력 간에 오랫동안 계속되어온 구상과 실행의 분리를 극복하고 구상과 실행의 통합이 요구된다.

대기업집단의 활력 약화 대기업집단이 새로운 시장을 창출하고 국제경쟁을 선도하기보다는 독과점적 시장과 지배력 남용으로 유효 경쟁을 제약하거나 약화시키는 동시에 위험과 비용을 전가시키고 있다.

첫째, 대기업집단의 과도한 비중만큼 커진 위험부담에 대한 자각이 커지고 있다. 핀란드의 노키아 사례만 보더라도 한두 대기업만 잘못 경영되더라도 국민경제에 미치는 영향은 막대할 수 있다. 국가적 관점에서는 기업 포트폴리오를 보다 다양화할 필요가 있는 것이다. 더욱이 생산과 매출에서의 비중에 비해 고용이나 부가가치 기여는 지나치게 낮아져 대기업집단의 국민경제적 기여도에 의문이 제기되고 있을 뿐만 아니라 경제와 사회의 양극화 문제를 야기하고 있다. 특히 중소기업과 대기업 간에는 임금 격차가 날로 확대되고 있을 뿐만 아니라 노동생산성 격차도 주요국에 비해 과도한 상황이다. 고용의 대부분을 제공하는 중소기업은 성장하지 못하고 있고, 많은 노동자가 평균소득에 못 미치는 저임금을 받고 또 실업 위험과 미래에 대한 불안에 시달리고 있다.

둘째, 대기업집단에 소속된 계열사들의 개별 시장이나 산업에서의 독과점적 지위뿐만 아니라 소속된 대

21. 중소기업청(2010), 중소기업관련통계.

기업집단이 가진 비대칭적인 집단적 교섭력에 따른 부작용이 날로 커지고 있다. 대기업 계열사는 시장 지배력을 기반으로 대중소기업 간의 수·위탁 거래에서 사업위험과 비용 부담을 수탁 중소기업에게 전가하고 있다. 동시에 일감 몰아주기에 기반한 비관련 다각화를 통해 중소기업을 시장에서 몰아내고 있다. 생산물 시장에서의 공정한 경쟁, 중소기업의 성장 그리고 신규 기업의 시장 진입을 제한하고 있다. 특히 기술혁신에 따른 새로운 업태와 업종의 출현이 빈번한 가운데 대기업집단의 진출은 창업기업이나 중소기업의 시장 진입을 방해하고 위축시키고 있다. 이는 대기업집단 스스로도 3세 경영으로 넘어가면서 창업자가 가졌던 역량과 도전 의식이 약화된 데 기인한다. 그만큼 비관련 다각화가 과거와 같은 성과를 내지 못하고 오히려 핵심역량과 본업을 악화시키고 있다(이수행 등, 2013).

셋째, 혁신주도 성장 단계에 있는 우리 경제의 상황에 비추어볼 때 대기업집단의 가장 큰 문제는 혁신의 억제에 있다고 할 수 있다. 많은 기업집단이 자체 R&D나 M&A를 통해 스스로 혁신역량을 높이는 데 부진할 뿐만 아니라 하청업체를 포괄하는 준수직계열의 형성을 통해 중소기업의 혁신을 억제하거나 탈취하고 있다. 원하청 간의 장기거래는 요구하는 부품을 낮은 단가에 공급하는 중소기업에게 안정적 수요처를 제공하지만 동시에 그에 대한 의존도를 크게 높임에 따라 중소기업의 혁신성을 낮추고 독립적인 시장개척이나 제품개발과 설계능력과 이를 뒷받침하는 혁신역량이나 인적자본을 발전시키는 데 소홀하도록 했다.

대규모의 사업비용을 장기간 감당하고 글로벌 시장을 마주하는 대기업(집단)과 더불어 정부는 중소기업에 불리하지 않은 산업생태계를 조성하며 공정한 심판자의 역할을 함으로써 벤처기업, 중소기업, 중견기업의 역할을 확고히 하여야 한다.

[참고문헌]

김낙년(2012),『한국의 장기통계 : 국민계정 1911-2010』, 서울대학교출판문화원.

김동석 · 김민수 · 김영준 · 김승주(2012),「한국경제의 성장요인 분석 : 1970~2010년」.

김동석 · 이진면 · 김민수(2002),「한국경제의 성장요인 분석 : 1963~2000년」, 한국개발연구원.

김원규(2011),『대 · 중소기업 간 총요소생산성 및 연구개발투자효과 비교분석』, 산업연구원.

김일영(2002),「한국에서 발전국가의 기원, 형성과 발전 그리고 전망」,『한국정치외교사논총』, 제23권 제1호.

박명준 등(2020),『기계산업 인적경쟁력 강화방안 연구 1 : 총론편』, 한국노동연구원.

박섭(2009),「근대경제에 대한 한국인의 적응 : 19세기 후반부터 20세기 전반까지」,『역사학보』 202, 1-134.

박종현 · 백재민 · 유기한(2018),「수출의 내수 파급효과 분석」,『조사통계월보』, 한국은행.

이수행 등(2013),「한국과 대만의 기업생태계 비교연구」, 경기연구원.

이연호(2016),「한국의 규제국가적 개혁과 관료제의 강화」,『동서연구』, Vol. 28 No. 1.

이정동(2016),『축적의 시간』, 지식노마드.

장세진(2004),『외환위기와 한국 기업집단의 변화』.

정무권 편(2009),『한국 복지국가 성격논쟁 2』, 인간과복지.

지주형(2016),「한국의 발전국가와 신자유주의 국가」,『인문논총』, 제41집, 경남대학교 인문과학연구소.

최장집(2010),『민주화 이후의 민주주의』, 휴마니타스, p. 98.

핫토리 타미오(2007),『개발의 경제사회학』, 전통과 현대.

Acemoglu, Daron, Philippe Aghion and Fabrizio Zilibotti(2006), "Distance to Frontier, Selection, and Economic Growth," *Journal of the European Economic Association*, Vol. 4(1), MIT Press.

Aiginger, Karl and Thomas Leoni(2009), "Typologies of Social Models in Europe," mimeo.

Amsden, Alice H.(1989), *Asia's Next Giant : South Korea And Late Industrialization*, Oxford.

________________(2007), *Escape from Empire : The Developing World's Journey through Heaven and Hell*, The MIT Press.

Aoki, M., K. Murdock and M. Okuno-Fujiwara(2013), "Beyond the East Asian Miracle : Introducing the Market-Enhacing View," in Chapter 21 in M. Aoki(2013), *Comparative Institutional Analysis*, pp. 402~438, from Edward Elgar Publishing.

Arias, Maria A. and Yi Wen(2015), "Trapped : Few Developing Countries Can Climb the Economic Ladder or Stay There," *The Regional Economist*, Federal Reserve Bank of St. Louis.

Azariadis, C. and A. Drazen(1990), "Threshold Externalities in Economic Development," *The Quarterly Journal of Economics*, Vol. 105(2), Oxford University Press, pp. 501~526.

Benhabib, Jess and Mark M. Spiegel(1994), "The Role of Human Capital in Economic Development Evidence from Aggregate Cross-country Data," *Journal of Monetary Economics*, 34-2.

Campbell, J. L. and O. K. Pedersen(2010), "Knowledge Regimes and Comparative Political Economy," Chapter 8 in D. Béland and R. H. Cox ed., *Ideas and Politics in Social Science Research*, Oxford ; K.

Crafts Nicholas, "Solow and Growth Accounting : A Perspective from Quantitative Economic History," *History of Political Economy* 2009, Vol. 41, Number Suppl 1 : 200-220.

Evans, P. B.(1995), *Embedded Autonomy : States and Industrial Transformation*, Princeton University Press.

____________(2014), "The Capability Enhancing Developmental State : Concepts and National Trajectories," in Kim, E.M.(eds), *The South Korean Development Experience*, Palgrave Macmillan.

____________(2014a), "The Developmental State," in Routledge and Williams, M.(ed.)(2014), *The End of the Developmental State?*, 220–240.

____________(2014b), "The Korean Experience and the Twenty–first–Century Transition to a Capability–Enhancing Developmental State," in Yi I. and Mkandawire T.(eds), *Learning from the South Korean Developmental Success : Social Policy in a Development Context*, Palgrave Macmillan.

Feenstra, R. C., R. Inklaar and M. P. Timmer(2015), "The Next Generation of the Penn World Table," *American Economic Review*, 105(10), 3150–3182.

Gerschenkron, A.(1962), *Economic Backwardness in Historical Perspective*, Cambridge : Harvard University Press.

Hall P. A. and Soskice D.(2001), *Varieties of Capitalism : The Institutional Foundations of Comparative Advantage*, Oxford University Press.

Holliday, Ian(2000), "Productivist Welfare Capitalism : Social Policy in East Asia," *Political Studies*, Vol. 48 Issue 4, pp. 706~723.

Horner, R and Alford, M(2019), "The Roles of The State in Global Value Chains : An Update and Emerging Agenda," GDI Working Paper 2019–036, University of Manchester.

Johnson, C.(1982), *Miti and the Japanese Miracle : The Growth of Industrial Policy, 1925–1975*, Stanford University Press.

Khanna, Tarun and Krishna G. Palepu(1997), "Why Focused Strategies May Be Wrong for Emerging Markets," Harvard Business Review 75, No. 4.

Krueger, A.(1990), "Government Failures in Development," *Journal of Economics Perspective*, Vol. 4 No. 3.

Lee, Jong–Wha(1997), "Economic Growth and Human Developement in the Republic of Korea," UNDP.

Levy, Brian and Wen–Jeng Kuo(1991), "The Strategic Orientations of Firms and The Performance of Korea and Taiwan in Frontier Industries," *World Development*, Vol. 19 Issue 4, April 1991, pp. 363~374.

Lucas, Robert(1988), "On the Mechanics of Economic Development," *Journal of Monetary Economics*, Vol. 22 Issue 1, 3–42.

Mkandawire, T. and I. Yi ed.(2014), *Learning from the South Korean Developmental Success*, palgrave macmillan.

Neumann, F(2015), "Time to Talk about the High Income Trap," Nikkei Asian Review.

OECD(2012), *Education at a Glance 2012 : OECD Indicators*.

Ohno, K.(2009), "Avoiding the Middle–Income Trap : Renovating Industrial Policy Formulation in Vietnam," *ASEAN Economic Bulletin*, 26(1).

Porter, Michael(1990), *The Competitive Advantage of Nations*, Macmillan, London.

Ranis, G. et. al.(2000), "Economic Growth and Human Development," *World Development*, 28(2), 197–219.

______________(2003), "Dynamic Links between the Economy and Human Development," *UN DESA Working Papers*, 30 Nov 2005.

______________(2011), "Paths to Success : The Relationship Between Human Development and Economic Growth," *World Development*, Vol. 39 No. 4, pp. 506~522.

Rhodes, M.(1998), "Southern European Welfare States : Identity, Problems and Prospects for Reform," *South European Society & Politics*, 1(3) : 1–22.

Romer, P.(1986), "Increasing Returns and Long–Run Growth," *Journal of Political Economy*, Vol. 94(5).

_________(1990), "Endogenous Technological Change," *Journal of Political Economy*, Vol. 98 Issue 5, S71–102.

Rostow, W. W.(1960), *The Stages of Economic Growth : A Non–communist Manifesto*, Cambridge : Cambridge University Press.

Schmidt, V. A.(2016), "Varieties of Capitalism : A Distinct French Model," in R. Elgie, eds. *Oxford Handbook of French Politics*.

Schroder, Martin(2013), *Integrating Varieties of Capitalism and Welfare State Research : A Unified Typol–ogy of Capitalisms*, Palgrave Mcmillan.

Soskice, D.(1999), "Divergent Production Regimes : Coordinated and Uncoordinated Market Economies in the 1980s and 1990s," in H. Kitschelt et. al(eds.), *Continuity and Change in Contempo–rary Capitalism*, Cambridge University Press, Cambridge.

Szirmai, A.(2012), "Industrialisation as An Engine of Growth in Developing Countries," *Structural Change and Economic Dynamics* 23.

Vernon, Raymond(1966), "International Investment and International Trade in the Product Cycle," *The Quarterly Journal of Economics*, Vol. 80 No. 2.

Wade, Robert(1990), *Governing the Market : Economic Theory and the Role of Government in East Asian Industrialization*, Princeton University Press.

Witt, Michael A.(2007), "South Korea : Plutocratic State–Led Capitalism Reconfiguring," *The Oxford Handbook of Asian Business System*, Oxford Univ. Press.

World Bank(1991), "World Development Report 1991 : The Challenge of Development".

__________(1993), "The East Asian Miracle : Economic Growth and Public Policy".

__________(2012), "China 2030 : Building a Modern, Harmonious, and Creative High–Income Society".

제3장 경제제도와 경제성장 : 시장, 사회조직, 국가

1. 이론적 배경과 세계 경제 | 2. 한국의 제도 역량

지금까지 경제성장, 특히 생산성 향상의 요인으로 자본축적과 기술혁신을 살펴보았다. 그러나 "지금까지 나열한 요인들은 성장의 요인이 아니다. 그들 자체가 성장이다(North and Thomas, 1973, p. 2)". 사람들이 자본을 축적하고 기술을 혁신하려면 그럴 만한 동기를 가져야 한다. 제도(institutions)는 개인의 정보, 대안, 손익, 기대를 제한하여 동기를 규정하며 거래가 전개되는 방식을 조건 지운다. 효율적 제도는 개인으로 하여금 기회주의, 지대추구, 약탈보다는 생산, 협력, 교환을 도모하게 한다. 한편 제도는 진공상태에서 저절로 생겨나는 것이 아니며 조직(organization)에 의해 구성되고 집행되는 것이다. 조직에 의해 사회구성원 간의 행위를 조율하는 제도를 거버넌스(governance)라 한다. 제2장에서 보듯이 경제성장을 방해하는 시장실패와 조정실패는 사회구성원 간의 이해 불일치로 생겨나는 집단행동의 딜레마에서 비롯한다. 제도와 조직은 관련자 간에 소통과 숙고를 낳고 이해관계와 행동을 조정하게 하여 집단행동의 딜레마를 극복하게 한다. 제도는 사회가 공유하는 정의에 대한 가치체계와 경험과 역량에 의존하므로 제도의 구성과 집행의 유형은 국가마다 달라진다.

제2절에서는 한국이 가진 제도와 거버넌스의 특징 그리고 제도적 역량을 사회조직과 정부로 나누어 검토한다. 제5장에서 본격적으로 다루겠지만, 한국은 다양한 거버넌스 유형에 대한 풍부한 경험과 역량을 가지고 있다. 삼국시대 국가 성립 이래 중앙집권적이고 자율적인 국가가 사회를 압도하는 지위를 가지며 집단행동을 주도하여 위로부터 사회를 이끌어 왔다. 중앙집권성은 고려와 조선을 거치며 끊임없이 확장되었고, 근대에 들어서도 식민지와 전쟁의 경험으로 인해 국가의 지위와 중앙집권성은 더욱 강화되었다. 그러나 동시에 국가의 권위는 절대화되지 않으며, 사회의 견제를 당연시 여기고 사회의 공론을 반영하는 제도적 장치를 고안해 왔다. 한편 거버넌스의 또 다른 축인 사회조직은 공동체적 지향성을 가졌고 주로 연고망을 통해 사회조직을 구성해 왔다. 경제성장을 향한 국가적 열망은 연고망이 폐쇄적 호혜성을 극복하고 경제성장에 기여하는 배경이 되었다. 1987년 이후 시민단체가 부상하며 공론장에서의 의견 개진을 통해 시민사회의 지지를 확보하고 이를 바탕으로 정부나 기업에 영향력을 행사하며 경제사회 발전에 기여하고 있다. 하지만 한국인은 타인과 동반하지만 동시에 각자가 자율적으로 판단하고 행동하며 자신의 존재감을 드러내려 한다. 무시할 수 없는 개인주의적 그리고 성취지향적 태도를 가지고 있는 것이다. 그러나 한국 사회조직의 관계 중심적 집단주의에서는 관계 맺기와 동반 · 상생이 내집단으로 제한되며 폐쇄적 특성을 가진다는 한계는 계속되고 있다.

1. 이론적 배경과 세계 경제

1.1 제도는 상호작용의 규칙

제도와 조직 그리고 거버넌스

다원 사회라는 표현이 말해주듯이 사회구성원은 모두 서로가 구별되는 존재이다. 특히 각자의 비교우위가 다르다. 비교우위는 교환의 이익을 발생시키므로 개인들은 각자 자신의 비교우위 분야에 전문화하고 사회 전체적으로 분업이 진행된다. 분업과 전문화에 따라 조정의 필요성은 커진다. 개인의 목표와 공동의 목표를 조화시키기 위해 상호작용의 매 순간마다 관련 사항을 끊임없이 파악하고 재평가하고 조정하는 것은 비효율적이다. 습관과 관례는 규칙적인 사건들에 대한 대응을 쉽게 한다. **제도**(indtitution)는 일이 앞으로 어떻게 진행될지에 대한 합의된 게임 규칙들, 즉 "사람들 간의 상호작용을 규율하도록 사회가 고안해 낸 제약들"(North, 1990, p. 4)이다. 제도는 사람들의 행동을 제한하기도 하지만 유인하기도 한다. 제도가 미비하다면 사회는 혼돈에 빠지고 경제발전은 물론 경제의 존속 자체가 위협받는다. 집단으로서의 역량을 갖고 집단행동이 손쉽게 이루어지며 사회가 제대로 기능하기 위해서는 적절한 제도가 필요하다. 제도는 성문화된 법률, 규제, 합의, 계약 등의 문서화된 규칙 또는 공식적 제도뿐만 아니라 규범, 관행, 전통 등 암묵적인 행동준칙 또는 비공식적 제도를 포함한다. 규칙과 규범은 사회적, 정치적 또는 규제적 요구, 전문가 집단의 처방 또는 모방을 통해 만들어진다. 제도는 개인의 기회와 자유에 영향을 미치므로 인간 역량의 확장에 있어 핵심적이며, 때때로 개인이 홀로 할 수 없는 활동을 가능하게 한다(Sen, 1999, p. 142).[1] 공식적 제도, 예를 들어 저소득층을 위한 교육정책은 기존의 배제된 집단에게 새로운 기회를 제공한다. 여성, 소수자, 빈곤층에 대한 차별과 같은 비공식적인 사회규범은 사회적 배제를 낳는다.

제도의 선택

누구에 의해 제도가 선택되며 또한 어떤 제도가 선택될까? Acemoglu, Johnson and Robinson(2006, 이하 AJR)의 논의를 따라가보자. 우선 시장 논리를 빌리는 효율적 제도 선택론(efficient institutions view)은 제도 역시 사회의 집단적 선택의 결과물이며 전체 사회의 이익을 낳는 효율적 제도가 선택될 것으로 본다. 이는 코즈 정리(Coase theorem)로 설명된다. 사회집단들이 큰 비용을 들이지 않고 협상할 수 있다면, 외부효과를 내부화할 수 있는 효율적 제도가 협상의 결과로 나타날 수 있다. 현 경제제도가 다른 집단에 희생을 강요하고 특정 집단에만 유리하다면, 두 집단은 협상을 통해 집단 간 손익을 조정하는 제도 변화를 이끌어 낼 수 있다는 것이다. 제도 변화로 사회 전체의 이득을 높이게 되었으므로 추가된 이득을 어떻게 배분하는가만 고민하면 된다. 토지의 사유제는 토지가 희소해진 상황에서 공유지의 비효율성을 해소하고자 생겨난 것이며, 기업은 시장이 실패할 때 효율성을 높이기 위해 등장한다. 특히 최소한 민주주의 사회라면 압력 집단이나 정당 간의 경쟁을 통해 효율적 정책과 제도 선택이 생겨날 수 있다고 주장할 수 있다. 그러나 효율적 제도 선택

---

1. 제도와 인간 역량 간의 상호 강화적 관계는 자조활동에서 잘 나타난다. 자조활동은 빈곤층이 자신의 역량을 넓히려는 비공식 제도이다. 동시에 이들 활동은 조합이나 지역 NGO처럼 새로운 제도를 낳아서 새로이 창출된 집단역량을 보호한다.

론에 따르면 많은 국가에서 전체 사회 입장에서 최선인 제도가 선택되지 못하는 사례는 이해하기 어렵다.

사회갈등 이론(social conflict view)은 제도가 사회갈등의 결과물로서 전체 사회가 아니라 정치권력을 지배한 집단들에 의해 선택된다고 주장한다. 이들 지배집단은 자신에게 유리한 제도를 선택할 것이며 그런 제도가 반드시 사회 전체의 목표를 최대화하는 제도와 일치한다고 할 수 없다. 오히려 사회를 희생시키면서 자신의 이득을 확대하는 제도를 선택할 수 있다. 사회갈등 이론을 보다 상세히 보면 다음과 같다. 우선 경제제도는 개인들을 유인 · 제약하여 인적 · 물적 자본과 기술에의 투자에 영향을 미침으로써 경제성장에 영향을 미친다. 경제제도는 경제 성과뿐만 아니라 미래에 있어 부나 물적자본 그리고 인적자본과 같은 자원들의 배분, 즉 경제적 성과의 배분도 변화시킨다. 즉, 전체 파이의 크기뿐만 아니라 그 파이가 어떻게 나뉘어질지를 결정한다. 이처럼 경제제도가 변화하면 배분방식도 변화하기 때문에 경제제도의 선택을 둘러싸고 이해관계의 갈등이 상존한다. 경제제도가 달라지면 배분 몫이 달라지므로 권력집단은 제도를 자신에게 유리하게 만들려 한다. 이러한 갈등의 해소는 상이한 이해집단의 상대적 정치력에 의존할 것이다. 즉, 경제제도의 선택은 어떤 집단이 우월적 정치력을 가졌느냐에 의존한다. 정치권력이 어떻게 배분되고 누가 권력집단이 되는가는 정치제도와 자원배분에 의존한다. 정치제도는 제도적 권력을 결정하고 경제력은 실질적 권력 또는 실권을 결정한다. 우선 상이한 집단의 서로 다른 권력 수준은 각 집단에 대한 제약과 유인을 결정하는 정치제도에 의존할 것이다. 정치제도는 정부의 형태(민주주의 대 독재 또는 정치인과 정치 엘리트에 대한 제한 정도)에 대한 것이다. 군주제는 군주에게, 입헌군주제는 군주와 의회에 권력을 주로 배분할 것이다. 집단은 정치제도에 의존하지 않고서도 권력을 행사할 수 있는데, 이는 그 집단이 얼마만한 경제력을 가졌고 무임승차 문제를 얼마나 잘 극복하느냐에 달려 있다. 경제력은 기존 제도의 집행이나 물리력에 영향을 미칠 수 있다. 결국 과거에 자원의 배분이 어떻게 되었느냐는 그에 따른 경제력을 통해 제도를 넘어선 실질적 권력 수준을 결정할 수 있게 된다. 실질적 권력은 경제력뿐만 아니라 사회 · 정치적 요인이나 대외환경에도 의존한다. 식민지화와 군사쿠데타, 혁명은 새로운 실질적 권력을 가진 신흥세력을 낳아 왔다. 즉, 무력이나 대중동원력은 경제력은 아니지만 실질적 권력에 지대한 영향을 미칠 수 있다.

그림 3-1 제도와 경제적 성과 간의 상호관계

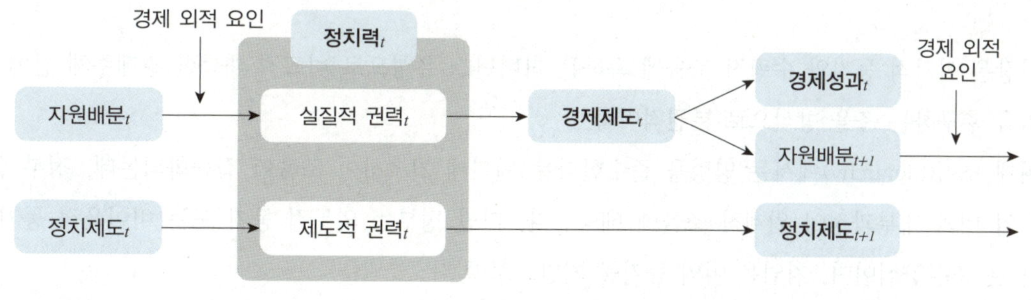

자료 : Acemoglu, Johnson and Robinson(2006)에서 경제외적 요인에 의한 실권 형성 가능성을 추가로 고려.

이 외에 국가마다 제도가 달라지는 것은 사회를 위해 무엇이 바람직한 것이냐에 대한 견해, 즉 이데올로기의 차이에서 비롯할 수도 있다(ideology view). 예를 들어 한국은 자본주의 제도와 사유재산권 강제의 우월성에 대한 믿음을 가진 반면, 북한은 공산주의 정책에 대한 믿음을 가졌다. 또한 결정적 국면에서의 역사적 사건으로 말미암아 제도가 선택되고 뒤이어 이러한 제도가 오랫동안 유지될 수도 있다(incidental institutions view). 예를 들어 개발도상국이 어떤 국가의 식민지배를 받았느냐에 따라 국가마다 자리 잡게 된 법률제도(성문법 또는 불문법)가 달라진다.

조직과 거버넌스 그리고 역량접근

제도는 **조직**(organization)에 의해 만들어지고 운영된다. 조직은 공통된 목표를 추구하는 자들의 모임으로 사회조직과 공적 조직을 모두 포함한다.[2] 조직은 개인이 특정 목적을 달성하기 위해 협력할 수 있는 주된 방법이기에, "분화가 크게 진전된 사회에서 조직의 발전은 개인을 넘어선 목적을 달성하기 위해 '일이 되도록' 만드는 주된 메커니즘이다"(Parsons, 1960, p. 41). 조직은 구성원의 식별기준, 자율성, 책임과 의무를 규정하는 규칙에 의해 특징지어진다(Hodgson, 2001).

조직을 통한 조정, 특히 교환은 비인격적 존재인 시장으로도 가능하지만, 계층적 조직(기업과 정부)이나 수평적 사회조직에 의한 집단행동을 통해서도 조정과 협력이 가능하다. 한 사회가 가진 기업, 사회조직, 정부를 포함한 각종 다양의 조직의 역량 수준[집단역량(collective capabilities)]은 인간 역량에 지대한 영향을 미칠 수 있다.

첫째, 국가와 사회조직은 개인의 삶에서 수단이자 전환요인으로 작용하기 때문이다. 인간 역량을 강화하고 보호할 뿐만 아니라 선택의 기회를 확장할 수 있다. 또한 사회조직은 개인의 역량을 제한하는 사회문화 규범이나 관습 등의 전환요인에 영향을 미칠 수 있는 메커니즘이 되기도 한다.

둘째, 국가와 사회조직은 신념과 목표를 구성하게 하고 미래에 대한 기대에 영향을 미치기 때문이다. 사회조직은 이상적 소득 수준이나 이상적 삶이 무엇인가를 제시한다.

셋째, 국가와 사회조직은 공론과 민주적 과정의 성공과 관련될 수 있다.

사회조직과 공적 조직에 의해 사회구성원 간의 행위를 규율하고 조율(coordination)하는 과정과 제도를 **거버넌스**(governance)라 한다. 세계은행(World Bank, 1992)은 거버넌스를 '발전을 위해 경제 · 사회적 자원 관리에 있어 권위가 행사되는 방식으로 정의하고 있다. 거버넌스 유형은 조율양식에 있어 권력의 분배방식에 따라 수평적 조율과 수직적 조율로, 행위를 낳는 동기에 따라 이기적 동기와 의무적 동기로 구분 가능하다(Hollingsworth and Boyer, 1997).

- 시장은 이기적 동기와 수평적 조율에 속하는 거버넌스 유형으로 비교적 대등한 경제주체 간에 서로 이익을 추구하는 조율 방식으로 분권적이다.
- 위계 조직(hierarchy)에서는 명령을 준수한다는 원리에 기초하여 조율이 집중화되는데, 정부 활동이나 기업 내의 내부과정이 위계적 조율에 해당한다. 다만 정부는 의무적 동기 또는 비이윤적 동기에 기반을 둔 조절양식이며, 기업은 이익 동기를 기반으로 한다.
- 사회조직에서는 자발적 참여의 원리와 협상에 기반하여 조율이 이루어진다.

2. 조직은 제도와 마찬가지로 공식적일 수도 비공식적일 수도 있으며, 경제, 사회 또는 정치조직들로 구분된다. 비공식 조직은 공적 실체를 갖지 못하고 공공의 영역 뒤에서 활동한다. 비밀결사, 범죄조직, 정당 내의 파당, 사회운동이나 카르텔 등이 그 예이다.

그림 3-2 조정문제와 조정의 유형

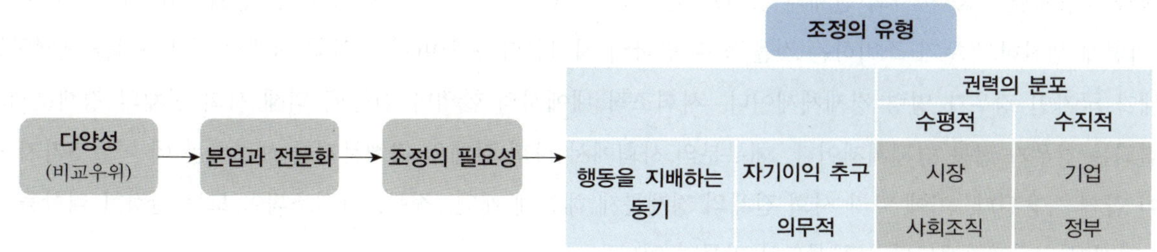

주요 특징	형태			
	시장	기업	정부	사회조직
규범적 기초	계약-재산권	사익	공익	보완적 강점
소통수단	가격정보	규정	규정	관계
갈등해소	흥정-법적 강제	명령-감독	명령-감독	상호성-평판
상호관계	독립적	계층적(의존적)	계층적	상호 의존적
당사자 간 책무감	저	중-고	고	중-고
신축성	고	저	저	중

자료 : Powell(1990).

어떤 조정방식이 효율적인가는 각 방식의 비교우위에 따라 달라진다. 시장은 희소한 자원이 관련된 배분에 적합한 조정방식이다. 하지만 시장은 외부효과 문제뿐만 아니라 경제력 집중, 분배 문제를 다루지 못한다. 계층조직은 분업과 직접적 조정을 요구하는 규정을 따라 이루어지는 활동을 조정하는 데 적합하다. 반면 규정에 없는 문제, 도전이나 기회에 신속하게 대응하지 못한다. 계층조직 중에서 이윤을 목적으로 한 조정은 사회의 계층조직, 즉 기업에 의해서 이루어진다. 기업은 수익 기여도가 낮고 핵심적이지 않은 활동에 대해서는 시장 거래에 의존하려 한다. 공공 서비스 제공 등 시장이나 기업이 다루지 못하는 조정은 공공 계층조직이 담당한다. 일정한 산업들이 동시에 대규모로 투자할 필요가 있을 때 정부가 대형 투자사업[대도약(big push), Hirschman, 1958]을 주도할 수 있다. 또한 정부는 진입하는 국내 기업이나 다국적기업에 대한 보조금이나 세제 혜택을 부여하거나 선도적 역할을 하는 핵심 공공기업을 직접 설립할 수도 있다.

상호작용하는 당사자들은 자발적으로 수평적인 사회조직을 조직해 조정실패를 극복할 수도 있다. 조정은 전략적 제휴나 사업자단체처럼 공식적으로도 이루어지기도 하고, 산업 클러스터 내에서의 소통 사회조직처럼 비공식적으로도 이루어질 수 있다. 시장별로 본다면 재화시장에서는 업종별 협회와 소비자 단체가, 금융시장에서는 경영자를 감시하는 주거래은행, 이사회, 주주총회가, 노동시장에서는 임금과 근로관행을 규율하는 노사의 집단 교섭과 행동이, 교육훈련 시장에서는 비영리 기관이 큰 역할을 한다. 사회조직은 시장이 실패하고 계층조직이 유연하게 다루지 못하는 조정문제에 적절하다.

제도는 궁극적으로 공동의 문제를 해결하기 위한 메커니즘이다. 가계와 기업은 각자 자신을 위해 경제활동을 하고 있다. 그렇다면 사회 전체의 경제 문제는 누가 돌볼까? 사회 전체의 경제문제를 해결하는 경제제도를 경제체제(economic system)라 부르는데 이는 "시장, 명령, 전통" 경제체제로 구분된다.[3] 개인의 자율적 선택과 시장교환을 통해 사회 전체의 경제문제가 해결되도록 하는 경제체제를 시장 경제체제라고 한다. 무엇을 어떻게 생산하고 누가 소비하는 것을 정부 당국이 지시한다는 의미에서 사회 전체의 경제문제를 해결하는 주체가 국가인 경우가 명령 경제체제이다. 사회조직 내에서의 합의나 전통에 의해 사회 전체의 경제문제가 해결되는 경우가 전통 경제체제이다. 대부분의 사회에서 사회 전체의 경제문제를 해결하는 데 이들 3가지 방식이 함께 사용된다. 이에 따라 사회 전체의 경제문제 해결에 개인, 정부, 사회조직이 모두 일정한 역할을 하며, 경제제도는 정치제도나 사회제도와 맞물려 있다.

제도의 성공과 실패

모든 제도가 항상 효율적이라고 가정할 수 없다. 성장의 함정에 빠뜨리는 제도의 선택은 역사적 우연의 결과일 수도 있지만, 의식적 선택의 결과일 수도 있는 것이다. 사회갈등은 모든 주체들이 함정의 존재를 다 알고 있는데도 성장의 함정에 빠지게 되는 경제제도의 선택을 만들어 낼 수 있다. 사회 전체의 이익을 위한 제도라 하더라도 그것을 선택하고 또 집행하는 조직의 실패 때문에 제도 실패에 봉착할 수 있다. 이하에서는 시장실패, 정부실패, 사회조직실패를 정의하고 역량과 통합의 관점에서 실패의 원인을 다룬다.

1.2 시장과 제도

시장과 시장실패

사람들 간의 가장 대표적인 상호작용이 교환이다. 교환은 재화 · 용역의 사용권이 이전되는 것이다. 교환은 강제, 선물 또는 조공으로도 가능하지만, 시장교환이 가장 대표적이다. 시장교환은 구매자와 판매자가 재화 · 용역의 사용권을 가격에 따라 자발적으로 교환하는 것이다. 가격이 소통수단이다. 가격 상승은 생산자에게 더 많이 생산하라는 신호를 주며, 가격 하락은 생산을 위축시킨다. 가격은 소비자에게 품질과 가치에 대한 신호를 제공한다. 가격을 따라 저렴하게 팔 수 있는 순서대로 판매자가 되고, 선호하는 순으로 구매자가 되므로 시장교환은 최적의 자원배분을 낳을 수 있다. 비효율적 활동은 시장에서 걸러질 것이다. 공동의 이익을 극대화하려면 정부의 역할은 개입하지 않고 시장에 모든 것을 맡기는 데 있다. 시장은 사회의 전체 이익을 극대화한다는 의미에서 효율성에 기여하지만, 동시에 사람들이 상호작용하고 상호이익을 위한 활동을 하기 위한 기회를 제공하는 장인만큼 개인의 자유에도 기여한다.

경제학자들은 오래전부터 시장실패(market failure)에 주목해 왔다. 시장실패는 시장교환이 비효율적 활동을 억제하지 못하거나 효율적 활동을 지속하지 못하는 경우이다. 시장실패가 발생하는 이유는 다양하다. 첫째, 어떤 재화의 경우 시장이 성립하지 않을 수 있다. 국방, 도로, 통화, 산업표준, 법률 등의 공공재는 대가 없이 이용하려는 사람만 있다. 항상 남거나 모자라 보이는 재화들도 있다. 오염물질, 좋은 환경, 신기술, 교육 등이 그렇다. 구매하지 않은 오염물질을 소비해야 하고, 주워들은 정보가 사업기반이 되기도 한다. 둘째, 교환 당사자가 가진 정보가 비대칭적이어서 교환 자체가 불가능해질 수 있다. 불리한 정보를 숨기고 교환이

3. 이 구분은 Karl Polanyi의 *The Great Transformation*(1944)에서 비롯한다. 3가지 체제는 고대 사회에서 원형적 형태로 나타나는 "가계, 상호성, 재분배" 경제체제에 해당한다. 가계 경제는 전통 경제체제의 순수한 형태이고, 상호성은 시장 경제체제로 진화한 교환의 원형이며, 정부에 의한 재분배는 사회주의 경제에 상응한다.

유리한 사람만 참여하는 불리한 선택이 발생하며 계약은 불완전해진다. 상대의 행동을 관찰하기 어려우므로 의무를 소홀히 하는 도덕적 해이도 나타난다. 일이 잘못된 것이 운 때문인지 무책임 때문인지 알기 어렵다. 셋째, 현대 기술은 막대한 투자와 지식에 의존하기 때문에 산출이 증가할수록 비용이 감소하는 특성(규모의 경제)을 곧잘 드러낸다. 세계 시장을 무대로 하는 대기업들은 국내시장에서 독점적 행태를 보인다. 시장이 아닌 기업이 가격을 결정하고 진입은 쉽지 않다. 결국 효율적 시장이 형성되지 못하거나 사라지고 비효율적인 시장 상황이 지속되게 된다. 마지막으로 능력이 없거나 부족한 사람은 시장교환에 참여하는 것이 아예 불가능하다. 시장만이 유일한 교환방법이라면 이들은 생존을 기약할 수 없다.

시장을 지원하는 제도

결국 시장이 제대로 작동하려면 또 다른 집단적 행동과 제도가 필요하다. 무엇보다도 교환되어야 할 사유재산권이 분명히 정의되고 강제되어야 한다. 사유재산권은 "재화의 사용처를 선택할 수 있는 사회적으로 강제된 권리"로, 사회에서 분리될 수 없다. 사회의 속성은 시장제도로 반영된다. 재화에 대한 소유권의 자발적 교환이 실제로 이루어지기 위해서는 사전에 정보를 합의하고, 사후적으로 의무가 이행되어야 한다. 가격, 품질, 교환수량, 거래과정과 상대방의 행태에 대한 정보가 있어야 하고 교환조건을 계약서로 구체화하며 합의에 도달해야 하며, 또 그렇게 이루어진 합의를 집행하고 강제할 수 있어야 한다. 이 모든 과정에는 비용이 든다. 의사결정에 필요한 정보를 수집 · 처리하고 계약을 협상하고 강제하는 비용을 거래비용이라 부른다. 사유재산권의 강도는 강제의 가능성과 비용으로 측정되는데, 이는 정부나 비공식적 사회행태 또는 지배적 규범에 의존한다. 사유재산권과 계약의 정의와 강제에 관련된 일련의 제도는 시장경제의 기본적 요소이다. 이는 정부 또는 국가의 법적 · 정치적 체계라는 제3자의 확립을 요구한다. 제3자는 게임 규칙의 지속성과 유효성을 보장하는 (경찰과 판사를 포함한) 일련의 정치 · 행정적 기구로 구성된다.

법률, 규제, 계약 등 게임의 규칙을 제공하는 방법에는 두 가지가 있다. 첫째는 보편적이고 참여자들의 위에 있는 방법이 있다. 헌법이나 법률체계에 의해 부과되는 권리와 의무를 말한다. 이는 국가적 기초를 가지며 국가 단위로 적용된다. 둘째는 상호작용에서 일정한 규칙을 따르기로 결정한 특별한 사회조직 내에서 합의한 계약이나 관행의 결과이다.

시장을 대신하는 제도

시장을 통한 자원배분은 보완적 제도가 충분한 발전한 뒤에야 가능하다. 만약 이러한 보완적 제도가 충분히 발전하지 못하여 시장이 작동할 수 없는 상황이라면 어떻게 될까? 더 나아가 사유재산권 자체가 완전히 정의되지 못하거나 강제되지 못하여 시장이 불완전하거나 실패하는 경우라면 어떻게 할까? 시장이 제대로 작동하지 못하므로 경제주체들은 시장을 대신할 수 있는 조정과 교환의 메커니즘을 고안해 낼 수 있다(Dorward et. al, 2005). 소수의 경제주체가 등장하여 조정 역할을 맡든가 아니면 사회조직이 등장하거나 정부가 개입할 수 있다. 이들은 경쟁적이지도 않고 시장기구도 아니지만 방치된 경쟁적 시장보다 더 효과적으로 작동할 수 있다. 따라서 모든 필요한 제도가 완전히 갖추어진 뒤에라야 조정과 교환이 제대로 이루어질 것이라고 생각할 이유는 없다. 일부는 시장에 의해 또 일부는 숙의 · 협력의 메커니즘에 의해 경제적 조정과 교환이 진행될 것이다. 특히 경제발전의 일정 단계(특히 초기 단계)에서는 시장을 통하지 않은 조정 · 협력의 메커니즘이 보다 효과적으로 작동할 수 있다. 경제발전의 초기 단계에서는 규모의 영세함과 참여자의 부족으로 시장 참여가 제한적이기 때문이다.

시장을 대체하는 제도는 구성원들에게 규칙을 부과할 수도 있고 자원을 제공할 수도 있다. 수많은 생산 영역에서 불가분성(규모의 경제)과 외부효과가 존재하여 집단행동을 요구하는 재화나 서비스가 존재한다. 기초연구, 교육, 보건, 국가안보, 방위 등이 그에 해당한다. 이러한 재화와 서비스들은 사유재산권이 제대로 규정되거나 강제될 수 없으며, 때로는 그렇게 하는 것이 바람직하지도 않기 때문에 시장이 성립할 수 없다. 결국 정부의 역할이 필요하다. 정부는 시장에 일부 보완적 게임 규칙을 추가함으로써 해결할 수 있다. 통신이나 전기 등의 기관에 대한 규제나 R&D에 참여하는 기업들에게 주어지는 특허(일시적 독점)가 이에 해당한다. 때로는 특별한 제도나 조직이 만들어져 자원을 직접 생산 · 전달할 수 있다. 국가가 중심적 주체이며 운영자로서 자원은 특정 기구에 의한 공공 서비스 형태로 전달된다. 대학, 공공연구소와 같은 특별한 기구가 설계 운영하는 기초연구와 같은 자원이 이에 해당한다.

기업 역시 시장 거래를 통해서는 어려운 활동의 조정을 위해 등장하는 민간제도(계약제도) 중 하나이다.[4] 마찬가지로 규모에 대한 수확체증과 비대칭정보가 지배하는 활동에서 조정문제가 중개기관의 역할을 하는 민간기구를 만들어 낼 수 있다. 은행이나 업종별 협회가 대표적인 예이다. 비영리 조직이 자신들의 자산을 합동하여 비시장기구(서로 간에 통용되는 규칙, 계약, 관행 등)에 따라 이러한 자원을 생산하고 서로 배분하는 것도 가능하다. 물론 클럽이나 R&D 컨소시엄처럼 상이한 조직을 포함하는 대규모 계층조직일 수도 있다.

결과적으로 시장경제는 일련의 비시장적 메커니즘을 동반한다. 비시장적 조정 메커니즘들은 완전히 정의된 사유재산권이 없을 경우에도 이해관계자들의 상호 조정이 가능하도록 한다. 결국 시장의 효율성은 상호작용을 규율하는 사회제도에 의존한다. 그러나 한 사회에서 상호작용을 규율하고 있는 제도가 잘 작동한다고 해서 그것을 다른 사회가 쉽게 모방할 수 없다. 가장 대표적 사례로 마이크로 금융(microfinance)을 들 수 있다. 정보비대칭으로 말미암아 빈곤층의 금융시장은 시장실패가 격심하다. 이에 대응하여 발전한 비시장적 제도와 조직들이 바로 마이크로 금융이다. 많은 나라에서 저소득층 대상의 금융시장은 오래전부터 정부의 관심 대상이었지만 정부의 개입 역시 많은 문제를 양산하고 있었다. 이런 상황에서 비시장적 조정 메커니즘에 의존함으로써 그라민은행 등의 마이크로 금융이 저소득층의 저축과 대출 문제를 크게 개선할 수 있었다. 이들은 정기적인 강제적 저축과 상환을 요구하고 담보와 긴급유동성으로 작용하는 개인 및 집단 기금을 조성하고 집단대출을 도입하였으며, 대출 상환에 또래 집단이 주는 압력(peer group pressure)을 활용하였다. 또한 지리적으로나 사회적으로 금융소비자에게 친밀하고 동기가 충실한 직원들도 마이크로 금융의 성공 원인이었다.

조정실패를 극복하는 제도

어떤 경제활동이 기대하는 성과를 얻으려면 보완적 활동들이 동시에 이루어져야 한다. 예를 들어 농업에서 대량생산이 가능하려면 대량 생산된 농산물이 구매되고 가공과정을 거쳐 교환될 수 있도록 하는 조직과 제도가 등장하는 조정(coordination)이 생겨나야 한다. 관련된 시장이 이미 충분히 발전되어 있는 경우라면 시장을 통해 이러한 조정이 이루어질 수도 있지만 그렇지 못할 경우 이해관계자들 간의 직접적 접촉을 통한 숙의(deliberation) · 협력이나 정부의 참여에 의해 조정이 이루어질 수 있다. 이해관계자들의 숙의 · 협력은 수직적 통합(대기업)이나 협력적 네크워크(협동조합이나 전략적 제휴)를 통해 국지적으로 이루어질 수 있다.

4. 때때로 국가가 사업특허권을 부여하며 기업과 산업을 창출하는 역할을 할 수 있는데 발전국가가 그 예이다.

이러한 국지적 조정이 충분히 발전하여 교환이 충분히 활성화될 경우 시장이 등장하여 숙의 · 협력의 메커니즘을 대신할 수 있다. 이러한 숙의 · 협력의 메커니즘에 의한 조정은 매우 더디고 취약할 수 있다. 이에 따라 이들 국지적 조정 메커니즘의 성장을 정부나 NGO가 지원할 수 있다. 때에 따라서 국가의 직접적 개입과 투자, 보증 등을 통해 숙의 · 협력이 촉진될 수도 있다. 모든 필요한 시장이 효과적으로 작동해야만 경제적 조정과 교환이 생겨나는 것은 아니다. 일부는 시장에 의해 또 일부는 숙의 · 협력의 메커니즘에 의해 경제적 조정과 교환이 진행될 것이다. 특히 경제발전의 일정 단계(특히 초기 단계)에서는 시장을 통하지 않은 조정 · 협력의 메커니즘이 보다 효과적으로 작동할 수 있다.

정부는 집단행동을 직접 주도하거나 민간부문의 집단행동에의 참여를 직접 강제하거나 또는 집단행동에의 참여 동기를 변화시키거나 아니면 집단행동을 위한 조직의 능력과 기회에 영향을 미칠 수 있다(Nugent, 2005). 조건부 지대(contingent rents), 금융규제, 협의체, 시차적 진입전략이 대표적인 예이다. 조건부 지대란 저축, 발명의 상업화, 수출 등의 성과를 내야만 제공되는 경제적 이득이며 금융규제는 금융기관이 지대를 확보하도록 하는 진입제한과 같은 정책이다. 협의체는 상호 조정이 필요한 당사자들 간의 정보교환과 기대조정을 가능하게 하며, 시차적 진입전략은 신흥 산업에서 과잉 진입을 막아 대규모 투자나 연구개발 활동을 촉진하는 것을 말한다.

대부분의 경제활동은 시장 거래에 참여하는 민간에 의해 이루어져야 하지만, 시장실패나 조정실패가 광범위하게 발생하기 때문에 정부는 시장의 기능을 대체하기보다는 시장과 민간활동을 보완하도록 하여야 한다는 견해를 시장증진론(market-enhacing views)라 한다. 즉, 정부가 민간의 자율적 조정과정에 개입할 수 있다고 하여도 가능한 한 민간 스스로 조정을 이루도록 하여야 한다. 민간부문은 경쟁과 진입 그리고 퇴출과 같은 자율적 규율 메커니즘을 내장하고 있으며, 정부보다 국지적 정보에 보다 효과적으로 대처 가능하기 때문이다. 정부활동은 민간부문에서의 조정이 적절히 이루어지지 못할 경우로 제한되어야 한다. 경제발전도가 낮은 국가의 경우 기업의 역량이 제한적이고 각종 중개기구의 발전도 부진하며, 시장기구조차도 사유재산권을 제대로 확보하지 못하고 각종 시장실패로 인해 적절히 기능하지 못한다. 이 경우 정부는 시장기구뿐만 아니라 민간에서의 조정문제에도 적극 개입할 필요가 있다. 하지만 경제가 성장하여 시장과 민간의 능력이 개선됨에 따라 정부의 활동도 축소되어야 한다.

1.3 정부와 그 경제적 역할

1) 정부와 집단행동

국가는 일정 영토 내에서 법질서를 가진 지속성 있는 제도적 구조

국가는 일정한 국경 내에서 법적 · 제도적 질서를 가진 내구성 있는 제도적 구조(Benjamin · Duvall, 1985)이고, 정부는 제한된 기간 동안 국가의 권력을 보유하는 의사결정집단(Skocpol, 1979)을 말한다. 근대 국가는 사회(와 경제)로부터 분리된 공적 권력체로서 관료제를 통해 사회조직들과 구분되는 공적 업무를 수행한다. 경제는 자유로운 개인들의 선택에 따른 시장 메커니즘에 의해 매개되고, 사회는 그 구성원들의 자발적 의사에 따라 조직되는 사적 생활영역이다. 정치과정은 사회와 경제로부터 분리된 특수한 권력체인 국가와 정치적 결사체들의 활동 공간으로 구성된다. 그러나 근본적으로 국가와 정부는 사회로부터 유래되고 사회와 맞물려 있다. 정부가 국민들에게 일반적으로 받아들여질 수 있는 정치 원리에 기초하고, 그 행위가 이 원리와 일관성이 있어야 정당성이 확보된다(Magstadt and Schotten, 1984).

정부에 의한 집단행동과 경제발전

역량접근 관점에서 볼 때 정부는 인간 역량을 확장하는 공공재의 공급이나 법규를 마련함으로써 전환요인에 큰 영향을 미친다.

그림 3-3 사회조직 및 정부와 역량

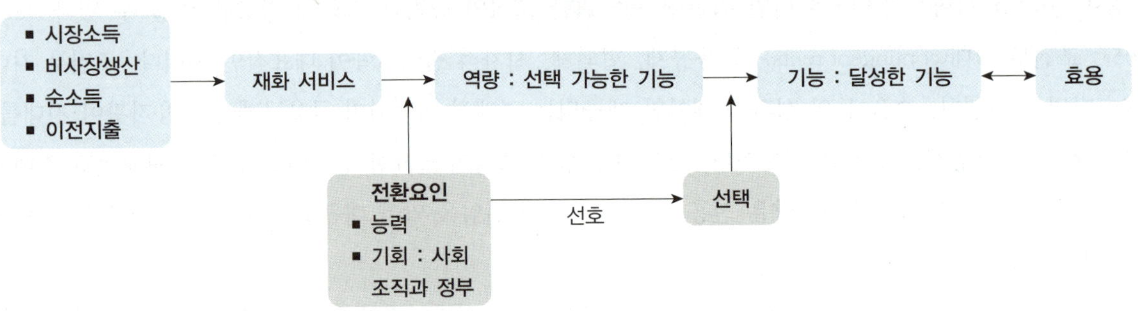

정부가 인간 역량을 확장하는 정도는 관료적 역량과 적절한 국가-사회 관계를 필요로 한다. 관료적 능력은 응집력 있게 조직화된 능력 있는 관료들을 요구한다. 국가-사회관계는 공공토론과 정보, 의견의 교환을 담은 두터운 민주적 의사결정, 즉 숙의적(deliberative) 메커니즘을 통해 목표를 구체화하여야 하고, 또한 필요한 경우 서비스 생산에 직접 참여하는 것이 필요하다(Sen, 1999 ; Ostrom, 1996). 숙의과정이나 참여는 그 자체가 가치를 갖지만, 효과적인 국가행동을 위한 수단이기도 하다. 사회의 선호를 파악하는 숙의의 과정이 부족하면 정부의 노력은 잘못된 방향을 향할 수 있다. 또한 대중을 공동생산에 참여시킬 수 있는 능력이 없다면 국가의 투자는 효과적이지 못할 것이다.

개인은 국가와 두 가지 방식으로 관련될 수 있다. 개인은 우선 간접적 행동주체(indirect agency)로서 국가의 집단행동에 참여할 수 있다. 숙의에 의한 정부하에서 개별 시민의 공론에 의한 정부의 운영이 그것이다. 그러나 사람들이 개별적으로 달성할 수 없는 집단 문제를 모두 국가가 해결할 수 없다. 숙의에 의한 정부가 과업을 수행하는 데 실패하거나 독점적 권력을 남용한다면 개인이 직접적 행동주체(direct agency)로 나서 직접 통제하거나 실질적 권력을 행사할 필요가 생겨난다.

2) 정부의 기능 : 시장과 사회조직의 보완 및 대체

정부와 시장 및 사회조직 간에는 서로를 지원하는 관계로서 보완성이 존재한다. 이 경우 시장 및 사회조직과 정부가 각각의 비교우위에 기초해 분업이 이루어져야 한다. 정부는 민간부문에서 공급하는 투입물을 보완하는 공공재를 공급하는 데 적합하다. 정부와 민간의 투입물이 함께 공급될 때 산출은 확대된다. 보완성은 민간과 공공을 분리하여 사고하는 제도경제학과 행정학의 기존 패러다임과 대체로 일치한다. 하지만 때에 따라 민간과 공공의 경계선을 넘어 민간조직과 공무원을 연결하는 배태성도 고려할 수 있다. 경계선을 넘나드는 직접적 사회조직이 부패나 지대추구가 아닌 사회적 자본도 낳을 수 있는 것이다.

정부와 시장 : 보완과 대체

정부는 네 가지의 방법으로 시장을 지원하고 보완하는 제도를 제공하여 경제적 효율과 형평에 기여할 수 있다(Rodrik, 2002).

표 3-1 시장을 지원 · 보완하는 정부의 기능

시장 조성	시장 규제	시장 안정화	시장 정당화
사유재산권을 보호하고 계약을 강제	경제력 집중, 공공재, 외부효과, 정보 비대칭성	물가안정과 경제 변동을 완화하고 금융위기 방지	사회적 보호와 보험, 재분배, 갈등의 관리
증권법	통신, 수송, 금융의 규제당국	중앙은행(건전성 규제와 감독), 환율레짐, 재정규칙	연금, 실업보험

자료 : Rodrik(2002)

시장 조성(market creating) 시장을 조성하는 법제도와 사회간접자본이다. 시장의 가격기구는 스스로 작동하지 않는다. 재산권이 보호받고 계약이 존중 · 강제되는 법제도가 존재해야 하고 사회간접자본에 의해 실효성이 확보되어야 한다. 그래야 시장 거래가 가능하고 스스로 재산을 창출하려 할 것이며 시간이 걸리더라도 더 생산적인 활동에 참여하려 할 것이다. 시간이 소요되는 주문 생산이나 금융활동이 가능해진다. 계약제도는 채권자와 채무자로서 그리고 공급자와 고객으로서 보통의 시민들 간의 계약을 지배하는 법규이다. 물론 계약제도에서 가장 중요한 요소는 법률시스템의 실질적 작동이다. 한편 사유재산권 제도는 정부와 사회주도층의 권력으로부터 시민을 보호하는 법규를 말한다. 따라서 이는 정치적인 것이며 국가-사회의 상호작용과 관련된다. 가장 대표적인 제도가 정부의 강제적 수용으로부터 투자자의 자산을 보호하는 것이다. 정부와의 밀접한 관계로 대기업에게 유리한 경쟁구도를 만드는 법규 역시 사유재산권제도와 관련된다. 제도와 경제성장 간의 관계에 대한 대부분의 연구들은 제도와 재산권 및 계약제도를 동일시하는 논의가 대부분이다. 그만큼 재산권과 계약제도가 중요한 것이다. 각국의 재산권 및 계약제도의 수준은 캐나다의 교육리서치 기관인 Fraser Institute의 Protection of property rights 지수와 Legal enforcement of contracts 지수에 의해 평가되는데, 시장조성제도와 경제성장 간의 양의 관계가 확인되고 있다(서한석, 2005).

시장 규제(market regulation) 경제주체가 특별한 조치를 취하도록 지시하는 규제가 필요하다. 정부는 독과점, 공공재, 외부효과, 정보 비대칭성이 낳는 시장실패에 개입하여 경제 계획을 설정하고 규제를 도입하고 국유화를 도모하여 경쟁을 촉진하고 시장을 보완한다. 근로자의 숙련부족이 문제될 때 기업은 구인을 꺼리고 이는 상황을 악화시킬 수 있다. 정부가 나서 숙련형성을 돕는다면 상황을 개선할 수 있다. 특허권에 유효기간이 있어야 혁신이 확산되고, 환경 보호를 위해서는 재산권 제한이 요청된다. 시장에 대한 의존성이 클수록 더 강한 규제가 필요할 수 있다. 한국의 외환위기는 금융시장 자유화와 건전성 감독이 동시에 강화되어야 함을 보여주었다. 그러나 시장 규제는 과도하거나 부적절할 경우 종종 시장활동을 제한함으로써 경제 전체의 효율성을 저하시키는 측면이 분명히 있다. 한편 시장실패의 유형과 공평성에 대한 고려에 따라 소유와 경영에 대한 정부개입의 유형은 달라질 수 있다(다음 네 가지 모두에서 외부효과는 존재한다고 가정한다). ① 정보 비대칭성이 크고 서비스 품질 관찰도 쉽지 않아 시장 성립을 바랄 수 없다면 정부가 소유와 경영을 모두 맡는 것

이 적절하다. ② 정보 비대칭성 문제가 있어도 서비스의 품질 관찰이 용이하다면 정부가 소유하더라도 경영은 민간에 위탁할 수 있다. ③ 정보 비대칭성이나 형평성 문제가 크지 않다면 민간에 소유와 경영을 맡기고 정부개입은 규제와 보조금에 머무는 것이 적절하다. 교육의 경우 정부개입은 교육 의무화 규제 정도가 적절할 수 있다. ④ 정보 비대칭성이 크지 않지만 공평성을 고려해야 한다면 민간에 소유와 경영을 맡기되 규제와 이용자 지원(바우처)의 병행이 적절하다. 서비스 선택은 수혜자에게 맡기는 경우이다. 세계 각국의 시장 규제 수준은 Fraser Institute가 집계하는 금융시장, 노동시장, 비즈니스 전반의 규제지표를 사용할 수 있는데, 시장 규제의 완화는 일반적으로 경제성장에 유의한 영향을 미치는 것으로 알려져 왔다(Azman et al, 2010).

표 3-2 외부효과 발생 시 민간과 공공의 서비스 상호작용 형태

구분	효율성 고려			공평성 고려
	정보 비대칭성 문제		외부성 존재	
	주인-대리인 문제	산출물 품질 관찰 곤란		
국유 + 공공 경영	○	○	○	○
국유 + 민간경영 위탁(서비스 제공자 지원)	○	×	○	○
민간소유와 경영 : 규제+바우처(서비스 이용자 지원)	×	×	○	○
민간소유와 경영 : 규제(민간 주도)	×	×	○	×

자료 : Blank(2000)

시장 안정화(market stabilization) 1930년대 대공황이나 초인플레이션이 보여주듯이 시장이 스스로 안정화하는 데는 한계가 있다. 과도한 경기침체나 인플레이션에 대응하여 통화 및 재정정책이 사용되어야 하고 독립적인 중앙은행과 재정건전성의 토대가 필요하다.

시장 정당화(market legitimizing) 시장 확대와 더불어 능력에 따른 경제적 격차도 확대되었다. 동시에 가정, 교회, 조합과 같은 전통적 공동체도 약화되어 이들이 제공하는 위험분담 기능도 약화되었다. 결국 실업, 질병, 노령 등 개인이 노출된 경제적 위험에 대한 정부 차원의 위험관리의 중요성이 커져 왔다. 이들은 생활 안정성을 높이고 사회적 갈등을 완화시켜 시장경제를 정당화해주는 기능을 한다. 그러나 복지지출이 클 경우 세율이 높아지는 등의 이유로 경제성장에 부정적 영향도 미칠 수 있다. 각국에서 시장 정당화제도의 수준은 OECD의 GDP 대비 사회복지지출로 평가할 수 있는데, 이는 경제성장과 유의한 양의 관계를 가지는 것이 자주 확인되고 있다.

정부와 사회조직 : 보완과 대체

사회조직은 독립적이지만 동시에 정부와 깊이 상호작용하며 보완과 대체의 관계를 가질 수 있다(Woolcock and Narayan, 2000).

첫째, 사회조직과 정부는 보완적 관계를 갖는다. 정부는 자발적 결사인 사회조직의 활성화에 기여할 수 있다. 특히 정치제도의 민주제, 제도(특히 사법제도)의 질, 복지정책 등이 중요하다(박종민 · 김왕식, 2006). 시장처럼 사회조직에 대해서도 정부는 규칙이 지배하는 환경을 제공하여 국지적 조직과 제도의 효율성을 높일 수 있다. 생산적인 비공식적 연계는 시장교환과 마찬가지로 규칙 지배적 행태가 지배하는 분위기를 필요로 한다. 정부는 필요한 분위기를 제공하지만 공공기관이 직접 사회조직과 연결되는 것은 아니다. 예를 들어 제도

주의 학자들은 규칙이 지배하는 환경이 경제 엘리트들의 기업가적 행태를 자극한다고 하였다. 더 나아가 법치는 소외 집단의 자조 노력을 보완하는 데도 긴요하다. 집회결사의 자유와 같은 단순한 법률체계는 지역 근로자나 지역농민층이나 소외계층이 자발적 사회조직을 형성하는 데 도움을 준다. 보편적 규칙의 제공과 강제가 약화된 남미의 경우 사회가 원자화되며 네트워크 형성이 억제되었다. 시민적 권리와 정치적 자유를 보장하는 민주주의와 달리 억압을 통해 정권을 유지하는 권위주의 체제는 자발적 단체를 관변화하거나 감시·억제하고 국민들 사이에 불신을 조장할 것이다. 국가기관이 부패하고 자의적으로 남용될 경우에도 사회구성원 간의 개방적 태도나 신뢰를 약화시켜 자발적 사회조직의 형성이 어려울 것이다. 경제적 불평등 수준이 높고 그 개선의지도 소극적인 국가에선 공동체적 연대성이 취약해질 것이다. 때에 따라서는 국가에 의해 대표성이 인정된 사회조직이 직접 정책결정 과정에 참여하여 정책을 협의하고 집행 책임도 갖는 조합주의(corporatism)의 형태로 국가에 포섭될 수도 있다. 정부는 정책결정 과정에 참여할 사회조직을 공식적으로 제도화하고 인정하는 데 적극적인 역할을 할 수 있다.

정부에 의한 유무형의 공공 서비스 제공은 사회구성원들의 역량과 자발성을 높여 서로 관계 맺고 함께 일하도록 함으로써 사회조직의 형성을 도울 수 있다. 정부가 특정 사회조직을 법적으로 공인함으로써 무형의 공공재를 제공한다면 사회조직 형성이 쉬워질 것이다. 또는 서로 다른 지역을 연결하는 관개시설이나 도로의 건설을 통해 다른 지역에 사는 주민들이 함께 사회조직을 구성하도록 장려할 수 있다. 공공지도소 설립을 통해 재난 구제뿐만 아니라 새로운 지식의 창출과 확산을 도모할 수 있다. 규모의 경제효과를 보이는 미디어 홍보 역시 무형의 공공재에 해당한다. 여론조성을 통해 공무원과 시민들의 책임감을 호소함으로써 공사 간 신뢰관계를 높이고 공공적 행태를 이끌어낼 수 있다.

보완성은 통상적으로 공무원이 직접적으로 시장이나 민간조직에 참여하는 것을 배제한다. 예를 들어 정부는 특정 농부조직을 공인하며 농부들은 네트워크를 구성해 정부개입 없이 스스로 관개시설을 관리할 것이다. 하지만 정부조직이 네트워크의 일원이 되는 '배태성(embeddness)'이 나타날 수도 있다(Evans, 1996). 예를 들어 해당 지역출신의 공무원이 주민이 자발적으로 설립한 공동시설의 일상적 운영에 참여하여 지역사회 일원으로 활동할 수도 있다. 공공기관과 지역민 간 분업은 여전하지만 네트워크 내에서의 분업인 것이다. 배태성이 가장 두드러진 형태로 나타나는 경우가 투자주도형 성장 단계이다. 투자주도 단계에서 광범위한 시장실패가 발생한다면 정부의 권위와 응집력 그리고 종종 경제에 대한 상당한 정부개입이 요청된다. 기초적인 행정질서와 공공재의 확보를 넘어 정부 스스로 투자주체가 될 수 있다. 높은 수준의 투자 유지나 구조 전환을 위해서는 견제받지 않는 전제적 통치자가 상대적으로 잘할 수 있다.[5]

결과적으로 중앙집권적 정부에 대한 역사적 경험은 경제발전에 유리할 수 있다(Bockstette, Chanda, and Putterman, 2002). 중앙집권적 정부의 경험이 많은 사람들은 공식적인 조직, 법률, 문서화된 계약 등에 대한 경험을 축적할 수 있고 관료주의적 규율과 계층적 통제에 걸맞는 형태를 가질 것이다. 공공행정에는 학습과정이 필요하며, 숙련된 대규모의 행정인력이 요구된다. 중앙집권 정부의 역사가 긴 국가들은 대부분 유럽, 아시아 및 중동에서 찾아볼 수 있으며 한국과 중국이 그중에서 대표적인 국가이다. 반면 대부분의 아프리카 및 남미 국가들은 중앙집권적 정부가 들어선 지 상대적으로 오래되지 않았다.

5. 그러나 시장기구나 자발적 조직이 충분히 발전하고 기술 첨단에 위치한 혁신주도 경제의 경우 통치자에 대한 견제가 더 중요해진다. 제도적 견제는 기득권 세력이 국가를 포섭하여 경제 변화로부터 자신을 보호하려는 행태를 막음으로써 혁신주도 경제로의 이행을 돕는다.

둘째, 사회조직이 취약한 경우 국가가 사회조직을 대체할 수 있다. 산업정책과 관련된 집단은 규모가 크며 다양한 국가 기관, 다양한 민간기관(때로는 경쟁기업), 산업협회에서 NGO 및 연구자까지 수많은 비정부조직을 포함한다. 선진 산업국의 경우 산업정책은 위계적 통제보다는 수평적 정책 네트워크가 특정 산업정책에 관심 있는 모든 주체들을 포괄하는 협력 플랫폼으로 사용된다.

3) 정부의 실패 : 능력과 책임성

정부도 능력이나 책임성의 부족으로 말미암아 실패하여 효율적이지도 공평하지도 않은 결과를 낳을 수 있다. 첫째, 정부의 정보와 능력이 부족할 수 있다. 외부효과나 공공재가 낳는 편익과 비용의 규모, 적합한 보조금이나 세율의 계산 모두 명확하지 않다. 둘째, 관료들이 적절한 동기와 책임성을 갖지 못할 수 있다. 정부도 민간기업처럼 위임과 제한적 유인문제를 갖는다. 특히 정부는 민간에 비해 목표가 더 다양하고, 성과와 개인이나 하부조직의 기여도를 측정하기 더 어렵다. 정부 고유의 실패원인도 존재한다. 정부 서비스는 독점적이어서 대안을 선택할 수 없다. 또한 파산 위험도 제한적이어서 효율성을 확보가 어렵다. 세금을 부과하고 경쟁을 배제하며 약속을 이행하지 않아도 선거 외에는 이를 규율하기 어렵다.[6] 더 나아가 관료들은 자원이 자신들에게로 돌아오게끔 공권력을 이용하려 하는 유인을 갖고 있다. 공공정책이 공공보다 공무원 이익 도모에 사용된다면 공무원은 하나의 강력한 권력집단으로 대두할 수 있다. 직접 선출되지 않았다는 점에서 그 누구에게도 책임을 지지 않음에도 불구하고 위임입법이 증대하고 재량권이 확대되고 있기 때문이다. 대의과정이나 공론의 여과 없이 관료의 결정이 공공선으로 의제된다. 셋째, 이익집단은 공권력을 사익을 위해 이용하려 한다. 정부규제가 낳는 이득은 특정 기업이나 산업에 집중되지만 비용은 전체 국민에게 분담된다. 결국 이익집단은 강력한 로비를 펼치지만, 일반 대중은 그렇지 못하다. 뇌물과 리베이트를 기준으로 업체가 선정되고 신규 사업과 규제가 만들어지며, 법치마저도 훼손된다.

4) 정부와 하향식 경제발전 : 사회로의 확장성

정부가 경제발전에 일정한 역할을 하려면 내적 역량과 더불어 외적 확장성을 갖추어야 한다(Woolcock and Narayan, 2000). 하향식(top-down) 경제발전을 도모하는 국가라도 스스로의 역량을 가져야 할 뿐만 아니라 사회조직과 공조할 수 있어야 한다.

정부의 내적 통합 역량이란 정부의 능력과 책임성(그에 따른 신뢰성)을 말한다. 특히 기술 관료와 이들을 실적주의(능력주의적 선발과 장기적인 실적주의적 경력 보상)로 뒷받침하는 관료기구가 존재해 관료조직 스스로 국가의 목표를 확인하고 이를 수행할 수 있는 능력을 가져야 한다. 국가 자율성은 국가가 기업집단 등의 사회세력으로부터 간섭과 압력을 배제하고 독자적으로 자신의 고유 목표와 의지를 관철하는 능력을 말한다.

---

6. 민주사회에서 요구되는 정부권력의 제한이 문제를 더 악화시킬 수 있다. 민주주의하에서 권력 남용을 제한하기 위해 인사, 예산에 상당한 제한이 부과된다. 이에 따라 정부 당국의 임금 결정이나 해고 능력은 크게 제한되며 실책의 기피에 과도한 노력이 집중된다. 결국 정부는 공무원들에게 효과적인 유인을 제공할 수 없으며, 비효율성을 야기하게 마련이다.

표 3-3 하향식 경제발전을 위한 정부조직의 요건 : 내적 역량과 외적 확장성

		내적 역량(능력과 책임성)	
		저	고
외적 확장성(국가사회 관계)	저/제한	ⓐ 무정부 국가(collapsed states) ▪ 제한된 사회조직들이 지대를 추구 : 귀족연합	ⓑ 약한 국가(weak states) ▪ 비효율, 유효성 저하
	고/개방	ⓒ 불량 국가(rogue states) ▪ 사회의 파편화(종교, 인종, 지역, 가족, 예 : 봉건제) ▪ 무수한 조직들이 지대추구를 도모	ⓓ 근대국가(modern states) ▪ 사회 조합주의(social corporatism, 예 : 북유럽) ▪ 자유주의(plurarism, 예 :영미) ▪ 발전국가 또는 국가 조합주의

자료 : Woolcock(1998)의 Figure 3을 일부 수정

정부의 외적 확장성은 사회와의 맞물림에 대한 것이다. 정부와 사회의 맞물림이 강할수록 집단행동의 범위가 확장된다. 모든 형태의 하향식 경제발전에서 발전목표를 가진 국가는 자신이 봉사하려는 사회와 맞물려야 하며, 자신의 신뢰성과 효과성을 유지할 능력을 가져야 한다. 이를 위해서 정부는 일부 지배계층의 영향력에서 벗어나 자유롭게 활동하는 자율성을 갖추어야 한다. 하지만 국가가 자신의 법이나 정책을 사회구성원들의 동의 없이 일방적으로 강요할 수 있다는 의미에서 무제한적 자율성을 갖더라도 사회 집단들의 지지가 취약할 경우, 정부는 외형적으로는 강하지만 실제로는 약해진다(전제적 국가). 정부가 자신의 목표를 달성하기 위해서는 최소한 사회집단을 선택적으로 동원하거나 배제할 수 있어야 하고, 더 나아가 사회집단과 맞물려 제도화된 참여와 협력을 이끌어내야 한다.

정부의 내적 통합 역량(능력과 책임성)과 사회와의 외적 통합성을 포괄하여 세계은행은 정부의 거버넌스 수준을 세계 거버넌스 지수(World Governance Index ; WGI, 이하 WGI)로 측정하고 있다. WGI의 6개 거버넌스 지표는 1인당 GDP(Fayissa and Nsiah, 2010)뿐만 아니라 경제성장률이나 빈곤감소(Bouoiyour and Naimbayel, 2012)에 통계적으로 유의한 영향을 미치는 것으로 나타났다.

표 3-4 세계 거버넌스 지수의 구조

구분	구성	세부 영역(6가지)	상세 설명
내적 통합 역량	정부가 정책을 결정하고 집행하는 능력	정부의 효과성	공공서비스의 질, 공무원의 질, 정치적 압력으로부터 독립의 정도, 정책을 만들고 집행하는 수준, 정책을 실현하려는 정부 의지에 대한 신뢰
		규제의 질	민간 부문의 발전을 촉진하고 허용하는 규제 및 건전한 정책을 준비하고 시행할 수 있는 정부의 역량
	제도에 대한 관민의 존중과 책임성	법치(개인 간 약탈의 억제)	범죄와 폭력 가능성에 관한 인식, 법과 계약의 이행, 재산권, 경찰력과 사법권에 대한 준수 정도
		부패 억제(공적 약탈의 억제)	사적 이익을 위해서 공권력을 이용하는 정도(부채, 몰수, 계약 파기)
사회와의 외적 통합성	사회의 정부 구성과 운영에의 참여 수준	시민참여와 책임성	표현의 자유, 결사의 자유, 언론의 자유를 포함해서 시민들이 정부 구성에 참여할 수 있는 범위
		정치적 안정과 폭력/테러의 부재	정치적 목적의 폭력이나 테러를 포함해서 反 헌법적 혹은 폭력적 수단으로 정부를 위태롭게 하거나 전복할 가능성

좋은 경제정책의 정치적 실패

사회 전체적으로 바람직한 경제정책이라 해도 정치적 현실성이 갖추지 못하면 채택 자체가 불발될 수 있다. 정치권력은 정치제도로 보장된 제도적 권력과 무력, 경제력 등에 기인하는 실질적 권력으로 구분된다. 우선 정치제도는 사회적 이해관계를 집계하며 이 중 어떤 것들이 정책 형성에 가장 큰 영향을 미칠지를 결정한다. 특히 선거와 정치제도는 정치적 이득과 권력의 유지를 구조화하며(선거제도), 누가 정책변화를 제안할 수 있고 또 누가 이를 승인할 수 있는가를 결정(정치제도)함으로써 제도적 정치권력을 창출한다. 한편 무임승차 문제[또는 집단행동의 문제(collective action problem)]를 극복하고 집단행동에 나서기에 유리한 집단일수록 실질적 권력의 확보가 용이하다. 정책변화로 인한 손익이 크고 조직화가 용이한 집단일수록 집단적 행동을 취하기 쉬운데, 정책변화에 따른 손익에는 자연자원, 정부의 진입장벽, 높은 자본집약도, 정부 특혜 등의 특화적 자산(specific asset)의 존재가 영향을 미친다. 다수의 소농이나 중소제조업체가 지배적이고 숙련 근로자가 광범위한 경제와 달리 자본집약적 산업(광물채취, 플랜테이션 농업, 중화학 공업)이나 경제적 지대가 소수에게 집중되는 경제에서 집단행동은 쉽게 이루어진다. 이들은 제조업과 금융업에 진입장벽을 높이고, 교육을 약화시키고, 선거제도를 왜곡하여 경제적 · 정치적 기회를 제한하려 노력한다.

제도와 선호의 조합이 또는 제도적 권력과 실질적 권력의 조합이 이익집단의 실제 권력 분포와 그에 따른 경제정책의 선택을 결정할 것이다. 특히 기득권 집단은 현재 이득뿐만 아니라 미래 이득의 극대화(또는 기득권 유지)를 동시에 만족하는 정책을 선택할 것이다. 저성장 함정에서의 탈피는 바람직한 경제정책이 현재의 정치권력에게도 유리할 때, 즉 현재의 정치권력이 선호하는 정책이 사회적으로 바람직할 경우에만 가능할 것이다. 결국 경제성장은 좋은 경제정책의 모색으로만 충분한 것은 아니다. 소극적으로는 정치권력을 가진 자들이 스스로 선택할 수 있는 좋은 정책을 제안하거나 아니면 적극적으로 경제성장에 유리하도록 정치 지형 자체를 변화시켜야만 한다.

내적 역량과 외적 확장성에 따른 국가 유형

내적 역량과 외적 확장성을 기준으로 국가 유형을 나누어 보자.

국가의 첫 번째 유형으로 무정부적 국가(collapsed states)를 들 수 있는데, 이 국가는 내적 역량도 없으며 사회와의 맞물림도 없다. 국가나 기초적 법질서가 의미 있는 형태로 존재하지 못하고 있다. 외국인은 철수하려 하고 피난민은 질병과 기아로 사망하며 위험인물은 처단된다. 결과적으로 사회와의 맞물림은 없다. 능력 있고 응집력 있는 정부관료가 없어 부패가 창궐하며 정부는 법이 정한 한계를 넘어 자의적으로 개입하고 사유재산을 약탈하고 기초적 인권이 침해당한다. 무자비하고 무책임한 군부독재가 지배하며, 친인척과 용병을 통해 지배력이 행사된다.

국가의 두 번째 유형으로 내적 역량은 약하지만 그래도 어느 정도 사회와 맞물려 있어 협소한 자신의 목표를 추구할 수 있는 정도까지만 효과적인 불량국가(rouge state) 또는 약탈국가(predatory state)가 있다. 지배층은 소수의 기득권층과 산업 주도층과의 개인적 관계를 창출하고 이용하며 자신의 부와 지위를 유지한다. 결과적으로 시장이 자의적으로 왜곡되어 민간부문의 발전을 방해한다. 지지층의 호감을 얻으려 독점권, 보조금 등의 특혜를 제공하지만 이는 민간의 지대추구를 자극하여 사회에 손실을 낳는다.

세 번째 유형의 국가로 약한 국가(weak states)는 능력과 책임감을 갖추어 공적 권위를 갖는다. 그러나 정부는 사회와의 맞물림이 부족하여 시민의 요구에 대한 반응이 느리고 세계 시장에서 경쟁하는 기업들에 대한 지원도 미흡하다. 과거 공산주의와 사회주의하의 구소련과 동유럽 국가가 이에 해당하는데, 경제문제에서 지대추구와 비효율성이 나타난다. 공공기관이 취약함에 따라 시민들은 보호를 위해 조직폭력과 민병대에 의존한다.

국가의 네 번째 유형인 근대국가(modern state)에서 정부는 내적 역량을 가지며 사회와도 깊이 맞물려 있다. 이는 한국, 싱가포르, 대만과 같은 발전국가를 포함한다.

5) 권위의 조직화 : 국가중심 vs 사회중심

국가성(stateness)은 사회가 국가라는 제도에 별도의 우월적 지위를 부여하고 정치적 주권을 국가에 배치하는 정도를 말한다(Fourcade and Schofer, 2016). 집단적 의사결정의 중앙집중성을 기준으로 한 집단적 권위의 조직화 정도는 국가마다 다르다. 즉, 집단적 의사결정은 국가에 집중될 수도 있고 시민사회에 머물 수도 있다. 중앙집권적이고 자율적인 국가기구와 활동적이고 조직화된 사회로의 분권화라는 두 극단 사이에는 많은 형태가 존재한다.

강한 국가중심적 지배구조를 갖는 독일이나 프랑스과 달리 영미권 국가와 북유럽은 사회 중심이다. 국가제도가 관료적 합리화를 거친 정도는 나라마다 달랐다. 프랑스에서 국가는 전문성과 정보를 독점하였지만 영미에서는 자발적 사회조직에 계속 의존하였다. 그에 따라 프랑스에서는 중앙관료조직인 표준조직이 성립하였으며, 정치와 경제 시스템을 지배할 정도로 제도화가 진척되었다.

사회중심 국가들에서 권위와 의사결정은 이해집단과 대중 간의 상호작용의 과정 속에서 발현된다. 조합적 질서가 강해서 국가가 조정기능을 수행(북유럽 국가)하지만, 그렇지 않은 경우 자유 다원주의의 결사적 형태를 취할 수 있다. 권위의 중앙집중성은 중세 이후 절대주의 체제에 대한 반응과 시민사회의 발전에 따라 달라졌다. 즉, 과거의 절대주의에서 벗어나 국가주권을 제도화하는 데 집단적 권위를 중앙집권화한 경우도 있지만, 국가주권이 강화 속에서도 집단적 권위를 시민사회에 배치하여 국가주의적 경향을 약화시킨 경우도 있다(Jepperson, 2002).

국가에 의한 권위의 조직화 : 유럽대륙과 남유럽 국가주의는 국가를 중심으로 권위를 조직화한다. 정부는 위로부터 사회를 이끌어가며 권위는 국가에서 비롯한다. 국가는 보편성의 원리에 따라 작동하고 공동선을 추구하는 이타적 존재로, 사회단체의 압력이나 제약을 받지 않고 자율적으로 정책을 결정 · 집행할 수 있는 능력을 갖추었으며, 이익 표출에 따른 사회갈등을 위계적으로 통제하거나 조정이 가능한 존재다. 정부는 다수의 국민이 강하게 반대해도 중요한 공공재의 공급 여부를 스스로 결정할 수 있다. 절대주의의 전통을 가진 대부분의 유럽대륙의 국가, 특히 프랑스와 독일은 높은 수준의 국가주의를 보여준다. 프랑스와 독일에서는 의회제도의 확립에 앞서 강력한 관료제가 성립했고 정체의 강점은 국가라는 신화에 제도적으로 체화되어 있으며, 법의 지배를 국가의 권한과 동일시한다. 반면 시민사회는 혼돈과 무질서의 원천으로 간주되어 국가의 감독과 지도를 통해 통제되어야 한다고 간주된다. 중앙집중적 의사결정의 전통으로 말미암아 자발적 결사가 제약받는다. 시민사회는 제도적 지원을 거의 받지 못하므로 공공영역에서 효과적인 활동을 펼치기 어렵다.

유럽은 로마법을 따라 공공영역과 사적영역을 구별한다. 프랑스는 독일처럼 국가성이 강하여 행정학이 별도로 발전했고 국가에만 적용되는 별도의 법체계가 존재한다. 관료집단은 별도의 집단으로 발전하여 수많은 특권을 오늘날까지 향유한다.[7] 국가에 정치활동이 집중된 반면 사회조직은 그 정당성이나 영향력은 매우 적으며, 북유럽과 달리 정치적 지지와 세제혜택 또는 재정지원을 받지 못한다. 매우 자율적인 국가가 유일한 대화 상대이고, 주권과 정당성이 엘리트적이고 폐쇄적인 국가 관료에 집중되어 외부 압력과 변화에 둔감하며, 변화는 광범위한 반발과 시위를 통해서만 가능하다.

사회에 의한 권위의 조직화 : 영미권과 북유럽 사회를 중심으로 권위가 조직화된 경우 권위와 정당성은 사회로부터 비롯하며, 권위는 사회 전체에 위치한다. 국가의 개입 없이도 사회는 스스로의 조절능력을 가지고 있으며, 개인들은 공동의 목표에 도달하기 위해 수평적이고 대등한 위치에 서서 사회단체를 구성하여 조직적으로 협력한다. 이들 사회단체 역시 수평적이고 대등한 위치에서 상호 경쟁이나 협력을 통해 국가 전체의 정책을 형성하고 집행할 수 있다. 유럽 전체에서 국가이론이 발전하고 관료제를 발전시키는 동안 영국에서는 국가 개념과 실현 그리고 행정이 오랫동안 미발전의 상태로 남겨졌다. 미국에서도 정치적 주권에서 국가개념이 미약하며 정치적 중심에 대한 반발도 컸다. 정부에 반하는 주권의 궁극적 원천으로서 민주적 시민사회가 중심적 위치를 점했다. 이에 따라 삼권분립과 연방주의가 강조된다. 그렇다고 국가제도가 약한 것은 아니며 전제적으로 행사되지 않을 뿐이다.

사회 중심의 국가에서 정부는 사회계약의 형태로 구성원을 대표하며 사회의 수단이자 표현으로 간주된다. 집단적 의사결정과 행동은 이해집단의 형성을 기반으로 한 협상이나 경쟁을 중심으로 전개된다. 시민과 사회조직의 정책결정 참여도가 훨씬 높으며 사회조직이 새로운 정책이슈를 쉽게 시작할 수 있다. 영미권 뿐만 아니라 북유럽 국가들 역시 결사체를 지지하고 결사체에 우호적 태도를 보여 왔다. 정치적 주권은 국가가 독점하지 않고 조직화된 정당한 이해집단으로서의 사회에 주어지며 국가에 의해 조직화되고 중재된다.

사회 중심의 국가에서 정부의 정책 형성과 집행은 사회단체들의 로비나 압력행사에 의한 다원주의적 이해관계가 경쟁적으로 관철되며 이루어질 수도 있고(자유 다원주의적 이해 관철), 구성원들의 이해관계를 대변하는 갈등적 사회단체들 간의 협의 · 협력에 의해 이루어질 수도 있다(사회합의적, 조합주의적 이해 관철). 전자의 경우 사회단체들은 국가의 정책에 대해 일방적으로 영향력을 행사하려 서로 치열하게 경쟁하지만, 후자의 경우 사회단체는 대표자로서의 독점적 기득권을 가지고 정책결정 과정에 공식적으로 참여한다. 후자의 경우 사회단체는 정부에 대해 회원들의 이해관계를 대변한다. 즉, 사회단체들은 자신의 구성원들을 대표하여 정부의 정책결정 및 시행에 참여하고 갈등을 조정하는 과제들을 수행한다.

1.4 사회조직과 그 경제적 역할

1) 사회조직과 집단행동

반복적 협력이 존재

사회에는 상호작용을 위한 조직으로 수평적 네트워크 또는 사회조직이 존재한다. 전략적 제휴부터 기업협회까지 포함하는 공식적 사회조직과 산업지구 내부에 존재하는 긴밀한 연락망과 같은 비공식적 사회조직

7. 북유럽 국가 역시 관료의 존재를 인정하지만 우월성보다는 대등성(co-equality)을 강조한다. 사회조직이 정부 행정에 일상적으로 참여한다는 점도 국가와 사회의 경계를 약화시킨다. 따라서 공공부문의 규모가 크고 세율도 매우 높지만 상대적으로 국가주의가 존재하지 않는다.

이 그것이다. 사회조직을 통한 상호작용은 교환과는 구별되지만, 교환에 영향을 미치거나 교환의 장이 되기도 한다. 사회조직은 사회집단, 사회 네트워크, 동아리, 공동체 때로는 사회적 자본(social capital)[8]으로도 불리는데, 집단행동(collective action)을 가능하게 한다. 사회조직은 시장이 실패하고 계층조직이 신축적으로 대처하지 못하는 조정문제를 다루는 데 적합하다. 물론 시장과 계층조직이 실패하듯이 사회조직도 실패할 수 있다. 예를 들어 사회조직은 규모가 지나치게 커지면 내부조정의 효율성이 감소할 수 있다.

사회조직과 규범 · 벌칙

사회조직은 합법적 권위가 지배하지 않아 기업이나 정부와는 구별되고, 교환이 불연속적으로 이루어진다는 점에서 시장과 다르다. 교환과정에서 생겨나는 갈등을 중재하고 해소하는 합법적 권위(legitimate authority)가 존재하지 않는다. 사회조직은 호혜적이고 상호 의무를 갖지만 법률로 강제할 수 없는 관계에 의해 유지되고, 상호신뢰에 기초해 상호작용하는 개인들이나 조직의 모임이다. 합법적 권위가 존재하지 않는 상황에서 어떻게 사회조직이 작동할 수 있을까? 약속된 집단행동으로부터의 이탈을 막을 수 있어야 하고 이를 위해 이탈의 파악이 용이하여 처벌이 가능해야 한다(Granovetter, 2005). 경제적 제재뿐만 아니라 사회적 제재와 규범이 존재해야 한다. 공식적 제도는 경제적 제재에 초점을 맞추지만 정보와 법규가 불완전한 상황에서 경제적 제재는 효과적이지 못할 수 있다. 이런 상황에서 합법적 권위 대신 사회적 제재와 규범에 기초한 사회조직이 작동한다.

사회조직과 시민사회

사회조직은 경제 영역을 넘어 시민사회(civil society)에 상응한다. 시민사회는 가족과 국가제도, 시장과도 구별되는 강제되지 않은 결사이다(Phillips, et. al, 2009). 아담 스미스는 시장경제를 국가와는 분리되어 개인의 자유 선택에 의존하지만, 독자적 법칙(보이지 않는 손)에 따라 움직이며 결국 공공의 선에 이바지하는 것으로 보았다. 마찬가지로 시민사회 역시 국가와는 분리되어 개인의 자율적 결사에 맡겨지지만 결국 공공의 선에 기여한다.

시민사회는 가족, 국가에 대비되는 민간 부문을 지칭하여 넓게는 경제적 시민사회(시장)도 포함하나 통상 '비경제적 시민사회'를 가리키며, 자선단체, 비정부 개발기구, 공동체 조직, 여성단체, 신앙단체, 직능단체, 노동조합, 자조 집단, 사회운동, 기업집단, 연합 및 옹호 집단을 아우른다(런던 정경대 시민사회센터).

역사적으로는 18~19세기 유럽에서 시민계급이 경제 · 사회 · 정치 등의 영역 전반에 걸쳐 지배적 지위를 차지한 근대 사회를 지칭하는 개념으로 사용된다. 시민사회 개념은 시대상을 반영하며 변화하여 왔는데, 왕국과 교회에 대한 대안(16~17세기 홉스와 로크), 절대왕권에 대한 대안(18세기 계몽시대 몽테스키외와 칸트), 국가와 독립된 자유로운 개인으로 구성되지만 자기규율이 작동하는 영역(산업혁명기, 퍼거슨과 아담 스미스), 개

---

8. 사회적 자본은 ① 사회조직 또는 사회 네트워크로 ② 신뢰, 규범, 가치의 공유에 기초한 상호조정을 통해 ③ 구성원에게 긍정적 외부효과를 낳는다고 간주된다(Durlauf and Fafchamps, 2004). 다른 이에 대한 신뢰는 더 효율적인 행동을 장려하기 때문이다. 사회 네트워크 분석에서 개인, 조직, 도시 등 사회적 실체는 actor(또는 node, point, agent)이고 tie(link, edge, line)는 이들 actor 간의 관계를 나타낸다. 한쌍(dyad)은 두 개의 actor와 이들 간의 tie로 구성된다. 3조(triad)는 세 개의 actor와 이들 간의 tie로 구성된다. 그룹(group)은 tie가 측정될 수 있는 actor들의 모임이며, 그룹 구성원 간의 특정한 종류의 tie를 관계(relation)이라 한다. 마지막으로 사회 네트워크는 actor들의 모임과 이들 위에 정의된 관계들을 말한다(Wasserman and Faust, 1994).

인과 국가 사이에 위치한 중개조직과 대표기구의 영역(19세기 토크빌)으로 변해 왔다.
시민사회와 국가 간의 관계는 다양하여 국가와 독립되어 결사의 자유를 가지고 전체주의 국가와는 대립하기도 하지만 국가와 대화하고 지원하며, 때로는 국가에 참여하기도 한다고 생각된다.
시민사회의 권위자인 킨(John Kean)의 시민사회 관점에서 볼 때 민주사회란 시민사회와 국가가 분리되어 있지만 상호의존하며 공존하는 사회이다. 국가의 영역뿐만 아니라 시민사회의 영역에서도 민주적 원리가 관철된다. 즉, "두 영역 모두에서 공개적인 감시가 이루어지고 합의에 따라 권력이 행사된다. 민주화는 국가권력이 시민사회 영역으로 확장되어 가는 것도 아니고 국가를 해체하고 시민사회 내에서 시민들 사이의 자발적 합의를 구축하는 것도 아니다. 민주화는 이들 두 극단 사이에서 균형을 잡아가는 것이다."
자료 : 『행정학사전』, 대영문화사, 2009. 1. 15. ; 『사회복지학사전』, Blue Fish, 2009. 8. 15. ; Keane(2010), pp. 461~464.

사회조직과 경제발전

사회조직은 경제발전 및 인간 역량의 구축과 확대에서 중요한 역할을 한다. 사회조직은 그 자체가 본질적인 가치를 가질 뿐만 아니라 인간 역량을 촉진 · 제한하는 수단이 될 수도 있다. 개인은 자신이 가치 있게 여기는 삶에 도달하는 데에 집단의 영향을 받기 때문이다. 또한 개인은 공동체 그 자체를 그리고 공동체에의 귀속 그 자체를 가치 있게 여기기도 한다. 때때로 공동체는 개인의 가치체계에 영향을 미치기도 한다. 사람들은 규범을 협상하고 기존 불평등에 도전하고 자신의 권리를 방어하기 위해 집단적으로 행동한다. 경제사회 관계와 공공정책 영역에서 영향력을 갖기 위해서는 집단 이익의 조직화가 필요하다. 교환조건을 협상하고 정책결정에 효과적으로 영향을 미치기 위해 근로자의 이익은 집단과 대표를 통해 집단적으로 조직화될 필요가 있다.

사회조직은 취약계층의 협상력을 높이고 자원 공유를 장려하고 참여자들 간의 자존감을 낳으며, 공동 의사결정에 참여하도록 장려한다. 빈곤층은 자신들의 권리를 방어하고 자조적 사회조직을 형성함으로써 역량을 팽창할 수 있다. 사회조직은 집단역량에 관련된다. 집단역량은 개인 혼자 달성할 수 없는 역량으로서, 변화의 주체로서 개인이 얼마나 함께 행동할 수 있는지를 보여준다. 집단역량과 개인역량의 관계는 상호 강화적이다. 개인들의 가치와 역량은 집단에 의존하며, 개인의 역량은 집단이 하는 행동들의 성과에 중요하다.[9]

2) 사회조직의 기능 : 시장과 정부의 보완 및 대체

교환이나 공공재 공급은 원리적으로는 사실 사회조직 없이도 달성할 수 있다. 법률과 법정을 통해 계약에 대한 일반화된 신뢰(generalized trust)를 달성할 수 있다. 공공재 공급은 국가에 의해 조세에 기초해 더 낮은 비용으로 가능하다. 서구의 발흥은 재산권을 보호하고 공공재의 효과적 공급을 가능하게 했던 제도의 창출에서 비롯하였다(North, 1990). 물론 사회조직도 교환과 공공재 조달에서 효율성을 개선할 수 있다. 하지만 이는 차선책일 뿐이다. 최선책은 일반적으로 잘 기능하는 법률제도와 국가조직을 발전시키는 것이다. 다만

9. 개인과 사회의 관계는 만족의 개념에서도 나타난다. 생활수준(standard of living)은 자신의 삶과 관련된 개인적 후생수준이다. 여기에 다른 이를 도움으로써 기쁨을 얻는 공감의 결과를 더하면 후생(well-being)의 개념이 그리고 후생에 자신보다는 타인에게 이득을 낳는 헌신을 더하면 주체성(agency)을 갖는다(Sen, 1987).

정보 제약으로 말미암아 국가조직보다는 사회조직이 우월할 수 있다.

사회조직이 효율성을 높일 수 있는가는 정부와 공적 제도 수준에 의존한다. 법률과 법정이 부족하다면 많은 교환이 소규모로 제한되고 시장참여자는 법원에 의존하여 계약을 강제하기 어려울 것이다. 이런 환경이라면 교환은 법질서뿐만 아니라 사회적 자본, 즉 사회적인 도움이 필요하다. 공공재에도 과세하고 자원을 동원하는 국가권력이 공동체의 신뢰와 참여와 결합할 때에 효과적이다. 공동체가 자발적으로 수용한 규율이 없다면 정부 활동은 효과적이지 못하다 : 조세 징수는 어렵고 규칙은 준수되지 않으며 공무원은 부패하고 무임승차가 만연한다. 한편 규율의 실효성은 정부의 정당성과 대중의 정책참여도에 의존한다. 결국 대중의 자발적 수용이 없다면 공공재를 공급하려는 정부의 노력은 실패할 가능성이 높다. 따라서 공공재 공급에서도 사회적 조직은 매우 중요하다.

경제발전 수준에 따라 사회조직과 국가의 역할이 변해갈 수 있다. 사회조직은 발전도상국에게 중요할 수 있다. 이들은 인적 관계를 넘어 교환의 범위와 속도를 높일 수 있다. 하지만 경제발전과 더불어 일단 충분한 일반화된 신뢰가 형성된다면 사회조직은 더 이상 필요하지 않을 것이며 사라질 것이다(North, 2001). 공공재도 마찬가지다. 개발도상국의 경우 국가가 취약하고 재원이 부족하기 때문에 필요한 모든 공공재의 공급을 조직화할 수 없다. 특히 부패 등 무임승차를 제한하기 위해 자발적 참여를 필요로 하는 공공재나 지역공공재가 그러하다. 사회적 자본은 대안을 제공한다. 종교기도회처럼 비경제적 목적으로 구성된 클럽은 리더를 가진다. 국가에 의한 공공재 공급이 없는 경우 이들 리더들은 구성원들을 독려하여 부족한 공공재를 제공할 수 있다. 역사를 되돌아보면 신앙단체가 학교와 병원을 건립하고 다양한 공공 서비스를 제공한 사례가 많다. 공통된 종교적 열망이 신뢰의 기반이 되며, 종교적 계층조직은 필요한 리더를 제공한다. 과거의 정당이나 오늘날의 비정부조직(non-governmental organizations ; NGOs)도 유사한 역할을 하고 있다.

공식제도가 불가능하거나 비효율적이면 사회조직이 등장

사회조직은 시장이나 기업 또는 정부와 같은 공식적 제도가 없거나 효과적이지 못하면 공식적 제도를 대체할 수도 있다. 즉, 사회조직과 공식적 제도 간에는 보완성과 대체성이 동시에 존재한다.

첫째, 사회조직은 자발적 협력과 문제해결을 통해 시장을 뒷받침할 수 있다. 즉, 사회조직은 정보흐름을 개선하고 사적재산권과 계약을 정의하고 경쟁을 관리함으로써 교환의 이득을 높이고 위험을 완화시킬 수 있

표 3-5 시장을 활성화하는 사회조직의 역할

제도의 기능	사회조직의 시장 활성화 수단	공식적 제도의 시장 활성화 수단
정보 공유	소기업과 무역상은 사업기회, 장애요인, 잠재적 거래 상대방에 대한 신용수준을 공유	신용평가기관, 자본시장
규모의 경제	공동 조달, 공동 생산, 공동 마케팅	수직적 통합기업
위험경감과 재분배	상호보험과 상호부조	조세와 이전지출
사유재산권과 계약을 정의	평판의 손실 개인, 공동체, 외부중재자나 강제기구(야경집단) 차원에서 이루어지는 보복이나 거래에서의 참여 배제	사법 제도와 경찰력
단점	▪ 특수주의로 참여에 제한 ▪ 소규모 거래에 적합 ▪ 복수의 목표	▪ 보편주의 ▪ 대규모 거래에 적합 ▪ 목표의 단순화

다. 사회조직은 법률과 같은 공식적 제도에 의존하기 어려운 계층에게 특히 중요하다. 뉴욕의 다이아몬드 시장은 가족네트워크와 인종-종교 공동체를 배경으로 한다. 약속을 따르지 않고 정직하지 못한 거래자들은 고소를 당하지는 않지만 평판을 잃고 결국 파산한다.

둘째, 사회조직은 자발적 협력과 문제해결을 통해 정부활동을 보완하거나 대체할 수 있다. 즉, 사회조직은 권력을 감시·비판하며 직간접적으로 공공정책에 기여한다. 사회조직은 국가의 상대역으로 창조적이고 비판적으로 대화하며 스스로 형성한 가치를 표현하고 반영시키는 공적 영역을 포함한다. 사회조직은 정부의 실패와 특수이익집단의 폐해를 감시·비판·견제하고 공익적 차원에서 정책 대안을 제시할 수 있다. 상호이익 추구를 목적으로 형성된 사회조직은 이익 실현을 위해 직접 행정부, 정당, 의회를 포함한 정책결정자를 대상으로 압력을 행사하거나 여론을 조성하기도 한다. 정책은 사회조직 간 경쟁의 산물이고 정부는 심판 역할을 하며 합의를 중재하는 존재로 간주되기도 한다[다원주의(pluralism)]. 사회조직은 정책결정자들에게 필요한 정보를 제공할 뿐만 아니라 정책형성과 실행과정에 직간접적으로 참여할 수 있다. 사회조직이 정부기능을 대체할 수도 있다. 사회조직은 국가가 부재하거나 다룰 수 없는 많은 영역에서 국가와 공무원의 기능을 대신할 수 있다. 사회조직은 시장실패와 정부실패로 제공되기 어려운 공공재와 공익 서비스(보건, 법률 서비스, 사회서비스, 문화예술 등)를 제공할 수 있다. 정부가 시민단체에 재정적 보조를 하고 시민단체가 정책집행을 돕거나 정부를 대신하여 서비스를 제공할 수 있다. 마지막으로 사회조직에서 체험하는 자발적 결사의 삶은 민주주의로 인도하는 보이지 않는 손으로 작용하여 국가를 뒷받침하고 지원한다. 사회조직은 그 내부에서 그리고 다른 사회조직과의 관계에서 자발적으로 이익갈등을 조절하고 협력을 이끌어내며 스스로 문제를 해결하는 경험을 제공한다.

사회조직의 구조적 특성

사회조직은 시장이나 정부 또는 기업과 구별되는 독특한 특성을 가지며 그 특성은 몇 가지 용어로 정리할 수 있다. 첫째, 작은 세상(small world) 현상이 존재한다. 각 구성원[노드(node)]이 다른 구성원으로 이어지기 위해 거쳐야 하는 단계의 평균 수[평균 경로길이(average path length)]가 매우 적다는 것이다. 평균 경로길이는 사회조직의 응집도와 자원이 도달하고 정보가 전파하는 속도를 말해준다. 둘째, 편향적 연계(preferential attachment, rich-get-richer)가 생겨난다. 이미 많은 연계를 가진 개인일수록 더욱 더 선호되며 연계가 확장된다. 유명한 웹사이트, 즉 링크를 많이 갖고 있는 웹사이트는 유명하지 않은 웹사이트에 비해 다른 웹사이트에 연결될 확률이 더 높다. 편향적 연결은 불평등한 분배로 이어질 수 있다. 소수의 개인이 중개인(broker) 또는 허브(hub)로서 과도한 통제력을 행사하며, 다수의 개인이 이에 의존한다. 편향적 연계로 말미암아 대다수의 개인들은 적은 수의 연계를 갖지만, 소수의 큰 허브는 이례적으로 많은 수의 연계를 가지고 공존한다[멱법칙(power-law)]. 셋째, 패거리 짓기[클러스터링(clustering)]가 나타난다. 사회조직 내에는 유난히 긴밀하여 패거리를 짓는 하위 집단이 존재한다. 패거리 짓기는 개인의 자유와 개인이 참여하는 집단에 영향을 미친다. 이들은 개인에게 사회적 자본을 제공하기도 하지만, 동시에 불평등을 고착화시킬 수도 있다. 결과적으로 강한 연계와 약한 연계가 공존한다. 강한 연계는 자주 상호작용이 발생하는 소집단이나 패거리이며, 약한 연계는 그렇지 않은 연계이다. 개인은 정보와 자원을 강한 연계에 주로 의존하지만, 동시에 새로운 정보와 자원은 약한 연계에서 비롯할 수 있다(Granovetter, 2005).

3) 사회조직의 조직실패

조직실패 = 조직목표를 달성하지 못하는 실패

사회조직은 자신들의 문제를 스스로 해결하고 이익 갈등을 조절할 수 있는 능력을 함양하여 문제해결과 사회통합에 기여할 수 있다. 이를 토크빌(Alexis de Tocueville)은 결사의 예술(art of association)이라 불렀다. 그러나 현실세계에서 사회조직이 항상 성공하리라는 보장은 없으며, 실패할 수 있다. 사회조직이 조직목표를 달성하지 못했을 때 조직실패(organizational failure, Meyer and Zucker, 1989)가 발생하였다고 한다. 즉, 조직목표에 비추어 볼 때 바람직한 활동이 유지되지 못하거나 바람직하지 못한 행동을 막지 못하는 경우가 이에 해당한다.

조직실패는 구성원의 능력이 부족하거나 협력을 위한 유인구조 또는 책임성이 결핍되었을 때 발생한다. 구성원이 능력이 있어도 기회주의적 행동이 만연하면 갈등이 지배하며, 기회주의는 없지만 구성원의 능력이 부족하다면 조직이 유지되더라도 퇴화의 길을 걷게 된다. 능력이 없는 구성원이 기회주의적으로까지 행동하면 조직이 생겨나지 못하거나(불발), 기존 조직이 와해(해체)될 것이다.

다원주의자들의 주장과 달리 모든 이익집단이 유사한 조직능력을 갖추고 대등하게 경쟁할 수 있는 것은 아니다. 사회조직에는 기회주의적 행동, 즉 무임승차(free-rider) 문제가 있기 때문이다(Olson, 1971). 이를 해결하기 위해서는 집단이 작거나 금지를 강제할 수 있거나 참여유인을 제공할 수 있어야 한다. 노동조합이 정상적으로 작동하려면 노조가입 의무화나 파업 시의 보상이 필요하다. 물론 사회규범과 이념적 지향도 이에 영향을 미칠 수 있다. 노사관계에서 근로자보다 고용주가 조직화할 능력이 더 크다. 고용주는 그 수가 적고 이익이 분명하지만, 근로자들은 그 수가 많고 이해관계마저 각기 다를 수 있다.

표 3-6 사회조직 실패의 유형

		책임성(도덕적 해이의 극복)	
		고	**저**
능력	**고**	이상적인 조직 (예) 이탈리아 산업지구, 실리콘 밸리	갈등 지속 (예) 미국 중서부의 내구재 공급자망, 뉴욕의 의복공급망
	저	퇴화 (예) 루르 밸리, 남미의 수입보호산업	조직 해체와 불발 (예) 뉴저지 동부 실리콘 밸리

자료 : Schrank and Whitford(2011)

4) 사회조직과 상향식 경제발전 : 외적 확장성

전체 사회와의 관계 속에서 개별 사회조직은 파벌에 머물 수도 있고 더 큰 사회적 협력과 문제해결을 낳을 수도 있다.

사회조직과 파벌의 해악

사회조직은 속성상 외부의 개인이나 조직을 배제하기 마련이다. 거꾸로 특정 사회조직에 속한다는 이유로 다른 사회조직으로부터 배제될 수 있다. 이익집단이라는 표현은 이러한 사회조직의 특성을 잘 보여준다.

이익집단은 편파적 이익을 대변하며 지대추구와 담합을 추구한다. 이익집단 사이에는 자원 동원력이나 구성원 규모에 있어 불균등이 존재한다.[10] 특히 자본주의 사회에서 기업집단이 유리한 위치에 설 수 있다. 이들이 갖는 경제적 중요성이나 정치 · 사회적 안정에서의 중요성으로 인해 또는 여론에 대한 영향력으로 인해 정부는 압박받을 수 있다. 결과적으로 기업집단은 자신의 특권적 지위를 유지 · 강화하려 하고 정부는 친기업적 성향을 보일 수 있다(Lindblom, 1977). 대규모 이익집단은 아예 국가로부터 공인을 받아 국가−이익집단 사이의 상호협력을 제도화하거나 국가에 의한 이익집단의 동원과 지배가 나타날 수도 있다. 더 나아가 사회조직의 자생성과 자율성이 취약한 개발도상국의 경우 이익집단과 정부 간에 수혜−후원 관계가 구조화되고 정치부패가 만연될 수 있다. 이익집단이 널리 분산되어 있다 해도 자치적 이익집단이 강력해져 사회의 중요한 자원을 독점해 특수이익을 추구하며 분열되어, 조정과 타협보다는 갈등이 심화될 국가적 위기상황이 만연될 수 있다. 이상의 사회조직의 역기능적 현상은 가용자원이 제한된 지역사회에서 두드러질 수 있다. 지배적 이익집단이 항상 존재하며, 지방정부, 지방기업, 종교단체, 전문분야에 종사하는 소수의 결속력이 높은 집단이 공공정책을 지배할 수 있는 것이다.[11] 이러한 현상을 미국 건국 초기에 메디슨(James Madison)은 파벌의 해악(michieves of faction)이라 불렀고, 스미스(Adam Smith)는 "같은 직업에 종사하는 자들의 대화는 공익에 반하는 음모를 하거나 가격을 올리기 위한 모략으로 끝난다"라고 경고한 바 있다. 그만큼 정부가 강력한 파벌의 횡포를 통제해야 할 필요성이 상존하는 것이다.

"상향식" 발전 : 결사의 예술과 확장성

특정 사회조직이 담합하여 외부를 배제하는 경향을 극복할 수 있다면 상향적 발전의 가능성이 생겨난다. 사회조직은 공통된 정체성을 갖는 사람들 간의 동질적[homogenous(결속적), bonding 또는 공동체 내 intracommunity] 사회조직과 공통된 정체성을 넘어선 사람들 간의 이질적[heterogenous 또는 연결적(bridging), 공동체 간(intercommunity)] 사회조직으로 구분된다. 전자에는 가족, 가까운 친구, 인종집단이, 후자에는 먼 친구, 협회 등이 포함된다. 공동체 내에서 결속이 발전하는 과정을 통합(integration)이라 부르는데, 지역공동체에서 출발하는 상향식 경제발전은 우선 지역 공동체 내부의 통합을 요구한다.

빈곤한 공동체가 발전을 지속하려면 내적 통합이 공동체를 넘어서 확대되어야 한다. 두 개 이상의 서로 다른 공동체 간에 구축되는 연결, 즉 공동체를 넘어서 네트워크가 연결되는 과정을 확장성(linking, bridging)이라 한다. 즉, 사회조직의 확장성이란 외부조직과의 연결 강도를 의미한다. 외부조직은 특정 사회조직 내에서는 얻을 수 없는 새로운 정보와 자원의 원천이 될 수 있다. 외부조직으로 확장하여 더 많은 정보와 자원에 접촉하는 확장성이 부족하다면 빈곤한 상황이 지속될 수 있다.[12] 친한 친구는 나와 유사한 관계 속에서 살아가므로 그가 가진 정보는 내가 알고 있는 것과 상당부분 중복된다. 새로운 직업과 자원을 얻기 위해 필요한 정보는 외부조직과의 연계를 필요로 한다. 한편 사회조직은 다른 사회조직과 자발적으로 이익갈등을 조절

10. '국가 엘리트' 이론에서 정부, 기업, 이익집단, 언론기관, 대학 등을 포함한 대규모 국가 조직과 제도를 통제하는 소수의 권력 엘리트가 지배적인 이익집단을 형성하여 자신들의 가치와 이해관계를 반영한다(Dye, 2001). 이들은 공공정책 형성, 이익집단 형성, 공직후보 선정, 여론형성을 통해 정부의 정책결정과 의회의 입법과정과 정책집행의 결과에 영향을 미친다.

11. 물론 다원주의자들은 사회가 다양한 독립적 이익집단이나 결사체로 이루어져 있어 이들 이익집단이 서로 경쟁하거나 협상하면서 일부 특수이익의 돌출이 억제되고 민주적으로 공공정책이 형성된다고 본다. 특히 시민은 선거 외에도 이러한 사회조직에의 참여를 통해 사회 주도층에 대해 상당한 영향을 미칠 수 있으며, 정부는 집단 간 갈등을 조정하는 중재자의 역할을 한다고 본다.

12. 더불어 사회조직은 구성원 간의 공평성이나 공동체의 다양한 목적을 위해 사익추구를 제한한다.

하여 협력함으로써 공익에 기여할 수 있고 정부와의 관계 속에서도 정부 정책과정에 필요한 정보를 제공하며 정책실행 과정에서 정부를 직간접적으로 지원할 수 있다.

외적 확장성이 과도하거나 과소하면 경제발전을 저해

내적 역량이나 외적 확장성 중 한쪽이 불균형적으로 과도하거나 과소하면 사회조직이 제공하는 사회적 기회가 위축된다. 내적 통합과 외적 확장성 모두가 결핍한 경우를 무도덕한 개인주의(amoral individualism)라 하고, 외적 확장성만이 지배적인 경우를 무질서(anomie)라 한다. 개인은 다양한 활동에 참여할 자유와 기회를 갖지만, 지도, 지원, 정체성을 제공하는 안정적 공동체 기반을 갖지 못한다. 도시화나 근대화가 급진전되는 사회에서 흔히 나타나는 현상이다. 자유가 광범위하게 허용되지만 충분한 공동체를 갖지 못한 소규모 사업체는 창업에 어려움을 겪는다. 대부분의 사회조직은 확장성이 부족하고 통합성은 강한 ⓑ의 무도덕한 가족주의(amoral familism, Bonfield, 1958) 유형에 속한다.

표 3-7 상향식 경제발전을 위한 사회조직의 요건 : 내적 역량과 외적 확장성

		내적 역량(능력 · 책임성)	
		약	강
외적 확장성	약(Bonding)	ⓐ 무도덕한 개인주의 (예) 따돌림, 노숙자	ⓑ 무도덕한 가족주의 (예) 빈민가
	강(Linking)	ⓒ 무질서 (예) 이주(anomie)	ⓓ 사회적 기회의 발생 (예) 마이크로 금융

자료 : Woolcock(1998)을 일부 수정.

5) 사회조직화 : 결사 vs 조합

민간부문에서 이익대표와 집단행동의 기본 단위가 개인 간의 연계[결사(association)]인가 아니면 단체 간의 연계[조합(corporation)]인가에 따라 개인주의와 조합주의로 사회가 조직화하는 패턴이 달리 나타날 수 있으며 그에 따라 집단적 의사결정과 집단행동의 양상이 달라진다.

조합주의적 사회조직과 집단주의

조합주의에서 이익대표의 기본 단위는 개인이 아닌 사회조직이다. 사회는 독자적 기능을 하며 높은 도덕적 목적을 갖는 사회조직들이 공동체적 질서를 갖는 모임이다. 개인 대신 사회조직에 공적 지위와 역할이 부여되므로 국가는 서로 다른 집단행동을 하는 사회조직이 형성되어 전국기구로 발전 · 유지되도록 지원 · 장려한다. 즉, 국가는 사회조직에 중요한 물적 자원을 제공하고 각 사회조직이 점하는 이익대표의 범위와 접근 가능한 공공영역을 규정하며, 입법, 사법, 행정의 모든 분야에서 정책결정기구와 밀접히 통합시키고 복지 서비스 관리와 같은 행정적 책임을 갖도록 한다.

조합주의적 사회조직화는 조화로운 공동체적 사회질서를 생성하기 위한 메커니즘이다. 사회는 차별적인 공적 기능을 수행하는 하위 사회조직들의 모임으로서 공동체적 질서를 가진다. 각 사회조직은 자신의 내부구조를 규율한다. 사회조직에의 참여는 개인이 선택한 결과물이라기보다 사회적 자아의 특성을 드러내는 것이

다. 결국 개인은 사회조직에 소속됨으로써 자신의 정체성을 드러내는데, 개인의 주장은 집단적으로 대표되므로 다른 개인들과 상호의존적이며 합의적인 것이다. 개인이익이 집단적·제도적으로 포용되므로 사회갈등이 해소되고 공동체적 질서가 유지된다. 조합주의적 사회에서 자원봉사뿐만 아니라 시위나 보이콧과 같은 별도의 집단행동은 의미가 크지 않다.

결사적 사회조직과 개인주의

개인주의 사회에서 이익대표의 기본 단위는 개인이다. 사회조직보다는 개인이 자신의 이익을 가장 잘 판단하고 고유한 대표권을 갖는다. 조합적 사회조직에서는 집단적 요구와 의무가 강조되지만, 결사적 조직에서는 개인의 권리와 선택이 강조된다. 결사적 조직에서는 개인의 선택이 상향식으로 조직화되고 대표되며 그에 따라 자연적·발현적으로 사회조직이 출현한다. 개인들은 연계가 되어 있지만 구별된 채로 남고 사회조직은 집합적(collective)일 뿐이다. 개인들이 협력하고 경쟁하는 속에서 다수결에 의한 지배적 연합이 출현하며 집단적 결정과 집단행동이 이루어진다. 개인들은 함께 공적 행동을 하며 (고도로 사회화되고 서로 조정하는) 개인들의 모임으로 묘사된다. 새로운 사회적 문제가 나타날 경우 새 연합이 급작스럽게 출현할 수 있다. 특정 이익이 과도하게 표출될 경우 어느새 이를 상쇄하는 결사조직이 발현하여 균형을 찾는다. 그러나 무임승차로 말미암아 등장한 사회조직이 항구적으로 지속될 수 있는 것은 아니다.

- 영국의 경우 개인만이 이익대표와 집단행동의 기본 단위로 개인주의를 보여 왔고 개인이 자기 목표를 자유롭게 추구하는 결과로 사회적 질서가 나타나며 조화가 생겨난다.
- 프랑스에서 개인주의는 보다 반조합주의적 형태를 취한다. 사회조직은 개인 자유에 대한 위협이자 공익에 반하며 대중의 희생 위에서 부당이득을 얻는 기생집단이라는 경멸적 의미를 갖는다. 공익은 사익의 조화로 생겨나기보다는 사익의 외부에 위치하는 우월적인 것으로 국가에 의해 대표된다. 결과적으로 프랑스는 반조합주의적인 동시에 국가주의적이다. 남유럽과 남미는 사회조직에 대해 국가주의적 양면성을 보인다. 과거 카톨릭의 가부장적 사회질서를 배경으로 사회조직은 정치적 포용보다는 사회적 통제를 목표로 하여 중앙집중적이고 국가주도적이며 대중의 참여가 배제된다. 따라서 사회조직 간, 사회조직과 국가 간의 관계는 갈등적이다. 이는 조합주의하에서 주로 협력에 의해 국가와 집단 간 그리고 조합집단 간의 사회적 규제가 이루어지는 것과 대비된다.

표 3-8 사회조직화 유형

조합주의적 사회조직	결사적 사회조직
▪ 사회의 기초적 단위는 집단조직, 질서, 계층, 기업단체 ▪ 차별적 역할과 집단적 기능의 공동체적 질서가 우선시 ▪ 사회조직은 합리적이며 계획적인 것 ▪ 집단적 요구와 의무를 강조 ▪ 합의 기반의 정치 : 패자에 대한 보상 ▪ 이해관계를 공식적으로 대표	▪ 사회의 기초적 단위는 개인 ▪ 개인이 우선시 ▪ 사회조직은 자연적이고 발현적 ▪ 개인의 권리와 선택을 강조 ▪ 다수결에 의한 정치 : 승자독식 ▪ 이해관계의 상향적 조직화

다원주의, 국가 조합주의 그리고 사회 조합주의

사회조직의 순기능은 파벌의 해악을 제한하여 결사의 예술이 드러날 때 가능하게 된다. 파벌의 해악은 국가, 경쟁 또는 자율에 의해 제한될 수 있는데, 이는 각각 국가 조합주의, 다원주의 그리고 사회 조합주의와 관련된다(김의영, 2006).

- 국가 조합주의는 사회조직들이 공익에 기여할 수 있도록 국가가 역할한다. 국가는 기능적 역할에 따라 소수의 사회조직을 허가하여 그들에게 이익을 독점적으로 대표할 수 있는 권한을 수여하고, 대신 사회조직을 통제하여 사익추구를 제한하고 정부 정책을 전달하고 정책의 실행을 돕는 보조적 역할을 수행하도록 한다. 국가 조합주의가 제대로 작동하려면 국가가 사회조직을 규율할 수 있는 능력을 가지고 자율적이며 중립적이어야 한다. 사회조직은 기능적 측면에 따라 역할하므로 상호경쟁적 위치에 서지 않는다.
- 다원주의는 파벌의 해악이 다수의 사회조직 간 자유로운 활동에 기반한 상호견제와 경쟁을 통하여 해소할 수 있다고 기대한다. 그러나 사회조직 간에는 집단행동을 할 수 있는 능력이 서로 다르며 소수의 지배적 집단의 요구가 과도하게 관철될 위험이 상존하고 있다.
- 사회 조합주의는 사회조직들이 스스로 과도한 사익추구를 규제하는 메커니즘[즉, 사적이익 정부(private interest government)]을 구성하고 이러한 사적이익을 정부 간 합의와 협상을 통해 이익갈등을 해소하며 공익을 실현한다. 그러나 한 사회의 대부분을 포괄하는 포괄적 조직 또는 정상조직이 존재하여 자율을 실천하고 있고 정상조직 간에는 힘의 균형이 성립하여 협상이 가능해야 하며, 이러한 협상을 중립적 입장에서 중재할 수 있는 국가의 능력이 요구된다.[13]

국가의 사회조직에 대한 영향력 행사수단은 새로운 불이익을 부과하는가 아니면 새로운 이득을 제공하느냐에 따라 제재(constraints)와 유인(inducement)으로 구분된다. Collier and Collier(1997) 제재에는 단체협약과 파업, 요구의 종류와 그 표현방법, 지도부 선출 및 충원 등에 대한 통제와 업무상의 감독 및 조정을 포함한다. 유인에는 사회조직에 법인격을 부여하는 등록, 단체구성권 부여, 독점적 이익대표권 부여, 성원 가입의 강제, 재정보조가 포함될 수 있다. 이 두 가지 통제 수단에 따라 국가 조합주의(높은 제재, 높은 유인), 사회 조합주의(낮은 제재, 높은 유인), 다원주의(낮은 제재, 낮은 유인)를 구분하고 이에 더해 억압(높은제재, 낮은 유인)으로 국가–사회 관계를 유형화하였다.

1.5 제도의 다양성과 최적 조합

최적의 경제제도라는 그런 것은 존재하지 않는다. 또한 제도의 외부적 형식이 같더라도 그것이 수행하는 기능이 반드시 일치하는 것은 아니다. 또한 시장, 사회조직, 정부의 상대적 역할은 국가 간에 큰 차이가 존재한다.

13. 조합주의가 관철되는 수준에 따라 국가적 단위인가, 부문 · 지역별 단위인가 아니면 개별 기업 단위인가에 따라 거시적 조합주의, 부문별 조합주의, 미시적 조합주의로 구분도 가능하다.

1) 경제제도의 목표와 다양성 : 제도의 기능적 등가성

제도는 외부적 형식과 기능이 반드시 일치하지 않음

시장이 제대로 기능하려면 시장을 지원 · 보완하는 제도가 필요하다. 시장이 만들어지고 시장실패를 극복하고 시장을 안정시키기 위해서 시장을 정당화하는 제도가 필요하다. 그렇다면 구체적으로 어떤 제도가 필요한 것일까? 아쉽지만 경제적 목표와 그것의 제도적 구현은 다른 것이며 제도의 형태는 목표에 의해 유일하게 결정되지 않는다(Rodrik, 2006). 자유시장, 재정건전성, 금융 안정, 분배 정의와 같은 경제적 목표는 제도에 대한 고려 없이 상정되며 특정한 제도적 형태를 시사하지 않는다. 사유재산권은 존중되어야 하지만 그 집행을 위한 법률제도는 대륙법 체계일 수도 있고 영미법 체계일 수도 있다.[14] 〈표 3-9〉는 경제제도가 지향할 목표(1열과 2열)를 경제정책과 사회정책으로 나누어 제시하고 목표 달성을 위해 요구되는 경제 원리(3열)를 나열하고 있다. 이 표에서 보듯이 특정한 경제적 목표 그리고 그것이 따라야 할 경제 원리를 제도적으로 구현해내는 방법(4열)이 매우 다양하다.[15]

역사적으로 자원 배분은 사회조직, 정부, 시장이라는 세 가지 대표적인 제도적 양식에 의존해 왔다. 사회조직은 자원을 관습과 구성원 간의 합의를 통해 배분한다. 정부는 권위에 의해 자원을 배분하며, 시장에서는 개인의 선택을 따라 자원이 배분된다. 자원배분은 오로지 하나의 방식에 의해 결정되기보다 이들 세 가지 방식이 혼용되어 결정되므로[16] 경제 문제를 해결하기 위한 제도의 구체적 양식은 매우 다양할 수 있다. 예를 들어 품질보증 서비스는 국가나 협회에서 제공하기도 하지만 민간기업이 제공할 수도 있다. 현대에 시장에 의해 결정되는 임금은 노사 간의 집단적 협상뿐만 아니라 정부에 의한 최저임금이나 임금보조 또는 복지정책에 의해 수정되고 있다.

표 3-9 제도 선택의 다양성

목표		경제원리	제도 선택의 다양성
경제적 목표 (경제정책)	시장 효율성 ■ 시장 창조 ■ 시장실패 교정	■ 사유재산권 ■ 유인 부합 ■ 법치	■ 영미법 vs 대륙법 ■ 금융기관 유형 ■ 사유재산권, 지적재산권 등의 제한 범위 ■ 정부개입의 방법
	시장 안정화	■ 안정적 화폐 ■ 재정의 건전성과 유지 가능성 ■ 건전한 금융규제	■ 중앙은행의 독립성 정도 ■ 변동환율제 vs 고정환율제 ■ 규칙 vs 재량
사회적 목표 (사회정책)	빈곤 경감과 분배적 정의 ■ 시장의 정당화	■ 분명한 목표설정 : 목표 계층에 초점 ■ 유인 부합 : 유인의 왜곡을 최소화	■ 조세의 누진도 ■ 사적 연금 vs 공적 연금 ■ 교육, 보건, 신용, 임금, 조세 지원의 조합 ■ 노동시장 조직 제도화의 정도 ■ 사회 서비스 전달방식

자료 : Rodrik(2005)의 〈표 6〉을 한국의 현실을 감안하여 부분 수정.

14. 마찬가지로 민주주의는 대통령제, 의원내각제, 단일정부, 연방정부 등으로 다양하게 나타날 수 있으며, 재산권은 개인뿐만 아니라 공동체를 기준으로 나타날 수도 있다.

15. Rodrik(2006)과 Chang(2001)은 이른바 워싱턴 컨센서스가 목표 및 경제원리(1열과 2열)와 제도적 구현(3열)을 혼동하고 있음을 지적하고 있다.

16. 한편 정부는 시장실패를 다룰 뿐만 아니라 공동체의 실패를 다룰 수도 있다.

2) 발전 경험의 다양성과 자본주의 다양성

제도가 성장과 발전에 중요하지만, 성장과 발전을 낳았던 제도적 경험 역시 국가나 시기마다 다르다. 1870년 이후의 일본과 1945년 이후의 일본이 다르며, 1949년 이후의 중국과 1980년 이후의 중국이 다르다. 1960년대의 한국과 1990년대의 한국이 다르다. 동아시아에서 공통의 제도적 특징을 찾을 수 있고 이를 발전국가(developmental state)라 부르지만, 이는 국가마다 시기마다 다른 모습을 보여 왔다.

선진국 내에서도 마찬가지다. 경제적 목표는 같아도 그것을 달성하는 제도는 다양할 수 있음을 보여주는 대표적 논의가 '자본주의의 다양성(varieties of capitalism, Hall and Soskice, 2001)'이다. 이 논의는 기업이 자본가, 근로자, 다른 기업들과의 상호작용을 어떻게 다루냐에 따라 현대의 자본주의를 미국으로 대표되는 자유시장경제체제(liberal market economies ; LME)와 독일로 대표되는 조정시장경제(coordinated market economies ; CME)의 두 가지 제도 유형으로 제시했다. 자유시장경제에서 상호조정은 주로 경쟁적 시장에서 발생하는 가격 신호와 공식적 계약으로 해결되며, 조정시장경제에서는 시장 밖에서의 다양한 협의기구를 통해 조정 문제를 다룬다.[17]

표 3-10 자본주의 다양성 논의에서의 자본주의 분류

분류		자유시장경제(미국)	조정시장경제(독일)
경제정책	재화시장(기업관계)	경쟁이 기본적 강력한 반독점 경쟁정책	기업 간 네트워크 발전 전략적 협조(R&D)
	금융시장	소유권 분산 주주가치 중시 : 강한 CEO 권한, 주식시장 발전	소유권 집중 이해관계자 가치 중시 : 이중 이사회를 통해 합의 기반의 의사결정, 소규모 주식시장
	노동시장(노사관계)	노조와 사업자 협회가 취약, 기업별 협상	노조와 사업자 협회가 활성화, 산업별 · 전국적 단위로 단체교섭
	교육훈련	일반 숙련을 가진 근로자의 수습교육과 사내훈련	이중 도제제도로 기업과 산업 특화적 기술을 습득, 기업 협조로 산업별 직업훈련체계가 발달
	거시정책	위임과 재량에 의한 운영	합의된 규칙에 의한 운영
사회정책		약한 사회적 보호 고용보호와 실업보호 수준이 낮음	강한 사회적 보호 고용보호와 실업보호 수준이 높음
정치제도		다원주의와 다수결	조합주의와 합의
국가의 역할		규제적	보족적

자료 : Soskice(2007 : 90)를 부분 수정

17. 자유시장경제는 영국, 캐나다, 뉴질랜드, 호주 등 모두 영미 불문법 국가들을 포함하고 북유럽 국가, 유럽대륙 국가, 일본은 조정시장경제로 성문법 국가에 속하며, 프랑스와 여타 지중해권 국가는 혼합시장경제로 분류된다(Pistor, 2006). 한편 CME는 산업 기반(부문 간) 조정(특히 부문 간 협력이 긴밀한 북유럽), 그룹 기반 조정(한국과 일본으로 협력이 관계기업들 간에 발생), 국가주도 조정(프랑스와 남유럽으로 산업계 원로가 국가와 긴밀한 연계를 갖는다)으로 나뉘어진다. 정부는 CME에서 3가지 역할을 한다 : 상이한 주체 간의 숙의와 조정 과정의 촉진, 이 과정에서 발현되는 지원전략의 촉진, 특정 조정전략의 적극적 촉진. 국가의 촉진역할은 CME의 전제조건이지만 적절한 전략을 구체화하는 데 필요한 정보를 갖지 못하므로 조정에 더 적극적 역할을 하는 것에는 한계를 갖는다. 적극적인 국가의 활동은 기업으로 하여금 전략적 협력에 몰입하는 것을 주저하게 만들 수 있다. 정부가 일반적으로 게임의 규칙을 바꿀 수 있기 때문이다. Hall and Soskice의 주장은 정부의 적극적 개입이 성장신화로 이어진 동아시아 경험과 관련된다. 예를 들어 Wade (1990)는 동아시아 호랑이들의 발전에 적극적인 정부의 조정이 중요한 역할을 하였다고 주장한다. 기업과 정부 간에는 강력한 연계가 존재했고 정부는 강력하고 안정적이고 일관된 리더십과 조정역을 보였다.

제도적 양식의 다양함은 경제를 넘어서도 나타난다. 많은 연구들이 선진 산업국들의 정치체제, 복지체제, 생산체제의 상이한 특성들과 이들 요소 간의 상호 상응하는 관계에 주목해 왔다. 이들 연구들은 정치체제를 흔히 다수결과 합의제로, 생산체제는 조정시장경제와 자유시장경제로 구분하고 복지체제는 자유주의, 사민주의, 보수주의로 구분한다(Esping-Anderson, 1990). 이들 체제는 상호 조응하여 ① 조정시장경제-합의제 민주주의-사민주의 복지, ② 조정경제-합의제 민주주의-보수주의 복지, ③ 자유시장경제-다수결 민주주의-자유주의 복지의 조합이 나타난다(이주하, 2010 ; 선학태, 2012).

3) 사회와 국가 속성에 따른 자본주의 유형화 – 집단행동 조직화의 유형

다음 〈표 3-11〉은 사회의 조직화 양식(개인주의와 조합주의)과 집단 행동의 중심 양식(사회 중심과 국가 중심)의 두 가지 기준으로 자본주의의 국가-사회조직을 유형화한 결과이다 : 사회 조합주의(social corporatist), 국가 조합주의(state corporatist), 자유 다원주의(liberal pluralist), 자유 국가주의(state nation). 물론 이들 유형은 합리적 계획의 결과라기보다는 전통, 경로의존성, 역사적 우연의 산물이다.

표 3-11 사회와 국가 속성에 따른 자본주의 분류

		사회관계 : 개인 vs 사회	
		약 : 갈등(결속)적 사회조직 ■ 개인이 사회에 앞섬	강 : 협력(조합)적 사회조직 ■ 공인된 사회조직이 개인을 앞섬
권위의 조직화 : 정부 vs 사회	국가 중심 ■ 권위는 국가에서 비롯 ■ 정부는 사회를 주도	**자유 국가주의**(Liberal Nationalism) ■ 개인이 사회에 앞서며 사회조직에 적대적 ■ 중앙집중적 국가가 사회조직을 앞섬 → 프랑스, 이탈리아, 벨기에	**국가 조합주의**(State Corporatist) ■ 공인된 기능적 사회조직이 존재 ■ 중앙집중적 국가가 사회조직과 함께 집단행동 → 독일
	사회 중심 ■ 권위는 사회에서 비롯 ■ 정부는 사회의 수단	**자유 다원주의**(Liberal Pluralist) ■ 개인이 사회에 앞섬 ■ 이슈에 따라 결사체들이 만들어지고 이들 경쟁의 승자가 집단행동을 주도 → 미국, 영국, 호주	**사회 조합주의**(Social Corporatist) ■ 공인된 기능적 사회조직이 존재 ■ 사회조직이 상호작용하며 집단행동 ■ 국가는 사회의 확장으로 촉진자 역할 → 스웨덴, 덴마크, 핀란드

출처 : Jepperson(2002)을 요약 · 정리

(1) 자유 다원주의 : 영미 국가

영국과 미국은 자유주의 정체를 발전시키고 제도화하였다.

결사적 사회조직

주권 재민은 조합적 신분의 기능적 표현보다는 평범한 대중들의 자유로운 여론 형성과 결사를 통해 발현되며 신성시된다. 개인들이 자발적으로 적극적 행동을 함으로써 공동체가 구축된다. 사회는 다양한 정체성과 이해관계의 모임으로 상정되어 다양한 자발적 집단이 형성되도록 허용된다. 정체성과 이해관계의 차이는 자연스러운 것이며 정당하다. 사회의 결사적 조직화와 (국가주의적이 아닌) '사회적' 집단행동, 정당성이 큰 사회 그리고 이를 구성하는 개인과 그 결사가 존중된다. 이로 말미암아 사회는 상대적으로 다양한 방식으로 분

할되어 있고 이슈 중심적이고 자발적인 대중 기반의 이익집단이 상대적으로 취약한 국가를 침투하고 있다. 개인주의 전통 속에서 민간부문에서는 기업가적 활력도 출현한다. 공공당국을 배제하고 자발적 갈등 해소를 도모하여 집단행동이나 조정 문제의 해결은 시장 관계와 개별적 협상에 크게 의존한다. 민간(기업)과 정부 간에는 대립적 관계가 나타난다.

국가 : 사회의 정치적 발현

영국은 혁명과 초기 상업화를 통해 조기에 신분제에서 벗어났다. 토지 소유자와 상업가가 조기에 통합되어 귀족의 지위와 회합이 격리되고 약화되었다. 사회는 국가를 흡수하였고, 국왕은 독립 국가보다는 사회의 계층을 상징하였다. 국가 활동과 자원은 제국주의와 세계대전으로 크게 팽창되었지만, 국가는 여전히 사회의 정치적 발현인 채로 남으며, 정책결정은 반응적으로 이루어진다. 미국은 신분제나 절대주의 전통 없이 새로이 생겨난 신흥자본주의 국가로 시민사회를 중심으로 조직화되었다. 미국 역시 현대에 들어와 정부의 역할이 크게 확장되는 경험을 하였지만 여전히 자유주의적 형태를 취하고 있다.

공권력은 분할되어 입법, 사법, 행정이 독립적으로 제도화되었다. 시장논리를 따르는 사회조직화와 상대적으로 약하고 분할된 공권력이 결합하여 이해집단이 경쟁하는 갈등적 정치를 낳고 있다. 정책과정의 핵심주체는 이익집단들로 정책은 다양한 이익집단들 간의 '경쟁'과 '타협'의 산물이다. 반면 정부는 스스로 독립적이고 주도적인 정책행위를 하기보다는 이익집단의 투입에 반응하고 이익집단들 간의 합의를 중재하며 존중하는 수동적 존재이다. 이익집단들이 정책 과정상 상호 대등한 입장에서 자신들의 이익을 자발적이고도 경쟁적으로 표출하며, 이들의 투입에 대한 국가의 특별한 승인이나 제한은 없다.

국가를 구성하는 통합된 관료계층은 부재하고 공적 권위의 사회로의 위양을 강조하며 관료집단과 관료주의가 배척된다. 국가는 제도화된 관료집단과 관료주의 없이 의회와 정부각료를 중심으로 수많은 독립적인 의사결정 중심부를 가진 정책공동체적 속성이 더 크다.

자연권으로서의 지방자치권

자유 다원주의에서 지방의 자치권은 국가 이전의 자연적 · 천부적 권리로 인식되며, 그 정책은 주민의 참여에 의해 수립되고 집행되어야 한다. 이에 따라 주민 발안, 주민 소환, 주민 투표 등 주민의 직접적 참여방식이 널리 발전하고 있다. 집행기관의 장과 의회 의원을 모두 주민이 직접 선거하고 내무부 등 지방을 통괄하는 지방 관련 부처가 없으며, 국가와 기초자치단체를 매개하는 광역단체가 국가의 일반행정기관으로 존재하지 않는다.

(2) 부문별 국가 조합주의 : 독일

후견적 국가

중세 독일은 13세기 황제권이 약화된 이래 개별 영주가 통치하던 수백 개의 영방국에 의해 협치되었다. 자급적 자유도시 내에서 구성원들은 각기 조합을 구성하여 자치하는 동시에 도시 행정에 자신들의 이해를 반영하였다. 분권적 국가 조합주의는 프로이센에 의해 통일된 빌헬름 제국에서 제도화되었고, 이후 바이마르 공화국, 국가사회주의 시기 이후의 본 공화국으로 이어졌다. 1871년 프로이센 중심의 독일제국 형성 이후 국가는 도덕적 후견적 존재이며, 사회는 통일된 유기체로서 계층적 질서를 갖는 것으로 간주되어 왔다. 사회적 합의주의의 전통을 따르는 국가는 조직화된 정치공동체이기도 하였다. 국가는 공동체의 갈등을 극복하고 통합하는 중앙의 보편적 행정기관으로 간주되어 중앙집권화된 관료와 국가에 의해 인정된 사회집단이 정책네트워크를 구성한다. 19세기 말 주권은 인민이나 특정 기관 또는 군주가 아닌 이러한 국가에 귀속되었다. 개인의 권리는 국가통합과 관련하여 발전되었지 국가권력과 대항하며 획득된 것이 아니었다. 국가는 개인을 자유의 영역으로 고양하는 존재로 그려졌다. 관료는 스스로 국가를 대표하며 국가와 사회를 중개한다. 이익집단 정치에 대한 반감과 혐오가 지속되어, 개방적 절차보다는 총의(general will)를 반영하고 사회의 연대적 통합을 이루는 객관적 시스템을 구축하려 했다. 국가에 의해 공인되고 권한을 위임받은 다양한 조합집단이 사회와 국가를 중개하고 이익의 적절한 배열을 촉진하였다. 다양한 조합집단은 동등한 권리를 갖는다는 점에서 분권적이며, 이들 사이에 협의 · 협력하는 법적 기제가 구축되어 있다는 점에서 조합주의적이다. 국가의 개입은 자기책임을 바탕으로 한 자조가 곤란한 경우에 이를 보족(subsidiaritat)하는 수준에 머문다.

부문별 국가 조합주의 : 질서 자유주의와 사회적 시장경제

경제영역에서 분권화된 국가 조합주의는 시장의 자유로운 작동을 통한 경쟁을 질서 있게 통제하는 질서자유주의(ordoliberalismus)와 사회적 시장경제(soziale marktwirtschaft)로 대표된다. 잘 조직된 산업별 노동조합과 사용자조직, 그리고 이들의 정상조직들과 정당들 간의 협의 · 협력은 동등하고 공정한 경쟁질서가 유지되고, 교육 · 훈련, 기술개발, 경기변동 완화, 산업 · 지역 격차 해소뿐만 아니라 사회정책이 적극적으로 전개되는 기반이 되고 있다. 일찍이 프로이센과 독일제국은 국가관료주의 안에서 다양한 행정부서에 산업의 이해관계가 반영되도록 하였으며, 제1차 세계대전에서 전시경제의 운영을 계기로 노동자단체까지 참여하여 경제 · 사회 정책에 대한 협의와 협력이 이루어지게 되었다. 사회정책 운영에서도 국가의 직접적 시장개입보다는 조합단체, 공공기관, 민간 비영리단체가 자율적 주체로서 기능한다.

독일은 시장 질서의 보호와 공공적 합의 조정을 지향하는 고도로 파편화된 권위와 작은 중앙 관료제로 연방적으로 조직되었다. 공권력의 많은 양보를 공식화하고 연합적 거버넌스에 의존하고 있다. 사회 파트너들은 정책에 관한 합의를 조직화하는 데 중요한 거버넌스 역할을 한다. 독일에서 경제적 조정은 국가와 시장관계를 넘어 노사정 참여를 바탕으로 하는 '비시장적(non-market)' 요소에도 의존한다. 국가경제 전체가 조합주의 혹은 노사정 협의에 근거하여 운영되어, 사용자 대표, 노동조합 대표, 정부를 포함한 공익 대표가 함께 참여하여 사회복지정책을 결정한다. 이들은 분배상의 형평성은 물론 국가 전체의 경쟁력을 높이는 방안들을 찾아내고자 노력한다. 이 방식의 기반에는 사회조직들이 각자의 이익을 위해 다툴 때보다 공동의 목표를 달성하기 위해 협력할 때 사회 전체가 발전할 수 있다는 사고가 깔려 있다. 스웨덴은 노사정 3자의 조합주의에 비공식적인 제도를 활용하는 반면, 독일은 법제화된 공식적인 제도를 활용해 왔다.

위탁된 지방자치권

독일의 지방자치권은 주민자치권에서 비롯하기보다 국가의 통치권에 의해 수여 또는 위탁된 권력으로 간주된다. 그럼에도 지방은 국가로부터 독립되고 국가에 준하는 지위와 권한을 갖는 지방자치단체에 의해 자치(단체자치 또는 법률적 의미의 자치)되며, 국가는 통제 · 간섭하지 못하고 감독은 위법성 감독에만 그치는 중앙–지방 협치 형태가 지속되고 있다.

연방국가로서 연방정부는 주정부의 권한을 침해하지 않는 범위에서 사회정책을 결정하며, 그 운영은 연방정부와 주정부, 보험조합, 민간기관들이 대등하게 참여하는 정책 협의체가 주도한다. 전국가적 입법은 전적으로 연방의 역할이며, 군대, 철도, 운하 항해 및 운하망 경영, 항공교통, 국토방위 등이 연방정부의 고유사무이다. 주정부는 주로 제정된 법률안을 시행하며 연방정부 관할에 속하지 않은 모든 사무는 주정부의 사무이다. 연방정부와 주정부 간, 주정부 · 기초지자체와 민간기관 간에도 지원하지만 간섭하지 않는 관계를 준수한다. 특히 분권적 차원에서 연방정부는 취업지원 및 소득보장, 주정부는 교육과 의료보장, 기초자치단체는 주거지원 및 사회 서비스 전달체계 관리와 비용 조달, 비영리 민간조직은 사회 서비스 전달, 상공회의소는 교육훈련, 연방노동공단은 취업지원, 기업과 노동자는 조세와 사회보험료 부담을 나누어 담당하고 있다. 한편 기업 내에서는 사용자의 경영권을 적극 인정하지만 노동자의 경영참여를 위해 경영평의회(betriebsrat)를 통한 기업 운영의 공동결정(mitbestimmung)을 보장하고 있다.

(3) 사회 조합주의 : 북유럽 국가

덴마크, 스웨덴, 핀란드 등 북유럽 국가가 이에 속한다. 사회는 수평적 공동체의 파트너십으로 조직화되고 국가는 사회적 공동체가 자연스럽게 확장된 것으로 간주되며 사회적 응집력의 산물이다.

높은 수준의 동질성과 사회적 통합

스웨덴은 오래된 자영소농이 중시되는 비봉건적 농업사회(peasant society)였으며, 상공인 계급과 귀족 계급의 세력이 취약하여 계급적 갈등이 거의 없어 일찍부터 평등주의가 나타났다. 산업화 이전 사회의 응집성은 스웨덴의 전형으로 간주되는 타협과 협력, 정책협의의 정신으로 이어졌다. 사회적 응집성은 국민의 인종적 · 언어적 · 종교적 동질성의 결과물이기도 하다. 스웨덴 사회가 갖는 고도의 통합성은 농민공동체의 고립성과 루터교가 지배한 종교적 특성에서 비롯한 스웨덴의 집단주의(colectivism)와도 연결된다. 이러한 요인으로 사회적 통제가 강화되고, 사회적 순응성이 나타났으며, 개인주의가 약화되었다. 스웨덴 사회는 18세기부터 강력하고 광범위한 대중운동을 경험했고 이는 1890년경에는 노동운동, 자유교회, 금주운동, 다양한 소비자조합과 생산자조합 등으로 나타났다. 이러한 대중운동은 점차 국가기구로 편입되었다. 이에 따라 스웨덴에서는 일찍부터 합의 기반의 정책 플랫폼이 보편화되었다. 1960년대 이래 노르딕 국가들에서 사회의 하위 구성요소들은 좀 더 자유로운 개체가 되고 있지만, 공식적 조직 공동체 내에서는 집약적으로 조직화되고 있다. 조합주의의 독일은 법제화된 공식적인 제도를 활용해 온 반면, 스웨덴은 노사정 3자가 비공식적 제도를 활용하는 특징을 보인다. 예를 들어 수상은 노사정 대표를 자신의 별장인 합스푼드로 초청해 비공식화된 모임을 가진다. 이 모임을 통해 이익단체의 대표 간의 개인적인 신뢰와 이해도를 높이는 기회를 갖고 이 제도에 대한 신뢰도 고양시키고 있다[합스푼드 민주주의(Harpsund Democracy)].

전국적 조합주의

이러한 전통에 기초하여 북유럽 국가들은 20세기 이후에도 다양한 이해관계를 가진 조직들과 정부 사이의 정치적 타협을 통해 시장의 작용을 제어하는 정치제도 및 관행을 발달시켜 왔다. 정치제도에서는 비례대표 선거제도를 채택하고 다당제도가 유지되고 있다.[18] 또한 노동자단체, 사용자 조직, 정부가 시장 밖에서 합의를 도출하는 비시장적 조정기제가 활용되어 왔다. 노사정 합의는 전국 단위로 이루어지므로, 이를 전국 단위의 거시적 조합주의(national corporatism)라 부른다.[19]

스웨덴 국가는 동질적 국가로서 장기간 안정적인 국가의 지위가 유지되었다. 스웨덴 국가는 강력한 이익집단 사이의 갈등에 휘말리지 않았고 특정 계급의 이익을 대변하지도 않았다. 그 결과 배타적이지 않으며 상대적으로 비강압적인 대중적 정당성을 갖는 국가가 되었다. 이는 귀족제와 자원 기반이 상대적으로 취약한 데서 부분적으로 기인하여 조세와 중앙집권적 관료제에 기초를 둔 중앙집권적 민족국가를 구성하였다. 유럽의 타국들은 제도화된 봉건적 관계를 유산으로 가졌고 국가는 매우 이질적이며 항상적인 이익 대립의 결과로, 또는 이를 중재하기 위한 결과로 성립하였다. 반면 스웨덴 내각은 단지 정책을 개발하고 집행하기 위한 상대적으로 작은 관료조직을 가진다. 국가 관료들은 정책형성에서 그 정책의 영향을 받을 당사자들을 참여시켜 그들의 지식과 전문성을 활용하고 정책의 정당성도 확보한다. 장관은 정책 집행에 책임이 없으며, 사실상 정책 집행에 개입하지 못하도록 배제되어 왔다. 집행책임은 자체의 감독자와 통제이사회를 가지고 있는 준자율적 기관들에게 맡겨져 있기 때문이다. 이들 기관들은 정책집행에 국가기구 외부의 조직들의 참여를 보장해 왔다. 이에 따라 '정책협의(policy concertation)'가 고도로 발전되어 있다. 예외적일 정도로 중앙집중화되고 포괄적인 이익조직들이 정부 정책의 형성과 집행에 광범위하게 참여해 왔다. '협의'는 정부와 이익조직 사이의 최고위 수준의 자문과 협상의 형태를 띠고 있을 뿐만 아니라 이익조직들이 정부기관을 통제하는 위원회에 대표로 참여하는 형태를 띠기도 한다. 일부 영역에서는 정책 개발과 집행이 주로 이들 조직에게 위임되기도 한다.[20]

정책 협의제(policy concertation)를 유지하며 시장과 경제에 영향을 미치는 주요한 공공정책을 노사정이 함께 협의하고 결정해 왔다. 사회적 파트너십은 정책 협의제를 지탱하는 가치와 신념으로 칭송되어 왔다. 정책 협의제는 다음의 특징을 갖는다.

첫째, 정상조직들과 정부 사이의 협의양식이 마련되어 있다. 정상조직이 정부의 정책구상에 대해 협의하는 절차가 마련되어야 한다. 사용자 단체와 노조의 정상조직이 중앙 수준에서 협상을 통해 시장에 영향을 미치는 공공정책의 주요 내용을 결정하고 정부관료와 의회의원들이 이 협상과정에 참여하여 주로 조정자로서 역할한다. 이익조직의 대표가 정책을 입안하거나 혹은 집행기능의 책임을 맡은 정부기구에 주요 구성원로 참여할 수 있다. 또한 정책협의가 이루어지는 협의체 내부에는 참여집단들 사이에 타협과 합의를 유도하는 공식화된 의사결정의 기제와 절차가 마련되어 있다.

둘째, 정상조직과 하위조직 간의 통합, 정상조직들의 정책결정 및 집행과정에의 참여양식이 마련되어 있다. 노조나 사용자단체와 같은 이익조직 내부의 다양한 이해관계가 정상조직을 통해 수렴 · 집약될 수 있다.

---

18. 반면 영미권 국가들은 시장에서 자원배분의 해결방안을 찾았고, 정치제도에서는 다수대표제도와 소선거구제도를 채택하고 있어 양당체제적 성격이 강하게 나타나고 있다. 한편 독일, 프랑스, 네덜란드, 벨기에 등 유럽대륙 국가들은 산업별 노사정 합의제도의 전통을 가지고 있으며, 영미권 국가에서는 그러한 전통이 약하거나 없다.
19. 조합주의적 경향은 19세기 말 산업화에 따른 사회문제들을 다루기 위한 사회정책의 초기 전단계까지 거슬러 올라간다. 노사 대표들이 운영에 참여하는 산재보험기구 설치가 제안되었고 노사대표 동수로 구성되며, 중립적 의장을 둔 이사회에 의해 통제를 받는 지방의 직업소개소가 그것이다.
20. 스웨덴은 산업사회에서 발생하는 문제들에 대해 사회적 합의를 따르는 국가 성격을 보인다. 스웨덴 국가는 행정능력이 잘 발달되어 있지만 사회조직에 대해 배타적이지 않은 특징을 갖는다. 국가 관리들은 정책의 영향을 받을 수 있는 당사자들을 참여시켜 그들이 그 정책에 대해 가지고 있는 지식과 전문성을 활용하고 정책의 정당성을 확보하고자 하였다.

정상조직은 조직내부의 활동을 효과적으로 조정하기 위한 권위를 부여받는 반면 하위 단체들은 제한된 자율성을 갖는다. 정상조직 산하 각 이익조직은 산업별 · 부문별로 위계적으로 조직화되어 있으며, 중앙에서의 협상과정에서 부문 간 이해관계를 조정하기 위한 협의가 함께 진행된다.

셋째, 정책협의의 주대상이 되는 정책은 경제정책과 사회정책이다. 노동정책에 관한 한 중앙협상의 결과는 산업별 협상 또는 기업별로 이루어지는 노조와 사용자의 협상을 제약하는 구속력을 갖는다.

정책협의는 의회의 입법과정이나 행정기관의 집행과정에서도 나타난다. 입법화는 모두가 동의하는 정책에 도달하기 위해 이해당사자들의 자문을 포함한다. 입법 준비를 위해 주요 정당과 이익단체의 대표가 참여하는 조사위원회가 설치되기도 한다. 이 위원회의 제안서는 입법 검토와 자문을 거쳐 이익단체들에게 회람되고 그 회신은 입법 초안에 참작된다. 의회에서 법안이 통과되면 세부적 법조항은 관련 행정부처에서 작성된다. 정책 집행을 담당하는 행정부는 각료들의 직접 통제를 받지 않는 준자율적 기구들로 구성된다. 각 기구의 집행이사회에는 이익단체 대표들이 참여한다. 경제 · 산업 현안 관련 정책에서는 이익단체 스스로 타협점을 찾도록 정책집행이 위임되기도 한다. 노조와 사용자들의 중앙조직은 정부정책의 대상이 되는 광범위한 경제 및 노사관계 쟁점들을 다루는 책임까지 떠안았다. 이익단체와 국가는 정책협의와 정책위임를 통해 이익을 공유한다. 이익조직들은 국가의 광범위한 활동에 영향력을 행사할 수 있다. 국가는 이익단체들의 전문인력과 자원을 활용할 수 있고 정책에 대한 이익단체의 지지를 보장받으며, 정책에 대한 정당성을 제고할 수 있다. 자율 기구와 이익조직에게 집행에 따르는 책임을 전가할 수도 있다.[21]

공동체로서의 국가

스웨덴 사회에서는 가족, 자선단체, 소공동체와 같은 비공식 조직에 대한 불신이 크고 대신 국가적 공동체가 개인에게 필요한 안전을 제공한다고 간주된다. 국가적 공동체는 개인을 시장과 사회의 제약으로부터 해방시킨다. 예를 들어 1930년대 스웨덴 사민당은 복지제도를 통해 "사람의 집(folkhemmet)"을 창조한다는 이미지를 사용했다. 개인과 국가의 이러한 연대에서 국가는 모든 이에게 최후가 아닌 최초의 기회를 제공한다. 정부는 사회의 조직화된 이익을 중개하는 존재로서 광범위한 정부활동이 존재한다. 사회와 국가가 상호침투적이이서 국가－사회 대립이 미미하고 공사 구별도 뚜렷하지 않다. 국가의 역할은 권위에 의한 통제보다는 후원과 규칙에 기초하여 조정과 이해의 형성을 촉진하는 데 있으며, 다양하게 분할된 기능부문을 지배하는 협의체로 간주되어 광범위한 개방성을 갖는다. 의사결정에서는 투표만큼 집단 간 협상과 합의가 장려되고 중요하다. 격렬한 반대나 과도한 이데올로기적 토론은 제한되고 정치적 문제는 기술적 문제로 전환되어 토의된다. 정책 네트워크는 제도화된 공식적 라인을 따라 조직화된 이해집단의 상호작용을 포함한다. 국가 권한은 독단적이기보다는 촉진적 역할을 갖는다. 예를 들어 스웨덴에서 노조는 산업별로 중앙집중화되어 있고 정부 개입 없이 사용자층과 안정적 관계를 유지한다. 이러한 관계는 완전고용정책을 도모하는 정부를 배경으로 하고 노조가 구조조정과 기술변화에 적극적인 태도를 취하도록 하는 데 기여해 왔다. 단체대표는 지위나 계층보다는 기능적 수월성에 의해 정당화된다. 이해대표 방식의 성숙과 상호이해로 말미암아 정책 네트워크는 성과를 광범위하게 공유하는 합의를 낳고 있다.

---

21. 조합주의 관계는 의회를 거치지 않고 정당 영역을 침범하는 등 비민주적이라고 비판받고 있다. 하프순트 민주주의는 좌우파 양쪽으로부터의 공격에 시달렸다. 이익조직들은 중앙집중화되어 교섭하고, 그 내부는 더 큰 단위로 재조직화되고 있기 때문에 스스로 점차 비민주화되고 있다고 비판받고 있다.

기능적 사회공동체

사회공동체는 기능적 공동체로서, 기능적 역할이 강조되고 위계질서는 제한된다. 직위는 지위가 아닌 기능에 기반하며 개인 간의 부당한 비교나 카리스마 역시 기피된다. 개인과 집단은 공공영역에서 사익추구가 아닌 저마다의 기능을 수행하는 존재로 등장한다. 이해관계와 정책형성은 농업, 노사관계, 자본 등 기능을 중심으로 중앙집중적으로 조직화된다. 각 기능영역에는 자치가 존중되는 근로자집단, 종교조직, 소비자 단체, 조합사회, 금주단체, 성인교육회 등 대중운동으로 가득차 있다. 이들은 중앙집중화되어 있고 정부개입 없이 상호 간에 안정적 관계를 유지한다.

국가정책은 정당보다 주로 이익단체에서 더 많이 생산된다. 이익단체는 정책을 제안할 때, 그것이 진지하게 다루어지기를 원한다면 '사회의 이익'이라는 관점에서 주장해야만 한다. 특정 집단의 이익이 정당성을 획득하려면 그 기저에 공통의 이익이 있다는 것을 입증해야만 한다. 또한 선동과 압력보다는 합리적인 주장과 과학적 조사를 통해 수집한 정보를 제시하고 설득하는 방법을 사용해야 한다. 그렇게 함으로써 자신들이 제안하는 바가 사회 전체적으로 이득이 된다는 것을 입증해야 한다. 각 조직들에 고용된 전문가들은 국가정책의 개발에서 중심적 역할을 수행했다. 직업적 전문가들은 공통의 회합 근거를 제공하였으며, 전문가를 통한 정책협의는 스웨덴 조합주의의 핵심적 특징의 하나이다. 예를 들어 스웨덴 경제가 감내할 수 있는 임금인상 수준은 노조, 사용자, 회사원, 공무원의 이익단체의 주요 경제학자들이 만들어 낸다.

독일 형태의 지방자치

헌법으로 규정되어 있지 않지만 지방자치는 역사적 · 사회적으로 확고하게 정착되어 있으며, 독일 형태의 지방자치제도가 자리 잡고 있다. 주민에 의해 직접 선출된 지방의회가 중요사항을 결정하며 지방의회에 의하여 위임받는 이사회가 집행부를 구성하며 단체장은 참사회장이 겸임하여 행정집행을 한다. 이때 집행기관인 이사회는 정당별 의석수에 비례하는 합의제 기관으로 주민의견을 보다 광범위하고 충실하게 반영할 수 있다. 아울러 의회가 집행기관인 이사회를 구성하므로 두 기관이 긴밀한 협력체제를 유지함으로써 원활한 행정을 확보할 수 있다.

(4) 자유 국가주의 : 프랑스와 남유럽

권위적 국가와 개인주의의 공존

자유주의 국가에서는 강력하고 중앙집권화된 국가와 대중의 개인주의가 공존한다. 대중은 스스로를 집단의 일원보다는 그 위에 위치한 시민과 인간존재로 바라본다. 이해집단과 사회는 국가의 통합성을 위협한다고 간주되었다. 종교적이든 인종적이든 집단 정체성은 공공영역에서 격리되어야 할 대상이며 믿을 수 없는 존재이다. 따라서 사회적 파트너들은 그 힘이 약하고, 상호 간에 정통성에 대한 인식은 부족하며 오히려 적대감이 존재하고 협의나 대화 수준이 낮다. 강하고도 권위주의적인 국가가 사회적 합의를 대신하여 법령을 통해 상호관계를 규제하는 방식을 추구해 왔다. 즉, 국가는 사회관계의 규제에서 지배적 역할을 수행하여 왔다. 간혹 사회 파트너들이 일시적 연합을 형성하기도 하지만 상호 간에 존재하는 뿌리깊은 불신으로 이러한 연합이 지속적이지 못했다. 낮은 수준의 대인관계 및 사회적 신뢰는 토크빌에 의해서도 지적되어 1789년 "세계 어디에도 프랑스 국민보다 비상시기에 서로 힘을 합하고 협력하기를 주저하는 국민은 없다"라고 한

바 있다. 사회는 계층적 구조를 갖는다. 각 집단은 기득권 뒤에 숨어 있으며 변화에 저항한다. 직업은 법률적으로 문서화되고 직위와 지위는 신성시되며, 격식은 권위나 기능과 관련된다. 국가와 사회 간의 오랜 긴장의 역사는 지금도 지속되고 있다. 국가는 단절된 계급과 지위를 갖는 투덜대는 집단을 관리하려 노력한다. 프랑스와 남유럽 국가에서 사회조직은 한편으로 국가에 의존하는 경향을 보이면서 다른 한편으로는 적대적 감정으로 대한다. 국가기관은 참여와 대표를 지속적으로 제한해서 대중을 저항으로 내몬다. 주요 기업 부문은 선진국 중에서도 매우 높은 수준의 국가 소유를 보여준다. 정부와 기업 모두의 상위 지도층은 동일한 엘리트의 국립학교 출신이고 정부와 민간부문을 포함하는 경력을 보여주며 기업과 정부 간의 공생적 관계를 상징한다.

정당성을 갖지 못하는 사회조직

프랑스는 국가와 사회 간의 오랜 긴장의 역사를 보여준다. 과거 혁명정권과 나폴레옹 레짐은 정치체제를 중앙 국가기구와 투표권을 가진 대중을 중심으로 공격적으로 재조직화하였다. 1789년 앙상 레짐의 신분제 의회에 의한 사회의 대분할과 결별한 뒤, 1791년 헌법은 조합적으로 계층화하는 봉건제를 폐지했다. 이를 통해 주권을 가진 개인이 탄생하였지만, 동시에 절대주의 국가의 전통은 전제적으로 강력한 국가로 이어졌다. 이후 주권을 나누어 가진 개인과 국가의 대치가 격렬한 형태로 지속되었다. 완전한 대중 주권의 아이디어는 혁명 후 뒷전으로 물러났고 지배하는 것은 국가이지 국민은 아니었으며, 의회는 국가의지를 대표하지 분할된 시민의 목소리를 대변하는 것이 아니었다. 국가와 국가관료는 프랑스의 변혁 주체이자 주된 대표자가 되었다. 이해집단과 사회는 정당성을 갖지 못하고 국가의 통합성을 위협하는 저항, 갈등, 무책임(비행사회)과 관련된다. 사회조직의 힘이 약하고 상호 간에 불신과 적대감이 존재하기 때문에 국가가 법령을 통해 사회관계를 규제하고 지배하는 역할을 하여 왔다.

대중의 참여 요구는 최근까지 국가에 대한 간섭으로 해석되어 대중의 정치참여를 제한하고 개인들은 저항활동으로 에너지를 분출하게 되었다. 국가와 사회 간의 전통적인 이중구조가 생겨나 권위주의적 지배와 주기적인 혁명의 진동이 존재하고 시민들 상호 간에 소통이 불가능해질 때 지도자가 등장한다. 다만 1970~1980년대에는 전통적인 국가주의(étatisme)가 크게 약화되었다. 정부의 권한 위양이 부분적으로 나타났기 때문이다. 언론매체가 통제에서 일부 벗어나고 자발적 단체, 소비자 단체, 시민 로비가 팽창했으며 대중저항이 커져 중앙집중주의가 조정을 겪었다.

국가 하급기관으로서 지방자치 단체

프랑스의 지방자치제도는 중앙집권성이 특히 강하여 자치단체는 국가의 하급기관으로서의 성격이 강하다. 기초자치단체와 광역자치단체 사이에 순수한 국가의 행정구역이 개입한다. 위임사무가 많으며 그것도 기관위임사무 중심이어서 지방의회의 관여를 배제하는 경우가 많다. 국가의 통제가 강하여 직원 임면, 의회 해산, 의원 면직, 의결사항의 취소 정지, 예산의 증감이 이루어진다. 의결기관과 집행기관이 대립하며 대체로 집행기관이 상대적 우위를 점한다. 그러나 1982년 지방분권법에 따라 주민이 선거한 지방의회의 장이 집행기관의 장을 겸하게 되었다.

2. 한국의 제도 역량

세계경제포럼이 매년 발표하는 Global Competitiveness Report(2016)에 따르면 한국이 발전시킨 제도의 질은 140개 국가 중 63위로, 한국의 전반적 대외경쟁력(26위) 수준에 크게 못 미친다. 제도적 걸림돌에도 불구하고 우리나라가 보인 경제적 성과가 뛰어나다고 볼 수 있지만, 제도 개선의 여지가 큰 것으로 볼 수도 있다. 공적 제도뿐만 아니라 민간제도 모두 그렇다. 특히 공적 제도에서 정치인에 대한 신뢰도(96), 행정부담(105), 공무원의 특혜적 결정(82), 정책결정의 투명도(115)가 그리고 민간제도에서는 기업의 이사회 효율성(109), 소액주주 보호(97), 윤리적 태도(98)가 매우 열악하다.

한국은 어떤 제도를 가지고 있는가? 집단행동을 위한 한국경제의 제도 유형에 대해서는 다양한 견해가 병존하고 있다. 자본주의 다양성 논쟁에서 종종 한국은 기업그룹 내의 조정이 이루어지는 특유의 제도를 가져 일본과 함께 조정시장경제(이주하, 2010, p. 154)로 분류된다. 하지만 동시에 영미식과 일본식이 혼재된 남유럽형(조성재 외, 2008 ; 정이환, 2011 ; 양재진 · 최영준, 2014)이나 오랜 역사가 만들어낸 요인으로 말미암아 국가주의 특질을 강하게 드러내는 국가주의 시장경제(이영훈, 2014)로도 분류되고 있다. 이하에서는 한국의 집단행동을 위한 제도로서 사회조직과 국가의 특징을 검토하여 한국의 제도 유형을 유럽대륙의 강한 국가와 강한 사회가 공존하는 국가(중심) 조합주의로 규정해 본다.

2.1 한국의 사회 특성과 역할

한국사회는 전통적으로 수평적 집단주의, 관계중심적 집단주의, 관계주의 또는 공동체적 지향성을 가졌고 주로 연고망을 통한 사회조직을 구성해 왔다. 이하에서는 한국에서의 연고망을 포함한 사회조직의 특징을 검토한다.

1) 집단주의와 공동체 지향성

집단주의와 권위주의

한국인의 삶의 터전이었던 촌락은 어느 정도 분리된 지역에서 안정적 사회를 구성하여 오래된 중앙정부의 지배에도 불구하고 매우 발달한 자치 질서를 동시에 가졌다. 중앙정부의 관리와 통치나 잘 발달된 사회적 규범은 모두 개인의 권리나 자유보다 집단의 동기와 목표를 우선시하는 집단주의적 성향을 갖게 하였다. 1960~1970년대 40개국의 다국적기업 IBM의 종사자를 대상으로 개인주의(individualism)-집단주의(collectivism)를 분석한 결과[22] 미국과 유럽은 개인주의를, 한국을 포함한 동아시아, 남미, 아프리카 국가는 집단주의를 보였다(G. Hofstede, 1980/1990 ; 1991/1995).

---

22. 집단주의와 개인주의의 차이를 Triandis(1996)는 '자기(self)'를 정의하는 방식과 집단목표와의 관계에서 찾고 있다. 개인주의에서 '자기'의 정의는 자율적이고 집단과는 독립적이며, 집단목표보다는 개인의 목표가 더 중요하다. 한편 집단주의에서는 '자기'의 정의가 집단과 분리되지 못해 상호의존적이며 집단목표가 우선시된다.

표 3-12 개인주의 지수(76개국 대상)

	한국	미국	독일	프랑스	스웨덴	일본
개인주의 지수	18	91	67	71	71	46
개인의 자율성	26	33	63	64(스페인)	83	61

한국사회는 개인을 집단과 규범에 종속시키는 집단주의로 말미암아 집단 내에서의 권위 서열이 중시되고 권위에 복종하는 태도가 나타난다. 이를 다루는 것이 권력거리(power distance)이다. 권력거리란 조직에서 "부하들을 그들의 상사들로부터 격리시키는 감정적 거리"이다.[23] 위계적 지위와 권력에 개인의 이익을 종속시키는 만큼, 권력거리가 멀면 집단주의적 경향이 보이고, 권력거리가 가까우면 개인주의적 경향이 보인다. 한국은 권력거리가 매우 멀고 권한 위임이 제한적인 대표적 국가로, 시민단체조차 그 운영이 권위적이라는 비판을 자주 받고 있다. 치자를 위한 교육훈련 체계였던 유교는 사회의 조화가 개인의 상대적 지위와 역할이 명확한 계층적 질서 내에서만 가능하다고 보았다. 유학고전의 숙달로 정의되는 미덕은 고위직을 위한 자격이었으며, 관료의 덕이 취약층의 복지를 보호할 것으로 주장되었다. 유교의 권위주의적 요소는 일제 식민지배와 전후 군사정권을 거치며 교육과 선전 그리고 민관관계를 통해 강화되었다. 권위주의는 구성원들의 창의성을 제한하고 조직을 경직시키지만, 조직 안정에 기여하여 단순 반복적 업무에 유효하게 작용할 수 있었다.

표 3-13 권위주의와 권한 위임

	한국	미국	독일	프랑스	스웨덴	일본
권력거리	60	40	35	68	31	54
위임의 적극성 (지표/순위)	3.8/63	5.2/9	4.9/19	3.9/51	5.6/4	4.7/20

공동체 주의와 관계 중심성

집단주의에는 개인을 집단에 종속시키는 수직적 측면만이 있는 것은 아니다. Triandis(1996)는 권위 수용의 정도를 가지고 집단주의를 구별하였다. 수직적 집단주의는 지위에 따른 차별성이 존중되고 권위서열을 추구하며 집단목표를 앞세워 집단과의 일체감을 중시한다. 반면 수평적 집단주의는 자신을 다른 사람과 동등하게 보고 지위 차이나 권위 또는 집단목표에 굴복하지 않는다. 대신 개인적 욕구에 따라 타인과의 관계를 그리고 집단을 형성함으로써 동반의 생존과 발전을 도모하려 한다. 집단에 대한 소속감보다는 집단 내에서의 개인적 관계를 더 중요하게, 그리고 집단 전체의 이익보다는 자신과 친밀한 다른 구성원과의 관계를 더 중요하게 여긴다. 이 경우 집단주의는 타인과의 관계를 원만하게 하고 전체 사회의 조화를 추구하는 관계주의(relationalism), 공동체주의, 관계중심적 집단주의라 부를 수 있다.[24]

---

23. 권력거리가 가까운 나라에서는 부하직원이 상사에게 의존하는 정도가 약하며, 상사와 부하직원 간의 상호의존을 선호한다. 권력거리가 먼 나라에서는 의존과 반(反)의존 간의 극화 현상이 나타난다. 이 경우 부하직원과 상사 간의 심리적 거리가 멀어 부하직원이 직접 상사에게 다가가서 반대의견을 내놓는 일은 좀처럼 드물다. 강준만(2005), 『세계문화 사전』, 인물과사상사.

24. 한편 Brewer and Y. Chen(2007)은 집단주의를 집단중심 집단주의(group-based collectivism)와 관계중심 집단주의(relational collectivism)로 구분하였다. 집단중심 집단주의는 집단에 대한 의무를 강조하고 집단의 규범과 권위에 복종하는 것을 가치 있게 여기며, 집단의 이익을 위해 개인의 이익을 희생할 수 있다고 본다. 반면 관계중심 집단주의는 관계성을 강조하며, 상호협력, 상호의존, 긴

한국인의 촌락은 가족 노동에만 의존하기보다는 상시적인 협동 노동이 요구되는 농업공동체였던 만큼 촌락민 개개인의 동기와 목적과 더불어 합의가 중요하였으며 지속적인 상호의존성을 가졌다. 조선 후기까지 집중적 노동을 요구하는 논농사의 꾸준한 증가, 가족노동만으로 감당 어려운 넓은 경지, 경제적 자립도가 낮은 농가 상황 등으로 말미암아 협동 노동이 요구되었다. 개인은 원자적 또는 자기완결적 존재가 아니라 사회적 또는 공동체적 존재로 자각되어야 했다. 다양한 협동이 요구되는 농경생활은 타인과의 갈등과 대결을 회피하고 조화와 화목을 중시하였다. 개인의 성취나 안전, 생계유지, 복지는 공동체의 맥락에서 이루어졌으며, 개인은 가족, 친구, 동기, 대중에게 민감한 사회적 존재여야 했다. 개인의 성공과 실패는 내적인 개인적 기준이나 목표보다 가족이나 동료의 승인 또는 거부와 더 밀접하게 연관되기도 한다. 개인주의와 공동체주의를 비교 조사한 Trompenaars(1997)에서 한국은 37점(최저 32, 최고 97)으로 매우 강한 공동체주의를 보여주었다. 참고로 관계란 '둘 이상의 사람, 사물, 현상 따위가 서로 관련을 맺거나 관련이 있음'을 뜻하고 관계주의는 둘 이상의 사람이나 조직의 관계가 규범에 의해 통제되며 상호 간의 신뢰와 몰입을 요구한다(Dwyer et al., 1987).

주체성과 관계주의—화엄 한국

카마타 시게오(鎌田茂雄)는 『華嚴經 物語』(1991)의 한국어판 서문에서 "동아시아 불교권에 속하는 중국·한국·일본의 불교와 깊은 관계가 있는 대승경전을 들어 보라면 중국에서는 『원각경(圓覺經)』, 한국에서는 『화엄경(華嚴經)』, 일본에서는 『법화경(法華經)』을 들 수 있다. 특히 한국 불교의 근저에는 신라시대의 원효·의상대사 이후부터 화엄경의 사상이 맥맥이 흐르고 있다"라고 적고 있다. 불교계에서는 법화경이 흩어진 것을 하나로 모으는 통일적·집단적 성격이 강한 반면, 화엄경은 삼라만상 모두가 진리로서 화엄의 세계란 서로가 서로를 비추고 앞으로 나아가는 인드라(indra)망의 세계로 대변된다고 보며, 화엄경과 법화경을 각각 한국 국민과 일본 국민의 특성과 연결 짓는 사례도 있다.[25]

화엄경은 자아를 초월한 자기 및 자기 본성뿐만 아니라 세계를 아는 것을 요청한다. 또한 아는 것에 그치지 않고 실천을 통해 세계의 실상을 실현할 것을 요청한다. 자신과 타인을 별개의 것이 아닌 것으로 이해하고 자신의 깨달음(自利)과 중생들의 구제(利他)가 서로 다른 것이 아니라 이를 함께 실천해 가야 한다. 화엄의 세계는 평등하고 차별이 없으며, 이 세상의 부류(類)들이 끝없이 많지만, 그 하나하나가 속박이나 장애 없이 자유롭게 존재하면서도 어지럽지 않고 평안하게 잘 펴져 있다. 모든 존재는 모두가 서로를 비춰 주는 인드라망[구슬 그물(Indra's net)]의 그물코에 달린 구슬방울과 같아 각각의 것이 자신의 입장을 유지하면서도 치우침, 차별됨, 편견, 막힘이 없이 원만하게 융합하고 상호 의존하며 조화를 이룬다[원융무애(圓融無礙)]. 화엄경에는 "제석천 궁전에는 투명한 구슬 그물(인드라망)이 드리워져 있다. 그물코마다의 투명구슬에는 우주 삼라만상이 휘황찬란하게 투영된다"라고 쓰여 있다. 한국인에게는 자신이 타인에게 영향을 주는 존재일 뿐만 아니라 동

밀하게 연결된 사회적 연결망 내에서의 서로에 대한 배려를 강조한다.

25. 춘원 이광수가 세계문학의 최고작품의 하나라며 찬탄하고 장편소설 『원효대사』(1942, 매일신보)에서 다루고 있는 화엄경은 비로자나불(毗盧遮那佛)로서 부처님이 깨달았던 내용을 밝히는데 한국 명산의 봉우리들은 주로 비로봉으로 불리고 있다. 또한 화엄 10찰이라 해서 한국의 오래된 거대 사찰은 대개 화엄사상을 지향하고, 원효, 의상, 지눌, 휴정 등 고승들도 대개 화엄사상을 지향한다. 반면 일본에서 고승이라 칭하는 신란(親鸞)과 니치렌(日蓮) 등은 모두 법화사상을 지향했다. 화엄경이 일즉다(一卽多)의 입장인데 반해 법화경은 다즉일(多卽一)의 입장으로 우주에 가득한 모든 존재가 세계의 하나인 부처님의 본성에 귀의한다고 본다. 그래서 모든 수행은 성불이 목적이고, 모든 강이 바다에 모이듯이 결국은 부처 하나로 집결된다고 설파한다.

시에 자신이 타인으로부터 영향을 받는 존재라는 인식 체계가 자리잡혀 있다. 그러기에 서로가 서로를 알아주고 아껴주며 밀어주어야 하는 존재인 것이다. 집단과 조직이 자신에게 기대하는 바도 중요하지만, 내가 집단과 조직에 기대하는 바도 중요하다. 그것이 만족되지 못할 경우 공적인 관계와 역할을 뒤로하고 그것이 만족되는 사적 관계와 역할에 침잠하게 된다.

오래전부터 한국사회에 배태되어 있던 공동체 지향적인 사회 특성은 근대 국가와 시장에 투영되어 개인 간의 관계맺음을 매개하였다. 개인들은 온정적 인간관계가 교환 관계를 보다 효과적으로 형성하고 유지하도록 만든다고 보아 교환에 앞서 상대방과의 최소한의 친근함과 정서적 편안함을 형성하기 위해 노력한다. 우리나라에서 공적 영역에서의 제도화가 제대로 이루어지지 않은 상황에서 공동체적 규범은 오랫동안 경제적 거래를 가능하게 하는 신뢰를 제공해 왔다.

한중일에서의 관계주의와 주체성

한국의 관계주의에서 각자는 타인과 동반하지만 동시에 자율적으로 판단하고 행동하여 자신의 존재감을 드러내려 한다. 유교에서는 공자의 화이부동(和而不同)이 말해주듯 세상의 평화는 부여받은 인의예지의 본성을 실현하는 개인에게 달려있기에 개인의 주체성과 책임을 강조한다. 온전한 내가 존재하여야 공동체의 조화가 가능하다는 것이다. 불교는 개인 내부에 존재하는 불성을 지적하며 이타와 이기를 동시에 앞세우는 자리이타(自利利他)를 권하고 있다.[26] 한국인의 자아는 관계 속에서 형성되기 때문이다. 한국의 경우 세계적으로 보나 주요국, 심지어 미국이나 스웨덴에 비해 매우 성취지향적 가치관이 강조된다. 한국인은 무시할 수 없는 개인주의적 그리고 성취지향적 태도를 가지고 있는 것이다. 그러나 이에 기초해 곧바로 한국이 개인주의 사회로 변하였다고 판단하는 것은 성급하다. 연고집단의 영향력이 큰 관계주의 사회인 만큼 개인주의적 성취의 목적은 성취를 통해 학력, 직위, 명예 등의 신분 상승 또는 연고 확보를 도모하는 측면도 작지 않다고 하겠

표 3-14 아동교육에서 강조되는 가치관

	성취지향적						관계지향적						
	독립	근면	상상력	절약	의지	평균	관용과 존중	종교적 신념	이타심	순종	책임감	예절	평균
독일	71.5	40.4	23.8	41.5	33.3	42.1	85.5	10.3	6.0	11.5	80.8	85.4	46.6
일본	60.2	25.1	40.3	43.7	63.3	46.5	62.6	4.4	33.0	2.7	75.3	84.0	43.7
한국	60.4	60.9	52.4	45.0	49.6	53.7	84.2	10.0	4.0	5.1	87.6	74.2	44.2
프랑스	36.0	41.3	21.0	37.9	46.7	36.6	50.8	8.9	45.1	25.9	63.8	73.5	44.7
스웨덴	66.1	8.2	43.8	30.4	40.4	37.8	92.4	4.6	36.2	7.3	82.4	69.1	48.7
미국	55.5	67.9	29.8	27.2	38.6	43.8	70.8	32.1	28.3	20.5	59.3	51.7	43.8
세계 평균	45.1	52.7	21.2	30.9	34.2	36.8	65.3	30.0	26.5	29.4	67.6	76.7	49.3

주 : 부모가 아동을 교육시킬 때 개인적 성취와 다른 사람들과의 적절한 관계 중 무엇을 중시하느냐에 대한 것이다. 독립, 근면, 상상력, 절약, 의지, 자기표현 등은 개인이 노력해서 얻은 것을 중시한다는 점에서 성취지향적 가치와 관련되고, 관용과 존중, 종교적 신념, 이타심, 순종, 책임감은 출생, 학력 등에 의해 지위가 부여되는 귀속문화에서 중시되는 관계지향적 가치로 본다.

자료 : World Values Survey Wave 7 : 2017-2020

26. 허남결, 「수용 가능한 자기중심적 개인주의의 모색」, 『윤리연구』, 제71호

다. 이러한 연고는 취업이나 승진뿐만 아니라 퇴직 이후 사회생활에까지 영향을 미치기 때문이다.

한민 등(2009)이 '자기관'을 구성하는 심리적 요소를 주체성 · 대상성 · 자율성으로 나누어 한 · 중 · 일 3국 대학생들을 비교한 연구에 따르면, 한국인은 중국 · 일본인에 비해 자신의 존재감과 영향력을 확인하고 확대하는 주체성(한국 > 중국 ≫ 일본)이 두드러지게 높다. 반면 일본인은 다른 사람의 영향을 받는 대상성(일본 ≫ 한국 > 중국)이, 중국은 자기 결정에 따라 행동하는 자율성이 가장 높다(중국 ≫ 한국 > 일본). 개인주의-집단주의 도식의 문화구분에서 집단주의 문화의 특징으로 알려졌던 것들은 대부분 일본에 국한된 것이며, 같은 집단주의 문화권 내에서도 문화의 편차는 다양하다. 한편 조선영 등(2005)은 일본 대학생보다 한국 대학생이 자기자신의 능력과 가치에 관한 평가적 감정을 포함하는 자기 존중감이 훨씬 높아 집단주의 문화권보다 개인주의 문화권에 속하는 성향을 보인다고 한다. 한편 한국 대학생들은 같은 집단주의 문화권으로 비현실적 비관성을 보이는 일본과는 다르게 개인주의 문화권의 캐나다 대학생과 같은 비현실적 낙관성이 나타났으며, 특히 부정적인 사건에 대한 통제감은 캐나다 학생들보다도 높은 수준을 보여주었다(이누미야 등, 1999). 또한 이누미야(2004)는 같은 집단주의 문화권에 속하는 한국인과 일본인은 양쪽 다 상호협조적 자기관이 우세하며 사회적 관계에 대한 표상이 자기개념에 포함되어 있지만, 양국 사람들이 사회적 관계에 임하는 태도에는 대조적인 차이가 있다고 하였다. 즉, 한국인과 일본인 모두 자신을 사회적 맥락과 연결된 존재로 인식하지만 한국인은 자신을 사회적 영향력을 발휘하는 중심적 존재로 보는 주체성 자기(subjective self)가, 일본인은 스스로를 사회적 영향력을 수용하는 주변적 존재로 보는 대상성 자기(objective self)가 우세하다는 것이다.

그림 3-4 한 · 중 · 일 주체성-대상성-자율성 비교

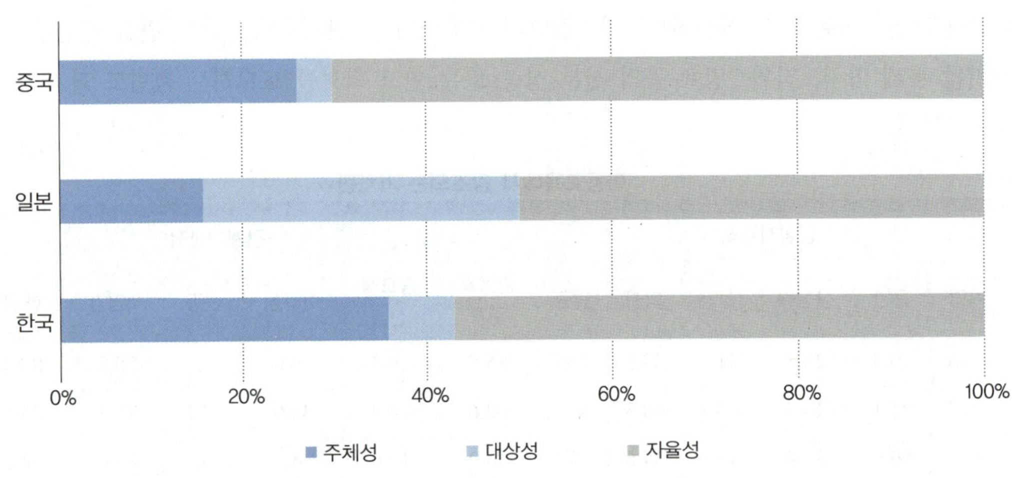

주 : 2009년 한 · 중 · 일 3국 대학생 462명을 대상으로 자기관 구성요소인 주체성 대상성 자율성에 대한 설문
자료 : 한민 등(2009), 「새로운 문화-자기관 이론의 국가 간 비교」, 『한국심리학회지』 : 일반 28(1).

2) 한국 사회조직의 발전

민주화 이전 연고망과 억압적 통제의 확장 : 조선과 일제 강점기

역사적으로 우리나라는 공동체적 문화와 전통이 오래된 반면 이익대표 활동은 사회 · 문화적으로 익숙하지 못했고 이를 토대로 한 근대적 사회조직의 결성과 활동이 일천하며, 사회조직들 간이나 국가와 사회조직 간의 교섭의 경험은 거의 없다. 특히 공동체적 역사와 전통이 강건하고 학연, 혈연, 지연의 공동체가 지속되어 왔지만, 근대적 사회조직의 자율적 결성과 활동은 권위주의 체제 아래에서 오랫동안 제약받아 왔다.

조선시대 내내 중앙정부의 전국적 지배력이 꾸준히 확대되는 가운데, 백성들은 자유로운 시장에서 이익을 도모하거나 정치적으로 자신들의 권리를 주창 · 확보하며 국가를 견제하는 사회적 공간으로서의 시민사회는 성립할 수 없었다. 그러나 시장의 자율성과 시민사회의 독립성은 없었지만 왕권을 견제하는 신권과 공론은 존재하였고, 학연, 혈연, 지연을 매개로 한 공론의 형성이나 표출, 그리고 공동체의 상호부조의 전통 역시 강건하게 계속되었다. 조선시대 말 국가 위기가 점증하는 가운데 국가에 대한 백성의 집단적 의사표현과 저항이 표출되던 시기에 이미 노동조합도 조직되기 시작하였다. 뒤이은 일제 강점기에는 식민지 정부의 특성상 국가기구와 중앙집권성이 과잉 팽창하였지만, 동시에 YMCA, 신간회 등 근대적 사회조직들이 조직되어 갔다. 특히 민족국가가 부재하였기에 일제와 대립하며 대중적 독립운동이 전형을 이루었고, 경제적 자력갱생 운동과 계몽활동도 전개되었다. 다만 일제하 사회조직들은 외부로부터 이식되며 하향식으로 조직되고 자발적 참여 역시 저조했다. 일제하에서 식민지 정부에 대한 공적 신뢰는 말할 것도 없이 사회구성원들 간의 사적 신뢰나 자발적 결사와 전통적 혈연, 지연, 학연의 연고망조차도 제한받을 수밖에 없었다. 더 나아가 일제는 식민지의 수월한 통제를 위해 조선인들 간의 불신을 조장하고 이를 이용하였다. 특히 3.1 운동 이후 일제가 채택한 분할-지배(divide and rule) 전략은 이후 한국사회의 신뢰구조에 근본적 영향을 미쳤다. 중앙에서부터 촌락에 이르기까지 조선사회의 다양한 수준에서 전개된 일제의 선별적 포섭(cooptation)은 사적 신뢰를 파당화하고 더 나아가 조선인 사이의 시민적인 사적 신뢰를 와해시킨 후 총독부와 개별 조선인 간의 수직적 관계로 통합하였다(Cumings, 1981).

사회조직의 선별적 성장과 정치적 왜곡

일제 강점의 종식은 국가 수립과 더불어 다양한 이념적 · 정파적 색채를 가진 정당과 사회단체들이 백가쟁명으로 등장하며 자율적 사회조직이 형성될 가능성을 높여주었다. 그러나 미군정과 분단 체제는 이념적 경직화를 가져왔으며, 근대적 독립국가 수립을 목표로 결집한 정치 지향적인 단체들이 사회조직의 성장을 주도하였다. 특히 좌익은 전국조직을 결성하여 전국적 노동운동을 펼치며 정치투쟁에 나섰고, 이에 맞서 우익 역시 전국조직을 결성하여 대응하였다. 하지만 좌파단체가 탄압되는 가운데 우파가 결집하여 국가건립을 주도하였다. 그 결과 정당과 사회단체들은 시민사회적 성격보다는 국가 건설을 위한 정치단체의 성격을 갖게 되었고 사회조직의 자율성과 독자성은 제한되었다. 특히 정부 수립 이후에 국가권력이 점차 공고화되자 상대적으로 덜 발달한 시민사회는 국가에 의해 강력하게 통제되고 위축되었다. 특히 1960년대 이후 군부에 의한 권위주의 정권은 근대적 시민사회의 성장을 강력하게 제약하였다. 다만, 자본과 농촌 부문은 경제성장을 최우선의 국가 목표로 위치시킨 군부정권에 의해 발전연합으로 선택적으로 포섭되었다.

대부분의 사회조직은 단체의 설립과정에서 정부의 관여나 권유가 있었고, 정책결정 과정에서 상향적으로 이해를 표출하고 정부와 협의하는 대상이 아니라 단지 통제 대상이거나 정치적 동원을 위한 매개 장치에 지나지 않았다. 즉, 이 시기 사회조직들은 자율적 결성과 활동에 어려움을 가졌고 설립 후에도 국가의 억압적 통제로 인해 기능적 자율성을 상실하였으며, 상향적 이익대표 기능도 제대로 수행하지 못했다. 사회조직 스스로도 어용화되거나 자기보호에 만족하거나 정부에 접근하여 특혜를 거두는 수준에 머물렀다. 이러한 사회조직들도 전국적 규모의 결사적 사회조직은 그리 많지 않았고 대부분이 연고망에 기초한 비결사적 사회조직이 지배적이었다. 비결사적 이익집단은 비공식적으로 특수한 사익을 표출하였다. 인허가, 금융자원 그리고 보조금과 조세라는 막강한 자원에 대한 통제권을 장악한 중앙을 향한 경쟁적인 지대추구 또는 중앙 지향의 소용돌이(vortex)가 사회 제 세력 간에 발생하였다. 이로 인해 시민들 간의 일반적인 사적 신뢰가 억제되고 가능한 모든 시민적 연대가 약화되었을 뿐만 아니라 중앙이 통제하는 각종 자원을 유인으로 이익단체와 시민사회가 관리 · 동원되었다. 이는 경제발전계획의 집행에 필요했던 사회질서를 확보하는 데 도움이 되었지만, 반대로 개발 독재가 가진 공적 권력이나 규준의 임의성과 비일관성을 각인시켜 시민사회의 국가나 공적 제도에 대한 공적 신뢰를 약화시키기도 하였다. 그리고 국가나 공적제도에 대한 불신은 대신 연고적 범위에서의 폐쇄적인 사적 신뢰나 연줄에 대한 의존을 강화시켰다(이재혁, 1998).

국가의 통제력이 약화되는 시기가 되거나 공론에서 지나친 이탈이 발생하는 시기에 이르면 때때로 시민사회가 분출하였다. 4.19 혁명에서 시민들은 자발적 저항에 나섰고 이는 다시 각종 단체의 결성과 이익 표출으로 이어졌다. 5.16 쿠데타 이후 성립한 군부 정권은 압도적 우위에서 사회를 완전히 통제하였지만 뒤이어 산업화로 인해 사회가 분화되고 정부의 경제개발계획에 따라 결사적 사회조직이 크게 늘어났다. 국가는 분단 · 냉전과 경제발전 목표를 배경으로 시민사회를 억압하며 통제하였다. 국가권력에 종속된 결사체를 제외하곤 자율적 결사체는 고사 상태에 빠져들었다. 일부 학생, 종교인, 지식인을 중심으로 권위주의적 국가운영, 불균형 발전전략, 인권의 억압과 탄압에 대한 체제 저항세력이 제도권 밖에서 꾸준히 활동하였다. 이에 대응하여 정부는 이들을 적극적으로 규제 · 억압하는 한편, 준정부적이며 관변적 성격의 사회단체를 조성하여 국가정책의 정당화와 이를 위한 시민사회의 역량을 동원하는 국민운동단체로서 활동하도록 하였다.

이러한 국가의 억압과 통제 속에서도 사회조직은 저항을 이어가며 '아래로부터의 압력'을 유지해 갔다. 특히 산업화와 교육수준의 개선은 사회의 잠재력을 꾸준히 높여 갔다. 결국 국가의 통제력이 또다시 약화되었던 1980년 서울의 봄에서 반체제 인사와 더불어 중산층과 노동자가 시민행동에 나선 뒤 시민사회는 조금씩 자율성을 확보하고 국가권력에 비판과 견제를 하는 자리를 굳혀갔으며 시민운동도 중산층과 노동자층으로까지 확대되었다. 군부에 의한 독재에 항거하며 민주적 정치질서를 확보하고자 노력했던 경험은 우리나라 근대적 시민사회가 정치적 성격을 강하게 포괄하게 된 배경이 되었다.

정치민주화에 따른 사회조직의 활성화와 성격 변화

1987년에는 범계층적인 시민 저항이 표출된 뒤 대통령 직선제를 필두로 정치민주화 조치가 이어지며 시민사회가 폭발적으로 성장하였고 많은 결사체들이 시민사회에서 결성되었다. 이어서 지방 자치제 실시, 문민정부의 수립으로 이어지는 일련의 참여 민주주의가 확대하였고 시민들의 참여에 기초한 사회조직과 공론장이 활성화되었다. 정치민주화로 사회조직에 대한 국가의 통제가 크게 이완됨에 따라 사회조직의 결성과 활동에서 자율성이 크게 신장되었다.

사회조직의 제도화를 위한 노력도 사회조직의 꾸준한 활성화를 뒷받침하였다. 1994년 사회단체등록에 관한 법률이 폐지되고 사회단체신고에 관한 법률(1999년 비영리민간단체 지원법으로 대체)이 제정되었다. 이는 국가 조합주의적 통제 기제에서 벗어나 자율적인 시민사회의 성장을 위한 제도적 장치로 작동하여[27] 1990년대 중 · 후반에는 사회조직의 양적 성장이 본격화되었다. 사회조직들이 국가로부터 분리되어 자율적이고 독

27. 기존의 국가 조합주의 조직은 국가로부터 자율성을 갖게 되었고 동시에 이들과 경쟁하는 새로운 사회조직이 등장하여 국가 조합주의를 약화시켰다. 한국교원단체총연합회(1947)에 대해서는 전국교직원노동조합(1989)이 한국노동조합총연맹(1946)에 대해서는 전국민주노동조합총연맹(1995)이 설립되었다.

립적인 영역을 가지며 국가를 감시하고 견제하며 지속적으로 성장하게 되었다.

사회조직의 다원화 1987년 민주항쟁은 소수의 학생과 지식인들보다 광범위한 시민참여에 기반하였기에 이후의 시민사회 역할은 자연히 증대될 수밖에 없었다. 특히 국가의 민주화와 민주주의 발전이라는 과제의 해결이 상당부분 시민사회에 맡겨졌다. 시민사회의 지원과 주동적 역할에 힘입어 역대 정권은 민주화에서 과감한 개혁 조치를 취하여 군부정권하에서 자행된 각종 비민주적 요소와 잔재들을 척결하고 민주적 개혁을 이루어낼 수 있었다. 이는 2000년 총선시민연대의 국회의원 낙선운동에서 그 정점을 이루었지만, 이후 시민사회의 수많은 정치개혁 노력에도 불구하고 정치권에서 수용되지 못하고 답보상태를 보이고 있어 시민사회는 민주주의 공고화에서 한계를 나타내고 있다. 그럼에도 불구하고 정당이 제 역할을 하지 못하는 한국 정치 상황에서 '대의의 대행'이라는 한국 시민사회의 독특한 역할을 지금까지 이어가고 있다.

시민사회는 양적인 면에서 비약적으로 성장하는 동시에 질적인 면에서도 다원화되어 갔다. 우선 문민정부의 출범으로 이념적이고 계급지향적인 민중운동이 쇠퇴하기 시작하면서 탈이념적이며, 초계급적인 시민운동이 세분화되기 시작하였고 정책의 감시자나 또는 정책대안자로서 다양한 사회적 이슈에 도전하는 공익단체들이 출범하였다. 즉, 정치민주화나 기존의 이념 및 계급 지향성과 반정부–반시장 지향성을 벗어나 권력이나 체제의 교체보다는 국가–시장으로부터 자율성을 갖되 체제 내에서 생활과 민생 이슈를 중심으로 사회 · 경제적 권리를 확보하는 것을 목표로 하는 시민활동이 활성화되었다. 활동방식도 이념적 주창과 물리적 공격에서 벗어나 정책대안을 제시하거나 공론화를 통해 사회적 공감과 합의를 이끌어내는 방식으로 변모하였다. 특히 지방자치제의 확대 실시는 계급적 이념적 이슈보다는 특수 이익 및 지역적 이슈들에 관심을 집중하게 하였다. 민주화의 진전에 따른 절차적 민주주의의 정착과 사회경제적 권리의식의 증진과 더불어 각 집단들의 이해관계에 따라 분화가 발생하여 그만큼 다양성이 생겨났지만, 동시에 불특정 다수의 공공이익을 추구하는 공익단체(public interest group)의 성격을 띠고 성장해 갔다.

후발 민주주의 국가로서 제도적인 민주화를 추구하고 정치권력과 시장권력에 맞서며 적극적으로 비판 · 투쟁하는 주창형(advocacy) 외에도 다양한 사회조직 유형이 등장하고 있다. 즉, 사회복지정책에서 정부와의 협력을 강조하는 사회 서비스형, 사회적 일자리 창출에서 시장과의 협력을 강조하는 사회적 기업형이 확산되는 가운데, 공동체에 대한 책임과 의무를 다하기 위해 마을 만들기, 자원봉사를 도모하는 자생형 사회조직으로 다원화되고 있다. 이에는 2005년 자원봉사활동 기본법, 2007년 사회적기업 육성법, 2012년 협동조합 기본법 등 다양한 법제 정비도 크게 기여하였다. 한편 주창형 사회조직 활동도 정부정책에 대한 감시와 비판을 넘어 청와대, 국무총리실, 각종 정부위원회에 활발하게 참여하는 정부 국정참여로까지 나아가게 되었다.

경쟁적 다원주의의 모습 다양한 사회조직이 자유로이 활동하고 경쟁하는 다원주의의 모습이 나타났다. 동종 사회분파에 속하는 집단 간의 경쟁 내지 대표권을 둘러싼 갈등도 생겨났다. 하지만 파벌의 해악이 이익집단 간 상호 견제와 경쟁을 통해 해소되기보다는 자신의 이익과 배치될 경우 언제나 갈등을 표출하며 과도한 집단행동, 집단이기주의 그리고 님비현상을 보여주고 있다. 사회조직이 상향적으로 자신의 이해를 자율적으로 표출하지만 관련된 다른 사회조직이나 정부와의 이해갈등을 공익적으로 조정하고 통합하지 못하고 있으며, 국가의 통제력 약화로 갈등 상황이 해소되지 못한 채 자주 확산의 과정을 밟고 있는 것이다.

한편 집단행동 능력의 차이로 말미암아 불특정 다수의 국민이 무기력한 가운데, 소수의 동질적이고 조직화된 이익집단의 이익이 과대 대표되기도 하며 나아가 첨예한 이해관계의 대립과 입장의 차이로 인하여 국정마비 현상을 몰고 오기도 한다.

국가 조합주의 유산의 지속 민주화 이후 아직까지 국가 조합주의의 유산이 왜곡된 형태로 남아있다. 과거 특별법에 의해 법적 행정적 보호를 받고 있는 관변단체가 여전히 활발하게 활동하고 있고 법에 기초하여 국가로부터 독점적 지위와 정책적 권한을 부여받은 사업자단체들이 그 특권적 지위와 권한을 이용하여 담합과 지대추구 행태를 보이고 있다. 정부와의 공생적 관계하에서 독점적 지위와 권한을 사용하여 단체에 강제로 가입하게 하거나 진입장벽을 치고 가격과 물량을 결정하는 등의 경쟁제한 행위를 하는 한편 정책형성 과정에서 집단이익 관철을 위한 로비로 대응하고 있다.

사회 조합주의의 실험 다양한 사회조직 간의 이해충돌과 갈등을 수렴 · 조정할 수 있는 제도적 장치로 사회 조합주의의 실험이 시도되고 있기도 하다. 1990년 국민경제사회위원회로부터 시작하여 1993년 경총과 한국노총의 임금 인상률 가이드라인 합의, 1994년 중앙노사협의회, 1997년 이래로 시도되어 온 노사정위원회 체제가 그것이다. 세계화 속에서의 국가경쟁력 제고나 경제위기의 극복을 위한 고통분담 요구의 압력하에서 노동조합은 전면적 저항보다는 정부와 기업에 대한 책임 있는 파트너로서 탈출구를 마련하고 있다. 그러나 정상조직, 특히 정상노조가 포괄적이지 못할 뿐 아니라 내부적으로 분열되어 사적 이익정부로서의 역할을 할 수 없다. 또한 자본–노동 양자 간 힘의 관계 및 타협과 신뢰의 문화 그리고 국가의 중재 역할이란 면에서도 불리한 상황이다. 더군다나 세계화와 신자유주의 물결은 노동시장의 유연화와 국가의 역할 축소 및 탈규제를 요구하고 있다. 이에 따라 이제 더 이상 정상차원의 전국적 노사정 협의는 가능하지도 유용하지도 않을 것이라는 주장이 제기되고 있으며 따라서 현재 노사정위원회에 대한 평가 및 전망도 그리 긍정적이지 못하다(이향순, 2001 ; 김의영, 2006).

민주화로 국가는 사회의 요구와 선호에 보다 민감하게 반응하게 되었지만, 국가–사회 관계는 여전히 '국가에 선별적으로 흡수된 사회'를 유지하고 있다. 정권에 따라 흡수의 대상은 달랐지만, 사회조직은 정부에 적극 참여하며 관료기구를 중심으로 하는 기존 질서로 흡수되고 있다. 민주주의 경험 축적과 시민사회가 미성숙한 상황에서 다양한 선호들이 관련자들 간의 타협에 의해 자율적으로 해결되는 데 어려움을 겪고 있다. 그만큼 한국의 시민사회는 '약체성'을 보이고 있다. 사회조직 내부는 중앙집권성과 권위적 구조가 유지되고 민주화가 부진하며 사회의 요구와 선호가 정당으로 조직화되지 못하고 있다. 또한 사회조직 내부나 사회조직 간 조정에 의한 자율적 사회문제 해결은 부진한 채 여전히 국가에 의존하는 경향이 있다. 1961년에 중지된 지방자치제가 1991년 부활하며 중앙행정기능의 지방이전이 진행되고 있다.[28] 이에 따라 국가와 사회 간의 매개의 접점이 확대되고 있다. 그러나 여전히 중요한 공공문제들의 대부분은 중앙정부 권한에 속하고 있다. 아울러 한국사회에서 자주 발견되는 사회 통합의 요청에도 불구하고 사회 조합주의의 많은 제도적 전제조건[조직율, 조직통합성, 협상력, 개별구성원의 의사결정 참여, 정당의 지원(Cameron, 1984, pp. 164~165)]이 부족하므로 한국의 사회 조합주의는 아직 발전 수준이 낮은 유사물에 머물고 있다(정병기, 2008 ; 김인춘, 2007 ; Gray, 2008 ; Cameron, 1984). 정책 결정과 집행과정에서 다양한 이해관계자들이 참여할 수 있는 제도적 통로를 정착시키고 사회조직이 동원을 넘어 보다 적극적인 역할을 담당해야 할 필요성이 큰 것이다.

28. 1980년대 말에 입법화가 이루어지고, 1991년에 지방의회의 구성 그리고 1995년부터 지방자치단체장의 직선이 실현됨으로써 30년간 유보되었던 지방자치제의 부활이 이루어졌다. 또한 지방으로의 정부기능의 분권화가 지속적으로 이루어져 왔다.

3) 한국 사회조직의 특성

보편적 시민사회의 부진

근대 산업사회로의 전환과 더불어, 특히 1987년 이후 시민사회가 활성화되었지만 자발적 결사체에 대한 참여는 유형과 상관없이 아직 저조하다. 무엇보다도 한국인은 종친회, 이웃모임, 향우회, 동창회와 같은 혈연, 지연, 학연의 연고집단에 많이 참여하지만 공식적 거래와 계약을 바탕으로 하는 결사체에 대한 참여는 상대적으로 저조하다(2005년, 2010년, 2015년 '한국인의 정체성 조사'). 이는 국제비교를 통해서도 나타난다. 지역봉사, 시민 모임이나 단체 활동에 참여한 빈도에 대한 국제비교(2007)를 보면 전혀 참여하지 않은 비율은 한국 75.2%, 독일 79.6%, 스웨덴 80.8%, 일본 81.3%, 프랑스 65.9%, 미국 49.1%로 한국은 상대적으로 높다(전체 25개국 평균은 71.9).[29] 또한 노조 가입률의 경우 OECD 평균은 26.9%이나 한국 17.6%, 일본 36.3%, 독일 17.7%, 프랑스 8.0%, 스웨덴 67.1%로 한국이 매우 낮다.[30] 대부분의 시민단체가 시민참여나 인적 · 재정적 자원이 부족하여 소수의 대형 시민단체들과 명망가를 중심으로 운영되고 있다.

표 3-15 한국 사회조직 참여도의 국제비교

	한국	미국	독일	프랑스	스웨덴	일본	평균
결사체 불참 비율	75.2	49.1	79.6	65.9	80.8	81.3	71.9(25개국)
노조가입률(2016)	17.6	10.6	17.7	8.0	67.1	36.3	26.9(OECD)
단체협약 적용률	11.8	11.5	56.0	98.5(2015)	90.0(2015)	16.7	32.0(OECD)

자료 : 노조가입률은 미국(설문결과)을 제외하곤 행정통계.

사회적 참여의 강도에서 한국은 일본이나 그리스에 비해 높으나 미국, 스웨덴, 독일에 비해 부진하다(WVS의 V28-V36 membership in voluntary organizations). 특히 푸트남 유형의 사회참여에 비해 올슨 유형에의 참여도가 매우 낮다. 더욱이 한국인의 자발적 결사체 참여 수준은 전반적으로 하락하고 있다. 2005년과 비교해 2015년에 참여가 증가한 결사체는 없었으며, 공식적이건 비공식적이건 모든 자발적 결사체가 위축되었다(2005년, 2010년, 2015년 '한국인의 정체성 조사').

"서구의 자발적 결사체가 특정 관심사, 가치, 종교, 인종, 국적이나 직종을 중심으로 형성된다면, 한국의 자발적 결사체는 학연, 지연, 혈연을 중심으로 형성된다. 자발적 결사체 참여가 협소하고 특수화된 바탕으로 이루어지고 있어 구성원 간의 연결망은 긴밀하고 범위가 한정적이다. 더 나아가 유사한 배경, 지위, 생활방식을 지닌 사람들로 구성되는 경향이 있다"(Park and Shin, 2005). 따라서 한국의 자발적 결사체는 자발적 결사체 참여가 연고집단을 중심으로 이루어져 특수화된 신뢰 및 배타성을 만들어내는 경향이 있다고 평가될 수 있다.

---

29. International Social Survey Programme. ISSP 2007 : Leisure Time and Sports Data File v. 2.0. 2009 ; K-Poll(국제비교)-한국사회과학자료원 : 개인주의에 기초한 결사적 사회조직보다 공동체주의에 기초한 조합적 사회조직이 지배적인 사회에서는 결사활동에 대한 참여가 부진하다는 점에 주의할 필요가 있다(Fourcade and Schofer, 2016).
30. 독일은 노조조직률이 낮지만 상대적으로 높은 단체협약 적용률을 가지고 있다. 한국의 경우 기업별 노조로 인해 단체협약 적용률 역시 낮은 국가에 속한다.

표 3-16 한국의 유형별 사회조직 적극적 참여도의 국제비교

	푸트남 유형				올슨 유형				기타					평균
	여가	예술 교육	종교 단체	소 평균	전문가 단체	정당	노동 조합	소 평균	환경 단체	자선 조직	소비자 단체	자조 단체	소 평균	
한국	6.8	4.7	11.2	7.6	1.8	1.8	1.9	1.8	1.6	1.6	2.1	8.4	3.4	4.2
미국	11.7	14.4	32.3	19.5	15.6	18.6	7.1	13.8	5.2	17.9	5.0	6.3	8.6	13.4
독일	11.8	6.5	26.8	15.0	5.8	3.3	8.0	5.7	7.1	7.8	1.7	2.2	4.7	6.1
일본	10.3	6.8	3.5	6.9	2.7	1.4	2.3	2.1	1.4	1.2	0.1	2.1	1.2	3.2
그리스	5.5	4.8	2.2	4.2	1.9	1.1	1.8	1.6	1.1	1.8	0.1	1.2	1.1	2.2

자료 : World Bank(2021), World Values Survey Wave 7 : 2017-2020

낮은 신뢰도

우리나라 시민들의 사회조직 참여 부진은 한국사회의 신뢰 부족에서도 찾아볼 수 있다. 신뢰는 행동에 대한 긍정적 평가로 사회조직에 대한 동의 및 인정과 관련된다. 일반 대인신뢰(generalized interpersonal trust)는 개인들 사이에 얼마나 우호적 감정이 있는지를 측정하여 협력할 수 있는 자세를 가지고 있는지를 평가한다. 세계 가치관 조사에 따르면 한국인들의 대인신뢰 지수는 1982년에는 36%이었으나 1990년에 33.6%, 1996년에 30.3% 그리고 2001년에 27.3%로 계속 하락하다 2008년 조사에서 29.8%로 소폭 상승하였다. 34개 OECD 국가들 중에서 27위 수준이다. 아울러 기업의 윤리적 태도 역시 매우 낮은 수준에 머물러 있다.

한국에서는 일반 대인신뢰로 부를 수 있는 공적 신뢰가 낮기에 개인은 대신 사적 신뢰 또는 연고적 신뢰에 기초하는 파당적 연결망에 의존하게 되며, 이들 파당적 연결망들이 사회관계를 지배하는 연줄 사회가 지속된다. 사적 신뢰란 폐쇄적 연고의 범주를 벗어나지 않는 범위 내에서의 신뢰이므로 연줄의 성원 간에는 강력한 (사적) 신뢰를 공유하는 것도 분명하다. 사적 신뢰의 축적이 배타적이고 파당적인 연고망을 구성하며 연결되면 이는 공적 신뢰나 제도에 대한 신뢰의 형성을 막거나 공적 신뢰를 약화시킨다. 거꾸로 신뢰를 보장하는 주요 기제로서 공적 신뢰나 공개적이고 투명적인 제도의 와해는 파당적 연고망의 형성을 자극하며, 개인들은 물적자본이나 인적자본에의 투자보다는 관계자본의 투자에 몰입하게 된다.

표 3-17 기업의 윤리성과 타인에 대한 신뢰도(WEF, GCR 2016)

	한국	미국	독일	프랑스	스웨덴	일본	조사국 평균
기업 윤리성	3.5/98	5.0/27	5.2/22	5.0/26	6.3/1	5.7/11	–
일반적 신뢰도	26.5	34.8	44.6	19.0	60.1	35.9	23.1
타인의 불신	6.6	5.7	5.7	5.4(스페인)	6.9	5.3	5.7

주 : 타인의 불신은 "Generally speaking, would you say that most people can be trusted or that you need to be very careful in dealing with people?"에 대한 응답률을 기초로 점수화되었다.

(1) 능력의 부족

자원 부족

일반적으로 사회조직 수입원의 대부분은 기부, 자선 등 외부에 의존하고 그중 모금능력에 더 많이 의존한다. 우리나라의 사회조직들은 공익적 성격으로 말미암아 수익사업에 제한이 있고 회원의 자발적 회비납부도 미약하여 만성적 재정부족에 놓여있다. 이에 따라 지도자나 임원이 후원자를 찾아 헤매며, 각종 수익사업을 벌이고 있다. 이로 인해 사회조직은 정부(공모사업, 위탁사업, 보조금)나 대기업으로부터의 지원에 의존도가 커서 사회조직의 공익적 목표와 상충하는 상황이 만들어지고 있다. 인적자원 부족 문제도 적지 않다. 우리나라의 사회조직에서는 외면적으로 회원 수가 많아도 대부분의 회원이 정규집회조차도 참석하지 않고 있다. 사회조직은 시민과 활동가, 전문가집단이 균형 있게 그 역할을 하지 못하며, 특히 취약한 보수와 근로여건은 활동가나 전문가의 적극적 참여를 어렵게 하고 있다.

전문성 부족

우리나라 사회조직의 부진을 낳는 주요 요인으로 시민의 참여 부족과 함께 자주 거론되는 것이 전문성 부족이다. 사회조직이 그동안의 비판과 감시 활동을 넘어 대안을 제시하며 '사회문제의 해결자'가 되기 위해서는 전문성의 확보가 중요하다. 시민사회는 정부나 시장이 실패하는 곳에서 대안을 제시하며 새로운 전문영역을 추구하는 역할을 가진다. 정부와 기업은 전문성 확보를 위하여 막대한 투자를 하며 전문가나 전문지식을 확보하려 노력하지만, 시민사회는 열약한 재정상황으로 말미암아 이를 실천하기 어려운 실정이다.

과두제적 조직 특성도 전문성 확보에 어려움을 낳고 있다. 소수의 역량 있는 행동가의 주도로 사회조직이 구성되어도 연고에 기초한 파당성은 재정부족과 더불어 다수의 유능한 인재 참여를 저해하고 있다. 권위적 집단주의의 영향으로 시민사회조직조차도 권력의 분배에 회의적이다. 유능한 인재의 부족은 전문성의 부족을 야기한다. 많은 사회조직이 운동단체나 정치투쟁의 성격을 가지고 광범위한 이슈를 망라하면서 전문적인 역할을 하지 못하고 있다.

(2) 내적 통합의 제한

일반적으로 사회조직은 민간조직이지만 공식적이고 투명한 형태를 취하며 자발적 참여자가 중심이 되어 공익을 목표로 자치될 것이 기대된다.

회원의 참여 부족과 폐쇄적 운영

우리나라에서는 회원의 자발적 참여부족으로 말미암아 사회조직이 소수의 적극적인 참여자 그룹을 중심으로 폐쇄적으로 운영되며, 이들 소수가 의제설정부터 기획, 실행, 평가, 자원관리까지 과도하게 방대한 업무를 도맡아 처리하고 있다. 적극적 참여자 그룹은 직업적으로 사회조직 내에 머무르며 조직을 주도하지만, 일반 회원은 자신의 직업에 종사하면서 한시적으로 참여하여 조직 운영 전반에 걸쳐 소외된다. 자발적 · 개방적으로 구성되고 공적 이익을 추구한다는 시민단체의 외양과 달리 전통적 연고 관계가 결합되어 회원의 참여나 활동가 충원에 연고가 널리 활용되고 있다. 파당적 연고망은 때때로 공익을 침해하면서까지 내집단만의 이익을 추구하므로 공적 제도를 보완하기보다는 무력화하기까지 한다.

투명성 부족

사회조직이 정부의 투명성을 강조하는 만큼 스스로의 투명성 문제는 적극적으로 고려하지 않아 사회조직에 대한 일반적 불신을 키우고 있다. 사회조직 스스로 내부 행동강령 및 규정을 강화하여 실천하고 다른 사회조직에 의한 감시기능을 활성화할 필요가 있는 것이다. 특히 극히 일부 대규모 단체를 제외하곤 재정운영이 불투명하다. 물론 대부분의 사회조직이 일부 임원의 희생과 기여에 기초하기 때문이기도 하지만, 상당한 지원을 정부나 기업에서 받고 있는 경우에도 그 현황을 회원이나 시민에게 공개하지 않고 있다.

내집단 폐쇄성과 연고주의

한국사회의 수평적 집단주의 또는 관계중심적 집단주의에서는 관계 맺기와 동반 · 상생이 내집단으로 제한되며 폐쇄적 특성을 가진다.[31] 이는 자급자족하면서 다른 촌락과는 분리된 폐쇄적 특성을 가져온 한국의 전통 촌락을 상기시킨다. 촌락 단위의 농경과 세시풍속 그리고 민속놀이는 이를 강화시켰다.

한국에서 관계주의가 실현되는 주된 내집단은 혈연, 지연, 학연의 조직망인 가족, 친척, 학교 동창, 동향인이다. 이들은 개인에게 정체성을 제공하고 정서적 만족과 사회경제적 안정이 이루어지는 주된 통로로 한국사회를 이끌어가는 주된 사회적 기제이다. 처음 만나는 사람들은 가족관계나 고향, 학교 등의 사적인 질문으로 공통분모를 찾고 관계 형성을 시도한다. 한국의 집단주의는 원초적 단위인 가족을 중심으로 가족과 남을 구분짓는 가족주의와 혈연, 지연, 학연의 비자발적 연고를 중심으로 연고집단과 남을 구분짓는 연고주의 행태로 표출되고 있다. 그러나 가족주의와 달리 연고주의는 사회적 관계망을 확장해가는 기제로도 작용한다. 예를 들어 개인들은 좋은 연줄을 확보하고 사회적 자산으로 활용하기 위해 노력한다. 하지만 이는 사적 신뢰가 파당화되는 것일 뿐 보편적인 사회적 신뢰를 구축하는 데까지 나아가지 못하고 있다. 한국 사회조직의 귀속성과 폐쇄성은 대인신뢰도에 잘 나타난다. World Value Survey(Wave 6 : 2010~2014)에 따르면 우리나라 국민의 처음 만난 사람에 대한 신뢰도(처음 만난 사람을 얼마나 신뢰하나)는 19.0으로 조사대상국의 평균에 미치지 못한다. 하지만 알고 있는 사람에 대한 신뢰도(개인적으로 알고 있는 사람을 얼마나 신뢰하나)는 80.7로 나타

표 3-18 가족과 타인에 대한 신뢰도

	한국	미국	독일	프랑스	스웨덴	일본	평균
가족(A)	99	89	96	86	97	96	93.1
이웃	53	43	60	50	78	27	45.4
알고 있는 사람(Bonding, B)	63	80	88	82	97	71	57.8
A−B	−36	−9	−8	−4	0	−25	−35.3
처음 만난 사람(Binding)	−65	−21	−34	−29	49	−60	−41.8
외국인	−62	48	23	41	83	−29	−10.4

자료 : World Bank(2021), World Values Survey Wave 7 : 2017-2020 Q58-Q63

31. 집단주의에서는 내집단(in group)과 외집단을 구별하여 내집단에 대한 동일시와 편애 그리고 외집단에 대한 편견과 차별이 강하게 작용한다. 반면 개인주의에서는 내집단과도 독립적이고 거리감을 유지한다.

나 평균을 크게 웃돈다. 특히 한국인은 가족이라는 내집단이 중시되는 가족주의를 가져 가족에 대한 신뢰도가 알고 있는 사람에 대한 신뢰도보다 상당한 격차로 높은 수준을 보인다.

기업이나 정부조직과 달리 사회조직은 시민의 자발적 참여와 수평적 관계에 기초하여 그 활력이 유지된다. 조직이 민주적으로 운영될 때 회원들 간의 응집력이 강화된다. 그러나 우리나라의 경우 지식인, 엘리트, 전문가와 같이 명망가로 부를 수 있는 특정 집단이 사회조직 성장을 주도하여 왔으며, 그중에서도 과거 사회운동이나 노동운동에 참여해 온 재야인사와 진보지식인이 큰 역할을 해 왔다. 이를 배경으로 우리나라 사회조직은 의사결정이나 운영이 상근활동가 또는 일부 간부의 의도대로 결정되고 하향식 · 선단식 조직운영이 계속되고 있다. 이에 따라 일반 회원과 비상근 전문가가 소외되어 적극적 참여를 꺼린다. 더욱이 명망가의 이념적 지향에 따라 이념을 같이하는 일부의 시민만이 (적극적으로) 참여하고 결국 이념집단으로 변질하여 결과적으로 운동방식도 법치주의를 뛰어넘어 초법화할 위험이 내재되어 있다. 이러한 조직 운영은 공익이나 공론과 괴리된 활동을 낳기 쉽고 결국 시민 일반과의 괴리를 만들어낸다. 더 나아가 시민단체 운영은 본래의 목표보다는 조직 유지 또는 명망가의 정관계 진출이나 사익추구가 더 중시되는 상황으로까지 이어지고 있다.

(3) 제한적인 외적 확장성

사회조직은 정부와 시장이 실패하는 사회 · 경제 문제에서 역할을 해야 한다. 사회의 다양한 욕구를 정부와 시장이 제대로 수용하지 못할 때 남는 것은 시민사회의 역할뿐이기 때문이다. 다양한 이해관계자들이 충돌하고 있는 사회 · 경제 문제를 해결하기 위해서는 이해관계자들이 갈등을 극복하고 대화를 통해 수용 가능한 해결책을 합의로 도출해 내야 한다. 이를 위해서 공론의 장을 제공할 수 있는 중립적 시민사회의 역할이 크다. 그러나 그동안 우리 사회에서 시민단체는 특정 이익과 이념을 대변하고 반대하는 역할에 치중하여 갈등을 증폭시킴으로써 문제 해결을 오히려 어렵게 하며 책임 있는 활동을 하지 못하고 있다는 비판이 크다.

폐쇄적 호혜성을 갖는 연고집단으로 확장성을 제한

한국사회의 공동체주의 또는 집단주의 성향은 타인과의 공감과 조화를 강조하지만, 그것은 연고집단 또는 내집단(內集團)으로 한정된다.[32] 연고(緣故)는 친족, 향우회, 동창회 등과 같이 혈통, 정분, 법률 따위로 맺어진 관계나 사람으로 연고집단을 통한 연결망은 거래비용을 줄이고 시장 거래를 가능하게 하는 신뢰를 제공하며 때로는 협력을 이끌어내는 자율적이고 능동적인 사회영역으로 기능하였다. 연고집단은 개인에게 집단의 상징에 대한 기억과 재현의 압력을 내면화하도록 하여 단기적 시야와 무임승차를 완화하여 왔다.

연고망은 국가, 시장, 시민사회를 관통하며 경제발전에 큰 역할을 하였다(류석춘 · 왕혜숙, 2008). 관료제와 시장 거래뿐만 아니라 사회조직의 운영 그리고 사회와 국가의 관계를 원활하게 하였다. 더 나아가 기업조직이나 시민단체 역시 연고에 기초해 왔다. 국가 전체로까지 확장되는 연고망은 외적 연계를 낳았고, 연고망을 배경으로 한 사회갈등은 연고망 간의 역동적인 상호경쟁과 사회조직의 내부 결속을 강화하였다. 한편 한국에서 혈연, 지연, 학연이 모두 공동체주의의 실현계기로 간주되어 온 전통을 가졌음에 유의할 필요가 있

32. 개인주의는 개인의 독립성이 강조되지만 동시에 타인에 대해 더 신뢰를 보이고 내외집단에 대해 공정하려 하지만 한국은 그렇지 못하다. A. T. Kearney & Foreign Policy가 경제통합, 해외 대인접촉(personal contact), 기술, 국제사회 참여 등 4가지 요소를 반영한 Globalization Index(글로벌화 지수)는 대외적 폐쇄성을 잘 보여준다.

다. 혈연의 종법과 종계, 지연의 향약과 사창, 학연의 학계와 서원을 통하여 공동체의 규율과 구성원 간의 협력을 추구해 온 조선의 전통은 연고망의 한계를 극복하는 뒷받침이 되었다. 물론 전통사회의 이러한 공동체는 사라졌고 일부는 공공기관의 확대와 더불어 정부기관으로 편입되거나 정부 지원을 받는 공적 성향의 기구로 활동하게 되었다. 지역이나 문중에서 주도해도 이런 공동활동을 하려면 공공성을 갖는 기구가 주체가 되어야만 정당한 공공활동으로 인정되고 그 성과를 거둘 수 있게 되었고, 이들이 구성원의 공동체에 미치는 영향도 미미해졌다. 그러나 공동체주의적 삶의 태도나 경향까지 모두 사라지진 않았으며, 유교적 공동체 관념은 전승되어 한국의 연고망에 지속적 영향을 미쳐 왔다. 한편 경제발전과 민주화의 이념은 사익을 공익에 복속시키는 압력으로 작용하였다.

'연고주의' 또는 '정실자본주의'라는 단어가 상징하듯 연고집단의 역기능은 무시할 수 없다. 귀속적 폐쇄적인 연결망으로 사익을 추구하며 공익을 훼손할 수 있다[무도덕적 연고관계(amoral friendship)]. 연고망이 가족주의와 결합할 경우 공익이나 경제성장에 부정적 효과를 미칠 수 있다. 혈연이나 지연을 가진 자들끼리만 정보를 공유하며 시장을 폐쇄적으로 지배하는 것이 그것이다. 결국 강한 내집단 통합성은 외부집단에 대한 불신과 차별을 강화하여 집단 간 관계를 갈등으로 이끌어 왔다. 혈연, 학연, 지연에 따른 차별, 정규직과 계열사와 비정규직 및 협력 · 하청업체들에 대한 횡포가 그것이며, 국민들 다수는 어려움이 있을 때 도움을 청할 수 있는 연고망이 거의 없다(경향신문, 2016. 6. 5.). 한국의 사회조직은 연고집단의 귀속성과 폐쇄성 때문에 강한 유대를 보이지만 확장 가능성이 적다. 한국의 전통적인 혈연, 지연, 학연이 모두 공동체주의의 실현계기가 되었다고 하지만 근대화와 더불어 집단이기주의의 매개고리로 크게 변질한 측면도 무시할 수 없다. 특히 유교적 전통 속의 공동체주의는 조선사회의 쇠퇴와 더불어 가부장적 · 권위적 측면이 강화되었고 학문과는 무관하게 권력이나 이권다툼과 연계되어 있다.

관료들은 정부조직뿐만 아니라 산하기관, 정부투자 · 출연기관은 물론, 민영화한 공기업, 민간의 업종별 협회 · 단체까지 감시 · 감독의 수하조직으로 거느리고 사기업과 사립대학 그리고 정부 산하의 각종 위원회, 대기업의 사외이사를 점함으로써 근무연을 통해 사익을 앞세운다.[33] 피감기관 · 단체 · 기업은 관료를 영입함으로써 근무연을 이용해 감시나 감독 그리고 규제에 대처하고 민원을 해결할 뿐만 아니라 국가정책에도 영향을 미칠 수 있는 것이다. 폐쇄적 연고에 의존하는 조직은 감시 · 견제가 불가능하고 부정부패가 만연되며 독점적 특권을 배타적으로 향유할 위험성이 상존하고 있다. 한편 우리나라 사회조직의 폐쇄적 속성은 우리나라의 사회조직이 타협과 변화를 거부하며 사회와 경제의 발전과 혁신에 걸림돌로 작용하고 있다.

정체성 혼란을 야기하는 과도한 정권 및 정치 참여

사회조직은 수입원 대부분을 외부에 의존하므로 권리 주창과 서비스 제공의 두 가지 기능을 모두 가지며, 이에 따라 사회질서의 유지와 변화의 원동력이 될 수 있다. 우리나라 사회조직, 특히 시민단체는 권력의 비판 · 감시 기능에 치중하며 과도하게 정치화되어 사회 협력이나 공공적 기능이 약화되고 있다. 선거운동에 적극적이고 후보를 내세우거나 창당하며 정치를 세력화하는 한편 정권에 직접 참여하여 지도층이 정부 고위직에 진출하거나 정부 위원회에 참여하고 감시 · 견제의 역할을 제한받으며 정권에 동원되는 현상이 나타나고 있다. 이에 따라 사회조직과 정당 또는 정부와의 구별이 어려워지고 사회가 공동화되는 현상도 낳고 있

33. 관료조직은 지연과 학연에 따라 분할되어 집권세력의 지연, 학연에 따라 주류가 부침하며 불신과 차별 그리고 갈등을 안고 간다.

다. 특히 각종 중간조직에 시민사회가 참여하지만 권한과 책임을 공유하는 의사결정을 하기보다는 정부의 일방적 결정을 집행하는 역할에 머물고 있기까지 하다. 과도한 정치화와 정부 참여는 권력 감시 · 비판 기구로서의 정체성에 혼란을 낳고 시민들의 신뢰를 하락시키고 있다. 특히 아직 우리나라는 정부나 정당의 신뢰도가 낮고 민주화의 과제도 적지 않다. 직접적 정치 참여나 정부 참여보다는 국가와 시장에 대한 감시와 견제에 집중하고 대안을 제시하는 역할에 초점을 맞출 필요가 있는 것이다.

한편 사회조직의 핵심 역할에서 공공 서비스가 강화되는 현상도 정체성에 혼란을 야기할 수 있다. 한국의 미흡한 사회복지 수준을 감안하면 시민사회가 각종 공공 서비스 제공에 활발하게 참여하는 것은 중요하다. 그러나 이로 말미암아 정부와 시장에 대한 의존성이 지나치게 커질 수 있으며, 그만큼 정부와 시장에 대한 감시와 견제가 제한될 수 있다.

2.2 한국의 국가 특성과 그 역할

국가는 사적 전용이나 시장실패를 제한하고 숙의와 협력이 가능한 제도를 통해 생산적 활동이 장려되도록 하여야 한다. 여기서 사적 전용을 제한한다는 것은 재산권과 계약제를 통한 시장조성을 말한다. 시장실패의 제한은 경제활동에 대한 규제뿐만 아니라 시장안정의 도모를 포함한다. 숙의와 협력은 각종 사회위험으로부터의 보호로 뒷받침되어야 가능하다. 이상의 국가의 역할은 관료제의 질적 수준에 의존함은 물론이다. 한편 부패, 강제수용, 계약 부인에 의한 정부에 의한 전용의 제한 역시 민간의 생산적 활동을 자극하는 기반이 된다.[34] 이하에서는 이런 면에서 한국에서의 국가의 역할 수준을 평가하는데, 그에 앞서 우선 국가에 대한 우리 국민의 태도부터 검토하자.

1) 국가주의 경향성

한국에서 국가성(stateness), 즉 사회가 독립적이고 우월한 지위를 국가 제도에 부여하는 정도는 얼마나 강한가? 한국인이 국가에 권위를 부여하는 강도나 태도를 보기 위해 공(公)에 대한 우리의 인식을 검토하고 한국과 일본의 공 의식을 상호 대조해 보자.

공론과 공

정부정책의 집행이나 사회조직의 활동이라는 집단행동이 이루어지려면 그에 앞서 공론(公論)이 형성되어야 한다. 공론이란 집단 일반의 공통된 의견으로서 "모든 인심(人心)이 다 같이 그렇다고 여기는 것으로 공론이 있는 것을 국시라고 하니 온 나라 사람들이 의논하지 않고도 옳게 여기는 것이다. 이익으로 유인하는 것도 아니고 위협으로 두렵게 하는 것도 아니며 삼척동자도 그것이 옳은 것임을 알 수 있는 것이 바로 국시이다"(율곡 이이, 선조수정실록 권13, 12년 5월 1일).

율곡 이이의 상소문에서 발견되는 공(公)은 원시공동체의 발전과정을 담아내는 의미가 담겨있다. 원시공동체에서는 공동작업일 수밖에 없던 수렵과 어로의 수확물은 공동의 것으로 납부되다가 이후 지배층이 생기

34. 사적 전용을 막기 위해서 정부는 법질서를 확립하고 관료제의 질적수준을 확보해야 한다. 한편 정부에 의한 전용은 부패, 강제수용, 계약 부인이라는 형태로 발생한다.

면서 수장에게 공납되었다. 이에 따라 공(公)은 공동체와 관련되기도 하지만 수장과도 관련되어졌다. 이러한 공(公)이 갖는 이중적 의미는 일본에서 公을 훈독할 때 사용하는 '오오야케(おおやけ)'에서 극명하게 드러난다. 오오야케는 고대적 공동체에서의 수확물이나 공납의 격납장소이자 그것을 지배하는 족장의 지배기능을 가리키고 있다. 일본을 대표하는 고어 · 국어사전들은 오오야케를 궁전 등의 큰 건축물이자 조정과 관청을 의미한다고 밝히고 있다(미조구치 유조, 2004).

그러나 한국과 중국의 공(公)은 궁과 관의 의미를 훌쩍 뛰어넘는 추상적이고 윤리적인 의미까지 갖고있다. 후한 시대에 발간된 『설문해자(說文解字)』는 공을 사(私)로 등지다라는 뜻으로 그리고 사(私)는 스스로 에워싸는 반면 공은 에워싼 것(厶)을 개방하다라는 뜻으로 해석하고 있다. 그리하여 마침내 공은 뭇사람과 함께하고 통하며, 공평하게 나누는 윤리적 의미를 갖게 되지만, 사는 스스로 에워싸는 간사(姦詐)한 것으로 반윤리적 의미를 갖게 되었다. 이러한 공(公)은 특정한 공동체의 틀을 뛰어넘는 보편적 지향성을 가져 천(天)의 만물 · 만민에 공평무사한 모습으로 비유된다. 군주가 지배자일 수 있는 이유는 공이 기대되기 때문이고, 만약 공을 기대할 수 없는 군주라면 사에 지나지 않으며 공을 위해 전복되어야 할 대상이 된다.

일본의 경우 오오야케는 이러한 보편성과 윤리성으로까지 나아가지 못하고 공동체나 이들 공동체가 궁극적으로 수렴되는 국가 그리고 천황 자체가 궁극적인 공이 된다. 그리하여 일본의 공, 즉 오오야케에서 찾을 수 있는 윤리적 태도는 멸사봉공(滅私奉公)의 태도일 것이다. 오오야케의 최상위는 천황에 두어지며, 천황 이하의 하위 공동체는 상위 공동체에 종속되고 봉사하는 것을 전제로 그 존립이 허용된다. 이때 상위공동체는 공공연한 것으로 무조건 긍정되지만 하위공동체는 은밀하고 내밀한 와타쿠시, 즉 사(私)의 지위를 가질 뿐이다. 상위공동체의 장에서는 하위공동체의 의견은 주장될 수 없고, 상위 공동체의 결정은 그 장을 관리하는 수장과 그 주변사람들에 의해 이루어진다. 공과 사는 서로의 영역이 다르며, 오오야케의 질서를 만드는 직분을 가진 자와 그렇게 세워진 질서를 지키는 직분을 가진 자가 구분되는 것이다. 이러한 직분에서 일탈한 자는 무라하치부[村八分(따돌림)]의 대상일 뿐이다. 결론적으로 일본 국민은 공동체 그리고 이들 공동체가 궁극적으로 수렴되는 국가와 그 수장인 황제라는 '오오야케 = 공'에 충성을 다하는 것 이외에는 선택지를 갖지 못했다. 이로 인해 옳고 그름을 따질 수 없는 국가와 황제의 절대적 권위가 성립하는 것이다.

한국에서의 국가성

한국은 국가 성립 이래 중앙집권적이고 자율적인 국가가 별도의 우월적 지위를 가지며 집단행동을 주도하여 위로부터 사회를 이끌어 왔다. 한국에서 사회를 압도하는 중앙집권적 국가가 확립된 것은 삼국시대이다. 중앙집권성은 고려와 조선을 거치며 끊임없이 확장되었고, 근대에 들어서도 식민지와 전쟁의 경험으로 인해 국가의 지위와 중앙집권성은 더욱 강화되었다. 일본 의회의 규율을 교묘하게 비켜나간 일본 군부의 직접통치 하에 놓였던 한국은 1930년대 이후 전시경제체제로 내몰렸다. 한국전쟁하에서 또 한 차례 전시 경제체제를 겪게 되었지만, 그 안에서의 현대적 · 권위적 중앙집권적 군사조직의 경험은 한국경제의 고도성장의 조직적 유산으로 작용하였고 한강의 기적을 주도하게 되었다.

한국인의 공동체주의는 국가로까지 확장되어 한국인에게 국가 없는 사회공동체를 상상하기 어렵다. 우리 사회에서 주류이념이 민족주의라는 것은 부정하기 어렵다. 2007년 8월 유엔 인종차별철폐위원회는 한국정부의 보고서를 심사한 후 "외국인과 혼혈을 차별하는 단일민족국가 이미지를 극복하라"라고 권고했다. 민족적 기원에 대한 신화와 그에 따른 순혈주의는 한국이 언어, 역사, 문화, 생활풍속을 공유하는 마치 하나의 거대한 가족 또는 씨족 집단이라는 믿음을 강화시켜 왔다. 한국은 유교적 전통하에서 자연적으로 형성되는 가족관계를 기초로 이의 연장선 상에서 국가공동체를 이해해 왔다. 일제 강점기하에서 강화되었던 한국의 민족주의는 최근에는 높아진 국제적 위상에서 느끼는 새로운 자신감을 반영하기도 한다.[35]

사회는 개인의 모임이 아닌 유기적 전체로 모든 것이 윤리를 따라 조화하는 것이 목적이며 이를 위해 필요한 것이 양질의 국가이자 정부였다. 우리 국민은 국가를 친숙하고 자연스러운 존재로 인식하며, 특히 민족을 권리의 담지자로 인식하며 이를 대리하고 있는 것이 국가와 정부이다. 한국에서 국가는 사회의 현실과 개인의 의식 깊숙이 들어와 있다. 헌법 제1조의 '국민'은 국가라는 정치공동체의 성원을 의미한다. 먼저 국가가 의식된 후 그 성원으로서 개인이 규정되고 있는 것이다. 종종 국가는 사회의 우선순위를 명확히 정한다. 국가안보, 경제성장, 정치안정, 국가위상 제고가 강조되고, 국가 위기 시에는 개인의 희생이 주장된다.

표 3-19 국가주의적 가치관의 현황

	정부보다는 개인의 책임성	민족적 자부심	정치체제	
			강력한 지도자	민주주의
독일	5.5	68.9	−51	88
일본	4.0	77.6	−30	68
한국	3.6	81.4	34	54
프랑스	6.2	85.1	−48	78
스웨덴	6.6	87.6	−60	95
미국	5.7	78.0	−23	68
전체 평균	5.3	86.1	−4	74

자료 : World Bank, World Value Survey Online Data Analysis: Wave 7 2017–2020 ; Q108.– Individual's vs Government's responsibility(People should take more responsibility to provide for themselves.) ; Q254.– How proud of nationality(How proud are you to be of nationality of this country?) ; Q 235 Political system : What do you think about each as a way of governing this country? Having a string leader who does not have to bother with parliament and elections. vs Q238 Having a democratic political system.

한국의 조건부 국가성

그러나 한국의 국가는 '짐이 곧 국가이다'라는 무소불위의 권력을 휘두른 루이 14세의 프랑스와 달랐다. 한국에서 국가는 모든 인심(人心)이 다 같이 그렇다고 여기는 것, 공론을 구현해갈 때에만 그 권위가 인정된다는 점에서 국가의 권위는 조건부적이었다. 물론 전통사회에서 이러한 공론에 의한 통치와 그에 따른 조건부 국가권위는 백성의 권리로서 아래로부터 주장되었다기보다 군주의 정치자세로서 군주에게 요청되는 덕목에 지나지 않았을 것이다.

그러나 한국의 조건부 국가성은 이론에만 머물지 않고 많은 제도적 장치를 통해 국가가 사회의 공론을 반영하여 왔다. 중앙집권성을 강화해 왔던 한국의 정치는 신라의 화백제도가 대표하듯이 동시에 공론을 수렴하는 합의제적 회의체 운영에 오랫동안 의존해 왔으며 중앙집권적 국가운영은 사회의 견제를 받았다. 정사를 결정하는 과정에서 조선의 국왕은 신하들의 의견을 수렴해야 하는 구조였으며, 또한 사헌부, 사간원과 같은

35. 하지만 민족주의는 보편적 가치를 무시하는 요인으로 작용할 수 있어 유엔보고서는 "한국이 단일민족을 강조하는 것은 한국 땅에 사는 다양한 인종들 간의 이해와 관용, 우호 증진에 장애가 될 수 있음"을 우려했다. 그러나 한국인의 경계 없는 '情'으로 대변되는 개방적 공동체 정신은 이러한 우려를 불식하고 있다.

권력의 집중을 막기 위한 견제장치가 갖추어진 정부형태였다. 더 나아가 한국인의 삶의 근거가 된 촌락은 매우 발달한 향촌자치에 맡겨져 중앙집권화가 크게 진척된 조선시대에도 현 아래로는 중앙에서 배치하는 지방관이 없는 자치적 조직인 면과 리가 있었다.

근대화와 민주화로 이제 국민은 공개적 방식으로 공론이 형성되고 반영되도록 하는 메커니즘을 요구하고 마련해가고 있다. 한국의 민족주의는 개인의 권리를 상상의 민족적 공동체나 그 대리자인 국가와 정부에 완전히 복속시키는 한계를 넘어선다. 민족적 정체성을 놓지 않으면서 한국인은 개인의 자율성을 행사하려 하며 사회의 자율성을 언제든지 발휘하려 한다. 그에 따라 한국인으로서의 민족 공동체에 대한 책임을 자발적으로 표현한다. 국가나 통치자 또는 그 권력이 절대화되지는 않는다. 국가의 요구가 개인의 도덕적 명령에 우선권을 반드시 갖는 것은 아니다. 특히 가족문제에 있어 더욱 그러하다. 양질의 정부는 윤리의 제도적 표현이며, 통치자가 도덕적으로 행동하지 않는다면 궁극적 선인 사회적 조화는 달성될 수 없다. 고위직의 덕행은 지속적 관심사이다. 자애로운 통치는 보편적 권리이며 개인에게 요구되는 의무의 전제조건이다. 정부에 대한 국민의 비판과 참여의 수준은 높아졌지만, 동시에 정부에 대한 기대는 여전하다. 사회적 문제를 해결하지 못하는 정부를 비판하지만, 동시에 정부를 통한 해결책을 모색한다. 주권자인 국민과 국가의 이러한 긴장적 관계는 기업이나 공공조직 모두에 그대로 투사되어 왔다. 즉, 윗사람에게 충성과 성실로 봉사해야 하지만, 상관의 행동은 도덕적 평가의 대상이며 공정한 대우에 민감하다.

민주화 이후 정부는 공론을 형성하기 위한 공식적 채널을 마련하는 데 노력해 왔다. 정부정책 추진과정에서 무작위로 추출된 수동적 시민들의 직감적인 의견인 일반적인 "여론" 청취 대신 충분한 정보와 지식을 갖춘 능동적 시민들의 숙의과정을 통한 질 높은 집단의견으로서 "공론"을 반영하기 위해 노력해 왔다. 특히 1990년대 이후 주요 국책사업 추진과정에서 민 · 관 갈등이 급증하자 정부는 특정 공공정책 사안이 초래하는 사회적 갈등에 대한 해결책을 모색하는 과정에서 이해관계자, 전문가, 일반 시민의 의견을 민주적으로 수렴하여 공론을 형성하는 의견수렴 절차를 밟고 있다.

국가주의 경향성에도 불구하고 Gwartney et. al.(2018)의 정부규모 지표로 한국은 6.83으로 69위를 기록하고 있다. 정부 규모는 정부소비나 정부투자의 규모, 이전지출과 보조금 규모, 최고한계세율(소득세와 재산세), 국유재산 규모를 포함한다. 이러한 작은 정부는 한국의 오래된 전통이다. 조선은 정치적 · 행정적으로는 중앙집권을 추구했지만, 경제적으로는 작은 정부를 지향하고 분권화를 지향하였다. 유교의 정치원리는 정부지출은 검소하게 운영하며 필요 이상의 과한 세금을 거두지 않는 것이었다. 그로 인해 국가재정이 열악하였고 대규모 토목공사를 벌일 수 없었으며, 지방정부는 알아서 수익원을 만들어야 했기에 자의적인 수취와 수탈이 생겨났다. 경제활동은 중앙에서 감독하고 육성하며 통제되기보다 향촌사회의 자급자족에 맡겨졌다. 산림(山林)과 천택(川澤)은 모두의 것으로 그로부터 얻어지는 소금, 인삼 등의 이권(利權)은 관청에서 독점하지 않고 모든 백성이 같이 사용해야 하였으며, 이권을 사가에 맡기고 국가가 높은 세금이나 수탈을 자제하는 것이 나라를 부요하게 하며 재용을 풍족할 수 있게 하는 방법으로 간주되었다. 이처럼 크고 작은 이권이 사인(私人)의 집에 있고 공가(公家)에 있지 않았던 것도 작은 정부의 이상이 자리잡은 배경이었다.

2) 국가역량 : 정부의 능력과 책임성

이하에서는 세계은행의 세계 거버넌스 지수를 골격으로 국가역량과 국가-사회관계를 검토한다.

(1) 국가역량의 형성과 발전 : 발전국가의 성립과 이완

민주화 이전 : 권위주의 발전국가

민주화 이전 한국은 국가가 우월적 위치에 서는 전형적인 국가주의(etatiste) 형태를 보였다. 정부는 국정 운영의 주체가 되어 국가안보와 경제발전이라는 목표 설정을 주도하고 이를 위해 국가중심적 제도를 확립하였다. 국가 운영은 사회조직에 의존하기보다는 자율성을 유지하고 노조, 야당, 사회조직을 권위적으로 억압·통제하며, 자유롭게 권력을 행사하는 국가 조합주의(state corporatism)의 특징도 보였다. 하지만 사회의 압력으로 실질적 민주주의(양적 성과와 성장의 혜택 공유)와 도구적 역량이 확장되었다.

정치의 비민주화 : 권위주의 소수에게 권력이 집중되고 개인의 자유가 국가에 종속되는 권위주의 정부를 가졌다. 권력은 자의적으로 행사되었고 국민에게 선거권을 부여하며 규칙적인 선거의 시행을 보장하는 절차적 민주주의가 점차 사라지면서 선거에서의 경쟁을 통한 정권교체의 가능성이 낮아졌다. 정권의 정당성 부족으로 통치는 억압에 의존하였다. 통치는 일제 식민지 통치기구에 더하여 한국전쟁과 냉전을 배경으로 과대 성장한 군부, 경찰, 정보기관의 억압기구에 크게 의존하였다. 정당 경쟁이 취약한 만큼 정권과 정당은 수직적 책임성을 결여하고 사회의 선호를 반영하는 노력도 미약했으며, 사회운동을 통한 정치적 의제설정에 참여하는 직접(참여) 민주주의도 결여되었다.

행정부 우위와 관료제 행정 : 국가주의 정치권력은 대통령과 행정부에 집중되었다. 통치권자의 정책의지를 토대로 행정부의 관료집단에 의해 정책이 형성되었고, 정책 결정과 집행은 폐쇄적이며 하향적으로 이루어졌다. 관료집단은 행정고시와 실적제에 기초한 직업공무원에 기반하였다. 국회는 행정부를 통제하지 못하고 입법에 필요한 제도적 장치를 갖지 못했다. 행정부는 핵심 행정기구들에 의해 통제되었다. 정책영역별 수석비서관제를 가진 청와대 비서실을 통해 권한은 대통령에게 집중되었고, 중앙관리기구(경제기획원, 법제처, 감사원, 총무처, 내무부)가 중앙과 지방 행정기구의 예산을 비롯하여 기획, 조직, 인사, 정책을 모두 통제하였다. 개별행정기구는 계층조직을 가져 기관장이 총괄기구의 뒷받침을 받으며 중앙집중적으로 직접 통제하였다. 대부분의 중앙부처들은 특별 지방행정기관을 산하에 두고 지방수준의 정책을 직접 집행하였다. 각 부처마다 복수로 자문위원회가 있었지만, 자율성이 미흡하고 내부기관에 가깝게 운영되었다. 행정부는 주로 강제적·직접적 정책수단에 의존하였지만 동시에 간접적·유인적 정책수단도 활용하였다. 행정부 우위는 정부권력의 남용과 공무원의 부패를 동반하였다. 한편 행정에서도 중앙정부의 우위 속에서 지방자치제는 30여 년 이상 지연되었다.

정책지향성 권위주의 정부의 정통성은 국민 정서에 기초하는데, 한국의 경우 정부는 국가안보와 경제발전을 위한 수단으로 인식되었다. 이에 따라 산업화와 수출을 통한 경제성장이 국정목표로 설정되었고, 국가주도로 신중상주의적 산업화가 도모되었다. 경제성장을 위해 행정기구를 발전시켰고, 산하에 공기업과 기금들을 설치·운영하였다. 반복적으로 경제개발계획을 수립하여 민간경제활동을 구조화하고 정부주도의 산업화를 도모하였다. 국민의 궁극적인 삶의 질 향상(사회복지, 보건, 환경, 사회통합)은 소홀히 다루어지거나 경제성장의 수단으로 활용되는 데 그쳤다. 주택, 의료, 장애 등 국민의 삶의 질과 직결된 활동은 가족의 책임으로 돌려졌고 민간조직에 의존하도록 하였다.

평가 독립 이후 국가는 관료적 자율성을 성립시키고 이어 발전 지향성을 갖게 되었다. 엄격한 능력주의 관료제도를 확립하고 이를 기반으로 형성된 관료집단은 내부의 응집력을 갖추고 사회영역에 대한 통제와 동원에 나섰다. 1960년대에 들어 철저한 능력주의적 기술관료의 충원과 무능력한 관료의 퇴출이 이루어졌다. 1963년 공무원의 승진과 보상이 연공서열이 아니라 능력과 업적에 따라 이루어지는 것을 골자로 하는 국가공무원법을 시행함에 따라 한국에서 능력주의 관료제가 시작되었다. 고도의 선별과정을 통해 선택되는 집단에 속한다는 점은 관료들 간의 엘리트 문화를 형성하고 이는 다시 국가 응집력을 신장시켰다. 한편 이는 관료제 내부의 결속을 다지는 공동체적 책임을 강조하는 이른바 '계열연대책임제'와 '쌍벌제'로 그 응집력이 강화되었다. 계열 연대 책임제는 공동 책임제로 관련 공무원은 물론 그 상사까지도 함께 책임을 지는 제도였다. 마지막으로 국민적 공론인 경제발전이 국가의 제1목표로 제시됨에 따라 국가의 자율성은 정당성을 확보하여 시장에 개입하고 사회를 통제 · 동원할 수 있게 되었다(류석춘 · 왕혜숙, 2008).

민주화 이후 : 발전국가의 이완

대외환경의 복잡성이 커지고 변화속도가 빨라지며 경제규모가 증대하고 세계화되는 한편 사회조직이나 시장의 영향력이 증대함에 따라 정부의 국정주도 능력은 과거보다 제한되었다. 통제, 명령, 규제에 기반한 수직적 계층제의 효과성이 감소하고 중앙정부주도의 발전국가에 의한 경제운영도 시간이 갈수록 어려움이 커져갔다. 특히 사회세력의 아래로부터의 영향력 확대는 1987년의 민주항쟁으로 표출되고 민주화로 귀결되었다. 40년간 지속된 '강한 국가, 약한 사회' 구조는 '강한 국가, 강한 사회'로 변화하게 된 것이다. 이에 따라 국가가 주도하지만, 다양한 주체들이 참여하는 거버넌스가 나타나고 있다. 사회와 협력하지만, 동시에 사회에 일관된 방향성을 제시해주고 조정하는 데 국가의 역할이 커졌다(Kjær, 2004).

정치의 민주화 : 민주주의 정치민주화로 국민에게 선거권을 부여하고 규칙적인 선거의 시행을 보장하는 절차적 민주주의가 확립되어 정치지도자를 통제하게 되었다. 정당 체제는 국가와 사회를 연결하고 사회의 다양한 갈등과 이익을 대표해 대안을 제시하게 되었으며, 사회운동을 통한 참여(직접) 민주주의도 강화되었다. 하지만 한계도 크다. 1987년 이후 본격적인 정치민주화가 시작되었지만, 절차적 민주주의에서는 아직 정당이 미흡하고 사회중간조직이 취약한 상태이고 사회 전반에 실질적 민주주의가 착근하지 못함에 따라 시민들의 정치에 대한 불신과 소외감이 상존하는 결과를 낳았다.

정당과 국회의 역할은 커졌지만, 소선거구 1위 대표제(혹은 단순다수 대표제)와 일당 내각의 양당제로 대표되는 다수제는 여전히 건재하다. 소선거구 1위 대표제는 1위 득표자 이외의 표를 사표로 만들어 이들 표에 나타난 국민들의 선호와 의사는 정치과정에 반영되지 못한다. 사회가 양극화되거나 혹은 매우 다원적일 때 단순 다수제와 일당 내각은 사회의 다양한 계층의 참여나 이해와 갈등을 정치과정에 수렴하고 조정하기에 매우 제한적이며,[36] 정당의 득표율과 의석점유율 간의 비례성이 낮고 그만큼 선출된 정치 엘리트의 투표자에 대한 대표성과 책임성이 부족하다. 결과적으로 정치민주화는 정책결정자들로 하여금 유권자의 분출하는 욕구에 순응하도록 했지만, 아직 정당을 통한 해소가 어려운 실정이다. 무엇보다도 투표참여율이 하락하며 대

36. 물론 전국 단위 정당명부 비례대표제도 같이 실시하여 단순다수제 소선거구제를 보완하고 있으나 그 규모나 운영방식은 표의 등가성을 충분히 확보하지 못하고 있다.

표성과 책임성이 약화하고 있다. 국민 중 지지 정당이 없는 무당층은 45.4%에 달하며, 정당 가입비율은 약 7%에 불과하다(2009년 5월). 결과적으로 사회변화에 따라 분출하는 새로운 욕구는 정부조직에 투입되어 해결될 수밖에 없고 중앙정부로 대변되는 행정부의 역할이 지대하다. 사회복지뿐만 아니라 시장실패 극복을 통한 시장 효율성 제고를 위해서도 정부의 역할이 중요하지만, 한국의 경우 이 수준을 넘어선 국가의 역할이 나타나고 있다.

행정부 중심의 위임 민주주의 대통령과 행정부는 입법부와 사법부에 의해 견제되도록 변해가고 있다. 중앙집권적이고 강력한 국가에 의해 하향적으로 통치하는 능력이 약해졌다. 핵심 행정부의 역할이 약화되어 정책영역별 수석비서관실제가 단순화되었고, 국정운영에서는 국무총리실의 정책 조정기능이 커졌다. 중앙관리기구들의 집권적 통제도 완화되고 인사, 부패방지, 금융 감독 등에서 위원회 형태를 취하는 합의제 중앙행정기관이 다수 등장하였다. 하지만 아직 그 운영은 단독제 형태로 운영되고, 관련 사회단체나 공익 대표들의 참여나 의견제시도 미미하다.

1980년대 이후 행정부의 조직과 인사에 대한 관점이 '작은 정부론'으로 전환하여 정부 예산이나 공무원의 정원을 가능한 억제하는 기조가 이어지고 있다. 더욱이 이런 기조 속에서 공무원의 정원은 감소하였지만 사회복지 예산과 업무가 급증하면서 정부 기능의 경색이 나타나고 있기까지 하다. 한편 개별 행정기구는 조직개편이나 예산운영의 자율성을 늘려가고 규제완화와 권한위임을 지속적으로 추진해 왔다. 사전적 행정통제를 지양하고 권한위임을 통해 자율성을 부여하되 성과에 대한 책임을 묻는 '신공공관리(new public management ; NPM)'가 1980년대부터 논의되기 시작하여 외환위기 이후에는 본격 도입되었다. 또한 중앙행정기관의 결정을 보조(의결, 심의, 자문)하고 기존의 관료제 중심의 정책결정에 대해 사회의 전문성과 요구를 반영하며 견제할 목적으로 다양한 위원회가 생겨났다. 정치민주화와 더불어 공무원 신분보장을 중심으로 직업공무원제가 일시 강화되었으나, 1997년 외환위기 직후 탈직업공무원제와 신공공관리 개혁이 본격화되었다. 특히 개방형 계약제와 성과급제가 도입되고 국장 이상 고위 공직자들의 부처 간 인사교류와 승진을 행정안전부에서 별도로 관리하는 고위공무원단 제도가 실시되었다. 그러나 여전히 관료는 집권층에 순응하며 자율성의 발전이 뒤처지고 있다.

1987년 체제에서 우리나라 정부형태는 대통령제를 기본으로 하면서도 내각제적 요소(국무총리제도, 국회의원 각료임명권, 정부 법률안 제출권, 강력한 중앙당이 존재하며 정당과 정당이 충돌하는 양당제)를 혼합하게 되었다. 그러나 여전히 강력한 대통령 중심제하에서 행정부가 비대칭적 우위를 점하고 국정 운영에서 대통령 개인의 리더십에 의존하여 대통령에게 권한이 집중되었으며 행정부 권한이 절대적으로 강한 반면 입법부는 대표성이나 전문성이 상대적으로 열악한 상태가 계속되고 있다. 행정부는 국가 목표의 설정과 우선순위 결정의 역할을 여전히 수행하며, 정부 혼자만의 힘으로는 정책을 효과적으로 집행하기에 한계가 있다는 점을 인정하면서도 사회에 일관된 방향성을 제시해주는 조정 능력을 보여주고 있다. 반면 입법부는 다수제하에서 대표성이 부족한 가운데 인적자원의 충원이나 정책역량을 확보하는 메커니즘을 구축하지 못해 입법 전문성이나 국정역량을 갖추기에는 역부족이다. 이로 인해 국회가 행정 관료의 전문성에 과도하게 의존하고 입법사항을 지나치게 위임함에 따라 행정부는 자신이 선호하는 정책을 관철할 수 있는 권한을 갖는 위임(delegative) 민주주의 속성이 강하며 그에 따라 수평적 권력분립 또는 삼권분립이 위협받는다는 점에서 한국은 '결함 있는 민주주의 국가'로 분류된다(이신용, 2007). 정당 기반의 대의제 민주주의나 사회운동에 기반한 직접 민주주의 모두 미흡하다.

위임 민주주의하에서는 국민의 사회권이 행정부에 의해 효과적으로 통제되므로 사회가 국회의원의 민주적 선출이나 입법부의 법 제정에 영향을 미치는 것만으로는 정책에 미칠 수 있는 영향력이 제한된다. 결국 국가 목표와 정책은 행정부를 중심으로 또 행정부의 허용기준(예산) 안에서 결정되고 있다. 그만큼 행정부는 비대화되고 그에 따라 행정관료가 비대화되고 자율성이 시간이 갈수록 강화되고 있다. 행정부 스스로 사회적 합의를 이끌어 낼 수 있는 제도적 장치를 만들거나 위임 입법을 제한하지 않는 한 이러한 상황은 계속될 수밖에 없다.

정책목표의 다원화 국민 정서에서 정통성을 찾는 권위주의가 해체됨에 따라 정책 목표는 사회의 다양한 요구를 더욱 반영하게 되었다. 정책목표는 경제성장을 넘어 일자리 창출과 동반성장 그리고 상생으로 다양해졌고, 복지, 보건, 환경 등에서 인간다운 삶을 영위하는 데 필요한 제반 조건의 형성을 요구하는 권리(사회권)를 요구하였다. 아울러 사회가 스스로 참여와 조직화를 통해 정책목표 자체를 결정할 수 있는 여건을 요구하고 있으며, 기업과 산업의 지배구조에서 사회민주화나 경제민주화에 대한 요구도 크다.

(2) 국가역량의 현황

정부의 효과성과 규제의 질

정부가 정책을 결정하고 집행하는 능력은 정부의 효과성과 규제의 질을 통해 파악할 수 있다.

정부의 효과성 세계은행의 거버넌스 지수(Worldwide Governance Indicators) 중 정부의 효과성(government effectiveness)은 공공 서비스의 질, 민간 서비스와 정치적 압력으로부터의 독립성 정도, 정책형성과 집행의 질, 정부의 정책에의 헌신에 대한 신뢰성을 모두 포괄하는 포괄적 지표이다. 조사결과에 따르면 한국 정부의 효과성은 22위의 순위를 보이고 있다.

표 3-20 정부의 효과성의 비교

	정부의 효과성	질서와 안정(WJP)
독일	1.4(24)	89(20)
프랑스	1.2(29)	71(32)
일본	1.6(14)	92(9)
한국	1.4(22)	83(27)
스웨덴	1.7(9)	92(6)
미국	1.3(28)	81(38)

주 : 수치는 −2.5(약)에서 2.5(강)까지 취하며 질서와 안정은 범죄, 소요와 폭동, 내전의 부재에 관한 것임.
자료 : World Bank, The Worldwide Governance Indicators(http://info.worldbank.org/governance/wgi/Home/Reports)

우리나라 헌법과 법률은 공직 취임에의 기회균등, 정치적 중립, 신분보장, 성적 · 능력주의를 규정함으로써 실적주의를 지향하고 있다. 그러나 실적주의의 경험은 짧고 제도는 존재하지만 과거의 관행이 지배적이어서 공무원이 적극적으로 능력을 발휘할 유인이 여전히 약하다. 무엇보다도 공개와 경쟁의 원칙을 따르는 신규채용과 달리 승진, 교육훈련, 근무평정, 인사이동에 학연, 지연의 정실적 요소가 개입하고 연공서열을 따르는 한계를 보이고 있다. 아울러 실적과 보수 간의 연결이 약하고 정년보장에 의한 신분보장까지 더해져 능력을 발휘하고 개발할 유인이 충분하지 못하다. 한국행정연구원이 매년 공무원을 대상으로 실시하는 공직생활에 대한 인식조사에 따르면 승진 절차와 근무성적 평정에 대해 부정적 답변이 늘어 2017년에는 30% 내외에 달하고 있다.

정부조직의 능력과 관련하여 우리나라 공무원 제도가 직무보다는 일반행정능력이 강조되며 계급제로 운영되고 있는 것도 한계로 지적된다. 또한 직무보다는 직장을 중시하고 직장과 자신을 동일시한다. 직업의 분화가 이루어지지 않은 채 오랫동안 농경사회를 지속하고 사람을 중심으로 계급을 나눈 조선 관료제도의 특징을 여전히 담고 있는 것이다. 중앙부처 4~5급 공무원 통계에서 보듯이 진입 단계부터 기술직 규모가 20% 대에 머무르고, 채용과 승진이 전문성보다 일반 행정능력을 바탕으로 이루어지며 잦은 인사이동으로 각 분야의 전문성을 갖추기 어렵다.

정부의 공적 능력, 즉 정책을 추진하고 법질서를 집행하는 효과성은 공무를 수행하는 구성원의 개인적 능력뿐만 아니라 사회와의 관계 또는 사회의 권력구조에도 의존한다. 과거 한국의 권력구조는 정부 중심으로 집중화되었고 기업이나 시민사회는 상대적으로 취약하였다. 정부는 상당 기간 동안 높은 수준의 관세장벽, 인허가권, 규제를 유지하였을 뿐만 아니라 은행을 국영화해 금융을 통제하였고, 권력 · 사정기관을 통해 민간을 효과적으로 견제하였다. 대통령 중심제는 권력 · 사정기관을 통해 비정상적이고 편법적으로 운영되며 정당과 국회 그리고 사법부를 효과적으로 지배하여 삼권분립이 무력화되었다. 이러한 권력구조를 기반으로 정부에서 행정부가 중심이 되어 정책을 입안하고 이를 입법화하여 효과적으로 집행해 나갈 수 있었다.

하지만 경제와 산업이 지속적으로 성장하고 경제의 개방과 자유화 그리고 정치민주화가 빠르게 진척되면서 공적 권력은 견제와 분권화가 진전되었으며 권력행사가 투명해져 전반적으로 약화되었다. 대통령의 정당과 국회에 대한 영향력이 약화되고 권력 · 사정 기관의 활용도 제한받게 되었다. 관치금융이 해소되고 금융시장의 감시기능이 강화되는 한편, 관세장벽, 인허가권, 규제에 대한 의존성이 줄어들었다. 이에 따라 "국가기관 내에서는 대통령, 그리고 그의 지배하에 있는 행정부, 군부, 정보기관에의 권력집중으로부터 국회, 검찰, 법원 등으로 권력이 분산되었다. 우리 사회 전체의 권력구조를 보면, 국가권력에 비해 이른바 시장권력 또는 사적 권력, 즉 재벌, 노조, 언론, 시민단체, 외국인 투자자의 영향력과 지배력이 강화되었다(조윤제, 2009). 때에 따라서 국가의 정책 기능이 대기업, 노조, 시민사회 등 사회조직에 의해 포획된 것이다. 특히 대기업집단의 경제력이 경제성장과 더불어 분산되기보다 오히려 더욱 집중화되고 강화되었다. 이를 바탕으로 대기업집단은 언론, 학계, 여론주도층을 넘어 정당과 정치에도 큰 영향력을 발휘할 수 있게 되었다. 이에 따라 재벌개혁을 비롯하여 자신에게 불리한 정책 추진을 무력화하는 한편 자신들에게 유리한 공공정책이 전개되도록 할 수 있는 위치에 서게 되었다.

1987년 이후 민주화가 진행되고 1998년 외환위기 이후 규제 완화와 경제 자유화가 본격화되면서 국가권력에는 분권화와 참여가 늘어나고 기업을 중심으로 사회권력의 영향력이 확대되었지만 관료제(행정권력)는 오히려 강화되고 확대되었다. 발전국가가 가졌던 시장의 보호와 육성을 중심으로 하는 사전적 규제가 잔존한 가운데 시장감독에 대한 사전적 규제가 대폭 강화되었다. 전략 산업육성을 위한 산업정책은 벤처, 부품소재, 신성장동력, 저탄소 녹색성장, 사회적 기업 등으로 잔존하였고 이를 뒷받침하는 기금, 보증보험, 보조금은 산업 간섭의 매개체가 되었다. 중앙관료제는 조직과 규모가 꾸준히 증대하였고 행정적 영향력과 더불어 지역구 예산을 매개로 정치적 영향력까지 갖게 되었다. 정부로부터 독립되어야 할 감독(집행)기관 역시 정부의 내부조직 또는 하부조직으로 변화하여 전현직 관료들이 임명되었다. 또한 정부 산하 공기업, 민관 위원회, 사업자단체는 여전히 관료제에 의해 규율·통제되는 상황이 지속되며 정부의 시장감독 기능을 대리하는 역할까지 추가되었다(이연호, 2016).

결과적으로 발전국가의 핵심적 특징인 중앙집권적 관료제는 여전히 살아남아 도, 군, 면의 수직적 행정구역체계와 국세 위주의 조세행정에 의해 뒷받침되고 있고 그 속에서 임용시험이라는 집단적 정체성을 가진 독자적 전문관료들이 재량권을 행사하고 있다. 어찌 보면 이러한 중앙집권적 관료제는 중앙집권적 관료 제국체제를 발전시켰던 고려와 조선(Eisenstadt, 1963)을 되돌아본다면 쉽게 약화될 수 없는 우리의 전통이라고도 할 수 있다. 동시에 이는 이른바 중국체제를 특징지어 온 중앙집권과 관원대리체제 그리고 윤리치국(이중텐, 2019)의 전제성을 공유하기도 하는 것이다.

시장 규제의 질 Gwartney et. al.(2021)의 우리나라에 대한 금융시장 규제(은행소유, 민간신용, 이자율), 노동시장 규제(최저임금과 채용해고, 중앙집권화된 단체협상, 근무시간 등), 사업규제(행정부담, 규제부담, 창업, 청탁, 인허가 제한, 조세 순응 등)에 대한 평가는 각각 9.3, 4.8, 8.1로 전 세계 순위에서 각각 43위, 151위, 25위를 기록하여 이들 세 지표를 합산한 값이 7.4로 전 세계 70위에 올라 있다.

표 3-21 규제에 대한 평가

	종합	금융시장	노동시장 규제	사업규제
프랑스	7.6(58)	8.9(69)	5.9(108)	7.9(32)
독일	8.1(26)	8.3(91)	7.5(39)	8.4(7)
일본	8.4(14)	8.7(82)	8.2(11)	9.2(20)
한국	7.4(70)	9.3(43)	4.8(151)	8.1(25)
스웨덴	7.8(44)	9.3(43)	6.0(102)	8.0(26)
미국	8.7(6)	9.0(66)	9.0(2)	8.1(24)

자료 : Gwartney et. al.(2021)

기업에 대한 행정부담 수준을 평가하는 다양한 방법이 존재하는데, 기업 경영자의 의견을 조사하는 것이 가장 대표적이다. 2004년 이래 WEF는 매년 Global Competitiveness Report를 통해 이를 보여준다. World Bank Doing Business 지표와 OECD의 Product Market Regulation 지수는 시간, 절차, 비용을 기준으로 행정부담을 보여준다. 정부 응답에 기초한 OECD의 5년 단위의 Product Market Regulation 지수에 따르면 우리나라는 국가통제, 사업에 대한 장애, 무역과 투자에 대한 장애의 모든 분야에서 OECD 대부분의 국가들보다 행정부담이 매우 심한 것으로 나타난다(OECD, Product Market Regulations statistics).

아울러 창업과 건축허가를 얻는 데 준수해야 할 절차도 많은 편이다. 〈표 3-22〉에 따르면 국가통제는 국유와 정부개입(가격통제, 행정명령과 통제), 사업장애는 규제절차의 복잡성, 창업절차 제한, 진입규제 등을 포함하며, 상업과 투자 장애는 명시적 장애(FDI 제한과 조세장벽)와 외국공급업체에 대한 차별적 대우 그리고 무역지연을 포함한다. OECD는 이것이 특정 부문에 대한 상당히 엄격한 규제와 노동시장 경직성에서 비롯한다고 평가하고 있다[OECD(2014), OECD Economic Surveys : Korea 2014 ; OECD(2016), Government at a Glance : How Korea Compares].

표 3-22 규제 평가

	규제의 질 (WGI, 2020)	규제부담 (GCR)	시장 규제 (2018년, a~e)	정부소유 (a)	사업 규제 (b)	행정 복잡성 (c)	창업 행정부담 (d)	서비스 네트워크 진입 장벽 (e)	무역 투자규제 (f)
프랑스	1.2(31)	3.6(65)	1.57(29)	2.98	1.56	0.96	1.56	1.85	0.54
독일	1.6(14)	4.8(22)	1.08(4)	2.15	0.87	1.20	0.56	1.26	0.44
일본	1.4(23)	4.0(31)	1.44(23)	1.91	2.03	0.59	0.59	1.39	0.72
한국	1.0(40)	3.3(87)	1.71(33)	2.21	1.92	1.09	1.09	2.59	1.49
스웨덴	1.7(10)	3.8(49)	1.11(6)	2.35	0.71	1.13	1.13	0.76	0.43
미국	1.2(27)	4.5(14)	0.78(1)	1.16	0.50	1.19	1.19	0.58	0.39
OECD			1.42	2.17	1.64	1.17	1.59	1.77	0.68

주 : OECD 시장 규제의 미국 데이터는 이용 가능하지 않아 영국 데이터를 이용

자료 : World Bank 거버넌스 지수, Word Economic Forum(2019), Global Competitiveness Report 2019 ; OECD Stat, OECD Product Market Regulation statistics(지수는 0(저)~6(고)).

(3) 공권력의 책임성과 신뢰 수준

개인 간 약탈을 억제하는 법치와 공적인 약탈을 억제하는 부패 억제 수준, 그리고 그 결과물로서 국가와 공권력에 대한 국민들의 신뢰 수준을 검토하자.

시장 조성과 시장안정성 : 재산권과 계약 강제

Gwartney et. al(2021)의 법체계와 사유재산권 보호 수준은 우리나라가 6.6으로 전 세계 33위(2019년, 165개국 대상)에 올라있다. 여기서 법체계와 사유재산권 보호는 군부개입, 법률시스템의 일관성, 계약의 법적 강제, 부동산 매각에 대한 규제제한, 경찰에 대한 신뢰성, 범죄로 인한 사업비용 등을 포함한다.

표 3-23 재산권과 계약 강제

	사유재산권 (WEF)	지적재산권보호 (WEF)	법제와 재산권 (GL)	재산권보호 (GL)	계약의 법적 강제 (GL)
스웨덴	5.5(23)	5.6(16)	7.87(13)	7.54	6.11
독일	5.3(30)	5.3(29)	7.71(14)	7.18	7.04
미국	5.6(22)	5.7(12)	7.54(19)	7.60	6.76
일본	6.2(5)	6.0(8)	7.67(18)	8.69	5.54
프랑스	5.2(33)	5.7(14)	7.15(25)	7.03	5.64
한국	5.0(39)	4.6(50)	6.60(33)	6.69	6.88

자료 : WEF(2020), Global Competitiveness Report 2019 ; World Justice Project(2021), "Rule of Law Index 2021".

법치 : 사적 약탈의 억제

생산적 경제활동의 성과가 약탈로부터 보호될 것이라는 약속이 있어야 근로하고 투자와 혁신에 나선다. 정부는 약탈을 막을 가장 효율적 주체이지만 거꾸로 몰수와 수용 그리고 과도한 징세와 부패로 가장 효과적인 약탈의 주체가 될 수도 있으며, 약탈을 막아야 할 법규가 실제로는 주된 약탈 수단이 될 수 있다. 사회의 규칙, 범죄와 폭력의 가능성을 포함하여 특히 계약 집행의 질, 경찰과 법정에 대해 신뢰하고 준수하는 정도인 법치(Rule of Law[37])는 정부의 책임성을 뒷받침하는 환경적 요소이다. 특히 공정한 법률체계가 공정하고 독립적인 사법부에 의해 집행되는 것이 중요하다. 근대 사법부는 식민 지배의 첨병에서 출발하여 독재정권 시절에는 정치 권력에 순응 · 협력하고 스스로도 전관예우 현상을 보이다 1987년 민주화 이후 사법개혁에 들어서 사법부 독립과 더불어 재판의 국민 참여를 도모하게 되었다. 그 결과 모든 재판이나 수사나 기소가 시험을 통해 임용된 판사와 검사에 의해 모두 독점되고 최상급 인사권자의 의사가 최말단의 보직과 근무지에까지 관철되는 중앙집권적 관료조직을 유지하며 사법담당자인 판사와 검사 개개인의 직무상 독립이 제한적이다. 현재 사법기관은 사실상 국민으로부터도 견제받지 않는 독립성을 갖게 되었기에 그만큼 개혁을 스스로에게 의존해야만 하지만, 관행화된 전관예우로 말미암아 사법기관의 자정능력에 일정한 한계를 낳고 있다. 그리고 사법 시스템의 폐쇄적 운영과 전관예우 관행은 국민의 괴리감과 사법 불신을 야기하는 원인이 되고 있다.

세계정의 프로젝트가 매년 발표하는 법치주의 지수에서 2021년 한국은 세계 139국 중 20위를 차지하지만 세계은행의 법치주의 지수가 214개국 중 30위 수준으로 나타나고 있다. 그러나 2019년 OECD가 회원국 37개국을 대상으로 각국 사법부에 대한 신뢰도를 조사해 순위를 매긴 결과 잠정적 순위는 가장 낮게 나타났다. 2018년 '시사인'이 청와대, 국세청, 감사원, 대법원, 경찰, 국정원, 검찰, 국회 이상 8개 국가 기관에 대한 신뢰도 조사에서 10점 만점에 3.42점으로 법원이 6위, 입법부가 3.28점으로 가장 낮다. 또한 사법부의 독립성은 WRF의 글로벌 경쟁력 보고서에 따르면 2019년 69위(141국)에 그치고 있다.

표 3-24 **법치의 비교**

	법치(WB)	법치(WJP)	기본권(WJP)	정부권력의 제한 (WJP)	사법부 독립성 (WEF)	사법부 독립성 (GL)	공정한 법정 (GL)
스웨덴	1.8(7)	0.86(4)	0.87(4)	0.87(4)	5.6(17)	8.20	8.24
독일	1.6(19)	0.84(5)	0.85(6)	0.86(5)	5.0(31)	7.65	8.00
미국	1.4(25)	0.69(27)	0.66(42)	0.68(28)	5.2(25)	7.66	7.85
일본	1.5(21)	0.79(15)	0.78(18)	0.72(22)	6.2(5)	7.88	7.90
프랑스	1.3(26)	0.72(23)	0.71(32)	0.72(23)	4.9(36)	7.14	7.40
한국	1.2(30/214국)	0.74(20위)	0.75(23위)	0.71(25위)	3.9(69/141국)	6.04	6.84

자료 : World Justice Project(2021), "Rule of Law Index 2021"; WEF, Global Competitiveness Report 2019; Gwartney, J. et. al.(2021).

37. 법치주의란 국가가 국민의 자유와 권리를 제한하든가 새로운 의무를 부과하려 할 때에는 국민의 의사를 대표하는 국회가 법률에 의하거나 법률에 근거하여야 하며, 또 법률은 국민만이 아니고 국가권력의 담당자도 규율한다는 헌법상의 원리를 의미한다[김철수(2006),『헌법학개론』, 박영사].

부패 억제

국가가 엘리트와 사익에 포획되거나 정부 권력이 사익을 위해 행사되는 부패 억제(control of corruption)가 얼마나 이루어지고 있는가를 보자. 우리나라에서 정부의 부패문제는 OECD 국가의 평균에 비해 더 심각(Gallup World Poll, Perception of corruption in government[38])하며, 부패인식 지수는 180개국 중 32위에 달한다[Transparency International(2021), Corruption Perception Index 2021]. 사회통합 실태조사(2017)에서 공무원의 청렴도를 조사한 결과 '전혀' 또는 '별로' 청렴하지 않다는 부정적 응답이 중앙정부 68.8%, 지방자치단체 63.1%로 나타났다. 기업부문의 부패에 대한 평가도 유사한 수준이므로 정부와 기업 간의 유착 위험이 상존하고 있는 것이다.

표 3-25 정부 부패에 대한 인식

	부패인식수준 (TI 2021년, 180국)	부패의 부재수준 (WJP, 2021년 139국)							부패의 통제수준 (WB 2020년, 214국)
		전체	행정부	사법부	민사 절차	형사 절차	군경	국회	
독일	80(10위)	83(10위)	82	95	88	86	91	63	1.9(10위)
프랑스	71(22위)	74(20위)	73	90	76	76	85	49	1.2 (33위)
일본	73(18위)	82(13위)	80	98	94	91	94	57	1.5(21위)
한국	62(32위)	67(33위)	71	87	75	65	77	31	0.7(51위)
스웨덴	85(4위)	90(4위)	87	97	91	92	96	81	2.1(4위)
미국	67(27위)	72(23위)	71	89	83	76	81	47	1.1(37위)

자료 : Transparency International(2021), Corruption Perception Index 2021 ; World Justice Project(2021), "Rule of Law Index 2021" ; World Bank(2020) Worldwide Governance Indicators

정부가 그동안 부패문제 해소를 노력해 온 것도 사실이다. 특히 OECD 국가들에 비해 공직자의 재산과 민간이해관계에 대한 공개는 대상과 범위에 있어 강한 편이다(OECD, 2014). 공직에서 물러난 후의 취업에 대한 규제를 강화하고 있으나 공직 취임 이전의 직종에 대한 규제는 대체로 작동되지 않고 있다. 때때로 이념적 틀이나 연고망 그리고 사익 도모가 사회와 국가의 관계를 매개하고 국가자원을 자의적으로 재분배시키며 정경유착과 부패를 심화시키고 있다.

이승만 정권 시절 정치자금과 특혜를 매개로 한 국가와 기업의 유착은 사회와 경제를 혼란으로 내몰았다. 민주화 이전에는 독재권력, 특히 최고통수권자인 대통령이 행정부, 입법부, 사법부를 온전하게 장악하고 관료제를 강력히 규율하여 관료들이 독자적인 세력을 구축하거나 (민간과 연계하여) 사적이익을 추구하기 어려웠다. 그러나 민주화 이후 정당이 배출한 후보가 대통령이 되지만 집권 여당과의 관계가 제도적으로 모호하고 정당과의 구체적 연결고리를 갖지 못하므로 대통령의 국정운영은 관료제에 절대적으로 의존하게 되었으며 대통령을 중심으로 한 통제는 더 이상 작동하지 않게 되었다. 정치적 통제가 작동하지 않는 환경에서 관료적 자율성과 그것이 확장된 배태된 자율성은 관료집단 그리고 관료집단과 민간(특히 대기업집단) 간의 파벌의 해악(mischiefs of faction)' 혹은 '도둑들 간의 명예(honors of thieves)'를 야기하고 있는 것이 아니냐는 문

38. 이는 "Is corruption widespread throughout the government in this country, or not?"에 대한 긍정 답변의 비율을 조사한다.

제가 제기되고 있다. 특히 우리나라의 혈연, 지연, 학연의 연고망이 갖는 유사가족주의(pseudo familism)는 '우리'라는 집단을 만들어 다양한 전용(appropriation)을 낳고 있다는 지적이다(문상석, 2016). 여기서 전용은 국가와 사회의 소유를 개인이나 집단의 사적이익을 위하여 사용하는 것으로 이를 막는 제도가 없거나(유관기관에의 취업, 전관예우), 있을 수도 있고(공직자윤리법, 이해충돌방지법) 회피하거나 발생할 수도 있지만 전용이 제도화된 경우(민영화와 운영위탁)도 있다.

국가와 공권력에 대한 신뢰

신뢰는 행동에 대한 긍정적 평가로 국가 지도자에 대한 동의와 정부 부패와 관련된다. 가장 널리 사용하는 정부신뢰도 지표는 Gallup World Poll에서의 "Do you have confidence in national government?"에 대한 설문 결과로 우리나라 정부 신뢰도는 OECD 평균에 미치지 못함을 알 수 있다. 또한 세계 가치관 조사에 따르면 우리 국민들은 정부와 공무원에 대해서는 OECD 평균에 비해 높은 신뢰도를 보이고 있으나 의료, 사법제도 그리고 경찰에 대해서는 낮은 신뢰도를 나타내고 있다.

표 3-26 정부에 대한 신뢰도-세계가치관조사 2017~2020(World Value Survey)

	정부신뢰도 (GWP, 2020)	신뢰도(WVS)				
		정부	공무원	사법제도	의회	경찰
한국	45	51	56	61	21	57
스웨덴	67	52	64	76	65	86
미국	46	34	42	57	15	69
프랑스	41	32	54	58	35	79
독일	65	39	59	65	41	85
일본	42	43	49	78	35	82
OECD	51	37	49	64(세계 평균)	34	72

주 : OECD(2021), Government at a Glance의 정부신뢰도는 Gallup World Poll의 Percentage who answered "yes" to "Do you have confidence in the national government?"에 대한 것이다. WVS의 신뢰도는 긍정적 답변의 비중을 나타낸다.
자료 : OECD(2021), Government at a Glance ; World Bank, World Value Survey.

특히 우리 국민의 70%는 '공직자의 절반이 부패'한 것으로 여기고 있으며, '공직자들이 법을 잘 지킨다'고 보는 국민들은 5%에 불과했다. 또 '법원판결이 공정하다'는 응답은 50%에 그쳤다. 한편 사회통합실태조사(2017)을 보더라도 일반 국민의 중앙정부에 대한 불신 비율이 59.2%이며 지방자치단체에 대한 불신비율도 54.6%에 달한다.

제도에 대한 신뢰가 가능하려면 규칙을 생산 · 집행하는 국가에 대한 신뢰가 먼저 필요하다. 그런데 국가가 특정 집단에게 불리하거나 유리하게 제도를 창출하고 운영하지 않을 것이라는 믿음, 즉 제도가 공정할 것이라는 믿음이 없다면 제도에 대한 신뢰나 그것을 바탕으로 한 타인에 대한 일반적 신뢰는 불가능해질 것이며 개인들은 사적으로 신뢰할 수 있는 연고망에 의존할 것이다. 이런 면에서 법치와 부패 문제는 그 자체를 넘어 한국사회 전반에 걸쳐 영향을 미치는 중요한 문제이다. 그러나 간단한 문제가 아니다. 우리나라에서 전통적인 공동체적 충성은 주로 지역 차원에서의 혈연 관계나 영역집단으로 표현되어 왔다. 이러한 패턴은 오늘도 계속되어 공식적인 업무처리에서 여전히 사적 연결망에 먼저 의존하거나 앞세우는 의식과 관행이 남아 있다. 편파적이고 특수한 공동체에 대한 충성에서 국가공동체 전체에 대한 책임감으로의 방향 전환은 매우 점진적이어서 아직 완전하지 못하다.

2.3 국가-사회 관계 : 국가-사회의 통합성

1) 발전국가와 국가 조합주의의 국가-사회 관계 : 유산

발전국가하에서 우리나라의 국가-사회관계는 오랫동안 국가 조합주의로 특징지을 수 있었다. 발전국가는 사회조직에 대한 부정적 시각에서 출발한다. 1960년대 이전의 경제상황에서 발견되듯이 사회조직은 사익에 매몰되어 담합이나 지대추구를 통해 국가정책을 왜곡하는 분배 연합(distributional coalitions)에 머물렀다(Olson, 1971). 이러한 사회조직들을 효과적으로 억제, 통제, 약화, 포획하여 정책결정자들이 이들의 압력으로부터 격리되고, 이들을 효과적인 경제발전의 통로로 활용하기 위해 의존한 제도가 국가 조합주의(state corporatism)였다.

협력적 관계 발전국가론은 정부-사회조직의 수직적 · 통제적 관계를 지나치게 부각시키는 경향이 있다. 하지만 발전국가의 연계된 자율성(embedded autonomy)이 상징하듯이 정부-사회조직 간의 유기적이고 협조적인 관계에도 주의할 필요가 있다. 협력적 관계는 혈연, 지연, 학연에 기반한 개인적인 차원의 정부-사회조직 간 인적관계뿐만 아니라 각종 협의회나 심의회와 같은 중간조직을 매개로 하였다. 특히 정부는 협조적 관계망을 통해 상세한 시장정보를 접하고 정책수립 및 집행에서 기업의 협조적 참여를 이끌어 낼 수 있었다. 특히 의사나 약사와 같이 정책의 결정에서 전문적 정보의 획득과 집행에서 순응의 확보가 필요한 경우 협력적 관계는 중요했다.

유인적 관계 국가 조합주의는 강한 제재와 강한 유인이 공존하는 이익대표체제라는 점에 주의할 필요가 있다. 즉, 발전국가가 의존하였던 국가 조합주의에서 사회는 국가의 강압에 의해 수동적으로 동원되는 존재만은 아니었다. 사회는 국가의 경제발전 계획에 적극 반응하고 그 계획이 보다 효과적인 결과를 낳도록 적극적인 역할을 수행해 온 주체였다. 발전국가는 집단 간 경쟁을 제도화하여 경제발전이라는 공론의 성취를 위해 자율적이고 경쟁적으로 참여하도록 유인하였다. 각 사회조직은 국가가 제도화한 공론 성취의 경쟁에 참여하여 자신들의 이익 추구가 사회 전반의 이익에 직접적으로 기여할 수 있게 했다. 사회조직뿐만 아니라 그 개별 구성원 역시 경제적 성취가 자기 이익만을 좇는 탐욕적인 존재가 아닌 자신의 공동체와 국가의 공공선을 실현해가는 도덕적 존재로 자각할 수 있었다. 예를 들어 새마을운동은 국가가 제공한 경쟁의 장에서 농민들이 마을공동체의 잠재적 이익 실현을 위해 정부의 지원을 적극 수용하도록 하였다. 농촌 마을은 자구 노력 수준에 따라 기초마을, 자조마을, 자립마을의 세 단계로 구분되었다. 정부는 주로 자조마을과 자립마을을 선별해 지원했고 게으르거나 자립의지가 결핍되었다고 평가된 마을은 원조대상에서 제외하였다. 이는 정부 지원을 목표로 한 마을 간의 경쟁을 불러일으켰다. 마을 공동사업과 그에 따른 성패 그리고 그에 따른 조국 근대화는 마을의 공론으로 자리잡아 공동사업에 직접적 이해관계를 갖는 일반 농가들뿐만 아니라 직접적 이해관계를 갖기 어려운 빈농이나 비농가의 자발적 참여를 유인할 수 있었다. 기업 역시 국가가 마련한 집단 간 경쟁의 장을 피해갈 수 없었다. 수출 산업화라는 공론에 기초하여 해외시장에서의 성과를 기반으로 미흡한 기업은 퇴출되고 다른 기업이 이를 인수하도록 하였다. 국가는 이 경쟁에서 수출에 대한 공헌에 비례하여 상을 부여하는 제도를 통해 기업들 사이에서 산업역군으로서의 지위 경쟁을 이끌어냈다. 수출 산업화나 조국 근대화라는 공론은 기업조직의 모든 구성원이 자신의 이익보다 기업의 목표를 우선시하는 헌신의 태도를 내면화하게 하여 내부적 통합성을 유지하는 힘으로 작용하였다.

1987년 정치민주화 이전까지 사회조직은 국가와의 관계 속에서 그 특성이 규정되었다. 즉, 사회조직의 형태는 국가와의 관계 속에서 협력 · 갈등 그리고 자율 · 종속 여부에 따라 구분할 수 있었다(김영래, 1987).[39]

표 3-27 국가와의 관계에서 성장유형과 활동 형태에 따른 사회조직의 구분

		성장유형	
		종속적	자율적
활동형태	협력적	(사업자 단체) 전경련, 한국무역협회, 대한상공회의소, 중소기업 협동조합	(전문이익집단) 대한의사협회, 대한약사협회, 대한출판문화협회
	갈등적	(제도권 노동자 단체) 한국노총	(저항 노동단체) 민주노총, 대한신문협회, 대한기자협회

자료 : 김영래(1987)

우선 정부는 전경련(1961), 농협(1961), 수협(1962), 축협(1981), 한국경영자총협회(1970) 등의 정상단체를 비롯하여 각 산업과 부문을 독점적으로 대표하는 소수의 사업자단체와 사회조직을 승인하고 각 산업과 부문의 갈등적 · 이기적 요구를 통제하는 한편 산업정책 수행을 위한 통로로 사용했다. 관료, 기업인, 학계, 협회는 서로 정보를 교환하며 산업정책에 참여하였다. 심지어 정당 역시 정책 권고와 정보의 통제 대상이었다. 국가의 사업자단체에 대한 태도는 간접적 제재와 강력한 유인에 기초한 상호협력을 바탕으로 융합적 정책을 전개하여 국가 조합주의와 사회 조합주의의 중간영역에 해당하는 제재와 유인의 조합을 성립시켰다(김양순, 1994). 그러나 민간부문, 특히 대기업집단의 성장으로 인하여 국가는 점차 사업자 단체에 대한 통제와 자율성을 확보하는 데 근본적 한계를 갖게 되었다. 글로벌화와 빠른 기술혁신의 세계에서 수많은 기업과 사업자단체를 감시하여 이들의 부정적인 집단행동을 규율하고 긍정적인 집단행동을 유도하기는 어렵기 때문이다. 그럼에도 불구하고 정부는 여전히 국가 조합주의적 사고에 기초하여 특정 산업의 구성원 이익을 대변하는 사업자단체를 통해 정부-기업 관계를 꾸려가고 있다. 즉, 신산업은 새로운 사업자단체의 설립을 유도하고 사양산업은 사업자 단체를 통해 지원책을 집행하며, 선별적 육성이 곤란할 만큼 산업규모가 성장할 경우 기존 단체를 개별법 통제하에 둘 수 있는 특별법인으로 전환하여 준정부기관화를 시도하고 있다.

전문이익집단의 경우 사회 조합주의적 특성이 강하였는 바, 정책 결정에 필요한 전문적 정보의 획득과 집행에서의 순응 확보를 위해 이들의 협력이 필수적이었기 때문이었다. 이들 전문이익집단은 법정단체이므

39. 자율형이란 임의단체로서 국가로부터 아무런 통제 없이 이익의 반영을 구성원의 자발적 의사에 의하여 단체를 발전시키는 형태이다. 종속형이란 법적 단체의 성격을 지녀 특별법과 같은 법규를 통해서 국가에 의하여 강제적으로 또는 제도적으로 단체가 설립되고 국가에 의한 강력한 통제를 받는 형태이다. 한편 협력형은 이익집단이 국가가 추진하고 있는 정책목표 범위 내에서 활동하고, 단체 자체가 자신들의 이익보다 국가의 발전목표 수행을 우선시하면서 협력적인 양태를 취한다. 갈등형은 이익집단의 활동이 국가의 정책목표와 자주 상반되는 상황이 전개된다. 종속 · 협력적인 이익집단은 전경련, 한국무역협회, 대한상공회의소, 중소기업 협동조합, 갈등 · 종속적인 이익집단은 한국노총, 자율 · 갈등적인 이익집단은 민주노총, 기자협회, 신문협회, 자율 · 협력적인 집단으로는 의사협회, 약사협회 등을 들 수 있다.

로 법제적 제재가 있었지만 설립, 지도부 선출, 조직운영, 재정운용 등에서 실질적 제재가 제한적이었으며, 대신 독점적 지위 확보, 경쟁집단 제한, 의무가입과 업무위탁, 국가사무 위임 등의 유인책은 매우 강도가 높았다. 즉, 실질적으로 낮은 제재와 높은 유인이 결합된 사회 조합주의가 전문이익집단을 특징지었다. 물론 경제발전 초기에는 국가 조합주의적 통제의 성격이 강하였지만, 시간이 흐를수록 성원들의 전문역량 강화와 조직 기반의 확장이 이루어지면서 사회 조합주의적 관계가 더욱 강화되었다.

노동단체에 대해서는 직접적 통제와 억압을 바탕으로 하는 배제적 정책이 전개되었다. 다양한 규제 입법으로 노조의 설립과 조직 활동을 제약했고 지도층 선발과 재정 운영에 관여함으로써 통제를 일상화하였다. 1960년대에는 노동조합법을 통해 노조 활동 제한과 개입으로 제재가 강화되었고 유일한 전국적 노동조합으로 대한노총만이 허용되었다. 1970년대에 들어 노동 단체는 제도권 여부에 따라 이원적 방식의 통제가 전개되었다. 전자는 제재와 유인이 결합되었지만, 후자는 그 속성상 억압과 탄압의 제재를 통해 그 통제가 이루어졌다. 전반적으로는 재정보조나 지도부에 대한 회유 형태로 유인책이 서서히 확대되며 노조의 어용화와 비제도권 탄압이 병행되었다. 1980년대에 들어 일시 강화되었던 제재가 다시 완화되고 점차 실효성을 잃어 갔으며, 동시에 유인책이 유지 · 강화되면서 사회 조합주의적 특성이 나타나기 시작하였다(김양순, 2015).

정부-기업 관계의 변천

이승만 정부하에서 정부-기업 관계는 대체로 정부 우위의 일방적 의존관계였다. 경제성장은 국가목표에서 뒤로 밀려서 일관된 기업정책을 찾아볼 수 없었으며, 귀속자산, 원조자금 및 물자, 사업권 배정을 중심으로 간헐적으로 소수에 대해 재량적 특혜와 정치자금의 교환이 이루어졌다. 독립 후 경제 정상화와 전후 복구를 위해 정부의 역할이 큰 상황에서 정부의 경제개입은 지대를 발생시켰고, 이는 이익집단의 비생산적인 지대추구 행위를 초래하였다. 정부-기업 간 관계는 성장지향적 관계가 아니라 국가자원을 희생하며 지대를 획득하는 데 목적을 두는 지대추구적 분배 연합(distributional coalitions) 관계를 가졌던 것이다.

박정희 정부에서 정부-기업의 관계는 성장 지향적 관계로의 변화가 나타났다. "정부는 권위주의적이고 가부장적이었으나 기술관료 엘리트와 민간의 주요 리더들에게 발언권과 진정한 의미의 권위를 기꺼이 부여하였다"(World Bank 1993, p. 13). 지연, 혈연, 학연에 기반한 사적인 연고망에 더해 정부-기업 간 협의회, 심의회 등의 공식적 중간조직이 정부-기업 간 정책망을 구성하였다. 중간조직은 정보 공유, 규칙적 접촉, 공식적 접촉을 통해 투명성과 신뢰성을 확보하였다(김시윤, 2000). 그러했기에 정책망은 정책 수립 · 집행에서 기업의 참여를 이끌어낼 수 있었고, 거꾸로 친기업적 환경과 정책을 가능하게 하였다. 이 시기 정부-기업 간에는 개인적이고 폐쇄적인 연고망에 의한 재량적 특혜와 정치자금 제공의 교환이라는 지대추구적 관계(정경유착)가 여전하였고, 포괄적 기업연합체로서 중간조직이 경제에 대한 정부의 주요 통제수단으로 작용하고 담합이나 지대를 추구했던 것도 분명하다. 그러나 동시에 중간조직은 협조적 정책망으로서 성장지향적 관계를 모색하고 또 그러한 관계를 실현해나갔다. 그러나 정부와 기업 간 관계는 수평적이기보다는 기업의 정부에 대한 일방적 의존으로 인한 수직적 · 통제적 관계였다(발전국가론). 정부는 사회 세력의 독자적인 조직력을 제어 · 통제 · 약화시키는 한편 사업자단체와 같은 소수의 이익집단을 허가하거나 창립하여 직업상의 이익을 독점적으로 대표하는 권한을 부여하고, 편협하고 대립적인 요구를 못하도록 감독하였다(국가 조합주의). 관치 금융, 인허가권과 같은 긍정적 자원뿐만 아니라 규제, 권력 · 사정 기관의 제재라는 부정적 자원은 정부 우위를 낳는 배경이었다.

2) 국가 중심적 국가-사회관계 : 현재

현재 정부와 사회조직의 관계에서는 과거 권위주의 시대의 국가 조합주의의 유산 아래 민주화 이후에는 다원적 결사주의(pluralistic associationism)가 확산되었고 동시에 노사정위원회로 대표되는 사회 조합주의(societal corporatism)의 실험이 지속되고 있다. 그럼에도 불구하고 한국에서는 여전히 국가 중심적 국가-사회관계 속에서 공익이 도모되고 있다. 즉, 국가는 민주화 이전에는 선도적이었으며, 민주화 이후에도 여전히 주도적 위치를 유지하고 있다. 특히 입법부에 대한 행정부의 우위로 대변되듯 대통령과 관료조직이 중심적 위치에 있어 왔다. 국가와 그 조직이 국정의 중심에 위치하고 사회조직과의 관계를 제도화한다. 국가는 공론의 영역을 조성하고 민간을 대표하는 사회조직을 결정하며, 동시에 정책의 형성과 집행에서 사회조직의 참여를 허용해 왔다. 하지만 거기서 그치지 않고 국가는 특정 사회조직에 대한 선호를 자주 표출해 왔으며, 소수의 정상조직으로 참여를 제한하고 있다. 그럼에도 단순한 국가주의하에서보다 국가는 보다 포용적이며, 사회조직의 참여는 국가를 정당화하는 기반이 되고 있다. 교육, 보건, 사회복지 서비스에서 볼 수 있듯이 사회조직은 자주 집행 단계에 참여하여 정책 구현에서 중요한 역할을 해 왔다.

한국에서 국가는 중심적 위치를 점해 우선순위를 정하고 목표를 결정하는 강력한 자율적 주체이고 사회조직과의 제도화된 상호작용 없이 독자적 결정도 가능하다. 북유럽 국가처럼 사회조직이 정책 결정에 참여하고 자신의 입장을 반영할 정당한 권리를 갖지는 못한다. 사회조직과의 일정한 협상이 필요하다거나 특정 사회조직과 사회 전체의 관심사를 고려해 정책이 구성되는 것은 아니다. 또한 국가는 강력한 사회조직을 가진 사회에 편입된 것으로 간주되지는 않는다. 하지만 동시에 국가-사회 관계는 아래로부터의 규합, 운동 그리고 조직화와 위로부터 국가의 통치 간의 대치와 줄다리기(Ringen et. al., 2011)를 보여 왔다.

향후 바람직한 국가-사회의 관계는 어떻게 발전되어야 할까? 사실 국가-사회 관계에 대한 다양한 모델이 제시하는 목표들은 서로 모순적이지만 어느 하나도 포기하기 어렵다(김의영, 2006). 우선 국가 조합주의가 대변하듯 국가통치의 안정과 과도한 지대추구 행위의 억제를 위한 국가의 통제와 규율이 필요하다. 하지만 다원적 결사주의의 토대가 되는 집단 결사의 자유와 상호 견제 그리고 경쟁을 훼손할 수 없다. 또한 사회 조합주의가 주장하듯 과도한 분열과 집단이기주의를 막는 자율적(self-regulatory) 또는 공동적 규제(co-regulatory)와 합의도 필요하다. 동시에 이러한 목표가 효과적으로 이루어지기 위해서는 국가의 자율성, 중립성 그리고 이익집단을 감시하고 규율할 수 있는 국가능력도 필요하고 사회조직 간 집단행동 능력의 차이를 보완하는 메커니즘이 요구된다. 동시에 포괄적인 정상조직이 구성되어 공익을 향해 단위 조직이 효과적으로 규율되고 타협이 존중될 필요가 있다. 결국 국가와 사회조직의 관계는 다양한 구조를 가질 수 있음을 고려하여 서로 상충할 수 있는 목표를 조화롭게 추구할 필요가 있다.

하지만 현재 한국의 현실은 어떠한가? 앞서 논의했듯이 우리나라의 국가-사회관계에서는 국가 중심성이 지배적인 상황 속에서 사회조직들은 이해 · 조정하고 해당 영역의 문제를 스스로 해결하며 자발적으로 이익 갈등을 조절하지 못하는 상황이 계속되고 있다. 결국 법적 수단을 통한 규제와 국가의 권위에 의존한 질서 형성이 주가 되므로 사회조직들의 역할에 대한 정의나 사회조직들의 존재 방식 모두 부실하다. 사회조직들은 정부와 사회적으로 그다지 신뢰받고 있지 못하며, 정책과 관련한 역량도 부족하여 관련 부문의 현안에 대한 공익적인 역할 수행자로서 활동하지 못하고 있다. 일정 수준 이상의 규모를 가진 사회조직의 경우 리더십이나 내적인 응집력이 어느 정도 존재하고 안정적 자원을 확보하고 있지만, 국가로부터 부여받은 지위와 권한을 이용하여 경쟁을 제한함으로써 담합과 지대추구에 활용하거나 정부 정책과정에서 집단이익 관철을 위해 노력하고 있다. 한편 대부분의 사회조직이 행정부에 종속된 관계에 있어 정부와 사회조직 간에 체계적 상호작용이 있기보다 그때그때 정부 임의의 정책의지가 필요에 따라 활용되고 있다(임의적 국가 조합주의). 이 경우에도 사회조직 내에서는 구성원의 역량 차이가 존재하여 참여도나 지위에 큰 차이가 존재한다. 하지만 우리 사회 대부분의 사회조직은 리더십이나 내적인 응집력도 강하지 못하고 자원도 많지 못하다. 그만큼 사회조직은 스스로를 조율하여 협력하거나 이익을 표출할 수 있는 역량도 부족하다. 그렇다고 해당 영역을 모두 정부가 법으로만 이끌기는 감당하기 어렵다. 서비스산업에서 중저임금 영역의 직업단체들의 경우 초사업장, 초기업 수준의 이해조정이 이루어지지 못해 산업과 노동의 문제해결과 질서유지가 어렵다.

정부-기업 관계의 현재

경제와 산업이 지속적으로 성장하고 대기업집단의 경제적 위상이 확고해지는 한편 경제의 개방과 자유화 그리고 정치민주화로 공적 권력의 견제와 분권화가 진전되고 권력행사가 투명해짐에 따라 정부-기업 간 관계에도 큰 변화가 초래되었다. 세계화와 산업 다변화를 배경으로 상시적이었던 산업에 대한 개입은 한시적·예외적으로 변화하였고, 공직자윤리법 강화, 선거법 및 정치자금법 개혁, 정당제도 혁신 등의 제도 변화를 배경으로 정경유착은 점차 사라져 갔다. 정부정책 결정에서 유권자와 이해집단, 시민단체의 영향력이 크게 증대하고 정책 공개와 참여가 제도화됨에 따라 정부-기업 간 호혜적 교호작용이 어려워지는 것은 물론 정부와 기업부문, 특히 대기업집단 간의 대립적 국면도 자주 연출되었다. 더 나아가 국가 정책이 시장권력과 노조, 시민단체에 포획되는 상황도 나타나게 되었다. 특히 대기업집단은 거의 모든 업종에 걸쳐 독과점적 시장지위를 누리는 계열사를 기반으로 산업과 국민경제뿐만 아니라 정치와 사회에 막강한 영향력을 발휘하고 있다. "정치자금 지원을 통해 정당과 국회에, 광고와 직접적 소유 관계를 통해 언론에, 각종 로비와 자문용역 등을 통해 정부와 학계, 법조계에 광범위한 영향력의 그물을 형성해 놓고 있다". 결과적으로 발전국가 시대의 관료는 정치(통치 권력)에, 기업은 관료에 복속되는 정치인(통치권력)-관료(행정권력)-기업 간의 성장지향적 철의 삼각관계(iron triangle, Adams, 1989) 정치는 관료(행정권력)에, 관료는 기업에 복속되는 정치-기업-관료(행정권력)의 친재벌적 철의 삼각관계로 변모한 것이다(이연호, 2016 ; Adams, 1989).

3) 참여

세계은행의 세계 거버넌스 지수는 정부의 거버넌스 수준이 정부의 역량뿐만 아니라 정부를 구성하고 감시하며 교체하는 과정에서 사회가 얼마나 적극적으로 참여하는가에도 의존함을 잘 보여준다.

시민 참여와 책임성

우리나라는 1997년과 2007년에 민주주의가 공고화되는 두 차례의 정권교체 테스트(two turn-over test)를 거치고 1991년과 1995년에 지방자치제를 부활시켰다. 우리나라는 결사와 표현의 자유에 있어 자유사회(free society, Freedom House)로 분류되며 정치민주화에 있어서는 아시아의 선두국가로 분류된다. 또한 세계 민주화 지수에서는 167개국 가운데 28위를 보이며 완전한 민주주의(perfect democracy)국가로 분류된다(Economist Intelligence Unit, 2008). 세계은행에 의해 정의된 참여와 책임성(voice and accountability)은 표현,

결사, 여론의 자유와 함께 한 국가의 시민들이 그들 정부를 선택하는 데 참여할 수 있는 정도를 측정하여 '민의 반영도'로 볼 수 있다. 이런 기준으로 평가한 한국의 '민의 반영도'는 주요 선진국에 비해 상당히 낮은 수준(16위)이다.

정책결정 참여

정부정책, 특히 규제는 대상자(시민, 기업, 사회 파트너, NGO, 공공조직 등)들의 협조를 통해 얻을 수 있다면 정책 목표를 보다 효과적으로 달성할 수 있다. 한국의 경우 이해관계자의 참여지수는 법률과 시행령 모두에서 OECD 평균 수준이지만 아직 개선의 여지가 많다. 법률과 시행령의 초안이 작성된 후에야 이해관계자의 청취가 이루어졌으며 그것도 규제로 인한 잠재적 문제와 부담으로 인해 정보가 공무원에게 거의 전달되지 못하고 있다.

표 3-28 법률과 하위 규제에서의 이해관계자의 참여와 규제 평가 및 공개(2015년)

	정책결정 참여도 (OECD)		사전 규제영향 평가 (OECD)				사후 규제효과 평가 (OECD)			
	법안	규제안	법	(공개)	규제	(공개)	법	(공개)	규제	(공개)
미국	3.18	..	..	..	2.73	0.73	0.66	0.40	1.52	0.73
한국	2.26	2.54	2.44	0.70	2.45	0.72	1.71	0.53	1.61	0.53
독일	2.04	2.09	2.62	0.57	2.55	0.49	2.77	0.93	2.77	0.93
스웨덴	1.97	2.03	2.02	0.18	2.03	0.20	2.00	0.87	2.00	0.87
프랑스	2.37	1.78	2.07	0.25	1.85	0.44	1.09	0.67	0.76	0.33
일본	1.97	0.71	1.39	0.25	1.36	0.22	1.00	0.20	0.95	0.20
OECD	2.07	2.09	2.05	0.43	1.87	0.39	1.54	0.60	1.48	0.56

자료 : World Bank, The Worldwide Governance Indicators 2020 ; OECD, Government at a Glance 2017.

표 3-29 정부 개방성

	참여와 책임성 (WB)	정부 개방성 (WJP, a~d)	법안과 데이터 공개 (a)	정보접근 (b)	시민참여 (c)	청원 (d)
미국	0.9(58)	75(16/139)	77	71	73	81
한국	0.8(60)	71(20)	70	75	66	71
독일	1.4(12)	80(10)	75	74	86	84
스웨덴	1.5(6)	76(15)	83	69	73	80
프랑스	1.1(37)	76(15)	83	69	73	80
일본	1.0(43)	70(24)	75	64	69	72

자료 : World Justice Project(2021), "Rule of Law Index 2021".

한국의 국가는 국가주의를 배경으로 하고 중앙집권적 정부를 통해 사회를 국가에 포섭해 왔다. 동시에 국가는 압축적 근대화 과정에서 집단 간 경쟁을 제도화하였다. 국가는 경쟁의 틀을 마련하고 경쟁에서 선별된 사회집단에 자원을 집중적으로 배분하는 틀을 발전시켜 왔다. 국가가 주도하는 사회집단 간의 경쟁 메커니즘은 국민경제 전체의 발전으로 이어지고 있다. 때때로 국가는 국가공동체의 이익에 호소하며 사회집단의 공동체적 유대나 기여 또는 고통분담 그리고 과도한 경쟁의 지양을 요구한다.

민주화 이후 시민사회가 성장하고 정부의 여러 수준에 참여하여 국가와 사회조직 간에 긴밀한 관계망이 형성되었다. 그러나 참여의 질은 제한적이고 사회조직이 국가의 우위 속에서 국가 관료기구를 중심으로 흡수·통합되며, 때로는 집권 정당의 이념적 지향에 따라 선별적으로 흡수되는 현상도 나타나고 있다(최장집, 2009, p. 113).

이처럼 지난 20년간 이루어진 급속한 민주화에도 불구하고 확장된 시민참여에 의한 효과적 지배체계가 자리 잡지 못하고 있다. 사회조직 간, 민관 간, 정부기관 간, 중앙정부와 지방정부 간 다양한 갈등이 중개·해소되지 못해서 공익에 대한 광범위한 합의에 이르지 못하고 있는 것이다. 이에 따라 공공정책의 결정과 집행이 지연되어 경제발전을 제한하고 있다. 다원화된 사회에서 조화로운 체계가 제도화될 필요가 있다. 민주화는 급속한 산업화 시기 동안 강력한 국가주의에 기초해 국가가 행사한 계획 합리성을 약화시켰지만, 강한 국가와 강한 사회가 공존하는 상황에서 국가발전에 대한 보편적이고 장기적인 관점을 확립할 새로운 체계를 만들어내지 못하고 있다. 1998년에 설치된 노사정위원회는 정상조직의 분열로 인해 효과적으로 작동하지 못하고 있다. 합의 지향적 지배구조를 보다 강력하게 제도화할 필요가 있다(Pierre and Peters, 2005).

[참고문헌]

김광억(1986), 「조상숭배와 사회조직의 원리 : 한국과 중국의 비교」, 『한국문화인류학』, 제18집.

_____(1996), 「현대 중국에서 국가와 사회의 관계」, 『지역연구』, 5권 1호, 1996 봄.

김시윤(2000), 「정부, 기업 그리고 경제성장 : 한국 정부-기업관계의 재조명」, 『한국행정학보』, 제1호.

김양순(1994), 「사회정책과정에서의 이익대표체제의 변화에 관한 연구」, 서울대학교 대학원, 박사학위 논문.

_____(2015), 「발전국가의 이원적 노동통제정책 분석 : 1961~1987년」, 『지방정부연구』, 18-4.

김영래(1987), 「한국의 시민사회와 비정부조직의 발전과제」, 한국정치외교사학회 발표논문.

김의영(2006), 「경제선진화와 시민사회 : 경제선진화를 위한 정부-시민사회 관계의 모색」, 장훈 · 김병국 · 정진영 공편, 『경제를 살리는 민주주의』, 제9장.

김인춘(2007), 「자본주의 다양성과 한국의 새로운 발전모델 : 민주적 코포라티즘의 조건」, 『한국사회학』, 41(4).

류석춘 · 왕혜숙(2008), "사회자본 개념으로 재구성한 한국의 경제 발전", 한국이론사회학회, Vol. 12.

문상석(2016), 「관료의 국가제도 전용과 발전국가의 종언」, 『사회이론』, 2016년 봄/여름.

미조구치 유조(2013), 『한 단어 사전, 공사 公私』, 고희탁 역, 푸른 역사.

__________(2004), 『중국의 공과 사』, 정태섭 · 김용천 역, 신서원.

박종민 · 김왕식(2006), 「한국에서 사회신뢰의 생성 : 시민사회와 국가제도의 역할」, 『한국정치학회보』, 제40집 제2호.

서한석(2005), 「사회적 자본, 자본자유화와 생산성」, 『기업경영연구』, 12-2.

선학태(2012), 「정치제도와 복지국가 : 민주국가들의 비교」, 『동서연구』, Vol. 24 No. 1.

양재진 · 최영준(2014), 「한국 복지국가의 진단과 개혁과제 : 남부 유럽과 자유주의 복지국가의 혼합형에서 벗어나기」, 『동향과 전망』, Vol. 92, 한국사회과학 연구회.

이누미야 요시유키(2004), 「한일 비교 성격론」, 『일본연구』, 11, 101-124.

이누미야 요시유키 · 최일호 · 윤덕환 · 서동효 · 한성열(1999), 「비현실적 낙관성(unrealistic optimism) 경향에 있어서의 비교 문화 연구」, 『한국심리학회지 : 사회 및 성격』, 13(1), 183-201.

이신용(2007), 「민주주의가 사회복지정책에 미치는 영향」, 한국사회복지학, 59(4).

이연호(2016), 「한국의 규제국가적 개혁과 관료제의 강화」, 『東西硏究』, 제28권 제1호(2016), pp. 233~258.

이영훈(2014), 『한국형 시장경제체제』, 서울대학교 출판문화원.

이재혁(1998), 「신뢰의 사회구조화」, 『한국사회학』, 32(SUM), 311-335.

이종수(2009), 『행정학사전』, 대영문화사.

이주하(2010), 「민주주의의 다양성과 공공성 : 레짐이론을 중심으로」, 『행정논총』, 48(2).

이중텐(2019), 『이중텐 국가를 말하다』, 심규호 역, 라의눈.

이철수(2009), 『사회복지학 사전』, Blue Fish.

이향순(2001), 「한국 시민 사회의 형성과 참여 민주주의」, 『담론 201』, 한국사회역사학회 4-2.

정병기(2008), 「한국 역대 정권과 노동의 관계」, 『진보평론』.

정이환(2011), 『경제위기와 고용체제 : 한국과 일본의 비교』, 한울아카데미.

조선영 · 이누미야 요시유키 · 김재신 · 최일호(2005), 「한국과 일본에서 상호독립적-상호협조적 자기관이 대인불안에 미치는 영향」, 『한국심리학회지 : 사회 및 성격』, 19(4), 49-60.

조성재 · 정준호 · 황선웅(2008), 『한국경제와 노동체제의 변화』, 한국노동연구원.

조윤제(2009), 『한국의 권력구조와 경제정책』, 한울아카데미.

최장집(2009), 『민중에서 시민으로』, 돌베개.

한민 · 이누미야 요시유키 · 김소혜 · 장웨이(2009), 「새로운 문화–자기관 이론의 국가 간 비교연구 : 한국, 중국, 일본 대학생들의 자기관」, 『한국심리학회지 : 일반』, 28(1).

허남결(2008), 「수용 가능한 자기중심적 개인주의의 모색」, 『윤리연구』, 제71호.

Acemoglu, D., Aghion, P. and Zilibotti, F.(2006), "Distance to Frontier, Selection, and Economic Growth ," *Journal of the European Economic Association*, Vol. 4 No. 1, pp. 37~74.

Adams, Gordon.(1989), "The Iron Triangle : The Politics of Defense Contracting," New York : Council on Economic Priorities.

Azman, W. N. W., Baharumshah and S. H. Law(2010), "Foreign Direct Investment, Economic Freedom and Economic Growth : International Evidence," *Economic Modelling*, 27, 1979–1089.

Banfield, E.(1958), *The Moral Basis of a Backward Society*, Free Press.

Blank, Rebecca(2000), "When Can Public Policy Makers Rely on Private Markets? The Effective Provision of Social Services," *The Economic Journal*, 110(462).

Bockstette, V., Chanda, A. and Putterman, L.(2002), "States and Markets : The Advantage of an Early Start," *Journal of Economic Growth* , 7, 347–369.

Bouoiyour, J. and D. Naimbayel(2012), "Economic Growth in Sub–Saharan Africa : Is Governance a Source of Inequality between Countries?," Bordeaux University.

Brewer, M. and Y. Chen(2007), "Where(Who) Are Collectives in Collectivism? Toward Conceptual Clarification of Individualism and Collectivism," *Psychological Review*, Vol. 114, pp. 133~151.

Cameron, D. R.(1984), "Social democracy, Corporatism, Labour Quiescence and the Representation of Economic Interest in Advanced Capitalist Society," in J. H. Goldthorpe(ed.), *Order and Conflict in Contemporary Capitalism*, Oxford University Press.

Chang Ha–Joon(2001), "Intellectual Property Rights and Economic Development : Historical lessons and emerging issues," *Journal of Human Development*, Vol. 2.

Collier, R. B and David Collier(1979), "Inducement and Constraints," *The America Politial Review*, 73–4.

Cumings, Bruce(1981), *The Origins of the Korean War, Vol. 1 : Liberation and the Emergence of Separate Regimes 1945–1947*, Princeton University Press.

Dorward, A., J. Kydd, J. Morrison and C. Poulton(2005), "Institutions, Markets and Economic Co–ordination : Linking Development Policy to Theory and Praxis," *Development and Change*, 36(1) : 1–25.

Durlauf, S. N. and M. Fafchamps(2004), "Social Capital," Centre for the Study of African Economies, Working Paper, No. 214.

Duvall, R. D., and Benjamin, R.(1985), "The Capitalist State in Context," in R. Benjamin, and S. Elkin(Eds.), *The Democratic State*, University of Kansas Press.

Dye, T. R.(2001), *Top Down Policymaking*, Chatham House Publishers.

Dwyer, F. Robert, Schurr, Paul H., and Oh, Sejo(1987), "Developing Buyer–Seller Relationships,"

Journal of Marketing 51.

Eisenstadt, S. N.(1963), *Political Systems of Empires*, Free Press of Glencoe.

Esping–Andersen, Gosta(1990), *The Three Worlds of Welfare Capitalism*, John Wiley & Sons.

Evans, P.(1996), "Government Action, Social Capital and Development : Reviewing the Evidence on Synergy," *World Development*, Vol. 24 No. 6, pp. 1,119~1,132.

Fayissa, B. and C. Nsiah(2010), "The Impact of Governance on Economic Growth," Middle Tenessee State University.

Fourcade, M. and E. Schofer(2016), "Political Structures and Political Mores : Varieties of Politics in Comparative Perspective," *Sociological Science*, DOI 10.15195/v3.a19.

Granovetter, Mark(2005), "The Impact of Social Structure on Economic Outcomes," *Journal of Economic Perspectives*, 19–1.

Gray, K.(2008), "The Global Uprising of Labour? The Korean Labour Movement and Neoliberal Social Corporatism," *Globalizations*, 5 : 3, 483–499.

Gwartney, J. et. al.(2021), "Economic Freedom of the World : 2021 Annual Report," Fraser Institute Hollingsworth, 1997.

Gwartney, J., R. Lawson, and J. Hall(2018), "Economic Freedom of the World : 2018 Annual Report," Fraser Institute.

Hall P. A. and D. Soskice(2001), *Varieties of Capitalism*, Oxford University Press.

Hancké, Bob, M. Rhodes, and M. Thatcher(2007), *Beyond Varieties of Capitalism*, Oxford.

Hirschman, A.(1958), *THE STRATEGY OF ECONOMIC DEVELOPMENT*, Yale University Press.

Hodgson, G. M.(2001), *How Economics Forgot History*, Routled.

Hofstede, G., G. J. Hofstede and M. Minkov(2010), *Cultures and Organizations : Software of the Mind*, 3rd ed, McGraw–Hill.

Hollingsworth, J. R. and Boyer, R.(eds)(1997), Contemporary Capitalism, Cambridge Univ. Press.

Jepperson, R. L.(2002), "Political Modernities : Disentangling Two Underlying Dimensions of Institutional Differentiation," *Sociological Theory*, 20 : 1.

Keane, J.(2010), "Civil Society, Definitions and Approaches," *International Encyclopedia of Civil Society*.

Kjær, Anne Mette(2004), *Governance*, Wiley.

Lindblom, C. E.(1977), *Politics And Markets : The World's Political–Economic Systems*, Basic Books.

Meyer, M. and Lynne Zucker.(1989), *Permanently Failing Organizations*, Sage Publications.

North, D. C.(1990), *Institutions, Institutional Change and Economic Performance*, Cambridge University Press.

North , D. C. and R. P. Thomas(1973), *The Rise of the Western World*, Cambridge University Press.

Nugent, J. B.(2005), "Institutions and economic development," Spencer, et. al, "How Governments Matter to New Industry Creation", M. Aoki et. al.(1997), *The Role of Government in East Asian Economic Development : Comparative Institutional Analysis*.

OECD(2014), "Survey on Managing Conflict of Interest in the Executive Branch and Whistleblower

Protection".

______(2016), *Government at a Glance : How Korea Compares*.

Olson, Mancur(1971), *The Logic of Collective Action : Public Goods and the Theory of Groups*, Harvard University Press.

Olson, M. Jr(1982), *The Rise and Decline of Nations*, Yale Univ. Press.

Ostrom, E.(1996), "Crossing the great divide : Coproduction, synergy, and development," *World Development*, 24, 1073-1087.

Park, Chong-Min and Doh Chull Shin.(2005), "Social Capital and Democratic Citizenship : The Case of South Korea," *Japanese Journal of Political Science*, 6 : 63-85.

Parsons, T.(1960), "Structure and Process in Modern Societies," *American Journal of Sociology*, 66, 5.

Peters, B. G.(2000), "Policy Instruments and Public Management : Bridging the Gaps," *Journal of Public Administration Research and Theory*, 10, 35-47.

Phillips, et. al ed.(2009), "Civil Society and the State," *Oxford Handbook of Political Theory*.

Pierre, Jon and B. Guy Peters(2005), "Chapter 2 Toward a Theory of Governance," in *Governing Complex Societies : Trajectories and Scenarios*.

Pistor, K.(2006), "Legal Ground Rules in Coordinated and Liberal Market Economies," in K. J. Hopt et al(ed.), *Corporate Governance in Context : Corporations, States, and Markets in Europe, Japan, and the US*, Oxford University Press.

Powell, Walter W.(1990), "Neither Market Nor Hierarchy : Network Forms of Organization," *Research in Organizational Behavior* 12.

Ringen, S., H-J. Kwon, I. Yi, T. Kim and J. Lee.(2011), *The Korean State and Social Policy : How South Korea Lifted Itself From Poverty and Dictatorship to Affluence and Democracy*, Oxford University Press.

Rodrik, Dani(2002), "Institutions for High-quality Growth : What They Are and How to Acquire Them," *Studies in Comparative International Development*, 35(3).

__________(2005), "Chapter 14 Growth Strategies," *Handbook of Economic Growth*, Vol. 1, Part A.

__________(2006), "Goodbye Washington Consensus, hello Washington confusion? : A review of the World Bank's 'Economic Growth in the 1990s : Learning from a Decade of Reform'," *Journal of Economic Literature*, Vol. 44 No. 4.

Rodrik, D., A. Subramanian and F. Trebbi(2002), "Institutions Rule : The Primacy of Institutions Over Geography and Integration in Economic Development," *Journal of Economic Growth*, Vol. 9, 2004.

Schotten. P. M. and T. M. Magstadt(1984), *Understanding Politics : Ideas, Institutions, and Issues*, St. Martin's Press.

Schrank, A. and J. Whitford(2011), "The Anatomy of Network Failure," *Sociological Theory*, 29 : 3.

Sen, A.(1987), *The Standard of Living*, Cambridge University Press.

______(1999), *Development as Freedom*, Alfred Knopf.

Skocpol, Theda(1979), *States and Social Revolutions*, Cambridge University Press.

Soskice, D.(2007), "Macroeconomics and Varieties of Capitalism," in : B, Hancké, M. Rhodes, and M. Thatcher(eds.), *Beyond Varieties of Capitalism*, Oxford University Press.

Spencer, J. W., T. P. Murtha and S. A. Lenway(2005), "How Governments Matter to New Industry Creation," *The Academy of Management Review*, Vol. 30 No. 2, Apr 2005.

Tönnies, F.(1957), *Community and society(Gemeinschaft und Gesellschaft)*, Michigan State University Press.

Wade, R.(1990), *Governing the Market : Economic Theory and the Role of Government in East Asian Industrialization*, Princeton University Press.

Wasserman, S. and K. Faust(1994), *Social Network Analysis : Methods and Applications*, Cambridge : Cambridge University Press.

WEF, Global Competitiveness Report.

Woolcock M.(1998), "Social Capital and Economic Development," *Theory and Society*, 27 : 151-208.

Woolcock M. and D. Narayan(2000), "Social Capital : Implications for Development Theory, Research, and Policy," *The World Bank Researcher Observer*.

World Bank(1993), *The East Asian Miracle*.

World Justice Project(2016), "Rule of Law Index 2016".

제4장 한국경제사와 거버넌스의 발전

글로벌화 · 정보화 · 다원화하는 환경 변화 속에서 한국경제의 제도들이 중앙집권성을 완화하여 분권화되면서 그와 비례하여 합의에 기초한 집단적 결정 · 행동이 요구된다. 제4장에서는 우리의 집단적 의사결정과 집단행동을 규정해 온 합의적 제도의 역사적 변천을 검토한다. 제도는 합리적 계획의 결과물일 수 있지만 역사적 산물이기도 하다. 우리나라에서 중앙집권적 국가를 중심으로 집단적 결정을 하고 집단행동을 펼치는 양상은 오래된 일상이다. 삼국의 왕조 중기에 중앙집권적 국가가 등장하였으며 조선 후기인 16세기에 이르러 중앙의 통제력이 지방까지 미치게 되었다. 과거제도로 선발된 관리가 지방에 파견되어 전국이 중앙집권적으로 통치되었으며, 지방관리는 적극적으로 감시 · 통제되었다. 국가가 통제하는 자원의 규모가 컸고 이를 기초로 사회적 분업과 경제통합을 주도하였다. 국가는 토지와 인구를 양안(量案)과 호적으로 파악하고 직역제도와 지방제도(군현제)를 통해서 자원을 배분하였으며, 재정제도를 통해서 지역 간 물자를 이동하였다. 상인과 시장이 존재하였지만, 국가에 종속되어 성장이 제한받았다.

선진국의 일원이 된 한국에게 분권과 합의는 혁신이 경제성장을 주도하고 인간 발전을 낳는 경제의 토대이기도 하다. 물론 분권과 합의는 우리에게 그다지 익숙하지 않은 거버넌스 방식으로 비추어질 수 있다. 그러나 우리나라에서 공동체적 유대감을 중시하는 가치관만큼 합의의 전통도 짧지 않다. 한국의 정치모델을 중앙 지향의 소용돌이(vortex)라 규정했던 Henderson(1968)은 좀 더 많은 다수의 의견을 수렴하는 합의제적 회의체 운영인 화백제도를 비롯하여 그 역사적 뿌리가 매우 깊다고 지적한 바 있다. 또한 모두가 주지하다시피 한국의 중앙집권적 국가 운영은 항상 사회에 의해 제한받았다. 이와 더불어 한국인의 삶의 근거가 된 촌락(부락, 마을 혹은 조선의 동리)의 경우 오랫동안 동일한 생활규범, 협동관행과 친밀한 대면적 상호작용을 통해 응집성을 유지해 온 공동체였으며, 매우 발달한 향촌자치에 의해 이루어졌다(이해준, 1996). 중앙집권화가 크게 진척된 조선시대에도 현 아래로 중앙에서 배치하는 지방관이 없는 자치적 조직으로 면과 리가 있었다. 고려 초기의 사심관 제도와 향직단체, 조선시대의 향청, 향약, 향회제도 그리고 일제 시대의 도 · 부제 등은 중앙집권적 통치체제 속에 담겨진 지방분권과 지방자치적 요소를 구성한다. 요약하면, 우리나라에서 거버넌스는 중앙집중적이고 권위적이며 집단주의적으로 이루어지기도 했지만 동시에 향촌 단위에서나 전국 단위에서의 합의주의의 관행도 가지고 있었다. 그러나 경쟁적으로 이익을 표출하고 분산적으로 합의하는 다원주의적 정책결정은 결여되어 있었다.

1. 시대구분론과 연속성 및 변화

1.1 시대구분과 연속성

긴 시간에 걸쳐 수많은 사실들로 구성된 역사를 체계적으로 이해하기 위해서는 과거 사건들을 시간 순서대로 기록하는 것만으로는 부족하다. 비슷한 유형을 갖는 사건들을 공유하는 시간대를 찾아내는 시대구분이 필요하다. 현재 널리 사용되고 있는 비교사적 시대구분은 고대, 중세, 근대로의 3분법이다.[1] 이탈리아의 인본주의자들이 인간 중심의 사고가 새로운 것이 아니라는 의미에서 도입한 구분법이다. 경제사학자들도 기계적인 발전단계론을 자주 사용해 왔다. 인간의 노동력과 노동수단의 결합에 의한 생산력(productive forces)과 그로 인한 사회관계를 기준으로 인류 역사가 노예제–봉건제–자본주의의 순서를 따랐다는 것이 그것이다(K. Marx). 비교사와 발전단계론은 배타적이라기보다는 상호보완적이어서 많은 사람들이 고대는 노예제, 중세는 봉건제, 근대는 자본주의에 대응하는 것으로 본다. 후발 산업국도 종종 이러한 서구의 시대구분을 따른다. 서양의 역사과정이 인류 역사의 보편적 과정이라는 생각을 반영한 것이다. 우리도 마찬가지여서 삼국과 신라를 고대로, 고려를 중세로 그리고 조선 이후를 근대로 두는 시대구분이 주로 사용된다.

일단 시대구분을 하고 나면 각 시대가 공유하고 있는 속성을 파악하고 왜 특정 시대가 다음 시대로 이행하게 되었는지 그 변화요인을 살펴보아야 한다. 이를 역사의 연속성과 변화라 한다. 한국사에 있어 연속성과 변화는 어떻게 파악할까? 한국경제사의 연속성과 변화를 구분짓기 위해 장기성장의 근본적 원인을 제도에서 찾고 있는 Acemoglu, Johnson and Robinson(2006, 이하 AJR)의 방법론을 따라보자. 변화가 생겨나는 이유는 실질적 권력을 확보한 신흥집단이 미래에도 자신의 권력을 유지하기 위해 정치제도와 경제제도를 변경시키려 할 것이기 때문이다. 왜 연속성이 존재할까? 실질적 권력의 충분한 변화가 있어야 정치제도의 변화가 가능하기 때문이다. 기술이나 국제환경 변화와 같은 충격이 발생하면 실질적 권력의 분포가 변화하고 이는 정치제도 변화를 그리고 그에 따라 경제제도와 경제성장에 변화를 야기할 수 있다. 정치제도와 경제제도가 서로 부합하여 지속적 상태를 이루는 시기를 하나의 시대로 구분할 수 있고, 이들에게 큰 변화가 발생하는 시기를 이행기로 볼 수 있다.[2] 이러한 관점은 사회적인 주도세력의 변천을 중심으로 한국의 정치제도, 경제제도, 대중의 삶의 연속성과 변화를 검토한 이기백(1990)의 한국사 시대구분론에 상응한다고 볼 수 있다.

AJR의 논의는 신흥세력의 등장과 그에 따른 사회 · 정치적 변화를 파악하는 데 큰 도움이 될 수 있다. 실제로 전근대의 제국의 변화를 개관하고 있는 Eisenstadt(1963)의 논의는 전근대의 사회 · 정치적 변화를 파악하는 데 큰 도움이 될 수 있다. 한편 전근대 사회를 마무리하고 근대사회로 이행할 때 발생한 신흥세력의 등장과 그에 따른 사회 · 정치적 변화는 배링턴 무어(1990)로부터 많은 시사점을 얻을 수 있다.

---

1. 아울러 3분법의 단순함을 피하기 위해 고대 중에서 기록이 없는 시기를 따로 선사시대로 두고 또 현재와 아주 가까운 시기를 현대로 두어 선사–고대–중세–근대–현대로 두는 5분법도 널리 사용되고 있다.
2. 경제성장은 언제 발생하는가? AJR은 ① 정치제도가 보편적 재산권을 추구하는 그룹에 권력을 배분할 때, ② 정치제도가 권력자에 대해 유효한 제약을 만들어 낼 때, ③ 권력자가 포착할 경제적 지대가 상대적으로 적을 때라고 한다.

1. 2 전통적 관료국가의 변화

아이젠슈타트는 사산조 페르시아, 오스만 튀르키예, 비잔틴제국, 중국 등을 검토한 『제국의 정치제도』에서 이들을 중앙집권적 관료 제국체제 또는 전통적 관료제(centralized historical bureaucratic)로 규정한다(Eisenstadt, 1963). 전통적 관료제는 중앙이 자율적 실체를 구성한다는 점에서 부족연맹, 가산국가, 도시국가, 봉건제도 등 다른 전근대 정치체제와 구별된다.[3] 전통적 관료제를 결정하는 요소는 귀족적 요소다. 팔레와 던컨 등의 한국사 학자들은 고려와 조선을 귀족적 경향이 내재된 전통적 관료제 국가로 설명하였다. 전통적 관료제국들은 왕과 귀족 사이에 상호 공격과 방어의 순환적 과정이 나타난다.

전통적 관료제의 구조는 국가가 성립하는 초기 상황에서 비롯한다. 세습귀족이 지배하는 체제에서 분열이 발생할 때, 신흥세력이 새로이 정권을 장악하여 질서를 다시 확립한다. 신흥세력은 세습귀족에 맞서 하층과 연대하고 세습귀족의 통제에서 벗어난 통치기관, 관료, 자원을 확보하려 한다. 넓은 영토에 걸쳐 분산된 세습귀족을 통합 · 지배할 수 있는 중앙집권체제를 확립한다. 또한 기존의 귀속적 질서를 관통하는 새로운 사회적 차별화가 전개되며 이를 통합하는 관료제가 들어선다. 제도를 통해 중심과 주변이 차별되는데, 주변부에는 자족성이 약화되어 중심부를 지향하는 구조가, 중심부는 주변부를 침범하는 구조가 들어선다.[4] 신흥세력은 가용자원에 대한 세습귀족의 통제를 약화시키고 독자적 자원을 확보하여 정치적 자율성을 갖는다.

그러나 전통은 완전히 소멸되기보다는 새로운 질서와 공존하므로 전통적 관료제는 태생적 한계를 갖는다. 신흥세력의 통치자는 자신이 넘어뜨리려 했던 바로 그 전통에 의해 정당화되며, 여전히 전통적 자원에 의존해야 한다. 전근대에서 보편적 원리에 기초한 체제의 정당화는 곤란하므로 통치자는 자신이 억제하려는 전통세력에 의해 대표되는 신분질서와 정당화를 넘어설 수 없다. 혈연과 지연의 귀속적 기준이 계속 작동한다. 귀속적 집단은 통치자에게 자신들의 기득권을 지켜줄 것을 요구하며, 더 나아가 통치과정에도 참여하려 한다. 결국 합리적 관료제에 반하는 귀속적 지향이 공존한다. 한편 사회집단들은 각기 다른 다양한 정치지향을 나타낸다. 신흥세력은 자원을 확보하고 이에 기초해 자율적인 정치적 태도를 갖는다. 하지만 보편적 가치뿐만 아니라 전통적 가치도 병존하고 신흥세력은 자신을 귀속적 전통세력과 동일시하며 스스로를 귀족화할 수 있다. 관료 집단에서도 새로운 질서에 대한 추종적 태도와 부정적 태도가 동시에 나타난다. 관료는 점차 스스로를 귀족화하여 자기 이익에 충실하고 행정의 비효율성과 부패를 확장시켜 경제와 정치를 압박할 수 있다. 한편 행정력 부족으로 다양한 행정기능과 지위가 지역 세력에 위임된다. 이를 기반으로 귀족층, 농민, 지역세력 등 전통적 귀속집단은 저항을 계속할 수 있다.

통치자의 요구와 주요 사회집단의 요구가 낳는 내부 압력이나 대외환경 변화에 따른 외부압력이 커질 경우 제국은 변화에 직면한다. 하지만 통치자는 변화를 수용하기보다 오히려 다양한 계층을 통제하려 한다. 그에 따라 귀속적 세력이 커지고 가용자원이 소진되며, 분화되었던 집단은 소외되거나 귀속적 세력과의 갈등을 키워간다. 관료는 귀족화 · 화석화되고 경제적 착취는 확대되며 리더십은 고갈된다. 경제적 착취는 조세

3. 가산국가란 국가를 군주의 사적인 세습재산(patrimonium)으로 취급하는 국가이고 도시국가는 하나의 도시가 국가를 구성하는 형태로 우리의 성읍국가에 해당하며, 부족연맹은 몇 개의 부족이 연맹체를 형성한 것이다. 단 부족은 동일한 태생과 역사를 가지고 공통의 문화나 언어, 가치관 위에서 공동생활을 영위하는 집단이다.

4. 부족연맹과 도시국가에서도 중심부가 발전했지만 구조적 기반은 매우 취약했다. 대부분의 전통적 세습체제에서는 중심부의 전통과 지역적 전통 간에 큰 차이가 없었다. 전근대 정치체제 중 전통의 구체적 특성이 조직화되고 제도적 중심부에 자리 잡았던 것은 전통적 관료제에서였다.

나 인력동원의 증가를 넘어 관료층의 확대로 더욱 악화된다. 마침내 실질적 권력을 확보한 새로운 신흥세력이 중심부에 진입하여 최고 정치권력을 탈취한다.

1.3 근대 사회로의 이행과 국가-사회 관계

지배세력의 변동에 초점을 맞춘 AJR의 방법론을 우선 서구와 우리나라의 경제사에 응용해 보자. 우선 본서의 주요 분석대상이 되는 영국, 미국, 프랑스, 독일, 스웨덴의 근대사회로의 이행을 AJR의 방법론을 이용해 간단히 분석한다. 이어지는 절에서는 우리나라에 대해 조선까지 AJR의 방법론과 전통적 관료국가론으로 설명하고, 이어서 조선 이후는 AJR의 방법론과 Moore(1966)의 방법론을 응용해 근대화 이론의 맥락에서 해석하고자 한다. 한국은 조선 말에 이르러 새로운 사회변혁세력의 등장까지 나아갔으나 식민지배로 말미암아 근대로의 이행이 제한되었고, 독립 이후에야 토지귀족이 소멸되며 부르주아지의 지배로 이행한다.

봉건제와 자치도시로 구성된 중세 유럽에서 영주들은 자신들의 권력을 제도화하도록 정치제도를 만들어 냈다. 영주들은 봉건적 대토지 소유자로서 자신들의 재산권을 돌보고 생산 계층을 착취하기 쉬운 경제제도를 세웠다. 영주들에게 유리한 자원배분을 낳는 경제제도와 그에 따른 실권의 확보로 인해 중세적 정치체제는 지속되었다.

중세 말에 유럽 전역에 걸친 잦은 전쟁과 사회적 혼란 그리고 상업화의 진전 속에서 봉건제와 그 귀족 세력이 점차 쇠퇴하고, 농업이나 공업에서 소생산자의 시민계급이 등장하였다. 국왕은 신흥 중간층의 지지를 바탕으로 봉건 귀족과 교회를 종속시키고 영토 주권을 가진 절대군주를 중심으로 한 신분제 의회와 중앙집권적 행정력에 기초한 국민국가를 형성시켰다. 봉건영주와 자치도시의 특권이 해체되어 시장이 전국화되었고 중세의 폐쇄적 경제공동체는 해체되었다. 절대군주는 경제활동에 대한 독점적 인허가와 보호무역의 중상주의 경제제도를 기반으로 주권국가를 확립하였다. 토지귀족과 자본가의 경제력과 실권의 확대를 억누르는 정치체제하에서 통치에 필요한 관료조직과 군사조직을 유지하기 위해 자의적 조세행정과 경제위기를 낳았다. 결국 절대군주는 권력의 상당 부분을 빼앗겼고 대신 국민이 주권자가 되었으며 의회가 국정의 최고기관이 되는 국민국가의 정치제도가 등장하였다. 그리고 이처럼 제도적 권력을 배분하는 정치제도의 변화는 자유로운 경제활동을 뒷받침하는 경제제도를 가져왔다.

Moore(1966)는 유럽과 미국에서 상업화에 따른 신흥 중간층의 등장과 더불어 토지귀족, 관료세력, 농민층을 포함한 국가와 사회의 주도세력 재편을 통해 절대주의 국가체제가 어떻게 자본주의적 민주주의 체제로 변화하고 산업혁명에 들어서게 되었는가를 살펴보고 있다.

영국은 사회가 국가에 대해 점차 우위를 확보해가며 농업의 상업화와 공업화 그리고 지배세력의 재편을 이루어냈다. 영국은 중세말 세계 최대의 양모 생산국으로서 양질의 양모를 생산하여 외국과 교역하며 농촌과 도시에서 상업이 발전하기 시작했다. 신흥 중간층이 형성되어 독자적 경제기반을 확보하였고 토지귀족도 상업적 영농에 가담하였다. 그에 따라 왕권에 대한 종속 상태가 완화되었고 토지귀족은 거꾸로 왕권에 저항하며 성장하였다. 상업적 영농은 토지귀족과 도시 간에 공동의 이해관계를 갖게 했으며, 이익과 경제적 자유를 사회의 자연적 기반으로 받아들이게 했다. 인클로저를 통해 농민층은 농토로부터 내쫓겨 토지가 없는 노동자층으로 변화하였는데, 구질서를 유지하며 농촌의 해체를 억제하려 했던 국왕의 정책은 상업지향적 세력을 응집시켰고 내란을 낳았다. 국왕의 처형은 절대군주의 쇄락을 낳고 대신 합리적인 정치제도와 근대국가가 성립하였다. 특히 의회는 곧 새로운 사회세력을 수용하고 이해다툼을 조정하는 제도로 자리 잡았다. 의회를 장악한 토지귀족층은 상업적 원칙으로 경영되는 대농장을 확대해 갔으며, 뒤이어 합리화된 정치체제를 기반으로 산업자본가들이 국가나 토지귀족의 지원 없이 스스로의 힘으로 세계를 무대로 활동하게 되었다. 오래전부터 토지귀족층과 산업자본가들 간의 구분은 희미해졌다. 억압적 정치기구가 결여한 상태에서 토지귀족층과 산업자본가들은 일반대중의 지지를 놓고 경쟁하고 타협해야 했기 때문에 자본주의와 민주주의의 발전을 이어갔다.

미국에서는 국가 형성이 늦은 상황에서 지역별 차별화가 뚜렷해지며 사회 내의 지배세력 간의 갈등이 생겨났다. 상업적 농업의 발전과 공업화가 병행되며 남부는 면화수출을 중심으로 노동 억압적인 대농장을 영위하는 유럽식 토지귀족층이 주도하였고, 북부는 공업을 중심으로 하는 신흥 중간층이 주도하였다. 남부는 소수의 대농장주가 지배하고 소규모 자영농은 이들을 추종하였다. 한편 서부는 자유농민이 경작지를 확대하였고 이들은 북부의 공산품 소비시장을 크게 확대하였다. 또한 서부농산품에 대한 동부의 수요 확대는 상업적 모험에 성공한 가족 영농체제의 정착을 낳았고 서부인들의 개인주의적이고 자본가적 태도를 높였으며 북부와의 정치적 연대를 낳았다. 한편 북부에서 산업화가 진행되고 남부에의 의존성이 약화됨에 따라 남부의 농장주들은 노예제도와 세습적 특권을 옹호하며 북부와 서부의 자유주의적 태도와 갈등하였다. 결국 이들 간의 세력다툼은 남북전쟁으로 이어졌다. 남부의 대농장주는 전쟁에서 패하였지만 흑인들의 절망적 상태를 배경으로 소작제로의 전환을 통해 노동 억압적인 농업을 보존했다. 농장주는 소작농에게 식료품을 선대하고 높은 가격을 책정함으로써 노동력을 통제하는 기업가로 변모하였다. 동시에 북부의 산업가와 철도업체는 남부에서 영향력을 가지게 되었다. 북부의 특권적 자본가들은 상당한 도시 사업을 영위하는 남부 농장주와 제휴하여 전형적인 보수 연대를 형성하였다. 북부의 자본가들은 급진적인 노동자의 소요에 직면하여 보수주의적 연합을 만들었다. 즉, 남부와 북부의 자산가들 간의 보수 연합이 형성되었다.

독일은 후발국으로 중앙집권적 국가가 발전하였고 상대적으로 상업계급과 산업계급이 모두 취약하였다. 토지귀족은 수출용 곡물 생산과 농업 상업화에 대응하여 국가의 강제력과 전통적 질서에 의존하여 보유지를 확장하고 농민층을 농노로 토지에 계속 묶어두었다. 도시 상공업 계층 역시 국가에 도전할 만큼 성장하지 못했다. 이러한 이유로 자신들의 경제적 지위를 유지하기 위해 국가에 의존하여야 했다.

또한 독일에서는 중앙집권적인 군주 정체와 관료체계가 성립하며 계급과 개인을 초월하는 하나의 제도에 대한 복종을 강조하였다. 결국 국가는 위로부터의 직접적 개입을 통해 농업의 상업화와 자본주의적 공업화를 도모해갔다. 노동자의 세력화에 대응하여 신흥 상공계층은 토지귀족과 연대하였고, 국가에 의존하여 농민과 노동자를 제자리에 묶어두기 위해 권위주의적 정치체제를 성립시켰다. 한편 이들은 남북전쟁을 끝낸 미국 수출품과의 강력한 경쟁에 직면하여 자신의 지위를 지속하기 위해 더 권위주의적이고 노동 억압적인 체제를 강화해 갔다. 보수적 국가는 과거의 봉건유제를 파괴하고 근대화를 꾀하였으며, 권한이 제한된 의회와 같이 불안전하나마 민주주의 제도를 부분적으로 동반하였다. 半의회주의 정부가 수행한 위로부터의 정치 · 경제적 개혁은 국가를 근대 산업국가로 변모시켰다. 그러나 보수적 근대화로 말미암아 가능한 범위 안에서 전통적 사회구조를 유지하고자 하였기 때문에 권위주의적이고 반동적인 외형적 근대화에 머물렀다. 영토적 분할을 해체하여 권위적이고 획일적인 행정체계를 확립하였으며 통일된 법전과 사법제도를 마련했다. 압제를 위한 특수기관(군과 경찰)을 포함하여 강력한 관료기구를 구축하였다. 경제적 측면에서 강력한 중앙집권적인 정부가 확립되고 교역에 대한 내부적 장벽을 제거하였다. 새로운 유형의 사회에 맞는 시민을 창출하기 위해 글을 읽고 쓰는 능력과 초보적인 공업기술을 대중에게 제공하였다. 사회간접자본을 확충하고 노동자의 교육 훈련을 주도하였다. 보호주의적 관세정책도 전개하였다. 사회구조를 유지하고 근대화를 이룩하고자 하는 노력은 군국주의와 국제적 갈등으로 뒷받침되었다.

스웨덴은 서구 유럽의 봉건주의가 결핍된 국가였지만, 과거와의 혁명적 단절 없이 자본주의적 민주주의를 성립시켰다. 13세기 초에 국왕에 대한 봉사를 대가로 귀족 지위와 과세 혜택을 얻게 된 부농들이 등장하는 한편, 14세기부터는 군주와 귀족이 갈등하며 그 권력이 제한되어 갔다. 그 과정에서 1634년부터는 귀족, 성직자, 도시민, 농민의 4신분에 의한 회의체가 성립하여 "영향을 받는 모든 이의 동의(what concerns all should have the approval of all)"를 추구하였다. 한편 농업의 상업화에도 불구하고 상업활동은 농촌을 크게 변화시키지 못해 19세기까지 자영하는 소농의 농촌이 지배적이었고, 인클로저조차도 귀족 토지의 매각을 통해 독립농을 강화하였을 뿐이었다.

스웨덴은 산업화가 뒤늦어 19세기 중엽 이후에 들어서야 상업농이 급진전되며 농업의 합리화가 발생하고 산업화가 시작되었다. 19세기 후반 해외자본 유입에 힘입어 소수의 독과점 대기업이 산업화를 이끌어갔지만, 귀족과 농민층은 상원과 하원을 각각 장악하며 기존 질서를 유지하였다. 특히 귀족은 고위 관료직을 유지하며 급료에만 의존하는 부류가 크게 늘어났지만, 일부는 철광산업에서 부를 축적하였다. 이 과정에서 토지귀족은 농촌뿐만 아니라 도시지역 엘리트로도 자리 잡게 된 반면, 농민은 토지의 많은 부분을 소유한 독립농으로서 농촌을 대변하게 되었다. 한편 그 수가 매우 작았던 신흥 상공인이 정치적 영향력을 발휘하여 상원에 진출함에 따라 상원에서는 신분적 지위 대신 자산이 결정적 중요성을 갖게 되었다. 결국 관료, 토지귀족, 산업가들이 연대하는 금권정치가 지배한 가운데, 의회에 진출했던 농민층이 이에 대립하다 자유 중산층으로 성장하고 다양한 사회개혁 운동이 활성화되어 20세기 초에는 의회민주주의로 이행하였다(Castles, 1973). 민주화 과정에서 급진적 계급혁명은 없었지만 노사분규를 포함해 보수주의와 사회주의 간 이념 갈등, 전통적인 지배계급과 피지배계급 간 갈등을 포함한 사회갈등과 정치적 대립은 1930년대 초까지 이어졌다.

19세기 말부터 자본축적을 이어가던 자본세력은 경제적으로나 정치적으로 큰 힘을 갖게 되었다. 1900년대부터 대기업 중심의 산업발전이 이루어지면서 경제구조가 대기업 중심으로 자리 잡게 되었다. 급속한 산업화로 사회는 기본적으로 자본가와 노동자의 양대 계급으로 대치되었고, 따라서 정치적 동원 또한 이 두 계급에 기반하여 이루어졌다. 마침내 1932년 사회민주당의 집권을 배경으로 1938년 노사대타협이 성립하며 '스웨덴 모델'의 기반이 구축되었다.

프랑스에서는 루이 14세가 반석 위에 올려놓은 절대주의가 강성해 국가가 사회를 압도하였고, 특히 토지귀족들은 국가에 의존하였다. 토지귀족은 농업 상업화의 전개에 대응하여 토지를 직영하기보다는 소작 지대에 계속 의존하였고, 국가와 법률이 보장한 법적 지위와 행정 및 사법기구 그리고 농민에 강제된 각종 의무에 기대어 생활하였다. 농민은 인신적 예속을 벗어나 소작농으로서 실질적 토지소유권을 가지며 상대적으로 자유를 누렸다. 무역은 주로 포도주로 제한되어 농업 상업화와 공업화가 모두 부진하였고 이에 기반한 상공인의 성장도 미흡하였다. 16세기부터 왕권이 확장되어 국왕들은 귀족의 법적 특권을 약화시켜 갔으며 과세를 늘려갔다. 국왕의 보호하에 성장한 신흥 중간층 역시 국가에 대한 의존도가 컸다. 신흥 중간층은 사치품과 무기생산을 중심으로 성장하며 토지를 축적하였고, 정부재정과 왕권 독립에 중요한 기여를 한 관직매매를 통해 사회상층부로 올라섰으며 세습적 신분으로 탈바꿈하였다. 기존의 중간층은 토지귀족에 합류하며 지배층을 구성하였는데, 절대군주 체제의 성장으로 말미암아 토지귀족은 정치적 책임감을 잃었고 중간층은 이익

추구에 몰두하였다. 결과적으로 절대군주하에서 봉건제도들이 잔존하여 토지귀족에 합류한 중간층을 보호하였지만, 동시에 18세기 중반에 이르기까지 국왕을 중심으로 위로부터의 근대화가 진행되었다. 그러나 상업적 농업이 낳은 수탈의 증대에 농민들이 항거하며 프랑스 혁명이 발발하였고, 국왕, 봉건영주 그리고 토지귀족들의 구체제는 치명적으로 약화되어 독일에서 나타났던 위로부터의 보수적 근대화도 차단되었다. 한편 이 과정에서 소농적 토지소유는 더욱 확장하였으며 법 앞에서의 평등에 기초한 의회 민주주의와 사유재산 제도에 기초한 경제제도가 자리 잡게 되었다.

2. 고대국가 이전 : 공동체 질서의 지속

한국의 고대국가들은 무리사회에서 출발하여 군장국가(옥저 · 동예 · 삼한)－초기국가(고조선 · 부여 · 고구려 · 백제 · 신라)－고대국가(고구려 · 백제 · 신라)의 단계를 거쳤다. 무리사회에서 군장국가나 그 연맹왕국과 초기국가에 이르기까지 중앙집권적 질서보다는 지방분권적 질서가 지배하였고, 지배층의 합의에 의한 국가운영이 이어졌다(변태섭, 1986 ; 박대재, 2013).

2.1 원시 공동체 사회

무리사회와 평등한 혈연 공동체

인류가 등장하여 지배계급과 피지배 계급이 나누어지며 권력과 국가가 형성되기 전까지의 오랜 기간을 원시공동체 사회로 부를 수 있다. 원시공동체 사회는 돌을 깨뜨려 만든 뗀석기를 사용한 구석기 시대와 돌을 갈아 만든 간석기를 사용한 신석기 시대로 구분된다. 구석기 시대 사람들은 수렵과 어로, 채집 중심의 생활을 했고 한반도 전 지역에 분포하였다. 또한 농경과 목축을 알지 못해 동굴이나 막집에 거주하였고 사냥감을 찾아 무리[군(band)]를 지어 다니며 이동생활을 했다. 빈약한 기술과 도구로 말미암아 개인 홀로 생존이 불가능하였고 사냥이나 물고기잡이 그리고 채집을 위해 공동노동이 필요했고 집단생활이 지배적이었다. 또한 잉여물도 제한되고 삶을 자연에 의존해야 하였으므로 평등한 사회가 유지되었다.

씨족 · 부족사회와 평등한 혈연 · 지연 공동체

빙하기가 끝나고 후빙기에 온난화가 도래하면서 기원전 8천 년부터 신석기 시대가 시작된다. 농경과 목축을 시작하면서 스스로 식량을 생산할 수 있게 되었고 정착생활도 시작되었다. 우선 조 중심의 밭농사가 시작되었는데, 벌목하여 화전으로 경작하였다. 자연 상태에서 성장한 것을 채집하는 단계에서 노동을 통해 식량을 생산하는 단계로 넘어간 것이다. 하지만 농경의 생산성이 낮아 사냥 · 어업 · 채취가 여전히 주된 생산이었다. 그럼에도 농경과 목축이 시작되면서 생활조건과 사회구조에 큰 변화(신석기 혁명)가 일어났다. 가공된 석기와 토기의 사용은 경제활동을 향상시켰다. 석기나 뼈연모로 식량을 확보하고 토기로 이를 담거나 조리하고 저장하였다. 또한 구석기 시대와 달리 4명 정도의 식구가 새로운 사회 단위로 출현하여 움집에 함께 살았고 이들 움집이 4~5개 모여 혈연집단인 씨족으로서 바닷가나 강가의 언저리인 낮은 습지나 넓은 평지에 정주 취락을 구성하였다. 공동 사냥 외에 파종, 수확 등의 농사나 목축에서 집중적인 집단노동이 필요했고 자연히 분배와 소비도 공동으로 이루어지는 평등한 지역공동체 생활이 지속되었다. 농촌에서 볼 수 있는 공동노동인 두레의 기원인 것이다. 한편 농사에서의 필요로 자연현상에 관심이 커지며 자연현상을 주관하는 것으로 여겨지는 신에 대한 관념들이 생겨났고 공유되었다.

그림 4-1 원시공동체 사회의 발전

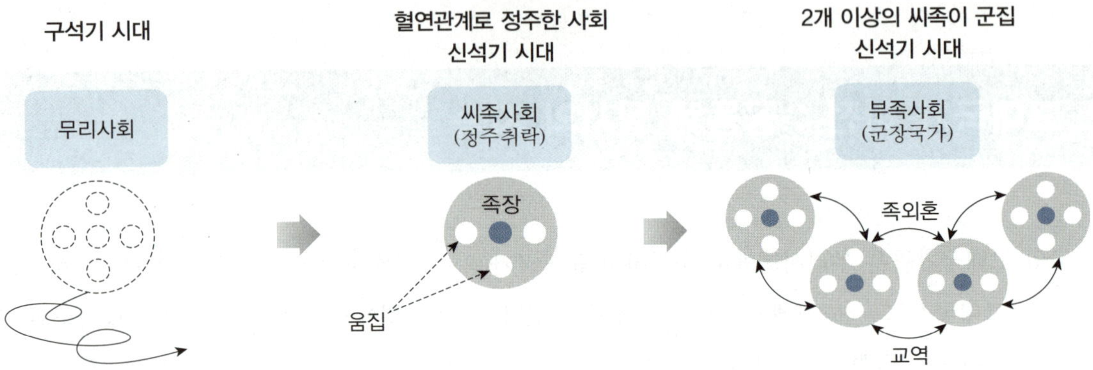

신석기 시대에는 농경을 시작했어도 생산성이 낮아 일년 내내 열심히 일해도 충분하지 못하여 사유재산이나 계급이 생겨나기 어려웠다. 혈연 중심의 씨족 공동체 구성원 모두가 힘을 합쳐야만 살아갈 수 있었다. 씨족장이 있어 여러 결정권을 행사했지만 지배자나 권력자는 아니었다. 가족의 가장처럼 사회생활과 경제생활을 지도했을 뿐이다.

씨족은 강산을 경계로 일정 영역 내에서 자급자족하여 다른 영역의 침범을 엄격히 제한하였고 교역이나 족외혼으로 다른 씨족과 접촉했다. 접촉이 빈번했던 씨족들은 결합하여 지연적 성격의 부족[部族(tribe)]이라는 보다 큰 사회를 형성하여 공동체 운영 단위가 씨족에서 부족 중심으로 확대되었다. 부족은 지연적 성격을 가졌지만 공동체적 사회구성 원칙은 씨족과 거의 유사하였다. 즉, 부족사회는 혈연과 지연을 공유하는 공동체로서 신분과 계급 또는 중앙집권적 지배질서를 갖지 않았고, 생활자료 취득과 생산 그리고 소비와 방어를 함께 하였다. 씨족이나 부족 모두 지도자가 주도하여 공동체의 문제를 다루지만, 연장자나 지혜로운 사람이 우두머리로 부족을 이끌었을 뿐 권위는 제한적이었다. 부족 구성원들은 공통 조상에서 유래하고 고유 신화를 가지며 동질적 집단(민족)에 속한다고 자각하였다.

2.2 청동기 시대와 군장국가

기원전 15~10세기에 청동기 시대가 시작되어 기원전 300년경까지 지속되었다. 청동기는 무기나 공구로 주로 사용되었으며, 농기구는 보다 정밀하게 가공된 목재 기구가 주를 이루었다. 청동기의 공구 덕분에 고랑과 이랑을 갖춘 밭에서 다양한 작물이 재배되고, 일부 저습지에서 우리의 주식인 벼농사가 시작되었다. 청동기는 부족의 군사력 또는 방어력과 농업생산성을 높였다.

청동기는 노천에서 쉽게 구할 수 없는 광석으로 어렵게 만든 귀금속이었다. 개인 또는 집단 간에 청동기의 소유 정도로 인해 격차가 생겨났고 이는 사회의 격차와 계층화를 낳았다. 무기를 포함한 청동기의 독점으로 기득권을 확보한 무사계급과 그렇지 못한 평민층으로의 분화가 생겨났고, 무사계급 내에서도 권력이 차등화되며 위계질서가 나타났다. 또한 비약적으로 높아진 농업생산성은 잉여 식량을 축적시켰다. 공동체 사회에서 잉여의 발생은 이의 배분과 대외 교역의 문제를 초래하였고 이 때문에 대내외 문제를 조정하여 공동이익과 합의를 주도하고 이를 유지하는 존재로서 권위에 기반한 재분배자인 군장[君長(chiefdom)]이 출현하여야 했다. 결국 호혜평등의 농경취락 공동체는 신분의 분화를 보이며 계급사회로 변화하였다. 평민 내에서 계층화가 심화되어 노예층이 분리되며 계급화가 촉진되었다. 이러한 분화는 결국 최고 통치자인 왕, 무사를 포함하는 지배층, 평민층, 천민층의 4계급 체제를 갖는 사회구조로 이어졌다.

청동기, 토기, 소금 등 중요 재화의 생산과 유통은 부족사회에 놓인 다수의 취락을 지연공동체인 읍락[邑落 또는 성읍(城邑)]으로 통합시켰다. 개별 취락은 읍락으로부터 청동기 · 토기 등을 분배받고 대신 공물을 상납하였다. 군장은 점차 신정적 지배자가 되어 토성을 쌓고 함께 사는 부유한 평민(호민)을 매개로 성 주위 촌락에 사는 평민(下戶)을 지배하였고 다수의 노예를 소유하였다. 취락은 읍락이 제공하는 공공기능과 권력에 뒷받침되었다. 읍락은 산천이 경계가 되었으며, 산지와 하천을 활용하는 주체였다. 읍락은 지역 특산물을 외부 읍락으로 반출하였으며, 반대로 다른 읍락의 특산물을 반입하였다. 읍락을 단위로 축제, 장례, 결혼의 의례공동체가 구성되어 도[徒(두레)]라 불리었다.

청동기 시대의 농기구는 신석기 시대와 같았지만 농법과 작물에 큰 진전이 있었고 더불어 사냥과 전쟁에 따른 생산성도 높아졌다. 강력한 청동무기를 사용해 약탈과 정복전이 빈번했다. 그 결과 전쟁에서 승리하면 더 많은 재물을 갖게 될 뿐만 아니라 포로나 범죄자는 노예로 전락되어 생산노동과 전쟁에 동원되었다. 이렇게 형성된 큰 힘을 지닌 세력을 중심으로 지배와 복속이 진행되며 더 큰 정치집단이 성장해 갔다. 빈번해진 전쟁을 통해 승리자 집단은 청동기를 집적하여 정복력을 키우면서 매우 먼 지역까지 진출하였다. 읍락은 자족성이 불완전하였고 읍락 간 혼인이나 정복 등을 통해 여러 읍락이 자원이나 교역의 거점이던 중심읍락(국읍)을 중심으로 결집하면서 기원전 10세기 이후 군장국가로 출현하였다. 군장국가는 강한 부족이 다른 부족을 아우르고 국가의 형태를 취하며 분권적 형태로 연합하는 것으로, 부족사회 대표였던 부족장들이 지배세력으로 등장하여 연맹체를 조직하고 여기에 씨족장 가족이 가담하여 일반 구성원과 구별되는 지배세력으로 자리 잡았다. 국읍의 족장[간(干)]은 복속된 읍락들을 제의에 참여시키며 군사력과 종교적 권위로 영역을 통합하였다. 제사장은 행정 · 군사까지 관장하였다. 지배자들은 자신을 천신족이라 칭하면서 그 지배가 모두에게

그림 4-2 국가의 형성과 강화 : 군장국가, 연맹왕국 그리고 중앙집권적 국가

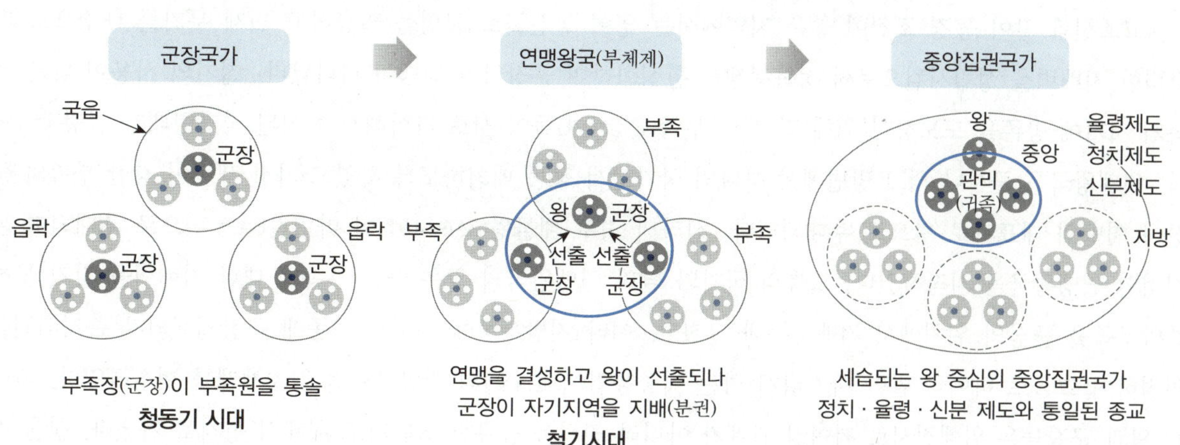

이익이 됨(弘益人間)을 주장하였다. 청동기 문화를 기반으로 한반도에 처음 출현한 정치체제는 만주와 한반도 지역의 강한 읍락이 주변의 여러 읍락 사회를 통합하여 가장 먼저 군장국가(國)로 발전한 고조선이었다.

고조선은 처음에 조그만 정치세력이었지만 차츰 우세한 청동기 문화를 바탕으로 다른 정치세력을 정복하고 통합했다. 국(國)은 국읍(國邑)을 포함한 여러 개의 읍락(邑落)으로 구성되었다. 국은 고대에 국가가 형성되기 전 단계의 지역에 형성된 정치집단을 일컫는다. 국읍은 국 안에서 경제적이고 군사적인 문제가 발생했을 때 이를 조정하고 통솔하는 역할을 했다. 청동기는 국읍의 통제를 받는 집단에서 제작해 국읍을 통해 재분배되거나, 읍락 단위에서 제작되어 취락에 분배되었다. 국을 형성하는 기본적 조직은 읍락으로 지리 조건을 따르는 여러 개의 자연취락으로 구성되었다. 취락은 20명 내외로 구성되는 세대복합체이고 하나의 세대복합체는 주거를 달리하며 단혼 부부로 맺어진 세대로 구성되었다.

한 가지 주의할 것은 한국의 경우 1,000년에 걸친 청동기 시대 대부분의 시간 동안 평등사회가 지속되었다는 점이다(Kang, Bong Won, 1992 ; 국사편찬위원회, 2013). 원시공동체 사회의 부족적 조직원리가 군장이 대두하여 크게 위축되고 능력에 따른 재산이나 영향력 면에서의 차이는 있었으나 그 차이가 계급화를 거쳐 사회적 신분으로 제도화되어 대를 이어 세습되는 사회는 아니었다. 하지만 계급사회에 익숙한 대륙의 청동기인들이 유입되어 지배계층으로 올라서면서 계급사회로의 변화가 발생하였고, 이후 곧 철기가 수용되면서 '국가'라는 '계급사회'로 급진전하였다. 그러나 청동기 시대의 군장은 국가체제를 제대로 갖춘 단계의 왕이 아니었다. 자신이 속한 혈연공동체의 범주를 벗어나 다른 공동체 여럿을 통합한 정치적 수장이었지만, 그 권위가 하늘을 전제로 성립한 불완전한 형태였고 통치를 위한 지배체제도 온전치 못하였다. 크고 작은 부족들은 형제적 질서로 뭉쳐 그 세력의 크기와 무관하게 서로 대등한 위치에서 수평의 관계를 형성하였다. 수장들은 각기 독자성을 띤 세력의 영도자이긴 했지만, 전체 수장이 모인 회의에서 합의로 결정한 사항을 어기지는 못했다. 반면 합의에 따르지 않는 수장에게 물리적 힘을 행사하지 못했다.

2.3 철기시대와 군장국가의 연맹왕국

기원전 4세기 이후 철기의 보급으로 무기와 공구뿐만 아니라 농기구도 점차 철기로 바뀌면서 군사력과 농업생산력이 크게 증대되며 막대한 사회변화가 초래되었다. 철제 농기구에 우경 그리고 관개시설이 보급되어 농업기술이 더욱 진전(휴한농법)되고 농경지와 경작물의 확대가 생겨났다. 군장국가 내에서는 철기의 소유 정도가 개인이나 집단의 농업생산력과 군사력에 차이를 낳으며 권력집중과 계급사회적 성격이 더욱 커졌다.

고조선과 같이 농경 조건이 좋은 지역에서는 잉여 농산물로 군인을 확충하고 철제 무기를 배경으로 더 강력한 지배력을 성립시킴으로써 정복전쟁을 활성화하며 군장국가 연맹이 나타났다. 철기의 사용이 낳은 정복의 시기에 공존을 도모하기 위해 몇 개의 부족(군장국가)들이 서로 타협해서 형성된 국가형태가 연맹왕국이다. 연맹왕국은 군사나 외교 방면에서 하나의 국가로서 공동 대처하도록 하였고 가장 세력이 강한 부족의 군장이 연맹의 대표자로 왕으로 추대되었다. 신라의 경우 내물왕(356~401)이 마립간(麻立干)으로 추대되며 본격적인 연맹왕국을 시작하였다. 보통의 국가와 달리 연맹왕국의 왕은 다른 부족에 대한 지배력을 갖지 못해 중앙부족을 군장의 위치에서 지배하는데 그쳤고, 여타 지방부족에 대해서는 종래 군장세력의 부족지배권을 인정하여 그들로 하여금 맡아 다스리게 하는 이중옹립(二重擁立)의 지방분권적 정치체제를 형성하였다. 따라서 왕과 군장들은 위계질서로 짜여진 관계가 아니라 권력을 공유한 집단지도 체제의 성격을 가졌다. 왕을 배출한 대표 부족은 세력이 다른 부족보다 강해서 궁궐, 성책, 감옥 등의 시설을 갖추고 있었지만, 반대로 농사가 잘 되지 않으면 왕에게 책임을 묻기도 하여 왕권 자체는 강하지 않았다. 따라서 왕은 족장들의 모임에서 선출되었고 세습이 가능하지 않았다. 연맹왕국은 각 군장들의 공론과 합의를 토대로 운영되었고, 각 군장의 독자성은 그대로 인정되었다.

군장국가였던 고조선 역시 철기 보급을 배경으로 연맹왕국인 기자조선으로 변화하였다. 기자는 각 군장의 합의에 의해 공립되었고, 모든 군장들의 합의에 의해 국내외 중대사에 대한 결정이 이루어졌다. 기자조선은 한의 군현지배 체제에 익숙한 위만에 의해 전복된 뒤 중앙집권적 지배체제를 구축하며 왕권을 강화하였다. 고조선의 뒤를 이은 고구려(압록강), 부여(남만주)에 이어 삼한의 78개의 소국 역시 백제국과 사로국으로 연맹국가를 결성하였다. 이들은 군장국가의 연맹체로 각 군장국가는 자치하며 독자적 관직을 가졌다. 철기를 배경으로 하면서도 옥저와 동예, 삼한 소국들은 연맹왕국으로 성장하지 못하고 군장국가 단계에 머물렀다.

가야는 연맹왕국 단계에서 무너졌지만, 고구려, 백제, 신라는 연맹왕국 단계를 넘어 고대국가로 점차 전환하였는데, 과도기로 지배공동체가 왕도에 결집하여 지방의 읍락공동체를 누층적으로 지배하는 초기국가(early state) 단계를 거쳤다.[5] 초기국가에서 기존 군장국가는 해체되어 읍락으로 강등되고, 그 수장세력은 중앙으로 이주하여 제가(諸加)로 귀족화되거나 상층민[호민(豪民)]으로 재편되어 읍락의 재지세력으로 남았다. 신라의 부체제는 고구려와 백제와는 달리 수도인 경주 지역에 존재한 정치세력들로만 형성되었고, 지방에 산재한 다양한 정치집단들이 자기 몫을 지닌 채 중앙의 정치체제에 참여하지는 못했다. 지방의 유력세력들은 신라에 복속된 상태로 부의 구성인자에 들지 못한 채 직접 또는 간접적인 지배를 감수하면서 명맥을 유지했다. 이 시기 비록 왕권이 성립하였지만, 관료제의 중앙집권체제나 율령제는 성숙하지 못했다. 중앙의 각 부는 별도의 관인조직과 제사체계를 가진 자치조직으로 기능하였으며 왕권도 부에 의존하였다. 이는 과거 군장사회의 특징을 보존한 것으로 흔히 부체제(部體制)라 불린다. 국가정책 입안이나 결정은 각 부의 지배자들의 합의에 기초하였다. 연맹국가나 초기국가는 모두 자족적 공동체를 모아서 쌓아 놓은 국가형태를 취했다. 왕은 점차 각 부집단 내부의 일까지 관여할 정도로 권한이 강화되었지만 동시에 각 부집단의 결속력 역시 여전히 강고하였다. 연맹체를 구성한 각 부는 독자적으로 관리를 임명하고 자신의 영역과 백성을 다스렸다. 왕은 가장 세력이 강한 부의 지배자가 맡았지만, 나라 안의 모든 지역을 직접 다스릴 만큼 권한이 크지는 못했다. 따라서 왕국의 공동사에 대해서는 각 부의 귀족들로 구성된 다양한 회의체가 각 부의 대표들과 협의하여 처리하였다. 결론적으로 고조선은 관료제도로 일정한 정치기구를 갖춘 국가 단계에 도달하였으나 그 사회구조는 여전히 촌락공동체에 토대를 둔 종족 연합 상태에서 완전히 벗어나지 못하였다(윤진석, 2019 ; 주보돈, 2006).

초기국가의 연맹적 질서는 병합된 읍락(기존 군장국가)들에도 확장되어 읍락은 상당한 자치권을 보유하였으며, 왕은 지역 수장을 통해 공납제로 지배하였다. 혈연적 유대를 간직한 지역공동체는 온전히 유지되며 호민에 맡겨져 간접 지배된 것이다. 부집단이나 복속 소국, 읍락이 각기 제천의례를 치렀다. 또한 공납이나 부세는 바친 사람들의 공동체(부집단, 소국, 읍락, 국왕으로 대표되는 국가) 재생산을 위하여 제사비용, 종자나 비상용으로 소비되는 상호주의 원칙(초기적 공납제)을 따랐다.

---

5. 초기국가는 부족연맹, 연맹왕국, 소국연맹체, 부체제 등으로 다양하게 불려 왔다.

2.4 초기 국가의 해체

철기가 낳은 군사력과 농업생산력의 근본적 변화는 연맹 왕국으로까지 이어지던 공동체적 정치질서의 근본적 재편을 요청하였고, 이에 따라 군장국가 연맹체는 중앙집권적 귀족국가이자 영역국가로 전환해 갔다. 고구려(4세기), 백제(4세기 중엽), 신라(6세기 초) 모두 영토국가로 전환하였다.

철제 농기구와 우경이 보급되고 수전이 확대되면서 농업생산성이 증대되었지만 동시에 불평등과 사회불안도 커졌다. 농업 생산성의 증가로 농업생산 방식이 공동체에서 가호 단위로 점차 바뀌어가고, 사적 토지소유가 진전되었다. 가족이 자립함에 따라 씨족공동체는 가족들의 연합조직으로 변모하였고, 지역사회는 대토지를 소유한 부호층, 자영 소농민, 용작민, 몸을 팔아 노비로 전락한 자, 유망민 등으로 분화되었다. 결국 공동체 관계에 기초하여 자치력을 유지하던 읍락과 부체제는 그 기반부터 흔들리게 된 것이다. 특히 발달된 농업기술에 힘입어 부를 축적한 호민층은 사유지를 확대하며 읍락사회의 신흥세력으로 부상하였고 생산기층인 농민들은 유망하였다. 이에 따라 통치 기반인 공동체가 축소되자 읍락의 기존 지배세력은 중앙권력과의 긴밀한 관계 속에서 탈출구를 모색하여야 했다.

한편 농업생산력이 발전하고 철기가 널리 보급되면서 국가들 간에 쟁탈전이 이어져 왕의 역할이 점차 커지게 되고 왕을 중심으로 한 체제가 더욱 견고해졌다. 또한 여러 군장국가들이 병합함에 따라 광대한 영역을 정치적 권위로 통합해야 할 필요성도 커졌다.

3. 고대 영역국가 : 귀족 간 합의와 자치의 질서

삼국시대로 대표되는 고대국가는 국가의 권력이 율령 · 신분 · 정치 제도의 정비를 통해 중앙의 국왕에게 집중되는 중앙집권국가였다. 하지만 귀족의 합의제는 국왕을 견제하였고 지방은 자치적 질서를 간직하였다.

3.1 중앙집권적 영역국가의 성립 : 삼국과 통일신라

군장국가의 연맹체였던 삼국은 부족 단위에서 권력의 주체였던 군장을 왕권에 복속시켜 중앙귀족으로 전환시키고, 전국적 지방제도를 채택하여 지방 거점에 관리를 파견하였다. 이처럼 왕이 직접 지배하며 삼국은 고대국가로 전환되었다.

왕권의 승격과 관료제

왕권은 귀족회의의 수장을 넘어서는 초월적 권력으로 승격하였고, 부족마다 차별화된 자연종교 대신 초부족적 보편종교(불교)를 택했다. 이 보편종교는 왕권을 뒷받침했다. 신라는 6세기 초 지증왕(500~513)과 법흥왕(514~539)대에 이르러 부체제(마립간 시대)에서 벗어나 국왕을 정점으로 하는 중앙집권적 지배체제로 전환하였다. 5세기 중에 왕위의 부자상속제도가 확립된 이래 지증왕(503) 때 국호는 사로국에서 신라로, 왕호는 마립간에서 왕으로 고쳐졌다.

그림 4-3 삼국의 통치제도 : 신라의 경우

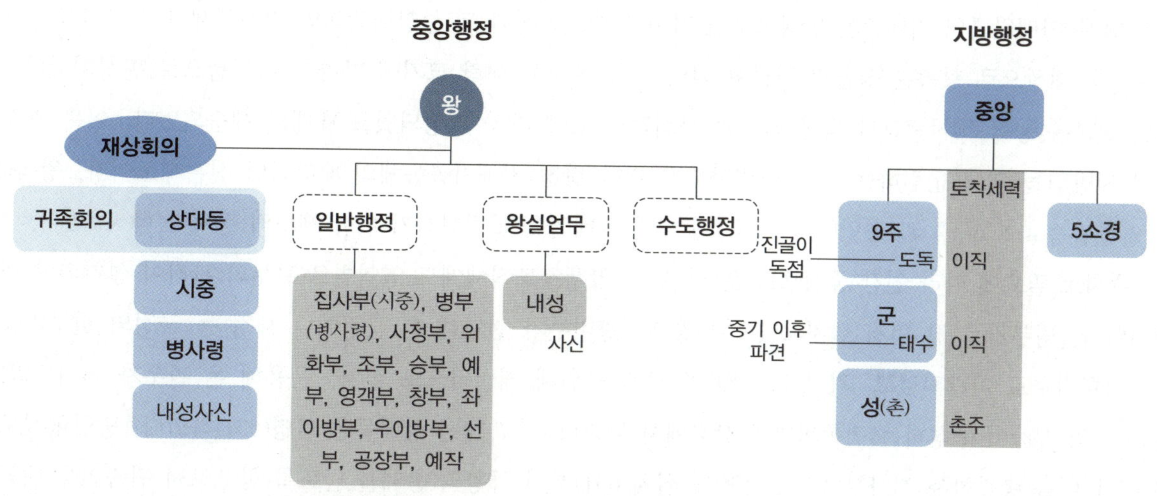

복수 장차관제/겸직 허용 ← 합의제, 진골독점, 국왕의 견제
골품이 관등 범위, 관등이 관직 범위를 결정

법령도 단일화되어 전국적 법령(율령, 신라 520년)이 마련됨으로써 중앙정부의 형태, 중앙과 지방의 관계, 신분제가 규정되었다. 왕권 중심의 집권적인 정치체제를 구축하면서 중앙정부는 군장국가 연맹체에서 전문 직능으로 나누어지고 계층화된 행정기구로 바뀌었다. 제간과 그 친족은 하호에 대한 지배력을 잃고 일반귀족으로 전환되었다. 부, 복속 소국, 성읍의 지배층은 독자적 기반을 잃고 국왕을 정점으로 하는 수직적 관료체계에 편제되고 녹읍을 수여받는 존재로 전환되었다. 지역 지배층들은 촌주로 편제된 후 지역민을 대상으로 역역에 징발하고 인세를 수취하는 권리로서 식읍이 인정되었다. 일반 촌락에 사는 각 지역의 읍락민이나 부족민은 하호에서 해방되어 국왕의 일반 백성(공민)으로 편제되었고 중세적 제민지배를 위해 율령이 생겨났다. 722년에 조세와 공물을 수취는 촌에서 정으로 바뀌며 더욱 조밀해졌다.

마립간 시대의 왕경과 지방의 다원적인 지배층은 독자적 기반을 상실하고 세력의 크기에 따라 국왕을 정점으로 하는 상하관계의 일원적 서열(官等制)로 재편되었다. 이들에게 특정 관직에 취임할 수 있는 자격을 부여함으로써 관등체계와 관직체계를 정비하였다. 이 과정에서 혈연을 근간으로 한 신분제(骨品制)를 정비하여

그림 4-4 신라의 신분제도의 재편

연맹왕국
부족
왕
군장
부족
군장
선출 선출
군장
부족
군장
평민
노비
중앙집권국가
골품
관등
관직
성골
진골
왕족
6두품
5두품
4두품
일반 귀족
3품 이하
평민과 노비
귀족
평민
노비

신분이 높은 사람이 높은 관등, 그에 따라 높은 관직을 받게 하였다. 신라가 팽창하는 과정에서 복속된 성읍국가 혹은 연맹왕국의 지배층을 왕경으로 옮겨 6부제로 편성한 뒤 중앙집권적인 지배체제가 정비되었다. 즉, 왕경민을 대상으로 왕족은 성골과 진골이 되었으며, 족장은 세력 크기에 따라 6~1두품으로 편성되었다. 개인의 신분은 능력보다는 그가 속한 친족의 사회적 지위에 따라 결정되었고 대대로 세습되었다. 이는 왕경인들이 지방인들 위에 군림하는 것을 합법화하기 위한 왕경 지배자공동체의 배타적인 신분제도이자, 왕족(골)의 일반귀족(4, 5, 6두품)과 평민(1, 2, 3두품)에 대한 지배권을 합법화하기 위한 제도적 장치라 할 수 있다.

수시로 필요에 따라 인간 중심으로 운영되던 중앙행정조직체계도 영역별로 관부와 관직이 설치되며 전문화되었다. 병부가 가장 먼저 설치되었으며 왕부 · 왕비부가 전담해 온 군정이나 세정 등 국정의 실무기능은 중앙정치기구로 이관되었고, 각 부가 지방민 지배를 위해 개별적으로 설치 · 운용해 온 관부가 폐지되었다. 왕은 부의 제간이 구성하는 귀족회의 의장직에서 물러나고 그 대신 상대등을 임명(531)하였다. 중앙행정조직은 후에 이를 총괄하는 집사부(장관은 시중)를 설치(651)하여 국왕의 통제를 받도록 함으로써 귀족권을 대표하는 상대등의 지위와 권한을 약화시켰다. 중앙의 행정관제보다 일찍 발달한 것이 지방조직이었다. 통일신라기에는 중앙집권화에 더 큰 진전을 보였다. 한반도 지배를 놓고 삼국 간 경쟁이 뜨거워지면서 정치권력이 국왕으로 옮겨진 데 힘입은 것이다. 진골 귀족세력은 숙청과 사병 제거, 그리고 녹읍의 관료전으로의 대체에 따라 약화되었다. 반면 독서삼품과를 설치하고 관직을 기준으로 토지가 지급되면서 신분보다는 학문적 · 행정적 능력에 의존하는 육두품 중심의 관료세력이 부상하며 왕권이 강화되었다. 화백회의 의장으로 귀족의 대표인 상대등보다 행정부 성격을 가진 집사부가 중시되었다. 진골귀족들은 국가로부터 매년 세조를 급여로 지급받는 관료로 국가의 통치업무에 종사했으므로 그들은 점차 관료로서의 성격을 더욱 강하게 띠게 되었다.

그림 4-5 삼국시대와 통일신라에서의 토지제도 변화 : 수조권을 중심으로

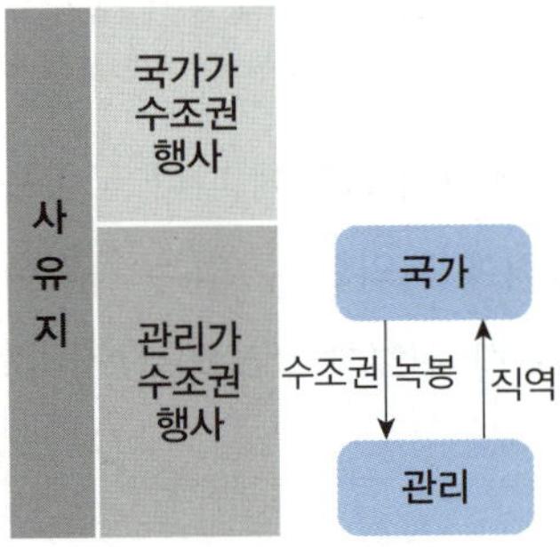

사유지	
	국가가 수조권 행사
	관리가 수조권 행사

국가 → (수조권 녹봉) → 관리, 관리 → (직역) → 국가

	삼국시대 신라	통일신라	
		중대	하대
직역의 대가	녹읍, 식읍	관료전	녹읍
내용	수조권과 노동력 징발권	수조권	수조권과 노동력 징발권

지방행정기구의 성립

정치적 통합이 진행되어 부(部)로 결집되고 이들이 고대국가의 중심 집단이 된 뒤 정치의 중심이 부에서 다시 행정기구로 이전하는 것과 동시에 지방의 복속 소국이나 읍락의 자치성은 부정되었다. 이들은 국가의 직접적인 통치영역, 즉 지방통치조직으로 재편되어 관료가 파견되었고 군사적 요충지에는 중앙군이 주둔하였다. 기존의 읍락은 몇 개의 촌이나 성으로 재편되어 외위를 부여받은 촌주가 임명되었다. 소국은 군으로, 군을 묶어 주로 두는 주군제(신라 505년)를 실시하며 왕이 파견한 진골귀족의 지방관인 군주와 도사를 통해 직접 지배가 시작되었다. 부를 중심으로 이루어지던 종래의 지방분권적 지방지배체제가 무너지고 진골 중심, 지방관 중심의 중앙집권적 지방지배체제가 성립한 것이다. 지방의 소경과 주에 장관으로 파견된 국왕의 친족

이나 진골귀족이 가족과 가신을 거느리고 부임하여 그 지역의 토착지배층을 장악하고 원만하게 통치하기 위해 독자적으로 외위라는 관위를 운영하였다. 외위는 소경과 주의 진골 장관을 도와 통치에 가담한 가신층과 그 통치행위에 협조적이거나 적극 회유할 필요가 있는 재지 유력자에게 수여되었다.

수취제도나 촌락민의 처지도 변화하였다. 삼국 초기의 수취제도는 읍락이 정치 단위로 기능하고 정복한 읍락의 우두머리를 통해 읍락의 생산물을 공물로 바치게 하는 공납제로, 공납이 강제된 하호집단을 속민이라고 불렀다. 그러나 읍락의 해체과정에서 수취제도가 변하여 개별 호의 경제적 정도를 고려하는 호등제로 발전하였고 읍락의 하호는 율령제의 실시로 법률의 보호를 받아 군역에 참가해야 하는 공민이 되었다. 개별 인호에 대한 국가의 직접 지배가 실현된 것이다. 한편 일정 지역을 신분과 지위에 따라 나누어주는 식읍과 녹읍이 잔존하여 지배층은 경제적 이권을 유지하였지만, 이 역시 수조권을 분급한 관료전으로 대체되어 "토지를 매개로 한 수취제도"가 이루어졌다. 그러나 하대에 녹읍이 다시 부활되면서 농민은 귀족들에게 인신지배를 받게 된다.

3.2 분권과 합의의 정치와 군현제

통일신라의 권력 구조는 강력한 왕권을 정점으로 한 관료제를 근간으로 하지만 권력 구조의 면에는 골품제나 귀족적인 전통이 도사리고 있었다.

귀족연합정치

삼국시대에 왕의 권력이 귀족회의에서 분리되고 군장국가 연맹체가 집권적 귀족국가로 전환하여 갔지만, 귀족회의는 건재하여 정치는 국왕 중심의 귀족연합정치를 탈피하지 못하였다. 고구려의 제가회의, 백제의 정사암회의, 신라의 화백회의는 건재하여 귀족관료의 합좌제도를 잘 드러낸다. 화백회의에서는 국왕의 선정과 주요 정책의 입안 · 결정 · 시행을 모두 통제했다. 왕을 대신하여 귀족회의를 대표하도록 한 상대등은 왕을 보좌하였지만, 상황에 따라서는 왕과 대립하기도 했다. 중앙정치는 귀족관료의 합의(화백회의)를 따르는 귀족연합정치의 성격을 보였다. 국가 경영의 기본적인 사항들이 회의체를 통하여 결정 · 집행되었다. 각 행정 부처의 장 · 차관은 복수제이고 최고 관리자는 겸직제로 하였는데, 이는 귀족의 합의제적인 성격을 유지하고 진골 귀족들의 권력 독점을 위한 세력 확보책였던 것이다.[6] 크고 작은 일들이 다양한 귀족들의 회의체를 통해서 공동으로 결정되고 공동으로 집행되는 구조를 갖추고 있었다. 한 사람이라도 반대하면 논의가 성사되지 못하는 만장일치제가 채택되었다. 화백회의의 기원은 원시공동체사회의 씨족회의나 부족회의까지 소급이 가능하다. 재지세력에게도 사안에 따라 중앙에서 주최하는 회의에 참여할 수 있는 자격이 부여되었다. 소회의체가 가진 기능은 행정기구가 설치되면서 이관되고, 국가의 특정 중대사만을 다루고 참석자가 진골과 6두품에 한정되는 귀족회의로 화백회의만 남게 되었다.

관료제를 성립시켰지만 중앙 귀족의 귀속적 권리가 여전히 존중되어 관원의 등급이 신분제에 의존하였

---

6. 하지만 동시에 귀족계층의 탈권과 월권을 방지하고 균형과 상호견제하에서 전제 왕권을 보강하기 위한 장치로서의 구실과 더불어 권력의 집중 및 행정 능률을 향상시킬 수 있는 기능도 가졌다고 하겠다. 문무왕과 신문왕대에는 국정운영에서 국왕의 영향력을 강화하려는 정치개혁의 일환으로서 재상제도를 도입하였다. 즉, 집사부의 장관 중시(시중)는 국왕의 명령을 전달받고, 그것을 행정관서에 분담하여 집행하게 하는 역할을 수행하였다.

다. 골품제는 진골귀족이 고위 정무관서를 독점하고 국왕이 다른 사회집단을 이용해 귀족을 제한하는 것을 막았다. 6두품 등 지식인이 골품제의 한계를 뛰어넘지 못해 제대로 활용되지 못했다. 귀족들의 합좌제적인 정치운영의 전통은 주요 관청의 장관직을 대개 2명 이상의 복수로 두고 이들 장관직이 겸직의 형태로 소수의 진골귀족에 의해 독점되었다는 점에서도 확인할 수 있다.[7]

지방자치

신라가 삼국을 통일한 이후 읍락공동체가 해체되어 가면서 국가의 농민에 대한 직접적 파악은 증대하고 주요 거점에는 지방관이 파견되었다. 신라는 기존 군에 지방관을 파견하지 못하고 지방행정이나 수취체계상에서 행정촌이 중심적인 역할을 수행하였다. 하지만 마침내 군에 태수라는 지방관을 파견하기 시작하였고 종래의 행정촌을 현으로 개편함과 동시에 거기에 현령과 소수를 파견하여 지방민을 다스리게 하였다. 이때 지역이 상대적으로 좁고 호구가 적어 현이 되기 어려운 경우는 향(鄕)이나 부곡(部曲)으로 삼았다. 통일신라에서 지방통치조직을 한층 더 체계적으로 재정비한 결과, 지방사회에 대한 국가의 행정력이 더 강화되었다.

그러나 촌은 계층 분화에도 불구하고 하나의 지역집단으로서 결속력과 자율성을 유지하였다.[8] 따라서 중앙정부가 광대한 영역을 지배하기 위한 촌주 세력의 협조가 더욱 불가피했고 말단 행정 단위인 촌의 행정실무는 토착세력인 촌주가 담당하였다. 촌락은 독자적 영역과 뚜렷한 경계를 가졌으며, 자유로운 거주이전이 제한되어 이전하려면 관의 허가가 필요하였다. 국가는 서너 개의 자연촌을 하나로 한 광역의 지역촌과 촌주를 두어 행정상의 편의를 도모하였다. 지역촌은 자연촌을 현에 연결하는 역할을 하였고 실질적 행정은 자연촌을 단위로 이루어졌다. 촌은 조부의 공동부담 단위로 남아 국가에서 군(郡)을 통해 촌마다 부세를 할당하고 촌은 그 할당량을 다시 개별 가호마다 할당한 후 부세를 거두어 국가에 납부하였다. 지방조직이 강한 공동체적 유대로 인해 깊숙이 침투할 수 없었고 당시 농업기술의 발달 정도가 개별 호의 호구나 재산을 토대로 조세를 수취할 수 있는 단계에 이르지 못했기 때문이다. 촌락에는 공동으로 소유하는 땅이 있어 촌락 사람들이 공동으로 경작하여 수확물을 공유하였다. 신라는 지방 유력자를 촌주로 임명하고 지방관은 이들의 협조를 얻어 조세를 징수하여 노동력을 징발하였다. 촌주는 간위를 부여받은 신분이었지만 기존 읍락의 지배세력인 호민의 후예로서 관습적 지배권을 보유하였다. 촌주는 촌주위답을 지정받아 촌민을 사역하여 경작할 수 있었다.

부체제가 해체되었지만 부의 지배세력과 그 후예들이 복속집단에 대해 계속 지배력을 유지하였다. 귀족관료나 지방 유력층은 대규모 사유지[전장(田莊)]를 소유하고 수취에서 상당한 자율성을 가지며 지역 주민과 토지에 대해 포괄적 영향력을 발휘하였다. 왕토주의가 지배하여 사유지 역시 원칙적으로 국가의 수취대상 토지였지만 기존의 읍락 · 소국의 지배세력이 보유했거나 귀족 · 관료가 녹을 대신해 지급받았던 토지(사전)에 대해서는 기존 세력의 수조권이 인정되었다. 경지와 예속 노동력의 집적을 통한 전장 경영은 호민이나 제가가 정치적 자립성까지 가진 공동체 지배층으로서 노비나 하호를 지배하였다.

통일신라 말로 접어들면 귀족이 힘을 합쳐 왕권을 무력화하여 귀족 연립의 방향으로 나아갔다. 그 결과 직전이 폐지되고 녹읍제가 부활되었으며, 귀족들은 사적인 지배기반을 활용하여 녹읍민을 지배하는 내용의 지배관계를 복원시켰다.

---

7. 한국민족문화대백과사전, "신라"
8. 6세기 중반 이후에 신라에서 불교가 공인되어 전파되면서 전통신앙 및 제의의 많은 요소들이 불교에 수용되거나 대체되었으며, 그 종교적인 권위자도 지배적 위상이 약화되었다.

지역 공동체

읍락사회 해체 이후 도(徒)라고 지칭한 집단이 다양하게 나타나, 지역촌(행정촌) 아래에서 역역 수행단위로 존재하였다. 불교가 지방사회에 대중화되면서 기존의 폐쇄 공동체에서 벗어나 개별인간이 자각되고 이들에 의해 새로운 개방적이며 평등한 공동체가 형성되었는데 향도(香徒)가 대표적이다. 대승불교의 영향을 받은 향도는 함께 성불할 대등한 불교도로 이루어졌고 국가와 일체 중생을 위해 발원하며 개방적이고 공적 태도를 자극하였다. 신라 말에 중앙의 통제력이 이완되면서 지방세력은 향도를 통해 지역 내의 통합과 자위력을 강화하였다. 이러한 사회적 관계망들은 개인을 중심으로 중첩될 수 있었다.[9] 한편 청소년집단으로서의 화랑도는 자발적인 서약단체로서 신라사회의 혈연 제일주의와 씨족적 결합주의를 초월한 하나의 자치단체적 성격을 가진 집단이었다. 화랑집단은 서로 다른 여러 골품 출신으로 구성되어 왕경 안의 거의 모든 사회계층을 연결, 망라하는 포괄적 집단으로 계층 간의 연대를 제고하였다.

3.3 신흥세력의 대두 : 지배층의 분열과 신흥 호족의 대두

668년에 신라가 반도를 통일한 후에도 신라의 국왕은 중앙에서는 골품 귀족을, 지방에서는 강력한 귀족과 호족 그리고 지역 군지휘관을 다루어야 했다. 신라 말에 무열왕계의 왕위 계승이 무너지고 왕의 귀속적 권한과 골품제가 약화되자 중앙에서는 왕위 쟁탈전으로 진골귀족이 분열하며 경쟁하였다. 전제왕권이 아니라 진골귀족들에 의한 정치가 새롭게 열리자, 중앙에서는 6두품이, 지방에서는 호족세력이 진골귀족과 중앙에 각각 도전하였다.

중앙의 정치기강이 극도로 문란해지고 중앙정부의 통제가 약화되면서 지방에서는 독자적인 신흥 호족 세력이 자랐다. 호족은 낙향 귀족, 군진세력, 해상무역을 통하여 성장한 해상세력, 강력한 촌주 등으로 구성된다. 이들은 무장하여 성을 쌓아 성주라 칭하고 촌락민에게 조세와 노역을 부과하였으며, 상호 간 세력의 강약에 따라 주종의 서열관계를 만들어갔다. 지방 세력의 성장은 결국 골품제의 해체와 신라의 멸망을 낳았다.

귀족층은 방대한 농장을 경영하였고 지방의 호족세력은 경제적 · 군사적 집적을 통해 농민지배를 강화하게 됨에 따라 전통적인 촌락공동체가 약화되고 농민은 노비나 초적으로 몰락하였으며 곳곳에서 농민봉기가 일어났다.

4. 문벌 귀족관료 국가 고려 : 합의와 지방자치

4.1 중앙집권적 관료제 국가의 성립

중앙정부는 국왕을 정점으로 하는 관료 중심의 통치체제를 도입하는 한편 전국에 지방관을 파견하기 시작하여 정치 · 군사 · 사회의 권력을 중앙에 집중시키는 중앙집권체제를 마련해 갔다. 2성 6부는 당의 제도를

9. 향도가 초기에는 화랑을 매개로 왕실 · 귀족과 일반민 사이에 존재하였지만, 통일신라 때에는 양자 사이에 사회적 · 신앙적 공백이 생겨 귀족의 결계 · 결사와 토호층 · 민중의 향도가 구분되었다(채상식, 2012).

받아들인 것이고, 왕권 강화의 성격을 띤 중추원과 삼사는 송의 제도를 따른 것이다. 귀족들의 회의 기구였던 도병마사와 식목도감은 고려의 독자적인 것이었다. 성종 때의 중앙정치기구는 국왕에게 국정 주도권을 부여하되 고위 관료들이 왕권을 견제할 수 있으며, 관료들 상호 간에도 견제가 가능한 구조였다.

고려의 최고 통치기구는 2성 6부로, 중요 정책을 결정하는 중서문하성과 6부를 거느린 상서성을 두었다. 상서성은 정책의 집행을 담당하였는데, 실제로는 중서문하성의 아래에 있었다. 중서문하성의 낭사와 어사대의 관리는 대간으로 불리며 왕권을 견제하였으며, 국왕과 귀족 사이에 권력의 조화와 균형을 꾀하였다. 한편, 도병마사와 식목도감은 중서문하성과 중추원의 고관인 재신과 추밀이 모여 국가 중대사를 결정하는 회의 기구였다. 중서문하성과 중추원의 고관들은 다른 부서의 고위 관직도 겸하고 있어 고려 귀족 정치의 특징을 잘 보여 준다.

중앙집권적 통치체제

후삼국의 통일전쟁 과정에서 지방의 호족들은 성주나 장군을 자칭하면서 중앙정부로부터 독립하였고, 독자의 통치기구를 구축하였다. 고려왕조는 지방의 호족과 중앙 귀족의 연합체에서 출발하였다. 태조는 귀족 및 호족을 대상으로 혼인관계를 통해 유대를 강화하고, 중앙관직과 토지를 부여함으로써 관료의 지위로 전환시켜 회유 · 통제하였다. 광종은 노비 해방, 과거제에 의한 신진관리 채용, 숙청을 통해 호족들의 기반을 약화시키고 왕권을 강화해 나갔다.

그림 4-6 고려의 중앙집권적 통치제도

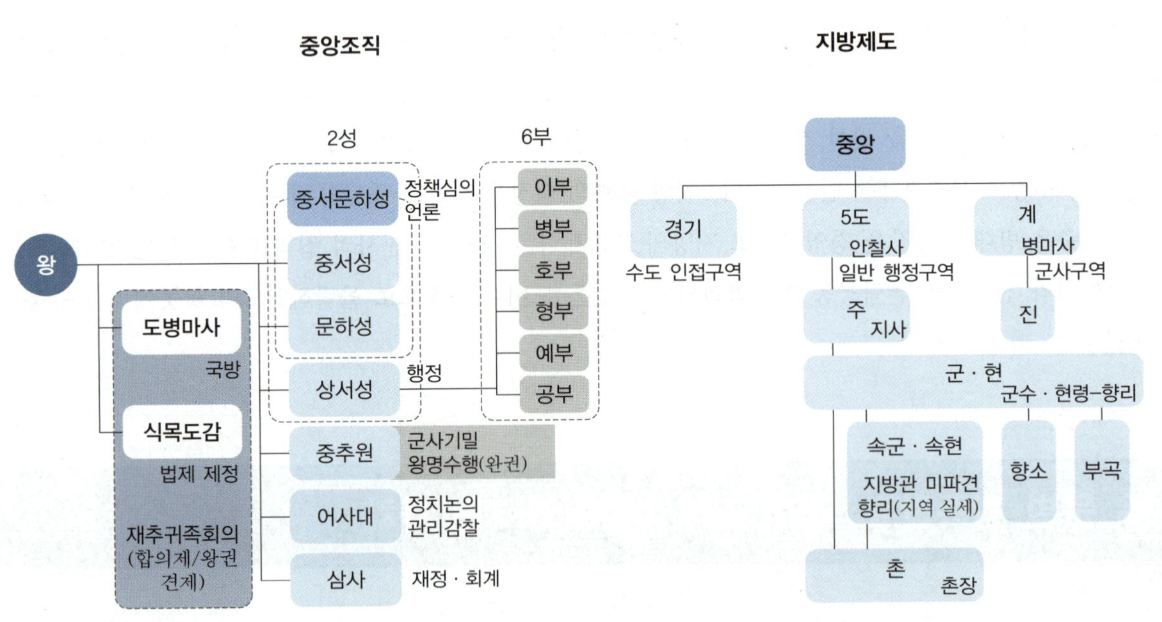

성종대(981~997)에 이르러 왕권이 강화되고 왕조의 기반이 확립됨에 따라 그에 적합한 중앙집권적인 정치체제가 마련되었다. 중앙집권체제는 종래의 분권적 호족 세력에 대한 왕권 강화의 제도적 기반이었다. 고려의 중앙정치조직은 최고정무기관인 중서문하성, 집행기관 기능을 가진 상서성과 6부, 왕명을 출납하는 중추원이 중심이 되었다. 특히 중서문하성과 중추원의 2품 이상의 최고위 관료는 국가중대사를 의논 · 결정하였으며, 어사대와 (중서문하성의 하층조직인) 낭사는 상소를 올려 군주의 과실과 백관의 비위를 논하였다.

중서성과 문하성은 각각 정책 입안과 검토를 담당하면서 최고의 정치적 협의관서로 자리 잡았다. 이 두 관서의 기능이 분리됨으로써 국왕은 잠재적으로 그들을 서로 견제하게 할 수 있었다. 또한 정무 기구에 참여할 수 있는 자격은 귀속적 신분 집단에 소속되었는가보다는 정규관직을 가졌는가에 따라 결정되었다. 지방의 주현과 연결된 6부가 왕에게 직주하도록 함으로써 국왕으로 하여금 정부기구를 통활하는 권한을 갖게 하였다. 왕도 개경에 집주한 중앙군은 국가체제의 중추를 이루었고 전시과는 이들을 우대하였다. 성종의 유교정치는 군신의 관계를 명확히 하는 통치자의 중앙집권체제의 강화를 위한 이념적 기반이 되었다.

관료제 호족은 점차 왕의 직접적 통치를 받는 중앙관료로 등용되었다. 그 결과 고려는 신라의 귀족제 국가에서 벗어나 관료제 국가로 전환하였다. 광종은 과거제를 실시하여 능력으로 선발된 문신 관료가 중앙 정치에서 핵심세력으로 성장하도록 하였다. 성종은 호족의 자제를 뽑아 개경의 학교에서 교육시키고 과거를 통해 관리로 채용하였다. 관직에 따라 수조권을 지급하는 전시과는 관료제를 경제적으로 뒷받침하게 되었다. 이후 호족이라 하여 관직도 없이 전시를 지급받던 관행도 사라지고 녹으로서 토지가 아닌 현물이 지급되는 녹봉제가 시작되었다. 이제 귀족 관료는 그의 출신지와 결연되어 순전한 재경관인으로 그 모습을 바뀌었다.

중앙집권적 지방행정체계

건국 초에는 호족 세력이 강하여 집권적인 지방통치가 어려웠고, 대신 신라의 지방제도를 답습하면서 지방토호들을 회유하는 준 자치적 지방통치가 이루어졌다. 성종은 지방통치조직을 중앙집권적 지방제도로 통합하는데,[10] 전략적으로 중요한 12개의 지역 거점에 지방행정기구로 목을 설치하고 처음 지방관을 파견하여 자치적인 호족을 중앙정부의 통제하에 두었다. 아울러 지방사병을 혁파하는 대신 지방호족에게 농정관리권을 부여하며 타협을 이루었다.

11세기 전반 현종은 소수의 중앙 관원을 지방에 처음 파견하여 지방을 직접 감독하기 시작한 뒤, 지방주재를 점차 확대하여 중앙의 직접적 감독을 받게 하였다. 11세기 이후 거란과의 전쟁을 배경으로 지방세력을 누르고 중앙집권체제가 더욱 강화되었다. 5도를 골격으로 행정구역을 설정하여 그 아래에 주·부·군·현과 특수행정구역 향, 부곡, 소를 두고 각 지역에 지방관(수령)을 파견하였다. 도에 안찰사가, 계에 병마사가 파견되었는데 처음에는 순회 또는 수시 파견제였다가 차츰 상주하는 전임제로 되었다. 지방관 파견을 늘렸으며 지방관이 파견되지 않은 곳은 속현이라 하여 지방관이 파견된 주현의 통솔을 받았다.[11] 수령이 파견되는 주현보다 파견되지 않는 속현이 많아 숙현과 향·부곡·소는 주현의 수령이 관할하였다. 1개의 주현에 평균 3개의 속현이 예속되어 하나의 지방행정 단위를 이루었다.

지방행정조직이 정비되면서 각 군현에는 지방세력가인 향리가 자치적으로 관할하는 읍사가 설치되어 외관청에 주재하는 지방관과의 연락에 따라 군현의 행정을 담당하였다. 지방행정의 권능을 가진 대신 기인제도로 자녀를 중앙에 인질로 보내야 했다. 11세기부터는 향직단체도 정부의 지방기구로 편입되었다. 이에 따

---

10. 군현의 읍사를 구성한 이직은 읍사를 인리성과 차리성(백성성)으로 나누었다. 인리성은 관인으로 전시를 지급받으여 군현의 지배세력으로 인정되었다. 인리성의 상층은 과거나 기인직을 통해 중앙정부의 관료로 출세하여 중앙으로 이동하였고, 하층은 백성성과 동질화되며 지방세력이 되어 토성이라 불리었다.

11. 고려 시대에는 군현 단위가 매우 다양하고 단위 간 차이가 많았다. 농업기술 수준이 조선시대와 같이 완전한 상경법 단계에 도달하지 못해 지역 간 경제발전 격차가 매우 컸기 때문이다. 군현은 수령이나 지방 지배세력이 거주하는 관아, 즉 치소를 중심으로 밀집되었다. 지방세력은 그들의 거주지인 관아 주변의 비교적 개발이 쉬운 지역에 경작지를 갖고 있었고, 농민들은 비옥한 치소 주변에서 제외되어 산간이나 계곡으로 들어가 개간을 통해 농지를 확보하였다. 이 때문에 고려왕조는 전 지역을 일률적으로 지배할 수 없었다.

라 호족이 향리로 전환되어 독자적 지위를 상실하고 수령을 보좌하는 위치로 격하되었고 조세, 공물의 징수와 요역 징발 등 행정실무를 담당하며 그 업무를 세습하였다. 지방관은 향리규찰 임무를 맡았고, 이를 중앙에 진출한 관리들을 본관의 사심관으로 임명하여 보완하였다. 사심관은 출신지역의 통치를 맡아 어느 정도의 독립성을 발휘하는 지방분권적 요소를 가졌지만 후에 지방관으로 완전히 대체되었다.

공전의 정착 고려시대에는 토지의 사적 소유가 발전하여 공전과 사전을 구분하면서도 모든 토지가 왕토(王土)라는 관념이 자리 잡았다. 국가 세입지는 국가가 직접 조세를 거두어들이고 필요한 예산을 지급하는 관수관급의 방식으로 운영되었지만, 세입 위임지가 존재하여 조세수취나 재정운영을 관청이나 개인에게 위임했다. 이를 수조권적 토지지배 형태라고 하는데, 이는 관리에게 경제적 안정을 이루도록 역의 대가로서 토지를 지급하고 그 토지에서 나오는 조세를 거두어들이는 권한을 위임하는 형태이다.[12] 관리에서 군인, 향리에 이르기까지 국가에 대해 역을 진 사람에게 토지를 나누어 주었다. 수조권은 자신이 소유한 토지나 타인이 소유한 토지 모두에 설정이 가능했다. 농민의 사유지인 민전은 소유권 상으로는 사전이지만 수조권상으로는 공전이 되었다. 사전에 대한 국가적 규제가 가중되며 점차 공전제로 옮겨갔다. 1014년 현종은 사전에 세를 부과하였고 1069년에는 양전을 실시하였다. 더 나아가 1076년에 녹봉제 실시를 계기로 귀족 관료의 사전에 대한 직접적 관리체제는 공적 지방행정체제로 흡수되었다. 한편 고려의 전체 시기에 걸쳐 상업은 국가 경제를 구성하는 주요 영역의 하나로 간주되었고, 부진할 경우 국가가 보호하고 진흥해야 할 대상으로 여겼다.

그림 4-7 고려시대에서의 토지제도 변화

사유지
국가가 수조권 행사
관리가 수조권 행사
국가
수조권녹봉
직역
관리

태조	경종	목종	문종	원종	공양왕
역분전	전시과			녹과전	과전법
	시정	개정	경정		
개국공신 군공(인품)	전 · 현직 관품/인품	전 · 현직 관품	현직 관품	토지(경기)	전 · 현직 경기도

토지부족

신분제 고려의 정치질서는 대대로 세습되지만, 어느 정도 개방적인 신분제로 뒷받침되었다. 고려의 신분제는 법제가 불분명하지만 양인과 천민의 구분에서 출발한다. 양인은 자유민으로 납세와 군역의 의무를 졌고 관직에 진출할 권리가 보장된 공민이며, 천민은 국가에 대한 의무가 없었다. 양인은 지배층과 피지배층으로 구분되고, 지배층은 다시 최고위직까지 승진할 수 있는 상급부류와 승진히 제한되는 하급부류로 나뉘었다. 상급부류에는 왕족과 중앙 문무관료가, 하급 부류에는 향리, 서리, 하급장교, 남반이 포함되었다. 백정(농민), 상공인은 피지배양민을 구성하였다. 한편 상급부류는 고위 관직을 독차지하고 음서나 공음전의 혜택

12. 토지는 수조권을 국가가 소유한 공전과 그렇지 못한 사전으로 구분된다. 공전에는 국가의 부속 토지와 일반 민전이 포함되는데 각각 수확의 1/4, 1/10을 국가에 납부하였다. 사전에는 양반전, 군인전 · 기인전, 궁원전 · 사원전이 포함되는데 수확의 1/2을 수급권자가 직접 수취했다. 민전은 영세농민들이 자가노동으로 경작했지만 영세한 토지규모, 조세부담, 잦은 자연재해로 불안정하고 자립도가 낮았다. 여타 공전과 사전은 대체로 노비나 전호농민을 이용한 직영의 가작(家作)이나 작개제(作介制)로 경작되었다. 관리 및 부양비용이 높음에도 불구하고 노비나 전호에 의존한 것은 소농경영의 농작 위험이 컸기 때문이었다(이헌창, 2014).

을 받는 특권층이었고 향리 역시 직역을 세습하였으며 대가로 토지를 받았다. 신라의 골품제와 달리 신분을 상승할 수 있는 길이 어느 정도 열려 있었다. 향리는 관거를 통하여 관료가 될 수 있었고 군인도 공을 세워 무반으로 진출할 수 있었다. 양민과 천민 역시 신분상승을 도모할 수 있었다.

고려에서는 사는 지역에 따라서도 신분이 달라져 군현민과 특수지역민이 차별되었다. 호구이동과 전정(田丁) 소유에 대한 영역규제를 시행하여 주민들은 특정 본관 지역에 거주하도록 강제되었다. 각 본관은 세력의 강약과 직역에 따라 서열화된 지역적 신분제(territorial status system)를 형성하였다.[13] 독립적이었던 많은 군현을 복속시키고, 이미 복속된 군현은 새로운 군현의 통제에 할당하여 주 · 부 · 군 · 현과 산하의 향 · 부곡을 지정하는 지역 간 서열을 확립하였다. 본관지역은 신라 말 지방사회 내에서 호족을 중심으로 형성된 지방사회의 질서에 따라 본관 내외의 질서가 형성되고 그에 따라 중앙관료의 지위나 향리와 소속 주민의 위상과 부담이 차별되었다.[14]

그림 4-8 고려에서의 신분제 변화

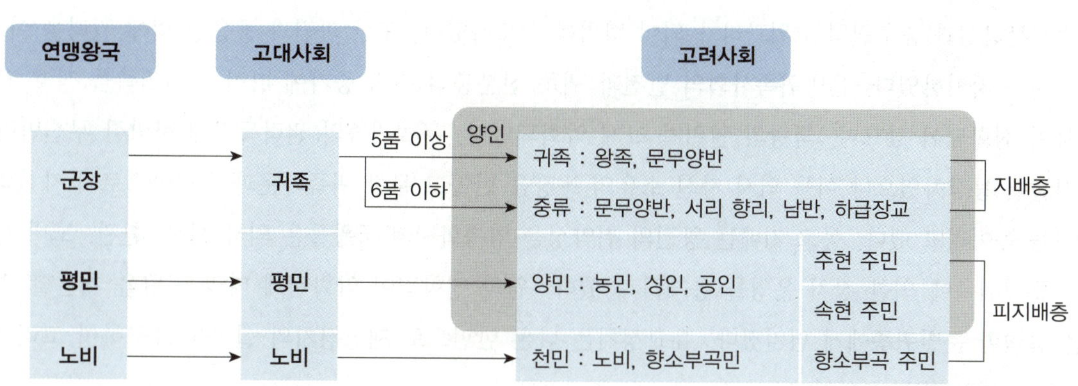

4.2 합의와 자치의 전통

합의적 통치제도 : 지방호족과 귀족의 연합정권

고려 왕조는 호족과 문벌귀족의 귀속적 집단의 존재로 말미암아 전제왕권이 견제되었다. 고려 왕조는 976년까지도 지방에 할거한 호족세력 또는 거기에 뿌리를 둔 중앙 귀족세력과의 연합체로 존속하였다. 군대의 징발과 통솔이 장수에게 위임되던 중앙과 지방의 사병(私兵)체제적인 군사조직은 이를 잘 보여준다. 고려 왕조가 호족들을 누르고 흡수하여 집권적 지배체제를 정립한 것은 통일 후 백년이 지난 문종 때였다. 그러나 중요한 정치적 역할은 귀속적 집단에 계속 남아 국왕은 포괄적인 권력을 유지할 수 없었다. 관리 임명과 법의 개폐 타당성을 심사하는 대간의 간언과 서경은 귀족관료들이 왕의 전제성을 제한하는 큰 권한이 되었다. 중앙 상위부서 간 견제장치는 귀족세력의 협의기구로 변모하였다. 중서문하성과 중추원의 고위관료인 재신과 추밀은 국방(도병마사)과 법률 · 제도 제정(식목도감) 문제를 합의로 결정하였다. 특히 도병마사는 후에 국정

13. 고려시대에 사회는 본관을 단위 지역으로 계서적 형태를 취했다. 본주현이나 속현과 같은 일반 군현, 지역촌을 본관으로 하는 존재도 있었고, 사회적 분업체계의 하나로 편성된 부곡제 지역도 있었다. 본관 내에서도 본관을 소유한 계층은 양인이었고, 본관을 소유하지 못한 계층은 천인으로 구성되었다. 양인은 직역 부여 여부를 기준으로 정호와 백정으로 구분하였다.

14. 예를 들어 향리는 승진 수준과 과거 응시여부가 가문에 따라 서열이 정해졌고, 지방의 지위와 그 출신 인물의 중앙관직 취득 간에는 긴밀한 관련이 있었다.

전반의 중요 사항을 결정하는 최고정무기구인 도평의사사로 발전하는데, 2품 이상의 고위관리들이 합좌하여 정무를 의결하는 귀족회의체로서 국왕은 그 대표에 머물렀다. 이들 고위관리는 중요한 관직까지 겸하여 강력한 권한을 행사함에 따라 국왕의 권력구현은 재상이나 신료들의 도움 없이는 불가능했다.

지방 호족들은 서울로 올라가 관료와 귀족이 되거나 본관에 머물면서 향리직을 맡아 지방의 행정을 장악한 지배세력이 되면서 국왕의 전제성과 중앙집권을 제한하였다(이수건, 1984 ; 채웅석, 2000). 지방호족 출신으로 중앙관료가 된 계열과 신라 6두품 계통의 유향자들은 새로운 사회지배 세력으로 등장하였다. 이들 지배세력은 성종 이후 점차 그 기반이 닦아져 하나의 사회계층으로 정착되어 갔다. 그 자신뿐만 아니라 자손들도 중앙정치에 참여하여 대대로 계승된 하나의 문벌을 이루었다. 이들은 과거에 합격하거나 음서를 통하여 관리가 되어 특권을 차지하는 귀족적 지위에 있었다. 고려는 정치체제상으로는 중앙집권적이지만 지배세력은 귀족적 존재였다.

중앙집권체제가 정비되면서 지방호족 출신들이 새로운 지배층에 합류하였다. 이들 지배층의 일부는 여러 대에 걸쳐 중앙 관직에 진출하며 문벌귀족으로 등장하였다. 문벌귀족은 과거와 음서를 통해 관직을 독점하고 중서문하성과 중추원의 고위관리가 되어 정치를 주도하였다. 또한 과전과 공음전 외에 권력을 이용하여 많은 토지를 차지하였다. 문벌귀족사회의 발전과 귀족 신분층의 수적 증가에 따라 문벌귀족들 상호 간의 대립 갈등이 심화되어 갔으며, 국왕의 권위가 크게 약화되었다. 문벌귀족의 권력독점에 반발한 무신반란을 통해 무신들이 등장하였으나 이들 역시 자신 소유의 농장을 만들고 문반 귀족가문과 혼인함으로써 자신의 사회적 위신을 높이려고 했다. 몽고 지배는 왕권의 취약성을 영속화시켜 국왕들은 외국 신하, 환관, 노비 등의 측근으로 문벌귀족에 의한 정치 운영을 통제하려 했다. 원의 영향력이 약화됨에 따라 국왕을 처분할 수 있는 권력은 강력한 문벌귀족에게 넘겨졌다. 유교정치는 다른 한편으로 재상정치의 실현을 요구하여 고려 문벌귀족제도의 사상적 기반이 되었다.

그림 4-9 고려시대의 지배세력의 변화

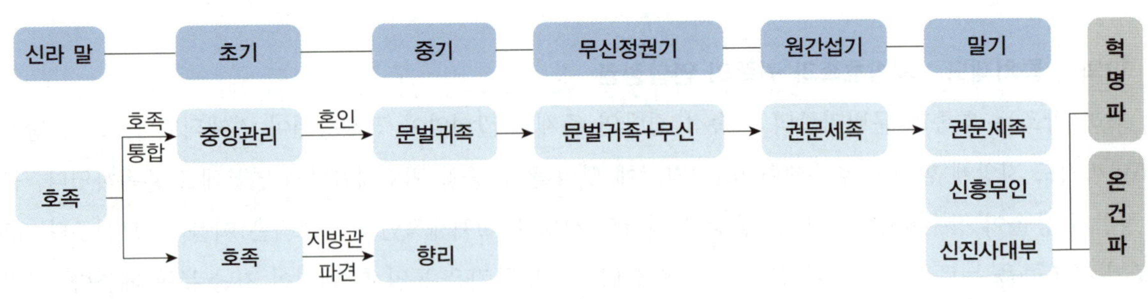

귀족적 전통이 내재된 관료제

과거제도가 시행되면서 능력에 따라 주요 관직에 등용된다는 원칙이 수립되었다. 중앙은 사회적 역할과 정치적 역할을 궁극적으로 분리할 수 없었다. 그러나 능력에 기초한 과거라도 세습적 사회 신분에 따라 응시 자격이 결정되었다. 귀속적 전통 속에서 왕조는 음서와 같은 중요한 수단을 고위 관원들에게 양보했다. 그 결과는 새로운 중앙귀족–관료적 지배층의 부상이었다. 11세기 후반부터 12세기까지 대대로 관원을 배출한 주요 가문은 조정을 지배하게 되었다. 그 결과 고위 관직은 귀족 가문의 세습적 거점이 되어갔으며, 이들 주요 가문은 고려에서 지배층을 형성했다. 연합적 자문 기구를 형성했던 재추는 왕조의 관원이었지만, 대토지를 소유한 주요가문의 대표자라는 그들의 지위는 정치과정에 귀족적 요소를 강력히 부여했다.

성종대 이후 중앙고위직을 독점한 부류는 신분내혼을 지속하면서 문벌귀족을 형성하였다. 국가에서는 그들에게 관직과 경제적인 특혜를 주어 귀족 신분을 유지하게 했다. 음서제를 통해 중앙고위직의 자손은 자동으로 관직을 수여받았다. 양측적 혈연 의식과 계급내혼에 힘입어 음서의 기회는 다양한 혈연 계통에서 발생하였다. 전시과에 더해 고위직은 상속이 가능한 공음전을 별도로 받았다.

그러나 신진세력이 실제로는 특정 지역에서 세습적 기반을 가진 가문과 대토지 소유자였으므로 고려의 관료제도에는 처음부터 강력한 귀족적 전통이 내재되어 있었다. 지배집단의 구조와 구성에서 귀속적이고 특별한 기준이 계속 중시된 것은 국왕의 권력을 제한하였다.

분권적 지방행정 : 지방세력의 협력과 향리 자치

고려의 지방행정은 지방세력의 협력을 필요로 하였다. 고려 초에는 지방에 수령을 파견하지 못하여 조세를 관장하는 사자(使者)를 두었을 뿐 독자적인 행정조직을 갖춘 지방의 세력가인 호족들의 자치에 맡겨야만 했다. 지방은 통일 이후 150년 동안 지방 주요 가문의 강력한 자치적인 통제 아래에 있었다. 이후 성종과 현종 이래 지방제도가 정비되고 지방관이 파견되었지만 수령은 짧은 기간 동안 넓은 지역을 다스려야 했고, 농업장려, 세금징수, 재판 등 업무가 많았기 때문에 지방호족의 도움이 절실했다. 특히 지방관이 파견되지 않는 속현은 더욱 그러했다. 더욱이 원래 읍락 또는 소국이었던 군현은 단합된 공동체로서의 정체성을 유지했다. 전국의 500여 군현 중 수령이 파견되어 직접 다스린 군현은 110여 곳에 불과했다.[15] 중앙정부는 호족에게 향리 직역을 부여하여 수령 밑에서 조세, 부역, 소송 등 행정실무를 맡도록 하였으며, 수령이 파견되지 않는 속현에서는 향리가 행정과 치안을 자율적으로 맡도록 하였다. 향리는 수령의 보좌역으로 수령의 통제를 받지만 실권이 커서 때에 따라 백성을 침탈하는 등 폐단이 많았다. 이에 왕조는 향리 세력을 억제하기 위해 향리자제를 기인으로 삼아 상경 숙위하게 하고 그 지방출신의 중앙고관을 사심관으로 임명하여 향리를 통제하였다. 중앙고관의 세력기반을 이용해 그 지역의 토호세력을 제어하고자 한 것이었지만 많은 폐해도 동반하였다. 특히 고려 후기에 지방 통제력이 약화되자 넓은 토지를 점유하고 민호와 노비를 가로채는 한편 상격한 향리에게 사사로이 형벌을 가하였다. 이처럼 고려에서는 중앙의 문벌귀족과 지방의 향리를 중심으로 지배층이 형성되었다.

수조권에 의한 사적 지배의 발전과 문란

수조권자는 해당 고을의 수령과 향리의 협조를 받아 경작농민으로부터 직접 수취를 하였다. 수조권자는 경작상황을 점검하고 직접 조를 거두었으므로 경작농민에 대한 사적 지배의 가능성이 컸다. 또한 사전의 관리 · 수취를 매개로 귀족 · 관료는 지방세력과 밀접히 유대했다.

무신 정권 이후 정부의 행정능력이 저하되면서 지배층들에 대한 통제가 마비되고 수조지에 대한 관리 능력이 저하되자 수조권자들은 자기 수조지에 대한 권한을 강화해 나갔다. 수조지 상속에서 국가의 관여는 배제되었으며, 무자격자가 수조지를 (대대로) 점유 · 지배하거나 수조권이 중첩된 수조지도 증가하였다. 몽골과의 전쟁, 삼별초와의 분쟁 등으로 농토가 황폐화되자 고려 정부는 개간을 장려하는 정책을 폈다. 황무지

15. 조선시대에는 360개가량의 군현이 있었으나, 군현의 규모에서 큰 차이가 없었고, 군현 단위도 대체로 군과 현이 중심이었다.

의 개간을 원하는 사람(주로 유력자들)에게 개간권을 주었고 그 개간자는 소유권과 수조권을 가졌는데 이 역시 수조지의 문란을 가속화시켰다. 결국 수조지의 부족현상이 나타났고, 국가는 새로 직역을 부담하게 된 자에게 수조지를 지급할 수 없게 되었다. 이에 따라 지배층 사이에서 수조지를 두고 갈등 · 분쟁하는 현상이 나타났고 권력이 약한 자들의 수조지를 겸병하였으며, 그만큼 경작 농민의 불만과 저항이 커져갔다. 토지 겸병은 12세기 초엽에 문벌귀족들이 극성을 부릴 때부터 시작되었고 무신 정권에 들어와 폭증하여 권신이나 사원 등이 토지를 집적하여 농장을 확대하였다. 원나라의 지배를 받게 된 이후에도 토지의 겸병과 농장의 확대는 이어졌다. 결국 정상적인 조세체계와 수조지 운영은 불가능해졌다(박진훈, 2017 ; 엄태석, 2016). 고려시대에는 유독 소유권 분쟁, 탈점 문제가 농민항쟁의 원인으로 나타난다. 이성계 세력이 위화도 회군 후 전제개혁을 단행할 때 하층민의 지지를 받을 수 있었던 것도 만연한 탈점 현상 때문이었다.

지방의 공동체 자치의 전통

고려의 군현은 하나의 신앙단체로서 강한 결속력을 보였다. 군현을 대신하여 촌리가 매향리 건립의 주체가 된 것은 15세기 이후이다. 지방의 군현이 고려의 집권적 지배체제에 편입되어 있긴 하지만 원래 하나의 읍락 내지 소국으로서 잘 단합된 군사공동체였다는 삼국시대 이래의 정체성을 상실하지 않았다. 군현에서는 호장층이 지배세력을 이루었다. 호장층은 군현의 행정기구인 읍사를 장악하였다.

고려의 향촌에서는 지배층인 호족에 대하여 촌민공동체가 예속되었다. 호족을 정점으로 하는 기존의 향촌질서는 유지되었다. 호족에 예속된 촌민들은 신분적 굴레와 더불어 공간적으로도 상당한 정도 땅에 묶인 원초적 공동체를 구성하였다. 강한 동류감정이 이들을 하나의 촌락공동체로 묶었다. 천민은 별도의 향촌사회를 구성하거나, 아니면 다른 주민들과 어울릴 수 있는 부류였다. 고려시대에서 국가의 지배는 자연촌이 아닌 지역촌을 중심으로 이루어졌다. 이러한 지역촌을 중심으로 한 촌락임무는 호구 파악이나 호구 작성뿐만 아니라 군역을 비롯한 노동력 징발과 현물세의 하나인 공물수취 등이었다(구산우, 1999). 고려 초에는 지방관아의 소재지이며 향리의 거주지였던 읍치(邑治)지역이 15세기 이전에 개발되었다(정진영, 1999).

향촌의 주민들은 각자의 가족에 먼저 소속된 후 가족을 통하여 부락공동체(향촌)를 구성하였다. 가족은 양계적 요소를 가져 세대가 내려감에 따라 부계나 모계에 몰리지 않고 골고루 흩어졌다. 이에 따라 가족은 부계적 친족으로 혈연공동체(문중) 대신 지역공동체에 용해되었다. 따라서 고려의 향촌은 지역공동체적 성격이 강했다. 종교 지도자로서 승려는 이들 지역공동체를 하나로 묶어내어 연등회 등의 종교 의식을 함께 하도록 했다. 향리층이 주도하여 전국 각지에서 불교신앙을 바탕으로 조직된 향도는 하나의 군현 주민이 거의 대부분 향도의 구성원이 되었을 정도로 규모가 커서 각지에서 향촌공동체적 유대를 강화하거나 실질적 지역공동체로서 역할을 하였다. 이들은 주로 불상이나 석탑, 종, 사찰 등을 조성하는 대규모 불사를 벌였다. 불교신앙이라는 종교적 성격 외에도 '촌민들의 상호부조 공동체'로서의 사회적 성격도 함께 가졌다.

고려 후기에 자립성을 키워가던 농민을 중심으로 향촌공동체를 재구성할 필요성이 생기면서 향도에는 많은 변화가 생겨났다. 11세기 들어 향도는 불교의 관련성이 약화되어 신앙공동체에서 리(里)마다 각자의 수호신에 대한 자연촌의 (제사)공동체로 변해 갔다. 14세기에 이르면 승려가 개입하지 않고 일반인들끼리 상하귀천을 가리지 않고 소규모 향도를 결성했다. 특히 고위관료나 여성 혹은 향촌의 소농민만으로 향도를 결성해 친목 위주의 활동에 집중하였다(구산우, 2001). 신앙활동보다도 향도 구성원이 서로 돌아가면서 연회를 베풀거나 상장례의 상호부조, 농경의례의 주관 등 촌락공동체 활동에 치중하게 되었다(채웅석, 2002).

4.3 신흥세력의 부상 : 권문세족과 사대부

무신란 이후 문벌지배체제가 와해되면서 고려 후기로 갈수록 다양한 출신이 성장하였다. 전기 이래 문벌귀족으로 성장한 가문, 무인집권기에 집정무인 가문, 무신란 이후 무신정권하에서 하급관료나 향리출신으로 능문능리(能文能吏)형으로 성장한 가문, 원간섭기에 친원세력이나 국왕의 측근세력으로 등장한 가문이 그것이다. 이들은 권문세족(權門世族)이라 불리는데 권문은 가문배경에 관계없이 권력층이 된 세력을 지칭하고 세족은 당시 사회적 지위를 누리던 문벌가문을 말한다.

권문세족은 고려 후기의 지배세력으로 높은 관직을 차지하고 정치권력을 장악하였다. 이들은 재신이나 추신을 독차지하고 도평의사사에 합좌하여 국정을 총괄하였다. 권문세족은 공식적으로 지급받는 녹과전이나 녹봉보다 불법적인 토지겸병을 통하여 광대한 농장을 소유하였다. 이들은 임의로 수취하고 불법적인 탈점을 하기도 했다.

권문세족 중 정권과 타협하여 성장한 능문능리의 신관료, 즉 신흥사대부는 그 출신과 지향이 매우 다양하였다. 특히 14세기 들어 원 지배하에서 과거로 등용된 관료들은 공민왕대의 반원적 분위기하에서 권문세족에 비판적이고 성리학을 적극 수용하였다. 다양한 배경을 가진 사대부들은 최영의 요동정벌에 반대하는 이성계의 신흥세력과 연계하여 정권을 장악하였다. 이들은 전제개혁과 친명정책을 주장하면서 원과 연결된 권문세족을 제거하고 정치의 주도권을 장악하려 하였다. 이 과정에서 신진사대부는 온건파와 개혁파로 갈라지게 되었으며, 개혁파는 전제개혁을 행동에 옮기며 새 왕조 건국에 나섰다(던컨, 2012).

5. 중앙집권적 관료국가 조선 : 합의적 왕권과 향촌자치

5.1 중앙집권적 관료통치체제의 강화

조선은 중앙정부로 국왕을 정점으로 하는 관료 중심의 통치체제를 강화해 가는 한편 전국에 지방관을 파견하여 정치 · 군사 · 사회의 권력을 중앙에 집중시키는 중앙집권체제를 확립하였다.[16]

국왕 중심의 통치 · 행정 제도화와 능력 위주의 관료제

조선은 유교를 배경으로 절대적 권위를 갖는 국왕을 중심에 두고 이를 관료계층의 행정력으로 뒷받침하는 통치체계를 제도화하였다. 조선은 귀족회의체인 도평의사사를 폐지하고 대신 의정부(의결)−6조(행정) 체계를 만들었다. 3정승의 최고 회의기관인 의정부에서 국가의 주요 정사를 합의하여 국왕의 결재를 받은 뒤 6조의 행정기관이 이를 집행하도록 하였다. 점차 6조는 주요 정무를 넘겨받았고 국왕에게 직접 결제받아 시행하게 되었다. 한편 군대의 징발과 통솔이 장수에게 위임되던 중앙과 지방의 사병(私兵)체제적인 고려 말의 군사조직 역시 국가적 통제체제로 전환되었다.

16. 조선은 지배구조의 성격에 따라 훈구정치기, 사림정치기, 세도정치기로 나누어 볼 수 있다(이태진, 1991).

가문과 문벌에 의존한 음서제도는 거의 의미를 잃었으며 국가적 시험제도(과거제)로 능력을 평가하는 관료충원이 제도화되었고, 노비를 제외한 대부분이 주민이 교육과 출세의 권리를 가진 양천제[17]를 표방하였다. 승진 역시 실적 평가제(考課法)가 활성화되어 수령의 경우 성적(守令七事)에 따라 인사조치가 이루어졌다. 조선사회는 국가의 관원이라는 지위에서 사회적 지위가 결정되는 양반관료 중심의 사회였다.

그림 4-10 조선의 중앙집권적 통치제도 : 중앙정치와 지방제도

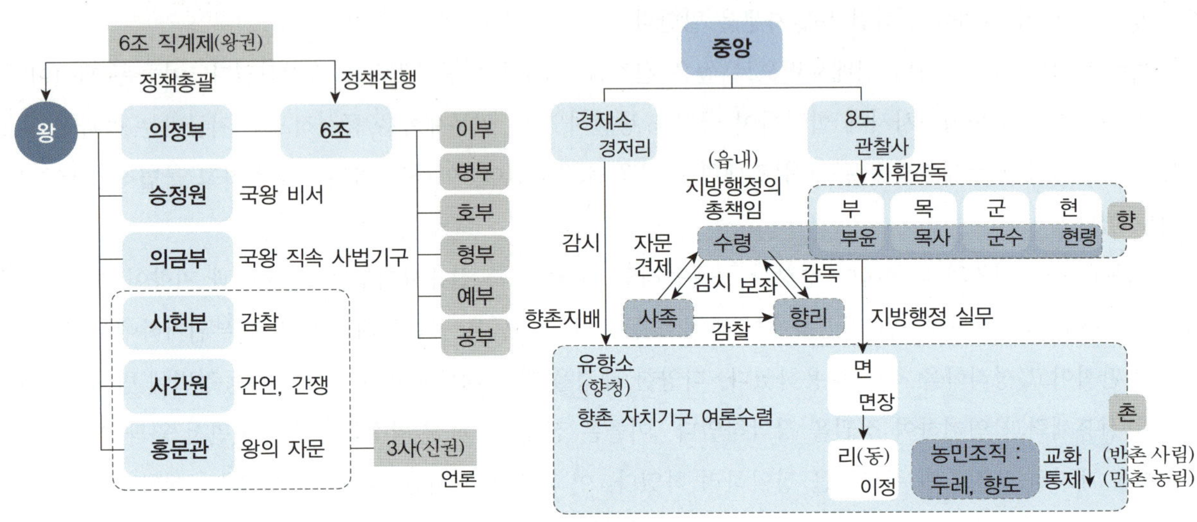

중앙집권적 지방행정체계의 심화

조선에서는 고려의 신분적 · 계층적인 군현 구획을 명실상부한 행정구역으로 개혁하여 전국을 중앙의 직접적 관할 아래 두었다. 15세기에 전국을 8도로 나누어 도-군현-면-리의 행정체계로 일원화하여 위로는 8도 체제를, 아래로는 자연촌의 성장과 함께 군현의 하부 구획으로 면리제를 정착시켜 나갔다. 모든 군현에 왕의 대리인으로서 수령을 파견하고 도에는 관찰사를 두어 도내의 각 수령을 감독하며 행정 · 사법 · 군권을 장악하도록 하고 그 지방관에 대해 엄격한 집권적 통제를 하였다. 즉, 중앙집권적 통제를 위해 상피제도, 본적회피제, 임기제, 독신제, 고과제, 암행어사 파견을 강구하였다. 중앙의 6조에는 지방행정 주무관서가 없었고, 군수의 보고가 도의 관찰사를 경유하여 왕에게 도달하는 식으로 각 지방관은 그 품계 여하를 불문하고 모두 왕의 대리인으로서 왕과 직결되어 있었다. 16세기까지 관찰사는 군현의 수령을 감독하기 위해 순력하는 존재였다. 도가 상급행정 단위가 된 것은 관찰사의 거소로서 감영이 정착되는 17세기 이후이다. 면은 17세기 전반까지 독자의 행정기능을 갖추지 않았으며, 군현의 영역을 4방으로 구분하는 역할에 머물러 지방행정은 군현-리의 편제로 수행되었다. 군현의 수령은 향리와 유향소의 도움을 받아 리를 지배하였다. 과거 군현을 지배해 온 토성 호족은 그 향촌 지배력을 소멸시키고 수령 밑에 향리로 두어 행정실무를 담당시키며 과거 응시도 제한하였다. 왕 → 관찰 → 수령(향리)으로 이어지는 관치행정적 계통은 고려의 사심관제에서 비롯하는 경재소 → 유향소(향청) → 면 · 리임의 자치적인 사족지배체계가 지원하도록 하였다. 즉, 서울에는 각 지방 출신의 중앙관리로 구성된 경재소가 있어 각 지방에 관한 일을 주선하고 서울과 지방의 연락을 담당하

17. 조선 초기 양반(사대부)은 양인 가운데 관직자 집단을 총칭하는 말이었으며 무직자는 서인 또는 백성으로 불렸다.

였고, 향청에는 좌수와 별감이 있어서 수령을 보좌하고 지방풍속을 바로잡으며 향리들을 규찰하였다. 16세기 이후 이앙법 도입과 다각화 · 집약화로 소농경영이 안정화되고[18] 자연촌락이 자급성을 가짐에 따라 임진왜란 이후에는 자연촌락을 기반으로 한 면리제가 도입되어 지방행정체계의 근간으로 자리 잡는다. 즉, 촌락규모에 따라 리가 정비되고, 면리기구 담당자인 향임의 군역차정 임무가 부여되고 향임을 수령이 직접 임명하게 된 것이다(1675년, 숙종 1년). 결국 관료제적 행정체계가 군현에서 면리로까지 확대되었다. 이를 배경으로 수령은 주현향약(州縣鄕約)의 주체로 등장해 운영과 재정지원에 직접 관여하게 되었다. 17세기 들어서는 오가통제와 향소 통제책으로 집권적 지방지배를 더욱 강화하고 향촌민에 대한 파악이 진전되었다.

공전의 정착과 국가주도적 경제운영

중앙집권적 관료체제의 물적 토대는 과전법의 제정과 시행에 있었다. 권문세가의 불법적 수조권을 몰수하고 그 확대도 금지함에 따라 조정의 재원 충당과 신진 관료들의 경제적 기반을 보장하고 자영 농민을 보호 · 육성할 수 있었다. 14세기의 정치적 혼란으로 정부 통제가 느슨해지자 권문세족들의 사전이 무제한으로 확대되고 세습화되어 농민에 대한 수조가 문란해진 바 있었다. 특히 과전은 왕경 주위의 경기에 거주하면서 왕실을 숙위한다는 명분으로 지방에서 사전을 기반으로 지방세력이 성장하는 것을 억제하기 위해 경기지방에 한하여 분급하였다.

과전법에 의해 우선 경기도로 축소되었던 수조권적 영역지배는 이어 현직 관료로 제한(직전법, 세조)된 뒤, 정부가 대신 조를 수취하여 관료에게 지급하는 관수관급제(성종)로 소멸되고 녹봉제로 전환되었다(명종).[19] 결국 사전은 소멸되고 전국 토지는 정부의 수조지로 일원화되었다. 토지에 대한 권리가 안정화되자 해마다 지력을 보충하는 시비법의 활용으로 휴한농법이 극복되고 1년 1작의 연장농법이 정착하게 되었다. 또한 정치가 안정화되며 해안, 북방, 내륙에 걸쳐 개간이 이루어져 대토지 소유가 확대되었다. 대토지는 다수의 노비를 이용한 직영의 가작이나 농장으로 경영되었다.

그림 4-11 조선시대 토지제도의 변화

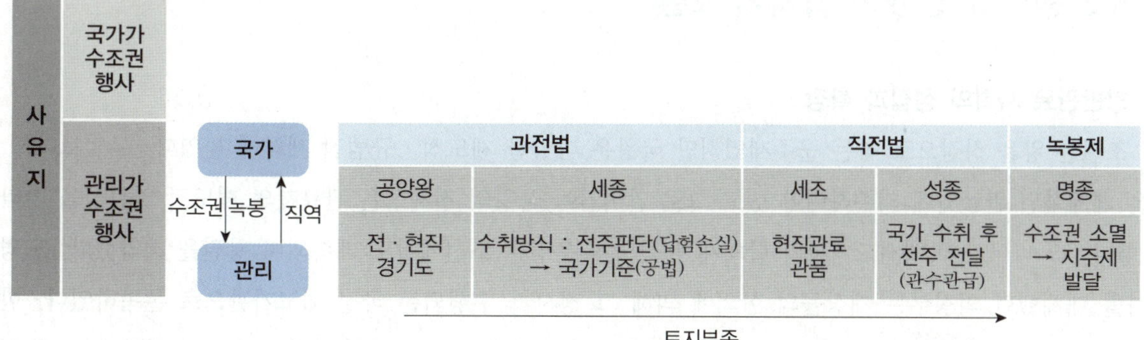

---

18. 조선 초까지 처부와 처모를 가족원으로 하거나 기혼의 딸과 사위를 가족원으로 하는 확대가족이 상당수 발견된다. 결혼한 형제자매가 분가하지 않고 함께 생활하고 딸과 아들 모두 균등하게 상속받았으며, 정착지도 다양하게 결정되었다. 소농경영이 안정화됨에 따라 조선 중기부터 확대가족이 줄고 남계(부계)의 혈연자가 가족집단을 구성하는 직계 소가족 구성이 일반화되었으며, 자연촌락의 하나로서 부계 친족의 문중이 동족촌락을 형성하게 되었다.
19. 한국민족문화대백과, "토지제도," 한국학중앙연구원.

한편 상업과 수공업은 농업에 비해 제한되어 침체되었고, 자급하기 어려운 물자는 공납과 선물 수수에 의존하였다. 중앙집권화로 안정적 조세기반을 확보한 조선은 무역을 외교에 종속시키는 중국의 조공체제에 편입되면서 민간무역이 금지되어 중국과의 교역은 정부주도의 조공 사행무역으로만 행해졌고, 일본과의 교역도 공무역 형태로 이루어졌다. 행정 단위가 산천을 경계로 구획되어 지역별 자족성이 높았던 것을 배경으로 상업 세력의 발호를 억제하고 식생활을 안정시키고자 상업과 수공업은 제한되었으며 가격도 통제되었다. 고려 이래 군현의 읍지에서 열리던 장시가 사라지고 대신 정부로부터 허가받은 행상이 상업을 담당하였다. 상업은 서울이나 감영 주변의 지방도시에 위치한 시전(공영시장)의 상인과 교통중심지에 위치한 객주(위탁중간상인)로 제한되었고 가격은 통제되었다. 정부 수요물자의 조달이라는 국역을 부담하는 대가로 시전 상인은 도시상업을 그리고 객주는 허가받은 객상(이동상인)을 독점 지배하였다. 이를 통해 정부는 전국의 상업과 상인을 관리하고 통제하였다. 특히 서울시전 상인은 중국 사신단의 물품이나 궁궐수리비를 부담하는 대신 서울 주변의 상거래를 독점하였고 공인은 정부가 필요한 물품을 조달하였다. 서울의 시전의 상인과 공인은 전국에서 한강의 나루들로 실려오는 물품의 유통에 대해 독점권을 행사하였다. 1460년대부터 농촌에는 흉년을 극복하기 위해 비정기적인 장시가 열리기 시작했지만 국가에 의해 억제되었다.[20] 이에 따라 상인과 장인의 자본축적은 방해받았고 관직참여도 금지하여 양반 지주의 우월적 지위가 유지되었다. 상업활동은 정부와 관련하여 전개되었고 권력가와 유착하여 발전하였다. 시전상인은 공식적으로 영업을 허가받아야 했고 정부 수요물자의 조달의무를 가졌으며, 정부의 미곡이나 공물에서의 잉여물을 처리하였다. 대외무역세는 사신수행을 빙자한 사무역에 적극 개입하였다. 국가 세입이 조보다는 공물에 의존하고 방납이 커지자 상인은 권력가와 결탁하여 방납권을 취득하여 함께 축재하였다.

조선 왕조의 왕실과 관청은 필요 물품 가운데 많은 부분을 공납을 통해 지방군현에서 받았지만 일부는 관영수공업을 통해 조달했다. 중앙과 지방의 관청에 소속되어 이들 물품을 제작하던 장인은 일정기간의 의무를 끝내면 자유활동이 허용되어 여러 생활필수품을 제조해 판매할 수 있었다. 농촌의 민영수공업은 농촌시장인 장시가 활성화되면서 같이 발달했다.

5.2 왕권과 신권의 합의적 조율

양반관료 사회의 성립과 확장

조선은 왕을 정점으로 하는 군주제였지만 국왕은 다양한 제도적 · 규범적 제약에 놓였다. 무엇보다도 국왕은 체계화된 관료제에 의존하여야 했고 그로 말미암아 국왕의 전제성은 관료제의 제도적 일관성을 따라야만 했다. 더 나아가 화백제도에서의 합의제적 회의체 운영은 조선에서도 계속되며 왕권을 제약했다. 도평의사사를 대체했던 의정부는 재상들의 합의에 의해 그 정사가 수행되는 국정 최고기관으로 존속하였다. 한편 국왕은 매일 편전에 나아가 대신들과 만나 토의하고 결정하였으며, 경연은 국왕의 학문 연마를 넘어 국정을

20. 농촌의 경제적 발달과 더불어 활성화된 장시는 16세기 중엽에 이르러 열흘마다 개설되는 방식으로 정기화되었고, 16세기 후반 이후가 되면 점차 닷새마다 개설되는 정기시장으로 자리를 잡아갔다. 향촌을 순회하면서 상업활동에 종사하는 전문상인들로 보부상이 등장하였다. 또한 장시에서의 교역규모가 커지면서 도매업과 위탁 판매업, 창고업, 운송업, 숙박업 등에 종사하는 객주나 여각 등이 나타났다. 17세기를 경과하면서 장시는 읍치 중심의 국한된 범위에서 벗어나 산골짜기 시골까지 확대되었다. 대동법 실시에 따른 공인의 활동, 부역노동에서 임금제의 정착, 전국적인 화폐 유통은 농촌사회를 상품화폐경제로 끌어들였다. 17세기 말 무렵에는 특정 지역의 여러 장시끼리 유기적인 연계망이 형성되었다.

토론하는 회의제도로 기능하였다.[21] 행정부서인 6조에서 갈등이 발생할 경우 6조의 고위관리가 의정부 회의에 참석하거나 경연에서의 토의과정을 통해 정책을 협의하였다. 국왕은 의정부–6조의 합의를 거치지 않고 국가정책을 결정하지 못했다. 사헌부, 사간원, 홍문관의 언론 삼사는 국왕–의정부–6조와 그 정책을 감시·비판하고 정책을 건의하여 왕권의 전제를 견제하도록 했다. 특히 조선 사회를 성립시킨 중추세력인 양반세력은 관료체계를 장악하여 국왕의 지배력을 제어하고 약화시킬 수 있었다. 국왕의 권위는 군주를 천명을 부여받은 자로 인식한 성리학에 뒷받침받았지만, 동시에 천명의 실현은 군주의 자질과 실천에 의존한 것이어서 군주 개인은 절대화될 수 없었고 실제 권력행사는 제한되었다.[22] 맹자의 왕도정치론은 군주의 전제를 제한하였고, 통치는 관료들의 보필과 그들의 공론(公論)에 의존하여 위민 혹은 애민을 지향해야 했다. 결과적으로 조선사회는 국왕보다는 양반관료에 의해 주도되어 나갔다.

조선 전기에 정치권력은 훈신·척신 등 권세가문들이 주축을 이루었던 당상관 이상의 고위관료에게 집중되었다. 그들을 중심으로 중요 정책결정에 참여하고 주요 관서의 책임자, 관찰사, 수령이 될 수 있었다. 고위관료들은 자신들의 의사를 제도적으로 표출할 수 있었고 그렇게 합의된 바가 공론으로 인정되고 있었다. 왕권과 결합한 훈구 중심의 중앙집권화는 대토지 소유의 확대로 이어지면서 국가 재정뿐만 아니라 지방의 중소지주와 하층양민(소농)의 경제기반과 향촌질서를 위협하였다.

하지만 사림이 중앙의 관료로 진출하면서 지배구조에 막대한 변화가 생겨났다. 중앙 중심의 위계적 질서에 반발하고 분권적이며 향촌 자치적 세력인 사림이 관료에 대거 진출하여 분권–합의적 정치체제를 더욱 확대하였다. 공론 소재로서 당하관들의 의사가 삼사(三司)를 중심으로 한 공식적 공론수용기구에 의해 적극 수용되었고 과거 외에 천거제나 산림으로 말미암아 중앙–지방 간 인적 교환이 확대되었다. 유향소, 서원 등 향촌 사림의 자치기구가 공론형성기관으로 작용하고 성균관은 향촌 사림의 공론이 집결되는 중앙의 수렴처로 인식되었다. 이로 말미암은 정치 참여층의 확대에 대응하여 상호경쟁과 비판을 제도화한 붕당체제가 등장하였다.

그림 4–12 조선시대 지배세력의 변화

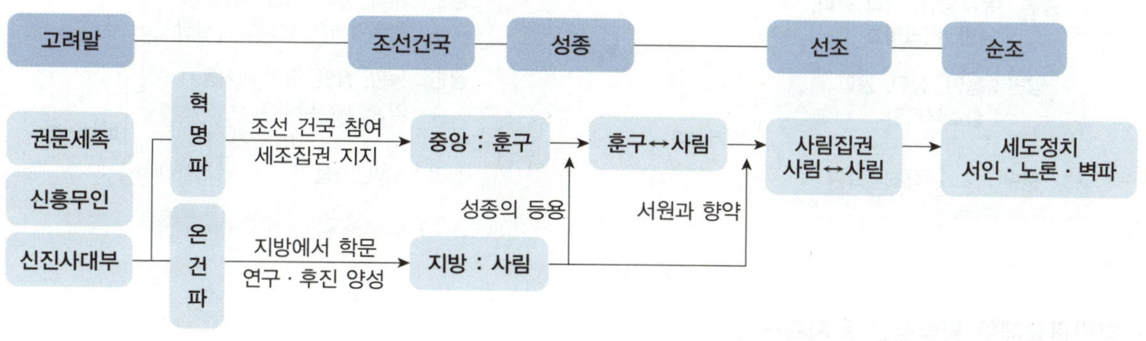

21. 임진왜란 이후 변방지방의 방비를 목적으로 설치한 비변사가 상설관아로 발전하여 군정뿐만 아니라 의정부의 일반 정무까지도 문무고관들이 협의하여 합좌의결 형식으로 관장하였다. 후에 중앙의 소수 가문이 비변사를 독차지하는 벌열정치로 변질하면서 왕권이 더욱 약화되어 세도정치로 전환되었다.

22. 『조선왕조실록』은 "법이란 천하고금이 공을 공유·공용하는 방도이지, 전하가 사유·사용하는 것이 아니다"(法者, 天下古今所公共, 非殿下得而私也)라고 하고 있다.

4신분제로 분할된 신분제 사회

조선의 양반사회는 관료적이지만 세습적 성격도 가졌다. 특히 양반관료는 4신분제를 정착시켜 사회 · 정치적 지위를 견고하게 하였다. 양천제를 표방하여 양반신분은 영속적인 것은 아니었지만 결국 과거 응시의 제한과 직역의 차별적 부과를 통해 점차 양반–중인–상민–천민의 세습적 신분제로 재편되었다. 조선의 신분제는 과거 응시와 관직 진출이 가능하고 조세 · 공납 · 역을 담당하는 양인과 국가나 개인에게 천역을 제공하였으며 관직진출이 불가능한 천인을 구분하는 양천제였다. 그러나 양인 내에 존재하던 여러 계층이 신분처럼 굳어갔다. 양인 내에서 전 · 현직 관료와 그 가문은 양반층을 형성하여 고위 관직을 독점하고 지배층으로 자리 잡았으며, 중앙과 지방의 서리와 향리, 기술관은 중인으로서 양반 관료를 보좌하여 고위관직 진출에는 제한을 받는 하급 지배층에 머물렀다. 양반들은 기술관직을 천시하고 이를 회피하였으며, 하급관리의 행정 실무직도 맡으려 하지 않아 결국 이러한 직책은 자연히 중인들이 세습직으로 맡게 되었다. 이들 중인의 후손의 과거 응시를 금지하고 하위 관서에서만 일할 수 있도록 제한한 것이다. 조세 · 공납 · 역은 농업, 수공업, 상업 등의 생산활동에 종사한 평민이 담당하였지만 이들이 과거에 응시 하기에는 경제적으로 어려움이 있었다. 첩의 아들에게도 대해서도 관직진출을 금지하였고 환관을 정권의 핵심에서 몰아내었으며 천민 · 장인 · 상인 출신이 과거에 응시하고 관직 갖는 것을 금지하였다. 여기에서 더 나아가 양반들은 점차 군역에서 벗어나 특권적 신분계층으로 자리 잡았다(김성우, 2001). 양반은 강력한 특권 신분으로 중앙과 향촌을 지배하였는데, 그중에서도 고위관료는 음서제(蔭敍制)와 대가제(代加制)를 통해 관료로서의 지위를 계속 유지할 수 있었다. 촌락 역시 사족의 존재 유무(그리고 거주 성씨)에 따라 반촌(班村)과 민촌(民村)으로 분화되었다.

그림 4–13 고려에서 조선으로의 신분제 변화

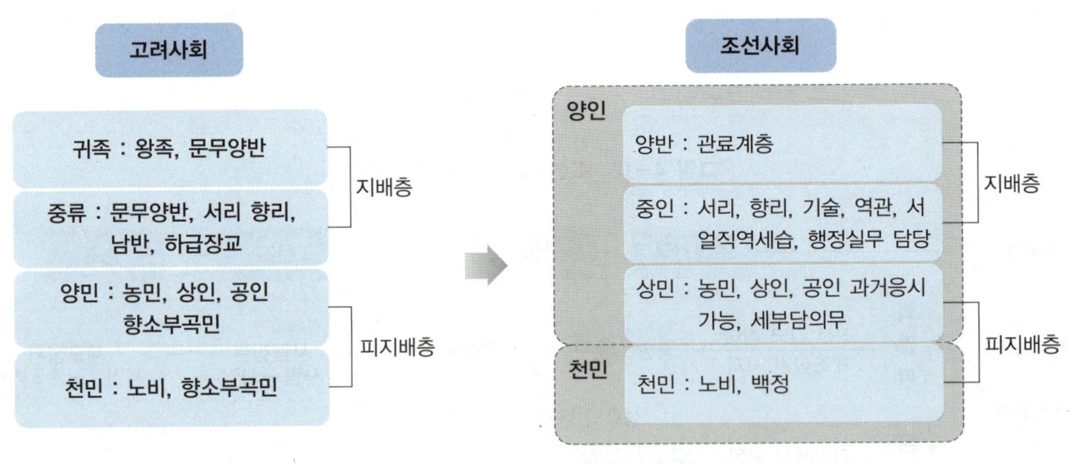

양반관료제를 뒷받침한 토지제도

양반은 또한 과전이나 공신전으로 세습이 가능한 토지를 급여받았고, 이들 공전의 수조권을 통해 농민을 지배할 수 있었다. 양반들은 사적인 토지(農莊)를 소유하여 노비 노동을 이용해 직영하거나 농민에게 대여하여 경작케 하고 수확을 반분(병작반수제)하며 농민을 지배하였다. 그러나 공전과 그 수조권은 점차 제한되고 점차 녹봉으로 대체되어 갔다. 이에 대응하여 양반들은 사적 소유지의 집중을 도모해 갔다. 조선 전기에 훈신 · 척신 등 권세가문들은 고위관직을 독차지하고 개간, 매득, 불법 등에 의존하여 토지를 집적하였으며 농장을 확대하고 특권을 통해 공납제와 부역제를 변질시켰다.

한편 일부 중앙관료는 왕조 교체와 이후 수차례의 정변을 겪으면서 낙향해 향촌 지역에서 재지적 기반을 확보하며 재지사족(在地士族)으로 부상하였다. 고려 초 이래 지방관청이 위치하고 토성이민(土姓吏民)이 집거하던 읍치(邑治)지역은 15세기 이전에 이미 개발되었다. 재지사족들은 읍치지역을 벗어나 외곽의 개발되지 않은 지역으로 이주하여 보의 개발 · 보급 등으로 적극적으로 개척하고 노비 노동력에 기초한 대토지의 농장을 개발하며 성장하였고 마침내 읍치지역까지도 지배하게 되었다. 이들의 개간으로 농지가 확산되어 산거했던 수개의 자연촌이 지연공동체로 합쳐지며 '동'과 '리'로 등장하였다.[23] 사족들은 처가나 외가 혹은 특별한 인연으로 새로운 농경지를 확보하여 입촌하고, 농지 확대와 저지대 이동을 통해 근거지를 확대해 촌락공동체를 형성하였으며 중심촌락에 거주하면서 신분적 · 경제적으로 하위에 있던 자연촌들을 통할했다. 이 과정에서 재지사족은 양민과 민전을 침탈하며 관권이나 지방세력(在地吏族)과 충돌하고 농민들의 다양한 저항에 부딛혀 무단토호(武斷土豪)로까지 지목되었다. 상민과 천민은 성이 다른 여러 사람이 모여 사는 혼성촌락을 구성한 반면, 특정 마을에서 주도권을 갖고 계속 거주한 사족들은 동성촌락을 구성하였는데, 특히 17세기 이후 신분계층이 동요하고 가족제도가 적장자 중심으로 바뀌며 집중적으로 등장하였다.

5.3 지방분권과 지방자치

조선은 기본적으로 중앙집권적 지배체제와 지방분권적 자치질서가 공존하였고, 수령권과 향촌 사대부의 자치권이 상호 인정되며 병렬하였다. 즉, 지방의 촌락 사회에는 중앙정부의 지배와 더불어 매우 발달한 향촌의 자치질서가 공존하였다. 특히 사족 중심의 향촌 자치를 실천하고자 했던 사림의 등장으로 조선 중기에는 향촌 사족의 자치권이 상대적으로 부각되었다. 그러나 18세기 이후 향촌 사족이 내부에서 갈등하면서 수령권의 역할이 증대되어 중앙정부의 지배력이 확대되었다.

지방분권 : 군현과 동리

조선에서도 지방분권적 체제가 지속되었다. 자주 교체되고 연고지에는 임명될 수 없는 소수의 지방관이 농촌 촌락까지 깊이 다스리기 어려웠다. 19세기 중엽까지도 330명 정도의 지방관이 800~1,000만의 인구를 다스려야 했다. 재임기간이 짧았던 지방관은 부임 지역의 세력 있는 가문들과 협조하고 지방 사정에 능통한 이서(吏胥 또는 衙前)에게 의존해야 했다. 중앙의 지방관에 대한 통제도 원거리나 수송과 통신의 어려움으로 취약했으며, 중앙은 법제의 강화보다는 다양성과 지방관들의 재량을 허용하고 평가에만 주의를 기울였다. 군현의 지방관들은 이서들의 인사뿐만 아니라 세입 · 세출에 관한 거의 모든 권한을 행사하였다. 특히 조세 징수권은 지방관의 전속권한이었고 거두어들인 조세의 일부만을 중앙에 납부하고 나머지는 관아의 경비로 충당하였다.

군현에서는 국왕이 임명한 수령이 지방세력을 대변하는 향회(총회)와 유향소(집행위원회)를 공인하고 이들의 일정한 통제를 받아 그 권한을 행사하도록 하였다. 지방 사족들은 군현 단위에서 자치기구로 공인된 유향소(향청)와 책임자인 향임(좌수 · 별감과 육방)을 두고 수령을 보좌 · 견제하고, 향리를 단속하는 한편 향안과 향

---

23. 성씨집단이 입촌하며 동족마을이 형성되는 과정이 이를 잘 보여준다. 처가나 외가 혹은 그 이전의 특별한 인연으로 새로운 농경지를 확보한 사족들이 입촌하여 농지 확대와 저지대 이동을 통해 근거지를 확대해 촌락공동체를 형성하였다. 그들은 중심촌락에 거주하면서 신분적 · 경제적으로 하위에 있던 자연촌들을 통할했다.

규를 통해 서로 협력하였다. 조선시대 향촌사회에는 향약이 보급되기 전인 15세기부터 지방유력자들에 의한 자치 조직체가 존재했다. 이 조직체는 구성원의 명부(향안)와 규약(향규)을 갖고 있었고 의결기관이면서 향사 · 향음주례의 거행과 기타 친목의 장소이기도 한 향회 또는 사무소이면서 공동의 집합장이기도 했던 향청을 갖고 있었다. 유향소의 수장인 좌수와 그 보좌직인 별감은 민선에 의해 선임되었고 지방민의 권익보다 지방문벌과 세력가들의 권위를 지방관의 전횡으로부터 보호하고자 하였다. 그만큼 중앙정부의 지방통제력은 한계를 보였다.

리(동리, 동)는 중앙정부의 직접적 통제력이 미치지 못해 수령을 통해 간접 통치하여 지방분권과 주민자치의 요건을 갖춘 지방의 자치정부였다. 주민의 의사로 선임된 면리장이 마을의 일들을 주민총회격인 촌회의 결정에 따라 처리하였다(엄태석, 2016). 조선에서 공동체적 통합은 군현 아래의 리였다. 6~7세기의 촌으로부터 기원한 평균 60~70호의 리(동, 동리)는 염불, 장례, 공동노동을 위한 향도를 중심으로 강하게 결속한 생활공동체로 20세기 중반까지 대다수 한국인의 일상생활의 무대였다. 동리에서 이루어지는 협동과 신뢰의 원리는 대다수 한국인의 사회생활을 크게 규정하였다. 리의 공동체 기능이 두드러짐에 따라 리는 1675년 5가통사목에 서로 돕고 규율하는 생활공동체로 규정되고, 호구 조사와 군역 부과의 단위로 등장한다.

사족의 향촌 자치 : 유향소와 향약 · 동약

재지사족들은 자신들의 주도로 일정한 공공성의 원칙하에 다양한 제도를 발전시키며 향촌의 자치를 모색했다. 이들은 자신들이 동일하게 의식화한 유교의 공동체 규범으로 서로를 규제하였다. 그 규범은 가족규범과 사회규범이 분화되지 않아 규범 위반이 개인과 가족에 관한 것이라도 향촌 전체가 공동체로서 직접 반응하여 중의에 따라 제재와 처벌을 가했다(한상복, 1980). 이에 향촌 사회는 유교의 공동체 규범에 따라 상호 간의 관계가 엄격하게 규율되는 집단주의를 내포하게 되었다. 사림들이 구축한 대표적인 향촌자치기구로서 먼저 유향소(留鄕所)를 꼽을 수 있다. 유향소의 운영 주체는 일향(一鄕) 사족의 모임인 향회로서 향촌 내의 사족들이 모여 향촌의 대소사를 논의하고 이를 통해 향촌 공론을 수렴했던 제도적 기구였다. 그 운영이 객관적 규준에 입각하여 유향소에 참여한 재지사족들 전체의 협의에 의해 이루어졌다는 점에서 이전까지의 씨족에 의한 사적 자치와는 성격을 달리하였다. 유향소의 취지는 향사의 운영에 향촌 공론을 적극 반영함과 동시에 역으로 사적 전횡이 개입되는 것을 견제하는 데 있었다. 이는 향임의 자격요건을 포함하여 유향소 내외의 여러 운영과 활동을 규율한 향규(鄕規)로 반영되었다. 향규는 사족 상호 간의 바로 사족 자신들에 대한 규정이었다. 따라서 스스로에게 부과한 규약을 통해 상민에 대한 직접적 침탈이나 공권력에 의한 침탈을 규제하고 있는 것은 일정 수준에서 사족의 자기 규제를 담고 있는 것이다.

유향소는 일향 사족의 정치적 입장이 토의되고 수렴되는 정치적 공간이자 기구이기도 했다. 그들은 향촌을 자치적으로 지배함으로써 스스로의 존재의의를 찾았고, 중앙의 관치와 향촌의 자치가 유기적으로 조화되는 것을 지향한 세력이었다. 반면 훈구들이 지향한 중앙집권적이며 수령 중심적인 향촌통치책은 향촌의 자치적 질서를 위협하는 것으로 간주되었다. 사림들은 공식적인 국가기구로서 수령의 권위와 존재를 부인하지 않았지만, 행정력을 동원한 관치가 그들의 자치권을 무력화하려 할 때는 격렬히 반발하였다. 이 과정에서 유향소는 한편으로 수령을 견제하고 다른 한편으로 수령을 매개로 한 중앙권력을 견제함으로써 사림의 향촌지배력을 방어하고자 한 정치기구의 성격을 띠게 된 것이다. 유향소 등은 기본적으로 향촌의 일상생활을 규율하는 자치기구로 역할을 했지만, 맥락에 따라서는 중앙권력에 대한 비판의 기능을 내재한 향촌 차원의 정치기구 역할을 하기도 했다. 서원은 향촌 차원의 교육 및 이념 기구로 출발하였지만 향촌의 대소사에서 중앙의 정치적 사안에 이르기까지 쟁점에 대해 사림의 공론을 수렴하고, 그를 통해 중앙권력을 후원하거나 또는 비판, 견제하는 역할을 담당하였다.

향규는 종래의 향도 관련 규약과 함께 실시되다가 중국의 향약이 보급되자 불교적이고 음사적인 의식과 관습이 주자학적 실천윤리로 대치되며 점차 향약으로 변모하였다. 한편 촌락 단위의 규약인 동약은 향약의 하부조직으로서 향약과 거의 동시에 실시되었다. 15세기 후반 사족 중심의 동계는 원래 주로 향음주례를 실시하여 동리민 전체를 포괄하지는 않았으나 16세기 이후 동리규약인 향약을 수용하여 마을자치조직의 중심으로 재편되었다. 임진왜란 이후인 17세기에는 전쟁 복구를 위해 지역 단위의 공동체가 강조되며 촌계가 흡수되어 동민 전체가 참여하고 이를 통제하는 상하합계의 동계가 등장하였다. 이는 사족의 동민 지배기구로 변모했다(이해준, 1996). 동계는 향촌 내의 결사조직이면서 동시에 공적 지방제도와는 구별되는 '향촌지배기구'였다. 이는 재지사족 중심의 향촌지배가 제도화되고 유학이 민간에 정착하는 과정이었다. 한편 일반 농민의 향도 조직이 억제되거나 하부 조직으로 편입해 상장례를 넘겨받았으며 기존의 향도연은 제한되었다.

조선 중기의 사림들은 뚜렷한 목적 의식 없이 전통으로만 이어져 온 향촌의 자치성을 적극적으로 합리화하고 이를 성리학적 차원에서 조직화한 세력이었다. 그들은 향촌에서의 중앙 국가로부터 유기적으로 분화된 공적인 자치질서의 확립을 적극적으로 구현해야 할 성리학적 실천과제로 보았다. 동리에서는 사족 출신의 권농관(면) 또는 감고·이정(리)이 행정업무를 담당하고 동계·동약의 조직을 통해 하층민을 지배하며 주민총회격인 촌회를 개최하여 사족 중심의 자치가 이루어졌다. 고려시기 군현통치의 지위를 차지하던 향리는 군현의 하부조직인 면리에서조차 권농·이정들에게 밀려 지방관부의 행정사역인으로 전락하였다.

전통적 자치조직 : 향도, 두레, 계

조선의 향촌은 비공식적이지만 오랜 자치의 전통을 갖고 있었다. 사족 중심의 자치가 아니더라도 말단의 자연촌에서는 일반 민중을 중심으로 전통신앙에 바탕을 둔 약속체로서 향도, 공동노동의 두레나 다양한 형태의 공동규약을 가진 촌계(村契)류의 자치가 오랫동안 존속되었다(이만갑, 1973). 아울러 동리는 주민이 스스로 구성한 행정 단위로 수장의 선임에는 주민의 의사가 많이 반영되었다. 동리는 공유자산을 소유하여 그 이익을 향유하고 그 처분을 협의에 의해 시행하였다. 향도는 고려 이래의 기불(祈佛)단체인 동시에 향촌공동체로서 이른바 음사와도 밀접한 관계가 있었다. 그러나 향도는 불교적 성격이 탈색되어 마을의 공동사업을 하며 향촌의 대표공동체이자 상장례 전담조직으로 자리 잡았다. 두레는 자연부락을 중심으로 신분과 관계없이 참여하여 동리 전체의 이앙, 관개, 제초, 수확을 집단적으로 수행하는 공동노동 조직이었다.

향약이 위로부터 또는 사족 중심의 규범적인 자치규약이라고 한다면, 밑으로부터는 자연적 또는 혈연적 특수 이익을 토대로 한 자연발생적인 계(契)가 있었다. 이는 과거부터 내려오던 자치조직으로 조선에도 널리 유행하였다. 계는 규약에 기반하면서 이익을 추구하는 평등한 구성원 간에 상호부조, 친목도모, 공동이익을 목적으로 하는 조직이다(최재석, 1988). 향약이 유교적인 권선징악 등을 힘써 행하는 데 중점을 둔 것이라면, 계는 향도와 같이 농민들이 중심이 되어 상호부조, 부(寶)와 같은 이자증식에 중점을 두는 것으로 촌락 단위의 소규모적인 것이 많았다. 동리에는 촌계라 불리는 공동체가 형성되어 사회·경제적 기능을 자치하였다. 동리 아래로도 다양한 하위 공동체(계)가 결성되어 협력하였다. 동계가 향촌지배기구로 등장함에 따라 이에 대응하여 향도는 자연촌 중심의 공동체로서 촌락 단위의 동린계로 모습을 바꾸었으며, 이 외에 교육, 수리,

영림 등 별도의 공공기능을 위한 계들이 다양하게 발달하였다. 17세기 후반부터 공동노동이 두레로 이전되자 향도는 상두꾼 조직으로 위축되었다.

조선의 촌락에서 향도, 두레, 계 등의 다양한 협동 관행과 공동체적 삶이 발달한 것은 집중적 노동을 요구하는 논농사의 확대, 가족 노동이 감당하기 어려운 넓은 경지, 농가의 낮은 경제적 자립도 등에 기인하였다. 촌락 구성원들은 자신을 위해서도 연합을 통해 집단활동을 하여야 했고, 그로 말미암아 상호 간 매우 의존적인 상태 속에서 타인과의 조화와 화목을 통해 관계를 유지해야만 했다. 이들 공동체는 위계적이기보다는 평등하고 협의적인 수평적 집단주의의 특성을 보였다.

5.4 신흥세력 대두와 투쟁

조선의 17세기 후반은 양란으로 파괴와 혼란으로 크게 동요하던 시기였지만 동시에 중앙정치에서는 정치참여 세력이 확대되어 권력투쟁이 심화되었고, 향촌 역시 향전(鄕戰)에 휩싸이며 분열되었다. 양란 후 농업 생산력이 개선되며 경제적으로 성장한 신흥 양민들이 출현하는 반면 몰락 양반들이 나타나기 시작한 것이다. 이에 따라 중앙과 향촌 모두에서 기득권 세력은 권력 유지와 방어에 나섰고 신흥 세력은 반발로 맞섰다. 사회 · 정치 질서의 혼란과 경제적 변화를 배경으로 '동족집단'이 사회 · 경제 활동이나 정치행위에서 중요성이 커졌다. 중앙정치에서는 동족집단 단위의 결속이 나타나 혈연적 이해관계가 중요한 위치를 갖게 되었다. 향촌의 자치기구도 세력가문과 신흥세력의 각축 아래 놓이게 되었다. 더욱이 중앙의 집권 붕당 세력은 자파의 향촌 세력과 결집하면서 지역 간 갈등과 소외를 키웠다.

붕당 · 세도 정치와 정치 문란

중앙정치에서는 집권 붕당에 의한 권력의 독점과 일방성이 커지면서 권력투쟁이 치열해지며 붕당 간 적대관계가 심화되었다. 국왕이 붕당 간 권력투쟁을 이용하여 통치력을 일시 회복하기도 하였으나(숙종, 영조, 정조) 결국 특정 동족집단에 기반한 집권 붕당에 의해 군주권이 약화되면서(순조와 이후의 외척 가문에 의한 세도정치) 중앙정부의 지배력이 현저히 약화되어 갔다. 세도정치기에는 대대로 서울 지역에 거주하는 유력 가문이 혈연관계를 맺으며 정국을 주도하였다. 남인이나 소론, 지방선비는 물로 집권 붕당조차도 세도가문 출신이 아닌 경우 권력에서 배제되었고 조정의 언론 기구나 재야 공론으로도 이들의 전횡은 견제할 수 없었다. 그 결과 중앙정치와 행정기구는 문란해지고 왕권을 대행하는 지방수령의 자리조차 상품화하는 등 부정부패가 만연해졌으며, 일반 양반 관료층이 약화되고 많은 양반 가문이 몰락하였다.

경제질서와 신분제의 변동 : 요호부민의 등장

소수 가문에 권력이 집중되면서 정치에서 소외된 양반들은 지방에서 권위를 드러내는 향반이 되거나 몰락해갔다. 17~18세기 들어 양반 지주가가 늘어나 토지소유의 평균 규모가 줄면서 영세화되어갔다. 개간 가능지가 점차 줄어들고 분할상속이 계속되었기 때문이었다.[24] 이에 대응하여 양반들은 씨족 단위로 응집하며 폐쇄적 결속에 몰두하였다. 더욱이 적장자 중심의 상속이 관행화되며 문중이나 동성촌락에 머물 수 없던 많

24. 조선에서 상속은 전통적으로 형제 · 자매 간의 분할 방식이었다. 인구 증가는 분할 상속의 관행과 맞물려 토지의 소유자를 늘리고 이에 토지 재산의 평균적 규모를 축소시켰다.

은 몰락 양반들은 사회적 지위와 경제력이 상민이나 천민과 비슷해져 직접 농사를 짓거나 임노동으로 살아가게 되었다.

양반이 씨족 단위로 응집하는 가운데 서민층은 농업생산력과 상품경제의 발달을 배경으로 소농이 되어 자립성을 높여갔다. 여말선초의 연작법에 이어 조선 중기에는 이앙법이 보급되며 토지가 집약적으로 이용되고 생산의 다각화가 일어나 가족노동에 기초한 소농경작이 유리해진 반면 지속적 관리가 필요한 노비나 고용노동에 기초한 대토지 경작방식과 지주-전호제의 비효율성이 커졌다.[25] 이에 따라 토지는 다수의 가족에게 널리 임대되어 수확물의 반을 지대로 얻는 소농경작과 병작 지주제가 확대되었다. 소농경작의 확대 속에서 임대조건은 계속 악화되고 지주의 토지소유권이 강화되었다. 인구가 증가하며 차지경쟁은 더욱 치열해졌고 지주들은 종자와 부세를 점차 작인들에게 전가하고 소작기간도 단축시켰다. 양난 이후 전공이나 공명첩 등에 의한 신분 상승을 배경으로 광작이나 상품 작물재배로 부유해진 일부 자작농들은 신분상승의 기회를 가졌다. 19세기 후반에 접어들면서 양반이 전 인구의 약 70%, 평민은 20~30%를 차지하게 되었다.

한편 양란과 대동법 실시를 계기로 상공업이 발전하며 상공인 역시 사회적 지위를 높일 수 있었다. 한양은 유입인구가 늘며 도시공간과 상업이 팽창하고 전국적 유통과 국제교역의 중심지로 성장해갔다. 개성, 수원, 광주 등 주변지역도 배후 상업도시로 성장했다. 특히 공물을 가호 대신 소유 토지의 과다에 따라 현물 대신 쌀로 납부하게 한 대동법이 시행되어 정부가 필요물자를 시장에서 구입하게 되면서 서울을 중심으로 한강 연안은 물자의 유통기지로서 강화되고 상인들의 활동이 활발해졌다. 시전 중심의 유통체계로는 이를 감당하지 못함에 따라 사상(민간 자유상인)이 등장하였다. 그들은 점차 경제력을 갖추고 시전상인과 경쟁 · 대립하였고 결국 한강 연변에서 성장한 경강상인들이 한양 도성 안의 중소 상인과 외곽의 장시, 지방의 상인들과 결탁하여 시전상인을 밀어냈으며 한양의 상품유통권을 장악하여 사상 중심의 상품유통체계가 정착하였다. 경상상인 외에 송상, 만상의 사상도 전국적 상업망을 개척하였다.

농촌의 경제적 발달과 더불어 활성화된 장시는 16세기 중엽에 이르러 열흘마다 개설되는 방식으로 정기화되었고, 16세기 후반 이후가 되면 점차 닷새마다 개설되는 정기시장으로 자리를 잡아갔다. 향촌을 순회하

그림 4-14 조선 말 신분제의 변동

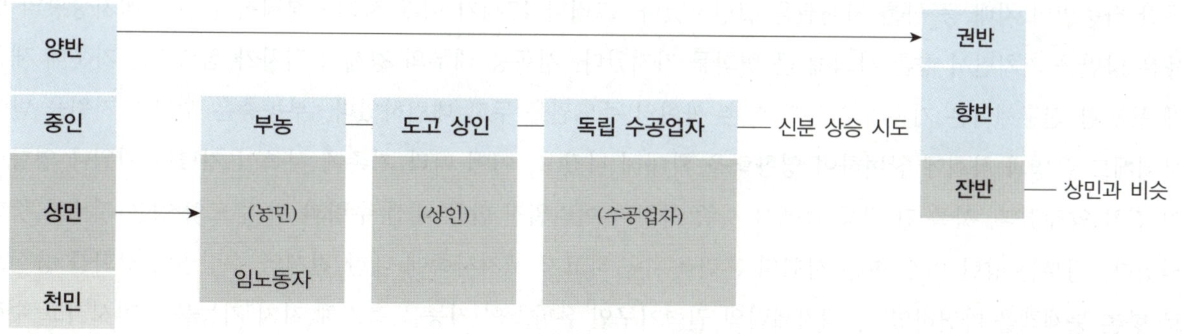

25. 수전 농업은 15~17세기에 크게 발전하였다. 수전의 면적이 늘고 수리시설이 확충되며 밭이 논으로 전환되었다. 개간의 확충과 더불어 수전의 농법도 개량되어 직파에서 이앙으로 옮겨갔다. 이앙의 보급으로 같은 노동력으로 더 큰 면적의 제초가 가능해졌다. 수전농업의 발전은 노동집약화를 낳고 소규모 가족농업의 성장을 가져 왔다. 수전농업으로 절감된 제초노동은 그와 시기적으로 중복되는 한전농업의 제초과정에 투여되어 겸영을 가능하게 하였다. 결국 이앙은 생산의 다각화를 수반하는 집약농법으로 소농경제의 안정화에 기여하였다. 수전과 한전에 걸친 집약농업의 발전은 장시의 보급과 어울려 상업적 농업을 촉진하였다. 전국의 농가가 널리 소비한 면포와 연초를 위한 면작과 연초재배가 상업적 농업을 대표했다.

면서 상업활동에 종사하는 전문상인들로 보부상이 등장하였다. 16세기 이래로 장시가 점차 확대되면서 보부상은 주로 장시를 순회하며 상업활동을 펼쳐나갔다. 또한 장시에서의 교역규모가 커지면서 도매업과 위탁 판매업, 창고업, 운송업, 숙박업 등을 겸하는 객주나 여각 등이 나타났다. 17세기를 경과하면서 장시는 읍치 중심의 국한된 범위에서 벗어나 산골짜기 시골까지 확대되었다. 17세기 말 무렵에는 특정 지역의 여러 장시끼리 유기적인 연계망이 형성되었다.

수공업에서는 17세기 이후 관영수공업이 쇠퇴하고 민영수공업이 성장하였다. 특히 18세기 말 장인등록제가 폐지되자 국가에선 필요 물품을 확보하기 위해 장인을 고용하거나 시장에서 구입할 수밖에 없었다. 이에 따라 독립적인 사영 수공업자가 된 공장들은 독자적 수공업자로 자리 잡거나 민간 수공업자에게 고용되어 일하게 되었다. 공인은 상인으로부터 주문과 함께 원료 · 자금을 미리 받아 제품을 생산 · 납부하여, 민영수공업의 경영에 상인자본이 관여하는 양상이 나타났다. 상업자본이 선대제 경영을 통해서 수공업자를 겸영하게 될 경우 산업자본화하기도 하였다. 수공업 제품의 유통과 수요 증가는 원료 생산을 촉진시켜 광업의 발달도 낳았다.

천민의 신분 상승도 활발해졌다. 양란 이후 노비문서의 소실, 노비 유망 등으로 노비 수가 격감하였으며, 뒤이어 천민은 주인에게 비용을 지급하고 신분에서 해방되었다. 순조 초에는 공노비 해방 조치가 이루어졌다. 국가에서는 국역을 부담하는 상민이 필요하였고 집약농법의 진전에 따른 자립적 소농경영의 성장 역시 노비의 자립 기반이 되었다.[26]

세도가문의 기반은 세습된 재산을 배경으로 한 지주적 기반에서 상업적 기반으로까지 확대되었다. 이들은 18세기 이래 한양의 상업적 번영에 기대었고 상인이나 공인 그리고 지방에서 성장한 부농들을 포섭하지 못하고 수탈의 대상으로 삼았다. 아울러 중인, 서리, 상공업자, 자립 소농 등 신흥세력 스스로도 기존 사회체제를 극복하지 못하고 어느 정도 부를 축적하면 지주로 변신을 꾀하고 나아가 양반으로서의 지위를 누리려 하였다.

사족 자치의 후퇴와 수령 지배의 강화

16~17세기에 재지 사족은 군현 단위에서 향리에 대한 인사권, 이를 통한 수령권의 견제, 부세 운영을 통한 하층민의 지배 등 향촌 지배권을 실현하였다. 그러나 17세기 이후 사회 · 경제적 발전과 정치상황의 변동은 양란을 거치면서 향촌 사회에 큰 변화를 가져왔다. 사족층 내부의 경제적 격차가 심화되는 가운데 새롭게 등장한 신흥세력은 기존의 사족과 향촌 사회의 주도권을 두고 대립하였다. 부농층은 수령의 지원을 받아 부세제도 운영과 향회에 참여하여 영향력을 확대해 나갔고, 이에 따라 기존에 사족이 지녔던 권위나 영향력이 점차 약해졌다. 사족 간 갈등 속에서 사족 자치가 어려워진 만큼 대신 수령과 관 주도의 향촌 지배가 강화되었다. 정부는 양란 이후 향촌 사회의 혼란을 수습하고자 재지사족에 대한 견제와 수령권의 강화를 중심으로 향촌 통제책을 마련하였다. 재지세력의 권력기구인 유향소의 기능을 축소해 자치 기능을 약화시키고 수령을 보좌하고 지방행정의 실무를 담당하는 향리와 수령의 권한을 대폭 강화하였다. 관 주도의 향촌 통제책은 숙종대에 특히 강화되었다. 환국을 통한 일당 전제화 추세로 중앙정계와 재기기반의 연관성이 희박해지고, 서원 남설 금지나 부세운영에의 사족 개입배제 등은 민에 대한 재지사족의 지배권을 축소하였다.

26. 17~18세기 경제가 확장하며 인구가 빠르게 증가하며 노동력의 가치가 하락하여 노비제의 해체를 유도하였다. 고정비가 크게 소요되는 노비를 대신하여 장기계약의 고공이나 단기계약의 일고로 대체되었다.

수령권이 강화됨에 따라 관권과의 타협을 통해 기능하던 사족의 향촌 지배권은 변화하였다. 사족이 타협을 통해 견제와 통제를 했다면, 이향은 결탁을 통해 수령과 함께 수탈(삼정 문란)의 주체로 나섰다. 사족은 향권을 두고 농민과 함께 수령과 이향에 저항해야만 했다. 사족의 자치기구로서 사족의 이익을 대변하고 수령을 견제하던 향회는 그 기능을 상실하여 수령의 단순 자문기구로 위축되었다. 향촌 사회에서 권력구조는 재지사족의 권한이 축소되면서 수령과 향리 그리고 이들 관권과 결탁한 신향세력이 주도하는 구조로 변모하여 갔다. 이러한 관권의 강화는 19세기 세도 정치기에 수령과 이향이 농민을 극심히 수탈함으로써 민란의 배경이 되었다.

한편 공동체로서 동계와 향약 역시 약화되어 자연촌을 중심으로 한 촌계로 분화되어 갔으며, 친족공동체 역시 이러한 분화의 길을 걸어갔다. 인구가 증가하는 속에서 지배세력인 양반 친족집단 간에 주도권 다툼이 생겨나거나 상민이 반발하여 하나의 반촌이 두 개의 반촌이나 반촌과 민촌으로 나뉘었다. 상민 중 친족결합을 강화하면서 경제적 능력과 사회적 지위를 상승시키는 집단은 분동을 쟁취하였다. 결과적으로 동리의 수는 19세기 말까지 꾸준히 증가해갔다.

6. 대한제국과 임시정부 : 근대화의 노력과 좌절

대한제국의 붕괴는 일본이라는 제국주의 국가에 의한 외압에 의해 초래된 것이 분명하지만, 대한제국이 외압에 대한 대응 능력을 상실했다는 점 또한 분명하다.

6.1 개항에 따른 사회 · 경제적 변화와 신흥세력의 확장

19세기 후반 산업혁명을 거친 서구 열강은 상품 시장과 원료 공급지 확보를 위해 아시아에 진출하였다. 서양 선박이 해안에 자주 출몰해 통상을 요구하였다. 1868년 메이지유신을 단행한 일본 역시 대마도주를 중개로 외교 관계를 교섭하였다. 한국은 중국에서 벗어나 서구의 국제질서에 편입되어 서구 열강과 일본의 침략에 대처하고, 또 국내 모순을 해결하면서 국가를 유지해야 했다. 그러나 19세기 들어 왕권이 약화되어 외척 세력이 중앙정부를 장악하는 가운데 중앙 관리들은 부패하였으며, 뇌물로 관직을 얻은 지방관의 탐학으로 농민 부담이 커져 전국적으로 민란이 만연하였다. 1863년 고종의 즉위를 계기로 그의 생부 흥선대원군이 실권을 장악하며 왕권을 강화하고 외척과 양반 세력을 억제하여 세도정치에서 벗어나는 계기를 마련하였다. 또한 대외관계에서 사대교린 정책을 고수하되 서양에 대해서는 쇄국양이 정책을 취하였다. 그러나 대원군은 외척과 양반관료의 불만으로 1873년 하야되고 대신 고종이 친정하며 개화를 주도하기 시작한다. 1876년 조선은 일본과 처음 강화도조약을 맺어 개항한 뒤 1880년대에 미국, 영국, 독일, 러시아, 프랑스 등 구미 각국과 외교 관계를 맺고 해외 시찰 관료를 중심으로 개화정책을 추진하였다.

개항과 사회 · 경제적 변화

1873년 개항은 근대의 기점을 마련하였다. 개항 이후 서구와의 접촉, 개방경제로의 이행, 새로운 지식, 자본, 기술의 도입, 이어지는 제도 개혁으로 경제는 근본적 전환을 마련하였다.

우선 강화도조약을 기점으로 세계 무역체계에 편입되어 수백 년 이상 지속되던 조공무역과 쇄국정책 그리고 해금이 해제되었다. 개항지가 확대되며 외국 상인이 국내시장에 진입하였다. 외국상인은 조선의 미곡 및 금을 수입해가고 면제품 등을 조선에 수출하였다. 무역 거점인 개항장은 정부 통제에서 벗어났으며 기선, 은행, 통신 등의 무역설비가 집중되었다. 결과적으로 개항 후에 무역이 급성장하는 가운데 농업과 광업의 생산이 뚜렷이 증가하고 시장도 성장하였다. 18세기 이미 상당한 수준으로 통합되어가던 미곡시장은 개항 이후 개항장을 중심으로 더욱 통합되었다. 외국 상인은 처음 토착상인 중개에 의존하다 점차 조선인 거간을 기용하여 생산자와 소비자를 직접 마주하는 직접무역으로 전환하였다. 개항 이후 증가하던 대외무역은 1890년대에 접어들며 새로운 수준으로 비약하였다. 개항장에 집중되었던 외국 상권이 내륙까지 뻗어나갔기 때문이었다. 농산물의 수출증대와 가격 상승은 농업생산 증가를 낳았다. 공산물 수입은 그와 경쟁한 가내 직물업과 전업적 수공업에 타격을 주었지만, 동시에 도시 지역에서 근대적 직포업의 성립을 위한 시장을 마련하였다. 1883년에는 관영공장뿐만 아니라 민영상회사가 출현하기 시작했다. 1886년부터 기선회사가, 그리고 청일전쟁 이후에는 은행과 직물공장이 설립되었다.

신흥세력의 확장

이미 조선은 17세기 이후 신분제가 해체되며 평민 세력의 성장을 경험하고 있었다. 소수가문의 정치독점에 따른 몰락 양반의 증가, 공노비 해방, 중인과 상인층을 중심으로 한 요호부민의 증가, 소농층의 확대 때문이었다.[27] 서민대중 사회의 성장에 따라 정치구도는 군신(군신 대 민) 구도가 군민(군 대 민) 구도로 변화하였고 이미 영 · 정조 시대에 민국이념이 출현하였다. 유럽에서 왕조 유지를 위해 봉건귀족 세력을 넘어 부르주아지의 지지가 필요했던 것처럼 조선의 군주들도 양반 사대부를 넘어 서민대중이나 상공인의 힘이 필요했다.

개항으로 말미암아 기존의 양반관료세력에 대항하는 신흥세력이 더욱 늘어났다. 임란 후에 나타난 중인층 성장, 노비 해방, 양반 특권의 동요 등이 개항으로 더욱 촉진되었다. 준양반계층의 사회 진출이 두드러져 갑신정변, 갑오경장, 독립협회운동, 애국계몽운동에 서자나 중인 출신이 많이 참여하였다. 개항장의 객주 · 여각 등 사상들은 무역으로 부를 축적했으며, 일반 상인이나 양반 지주들도 회사나 공장 설립에 나섰다. 상인 및 기업가의 대두와 함께 부두 · 광산 · 공장 등에서는 농촌을 이탈한 농민을 중심으로 임금노동자가 창출되었다. 유교교양을 갖춘 양반 지식인보다는 서구 문물을 몸에 익힌 개화 지식인이나 개신 유학자 등 중산층 인사들이 사회 지도층으로 부상하였다. 기존 양반관료 내에서도 개화사상이 확대되어 동도서기론과 그로부터 발전한 변법개화론과 문명개화론이 각축하며 제도변혁을 주창하였다. 아울러 동학농민운동에서 보듯이 민중도 새로운 시대이념을 제시하는 수준까지 올라섰다.

---

27. 대중 세력의 성장과 더불어 18세기 이후 조선의 군주들은 양반의 우두머리가 아니라 온 백성의 지지를 받는 새로운 군주상을 그렸다. 정조는 일반 서민을 유교 윤리 실천의 주체로 삼았고(향례합편), 군민 일체를 내세웠다. 이의 실천으로 공사노비를 철폐하였다.

6.2 대한제국의 성립과 국민국가의 형성

국왕이 수백년 간 공의 담지자로 정통성의 근거이자 정치의 중심으로 자리 잡았던 만큼 조선은 위로부터 그리고 전근대를 계승하며 근대적 국민국가를 만들어가는 경로를 걸었다. 대원군 집정 이래 외척세력에 의한 세도정치가 크게 약화된 가운데 위로부터의 개혁으로 프로이센이나 일본과 유사한 보수적 근대화 노선을 밟았다.[28] 고종은 대외적으로는 독립국을 선포하고 대내적으로는 탈신분제에 의한 민국의 실현과 산업화를 위해 노력하였다.

(1) 대한제국의 성립

개항 초기에 개화를 주도한 것은 고종이었다. 고종은 1881년 일본에 시찰단을 파견한 후 그들은 통리기무아문에 배치하여 개화를 선도하게 하였다. 이후 임오군란과 갑신정변에서 관료들에 의한 왕권 제한을 겪은 고종은 내무부를 궐내에 설치하고 국가업무와 궐내업무를 통괄하여 1880년대 후반~1890년대 초반에 걸쳐 개화사업을 추진하였다. 하지만 갑오정권하에서 양반관료들은 왕실과 국가기구를 분리하여 왕권을 제한하고 관료가 중심이 되는 입헌군주제를 도모한다. 그러나 곧 아관파천을 거치며 고종은 대한제국과 대한국국제 그리고 절대적인 군주권을 선포하여 양반관료 세력을 억제하고, 대신 상공인이나 서얼 등 신흥세력과 함께 근대화 정책을 집행하여 갔다.

양반세력에 신흥세력이 더해지며 무너져가던 사족지배구조는 신분제 철폐와 탈신분적 공직인사의 확대 그리고 민간 참정이 이루어지면서 근대적 국민국가의 모습을 드러내기 시작하였다(황태연, p. 608). 대한제국은 법제상으로 황제권이 강화된 황제국이었지만, 이념상으로는 '대한민국'이었다(한영우, pp. 43~44). 신분배경 대신 능력에 따른 인재발탁이라는 인사원칙이 적용됨에 따라 중앙정부 고위관직에 중인, 서얼, 천민, 노비 출신이 다수를 점하게 되고 대한제국의 주도 세력으로 자리 잡았다. 또한 중간 관료들과 실무 공직자 역시 절대다수가 과거시험을 거치지 않고 신식교육 여부나 재능 및 실무능력을 기준으로 선발된 실무 능력자들고 구성되게 되었다. 중앙정부 차원의 민간참정제도로 중추원이 설치(1898)되어 국왕의 자문기관, 법률과 칙령의 심의 · 의정 그리고 건의와 대표 상소기구로 활동하도록 하였다.

고종은 영조와 정조의 신민을 넘은 군민 일체의 민국정치 이념 계승을 주장하며 비양반 출신을 적극 등용하였지만, 근대적 의회 설립과 입헌군주제 그리고 국민주권의 제도화로까지 나아가진 못했다. 국왕의 과세에 대해 국민을 대표해 동의할 권한을 갖지 못했으며, 독립협회와 만민공동회와 같은 민권운동의 전개에도 불구하고 민권의 제도화에는 미치지 못했다. 한편 관료들과의 타협에 입각했던 과거와 달리 관료들은 철저히 배제되었다. 기반이 약화되고 권력에서 소외되어 가던 양반관료들은 각자 외국세력, 특히 일본에 적극 동조하며 반발을 이어나갔다. 이 과정에서 왕권과 신권이 견제와 균형을 잃고 갈등을 지속하였으며 관료들은 정치 노선을 막론하고 연합하여 왕을 무력화하고자 했다. 쿠데타로 등장한 갑신정변의 개화 세력들은 왕권을 제한하는 관료연합 정권을 구상하였으며, 임오군란과 갑신정변 이후 정국을 장악한 온건 개화파들 역시 왕권

28. 이념적으로 사의 범주는 존재하지 않는다. 이념적으로 모든 인간관계는 공리에 의해 지배되며 사욕을 의미하는 사는 배제된다. 특히 외세의 위협이 존재하는 상황에서 그만큼 개화세력이나 민중이나 모두 근대 국민국가를 지향해 갔다. 아울러 유교왕정은 생활 개선을 가장 중요시한 전통을 가지고 있었기 때문에 물질의 우세가 뚜렷한 서양 기계문명의 수용에 적극적이었고 고종도 예외는 아니었다.

을 제한하였다. 관료 중심의 근대국가건설 노선은 갑오·을미 개혁기에 전면에 드러났다. 대신 왕은 조세국가이며 조공무역을 유지해 온 조선왕조 체제 속에서 관권과 공생관계를 맺어 온 상인세력과 공조하였다. 경강상인은 세곡 운반 및 경강의 상업활동에서 독점적인 지위를 유지하기 위해, 개성상인은 조공무역에 종사하기 위해, 보부상은 조직을 인정받고 영업독점권을 보장받고자 관권과 공생관계를 맺어야 했다. 반대로 정부는 상인층을 조직화하여 각종 개혁정책의 재정기반으로 삼고자 했다. 대한제국 시기에 황실을 중심으로 실시된 여러 경제정책은 상인 세력과의 밀접한 관계 속에서 추진되었다.

1880년 통리기무아문에서 시작해서 내아문을 거쳐 내무부 그리고 대한제국의 궁내부로 이어가며 국왕 중심으로 개화 정책의 주무관서가 설치되었다. 의정부-6조의 대신들이 의정의 주체가 되었지만, 행정권은 기존의 권한으로 제한되었고 개화 정책은 황제의 직속 기구인 궁내부가 전적으로 담당하였다.

지방자치제의 재편

갑오경장으로 지방관의 권한을 축소하여 중앙정부로 이관하였고 1895년에는 지방주민으로 하여금 지방공공사무 처리에 참여할 수 있도록 하는 향회제도를 시행하여 우리나라에서 근대적 지방자치가 처음 시작되었다. 즉, 군, 면, 리에 각각 그 주민으로 구성되는 군회, 면회, 리회를 두어 공공적 성질을 가진 사항을 의결하여 지방의회의 기능을 수행하도록 하고 면리의 집행기관으로 1년 임기의 집강과 존위를 두어 주민이 선출하도록 하였다. 그러나 한일합방과 더불어 이러한 근대적 향회제도는 폐지되었다.

(2) 국가주도의 근대화

외부와 아래로부터의 요구가 수용되며 위로부터 변화가 추진되었다(구본신참). 이를 위해 우선 대외적으로 개화·개방 정책을 확대하여 중국의 영향력에서 벗어나 대외관계를 재정립하고 독립국 지위를 확보하여 갔다. 1873년 친정을 시작한 후 개항을 결심하고 강화도 조약을 체결하였고 서양 열국과의 조약을 체결하였다. 청일전쟁 이전까지는 청의 세관지배 등으로 재원이 부족한 가운데 개화정책은 교육기관 설치, 우편제 실시, 전선의 가설, 전환국과 기기국 설치 등 제한적으로 이루어졌다. 청일 전쟁 이후, 특히 아관파천 이후에는 청과 일본의 계속된 내정간섭 속에서도 본격적인 개화정책을 이어나갔다. 무엇보다도 후발국 조선은 황제와 정부가 근대화를 위한 선행조건을 마련해야만 했다. 즉, 정부재정을 강화하고 근대화를 기획하고 관영사업을 추진하고 민간기업의 육성책을 전개하였다.

표 4-1 광무개혁의 주요 내용

정치	경제	군사	교육
▪ 전제왕권 강화 ▪ 대한국 국제 제정	▪ 양전 사업 ▪ 지계발급 ▪ 상공업진흥책	▪ 시위대 정비 ▪ 진위대 정비	▪ 각종 학교 설립 ▪ 유학생 파견

첫째, 정부의 국가자원에 대한 통제력이 높아졌다. 호포세를 징수하고 1897년 이후 호구 파악을 통해 인구에 대한 전국적 편제와 통제를 도모하였다. 지세수입 확대를 위해 모든 토지를 대상으로 1899년부터 양

전사업을 실시하여 공식문서를 통해 전주들의 토지소유권을 확립하고 국가재정이 개선될 수 있는 토대를 마련하였다. 중앙재정에서는 지세를 제외한 거의 모든 국가 재원을 내장원에 집중하여 정부재정을 장악하였다. 황실직속의 궁내부 내장원에 국가 재정이 집중되어 근대화 사업에 사용되었다. 홍삼 제조와 판매, 광산소유, 영업세 징수와 더불어 화폐발행을 통한 주조차익의 확보에도 나섰다. 다른 한편 지방관과 이서층의 폐단을 제어하고 조세수입의 안정화를 위해 대한천일은행을 국고은행으로 지정하여 지방조세금 징수를 정비하였다.

둘째, 농업정책에서는 관이 주도하면서 민을 참여시켜 제언 수축과 황무지 개간에 나섰으며 가축과 곡식의 품종개량을 도모하고 양잠을 진흥하였다. 조선 후기에 농촌에는 경영부농을 비롯한 새로운 계층이 성장하고 있었지만, 농업의 상업화가 본격화되지는 못했다. 또 농촌 수공업의 중요 부분이던 면포 생산도 주로 농가의 부업으로 경영되었다. 일부 수공업 및 광업 분야에서 공장제 수공업이 늘어났지만 지배적 공업형태는 아니었다. 상공업 발전을 위해서는 외국 선진기술을 수용하면서 국내의 상공업을 보호 · 육성하는 식산흥업이 필요했다.

셋째, 1884년 식산흥업 추진을 국책으로 명시하고 근대화사업을 주도할 정부기관을 설치해 과학기술을 수용하고 관영공장과 회사를 설립하는 한편 사회간접자본 시설을 확충해 나갔다. 특히 궁내부를 근대산업육성의 추진본부로 삼아 각종 식산흥업기구를 궁내부 산하로 설치하는 한편 각종 관영공장의 설립과 광산개발, 철도건설을 주도하였다. 분야는 농기구, 양잠, 제사, 직조, 무기, 화물과 여객운송, 우편, 전기통신 등 광범위하였다. 회사 설립은 1883년부터 이루어졌는데 1899년 이후에는 산업발달과 대외무역 증가로 회사 설립이 크게 증가하였다. 초기에는 정부가 주도하면서 회사를 설립하였다. 즉, 당시 회사는 정부에서 직접 경영하는 관영이거나 정부가 주도하고 민간인이 참여하는 관독상판형 기업이 다수였다. 정부는 세수입을 늘리기 위해서도 회사 설립에 적극적이었고 때때로 정부가 직접 회사 설립을 지시하였다. 아울러 다양한 보조금, 관급공사, 현물지원 등 지원책을 제공하였다. 황실을 비롯한 종친과 관료들이 회사에 참여하여 간부로 활동하거나 직접 자본을 투자하여 회사를 설립하고 경영에 나서기도 하였다. 대한제국 시기만 하더라도 회사 설립과 운영에 참가한 인물 중 관료층이 약 40%에 이르렀다(전우용, pp. 158~173). 민간인에 의한 회사 설립은 개항장의 객주들이 중심이 되었다. 그러나 이들 회사의 다수는 국가가 부여한 영업권을 독점한 특허회사로서 수세기능 만을 가진 회사도 존재했다. 제조업은 정부보다는 민간 중심으로 성장하였다. 직조업이 가장 활발하였으며 연초업, 양조업, 철물, 제혁 등의 분야에서도 회사들이 등장하였다. 민간회사는 자본을 모아 합자형태로 설립되는 경향이 늘었으며, 그중 경영, 판매, 생산 조직과 설비를 근대화하는 경우도 많았다. 그러나 제조업의 경우 기술교육을 제외하곤 정부지원과 관세보호 등 구체적인 산업진흥정책이 미흡하여 일본 제품에 뒤지고 있었다. 한편 개발권 부여를 유인으로 거대자본과 기술이 요구되는 철도, 광산, 전력업을 중심으로 해외자본의 직접투자도 유치하였다.

넷째, 특권 상인세력과 그 조직에 의거한 중상주의 정책이 전개되었다. 개항 이래 외국과 통상교역이 활발해지고 국내상업도 성행하였으며 상인들도 성장하였다. 정부는 상인을 조직화하여 한편으로는 특권상인을 중심으로 상업을 재편하면서 물종별 · 지역별로 판매 독점권을 부여하여 상권보호와 세금 징수를 도모하였다. 개항장의 객주들은 모여서 상법회사를 설립하여 독점영업권을 확보하였다. 아울러 보부상과 상인들을 상무사에 귀속시켜 상업세를 납부하도록 하였다. 이러한 상업정책은 황실, 관료, 특권상인의 자본축적을 가져왔고, 다른 한편으로 정부가 소상인이나 외국상인의 상업행위를 제한하는 결과를 가져왔다.

다섯째, 실업교육을 통해 전문기술자를 양성하여 산업의 지속발전을 도모하였다. 1880년대부터 영선사

(청), 수신사, 조사시찰단(일), 접빙사(미) 등을 파견하여 서구의 과학기술과 문물을 시찰하도록 하고 그 수입을 추진하였다. 갑오개혁기에는 일본에 유학생을 보내 방직, 제지, 인쇄, 양잠 기술 등을 배워오도록 하였다. 대한제국기에는 직조권업장(섬유), 관립상공학교(상업과 공업), 광무학교(광업), 우무학당(우체), 전무학당(전신)처럼 직접 학교를 세워 기술교육을 하였다. 정부뿐 아니라 민간 제조공장도 기술자 양성소를 부설하는 경우가 많았는데, 직조, 철도, 토지측량 분야를 중심으로 민간인의 기술학교 설립을 적극 지원하였다.

여섯째, 기업은 근대적 금융제도가 갖춰지지 않아 순조롭게 성장하기에는 어려움이 많았다. 이에 따라 정부와 상인세력은 민족자본의 유통과 화폐제도 및 금융의 근대화를 위해 노력하였다. 1899년 대한천일은행을 출범시켜 백동화 유통지역을 확대하여 조세 대전납의 실현에 기여하고, 금융자본 형성으로 조선 상인들의 상업경쟁력 제고를 도왔다. 황실은 대한천일은행의 창립과 운영에 깊이 관여하였으며, 1901년 금본위제를 채택하면서 중앙은행 설립에 나섰다.

여섯째, 전국 철도망 신설과 북한지역 광산개발을 골자로 한 국토개발계획을 추진하고 그 일환으로 한성을 대한제국의 황도로 탈바꿈하기 위한 도시개조사업을 실시하였다. 도로와 하천을 정비하고 전기, 수도, 전차, 철도 등을 부설함으로써 산업화에 필요한 사회간접자본을 확충하였다.

6.3 일제 강점기와 임시정부 : 발전국가의 맹아

우리나라 발전국가의 연원은 일제 강점기에서 찾을 수 있다(Kohli, 2004). 총독부의 식민지 정책은 프러시아의 관료국가를 본받아 국가주도의 정치 · 경제적 전환을 통해 서구제국을 추격한 일본 본국에서의 메이지 유신 경험에 기초하였다.[29] 즉, 일본은 조선의 군주제와 쇠락한 관료제를 근대적 중앙집권적 국가로 전환하여 응집력 있는 관료조직과 중앙집권적이고 압제적 제도를 구축하였다. 아울러 근로자와 농민을 억압하고 생산자 계층과 긴밀한 연대를 구축하였다. 이러한 구조 위에서 총독부의 개입 정책은 경제성장과 산업화를 낳았다.

압제적 국가구조의 구축

식민지 조선에는 국가주의 일본보다 더 압제적인 국가주의 사회가 창출되었다. 초기에 일본총독부는 조선을 개혁하여 정치적 통제와 경제적 전환을 도모하였다. 1910년 병합에 앞서 우선 군사력을 장악해 왕과 양반관료 계층을 무력화하고 세습 군주 · 관료제를 소멸시켰다. 이후 지주계층의 국가에 대한 영향력을 약화시키고 전국에 걸친 중앙집권적 직업관료 조직의 토대 위에 입법 · 행정을 총독부에 집중시키고, 전국 모든 마을의 모든 이를 감시할 수 있는 전국적 경찰조직을 확립하여 지역주도층을 통제하며 제국적 설계와 목표에 부합하는 치안, 교육, 정치, 훈육, 보건, 복지, 징세에 관여하였다. 식민국가는 사회에 깊숙이 침투하고 통제하는 데 상당한 역량을 가졌고 강압적이고 효과적이었다. 공무원과 경찰관료는 중앙의 지시에 반응하고 사회에 샅샅이 파고들었다. 관료제 역량의 부족과 토지지배계층의 저항으로 어려웠던 토지조사를 성공적으로 완료한 후 공무원과 경찰관료를 이용해 토지세에 이어 철도, 우체, 세관, 인삼 독점, 소금 제조, 석탄 · 광산, 목재, 출판국 등을 통해 수입을 확대하여 갔다. 이 기반 위에서 식민국가는 수많은 경제사업을 실행하였다.

29. ① 일본 사회를 통제 · 전환할 수 있는 중앙집권적 국가의 창출, ② 농업에서 산업으로 이어진 국가개입, ③ 교육받은 규율 있는 근로자의 창출에 기초한 국가구축을 기반으로 국가권력에 의해 사회 · 경제적 변화를 달성해냈다.

도로와 철도 등 사회간접시설과 식민교육에 투자하고 철도, 통신, 소금, 연초 등은 공영기업으로 직영하였다. 화폐와 은행개혁으로 금융제도를 확립하여 저축률을 높이고 자본축적의 전반적 과정에 중요한 역할을 하였다. 특히 공채매각을 통해 산업화 자금을 조달하였다.

근대일본 국가는 "가족의 연장체로서 국민의 본가(本家)인 가장으로서의 황실과 그 적자(嫡子)로 구성된 가족국가"였다. 천황제를 토대로 국민의 일상생활에 깊이 관여하되, 위로부터의 통제보다는 상당부분 민간의 자발적 활동에 의존하였다. 이는 한국의 식민지배에 그대로 반영되었다(박세훈, 2004). 식민지는 아버지이자 지배자로 표상되는 천황을 정점으로 한 가족공동체 내에서 자식 또는 충성하는 자로 간주되었다. 식민지는 공동체적 사회관계를 갖되 식민국가를 위한 공동체였다. 더 나아가 식민국가가 직접 주민의 일상에 침투하여 식민국가의 목적에 부합하는 반관반민의 주민공동체를 선택적으로 구축하고 지역 유력자를 회유하여 공동체를 강제 · 동원하였으며, 정보조직을 통해 사회를 규율하였다(지수걸, 1996, 1997).[30] 도시행정은 지방제도보다는 지역 유력자를 선별 · 조작하여 정동회, 교화조직, 방면조직 등 반관반민의 지역조직을 통제 · 동원하였다. 농촌에서는 농촌진흥운동을 통해 광범위한 조직을 만들어 향촌에 침투하여 동원하였다. 아울러 일본은 교육제도를 통해 식민의식을 주입하고 정치인과 유산계층을 식민지 사업에 동원하였다.

그림 4-15 산업구조의 변화와 계층 변화

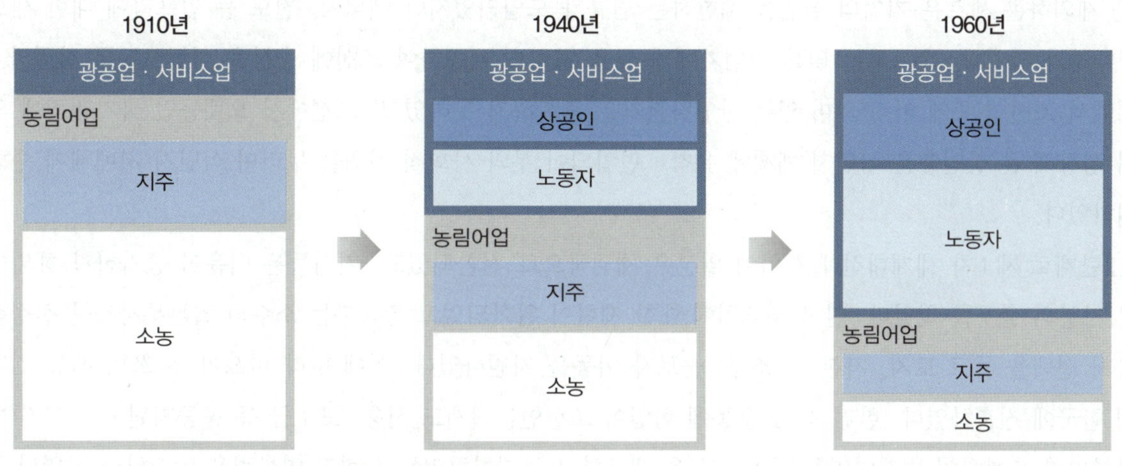

식민국가는 관료조직을 이용해 일본제국을 위해 수많은 경제사업을 수행했고 유산계층을 정치 및 경제구조 전환에 동원하였다. 처음 한국은 제조품 수출시장이자 농산물 수입시장이었고 이후 일본의 식량수요가 증가함에 따라 한국에서의 식량생산을 증대시키는 조치가 취해졌다. 한국에서의 제조업은 초기에 억제되었지만 제1차 세계대전 이후 일본 기업의 요구로 그 제한이 완화되었다. 공황에 대처하고 제국적 팽창을 위해 1930년대에는 공격적 공업화가 시작되었다. 식민국가가 근로자를 억압하면서 생산자 계층과의 밀접한 연대를 구축함에 따라 효과적인 강압적 제도가 발전하였다. 이러한 구조적 전환으로 식민국가는 개입정책에 기초해 성장과 산업화를 만들어내는 기반을 조성하였다.

30. Shin, Gi-Wook and Han, Do-Hyun(1999) 등은 이를 식민지 조합주의(colonial corporatism)라고 불렀으나 차별적 국가조합주의가 보다 적절하다.

지방자치의 왜곡

1910년에 도의 하부 행정구역으로 부 · 군을 두고, 그 아래 면을 설치하고 각각 도지사, 부윤, 군수, 읍장, 면장을 두었다. 1930년에 도 · 부 · 읍에 의결기관(지방의회)인 도회, 부회, 읍회가 설치되고 면에는 자문기관인 면 협의회가 설치되어 거의 전면적인 지방자치가 시행되었다. 그러나 의회의 의결사항이 법령에 의해 극히 제한되고, 총독이나 지사에게 그 예산에 대한 통제권이 있었다. 의장을 도시자, 부윤, 읍장이 겸하고 도의회 의원의 1/3을 도지사가 임명하였으며, 의원선거권이 제한되었다.

생산 · 이윤을 위한 국가주도의 국가－기업 연대

식민국가는 지주를 포섭하여 농업 통제를 강화했다. 지주들은 국가에 대한 기존의 영향력과 자율성을 상실했지만, 소유권에 기초해 토지에 대한 통제를 강화하였고, 지역공무원이 마을에 대한 통제를 유지하도록 협력하였다. 식민국가는 농업생산(과 수출) 증대를 위해 보조금, 개량종자, 비료, 관개를 통해 생산기술을 개선하는 데 노력하였고, 이 속에서 지주계층이 번성하였다. 기술과 보조금을 중심으로 한 국가와 유산계급의 포섭 패턴은 산업분야에서도 나타났다.

한국의 산업화에 대한 일본의 접근방식은 3단계를 거쳤다.

1단계로 식민지 첫 10년간은 일본 제조품의 출구로서 한국시장을 보호하려 했다. 식품가공업(특히 정미업)을 제외하곤 새로운 기업의 설립을 제한하는 법규가 도입되었지만 에너지, 철도 등 인프라에 대한 새로운 공공투자가 있었다. 총독부는 일본 기업가에게 금융 지원을 제공하여 조선에 공장을 설립하도록 하였다. 이 단계에서 조선인 중에 아직 의미 있는 산업자본가는 출현하지 못하였고, 조선에서 오랫동안 국가권력에 의존하여 성장해 온 상인층은 식민지 체제에 유착 · 편입되어 부와 사회적 지위를 누리며 식민지 지배체제 수립에 기여하였다.

2단계로 제1차 세계대전에 힘입어 일본은 채권국으로 전환되었고, 기업들은 이윤이 증가하자 해외에서 일본 자본의 출구를 찾았다. 한국 제조업에 대한 제한이 완화되었고 총독부는 소수의 일본투자자를 선정하여 투자처 선택을 돕고 토지, 자본, 보조금, 근로자 이동을 지원하였다. 이에 따라 미쯔이, 미쯔비시 등 기업집단이 한국에 진출하였다. 한편 3 · 1 운동에 힘입어 조선인들에게도 신용, 보조금 등 공공지원이 주어지며 산업자본가가 출현하여 경제영역을 넘어 조선을 개조하고 근대화하려는 사회적 영향력을 발휘하려 하였다.

3단계로 1930년대 이후 식민국가 주도로 급속한 산업화를 경험하였다. 대공황으로 보호무역이 팽창되자 일본은 제국 전체에 걸친 수입대체를 도모하며 성장을 모색하였다. 특히 1931년 만주 복속 후 한국은 후방 병참기지가 되었다. 식민국가는 기업과의 협력하에 산업정책을 제시하여 변화의 방향을 제시하였다. 또 금융, 보조금, 사업권, 공공구매를 통해 기업을 지원하였고 산업자본은 전시체제 속에서 식민국가에 적극 협력해야 했다.

요약하면 식민국가는 관료적 역량을 활용하여 무수한 경제과업을 착수하였다 : 세금의 확대, 하부구조의 구축, 직접적인 생산 참여. 식민국가는 의도적으로 유산계층을 생산지향적 연대로 흡수하였다. 이러한 유산계층은 경제과업을 완수하는 데 총독부에 협조함으로써 이윤을 포함해 다양하게 보상받았다. 식민국가는 대신 기술도입, 보조금, 금융, 훈계 등 많은 수단을 통해 한국인과 일본인의 지주와 사업가의 순종을 도모하였다. 메이지 일본을 모방한 이러한 발전모형은 국가주도적 경제로서 경제적 전환의 중심에는 국가－자본 연대가 놓여 있었다(Kohli, 2004).

일제하 사회의 후퇴와 국가 동원

한국에서 근대 사회로의 전환은 일본의 식민 지배로 방해받게 된다. 서구와 같은 시민혁명이나 전근대 사회의 해체가 결여한 출발이었다. 위로부터의 근대화를 도모하고 공공성을 명분으로 사적 영역을 국가통제하에 둔 일본 국가의 태도가 식민지배라는 특수한 상황으로 인해 더욱 강화되었다. 일제는 조선사회의 효과적인 동원과 통제를 위해 조선인 사이에서 연고를 벗어나 보편적 원리로 자발적으로 결성되는 사회조직을 와해하고 대신 총독부와 개별 조선인 간 (관변단체를 매개로 한) 수직적 관계로 통합하려 하였다.

학교는 설립과 운영비용이 주민이나 유지에게 전가된 채 국가의 통제를 받았으며 공공단체나 조합은 대부분 관변 단체적 성격이 강했다. 농촌의 동계류 조직은 지방 행정 · 재정 제도의 확립과 함께 그 기능이 크게 축소되었다. 새로운 형태의 목적계가 동계류 조직으로부터 분화하기도 하고 각종 관변조직과 단체들이 난립했다. 새로운 목적계들은 학계, 종계, 상포계, 유학계 등 기금을 조성하여 구성원 상호 간의 부조를 목적으로 하는 계조직이다.[31] 1920년대 이후 국내 자본가들은 산업별 단체의 조직에 나서나 항상 국가의 감시를 받았고 중일전쟁 이후에는 관제조직에 가입하여 전쟁 협력을 강요받았다. 특히 일본의 식민지배와 더불어 공적 권위를 상실한 정부에 대해 사회집단은 저항하거나[32] 많은 전통 양반가처럼 친족공동체와 동성촌락 등 연고집단에 조용히 침잠하였다.

한편 근현대에 협동조합 형태의 결사체가 도입되었다. 조합원들의 인적 연대를 기반으로 사업에 함께 참여하고 이익을 생산하는 일종의 상호부조 공동체였다. 1907년 국채배상운동이나 금주단연운동 외에 1907년에 조합원 출자에 기초한 관변 협동조합과 민간주도 협동조합(저축조합, 1917)이 등장하였으며, 1920년에는 '경성소비조합'과 '목포소비조합'이 설립된다. 1920년대 초반의 물산장려운동은 토착기업 육성을 위해 전국적으로 소비조합 설립운동을 동반하였다. 하지만 일제는 민간의 '계'모임을 금지하고 1920년대 자발적 협동조합들을 탄압 · 폐쇄하였다. 1930년대 중반 이후 농촌진흥운동에 흡수되거나 탄압을 받아 해산되었던 민간 협동조합운동세력들은 해방이 되자 다시 활성화되기 시작했다. 해방 이후에는 농민들을 중심으로 한 농업협동조합과 함께 다양한 생산자협동조합이 차례로 생겨났다(이경란, 2013).

압제적 사회통제

조선시대의 지방분권적 체제는 광무개혁을 통해 점차 중앙집권적 체제로 바뀌었으며 일제하에서 더욱 공고화되었다. 1930년대 지방정부의 의결기관인 부회, 읍회, 도회를 설치하였으나, 도의회의 의원을 부회나 읍회, 면협의회에서 간접 선출하거나 도지사가 임명하도록 하였다. 1943년에는 이조차도 추천선거제도를 시행하여 지방자치단체장이 상부기관이나 경찰들과 협의하여 후보자 추천모체를 구성하고 이들이 의원의 수만큼 추천하면 이들을 대상으로 투표를 하는 방식이었다(엄태석, 2016).

식민국가와 유산계층은 농민, 근로자 등의 순종을 유도하기 위해 협력하였다. 소작제를 통해 농민을 지

31. "계는 고려조 이래 군포계가 조직되면서 일반에게 보급되었으며, 조선시대에 동리계 · 학계 · 혼상계 · 농계 · 이식계 등 다종다양하게 확산되었다. 계는 일종의 조합으로 계약에 기초하여 일정한 재산을 이식하고 그것으로 지방공익이나 계원의 친화 · 공익을 도모하는 것을 목적으로 하는 단체이다. 계는 공공사업, 부조, 산업, 금융, 오락 등 그 목적에 따라 5개의 종류로 구분된다"(李覺鍾, 1923).

32. 일제하의 지방정치 과정에서도 여러 공직기구(자치 · 자문기구, 면민 · 시민 대회, 공공조합 · 단체)를 매개로 '공공 영역'(근대적 시민적 공공성)이 일정 부분 확대되고 있었다는 주장, 지방유력자들의 공공적 활동이나 실력양성 운동 과정에서 근대 규율 권력(혹은 식민지 권력)에 대한 동의나 합의가 꾸준히 확대되었다는 주장, 농촌 엘리트, 혹은 구장이나 중견 청년 등의 공적 활동 혹은 근대에 대한 욕망 과정에서 식민지 지배에 대한 동의나 합의 기반이 확대되었다는 주장도 있다.

주에 의존적으로 만들었고 소작인 조직은 응징되었으며 관료, 경찰, 정보원 등을 통해 압제적 지배를 만들어 냈다. 작업장 규제나 근로자 보호가 거의 없는 상태에서 노조 활동, 노조 설립, 파업을 금지하였다. 매우 폐쇄적이고 격리 · 보호되는 공장에서 개별 기업은 근로자의 일상생활에까지 영향을 미치며 상당히 자유롭게 경영하였고 전쟁기간에는 국가가 직접 근로자를 통제하여 동원하게 되었다. 고용주와 근로자를 포함하는 산업애국클럽이 만들어져 생산증대에 활용되었고 전일제 임금을 지급받는 근로자 대표자와 고용주는 단체를 결성하여 근로자를 교육하였으며 생산과정을 더 효율적으로 만들고 근로자 간의 갈등을 막았다. 임금은 생산성에 못 미쳐 높은 수익성과 지속적인 투자와 성장을 촉진하였다. 결론적으로 일제하의 국가-사회관계는 고도로 관료화된 침투하는 중앙집권적 국가, 생산 · 이윤을 위한 국가주도의 국가-기업 연대, 근로자 계층에 대한 압제적 사회통제로 요약할 수 있다.

7. 결어 : 제도적 유산

7.1 근대화와 선진국 함정

조선 근대화의 실패는 신흥세력의 보수화가 원인

우리나라의 전(前)산업화 세계에서 근대 세계(modern world)로의 진입은 19세기 후반에 들어서야 단초를 보이기 시작하였다. 군주 주권국이었지만 강하지 않았던 왕권으로 지주층은 중앙에서는 강력한 관료지배층을 구성하고 향촌에서는 향청을 장악하며 농업의 상업화와 산업화나 농민층의 반발과 도전을 억누를 수 있었다. 집권 지주층은 근대로의 전환 시기에 들어 내부 개혁을 이루는 데 실패하였다. 양란 이후 상인계층을 중심으로 수공업자, 자립 소농 등 신흥세력이 성장하였지만 기존 사회체제를 극복하지 못하고 어느 정도 부를 축적하면 기존의 지배층인 양반지주로의 변신을 꾀하고 그들에 동화되었다. 농민층은 양반 지주층의 소작 관계와 수령-이서층의 수탈에 시달렸다. 대한제국 성립으로 황제는 신흥 상인계층의 협력하에 근대화를 모색하나 제국주의의 국제환경 속에서 결국 식민지 지배로 귀결된다.

일본에 봉사했던 산업화와 근대화

식민지 조선의 발전은 일본이 주도하는 산업화와 근대화에 종속되어 이루어졌다. 일본의 경우에는 상공계층의 성장이 미약한 가운데 토지귀족이 국가의 관료세력과 연합해 황제를 전면에 내세우며 위로부터의 근대화를 이끌었다. 공업화와 농업의 상업화가 진행되었지만 기존의 사회질서를 보존하며 국가주도로 진척되었다. 국가는 민주주의를 억압하고 군국주의를 통해 식민지적 팽창에 사회를 동원하였다. 식민지 조선에서도 산업화가 진척되었지만 그것은 식민모국에서 국가주도로 설정된 분업연관하에서 진행된 것이었다. 자본의 소유주도 일본인이 지배적이었고 한국인 상공인은 대부분 영세하였으며 일제와의 유착 속에서 성장했다.

일제 식민지에서 해방된 이후 분단을 거쳐 시장경제가 성립하지만 산업화와 근대화는 국가주도로 진행되었다. 독립 후 한국에서는 지주가 몰락하고 자본가 계층은 오랫동안 취약하였다(김일영, 1992 ; 배링턴 무어, 1990). 농업이 여전히 지배적이었지만 지주층은 농지개혁과 전쟁으로 그 세력이 급격히 약화되었다. 일본 기업 해체, 귀속기업체 불하, 전후 복구, 원조를 배경으로 자본가 계급이 양적으로 성장하였지만 여전히 미미하였고 국가 의존적이었다. 노동자와 농민층은 농지개혁과 한국전쟁으로 보수화되거나 취약해졌다. 국가는 계급적 제약으로부터 상대적 자율성을 누릴 수 있었다. 식민지배와 전쟁의 결과 경찰과 군부가 팽창하여 국가의 억압기구와 능력이 커졌으며, 귀속토지와 기업체를 이어받아 우월한 물적 기반을 가졌기 때문이다.

선진국 진입의 주역인 대기업집단이라는 멍에

한국은 제한된 산업화로 산업가의 성장이 부진한 가운데 전통적 지배계급인 지주가 몰락한 상태에서 강력한 군부독재 국가가 민주주의를 억압하며 노동자와 농민뿐만 아니라 상공인을 동원하여 산업화를 이끌어 상위 중진국으로 올라설 수 있었다. 이후 중산층의 적극적 참여로 지속적인 민주주의의 확장을 경험하고 대기업집단의 선도로 선진국에 진입하게 되었다. 대기업집단은 중화학공업이 주력산업으로 자리 잡게 된 경제에서 이들 산업의 기술집약성을 높이는 데 적합하였다. 하지만 혁신이 주도해야 할 선진국으로서의 성장을 규모와 범위의 경제에 뛰어난 대기업집단에 의존하는 데는 근본적 한계가 있다. 외환위기 이후 규제완화와 자유화 개혁은 총요소생산성의 빠른 개선과 특허활동의 증가를 낳았는데, 그 개선은 재벌이 지배했던 산업에 재벌과 무관한 기업들이 진입하였기에 가능하였다(Aghion, Guriev, and Jo, 2021). 더욱이 대기업집단은 기득권을 유지하기 위해 집중된 경제력과 그에 따른 사회 · 정치적 영향력을 이용하여 혁신에 반하는 경제제도를 지속할 유인을 가진다. 이런 면에서 대기업집단은 우리나라의 선진국 함정을 야기할 위험성을 가지고 있다고 할 수 있으며, 현재의 한국경제 성장 둔화, 특히 혁신의 부진을 낳는 원인의 하나라고 할 수 있다. 특정 종류의 조직이 기술의 최전선에서 멀리 떨어져 있는 국가에 유용할 수 있지만, 그 역사적 소명이 약화된 후 적절히 변화되지 못할 경우 사회적 비효율성의 원천으로 작용할 수 있다(Acemoglu, Aghion and Zilibotti, 2001).

7.2 제도적 유산 : 경제성장의 제도적 · 역사적 기반

(1) 중앙집권적 관료국가의 유제

오래된 국가의 역사

경제성장에 대한 최근의 문헌들은 제도와 정책, 정부와 사회조직 수준, 국가 효율성이나 다른 형태의 사회적 역량 차이가 경제성장의 수준과 속도의 차이를 만들어 낸다는 생각을 담고 있다. 경제 제도가 개인의 역량축적과 기업의 투자 및 생산 활동이 이루어지는 경제적 환경을 결정하기 때문이다. 무엇이 한 사회의 제도적 역량 수준을 결정할까? Bockstette et al(2002)는 각국의 역사적 유산이 중요하다고 보며, 그중에서도 종족 단위를 넘어서는 국가적 경험을 강조한다.[33] 즉, 오래된 국가적 역사가 현 시점에서 그 국가의 제도적 역량과 안정성과 상관관계가 있음을 보여주고 있다. 이들은 여기에서 한발 더 나아가 어떤 국가의 현시점에서 제도적 역량과 안정성이 일정하더라도 오래된 국가적 역사는 독립적으로 경제성장에 예측력을 가지고 있다고 주장한다. 국가의 오래된 역사는 다양한 이유로 경제성장에 유리하게 작용할 수 있다. 예를 들어 공공행정에는 경험에 따른 학습이 작용하므로 전국적 단위에서 행정을 한 경험이 풍부한 인력을 가진 오랜 국가

33. 이들은 국가의 역사 지수를 다음 3가지 지표로 평가한다 : ① 부족 수준을 넘어서는 정부가 있었는가? ② 식민지 또는 식민적 지배를 받는 정부가 아니었는가? ③ 현재의 영토적 범위에 해당하는 영역을 얼마나 지배하였는가?

는 부족이나 종족 단위에 머물다 새로이 등장한 국가보다 유리하다. 국가 운영 경험은 관료적 규율과 계층적 통제에 부합하는 태도의 발전을 통해 정부의 효과성을 높인다. 신석기 시대 이래 현재까지의 경제발전은 전통경제에서 현대경제로 단번에 도약하는 과정이 아니었다. 채집 경제에서 갓 벗어난 농경사회가 한 세대 만에 산업사회로 전환하는 것은 기대하기 어렵다. 사회적 태도와 능력이 변화하는 속도에는 제한이 있기 때문이다.

한국의 국가 거버넌스 역시 오랜 과정을 거쳐야 했다. 혈연 · 지연의 공동체 무리사회에서 출발하여 군장의 협의체 국가와 연맹왕국으로서의 초기국가(고조선)를 거쳐 국왕에게 국력이 집중되며 관료제가 등장한 고대국가(삼국시대)가 성립한다. 하지만 고려에 이르러서야 중앙에 국왕을 정점으로 하는 관료통치체제가 본격화되고 지방에도 제한적이나마 중앙관료가 파견되기 시작하며 중앙집권적 행정체계가 전국적으로 관철되게 되었다. 이어 조선에서는 능력 위주의 관료제가 확립되고 전국의 모든 영역을 중앙의 직접적 관할 아래 두게 되었다. 이어 17세기 이후에는 마침내 면리 단위까지 수령과 관 주도의 향촌 지배가 가능해졌으며, 대한제국에 이르러서는 지방관의 권한을 중앙정부로 이관하는 대신 근대적 지방자치로서 향회제도가 시행되었다. 마지막으로 일제 식민지에 이르러 이렇게 발전한 국가는 식민지 지배기구로 탈바꿈하게 된다.

우리나라가 오랜 시간을 거쳐 전국적 지배력을 가지는 국왕 중심의 중앙집권적 관료국가를 발전시켜 왔지만, 동시에 중국이나 일본과는 구별되는 한국적 국가성격도 지속되었다. 첫째, 중앙집권적 군주제 국가였지만 군주가 무력함을 느낄 정도로 관료제를 통해 제도와 규범상의 제약을 받았으며 관료들의 공론을 존중해야 했다. 둘째, 중앙집권적 지배체제가 전국적으로 일관되게 관철되었지만, 비록 그 단위가 군현(고려)에서 면리(조선)로 축소되었으나 지방분권적인 향촌의 자치질서가 공존하였으며, 이는 대한제국 하에서 군, 면, 리에서의 근대적 지방자치제인 향회로 대두하였다.[34]

중앙집권적 관료국가의 부정적 유산

오래된 국가의 역사가 경제성장에 유리하게만 작용하는 것은 아니다. 중앙집권적 관료국가에 대한 평가는 생각보다 후하지 못하다. 알렉산더 우드사이드는 저서 『잃어버린 근대성들』에서 중앙집권적 관료국가를 과거제와 관료제를 기반으로 귀족제를 대체하고 개인의 능력에 따라 공정하게 사회적 권위를 가지는 능력주의(meritocracy) 사회로의 혁명을 이끌며 합리적 사고를 정치와 경제에 적용하려는 인간 이성의 성취로 보았다. 그러나 동시에 능력주의 사회는 규정과 문서 본위의 정치문화를 낳고 행정이 정치를, 문서가 현실을, 문서의 완성이 실행을 대체함으로써 관료들을 자부심과 책임성을 상실한 채 공익보다 다음의 경력에 초점을 맞추게 하였다. 한편 중앙집권적 관료국가의 원조인 중국에서의 평가는 특히 비관적이다. 이중텐(2019)은 진시황 이래 성립한 중앙집권(군현제) 국가를 떠받쳤던 관원대리 체제에서 모든 법률은 통치의 도구였지만 윤리로 포장되었고 황제의 대리인 자격을 가진 관원들은 하나의 이익집단으로 성장하였으며, 결국 지방 관원들의 부패는 제국의 무덤을 파게 되었다고 평가했다.

중앙집권적 관료국가에 대한 이러한 부정적 평가에도 불구하고 현대에 와서 현실의 대부분 국가들은 중앙의 권력이 전 국토에 걸쳐 일관되게 작용하고, 능력주의에 기초해 임용되고 승진되는 관료들에 의해 운영

---

34. 일제 식민지배하에서 국가가 과잉 팽창되며 많은 왜곡을 남겼다. 일본제국의 이익에 봉사하도록 고도로 권위적이고 전제적인 국가가 등장하며 전국에 걸쳐 관료적 통제와 침투를 강화하고 광범위한 경찰력에 의존하였다. 또한 지주, 자산가를 포섭하여 식민지 경영에 협조하도록 하는 대신 노동자와 소작농에 대해서는 배제와 억압적 통제를 이어갔다.

된다는 점을 감안하면 그 비판의 강도가 과도하다고 할 수 있다. 우드사이드나 이중텐이 지적하는 부작용이 전면적으로 나타나는 국가를, 특히 선진국들 중에서 찾아보기 어렵기 때문이다.

결과적으로 중앙집권적 관료국가의 부정적 유산은 그 본질적 속성보다는 이를 둘러싼 시대적 배경, 즉 전제성과 그 이념적 뒷받침인 유교에서 비롯한다고 판단된다. 주지하다시피 과거 중국의 중앙집권적 관료국가는 일군 만민의 전제국가였고 유교는 그 치자, 특히 학자적 관료층이 스스로를 수양하고 피치자를 다스리는 사유체계였다. 군주를 정점으로 했던 전제왕조는 만민이 계급적 · 신분적 질서에 복종하도록 강제하였고, 유교는 신분질서에의 순응을 강조하는 한편 국가를 가족관계가 확장된 것으로 보고 가정에서 부(夫)의 권위에 복종하듯(孝) 피치자는 군주와 그 대리인인 관료의 권위에 복종(忠)할 것을 강조하였다. 결과적으로 전제국가와 유교는 우리 사회에 집단의 위계적 질서가 강조되고 개인이 이에 순응하도록 하는 '수직적 집단주의(vertical collectivism)'의 특성을 남기게 되었다. 중앙집권적 관료국가로서 한국의 전통사회는 교육적 성취와 그에 따른 관료적 지위가 사회적 지위와 명성을 결정하여 왔다. 물론 이러한 전통이 낳은 교육적 열망 덕분에 우리나라가 독립 후 정규 교육을 단기간에 빠른 속도로 확대시킬 수 있었던 것은 사실이다. 그러나 학자적 관료로서의 소양과 자격을 인정받을 목적으로 하거나 학자적 관료라는 치자로서의 소양 확대에 필요한 교육훈련[35]을 넘어서 근대 과학과 산업을 낳은 진리 그 자체를 목적으로 하는 탐구나 실용적 지식과 숙련의 함양 노력은 상대적으로 경시되는 위험성을 안고 있다.

(2) 공동체적 유제

오래된 공동체적 유제가 낳은 협력적 관계

공동체적 유제는 중앙집권적 관료지배체제 이상으로 오랫동안 한국 사회가 간직해 온 제도적 전통이라 하겠다. 한국에서 공동체적 유제는 다양하게 표출되어 왔다. 중앙정부 단위에서는 화백회의로 상징되는 합의의 정치가 왕조를 달리하며 반복되었고 일상에서는 혈연적 가족 공동체 외에 농업을 배경으로 하는 지연 공동체가 끊임없이 이어져 왔으며, 지연공동체는 지배 종교와 결합되어 한때는 불사 공동체(향도) 또 한때는 유교적 공동체(향약)로도 표출되었다. 이러한 공동체는 우리들의 문화와 의식구조에 깊이 반영되어 우리의 생활 곳곳에서 지금 이 순간에도 나타나고 있다. 이에 따라 오늘날 한국인의 문화나 심리작용을 설명하는 데 보편적 특성으로 집단주의(충성의 대가로 내집단 구성원들이 자신을 돌봐줄 것을 기대할 수 있는 긴밀한 사회적 틀에 대한 선호)나 관계주의(자신을 사회적 맥락과 연결된 존재로 인식하고 타자와의 관계를 감안하여 행동) 또는 우리주의가 자주 제시되고 있다.

한편 대체로 동일한 영토 내에서 천년 이상 거슬러 올라가며 단일한 국가를 유지한 것은 국가를 매개로 공통된 공동체적 정체성을 확립하는 데도 큰 기여를 하였다. 민족주의는 경제성장의 문화적 요인으로 자주 인용되어 왔으며, 특히 개발도상국에서는 급속한 경제성장의 어려움과 사회적 혼란 속에서 대중 동원과 정당

---

35. 유학에서의 교육이란 학자적 관료의 자신에 대한 수양이자 다른 사람을 다스리는 법에 대한 수양으로 '수기치인(修己治人)' '수신제가치국평천하(修身齊家治國平天下)'의 방법론을 배우는 것이다. 자신을 수양하여 관료가 되는 사람은 사리사욕이 없는 청렴이 요청되었고 수양의 성과는 지위의 상승으로 확인되었다. "깨우친 연후에야 능히 스승이 되고 스승이 된 연후에야 벼슬들 중 가장 높은 君主가 될 수 있다. 그리므로 스승이라는 것은 군주가 되는 길을 배우는 것이다… 옛 기록에 삼왕사대의 시대에는 군이 곧 스승이고 스승이 곧 군이었다고 했는데 이것은 곧 위의 글을 뜻하는 것이다"(禮記 제18 學記 9).

성의 이념으로 기능할 수 있다. 민족주의는 많은 국가에 파괴적인 영향을 미쳤던 내전이나 기타 다른 형태의 정치적 불안정을 피하는 데 도움이 되어 왔다. 특정 부족, 종교, 지역에의 함몰은 세계 여러 지역에서 경제성장에 심각한 장애물이 되어 왔다. 통일된 국가와 공통의 언어 및 정체성은 사회적 동질성을 국가 단위로까지 확장시킴으로써 사회적 자본에서 언급하는 사회적 상호작용의 신뢰와 용이성을 촉진하고 그에 따라 국가의 독립과 경제적 성취를 개인과 사회조직이 자발적으로 자신들의 것으로 받아들이고 있는 것이다. 한국에서 민족적 정체성은 근대화 과정에서 자부심과 영감의 원천이 되어 왔다. 민족적 동질성은 (민족 간 경쟁의 부재로 인한) 사회나 지역 또는 계층 간 긴장이나 갈등의 부재를 넘어 국가와 기업, 관료와 기업인 그리고 근로자 간의 긴밀한 유대와 적극적 협력 그리고 선도적 행동을 촉진했다. 상호 지원적인 사회적 맥락은 국가, 대기업, 이해집단들을 국정의 파트너로 조화롭게 행동하게 하였다.

한국경제가 전형적인 후발 산업국에서 출발하여 압축성장을 이루어내고 잦았던 위기들 극복해 낸 배경에는 우리라는 공동체 의식이 자리 잡고 있다고 할 수 있다. 공동체 의식은 기업 속에 승화되어 상부상조하고 자신보다 소속 기업의 성공을 우선시하는 헌신적인 자본가와 노동자들의 경제 의지를 이끌어냈다. 기업의 안팎으로 뻗어 있는 혈연, 지연, 학연의 전통적 연고망이 낳은 친근감은 기업 안팎으로 연망 구성원 간의 신뢰감과 협력을 자극하였다. 특히 최고경영자의 연고망은 활동하는 산업에서의 기회와 위협, 경쟁 및 규제 상황을 사전에 인지하고 협력을 받도록 할 뿐만 아니라 공급 사슬을 연계하는 데 매우 중요한 요소가 되어 왔다.

공동체적 유제의 부정적 유산

공동체적 유제 역시 경제성장과 발전에 유리하게만 작용하는 것은 아니다. '우리'라는 의식에는 '우리 이외'의 세상에 대한 배타성과 폐쇄성을 표출할 수 있기 때문이다. 특히 혈연, 학연, 지연의 전통적 연고망은 기업 내부에서조차 부서 간의 의사소통이나 정보 및 인원 교류를 제약한다. 특정한 연고망에 소속된 사람들만이 의사결정과 지위를 장악하여 조직을 마비 상태로까지 내모는 경우가 있다. 더 나아가 전통적 연고망은 '우리'라는 집단을 만들어 '도둑들 간의 명예(honors of thieves)"에 함몰되어 파벌의 해악(mischiefs of faction)'을 야기하고 있다. 전통적 연고망의 지속은 한편으로 사회의 규범과 도덕성을 파괴하고 다른 한편으로는 특혜와 정실주의를 낳으면서 구조적 부패로 연결되고 있다. 특히 다른 사회와 달리 우리 사회의 권력이 과도하게 집중되는 관료집단과 민간기업(특히 대기업집단) 간의 공조는 대항력을 찾아보기 어렵기에 국민의 우려를 낳고 있다.

사회조직의 형성과 확장은 혁신기반 경제뿐만 아니라 사회적 정의와 공평성을 위해서도 필요하다. 그러나 사회조직이 전통적 연고망에 과도하게 의존하는 상황은 개선되어야 한다. 전통적 연고망(특히 대기업집단의 경우에는 혈연망)은 구성원의 변경이 매우 어렵다는 점에서 폐쇄성과 정체성을 가지기 때문에 사회조직에서 기대되는 긍정적 효과를 거두기 어렵기 때문이다. 특히 혁신기반 경제에서 요구되는 유동적이고 환경변화에 대한 높은 적응력은 연고망을 대신하는 개방적 연결망을 필요로 한다.

[참고문헌]

강원택 편(2018), 『지방자치의 이해』, 박영사.

구산우(1999), 「중세의 지역촌과 자연촌」, 『사회사로 보는 우리역사의 7가지 풍경』, 역사문제연구소, 역사비평사, pp. 143~152

_____(2001), 「고려전기 향도의 불사 조성과 조성원 규모」, 『한국중세사연구』, 10, p. 66.

국사편찬위원회(2003), 『한국사 33 : 조선 후기의 경제』, 탐구당.

___________(2003), 『한국사 34 : 조선 후기의 사회』, 탐구당.

___________(2003), 『한국사 36 : 조선 후기 민중사회의 성장』, 탐구당.

___________(2013), 『한국사 3 : 청동기문화와 철기 문화』, 탐구당.

그레고리 핸더슨(2000), 『소용돌이의 한국정치』, 박행웅 역, 한울아카데미.

김성우(2001), 『조선중기 국가와 사족』, 역사비평사.

김일영(1992), 「계급구조, 국가, 전쟁 그리고 정치발전-B. Moore 테제의 한국적용가능성에 대한 예비적 고찰」, 『한국정치학회보』, 26(2).

김현영(1998), 「16세기 사족의 향촌지배」, 『한국사 31 : 조선 중기의 사회와 문화』, 국사편찬위원회.

_____(1999), 『조선시대의 양반과 향촌사회』, 집문당.

노혁진(1987), 『시대구분에 관한 일견해, 삼불김원룡교수정년퇴임기념논총 I』, 一志社, pp. 755~767.

동북아역사넷, 동아시아의 역사.

마루야마 마사오(1997), 『현대정치의 사상과 행동』, 한길사, p. 78.

박대재(2013), 「국가형성기의 복합사회와 초기국가」, 『先史와 古代』, 38.

박세훈(2004), 「동원된 근대」, 『한국근대미술사학』, 13.

박익환(1995), 『조선향촌자치사회사』, 삼영사.

_____(2000), 「사족지배체제와 지방지배」, 『조선은 지방을 어떻게 지배했는가』, 한국역사연구회, 아카넷.

박진훈(2017), 「토지 소유와 중세적 토지 지배 관계」, 『고려시대사 2 : 사회와 문화』, 푸른역사.

배링턴 무어(1990), 『독재와 민주주의의 사회적 기원』(Social Origins of Dictatorship and Democracy, 1967), 진덕규 역, 까치.

변태섭(1986), 『한국사통론』, 삼영사.

브루스 커밍스(1986), 『한국전쟁의 기원』, 김자동 역.

알렉산더 우드사이드(2012), 『잃어버린 근대성들』, 너머북스.

엄태석(2016), 「우리나라 지방정치 발달사」, 『지방정치의 이해 1』, 강원택 편, 박영사.

윤진석(2019), 「한국 고대 부체제의 형성과정과 운영방식 재검토-部의 내부구조와 왕권과의 관계를 중심으로-」, 『한국고대사탐구』, Vol. 32.

이경란(2013), 「한국 근현대 협동운동의 역사와 생활협동조합」, 『역사비평』, 역사비평사.

이근 · 류근관 외(2007~2008), 『해방 이후 한국기업의 진화 1, 2』, 서울대학교출판부.

이기백(1999), 『한국사신론』, 일조각.

이만갑(1973), 『한국농촌사회의 구조와 변화』, 서울대학교출판부.

이수건(1984), 『한국 중세사회사 연구』, 일조각.

이중텐(2019), 『이중텐 국가를 말하다』, 심규호 역, 라의눈.

이태진(1991), 『조선시대 정치사의 재조명 : 사화 · 당쟁 편』, 범우사.

이해준(1996), 『조선시기 촌락사회사』, 민족문화사.

이헌창(2014), 『한국경제통사』, 해남.

전우용(2011), 『한국 회사의 탄생』, 서울대학교출판문화원.

정진영(1999), 「조선 후기 동성촌락의 형성과 발달」, 『사회사로 보는 우리역사의 7가지 풍경』, 역사문제연구소, 역사비평사, pp. 153~165.

존 B. 던컨(2012), 『조선왕조의 기원』, 김범 역, 너머북스.

주보돈(2006), 「신라의 부와 부체제」, 『부대사학』, 30.

지수걸(1996), 「일제하 공주지역 유지집단의 도청이전 반대운동」, 『역사와 현실』, 20호.

_____(1997), 「일제하 전남 순천지역의 소작인조합운동과 '관료-유지 지배제체'」, 『한국사연구』, 96.

채상식(2012), 「한국 중세시기 香徒의 존재양상과 성격」, 『한국민족문화』, 45, p. 70.

채웅석(2000), 『고려시대의 국가와 지방사회』, 서울대학교 출판부.

_____(2002), 「여말선초 향촌사회의 변화와 매향(埋香)활동」, 『역사학보』, 173, 역사학회, p. 96.

최재석(1988), 『한국민족문화백과대사전』, 한국정신문화연구원, 227-230.

한상복(1980), 「한국인의 공동체 의식에 관한 연구」, 『한국의 사회와 문화 제3집 : 한국현대사회의 문화전통』, 한국정신문화연구원 편, 한국정신문화연구원.

한영우(2017), 『다시 찾는 우리역사』, 경세원.

황태연(2017), 『백성의 나라 대한제국』, 청계.

李覺鍾(1923), (朝鮮民政資料) 契に關スル調査, 朝鮮總督府, pp. 1~12.

Acemoglu, D., Aghion, P. and Zilibotti, F.(2006), "Distance to Frontier, Selection, and Economic Growth," *Journal of the European Economic Association*, Vol. 4 No. 1, pp. 37~74.

Aghion, P. S. Guriev, and Kangchul Jo(2021), "Chaebols and Firm Dynamics in the Republic of Korea," 제2021 -7, 한국은행.

Bockstette et al(2002), "States and Markets : The Advantage of an Early Start," *Journal of Economic Growth*, 7 : 347-369.

Castles, F. G.(1973), "Barrington Moore's Thesis and Swedish Political Development," *Government and Opposition*, Vol. 8 No. 3.

Cumings, Bruce(1981), *The Origins of the Korean War*, Vol. 1, Princeton, NJ : Princeton University Press.

_____________(1990), *The Origins of the Korean War*, Vol. 2, Princeton, NJ : Princeton University Press.

Eisenstadt, S. N.(1963), *Political Systems of Empires*, Free Press of Glencoe.

Henderson. Gregory(1968), *Korea : The Politics of the Vortex*, Harvard University Press.

Kang, Bong Won(1992), A Reexamination of Korean Megalithic Tombs and Social Organization, Paper Presented at the 57th Annual Meeting for the Society for American Archaeology, April 8 -12

Kohli, Atul(1994), "Where Do High Growth Political Economies Come From? The Japanese Lineage of Korea's Developmental State," *World Development*, Vol. 22(9), Elsevie.

__________(2004), *State–Directed Development*, Cambridge University Press.

Koo, Hagen(1993), *State and Society in Contemporary Korea*, Ithaca, NY : Cornell University Press.

McNamara, Dennis(1990), *The Colonial Origins of Korean Enterprise : 1910–1945*, Cambridge : Cambridge University Press.

Robinson, J. A, D. Acemoglu, and S. Johnson(2005), "Institutions as a Fundamental Cause of Long–Run Growth," *Handbook of Economic Growth*, 1A : 386–472.

Shin, Gi–Wook and Han, Do–Hyun(1999), "Colonial Corporatism : The Rural Revitalization Campaign, 1932–1940," in Gi–Wook Shin and Michael Robinson eds., *Colonial Modernity in Korea*, Harvard University Press.

제5장 한국경제 발전의 회고 : 도전과 응전

1. 국가 조합주의하의 재건 : 1945~1961 | 2. 발전국가 조합주의 : 1962~1973
3. 발전국가 조합주의의 강화 : 1973~1979 | 4. 발전국가 조합주의의 재현 : 1980~1987
5. 민주화 : 1987~1992 | 6. 신자유주의적 레짐전환의 노력 : 1992~1997 | 7. 국가중심적 사회 조합주의 : 1997~

제5장에서는 역사학자 토인비(A. J. Toynbee)가 역사 발전의 원동력을 파악하기 위해 사용한 '도전과 응전(Challenge and Response)'을 키워드로 독립 이후 한국의 경제발전 과정을 되돌아본다. 도전과 응전은 시대 구분의 유용한 틀이 될 수 있다. 즉, 이 장은 한국의 경제발전이 한국경제가 매번 새로운 모습으로 등장하는 도전에 직면하여 이에 응전하는 과정에서 진행되었고, 도전과 응전은 매번 달랐다는 관점에서 경제발전 과정을 회고한다. 즉, 특정 시대의 특징을 당대의 사람들이 그 시대의 독특한 도전에 어떻게 응전하였는가로 파악하려 한다. 응전에서 우리는 경제정책뿐만 아니라 사회정책[1]에도 주목하였다. 제1장과 제2장에서 강조하듯 한국경제 성장은 사회정책이 가능하게 했던 인간 역량의 확충에 의존한 바가 컸기 때문이다.

이 장에서의 해방 이후 시기 구분은 제2장의 상위중소득 및 고소득 국가로의 이행과 제4장에서의 국가-사회관계의 변화에 기초하여 전체 시기를 (발전)국가 조합주의 시기와 국가중심적 사회 조합주의 시기로 구분하고, 이들 두 시기의 전환기로 민주화기를 설정하였다. 따라서 이 장은 1945~1961년(국가 조합주의하의 재건), 1962~1987년(발전국가 조합주의와 중진국 그리고 안정화), 1987~1992년(민주화), 1992~현재(국가중심적 사회 조합주의와 신자유주의 그리고 선진화)로 구분하였다.[2] 제5장의 논의에 기초한다면 한국경제의 정치·경제 레짐은 민주화 이전까지 계속 일제 강점기에 왜곡된 국가의 과도한 비대화와 약한 사회의 영향하에 놓였다고 할 수 있다. 그러나 민주화와 더불어 강한 국가와 강한 사회로 이행하며 국가중심적 사회 조합주의로 변화해 가고 있다고 판단된다. 한편 이미 언급하였듯이 한국경제의 성장은 인간발전, 역량발전 또는 자유의 확장을 동반하였다. 즉, 한국경제의 성장은 개인의 소득이 높아지고 교육수준이 향상되었으며 건강수준 역시 쉬지 않고 개선되는 과정이었다. 그 결과 자신을 사회적 맥락과 연결된 존재로 인식하지만, 동시에 자기를 사회적 영향력을 발휘하는 중심적 존재로 바라보는 '주체적 자기(subjective self)'가 탄생하게 되었다. 즉, 고도 경제성장과 인간 역량 확충에 힘입어 건강한 몸과 경제력을 갖추고 교육을 통해 독자적으로 판단할 수 있는 능력을 구비한 모든 면에서 독립적 개인들이 탄생하였다. 이들이 한국경제의 남은 숙제, 즉 혁신기반 경제를 개척해 나갈 구성원들인 것이다. 또한 역사적 유산인 중앙집권적 국가와 관계주의적 공동체의 전통을 기반으로 이들 세대에게 걸맞는 제도를 만들고 다듬어 가야 할 과제가 현세대에게 주어진 도전이라고 하겠다.

---

1. 제5장에서 검토하는 사회정책은 전통적 의미의 사회정책(공공부조, 사회보험, 사회복지 서비스, 보건의료 등)을 넘어 노동정책, 임금정책, 교육정책을 포함한다. 이 경우 경제성장은 인간 역량의 확장에 낙수효과(trickle down effect) 또는 전이효과(spill over effect)를 낳는다(김순양, 2015).
2. 1962~1987년 시기는 1962~1972년, 1973~1979년, 1980~1987년으로 나누었고, 1992년 이후는 1992~1997년, 1997년 이후으로 세분하였다.

1. 국가 조합주의하의 재건 : 1945~1961

1.1 도전

제2차 세계대전에서의 연합국 승리가 가져온 한국의 독립은 3가지 도전을 남겼다.

첫째, 국가와 사회의 재건이다. 서구의 경험이 보여주듯 산업화는 근대국가 형성과 민주화와 병행하였다. 구한 말부터 산업화의 경험은 쌓였으나, 일제 강점으로 인해 주권재민에 기초한 국가와 사회의 형성은 멈추었다. 이제 어떤 국가, 어떤 사회 또 어떤 체제를 선택할 것이고 어떻게 정부기능을 확충하며, 사회 욕구를 해소하고 갈등을 완화하며, 어떤 사회–국가 관계를 만들어갈 것인가라는 도전에 직면하게 되었다. 둘째, 정치적 독립에 걸맞은 경제적 독립과 세계 경제로의 편입이다. 그동안 종속되었던 일본 경제권에서 급작스럽게 이탈함에 따라 큰 혼란이 생겨났다. 토지와 산업시설의 소유권이 모호해졌고, 일본인 경영자와 기술자들이 사라져 기업들은 정상 운영될 수 없었다. 일본과의 교역이 중지되어 더 이상 원자재와 자본설비를 수입할 수 없었다. 제조업은 그 생산이 급격히 위축되고 생필품 부족이 만연하였다.[3] 셋째, 전쟁의 피해 복구와 북한과의 경제관계 단절을 극복해야 했다. 일제 강점기 동안 남북한 간에는 산업구조에 뚜렷한 차이가 있었다. 남한에서는 주로 섬유, 식품가공, 인쇄 등 경공업이 발전했지만, 북한에는 지하자원, 전력시설, 중화학공업이 주로 포진했다. 북한으로부터의 비료와 전력 공급의 중단(1948)과 남한의 경제교역 중단(1949), 산업기반 파괴(한국전쟁)로 한국의 생산수준은 급감했고 홀로 설 수 없는 산업구조가 남겨졌다. 식민지 독립과 뒤이은 혼란 그리고 한국전쟁으로 한국은 대내적(과도한 실업과 인플레이션)으로나 대외적(만성적인 국제수지 적자)으로 모두 불균형을 나타냈다. 일본 및 북한과의 경제관계 단절은 저생산–고실업이 나타났고, 일제 말기부터 세수 부족으로 정부지출이 통화발행에 의존함에 따라 과격한 인플레이션이 경제를 교란하였다.[4]

1.2 응전

(1) 강한 국가의 출현과 대기업의 등장

권위주의 체제

독립 후 한국은 마침내 서구에서처럼 시민연합으로서의 국가나 입법국가를 건설할 기회를 가졌다. 임시정부는 이미 정치체제로 군주제를 대신하여 민주공화국을 선택하였다. 미소가 남북한을 분할 통치하고 북한이 공산주의를 표방하며 대치하는 속에서 제헌헌법(1948)은 군주제와 계획경제를 부정하고 민주공화제를 선택하게 하였다. 3년의 한국전쟁 이후 민주주의는 한국의 정치질서로 확고하게 자리 잡았다. 제헌헌법은 대통령 중심제를 선택하게 했으며, 대통령의 선출은 이후 국회 선출에서 직선제(1952)로 전환하여 보통선거로 정

3. 해방 전 일본인은 제조 부문에서 총자본액의 94%를, 기술직의 80%를 점하고 있었다. 1946년의 제조업 규모는 1939년의 30% 수준이었고 1943년 20만 명에 달하던 제조업 종사자는 1946년에 11만 명으로 급감하였다(신유근, 1985).

4. 당시 물가는 1945년 8월 100 수준에서 3년 뒤인 1947년 12월 800 수준으로 급등하였다.

권을 교체하는 민주주의가 성립하였다.[5] 그러나 남북 분단과 1947년 이후 미소관계 악화를 거치며 좌우 대치와 사회불안이 한국사회를 억눌렀다. 미군정은 일제의 억압기구를 부활시켜 공산세력을 억압하였고 이승만과 반공이념을 함께하는 집단에 권력이 집중되었다. 한국전쟁으로 경찰과 군대의 억압적 통제는 더욱 강화되었고 정치현실은 매우 권위적인 형태로 나타났다. 이승만과 여당은 집권연장을 위해서는 수단과 방법을 가리지 않았다. 정당과 선거의 역할이 제한되었고, 여당은 국민의 의사를 국정에 반영하기보다는 대통령의 통치권 행사를 뒷받침하는 역할을 하였다. 그렇지만 정치에서 경쟁원리가 완전히 배제된 것은 아니며 지방자치도 비교적 폭넓게 실시되었다.

정부는 의원내각제 요소를 포함하였으나 대통령의 개인화된 통치를 중심으로 한 대통령 중심제의 정부형태를 가졌다. 원조예산의 운영에 힘입어 행정부는 권력을 집중하며 입법부와 사법부의 견제를 적절히 받지 않았으며, 입법부의 입법기능은 행정부에 못 미쳤다. 대통령이 스스로 창당하고 의원 공천권과 주요 당직자 임명권을 이용해 여당을 대통령과 행정부에 예속시켰다. 여당은 행정부와 결속하여 사회의 말단까지 깊숙이 침투하여 대중을 동원함으로써 정권을 지속시키는 권위주의 정권이 확고해졌다. 좌우 이념 갈등과 한국전쟁 그리고 세계 냉전을 배경으로 이승만의 권위주의 정부는 반공 정책을 지향하였다.

미숙의 관료제

1948년 정부수립에서 1960년대 초까지는 근대적 관료제 행정이 제도화되지 못하였다. 민주주의를 표방하였지만 대통령과 행정부는 국가에 대한 복종과 억압적 관료제를 강제하였다. 사회혼란 속에서 미군정과 이승만 정부는 법규보다 관행을 따라 일제 강점기의 행정절차와 조직을 그대로 지속하였다. 주무 부서제 중심의 조직운영과 품의제를 통해 위계적 집권화를 유지하였으며, 인력 부족 때문에 일제 관료 출신들이 대거 등용되어 관료의 핵심 세력이 되었다. 일제의 인사행정제도를 따라 채용은 비공개 경쟁시험에 의해 주로 충원되었고 승진은 실적이나 직위분류보다 계급제와 정실에 기반하였으며 그만큼 정치적 통제가 용이했다. 행정부의 주요 정책결정은 국무회의보다는 대통령의 독단에 의해 대부분 결정되었다.

사회와 국가 조합주의

사회조직의 활성화 해방 이후 사회조직이 활성화되었다. 농촌에서는 동일한 신분으로 구성된 리의 자율성은 비교적 높은 편이었다[이만갑(1981), 『한국농촌사회연구』, 다락원]. 그러나 신분 갈등이 여전히 남아 있는 가운데 이념 대립이 더해지며 사회갈등을 부추겼고, 사회조직 간 배타성이 컸다. 이런 상황에서 사회조직은 혈연, 지연, 학연 중심의 친족, 동창회, 종교단체 등에 머물렀다.

국가 조합주의와 사회통제 사회조직은 국가 조합주의로 부를 수 있는 상황으로 통제되었다. 통치조직의 사회침투가 확산되며 사회의 자율성이 거의 인정되지 않았다. 이미 미군정하에서 도지사가 가졌던 경찰행정권을 중앙정부가 직접 통괄하도록 하여 경찰은 전국에 걸쳐 마을 지도자와 공무원과 연계해서 정보 · 정치 · 경제 기능을 계속 수행하며 사회를 효과적으로 통제하였다. 국가권력이 개별 가구에까지 영향을 미침에 따라 사회조직의 자율성이 약화되어 대부분의 개인들은 행정력을 통해 중앙 정치세력에 의해 동원되었고 질병이나 가난은 가족의 책임이 되었다. 좌익은 제거되었고 반대세력은 억압되었다. 경제 관련 사회조직도 재조

5. 내각책임제와 대통령 간선제(1960), 대통령 직선제(1962), 대통령 간선제(1972)를 거쳐 결국 1987년 이후에는 보통선거로 정권을 교체하기에 이르렀다.

직화 · 포섭(근로자)되거나 토지배분(농민)을 통해 이완되었다. 대한노동총연맹(1946)이 조직되어 기업의 이해에 맞추어 하향식으로 근로자를 조정하도록 하였다. 노동법(1953)을 제정해 노동 3권을 확립하였으나, 실제로는 노동조합 활동을 규제하여 정책과정에 대한 참여가 봉쇄되었다. 한편 지방자치법을 개정해 직선제이던 시 · 읍 면장을 임명제로 개정하여 지방자치를 훼손하였다.

일제식민 통치에 더하여 한국전쟁과 이어진 세계 냉전하의 남북대결은 억압기구의 성장을 가져와 노동자를 비롯한 정부 비판세력을 통제하였다. 대 북한 혹은 대 야당과의 관계에서 필요에 따라 '어용 집단'들을 조직하여 동원하였다. 수리조합 등 일제시대에 형성된 국가 조합주의 조직들은 대부분 유지되어 국가의 정책집행 기능을 대행했다.

이승만 정부는 집권 초기에 토지개혁을 통해 토착 지주계급을 몰락시키며 일반 농민의 지지를 확보할 수 있었다. 그 후 일제 적산과 미국 원조물자의 분배를 통해 수입대체 산업에 참여하는 경제인들과 통치연합을 형성할 수 있었다. 그러나 점차 친자본가 정책이 확대되면서 농민과 실업 노동자(특히 지식노동자)들의 불만이 증폭되었고, 이는 결국 4.19 혁명의 원인으로 발전하였다.

정부와 기업 간 유착과 대기업의 등장 기업가로 성공하기 위해 정권에 유착하는 일제 강점기의 관행은 계속 이어졌다. 정권과 긴밀한 관계를 가진 기업가에게 귀속재산이 불하되었고, 기업가는 그에 상응하는 보상을 함으로써 부패한 정실(crony) 자본주의가 생겨났다. 인허가, 외환, 정부계약, 신용 배분도 정권과 기업 간의 관계를 강화하였고 정치자금의 기반이 되었다. 이때 등장한 자본가는 그 경제력이 정권의 선의에 크게 의존하였고 선도 재벌을 형성하였다.

미군정 소유로 넘겨진 일제의 귀속재산은 1947~1948년 동안 전체 공장의 1/4, 전체 노동자의 1/2, 총 공업산출액의 1/3에 달했다. 귀속재산 처리는 1948년 헌법에서 강력한 국유화의 원칙을 규정하였고 또 일부의 국공유 주장이 있었으나 몇 개의 기간산업을 제외하곤 1949~1963년에 걸쳐 모두 민영화되었다. 귀속재산은 개인에게 매각되었는데 우선권은 해당 재산과 가장 밀접했던 사람들, 즉 임차인과 관리인, 해당 기업체의 주주 사원, 조합원과 종업원, 농지개혁법으로 토지를 매각한 자의 순서로 정해졌으나, 인수자들은 주로 관리인, 일제하 기업에 관여하던 사람과 미군정기의 기업주였다. 매도가격은 시가보다 크게 낮았고 최고 2015년까지 분리상환이 허용되어 귀속자산 매각은 정경유착의 상징으로 남았다. 시중은행을 비롯한 귀속재산 매각은 대기업 성장에 큰 기여를 하였다. 현재의 대기업 중 두산그룹(소화기린맥주), 한화(조선화약 공판), SK(조선화약 공판), 현대그룹(토지 불하에 기초한 자동차 공업사 설립) 등이 대표적인 예이다.

귀속재산 매각과 더불어 원조물자 배정과 수입대체 공업화 정책은 1950년대의 대기업 형성에 중요한 계기가 되었다. 대기업들은 회원자격을 제한하는 업종별 협회를 결성해 실수요자제에 의해 원조물자를 거의 독점적으로 배정받았다. 귀속업체의 시설을 매입하였던 기업들은 이를 기반으로 원조물자를 배정받고 독점적으로 유통할 수 있었다. 미국 달러화로 표시된 원조물자는 민간 매각 시 원화가격을 적용하였는데 이때 적용환율은 시장 환율의 절반에도 미치지 못하는 (공정)환율이 적용되었다. 아울러 산업은행을 통한 저리의 재정융자는 기업운영에 필요한 자금으로 활용되었다.[6] 수입대체 공업화를 위한 수입금지 조치나 독과점 시장에 대한 방관 역시 대기업 형성에 기여하였다. 원조물자 배정에서는 경영실적보다는 정치적 관계가 중요했으므로 전후 원조는 정부와 기업 간의 자연스런 유착을 조성하였고, 경영 외적 능력과 상업이나 무역업이 강조되

6. 1957년 말 산업은행의 일반산업자금의 연리는 15% 이하였고 대충자금에 의한 융자는 3~8%였으며 사채는 연리 20~25% 수준이었다.

는 기업가정신을 자극하였다.[7]

(2) 인간 역량의 확충

해방 이후 산업화가 시작되기까지의 기간 동안 일제통치, 토지개혁, 한국전쟁, 기초교육과 공중보건 투자의 영향으로 소득분배가 비교적 평등해졌다. 그러나 이는 광범위한 절대빈곤을 포함하는 낮은 소득수준의 평등이었다.

농지 개혁과 전쟁에 의한 자산소유의 평등화 해방 당시 한국 농토 중 63%가 소작지였고, 농가 중 84%가 소작관계에 놓인 농민이었다. 특히 1945년 북한이 무상몰수 무상분배에 의한 토지개혁을 추진하여 미군정과 정부는 귀속농지 매각과 지주제 해체를 지향한 토지개혁의 필요성이 절실했다. 결국 지주가 과도하게 보유한 토지는 유상몰수와 유상분배 원리를 따라 1950~1957년에 걸쳐 매각되었다. 가격은 연평균 수확량의 150%에서 설정되어 국채와 교환하였고 소작인들은 5년간 매년 30%를 지불하도록 했다. 토지개혁으로 농민은 지주-소작관계에서 벗어나 자작농의 동질적 국민으로 변환하였다. 조선부터 일제를 거쳐 오랫동안 토지를 기반으로 지배세력의 지위를 차지하였던 지주층은 지위를 상실하고 약화되었다. 이러한 토지재배분은 농업생산 유인을 자극했으나 그에 상응한 투자 미흡으로 지속 가능한 생산성 개선으로 이어지지 못했다.

기초교육 확장과 근로기준법 성립 해방 후 한국은 미국 원조로 재정을 지탱하면서도 기초교육을 중심으로 교육을 확대하였다. 1949년부터 초등학교 의무교육제가 시행되었으며, 초등학교와 중학교에 공공지출을 집중하고 고등학교와 대학교는 제한되었다. 미국 원조 역시 교육 확충에 크게 기여하였다. 그러나 이 시기 고용정책은 태동기로 직업소개에 머물렀지만 근로자보호를 위한 근로기준법(1953)이 제정되고 직업훈련에 대한 법적근거도 마련하였다.

구호활동과 복지제도 해방과 한국전쟁으로 전 인구의 절반 이상이 이재민이었다. 사회부조제도가 미비했지만 순조로운 곡물 생산과 외국 원조와 민간유지와 각 기관단체를 포함한 외원기관의 활동에 힘입어 전쟁 중 49.3%에 달했던 요구호대상자 비율이 빠르게 감소하여 1957년에는 19.7%까지 감소하였다.

(3) 시장경제의 수용과 원조 기반의 경제재건

제헌헌법은 계획경제를 부정하고 시장경제를 선택[8]하게 했으며, 3년의 한국전쟁 이후 시장경제는 한국의 경제질서로 확고하게 자리 잡았다. 특히 시장경제 원칙은 미군정의 정책, 미 원조당국과의 정책협의, 국가개입을 크게 축소한 1954년 헌법 개정으로 갈수록 강화되었다.

한국은 미국과 유엔으로부터의 막대한 원조에 기초하여 전후 재건과 경제발전을 시작하였다. 일본 경제권으로부터의 분리와 남북분단에 따른 자원 부족, 재정적자와 무역적자는 미국 원조에 의해 메꾸어졌다. 원조는 소비재를 통해 생활안정에 사용되었고 비료, 원자재, 설비를 통해 기업 활동의 기반도 되었다. 무상원

7. 당시 기업의 확장을 도왔던 것에 전재복구 사업, 운수업의 활성화를 포함시킬 수 있다.

8. 그러나 제헌헌법에서는 국가 개입의 범위가 광범위하게 설정되었다. 즉, 대외무역을 국가의 통제하에 두고 주요 산업을 국영 또는 공영으로 하여 공공의 필요에 따라 민간기업을 국공유로 전환할 수 있다고 하였다. 특히 근로자의 이익 균점권도 천명하였는데, 이 조항은 1962년에 폐지되었다.

조 달러를 매각한 대금은 인플레이션을 유발하지 않는 자금원으로 정부지출의 절반 이상을 차지했다. 정부는 달러수입 극대화를 위해 공식 환율을 의도적으로 고평가하였다. 당시 정부는 원조물자를 민간에 매각하였고 판매대금으로 교육과 전후 재건을 위한 재정투융자에 나섰다. 1953~1960년 동안 전체 재정투융자 중 62%에 달하는 재정투자는 사회간접자본에 주로 투자하여 자본형성에 크게 기여하였다.

독립 직후의 원조는 산업마비에 따른 물자난 완화를 위한 긴급구호로 소비재와 기존 생산시설 보수와 가동을 위한 것이었다. 한국은 자립경제를 목표로 중공업을 포함한 산업 시설재의 원조를 요구하였지만, 미국은 1947년 냉전이 본격화되자 일본의 산업화를 지원하고 한 · 일 간의 수직적 분업하에서 한국은 1차 산업 국가이자 일본의 공산품 시장에 머물 것을 지향하였다.[9] 미국 측은 최소 소비의 유지와 경제안정을 강조했지만, 한국 정부의 노력으로 원조는 사회간접자본의 확충과 기간 산업(시멘트 철강) 건설 그리고 2차 산업의 생산능력 확대에 기여하였다. 인프라 시설은 빠르게 재건되었고 전력공급이 재개되었으며, 많은 광산과 공장이 회복되어 재가동되었다. 이를 기반으로 이후 섬유, 합판, 가발, 담배, 공작기계와 같은 산업이 수출을 주도하게 되었다. 이렇게 이루어진 수입대체는 정부계획을 상회하였으며 이후 수출주도 산업화의 기반이 되었다.

1.3 성취

미국의 원조와 정부의 재정투융자는 전쟁으로 악화된 대내외 불균형을 완화하고 산업구조 변화에도 많은 긍정적 변화를 낳았다.

(1) 대내 균형 : 체제건설과 재건

표 5-1 대내외 불균형의 추이(1953~1961)

	경제 성장률	1인당 GNP (달러)	소비자 물가 상승률	국내 총투자율	총저축률	수출/ GDP	수입/ GDP	무상원조/ GDP	경상수지/ GDP	수출실효 환율
1953	–	67	52.5	14.7	13.1	2.0	9.9	14.9	−5.2	38.7
1954	5.6	70	37.1	11.4	10.4	1.1	7.5	11.0	−2.2	71.3
1955	4.5	65	68.3	11.7	10.3	1.7	10.1	16.9	−2.6	80.2
1956	−1.3	66	23.0	8.0	8.6	1.4	13.3	23.3	−1.7	96.6
1957	7.6	74	23.1	14.0	13.9	1.5	12.1	22.5	−0.2	103.3
1958	5.5	80	−3.5	11.8	12.8	2.1	10.9	16.9	2.0	115.2
1959	3.9	81	3.2	10.4	10.8	2.7	10.4	11.7	0.8	136.0
1960	1.2	79	8.0	10.0	9.0	3.4	12.8	12.3	0.7	147.6
1961	5.9	82	8.2	12.0	11.7	5.4	15.0	9.5	1.5	150.6
평균	4.1	73.8	24.4	11.6	11.2	2.4	11.3	15.4	−0.8	104.4

자료 : 한국은행 경제통계시스템

9. 그러나 즉시 소비가능한 음식료 및 의복 등으로 구성된 구호원조에서 시작하여 점차 밀가루, 목화, 사탕수수시럽 등과 같은 (반가공된) 물자로 바뀌었고 결국 이들 원조물자를 가공하는 데 필요한 설비도 원조에 포함되었다.

1954~1961년 동안 경제성장률은 4.1%로 다소 높았으나, 인구증가율이 높아 1인당 GDP는 그 증가율이 2.2%에 불과하였다. 이에 따라 1인당 GDP는 1953년 67달러에서 1961년 82달러로 상승하는 데 그쳐 국민생활은 '빈곤' 상태에 머물렀다. 노동수요가 부족한 가운데 무숙련자가 과다 공급되어 실업문제가 심각하였다. 전후 재건사업이 지속되었지만 자연재해나 정치적 격변 때문에 실물경제는 불안정했고 저축 부족으로 본격적 기업투자도 어려웠다. 결국 이 시기에는 '저소득 → 저저축 → 저투자 → 저소득'의 빈곤의 악순환이 나타났다. 그나마 전후 두 자릿수를 넘던 소비자 물가상승률이 1950년대 말에 들어 한 자릿수로 낮아진 것이 큰 성과였다.

소비재 중심의 수입 대체 산업화 당시 경제성장을 주도한 것은 제조업, 건설업 그리고 광업을 포함한 2차 산업이었으며, 이들 산업의 비중은 1953년 12%에서 1960년 19%로 높아졌다. 하지만 여전히 농업중심적 산업구조가 지속되었다. 그러나 이 시기 소비재의 수입대체가 마무리되며 후의 수출주도 산업화의 기반을 마련하였다. 원조는 경제 재건과 안정을 위한 소비재에 치중되었고, 이에 따라 수입 설비를 사용해 수입원자재를 가공하는 소비재 공업의 성장이 일어났다. 제분, 제당, 면방직의 3백공업(三白工業)이 대표적이었다. 수입대체 노력에도 불구하고 내수가 부족하여 지속적 성장은 어려웠고 결국 농림어업이 지배적 위치를 지속하였다. 다행히 1950년대 후반에는 소비재 공업에 이어 비료, 시멘트, 철강, 유리, 제지, 전기기계 등의 중간재 · 자본재를 포함한 중화학공업이 건설되기 시작하였다. 1960년경에는 비내구 소비재와 그 제조에 사용되는 중간재에서 수입대체를 완료하였다.[10] 소비재 공업과 중간재 · 자본재 공업은 1950년대 말에 이미 시설과잉이 나타났고, 이를 타개하기 위한 일환으로 해외시장에 진출하기 시작하였다.

표 5-2 출원연도별 정부R&D 국내특허 이전율 및 건당 기술료 (단위 : %)

	농림어업	광공업	제조업	경공업	중화학공업	건설, 전기, 가스, 수도	서비스업
1953	47.3	10.1	9.0	78.9	21.1	2.6	40.0
1954	39.8	12.7	11.8	78.4	21.6	3.1	44.4
1955	44.5	12.6	11.6	79.9	20.1	3.6	39.3
1956	46.9	12.7	11.6	80.2	19.8	3.3	37.1
1957	45.2	12.7	11.2	80.5	19.5	4.2	37.9
1958	40.7	14.4	12.8	78.6	21.4	4.1	40.7
1959	33.8	15.9	14.1	78.4	21.6	4.3	46.0
1960	36.8	15.9	13.8	76.6	23.4	4.1	43.2
1961	39.1	15.5	13.6	73.7	26.3	4.4	41.0

10. 당시 원재료 원조의 배분은 시설 규모 중심으로 이루어져 업체 간 시설확대 경쟁이 치열했고 결국 1950년대 말에 이르러 원조 감소와 더불어 시설과잉 상태에 빠진다. 그러나 이들 산업은 1960년대 공업화의 기반을 조성하였다. 면방의 수평적 다각화는 화학섬유공업을 촉진하여 석유화학공업의 발흥을 위한 수요기반을 낳았다. 제분, 제당, 주정과 같은 식료품 공업의 다각화도 화학조미료를 포함한 식품가공업의 발흥을 낳았다.

(2) 대외 균형 : 무역적자와 환율

1953~1961년 동안 수출은 천연자원 부족으로 GDP의 2.4%로 부진하였고, 대신 수입은 전후 복구를 위한 원재료, 중간재, 자본재 수입을 중심으로 GDP 대비 11.3%에 달했다. 이 시기에는 대외적 불균형이 지속되었고 이는 대부분 GDP의 15.4%에 달하는 무상원조에 의해 충당되었다.

(3) 역량 확대와 인간 개발

이승만 정권하에서 중학교 이상의 고등교육기관과 학생 수가 빠르게 증가하고, 광복 당시 78%에 달했던 문맹률은 28%로 떨어졌다. 등록률은 초등-중등-고등 순으로 빠르게 높아졌다. 초등학교, 중학교, 고등학교, 고등교육기관의 취학률은 1953년 각각 72.9%(64%, 1945), 21.1%, 12.4%, 3.1%에서 1960년 95.3%, 32.2%, 20%, 6.4%로 높아졌다. 교육은 대형 수업, 학교와 교사에 대한 존중, 정부의 입학시험 관리, 교양보다는 국가와 경제를 지향한 교육과정 등 일제 전통을 지속하였으며 엄격히 통제되었다. 아울러 식민지기의 실무경험, 한국경제에 자문을 배경으로 한 미국의 전문가들의 훈련, 그리고 한국전쟁을 배경으로 급성장한 군대에서의 훈련 그리고 장교를 중심으로 한 군사기술과 조직관리 훈련은 유능한 관료집단을 창출하는데 큰 도움을 주었다.

2. 발전국가 조합주의 : 1962~1973

2.1 도전

GATT하 세계 경제의 팽창 1950년대 말 미국의 도움하에 일본과 서유럽의 주요 국가들이 전후 복구를 마쳐감에 따라 세계 경제가 점차 정상화되었다. 특히 관세와 무역에 관한 일반협정(GATT)하에서 자유무역을 위한 협상이 진행되고 주요 선진국들이 관세율을 낮추며 수출입 제한을 완화함에 따라 세계 무역이 빠르게 늘어나기 시작하였다. 한편 1960년대 냉전을 배경으로 미국은 무역과 경제성장을 통해 개도국을 포함한 자유진영의 결속을 강화하였다.

원조 위축과 경제위기 주요 국가에서 전후복구가 완료됨에 따라 미국은 무상의 군사원조를 축소하고 유상의 경제원조로 전환하였다. 한국도 1957년 무상원조가 종결되고 상업대출로 전환되면서 원조는 1957~1961년 동안 연간 3억 8,200만 달러에서 1억 9,280만 달러로 감소했다. 이에 따라 1950년대 말 원조에 의존했던 경제는 심각한 침체에 빠져 유휴설비와 실업자가 생겨났고 소비재 산업은 위기로 치달았다. 원조에 의존했던 산업의 설비가동률이 하락하여 1961년만 보더라도 제당 26%, 제분 23%, 섬유 49%에 지나지 않았다. 대안은 매우 제한적이었다. 그동안 미국의 잉여농산물 대량유입으로 농업부문이 위축된 데다, 경작 가능지가 전 국토의 20%에 불과한 상황에서 농업경제로의 전환은 선택하기 어려웠다. 인구와 석회석을 제외하고는 자연자원이 부족하고 수입물자에 과도하게 의존하였던 공업부문이 내수를 기반으로 성장하기는 더더욱 어려웠다.

권위주의 정권의 위기 1950년대 중반 이후 경제가 위축되며 한국의 권위주의 정권은 심각한 위기에 빠진다. 노쇠한 대통령과 권력욕과 축재에 몰두하던 여당과 행정부는 학생과 시민의 민주화 봉기인 4·19 혁명으로 와해된다. 이어 등장한 제2공화국은 반민주세력을 처벌하고 억압기구를 축소시켰으며, 정치참여와 의사표현의 자유를 확대하여 법·제도는 물론이고 실질적으로도 내각책임제와 지방자치제를 실시하며 민주정치를 구현하고자 했다. 제2공화국은 민주주의 정치체제로 통치조직의 사회침투가 깊어진 가운데 하부구조의 자율성도 인정한 체제였다. 하지만 곧 군사 쿠데타가 발생하며 한국 정치·경제 체제의 선택지는 급변하였다. 민주주의와 권위주의 체제 외에 아프리카나 남미에서 관찰되는 군부통치라는 또 하나의 대안이 등장한 것이다.

2.2 응전

(1) 권위주의하 발전국가의 등장 : 안보와 경제발전

군부권위주의 5.16 쿠데타 이후 정치·경제 체제의 선택문제는 쿠데타 세력이 '혁명 공약'에서 군부통치를 부정한 뒤 민간인 복장으로 갈아입고 권위주의 정권을 수립함으로써 정리된다. 이들은 정치활동을 억압한 상태에서 새 정권을 창출하고 헌법을 개정하여 제2공화국의 내각 책임제·양원제·지방자치제를 대통령제·단원제·중앙집권제로 개편하고 경찰조직에 더해 중앙정보부를 신설하여 권위주의 지배를 철저히 제도화하였다.

관료 자율성 군부세력은 메이지 유신을 벤치마킹하며 대통령 중심제하에서 식민지 정부로부터 물려받은 응집력 있는 국가를 재건하였다. 중요한 관료조직과 충원 제도는 일본을 따라 구축되었으며, 군부 인사의 충원과 감사원으로 관료의 순응을 확보하였다. 그만큼 관료들은 정치적 자율성이 낮았지만 권위주의 정권하에서 사회로부터의 자율성을 누리며 정책을 형성·집행할 수 있었다.

경제 중심의 국정목표 권위주의 정권은 조국 근대화와 경제건설을 국가목표로 상정하고 산업화를 추진했다. 경제정책은 정부주도적 경제발전 전략으로 귀결되었고, 이어서 이와 일관된 유인구조가 만들어졌다. 특히 1961년에 경제발전을 위한 종합계획을 수립하고 예산을 편성하며, 투자의 우선순위를 심의하는 경제기획원을 창설하는 한편 제1차 경제개발 5개년 계획(1962~1966)을 즉각 수립하였다. 국가의 속성이 바뀌고 그로 인해 생겨난 위로부터의 압력으로 과거 파편화되었던 관료집단은 응집력과 목표 지향성을 갖게 되었다.

정부주도의 발전전략의 중심에는 신용 통제가 있었다. 우선 한국은행법을 개정(1962)하여 중앙은행을 정부 통제 아래에 두었고 은행이 국유화되었다. 정부가 통제하는 저금리의 은행대출, 즉 정책자금 대출이 정부목표를 달성하는 데 중요한 정책수단이었다. 특히 수입대체산업에 대한 민간투자를 촉진하기 위해 정부는 지급보증으로 외자 도입을 장려하고 성과 평가에 기초해 보상으로 은행을 통한 특혜적 대출을 제공하였다.

(2) 사회와 발전국가 조합주의

4.19 혁명으로 일시 사회가 활성화되었지만 5.16 쿠데타로 들어선 권위주의 정권은 사회조직을 철저히 통제하였다. 자본가 집단 역시 아직 자본축적이 미흡하여 독자적 목소리를 내기 어려웠다.

국가 조합주의 제3공화국 시기의 (군부) 권위주의 정치체제에서 중앙집권화된 통치조직은 전체 사회에 침투하여 하부구조의 자율성을 거의 인정하지 않고 통제하였다. 주민은 모두 거주지에 등록되어 추적이 가능해졌다. 정권의 목표를 공익으로 하여 사회에 부과하고 다양한 집단의 요구에 대응할 필요 없이 협소한 경제적 목표에 초점을 맞추었다. 정부는 경제발전의 비전을 제시하며 사회를 아래로부터 동원하였다. 새마을 운동에서 보듯이 아래로부터의 집단적 경쟁을 유도하고 관리하며 사회조직을 선택적으로 동원하였다. 경제계획에 따라 구체화한 산업정책을 기업에 하향식으로 제시하였고 국유화된 은행을 통해 국내외 자금을 동원하였다. 경제발전의 비전은 근면을 요구했던 소농(小農) 가구에서 단련된 근로주의를 자극하였다. 동원되지 않는 부문은 억제되거나 방치되었다.

기업과의 연대와 대기업의 성장 정부는 기업과 성장을 지향하는 연대를 만들어 냈다. 성장은 신흥기업 출현보다는 기존기업의 확대에 의존하였다. 지배적 정부는 대기업집단의 협조를 압박함으로써 대기업이 뇌물과 보조금, 지대추구에 의존하기보다는 생산적 산업활동으로 전환하여 적절한 자본가가 되길 기대하였다. 기업이 성과를 만족하면 원자재나 신용을 배분받을 수 있었다. 모든 기업은 다양한 정부부서가 할당한 하향식 기업조직에 가입하도록 강제되었다. 주기적인 경제개발 5개년 계획을 통해 전반적 방향을 제시하여 민간의 의사결정을 이끌었다. 1960년대에 강도 높은 수출주도 정책은 경공업과 수출 관련 기업의 급성장으로 이어졌다. 특히 수출 실적에 원자재 배정과 은행차입과 외자도입의 자격을 연동시켰는데 이는 기존 대기업에게 유리하였다. 월남특수, 국토개발, 수입대체, 수출촉진을 거치며 대기업의 사업 영역은 기존의 상업 또는 무역업에서 노동집약적 경공업으로 확장되었다.

정부는 노동자를 하향식으로 재편성하였고 전체 사회를 경제성장을 위해 동원하였다. 정부와 경영층은 노조에 침투하고 통제하였고 정부는 주기적으로 민족주의적 호소로 노동자에게 동기를 부여했다. 회사는 노조 사무직에 임금을 지급하고 노조의 집기와 설비를 소유하여 노조에 어렵지 않게 접근 가능했으며 노조의 결정은 노조원과의 별 접촉 없이 이루어졌다. 경찰과 정보기구는 협박으로 이를 뒷받침하였고 노조 지도층을 훈련하였다. 근로자들은 생산성 증가에 뒤처지는 임금을 받았지만 직업안정성으로 보상받았다.

공익을 표방하는 관변단체가 정부 지원으로 설립되어 각종 정부지원 활동에 동원되었다. 정부로부터 재정지원을 받고 각종 특혜를 누리며 사업과 조직에 대한 정부간섭을 받아들였다. 대기업 역시 계열사들과 임직원들이 협력하며 자본, 노동, 유통 시장을 내부에 형성하여 전통적 상관행에 머물던 시장의 공백에 대처하였다. 대기업의 상층 조직은 상호 신뢰를 기반으로 하는 확대가족과 우애집단이었다. 지역사회에서 개인적 네트워크에 기초한 대면거래는 대기업에 의해 전국적으로 조직화된 전속대리점 체제로 변신하였다. 1980년대에 들어 본격적으로 형성되기 시작한 대기업과 중소기업의 수급 · 계열 관계도 대기업이 주도한 사회 네트워크의 또 다른 표현이었다.

(3) 대외 지향적 경제발전

대외 경제관계의 확대

군부 권위주의 정권은 미국 원조 감소에 대응하여 새로운 대안을 모색했다. 1965년 일본과의 국교정상화와 베트남 전쟁 참여는 단기적인 경기진작을 넘어 한국경제의 아시아 지역과 글로벌 경제에의 통합을 촉진하였다. 1960년대 중반 이후 한국은 제조품의 생산자, 미국에 대한 저부가상품의 수출국, 일본이 주도하는 지역 분업의 일부가 되기 시작했다. 특히 베트남전을 배경으로 한국 기업은 미국과 베트남 시장에 진출하고 중화학제품의 수출을 시작하였다. 베트남전 참전으로 인해 한국 제품은 미국시장에의 특혜적 접근이 가능해졌다.[11] 또한 한일 국교정상화 이후 한국은 일본이 지배하는 지역 분업에 통합되었다. 한국 기업은 기술에 접근할 수 있었고, 대량생산을 위한 제조설비를 이전받아 노동집약적 경공업 제조뿐만 아니라 자본집약적 중공업으로 용이하게 진출할 수 있었다.

대외 차입에 의존하는 수출주도 공업화 전략

박정희 정권은 초기에 수출촉진보다는 자립경제를 지향하였다. 제1차 경제개발계획에서는 내자와 외자, 수출과 수입대체, 농업과 공업, 대기업과 중소기업 등 모든 면에서 균형성장을 통한 자립경제의 달성을 목표로 하였다. 그러나 내자조달이 실패하고 세계 무역이 팽창하며 수입과 수출이 급증하자 외자 유치와 수출에 의존하는 대외지향적 공업화로 신속히 전환하였다. 수입대체는 지속되었지만 수출에 대한 태도가 크게 달라진 것이다. 일본 정부와 기업은 한국 수출 드라이브의 적극적 파트너가 되었다. 원조 감소에 대응한 외국인 직접투자나 상업차관의 유치 노력(1960년 외자도입촉진법, 1962년 차관에 대한 지불보증에 관한 법률)에도 불구하고 실적은 미흡하였다. 그러나 1965년 한일국교 정상화와 대일청구권 자금 타결은 무상 외에 공공차관과 상업차관의 유치로 이어졌다.[12] 1960년대와 1970년대에 일본 기업은 고부가 제조업으로 이동하여 저부가 제조업 분야의 기술과 설비를 처리해야 했다. 식민지 시기 제조품 수출을 포함해 상당한 산업화를 경험한 한국은 저렴하고 훈련된 근로자를 확보하고 있었으며 마침 수출진흥에도 나서고 있었다. 일본으로부터의 자본과 기술이 1960년대 중반 이후 설치가 확대된 자유무역지대를 중심으로 도입되어 1970년대 중반 경에 이들 자유무역지대에 위치한 일본 기업들은 한국 수출의 1/4 가까이를 담당하게 되었다.

수출주도와 수입대체

1964~1965년 동안 원화 절하로 대표되는 수출 촉진을 위한 유인체계가 제도화되어 1980년대 초까지 지속되었다. 원/달러 환율을 정기적으로 상향 조정하여 실질실효환율을 경쟁력 있고 안정적으로 유지하는 크롤링페그(crawling peg) 제가 시작되었다. 모든 수출업자는 수출성과가 확인되면 정부의 보증하에 저금리의 외자에 쉽게 접근할 수 있었고, 수출품 제조에 필요한 설비와 중간재를 저가로 수입할 수 있었다. 행정수단도 적극적으로 활용되어 매월 수출실적이 양호한 기업을 평가하고 보상하기 위한 회합을 가졌다. 대한무역진

11. 베트남은 철강(94.3%), 수송장비(51%), 비전자 기계(40.8%), 화학제품(40.9%)의 주요 수출처가 되었다(Woo, 1991).

12. 청구권 자금의 56%는 광공업에, 18%는 사회간접자본에 투입. 특히 포항종합제철공장 건설에 7,370만 달러가 투입되었다. 한일국교 정상화를 기점으로 일본으로부터 자본재 및 중간재를 수입하는 수직적 분업구조가 확고해졌다. 한편 1965년부터 미국으로부터의 기술의 조건부 원조가 중단되고 미국과 더불어 일본은 한국에 기술을 공급하는 주된 국가가 되었다.

흥공사(KOTRA)가 출범하여 해외 네트워크 형성, 수출 마케팅, 시장정보 수집을 담당하였고 업계 차원에서는 한국무역협회가 발족되어 수출을 상호 장려하였다. 1960년대 수출 주력품은 농산물과 광산물에서 노동집약적인 면직물, 가발, 합판 등으로 전환되었다.

제조품 수출 비중은 1960년 18%에서 1963년 52%, 1970년 84%로 급증하였다. 수출 급증은 수입의 동반 증가를 낳아 수출 전망이 약한 제품이나 수입재를 생산하는 산업에서 높은 수준의 보호조치를 유지하였고 수입 중간재와 자본재를 국내재로 대체하는 수입대체 공업화에 지속적인 노력을 기울였다. 제1차 경제개발 5개년 계획기간(1962~1966)에는 시멘트, 비료, 정유, 화학, 합성섬유, 그리고 제2차 경제개발 5개년 계획기간(1967~1971)에는 기계, 조선, 섬유, 전자, 석유화학, 철강, 비철금속의 수입대체가 강조되었다. 일관생산체제를 갖춘 울산 석유화학단지(1972년 준공), 종합제철소 포항제철(1973년 완공)이 대표적인 결과물이다.

(4) 인간 역량의 확충

정부는 공무원연금, 의료보험, 산재보험 등에 걸쳐 다양한 복지 입법에 나섰지만, 재정 부족으로 복지 확대는 경제성장 촉진을 통해서 간접적으로 이루어지도록 하였다. 저숙련 노동에 기초한 경공업 중심으로 수출과 성장이 급성장하던 1960년대에 농촌과 도시 주변에 광범위하게 존재하는 유휴노동은 언제든지 노동시장에 진입할 수 있었고 자본 또한 숙련노동자를 필요로 하지 않았다. 결국 노동력 재생산을 위한 복지지출의 필요성도 크지 않았다. 사회 서비스는 교육에 집중되었고 사회안전망은 빈곤층(생활보호법, 1961)과 더불어 공무원(공무원연금, 1961), 군인(군인연금, 1975), 대기업 근로자(산업재해보상 1968 ; 500인 이상 사업자를 대상으로 한 공적의료보험, 1977) 등 특수직역이나 소수의 핵심 생산인구를 중심으로 제공함으로써 생산활동의 안정화와 노동자의 임금인상 요구를 억제하였다. 대부분의 안전망이나 돌봄 등 사회적 위험관리의 책임은 각 개인의 소득 증가에 의한 자구 노력이나 대가족에게 넘겨졌다.

중학교 무시험 입학제(1968)라는 교육평준화 정책으로 중학교 단계의 교육기회가 확대하였다. 실업계 고등학교의 교육과정을 제정(1963)하고 대학의 이공계 정원을 확대하였다. 고용정책은 수출과 성장을 통한 실업문제 해결에 초점이 맞추어졌지만, 직업지도와 취업알선을 위한 직업안정법(1961)이 공표되어 직업안정소가 확대되고 1968년에는 전국적 조직을 갖추었다. 경제개발에 따라 기능인력 수급문제가 크게 대두되자 직업훈련법이 제정(1967)되어 공공과 민간 모두에서 직업훈련소가 확장되었다. 한편 특수은행이 설립되어 서민, 중소기업, 주택 부문에 자금이 공급되었다.

2.3 성취

(1) 거시경제적 균형 : 급속한 경제성장과 대외불균형

1960년대에 한국의 수출은 매년 40% 이상 성장해갔고 경제성장률은 과거의 두 배가 넘어 1인당 국민소득이 1962년 87달러에서 1969년 210달러로 급증하였다. 1963년에 8.1% 수준이던 실업률이 1970년에는 4.4%까지 꾸준히 하락하였다. 산업 기반은 다변화되어 1차 산업의 비중은 절반으로 감소하고 제조업은 경공업을 중심으로 빠르게 팽창하였다. 중공업 역시 팽창세를 보여 그 비중이 두 배로 커졌다. 서비스 부문도 전통 서비스보다 근대 서비스 중심으로 비중이 커졌다. 그러나 이러한 경제성장은 신설 기업의 팽창보다는 기존 기업의 성공에 기초했다.

수출의존도가 급속히 상승하여 수입도 증가해서 수출입의존도가 상승하였다. 1960년대에 한국의 수출 상품은 주로 식민지기에 확립된 섬유, 의류, 합판, 신발, 연초 등의 경공업제품이었다. 이들은 수입집약적이어서 기계류와 원재료 수입을 자극하여 지속적인 무역적자를 낳았다. 후반에 갈수록 GDP의 4%를 넘어서는 경상수지 적자가 지속되어 외채는 1973년 GNP의 근 32%를 차지하였다(Collins and Park, 1989, p. 171). 높은 물가상승률로 인한 경상수지 악화를 막기 위해 명목환율을 올려서 실효환율을 유지했지만 역부족이었다.

표 5-3 1960년대 산업구조의 추이

	농림어업	광공업	제조업	경공업	중화학공업	건설, 전기, 가스, 수도	서비스업
1961	39.1	15.5	13.6	73.7	26.3	4.4	41.0
1962	37.0	16.4	14.4	71.4	28.6	4.6	42.1
1963	43.4	16.3	14.7	70.3	29.7	3.9	36.3
1964	46.8	17.4	15.6	69.6	30.4	3.7	32.1
1965	38.0	20.0	18.0	68.6	31.4	4.7	37.2
1966	34.8	20.5	18.6	65.9	34.1	5.1	39.6
1967	30.6	21.0	19.1	65.3	34.7	5.3	43.0
1968	28.7	21.6	20.1	62.0	38.0	6.2	43.5
1969	27.9	21.7	20.3	62.4	37.6	7.2	43.2
1970	26.9	22.4	20.9	62.2	37.8	7.1	43.6
평균	35.3	19.3	17.5	67.1	32.9	5.2	40.2

표 5-4 1960년대 대내외 균형의 추이

	경제 성장률	1인당 GNP (달러)	소비자 물가 상승률	실업률	국내총 투자율	총 저축률	수출/ GDP	수입/ GDP	경상수지의 대 GDP%	명목 공정 환율	수출 실효 환율
1961	5.9	82	8.2	–	12.0	11.7	6.3	14.9	–	128	151
1962	2.1	87	6.6	–	11.8	11.0	6.0	16.6	−2.4	130	142
1963	9.1	100	20.7	8.1	17.0	14.4	5.4	15.8	−5.3	130	178
1964	9.7	103	29.5	7.7	13.2	14.0	6.7	13.5	−0.9	214	264
1965	5.7	105	13.5	7.3	14.1	13.2	9.5	15.9	0.3	265	275
1966	12.2	125	11.3	7.1	20.4	16.6	11.9	20.3	−2.9	271	284
1967	5.9	142	10.9	6.1	20.9	15.4	13.6	22.4	−4.6	271	291
1968	11.3	169	10.8	5.0	24.9	18.2	14.7	25.9	−8.5	277	295
1969	13.8	210	12.4	4.7	27.9	21.4	15.4	26.0	−8.4	288	307
1970	8.8	243	16.0	4.4	26.2	19.0	16.0	25.3	−7.7	311	332
평균	8.8	136.6	14.0	6.3	18.8	15.5	10.6	19.7	−4.5	229	252

1950년대 말에 한 자릿수로 수습되었던 소비자물가 상승률은 1963년부터 두 자릿수로 다시 올라섰다. 1962년의 흉작, 1962년에 실시한 화폐개혁의 실패 그리고 팽창적인 통화정책이 더해졌기 때문이다. 연간 20%를 넘는 수준까지 폭등했던 물가상승률은 점차 낮아졌고 생산자 물가상승률 역시 한 자릿수에 머물렀다.

(2) 역량 확대와 인간 개발

한국의 사회지출은 매우 제한적이었지만 경공업 중심의 산업화가 농촌에 존재하던 유휴노동을 흡수하며 절대빈곤과 불평등을 크게 완화하였다. 1963~1970년까지 상시 임금 근로자를 중심으로 연평균 취업자 증가율은 3.9%의 높은 수준을 유지했고, 1965년부터 실질임금도 높아지기 시작했다. 이에 따라 절대빈곤율은 1965년 40.9%에서 1970년 23.4%로 감소하였고, 상대빈곤율 역시 12.2%에서 4.8%로 크게 낮아졌다.

한편 우리나라의 보건수준을 대표하는 영아사망률은 1961~1965년 세계 161개국 중 76위였으며 이후 계속 하락하여 1975~1980년 기간에는 55위로까지 하락하였다. 1965년 중 우리나라의 소득불평등도(지니계수)는 56개국의 개도국(0.467)이나 선진국(0.392)보다 크게 양호한 수준(0.265)이었으며, 1970년까지 계속 하락하였다. 이는 산업화로 인한 도농 간 소득격차 확대에도 불구하고 실업률이 1965년 13.5%에서 1970년 7.4%로 급감하고 노동집약적 경공업의 팽창으로 직종별·학력별 임금격차 확대가 크지 않았기 때문이었다[안국신(2015), 「분배, 아직 끝나지 않은 '진실 찾기'」, 이제민 외 저, 『한국의 경제발전 70년』]. 한편 초등학교, 중학교, 고등학교, 고등교육기관의 취학률은 1970년에 각각 97%, 53.3%, 29.3%, 9.2%로 높아졌다.

표 5-5 영아사망률 추이

	1965	1970	1975	1980	1985	1990	1995	2000	2005	2010	2015
세계 평균	121.9	104.9	94.7	85.2	75.4	67.0	63.1	57.1	49.1	41.3	35.0
한국	89.7	64.2	38.7	33.6	25.2	15.7	10.3	6.9	5.0	3.5	3.0
161개국 중 순위	76	70	50	55	54	38	33	29	25	15	13

주 : 영아사망률은 1년간 1세 미만 사망자 수를 당해년 총 출생아 수로 나눈 수치의 천분비로 직전 5년 평균
자료 : 통계청

3. 발전국가 조합주의의 강화 : 1973~1979

3.1 도전

세계 경제환경 악화 1970년대는 세계 경제의 격변기였다. 브레튼우즈 체제의 종식, 두 차례의 오일충격, 그에 이은 스태그플레이션은 선진국의 경제성장 모형과 경제운영 방식에 대한 깊은 의문을 제기하였다. 1971년 미국의 금본위제도 포기로 국제통화제도의 근간이 흔들리자 전후 자유무역 레짐에 충격을 주며 보호주의가 목소리를 높였다. Organization of Petroleum Exporting Countries(OPEC)가 출현하며 자원민족주의가 대두한 데 이어 1973년에는 유가가 4배 폭증하는 1차 석유위기가 발생하여 전 세계적으로 실업률과 인

플레이션이 모두 악화되는 스태그플레이션이 나타났다. 전형적인 원유 수입국인 한국은 경상수지 악화 외에도 세계 이자율 상승으로 외채 불안이 커졌다.[13] 반면 동북아시아의 긴장이 완화되며 기존 질서에 대한 불안이 커졌다. 미국은 1971년 아시아에서 신고립 정책을 천명('닉슨 독트린')하고 중공과의 관계 개선을 모색하면서 주한미군을 감축하였다.

기업 부실과 경공업의 한계 저리의 외자도입을 배경으로 기업은 차입과 부채상환 비율이 급등하여 채무위기에 봉착하였다. 상업차관을 중심으로 한 외자도입과 수출진흥책의 큰 성과에도 불구하고 1960년대 말부터 차관기업을 중심으로 부실기업이 양산되고 있었다.[14] 경상외환수입 대비 외채 원리금 상환액의 비율인 원리금 상환 부담률은 1968년 5.2%로부터 1971년 20.4%로 급등하였고 주기적인 환율 인상은 외화표시 부채의 원화가액을 크게 높였다. 아울러 1960년대의 경제성장은 빈곤을 어느 정도 경감시켰지만, 교역재 부문을 중심으로 한 수출지향적 산업화와 도시화는 지역 간, 부문 간 경제력 격차와 갈등을 낳고 있었다. 노동집약적 경공업의 경쟁력은 급속한 임금상승으로 점차 약화되었고 다른 개발도상국과의 경쟁도 고조되었다.

정치 불안 1967년 재선에 힘겹게 성공한 대통령은 곧바로 헌법을 고쳐 장기집권을 도모하였다. 민주주의의 법질서가 흔들리며 정치적 위기가 생겨났다. 동시에 경제발전과정에서 소외된 도시빈민의 폭동, 근로자의 분신 자살과 방화 그리고 대학가의 시위의 지속도 위기를 심화시켰다. 이어진 1971년의 대선 및 총선에서 야당은 또다시 집권당을 위협했고 재야와 노동자 그리고 심지어 여권 내에서조차 반발과 갈등이 더욱 거세어졌다.

3.2 응전

(1) 권위주의 정권의 강화

권위주의 강화

1960년대에 나타났던 민주주의의 위기는 또다시 권위주의 정권의 강화로 귀결되었다. 즉, 안보를 이유로 국가비상사태가 선언된 후 대통령에게 국민의 기본권을 제한할 수 있는 비상대권이 부여되었다. 이에 기반해 1972년 유신헌법이 공표되고 대통령 선출이 간접선거로 바뀌어 대통령은 독재적 권력을 확보하였다. 유신헌법은 3권 분립을 무의미하게 하였고 행정수반인 대통령이 사법부와 입법부 위에 군림하게 하였다. 대통령은 국회의원 1/3의 선출권과 국회해산권, 비상대권을 행사할 수 있었고 국회는 탄핵소추권도 국정감사권도 행사할 수 없었으며, 대법원장에 대한 임면권은 대통령의 권한에 속했다.[15]

---

13. 다행히 1차 석유위기 직후 많은 국가들이 유가충격이 야기한 경기침체에 대처하기 위해 팽창적 경제정책을 전개하였고 세계 경제는 회복되었다. 더욱이 1차 상품의 가격상승은 이를 생산하는 국가들에게 도움을 주었고 동시에 많은 비산유 수출개도국은 이러한 석유위기로부터 빨리 회복하였다.

14. 1968년 말 외자기업 55개사가 은행관리로 넘어가고, 1969년 6월까지 10개사가 상환을 이행하지 못해 정부가 대신 지불해야 하는 사태에 빠졌다. 당시 차관업체 83개 중 45%에 해당하는 37개 업체가 부실기업이었다. 그중 30개 업체는 타인자본 의존도가 95%였다. 부실 기업체는 외자와 국내자금을 집중적으로 투입한 수입대체 중화학공업(비료, 시멘트, 합성수지, 정유, 자동차, 화학섬유)에서 주로 발생하였다. 정부는 16개의 부실기업체를 공개처분, 은행인수 관리, 경영개선조치, 합병 등의 방식으로 정리하였다.

15. 한편 동북아 긴장완화 속에서도 점증하는 북한 위협은 정부로 하여금 남북대화를 시도(1972년 7·4 남북공동성명)하여 긴장을 완화시켰다. 그와 동시에 정부는 군비를 늘리고 국가비상사태를 강조하며 사회통제를 강화하였다.

1970년대부터 실적주의에 기초한 관료제가 정착되어가며 직업 관료들의 비중과 역할이 커졌고, 특히 산업화를 효율적으로 추진한다는 명분하에 국가의 기업가적 역할이나 기술관료(technocrat)의 역할이 커졌다. 하지만 관료들에 대한 권위주의적 통제도 더욱 강화되었다. 1970년대에 경제 의사결정의 축은 경제기획원에서 청와대 비서실로 옮겨졌다. 중요한 단기적 경제정책결정은 청와대의 경제비서관이 조정하였다. 경제관료와 선택된 기업인들은 청와대에서 자주 만나 경제현황을 평가하고 애로요인과 문제를 해결하기 위해 신속한 결정을 내렸다. 대신 일선 관료가 수동화되며 성과 제일주의가 커졌다.

발전국가 조합주의의 강화

심화된 권위주의, 특히 긴급조치를 통한 억압에도 불구하고 야당진영과 대학가는 물론 언론과 종교계 등 사회 각계에서 도전과 저항이 커져갔고 산업화와 자본축적에 따라 기업들의 발언권도 강해졌다. 이 시기 국가는 사회조직에 대해 국가 조합주의적 통제를 지속하였고 중화학 공업화를 매개로 국가와 대기업과의 연대는 심화되었다. 국가는 중앙정보부와 보안사의 억압기구를 강화하고, 의회 · 언론 · 정당 · 노조 등 민주주의의 하부구조뿐만 아니라 학원 · 교회 · 기타 사회조직을 강력히 통제했다. 국가의 상대적 자율성은 커진 반면 사회조직의 활동 공간과 참여는 극도로 위축되었다.

정부는 노동자들의 파업과 독립 노조 결성을 불법화하였을 뿐만 아니라 조합주의적 수단에 의존하여 노동자들을 적극 통제하였다. 중화학공업이라는 자본집약 산업에 참여한 대기업이 막대한 규모의 투자에 따른 의미 있는 성과를 실현하려면 규율 있고 헌신적인 노동자가 필요하였다. 특히 외국인 투자기업에서의 노동쟁의를 제한하는 임시조치법(1969)이 시행되었고, 비상사태 시에 대통령이 임금을 통제하고 근로자의 단체교섭권과 단체 행동권을 규제(1971, 국가보위에 관한 특별법)할 수 있도록 하였다. 당시 노동조합은 노사협조의 어용노조에 가까웠고 노동문제 역시 자율적 단체교섭보다는 정부의 조정제도에 의해 처리되었다. 아울러 정부는 '한국적 노사관계의 형성'을 목표로 노동자계층을 국가정책에 적극적으로 동참토록 하는 동원의 기제로 공장새마을운동을 활용하였다.

(2) 금융시스템 정비와 중화학공업 육성

금융시스템 정비

정부는 1970년대 초의 금융위기를 국내채무에 대한 지급중지로 일단 대처한 뒤, 이후 사전 관리에 초점을 둔 기업여신 체계 확립과 제2금융권과 직접금융시장의 육성을 이어나갔다. 우선 1972년 정부는 대통령긴급조치(8.3 긴급금융조치)를 발동해 사채시장에서 차입한 기업채무를 동결하여 기업의 금융 부담을 완화하였다. 이어서 주거래 은행의 사전적 관리책임을 강화하고 비은행금융기관을 확충하였으며 자본시장 육성과 기업공개 유도를 통해 기업금융의 다원화에 나섰다. 그리고 단기융자를 취급하는 투자금융회사의 설립을 대거 허용하여 사채를 제도권으로 흡수하였다. 1차 오일충격 이후 산유국의 오일 달러가 국제금융시장에 유입되어 많은 선진국과 개도국이 국제수지의 적자로 인한 압력을 덜 수 있었고, 이에 따라 다른 국가들에서처럼 정부는 긴축보다는 팽창적 경제정책에 의존해 경기침체에 대응해 갔다.

3차 수입대체 : 중화학공업 육성정책

정부는 노동집약적 경공업에서의 경쟁력 상실에 대응하고 동북아를 둘러싼 냉전 완화와 북한의 위협 증가로 자력 방위역량의 개선을 위해 1973년에 중화학 공업 육성을 천명하였다. 중화학공업 육성 전략은 1960년대의 수출증대 전략과는 근본적으로 구별된다. 1960년대 정책은 중립적 발전전략이자 결과 지향적이었다. 수출증대라는 목표는 정부가 설정하였지만 특정 산업을 염두에 두지 않은 중립적인 것이었으며 정부는 결과를 낳을 수 있는 다양한 유인체계의 제공에 머물렀다. 수출증대는 결국 민간의 자력에 의해 이루어지는 것이었다. 하지만 중화학공업 육성정책은 부문별 발전전략이자 과정 지향적이었다(Yoo, 1996). 정부는 사회간접자본과 공단 조성 그리고 교육훈련을 통한 인력 양성을 넘어 철강, 조선, 비철금속, 기계, 전자, 화학의 6대 중화학 공업부문을 구체적으로 직접 선정하는 동시에 산업화 과정 자체에 개입하였다. 산업의 선정, 투자 프로젝트의 내용과 규모, 일정, 필요인력 조달 등은 정부의 몫이었고 민간부문은 이를 집행하는 수동적 위치에 놓였다.

우리나라의 중화학 공업 육성정책의 특이한 점은 1960～1970년대 남미국가들의 자급자족 정책과 달리 수출 촉진의 요소를 가진 수입대체 정책이라는 것이었다. 정부는 수출 촉진을 위해 중화학 공업의 기업들에게는 수출에 대한 조세감면, 수출재를 위한 생산요소에 대해서는 간접세와 관세를 감면하였다.[16] 중화학 공업화 역시 일본의 이해와 일치하였고 일본 기업의 자본과 기술에 크게 의존하였다. 당시 일본은 자본재 수출에 초점을 맞추었지만 오염배출원이었던 철강, 비철금속, 석유 정제, 화학, 플라스틱, 전자 그리고 조선업까지 해외에 이전하고자 노력하였다.

(3) 인간 역량의 확충

중학교 교육기회 확대로 인한 중학교 교육인구의 급증은 고등학교 진학수요와 입시경쟁을 크게 높였고 정부는 고등학교 평준화 정책을 1973년부터 연차적으로 확대하며 고등학교 교육기회를 확대하게 되었다. 한편 반숙련공이 중심이 된 노동집약적 경공업과는 달리 중화학공업은 자본집약적이고 기술집약적이어서 우수한 숙련 기능공의 대량 공급을 요구하였다. 이에 따라 정부는 공업고등학교 교육과 공공훈련을 포함한 직업훈련의 확립을 통해 1972～1981년 동안 100만 명에 가까운 대량의 기능공을 양성하였다. 대규모 사업장에 사업내 직업훈련을 의무화(1974)하고 국가기술자격법(1973)을 제정하는 한편 직업훈련기본법으로 직업훈련 관련 법률을 통일하였다.

정부는 1971년 대선 후 부진했던 농촌지지를 확보하기 위해 새마을운동을 통해 소득지원에 나서는 한편 연금과 건강보험을 확대하였다. 중화학공업화는 숙련 노동자에 대한 의존이 큰 만큼 이들 노동자를 확보하고 유지하기 위해 노동력의 재생산과 관련된 사회복지제도의 확충이 이루어졌다. 그러나 사회입법 중 중요한 것이라곤 산업재해보험(1964), 공공부조프로그램(1965), 국민의료보험(1977)[17]이 전부였는데 산재보험과 의료보험은 대규모 사업장에 우선적으로 실시되었다. 공적 사회복지를 제공할 여력이 부족했던 발전국가 시대에서 여전히 복지수단은 성장을 통한 일자리 창출과 개인과 가족이 사적으로 축적한 자산(부동산과 민간보험)이

16. 이런 면에서 Ohno and Imaoka(1987)는 한국의 산업정책을 이중적(dualistic)이라 불렀다. Ohno, K. and Imaoka, H.(1987), "The Experience of Dual-Industrial Growth," *Developing Economic*, 25-4.

17. 이 중 공공부조만이 빈곤층에 대한 것이었다. 산재보험과 의료보험은 임금이 높은 핵심산업의 노동자들로 제한되었다.

전부였다. 정부는 재형저축세액공제(1975)와 같은 세제혜택을 통해 이를 지원하였다.

3.3 성취

(1) 거시경제 균형 : 대내외 균형의 동시 악화

1970년대에 제조업은 연평균 16% 성장하여 연간 경제성장률은 거의 9%에 달했다. 또한 우리나라의 1인당 GDP가 1971년에 미국 1인당 GDP의 10%를 넘게 됨에 따라 한국은 저소득 국가에서 벗어나 중소득 국가로 진입하였다. 중화학공업 육성에 따라 산업인력 수요가 다변화되고 수출주도의 산업성장이 지속됨에 따라 경제활동참가율이 높아지고 실업률의 하락세도 이어졌다.

1970년대를 거치며 한국은 노동집약적 경공업에 기반한 생산자에서 철강, 화학, 조선과 같은 자본집약적 재화의 글로벌 생산자로 변화하였다. 중화학공업이 제조업에서 차지하는 비중은 40.5%(1971)에서 54.9%(1979)로 증가하였다. 한편 중화학공업 육성은 수입의존도를 낮추는 데 효과적이었다. 수출구성은 중화학제품을 포함하며 더욱 다변화되었다. 1980년에 한국의 5대 수출상품은 섬유와 신발 외에도 전자제품, 철강제품, 조선을 포함하였고 중화학 수출품의 비중은 13.7%(1971)에서 37.7%(1979)로 커졌다. 예를 들어 1980년대 초까지도 섬유 및 의류가 수출에서 가장 높은 비중을 차지했지만, 수출구조는 노동집약적 제품에서 자본 및 기능 집약적 제품으로 커다란 변화를 보였다. 19세기 말부터 서구에서 전기 · 화학 · 자동차산업 등을 중심으로 일어난 제2차 산업혁명은 1세기를 지나지 않은 1970년대 전후에 우리 산업의 근간으로 자리 잡게 되었다.

표 5-6 1970년대 대내외 균형의 추이

	경제 성장률	1인당 GNP (달러)	물가 상승률	실업률	국내총 투자율	총 저축률	수출/ GDP	수입/ GDP	경상수지/ GDP	명목 대미환율	실질 대미환율
1971	10.4	291	13.5	4.4	26.0	15.3	16.1	26.4	−8.9	347.7	978.2
1972	6.5	322	11.7	4.5	21.3	17.0	20.4	25.4	−3.5	392.9	1022.2
1973	14.8	404	3.2	3.9	25.3	22.8	29.3	33.0	−2.3	398.3	1066.0
1974	9.4	559	24.3	4.0	31.9	21.5	27.8	39.1	−10.5	404.5	967.2
1975	7.3	607	25.3	4.1	28.7	19.1	27.6	37.4	−8.8	484.0	1008.4
1976	13.5	825	15.3	3.9	26.6	24.7	30.6	33.6	−1.1	484.0	924.6
1977	11.8	1,043	10.1	3.8	29.5	28.2	31.2	33.0	0.0	484.0	894.4
1978	10.3	1,443	14.5	3.2	32.6	30.6	29.6	33.9	−2.0	484.0	841.0
1979	8.4	1,693	18.3	3.8	36.7	29.7	27.7	35.7	−6.6	484.0	790.8

주 : 실질환율은 소비자물가지수를 기준으로 계산하였으며, 실질환율의 상승은 자국 통화가치의 하락을, 실질환율의 하락은 자국 통화가치의 상승을 의미한다.

중화학공업화에 따라 대기업의 외형은 급속도로 커졌고 다각화가 두드러졌다. 기업집단의 사업영역은 유통업과 노동집약적 경공업에서 자본집약적 중화학공업 그리고 건설업과 금융업으로까지 확대되고 계열사가 급증하였다. 한편 중소기업 계열화 촉진법(1974)의 시행으로 중소기업은 중간재 생산을 담당하고 대기업과 중소기업 간 계열 하청 관계가 발전하였으며, 생산–부품–기술–디자인 등에서 상호 의존적인 관계가 형성되었다.

그러나 거시경제지표와 기업경영상태는 급격히 악화되었다. 1973년에 정부가 중화학공업 육성전략을 발표한 직후 한국은 1차 석유위기에 직면하였다. 유가상승과 세계경제 침체에 따른 수출 둔화는 경제성장률을 낮추었고 국제수지도 악화되었다. 1970년대 초반 숙련인력을 중심으로 한 임금 상승과 유가상승은 인플레이션 압력을 높였다. 1973년 3.2%에 머물던 소비자물가 상승률은 1974년과 1975년에 각각 24.3%, 25.3%로 급등하였고 그 후로도 두 자릿수로 유지되는 물가불안이 지속되었다.

표 5–7 **1970년대 산업구조의 추이**

	농림어업	제조업			전기, 가스, 수도	건설업	서비스업	수출상품구조		
		전체	경공업	중화학				중화학	경공업	1차 상품
1971	29.5	18.3	58.9	41.2	1.2	4.0	41.3	14.2	72.1	13.9
1972	28.6	20.0	63.6	36.5	1.3	3.7	41.6	21.3	66.6	12.1
1973	26.5	23.0	59.0	41.0	1.1	3.9	40.7	23.8	63.4	12.8
1974	26.4	22.4	49.3	50.7	0.7	3.9	41.2	32.5	54.1	13.4
1975	26.9	22.2	49.9	50.1	1.0	4.1	39.8	25.0	57.4	17.6
1976	25.5	24.1	48.7	51.3	1.1	3.9	39.1	29.8	57.9	12.2
1977	24.2	23.9	45.5	54.5	1.3	4.8	39.2	34.9	46.9	18.2
1978	22.2	24.1	43.8	56.2	1.2	6.6	39.0	35.4	49.7	14.9
1979	20.7	24.4	41.4	58.6	1.6	7.3	39.2	38.1	47.8	14.1

한편 국내저축이 상당히 부족한 상태에서 투자–저축갭은 외국자본 유치나 통화 팽창으로 메꾸어졌다. 결과적으로 외채는 누적되었고 과도한 인플레이션이 지속되었다. 1970년대 내내 한국경제의 경제성과는 악화되었다. 원자재 가격 상승과 세계경기 침체로 경제가 타격을 입음에 따라 수출성장이 둔화되었다. 정부는 외국 차입에 크게 의존했기 때문에 경상수지적자가 지속되었다. 결국 대외부채는 1970년대 내내 빠르게 증가하여 1980년에 271억 달러로 GDP의 48.2%에 달했다.

중화학공업화에는 장기적인 동태적 비교우위와 일관성이 있음에도 산업구조에 왜곡이 생겨났다. 전통적인 수출산업과 노동집약 산업의 현대화나 설비팽창은 대체로 무시되었고 결국 이들 산업의 수출 경쟁력이 손상되었다. 이는 1970년대 말 기초생활품의 국내공급 부족을 초래하고 인플레이션 압력을 심화시켰다. 선별된 소수의 산업에 대한 급속한 신용팽창과 중동 건설 붐이 낳은 상당한 자본유입은 통화공급을 야기하여 인플레이션의 가속화를 낳았다.

(2) 역량 확대와 인간 개발

정부는 인적자본의 축적도 이어가 1980년 취학률이 초등학교와 대학교가 각각 97.7%, 11.2%로 소폭 증가했으나 중학교와 고등학교 취학률은 73.3%, 48.8%로 1970년에 비해 크게 증가하였다. 또한 1970년 64.2(세계 평균 104.9)에서 1980년 33.6(세계 평균 85.2)으로 절반 가까이 하락한 영아사망률이 보여주듯이 국민들의 보건 수준도 크게 높아졌다.

중화학공업이 본격화된 1973년부터 1979년까지 석유위기가 발생했던 1974년과 1979년을 제외하면, 모든 연도에서 노동생산성 증가율보다 실질임금 증가율이 더 높았다(김태일, 1985 ; 박현채, 1985). 기업집단들이 중화학공업화에 적극 참여하면서 숙련 기술자를 확보하기 위한 경쟁이 심화되었기 때문이었다. 임금 상승에 힘입어 중화학공업의 근로자들을 중심으로 공적 사회복지에 더해 임금에 기반한 저축과 사보험으로 사적 안전망을 확보하고 주택, 교육, 의료에 대응할 수 있었다. 한편 절대빈곤은 1980년에는 1965년의 1/4 수준인 9.8%로 계속 낮아졌지만, 소득 불평등은 1960년대와 달리 높아져 1970년 0.332까지 낮아졌던 지니계수는 이후 상승 반전하여 1980년에는 0.388로 급등하였다(Choo, 1992). 경제성장에 따른 실업률 감소효과가 약화된 반면, 중화학공업이 주도하며 직종별 · 학력별 임금 격차가 확대되었기 때문이다.

경제발전의 역량 확장에 대한 낙수효과는 실업률, 소득, 임금의 절대수준에는 그 효과가 있었지만, 소득재분배나 사회형평성에는 그 효과가 크지 않거나 부정적 효과를 미쳤다고 할 수 있다.

표 5-8 **우리나라 소득불평등도 추계**(지니계수)

	1965	1970	1976	1982	1986	1990
전국	0.3439	0.3322	0.3908	0.3574	0.3368	0.3226
비농가	0.4167	0.3455	0.4118	0.3705	0.3424	0.3239

자료 : 주학중(1979) ; 주학중, 윤주현(1984) ; Choo(1993).

4. 발전국가 조합주의의 재현 : 1980~1987

4.1 도전

정치적 위기 1979년 10월 급작스런 대통령의 서거로 권위주의 정권은 정치적 위기에 봉착한다. 정부는 계엄령을 선포하였고 군은 정치적 중립과 정치일정을 공표했다. 그러나 민주화 세력은 분열상을 보이며 사회불안이 커지는 가운데 과도정부하에서 12.12 쿠데타로 군부세력이 다시 정권을 장악하였다.

세계경제 침체와 외채위기 정권의 위기는 석유위기로 말미암은 세계 경제의 경색과 중첩되었다. 2차 석유위기가 발생한 후 주요 산업국의 정책대응은 1차 석유위기 때와는 달랐다. 인플레이션을 피하기 위해 미국을 중심으로 긴축적 통화 · 재정 정책을 취했다. 동시에 각국은 세계경제 침체로 무역 적자 확대를 경험하며 새로운 보호주의에 의존하기 시작했다. 이로 인해 세계 경제는 이자율이 고공 행진하였고 경기 침체가 지속되자 개발도상국, 특히 고외채국이 큰 충격을 받았고 남미를 비롯한 많은 국가들이 외채위기에 빠졌다. 한국 역시 중화학공업의 투자 그리고 그동안 누적된 경상수지 적자가 외채로 누적되고 차입금리도 상승하며 외채 망국론이 횡행하였다.

중화학 공업화의 후유증 중화학공업 자체에서도 과잉 중복 투자와 부실화 문제가 대두하였고, 이에 더해 1983년부터는 해외경기 악화로 해운업, 해외건설, 조선, 섬유직물 등 일부 업종에서 구조적 불황이 나타나며 또다시 기업과 금융의 부실화 문제가 부상하였다. 더욱이 1976~1979년 동안 제조업의 실질임금은 매년 18% 상승하였는데 이는 노동생산성의 2.2배에 달하였다. 임금 급등과 더불어 고평가된 환율은 한국 수출품의 경쟁력을 잠식하였다. 기업은 기업대로 부채비율이 높아지고 부실화되며 금융기관 역시 많은 부실채권이 양산되고 있었다. 중화학 공업에 대한 투자 지원은 한편으로는 재정적자를 야기하였을 뿐만 아니라 국공채 발행과 중앙은행 인수를 통해 본원통화 증발로 나타났다. 1980년 한국경제는 중대한 위기에 직면하였다. 2차 석유위기와 흉작으로 경제가 급냉하였다. 1957년 이후 처음 한국은 －2.7%의 마이너스 성장률에 직면했으며 인플레이션율은 22.4%로 급등했다.

4.2 응전

(1) 발전국가 조합주의의 지속

권위주의 정권의 재현과 관료의 성장 유신체제의 급작스런 붕괴는 민주주의 체제로의 본격적 전환을 낳을 수 있는 기회의 창을 열었다. 그러나 군부 쿠데타와 5.18 광주 민주화운동의 폭력적 진압을 거쳐 권위주의 정권이 다시 부활하였다. 대통령 선출도 간접선거에 머물게 되었고, 삼권분립은 무시되어 입법부와 사법부를 행정부에 종속시키고 대통령을 3권 위에 군림하게 함으로써 1인 지배체제를 유지하였다. 정당정치와 의회정치는 무력화되었고 국가권력기관의 공작정치와 인권탄압이 계속되었다.

권위주의 정부는 특성상 관료를 통제하고 이들의 충성과 순응을 확보하려 했지만, 전문적 기술관료에 의한 행정이 더욱 중시되었다. 특히 핵심 경제관료들은 위임을 받아 상대적으로 자율적으로 경제정책을 건의하고 집행할 수 있었다. 1960년대와 1970년대를 거치며 관료의 전문성이 높아졌고, 경제정책은 대규모 신규사업추진보다 조정의 역할이 커졌기 때문이다.

국정목표에서는 경제발전이 우선시되었지만, 운용방식에서는 정부주도 대신 시장경제원칙을 기본틀로 내세우며 민간과 시장의 역할을 강조하기 시작하였다. 경제정책의 집권화가 약화되었고 경제 안정과 공정 거래가 강조되며 금융자율화와 시장개방이 서서히 진척되었다.

발전국가 조합주의 산업화를 거치며 광범위해진 중산층과 노동자층이 형성되어 민주화를 원하는 세력의 요구도 거세어졌고, 중화학공업의 대공장을 배경으로 노동조합 운동도 활성화되어갔다. 특히 1985년 2월 총선에 다양한 정치세력이 참여하고 자본뿐만 아니라 노동자, 농민 등 이익집단의 목소리가 높아졌다(김일영, 2001). 한편 1970년대 중화학공업화에 따라 소수지만 강력한 기업집단이 등장하여 점차 정부의 시장개입 축소를 요구하기 시작하였다.

그러나 보안사 주축의 군부가 기술관료 및 재벌과 지배 연합을 형성하고 사회를 철저히 억압 · 통제 · 배제하는 국가 조합주의의 전통이 이어졌다. 국가와 기술관료를 주축으로 안정화와 산업합리화를 추진함으로써 관료적 권위주의 성격도 견지했다. 정권은 초창기에 일부 자본가들을 부정축재자로 응징하는 한편 산업 구조조정이라는 이름하에 인위적으로 기업을 통폐합했고 정부정책에 비협조적이거나 야당과 연계된 재벌은 해체했다. 대기업집단은 정권에 순응과 협조로 대응하여 지배 연합을 다시 형성하고 정치자금과 비호를 교환하며 유착하였다. 반면 노동자들에 대해서는 탄압과 배제로 응대했다. 노동법은 근로자의 단결권, 단체교섭권, 단체행동권을 보장했지만 명목일 뿐이었다. 특히 제3자 개입금지 조항과 기업별 노조를 통해 노조의 활동공간을 단위 기업으로 국한하여 노동세력 간이나 노동세력과 여타세력(시민사회)의 연대를 불가능하게 만들었다.

보안사와 안기부의 국가기관은 사회를 철저히 통제하였다. 각종 이익집단과 민간조직의 자율성이 허용되지 않았고 언론은 철저히 통제되었다. 그러나 정권 초기 제한적이고 비밀 결사적 활동에 머물던 시민사회는 정권의 유화정책 이후 적극적인 시민운동으로 전환하며 부활하였다. 사회의 저항은 국가를 압도하고 1987년 6월 민주항쟁으로 귀결된다. 마침내 직선제 개헌을 약속한 '6.29 선언' 이후에는 시민사회가 전면에 등장하였고, 다양한 이익집단이 제 목소리를 내기 시작했으며 각 부문에서 시민운동 단체들이 생겨났다.

(2) 구조조정과 성장

중화학공업화가 낳은 위기에 대한 대응으로 1970년대 말에 생겨난 정책조류가 이어졌다. 즉, 정부는 안정과 자율을 정책기조로 선택하고 이를 '경제안정화종합시책'(1979년 4월)으로 구체화한 바 있는데, 새로이 들어선 권위주의 정권은 이를 강력하게 집행하였다. 정부는 물가안정을 추구하면서 일련의 긴축 통화재정 정책을 도입하고, 기능적 산업정책으로의 전환을 도모하고 경제 자유화의 긴 여정에 들어섰다.

대내불균형의 완화와 안정화 인플레이션을 완화하기 위해 필수품과 부동산에 대한 가격통제라는 전통적 정책 외에 재정정책, 통화정책, 소득정책의 정책조합이 집행되었다. 그러나 다양한 정책금융으로 말미암아 급격한 통화긴축도 어려웠고 임금상승 억제에도 일정한 한계가 있었기 때문에 결국 재정긴축이 중요한 역할을 하였다. 재정긴축에는 정부지출 삭감과 사회간접자본 투자 연기가 포함되었는데, 특히 예산편성은 기존의 점증주의에서 벗어나 모든 항목을 재검토하는 영점기준(zero-based) 방식을 도입하여 1986년까지 긴축기조를 지속하였다. 이에 따라 GDP 대비 통합재정수지 비율은 1982년 −4.3%에서 1986년 −0.1%로 하락하였고, M2 증가율은 1982년 21.3%에서 1984년 7.2%로 하락하였다.

부분적 자유화와 제한적 경제개방 이 기간에 정부는 물가안정화 프로그램과 함께 시장 자유화를 위한 광범위한 정책을 시작했다. 이른바 성장 우선 전략은 안정에 기초한 성장의 강화 전략으로 대체되며 정당화되었다. 이자율 통제에 대한 부분적 자유화가 시행되었다. 정부소유의 6개 주요은행 중 5개 상업은행이 민영화되고 비은행 금융부문은 적극적으로 자유화되었다. 기업집단은 비은행 금융부문으로 진출하여 자본조달선을 확대하였다. 해외투자를 자유화하고 자본계정을 부분적으로 자유화하였다. 외국은행의 영업범위가 확대되었고 외국인 주식투자에 대한 제한을 완화하였다. 한국 기업의 취약한 금융구조 때문에 자본통제는 그대로 유지되었다.

산업 구조조정과 시장기능의 강화 중화학공업과 구조적 불황산업에 대해 정부는 회생에 치중하며 1979년부터 1980년대 말까지 정부주도로 장기간의 구조조정을 진행하였다. 구제 금융과 세금감면(조세감면규제법) 외에 시장독점 보장과 신규 진입금지(공업발전법) 등의 경쟁제한 조치를 실시하였다. 구조조정에 힘입어 단기에 위기를 극복하는 데 성공하였지만 경제력 집중과 독점의 강화를 낳았다. 특히 고통스런 구조조정을 회피함으로써 기업과 금융기관의 도덕적 해이를 부추겼다.

한편 민간주도 성장을 강조하며 선별적 산업정책에서 벗어나 공업발전법을 새로이 제정함으로써 기능적 산업정책으로의 전환을 공식화하였고, 국내기업 간의 경쟁 촉진을 도모하기 위해 공정거래법을 1981년에 제정하였다.

(3) 인간 역량의 확충

제5공화국은 헌법 개정이나 국정지표를 통해 국민의 행복추구권과 복지권을 강화하고 공적부조를 강화하는 한편 대규모 사업장을 중심으로 국민연금법을 공포(1986)했으며 최저임금법을 시행했다. 하지만 1980년부터 1987년까지 GDP 대비 사회지출은 1.6%에서 2.0%로 소폭 증가하는 데 그쳤다.

1970년대 중반까지 시행된 평준화 정책으로 명문고교 진학을 위한 입시경쟁이 완화되었지만 대학입시는 경쟁이 더욱 치열해지고 있었다. 이에 따라 정부는 본고사 폐지, 대학입학정원 확대 등으로 수요 확대에 대응하여 고등교육의 전폭적인 양적확대를 이루어냈다. 직업기술 교육은 1960~1970년대의 기능인력 확보를 넘어 기술인력 양성으로 전환하여 고등학교 직업기술교육 체계를 개편하였다. 한편 근로자들은 공공복지에 더해 임금에 기반하여 저축과 사보험으로 사적 안전망을 확보하고 주택, 교육, 의료에 대응하도록 하였다. 공공부조는 매우 제한적인 급여를 제공했으며, 사회 서비스는 민간이 중심이 되는 서비스 제공이라는 틀을 벗어나지 못했다.

4.3 성취

(1) 거시 경제적 균형

1980년에 극심한 스태그플레이션에서 출발한 한국경제는 1980년대 전반기 동안 점차 성장을 회복하여 실업률은 하락하고 물가는 안정되는 안정적 성장기를 경험하였다. 새로이 추진된 안정화 정책과 풍작으로 경제는 빠르게 회복되었다. 경제성장률은 1981년 6.2%로 회복되었고 1983년에는 12%에 달하는 극히 양호한 성과를 보였다. 물가안정도 인상적이었다. 물가 상승률은 1981년 17.7%에서 1982년에는 6.6%로 낮아진 이래 5년간 인플레이션은 4% 이하로 극적으로 떨어졌다. 원화 절하에 따른 물가상승 압력은 노동운동의 억압을 통한 임금인상 억제를 통해 일부 완화할 수 있었다.

긴축과 1980년의 원화절하에 이은 변동환율제로의 이행에 따라 경상수지 적자도 점차 줄어들었다. 경상수지 적자/GNP 비율은 1980년 8.5%에서 1983년 1.9%로 하락했고 1985년에는 GNP의 0.9%로 떨어졌다. 마침내 1986년 경상수지는 43억 달러 흑자를 기록했다. 경상수지 개선의 결과로 총대외부채는 점차 감소했고 외채에 대한 우려는 결국 사라졌다.[18]

18. 누적된 외채로 말미암아 1982년에 고조되었던 외채위기는 일본으로부터 50억 달러를 차입하여 해소할 수 있었다(강만수, 2005, pp. 387~388)

표 5-9 대내외 균형의 추이(1980~1985)

	경제 성장률	1인당 GNP (달러)	물가 상승률	실업률	국내 총투자율	총저축률	수출/GDP	수입/GDP	경상수지/GDP	명목대 미환율	실질대 미환율
1980	−1.9	1,660	28.7	5.2	33.0	24.3	32.1	40.0	−8.5	347.7	978.2
1981	7.4	1,826	21.4	4.5	30.5	24.3	34.3	39.7	−8.9	681.3	892.9
1982	8.3	1,927	7.2	4.4	30.1	25.6	33.2	35.8	−3.5	731.5	949.3
1983	12.2	2,113	3.4	4.1	31.2	28.9	33.0	34.1	−2.3	776.2	1005.2
1984	9.9	2,300	2.3	3.8	31.2	30.9	33.4	33.6	−10.5	806.0	1064.5
1985	7.5	2,355	2.5	4.0	31.3	31.2	32.0	31.4	−8.8	870.5	1162.0

기업집단의 팽창과 독과점 심화

정부주도의 산업 구조조정과 중화학공업의 생산 부진으로 1차 산업 및 경공업의 위축과 중화학공업의 확대 추세는 완만하게 진행되었다. 그러나 중화학공업 제품의 수출 비중이 6년간 무려 15% 이상 급증하였다. 산업 구조조정은 한편으로는 기업의 과잉설비 해소와 경영합리화에 도움을 주었으나 다른 한편으로는 시장 기능을 저해하였다. 즉, 산업 구조조정이 주로 기존 기업 간의 인수합병에 의해 이루어지는 한편 업종별 신규 진입 억제도 강제됨에 따라 대기업집단으로의 경제력집중이 심화되고 시장구조의 독과점화가 가속화되었다.

표 5-10 산업구조의 추이(1980~1985)

	농림어업	제조업				전기, 가스, 수도, 건설	서비스업			수출상품구조		
		전체	경공업	중화학 (소재)	중화학 (조립가공)		전체	전통	지식 기반	1차 상품	경공업	중화학 공업
1980	14.3	21.9	41.7	36.5	21.8	8.9	42.7	31.0	69.0	11.7	46.4	41.8
1981	14.9	22.2	41.4	35.5	23.0	8.1	42.4	29.4	70.6	10.4	45.6	44.0
1982	13.9	22.1	40.1	36.1	23.8	8.6	43.0	28.9	71.1	7.9	43.0	49.0
1983	12.6	22.8	38.4	36.3	25.4	9.0	42.7	30.7	69.3	6.8	41.3	51.8
1984	11.9	24.3	37.5	36.0	26.6	9.0	42.8	31.5	68.5	5.8	38.8	55.4
1985	11.9	23.9	36.5	36.2	27.3	8.8	43.9	33.7	66.3	5.2	37.7	57.0

특히 대기업집단은 사업 구조조정을 통해 중화학공업 중심으로 사업을 재편하는 데 그치지 않고 사업다각화를 지속하여 첨단 제조업과 금융업에 적극 진출하였다. 이들은 컴퓨터, 반도체, 신소재, 통신, 정밀기계, 메카트로닉스 등의 첨단산업에 진출하였다. 동시에 1980년대 금융자유화 정책에 따라 대기업들의 은행 지분 비중이 확대되었고 보험, 증권, 리스, 단자 등 제2금융권에 대한 경쟁적인 진출도 두드러졌다.

(2) 역량 확대와 인간 개발

우리나라의 절대빈곤율(2000년 빈곤선 기준)은 1980년대에 큰 폭의 하락세를 경험하였으며 지니계수로 본 소득불평등도 이를 따라 1980년대 내내 하락세를 이어갔다. 절대 빈곤율은 1984년 4.5%까지 낮아진 뒤 1988년에는 1.5%로 하락했다. 상대적으로 경제가 안정되는 가운데 저학력 생산직 근로자에 대한 수요가 계속되면서 학력별 임금격차가 줄어들었기 때문이었다. 1980년 총 사회지출 중 사회보험 지출이 차지하는 비중은 64.6%에 이르렀다. 다만 저소득층을 위한 대표적인 사회지출인 생활보장제도는 전체 인구 중 단지 1%에 해당하는 사람들에게 최소 생존에 필요한 비용의 절반 정도를 지급하였으며(이혜경, 1993), 이러한 현상은 1985년 이후에 더 심화되었다. 한편 전체 GDP 대비 사회지출에서 사회보험이 차지하는 비중은 1980년 64.6%에서 1985년 74.4%로 무려 10%p 가까이 높아졌다.

경제성장은 중산층의 범위를 확장시켰고, 이에 따라 사적 사회위험 관리기제를 확보할 수 있는 계층도 확대되었다. 특히 경제안정화를 위한 세출축소-세입축소의 여파로 조세부담률은 1980년 16.7%에서 1986년 15.1%로 낮아져 일자리를 통한 소득 축적과 그에 의한 사회위험 대처를 지원했다.

인적자본의 확장세는 지속되었다. 취학률은 중학교가 1986년 84.5%로 증가세가 둔화되었지만, 고등학교는 65.3%로 급증세를 이어갔고 대학교 취학률도 1986년 22.3%로 1980년에 비해 두 배 이상 높아졌다.

5. 민주화 : 1987~1992

5.1 도전

냉전 종식과 자본주의 시장경제의 확장 1985년 3월 이래 구소련은 시장경제 도입, 공산당 권력 독점 포기 등 개혁개방의 길을 걷다 마침내 독립국가 연합으로 해체되었고(1991) 동시에 소련 영향 아래 놓였던 동유럽 국가들에서도 공산정권이 붕괴되면서 냉전체제가 붕괴되었다. 결국 지구촌은 하나의 시장으로 통합되기 시작한다. 전 세계가 하나의 시장에서 경쟁하면서 경쟁이 격화됨에 따라 한편으로는 이를 규율하기 위한 체계와 정책조율이 강화되었다. 특히 1986년에 우루과이 라운드가 시작되어 서비스와 지적재산권을 포함한 새로운 분야에 적용되기 시작하였다.

3저 현상과 후유증 미국을 중심으로 1970년대의 고인플레이션을 안정화하기 위한 고금리 정책이 중단되고 세계 금리는 1985년 이후 하락하였다. 미 달러화를 절하하는 국제협력(플라자 합의)에 힘입어 1985년 이래 미 달러화는 절하추세를 밟았고 달러에 연동되었던 원화 역시 엔화에 대해 절하되었다. 유가는 1982년부터 하락하였고 1985년에 안정화되었다. 이에 따라 세계 경제, 특히 한국에게 중요한 미국시장이 급성장하였다. 해외수요의 증가, 절하, 다변화된 산업구조는 한국의 수출을 급증하게 하였다. 한국의 경상수지는 GNP의 5%를 넘어섰다. 1986~1988년의 두 자릿수의 성장세는 노동시장의 긴박과 더불어 인플레이션 압력을 낳았다. 호황은 1989년에 끝났고 한국은 그 후유증을 해결해야 했다.

정치민주화 군부정권의 재출현에 대한 반발은 일찍 시작되었고 1985년 총선에서는 야당 세력이 급신장하였다. 그러나 집권세력은 민주화 요구에 저항하며 대통령 직접 선거를 거부하는 4.13 호헌을 선언함으로써 전 국민적 투쟁을 촉발하였다. 1987년경 학생, 근로자, 교회 지도자, 야당지도자는 연대하며 정권 반대투쟁에 나섰다.

5.2 응전

(1) 정치민주화의 시작과 발전국가의 재편

의사 민주주의 한국 제5공화국 말기의 정치위기는 여권의 대통령 후보가 직선제 개헌을 약속(6.29 민주화 선언)함으로써 해소되었다. 비록 기존 권위주의 세력의 주도 속에서 이루어진 것이었지만 민주주의를 향한 대전환이 생겨났다. 국민의 직접 선거를 통한 정권교체가 실현되고 절차적 민주주의가 회복되었다. 이어서 언론, 집회, 결사 등 기본권의 신장, 정당 활동보장, 지방 및 교육자치 실시 등 민주화 조치가 이어졌다. 13대 총선(1988)에서 정계가 여소야대로 개편된 것도 이러한 변화를 가속하였다. 제5공화국에 비해 입법부와 사법부의 권한과 자율성이 상대적으로 강화됨으로써 삼권 분립이 강화되었다.

제6공화국 출범 이후에도 시민사회는 6월 항쟁의 연장선에서 사회 변혁을 주장하며 통일운동과 노동운동을 활발하게 전개했다. 그러나 안보와 체제에 대한 불안심리가 확산되어 민주–반민주로 틀이 지어졌던 기존의 체제–반체제의 대결논리는 보수–혁신의 좌우 이념 대결로 전환되었고, 운동권과 노동세력의 활동이 점차 퇴조하고 공안 정국이 전개되었다. 결과적으로 중간계급(중산층)과 노동계급의 연대가 민주화 운동의 동력이었지만, 이후 전개된 정치민주화는 안정을 바라던 중간계급의 지지 위에서 권위주의 세력과 보수 야당이 노동자로 대표되는 대중을 배제한 채 타협하에서 전개되었다. 이러한 타협은 1990년 3월의 3당 합당으로 권위주의 세력의 우위로 마무리되었다. 이 과정에서 새로이 도입된 소선구제와 전국구는 모두 소수 정당과 대중 정당의 형성을 어렵게 하였고 그만큼 대중이 이해관계를 정치에 반영하여 정치세력화하는 기회가 크게 줄어들었다(윤홍식, 2018).

한편 이 시기 급진전된 세계화와 한국 정치의 민주화는 국가자율성을 크게 위협하였다. 특히 정책 결정에서는 관료 역할이 크게 축소되며, 다원화된 정책결정이 나타났다.

사회조직의 활성화와 국가 조합주의 민주화 조치가 이어지며 노동운동이 활발해지고 이익집단을 중심으로 많은 사회조직이 생겨났다. 노조가입률은 1986년 12.3%에서 1988년 17.8%로 급증하였고 1990년에는 전국노동조합협의회가 결성되었으며, 1995년에는 새로운 전국노조로서 민주노총이 결성되어 기존의 한국노총과 전국노조를 양분하였다.[19] 노사가 정부개입 없이 노사문제를 해결하는 관행이 정착되도록 정부는 물러섰다. 금융기관도 관치 금융을 비판하며 금융자유화를 요구하였다. 기존의 관변단체와 민중단체로 이원화되었던 시민사회는 시민단체로 그 중심이 옮겨져 경실련을 중심으로 한 시민단체들은 정부 감시, 이슈 제기, 대안 제시, 갈등 조정의 역할을 하였다. 30년 만에 지방자치제도가 부활하여 지역사회도 활성화되었다. 5.16 군사쿠데타 이후 시행이 미루어진 지방의회 의원선거가 1991년에 재개되고 1995년에는 기초 · 광역단체의 단체장 선거도 치러졌다. 지방자치제는 지역사회 내의 자치활동을 활성화시켰지만, 자치단체가 무리

19. 이에 반응하여 정부는 노동법을 개정하여 노동자의 단결권, 단체교섭권, 단체행동권에 대한 각종 제약을 완화하였으며, 1988년부터 최저임금제를 시행하였다.

한 개발 사업을 추진하거나 권한을 남용하는 현상도 나타났다.

시민사회의 활성화에도 불구하고 기존의 억압기구가 건재한 가운데 국가는 시민사회를 민중운동과 국가저항 세력으로 간주하는 등 시민사회에 대한 인식도 부족하였고 또한 시민사회 위에 계속 군림하려 했다. 시민사회나 자치단체는 아직 국가에 의해 다양한 제약을 받았으며, 1989년 결성된 경실련의 활동에서 보듯이 주창은 확대되었지만 아직 정책과정에의 수렴보다는 방어에 치중하였다. 또한 기존대로 소수의 관변단체가 정부의 하위 파트너로 참여하거나 계몽운동의 대리역을 하였다.

한편 대기업도 정부통제로부터 벗어나 자신의 목소리를 보다 적극적으로 내기 시작했다. 1980년대에 들어 금융자율화에 따라 기업의 주 자금원이 은행에서 회사채와 같은 자체조달 방식이나 제2금융권으로 변화하면서 은행을 통한 국가의 영향력은 줄어들고 자본의 자율성이 높아졌다.

(2) 신자유주의적 구조조정

시장규제 완화 : 상품시장 자유화, 금융자유화와 자본시장 개방

한국은 안정과 성장을 함께하여 3저 호황의 후유증(무역적자 전환, 부동산시장 과열과 인플레이션, 고임금과 악화된 노사관계)을 다루었다. 정부는 전통적 정책으로 인플레이션 문제를 다루었다. 정부보조금을 삭감하고 공기업 투자를 감소시켜 정부재정을 개선하였고 통화정책 역시 긴축적으로 전환하였다. 산업정책은 노사관계의 안정화와 규제완화에 의해 제조업 부문의 경쟁력을 강화하는 데 초점이 맞추어졌다. 재벌에게는 경영을 개선하고 과도한 팽창을 억제하고 수익성 개선에 초점을 맞추도록 하였다.

상품시장 자유화에도 상당한 진척이 이루어져 1989년 이후 그동안 제외된 농산품 수입을 점진적으로 자유화하였다. 특혜관세를 폐지하고 평균관세율은 8.1%(1988)에서 7.9%(1994)로 낮추어졌다. 1990년에 시장 평균환율제도를 채택하고 1991년부터 1997년까지 4단계에 걸쳐 금리자유화를 시행하였다. 1990년대 중반 이후에는 적극적인 자본자유화 정책을 추진하였다. 1984년 외자도입법 개정 이후 부분적으로 추진하던 외환 및 자본자유화정책을 OECD 가입을 위해 1993년부터 본격 추진하였다. 무역외거래 자유화 규약과 자본이동 자유화 규약이 OECD 가입의 전제조건이었다. 정부는 1994년 12월에 외환 및 자본거래 개혁안을 마련해 1995~1999년 동안 3단계에 걸쳐 자본자유화를 추진하여 1999년에는 선진국 수준의 외환 및 자본자유화 달성을 목표로 설정하였다.

표 5-11 단순 평균관세율의 추이(%)

구분	1988	1994	1997	1999	2000
전체	18.1	7.9	8.6	8.6	8.6
공산품	16.9	6.2	6.3	6.4	6.4

주 : 1997년 관세율이 소폭 상승한 것은 1995년 이후 기본관세율 제정 결과에 기인.
자료 : 정재호 · 류덕현(2004), 「우리나라 산업구조 및 실효관세율 변화연구」, 한국조세연구원.

기업집단 간의 대경쟁

1980년대에 다소 주춤했던 대기업집단의 다각화는 1990년대에 들어 재개되어 재벌들의 외형은 일본의 게이레츠(系列)와 유사해진다. 이는 다양한 이유에서 비롯하였다. 우선 정부정책이 이완되었다. 1994년 업종 전문화와 여신규제완화조치가 대기업에게 유리하게 작용하였다. 특히 1995년의 '신재벌정책' 이후에는 경제력 집중 해소보다는 국제경쟁력 강화가 우선시되며 1997년에는 그동안의 대기업집단 규제조차도 철폐되었다. 밴드웨건식 투자와 그에 따른 재벌 간 생사를 건 시장점유율 경쟁도 배경이 되었다.

그러나 보다 근본적인 것은 금융적 뒷받침이었다. 제2금융권의 성장에 이은 은행권 중심의 금융자율화 그리고 자본자유화에 따른 해외 차입의 용이화가 그것이다. 투자계획의 심사보다는 담보나 보증 위주의 대출관행이 지속되는 속에서 대기업은 금융기관으로부터의 차입을 보다 유리한 조건으로 계속 유지하고 독점하다시피 할 수 있었다. 대기업은 상호출자나 상호지급보증의 관행을 통해 최소의 자본으로 대규모 자금을 차입할 수 있었다. 정부에 의한 금융규제 완화나 부실한 금융감독은 재벌과 금융기관의 무리한 차입을 부추겼다. 한편 금융자율화 속에서도 여전히 지속되었던 관치금융은 금융기관에게 일종의 도덕적 해이를 낳았고 대마불사의 믿음을 낳았다. 정부가 경제에 개입하지 않되 여전히 보호막을 제공하는 상황이 전개된 것이다 ("De-control" without "de-protection", Phillip Wonhyuk Lim, 2001).

민주화 이후 대기업은 국가의 통제로부터 벗어나 중소기업을 하청 계열화하면서 지배력을 높여갔다. 상위 5대 재벌그룹의 매출 집중도는 1987년 28.3%에서 1997년 32.4%로 높아졌다.

(3) 인간 역량의 확충

한국에서는 경제성장이 일자리를 만들어 빈곤과 불평등을 완화하는 개발국가 복지체계가 지속되었다. 하지만 민주화에 수반된 선거 경쟁으로 국민연금의 수혜층이 대폭 확대되고 산업재해보상법은 5인 이상 사업장(1989)으로 확대되었다. 사회 서비스 영역에서는 전 국민 의료보험(1989)이 시행되었다. 공공복지가 확대되는 가운데 경제성장은 중산층의 범위를 꾸준히 확장시켜 사적 사회위험관리 기제를 확보할 수 있는 계층도 확대되었다. 한편 민주화 이후 기금을 이용한 주택정책은 중산층의 사적 자산 형성에 핵심적 역할을 하였는데, 이에 더해 정부는 공적기금에 의해 지원되는 영구임대주택 건설에도 나섰다. 1991년 정부는 사내복지기금법을 제정해 기업의 복지제공을 법제화했다. 기업별 교섭체제는 기업복지를 확대시키는 계기를 마련했다. 대기업은 주거비, 학비, 보험료를 지원해 기업 단위의 생산체제로 포섭했다. 기업은 노동자가 가입한 민간보험에도 지원금을 지급했다. GDP 대비 사회지출은 1987년 2.2%에서 1992년 3.2%로 크게 증가했다.

1988년부터 이어진 3저 호황에 힘입어 실업률이 2%대로 진입하면서 인력난이 나타나자 정부는 여성, 고령자, 장애인을 포함한 유휴인력 활용을 위해 노력하는 한편 기능장려법(1989)을 제정하였다. 1987년의 노사분규 이후 근로조건이 크게 개선되고 최저임금제(1988)가 시행되었다. 정부는 근로소득세 감면을 위한 세제개혁을 단행했다.

정부는 초 · 중등과 고등교육에서의 양적 기회 확대에 초점을 맞추어 왔던 교육정책은 선진 각국에서 수월성, 개성을 중시하는 교육개혁 노력에 자극받아 교육개혁기구의 효시로서 교육개혁심의회를 운영(1985~1988)하여 다양한 제도개혁방안을 제시하였다.

5.3 성취

(1) 대내외 균형

1986~1988년 동안 '3저 현상'으로 대표되는 수출경쟁력 개선은 수출급증을 낳으며 20년 이상 누적된 외채를 일소시켰고 12%를 넘는 경제성장을 낳았다. 1988~1989년에 한국은 1인당 GDP가 미국 1인당 GDP의 30%를 넘게 되어 중소득 국가에서 상위 중소득 국가로 진입하였다. 실업률은 1986년 3.8%에서 1991년 2.4%까지 크게 하락하며 부분적 인력난까지 발생하였다. 성장세가 수출경기에서 비롯한 만큼 막대한 경상수지 흑자가 생겨났지만 다른 한편으로는 물가와 임금 급등이 나타났다. 그러나 3저 호황은 오래 지속되지 않았다. 수출과 성장이 둔화되자 정부는 주택 200만 호와 사회간접자본 건설 등 내수 확대책으로 대응하였고 이는 임금 인상과 내수 과열로 이어지며 경상수지 적자폭을 확대시켰다. 또한 3저 시기에 대외적 압력으로 환율이 급속히 하락한 뒤(1986년 881.3 원/달러 1989년 674.1원/달러) 인플레이션율의 상승으로 실질실효환율까지 크게 하락하였다. 경상수지는 1990년부터 적자로 돌아섰고 이후 1993년을 제외하곤 1997년

표 5-12 **대내외 균형의 추이**(1986~1992)

	경제 성장률	1인당 국민소득 (달러)	물가 상승률	실업률	국내 총투자율	총저축률	수출/ GDP	수입/ GDP	경상수지/ GDP	명목대미 환율
1986	12.2	2,702	2.8	3.8	30.5	34.9	35.6	30.6	4.2	881.3
1987	12.3	3,402	3.0	3.1	30.8	38.4	38.3	31.2	7.2	822.4
1988	11.7	4,548	7.1	2.5	32.4	40.4	36.4	29.3	7.7	730.5
1989	6.8	5,556	5.7	2.6	35.3	37.6	30.8	28.7	2.3	671.4
1990	9.3	6,303	8.6	2.4	38.0	37.8	28.0	29.0	−0.8	708.0
1991	9.7	7,276	9.3	2.4	40.0	37.9	26.3	29.0	−2.7	733.6
1992	5.8	7,714	6.2	2.5	37.0	36.9	26.6	27.7	−1.2	780.8

표 5-13 **산업구조의 추이**(1986~1992)

	농림어업	제조업				전기, 가스, 수도, 건설	서비스업			수출상품구조		
		전체	경공업	중화학 (소재)	중화학 (조립가공)		전체	전통	지식 기반	1차 상품	중화학 공업	경공업
1986	10.5	25.4	36.1	35.9	28.1	8.4	44.2	66.7	33.3	6.1	51.9	42.0
1987	9.4	26.6	35.9	34.7	29.4	8.4	44.6	66.0	34.0	5.8	52.0	42.1
1988	9.4	27.1	32.5	36.1	31.4	8.4	44.4	64.4	35.6	5.5	55.4	39.1
1989	8.8	25.8	31.7	36.0	32.3	9.3	46.1	63.2	36.8	5.3	55.4	39.3
1990	7.8	24.0	29.2	35.2	35.6	11.2	46.4	63.2	36.8	4.9	56.6	38.5
1991	7.0	24.3	28.8	39.1	32.1	12.0	46.9	62.8	37.2	4.6	60.6	35.5
1992	6.8	23.5	28.8	38.2	33.1	11.5	48.4	61.8	38.2	4.2	62.9	32.9

까지 매년 적자를 기록하였다.

이 시기 경제는 급속한 산업구조와 무역구조 변화를 겪었다. 1차 산업이 계속 침체되는 가운데 임금상승으로 노동집약적 경공업 분야의 위축이 현저했다. 제조업 중 경공업의 비중은 1986~1997년 동안 14%p이상 감소하였고, 대신 중화학공업 중 조립가공 산업의 성장세가 두드러졌다. 1986년 전체 수출상품의 42%였던 경공업 제품은 1997년에는 20%까지 급락하게 된다. 서비스업은 완만한 성장세를 이어갔는데, 특히 전통서비스업의 비중이 8%p 가까이 하락하고 대신 지식기반 서비스업이 이를 대체하고 있었다.

(2) 역량 확대와 인간 개발

높은 성장률과 일자리 창출에 힘입어 빈곤과 불평등은 모두 빠르게 완화되었다. 상대빈곤율은 1987년 9.3%에서 1992년 7.7%로 낮아졌으며, 지니계수는 0.29에서 0.257까지 낮아졌다(유경준, 2009).

인적자본의 축적도 이어져 1991년 취학률은 초등학교와 중학교가 각각 100.6%, 88.4%에 달하였고 고등학교도 78.7%까지 높아졌다. 한편 대학교 취학률은 1991년에는 23.7%로 증가세가 크게 둔화되었다. 영아 사망률은 1985년 25.2에서 추가로 낮아져 1990년에는 15.7를 기록함으로써 세계 161개국 중 38위를 기록하였다.

6. 신자유주의적 레짐전환의 노력 : 1992~1997

6.1 도전

민주화의 지속 한국에서 6.29 선언 이후 직선제 대통령 선출로 절차적 정당성을 갖춘 정부가 등장하였고 국회와 사법부의 권한과 자율성이 강화되었으며, 30년 만에 지방자치제가 부활하고 언론의 자율성이 크게 신장되었다. 그러나 당시의 정치민주화는 권위주의 세력이 중심에 서고 보수 야당과의 타협하에 이루어졌던 만큼 권위주의 청산과 민주화의 과제는 여전했다.

냉전 해체와 신자유주의 확대 탈냉전에 힘입어 세계는 세계무역기구의 창설과 지역 무역 블록이 등장하며 세계화 국면에 본격적으로 들어섰다. 우루과이 라운드(1994)가 마무리되고 WTO(1995)가 출범하였으며, 1997년부터 시행될 자본적정성 비율규제가 BIS에 의해 도입되었고 중국이 부상하여 IMF 8조국에 합류하였다(1996). 동시에 EC와 Maastricht 협약(1993), NAFTA(1994)와 더불어 세계 무역시스템의 지역화도 병행되었다. 세계경제 질서의 변화에 다국적기업과 국제자본의 활동도 크게 진전되었다.

탈냉전과 세계화를 배경으로 1980년대부터 영미를 중심으로 시작된 신자유주의 정책사조가 확산되며 민영화, 탈규제, 복지국가 축소를 통한 작은 정부를 지향하고 노동시장 유연화와 무역 및 자본 자유화 등 시장 활성화를 추구하였다. 국제경제기구는 '워싱턴 컨센서스(Washington consensus)'로 통칭되는 신자유주의적 정책처방을 경제적 어려움에 처한 국가들에 대해 부과하게 되었다.

6.2 응전

(1) 국가역량의 약화와 사회 조합주의의 등장

정치민주화에 더해 금융거래질서와 행정의 개혁을 추진

30년 만에 최초의 민간인 출신 대통령이 등장하며 군부 엘리트 중심의 군부체제는 민간 엘리트를 주축으로 한 문민체제로 전환되고 절차적 민주주의가 더욱 진전되었다. 김영삼 정부는 권위주의 세력과의 타협을 기반으로 하였지만 정치화된 군부 세력의 청산에 나섰다. 군부의 사조직을 해체하고 숙군을 통해 군의 정치 참여 가능성을 봉쇄했다. 김영삼 정부는 '위로부터의 보수적 민주화와 개혁'을 도모하였다. 국가안전기획부법을 개정(1993)하여 안기부를 탈정치화하고 정치관계법을 개정하였다. 그러나 행정부의 정책결정과 인사는 제도적 절차의 확립보다는 1인 통치 구조를 유지하며 측근 중심으로 이루어짐에 따라 문민독재 또는 개혁권위주의로 불리는 한계를 보였다.

하지만 공직자재산공개(1993)에 이어 금융실명제(1993)가 실시되며 금융거래 질서와 부정부패의 개혁이 진척되었다. 또한 행정부 운영에서는 효율성을 중시하여 기업경영 원리를 따르는 신공공관리론(New Public Management ; NPM)을 도입하여 작고 효율적인 정부를 지향하는 개혁도 추진하였다. 그러나 정부개편과 규제완화는 미봉책으로 끝나고 기존의 행정 관행은 크게 달라지지 않았다. 노동법과 안기부법의 기습처리(1996)에서 보듯이 의사결정방식에는 과거의 권위주의가 여전하고 제도적 절차가 충분히 존중되지 못했다.

사회의 활성화와 사회 조합주의

시민 운동과 사회조직의 결성과 활동이 활발해지면서 시민사회가 확장되었다. 권력 감시와 정책 제안을 중심으로 환경운동연합(1993), 참여연대(1994) 등 많은 사회조직이 결성되었고 전문가를 동원하여 상호 연대하며 정부에 대한 영향력을 강화하였다.

정부는 민주화와 개혁을 위해 시민사회의 지지를 필요로 했고 다양한 방식으로 시민사회와 협력하였다. 시민사회의 정책제안을 수용하고 주요 인사를 정부로 편입하는 한편 행정절차법(1996), 공공기관의 정보공개에 관한 법률(1996)을 통해 시민사회발전을 촉진하였다. 한의사회와 약사회 간의 약사법 개정 갈등에 행정부 중재의 무산과 입법부 개입 회피 속에서 경실련이 조정자의 역할을 담당한 것은 한국의 사회조직 내에서의 그리고 국가-사회관계에서의 중대한 변화를 보여주었다. 그러나 시민사회의 본질적 가치나 공공 서비스 생산에서의 역할은 아직 이해가 부족하였고 국가와 시장을 중심으로 사회를 바라보고 국가를 운영하였다.

(2) 세계화와 신자유주의 레짐으로의 전환 노력

정부는 탈냉전과 WTO 출범으로 상징되는 글로벌화와 선진국의 정책기조 변화에 따라 우리나라에서도 신자유주의 정책 기조로의 전환이 시작되었다. 김영삼 정부는 범정부적인 민관 합동기구인 '세계화추진위원회'를 설치하여 금융, 노동, 교육, 행정, 사법 등 전방위적인 개혁과 신자유주의적 정책레짐으로의 전환을 시작하였다. 그러나 기득권 세력의 반대와 정치일정으로 인해 개혁의 성과는 크지 못했고 지연되었다.

세계화 정부는 세계화를 선언하며 적극적인 대외개방을 추진하였다. 그중 금융의 대외개방이 가장 두드러진 성과를 보였다. 국내은행의 해외차입에 대한 규제가 철폐되었고 국내채권시장의 대외개방이 확대되어 FDI와 관련된 해외차입은 완전히 자유화되었다. 주요 사회간접자본 프로젝트에 참여하는 기업 역시 해외차입이 허용되었다. 국내주식에 대한 외국인 소유의 제한은 1993년 15%에서 이후 26%로 높여졌다. 기업부문은 해외투자 증대로 경쟁력을 개선하려 했고, 정부는 FDI 유치를 위해 노력했다.

정부역할 축소와 규제 완화 OECD 가입을 전후해 각종 규제와 산업보호 제도가 크게 완화되고 공기업이 민영화되었다. 규제의 설치와 개정의 과정을 지배하는 법체계는 1990년대 중반 변경되어 새로운 규제는 공개적이고 시장 친화적 기준에 따라 정당화되어야만 했다. 대기업집단의 해외투자 규제를 완화하여 첨단기술과 연구시설 설립을 중심으로 한 기업의 해외투자가 급증하였다.

금융자유화 국내 금융시장을 추가로 자유화하였다. 국가가 부분적으로 통제하던 은행시스템은 직접적인 국가개입이 크게 감소된 시스템으로 전환되었다. 1993년 정부는 은행 경영진의 임명에 대한 통제를 중단한다고 천명하였으며, 은행의 기업별 또는 업종별 투자 규모에 대한 규제가 완화되었다. 이자율은 1996년까지 모두 자유화되었으며 상업은행을 통한 정책대출은 점차 해소되었다. 다만 대기업집단의 신용배분에 대한 영향력을 완화하기 위해 금융기관의 소유 규제를 강화하였다.

기업경쟁력 강화와 대기업집단의 확장 경쟁 당국의 독립성과 권한이 강화되었다. 선도기업의 다른 기업에 대한 투자를 제한함으로써 기업 간 불투명한 채무보증을 투명하게 전환하려 하였다. 그러나 신자유주의적 정부개혁은 대기업에게 유리하게 작용하여 대기업의 사업 확장이 보다 용이해졌고 대기업집단은 적극적 로비를 통해 경제정책이 자신들에게 우호적으로 전개되도록 노력하였다.

(3) 인간 역량의 확충

이 시기에 GDP 대비 사회지출은 거의 증가하지 않아 1993년 3.3%에서 1997년 3.6%으로 증가함으로써 1980년 이래 가장 낮은 증가율을 기록했다. 당시 경제상황에 대한 위기의식이 자주 제기되었고 이는 전투적인 노동조합으로 인해 생산성을 초과하는 임금인상 때문이라는 인식이 팽배했다. 이에 따라 복지확대는 자제되었고 정부의 핵심 의제에서 뒤처졌다.

정부는 세계화에 대한 적극적 대응의 일환으로 대통령 직속의 교육개혁위원회를 구성하였다. 교육개혁위원회는 초중등 및 고등교육 전반에 걸쳐 자율과 경쟁에 기반한 개혁안을 제시하고 GNP의 5%에 달하는 교육재정을 확보하는 방안을 강구하였다. 고용정책에서는 고용보험이 시행(1995)되어 실업보험, 실업예방, 구직촉진 사업이 본격화되었다.

6.3 성취

(1) 불안정한 내부 균형 그리고 대외불균형의 심화

1990년대 초반의 경기침체를 극복하여 대내적 균형은 회복되었지만, 경상수지 적자가 빠르게 증가하며 대외적 불균형이 심화되었다. 3저 호황 후 성장세는 다소 둔화되었지만 1995년에 한국은 고소득국가로 진입(Felipe, 2012)하였으며, 이를 상징하듯 OECD 가입도 이루어졌다.

경상수지 적자는 1990년 이후 확대되어 1996년에는 GDP의 4.1%에 달하였고, 이에 따라 총외채는 1989년 294억 달러에서 1996년 1,047억 달러로 급증하였다. 특히 금융기관의 외환차입을 중심으로 단기외채가 증가하며 1996년에는 외환보유고의 2.8배에 달하게 되었다. 반도체 등 주요 수출상품이 국제가격 하락과 부진세를 겪는 반면, 수입은 꾸준한 확장세를 이어갔다. 그러나 GDP 대비 순대외채무비율은 1970~1980년대 중반에 비해 낮았고 명목경제성장률은 이자율보다 높아 유지 가능한 수준이었다.

표 5-14 **대내외 균형 추이**(1992~1997)

	경제 성장률	1인당 국민소득 (달러)	물가 상승률	실업률	국내 총투자율	총저축률	수출/ GDP	수입/ GDP	경상수지/ GDP	명목 대미환율
1993	6.3	8,402	4.8	2.9	36.0	36.9	26.5	26.1	0.2	802.7
1994	8.8	9,727	6.3	2.5	36.8	36.4	26.6	27.4	−1.0	803.6
1995	8.9	11,735	4.5	2.1	37.1	36.2	28.8	29.9	−1.7	771.0
1996	7.2	12,518	4.9	2.0	38.1	34.8	27.9	31.3	−4.1	804.8
1997	5.8	11,505	4.4	2.6	35.6	34.6	32.4	33.0	−1.6	951.1

(2) 역량 확대와 인간 개발

소득분배 악화와 복지 확대

1990년대 초까지 하락세를 지속하던 소득불평등도는 상대적 빈곤율이나 지니계수로 봤을 때 완만하지만 모두 상승 반전하였다. 하지만 지속된 경제성장으로 중산층의 범위가 커졌고 그에 따라 사적 사회위험관리 기제를 확보할 수 있는 계층도 확대되었다.

표 5-15 **소득 불평등 추이**(2인 이상 도시가구 기준, %)

	1990	1991	1992	1993	1994	1995	1996	1997
상대적 빈곤율	7.8(7.1)	7.2(6.8)	7.4(6.5)	8.2(7.5)	7.9(7.3)	8.3(7.7)	9.1(8.2)	8.7(8.2)
지니계수	0.266 (0.256)	0.259 (0.256)	0.254 (0.245)	0.256 (0.250)	0.255 (0.248)	0.259 (0.251)	0.266 (0.257)	0.264 (0.257)

자료 : 통계청 KOSIS, 소득분배지표.

이 시기에도 인적자본의 축적을 이어가 1997년 취학률은 초등학교(97.6%)에 이어 중학교(92.8%)도 90%대를 넘어섰고 고등학교는 85.5%까지 높아졌다. 이 시기 가장 주목할 만한 변화는 대학교 취학률로서 1991년 23.7%에서 1997년에는 45.3%로 두 배 가까이 급증한 것이다.

7. 국가중심적 사회 조합주의 : 1997~

7.1 도전

재벌의 과도한 다변화와 차입의존 대기업집단은 신사업분야에 적극 투자하였지만, 기존의 한계적 사업이 계속 유지되었고 과잉생산 설비가 생겨났다. 창업자 가족의 소유권 유지를 위한 노력으로 말미암아 재벌은 주식보다는 채권을 통한 자금조달에 주로 의존하였다.

외환위기 1997년에 많은 동남아 국가들이 외환위기에 직면하였다. 10월에 들어 아시아 주식시장은 붕괴되었고 우려는 일본 금융시장까지 퍼져나갔다. 국제신용평가기관들은 한국의 신용등급을 하락시켰고 결국 11월 말 외환 유동성위기로 표출되었다.

위기는 외환 · 자본시장 자유화로 대변되는 시장 기능의 확대에도 불구하고 정부가 적절한 규제와 통제를 수행하지 못한 데 기인하였다. 과잉 규제가 아니라 과소 규제 그리고 정경유착으로 인한 신용 배분의 왜곡이 문제였다. 3저 호황 이래 경상수지 적자가 계속 확대되었지만 대량의 자본유입으로 쉽게 보전되었다. 지속적 자본유입으로 원화가 과대평가되었고 이는 다시 해외차입을 자극하였다. 1979년 이후 기업의 이익률은 지급이자율보다 낮았지만, 미래에 대한 낙관적 기대로 대기업집단의 국내외 투자가 폭증하였고, 30대 기업집단의 부채비율은 1994년 355%에서 1997년 518%로 급등하였다. 더욱이 금융기관은 수익을 높이고자 해외에서 단기자금을 조달해 장기 기업대출로 운용하는 관계로 만기불일치가 확대되고 있었다. 금융기관이 지켜야 할 '중장기자본 의무비율'은 준수되지 않았으며, 정부의 감독 능력도 의지도 마비상태였다. 한국은행은 대출상환 압박에 시달리던 은행에 긴급자금을 제공했지만 폭증하는 외환수요를 만족시킬 수 없었다. 한국은행마저 보유외환이 빠르게 고갈되었고 원/달러 환율의 급격한 절하가 뒤를 이어 외환위기가 발생하였다.

글로벌 금융위기 2008년에 들어 세계는 또다시 글로벌 금융위기에 직면한다. 이번에는 미국이 문제였다. 글로벌 금융위기는 2007년에 미국에서의 주택가격 하락에서 시작하여 리먼 브라더스(Lehman Brothers)가 2008년 9월 파산을 신청하면서 전 세계로 파급되었다. 저금리와 주택가격의 지속적 상승을 배경으로 규제가 완화된 주택담보대출에 기초한 주택투자가 급증했고, 규제가 미치지 않는 금융기관들[그림자은행(shadow banks)]은 이들 대출을 모아 표준화되었지만 그 가치나 위험평가가 복잡해진 증권을 전 세계에 걸쳐 판매하였다. 다른 금융기관들은 높은 수수료를 받고 이들 대출과 증권을 보증하였으며 신용평가사는 이들 금융기관의 상품개발을 자문하고 있었던 관계로 적절한 신용평가를 할 위치에 있지 못했다. 마침내 주택가격 대비 담보대출비율이 100%에 다다르며 주택가격이 하락하자 대출과 관련 증권의 부실화 그리고 관련 금융기관의 부실화가 생겨났다.

7.2 응전

(1) 국가 중심적 사회 조합주의

발전국가 경향의 부활 김대중 정부의 선거를 통한 정당 간 정권교체는 절차적 민주주의의 완성을 의미하였다. 그러나 외환위기 극복이 요구하는 대통령의 리더십 강화와 하향적 개혁으로 인해 약화되던 국가주의 경향이나 발전국가 경향이 부활하고 강화되었다. 권위적 대통령에 의한 행정관료 우위의 정책결정이 다시 나타난 것이다. 외환위기의 수습을 위해 정부는 기업, 노동, 공공, 금융개혁을 주도하여야 했다. 외환위기가 상당 부분 정부실패에 기인하였지만 재벌 개혁과 시장기능 확충을 위한 개입주의가 나타나고 사회와의 관계에서 국가주도권이 회복되었다. 발전국가 성격의 강화는 이어진 정부에서 더욱 강화되었다. 일정한 절차를 거치며 국회나 시민의 지지를 확보하기보다는 관료가 중심이 되어 정책을 형성 · 집행하고 성과에 집착하게 되었다. 정부주도의 투자나 가격관리 등을 통한 경제운영이 자주 부각되었으며, 국가 목표도 구체적인 경제성장률이나 특정 경제정책의 성공에 집중되었다.

작은 정부론과 규제 완화 신자유주의의 작은 정부론에 근거해서 작고 효율적인 정부를 위한 개혁이 본격화되어 거침없이 전개되었다. 관료제는 신공공관리론에 따른 개혁의 대상이 되어 시장원리와 경영기법을 도입하면서 공공부문 개혁에 나섰고 그만큼 관료제의 응집성과 국가자율성이 약화되었다. 공공기관 내에 민간기업의 경영원리가 적극 도입되었다. 개방형 임용제와 성과급 보수제도가 도입되었고 경영평가와 국민 및 여론의 감시체계를 개선하였다.

정부는 재정수입 확보와 국가신인도 제고를 위해 정부투자 · 출자기관, 자회사, 정부산하기관을 대상으로 광범위한 민영화를 추진했다. 이와 더불어 인력 감축, 자회사 정리, 기관 폐지 및 통폐합, 외부위탁, 자산매각 등 작은 정부를 지향하는 한편 공공부문에서 자금을 조달하여 제공되는 서비스는 점차 민간부문으로 전환되었다. 1980년대 이후 단편적으로 진행되던 행정규제들에 대한 개혁은 외환위기 이후 IMF 등 대내외의 요구에 의해 본격화되었다. 행정규제기본법에 따라 규제개혁위원회를 설립하는 등 새로운 규제를 도입하고 기존 규제를 개선하는 과정에서 민간의 자문을 받는 광범위한 시스템이 만들어졌다. 이러한 절차는 규제당국으로 하여금 규제가 첨예한 사회 경제문제를 다루는 데 필요하다는 것을 입증하도록 강제하였다.[20] 각 부처의 소관 규제는 규제개혁위원회에 모두 등록하게 한 뒤 폐지와 개선이 독려되었다. 이후 정부는 규제건수 감축보다 규제품질 개선에 주안점을 두었으나 다시 국가경쟁력 제고를 위해 "국가경쟁력위원회"를 별도로 설치하여 수도권 규제, 기업 출자총액 제한, 금산분리 규제, 통신방송 미디어 관련 규제 등 핵심 규제개혁과 다수의 부처가 관련된 덩어리 규제의 개혁에 나섰다.

사회 조합주의의 색채가 짙어진 국가-사회 관계

국가는 발전국가 속성이 강화되었지만 사회에 대해서는 진보와 보수를 오가며 선택적 포섭(특히 제도화)과 억압이 병행되었다. 이에 대응하여 시민사회에서는 한편에서는 수동화가, 다른 한편에서는 새로운 저항적 ·

20. 규제의 목적은 민간기업이 자유롭게 활동하고 시장실패를 다루기 위한 것으로 규정되었다. 규제가 필요하더라도 시장참여자에 대한 비용을 최소화해야 했다.

주체적 활성화가 나타난다.[21] 정부는 강압과 강제 대신 다양한 사회세력과의 연합을 통해 정책결정 과정을 정당화하였고, 사회조직들은 이를 통해 각자가 선호하는 개혁 어젠다를 실현하려 하였다. 사회 정책에서는 시민사회의 영향력이 확대되었지만, 경제정책과 관련해서는 경제관료, 대기업, 외국인투자자의 의견이 지배적이었으며 상대적으로 근로자와 시민사회의 요구는 제한적으로 수용되었다.

외환위기와 그에 따른 경제위기의 여파에 힘입어 국가와 대기업집단 간의 발전주의적 연합이 오히려 강화되었다. 정부가 경제정책 방향을 설정하고 민간기업의 참여를 유도한다는 측면에서 여전히 발전국가적 속성을 가졌다. 형태는 달라졌지만 발전국가의 '국가개입'이나 국가–시장관계가 지속되었다. 한국의 경우 민주화를 거치면서 국가의 자율적 능력과 제도적 역량이 약화하였지만, 국가는 오히려 개발 프로젝트를 지속하며 발전주의를 견지하였다. 국가는 선도적 역할을 하며 이해관계의 중재자로 활동하고 국가발전의 비전을 명확하게 하였으며, 나아가 그에 따라 기준설정, 자원동원에서 시장을 구조화하려 하였다. 규제적 역할을 하고 산업 내부의 경쟁을 촉진했지만 동시에 혁신을 위한 협력을 조성하려 노력해 왔다. 정부는 IT 분야, 생명공학 분야를 중심으로 클러스터 정책을 통하여 대학–산업–지역의 협력을 추동하고 기술투자를 지원하였다. 1960~1970년대 한국 발전국가의 그 개입양식에서는 변화가 나타났지만, 친기업적 성격이 지속되고 있으며, 발전주의라는 발전 국가의 가치지향이 지속되고 있는 것이다.

그러나 과거의 발전주의를 '국가주도형 발전주의'라고 한다면, 현재는 '신자유주의적 발전주의(neoliberal developmentalism)'라고 불러야 할 것이다.[22] 한국 내에 신자유주의적 세계에 조응하는 제도적 · 절차적 구조(예컨대 기업지배구조와 금융규제 체계의 신자유주의적 재편)가 작동하며, 글로벌 경제의 변화에 경쟁력을 갖는 형태로 노동시장 제도와 복지제도를 재정비하여 사회복지의 확대를 제한하고 있다. 신자유주의적 발전국가에 대한 입장은 다양하다. 한편으로는 당위성을 인정하고 지속되어야 한다고 하는 입장(장하준[23])이 있는 반면, 다른 한편으로는 친시장적 · 친기업적 성격을 비판하는 입장도 있다. 전자는 다국적 자본을 비판하면서 대기업집단의 '국민경제적 역할'을 인정하기도 한다.

신자유주의적 발전국가, 시민사회의 부상과 조합주의 김대중 정부가 이루어 낸 정당 간 정권교체는 정부와 시민사회의 관계에도 막대한 영향을 미쳤다. 권력 획득과 행사를 위해서는 국민의 지지가 필요했고 경쟁이 치열해졌다. 이는 시민의 정치참여 활성화와 시민사회의 영향력 확대로 이어졌으며, 정부의 사회조직에 대한 개방성이나 상호작용도 확대되었다. 사회조직에 많은 변화가 생겨났다. 무엇보다 사회조직이 수적으로 급증하였으며, 과거 주변에 머물거나 억압되던 많은 주제들이 새로이 부상되었다. 소비자보호와 인권 외에

---

21. 1987년 이전에는 관변단체를 이용한 국가 조합주의를 근간으로 권위주의적 발전국가의 억압에 대항하여 저항적 시민사회가 활성화되었다. 1987년 이후 민주화 과정에서 기존 권위주의 세력이 지위를 유지하는 속에서 억압과 선택적 포섭을 병행하는 '민주주의적' 발전국가가 나타나고 이에 대응하여 시민사회가 독자적으로 활성화하였다.

22. 신자유주의적 발전주의는 토머스 프리드먼의 '황금 구속복(Golden Straitjacket)'에 비유할 수 있다. 정부는 대기업과 시장의 신뢰를 얻고 무역과 외국자본을 유인하는 데 도움이 되는 정책들을 추구한다. 작은 정부, 낮은 세금, 재정긴축, 유연한 노동법, 규제 완화, 민영화, 전면적 시장개방 등이 이에 해당한다. 국경이 대기업과 자본의 장애물로 작용하는 것이 아니라, 오히려 이동을 촉진하게 하는 것이다. 국내 규제와 세금 정책을 대기업과 자본이 주장하는 국제기준에 맞추거나 세계 경제와의 통합에 최대한 걸림돌이 되지 않게 재구축한다. 국가 차원에서 제공하는 공공재는 모두 통합된 세계시장에 봉사해야 할 것이다[대니 로드릭(2011), 『더 나은 세계화를 말하다』, 북돋움].

23. 장하준의 『사다리 걷어차기』가 대표적이다. 그는 서구에서도 근대자본주의 초기에 자신들의 산업발전을 추동하기 위해 발전국가적인 모델이 작동했음에도 불구하고 자신들이 산업화를 달성한 이후 후발 산업화국가들의 추격을 저지하기 위하여 탈국가화와 규제 없는 시장경쟁을 강조하고 있으며, 그런 점에서 일정한 발전국가적 역할을 긍정한다.

동성애, 장애인, 외국인 근로자 등 소수자 문제들이 쟁점화되었고, 국가인권위원회 설치를 통해 인권운동이 제도화되고 문화개혁 시민연대나 언론개혁 운동이 나타났다. 사회조직의 활동 성격도 다양화하였다. 특히 정부를 감시하고 견제하는 주창 영역에 머물던 사회조직은 공공 서비스를 공급하는 영역으로 확장되었다. 즉, 사회조직은 (각종 위원회에의 참여를 통해) 정부의 정책과정에 직접 참여하거나 사회적 약자와 소수자를 위해 눈에 띄지 않는 권익보호, 기부금 제공이나 자원 활동을 확대하였다.

시민사회의 확대에는 정부의 시민사회에 대한 전향적 인식과 시민사회 활성화를 위한 노력도 역할을 하였다. 각종 공공 서비스 생산에 대해 정부의 재정지원이 활발했고 시민활동가의 정부참여를 장려하였다. 국가–사회관계에서 일상적이고 규칙적으로 상호작용하는 제도가 생겨났다. 국가기구 개편을 통해 사회조직들이 합법적 지위를 갖고 사회의 요구가 수용되도록 하는 제도적 틀(여성부, 노사정위원회)이 만들어졌고, 정부나 공공기관의 정책결정에 사회를 대표하는 조직들이 참여하는 기회가 확대되었다. 비영리 민간단체 지원법(2000), 국가 인권위원회(2001)가 성립되고 시민사회 발전 위원회(2000~2001)도 운영되었다. 이에 따라 사회조직이나 국가–사회 관계에 두드러진 변화가 발생하였다. 또 이를 계기로 사회조직과 사회운동이 더욱 활성화되고 사회의 불만이 제도를 통해 온건하게 표출되었다. 아울러 낙천낙선운동, 언론 개혁 등 민주주의를 위한 시민사회의 의제들이 상당부분 제도화되었다.

그러나 여전히 정부는 사회조직을 정부에 대한 지지기반으로 삼거나 정책의 정당성을 부여하려는 태도를 보였다. 대표적으로 과거 관변단체에 대한 배타적 지원을 계속하고 제2건국 위원회와 같은 새로운 관변단체도 만들어졌다. 즉, 정부의 통치과정에 대한 시민사회의 직접적 참여, 시민사회에의 권한 배분 그리고 국가와 시민사회 간의 상호협력을 제도화하는 수준까지는 발전하지 못하였다. 또한 급진적 사회운동에 대해서는 억압도 병행되었다. 특히 구조조정, 노동유연화를 둘러싸고 노사 간, 노정 간 갈등이 확대되었으며, 조합주의적 타협장치인 노사정위원회도 소기의 성과에는 미치지 못했다.

시민사회의 부상과 광역화 노무현 정부는 집권정당 내에서 재창출되었지만, 시민사회의 지원에 적지 않게 힘입었다. 결과적으로 노무현 정부는 시민사회가 주류세력에 대항해 전국적 차원에서 교류하고 담론을 형성하며 영향력을 행사하여 대안을 제시하는 수준까지 성장했음을 확인하는 계기였다. 김대중 정부하에서 나타났던 시민사회의 변화는 가속화되었다. 시민사회나 시민운동은 수적으로 더욱 증가하였고 문제 제기가 강해졌으며 영향력이 더욱 확대되었다. 시민사회의 활동 영역은 더욱 분화되어 2005년 이후에는 직접 서비스를 제공하는 단체가 주창을 중심으로 삼는 단체를 초과하였다. 사회적 약자나 소수자를 위한 단체도 확장되었고 국제협력도 증가하였다. 특히 분단국가로서 전통적인 좌우 또는 진보·보수 노선 대립을 따라 보수 세력이 단결하며 군사, 안보, 고용, 조세 등의 분야에서 진보적인 정책을 대상으로 진보세력과 논쟁하면서 시민사회 내에서 정치이념을 둘러싼 다변화도 생겨났다(박상필, 2012).

한편 정부는 시민사회와의 동반자적 관계를 선언하며 상호작용을 심화시켰다. 시민사회의 의견수용이 보다 적극적으로 변화하였고 정부 기관이나 자문위원회 참여를 통해 정책 형성·결정에 기여하도록 하여 위원회 공화국이라는 비판이 생겨나는 수준까지 진척되었다. 특히 시민사회의 자발적 활동을 제도적으로 뒷받침하는 자원봉사활동기본법(2005)이 제정되고, 기부금품법 개정(2006)을 통해 규제보다는 사후관리를 강화하는 방향으로 시민사회의 재원 확보를 지원하였다. 또한 시민사회의 공공 서비스 생산에 대한 정부지원도 확대하였다.

시민사회가 정치 및 정책결정에 직접 참여할 수 있는 통로를 마련함에 따라, 시민사회가 지나치게 정치

결사적 성격을 갖는다거나 소수 엘리트에 의해 독점되고 권력기관화하였다는 비판에 직면하기도 하였다. 대통령이 분권과 자율을 강조함에 따라 행정의 권위가 저하되기도 하였다.

(2) 외환위기의 탈출과 글로벌 금융위기의 극복

IMF 지원과 외환위기 탈출

외환위기 초기에 원화의 급작스런 절하는 외화채무의 상황부담 급등을 통해 기업과 금융부문에 치명타를 가했고 한국경제는 전례 없는 위기상황으로 치달았다. 초기에 정부는 통화와 재정 긴축을 통해 수요 위축을 유도하고 그를 통해 경상수지를 개선함으로써 환율을 안정화시키려 했다. 10% 초반에 있던 회사채 이자율은 1997년 말에 30%를 크게 상회했다. 이러한 노력으로 환율은 1998년 2분기에 안정화되기 시작했고 1998년에 경상수지는 대규모 흑자로 전환되었다. 그러나 긴축정책은 경기 침체를 심화시켰고 유동성 지원의 조건으로 긴축을 요구했던 IMF에 대한 비난을 낳았다.

하지만 빠른 속도로 유동성 위기가 약화되면서 정부는 팽창적 기조로 전환하였다. 이자율은 인하되었고 팽창적인 재정정책이 취해졌다. 강력한 수출수요에 힘입어 경제성장률은 1997년 −5.7%에서 1998년 10.7%로 급반등하였다. 정부는 이에 힘입어 기업, 금융, 공공부문, 노동시장에 대해 개혁에 착수하였다. 이완된 통화·재정정책은 거시경제적 충격을 완화시켜 미시경제적 개혁을 뒷받침할 수 있었다.

글로벌 금융위기의 극복

적지 않은 외환보유고를 축적했음에도 불구하고 2008년 글로벌 금융위기는 우리 경제에 큰 충격을 주었다. 해외 채권은행들이 단기채권의 조기 상환을 요구한 것에 대해 은행들은 스스로 해결하지 못했고 결국 한국은행이 은행들에게 달러 대출을 제공했고 정부는 외채 지급보증까지 해야 했다. 주가와 원화 가치가 급락하고 국내 총생산이 크게 감소하는 등 금융시장의 변동성이 확대되고 실물경기가 급속히 위축되었다. 이에 대응하여 정부는 재정지출을 크게 확대하고 한국은행은 기준금리를 인하함과 동시에 신용경색 부문으로의 유동성 공급을 늘렸다. 또한 외환시장 안정을 위해 미 연방준비은행을 비롯한 주요국 중앙은행과 통화스왑계약을 체결하고 시중에 외화유동성을 공급하여 외환시장 불안을 완화하였다. 그 결과 2008년에 4분기 −4.5%를 기록하였던 전기 대비 GDP 성장률이 1분기 만에 플러스로 돌아섰다. 또한 주가가 10개월 만에 위기 이전 수준을 회복하고 외환보유액이 사상 최고수준으로 증가하며 글로벌 금융위기의 영향에서 빠르게 벗어났다.

(3) 신자유주의적 경제 구조조정의 지속

외환위기 이후 추진된 구조조정은 당면한 기업 및 금융기관 부실 해소를 넘어 경제위기의 재발 방지 그리고 혁신주도형 경제에 부합하는 시장규율을 강화하는 방향으로의 제도 개편을 포함하였다. 제도 개편에는 기업과 금융부문을 넘어 공공부문과 노동부문도 포함되었다. 사실 이러한 개혁은 외환위기의 직접적 원인인 외환유동성 부족에 대한 대응으로는 과잉이었다. 하지만 동시에 IMF가 대외적 위기에 직면한 국가들에 대한 표준적 처방이기도 하였고, 동시에 한국이 외환위기 이전에 추진해 왔던 광범위한 구조개혁 방안과도 부합하는 바가 컸다.

기업 구조조정 : 재무 건전화와 시장원리를 강화한 기업지배구조

외환위기 이후의 부실기업 처리는 1980년대의 산업합리화에 비해 시장원리에 보다 가깝게 처리되었다. 하지만 기업과 개별금융기관의 판단에 맡기는 법원 주관하의 도산절차(법정관리, 화의 등)보다는 대기업 간 사업교환(빅딜)과 금융기관 간 협약에 기초한 기업개선작업(워크아웃)에 의존하였다.

위기 재발을 막기 위한 제도 개편으로 재무건전성 제고와 시장기반 기업지배구조 개선이 병행되었다. 재무건전성 제고를 위해 자기자본비율 개선, 상호지급보증 해소, 계열사 간 순환출자 억제 등의 조치가 이루어졌다. 한편 기업지배구조 개선은 경영 투명성과 더불어 지배주주와 경영자의 책임성 강화 등 주주권 강화와 시장규율 강화를 위한 조치가 중심이었다. 투명성 기준을 높이고 회계기준을 미국 수준으로 강화하였고, 소액주주의 권리를 강화하였으며 지배주주와 이사의 책임을 분명히 했다. 적대적 인수합병에 대한 제한을 완화하여 기업통제 시장을 발전시켰으며, 기업 간 관계를 규제하는 법률을 강화하였고 파산절차를 개선하였다.

시장 기반 기업지배구조 메커니즘이 강화됨에 따라 적지 않은 부작용이 나타났다. 주주자본주의 확산으로 기업들이 단기 실적을 중시하고, 기업에 대한 감독 견제가 강화되면서 경영위험에 민감하게 반응하는 등 보수적 경영행태가 확산되며 과거와 같은 공격적 투자는 찾아보기 어렵게 되었다. 성과급, 연봉제 등 능력주의가 확산되는 한편 상시 구조조정으로 고용의 안정성이 크게 약화되었다.

금융 구조조정 : 시장개방과 자유화

분명히 명시된 물가안정 목표를 가진 독립적인 중앙은행과 독립적인 금융감독당국을 동시에 확립함으로써 직접적인 정부와 정치적 통제로부터 벗어나 금융당국의 권한과 자율성을 강화하여 통화 및 금융정책을 보호하도록 하였다.

기존의 금융감독은 매우 부적절해서 적절한 건전성 기준이 없었고 규제를 집행하는 기관은 자율성도 결여하였다. 은행, 증권, 보험을 모두 아우르는 독립적인 통합감독기관으로 금융감독위원회(이하 금감위)가 설립되었다. 금감위는 주로 행정부가 통제할 수 없는 독립적 위원으로 구성되었고 집행업무를 맡은 금융감독원의 정책을 설정하며 감시하도록 하였다. 정치적 통제로부터 독립성이 유지되도록 하였고 규제에서의 관용적 태도(regulatory forbearance)를 제한하였다. 금융안전망 정비를 위해 부실자산 기준을 강화하고 부실심화를 막기 위한 적기 시정조치(prompt corrective action)가 도입되었으며, 부분적 예금보험제도도 도입되었다. 통화정책에서는 금융통화위원회의 자율성을 크게 높여 통화정책 수단에 대한 거의 완전한 통제를 갖도록 하였다 : 행정부가 금융통화위원회의 결정을 뒤집을 수 있는 권력은 양보되었다. 통화정책 결정이 행정부와 정치인으로부터 자율적 기술관료로 옮겨지는 변화가 생겨났다.

영미식의 시장중심 금융시스템으로의 전환이 지속되었다. 금융자유화에서는 이자율 규제가 철폐되고 국채시장 발전을 통해 가격기구로서 이자율의 역할을 강화하였다. 한편 물가안정목표제 도입으로 과거 통화총량 목표제하에서 은행에 재량적으로 개입하던 관행이 크게 약화되었다. 국제자본 이동에 대한 개방도도 현격히 높아졌다. 1997년 말에 외국인 직접투자에 대한 대부분의 제약이 사라졌으며, 1998년에 들어서는 상장사에 대한 외국인 소유상한이 철폐되었다. 외환거래도 1999년 4월과 2001년 1월의 두 단계에 걸쳐 자유화되었다. 2007년 7월에는 "자본시장통합법"을 제정하여 금융투자업에 대한 겸영허용 등을 통해 투자은행의 성장을 유도하고 포괄주의를 적용하여 다양한 금융상품 개발이 가능하도록 하였다.

시장중심의 금융시스템으로의 전환은 많은 부작용을 동반하였다. 우선 은행은 가계 대출, 국공채 등 안전자산 투자에 치중하고 기업 금융을 외면하여 금융의 산업지원 기능이 약화되었다. 자본시장을 이용하기 어려운 중소·중견기업은 자금조달에 애로를 겪고, 이를 시정하기 위한 신용보증확대가 도덕적 해이를 유발하며 중소기업 체질을 악화시키는 악순환을 초래하여 왔다. 전체 은행대출 중 기업대출 비중은 1997년 63.8%에 달하였으나 2018년에는 46.7%까지 하락하였다. 자본시장 역시 마찬가지다. 기업의 자본시장을 통한 자금조달액은 1997년 37.8%에서 1999년 99.4%까지 높아졌으나 2007년에는 다시 62.4%로 위축되었다. 자본시장 발전을 위한 노력에도 불구하고 아직까지 글로벌 플레이어와 경쟁할 만한 투자은행은 찾아볼 수 없다. 신용카드 버블, 저축은행 부실화 그리고 지속적인 가계부채 급증과 반복된 부동산시장 불안정이 보여주듯이 금융불안정성도 높아졌다.

노동시장 개혁 : 노동시장 경직성의 완화

노동시장에서는 사회협약(노사정위원회, 1998)을 통해 타협이 이루어져 노동기본권 강화가 이루어졌지만, 주로 사용자에게 유리한 정리해고제, 파견근로제 도입을 포함한 노동유연화 조치가 시행되었다. 이에 따라 우리나라의 정리해고에 대한 보호도는 2019년에 1.88로서 OECD의 2.79에 크게 못미치게 되었다. 정규직 보호도는 2.44(2019년, 1997년 3.08)로서 외환위기 이후 크게 약화된 것은 사실이나 OECD 평균(2.06)에 비해 높은 셈이며, 비정규직에 포함되는 임시직에 대한 고용보호도도 2.13(1997년 3.13)으로 OECD 평균수준(1.74)을 상회하고 있다. 아울러 노조 조직률은 하락 추세를 이어갔고 노사분규 발생 건수와 노동손실 일수가 감소하였다.

위기 이후 대기업 정규직의 핵심노동자와 여타 노동자 간의 격차가 심화되었다. 위기 직후 핵심근로자의 지위에 변화가 생겨났다. 정규직의 해고 조건이 완화되었고 해고 위협으로 말미암아 핵심근로자와 자본 간의 관계가 전환되었다. 자본은 핵심근로자에게 임금인상 요구를 억제하고 국익을 위해 행동할 것을 요구하였다. 그러나 대기업의 노조화된 핵심근로자의 지위를 결정적으로 약화시키지는 못했으며 그에 따라 대기업과 핵심근로자 간에는 상대적으로 포용적 관계가 지속되었다. 대신 기업은 하청과 외주 증가를 통해 직접 고용 근로자를 감소시키는 길을 걸었다. 또한 고용의 안정성을 보장받지 못한 비핵심 근로자들은 임금 삭감과 근로조건의 악화를 경험했다.

(4) 인간 역량의 확충 : 복지대상 확대와 잔여적 특성의 강화

위기 전까지 사회보호를 위한 제도 발전은 부진했다. 외환위기 전 한국은 공공부조로 생활보호법(1961), 사회보험으로 산업재해보험(1964)과 국민연금(1988, 10인 이상) 등을 사회안전망으로 일부 마련하고 적용 대상을 꾸준히 확대해 오고 있었다. 재생산을 위한 사회 서비스로는 가장 큰 관심을 두었던 교육훈련을 지속적으로 확대해 가는 한편 500인 이상 사업장에 제한되던 의료보험을 전 국민 대상으로 확대(1989)하였다. 한편 고용정책에서 최저임금법을 실시(1986)하고 고용보험(1995, 30인 이상)도 추가하였다. 그러나 이러한 사회복지 제도는 주로 상대적으로 여유 있는 핵심근로자를 보호하는 데 초점이 맞추어졌고 빈곤층으로 대표되는 취약계층에 대한 지원은 극히 제한적이었다. 단적으로 생활보호법은 이론적으로 모든 노동자에게 최저소득을 보장했지만, 포괄하는 빈곤층이 매우 제한적이고 외환위기 전까지 빈곤을 다루는 데 효과적이지 못했다.

외환위기 이후 위기에 대한 사회적 반응과 더 유연해진 노동시장을 지원하기 위해 사회복지를 확대하려는 노력은 다양하게 전개되었다. 그러나 자립과 근로연계를 강화함으로써 발전국가 유산도 지속되었다.

사회안전망 정부는 성공적으로 외환위기를 극복한 후 적극적으로 복지제도를 확충하고 기존 복지제도를 정비하였다. 모든 사업체로 고용보험뿐만 아니라 사회보험과 최저임금제도가 확대되었고 전 국민을 대상으로 공적연금제도가 실시되었다. 또한 국민기초생활보장제도를 도입함으로써 공공부조제도의 질적인 전환이 생겨났다. 뒤이은 정부에서도 복지제도의 확대와 정비를 이어갔다. 사회보험 영역에서 노인장기요양보험제도를 도입하였고 공공부조에서는 '근로장려세제'를 도입하였다. 또한 경로연금제도를 기초노령연금으로 확대하여 공적연금의 사각지대에 있는 저소득 노인을 대상으로 노후소득보장제도를 본격화하였다. 그러나 국민연금제도의 개혁과 함께 노후소득보장제도의 틀을 근본적으로 개혁하는 것을 병행하지 못했다. 최근 정부는 임금과 사회지출을 높임으로써 가구와 개인의 소득을 높여 이를 통해 성장을 지속하려는 노력을 기울이고 있다.

고용정책 외환위기를 극복하기 위해 실현된 노사정대타협에서는 노동시장 유연화와 실업보호와 적극적 노동시장 정책의 확대를 교환하는 타협이 이루어졌다. 고용보험 제도는 개혁되어 수급권자의 적용기간을 확대하고 급부수준을 높였다. 아울러 고용보험 적용사업장을 30인 이상에서 1인 이상(1998)으로 확대하였다. 또한 취업지원 · 직업훈련 · 일자리 창출 확대 등의 적극적 노동시장 정책도 전개되었다.

사회 서비스 사회안전망의 외형적 틀이 어느 정도 갖추어진 상황에서 정부는 급속한 저출산과 노령화를 배경으로 사회 서비스 확충을 국가적 의제로 채택하여 추진해 왔다. 교육에서는 자율과 경쟁의 원칙이 관철되면서 다양한 평가제도와 공시제를 시행하여 학교의 책무성이 꾸준히 강조되었다. 교육 단계에서는 대학 교육과 연구의 질을 높이려는 노력이 크게 강조되어 다양한 국책사업이 전개되었고, 평생교육법 도입(1999)과 평생교육진흥원 설립(2008)을 배경으로 평생교육 분야에서 교육기회를 확대해 갔다.

7.3 성취

(1) 거시경제적 균형 — 대내적 불균형의 지속과 대외균형

외환위기 이후 한국의 경제성장률은 크게 낮아졌지만 고소득의 OECD 국가들과 비교해 볼 때 높은 수준을 보였다. 2%대에 머물던 실업률이 외환위기 이후 7%로 급증하였으나 이후 감소하여 3%대에서 안정화되었으며 이 역시 OECD 국가들의 평균 수준에 비해 양호한 수준이다. 위기 이후 기업들의 재무건전성과 수익성은 크게 개선되고[24] 전면적인 금융자유화와 자본시장 개방으로 자금조달이 용이해졌다. 우리 경제의 투자율은 위기 이전보다 감소하였지만, 여전히 OECD 국가들에 비해서는 높은 수준에 머물러 있다.

한편 경상수지는 장기간의 흑자를 지속하는 대외균형 상태를 보이고 그에 따라 외환보유고가 지속적으로 누적되어 대외 순채권국의 지위로까지 올라섰다. 그러나 가계대출에 대한 전통적인 제한이 완화되면서 가계부채가 날로 누적되고 있고, 외환유동성에 대한 불안감도 가시지 못하고 있다. 즉, 2008년 글로벌 금융위기 과정에서 은행들은 단기 외채문제를 스스로 해결하지 못하여 한국은행이 은행들에게 달러를 대출한 뒤 정부

24. 2002년부터 제조업에서 자기자본순이익률이 차입금평균이자율을 대부분 상회하게 되었고 부채비율도 크게 떨어졌다.

가 외채에 지급보증을 하는 한편 미국과의 통화스왑 협정으로 위기를 피할 수 있었기 때문이다.

그러나 점차 경제성장이 둔화되면서 제조업의 해외 이전과 이로 인한 전통산업 지역의 공동화 등 주요 산업은 저성장과 구조적 실업문제를 겪고 있다. 또한 대기업과 기술집약 산업이 약진하면서 대기업과 중소기업 간, 전통산업과 혁신제조업 간의 불균형이 확대되고, 경제 전반에 걸쳐 양극화가 심화되었다. 외환위기 이후 대기업집단의 지배력은 더욱 커졌다. 상위 5대 기업집단의 매출 집중도는 1997년 32.4%에서 2001년 49.4%로 급등한 후 반락하여 2019년에는 29.6%를 보이고 있다(공정거래위원회, 2019년 광·제조업 분야 시장구조 조사). 더욱이 대기업은 국민국가를 넘어 다국적기업의 성격이 강화되어 외국인 주주가 급증하고 세계적 기업으로 성장하였다. 외국인이 보유한 유가증권의 비율은 1996년 13.0%에서 2020년 31.4%(시가총액대비, e-나라지표)에 달하고 있으며, 세계 제조업 경쟁력지수(Competitive Industrial Performance ; CIP)로 본 한국의 제조업 경쟁력 순위는 2018년에 독일, 중국에 이어 3위(유엔산업개발기구 UNIDO)를 기록하여 미국(4위)과 일본(5위)을 앞서고 있다. 동시에 한국 기업은 자본, 기술역량, 조직역량을 축적해 많은 제조업 분야에서 세계적 기업으로 성장하였다. 그러나 대기업집단뿐만 아니라 중소기업이나 벤처에 있어 혁신주도 성장 단계에 걸맞는 혁신적 활력이나 성취를 이루지 못하고 있다.

그림 5-1 CIP 지수로 본 한국의 제조업 경쟁력 추이와 국제 비교

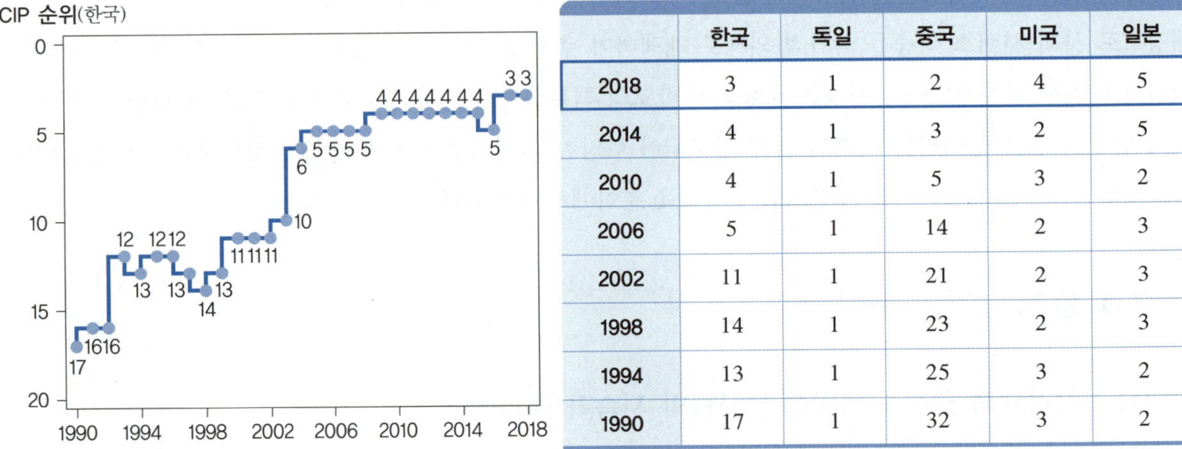

	한국	독일	중국	미국	일본
2018	3	1	2	4	5
2014	4	1	3	2	5
2010	4	1	5	3	2
2006	5	1	14	2	3
2002	11	1	21	2	3
1998	14	1	23	2	3
1994	13	1	25	3	2
1990	17	1	32	3	2

자료 : 유엔산업개발기구 UNIDO, 각년도

(2) 역량 확대의 위협

노동불안 속 제한적 노동시장 정책

외환위기 이후 성장을 통한 일자리 창출이 공적 사회복지를 대신하는 발전국가 복지체제는 더 이상 유지되기 어렵게 되었다. 위기에 직면하여 대기업은 제조업 생산의 자동화를 통해 숙련 노동에 대한 의존도를 감소시켜 왔다. 또한 원자재와 부품·설비의 해외의존을 강화하여 수출과 국내 산업의 연관관계가 강화되지 못해 수출과 성장의 내수와 고용으로의 파급효과를 약화시켜 왔다. 자동화는 제조업의 정규직 일자리를 감소시키고 대신 하청 및 외주 중소기업과 서비스 일자리를 확대함으로써 기업 간 소득계층 간 양극화를 심화시켰다. 정규직으로 구성된 1차 노동시장도 노동숙련을 배제한 급속한 자동화와 노동시장 유연화로 말미암아

직업 안정성이 과거에 비해 크게 약화되었다. 결과적으로 성장이 일자리를 만들고 이렇게 만들어진 일자리가 빈곤과 불평등을 완화하는 역할을 못하게 되었다. 이에 따라 개인은 사적으로 축적한 자산(주택 등의 부동산, 민간보험 그리고 투자금융상품)에 과도하게 의존하고 있다.

소극적 · 적극적 노동시장 정책 모두 고용불안을 완화하고 격차를 줄이는 데 한계를 드러내고 있다. 노동시장을 규율하는 기반인 근로기준법이 일부 조항을 제외하고는 5인 미만 사업체에 전면 적용되지 않고 있다. 또한 노동조합의 영향력이 큰 일부 민간 대기업이나 공공부문, 금융산업 등을 제외하곤 실질적으로 고용보호제도가 노동시장에서 준수되고 있다고 보기 어렵다. 1988년에 제도를 처음 도입했을 때 중위임금 대비 30%를 소폭 상회하던 최저임금이 최근 들어 크게 증가하여 2019년에 62.7%까지 높아졌는데 이는 OECD 평균(54.4%, 미국 31.6%, 일본 44.0%, 프랑스 61.5%)보다 높은 수준이다. 그러나 최저임금 미만자 비율이 2000년 이후 계속 높아져 2019년에는 16.5%를 나타냈다. 한편 실업급여를 통해 보호되는 실업자의 범위가 좁고 급여수준도 낮다. 한국의 소극적 노동시장 지출비율은 매우 낮아서 한국은 OECD 국가 중에서 가장 낮은 나라들에 속하여 실업자들에 대한 생계지원 수준이 매우 낮다. 또한 실업부조가 없고 실업급여의 지급기간이 짧아 실직 후 소득대체율 역시 가장 낮은 나라들에 속해있다. 한편 실업자에 대한 보호는 소극적 노동시장 지출뿐만 아니라 취업알선, 훈련, 고용보조금, 일자리 창출 등 적극적 노동시장 정책을 통해서도 이루어진다. 2019년에 한국의 적극적 노동시장 지출이 GDP에서 차지하는 비율은 0.38%로 한국은 OECD 평균(0.64%, 미국 0.11%, 프랑스 0.71%, 독일 0.60%, 스웨덴 1.02%)보다 매우 낮은 나라 군에 속한다.

사회복지 사각지대 지속과 불평등과 재생산 위기

다행히 외환위기로 극대화된 사회위기를 배경으로 사회안전망과 사회적 재생산 기능을 담당할 사회복지제도는 강화되어 중산층 이상 계층을 넘어 더 확대되는 계기를 마련했다. 그러나 사회안전망은 이미 안정적인 고용과 임금을 상대적으로 보장받는 정규직이 대상이 되는 사회보험을 중심으로 확대되어 왔다. 비정규직이나 자영업 또는 일용직을 중심으로 근로자의 50%가 고용보험에 가입하지 못하고 있다. 또한 공공부조는 시민권보다는 부양의무자 여부나 자산조사에 기초해 급여를 제공하므로 빈곤층의 상당수가 사각지대에 방치되고 있다. 다행히 외환위기 이후 크게 악화되었던 가처분소득의 분배는 최근 들어 개선되었지만 정부의 적극적 소득재분배 정책이 미약하여 OECD보다는 열악한 상황이 지속되고 있다. 2010년대 초반 우리나라의 지니계수는 시장소득 기준(0.404)으로 OECD 국가(평균 0.473) 중에 가장 낮지만, 처분가능소득 기준(0.339, 2019)으로는 OECD 평균(0.307)보다 높다. 한편 고령화와 높은 노인빈곤율로 말미암아 우리나라 상대 빈곤율(중위소득 60% 기준)은 2019년 0.226(세전 0.248)으로 OECD 회원국 중에서 상위 4위(평균 0.18, 세전 0.226)로 매우 높은 수준에 위치하고 있다(2020년 가계금융복지조사). 고용 불안과 양극화의 심화, 제한적인 사회안전망 그리고 돌봄 기능의 미비는 사회의 재생산을 위협하는 저출산으로 이어지고 있다. 하락세를 보여오다 OECD 평균 수준에서 안정되었던 출산율이 외환위기 후 다시 하락세가 강해지며 현재 세계에서 가장 낮은 수준인 0.84명(2020, e-나라지표)에 달한다.

삶의 질

일터와 가정 두 영역 모두에서의 불안으로 우리나라 국민은 소득 수준 개선에 걸맞는 삶의 질을 누리지 못하고 있다. 삶의 질을 측정하는 방법은 다양하나 가장 널리 사용되는 것이 2011년부터 OECD가 주관해 온 더 나은 삶의 지표(Better Life Index ; BLI)이다. BLI는 〈표 5-16〉과 같이 11개 영역의 24개 지표로 구성된다. BLI 물질적 부문을 주거, 소득, 직업으로 평가하고 비물질적 부문은 공동체, 교육, 환경, 시민 참여 등의 영역으로 평가된다. 한국은 2020년 발표된 2018년 BLI 지수에 의하면 40개 대상국(38개 OECD 회원국과 러시아, 브라질 포함) 중에서 30위로 세계 경제력 10위권 국가로는 어울리지 않는데 이조차도 2012년 24위에서 더 나빠진 것이다. 영역별로 보면 40개국 중 한국이 그나마 중간 이상인 20위 안에 들어가는 영역으로는 4개 영역이 있는데 시민참여(2위), 주거(5위), 교육(11위), 직업(17위)뿐이고 30위 이하인 영역은 5개로 공동

표 5-16 2018년 BLI 평가결과 : 조사대상국 40개국 중 한국 순위와 지표값

분류	측정 영역	한국 순위	측정 지표(한국, OECD 평균)	한국 순위	자료 출처
물질적 부문	주거	5	주거 관련 지출(15%, 20%)	1	OECD.Stat, National Accounts
			기본시설이 있는 가구(97.5%, 95.6%)	26	각국 통계
			개인당 방 수(1.5개, 1.8개)	23	각국 통계
	소득	22	가계 금융자산($286,980, $408,376)	14	OECD.Stat, National Accounts
			가계 순가처분소득($21,882, $33.604)	23	
	직업	17	직업안정성(2.6%, 7%)	5	OECD.Stat, Labour Force
			개인소득($35,191, $43,241)	22	
			고용률(67%, 68%)	27	
			장기실업률(0%, 1.8%)	1	
비물질적 부문	공동체	40	지원관계망의 질(78%, 89%)	40	Gallup World Poll
	교육	11	기대교육기간(17.3년, 17.2년)	25	OECD, Education at a glance
			학생들의 역량(519점, 486점)	5	
			교육 성취(87.6%, 78%)	13	
	환경	40	수질(76%, 81%)	29	Gallup World Poll
			대기오염(27.9ug, 139ug)	40	World Bank
	시민참여	2	규칙 제정에의 참여(2.9, 2.4)	6	Indicators of regulatory management systems
			투표 참여율(77%, 68%)	13	International Institute for Democracy and Electoral Assistance
	건강	36	자기보고 건강상태(32.5%, 69%)	40	OECD.Stat, Health
			기대수명(82.4세, 80세)	10	
	삶의 만족	33	삶에 대한 만족도(5.9점, 6.5점)	33	Gallup World Poll
	안전	24	살인율(1.0명, 3,7명)	22	OECD.Stat,Health
			야간보행 안전도(67%, 68%)	25	Gallup World Poll
	일과 삶의 균형	37	여가와 개인적 돌봄시간(14.7시간, 15시간)	27	Time Use Survey database
			장시간근로자(25.2%. 11%)	37	OECD.Stat, Labour Force

주 : 갤럽월드폴의 설문 내용은 다음과 같다. 사적 지원관계망의 질(곤경에 처해 있을 때 도움을 줄 수 있는 친척이나 친구가 있음), 수질에 대한 만족(살고 있는 지역의 수질에 대해 만족), 범죄 피해율(지난 12개월 동안 공격받거나 강도를 당한 경험), 삶의 만족도(0점부터 10점 사이에서 현재 삶에 대한 평가).

자료 : OECD 더 나은 삶 지표 데이터베이스, www.oecdbetterlifeindex.org

체(40위), 환경(40위), 일과 삶의 균형(37위), 건강(36위)과 삶의 만족(33위)이 있다.

혁신주도 단계에 걸맞지 않은 사회정책

우리가 거쳐 온 효율주도 성장 단계에서는 자본과 노동이 생산성에서 핵심적인 역할을 하지만, 혁신주도 단계에서는 새로운 아이디어와 이를 행동에 옮기는 기업가적 열망이 핵심적인 투입물이 된다. 초점은 기업보다 새로운 지식을 보유하게 되는 개인들로 옮겨진다. 경제활동에서 요소나 효율성의 기여는 약화되고 혁신의 비중이 크게 높아진다. 새로운 아이디어가 새로운 사업을 낳고 이윽고 산업으로 등장하며 기존 산업을 대체하는 거대한 물결이 사회를 지배하는 것이다. 효율주도 단계에서 우리는 교육정책을 중심으로 사회정책의 확장을 통해 새로운 물적투자에 부합하는 인적자본의 공급과 그들의 안정을 뒷받침해 왔다. 하지만 이러한 사회정책은 이제 한계를 드러내고 있다. 혁신주도 경제를 주도할 개인과 조직들에 대한 사회정책적 뒷받침이 결핍되어 있기 때문이다. 미래성장을 선도할 기초 · 원천 기술의 중요성은 강조하지만 바로 그 기초 · 원천 기술을 담당할 인력들에 대한 경제적 · 사회적 뒷받침은 효율주도 단계의 사회정책에 머물고 있기 때문이다. 노벨 경제학상 수상자인 에드먼드 펠프스(Edmund Phelps)는 그의 근저『대번영의 조건』(2013)에서 기업가가 '과학자들과 탐험가'들의 발견을 통해 '명백한' 혁신에 매달려 왔다는 기존의 주장들과 달리 근대 경제들 대부분은 이름 없는 모든 노동력, 즉 아이디어맨, 기업가들, 금융인들, 마케터들과 선도적인 최종 사용자들의 새로운 아이디어에 의해 작동된다고 하였다. 이름 없는 모든 노동자들 개인의 독창적인 지식과 정보, 상상력을 기반으로 한 창의성에서 비롯한 독창적인 아이디어가 근대 자본주의적 번영의 초석이라는 것이다. 혁신주도 경제에서는 과학자들과 탐험가를 넘어서 이름 없는 모든 노동자들이 세상에 적극 참여하여 불확실성에 맞서고 탐험 · 창조하고 또 그럴 만한 역량을 갖추도록 뒷받침하는 사회정책이 필요하다.

[참고문헌]

강만수(2005), 『현장에서 본 한국경제 30년』, 삼성경제연구소.

고영선(2008), 『한국경제의 성장과 정부의 역할 : 과거, 현재, 미래』, 한국개발연구원.

김순양(2015), 동아시아의 발전국가와 사회정책, 『행정논총』, 53권 2호.

박상필(2012), "1990년대 이후 한국 시민사회의 발전 : 정부와 시민사회와의 관계를 중심으로", 『기억과 전망』 겨울호(통권 27호).

신유근(1985), 『한국기업의 특성과 과제』, 서울대학교 출판부, pp. 70~71.

유경준(2009), 「우리나라 빈곤변화 추이와 요인 분석」, 『KDI 정책포럼』, 제215호.

윤홍식(2018), 「민주주의 이행기 한국 복지체계, 1980~1997-주변부 포드주의 생산체제의 복지체제-」, 『한국사회복지학』, 70(4), 37-68.

이헌창(2012), 『한국경제통사』 5판, 법문사.

임현진(2015), "한국의 국가와 시민사회 관계 : 협동조합 활성화를 위한 NGO의 과제", 『대한민국학술원논문집(인문·사회과학편)』, 제54집 2호.

전국경제인연합회(1986), 『한국경제정책40년사』.

주학중(1979), 「한국의 소득분배와 결정요인」, 한국개발연구원.

주학중·윤주현(1984), 「1982년 계층별 소득분배의 추계와 변동요인」, 한국개발연구원.

차동세·김광석 편(1995), 『한국경제 반세기-역사적 평가와 21세기 비전』, 한국개발연구원, pp. 179~254.

한국경제 60년사 편찬위원회(2010), 『한국경제 60년사』, 한국개발연구원.

한국노동연구원, 『KLI 노동통계』.

Amsden, Alice H.(1989), *Asia's Next Giant : South Korea and Late Industrialization*, Oxford University Press.

Choo, Hackchung(1992), "Income Distribution and Social Equity in Korea," a paper presented at KDI/CIRE, Joint Seminar.

__________(1993), "Income Distribution and Distributive Equity in Korea," in Krause, L. B. and Fun-Koo Park, eds., *Social Issues in Korea*, Korea Development Institute.

Collins, Susan M., and Won Am Park(1987), "External Debt and Macroeconomic Performance in South Korea," in Jeffrey Sachs(ed.), *Developing Country Debt and the World Economy*, NBER Conference Report.

Eichengreen, Barry, Dwight H. Perkins, and Kwanho Shin(2012), *From Miracle to Maturity : The Growth of the Korean Economy*, Cambridge : Harvard University Press.

Gray, Kevin(2008), "The Global Uprising of Labour? The Korean Labour Movement and Neoliberal Social Corporatism," *Globalizations*, 5 : 3, 483-499.

Lim, Phillip Wonhyuk(2001), "The Evolution of Korea's Development Paradigm," ADB Institute WP. 21.

Woo, Jung-en(1991), *Race to the Swift : State and Finance in Korean Industrialization*, New York : Columbia University Press.

World Bank(1993), *The East Asian Miracle : Economic Growth and Public Policy*, Oxford University Press.

한국경제의 도전

제6장 기술혁신과 제4차 산업혁명 | **제7장** 경제구조의 변화 | **제8장** 글로벌화와 대외경제

Part two

혁신주도 성장 단계에 위치한 개방경제인 한국은 다른 어떤 나라보다도 기술혁신(제6장)과 글로벌화(제7장) 그리고 그에 따른 산업 재편(제8장)의 도전이 거세다. 기술혁신에서 개별 혁신 주체의 고유 역할과 시스템으로의 현상과 도전 과제를 검토하고, 제조업과 서비스업에서의 다원화된 산업정책의 과제뿐만 아니라 수출입 구조 및 글로벌 가치사슬상의 한계를 살펴본다.

제6장 기술혁신과 제4차 산업혁명

1. 이론적 배경과 세계 경제 | 2. 한국의 기술혁신과 도전

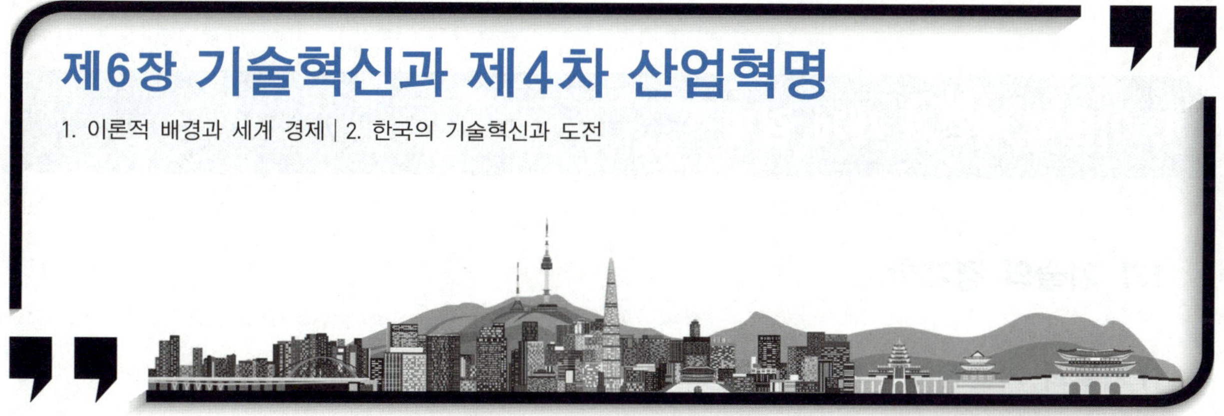

지금까지는 경제나 사회 · 정치적 균형을 위해서 생산성 증가와 사회적 타협이 요구되며(제1장) 생산성 증가의 원천은 물적자본과 인적자본의 병행 축적과 기술혁신에 있음(제2장)을 검토하였다. 이 장에서는 기술혁신이 근본적으로 혁신자원의 확충을 포함한 혁신역량의 축적과 혁신시스템의 창출에 의존함을 살펴본다. 이를 위해 우선 기술(혁신)의 경제적 특성을 밝히고 선진국에서의 기술혁신의 원천과 유형을 검토하며, 성숙기 기술에서 출발하는 후발국의 추격과 탈추격 그리고 선도국으로의 이행 유형을 검토한다. 역량접근에서 볼 때 기술혁신은 경제발전과 관련하여 수단적 가치뿐만 아니라 본질적 가치도 지닌다. 기술은 생활과 밀접히 관련되어 있다. 예를 들어 세탁기와 승용차 없는 삶을 상상하기 어렵다. 기술의 밑바탕이 되는 지식의 향상은 인간, 사회, 자연에 대한 이해도를 높여 삶 자체를 고양시키기도 한다. 그러나 새로운 기술을 수용하는 속도는 차별화되므로 생산성 격차와 소득 격차가 생겨난다. 이는 신기술과 높은 기능을 갖춘 근로자를 가진 고수익의 고생산 기업과 오래된 기술을 사용하는 저수익의 저생산 기업이 공존하는 이중 경제를 지속시킬 수 있다. 시장실패와 조정실패가 크게 작용하는 기술혁신은 집단행동을 요구하는데, 정부와 사회조직이 시장과 네트워크를 창출하고 활성화하는 구체적 집단행동의 형태는 국가마다 차이가 있다.

이어서 한국에 있어 기술혁신을 위한 노력과 개별 혁신 주체의 현황 그리고 시스템적 특성을 검토한다. 개항 이래 경공업과 중화학 공업의 성숙기 기술을 목표로 순차적으로 선도국을 추격해 온 한국은 이제 탈 추격과 선도의 과제를 앞에 두고 있다. 1990년대 이래 성숙기 기술에서 유동기와 이행기의 모든 기술 분야로 기술혁신의 전선이 확대되었지만, 한국은 아직 추격형 또는 모방형 전략에 머물고 있어 세계 최고 수준의 연구개발 노력에도 불구하고 기술혁신의 성과는 부진하다. 혁신 주체들 각자 비교우위가 있는 고유의 역할에 보다 충실하며 혁신의 역량을 축적하여야 하고, 이들이 상호 조정 · 협력하는 국가혁신시스템이 원활히 작동하도록 하여야 한다.

1. 이론적 배경과 세계 경제

1.1 기술의 경제학

1) 기술과 기술진보 : 개념과 측정

(1) 지식, 기술, 그리고 과학기술

지식(knowledge)은 우리가 세계에 대해 아는 모든 것이며, 기술(technology)은 실용적 목적을 위해 조직화된 지식이다. 지식은 재화 그 자체에 대한 설명서이고, 기술은 재화를 유용하게 다루는 처방전이다(Romer, 1993 ; Jones, 2005). 기술은 대상에 대한 이해를 요구하지만, 설명적 지식을 많이 쌓았다고 처방적 지식이 함께 커지는 것은 아니다. 기술은 문서나 재화뿐만 아니라 사람이나 조직에 담겨질 수 있다. 새로운 기계를 도입하거나 조직의 구조나 업무 절차만 개선하여도 생산성이 높아질 수 있다. 한편 모든 것이 처방전에 담겨질 수 없으며, 처방전을 행동에 옮기는 역량은 암묵적 지식이기에 관찰이 어렵다. 암묵적 지식은 기술이 어떻게 작동하는지에 대한 무수한 세부사항으로 오랜 경험에 의해 습득되고, 당사자 간의 직접적 접촉 없이는 전달되기 어렵다.

과학은 지식을 구하는 또는 알려는 것(knowing)과 관련되며 기술은 목표를 두고 하려는 것(doing)과 관련된다. 18세기 산업혁명 이래 과학과 기술은 서로 영향을 미쳐 왔다. 기술진보에는 과학자뿐만 아니라 과학적 훈련을 받지 못한 장인들도 중요한 기여를 해 왔으며, 과학적으로 훈련된 산업가들은 응용과학을 활용하였다. 산업혁명기는 과학기술에 관한 한 이행기에 해당하여 경험적 절차를 따르는 수공업자가 여전히 기술발전을 주도하고 있었다. 그러나 동시에 과학과 기술의 관계도 이전보다 긴밀해졌다. 과학 자체가 기술에 기여는 못했지만, 기술은 과학의 실증적 태도를 받아들였고 과학자와 기술자들이 교류하기 시작했으며, 기술은 과학에 연구대상을 제공하였다. 마침내 19세기 중반 과학지식이 기술에 직접 응용되기 시작하였다. 주로 독일과 미국에서 유기화학과 전자기학을 바탕으로 화학공업과 전기공업의 신산업이 등장하였다. 정부나 기업 연구소의 과학자들은 점차 실용지식의 연구와 과학 연구를 병행하였고 순수연구의 성과물이 훗날 응용되는 일이 빈번해졌다. 원자물리학이 원자에너지에, 유전학 지식이 유전공학에 응용되었다. 이에 따라 정부와 기업은 순수연구를 지원하게 되었고 과학과 기술이 중복되기에 이르렀다. 산업의 과학연구 정착은 기업연구소의 운영에만 그치지 않았고 기업이 과학자들의 순수 연구를 지원하는 일로도 이어졌다. 제1차 세계대전 후 미국에서는 기업이 순수 과학연구를 지원하는 재단을 설립하는 일이 잦았고 정부의 과학연구 지원에 기업이 힘을 보태는 일도 나타났다. 과학과 기술 간의 밀접한 현대적인 관계가 자리 잡은 것이다. 특정 분야의 기술발전을 위해 관련된 과학 발전이 필요하고 기술에 종사하기 위해서는 해당 분야의 과학지식이 긴요해졌다. '과학'과 '기술'이 합쳐져 '과학기술'이 한 단어로 사용되기에 이른 것이다.

기술진보와 연구개발

기술진보(technological advance)는 기술수준이 높아지는 것으로, 발명, 혁신, 확산으로 구성된다. 첫째, 발명은 새로운 기술의 창조로서 새로운 제품과 공정(생산과 분배 방법)을 처음 발견하고 그것이 작동한다는 첫 증거를 제공하는 것이다. 현대 세계에서 발명은 과학적 지식에 기초하며 주로 조직적 노력에 의해 이루어진다. 둘째, 혁신은 기술의 새로운 사용이다. 발명된 기술을 상용화하는 첫 시도이다. 혁신은 새로운 재화의 성공적 상업화, 새로운 공정의 첫 사용, 새로운 기업조직의 창조를 의미한다.[1] 따라서 발명은 과학에 상응하며 혁신은 기술에 상응한다. 혁신은 유용성을 모색한다는 점에서 발명과 다른데, 그것이 상업적 유용성일 수도 있지만 사회적 유용성을 모색하는 경우도 있다. 혁신의 과정에서 핵심적인 것이 기업가(entrepreneur)이다. 셋째, 확산은 기술의 모방, 수정, 확장을 통해 다른 제품이나 공정에 혁신이 받아들여지는 것이다. 새로운 기술은 경쟁자들에 의해 결국 모방될 것이다. 모방 기업은 혁신을 복제하여 시장에 진입하며, 최초의 혁신기업과 경쟁한다. 혁신가의 입장에서 보면 새로운 혁신은 확산되는 것이지만, 모방자의 입장에서 보면 수용이므로 확산과 수용은 동의어인 셈이다. 사회 전체의 눈으로 볼 때 확산은 혁신만큼 중요하다. 그러나 전통사회의 많은 혁신이 그러했듯이 모든 혁신이 항상 확산되는 것은 아니다. 일반적으로 물적자본의 중심을 이루는 도구(道具)의 발전이 기술진보를 집약적으로 표현한다. 이른바 구석기, 신석기시대, 청동기, 철기, 기계 그리고 인공지능이 그것이다.

연구개발(research and development ; R&D)은 발명, 수용, 혁신을 위해 자원을 사용하는 것이다. '연구'는 새로운 과학 · 기술 지식과 이해를 얻기 위하여 행해진 독창적 · 계획적 탐구이며, '개발'은 상업적 생산이나 사용하기 이전에 새로운 또는 개량된 재료 · 장치 · 제품 · 제조법 · 시스템 또는 서비스 생산 계획이나 설계에 연구 성과와 다른 지식을 적용하는 것이다(국제회계기준위원회). 통상적으로 연구개발로서 '연구'는 특별한 응용을 목적으로 하지 않고 새로운 지식의 획득과 이해 그 자체를 목적으로 하는 기초 연구[basic research 또는 과학(science)]와 구체적인 제품, 공정, 또는 서비스에 대한 실용적 목표를 가지고 새로운 지식을 발견하려는 응용연구(applied research 또는 technology-innovation 기술혁신)로 나누어진다.[2] 한편 '개발'은 이러한 연구성과를 기초로 유용한 물질, 기구, 방법이나 시스템을 창출하는 것이다.[3] 물론 R&D를 수행하지 않는 기업도 혁신을 하고 기업가가 될 수 있다. 이런 기업은 개인이 창의적 재능을 꽃피울 수 있는 환경을 제공함으로써 기업가적으로 행동한다.

---

1. 발명과 혁신은 분명히 구분되어야 한다. 발명가가 새로운 기술을 만드는 사람이라면, 혁신가는 기존 기술을 활용하여 새로운 가치를 창출하는 사람이다. 하지만 오랜 기술이라도 새롭게 사용된다면 혁신에 속한다. 미국은 발명에 뛰어나 전자공학에 앞서지만, 혁신에 뒤어난 일본에 비해 전자제품에서는 밀렸다. 물론 나노기술이나 생명공학기술에서 보듯이 발명 안에 이미 혁신이 담겨진 경우도 있다.
2. OECD는 응용연구를 "새로운 지식을 얻기 위해 수행되는 독창적인 탐구활동으로 어떤 특정 목적이나 목표를 지향하고 있는 연구"로 정의한다. 응용연구는 특정 문제 해결이나 특정 부분에의 응용을 목적으로 하므로 그 결과물을 어디에 적용할지를 연구가 진행되는 당시에 이미 어느 정도 예측할 수 있는 연구이다. 한편 기초연구는 "특수한 응용 또는 사업을 직접적 목표로 하지 않고, 자연현상 및 관찰 가능한 사물에 대한 새로운 지식을 획득하기 위하여 최초로 행해지는 이론적 또는 실험적 연구"로 정의된다. 이에 대비하여 응용연구는 기초연구의 결과 얻어진 지식을 이용하여 주로 실용적인 목적과 목표하에 새로운 과학적 지식을 획득하기 위한 독창적인 연구라 할 수 있다. 개발연구는 "기초응용연구 및 실제 경험으로부터 얻어진 지식을 이용하여 새로운 제품 및 장치를 생산하거나, 이미 생산 또는 설치된 것을 실질적으로 개선하기 위한 체계적 연구"를 의미한다.
3. OECD는 개발연구 대신 "연구나 실제적 경험으로부터 얻은 현존 지식을 활용하는 체계적인 활동으로서 새로운 물질, 제품이나 장치를 생산하고, 새로운 공정, 시스템 및 서비스를 구축하거나, 이미 생산되거나 구축된 것을 현저히 개선하기 위한 것"으로 실험연구(experimental development)를 정의한다.

한편 과학기술계에서는 원천연구 또는 원천기술이라는 용어도 자주 사용되고 있다.[4] 우선 원천기술이란 산업기술 중 파급효과가 큰 핵심적이고 기초적인 것을 지칭하는데, 기술은 응용으로 이에 상응하여 지식으로의 원천연구가 정의될 수 있고 고부가가치를 창출할 수 있는 미래 성장동력을 마련할 수 있는 연구를 지칭하지만 그 의미를 보다 구체화하기 위해서는 기초연구와 응용연구를 세분할 필요가 있다. OECD는 순수(pure) 기초연구와 지향형(oriented) 기초연구를 구분한다. 순수 기초연구란 "장기적 관점에서의 경제적 혹은 사회적 이익을 추구하지 않고, 연구결과를 현실 문제에 적용하거나 연구결과의 응용을 책임지는 분야로 이전하려는 뚜렷한 노력을 하지 않는 가운데 순수하게 지식의 증진을 위해서 수행되는 연구"이다. 이러한 연구의 결과는 대부분 학술지에 발표되거나 동일한 관심을 가지는 연구자들 사이에서 배포되며 공유된다. 지향형 기초연구는 "현재 또는 미래에 일어날 것으로 인지되었거나 예상되는 문제 또는 가능성 해결의 기초가 될 광범위한 지식기반을 창출할 것을 기대하여 수행되는 연구"이다. 미래에 광범위하게 응용될 수 있을 것이라는 기대를 갖고 출발하지만 특정한 응용계획이 없어 연구가 진행되는 시점에서는 결과물이 어디에 적용될지 예측하기 어렵다. 한편 응용연구는 전략 응용연구와 특정 응용연구로 구분된다. 전략 응용연구는 현재 그 응용이 어떻게 이루어질 것인지 명확하지는 않지만, 미래의 실용적 목표를 가지고 수행되는 연구를 의미하고 특정 응용연구는 특정한 문제 해결을 위해 생산품, 공정, 시스템 등 구체적이며 실질적인 목표를 가지고 수행되는 연구로 통상 정의된다. 결과적으로 원천연구는 기초 · 응용 연구에서 이루어진다고 볼 수 있으며, 기초연구와 응용연구의 일부인 목적 지향연구와 전략 응용연구를 원천연구의 범위로 정할 수 있는 것이다.

기술변화 전체는 매우 복잡한 활동이어서 특정 결과물을 낳는 특정 활동으로 구성된 순차적 · 선형적 단계(linear model of innovation)로 검토할 수 있다. 우선 기초연구는 과학지식의 증가를 낳고, 이 지식은 기존의 발명품과 기술정보와 함께 이어지는 응용연구의 기반이 되어 발명을 낳는다. 이들 발명 중 일부는 특허권을 획득하기도 한다. 또다시 발명품의 일부는 개발을 위해 선택되며 이를 통해 기술지식이 만들어진다. 기술지식은 실험, 파일럿 플랜트, 시제품 생산, 비용연구, 시장연구 등을 통한 아이디어의 기술적 · 경제적 특성

그림 6-1 기술발전의 단계

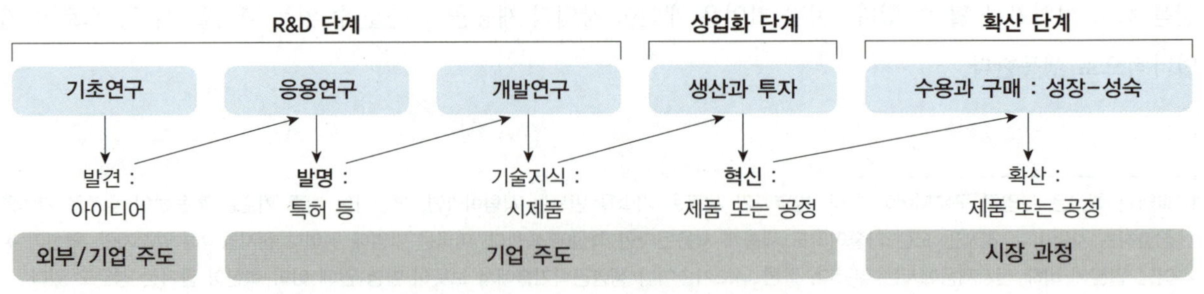

4. 기초기술연구, 기반기술연구, 상용화기술연구를 구분하는 데 전자통신연구소는 연구소 입장에서 기초기술연구를 향후 기술방향의 제시 및 원천적 변화를 유도하는 미래선도형 연구활동으로, 기반기술연구를 여러 제품에 보편 · 공통적으로 사용될 수 있거나 사회기반구조 고도화, 공공복지 증진, 산업 공통애로 극복 등과 같이 불특정 다수를 위한 공익추구형 연구개발활동으로 정의하여 소비자의 수요욕구에 따라 영리를 목적으로 추구되는 상업화 기술연구와 구분한다. 아울러 전자통신연구소는 연구소가 담당하는 연구대상을 주로 기반기술이라고 설명하며, 대학은 기초기술, 기업은 상용화기술을 담당한다고 하여 기반기술과 구분한다. 한편 미국의 National Academy of Sciences는 '기초기술 개발'을 시제품을 개발하고, 연구결과를 실제 응용개발에 이용하고 어느 한 분야나 여러 분야의 공통 관심사이지만 그로부터 얻어지는 이익을 어느 한 기업이나 기관이 독점할 수 없는 대상을 연구하는 것으로 단 한 가지의 제품이나 군수품을 위한 개발이 아니고 기초 및 응용연구로부터 창출된 신지식을 활용하는 연구로 정의한다. 광학 컴퓨터 건설, 내연기관용 고온 세라믹스 개발, 걸어 다니는 로봇의 개발 등이 예가 된다.

에 관한 불확실성이 점진적으로 감소된 결과물이다. 일정 시점에서 충분한 기술지식이 생성되어 개발이 끝나면 이어서 필요한 투자가 이루어지고 생산의 조정 등 아이디어의 상업화가 생겨나며 이에 따라 혁신이 생겨난다. 혁신의 활용에는 학습이 수반되는데, 제품이 안정적으로 기능하고 기대 수준의 성과를 보이도록 하는 과정이다. 동시에 혁신의 다른 잠재적 수용자들이 이에 대한 정보를 수집하기 시작하여 확산 단계가 시작되고 광범위한 경제적 파급효과가 초래된다.

최초의 아이디어에서 연구 개시로까지의 단계는 R&D 전 프로젝트 단계라 불리는데 보통은 사소한 비용을 치르면서 1~6개월에 걸쳐 이루어진다. 이후 프로젝트는 연구에서 시작되어 개발 그리고 상업화의 과정을 거쳐간다. R&D 결과 측면에서 볼 때 4가지 상황이 구별된다 : ① R&D의 성공과 기술의 이전, ② 시제품 출시의 성공, ③ 신제품으로서의 성공, ④ 신사업으로의 성공.

모든 프로젝트가 신사업으로 성공하는 것은 아니다. 많은 프로젝트가 실패로 끝나며 중간 단계의 노력은 물거품이 된다. 이러한 과정은 현금흐름이나 누적손익으로 살펴볼 수 있다 : 수익 없이 자원투입이 계속됨에 따라 손실이 누적되지만, 일정 시점이 지나면 누적손실은 제품판매 수익으로 보상받고 결국 양의 수익이 나타난다. 이러한 과정을 누적손익과 대비해 보면 [그림 6-2]가 생겨난다. 죽음의 계곡(death valley)이란 출시에서 사업으로서의 성공까지의 시기를 상징하는 단어이다. 요약하면 프로젝트는 통상 ① R&D부터 기술이전과 제품 출시까지 그리고 ② 제품 출시에서 제품으로서의 성공과 사업으로서의 성공을 거치며 상업화까지의 두 단계로 나누어볼 수 있다.

그림 6-2 R&D에서 상업화로 : 누적손익의 추이

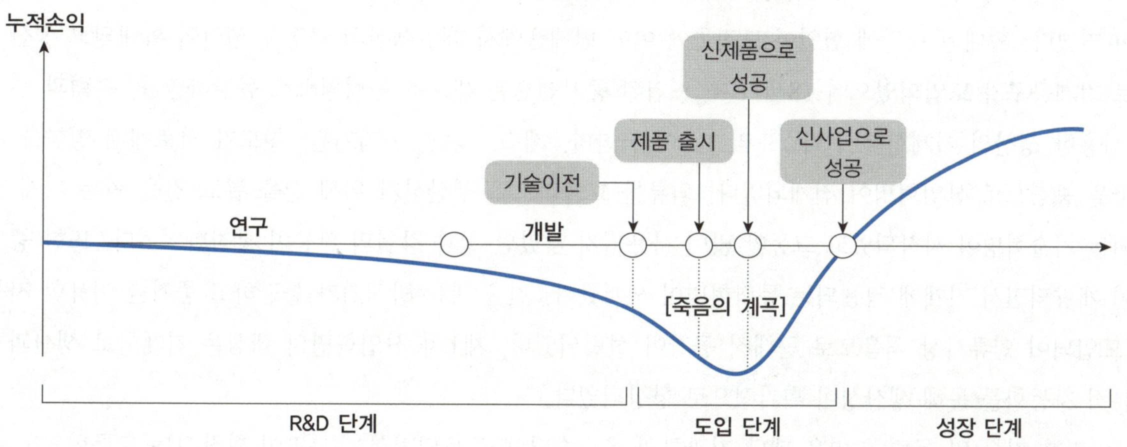

(2) 기술진보의 추이

고대

기술은 인간이 처음 돌도끼나 뼈화살촉 같은 단순한 도구를 처음 만들었을 때 시작되었다. 이어서 인류는 불을 이용하고 그릇과 의복을 제작하게 되었다. B.C. 3000년경 주석과 구리가 합금된 청동으로 낫과 검을 만들며 청동기 시대가 시작되었다. 얼마 후 농업이 시작되었고 쟁기와 마차가 사용되었으며, 작은 배로 강과 해안 교역이 이루어졌다. 문자가 발명되어 점토에 이어 종이에 의해 지식과 기록이 가능해졌다. 농사와 교통이 효율화되며 인구가 밀집하여 B.C. 3500년경 도시가 시작되어 광업, 금속업, 무역으로 부를 축적하였고 사회구조가 변화하였다. 방어와 정복에 무기가 필요해졌고 요새, 공공건물, 수도, 댐은 공학의 시작을 알렸다. 소수만이 안전과 여가, 사회적 지위를 누렸고 대부분은 형편없이 살았다. 그리스 초기에 철이 광범위하게 사용되었고 금속 항아리와 접시가 사용되었다. 로마에서는 생산수단이나 에너지원이 새로 생겨나기보다는 노예에 의존한 대형 건축이 발전하였고 무기가 개발되었다.

중세

5세기 로마 멸망에서 16세기 초에 이르기까지도 꾸준한 기술진보가 이루어졌다. 농기구와 곡물가공이 수월해졌고 풍차가 주요 에너지원이 되었다. 유럽은 이슬람을 통해 비단, 화약, 종이, 도자기 등 아시아의 기술을 갖게 되었다. 목재 공장이 번성하고 자석 나침반이 발명되며 선박이 개선되면서 세계를 항해하게 되었다. 15세기 중반 구텐베르크의 가동식 인쇄기 발명으로 학자를 넘어 문어가 전파되었고 신흥 중산층에게 교육이 개방되었다. 오랫동안 과학은 철학자의 영역이었고 기술은 장인의 손에 놓여 과학보다 경험에 기초하였다. 16~17세기에 자연이해와 우주 개념의 재편, 과학의 사회적 효용을 강조하는 이데올로기의 등장, 프랜시스 베이컨(Francis Bacon)에 의해 실험적 과학이라는 새로운 과학적 방법이 주창되며 국가가 지원하는 국립학회를 중심으로 (제1의) 과학혁명이 생겨났다. 그러나 그에 수반한 기술적 · 산업적 혁명은 없었으며 과학은 일반적으로 기술에 뒤떨어졌다.

제1차 과학혁명과 산업혁명 : 증기력과 기계화

1600년경 무역과 해외 식민지가 개척되었고 이를 배경으로 유럽 주요 도시에서는 소비여력을 가진 중산층이 커졌다. 확대된 시장에 힘입어 모직물에 이어 면제품에서 대량생산의 공장제 생산이 확대되고 생산수단으로 기계공구가 도입되었으며 18세기 초 도입된 증기엔진은 새로운 동력원으로 등장하였다. 수력과 증기력을 사용한 생산의 기계화를 인더스트리 1.0이라 한다. 제철, 석탄, 증기기관, 철도가 서로에게 영향을 주며 영국을 중심으로 산업혁명이 전개되었다. 의류를 효율적으로 생산하기 위해 실을 뽑고 천을 짜는 기계가 발명되는 기술혁명이 시작되었고 그동안 많이 사용되지 않았던 철과 강철의 활용이 본격화되었다. 또한 증기기관이 개량되면서 기계에 적용되는 동력혁명이 생겨났다. 천을 짜는 방적기가 등장하고 증기를 이용한 자동화가 도입되어 인류사상 처음으로 근대적 공장이 설립되었다. 제1차 산업혁명의 핵심은 기계화로 생산과정의 부분적 자동화를 통해 생산성이 획기적으로 향상되었다.

이러한 기술 및 동력 혁명은 배나 기관차의 운송수단에 응용되면서 유통망이 확장되는 교통혁명도 유발되며 이동성이 크게 높아졌다. 제품과 시장의 연결이 강화되고 소비자 또한 원거리를 이동하여 제품을 선택할 수 있게 되었다. 인류 역사에서 자동화와 연결성이 물리적으로 크게 개선된 것이 제1차 산업혁명의 결과라 할 수 있다. 한편 영국은 석탄을 풍부하게 보유하고 있어서 지속적인 원료 공급이 가능하였으며 이미 발생했던 농업혁명과 인클로저(enclosure)로 인해 농촌에서 발생한 잉여 노동력이 공장이 밀집한 공장 도시로 유입되어 풍족하고 저렴한 노동력을 공급받았다. 공장제는 길드 · 장인을 약화시키고 단순노동을 확장시키며 노동과 사회를 새롭게 조직하였다. 기계설비를 가진 공장이 들어서고 노동자들이 공장 주변에 모이면서 마을이 생겼으며 가족 모두가 고된 노동을 감수하였다. 그러나 노동조합이 만들어지고 노동시간 단축 노력이 생겨났다. 화폐와 시장경제는 물물교환과 자급자족을 대체하였다. 은행에 이어 중개인과 보험업이 발달하여 산업자금을 조달하는 새로운 수단이 생겨났으며 산업화에 수반된 이데올로기적 변화도 발생했다. 중상주의에 이어 자유방임 자본주의가 등장하였고 이에 반대하는 목소리도 생겨났다.

제2차 과학혁명과 산업혁명 : 전기에너지와 대량생산

후발국 독일과 미국을 중심으로 내연기관과 전기모터가 동력자원인 석탄을 대체하여 석유와 전기가 등장하면서 제2차 산업혁명(19세기 말~20세기 중반)이 전개되었다. 발전기와 모터의 발명과 토마스 에디슨의 전구로 전력은 가정과 공장에서 사용되었다. 강철은 건물을 위해 철을 대체하고 초고층 건물을 건설할 수 있게 했다. 내연기관의 발명으로 자동차가 도래하였고 이들은 차례로 석유산업을 촉진시켰다. 화학 연구 역시 새로운 산업에 자극을 주었다. 1890년대에 개발된 AC(인덕션 모터)는 산업의 전기화를 낳아 공장에 생산라인이 설치되고 노동 분업이 이루어지면서 대량생산이 가능하게 되었다. 증기기관에 의존하던 자동차나 원동기에 내연기관이 적용되면서 석유가 동력으로 활용될 수 있었다. 제2차 산업혁명 역시 풍부한 자원공급이 뒷받침했다. 1859년 미국 펜실베니아주에서 최초로 현대적 유정(油井)이 발견된 이래 석유가 풍부하게 공급되기 시작하였다. 한편 베세머 제강기술로 철강 생산량이 획기적으로 증대하였다. 기존 산업이 성장을 이어간 가운데 철강, 전기, 기초화학 분야를 중심으로 신규 산업이 확장되었다. 전기화에 의해 대량생산은 식료품, 음료 등 경공업에 적용되었고 냉장고, 세탁기, 라디오, 축음기 등의 가전제품이 등장하여 일반 소비시장으로 확장되었고 제1 · 2차 세계대전의 군수물자 생산에 동원되었다. 제1차 산업혁명의 기술과 산업의 혁신에서 기업가들과 기술자들의 비체계적인 노하우가 지배적이었다면 제2차 산업혁명에서는 과학과 기술이 결합되어 기술을 위해서 과학지식이 필요하게 되었고 체계적인 과학 교육을 받은 전문가들이 참여하며 기술발전이 이루어지게 되었다. 제1차 산업혁명과 제2차 산업혁명 초기의 선도산업은 그 국가의 요소부존이 뒷받침하는 비교우위 산업들이었다. 자본이 축적됨에 따라 자연자원을 가공하거나 자본집약적인 제품을 생산하는 중화학공업이 발전하였다. 중화학공업 제품은 철강, 기초화학, 자동차로 대표되는데 이들은 동질적인 제품으로 그 비교우위는 규모의 경제에서 비롯하였다. 소비재 및 경공업과 중화학공업의 발전에 따른 자연자원의 요구와 대량생산에 따른 소비재와 자본재의 해외시장의 필요성은 식민지배로 이어졌다. 규모가 주도하는 중화학 공업화는 제국주의하에서 군비경쟁의 일환이 되었다.

1860년 이후 진보한 과학적 지식이 산업에 적용되며 새로운 산업이 생겨났다. 화학연구는 철강, 화학, 석유로, 전기와 자력 연구는 전기 산업으로 이어졌다. 통신에 전신과 전화가 전국적으로 구축되었고 우편 서비스가 시작되었다. 전기는 기계를 운전하고 기관차와 전차를 움직이는 데 적용되었고 조명을 근본적으로 전환시켰다. 도시에는 전차가 도입되었고 항공기 산업도 그 시작을 알렸다. 다국적 대기업에 의해 새로운 전기제품이 개발되어 제조 · 판매되었다. 철강과 화학 업계는 신기술에 기반한 대량생산으로 모든 제조 단계를 통제하는 독점기업이 장악하였다. 신흥산업은 과거의 어떤 산업보다 더 크고 생산적이었으며, 독일과 미국이 신흥산업의 리더가 되어 19세기 말에는 영국에 도전하였다. 조직혁신도 이어졌다. 통신과 운송 발전으로 조직 내외에 걸친 소통이 용이해져 통제와 계획에 의존하는 과학적 경영관리(F. W. Taylor)가 고안되었다.

인더스트리 2.0 제2차 산업혁명에서 제조업은 전력을 기반으로 대량생산이 본격화되는데 이를 인더스트리 2.0이라 한다. 증기 동력은 저렴하고 빠르고 유연한 전기 동력과 석유로 대체되었고, 교환 가능한 부품과 조립라인(1913년 H. 포드) 생산은 대량생산 기법의 근본적 개선을 낳았으며 대량소비의 기반이 되었다. 이에 힘입어 제조시간의 단축과 노동생산성의 급등이 생겨나 헨리 포드를 중심으로 노동자 급여와 복지의 획기적 증가가 이루어졌고 이들은 새로운 내구재를 구매할 수 있는 중산층으로 성장하였다. 급격한 산업화에 따른 사회문제를 해결하기 위해 각국은 의료, 산재, 노령, 실업 위험으로부터의 보호를 위한 사회복지제도를 도입하였다.

제2차 산업혁명은 제2차 과학혁명을 동반하였다. 과학의 진보가 공학과 기술을 선도하기 시작하였다. 고전과학과 베이컨의 실험과학이 통합되어 물리학으로 상징되는 일관적인 과학적 세계관이 생겨났으며 연구중심대학을 포함한 다양한 과학연구기관이 자리 잡고 과학자가 전문직업화되고 전문적 직업적 과학자단체가 출현하고 정기간행물도 다양화되었다. 과학과 기술을 통합한 산업체 연구소가 등장 · 확산하며 응용 · 개발연구에 특화하고 기초연구를 맡은 대학과 긴밀히 협조하였다. 기술 분야의 정규 교육은 전 세계에 공과대학의 설립과 함께 번창했다. 19세기 말에 이르러 농업 사회는 산업 사회로 대체되었다.

20세기 고도대중소비와 제3차 산업혁명 : IT 혁명과 자동화

20세기에 들어 산업발전은 미국이 주도하였다. 대량소비를 주도하는 중산층의 확대가 가장 빨랐던 미국에서는 이른바 개인의 자유로운 선택이 중시되는 고도 대중소비 시대가 시작되었다. 다양한 제조업체가 진입하여 제품 차별화로 소비자의 다양한 선호를 적극 반영하며 경쟁하였다. 생산 대신 마케팅이 중시되었고 자동차로 대변되는 차별화된 조립기반 산업이 선도산업으로 등장하였다. 고조된 소비자주의는 과학기반 산업에서 많은 대기업의 기업 R&D 센터를 설립하고 신제품을 찾는 R&D 활동을 자극하였다. 그러나 유럽, 미국, 일본 등 주요 선진국에서는 가전제품이 대중에게 보급되며 점차 산업화 시대가 막을 내리고 있었다. 특히 1970년대부터 세계 경제는 유가급등과 미국의 금태환 포기를 배경으로 경제성장과 생산성 증가가 정체되며 근대에 보이던 급격한 변화와 발전이 끝나는 듯하였다.

인더스트리 3.0과 제3차 산업혁명 미소 냉전기 갈등의 소산으로 탄생한 컴퓨터와 인터넷이 민간에 개방되며 정보기술 혁명이 본격적으로 전개되었다. 제2차 세계대전으로 등장한 컴퓨팅 머신은 1948년 트랜지스터 발명으로 현대적 컴퓨터와 사무용 머신이 사용되기 시작하였다. PC 보급으로 업무처리의 디지털화와 공장의 자동화가 이루어져 거래효율성과 생산성을 높이기 시작하였다. 또한 1990년대 후반부터 지리적 한계를 극복하는 데이터 통신을 보편화한 인터넷은 특정 재화나 특정 에너지원보다는 지식과 정보와 관련된 것으로 경제주체 간의 관계가 온라인 네트워크를 중심으로 재편하고 활성화됨으로써 세계 경제의 근본적 변화를 낳고 있다. 이와 더불어 19세기에 더 나은 위생관행으로 시작된 의료기술은 신약과 새로운 장비를 사용함으로써 확장되었고 생물학의 새로운 기술은 살아있는 세포를 변화시킬 수 있는 유전 공학을 이끌고 있다.

과학과 기술에 집중하는 시스템 덕분에 과학과 기술은 빠른 속도로 발전하게 되었다. 20세기에 들어 공학과 기술 역시 전문적 교육 · 훈련을 요구하는 전문적 직업을 정착시켰으며, 전문단체와 전문 간행물을 공유하고 있다. 현재 과학연구는 기초연구를 중심으로 동료과학자들과의 교류 속에서 학술발표를 통해 이루어지는 반면, 공학 · 기술 연구는 개발 및 응용연구를 중심으로 정부와 기업 그리고 일반대중을 목표로 이루어지고 있다. 이런 차이에도 불구하고 20세기에 들어 지식의 증가와 과학의 실용적인 이용을 통해 과학과 기술은 과거 어느 때보다도 가까워졌다. 또한 과학에 대한 지원이 낳는 사회적 보상을 입증한 맨하튼 프로젝트에 힘입어 세계 각국에서 제2차 세계대전을 거치며 국방 및 보건부문을 중심으로 과학에 대한 국가의 지원이 완전히 성숙하였다.

디지털 기반 정보통신기술의 진전 수준과 그에 따른 산업 변화에 따라 종종 제3차 산업혁명과 제4차 산업혁명 또는 인더스트리 3.0과 인더스트리 4.0이 구분된다. 인더스트리 3.0이 구현되는 제3차 산업혁명에서는 컴퓨터와 인터넷이 도입되며 제조 공정에 컴퓨터, 첨단 통신 및 데이터 분석을 추가함으로써 공장의 공정이 자동화되고, 데이터를 수집 및 공유하는 데 도움이 되는 PLC(프로그래밍이 가능한 논리 컨트롤러, programable logic controller)가 기계에 내장되었다. 디지털화가 생산공정의 자동화에 기여하게 된 것이 인더스트리 3.0의 본질이다. 하지만 인간과 기계, 인간과 인간, 기계와 기계를 자동으로 연결하는 것은 미흡하여 직접 접촉하는 방식이 여전히 지배적이며 생산 역시 중앙집중적이고 경직적으로 제어된다.

표 6-1 인더스트리 N.0

	인더스트리 1.0	인더스트리 2.0	인더스트리 3.0	인더스트리 4.0
산업혁명	제1차 산업혁명 (18세기 후반~19세기 중반)	제2차 산업혁명 (19세기 말~20세기 중반)	제3차 산업혁명 (20세기 후반~20세기 말)	제4차 산업혁명 (21세기 초~)
혁신부문	수력과 증기의 동력화, 석탄업, 철도	전기와 전기장치, 내연기관, 철강, 화학, 토목공학, 자동차, 원유 · 정유, 가정용 전기기기	전자기기, 신소재와 생명공학, ICT 혁신 : 인터넷, 디지털 플랫폼, 통제기기	ICT와 제조업 융합(cyber-physical system) : 산업로봇, 3D 프린팅, IoT, 빅데이터, AI, 스마트 생산, 블록체인, 재생에너지
의사소통	책, 신문 등	전화기, TV 등	인터넷, SNS 등 유선통신	사물인터넷, 서비스 간 인터넷 무선통신
생산방식	▪ 공장제, 생산 ▪ 기계화	▪ 소품종 대량생산	▪ 부분 자동화와 소품종 대량생산 ▪ 중앙집중적 ▪ 일관공정 : 순차 · 고정설비	▪ 시뮬레이션을 통한 다품종 자동생산 ▪ 분산 자율 제어 ▪ 모듈공정 : 가변 · 유연설비
생산통제	사람	사람	사람	기계 스스로
사회 · 경제 변화	집적화, 도시화, 국민경제 통합	생산의 원천으로서의 과학, 거대구조물, 표준화, 노동 분업과 전문화, 대량생산과 규모의 경제, 수직적 통합과 수평적 통합, 세계적 네트워크	시장 세분화, 범위의 경제, 지식자본, 네트워크 구조와 수평적 조직, 글로벌 가치사슬	기계, 센서, 기기, 사람의 연계 강화, 현장에서의 맞춤 생산, 수직적-수평적 통합, 분권화

자료 : UNCTAD(2022) Industry 4.0 for Inclusive Development

제4차 산업혁명 : IoT와 연결

제4차 산업혁명은 디지털화의 진전을 기반으로 인터넷 기술과 스마트한 사물을 통해 산업생산에서 근본적 변화를 낳게 되었다. 제1~3차 산업혁명의 기계화, 자동화, 디지털화에 이어 제4차 산업혁명은 기계가 인터넷에 연결되는 사물인터넷이 대표 주자로서 기계와 공정이 인터넷을 통해 모니터되고 서로 간에 통신하고 협력하는 스마트 공장이 생겨나고 있다. 제4차 산업혁명은 기술 변화에 의해 추동되지만, 동시에 사회 · 정치 · 경제적 요구에서 비롯(market- 또는 application-pull)하는 바도 크다. 이는 만들 수 있는 제품을 만들 것인가 아니면 시장이 요구하는 제품을 만들 것인가라는 고전적 질문에 상응한다.

첫째, 산업현장과 일상생활에서의 디지털 기술을 중심으로 기술적 진보가 이루어진다. 이는 대체로 3가지 영역으로 구분된다.

- **기계화 및 자동화 증가** : 작업과정에서 육체 작업을 지원하거나 대체하는 기술보조 장치가 점점 더 증가한다. 자동화가 이어지며 다양한 단계에서 제조가 독립적 · 자율적 · 신축적으로 제어 · 최적화되는

자율 제조로까지 나아가고 있다. 기업의 설비와 알고리즘이 자율적으로 결정과 학습을 하게 된다. 이러한 자율적 결정과 학습은 인공 알고리즘을 기반으로 하며 인간–기계의 상호작용이 최소화된 채 전체 공장과 제조시설이 작업할 수 있도록 한다. 제품과 제조시설(과 전체 가치창출 과정)이 모듈화되고 모듈화된 개별 생산설비는 자율적으로 수량을 조정할 수 있어 생산공정의 유연성을 높이고 있다.

- **디지털화와 네트워킹** : 기업의 내부 공정, 제품 요소, 소통 채널, 공급사슬이 디지털화되고 있다. 제조 및 제조지원 도구들의 디지털화는 작동 데이터의 축적을 낳아 분석 · 통제 기능을 지원할 수 있다. 생산기기들의 네트워킹 증가와 생산된 제품과 서비스의 디지털화와 함께 생산공정이 디지털화된다. 그리고 이는 다시 시뮬레이션, 증강현실과 같은 새로운 기술로 이어지고 있다. 핵심활동에 집약적으로 사용될수록 창출되는 부가가치가 증가하는 디지털 기술의 응용이 확산되고 디지털 속성이 강화된 기업들이 규모의 경제를 위해 특정 활동에 자원을 집중시킴에 따라 특화와 대형화가 촉진된다. 하지만 동시에 아웃소싱의 관리와 연계기업과의 가치 공유가 중요한 문제로 대두된다.
- **소형화와 이동성** : 과거 상당한 공간을 차지하던 컴퓨터는 개선된 성능을 가진 소형의 기기들로 대체되어 생산과 물류에서 광범위하게 응용되고 있다. 모바일 기기의 보급은 장소에 제한받지 않는 통신, 데이터 공유, 가치 생성을 가능하게 한다. 기기의 이동성은 고객이 기업과 상호작용하고 생산과정에서 기계 간 통신과 상호작용하는 방식을 변화시킨다.

둘째, 기술적 여건의 변화에 힘입어 사회 · 경제 · 정치적 변화가 생겨나며 새로운 요구를 하고 있다.

- **자원 효율성** : 경제적 · 생태적 효율성이 요청되고 있다. 자원 부족의 심화와 가격 상승 그리고 생태적 맥락을 고려하는 사회적 변화는 산업에서의 지속가능성을 보다 적극적으로 고려하게 하고 있다.
- **개발기간의 단축** : 개발과 혁신의 기간을 단축할 필요가 있다. 결과적으로 많은 기업에서 높은 수준의 혁신역량[적기 출시(time to market)]이 핵심적 성공요인이 되고 있다.
- **수요의 개인화** : 판매자의 시장에서 구매자의 시장으로 전환하여 구매자가 교환조건을 정의하는 경향이 커지고 있다. 이는 제품의 개별화가 심화되거나 완전히 개별화된 제품[단독 배치(batch size one)]의 판매로도 이어지고 있다.
- **유연성** : 개발기간의 단축과 수요의 개인화는 제품개발과 생산에서 유연성의 심화를 요구한다.
- **탈중앙집권화와 투명화 및 협력 · 조율** : 구체적 조건에 대응하기 위해 빠른 의사결정 과정이 필요하고, 이는 조직 계층구조의 단순화를 요구한다. 디지털화는 전체 가치창출 과정의 투명성을 높이며, 공급사슬뿐만 아니라 협력기업과 고객의 행동도 기업에 보다 투명해진다. 기업조직 내외에 걸친 네트워크의 조밀화로 기계 간, 인간 간, 기계와 기계 간의 협력과 조율이 요구된다.

제4차 산업혁명에서는 인더스트리 3.0에서도 여전히 제한적이었던 자동성, 연결성, 중앙집중성의 한계가 극복된다. 인간처럼 사고하고 행동할 수 있는 지능적 기계들이 등장하고 서로 연결된다. 공장 현장에서 더 많은 데이터가 수집되고 이것이 다른 기업운영 데이터와 결합됨으로써 더 나은 결정을 내릴 수 있게 된다. 소프트웨어가 만들어낸 사이버 세계와 소재, 부품, 제조기기의 물리적 세계가 통합된 사이버물리시스템(Cyber Physical System)이 등장하여 사이버 세계를 통해 물리적 세계가 자동적 · 자율적으로 제어된다. 제품의 기획 · 설계, 생산, 유통 · 판매 등 전 과정이 IT 기술로 통합되고, 대량의 고객 맞춤형(mass customization) 제품이 생산되어 개별 고객의 요구를 보다 잘 충족할 수 있도록 유연성이 높아진다. 그러나 이러한 과정이 과거의 경직된 중앙집중식 생산체계(인더스트리 3.0)를 따를 필요는 없다. 사물인터넷(Internet of Things ; IoT)에 의한 소재 · 제품 · 기기의 지능화를 통하여 모듈 단위로 유연하게 분산되어 자율적으로 제어하며 자기 조직적인 생산체계(인더스트리 4.0)를 구현할 수 있기 때문이다.

표 6-2 제조업에 있어 인더스트리 4.0 기술의 분류

기술		설명
하드웨어	산업용 로봇	로봇은 (반)자율적으로 센서를 매개로 작동하고 환경과 상호작용하는 프로그래밍이 가능한 기계이다. 노동자를 대신하여 작업하며, 노동자 없이 독립적으로 공장 현장의 공정을 자동화한다.
	코봇 (Cobots)	코봇은 인간과 협력하며 일하는 로봇이다. 예를 들어 노동자가 새로운 경로를 제시하여 코봇의 팔을 안내함으로써 쉽게 다시 프로그래밍할 수 있다. 제조, 포장 등 작업에 사용된다.
	3D 프린팅	3D 프린팅(적층 제조)은 디지털 정보를 기반으로 3차원 물체를 생산한다. 3D 프린팅은 더 적은 재료로 복잡한 물체를 만들 수 있다. 시제품 제작과 최종재 생산에 사용된다.
연결	사물인터넷 (IoT)	데이터를 기반으로 수집, 공유, 행동하는 인터넷이 가능한 물리적 장치이다. 웨어러블 기기, 스마트 홈, 헬스케어, 스마트시티가 대표적이다. 제조에서 IoT는 기존의 기계와 도구를 작동기 및 센서와 연결한다.
	작동기 (actuators)	기계나 시스템을 움직이고 제어하는 역할을 하는 기계의 구성 요소이다. 예를 들어 열이나 동작 에너지를 측정하여 기계에서 발생하는 동작을 결정할 수 있다.
	센서 (sensor)	센서는 장비와 제품의 내외부 상태를 감지해 네트워크를 통해 정보를 전송한다. 온도, 습도, 압력, 근접성, 레벨, 가스, 적외선, 광학 센서, 가속도계, 자이로스코프로 구성될 수 있다.
소프트웨어	빅데이터 (Big data)	빅데이터는 크기나 유형이 기존의 처리능력을 초과하는 데이터 모임으로 이들을 활용한 의사결정이 이루어지도록 한다.
	인공지능 (AI)	뇌가 수행하는 인지 활동에 참여하는 기계능력이다. 온라인에서 무엇을 살지 추천하거나 스팸을 발견하거나 신용카드 사기를 탐지하는 등으로 응용되고 있다.

자료 : UNCTAD(2022) Industry 4.0 for Inclusive Development

제조업의 변화 제조업의 경우 기획 · 설계 → 생산 → 유통 · 판매에 이르는 제조 과정에 사물인터넷 · 인공지능(Artificial Intelligence ; AI) · 빅데이터의 정보통신기술을 적용하는 스마트 생산체계라는 유연하고 신속한 생산시스템이 등장하여 생산성을 높이고 수요 변화에 보다 탄력적으로 대응하는 고객 맞춤형 제품이 생겨난다. 제조업 혁신의 원동력은 첨단 ICT의 통합적 사용과 조정이다. 예를 들어 생산공장(기계, 부품 등)이 감각능력을 갖추고 인터넷에 연결된 플랫폼에 연결되어 감시 및 제어가 강화될 수 있다. 기업, 사업파트너, 고객에게 이점을 제공하는 방대한 양의 데이터가 축적되어 관련 업체와 공유되며 그 활용에 협력한다. 인더스트리 4.0은 인간과 기계 간의 새로운 형태의 상호작용을 발생시키는데 이는 하드웨어, 소프트웨어, 연결장치로 나누어 볼 수 있다. 하드웨어는 현대 산업용 로봇(작업자와 별도로 작동하는 로봇), 협동 로봇(cobots : 작업 실행에서 작업자와 협력하는 로봇), 지능형 자동화 시스템, 적층 제조(additive manufacturing)용 3D 프린터 그리고 전통적이거나 기술적으로 덜 발전된 기계, 장비로 구성된다. 생산공정에서 볼 때 로봇을 포함한 이러한 제조기술은 새로운 것이 아니다. 스마트 생산이 기존의 생산방식과 구별되는 것은 소프트웨어와 연결성 때문이다. 연결성은 디지털 네트워크, 특히 산업용 IoT를 통해 기존의 기계 · 도구에 액추에이터 · 센서를 연결하여 생산공정과 관련된 데이터를 수집 · 전송 · 처리한다. 소프트웨어는 엔터프라이즈 시스템, CAM(computer-aided manufacturing), CAD(computer-aided design)과 같은 전통적인 ICT와 빅데이터 및 AI를 기반으로

하는 데이터 분석으로 구성된다. 하드웨어, 소프트웨어, 연결장치는 감지하고 예측하며 물리적 세계와 상호작용하고 결정을 내리도록 설계된 스마트 네트워크를 구성하여 실시간으로 생산을 지원한다. 예를 들어 센서(IoT 장비)는 온도와 같은 특정 동작을 감지하고 인공지능이 분석할 데이터(빅데이터)를 보낸다. 이어서 소프트웨어로 분석된 데이터와 그에 따른 지침을 (로봇과 3D 프린터에) 전달하여 하류 단계의 제조공정을 최적화함으로써 가동중지 시간을 최소화하거나 생산공정을 간소화한다.

서비스업의 변화 스마트 공장과 개방형 협업으로 제조업의 생산성이 제고되겠지만, 보다 중요한 변화는 기업과 소비자가 직접 접촉하며 짧은 시간에 소비자의 선호에 기초하여 서비스를 제공해야 하는 서비스업에서 나타난다. 네트워크가 세계를 단일시장으로 연결하고, 빅데이터 · AI는 대규모 데이터의 수집 · 분석에 기초하여 맞춤형 서비스를 제공하며, 블록체인은 데이터의 신뢰성을 높인다. 서비스업에서는 단기적으로 5G, IoT, 인증의 네트워크 기술과 로봇기술이 활용되어 프로세스의 효율화가 이루어지고, (디지털) 플랫폼을 통해 유무형의 서비스가 기획, 유통, 소비되고 상품 매매의 중심이 오프라인 상점에서 온라인의 가상 상점으로 그 중심이 변화하는 한편 이에 더해 점차 빅데이터, AI, 실감기술(증강현실 AR, 가상현실 VR, 홀로그램)에 기초한 고객 맞춤형 서비스 제공이 보편화된다.

그림 6-3 제조업과 서비스업의 변화

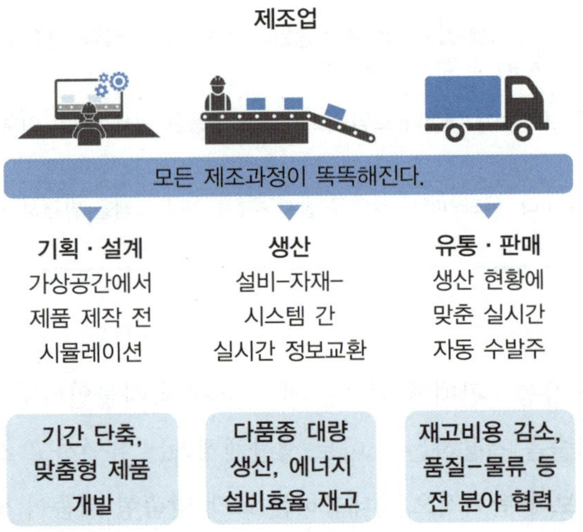

제조업

모든 제조과정이 똑똑해진다.

기획 · 설계	생산	유통 · 판매
가상공간에서 제품 제작 전 시뮬레이션	설비-자재-시스템 간 실시간 정보교환	생산 현황에 맞춘 실시간 자동 수발주
기간 단축, 맞춤형 제품 개발	**다품종 대량 생산, 에너지 설비효율 재고**	**재고비용 감소, 품질-물류 등 전 분야 협력**

서비스업

	가까운 미래	중장기 미래
유통 · 물류 – 도 · 소매, 운수, 통신	프로세스 효율화를 통해 간편하고, 신속한 서비스	온 · 오프라인이 통합되어 고객경험 강화를 위한 서비스
생산자 서비스 – 금융보험, 사업서비스	플랫폼 기반의 사업 모델 지원	자원의 효율적 활용과 소비자 맞춤형 서비스 제공
사회 서비스 – 보건, 복지, 행정, 교육	플랫폼 활용을 통한 고객 맞춤형 서비스 제공	개별 고객 생애 전반 관리
개인 서비스 – 숙박 · 음식, 문화, 수리	플랫폼 기반 서비스 확대	서비스의 세분화, 전문화를 통한 고객의 선택폭 확장

자료 : 박정수 등(2020) 비즈니스모델 혁신 관점에서 본 서비스업 발전을 위한 중장기 로드맵, 산업연구원

제조업의 서비스화 기업들은 단순한 제품 생산을 벗어나 제품과 서비스를 함께 제공하도록 변화하고 있다. 제조업에서 공급업체는 제품을 공급한 뒤에도 제품의 사용을 원활하게 하거나 기능을 확장하여 사용하게 하거나 제품 대신 서비스를 판매함으로써 기업고객의 혁신, 품질개선, 비용절감을 지원할 수 있고 이는 제품과 서비스의 구별을 모호하게 할 정도의 사업의 서비스화(servitization, Vandermewe and Rada, 1988)를 낳을 수 있다. 서비스는 수익을 개선할 뿐만 아니라 경쟁사가 모방하기 어려운 경쟁우위의 원천으로 작용하여 고객유지에 기여할 수 있다. 디지털화의 진전으로 기존 서비스 제공이 개선되는 한편 새로운 서비스가 제공될 수 있는 여지가 커지고 있다. 빅데이터 분석이나 인터넷으로 연결된 센서를 이용해 의사결정을 지원하고 제품사용에서 파생되는 실시간 데이터를 활용하여 고객을 위한 새로운 부가 서비스를 제공하게 되었다.

2) 재화로서의 기술의 특징

기술도 재화의 하나로 시장을 통해 거래될 수 있으므로 그 경제적 속성을 파악하는 것이 중요하다.

지식의 누적성과 기술적 역량 : 거인의 어깨 위에 앉는다면 더 멀리 볼 수 있다. 혁신은 기술에서의 새로움을 얻는 것으로, 지식(자원)에 학습이라는 기능이 발휘되어 혁신이 생겨난다. 즉, 혁신은 자원(지식)과 기술능력을 갖추어야만 가능하며, 나라마다 또 기업마다 기술능력의 수준은 다르다. 앞서 어떤 기술이 선택되었냐에 따라 이후 기술 선택의 대안이 영향받는다[경로 의존성(path dependency)]. 로마제국의 도로 폭은 영국의 마차 바퀴 폭, 기차선로 폭 그리고 우주왕복선 로켓의 크기에 영향을 미쳤다.

그림 6-4 연구개발과 역량접근

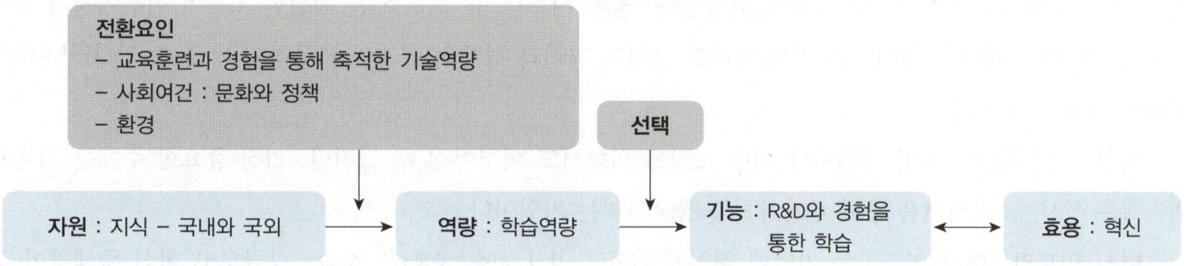

외부효과와 제한적 비배제성 : 개별 과학자의 연구개발로 얻어진 지식은 많은 경우 연구개발에 참여하지 않은 다른 과학자나 기업들도 대가 없이 활용할 수 있다. 연구를 수행하는 개인의 관점에서 볼 때 의도하지 않은 지식의 흐름[외부효과(externality)]이 있으며, 시장을 벗어난 상호작용을 통해 지식이 빈번하게 전파된다. 어렵게 만들어진 기술이라도 다른 사람들이 비용부담 없이 자유롭게 사용할 수 있지만[비배제성(non-exclusiveness)], 이로 인해 혁신의 유인이 약화될 수 있다. 특허, 상표권, 지적재산권 등 사유재산권을 부여하면 새로운 아이디어의 자유로운 사용을 막을 수 있지만 기술혁신의 효과가 제한된다.

비경합성과 수확체증 : 재화는 보통 그것을 소유한 사람만이 사용할 수 있지만, 지식과 기술은 여러 사람이 동시에 사용할 수 있다[동시 소비성 또는 비경합성(non-rivalry)]. 비경합성은 규모에 대한 수확체증을 낳는다. 수확체증 현상은 사용자가 많을수록 강화되므로 새로운 기술은 가급적 널리 사용되는 것이 이로울 것이다.

높은 불확실성과 높은 생산비용 : 지식 · 기술의 생산과 성공적 활용에는 상당한 비용과 불확실성이 따른다. 새로운 기술을 제대로 알고 있는 사람은 개발자로 국한된다. 개발자와 제3자 간에는 정보의 격차가 존재하므로 불리한 선택(adverse selection)과 도덕적 해이(moral hazard)가 생겨난다. 이 문제는 개발연구보다는 응용연구에서, 응용연구보다는 기초연구에서 더 심각해진다. 특히 신기술 개발뿐만 아니라 이미 개발된 기술을 수용하는 데도 상당한 비용과 불확실성이 뒤따른다.

기술혁신의 집단성 : 기술혁신은 탐구적이고 독창적인 정신의 천재성보다는 지식과 시장 간의 체계적인 연결의 결과로 R&D, 디자인, 생산, 마케팅 서비스 간의 피드백에 의해 진행되는 집단적 현상이다. 혁신과정은 고도로 숙련된 인적자원뿐만 아니라 조직적 · 금융적 · 상업적 역량과 관계적 역량에 의존한다. 혁신 주체는 내부적으로 지식기반을 발전시키는 능력과 더불어 외부 지식을 활용하는 능력도 중요하다. 또한 혁신과정에 전념하는 대기업, 신생 기업, 대학, 공공 및 민간 연구소, 금융기관, 컨설팅 및 전문 사업 서비스를 연

결하는 네트워크 역시 긴요하다. 즉, 기술혁신과 관련된 조직이 서로 연계가 잘 될수록 기술혁신이 강화되는 경향이 있기 때문에 기술지식의 창출 · 확산은 이용 가능한 R&D 자원과 조직뿐만 아니라 그 자원과 조직들이 유기적으로 조직되는 시스템 또는 체제에 의존한다. 상호작용을 통해 지식이 전파되고 혁신이 이루어지는 제도체계를 **혁신 시스템**(innovation system)이라 한다. 시스템을 파악하려면 ① 시스템의 구성 요소와 그 경계, ② 구성 요소 간의 관계, ③ 구성 요소 각각의 고유 속성을 구체화하여야 한다. 국가 혁신과 관련된 모든 주체(기업, 대학, 정부 등)의 혁신활동과 이들의 원활한 상호작용에 따라 국가혁신 성과가 결정된다.

국가혁신시스템은 협의로는 기술혁신과 탐구활동과 관련된 조직과 제도를 말하며, 광의로는 학습과 탐구에 영향을 미치는 모든 조직과 제도까지 포함한다. 편의상 기업, 혁신 인프라, 정부 그리고 해외부문으로 나누어볼 수 있다. 시스템의 속성상 하위시스템들은 서로 조응하여 혁신과정에 영향을 미치며 하위 시스템들과 전체 시스템은 상호작용한다. 하위시스템에서의 상호작용의 결과로 전체 시스템의 변화가 생겨나며, 동시에 전체 시스템은 하위시스템의 작용을 규정한다. 물론 시스템 구성 요소 간 적절한 조응이 이루어지지 못할 수도 있다. 예를 들어 과학의 진보가 있더라도 그것이 혁신과 경제적 성과와 조응하지 않을 수 있다[혁신의 역설(innovation paradox)].

기업 기술혁신은 어떤 개인이나 어떤 조직에 의해서도 이루어질 수 있지만, 가장 중요한 주체는 기술개발, 제품 생산, 조직개선을 통해 부가가치를 창출하려는 기업이다.

혁신 인프라 혁신 인프라는 기업에 혁신자원(인력, 지식, 기술, 자본)을 창출 · 공급하고 혁신 주체들이 상호 연계하고 정보를 공유하도록 상호작용을 유인하고 촉진한다. 축적한 과학기술(인력)에 기반하여 R&D를 하고 창출한 기술을 기업에 이전하는 역할을 한다. 혁신 인프라에는 다양한 혁신 주체들이 포함된다. 기업이 감당하기 어려운 기초, 첨단, 공공기술 연구를 수행하는 공공연구기관과 더불어 혁신활동에 필요한 인력을 공급하고 기초연구를 수행하는 교육기관, 혁신을 선별하여 그에 필요한 위험자본을 공급하는 금융기관도 포함될 수 있다. 기업을 상호연계하는 협회 및 조합, 클러스터, 정보센터, 도서관 등의 연계조직도 중요한 혁신 주체의 하나이다.

그림 6-5 국가혁신시스템의 구성

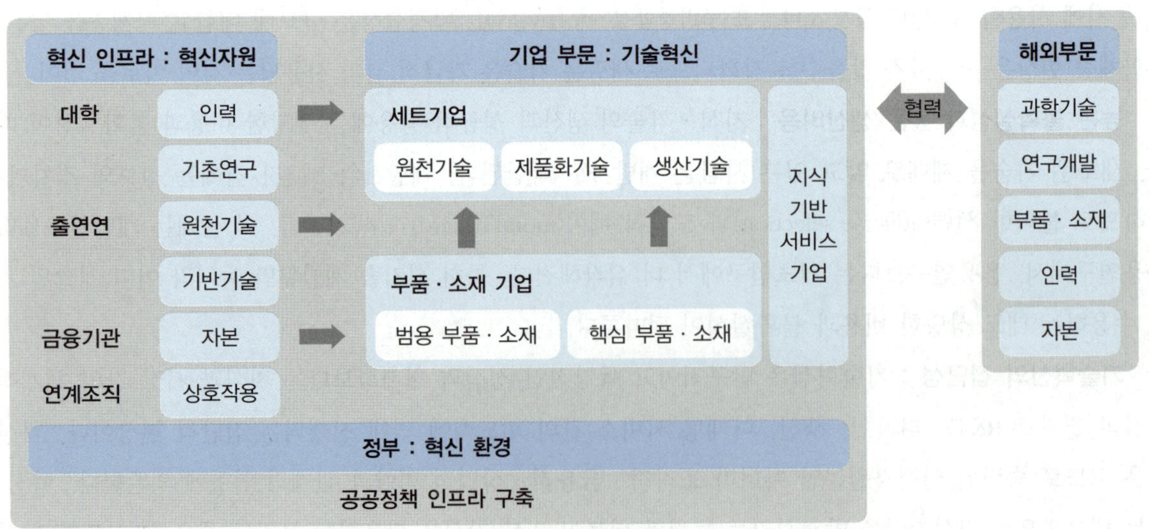

정부 정부는 공공정책을 통해 기업의 혁신활동을 직간접적으로 지원하거나 기업의 유인이 부족한 분야에 대해서는 직 · 간접적으로 혁신활동이 이루어지도록 노력하며, 이를 위해 혁신 인프라 구축과 활성화를 통해 혁신자원의 축적과 공급을 지원한다. 국가혁신체제의 방향성을 수립하고 국가 R&D를 기획하고 조정하는 역할을 담당한다.

해외부문 해외부문은 기술 및 인력 교류를 통해 국내부문의 약점을 보완한다. 글로벌화와 더불어 국가혁신시스템은 해외와의 상호작용이 갈수록 중요해지고 있다.

혁신에 대한 시스템적 견해는 개방형 혁신이나 3중 나선 모형(triple helix model)으로 구체화되고 있다. 개방형 혁신은 혁신과정을 개선하기 위해 기업이 기업 안팎의 다양한 지식의 원천을 활용하는 것이다. 3중 나선 모형은 혁신창출을 위한 대학(university ; U) 또는 혁신 인프라, 기업(industry ; I), 정부(government ; G)의 3자 간의 상호작용을 모형화한 것이다(Etzkowitz and Leydesdorff, 2000). 개방형 혁신이나 3중 나선 모형 모두 상이한 경제주체 간의 혁신을 위한 상호작용과 협력을 강조한다. 상호작용과 협력은 지식과 교환을 촉진하는 근접성을 요구한다 : 인지적(참여자가 축적한 지식), 조직적(생산 또는 혁신활동에 대한 조직적 통제의 강도), 사회적(일상적인 사회 관계), 제도적(사회적 상호작용에 구조와 일관성을 부여하는 사회적 규칙 제도의 공유), 지리적(잠재적 혁신 주체 간의 물리적 근접성). 근접성이 부족해도 혁신이 방해받지만 동시에 과도한 근접성 역시 혁신을 방해할 수 있다. 예를 들어 인지적 근접성이 미흡하거나 서로의 지식체계가 너무나 다른 경우 참여자 간에 오해를 초래하며 상호작용을 어렵게 한다. 반대로 지나친 근접성은 지식체계의 유사성으로 말미암아 새로운 정보의 원천으로 작용하기 어려운 것이다.

물론 나라마다 자원과 조직이 조직화되는 방식이 다르므로 서로 다른 국가혁신시스템이 존재하게 된다. 3중 나선관계는 일반적으로 3가지 형태로 나뉘어진다 : 국가주의 또는 3중 나선 1.0, 자유방임 또는 3중 나선 2.0, 3중 나선모형 또는 3중 나선 3.0.

국가주의 모형(3중 나선 1.0)에서 정부는 혁신 조직자로 주도적 역할을 하여 학계와 산업계를 장악하고 이들 간의 관계를 하향적으로 통제한다. 즉, 기술개발을 촉진하기 위해 정부가 산업계와 학계의 활동과 그 관계를 조정한다. 정부에 종속된 학계와 산업계는 연구역량이 취약하고 자원도 부족하여 정부의 지원이 절대적으로 필요하다. 정부가 새로운 과학기반 산업을 창출하려면 다른 혁신 주체들을 주도적으로 조정해내야 한다. 대학은 교육기관이라는 전통적 역할을 하며 연구인력을 공급한다. 대형국가사업은 공공연구의 수준을 높여 신생 기업을 창출하고 전략산업의 성장을 지원한다. 상향적 혁신의 여지가 크지 않다는 점에서 국가주의 모형은 혁신을 장려하기보다는 억제시킬 수 있다. 이 모형은 구소련과 프랑스 그리고 남미에서 주로 발견된다. 정부는 기술개발 방향과 프로젝트를 위한 자원을 제공하면서 다른 혁신 주체를 견인하는 리더의 역할을 수행한다. 반면 산업과 대학은 정부의 강력한 지도에 따르는 수동적 주체다. 그러므로 대학과 산업은 중앙정부를 중심으로 수직적으로 연결된 전문화된 조직들에 의존한다. 이 형태는 정부가 산업과 대학을 지배함으로써 자율성을 저해하지만, 정부의 강력한 리더십, 명확한 목표 설정, 주요 자원의 동원 가능성으로 인해 항공기, 컴퓨터, 전자와 같은 새로운 기술집약적 산업을 창출하거나 대규모 프로젝트를 수행하는 데 용이하다.

자유방임 모형(3중 나선 2.0)에서는 학계, 정부, 산업 모두 고유 영역을 가져 구분이 명확하며 유기적인 상호작용 없이 각자 독립적으로 작동한다. 서로 경쟁하는 기업에 관심이 집중되며, 각 혁신 주체들이 수행하는 기능은 산업계는 생산, 정부는 규제, 대학은 기초연구로 한정되어 있다. 이 모형에서는 정부 통제의 완화와 자유방임이 강조된다. 정부의 역할은 규제로 제한되며 시장이 실패할 경우에야 요청된다. 산업계가 혁신을 추동하며 학계와 정부는 기업을 지원하는 보조적 역할에 머문다. 대학은 과학연구 실적과 인력공급의 형태로 유용한 지식의 생산을 담당한다. 기업은 치열한 경쟁환경에 놓이며 상호작용은 주로 구매와 판매시장에서의 시장거래 관계로 제한된다. 이 모형은 스웨덴과 미국에서 찾아볼 수 있다. 대학－산업－정부 사이에는 제한된 상호작용만이 나타나는 경향이 있기 때문에 혁신 주체 간의 상호작용에서 혁신 매개기관(중개기관)의 역할이 중요하다. 미국의 경우 대학이 특허연구에 직접적으로 참여하기 전에는 특허가 될 만한 연구를 확인하고 기업에 그것의 라이센스를 판매하는 독립적인 비영리기관인 Research Corporation이 있다. 즉, 산업과 대학은 직접적으로 관련되어 있진 않지만 매개조직을 통해 상호작용이 이루어진다. 어느 국가나 지역이든 대체로 국가주의나 자유방임 형태의 3중 나선 모형을 가지고 있다.

3중 나선 3.0 모형은 대학, 정부, 산업이 고유 영역뿐만 아니라 다른 영역의 역할도 수행하며 상호작용한다. 변화하는 사회 경제 환경에 대응하기 위해 각 혁신 주체들은 자신의 기능을 확장하여 다른 주체의 기능을 공유하게 되었고, 다른 주체와 상호의존 관계가 발전하게 된다. 예를 들어 대학은 인적자원과 기초연구의 제공이라는 전통적 역할 외에 연구결과의 상업화나 기업과의 협력을 통해 상업적 지식이나 기업의 형성 · 발전의 원천으로 기업가적 기능까지 담당한다. 또한 산업계는 훈련을 하고 높은 수준의 독자적 연구도 수행함으로써 대학의 역할까지 수행한다. 한편 정부는 산 · 학 · 연계에서 수동적인 입장에서 벗어나 규제환경의 변화나 벤처캐피털, 창업보육센터 설립 등의 직간접적인 지원을 통해 대학과 산업계가 상호작용하는 장을 창출하며 3중 나선의 발전을 지원하고 그 역할을 확대한다. 이때 대학, 정부, 기업체는 각각 상호 수평적인 네트워크를 가지며, 이들의 경계 면에서의 상호작용은 기술이전조직, 조인트벤처, 창업보육센터, 산학협동연구센터, 사이언스파크 등의 다양한 혼종(hybrid)의 지식생산조직으로 이어진다. 즉, 각 혁신 주체는 각각의 역할을 담당하는 동시에 주체 간 경계에서 융합조직을 만들어 지식을 창출한다. 효과적인 3중 나선 3.0을 위해서는 혁신 주체가 각각 고유한 역량을 확보하고, 협력의 가치와 기회를 인식해야 하며 동시에 협력을 촉진하는 정부의 유연한 제도체계가 요구된다. 혁신시스템의 범위는 지역 · 부문 · 국가 수준별로 다양하게 나타나지만 제6장에서는 국가혁신시스템(national innovation systems ; NIS)에 초점을 맞춘다.

그림 6-6 3중 나선 모형

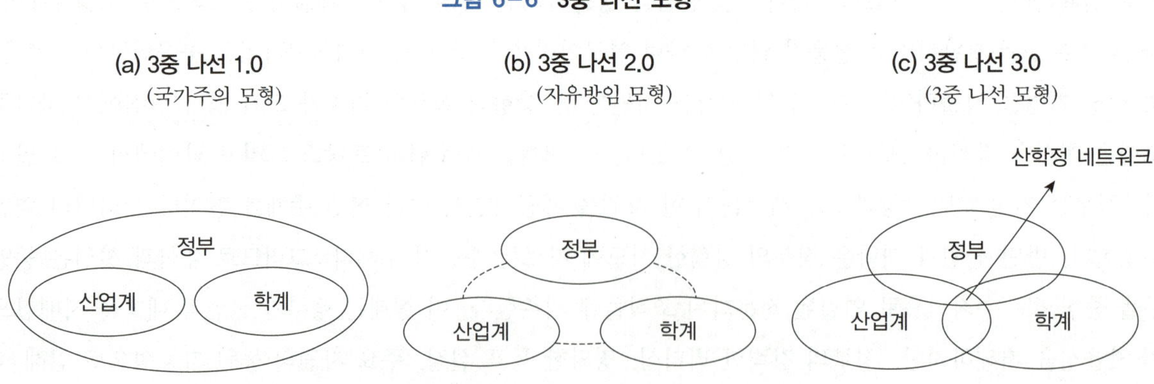

자료 : Jungwon Yoon(2015) "The evolution of South Korea's innovation system" Scientometrics 104

1.2 기술 진보의 유형

1) 인지적 기술진보 유형 분류[5]

기술진보는 다양한 유형으로 분류할 수 있다. 첫째, 혁신 대상에 따라 혁신은 공정혁신과 제품혁신으로 나뉘며,[6] 그 조합에 따라 다시 공급자 주도형, 규모집약형, 전문공급형, 과학기반형 기술유형으로 나뉜다(Pavitt, 1984).

공급자 주도형(supplier dominated)은 제품과 공정이 모두 표준적인 경우에 나타난다. 섬유, 가죽, 인쇄출판, 농업, 건설업 등 전통제조업과 음식 · 숙박업이 대표적인 산업으로 중소기업이 주로 활동한다. 혁신은 주로 공정혁신 형태로 이루어지는데, 기술혁신의 원천은 소재와 장비의 공급업체이다. 기술혁신은 도입한 새로운 장비나 부품에 체화되어 현장에서 이들이 사용됨으로써 구현된다. 내부에서의 R&D 활동은 제한적이며, 경쟁이 치열하고 고객도 가격에 민감하므로 혁신의 목적도 비용절약에 주로 두어진다. 혁신의 과정은 신형 자본재나 혁신적 중간재(예 : 합성섬유)의 확산 과정으로 볼 수 있으며, 혁신은 모방이 쉽고 보호받기 어려워 진입장벽이 낮다.

규모집약형(scale intensive)에서는 표준 제품에 대한 끊임없는 공정혁신이 전개된다. 즉, 기술혁신은 제품보다는 공정혁신에 주로 의존한다. 생산 활동은 복잡한 시스템을 운영하거나 복잡한 제품을 제조하는 것이며, 혁신은 생산시스템의 설계와 운영 단계에서 실현된다. 비용 절감에서 (생산, 설계, R&D 등에서의) 다양한 형태의 규모의 경제가 중요하다. 대기업이 지배적이고 상당히 독자적인 공정기술로 생산하며, 자원의 상당부분을 공정혁신에 투입한다. 혁신은 장비를 통해 구현되기도 하므로 자체적으로 생산장비의 제조를 수직적으로 통합하는 경향이 나타난다. 원료 추출 · 가공, 금속, 유리, 종이, 고무플라스틱과 같은 기초소재, 자동차와 같은 소비내구재의 가공조립산업을 포함한 생산이 복잡하고 규모가 큰 산업이 이에 해당한다. 급격한 기술혁신은 어렵고 제품과 공정은 점진적으로 발전한다. 특허와 기밀을 통해 기술이 보호되며 지식의 복잡성과 누적성으로 말미암아 진입장벽이 높다. 규모집약형 산업의 기술원천은 내부적으로 생산공학과 R&D 부서이며, 외부적으로 전문공급업체와의 상호적 학습이 포함되지만 과학집약 기업의 투입도 중요하다.

전문공급형(specialised supplier)은 조립금속, 전기 · 전자 기업을 포함한 중소규모의 기술집약적 기업들로 다른 부문에 맞춤형 기계, 장비, 부품을 공급한다. 이들은 표준 공정에 의존하지만 제품혁신을 위해 노력하며 혁신과 고품질 그리고 고객맞춤을 경쟁력의 원천으로 파악한다. 전문공급업체의 기술원천은 내부적인 설계 · 개발에 있으며, 외부적으로는 (과학기반 또는 규모집약적) 사용자에서 비롯한다. 혁신은 내부(기술자의 암묵지)와 외부(사용자와 공급자의 소통)에서 비롯하는데, 설계와 장비제작에 전문지식을 가진다. 생산 규모가 제한되어 기업규모는 상대적으로 작고 사용자와의 긴밀한 접촉 속에서 생산이 이루어진다. 기계장비와 부품 제조 또는 사업 서비스 업체가 이에 해당한다. 이들은 상당한 숙련 및 적격 인력을 고용하며 필요할 경우

---

5. OECD는 기술강도에 따라 고기술과 저기술을 대비한다. 이러한 분류는 부문별 R&D 지출의 강도로 측정되는 기술생산의 집약도 그리고 기술사용의 강도, 부분 간 확산의 과정에 기초한다. OECD 분류는 기술기반에 기초하지만 최근에는 생산요소 중 비기술적 기준(무형투자와 인적자본)을 포함한다.

6. 기업의 혁신활동에 대한 조사방법론을 제시하는 OECD의 Oslo Manual은 혁신을 공정과 제품에 대한 기술혁신과 조직과 마케팅을 변화시키는 비기술적 혁신으로 구분한다. 조직혁신은 업무조직, 업무방식, 외부 관계의 새로운 방식과 관련되며, 마케팅 혁신은 디자인, 포장, 유통, 가격책정에서의 변화와 관련된다.

R&D를 위해 외부와 협력한다.

과학기반형(science-based)은 제약, 화학, 전자산업을 포함한다. 과학발전과 그에 따른 기술패러다임의 변화를 배경으로 제품이나 공정혁신이 이루어진다. 과학집약산업의 기술원천은 내부적으로 R&D와 생산공학이며, 외부적으로는 대학, 연구소와 더불어 전문공급업체를 포함한다. 이들의 과학 연구에 의해 기술이 혁신되며 신흥시장에서 경쟁한다. 혁신 제품의 상당 부분은 다양한 부문에 자본재나 중간재로 투입된다. 기업들의 규모는 상대적으로 크다.

표 6-3 기술혁신 유형의 인지적 분류

	혁신 공정	표준공정
혁신제품	D : 과학기반 ▪ 부문 : 전자, 화학 ▪ 혁신원천 : R&D, 기초연구 ▪ 혁신전략 : 기초연구 활용과 응용	C : 전문공급 ▪ 부문 : 기계, 장비, 소프트웨어 ▪ 혁신원천 : 디자인, 선도적인 수요처 ▪ 혁신전략 : 신기술의 점진적 수용, 수요처 모니터
표준제품	B : 규모 집약 ▪ 부문 : 기초소재, 자동차, 토목공학 ▪ 혁신원천 : 생산 엔지니어링, 전문공급자 ▪ 혁신전략 : 첨단생산기법 활용과 흡수	A : 공급자 주도 ▪ 부문 : 농업, 전통제조업 ▪ 혁신원천 : 공급업체, 생산 학습 ▪ 혁신전략 : 외부 기술의 수용과 활용

생산기술의 분류 : 대량생산과 유연생산

생산기술은 기술 특성(표준성)과 더불어 목표 시장(범용성)을 고려하여 구분될 수도 있다.

첫째, 표준기술을 이용하여 범용품을 생산하는 **대량생산**은 의류, 자동차, 휴대폰 등의 제품에 적용된다. 대량생산은 테일러주의(Taylorism), 포드주의(Fordism), 네오 포드주의(Neo-Fordism)로 나뉘어진다. 포드주의는 구상과 실행의 분리, 작업의 파편화와 단순화, 노동의 탈숙련화를 특징으로 하는 테일러주의적 노동편성 방식을 컨베이어벨트와 같은 기계체계로 보완한 것이다. 네오 테일러주의(neo-Taylorism)는 자동화를 진행하고 임금계약의 유연성을 확보하는 것이 특징이다.

둘째, 표준기술로 특화된 제품을 생산하는 **유연 대량생산**은 생산 유연성과 공정 표준화를 도모한다. 제품이 고객 유형에 따라 차별화되나, 고객마다 다른 기술이 사용되지 않고 표준기술이 허용하는 표준화된 사양의 조합이 사용된다. 성숙 산업이지만 수요특성이 독특하거나(의류) 기술이 복잡하거나(항공기, 자동차) 급변하는(전자제품, 공학기술) 시장에서 사용된다.

셋째, 전문기술을 사용해 특화된 제품을 생산하는 **유연 전문생산**은 전문기술을 사용해 고객유형별 특화 시장을 목표로 한다. 범위의 경제에 의존하며, 숙련, 패션, 디자인의 영향이 큰 내구소비재와 전문제품이나 그 제작에 사용되는 기계산업, 첨단기업의 신제품, 사업 서비스 등에서 발견된다.

넷째, 전문기술에 의존해 범용품을 생산하는 **첨단기술 생산**은 전문기업이나 기존 대기업 내부의 R&D 부서에서 발견되지만 가장 성공적인 예는 실리콘 밸리이다. 신기술 확보를 위해 경쟁하고 장인보다는 지식근로자들로 구성된 전문가 공동체에 의해 만들어지며, 외부의 전문가 네트워크와 상호작용한다. 표준적인 방법론을 따르며 전례보다 규정과 규칙이 중요하다. 기술적 불확실성 때문에 활동의 상당부분은 사전에 계획될 수 없다.

표 6-4 기술 특성과 목표 시장에 따른 기술분류

		생산기술	
		전문기술(범위의 경제)	표준기술(규모의 경제)
수요	특화 제품	전문생산 공예품, 디자인 집약적, 슬로우 푸드	유연생산 유제품, 자동차
	범용품	첨단기술 생산 의약품, 기능성식품, GMO	대량생산 의류, 패스트푸드, 자동차, 휴대폰

자료 : Storper and Salais(1997)

2) 기술진보의 파급효과에 따른 분류

기술혁신은 기존 기업에 대한 영향에 따라서도 분류된다(Pavitt, 1998). 제품이나 생산은 상호작용하는 다양한 요소로 구성되므로 기술혁신은 구성 요소를 개선할 수도 있고 상호관계(system architecture)를 개선할 수도 있다. 창조적 파괴(Schumpeter, 1942)는 새로운 구성요소가 새로운 상호관계를 갖는 새로운 디자인이 생겨나는 경우로 '급격한(radical) 혁신'이라 불린다. 기술진보의 방향이 급변하고 기존의 보완적인 경영지식, 설비, 특화지식의 폐기가 나타난다. '점진적(incremental) 혁신'은 기존의 디자인이 수정 · 확장되는 경우이다. 개별 구성 요소의 개선은 있지만, 기반이 되는 핵심 디자인과 상호관계는 유지된다. 한편 디지털 전화기로의 교체에서 볼 수 있듯이 구성 요소만 변화하는 '모듈(module) 혁신'도 있고 관계만이 변화하는 '구성(architecture) 혁신'도 있다. 구성혁신은 기존 구성 요소를 새로운 방식으로 연결하여 기존 시스템을 재구성하는 것이다. 그렇다고 구성 요소 그 자체가 그대로인 것은 아니다. 구성 요소 혁신은 종종 구성 요소의 변화로 촉발되어 새로운 상호관계를 낳음으로써 생겨나기도 하는데, 구성 요소 뒤에 담긴 핵심 디자인은 유지된다.

시기별로 보면 기술진보는 점진적 · 연속적인 변화와 급진적 · 불연속적 변화가 교차하며 진행된다. 불연속적 변화가 발생하면 선도자가 기존 기술에 매몰되어 있을 때 기술 후발자가 도약할 기회를 갖는다. 연속적 변화와 불연속적 변화가 상호작용함에 따라 학습과 추격의 새로운 기회가 생겨난다.

표 6-5 생산시스템 혁신의 다양성

		구성 요소의 변화	
		강화	대체
상호관계 (시스템 구성)	유지	점진적 혁신	모듈 혁신
	수정	구성 혁신	급격한 혁신

자료 : Henderson and Clark(1990), Abernathy and Clark(1985)

3) 제품생애주기에 따른 분류

제품생애주기(product life cycle)를 따라 기술혁신을 유형화할 수 있다(Utterback and Abernathy, 1975). 대부분의 기술은 변화의 속도와 방향에서 최초의 혁신부터 성숙에 이르기까지 제품의 생애주기와 유사한 변화를 겪는다.

제품 생애주기에 따른 기술진보의 동학 : S곡선 모형과 과학견인 모형

'과학 견인(science pull)' 모형은 발명 · 혁신 과정이 흔히 '연구 → 제품개발 → 생산 → 상업화'를 따라 순차적으로 이루어진다고 본다. 과학에 기반을 둔 기초연구가 이루어지고 여기서 획득한 지식을 사용하여 발명이 이루어진다(응용연구 또는 제품개발). 시제품으로 발명이 검증된 뒤 본격적인 생산이 이루어지며, 소비자는 신제품을 구매한다. 발명 · 혁신의 상업화는 지식의 확산을 시사하며 결국 기술진보에 기여한다.

혁신이 특정 산업에 미치는 과정에 대한 연구는 맨스필드(E. Mansfield)의 연구에서 비롯한다. 그는 새로운 기술로의 이행이 해당 기술을 수용한 기업들의 비율로 파악하였을 때 지수곡선을 따른다는 것을 찾아냈다. 즉, 혁신된 기술이 낳는 신제품은 도입기, 매출의 급격한 성장기, 성숙기, 쇠퇴기라는 제품 생애주기(product life cycle)를 따라 S곡선 형태를 거친다고 가정된다. [그림 6－7]에서 전형적인 기술혁신의 S곡선이 나타나 있다. 수평축은 R&D 지출 누적규모이고 수직축은 기술의 상업적 성과를 나타낸다. 혁신의 보급 초기에는 근본적인 기술 문제를 다루므로 기술진보는 매우 더디다. 기술진보가 가속됨에 따라 근본적 문제는 해소된다. 기술이 성숙되며 그 성과는 다시 근본적 한계에 부딪힌다. 기술이 성숙되어 성과가 정체됨에 따라 새로운 기술이 등장하여 빠른 속도로 성과를 개선하며 기존 기술을 대체한다. 최초 혁신가의 역할은 상당히 어렵지만, 뒤따르는 혁신은 좀 더 쉬워진다. 혁신을 수용하는 마지막 기업은 할 일이 그리 많지 않으며 기존 기업의 수익을 잠식할 뿐이므로 혁신의 중요성도 적다. 최초의 철도는 실험비용을 부담해야 했지만, 뒤따르는 철도는 개척자 덕분에 혜택을 보았고 마지막 철도는 기존 서비스를 복제하였다.

혁신과정은 제품주기에 따라 제품혁신과 공정혁신(Abernathy and Utterback, 1978) 또는 유동기－이행기－경화기(Utterback, 1994)로 구분된다. 우선 급진적 혁신이 신제품으로 시장에 등장하여 이전에 제공되지 않던 새 기능을 제공한다. 개인용 컴퓨터는 1970년대 새로운 마이크로프로세서의 등장으로 가능했다. 신기술과 디자인이 등장하고 이를 활용한 다양한 제품들이 등장하고 경쟁하는 유동기가 시작된다. 기업들이 신기술을 제품에 구현해내는 최선의 방법을 모색하며 치열한 제품혁신 경쟁이 이어진다. 이 시기는 다양한 제품이 도입되고 새로운 산업부문의 출현을 낳는 높은 수준의 불확실성과 실험으로 특징지어진다. 과학에 기반을 둔 소기업들이 전문화된 틈새시장을 두고 경쟁하며, 정의된 기술궤적을 따라 혁신이 발생한다.

그림 6－7 과학견인의 S곡선 모형

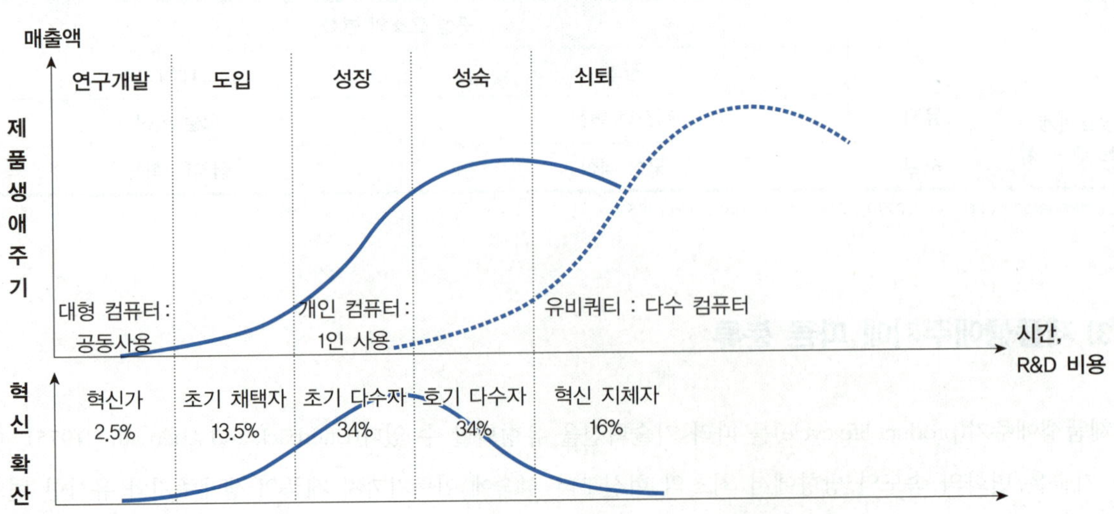

표 6-6 과학견인의 S곡선 모형의 세분

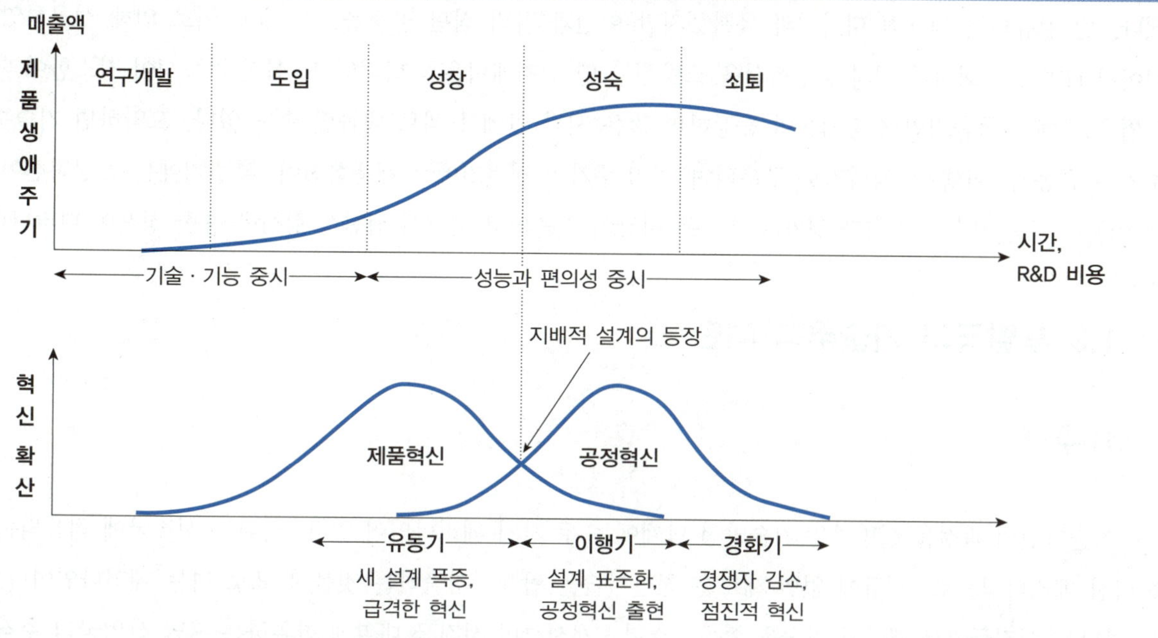

	유동기	이행기	경화기
혁신	신기술과 다양한 아키텍처들과 제품들의 등장과 경쟁 : 급격한 제품혁신	지배적 아키텍처/설계 등장 : 수요증가에 따른 대량생산을 위한 급격한 공정혁신	표준화된 제품 : 점진적 공정과 제품혁신(비용 절감과 품질 개선 중시)
공정	유연하지만 비효율적 숙련공 + 범용설비	변화가 작아지며 점차 경직화	효율적 미숙련공 + 자본집약적 전문 설비
조직	기업가적/수평적 · 위임/유기적	개발팀, 프로젝트 구조	위계적/기계적
시장	다양한 제품과 분할된 시장	지배적인 디자인을 가진 제품이 등장	대중 제품
경쟁	소수 중소기업에서 점차 증가 – 제품 성능 중시	치열하지만 지배적인 디자인의 등장과 더불어 점차 감소 – 제품 다양성 중시	유사한 제품을 가진 대기업들의 과점적 구조 – 가격 중시
혁신의 원천	사용자 욕구 정보와 기술적 투입물 – 선도기업과 소비자	내적 기술역량 확장이 낳는 기회들 – 제조업체와 소비자	비용감소와 품질 개선의 압력 – 공급업체
산업 유형	성숙도가 떨어지는 과학기반 산업부문	성숙한 과학기반부문(전자산업)	공급자 지배 산업/규모집약 산업

자료 : Rogers, E. M.(2003) ; Abernathy & Utterback(1978) ; Utterback(1994).

이어서 지배적 디자인이 등장하고 치열한 제품혁신은 서서히 위축된다. 지배적 디자인이 등장하는 단계를 이행기라 부른다. 지배적 디자인은 시장의 대다수가 수용하는 디자인이다. 예를 들어 호환성이 부족한 다양한 모형이 경쟁하던 개인용 컴퓨터 시장에 IBM PC가 등장하였고 이 컴퓨터는 시장에서 널리 수용되며 지배적 디자인(IBM-호환)으로 자리 잡았다. 지배적 디자인이 수용되며 제품혁신이 점차 감소하는 이행기가 시작된다. 지배적 디자인을 중심으로 제품이 차별화되거나 원가를 낮추는 경쟁이 격심해지며 경쟁기업은 감소한다. 그리고 경화기에는 대규모의 전문설비가 높은 장벽으로 작용하며 소수의 대기업이 시장을 지배한다. 제품혁신의 대부분이 마무리되고 공정혁신이 시작된다.

제품을 고객에게 전달하는 데 필요한 제조, 물류, 포장 등 모든 과정에서 혁신이 전개된다. 혁신의 내용은 '무엇을 만드느냐'에서 '어떻게 만들고 어떻게 효과적으로 전달하느냐'로 바뀐다. 비용감소, 품질개선, 적

기배달 등의 공정 최적화가 지배함에 따라 혁신은 점진적 과정으로 바뀐다. PC 시장에서 델이 이런 역할을 했다. 델 컴퓨터는 지배적 디자인과 유사했지만 이전과 달리 직판 공정을 추구했고 이로 인해 성공하였다. 이어서 HP 등의 회사가 델의 공정혁신을 모방했고 델의 지배력은 약화되었다. 혁신 가능성이 감소함에 따라 산업 외부에서 돌출적인 신흥기술이 등장하며 짧은 시간 안에 붕괴로 내몰릴 수도 있다. 요약하면 기술수명주기는 유동기, 이행기, 경화기로 구분되며, 수명주기의 전반기에는 제품혁신이, 후반기에는 공정혁신이 주를 이룬다. 즉, 기술적 기회가 생겨나 새로운 시장이 창출되고 이어서 생산성 향상을 통한 경쟁이 나타난다.

1.3 후발국의 기술추격 패턴

1) 추격

기술혁신의 과정을 설명하는 기술발전 단계에는 두 가지 패러다임이 있다. 하나는 선진국에 적용되는 기술혁신 패러다임으로, 시장에 없던 새로운 첨단기술을 탐색 · 창출하는 것을 목표로 하는 패러다임이다. 다른 하나는 선진국에서 개발된 기술을 획득 · 소화 · 개선하며 선진국 대열에 합류하는 후발 산업국의 추격 패러다임이다. 후발국의 추격 패러다임은 단위 기술 수준과 산업 · 기업 그리고 국가 수준으로 나누어 볼 수 있다(Lee et al., 1988).

(1) 단위 기술에서의 추격과 기술역량

역량 축적에 따른 역행추격

기술이 국경을 넘어 자유롭게 전파된다면, 후발국이 선발국의 경로를 그대로 밟아가는 경로추종형 추격이 자연스럽게 발생할 것이다. 그러나 기술은 자유롭게 전파되지 않는다. 기술의 획득 · 소화 · 개선은 그에 앞서 기술역량의 축적을 요구한다. 외국의 기술과 도움으로 첨단공장을 건설한다고 기술역량이 저절로 높아지는 것은 아니다. 또한 모방 역시 후발국이 지금까지 가보지 않은 길을 걷는다는 의미에서 또 다른 혁신이다. 이에 따라 후발국의 역행추격 수준은 축적된 기술역량(technological capability)의 수준에 의존하며, 역량이 높아짐에 따라 역행추격의 수준도 높아진다. 개발도상국의 경우 기술역량은 혁신역량뿐만 아니라 생산역량과 투자역량도 요구한다(Kim and Linsu, 1997).[7]

역가치사슬 : 공정혁신 후 제품혁신

후발기업은 일반적으로 공정혁신 후 제품혁신이라는 역가치사슬 전략 또는 OEM-ODM-OBM 이행전략을 따른다(Hobday, 1995, 2000). 즉, ① 수입된 부품을 사용해 최종재를 단순 조립 · 생산함으로써 조립생산 공정을 다루는 역량을 확보하고 생산기술을 배우며, ② 저기술의 부품에서 고기술의 부품 순으로 개발하고 공정기술을 획득해 생산역량을 습득하며, 이어서 제품설계 기술을 획득하여 기존 제품을 일부 수정하는 설계역량을 갖추고(Original Design Manufacturers ; ODM) ③ 마지막으로 제품혁신, 즉 새로운 제품개념을 창

7. 혁신역량은 새로운 기술을 만들어내고 이를 상업화하는 능력이다. 생산역량은 설치된 생산설비를 가동시키고 유지 · 개선하는 능력이다. 투자역량은 투자가능성을 분석하고 이에 기초해 설비를 설치 · 확장하는 프로젝트 실행능력이다.

조하는 단계(Own Brand Manufacturing ; OBM)에 도달하여 R&D, 제품개발, 마케팅 영역에서의 역량을 확보한다.

경화기 기술에서 유동기 기술로

역행추격은 '유동기－과도기－경화기'의 맥락에서도 이해될 수 있다. 후발국은 산업화 초기 단계에 부족한 기술역량 때문에 기술 수명주기의 초반기에 시장에 진입하기보다는 선진국 시장에서 이미 경화기 또는 성숙기에 도달한 기술에서 출발한다. 기술은 성숙기에 접어들면 표준화되고 자본집약적으로 변모하며 미숙련 노동자가 중요해지고 후발국에 유리해진다. 아울러 선도국의 기술전수 유인도 존재한다. 제품 수명주기의 경로를 따라 신제품이 등장하여 성숙 제품으로 발전되고 다시 표준제품이 된 뒤 선진국의 선도 기업들은 제품 생산을 다른 선진국으로 이어서 개발도상국으로 이전한다(제품주기이론 : Vernon, 1966). 개도국의 기술추격은 선진국의 기술도입에서 시작하여 습득된 기술의 소화 그리고 이를 발전시키는 개선을 거친다. 후발국 기업은 우선 일괄 도입된 생산기술을 기반으로 생산설비 운영에 주력한다. 이후 제조기술 경험이 쌓아가며 다른 국내기업들과 제품 차별화로 경쟁한다. 이윽고 제조기술이 토착화되고 기술수준이 점차 높아진다. 요약하면 후발국은 선진국 제품의 경화기에 진입하여 선진국의 성숙된 기술을 획득·소화·개선하는 과정을 거쳐 최종적으로 신기술을 창출하는 단계에 이른다. 후발국들은 새로운 지배적 설계를 직접 창출할 수 있는 역량이 부족하며, 그 단계에 이르기까지 학습을 통한 기술능력 축적이 필요하다.

이 과정에서 후발국은 기술역량을 축적하며 선진국과의 기술 격차를 감소시킬 수 있다. 경화기 단계의 기술을 성공적으로 소화, 개선했던 후발국 기업들은 선진국의 과도기 단계에 있는 기술에 대해서도 획득·소화·개선의 과정을 반복한다. 1990년대 말에 한국과 대만은 과도기 수준의 기술에 대해 획득·소화·개선을 진척시켰다. 이러한 시도가 성공한다면 후발국 기업은 고유의 기술능력을 축적하며, 이를 바탕으로 유동기의 새로운 기술개발을 통해 선진국 기업과도 경쟁하게 된다. 그리고 상당수의 산업에서 이러한 수준에 도달하면 바로 그 국가의 기술수준은 선진국에 도달한 것이다. 20세기에 개발도상국에서 일본만이 이 단계에 도달한 유일한 국가였지만, 한국도 많은 산업 분야에서 유동기에 점차 진입하고 있다.

그러나 후발국이 경화기 기술을 대상으로 한 추격을 진행하면서 확보한 기술역량이 유동기의 기술혁신 역량으로 이어지는 것은 쉽지 않다. 선진국 기술을 모방하며 학습한 기술에 대한 이해가 새로운 기술의 창출을 위한 기본 역량이 되겠지만, 성숙기의 기술추격은 주로 공정혁신에 관련된 것이기 때문이다(Utterback and Abernathy, 1975), 성숙기의 기술 모방을 통해 축적한 기술이 제품혁신에 적용되기 위해서는 다른 형태의 역

그림 6-8 역가치사슬 전략의 개요

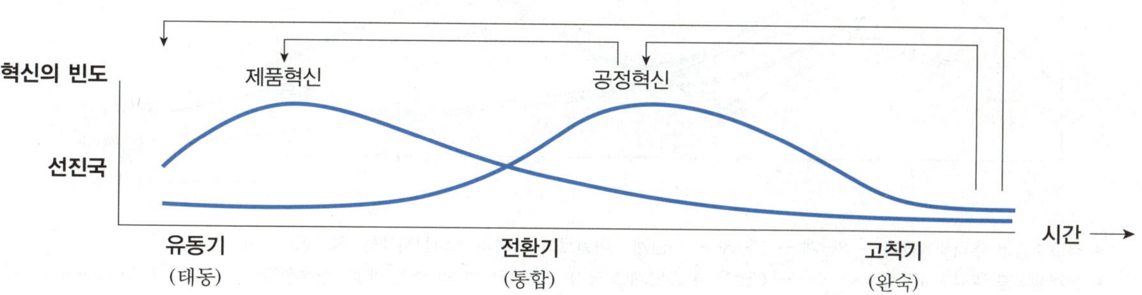

자료 : Kim, Linsu(1997), p. 89.

량이 필요하다(고영욱 · 지일용, 2009).

표 6-7 역가치사슬 전략에서의 추격 패턴

단계	산업화 이전	공정혁신			제품혁신 *D*
		기술 도입 단계		기술 내부화 단계	기술 창출 단계
		생산시설 이전 *A*	공정모방 *B*	디자인 모방 : 기술 흡수 *C*	
추격 단계	–	복제적 모방(OEM)	복제적 모방(OEM)	창조적 모방(ODM)	디자인 혁신(OBM)
추격유형	–	경로 추종 (Path-following)	경로 추종/경로 생략(stage-skipping)	경로 생략	경로 선도(leading)/ 경로 창출(creating)
학습목표	–	운영 기능	공정기술	(기존 제품의) 설계기술	신제품 개발기술
학습 메커니즘	–	경험학습(매뉴얼과 지도에 따른 생산)	경험학습(제품디자인을 따른 생산)	학습방법의 학습(위기와 내부 R&D, R&D 컨소시엄, 해외 R&D 기지로의 전환)	학습과 혁신(공동개발, 전략적 제휴)
성장양식	맬서스 함정	요소주도	투자주도	투자주도	혁신주도
능력	단일작물 재배, 생존농업 : 원조에 의존	조립 : 외국의 기술과 관리에의 의존	조립과 부분품 : 부분품의 내부화와 외국 기업의 협력	숙련 · 기술 내재화 : 경영과 기술 습득, 고급제품 생산이 가능하지만 혁신이나 제품설계의 주도에 한계	혁신능력 : 모든 산업 능력을 보유(첨단 기술에서의 혁신과 제품 설계)
사례	아프리카	베트남	태국, 말레이시아	한국(OBM), 대만(ODM)	일본, 미국, 유럽
	개발도상국			후발선진국	선진국

자료 : Hobday(1995, 2000) ; Ohno(2014) ; Lee(2005) Lee and Lim(2001) ; Lee, Lim & Song(2005).

역행추격의 다양한 형태

역행추격은 후발국이 선발국의 경로를 답습하는 것이 아니라 자신만의 새로운 경로를 만들어 내는 등 다양한 형태로 나타날 수 있다(Lee and Lim, 2001). 후발국의 기술추격 패턴은 일반적으로 경로추종형(path-following), 경로생략형(path-skipping), 경로창출형(path-creating) 추격으로 구분된다.

그림 6-9 기술추격의 도해

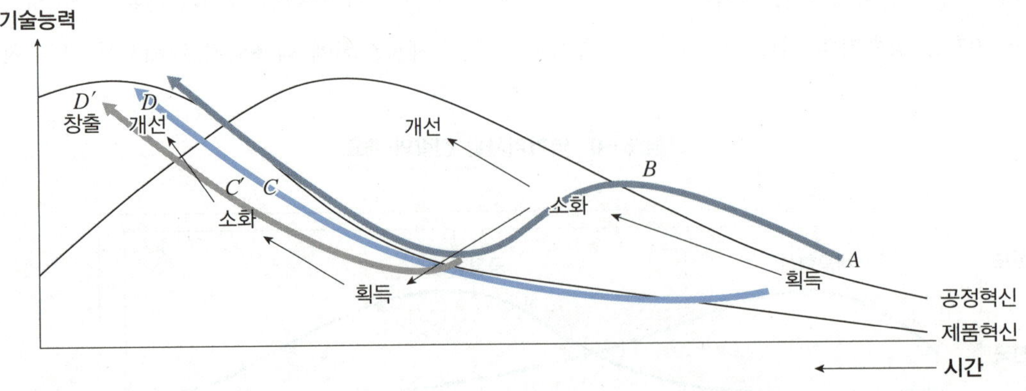

- 경로추종형 추격 : *A*단계 → *B*단계 → *C*단계 → *D*단계 : 아날로그 시대의 소비전자제품, PC, 공작기계
- 단계생략형 추격 : *A*단계 ———→ *C*단계 → *D*단계(도약 I) : 현대자동차의 엔진 개발, 삼성전자의 D-RAM 개발(Mu and Lee, 2005)
- 경로창출형 추격 : *A*단계 → *B*단계 → *C′*단계 → *D′*단계(도약 II) : CDMA 휴대폰, 디지털 TV(Lee, Lim and Song, 2005)

경로추종형은 후발국이 선진국의 경로를 그대로 모방하여 따라가는 것이며, 경로생략형은 선진국의 경로 가운데 일부 단계를 건너뛰고 기술적 비약을 통한 추격을 달성하는 것이다. 경로창출형 추격은 후발국이 초기에 선진국의 경로를 모방하다가 방향을 전환하여 새로운 경로로 진입하는 것이다. 한국의 CDMA 이동통신 시스템 개발이나 디지털 HDTV 개발은 경로창출형 추격의 좋은 사례로, 선진국의 기존 경로였던 아날로그 이동통신, TDMA 이동통신, 일본의 아날로그 HDTV를 탈피함으로써 한국이 정보통신 관련 산업에서 주도권을 가지게 된 계기가 되었다. 경로창출형 추격은 "$A \rightarrow B \rightarrow C' \rightarrow D'$"의 경로로 발전하는 것이다. 초기에는 선발국의 기술을 습득하여 선발국을 그대로 추격하지만 나중에 가서는 선발주자의 기술을 응용하여 자신의 것으로 새롭게 변형하여 선발국과는 다른 경로로 발전한다. 선발국과 다른 길을 가므로 추격이 아니지만, 초기에 "$A \rightarrow B$"의 추격 단계에서 축적된 기술능력이 새로운 경로창출에 있어 결정적으로 작용한다는 의미에서 추격에 속한다.

(2) 기업 · 산업 단위에서의 기술 추격

Lee et al.(1988)은 Kim(1980)의 개발도상국 기술발전 3단계 모델인 확보(도입) – 소화 – 개선을 확장시켜 기업 · 산업 수준에서의 기술 추격 단계를 기술 도입 단계, 기술 내부화 단계, 기술 창출 단계로 구분하였다. 이는 복제 모방 단계, 창의 모방 단계, 혁신 단계(Kim, 1997)에 매칭된다.

그림 6-10 기업 · 산업 단위에서의 기술 추격 단계

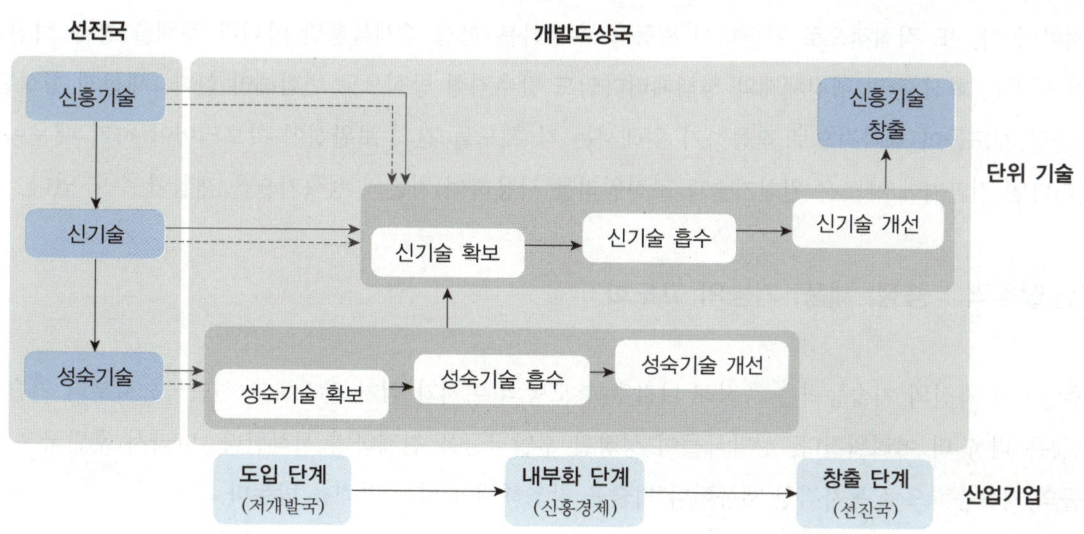

자료 : Lee et al.(1988)을 수정

우선 기술 도입 단계에서는 성숙기 기술이 주로 비공식적으로 획득된다. 성숙기 기술은 쉽고 저렴하므로 라이선스나 합작 투자 등의 공식 경로를 통해 획득하는 경우가 거의 없다. 또한 획득된 기술은 스스로의 노력을 통해 소화되고 개선되는데 외국제품의 모방이 가장 효과적인 방법이며 축적된 기술역량은 모방을 촉진한다. 단 중화학공업과 같이 기술의 복잡성이나 생산설비가 클 경우 공식적 기술에 의존하게 된다. 도입 단계는 획득한 기술을 안정적으로 사용할 수 있을 때까지 지속된다. 기술은 모방하기 매우 어려우므로 라이센

싱이나 해외 파트너십과 같은 공식적인 기술이전 채널에 의존하기 시작한다.

기술 내부화 단계를 통해 기업은 자체 제품을 생산하기 시작하고 제품 및 공정 개발에 대한 외국 기술에 대한 의존도를 줄인다. 내부화 단계에서는 자체 노력을 통해 기존 제품보다 우수한 신제품이나 근본적으로 개선한 제품을 내놓게 되며 신흥경제국으로 부상하게 된다. 운영기술을 이미 숙달하여 기술적 노력의 초점도 공장운영 및 낮은 수준의 설계기술 숙달에서 제조장비, 플랜트 엔지니어링, 높은 수준의 설계기술 등 생산기술의 숙달로 변화한다. 내부화 단계의 후반부에 이르면 독자적인 R&D 역량을 축적하려는 노력이 생겨난다. 내부화 단계에서는 국내 여건에 적합한 제품과 공정 기술의 수용이 생겨난다.

기업은 내부화 단계를 완료하고 결국 고유의 R&D 역량을 축적하여 기술 창출 단계에 도달하며 최첨단 핵심기술을 숙달하고 세계적 신제품의 개발도 이루어진다. 상당수의 산업이 창출 단계에 도달하면 그 국가는 산업국의 일원이 된다. 획득한 기술의 상당한 개선이 이루어지고 개선된 기술이 산업국의 기술과 대등한 경쟁력을 갖게 된다.

2) 기술 첨단에서의 혁신 : 새로운 가치사슬의 창출

기술 첨단에 이르게 된 후발국은 소극적인 탈추격을 이어가거나 아니면 적극적인 원천기술 창출 단계로 나아갈 수도 있다. 기존의 기술 패러다임이 전환하는 국면에서 탈추격이 보다 쉽게 이루어질 수 있다. 기술 진입 장벽이 약화되고 선발국은 새로운 기술 패러다임으로의 신속한 전환에 어려움을 갖는 타성에 사로잡힐 수 있기 때문이다. 탈추격형 기술혁신을 지속하려면 기업과 함께 공공부문에서도 기술혁신 패턴의 변화가 이루어져야 한다. 또 직접적으로 기술혁신 활동을 수행하는 혁신 주체들뿐만 아니라 정책을 통해 혁신활동에 영향을 미치는 혁신 관련 행정체제와 정책패러다임도 탈추격형 방식으로 변화해야 한다. 새롭게 형성된 탈추격형 관련 제도들이 효과적으로 작동하기 위해서는 각 제도들 간의 보완성이 확보되어야 하기 때문이다. 한편 패러다임 전환기에 새로운 원천기술과 조직원리를 사용하여 기존의 성숙기술을 재활할 수도 있다.

(1) 탈추격 : 공정, 제품, 기능의 고도화

후발국이 자신의 기술능력을 축적해 나갈수록 모방의 여지가 점차 감소하고 선발국으로부터 기술이전을 받는 것은 더욱 더 어려워진다. 선발국들이 성장한 후발국들을 견제하기 시작한다. 따라서 후발국은 축적한 자신들의 기술능력으로 독자적인 제품이나 기술을 창조해내야 하는 압력을 받는다.

하지만 실제 스스로 제품을 직접 디자인해 본 경험이 부족하기 때문에 그 과정은 순탄하지 않다. 그래서 자신들이 갖고 있는 기술능력을 동원하여 새로운 제품 디자인보다는 모방을 지속하여 성숙기술을 다변화하거나 응용기술이나 공정기술에의 특화를 통해 새로운 모방 혁신을 도모함으로써 기술 첨단으로의 접근을 지연하거나 아키텍처 혁신에 초점을 맞추는 경우도 있다. 그리고 새로운 제품을 직접 디자인하더라도 홀로 수행하는 것이 아니라 선발국과의 공동 개발의 형태를 띠기도 한다. 이 과정에서 선발국과는 다른 기술발전의 경로를 밟기도 하는데, 이는 앞서 언급한 '경로창출형' 추격발전과정에 해당한다.

성숙기술 다변화 : 모방의 지속 후발 기업은 기술추격의 한계에 접근하더라도 곧바로 기술 선도를 도모하기보다는 기술기반을 확대하는 기술 다변화 전략을 따를 수 있다. 기술을 학습하는 방법을 배운 뒤라면 기

술을 더 빨리 배울 수 있다. 기술추격의 과정에서 기업 스스로의 개발역량(기술조달, 모방 그리고 적응적 엔지니어링 역량), 생산 역량, 과학기술 인프라 · 제도, 제품화에 필요한 금융자원이 어느 정도 확보되었기에 더 빠르게 기술을 학습하고 제품을 창출할 수 있다. 동일 제품을 생산하는 기술은 다양하며, 신기술은 오래된 기술을 대체하기보다는 공존하기 때문에 이러한 전략들은 신제품 확보로 이어진다.

생산공정 전문화 역가치사슬 전략을 따르되 독자적인 브랜드를 갖는 마지막 단계 OBM으로 이행하지 않을 수 있다. 대신 제조공정을 개선하여 특정 산업의 부분품을 가장 우수하고 저렴하게 제조하는 업체로 남는다. 예를 들어 싱가포르의 Ventures, Natsteel Electronics, JIT 등 많은 기업들은 다국적기업의 제조업체로 출발해서 제조에만 전문화된 기업으로 발전하였다.

응용기술의 선도 기존에 습득된 기술을 새롭게 응용하는 응용기술을 선도하는 방법도 도모할 수 있다. 원천기술을 확보한 상류기업이 하류산업에서 새로운 응용처를 발견할 수도 있고 기술역량을 갖춘 하류기업이 신기술을 활용하여 제품을 혁신할 수도 있다. 싱가포르 기업, Singapore Network System은 전자문서교환기술을 확보한 뒤 이에 기초하여 아시아에서 최초로 수출입 서류업무의 전자화에 성공하였고, 물질을 분석하여 화학적 조성을 파악하는 분석화학 기술을 확보했던 Eutech Cybernetics는 디지털 신호처리 기술을 새로이 확보하여 이동형 분석기구의 혁신을 이루어냈다.

아키텍처 혁신 아키텍처 혁신은 성숙기의 기술, 즉 기존 제품군에서 아키텍처 혁신을 통한 다양한 응용제품의 개발을 도모하는 것이다. 그러나 제품 표준을 변화시키는 급진적 혁신이 아닌 새로운 부품의 채택과 부품 간 연계의 개선을 통한 혁신이 그것이다. 기술은 여러 요소기술들이 특정한 방식으로 엮여 있어 요소기술들의 구성이 변화하거나 결합하는 방식이 바뀌면 새로운 아키텍처가 만들어진다. 카메라폰이 전형적 사례로 성숙기의 요소기술이 새롭게 결합되어 새로운 제품을 만들어낸 것이다(송위진 등, 2005).

아키텍처 혁신에서 중요한 것은 선발주자가 만들었던 C라는 것을 C'로 새롭게 만드는 능력이다. 원천기술개발 능력이 아직 취약하지만 제품개발 능력과 제조능력이 상당 수준에 도달했을 때 시장을 선도하는 새로운 제품을 개발할 수 있는 효과적인 방식이다. 선발주자의 경로를 그대로 답습하는 것에서 벗어나서 선발주자가 만들지 않았던 것을 창출하는 데에는 일정 정도 수준의 기술능력이 필수적이다. 그러므로 $A \rightarrow B$로 가는 선발주자의 경로를 답습하는 과정에서 선발주자의 기술을 재빠르게 흡수하여 자기 것으로 소화하는 과정이 필수적으로 요구되며, 이러한 것들이 쌓여 어느 정도 수준 이상의 기술능력이 축적되어야만 새로운 것을

그림 6－11 역가치사슬과 이후의 탈추격 전략

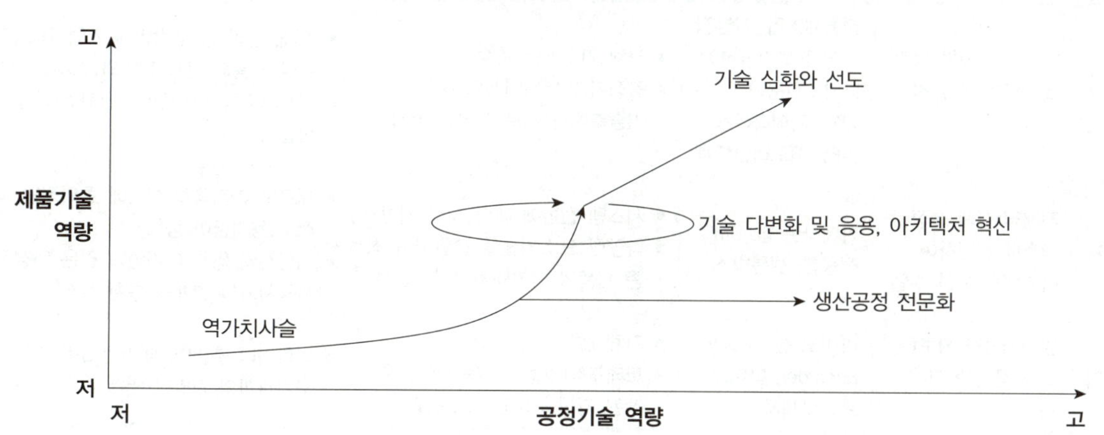

창조할 수 있는 응용기술이 가능하게 된다.

(2) 원천기술의 창출

후발국이 기술 첨단에서 새로운 원천기술을 개발해서 신산업을 형성하는 제품을 개발 · 생산할 수 있다. 원천기술 개발을 통해 시장에 첫 번째로 진입하는 선도자(first mover)의 장점을 모두 얻을 수 있을 뿐만 아니라 일정 시간 동안 시장에서 독점적인 위치를 점유할 수 있다. 하지만 그와 비례해 투자비용이나 불확실성도 크다. 기술 첨단에서의 혁신 또는 생산기술 선도전략은 선도기업이 흔히 추구하는 전략이다. 이에 필요한 기술적 역량은 R&D 센터에 대한 대규모 투자나 양질의 전문교육을 받은 인력의 확보 또는 다른 기업이나 대학과의 R&D 협력을 통해 확보할 수 있다. 개도국의 경우 원천기술 개발은 기존에 축적된 능력을 바탕으로 성숙기 시장에서 이루어질 수도 있고 유동기 시장을 대상으로 이루어질 수도 있다.

성숙기 시장에서의 원천기술 창출 기존 주력산업에서 축적한 지식을 바탕으로 첨단기술분야는 아니지만 원천기술 확보를 통해 고부가가치 제품을 개발하는 것이다. 메모리반도체, 디스플레이 분야 등의 사례나 전통제조업 분야에서의 고부가 제품을 생산하는 혁신활동이 이에 해당한다. 메모리반도체 분야나 디스플레이 분야 등에서 삼성전자나 하이닉스는 기존 분야에서 지속적인 기술지식을 축적하여 원천기술을 확보하고 선도자를 추월하면서 그 분야를 주도해 나갔다.

이행기 시장에서의 원천기술 창출 지배적 설계가 설정된 직후에 진입하여 응용능력을 기반으로 제품 차별화를 통해 선도적으로 기술을 혁신하는 것이다(휴대폰 칩, 셋톱박스 등 IT 산업). 흔히 아키텍처 혁신을 주도하는 사용자 기업의 공동학습을 하며 기술이 혁신된다. 빠른 제품화 능력과 수요 대응능력을 바탕으로 산업의 선두그룹에 위치하는 것이다.

유동기에서의 원천기술 창출 유동기에 원천기술을 창출하며 완전히 새로운 산업에 직접 진입하는 것으로 이는 대학 · 출연연구소 · 대기업 소속의 기초연구기관과의 밀접한 연계가 요구된다. 대표적 예가 한국의 메모리칩, 싱가포르의 디스크 드라이브 등이다. 표준 설정 이전 시기인 유동기에 진입하여 글로벌 수준의 표준설정 활동을 통해 향후 성장할 시장의 선점을 기대하는 혁신활동도 있다. 바이오 신약과 마이크로 프로세

표 6-8 기업의 탈추격형 기술혁신 활동 유형

구분	특징	분야 및 사례	기술획득전략	혁신조직 특성
성숙기	기존에 축적한 능력을 바탕으로 원천 기술 개발	전통제조업, 자본집약적 정보기술분야 고압소화용기, 섬유, 카메라폰용 필터, 메모리반도체	▪ 자체 기술능력 축적 ▪ 공정기술 부문에서의 누적적 기술축적과 새로운 공정 개발	▪ 소재, 장비 등 후방연계 기업과의 공동개발을 통해 맞춤 장비와 소재를 개발 ▪ 원천기술공급자(대학과 출연연)와의 산학협력
이행기	지배적 설계 설정 직후에 진입하여 아키텍처 혁신 수행	카메라폰 칩, DMB 전용칩, 셋톱박스	▪ 시스템 전반에 대한 지식 기반 ▪ 다양한 요소기술을 결합하여 최종 제품의 아키텍처 혁신 실현	▪ 새로운 아키텍처 실험에 호의적인 혁신적 사용자군이 중요 ▪ 시장진입 이후 대기업과 같은 안정적 사용자와의 연계를 통한 성장
유동기	원천기술을 확보하고 제품 유동기에 진입	바이오 신약, DMB Encorder, 마이크로프로세서	▪ 자체개발 ▪ 모태조직(기초연구부문)에서 축적된 지식을 바탕으로 창업	▪ 대학이나 출연연, 대기업 소속 기초연구기관과의 긴밀한 연계

서의 경우 니치 영역에서 원천기술을 확보하고 상업화하는 기술혁신을 수행하는 사례가 이에 해당한다.

1.4 기술진보와 국민경제

기술발전의 본질적 가치

혁신은 그 자체만으로 삶을 고양하는 본질적 가치를 갖는다. 혁신은 사람들이 자신이 가치 있게 여기는 삶을 살고 변화를 주도한 결과이기 때문이다. 혁신역량의 확대는 삶의 질을 높인다. 삶의 질을 결정하는 역량 중 감각 · 상상 · 사고, 감정, 실천이성, 환경에 대한 통제의 역량들은 혁신이라는 기능을 발휘하기 위한 혁신역량에 상응한다. 혁신역량의 확대와 그에 따른 혁신은 인간 삶의 질을 직접 고양하기도 한다. 작업장에서의 긍정적 정서는 전반적 직무만족도와 상관성을 높여 혁신적인 작업장일수록 근로에 대한 만족을 고양하는 효과가 크다. R&D 부문에서 일하는 사람들이 다른 사람들에 비해 더 큰 만족을 느껴서 직업만족도가 더 높게 나타난다. R&D 부문으로의 이직 역시 직업만족도를 높인다(Dolan and Metcalfe, 2012).

기술발전의 도구적 가치 : 인간발전과 경제성장으로

기술혁신은 생산성 개선을 통해 경제성장에 긍정적 영향을 미침으로써 간접적으로 인간 역량발전에 기여한다. 기술진보는 기존 작업의 생산성 향상과 신흥산업의 등장을 낳는 산업구조 변화를 통해 경제성장에 기여한다. 산업 다양성의 증가 없는 생산성 증가는 실업과 불평등만을 높일 것이다. 부가가치가 높은 활동은 새로운 지식과 기술에 관련되므로 구조변화는 기술변화를 내생화할 것을 요구한다. 기술혁신은 직접적으로도 역량발전에 영향을 미칠 수 있다. 제품, 백신, 인터넷 접속 때문에 기술혁신은 사람들의 건강, 영양, 지식, 생활수준을 개선하고 사회에 보다 적극적으로 참여하는 능력을 높인다. 하지만 기술이 모든 사람의 역량을 팽창시키는 것은 아니다. 예를 들어 자전거는 장애인의 이동능력에 영향을 미치지 못한다. 서로 다른 개인과 집단은 기술변화에 대해 달리 영향을 받으므로 기술변화의 사회에 대한 영향은 다르게 판단되어야 한다.

그림 6-12 기술과 인간발전의 관계

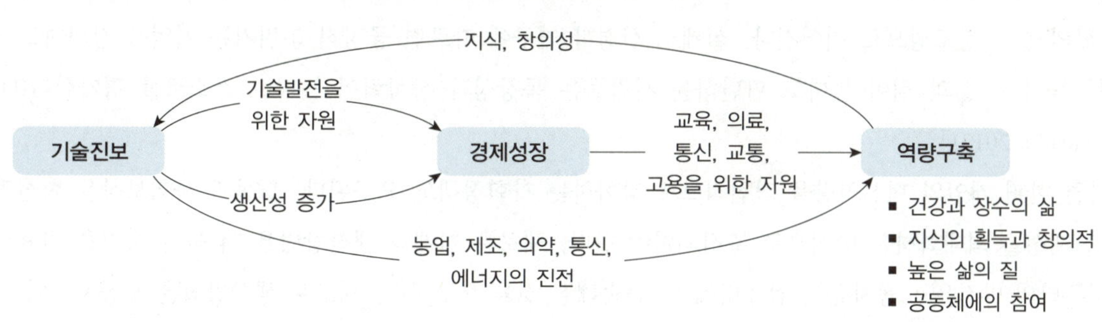

자료 : UNDP(2001), "Human Development Report 2001 : Making New Technologies Work for Human Development," p. 28

기술혁신과 실업 및 불평등

기술혁신이 초래할 수 있는 부정적 영향에 주목해야 한다. 즉, 금융위기를 야기했던 금융부문의 혁신이나 지속가능성을 위협하는 제품의 생산, 탈숙련화와 실업을 낳는 혁신 등은 창조적 파괴가 아닌 파괴적 창조가 될 수 있다. 따라서 경제적 목표와 함께 사회적 목표를 포괄하며 승자독식이 아닌 포용적 혁신에 대한 별도의 관심이 필요하다. 특히 혁신이 지속될수록 저숙련 직업이 불안정해진다는 점에 대한 고려가 있어야 한다. 기술진보는 제품과 기업이 교체되는 구조적 변화의 과정으로, 소비자에게는 이익이 되지만 근로자의 삶을 악화시킬 수 있다. 성장 부문의 종사자나 적절한 숙련을 가진 사람들에게 기술진보는 새로운 기회와 더 높은 임금을 제공하지만, 사양 부문에 종사하거나 더 이상 필요하지 않는 기술을 가진 사람들에게 기술진보는 실업과 훨씬 낮은 임금을 의미한다. 인더스트리 4.0 기술은 기술 활용을 위해 상대적으로 높은 숙련이 필요하게 되는 또는 기술발전이 숙련노동자를 보완하는 숙련편향적 성격을 갖고 있다. 따라서 고숙련 근로자의 생산성과 수요가 저숙련 근로자보다 더 많이 증가한다. 어떤 사람들은 자신들의 창조적 잠재력에 도달할 능력이나 기회가 부족할 수 있고 따라서 사회적 보호, 때로는 보편적인 기본소득이 필요할 수 있다. (고용보호 제공에 따른) 노동비용을 줄이고 일자리 이동을 돕는 적극적 노동시장 정책에 대한 공공 지출을 늘리는 것도 중요하다. 사회보장 혜택은 사람들이 한 직업에서 다른 직업으로 옮겨가는 데에 기여와 혜택의 손실을 경험하지 않도록 할 필요가 있다.

불평등은 직업, 기업, 산업, 국가를 포함한 여러 지점에서 발생할 수 있다. 일반적으로 출생 국가의 차이가 세계소득 격차의 약 70%를 설명하며 세계인구의 97%가 출생국가에서 계속 살아간다. 산업별 격차와 기업별 격차는 소득 격차의 약 15%와 7%를 각각 설명한다. 문맹률과 수리력 수준으로 측정한 직업과 숙련의 차이는 소득 격차의 약 4%와 5%를 차지한다(Devroye and Freeman, 2001).[8] 인더스트리 4.0 기술혁신은 공정혁신을 중심으로 이루어지므로 기업 간 격차보다 직업과 기술의 격차에 더 큰 영향을 미칠 것이다. 특히 스마트 생산기술은 육체 및 인지 작업 모두에서 일상적 작업을 수행하는 근로자보다 비일상적인 작업을 수행하는 근로자에게 도움이 될 것으로 예상된다. 또한 숙련 근로자는 스마트 생산으로 전환할 준비가 더 잘 되어 있고 직업과 작업의 변화로 인한 부정적 영향을 덜 받을 수 있다.

인간발전에서 기술발전으로

인간발전은 그 자체가 본질적인 가치를 갖기도 하지만, 기술발전을 위한 수단도 된다. 따라서 인간발전과 기술진보는 상호 강화되며 선순환을 낳는다. 무엇보다도 인간 역량의 많은 요소들이 혁신역량을 구성한다. 그만큼 인간발전은 기술혁신을 인도한다. 긍정적 정서와 창조성은 양(+)의 상관관계를 지니며, 높은 주관적 삶의 질은 창조성으로 이어진다. 실제로 신경학 연구에 따르면 긍정적 분위기는 기억을 강화하고 직무성과를 높이며, 삶의 질이 높다고 판단하는 사람들은 독창성과 상상력이 높다고 스스로를 평가한다(Dolan and Metcalfe, 2012).

다른 한편 개인의 혁신역량을 직접적으로 강화하는 사회정책도 요구된다. 노동과 사회보장은 혁신과 학습의 잠재성을 최대화하는 방식으로 조직되어야 한다. 새로운 기계와 생산방법은 더 높은 숙련을 필요로 한다. 컴퓨터의 발전은 노동자들이 컴퓨터에 더 능숙해질 것을 요구한다. 새로운 생산방법은 노동자들이 더 유연하고 새로운 작업에 더 잘 적응할 것을 요구하고 이는 다시 더 많은 숙련과 교육을 필요로 한다.

---

8. 이에 따라 불평등 완화를 위해 저소득국 정부는 부문별 격차와 국가 간 격차의 해소에 초점을 두는 것이 효과적이겠지만 고소득국은 기업 간, 직업 간 격차를 해소하는 데 초점을 맞추는 것이 좋다.

1.5 시장의 실패와 그 극복

1) 기술시장의 실패 : 기술의 외부효과와 공공성

시장기구는 기술혁신에 불리하게 작용할 수 있다. 혁신의 결과는 불확실하고 지식생산에 상당한 고정비용이 발생하며 외부 효과를 야기하고 공공재적 특성을 가지기 때문에 혁신가가 자신의 노력에 대한 적절한 보상을 확보하기 곤란[전유 위험(appropriation risk)]할 수 있다.

R&D는 기술적 문제를 해결하지 못해 좌초(기술위험)될 수 있고 시장에서 받아들여지지 못할 수(시장위험)도 있다. 투자자는 개발자에 비해 신기술에 대한 이해나 확신이 부족하여 투자를 꺼릴 수 있다. 정보 부족은 새로운 기술의 확산을 늦춘다. 지식을 얻으려면 종종 대규모의 R&D 고정비용이 필요하다. 신약 개발과 판매의 경우 오랫동안 진행된 R&D 및 임상시험에 따른 비용이 전체 비용의 80%에 달하며 사용자가 늘수록 초기의 고정비용은 더 광범위한 사용자들이 분담하므로 생산 · 판매 비용은 더 감소한다(수확체증).

기술은 긍정적 외부효과를 가지므로 시장에만 의존할 경우 기술투자는 사회적으로 바람직한 수준에 미치지 못할 수 있다.[9] 신기술을 수용하는 기업은 신기술의 존재, 특성, 성공에 대한 정보를 다른 기업에 알려주는 긍정적 외부효과를 낳는다. 때문에 혁신에 성공한 기업은 새로운 지식이 낳는 긍정적 파급효과에 상응하는 보상을 모두 누리지 못할 수 있다. 기술의 수용 · 확산에서도 시장실패가 생겨난다. 외부효과는 R&D 단계별로 달라지는데, 기초연구 단계에서 가장 좋고 그 다음이 응용연구 단계이며, 시험개발 단계에서 가장 적다.[10] 아이디어를 한 번 이상 사용하는 데 따른 한계비용은 0이므로 가격 역시 0으로 두어 가급적 다수가 사용하도록 해야 할 것이다. 그러나 혁신가가 창출한 새로운 지식을 다른 사람이 사용하는 것은 막기 어려우며(비배제성) 때에 따라 경쟁자들이 자신의 발명을 모방하기 때문에 혁신에 따른 수익이 크게 감소할 수도 있다(전유 위험). 혁신가가 새로운 지식이 낳는 모든 사회적 편익에 부합하는 보상을 모두 누리지 못하므로 지식을 개발하기 위한 투자 유인은 감소할 것이다. 지적 재산권은 최초의 혁신가가 개발비용을 회수할 수 있도록 도움을 줄 것이다.

2) 혁신 시스템 실패

혁신에서 시장기구의 비효율성은 여러 시장에 걸쳐 동시에 발생할 수 있다. 혁신 주체가 새로운 혁신기회를 모색할 때 스스로 누적한 지식기반뿐만 아니라 외부에도 의존하므로 시스템의 전반적 성과는 개별 주체의 활동뿐만 아니라 상호작용하는 방식에도 의존한다. 시스템 실패는 혁신 주체 간 부조화가 지속되거나 특정 기술레짐에 고착되어 부진을 지속하는 기술함정에 빠지는 형태로 나타날 수 있다.

기업은 독자적 R&D 능력을 갖추어야 하지만, 외부의 인프라와 제도적 기반을 필요로 한다. 그러나 기반 과학기술이나 공익시설의 미흡(인프라 실패), 공식적인 법규의 실패(경성 제도 실패), 비공식적인 정치 · 문화 · 사회가치 등 사회제도 실패(연성 제도 실패)가 발생할 수 있다. 인프라와 제도는 대규모의 장기적 투자가 요구

9. Jarboe and Atkinson(1998)에 따르면 연구개발의 사회적 수익은 통상 개인의 수익보다 2~5배 정도 높은 것으로 나타나고 있다.

10. 시험개발은 이를 수행한 주체가 상품화로 수익을 창출할 가능성이 매우 높으므로 정부지원이 없더라도 투자가 이루어질 것이며, 정부지원은 단지 국민 세금을 해당 기업에 이전하는 결과만을 초래할 것이다.

되는 공공재이다. 개별 기업은 이들 공공재에 투자할 유인이 없으며 집단적 행동이 필요하다. 상호작용 면에서 구성원들의 연계가 폐쇄적이어서 외부의 새로운 발전을 놓치거나(강한 네트워크 실패), 보완성, 상호학습, 새로운 아이디어의 미흡한 사용으로 구성원 간 연계가 부족(약한 네트워크 실패)할 수도 있다. 마지막으로 기업이나 산업 또는 경제 전체는 특정한 기술 패러다임에 고착될 수 있다. 중소기업이 보여주듯이 기업의 기술역량이 전반적으로 결핍되어 기존 기술에 고착될 수밖에 없는 상황(역량 실패)이 생겨날 수 있다. 이처럼 시스템의 구성 요소 간에 상호작용이 미흡하면 기술변화는 늦추어질 것이다. 혁신시스템 내에서 구성 요소 간의 미스매치를 시스템 실패로 정의한다. 결국 혁신 과정은 전체 혁신시스템의 특성에도 의존하므로 혁신이 이루어지는 구조적 조건을 변화시킬 수 있어야 한다.

3) 과학기술 혁신정책

기술의 비경합성 · 비배제성과 그에 따른 수확체증, 외부효과, 기술혁신의 불확실성과 정보 비대칭성으로 인한 시장실패와 조정실패는 정부의 개입과 사회조직의 역할을 요구한다.

과학정책, 기술정책 그리고 혁신정책

혁신활동은 시장 실패와 조정 실패에 노출되므로 그 극복은 집단행동 또는 사회조직이나 정부 활동에 의존해야 한다. 과학과 기술의 향상 그리고 혁신에서 시장실패와 조정실패를 극복하기 위한 집단행동은 오래되었다. 기술 확보나 대학에서의 연구 진흥을 위한 정책 노력은 오래전부터 자주 등장했지만, 과학을 위한 정책, 즉 과학정책(science policy)이 부각되기 시작한 것은 제2차 세계대전 이후이다. 맨해튼 핵폭탄 개발계획(Manhattan Project)의 성과와 스푸트닉 발사가 과학정책을 촉발하였다. 당시 과학정책은 과학지식의 생산에 초점을 맞추었고 대학, 연구소, R&D 실험실이 혁신의 주체로 상정되었으며 교육부서와 각종 과학전문위원회 그리고 보건, 국방 등 관련 부서들이 정책의 주체가 되었다. 정책은 과학계 내부의 평가에 의한 연구자의

표 6-9 기업의 탈추격형 기술혁신 활동 유형

<table>
<tr><td colspan="2">

혁신정책
- 초점 : 경제의 전반적 혁신 성과개선을 통한 경제성장과 국제경쟁력을 확보(추가로 사회통합도 도모)
- 주체 : 대학, 연구소, R&D 실험실을 포함한 혁신에 기여하는 모든 부문
- 주요 정부부서 : 대부분의 부서가 포함되지만 경제 및 산업 부서가 조정 역할
- 도구 : 혁신의 장려(과학 · 기술 정책)에 더해 혁신시스템 자체의 개편을 도모
  수평적 정책도구(채찍, 당근, 권유의 결합), 개별숙련과 학습능력의 개선(일반교육과 훈련), 조직 성과와 학습 개선(ISO 9000 표준, 품질통제 등), 정보 접근의 개선, 환경규제/생명윤리 규제, 회사법, 경쟁규제, 소비자보호, 지역발전을 위한 사회적 자본 개선, 클러스터와 산업지구

</td></tr>
<tr><td>

과학정책
- 초점 : 과학지식의 생산(안보, 보건, 성장)
- 주체 : 대학, 연구소, R&D 실험실
- 주요 정부부서 : 교육과 기타 부서, 과학전문위원회
- 도구 : 혁신 주체의 내부규율과 외부와의 연계에 주안. 평가에 기초한 경합적 공공연구펀드 배분과 기업에 대한 조세유인, 공공연구소 · 실험실 · 대학과 사용자의 연계, 대학의 지적재산권 설계, 고등교육

</td><td>

기술정책
- 초점 : 부문별 기술지식의 증대와 상업화(과학기반 기술로 전략산업과 대표기업을 육성하여 경제성장에 기여)
- 주체 : 대학(공학 중심), 연구소, R&D 실험실, 산 · 학 · 연계
- 주요 정부부서 : 교육 · 과학 부서와 기술 · 산업 · 무역 관련 부서
- 도구 : 전략기술 · 전략부문의 선정과 지원, 대표기업 육성, 공공구매 · 조세 · 보조금, 대학의 기술연구 지원, 산 · 학 · 연계(중개기관), 기술인력의 훈련과 향상, 표준화, 기술예측, 산업 단위의 선도국 벤치마킹, 보호무역

</td></tr>
</table>

자료 : Lundvall, B. and S. Borras(2005)

규율, 공공연구기금의 경합적 배분과 기업에 대한 조세 유인이 주류를 이루었으며 지적 재산권 설계에 큰 관심을 기울였다. 전후 복구가 마무리되며 유럽 국가들은 첨단기술을 중심으로 한 미국의 우위에 도전하려 하였고, 일본 등 후발국들은 산업근대화를 통한 추격의 과제에 직면하였다. 아울러 1970년대에 들어서는 유럽과 일본의 도전에 직면하여 미국 역시 (과학기반) 기술로 전략산업과 대표기업을 육성하여 경제성장을 모색하게 된다. 이처럼 특정 산업에서의 기술적 우위로 국제경쟁력 있는 산업을 확보하고 성장을 도모하는 정책을 기술정책(technology policy)이라 불린다. 기술정책에서 혁신 주체는 기존과 유사했지만 대학에서 공학이 강조되었고 산 · 학 · 연계에 초점이 맞추어졌다. 주요 정책부서로는 교육 · 과학 부서 외에 기술 · 산업 · 무역 관련 부서들이 추가되었다. 기술정책에서 주요 정책에 전략기술과 전략부문의 선정 · 지원, 대표기업 육성, 공공구매 · 조세 · 보조금 지원, 대학의 기술연구 지원, 산 · 학 · 연계(중개기관) 활성화, 기술인력의 훈련과 향상, 표준화, 기술예측, 산업 단위 선도국 벤치마킹, 보호무역 등이 포함되었다.

1980년대에 들어서는 특정 부문이나 기술에 초점을 맞추는 개입적 정책 대신 기업가정신이 발휘되는 구조적 조건의 개선과 시장 실패의 교정(기초연구 및 일반교육의 진흥과 지적재산권의 보호)에 초점을 맞추는 한편, 다른 한편으로는 조정실패를 다루는 혁신시스템의 확보에 노력하는 혁신정책(innovation policy)이 강조되었다. 혁신정책에서는 대학, 연구소, R&D 실험실을 포함한 혁신에 기여하는 모든 부문이 정책대상에 포괄되어 이들이 경제의 혁신에 기여하도록 함으로써 경제성장, 국제경쟁력 확보 그리고 더 나아가 사회통합이 강화되기를 희망하였다. 이에 따라 혁신정책을 다루는 정책부서로 대부분의 부서가 포함되었지만 그중에서도 경제 및 산업 부서가 조정 역할을 맡게 되었다. 혁신정책은 기본적으로 기존의 과학정책과 기술정책으로 대변되는 혁신 장려책 외에 혁신시스템 자체의 개편을 도모한다.

(1) 시장 촉진(market-fixing)—발명지향 정책

시장실패가 발생할 경우 사회적으로 적절한 규모의 과학투자가 이루어지도록 정부가 개입해야 한다. 정부는 시장촉진 정책을 주로 R&D와 발명 단계에 집중하고 발명의 활용이나 확산은 시장에 맡겨둔다. 시장촉진 정책은 많은 국가에서 제2차 세계대전 때부터 널리 사용되어 왔다. 당시에는 과학기술의 진보가 사회 전체에 혜택을 제공한다는 믿음이 강했다. 기술혁신은 실험실에서 출발하여 경제 전체로 확산되는 상업적 응용으로 이어진다는 선형적 사고체계를 가졌다. 이러한 믿음은 1960년대 이래 기술위원회와 같이 기업과 공공연구소(Government Research Institute ; GRI)로 지원을 확대하는 새로운 공공기관의 창출로 이어졌다.

시장촉진 정책은 연구활동을 유인하고 연구인력을 양성할 목적으로 이루어지며 주로 3가지 유형의 정책수단에 의존한다.

① **민간기업의 투자유인이 부족한 기초연구 등의 지원** : 대학이나 공공연구소를 통한 지식의 공적 생산에 대한 정부 투자 확대

② **민간기업의 R&D를 위한 여건 개선** : 상품시장에서의 경쟁 촉진, 지식과 그 활용에 대한 법적 보호(지적재산권) 강화, 혁신친화적 기업지배구조와 금융시스템.

③ **혁신자원과 혁신역량의 축적** : 학교, 연구소, 직업훈련, 기술 서비스, 통신망, 도서관, 데이터베이스 등 지식의 창출 · 전파 관련 제도와 조직의 확충, 교육훈련 등 인적자원 개발의 지원, 개인과 기업의

학습역량 확대를 돕는 작업장 개선

시장촉진 정책은 단순하여 호소력이 높은 만큼 정책당국자와 공공 R&D 자금에 의존하는 조직들 사이에서 자주 주장된다. 그렇지만 문제도 있다. 기술에는 암묵적 요소가 많고 널리 산재해 있다. 그만큼 지원대상을 적절히 선별하기 어렵고 적절한 R&D 규모를 알기 어려우며, 정부가 그럴 만한 능력과 유인을 갖지 못할 수 있다. 또한 시장촉진 정책은 주로 급진적 혁신 그리고 그것도 초기 단계에 초점을 맞춘다. 그러나 많은 혁신은 상업화 단계에서 이루어지고 사용자의 반응을 고려하며 이루어지는 점진적 혁신도 중요하다. 또한 많은 기업들은 복제가 그리 용이하지 않기 때문에 전유성 문제를 심각하게 고려하지 않는다.

(2) 혁신 주체 간 네트워크 촉진—확산 정책

네트워크 정책은 시스템적 관점을 중시한다. '선택과 집중'의 논리에 따라 특정 기술 분야를 선택하고 육성하기보다는, 혁신 주체가 상호작용하는 네트워크에 주목하여 기존 네트워크의 최적화나 개선 · 촉진, 네트워크 자체의 재편에 초점을 맞춘다. 즉, 다양한 혁신 주체들 간에 혁신협력, 기술이전, 지식전파, 클러스터 형성 등으로 네트워킹을 강화하여 새로운 기술지식이 효과적으로 창출 · 확산되도록 하는 정책이 중시된다. 혁신 네트워크에는 산 · 학 · 연의 혁신 주체 간의 관계뿐만 아니라 기업 간 관계, 금산관계, 노사관계, 교육 · 훈련 시스템과의 관계도 포함된다. 아울러 기업 간 관계나 그에 영향을 주는 산업협회, 경쟁법 등의 제도들도 고려되어야 한다. 또한 기술을 수용하고 활용하는 시민사회나 국경을 넘어 해외의 혁신 주체들 역시 혁신체제의 주요 구성 요소가 된다. 네트워크의 활성화와 전환은 그에 앞서 혁신 주체들이 각자가 하는 기본적 역할을 제대로 수행할 필요가 있다. 그래야 각 혁신 주체가 네트워크에 참여할 진정한 유인이 생겨난다.

다양한 주체가 혁신시스템에 관련되는 만큼 혁신정책을 위해서는 과학기술계 전문가를 넘어 시민사회를 포함한 다양한 이해관계자를 포함한 거버넌스가 요구되며, 이해관계자들의 숙의를 통한 포괄적인 합의와 비전 형성이 필요하다. 또한 혁신정책은 다른 정책과의 연계성과 보완성을 고려하여 기획 · 집행되어야 한다. 혁신정책의 목표도 경제성장을 넘어 삶의 질이나 지속가능성 등 다양한 사회적 목표를 포괄하여야 한다.

(3) 시장–시스템 창출 : 미션지향 정책

혁신정책은 주어진 시장을 개선하는 것을 넘어 새로운 시장을 창출하고 규정할 수 있어야 한다(Mazzucato, 2016). 시장–시스템 창출(market–system creating) 정책이나 미션지향적 정책은 공공부문과 민간부문을 조정하고 새로운 네트워크를 구축하여 새로운 시장을 창출한다.

우선 정부는 민간기업이 진입하기에 적절한 수준으로 위험과 불확실성이 낮아질 때까지 위험을 부담하며 기업가적 역할을 수행할 수 있다. 시장 창출을 도모하는 혁신정책은 상류의 기초연구에 국한되지 않고 응용연구와 재원조달까지 혁신의 전체 단계를 다룬다. IT, 생명공학, 나노기술과 같은 기술혁신이나 인터넷과 같은 범용기술의 개발, 국방, 기후변화, 청정에너지와 같은 사회적 도전이 가장 대표적인 사례이다. 시장–시스템의 창출에 대해서는 과거에는 거대 기관의 역할이 강조되었지만, 지금은 분산된 공공부문과 민간부문의 다양한 조직들의 네트워크에 의해서도 이루어지고 있다.

미션지향적 정책은 정치적 어젠다상의 특정한 도전에 대해 실제로 작동하는 새로운 해결책을 제시하는 것을 목표로 한다. 제시된 해결책이 실제로 작동해야 하므로 정책당국자는 정책을 설계하고 집행할 때 혁신 과정의 모든 단계를 모두 고려한다. 정책당국자들은 오랫동안 미션지향 정책을 다루어 왔다. 인터넷처럼 경제적 파급효과가 컸던 많은 중요한 혁신은 이러한 정책의 결과물이었다. 오늘날 세계는 글로벌 워밍, 지속가능한 에너지와 같은 다양한 도전에 직면해 있는바 이러한 정책 유형은 지속적으로 중요한 위치를 점할 것이다.

1.6 혁신정책의 지배구조—국가별 유형

1) 시장기반의 개방적 네트워크 : 미국

표 6-10 국가별 지배양식의 특성

		사회관계	
		갈등(결속) : 약	협력(조합) : 강
권위의 조직화	국가 중심	**자유 국가주의** **강점** ▪ 우월성의 강조는 신흥지식 창출에 기여 ▪ 대외지향적 통합노력은 지식흡수를 촉진 **약점** ▪ 신흥지식은 지식확산을 억제 ▪ 대기업에 대한 특혜는 중소기업에 불리 프랑스, 이탈리아, 벨기에	**국가 조합주의** **강점** ▪ 정부의 목표지향적 접근은 개발위험을 완화 ▪ 정부의 산업집단 조정은 보완적 지식 창출을 촉진 **약점** ▪ 대외협력의 제한 ▪ 선택적 접근으로 역량 있는 기업의 참여를 배제 ▪ 폐쇄적 네트워크는 진입장벽으로 작용 독일
	사회 중심	**자유 다원주의** **강점** ▪ 다양한 재원조달로 다양한 혁신활동 활성화 ▪ 미션지향성은 급진적 혁신을 촉진 ▪ 경쟁적 접근은 기술적 다양성을 장려 **약점** ▪ 경쟁과 위험투자로 실패확률이 높음 ▪ 지식보호 강조는 지식의 확산을 억제 미국, 영국, 호주	**사회 조합주의** **강점** ▪ 정부와 산업의 협력적 접근은 기업의 역량에 걸맞는 영역에서의 지식창출을 촉진 ▪ 협력적 네트워크를 통해 지식확산을 촉진 **약점** ▪ 장기관계는 단기관계에서 가능한 지식획득을 제한 ▪ 긴밀한 네트워크는 네트워크 외부자의 참여를 억제 스웨덴, 덴마크, 핀란드

자료 : Vasudeva(2009)

시장 지향성

자유 다원주의에서 기술혁신과 이에 대한 혁신정책은 기업 간 독립과 경쟁, 국가 내 권력분산, 정부가 제공할 수 있는 혜택을 놓고 이익집단이 경쟁한다는 이데올로기를 반영한다. 자유다원주의는 다양한 기업가적 활동과 새로운 지식창출과 급격한 혁신이 장려되며, 국가혁신시스템은 시장 지향성으로 두드러진다. 혁신시스템은 정부나 사회조직보다는 시장기구(기업)에 의존하며 기업의 주도와 기업 간 경쟁을 통해 기술이 진보한다. 막대한 자원부존과 국내시장을 가져 규모의 경제를 활용하는 자본집약적 생산기술이 발전해 왔다. 특히 이민의 나라로 이질적 노동자의 관리를 위해 기계화와 표준화에 의존하는 생산방식이 발전하였다. 민간기업의 혁신은 전통적 중소기업, 대규모의 다국적기업, 첨단기업을 포함한 다양한 기업 유형 모두에서 생겨나고 있다. 이들 혁신은 공급사슬, 지적재산권의 면허제도, 노동자 이동 등 다양한 경로를 통해 전파된다. 신기술이 산업에서 효과적으로 공유되려면 공통된 인터페이스 표준의 광범위한 수용을 기반으로 해야 하는데, 영미에서 표준 설정은 시장경쟁의 결과이거나 대기업의 주도로 이루어진다. 그 결과 표준적 기술 인터페이스가 자리 잡게 되어 특정한 "급진적 기술"을 가진 신규인력의 포용이 용이하고 관련이 없던 기업과 새로이 관계를 맺어 급진적 역량을 제공받으며, 보다 일반적으로는 새로이 발전된 기술요소나 과정을 구매하여 곧바로 사용할 수 있는 맞춤 패키지나 플러그인 방식이 가능하다.

벤처캐피털, 엔젤, 나스닥 등의 광범위한 자본시장에 힘입어 새롭고 창의적인 아이디어를 수혈하는 기업가에 대한 진입장벽이 낮은 편이며, 민간주도의 급진적 혁신을 장려한다. 기업은 내부 R&D를 넘어 다른 기업의 인수합병을 통해 기술을 이전받을 수 있다. 신흥기업을 지원하는 기술비즈니스 인큐베이터, 엔젤, 벤처캐피탈의 발달은 엔지니어와 과학자가 창업과 분사를 통해 아이디어와 신기술을 시장에 공급하는 것을 지원하며 위험 친화적인 상법(특히 파산법) 역시 이를 장려한다. 신흥기업의 초기 단계에 대한 정부지원과 지적 재산권 제도의 발전은 벤처캐피털 확보와 특허 획득에 도움을 준다.

한편 자유 다원주의 국가는 다수결로 정치적 경쟁에서 승리한 그에 따라 사회 내에서 광범위하게 지지를 받을 수 있는 긴급한 국가적 우선과제를 다룰 수 있기 때문에 미션지향적 프로그램을 추진할 수 있다. 핵무기 개발을 위한 맨해튼 프로젝트로 대표되는 군사 목표를 지원하는 다양한 기술정책이 이에 해당한다. 그러나 이러한 기술목표 또는 기술정책은 사회적 역량과 일치하지 않을 수 있으며 그에 따라 실행의 효율성도 떨어질 수 있다. 마찬가지로 자유 다원주의의 정치제도하에서 정부는 시장결과에 대한 자신의 선호를 바꿀 재량권을 갖는다는 점에도 주의를 기울일 필요가 있다.

기업 주도의 기술혁신

전통적으로 미국의 R&D는 기업에 의해 주도되어 왔다. 1930년대에 정부의 R&D 지출 비중은 매우 낮았으며 산업계가 2/3를 담당했다. 특히 미국에는 다양한 제품을 생산하는 다변화된 대기업을 중심으로 민간부문의 혁신시스템이 형성되어 있다. 기업의 R&D는 내부의 전담조직에 의해 주로 이루어진다. 계약법의 발전과 담합을 제한하는 반독점법으로 기업들은 다변화를 위한 사내 산업연구에 대한 투자와 혁신을 도모하게 되었고 특허를 통해 시장지배력을 유지하려 노력해 왔다. 다국적 대기업의 중앙 R&D 기구는 기초연구에 중점을 두지만, 사업부 단위의 실험실은 신기술의 개발과 응용 및 기존 제품과 공정의 개선을 담당하였다. 그러나 기업의 중앙 R&D 기구가 확장되고 신제품을 중심으로 다각화가 진전됨에 따라 기업 내 연구활동 간 소통이나 중앙 R&D 기구의 성과를 통한 상업화가 점차 어렵게 되었다. 1970년대와 1980년대에 산업 R&D의 성과나 생산성 향상이 정체되고 기초연구에 기반을 둔 미국의 경쟁우위 및 하이테크 면에서의 우월성은 점차 약화되었다. 이에 따라 기업들은 기업간 협력, 산학 연계, 국제 협력을 통해 개방적 혁신에 나서게 된다.

미국 기업은 경영진의 재량권이 크고 노동시장이 유연하여 제품, 생산방식, 종업원 구성을 쉽게 변경할 수 있다. 기업 소유권이 분산되어 주주가 경영을 효과적으로 평가하고 규율하기 어려우며, 종업원이나 협력기업 또는 협력 금융기관 역시 경영진을 제약하지 못하고 고용과 해고에 대한 제약은 거의 없다. 따라서 기술 및 조직 혁신에서 최고경영진의 역할이 크며 일방적 통제와 선도가 가능하고 위험부담에 적극적일 수 있다. 그 결과 제품과 공정의 급격한 혁신이 용이하며, 생명공학, 소프트웨어처럼 급격하고 큰 변화를 요구하는 첨단기술 부문이나 통신, 국방, 항공 등 복잡한 시스템 기반의 제조업이 발전되어 있다.[11] 그러나 종종 단기 이익에 과도하게 이끌리므로 기술의 상업화 단계에서 지구력이 부족하다. 반독점법의 영향으로 기존 기업과 더불어 신생기업의 역할도 크다. 반도체, 컴퓨터, 생명공학에서의 신제품 기술은 주로 신생 소기업을 통해 상업화되었다. 대학, 정부, 민간기업의 대규모 기초연구 시설은 혁신개발의 모체로서 그 결과물은 신생기업에 의해 상업화되었다. 첨단기업이 밀집한 지역에서의 유연한 노동시장은 기업 간의 기술확산 경로로 작용하며, 벤처캐피털 시장과 IPO 시장의 발달은 특히 생명공학 및 컴퓨터 산업부문에서의 창업에 크게 이바지하였다.

기업 내부에서 숙련 종업원에 기초한 점진적 혁신은 제한된다. 상위경영층과 기술전문조직에 경영권과 기술 선택권이 집중되고 일반 노동자의 역할이 약화되어 있다. 유연한 노동시장과 근무 기간의 단기화는 근로자들로 하여금 기업이나 산업 특화적 기능보다는 다른 직종에서도 경쟁력을 가질 수 있는 일반적 숙련을 습득하도록 요구한다. 이에 걸맞게 의무 교육과정 이후 교육 및 훈련에 대한 규제는 상당히 완화되어 있다. 모든 수준의 교육기관이 시장 수요에 대응하여 교육과정과 연구환경을 개발할 수 있는 체계를 제공하며, 개인이 일반교육과 시장성 있는 기술에 투자할 수 있는 제도가 존재한다. 그러나 기업의 막대한 투자와 기업 간 긴밀한 협력이나 개인의 막대한 투자를 요구하는 특정 분야에서만 사용될 수 있는 기술에서는 시장성 있는 훈련이 성립하기 어렵다. 따라서 특정 산업의 관련 전문분야에 대해서는 산업특화적 숙련(특히 특정기업의 제품과만 관련되는)이 제공되지 못하고 있으며, 마찬가지로 도제제도의 발전 역시 찾아볼 수 없다.

고등교육기관 역시 기술혁신에서 중요한 역할을 한다. 공립대학은 주정부 관할로 교육과 연구에 더해 창업과 산학교류를 통한 기술과 지식이전을 관리하고 촉진한다. 대학은 기업가적 면모를 가져 산 · 학 · 연계가 순조롭게 이루어지고 기술 상용화를 지향하지만, 동시에 대부분의 연구자금을 연방정부에 의존하며 기초연구의 절반 이상을 담당한다. 연방정부 지원으로 대학의 연구인력 확대와 연구시설 투자, 연구와 교육의 연계가 가능해졌으며 이는 유럽의 전문연구기관을 통한 연구방식과는 대비된다.

제한적인 사회조직과 정부의 역할

협회, 상공회의소 등의 사용자단체뿐만 아니라 노조의 긴밀성과 포괄성이 떨어져 직업훈련, 기업 간 협력, 기술이전의 제도화는 제한적이다. 엄격한 반독점 규제로 기업 네트워크를 통한 R&D나 지식확산은 주요 메커니즘이 되지 못하며 산업표준은 기업 단체보다는 시장경쟁을 통해 설정된다. 지식과 기술 확산은 지적재산권의 라이센싱이나 매각, 기업인수 등 시장을 통한 방법에 크게 의존한다. 아울러 유동적 노동시장이 낳는 과학기술 인력의 기업 간 이동과 연구소와 대학에서 기업으로의 이직도 기술이전을 돕는다. 영리를 목적으로 하는 전문 컨설팅 서비스는 기업 간, 산학 간 기술이전과 혁신 관리에서 큰 역할을 한다.

혁신의 주도와 그 조정은 시장에 맡겨지지만, 정부는 시장실패에 적극 대응하여 연구인프라 확충에 노력하며 지적재산권을 관할하고 기초연구를 지원한다. 동시에 연방정부는 국방과 같이 국가적 우선순위를 갖는 분야에서 미션형 프로그램을 추진한다. 정치 권력의 분산과 유동은 이들 공공 R&D 프로그램의 안정성을 위협하며, 정부지원을 둘러싼 이해집단 간 경쟁은 연구자금의 분산을 낳는다. 연방정부 R&D에는 국립연구소 외에 민간연구소도 참여하며 연방정부는 간접적인 지원을 주로 한다. 민간연구소 관리에는 민간기업, 비영리

---

11. 반대로 결국 기업이나 근로자 모두 지속적인 점진적 혁신을 위한 유인이나 자원을 갖기 어렵다.

기관, 대학이 참여하고 기술이전이 강조된다. 자율적인 중간조직이 연방정부의 역할을 위임받아 국가혁신정책의 형성과 집행을 담당하며 산 · 학 · 정 협의, 주정부 간 협의, 주내 산 · 학 · 정 협의 채널이 다양하게 발전되어 있다. 또한 주정부는 지역 산업계의 요구를 반영하여 연방정부보다 훨씬 더 적극적인 역할을 한다.

2) 지역별 · 업종별 협력적 혁신시스템 : 독일

독일과 같은 국가 조합주의에서의 합의적 정치, 강력한 국가, 기업-정부-노동을 연결하는 내부 네트워크는 정보교환 및 합의를 촉진하는 잘 확립된 기반을 제공하며 그 토대 위에서 기술정책이 설계되고 구현된다. 이러한 특징은 사회 네트워크와 협력 규범을 활용하는 확산지향적 정책에 대한 국가 조합주의의 상대적 강점으로 볼 수 있다. 강력한 국가는 혁신을 위한 안정적인 환경을 제공한다. 기업들은 기술을 공동으로 전문화하거나 보완적 지식을 개발할 목적으로 상호 제휴를 맺는 경향이 있다. 이러한 협력 네트워크는 산업을 육성 · 지원하는 공공투자에 영향을 미칠 수 있다. 강력한 국가와 기업-정부-노동을 연결하는 내부 네트워크의 합의 속에서 탄생한 독일의 산업표준은 준공공적 제도로 주로 산업계에 의해 자금이 지원되고 관리되며 많은 산업에 걸쳐 법적 구속력이 있는 제품 표준을 창출한다. 이러한 조정은 부품 간의 호환이 가능하도록 하는 제품표준을 명확하게 지정함으로써 기업의 비용을 낮춘다. 또한 공동활동의 거래비용을 낮춤으로써 확산지향적 혁신을 장려한다. 협력 네트워크를 기반으로 상호 보완적이고 효율적인 자원 활용이 촉진되지만, 다른 한편으로는 긴밀하게 짜여진 네트워크가 새로운 지식을 주입하는 데 장벽이 될 수 있다. 더욱이 새로운 지식흐름에 대한 진입장벽을 만들고 네트워크 구성원의 제재를 두려워하여 네트워크 외부(특히 타국)와의 협력을 제한할 수 있다.

국가조합주의에서는 강력한 국가로 말미암아 이러한 관계는 절대적이지 않으며, 일부 정책의 구현에서 미션지향적 요소를 추가할 수 있다. 예를 들어 국가의 주도로 획기적 혁신목표를 설정하고 기업을 모아 연구 컨소시엄을 구성할 수 있는 것이다. 하지만 이는 국가조합주의가 가진 정치적 · 제도적 능력과의 불일치로 이어질 수 있으며, 그에 따라 실행의 효율성도 떨어질 수 있다. 때에 따라 강력한 국가는 네트워크의 합의를 바꿀 재량권을 행사할 수 있지만, 국가조합주의는 정부가 정치적 의지를 발휘하여 그러한 간섭을 자제하는 방향으로 국가권력을 사용하면 더 잘 작동한다.

(1) 교육과 과학을 토대로 한 독일의 경제발전

독일에서는 산업화 초기부터 국가의 선도적인 교육과 과학연구의 진흥 노력에 힘입어 과학과 기술이 연계되어 발달하고 교육기관과 연구소가 산업 체계의 일환을 구성하였다. 특히 사내연구소를 갖춘 기업 형태를 처음 도입한 독일 산업계는 과학기술을 기반으로 발전하였다. 18세기부터 독일의 중앙 및 지방정부에서는 대학과 연구회의 설립이 이어져 높은 연구수준을 유지하였고 수학과 자연과학을 강조하는 직업학교, 종합기술학교, 공 · 사립 기술학교가 설립되어 기술인력을 배출하였으며 문맹률은 유럽 최저 수준을 보였다. 1871년 정치적 통합으로 중앙정부가 교육시스템을 관장하기 시작한 이래 교육과 연구를 병행하는 연구중심 대학이 탄생하고 기업들의 사내 R&D 실험실을 통해 기술혁신의 제도적 토대가 구축되어 발견의 제도화와 발명의 산업화가 이루어졌다. 기초적 기술훈련은 도제제도가 담당하였지만, 기업들은 자체 학교를 세워 전문화된 직업훈련을 지향하였다. 20세기 초에는 대학과 기술학교 외에 이를 보완하는 Max Plank로 대표되는 연구기관들이 협회, 정부, 산업계의 지원으로 설립되어 정부와 과학자만큼 기업에 의해서도 영향을 받는 산업연구시스템이 확고해졌다. 대학과 연구의 발명 발견은 기업가들에 의해 신속히 채택되어 상업적 목적으로 활용되었다. 에너지 생성 및 보존에 대한 이해의 진척은 통신 및 전력산업의 Simens로 이어졌고, (유기)화학의 발전은 BASF, Bayer로 대표되는 화학, 제약 산업의 발전을 낳았다. 제2차 세계대전 이후 독일 경제를 선도한 기업들의 다수가 교육과 산업활동의 긴밀한 협력이 이루어진 이 시기에서 발전하였다. 국가는 발전국가로서 중앙 및 주 단위에서의 보편적 교육의 확대뿐만 아니라 철도 시스템의 진흥을 통해 독일이 철강, 기계공학, 석탄산업에서 비교우위를 확보하는 데 기여하였다. 제2차 세계대전 이후 군사기술 분야에 대한 연구나 국가지원 제한에도 불구하고 실험실, 대학, 연구소, 협회 등이 재건되며 산학정의 3중 나선 모형이 다시 작동하여 산업 R&D가 활발하게 이루어졌다. 특히 전쟁 후 공공 실험실의 기초 연구와 산업에서의 응용 연구 사이의 가교 역할을 한 프라운호퍼 협회의 설립으로 강화되었다. 1980년대에는 산 · 학 · 연계가 강조되고 대학은 지역 산업의 요구에 더 민감하게 반응했으며 종합대학과 기술 · 산업 대학은 기술이전에 노력했다.

(2) 분권적 국가 조합주의를 따른 과학기술 행정

분권적 국가 조합주의로서의 독일의 특성은 기술혁신에서도 그대로 나타난다. 독일의 교육훈련과 연구기능은 연방과 주정부가 함께 책임지며 상호 협의와 동의를 바탕으로 이루어진다. 이러한 협력적 관계는 정부기관과 연구조직 간 협력과 조정으로까지 이어지고 있다. 연방–주 협의체(Bund–Länder–Kommission ; BLK)는 과학기술정책을 계획 · 결정하는 최고 의사결정기구로서 교육과 연구개발에 대한 연방과 주 간의 정책조정을 담당한다. 연방 수준에서 과학기술 주무부처(연방교육연구부와 연방기술경제부)가 존재하여 교육 및 과학정책과 경제 및 기술발전을 위한 정책을 주관한다. 또한 연방정부와 주정부가 공동으로 설립한 자문기구[국가과학위원회(Wissenschaftsrat ; WR)]는 연방 및 주정부들의 최종결정을 위한 근거를 제공하고 BLK의 위임을 받아 공공연구소를 평가한다. 기본법에 따라 교육과 문화는 연방이 아닌 주의 소관이다. 주정부 교육 · 과학 · 문화 관련 장관회의는 각 주장관들의 회의체로서 주나 지역을 넘어선 교육 · 문화의 문제를 다루고 정책을 협의 · 조율하여 결정하며 연방과 주간의 정책협력기구로서 기능한다.

그림 6-13 독일 혁신 주체의 역할 분담

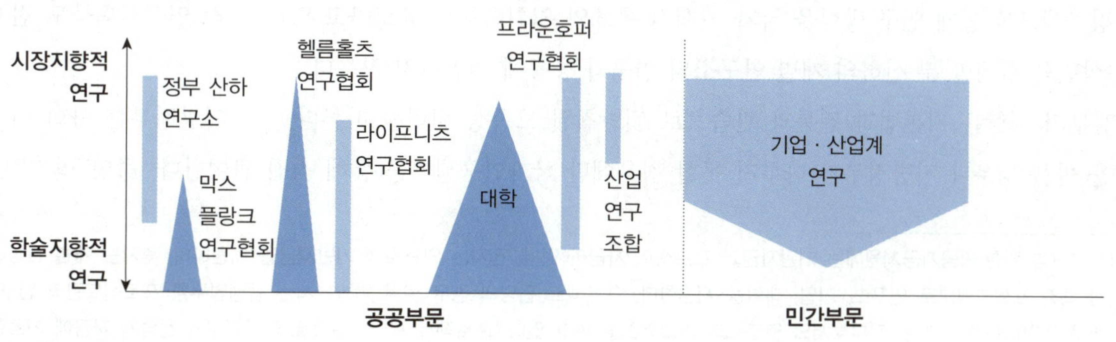

자료 : 황종운(2006)

독일의 과학기술 체제에서 각 혁신 주체는 기능별로 역할 분담을 하지만 동시에 상호 연계된 네트워크를 구성하여 긴밀하게 협력하고 있다. 연구소들은 연합회와 협회를 구성하여 각각의 전문분야에서 활동하고 있다. 이에는 기초연구에 초점을 두는 막스프랑크 협의회, 산업협력연구와 응용연구에 초점을 두는 프라운호퍼 협의회, 장기의 학제연구와 대형국립연구소 네트워크인 헬름홀츠연합회, 기초 · 응용연구를 수행하는 독립적인 전문 국립연구소들의 라이프니츠연합회 등 4개 연구회가 있다.

- **막스프랑크 협의회** : 학문으로 정착하지 못했거나 학제 연구, 연구비 문제로 대학에서 연구가 어려운 미래 지향적인 새로운 연구를 지원한다. 재정은 연방정부 50%, 연구소가 있는 각 연방 주가 50%를 부담한다.
- **프라운호퍼 협의회** : 공 · 사 기업 모두에 직접적으로 유용하거나 사회적 혜택을 주는 응용연구를 책임지며, 연구기구는 독일 전역에 걸쳐 운영되고 있다. 연구 수입의 1/3은 기업의 수탁과 공공 지원의 연구 프로젝트에서, 1/3은 독일 연방과 주 정부로부터 지원받고 있다.
- **헬름홀츠 연합회** : 장기적이고 학제적인 연구와 가속기 등 대형 연구장비를 운영하는 대형 연구기관들의 집단이다. 연방정부와 주정부가 예산의 약 70%를 담당하며 나머지 30%는 수탁 자금지원이다. 최근에는 주요 공공연구기관들과 대학이 합병하거나 연구동맹을 결성하고 있다.
- **라이프니츠 연합회** : 기초연구와 응용연구를 수행하는 전문연구기관과 도서관, 박물관 등 연구 서비스 제공기관 등 다양한 분야의 독립연구기관으로 구성된 대형연구협회이다. 범지역적 · 학제적 연구 또는 기초 · 응용연구 간의 연계를 모색하고 대학 · 산업 · 정부의 동반자로 역할하고 있다. 연방정부와 주정부는 각각 50%의 재정을 분담한다.

한편 대학은 정부의 재정지원을 받고 국가연구개발체제와 긴밀하게 연계되어 연구를 하고 있다. 교원은 공공연구소에 겸직하고, 공공연구소는 대학에 배치되어 대학과 공동으로 학위 과정에 참여하고 있다.

공공연구의 주도권은 개별 혁신 주체나 (상공회의소 등의) 중개기관에 맡겨지고 연구의 자율성이 보장되며, 기업과 국가는 재원 조성에 기여한다.[12] 주정부는 초등에서 대학(기술대학 포함)까지의 교육제도와 대학연구를 책임지며, 대학은 교육과 연구에서의 자유를 보장받는다. 공공연구소들은 연방과 주정부로부터 재정지원을 받으며 재원 목적에 부합하는 연구를 수행한다. 그러나 연방정부와 주정부는 중장기적인 방향만을 제시하고 연구와 운영의 자율성을 철저히 보장하며, 직접적 개입 대신 위임받은 전문가 그룹에 의한 연구협회의 자체평가제도를 통해 연구 방향을 국가 사회적 목표와 일치하도록 유도하고 있다.[13] 각 연구협회들도 전체적인 방향만을 설정할 뿐 산하의 개별 연구소의 연구와 응용에 개입하지 않는다.

정부의 역할은 기본법과 전통과 관습으로 뒷받침된 보족성 원리를 따른다. 즉, 연방정부는 사회 전체가 영향을 받을 경우나 지방정부가 다루지 못할 경우에만 국가연구센터를 통해 직접 관여한다. 중앙 및 지방 정

12. 과학연구를 위한 공공자금지원에는 기관자금과 프로젝트 자금이 있다. 전자는 연구소의 기반자금을 지원하며, 후자는 개별 신청에 기초한 특정 프로그램으로 연구소, 기업, 대학을 지원한다. 프로젝트 펀딩의 경우 일부 연방부서는 행정업무를 프로젝트관리 연구소에 권한을 위양하는데, 후자는 정부부서와 연구소의 가교역할을 하고 있다. 프로젝트 펀딩기관으로 연방정부와 산업계 자금에 기초한 민간연구소, 공공재단, 민간재단이 활동하고 있다.
13. 연구협회는 협회 소속이 아닌 국내외 과학자들로 자문위원회를 구성하여 평가기구로 활용한다. 위원회는 산하 연구기관을 정기적으로 평가한다.

부는 혁신 주체들이 협력하는 전국적 또는 지역적 플랫폼을 만들어내는 활성화 역할을 수행한다. 또한 공공프로그램을 통해 특정 부문에서 기업을 포함한 혁신 주체 간의 협력을 주도 및 촉진하며 상향적 활동을 촉진한다.

(3) 기술혁신 : 기계, 화학 등 고품질 제품에서의 점진적 혁신과 관계적 기반

기업 주도의 산업기술 혁신

보족성 원리에 따라 산업 R&D의 주된 책임은 기업이 감당한다. 혁신 시스템은 다수의 대기업이 주도하여 대기업이 R&D에 대한 최대 투자자이고 거대 R&D도 주도하지만, 동시에 중소기업에 초점이 맞추어진 유서 깊은 클러스터 접근방식도 중요한 역할을 한다. 독일에서 기업은 R&D 인력과 지출의 절반 이상을 포괄하며 나머지는 대학과 비영리연구소에서 사용된다. 독일기업들은 다른 유럽국가의 기업에 비해 압도적인 혁신활동 참여율을 보이며, 새로운 제품이나 공정 개발에 성공한 혁신기업의 비율에서도 현저한 차이를 보인다(Soskice, 1996). R&D는 대기업이 지배적이어서 SME는 전체 R&D 지출에서 14%, R&D 인력의 22%를 차지하고 있다. 산업부문별로 볼 때 자동차, 기계공학, 전기, 화학 등 전통적 주력산업이 R&D 활동을 주도하고 있다 : R&D 인력의 경우 자동차(30.1%), 전기공학(22%), 화학(13%), 기계공학(12.9%)이 78%를 점하고 있다.

대기업은 신시장 개척보다는 전통산업에서 고객요구에 맞추고 품질을 개선하는 방향으로 기존 기술을 강화해가며 경쟁을 제한하는 방어적 혁신전략을 구사한다. 중소기업은 자동차, 기계공학, 전기, 화학 등 전통적 주력산업을 중심으로 활동하고 고객의 특정 요구에 초점을 맞춰 비용보다는 품질, 혁신제품보다는 기존 제품의 개선에 기초하여 국제경쟁력을 유지한다. 수출시장은 중소기업이 규모의 경제를 활용하도록 하고 있다. 중소기업은 가족(비공개) 소유, 장기지향성, 사회적 책임, 고객 지향을 특징으로 하는 계몽적 가족자본주의(enlightened family capitalism)를 구성한다.

중소기업은 연구개발지출 규모가 상대적으로 저조함에도 불구하고 세계 최고 수준의 활발한 혁신성과를 보이는데, 이는 지역을 단위로 하는 긴밀한 산·학·연 협력과 개방적인 산업공동연구 그리고 기술이전 중개조직으로 말미암아 지식, 인력, 자금을 지원하는 사회시스템이 발전해 있기 때문이다. 첫째, 긴밀한 산·학·연 협력과 활발한 지식 및 기술이전 구조다. 주정부 관할의 공립대학과 응용과학 대학은 주요 도시에 산재하여 기업 R&D를 수행하고 학생들에게는 기업체 실습을 의무화하며 학위논문도 기업과 협력해 작성하도록 하고 있다. 이외에도 대학은 학내에 기술이전기관과 특허사업화 전담조직을 개설해 연구성과를 (중소)기업에 이전하고 있다. 공공연구협회와 정부 산하의 연구소도 주요 도시에 위치해 소재지 인근 대학과 함께 지역혁신체제를 구성하여 연구과제 수탁, 특허 및 라이선스 등록, 연구원 창업, 인적 교류를 하고 있다. 둘째, 산업공동연구와 기술이전 중개조직은 개방형 혁신을 뒷받침한다. 기업 간 및 산·학·연 간 매개역할을 담당하는 중간/매개조직이 발달하여 지식·기술이전과 기술확산을 강화하고 혁신활동을 촉진하고 있다. 특히 업종별 산업연구협회와 중소기업이 참여하는 산업연구조합연합회(AiF)는 대학·연구소와 협력하여 업종별로 공통기반기술과 공통애로기술, 기술표준 등 경쟁 전 단계 공동연구를 독자 수행 또는 위탁하는 세계 최대의 중소기업 R&D 중간조직이다. 또한 슈타인바이스 재단은 응용과학 대학을 중심으로 대학과 중소기업을 직접 연결해 기술이전과 수탁연구 중개에 주력한다. 우수역량 네트워크(Kompetenznetz)는 대기업, 중소기업, 대학, 연구소가 참여해 업종별, 기술분야별, 지역별로 대규모 산 · 학 · 연 협력연구를 하고 있다.

점진적 기술혁신

독일 산업에서는 기계 및 화학산업에서 보듯이 복잡한 생산과정과 사후 서비스를 포함하는 복잡한 제품으로 고객과의 긴밀한 장기관계를 요구하는 성숙기술의 제품과 생산공정에서의 고품질을 지향하는 점진적 혁신이 지배적이며, 신제품보다는 차별화를 통한 제품 다양화를 지향한다.[14] 대신 획기적 혁신을 요구하는 전자, 생명공학, 신소재 등 신흥 산업부문에서는 상대적으로 취약하다.

과학기술의 점진적 상용화는 다양한 차원의 협의 · 협력에 의존한다. 강하지만 보족적인 국가의 합의적 정책형성과 관련 기업, 사용자단체, 노동조합을 포함하는 자율적이지만 느슨하게 연계된 네트워크는 집단행동의 문제를 해결하여 기술확산을 장려하는 인프라로 작용할 뿐만 아니라 기술정책의 설계와 집행의 합의 · 협력을 용이하게 한다. 대학, 연구소(특히 프라운호퍼), 사업자 단체, 대기업(연구개발실)들은 상호교류와 지원을 하고 협의 · 협력체를 구성하여 신기술의 탐색과 연구개발을 협의 · 협력한다. 재원은 기업과 더불어 정부로부터도 공급되지만, 정부의 직접적 개입은 배제된다. 신기술 성과는 관련 기업 내외에 걸친 느슨하게 연계된 작업조직을 통해 공유되어 합의 · 협력을 통해 그에 걸맞는 기술역량을 축적하고 산업 표준을 확립한다. 산업표준의 확립은 기업이 기금을 제공하고 관리하는 준공공 기관에서 이루어진다.

기존 산업에서의 고품질을 지향하는 점진적 혁신은 관련 당사자인 종업원과 관련 기업들의 적극적 참여와 협력 그리고 인내자본을 요구하는데, 이는 조합주의적 제도로 뒷받침되고 있다.

첫째, 점진적 혁신은 숙련작업자의 기술역량, 자율성, 합의와 상호조정을 특징으로 하는 느슨하게 결합된 작업조직을 유지하는 노동시장 제도를 요구하는데, 협력적 노조, 강력한 고용주협회, 노동시장 규제가 이를 담당한다.

둘째, 기술혁신의 참여자인 엔지니어, 과학자, 기술자, 숙련노동자를 위한 산업특화적 교육과 훈련이 발달되어 있다. 기업은 노동자협의회, 산별 임금결정, 인력 빼가기와 타기업의 내부정보 사용과 과도한 경쟁을 어렵게 하는 노조와 사용자단체의 역할에 힘입어 교육 훈련투자에 적극적이다. 학생과 도제 역시 노조, 전문가 단체, 고용주 단체가 공동개발하는 전문적 훈련에 적극 참여한다. 기업은 노동자협의회와 안정적 주주가 지지하므로 장기 노동계약을 제공할 수 있고 고용보호제도가 발전하였기 때문에 노동자들은 일반숙련보다는 기업과 산업에 특화된 전문숙련을 축적한다.

셋째, 점진적 혁신은 표준적 기술역량을 가지고 제품이나 생산공정에 대한 이해도가 높은 공급기업들과의 협력적 관계를 요구한다. 산업연구의 상당 부분이 기업들이 공동으로 재원을 조달하고 공동으로 수행하는 방식으로 이루어진다. 여기에는 종종 공공연구소도 참여한다. 고객기업과 공급기업은 서로 혁신을 제안하고 협조적인 R&D가 이루어지며. 합의적 의사결정과 네트워크 내에서의 감시 구조는 정보공유와 지식확산을 장려한다. 대신 외부의 전문 기술 서비스에 대한 의존도는 낮다. 기업 간 관계는 기업 간의 협력 계약과 기술 이전을 촉진하는 계약법 체계로 보완된다. 기업 간의 지나친 경쟁에 대해서는 암묵적 제재가 존재하며 대신 상호주식 보유 등으로 기업 간 장기적 협력이 장려된다. 강력한 사업자 단체는 기업 간 분쟁을 해결하고

14. 물론 기존의 노사관계와 기업 간 관계의 존중 그리고 합의적 의사결정은 급격한 혁신의 걸림돌이 될 수 있다. 인내자본은 새로운 성장지향적 개혁을 차별하고 사회적 보호는 노동이동성을 억제하며, 방어적인 산업정책은 경제구조조정을 지연시킨다(Eichengreen, 2006).

합의에 따라 표준을 설정하고 있다. 장기 노동계약으로 과학자와 엔지니어의 이동에 따른 지식과 기술이전은 제한적이며, 대신 긴밀한 기업 간 관계가 이를 대신한다. 사업자 단체, 산업협회. 상공회의소와 직인협회 등 많은 기관이 기업 간 관계를 중개한다 : 협회는 공무원과 함께 기업역량을 개선할 곳을 결정하고 프로그램을 조직화하며, 자문, 출판, 회합, 비공식적 소통을 통해 지식교환을 촉진한다. 기술이전, 직업훈련, 표준 설정을 위해 참여하는 협회와 상공회의소는 기술이 창출 · 확산 · 활용하는 인프라로 작용한다.

넷째, 기업 간 이사진 교환과 상호 주식보유는 안정적 소유관계를 낳아 기업 간 네트워킹과 그에 따른 기술이전과 기업 간 안정적 협력을 가능하게 한다. 기업 간의 긴밀한 상호연계는 증권규제, 상호주 보유와 더불어 지식이전의 통로로 적대적 인수나 합병을 억제한다. 은행은 위임된 주식으로 기업을 감시하고 장기대출을 제공하여 유동성 위기에 빠진 기업을 지원하는 인내자본의 역할을 한다. 금융기관은 재무제표 상의 정보를 넘어 기업 간 관계나 협회, 상공회의소를 통해 기업에 대한 양질의 정보를 확보할 수 있다. 협력 기업이나 경쟁기업의 모니터링을 통해 효과적인 은행감시가 가능하다. 엔젤이나 벤처캐피털은 은행, 저축은행, 보험사의 투자회사가 공급하는데 파산과 부채관련 법규가 엄격하여 기술이전 수단으로 창업기업과 분사는 제한적이다.

지역화된 연구개발 정책

독일의 공공연구소의 지역적 분포와 운영 방식에는 분권적 연방주의 정치체제가 반영되어 있다. 공공연구소는 전국 각지에 고루 분포되어 지역의 기술발전에 공헌을 하며 그 재원은 연방정부와 지방정부가 공동으로 제공한다. 전국 각지에 분산된 공공연구소의 관리를 위해 분야별로 연구회가 운영되고 있다. 공공연구소는 지역의 산업계와 깊숙이 연관되어 중소기업의 기술경쟁력 강화와 연구지원에 몰두하고 있다. 특히 주를 지역적 배경으로 하는 프라운호퍼는 독일 중소기업을 히든챔피언으로 성장시킨 주역이다. 프라운호퍼는 기업 내부의 연구개발부 설치를 지원하여 지역기업들의 R&D 인큐베이터 역할을 했고, 고등교육 학술기관과 기업의 연계를 강화하는 역할도 수행한다. 또한 기초연구와 기업기반의 산업연구를 매개하며 동시에 격차 해소를 목적으로 보건, 안전, 에너지, 환경 등을 연구한다. 공공재원은 첨단연구를 지원하여 응용연구는 기업들로부터 재원을 조달받는다.

프라운호퍼는 박사과정이나 3~5학년 학생들을 고용한다. 특히 박사과정 학생들은 산업계에서 일하면서 경력을 쌓고 졸업 후에는 일했던 기업이나 연구소에서 계속 근무한다. 프라운호퍼는 연방 및 주 정부에서 30%의 기본재원을 받고 70%의 재원은 기업과의 계약을 통해 조달한다.

3) 사회 조합주의하의 공공혁신 시스템 : 북유럽

사회 조합주의 국가에서 혁신은 자유로운 환경 속에서 기업이 기술방향을 결정할 수 있도록 한다. 조합주의적 성격으로 말미암아 기업 간 협력이 이루어지며 그에 따라 조밀한 관계 네트워크 내에서 지식이 확산되어 전문성이 높아지고 참여 기업들의 역량과 전문성과 일관된 영역에서 지식창출이 가능해진다. 지속적 관계에 기초한 협력적 접근방식은 지식습득 속도를 늦추며, 단기적 파트너나 네트워크에 속하지 않은 외부의 혁신 주체와의 협력이 어려울 수 있다.

정부는 잘 정의된 기술적 우선순위를 갖고 있지 않으며, 정책은 민간부문의 우선순위와 그들이 사회의 요구를 충족하기 위해 고안한 해결책들이 경쟁적으로 등장하는 데 대응하는 과정에서 나타난다. 정부는 기술혁신의 동반자 역할을 하지만 주도하지는 못한다. 리더십과 개입이 아닌 평등주의적 협력과 상호격려의 규범은 국가의 정부관료가 독립적인 기술정책을 가진다는 생각과 모순된다. 기술정책은 국가가 계획하거나(자유 국가주의), 합의에 따라 계획되거나(국가 조합주의), 경쟁의 산물(자유 다원주의)이 아니며, 기업과 정부에 의해 조밀한 협력의 네트워크를 기반으로 공동으로 형성되는 것이다. 정부는 협력적 네트워크를 촉진하는 확산지향적 혁신[이른바 브리콜라주(bricolage)][15] 정책을 구현할 능력을 가지며, 조밀한 네트워크는 정부가 사회적 역량과 일치하지 않는 기술정책에 매몰되는 것을 막아준다. 정부는 권력에서 파생되는 능력이 없고, 이익집단 정치에서 파생되는 유인에 의해 조정되지도 못한다. 목표지향적 정책의 추진은 국가의 권위나 역량의 부족으로 제한된다.

기술변화 과정에 대한 공공의 참여는 기술개발과 신기술 응용을 촉진하며, 기술 R&D와 관련하여 관련 정부기관의 자문, 자금제공, 계약, 발명자 보상 등의 지원이 이루어진다. 다국적 대기업들은 공공기관과 긴밀히 협력하여 기술개발에 나서고 있다. 스웨덴 정부는 1940년부터 기술협력을 촉진하는 기술위원회(현 VINNOVA)를 운영해 왔고 원자력, 통신 등의 핵심 분야에서 대학 R&D에 집중했으며, 정부주도하에 기업과 공공기관 간의 협력프로젝트를 추진해 왔다. 공공구매는 기술집약성에 초점을 맞추어 기업의 기술투자와 혁신을 지원 · 촉진해 왔다.

스웨덴 파라독스

기술혁신과 관련하여 스웨덴의 가장 두드러진 특징은 이른바 '스웨덴 파라독스(sweden paradox)'이다. 이는 국가혁신시스템의 생산성 또는 효율성은 낮다는 것을 의미하는데, 다양한 측면에서 이 역설이 파악된다 : ① R&D 및 혁신 노력은 높지만 혁신 성과는 제한적이다. 주력 제조업만 보더라도 R&D 집약도는 높지만 첨단(R&D 집약적) 제품의 점유율은 낮다. ② R&D 투자는 매우 높지만 성장성, 경쟁력, 노동생산성 면에서 성과는 그만큼 인상적이지 않다. ③ 대학 또는 기업연구부문에서의 R&D가 낳은 지식은 R&D 영역에 머물고, (상업적) 혁신으로 전환되지 않는다. ④ 생산의 국제화가 R&D보다 더 진행되어 국내에서 수행된 R&D가 다른 곳에서, 때로는 스웨덴의 다국적기업(MNE)의 자회사에서 혁신으로 결실을 맺는다.

R&D 및 혁신 노력

스웨덴은 과학기술 지표에서 항상 상위권을 형성하며 혁신 면에서 가장 앞선 국가 중 하나로 꼽힌다. GDP 대비 R&D 지출 비율의 경우 이스라엘과 함께 OECD 국가 중 최상위권을 형성하고 있다. 스웨덴은 2011년의 Innovation Union Scoreboard에서 27개 EU 국가 중 선도국이었으며, INSEAD Global Innovation Index에서는 2위, World Economic Forums Global Competitiveness Report 2011−12에서는 3위를 차지했다. 오랫동안 스웨덴은 GDP 대비 (기업과 대학의) R&D 지출에서 세계 최고수준(3.6%, 2009)을 유지해 왔다. 직원 1,000명당 R&D 상용직은 17.0명으로 OECD 국가 중 상위를 차지한다. 제조업을 포함한 전체 산업에서 스웨덴 기업의 R&D 집약도(R&D 지출)와 혁신 집약도는 산업화된 다른 유럽의 소국들에 비

---

15. 브리콜라주는 '주어진 재료로 최고의 작품을 만드는 인디언의 기술'을 말한다. 모든 것을 새로이 만들기보다는 이전에 필요에 의해 만들었던 결과물을 새로운 것을 만들기 위한 수단으로 활용하면서 별개의 대상을 상황에 따라 하나로 통합하는 능력을 브리콜라주라고 한다.

해 매우 높다. 다만 중소기업의 R&D 지출은 뒤처진다. 대부분의 국가에서 중소기업은 대기업보다 R&D 지출이 작지만 스웨덴의 경우 그 격차가 더 크다.

한편 GDP 대비 교육지출은 세계 상위수준이며 노동력의 교육수준은 매우 높다. 교육 및 훈련에 참여하는 성인 인구의 비율도 높은 수준이고 직장 내 교육훈련도 활성화되어 있다. 한편 대부분의 대학졸업생들은 제조업보다는 지식집약적 서비스산업에 종사하며 이에 따라 혁신적 기업 중 많은 수가 제조업보다는 서비스에 위치하고 있다.

연구개발 성과 스웨덴의 R&D 성과물은 세계 출판물의 1.18%를 차지하여 소국임에도 불구하고 14위에 랭크되어 있으며, 품질을 나타내는 인용률이 상대적으로 높다. 특허로 측정한 기술 생산량은 절대 규모나 성장률 모두 EU 평균을 훨씬 상회한다. 과학 분야에서는 생명과학, 식품과학, 농업, 환경과학, 토목공학, 재료과학에 특화하여 이들 분야 대부분에서 인용 영향력은 평균 이상이며, 연구중심 대학시스템이 주도하고 있다. 기술분야에서는 특허를 기준으로 할 때 제약, 통신, 재료, 분석 제어에 전문화되어있지만 생명공학, 시청각, IT, 반도체는 약한 편이다. 과학적 성과와 기술적 성과 간의 불일치는 혁시시스템이 산업적 요구에 필요한 과학적 지식을 전달하는 데 문제가 있음을 보여준다.

혁신 성과 스웨덴 기업들은 혁신 기업의 비중, 공정혁신 기업 비중, 제품혁신 기업 비중이 EU의 다른 나라에 비해 상당히 낮다는 점에서 공정혁신과 제품혁신 모두에서 특별히 혁신적이지 않다. R&D와 혁신을 위한 투자를 제품혁신과 공정혁신으로 열매를 맺는 능력이 떨어지는 것이다. 다만 일부 서비스 부문은 제조업보다 혁신적이다. 기존 기업에 의한 새로운 제품의 도입이 새로운 시장의 개척보다 활성화되어 있어 다른 기업이 이미 도입한 제품들을 모방하는 데는 능숙하지만, 새로운 혁신에는 서툴다고 할 수 있다. 이러한 기업부문의 혁신 성과는 무엇보다도 다국적 대기업의 지배와 미미한 중소기업의 역할에 기인하는 것으로 설명된다. 중소기업들의 혁신을 위한 지출이 대기업보다 적고 혁신실행 기업 수는 다소 저조하지만, 새로운 (시장)제품에 따른 매출에서는 상당히 좋은 성과를 내고 있다.

기업 혁신체계

다른 많은 OECD 국가들과 달리 기업 부문이 R&D 활동을 주도하는데 이는 미국, 한국, 일본과 유사하다. R&D 재원에서 (대)기업의 비중은 EU 평균보다 매우 높다. 기업 R&D는 500명 이상의 근로자가 종사하는 대기업이 R&D의 83%를 차지하며, 제조업이 지배적이지만 서비스 부문이 점차 높아지고 있다. 스웨덴의 산업구조는 비교적 대규모의 지식집약적 및 수출지향적 제조 부문, 비교적 소규모의 민간 서비스 부문, 비교적 대규모의 공공 서비스 부문을 특징으로 가지고 있다. 공공부문과 민간부문 모두 대기업이 지배한다. 특히 다국적기업은 스웨덴 국가혁신시스템에서 중추적 역할을 수행해 왔으며, 20세기 후반에 민간 R&D의 70%를 차지했다.

다국적 대기업이 지배적이고 주로 제조업에서 활동하기 때문에 혁신기업의 비율은 대기업이 중소기업보다 제조업에서 서비스산업에서보다 더 높게 나타난다. 대부분의 국가에서 중소기업은 대기업보다 R&D 지출이 작지만 스웨덴의 경우 그 격차가 더 크다. 또한 다국적기업의 지배적 위치로 말미암아 연구성과의 상업화가 억제되고 성장잠재력이 제한적인 중 · 저 기술 분야에 불균형적으로 높은 R&D 자원이 할당됨으로써 스웨덴 역설에 기여했다. 스웨덴은 원자재의 추출과 가공과 관련된 기계공학 기술에 특화하며 늦었지만 빠르게 산업화한 국가였다. 19세기 후반 기계 산업의 주요혁신은 공정혁신과 밀접한 관련이 있었다. 나중에 다국적

기업의 기반이 된 제품혁신도 엔지니어링 기업에 집중되었지만, 그 기반은 기계 기술과 전자기계 기술을 모두 포함하도록 확대되었다. 결과적으로 스웨덴은 저성장 산업에 대한 특화도가 높으며 최근까지도 지식집약적 성장부문이 상대적으로 부진하였다. 달리 보면 스웨덴은 전통산업에서의 숙련집약적인 점진적 혁신에서 비교우위를 찾아 왔다. 이는 공급업체와의 긴밀한 관계, 노동자 참여, 점진적 기술 향상에 힘입은 바가 크다. 결과적으로 스웨덴은 기존의 제품과 공정 기술의 개선 등과 관련된 점진적 혁신 면에서는 경쟁력이 있으나 신제품의 획기적 혁신 수준은 낮다.

스웨덴에서 기업 간 R&D 협력은 부진한데, 이 역시 다국적 대기업의 특성에서 비롯한다. 다국적 대기업은 그 조직이 다소 높은 수준의 수직적 통합을 보여 기업 간 협력의 필요성이나 시장을 통한 아웃소싱에 대한 의존도가 낮다. R&D 집약적이고 수출지향적인 대기업집단이 지배하는 제조업에서 대기업은 기술개발, 시스템 통합, 수출을 담당하고 중소기업은 부품 생산을 담당해 왔다. 결과적으로 중소기업은 혁신 비중이 낮으며, 다수가 다국적기업에 속한 기업들과 관련된다. 대기업의 혁신은 스스로의 노력(fundamental system)뿐만 아니라 대학을 포함한 공공기관과의 협력(regulated system)에도 의존하는 바가 매우 크다. 후자는 주로 투자재와 첨단제품의 개발에 초점이 두어지며 정부의 재정지원으로 뒷받침된다.

조합주의 제도와 글로벌 경쟁 역시 다국적 대기업집단의 지배력을 강화하고 확립된 기술적 궤적을 강화하는 데 기여하고 있다. 국가, 노조, 사용자단체 간 안정적인 상호작용을 가능하게 하는 조합주의적 제도는 대기업에 의한 지속적 R&D 투자를 자극하고 기술의 학습과 흡수를 장려해 왔다. 노조와 사업자 단체의 높은 참가율과 중앙집권성은 임금격차를 축소하고 유연한 노동시장을 배경으로 구조조정 압력을 낳음으로써 지속적 혁신의 배경이 되었으며, 조세제도는 내부유보에 의한 투자를 장려하고 있다. 조합주의 제도는 근로자와 노조의 고용주와의 협력, 기업 내 생산기반 학습, 산업 내 협업 학습을 촉진하지만, 광범위한 조합주의적 사회보장은 제조 대기업과 공공부문에 유리하게 작용하여 잠금효과(lock-in effect)를 강화함으로써 사회지출의 R&D 및 교육을 통한 혁신장려 효과를 낮추고 있는 것이다. 대기업이 중소기업에 비해 혁신 노력이 훨씬 높지만, 시장 제품의 신규 도입에서는 부진한 혁신의 형태도 이 때문이다.

민간부문의 경우 신생기업의 출현률이 매우 낮다. 다수의 다국적 대기업들이 존재하지만 지난 수십 년 사이에 만들어진 기업은 거의 없다. 신생기업 중 일부는 스스로 성장하지만, 인수를 통해 더 큰 기업의 일부가 됨으로써 성장을 도모한다. 하청기업과 계열기업, 인수, 분사와 같은 메커니즘을 통해 대기업은 혁신적인 새로운 기업이 등장하는 데 있어 중요한 역할을 한다. 결과적으로 새로운 기업의 생성과 이들의 산업 재생에 대한 기여도가 뒤처져 있다. 인큐베이터와 벤처캐피털의 부진 역시 혁신적 신생기업의 출현을 막고 있다. 1973년 정부와 시중은행이 공동으로 벤처캐피털을 설립한 이후 벤처캐피털 산업은 참여자나 재원이 확대하였지만 상대적으로 많은 자금이 시드머니나 초기 단계보다는 후기 단계에 집중되고 첨단기술에 대한 투자비중도 미흡하다. 이 역시 신생기업의 출현이나 중소기업의 예외적으로 낮은 혁신 수준을 설명한다. 대부분의 신기업 창업은 서비스, 건설, 금융과 생산자 서비스 부문을 중심으로 이루어지며, 이에 따라 지식집약적 서비스 부문이 점차 커지고 있다. 신기술에 기초한 첨단 제조업의 발전은 주로 컴퓨터 컨설턴트 산업에서 발생하고 있다. 대학보다는 연구기관에 의한 창업률이 높으나 전반적인 수준은 낮은 편이어서 창업률과 (대학이나 대기업 및 R&D 연구기관으로부터의) 분리 설립 실적은 낮다.

공공혁신시스템 : 대학과 연구소

북유럽에서는 대학(스웨덴, 덴마크)과 공공연구소(핀란드, 노르웨이)를 중심으로 공공 혁신시스템이 발전되어 왔다. 스웨덴의 경우 기업 이외의 R&D에서 대학의 비중이 높으며, 정부연구소나 민간 비영리 단체는 OECD국가 중에서 가장 미약한 역할을 하고 있다.

약 10개의 대학이 거의 대부분의 R&D를 수행하며, 과제 지향적 연구보다는 기초연구에 치중하여, 고등교육기관은 연구에, 산업계는 개발에 중점을 두는 분업구조가 존재한다. 대학 연구자가 자신의 발명에 대한 권리를 갖지만 대학의 R&D 성과가 상업화하는 데 필요한 유인장치나 재원, 제도적 장치, 보상구조가 미비하다. 특히 대학기반 창업을 포함한 NTBF[new technology-based firm(신생 기술기반 기업)]의 인센티브가 제한적이어서 NTBF의 저발전과 중소기업의 저조한 혁신으로 이어지고 있다.

대학의 지식과 역량의 산업 활용도가 높지 않았기 때문에 대학연구에 대한 기업부문의 자금 제공은 크지 않다. 그러나 일부 분야에서는 대학-산업 관계가 중요하게 작용한다. 대학의 기초연구 성과는 기술역량을 가진 다국적 대기업과 R&D 서비스 업체에 기여했으며, 대학 연구인력의 이동은 이를 촉진하였다.

4) 국가주도 혁신시스템과 이중구조 : 프랑스

자유 국가주의의 국가혁신시스템은 기술정책의 형성과 집행에서 국가 중심주의에 대응할 만한 민간부문에서의 제도화된 사회조직 네트워크가 부족하다. 협력을 용이하게 하는 지속성 있는 조합주의적 · 제도적 구조의 부재로 말마암아 민간에서 협력적 상호작용이 제한되고 확산지향적 혁신이 어렵다. 국가를 사회의 확장으로 보는 사회조합주의적 시각과 달리 사회는 독립적 정당성이 부족하여 국가에 종속되고 그에 따라 민간부문과 공공부문의 경계가 불분명하다. 정치 · 행정 리더와 기업 리더와 적대하며 대립하기보다는 하나의 위계적으로 특권화된 계층을 형성한다. 국가는 정부가 종종 지분을 소유하는 독과점 대기업의 동반자로서 기술적 전문성을 가지고 기업가정신이 충만한 위치에 서 있다. 정부는 미션지향적 기술정책을 취하며 강력한 정부개입과 미션지향성의 결합은 기업이 급격한 혁신을 도모하도록 장려된다. 민간기업은 국가를 둘러싸고 결집하여 정부조달시장을 목표로 삼고 국가의 지원을 받아들이며 이를 사업 구조조정의 도구로 활용한다.

프랑스에 자유 국가주의의 국가혁신시스템이 본격적으로 등장한 것은 제2차 세계대전 이후이다. 제2차 세계대전 직후 산업 기반은 취약했고 기술수준은 뒤처졌다. 국가에 비견할 만한 사회의 조직화가 취약했고 그에 따라 국가와 사회조직 간의 상호작용이나 브리콜라주적 혁신은 제한적이었다. 정부(와 공기업)가 기술혁신에서 주도하는 역할을 하고 산업과 대학을 지배하며 산학관계를 조정하는 역할을 맡는다. 국가는 세계에 내놓을 만한 독자적인 기술과 산업을 발전시키려 해 왔고 공공시장을 목표로 한 급격한 혁신을 도모하는 대규모 기술집약적 시스템이 혁신을 주도하였다. 점차 민간기업의 역할이 추가되고 산관 협력관계가 확립되어 갔으며, 공공부문에 축적된 연구역량을 기업과 연계하려는 노력도 강화되었지만, 국가주도는 계속되었다. 정부는 R&D 재원조달에서 큰 역할을 하며 연구소와 대학을 포함한 공공부문의 연구를 관할한다. 산업별로 특화된 기초 및 응용연구소가 발달해 있으며, 특별기구로 프랑스 국립과학연구소(Centre National de la Recherche Scientifique ; CNRS)가 기초연구의 조직과 자금조달을 담당한다. 수많은 실험실과 연구시설을 설립하여 독일의 막스 플랑크와 유사한 연구조직 인프라를 구축하였다. CNSR은 대학이 주도하기 어려운 연구영역을 개척하고 기업과 민간재단을 대신해 대학연구를 지원하는 역할을 하였다.

세계적 흐름에 부합하는 기술에 초점을 맞추는 영미권와 달리 프랑스 기업은 자국의 독특한 기술에 주력한다. 혁신적 기술이 등장하지만, 세계적 흐름과는 유리되고 국제적 확산은 제한적이다. 대기업은 종종 공공자원에 대한 특혜적 접근의 도움을 받으며, 국가 우선순위에 따른 기술개발에 초점을 맞춘다.[16]

이중 구조의 혁신시스템 : 핵심 혁신시스템과 중소기업 네트워크

프랑스의 산업 혁신시스템은 핵심 혁신시스템과 중소기업 네트워크의 두 가지 형태로 구성된다. 핵심혁신시스템은 과점산업과 국가 간의 연대를 기반으로 수직적 구조를 가진 구획화된 하위산업들로 구성된다. 이에는 전력, 통신, 항공, 무기, 전자, 석유, 철도, 수송시스템, 토목공학, 해운기술이 포함된다. 국가가 R&D 역량을 구축한 뒤 기술을 이전한 의학과 농업부문의 민간기업들에도 국가가 지배하는 민관관계가 잠재되어 있다. 기업 간 관계는 경쟁적이지만, 국가와 기업협회의 개입에 의해 조정된다. 기업 부문의 파편화로 인해 협회, 노조, 상공회의소와 같은 기업단체나 중개단체는 기업 간 협력, 혁신과 기술확산에서 역할이 제한적이다. 결국 혁신 분야에서의 기업 간 협력은 국가가 유인하는 대규모 혁신프로젝트의 형태로 생겨난다. 이러한 (특히 대기업 간) 단기의 프로젝트 기반 협력은 정부가 종종 자금지원으로 기여하는 지식확산의 중요한 메커니즘이 된다. 기업 간 자발적인 R&D 협력은 전통적으로 저조하며 기업과 대학 또는 연구기관 간 협력 역시 이들을 억제하는 문화적 법적 장애로 말미암아 미미하다. 특히 이러한 현상은 중기술과 저기술을 가진 다수의 중소기업 부문에서 지배적이다. 이에 대한 반작용으로 남유럽 지역에서의 혁신은 산업계와 중앙 및 지역정부가 함께 자금을 제공하는 대규모의 사이언스 파크와 기술센터를 추진하여 이들이 제한적이나마 지식확산의 주요 메커니즘으로 작용하고 있다.

프랑스의 경우 중앙정부의 관심에서는 벗어나 있지만 역사적 · 기술적 전통을 갖추고 지역기반을 갖춘 중소기업 네트워크도 병행 발전하였다. 산업혁명 이전에 시작된 농업 및 수공업, 포도주 생산, 식료품 가공업 그리고 19세기로 거슬러 올라가는 패션과 미용업은 중소기업 중심으로 중요한 혁신부문으로 남아 있다. 한편 남유럽의 대표적 국가인 이탈리아의 경우 지역과 직종을 중심으로 다수의 중소기업들이 집약적으로 상호작용하며 성장한 중소기업 네트워크가 존재한다. 네트워크에 속한 기업들은 외부 기술을 빠르게 수용하고 이 기술을 적응하고 계속 개선해 나간다. 기업들은 직접 해보고 사용하고 또 공급업체와 고객과 상호작용하며 학습함으로써 점진적으로 혁신한다. 이들은 공식적 · 비공식적으로 상호 소통하고 암묵적 지식을 공유하며 높은 노동 이동성을 가진다. 지역 기관, 지방정부, 지역 전문학교들은 해당 지역의 소기업들의 욕구와 요구사항을 지원하는 데 효과적이다. 중소기업 네트워크에서 수평적 · 수직적 연계는 학습과 점진적 혁신의 선순환을 낳았는데 이는 이탈리아 중소기업의 성공적인 성과의 기초가 되어 왔다.

---

16. 이탈리아의 경우 대기업이 기업 R&D를 주도하지만, 보호된 국내시장을 대상으로 한 비용절감과 기술추격에 머물러 왔으며, 이익단체를 구성하여 공공정책을 요구한다. 시장에 의한 조정과 시장을 벗어난 조정이 공존하며, 정부가 조정을 주도하고 촉진하는 데 중요한 주체가 된다.

2. 한국의 기술혁신과 도전

한국의 급속한 경제발전은 단기간의 놀라운 과학기술 발전을 동반하였다. 식민지 경험으로 인해 근대적 과학기술 기반을 무엇 하나 제대로 갖지 못했던 국가가 현재는 블룸버그 혁신지수에서 2014년부터 세계 1위 수준에 올라서게 되었다. 한국은 선진국 기술을 모방 · 학습하는 과정을 통해 기술역량을 높여왔으며 이를 바탕으로 기술을 꾸준히 흡수하고 혁신하여 왔다. 선진국의 제조 · 기술 능력을 습득하고 개선하여 생산성을 증대하고 기능적으로 차별적인 제품을 개발하는 추격형 혁신능력과 이를 지원하는 혁신시스템이 한국의 산업화를 이끌었다. 1960년대부터 노동집약적 경공업에서 출발하여 자본집약적 중화학공업으로 확장하며 세계적 기술 수준을 확보하고 기술집약성을 높여 갔다. 기술역량은 생산역량에서 혁신역량으로 진화하여 1990년대부터는 반도체, 휴대폰, 디스플레이 등 전자 및 정보통신 분야의 첨단기술 산업으로 진출하여 글로벌 기술혁신의 한 축을 담당하기에 이르렀다. 이러한 성과는 선진국 기술을 도입하여 효과적으로 흡수하려 한 노력뿐만 아니라 글로벌 기술 패러다임의 변화에 힘입기도 한 것이었다.

그러나 2000년대에 들어 주력산업에서조차 성장이 정체되며 한국경제가 가진 혁신모형에 의문이 계속 제기되고 있다. R&D 투자의 지속적 증가로 OECD 국가 중 가장 높은 GDP 대비 R&D 투자집약도를 나타내고 있지만, 혁신 성과, 기술이전과 협력, 사업화 성과 모두가 정체되고 있다. 이에 따라 한국 혁신시스템의 혁신성과 지속가능성에 대해 근본적 질문이 던져지고 있다.

2.1 기술혁신의 성과와 추이

한국은 R&D 지출을 놀라운 정도로 높여와 이제 전 세계적으로 가장 높은 수준의 R&D 투자를 하며 가장 혁신적인 국가 중의 하나로 평가되고 있다.

1) 연구개발의 투입증가

R&D 투입 규모는 세계 최상위 수준

우리나라는 연구개발비와 연구인력의 투입 측면에서 OECD 국가 중 최상위 수준이다. 총연구개발투자는 GDP의 4.6%(2019, 독일 3.2%, 미국 3.1%, 일본 3.2%)로 세계 최고 수준이며, 증가 속도도 매우 높다. 상근 연구원수는 인구 만 명당 83.1명(2019)으로 주요국을 압도하며, GDP 대비 정부 R&D 지출액 비중도 1.09%로(2017), OECD 국가 중 1위이다[한국과학기술기획평가원(2020), "2019년도 연구개발활동조사 보고서"(통계표)].

R&D 성과도 빠르게 커지고 있다. 저명학술지를 대표하는 SCI(Science Citation Index) 논문집에 수록된 논문 수는 1999년에서 2007년 사이 2배 이상 증가하였고 이후 2018년까지 또다시 2배가 증가하며 세계 12위로 부상하였다. 이에 따라 세계 총논문에서 한국이 차지하는 점유율은 2007년 2.2%에서 2019년

3.5%까지 상승하였다.[17]

인구 백만 명당 삼극특허(triadic patent family)[18] 비율은 47.2로 OECD 국가 중 5위이며 인구 백만 명당 삼극특허는 11위 수준(2019)이다. 우리나라의 PCT(Patent Cooperation Treaty) 조약을 따르는 특허 출원도 전 세계 출원건수의 6.7%를 차지하여 미국(21.8%, 2위), 중국(22.2%, 1위), 일본(19.8%, 3위), 독일(7.3%, 4위)에 이어 세계 5위를 기록하였다(World Intellectual Property Organization PCT Yearly Review 2020). 참고로 우리나라를 비롯한 상위 5개국(미국, 중국, 일본, 독일, 한국)이 전 세계 PCT 특허 출원의 75.6%를 차지하고 있다[통계청(2019) 통계로 보는 특허동향]. 한국은 오디오-비주얼 기술, 디지털 통신, 전기기계장비 및 에너지, 반도체에 상대적으로 특화되었으나 의학, 광학, 수송, 계측에서는 다소 뒤지고 있다.

특허 출원에 대한 개요

- 특허는 속지주의하에서 특허권을 획득하려는 국가에 출원하여 특허권을 취득해야 해당국에서 배타적 권리를 확보
  - 속지주의 : 동일한 발명에 대하여 여러 국가에서 특허를 받았어도 그 특허는 각각 독립적으로 존속, 소멸
  - 외국에의 특허 출원은 파리조약(Paris Convention)에 따른 전통적 출원방법(Paris route)과 PCT(Patent Cooperation Treaty) 조약에 의한 출원방법(PCT route)으로 구분
    - ▸ PCT : 특허 또는 실용신안의 해외출원 절차를 통일하기 위한 조약
    - ▸ 파리조약에 따른 특허 출원은 특허 획득을 원하는 국가에 각각 개별적으로 출원하는 것
    - ▸ PCT 특허 출원은 국적국 또는 거주국의 특허청에 출원하고 우선일로부터 30개월 내에 특허 획득을 원하는 국가에서 국내 단계로 진입을 하는 방법
    - ▸ PCT 특허 출원 시 출원인은 해외특허 확보 전략 수립에 필요한 시간과 추가 정보를 확보 가능
- 한국특허청은 특허에 관한 출원, 등록, 심사, 심판 관련 상황을 집계하여 지식재산 통계연보를 발표
  - 지식재산통계연보는 출원주체별, 내외국인별, 출원인국적별, 시도별, 기술분류별 등으로 분류
  - 자료기준은 2012년까지는 출원 취하 포기를 제외하였고(수리기준), 2013년부터는 포함(접수기준)
- 세계지식재산권기구(WIPO), 경제협력기구(OECD)에서도 각국 특허청에서 제공된 특허정보에 기초하여 삼극특허, PCT 관련 자료를 발표
  - 삼극특허(Triadic patent families) : 국가별 특허 비교를 위해 OECD가 개발한 지표로, USPTO(미국특허청), EPO(유럽특허청), JPO(일본특허청)에 동시에 출원·등록된 특허
  - WIPO는 PCT 전체, 국가별, 기술분류별, 대륙별, 기업별로 분류하여 PCT Yearly Review로 발표
  - OCED도 주요국의 R&D, 특허 관련 자료인 Main Science and Technology Index(MSTI)를 ICT·BT 분야로 나누어 발표
- 전 세계 특허 출원의 80% 이상을 차지하는 한국, 미국, 중국, 일본 및 EPO 5개국 특허청 간 협의체로 출범한 IP5도 통계를 발표

---

17. 한국과학기술기획평가원(2020), "과학기술 논문성과 분석연구(2005~2019)" ; 한국과학기술기획평가원(2021), "2019년 한국의 과학기술논문 발표 및 인용 현황", KISTEP 통계브리프 2021년 제1호 ; e-나라지표, 과학기술 논문 현황.
18. 삼극특허는 미국, EU 및 일본의 특허청에 동시 등록된 특허를 지칭하며, 높은 기술수준 및 응용 가능성을 지니고 있는 원천기술의 보유 여부에 대한 근사지표로 사용됨.

산업적 성과도 눈부시다. 한국은 고기술 제품 수출에서 미국, 독일, 중국의 뒤를 잇고 있으며, 고기술 제조업의 부가가치 비중은 미국, 중국, 일본, 독일에 이어 세계 5위다. 기업은 첨단기술에서 높은 세계 경쟁력으로 미국에 이어 세계 2위를 기록하였으며(Bloomberg Rankings 2013), ICT, 자동차, D-RAM 메모리칩, LCD, 조선 등 일부 분야에서는 기술을 선도하고 있다. 컴퓨터 · 전자 · 광학산업에서는 수출시장 점유율이 6.85%(2018)으로 세계 2위이며, 항공우주산업(0.69%, 13위)이나 의약품 산업(0.60%, 19위)의 지위도 점증하고 있다.

표 6-11 **주요국의 기술혁신 역량 지표**(2017)

항목	지표	한국	독일	일본	미국	스웨덴	프랑스
R&D 투자	GDP 대비(%) R&D 투자	4.55	3.04	3.21	2.79	3.40	2.19
	정부 R&D 예산의 GDP 비중	1.11	0.92	0.69	0.64	–	0.66
연구원	취업자 천 명당 연구원 수(명)	14.4	9.50	10.0	8.90	14.6	10.3
	인구 만 명당 연구원	74.5	50.8	53.4	42.4	73.0	43.0
	연구원(FTE) 1인당 지출액(달러)	1,355	1,357	1,232	1,666	1,809	843
	박사학위 취득자 중 이공계 비중	38.8	41.3	37.5	38.9		58.0
연구 성과	연구원(FTE) 백 명당 SCI 논문 수(2018)	15.5	27.9	12.5	32.4(17)	43.0	26.3
	인구 만 명당 SCI 논문 수(2018)	12.3	14.6	6.7	13.8	42.3	12.0
	2014~2018년 동안 논문당 인용 건수(순위)	6.4(33)	8.6(14)	6.3(34)	8.2(21)	9.4(9)	8.4(15)
기술성과	인구 백만 명당 삼극특허(건)	42.5	56.4	152.0	38.3	72.8	32.3
	연구원 만 명당 삼극특허(건)	57.0	111.1	269.4	86.8	100.2	73.3
재원별 연구개발비 구성	정부 공공	22.5	28.1	21.1	30.3	29.1	36.7
	민간	76.2	66.2	78.3	63.6	60.8	55.6
	외국	1.3	5.8	0.6	6.20	10.1	7.7
연구 단계별	기초연구	14.5	–	13.1	17.0	–	23.8(2015)
연구개발비	응용연구	22.0	–	18.7	20.3	–	37.9(2015)
구성	개발연구	63.6	–	63.9	62.5	–	35.2(2015)
기초연구비	GDP 대비	0.62	–	0.42	0.47	–	0.50

주 : 정부재원 = 중앙정부 + 지방자치단체 + 국공립 연구소 + 출연기관 + 국공립대학, 공공재원 = 사립대학 + 기타비영리법인, 민간재원 = 정부투자기관 + 민간기업

자료 : 과학기술정보통신부(2019), 주요과학기술통계 100선 ; KISTEP · KAIST, 과학기술논문 질적성과 분석연구(2013~2017), 2018. 11, OECD(2011)

요약하면 한국은 지난 50년간 세계에 그 유례가 없을 정도로 연구개발 투자, 연구개발 인력, 연구개발 역량, 연구개발 시스템에서 급속한 발전을 이룩해냈다.

표 6-12 주요 연구개발지표의 변화

구분	1963	1970	1980	1990	2000	2010	2016
총연구 개발비	4	32	321	4,676	12,245	37,935	59,819
정부 대 민간	97 : 3	71 : 29	64 : 36	19 : 81	28 : 72	28 : 72	24 : 76
총연구 개발비/GDP(%)	0.25	0.39	0.56	1.72	2.18	3.47	4.24
연구원 수(상근, 명)	1,750	5,638	18,434	70,503	108,370	264,118	361,292
국제학술논문(SCI)	–	27	159	1,587	12,316	41,385	59,628
미국특허(등록)	–	3	9	290	3,472	12,508	19,494

2) 저조한 연구개발 효율성

한국의 기술혁신 노력이나 양적 성과에도 불구하고 질적 수준은 아직 미흡하다. 5년 주기(2015~2019) SCI 논문 1편당 피인용빈도(6.90회)는 32위권(2019)에 머물러 혁신적 원천연구가 부족하다[KISTEP(2020), 2019년 한국의 과학기술 논문발표 및 인용현황]. 세계평균(6.4회)을 소폭 상회하나 상위국 싱가포르(11.9회), 스위스(11.6회), 덴마크(10.8회), 네덜란드(10.7회)에 비해서는 크게 낮은 수준이다.

특허활용도 역시 낮으며, 특히 대학과 정부 출연연구소 중심으로 양적인 특허성과 창출이 강조되어 우수특허가 부족하고 특허 품질이 낮아지고 있다. 2015~2019년 정부 R&D에 의한 등록특허 건수는 연평균 7.8%씩 증가했는데, 동 기간 민간 R&D에 의한 등록특허 건수는 연평균 5.1% 증가에 그쳤다. 한편 R&D 투입비용 10억 원당 특허 출원건수와 등록특허 건수로 본 정부 R&D 특허 출원과 등록특허 생산성은 각각 1.51, 0.98(2019)로 미국 공공연구소(2018년 0.53, 0.12), 일본 대학(2018년 0.33, 0.18) 등 해외 주요국의 연구기관과 비교하여 높은 수준이다. 2015~2019년 국내 등록특허(한국 특허청 등록) 중 민간 R&D를 통한 우수특허 비율은 6.4%이나, 정부 R&D에 의한 등록특허의 3.3%만 우수특허인 것으로 나타났다. 한편 2015~2019년 미국 특허청 등록특허 중 우수특허 비율은 평균 14.7%로, 독일(21.0%), 일본(14.7%), 중국(12.8%), 미국 연방 R&D(9.2%) 등에 비해 한국 정부 R&D 특허 중 우수특허 비율은 6.9%로 질적 수준이 타 국가 대비 크게 낮다.

특허가 기술이전 · 사업화, 창업 등으로 연결되는 활용도를 보면 2019년 한 해 동안 1건 이상의 지식재산을 국내 기업 등으로 이전한 대학 · 공공연구소의 비율은 67.9%이지만, 지식재산의 매각 이전은 공동 또는 위탁연구개발 계약 등의 기술이전 의무조항(강제실시)보다 거의 대부분이 자체 보유 지식재산이 그 대상이었다. 대학 · 공공(연) 모집단이 응답 시점에 보유 중인 유효한 국내특허권 중 활용되고 있는 국내특허의 비율(특허 활용률)은 22.1%로 낮은 편이다. 특히 정부출연연(35.6%)이나 기타공공연(25.8%)보다 국공립대학(24.9%)과 사립대학(11.3%)이 특히 낮다[특허청(2017, 2019) 정부 R&D 특허성과 조사 · 분석 보고서].

그러나 기술무역수지는 지속적 적자를 보여왔다. 이는 그동안 해외 원천기술을 도입하여 상품화하는 제조기술 중심의 산업기술 육성전략과 연계된다고 할 수 있다. 하지만 제조업 기반으로 성장하는 산업과정에서 외국의 선진기술을 빠르게 도입하여 상품을 제조 · 수출시켜 발전해 왔으므로 기술무역수지 적자가 상품무역 흑자에 기여한다는 측면에서 이를 비관적으로만 바라볼 필요는 없다. 세계 각국과 비교해 봤을 때 우리나라의 기술수출 실적(세계 11위)은 연구개발투자 규모(세계 2위)에 비해 작으며 그만큼 R&D 투자의 생산성이 낮은 상태가 지속되고 있다고 할 수 있다. 다행히 (정보통신 분야의) 기술수출 증가와 (전기 전자 분야를 중심으로) 기술도입 감소가 이어지면서 2010년 이래 꾸준히 개선되고 있다[과학기술정보통신(2020) "2019 기술무역 통계보고서"].[19]

표 6-13 출원연도별 정부 R&D 국내특허 이전율 및 건당 기술료 (단위 : %, 백만 원)

		2015	2016	2017	2018	2019
대학	특허이전율	6.7	6.7	4.6	3.0	1.3
	건당 기술료	25.0	19.9	17.4	17.9	18.5
공공연	특허이전율	14.0	12.7	10.6	8.3	3.1
	건당 기술료	31.8	34.8	34.1	38.2	25.6
전체+	특허이전율	9.5	9.0	6.9	5.0	1.9
	건당 기술료	29.2	28.4	27.6	31.3	23.0

주 : 특허이전율은 해당연도에 출원된 특허성과 중 기술이전된 특허의 비율
건당 기술료는 해당연도 출원한 특허성과 1건으로부터 발생한 기술료 수입의 평균
자료 : 특허청(2020), 2019년도 정부 R&D 특허성과 조사분석 보고서, 별표 1-16

투입 대비 산출의 효율을 나타내는 노동생산성도 한국의 높은 수준의 혁신활동에도 불구하고 혁신 성과가 낮음을 잘 보여준다. 노동생산성이 낮은 것은 생산방식이나 기술에서의 혁신이 부족하거나 여타 투입이 미흡하기 때문이다. 한국의 노동생산성은 꾸준히 개선되고 있으나 아직 OECD 국가 평균의 74.1%(2018년, 실질 GDP/총노동시간 기준, 한국생산성 본부, 2020 노동생산성 국제비교)에 불과하다.

경쟁국 대비 낮은 ICT 기술력

한국은 ICT · SW 분야와 인프라 구축에서는 선도국이지만 그 평균기술 수준(미국의 83%)은 미국(100%), 유럽(90.9%), 일본(84.3%), 중국(85.7%) 등 경쟁국 대비 열위에 놓여 있고 선도국 미국과의 기술격차는 1.9년을 보이고 있다(2020년도 기술수준평가 결과). 특히 26개 분야 ICT 기술 수준에서 미국, 유럽, 중국, 일본 등 경쟁국에 뒤지는 분야는 13개로, 이 중에 제4차 산업혁명의 핵심동인인 인공지능, 클라우드, 빅데이터 분야가 포함되어 있다(정보통신기획평가원, 2019). 참고로 우리나라는 제4차 산업혁명의 기본 인프라인 5G를 세계 최초로 상용화했고, 5G 인프라 구축에서는 세계 최고 수준을 유지할 것으로 예상되며, 인터넷 평균속도 세계 1위, 광케이블 보급 1위, ICT 보급 1위 등 ICT 인프라 보급 및 접근성은 세계 최고 수준에 위치하고 있다. 그러나 개별 기업의 ICT 활용도는 OECD 평균에 비해 낮다. 특히 한국 기업의 ICT 활용이 부진한 분야는 기업의 온라인 거래, 클라우드 이용, 빅데이터 분석, ICT를 활용한 고객 · 공급망 관리 등이다(OECD, ICT Access and Usage by businesses).

19. 기술무역에서는 모기업과 자회사 간 거래를 포함하여 해외에 진출한 자회사에 투자를 많이 하면 그만큼 기술수출 및 도입액이 증가하는 것으로 나타난다. 예를 들어 일본의 경우 기술수출 금액의 3/4이 계열사 간의 거래이다. 따라서 단순히 기술수출 또는 기술무역 수지를 R&D 투자의 생산성으로만 보는 데는 한계가 있다.

2.2 한국 기술혁신의 구조

1) 추격에서 탈추격 그리고 선도로

경제 · 산업 발전과 긴밀하게 연계된 기술혁신 노력

우리나라 연구개발의 주요 목표는 오랫동안 선진국을 효과적으로 추격하는 데 있었다. 과학기술은 그 자체보다는 경제성장과 산업발전을 지원하는 수단이었다. 정부에서 전략산업을 선정하면 그것을 육성하는 데 필요한 핵심 기술이 선별되고 이에 대한 연구개발 활동이 전개되었다. 전략산업은 산업화 초기의 시멘트, 비료, 섬유, 합판 등의 경공업에서 1970년대에는 자동차, 조선, 전자, 화공, 철강 등의 중화학공업으로 그리고 1980년대 이후에는 반도체, 통신, 바이오 등 첨단산업으로 초점이 옮겨졌다. 과학기술이 경제발전과 직결된 만큼 그에 비해 삶의 질이나 지속가능성과의 관련성은 매우 약한 편향성을 보여왔다.

모방형 또는 추격형 기술혁신

우리나라는 국내의 기술축적이 거의 전무했던 만큼 선진국들이 축적한 기술들을 효과적으로 도입 · 활용하는 것을 오랫동안 우선시하였다. 과학 → 기술 → 생산 또는 제품기술 → 공정기술로 이어지는 선형모형을 역방향으로 거슬러 올라가며, 기술흡수는 생산기술과 공정기술을 우선하였다. 이들은 해외 기술도입과 역행적 엔지니어링(reverse engineering)을 통해 획득되었다. 생산시설과 기술을 선진국에 거의 전적으로 의존하였기에 도입된 선진기술을 기업의 생산과정에 적용할 때 발생하는 현장의 문제나 애로 해결이 가장 중요하고 시급하였다. 1990년대 중반 이후에는 기술역량이 축적됨에 따라 기술개발의 초점은 선진국의 원천기술을 활용하되 품질과 생산성을 더 높이거나 고객의 니즈를 반영한 차별화된 부가기능을 신속하게 개발하는 제품화 기술로 옮겨졌다. 이제 국내 기업들이 휴대전화, 반도체, TFT-LCD, 자동차 등 몇몇 분야에서 고도의 생산능력과 신속한 제품개발력을 바탕으로 선진국을 제치고 선두로 진입하는 분야들이 나타나고 있다. 그러나 오래전부터 선진국 따라잡기에서 목표로 삼아 온 추격 대상이 사라지고 있고 모방형 전략을 따르는 후발국의 추격이 가속화되면서 추격과 모방을 뛰어넘어 선도하게 되는 '탈(脫)추격(post catch-up)' 또는 '창조형' 기술혁신 단계로 전환할 것이 요구되고 있다.

원천기술의 해외의존

한국의 모방형 또는 추격형 기술학습 과정에서 원천기술은 외국에 의존해야 했다. 원천기술은 상품이나 서비스 개발에 필요한 핵심기술로 그 지식이 없으면 제품 개발이 불가능하다. 원천기술을 확보한 기업은 경쟁우위를 누릴 수 있으며 높은 부가가치를 창출할 수 있다. 또한 원천기술을 바탕으로 다른 기업들이 보완제품이나 서비스를 개발할 수 있는 기반을 제공하므로 다른 기업들과의 네트워크 형성과 산업 표준화 과정을 주도할 수 있다. 예를 들어 인텔과 마이크로소프트는 원천기술을 바탕으로 PC 산업 전반에서 하드웨어 기업과 소프트웨어 기업들의 동반 발전을 주도하고 있다. 그러나 우리나라의 경우 국내 기업과 대학 · 연구소 등 혁신 주체들이 관련 기술의 개발 능력이 낮아서 제품을 자체 개발할 때까지 기다리는 것보다는 이미 외국에 존재하는 원천기술을 구입해 재빠르게 제품을 개발하고 생산하는 것이 효과적이었다. 이로 인해 국내의 원천기술 개발활동이 오랫동안 본격화하지 못해 왔으며, 이를 담당하는 대학과 출연연에 대한 연구 수요가 형성되기 어려웠다. 결국 이는 원천기술의 자생적 창출능력이 저조한 채 원천기술의 높은 해외의존도가 계속되어 기술 라이센싱, 브랜드 이미지 제고, 기술표준 획득, 신기술 및 신제품 개발의 응용 등을 통해 부가가치를 제대로 창출하지 못하고 있다. 또한 지속적인 로열티 지급부담이 있고 고부가가치 제품의 적시 개발 · 출시에 어려움을 겪고 있다. 이제 '창조형' 기술혁신이 요구되는 만큼 기업 자체적으로나 대학 및 출연연과의 협력을 통해 제품개발능력과 생산기술능력을 뛰어넘어 원천기술을 개발하는 활동이 활성화될 필요가 있다. 이를 통해 국내의 부품 · 소재, 서비스 관련 기업의 동반 발전과 글로벌 네트워크 구축을 통한 새로운 지식의 획득이 가능해질 것이다.

그림 6-14 모방형 국가혁신시스템

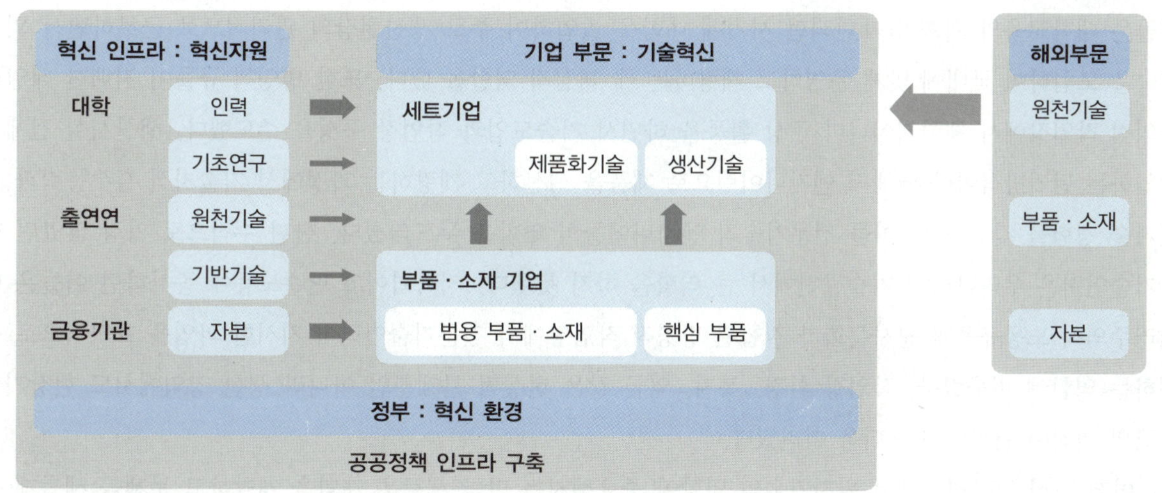

구상과 실행의 분리 : 실행 · 공정기술 중심으로 개념설계 역량이 제한

모방형 기술혁신에서는 선진국에서 이미 사용하는 기술을 국내 여건에 맞게 개선하는 것이 중요하다. 모방에 주력해 오던 우리나라 기업의 특성상 주어진 설계도를 해석하고 자원을 동원하여 구현하는 '실행 역량'은 세계 최고 수준이지만, 제품과 서비스의 개념을 최초로 정의하는 '구상역량' 또는 '개념설계 역량'은 아직 미약하다(이정동, 2016). 이로 인해 한국의 많은 기업들이 '빠른 추격자(fast follower)'에 머물러 선도자(first mover)가 되지 못하고 있으며 그만큼 우리 기업들이 신산업 분야로의 진출이 부진하다.

모방형 기술혁신하에서 기업들은 새로운 개념 개발이나 문제정의 능력을 가진 인력보다도 공개된 지식을 충분히 이해하고 주어진 문제를 효과적으로 해결할 수 있는 인력을 선호했다. 인력 양성과 활용 방식의 측면에서 모방형 기술혁신 모델은 창의적 인력보다는 도입 기술의 소화 · 개량에 적합한 숙련 인력을 선호한다. 목표가 선진국 발전경로의 빠른 추격이기 때문에 구상업무를 담당하는 기술 · 경영 인력의 역할이 작고 새로운 발전경로를 탐색하는 기획력에 대한 요구도 크지 않다. 도입된 지식과 기술을 잘 해석하고 현실에서 구현할 수 있는 엔지니어 중심으로 혁신 활동이 이루어지는 만큼 현장의 숙련지식이 혁신과정에 통합될 필요성이 적다. 구상과 실행의 분리는 한국의 배제와 대립을 특징으로 하는 노사관계 속에서 더욱 강화되었다는 비판도 있지만 반드시 그런 것만은 아니다(송위진 외, 2004). 한국의 과학기술 R&D 실행은 제시된 목표를 중심으로 대규모로 공동체를 구성하여 고강도로 진행되는 4가지 핵심적 특징을 가졌다. 즉, 모든 구성원들이 함께 배우고 공유하며 실행하는 공동체적 활동을 통해(공동체적 실행) 제시된 목표를 단기간에 효율적으로 달성하는 데 초점을 맞추었다(실무 중심적 실행). 대규모 자원 동원에 기반한 대형 연구사업이 빈번하게 추진되며 단기간에 성과를 극대화하려 했고(대규모 실행), 창의적 재능보다 열성적 노력을 통해 추격의 시간을 단축해 왔다(고강도 실행)(김근배, 2016).[20]

산업기술인력을 숙련의 수준과 임무에 따라 연구개발인력, 전문기술인력, 현장기술인력으로 나누어 볼 때 모방형 단계의 특징은 다음과 같다. 우선 연구개발인력의 절대 규모가 매우 작았으며 이들의 전문성과 기업이 요구하는 지식 간의 괴리로 인해 역할은 그리 크지 못했다. 기업연구소 수도 매우 적었고 외국유학을 경험한 연구자들로 주로 구성된 정부출연연은 기업의 기술혁신에 직접적으로 큰 영향을 주지 못했다. 이들이 가진 전문 지식은 당시 산업계가 필요로 하던 것과는 차이가 컸기 때문에 연구능력보다는 일반적인 분석능력이 산업계와의 상호작용에서 활용되었다. 모방 단계에서 가장 큰 역할을 한 집단은 전문기술인력이었다. 이들은 대학교육의 기회가 제한되던 시기에 대학을 졸업하여 주로 생산현장의 관리직으로 근무하면서 외국기술을 도입하여 국내에 맞게 운영하고 개량하는 데 핵심적 역할을 했다. 또한 병영적 규율이 지배한 테일러주의적 작업장에서 제한적이나마 구상 활동을 하면서 기술도입과 작업장 구성을 주도했다. 생산시설 전체를 수입하는 턴키방식이나 역행적 엔지니어링으로 제품을 생산하고 개량하는 과정에서 기술지식 흡수능력과 선진기술 경험을 갖고 있던 이들 전문기술직 엔지니어들의 역할은 두드러졌다. 한편 수적으로 가장 많았던 현장기술인력은 우리나라의 기술발전에서 큰 역할을 하지 못했다. 저학력이고 단순노동에 종사하던 이들은 테일러주의적 노동규율과 군사문화가 결합된 병영적 작업장에서 전문기술인력이 지시한 과업을 효과적으로 실행하는 역할에 머물렀다. 작업장 환경, 복지, 임금 같은 현실적 문제뿐만 아니라 생산 영역에서도 현장기술인력의 의견이 반영되기는 더욱 어려웠다.

이제 혁신주도 경제에서 원천기술의 역할이 중요해지는 만큼 새로운 개념을 개발하고 문제를 새롭게 정의하는 능력, 새로운 발전경로를 탐색하는 전략적 기획능력, 다양한 분야의 통합적 지식이 필요하게 되었다. 동시에 연구인력 외에 전문기술인력, 현장기술인력도 모두에게 필요하게 되었다. 다행히 1990년대 이후 연구개발인력의 수가 팽창하기 시작했고 연구개발 능력의 중요성도 점차 높아졌다. 그러나 외환위기 이후 연구개발인력의 직업안정성이 훼손되며 국내 이공계열 대학원의 공동화와 우수 인력들이 해외로 빠져나가 두뇌유출이 지속되고 있다. 반면 대학교육의 팽창과 더불어 일정 수준의 자격을 가진 인력들은 크게 늘어나고 있으나 전문기술인력의 역할은 감소하고 있다. 기술도입과 현장 적용이 중요한 단계에서는 전문기술인력이 가장 중요한 역할을 할 수 있었지만 점차 국내의 혁신능력이 높아지면서 상대적으로 그 역할이 줄어들고 있는 것이다.

한편 전문기술인력과 현장기술인력의 협력을 통한 공정혁신과 이를 위한 현장기술인력의 숙련수준을 향상할 필요성이 높아지고 있지만 이를 뒷받침해주는 제도들은 취약해지고 있다. 무엇보다도 1990년대 이후 교육기회 확대로 대학 입학생이 증대하여 현장기술인력의 신규 진입이 줄어들고 있다. 특히 1980년대부터 점차 줄어들기 시작한 실업교육은 갈수록 취약해져 숙련을 갖춘 현장기술인력을 양성할 수 있는 제도적 토대가 점차 미약해지고 있다. 이제 하급노동력을 필요로 하는 분야는 임금이 보다 저렴한 개발도상국으로 이전하거나 외국인 노동력에 의존하고 있다.

---

20. 이러한 한국 고유의 과학기술 실행방식은 시대나 상황에 따라 초점이 변화했다. 시간이 흐를수록 공동체적·실무 중심적 실행이 점차 약화되고 대규모, 고강도 실행이 강화되었다. 대학의 기초연구는 공동체적 고강도 실행이 두드러졌고 기업의 개발연구는 이에 더해 실무 중심적 대규모 실행이 두드러진다.

개발연구와 저위험—저부가 단기 연구에의 편향

우리나라에서 R&D 투자는 단일 목표를 지향하는 개발연구 비중이 높고 기초연구가 부진하다. 그만큼 원천기술도 기초연구보다는 개발연구를 토대로 하고 있으며, 기초연구 자체도 개발연구를 뒷받침하기 위한 목적지향적 연구에 치중하고 있다. 2019년만 보더라도 우리나라의 연구개발비의 단계별 비중은 기초연구 14.7%, 응용연구 22.5%, 개발연구 62.8%로 개발연구가 연구 전반을 주도한다. 기초연구 비중은 일본, 중국을 제외한 주요국보다 낮은 수준이다. 더욱이 최근에 들어서는 기초 연구개발비 비중이 해마다 감소하여 2017년 14.5%, 2018년 14.2%[21]로 계속 낮아지고 있다(통계청, 2019년 연구개발활동조사보고서).

우리나라에서 기초연구가 체계적으로 지원되기 시작한 것은 1977년 한국과학재단 그리고 1981년 한국학술진흥재단을 설립하면서부터이고 1989년 기초과학연구진흥법이 발효되었으며 국가연구개발사업에 기초연구과제가 포함되면서 기초연구에 대한 지원이 본격화되었다. 이후 한국연구재단(2009)과 기초과학연구원(2011)이 출범하며 기초연구에 대한 지원이 본궤도에 올랐다. 하지만 기초연구는 주로 정부 재원에 의존하며 독립적 연구재원이 크게 부족하다. 또한 연구개발의 책무성이 지나치게 강조되어 성공 확률이 높은 위험도가 낮은 저부가가치 연구가 장려되므로 다양한 도전과 이를 통한 연구역량의 축적을 저해하고 있다(홍성주 외, 2015). 이에 따라 정부가 지원하는 R&D 사업의 성공률이 95%에 달하는 기현상이 계속되고 있다.

모방형 기술혁신 모델이 지배해 온 만큼 이러한 현상은 자연스럽다고 할 수 있다. 이미 존재하는 기술을 도입하여 구현하므로 기술적 리스크도 낮았고, 이미 시장이 형성된 분야에 대한 투자였으므로 경제적 리스크도 낮았다. 그러나 급진적 혁신과 제품혁신을 기반으로 하는 새로운 기술과 산업의 형성으로 이어지지 못하고 성장기나 성숙기 산업에서 점진적 혁신과 공정혁신이 주로 이루어지므로 부가가치도 낮다.

표 6-14 연구 단계별 연구비 지출 비중

	1997	2000	2005	2010	2019	프랑스 (2016)	미국 (2018)	덴마크 (2017)	프랑스 (2018)	일본 (2017)	중국 (2018)
기초연구	13.3	12.6	15.3	18.2	14.7	21.5	16.6	18.5	22.7	13.1	5.5
응용연구	28.5	24.3	20.8	19.9	22.5	39.6	19.8	31.1	41.9	18.7	11.1
개발연구	58.3	63.1	63.8	61.8	62.8	41.1	63.4	50.4	35.4	64.0	83.3

주 : 합계액이 100이 안 되는 것은 기타연구의 비중을 제외하였기 때문임
자료 : MoST and KISTEP(2007)

한국의 GDP 대비 기초연구비 비중은 0.75%로 미국이나 일본에 대해서도 월등히 높은 세계 1위 수준이다. 그렇지만 실제 기초연구자들은 기초연구만으로는 실험실 운영도 어려운 것이 현실이다. 이러한 현실은 정부의 연구비 배분의 상당부분이 기초연구를 직접적으로 지원하지 못하고 있는 데서 부분적으로 기인한다. 정부 R&D 재원 중 상당부분이 시설·장비 구축비, 인력양성 사업, 교육 연수로 연구개발과 직접적 관련성이 없으며, 이를 제외한 연구개발비에서도 상당 금액이 연구기관지원사업이나 국립대학 교원인건비 등에 사

21. 2019년 연구개발비 중 경상비는 전체의 90.7%를 차지하고 자본적 지출은 9.3%이다. 경상비 중 인건비는 42.0%, 기타경상비는 49.0%이다. 인건비 비중은 일본(39.0%, 2016)과 중국(29.6%, 2016)을 제외한 다른 주요국보다는 낮다[독일(59.8%, 2015), 프랑스(59.9%, 2014)]. 한편 자본적 지출 비중은 경상비 구분 기준이 다른 미국(0.2%, 2016년, 미국은 경상비를 인건비와 기타 경상비로 구분하지 않음)을 제외하고 주요국 중 가장 낮다.

용되고 있어 순수연구 개발비로 쓰이는 것은 발표 수치의 일부에 지나지 않는다. 특히 이런 현상은 응용연구와 개발연구보다 기초연구에서 집중적으로 나타나고 있어 대학과 공공연구소에서는 기초연구만으로는 더 이상 실험실 유지도 어렵다. 이와 더불어 박사급 연구책임자는 대학에 집중되어 있지만, 연구비는 공공연구소에 집중되어 1인당 연구비에서 공공연구소와 대학 간에 비교조차 할 수 없는 현격한 격차가 나타나고 있고, 그만큼 대학이나 기초연구의 어려움이 가중되고 있다. 이제 기초연구 거점으로서 대학과 GRI에 대한 투자를 강화하되, 기초 연구자 저변과 연구비 지원을 확대하고 기초분야 연구자가 도전적 연구분야를 설정하여 장기간에 걸쳐 안정적으로 몰입할 수 있도록 연구 환경을 조성하여야 한다. 특히 논문 수, 특허 수, 펀딩 규모 등의 양적 · 결과 중심의 평가 문화를 벗어나 민츠버그(Henry Mintzberg)의 전문가 조직(professional bureaucracy)과 혁신조직(adhocracy)의 특성을 갖는 대학과 GRI에 부합하도록 성실 수행 여부에 초점을 맞추는 절차적 평가와 동료 연구집단에 의한 질적 평가를 통해 특정 분야에서 도전적 연구가 평생에 걸쳐 지속되도록 하여야 한다.

한편 원천기술을 자생적으로 창출하기 위해서는 기초연구의 활성화가 요구되지만 응용 및 개발연구도 여전히 중요하다. 과학기반산업이나 신기술 산업에서의 원천기술 확보는 기초연구와 과학적 지식이 중요하지만, 전통 주력산업의 경우에는 응용이나 개발 과정에서 독특한 기술능력을 확보할 필요가 있기 때문이다.

2) 연구개발의 양극화

한국의 국가혁신체제는 특정 혁신 주체나 산업분야 그리고 지역에 자원이 집중되어 양극화로 부를 정도로 부문 간 불균형이 심각하다.

(1) 민간기업, 특히 기업집단 중심의 연구개발

우리나라 기업의 연구개발 활동은 양적 성장을 지속하고 있지만, 대기업에 편향된 연구개발이라는 양극화 현상도 계속되고 있다. 즉, 기업부문 연구개발 활동에서 대기업이 차지하는 비중이 높고 매출액 상위기업의 연구개발활동이 활발하여 연구개발 투자에서 대 · 중소기업 간 격차가 지속되고 있다.

대기업에 집중된 기술혁신 속에서 점증하는 중소기업의 역할

기업의 연구개발은 제조 대기업이 주도하며, 중소 제조업체나 서비스 기업의 역할은 미흡하다. 이에 따라 대기업은 기술개발을 선도하는 데 역량을 집중하고 있으나 여타 기업들은 아직 모방적 추격에 머물러 있다. 2019년 중 기업은 우리나라 전체 연구개발비의 80.3%를 점하며 이 중 대기업이 전체 기업연구개발비의 62.5%(중견기업 14.2%, 중소기업 11.2%, 벤처기업 12.1%)를 점하고, 연구원의 31.9%가 대기업에 종사(중견기업 15.2%, 중소기업 27.1%, 벤처기업 25.9%)하고 있다.[22] 결과적으로 대기업의 연구원 1인당 연구개발비는 중소기업의 2.5배에 달하는데 대기업 내에서도 연구원 1인당 연구개발비는 기업규모가 클수록 더 크다. 이처

---

22. 과학기술정보통신부, 『연구개발활동조사보고서』, 각년도 ; KISTEP, 우리나라 민간기업의 연구개발 활동 동향, 통계브리프, 2020년 제19호

럼 기업 R&D는 소수의 대기업에 극단적으로 집중되어 있다. 그러나 기업 전체의 연구개발 투자에서 중소기업이 차지하는 비중은 미국, 일본, 독일, 스웨덴 등의 선진국에 비해 높은 편이다. 한편 매출액 대비 연구개발비 비중(2019)은 대기업 3.9%, 중견기업 2.3%, 중소기업은 2.5%, 벤처기업은 5.2%로 대기업과 중소기업 간 격차가 크다. 소수의 대기업이 보상과 연구 인프라의 우위를 바탕으로 혁신자원을 지배하고 있는 것이다.[23] 최근 중소기업의 연구개발비나 연구원 수가 벤처기업과 전통기업 모두 증가하고 있지만 격차는 아직 크다. 기술혁신이 중요해짐에 따라 공급기업 역시 높아진 기술수요에 따라 R&D 역량을 높이고 있는 것이다.

연구개발비와 연구원의 집중 현상은 매출액 상위기업에서 두드러지게 나타나고 있다. 매출액 상위 5대, 10대, 20대 기업의 경우(2019), 전체 기업부문 연구개발비에서 33.8%, 47.0%, 52.8%(2019)를, 전체 연구원의 14.6%, 20.3%, 23.9%를, 전체 박사 연구원의 23.9%, 32.7%, 40.0%를 각각 점하고 있다. 매출액 상위 5대, 10대, 20대 기업의 매출액 대비 연구개발비 비중은 7.22%, 7.34%, 5.60%로 기업 전체 비중 3.51%보다 매우 높게 나타났다. 한편 연구원 상위 5대 기업, 10대 기업, 20대 기업의 연구원(박사연구원) 집중도는 각각 20.4%(33.3%), 24.3%(39.4%), 27.2%(44.7%)로 나타났지만 과거에 비해 하락하는 추세이다. 이에 따라 2015~2019년 중 정부 R&D에 따른 국내특허성과 중 우수특허 비율과 삼국특허 비율은 대기업이 9.1%와 6.8%에 달하여 중견기업(6.4%와 3.8%)와 중소기업(3.2%, 1.5%)에 비해 크게 높은 특허 성과를 보이고 있다[특허청(2020), 2019년도 정부 R&D 특허성과 조사분석 보고서].

다행히 정부가 지원하는 기업의 연구개발에 있어 중소기업에 대한 연결고리는 강화되고 있다. 정부가 중소기업의 생산성을 높이고 기술집약화를 위한 노력은 1980년대 중반부터 시작되었다. 기술창업의 지원(1986년 중소기업 창업지원법), 유망 벤처기업의 창업 및 사업화 지원(1991 창업보육사업) 등이 그것이다. 본격적인 중소·벤처기업에 대한 기술개발 지원은 외환위기 이후로 기술력과 혁신성을 갖춘 중소·벤처기업의 육성(벤처기업육성에 관한 특별조치법, 1997)과 기술혁신형 기업의 발굴·육성(중소기업기술혁신촉진법, 2001)을 위해 정책을 집중하면서 시작되었다. 아울러 정부는 정부연구개발예산 중 중소·벤처기업에 대한 지원 비중을 더욱 확대하고, 공공연구소가 중소·벤처기업의 연구개발을 적극 지원하도록 하였다. 이에 따라 외환위기 이후 벤처기업 수는 1998년 2,042개에서 시작하여 2016년 33,360개로 커져 벤처 인증제도를 도입한 1998년 이래 최고치를 기록했다.

표 6-15 **기업유형별 연구원 수 및 연구개발비 추이**(2016)

	미국	독일 (2015)	프랑스	스웨덴	한국	일본	OECD	분류	한국(2018)	
									연구개발비	연구원
49명 이하	4.3	2.9	11.4	8.8	12.2	1.1	17.3	벤처기업	11.5	25.7
50~249명	6.5	5.8	13.0	13.3	10.6	3.9	21.0	중소기업	10.9	27.1
250~499명	3.5	4.6	8.6	7.7	4.9	4.6	9.6	중견기업	13.9	15.1
500명 이상	85.7	86.7	67.0	70.2	72.3	90.3	52.1	대기업	63.7	32.1

자료 : 과학기술정보통신부 · KISTEP, 연구개발활동조사보고서 ; KISTEP 통계브리프 2019년 제20호 2018년 우리나라 민간기업 연구개발활동 현황 ; 과학기술통계(https://www.ntis.go.kr/)

23. 이는 세계 공통의 현상으로 기업규모가 클수록 혁신에 더 적극적인 것으로 나타나고 있음에 주의하자. 한편 한국의 경우 혁신기업 비중은 대기업 47.7%, 중기업 26.8%, 소기업 25.5%(2018)이다.

우리나라 기업의 제품혁신(17.1%) 및 공정혁신(7.4%) 수행기업의 비중은 비교국 중 최하위에 머물러 있다. 제품혁신과 공정혁신 비중이 가장 높은 국가는 독일과 룩셈부르크로 각각 43.8%와 42.1%를 보이고 있다. 한편 한국은 조직혁신(31.0%) 및 마케팅혁신(25.5%) 수행기업의 비중도 낮은 편이다. 조직혁신과 마케팅혁신 비중이 가장 높은 국가는 각각 룩셈부르크(46.9%)와 그리스(38.2%)이다. 한편 우리나라 기업의 용도별 연구개발비 비중은 신제품 개발(45.0), 기존제품 개선(21.7), 신공정 개발(17.3), 기존공정 개선(16.0)의 순으로 나타나고 있다(과학기술정보통신부 · 한국과학기술기획평가원, 2019 연구개발활동조사보고서).

기술혁신의 원천과 대상이 다원화되기 위해서는 기술혁신의 주체가 대기업을 넘어 벤처기업, 중소기업, 대학 그리고 연구소로 보다 더 다원화될 필요가 있다. 그리고 무엇보다도 개별 혁신 주체는 먼저 비교우위에 입각하여 각자의 기본적인 역할을 제대로 수행해야 한다. 특히 공공부문은 개발연구나 생산기술 지원에서 벗어나 기초연구, 파급효과가 큰 원천기술, 시장실패를 다루는 공공기술 연구로 복귀하여 기업 부문에 대한 지원과 선도 역할을 수행해야 한다.

(2) 연구개발의 산업별 양극화 : 제조업(중화학공업)에 집중

기업의 R&D는 제조업, 그것도 특정 제품과 특정 기술영역에 주로 집중되어 있다. 산업별로 볼 때 1990년대 이후 제조업의 연구개발비가 높은 증가율을 보여 연구개발비에서 제조업의 비중은 거의 90%에 이를 정도로 제조업의 연구개발이 활발하다. 2019년 전체 산업에서 제조업이 차지하는 비중은 연구개발비의 87.5%, 연구원의 74.2%에 달한다. 특히 전자부품 산업이 지배적이고 자동차, 통신장비가 그 뒤를 잇고 있다. 한편 우리나라의 서비스업 연구개발비 비중은 10.8%(2019)로 미국(34.4%, 2017), 영국(56.6%, 2016), 스웨덴(44.4%, 2017), 독일(14.3%, 2018), 프랑스(48.5%, 2017) 등 주요국 대비 낮은 수준에 머물러 있다. 한편 매출액 대비 연구개발비는 전체 산업이 3.51%인데 제조업은 4.5%이며 서비스업은 2.2%에 지나지 않는다. 한편 제조업 내에서도 음식료, 섬유 등의 경공업은 1%를 소폭 상회하는 수준에 머물고 있는 반면, 의약품(6.17%), 전자부품, 컴퓨터, 영상, 음향 및 통신장비 제조업(10.14%), 의료, 정밀, 광학기기 및 시계

그림 6-15 2019년 산업별 매출액 대비 연구비

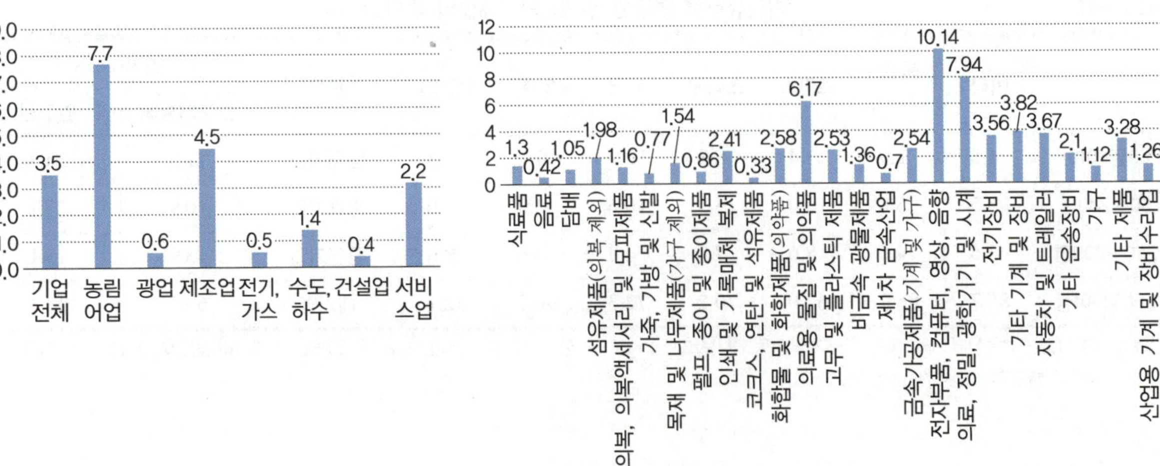

자료 : 2019년 연구개발활동조사보고서

(7.94%) 등 첨단의 기술집약산업에서 매우 높게 나타나고 있다.

기술경쟁력에서도 영역 간 큰 차이를 보이고 있다. 생산공정기술 경쟁력은 선진국과 거의 대등한 수준에 도달한 반면, 신제품개발 능력이나 소재 · 부품 자급도는 상대적으로 취약하다. 부품 소재 분야의 취약은 중간재 국산화율을 통해서도 알 수 있다. 2018년 제조업 전체의 국산화율은 1990년대 이후 지속적으로 감소하여 69.1%인 반면, 기초소재업종과 조립가공업종의 그것은 각각 60%, 73.3%이다.

한편 정부의 연구개발 투자에서는 경제개발 분야의 비중이 다른 나라들보다 매우 높다. 2014년의 경우 정부의 연구개발사업 중 경제개발 예산은 43.8%로 보건환경(11.8%)보다 압도적이지만 미국이나 영국은 보건환경이 각각 60%, 30%로 경제개발의 15%, 10%보다 압도적으로 높다. 한편 일본(약 40%)과 독일(약 32%)은 일반대학 진흥의 비중이 가장 높고 경제개발은 둘 다 25% 수준으로 미국, 영국에 비해 높지만 한국에 비해서는 훨씬 낮다.

표 6-16 수입의존도와 중간재 국산화율 (단위 : %)

	수입의존도			중간재 국산화율		
	2016	2017	2018	2016	2017	2018
공산품	19.7	20.9	21.8	72.0	70.2	69.1
소비재 제품	16.8	16.5	17.1	77.3	77.9	77.0
기초소재 제품	24.4	26.9	29.4	65.0	62.3	60.1
조립가공 제품	18.2	18.7	18.0	74.4	72.8	73.3
전산업	11.5	12.2	12.7	79.5	78.3	77.7

주 : 1) 수입의존도 = 중간재수입액/총투입액 × 100
2) 국산화율(= 국산중간재/중간투입액 × 100)로 중간재의 국산화 정도를 나타냄

자료 : 한국은행(2020), 「2018년 산업연관표(연장표)」 작성 결과

(3) 연구개발의 지역별 양극화

전체 연구비의 많은 부분이 서울과 경기지역에 집중되어 있으며, 최근으로 올수록 이런 경향이 심화되고 있다. 2019년 경기지역의 연구개발비는 우리나라 전체 연구개발비의 51.6%에 해당하며, 서울 지역은 15.1%를 차지하고 있다. 수도권(서울, 경기, 인천)의 연구개발비 비중은 69.9%이며, 대전 지역을 포함할 경우 우리나라 전체 연구개발비의 78.6%를 차지하고 있다. 한편 정부의 연구개발투자 중 수도권의 비중은 전체의 34.9%(2016)이고 대전 30.6%, 서울 19.6%, 경기 12.9% 순이다. 수도권의 연구원 수 비중은 전체의 64.1%이고 대전 7.5%, 경기 32.8%, 서울 23.9%, 대전 7.5%이다. 이에 따라 연구원 1인당 연구개발비는 대전 2.11억 원, 경기 1.98억 원, 충북 1.83억 원, 충남 1.72억 원으로 전체 평균인 1.51억 원보다 높지만, 서울은 0.95억 원으로 낮다.

2.3 한국 기술혁신 레짐의 전개

한국은 비교적 짧은 기간 동안 역량 있는 국가혁신시스템을 확립하였다. 정부는 중앙집권적 국가 전통에 힘입어 국가혁신시스템 발전에서 핵심적인 역할을 해 왔다. 산업화 이래 정부는 혁신 주체의 역량을 확장하고 상호협력을 장려하여 혁신시스템의 응집력을 높여 왔다. 주요 혁신 주체의 R&D와 혁신활동을 가속화하기 위해 법적 · 제도적 체계를 개선하고 있으며, 혁신 주체들 간의 상호작용도 장려하고 있다.

1) ~1950년대 : 과학기술 계몽과 과학기술 인력의 확충기

대한제국기 서구 과학기술에의 노출과 일제의 왜곡

19세기 중엽까지 영국에서 일어난 산업혁명은 19세기 후반 서유럽, 미국, 일본으로 파급되었다. 방직기가 영국에서 특허를 얻은 지 116년이 지난 1901년에야 한국에 처음 도입되었듯이, 우리나라의 제1차 산업혁명의 파고는 서유럽보다 1세기 이상 뒤졌고 그것도 주로 일본에 의해 이식되었다. 우리나라에서 근대 과학기술에 대해 각성하고 새로운 전통을 수립하려는 노력이 일어난 것은 1876년 개항 이후였다. 1896년 광무개혁과 더불어 국가 차원에서 근대적 교통 · 통신 설비가 확충되고 민간에서는 근대적 공장이 설립되었다. 정부는 과학기술 진흥을 위해 노력하여 제도 도입, 과학기술인력 양성, 대중 대상의 과학계몽을 전개하였다.

일제 강점은 대한제국기에 형성되기 시작한 과학기술 발전의 토대를 변질시켰다. 과학기술 교육기관은 수업연한이 낮아졌고 저급한 수준의 실업교육만을 실시하도록 하였으며, 대부분의 고등교육은 일본인을 대상으로 하였다.[24] 대학의 과학기술 인력 배출은 대단히 적어, 식민지 기간 동안 배출된 박사학위 소지자는 전부 12명 정도였고 이공계 대학 졸업자도 3백여 명에 머물렀다. 하급 · 초급 과학기술인력조차도 많지 않았고 대부분 단기과정 수료자로 기술 수준이 낮아 독립 이전까지 과학기술이나 그 역량의 축적은 극히 제한적이었다.

1950년대 : 교육 중심의 NIS 구성

일제 강점으로 단절된 한국과학기술의 전통은 해방 이후 당시 선진국의 조류를 따라 교육기관과 기초연구를 중심으로 재개되었고 교육 중심의 과학기술 시스템이 구성되었다. 초중등 교육에서 기술교육이 확대되는 가운데 이공계 정규대학과 기초과학을 다루는 학과들이 확충되면서 대학이 과학기술의 중심이 되어 교육과 연구를 이끌었다. 학부 수준의 과학기술인력 양성이 이루어지고 그에 따라 교육적 효과가 큰 리뷰 논문, 동향 보고, 학계 소식 등을 중심으로 초보적 연구성과가 나타났다. 대학을 매개로 국가의 정책기관, 연구기관, 학술단체 등이 서로 협력하였다. 휴전 이후 본격화된 해외유학을 배경으로 1950년대 말부터 유학을 떠났던 졸업자들이 귀국하면서 과학기술계에 활력이 생겨났다. 과학기술 관련 최초의 행정체계이자 최초의 연구기관으로 원자력원과 원자력연구소가 각각 설립되어 과학기술자들이 결속하는 계기가 되었고 1960년 과학기술인의 전국단체로 한국과학기술진흥협회가 설립되었다.

---

24. 3.1 운동, 민간의 대학설립 요구, 조선의 병참기지화가 겹치며 학제의 확대, 유학 증가, 경성제국대학 설립(1926)과 의학부 개학(1932), 이학부 개설(1941)이 이루어졌다. 그러나 경성제대 이학부만 보더라도 공학에 편중되었고 실험 실습실도 부족했으며 교수진은 신규 대학졸업자를 포함하는 등 정상적 운영이 이루어지지 못했고 여론 무마용이나 전쟁준비에 그쳤다.

2) 1960년대~1970년대 : 정부주도로 출연연 중심의 NIS 구성—외국 기술의 모방

정부주도의 과학기술 정책

과학기술정책 거버넌스의 형성 기업과 학계를 포함한 민간부문의 역량이 취약하고 인력도, 인프라도, 축적된 기술역량도 없었던 상황에서 제도 설정, 연구시설 건립과 운영, 인력 양성 및 국제협력 등의 과학기술 발전을 위한 노력은 정부주도에 의해 모든 것이 이루어졌다. 과학기술 정책과 전략 프로그램을 수립 · 실행하며 국가의 전반적 과학기술 활동을 조정하고 지도하기 위해 과학기술부가 설립되었다.

이 시기 과학기술 정책은 최고통치권자의 의지와 비전이 강하게 반영되며 관료들이 주도하였는데, 필요할 경우 새로이 설립한 정부출연연의 자문과 소수의 기업 및 대학에서 과학기술전문가의 개별적 도움을 받는 데 그쳤고 과학기술자들의 체계적 역할이나 기업과 시민사회와의 참여나 협의 그리고 협상은 찾아볼 수 없었다.

정부주도하에 정부출연연구소가 설립되고 이를 중심으로 한 NIS 구축이 시작되었다. 산업계와 대학 모두 기술적 역량이 취약하여 정부는 선진 기술의 복제적 모방과 역행 엔지니어링을 통한 기술 흡수에 필요한 과학기술 인프라 구축에 적극적 역할을 해야 했다. 1960년대 한국과학기술연구소(KIST, 1966)를 시작으로 1970년대에는 업종별로 다수의 정부출연연이 설립되었다. 정부출연연은 산업기술과 개발연구를 중심으로 주로 외국에서 도입한 기술의 소화 · 개량을 선도하였다. 확장세를 이어가던 대학은 아직 연구보다는 교육기관으로 주로 활동하였다. 이에 따라 학계의 논문이나 특허성과는 양도 많지 않고 수준도 낮았다.

표 6-17 정부주도하의 과학기술 추이

시기	주요 산업	기술 단계		과학기술 정책
1950년대	1차 산업과 삼백산업	필요기술 : 성숙기술 기술획득(경공업)	모방	성숙기술 도입/자본 도입 대규모 인력 양성
1960년대	경공업 (의류, 가발, 합판, 신발, 가전)	필요기술 : 성숙기술 경공업 중심 기술획득	모방	정부주도의 성숙기술 도입 자본 도입 ▪ 교육 : 과학기술 교육 시작 ▪ 산업 : OEM, 자본재 수입 중심으로 기술도입(국제수지 악화로 억제) ▪ 정부 : 과학기술 제도인프라 구축(과학기술부 등)
1970년대	중공업 (철강, 조선, 자동차, 전자, 유화)	필요기술 : 성숙기술 중화학공업 기술획득	모방	정부주도의 성숙기술 도입 ▪ 교육 : 대학은 교육 주력하고 R&D는 취약, 기술훈련 확대 ▪ 산업 : R&D 활동 미비, OEM, 자본재 도입, 턴키 공장도입에 수반된 기술훈련 중심으로 기술이전(DFI와 FL 제한) ▪ 정부 : 업종별 연구소의 기술이전과 흡수, 대덕과학단지 조성(1974)

자료 : Jungwon Yoon(2015)

1960년대 : 정부주도의 제도적 기반 형성과 경공업 성숙기술 모방

정부주도의 과학기술제도 인프라 확충 1960년대에 들어 산 · 학 · 정 모두 과학기술 능력이 취약하였기 때문에 정부가 과학, 기술, 혁신의 진흥을 주도하여 제도적 기반의 구축에 나섰다. 행정관료들은 정부출연연구기관들의 자문을 받고 과학기술진흥법(1967)을 제정하였으며, '과학기술발전 장기종합계획(1967~1986)'을 수립 · 시행하였고 종합과학기술심의회를 설립하여 전반적인 과학기술정책을 조정하였다. 과학기술 전담부서로 과학기술부를 설립(1967)하여 과학기술정책과 전략적 프로그램을 수립 · 집행하고 과학기술 정책을 정부의 행정체계로 자리 잡게 하고 국가 과학기술 활동을 전반적으로 조정 · 통제하도록 하였다. 특히 과학기술정책을 교육정책에서 분리시켜 경제발전을 위한 경제정책적 차원으로 다루게 되었고, 경제개발계획에 맞추어 과학기술 중기계획을 마련하여 기술의 도입과 흡수를 체계화하였다.

산학의 기술역량 결핍에 대응하여 최초의 공공연구소로 설립된 KIST(Korea Institute of Science and Technology)는 국가 R&D의 전략적 구심점이 되도록 하였다. 대학과 산업체의 기술 역량이 극히 부족한 상황에서 국내 유일의 연구기관인 KIST는 연구인력을 양성하고 역행설계를 수행하여 우수한 연구원을 제공하면서 기업에 산업기술을 이전하는 통합연구센터의 중추적 역할을 수행하였다.

경공업 중심 성숙기술의 수입과 모방 1960년대 한국은 비숙련 노동력을 제외하고 원자재, 자본, 기술 등 모든 것이 부족하여 외국에 의존해야 했다. 당시 기술혁신이란 경공업과 일부 중공업 분야에서의 선진국의 성숙기술 모방으로, 기업은 역가치사슬 전략의 첫 단계인 생산역량 확보에 주력하였고 이 과정에서 기술학습과 기술역량 축적이 이루어졌다. 기업은 OEM, 라이센싱, FDI뿐만 아니라 턴키 공장의 수입과 그에 병행한 기술훈련, 자본재 역설계 등 다양한 경로를 활용하였다. OEM 계약을 통해 제품 설계, 재료 구매, 품질 제어를 외국 구매자로부터 배워나갔고, 턴키방식으로 건설된 공장에서 훈련을 받아 생산 경험을 쌓거나 외국에서 도입된 자본설비를 운영하면서 기술을 학습하여 점차 생산능력을 갖추어 갔다. 이러한 생산능력을 바탕으로 마침내 독자적 공장 건설을 추진할 수 있었고 역설계나 핵심기술 도입을 통해 수입제품을 국내재로 대체하였다.[25] 이에 따라 수출 품목도 신발, 합판, 가발 등 노동집약적 제품에서 소형 트랜지스터 라디오, 흑백 TV 등 가전제품으로 확대되는 한편 IC(집적회로) 조립 생산도 시작되었다.

1970년대 : 정부주도 중화학부문 성숙기술 모방

정부주도의 중화학공업기술 획득 19세기 말부터 구미에서 전기 · 화학 · 자동차 산업 등을 중심으로 전개된 제2차 산업혁명의 기반기술은 1세기를 지나지 않은 1970년대를 전후해 우리의 주요 산업기술로 도입되었다. 정부주도하에 대기업은 1970년대 초반 철강, 화학, 비철금속, 기계, 조선, 전자 등 6대 중화학공업으로 진출하며 기술모방을 중심으로 기술학습을 하여 기술능력을 축적하였다. 기업들은 턴키방식으로 공장 건설과 운영에 필요한 모든 장비와 기술을 들여와 외국 기업에 전적으로 의존하거나 기계나 장비 등 자본재를 도입하는 방식으로 기술을 모방하였다. 다만 이 시기 과학기술 정책의 초점은 1960년대 수입기술의 단순한 모방에서 복잡한 수용과 단순하고 덜 복잡한 기술의 국내개발로 전환되며 창의적 모방이 시작되었다(Kim, 1997).

업종별 공공연구소 설립 1970년대 말까지 국가 R&D 자금의 50% 가까이는 여전히 공공부문이 조달하였으며, 공공연구소가 R&D 활동의 50% 이상을 수행한 반면, 기업 R&D는 30%대에 지나지 않았다. 아울러 연구원 수에서도 공공연구기관은 1975년까지 대학이나 기업체를 넘어섰다. 중화학공업은 기술 중심의 산업이어서 일정 수준의 국내 기술 및 혁신 능력을 요구하였다. 이에 따라 중화학공업에 진출한 대기업을 중심으로 자체 R&D 활동을 수행하기 시작했다. 또한 이에 대응하여 정부는 변화한 기술수요에 맞추어 업종별

---

25. 기술 도입을 통해 공장을 가동하면서 생산과 운영에 관한 기술력을 축적해 나갔던 것이 중요한 성과였다. 비료공장 건설의 경우, 처음에는 미국에서 모든 것을 일괄로 들여오는 턴키방식을 채택했고, 공장 건설 후 몇 년간 기술제공 회사의 지도 훈련을 통해 비료공장 조업과 운영에 관한 기술을 습득했다. 몇 개의 비료공장을 건설 · 운영하면서 기술력이 축적되었고 이를 바탕으로 1960년대 후반부터 스스로 비료공장을 건설할 수 있었다. 제한적이었지만 이러한 기술력은 1960년대 정유산업을 비롯한 여타 화학공업 분야로 확대되었다.

로 산업기술에 특화한 한국기계연구원, 한국화학연구원, 전자통신연구원 등 전문 국공립연구소들을 설립하여 기업의 선진기술의 도입과 소화를 지원하였다. 기업의 R&D 능력이 구축되기 전까지 업종별 전문연구소는 KIST와 함께 개발연구의 R&D를 주도하였다. R&D 성과로 대학의 국내 학술지 발표에 더해 정부출연연구소의 국내 특허 출원이 제한적으로 이루어졌다. 공공연구소가 산업기술에 중점을 두었지만 산업기술 발전에 직접 기여한 사례는 드물었고, 대부분 외국 기술을 그대로 적용하거나 부분적으로 개량하는 것이었다. 대신 해외과학자 유치, 연구인력 확대, 기업 기술개발 지원, 담론과 정책을 통해 기술발전에 기여하였다. 특히 정부는 장기인력 수급계획(1971~1981)을 통해 업종별로 인력수요를 전망하고 교육, 직업훈련, 자격제도를 갖추어 나갔다. 인력을 과학기술자, 현장기술자, 기능자로 구분하여 한국과학원[Korea Advanced Institute of Science(KAIS, 1971 ; 후에 KAIST(Korea Advanced Institute of Science and Technology)로 개명] 설립과 이공계 대학의 확충 · 특성화, 전문대학 확대, 공업고등학교 육성 등을 추진하였다. 당시 대학은 연구보다 교육에 치중하여 산업계에서 필요한 기술인력과 공학자들을 공급하는 역할을 수행하였다. 대신 대학의 연구, 특히 기초연구는 장기간 소외되었다.

3) 1980년대 : 정부주도의 산연 간 조직적 개발연구의 활성화

정부주도하의 조직적 개발연구 : 삼중나선 1.0

1980년대에도 정부주도적 과학기술 발전체계가 지속되었다. 중화학공업이 주요 산업으로 육성된 가운데 선진국의 기술보호주의와 후발국의 추격을 극복할 대안으로 과학기술 발전에 대한 인식이 크게 높아졌다. 과학기술정책은 범정부적 의제로 확산되었고, 국가 단위의 정부 연구개발사업이 실시되었다.

1980년대에 이르러 우리나라 주력산업의 기술 고도화와 첨단기술 개발이 주요 정책과제로 등장하였다. 이를 위해 정부는 협력을 위한 플랫폼을 구축하고 산 · 학 · 연을 연합시키고 조정하는 정부주도의 국가혁신시스템(삼중나선 1.0)을 등장시켰다(Yoon, 2015). 대통령 자문기구로 기술진흥확대회의가 설치되어 산 · 학 · 연이 모두 참여하는 과학기술의 콘트롤 타워를 구성하고 다양한 국가연구개발사업을 추진하게 되었다. 1982년부터는 과학기술처 중심으로 특정 연구개발사업(National R&D Programmes ; NRDP)을 시작으로 정부가 주도하고 산연이 연합하여 전략산업의 핵심기술을 중심으로 특정 산업기술에 초점을 맞추는 개발연구를 수행하도록 하였다. 이 사업에서는 기업이 혼자서는 다루기 힘든 핵심 산업기술을 기업과 정부출연연 간의 공동 프로젝트를 통해 개발했다. 산 · 학 · 연 협력은 초기에 산업–출연연의 이중 나선형태로 설정되었다. GRI가 산업계 혁신활동의 촉진자로 역할을 함으로써 NRDP를 통해 산업의 기술역량을 구축 · 발전시켜 정부는 혁신 조정자로서 지배적 역할을 하였다는 점에서 3중 나선 1.0모형에 해당하였다. 정부부문은 협업을 위한 플랫폼을 구축하고 UIG 관계를 조정하는 가장 중요한 혁신 주체였다. 한편 산업계의 시급한 공통애로기술이나 민간기업만으로는 한계가 보이는 기술을 대상으로 상공부의 공업기반기술개발사업이 추진되고 체신부도 1980년대 중반부터 추진한 컴퓨터, 반도체, 통신 등의 전략적 국가연구개발 프로그램을 추진하였다. 1980년대 초 과학기술부의 감독하에 국가 R&D 프로그램(NRDP)이 출범하여 기업혁신에 불을 붙였고 (정부출연연, 산업체, 대학이 R&D 협력에 참여하는) 정부지원 연구프로젝트를 활성화하였다.

정부출연연은 국가 R&D를 실행하는 주력으로 활동한 반면, 대학은 특허를 낳는 R&D 활동은 거의 하지 못하고 개발연구에 부응하는 석박사급의 고급인력 공급을 확대하는 데 주로 기여하였다. 메모리반도체 개발연구는 정부주도하의 조직적 NRDP의 성과를 보여준다 : D램 개발연구는 1982년 NRDP로 선정되어 산·학·연이 협력하였고, 1986년에는 민간의 제안으로 D램 공동개발로 이어져서 독자적 반도체 기술을 확보하게 되었다.

표 6-18 1980년대 과학기술 수준과 그 정책

시기	주요 산업	기술 단계		과학기술 정책
1980년대	자동차, 기계, 전자	필요기술 : 상위기술 기술집약화와 규모집약적 산업 내에서의 다변화	내부화	기업 R&D 활성화에 의한 도입기술의 집약화 ▪ 교육 : 대학은 연구지향 기관으로 변모 ▪ 산업 : 민간기업의 연구소 설립확대와 산업 연구기반의 형성, FL, DFI, 독자 R&D를 통한 기술 획득 ▪ 정부 : 고급 과학기술자의 육성과 유인, 국가 R&D 프로젝트 수행(1982), DFI와 FL의 점진적 자유화

자료 : Jungwon Yoon(2015)

선진기술의 모방과 내부화

1980년대는 산업 R&D가 급증하며 기업의 역할이 점차 커져간 시기이기도 했다. 1970년대를 거치며 신산업 진입의 기회가 소진되자 대기업집단 간의 경쟁이 치열해졌다. 경쟁은 금융, 인적자원 등 범용자원의 동원능력에서 기술과 같은 산업특화적 자원으로 바뀌었다. 수출시장 역시 노동비용 상승과 개도국 부상으로 고부가 제품 진출을 요구하여 산업특화적 능력을 필요로 했다. 그러나 동시에 많은 한국 기업이 OEM 생산자에서 OBM 수출기업으로 변모하며 잠재적 경쟁자로 부상하자 외국 기업들은 기술이전을 꺼리게 되었다. 1980년대 후반까지 기업은 생산공정 개선을 통한 생산성 강화를 경쟁력의 관건으로 인식했다. 적기공급(무재고) 생산방식(Just In Time)으로 대표되는 린 생산과 수평적인 팀 중심으로 일을 분화하는 유연 생산방식 등 원가 경쟁력을 확보하기 위한 다양한 생산방식이 등장했다.

결과적으로 1980년대에 우리나라의 생산기술과 주변기술은 선진국 수준에 다다랐지만, 핵심기술과 첨단기술은 선진국과의 큰 격차가 계속되었다. 예를 들어 1986년에 수립된 2000년대를 향한 과학기술발전장기계획은 "가공, 조립, 제작과정, 상세설계 등 생산기술과 주변기술은 선진국 수준에 거의 육박하고 있지만, 기본설계, 소재, 시스템, 소프트웨어 등 핵심기술은 선진국에 비해 크게 낙후되어 있다"라고 평가했다. 한편 당시 섬유, 철강, 가전 및 기타 경공업 분야는 국내 토착화 및 제품 개량으로 선진국과 경쟁이 가능했고, 기계, 석유화학, 산업소재 등은 요소기술을 소화·흡수하는 단계에 있었으며, 전자, 통신, 정밀화학, 자동화, 생명공학 등 첨단 분야는 반도체와 같은 특정 분야를 제외하고는 초기개발 단계에 있었다.

1980~1990년 동안 국내 특허 출원만 보더라도 20%에 불과해 한국이 기술 수입에 크게 의존했음을 알 수 있다. 상위 3개 외국 특허 출원은 일본, 미국, 독일로 한국에서 외국 특허 출원의 가장 큰 부분을 차지했다.

기업연구개발의 활성화

1980년대에 국내 기업은 연구소를 잇달아 설립하고 R&D 지출을 늘리며 R&D와 기술발전에서 서서히 주도적 역할을 하기 시작하였다.[26] 대기업이 독자적 기술개발을 모색함에 따라 R&D에서 민간의 역할이 점차

26. 국가연구개발사업에 의한 조직적인 개발연구를 추진하는 과정에서 기업의 R&D 역량이 축적된 것은 기업이 주도하는 개발연구가 활

커졌고 연구인력 구성도 국공립연구소에서 대학과 기업 중심으로 변화해 갔으며, 정부도 기업의 연구소 설립을 장려하였다.

기업부문에서의 연구개발 활성화는 1980년대에 정비된 민간기업에 대한 기술개발 지원제도에 크게 힘입었다. 정부는 조세지원, 금융지원, 연구인력 병역특례제도, 정부구매 지원 등 지원을 강화하고 그동안 정부출연연에 집중되었던 국가 R&D 사업비를 민간기업에도 지원하였다. 조세지원에서는 일단 1981년에 기술개발에서의 감세 확대, 기술 및 인력 개발에 대한 세액공제, 외국인 기술자에 대한 소득세 면제, 신설 기업연구소용 부동산에 대한 지방세 면제, 기술개발 선도물품에 대한 특별소비세 잠정세율 적용을 시행한 후 더욱 강화해갔다. 한편 기술개발에 대한 금융지원은 금융기관, 재정자금, 국가연구개발사업 등을 통해 지속적으로 확대되었다. 1981년의 연구요원 병역특례 제도는 연구요원에게 병역의무를 면제하는 대신 연구기관에서 5년간 근무하게 하는 제도로 1991년에는 그 대상을 인문사회계 연구기관 및 대학부설연구소로 확대하기도 하였다.

1990년대 초 한국의 R&D 지출은 GDP의 2%로 높아졌고, 연구개발비에서의 민간 비중이 1980년 36.1%에서 1990년에는 80.6%로 급증했다. 또한 기업연구소가 설립되기 시작한 1979년에는 46개가 설립되었고 1988년에 500개를 넘겼으며 1991년에는 1,000개를 돌파하였다. 산업 R&D 역량의 강력한 증가에 따라 정부는 산업구조를 전통기술 분야에서 첨단기술 분야로 전환하기 위해 노력했다.

그림 6-16 시대별 혁신 주체들 간의 관계 변화

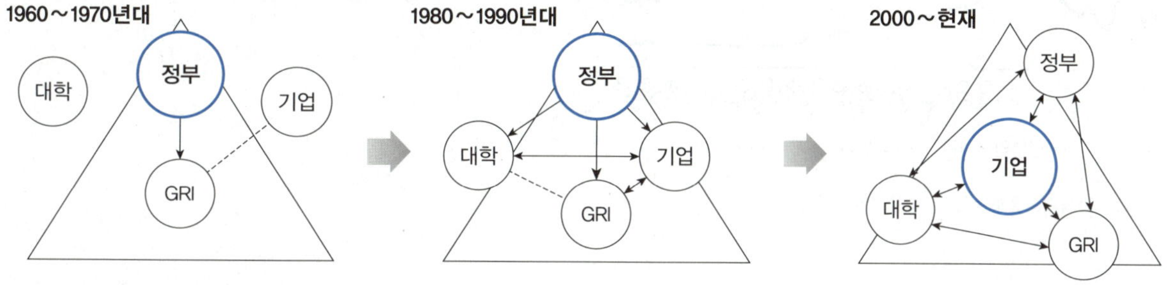

1960~1970년대 / 1980~1990년대 / 2000~현재

자료 : 신태영 외(2012) p.171에서 인용

1980년대 초반부터 국가혁신시스템의 분업구조에 변화가 생겨났다. 1980년대에 민간부문에 의한 자금조달이 급증하면서 공공부문의 역할은 크게 줄어들었다. 1976년 35.2%에 지나지 않던 민간재원이 1985년부터 80%대까지 높아지게 된다. 아울러 1976년 24.9%이던 기업체 R&D 지출 비중은 1985년 65%까지 상승하고 이후에도 지속적으로 높아졌다. 이는 한국 산업체의 R&D 역량의 급속한 성장을 확인시켜준다. 반면 공공연구기관의 R&D 지출 비중은 1976년 71.9%에서 1985년 24.7%로 급감하였고 대학은 동기간 3.3%에서 10.3%로까지 순조롭게 증가하였다. 한편 과거 공공연구기관이나 대학보다 연구원 수가 작았던 기업체는 1984년 이후 가장 많은 연구원을 고용하였으며 이후 민간연구기관이 크게 증가하면서 이러한 추세는 계속 강화되었다. 정부는 민간기업의 연구원 채용을 유도하기 위해 병역면제를 포함한 다양한 정책적 조치를 취했다. 반면 대학과 공공연구기관의 연구원 비중은 나날이 감소하였다. 이에 따라 1990년에 대학, 공공연

기를 띠는 데 기여하였다.

구기관, 기업체의 연구원 비중은 각각 30.3%, 14.8%, 54.9%에 이르렀다.

그림 6-17 연구비 재원 및 지출 그리고 연구원 수 비중

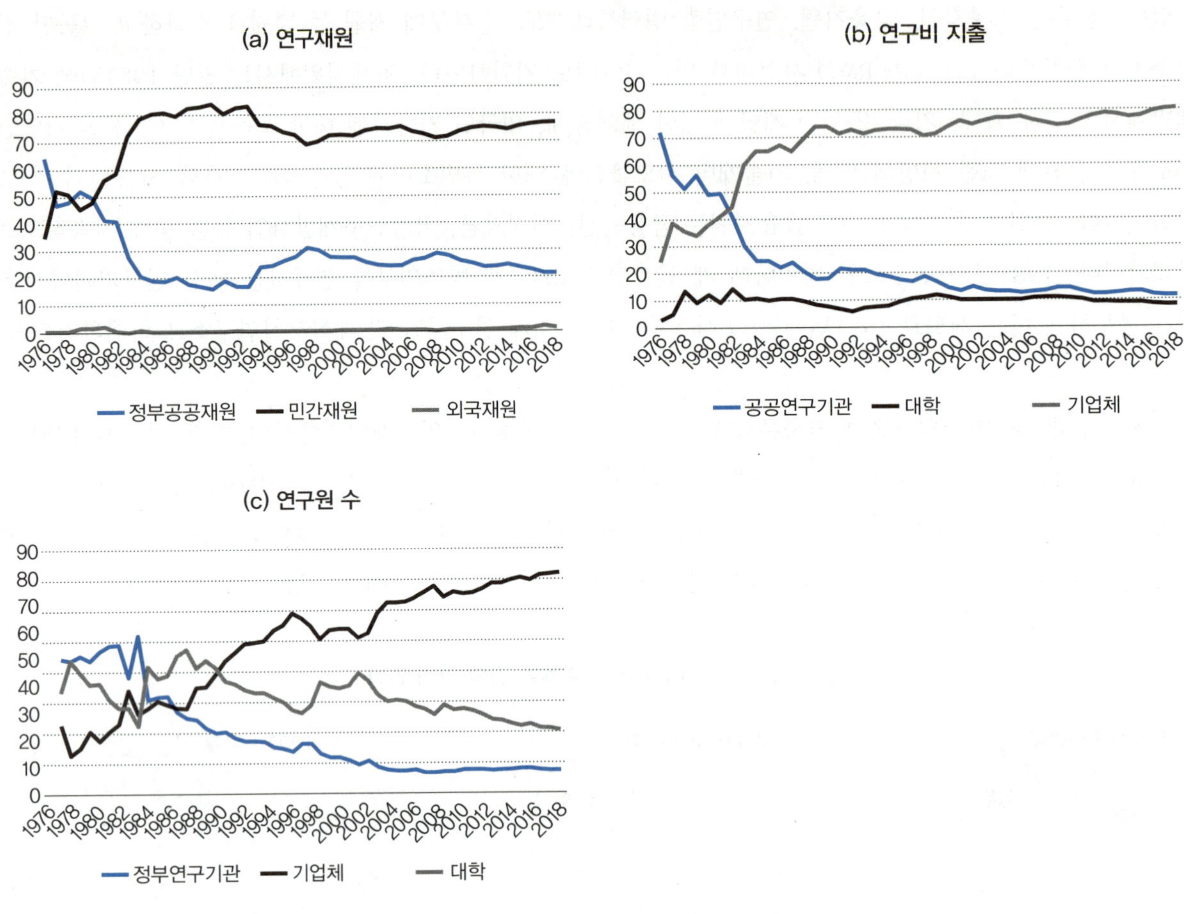

자료 : 과학기술정보통신부, 과학기술통계

4) 1990년대 : 대기업 주도의 NIS 형성과 연구성과의 도약

과학기술정책 거버넌스

민주화와 더불어 전문가집단, 대기업, 시민사회 등 각계각층의 요구가 분출하고 조직화되자 과학기술 관련 행정관료가 주도하는 정부주도적 정책결정 체계에도 변화가 생겨났다. 특히 세계화·정보화로 기술경쟁이 격화되면서 출연연의 연구원을 중심으로 과학기술자의 영향력이 강화되었다. 과학기술자와의 협력 또는 협의가 강조되며 입법이나 계획수립에 과학기술자들의 조직적 참여가 보장되고 각종 공청회나 간담회가 활발하게 개최되었다. 특히 1987년 이후에는 과학기술정책연구평가센터(현재의 과학기술정책연구소 및 한국 과학기술기획 평가원)를 설립하여 전문가 집단의 요구를 보다 체계적으로 수렴하여 과학기술 정책이 결정되도록 하였다. 그러나 이러한 과학기술자들의 동원과 참여도 조직적·체계적 참여가 아닌 단편적·개별적 참여의 성격이 강하여 참여가 제도화되지 못했다. GRI는 산업계와 협력을 확대하며 산업혁신을 지원하는 중요한 역할을 계속하였고, 정부 R&D 사업에 의한 학술연구 활성화로 대학 역시 독자적인 영역을 가질 수 있게 되었다.

이에 힘입어 혁신 주체 간의 쌍무협력은 확대되었지만 삼자협력은 여전히 부진하였다.[27] 전반적인 협력 네트워크는 학연, 산학 관계의 부상과 더불어 확장하였다. 이러한 맥락에서 1990년대 한국의 국가혁신은 삼중나선 모형의 2.0과 3.0의 중간 단계에 위치하였다.

한편 선진국의 기술보호주의에 대응하기 위한 산업기술 우위정책은 과학기술처의 주도에도 불구하고 산업자원부나 정보통신부 등 수요기관들의 위상 강화를 가져왔다. 또한 R&D에서 대기업집단을 중심으로 민간 비중이 크게 증가함에 따라 민간부문이 R&D를 주도하고 공공부문이 이를 뒷받침하는 방향으로 정책 전환이 생겨났다. 이에 따라 민간 R&D에 대한 개입은 줄었지만, 정부 예산을 재원으로 하는 공공부문 R&D에서는 과거 정부의 주도적 역할이 지속되었고 출연연에 대한 정부의 통제도 계속되었다. 마지막으로 시민사회가 성장함에 따라 환경 단체와 경실련과 참여연대와 같은 경제 관련 시민단체가 과학기술정책에 영향력을 미치려 노력하였다.

대기업의 연구개발 주도

1990년대에 들어 산업계는 기술혁신의 발원지가 되었고 국가혁신시스템은 출연연 주도에서 기업 주도로 이행하였다. 기업들은 지배적인 혁신 주체로 변모하여 자체의 혁신 영역을 확고히 구축했다. 기업은 날로 격해지는 국제경쟁 속에서 과학기술의 중요성을 인식하게 됨에 따라 사내연구소를 설립 · 확대하여 기술능력을 확충하였고 경제규모의 확대로 기업이 이를 유지할 역량도 갖추게 되었다. 기업의 매출액 대비 연구개발비 비중은 1980년 0.47%에서 1990년 1.72%로 증가한 데 이어 2000년에는 1.98%로 증가하였다. 한편 1991년 1,000개에 달하게 된 기업부설 연구소는 1995년 9월에는 2,000개를 돌파하였다.

산업 R&D에 대한 정부지원 확대도 기업의 기술역량 강화에 기여하였다. 정부는 조세, 금융지원, 병역혜택 등을 통해 사내 연구소와 해외연구소의 설치를 장려하였다. 국가 R&D 지출에서 기업 비중은 1990년대 내내 70%대를 유지하였고, 중소기업 중심으로 기업부설 연구소도 4배 가까이 증가하였다. 대기업집단의 R&D 활동은 다양한 기술분야에서 공공부문의 기술역량을 넘어섰고 국제화하였다. 한편 이 시기 국가 R&D 지출 비중에서 공공연구소는 10%대로 하락하였지만, 대학의 경우 1990년대 초반의 둔화를 뒤로 하고 다시 10%대로 높아졌다. 한편 연구원 수에서도 기업체는 1984년 이래 지속적으로 가장 많은 연구원을 고용하였고 대학도 그 비중이 다소 높아졌지만 공공연구기관의 연구원 비중은 감소세를 이어갔다. 이에 따라 1991년 기업, 공공연구기관, 대학이 차지하는 연구원의 비중은 각각 59.1%, 27.1%, 13.8%에서 2000년 59.0%, 32.3%, 8.7%로 바뀌었다. 기업들은 R&D 투자와 연구원 고용을 확대한 반면 공공연구기관은 구조조정과 벤처기업으로의 이직을 경험하였다. 1990년대에는 대학의 연구조직이 본격적으로 육성되기 시작하였는데, 대학원 정원의 확대, 우수연구센터 육성사업, 대학원 중심대학과 연구중심대학 육성 등이 주요 시책으로 시행되었다.

---

27. 최초의 공동특허는 1983년 산연협력 형태로 나타났다. 1980~1990년대에 거의 모든 공동특허가 산연에 의해 출원되었고 그 수는 1998년까지 지속적으로 증가하여 1983년 3개에서 1997년 614개로 증가했다. 다만 공동특허는 소수의 기업과 GRI에만 주로 집중되는 경향이 있었다. 예를 들어 1980년부터 2000년 사이에 이루어진 국내 특허협력의 대부분은 한국전자통신연구원(ETRI)과 KT가 공동 출원한 공동 특허였다. 그러나 2000년을 전후하여 산연 공동특허 출원건수는 50%나 급감하였다.

모방 · 내부화를 넘는 기술 창출의 시작

1990년대에는 선진기업과의 기술격차 축소와 차세대 기술개발이 기업의 주된 관심사였다. 이를 위해 대기업들은 인력과 비용을 상용화 기술개발에 집중 투입하여 시장지향적 R&D 체제를 추구하였다. 특히, 과도기의 선진 설계 및 공정기술의 이전 또는 역행 엔지니어링을 통해 확보된 기술을 소화하고 개선을 거쳐 신속하게 고유기술화하였다.

대기업집단이 국가기술혁신을 주도하며 우리나라의 기술혁신시스템은 모방과 내부화를 넘어 기술창출로 나아가게 된 것이다. 기존 산업과 더불어 반도체나 정보통신 등 신생 산업에서 자급적 핵심기술을 확충하는 결과로 이어져[28] CDMA 이동통신, 디지털 TV, 메모리반도체, TFT-LCD 등 원천기술이나 응용기술 확보를 통해 세계 최초로 상용화된 제품이 개발되었다. 결과적으로 1990년대에 우리나라는 조립가공 기술에서는 선진국과의 격차를 거의 좁혔고 기술집약도가 높은 제품으로 차별화를 시도해서 일부 분야, 즉 반도체, 자동차, 이동통신, 디스플레이 등 국제적으로 과점화된 첨단제품 시장에 진입하는 데 성공하고 국내 기업들이 선도그룹에 진입할 수 있었다.[29] 선진국 추격의 양상도 매우 다양하게 나타났다. PC 산업, 일부 소비재, 기계산업에서 선발국의 단계를 그대로 따라갔지만, 현대자동차의 엔진개발, 삼성전자의 DRAM개발에서는 일부 단계를 생략하였고, CDMA와 디지털 TV 개발에서는 새로운 경로를 창출하기까지 하였다. 특히 IT 산업의 부상은 산업발전의 새로운 전기를 마련하였다. 정부주도 일변도의 산업발전에서 벗어나 민간주도의 신산업 창출 가능성이 확인되었고 동시에 선진국으로부터의 기술수용보다는 자체 기술개발에 기초한 산업발전의 가능성도 확인되었다.

그러나 기술추격 양식에는 한계를 보였다. 한국의 성공적 추격과 추월은 특정 제품과 특정 기술에 특화되는 추격형 혁신에 기초하였다. 메모리반도체(스택 공정), 철강(파이넥스 공법), 현대자동차(공정 모듈화), 조선산업(육상건조, 플로팅도크 등 새로운 건조기법)에서 보듯이 주로 대량생산이 적용되는 범용제품 수출시장에 자리잡기 위해 첨단장비와 핵심 부품 · 소재의 수입에 의존하되 대신 규모의 경제를 달성할 수 있는 제품에 초점을 맞추어 공정기술 혁신에 집중하여 왔다(후지모토, 2006 ; 정준호, 2016). 대규모 자원을 신속히 동원할 수 있는 대기업과 계열화된 중소 공급업체 간 폐쇄적 기업 간 관계가 유리하게 작용하는 재화, 즉 동질적 상품으로 대규모 투자를 필요한 재화를 대상으로 기술추격을 하였던 것이다(Ernst, 2001). 하지만 이로 인해 고도의 완제품을 생산할 수 있는 대기업과 기술수준이 떨어지는 부품 · 소재를 생산하는 중소기업의 공존이라는 비대칭적이고 위계적인 기업 간 관계, 대기업과 중소기업 간 임금격차의 지속, 자동화 투자로 인한 노동의 대체와 중간 숙련의 협소화가 시간이 갈수록 심화하였다.

점차 기업 제품혁신을 위한 R&D가 증가하였지만, 그 대상은 급속한 시장팽창을 약속하는 또 다른 대량생산 제품이었다. 기술개발은 모방기술 다변화에 머물렀으며, 이에 따라 국내 기술역량의 확대와 심화는 제한적이었고 역동적인 중소기업의 출현은 저해되었다. 연구개발은 기초연구보다는 응용연구와 개발연구에 치중되어 R&D 자금 중 응용연구와 개발에 투자된 비중이 1980년대에 83%에서 1990년대에는 87%로 증가하

28. 국가별 GDP 대비 연구개발비의 비중에서도 1990년도는 일본 2.99%, 미국 2.65%, 독일 2.61%, 영국 2.15%으로 한국의 1.72%를 크게 앞서고 있으나, 1999년에는 일본 3.02%, 미국 2.66%, 독일 2.40%, 한국 2.28%의 순으로 오히려 영국의 1.86%를 앞서게 된 점이 두드러졌다.

29. 자동차 분야에서는 엔진기술의 자립이 그리고 철강 분야에서는 용융환원제철법 등 신철강공정 기술개발활동이 이루어졌고 이는 2000년대에 가서 파이넥스 기술과 스트립캐스팅 기술로 꽃을 피웠다.

였다.

국가연구 개발사업의 성장과 다변화 : 삼중나선 모형 1990년대에 들어 기업은 국가혁신시스템을 주도하기 시작하였으며 과거 국공립연구소가 수행했던 역할을 넘겨받았다. 대기업집단의 R&D는 다양한 기술분야에서 국공립연구소의 기술역량을 초과하고 국제화하였다. 기업의 혁신역량이 강화되고 R&D가 활성화되고 첨단기술을 다루게 됨에 따라 국공립연구소는 기업의 기술개선을 위한 보조적 역할로 물러서야 했고 끊임없는 구조조정을 경험하게 되었다. 반면 국가 R&D 사업 추진과 더불어 대학에서도 기초연구가 강조되며 대학은 고급 R&D 인력 양성기관에서 연구지향적 기관으로 점차 변모하여 갔다.

표 6-19 산업 주도하의 과학기술 추이

	주요 산업	기술 단계		과학기술정책
1990년대	IT와 주력 산업(조선, 자동차, 철강, 유화, 기계)	필요기술 : 핵심기술과 상위기술 R&D 투자 확대와 신기술 흡수	개선과 창출	▪ 교육 : 대학은 연구지향기관으로 변모 ▪ 산업 : **역량 확대로 국가 R&D를 주도, 표준제품에서의 모방적 기술개발**(응용·개발연구), R&D 시스템의 **국제화**, 글로벌 외주, 전략적 제휴, FL, DFI에 주로 의존하는 기술 획득 ▪ 정부 : **국가 R&D 프로젝트를 선도하고 산업의 전략적 파트너로 활동**, 민간의 첨단제품에 필요한 민간부문의 독자기술 장려, DFI·FL 자유화와 과학기술연구의 글로벌화·교류확대·연대의 지원, 고급과학기술인력과 대학의 연구역량 강화, 국가 R&D 프로젝트의 효율화, GRI 개혁
2000년대	신산업 : LCD, 휴대폰, 자동차 부품, 전자 부품, 게임, 애니메이션	필요기술 : 혁신기술 제품혁신, 과학집약적 기술진보	개선과 창출	▪ 교육 : **기초연구 중심**의 R&D 역량 강화 ▪ 산업 : 국가 R&D의 주도, 혁신 주체의 다양화(SME, 외국 기업) ▪ 정부 : 기초연구역량의 팽창, 국가기술로드맵 제도 도입, GRI에서의 대규모 복합 선도기술을 위한 실험적 개발연구의 강조, 대학 R&D프로그램 집행(BK21 등), 핵심기술창조를 위한 R&D 프로그램 실시, 학술연구의 활용 강화

자료 : Yoon(2015)

1990년대에 과학기술과 혁신에서 산업계의 중요성이 크게 커졌음에도 불구하고 정부는 과거보다 더 적극적으로 개입하였다. 정부는 그동안의 성과를 바탕으로 산업현장의 애로기술 해결을 넘어 산업이 전략적으로 필요한 기술, 특히 IT 기술과 생명공학 기술 등 신산업 형성의 기반기술에 적극 뛰어들었다. 또한 R&D 지출을 꾸준히 높여 1991년 GDP에서 R&D 지출이 차지하는 비중이 사상 처음 2%를 넘어섰다. 1990년대는 많은 부처에서 특정 기술목표를 설정하고 하향식으로 추진하는 다양한 국가연구개발사업이 성장한 시기였다. 이 과정에서 각 부처가 독자적으로 사업을 기획·추진하는 분산형의 추진체계도 형성되었는데, 과학기술처와 산업 관련 부처가 각각 공급 중심의 연구개발과 산업수요 중심의 연구개발을 분업체제를 구성하였다.[30] 무엇보다도 정부주도하에 최초로 범부처가 공동으로 기획하고 민간기업들도 기획에 참여하는 연구개발사업으로 선도기술개발사업(G7 프로젝트)이 추진되었다. 이는 2000년대 세계시장에서 국제경쟁력을 가질 전략제품 기술과 이에 필요한 원천·기반기술로 구분하여 추진되었다. 1993년에는 체신부(1994년 정보통신부로 변경)의 정보통신연구개발사업과 환경부의 환경기술개발사업이, 1994년에는 건설부의 건설기술연구개발사

30. 예를 들어 과학기술처는 원천·핵심 첨단기술, 복합기술, 국제공동연구, 기초연구 등의 연구개발을 추진하고, 산업자원부를 필두로 환경부, 정보통신부 등 산업 관련 부처는 산업 구조조정과 대외경쟁력 향상을 위한 첨단 산업기술 개발, 중소기업 현장 애로기술과 품질향상 기술 등에 대한 연구개발을 담당하는 식이었다. 이들은 기업의 혁신능력 제고에 기여하였지만, 부처 간의 경쟁이 심해짐에 따라 연구자원의 중복투자 문제가 발생하였다.

업과 농림수산부의 농림수산기술개발사업이 시작되었다. 1995년에는 보건복지부의 보건의료기술개발사업, 1996년에는 해양수산부의 해양과학기술 개발사업이 시작되었다. 한편, 생명, 나노, 환경에서의 전략기술을 집중 개발하는 "21세기 프론티어 연구개발 사업", 세계를 선도할 원천기술을 창출하는 "글로벌 프론티어 사업"이 추진되었다.

기업부문의 R&D 역량이 강화되고 일부 기술은 선진국 수준에 도달함에 따라 GRI는 그동안 수행해 왔던 R&D 활동의 주요 분야를 기업에 넘겨주었으며, 기업의 기술 고도화를 위한 보조적 역할로 물러섰다. 민간 R&D의 급성장은 결과적으로 GRI의 배타적 지위를 약화시켜 GRI의 역할에 대한 비판과 구조조정 및 재원 조달 방식의 개혁으로 이어졌다. 특히 정부는 독일의 Gesellschaft 시스템을 모델로 한 새로운 공공연구시스템인 연구위원회제도를 1999년에 도입했다. 한편 정부는 그동안 국가혁신시스템에서 가장 취약한 부분이던 대학의 R&D 역량 강화에 나섰다. 대학은 양질의 연구개발 인력을 양성할 뿐만 아니라 혁신활동을 펼치면서 점차 연구중심기관으로 변모하였다. 이는 정부가 다양한 정책 프로그램을 추진하여 학술연구 기반을 구축하려는 노력이 반영된 것이다. 정부는 대학을 선별하여 1990년부터 우수연구센터 사업을 시작했다.

한편 1994년 지방자치제 출범과 더불어 지역 경제발전을 위한 과학기술의 중요성이 부각되기 시작하였다. 국가혁신정책의 새로운 정책방향으로서 지방의 과학기술을 진흥시키고 그 역량을 확충하는 정책이 정부에 의해 주도되기 시작하였다. 1990년대 이후 추진된 주요 지역연구개발 사업에는 지역협력연구센터 사업, 지역기술혁신센터 사업, 테크노파크 사업 등이 있었다. 지역협력연구센터 사업은 지역의 연구개발 자원을 연계하여 산업 육성과 지방대학 연구를 활성화하고 지역기술혁신센터 사업은 지방대학에 고가의 장비를 구축하며, 중소기업과 공동 활용하여 기업기술 개발을 촉진하기 위한 것이었다. 이들은 2006년 지역혁신센터 사업으로 일원화하였다. 지역기술혁신의 구심체로 테크노파크 조성사업으로 1995년부터 시작하여 세종시를 제외한 전국 16개 시도에서 18개 테크노파크가 운영되고 있다. 한편 대덕연구개발특구를 전국적 첨단융합산업의 허브로 육성하고, 지역혁신체제로서 대덕연구개발특구의 경험을 활용한 연구개발특구를 대구(2011), 광주(2011), 부산(2012), 전북(2015)에 지정하였다.

연구성과의 도약 1990년대를 거치며 한국은 산 · 학 · 연 모두에서 연구개발 조직이 확충되고 그 활동도 크게 확대되며 선진국 수준의 연구성과를 나타내기 시작하였다. 즉, SCI급 연구논문이 1990년 34위 수준에서 2000년에는 16위로 올라섰고, 동기간 특허 출원건수는 24위에서 10위로 그리고 첨단제품 수출액은 세계 9위에서 7위로 도약하였다.

특허 출원이 급증하며 1997년에는 국내출원이 처음 전체 국내 특허 출원의 절반을 차지하게 되었고 동

표 6-20 과학기술 성과의 변화

구분	SCI 논문 편수(순위)	특허 출원건수 국내/국제(순위)	첨단제품 수출액 1억 달러(순위)
1960	–	611/	–
1970	–	1,846/	–
1980	159(60)	5,070/	–
1990	1,603(34)	25,820/24(24)	109.4(9)
2000	13.461(16)	102,010/1.582(10)	543.3(7)
2010	39,834(11)	170,101/9,604(5)	1,214.8(6)

자료 : 김근배(2016), p. 233 〈표 7〉.

시에 외국 점유율의 거의 3배가 되었다. 국내 특허의 급등은 주로 산업체의 특허 활동이 크게 증가한 데 기인한다. 기업의 특허 출원건수는 1990년 6,634건에서 1997년 58,244건으로 연평균 46%의 성장을 보였다. 그러나 1997년 외환위기는 국내 특허 출원과 산업의 특허활동을 급격히 감소시켰다.

5) 2000년대 : 선도자로의 변모와 혁신 주체의 다원화—삼중나선 3.0 레짐의 시작

선도자로의 변모

외환위기는 기업 생존이나 경제발전에서 생산성과 기술혁신의 중요성을 크게 부각시켰다. 추종자에서 벗어나 기존 기술을 심화하고 신기술을 확보하여 선도자로 나서는 것이 시장을 지배하는 요건으로 인식되었다. 또한 브랜드, 디자인 등 소프트 경쟁력의 확보가 국내 기업의 핵심과제가 되었다. 이러한 요구에 걸맞게 2000년대에 들어 대기업 주도의 국가혁신시스템은 많은 성과를 낳았다. 다수의 대기업집단은 정보통신, 반도체, LCD, 철강, 조선, 자동차, 생명공학 등 다양한 산업에서 세계적인 기술역량을 축적하여 국내기술로 글로벌 첨단기술에 도전하고 첨단제품을 생산하며 세계시장에서 매우 경쟁적인 존재로 변모하였다. 대기업집단의 경쟁력은 세계 최고 수준의 제조 역량과 생산 노하우에 더해 연구개발 역량에서도 기인하게 되었다. 그만큼 대기업집단은 산업 현장에 필요한 엔지니어는 물론이고 연구개발 인력에서도 세계적으로 경쟁력을 갖춘 우수한 인재를 확보하게 되었다. 기업의 매출액 대비 연구개발비 비중은 2000년 1.98%에서 2016년 3.16%으로 급증하였다. 민간기업과 더불어 정부출연연구와 대학도 글로벌 경쟁이 가능할 정도의 연구개발 역량을 확보하였다.

한국은 R&D 투자에서 미국, 중국, 일본, 독일에 이어 세계 5위로 부상하였으며, 연구원 수에서도 이들 국가에 러시아가 추가된 세계 6위의 국가가 되었다. GDP 대비 연구개발비는 4.24%로 실질적으로 세계 최고 수준이고 미국 특허(등록)는 3위, 국제학술논문은 12위에 달하였다.

혁신 주체의 다원화

1990년대에 들어 기업, 특히 대기업집단은 연구개발 활동이나 연구성과에서 압도적 위치를 점하며 선도적 혁신 주체로 자리 잡았다. 특히 삼성, 현대, LG와 같은 주요 대기업집단은 국내 최고의 특허 출원인으로 부상하여 사내연구를 통해 R&D를 수행하고 R&D 활동을 국제화했다. 1997년 외환위기는 확장세를 지속하던 기업 R&D를 둔화시켰지만, 대신 기술혁신 주체가 다원화되는 변화를 불러 왔다. 대기업에서의 R&D 위축을 보완하고자 한 정부의 R&D 지출이 기술기반 소기업과 IT 관련 산업에 집중됨에 따라 다양하고 새로운 혁신활동이 생겨났다. 특히 기업의 내부 R&D 부서의 구조조정으로 과학기술인력이 배출된 데 힘입어 중소기업과 벤처의 역할이 커졌다. 그동안 미흡하던 외국인 직접투자가 규제완화, 기업 구조조정, 민영화에 힘입어 증가하며 외국 기업이 민간 R&D의 한 축으로서 일정한 역할을 하게 되었다. 그동안 교육에 치중하여 오던 대학도 학술연구를 확대하고 연구성과의 상업적 활용에 관심을 두기 시작하였다.

중소 · 벤처 1990년대 중반 이후 중소기업의 국내 특허비중은 꾸준히 증가하였다. 특히 자동차 및 IT 분야에서 중소기업의 특허활동이 눈에 띄게 증가하였다. 1997년 외환위기로 특허활동이 크게 위축된 대기업과 달리 중소기업의 특허 출원은 "촉진특례법" 시행으로 연평균 55%씩 증가세를 이어갔다. 벤처 비즈니스와 닷컴 붐으로 빠르게 성장하는 첨단기술 부문에 힘입은 것이다. 정부는 중소기업의 기술역량 향상과 혁신적 창업 활성화를 위해 다양한 정책적 노력을 기울였으며, 중소기업의 특허 출원료 인하, 특허심사 기간 단축 등 정부의 R&D 지원을 확대하고 특허법을 개정하였다.

중소벤처기업의 기술혁신 역량을 강화하기 위한 노력은 1980년대 중반으로 거슬러 올라간다. 정부는 1986년 "중소기업 창업지원법"을 제정하여 기술창업자에게 자금지원과 조세감면을 하고 창업투자회사의 설립을 지원하였다. 1990년에는 중소기업 구조조정 조달기금을 설치하여 기술개발과 생산성 향상을 지원하였으며, 1991년에는 창업보육사업을 처음 실시하였다. 본격적인 중소 · 벤처기업에 대한 기술개발 지원은 1996년 중소기업청 출범과 병행하였다. 정부는 중소기업을 보호와 육성의 대상으로 보고 금융지원과 경쟁제한 위주의 시책에서 벗어나 기술력과 혁신성을 갖춘 중소 · 벤처기업의 육성에 중점을 두어 1997년 "벤처기업 육성에 관한 특별조치법"을 발효하였다. 2001년에는 "중소기업 기술혁신 촉진법"을 제정하여 기술혁신형 중소기업을 발굴 · 육성하도록 하였고 2003년부터는 중소기업 기술혁신 5개년 계획을 실시하였으며, 2005년부터는 과제발굴 단계, 기술개발 단계, 사후관리 단계, 판매 단계로 나누어 육성정책을 강화하였다. 한편 2010년에는 세계적인 전문 중견기업 육성에도 주의를 기울여 이를 위한 연구개발 전략을 수립하고 연구개발 예산을 확대하며 정부출연연구기관이 중소 · 벤처기업의 연구개발을 지원하도록 하였다.

중소 · 벤처기업의 기술역량 제고를 위한 정부 시책에 힘입어 중소 · 벤처기업 수가 대폭 증가해 왔다. 벤처기업 수만 보더라도 1998년 2,042개에서 시작하여 2001년 말에는 11,392개까지 증가하였다가 구조조정기를 거친 후 2005년부터 다시 증가하여 2010년에 2만 개를 돌파하고 2016년 말에는 33,360개로 증가하였다. 한편 기업부설연구소는 1990년대 말 벤처 붐으로 설립이 더욱 급증하였다. 2000년에 5,000개, 2004년에 10,000개, 2014년에 30,000개를 돌파하였고, 2018년 3월에 기업부설연구소가 40,000개를 넘어섰다. 특히 중소기업 부설연구소는 매년 높은 증가세를 유지하여 2018년 9월 현재 전체 기업부설연구소의 96%를 차지하고 있다.

그림 6-18 기술혁신에서의 기업의 역할

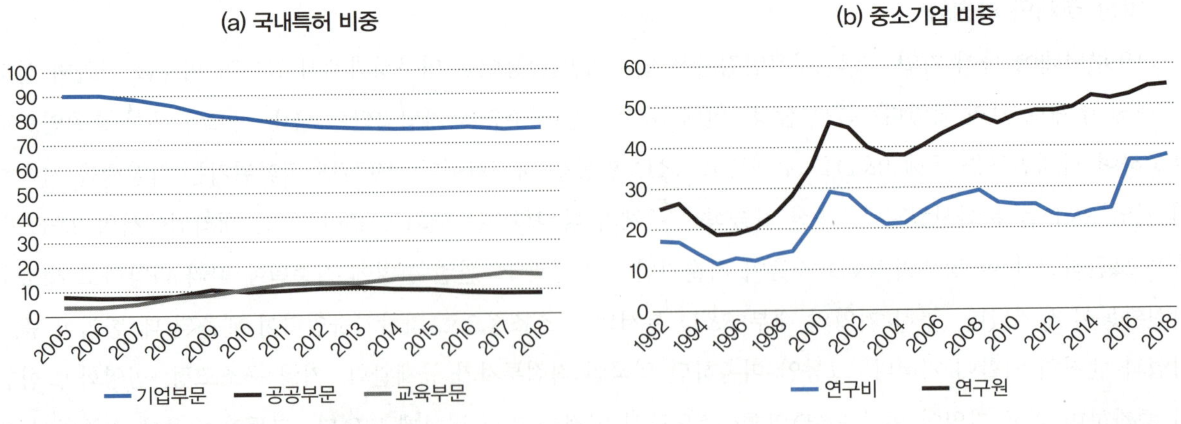

(a) 국내특허 비중

기업부문 / 공공부문 / 교육부문

(b) 중소기업 비중

연구비 / 연구원

주 : 중소기업은 종업원 수 300인 미만 기준

자료 : 과학기술정보통신부

대학 2000년대에 들어 대학은 연구역량 증대와 더불어 점차 혁신 주체의 하나로 부상하였다. 1990년대 중반부터 양적 성장에 걸맞는 대학 연구역량의 질적 향상이 더욱 필요하다는 문제제기가 계속되어 왔다. 이에 대응하여 2000년대에 들어 정부는 대학 R&D 활동을 촉진하고 경제적 기여를 강조하면서 학술연구의 확대와 연구성과의 상업적 활용을 유도하였다. 정부는 대학의 R&D와 혁신 잠재력을 강화하기 위해 두뇌한국 21(Brain Korea 21, BK21, 1999)과 New University for Regional Innovation(NURI, 2004) 프로그램을 시작하였다. BK21은 세계 수준의 대학원과 연구인력을 양성하기 위하여 석·박사 과정 및 신진 연구인력을 집중 지원하는 고등교육 인력양성 사업이다. 전자는 대학의 연구인프라를 개선할 목표로 처음에는 주요 연구중심대학과 대학원에 투자되었고, 후자는 지역대학의 전문영역과 장점의 발전을 도모하였다. 두 프로그램은 대학의 다른 혁신 주체와의 R&D 협력을 장려하였다. 결과적으로 학술연구에 대한 정부투자는 크게 증가하여 2002~2012년 동안 3배 증가하였고 우수한 인적자원을 가진 대학은 기업의 주요 파트너로 성장하였다. 대학은 혁신활동에 참여하고 기업과 출연연구소와 협업하는 '창업대학'으로 변모하는 학문적 상업주의로 특징지어지게 되었다.

2000년에 "기술이전촉진법"이 제정되면서 대학은 학문적 연구개발 성과에 대한 상업적 활동을 자율적으로 할 수 있게 되었다. 과학기술부의 지원하에 국제 및 국내 특허 출원비용을 모두 충당할 수 있는 특허 보조금이 제공되면서 대학교수진은 특허 활동에 적극적으로 참여하도록 장려되었다. 따라서 한국 대학의 역할은 교육 및 연구 기관에서 기술혁신을 상업화하는 기술 인큐베이터로 변모하면서 보다 기업가적인 패러다임으로 재정의되었다.

GRI 대학이 기업의 중요한 혁신 파트너로 변모하는 동안 산업계는 R&D 투자를 강화하고 R&D 활동을 세계화함으로써 혁신역량을 강화했다. 그 결과 한국 기업집단은 특정 하이테크 분야에서 글로벌 기술 프론티어에 도달했다. 반면 정부출연연의 역할은 상대적으로 모호해졌다. 1990년대 말 GRI 개혁 이후 새로운 평가 및 관리 시스템은 GRI를 성과지향적으로 변모시켰다. GRI는 경쟁기반의 연구자금 배분과 R&D 보조금 축소를 도모하는 개혁으로 정부의 직접통제로부터 부분적으로 독립되었다. 그에 따라 GRI는 민간 R&D의 후원자에서 상업활동에도 참여하는 독립적인 R&D 수행자로 변화를 겪었다. 동시에 연구 초점은 기초연구에서 단기적인 개발연구과 응용연구로 바뀌고 최근에는 기초핵심기술 개발과 R&D 사업화라는 측면에서 GRI의 역할이 재정의되고 있다. GRI와 대학이 전체 UIG 특허 출원에서 점하는 비중은 2000년 4%에서 2012년 21%로 빠르게 증가하고 있다. 특허활동의 증가는 대학과 GRI가 산업 혁신을 지원하는 국가 R&D 수행자로 부상했음을 의미한다.

삼중나선모형의 등장과 기술혁신 거버넌스의 발전

과학기술정책의 중요성이 고조되는 만큼 정부의 역할도 확대되었다. 개발도상국 최초의 각료급 과학기술 전담부처로 50여 년간 활약해 온 과학기술처는 그 집행능력을 강화하기 위해 과학기술부(1997) 그리고 과학기술정보통신부(2017)로 확대·개편되었다. 또한 대통령의 과학기술정책을 보좌하는 과학기술보좌관을 청와대 내에 설립하고 과학기술 컨트롤타워 역할을 수행하는 차관급 과학기술혁신본부를 설립하게 되었다. 이외에 1970년대부터 계속되어 온 전통을 이어 상설 대통령자문기구인 민간위원으로 구성된 국가과학기술 자문회의를 두어 범정부적으로 과학기술정책을 종합적으로 조정하는 역할을 담당하고 있다.[31] 법제에도 과학기

31. 하지만 과학기술의 중요성이나 예산 비중이 커진 만큼 정부 각 부처별로 다양한 연구개발사업이 추진되고 기능 중복이나 이에 대한 총괄적 조정의 필요성에 대한 논란이 계속되고 있고 이는 과학기술정책의 범위에 대한 논의나 정부출연연구소의 편제를 포함한 과학기술정책 거버넌스 전반에 대한 개편으로 이어지고 있다. 이러한 개편에서 과학기술 정책의 협의성, 총괄조정기구의 위상, 과학부처의 낮은 위상, 출연연의 개별부처 소관의 편재성이 주요 논점으로 자리 잡고 있다. 천세봉(2017), "과학기술정책 거버넌스 분석", 한국

술 관련 법들의 모법으로 포괄적인 "과학기술혁신을 위한 특별법"(1998)과 "과학기술기본법"(2001)을 제정하여 과학기술의 보다 체계적인 진흥을 도모하도록 하였으며, 5년마다 과학기술기본계획을 수립하도록 하였다. 이를 통해 정부는 산업계 파트너로서의 역할을 이어가며 국가기술 로드맵을 작성하고 차세대 성장산업을 지정하고 그 기반이 되는 신기술 분야에 대한 투자를 확대해 나갔다. 혁신 주체의 다원화에 더하여 정부의 역할도 확대되면서 우리나라의 국가혁신시스템은 선진국에서 보이는 삼중나선 3.0에 보다 가까워졌다.

한편 시민사회 활동이 본격화되면서 법제정이나 정책집행에 영향을 미치게 되었고, 정책의 투명성과 합리성이 중시되었다. 아울러 지역특화적 기술역량 강화에 초점을 맞춘 지역혁신 정책이 국가 혁신정책에서 중요한 순위를 갖게 되었다. 결과적으로 과학기술정책은 관료와 소수의 전문가 집단 중심의 수직적이고 폐쇄적인 권위적 거버넌스에서 벗어나 관료와 더불어 과학기술 전문가(집단), 시민(또는 시민단체), 기업 등 다양한 혁신 주체들의 참여가 본격화되고 제도화되는 수평적 · 개방적 참여 거버넌스 형태로 변모하고 있다. 과학기술기본법은 정책의 투명성과 합리성 그리고 전문가 참여와 일반국민의 의견수렴을 명문화하였고(제5조), 기술영향 평가를 제도화하기도 하였다(제14조). 특히 과학기술기본계획 수립 과정에서 출연연구기관의 전문가뿐만 아니라 기업부설연구소의 적극적 참여가 생겨났다.

산학협력은 최근 몇 년 동안 삼중 나선 내에서 가장 강력하며, 그 다음으로 산연 관계, 산 · 학 · 연 관계가 작동하고 있다. 1999년 GRI의 자금조달 시스템 개편과 함께 산-연의 특허협력이 감소하는 추세를 보인 반면, 산학의 공동출원 건수는 2000년 62건에서 2008년 1,382건으로 급증했다. 2000년 기술이전촉진법이 통과된 이후 산학협력이 증가하여 산업계의 전략적 파트너는 GRI에서 대학으로 점차 변화하고 있다. 한편 대학과 GRI가 출원한 공동특허도 2000년 3건에서 2012년 203건으로 크게 증가하였다. 그러나 대학, 산업체, GRI의 공동특허 출원건수가 17건에 불과하여 전체적으로 매우 적은 수의 공동특허를 출원하였다. 기업과 대학의 부상과 함께 삼자협력이 증가하고 있지만, 3자 협력 네트워크는 다소 약하고 충분히 활성화되어 있지 못한 상태인 것이다. 따라서 우리나라는 국가주의적 모델에서 삼중나선으로의 전환을 경험했지만, 아직 성숙한 삼중나선 3.0 모델에는 미치지 못한다고 할 수 있다. UIG 주체들이 협업에 자발적으로 참여했는지와 그들의 협업 네트워크가 정부가 연계된 영역을 넘어 진화했는지는 여전히 의문이다.

혁신의 정체

이러한 노력에도 불구하고 2000년대 이후 연구개발투자의 성과는 상대적으로 부진(코리안 패러독스)하고 경제성장의 지속적 둔화가 계속되자 양적인 성과 지표의 개선을 넘어 국가혁신시스템 자체에 대한 개선 요구로 이어졌다. 또한 한국 대기업들이 몇몇 제품군에서 글로벌 리더십을 확보함에 따라 신기술과 신제품 창출의 필요성이 과거 어느 때보다 커졌다.

거버넌스학회보, 24-3.

2.4 한국의 혁신레짐 : 대기업 선도 자생전략

1) 중앙정부 중심

정부주도적 국가혁신시스템 발전

정부는 산업화 초기부터 혁신 주체의 역량을 순차적으로 강화하고, 그에 발맞추어 혁신 주체들의 사명과 역할의 방향 그리고 상호작용을 조정하며 국가혁신시스템을 발전시켜 갔다. 특히 정부는 산 · 학 · 연 관계를 형성하고 조정하는 강력한 개입역으로서 큰 영향력을 발휘하였다. 1960년대까지 한국에서 의미 있는 국가혁신시스템을 찾아보기는 어려웠다. 공공연구기관은 전혀 없었고 학계는 R&D 역량을 갖지 못했으며, 산업계에서도 기술역량이나 혁신활동을 찾아볼 수 없었다. 그러나 30년이라는 짧은 기간이 흐른 1990년대 초에 정부주도로 마침내 국가혁신체제를 확립할 수 있었다. 출발 당시 대학과 기업을 포함한 민간부문뿐만 아니라 정부출연연의 기술역량이 모두 취약하였다. 그러나 정부는 1966년 최초의 공공연구기관을 설립한 이래 1970년대 내내 정부출연연구기관을 확충한 뒤 1980년대에는 기업부설연구소를 장려하고 1990년대에는 대학의 연구조직을 순차적으로 육성 · 확장하였다. 이에 따라 한국의 국가혁신체제는 1970년대 공공연구 역량, 1980년대 산업연구개발 역량, 1990년대 학술연구개발 역량을 확충해 갔다. 결과적으로 1990년대 학계가 R&D 역량을 확보하면서 기업체, 공공연구기관, 학계의 3대 주체로 균형 잡힌 국가혁신체제를 구성하게 되었다. 1990년대 말 외환위기는 국가혁신시스템에 충격을 주었지만, 곧 기술혁신에 대한 사회적 공감대를 배경으로 정부는 개별 혁신 주체의 역량과 효율성을 높이고 이들 간의 상호작용을 강화하기 위해 많은 노력을 기울이고 있다(김혁래 · 오인규 · 박헌준, 2002).

그러나 기술혁신 문제나 목표의 복잡 · 다양화와 공공부문의 역량 부족 그리고 정부조직 내 · 외에 걸친 협력 부족으로 인하여 정부주도의 혁신정책은 한계를 보이고 있다. 경제발전과 더불어 기술과 경제가 복잡해지고 대기업집단을 중심으로 민간부문의 전문성과 혁신역량이 크게 강화되었다. 아울러 기업의 기술수준이 높아지고 수요가 복잡 · 다양화하고 있지만, 이에 걸맞는 자본, 기술, 인력 등 혁신자원의 공급이 혁신 인프라를 통해 적절히 이루어지지 못하고 있다. 이는 정부의 영향력이 줄어든 것뿐만 아니라 정부가 개별 혁신 인프라를 적절히 관리 · 조율하지 못하고 있는 데도 원인이 있다.

경제성장 및 산업발전과의 긴밀한 연계 : 기술혁신 목표의 다원화

우리 정부는 발전국가의 정부로서 과학기술 발전 그 자체보다는 경제성장과 산업발전을 지원하는 역할을 가장 우선되는 목적으로 두었다. 특히 수출지향을 기반으로 경공업(시멘트, 비료, 섬유, 합판 등) 육성 → 중화학공업(자동차, 조선, 전자, 화공, 철강 등) 육성 → 첨단산업(반도체, 통신, 바이오, 소재 등) 육성을 순차적으로 추진하며, 이를 지원하기 위한 과학기술 개발에 초점을 두었다. 아울러 국내의 기술축적이 거의 전무한 상태에서 1970년대까지 정부는 우선 경제성장과 산업발전을 지원하는 기술도입 및 기술개발을, 1970년대부터 1980년대까지는 기술자립을 위한 과학기술 역량의 급속한 축적을, 1990년대 중반 이후부터는 경제성장과 산업발전을 과학기술이 선도하는 것이 목표였다. 정부는 특히 1962년 이래 중장기 과학기술 발전계획을 수립하여 한국 과학기술의 추진 방향을 정립하고 이를 실천하며 과학기술 발전을 주도하였다. 이에 따라 국가혁신시스템의 구축에서 기존 대학들이 이미 존재하였음에도 불구하고 대학보다는 정부출연연구기관의 설립을 우선하였고, 이어서 기업부설 연구소를 육성한 뒤 대학연구센터의 확충에 나섰다. 정부출연연구기관조차도 초창기에 연구실에서의 연구개발보다 산업 현장을 찾아 도입기술을 선정하고 생산에 적용하고 개량하는 것을 지원하도록 하였다.

이처럼 우리나라에서는 그동안 경제적 이득이나 효율성 개선이 기술혁신의 목표로서 과잉 대표되어 왔다. 단적으로 헌법은 과학기술이 국가경제에 복무해야 할 것임을 분명히 하고 있다 : "국가는 과학기술의 혁신과 정보 및 인력의 개발을 통하여 국민경제의 발전에 노력하여야 한다"(헌법 제9장 제127조 제1항).

그림 6-19 (기술혁신을 고려한) 사회혁신

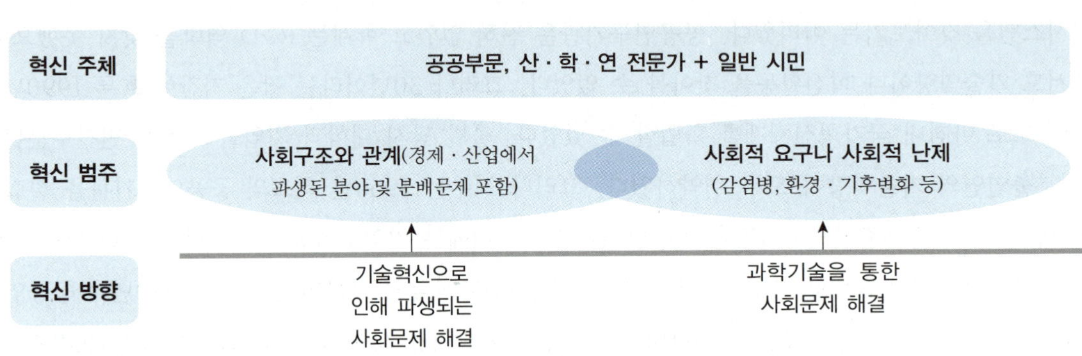

자료 : 손주연, 이찬구(2021), "기술혁신과 사회혁신의 접점 : 사회혁신의 개념탐색과 제안", 기술혁신학회지 24(4)

그러나 기술혁신의 목표를 경제적 문제 해결로 제한할 이유는 없다. 무엇보다도 기술혁신은 다양한 외부효과를 낳기 때문이다. 즉, 고용관계의 변화나 분배문제는 (숙련편향적 또는 자본편향적) 기술혁신으로 인해 파생되는 측면이 강하고, 전 지구적인 환경과 기후변화 문제도 결국에는 인류가 선택해 왔던 기술혁신 방향과 연관되어 나타나고 있다. 따라서 기술혁신을 경제적 문제해결로 제한할 이유는 없으며 사회문제 일반을 해결하기 위해 그리고 기술발전이 낳는 새로운 형태의 사회문제도 사전에 고려하여 사회적으로 바람직한 것이 무엇인지를 고려할 필요가 있다. 실제로 EU 등 선진 제국에서는 사회적 욕구를 충족시키고 새로운 사회적 관계와 협력을 창출해내는 사회 혁신(European Commission, Guide to Social Innovation)을 도모하고 있다.

정부주도의 하향식 혁신 기획 · 조정

한국의 경우 경제발전 초기에는 민간부문이 취약하여 정부가 주도해 과학기술 발전을 이끌어 왔다. 특히 투자 성과를 높이기 위해 전략적 영역을 선택하고 집중적인 투입이 이루어지도록 하였다. 또한 기술혁신의 실행에서는 각 혁신 주체들에게 혁신활동을 수립하고 경합하도록 한 뒤 승자를 선별적으로 집중 지원하는 전통을 지속해 왔다. 하지만 동시에 민간의 적극적 참여를 위해 노력해 왔다. 무엇보다도 정부는 민간의 참여를 통해 다양한 의견을 수렴하여 혁신의 방향을 정립하였다. 1960년대 초 과학기술계획을 수립할 때 정부는 자문위원회를 구성하여 산업계, 대학교수, 국공립연구기관장 등 민간 전문가들의 아이디어와 의견을 구하였다. 이러한 노력은 민간부문이 크게 성장한 1980년대에 더욱 강화되어 정부관료, 공공연구기관장, 대학교수, 기업 대표 등 과학기술계를 망라하는 대표적 전문가들이 참여하는 기술경제연구회를 구성하여 이 연구회가 주요 과학기술정책의 수립과 집행에서 결정적인 역할을 수행하였다.

이처럼 우리나라는 정부주도의 정책 기획 · 추진하에서도 시장요구를 반영하기 위한 노력으로 민간의 참여를 독려하는 구조를 발전시켜 왔다. 그러나 혁신정책의 기획 · 조정에서 정부가 강력한 영향력을 행사하는 하향식 구조를 가진 만큼 혁신 주체들이 소외되어 실질적인 합의나 협력과는 거리가 멀다. 부서의 소수 담당자와 출연연의 기획팀이나 소수 전문가 등이 폐쇄적으로 탐색 · 기획이 진행된 뒤 상위 수준의 연구기획 방향을 제시하고 제안요청서까지 주도한다. 민간 전문가의 현장 지식은 수렴되지 못하고 자문기구를 통한 건의에 그치며, 정부가 의제를 설정하고 이것이 정부출연연구소와 대학에 설득 · 강제되는 방식이 유지되고 있다. 다양한 경로를 통해 아이디어가 발굴되는 과정이 미흡한 만큼 혁신의 기획 · 조정이 부실하고 핵심 및 기초기술에 대한 연구 방향이 명확히 제시되지 못하고 있다. 대학과 출연연은 세부 사업의 수행에만 전념하고 혁신의 기획과 관리기능에 대한 경험과 능력이 부족한 상태가 지속되고 있다. 또한 업종별 협의회는 정부정책 전달기관 역할을 주로 하고 기업의 참여나 의견 교환이 형식에 그치고 있다.

정부 내 인력의 전문성과 협력의 미흡

대학과 정부출연연을 중심으로 한 정부의 지속적 역할에도 불구하고 정책 담당 인력의 전문성 부족과 조직 간 협력 부족으로 정책 효율성이 저하하고 있다. 산 · 학 · 연을 포괄하는 위원회는 각계를 대표하는 인사들로 구성된 명망가형 위원회로 전문성이 부족하다. 또한 외부로부터의 영입도 충분하지 못하고 인력과 예산 부족에 순환보직까지 겹쳐 전문성 확보가 어렵다. 더욱이 부처 간에 업무가 중복되고 유망기술 분야에 대한 주도권 경쟁과 부처 간 협력 · 조율의 미비로 R&D 전반에 중복 투자가 발생하고 있다. 정책이 수립되더라도 부처 이기주의로 실제 실행되는 데까지 많은 시간과 비용이 발생하고 있다. 방송과 통신의 융합에서 보듯이 기술과 산업의 융합은 다양한 부처의 협력을 요구한다. 또한 핀테크 혁신에서 보듯이 공공 R&D나 혁신 인프라 등의 과학기술 중심의 정책만으로는 한계가 나타나며 노동정책, 금융정책, 규제정책 등 기술혁신과 직접적 관련이 없는 정책까지 고려해야 한다. 결국 국가혁신과 관련된 다양한 정부 부문이 혁신전략 수립과 기획 과정에 참여하고 부서 간 협력을 요구해야 한다. 다양한 부서의 참여와 협력을 강화해야 하고 각 부서의 역할과 의견을 조정할 수 있는 제도적 장치를 확보해야 한다.

R&D 관리기능 미흡

단기적 성과관리와 이슈 중심의 과제 선정 행정부가 교체되거나 특정 이슈가 부각될 때마다 이에 대응하여 연구개발사업이 중단되고 급조되고 있다. 5년 단위 정권마다 새로운 '신성장동력'이 선정된다. 특정 주제에 연구비가 집중되면 다른 분야에 배분할 연구비가 줄어 과학기술 저변을 축소시킨다. 단기 이슈에 민감하게 대응하는 성격의 연구개발은 단기 성과에 치중할 수밖에 없다. 결과적으로 장기간이 요구되는 기초연구에 매진하기 어렵고 기초연구도 상대적으로 성공확률이 높아 확산기에 있는 정보통신 분야에 치중하고 있다. 정부 R&D 과제는 단기 중심의 평가 시스템으로 말미암아 기초연구나 유동기 기술 등 장기적인 독창적 모험연구는 설 자리가 없다. 대부분의 정부수탁 연구과제는 연구의 성공 여부를 판단하기 위해 수량화할 수 있는 성과 지표를 요구한다. 예를 들어 논문, 특허 등의 수치는 성과 지표에 기본적으로 포함되고 개발기술의 성능이나 품질도 수치화할 수 있는 항목을 중심으로 평가하고 있다. 연구책임자는 과제를 확보하는 데, 연구원들은 연구보다는 예산과 행정 업무를 처리하는 데 지나치게 많은 시간을 보내고 있다.

출연연 R&D 관리체제의 부족 1990년대 이후 국가연구개발사업의 효율화를 위해 연구 사업비의 편성,

배분, 수주, 관리 등 연구소의 운영 시스템을 프로젝트(연구 또는 사업과제) 중심 체제로 운영하는 프로젝트 기반 시스템(Project Base System ; PBS)이 본격화되었다. 연구 사업비 측면에서 정부가 경상운영비를 직접 지원하지 않고 연구기관에서 스스로 조달하는 개념이다. 그러나 PBS 시행 이후 운영비의 대부분인 인건비 확보 문제가 대두돼 국가목표와 연계된 대형 장기연구 프로젝트의 안정적 수행여건이 악화되었다. PBS로 인해 개인 중심의 연구 분위기가 확산됐고 부족한 인건비를 확보하기 위해 출연 연구소의 연구원들은 다수의 소형 연구과제를 수행하게 되었다. 출연연의 연구 환경이 불안정하고 인센티브가 부족하여 연구원들의 (주로 대학으로의) 이직률은 일반 직장의 수배에 달하고 있다. 해외 주요 연구소는 수요 변화에 대응하고 협동연구를 촉진하기 위해 외부 인력을 적극 활용하는 데 비해 출연연의 외부인력 활용률은 산 · 학 · 연 협동 과정의 대학원생을 제외하면 매우 미미하다.

대학 R&D 관리체제의 부족 대학은 실질적이고 체계적인 교수 연구업적 평가시스템이 미흡하여 연구기능에 장애를 낳고 있다. 교수의 승진, 재임용, 정년보장 및 각종 보상에서 기초연구 진흥과 내실 있는 교육을 도모할 수 있는 성과관리 체계가 수립되어야 한다. 평가체계는 대학이나 교원의 특성 및 전략과 긴밀히 연계되어 기초연구, 교육, 개발연구, 응용연구별로 차별화되어야 한다. 그러나 현재 대학은 출연연과 마찬가지로 짧은 기간에 성과를 내어 차기 연구비를 확보하는 데 유리한 응용 · 개발 분야에 연구를 치중하는 한계점을 보이고 있다. 정부의 과학기술 정책이 차세대 성장 동력 사업이나 대형 국가연구개발 실용화사업 등 5년 안에 뚜렷한 성과를 내는 형태를 추구하기 때문에 대학이 10년 이상 바라보는 기초연구에 매진하기 어렵다. 그 결과 기초연구 중에서도 상대적으로 단기적 성공 확률이 높고 확산기에 있는 정보통신 분야에 지나치게 치중하고 있다. 또한 대학의 성과관리 체계가 실질적 평가보다는 계량화된 지표에 지나치게 의존하고 있다. 이에 따라 교수들의 연구활동이 계량화된 지표를 채우기 위한 논문 투고 위주로 진행되고 있다.

중간조직의 부진 우리나라에서 연구관리 전문기관이나 각종 지역기구 및 산업협회 등의 중간조직은 중앙정부 부서의 통제 아래 현장을 규제하거나 직접 지원하는 업무를 대행할 뿐 민간주도의 탐색–기획–집행의 지렛대로서의 역할이 제한적이다. 국가 R&D 사업의 기획 · 평가 · 관리를 위하여 각 부처 산하에 연구관리 전문기관들이 난립하고 있다. 연구관리 전문기관은 집행하는 정책 사업에 대한 실적 관리와 평가는 정교하지만 모니터링이나 환류는 제한적이다. 산업협회는 시장정보를 수집 · 공유, 수출입 지원 등 단순 업무에 그치고 기술혁신, 연구개발에 직결된 활동은 정부 과제의 공동수탁기구가 맡고 있다. 기업의 기술수요를 파악하여 업계의 공동협력을 창출하거나 연구자원을 유기적으로 연계하고 민관협력을 촉진하는 활동은 찾아보기 어렵다. 중간조직은 높은 위험을 수반하는 혁신을 주도하고 지원할 수 있는 산한연 연구조직으로 탈바꿈하여야 한다. 미국의 국방고등연구기획원(Defence Advanced Research Project Agency), 국립과학재단(Natgional Science Foundation), 국립보건원(National Institute of Health)의 사례는 큰 시사점을 제공한다.

혁신에 대한 보상과 위험 감수의 부족

한국에서 혁신은 왜 이렇게 더딘 것일까? 특히 세계적 수준의 인적자원을 가진 한국과 같은 국가라면 이런 의문이 더 강해진다. 역량접근에서 볼 때 혁신을 위해서는 지식자원뿐만 아니라 우호적인 전환요인 그리고 혁신 주체의 적극적 선택이 요구된다. 즉, 혁신을 위해서는 경제 주체가 혁신할 수 있는 능력뿐만 아니라 지식의 자유로운 이용, 학습을 장려하는 개인적 · 조직적 여건, 제도적 인프라와 물적 인프라의 존재, 학습을 가로막지 않는 사회적 규범, 적극적 학습을 하려는 유인 구조가 갖추어져야 한다. 한마디로 혁신은 사회구성원이 스스로 독자적 해결책을 창출하려 나설 수 있고 또 나서려는 경제 환경이 필요하다. 그러나 아무리 혁신적 능력과 여건이 갖추어진다고 해도 혁신의 당사자인 개인과 기업이 혁신적 성과에 상응하는 적절한 보상을 기대하기 어렵다면 혁신은 이루어질 수 없다. 즉, 학습을 하여 새로운 지식과 기술을 얻으려는 적극적 선택을 하는 유인구조가 중요하다.

혁신에 대한 보상 미흡 기업들이 기술혁신에 대한 보상을 확보하는 메커니즘으로 특허, 비밀유지, 시장 선점 등이 있다. 우리나라에서 특허는 중소기업이나 개인이 주도하여 대기업(17%)보다 많은 42%을 차지하고 있다. 하지만 특허 보호와 특허에 대한 보상이 미약하다. 우선 특허 무효심판에서 인용률이 절반에 달하여 특허를 출원하고자 하는 기업인들이 특허제도에 대해 불신을 가지고 있다. 또한 특허소송으로 경쟁사를 이겨봐야 소모된 시간과 비용에 비해 (국내시장 규모를 주로 고려하는) 배상액이 매우 적어 상대방 기업에 대한 타격도 미미하다. 이에 따라 중소기업은 대기업으로부터 특허를 침해받아도 소송을 내지 않는다. 마지막으로 기업의 무형자산이 크게 저평가되어 특허는 기술가치 창출이 아니라 평가에 지출한 비용으로 추계되고 있다. 기술기반 기업이라 하더라도 특허권의 가치를 반영하는 산업재산권 항목의 금액은 극히 미미하다.

2020년 우리나라 국내 특허 출원 중 기업 · 대학 · 공공연 등이 종업원의 직무발명을 승계해 출원한 비율이 80%에 이르는 만큼 기술혁신에서 직무발명제도의 중요성이 매우 높다. 직무발명은 연구기자재 제공과 연구비 지원과 같은 사용자의 기여가 필요하지만 직무발명 비율과 달리 성과에 대한 보상제도를 실시하는 국내기업은 미미하다. 이에 따라 직무발명 보상이나 권리 귀속에 대한 분쟁이 지속되고 있다. 한편 벤처자본이 투자에 대한 보상을 받을 수 있는 회수수단의 제한도 문제이다. 우리나라 벤처기업들은 창업 후 10년 이상이 소요되는 IPO에 주로 의존하는데, IPO 이전에 자금을 회수할 수 있는 경로가 극히 제한적이다.

적극적인 위험 감수의 제한 혁신이 일어나기 위해서는 창의성과 더불어 적극적인 위험 감수도 요구된다. 그러나 한국의 혁신 주체들은 과도한 위험회피 성향과 단기의 양적인 업적 중시로 과거의 안전한 모방전략에 계속 머물고 혁신 투자를 기피하고 있다. 모방전략은 제품의 상용화와 제조기술에서 세계수준의 역량을 유지하게 하지만, 원천기술 역량을 개선하는 데는 역부족이다. 예를 들어 국내 제약사들은 신약개발보다는 범용화되어 위험성이 적은 제너릭 약품 개발에 치중하고 있다. 벤처캐피털도 상대적으로 검증된 창업 후기 기업을 선호하며, 그것도 벤처캐피털 간에 동일한 투자 대상을 놓고 쏠림현상이 나타나기도 한다.

적극적인 위험감수를 위해서는 인내자본과 사회적 보호가 필요하다. 기업의 경우 수익을 낳기까지 불확실한 혁신을 지속하도록 재원이 할당될 것이라는 믿음이 필요하다. 인내자본은 혁신과정의 내재적 불안정성을 극복하게 한다.

외환위기 이전 정부는 정부가 소유한 은행 중심의 금융시스템하에서 재정자금, 정책금융, 기술신용보증 등의 간접금융을 중심으로 위험자본의 공급을 주도하였다. 그러나 외환위기 이후 금융시장 전반에 대한 정부의 통제력이 크게 축소되고 외국자본의 영향력이 확대됨에 따라 정부는 과거와 같이 위험자본의 공급을 주도하지 못하게 되었다. 금융기관도 위험회피 성향이 강해져 위험자본을 적절히 제공하지 못하고 있다. 결과적으로 외환위기 이후 기업은 외부자금조달의 한계로 R&D 자금 조달의 대부분을 내부자금에 의존하게 되어 소수의 우량 대기업을 제외하곤 혁신활동이 위축될 수밖에 없다. 투자보다는 혁신이 지배해야 할 성장 단계에 올라선 우리나라는 혁신의 불확실성이 큰 만큼 정부의 역할이 여전히 중요하지만 그 방법은 직접적인 지원보다는 민간, 특히 자본시장이 주도하는 위험자본 공급이 원활하게 이루어지도록 보완 역할을 함으로써 지원의 효과를 높일 수 있다.

그림 6-20 위험자본 공급의 구조 변화

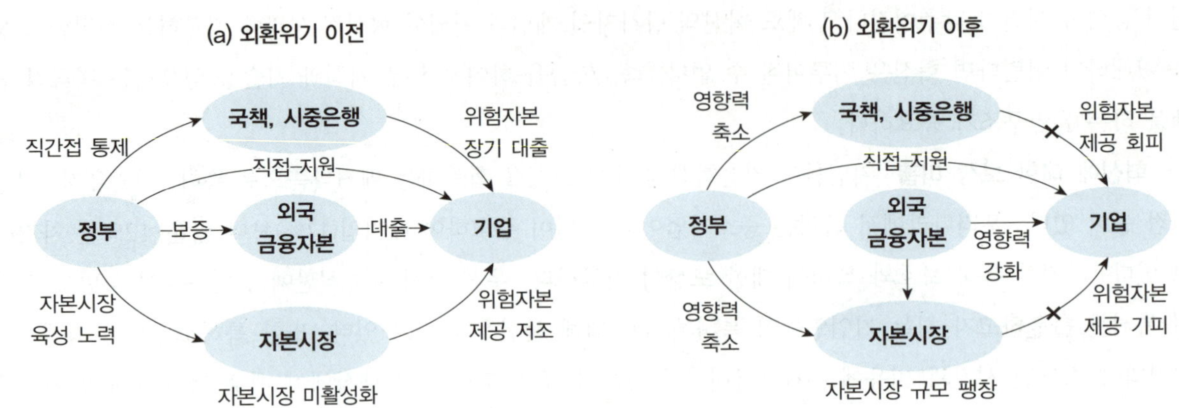

자료 : IBM(2007)의 181쪽의 그림을 일부 수정.

2) 대기업집단이 1990년대 이래 지배적 혁신 주체로 역할

R&D 투자의 대부분을 담당

한국 국가혁신시스템의 중요한 특징은 대기업집단을 중심으로 한 산업계가 전체 R&D 투자의 대부분을 담당하며 혁신 주체로서 지배적 위치를 점하고 있다는 점이다. 반면 대학과 공공연구소의 역할은 상대적으로 왜소하며 중소기업 역시 상대적으로 취약한 혁신역량을 보이고 있다. 이에 따라 중소기업과 학계 및 연구소 간의 협력적 연계 역시 매우 제한적이다. 1960년대만 하더라도 우리나라 연구개발비의 대부분은 정부가 부담하였다. 1970년대부터 기업의 연구개발 비중이 꾸준히 증가하여 1982년에는 최초로 정부와 기업이 총 연구 개발비의 50%를 각각 부담하기에 이르렀고 이후에도 기업의 주도는 계속되어 기업 중심의 연구개발체제가 정착되었다. 2018년에 기업체가 사용한 연구개발비는 전체의 80.3%(2018)로 중국(77.6%, 2017), 미국(73.1%, 2017) 등 주요국보다 높다. 기업의 매출액 대비 연구개발비 비중은 1980년 0.47%로부터 1990년 1.72%, 2000년 1.98%, 2010년 2.38%, 2016년 3.38%로 급증하였다. 민간주도의 연구개발체제의 발전은 1980년대에 조세지원제도, 금융지원제도, 정부구매제도, 연구인력 병역특례제도 등의 형태로 정립된 정부의 기술개발 지원제도에 크게 힘입었다.

한편 기업부설연구소는 1979년부터 설립되기 시작하여 그해 46개 기업부설연구소가 설립되었고, 1991년 1,000개, 1995년 2,000개를 돌파한 뒤 1990년대 말 벤처 붐에 따라 더욱 급증하여 2004년 10,000개, 2018년 40,000개를 돌파하였다. 특히 중소기업 부설연구소는 큰 폭의 증가세를 유지하여 2018년 9월 전체

표 6-20 R&D 지출의 구성(2018) (단위 : %)

	일본	스웨덴	독일	프랑스	미국	한국(2019)	OECD 평균
정부	7.8	3.6	13.5	12.5	10.4	10.0	10.7
대학	11.6	25.4	17.7	20.5	12.8	8.3	26.1
기업	79.4	70.9	68.8	65.4	72.6	80.3	62.1
비영리 기관	1.3	0.1	0.0	1.6	4.2	1.4	1.0

기업부설연구소의 96%를 차지하고 있다.

이러한 투자에 힘입은 기술 상용화를 통해 기업은 1990년대 이래 국가 R&D와 기술혁신을 본격적으로 주도하기 시작하여 정보통신, 자동차, 조선, 철강 등 산업기술에서 선도적 역할을 하고 있다. 특히 1990년대 중반 이후 반도체, 휴대전화, 자동차 등에서 대기업은 선진국 모방을 넘어서 선진국 기업들과 어깨를 나란히 겨루며 세계 시장을 선도하는 글로벌 기업으로 대두하였다. 한국의 기업혁신은 고품질 제품을 대량 생산하는 고품질 공정을 학습 · 창출 · 집행하는 역량, 제조업에서의 선도적 지위, 상당한 R&D 투자로 특징지어진다.

모방전략이 여전히 지배적

기업은 오랫동안 정부정책이 설정한 사업영역에 진출하여 해외로부터 원천기술과 핵심부품 소재를 도입해서 제품 상용화 기술을 축적하고 범용 부품과 소재 등을 조립해 제품을 생산했다. 따라서 전략의 초점은 생산설비의 증가와 현대화에 기반을 두어 비용 절감과 제품의 품질 개선에 집중하는 모방에 맞춰졌다. 이 과정에서 기업은 제품 상용화와 제조 기술에서 세계적 역량을 확보할 수 있었다. 모방전략의 성공은 원천기술이나 핵심소재 · 부품 개발의 필요성을 부각시키지 못하였다. 신산업에서도 제품 상용화에 치중되어 핵심기술을 외부에서 들여오는 대상으로만 생각하는 모방전략이 아직도 대세이며, 위험을 피하여 혁신투자도 부진하다. 한국 제조업체 중 혁신활동(을 수행한) 기업은 37.7%이고 혁신(을 실행한) 기업은 26.1%로 비교국에 비해 매우 낮다(독일의 경우 각각 63.3%, 52.1%).[32] 또한 우리나라 기업의 혁신역량은 국가경쟁력보다 높은 위치에 있었으나 최근 약화하고 있다. WEF 설문 평가에 따르면 기업의 '혁신역량' 수준은 2009년을 기점으로 급락하였으며, 다른 나라들과의 비교 순위에서도 계속 하락하고 있다(기업혁신 관련 WEF 국가경쟁력 지표값 추이, 2006~2014).

핵심부품의 해외의존

우리나라에서 대기업과 중소기업 간 수직적 위계가 발전하여 지배적인 선도 대기업을 정점으로 하고 여기에 부품이나 부분품을 납품하는 다수의 중소기업이 위계적으로 연계되어 있으며, 때로는 구매-납품 관계가 동일 그룹 내 모-자회사 관계로 제도화되는 경우가 많다. 예를 들어 우리나라의 전자, 자동차, 조선 산업은 각각 삼성전자, 현대자동차, 현대중공업 등의 선도 대기업이 주도해 왔다. 대기업은 수직적으로 통합된 공급사슬을 통제하며 각국에 분산된 공급사슬에 의존하는 경쟁기업보다 기술변화에 신속히 대응함으로써 반복적으로 경쟁기업을 앞서나갈 수 있었다.

그럼에도 불구하고 모방전략하에서 조립생산을 담당하는 대기업들은 원천기술뿐만 아니라 핵심부품도 해외에 의존해 왔다. 이에 따라 국내에서는 핵심부품을 매개로 한 기업 간 관계나 고부가가치의 핵심부품 시장이 형성되지 못했다. 핵심 부품 · 소재는 완제품의 품질 · 브랜드 가치와 직결되므로 수요기업은 국산 부품의 사용을 기피해 왔다. 국내의 부품 · 소재 기업은 국내 수요가 규모의 경제에 미달하여 다품종-소량 주문생산에 의존함으로써 영세적 규모에 머물고 있다. 전문생산체제의 구축이나 기술개발과 해외시장 진출을 도

---

32. OECD가 기업의 혁신을 측정 · 비교하기 위한 오슬로 매뉴얼에서 혁신활동기업이란 제품, 공정, 마케팅 방법, 사업수행과정, 업무조직, 외부와의 관계 등에서 새로운 방법을 실행한 기업을, 혁신기업은 제품혁신, 공정혁신, 조직혁신, 마케팅혁신 중 하나 이상의 혁신을 실행한 기업을 의미한다.

모하기에는 아직까지 근본적 한계가 있다. 이에 따라 국내 부품 · 소재 기업은 내수 위주의 조립중심 저부가가치 생산체제에 고착되어 시험평가나 시스템 통합, 공정 및 설계 등의 핵심 · 원천기술력이 국내 세트기업과 마찬가지로 상당히 부족하다. 한편 세트기업은 핵심 부품 · 소재의 높은 해외 의존으로 부가가치 향상이 제한적이며 고부가가치 제품의 적시 개발과 출시에 어려움을 겪고 있다.

기업집단 단위의 폐쇄적 혁신활동으로 기업 간 협력이 미흡

현재 한국 기업은 선진국의 견제와 개도국의 추격에 대응하기 위해서 스스로 새로운 기술과 제품을 신속히 효율적으로 개발하여야 하며, 이를 위해서는 기업 내 관계뿐만 아니라 기업 간 관계에서도 집단적 학습이 가능한 조직적 통합이 요청된다. 새로운 기술과 시장 창조에는 막대한 연구개발비가 필요하지만 동시에 위험도 따른다. 그러나 한국 기업은 선진기업과 비교할 때 연구개발비의 절대 규모나 기술역량 모두 부족하다. 따라서 기업 간 협력을 통해 외부의 혁신원천을 적극 활용하고 상대적으로 소규모인 혁신자원의 효율성을 제고하며 기술의 융합에도 적극 대응해야 한다.

추격형 혁신체제하에서 해외 기술의 도입과 모방 그리고 재빠른 상업화에 초점을 맞추어 각개약진하는 특징을 가져 국내에서의 지식 연계 메커니즘을 취약하게 만들었다(송위진 등, 2006). 2018년 한국기업혁신조사(과학기술정책연구원)에 따르면 제조업은 제품혁신의 83%, 공정혁신의 80%가 기업 내부에서 자체적으로 개발되고 있다.

혁신 주체 간 혁신역량의 불균형이 심화되면서 대기업은 내부에서 직접 개발한 기술만 인정하는 NIH(not invented here) 신드롬이 지속되어 외부를 통한 기술습득보다는 자체 연구에 편향되어 있다.[33] 민간 R&D 지출의 상당 부분이 폐쇄적인 대기업집단 산하의 연구소를 중심으로 이루어지고 있어 기술개발과 확산의 과정이 제한된다. 해외의존형 기술개발로 인해 대기업의 대학이나 출연(연), 부품생산업체, 경쟁기업과의 교류나 공동기술개발 활동의 기회는 극히 적다. 기밀 노출, 중재기관 부재는 기업 간 상호협력을 가로막고 있다. 또한 기술을 도입한 외국 기업들과의 관계에서도 기술 구매와 구현 과정에서 발생하는 문제해결을 위한 협력은 있었지만 공동 기술개발은 매우 제한적이다.

이러한 기업들, 특히 제조업체들의 폐쇄적 혁신 관행 때문에 제조업과 서비스업 간의 연결고리가 매우 약하며, 그 결과 지식집약 서비스업의 발달이 지체되고 있다. 즉, 제조업체의 기술혁신을 위한 정보원천이나 협력 파트너로 생산자 서비스 업체를 활용하는 비중이 낮다. 고용 및 GDP에서 서비스 부문이 차지하는 비중이 60% 이상이지만 생산자 서비스업이 전체 서비스업에서 점하는 비중은 6.9%에 불과한데, 이는 미국, 영국, 독일 등의 13~20% 보다 크게 낮은 수준인 것이다.

중소기업 역시 외부에 대한 배타성에 더해 보호가 충분하지 못한 지적재산권과 분쟁 대응능력 부족, 외부 네트워크 부족, 원-하도급 생산체계와 대기업 중심의 산업구조와 그 속에서 고착화된 불공정 거래 관행으로 폐쇄적 혁신활동에 머물 수밖에 없다. 대기업과 중소 · 벤처 간에는 협력보다는 수직적이고 일방적 하청관계를 맺고 있는 경우가 많고 부당 요구, 기술 도용, 위험 전가 등 적대적 사례가 자주 나타나고 있다. 이에 따라 외부와의 공동개발의 경우 2000년대 초반부터 추진된 산 · 학 · 연 간 협력지원 사업에 힘입어 대학이나 공공연구기관을 파트너로 활용한 중소기업들은 많았으나 대기업이나 외국 기업과의 협력은 상대적으로

33. 외부기술을 도입할 경우 자체개발 역량이 악화될 것이라는 우려와 내부 개발업무가 줄어들어 감원이 발생할 위험에서 비롯한다.

저조하다. 기업 간 협력도 대기업보다는 비슷한 상황에 놓인 중소기업과의 기술협력이 더 활발하다. 최근 일부 대기업을 중심으로 상생 방안이 추진되고 있으나 아직은 성과가 미흡하고 실질적인 제도화가 부족하다. 중소기업의 폐쇄적 혁신활동은 내부 혁신역량의 부족과 영업 · 생산 활동의 과다로 인해 충분한 혁신성과를 낳지 못하고 있다[중소기업연구원(2018), "중소기업의 개방형 혁신을 위한 정책과제"].

조직 내 협력이 미흡

학교 교육을 통한 정규 교육과정이나 직업훈련원 같은 비정규 과정 등의 교육훈련을 통해 개인은 산업에서 필요한 숙련기술이나 지식을 획득하고 생산현장에 투입된다. 생산현장에 참여하면서 개인은 작업장에서 새로운 숙련기술이나 지식을 축적해간다. 노동자들은 축적한 암묵적인 지식의 활용을 통해 기업의 기술혁신에 기여한다. 이러한 혁신은 대체로 공정혁신으로 제품혁신에 비해서 소규모로 점진적이어서 주목을 덜 받는다. 하지만 제품의 완성도를 높이고 공정에서의 불량률을 감소시키는 등 공정에서의 손실을 줄일 수 있어 수익성에 영향을 준다. 자체적으로 새로운 기술을 개발하고 현장에서 구현하기 위해서는 조직 내에서 구상부문과 실행부문의 협력이 필요하다. 또한 현장에서의 원활한 공정혁신을 위해서는 생산현장의 지식이 기술혁신 과정에 보다 효과적으로 통합되어야 한다.

그러나 선진국에서 이미 활용되고 있는 기술을 국내의 조건에 맞게 개선하는 우리나라의 모방형 기술혁신 하에서는 도입된 기술을 잘 해석하고 현실에서 구현하는 엔지니어 중심으로 기술혁신 활동이 이루어졌고, 생산현장에서 숙련지식을 가진 노동자들이 기술혁신 과정에 통합될 필요성이 적었다.

한편 조직을 구성하는 개개인의 혁신에 대한 보상도 미흡하다. 혁신의 성과가 혁신을 도모한 바로 그 개인과 바로 그 기업에게 충분히 귀속될 수 있을 때에만 혁신을 위한 유인이 생겨날 것이다. 기업 내에서는 상이한 지위와 기능을 가진 사람들을 조직의 혁신목표로 몰입시키는 유인이 존재해야 한다. 작업만족도, 승진, 보상, 급부와 같은 형태의 보상형태는 개인을 조직으로 통합하는 중요한 수단들이다. 혁신을 창출하기 위해서는 근로자를 유치 · 재훈련하는 것을 넘어 학습과정도 관리하는 보상시스템을 다루어야 한다. 그러나 민간기업의 직무발명 보상제도화 수준은 매우 미흡하다. 전체 특허 출원 중 법인의 비중이 갈수록 증가하고 있지만, 관련 성과에 대한 보상규정을 가진 국내기업은 39.2%(대기업 81.2%, 중견 67.2%, 중소 37.1%)에 불과하다. 보상규정을 보유한 기업 중 승계한 기술을 실시하거나 처분할 때 종업원 등에 보상을 실시하도록 하는 규정을 가진 기업의 비율은 38.8%(대기업 42.8%, 중견 29.4%, 종소기업 39.5%)이다. 그만큼 기술개발, 특히 특허등록에 대한 보상시스템이 구축되어 있다고 하더라도 특허로 등록할 수 없는 제품화 아이디어에 대한 보상은 소홀한 경우가 많은 것이다. 혁신연구인력을 위한 제도는 그 수혜자가 매우 제한적이고, 있더라도 승진 적체의 해소에 활용되고 연구위원이 동시에 부서장을 겸임하는 등 본래의 취지대로 정착되지 못하고 있다.

해외연계

기업집단은 선진국들과의 기술네트워크를 확대하는 것을 선호한다.[34] 또한 자본재 산업에서 자본재와 핵심부품을 주로 일본과 미국을 포함한 외국 기업에 의존하고 대신 국내 기업에 대해서는 기술수준이 낮은 부품이나 일부 틈새 품목만 의존하고 있다. 그러나 해외부문과의 협력도 부족한 수준이다. 국내에 설립된 외

34. 한국산업기술협의회에 따르면 한국 기업은 약 60개의 해외 R&D 센터를 설치했다(2006). 특히 1990년대 중반 이후 삼성전자, LG전자, 현대자동차가 매우 두드러진 성과를 보이고 있다.

국 기업 R&D 센터의 수는 적지 않지만 지속적으로 감소하고 있으며, 기초연구보다 개발연구에 치우쳐 있고, 특허등록이나 기술이전 실적 역시 매우 미미하다. 이는 한국시장의 규모와 인력의 부족과 더불어 복잡한 행정절차에서 비롯하는 바가 크다고 평가되고 있다.

해외 기술에 대한 의존도가 커서 국내 기술거래 시장규모는 해외 기술 거래시장 규모의 절반 수준에 머물고 있다. 한국 기업의 수입기술 의존도는 심각한 수준이다. 수출품의 수입산 함량(import content)은 선도 산업국 중 가장 높으며, 일본에 비해서 약 3배가량 높다. 아울러 선도 산업국가와 달리 지속적인 기술무역적자를 보이고 있다. 특히 한국이 선도하는 전자기계, 통신장비 그리고 기계 산업의 경우 부분품 생산과 최종 조립 간의 국제 분업으로 말미암아 수입산 함량이 매우 높다. 기술무역수지 적자의 절대규모는 완만히 증가하고 있지만, 다행히 기술수출의 연간 증가율이 기술수입의 연간 증가율을 상회하고 있다는 점에 주의할 필요가 있다. 이는 한국이 국제경쟁력이 있는 기술역량을 확보해가고 있음을 보여준다.

우리나라 연구인력의 글로벌 모빌리티는 다른 나라에 비해서 많이 낮다(OECD, 2013, Science, Technology and Industry Scoreboard, p.64, 133). 다른 나라의 연구자와의 공동 연구활동도 OECD의 다른 국가에 비해서 비교적 미흡하다. 연구개발로 이어지는 해외 자금의 유입 정도도 다른 나라에 비해서 상대적으로 적다(OECD, 2013, Science and Technology Indicators) 국제 공동연구가 적은 것은 언어와 문화 차이, 공동 연구에 대한 동기 부족, 정부의 정책 미흡, 지원제도 부족 등이 원인이 될 수 있다.

3) 혁신 인프라

기업, 출연연, 대학 등에 대한 역할 재정립이 적절히 이루어지지 못함으로써 출연연과 대학의 역할이 기업 부문의 역할과 중첩되고 있으며, 기초연구 및 원천기술 투자를 위한 대학과 출연연의 기획 · 인력 · 자원 등 역량도 부족하다.

(1) 대학의 교육 · 연구

대학은 혁신활동에 필요한 인력을 공급하며 기초연구를 수행한다. 우리나라에서도 국가의 혁신역량 성장과 산업의 발전에 따라 대학의 역할은 꾸준히 확대해 왔다. 대학에서는 전통적인 교육활동뿐만 아니라 1990년대 후반 이후 정부 R&D 투자가 본격화되면서 연구활동이 확대되었고 최근 들어서는 산학협력이 강조되고 있다. 이는 미국 대학의 사회적 요구 변화에 따른 변신과 궤적을 같이 한다.[35]

대학의 연구개발 : 제한적인 연구비와 저조한 연구성과

국내 대학은 교육기능 위주의 양적 팽창을 오랫동안 지속해 옴에 따라 대학의 또 다른 임무라고 할 수 있는 연구활동이 상대적으로 부진하다. 국내 대학의 연구활동이 단기간에 급속히 신장된 것은 사실이지만

35. 미국에서 대학연구에 대한 사회적 요구(그에 상응하는 연구조직의 역할)는 제2차 세계대전 이전 교육을 위한 연구(공동장비/시설, 연구를 위한 인프라), 제2차 세계대전 이후 목적지향적 연구(외부연구비 수주창구), 스푸트니크 이후 기초연구 저변 확대(공동연구 집단 형성), 1970~1980년대 대학연구의 상업화(산학협력), 1990년대 이후 사회적 현안 해결(다학제적 연구 수행)로 변화해 왔다(엄미정 외, 2009, p. 35).

연구비나 연구수준은 선진국에 비해 크게 취약하다. 우선 대학연구비가 국가 전체 연구비나 정부 연구개발비에서 차지하는 비중은 선진국 대학에 비해 크게 열세이며, 이조차도 수도권 상위대학에 과도하게 집중되어 있고 기업 참여과제가 지나치게 많다. 2019년 대학연구비는 국가 전체 연구비의 8.3%로 선진국 대학의 15~20%에 비해 크게 열세이다. 대학에 재직하는 연구자는 2019년에 전체 연구개발 인력의 20.6%, 박사 학위자의 57%가 고용되고 있다. 연구개발비의 11.4%를 사용하는 GRI 소속의 연구원 수 비중(7.4%)의 3배에 달한다. 대학연구자 1인당 R&D 지출은 2000년 3천만 원에서 2019년 6천만 원대로 2배 이상 증가하였지만 여전히 공공연구소의 26% 수준, 기업의 36% 수준에 머물러 있어 그만큼 대학의 R&D 설비나 연구팀의 조직화 수준은 크게 떨어진다. 다만 국가 전체의 연구개발비 규모가 큰 만큼 연구자 1인당 연구비는 OECD 평균에 비해 크게 낮지 않음에는 유의할 필요가 있다. 과거 한국의 경제발전과정에서 공공연구소는 원래 기업의 기술수용을 가속화하기 위해 설립되었고 대학은 주로 교육에 초점을 맞추어 왔다. 최근에 들어서야 정부가 대학의 연구역량을 강화하기 시작하였다. 전체 연구개발비 중에서 공공연구소의 비중은 감소하여 왔지만 여전히 대학의 연구개발비는 높지 않은 편이다.

이런 환경 속에서도 1990년대 이후 우리나라의 국제논문 투고량과 순위, 인용빈도, 특허 출원 등이 크게 증가했으며 이에 대한 대학의 기여도 커졌다. 우리나라 대학의 SCI 논문 발표순위가 1997년 18위에서 2000년 16위, 2019년 12위로 급상승하였고 SCI 논문 점유율은 2005년 2.64%에서 2019년 3.45%로 높아졌다. 그러나 인구 만 명당 논문발표 수는 2005년 5.5로 28위였지만 2019년에는 13.5로 25위(스웨덴 34.8, 독일 16.3, 미국 14.7, 프랑스 12.5, 일본 7.1, 중국 3.5)로 큰 변화가 없다. 더욱이 연구의 질적 수준을 반영하는 5년 주기(2015~2019) 논문 1편당 국제 피인용 수는 32위(2019)에 머물러 발표순위보다 크게 취약하다.

기술추격형 연구 관행, 연구비 투입 부족, 과다한 학생 수와 이로 인한 일반교육에의 집중 등이 겹쳐 세계적 수준의 독창적인 연구와 원천기술 개발 능력이 크게 취약하다. 국내 대학에는 대부분 학부생이 과다하고 대학원생이 부족하며 이공계 학생의 실험실습 시간이 극히 부족하다. 이런 상황은 대학교수들에게 과다한

표 6-21 연구개발 인력의 구성(2019) (단위 : %)

	한국	스웨덴(2017)	프랑스(2017)	일본	독일	OECD 평균
기업	72.0	56.2	56.2	59.7	46.3	42.9
정부	6.0	12.5	7.3	3.7	10.4	10.4
대학	20.6	31.3	29.8	35.5	43.3	46.0
비영리기관	1.5	0.0	1.3	–	0.0	0.7

표 6-22 연구원 1인당 연구비(2015~2017 평균) (단위 : 만 달러)

	뉴질랜드	영국	프랑스	스웨덴	독일	네덜란드	한국	일본	OECD 평균
기업	12.0	22.3	15.6	21.6	27.2	11.6	14.9	21.8	17.4
대학	3.2	3.3	9.8	11.7	6.7	18.8	5.5	5.7	6.1
정부	19.1	36.8	24.1	4.7	22.8	14.8	24.0	34.3	14.6
비영리기관	–	18.5	18.1	12.0	0.0	0.0	14.4	20.8	9.0

자료 : NTIS, 과학기술통계

강의시간과 행정수요를 유발하고, 대학원생 지도와 연구에 몰두할 여유를 감축시킨다.

기초연구 제한과 성과가 미흡한 응용 개발연구

대학의 연구활동은 오랫동안 모방형 기술혁신모델에 의해 규정되어 왔다. 선진국을 빠르게 추격하기 위해서는 산업계에 필요한 응용 · 개발 연구가 상대적으로 중요했다. 이에 따라 대학의 연구도 선진국에 비해 응용 · 개발 연구의 비중이 지나치게 높다. 한편 이러한 연구개발 활동조차도 정작 기업의 기술혁신 활동과는 깊은 연계를 맺지 못하고 있다. 기업의 기술혁신 활동은 외국 기술의 도입과 재빠른 상업화였기 때문에 연구개발 활동을 통한 기술 국산화보다는 외국 기술의 도입 및 구현과 문제해결을 우선시하고 있다. 또한 대학의 연구활동을 보면 대부분의 연구자들이 유학한 나라에서 배우고 익혔던 연구를 그대로 수행하는 경우가 많다. 결국 대학의 연구활동과 기업이 요구하는 지식 사이에 커다란 괴리가 존재한다. 그러나 대학의 기여가 전혀 없었던 것은 아니다. 외국에서 훈련받은 문제해결 방식을 활용해서 기업의 외국 기술 도입과정에서 적절한 기술선택과 관련 기술의 소화 · 흡수에 필요한 자문을 제공한다. 연구개발 활동이 아닌 일반적인 문제해결 능력을 통해 기업의 기술도입 활동을 지원하는 것이다. 공동 연구개발이나 수요자의 요구를 반영한 연구개발은 미흡하지만, 지식기반에 기초하여 기업의 혁신활동을 지원하고 있다.

결과적으로 대학의 기초연구 수행이 부족하고 연구성과도 낮다. 대학의 연구비 부족은 대학연구의 가장 큰 장점이어야 할 **기초연구**를 위축시키는 원인이 되고 있다. 2019년도 국내 총 연구비 중 기초연구비 비중은 14.7%로 선진국의 15~25%(2018년 미국 16.6%, 2017년 프랑스 22.7%, 2019년 덴마크 18.3%)에 비해 크게 뒤떨어지지만, 2019년 일본 12.5%나 2019년 중국 5.5%를 상회한다. 대학으로부터 기초기술 공급이 부족해짐에 따라 대기업뿐만 아니라 중소기업까지 자체 기술개발에 나서고 있다. 최근 기초연구에 대한 관심이 커지고 대학 내에 연구 분위기가 정착했지만, 날로 심화되는 단기 위주의 성과관리와 동료 전문가집단들의 전문적 평가를 대신하는 양적 지표에 대한 과다한 의존 등으로 인해 새로운 지식의 창출과 도전이 크게 방해

그림 6-21 대학 연구개발비의 기초연구 배분 비중의 추이

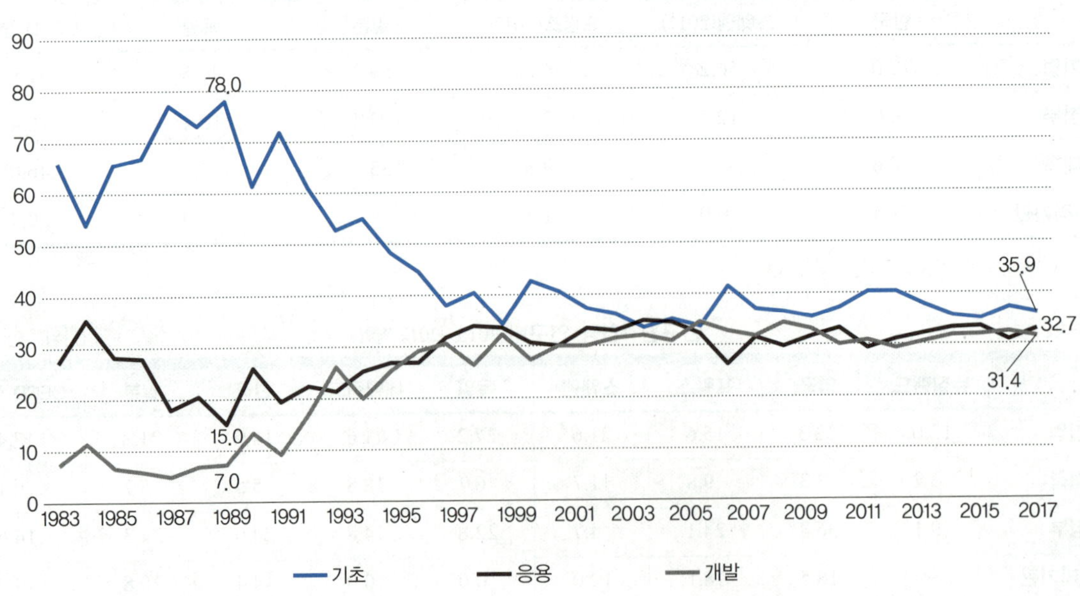

주 : 통계청 연구개발 단계별 연구개발비

받고 있다. 새로운 지식 개척을 위한 학제적 조직이나 새로운 조직의 형성을 위한 리더십은 찾아보기 어렵다.

기초연구와 비슷한 수준의 연구비가 지출되는 **응용연구**의 경우 양적 성과는 보이지만 그에 비해 질적 효율성이 매우 부진하다. 2019년 대학은 정부 R&D 국내 특허 출원 중 39.2%(출연연 22.1%, 대기업 2.7%, 중견기업 3.7%, 중소기업 25.8%)를 차지해 지배적 위치를 점하고 있다. 그러나 2015~2019년 정부 R&D 등록특허 중 '우수특허 비율'은 대학 2.5%로 대기업(9.1%), 중견기업(6.4%), 중소기업(3.2%)보다 낮으며 공공연(3.8%)에도 뒤처진다.

개발연구의 성과도 마찬가지다. 대학의 정부 R&D 사업화 성과 비중(10.9%)은 대학의 정부 R&D 예산 배정 비중(24.4%)보다 낮으며 특허 출원(39.2%) 비중에 비해서도 현저히 낮다. 한편 정부 R&D 기술료 징수를 통한 경제적 성과 중 대학의 비중은 21.2%(건수, 금액기준 21.9%)로 더 낮아지며, 건당 징수액은 0.3억 원으로 대기업(2.1억 원)과 출연연(0.42억 원)에는 뒤처지지만 중소기업(0.18억 원)보다는 크다(2019년 국가연구개발사업 성과분석보고서). 한편 공공연의 국내특허 이전율(9.8%)과 국내특허 건당 기술료(33.8백만 원)는 대학(4.4%, 20.5백만 원)을 상회한다. 한편 국내 R&D에 따른 특허는 대부분 중소기업(90.1%)으로 기술이전되고 국내 대기업에 기술이전되는 비중(1.3%)은 매우 낮다.

중점을 두고 있는 응용 및 개발연구에서 효율성은 타국에 비해 매우 낮다. 우리나라 정부 R&D의 특허출원 생산성은 대학이 2.43(공공연 0.74, 기업 2.19)으로 미국 대학(0.24, 2018, 미국 공공연 0.53) 등에 비해 매우 높은 수준이나, 기술이전 효율성은 대학이 1.29(정부 R&D 평균 1.50, 2018)로 미국 대학·공공연(4.66)에 비해 매우 낮다. 한편 등록특허 생산성은 대학 1.61%, 공공연 0.51%, 기업 1.33% 수준이다. 여기서 정부 R&D의 특허생산성은 정부 R&D 투입비용 10억 원당 특허건수로 측정하고 기술이전 효율성은 조사대상 연도의 연구개발비 지출 대비 기술이전 수익으로 측정한 것이다.

대학의 연구성과가 저조하여 상대적으로 기술역량이 크게 높아진 기업에게 원천기술을 제공할 수 있는 여지가 크게 감소하였다. WEF 국가경쟁력 평가를 기준으로 할 때 산학협력 정도는 7점 기준으로 약 4.6점에서 정체되어 10위권에서 20위권으로 하락하였다. 한편 혁신인력 수요의 고급화로 인해 기업이 필요로 하는 연구인력을 공급할 수 있는 가능성도 줄어들었다(송위진 외, 2004).

혁신인력의 활용 제한

그동안의 노력에 힘입어 한국의 노동인구 대비 연구직 비율은 2017년 13.9%로, 덴마크, 스웨덴, 핀란드와 함께 세계 최고 수준에 도달했지만, 우리의 과학기술계는 연구자들, 특히 젊은 연구자들에게 그리 좋은 환경이 아니다. 과거 인력이 부족하고 모방을 통한 기술습득을 주목적으로 삼았던 모방자 시절에는 중간 수준의 인력을 양성하는 정도면 충분하였다. 하지만 혁신주도 경제에서는 창의성과 전문성을 함께 갖춘 혁신인력의 공급이 중요하다. 인력 수급에서 대졸자나 이공계 졸업자 등 기본적인 인력 공급은 충분하지만, 고급 R&D 인력과 같은 혁신인력은 부족하며, 그나마 이들이 활동할 적절한 일자리가 부족하다. 무엇보다도 인력 양성에 비해 인력 활용이 미흡하여 박사학위를 받고도 안정적인 일자리를 구하기 어려워 독립적 연구를 시작조차 하기 어렵다. 석박사 대학원생 수는 BK21 사업이 시행된 1999년을 기점으로 약 2~3배 증가하였지만, 우리나라의 경제활동인구 1천 명당 국내 이공계 박사 수는 1.9명으로 프랑스, 독일, 스웨덴 등 OECD 주요국에 뒤지며, 전체 박사학위자는 4.9명 규모로 프랑스(4.7명)를 앞서갔으나 독일(6.7명), 스웨덴(6.9명) 등에 비해서는 낮다.

표 6-23 경제활동인구 1천 명당 과학기술인력의 국제비교

	이공계박사 (A + B, 2014)	이학박사 (A, 2014)	공학박사 [B, 2014(2020)]	전체 박사학위자 (2014)	박사학위자 중 이공계(2019, %)	전체 연구개발인력 (2019)
프랑스	2.8	2.2	0.65(0.90)	4.7	48.5	10.4
독일	2.9	2.1	0.75(1.44)	6.7	41.4	10.0
일본	0.9	0.4	0.56(−)	2.5	35.8	9.8
한국	1.9	0.7	1.24(1.62)	4.9	37.8	15.9
스웨덴	3.5	1.7	1.77(1.63)	6.9	45.9	15.1
미국	1.8	1.2	0.66(1.95)	4.3	38.6	9.8(2018)

주 : 전체연구개발인력은 실질연구참여인력(Full Time Equivalent ; FTE)기준

자료 : OECD Science, Technology and Innovation Scoreboard ; OECD, Main Science and Technology Indicators, Volume 2021 Issue 1 ; 과학기술정보통신부, 2019년도 연구개발활동조사보고서(통계표) ; 과학기술정보통신부, 과학기술통계, 과학기술인력, 이공계인력 ; e-나라지표 국내/외 박사학위 취득자 현황

국내 박사학위 취득자는 연평균 3.8%(2020년 기준, 5년 평균) 성장하며 양적 규모가 꾸준히 증가하고 있다. 그러나 박사학위를 수여하기 위한 직장 병행자가 증가(42.1%, 2020)하고 있어 학업 여건이 불안정하고, 학위 취득 후 취업률은 83.3%(2019년 2월) 수준이나 학위 취득 당시 취업, 시간강사(16.0%), 박사후연구원(38.1%)으로의 진로 확정 비중(69.5%)은 2015년(76.4%) 이후 점차 감소하고 있다. 한편 2018년 이후 임금근로자 비중은 2018년 이후 88% 수준을 유지하지만 이중 상용근로자는 68.9%이고 임시근로자는 19.0%이다(한국직업능력연구원, 「국내신규박사학위취득자 실태조사」).

대학의 교육경쟁력과 인력양성 제한

혁신에 대한 대학의 가장 큰 기여는 교육과 연구훈련을 통한 역량 있는 후속세대의 배출이다. 우리나라에서 대학교육은 국민의 높은 교육열을 토대로 세계에서 유례가 없을 정도로 급성장하여 1990년대 중반에 보편화 단계에 진입하였다. 학령인구의 고등교육 진학률은 세계 3위권에 진입했고 대학에서 배출되는 졸업생들도 사회적 수요를 크게 상회하고 있다. 한국은 2020년 기준 25~64세 대졸자 비율이나 이공계 졸업자 수 모두 세계 최고수준으로 기본적인 인력공급은 충분하다. 1980년대 이래 정부가 고급 과학기술인력을 양성하기 위해 많은 노력을 해 왔기 때문이다. 1980년대에는 과학기술 인재의 조기교육과 과학영재의 수월성 교육을 위한 특수 목적의 고등학교들을 설립했다. 1990년대부터는 원천기술에서 글로벌 경쟁력을 갖춘 고급 과학기술인력의 양성에 중점을 두었다. 이를 위해 세계 수준의 대학원 육성과 우수연구인력 양성을 위한 두뇌한국 21사업(BK21)을 실시하였고 다양한 고등교육기관을 지원해 갔으며 석박사 양성, 대학원 위주의 연구중심대학 육성, 과학기술인력의 국제교류, 국제공동연구 등을 추진하였다. 또한 한국과학기술원(KAIST)의 성공을 거울삼아 지자체들은 세계적인 연구중심대학을 지향하는 과학기술특성화대학을 설립하였고 중앙정부는 세계 수준의 연구중심대학 육성사업을 실시하였다. 아울러 대학은 전공교육에 더해 교양교육을 강화해 왔으며 산업현장에서 실질적으로 사용되는 지식과 기술에 대한 교육은 분야별 전문대학원 체제로 이전해 왔다.

그러나 진학 위주의 중등교육으로 중고등학교가 입시 기관화하고 사교육이 지나치게 과열하여 혁신에 필요한 문제해결 능력, 창의성 개발과 같은 기본적인 사고능력의 향상을 저해하고 있다. 대학 진학 이후에는 취업이 강조되어 중등 기본교육을 기반으로 한 높은 수준의 일반능력이나 전문역량의 배양을 방해해 왔다.

특히 대학에서도 교원들의 과도한 학내외 활동으로 교육에 집중하기 어렵고 연구 중심의 양적 평가시스템도 교육에 대한 동기를 방해하고 있다.

국제경영개발대학원(IMD) 순위에서 우리나라는 2020년 63개국 중 국가경쟁력은 23위, 교육경쟁력은 27위를 기록했다. 그러나 대학교육 경쟁력(대학교육의 경쟁사회 요구 부합 정도)은 현저히 낮은 48위(상위 76.2%)를 나타냈다. 또한 2012년부터 2020년까지 우리나라 대학교육 경쟁력은 전반적으로 하락하는 추이를 보여 2019년에는 63개국 중에서 55위(상위 87.3%)까지 하락하였다. 또한 WEF 국가경쟁력 평가에서도 한국의 대학교육 경쟁력(교육시스템의 질)은 2012년에 144개국 중 44위(상위 30.6%)에서 2017년에 137개국 중 81위(상위 59.1%)로 하락했다. 특히 국가경쟁력 순위 하락(36.8%, 19위 → 26위)에 비해 대학교육 경쟁력 순위 하락(81.4%, 44위 → 81위)이 유난히 크게 나타났다.

표 6-24 IMD 및 WEF의 국가경쟁력 평가결과(순위)

		2012년	2013년	2014년	2015년	2016년	2017년	2018년	2019년	2020년
IMD	대상국가 수	59	60	60	61	61	63	63	63	63
	국가경쟁력	22	22	26	25	29	29	27	28	23
	교육경쟁력	31	25	31	32	33	37	25	30	27
	대학교육 경쟁력*	42	41	53	38	55	53	49	55	48
WEF	대상국가 수	144	148	144	140	138	137	–	–	–
	국가경쟁력	19	25	26	26	26	26	–	–	–
	대학교육 경쟁력**	44	64	73	66	75	81	–	–	–

주 : * 대학교육의 경쟁사회 요구 부합 정도,
** 교육시스템의 질
WEF 대학경쟁력은 2018년부터 지표가 변경(교육시스템의 질에서 대졸자의 기술수준으로)

자료 : IMD 국가경쟁력 평가 결과, 각 연도. WEF 국가경쟁력 평가 결과 각 연도.

표 6-25 세계 대학평가 순위(2020)에서 우리나라 상위 10개 대학

	THE(1,527 대학)		QS(1,002 대학)		US 뉴스(1,500 대학)	
1	60	서울대	37	서울대	129	서울대
2	96	KAIST	39	KAIST	205	성균관대
3	101	성균관대	69	고려대	264	고려대
4	151	포스텍	77	포스텍	274	KAIST
5	167	고려대	85	연세대	329	연세대
6	176	울산과기대	88	성균관대	367	포스텍
7	187	연세대	146	한양대	395	광주과학기술원
8	251~300	경희대	236	경희대	440	한양대
9	301~350	세종대	295	광주과학기술원	553	경희대
10	351~400	한양대	333	이화여대	618	경북대

세계 대학평가 순위는 여러 기관에서 발표하고 있는데 이 중 영국의 "THE"와 "QS", 미국의 "US 뉴스" 등이 대표적이다. 〈표 6-25〉는 각 평가기관의 2020년 세계 대학평가 순위에서 우리나라 상위 10개 대학을 나타낸다.[36] 그러나 KAIST만 보더라도 미국의 매사추세츠공과대학교, 스탠퍼드대학교 등 최고 수준의 대학을 제외하고 역사가 비교적 짧은 싱가포르 난양공과대학교나 홍콩의 홍콩과학기술대학교와 비교하더라도 교수와 총 예산 규모에서 큰 차이로 밀리고 있는 실정이다.

우리나라의 대학에 대한 평가가 저조한 것은 쉽게 이해할 수 있는데, 그것은 바로 저조한 투자 때문이라고 할 수 있다. 우리나라 대학교육에서 정부 재원 비중은 38%로서 OECD 평균 71%에 비해 매우 낮다.[37] 이의 가장 직접적 여파는 교육수준의 저하와 학생들의 과도한 등록금 부담이다. 우리나라 일반대학의 교수 1인당 학생 수는 24명(전문대학 33명)으로 OECD 평균 15명(전문대 16명)의 1.6배에 달한다. 대학에 대한 국가 R&D 지출도 작아 결국 우리나라 대학이 교육과 연구에서 질적인 국제경쟁력을 갖추지 못하는 것은 당연한 결과라 할 수 있다. 낮은 정부 지원은 세계적 수준(OECD 국가 중 4위의 사립대 등록금 수준, 2018)의 대학등록금으로 이어지고 있다. 이로 말미암아 저소득층을 중심으로 많은 학생들이 학업에 집중하지 못하고 있다.

표 6-26 우리나라 교수 1인당 학생 수의 국제 비교

구분	한국(2020)	OECD(2018)	EU23(2018)
일반대학	24	15	14
전문대학	33	16	12

주 : 전문대학은 한국농수산대학, 사이버대학 제외, 일반대학은 특별법법인, 방송통신대학, 사이버대학, 기술대학, 각종 학교 제외.
자료 : OECD 교육지표 2020, 교육부 · 한국교육개발원.

국가 혁신시스템에서의 역할 제한

과학적 지식의 사회로의 확산과 전파 역할은 대학 교원들의 활발한 대외학술 활동과 교육을 매개로 한 지식확산에 주로 기인한다. 그러나 우리나라의 산업적 성과에 비해 대학의 기초연구 성과가 제한적인 가운데 산업체와 연계를 위한 유인이나 중간조직의 역량도 부족하여 제대로 된 산학협력이나 구심적 역할을 수행할 수 없다. 더욱이 정부산하 연구기관이 오랫동안 해당 역할을 수행하고 있고 지역에 관련 기업체 자체가 없어 산학협력 자체가 불가능한 구조적 문제도 있다.

(2) 공공연구소의 전환 지연

공공연구소는 민간이 투자하기 힘든 첨단 고위험의 기초기술과 원천기술(정보, 통신, 생명, 재료 등), 국가안보 등을 위한 공공기술(원자력, 에너지, 지구해양, 환경, 항공우주 등), 산업에서 공통으로 필요로 하는 기반기술과 중소기업의 기술개발지원, 과학기술과 첨단 산업에 관련된 정보를 제공하고 확산하는 역할을 해야 한다. 즉,

36. 각 평가기관의 평가지표를 보면 "THE"는 학계 및 산업계 평판(33%), 연구성과(44.5%), 교육여건(15%), 국제화(7.5%) 등을 포함한다. "QS"는 학계 및 산업계 평판(50%), 연구성과(20%), 교육여건(20%), 국제화(10%) 등을, 그리고 "US 뉴스"는 학계 및 산업계 평판(25%), 연구성과(65%), 국제화(10%) 등을 포함한다.

37. 초중등 교육의 정부 재원은 OECD 평균 90%로 한국 87%과 유사하다. 학생 1인당 공교육비는 OECD에서는 상위 교육 단계로 갈수록 더 많은데, 우리나라의 경우 대학(일반대, 전문대)이 초 · 중 · 고보다 적다.

한편으로는 원천기술과 공공기술을 개발하지만 다른 한편으로는 기업의 기술개발 지원과 기술이전을 촉진해야 한다. 또한 기업이 필요로 하는 공통의 기반기술을 공급하며 특히 중소기업의 기술개발을 지원하는 역할을 담당해야 한다. 우리나라의 경우 정부출연 연구소를 비롯한 공공 R&D 부문은 경제성장 과정에서 오랫동안 기술발전과 기술인력 형성에 큰 역할을 해 왔고, 현재도 지출 규모가 작지 않아 정부 연구개발투자비의 절반 가까이를 사용하고 있다(2019년 출연연 40.1%, 국공립연구소 5.1%). 전체 연구개발 투자비중은 11.4%로 미국 14.6%, 독일 13.5%, 프랑스 14.1%보다는 낮으나 일본의 9.1%를 상회한다.

정부출연연의 연구개발활동은 오랫동안 모방형 기술혁신에 머물러 선진국을 빠르게 추격하기 위해 산업계에 필요한 응용 · 개발 연구가 상대적으로 중요한 위치를 점했다. 특히 GRI는 1970년대까지 대학이 R&D를 거의 하지 못하고 기업도 기술역량이 부족할 때 다른 혁신 주체를 선도하면서 국가의 기술수요를 해결하고 목표지향적인 연구개발을 수행하였으며, 숙련연구자를 양성하여 기업에 공급해 왔다. 1966년 한국과학기술연구원(KIST) 설립에서 시작된 GRI는 1970년대 중반부터 전략 산업별로 그 설립이 본격화되었다. 1980년에는 19개 출연(연) 중 16개를 9개의 대단위종합연구소로 통폐합하여 이를 과학기술처가 관할했다. 1980년대 초에 국가연구개발사업이 본격적으로 추진되면서 국가연구개발의 수행주체이자 간사연구기관으로서 GRI의 성격이 부각되었으며, 연구개발 대상으로 첨단 기술과 중소기업 기술개발 지원기능이 추가되었다. 그러나 대학과 마찬가지로 GRI의 연구활동과 기업의 수요 사이에는 커다란 괴리가 존재했다. GRI에서는 대부분의 연구자들이 유학한 나라에서 배우고 익혔던 연구를 그대로 수행하는 경우가 많았지만, 기업은 연구개발 활동을 통한 외국 기술 국산화보다는 외국 기술의 도입 및 구현과 문제해결을 우선시했다. 공동 연구개발이나 기업 요구를 반영한 연구개발은 미흡했지만, 지식역량과 일반적인 문제해결 능력에 기초하여 기업 혁신활동을 지원하여 적절한 해외 기술 선택과 그 소화 · 흡수에 필요한 자문을 제공했다.

그러나 1980년대 들어 기초연구 위에서 지식이전과 기술인력의 원천으로서 대학의 위상이 높아지고 민간기업의 기술역량이 향상됨에 따라 GRI의 역할을 재정립하고 생산성을 높이기 위한 노력들이 이어졌다. 이에 따라 정부 · 기업으로부터의 프로젝트 수주를 중심으로 하는 PBS가 도입(1996)되고 출연연의 소관을 행정각부에서 연구회로 이관한 연구회 체제가 출범(1999)하였다.

이런 노력에도 불구하고 연구개발의 효율성 제고와 대학 및 기업과 상호 보완적인 GRI의 역할 재정립은 여전히 숙제로 남아 있다. GRI에 대한 기대의 변화에도 불구하고 현재 GRI는 기초 · 원천 · 공공 · 기반 연구 수행이 여전히 부족한 가운데 오히려 개발연구를 강화하고 있다. 기초연구는 1998년 26.7%에서 2019년 24.7%로 감소하였고 개발연구는 38.0%에서 48.0%로 증가했다. 반면 응용연구의 비중은 대체로 26.9%까지 하락하였다. 이에 따라 2019년 대학의 SCIE 논문은 32,881(78.4%) 출연연구소 6,065건(14.5%)로 중소기업(2.5%), 중견기업(0.6%), 대기업(0.4%)을 넘어선다.

또한 기업가정신을 자극하고 중소기업의 혁신을 장려하기 위해 대학이 기술이전과 상업화의 촉진자 역할을 해야 하지만, 응용 및 개발연구에서의 생산성이 높지 않고 연구개발의 상업화도 제한적이다. 첫째, 연구개발 생산성이 여전히 높지 않음은 **응용연구**와 관련한 낮은 특허 품질을 통해 볼 수 있다. GRI가 출원 · 등록한 정부 R&D 특허의 생산성, 즉 정부 R&D 투입비용 10억 원당 특허건수는 0.51(2019)로 기업뿐만 아니라 대학(1.61)과 정부 R&D 기업(1.33)에 비해서도 매우 저조하다(2019년 정부 R&D 성과조사분석보고서). 2015~2019년 정부 R&D 등록특허 중 '우수특허 비율(1.61%)'은 GRI가 3.8%로 대학(2.5%)과 중소기업(3.2%)보다는 높으나 대기업(9.1%)과 중견기업(6.4%)에 비해 크게 낮은 편이다. 국공립연구소 5.7% 출연

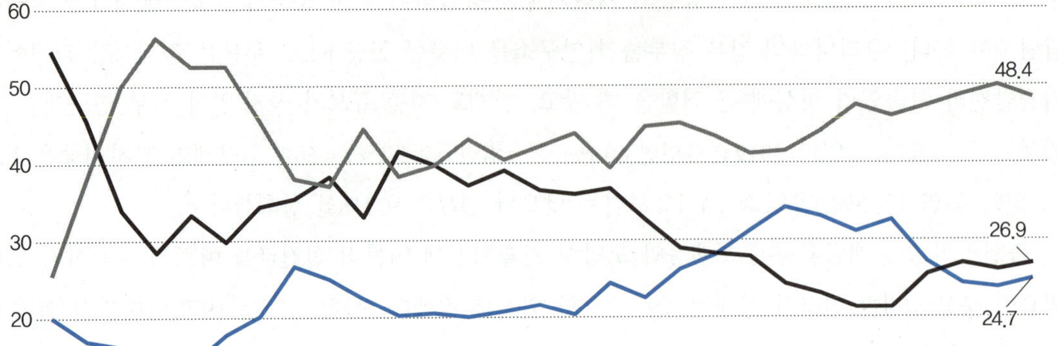

그림 6-22 GRI 연구개발비의 연구 단계별 배분추이

(연) 2.6%로 GRI의 정부 R&D 예산 및 출원특허 비중에 비해 현저히 낮다. 둘째, **개발연구**와 관련하여 지식과 기술의 이전뿐만 아니라 상품화, 창업 및 공정개선을 포함하는 사업화를 통한 부가가치 창출이 미흡하다. 기술이전 '건당 징수액'은 0.34억 원으로 대학(0.2억 원)보다 높으며, 정부 R&D 특허 이전율(9.8%)도 대학(4.4%)보다 높다.

GRI의 성과가 부진한 것은 다양한 원인에서 비롯한다. 첫째, 별도의 전문적인 기획 · 조정 부서와 예산이 존재하지 않거나 있더라도 행정처리에 치중하고 있다. 연구투자의 성과를 높이고 효율적 연구를 위한 기획과 관리가 부족한 것이다. 둘째, GRI의 미션이 아직까지 제대로 정립되어 있지 못하다. GRI는 과거 경제발전 초기 단계에서의 산업수요를 충족하기 위해 설립되었는데 현재 기업과 상당히 중복된 역할을 하고 있어 시장실패를 보완하는 역할이 여전히 미흡하다. 특히 PBS 제도 도입 후 GRI 고유의 연구영역과 역할 강화를 위한 노력이 줄어들고 수탁 과제 확대를 위해 노력한 결과 한편으로는 대학의 연구활동, 다른 한편으로는 민간기업의 연구활동과의 차별성이 감소하고 있다. 따라서 GRI 기관별 고유 임무를 명확하게 설정하여 공공, 기초, 장기전략 기술 등 장기추진 사업과 기업의 단기 수요지원 사업 간의 체계적 역할분담과 비중 조절이 필요하다. 논문, 특허 등 직접적 연구 산출의 질적 향상을 통한 원천기술 창출과 기술이전, 기업과의 생산적 협동 연구, 연구개발 서비스 등을 통한 기업의 혁신활동 지원과 부가가치 창출이 필요하다. 셋째, 충분한 인건비 확보 없이 경쟁을 강조하는 성과평가시스템이 소형의 단기 프로젝트를 다수 수행하도록 조장하고 있다. 반대로 성과평가에서 장기가 소요되는 기초연구나 원천기술 연구, 기업에 대한 기술이전, 분리신설 창업, 기업에 대한 연구개발 서비스, 기업 및 대학과의 협동 연구에 대한 유인은 미흡하다. 과도한 연구 수주 경쟁으로 인해 높은 평가를 받기 위해 협업이 필요한 경우에도 다른 경쟁 연구소보다는 값싼 외부 업체에 용역을 위탁하여 연구 부실화를 야기하고 있다. 한편 국내기업 중 중소기업은 출연연으로부터의 신기술 수용에 관심이 적으며, 대기업은 기술유출을 우려하여 독자적인 연구를 선호하고 있다. 넷째, 과도한 연구수주에 따른 연구 질 저하, 열악한 임금과 처우 수준에 따른 연구원들의 직무에 대한 불만과 사기 저하는 기존 인력의 이탈을 낳고 우수인력의 유입을 저해하고 있다. 기관 고유사업 감소에 따른 정부지원 감축분을 충당하기 위한 연구수탁 경쟁이 과다하여 연구 자율성이 감소하고 연구 질이 떨어지고 있다. 상당수 연구원은 임시직으로 운영되어 연구역량의 축적을 막고 이직을 자극하고 있다. 행정부의 미래예측 및 전략구성을 담당하고 있는 국책연구소와 정부출연연 연구원들의 현실과 미래를 제대로 보장하는 것이 필요하다. 중앙행정부처 공무원들의 지시에 따라 움직이는 갑과 을의 위상에서 벗어나 소신과 비전을 가진 미래연구를 수행할 수 있도록 해야 한다. 국책연구소의 연구원 정원 억제를 완화하고 비정규직 비율의 개선이 요구된다.

(3) 모험자본의 공급 부족과 기능 미비

기술개발 활동에 효과적으로 금융자원이 공급되기 위해서는 매우 높은 위험을 감내하고 효과적으로 관리할 수 있는 모험자본이 필요하다. 특히 원천기술의 개발 및 상업화는 이미 존재하는 기술의 상업화와는 차원이 다른 불확실성이 매우 높은 활동이다. 따라서 특정 분야의 기술혁신에 대한 상당한 지식과 네트워크를 확보하여 투자심사 능력을 넘어 경영 및 기술네트워킹을 지원할 수 있는 능력을 지닌 금융공급주체가 육성되어야 한다.

가. 간접금융의 한계

외환위기 이전 정부는 정부가 소유한 은행 중심의 금융시스템과 더불어 재정자금, 정책금융, 기술신용보증 등을 중심으로 위험자본의 공급을 주도하였다. 1960~1970년대에는 금융통제와 산업정책을 통해 중화학공업 등 전략산업에 필요한 해외 기술과 대규모 자본의 유치 및 공급을 조직했다. 정부는 스스로 기술(해외도입)과 자본(외채와 금융기관 경영개입)을 마련하고 제공하는 모험자본가의 역할을 수행한 것이다. 정부가 매개하여 금융기관과 기업 간의 관계를 형성하였고 정책금융, 금융기관 경영개입, 지급보증 등을 통해 자금배분에 직접 관여하였다. 한편 1980년대 이후에는 성장한 대기업집단이 암묵적인 정부 보증과 금융자유화를 배경으로 신규 사업 진출 및 신규 자회사 창업과 성장에 필요한 자금과 해외 기술을 마련하고 통합하는 모험자본가로서의 역할을 담당하였다.

외환위기 이후 민간금융기관에 대한 정부의 직접적 경영 관여가 배제되고 금융기관과 기업 간의 관계에 시장원리가 작용하게 되며, 간접금융은 대기업의 탈중개화가 가속화되면서 중소기업 및 가계금융을 중심으로 재편되었다. 대기업 부문에서는 현금보유가 누적되면서 투자자금 조달에서 내부자금 비중이 크게 확대되며 탈중개화가 나타났다. 한편 외환위기 이후 금융 · 감독정책은 위험관리와 금융시스템의 건전성 유지에 초점을 맞추게 되는데 이는 대기업부문에서의 탈중개화와 맞물려 담보 및 보증에 기반을 둔 중소기업 금융과 가계금융의 확대로 이어졌다. 중소기업 자금조달액 중 간접금융 비중이 98%(2005)에 달하는데 간접금융은 담보가 요구되며, 담보도 기술담보보다는 일반담보가 지배적이다. 이러한 관행의 지속은 금융기관을 통한 간접금융의 장점을 효과적으로 활용하지 못하고 있는 데서 비롯한다. 즉, 금융시장의 정보생산능력이 취약한 상황에서 면밀한 심사와 조언 제공을 통해 기업금융에 나설 수 있는 금융기관의 장점을 살리지 못하고 있는 것이다. 간접금융의 바탕이 되는 금융기관과 기업 간에 장기적 협력관계가 형성되지 못해 기업에게 자금을 안정적으로 지원하거나 기업지배구조에서 중요한 역할을 하는 단계(이른바 관계지향형 금융)로까지 발전하지 못하고 있다.

정부 지원자금 역시 신용보증 및 기술력 평가에 기초한 대출이 주를 이루고, 기술평가 인증서 대출보다는 기술평가 보증이 지배적이다.[38] 중소 · 벤처기업을 평가할 전문인력과 역량이 미흡하고 정부 산하 평가기관의 인증에 대한 시장 신뢰가 부족하여 자본조달에 큰 도움이 되지 못하기 때문이다. 결과적으로 대출의 대부분은 단기 대출이고 지원 규모도 작다. 때문에 자금이 연구개발에 사용되지 못하고 설비투자 및 운용자금으로 사용되고 있다. 또한 성공 잠재력이 높은 기업에 집중적으로 자금을 몰아주는 '선택과 집중'이 이루어지지 않고 많은 기업들에 골고루 자금이 분산돼 집행의 효율성이 낮다. 중소기업의 성장 단계별 체계적인 지원 정책도 미흡한 실정이다. 미국의 SBIR(Small business innovation researcher)은 중소기업에 단계별로 차별화된 지원을 수행하는 프로그램이다. 초기 단계의 기술심사 및 초기 지원과 기술개발 뒤 상품화 단계 지원까지는 정부가 주도하고 상품화 이후에는 벤처캐피털 리스트를 연계해 주고 있다. 한국은 기술혁신 사업의 지원에서 SBIR을 모델로 삼고 있으나 정부는 자금지원의 역할만 수행하여 정책의 효과성이 상대적으로 떨어지고 있다.

나. 모험자본 창출을 위한 금융의 자본공급 기능 부진

외환위기 이후 모험투자는 모험자본 운영회사(General Partner ; GP)가 출자자(Limited Partner ; LP)를 모집하여 모험기업에 투자자금을 공급하고 인수 · 합병 · 구조조정 등을 통해 수익을 추구한다. 안정성 중심의 간접금융시장 확대는 간접금융을 통한 창업기업이나 기술기업에 대한 자금지원에 어려움을 초래한 만큼 간접금융시장에 대한 비판과 더불어 자본시장을 통한 모험자본의 공급에 대한 관심이 높아졌다.

외환위기 이후 자본시장에 대한 정부의 통제력이 크게 축소되고 외국 자본의 영향력이 확대됨에 따라 정부는 과거와 같이 강력한 영향력을 바탕으로 한 직접적인 모험자본을 공급할 수 없게 되었다. 또한 정부를 대신하여 크게 성장하고 있는 모험자본시장도 참여자와 자금**모집–투자–회수**로 이어지는 순환체계 전반에 걸쳐 개선의 여지가 크다.

모험자본의 외적 성장

글로벌 금융위기 이후 벤처캐피털과 사모투자전문회사(PEF, 2004년 도입)가 지속적으로 성장하고 있으며 이에 따라 벤처투자와 벤처펀드 조성이 호황세를 지속하고 있다. 창업투자회사의 신규 등록이나 투자조합 수와 결성금액이 계속 증가하고 있고 이들의 신규 투자업체나 투자금액도 모두 늘고 있다. 이에 따라 2019년 기준 국내 신규 벤처투자는 GDP의 0.6%에 해당하는 규모로 중국(1.8%)보다 낮으나 미국(0.6%)과 유사한 수준에 달했다. 연기금 및 공제회 등 주요 기관투자자의 대체투자 확대기조에 힘입은 바 크다.

모험자본의 모집 : 정부의 역할이 아직 크고 연기금이 미흡

국내 모험자본시장은 공적 연기금과 정책금융기관의 출자 비중이 높다는 점에서 정부의 역할이 크다. 이는 그동안 명확한 정책목표를 가진 정부의 제도적인 뒷받침과 지원하에 모험자본시장이 형성 · 발전해 왔기 때문이다. 펀드 설정액에서 정부가 출자한 비중(모태펀드, 산업은행, 성장사다리펀드 등)이 2019년 22.3%까지 하락하였으나 아직 미국(3.4%)에 비해 여전히 높다. 벤처투자는 펀드 모집에서 투자 회수까지 5~10년이 걸리기 때문에 주로 장기자금여력이 풍부한 연기금이 큰 역할을 하여야 한다. 이에 따라 미국의 경우 벤처캐피

38. 기술평가 인증서 대출은 기업이 평가기관에서 심사를 받고 은행이 이를 참고로 신용 대출하는 제도로 기술평가 시장이 필요하다. 기술평가 보증은 기업이 기술신용보증기금에서 심사를 받고 적정등급 이상으로 평가를 받는 경우 보증서를 발급받고 이를 담보로 은행에서 대출받는 시스템이다.

탈 출자자 중 연기금이 차지하는 비중은 약 42%(2014)이나 우리나라의 경우 계속 감소하여 12.5%(2015)에 불과하다.

기업주도형 벤처캐피털(Corporate VC ; CVC)이 활성화되어 있지 못해 벤처투자와 회수, 대중소기업 간 전략적 연계가 제대로 이루어지지 않아 벤처생태계의 발전에 걸림돌이 되고 있다. 특히 중소기업 투자를 제한하고 계열사 투자에 제한을 두는 대기업집단 규제와 지주회사에 대한 금산분리나 지분율 규제는 벤처에의 투자나 전략적 투자를 감소시키고 있다. 기업의 성장 단계에 맞춰 액셀러레이터, 크라우드펀딩, 엔젤투자, 벤처캐피털, PEF 등 다양한 모험자본시장이 형성되어 있다. 그러나 벤처캐피털과 PEF 이외에 창업이나 창업 초기 기업에 초점을 두는 모험자본시장(액셀러레이터, 크라우드펀딩, 엔젤투자)은 아직 양적·질적 측면에서 모두 미흡하다.

한편 정작 혁신기반 성장에 요구되는 재원조달에서 정부의 역할에 한계가 보이고 있다. 재원별 연구개발비 비중은 정부·공공재원이 21.4%, 민간재원이 76.9%, 외국재원이 1.6%(2019)로 정부 공공재원의 비중은 중국, 일본을 제외한 주요국에 비해 낮은 편이다. 주요국의 수준은 프랑스 35.3%(2019), 미국 29.2%(2019), 독일 28.2%(2019), 스웨덴 29.1%(2017)에 달하고 있다.

모험자본의 투자 : 기술평가 역량 부족과 단기적 보수적 투자

모험자본시장이 성숙하며 벤처캐피털 운영사의 성과 및 역량이 차별화되고 이로 인해 운용사의 대형화 현상이 나타나고 있다. 또한 위험이 큰 창업 초기(설립 3년 이내) 기업에 대한 투자 비중은 30.7%(2020년, 중기 46.3%)까지 낮아지고 시장성이 검증된 후기 단계(설립 7년 초과) 기업에 대한 투자 비중은 29.2%까지 감소하였다. 그만큼 모험자본 투자는 안정성 위주의 소극적 단기투자에서 벗어났다고 할 수 있다. 그러나 미국과 비교해 큰 차이가 없는 수준(seed 2%, 창업 초기 34%, 후기 27%, 성장기 37%)까지는 개선되지 못하였다(벤처투자정보센터, Venture Capital Market Brief, 2021년 9월). 연기금의 비중이 여전히 낮고 정부 재원의 경우 벤처캐피털이 3년 내에 50%를 투자하고 5년 이후 벤처조합을 해산해야 하며, 벤처펀드의 평균 운영기간도 스타트업 생애주기보다 짧아 장기투자가 힘들고 후기 스타트업에 투자가 집중되는 환경에 놓여있다.

국내 모험자본의 피투자기업에 대한 사업성 및 기술에 대한 평가와 성장 제고 역량이 부족하고 출자기관의 보수성과 단기성과 지향은 벤처투자에 근본적 어려움을 낳고 있다. 결과적으로 기술담보 위험이 과대평가되어 일반담보에 의한 부채 위주의 자금지원이 이루어지고 일반담보가 부족한 벤처의 어려움을 가중시키고 있다. 또한 벤처캐피털이 경영참가를 통해 고수익을 추구하는 전략적 투자보다는 재무적 투자에 치중되어 있다. 국내 PEF는 레버리지 비율이 낮고 회수가 용이한 메자닌 투자가 높은 비중을 차지하고 있어 국내 모험자본의 위험회피적 투자성향을 잘 보여준다.

모험자본의 회수 수단의 미비

모험자본은 회수의 시기와 방법을 예측하기 어렵기 때문에 다양한 회수시장이 구비되고 활성화되어야 모험자본의 공급 확대가 촉진된다. 벤처캐피털의 투자자금 회수수단은 IPO, M&A, 장외매각, 상환, 세컨더리[39] 등이 있는데, 국내 벤처캐피털은 장외 매각 및 상환을 통한 횟수가 54.1%(2018)에 달할 정도로 비중이 높

39. IPO는 기업공개와 거래소 상장을 통하여 투자 회수가 이루어지는 것을 의미한다. M&A는 피투자기업이 인수될 때 대주주 지분과 함께 투자지분을 양도하는 방식의 회수이다. 세컨더리는 장외거래를 통해 다른 투자자에게 투자지분이나 출자지분을 이전하여 회수하

다. 한편 기업공개(19.2%, 2018, 미국은 20%)가 상대적으로 크고 M&A(2.8%, 미국 80%)는 미미하여 안정성이 크게 떨어진다. 국내 벤처캐피털은 투자기업 경영에 대한 참여가 제한되어 적절한 M&A 시기 조절이 어렵고, 매각에 대해서도 투자기업의 경영진과 이해충돌이 발생하고 있기 때문이다. 미국의 경우 M&A 의존도가 높은데 이는 첨단 대기업이 급변하는 시장에서 필요기술을 M&A를 통해서 외부에서 조달하는 개방형 혁신이 자리 잡았기 때문이다. 또한 M&A는 IPO와 달리 창업자가 기업을 매각하면서 상당 자금을 확보하여 창업이나 엔젤투자로 모험자본시장에 환류한다. 그러나 우리나라에서는 경영자의 자력성장에 대한 집착, 경직적 노동시장, 짧은 업력과 불투명한 지배구조에 따른 기업평가의 어려움, M&A 중개시장의 미성숙으로 말미암아 M&A가 활성화되지 못하고 있다. 한편 우리나라의 경우 벤처캐피털이 보유한 피투자기업의 투자지분이 거래되는 세컨더리 시장은 아직 초기 단계에 머물고 있으며, 장외시장 역시 미미하다. 벤처캐피털이 가진 피투자기업의 지분 거래는 창업자나 회사와 무관한 지분의 거래로 이에 따르는 충분한 정보의 공급이 거래 당사자 간에 이루어지기 어렵기 때문이다.

기술거래 시장이 활성화되어 있다면 기술을 판매하여 기술개발에 소요된 자금을 회수할 수 있을 것이다. 하지만 아직까지 기술거래 시장이 벤처산업에 비해 활성화되지는 못하며, 거래의 대부분이 공공기관에 의해 이루어지고 있다. 근본적으로 보유 특허에 대한 보호가 아직 미약하고 기술거래 전문기관이 부족하여 기술평가 역량도 미흡하기 때문이다.

4) 혁신 조직 간 연계 : 각개약진형

국가혁신시스템의 성과는 각 혁신 주체의 고유 역량뿐만 아니라 상호 간의 협력에도 의존한다. 성숙기술의 추격자에서 첨단기술의 선도자로 변모한 한국에서 협력의 중요성은 더욱 커졌다. 기술의 복잡성이 커지고 산업 간 경계가 허물어지는 것과 더불어 혁신 주체와 혁신 원천이 다변화된 상황 역시 상호 교류와 협력의 필요성을 높이고 있다. 협력의 상대나 협력의 대상은 모두 다양하다. 기업을 중심으로 보면 대학, 출연연과는 기술에서, 고객과는 새로운 아이디어 발굴에서, 업종 내외부의 기업과 중소벤처기업과는 기술개발 · 생산 · 마케팅에서, 그리고 해외부문과는 원천기술에서 협력이 가능하다.

정부중심적 혁신 협력의 전통

우리나라 정부는 국가혁신시스템의 구축뿐만 아니라 효과적인 경제발전을 위해 산 · 학 · 연의 역할을 조정하고 기술협력을 강화하는 데에도 강력한 역할을 해 왔다. 기술혁신을 위한 협력에서 정부의 접근방식은 점차 변해 왔다. 국가혁신시스템이 취약했던 경제발전 초기 단계에서는 정부가 직접 개입하였고, 국가혁신시스템이 체계화되어가는 1980년대부터는 이른바 조정(orchestration)방식을 취하게 되었다. 직접개입(plannin) 방식은 정부가 특정한 목표와 계획을 설정하고 이를 달성하기 위해 연구인프라나 기업체를 직접 소유하거나 통제하는 방식이며, 조정방식은 전반적인 과학기술 발전 목표에 부합하게 각 혁신 주체의 발전을 도모하는

는 방식이다. 따라서 세컨더리는 사적 자본시장에서 이전된다는 점에서 IPO와는 다르고 실수요자인 기업 이외에 시장참여자에게 이전된다는 점에서 M&A와 차이가 있다. 세컨더리는 개별 포트폴리오 기업에 대한 지분증권이 거래되는 투자지분 세컨더리와 LP 지분이 거래되는 출자지분 세컨더리로 구분되는데 모두 장외거래에 해당한다. 한편 **장외거래**는 모험시장 참여자 간 개별적 거래가 이루어지는 비조직화된 장외거래와 중개플랫폼을 이용한 조직화된 장외거래로 나누어진다.

동시에 특정 시점에서 각 혁신 주체의 역량에 걸맞는 협업이 이루어지도록 조정하는 방식을 말한다.[40]

정부는 오랫동안 산업 및 기술의 발전목표와 계획을 정립하고 이를 달성하기 위해 직간접적 지원을 통해 기업을 지원했다. 즉, GRI의 혁신활동을 통제하여 기업의 기술고도화를 지원하도록 하였고 필요인력(주로 중급인력) 공급을 위해 교육정책을 수립하여 교육기관 육성을 주도하였다. '기초연구 → 응용연구 → 개발연구'로 이어지는 기술 단계 간 필요한 조정은 정부가 주도해 왔다. 즉, 기초연구는 주로 해외에 의존하되, GRI를 통제해 대기업 연구소와 협력하여 응용연구를 하도록 하고, 대학은 연구개발보다는 인력양성에 집중하도록 하여 이를 바탕으로 정부의 지원하에 기업들은 공정 안정화와 제품 개발을 해 왔다. 또한 정부의 높은 시장지배력을 활용하여 자본시장을 통해 위험자본 조달이 원활하게 이루어지도록 하였다. 이러한 전략은 많은 기술 및 산업 영역에서 매우 성공적이었다. 그 결과 기술적으로 유능한 민간 대기업과 기업집단의 등장에 크게 기여하였다. 이 기간에도 정부는 산학협력이나 기업 간 협력을 위한 조치를 취했다. GRI 확충과 더불어 1972년 정부는 기술 개발활성화를 위한 법률을 제정하여 처음 산 · 학 · 연 협력을 위한 법체계를 확립했다. 이 법은 중소기업 간 공동연구개발을 위한 산업기술연구회를 설립하는 근거를 마련했지만, R&D 협업을 충분히 활성화시키지는 못했다.

1980년대에 들어 정부의 기술협력에서의 역할은 개입과 방향 지시에서 조정방식으로 전환되었다. 무엇보다도 대기업집단이 발전하며 국가혁신시스템과 계획된 과학기술투자의 속도와 과정에 보다 직접적 영향을 미치게 되었기 때문이다. 이에 따라 정부는 1980년대 초부터 국가연구개발사업을 시행함으로써 혁신 주체들 상호 간의 학습과 조정 그리고 협력을 촉진하였다. R&D 성과의 상업화를 조속히 추진해 국가경쟁력을 높이고자 하였지만, 기술집약적 대기업만이 효과적으로 참여할 수 있었다. 1990년대 들어 공공연구소, 기업체에 이어 학계까지 혁신역량이 향상되면서 혁신 주체 간의 R&D 협력이 부각되었다. 아울러 정부 내에서도 과학기술부 외에도 산업자원부, 환경부, 정보통신부 등 다른 부처도 독자적인 연구개발사업을 추진하게 됨에 따라 R&D 자원의 중복문제가 등장하였다. 이에 따라 정부는 정부부처를 포함한 혁신 주체들의 효과적인 협력을 촉진하기 위한 다양한 입법조치를 하게 되었다. 부처 간 혁신정책에 대한 과도한 경쟁을 완화하고 효과적인 정책공조를 하기 위해 1999년에는 과학기술부 장관을 위원장으로 하는 과학기술 관련 장관위원회를 개선하였으며 대통령 직속 과학기술위원회를 두어 정부부서 간의 정책 조정을 제도화하였다. 2000년대에 들어 정부는 과학기술정책을 지역차원의 혁신활동을 촉진하는 방향으로 전환하는 동시에 지역 수준에서의 R&D 협력을 강조하게 되었다. 오랫동안 수도권과 대덕연구단지 중심으로 집중된 R&D 활동에 대한 반성인 것이다. 정부는 1999년에 지역과학기술육성종합계획(과학기술부, 1999)을 시작하여 각 지자체로 하여금 과학기술 진흥을 위한 자체 전략을 수립하고 지역진흥을 담당하는 조직을 설립하였으며, 연구개발비를 증액하도록 하였다. 또한 정부는 2004년 국가균형발전을 위한 특별법을 제정했으며, 이 법은 산업체, 대학, 연구소로 구성된 지역혁신체제 구축을 규정하고 있다.

---

40. 기술협력을 이끄는 또 다른 방식으로 '대체(substitution)'가 있는데 이는 협력에 심각한 어려움을 겪는 혁신 주체의 부족한 역량을 정부가 대신하여 협력이 가능해지도록 하는 방식이다[Martin, M.(2011) "In search of the Triple Helix in China, Poland and the Republic of Korea," UNESCO].

실질적 협력의 제한

우리나라 국가혁신체제에서는 아직까지 실질적인 협력연구가 상당히 취약하다. 단독개발만을 수행하는 기업이 여전히 지배적이고[과학기술정책연구원(2004, 기업규모별 기술혁신활동 실태분석)], 협력연구가 이루어지는 경우에도 기업의 혁신활동은 주로 가치사슬상의 업체와의 협력을 통해 이루어지며, 협력연구 수행이나 혁신활동의 정보원천 획득에서 대학이나 연구소의 역할이 그리 높지 않다. 혁신 주체들 간의 역할이 차별화되지 못하고 협력활동의 성과도 제한적이기 때문이다.

오랫동안 대학은 교수들, GRI는 연구원들, 기업은 기업 내의 인력들을 중심으로 폐쇄적이고 고립된 집단을 형성해 왔다. 각개약진형 기술혁신은 모방형 기술혁신의 결과라 할 수 있다. 모방형 기술혁신 과정에서 기업이 필요로 하는 기술지식과 GRI나 대학이 공급할 수 있는 지식 간의 부정합(mismatch)이 존재하고, 이들 간의 지식연계 메커니즘이 미약하여 혁신 주체들의 각개약진 현상이 나타난 것이다. 기업은 GRI나 대학보다는 현장경험을 축적한 외국 기업을 더 선호했다. 이러한 양상은 혁신 주체 간의 낮은 인력 유동성을 통해 더욱 강화되었다.

산 · 학 · 연 상호 협력의 부진

혁신을 위해서는 특정 기업이나 특정 산업을 넘어 산 · 학 · 연을 포괄하는 국가혁신시스템의 차원에서 집단적 학습이 가능한 조직적 통합과 협력이 이루어져야 한다. 특히 GRI와 대학 모두 기업가정신을 자극하고 중소기업의 혁신활동을 장려하기 위해 기술이전 및 상업화의 촉진자 역할을 해야 한다. 우리나라 제조기업 중 2017~2019년 중 R&D를 독자수행한 기업의 비중은 39.3%(소기업 32.3%, 대기업 76.1%)인 반면 공동협력이나 외주를 통해 R&D를 수행한 기업의 비중은 5.6%(소기업 3.9%, 대기업 30.8%)와 1.9%로 현저히 낮다[이정우 외(2020), 2020년 한국기업혁신조사 : 제조업 부문, STEPI]. 2017~2019년 기간 중 기업이 혁신활동을 수행하기 위해 단순한 계약 체결이 아닌, 타 기업(소기업 14.3%, 대기업 43.2%) 또는 타 기관과 실제적으로 협력활동을 수행한 비율은 16.3%에 그쳤다. R&D 이외의 혁신활동에서 협력은 9.0%로 더 낮았으며, R&D 활동의 협력과 마찬가지로 소기업보다는 대기업의 비중이 높다. 또한 혁신활동 이외의 일반활동 협력은 12.9%로 나타났으며 마찬가지로 소기업(11.9%)보다는 대기업(34.4%)의 협력활동이 높게 나타났다. 같은 기간 혁신활동을 수행한 협력파트너에서는 기업 내부와의 협력이 64.8%로 가장 높았고, 다음은 외부 민간기업(41.0%), 대학(33.8%), 민간 연구소(33.1%) 순으로 나타났으며, 공공연구소와의 협력(24.3%)은 상대적으로 낮은 편이었다. 혁신활동에서 가장 유용한 혁신 파트너의 경우 기업들은 기업 내부(29.7%)가 가장 유용한 파트너이고, 다음은 민간 연구소(27.7%), 외부민간기업(21.4%)이었으며, 정부출연연구소(6.0%), 대학 및 고등교육기관(5.1%)은 유용도에서 상당히 낮은 파트너로 인식하였다.

상호협력 수준을 판단하는 또 하나의 방법인 대학 및 연구소에서 민간으로의 기술이전이 근년 들어 빠르게 증가하여 2019년 중 기술이전율(기술이전 건수/신규확보기술 건수)은 GRI 43.4%, 대학 30.3%으로 평균 35.9% 수준에 달하고 있다(e-나라지표, 기술거래시장 동향, 기술이전율 ; 2020년 공공기술이전사업화 현황조사).

산 · 학 · 연 협력을 부문별로 나누어 보자. R&D 재원의 출처는 정부와 민간으로, R&D를 사용하는 연구주체는 대학, 기업, GRI로 나눌 수 있다. 우리나라는 R&D 재원에서 정부 비중이 낮고, 큰 비중을 차지하는 민간 재원(주로 기업)은 주로 기업연구소에 편중되어 투자되고 있다. 따라서 연구수행 주체로서 대학과 GRI는 거의 전적으로 정부 재원에 의존하며 정부의 역할이 지대하다.

기업과 대학 기업과 대학의 상호협력은 공동연구, 기술이전, 인력양성으로 나누어 볼 수 있다. 고급인력이 대학에 집중되고 연구비는 기업에 편중된 상황에서 양자의 유기적 협력과 지식의 유동, 연구 성과의 상업화가 매우 중요하다. 현재 대학과 기업 간의 산학협력이 빠르게 진행되어 가장 큰 협력 네트워크를 형성하고 있는데, 이는 주요 혁신 주체이자 산업의 주요 협력자로서 대학의 중요한 역할을 증명한다. 그러나 기업은 국내 대학을 외면하여 연구활동에서 적극적 공조체제를 구축하지 않고 협력도 정부정책(특히 재정지원 정책)에 따른 형식적 협력에 그치고 있다. 대학교수들의 현장 지향성이 약하고 연구활동도 논문투고 위주로 진행되어 기업 수요와 크게 단절되어 있다. 대기업은 대학보다 월등히 우수한 설비와 연구비를 사용하면서 대학을 앞지르는 실용적 연구를 수행하고 있다. 생산현장에 몰입되어 혁신의 여력이 부족한 중소기업을 대학 내 고급인력과의 접촉과 기술적 의사소통이 어려워 이들 간의 실질적 교류가 부족하다. 결국 대학의 연구활동은 기업과 분리되어 독립적으로 진행되고 있으며, 연구활동은 교수업적평가의 중점사항인 논문투고 위주로 이루어지고 있다. 2007과 2011년 사이 한국 대학에서의 기술이전율은 미국(25.9%, 2010)과 일본(18.9%, 2010)에 비해 모두 낮다.

연구개발의 활용 정도를 보기 위해 논문 수나 특허 수와 더불어 대학 연구개발의 기술이전 사업화 정도에 대해서 살펴보면, 우리나라 대학과 공공연구소 연구개발의 사업화율(제품, 서비스 생산 및 공정개선에 활용되어 수익/매출 발생이 이루어지는 경우)은 전체 이전된 기술의 26.6%(대학 25.2%, 공공연구소 27.1%)이며, 기술이전 효율성(기술이전 수익/연구개발비 지출)은 0.92%로 미국(3.38%), 일본(1.06%)보다 낮다(한국지식재산연구원 & 한국산업기술진흥원, 2012). 대학 연구개발비 중 민간기업의 투자 비중은 2019년 중 14.3%를 보여 공공연구소보다 3배가량 높으며 다른 OECD 국가들에 비해서도 상대적으로 높지만 점차 감소하고 있다. 마찬가지로 기업 R&D 지출 중 대학공여 비중은 2000년 2.4%에서 2019년 1.5%로 하락하였지만 국제적으로 양호한 편이다. 따라서 기업과 대학 간의 R&D 협조는 상대적으로 강하고 안정적이다. 한편 대학 간 공동연구와 인력이동을 통한 상호협력이 부진하며, 제도화가 미흡하고 연구재단의 정책에 따른 비자발적 참여가 많다.

표 6-27 연구비 사용처의 조달내역(2019)

	정부 및 공공재원	민간재원	외국재원
공공연구기관	94.7	4.5	0.8
대학	84.9	14.3	0.8
기업체	4.5	93.7	1.8

표 6-28 연구재원의 배분비중(2019)

	정부 및 공공재원	민간재원	외국재원
공공연구기관	50.4	0.7	5.7
대학	32.8	1.5	4.1
기업체	16.8	97.8	90.3

기업이 지출하는 연구개발비 중에서 대학과 출연연으로 이전되는 비율은 2.2%로 선진국(약 4%)과 큰 차이가 있다. 더 큰 문제는 기업과 공공부문의 상호 협력이 기술혁신의 활성화라는 실질적 성과로 연결되지 않고 있다는 것이다. 기업과 공공부문의 협력관계가 형식적인 관계에 그치고 있기 때문이다. 협력이라는 형식을 갖추는 것이 정부연구개발사업에 참여하여 자금을 지원받거나 연구개발인력을 확보하는 데 도움이 되기 때문이다.

기업과 출연연구소 기업과 출연연구소 간 협력에는 공동연구와 기술이전이 있다. 한국은 기술 및 제품 개발의 민간과 공공 간의 협조를 성공적으로 이루었다. 예를 들어 TDX, DRAM, TICOM 기술은 모두 GRI와 민간기업을 포함한 R&D 컨소시엄에 의해 개발되었다. 더욱이 정부연구개발 프로젝트는 컨소시엄의 구성을 요구한다. 이러한 전통에 힘입어 GRI의 기술 이전율(43.4%)은 대학(30.3%)보다 크게 높으며, 연구개발의 활용도를 보여주는 이전 기술의 사업화도 27.2로 역시 대학(25.2%)보다 높다. GRI의 기업으로의 기술이전율은 2019년 43.4%로 미국(31.5%, 2010)에 비해서도 높다. 이는 GRI가 정부지원금 축소에 대응하여 연구개발 성과의 사업화에 주력해 왔기 때문이다.

그러나 기업수요에 부응하는 연구개발 과제의 선정과 공동 · 위탁 연구는 여전히 부족하다. 기업참여 국가공동연구개발 과제 중 GRI-기업 공동연구의 비중은 전체의 10.4%(건수, 금액기준으로는 9.6%)에 그치고 있다. 그리고 정부, 기업, 대학 등과의 정보 및 지식 공유가 활발하지 않아 탐색 · 기획 단계에서부터 요구되는 산 · 학 · 연 협력이 미약하며, 기술이전, 분리신설창업(spin-off) 등 기업의 수요에 부응하는 협력 네트워크 구축도 미비하다.

산 · 학 · 연 연결고리는 계속 약화되고 있다. 정부 연구개발비 중 3.2%(2011)만이 민간기업의 투자로 사용되어 OECD 국가들에 비해서 많이 낮아지고 있다[OECD(2013), Science and Technology Indicators]. 기업과 출연연구소 간 협력은 대형 과제에 머물고 정부정책에 따른 비자발성이 크다는 것과 기업의 폐쇄성이 지적되고 있다. 한편 국내출연연의 외부인력 활용률은 산 · 학 · 연 협동과정의 대학원생을 제외하면 7.8%에 지나지 않는다. 독일의 막스플랑크 연구회(66.5%), 일본의 AIST(56.6%), 미국의 NIH(42.0%)에 비하면 매우 낮은 수준인 것이다.

대학과 GRI 대학-GRI 상호협력은 공동연구, 인력이동, 투자 등으로 주로 나타날 수 있다. 대학과 GRI 간의 연구 영역 및 내용이 차별화되지 못하고 그에 따라 협력관계가 미약하며 오히려 국가 연구개발사업의 경쟁자로서 서로를 인식하는 경향이 크다. 그동안 대학과 GRI는 각기 고유한 목표를 도모하기보다는 모두 국가전체의 혁신역량 증진이라는 목표하에 응용-개발연구에 집중해 왔다. 즉, 선진국의 연구를 소화하여 기업의 기술도입이나 사업기획을 지원함으로써 기업의 기술혁신에 간접적으로 기여했다. 그러나 이것도 기업의 애로사항을 직접 해결하는 형태가 아니어서 기업과의 직접적 연계가 발전하지 못했고 연구재원 대부분을 정부 연구개발비에 의존하는 형태였다. 한편 GRI 간 상호협력도 비자발성, PBS 제도에 따른 수탁식 협력, 기관 간 심한 경쟁이 문제점으로 지적된다.

국제협력

우리나라는 해외 기술 도입에 적극적이며 그만큼 해외 기술은 한국의 기술혁신의 중요한 원천이다. 제조업체의 혁신활동에서 해외기업 지적재산권의 구매나 기술제휴는 중요한 기술획득 원천이며, 기술도입액도 꾸준히 증가해 왔다. 특히 혁신활동이 왕성한 기업일수록 해외 기술을 많이 활용했다. 대기업이 기술도입액의 79%, 기술도입 건수의 81%를 차지하며, 전기전자산업이 기술도입액의 57%와 기술도입 건수의 56%를 차지하며 주도하고 있다.

그러나 정작 해외 혁신 주체들과의 직업적 연계관계는 미약하여 지식 · 기술 교류를 위한 글로벌 네트워크 구축이 그리 활발하지 않다. 이는 선진기술을 모방하는 활동 또는 기술협력 활동이 공동 연구개발이나 인력교류보다 기계장비 및 설비, 기술도입 등 명시적이거나 체화된 지식을 습득하고 이를 바탕으로 기술역량의 축적은 폐쇄적 형태로 전개되기 때문이다. 이에 따라 우리나라 전체 연구개발비 중 해외 재원 비중은 3.4%(2019)로 다른 주요국에 비해 상당히 낮다(EU 평균 9.29%), 우리나라 연구자들의 국제적 이동이나 제품개발과 논문 작업에서 국제적 협력이 다른 주요국에 비해 많이 낮아 연구활동의 국제화도 부족하다. 우리나라 전체 논문 중 약 25%가 국제협력 연구로 일본, 미국에 비해서는 많지만 OECD 평균에는 미치지 못한다. 특허 출원의 경우 국제 공동출원은 5% 이하이다.

오래된 폐쇄성과 정부를 매개로 한 협력

산 · 학 · 연 협력은 그 질적 측면에서 보면 미흡한 부분이 많다. 우리나라에서 대학은 교수, GRI는 연구원, 기업은 모두 내부 인력만을 중심으로 각자 오랫동안 폐쇄적인 연구활동을 해 왔다. 정부도 대학, 기업, GRI를 각각 다른 부서에서 관할하고 법체계도 분리되어 중복과 혼선이 크다. 결과적으로 국내 과학기술계는 지식과 기술이 원활하게 공유되고 상호협력하는 하나의 연구 공동체로 기능하지 못하고 있는 것이다. 점증하는 산 · 학 · 연 협력조차도 정부 연구비 획득을 위한 목적이 크다. 이로 인해 기업은 대학이나 GRI를 불신하고 자체 역량을 갖춘 대기업은 독자적인 연구개발에 나서고 있다. 상호협력이 정부 정책이나 사업에 의해 수동적으로 이루어지기보다는 혁신 주체가 주도하고 자발적으로 이루어지도록 하여야 한다. 대신 정부는 산 · 학 · 연 협력을 위한 전문중개기관이나 정보 플랫폼 발전을 위해 노력하여야 한다.

네트워크 보완성의 개선이 부진

협력은 각 연구주체가 비교우위를 가진 연구역량을 얼마나 가지고 있는가에 크게 의존한다. 이상적으로 보면 대학은 기초연구, GRI는 대학에서 수행 불가능한 거대 규모의 기초연구 그리고 기업은 응용연구와 개발연구에 각자의 역량을 가질 것이 기대되고 있다. 그러나 한국의 경우 대학과 GRI는 기초연구에 그리고 기업은 개발연구에 초점을 두고 있긴 하지만 모두 응용연구와 개발연구로 지나치게 수렴하고 있다. 그동안 기초연구 비중에서 대학과 GRI의 비중이 하락하고 대신 기업 비중은 증가한 반면, 응용연구 비중에서 기업 비중은 하락하고 대학과 GRI 비중이 증가해 왔다. 기업, 특히 기술 첨단에 도달한 기업들은 기초연구에 있어 GRI와 대학을 합한 것보다 50% 이상 더 많은 금액을 지출하고 있다. 아울러 대학과 GRI는 연구 결과물의 상업화 압력 때문에 더욱더 개발연구로 초점을 옮기고 있다. 이러한 수렴으로 말미암아 연구역량 간의 보완성은 약화되고 오히려 경쟁이 생겨나 협조의 어려움은 커져가고 있다.

산 · 학 · 연 협력도 기업의 현장 애로를 해결하는 지원형 산학협력은 비교적 활성화되어 있지만 정작 기초 · 원천기술 개발을 위한 혁신형 산학협력은 부족하다. 이에 대한 가장 근본적인 원인은 대학과 GRI의 낮은 기초연구 성과에 있다. 기업수요에 기반한 연구의 강화, 협력 메커니즘의 전문화, 협력을 촉진하는 성과평가 · 성과 배분도 필요하지만 그에 앞서 대학과 연구소의 연구역량과 성과의 향상이 선결과제라고 할 수 있다. 장학사업, 문화사업 등에 치우친 기업의 사회공헌 사업을 대학과 GRI의 공공적 기초연구 지원으로 확대하여 기업투자를 확대할 필요도 있다.

표 6-29 기초연구 비중의 추이

	1983			1990			2000			2010			2019		
	기초	응용	개발	기초	응용	개발	기초	응용	개발	기초	응용	개발	기초	응용	개발
공공연구소	18.3	37.2	44.4	22.2	36.6	41.2	22.4	33.1	44.6	28.0	28.5	43.6	24.7	26.9	48.4
대학	65.9	26.9	7.2	60.9	25.8	13.3	42.4	30.5	27.2	35.3	31.6	33.1	39.8	29.4	30.8
기업	9.9	25.0	65.1	9.6	20.6	69.9	6.1	21.7	72.2	13.9	16.6	69.5	10.6	21.2	68.2

주 : 공공연구소 = 국공립연구소 + 정부출연연구원 + 의료기관 + 기타 비영리연구소, 대학 = 국공립대학 + 사립대학, 기업 = 정부투자기관 + 민간기업

국내외에서의 인력 모빌리티가 제한적

인력 유동성 측면에서도 혁신인력이 편중된 채 혁신 주체들 간의 상호작용이나 이동이 제한되고 있다. 혁신인력은 보상과 연구 인프라의 우위를 바탕으로 대기업 그리고 수도권과 대전지역에 집중되어 중소기업이나 지방은 상시적인 인력난에 시달리고 있다. 2016년 통계에 의하면 수도권에 연구개발비의 60% 이상, 대학의 50% 이상이 집중되고 있다. 지방소재 대학 졸업생도 수도권 대학원에 우선적으로 지원하여 지방대학의 자생적 연구역량과 지역산업 지원 능력이 약화되고 있다. 이에 따라 자체적인 연구역량이 취약한 지방소재 중소기업은 혁신원천 및 문제해결 능력의 축적과 고급인력의 채용에 큰 어려움을 겪고 있다. 또한 박사급 연구원의 대부분이 대학에 몰려 있고, 이공계 인력들은 석박사 취득 이후 대학교수가 되는 것을 선호하고 있다. 결국 대학, 출연연, 기업의 연구자들이 각기 고립된 공동체를 형성해 대학은 교수들, GRI는 연구원들, 기업은 기업 내부의 인력을 중심으로 연구활동을 수행함으로써 인력교류를 통한 암묵지의 이전이 제한적으로 이루어지고 있다. 한편 외부인력에 대한 배타적인 기업문화 역시 혁신인력의 원활한 순환을 가로막고 있다.

학문과 기술의 글로벌화로 좀 더 나은 보상과 연구환경을 따라 혁신인력의 이동이 빈번해지고 있다. 첨단기술 인력의 해외유출이 증가하는 반면 해외로부터의 유입은 감소하고 있다. IMD의 두뇌유출 정도를 국제적으로 비교한 결과 한국의 두뇌유출이 심각한 것으로 드러났다. 2018년 발표한 두뇌유출 지수[41]에서 4.00을 기록해 조사대상 63개국 중 43위를 기록했다. 국내 연구 환경과 보상수준의 근본적인 개선이 필요하고, 해외부문과의 인적 네트워크를 구축해 기술과 정보를 공유하는 대안에도 주의를 기울일 필요가 있는 것이다.

41. 두뇌유출 지수는 고등교육을 받은 인적자원이 해외로 나가려는 경향이 얼마나 강한지를 나타내는 것인데, 두뇌유출 경향이 강할수록 0에 가까운 값을, 그렇지 않을수록 10에 가까운 값을 갖는다.

[참고문헌]

고영욱 · 지일용(2009), 「후발국 개발 제품의 해외시장 진입」, 『한국혁신학회지』, 제4권 제1호.

권기창 · 배귀희(2006), 「과학기술정책의 거버넌스 변화」, 『한국정책과학회보』, 제10권 제3호.

김근배(2016), 『한국 과학기술혁명의 구조』, 들녘.

김혁래 · 오인규 · 박헌준(2002), 「신기술 출현과 동아시아 기술혁신체제의 변화 : 한국, 일본 및 대만 기술혁신체제의 거버넌스 비교」, 『기술혁신연구』, 제10권 제2호, pp. 45~68.

송위진 외(2004), 「한국국가혁신체제 발전방안 연구」, STEPI.

________(2005), 「탈추격형 기술혁신체제의 모색」, 과학기술정책연구원.

송위진 · 성지은 · 김연철 · 황혜란 · 정재용(2006), 「탈추격형 기술혁신체제의 모색」, 『정책연구』, 2006-25, 한국과학기술정책연구원.

신태영 외(2012), 「한국 혁신체제의 동태분석과 발전전략」, 과학기술정책연구원, p. 171.

엄미정 · 박기범 · 김왕동 · 민철구 · 양정모(2009), 「R&D 환경변화에 대응한 대학내 연구조직 지원정책 개선방안」, 과학기술정책연구원.

이정동(2015), 『축적의 시간』, 지식노마드.

홍성주 외(2015), 「전환기의 한국형 과학기술혁신 시스템」, 과학기술정책연구원.

황종운(2006), 「독일 국가기술혁신시스템 및 IT 연구개발동향」, 『해외 IT R&D Policy 동향분석』, 한국과학기술정보연구원.

Abernathy, W. J. and Clark, K.(1985), "Innovation : Mapping the winds of creative destruction," *Research Policy*, 14, 3-22.

Abernathy, W. J and Utterback, J. M(1975), "A Dynamic Model of Process and Product Innovation," *Omega*, 3.

________________________________(1978), "Patterns of Industrial, Innovation," *Technology Review*, 80(7), 40-47 ; Utterback, James(1994).

Acemoglu, D.(1998), "Why Do New Technologies Complement Skills? Directed Technical Change and Wage Inequality," *The Quarterly Journal of Economics*, Vol. 113 No. 4, pp.1055~1089.

Caselli, F.(1999), "Technological Revolutions," *American Economic Review*, Vol. 89 No. 1, pp. 78~102, DOI : https://doi.org/10.1257/aer.89.1.78.

Devroye, Dan and R. Freeman(2001), "Does Inequality in Skills Explain Inequality in Earnings Across Advanced Countries?," NBER WP. 8140.

Dolan, Paul and R. Metcalfe(2012), "The Relationship Between Innovation and Subjective Wellbeing," *Research Policy*, 41.

Eichengreen, B.(2006), *The European Economy Since 1945 : Coordinated Capitalism and Beyond*, Princeton University Press.

Ernst, D.(2001), "The Internet, Global Production Networks and Knowledge Diffusion. Challenges and Opportunities for Developing Asia," mimeo.

Etzkowitz and Leydesdorff(2000), "The Dynamics of Innovation : from National Systems and "Mode

2" to a Triple Helix of University－Industry－Government Relations", *Research Policy*, 29(2).

Henderson, R. M. and Clark, Kim B.(1990), "Architectural Innovation : The Reconfiguration of Existing Product Technologies and the Failure of Established Firms," *Administrative Science Quarterly*, 35.

Hobday, M.(1995), *Innovation in East Asia*, Edward Elgar Publishing.

__________(2000), "East versus Southeast Asian Innovation Systems : Comparing OEM–and TNC–led Growth in Electronics," *Technology, Learning, and Innovation : Experiences of Newly Industrializing Economies*, 129–69.

IBM(2007), 『IBM 한국보고서』, 한국경제신문.

Jarboe, K. P., R. D. Atkinson(1998), "The Case for Technology in the Knowledge Economy", Policy Briefing.

Jones, C.(2005), "Growth and Ideas," Chapter 16 in *Handbook of Economic Growth*, 2005, Vol. 1, Part B.

Kim, Linsu(1980), "Stages of Development of Industrial Technology in a Developing Country : a model," *Reserch Policy*, 9 : 3.

__________(1997), *Imitation to Innovation*, Harvard Business School Press.

Lee, Jinjoo, Bae, Zong–Tae and Choi, Dong–kyu(1988), "Technology Development Processes : A Model for a Developing Country with a Global Perspective," *R&D Management*, 18(3).

Lee, Keun(2005), "Making a Technological Catch–up : Barriers and Opportunities," *Asian Journal of Technology Innovation*, Vol. 13 Issue 2.

Lee, Keun and C. Lim(2001), "Technological Regimes, Catching–up and Leapfrogging : Findings from the Korean Industries," *Research Policy*, Vol. 30 Issue 3.

Lee, Keun, C. Lim and W. Song(2005), "Emerging Digital Technology as a Window of Opportunity and Technological Leapfrogging : Catch–up in Digital TV by the Korean Firms," *International Journal of Technology Management*, 29(1–2).

Lundvall, B. and S. Borras(2005), "Science, Technology and Innovation Policy," in Fagerberg, Jan, Mowery, D. C. and Nelson, R. R.(eds) : *Innovation Handbook*, Oxford University, Chapter 22. 599–631.

Mazzucato, M(2016), "From Market Fixing to Market–creating : a New Framework for Innovation Policy," *Industry and Innovation*, Vol. 23–2, 140–156.

MoST and KISTEP(2007), "Report on the Survey of Research and Development in Science and Technology," Ministry of Science and Technology, Seoul.

Mu, Qing and Lee, Keun(2005), "Knowledge diffusion, market segmentation and technological catch–up : The case of the telecommunication industry in China," *Research Policy*.

OECD(1998), "Technology, Productivity and Job Creation : Best Policy Practices".

Ohno, Kenichi(2014), "Designing a Comprehensive and Realistic Industrial Strategy".

Pavitt, K.(1984), "Sectoral Patterns of Technical Change : Towards a Taxonomy and a Theory," *Research Policy*, 13(6).

________(1998), "Technologies, Products and Organization in the Innovating Firm : What Adam Smith Tells Us and Joseph Schumpeter Doesn't," *Industrial and Corporate Change*, Vol. 7(3).

Perez, C. and Luc Soete(1988), "Catching up in technology : entry barriers and windows of opportunity," in G.Dosi et al.eds. *Technical Change and Economic Theory*, Francis Pinter.

Rogers, E. M.(2003), *Diffusion of Innovations*(5th ed.), New York : Free Press.

Romer, Paul(1993), "Idea Gaps and Object Gaps in Economic Development," *Journal of Monetary Economics*, Vol. 32 Issue 3.

Schumpeter, J.A.(1942), *Capitalism, Socialism and Democracy*, Vol. 36, Harper&Row.

Soskice, David(1996), "German Technology Policy, Innovation, and National Institutional Frameworks".

Steimno, S.(2010), *The Evolution of Modern States : Sweden, Japan, and the United States*, New York : Cambridge University Press.

Storper, Michael and Robert Salais(1997), *Worlds of Production : The Action Frameworks of the Economy*, Harvard University Press, Cambridge. MA.

Utterback, James(1994), *Mastering the Dynamics of Innovation*, Harvard Business School Press.

Vasudeva, G.(2009). "How National Institutions Influence Technology Policies and Firms' Knowledge-building Strategies : A study of Fuel Cell Innovation across Industrialized Countries," *Research Policy*, Vol. 38(8), Elsevier.

Vernon, R.(1966), "International Investment and International Trade in the Product Cycle," *The Quarterly Journal of Economics*, Vol. 80 Issue 2.

Yoon, Jungwon(2015), "The evolution of South Korea's Innovation system : Moving Towards the Triple Helix Model?," *Scientometrics*, 104 : 265~293.

제7장 경제구조의 변화

1. 이론적 배경과 세계 경제 | 2. 한국의 산업구조 변화와 도전

경제성장은 경제구조의 변화를 동반한다. 한발 더 나아가 쿠즈네츠(Kuznets, 1971, p. 348)는 "구조 변화가 … 요청된다. 근대 경제성장은 구조 변화 없이는 불가능하다"라고 하고 있다. 인간 역량 발전의 관점에서 구조의 다양화는 선택을 확대하여 자유를 확장한다.

제1절에서는 경제활동을 분류하는 방법을 소개하고 글로벌 가치사슬(GVC)의 확산에 따른 가치사슬의 기능적 · 공간적 분해를 다룬다. 그리고 산업구조 변화를 낳는 요인과 경제성장과 고용에의 파급효과를 다룬다. 또한 산업구조 변화에서 시장의 한계를 다루고 산업구조 변화를 촉진하는 산업정책을 개관하여 경제성장 단계별로나 지역별로 산업정책이 달라질 수 있음을 살펴본다.

제2절에서는 한국 산업의 수평적 구조 변화를 개관하고 제조업과 서비스업으로 나누어 그 변화를 검토한다. 한국경제도 수평적 고도화(탈농업화, 산업화, 탈산업화, 서비스화)가 계속된 가운데 양극화와 성장 둔화를 동반하였다. 1990년대까지 확장하는 제조업에서의 생산성 개선과 구조 변화가 경제성장을 견인하였지만, 이후 생산성 향상이 부진한 서비스업의 비중이 높아지면서 구조 변화의 이득이 소멸하고 있다. 제조업은 소비재 경공업에서 출발하여 중화학공업을 중심으로 다변화가 이루어졌고 이어 혁신주도 성장 모형에 걸맞게 기술집약 산업이 대두하였다. 하지만 모든 제조업 부문이 병행 발전하기보다는 경공업-중화학공업, 내수산업-수출산업, 대기업-중소기업 간 양극화가 나타났다. 서비스업의 경우 지식기반 서비스업이 확대 중이지만 전통적인 사회적 규제가 계속되고 고용이 집중되어 생산성 증가는 제한적이다. 한국 산업의 수직적 구조는 한국 산업의 취약점을 잘 드러내고 있다. 최종재의 경우 제조업에 비해 서비스업 발전이 부진하고, 현대적 대량생산 부문의 발전에도 불구하고 이를 지원하는 산업(자본재, 사업 서비스)은 부진하다. 특정 신흥산업을 대상으로 하는 선별적 산업정책 외에 그동안 발전시켜 온 다수의 성숙산업 내에서는 가치사슬의 고도화가 요구되는 것이다.

그동안 산업정책에도 많은 변화가 생겨났다. 선별적 산업정책은 1980년대를 기점으로 민간주도와 기능적 산업정책으로 전환하였고, 외환위기 이후에는 산업발전법(1999)을 제정한 뒤 균형 발전과 구조조정 촉진을 강조하는 한편 신기술과 신산업 창출을 정책 목표로 설정하게 되었다. 추격과 방어 외에 혁신을 촉진하는 복합적 산업정책을 도모하고 있는 것이다. 한편 시장 중심의 기업 구조조정 제도가 꾸준히 발전하고 있으나 아직 부실 발생 후 사후처리 위주로 운영되어 부실예방이나 산업구조 재편을 위한 선제적 대응은 상대적으로 미흡하다. 다원화하고 있는 기술과 산업의 미래를 예측하고 대응하는 것이 곤란해진 만큼 보다 많은 이해관계자를 포함하는 참여적 산업정책이 요청된다.

1. 이론적 배경과 세계 경제

1.1 산업과 산업 분류

"구조"와 "구조 변화"는 여러 의미로 사용되지만, 일반적으로 경제구조의 변화는 경제 내에서 생산활동의 배치와 생산요소의 배분이 부문별로 달라지는 현상이다. 아울러 경제활동 지역의 변화(도시화)부터 광범위한 제도적 환경의 변화까지도 구조 변화에 포함될 수 있다(Silva and Teixeira, 2008).

무엇이 '부문'일까? 경제구조는 주로 생산활동과 그 결과로 얻어지는 생산물을 유사함에 따라 생산물 분류와 산업활동 분류로 나누어진다. 여기서 산업이란 유사한 성질을 갖는 산업활동에 종사하는 제품과 생산단위의 모임이다. 산업혁신 연구에서는 기술이나 수요의 유사성으로 산업의 경계를 정하며, 제품과 (그 제품을 창출 · 생산 · 판매하는) 경제주체들을 포함한다. 산업활동이란 각 생산 단위가 자원을 투입하여 제품을 생산 또는 제공하는 일련의 활동 과정이다. 생산 단위는 사업체 및 기업체 단위로 파악하는데, 기업체 단위는 재화와 서비스를 생산하는 법적 · 제도적 최소 단위로 자원배분에 관한 의사결정에서 자율성을 갖는 생산 단위이며, 사업체 단위는 일정 장소에서 특정 경제활동을 독립적으로 하는 기업체 또는 기업체를 구성하는 부분 단위이다. 즉, 기업체는 하나 이상의 사업체로 구성될 수 있다는 점에서 사업체와 구분된다. 생산물 분류로는 관세 및 통계 통합품목 분류(Harmonized Commodity Description and Coding System ; HS), UN의 국제 표준무역 분류(Standard International Trade Classification ; SITC)와 산출물 분류(Central Product Classification ; CPC)가 있으며 산업활동 분류로는 국제 표준산업 분류(International Standard Industrial Classification of All Economic Activities ; ISIC, Rev.4), 한국 표준산업 분류(Korean Standard Industrial Classification ; KSIC, 9차) 등이 있다.

〈표 7-1〉은 한국 표준산업 분류(9차)를 기준으로 대분류와 제조업 내에서의 분류를 보여준다. 제조업은 기술수준별로 저급, 중급, 고급으로 그리고 업종별로 경공업과 중화학공업으로 분류된다. 한편 중화학공업은 다시 기초소재와 가공조립으로 나뉜다.

표 7-1 한국 표준산업 분류(9차 개정안)와 유형 해석

산업 대분류	제조업 내에서의 분류	기술 수준	공업 구조별		산업 형태별		
			경공업	중공업	생활 관련	기초 소재	가공 조립
A. 농림어업(01~03)	10. 식료품	저급	○		○		
B. 광업(05~08)	11. 음료	저급	○		○		
	12. 담배	저급	○		○		
C. 제조업(10~33)	13. 섬유제품	저급	○			○	
	14. 의복 및 모피제품	저급	○		○		
D. 전기, 가스, 수도(35~36)	15. 가죽, 가방, 신발	저급	○		○		

E. 폐기물, 환경복원(37~39)	16. 목재 및 나무제품(가구 제외)	저급	○			○	
F. 건설(41~42)	17. 펄프, 종이 및 종이제품	저급		○		○	
	18. 인쇄 및 기록매체 복제업	저급	○		○		
G. 도매 및 소매(45~47 : 유통)	19. 코크스, 연탄 및 석유정제품	중급		○		○	
H. 운수(49~52 : 유통)	20. 화학물질 및 제품(의약품 제외)	고급		○		○	
I. 음식 · 숙박(55~56 : 개인)	21. 의료용 물질 및 의약품	첨단		○		○	
J. 출판, 영상, 정보 등(58~63 : 유통*)	22. 고무제품 및 플라스틱제품	중급		○		○	
K. 금융, 보험(64~66 : 사업*)	23. 비금속 광물제품	중급		○		○	
L. 부동산, 임대(68~69 : 사업)	24. 1차 금속	중급		○		○	
M. 전문, 과학, 기술(70~73 : 사업*)	25. 금속가공제품(기계 및 가구 제외)	중급		○			○
N. 사업시설, 사업지원(74~75 : 사업)	26. 전자부품, 컴퓨터, 통신장비	첨단		○			○
O. 행정, 국방, 사회보장(84 : 사회)	27. 의료, 정밀, 광학기기, 시계	첨단		○			○
P. 교육 서비스(85 : 사회*)	28. 전기장비	고급		○			○
Q. 보건 · 사회복지(86~87 : 사회*)	29. 기타 기계 및 장비	고급		○			○
R. 예술, 스포츠, 여가(90~91 : 개인*)	30. 자동차 및 트레일러	고급		○			○
S. 협회, 수리, 개인(94~96 : 개인)	31. 기타 운송장비	고급		○			○
T. 자가소비 생산활동(97~98 : 개인)	32. 가구	저급	○		○		
U. 국제 및 외국기관(99 : 사회)	33. 기타 제품	저급	○		○		

주 : 한국 표준산업 분류의 구조는 대분류(알파벳 문자 사용/Sections), 중분류(2자리 숫자 사용/Divisions), 소분류(3자리 숫자 사용/Groups), 세분류(4자리 숫자 사용/Classes), 세세분류(5자리 숫자 사용/Sub-Classes)의 5단계로 구성된다. 따라서 표의 대분류와 제조업 분류의 수치는 중분류 수치를 나타낸다. *표시는 지식 서비스산업(OECD 기준)을 나타내는데 통신, 금융보험, 부동산, 광고, 사업 서비스, 방송, 교육, 의료보건, 사회복지, 문화예술여가 등 지식집약도가 높은 서비스업종을 말한다. 유통, 생산자, 사회, 개인 서비스는 Singelmann의 분류체계(Schettkat and Yocarini, 2005)를 따름.[1]

자료 : OECD(www.oecd.org), Classification of manufacturing industries into categories based on R&D intensities, ANBERD and STAN databases, May 2003.

1.2 산업구조의 변화

산업구조의 변화는 생산량, 취업자 수 등의 비중 변화로 파악된다. 때때로 구조 변화는 산출과 투자의 명목가치의 비중으로도 측정되는데, 이는 수량과 가격 변화 모두를 파악하는 데 도움이 된다. 산업구조는 최종재를 중심으로 수평적으로, 투입–산출관계를 중심으로 수직적으로 분류할 수 있다.

1) 산업의 수평적 분류

우선 산업을 최종재에 초점을 맞추어 수평적으로 나누어 보자.

1. 한편 OECD는 OECD 국가 중에서 선진 12개국(미국, 캐나다, 일본, 덴마크, 핀란드, 프랑스, 독일, 아일랜드, 이탈리아, 스페인, 스웨덴, 영국)을 대상으로 R&D 지출이 생산액에서 차지하는 비중인 연구개발 집약도에 따른 기술수준별로 산업을 분류한다 : 첨단기술(high), 고기술(medium–high), 중기술(medium–low), 저기술(low). 〈표 7–1〉에서 OECD는 선박 등(351)을 중기술로 분류한다는 점에 유의할 필요가 있다

2부문과 이중경제

산업구조 변화와 관련하여 자주 언급되는 현상 중 하나가 양극화이다. 이는 경제성장이 종종 불공평하게 진행되며 결국 농산물과 서비스를 포함하는 전통부문과 제조업에 치중된 근대부문으로 구성된 이중경제(dual economy)를 낳는다는 논의로 이어진다.[2] 부문별로 생산물, 생산과정, 노동시장의 속성이 다르지만 통상 자본집약도로 그 특징이 구분된다. 즉, 전통부문은 노동집약적이어서 노동생산성이 낮고 그에 따라 임금도 낮지만, 근대부문은 자본집약적이어서 노동생산성이 높고 그에 따라 임금도 높은 특성을 갖는다.

3부문과 산업화 및 탈산업화

구조 변화는 1차 산업(농림어업), 2차 산업(광업, 제조업), 3차 산업(서비스업)의 3부문으로 구분하여 파악되기도 한다. 이는 유형적 제품을 낳는 활동을 제조업(2차 부문) 또는 농광업(1차 부문)으로, 유형적 제품을 낳지 않는 다른 활동을 잔여적인 서비스업(3차 부문)으로 둔다. 이 분류방식은 경제가 성장함에 따라 1차 산업에서 2차 산업으로 그리고 다시 3차 산업으로 이동하는 것을 상정한다. 그러나 최근의 실증분석은 2차 산업의 비중 변화가 모호하다는 점을 지적한다. 1970～2010년 168개국에 대한 1인당 소득(미국 PPP 달러) 대비 부문별 부가가치 비중은 다음을 보여준다(Dabla-Norris et. al., 2013).[3]

① 1인당 소득이 증가함에 따라 농업생산 비중은 지속적으로 감소한다. 개발도상국에 비해 선진국의 감소 속도가 더 낮다.

② 1인당 소득이 증가하면 제조업 생산은 증가하다 하락 반전한다. 1인당 5,000달러 소득 수준에서 제조업 비중이 가장 높아진다. 제조업의 부가가치와 취업자 수 비중이 증가하는 현상을 산업화(industrialization)라 하는데, 이는 제조업에서의 노동생산성의 지속적 상승과 농업부문의 부진을 특징으로 가진다. 제조업의 비중 감소는 탈산업화(deindustrialization)라 불린다.

③ 낮은 소득 수준에서도 서비스업 생산 비중이 높으며, 1인당 소득이 증가할수록 서비스 비중은 지속적으로 높아진다. 1인당 소득이 5,000달러 수준에서 서비스업 비중의 팽창이 가속화된다. 선진국의 경우 증가 속도는 일정한 편이며, 개도국의 경우에는 가속성이 강하다. 개도국에서 서비스업 비중은 상당히 낮은 수준에서 머물다 1인당 소득이 700달러를 넘어서면 빠르게 증가한다.[4] 서비스산업의 확대는 경제의 서비스화(servitization) 또는 3차 산업화(tertiarisation)라 불리는데, 탈산업화는 종종 서비스산업의 확대를 병행한다. 그러나 서비스화가 반드시 탈산업화를 시사하는 것은 아니다.

세계 전체적으로 서비스산업은 오래전부터 지배적 위치를 점하여 1970년 52%에서 2005년 68%(부가가치)로 높아진 반면 1970년 10%를 점하던 농업은 2005년 3.6%로 위축되었으며, 광공업은 38%에서 29%

2. 경제구조의 이분법은 도시 대 농촌, 제조업 대 농업, 상업적 근대농업 대 소작농업 또는 근대광업 대 전통농업 등 다양한 형태로 나타난다.

3. 개발도상국의 산업구조 변화는 선진국과 다소 차이가 있다. 우선 아시아는 선진국과 유사하여 제조업의 산출 비중이 높다. 반면 아프리카는 매우 낮은 1인당 소득수준에서 농업 생산 비중이 낮으며 서비스 생산 비중이 높다. 남미는 선진국과 유사한 농업 비중을 보이지만 매우 낮은 1인당 소득 수준에서 서비스화를 경험하여 제조업 비중이 높지 못하며 상대적으로 높은 서비스 생산 비중을 보인다.

4. 그러나 국가별, 지역별로 구조 변화의 양상은 상이한데 대표적인 예가 한국이다. 한국은 지난 40년간 중하위 소득국에서 고소득 국가로 바뀌었지만, 다른 선진국에서 보이는 제조업 비율의 하락과 서비스업의 팽창 현상이 아직 나타나고 있지 않다.

로 감소하였다([그림 7-1]). 이러한 산업구조 변화는 고용 면에서 더욱 두드러지게 나타난다.

그림 7-1 부문별 부가가치 비중의 변화

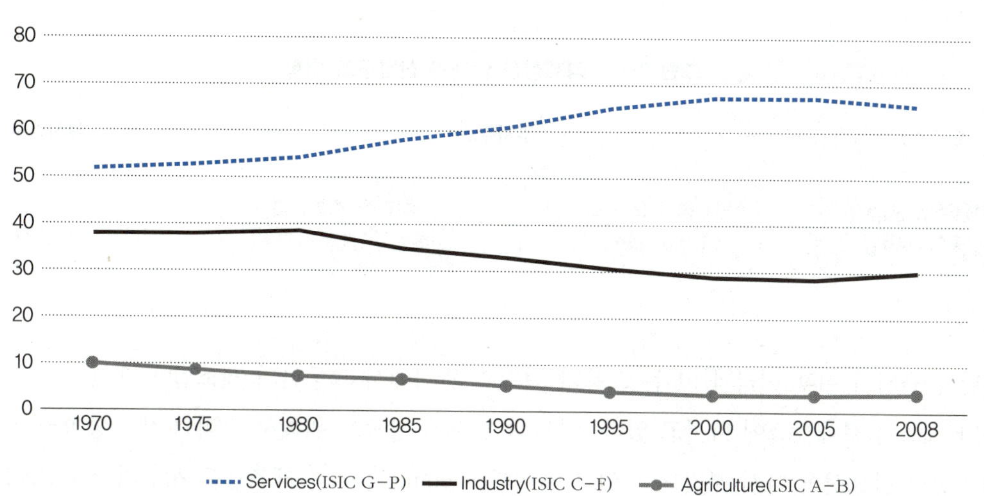

자료 : UNIDO(미국 달러로 표시한 현재가격 기준).

제조업 구조 변화 : 다변화→재집중화, 초기 산업→중기→후기

구조 변화의 또 다른 측면으로 산업구조의 다변화와 집중화에 주목할 수 있다(Imbs and Wacziarg, 2003). 경제발전 초기에 소수의 산업에 집중되던 고용은 경제발전과 더불어 다변화(diversification)되고 이후 다시 재집중화(re-concentration)된다는 U형의 집중화 곡선이 그것이다.[5] 다변화는 기술의 파급과 생산성 개선의 기회를 확대하는 한편, 외부적 충격의 영향을 완화하여 거시경제적 안정성을 높이는 긍정적 영향을 갖는다.[6]

산업 다변화는 신산업의 출현과 기존 산업의 질적 개선도 포함한다. 전통적으로 경제학자들은 제조업의 기술진보를 섬유, 의류 등 대량생산 제조업에서 금속기계, 화학, 전자 등 더 복잡한 생산을 하는 제조업으로 이행하는 생산 단계 내에서의 상향이동의 결과로 보아왔다. 실제로 1인당 소득 수준과 생산 제품의 정교함은 양(+)의 관계를 가진다(UNIDO, 2009). 이를 배경으로 제조업은 초기(early) 산업, 중기(middle) 산업, 후기(late) 산업으로 구분되기도 한다(Chenery and Taylor, 1968). 초기 산업은 기초적 기술에 기반을 두고 기초적 욕구를 만족하는 데 사용되는 식음료와 섬유 등으로 구성되어 1인당 국민소득이 850달러(1993년 가격 기준)일 때 성장이 멈춘다. 중기 산업은 목재, 고무, 화학제품 등으로 구성되어 1인당 국민소득이 1,700~2,100달러 수준에 이를 때까지 성장이 지속된다. 마지막으로 자본집약적인 내구소비재나 기계, 금속제품, 출판 등의 후기 산업은 1인당 국민소득이 1,300달러를 넘어서야 성장하기 시작한다.

한편 제1차 산업혁명 이후 인류가 경험한 산업구조 변화를 제조업을 중심으로 검토할 때 노동 집약적인 경공업(예 : 섬유와 의복)에서 규모 주도의 자본집약적이고 범용적인 중화학공업(철강, 기계, 화학)으로, 다시 차별

5. 경제발전 초기 단계에서 나타나는 구조 변화도 사실상 다변화와 관련된다. 즉, 상대적으로 생산성이 낮은 농업이나 자원개발로부터 생산성이 높은 제조업 부문으로 자원이 지속적으로 재배치되며 산업 다변화와 구조 변화가 병행되는 것이다.

6. 산업 다변화의 측정은 시장구조 분석에서 사용되는 집중도를 이용한다. 이는 분석 대상(개별 산업)이 되는 구성 항목들의 비중을 제곱한 뒤 그 값들을 합하여 구한다. 집중도를 처음 제안한 이들의 이름을 따라 허쉬만-허핀달 지수(Hirschman-Herfindahl index)라고 한다. 지수가 높으면 상대적으로 소수 항목에 대해 집중된 것을, 지수가 낮으면 개별 항목들이 비교적 고르게 분포된 것을 의미한다.

적 조립기반 산업(예 : 자동차), ICT 산업(예 : 마이크로 칩, 컴퓨터, 정보처리 및 전달)으로 산업발전이 이루어져 왔음을 알 수 있다(Ozawa, 2005). 이는 제2장에서 다룬 요소주도, 투자주도, 혁신주도의 경제성장 단계와 잘 상응한다.

그림 7-2 경제성장 단계와 산업구조 변화

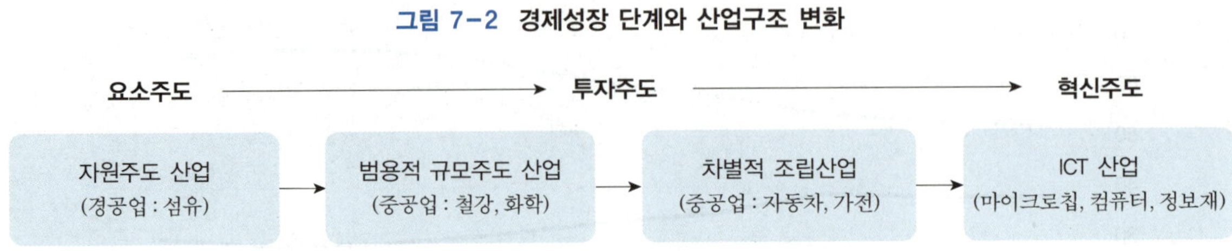

2008년 금융위기 이후 미국과 EU는 고용과 혁신의 관점에서 그동안의 제조업에 대한 인식과 태도를 바꾸어 이른바 제조업 르네상스에 나서고 있다. 양질의 일자리 창출을 위해서 그리고 생산성 향상과 혁신을 위해서도 제조업의 필요성이 다시 부각되고 있는 것이다(Sperling, 2013). 제조업은 생산자 서비스에 대한 수요를 통해 양질의 일자리를 창출할 뿐만 아니라 개도국으로의 생산 오프쇼어링을 거친 제조업이라도 연구개발, 제품 기획, 마케팅 등의 역할로 인해 여전히 고숙련 고부가의 일자리의 원천으로 작용한다. 한편 제조업이 필요로 하는 생산자 서비스의 개발과 혁신을 위해서는 생산 현장에서 누적된 무형의 암묵지와 경험적 지식이 필요하며 이를 위해서 자국 내에서의 제조업 생산, 즉 제조업의 리쇼어링이 요구된다.

서비스 구조 변화 : 제4차 산업화

OECD 국가 내에서 서비스산업은 총고용과 부가가치의 70% 이상을 점하고 있고 고용 증가의 거의 대부분을 설명한다. 1970~2006년 동안 서비스산업의 부가가치 비중은 크게 상승해 왔지만 고용 비중의 증가세는 상대적으로 둔화되었으며, 노동생산성은 완만하게 높아졌다. 특히 한국과 남유럽에서 서비스 부문의 고용 증가에 대한 기여는 상대적으로 제한적이다.

서비스산업을 구성하는 경제활동은 상당히 이질적이어서 금융중개, 법무, 통신부터 시작해서 이와는 완전히 다른 의료, 수송, 보안, 청소 서비스까지 포함한다. 광범위하고 이질적인 서비스산업을 체계적으로 분류하기 위해 다양한 시도가 있어 왔다. 가장 대표적인 방법이 유통 서비스(운수창고, 도소매), 생산자 서비스(금융, 보험, 엔지니어링, 법률 등), 사회 서비스(의료, 교육, 정부, 국방), 개인 서비스(호텔, 가사, 문화오락)의 구분인데, 이는 OECD가 서비스 고용을 분석할 때 주로 사용하는 것으로 특정 서비스가 최종소비자에게 어떤 경제적 기능을 제공하느냐를 따른 것이다(Browning and Singelmann, 1978).

각국의 서비스산업에서 부문별 성과에는 상당한 차이가 나타나 금융업과 사업 서비스의 성장이 특히 부각되지만, 사회 및 개인 서비스 역시 크게 증가했다. 그 외 부문의 성과는 혼재되어 일부 서비스산업은 그 비중이 감소하기도 하였다. 대부분의 OECD 국가에서 운송·통신 서비스의 경우 고용은 상대적으로 일정하게 유지되고 있다(Wolfl, 2005). 국가별로 정책 대응의 차이로 서비스 부문 간의 성장세가 달리 나타난다. 즉, 북유럽에서는 사회복지정책을 강화한 결과 사회 서비스가 급증하였지만, 일본은 사회복지 대책보다는 제조업의 구조조정으로 저숙련 인력의 유통 서비스 비중이 증가하였고 미국에서는 지식기반 서비스업의 확충으로 생산자 서비스가 빠르게 증가해 왔다(김주훈 등, 2006).

한편 지식기반 및 정보 서비스의 중요성을 강조하여 관련 정보를 처리하는 기능이 중요한 산업활동들을 지식기반 서비스(knowledge-based services)로 분리하여, 4차 부문(quaternary sector)이라고 부르기도 한다. 특히 OECD(1999, p. 18)는 지식기반 서비스를 첨단기술을 집약적으로 사용하거나 기술 활용을 위해 높은 숙련의 근로자를 필요로 하는 산업으로 정의하고, 평균 연구비 지출이 크며 총고용 중 숙련 근로자의 비중이 높은 산업인 통신(ISIC 72), 금융, 보험, 부동산과 사업 서비스(ISIC 8), 교육 · 의료를 중심으로 한 사회 및 개인 서비스(ISIC 9)를 포함시켰다. 서비스화에서 혁신과 기술의 원천으로나 생산요소로 지식집약 서비스의 역할이 커지는 현상을 4차 산업화(quarternalization)라 한다(Peneder, Kaniovski and Dachs, 2003). 지식집약 서비스의 성장은 일반적인 서비스화와는 분명히 구별된다. 수요 확대보다는 지식과 기술혁신에 기인하는 부분이 크기 때문이다. 지식집약 서비스는 갈수록 타산업, 특히 제조업에 대한 중간재로서의 역할이 커지며 동시에 혁신과 제품차별화 그리고 생산성 성장의 원천으로 작용하고 있다.

마지막으로 인더스트리 4.0 및 GVC로 대변되는 기술혁신과 글로벌화는 제조업의 서비스화(servitization)와 서비스업의 확대 또는 경제의 서비스화를 강화하고 있다. 제조업의 서비스화는 다양한 형태를 취하는데 제조업체가 생산에 필요한 서비스 활동의 외주를 늘리거나, 기업 내부의 서비스 활동을 확대하거나, 제품과 서비스를 동시에 판매할 때 발생한다. 상품생산공정의 분할과 국내외 아웃소싱의 증가로 운송, 통신, 물류 서비스 등이 제조업 총부가가치에서 차지하는 비중이 확대되는 한편, 선진국을 중심으로 제품 조립 · 생산 단계가 타국으로 이전되고 R&D, 마케팅, 사업 서비스 등 고부가 서비스에 특화하며 경제의 서비스화가 촉진되고 있다.

2) 산업의 수직적 분류

전후방 연관관계와 산업의 분류

산업의 생산과정은 일련의 생산 단계, 특히 한 산업의 생산물이 다른 산업의 원재료로 사용되는 수직적 투입산출 관계로 분해할 수 있다. 산업을 이러한 생산과정의 투입-산출 관계를 따라 분류하는 것을 산업의 수직적 분류라 하며 두 종류의 연관관계를 생각해볼 수 있다. 하나는 상류(upstream) 부문의 투입이 이뤄져 특정 산업의 산출이 만들어지는 연관관계로 "후방연관[backward linkages 또는 영향력(power of dispersion)]"이라 부르는데, 이때 이 산업은 수요자가 된다. 다른 하나는 자신의 산출물이 하류(downstream) 부문에 투입되는 연관관계로 "전방연관[forward linkages 또는 감응도(sensitivity of dispersion)]이라 부르는데, 이때 이 산업은 공급자가 된다. 후방연관 효과와 전방연관 효과는 다른 산업과 연관성이 높아 경제 전체에서 핵심적인 역할을 하는 산업을 식별하는 데 사용한다. 즉, 전 · 후방 연관 효과가 모두 큰 산업을 핵심(key) 산업, 후방연관 효과가 크지만 전방연관 효과가 작은 산업을 선도(lead) 산업, 전방연관 효과가 크지만 후방연관 효과가 작은 산업을 기초(basic) 산업, 전 · 후방 연관 효과가 모두 작은 산업을 독립(independent) 산업이라 부른다.

전체 경제에 대해서도 산업 간의 투입-산출관계를 상정할 수 있는데, [그림 7-3]의 수직축에서 타 산업에 중간재를 제공하는 산업이 낮은 곳에 위치한다. 중간재를 생산하는 신기술을 스스로 창출하며 최종재를 생산하는 기업은 기계와 장비와 지식을 중간재 업체로부터 획득한다고 상정된다. [그림 7-3]은 새로운 기술혁신이 발생할 때 연관 산업의 변화를 가늠하는 데 도움이 된다. 예를 들어 규모집약적 제조업을 중심으로 한 대량생산기술의 혁신은 인프라, 자본재, 지식 서비스의 혁신을 요구하며 산업발전을 추동했다. 수직적 분류에 따른 개별 산업의 특징을 살펴보자.

첫째, 전문지식 공급업체는 수직적 가치사슬의 상류에 위치한다. 제조업에서 기계 · 장비 · 정밀기기 등의 전문 공급업체 그리고 서비스업에서 전문지식을 공급하는 사업 서비스 등(S/W, R&D, 엔지니어링, 컨설팅 기업)을 포함하는데, 상용차 업체에 대한 브레이크 공급사 또는 디자인 업체가 이에 해당한다.

둘째, 인프라 서비스 기업은 가치사슬의 중류에 위치하며 중간재를 공급하는데, 물류 서비스를 제공하는 수송 · 도매와 네트워크 서비스를 제공하는 금융 · 통신으로 나누어진다. 이들은 생산, 유통, 혁신활동이 이루어지는 기반을 구성한다.

셋째, 대량생산 업체는 가치사슬의 중류에 위치하며 제조업의 핵심으로써 중간재와 최종재를 동시에 생

그림 7-3 수직적 산업분류

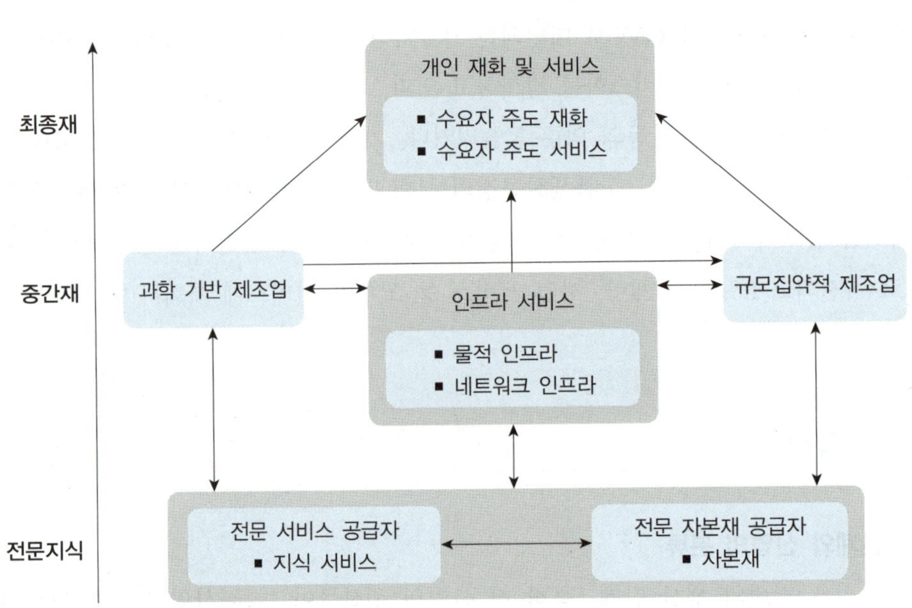

자료 : Castellacci(2006), Pavitt(1984, p. 354), Miozzo and Soete(2001, p. 161) 등을 정리

표 7-2 가치사슬과 지식사슬에 따른 산업의 분류

구분	분류	표준산업분류와의 관계
개인 재화와 서비스	수요자 주도 재화	AB 농림 · 어업, C 광업, F 건설, **15 음식료, 16 섬유**, 17 의복, 20 목재, 36 가구, 21 종이, 22 출판인쇄, 19 가죽신발, 37 재생용 가공원료
	수요자 주도 서비스	G 소매, H 음식 · 숙박, N 행정, O 교육, P 보건 · 사회복지, Q 오락 · 문화 · 운동, R 기타 공공수리 개인 서비스, S 가사 서비스, T 국제 및 외국기관
대량생산 재화	규모집약적	25 고무플라스틱, 16 담배, 26 비금속, 27 1차 금속, 28 조립금속, 34 자동차, 35 기타 운송장비
	과학기반	23 석유정제, 24 화학, 30 컴퓨터 및 사무용 기기, 31 전기기계 장비, 32 전자부품과 통신장비
인프라 서비스	물적 인프라	G 도매, I 운수, E 전기, 가스, 수도
	네트워크 인프라	J 통신, K 금융보험업, L 부동산 및 임대업
전문공급자	자본재 공급자	29 기계 및 장비, 33 **의료정밀**
	사업 서비스	M 사업 서비스

주 : Soete and Miozzo의 분류방식에 따르면 인프라 서비스는 공급자지배 서비스에 해당한다.
자료 : Castellacci, F.(2008), Pavitt(1984)

산하는 만큼 경제시스템에서의 역할이 막중하다. 즉, 전문공급업체로부터 새로운 기술지식을 투입받아 인프라기업이나 최종재 기업에게 새로운 제품을 제공한다. 규모의 경제에 의존하는 만큼 대기업의 비중이 크다. 이에는 과학기반 제조업(전자산업)과 규모집약 제조업(자동차와 기타 수송장비)을 포함한다.

넷째, 개인 재화 · 서비스 생산업체는 가치사슬의 하류에 위치한다. 개인을 상대로 한 재화와 서비스를 생산하고 주로 소기업이 이에 해당한다. 섬유 의복이나 음식 · 숙박이 이에 포함된다.

글로벌 가치사슬과 산업구조 변화

분업이 세계화됨에 따라 수평적 경제구조 변화는 그 의미가 크게 퇴색하였다. 과거에는 한 산업에서의 대부분의 작업이 일국 내에서 이루어졌고 무역은 최종 생산물에만 집중되었다. 기술집약적 제품의 수출업자는 동시에 다양한 업무를 수행해야 했다. 그러나 글로벌화에 따라 글로벌 가치사슬(global value chain ; GVC)이 구성되며 가치사슬이 기능적 · 공간적으로 분해되어 왔다. 대부분의 제조품은 글로벌 가치사슬을 따라 생산되며, 각 생산 단계는 각기 다른 국가에서 이루어지고 있다. 오프쇼어링과 아웃소싱의 증가로 가치사슬이 국경을 넘어 전 세계적으로 세분화 · 단편화되고 있다.[7]

생산공정이 다수의 국가로 분할됨에 따라 특정 국가 내에서 산업을 수평적으로 분류하기가 곤란해지고 있고, 한 국가에서 수출하는 제품의 내역이 더 이상 실제 생산활동을 제대로 나타내지 못하게 되었다. 개발도상국들이 저숙련 작업을 수행함에 따라 정교하고 기술집약적인 제품의 GVC에 참여하는 것이 가능해졌다. 동남아시아와 중국은 1980년대 이후 전자제품의 수출에서 두드러진 증가세를 보였지만, 실제로 이들 국가는 조립을 담당했을 뿐 수출한 전자제품의 “첨단기술”과 거리가 멀다. 마찬가지로 선진국은 섬유, 신발, 핸드백과 같은 이른바 저숙련 제품 분야에서 디자인, 글로벌 마케팅, 물류와 같은 고숙련 작업을 수행할 수 있다.

결과적으로 산업구조의 변화에서 최종재로 대변되는 구성의 변화보다는 그 국가가 담당하는 실질적 작업(task)의 변화가 중요해지고 있다. 아울러 수직적 산업분류는 글로벌화와 IT 혁신이 야기하는 구조 변화를 파악하는 데 유용하다. 생산의 작업별 분해 또는 가치사슬을 염두에 둘 경우 구조 변화는 수직적 가치사슬의 한 작업에서 다른 작업으로 생산요소가 재배치되는 형태를 취한다. 또한 산업구조 개혁에서 단순히 섬유에서 전자제품이라는 산업구성의 전환이 아니라 같은 산업에 머물더라도 가치사슬상에서 조립 작업으로부터 연구개발 작업으로의 전환과 같은 작업구성의 변화가 더 중요한 의미를 지닌다. 즉, 수평적 산업구조 개선보다는 수직적 산업구조 또는 작업구조 개선이 중요해지고 있는 것이다.[8] 그러나 과거에 비해 수평적 개선은 비교적 용이해진 반면 수직적 개선은 더 점진적이고 어려워지고 있다. 한편 오프쇼어링이 작업수준에서의 무역을 낳고, 국가의 비교우위는 이제 작업수준에서 실현되고 있다(Baldwin, 2006 ; Grossman and Rossi-Hansberg,

7. 기업의 생산 공정은 원자재로부터 최종 상품에 이르기까지 부가가치의 연쇄과정으로 보아 연구개발, 제품 · 서비스 · 공정의 설계, 생산, 마케팅과 판매, 배분, 고객 서비스로 구분하거나 단순하게 생산과 유통으로 구분할 수 있다. 각 작업은 상이한 숙련을 요구하고 노동과 자본의 투입비율이 상이하며, 투입물이 다르다. 작업이 이루어지는 환경에 상이한 파급효과를 낳는다는 점에서 구별되어야 한다. 최종제품을 얻기 위해서 각 작업은 일정한 논리적 순서대로 이루어져야겠지만, 이러한 순서에 숙련도나 자본투입 비율 등의 특성에 따라 순위를 매길 수는 없다. 예를 들어 4개의 작업으로 구성된 생산의 경우 작업 1과 3은 숙련집약적이지만 2와 4는 그렇지 않을 수 있고, 작업 3과 4는 자본집약적이지만 작업 1과 2는 노동집약적일 수 있다. 작업 1과 4는 원자재와 가까운 곳에 위치해야 하지만, 작업 2와 3은 그럴 필요가 없을 수 있다.

8. 수평적 개선은 저숙련 노동자를 직물 짜기에서 전자제품 조립으로 재분배하는 것처럼 성장잠재력이 더 높은 업무로 고용이 산업 간 이동하는 것이다. 수직적 개선은 전자산업 내에서 저숙련의 조립작업에서 고숙련의 회로설계 작업으로 이동하는 것처럼 동일한 산업 내에서 고숙련 작업으로 수직적으로 가치사슬을 올라가며 개선하는 것이다.

2008). 특정 국가가 어떤 산업을 주도하는가보다는 어떤 생산 단계 또는 작업을 맡고 있는가가 더 중요해지고 있는 것이다.

이러한 방식의 구조 변화에 대한 이해는 경제발전과 관련하여 중요한 시사점을 갖는다.

첫째, 높은 부가가치를 낳는 경제활동에 대한 인식의 변화이다. 기존의 수평적 산업분류를 따른다면 고부가 산업과 저부가 산업이 산업 특성을 구분하는 중요한 기준이 된다. 그러나 수직적 산업분류를 따른다면 이러한 구분이 갖는 중요성은 작아진다. 저부가 산업에서도 고부가가치 작업과 저부가가치 작업이 공존하기 때문이다. 둘째, 산업정책의 역할이 달라진다. 글로벌 차원에서의 가치사슬 형성을 고려할 때 산업정책의 초점은 특정 산업의 보호 · 육성에서 특정 작업의 보호 · 육성으로 바뀌어야 한다. 셋째, 선형적 산업발전 단계의 타당성이 크게 약화된다. 개발도상국이고 특정 산업의 전반에 참여하지 않더라도 당장의 비교우위에 기초하여 일부 작업에 참여할 수 있기 때문이다. 특정 산업에 참여하더라도 그 산업의 기반을 확보하기보다는 오히려 기술수준이 낮고 정교하지 않은 작업에 특화할 가능성도 발생하고 있다. 즉, GVC 참여는 수직적 구조 개선을 보장하지 않으며, 경제 전반의 수직적 구조 개선을 위해서는 적절한 정책 자극이 필요하다.

1.3 산업구조 변화와 경제발전 : 경제성장과 고용 · 빈곤

산업구조 변화는 경제성장뿐만 아니라 고용과 소득배분에도 영향을 미친다. 그리고 산업구조 변화가 경제성장에 긍정적 영향을 미치는가는 구조 변화가 생산성을 높이도록 작용하는가에 의존한다.

구조 변화의 이득

생산성이 낮은 산업에서 생산성이 높은 산업으로 근로자가 이동하면 전반적인 산업의 효율성이 향상되어 생산성이 높아지고 경제성장이 촉진되며,[9] 소득분배가 개선된다. 주요국의 산업화 경험을 보면 산업화 초기에 생산성이 낮은 농업에서 생산성이 높은 제조업으로 노동력이 이동하는 구조 변화가 발생할 경우 산업 전반의 생산성과 1인당 경제성장률이 높아지는 구조 변화의 이득(bonus)이 나타난다. 농업경제에서 근대경제로 전환하는 산업화 초기 단계에 비공식 서비스 부문이 크게 발달한 상황에서 제조업은 서비스 부문보다 잉여노동력을 흡수할 잠재력을 더 크게 가진다. 비숙련의 농업근로자가 제조업의 고임금 직종으로 이동하는 것은 가능하지만 금융, 정보통신 등 높고 부가가치를 낳는 서비스업으로의 이동은 어렵기 때문이다. 후자는 고용계수가 낮고 고등학교 이상의 학력이 필요하다. 비숙련 근로자는 임금과 생산성이 낮은 도소매, 운송, 교통, 건설 등에서의 비공식부문에만 자리 잡을 수 있다. 반대로 제조업, 특히 의류와 신발 등 노동집약적 산업에서 고용은 일정한 현장훈련을 필요로 한다. 결과적으로 산업화가 진행됨에 따라 근로자는 저생산의 농업무문에서 제조업으로 이동하여 농업과 제조업 모두에서 생산성 증가가 생겨난다. 이는 경제 전반의 생산성을 높이고 농업에서의 생존임금보다 높은 임금을 제공하는 제조업 종사자 비중이 증가하여 빈곤을 감소시키며 소득분배를 개선한다. 아울러 경제성장에 따른 전반적 고용증대 효과 역시 빈곤을 감소시킨다(Lavopa and

9. 산업구조의 변화를 감안한 경제 전체의 생산성 변화의 원천은 산업 내 효과, 정태적 효과, 동태적 효과로 나누어 볼 수 있다. 산업 내 효과는 구조 변화 없이 산업 내부의 생산성 증가만으로 발생하는 생산성 증가이다. 정태적 효과는 생산성이 높은 분야로 노동자가 이동하여 발생하는 것으로 경제 전체의 생산성이 높아지는 효과이다. 동태적 효과는 산업 생산성이 높아지는 곳으로 노동자가 이동하여 발생하는 생산성 증대효과를 말한다. 본문의 구조 변화의 이득과 부담 논의는 정태적 효과에 대한 것이다.

Szirmai, 2012 ; Weiss, 2013).

구조 변화의 부담

산업화의 경제성장과 고용증대와 빈곤 감소에 미치는 효과는 경제가 발전함에 따라 약화된다. 초기의 노동집약적 산업화와 달리 산업구조가 자본 및 기술집약적 산업으로 다변화됨에 따라 고용과 빈곤 감소에 대한 직접적 효과는 약화되고 대신 간접적 빈곤감소 효과가 커진다. 즉, 자본집약적 산업의 성장이 낳는 수익이 재투자됨에 따라 경제성장과 빈곤 감소가 간접적으로 생겨난다. 한편 산업화가 더욱 진전됨에 따라 생산성이 높은 제조업이 고용증대 없이 팽창할 경우 생산성과 임금이 낮은 서비스산업으로 노동력이 이동하면서 전반적 생산성과 1인당 경제성장률이 하락하고 분배는 악화되는 구조 변화의 부담(structural change burden) 또는 보몰의 질병(Baumol's disease)이 일어날 수 있다.

1.4 산업구조 변화의 요인과 시장의 한계

1) 산업구조 변화의 요인

구조 변화는 특정 산업의 공급과 수요 조건이 변화할 때 발생한다.

첫째, 공급 측면에서 부존자원이 변화하는 경우이다. 자본설비 증가는 자원을 주로 사용하는 중화학공업의 노동생산성을 높이고 이는 노동수요 증가를 통해 임금을 상승시킨다. 경공업에서 노동력이 유출되고 중화학공업에서는 생산과 고용 비중이 증가한다. 특정 생산요소가 증가하면 해당 요소를 집약적으로 사용하는 부문의 산출이 비례 이상으로 증가하는 반면, 다른 부문의 산출은 절대 규모 자체가 위축된다(Rybczynski 정리). 둘째, 공급 측면에서 기술과 생산성이 변화하는 경우이다. 기술혁신은 창조적 파괴로 이어지며 옛 기술과 관련된 부문과 기업이 쇠퇴하고 새 기술과 관련된 부문과 기업이 출현한다. 특정 산업에서의 빠른 생산성 개선은 상대가격을 하락시켜 수요를 높인다(가격효과). 전통산업보다 신흥산업에서 기술진보가 더 빠르게 진행되면 신흥산업 제품의 상대가격 하락이 생겨나고 이는 신흥산업의 상대적 팽창으로 이어진다. 지식과 기술의 누적성으로 말미암아 산업별로 지식기반이 구분되며, 지식과 기술은 산 · 학 · 정으로 구성된 기술혁신 시스템에 의존하며 변화한다. 셋째, 수요 측면에서 선호와 소득이 변화하는 경우이다. 선호가 높아져 수요가 증가하는 산업은 팽창한다. 소득과 생활수준의 상승은 소비자 선호와 수요 변화를 야기한다. 소득이 상승함에 따라 음식 지출 비중은 감소하고 제조품에 이어 서비스 지출이 증가하며(엥겔의 법칙), 품질과 독특성이 선호된다. 넷째, 수요 측면에서 국제무역 효과가 있다. 각국은 다른 나라에 비해 비교우위가 가장 높거나 비교열위가 가장 작은 산업부문에 특화한다. 비교우위의 변화는 산업구조의 변화를 초래한다. 무역 자유화는 수입품과 경쟁하는 산업을 위축시키고 수출에 비교우위가 있는 산업의 팽창을 낳는다. 인적 · 물적 자원이나 숙련이 축적됨에 따라 비교우위 변화, 더 나아가 산업구조 변화가 초래된다.

서비스화의 원인

산업구조의 서비스화도 구조 변화의 요인으로 설명이 가능하다.

첫째, 기술혁신의 심화와 정보화에 따라 노동과 자본을 생산의 핵심요소로 활용하는 '산업사회'에서 벗어나 '지식'을 성공적으로 창출하고 활용하며 성장하는 '지식기반사회'로 전환하면서 재화와 서비스 모두에서 무형의 지식 서비스의 역할이 중요해지고 있다. 특히 많은 서비스업이 지식기반 서비스업으로 성장하고 있다.

둘째, 공급 측면에서 제조업과 서비스업 간의 생산성 격차 때문에 서비스산업의 명목부가가치와 고용이 상대적으로 더 크게 증가할 수 있다[Baumol(1967)의 질병]. 성장 부문인 제조업과 정체 부문인 서비스산업 간 생산성 격차만큼 서비스산업의 상대 비용과 가격이 상승하기 때문에 경상가격 기준으로 서비스산업의 비중이 상승할 수 있다. 또한 생산성이 낮은 서비스산업에서 보다 많은 투입(노동)이 필요하므로 취업 비중이 확대된다. 서비스산업의 저생산성은 노동집약성과 기계화에 대한 제약, 서비스 업체의 영세성에 따른 R&D 투자의 제한, 대외경쟁으로부터의 격리, 제조업 퇴출인력의 배수통 기능 등에 기인한다.

셋째, 수요 측면에서 소득 증가에 따라 소비가 재화에서 서비스로 이동하면서 서비스산업의 비중이 높아진다. 재화 수요의 소득탄력성은 1보다 작지만(엥겔의 법칙) 고급 서비스는 소득탄력성이 1보다 커 소득이 높아지며 서비스 소비 비중을 높인다. 고급 서비스에 대한 수요증가는 이들 부문에서의 상대 임금 상승으로 이어지며, 이는 다시 저숙련 서비스에 대한 수요를 높이고 가정 내에서 제공되던 서비스의 부분적 시장화로 이어진다. 아울러 소득수준 상승에 따라 여성의 경제활동 참가율이 높아진다. 그로 인해 여성이 주로 하던 가사노동이 시장서비스로 대체되기도 한다.

넷째, 수요 측면에서 제조업의 부가가치 창출에서 서비스 기능이 중요해지는 제조업의 서비스화도 한몫하고 있다. 기존에 제조업 부문에서 고객에게 제공하던 서비스는 제품 판매를 위한 부가적 기능에 그쳤다. 이제 제조업체들은 제품의 생산과 판매에 그치지 않고 판매한 제품의 문제해결, 성능유지, 기능추가 등 서비스 자체를 부가해 제공할 수 있다. 핵심경쟁력에 집중하는 기업 간 분업이 심화되며 R&D, 엔지니어링, 디자인 등의 전문 사업서비스에 대한 외부구매가 확대되고 있는데 산업의 중간투입에서 차지하는 서비스 투입비중이 늘어나는 현상을 "중간투입의 서비스화" 또는 "생산과정의 서비스화"라 부른다. 기술혁신에 따라 제품 고도화의 중요성이 높아지면서 가치사슬에서 제조 · 생산보다는 생산 전후 단계의 서비스 기능에 집중하여 더 높은 가치를 창출하고 있다. 예를 들어 대형 도소매점의 PB 상품(주문자 상표 부착 상품)은 제조부문을 전적으로 아웃소싱하고 제품의 디자인, 마케팅, 유통만을 담당한다.

다섯째, 국제무역 측면에서 선 · 후발국 간 교역이 증대하면서 선발국의 노동집약적 제조부문이 후발국으로 이전되어 한편으로는 산업 공동화가 초래되고 다른 한편으로는 서비스산업의 비중이 높아질 수 있다(배수통 catch-basin 가설, Wood 1995 ; Freeman 1995). 이때 비중이 높아지는 서비스산업은 지식기반 산업일 수도 있고 전통산업일 수도 있다. 또한 전통 서비스산업은 제조업에서 퇴출된 인력을 위한 배수통 역할을 할 수도 있다. 델 컴퓨터, IBM, MicroSoft 등은 연구개발, 제품기획, 마케팅 등을 담당하고 제품 생산 · 조립이나 소프트웨어 개발은 개도국에 아웃소싱하고 있다.

산업별 혁신의 원천과 활용의 차별화

산업별로 혁신의 원천과 성과 그리고 그 성과가 활용되는 방식이 다르며, 이를 주도하는 기업의 유형도 차별된다.

첫째, 전문 공급업체들은 기술적 역량이 높고 기술지식을 창조하여 다른 부문에 공급한다. 고객과의 긴밀한 협력하에 고객에게 제공되는 제품과 서비스의 개선을 통해 기술진보를 이루어낸다. 혁신은 성능 개선, 신뢰도 향상, 맞춤화의 개선을 통해 발생한다. (암묵적) 지식이나 숙련기술자의 경험을 통해 수요업체와의 상호작용과정에서 발생하기도 한다.

둘째, 인프라 기업들의 경우 스스로의 기술역량이 제한적이고 자체 기술개발보다는 장비 매입이나 기술지식 도입을 통해 기술혁신이 발생한다. 하지만 타 산업의 생산 · 혁신활동을 지원하며, 기술 확산과 생산성 향상에 기여한다.

표 7-3 부문별 혁신의 원천과 성과 · 활용의 차별화

구분	분류	경쟁	혁신의 원천	혁신 성과	혁신의 활용	주도 기업
개인 재화와 서비스	공급자 주도 재화 (섬유의복)	가격	외부 : 공급업체, 최종소비자 내부 : 장비구입	공정	상표권, 디자인 노하우	중소기업
	공급자 주도 서비스 (숙박)	가격	외부 : 공급업체 내부 : 장비구입, 훈련	공정	인력에 체화	중소기업
대량생산 재화	규모 집약적	가격	외부 : 공급업체와 수요업체 내부 : R&D와 장비구입	공정, 제품	디자인, 공정기밀	대기업
	과학기반	품질	외부 : 대학과 수요업체 내부 : R&D와 협력	제품, 조직	특허, 디자인, 지적재산권	대기업
인프라 서비스	물적 인프라 (수송, 도매)	가격	외부 : 공급업체 내부 : 장비 · S/W 구입	공정	표준, 디자인	대기업
	네트워크 인프라 (통신, 금융)	가격/품질	외부 : 공급업체와 수요업체 내부 : R&D, S/W 구입, 훈련	공정, 서비스, 조직	표준, 디자인	대기업
전문공급자	자본재공급자 (기계장비)	품질	외부 : 수요업체 내부 : R&D, 기계 · S/W 구입	제품	특허, 디자인 노하우	중소기업
	사업 서비스 (R&D, S/W)	품질	외부 : 수요업체와 대학 내부 : R&D, 훈련 · 협력	서비스, 조직	노하우, 지적재산권	중소기업

자료 : Castellacci, F.(2008)

셋째, 대량생산 업체는 기술 측면에서 연구기관과 전문공급 기업으로부터 기술을 흡수하고 새로운 제품과 새로운 공정을 독자적으로 개발하여 기술적 결과물을 다른 산업에 제공하며 기술적 역량이 높다. 과학기반 업체는 기술적 역량이 매우 높으며 대학과 공공연구소와 협력하고 규모집약 업체는 독자적인 R&D 부문을 보유하고 전문 공급업체와 협력하여 기술혁신을 일구어낸다. 과학기반 부문은 제품이나 공정에서 급격한 혁신이 이루어지는 특징을 가지며 대학이나 공공연구소에서의 내부 R&D와 과학연구가 혁신의 원천이 된다. 혁신은 특허, 선행기간, 학습곡선, 기밀 등으로 다양하게 나타난다. 주로 제약이나 전자 산업이 이에 해당된다. 규모집약 부문에서는 혁신이 주로 공정혁신에서 발생한다. 내부 R&D와 생산현장에서의 학습, 외부 장비생산업체 등이 혁신의 원천이 된다. 혁신은 기밀이나 특허에 의해 구체화된다. 자동차와 철강분야가 이에 해당한다.

넷째, 개인 재화 · 서비스 생산업체는 기술 측면에서 기술역량이 낮고 독자적인 R&D 부문을 유지하기에는 역부족이어서 새로운 제품이나 공정을 스스로 개발하는 능력이 매우 제한된다. 이들의 혁신은 공급업체로부터의 장비 구입과 지식 흡수에 기반하므로 공급자 지배적 산업이라 불린다. 혁신의 확산과 학습은 실습을 통한 학습이나 활용과정에서 발생한다. 타 부문의 새로운 기술을 활용하여 생산공정의 효율성을 높이거나 최종재와 최종서비스의 품질을 개선하는 데 사용한다. 주로 섬유나 서비스업이 이에 해당한다.

2) 산업구조 변화에서 시장조정의 한계

경제구조 변화의 실패 : 이중화

후진국이나 선진국의 성장 경험에 비추어 볼 때 경제구조의 변화가 자연적이거나 자동적인 것은 아니며 항상 바람직한 방향으로 이루어져 왔던 것도 아니다. 높은 경제성장을 경험한 개도국이라도 보다 생산적인 신흥부문의 성장은 있지만, 전반적인 산업구조의 개선 속도가 부진할 수 있다. 부문 간 노동력의 재배치가 미미하고 혁신이 확산되는 분산효과(centrifugal spread effects, Myrdal, 1957)를 방해하는 구조적 경직성이 존재할 경우 신흥부문은 고립된 부문(enclave)으로 멈춘다[이중화(dualization)]. 결과적으로 개발도상국 중 소수만이 경제구조의 변화와 생활수준의 향상을 성공적으로 성취해 왔다.

산업발전을 정부개입보다는 시장에 맡겨왔던 선진국의 경우에서도 그동안의 정책에 대한 반성이 생겨났다. 대부분의 선진국에서 수십 년 동안 제조업 비중은 지속적으로 위축되었다. 제조품에 대한 수요의 성숙, 노동수요 감소를 동반한 높은 생산성 증가, 노동집약적 활동의 저임금 국가로의 아웃소싱에 따른 자연스런 결과였다. 선진국에서는 그동안 상류의 R&D와 서비스업에 특화하되 저임의 비숙련노동을 가진 국가들로 제조업을 아웃소싱하는 현상이 지배적으로 나타났다. 하지만 제조업에 연계된 R&D나 디자인 같은 고부가 활동의 손실이나 서비스업에서의 생산성 개선의 부진과 그에 따른 경제성장의 둔화에 대한 우려가 생겨났다. 이러한 우려는 신흥시장국이 전통적인 노동집약산업을 넘어 중화학공업이나 첨단산업에까지 진출한 데 따른 결과로, 선진국은 다양한 분야에서 시장을 잃으며 일자리 상실을 경험했다. 일본, 독일 등은 적극적 산업정책으로 (중간재) 제조업을 유지해 나갔고 결과적으로 타국의 아웃소싱으로부터 혜택을 보았다.

표 7-4 산업정책의 전개

	핵심 접근방식과 근거	산업정책 목표와 수단
1940~ 1960년대	▪ 경제발전을 위해서는 산업화가 필요 ▪ 시장실패는 산업화의 자동적 실현을 방해	▪ 산업정책이 필요(특히 유치산업 보호, 국가소유, 국가 조정)
1970~ 1990년대	▪ 시장실패보다 심각한 것이 정부실패 ▪ 산업정책은 낭비와 지대추구를 낳음 ▪ 산업정책을 집행하는 데 실질적 장애가 큼	▪ 무역자유화, 민영화, FDI 유인(거시경제적 안정성과 정부개입의 최소화는 성장과 산업화를 위한 기본요건
2000년대 이후	▪ 시장실패와 정부실패가 모두 존재 ▪ 산업정책의 이유보다는 방법이 중요	▪ 제도적 여건이 중요하지만 설계는 어려움 ▪ 산업정책의 집행에서의 유연성이 중요 ▪ 혁신과 기술개선이 산업정책의 중심적 목표 ▪ 국가혁신시스템의 촉진이 중요한 목표여야 함

시장조정의 한계

경제구조의 변화가 미흡한 것은 이를 방해하는 다양한 시장실패 때문이다. 첫째, 불완전 정보, 외부효과, 공공재 특성이 나타나면 투자와 산업구조 변화가 제한된다. 정보가 불완전하고 불확실하므로 신흥 중소기업이나 새로운 프로젝트를 평가하기 어렵고 금융시장은 투자를 주저한다. 첫 투자에 나서는 선발기업은 실패하면 모든 손실을 감수해야 하고 성공하더라도 후발기업의 추격(무임승차)을 우려해야 한다. 신흥국에서 수출은 처음이 어렵지 일단 성사되는 기업이 생겨나면 다른 기업도 자신 있게 수출에 나설 수 있다. 숙련 근로자는 숙련형성에 나섰던 기업만이 활용할 수 있는 것은 아니다. 기반시설과 같은 공공재 공급은 시장에만 의존할 수 없다. 둘째, 진입장벽이 낳는 불완전 경쟁도 산업구조 변화를 방해한다. 국내기업만이 관련된다면 경쟁정책이 적절한 정책이지만 국내기업과 외국 기업이 관련된다면 경쟁정책의 효과는 제한적이다. 셋째, 산업 간 보완성은 집단적 대응이나 상호 조정을 요구한다. 대부분의 산업은 발전 초기에 상호연계된 활동, 특히 전후방으로 연관된 산업의 발전과 보완투자를 요구한다. 이를 위해서는 관련된 기업이나 산업들의 공간적 근접성이나 동시적 투자가 필요하다. 효율적인 생산을 위해 막대한 초기투자가 필요할 경우 과도한 경쟁은 과도한 중복투자를 낳을 수 있으므로 정부는 면허제(일본)나 수요조건에 따른 진입조절(한국) 등 다양한 방식으로 개입할 수 있다.[10] 넷째로, 네트워크 실패이다. 기업의 혁신성과는 타 기업뿐만 아니라 연구소, 대학과의 다양한 협력적 관계에 의해 영향받는다.

시장실패와 조정실패는 다양한 방식으로 구조 변화를 방해하므로 원활한 구조 변화를 위해서는 시장을 대신하여 특정 경제활동을 장려하고 구조 변화를 촉진하는 사회조직과 정부의 역할이 요구된다. 또한 이기적 동기로 위계적 조직을 구성하는 대기업집단 역시 시장을 대신하여 구조 변화를 촉진하는 대안에 포함될 수 있다. 이하에서는 특정 경제활동을 장려하고 구조 변화를 촉진하는 정책, 즉 산업정책에 초점을 맞춘다.

그동안 세계 각국은 산업구조 변화 지연에 대한 정책대응에서 큰 변화를 경험했다. 16~18세기 중상주의 단계에서 산업정책이 널리 활용되었다. 영국은 산업혁명을 배경으로 급성장하였고 영국을 뒤따라 독일과 프랑스가 적극적으로 산업화에 나섰다. 특히 프러시아는 신산업을 진흥하고 관세동맹의 체결과 교육 및 사회간접자본의 확충에 나섰다. 해외시장을 둘러싼 기업 간 경쟁은 국제무역에서의 국가 간 경쟁으로 이어졌으며 각국은 자국 기업의 보호를 위해 노력하였다. 독일과 미국은 19세기에 자국 제조업을 위해 높은 관세를 유지했다.

제2차 세계대전 이후에도 각국 정부는 시장실패를 극복하며 자국 기업과 산업의 성과를 높이기 위해 선별적 산업정책을 실시하였다. 각국은 연구개발 보조, 공공 조달, 합병 촉진 등을 통해 수입대체, 수출 촉진, 유치산업 보호, 전략산업의 국가소유, 첨단산업 정책에 노력해 왔다. 이에 더해 사양산업과 첨단산업에 대한 전략적 무역정책도 시행되었다. EU의 Airbus나 일본의 철강과 반도체 산업이 대표적인 예이다. 개발도상국들 역시 제2차 세계대전 이후 1970년대까지 산업육성을 위해 시장에 집중적으로 개입하였다. 수입재를 스스로 생산하기 위해 국내시장을 보호하고 환율을 높은 수준에서 유지하였다. 제조업을 보호하는 가장 중요한 주장은 유치산업(infant industry) 보호론이다. 이는 개도국이 제조업에 잠재적인 비교우위를 갖지만 일정 기간 보호해 생산역량과 적정규모를 갖추어야 이 잠재성을 실현할 수 있다는 주장이다.

그러나 1980년대 후반과 1990년대에는 신자유주의를 따라 보호무역 정책과 선택적 산업정책이 해체되기 시작하였다. 시장실패나 조정문제보다 정부실패가 더 심각한 문제라고 간주되던 이른바 워싱턴 컨센서스 시대에 산업정책은 소외받았다.[11] 선진국은 실용적 입장을 취하여 산업 경쟁력을 높이기 위한 정책을 유지하면서도 동시에 시장을 왜곡하는 정부개입을 피하기 위해 노력했다. 모든 기업의 기업환경을 개선하는 수평적

---

10. 조정실패가 산업정책을 요구한다는 논의에는 한계가 있다. 국제무역으로 보완적 투입물을 수입해도 되고 수직적 통합기업이나 산업조직을 통해 해소해도 된다. 더 나아가 특정 부문에서의 생산애로는 수익성 격차를 낳고 이는 시장의 가격기구로 해소될 수도 있다. 인적자원과 같은 교역의 대상이 되기 어려운 서비스조차도 다국적기업을 유치해 해결할 수 있다. 다국적기업의 대규모 투자는 충분한 중간재 수요를 창출해 조정문제를 쉽게 해소할 수 있다. 조정실패를 극복하기 위해 클러스터가 논의된다. 클러스터는 서비스를 공유하고 기업 간 보완으로 생산성을 높일 수 있고 구매자나 제조업체가 주도하는 네트워크에 대한 의존성을 낮추어준다.

11. 개발도상국의 급격한 정책 변화는 제도화된 정책학습 체계의 취약성을 반영한다. 정부 프로그램은 정책성과에 대한 재평가 없이 관리되고 독립적인 정책연구도 없으며 공개 토론도 제한적이다. 합의 구축 메커니즘이 거의 없다. 국제기구는 국가개입의 축소와 무역 자유화를 강요하며 각국의 국내 정책에 강하게 간섭했다.

이고 비선별적 정책을 집행하거나 시장에 대한 의존을 높였다. 각국의 시장은 개방되어 통합되었으며 국경 간 무역과 투자의 장벽은 낮아졌다. 전기와 통신과 같이 정부가 통제하는 산업들은 자유화되었고 자국 기업을 보호하며 지원하는 정부활동에 제한이 가해졌다. 개발도상국 역시 선진국의 뒤를 따라 급진적인 정책 변화를 채택하면서 이념적 주류를 따랐다.

그러나 일본, 대만, 싱가포르, 홍콩, 한국 등과 같은 성공적이고 급속한 추격을 성취한 국가들이 다양한 산업정책을 사용했다는 점이 부각되며 태도가 바뀌었다. 일부 아시아 국가의 성공과 새로운 경쟁우위 창출 측면에서 신자유주의 정책의 대조적인 실패를 감안하여 많은 개발도상국 정부는 이제 산업정책에 보다 더 적극적인 국가로 되돌아가고 있다. 선진국에서도 저임금 국가로의 생산과 일부 디자인 작업의 오프쇼어링이 지속적으로 산업의 쇠퇴와 높은 실업률을 초래하고 혁신역량을 약화시켰다는 우려가 생겨났다. 그만큼 제조업을 장려하고 고임금 직업을 창출할 지식집약 산업에 대한 선별적 지원에 대한 목소리가 커졌다. 시스템상으로 중요한 금융기관과 제조업체를 보호하고 전략적 산업을 강화할 필요가 있다는 주장이 목소리를 더했다. 2008년 금융위기와 2019년 코로나19 충격은 은행뿐만 아니라 다양한 산업에 대한 정부의 금융지원을 낳았다. 이들 개입은 예외적 상황에서 생겨난 것이지만 중요한 산업과 기업에의 지원에 대한 수용적 태도를 잘 보여준다. 결론적으로 시장실패와 조정실패를 고려할 때 산업구조 변화는 제도, 기업 및 사회조직과 이들 간 상호 작용, 그리고 정부의 활동을 포함하는 거버넌스 구조에 의해서도 영향받는다고 할 수 있다.

1.5 산업정책

시장실패와 조정실패를 다루어야 하는 산업정책은 3단계로 나누어 검토할 수 있다 : ① 전략적 방향의 결정, ② 산업정책 수단의 결정, ③ 산업정책 결정과정(Weiss, 2013).

1) 산업정책의 목표

산업정책(industrial policy)은 다양하게 정의된다. 넓게는 경제성장이나 사회복지를 개선하리라 기대되는 산업 또는 작업, 기술, 과제로 경제활동의 구조를 전환하거나 기업환경을 개선하려는 모든 정부정책(Warwick, 2013)으로 정의되고 좁게는 경제성장을 위해 특정 산업활동을 자극하며 구조 변화를 촉진하는 정부정책(Rodrik, 2008) 또는 특정 산업의 생산성과 그 상대적 중요성을 높이는 경제정책(Pack and Saggi, 2006)으로 정의한다. 두 정의 모두에서 산업구조의 변경이 도모되므로 산업정책은 산업구조 정책이라고도 한다. 즉, 바람직한 구조 변화를 지원하고 부정적 결과가 기대되는 변화는 회피하는 것으로 미래 성장에 중요하다고 간주되는 부문으로 자원이 이동하는 것을 장려하는 정책을 말한다. 세계시장을 고려할 경우 기존의 비교우위를 거부하고 잠재적 비교우위를 개발할 목적으로 일정한 산업을 선택적으로 촉진[승자의 선택(picking winners)]하는 정부개입으로도 정의할 수 있다. 산업정책은 선택적 측면보다는 기능적 측면을 강조하여 전체 산업, 특히 제조업의 경쟁력을 개선하려는 정책(Lall, 2004)을 의미하기도 한다(Rodrik, 2008).[12] 결과적으로 산업정책은 일반적으로 정부가 산업과 관련하여 취하는 모든 경제적 · 사회적 혹은 환경적인 정책과 행동을 포함한다.

12. 여기에서 한 발 더 나아가 산업정책은 발전의 장애요인을 식별하여 제거하기 위한 정보를 창출하기 위한 정부와 민간기업 간의 대화를 포함한 과정으로도 파악된다.

산업구조 정책은 보다 생산적인 산업으로의 전환이 직접적 목표이다. 이에 따라 산업구조 정책은 종종 부문별 혁신정책이라 할 수 있으며 교육훈련 정책과 방향이 비슷해야 한다. 산업정책은 경제활동의 궁극적 목표인 소비자 후생 또는 인간 역량의 확장에 기여하여야 한다.[13] 즉, 산업정책은 성장을 촉진할 뿐만 아니라 사회적으로 포용적이고 환경적으로 지속가능한 방식으로 구조 변화도 도모하여야 한다. 정부는 산업의 사양화로 인한 부정적인 사회적 파급효과를 완화하기 위하여 해당 산업을 보호할 수 있으며, 낙후지역에 생산적인 신흥 일자리를 창출하여 지역 간 격차를 해소하기 위해 산업정책에 의존할 수 있다. 결과적으로 산업구조 정책은 고립되어 추진될 수 없으며 교육정책, 경쟁정책이나 지역정책 그리고 다른 경제정책과 이들 정책이 추구하는 목표와 조율되어야 한다. 소비자 후생이 목표인 경쟁정책(산업조직)과 더 생산적 산업이 목표인 산업정책(산업구조)은 종종 모순될 수 있다. 이들은 장기적으로 인간 역량의 확장이라는 목표로 귀결되어야 하지만 단기적으로 소비자 후생의 극대화와 생산적 다변화 간에 정책 우선순위가 달라질 수 있다. 산업정책과 지역정책 역시 서로 중첩되는 부분이 많아 적절한 조율이 필요하다. 지역적 불균형에 대한 고려는 더 생산적 산업을 목표로 하는 산업정책을 방해할 수 있으며, 사양산업에 대한 고려는 신흥산업의 확장을 방해할 수 있다. 아울러 산업정책에 따른 생산성 증가는 고용을 위축하는 경향이 있기 때문에 산업정책과 고용정책 간에도 적절한 균형이 필요하다. 더 나아가 산업정책은 취약계층을 지원하거나 성평등, 환경 친화성을 고려하고 각국 경제의 발전 단계를 고려하여 조율될 필요가 있다.

2) 산업정책의 분류와 그 수단

정부가 산업정책을 집행하는 데 사용할 수 있는 산업정책 수단은 다양하게 나뉘어진다. 시장의 가격기구를 통해 작동하는 시장기반 정책과 민간기업이 제공하지 않는 공공재에 대한 정책으로 구분되기도 하며 시장별로 제품시장, 자본시장, 노동시장, 토지시장, 기술 시장으로 나누기도 한다(Weiss, 2015a). 그러나 특정 산업을 목표로 하느냐 아니면 모든 산업을 목표로 하느냐에 따라 선택적(수직적) 산업정책과 기능적(수평적) 산업정책으로 구분하는 것이 가장 일반적이다.

(1) 선택적 산업정책과 기능적 산업정책 그리고 GVC 기반 산업정책

선택적 산업정책은 특정 산업 영역에서 유인구조를 변경하여 생산활동을 조정하는 정책이다. 특정 산업이나 그 산업에서 활동하는 기업을 선별적으로 지원하는 정책으로 구조 변화의 과정과 직접적으로 관련된다. 보조금을 사용하고 수입관세와 장벽, 조세유인, 공공구매와 같은 지원과 보호정책이 사용된다. 기업의 특정 지역에의 집적을 촉진하는 기술정책도 포함한다. 산업정책의 대상이 정태적 비교우위에 부합하는 산업일 수도 있고 성장 지속을 위해 동태적 비교우위를 발견하고 실현하기 위한 산업일 수도 있다. 또한 승자를 선정하기 위한 정책(시장 추종 정책)일 수도 있지만, 승자를 창출하기 위한 정책(시장 선도 정책)일 수도 있다. 정부개입이 적극적이고 왜곡적인 선택적 산업정책의 타당성에 대해서는 많은 논쟁이 존재한다.

---

13. 산업정책은 혁신(연구개발과 기술정책)정책과 상당히 중첩된다. 혁신정책은 인류가 접하는 긴급한 문제에 혁신적 해법을 제공(급격한 혁신)하거나 기업이 비교우위를 갖도록 지원(점진적 혁신)하는 것을 의미한다. 혁신정책은 기초연구와 같이 산업정책적 목표와는 무관한 영역을 갖는다.

선택적 산업정책의 수단은 구조 변화를 막고 있는 애로요인을 제거하는 데 그 목표가 두어지는 만큼 애로요인별로 구분될 수 있다. 우선 특정 경제활동이 저조한 것은 낮은 수익(비효율성)과 높은 자금조달 비용이라는 두 가지 애로요인에서 비롯한다. 저조한 수익은 잠재비용이 높거나 전유성(appropriability)에 따른 수익 확보의 어려움 때문일 수 있다. 과도한 잠재비용은 인프라, 인적자본, 지리 조건의 불리에서 비롯할 수 있으며, 전유성은 정보 외부효과가 발생하거나 협조가 어렵기 때문일 수 있다. 문제가 높은 자금조달 비용에 있다면 이는 해외 자금조달이 곤란하거나 국내 자금조달 여건이 좋지 않기 때문일 수 있다. 국내 자금조달 여건은 저축이 부족하거나 금융 중개기능의 미발달에서 기인한다. 이는 위험도가 너무 크게 인식되거나 또는 담보 부족에서 비롯할 수 있다. 이러한 요인 중 무엇이 중요하냐에 따라 산업정책은 상이한 정책수단을 적용할 수 있다. 그러나 기존 기업이 겪는 애로요인에만 주목하는 접근방식은 신흥기업과 신흥산업의 출현을 촉진하지 못할 수 있다. 신흥기업과 산업의 출현 그리고 그에 따른 산업구조의 변화는 생산요소, 인프라, 기술, 시장에서의 변화를 요구하고 정보비대칭성, 외부효과, 상호조정 문제가 극복되어야 이룰 수 있다. 시장은 효과적인 자원배분을 위한 기초적 메커니즘이지만, 산업구조가 전환되기 위해서는 정부가 나서서 정보를 제공하고 투자를 조정하여 외부효과를 낳는 활동을 지원하고 무형자본을 창출하여야 한다.

표 7-5 애로요인으로 본 산업정책의 개입수단

	낮은 편익		높은 자금조달 비용	
	낮은 수익	낮은 전유성	해외 자금조달	국내 자금조달 애로
산업 애로요인	▪ 불리한 지리조건 ▪ 낮은 인적자본 ▪ 인프라 미흡	▪ 시장 실패 ▪ 정보 외부효과 ▪ 협조 실패		▪ 국내저축 부족 ▪ 자금중개 미흡
산업정책	▪ 교육훈련 ▪ 기술개선 ▪ 시장보호	▪ 생산 보조금 ▪ 특정 지대	▪ 지급보증	▪ 개발은행 ▪ 이자 보조

기능적 산업정책은 비효율성 제거를 목표로 경쟁력을 제고하는 것을 말한다. 이에는 행정절차의 간소화, 사업비용의 감소, 제도의 강화, 인적자본에의 투자, 사회간접자본의 개발 등이 포함된다. 정부는 R&D, 금융 등 특정 경제활동이나 경제기능을 선별하여 지원하기도 한다. 특정 산업보다 경제 전체를 대상으로 정책을 시행한다는 점에서 선택적 산업정책과 구분된다. R&D와 같이 기술과 관련된 투자를 장려하기 위한 보조금과 조세유인을 제공하거나 기업가정신을 자극하기 위해 위험자본을 제공하는 등의 조치가 이루어진다. 특정한 기능적 정책이 특정 산업부문에 더 유리할 수 있으므로 기능적 정책과 선택적 정책의 구분이 모호할 수 있다(Rodrik, 2008). 사회간접 자본투자는 기능적 산업정책이지만 특정 지역과 그곳에 위치한 산업에 주로 유리하게 작용하기 때문이다. 훈련 프로그램은 종종 특정 기술영역의 지식과 기능을 창출하려는 모습을 갖는다.

글로벌 가치사슬 기반 산업정책 : 수직적 전문화 정책

글로벌 가치사슬 시대의 산업정책은 산업을 하나의 통합된 생산체계로 인식하며 그 발전을 도모하던 전통적 접근방식의 전환이 요구된다. 특정 산업보다는 더 높은 부가가치를 낳는 특정 전문 작업으로의 이행에 중점을 두어야 한다. 이는 수직적 전문화 정책(vertically specialized industrialization ; VSI)이라 불린다. 전통적 산업정책에 국내산업 보호가 포함될 수 있지만 GVC가 지배적인 시대에는 특히 필요한 중간재에 대한 쉽고 저렴한 수입 접근이 필요하다. 하나의 통합된 생산체제 대신 전문 작업이 목표이기 때문에 이를 지원할 수 있는 최선의 (수입) 중간재가 필요하다. 아울러 작업고도화와 부가가치 배분 개선을 위해 다국적 선도기업과 국내 기업 간의 관계를 적절히 관리할 능력도 요구된다. 한편 다국적기업과의 궁극적인 경쟁에 대비한 국내산업 역량의 구축을 강조하던 전통적인 산업정책과 달리 다국적기업과의 연계에 더 집중하는 산업정책이 요청된다.

그러나 전통적 산업정책의 교훈을 기억할 필요가 있다. 다국적기업에의 연결이 기술 및 경영 그리고 최종 고객이 요구하는 표준과 선호를 학습하는 측면에서 가치가 있지만 궁극적으로 수익성 있는 기회를 포착하기 위해서는 다국적기업이 점하고 있는 핵심 작업에서 도전이 필요하다. 한편 GVC에서 '바닥을 향한 경쟁'의 위험과 조립과 콜센터와 같은 저숙련 작업에만 머물 위험이 있다. GVC 내에서의 고도화를 위한 역량 확충에도 지속적인 노력이 필요하다. 또한 전통적 산업정책에서 산업의 선택이 승자와 패자를 낳듯, 특정 작업에의 전문화 역시 다른 작업의 포기로 인해 승자와 패자를 낳는다. 산업고도화와 더불어 고용과 임금의 상승, 근로조건 개선, 불평등 개선 등의 사회고도화 정책이 요청된다.

(2) 광의와 협의의 산업정책

그림 7-4 산업에 영향을 미치는 정책

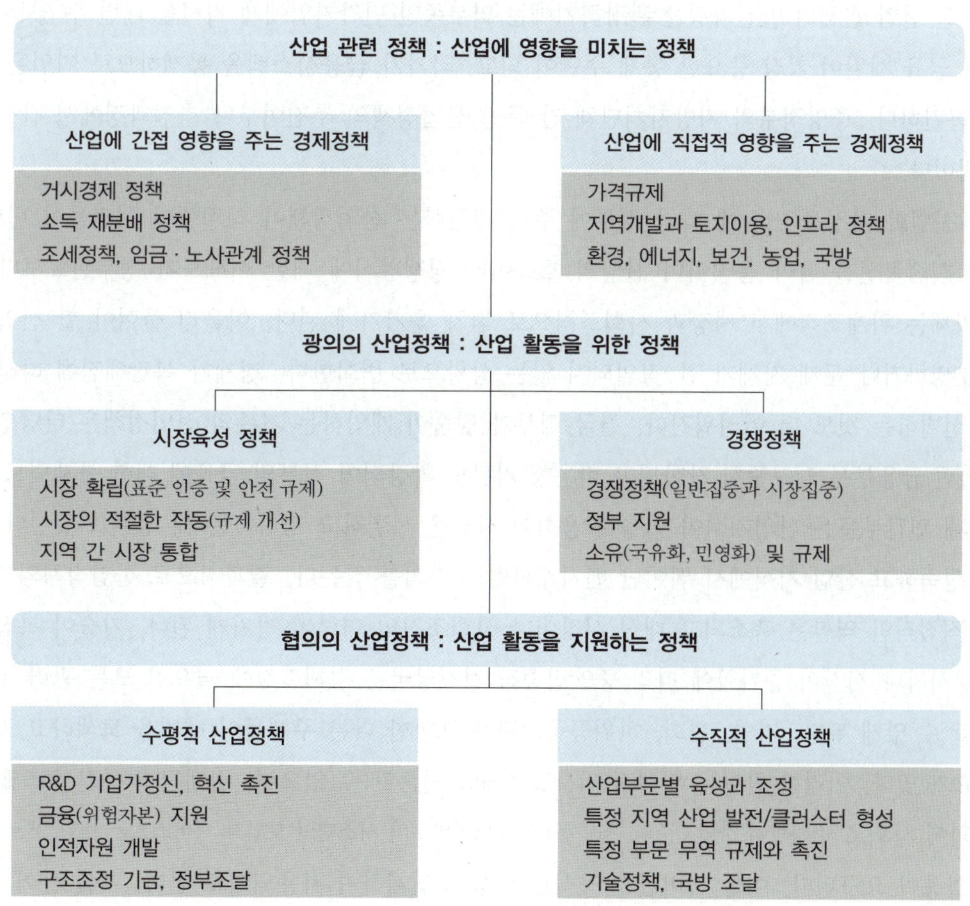

자료 : Pelkmans, J.(2006), "European Industrial Policy," Bruges European Economic Policy Briefings 15, European Economic Studies Department, College of Europe.

거의 모든 정부정책은 산업 활동에 직간접적인 영향을 미치고 있다. 이에 따라 선택적 또는 기능적 산업정책에 포함되지 않지만 여전히 산업에 영향을 미치는 정책들이 있을 수 있는데, 이에는 산업관련 정책, 시장육성 정책, 경쟁정책이 포함된다.

산업 관련 정책은 산업을 대상으로 하지 않지만 산업에 영향을 미치는 정책과 산업을 직접적으로 지원·제한하지만 산업만을 위해 실시되지 않는 정책이 포함된다. 전자에는 거시경제정책과 조세정책 등이 포함되며, 후자에는 가격규제, 환경정책, 에너지 정책 등이 포함된다. 시장육성 정책은 기업과 산업이 활동하는 체계를 개선하여 시장메커니즘이 기업들의 궁극적 생존과 번성을 결정하도록 하는 정책이다. 이에는 법규나 표준, 인증 및 안전 규제를 통한 시장의 확립과 규제를 개선하여 기업활동의 활력을 높이는 지역시장의 통합 등이 포함된다. 산업조직정책으로도 불리는 경쟁정책은 독점금지법, 공정거래법처럼 각종 진입장벽을 없애고 독과점업체 부당행위를 규제해서 산업조직이 경쟁을 촉진하는 방향으로 작동하도록 하는 정책이다.

(3) 경제성장 단계별 산업정책

경제발전이 초기 단계에 있거나 지연되고 있을 경우 산업발전의 문제는 명확히 정의되고(예를 들어 '바이오 산업이 없다') 무엇이 해법인지에 대한 합의(예를 들어 '미국 바이오 산업보다 우월해야 한다')가 존재한다. 결과적으로 국가는 산업정책을 설정하고 집행하는 데 중심적 역할을 할 수 있다. 조율은 위계조직을 통해 이루어지는데, 정부 관료들은 산업 전체의 발전과정을 관장하기에는 역부족인 민간기업에게 지시를 내릴 수 있는 위치에 있다. 이 경우 금융 재원이 가장 중요한 통제 수단이 되고, 국가가 금융시스템을 통제하므로 기업은 이를 거부하기 매우 곤란하다. 중앙정부와 지방자치단체 간 특정 산업정책의 추진여부나 추진과정에서 갈등적 요소가 매우 제한적이다.

경제가 산업화 과정을 거침에 따라 정부에 주로 의존하는 산업정책이 적절했던 여건들이 변화해 간다. 우량기업이 학습곡선을 따라 움직이며 산업의 흐름이나 경쟁방식에 대한 이해도가 정부관료보다 깊어지게 되면 조율기제는 위계조직에서 시장과 사회조직으로 점차 옮겨가게 된다. 아울러 풀어야 할 산업의 문제도 해법이 불분명하거나 문제 자체가 잘 정의되지 않는 상황으로 변화한다. 경제가 복잡해짐에 따라 육성해야 할 산업을 선별하는 것도 더 어려워진다. 결국 정부가 깊숙이 개입하는 기존의 산업정책은 타당성을 상실하게 된다. 한편 금융부문도 꾸준히 강화되고 비은행 기관도 확장되어 정부의 금융에 대한 통제력도 점차 약화된다. 마침내 민간부문은 산업지식이 이를 활용하여 사업을 선별하고 평가하는 데 정부를 앞선다. 금융기관도 충분히 성숙하고 산업 지식에서 뛰어난 벤처캐피털도 자리를 잡는다. 결과적으로 산업정책의 거버넌스에서 정부의 직접적인 역할은 축소되고 대신 시장이나 사회조직의 역할이 커지게 된다. 기술이 복잡해지고 관련된 이해당사자나 시장이 증가함에 따라 중앙집중적 정책당국은 정책결정에 필요한 모든 관련 정보를 획득하고 처리할 수 없게 된다. 기업, 협회, 하위공공기관을 포함한 다른 주체들이 해법을 모색하고 집행하는 데 참여할 필요가 있다. 이러한 참여는 위계적 의사결정에만 의존할 수 없으며, 위계적 의사결정(조세나 환경 기준 등의 강제) 외에 사회조직(자발적 산업표준의 장려 등)과 시장(바우처 시스템의 도입과 서비스요금 보조, 새로운 시장의 개발 촉진)의 활용이 요구된다. 이들 거버넌스 양식들은 상호 연계하여 사용되기도 한다. 예를 들어 중앙집중적 정부조직에 비공식적 정책 네트워크를 결합하여 자발적 협력으로 인한 성과가 없을 경우 법적 제재를 도입하여 위협할 수 있는 것이다. 거버넌스 메커니즘이 다양해지는 만큼 정부의 역할도 새로워져야 한다. 즉, 위계적 거버넌스에서는 규칙을 제정하고 강제하는 것이 주요 역할이었다면, 이제는 공공조직이 선도자, 조정자, 촉진자로서의 역할이 커지게 된다.

지금까지의 논의를 참고할 때 산업정책은 경제가 어떤 성장 단계에 있느냐에 따라 크게 달라질 수 있다.

요소주도형 성장 단계의 산업정책

요소주도형 단계는 농업부문에서의 매우 높은 자영 비중으로 특징지어진다. 대부분의 소규모 제조기업과 서비스 기업은 자영이다. 이 단계에 놓인 국가들은 상품 생산에서의 저비용이나 저부가 제품을 통해 경쟁한다. 이 단계의 국가들은 혁신을 위한 지식 창출이나 수출을 위한 그 지식의 활용도 매우 제한적이다. 기업가적 기반은 협소하며 민간부문의 활동은 주로 널리 산재된 저생산성의 전통적 산업이다. 요소주도형 성장 단계에서 국가는 종종 취약한 상태이고 경제발전상의 중대한 도전은 국가가 취약한 상태를 벗어나 권위와 역량을 확립하여 투자와 생산성 성장을 위한 기본적인 제도적 조건을 갖추는 데 있다. 새로운 제도는 핵심적인 기업가정신이 출현하도록 한다. 대부분의 전통 사회에서 기업가정신은 억압되지만, 요소주도 경제의 발전을 위해서는 사회구성원의 기업가적 태도가 중요하다. 투자주도 경제에서는 개인 기업가가 사업을 실제로 시작하도록 장려하는 것이 중요하다.

산업화 초기에서는 저임금 노동과 자연자원을 포함한 부존자원의 활용이 중요하다. 이에 따라 자원집약적 또는 노동집약적 산업과 같이 비교우위에 부합하는 산업에 초점이 맞추어진다. 전통부문의 저숙련 근로자가 노동집약 산업으로 이동하는 전환이 발생한다. 기업은 생산 방법을 확보하고 상대적으로 성숙한 생산과정을 확립한다. 산업정책은 이 과정을 촉진하는 데 주로 사용되며 제한된 자원으로 말미암아 제조업 내에서의 선택이 중요해진다. 대부분의 시장은 해외시장이 되므로 제한된 제조업으로의 무역특화가 중요하다.

대부분의 국가들은 자국의 비교우위를 활용하며 투자 또는 효율주도 단계를 준비해간다. 이 단계가 투자 또는 효율주도형 단계로 전환되기 위해서는 국가가 생산 효율성을 높이고 이어지는 기술발전에 적응할 수 있도록 인력을 교육해야 한다.

투자주도형 성장 단계의 산업정책

요소주도형 생산 단계를 거치면서 제품과 기술에서 기업의 생산역량이 확충되고 실질임금이 상승한다. 그에 따라 자원(노동)집약적 제조업의 역할은 감소하고 중위기술 산업이나 노동집약적 고위기술 부문으로의 이동이 나타난다. 자본설비와 인적자본이 축적됨에 따라 산업정책을 확장하고 고부가 산업을 목표로 삼는다. 생산(방법, know-how)보다는 기술(원리, know-why)의 체화가 중요해진다. 제조업은 다변화되고 산업정책은 소수의 제한적인 제조업 양성보다는 새롭고 더 정교한 기술을 사용하는 생산부문으로의 특화가 강조된다. 일단 저임금이나 자원에 대한 의존을 벗어나면 잠재적 대안은 크게 확대된다. 따라서 이 단계에서 산업정책의 목표로 고부가 중상위 제품의 촉진, 외국기술 흡수, 글로벌 가치사슬에서의 국내기업 지위 개선, 독자브랜드에 기초한 세계진출 등이 설정된다.

효율주도 단계에서 경쟁하려면 규모의 경제를 활용할 수 있도록 거대 시장을 목표로 하는 대량생산 방식을 확보하여야 한다. 이 단계에서 주도 산업은 기초 서비스를 제공하는 제조업체이다. 효율주도 단계에서는 자영업 비율이 감소하고 대기업이 확대된다. 수송, 통신, 금융시장 같은 경제 하부구조의 개선은 소기업보다 대기업에게 유리하게 작용한다. 수송 및 통신의 개선은 넓은 지역에 걸친 상품의 수송비용을 감소시킨다. 일

표 7-6 발전단계별 산업정책

	요소의존 경제	투자주도 경제	혁신기반 경제
특징	비숙련 노동 및 자연자원 집약적 생산	생산효율성의 제고와 기술첨단으로의 이동을 시작	첨단기술의 생산과 혁신을 통해 기술첨단을 확대
산업 구조	전통 경제 ▪ 1차 부문의 지배 : 환금작물과 채굴업에 특화 ▪ 공간적으로 산재된 생산 ▪ 왜소한 기업가 기반 ▪ 대체로 소규모의 비공식적이며 낮은 수준의 기술을 가진 중소기업이 지배적	관리적 경제 ▪ 제조업의 성장과 생산물 다변화 ▪ 규모의 경제를 통해 생산성 향상을 얻는 포드주의적 생산방식 ▪ 대기업, 국영기업, 다국적기업의 지배 ▪ 지역집적화와 도시화의 진전 ▪ 보다 기술역량을 갖춘 기업들	기업가적 경제 ▪ 서비스 부문의 부상 ▪ 전문화가 지배적인 고부가 제조업 ▪ 첨단 클러스터가 안정화되고 R&D 집약적 기업 증가 ▪ 국내외 시장에서 (발전한) 중소기업이 다시 출현
산업 정책	취약하거나 촉진적 ▪ 권위, 역량, 정당성을 확립하며 취약한 국가가 촉진적으로 변화 ▪ 취약한 국정 여건에서 산업화는 부진 ▪ 촉진적 국가는 기업친화적 환경을 조성(사유재산권, 안정성, 법치, 접근성) ▪ 기능적이고 포괄적인 산업정책이 점차 집행되기 시작(산업화를 위한 교육, 무역, 금융 여건을 위한 개선에 노력) ▪ 기업가정신에 긍정적인 태도를 함양	발전국가적이거나 촉진적 ▪ 발전국가는 적극적이고 선별적인 산업정책을 사용하여 국내에서의 기술역량 형성을 장려 ▪ 발전에 필요한 적절한 FDI를 유인 ▪ 경제가 발전함에 따라 정부의 역할은 기술혁신을 목표로 하는 산업정책에 초점을 맞추며 촉진적 역할로 변화(혁신 촉진적 제도를 발전시키며 과학기반을 개선, 민간 R&D의 보완과 촉진을 위한 公共 R&D : 무역 자유화, 개방, 국제 R&D 협력, 독자적 지식의 활용과 보호) ▪ 벤처캐피털을 촉진하는 등 기업가적 활동을 광범위하게 촉진	촉진적 국가 ▪ 정부는 기초적인 프레임워크 조건을 진흥 ▪ 혁신과 기술에 초점 ▪ 연구개발 기반을 강화 ▪ 신흥 혁신기업의 진입을 통한 시장경쟁과 발전이 중요 ▪ 활력 있는 벤처캐피털 시장을 확립 ▪ 잠재적인 고성장 혁신기업을 지원 ▪ 기업가적 열망을 장려
상품 시장	(시장) 수입관세, 수출보조, 세액공제, 투자/FDI 유인 : (공공) 구매, 수출시장정보와 엑스포, 원스탑판매, 투자촉진 기구		관세 인하, 긴급 무역제한, 반덤핑 조치, 인프라와 훈련 시설 등에의 투자촉진, 외국인투자 유치
노동 시장	임금 세액공제/보조, 훈련지원 : 훈련소, 기능위원회		일자리 창출과 훈련에 대한 조세유인, 교육·훈련 지원, 민관협력 위주의 일자리 기반 훈련과 기술교육
자본 시장	직접신용, 이자보조 : 대출보증, 특수은행		기초연구 등 혁신 활동에 대한 공공지원 시장유인을 통한 혁신투자와 중소기업 투자 촉진
토지 시장	임대료보조 : 수출지역, 인프라		첨단기술 활동과 산·학·연계에 초점을 둔 클러스터와 지역개발 촉진(조세환급, 인프라 공급과 같은 시장유인)
기술	기술이전 지원, 기술개선 프로그램	R&D 지원과 교부금, 민관 연구 콘서시엄, 공공연구소	기초연구 투자, 기초연구의 상업적 응용에 대한 투자

자료 : Weiss(2015b) ; Naudé(2010)

정한 규모의 경제가 있다면 배송시스템의 개선은 기업으로 하여금 더 넓은 시장을 대상으로 하는 대량생산을 확대하도록 한다. 한편 자본과 노동이 대체재일 경우 자본 스톡의 증가는 노동 수익을 증가시키고 관리의 수익을 낮춘다. 한편 혁신주도 단계로의 전환은 개별 경제주체의 역할 증가로 특징지어진다.

효율주도 단계로 나아가기 위해서 국가는 선택적 산업정책을 통해 자신의 전통적 비교우위를 거부하기 위해 경제에 대한 개입을 확대할 필요가 있다. 이는 규모의 경제를 가능하도록 하여 자기 강화적인 집적화(agglomeration)를 촉진하고 기업의 성장을 촉진할 것이다. 이에 따라 국유기업뿐만 아니라 경제특별구역 확충이나 다른 유인의 제공을 바탕으로 다국적기업의 역할이 확대될 것이다

효율주도 단계에서는 초기국면에서 기술의 수용과 흡수를 장려하는 것이 중요하다. 한편 산업정책의 일부로 혁신정책의 중요성이 점차 커진다. 이에 따라 초기에 큰 중요성을 갖지 못했던 지식재산권 보호도 더 중요해진다. 또한 공공 R&D도 전체 R&D를 확대하고 민간 R&D를 촉진하는 데 중요한 역할을 하기 시작한다. 아울러 기업환경 개선과 같이 광범위한 기능적 장애를 개혁하여 기업가적 혁신을 장려하고 민간부문이 경제발전을 주도하도록 하는 조치가 점차 중요해진다. 정부의 개입을 완화하여 보다 기능적 산업정책을 추진하고 무역자유화와 자유화 조치를 실시한다.

혁신주도 성장 단계의 산업정책

혁신주도 성장 단계에서의 산업정책은 첨단기술에 의존하는 산업의 발전과 이를 뒷받침하고 신기술을 낳는 교육과 과학 하부구조의 발전을 도모한다. 때때로 시장선점자가 선도하는 시장에 진입하기 위해 추격(catch-up)에 나서는 경우도 있다. 아울러 기술여건상 장기적 경쟁력을 갖지 못한 사양산업의 구조조정을 지원하는 방어적 산업정책도 나타난다. 기업환경, 인프라 제공, 클러스터 발전 지원, 교육 · 훈련과 금융발전과 관련된 수평적 정책과 연구개발에 대한 공공지원과 혁신투자에의 재원공급과 같은 혁신을 위한 수직적 정책을 결합한다. 1945년 이후 선진국 중 프랑스(유도계획), 핀란드(기술정책), 아일랜드(첨단 분야에서의 외국인투자 유인) 등은 다양한 산업정책을 전개해 왔다.

혁신주도 단계는 지식집약적 활동의 증가로 특징지어진다. 효율주도 단계에서는 자본과 노동이 생산성에서 핵심적 역할을 하지만, 혁신주도 단계에서는 지식이 핵심적 투입물이 된다. 초점은 기업보다 새로운 지식을 보유하게 되는 개인들로 옮겨간다(Acs et al, 2013). 개인들은 새로운 제품에서 기대되는 수익에 기초하여 신생기업을 시작할지 여부를 결정한다. 혁신주도 단계에서 기업가적 활동이 중요한 고부가가치 산업에 편향된다. 요소나 효율성이 중요한 발전 단계에서는 제도적 개선이 지배적 위치를 점하며, 혁신이 차지하는 비중은 5(요소주도 단계)~10%(효율주도 단계)에 지나지 않지만, 요소나 효율성의 기여가 소진된 혁신주도 단계에서는 혁신이 경제활동의 30% 이상을 차지한다(Sala-I-Martin et al., 2007). 그만큼 기업가적 태도와 활동에 더해 기업가정신, 특히 개인의 기업가적 열망의 역할이 커진다. 혁신주도 경제에서는 개인들이 대규모의 성공적인 사업을 창출하는 것이 중요해진다. 정부는 벤처캐피털 형성을 통해 기업가정신과 혁신을 지원해야 한다.

3) 참여적 정책 결정과 집행 : 네트워크 촉진정책

산업정책의 효과적 수립과 집행은 정부-기업관계에 배태성과 유인 · 규율(채찍과 당근)이 공존해야 하고, 관료를 감시하고 책임을 지게 하는 책임성과 정부 신뢰성이 필요하다(Rodrik, 2008). 즉, 민간기업과 경제관료는 시장과 정부정책에 대한 긴밀한 정보교환을 함으로써 산업정책의 형성과 집행에서 함께 역할을 해야 한다[배태된 자율성(embedded autonomy)]. 정부는 민간부문과 비정부기관과 적극적으로 파트너가 되도록 노력해야 하지만, 동시에 민간 이익집단에 의한 포획을 거부하여 소수의 이익집단보다는 사회 전체의 목표를 달성

하도록 하여야 한다.[14] 즉, 국가가 자신의 과제를 효과적이고 효율적으로 다룰 수 있는 국가역량을 갖추어야 한다. 특히 포획에 의한 지대추구와 부패를 막기 위해 정부지원이 규율과 결합되어야 한다. 또한 지속적인 상호교류와 건전하고 확실성을 갖춘 정책을 통해 정부 신뢰성을 확보해야 한다. 특히 실수가 가능하고 정부는 위험사업을 최소화하지 않아야 하지만, 동시에 성과가 없는 산업정책은 단절함으로써 실패의 비용을 최소화하여야 한다.

1.6 산업정책의 국가별 유형

표 7-7 전통적 · 수평적 산업구조의 국가별 현황 (단위 : 비중, %)

	한국	미국	일본	독일	스웨덴	프랑스	이탈리아
제조업	32.8	13.9	23.0	31.7	26.2	17.8	24.2
소비재	7.9	6.0	5.7	7.8	8.1	6.8	10.4
중화학공업	24.8	8.0	17.3	23.9	18.2	11.0	13.9
기초소재	2.9	2.3	2.4	6.0	4.9	3.3	4.2
가공조립	21.9	5.6	15.0	17.9	13.3	7.7	9.7
저위기술	7.9	6.0	5.7	7.8	8.1	6.8	10.4
중하위기술	2.0	1.0	1.5	3.5	2.8	1.3	3.6
중상위기술	14.3	5.9	13.0	18.4	14.5	9.1	9.2
상위기술	8.5	1.1	2.8	1.9	0.8	0.6	1.0
전기수도	1.4	1.6	1.5	1.9	1.7	1.8	1.5
건설	16.5	8.2	11.2	6.9	5.2	9.9	10.1
서비스	56.0	76.8	67.0	61.5	69.1	71.3	66.9
지식기반	37.2	53.3	38.5	40.4	46.7	47.8	38.3
전통	18.8	23.5	28.5	21.1	22.4	23.5	28.7

1) 미국의 산업정책 : 시장실패와 수평적 산업정책

(1) 미국의 산업구조와 산업정책의 특징

미국의 산업은 서비스 부문이 지배적으로 GDP의 77%를 차지하며, 그중에서도 사업 및 금융서비스의 비중이 높다.

14. 예를 들어 한국의 산업정책형성에서 정부는 가족소유의 대기업집단과 협력하여 적극적으로 활동하고 기술과 제품을 개선하며 새로운 제품을 도입하여 수출을 시작하였다. 동시에 성과가 미흡한 재벌에는 특혜를 철회하고 다른 재벌에게 이전시킴으로써 효율성을 유지하였다(Amsden, 1989 ; Chang, 1994).

혁신을 촉진하는 수평적 산업정책

미국은 산업정책의 오랜 역사를 가지며, 치열한 국내경쟁과 혁신을 자극 · 지원하여 국제경쟁력과 군사적 우월성을 확보하기 위해 노력해 왔다. 산업에 대한 직접적 개입을 요구하는 수직적 정책보다는 수평적 정책을 중심으로 산업정책을 전개하고 있다. 후자도 지역의 균형발전보다는 혁신 기술과 혁신기업의 장려 형태를 취하여 초기 R&D 투자, 위험 공유, 민간-공공 협력, 산 · 학 · 연 R&D 협력을 지원해 왔다. 특히 요소조건에 투자하고 거대한 국내시장에서 기업 간 경쟁을 보장하여 기업환경을 개선함으로써 지식집약 산업에서의 지속적 성공에 영향을 미치고 있고 혁신과 기업가정신을 장려하는 정책의 효율성을 높이고 있다.

정부는 강력한 지역 클러스터가 형성되고 지역경제가 전문화되는 데 기여하고 있다.[15] 직접적 산업지원은 찾아보기 어렵지만, 오랫동안 국방(컴퓨터, 반도체, 항공기, 인터넷)과 의료(의약, 유전공학)의 R&D에 대한 공공투자와 공공구매를 유지해 왔다. 국방 및 의료분야의 첨단기술 연구를 상업적 사용으로 전환하는 데 유념해 왔으며, 여기에는 산 · 학 · 연 · 정의 기술전문가들 간의 네트워크가 중요한 역할을 해 왔다. 무역정책과 주정부 단위의 공공구매 정책도 산업정책에서 중요한 위치를 점해 왔다.

일관성이 부족한 산업정책 기조

구조조정에 직면한 회사나 지역에 대한 지원책[16]을 제외하곤 미국의 산업정책은 일관된 산업 전략이 없고 당장의 정치적 압력에 반응하는 조정되지 않은 정책이 만들어지는 것처럼 비추어진다. 대통령과 의회, 연방정부와 주정부, 공공과 민간의 협력과 경쟁이 어우러져 상호작용하며 산업정책이 설계되고 구현되기 때문이다. 정책결정에서 대통령과 의회는 대등한 영향력을 가진다. 대통령제하에서 대통령은 정치적 의제를 설정할 수 있고 소수의 우선 부문을 지원할 수 있다. 대통령은 정치 일정이나 비경제적 목표로 말미암아 특정 산업에 대해 일관된 정책을 추진하기 어렵다. 그러나 의회, 특히 2년마다 유권자들과 대면해야 하는 하원은 예산을 통제하며 특정 산업에 대한 지원을 견제하고 각 선거구의 유권자에 책임을 져야 한다. 결국 대통령이 주도하는 몇 가지 주요 정책과 더불어 지역 산업을 대상으로 한 조정되지 않은 개입이 자주 나타난다.

주정부의 적극적 역할

미국의 많은 산업정책 영역에서 개별 주정부의 역할이 크며, 주 단위에서의 정책결정에서는 민관 협력이 활발하다. 주정부들은 많은 경제정책 영역에서 강력한 역할을 하며 교육과 인프라 투자와 지원을 통해 산업발전을 위해 서로 경쟁한다. 연방정부는 이를 통제 · 조정하지 못하지만, 의회는 여러 주에 걸친 통상을 규제할 수 있고 대법원은 주 내 기업에 대한 조치가 기업 간 경쟁이나 국가경제를 방해한다면 취소시킬 수 있다. 한편 연방정부는 인프라, 기술, 기타 요소 조건에 대한 투자를 위해 다양한 프로그램을 제공하며 모든 지역의 경쟁력을 높이고자 노력한다. 마지막으로 미국의 산업정책 결정은 주정부와 민간기업 간의 높은 수준의 협력을 특징으로 한다. 지역 차원에서 기업들은 정기적으로 정책논의에 참여하며 산업의 여론이 공식적으로

---

15. 미국의 지역들은 유럽보다 특정 클러스터에 더 전문화되어 있다. 전국에 있는 주정부, 기업, 학계의 많고 다양한 연합은 각 지역의 고유 비전을 도모할 수 있다. 이는 부분적으로 우호적인 사업환경, 특히 통합된 내수시장의 오래된 유산의 결과이다.

16. 이에는 중소기업, 여성 및 소수자, 경제난에 처한 농촌지역이나 도심 등이 포함된다. 특히 1953년에 설립된 SBA(Small Business Administration)는 대출과 신용 보증 제공, 수출자금 조달 및 기술지원에 중점을 둔 중소기업 정책을 책임지며, 1965년 상무부에 설립된 경제개발국(EDA)은 지역개발을 책임진다.

반영되는 장치가 제도화되어있다. 다른 국가와 비교할 때 시장개입을 위한 개별 기업의 로비는 약하며 정책 형성과 집행을 위해 기꺼이 참여하는 민간 리더들 간의 광범위한 연대가 존재한다. 결과적으로 민간, 공공기관, 대학이 협력하여 지역 고유의 특징을 식별하고 공공정책을 수립하고 대학과 민간 기업의 결정이 이에 부합하도록 하고 있다.

(2) 미국 산업화의 추이

식민지 경제체제로서 미국은 자작농의 자급자족적 북부와 대규모 상업적 농업의 남부로 구성되었다. 전 세계적인 중상주의 체제하에서 공업은 본국과 경합하는 발전이 억제되어 자가 수요를 위한 가족공업에 머물렀고 본국과 경합하지 않은 섬유공업과 철공업이 점차 발전하였다. 독립(1776) 이후 풍부한 자연자원과 공업원료와 이민자 유입을 기반으로 지역적으로 특화된 농업이 발달하며 분업이 전개되면서 국내시장의 통합과 확대가 이루어져 공업화와 자본축적의 기반으로 작용하였다. 북서부는 곡물과 가축생산물을 수출산업으로 면화재배에 특화한 남부에 공급하는 동시에 은행업, 운하 및 철도, 교육에 투자하고 북동부로부터 공업제품(면, 철, 제분, 통조림, 피혁 등)을 구입하며 서로를 자극하여 국내시장이 계속적으로 확대되어 갔다. 미국의 산업혁명은 우선 1860년까지 섬유공업에서 시작되어 농업과 임업 생산물을 원료로 하는 소비재 경공업을 중심으로 발전하였다. 양질의 이민자 유입과 지속적인 서부로의 팽창은 교통망 팽창과 개선으로 이어졌다. 고속도로에서 운하로 그리고 최종적으로는 철도건설로 교통망이 확충되었다. 공업화는 생산기술의 발전에 자극받았다. 기술혁신은 초기에 영국기술의 도입에 의해 이루어졌으나 광대한 토지, 풍부한 천연자원, 만성적 노동부족을 반영하여 노동절약적 기술진보에 의존하여 이루어졌다. 특히 기계생산에서 시작하여 대량생산의 요구에 대응하는 미국식 생산방식이 성립하였다. 1860년대까지 미국은 산업혁명을 경험하며 공업이 급성장하였고 생산기술과 공업조직이 근본적으로 변화하였다.

공업화의 길을 걷게 된 북부와 새로 개척되어 가던 서부는 남북전쟁에서 승리하여 노예제 폐지와 보호무역주의를 관철시킨다. 남북전쟁 이후 일관된 정치체제가 확립됨에 따라 산업화가 빠르게 진행될 수 있었다. 1869년 대륙 횡단철도 개통은 산업화의 결정적 전환점이 되었다. 전신과 전화가 철도를 따라 설치되며 전국적 교통망과 통신망이 구축되었다. 도시로 인구가 집중되고 전국적으로 통합된 거대시장이 출현하였으며, 사람과 물류 이동이 촉진되어 동부의 산업자본, 서부의 자연자원, 남부의 농업 생산품이 상승 작용하며 공업화가 가속화되었다. 은행제도가 정비되고 주식회사 제도가 보급되면서 국내에서 축적된 막대한 자본을 활용할 수 있었고 부족자본은 외국자본, 특히 영국자본으로 보충하였다.

소비재 경공업은 발전을 이어갔지만 철강과 기계를 비롯한 자본재 산업과 자동차 공업을 비롯한 내구 소비재, 그리고 그 뒤를 이어 전기 및 정유 등 신공업이 산업을 주도하였다. 이들 신공업은 광범한 기술혁신을 동반하며 발전하였다. 면공업에서의 새로운 방적기와 직기의 도입, 식품가공업에서의 냉동법, 통조림법, 제분기술 혁신, 철강공업에서의 제강법 개선, 화학 및 전기의 활용, 기계공업과 자동차산업에서의 대량생산체제가 급진전되었다. 특히 조직적인 자연과학의 연구개발로 과학적 진보가 이루어지고 산업에 응용됨에 따라 이를 기반으로 전기, 화학 공업의 중화학공업을 중심으로 제2차 산업혁명이 전개되었다.

섬유공업에서 시작된 공장제에 근대적 경영조직이 도입되었고 이어 노동절약적 생산을 위한 부분품의 표준화와 호환성에 기초한 대량생산방식이 도입 · 확장되었다. 대량생산은 유통 혁신으로 이어졌다. 백화점,

연쇄점, 통신판매가 발전해 도시는 물론 농촌에서도 상품 주문이 가능해짐에 따라 대량생산은 대량소비와 결합해 더 큰 시너지를 창출하였다. 원료 확보, 상품생산, 시장판매의 전 과정을 효율적으로 통합해야 할 필요성이 대두되자 기업의 수직적 통합이 발생하고 독과점적 행태를 보이는 수평적 통합(카르텔, 신디케이터, 수평콤비네이션, 트러스트), 지주회사에 의한 타 회사를 통제하는 콘체른이 연이어 출현하였다. 그리고 이에 필요한 금융자본이 산업자본에 동원되면서 투자은행가에 의한 금융자본의 산업기업 지배도 이루어졌다. 기업의 통합과 금융의 산업지배가 자유경쟁을 위협하자 대기업의 사회적 공익성에 대한 의문이 널리 제기되었다. 이에 따라 반(反)대기업 운동이 활발하게 전개되어 대기업의 행위를 규제할 정부기구가 설치되고 반트러스트의 셔먼법(1890), 독점을 규제하는 클레이턴법(1914) 등 규제법안이 성립하였다.

1870년대에 미국은 영국과 대등한 공업생산력을 갖게 되었고, 20세기 초가 되자 전기공업과 자동차 공업을 중심으로 전 세계 공업생산의 약 1/3을 차지하게 되었다. 특히 제1차 세계대전 후 유럽이 전쟁피해와 후유증으로 쇠퇴하는 가운데 미국은 세계 최대의 자본공급 국가로 부상하였다. 한편 건설업, 자동차와 연관산업, 전기공업이 크게 확대되는 가운데 농업, 경공업, 석탄산업, 조선업은 정체하거나 쇠퇴하였다. 또한 그 동안의 독점에 대한 태도도 크게 변화하여 전시에서의 동업조합에 대한 우호적 경험을 바탕으로 독점금지법이 유명무실화하고 기업 합병과 카르텔화가 진행되면서 대기업의 지배력이 확대되었다. 제2차 세계대전 이후에는 전자산업과 정보통신산업을 중심으로 한 기술집약적 산업이 눈부시게 성장하고 냉장고, 청소기 등 내구소비재가 상용화 · 대중화하고 차별화되며 독점적 경쟁시장이 나타났다. TV의 보급으로 매스미디어 산업의 성장도 본격화되었다. 발전을 거듭한 정보통신산업은 전자상거래를 등장시키며 유통구조의 대변혁을 초래하고 있다.

(3) 미국 산업정책의 추이

미국의 산업정책은 영국의 중상주의적 제약을 벗어나게 된 독립 이후부터 본격화하였다. 1791년 재무장관 해밀턴(A. Hamilton)은 제조업 발전을 위해 보호 관세, 보조금, 정부조달, 원자재 면세와 인프라 지원 등의 11가지 원칙을 제시하였고, 이후 이는 점진적으로 정책으로 옮겨졌다. 1812년 영국과의 전쟁은 미국 산업을 발전시키고 보호할 보다 포괄적인 산업정책을 요구했는데, 이에 산업을 보호 · 촉진하는 관세, 상업을 장려하는 국립은행, 농업용 인프라를 위한 연방보조금을 포함하는 산업정책이 American System이라는 이름으로 제안되었다. 이 정책의 기조하에서 미국은 1830년대부터 제2차 세계대전까지 보호무역을 지속하였고 과학, 연구 및 기술개발을 지원하여 인프라가 확충되는 한편 농업을 포함한 전략적 산업을 지원하였다.

보호무역은 국내시장의 보다 완전한 확보를 보장함으로써 확고한 기반을 가진 공업들에 큰 이윤을 보장하고 기반이 약한 공업들을 보호하였다. 한편 고도의 보호무역과는 달리 국내정책의 기조는 1930년에 이르기까지 자유방임이었으며 트러스트 규제 등 기업활동에 통제를 가하려는 시도도 있었으나 오랫동안 실효를 거두지 못하였다. 자유방임체제하에서 미국기업은 별 제약 없이 이윤을 추구할 수 있었다. 기업가의 사회적 지위가 높이 평가되었고 실업계에서의 성공은 그의 사회적 지위를 높여주었다. 그러한 배경에서 유능한 기업가들도 다수 배출되었다.

한편 1929~1933년 대공황에 대응하여 루즈벨트 대통령은 경제를 부활시키기 위해 보조금 지급, 외국경쟁으로부터의 보호, 정부조달과 공공사업을 통해 특정한 산업과 지역 그리고 인구집단을 대상으로 적극적인 산업정책을 펼쳤다. 제2차 세계대전 이후 세계 경제를 선도하며 성장을 지속하였으나 1970년대에 들어 미국 제조업은 치열한 국제경쟁에 노출되어 경쟁력을 잃고 있었다. 이에 대응해 미국은 과학 · 기술의 우위를 상용 제품으로의 전환, 첨단산업의 보호와 육성, 제조업에서의 기술개발 등을 지원해갔다.

2) 독일의 산업정책 : 부문별 기능적 산업정책

(1) 독일의 산업구조

독일은 유럽에서 가장 큰 국가로 EU GDP의 19.7%를 차지한다. 독일의 산업에서 제조업의 비중이 유럽에서 가장 높고 세계 제조품수출의 1/10 이상을 담당하는 가운데, 서비스업의 비중도 높지만 미국보다는 크게 낮다. 독일 제조업은 다양한 산업을 포괄하며 기업규모와 구조도 다양하다. 제조업은 중위기술 및 중고위기술 중심으로 자동차 산업이 핵심적이고 이어 기계, 금속가공, 식료품, 전기, 화학 순으로 소비재뿐만 아니라 자본재와 산업내구재를 선도한다.

표 7-8 수직적 산업구조의 국가별 현황

	한국	미국	일본	독일	스웨덴	프랑스	이탈리아
개인재화 · 서비스	47.1	52.8	45.4	42.0	46.3	49.9	49.2
재화	17.7	13.6	14.2	12.7	11.0	15.9	17.7
서비스	29.3	39.1	31.2	29.3	35.3	34.1	31.5
대량생산재	20.6	6.0	12.3	16.8	13.1	9.2	7.8
규모집약적	8.9	3.0	6.1	11.5	7.6	5.8	4.4
과학기반	11.7	3.0	6.2	5.3	5.5	3.4	3.4
인프라	26.4	36.3	34.4	31.5	31.7	34.6	34.7
물적	11.2	16.6	18.1	16.3	17.1	17.5	21.5
네트워크	15.2	19.7	16.4	15.2	14.6	17.1	13.2
전문공급자	5.9	4.9	7.9	9.7	8.9	6.2	8.3
중간재	4.2	2.0	5.0	7.0	5.0	1.8	6.1
생산자 서비스	1.7	2.9	2.9	2.6	3.9	4.4	2.3

(2) 독일 산업정책의 추이

19세기 전반까지 독일은 정치 · 경제 양면에서 후발주자로 314개의 독립영지로 분할되어 교통망이 미비하고 봉건 농업이 지배한 가운데 공업은 초보적 발전에 머물렀다. 후진적 정체와 경제로 인해 프로이센을 중심으로 국가발전을 주도하게 되었다. 프로이센은 농지개혁과 농노 해방, 길드제 폐지에 나서 경제활동의 자유를 확대한 뒤 1834년 관세동맹으로 산업발전의 계기를 마련하였다. 관세동맹에 합류하는 독립국가가 증가하고 다양한 경제통합 정책을 추진하면서 1871년 연방국가로 정치적 통합이 이루어지고 단일 시장이 등장하였다. 관세동맹의 확대 과정에서 철도망도 확장되며 석탄, 제철, 기계 산업이 발전하였다. 이어서 발명과 과학지식의 진전으로 1860년대부터 화학공업과 전기공업이 등장하여 독일의 제2차 산업혁명이 전개되었다. 제2차 산업혁명은 프로이센 때부터 이어진 사회간접자본 투자, 해외기술 도입, 일반국민을 위한 일반 교육과 기술 교육, 과학 · 기술 중심의 대학시스템 확립과 더불어 근대적 은행의 발전에 크게 힘입었다. 신산업은 막대한 초기 자본을 요구했는데 그 공급을 위해 지역은행들이 참여하였으며 이 과정에서 일반은행도 발전하였다. 독일의 산업화와 사회경제발전은 교육 및 연구기관의 확대와 이들의 민간기업과의 성공적 협력을 통한 발견의 제도화와 발명의 산업화에 크게 힘입었다. 각급 정부가 보편교육을 확대하고 철도시스템을 구축하여 산업화를 자극한다는 의미에서 발전국가의 역할도 작지 않았다.

19세기 말에 이르러 독일은 1인당 생산에서 영국을 추격하였고 다수의 산업에서는 세계적인 기술 선도국 중 하나가 되었다. 정부의 역할이 컸지만 동시에 자유방임의 원리가 지배적이어서 카르텔은 경제질서의 적법한 수단으로 간주되어 과도한 경쟁을 피하여 투자 수익을 확보하고 수급 조절로 가격을 안정화하도록 하였다. 1871년부터 1914년까지는 불황 대응책으로 카르텔이 형성되며 기업집중이 심화되었다. 그 결과 거대 독점체들이 산업과 금융을 지배하는 현상이 나타나 '금융독점자본주의' 또는 '조직자본주의'로 불리게 되었다. 이 시기에 국가는 괄목할 만한 성장을 거친 노동계급을 체제 내로 순치하기 위해 사회보장제도를 유럽에서 최초로 도입하였다. 1840년대 이후 민간부문의 성장과 더불어 정부는 지시역에서 지도역으로 그 역할이 바뀌었다. 독일 제국(Second Reich, 1870~1914) 기간 동안 산업발전과 관련하여 국가의 능력과 개입은 관세정책과 카르텔 정책을 통한 역할을 제외하고 계속 약화하였다.

그러나 경제발전을 따르지 못하는 정치 현실로 인해 산업국가로의 부상에 병행한 대외정책의 도전을 다룰 수 없었다. 제1차 세계대전은 막중한 전쟁 배상으로 귀결되어 바이마르 공화국하의 자유시장경제하에서[17] 초인플레이션과 경기부진이 일어났다. 국가개입이 뚜렷한 성과를 보이지 않는 가운데 기업들은 카르텔이나 합병에 의존하여 경제위기에 또다시 대응하였다. 특히 겸업은행과 산업기업의 결합관계는 독일 자본주의의 중요한 특징으로 남게 되었다. 1933년에 국가사회주의당이 권력을 장악하여 경제자유주의를 유지하되 정치적 목적에의 봉사를 강조하며 재무장을 위한 산업정책을 전개하였다.

제2차 세계대전으로 독일의 많은 산업시설이 파괴되거나 몰수되었고 해외 기업은 특허와 상표권이 박탈되었으며 과학자와 공학자는 연합국으로 이동하였다. 그럼에도 불구하고 오랫동안 축적된 기술적 지식과 숙련에 힘입어 두 개의 독일은 빠른 경제회복을 보였다. 동독에서는 중앙집중화된 경제를 도입하였지만, 서독에서는 국가사회주의 경제의 계획구조가 폐쇄되고 기업과 그 실험실, 학교, 대학, 연구소, 기업단체와 기술단체 등 혁신시스템의 기초적 요소가 재건되었다. 1948년 에르하르트(L, Erhard) 재무장관하에서 사회적 시장경제(social market economy)가 도입되어 1960년대까지 산업정책의 기조가 되었다. 이는 자유시장 경제와 사회적 국가(social state) 개념을 결합한 것으로써 가격과 경쟁이 경제의 주된 질서 유지수단으로 간주된다. 즉, 특정 산업이나 기업을 육성하기 위해 가격정책, 보조금 지급, 독점이나 카르텔 형성 등에 의한 국가 개입을 제한하며, 산업 전반의 경쟁적 환경을 개선하는 정책을 추구했다. 이와 관련하여 산업구조의 변화가 필요한 경우에는 국가보다는 (상당한 보유지분을 보유해 기업의 감사위원회에 참여할 수 있었던) 상업은행이 주도적 역할을 하도록 하였고 정치적 고려를 차단시켰다. 또한 반경쟁제한법이 성립하여 경쟁을 억제하던 자율

17. 의회가 정부정책을 통제하였으며, 중앙정부는 주정부에 대해 재정 주권을 확보했다. 근대 복지국가가 등장함에 따라 공공지출은 급증했고 임금협상에 국가가 종종 개입했다.

적 기업단체는 구조조정기의 예외적 조치로 간주되고 기업 합병이 제한되었다. 그러나 다른 한편으로 정부는 과도한 권력집중을 억제하고 취약계층을 지원하였다. 또한 과도한 시장 상황을 막아 통화공급을 통제하고 사회적 개혁을 통해 안정장치로 활동해야 했다. 제2차 세계대전 이후 20년간 독일 재건은 전통 산업이 주도하였고 유럽의 자본재 수요 급증에 크게 힘입었다. 전후 독일 화학산업은 세계를 주도하였고 에너지, 통신, 전기에서 유럽의 리더가 되었다. (준) 공공기관의 지원하에 조밀한 중소기업(Mittelstand) 네트워크는 전통적인 핵심산업을 더욱 발전시켰다. 그럼에도 (핵에너지 산업을 중심으로) 선택적 정부보조와 감세조치가 경제부를 통해 제공되었고 은행과의 협력하에 정부는 기업 합병을 장려하였다.

1960년대 후반기 총수요정책의 강화로 국가 역할이 강화되고 노사정 협의도 모색하였지만 선택적 산업정책에는 미치지 못하였다. 오일충격 이래 1970년대에 산업정책 패키지로서 독일 모형(Modell Deutschland)이 등장하여 산업에 대한 차별적 개입과 금융지원이 시작되었고, 기업 R&D 지원, 산학 연구협력 등을 중심으로 한 첨단산업 발전을 위한 연구개발을 촉진하였다. 이들 정책의 형성과 집행에는 정부, 사용자 및 노동자 대표, 독립 컨설턴트가 협력하였다. 1970년대 중반부터 1980년대 중반 동안 독일 정부는 철강, 조선, 석탄산업 등 사양산업의 구조조정에 나섰다. 구조조정은 스웨덴과 달리 대규모 상업은행과 지방정부 참여하에 이루어졌다. 연방정부는 주로 위기 카르텔 구성에 개입하였지만 보조금 등에서의 큰 변화는 없었다. 1980년대 이래 세계적인 신자유주의 기조의 영향으로 독일에서도 정부개입이나 산업정책이 크게 약화되었고, 대신 중소 · 중견기업과 이들의 혁신 및 글로벌 경쟁력을 강화하는 데 초점을 두었다. 2000년대에 들어 세계화와 신흥국의 등장을 배경으로 산업정책에 대한 관심이 커졌고, 기존에 부처나 지방정부 차원에서 추진되던 첨단기술의 연구개발과 제조업 경쟁력을 강화하기 위한 전략이 연방정부 차원에서 전개되기 시작하였다.

(3) 독일 산업정책의 특징

독일의 산업정책은 '사회적 시장경제'의 틀 속에서 이루어져 왔다.

질서 정책과 분권적 국가 조합주의

독일에서는 기업과 개인이 스스로에게 책임지는 영역을 창출 · 유지하는 정책을 추구하는 질서자유주의 원리가 강조된다. 게임의 규칙을 강화하고 민간경제주체가 자활하도록 하며, 국가는 제도적 틀을 확보하는 역할로 제한된다. 경제정책은 사회 파트너 원리하에서 국가, 은행, 기업, 노동자 등 주요 이해관계자 간의 협상을 통한 합의적 · 협력적 방식으로 결정된다. 공공의 개입은 사회조직 간 합의와 협력의 실패가 나타나는 경우 보족성의 원리하에 정당화된다. 경제정책의 권한은 연방과 주가 공유한다. 연방정부는 경제적 범주의 규제를 정하고 주정부는 지원한다. 전국적 차원에서 부문별 산업정책은 없고 기술발전의 방향을 정하는 것도 연방정부의 소관이 아니다. 정책지원은 모든 산업분야에 개방되며 특정 산업분야를 우선시하는 정책은 없다. 연방정부는 혁신재원 조달, 직업교육제도 지원, 기업양도 지원, 창업을 위한 재정수단 강화, 소액수출을 위한 보증지원과 절차 완화, 에너지 이용 효율성 개선을 위한 지원, 관료주의 축소와 행정 단순화를 맡는다. 주정부는 재정지원과 R&D 및 혁신을 위한 클러스터 정책의 틀 안에서 경제주체 간의 협력을 지원한다.

수직적 산업정책의 제한

독일에는 조합주의적 제도가 존재하고 국가가 직접 통제할 수 있는 금융자원이 부족하여 특정 산업부문에 특별한 지원을 제공하는 수직적 산업정책은 유지되기 어렵다. 조합주의적 협력은 임금정책이나 고용 및 훈련 정책을 구현하는 데 적절하지만 기업 간 자원배분에 차별을 두는 수직적 산업정책과는 양립하기 어렵다. 물론 조합주의적 구조하에서도 산업 위기 상황에서 선택적 개입이 나타날 수 있으며, 이때 산업정책의 목표는 정부주도로 산업 구조조정을 장려하기보다는 늦추는 것이다. 이에는 세 가지 정책 유형이 존재한다 : 국방 등의 목적으로 최소한의 국내생산을 유지(보전 정책)하고 사양산업이 낳는 사회적 영향을 완화(구조적응 정책)하여 미래 성장산업을 지원(전략적 산업정책)하기 위한 정책. 보전정책하에서 광업과 철강업이 보호되었고 섬유, 의복, 조선 등에 적용한 구조적응 정책은 사양산업을 지원하여 보조금을 지급하거나 보호무역조치를 사용하였다. 또한 산업경쟁력 회복을 위해 합리화, 제품 재설계, 생산설비 근대화를 위한 투자를 실시하였다. 종종 보조금은 자발적인 설비감축과 연계되었다. 전략적 산업정책은 신산업정책이라고도 불리는 특정 시장을 대상으로 한 제품의 개발보다는 순수한 연구를 지향하는 연구기술정책이다. 보족성의 원리에 따라 R&D의 주된 책임은 개별 산업이 자체적으로 감당한다.

국가 역할의 제한에도 불구하고 은행이 주도하는 산업 구조조정이 크게 부각된다. 부문 간 자원의 배분이나 부문의 구성은 국가보다는 대규모 상업은행이 선도적 역할을 하고 있다. 대형은행은 정치적 영향으로부터 벗어나 전체 산업이나 연계된 기업들의 구조와 전략을 설정하는 위치에 서 있다. 국가의 적극적인 산업정책은 은행이 산업의 구조적 문제를 다루기에 역부족인 경우로 제한하였다. 은행은 금융자원의 선별적 배분을 통해 그리고 상당한 지분을 보유한 기업들의 감독이사회에 참여함으로써 역할할 수 있었다.

수평적 산업정책에 초점

조합주의하에서 국가 단위의 산업정책은 수평적 산업정책, 특히 기술혁신에 초점을 두었다. 정부 역할은 투자 우호적 세제, 교육, 에너지, 기술, 직업훈련과 SOC 지원, 경쟁강화를 통해 산업생산의 구조적 조건을 확보하는 것으로 제한된다. 산업정책의 운영에 있어서는 사회적 협력의 원리를 따랐다. 그만큼 사용자 협회, 노조, 대학, 연구센터 등 지역 단위나 전국 단위에서의 협력을 이끄는 조직적인 제도 인프라도 독일 산업의 핵심적 측면이다. 모든 산업의 기업들이 이들 제도를 이용할 수 있으며, 정부는 직간접적으로 자금을 지원한다. 이들은 깊은 역사적 연원을 가지고 있으며 상대적으로 안정적인 정책환경을 확보해 왔다 :

- **기술 R&D :** 연구기관들이 조정하는 R&D 재원조달 협력 네트워크, 산업연구연합이 자금을 제공하는 중소기업 특화 프로그램
- **교육 :** 이중 교육시스템이 지원하고 업종별 협회와 산별 노조가 조율하는 직업훈련
- **생산 역량 :** 기업의 조직과 기술역량 개선을 위한 지원
- **금융 :** 국유은행인 KfM과 지역 저축 및 조합은행들을 통한 자금의 안정적 제공
- **대외거래 :** Germany Trade & Invest(GTAI)와 상공회의소의 무역과 투자 자문

지방정부에서의 수직적 산업정책

독일에서는 지방정부가 경제 전반에 대한 조치와 산업 특화적인 제도적 지원을 결합할 수 있는데 이는 개별 제조업체에 대한 숙련, 금융, 기술 지원으로 이어진다. 주정부는 교육, 연구 및 개발, 지역 산업에 대해 강력한 권한을 가진다.[18] 독일의 산업정책은 정치제도의 논리적 귀결이다. 연방정부와 주정부 간 역할 분담이 명확하고 주정부가 강력한 역할을 하게 된다. 독일 세수입은 조세의 분리와 공유라는 복합적 시스템에 따라 연방정부, 주정부, 지역정부로 분할된다. 소득세와 법인세는 주정부와 연방정부 사이에 평등하게 분할된다. 아울러 지역지원 수단으로 주정부 간의 재원을 재분배하는 재정균등화 체계(Finanzausgleich)가 존재하고 이에 더해 연방정부는 저개발 지역에 추가 자금을 보조한다. 주간 균등화 체계에도 불구하고 주간 격차가 크다. 결과적으로 산업지원은 상당히 분권화되어 주정부가 경제발전을 주도하고 지방정부가 협조하는 형태로 지역화되어 지역 간 격차가 크며 연방정부주도의 중앙집권적 공공지원은 제한적이다. 단, 지역별로 차별적인 공공지원은 균등화 원리에 의해 조정된다. 전반적으로 지원정책은 대부분의 기업에 혜택이 주어지는 수평적 조치에 초점을 맞춘다. 그러나 혁신 지원은 거의 배타적으로 신생기업이나 중소기업을 대상으로 한다.

독일의 수평적 산업정책에는 지역균형발전 정책이 포함된다. 연방정부는 지역 균형발전이라는 정책목표 아래 낙후지역의 경제발전을 지원하는 지역개발정책을 펴 낙후지역의 사회간접자본을 확충하고 산업구조를 고도화한다. 주정부는 정부-산업-은행 간 연대를 통해 중소기업을 지원하고 있다. 주정부는 오래된 지역을 현대화하고 수출용 고부가 제품을 개발하기 위한 재원을 제공하며 기존 수출시장을 안정화하고 노동력 재훈련에 자금을 지원한다. 지역 단위의 기술센터는 중소기업과 산학협력을 지원함으로써 혁신을 촉진하는데, 연방정부는 이에 대해 보조금을 지급하고 지역의 고용주 협회, 지역 은행, 연구기관은 비공식적 연합체를 구성하여 이를 지원한다. 지역 단위의 산업정책의 역할이 커지면서 탈중앙화함에 따라 연방 수준에서의 중앙집권적 교섭은 약화되고 대신 주 또는 지방 단위의 지역적 조합주의가 발전하고 있다.

기업 간 전략적 제휴를 더욱 원활하게 하는 것은 지역별 산업 클러스터이다. 주정부가 특정 산업을 선정하여 클러스터를 육성하는 정책을 펼침에 따라 각종 클러스터가 주별로 산재해 있다. 주정부는 지역에 적합한 클러스터 선정, 클러스터 운영 및 중소기업 지원 정책 등을 이해관계자들과 협의하여 결정한다.

3) 스웨덴의 산업정책 : 다원적 목표를 지향하는 기능적 산업정책

(1) 스웨덴의 산업구조

스웨덴의 산업구조는 대규모의 지식집약적이고 수출지향적인 제조업을 중심으로 소규모의 민간 서비스 부문과 대규모의 공공부문이 있다. 특히 원자재 가공에 기초한 수출산업과 세계적인 엔지니어링 산업이 발전해 왔으며, 민간부문과 공공부문은 모두 대기업이 지배한다.

---

18. 공적지원와 관련하여 지역은행의 역할도 크다. 연방은행 외에 주 소유의 지역은행이 존재한다. 독일 재건을 위한 은행인 Kreditanstalt fur Wiederaufbau(KfW)는 연방(80%)과 주정부(20%)가 소유하며 그 역할이 크다.

(2) 스웨덴 산업정책의 특징

스웨덴 산업정책의 전반적인 기조는 특정 산업에 대한 선별적인 보조금이나 조세 혜택 등을 통한 지원방식이 아닌 산업 인프라, 교육체제, 규제제도 쪽에 초점이 맞추어져 있다. 특히 지역 발전, 교육과 노동력 재훈련, 중소기업 지원을 강조하고 있다.

스웨덴은 연대 임금 및 적극적 노동시장 정책으로 상징되는 조합주의적 협의를 제도화하여 산업 구조조정이 이루어지도록 하고 있다. 전국적으로 조직화되고 집중화된 노조와 사용자단체에 의해 결정[연대적 임금정책(solidarity wage policy)]되는 전국적으로 통합된 임금은 생산성이 낮은 기업에게 불리하게 작용하여 수출시장이 요구하는 산업 구조조정이 촉진된다. 정부의 교육, 재훈련, 직장매칭, 전직비용 보조에 의한 적극적 노동시장 정책은 생산성이 높은 부문으로의 노동자 이동을 촉진한다. 연대적 임금정책은 고생산성 부문에서의 임금상승을 억제하는 효과도 낳는데, 이로 인해 확대된 이윤은 감세 혜택을 제공받는 재투자로 유도된다. 이러한 유형의 산업정책하에서 시장에 의존하여 특화할 산업부문이 결정되었으며, 이에 힘입어 전후 대부분의 기간 동안 스웨덴의 경제적 성과는 탁월했다.

(3) 스웨덴 산업정책의 추이

산업화 이전 19세기 초 스웨덴은 유럽 변경의 빈곤한 농업국으로 75%가 농업에 종사하고 90% 인구가 농촌에 거주했으며, 많은 산업 활동이 농촌지역에서 이루어졌다. 성장은 더디었지만, 18세기 말부터의 많은 제도적 변화가 근대화를 준비하였다. (주로 영국으로의) 수출증가를 배경으로 토지의 인클로저와 개간, 토지 소유권의 강화를 동반한 농업의 상업화가 나타났다. 또한 운하와 도로에 대한 대규모 투자와 더불어 농산품의 교역 자유화가 이루어졌고 금융조합이 등장하였다. 아울러 세계 최초로 무상의 공립학교 의무교육이 시작(1842)되었고, 수공업에서 독점권이 폐지(1846)되었으며 주식회사법이 성립(1848)하였다.

산업화의 시작 스웨덴에서 산업화는 다른 유럽 국가들에 비해 뒤늦은 1870년대에 시작되었으며, 1890년대에 들어서야 본격화되었다. 스웨덴은 1860년대부터 목재와 철광석 등의 원자재를 수출하는 경제체제를 지녔었다. 산업발전은 민관협력에 의존했다. 18세기 이래 경영자연합은 정부와 협력하는데, 철강산업의 경우 경영자연합이 선출한 관리자들이 통제하는 반자율적 철강사무소를 통해 가격카르텔 유지, 융자지원금 관리, 기술정보의 도입과 공유, 연구 장려를 위해 협조하였다. 농업 관개 · 배수에 나타났던 스웨덴 고유의 민관협력의 사회간접자본 모형도 다시 등장하였다. 1850년대의 철도공사는 정부가 본선을 만들고 허가를 받은 민간기업들이 지선을 건설하는 민관협력 방식을 취했다. 즉, 1850~1860년대에 들어 자원의존적인 철강(광업), 목재(임업), 귀리 등의 품목을 중심으로 무역이 팽창하여 지역별 특화와 산업화가 생겨났고 이에 대응해 민관협력으로 자금을 조달하여 철도 구축에 나섰으며, 자본재 수입이 급증했다. 아울러 1850년대에는 창업의 자유가 강화되고 대부분의 관세와 무역장벽을 철폐하여 교역자유화가 이루어지며 스웨덴은 국내외적 통합이 깊어졌으며, 1873년에는 금본위제도가 실시되었다.

산업구조 전환 스웨덴의 경제발전 초기에는 엔지니어링과 제조업에서의 자본재 수출이 경제성장을 이끌었으며 후기로 갈수록 자동차, 전기 제품과 같은 내수 소비재 상품이 주종을 이루었다. 1880년대부터 제1차 세계대전까지 정부는 철도수송, 전신, 전기에너지 등 전국적인 사회간접자본 구축에 막대한 투자를 하였고 동시에 보호무역 정책을 통해 산업을 육성하였다. 국제경쟁의 격화, 미국으로의 이민증가에 따른 임금 상승, 소비재 수요의 고급화가 스웨덴 산업의 재편을 요구하였기 때문이다. 정부의 R&D 지원, 산업보조금, 보호관세를 기반으로 과학 지식과 공학을 요구하는 제2차 산업혁명이 전개되며 급속한 생산성 증가를 경험하였다. 전통적인 농산물 수출국으로서 자연자원과 저임금에 의존하는 자원기반 산업은 위축하고, 대신 기계화와 엔지니어링 숙련을 기반으로 하는 엔지니어링 및 에너지 분야에서 혁신산업과 신생기업[천재 기업(enterprises of genius)]이 등장하였다. 특히 자원 채취 · 가공으로 시작된 공학은 철강산업 발전과 국가의 철도건설 및 국립기술원 설립으로 자극받았고 수출산업에서의 공정개선은 19세기 말 엔지니어링 혁신을 촉진하였으며, 이 기반은 이후 기계 및 전기기계 기술로까지 확대되었다(Lundvall and Edquist, 1993). 전간기에는 기계와 운송설비 등 제조품 수출이 증가하였다. 엔지니어링 산업의 발달은 발명가와 기업가 특유의 기술혁신에 기초한 것이었다. 누적적 기술혁신은 스웨덴이 소수의 다국적기업체제로 성장하는 데 초석이 되었으며 가공 원자재 부문과 다국적 엔지니어링 부문의 성장에 이바지했다. 또한 대기업에 의존한 산업발전으로 스웨덴 경제구조는 대기업 중심으로 자리 잡게 되었다. 이들 산업의 발전은 정부가 민관합작으로 전기화를 촉진하는 1880년대 전보와 전화, 1890년대 수력발전에서 적극적으로 사회간접자본 건설에 나선 데 힘입은 바 크다. 현대적 금융시스템도 동반 발전하였다. 스톡홀름 증권거래소가 설립(1866)되어 위험자본 시장이 확충되었고 중앙은행이 설립(1897)되어 민간상업은행의 설립을 촉진하였다. 민간은행은 주식을 담보로 창업기업에 대출을 제공하였다. 기업이 성장하여 수익을 보임에 따라 주식은 주식시장에 매각되었고 은행은 회수한 자금을 다른 창업기업에 대출할 수 있었다. 결과적으로 이 시기 주식회사는 지배적 기업형태가 되었으며 대규모의 수직적으로 통합된 기업집단이 형성되어 대기업 중심의 산업조직이 정착하였다.

살츠요바단 정신과 경제성장 유럽과 세계가 혼란에 빠져 있던 제1~2차 세계대전을 포함한 1910~1950년 동안 스웨덴은 급성장을 한다. 새로운 산업과 인프라 그리고 새로운 기업가와 자본가에 공공지원이 더해졌던 스웨덴은 전쟁물자 수출의 급증과 금융자산 축적 그리고 경제활동인구 팽창을 배경으로 내수시장이 크게 활성화되었다. 소비재의 대량생산이 발전하며 전간기부터 Volvo, SAAB, Electrolux, Tetra Pak, IKEA 등의 신생 대기업이 등장하였다. 이 시기에 경제적 · 정치적 안정을 도모하고 당시 유럽의 전체주의적 경향을 회피하기 위해 스웨덴의 경제정책은 전국 단위의 단일 노조와 사용자 간의 살츠요바덴 협정으로 협력적 조합주의 전통이 굳어진다. 살츠요바덴 협정은 협력 의지, 상호 존중, 적극적 타협에 기반한 평화로운 해결책에 도달하려는 노력, 노동시장의 발전에 대한 책임의식을 특징으로 하는 "살츠요바단 정신"이라는 특정한 형태의 노사관계를 나타낸다. 이 협정은 특정 형태의 쟁의행위와 그 결과가 심각한 우려를 불러일으키는 입법 위협에 대한 대응으로 시작되었다. 따라서 협정은 또한 정부간섭 없이 자신들 간의 상호 문제를 스스로 규제할 자유를 보호하려는 사회적 파트너의 바람을 반영했다. 이 협정은 단체교섭, 쟁의행위, 공익을 위협하는 분쟁의 세 측면에서 규칙을 규정하였다. 또한 노조와 경영자협회는 임금인상을 억제하는 대가로 노동복지와 높은 투자에 합의하였다.

제2차 세계대전 이후 스웨덴은 조합주의를 배경으로 성장의 황금시대를 구가한다. 19세기 말 제2차 산업혁명의 기반이 된 혁신(전기모터와 내연기관)에 기초한 신흥산업 발전을 배경으로 수출부문이 성장을 지속하였다. 19세기 말과 전간기에 걸쳐 설립된 기업들은 철강과 제지와 같은 자원기반 산업과 기계, 자동차, 조선, 엔지니어링에서 성공적인 다국적기업으로 성장하였다. 수출부문 팽창은 고성장과 생산성 증가에 기반하였지만 인프라와 주거건설에 대한 공공투자나 공공지원 투자에 의해 강력히 지원받았다. 따라서 성장의 황금

시기에 전기화와 모터화를 중심으로 한 성장부문은 대량소비와 대중소비가 사회복지제도, 투자프로그램, 노동시장 정책에 의해 지원받는 광범위한 사회의 근대화 속에서 성숙하였다.

렌 모형 : 시장과정의 개선 1960년대에 들어 스웨덴에서 집중화된 협상과 연대임금 정책으로 시장과정을 개선하는 렌 정책이 성립하였다. 이는 인플레이션을 제한하면서 비효율적 기업을 차별하여 완전고용 및 고성장을 달성하는 것을 목표로 하였다. 비교 가능한 작업에 대한 임금수준은 국제시장에 의해 외생적으로 결정되는 수출 부문의 임금수준과 동일하게 설정되었다. 이에 더해 재정정책은 건전하게 운영되어 비효율적 기업의 구조조정을 촉진하였다. 실패한 기업의 실직한 근로자는 적극적 노동시장 정책하에서 퇴출되지 않고 재교육을 받고 새로운 일자리에 배치되었기 때문에 노조는 렌 정책에 적극적이었다. 사용자단체 역시 수출대기업이 지배하고 중소기업은 그 협력사였기에 렌 정책에 대한 합의가 가능하였다. 국가 수준의 사용자 단체와 노조는 정부 지침에 따라 정기적으로 임금수준을 협상하였다. 재교육 및 직업 배치의 방향은 노사 대표로 구성된 노동시장 위원회를 통해 조합주의 방식으로 관리되었다. 지역위원회는 지역의 노동조합 및 회사와 매일 접촉하는데, 전국위원회는 선별적 산업발전 목표보다는 노동시장 상황을 반영하여 지역위원회에 훈련자금을 할당한다. 고용주와 국가가 제공하는 연기금의 일정비율은 투자를 위한 대출을 제공하는 공공신탁에 배치되지만, 대출의 할당은 선별적 산업발전 목표가 아니라 노사정이 참여하는 신탁위원회의 수익전망에 기초하여 조합주의적으로 이루어졌다.

수직적 산업정책에서 수평적 산업정책으로 1967년 이후 스웨덴 산업정책은 국가가 보다 적극적으로 개입하는 정책에 의존하였고 이를 위해 다수의 신생 기관이 설립되었다. 국영투자은행, 혁신 벤처를 위한 특별개발기금, 기술 및 산업연구를 조정하는 국가기술개발위원회, 산업개발을 위한 국가 목표를 중앙에서 조정하기 위한 산업부, 선별적 산업정책을 지원하기 위한 다양한 대규모 공기업, 수출을 촉진하는 수출신용공사를 보완하는 무역위원회가 그것이다. 이들 기관의 대부분은 적극적 노동시장 정책을 관리하는 동일 유형의 '자치' 위원회를 통해 관리되었다. 영향을 받는 모든 이해당사자의 참여와 협력을 강조한 전통적인 절차의 틀 내에서 시행되어야 했다. 특히 새로운 산업정책을 관리하기 위해 산업부 후원하에 노사정 국가산업정책 위원회와 부문별 3자 위원회가 설립되었다. 그러나 대부분의 경우 이익단체 대표는 자문 자격으로만 정책 수립에 참여했다.

1970년대에 들어 글로벌 경쟁의 심화, 소비자 선호의 변화, IT 혁신을 배경으로 기존 성장모형의 한계가 나타나며 수많은 산업이 위기에 처했다. 스웨덴 경제는 경제의 개방도가 높았기 때문에 구조조정의 압력이 갈수록 높아졌고 결국 민간과 공공부문 모두에서 광범위한 구조적 변화가 이루어졌다. 초기에는 산업부가 신설되며 선별적 산업정책으로 첨단산업을 육성하고 구조조정에 나섰다. 신설 국유기업과 보조금으로 산업구조를 조정하고 지역개발, R&D, 고용에서 국가의 역할을 확대하였다. 정부는 사양부문에 대처하며 처음에는 보조금을 제공하여 쇠퇴와 파산을 지연시키려 노력하다 결국 국유화에 의존했다. 위기관리의 결정은 산업부와 정부, 해당 기업의 경영진 간의 직접 협상 그리고 때에 따라 산업조합 대표가 포함된 특별정부위원회에 의해 이루어졌다. 그러나 1980년대에 들어 스웨덴 정부는 예산부족과 구조조정 부진으로 사후적 지원 대신 신흥산업 육성으로 돌아섰고 이를 위해 국가산업 위원회를 통해 산업 및 지역 발전 정책을 조정하고 산업개발기금으로 운송, 철강, 금속, 제약, 전자산업의 고위험 프로젝트를 지원하였다. 이러한 지원은 의사결정 과정에 실제로 참여하지 않지만 정보를 제공하는 이익집단 대표와 함께 준조합주의적 방식으로 수행되었다.

시장지향적 산업정책의 전개 1980년대에 들어서는 이러한 스웨덴 모형이 약화되고 시장지향적 산업정책이 전개되어 공기업 민영화, 정부독점 해체, 자본시장 규제의 완화, 유럽연합 가입, 경쟁법 도입 등의 조치가 이어졌다. 집중화된 협상과 연대임금 정책은 약화되었으며, 공공부문 서비스의 확장은 종료되었고 한계세율을 인하하여 조세제도가 개혁되었다. 아울러 조선업은 완전히 폐쇄되었고 제지업은 현대화된 출판업에 통합되었으며 철강산업은 집중화 · 전문화의 길을 걸었고 기계산업은 디지털화되었다. 이에 따라 1990년대에는 IT 산업, 제약산업, 생명공학 산업, 신생 서비스 기업 등 새로운 지식집약 산업이 등장하고 고급기술의 제조업으로의 수출 전문화가 진행되며 성장과 생산성 증가가 나타나기 시작하였다.

4) 프랑스의 산업정책 : 선택적 산업정책

(1) 프랑스 산업정책의 특징

국가주도적 첨단기술 콜레트티즘

유럽 국가 중 프랑스는 국가의 힘을 가장 일관되게 사용하여 적극적이고 차별적으로 선별된 산업과 기업, 특히 국방 및 기반 시설과 관련된 기업을 지원하는 국가다. 프랑스 산업정책은 국가주도하에 수직적으로 산업 특화를 목표로 하여 종종 “대형사업”을 도모하였고 과학 · 기술에 과감하게 투자해 왔다. 심층적 기술력과 국가가 통제하는 인내자본은 대규모 자본 투입에 유리하게 작용하였다. 특히 제2차 세계대전 이후 더욱 그랬다. 이러한 프랑스의 산업정책은 기술적으로 정교한 부문을 중심으로 규모의 경제를 활용하려 하므로 첨단기술 콜베르티즘(high tech colbertism)으로 불린다. 산업정책은 국가 관료, 특히 경제사회이사회(Conseil Economique et Social ; CES)에서 결정된다. 이 결정은 산업계 리더와 협의한 후 이루어지지만, 후자의 의견은 자문에 머무는 경향이 있다. 더욱이 정부 관료들은 기업협회보다 개별 기업의 경영자들에 주로 의존한다. 1980년대 이후 프랑스가 신자유주의적 정책을 채택함에 따라 국가개입은 크게 줄었지만, 여전히 산업 자산을 보호하는 국가의 개념은 사라지지 않았다.

프랑스 자본주의는 이러한 배경을 반영하는 산업을 중심으로 발전해 왔다. 첫째, 과학기반의 기술진보와 관련된 산업과 정부 지원에 기초한 산업이다. 이에는 급진적 기술적 창의성을 표출해 온 제약, 생명과학, 원자력 및 항공이 포함된다. 항공우주 산업은 세계 2위의 규모로 프랑스 제조업의 핵심이다. 한편 프랑스는 EU에서 육해공 방위 물자를 미국에 의지하지 않고 생산할 수 있는 유일한 국가이기도 하다. 둘째는 중앙집권적인 대규모 투자를 기반으로 소비자 수요를 앞서 나가는 제품 및 브랜드 개발이 중요한 산업이다. 이에는 패션 의류, 화장품, 음료 및 음식이 있다. 프랑스는 명품 패션과 미용 부분에서 독보적으로 세계 1위의 자리를 오랜 시간 동안 지켜가고 있다. 셋째는 긴밀히 통합된 공정기술이 중요하여 강력한 중앙통제와 동기화가 필요한 산업이다. 글로벌 저가호텔 체인, 상수도 시스템, 산업 취사(industrial catering)에서 두드러진다. 그러나 위계적 전통, 국가로부터의 산업적 독립성의 취약, 경직적 노동시장은 개인의 전문성에 기초하는 산업의 번영을 방해했다.

(2) 프랑스 산업정책의 추이

중앙집권국가하의 중상주의

로마제국 붕괴 후 481년 프랑크 왕국이 성립하고 메로빙거–카롤링거 왕조를 거친 후 서부와 동부로 나뉘어져 등장한 서부 프랑크가 오늘날 프랑스의 모체다. 왕조는 아랍과 바이킹의 침공으로 파리 주변의 좁은 영역만을 지배하고 각 지역은 귀족들에 의해 분할 지배되었다. 987년 카페 왕조가 성립하며 봉건제도가 성립하였다. 노르망디 귀족의 영국 점령 후 프랑스와 영국 간 전쟁을 거치면서 왕권이 강화되어 15세기 말 프랑스는 중앙집권적 왕국으로 성장하고 동시에 르네상스를 경험하며 문화와 경제가 번성한다. 이후 프랑스는 17세기에 신성로마제국의 합스부르크 왕가와 대륙 패권을 놓고 경쟁(30년 전쟁)을 벌이며 절대 왕조를 성립시킨다. 근대 전기에 해당하는 이 시기에는 봉건적 요소가 잔존한 가운데 다양한 정치 · 경제적 변화가 나타났다. 국민국가가 성립 · 발전하고 지적 운동으로 르네상스가 등장했으며, 식민지 개척과 상업권의 외연적 확대 그리고 완만한 공업 발전과 사회간접자본의 확충이 병행되었다. 특히 루이 14세하에서 절대주의의 강제력을 배경으로 재상 콜베르트(Jean B. Colbert)는 위로부터의 특권과 통제로 상공업을 육성하였다. 특권과 길드제에 의존하여 국가주도로 통제 · 육성된 공업의 기반 위에서 제도의 통합과 교통수단 개선이 이루어져 국내 상업과 대외 무역이 진흥되었다. 한편 신흥귀족에 의한 대토지 소유가 확대되었음에도 불구하고 절대왕권 강화와 농민 해방으로 소농 경영이 확대되면서 신작물 도입이나 농업 발전은 지체되었다. 당시의 사회 · 정치 제도는 앙샹 레짐(Ancien Régime)으로 불렸고 각자는 각 지역의 구성원으로 국왕에 대한 시민권을 갖지 못한 신민이 되어 권리와 지위는 성직자, 귀족, 평민으로 나뉘어 적용되는 사회 제도를 따랐다.

프랑스 혁명과 자유방임

1789년 프랑스 혁명은 봉건적 사회질서를 해체하며 본격적 공업화를 위한 제도적 변화를 낳았다. 혁명가들에게 절대주의의 해체는 더 자유방임적 제도의 도입과 관련된 것으로 보였다. 특히 나폴레옹 퇴위 후 자유방임 정책 레짐은 확고해졌고 제2차 세계대전까지 지속되었다. 혁명은 경제의 주도권을 민간에게 양도하고 기존 질서의 극적인 변화를 피하려는 태도를 낳았다. 영주권이 폐기되면서 귀족의 영지매각과 더불어 이미 전개되던 소토지 소유와 소농민 경영이 더욱 확고해졌고 길드제와 특권이 철폐되어 영업의 자유가 확립되었다. 한편 혁명 정부와 나폴레옹 정부하에서 중앙 정부의 통제력이 강화되었고 국내관세와 통과세가 철폐되었으며 도량형 통일, 금융제도 정비, 교통수단 개선 등 사회경제 제도가 정비되었다. 이를 기반으로 1810~1860년대에 전개된 프랑스 산업혁명은 소규모 경영의 면공업이 주도하고 그 뒤를 이어 철공업 그리고 높은 수준의 기초과학에 기반한 화학공업이 두드러진 발전을 보였다. 그러나 석탄 부족으로 석탄공업과 증기기관은 의미 있는 발전을 보이지 못했으며, 프랑스 경제 전체로는 계속 농업 중심국으로 남았다. 즉, 영국에 비해 프랑스의 공업화와 도시화는 점진적이었으며 기술혁신이나 생산조직 변화도 완만하였다. 프랑스 산업혁명의 점진성은 전통적 질서를 존속하려는 사회적 요인도 작용하였다. 즉, 소수의 귀족집단이 사회의 최상층을 구성하고 변호사, 의사, 문무관료를 기업가보다 높이 평가하고 기업들은 가족기업적 전통을 따라 소규모로 경영되었으며 정부 보호에 의존하는 경향을 보였다. 19세기 초에 영국에 다음 가던 프랑스는 독일과 미국에 추월당하는데, 이는 보불 전쟁(1870~1871) 이후 배상금 지급과 알사스 로렌지방 상실로 인해 더욱 악화된다.

제1차 세계대전의 피해 복구 후 안정화되던 프랑스는 대공황으로부터의 영향을 상대적으로 적게 받았다. 다른 국가에 비해 내수 위주로 성장하였고, 많은 인구가 농업에 종사하여 대량생산재 무역에 대한 의존도가 낮았기 때문이었다.

제2차 세계대전 이후 국가주도 산업정책 : 첨단기술 지향의 콜베르티즘

제2차 세계대전을 전후하여 프랑스 정부는 취약한 경제를 반성하며 기존의 자유방임 관행을 청산하기 시작하였다. 우선 독일 점령하에서 비시 정부가 자유시장에서 벗어나 각 부문을 정부가 직접 조정하는 조정위원회를 두었으며, 이어 제2차 세계대전 이후 프랑스는 더욱 더 국가주도 경제로 변모하였다. 다만 전후 복구로 인해 1950년대 초까지 공공부문 밖에서는 산업구조의 변화가 거의 없었으며 대부분이 소규모 가족 소유기업으로 구성되어 있었다.

1945년 이후 프랑스 산업은 재건, 현대화, 그리고 미국에 대한 추격을 도모하였다. 산업은 오래된 투자 부족으로 현대화가 시급히 필요했지만, 민간부문에만 의존하여 자금을 조달할 수 있는 상태가 아니었다. 이러한 약점을 보완하기 위해 정부는 두 가지 수단을 사용했다. 그것은 은행과 석탄, 전기, 가스를 포함한 대부분의 기간 산업을 공공소유로 하는 국유화와 산업발전의 우선순위를 설정하는 유도계획(indicative planning) 시스템이었다. 핵심 산업에 대해서는 생산과 근대화 목표를 설정하였고, 유도계획하에 각 부문의 상세한 성장 계획은 계획위원회, 주요 기업, 공기업, 노조, 기술 전문가에게 맡겨졌다. 정부는 새로운 투자를 지원하기 위해 국유은행에 의존하였으며, 과학 연구역량을 강화하는 노력도 이어졌다. 전쟁 직전에 설립된 CNRS(National de la Recherche Scientifique)가 개편되어 과학 전 분야를 발전시키고 조정하는 임무를 받았다. 통신, 항공. 에너지 분야의 연구를 수행하기 위해 새로운 연구기관이 설립되어 대학연구의 약점과 대기업 연구소의 부재를 상쇄하였다.

설비 근대화의 도움으로 미국에 뒤이은 농업대국으로 성장한 프랑스에서는 1958년 이후 산업국가의 최전선에 올라서기 위해 항공, 원자력, 정보기술, 통신 등의 분야를 중심으로 국가대표 기업의 육성과 대형사업(grand projects)의 시대가 열렸다. 이 시기에 일반이익의 독점으로 무장한 주권 국가가 중심이 되어 외국 기업의 진입을 막는 공격적 보호주의하에서 국유은행이 초기 자금조달을 담당하게 되었다. 국가는 공공 R&D의 결과를 이전하여 공공구매로 일정한 시장을 제공하였고, 보조금과 더불어 장기간에 걸친 감가상각을 허용하여 대표기업의 발전을 장려하였다. 국가대표기업과 대형사업은 혁신에 의존하는데 혁신은 과학적이고 기술적인 형태를 취하였다. 대형 사업은 소수이지만 영향력이 매우 크고 잘 훈련된 기술 엘리트들이 주도하였다. 이들 기술 엘리트들은 그랑제콜에서 훈련되고 내각부에서 사회화된 인력으로 정치, 행정, 산업 세계를 쉽게 옮겨 다녔다. 결과적으로 사업의 상당 부분을 국가에 의존하는 기업집단과 정부 간에 긴밀한 유대가 형성되었다.

1960년대에는 규모의 경제를 달성하기 위해 인수합병의 물결이 나타났는데, 그 일부는 정부에서 추진했다. 인수합병의 결과 1960년대 말에 이르러서는 대부분의 주요 산업이 집중되어 2~3개 기업이 확실한 리더로 부상했다. 이들 중 일부는 국가와 직접적인 관련 없이 가족이 경영하였으나, 대부분의 기업들은 대형사업에 참여하거나 공공기관에 대한 공급업체로서 정부의 후원에 의존했다. 경제력 집중은 정책당국과 각 산업의 선두 기업이 긴밀한 관계를 구축하는 것을 더 쉽게 만들었다. 공무원과 산업가 간의 협력적 노력에 의해 프랑스 산업전략이 관리되게 된 것이다. 결과적으로 프랑스는 성공적인 산업구조 변화를 경험하였고 영국을 뛰어넘으며 30년의 영광을 누렸다.

그러나 정부의 국가대표기업을 위한 개입에 대한 성과는 엇갈렸고 컴퓨터, 공작 기계 산업에서의 실패는 통신과 같은 일부 분야에서의 성공으로 상쇄되었다. 대부분의 성공은 프랑스 행정 시스템이 영국보다 더 잘 작동하는 기반시설 및 국방 관련 프로젝트에서 이루어졌다. 고객이 정부나 공공기관인 경우 프랑스의 산업정책이 가장 효과적이었다. 반면 최종사용자가 널리 분산되어 있고 국가의 영향력이 적은 산업(예 : 컴퓨터 산업)의 경우, 프랑스의 접근방식은 제한적이었다. 성공에는 정부 권위의 정당성과 담당기관의 운영자율성과 기술적 전문성 그리고 공공행정에서 권력의 속인적 속성에 기인한 성공 유인 등 프랑스적 특성도 작용하였다. 프랑스는 의도한 대로 막강한 산업 강국이 되었으며 몇몇 강력한 국영 기업을 갖게 되었다. 그러나 대부분의 국가대표기업은 국가가 통제하고 국제 경쟁으로부터 격리된 시장에 크게 의존하는 문제점을 가진다. 이로 말미암아 대표기업이 어려움에 처할 경우 국가의 개입이 불가피하였다. 또한 콜베르 주의(Colbertism)를 따르는 국영 대기업에의 자원배분 집중은 기술 및 인적자원 배분의 왜곡과 중소기업의 소외를 초래하여 프랑스 산업구조의 약화를 초래하였다.

1970년대 유가충격과 더불어 영광을 뒤로 하며 프랑스는 경제위기에 지속적으로 노출된다. 이에 대응하여 프랑스는 주요 산업의 국유화를 포함하는 급진적 개혁으로 맞서고 최저임금과 사회보장 급부를 증가시켰다. 그러나 사회지출과 공기업의 손실 증가는 정부재정과 경제상황 모두를 악화시켰다.

1980년대 이후 프랑스 산업정책의 변화

1980년대부터 유럽 통합과 단일시장 프로그램의 추진하에서 유럽의 산업정책은 부문별 정책을 금지하고 수평적 정책, 프레임워크 정책, 건전한 거시경제정책의 강조로 전환했다. 프랑스에서는 "국가통제주의자(dirigist)의 통제정책(dirigisme) 종식"이 생겨났다. 프랑스 정부는 여전히 경제에서 선도적인 고용주이자 생산자이며 고객으로 남아있지만, 기존 산업정책 기조에서 벗어나 재정건전화, 민영화, 규제완화로 돌아서며 산업정책을 크게 약화시켰다. 마스트리히트 조약, WTO 협정으로 말미암아 프랑스는 개입주의, 특히 수직적 산업정책을 포기해야 했다. 수평적 경쟁정책, 대형사업의 종료, 국가대표기업의 세계화, 산업부의 해체가 이루어졌다. 이 기간 동안 콜베르티즘의 핵심이었던 대규모 공익시설의 규제 완화와 국유 기업의 민영화가 주로 이루어졌다. 이로 인해 국가대표기업에 대한 국가 소유가 상당히 약화되었다. 그러나 프랑스는 산업의 쇠퇴와 일자리의 소멸, 혁신 능력의 약화, 혁신중소기업의 성장 부진, 프랑스 과학의 전반적 몰락에 직면하였다. 이를 배경으로 리스본 전략에서는 미국과의 경쟁력 격차를 인정하는 새로운 성장 의제를 설계하게 하였다. 프랑스는 지역 혁신생태계의 아이디어에 기초하여 지역 단위에서의 연구자, 기업, 교수, 지역당국, 은행가, 공무원의 협력을 통해 부문별 전문화를 낳을 수 있는 무수히 많은 새로운 대형사업들을 경쟁적으로 추진하게 되었다. 기존의 국가대표기업, 공공연구시설, 헌신적인 공공서비스와 같은 전통적 자산에 의존하는 지역클러스터 프로그램(pole de competitivite)이 도입되고 산업혁신 기관과 국가 연구기관이 설립되었으며 중소기업 육성프로그램을 시도하였다. 정책은 기업, 연구소, 대학의 지역 단위의 전략적 협력을 촉진하도록 설계되었다. 미국의 클러스터나 이탈리아의 지구는 지역의 주도로 태어나 지역주체에 의해 수행되었고 성공은 매우 혁신적이었으며, 조정, 협력, 전문화가 핵심요소이다. 반면 프랑스 클러스터는 국가적 기원을 가지며, 주로 국가가 자금을 제공하지만 관리는 지역적으로 이루어진다.

2. 한국의 산업구조 변화와 도전

2.1 한국 기업의 성장과 산업화

한국 산업의 발전과 구조 변화의 과정은 대기업 주도로 자회사와 하청 중소업체를 수직적으로 통합한 생산 네트워크를 구성하여 사업구조를 다변화하고 그 과정에서 제조업이 고도화되는 과정이었다. 한국 제조업은 경공업에서 출발하여 대기업집단의 프로젝트 실행능력에 기반해 중화학공업으로 확장하며 산업 고도화를 이루어냈다. 기업들은 중화학공업에 진입한 후 이들 산업에서 공정 개선에 주력하였으며, 점차 생산 전 단계인 제품 개발과 기술 설계에도 초점을 맞추어 갔다. 이에 따라 한국은 제조, 과학기술, 응용 R&D에서의 강점에 기초하여 다수의 제조업에서 선도적 위치로 올라섰다. 하지만 한국 기업은 가치사슬 내에서 아직 생산단계에 주로 참여하고 있으며, 부품 · 소재 · 장비나 서비스 및 제품 혁신 단계에의 참여는 제한적이다. 이제 한국 산업은 생산기술 혁신에서의 전통적 강점을 유지하면서 부품 · 소재 · 장비나 고부가의 서비스 활동으로 고도화해가고 새로운 신흥 산업으로 진출해 나가야 할 때가 되었다.

2.2 수평적 산업구조의 현상과 평가

한국의 산업은 괄목할 만한 성장을 이루었다. 2020년에는 GDP 규모 세계 10위, 무역 9위를 차지하여 세계 주요 경제국의 하나로 성장하였다. 빠른 성장과 함께 선진국에서와 같은 급속한 산업구조 변화도 경험했다 : 농업의 지속적 위축, 제조업 확산, 서비스업의 지속적 팽창. 제조업은 규모가 크게 성장했을 뿐만 아니라 노동집약적 가공산업으로부터 출발하여 중화학공업을 거쳐 반도체, 휴대폰, 디스플레이 등 지식 기반의 첨단 기술집약형 산업으로의 구조 변화가 일어났다.

1) 산업구조의 변화와 양극화

지난 70년 동안 우리나라는 탈농업화. 산업화, 서비스화, 지식기반화를 경험해 왔다. 1953년 주력산업은 농림어업으로 국내총생산의 48.2%를 담당하였고 서비스업(42.9%)과 제조업(9.0%)이 뒤를 이었다. 이후 농림어업의 생산 비중은 계속 위축되어 2020년 2.0%까지 급감하였고, 제조업은 계속 증가하여 2012년 28.2%로 높아진 후 다소 감소하여 2020년에는 27.1%를 기록하였다. 서비스업 비중은 전 기간에 걸쳐 계속 상승하여 2020년 62.4%에 올라섰지만 OECD 평균에 비해서는 크게 낮다.

(1) 탈농업화와 산업화

1950년대 농업국가, 한국

1950년대에 한국은 농업국가였다. 총생산에서의 농업비중은 유사한 소득수준을 가진 다른 국가에 비해서도 10% 이상 높았으며, 고용 비중(1963년 63%)으로 보아도 역시 전형적인 농업국가였다. 반면 제조업을 포함한 광공업의 비중은 1960년대 초까지 비정상적으로 낮았다. 서비스업의 비중은 1960년대와 그 이후 내내 다른 유사한 소득 수준을 가진 국가들과 유사했다. 한국이 농업과 서비스업이 지배적인 국가로 남겨진 데는 여러 가지 이유가 있었다. 일제식민지 시기 북한은 광업과 제조업의 대부분을 가졌지만 한국은 농산물 공급지로서의 역할에 치중되었다. 그나마 남아있던 경공업 제조시설은 한국전쟁으로 파괴되었다. 결국 내수를 위한 노동집약적 소비재 산업과 군과 전후복구를 지원하는 건설 및 운송 등의 서비스산업이 성장했다. 수입대체를 목표로 한 본격적 산업화는 1950년대 후반에야 시작되었기에 경제 전반에 영향을 미치기에는 미흡했다. 이 시기 가장 큰 정책변화는 1950년에 시작된 농지개혁이었다. 자작농에 대한 토지 재배분은 생산성을 높이는 계기가 되었고 이를 바탕으로 농업부문이 빠르게 발전할 수 있었다. 하지만 미국 원조의 일환인 잉여농산물 도입에 따라 농업은 경제발전을 주도하는 성장산업으로까지 나아갈 수 없었다. 결과적으로 1960년까지도 한국의 지배적 산업은 농림어업이었다. 농림어업은 전체 산업생산의 40%를 점한 반면 제조업은 10%를 소폭 상회한 데 그쳤다. 제조업은 전후복구를 위한 시설재 생산, 농업지원, 에너지원 확보, 생활소비재 중심으로 발전하였다. 수출비중에서 제조업은 25% 전후에 머물렀다. 한편 원조로부터의 외환가득액을 극대화하기 위해 원화의 고평가가 유지되어 수출의 수익성 그리고 그에 따라 수출성과는 제한적이었다.

산업화

1953년부터 1960년대 초반까지 농림어업과 서비스업이 주춤한 사이에 제조업이 빠르게 성장하기 시작한 이래 제조업 중심의 산업화는 1990년대 초반까지 계속되었다. 제조업은 1960～1970년 동안 연간 17% 성장하여 부가가치 비중은 1953～1960년 12%에서 1981～1990년 25%로 급증했다. 제조업의 성장을 이끈 것은 수출로 제조업의 수출 비중은 1960년대 초 25%에서 1970년대 초에는 90%대로 증가했다. 한편 1차 산업, 특히 농업부문은 1960～1970년대에 연간 3%의 성장률을 보이며 저가의 농산물을 산업근로자에게 제공할 수 있었지만 이후 정체가 이어져 농업과 제조업 그리고 농촌과 도시 간의 불균형은 사회갈등을 만들어냈다.

1960년대는 산업정책이 5년 단위의 계획을 중심으로 본격 실행되기 시작한 시기로 특징지을 수 있다. 당시 개발도상국의 경제발전전략에서 수입대체가 바람직한가 아니면 수출촉진이 바람직한가에 대해 논란이 컸고 각국은 각기 다른 발전전략을 선택하였다. 중남미 국가 등 대부분의 개발도상국들은 수입대체전략을 선택하였지만 우리나라는 수출촉진과 수입대체를 병행하였다. 정부는 외환정책(고환율), 조세정책(수출 보조금, 조세혜택), 금융정책(저금리 수출신용)을 동원해 수출 촉진에 나섰다. 수입대체에 대해서 제1차 경제개발 계획기간(1962~1966)에는 시멘트 · 비료 · 정유 · 화학 · 섬유공업 육성에 주력하였고, 제2차 경제개발 계획기간(1967~1971)에는 7개의 특정 공업(기계, 조선, 섬유, 전자, 석유화학, 철강, 비철금속 제철공업)의 선별적 육성을 계속하였다. 1960년대에 집행된 경제개발계획에서 정부는 전력, 도로, 항만 등 사회간접자본에 집중 투자하였고 비료, 시멘트, 정유, 철강 산업에서 공기업을 설립하였다. 산업화에 필요한 투자수준에 비해 저축은 크게 모자랐지만 해외차입, 해외원조, 일본과의 국교정상화(1965)에 따른 전쟁배상금과 상업차관으로 보충하였다.

1980년대 말부터 노동력의 탈산업화가 시작

1980년대 말부터 제조업 부가가치 비중이 정체된 가운데 고용비중은 하락하는 "노동력의 탈산업화"가 나타나기 시작했다. 급증하던 제조업의 고용 비중은 1989년 27.8%로 정점에 도달한 후 2020년 16.3%로 대폭 감소하였다. 한국의 탈산업화가 1980년대 말에 시작된 것은 산업화 속도만큼 급속한 것이었다. 선진국의 경우 노동력의 탈산업화는 19세기와 20세기의 산업 선도국이던 영국과 미국에서 1950년대 초에 발생했지만 여타 대부분의 선진국들은 1970년대에 들어서야 경험했다. 우리의 탈산업화는 저임금 노동력을 기반으로 중국 등의 신흥공업국이 중저급 기술제품의 생산에 본격 진입한 것을 배경으로 이에 대응하여 제조업에서 중화학공업의 고도화가 이루어지고 1980년대 말에는 기술집약 산업으로의 변환이 생겨난 데서 비롯하였다. 이들 산업은 경공업보다 자본집약적이어서 생산과 부가가치가 계속 증가하였지만 그 고용은 절대 규모나 비중 모두 감소하는 탈산업화를 야기하였다. 이런 변화에도 불구하고 우리나라는 독일, 일본과 유사하게 부가가치 기준으로 제조업 비중(35.6%, 2020)이 OECD(26.3%)에 비해서도 유난히 높아 부가가치의 탈산업화는 아직 나타나고 있지 않다. 참고로 2020년의 제조업 부가가치 비중은 제조 강국인 독일이 29.3%, 일본이 29.0%(2019)이며, 그 외 프랑스 18.4%, 스웨덴 23.8%, 미국 18.8% 수준이다(OECD.stat National Accounts at a glance).

그림 7-5 산업구조의 변화

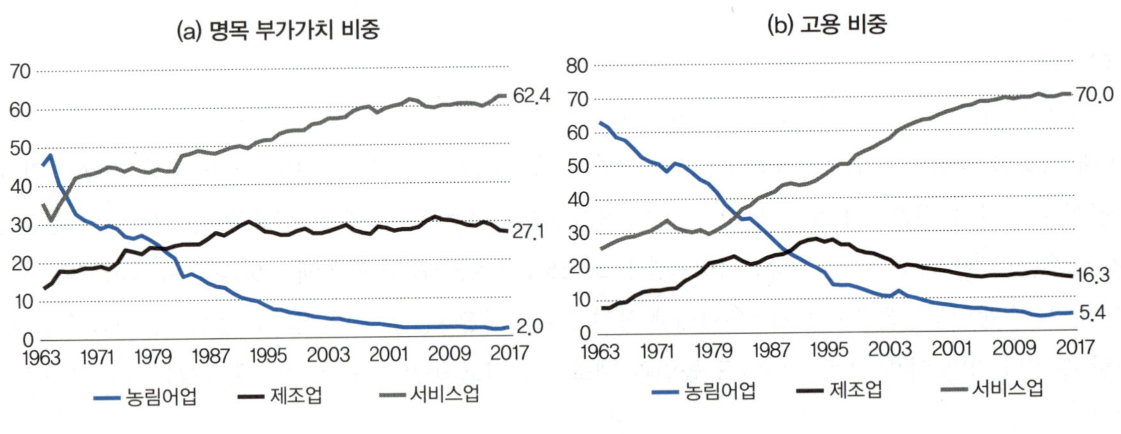

주 : 농업, 제조업, 서비스업 기준

(2) 서비스화

1970년대 중반 이후 서비스화가 시작되어 최근에는 주춤

우리 경제는 1970년대 중반 이후 서비스업의 부가가치 비중이나 고용 비중이 모두 증가하는 서비스화를 겪었고 2010년대에 들어 이러한 추세가 다소 주춤해진 상태이다.[19] 서비스업의 부가가치 비중은 1970년대 중반 43% 내외에 머물다 상승세를 지속하여 1989년과 2006년에 각각 50%와 60%를 넘었고 2020년에는

19. 1970년대에 중화학공업 육성이 중시되면서 서비스업의 부가가치 비중은 내내 정체되었고 고용비중은 오히려 감소하였다.

62.4%까지 높아졌다. 하지만 2000년대 중반 GDP 대비 서비스산업의 비중이 60%를 정점으로 성장세가 정체되었다. 한편 1976년 29.5% 수준으로 왜소했던 서비스업 고용비중은 1989년 45.3%, 2006년 2009년 66.2%까지 증가한 후 2020년에는 70.0%까지 커졌다.

우리 경제의 서비스화 정도는 OECD 평균 수준을 아직 하회한다. 서비스업의 부가가치 비중은 OECD 평균(71.2%, OECD.stat National Accounts at a glance)에 비해 낮으며, 제조업 위주의 산업구조를 보이는 독일(69.9%)이나 일본(70.0%, 2019)에 비해서도 크게 낮다. 서비스업 고용 비중 역시 OECD 평균(73.8%, 2018)을 밑돈다. 한편 전 세계적으로 서비스 수출은 꾸준히 증가하여 2010년 이래 총수출에서 차지하는 비중이 꾸준히 상승(OECD 26.8%, 2015)하고 있지만, 한국은 15.3%의 현격히 낮은 수준에 머물고 있다. 서비스산업의 무역규모는 아직 그 비중이 제조업에 미치지 못하고 대부분의 업종에서 무역적자를 보이고 있다. 2020년 기준 우리나라의 서비스 수출은 세계 수출액의 2.2%, 수입은 세계 수입액의 2.5%를 차지하며 서비스 교역 규모가 주요국에 비해 작다(WTO Stats, International Trade Statistics). 주요국들은 사업 서비스, 지식재산권, 금융 등 고부가 산업에서 흑자를 보인 반면 우리나라는 건설, 정보 · 통신 등에서만 흑자를 기록하고 있다.

표 7-9 수출입과 GDP에서 서비스가 차지하는 비중 : 국가 간 비교(2016)

구분	한국	미국	일본	독일	영국	OECD
총수출	15.3	34.1	21.5	21.6	35.9	26.8
총수입	22.0	18.6	24.0	18.7	33.6	23.7
GDP	59.2	78.9	70.0	68.9	79.2	74.2

주 : 총수출, 총수입 일본 · 미국 · OECD는 2015년 기준.
자료 : OECD Statistics ; The World Bank Data

서비스산업 정책

우리나라에서 서비스산업 관련 정책기조는 시대별로 볼 때 인프라 구축을 통한 산업화 이행기(1961~1979), 개방화와 서비스산업 인식 제고기(1980~1997), 성장동력과 고용 창출원으로서의 서비스산업 활성화기(1997~2007), 서비스산업 선진화기(2008~)로 대별된다(김준경 · 차문중, 2010).

그림 7-6 우리나라에서의 서비스산업 정책 변화

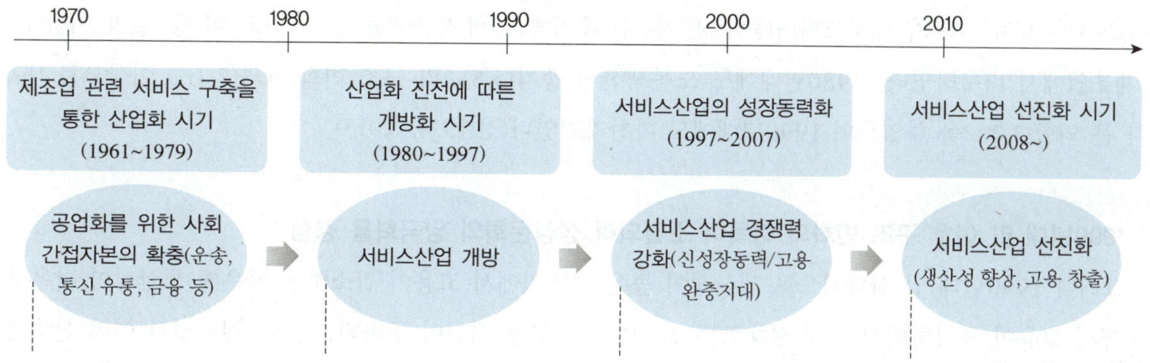

1970 | 1980 | 1990 | 2000 | 2010

제조업 관련 서비스 구축을 통한 산업화 시기 (1961~1979)	산업화 진전에 따른 개방화 시기 (1980~1997)	서비스산업의 성장동력화 (1997~2007)	서비스산업 선진화 시기 (2008~)
공업화를 위한 사회간접자본의 확충(운송, 통신 유통, 금융 등) →	서비스산업 개방 →	서비스산업 경쟁력 강화(신성장동력/고용 완충지대) →	서비스산업 선진화 (생산성 향상, 고용 창출)

자료 : 한국개발연구원(2005)을 재구성.

산업화가 빠른 속도로 진행되었던 1970년대 말까지 정부는 서비스업 자체의 산업화보다 유통산업 개선, 금융규제, 관광산업 육성 등 제조업 수요에의 부응이나 외화가득원에 관심을 두었으며, 때때로 사회개발을 위한 교육과 보건, 통신업 등 제조업을 위한 사회간접자본에 집중했다. 1980년대 이후 외환 위기까지의 시기에는 통상압력이 가중되었고 서비스시장 개방이 요구되자 이를 수용하기 위해 1980년대 초에는 관광과 유학의 자유화와 외국인의 도소매업 투자제한 완화가 이루어졌다. 1980년대 중반 이후에는 문화산업과 통신, 유통 등에 있어 개방이 이어졌으며 생산자 서비스에서의 경쟁력 제고방안이 논의되기 시작하였다. 그러나 서비스산업 개방은 대부분 소극적이고 최소한으로만 이루어졌다.

1990년대 중반 이후 경제성장률이 둔화되고 고용의 탈산업화가 급진전되자 새로운 성장동력과 고용 완충지대로서 서비스산업이 부각되었다. 특히 제조업과 선순환 구조를 구축하고 양질의 일자리 창출을 위해 지식기반 서비스가 강조되었다. 2000년대를 지나면서 정부는 동북아 경제중심 국가라는 국정목표를 위해 물류, 금융, 사업서비스 등의 경쟁력 제고를 천명하며 서비스산업 육성을 본격화하였다. 특히 성장을 이끌고 제조업의 생산성을 제고하는 한편 고용창출을 위해 생산자 서비스, 유통, 문화, 관광, 레저 등이 서비스산업 경쟁력 강화정책에 포함되었다.

2008년 이후에는 서비스산업을 성장동력으로 인식하고 선진화를 추진하게 되었다. 정부는 수차례에 걸쳐 서비스산업 선진화 방안을 발표하여 서비스산업 전반에 걸쳐 과제를 제시하고 법령 개정에 나섰다. 특히 주요 서비스부문에 대한 인적자원 개발을 본격화하는 한편 제조 기업에 비해 차별되어 온 지원기준, 해외진출, R&D, 조세 등의 분야에서 다양한 정책들을 개선하기 시작하였다. 2011년 서비스산업발전 기본법(안) 입법을 위한 노력 이후 매년 전반적인 서비스산업 육성 및 유망 서비스 분야의 발전전략이 발표되고 있다.

(3) 산업 양극화와 경제성장의 둔화 : 구조 변화의 이득과 부담

1990년대까지 제조업에서의 생산성 개선과 구조 변화가 성장을 견인

한국의 고소득 국가로의 진입은 생산성이 높은 제조업과 서비스업의 확대에 기인한 노동생산성 증가에 기인한 바가 크다. 한국은 제조업(6.77%)과 서비스산업(1.13%) 모두 미국이나 일본 등 선진국에 비해 높은 노동생산성 증가율을 보여 왔다. 이에는 생산성이 낮은 농림어업 근로자가 지속적으로 생산성이 높은 광공업과 서비스업에 진출함에 따라 경제 전체의 생산성의 개선이 이루어지는 구조 변화의 이득이 큰 역할을 하였다. 그러나 개별산업 내부에서의 생산성 개선 효과도 무시할 수 없었다. 예를 들어 1970년대 노동생산성 증가(3.2%)의 2/3(1.9%)가 내부효과(업종비중은 불변인 채 경제전반의 생산성 증가), 그리고 이 중 절반 이상(1.0%)이 제조업에서 비롯하였다. 1980년대에도 노동생산성 증가(5.8%)의 구조 변화 효과(2.1%) 이상으로 내부효과가 큰 역할(3.7%)을 하였으며 1990년대에도 마찬가지였다(신관호 등, 2013).

1990년대 말 이후 구조 변화의 이득이 소멸되며 성장둔화와 양극화를 경험

그러나 1990년대 말 상대적으로 생산성이 높은 제조업에서 고용이 감소하는 가운데 생산성이 낮은 서비스업에서 고용이 증가하면서 경제 전체로는 성장이나 생산성 개선이 둔화되는 한편 제조업과 여타 산업 간의 양극화 그리고 분배의 악화가 나타나고 있다.

그림 7-7 산업 생산성의 추이와 구성

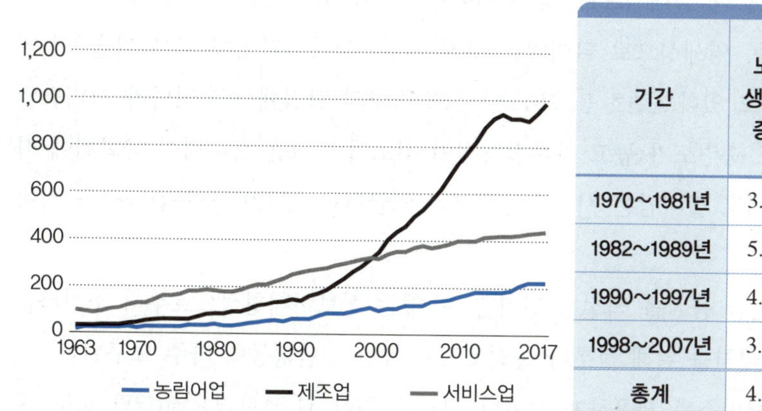

기간	노동 생산성 증가	내부 효과 (제조업)	이전효과(shift effect)		
			정태적 이전 효과	동태적 이전 효과	총 이전 효과
1970~1981년	3.2%	1.9(1.0)	1.6%	−0.3%	1.3%
1982~1989년	5.8%	3.7(1.0)	2.3%	−0.2%	2.1%
1990~1997년	4.5%	3.3(2.1)	1.5%	−0.2%	1.2%
1998~2007년	3.3%	3.0(2.5)	0.5%	−0.2%	0.3%
총계	4.1%	2.9(1.6)	1.4%	−0.2%	1.2%

자료 : 한국은행 국민소득통계, 통계청 경제활동 인구연보 ; 신관호 등(2013)

생산성 격차 1998~2007년 우리 경제의 노동생산성 증가는 연평균 3.3%로 나타나는데 이 중 구조 변화에 따른 이전효과가 기여한 부분은 극히 미미(0.3%)하고 대부분 제조업 내부에서의 생산성 증가(2.5%)에서 비롯하였다. [그림 7-7]에서 보듯이 서비스업 생산성은 1990년대 말까지 제조업을 꾸준히 상회하였다. 그러나 1990년대 초부터 급상승하던 제조업의 노동생산성은 1998년 이후 서비스업의 노동생산성을 초과하였고 이후에도 그 증가추세를 계속 이어가고 있다.

현재 서비스업의 취업자 1인당 생산성은 제조업의 56.5%(2018) 수준[20]에 그치고 있는데, 이는 미국 86.5%, 일본 69.3%, 독일 85.1%에 비해 매우 낮은 것이다(한국생산성 본부, 생산성 통계DB). 이와 관련하여 한국 제조업의 취업자 1인당 노동생산성은 미국의 95.9% 수준에 달하지만, 서비스산업의 취업자 1인당 노동생산은 미국의 54.2%로 OECD 평균(64.4%)이나 제조강국인 독일의 63.7%나 일본의 65.6%에도 모두 미치지 못하고 있다.

제조업의 생산성 향상은 제조업에 투자가 집중되고 기술혁신이 빠른 것 외에 제조업 내에서 기업들이 기술과 자본의 축적을 통해 부가가치가 보다 높은 업종으로 계속 이동하는 구조조정을 지속해 온 결과이다. 서비스업 중 생산성이 높은 지식기반 서비스업의 빠른 성장에도 불구하고 1990년대 이후 제조업에서 전개된 산업고도화 추세와 외환위기 이후 제조업 인력 구조조정이 겹쳐지면서 그에 따른 퇴출인력이 운수, 음식·숙박, 개인 서비스업을 포함한 전통 서비스업으로 흡수되었다.[21] 고용증가에 따라 서비스업의 노동생산성 증가가 둔화되면서 제조업과 서비스업의 생산성 양극화현상이 나타나고 이는 외환위기 이후 더욱 현저해졌다.

20. 각국의 노동생산성은 각국의 서비스업종별 2007년 부가가치를 PPP 기준에 따라 미국 달러로 환산한 뒤 업종별 취업자 수로 나누어 계산.

21. 서비스산업은 저부가가치 서비스업을 중심으로 서비스화가 진전되고 있다. 이는 서비스산업의 고용비중을 부가가치비중보다 더 빨리 증가시킴에 따라 생산성(= 부가가치비중/고용비중)의 하락을 낳아왔다. OECD 국가들도 소득이 높을수록 서비스업의 생산성이 낮아지는 경향이 있으나 대부분의 OECD 국가는 한국보다 소득과 상대생산성이 높다.

영세성과 고용불안으로 서비스업 생산성 향상에 한계

서비스산업의 노동생산성이 상대적으로나 절대적으로 낮은 이유는 무엇일까? 제조업 고용흡수력의 저하, 과도한 규제, 국제경쟁에의 노출 부족, 영세성으로 말미암은 투자 제한, 노동집약성에 따른 기술혁신의 혜택 제한 등 많은 요인이 동시에 작용하고 있다(신관호 등, 2013). 구조 변화의 관점에서 우리나라 서비스업 생산성이 낮은 가장 큰 이유는 무엇보다도 숙련도가 높고 자본집약적인 제조업의 고용 흡수력이 약화됨에 따라 서비스업에 과도한 인력이 유입하고 이로 말미암은 서비스업에서의 임금하락 압력이 노동집약성을 가속화시키고 있기 때문이다.

서비스산업에서는 서비스가 무형인 만큼 품질을 적절히 평가할 수 없는 정보비대칭성으로부터 소비자를 보호하고 공익적 목적이나 외부효과에의 대처를 위해 정부나 사회조직을 통한 집단행동이 자주 요구된다. 이를 위해 정부는 공공기관이 독점적으로 서비스를 제공하게 하거나 진입을 위한 최소 자격요건(경력, 교육 · 훈련, 자격증)을 제시하여 진입을 제한한다. 아울러 진입 후에도 영업절차와 가격, 광고와 마케팅, 위치, 회원 간 협력, 영업형태 등을 광범위하게 규제한다. 의료업의 경우 의료기관은 건강보험 요양기관으로 자동 지정되고 국민건강보험공단에 의해 가격을 통제받으며, 영리법인 설립이 금지된다. 교육에서는 학교 설립과 퇴출이 제한되고 학교법인의 재산권 행사, 교육활동, 교원임용 등을 광범위하게 규제하며 영리법인 설립이 금지된다. 이러한 진입과 업무에 대한 규제는 소비자가 균질하고 고품질의 서비스를 확보하도록 할 수 있다. 아울러 정부는 표준성과를 설정하고 정기적으로 검사하여 위반 시 이를 제재한다. 서비스 인력들은 협회나 단체 등을 구성하여 협력하고 보다 나은 품질 제공을 위한 정보 교환, 훈련협력, 윤리기준 설정, 소비자와의 분쟁 중재 등의 역할을 한다. 그러나 서비스산업에서 광범위하게 관찰되는 진입 · 행위 규제는 인력공급과 경쟁을 제한하고 가격을 높이는 등의 지대추구를 자극하고 진입 후에는 인력양성에 소극적인 상황을 만들어 내고 있다. 동시에 협회를 중심으로 기존 제도를 고수하며 경쟁을 억제하고 혁신을 방해하는(김주훈과 차문중, 2007) 한편 정부지원을 위해 압력을 행사한다. 서비스업의 저생산성을 낳는 제도적 여건으로는 규제에 의한 국내경쟁의 제한을 들 수 있다. 543개의 서비스업 가운데 거의 3분의 1 정도의 명백한 진입장벽이 규정되어 있으며, OECD에 따르면 이로 인해 비제조업 부문의 상품시장 규제 제약성 측면에서 한국이 선진국 가운데 계속 상위를 유지하고 있다. 이러한 규제는 대부분 중소기업을 보호하기 위해 마련된 것이다.

서비스산업의 경쟁력 강화를 위해서는 산업지원정책과 더불어 외국자본의 유치와 활용을 높이는 노력도 필요하다. 서비스산업은 종사자의 숙련이나 기업 노하우 등 무형자산의 중요성이 큰 만큼 외국의 기업과 자본의 진입이 경쟁력의 제고와 시장 활성화에 보다 효과적일 수 있다. 외국인 입장에서 한국 서비스산업의 규제환경 및 개방 수준을 OECD의 서비스무역 제한지수(Services Trade Restrictiveness Index ; STRI)를 참고하여 평가할 수 있다. STRI는 자유무역협정 등의 특혜협정은 반영하지 않으나 서비스 분야별로 국내규제 및 제한사항을 평가한다. 2017년 기준 44개국 평균과 비교해 볼 때 철도운송과 회계 등 일부 분야를 제외하면 이미 서비스산업의 전반적인 개방도는 비교적 높다. 그러나 한국은 오랫동안 규제를 통해 외국인의 국내경쟁을 제한하고 외국 기업 및 계열사들의 서비스 부문 진입을 제한해 왔다. 한국의 서비스 교역규모는 아직 기대 수준에 훨씬 못 미치며, 서비스 부문에 대한 외국인투자 금액도 상대적으로 적다. 따라서 단순히 개방수준을 높이기보다는 외국자본 진입이 국내 경제에 기여하고 국내 서비스산업의 경쟁력 강화에 기여할 수 있도록 외국자본의 유치와 관리감독 등 외국인 투자 관련 제도를 효율적으로 운용하는 데 보다 큰 관심을 기울여야 할 필요가 있다.

그림 7-8 한국의 서비스 분야별 OECD STRI 지수(2017)

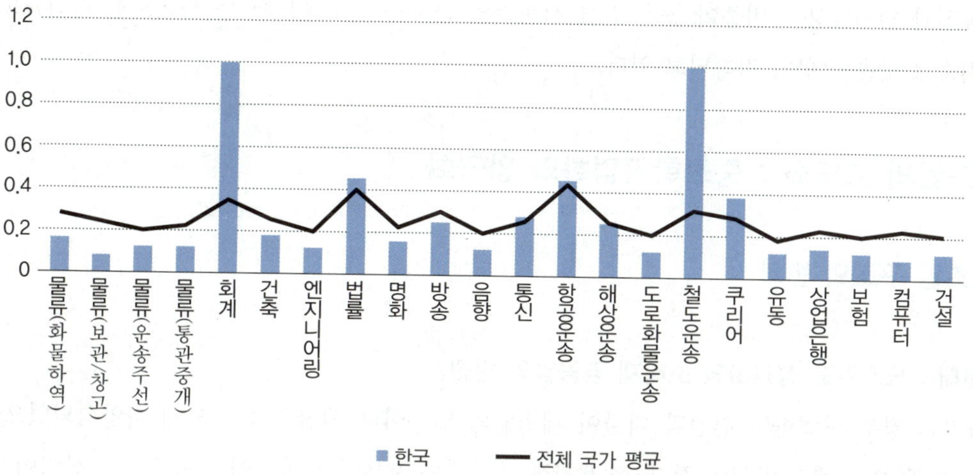

물류(화물하역) 물류(보관/창고) 물류(운송주선) 물류(통관중개) 회계 건축 엔지니어링 법률 영화 방송 음향 통신 항공운송 해상운송 도로화물운송 철도운송 쿠리어 유통 상업은행 보험 컴퓨터 건설

■ 한국 ━ 전체 국가 평균

주 : STRI는 0에서부터 1 사이의 값을 가지며 1에 가까울수록 서비스 무역규제가 많고 0에 가까울수록 개방수준이 높음을 의미.

자료 : OECD Services Trade Restrictiveness Index

많은 서비스 업종이 개별 전문인력이 중심이 되는 개인사업체 형태로 운영되어 업체 대형화와 전문화가 부진하다. 우리나라 서비스산업은 사업체당 종사자 수가 제조업의 절반인 4.7명이며 사업체당 매출은 제조업의 23.6%(2015년, 경제총조사 10차 계정 전국편)로 규모가 영세하다. 서비스업 중 종업원 4인 이하 소규모 사업체의 비중은 82.9%(2019년, 종사자 수 31.3%)로 제조업(63.1%, 종사자 수 비중 14.2%)에 비해 매우 높으며, 고용도 집중되어 있다. 매출액 규모에서는 1억 원 미만의 매출 사업체가 59.8%(2019)로 서비스업 종사자의 20.2%를 고용하고 있다. 한 가지 주의할 것은 전체 사업체의 0.1% 미만인 종사자 수 300인 이상의 사업체가 서비스업 고용의 12.9%, 총 매출의 20.8%를 담당하여 대기업의 역할이 작지 않다는 점이다.

서비스산업은 개인사업체의 비중이 높고 영세적이어서 연구개발에 자원을 투입하고 위험을 감수하며 신기술을 도입할 여유가 부족하다. 2019년 우리나라 산업별 매출액 대비 연구개발비에서 서비스업은 2.2%까지 높아졌으나 여전히 제조업 4.5%의 절반에도 미치지 못하고 있다. 이에 따라 제조업 부문 연구개발비가 차지하는 비율은 전체 기업 연구개발비의 87.5%이나 서비스업 부문은 10.6%에 지나지 않는다. 이러한 비중은 과거보다 높아진 것이지만 미국(34.4%, 2017), 프랑스(48.5%, 2017)에 비해서는 현격히 낮으며 독일(14.3%, 2017), 일본(12.0%, 2019)에 비해서도 낮다(OECD, R&D Statistics 2020, 2019년도 연구개발 활동조사보고서). 이마저도 대부분의 R&D 투자는 대기업이 주도하는 통신 · 컴퓨터 관련 기업 서비스 등에 편중되고 있다. 한편 우리나라 제조업 부문 연구원이 차지하는 비율은 전체 기업의 74.2%(2019)이지만 서비스업 부문은 22.8%에 머물고 있다.

서비스업은 상용근로자의 비율이 낮고 자영업자와 무급가족의 비율이 높아 고용도 불안하다. 노동집약적임에도 불구하고 고용이 불안하여 현장에서의 혁신이 발생할 여지가 크지 못한 것이다. 2019년 서비스산업에서 자영업자(무급가족종사자 포함) 비중은 21.2%로 과거(28.8%, 2009)에 비해 낮아졌지만, 제조업(9.5%, 2009년 14.6%)의 두 배를 넘고 OECD 국가 중에서도 가장 높아 주요 선진국에 비해 3~4배 수준이다. 한편 제조업에 비해 임시일용직 비중(12.1%)이 높고 고용형태상 비정규직 비중(33.0%, 제조업 14.7%, 경제활동인구조사 부가조사, 2021. 8)도 높으며, 저숙련 노동에 의존하는 저부가가치 업종일수록 고용불안이 더 심각하다. 결국 서비스업에서 한시고용, 시간제고용, 비전형 고용의 비중이 제조업의 2배를 넘어선다. 서비스업 근로자들은 비정규직과 임시일용직 비중이 높은 만큼 서비스업 근로자의 고용보험 등 사회보험 가입률도 제조업에 비해 전반적으로 낮은 상황이 지속되고 있다.

2) 제조업의 고도화 : 중화학공업화와 양극화

(1) 제조업 구조의 변화

1960년대 : 요소주도 성장하의 소비재 경공업의 발전

우리나라의 경우 산업화의 진전과 더불어 제조업의 업종이나 생산품목이 크게 다양화되었으며, 산업성장을 주도하는 업종도 계속 바뀌어 갔다. 경제성장 초기에는 자본이 부족하여 노동집약적 산업이 지배적이었다. 1950년대까지는 제조업이라고 해야 원조물자를 수입기계로 가공하여 생필품을 공급하는 소비재 공업이 거의 전부였고 그조차도 미미하여 전체 산업에서의 제조업 비중도 10% 수준에 머물렀다. 1960년대에는 이들 소비재의 수입대체와 수출산업화가 이루어져 직물 · 의류 · 합판 · 신발 등이 수출산업으로 등장하였고 제조업의 비중은 1960년대 말 18.5%까지 상승하였다. 근로자 임금이 세계에서 가장 낮은 수준에 속해 이를 활용한 노동집약적 경공업은 쉽게 비용경쟁력을 확보할 수 있었고 국제무역 환경도 양호하여 수출은 빠르게 성장했으며, 경공업이 한국 경제성장에서 주도적 역할을 하기 시작했다.

표 7-10 한국에 있어 산업정책의 변화

시기	우선 순위	주요 정책 수단
1960~1973 요소주도	수출 산업-핵심부문-노동집약 제조업	수입관세보호, 수출보조, 관세환급, 저리대출과 수출목표
1973~1980 투자주도	중화학공업-철강, 화학, 비철금속, 조선, 전자, 기계 우선-선정된 소수의 대기업 우선	과거 정책수단에 더해 우선 부문과 기업에 대한 특혜대출, 감세 그리고 투자유인
1980~1990 투자주도	합리화와 구조조정 ; 첨단기술에서의 제조수출	점진적 수입자유화, 부분적 정책대출, R&D에 대한 투자유인, 해외투자에 대한 제한 중단
1990년 이후 혁신주도	민간부문 주도 성장과 대기업 구조조정. 1997년 위기 이후 국제적으로 경쟁력있는 경제로 성장. 정부계획에서의 민간부문의 참여	금융부문 개혁, 자본시장 개방, R&D 지원.

자료 : Kim and Leipziger(1997) ; Weiss(2005), p. 19.

제1차 경제개발 5개년 계획이 시작된 1960년대 초 정부는 경공업에 초점을 맞춘 수출주도의 산업화정책을 확립하였다. 정책은 당시 저임금에 기반하여 한국이 비교우위를 갖는 섬유, 의류, 신발 등의 노동집약적 제조업의 육성에 초점이 두어졌다. 수출촉진을 위해 원화의 평가절하, 수출보조금, 저리의 수출신용과 더불어 수출업체에 대한 원자재 우선 배정 등의 다양한 조치가 더해졌다.

1970~1980년대 : 투자주도 경제에서의 중화학공업의 발전과 제조업 다변화

1970년대에 들어 경공업이 후발개도국의 추격으로 수출산업으로서의 한계를 보였고 원자재, 중간재, 자본재의 해외의존도를 완화할 필요성이 커졌으며 국방력을 제고해야 하는 안보적 요인도 작용해 중화학공업의 필요성이 커져갔다. 1960년대에 이미 화학비료, 정유, 화학섬유, 시멘트 등 기초소재를 중심으로 한 일부 중화학공업이 생산을 확충했었고, 제2차 경제개발 5개년 계획(1967~1971)에서도 중화학공업을 강조하였다. 이어 1973년에 정부는 수출촉진을 천명하며 기계(자동차 포함), 조선, 전자, 석유화학, 철강, 비철금속 등 6대 중화학공업 육성책을 제시하였다. 정부는 유치산업에서 발생하는 시장실패를 극복하고자 육성정책을 주도하였으나 실제 집행은 민간부문에 맡기는 방식을 취하였다. 또한 수출촉진 전략에서 보였던 결과 중심적 정책보다는 정부가 과정을 직접 관리하는 방식을 취했다. 이를 위해 7개 분야의 개별 공업육성법을 마련해 엄격한 계획과 통제하에 중화학공업 육성정책을 추진하였다. 정부는 이들 산업을 대상으로 보호장벽을 강화하여 내수시장에서 독점을 허용하고 시장금리보다 낮은 수준의 정책자금 할당, 세금 감면 등 금융유인과 조세유인을 제공하였다. 또한 기능 · 기술인력의 양성을 위해 직업학교를 설치 · 확장하고, R&D를 위해 정부출연 연구소를 설립하는 한편 공공 산업단지 조성을 비롯해 기간시설을 공급했으며 에너지 조달을 위한 다각도의 정책수단을 활용하였다.

표 7-11 제조업의 산업별 부가가치 비중의 추이

1970년		1980년		1990년		2000년		2010년		2020년	
섬유가죽	26.1	섬유가죽	21.5	컴퓨터전자	16.0	컴퓨터전자	21.9	컴퓨터전자	23.2	컴퓨터전자	25.6
음식료	20.3	화학	16.5	화학	12.9	화학	13.7	화학	15.1	화학	16.3
화학	12.9	음식료	11.3	섬유가죽	12.1	운송장비	10.1	운송장비	12.6	운송장비	10.3
목재종이	9.0	컴퓨터전자	11.2	운송장비	10.1	기계장비	7.8	1차 금속	8.0	기계장비	9.8
운송장비	8.2	1차 금속	6.7	1차 금속	8.9	섬유가죽	7.3	기계장비	7.9	금속가공	7.3
비금속	6.1	비금속	6.2	음식료	7.6	1차 금속	6.8	금속가공	7.4	전기장비	6.7
기타 제조	5.2	목재종이	5.0	기계장비	6.9	음식료	6.1	전기장비	5.9	1차 금속	5.7
컴퓨터전자	4.8	운송장비	4.7	비금속	6.2	전기장비	5.8	섬유가죽	4.2	음식료	5.5
기계장비	2.9	기계장비	4.4	목재종이	5.3	금속가공	5.5	음식료	4.2	섬유가죽	3.2
1차 금속	1.5	석유정제	3.9	금속가공	4.1	목재종이	4.4	석유정제	3.3	목재종이	3.1
석유정제	1.2	기타 제조	3.8	기타 제조	3.9	석유정제	3.9	비금속	3.1	비금속	2.5
금속가공	1.0	금속가공	2.7	전기장비	3.2	비금속	3.9	목재종이	3.0	기타 제조	2.4
전기장비	0.8	전기장비	2.1	석유정제	2.6	기타 제조	2.8	기타 제조	2.0	석유정제	1.7

자료 : 한국은행 경제통계시스템, 국민계정 경제활동별 GDP(명목)기준

이러한 노력에 힘입어 1970년대에는 소재와 중간재를 공급하는 철강 · 비철금속 · 석유화학 등 기초소재와 조선 · 전자 · 자동차 · 기계 등 조립가공의 중화학공업이 생산과 수출 비중을 확대하며 제조업을 선도하기 시작하였다. 1970년대 후반이 되면 제조업 전체에서 중화학공업이 경공업을 압도하였고 1980년대에 들어서는 중화학공업의 부가가치 비중이 50%를 넘어섰다. 그러나 동기간 농림어업과 경공업은 상대적으로 정체된 가운데 중화학공업을 중심으로 대규모 기업집단이 형성되어 경제의 불균형이 확대되는 한편 도농 간 격차가

부각되었다. 아울러 특혜적 편중 지원은 중화학공업에서의 중복 과잉투자와 다수의 부실기업으로 이어졌으며, 1970년대 말의 석유위기에 따른 경제여건 악화로 중화학공업 부실은 심각한 경제문제로 대두하였다.

1980년대 내내 중화학공업에 대한 구조조정과 그를 위한 정부 개입과 기업 구제가 이루어졌다. 정부는 발전설비, 디젤엔진, 차량엔진, 중전기기, 전자교환기 등의 분야에서 업체 간 통폐합을 중심으로 구조조정을 단행하였다. 구조조정을 거치며 생산이 부진하였던 중화학공업은 1980년대 중반 이후 대외경기 호전에 따른 수출확대를 기반으로 확장세로 돌아서 2000년대까지 경제 전체에서 차지하는 비중이 계속 확대되었다. 한편 정부는 1980년대에 들어 선별적 산업정책에서 벗어나 기능별 산업정책으로 전환하며 대기업집단에 대한 직접적 지원을 축소하였고 거시경제 안정화에 주의를 기울였다. 산업정책에서는 7개 개별 공업법을 폐지하고 공업발전법(1986)을 새로이 제정함으로써 특정산업에 대한 정부 개입의 근거를 폐지하고 지정된 업종을 제외하고는 기업 경영활동에 대한 개입이 자제되었다. 공업발전법은 성장유망산업, 구조불황산업 등 시장실패가 예상되는 업종에 한시적으로 정부가 간여하는 산업합리화제도(1986~1997)를 운용함으로써 구조조정을 지속하는 한편 산업 구조조정 정책을 체계적으로 정립하는 계기를 마련하였다. 공업발전법에서는 산업기술과 생산성 향상을 위한 제도적 체계를 제시함으로써 기존의 투자주도형 발전에서 벗어나 혁신주도형 발전으로 이행하는 토대를 마련하였다. 그러나 기업 자율의 산업정책 기조로 전환함에 따라 중화학공업에서 대규모의 중복 과잉 투자가 자극되기도 하였다.

표 7-12 **제조업의 구조 변화**

(a) 명목 부가가치 비중

	1970년	1975년	1980년	1985년	1990년	1995년	2000년	2005년	2010년	2015년	2020년
경공업	60.6	50.1	41.7	36.2	29.0	22.9	20.6	15.6	13.4	13.7	14.1
중화학공업	39.4	49.9	58.3	63.8	71.0	77.1	79.4	84.4	86.6	86.3	85.9
기초소재	21.7	26.8	33.2	31.7	30.7	31.1	28.3	31.8	29.6	28.2	26.2
가공조립	17.7	23.1	25.1	32.1	40.4	46.0	51.1	52.6	57.1	58.0	59.6

(b) 고용 비중

	1970년	1975년	1980년	1985년	1990년	1995년	2000년	2005년	2010년	2015년	2018년
경공업	59.1	59.9	53.0	48.0	40.9	34.2	31.0	24.8	22.0	21.1	21.1
중화학공업	40.9	40.1	47.0	52.0	59.1	65.8	69.0	75.2	78.0	78.9	78.9
기초소재	18.7	17.4	20.1	20.5	22.3	26.0	26.2	29.0	30.0	30.6	31.1
가공조립	22.2	22.7	26.9	31.5	36.8	39.8	42.8	46.2	48.0	48.4	47.8

주 : 한국은행 국민계정을 따라 업종을 분류하여 기초소재인 섬유제품과 목재 및 나무제품, 펄프종이는 경공업에 포함되었으며, 생활관련업종과 경공업의 구분을 하지 않음.

자료 : 장기시계열의 일관된 파악을 위하여 부가가치 비중은 한국은행 국민계정 경제활동별 GDP, 고용비중은 OECD의 STAN Industrial Analysis (2020 ed.)을 활용.

1990년대 : 혁신주도 경제에서의 기술집약 산업의 대두

1980년대에 들어 중화학공업이 제조업과 산업 전반을 주도하기 시작했지만, 당시의 중화학공업은 기술집약적 특성에도 불구하고 국내에서는 생산공정 중 설계나 핵심부품 개발과 같이 고급기술을 요하는 공정보다는 조립가공과 같이 상대적으로 노동집약적인 공정이 지배적이었다. 다행히 1980년대 말 이후에는 IT 산업이 비약적으로 발전하기 시작했다. 8년간의 민관공동연구를 통해 1984년 국산 시분할 전전자 교환기(time division exchange ; TDX)를 세계 10번째로 개발하였고, 이는 다시 CDMA 방식 휴대전화(1996)의 세계 최초의 상용화로 연결되었다. 한편 1983년에 진출했던 DRAM 반도체 분야에서는 공격적 연구개발로 1998년에는 선발국 일본을 추월하며 세계시장 점유율 1위로 올라섰다.[22]

표 7-13 **기술 수준별 제조업 구성**

(a) 명목 부가가치(비중)

	1970	1975	1980	1985	1990	1995	2000	2005	2010	2015	2018
저기술	59.6	49.3	40.7	36.1	27.0	21.3	19.4	15.0	13.4	13.7	13.1
중기술	21.8	25.4	30.2	35.8	35.6	35.9	34.4	38.4	31.8	28.8	25.3
고기술	12.4	15.9	18.6	16.9	24.4	26.5	26.6	26.7	30.0	32.5	30.2
첨단기술	6.1	9.4	10.6	11.2	13.1	16.3	19.6	19.9	24.8	25.0	31.4

(b) 고용

	1981년	1986년	1993년	1995년	2000년	2005년	2006년	2010년	2015년	2016년
저위기술	58.5	52.9	43.2	40.2	36.6	31.0	29.3	27.4	26.8	27.1
중위기술	22.9	23.0	24.5	25.2	25.5	27.8	28.1	29.4	29.6	28.4
고위기술	18.7	24.1	32.3	34.7	37.9	41.3	42.5	43.1	43.6	44.5
고급	–	–	–	–	–	–	28.0	29.1	30.2	31.3
첨단	–	–	–	–	–	–	14.5	14.0	13.4	13.2

주 : 부가가치 계산에서 2006년 이전의 선박건설(중), 항공우주(첨단), 군용전투차량(고), 철도 등(고)은 이용 가능한 데이터가 없어 수송수단(중위)에 포함시켜 중위기술로 계산함. 이에 따라 2006년 이전 중기술이 과다 계상되고 고기술과 첨단기술은 과소 계상되었음에 주의.

자료 : 장기시계열의 일관된 파악을 위하여 부가가치 비중과 고용비중은 OECD의 STAN Industrial Analysis(2020 ed.)을 활용

표 7-14 **전산업 기준 기술수준별 산업 비중**

	한국(2017)	한국(2018)	프랑스(2017)	스웨덴(2017)	미국(2018)	독일(2017)
첨단기술	11.6	12.1	3.0	3.2	3.0	3.0
고기술	12.7	12.4	6.7	12.1	8.2	15.3
첨단 및 고기술	24.3	24.5	9.7	15.3	11.2	18.3

자료 : OECD의 STAN Industrial Analysis (2020 ed.)에서 직접 인용

기술집약 산업의 확장은 개방화(우루과이 라운드 협상, WTO 출범)와 선진국의 기술보호에 대응한 민간의 적극적 기술역량 확대노력과 정부의 정책전환이 맞물린 결과였다. 기술개발 투자가 급증하는 가운데(GNP대비 R&D 비율 : 1980년 0.56, 1985년 1.52, 1990년 1.87, 1997년 2.5%), 전체 R&D 지출 중 민간 담당 비율은 1990년대에 70~80%를 차지하게 되었다. 한편 정부의 경제운영방식이 1980년대 후반 정치민주화와 더불어 더

22. 1990년대에 진출한 TFT-LCD 분야에서는 2007년 삼성전자와 LG디스플레이가 세계시장 점유율 1, 2위를 차지하게 되었다.

욱더 민간주도로 전환됨에 따라 정부는 특정 업종에 대한 개입을 뒤로하고 제조업 경쟁력 강화에 중점을 둔 수평적 산업정책을 강화해갔다. 공업기반기술개발사업(1987)으로 기업의 기술개발과 생산성 향상 활동에 대한 지원을 강화하고 정밀전자, 신소재, 생물산업, IT 제품 등 16개 첨단기술 산업을 핵심산업으로 육성하는 노력을 기울였다.

산업정책의 기조가 민간주도로 전환하고 기업의 기술개발과 경쟁력 향상 노력이 제고되었지만, 외환위기는 또다시 정부주도의 산업 구조조정을 초래하였다. 정부는 제조업에 초점을 맞춘 공업발전법(1986)을 산업발전법(1999)으로 대체하여 제조업뿐만 아니라 서비스업을 포함한 전 산업으로 산업정책의 대상을 넓혀 산업경쟁력을 강화하는 기능적 산업정책과 더불어 구조조정 촉진을 강조하였다. 특히 정부는 코스닥 시장과 중소벤처기업 육성을 위한 특별법 제정 등으로 혁신적 소기업이 확산하는 계기를 제공하였다. 또한 정부는 지역 혁신산업과 혁신 클러스터의 발전을 도모하였다. 미래의 성장 기술과 산업으로 새로운 성장동력을 모색하는 노력도 계속 이어졌다. 김대중 정부는 2001년 '차세대 성장산업 육성'으로 5대 기술 · 산업(IT, BT, NT, ET, CT 등)을 제시하고, 노무현 정부는 2003년 '10대 성장동력산업'을 제시하여 44개 품목, 147개 기술을 명시하였으며, 이명박 정부는 2009년 신성장동력 비전 및 발전전략을 통해 녹색기술산업, 첨단융합산업, 고부가서비스산업 등 3대 분야에서 17개 신성장동력을 제시하였다. 박근혜 정부는 13개 미래성장동력과 13대 산업엔진 프로젝트를 제안하였다.

결과적으로 외환위기 이후에는 전통 주력산업과 IT 산업이 어우러져 산업성장을 주도하였고 곧이어 바이오, 생명과학 등의 분야도 주목받기 시작하였다. 특히 전자, 자동차, 철강 등 주력 수출산업은 세계시장 5위권 내의 생산국 지위를 확보해 시장지배자로 부상했다. 하지만 우리나라의 주력 제조업에 대한 불안감이 지속되고 있다. 주력 제조업의 경쟁력을 국제 비교한 결과에 따르면 업종별로 선진기업과의 경쟁력 격차가 없거나 1년 이내인 업종이 철강, 석유화학, 가전, 통신기기, 반도체, 디스플레이, 조선 등에 걸쳐 가장 많았지만, 동시에 이들 산업 중 다수가 후발국 기업과의 격차가 1~3년 수준으로 조사되고 있다.

표 7-15 우리 기업의 종합경쟁력 격차 비교

		후발국 기업과의 격차		
		1년 이내	1~2년 미만	2~3년 미만
선진기업과의 격차	1년 이내	철강(선진국 기업과 대등), 석유화학, 가전(선진기업 대비 우위), 통신기기, 반도체	디스플레이	조선(선진기업과 동등)
	1~2년 미만	-	자동차, 일반기계, 식품	-
	2~3년 미만, 3년 이상	방위산업(후발국기업과 동등), 섬유	-	-

자료 : 산업연구원(2016), 한국 주력산업의 미래비전과 발전전략

섬유산업과 방위산업은 종합경쟁력에서 선진기업과 2년 이상의 격차가 있지만 후발국과의 격차는 거의 없다. 이에 따라 현재와 같은 생산 여건과 구조전환 속도에 머물고 중국 등 후발국의 추격이 지속된다면 우리나라 주력산업의 대부분이 저성장에 머물 것으로 예상되고 있다. 더욱이 주력산업을 대체할 수 있는 신기술 개발이나 그에 따른 신성장 산업도 부각되지 못하고 있다. 정부의 집중지원으로 바이오, 생명과학 등에서 연구개발 활동은 활발해졌으나, 혁신주도 경제에 걸맞는 본격적인 산업화로까지는 이어지지 못하고 있다.

한국 제조업은 그동안 노동집약적 제조업에서 출발하여 자본집약적 제조업을 거쳐 기술 및 지식 집약적 제조업으로 산업을 고도화해 왔다. 그러나 우리나라 제조업체는 조립 · 생산이라는 가치사슬의 특정 단계에 초점을 맞추어 운용 효율화 또는 공정 효율화에 집중하며 부분적인 제품 고도화와 가치사슬 고도화(산업 간 이동)에는 성공해 왔으나, 가치사슬 단계 중 저부가 단계(생산, 조달, 조립)에서 고부가 단계(R&D, 디자인, 유통, 마케팅 등)로의 구조전환은 제한적이다. 예를 들어 우리나라 ICT 산업의 글로벌 가치사슬 단계별 경쟁력을 미국과 비교할 경우 조립 · 생산과 고객서비스는 대등하지만 그 외 기능은 미흡한 것으로 나타나고 있다(김동기 등, 2014).

우리나라는 세계 최고수준의 ICT 및 네트워크 인프라를 갖추고 있으며 ICT 제조 경쟁력도 글로벌 수준으로 평가된다.[23] 반도체, 디스플레이, 휴대폰, 가전 등 부품에서 완제품에 이르는 산업기반과 글로벌 선도기업을 보유하고 있다. 그러나 국내 ICT 산업은 제조업에 편중되어 소프트웨어 및 ICT 서비스업, 하드웨어 장비(통신 등) 부문은 경쟁국 대비 열위에 있다. 이에 따라 ICT 산업 중 제조업의 부가가치 비중은 주요 경쟁국에 비해서도 가장 높지만, 나머지 분야의 비중은 OECD 평균에도 미치지 못한다. 또한 기업 1개사당 매출액과 R&D 지출액은 영세한 규모이며, 특히 소프트웨어 및 ICT 서비스 부문이 취약하여 포브스가 선정한 '2019 디지털기업 TOP 100' 중 한국의 ICT 서비스업은 1개사인 데 반해, 경쟁국의 경우 미국 23개사, 일본 6개사, 중국 6개사 등이다. 국내 클라우드 시장은 세계시장의 1%에 지나지 않고, 향후 고성장이 예상되지만 이미 외국 글로벌 기업이 시장을 선점하고 있다. 이에 따라 외국 글로벌 기업이 잇따라 데이터센터를

그림 7-9 국내 ICT 산업의 GVC에서의 경쟁력의 국내 현 수준과 목표 비교

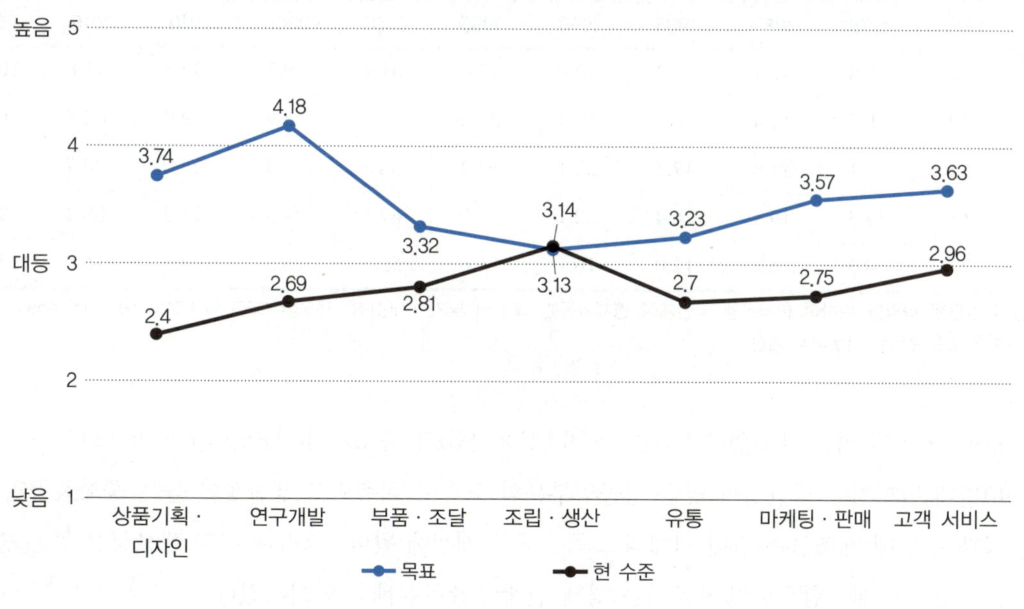

주 : 현재 GVC는 GVC 역량 종합평가 결과, 목표 GVC는 가치사슬별 중요도

자료 : 김동기 등(2014), "ICT 산업의 글로벌 가치사슬 구조 변화와 발전과제", 산업연구원.

23. 제4차 산업혁명에서의 핵심인 ICT[information and communications technology(정보통신기술산업)]는 전자적 방식에 의한 정보처리 및 통신, 전송 · 표시에 주로 사용되는 재화 및 서비스 생산물을 산출하는 산업(OECD 정보경제 측정지침)이다. ICT 산업은 크게 ICT 제조업(전자부품, 장비 등)과 ICT 서비스업으로 나눌 수 있으며, 세부적으로 부품 및 장비 제조업, 통신 · 네트워크 관련업, 소프트웨어 및 서비스업으로 분류 가능(OECD, 통계청)하다. S&P capitalIQ 산업분류인 SIC(표준산업분류)에 따르면 ICT 산업은 반도체 관련업, 하드웨어 및 장비업(이상 ICT 제조업), 소프트웨어 및 서비스업으로 분류되며, 그중 네트워크(IoT, 5G), 데이터(Cloud, Bigdata), 인공지능 SW(기계학습, 알고리즘) 등 디지털기술 관련 산업은 제4차 산업혁명의 핵심동인으로 평가받고 있다.

국내에 개소하고, 시장지배력을 바탕으로 신규 사업을 적극 확대하는 등 시장점유율을 높이려는 경쟁이 치열하다. 국내 플랫폼[24] 시장 역시 글로벌 외국 기업들이 선점하고 있고 경쟁력 있는 국내 플랫폼 기업이 부족하다. 또한 국내 IT 산업은 핵심소재 · 부품과 장비 등 후방분야가 취약하여 해외의존도가 여전히 높은 편이며, 가전, PC에 이어 휴대폰 등 IT 제품의 해외생산이 확대되어 국내에서의 산업기반이 약화되고 있다.

(2) 제조업 양극화와 소득분배 파급효과

경공업의 국민경제에서의 비중은 부가가치로 보나 고용비중으로 보나 1970년대 중반부터 계속 감소세를 보여 왔다. 다만 제조업 내에서 1980년대 말 3저 호황 때까지 업종과 관계없이 제조업 전반이 확장되고 생산성도 유사한 수준에서 확장세를 거듭하며 양극화는 크게 문제시되지 않았다. 그러나 1990년대에 들어 중화학공업의 규모와 생산성 확대가 계속되며 제조업 내 중화학공업과 경공업 간 양극화 문제가 대두하였고 이런 추이는 현재까지 이어지고 있다. 경공업의 생산성 확대가 부진한 가운데 기초소재와 조립가공의 중화학공업 모두에서 빠른 생산성 증가가 발생하며 양극화 문제가 생겨난 것이다. 특히 중화학공업을 중심으로 한 주력 제조업의 약진에도 불구하고 생활관련형 경공업을 중심으로 한 내수산업과의 연관관계가 약화되어 산업 간 성과의 격차가 해소되지 않고 있다. 더욱이 시장 개방에 따른 경쟁과 구조조정 압력이 커졌지만, 농림어업과 경공업 분야에서는 중소기업을 중심으로 탄력적인 대응이 미흡한 상황이다.

표 7-16 우리나라 제조업의 생산성 추이

	1970	1975	1980	1985	1990	1995	2000	2005	2010	2015	2018
제조업	7.0	8.8	12.1	17.2	20.9	33.4	51.9	69.7	92.5	95.8	106.9
경공업	7.1	8.7	12.4	16.6	19.3	26.0	36.4	45.9	59.0	62.5	64.1
중화학공업	6.8	9.1	11.8	17.7	22.1	37.2	58.8	77.5	102.0	104.7	118.4
기초소재	11.9	15.3	19.4	26.4	32.1	45.9	67.5	79.6	91.2	88.4	93.7
가공조립	2.5	4.3	6.2	12.0	16.1	31.6	53.5	76.3	108.7	115.0	134.4

주 : 장기시계열의 일관된 파악을 위하여 한국은행 국민계정 경제활동별 GDP의 부가가치(실질) 규모를 OECD의 STAN Industrial Analysis(2020 ed.)에서 추출한 고용규모로 나누어서 계산

제조업 내에서의 양극화는 대기업(중화학공업과 기술집약 산업)과 중소기업(경공업) 간의 양극화로도 이어졌다. 한편 1990년대 말까지는 생산성이 낮은 경공업부문의 고용이 위축되고 생산성이 높은 중화학공업 부문에서의 고용 증대로 인해 제조업은 경제 전체의 소득분배를 개선해 왔다. 그러나 이후 생산성이 높은 중화학부문에서도 고용 감소가 발생함으로써 제조업은 경제 전체의 소득분배를 악화시켰다.

24. 플랫폼 기업은 수요자와 공급자, 수많은 상품과 인원이 공간 제약 없이 교류하며 거래하는 시스템을 제공하는 기업으로 정의된다.

(3) 한국 제조업의 도전

표 7-17 개도국 발전 단계별 정책 어젠다

	제도역량 발전 수준		
	제도역량 강함	제도역량 제한	취약한 제도역량
낮은 산업기술 역량 기술도입 단계		도약을 위한 수출산업 육성 ▪ 비전통적 수출산업 육성과 이를 통한 제도 및 기술발전의 개시 ▪ **한국 1960년대**(현 베트남)**의 추격 IP**	기술기반 구축 ▪ 보건, 교육, 농업, 수공업 분야에서 성공사례 개발, 전시효과 확산 ▪ 대부분의 사하라 이남 아프리카
중간 산업기술 역량 기술응용 전략	전환 : 해외기술 의존에서 자체기술 개발로 이행		
	R&D 투자 증가 ▪ **한국 1990년대 추격 IP**(말레이시아, 인도 IT)	산업기술역량의 재조합을 통한 기업 R&D 증가 ▪ **한국 1970~1980년대**(중국,멕시코, 브라질, 튀르키예 등) **추격 IP**	
높은 산업기술 역량 기술창조 전략	혁신주도 IP : ▪ 혁신 클러스터로 독자기술 개발 ▪ **현재 한국**(싱가포르, 대만, 이스라엘 등)	전환 : 과학기술 역량의 재조합을 통한 기업 R&D 증가	기업주도의 자율적 혁신 ▪ 러시아, 칠레(1970년대)

자료 : Jean-Eric Aubert(2005), "Promoting Innovation in Developing Countries : A Conceptual Framework," World Bank Policy Research, WP 3554, p. 15 수정

요소투입 주도경제에서 투자주도 경제로의 이행을 배경으로 한국 산업은 1980년대를 전후로 해외기술 의존에서 벗어나기 시작하여 1990년대에는 자체기술 개발로 이행하였다. 현재 한국 산업들은 혁신주도자로 전환하고 이에 안착해야 하는 도전에 직면해 있다.

1970년대 초반까지 한국은 요소투입 주도경제에서 단순한 노동집약적 경공업을 대상으로 수입대체를 하는 추격적 산업정책을 전개하였다. 한편 투자주도 경제에서 한국은 1970년대부터 1980년대에 걸쳐 자본집약적 중화학공업을 대상으로 추격적 산업정책을 사용하였다. 1990년대에 들어서도 추격적 산업정책이 계속되는 가운데 첨단 분야의 기술집약적 산업에서 부분적으로 혁신을 촉진하는 산업정책을 활용하며 고소득 국가로 진입할 수 있었고, 한국은 제조역량과 글로벌 브랜드를 가진 강력한 토종 선도기업이 주도하는 산업화된 제조 강국으로 올라섰다.

고소득 국가에 부합한 복합적 산업정책

우리나라 제조업에서는 오래전부터 중급 및 고급기술 산업이 주력산업으로 자리 잡았고, 첨단산업 비중도 1980년대에 이미 현재의 선진국과 유사하게 제조업 부가가치의 10% 이상을 차지하였으며 최근에는 첨단기술산업의 요람인 미국까지 추월하는 상황이다.

결과적으로 중기술 부문, 고기술 부문, 첨단기술 부문이 고르게 자리 잡은 우리나라 산업군의 구성비에 기초해 볼 때 한국의 산업 문제는 고소득 국가들의 전형적인 산업구조 문제들이 모두 합쳐진 문제임을 알 수 있다. 결과적으로 미국 유형의 급진적 혁신뿐만 아니라 독일식의 점진적 혁신이 동시에 필요한 것이 우리의 상황이다. 따라서 이에 대한 대응으로 산업에 따라 연구개발에 기반한 신속한 제품개발뿐만 아니라 생산과정의 지속적 개선과 제품의 경쟁력 강화 그리고 품질 다변화가 동시에 필요한 것이다. 그리고 이는 제도적으로

볼 때 유연한 금융 · 노동 · 상품 시장뿐만 아니라 기업 내외에 걸쳐 이해관계자 간의 긴밀한 협력도 동시에 요구하는 것이다. 고소득 국가의 혁신주도 경제에서 필요한 산업정책은 널리 알려져 있으며 이는 혁신촉진적 산업정책, 방어적 산업정책, 추격적 산업정책을 포함한다(Weiss, 2015b). 따라서 우리나라는 개발도상국의 위치에서 여전히 많은 산업에서 선도국을 추격해야 하는 입장이지만 동시에 많은 산업적 성과를 일궈낸 입장에서 우리의 성과를 한편으로는 지켜나가고 다른 한편으로는 혁신으로 돌파해가는 산업정책이 함께 필요한 것이다.

표 7-18 기술수준별 제조업 구성의 국제비교

	한국		일본	프랑스	스웨덴	미국	독일
	2017	2018	2017	2017	2017	2018	2017
저기술	12.6	13.1	19.7	38.7	25.8	23.9	18.1
중기술	26.7	25.3	24.7	21.9	21.2	23.9	19.7
고기술	30.9	30.2	44.5	23.0	41.1	25.5	50.7
첨단기술	29.8	31.4	11.2	16.3	11.8	26.6	11.4

자료 : OECD의 STAN Industrial Analysis(2020 ed.)

표 7-19 고소득 국가의 산업정책 구성

구분	정책수단	사례
혁신촉진 산업정책	기초연구와 그 상업적 응용에 대한 금융지원, R&D 세제 혜택, 공공구매, 고등교육정책	혁신 및 경쟁정책(EU, UK, 프랑스, 미국, 일본)
추격촉진 산업정책	신용제공, 기반 펀딩, R&D 감세, 합병정책	1960년대와 1970년대의 국가대표기업 정책(영국, 프랑스, 일본, 한국)
방어적 산업정책	신용공급, 훈련비, 수요지원, 일시적 수입제한	1970년대 오일충격에 대한 조정과 2008~2009년 금융 충격에 대한 조정(영국, 프랑스, 미국, 일본)

첫째, 혁신촉진적 산업정책은 기술 첨단에서의 혁신을 주도하기 위해 교육 및 과학기반 인프라와 첨단기술을 사용하는 경제활동을 지원함으로써 기술 첨단에서의 혁신에 초점을 맞추는 것이다. 기술 첨단에서의 혁신활동 지원은 특정 기술과 특정 산업을 선정하여 지원하기보다는 원활한 혁신활동이 이루어지는 환경의 조성에 초점을 둔다 : 기업환경, 인프라 제공, 클러스터 발전지원, 교육훈련 강화, 금융중개 개선, 지적 재산권 보호, 혁신을 저해하는 규제의 개선. 특정 산업에 치우치지 않는 수평적인 산업정책도 필요하지만 동시에 위험이 높은 고혁신 투자이거나 정보 외부성이나 조정실패와 같은 시장실패 요인이 존재하는 경우 금융지원이나 R&D에 대한 정부지원을 포함한 수직적 산업정책도 요구된다. 많은 선발 산업국에서도 일시적이나마 일반적인 수평적 정책을 넘어 혁신선도를 위해 우선 영역을 지정하고 지원을 집중해 왔다.

둘째, 추격적 산업정책은 선발 산업국이 지배하는 시장으로 진입하는 추격정책을 추구하는 것이다. 특히 선발 산업국의 생산성 수준을 추격하는 데 초점이 두어진다. 과거 우리나라나 프랑스처럼 미국기업과 경쟁하기에 충분히 큰 국가대표기업(national champion)을 양성하는 정책이 이에 대응한다. 사용하는 정책수단은 다양하여 정부의 직접적 투자, 조세유인, 저리대출, 합병장려, 공공구매, 기초연구 지원, 외국인 투자 제한 등을 포함한다. 종종 독자적 기술개발 대신 외국인투자 유치를 통해 추격에 나설 수 있다.

셋째, 방어적 산업정책은 비용과 생산성 면에서 더 이상 장기경쟁력을 갖지 못하는 사양산업에서의 적극적인 구조조정을 도모하는 것이다. 정부는 사양 산업뿐만 아니라 이들이 위치한 낙후 지역의 문제를 다루어야 한다. 자원이 경쟁력이 약화된 부문에서 보호된 채로 남겨지는 대신 보다 생산적인 부문으로의 이동이 순조롭게 이루어져야 한다. 경제적 효율성에 기초할 때 이 정책의 목표는 사양산업을 질서 정연하게 조정하되, 장기적 잠재력이 존재하도록 재정비하고 일자리 유지가 불확실한 경우에 대한 재훈련을 포함한다. 경제가 진화함에 따라 구조적 변화는 불가피하고 결국 많은 국가에서 방어적 산업정책은 산업정책의 대표적 형태로 남아있다. 예를 들어 1970년대 영국에서의 조선, 탄광, 자동차에 대한 지원이나 글로벌 금융위기 이후 미국에서의 산업구제조치가 이에 해당한다. 아울러 대부분의 국가는 빈곤한 지역에 대한 투자를 지원하기 위해 조세유인이나 자금지원을 하는 지역정책을 사용해 왔다.

주력 제조업에서의 혁신에 기초한 가치사슬 재편

전자, 기계, 조선 · 해양, 석유 · 화학, 철강 등 우리의 주력 제조업은 대부분 현재 성숙기에 있거나 성장기에서 성숙기로 넘어가고 있다. 그만큼 우리 산업은 저성장을 경험하며 국내외에서 중국과 같은 후발국뿐만 아니라 선진국과도 치열한 경쟁에 직면하고 있다. 주력 제조업의 유지 · 발전을 위해서는 성숙 단계에 맞는 새로운 발전전략이 필요하다. 가치사슬 관점에서 볼 때 한국 산업은 그동안 집중해 온 제조 · 조립을 넘어 가치사슬 전반에 걸친 고도화를 해야 한다는 도전에 직면해 있다. 가치사슬 고도화는 일반적으로 ① 공정 고도화, ② 제품 고도화, ③ 기능 고도화, ④ 기존 가치사슬의 전환을 따라 이루어진다.

생산역량(공정) **고도화** 공정 고도화는 새로운 생산기술의 도입이나 생산조직의 개편을 통해 생산효율성을 높이는 것이다. 가치사슬 단계 중 진입장벽이 크게 낮아진 제조와 조립 단계는 중국을 비롯한 신흥국의 산업화로 가격 경쟁의 압력이 가중되어 부가가치를 획득할 수 있는 잠재력이 낮아지고 있다. 그러나 독자적 기술을 갖추지 못한 상황에서 비용경쟁력 상실에 대응하여 수세적 입장에서 생산의 해외이전에 나설 경우 자칫 한국 산업 고유의 공정 역량을 활용할 기회를 잃을 수 있다. 해외 이전보다는 고임금이라는 불리한 조건을 고효율성으로 상쇄하는 공정혁신 투자를 촉진하는 것이 바람직할 수 있다. 특히 현재는 IT에 기반한 스마트 공장 등 새로운 생산방식이 활발하게 모색되고 있는 상황이다. 또한 탈숙련의 자동화에 초점을 맞춘 공정혁신 대신 숙련 강화에 기반한 새로운 생산방식의 도입도 요구된다.

한국은 해외의 아웃소싱이나 공급업체에 의존하기보다는 국내에 긴밀하게 연계된 생산 네트워크를 발전시켰으며, 새로운 생산기술 혁신이 발생할 때마다 이를 빠르게 체화해 왔다. 한국 기업은 글로벌 기업과 달리 생산기술의 혁신과 개발을 주도할 수 있는 독보적 위치에 있다. 스마트 기술에 의한 생산장비의 설계와 제조의 고도화는 어떻게 제품이 조립 · 생산되는지에 대한 깊은 이해를 필요로 하기 때문이다. 한국의 선도기업들은 체화한 역량을 기반으로 인더스트리 4.0 기술을 활용하여 생산기술과 장비를 개발 · 판매하고 서비스화할 수 있는 위치에 있다.

제품 고도화 제품 고도화는 보다 복잡하고 정교한 제품으로 이동함으로써 부가가치를 제고하는 것이다. 예를 들어 관광업의 경우 호텔사업은 고급 호텔에 진출하거나 생태 또는 의료관광과 같은 니치 상품을 제공함으로써 제품을 고도화할 수 있다. 산업이 성숙 단계에 접어들었다고 가정하는 것은 시장적 측면보다 기술적 측면이 강하다. 같은 산업 내에서라도 신제품 및 신기술이 출시되면 다시 성장기로 전환될 수 있고 그 산업에서 지속적으로 성장할 수 있다. 특히 제4차 산업혁명 등으로 기술과 시장이 변화하고, 산업 간 경계도 불명확해지고 있어 주력 제조업과 관련한 다양한 산업들이 창출되고 있다.

제4차 산업혁명하에서 스마트 생산체계의 도입은 생산역량의 고도화와 제품의 고도화 및 다양화를 동시에 달성하게 할 것이다. 생산역량의 고도화를 효율성 제고보다는 수요변화에 보다 탄력적으로 대응할 수 있는 유연하고 신속한 생산시스템으로의 전환을 목표로 삼는다면 제품의 고도화와 다양화의 구현은 보다 용이해질 것이다. 이를 위해서는 스마트 공장, 스마트 야드 등 생산현장의 스마트화와 3D 프린팅, 3D 디자인, CPS 등 새로운 생산방식의 도입 확산이 요구된다.

기능 고도화 또는 핵심역량의 재편 우리나라 기업은 가치사슬에서의 서비스 비중 증대에서도 새로운 기회를 찾을 수 있다. 기능 고도화는 가치사슬 내에서 부가가치가 낮은 최종제품의 단순 조립 · 생산 단계에서 벗어나 부가가치가 더 큰 신제품 개발, 디자인, 공급망, 마케팅 단계로 이동하여 새로운 기능을 확보하는 것이다. 제조기업은 제조 관련 서비스(원자재 조달, 생산계획, 물류, 재고 유지 · 관리)의 판매,[25] 바이어와 협력하여 디자인, 제품 개발 등 생산 전 활동에의 참여, 부품 · 소재의 내부소싱이나 국내외 물류로의 진출, (빅데이터 수집과 분석에 기초한) 판매 후 운영서비스 제공, 자체 브랜드 제품 개발 후 독자적 판매망 구축 등 마케팅을 강화하거나 제품의 전자제품화에 참여할 수 있다.

제조업의 기능 고도화는 연구개발, 디자인, 마케팅, 사후서비스를 확대하는 제조업의 서비스화를 의미한다. 제조업의 서비스화는 제조업 자체의 성장성을 높일 뿐만 아니라 연관된 서비스산업의 성장을 촉발할 것이다. 거꾸로 디자인, 엔지니어링, 유통, 마케팅 등 제조활동과 연관된 서비스산업의 발전은 제조업 가치사슬의 상향 이동에 기여할 것이다.

가치사슬의 전환 기업은 기존의 가치사슬에서 획득한 특정 역량을 활용하여 새로운 산업에 응용할 수 있다. 선진기업들은 제조업을 해외로 이전하고 대신 기존 기술을 토대로 지식과 기술의 프론티어를 확장하며 새로운 지식기반 산업으로 고도화해 왔다. 새로운 분야의 출현은 이업종 간 상호작용과 수렴(예를 들어 자동차 전자), 기존 기술의 새로운 응용(모바일 뱅킹), 기초연구에 기초한 신지식의 개발(나노 기술)에 기반한다. 이를 위해선 서로 다른 분야에서 성장해 온 기업집단 상호 간의 협력뿐만 아니라 공급업체, 수요업체, 학계와 연구소를 포괄하는 개방적 혁신생태계가 요구된다.

제조업 신산업 육성—추격

의료 · 바이오, 에너지 · 환경, 안전, 지식서비스, 항공우주 산업[26] 등의 산업은 미국, 프랑스, 일본 등 선발국들이 높은 기술과 규제 장벽을 형성하고 있다. 하지만 신기술로 인해 지배적 기술체계가 변화하고 있는 만큼 추격 전략을 따르다 선도 국가에 합류하는 것이 가능하다. 이들 신산업의 경우 공공재의 속성이 강하고 민간 기업이 감당하기 어려우므로 정부의 역할이 필요하다. 초기 시장조성을 위한 시범사업 등으로 수요를 뒷받침하고, 새로운 표준의 확립과 관련 법규의 제정 · 개정이 필요하다. 연구개발, 관련 기업 간 협력, 선진기업의 M&A를 지원할 필요가 있다.

---

25. 이는 고객관계 관리 역량뿐만 아니라 서비스 가입과 서비스 수출에 우호적인 환경이 필요하다.

26. MESIA는 5대 전략산업인 medical–bio(의료 · 바이오), energy–environment(에너지 · 환경), safety(안전), intellectual service(지식서비스), aerospace(항공우주)의 영문자 앞 글자.

중간재 및 사업 서비스산업의 육성—추격

우리나라 주력 제조업의 성장률이 정체되고 부가가치가 낮은 이유 중 하나가 핵심 부품·소재, 자본재, 그리고 생산자 서비스업의 부진이다. 가치사슬에서 기능 고도화나 제품 고도화를 위해서는 이들 중간재 부문의 활성화가 절대적이다. 선진 제조기업들은 경쟁력 있는 중간재 기업들과의 협력과 지원을 통해 차별화된 경쟁력을 확보하는 한편 부가가치를 높이고 있다. 더욱이 제조업 생산효율의 향상, 서비스 기능이 추가된 신제품의 개발, 기존 제품의 고기능·고부가가치화를 위한 서비스산업의 역할이 갈수록 중요해지고 있다. 제조업 총 생산에서 차지하는 서비스 중간재 비용이 차지하는 비중, 즉 서비스 집약도가 지속 상승하여 기업 수준에서 제조업체와 서비스업체 간 경계가 모호해지면서(서비스화) 제조업체의 경쟁력이 디자인, R&D, 판매, 물류 등 무형의 서비스 그리고 그에 따라 혁신과 지식의 영향을 크게 받고 있다. 결과적으로 보다 많은 서비스가 제조업 제품에 '체화'되어 수출되고 있다. 이에 따라 총수출 기준으로 OECD 수출에서 서비스 비중이 25%이지만 부가가치 기준으로는 45%에 달한다(De Backer, Koen, et. al., 2015, p. 25).

반면 우리나라의 중간재 산업은 생산성이 낮다 보니 제조업과 융합하더라도 제품 고부가가치화를 통한 경쟁력 향상에 제대로 기여하지 못하고 있다. 특히 이들 중간재 부문은 중소기업이 지배적이어서 중간재 부문을 통한 산업연계 관계의 악화는 중소기업이 발전할 기회를 약화시키고 궁극적으로 대기업과의 격차를 확대시키고 있다. 미국만 하더라도 전형적 다국적기업은 총투입물의 25%를 6,000여 개 이상의 미국 내 중소기업으로부터 구매하고 있다.

자본재와 생산자 서비스 부문의 주력 기업들이 중소기업이므로 시장의 공정한 경쟁과 거래질서를 확립하고 산·학·연 연계에 의한 공동 R&D나 전문 연구소(예 : 독일의 Fraunhofer-Gesellschaft, 프랑스의 Carnot, 미국의 National Network for Manufacturing Innovation) 운영으로 R&D를 활성화하며 전문인력 양성과 정책금융 지원을 집중하고 중소기업을 뒷받침하는 산업생태계를 조성하여야 한다.

주력 산업에서 한국 제조업체가 그동안 공정개선을 넘어 생산 전 단계의 제품개발이나 기술적 설계와 관련한 R&D를 중심으로 고부가 서비스로 진출해 온 것은 사실이다. 그러나 이는 제조업체 내부에서 이루어진 것이며, 생산 후 가치사슬 단계에서의 서비스화에는 주의를 크게 기울이지 못해 왔다. 이제 한국은 광범위한 제조업에서의 전문성과 시장참여도를 레버리지로 활용하여 높은 부가가치를 낳는 제조업 관련 서비스 분야에 진출할 때가 된 것이다.

3) 서비스업의 구조 변화

(1) 현황

2020년의 우리나라 서비스산업에서 고용비중이 상대적으로 높은 업종은 도소매(18.6%), 사업서비스(13.3%), 보건복지(12.4%), 음식·숙박(11.4%), 운수(7.9%), 교육(9.5%) 등이며 고용비중이 낮은 업종은 운수(7.9%), 수리(6.3%), 공공행정(5.9%), 통신(4.5%), 금융보험(4.1%), 부동산 및 임대(2.7%), 문화(2.6%) 등이다. 한편 부가가치 비중이 상대적으로 높은 업종은 사업서비스업(16.3%), 부동산 및 임대업(13.2%), 도소매업(12.1%), 공공행정 및 국방(11.7%), 금융 및 보험업(10.0%)이며, 상대적으로 낮은 업종은 보건복지(8.4%), 교육서비스(8.4%), 통신(7.9%), 운수보관(5.1%), 음식·숙박업(3.5%), 문화 및 기타 서비스업(3.5%)

이다.

전통 서비스 비중이 아직 높지만 지식기반 서비스가 확대 중

1990년대부터 우리나라 서비스산업의 부가가치는 제조업과 유사하거나 상회하는 성장률을 보여 왔다. 이렇게 2014년 54.3%까지 높아졌던 서비스업의 부가가치 비중은 2017년 52.8%로 소폭 감소하였다. 또한 우리 경제에서 전통 서비스 비중은 26.7%로 지식기반 서비스업(26.1%)보다 여전히 높다. 1970년대부터 지식기반 서비스가 꾸준히 확대되었으나 2000년대에 들어 성장세가 빠르게 둔화되며, 전통 서비스와 성장세가 거의 동일해지고 있다.

한편 기능별로 보면 사업(18.7%), 사회(15.5%), 유통(14.0%), 개인(4.6%) 서비스 순으로 부가가치 비중이 크다. 사업 서비스 비중이 높은 것은 대부분의 국가에서 관찰되는 것처럼 높은 부동산 비중 때문이다. 우리나라의 경우 사업 서비스 중 통신 및 방송 서비스 비중이 다른 나라에 비해 높게 나타나는데 이는 민영 방송통신기관의 활성화에 기인하는 바가 크기 때문이다. 한편 사회 서비스 비중이 높은 것은 미국과 유사한데, 우리나라는 높은 사교육비 지출로 인한 교육 서비스의 발달에 크게 의존하는 반면, 미국은 민간의료보험 시스템을 활성화하기 때문이다. 세부 업종별로 보면 도소매업, 부동산 및 임대업, 사업 서비스, 공공행정이 각

표 7-20 서비스 업종별 비중과 부가가치 증가율

(a) 서비스 업종별 비중

	1970	1980	1990	2000	2010	2020
유통	47.4	44.7	37.2	32.8	28.3	25.1
도매 및 소매업	31.2	27.3	22.8	16.8	14.3	12.1
운수 및 보관업	13.1	13.4	8.9	7.7	6.3	5.1
정보통신업	3.1	4.0	5.4	8.3	7.6	7.9
사업	16.5	23.3	29.4	35.0	37.3	39.4
금융 및 보험업	4.8	11.4	9.8	9.6	10.7	10.0
부동산 및 임대업	9.1	7.7	10.7	15.3	13.0	13.2
사업서비스업	2.6	4.2	8.9	10.1	13.6	16.3
사회	25.0	24.3	23.6	22.4	25.8	28.5
공공행정 및 국방	14.9	13.4	10.9	9.7	10.0	11.7
교육서비스업	8.6	9.1	9.1	8.6	9.5	8.4
보건 및 사회복지 서비스업	1.6	1.9	3.6	4.1	6.3	8.4
개인	11.1	7.7	9.8	9.8	8.6	7.0
음식점 및 숙박업	5.1	3.4	4.9	5.0	4.0	3.5
문화 및 기타 서비스업	6.0	4.3	5.0	4.8	4.6	3.5
지식기반	26.6	34.8	41.9	45.5	52.4	54.5
전통 서비스	73.4	65.2	58.1	54.5	47.6	45.5
서비스업	43.8	48.0	51.4	57.2	60.1	62.4

(b) 명목 부가가치의 증가율

	1970년대	1980년대	1990년대	2000년대	2010년대
지식기반	35.3	20.8	14.9	9.6	4.7
전통	29.9	17.3	13.1	6.5	3.9
유통	30.8	16.5	12.4	6.4	3.1
사업	36.5	21.5	16.0	8.7	4.9
사회	31.3	18.3	13.3	9.5	5.4
개인	26.7	21.6	13.9	6.7	2.4
전체 산업	30.2	17.8	12.6	7.4	3.9
제조업	33.8	19.3	13.3	7.8	2.9
서비스업	31.4	18.6	13.8	8.0	4.3

(c) 서비스산업에서의 지식기반 서비스산업의 비중

한국		일본	프랑스	스웨덴	미국	독일
2017	2018	2017	2017	2017	2018	2018
50.6	51.3	41.3	49.1	55.9	53.4	48.9

자료 : OECD STAN Industrial Analysis(2020 ed.), 한국은행, 경제통계시스템 국민계정

각 7.4%, 7.1%, 6.7%, 6.6%로 비중이 크며 금융보험, 교육, 보건복지가 각각 5.0%, 4.6%, 4.3%, 운수 및 보관과 정보통신이 3.3%, 그리고 음식 · 숙박 2.4%, 문화오락 2.3%의 비중을 갖고 있다(2017). 사업서비스는 급팽창해 왔지만 1990년대 중반 이후 성장세가 둔화되고 현재는 사회 서비스가 서비스산업의 팽창을 주도하고 있다. 자영업 중심의 개인 서비스와 유통 서비스는 서비스업 내에서 상대적으로 낮은 성장세를 보이고 있다.

서비스산업의 업종별 현황

① 고용 : 전통산업, 특히 유통산업의 비중이 지배적

서비스산업은 고용의 절대 규모에서 제조업보다 훨씬 크다. 우리나라 서비스산업의 고용 비중은 2020년 기준 71.8%로, 미국이나 독일 등 선진국에 미치지 못하지만 OECD 평균에 근접한다. 서비스산업 내에서는 지식기반 서비스 비중이 매년 지속적으로 커지고 있지만 2020년에는 45.4%로 전통 서비스(54.6%)의 비중이 더 높다. 기능별로 볼 경우 유통(30.2%), 사회(27.2%), 개인(20.3%), 사업(19.7%) 서비스 순으로 고용 비중이 높다. 개별 업종 별로는 전통 서비스 중 도소매업(18.6%)이 높은 비중을 차지하고 있으며 지식기반 서비스 중에서는 사업서비스(13.3%)와 보건복지(12.4%)가 높은 비중을 차지하고 있다. 이에 이어 음식 · 숙박(11.4%), 교육서비스(9.5%) 순으로 비중이 높고 운수업, 공공행정, 통신, 금융보험이 각각 7.9%, 5.9%, 4.5%, 4.1%, 그리고 부동산업 2.7%, 문화 · 여가 2.6%로 나타나고 있다.

표 7-21 서비스업 내에서의 고용 비중과 고용 증가율

	서비스업 내에서의 고용 비중					고용 증가율		
	2000	2005	2010	2015	2020	2010~2020	2000~2010	2000~2020
유통	39.3	37.1	33.9	33.0	31.0	0.5	0.9	0.7
도소매	29.6	25.1	22.0	20.9	18.6			
운수	8.2	7.8	7.8	7.8	7.9			
통신	1.5	4.3	4.1	4.2	4.5			
개인	25.9	25.0	22.3	21.9	20.9	0.7	0.9	0.8
음식 · 숙박	14.8	13.8	11.6	12.0	11.4			
문화	2.8	2.6	2.3	2.3	2.6			
수리	6.8	7.8	7.5	7.1	6.3			
가사서비스	1.4	0.9	0.9	0.4	0.5			
사업	16.3	17.4	19.8	20.0	20.2	1.6	4.4	3.0
금융보험	5.8	5.0	5.0	4.4	4.1			
부동산 및 임대	2.7	3.3	3.1	3.0	2.7			
사업서비스	7.8	9.1	11.6	12.7	13.3			
사회	18.5	20.5	24.1	25.1	28.0	2.9	5.2	4.0
공공행정	5.9	5.3	5.9	5.2	5.9			
교육	9.2	10.7	11.0	10.0	9.5			
보건복지	3.3	4.3	7.1	9.8	12.4			
국제기관	0.1	0.2	0.1	0.1	0.1			
지식기반	30.4	36.0	41.1	43.4	46.6	2.6	5.6	4.1
전통	69.6	64.0	58.9	56.6	53.4	0.5	-1.1	0.8
제조	20.3	18.1	17.0	17.4	16.3	0.7	−0.5	0.1
서비스	61.1	65.4	68.4	69.7	70.0	1.4	2.7	2.0

주 : 제조업과 서비스업은 전체 GDP에서의 비중이며, 나머지는 세부 서비스업종은 서비스업 내에서의 비중
자료 : 통계청 경제활동인구조사 ; 한국은행 경제통계시스템 국민계정

한편 서비스 고용의 증가율은 지난 20년간 연평균 2%에 달해 제조업(0.1%)의 20배에 가까운 빠른 속도로 증가해 왔다. 특히 지식기반 서비스의 증가율이 압도적으로 높아 4.1%에 달한 반면, 전통 서비스의 증가율은 0.8%에 그쳤다. 서비스산업은 구조조정과 기술혁신의 영향으로 제조업에서 감소한 고용이나 퇴출 인력을 수용하면서 커지는 실업의 충격을 완화하는 역할을 하였다. 특히 사업서비스와 사회 서비스에서의 고용 증가율이 컸기 때문에 전체 산업에서의 고용비중(25.7%, 2020)이 계속 높아지고 있다. 반면 유통 서비스와 개인 서비스는 고용 비중이 꾸준히 감소하고 있다.

② 노동생산성 : 취약한 지식기반 서비스업

앞에서 보았듯이 우리나라 서비스산업의 노동생산성(54.9, 2020)은 2000년에 들어 그 증가폭이 크지 않아 제조업(110.8)의 50% 수준에도 못미치는 결과를 보이고 있다. 특히 금융보험업, 부동산 및 임대업은 제

조업을 뛰어넘는 높은 노동생산성을 보이지만, 음식 · 숙박이나 예술 · 문화 · 여가 업종의 노동생산성은 제조업의 1/5 수준에도 미치지 못하고 있다. 이러한 저생산성 현상은 도소매나 운수 · 보관 업종에서도 그 강도는 다소 약하지만 반복적으로 관찰된다. 이에 따라 우리나라 서비스산업의 생산성이 낮은 것은 도소매, 음식 · 숙박 등 생계형 전통 서비스의 비중이 높기 때문인 것으로 지적되어 왔다. 근래에 이들 업종의 고용 비중이 하락하고 지식 기반형 서비스업의 비중이 높아질 것으로 기대되므로 향후 서비스산업의 생산성이 개선되어 국민경제의 저성장 추세가 반전될 것이라고 기대할 수 있을 것이다. 그러나 현실은 그렇지 못하다. 지식기반 서비스의 경우 고용 비중이 빠르게 확대되고 있는 것은 사실이지만 부가가치 증가세가 2010년대에 들어 정체되어 생산성 증가세가 매우 미미하거나 업종(예 : 보건복지)에 따라서는 오히려 하락하는 현상까지 생겨나고 있다. 반면 전통 서비스의 경우 부가가치 비중이 감소하였음에도 불구하고 종사자 수가 더 빠르게 감소한 결과 오히려 지식기반 서비스산업의 생산성을 크게 뛰어넘는 결과가 생겨나고 있다.

서비스산업에서는 상용근로자 비율이 낮은 반면, 자영업자와 무급가족 비율은 높다. 상용근로자는 그 수가 증가하였지만, 비중(61.5%)은 제조업에 비해 22% 이상 적다. 특히 출판, 영상, 방송통신 및 정보서비스(90.9%)와 전문, 과학 및 기술 서비스(88.3%), 공공행정, 국방 및 사회보장 행정(90.9%), 보건복지(80.2%)

표 7-22 서비스산업의 노동생산성 (단위 : %, 백만 원)

	2000	2005	2010	2015	2020	연평균 증가율
유통 서비스	27.4	31.3	37.9	41.8	47.0	2.7
도매 및 소매업	20.4	22.6	28.3	32.3	38.4	3.2
운수 및 보관업	31.7	34.7	39.0	40.9	36.4	0.7
출판 · 통신	142.2	75.6	87.2	90.2	101.0	−1.7
생산자 서비스	81.3	86.7	89.0	96.6	106.7	1.4
금융 및 보험업	47.4	67.5	83.7	110.6	143.5	5.7
부동산 및 임대업	223.6	190.3	212.5	226.3	266.2	0.9
사업서비스	57.2	59.8	57.8	61.5	62.5	0.5
사회 서비스	57.2	55.0	51.7	52.6	54.1	−0.3
공공행정국방	75.7	86.9	85.1	100.7	101.1	1.5
교육서비스	43.9	40.9	41.7	44.8	47.5	0.4
보건복지	64.0	52.8	40.1	35.6	37.3	−2.7
개인 서비스	17.3	18.2	21.2	19.1	17.6	0.1
음식 · 숙박	15.6	16.5	19.0	16.8	16.1	0.1
예술문화, 여가	19.3	20.1	23.3	21.7	19.3	0.0
지식기반	42.5	43.7	46.3	49.2	53.0	1.1
전통	38.8	43.2	52.1	54.7	61.9	2.4
서비스산업	38.3	42.2	47.4	50.5	54.9	1.8
제조업	48.3	69.0	93.7	97.0	110.8	4.2
전산업	38.7	46.1	54.5	58.1	62.7	2.4

주 : 한국은행 경제통계시스템 국민계정의 경제활동별 GDP(실질)을 통계청 경제활동인구조사 상의 취업자수로 나누어 계산

에서 상용근로자 비중이 높다. 반면, 개인 서비스(31.6%)나 유통 서비스(51.2%)에서는 자영업자 및 무급종사자의 비율이 높고 상용근로자 비중이 낮다. 우리나라에서 자영업자 비중은 음식 · 숙박업(45.1%), 운수업(33.1%), 도소매업(33.0%)에 특히 높게 나타난다. 한편 서비스산업의 비정규직 비중은 2001년 28.5%에서 2019년 42.7%로 증가하였으며, 음식 · 숙박업과 예술 · 문화 · 여가를 포함하는 개인 서비스업(56.6%), 사업서비스업(46.2%), 그리고 보건복지업(52.7%)에서 비정규직 비중이 높다.

개인사업체와 회사법인 등으로 산업의 조직형태를 나누어 보면 사업 서비스는 회사법인의 비중이 여타 조직형태보다 절대적으로 높으며, 교육 서비스와 보건 및 사회복지 등 공공성, 공익성을 강조하는 사회 서비스의 경우 비법인 단체나 회사 이외 법인의 비율이 높다. 반면 소자본 창업이 가능한 음식 · 숙박업과 수리, 예술, 스포츠 · 여가 서비스 등의 개인 서비스는 개인사업체 비중이 절대적으로 높다. 서비스 산업의 월급여

표 7-23 서비스산업 업종별 지위별 종사자 비율(2019)

	종사상 지위에 따른 분류				고용형태별					월임금 총액 (천원)
	자영업자, 무급가족	상용 종사자	임시 및 일용	기타 종사자	정규직	비정규직				
							한시적	시간제	비전형	
유통 서비스	33.0	51.2	9.5	6.3	66.0	34.0	17.8	15.8	8.2	3,018
도매 및 소매업	33.0	51.0	11.1	5.0	64.2	35.8	18.0	19.0	7.2	2,878
운수업	33.1	51.8	5.2	10.0	70.3	29.7	17.4	8.3	10.4	3,157
생산자 서비스	7.8	74.1	4.1	14.0	65.8	34.1	19.4	6.2	15.5	4,112
출판 · 방송통신	2.5	90.9	4.9	1.7	78.7	21.3	17.6	4.3	2.9	4,236
금융보험업	0.9	65.3	2.3	31.6	60.8	39.2	10.9	4.5	30.1	5,612
부동산임대업	23.0	66.8	5.8	4.5	47.9	51.9	39.7	13.5	14.2	2,488
사업서비스	4.9	82.5	10.0	2.6	53.8	46.2	33.5	10.2	28.6	3,631
전문과학기술	6.4	88.3	4.6	0.8	80.5	19.5	15.5	6.1	1.2	4,437
사업시설관리와 사업지원	3.6	77.0	15.1	4.4	32.2	67.9	48.0	13.5	50.6	2,824
사회 서비스	5.9	78.0	11.7	4.4	55.3	44.7	36.6	28.3	3.4	1,989
공공행정국방	0.0	90.9	8.8	0.3	66.8	33.2	32.0	22.0	0.1	–
교육서비스	10.0	68.2	14.7	7.1	56.7	43.3	31.3	26.4	4.4	3,098
보건복지	5.6	80.2	10.8	3.4	47.3	52.7	45.8	34.6	2.2	2,613
협회와 단체	0.0	86.4	6.8	6.7	63.0	37.0	21.2	19.2	11.5	2,246
개인 서비스	44.6	31.6	21.4	2.4	43.4	56.6	26.3	41.5	6.5	1,991
음식 · 숙박업	45.1	29.6	24.6	0.7	44.6	55.4	23.2	42.7	5.4	1,569
예술문화여가	29.4	39.7	22.4	8.5	44.3	55.7	37.5	32.2	6.2	2,157
기타 개인 서비스	53.2	33.5	9.2	4.2	25.0	75.0	28.1	58.3	21.9	2,246
제조업	9.5	83.5	6.4	0.6	83.7	16.3	12.8	3.2	2.1	3,708
전산업	17.9	64.6	13.2	4.3	61.6	38.4	24.6	16.7	10.9	3,138
서비스업	21.2	61.5	12.1	5.3	41.0	42.7	28.9	21.4	10.3	2,948

자료 : 통계청 경제활동인구조사 근로형태별 부가조사, 산업 · 근로형태별 취업자(10차) ; 통계청, 전국사업체조사, 시도 · 산업 · 종사상지위별 종사자수(10차 개정) ; 고용노동부, 「고용형태별근로실태조사」

수준을 보면 고용비중이 높은 도소매나 운수와 음식 · 숙박을 포함한 다수의 업종들이 산업 평균보다 낮다. 그러나 비정규직의 비중이 낮은 금융 · 보험, 출판 · 통신, 전문과학기술 서비스는 산업 평균보다 높다.

추가로 서비스산업에서는 4대 사회보험(고용보험, 산재보험, 건강보험, 국민연금) 가입률이 다른 산업에 비해 낮다. 도소매와 음식 · 숙박, 예술 · 문화 · 여가 그리고 기타 개인 서비스의 가입률이 낮으며, 특히 음식 · 숙박의 비정규직은 산재보험을 제외한 3대 보험의 가입률이 20% 미만이다. 이를 종합하면 서비스산업은 고용흡수력이 높지만, 근로 환경은 임금 수준과 사회보험 가입률, 고용안정성 등 모든 면에서 낮다(박정수 · 김천곤 · 이건우, 2012).

유통 서비스업

유통 서비스는 도소매, 운수 · 창고, 통신업으로 구성되며 생산된 제품이 최종 수요자에게 도달되기까지의 중간 유통과정을 담당한다. 우리나라 유통 서비스업의 비중은 26.7%(국제비교를 위해 2017년 데이터를 사용)로 주요국(27.6%)에 미달하지만, 고용비중(32.0%)은 주요국(26.9%)을 오히려 크게 상회하고 있으며, 그만큼 저생산성이 고착화되어 있다. 이러한 현상은 운수 · 창고와 도소매에서 두드러지게 나타나고 있다.

운수 · 창고 : 운수 · 창고업의 고용비중(7.5%)은 주요국(6.0%)을 상회하지만 부가가치 비중은 유사하며, 고용 증가율과 부가가치 증가율(국제비교를 위해 2010~2017년 데이터를 사용) 역시 주요국과 유사하지만 서비스산업 평균에는 미치지 못하고 있다. 기술보다는 노동에 대한 의존도가 높고 영세한 업체가 많아 연구개발이 활발히 진행되지 못하고 있어 노동생산성은 낮은 편이다. 우리나라 운수업은 전체 서비스산업 수출에서 중요한 비중을 차지하고 있다. 수상 · 항공 운송, 운수보조 등은 생산성이 높지만 육상운송과 하역, 보관 · 창고업 등은 높은 자영업 의존성과 과다경쟁 때문에 생산성이 낮다. 또한 자율주행차, 드론, 공유교통 서비스의 활용이 모색되고 있지만 기존 서비스(버스 또는 택시) 공급자와의 갈등으로 시장에 정착하지 못하고 있다. 하지만 플랫폼을 이용한 음식 배달, 새벽 배송 등 새로운 사업모형의 라스트마일 배송서비스 시장은 빠르게 성장하고 있다. 향후에는 고객편리성과 자원 효율성을 높인 공유 운송서비스가 확대되고 IoT가 부착된 스마트 물류 로봇이 물류 처리의 정확성과 속도를 높이면서 배송 로봇과 드론은 주문 상품을 소비자가 원하는 시간과 장소에 배송받는 고객 맞춤 서비스가 가능해질 것이다.

도매 · 소매업 : 도소매산업의 고용 비중(20.3%)은 주요국(16.7%)에 비해 현격히 높은 반면에, 부가가치 비중(13.3%)은 주요국(13.8%)과 유사하다. 고용이나 부가가치 증가율은 모두 주요국을 소폭 상회하고 있지만, 서비스업의 평균에는 모두 못 미치는 전형적인 성숙기 전통산업의 모습을 보이고 있다. 도소매업은 1990년대 후반 인터넷 확산과 함께 온라인 쇼핑이 도입되면서 이른바 유통 3.0 시대가 도래했다. 인터넷을 통해 제품 정보를 얻거나 가격을 비교하는 등 정보 비대칭성이 완화되어 소비자의 구매 편리성이 강화되었다. 이로 인해 유통업 구조조정을 주도해 왔던 백화점, 아울렛과 같은 오프라인 유통이 줄고 온라인 쇼핑과 물류의 중요성이 크게 증가했다. 이후 제4차 산업혁명 관련 기술들이 적용되는 유통 4.0 시대가 도래하여 온라인 쇼핑과 오프라인 쇼핑의 경계가 사라지는 옴니채널화가 이루어지고 있다. 이러한 변화에 따라 우리나라 도소매업에서는 새로운 형태의 유통산업이 성장하며 고용과 부가가치를 모두 높이고 있다. 그러나 아직까지 우리나라 도소매업은 기술보다는 노동에 대한 의존도가 높고 영세업체가 많아 연구개발이 활발하지 못하다. 다만 업태 간 경쟁보다는 유통채널 간 융합과 물류 프로세스 효율화를 통해 시공간의 제약이 없는 편리하고 신속한 쇼핑 서비스와 고객 정보 수집에 기초한 마케팅과 실감기술을 활용한 가상 매장, 생체정보를 이용한 결제 기술의 발전, 블록체인을 활용한 거래 신뢰도 제고가 이루어지고 있다. 도소매업은 고용에서의 역할에 비추어볼 때 지속적 구조조정을 통해 대형업체를 탄생시키고 이를 보완하는 소규모 업체 간의 적절한 균형을 찾아야 할 필요가 있다. 고용에서의 역할을 감안하여 지원과 규제완화를 통해 다양하고 새로운 도소매 업태가 꾸준히 성장할 수 있도록 하고, 재래시장 등 기존 업태의 경쟁력 확보를 통해 기존 유통업태에서의 고용 급감이 발생하지 않도록 할 필요가 있겠다. 또한 아시아를 비롯한 주요 지역거점에서의 시장 확대를 도모할 필요도 있다.

정보 · 통신 : 우리나라 서비스산업의 성장을 이끌어 가는 핵심동력의 하나인 정보통신업은 고용 비중이나 부가가가치 비중 모두 주요국과 매우 유사하다. 하지만 고용 증가율은 주요국이나 서비스산업 평균을 상회하지만, 부가가치 증가율은 주요국을 상회함에도 불구하고 우리나라 서비스산업의 평균 증가율에는 미치지 못하고 있다. 기반기술인 통신기술의 혁신이 각국에 비슷한 영향을 미치고 있음이 확인되지만, 부가가치 확대에 보다 노력을 기울여야 함을 시사하는 것이다. 통신서비스업에서는 음성, 문자, 영상 등을 전달하는 기본 인프라 역할을 넘어 5G로 대표되는 네트워크 통신기술의 보편화로 다양한 업종에 통신서비스가 접목되어 스마트 팩토리, 스마트 오피스, 재난안전보안 서비스가 지원되고 자율주행, 원격의료 등 여타 산업 서비스와 융합되는 비대면 서비스가 크게 확산될 것이다.

생산자 서비스업

생산자 서비스는 금융, 부동산업, 사업서비스를 포괄한다. 1990년대 이래 생산자 서비스는 부가가치와 고용이 모두 꾸준히 증가하고 있는데, 고용 비중은 24.5%로 주요국(26.6%)에 비해 낮지만, 부가가치 비중(46.1%)은 주요국(45.3%)을 넘어서고 있어 상대적으로 높은 노동생산성을 보이고 있다. 그러나 이러한 높은 노동생산성은 금융보험과 부동산 및 임대업에 국한된 현상이고, 대표적인 지식기반 서비스 업종인 사업서비스는 서비스산업 평균보다 소폭 높은 데 그치고 있다. 우리나라의 경우 중간투입의 서비스화 수준은 OECD 국가들과 비교해 아직 낮다. 폐쇄적 인력양성, 진입 장벽, 영세성 등으로 전문 사업서비스는 생산성이 낮고 정체되어 있으며 제조업체의 아웃소싱도 활발하지 않기 때문이다. 제4차 산업혁명과 더불어 플랫폼 기반의 사업모형이 제공되고 점차 빅데이터와 AI를 활용한 고객 맞춤형 서비스가 확대될 것으로 전망된다.

금융 · 보험 : 한국의 금융보험 업종은 고용비중이나 부가가치 비중 모두 주요국을 넘어서고 있는데, 특히 부가가치 비중의 상회폭이 두드러지며, 부가가치 증가율 역시 높게 나타나고 있다. 하지만 고용비중은 오히려 감소하고 있으며, 부가가치 증가율은 서비스산업 평균을 하회하고 있다. 즉, 금융업은 부가가치 비중이 증가하는 가운데 고용 비중이 감소하여 생산성이 꾸준히 높아지고 있는 것이다. 향후 금융업에서는 플랫폼 기반의 (결제, 송금, 대출, 자산관리 등) 서비스가 꾸준히 확산되고 점차 빅데이터 · AI에 근거한 개별 고객에 대한 생애주기 전반의 맞춤형 서비스가 제공될 것으로 전망된다.

부동산 및 임대업 : 부동산업은 자기 소유의 또는 임차한 건물, 토지 등을 매매, 임대, 관리, 중개하는 사업이며, 임대업은 개인 또는 사업체를 대상으로 기계장비나 무형재산권 등을 임대하는 사업이다. 부동산업은 개인들에 의한 전세 위주의 영세한 주거용 임대보다는 외국계 및 대기업 계열의 국내 법인들이 주도하는 비주거용 건물 임대가 압도적이다. 외환위기 이후 외국계 부동산회사들이 상업용 부동산시장에 대거 진출하여 성장해 오다 이후 리츠나 부동산펀드 등이 활성화되고 부동산 관리업무가 아웃소싱되면서 부동산관리시장이 본격 형성되었다. 우리나라 부동산 및 임대업의 고용 비중(2.9%)은 주요국들(1.7%)을 크게 넘어서지만, 부가

가치 비중(13.2%)은 주요국들 수준에는 다소 못 미친다.

사업서비스 : 사업서비스업은 고부가의 지식기반 서비스업으로 과학기술 서비스, 사업지원(시설 유지 · 관리, 인력 파견) 외에도 기계장비 및 용품 임대, 광고, 정보처리 및 컴퓨터운영 등이 포함되는데 고용 비중은 사업지원(7.4%)이 과학기술 서비스(5.8%)보다 크게 높지만 부가가치 비중은 유사하다. 사업서비스의 고용 증가율과 부가가치 증가율은 서비스산업이나 주요국과 비교하여 모두 크게 높은 상황이다. 다만 사업지원 서비스는 고용창출 효과가 크지만 부가가치에 대한 기여는 제한적이다. 기업경영에 필요한 서비스의 일부를 외부에서 공급하는 업태로 수요기업 입장에서는 핵심분야를 제외한 모든 분야가 대상이 된다. 사업서비스는 최종소비보다는 생산과정의 중간재로 이용되면서 타 산업, 특히 제조업의 제품과 서비스의 가치, 그리고 그에 따른 생산성을 높이는 역할을 한다. 결과적으로 사업서비스는 제조업과 밀접하게 연관된 서비스산업이며 고용흡수력이 높아 고용창출산업으로서도 중요하다.

사업서비스업은 법무 및 회계, 디자인, 광고 등을 중심으로 종사자 10인 미만의 영세소기업 비율이 압도적이어서 1인당 매출이나 업체당 매출액이 매우 낮다. 또한 전문인력(대학원 이상 졸업자)이 부족하여 영세성과 함께 사업서비스업의 발전에 가장 큰 장애요인으로 작용하고 있다. 향후 사업서비스에는 업체의 대형화와 전문화와 더불어 전문인력 확보와 양성이 중요하며, 협회구성이나 정부를 통한 공용인프라 구축과 기업경영의 아웃소싱에 대한 지원이 필요하다. 한편 제4차 산업혁명에 따라 사업서비스에서는 제조기업의 디지털 전환과 스마트제조 지원이 중요해지고 있으며 점차 업종별 · 공정 단계별 맞춤형 서비스 또는 가치사슬 전 단계를 포괄하는 패키지형 제조서비스가 제공될 것으로 기대된다.

사회 서비스업

사회 서비스는 공공행정, 교육, 보건복지 등 공공적 목적으로 제공되는 서비스이다. 공공재가 대부분으로 시장보다는 정부의 사회정책이나 공공단체들의 사회활동 차원에서 공급되며 국민의 삶의 질과 밀접한 관련을 갖는다. 2020년의 우리나라 사회 서비스업종의 고용 비중(26.2%)은 주요국들에 비해 크게 낮지만, 부가가치 비중(26.8%)은 유사하며, 고용 증가율이나 부가가치 증가율은 주요국들에 비해 모두 높다. 우리나라는 GDP 대비 사회복지 지출 비율이 낮고, 의료서비스 등에서의 진입장벽, 서비스 가격 규제로 말미암아 시장규모나 생산성 수준이 뒤처지고 있다.

공공행정 · 국방 : 우리나라 공공행정 · 국방 업종의 고용 비중(5.7%)이 주요국들(8.9%)에 비해서 크게 낮으며 부가가치의 비중(10.7%)은 주요국들(9.0%)에 비해 높은 특이한 모습을 보여준다. 고용 증가율(1.3%)에 비해 부가가치 증가율(5.8%)이 크게 높은 수준을 유지해 왔으며, 두 지표 모두 주요국에 비해서 높다.

교육서비스 : 우리나라 교육서비스 업종은 고용비중(10.2%)이 주요국과 유사하지만 부가가치 비중(8.7%)은 더 높은데, 이는 고용 증가율이 낮은 반면 부가가치 증가율은 더 높은 데 따른 결과이다. 저출산에 따른 학령인구 감소로 공교육과 사교육 모두에서 수요가 줄어들고 있어 교육서비스의 비중은 점차 위축되고 있다. 그러나 지속적 기술변화로 새로운 직업이 생겨나고 기존 직무와 역량이 변화함에 따라 이에 걸맞는 인력의 양성뿐 아니라 직무교육, 재교육 등 성인 교육서비스에 대한 수요 또한 늘고 있다. 향후 교육서비스는 디지털 교육콘텐츠의 창출과 전달이 확대되고 더 나아가 학습자 데이터를 활용한 학습역량 평가, 맞춤형 프로그램을 개발 · 관리하는 학습자 중심의 교육이 강화될 것으로 보인다.

보건 · 복지 : 우리나라 보건복지 업종은 주요국에 비해 고용비중(10.3%)과 부가가치 비중(7.4%) 모두 낮지만 고용 증가율과 부가가치 증가율이 매우 높아 빠르게 성장하고 있는 업종으로 부각되고 있다. 보건복지는 소득수준 상승과 고령화 그리고 만성질환과 신경정신과적 질환의 증가에 따라 그 수요가 커지면서 부가가치나 고용 모두 빠르게 커지고 있다. 그러나 우리나라의 사회복지지출 수준이 아직 낮고, 의료, 돌봄 등의 서비스에 대한 공공성이 강조되어 상대적으로 규제 강도가 높은 산업이다. 사회 서비스는 노동생산성이 전체 서비스업에 비해 상대적으로 낮은데, 이로 인해 단기 저임금 구조가 지배적이다. 제4차 산업혁명의 영향으로 보건서비스업에서는 단기적으로 디지털 기기를 활용한 질병의 예방과 치료 및 관리가 보편화되고 점차 실시간으로 수집된 빅데이터를 인공지능 분석을 통해 질병을 진단하고 맞춤형 치료 · 관리를 제공하는 데이터 기반 의료서비스 모델이 확대될 것이다.

표 7-24 OECD 4개국 대비 한국 서비스산업의 업종별 현황

	고용비중		고용 증가율		부가가치 비중		부가가치증가율	
	한국	4개국 평균	한국	4개국 평균	한국	4개국 평균	한국	4개국 평균
유통	32.0	26.9	1.0	0.9	26.7	27.6	3.6	3.3
도소매	20.3	16.7	0.7	0.6	13.3	13.8	3.5	3.2
운수 · 보관	7.5	6.0	1.2	1.3	5.8	5.9	3.3	3.0
정보통신	4.2	4.2	2.2	1.7	7.6	7.9	4.0	3.7
생산자 서비스	24.5	26.6	5.0	4.7	38.5	37.4	4.5	3.6
금융보험	4.2	3.5	−0.5	0.1	9.6	6.5	2.7	2.4
부동산	2.9	1.7	2.1	1.3	13.2	14.8	4.4	3.1
과학기술	5.8	8.5	2.9	2.3	10.0	10.0	5.5	4.2
사업지원	7.4	8.7	3.6	2.9	5.6	6.1	6.7	4.7
사회 서비스	26.2	36.8	3.1	1.2	26.8	27.9	5.4	3.2
공공행정	5.7	8.9	1.3	0.0	10.7	9.0	5.8	2.4
교육	10.2	10.0	0.7	1.0	8.7	7.0	3.6	3.1
보건복지	10.3	17.8	7.5	1.9	7.4	11.8	7.3	3.9
협회단체	0.1	0.0	–	–	0.0	0.0	–	–
개인 서비스	21.4	14.0	1.5	1.7	8.0	7.1	4.3	3.9
음식 · 숙박	12.2	6.6	2.7	2.6	4.1	3.0	5.2	5.4
문화	2.3	2.4	1.7	1.7	1.6	1.7	2.7	4.0
기타 서비스	6.5	3.9	0.7	0.6	2.1	2.2	–	2.2
가사노동	0.3	1.1	−11.5	0.4	0.2	0.2	–	3.1
서비스산업	100.0	100.0	1.9	1.4	100.0	100.0	4.5	3.4

주 : 국제비교를 위해 2010~2017년 데이터를 사용.
자료 : STAN Industrial Analysis(2020 ed.), 부가가치는 명목 부가가치(Value added, current prices)를 활용.

개인 서비스업

개인을 대상으로 하는 개인 서비스는 음식 · 숙박업과 수리업을 중심으로 오락문화(스포츠산업 포함), 가사서비스 등을 포함하며, 소비로부터의 효용 증대를 목적으로 구매하는 서비스이다. 통상 재화보다는 소득 탄

력적이지만 문화, 예술 등 고급서비스부터 기초생활 유지를 위한 저급 서비스까지 다양하다. 소득 향상에 따라 서비스 소비구조는 크게 변화한다. 현재 우리나라는 고급 개인 서비스의 비중보다는 필수 개인 서비스의 비중이 높다. 2018년 기준 개인 서비스의 사업체 수는 약 124만 개(35.3%)로, 서비스업의 3분의 1 이상을 차지할 만큼 영세사업체가 지배적이다. 개인 서비스는 부가가치 및 고용 비중 모두 1990년대에 소폭 증가하다 외환위기 이후 감소하고 있다. 우리나라 개인 서비스업의 부가가치 비중은 8.0%로 주요 4개국(7.1%)에 비해 다소 높지만, 고용 비중은 21.4%에 달하여 주요 4개국(14.0%)을 크게 상회하는 만큼 노동생산성이 극히 낮아 제조업의 15% 내외이며 서비스업 평균의 절반에도 미치지 못한다. 이들 업종의 생산성 개선은 주로 인력조정에 의존함에 따라 소득 격차가 고착되고 저성장에 기여하고 있다. 향후 개인 서비스는 단기적으로 간편성, 접근성, 신뢰성 등을 제공하는 플랫폼 기반의 서비스가 확대되고 더 나아가 서비스의 세분화, 전문화를 통해 고객의 선택가능 영역이 확장될 것으로 기대된다.

음식 · 숙박 : 한국의 음식 · 숙박업 고용 비중(12.2%)은 주요국(6.6%)에 비해 두 배 가까이 높은 반면에 부가가치 비중(4.1%)은 주요국(3.0%)을 소폭 상회할 뿐이다. 그만큼 노동생산성이 현저히 낮게 유지되고 있다. 한편 고용 증가율은 주요국이나 서비스업 평균을 상회하지만, 부가가치 증가율은 주요국이나 서비스업 평균에 모두 미치지 못하고 있다. 과다한 영세업체가 노동집약적으로 낮은 수익성을 감수하고 경쟁하고 있는데 낮은 진입규제가 중요한 원인 중 하나이다. 음식 · 숙박업은 최종소비재로서 국민 후생과 직접 관련되고 임금 근로자들의 중요한 고용 대체수단이므로 진입 규제보다는 정보 공유로 자연스럽게 진입이 감소되도록 유도하는 것이 바람직하다. 단기적으로 플랫폼 기반의 음식배달 서비스가 확대되고 시장 세분화를 통해 특정 고객에 특화된 서비스가 제공될 것으로 예상된다.

문화 · 여가 : 우리나라의 문화 · 여가 서비스 업종은 고용비중과 부가가치 비중, 고용 증가율은 주요 4개국과 매우 유사하지만, 상대적으로 부가가치 증가율은 다소 뒤지는 편이다. 문화 · 여가 산업은 소득탄력성이 크고 부가가치가 높은 특징을 갖는다. 우리나라의 경우 여가 관련 지출이나 여가시간이 OECD 평균에 비해 적고 소비자 보호를 위한 규제로 인해 발전이 제한되고 있다. 하지만 그동안의 생활 수준 향상과 워라밸(work life balance), 욜로(YOLO) 등 소비자 인식의 변화로 인해 콘텐츠와 여가활동에 대한 수요가 늘어나고 있다.

문화 · 여가 산업은 오프라인에서 온라인으로 이동하면서 콘텐츠 제공이 온라인 플랫폼 중심으로 제공되고 있다. 콘텐츠의 내용도 과거 일방향적인 콘텐츠에서 온라인 중심의 디지털 콘텐츠가 주를 이루고 있는데, 향후에는 VR · AR을 접목한 경험 중심의 인터랙티브 콘텐츠, 실감형 콘텐츠가 각광받을 것이다. 빅데이터와 AI의 데이터 수집 및 분석을 통해 이용자 선호도를 분석하여 콘텐츠 제작이 이루어지고 콘텐츠 제공도 맞춤형으로 진화하고 있으며, AI의 딥러닝(deep learning) 방식을 통해 영상, 소설, 작곡 등의 콘텐츠 제작도 이루어지고 있다.

(2) 한국 서비스산업의 도전 : 활성화와 생산성 제고

한국 제조업에서 노동집약적 산업은 저임금을 무기로 하는 신흥 개도국으로부터 그리고 자본 · 지식 집약적 산업에서 이미 빠르게 혁신하며 신산업을 정의하고 생산기술 변화를 주도하는 선진 산업국의 도전을 받고 있다. 전통적 경제발전 과정에 비추어 볼 때 이러한 도전에서 생존하기 위해서는 제조업에서 이탈하여 그동안 발전이 제한적이었던 서비스산업으로 이전하는 것이 요구된다. 그러나 한국 서비스업의 저조한 성과로 말미암아 한국 경제는 마치 막다른 골목에 다다른 것과 같은 상황이다. 주지하다시피 우리나라에서 전통 서비스업은 그 비중이 높지만 과잉경쟁에 시달리는 반면, 지식기반 서비스업은 비중, 경쟁력 모두 아직 낮다. 또한 사회복지 지출이 제한적이어서 보건복지 서비스의 비중은 특히 낮다. 과다 경쟁과 낮은 생산성으로 대변되는 서비스산업의 부진은 경제 양극화를 심화시키고 취약한 중간재 공급으로 제조업의 경쟁력을 약화시키며 나아가서는 전체 경제의 성장 둔화를 야기하고 있다. 하지만 서비스산업은 도소매부터 금융까지 다양한 분야를 포괄하고 광범위한 기능과 역량을 요구하며 경제의 막대한 전환을 요구한다.

아울러 정보통신기술 혁신의 지속 속에서 제4차 산업혁명이 전개되며 서비스산업에 근본적 변화가 나타나고 있다. 기술적 변화는 세계를 하나의 시장으로 연결하는 5G를 포함한 네트워크, 대규모의 정형 · 비정형 데이터의 수집 · 분석에 기초하여 맞춤형 서비스를 제공하는 빅데이터 · AI, 데이터의 안전성과 신뢰성을 제고하는 블록체인에 기반한 두 가지 변화로 요약된다. 첫째, 플랫폼 기반 서비스이다. 플랫폼에 기반한 비즈니스모델이 새롭게 나타나 시장을 형성하고, 이렇게 형성된 플랫폼을 활용하여 새로운 서비스를 제공하는 서비스업체들이 등장하고 있다. 구글, 페이스북, 아마존, 애플 등의 플랫폼 업체들은 이용자를 확보하고 소통과 상거래 범주를 확산한다. 내구재나 노동을 사용하지 않는 기간 동안 다른 사람에게 대여하거나 제공함으로써 경제적 효용을 얻는 공유사업 모형(쏘카, 위쿡, 야놀자 등)이 등장하고, 대상을 공유하기보다 플랫폼을 통해 필요 자원의 수급을 효과적으로 매칭하는 사업모형(홈마스터, 헤이뷰티, 헬프미, 배달의 민족)도 이어지고 있다. 둘째, 융합형 서비스이다. 서비스에 IT, BT 기술이 적용되거나 여타 산업과 결합된 새로운 형태의 서비스가 제공되는 것이다. 특히 소비자에게 맞춤형 서비스 제공이나 서비스 제공의 효율화가 나타나며, AR · VR 등의 기술이나 장르 간의 결합으로 나타나는 융합형 콘텐츠, 핀테크, 스마트 헬스케어, 에듀테크 등이 이에 해당한다.

규제개선과 차별적 정책 해소 서비스산업에는 정보비대칭, 형평성, 공익성, 소비자보호, 과당경쟁 방지를 위한 다양한 진출입 및 업무 규제가 방대하게 존재한다. 각종 인허가제도, 법률 · 회계 · 의료 등 전문 서비스분야에서의 자격제도에 의한 진입규제, 업무영역 제한, 각종 사업자단체 등에 의한 진입 · 업무 · 가격 제한 등이 많다. 이들 규제는 경쟁을 제한할 뿐만 아니라 새로운 서비스나 신규 업종의 진입을 어렵게 하고 있다. 서비스 규제 환경은 제조업보다 훨씬 더 경직적이어서 2013년만 보더라도 서비스업에는 제조업보다 4배 많은 규제가 있었다. 따라서 서비스산업에서 진출입과 가격 및 업무 관련 규제를 지속적으로 재검토하여 시장의 경쟁압력을 제고시켜 나갈 필요가 있다.

아울러 서비스업에 대해 차별적이거나 불합리한 금융 및 조세제도를 개선해야 한다. 물적 담보가치가 적은 서비스기업은 금융 활용이 어려우므로 보증심사 기준을 재정비하고 신용보증기금의 우대보증 한도를 확대할 필요가 있다. 아울러 산업은행과 기업은행의 중소서비스업에 대한 금융지원 규모를 확대하여야 한다. 정책자금의 융자조건과 규모도 확대하여야 하며, 조세제도에서는 조세특례제한법상 중소기업의 범위에 포함되는 서비스업종을 확대하고 임시투자세액공제, 창업중소기업 세액감면 및 중소기업 특별세액 감면, R&D 지원 등의 적용 대상도 확대하여야 한다(이건우, 2004,「서비스산업 발전을 위한 정책과제」, 산업연구원). 서비스 업체들의 회계 정보의 투명성을 높여 금융기관의 신뢰를 제고할 수 있도록 하여야 한다.

제4차 산업혁명이 낳는 새로운 서비스의 정착은 개발과정에서는 데이터 수집 · 이용에서 요구되는 개인정보 보호로 인해 그리고 시장에 적용되는 과정에서는 법 · 제도 미비나 이해 상충 문제로 인해 어려움을 겪고 있다. 개인정보 보호와 관련된 법률은 개인정보보호법, 정보통신망법, 신용정보법 등으로 산재되어 있고, 개인정보의 적법한 이용은 획일적인 동의 제도에 지나치게 의존하고 있다. 또한 의료법 등과 연관된 의료서비스에서 보듯이 기술혁신에 기초한 만큼 제공하려는 서비스가 기존과는 달라 해당 법 · 제도의 적용을 받기 어렵다. 택시와 우버, 호텔과 에어비엔비에서 보듯이 기존 진입자와의 이해상충 문제는 피해갈 수 없다. 더욱이 포지티브 시스템으로 운영되는 우리나라의 규제체계로 인해 법에 규정되지 않은 서비스를 제공할 수 없다 [산업연구원(2019), 『한국 산업발전 비전 2030』]. 국회에 제출된 데이터 3법(개인정보보호법, 정보통신망법, 신용정보법)의 성립을 통해 개인정보 활용의 불확실성을 최소화해야 하고 혁신을 장려하는 원칙 중심의 사후규제 체계로 전환할 필요가 있다.

그림 7-10 서비스 혁신의 경로와 배경

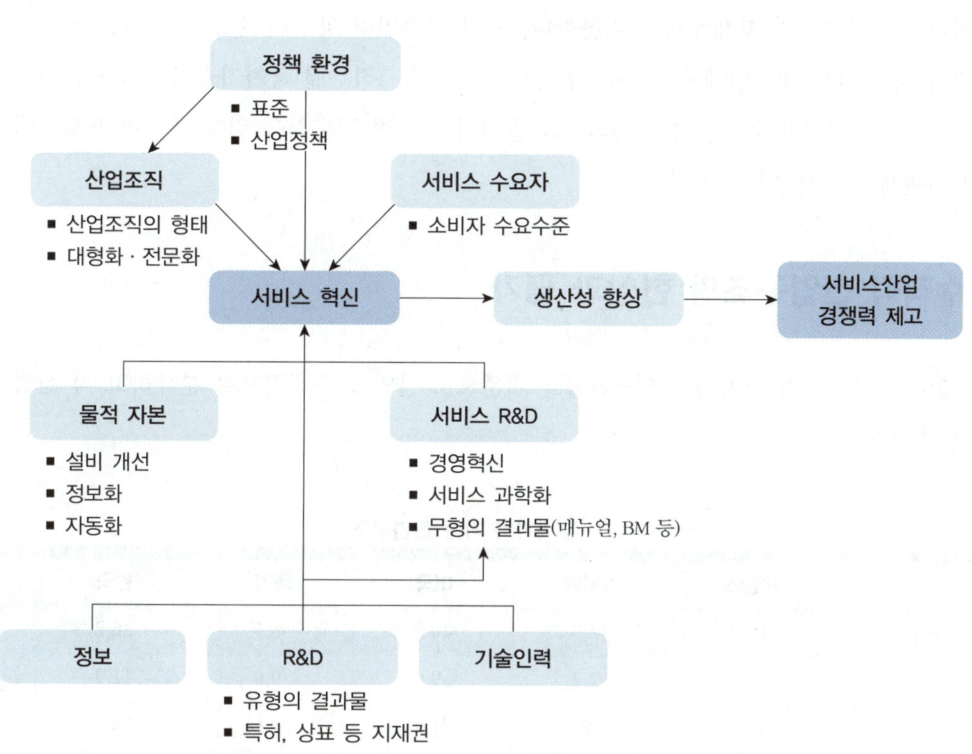

자료 : 최봉헌 등(2007)을 수정

서비스산업 혁신인프라 확충 서비스산업의 생산성 제고를 위해서는 서비스 R&D,[27] 전문인력 양성 등의 기본적인 인프라 확충이 필요하다. 우리나라는 서비스 업체의 고질적인 영세성으로 인해 자체적 인력 양성과 R&D에 한계가 있으므로 정책 지원이 요구된다.

서비스산업에서의 혁신은 기술적 혁신과 비기술적 혁신으로 구분된다. 기술적 혁신은 과학기술 R&D에 따른 기술혁신이 서비스업에 전파되는 것으로 생명공학 기술혁신에 힘입어 의료서비스의 생산성이 개선될 수 있는 것이다. 비기술적 혁신은 경영, 조직, 마케팅 혁신 등 사회 · 과학적인 비기술을 대상으로 하는 혁신을 말한다. 또한 서비스업의 혁신은 현장의 서비스인력이 고객과의 개별적 접촉을 통해 특정 고객 고유의 문

27. 서비스 R&D는 새로운 서비스의 개발, 전달체계 개선, 제품과 서비스 융합 등 새로운 지식을 얻거나 응용하는 창조적 활동으로 정의된다.

제에 대한 해법이 제시되는 경우에도 생겨날 수 있다. 이는 일회적이며 정형화된 해법 없이 현장에서의 응용력을 요구한다. 서비스 혁신은 서비스 인력을 통해 기술혁신과 비기술적 혁신이 적용되는 것으로 볼 수 있다. 제조업과 구별되는 서비스업 혁신의 독특성이 존재하므로 국가적 차원에서 서비스 R&D를 전담하는 조직을 설치하여 서비스 혁신생태계를 구축할 필요가 있으며, 공학, 경영 등 다학제적 역량을 갖춘 전문인력을 양성하는 교육체계 구축과 개선이 필요하다.

전문인력과 교육훈련의 확대 전문인력과 교육훈련의 부족은 서비스산업 전반에 걸친 문제이다. 서비스산업에서는 현장에서 혁신이 이루어져야 하기 때문에 R&D 부서가 별도로 조직되어 혁신이 이루어지기보다는 사실상 전사에 걸쳐 혁신활동이 전개된다. 따라서 매출 대비 R&D 투자 비중이 낮거나 별도의 R&D 부서가 조직되어 있지 않는 경우가 많다. 결국 서비스산업의 혁신능력 제고는 기업을 대상으로 한 지원보다 전문인력 양성이 더 긴요하다. 한편 서비스산업에서의 인력개발 부진은 기업과 근로자의 재원부족 외에도 적절한 교육훈련 기준과 프로그램의 부재에서도 비롯한다. 과거 산업인력 양성이 제조업의 기술기능인력 양성에 초점이 두어졌기 때문이다. 제조업에 상응하는 수준으로 업종별 · 직무별 국가기술자격이나 훈련기준을 정비할 필요가 있다. 또한 자영업자와 자유직 대상의 교육훈련과 고학력 전문직을 위한 재훈련 프로그램을 개발하여 교육훈련비 지원제도를 개선할 필요가 있다.

2.3 수직적 산업구조의 현상과 평가

〈표 7-25〉는 생산과정을 따라 투입-산출을 기준으로 산업을 수직적으로 분류하고 각 산업에서의 부가가치 비중을 추계한 것이다.

표 7-25 부가가치 기준 산업구조

	프랑스	스웨덴	미국	독일	한국	일본
개인재화 · 서비스	45.7	42.5	40.7	38.6	36.2	45.4
재화	11.8	12.7	9.6	9.9	11.9	14.2
서비스	33.9	29.8	31.2	28.6	24.3	31.2
대량생산재	6.3	8.8	8.1	15.2	23.1	12.3
규모 집약적	4.3	6.8	4.3	10.4	9.8	6.1
과학기반	2.1	1.9	3.7	4.8	13.3	6.2
인프라	39.5	38.6	42.5	36.4	32.1	34.4
물적	17.5	18.4	15.0	17.2	13.8	18.1
네트워크	22.0	20.2	27.5	19.2	18.3	16.4
전문공급자	8.5	10.2	8.7	9.9	8.6	7.9
자본재	0.6	2.1	0.8	3.5	2.6	5.0
생산자 서비스	8.0	8.0	7.9	6.4	6.0	2.9

자료 : STAN Industrial Analysis(2020 ed.), 명목 부가가치 경상가격(Value added, current prices)를 활용.

1) 최종 서비스의 제한적 발전

우리나라의 경우 최종 개인 재화가 전체 산업에서 차지하는 비중이 다른 국가에 비해 매우 높지만, 최종 개인 서비스는 독일을 제외하곤 대부분의 국가에 비해 그 비중이 낮다. 특히 소매, 음식 · 숙박, 가사, 문화, 교육 등은 OECD 국가에 비해 그 비중이 높거나 유사하므로 최종 서비스의 부진은 주로 행정, 보건복지 등의 사회 서비스의 미발전에서 비롯한다.

2) 대량생산재 부문의 발전에도 불구하고 지원산업은 부진

한국은 1980년대 이래 중화학공업과 기술집약 산업의 약진으로 성장했고 그 결과 현재 대량생산재, 특히 과학기반 대량생산재 부문이 다른 나라에 비해 매우 높은 비중을 차지한다. 하지만 이를 뒷받침하는 인프라나 전문공급자의 발전은 부진했다. 특히 금융보험, 정보통신 등 네트워크 인프라는 상대적으로 발전하였지만 그 외 물적 인프라, 자본재, 사업서비스는 모두 OECD 국가들에 비해 상대적으로 취약하다. 한국의 물류 경쟁력은 비교적 낮은 편이다. 한국의 물류경쟁력지수(Logistics Performance Index ; LPI)는 2016년 4.03(5점 만점 기준)으로 160개 국가 중 23위를 기록하여 2010년 3.97에서 소폭 증가하였다. 세부적으로 인프라(3.45점), 물류서비스(3.58점) 부문이 열위에 있다.

우리나라는 산업화 이래 자본재 산업의 기술이 낙후되어 일반기계와 정밀전기뿐만 아니라 전자기계와 수송기계 등의 자본재를 일본과 독일로부터의 수입에 의존해 왔다. 수입의존도는 1970년 이후 자본재의 국산화로 빠르게 하락해 왔으나 아직까지 높은 수준이며, 특히 2000년대에 들어서는 전자기계를 중심으로 중국에 대한 의존도도 크게 늘어났다. 우리나라 산업에서 수입중간재 투입비중이 지속적으로 상승하여 국산품 비율(국산화율)은 1990년 81.2%까지 높아졌으나 이후 둔화되어 2019년 78.2%에 머물고 있는데 이는 일본(92.7%, 2000)에 비해 크게 낮은 수준이다.

한편 제조업 내에서 사업서비스의 활용도 선진국에 비해 아직 부진하다. 제조업의 서비스 중간투입비중을 보면 1990년 11.8%에서 2000년 14.0%, 2019년 15.8%까지 높아지긴 하였지만 이는 과거 G7 국가 평균(22.2%, 2010)이나 주요 제조국인 일본(21.2%)과 독일(22.4%)에 비해서도 크게 뒤처진다. 특히 사업서비스업 중간투입 비중은 1990년 2%에서 2011년 2.9%로 다소 개선되었지만 G7 국가의 평균(6.1%, 2011)이나 일본 및 독일에 비해 상대적으로 낮은 수준이 계속되고 있다.[28]

우리나라 제조 기업은 국내 서비스 기업의 기술력과 경쟁력이 낮다고 판단하여 외주를 회피하고, 이는 다시 서비스업 시장확대와 생산성 제고를 가로막고 있다. 특히 전기 · 전자, 화학 등 중화학공업에 특화한 우리나라에서 사업서비스업이 부진한 것도 바로 이 때문이다. 실제로 우리나라의 경우 사업서비스업의 GDP에서의 비중이 5%인 데 반해, 프랑스, 미국, 독일 등은 10% 이상이며 영국은 15%를 넘는다. 더욱이 선진국들과 달리 우리나라는 1990년대 후반 이후 사업서비스업 비중이 정체되고 있다.

28. 현대경제연구원(2015. 4), 서비스 중간투입의 경제적 효과 분석, 경제주평.

표 7-26 중간투입률 및 중간투입 구성 추이

	1985	1990	1995	2000	2005	2010	2019	일본 (2000)
중간투입	58.6	57.2	55.3	57.0	58.8	57.3	56.5	47.8
국산	45.7	46.5	44.4	43.8	46.0	44.9	44.2	44.3
수입	12.9	10.8	10.9	13.1	12.8	12.4	12.3	3.5
국산화율[1]	<78.0>	<81.2>	<80.4>	<77.0>	<78.2>	<78.3>	<78.2>	<92.7>
물적(物的) 투입[2]	78.7	74.6	70.0	68.1	68.4	71.1	64.2	52.1
서비스 투입	21.3	25.4	30.0	31.9	31.6	28.9	35.8	47.9

주 : 1) 국산화율 = (국산중간투입액 / 전체중간투입액) × 100
2) 농림어업, 광업, 제조업, 전력 · 가스 · 수도 및 건설업(구성비는 중간투입총액에 대한 비중)

3) 조립형 산업화와 부가가치의 제한

우리나라 기업은 그동안 선진국에서 주도하는 제품기술을 모방 · 개량하되 핵심 부품 · 소재와 자본설비는 수입에 의존하고 대신 조립공정 혁신에 집중해 대량생산재의 수출을 중심으로 하는 수출주도형 경제성장을 지속하고 있다. 이러한 '조립형' 산업화는 산업화 초기부터 지금까지 계속되어 우리나라의 왜소한 중간재 생산과 생산자 서비스산업을 낳고 있는 것이다.

한국은 1960년대에 수출주도 경제성장을 도모하며 조립에 특화하여 글로벌 가치사슬에 본격적으로 참여하기 시작하였다. 식민지 시기의 경험을 이어받아 기업규모를 불문하고 선발 산업국 일본의 성숙기술과 생산설비를 도입하고 저임 노동자가 수입된 부품과 원자재를 손이나 간단한 도구로 조립하여 해외 시장에 판매하는 조립형 산업화를 시작한 것이다. 부품이나 공작기계를 생산할 필요도 없었고 공작기계를 충분히 다룰 수 있는 숙련을 형성할 필요도 크지 않았다. 또 핵심 부품 · 소재와 설비기계 분야에서 축적된 기술과 숙련도 미약했다.

1970년대에 본격화한 중화학공업화는 소재와 부품의 국산화를 앞당겼지만, 동시에 가공조립형 산업화가 진척되는 계기를 마련하였다. 중화학공업화는 숙련 근로자와 협력 중소기업의 발전을 요구하였으므로 근로자의 숙련을 높이고 대기업과 중소기업이 동반 성장할 수 있었다.

그러나 1970년대 중반 이후 생산현장에서 NC[numeric control(수치 제어)] 자동기계가 도입되며 현장 인력의 숙련에 대한 의존도가 크게 약화되고 조립의 범위가 확대되기 시작했다. 기계 도입으로 숙련을 절약하면서도 인간의 손으로는 불가능한 속도로 정밀하고 복잡하지만 균질적인 상품을 생산할 수 있게 되었다. 1980년대 중반 이후 노동배제적인 자동화 설비투자가 확대되면서 미국처럼 엔지니어가 작업장을 배제한 채 공정기술의 구현을 주도하고 중간 엔지니어가 현장 노동의 역할을 적극적으로 보완하는 작업방식이 발전하였다. 그 결과 현장 숙련의 위치가 축소되고 숙련 향상에 대한 비전도 점차 약화되어 갔다. 1980년대 후반 정치민주화로 임금이 급등하고 노사관계가 경색됨에 따라 고용감축과 자동화에 대한 의존도가 더욱 자극받았다.

현장 숙련 대신 이를 체현한 기계설비의 손쉬운 수입과 이를 운영하는 엔지니어의 공정기술에 기반한 기술학습은 선진국의 추격을 용이하게 하였다. 글로벌화와 더불어 기술혁신이 가속화된 상황에서 이에 대처하는 첨단 가공기계나 부품 · 소재의 고품질화가 요구되었다. 국내 중간재 산업들은 이에 충분히 대처할 시간적 여유가 없었을 뿐만 아니라 필요한 숙련이 축적되지 않았지만, 수입에 의존하여 국내 기업들은 점차 첨단 제품으로 옮겨갈 수 있었다.

1990년대 단순조립에서 첨단조립으로 이행하는 시기에 수급업체 비율이 하락하며 대기업과 중소기업 간의 관계도 크게 변화하였다. 핵심 부품 · 소재나 자본재에 대한 해외의존이 지속되는 가운데 노동집약적 공정에서 비용부담을 전가할 수 있는 위계적인 대기업과 중소기업 간의 관계가 활용되었다. 또한 1990년대 중반 이후 IT 기술의 발전과 표준화의 진전으로 생산 공정의 모듈화가 확대되었다. 모듈화는 기업특수적 투자 대신에 산업특수적 생산시설의 공유로 요소비용을 절감하고 설비가동률을 높임으로써 규모의 외부경제를 향유할 수 있는 기회를 기업에게 제공하였다. 결과적으로 한국은 현장 인력의 기술역량 축적에 의존하지 않고 제품의 고도화가 가능한 반도체나 범용 석유화학 제품 등 자본집약적인 개방형 모듈제품에서 비교우위를 보이고 있다(Fujimoto, 2008).

1990년대 이후 성공적인 추격에도 불구하고 조립형 공업화의 특질이 강화되어 원자재와 자본재의 도입선은 중국, 홍콩, 동남아로 다변화되었지만 핵심 부품 · 소재와 기계장치를 일본, 독일 등에서 수입하는 관계는 오히려 강화되었다. 부품 · 소재 전 분야에서 이들 국가와 무역수지 적자를 보이고 있으며, 일반기계와 정밀기기 부품 분야에서는 미국, 독일, 일본, 이탈리아 모두에서 무역수지 적자를 보이고 있다. 한편 조립형 산업화의 길을 걷고 있는 중국은 우리의 초 · 중급 부품 · 소재 및 최종재 시장이 되어 우리나라가 부품 · 소재 분야에서 무역흑자 기조를 확고히 유지하는 데 크게 기여하고 있다.

4) 부가가치의 제한

표 7-27

산업별 부가가치율 추이

	1985	1990	1995	2000	2005	2010	2015	2019(A)	일본 (B, 2005)	A/B
농림어업	66.8	66.1	65.6	64.4	57.9	53.3	54.2	51.0	52.3	
제조업	24.8	27.2	31.0	25.6	24.6	25.8	28.3	29.3	29.1	
소비재	24.6	25.6	30.8	22.5	21.9	25.5	24.6	25.6	37.5	
기초소재	22.3	25.8	29.6	24.6	23.0	23.7	28.7	26.6	28.5	
조립가공	29.4	30.7	32.5	28.2	27.0	26.1	27.5	31.2	25.3	
서비스업	64.2	65.7	65.2	62.6	61.0	56.6	57.0	56.4	63.7	
도소매 · 운송				53.3	52.1	45.5	48.9	47.3		
생산자 서비스				69.4	64.1	61.1	61.6	60.9		
사회 서비스				70.1	72.2	67.4	66.5	66.4		
소비자서비스				44.8	45.8	45.9	40.6	40.3		
전산업	41.4	42.8	44.7	43.0	41.2	39.5	42.7	43.5	50.4	
생산유발계수					1.72	1.81	1.81	1.79		

주 : 부가가치율 = (부가가치 / 총투입액) × 100 = 1 − 중간투입률

ISTANS(Industrial Statistics Analysis System), https://istans.or.kr/

중간재와 사업서비스의 부진은 국내 산업의 부가가치율과 생산유발 효과를 약화시키고 있다. 국내총산출에서 부가가치가 차지하는 비중인 부가가치율(= 100 × 부가가치액/총투입액)은 43.5%로 큰 변화가 없으며 일본(50.4%)에 비해 저조한 상태가 이어지고 있다. 한편 특정 산업 제품에 대한 최종수요가 1단위 증가할 때 이로 인해 전체 산업에서 유발된 생산효과의 크기를 생산유발효과라 하는데 이를 측정하는 생산유발계수는 최근에 올수록 감소하고 있다.

2.4 산업정책 레짐의 변화와 현재

1) 산업정책 레짐의 변화

표 7-28 한국 산업정책의 주요 특징

	1960년대	1970년대	1980년대	1990년대	2000년대
발전 단계	요소주도	투자주도		혁신주도	
산업정책	수출산업 육성	중화학공업 육성	산업 타게팅에서 기능적 정책으로 전환	첨단기술산업 육성	신성장 엔진 촉진과 R&D 개선
우선 부문	수출품-노동집약적 제조품	중화학공업-자본집약 소수 선별 대기업 중심	산업 구조조정, 중소기업, 첨단기술 활동	첨단기술산업 민간부문 주도 발전	민간부문 주도 발전 1997년 위기 이후 재벌 구조조정
주요수단	수입보호, 수출보조 (관세환급, 신용할당, 수출목표)	좌와 동일 + 선별 산업에 대한 정책금융, 조세 및 보조금을 통한 투자 유인	수입자유화, 정책금융 종결, 신용할당에 대한 정부영향력 행사, R&D 투자유인책, FDI에 대한 제한 완화	금융부문 자유화, 자본시장개방 경쟁의 촉진 R&D 투자 촉진	R&D 투자 촉진 중소벤처 육성 경쟁의 촉진 자본시장 발전
과학기술 정책	과학기술부/KIST 과학기술촉진법 과학기술을 포함한 경제개발 5개년 계획	정부출연연구소 직업학교 연구개발 촉진법 대덕 과학단지	National R&D Plan R&D에서의 민간주도	정보화 정부출연연의 구조조정 산 · 학 · 연 연계	대학의 선도적 역할 국가혁신시스템 효율화 지역혁신 시스템과 혁신클러스터

(1) 국가주도의 수직적 · 하향적 산업정책

한국의 산업정책은 오랫동안 권위적이고 자율성을 가진 발전국가주도하에 수직적 · 하향적 조정의 방식으로 이루어졌다. 산업정책의 결정이나 집행과정은 정부 내부에서 중앙집중적이고 수직적 결정과정 패턴을 보였고, 정부와 다양한 사회조직 간의 관계에서도 하향적 방식이 지배적이었다. 민관 협력이나 사회조직 간의 네트워크 형성도 국가가 주도하였다. 특히 과거 발전국가 시대의 산업정책 결정 및 실행과정은 국가와 대기업 간의 긴밀한 상호작용과 협력 속에서 진행되었다. 국가와 대기업의 관계는 시간이 흐르면서 국가 우위의 관계에서 대기업의 협력이 중요해지는 구조로 변화해갔다.

1950년대 수입대체 공업화와 수혜-후원의 약탈국가

산업정책 거버넌스의 변화 독립 후 정부는 정치적으로는 자유민주주의 체제를 천명하며 경제적으로는 사적 소유권 확립과 자유로운 경제행위의 보장을 통해 자본주의 시장경제의 정착을 도모하고 정부 간섭은 소극적으로 유지하고자 하였다. 독립되었지만 분단된 국가로서 정치적 안정에 집중하는 반면 경제발전과 이를 위한 적극적 산업정책에는 큰 관심을 두지 않았다. 이 시기에는 지주, 기업가, 근로자, 사회 조직 모두 조직화가 취약하였다. 이 상황에서 식민통치를 통해 과도하게 제도화된 억압적 관료기구(군, 경찰)를 가진 국가는 상당한 자율성을 가질 수 있었다. 하지만 실적주의에 근거한 잘 조직된 관료기구가 제도화되지 못함에 따라 국가는 그 능력이 전반적으로 낮았고 약탈 국가에 머물렀다. 특히 기업-국가 관계는 경제적 지대와 정치자금을 주고받는 정경유착의 '수혜-후원'의 관계에 머물렀다.

외국 원조에 의존하여 생필품 부족과 수입 급증에 대응하는 과정에서 정부를 매개로 수입대체 공업화가 진행되었다. 정부는 최종재보다 원재료와 중간재를 구매하는 기업가에게 수입권과 외환을 우선 배분하였기 때문에 자본투자가 크지 않고 수입 원재료를 단순 가공하는 소비재 기업이 활성화되었다. 적산기업 및 귀속재산 처리나 수입허가와 외환 할당, 은행융자에서 고위 정부관료들의 친분을 매개로 정부-기업 간 유착이 생겨났다.

1960년대 수출산업 육성과 발전국가의 선도

1961년에 등장한 군사정부는 초기에 기초공업, 원자재, 소비재의 수입을 대체하고 자립경제를 확립한다는 산업정책을 추진하였으나 재원 부족으로 곧 난관에 봉착하였다. 마침 수출 부문이 호조세를 이어가자 정부는 산업정책을 수입대체에서 수출촉진으로 전환하여 비교우위가 있는 노동집약적 제조업을 기반으로 수출지향적 산업화에 나섰다. 수출지원정책은 모든 수출기업에 동일한 혜택이 제공되는 중립적 지원책으로 수출실적이 지원의 기준으로 사용되었다. 산업발전 단계상 수출품은 가발 · 섬유 · 신발 등 노동집약적 제조품이 지배적이었다. 정부 지원이 수출실적에 기초한 만큼 신흥기업보다는 기존 기업, 특히 대기업에게 유리하게 작용하여, 수출지향적 산업정책은 대기업집단의 성장에 기여하였다.

산업정책 거버넌스의 변화 기업과 사회조직이 취약한 상태에서 경제발전이 최우선의 국가목표로 설정되며 정부가 산업화를 주도하는 발전국가 체제가 형성되고 강화되었다. 정부-기업 간 관계는 지대추구적 분배연합에서 발전지향적 연합으로 변모하였다. 발전국가는 실적주의에 기초한 전문 관료제와 관료기구를 확립하여 발전목표를 설정하고 이를 실행에 옮길 수 있는 자율적인 국가 능력을 확보하였다. 특히 경제정책을 총괄하는 경제기획원을 창설하여 경제개발을 기획하고 조정하도록 하였다. 경제기획원은 재원과 특혜를 통해 민간기업이 정부계획에 맞추도록 통제하였다. 은행 국유화에 이어 정부가 지급을 보증하는 외자, 대일청구권 자금 도입을 통해 금융자원을 통제함으로써 정책 자율성을 확보할 수 있었다. 당시 민간부문은 경제계획 수립과정에 의미 있는 참여가 없었고 선별적 동원과 통제의 대상이었을 뿐이다. 기업은 정부에 의해 선택되어 각종 특혜와 선별적 지원을 얻기 위하여 정부계획에 따르며 끊임없이 경주하여야 했다.

정부는 청와대와 경제기획원을 중심으로 전략산업을 직접 선정하였다. 산업과 업종은 물론 참여기업 역시 정부의 선택 대상으로 선별 기업에는 금융 및 세제상의 혜택과 더불어 선별기업이 해외로부터의 경쟁압력에서 자유로워지게 하였다. 또한 정기적으로 민관공동회의를 개최하여 행정지원을 개선하였고, 사회간접자본을 형성하고 보완해갔다. 그러나 정부는 수출액과 같은 명확한 성과에 근거한 선별적 유인을 제도화하여 발전을 지향하는 정책협력을 최대화하였다.

1970년대 정부주도적 중화학공업 육성

1970년대에도 정부는 저임 노동에 기초한 수출지향적 산업화 정책은 지속되었지만, 동시에 원료와 중간재를 자체 공급할 수 있는 자본 및 기술 집약적 산업으로 옮겨가기 위해 노력했다. 이를 위해 정부는 수출산업 전반을 동등하게 지원한 기존의 중립적 산업정책에서 벗어나 기계, 조선, 전자, 철강. 석유화학, 섬유. 비철금속을 포함한 6대 중화학공업 부문을 전략부문으로 선정하고 집중 지원하는 업종별 육성정책을 추진하였다. 정부는 투자 규모와 담당기업까지 선정하고 개별 공업육성법에 근거하여 특정 업종에 대해 시장진입. 제품생산. 사업확장 등 광범위한 기업 활동에 직접 간여하는 한편 금융 및 세제혜택과 기술 · 특허의 배타적 점유허용, 저리의 정책금융과 외환을 집중 배분하였다. 정부는 정부출연연구소를 설립하고 공학교육을 강화하여 기술역량을 확충하고자 하였다. 과학자와 공학자 훈련을 위해 KAIST를 설립하는 한편 12개의 정부출연연구소를 설립하여 기업의 기술수요에 대응하였다. 정부출연연은 기업과 협력하여 새로운 공정과 제품뿐만 아니라 수입기술의 적용과 소화를 중심으로 산업기술을 발전시켰다. 또한 정부는 선정된 산업이 곤경에 처할 경우 대출금 면제, 저리 융자, 대출금의 주식 전환을 통해 기업들을 구제하였다.

산업정책 거버넌스의 변화 정부가 금융자원을 통제하며 산업발전을 여전히 주도하였지만, 중화학공업은 투자 규모나 위험이 컸던 만큼 기존 대기업이나 정부 모두 상호협력을 요구하여 정부–기업 간에는 '발전연합'이라 부를 만큼 공생적 관계가 강해졌다. 한편 민간부문을 보다 효과적으로 통제하기 위하여 시민사회와 노동자들은 억압하였지만 민간부문의 이익을 집약 · 표출할 수 있도록 경제단체를 동원하였다. 기존의 '전국경제인 연합회' 외에 중소기업을 대표하는 중소기업협회, 수출입 기업을 망라한 무역협회, 상공인으로 구성된 대한상공회의소, 노사협력을 다루는 한국경제인총연합 등과 더불어 노동부문에서는 17개의 산별 노조단체를 망라한 한국노총이 그 대상이었다. 정부는 이들 단체들을 정부정책을 해당 민간부문에 전파하고 호응을 확산시켜 나가는 창구로 활용하였다. 대신 정부는 이들 단체에 해당 부문을 대표하는 지위를 부여하고 인허가권과 사업권을 제공하여 그 운영을 지원하였다. 정부는 이들 단체의 친정부 인사가 단체를 대표하도록 개입하였고 긴요한 사안에 대해서는 의사결정 과정을 통제하였다. 이들 단체는 위계적으로 잘 조직화되어 있거나 내부규율이 강해서 해당 업계의 이익을 집약적으로 대표하는 정상조직에는 미치지 못하였다. 이들 경제단체는 업계의 이익을 수렴하여 이를 정부에 요구하고 관철시켜 나갈 수 있는 위상을 갖지 못했다. 더욱이 정부는 핵심 사안들에 대해서는 개별 기업을 직접 상대하였으며, 이들 단체를 통해 산하 회원사들에게 자원과 기회를 간접적으로 분배하거나 정책결정과정에서 회원사의 입장을 공식적으로 표출하긴 했지만 권위는 인정받지 못했다.

1980년대 무역자유화와 기술지향적 산업정책

중화학공업화의 산업정책은 한국경제에 큰 여진을 남겼다. 1970년대 말 제2차 석유파동을 배경으로 물가불안과 과잉설비, 경제력 집중에 대한 문제점이 커짐에 따라 정부주도의 산업정책에 대한 비판이 거세어졌다. 동시에 중화학공업 육성에 참여한 기업을 중심으로 대규모 기업집단이 성장하여 한국경제에서 지배적 위치를 점하게 되었고 노동자들의 조직화도 생겨났다. 국민총생산에서 10대 재벌의 매출액이 차지하는 비중이 1970년대 중반 15%에서 1980년대 중반에는 67%로 급격하게 높아졌다. 이를 배경으로 재벌은 정부의 혜택은 유지하되 정부통제를 완화할 것을, 노동자들은 노동권 확대와 임금 인상을, 학생, 노동자, 중산층은 민주주의의 현실화를 요구하였다. 결국 1980년대 들어 발전의 목표는 경제성장에서 경제안정과 사회발전으로 변화하였고 정부개입을 완화하는 대신 민간의 역할, 시장기능, 경쟁촉진이 강조되고, 정부는 경제발전을 위해 민간을 선도하기보다는 민간의 선도를 촉진하도록 하였다.

하지만 정부는 수출 지향적 산업화 전략을 계속 이어나갔다. 선별적인 업종별 정책은 육성정책 대신 사양산업의 연착륙을 지원하도록 하고 대부분의 산업에서 기술개발, 인력양성, 산업입지 공급 등 기업환경을 개선하는 기능별 산업정책으로 전환하였다. 1986년 기존의 업종별 "공업육성법"은 기능적인 "공업발전법"으로 통폐합되었으며 이때부터 산업기술개발정책도 본격화되었다. 선진국에서 개발한 기술을 모방하는 단계를 넘어서기 위해 R&D가 필요하다는 인식이 생겨났다. 고급인력 양성, 민간 R&D 촉진, 기술도입 자유화 등을 통한 전략산업에서의 기술 확보를 도모했다. 정부는 R&D와 관련하여 중요하며 경제성장을 주도할 것으로 기대되는 반도체, 자동차, 조선, 금속, 소형 항공기 등 다양한 전략부문을 선별하였다. 1989년에는 첨단기술산업 발전 5개년 계획을 세워 첨단산업과 관련된 프로젝트에 대한 자금조달과 투자를 지원하였다.

이 시기에도 공업발전법에 따라 유망유치산업이나 구조불황산업 등 시장실패나 조정실패가 우려되는 업종에 대해 한시적으로 정부가 간여하는 '산업합리화제도(1986~1997)'를 운용하였고 첨단기술산업(정밀전자, 신소재 등 16개 업종)을 핵심산업으로 육성하는 데 노력하였다. 정부는 특정 산업으로의 진입제한, 사양 산업에서의 합병과 폐쇄 강제화, 부실금융기관의 구제, 산업합리화를 이어 나갔다. 시장메커니즘을 강화하고자 하였지만 정부는 여전히 조선, 기계 등의 대기업집단에 대한 특혜적 정책대출을 제공하였다. 한편 업종전문화 정책을 통해 대규모 기업집단에 대한 여신을 제한하였다. 그러나 이 시기에 대기업집단은 비은행금융기관의 계열화를 통해 정부의 영향력하에 있던 은행들에 대한 의존도를 낮추었고 3저 호황을 배경으로 경영 성과와 여건이 개선됨에 따라 정부와의 관계에서 대기업의 위상이 한결 높아져 갔다. 1980년대에도 산업선별과정에서 민간부문의 참여가 증가해 왔다. IT 산업에의 진입결정은 민간부문에 의해 주도되었다. 대기업집단은 독자적으로 수직적 통합과 관련 다각화를 도모해 왔지만, 비관련 산업에 진입할 때 정부정책과 연계하며 이루어졌다.

산업정책 거버넌스의 변화 대기업집단의 성장에도 불구하고 1980년대에도 정부-기업 간 관계에서는 여전히 정부의 우위가 지속되었다. 다만 특정 산업이나 특정의 기업군을 집중 지원하는 시장에 대한 정부의 상시적 정책개입이 두드러지게 줄어들었다. 1980년대의 일련의 경제자유화 조치와 3저 호황에 따른 기업집단의 외연적 확장은 산업정책의 거버넌스에 큰 변화를 낳았다. 국가가 선별적 유인전략을 통해 기업에게 발전목표를 관철시킬 수 있는 규율과 능력이 약화됨에 따라 국가와 자본의 관계가 보다 대등한 것으로 변하였고 그만큼 국가의 주도성과 정책의 자율성이 약화되었다. 일련의 금융자율화 조치로 말미암아 정부가 금융자원을 기업의 규율수단으로 활용할 여지가 크게 줄어들었다. 국유은행의 민영화에 이어 제2금융권에 대한 소유제한 철폐 그리고 금융시장 개방은 대기업집단이 독자적이며 다양한 재원조달 수단을 보유할 수 있게 하였다. 더불어 경제력 집중이 완화되지 않은 가운데 이루어진 무역 자유화는 오히려 대기업집단이 수입재 시장을 지배하는 계기를 마련하였다.

1980년대 중반 이후 기능별 산업정책으로의 전환이 이루어지면서 산업정책의 목표와 대상이 보다 복잡·다양해졌다. 기술혁신, 인력공급, 입지공급, 노사제도, 금융 등의 환경조성이 목표가 되어 정책 이슈가 다양화됨에 따라 보다 다양한 부처가 정책결정 과정에 직접적으로 연관되게 되었다. 이슈마다 다양한 부처와 수평적으로 조정해야 할 상황이 생겨남에 따라 정부 내에서 관료조직의 응집성이 약화되고 수평적 의사결정 구조에 대한 필요성이 커졌다. 그러나 정부 내에서 효과적으로 수평적 조정을 할 수 있는 제도적 틀이 미흡하여 기존 발전국가 시대의 수직적 권력집중에 의한 의사결정도 어려워지고 부처 간 갈등이 계속되었다.

그러나 정부의 기업에 대한 임의적 개입은 지속되었다. 형식상으로는 경영자율권을 부여하면서도 실제로는 '창구지도'라는 명목으로 은행경영에 간섭과 규제를 계속하였고, 금융자유화를 추구하면서도 재벌의 은행에 대한 경제력 집중을 막기 위해 8%라는 동일인 주식소유 한도를 계속 유지했다. 선별적인 정책금융 역시 총 여신 중 상당 부분을 차지했다. 또한 여신관리제도와 주거래은행제도가 새로이 도입되어 대기업집단을 규율하는 한편, 주력업체제도나 주력업종제도를 도입하여 업종 다각화와 확장을 통제하였고, 공정거래법을 통해 독과점적 지위의 남용을 억제하였다. 때때로 세무조사나 공개적 위협도 더해졌다. 대기업집단에 대한 규제가 커지고 권위주의 정권하에서 이들 규제와 특혜가 수혜-후원 관계에 의해 결정됨에 따라 정부관료와 기업집단 내부에서 균열이 생겨났으며, 정부-대기업의 발전주의적 연합이 약화되어 정부와 대기업은 공개적으로 견제하고 비판하는 관계에 들어선다.

(2) 민주화 · 세계화 · 정보화 속의 수평적 · 상향적 산업정책의 대두

1990년대 세계화와 신산업 육성

1990년대 초부터 정부는 우루과이 라운드 협상에 참여하여 무역자유화가 서비스 부문에까지 급진전되었으며, 1996년 OECD 가입과 더불어 자본시장도 개방에 나섰다. 국민경제 발전의 목표가 경제성장 우선에서 국민복지(노태우), 세계화(김영삼), 경제개혁(김대중)을 포용하게 되었으며, 산업정책은 경쟁의 촉진과 첨단기술 산업의 발전에 초점이 맞추어졌다. 경쟁의 촉진을 위해서 규제완화 및 민영화를 통해 시장기능을 강화하는 한편 업종전문화, 공정거래 규제 등에 의한 경제력집중 완화를 지속적으로 도모하였다. 세계화의 물결 속에서 선진국의 기술보호 견제와 후발국의 추격에 대응한 첨단기술산업의 발전 노력은 정보통신 산업을 중심으로 이루어졌다. 성장잠재력을 가진 새로운 시장과 새로운 산업을 개척하기 위해 첨단기술 부문이 선별되고 정부 R&D 프로그램에서 우선 순위를 갖게 되었다. 특히 정부의 R&D 지원은 IT 산업에 집중되었다. 기술적 역량을 OECD 수준으로 높이려는 노력으로 과학기술혁신특별법(1997)과 과학기술혁신을 위한 5개년 계획이 세워졌다. 이에 힘입어 경제 전체적으로 기술개발에 대한 투자가 빠르게 증가하는 가운데 민간투자와 기업연구소의 비중도 급증하였고 주력산업에서 특허출원이 폭발적으로 늘어나게 되었다.

대기업집단은 국민경제적 위상이 높아지고 재원조달이 국내외를 막론하고 다원화됨에 따라 자율성을 한층 강화하였으며 국민경제에 대한 영향력도 커졌다. 정부 개입에 수동적으로 대응하기보다는 자신들의 이해관계를 경제정책에 적극적으로 반영하였다. 규제완화, 글로벌화, 민영화를 적극 요구하는 한편 과잉 · 중복투자에 대한 우려를 야기할 정도로 경쟁적인 기업 확장이 생겨났다. 자동차, 전자, 철강 등 대부분의 주력 산업이 세계 시장에서 시장지배적 위치로 부상하였으며 대표기업들도 세계 일류기업으로 부상하였다. 제조업의 글로벌화에 따라 수출산업과 내수 산업 간의 양극화 현상이 초래되고 고용 없는 성장이 나타나기 시작하였다. 시장개방으로 인해 그동안 국제적 경쟁압력을 덜 받아왔던 농수산업이나 국제경쟁력을 상실하던 섬유, 신발 등 경공업에서의 구조조정 압력이 거세어지며 경제불안이 생겨났다.

산업정책 거버넌스의 변화 민주화와 선거정치는 정부-기업 관계를 정부주도 및 협력관계에서 긴장관계로 변화시켰다. 민주화는 대중의 평등과 공정에 대한 요구를 확대하였다. 다양한 사회조직이 출현하고 표현 · 결사의 자유가 이들의 활동무대를 넓혔으며 선거 정치는 정부의 법규 제정과 그 집행 역량을 제한하였다. 경제기획원이 해체되고 경제개발계획도 폐기되었다. 새로이 들어선 정권마다 이전 정부와 거리를 두고 중산층에 호소하면서 대기업집단으로의 경제력 집중을 비판하며 이를 완화하려 하고 업종전문화를 유도하였다. 정경유착 해소를 위한 역대 정권의 노력 역시 정부-기업 관계의 변화를 낳았다. 재산공개를 중심으로 한 공직자윤리법의 제정(1993)과 금융실명제는 수혜-후원의 정경유착을 완화시켰으며, 지속된 시장 자유화와 규제완화 그리고 민영화에 이어진 행정규제 완화는 정부의 규율수단을 약화시키고 경쟁을 촉진하였다.

한편 고도 경제성장과 경제자유화와 시장개방을 배경으로 대기업의 정부지원에 대한 의존도가 크게 감소한 반면 대기업집단으로의 경제력 집중은 더욱 심화되었다. 이를 기반으로 대기업은 공개적으로 기업지원을 요구하는 적극적인 자기 주창과 정책 비판에 나섰고, 이에 따라 정부-기업관계는 긴장이 지속되며 경제여건과 정치 국면에 따라 대기업집단과의 갈등과 협력을 오갔다.

2) 산업정책 레짐의 현재

(1) 혁신주도 산업정책

외환위기는 시장개방을 가속화시켰으며 정부는 주요 교역국과의 FTA 체결을 통해 적극적인 대외개방 정책을 이어갔다. 글로벌화와 더불어 IT로 대변되는 기술혁신 및 지식기반사회로의 전환에 대한 대응이 과제로 부상하였다. 노동과 자본 투입에 기초한 추격지향적 산업정책에서 지식기반사회에 걸맞게 새로운 성장동력을 모색하는 **혁신주도 산업정책**으로 전환하였다. 기술적 지식의 부족과 국제적 갈등의 우려 때문에 특정 산업을 선별하고 직접 지원하는 대신 간접적이고 유도적(indicative) 방식의 산업정책으로 전환하였다. 1990년대 후반 이후에는 시장이 주도하는 산업환경 조성정책이 기조로 자리 잡았다. 공업발전법을 산업발전법으로 전면 개정하여 산업정책의 대상이 되는 업종을 확대하고 산업발전비전 제시를 통해 민간자율의 산업발전을 유도하려 하였다. 미래유망 신산업을 발전시키기 위해 IT와 BT를 포함한 6대 기술을 촉망받는 차세대 기술로 선별하였으며, 신기술산업, 부품 · 소재산업, 서비스산업에 초점을 두었다. 정부관료, 학계, 기업대표, 엔지니어로 구성된 특별 위원회가 구성되어 전망이 밝은 첨단기술 산업을 선별하였다. 새로운 성장동력의 발굴과 신기술산업화를 위해 차세대성장동력사업, 생명공학육성기본계획, 나노종합기술개발사업, 융합기술발전계획 등 신기술 관련 정책들을 추진하여 왔다. 특히 정부는 경쟁력을 확보한 전자산업을 기반으로 다양한 조세 · 금융 지원, 규제완화와 FDI 장려를 통해 IT 산업의 육성을 강화하였다. 그동안 수입대체와 국산화에 초점을 맞춘 부품 · 소재정책은 글로벌 공급기지화로 확대하였으며, 탈제조업화와 서비스화에 대응하여 2000년대 중반 이후 지식서비스산업을 중심으로 서비스산업의 경쟁력 강화를 도모하였다.

외환위기로 대기업이 주도하는 경제성장의 지속가능성에 의문을 가졌고, 수도권, 제조업, 조립산업 중심의 양극화에 대한 반성이 생겨남에 따라 대 · 중소기업 상생협력, 지역균형 발전과 지역 클러스터 육성, 부품 · 소재 기업 육성에 나섰다. 공장입지, 설비투자, 산업인력 등의 기존의 요소투입형 성장에서 혁신주도형 성장으로의 전환을 가속화하기 위해 기술혁신 체계의 내실화와 혁신형 중소 · 중견기업을 육성하였다. 시장개방과 기술혁신에 따른 산업 구조조정에서는 시장에 의한 구조조정을 촉진하는 정책기조를 강화해갔다.

(2) 산업정책 거버넌스

한국은 제한된 자원으로 압축적 성장을 위해서 오랫동안 '선택과 집중'에 매달려 산업정책을 활용해 왔고 하향적 산업정책을 통해 선진국을 추격할 수 있었다. 정부는 어떤 산업과 어떤 기업에 집중할지부터 R&D와 부문별 발전 전략까지 소수의 전문가 집단과 행정조직에 의존하여 설정 · 집행하며 주도해 왔다.

외환위기는 기업과 노동자의 요구를 완화하고 정부주도로 기업 구조조정과 노동시장 개혁을 급속도로 추진하는 계기가 되었다. 하지만 경제가 정상화되며 산업 · 기업 · 노동의 양극화 속에서 정부의 지원이 감소한 가운데 대기업집단은 글로벌 기업으로 성장을 계속하여 국내외에서 지배적인 위상을 갖게 되었다. 대기업집단은 수직적 통합 구조를 가지고 권위적 경영을 이어갔지만, 하청기업이나 계열기업과의 관계는 유연하여 생산과 연구의 글로벌화가 용이한 편이다. 그만큼 기업주도의 산업발전이 현실화되고 있고, 이를 원활하게 하기 위한 공격적 규제완화와 글로벌 기업을 지원할 수 있는 인력공급과 사회간접자본의 제공을 지속적으로 요구하고 있다. 민주화와 사회적 저항의 용이함으로 사회구성원들이 경제적 권리를 적극적으로 확보하려 노력하고 있다. 이들의 적극성은 국가의 자율성과 역량을 제한하게 되었지만 동시에 시장 기능을 강화하고 새로운 산업발전의 원천으로도 작용하고 있다. 예를 들어 소액주주와 연대한 참여연대는 기업지배구조를 개선하는데 기여하였고, 대기업집단의 지배에 대한 사회적 반발은 중소기업이나 혁신기업에 대한 지원을 강화하도록 하고 있다.

시장 · 네트워크 촉진적 산업정책 민간부문의 성장에 따라 정부의 정책결정 과정은 과거의 권위적인 정부주도 조정으로부터 다양한 이해관계자 간의 수평적 · 상향적 조정으로 변화하고 있다. 경제발전에 따라 민간부문이 발전하고, 민주화 · 세계화로 정부 내외에서 다양한 행위자로 권력이 분산됨에 따른 귀결이었다. 더욱이 산업구조가 고도화되고 정보화를 중심으로 기술혁신이 경제를 선도하게 됨에 따라 국가가 주도하는 산업정책에 한계가 나타났다. 다양한 행위자 간의 활력 있는 네트워크가 혁신의 동력으로 작용하게 되었다. 또한 WTO하의 세계 무역질서가 정부 보조금의 사용을 금지[29]하며 전통적인 산업정책이 큰 제한을 받게 되었다. 또한 대중소기업 상생협력, 클러스터 산업단지 육성, 부품 · 소재산업 육성은 특성상 과거에 비해 산업정책의 대상이 되는 이해관계자들을 다양화시키고 이들 간의 수평적 상호작용을 중요하게 만들었다. 이에 더해 혁신주도형 성장은 정부주도의 수직적 하향식 정책 대신 정부와 다양한 이해관계자들의 자발적 · 수평적 협력을 요구하게 되었다. 실제로 산업발전법(1999)은 민간위원으로만 구성된 산업발전심의회를 운영하게 했고 이 심의회는 산업정책의 심의기구로 활동하였다.

발전국가 유산의 지속

이러한 변화에도 불구하고 발전국가 유산은 여전히 지속되고 있다. 우선 대기업집단이 글로벌 기업으로 발전하였지만, 발전국가적 리더십을 완전히 거부하고 있는 것은 아니다. 치열한 국제경쟁, 막대한 투자비용, 신기술산업의 기술적 · 정책적 복잡성으로 말미암아 대기업집단은 정부정책을 주시하고 관료층과 긴밀하게

29. WTO 체제에는 금지 보조금, 상계가능 보조금, 허용 보조금의 규정이 존재한다. 금지 보조금은 수출이나 국산품 사용 촉진 목적으로 주어지는 보조금으로 무역상대국들에게 피해를 줄 가능성이 커 금지되며, 상계가능 보조금은 수입국이나 경쟁국의 산업에 피해를 줄 경우 상계관세 부과가 허용된다. 한편 허용 보조금은 산업특정성이 없거나 산업연구, 기초연구, 낙후지역 개발, 환경보호를 위해 지급이 허용되는 보조금이지만 제소될 수 있다.

접촉하며 정부에 의존하여 시장기회를 효과적으로 활용하기 위해 노력하고 있다. 이미 R&D 투자는 민간이 주도하게 되었음에도 불구하고 정부재원은 여전히 중요하며 이를 확보하려는 기업 간 경쟁이 치열하고 정부가 주도하는 규제나 기술표준 설정도 중시되고 있다. 그만큼 대기업집단조차도 정부와 긴밀한 관계를 유지하고 정부정책의 방향에 유의하고 있는 것이다. 또한 정부와 대기업집단 간의 오래되고 강력한 유대관계로 인해 자주 학계와 노동계 그리고 중소기업 그리고 시민사회의 요구는 반영되기 어려웠고 사실상 대기업집단이 선호하는 일정이 산업정책을 지배해 왔다.

발전국가 유산의 지속은 1980년대 이후 민주화에도 불구하고 정부가 경제발전의 열망을 유지하며 정책적 노력을 계속해 온 데서도 찾아볼 수 있다. 정치적 지향이 다른 모든 정권마다 한결같이 경제발전을 우선적인 국가목표로 설정해 왔다. 시장지향적 보수 정부도 정부를 중심으로 한국이 OECD 선진국 수준으로의 도약을 기약하거나 신성장엔진을 육성할 것을 도모하였으며, 친노동적인 진보적 정부도 주요 기업집단의 경쟁력을 유지하는 데 관심을 두었으며 선택과 집중하에 미래 성장엔진 확보에 나섰다.

한편 비록 1994년에 경제기획원이 해체되었으나 다양한 방식으로 정책 응집성을 높이기 위한 조치가 고안되었다. 민주 정부하에서도 강력한 대통령의 선도가 여전히 중시되고 있고 미래성장산업에 대한 사회적 공론 형성이 꾸준히 이루어져 왔다. 관료적 규제와 정책금융이 이제는 중소기업 육성 등에만 제한적으로 사용되지만, 대신 정부는 산업발전 비전(로드맵, 정책 방향)의 제시를 통한 민간 자율의 산업발전 유도, 기술표준의 정비나 규제완화를 통한 시장구조의 재편, R&D 펀드, 공공구매, 사회간접자본 지원을 통한 자원의 제공을 통해 시장실패와 조정실패를 극복하고자 노력하고 있다.

수직적 조정방식이 약화되었지만 실질적인 정책결정 및 실행과정은 아직도 과거의 발전국가적 구조인 수직적 · 하향적 패턴이 유지되고 있으며, 동시에 정부 안팎으로 다양한 행위자 간의 조정방식이 충분히 제도로 정착하지 못하고 있다. 클러스터 산업단지 육성에서 볼 수 있듯이 정책 기획은 중앙에서 이루어지고 예산권과 조정권을 중앙정부가 갖고 있고 실행은 지방자치단체가 하여 지역현장의 목소리가 충분히 반영되지 못하고 있다. 또한 국가정책에 의해 다양한 구성원들이 클러스터 지역의 한곳에 모여는 있지만 그들 간의 상호작용은 별로 없다. 또한 그러한 상호작용을 가능하게 할 네트워크 체제의 구축도 미흡하다.

그러나 기술추격을 하던 시기와 달리 기술 첨단에서는 정부가 주도하여 기술과 산업의 미래를 예측하고 대응하는 것이 곤란하다. 광범위한 산업분야에 걸쳐 지식과 기술 프런티어에서 산업 고도화를 위해서는 다양한 이해관계자들 간의 광범위한 협력이 필요하다. 혁신주도형 성장을 위해서는 기존 기업과 혁신적 소기업, 숙련 인력, 아이디어와 지적 재산권을 보호하는 법적인 틀, 잘 작동하는 인프라와 투자 및 무역정책 그리고 금융시스템이 필요하다. 이러한 요구를 충족하려면 국내외를 넘나드는 모든 이해관계자를 효과적으로 포함하는 적절한 제도발전이 필요하다. 산업정책의 목표를 설정하기 위해서는 이해관계자들이 아이디어를 공유하도록 하는 참여적이고 숙의적인 제도가 필요하며, 산업정책의 집행에서도 다양한 이해관계자의 참여가 요구된다. 설정된 정책에 따른 서비스는 정책의 수혜자를 포함한 다양한 이해관계자들과의 공동생산이 되어야 하며(Ostrom, 1996), 정부의 역할은 이것이 가능한 인프라와 정보를 제공하는 데 머물러야 한다. 대기업집단과 협력하며 정책을 결정하고 정책 집행을 해 왔듯이 이제 협력의 대상을 광범위한 사회 구성원으로 확장하여 산업정책의 목표를 설정하고 정책 서비스를 공동 생산하여야 하는 것이다.

(3) 구조조정 정책

우리나라에서는 성장 둔화와 함께 다수의 주력 산업에서의 불황과 한계기업의 증가가 부각되며 기업 구조조정(corporate restructuring)의 필요성이 끊임없이 제기되고 있다. 한계기업은 영업이익을 이자비용으로 나눈 이자보상배율이 3년 연속 1 미만인 기업으로 정의되는데, 2011년 1,353개사였던 한계기업은 이후 계속 증가하여 2016년 2,165개사, 2021년 4,478개사에 달하고 있다. 이에 따라 같은 기간 한계기업 비중도 11.6%에서 18.3%로 급증했다. 5년 이상 한계기업 신세를 면치 못한 기업도 총 1,762개사(7.19%)에 달한다. 이자보상배율이 10년간 1 미만인 기업은 좀처럼 한계 상태에서 벗어나지 못하는 사실상의 '좀비기업'으로 불리는데 2021년에는 120개사(0.49%)에 달하고 있다. 특히 이들 한계기업은 특정 산업의 문제가 아니라 전 산업에 걸친 문제이며, 대기업의 비중도 높아 기업 구조조정은 우리 경제의 지속적 성장을 위해 피할 수 없는 도전과제라고 할 수 있다. 하지만 그동안의 고도 경제성장 과정에서 부실이 생겨도 일정 기간 버티면 결국 부실에서 탈출할 것이라는 신화가 생겨났다. 특히 기업부실 문제를 유동성 문제로 치부하고 구조조정에 적극적으로 대응하지 않는 자세가 기업, 금융기관 그리고 정책당국 모두에게 남겨졌다. 그러나 저성장이 고착화되는 뉴노멀 시대에는 시간이 흐르면 부실에서 탈출한다는 마술은 더 이상 작동하기 어렵다고 하겠다. 최근의 한계기업 또는 좀비기업의 추이는 이를 잘 보여주고 있는 것이다.

구조조정은 일반적으로 개별 기업이 자신의 가치를 극대화하기 위한 사업, 재무, 인력, 조직, 소유 · 지배 구조를 변경하는 것을 의미한다. 한편 산업 구조조정은 기업 구조조정이 국민경제적 수준에서 광범위하게 발생하는 것으로 특정 산업이 직면한 경제여건의 변화로 그 산업에 속한 기업들의 구조조정이 일어나 자원이 산업 부문별로 재배치되는 것을 의미한다. 산업 구조조정은 산업 합리화나 산업 재편 또는 산업구조의 고도화로도 불리어 왔다. 산업 구조조정은 해당 산업뿐만 아니라 연관된 전후방 산업에까지 그 충격이 파급되어 일시적인 생산 감소와 실업 증가를 동반하지만, 동시에 생산성이 낮은 부문에서 생산성이 높은 부문으로 자원의 효율적 재배치가 이루어져 경제성장을 촉진하는 효과(Kuznets, 1966)를 낳을 수 있다.[30] 그러나 기업 구조조정이나 산업 구조조정이 이렇게 긍정적 의미만을 지니는 것은 아니다. 기업구조의 재편은 부실화된 기업이 재무적 곤경에서 벗어나기 위해서 이루어지기도 하기 때문이다. 부실기업 또는 한계기업이 구조조정되지 않은 채 잔존하는 것 역시 국민경제적 파급효과를 갖는다. 부실기업의 비효율적 생산 지속은 국민경제의 고용창출 능력을 약화시키고 해당 산업에서의 과잉 생산과 가격 덤핑으로 정상기업의 이윤이 줄어들고 고용과 투자를 위축시키는 결과를 초래하기 때문이다.

경제성장 과정에서 우리나라는 이른바 '산업 합리화'란 명목으로 특정 산업에 속한 부실기업들을 시장에서 퇴출되도록 하지 않고, 정부가 직접 나서 업체 간 통폐합과 제3자 인수가 이루어지도록 하였다. 이처럼 우리나라 정부는 기업 구조조정과 산업 구조조정에 광범위하게 개입해 왔다. 경제발전 초기인 1969년에는 청와대에 부실기업 정리반을 설치하여 30개 부실업체의 소유권과 경영권을 변경하였고 1970년에는 56개 부실기업을 추가로 정리하였으며, 1972년에는 기업합리화위원회를 설치하여 부실기업 정리작업을 이어갔다. 1972년에는 8 · 3 조치를 시행하여 산업합리화위원회를 설치하였고 1975년까지 65개 업종을 산업합

30. 그러나 때로 구조조정은 경제성장을 둔화시킬 수도 있다(Baumol, 1967). 예를 들어 생산성이 낮은 정체된 전통산업임에도 그 제품 수요가 꾸준히 높아질 경우 이들 산업의 제품 가격과 임금이 상승하여 노동자를 유인한다면 경제 전체로는 경제성장의 둔화가 나타날 수 있다.

리화 업종으로 지정하여 자금과 조세감면을 지원하였다. 1980년에는 중공업 통폐합 조치로 발전설비, 건설 중장비, 비승용차 부문에 대한 담당기업을 재편하였다. 1984년에는 해운사를 통폐합하는 한편 1986년 공업발전법에 의한 산업합리화 조치를 실시하여 지정 업종에의 신규참여를 금지하고 설비축소를 지원하였으며 1986~1988년에는 78개의 부실기업들을 정리하여 57개 회사를 제3의 기업에게 인수시켰다. 외환위기 이후에 가장 부각되는 기업구조조정책은 재벌기업이 3~5개 주력업종에 전념하도록 한 대규모 업종교환(빅딜)이었다. 정부는 기업들이 상호업종을 자발적으로 교환하는 과정에서 규칙만을 제정하고 중재와 조정 역할을 수행하는 데 머문 것이 아니라 빅딜의 기본방향을 제시하고 그 추진을 위한 각종 지원을 제공하였고 반발할 경우에는 대출중단 등으로 보복조치를 단행하였다. 정부가 주도한 최근의 산업 구조조정의 사례로 2010년대 조선업 구조조정을 들 수 있다.

우리나라에서 구조조정 관련 법제가 본격적으로 제도화되기 시작한 것은 외환위기 이후의 기업 및 산업 구조조정 과정에서였으며, 글로벌 금융위기를 거치면서 현재의 제도에 이르고 있다. 기업 구조조정은 기업의 부실화 정도에 따라 크게 정상기업의 사업재편 등 자체 구조조정, 부실우려 기업에 대한 사전적 구조조정, 부실기업의 사후적 구조조정으로 구분된다.

- 정상기업의 사업재편(합병, 분할 등) 등 자체 구조조정은 기업이 자발적으로 진행하는 구조조정으로 기업활력 제고를 위한 특별법(기활법, 2017)이 이를 규율하고 있다.
- 부실우려 기업에 대한 사전 구조조정으로는 여신이 많은 기업집단을 주채권은행이 상시 감독하고 필요 시 구조조정하는 주채무계열 제도가 대표적이다.
- 한편 부실기업의 사후 구조조정은 ① 주로 중소기업을 대상으로 채권단과 기업 간에 체결하는 자율협

그림 7-11 구조조정 제도의 구조

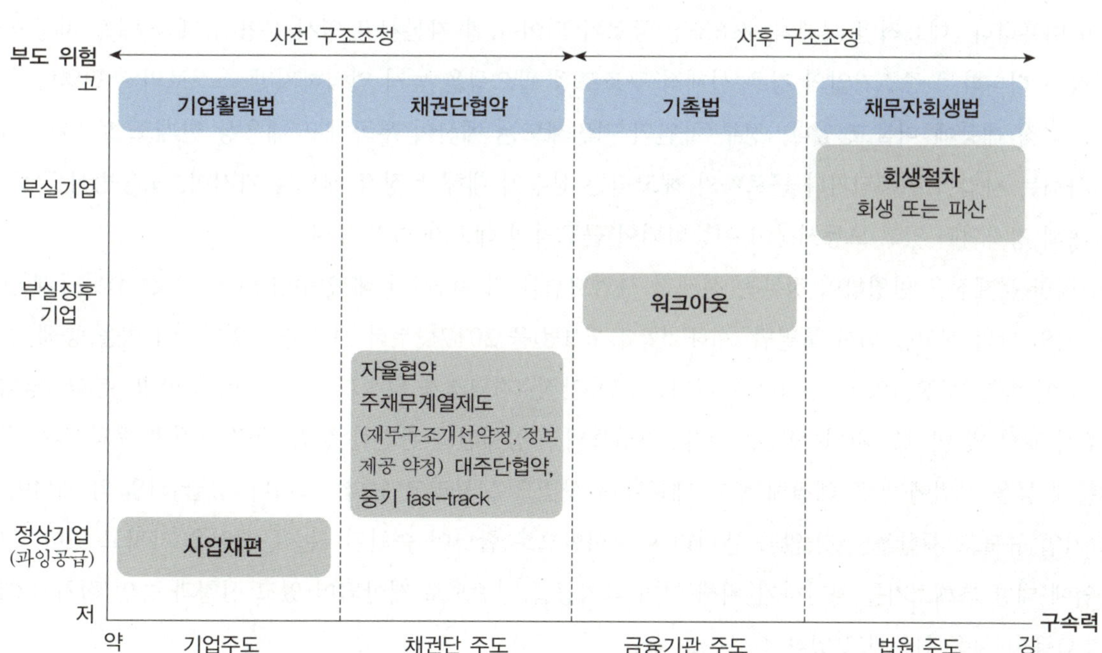

주 : 기활법 = 기업활력제고를 위한 특별법, 기촉법 = 기업구조조정촉진법, 채무자회생법 = 채무자 회생 및 파산에 관한 법률
자료 : 최현경 · 박진(2016), 「산업별 한계기업 현황분석과 시사점」, 산업연구원.

약이나 ② 주로 대기업을 대상으로 하는 기업 구조조정 촉진법(기촉법)에 따른 워크아웃, ③ 채무자회생 및 파산에 관한 법률(채무자회생법)에 따른 법원의 법정관리를 의미한다. 채권단과 기업과의 협약은 법적 근거는 없으나 채권기관-채무기업(정상기업) 간의 자율적인 사적 채무조정(출자전환, 이자감면 등)을 지원한다. 기촉법은 부실징후기업의 구조조정 절차를 규정하고 있다. 채무자회생법은 부실기업의 효율적 회생 또는 회생이 어려운 기업 재산의 공정한 청산을 위한 필요사항을 규정한다. 사후적 구조조정 제도는 결국 채권은행 주도에 의한 사적 구조조정과 법원이 주도하는 공적 구조조정으로 나누어질 수 있다.

자체 구조조정

가장 바람직한 구조조정은 개별 기업이 선제적으로 진행하는 상시적 · 자발적 기업 구조조정이다. 기업이 부실화되고 나면 채권은행 간 이해 충돌이 커지고 채권자 증가로 합의가 어려워지며, 구조조정에 따른 충격과 사회적 부담이 크고 높은 생산성을 가진 부문으로의 자원 재배분도 지연된다. 그럼에도 불구하고 우리나라에서 사전적 구조조정은 다양한 이유로 제한받고 있다.

무엇보다도 구조조정의 주체가 될 지배주주가 구조조정에 부정적이다. 고도성장과 위기 극복의 경험으로 버티면서 기다리면 결국 상황이 호전될 것이라는 기대감이 크고 소유경영권을 유지하며 상속하려는 동기가 강하다. 반면 직접 소유한 지분이 작은 만큼 구조조정에 따른 손실이 작고 사재출연 등 지배주주 책임론을 피하고 싶은 동기도 크다. 더욱이 경영이 불투명하여 지배주주가 협력하지 않으면 주요 이해관계자들이 부실 징후를 인식하기 어려운 환경도 일조한다. 한편 사전 구조조정을 위해서는 투명한 회계 · 감사 · 신용위험평가, 자본시장 활성화, 주채무계열제도 등을 통한 채권은행의 협력 등의 환경이 필요한데 이 역시 사전적 구조조정에는 불리하게 작용하고 있다. 회계 · 감사 · 신용위험평가제도는 (대)기업의 영향력하에 놓여 있어 기업의 부실징후 판단에 정확하고 시의성 있는 정보를 제공하지 못하며, 재무위험 외에 산업 · 사업위험의 반영이 미흡하다. 대표적인 선제적 구조조정 통로가 되어야 할 자본시장 역시 운용 규제와 여건 미성숙 등으로 성장이 더디다.[31] 중소기업의 경우 선제적 구조조정 필요성을 높게 인식하지만 스스로의 추진역량이 부족하여 소극적 대응에 머물고 있다. 정부 차원의 지원제도는 예산이 부족하고 내용상 한계도 보인다. 더불어 우리 사회는 사업이 위축되거나 근로자가 해고되는 상황에 대해 부정적 태도를 가지며, 노동법이 근로자 해고에 대해 경직되어 있고 노동시장이 이중화되어 근로자의 해고가 쉽지 않다.

이러한 문제점을 반영하여 정부는 선제적 사업재편을 지원하기 위해 인수합병(M&A) 절차와 규제를 간소화한 "기업 활력 제고를 위한 특별법"(이하 기활법, 원샷법)을 2017년부터 시행하고 있다. 이 법을 통해 '공급과잉 업종'에 속한 '정상기업'과 부실(징후)기업은 고용안정, 지역경제 활성화 등을 고려해 합병, 분할, 영업양수도, 주식 교환 및 이전을 지원받을 수 있다. 기업들의 사업재편과 관련한 상법, 공정거래법 등의 각종 규제와 세제문제 등을 한번에(원샷) 해결해 주기 때문에 원샷법으로 불리고 있다. 그러나 '공급 과잉'의 개념이 모호하고 기업 규모도 제한을 두지 않을 뿐더러 이사회만으로 합병이 승인된다는 문제점을 가지고 있다. 그러나 대기업에 대한 특혜소지를 차단하기 위해 이미 과잉공급 업종으로 제한되어 있고 신청과 승인 절차가 까다로워 그 활용이 계속 위축되고 있다.

---

31. 자본시장을 통한 구조조정은 사모투자펀드(private equity fund) 등이 채권은행으로부터 구조조정 기업의 채권을 매입하여 사업구조조정 등 기업정상화에 주도적인 역할을 수행하는 방식을 말한다.

부실 징후 대응

국내기업의 구조조정과정에서 주로 의존하는 것은 부실(징후) 그룹의 선제적 구조조정을 위한 채권은행 주도에 의한 주채무계열 제도에 따른 자율협약에 기초한 사적 구조조정이다. 자율협약이 체결되면 채권은행은 기존 부채에 대해 일괄적인 만기연장이나 추가 대출을 하고 대신 자산매각이나 인력감축 등 경영정상화를 추진하도록 한다. 그러나 자율협약은 법적 강제성이 없어 워크아웃이나 법정관리보다 구조조정 효과가 낮고 상시적으로 이용하는 데에는 근본적 한계가 있다. 또한 금융기관들의 경영층은 자신들의 짧은 재임기간 중 막대한 대출 손실의 발생을 피하려 노력한다. 결국 대부분의 주채무 계열을 정책금융기관들이 담당하고 있고 불가피하게 정부가 직간접적으로 관여하게 된다. 국책은행(과 금융위원회)을 중심으로 기업 구조조정이 진행되면서 금융당국이 기업 구조조정 과정에 개입하고 정치적 상황에 좌우되는 결과가 초래되고 있는 것이다. 과거 대우조선이나 한진해운 모두 주채권은행이 국책은행인 산업은행으로 구조조정 과정에서 정부가 관여하였고 그에 따라 정치 상황에서 자유롭지 못했다. 특히 정책금융기관이 산업지원 기능과 구조조정 기능을 동시에 수행하면서 이해상충이 야기되어 자율적 구조조정이 어려워지고 구조조정이 지연되는 결과가 생겨나고 있다. 부실기업에 대한 과도한 정책금융은 정책금융기관의 동반 부실화를 초래하여 결국 국민부담을 가져온다. 특히 결국 공적자금으로 자본을 확충하게 되는 정책금융기관은 적극적인 선제적 구조조정에 나서기보다 낙관적 기대하에 자금 지원을 확대하여 구조조정을 오히려 지연시키는 경향을 보이고 있는 것으로 평가되고 있다.

기활법의 적용이나 자율협약에서 정책금융기관의 역할에 비추어볼 때 기업 및 산업 구조조정에서 정부의 역할이 피하기 어렵다. 그렇다면 명확한 구조조정의 기준을 설정하고 정부 내 추진 체계를 투명하게 하는 한편 산업재편의 큰 그림을 명확히 함으로써 구조조정이 국민경제의 장기적 발전방향과 일관성을 갖도록 하고 엄격한 구조조정이 이루어지도록 해야 할 것이다.

사후 구조조정

법정 관리 법원은 기업의 신청에 따라 법정관리를 결정하고 이어 회생절차를 진행하도록 하며, 회생이 어렵다고 판단하면 청산 절차로 전환하게 한다. 기업이 계속 운영할 때 얻을 수 있는 가치, 즉 존속가치가 청산할 때 얻을 수 있는 가치, 즉 청산가치를 넘어설 것으로 판단될 때 회생절차가 승인된다. 이때 채권자들의 채권 포기와 출자전환이 이루어진다. 채무기업의 원리금 상환부담을 경감하여 회생가능성을 높이고, 기존 대주주의 지분을 소각하는 대신 신주를 새로운 주주에게 넘기며 기업이 매각된다. 법정관리는 청산과 채권자 이익을 우선하던 도산 3법(파산법, 화의법, 회사정리법)을 통합하여 회생과 채무자 이익을 우선하게 된 통합도산법(채무자회생 및 파산에 관한 법률, 2006)을 따른다. 특히 기존 경영진이 경영을 계속할 수 있어 적극적인 회생노력을 장려하고 있다. 모든 채권자가 협의 대상이 되고 기업의 주주 역시 출자 지분에 비례하여 의결권을 갖도록 하는 등 이해관계자들의 이해가 조정되어야 하므로 장기간이 소요되고 신규자금의 조달이 어렵다. 청산 절차로 전환될 경우 법정관리 이후 발생한 신규 채권의 권리확보가 어렵기 때문이다.

워크아웃 법원을 통한 법정관리는 기간이 길고 운전자금 공급방안도 부족하다는 인식하에 워크아웃(재무구조 개선작업) 제도가 1998년 도입되었고 2001년 기촉법이 제정되면서 활성화되었다. 자율협약처럼 75% 이상의 채권을 가진 주요 채권자들이 주도하여 기업을 재건해 나가지만 강제적인 법적 절차라는 점에서 차이가 있다. 채권자 간의 채권조정 협상이 원활할 경우 기업 구조조정이 신속하게 진행될 수 있고 채권단의 신규자금 지원도 용이하다. 그러나 다수의 채권자 간 이해관계의 조율이 어려울 경우 자금지원이 지연될 가능성이 상존하고 있다. 협약에 가입한 채권자만을 대상으로 하고 있고 이들의 감자나 출자전환으로 인해 기존 주주의 권한이 감소할 수 있다. 재정난에 처한 기업은 먼저 채권 금융기관에 워크아웃을 신청하고 기존 대출금의 만기 연장과 더불어 필요할 경우 신규자금을 지원받는다. 대신 정리해고, 대주주의 신규출자 등 자구 노력을 하게 된다. 그럼에도 불구하고 경영상황이 개선되지 않는다면 법원에 법정관리를 신청하여 회생절차를 밟게 된다.

기업의 워크아웃은 기촉법에 의하거나 아니면 채권은행협약에 의하여 채권금융기관이 공동으로 관리하지만, 기업집단의 경우에는 별도로 주채무계열 재무구조개선 제도에 의해 관리되고 있다. 채권은행들은 기업구조조정 촉진법에 따라 신용평가위험을 통해 부실징후기업을 선정한다. 3년 연속 이자보상배율 1 미만 또는 영업활동현금흐름 부(−), 완전자본잠식, 자산건전성 분류 '요주의' 이하 등의 요건에 해당되는 기업이 대상이며, 선정한 후 등급별로 A, B, C, D로 구분하여 그중 C등급은 워크아웃을, D등급은 법정관리(기업회생) 절차를 밟게 하고 있다. 워크아웃은 정책금융기관이 주로 주도하게 되는 만큼 대상기업 선정에서 채무재조정까지 모든 절차에 정부의 영향력이 작용한다.[32] 한편 워크아웃은 대기업 부실화 시 구조조정을 제한한다는 단점도 노출시킬 수 있다. 경쟁력 향상이나 한계사업 조정보다는 총수 일가의 경영권 승계가 중시되고 일감 몰아주기 규제를 회피하기 위해 구조조정이 형식적으로 추진되고 있다. 기업집단에 대한 실질적인 지배주주가 공식적 권한 없이 구조조정을 저해하여 부실을 심화한 사례들이 다수 생겨나고 있다.

법정관리 대 워크아웃 기업 구조조정과 회생에 법정관리와 워크아웃 제도가 공존하여 무엇이 우월한가에 대한 논란이 있을 수 있다. 하지만 두 제도 모두 각기 장점과 단점을 가져 서로 대체적이기보다는 보완적인 측면이 강하다. 다만 기업 구조조정과 같은 기업, 주주, 채권자 등 다양한 이해관계자 간 조정의 실패가 보여주는 집단행동의 방식은 국가별로 상이하고 이에 따라 국가별로 주된 회생방법이 달리 나타나고 있다. 조합주의 국가로서 관계금융이 발전한 독일의 경우 하우스뱅크의 주도하에 당사자 간 교섭에 의한 사적 · 직접적 해결이 이루어지고 채권은행이 채무기업의 회생과정에 적극적으로 개입하는 워크아웃을 중심으로 이루어지고 있다. 하지만 자본시장이 발전한 미국의 경우 시장과 법원 등 기업 구조조정의 이해상충을 제3자에 의한 공개적이고 간접적인 법정관리 방식이 지배적으로 이루어지고 있고 워크아웃도 법정관리와 유사하게 이루어지고 있다.

32. 과거에 금융감독위원회가 정하는 기준에 따라 채권은행이 신용위험평가를 실시하도록 함으로써 금융당국이 구조조정 대상기업 선정에 개입할 여지가 있었다. 그러나 현재의 기촉법에서는 금감원장의 채권행사 유예요청이나 금융위원회의 시정요구만이 금융당국과 직접적으로 관련된 규정인 바 금융당국이 개별기업의 워크아웃에 직접 관여할 여지가 적다는 평가도 있다.

[참고문헌]

김동환 · 구정한 · 이순호 · 김석기(2016), 『기업구조조정 제도의 이해』, 한국금융연구원.

김주훈 · 안상훈 · 이재형(2006), 「서비스산업의 생산성 향상을 위한 정책과제」, 한국개발연구원.

김주훈 · 차문중(2007), 『서비스부문의 선진화를 위한 정책과제』, 한국개발연구원.

김준경 · 차문중(2010), 『글로벌 경제위기 이후 서비스산업 선진화 방향』, KDI.

박정수 · 김천곤 · 이건우(2012), 『서비스산업 고용구조와 일자리 창출 전략』, 산업연구원.

신관호 외(2013), 『기적에서 성숙으로』, 한국개발연구원(KDI)-하버드 연구시리즈, 서울셀렉션.

최봉헌 외(2007), 『서비스산업의 미래와 경쟁전략』, 산업연구원.

최현경 · 박진(2016), 『산업별 한계기업 현황분석과 시사점』, 산업연구원.

Acs, Z. J., Braunerhjelm, P. and Audretsch, D.B. et al.(2013), *The Knowledge Spillover Theory of Entrepreneurship*, Small Business Economics 32.

Amsden, Alice H.(1989), *Asia's Next Giant : South Korea and Late Industrialization*, Oxford. University Press.

Baldwin, R.(2006), "Multilateralising Regionalism : Spaghetti Bowls as Building Blocs on the Path to Global Free Trade".

Baumol, William(1967), "Macroeconomics of Unbalanced Growth : The Anatomy of Urban Crisis," *The American Economic Review*, Vol. 57 No. 3.

Browning, H. L., and Singelmann, J.(1978), "The Transformation of the U.S. Labor Force : The Interaction of Industry and Occupation," *Politics & Society*, 8, 481-509.

Castellacci F.(2006), "The Interactions between National Systems and Sectoral Patterns of Innovation : A Cross-country Analysis of Pavitt's Taxonomy," MPRA Paper.

____________(2008) "Technological Paradigms, Regimes and Trajectories : Manufacturing and Service Industries in a New Taxonomy of Sectoral Patterns of Innovation," *Research Policy*, 37 : 978-994.

Chang, Ha-Joon(1994), "State, Institutions and Structural Change," *Structural Change and Economic Dynamics*, Vol. 5 Issue 2.

Chang, Ha-Joon, A. Andreoni and M. L. Kuan(2013), "International Industrial Policy Experiences and the Lessons for the UK," Centre for Business Research, University Of Cambridge WP, No. 450.

Chenery, H. B. and Taylor, L. J.(1968), "Development Patterns : Among Countries and Over Time," *The Review of Economics and Statistics*, Vol. 50 No. 4, 391-416.

Cohen, Elie(2007), "Industrial Policies in France : The Old and the New," *Journal of Industry, Competition and Trade*, Vol. 7 Issue 3, 213-227.

Dabla-Norris et. al.(2013), "Benchmarking Structural Transformation Across the World," *IMF Working Paper*, No. 13/176.

De Backer, K., I. Desnoyers-James and L. Moussiegt(2015), "'Manufacturing or Services-That is (not) the Question'", *OECD Science, Technology and Innovation Policy Paper*, No. 19, OECD Publishing.

Frederick, S. and J. Lee(2017), "Korea and the Electronics Global Value Chain," Duke GVC Center.

Freeman, Chris(1995), "The 'National System of Innovation' in historical perspective," *Cambridge Journal of Economics*, Vol 19 Issue 1.

Fujimoto, T.(2008), "Architecture-based Comparative Advantage in Japan and Asia," The 41st CIRP Conference on Manufacturing Systems.

Fujimoto, T. and Oshika, T(2006), "A Memo on the Hypothesis of Architecture-based Competitive Advantage," MMRC Discussion Paper.

Grossman, Gene M. and Esteban Rossi-Hansberg.(2008), "Trading Tasks : A Simple Theory of Offshoring," *American Economic Review*, 98(5) : 1978-1997.

Imbs, J. and R. Wacziarg(2003), "Stages of Diversification," *The American Economic Review*, Vol. 93 No. 1, pp. 63~86.

Kenworthy, Lane(1990), "Are Industrial Policy and Corporatism Compatible?," *Journal of Public Policy*, Vol. 10 No. 3.

Kim, K. H. and D. M. Leipziger(1997), "Korea : A Case of Government-led Development", in Ed. Danny M. Leipziger(eds.), *Lessons from East Asia*, University of Michigan Press.

Kuznets, Simon(1966), *Modern Economic Growth* , Yale University Press.

______________(1971), *Economic Growth of Nations*, Havard University Press.

Lall, S.(2004), "Selective Industrial and Trade Policies in Developing Countries : Theoretical and Empirical Issues," in C. Soludo, O. Ogbu, and H.-J. Chang(eds), *The Politics of Trade and Industrial Policy in Africa(Forced Consensus)*, Africa World Press & IDRC, 4-14.

Lavopa, A. and A. Szirmai(2012), "Industrialisation, Employment and Poverty," *MERIT Working Papers*, No. 2012-081, United Nations University.

Lundvall, Bengt-Åke and Charles Edquist(1993), "Comparing the Danish and Swedish Systems of Innovation," in R. Nelson ed., *National Innovation Systems : A Comparative Analysis*, Oxford University Press Editors.

Miozzo, M. and L. Soete(2001), "Internationalization of Services : A Technological Perspective," *Technological Forecasting and Social Change*, 67(2-3).

Myrdal G.(1957), *Economic Theory and Under-Developed Regions.*, Duckworth.

Naudé, Wim(2010), "New Challenges for Industrial Policy," UNU World Institute for Development Economics Research(UNU-WIDER).

OECD(1999), "Benchmarking Knowledge-based Economies," *OECD Science, Technology and Industry Scoreboard 1999*.

______(2005), "Growth in Services-Fostering Employment, Productivity and Innovation," OECD Publishing.

Ostrom, Elinor(1996), "Crossing the Great Divide : Coproduction, Synergy, and Development," *World Development*, Vol. 24 Issue 6.

Ozawa, T.(2005). *Institutions, Industrial Upgrading, and Economic Performance in Japan : The Flying–Geese Paradigm of Catch–up Growth*, Cheltenham : Elgar.

Pack, H. and K. Saggi(2006), "The Case for Industrial Policy : A Critical Survey," World Bank Policy Research Working Paper 3839, February 2006.

Pavitt, K.(1984), "Sectoral Patterns of Technical Change : Towards a Taxonomy and a Theory," *Research Policy*, 13.

Peneder, M., Kaniovski S., Dachs B.(2003), "What Follows Tertiarisation? Structural Change and the Role of Knowledge–based Services," *The Service Industries Journal*, Vol. 23 No. 2, 47–66.

Rodrik, Dani.(2008), "Normalizing Industrial Policy," *Commission on Growth and Development Working Paper*, No. 3. World Bank.

Sala–i–martin, Xavier et. al.(2007), "The Global Competitiveness Index : Measuring the Productive Potential of Nations," in *The Global Competitiveness Report 2007~2008*, World Economic Forum

Schettkat, R. and L. Yocarini(2003), "The Shift to Services : A Review of the Literature," *IZA Discussion Paper*, No. 964.

Silva E. G. and A.C. Teixeira(2008), "Surveying structural change : Seminal contributions and a bibliometric account," *Structural Change and Economic Dynamics*, 19.

Sperling, G.(2013), "The Case for a Manufacturing Renaissance," The Brookings Institution, July 25, 2013.

The Economist(2012. 4. 21), "A Third Industrial Revolution".

UNCTAD, "Industrial policy : A Theoretical and Practical Framework to Analyse and Apply Industrial Policy".

UNIDO, "Module 2 Industrial Policy," p. 73.

______(2005), "The Role of Manufacturing and Structural Change," Industrial Development Report 2005.

______(2009), "Breaking In and Moving Up," Industrial Development Report 2009.

UN(2009), "Structural Change in the World Economy : Main Features and Trends," *Working paper* 24.

Warwick, K.(2013), "Beyond Industrial Policy : Emerging Issues and New Trends," *OECD Science, Technology and Industry Policy Papers*, No. 2, OECD Publishing, Paris.

Weiss, J(2005), "Export Growth and Industrial Policy : Lessons from the East Asian Miracle experience," ADB Institute Discussion Paper, 26.

______(2013), "Strategic Industrial Policy and Business Environment Reform : Are they Compatible?," DECD Working Paper.

______(2015a), "Taxonomy of industrial policy," UNIDO Inclusive and Sustainable Industrial Development Working Paper No. 08/2015.

______(2015b), "Industrial Policy in High–Income Economies," World Economic Forum.

Wolfl, A(2005), "The Service Economy in OECD Countries," OECD Science, Technology and Industry Working Paper 2005/3, OECD Publishing.

Wood C.(1995), "Can We Speak of A High Commitment Management on the Shop Floor?," *Journal of Management Studies*, Vol. 32 Issue 2.

제8장 글로벌화와 대외경제

1. 이론적 배경과 세계 경제 | 2. 한국경제 글로벌화의 성과와 도전

국제무역을 통한 세계 시장 참여는 개인과 사회의 번영에 기여한다. 국제무역은 소득과 역량을 확장할 수 있는 기회를 제공하므로 본질적으로나 도구적으로 모두 중요하다. 그러나 동시에 국제무역은 승자와 패자를 만들어 내어 소득 불평등을 악화시키거나 역량을 위축시킬 수 있다. 한국의 경험도 글로벌화의 명암을 잘 보여준다. 1960년대 이래 한국의 수출은 쉬지 않고 팽창해 가고 있으며 수출 대기업의 성과도 눈부시다. 그렇지만 고용과 삶의 질 개선이 부진한 가운데 선진국과는 기술경쟁에서, 개발도상국과는 가격경쟁에서 밀릴 것이라는 이유로 수출의 지속 가능성에 의문이 제기되고 있다. 제8장에서는 글로벌화의 추이와 구조, 글로벌화와 경제성장의 관계 그리고 글로벌화에 대응한 통상정책을 살펴본다.

제1절에서는 글로벌화의 현황을 국제무역과 글로벌 가치사슬의 형성을 중심으로 다룬다. 국제무역에서는 서비스 무역과 산업 내 무역 비중이 증대하고 선진국의 무역은 다변화와 특화를 경험하였다. 글로벌화에 병행하여 무역레짐의 자유화와 글로벌 무역 표준의 발전이 나타났으며 각국은 세계화에 대응하여 경쟁력 강화를 위한 조치에 여념이 없다. 세계화와 더불어 신흥국이 성장하며 다극화와 지역화도 병행하고 있다. 각국의 무역패턴을 결정하는 요인은 수급 양 측면에서 매우 다양하게 나타난다. 국제무역은 또 하나의 교환으로 본질적으로 호혜적이지만 동태적 관점에서 볼 때 잘못된 방향으로 특화될 수 있으며 소득 불평등과 역량훼손을 초래할 수 있으므로 집단행동이 요구된다. 즉, 각국은 세계시장 참여 기회와 제품 역량을 확충하는 동시에 고른 소득 증대를 위한 노력도 경주해야 하는 것이다.

제2절에서는 한국경제의 글로벌화 추이와 현상을 개관하고 수출의 사회 · 경제적 파급효과를 검토하였다. 한국의 경제성장은 수출주도형이라 부를 만큼 세계화를 동반하였고 1990년대 말 이후에는 경상수지 흑자기조를 지속하고 있다. 수출은 한국 경제성장에 크게 기여해 왔지만, 수출기업이 내수기업에 비해 생산성과 임금수준이 높은 편으로 소득 불평등의 원인으로도 자리 잡고 있다. 이어서 한국의 수출입구조의 추이와 글로벌 가치사슬에서의 위치를 살펴보고 그에 따른 파급효과도 검토하였다. 한국의 수출구조는 경공업 중심에서 자본 · 기술집약적 중화학공업으로 다변화되었고, 저가의 완제품에서 기술집약도가 높은 완제품과 중간재가 증가하고 있지만 서비스 수출은 아직 부진하다. 한국의 수출은 핵심 부품소재 및 기계류의 수입에 의존하여 대외의존적 조립형 수출산업화를 도모해 왔지만, 국내 생산망에 대한 의존이 커 해외 아웃소싱이나 공급업체나 외국인 직접투자에 대한 의존은 제한적이다. 주요 시장에서 우리나라의 수출 비중도 높아지고 동시에 수출시장도 다변화되고 있지만 자본재와 원자재 중심의 수입구조와 높은 중간재 의존도로 수출과 무역의 경제기여도는 위축되고 있다.

1. 이론적 배경과 세계 경제

글로벌화(globalization)는 "국가 간 글로벌 연계의 확장"이라는 의미로 널리 사용된다. 즉, 재화와 용역, 자본, 인력, 기술의 국제적 흐름을 통해 국민경제가 세계 경제로 통합되는 현상을 말한다. 좁게 볼 때 글로벌화는 경제 자유화가 강조되어 국가 간 이동에 대한 규제가 제거되며 국경 없는 개방된 하나의 세계 경제를 창출하는 과정으로, 그리고 그에 따라 국민경제가 주도하는 국제경제(inter-national economy)를 뛰어넘는 과정으로도 이해된다. 동시에 글로벌화는 정치적 경계를 넘어 시장의 통합이 증가하는 경제 현상이자 재화, 용역, 자본의 국제흐름에 대한 정부의 장벽이 와해되는 정치 현상이다. 또한 시장지향적 정책이 세계 전역으로 확대되는 광범위한 정치적 현상이고 여기에 문화적 함축까지 포함되기도 한다.

그림 8-1 무역개방도 추이

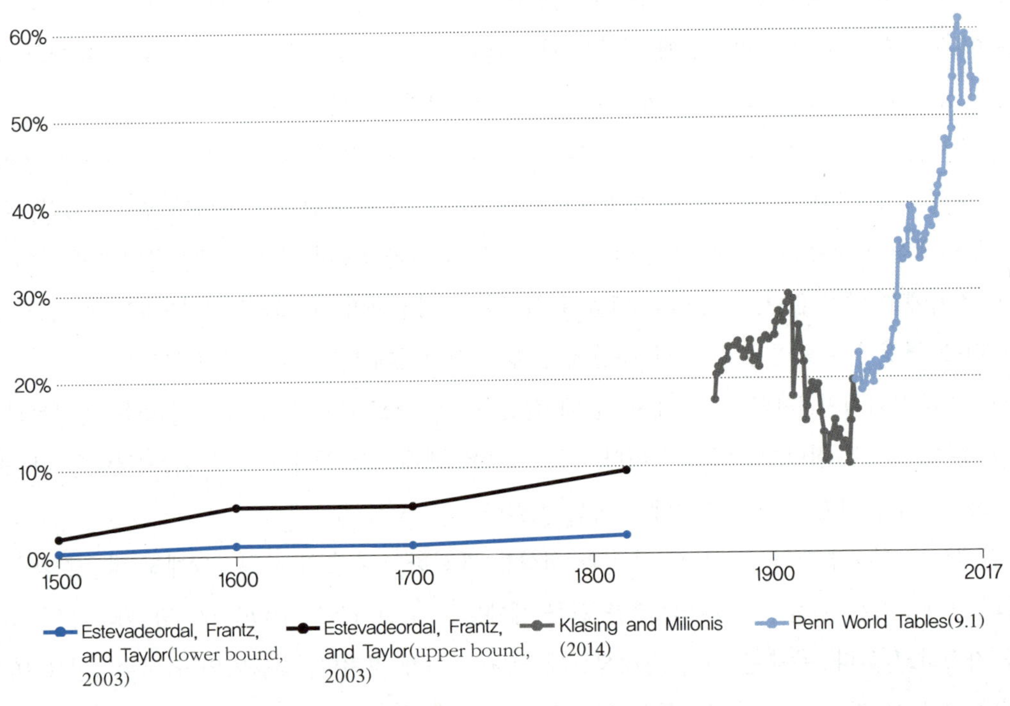

주 : 무역개방도는 (수출+수입)/세계 GDP로 정의.
자료 : Our World In Data.org/trade-and-globalization.

1800년까지 오랫동안 전 세계적으로 무역개방도는 10%를 초과하지 못한 채 꾸준히 낮게 머물렀다. 당시 국제무역은 제국과 식민지 간의 상품흐름이 지배적이었다. 그러던 것이 1870~1930년대 동안 식민주의 형태로 자본주의가 팽창하고 무역개방도는 꾸준히 높아지며 인류사상 첫 번째 글로벌화가 생겨났다. 이 기간은 기술발전과 수송비용 하락에서 비롯한 무역 활성화와 함께 자본과 노동의 높은 이동성으로도 특징지어진다. 1830~1900년 기간 중 무역은 주로 서유럽 내에서의 무역이 주도하여 유럽 내 무역의 비중이 1/3에서 2/3으로 높아졌고 이에 따라 유럽 내 수출은 역내 GDP의 1%에서 10%로 증가했다. 첫 번째 글로벌화는 자유주의의 쇠퇴와 민족주의의 부상이 국제무역의 침체로 이어진 제1차 세계대전이 시작되면서 막을 내렸다. 실제로 전간기간 (특히 유럽 내의) 무역개방도는 급락하였다. 제2차 세계대전 이후 무역은 다시 성장하기 시작하였다. 1945~1971년 동안의 글로벌화에서 유럽 내 무역은 다시 회복되었고 식민지에서 벗어난 독립국가의 국제무역에의 참여가 확대되었다. 현재의 글로벌화는 미국이 달러화 금태환 정지를 선언한 1971년부터 시작되어 각국에서의 규제 완화의 급진전,[1] 민영화, 금융 및 무역 자유화, 민항기의 발전과 상선의 생산성 향상, IT 혁명과 그에 따른 거래 · 통신 비용의 감소, 전화의 보편화와 중첩된다. 무역과 외국인 직접투자(Foreign Direct Investment ; FDI)는 각국의 경제 규모가 커지는 속도보다 더 빨리 커져 왔다.[2] 이에 따라 글로벌화로 주요 정치 · 경제 단위로서 전통적 국민국가의 영향력이 크게 약화되고, 대신 초국가적 기업과 투자자가 세계 각국의 국내외 질서를 형성하는 상황으로까지 나아가고 있다. 글로벌화하에서 이제 각국은 새로운 환경에 적응하고 동참하는 일관성 있는 전략을 모색해야만 한다. 한편 그동안 글로벌화를 발판으로 빠르게 성장해 왔던 국가들은 글로벌 금융위기 이후 나타나고 있는 글로벌화의 정체와 구조 전환에 적극 대응해야 할 단계에 와 있다.

그림 8-2 상품, 노동, 금융 통합의 장기 추이

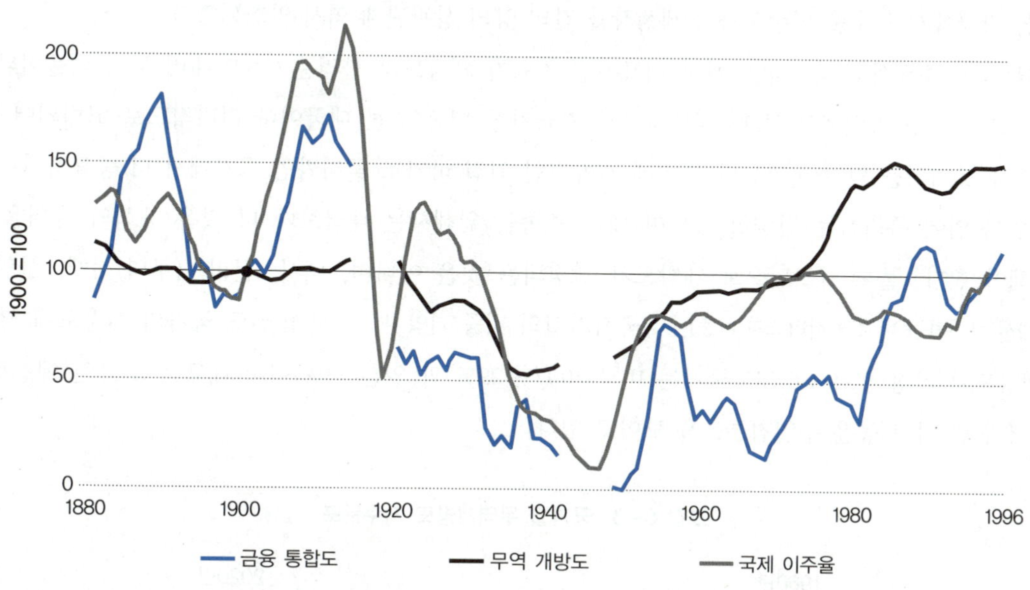

자료 : Broadberry and O'Rourke(2010), *The Cambridge Economic History of Modern Europe*(1870 to the Present), Cambridge University Press.

주 : 이주율=이민자 수/총인구, 금융통합도는 Feldstein-Horioka의 경상수지 지표를 사용.

1. 제2차 세계대전 이후의 무역 자유화는 무역장벽을 의미 있게 감소시켰다. 유럽과 북미의 주요국 간 평균 관세율은 1952년 15%에서 2005년 4%로 하락하였는데, 하락의 대부분은 1950년대와 1960년대에 발생했다. 많은 주요 개도국의 관세율은 1980년대까지 높게 유지되었지만 이후 빠르게 하락하였다.
2. 그러나 현재의 글로벌화가 일부 국가나 지역에만 집중되어 과거 수준에는 미치지 못한다는 지적이 있다.

1.1 국제무역의 성장과 국제 생산망의 확장

1) 무역의 성장과 다변화 그리고 특화

글로벌화의 현황은 우선 무역의 성장과 다변화 그리고 특화(집중화)로 판단할 수 있다(Farole et al., 2011).

둔화되고 있는 무역 성장세

1970년대 이후만 보더라도 개별 국가로 보나 세계 전체로 보나 대외무역의 중요성이 날로 증가해 왔다. 전 세계의 GDP 대비 무역 비중은 OECD 평균 1970년 27.3%에서 2018년 59.4%로 증가했다. GDP 대비 무역의 비중은 OECD 평균 2000년 66%에서 2007년 70%로 증가했다. 무역 비중의 증가는 대륙별 · 국가별로 큰 차이가 있으며 저소득 및 중소득 국가에서 특히 현저하다. 유럽과 중앙아시아의 GDP 대비 무역 비중은 84.1%지만 북미는 31.1%에 불과하다. 글로벌 금융위기 이후 이렇게 거칠 데 없이 급성장하던 글로벌화가 둔화되고 있다. 세계경제 성장률의 2배 내외에 달하던 세계 무역 증가율은 금융위기를 거치면서 세계경제 성장률과 거의 같아졌다. 세계 GDP 대비 무역 비율은 다소 하락하였으며, 모든 제조업에서 이런 추세가 관찰된다. 각국에서도 수출 의존도와 경제성장률 간의 양의 상관관계 역시 약화되었다.

대외무역의 중요성을 나타내는 가장 대표적인 지표가 개방도라 불리는 GDP 대비 무역 비율이다.[3] 국제무역은 규모나 인구 측면에서 볼 때 상대적으로 자급자족 비중이 큰 대국이나 지리적으로 고립되어 높은 운송비로 인해 불이익을 받는 국가보다 무역에 개방적인 인접 국가로 둘러싸인 국가에서 더 중요하다. 한편 소국은 소수 산업에 특화하는 경향이 있으며 내수 충족을 위해서는 대국보다 더 많은 재화와 용역을 수입하고 수출해야 한다. 물론 규모만으로 개방도가 결정되는 것은 아니며, 역사, 문화, (무역)정책, 산업구조(특히 GDP에서 차지하는 비교역 서비스의 비중), 다국적기업의 비중(기업 내 무역이 발생)도 국가의 개방도에 영향을 미친다. 개방도가 가장 낮은 OECD 국가는 미국(2007년 29%)과 일본(33%)이며 대표적 소국인 에스토니아는 OECD 국가 중 가장 높은 수입침투율을 보이고 있다.

그림 8-3 국가별 무역개방도 지수분포

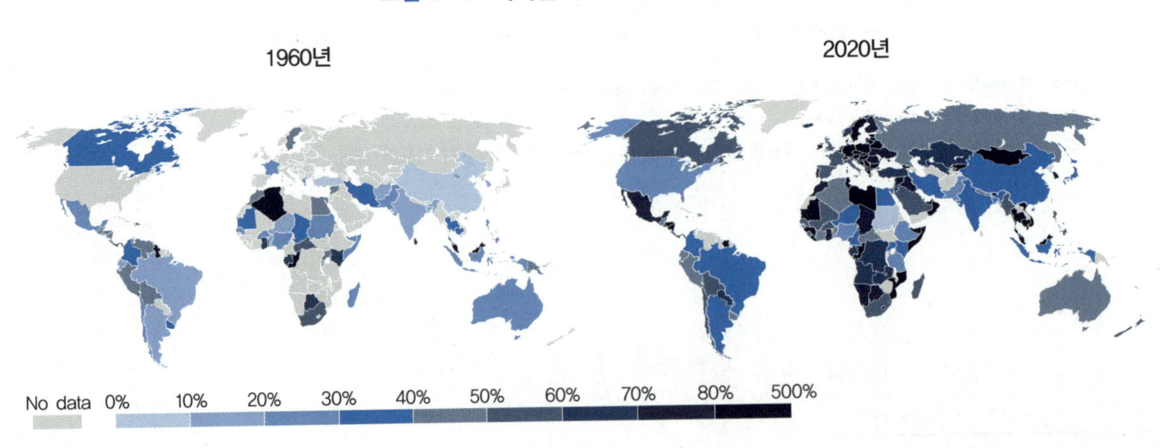

자료 : 세계은행

3. 그러나 "개방성"이라는 용어는 오해의 소지가 있다. 낮은 개방도는 높은 무역장벽을 의미하지 않는다. 잠재적 무역상대국의 규모나 그들과의 거리 때문에 일어날 수 있다.

무역구조

세계시장에서의 재화공급에는 지역적 패턴이 있다. 아시아, 북미 · 중미, 유럽은 주로 공산품을 수출한다. 남미의 북부해안, 중 · 북부 아프리카, 서부 · 중앙 아시아는 주요 원자재 수출국들이다. 아프리카에서는 1차 상품이 상품 수출의 75%를 차지했는데, 그중 연료의 비중이 39%에 달한다(2020). 아시아와 오세아니아의 개발도상국들은 수출에서 1차 상품에 대한 의존도는 21%로 훨씬 낮다. 미주 대륙의 개발도상국들은 3대 개발도상국 지역 중 식품 수출의 비중이 가장 크다(25%).

그림 8-4 주요 수출상품(2020)

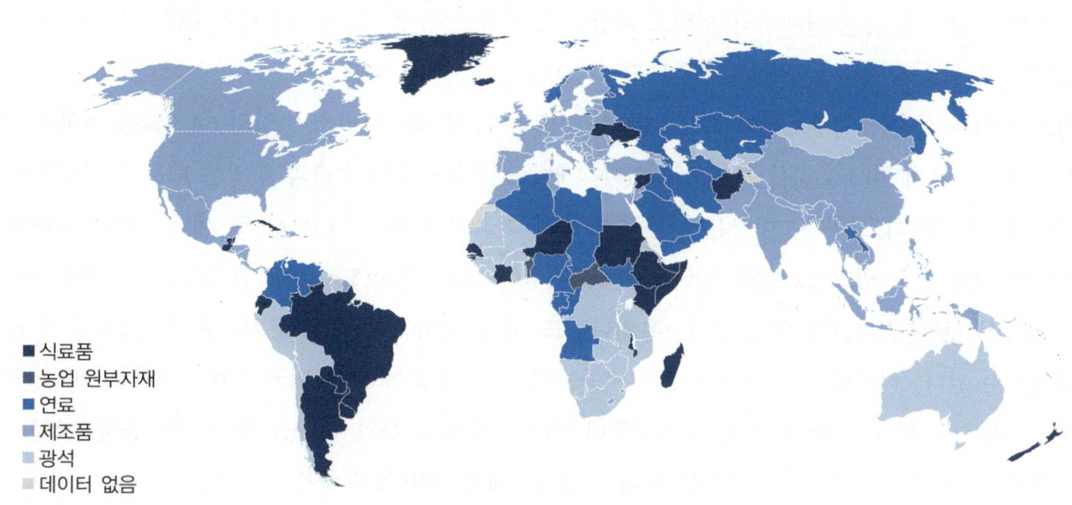

자료 : UNCTAD, *UNCTAD Handbook of Statistics 2021*.

그림 8-5 개발 도상국들의 수출구조(2020, %)

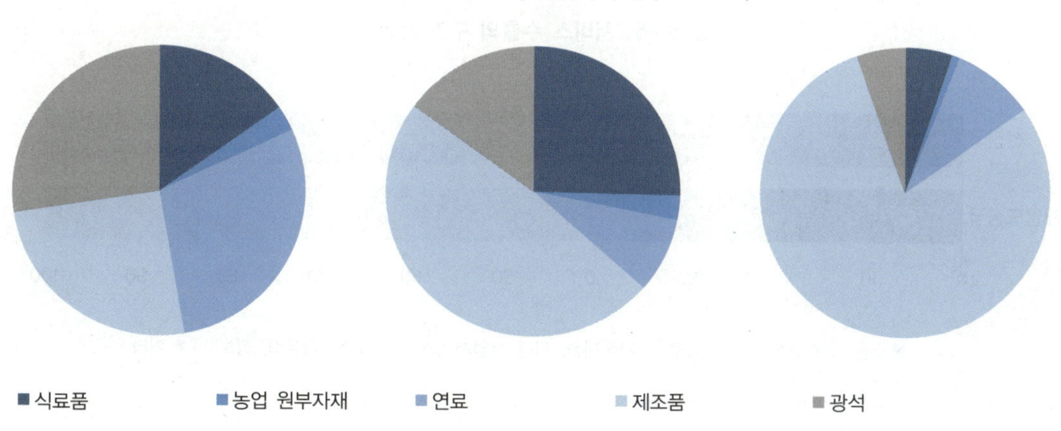

자료 : UNCTAD, *UNCTAD Handbook of Statistics 2021*.
stats.wto.org/ ; wits.worldbank.org/Default.aspx ; stat.kita.net/newMain.screen ; mrio.adbx.online/downloads/ ; ourworldindata.org/trade-and-globalization#the-two-waves-of-globalization

서비스 교역의 중요성 증대 서비스 부문은 이미 각국에서 국내총생산과 고용을 주도하고 있지만 국제무역에서는 여전히 재화가 서비스를 압도하고 있다.[4] 많은 서비스 활동은 현지 진출을 필요로 하고 국제적 이

4. 일부 서비스는 이전이 불가능하며 판매 장소에서만 소비가 가능하여 수출하려면 생산자나 소비자가 직접 국경을 넘어가야 한다. 많은

동이 쉽지 않기 때문이다. 더욱이 무역이 가능한 서비스의 경우에도 수많은 무역장벽이 존재한다. 재화와 서비스 수출 중 서비스가 점하는 비중은 2005년 20.3%에서 22.6%(세계 GDP의 5.9%)로 꾸준히 증가하고 있다. 그동안 기술적 한계로 비교역재에 머물던 서비스는 기술진보에 힘입어 그 무역이 상품보다 빠르게 성장하며 글로벌 경제에서 역할이 커지고 있는 것이다. IT 혁신에 힘입어 소프트웨어 개발과 콜센터 서비스의 교역이 가능해진 것이 대표적 사례이다. 특히 정보통신, 사업 서비스, 지적재산권 활용에서 국제무역이 빠르게 성장하고 있다. 이에 따라 서비스는 그 중요성이 1990년대 초 이래 지속적으로 증가하여 현재 전 세계 GDP의 절반 이상을 차지하고 있다. 이러한 추세는 서비스 무역의 급성장에 기여하고 있는데, 서비스 무역은 재화무역보다 빠른 속도(연평균 17%)로 증가하여 2005~2017년 동안 금액 기준으로 두 배 이상 증가하였다(WTO, 2019). 고용, 생산, 무역에서의 서비스 확장은 부분적으로 제조업을 지원하기 위해 창출된 서비스 일자리의 증가, 즉 제조의 서비스화에 의해 주도되고 있다.

서비스 무역은 선진국이 주도하여 세계 서비스 수출의 71.8%와 서비스 수입의 64.9%를 점하며 개도국에 비해 서비스 수출에 비교우위를 보여오고 있다. 개발도상국의 경우 수출과 수입은 대부분 아시아와 오세아니아 국가들이 주도하고 있다. 미국은 전통적인 세계 최고의 서비스 수출국으로 세계 서비스 수출시장의 14%(2020)를 점유하고 있고 그 뒤를 영국(6.9%), 독일(6.2%), 중국(5.6) 아일랜드(5.2%), 프랑스(4.9%), 인도(4.1%), 싱가포르(3.8%)가 잇고 있다. 우리나라도 세계 서비스 수출 시장점유율이 1.8%로 선도국 중 하나라고 할 수 있다. 하지만 이 국가 중 수출 비중보다 수입 비중이 낮은 미국(9.8%), 영국(6.6%), 아일랜드(4.9%), 프랑스(4.4%), 인도(3.7%), 싱가포르(3.3%)는 서비스 무역 흑자를 보이지만 중국(8.1%), 독일(6.3%), 한국(2.2%)은 서비스 무역 적자를 보이고 있다. 세계 서비스 수출은 보험금융과 사업 서비스, 정보통신, 운송, 여행 서비스를 중심으로 이루어지고 있는데 선진국의 서비스 수출은 보험금융과 사업 서비스를 중심으로 이루어지고, 개발도상국도 마찬가지지만 수송과 여행의 상대적 비중이 큰 편이다.

그림 8-6 서비스 수출의 구조(2020)

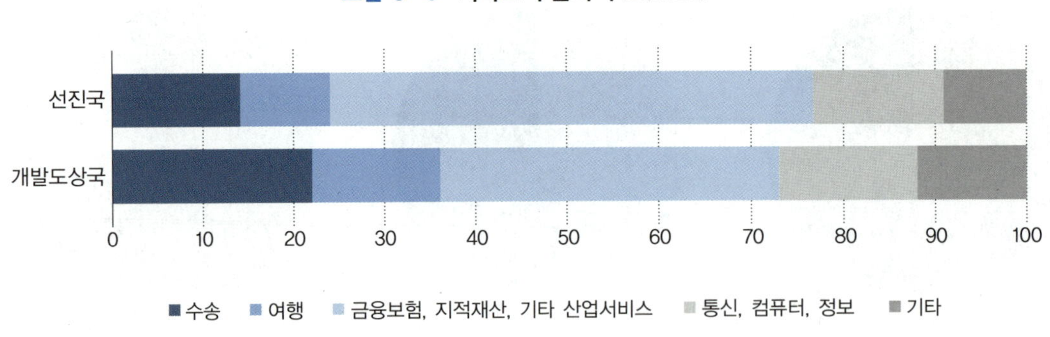

자료 : UNCTAD, *UNCTAD Handbook of Statistics 2021*.

서비스 교역의 비중은 아직 작지만, 총수출이 유발하는 부가가치 중 서비스 부문에 귀착되는 비중은 그 두 배에 가까우며, 컴퓨터 · 전자, 자동차, 수송기계 등 기술집약적 제품일수록 타 산업과의 융합도가 높아 이런 경향이 더 커지고 있다.

국가들은 각국의 법률이 적용되는 법률, 조세, 회계와 같이 전문 서비스와 같은 영역을 규제한다. 보건이나 교육 서비스와 같은 일부 서비스는 공공부문이 공급하여 무역이 제한된다. 서비스는 이질성이 매우 커서 분류가 어렵고 맞춤성이 높으며 대량생산이 곤란하기 때문에 관련된 재화의 분류가 곤란한 경우가 있다.

그림 8-7 수출 중 서비스의 비중

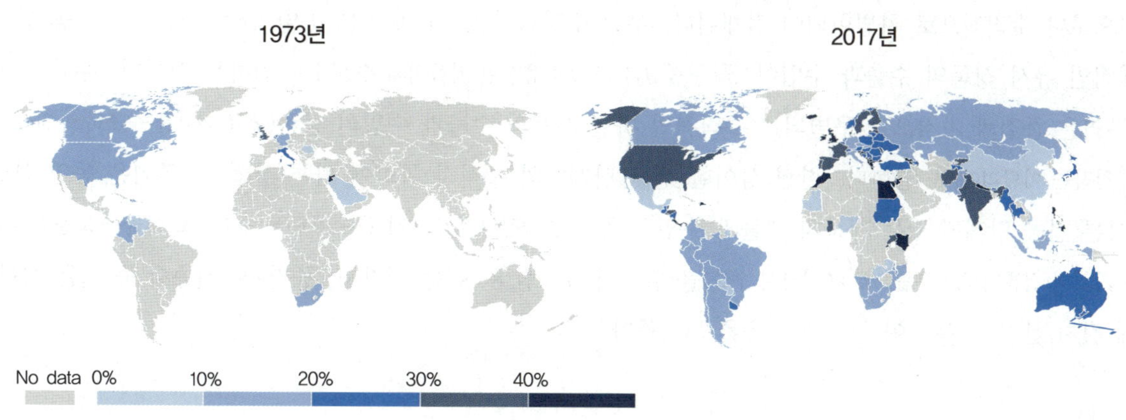

자료 : 세계은행

재화와 서비스 수출 중 재화가 점하는 비중은 특히 멕시코(94.0%, 2017)와 중국(91.2%)에서 높았다. 또한 EU(31.7%), 미국(33.1%), 인도(38.2%)도 상대적으로 서비스 수출 비중이 높다. 2018년에 EU는 서비스의 최대수출국(전체 수출의 25.5%)이자 최대수입국(전체 수입의 20.2%)이었다. 미국의 경우 그 비중은 수출과 수입이 각각 19.8%와 13.5%였다. 결과적으로 미국은 서비스 무역에서 가장 큰 흑자를 기록하고 있고 EU가 그 뒤를 잇고 있다. 반면 중국은 5.3%와 11.7%에 달해 상당한 서비스 적자를 나타내고 있다. OECD 지역의 서비스 무역은 GDP의 26.5%에 지나지 않는데, 이는 각국에서 서비스 부문이 차지하는 70%대의 높은 비중과 잘 대비된다.

(기술집약적) 제조품 무역이 지배적인 상품수출 세계 무역이 팽창하는 속에서도 이를 주도하는 품목에 큰 변화가 발생하고 있다. 1970년대와 2004~2008년의 1차 상품 가격이 급등했던 기간을 제외하곤 1차 상품이나 섬유와 같은 저위기술 제품 무역은 감소하고 대신 기계류와 수송 장비 등 기술집약도가 높은 고위·중고위 기술 제품의 수출 비중이 높아지고 있다.

그림 8-8 세계 상품과 서비스 수출의 구성

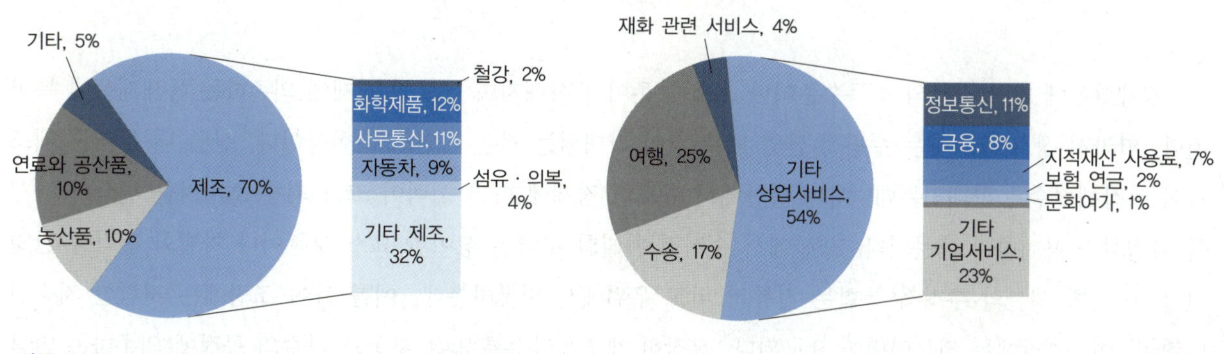

자료 : WTO

산업 내 무역의 중요성 1970년대 이래 모든 주요 선진국에서 제조업을 중심으로 산업 내 무역(intra-industry)이 성장하여 많은 OECD 국가들의 제조업에서 1997~2008년 사이에 전체 무역의 75%를 넘겼다

(OECD, 2010). 산업 내 무역은 동종 산업에 속한 유사한 상품의 수출과 수입이 동시에 발생하는 현상으로 수평적으로나 수직적으로 차별화되어 전개된다. 우선 수평적 산업 내 무역은 동일 산업에서 같은 가공 단계의 차별적인 유사 상품의 수출과 수입이 공존(품질과 가격이 유사한 자동차의 수출과 수입)하는 것이며, 수직적 차별화 무역은 품질과 가격으로 구별되는 수직적인 차별 제품의 수출과 수입의 공존(고급 의류를 수출하고 저급 의류를 수입하는 이탈리아)을 말한다. 한편 상이한 생산 단계에의 수직적 특화에 따른 산업 내 무역은 동일 산업에서 다른 가공 단계에 있는 제품의 수출과 수입의 공존(기술집약적 컴퓨터 관련 부품을 수입하고 이들을 노동집약적 단계를 거치며 컴퓨터 최종부품으로 조립하여 수출)을 말한다. [그림 8-9]는 원자재, 중간재, 최종재 등 모든 재화 유형에 걸쳐 산업 내 무역이 증가해 왔음을 보여준다.

그림 8-9 상품 유형별 산업 내 무역의 비중(%)

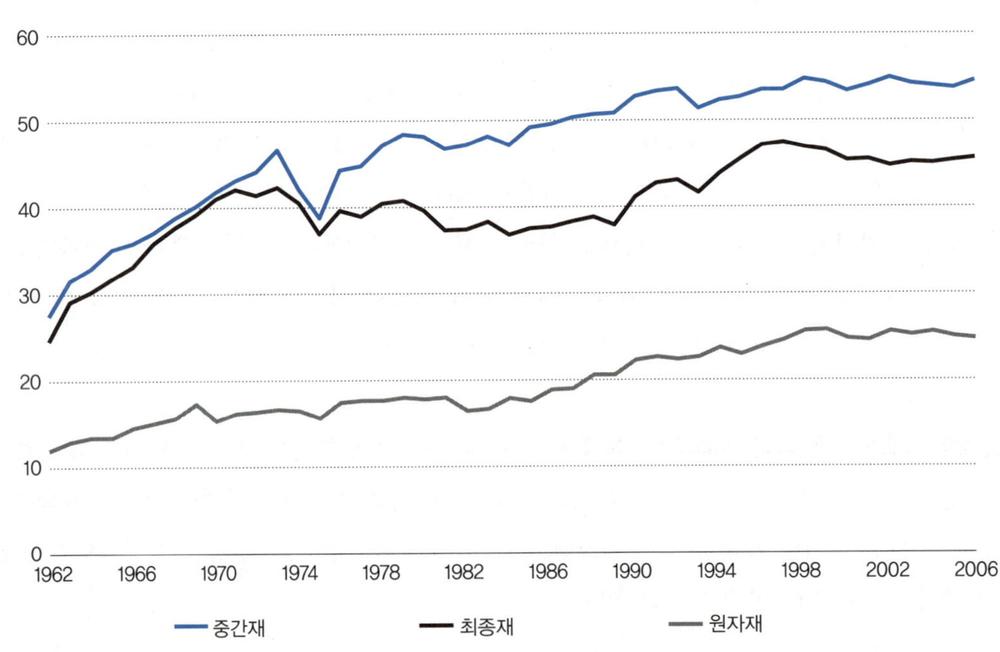

주 : 3-digit 상품분류에 기초하여 Grubel-Lloyd 지수로 계산
자료 : UN World Development Report(2009)

경제발전에 따라 각국의 소득수준이나 요소 부존이 유사해지며 규모의 경제에 의존하는 틈새제품에 특화된다. 따라서 상호 교역하는 수평적 산업 내 무역이 확대되는 것은 자연스런 현상이다. 산업 내 무역은 제조품이 복잡해질수록 확대되는데, 이는 생산에서 규모의 경제에 따른 혜택이 크고 최종 소비자를 대상으로 제품 차별화가 용이하기 때문이다. 생산에서 수직적 차별화 무역은 상이한 요소 부존이나 차별화 전략을 반영한다. 국가별 생산의 수직적 특화는 전통적 비교 우위에서 비롯하는데, 예를 들어 조립에는 저렴한 저숙련 인력이, 연구개발에는 전문인력이 요구된다. 복잡한 제조품일수록 많은 부품과 다수의 공정에 의존하는 만큼 생산의 수직적 특화에 따른 편익이 크다.[5]

5. 일반적으로 특정 제품집단 i에 대해 A국과 B국 간의 산업 내 무역 규모는 Grubel-Lloyd 지수 $[\{(X_i+M_i)-(X_i-M_i)\}/(X_i+M_i)]\cdot 100$으로 측정된다. 이 지수는 수출 X_i과 수입 M_i가 모두 이루어지고 있는 상품이 없을 경우 0의 값을 가지고 모든 무역이 산업 내일 때 최대값은 100이다(이 경우 X_i는 M_i와 일치).

무역의 다변화와 집중화

각국의 무역구조도 경제발전에 따라 산업구조처럼 다변화의 길을 걸어 왔다. 실증분석에 따르면 수출품목 다변화(extensive margin)와 1인당 소득 간에도 역 U자형 관계가 나타난다고 알려져 왔다.[6] 즉, 1인당 소득이 25,000~30,000달러에 이르기까지 1인당 소득과 다변화 간의 양(+)의 관계는 지속된다(Cadot et al., 2011).[7] 대부분의 개발도상국은 동일 산업의 선진국에 비해 상대적으로 제한된 시장에서 활동하지만, 경제성장에 따라 1차 상품에 집중되던 수출은 점차 제조품으로 확대되며 다변화를 보인다. 수출 다변화는 시장의 다변화를 통해서도 나타난다. 실제로 대부분의 다변화는 신제품 소개보다는 기존 수출품의 신규 시장으로 확대하는 형태로 나타난다(Brenton et. al., 2009).

소득이 OECD 국가 수준에 이르면 기존 수출품 중 특정 품목의 시장점유율이 높아지면서 일부 수출 품목은 중단되고 대신 특정 품목 중심으로 수출품이 집중화된다. 대부분의 국가, 특히 중·고소득 국가의 경우 수출증가의 상당 부분은 동일시장에 동일 품목을 더 판매하는 집중화(intensive margin) 형태를 취한다(Brenton et. al., 2009). 이러한 무역관계의 심화는 산업 간 무역과 산업 내 무역 모두에서 특화의 증가로 뒷받침된다. 산업 내 무역의 경우 생산 단계 내에서 특화가 이루어지기도 하고 품질 사다리 내에서 특화가 이루어지기도 한다. 전자는 글로벌 생산네트워크를 특징짓는 부품 또는 중간재 무역을 낳고, 후자는 유사한 최종제품의 쌍방향 교역(예 : 독일의 피아트 수입과 이탈리아의 BMW 수입의 병행, 스웨덴의 Zara 수입과 스페인의 H&M 수입)으로 이어진다.

2) 직접투자, 국제협력 그리고 글로벌 가치사슬의 확장

국경을 넘어 이루어지는 기업의 진입(외국인 직접투자)과 협력(국제협력)은 재화와 서비스의 무역을 촉진·심화시키고 있다. 시장 확장을 위한 진입과 협력은 무역을 대체하지만, 효율성을 위한 진입과 협력은 무역을 보완한다.

(1) 외국인 직접투자

1980년대 후반 이래 외국인 직접투자(Foreign Direct Investmen ; FDI)가 무역 규모보다 더 빠르게 증가하며 세계화에 핵심적 역할을 하고 있다. FDI는 타국 내의 기업과 경제에 대한 장기적인 이해관계를 바탕으로(보통 출자총액의 10% 이상을 투자하며) 직접 경영에 참여하는 것이다.

FDI로 다국적기업이 등장하는 이유는 전통적으로 OLI(Ownership-Location-Internalisation)를 활용하기 위한 것으로 설명되고 있다. 즉, 소유한 우월한 자원(기술, 디자인, 브랜드, 공정 등)을 활용하거나 특정 지역만이 가진 시장과 자원을 확보하여야 하거나 기업 고유의 지식자본을 내부에 유지하고자 하는 필요가 해외로의 직

---

6. Cadot et. al.(2011)은 121개 개발도상국을 포함한 159개국의 1988~2004년 동안의 데이터를 분석하여 수출 집중도, 활발한 수출품의 개수와 새로운 수출품의 개수를 계산하였다. 그 결과 수출의 집중도와 1인당 소득 간에는 강한 U자형 관계가 존재함을 보였다.

7. 두 가지 예외가 있다. 첫째, 인구 1백만 이하의 많은 소국들은 생산과 수출에서 상대적으로 다변화 정도가 미약하다. 이는 자연자원의 협소, 제한적인 내수, 제조업을 비롯한 많은 산업에서의 상당한 고정비용의 존재에 기인한다. 둘째, 1차 상품 수출국의 경우 특성상 다변화 정도가 미약하다.

그림 8-10 1인당 FDI 추이(미국 달러)

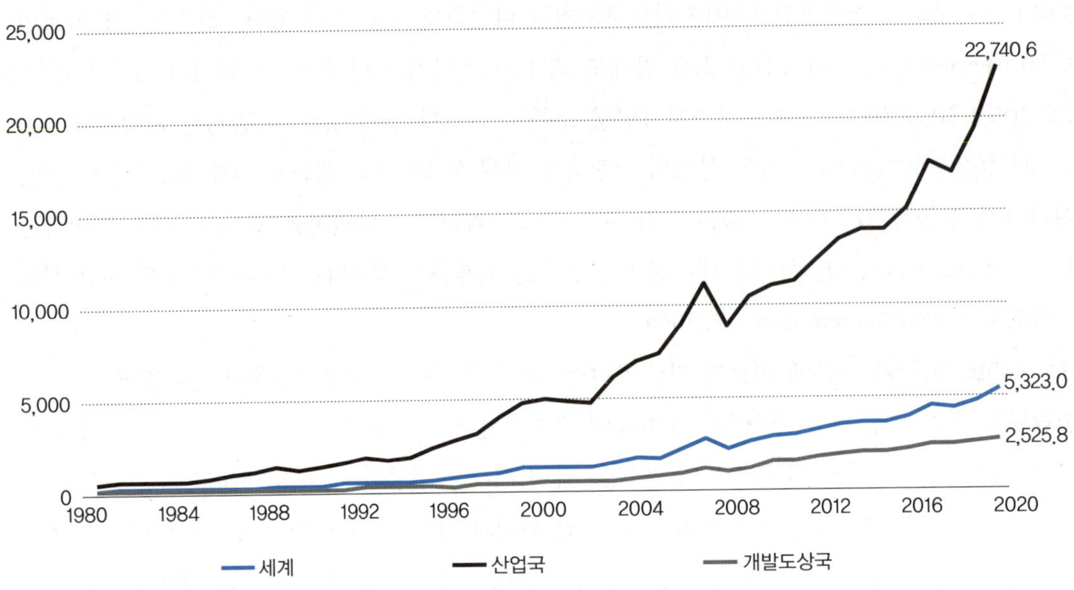

자료 : UNCTAD Stat, Foreign Direct Investment.

접적 진출을 낳는다. 직접투자는 수평적 투자(Horizontal FDI : 시장을 모색하는 FDI)와 수직적 투자(Vertical FDI : 효율성을 모색하는 FDI)로 분류된다. 수평적 투자는 대상국의 국내시장 장악을 목표로 하며 비교역재나 서비스업 부문에서 발생한다. 반면 수직적 투자는 가치사슬의 일부를 특정 생산요소가 풍부한 국가로 이전하여 만들어진 산출물을 본부 소재국으로 재수출하며 제조업을 중심으로 이루어진다.

FDI의 상당 부분은 신사업 개척이나 시설 확장보다는 소유권의 이전 형태를 취해 왔다. FDI의 목적도 자원과 시장 획득에서 인건비와 생산성 격차를 활용하기 위한 국제적 생산망의 확장으로 변모해 왔다. 생산과정의 일부 위탁이 허용하는 생산기술의 발전과 국경을 넘는 생산흐름을 통제할 수 있는 통신기술 혁신 그리고 그에 따른 기업들의 감독 및 조정비용 감소는 전 세계적으로 생산과정이 분산되도록 하고 있다. 무역자유화, 투자 개방 그리고 수출지향적 산업정책의 확산뿐만 아니라 글로벌화한 시장에서 생존하기 위한 기업들과 경제발전을 위해 외국인 투자를 유인해야 하는 각국의 경쟁에 의해 크게 자극받았다. 과거 '포드 생산방식'이라 불리는 수직적으로 통합된 생산방식은 이제 몇 단계로 나뉘어져서 각국은 특정 단계에만 특화[수직적 특화(vertical specialization)]하고 있다.

OECD 국가들은 FDI의 순유출국으로 자리 잡고 있는데, 미국, 룩셈부르크, 영국, 독일이 앞서고 있다. 특히 미국은 OECD 전체의 FD 잔액의 약 25%를 차지하고 있지만, GDP 대비로는 독일(30% 이상)에 크게 못 미치는 18% 수준에 머물고 있다. OECD 국가 중에서 일부 소국들은 대체로 FDI 유입국 위치에 있다. OECD 국가들의 FDI는 주로 OECD 내에서 이루어지며 비OECD 국가들에 대한 투자는 제한적이다. 중국, 인도 등의 비OECD 국가들은 직접투자 유입국으로 두드러지지만, 최근에는 유출국으로서도 활약이 커지고 있다. 한편 FDI는 제조업이 감소하는 대신 서비스업이 꾸준히 증가하고 있다.

2000년까지는 선진국으로 유입되는 FDI 비중이 80%를 넘었으나, 이후 개발도상국으로의 유입이 꾸준히 높아져 2019년 중 선진국과 개발도상국의 FDI 비중이 각각 44.5%, 52.0%로 거의 대등한 수준이 되었다. 더욱이 오랫동안 유치국 위치에 있던 인도와 중국 등의 신흥경제국 역시 대외투자를 높여가고 있다. 그

그림 8-11 GDP 대비 FDI 스톡 비중의 세계적 분포

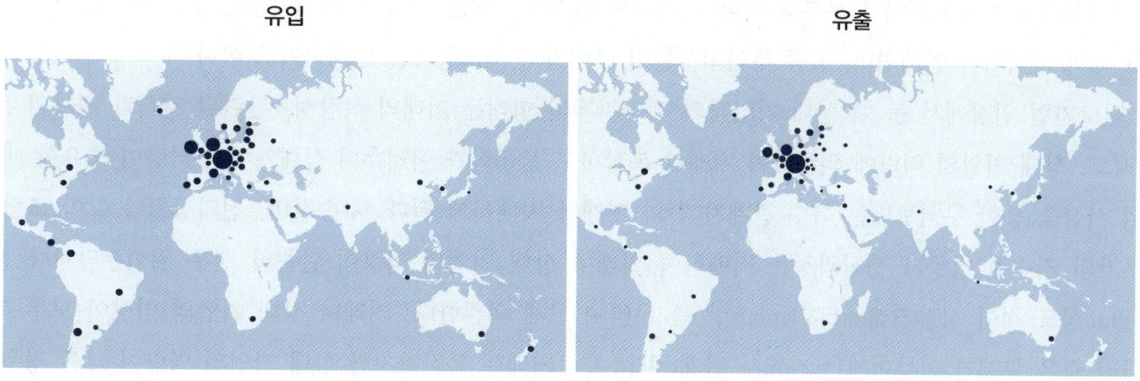

유입 유출

자료 : OECD(2022), FDI stocks(indicator), doi : 10.1787/80eca1f9-en(Accessed on 13 January 2022)

러나 국제무역 성장세의 둔화에 뒤이어 FDI에서도 부진세가 나타나고 있으며, 신흥국에 대한 해외 투자규모, 특히 신규 법인 설립형(그린필드) 해외투자는 감소세를 보이고 있다. 다국적기업의 경영에서 물적자산보다는 무형자산 또는 디지털 경로의 중요성이 커지고 그에 따라 소유 대신 계약에 의존하더라도 기업 간 관계의 통제가 수월해졌기 때문이다.

그림 8-12 외국인 직접투자(스톡)의 상대 비중 추이(%)

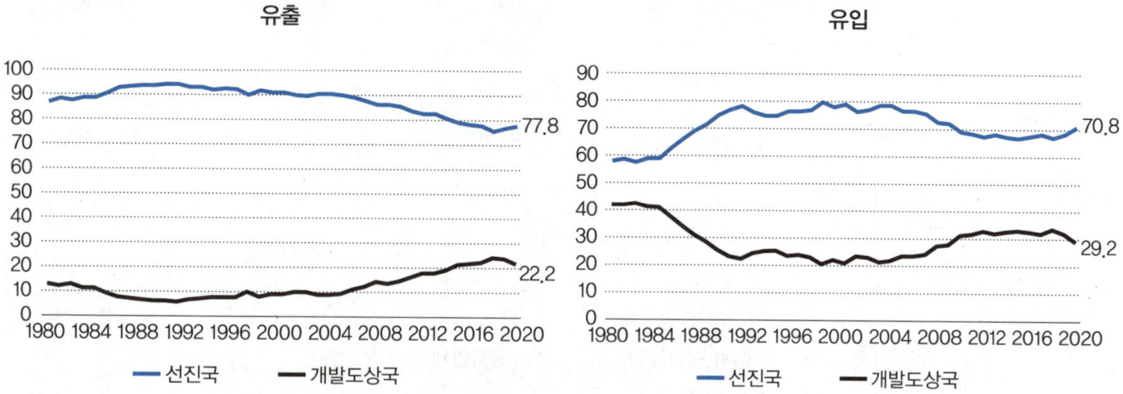

유출 유입

—선진국 —개발도상국

자료 : UNCTAD Stat, Foreign Direct Investment

(2) 국제협력 : 무역과 직접 투자의 혼용

기업은 전략적 파트너십을 통해 소유권이 없는 파트너 기업에 기업 기능의 일부를 외부화하기도 하며, 계약에 의해 그 운영에 영향을 미치거나 통제하는 위치에 설 수도 있다. 예를 들어 라이센싱, 협력 연구, 조인트 벤처, 프랜차이즈 등이 대표적인 전략적 파트너 사례이다. 전략적 파트너는 조인트 벤처나 라이센싱에서 보듯이 무역과 직접투자가 혼용된 형태라 할 수 있지만, 라이센싱처럼 규제가 심한 성숙 산업에 진입하기 위해 등장하기도 한다. 내부화나 시장거래의 장점을 활용하지 못하는 전략적 파트너 관계는 거래비용보다는 역량의 확보라는 관점에서 이해될 수 있다. 전략적 파트너는 대등한 협력적 관계일 수도 있고 종속적 관계일 수도 있다. 2000년대 후반 이래 삼성전자의 FDI로 베트남에서 생산된 스마트폰의 96%가 글로벌 시장에 수출이 되었으며, 중국에서 수출된 아이폰은 애플의 전략적 동반자로 조립을 맡은 팍스콘에 의존하였다.[8] 전통적 다국적기업에 자본참여가 본부와 외국 관계사를 연계하였지만. 글로벌 바이어들은 주로 비자본 참여방식으로 해외 바이어와 연계되며, 종종 무역회사들이 구매자와 제조업체를 연계하기도 한다.

선도기업 입장에서 볼 때 상대 기업과의 계약관계의 형태는 거래의 복잡성, 관련된 지식과 정보의 문서화 정도, 상대 기업의 역량에 의존하여 거래가 복잡하고 문서화가 어려우며 상대기업의 역량이 중요할 때 익명의 시장을 통한 무역보다는 특수 관계자 간의 거래가 지배하게 된다. 수송장비, 전기장치와 같이 조립 등 저부가의 저숙련 업무가 생산과정을 지배하여 거래나 상대 기업의 역량이 단순한 경우 위험부담이나 통제의 필요성도 적어 시장거래(arm's length),[9] 즉 무역에 크게 의존한다. 거래나 상대 기업의 역량이 모두 복잡하다면 소유 통제가 이루어지는 자회사 관계(직접투자), 거래는 복잡하지만 상대 기업의 역량이 낮은 경우 종속적 관계, 거래는 단순하지만 상대 기업의 역량이 핵심적인 경우 협력적 관계가 계약을 지배한다. 식품, 의약품처럼 안전과 품질상의 이유로 생산보다는 통제가 더 중요할 경우 직접투자가 등장한다. 아울러 시장이나 고객에 대한 지식(금융), 고객과의 긴밀한 상호작용(광고 마케팅), 기업 특화적 무형자산과 지식의 통제(인터넷 SW, 정보기술 서비스 등)가 긴요한 경우에도 직접투자가 선호된다. 한편 고정자본 투자가 적지만 노동집약적이고 고객과의 긴밀한 접촉이 중요한 서비스업도 직접투자를 선호하게 한다. 마지막으로 제약, 화학 등 지식

그림 8-13 국제 기업관계의 유형

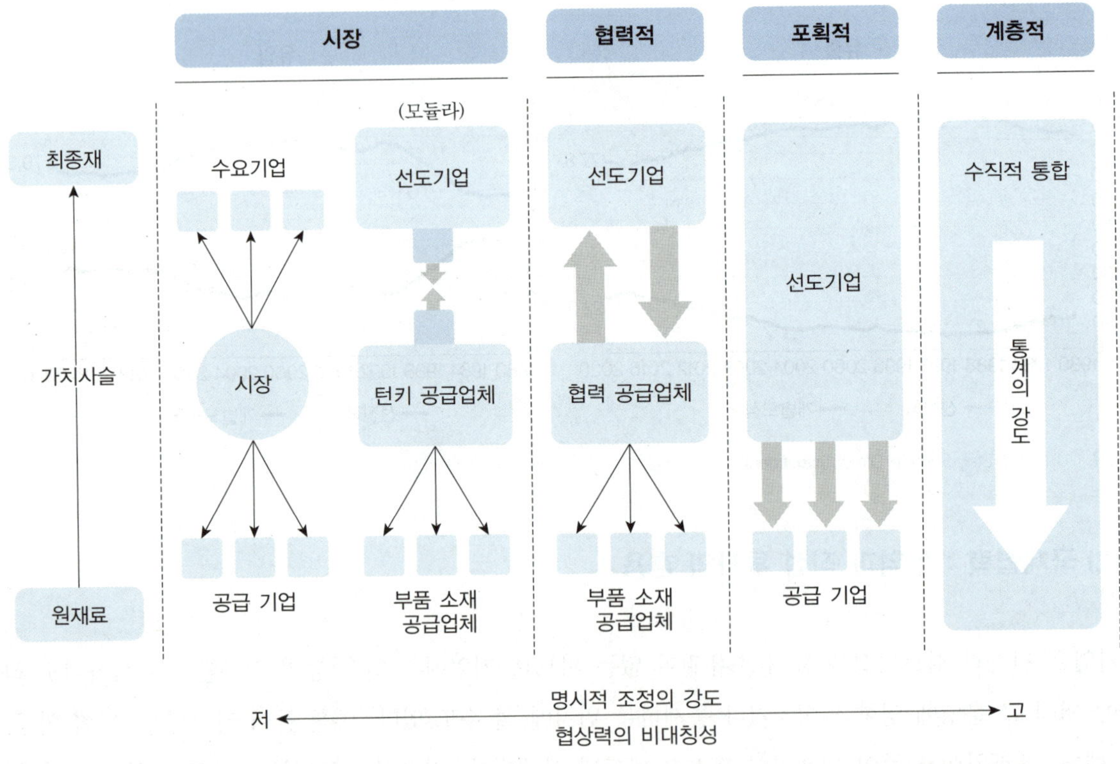

8. 시장거래, 투자, 파트너십은 상호 대체적이면서 동시에 보완적이기도 하다. 예를 들어 특정 국가가 보호무역 정책으로 무역에 의한 시장진출을 제한할 경우, 현지 투자나 NEM으로 시장진출을 도모할 수 있는 것이다.
9. 거래가 단순하여 구매자의 직접적인 통솔 없이 시장을 통해 거래가 이루어져 거래선의 전환이 용이한 시장거래 관계와 달리 모듈형 관계는 구매자에게 특화된 제품을 공급하지만 공급자가 제품에 대해 책임질 수 있는 수준의 역량을 갖추고 있어 구매자와 대등한 협상력을 가지는 거래유형으로 종속적 관계나 수직통합형과는 구별되며 협력적 관계와 유사하다.

		거래의 복잡성	
		저	고
역량	저	시장관계	포획적(captive) 관계
	고	협력[관계적(relational)] · 모듈(modular)관계	내부화에 의한 계층관계[직접투자(hierarchial)]

자료 : Gereffi, Humphrey, and Sturgeon(2005).

집약적이고 첨단기술이 요구되는 생산과정의 경우 신축성과 무형자산(브랜드 인지도, 지적자산 등)이 중요하므로 전략적 파트너가 유효하다.

최근 들어 수송, 통신, 생산기술에서의 기술적 진보로 말미암아 시장거래나 내부화(또는 종속화)에 기초한 기업 간 관계보다 협력에 기초한 기업 간 관계가 보다 유리해지고 있다. 교통 · 통신기술의 효율성 증대로 거리가 단축되고 거래속도가 빨라졌으며, 동시에 생산기술과 표준의 발달로 생산공정의 단편화가 촉진되고 있다. 이러한 변화는 GVC의 부상을 촉진하고 글로벌한 협력적 생산에 참여할 수 있는 기회를 확대했다. 기업이나 정부는 이제 새로운 GVC에의 참여나 기존 GVC에서의 고도화를 통해 국민경제의 부가가치를 높일 수 있게 되었다.

(3) 글로벌 가치사슬 형성과 그 파급효과

글로벌 가치사슬의 형성

글로벌 가치사슬(Gloval Value Chain ; GVC)은 단일 기업 내부에서 이루어지던 생산활동이 쪼개어져 다른 국가에 위치한 다수의 기업들에 걸쳐 글로벌하게 분산되어 이루어지는 데 따른 중간재와 부분품의 생산, 조립, 배분을 포함하는 생산활동의 글로벌 분업체계를 의미한다. 가치사슬은 재화 · 서비스의 착안부터 최종 사용까지 이어지는 일련의 생산적 (부가가치) 활동을 말한다. GVC 무역은 직접 무역관계가 없는 국가 간에도 부가가치가 유출입될 수 있기 때문에 간접무역이라고도 부를 수 있다. 글로벌 가치사슬의 형성은 오래전부터 있었다. 1960년대 중반부터 다국적기업들은 해외에서 저렴하고 유능한 공급업체를 찾아 공급망의 오프쇼어링을 통해 여러 국가에 분할해 왔다. 대표적으로 미국 제조업체는 멕시코 등에 부품을 공급하고 간단한 조립을 위탁하였다. 1970년대와 1980년대에 들어 소매업체와 유명 브랜드 회사는 소비재에 대한 해외 공급업체를 찾기 위해 제조업체에 합류하였으며, 이 과정에서 대만, 한국을 포함한 동아시아가 부상하면서 GVC가 확장되었다. 1990년대와 2000년대에는 GVC에 포함되는 산업과 활동이 더욱 확장되었다. 이제 GVC는 완제품뿐만 아니라 부품 및 하위 조립품을 포괄하였으며 자동차에서 전자 및 가전 제품, 인프라 및 조선에 이르기까지 광범위한 분야에 영향을 미치게 되었다. 특히 다국적기업의 제조부문은 중국, 멕시코, 베트남을 포함한 다수의 신흥 국가로 이전되었다. 또한 간단한 제조에서 시작되었던 것이 점차 더 많은 첨단 분야로 확장되었다. 이러한 GVC의 재배치는 점점 더 많은 개발도상국이 참여함에 따라 계속해서 추진력을 얻고 있다. 한국의 산업 강국으로의 부상은 GVC를 중심으로 글로벌 무역과 산업이 대대적으로 재편되는 시기에 일어났다.

글로벌 가치사슬에 걸친 전체 생산활동의 분업과 조율은 다국적 제조업체(예 : Volkswagen) 외에도 도소매 업체(예 : Otto)나 유통관리 전문업체(예 : Li & Fung)에 의해 주도될 수 있다. 글로벌 가치사슬은 재화와 용역의 시장거래(무역) 형태를 취할 수도 있지만 외국인 직접투자에 기초한 외국 자회사나 비자본 참여(Non-equity Mode ; NEM)에 기초한 전략적 파트너 형태를 취할 수도 있다.

그림 8-14 생산활동의 분류 : 글로벌 가치사슬

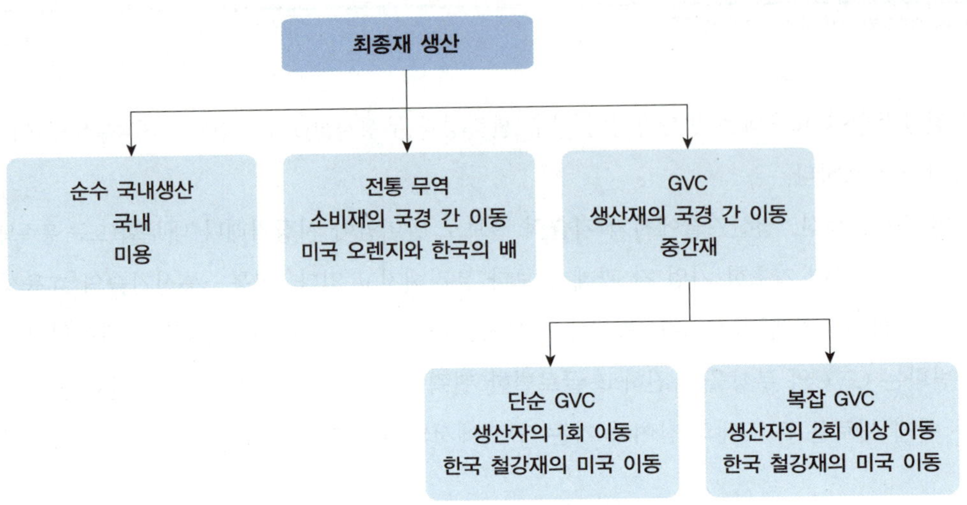

주 : 국가 간 상품의 이동 빈도에 따라 단순 GVC(1회)과 복합 GVC(2회 이상)로 구분한다.

한 국가가 글로벌 가치사슬에 참여하는 방법은 전방참여(Forward Participation)와 후방참여(Backward Participation)로 구분된다. 전자는 자국에서 생산된 중간재가 해외생산에 투입되는 방식이고, 후자는 해외에서 생산된 중간재가 국내생산에 투입되는 방식이다. 우리나라는 중간재를 수입하여 최종재를 수출하는 무역 전략을 선택한 탓에 전방참여보다 후방참여 정도가 월등히 높다. S국의 후방 참여율은 S국의 총수출 금액 중 해외 중간재 수출국에 창출되는 부가가치(Foreign Value Added Content of Exports) 비중으로 산출하며 S국의 전방 참여율은 S국의 총수출 금액 중 외국의 수출에 사용되는 자국의 중간재 수출 부가가치 비중으로 산출한다. GVC 참여율(GVC Participation Rate)은 후방 참여율과 전방 참여율의 합으로 산출한다.

GVC의 확산은 전자제품, 자동차, 의류와 같이 생산 단계가 쉽게 분리될 수 있는 일부 산업에서 더 용이할 것이다. 하지만 GVC는 서비스를 포함한 모든 산업에서 증가해 왔다. 서비스의 비중은 전 세계 수출의 20%에 지나지 않지만, 수출품의 46%가량이 서비스산업에서 비롯되고 있다.

1990년대부터 2008~2009년의 글로벌 금융위기 전후 기간은 초세계화(hyperglobalization) 시대라고 불리는 GVC 확장의 전성기였다. 중국이 WTO에 가입하고 더 많은 개발도상국이 개방형 전략으로 전환함에 따라 세계 무역은 급성장했으며, 2000~2010년 동안 세계 총수출은 연평균 8.7%, 간접수출은 9.7% 증가했다. 가치사슬은 거의 모든 교역재 부문에서 확장되어 효율성과 생산성의 개선을 낳았고, 선진국에서의 생산사슬의 분해에 힘입어 개발도상국은 완제품을 생산하지 않더라도 특정 작업에서의 비교우위를 활용하여 틈새시장을 찾아 제조업에 진입할 수 있었다.

금융위기 이후 성장이 둔화 총수출과 간접수출 모두 2010~2019년의 10년간 극적으로 둔화되고 있다. 세계화 자체가 역전된 것은 아니지만 그 속도는 둔해져서[슬로벌리제이션(slowbalization)] 총수출의 평균 성장률은 3.7%로, 간접수출은 3.8%로 감소되었다. 신흥국을 포함하여 각국의 GVC 참여율은 2011년 이후 약 50%대에 머물러 있으며 그에 따라 세계 중간재 교역 비중은 감소하고 있다. 이는 운송비 감축과 관세 하락

효과가 한계에 달하며 추가적인 해외 생산기지 확보의 유인이 감소하였고, 2010년대 이후 나타난 보호무역 확대, 미중 무역갈등 심화 등으로 지정학적 리스크가 확대됨에 따른 것이다. 그동안 GVC를 통한 원가 절감에 집중해 왔던 글로벌 기업들은 공급망의 유연성을 높이는 방향으로 전략을 수정하게 된 것이다. 또한 선진국 제조업체들이 해외에 있던 생산시설을 본국으로 이전하거나 자국 내 생산 기반을 확충하는 투자를 늘리는 중이다. 개도국의 임금 상승, 운송비용 절감, 풍부한 고숙련 노동자 등의 유인으로 인해 기업들의 리쇼어링이 증가하고 있다. 또한 최근에는 자동화 기술이 발전하면서 많은 가치사슬 활동을 북미와 유럽의 전통적 중심지로 되돌릴 수 있게 되었다.

그림 8-15 GVC 참여율(세계 전체, 1995~2020)

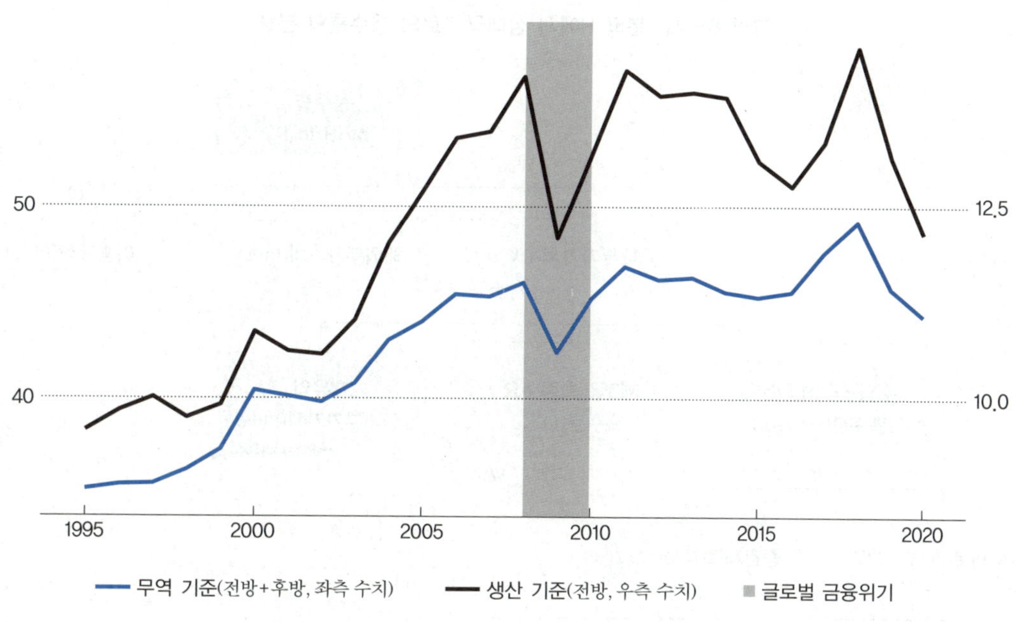

자료 : ADB(2021), "Global Value Chain Development Report 2021 : Beyond Production".

무역통계의 재해석

무역통계 데이터는 부가가치 흐름보다는 최종적 집계치만 발표되고 있어 GVC 연구에 미흡하다. 이에 따라 국제산업연관표를 이용하여 개별 국가 · 산업의 생산 또는 수출을 부가가치의 원천과 최종소비에 따라 분해한 뒤 GVC 참여도를 총생산(총수출) 중 GVC를 통해 창출된 부가가치 비중으로 정의하는 방법이 생겨났다.

일반적으로 해외 P국으로의 총수출(E)은 H국에서 창출된 부가가치[국내부가가치(DVA)]와 H국이 아닌 해외 P국에서 창출된 부가가치[해외부가가치(FVA), 예 : 수출품 생산을 위해 사용된 외국산 중간재]로 나누어진다. 그런데 총수출 중 일부는 이전에 P국에 수출했던 중간재가 H국에 재수입되어 가공절차를 거친 후 P국으로 수출된 최종재에 포함되는 경우가 있다. 이 경우 P라는 단일 국가로의 수출임에도 동일한 부가가치 부문이 두 번 이상의 통관절차를 받는 중복 처리분[이중계상(PDC)]이 생겨나는 문제가 발생하며, 이에 따라 총수출이 국내부가가치(DVA)와 해외부가가치(FVA)의 합을 넘는다. 이러한 이중계상분을 분리하지 않으면 정확한 GVC 참여도 측정이 불가하다. 총수출에서 이중계상분(DC)을 분리하여 국내부가가치를 수출 이후 재유입된 국내부가가치(Reflection ; REF)와 그 외의 순부가가치수출(Value Added Exports ; VAX)로 분해할 수 있다(Borin and Mancini, 2019). 즉, 수출된 DVA 중 일부는 재수입되어 소비되는 것이 있는데 이것이 REF이다. 그 나머지는 순부가가치수출(VAX)로 해외에서 흡수되는 DVA 수출분이다. 이때 순부가가치수출은 직접적 무역당사자 P국에 의해 수입되어 최종수요로 직접 흡수되는 것(DAVAX)과 P국에서 제3국으로 재수출되는 것(REX)으로 나누어진다.[10]

GVC 참여율은 GVC에 참여하는 강도를 측정하는데, 총수출 중 REX + REF + FVA + PDC로 정의되어 간접무역의 비중을 나타내며 최종재로 소비되기 전에 그 성분이 국경을 수차례 넘어간 부분을 말한다(trade-based approach, Borin and Mancini, 2019). 국내부가가치 중 완성되지 않는 수출품의 비중인 DAVAX 2 + REX + REF은 중간재 수출이 되는 GDP를 말한다(production-based approach, Wang et al., 2017).

그림 8-16 본국 H에서 상대국 P로의 총수출의 분해

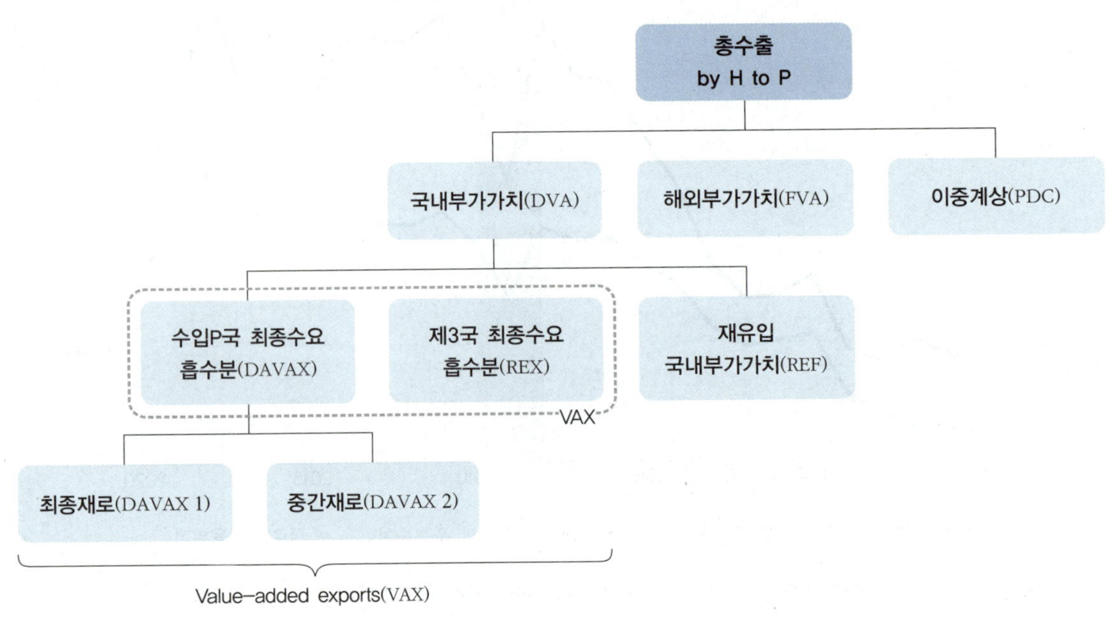

주 : Borin and Mancini(2019)는 총수출을 5개 부분으로 분할

GVC 참여도를 참여 방향에 따라 전방 GVC 참여도와 후방 GVC 참여도로 구분하기도 한다. 전방 GVC 참여도는 총수출 중에서 전방으로의 공급 연계(Forward Linkages) 정도를 나타내는 지표로, 외국의 수출에 중간투입으로 사용되는 자국 부가가치 수출의 총수출 대비 비중으로 정의한다. 한편 후방 GVC 참여도는 총수출 중에서 후방으로부터의 투입 연계(Backward Linkages) 정도를 나타내는 지표로, 자국 수출에서 해외 부가가치가 차지하는 비중으로 정의한다. 그리고 전방 GVC 참여도와 후방 GVC 참여도를 합한 값이 GVC 참여도가 된다.

산업별로 볼 때 2000~2017년만 보더라도 GVC 발전은 모든 산업에서 고르게 이루어져 왔다. 다만 일반적으로 제조기업이 광업이나 서비스업의 기업보다 GVC 참여율이 높은데, 이는 많은 제조기업이 중간재의 생산자이자 사용자이기 때문이다. 제조업의 경우 R&D 및 지식 집약도가 높을수록 GVC 참여율이 높아진다. 광업의 경우 생산 초기 단계에서의 주된 원재료 투입의 원천이므로 전방참여율이 후방참여율보다 높게 나타

10. DAVAX는 최종재로 흡수되는 DAVAX 1과 중간재로 받아서 가공되어 흡수되는 DAVAX 2로 구분된다.

난다. 한편 공익시설, 교육, 사회복지 등에서 보듯이 서비스업은 최종소비자에 가까우며 생산의 마지막 단계에 위치하여 후방참여율이 전방참여율보다 높게 나타난다. 서비스업에서 GVC 참여도는 업종별로 큰 차이를 보이는데, 통신, 금융보험, 사업 서비스, 운송보관 서비스는 교육, 복지, 개인 서비스와 같은 다른 국내 서비스보다 훨씬 더 높은 GVC 참여율을 보인다. 특징적인 것은 기술(지식)집약도가 높은 부문의 경우 그것이 제조업이건 서비스업(예 : 사업 서비스와 금융보험)이건 복잡한 GVC 활동이 더 크게 증가해 왔다는 것이다. 첨단기술 산업의 경우 복잡한 GVC의 비중이 높은데 이는 R&D와 다른 기술적 투입요소가 제품 내에서의 특화의 진전과 글로벌 생산망의 확장을 촉진해 왔음을 보여준다.

소득 그룹별로 볼 때 GVC의 발전은 주로 고소득국 중심으로 이루어져 중상위 소득국의 경우 GVC 참여율은 오히려 감소해 왔다. 선진국으로부터의 수입 중간재를 국내생산 중간재로 대체하면 국내분업이 심화되고 국내에서의 가치사슬이 확장되어 GVC 참여 강도가 감소할 수 있는 것이다. 국가별로 볼 때 전방참여율이 높은 국가가 후방참여율도 높게 나타난다. 다만 몽골, 노르웨이, 러시아 등은 주요 자원수출국으로서 가치사슬의 상류부문에 위치하여 후방 참여보다 전방 참여가 훨씬 더 높은 경향이 있다.

글로벌 가치사슬의 구조

[그림 8-17]과 [그림 8-18]의 네트워크 분석은 GVC 활동을 시각적으로 단순화하는 데 널리 사용된다. 국가 간의 양자 무역을 세 유형의 네트워크(전통 무역망, 단순 GVC망, 복잡 GVC망)로 구분할 수 있다. 네트워크 분석은 무역 및 생산협력 활동이 무역 파트너 간 집중되는 방식과 상호의존성 변화를 해석하는 데 도움을 준다. 부가가치 분해 데이터를 이용하여 수입업자와 수출업자의 관점에서 다양한 네트워크의 허브를 찾아낼 수 있다. 특히 네트워크 내 대부분의 국가들이 수입의 대부분을 의존하는 국가를 공급허브 국가로 부를 수 있고, 네트워크 내 대부분의 국가들의 수출이 집중되는 국가를 수요허브 국가로 한다.

부가가치 무역의 공급허브 2000년을 기준으로 할 때 전통적인 무역망의 3대 지역 공급허브는 미국, 독일, 일본이었다. 이 세 허브는 인접국과 매우 중요한 연결고리를 가졌다. 미국은 북미의 캐나다와 멕시코, 아시아의 일본과 한국 그리고 브라질, 인도, 호주와 강력한 연결고리를 가졌다. 또한 일본은 미국, 중국, 한국, 대만 및 많은 아시아 국가들의 최종재 무역을 받쳐주는 가장 중요한 부가가치 공급자로 작용하였으므로 아시아 태평양(이하 아태) 지역의 지역 공급허브로 간주될 수 있었다. 독일은 거의 모든 유럽 국가의 최종재 부가가치 수입의 대부분이 독일에서 비롯하므로 유럽 지역에서 가장 큰 공급허브였다.

2000년과 2017년을 비교하면 유럽과 북미의 네트워크망에는 큰 변화가 없었지만 아시아에서는 극적인 변화가 일어났다. 중국은 다른 허브국(미국 및 독일)뿐만 아니라 아시아의 이웃국가(일본, 한국, 대만 및 거의 모든 아시아 국가) 및 기타 신흥국(러시아, 브라질, 인도)과도 중요한 연결고리를 가지게 되었다. 그리고 중국과 다른 주요 지역 허브 및 주변 국가 간의 연결이 훨씬 두꺼워졌다.

2000년의 모든 상품과 서비스에 대한 단순 GVC망은 전통적 무역망과 비교할 때 미국이 다른 두 지역 허브인 독일과 일본과 중요한 유출 연결을 가진 글로벌 공급허브였음을 보여준다. 각 지역 내에서 몇 가지 현저한 차이가 관찰된다. 전통적 무역망과 비교할 때 더 많은 지역 외 국가가 미국을 단순한 GVC 무역을 통한 부가가치의 주요 공급자로 삼았다. 이는 또한 미국의 중간재가 많은 국가에서 최종재 생산을 위한 투입재로 많이 사용되었다는 사실을 보여준다. 전통적인 무역망에서 유럽의 하위 허브였던 영국은 단순한 GVC망에서 미국과 중요한 연결을 가진 하위 허브였다. 2000년에서 2017년 사이에 단순 GVC망에서 눈에 띄는 구

그림 8-17 글로벌 공급허브의 분포와 연계

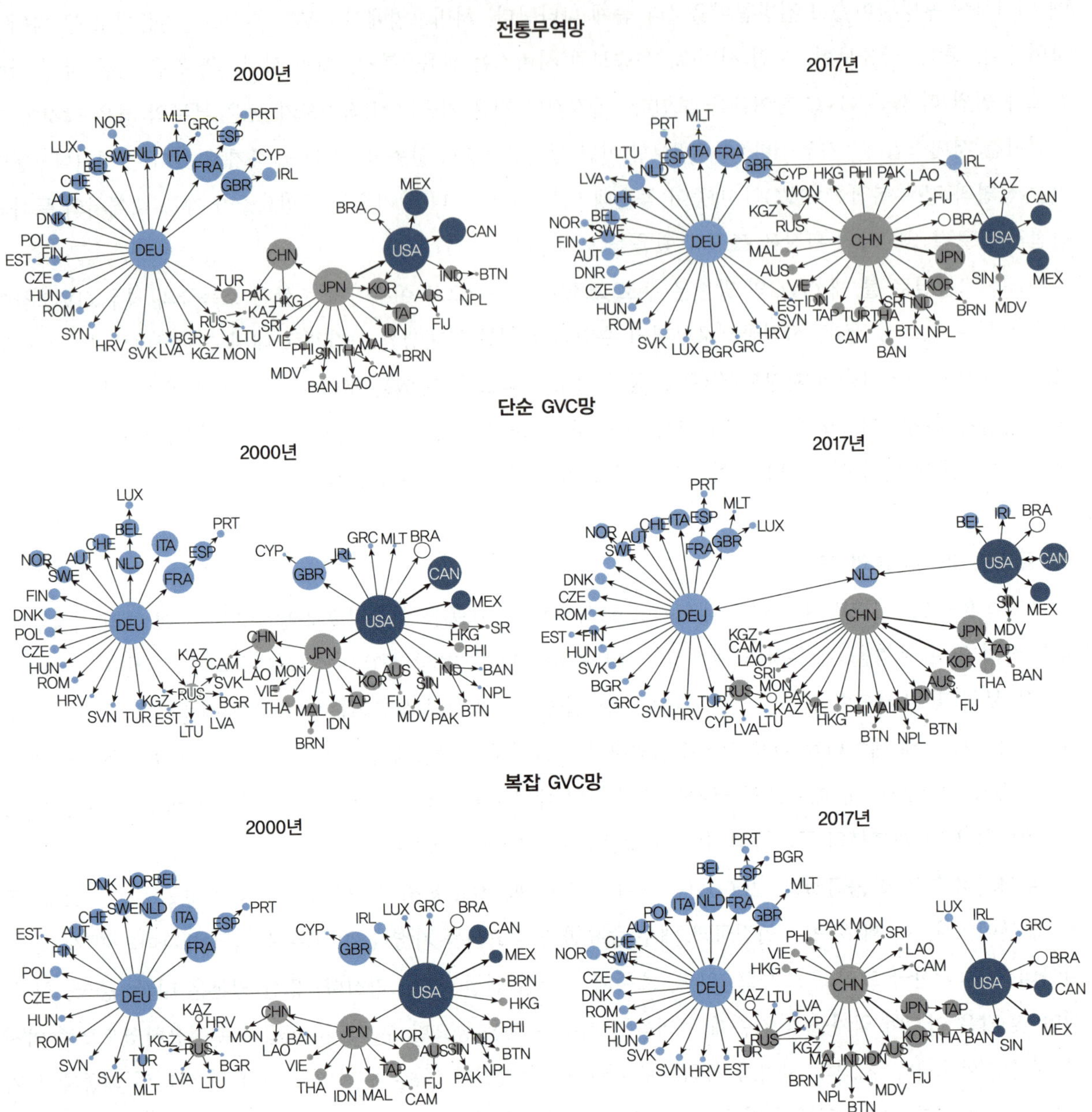

주 : 원의 크기는 부가가치 수출규모를 나타낸다. 각 거래 당사국 간의 부가가치 흐름의 규모는 두 국가를 연결하는 선의 굵기로 표시된다.
자료 : ADB, Global Value Chain Development Report 2019.

조적 변화가 발생했다. 2017년에는 단순 GVC 활동이 유럽, 북미, 아시아에 집중되면서 더 이상 두 허브 간에 중요한 연결이 없게 되었다. 미국과 독일은 네덜란드를 통해 간접적으로 연결되었다. 미국과의 연계가 강한 국가의 수는 주변 연계의 대부분이 중국으로 이동함에 따라 급감했다. 독일은 더 많은 국가와 긴밀한 연계를 통해 유럽의 지역 공급허브로서의 위치를 유지했다. 중국은 일본과 미국의 위치를 대체했고 부가가치 수출규모와 다른 국가와의 강력한 연결 수 측면에서 두 번째로 큰 공급허브가 되었다.

2000년과 2017년의 복잡한 GVC망을 비교해 보면 무역은 지역 무역 파트너 간에 더 집중되었고 지역 허브 간에 중요한 직접적인 연결은 없었다는 것을 알 수 있다. 미국은 룩셈부르크와 영국의 두 국가를 통해 독일과 간접적으로 연결되었다. 또한 중국을 나타내는 원의 크기의 변화에서 보듯이 하류 국가에서 수출 제품을 추가로 생산하기 위해 투입재로 사용되는 중국산 중간재가 증가하였다.

부가가치 무역의 수요허브 미국은 2000년에 독특한 글로벌 수입 수요허브였고 아태 지역의 다양한 국가와 일부 유럽국과 연결되었으며, 독일, 영국, 일본의 지역 수요허브와 더 강력하게 연결되었다. 2017년에도 구조는 크게 바뀌지 않았다. 단, 중국이 아시아의 새로운 지역 수요허브로 급부상하면서 미국으로의 유출 연계가 강하게 나타났다. 2000년에서 2017년 사이의 단순 GVC망의 변화에서도 유사한 패턴을 볼 수 있다. 중국은 아시아 역내와 역외의 일부 신흥 국가(러시아 및 브라질)로부터 더 많은 유입 연결을 통해 지역 수요허브가 되었다. 그러나 2000년이나 2017년에 복잡한 GVC망에는 글로벌 수요허브가 없었다. 독일, 미국, 중

그림 8-18 글로벌 수요허브의 분포와 연계

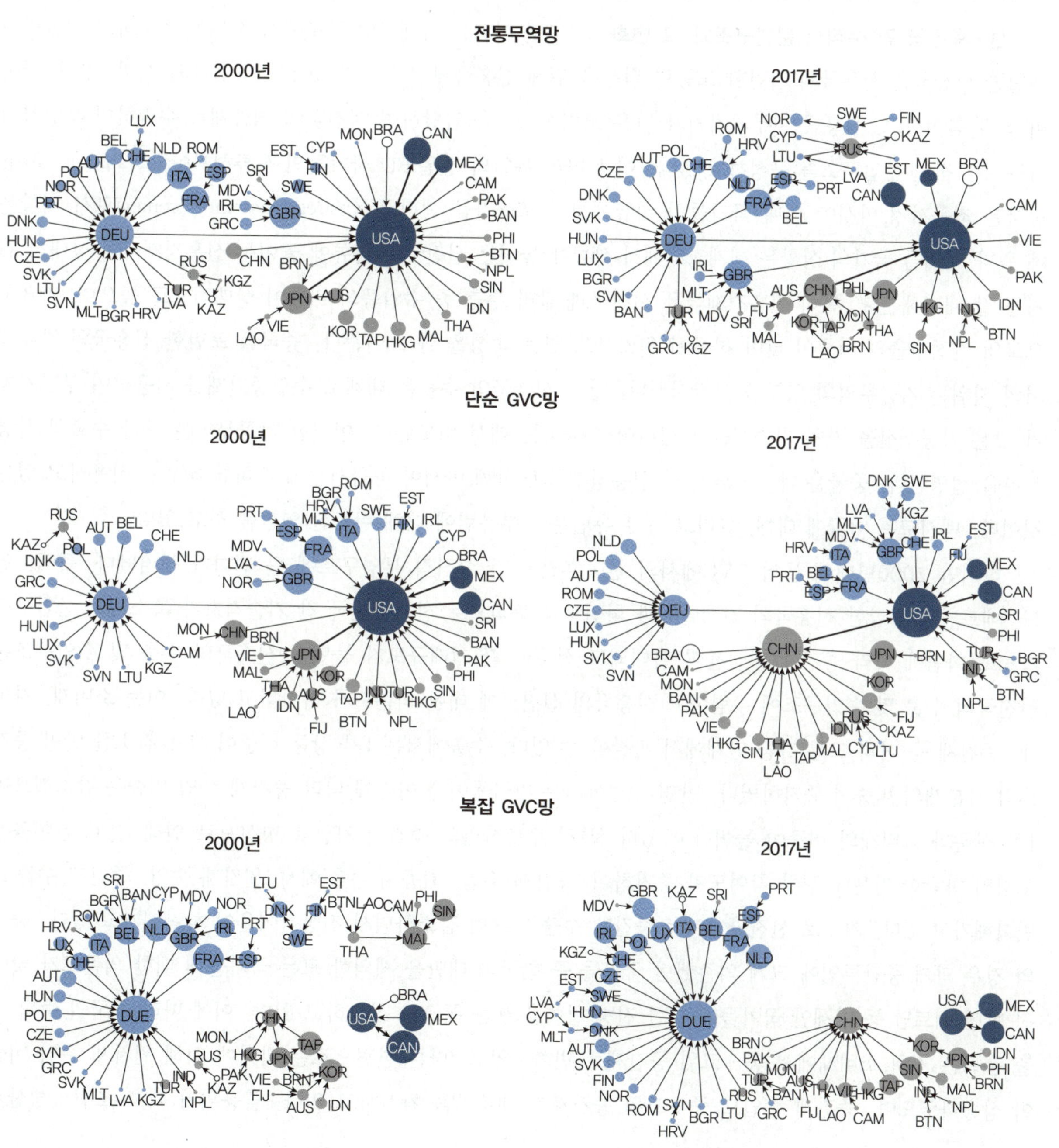

주 : 원의 크기는 부가가치 수출규모를 나타낸다. 각 거래 당사국 간의 부가가치 흐름의 규모는 두 국가를 연결하는 선의 굵기로 표시된다.
자료 : ADB, Global Value Chain Development Report 2019.

국의 GVC 수입이 지역 무역 파트너에 집중되었기 때문이다. 2017년 독일의 존재감은 미국을 넘어섰고 중국도 빠르게 확장되었다. 미국은 두 지역 파트너인 캐나다 및 멕시코와만 중요한 연결을 유지했다.

아시아의 공급사슬에는 다수의 국가가 포괄되고 다수의 상류 허브가 존재하는데, 이에 해당하는 일본으로의 부가가치 환류 비중은 낮은 반면, 미국과 유럽은 높다. 결과적으로 아시아의 생산 측면에서의 지역통합도는 상당히 높다. 글로벌 공급사슬 확대 현상은 고위기술 제품 수출에서도 확인되어 1990년대 중반 이후 수입재 비중이 미국, 일본, 유럽 모두에서 높아지고 있다. 특히 중국의 고위기술제품 수출에서 수입재 비중이 크게 높아지고 있다. 중국은 하류산업의 허브이면서도 동시에 선진국이 수출하는 고위기술제품에 대한 중간재 공급기지로서 역할도 점차 커지고 있다. 선진국의 상류국가에서 이웃하는 신흥경제국들로의 생산 단계의 외주는 신흥경제국 수출품의 기술집약도를 높이는 데 기여하고 있다.

선 · 후진국 간 수직적 분업구조와 그 변화 GVC를 따르는 국제분업 구조에서 자본이 풍부하고 기술력이 우월한 선진국은 신흥국의 저렴한 노동력 활용을 위해 신흥국에 자본재와 고부가 중간재와 서비스를 공급하며 전방 참여하고, 신흥국은 부가가치가 낮은 조립 · 가공을 담당하여 선진국에 최종재를 수출하며 후방참여하는 수직적인 분업구조를 구성하고 있다. 이에 따라 독일의 경우 EU 국가들의 상류허브(upstream hub)로서, 중국은 최근까지 아시아 역내 국가들의 하류에서의 조립가공 센터(downstream assembly center)로서 역할을 해 왔다.[11] 이들 국가의 상황은 세계교역에서 상류에 놓이는 선진국과 하류에 놓이는 신흥경제국의 상대적 위치를 잘 대변해준다. 특히 신흥경제국은 선진국과 달리 수출 중 수입품의 비중이 상대적으로 높으며, 제3국으로의 간접수출의 비중이 낮아 하류에 위치하고 있는 속성을 잘 보여준다. 중국을 포함한 신흥국의 하류에서의 지위는 가공무역의 역할을 부각시킨다. 많은 신흥국의 수출은 대체로 수입중간재를 사용하여 부가가치가 낮은 가공생산을 거쳐 최종재를 조립하여 수출하는 데서 비롯한다. 이러한 가공무역은 중국 수출의 상당 부분을 설명한다. 중국은 다른 아시아의 신흥경제국과 함께 아시아 공급사슬에서 하류 허브로 작용하고 있는 것이다. 멕시코는 미국에 대해, 그리고 동부 유럽은 서부유럽에 대해 비슷한 역할을 하고 있다.

하지만 2000년대에 들어 GVC에서의 선 · 후진국 간 수직적 분업구조에 큰 변화가 생겨났다. 중국, 인도, 베트남을 포함한 신흥국의 경제발전과 혁신역량 축적으로 선 · 후진국 간 기술격차가 축소되고 산업구조가 고도화됨에 따라 중간재 자급률이 확대되고 신흥국 간 거래규모가 늘면서 신흥국의 수출 및 수입구조는 선진국의 수출 및 수입구조에 수렴하고 신흥국의 선진국에 대한 의존도가 하락하고 있다. 이는 소비재, 자본재, 중간재 등 거의 모든 가공 단계에서 관찰할 수 있다. 수출에서는 1차 상품 비중이 크게 감소한 반면 중간재와 자본재의 비중이 증가하였다. 반면 수입에서는 자급률이 높아짐에 따라 중간재 수입 비중은 감소했으며 1차 상품과 소비재의 비중이 늘어나고 있다. 특히 수출산업의 중간재 자급률 향상으로 인해 GVC 참여율은 오히려 하락한 가운데 전방 참여도가 증가하여 '중간재 수입, 최종재 수출'에서 '원자재 수입, 중간재 수출'로 변화해가고 있다. 거꾸로 선진국에서는 중간재 수출 비중이 감소하면서 전방참여율이 하락해가고 있다. 중국의 경우 과거 중간투입에 크게 의존했던 국가들 중 한국과 대만을 제외한 모든 국가들에 대한 의존도가 낮아진 반면 베트남 등 아세안 국가들에 대한 전방 참여율은 큰 폭으로 상승하고 있다. 이에 따라 중국의 주력 수출 품목은 저위 소비재에서 중 · 고위 중간재로 변화하였고, 다른 한편으로는 과거에 비해 원자재 수입 비중이 상승하였으며, 중간재 수입도 중 · 고위 중간재가 대부분을 차지하고 있다. 금융위기 이후 조립 · 생산기

11. 하류로 갈수록 다른 국가로부터의 중간재 수입에 대한 의존도가 커지므로 수출품에서 수입이 차지하는 비중이 높아지고, 제3국에 건네지는 비간접 수출에서의 비중은 더 작아진다. 이 두 측정치의 비율은 글로벌 공급사슬에서 특정 국가의 위치를 요약한다.

지로서의 기능은 위축되고 자체 기술을 기반으로 하는 제조 강국으로 변화하고 있는 것이다.

글로벌 가치사슬의 파급효과

글로벌 가치사슬 내의 무역 확대 국제무역에서는 익명의 시장에서의 상호 독립적 기업 간 시장거래보다는 다국적기업의 해외 직접투자와 비자본 참여에 의한 국제 생산망에서 특수관계자 간의 거래가 지배적이 되어 현재 세계 교역의 2/3 이상이 글로벌 가치사슬을 통해 이루어지고 있다. 상품의 국제적 흐름이 익명의 글로벌 시장으로부터 기업 내 거래나 글로벌 가치사슬로 변화하고 있는 것이다.

중간재 무역의 확대 과거의 무역은 수입국에서의 소비를 목적으로 하는 최종재 교역이 주된 목표였지만, 글로벌 가치사슬에 의존한 생산활동의 국제분업 진전에 따라 최종재가 생산되기까지 중간재(부분품, 가공품, 부품)가 국경을 여러 번 넘어 거래되고 있다. 즉, 제품의 생산이 연쇄적으로 연계되어 각국은 제품 생산사슬에서 특정 단계에 전문화한다. 각국은 수입 중간재를 가공하여 다른 국가에 수출한다. 이에 따라 중간재 무역액이 증가하고 해외 중간재 사용이나 수출품 중 수입 비중(무역의 수직적 특화)이 증가하고 있다. 중간재 무역액은 최종재 무역액을 크게 상회한다. 특히 세계 중간재 무역 비중은(UN Comtrade)은 2000년 55.8%, 2005년 56.9%, 2010년 58.7%로 높아져 왔다. 2006년 중 중간재는 상품 무역의 56%, 서비스 무역의 73%를 차지하고 있다. 해외 중간재의 사용 경향은 소국에서 강한데, 규모의 제한으로 대외지향성이 크고 더 많은 중간재를 수입해야 하기 때문이다. 한편 수출품 중 수입 비중 증가는 석유, 기초금속, 화학, 고무, 플라스틱 등을 사용하는 기초산업이나 모듈러 제품을 생산하는 기술집약적 산업에서 두드러진다.

오프쇼어링의 확대 대부분의 OECD 국가에서 국내에서의 생산사슬이 짧아지고 있으며 개별 국가의 생산활동보다는 무역이 더 빠르게 증가하고 있다. 수입 중간재가 중요해지며 대부분의 국가에서 해외 오프쇼어링이 증가해 왔다. 외부에 위탁해 작업을 진행하는 것을 아웃소싱(outsourcing)이라 하는데, 아웃소싱하는 하청업체가 외국에 있을 경우 오프쇼어링(offshoring)이라 한다. 오프쇼어링은 국내 기업이 국외 지사나 국외 공장을 지어 나가는 국외 이전과는 다른 개념이다. OECD 국가의 오프쇼어링 실적은 일반적으로 대국일수록 평균에 미치지 못하며, 소국일수록 더 크게 나타나고 있다. 오프쇼어링은 특정 생산활동이 해외로 이전하거나 그 중요성이 낮아짐에 따라 단기적으로 고용손실을 낳지만, 장기적으로는 생산성에 긍정적 영향을 미치고 비용과 판매가격을 낮춘다. 오프쇼어링은 서비스 부문에서도 두드러지지만 아직은 제조업이 지배적이다. 중간재의 해외 오프쇼어링은 하위기술보다는 상위기술에서 두드러진다. 기술집약적 재화의 복잡성은 보다 광범위한 중간재를 필요로 하기 때문이다. 오프쇼어링은 특히 ICT 제조업에서 두드러진다.

그림 8-19 중간재 수출의 비중(%)

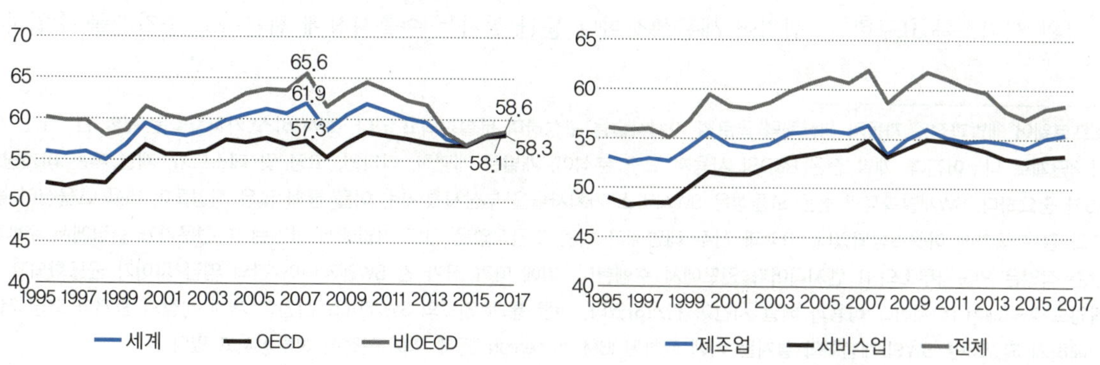

오프쇼어링은 제조와 관련하여 자주 논의되지만 서비스의 세계화에서도 중요한 부분이 되었다. 오프쇼어링을 통해 비용 효율성을 추구하는 기업은 비핵심 업무를 전문화된 제3의 서비스 공급업체에 아웃소싱하고, 이 업체는 노동집약적 작업을 더 낮은 인건비가 드는 개발도상국으로 오프쇼어링하고 있다. 마찬가지로 다국적기업은 "글로벌 사내 서비스 센터"를 정하고 이 중에서 노동집약적 서비스를 비용경쟁력이 있는 국가(주로 인도와 필리핀)에 오프쇼어링하고 있다(UNCTAD, 2014).[12]

초전문화와 기업 간 관계의 강화 GVC의 성장으로 무역의 대부분이 최종재가 아닌 중간재로 구성됨에 따라 국가나 기업의 가치사슬 내 활동의 전문화가 심화되고 있다[초전문화(hyperspecialization)]. 국가와 기업은 비교우위가 있는 소수의 작업으로 전문화하고 다른 대부분의 비효율적인 작업들은 해외 오프쇼어링에 의존할 수 있다. 즉, 기업은 해외기업들의 수출을 위한 중간재를 공급하거나 자국 수출에서 외국 중간재의 사용자로서 GVC에 통합되고 있다. 다양한 종류와 품질의 수입 중간재가 증가함에 따라 국내에서의 중간재 산업에 대한 해외로부터의 경쟁이나 작업 기반의 경쟁이 심화되고 있다. 수입 중간재는 국내에서보다 더 다양하고 수준 높은 인적자본이나 서비스에 대한 접근을 허용한다. 특히 GVC의 선도 기업은 공급업체로부터 더 많거나 더 나은 품질의 중간재를 요구하며 이를 위해 지식, 기술을 공유하여 새로운 사업 관행을 장려할 수 있다. 국내 기업이나 근로자에 대해서는 적절한 흡수역량 확보를 위한 혁신과 인적자본 강화가 요구될 것이다.

국제 노동분업이 조밀해지면 기업 간에는 익명의 시장교환보다는 상대방의 정체성이 중요한 관계형 계약이 강화된다. 때에 따라서는 당사자들이 모두 시장 메커니즘을 우회하며 구매자가 판매자를 수직적으로 통합하도록 하거나 또는 그 반대로 일정한 경계 내에서 거래하기도 한다. GVC 참여기업들은 상호 간에 적합한 업체들을 매칭하기 위해 일정한 고정비용을 치른다. 그 후 상호 간에 투자를 하므로 잠금효과가 발생하며, 기업들은 상호 간에 기술, 지식자산, 신용 등의 무형자산을 공유한다.

서비스 및 중소기업 무역의 확대 GVC는 작업 단위로의 초전문화를 요구하므로 중소기업의 수출장벽을 완화하며 최종재 무역에 비해 중소기업에게 새로운 기회를 제공한다. GVC를 통해 국내 중소기업은 디자인 및 마케팅 비용, 탐색 비용을 피하고 해외시장 정보 장벽을 줄이며 외국 기업의 지식 이전 혜택을 누릴 수 있다. 물론 중소기업 스스로 GVC 참여를 이어가고 부가가치를 개선하기 위해서는 기능고도화를 위한 지속적인 투자가 필요하다.

GVC에서는 최종재 무역보다 서비스 투입의 중요성이 더 크다. GVC에서 R&D와 디자인은 상류 단계를 구성하며, 유통망, 광고, 마케팅은 하류 단계를 구성하므로 GVC는 이러한 보완 서비스의 품질과 비용에 크게 의존하고 있다. 이로 인해 서비스는 GVC 부가가치에서 상당한 부분을 차지하며, 제조업 GVC에서도 마찬가지이다. 서비스는 제조 경쟁력의 핵심요소이며 복잡한 국제 공급망의 국경을 넘나드는 생산과정을 신속하게 조정하는 연결고리로 작용한다. GVC의 각 생산 단계는 운송 및 물류, 금융, 통신, 사업 서비스 등 일련의 보완 서비스를 요구한다. 심지어 세관행정이나 통관 절차는 수출시장에 접근하고 중간재를 수입하는 비

12. 소프트웨어 개발과정은 자동차 생산처럼 글로벌 가치사슬을 구성하며 분절화되고 있다. SW서비스 가치사슬은 개발 전, 개발, 개발 후의 3단계로 나누어진다. 개발 전은 R&D와 사용자 요구 분석이, 개발은 개념화, 디자인, 코딩 및 테스트가, 개발 후는 마케팅, 유통, AS가 중요하다. SW개발과정의 높은 모듈성은 SW서비스 가치사슬을 부상시켰으며, 이를 통해 많은 작업들이 비용 효율성이 높은 인도와 같은 국가에 아웃소싱되었다. 고객과 자주 대면해야 하는 고급작업은 인도 기업에서 파견된 IT 전문가가 현장에서 수행하지만, 단순 작업은 인도사무소의 IT 엔지니어가 인도에서 수행한다. 이에 따라 국가 간 SW엔지니어 간의 임금 차이가 균등화되고 24시간 작업도 가능해져 IT 서비스 비용과 배달 시간이 감소하였다. 이를 통해 인도의 SW서비스 산업이 세계 시장의 중저가 코딩 서비스를 지배하게 되었지만, SW의 개념화와 설계는 이에 특화된 IBM, Accenture 등에 의해 여전히 이루어지고 있다.

용을 높이며, GVC에서 투입물이 여러 번 국경을 넘게 되는 과정에서 거래비용을 누적시킨다. GVC에서의 서비스가 갖는 중요성을 고려할 때 국내 서비스 시장과 서비스 무역에서의 경쟁 장벽을 해소하는 것이 특히 중요하다. OECD만 보더라도 서비스 무역에 대한 명시적 장벽은 거의 없지만 외국인 소유 제한, 인력이동 제한, 경쟁 장벽, 규제 투명성 등 다양한 규제장벽이 존재한다. 그동안의 상품 무역 자유화 속에서도 서비스 무역비용은 최근 수십 년 동안 지속적으로 높게 유지되었다. 경쟁력 있는 국내 규제와 서비스 무역의 자유화는 GVC의 효율성에 중요하며, 이러한 서비스를 사용하는 국내 하류가치사슬의 생산성에도 큰 영향을 미친다.

외부 충격에의 취약성 증가 국제무역은 충격의 국가 간 전파에서 핵심 메커니즘으로 작용하며 GVC는 충격의 국가 간 전파를 더욱 강화할 수 있다. 생산의 국제적 단편화는 여러 국가의 산업이 중간재 투입의 복잡한 그물을 통해 연결됨을 의미한다. 따라서 공급망의 한 부분에 대한 충격이 생산 네트워크 전체에 전파될 수 있다. 이러한 상호 연결을 통해 기업은 지정학적 위험, 기반시설 위험, 금융위험을 비롯한 수많은 위험에 노출된다. 충격으로부터의 회복력은 GVC 내의 위치에 의존하는데, 하류 산업은 가치사슬의 상류에 대한 공급충격에 상대적으로 더 취약하다. 반면 최종 소비자에서 멀리 떨어진 상류산업은 수요충격에 더 많이 노출된다. 결과적으로 기업은 가치사슬의 위로 이동하고 디자인, R&D, 혁신과 같은 상류 활동을 높임으로써 공급 충격에 대한 취약성을 줄일 수 있다.

글로벌화, 산업발전 그리고 경제성장 메커니즘의 변화 글로벌 가치사슬은 글로벌 수준의 분업구조를 통해 생산방식뿐만 아니라 글로벌화 양식이나 산업 고도화 그리고 경제성장의 방식을 크게 변화시켰다. 우선 GVC는 국가와 기업에게 제품뿐만 아니라 작업도 전문화할 수 있는 기회를 제공한다. 이제 국가와 기업은 자동차나 컴퓨터를 수출하는 대신 R&D에서 원자재 생산, 조립 및 마케팅에 이르기까지 자동차 및 컴퓨터 가치사슬의 특정 단계에서 틈새시장을 찾을 수 있다. 결과적으로 GVC의 가장 큰 효과는 특정 국가가 글로벌화하는 데 장벽을 크게 낮추었다는 데 있다. 과거에는 상류의 투입물부터 하류의 최종재와 판매 후 서비스까지 완전한 생산역량 또는 전체 가치사슬을 갖추어야 글로벌화나 산업발전을 도모할 수 있었다. 그러나 이제 후발국들은 자신들이 비교우위를 가진 특정한 작업이나 활동에만 전문화함으로써 GVC에 참여하여 무역과 특화의 이득을 획득하고 글로벌화나 산업발전 그리고 경제발전에 나설 수 있게 되었다. 글로벌 가치사슬에서는 생산과정의 작업(task)이 세밀하게 분절(fragmentation)되고 각 작업을 글로벌 수준에서 가장 효율적으로 해낼 수 있는 국가와 생산자가 담당하도록 연계되고 있다. 예를 들어 과거에는 의류를 수출하려면 디자인 능력과 섬유 공장이 필요했으며, 자동차를 수출하려면 엔진과 모든 부품을 자체 생산해야 하고 최소 생산규모도 확보하여야 했다. 그러나 GVC에 의존한다면 특정 국가는 특정 활동(예 : 봉제, 특정 부품 또는 하위 조립품)을 전문으로 하고 나머지 부품을 수입할 수 있다. 방글라데시는 소매업체를 위해 기성품 의류를 생산하는 섬유의복 가치사슬의 하류 생산에 전문화되어 있다. 방글라데시는 Uniqlo와 Hennes & Mauritz의 가치사슬에 참여하기 위해 일본과 스웨덴 디자이너의 기술을 습득할 필요가 없다.[13] 더 나아가 GVC는 기업이 혁신하고 따라잡을 수 있는 새로운 채널을 제공한다. 기업은 선진기술, 국제적 브랜드, 글로벌 유통망을 갖춘 다국적기업이 주도하는 GVC에 참여하여 선진 지식과 기술을 배우고 접근할 수 있는 기회를 제공받음으로써 혁신역량을 강화할 수 있다.[14] 중국 스마트폰 제조사들은 핵심부품에 대한 자체 기술력이 부족했지만, 스마트

---

13. 그러나 이는 발전의 첫 번째 단계일 뿐이다. 시간이 지남에 따라 방글라데시는 가치사슬을 따라 더 많은 부가가치 작업으로 이동할 수 있어야 한다.

14. 가치사슬을 따라 단계적으로 저부가가치 작업에서 고부가가치 작업으로 업그레이드하는 것은 선형 업그레이드 경로다. 예를 들어 회

폰 생산의 모듈화와 표준 모바일 플랫폼을 활용하여 해외 다국적기업에서 핵심기술 부품을 조달해 업계에 진입했다. 이후 급진적 혁신보다는 점진적 혁신에 집중하고 차별화된 제품을 출시하며 마케팅 및 브랜드 구축에 중점을 두어 국내외 시장에서 선도적인 외국 기업과 경쟁하고 있다.

GVC에의 참여는 GVC에 처음 참여할 때부터 상당한 가치획득과 산업고도화를 보장하지 않지만, 세계적 수준의 고부가 상품을 생산하기 위한 첫 단계일 수 있다. 기업도 마찬가지로 수출기업이 되기 위해 가치사슬 전반을 담당하는 수직적 통합기업을 도모하기보다는 GVC와 연계를 마련하고 특정 작업이나 단계에 전문화한 뒤 GVC에서의 역할을 고도화하는 데 주력하게 되었다. 특히 GVC는 해외진출을 목표로 하는 중소기업에게 새로운 플랫폼을 제공하고 있다.[15] 한편 과거에는 1차 산업, 2차 산업, 3차 산업 순서의 산업구조 고도화나 특정 산업을 중심으로 획득·축적된 경쟁우위 기반의 대외교역이 산업발전과 경제성장을 이루는 주된 방식이었다. 이제 경제발전은 농업에서 제조업과 서비스업으로의 전환과 같은 광범위한 산업부문의 발전보다는 노동자의 숙련과 기업의 기술 및 생산공정의 고도화에 기초하여 더 높은 부가가치를 창출하는 작업, 제품, 가치사슬로 이동하는 것을 의미하게 되었다.

GVC는 전통적인 생산 및 무역과 달리 최종 고객의 요구에 부합하는 맞춤형 상품 생산, 최종 고객에서 상류의 공급업체로까지 이어지는 순차적 생산·판매 결정과 이들 간의 집중적 계약, 상품 및 서비스 그리고 작업 팀과 아이디어의 글로벌 매칭을 요구한다. 국가별로 분절화된 계약환경으로 말미암아 GVC의 상당 부분은 기업 내 거래의 형태를 갖는다. 결과적으로 GVC는 전 세계적으로 작업팀을 동기화시킬 뿐만 아니라 기술과 지식 이전을 야기한다. 글로벌하게 분절화된 생산체계는 새로운 것이 아니다. 수십 년 동안 후발국은 앞선 기술을 가진 선발국으로부터 중간재를 수입해 왔다. 그러나 이러한 수입은 현지에서 판매되는 제품의 조립만을 위한 것이었다. 세계시장과는 단절된 제품이었기에 기업 간 노하우나 기술이전이나 생산성 향상을 위한 노력도 모두 제한적이었다. 그러나 GVC하에서 다른 국가의 기업들이 최종재를 거래하는 것이 아니라 수직으로 통합된 생산체계 내에서 함께 협력하고 청사진, 기술과 기술자, 경영관행을 공유함에 따라 지식과

그림 8-20 글로벌 가치사슬에서의 분업구조와 그 변화(%)

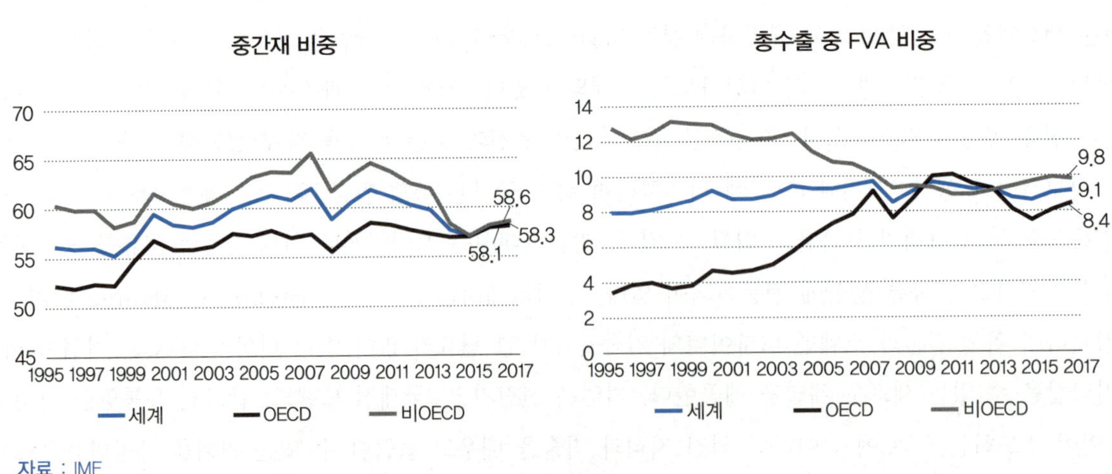

자료 : IMF

사는 휴대폰 조립으로 시작하여 점점 더 복잡해지는 휴대폰 부품을 제조하고 결국에는 자체 브랜드의 휴대폰을 생산한다. 비선형 경로는 핵심기술을 소싱하고 브랜드 구축에 직접 뛰어드는 것이다.

15. 중소기업은 제조업에서 10%, 서비스업에서 3.5%가 GVC에 참여하며, 대기업은 각각 26.7%, 36% 수준으로 참여한다(WTO, World Trade Report, 2016).

기술의 이전이나 생산성을 촉진하게 되었다. 따라서 GVC의 역할이 큰 세계 무역환경에서 글로벌화를 통해 산업발전과 경제성장을 도모하는 국가는 한편으로는 GVC의 기술이전 효과를 극대화하고 다른 한편으로는 GVC 참여의 고도화(제품, 작업 또는 기능, 가치사슬 고도화)를 도모하여야 하는데, 이를 위해서는 보다 많은 국내 기업이 GVC에 관계하도록 하는 동시에 근로자의 숙련과 기능 그리고 기업의 기술역량과 혁신이 강화되도록 하여야 한다.

무역정책의 재편 무역 관점에서 보면, 중국에서 아이폰을 많이 팔수록 미국의 對중국 무역적자는 커지지만, 부가가치는 오히려 증가한다. 이에 따라 전통적으로 무역정책은 수출 촉진과 수입 제한을 도모하며 국가 간의 경쟁에 초점을 맞추어 왔지만, 글로벌 가치사슬의 관점에서 보면 기업 간, 국가 간의 적극적인 협력적 관계가 중요해진다. 특히 무역, 투자, 협력이 대체와 보완의 관계를 갖기 때문에 무역정책과 투자정책은 유기적 관계 속에서 이루어져야 할 것이다. 기업 글로벌화의 다양한 양식의 공존은 특정 양식에 대한 장애가 다른 양식의 GVC 형성에 장애를 낳을 수 있음을 시사한다. 예를 들어 중간재 교역제한은 수직적 FDI나 전략적 협력을 방해할 것이다. 다양한 양식의 상호의존성은 국가 단위로나 세계 전체의 수준에서 종합적이고 일관성 있는 정책체계를 요구한다.

제4차 산업혁명과 글로벌 가치사슬 글로벌 가치사슬은 생산기술과 정보통신기술, 운송, 물류 분야의 뒷받침에 의한 공장 자동화와 물류 비용 절감에 크게 힘입었다. 하지만 GVC 팽창에 기여했던 ICT 발전이 지속되며 3D 프린팅과 스마트 제조공정으로 나아감에 따라 이제는 거꾸로 선진국 기업들의 리쇼어링을 자극하여 GVC를 약화시키는 요인으로 작용하고 있다. 기존 제조업의 경우 연구개발은 본국 또는 선진국에서, 생산은 인건비가 저렴한 신흥국에서 이루어지도록 하고 이를 전 세계에 판매하는 등 인건비가 생산기지 결정의 중요한 요소로 작용하였다. 그러나 기존 생산기지의 인건비가 상승하는 가운데, 제4차 산업혁명 기술의 발달로 인건비가 생산비용에 미치는 영향이 줄어들면서 소비 지역에서 직접 제품을 생산하는 분산 생산으로 전환됨에 따라 중국, 베트남, 멕시코 등 기존 생산 기지에서 본국 혹은 소비지로 공장을 이전하고 GVC를 축소시킬 유인이 커지고 있다.

3) 다극화와 지역화

지역 간 무역구조 : 신흥시장국의 성장

세계 수출은 선진국과 개발도상국 사이에 거의 대등하게 분배되고 있다. 대륙별로 볼 때 아시아와 오세아니아는 상품 수출에서 세계 총 수출의 44%(2020)를 차지했으며 그 뒤를 유럽(38%), 미국(16%)이 잇고 있다. 아프리카는 여전히 과소 대표되어 2%만을 차지하고 있다.

상대국별 무역구조 세계에서 가장 큰 양자 간 상품무역은 중국과 미국, 그리고 이들의 인접국 간에 이루어지고 있다. 2020년에 미국은 중국에서 4,570억 달러의 상품을 수입했고 1,360억 달러의 상품을 수출했다. 홍콩, 일본, 대만, 대만, 한국과의 중국의 수출입액은 총 1조 1500억 달러로 미국과 멕시코, 캐나다 간의 교역액(1조 7000억 달러)과 유사했다.

그림 8-21 세계 무역에서의 국가 그룹별 구성 비중(%)

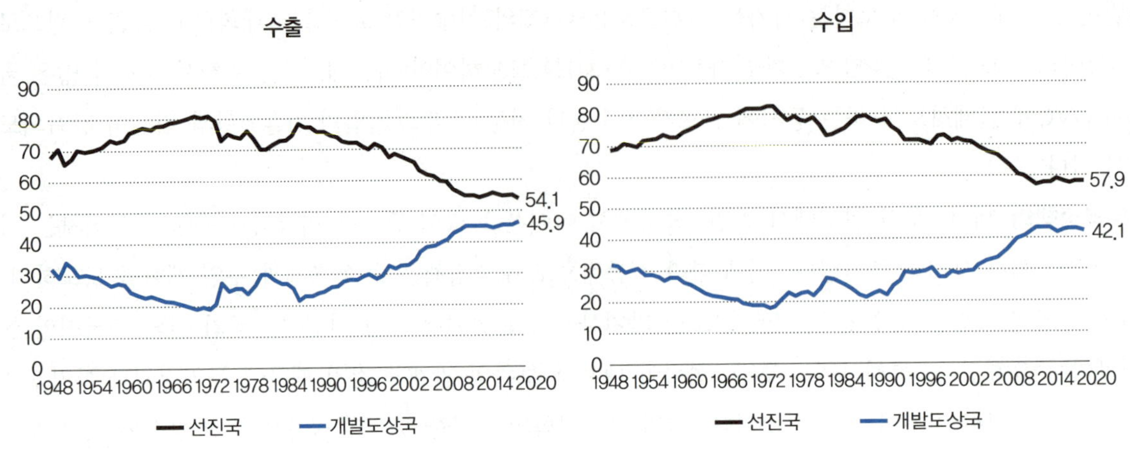

그림 8-22 역내 및 역외 수출(2020, 총수출 중 비중, %)

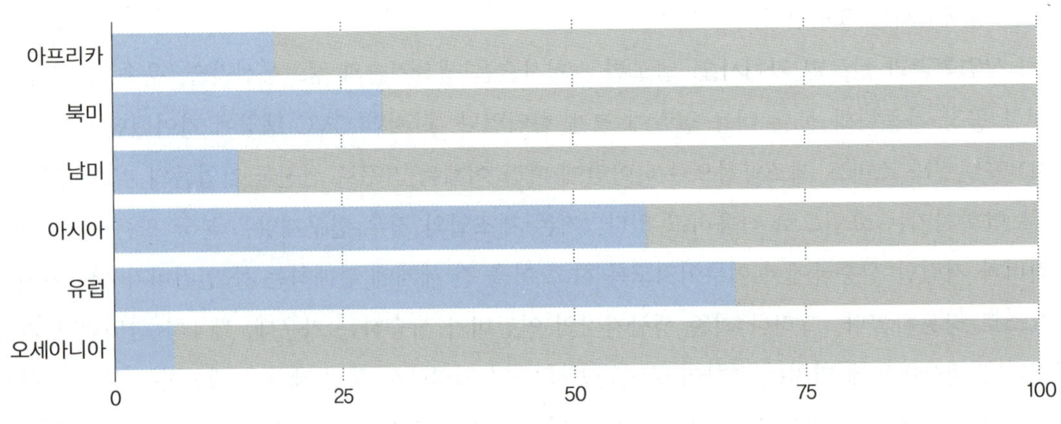

자료 : UNCTAD, Handbook of Statistics 2021

역내 무역은 유럽에서 가장 두드러졌다. 2020년 중 모든 유럽 수출품의 68%가 같은 대륙에 있는 교역 상대국에 대한 것이었다. 아시아의 경우 역내무역의 비율은 58%였다. 대조적으로 오세아니아, 남미, 카리브해, 아프리카, 북미에서 대부분의 무역은 역외 무역이었다.

2020년에 개발도상국은 수출의 대부분을 미국(1조 4000억 달러)으로 수출했으며 중국(1조 1000억 달러)과 기타 아시아 국가가 그 뒤를 이었다. 또한 개발도상국은 대부분의 수입품을 이들 국가로부터 조달했다. 미주대륙의 개발도상국들의 수출은 미주대륙, 특히 미국(4,150억 달러)에 더 집중되었다. 아프리카 개발도상국의 주요 수출시장은 아시아와 유럽이었고 중국(529억 달러)과 인도(230억 달러)가 주요 목적지였다.

제2차 세계대전까지 세계 무역의 대부분은 소수의 산업국 간 무역이 관련되었다. 1970년대 초에도 무역은 대체로 선진국으로 제한되어 미국, 독일, 일본이 국제무역의 1/3 이상을 차지하였다. 그러나 이후 개발도상국 간의 무역은 산업국 간의 무역만큼 중요해졌다. 특히 1990년대에 이르러 신흥시장국이 성장하여 세계 무역을 주도하는 일원이 되었으며 구조적으로 중요한 무역국으로까지 성장하였다. 특히 2010년에는 중국이 미국에 뒤이어 세계 2위의 무역국으로 부상하였다. 중국은 2007년 미국 그리고 2014년에는 EU를 넘어서며 상품 수출을 선도하고 있다. 중산층 성장에 따른 소비재 수요 증가, 글로벌 생산에서의 중간재나 최종재의 가공 및 조립에서 중국의 역할 증가로 중국에 의한 수입 역시 급증하였지만, 재화 수입은 아직 미국이 선도하고 있다. EU는 수출과 수입에서 중국과 미국의 뒤를 이었다. 2004년 이래 미국, 중국, EU가 상품 무역을 선도하고 있다. 이 과정에서 무역 네트워크의 밀집도가 상대적으로 큰 유럽의 지위는 지속되었지만, 중국에 비해 일본의 지역적 및 세계적 소비자로서의 지위는 약해졌고 홍콩과 한국의 비중이 증가했다.

그림 8-23 2020년 중 수입의 흐름(10억 달러)

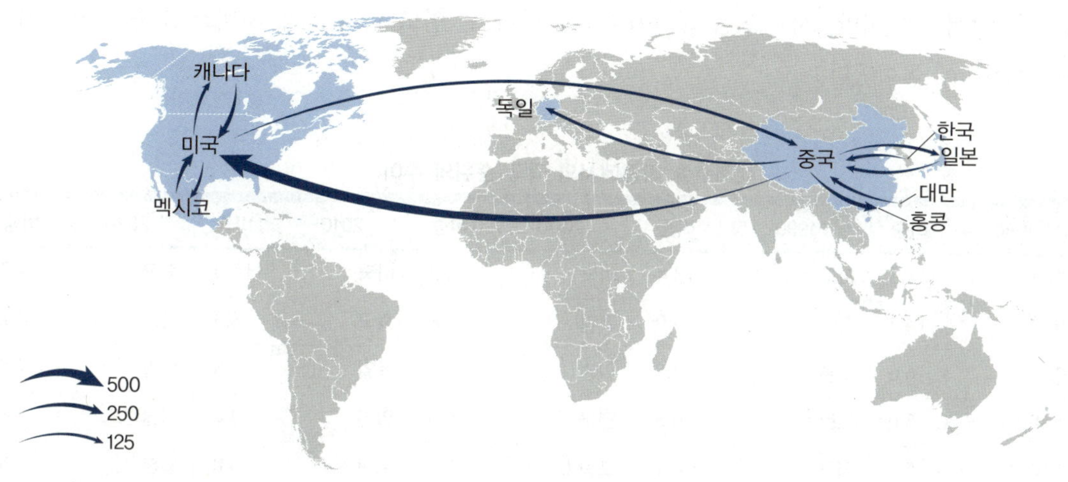

주 : 1,250억 달러 이상의 수입흐름만 표시
자료 : UNCTAD, Handbook of Statistics 2021

무역의 지역별 비중에서는 유럽(37.0%, 2019)이 가장 높으며 그 뒤를 동아시아(23.4%)와 북미(13.6%)가 따르고 있다. 상품 무역만 보더라도 유럽(37.9%), 동아시아(24.8%), 북미(11.2%), 남동아시아(7.5%)의 순서가 나타난다.[16] 상품 무역 중 선진국 간 무역(북북 무역)은 36%, 개도국 간 무역(남남 무역)은 28%이며 선진국과 개도국 간 무역(남북 무역)은 36%를 점하고 있어 선진국 입장에서 선진국만큼 개도국과의 무역이 중요함을 알 수 있다. 이탈리아, 한국, 영국, 홍콩, 중국, 프랑스, 네덜란드, 일본, 독일, 미국 10개국이 세계 상품 무역의 절반을 넘는 53.3%(상위 5개국이 38.1%)를 점하고 있다. 수출은 미국, 영국, 독일, 프랑스, 중국 순이며 아시아에서는 일본과 싱가포르가 10위권에 포진하고 있다.

쌍방향의 무역은 중국과 미국 그리고 이들의 인접국 사이에서 주로 이루어지고 있다. 인접국으로는 미국의 경우 멕시코와 캐나다를, 중국은 홍콩, 일본, 대만, 한국을 포함한다. 역내 무역은 유럽에서 가장 두드러지는데, 2018년만 하더라도 유럽 수출의 69%가 유럽을 대상으로 하고 있다. 아시아의 경우 이 비율은 60% 수준이며 남미(16%), 아프리카(16%), 북미(30%)의 경우 대부분의 무역이 역외를 대상으로 한다.

전통적으로 고가 상품의 무역은 상대적으로 선진국 간에 집중되어 왔으며, 개도국과 선진국 간의 국제무역은 대체로 원자재나 필수재(식품 등)에 집중되어 왔다. 그러나 신흥시장국의 글로벌화는 무역 방향의 변화를 초래하고 있다. 특히 2001년 WTO 가입을 계기로 중국이 글로벌 경제에 통합되며 급성장하였다. 중국은 글로벌 생산사슬에서 중간재를 수입하고 완성품으로 조립한 후 수출하는 허브의 역할을 하게 되었다. 이에

16. 하지만 GDP 대비 상품무역 비중에서는 남동아시아(88.2%)가 가장 높으며 EU(64.9%)도 상대적으로 높지만 동아시아(39.9%), 북미(22.1%)는 상대적으로 낮다.

따라 중국과의 무역흐름은 아시아 전역에서의 무역흐름으로도 해석할 수 있게 되었다. EU의 수입에서도 미국의 비중이 아직은 가장 높지만 중국의 비중이 크게 높아졌다. 일본의 최대 수출지역 역시 미국에서 중국으로 변화하였고, 동시에 중국은 일본의 주요 수입국이 되었다.

서비스 무역 전 세계 서비스 수출과 수입은 미국(14.2%, 10.0%, 2018)을 필두로 영국(6.4%, 4.2%), 독일(5.8%, 6.3%), 프랑스(5.0%, 4.6%), 네덜란드(4.2%, 4.1%)의 5개국이 선도하고 있으며, 선진국 전체로는 각각 67.9%, 59.4%를 점유하고 있다. 한편 개발도상국 중에서는 중국이 세계 서비스 수출의 4.6%를 점하여 네덜란드를 앞서고 있지만, 서비스 수입은 9.4%에 달하고, 인도 역시 세계 서비스 수출 3.5%, 수입 3.2%를 점하며 상위에 놓여있다.

표 8-1 세계수출 비중에서의 각국 순위의 추이

순위	1980	비중	1990	비중	2000	비중	2010	비중	2020	비중
1	미국	11.2	미국	13.4	미국	14.3	미국	10.0	중국	14.7
2	독일	10.7	독일	9.9	독일	7.8	중국	8.9	미국	8.1
3	일본	6.6	일본	7.8	일본	6.8	독일	7.8	독일	7.8
4	프랑스	5.6	프랑스	6.5	영국	5.5	일본	4.6	네덜란드	3.8
5	사우디	5.5	영국	6.1	프랑스	5.1	프랑스	3.8	일본	3.6
6	영국	5.3	이탈리아	5.6	캐나다	4.3	영국	3.8	홍콩	3.1
7	네덜란드	4.1	네덜란드	4.2	이탈리아	3.8	네덜란드	3.2	한국	2.9
8	이탈리아	3.8	캐나다	3.6	네덜란드	3.6	한국	2.9	이탈리아	2.8
9	캐나다	3.4	벨기에	3.1	중국	3.3	이탈리아	2.9	프랑스	2.8
10	벨기에	3.1	스위스	2.7	홍콩	2.8	싱가포르	2.6	벨기에	2.4
11	스위스	1.4	러시아	2.3	한국	2.6	캐나다	2.5	멕시코	2.4
12	UAE	1.1	홍콩	2.2	싱가포르	2.4	홍콩	2.5	영국	2.3
13	호주	1.1	스페인	2.1	멕시코	2.4	러시아	2.4	캐나다	2.2
14	브라질	1.0	스웨덴	1.8	벨기에	2.2	스위스	2.1	싱가포르	2.1
15	홍콩	1.0	한국	1.7	스페인	2.2	인디아	2.0	대만	2.0
16	스페인	1.0	싱가포르	1.6	스위스	1.9	스페인	2.0	러시아	1.9
17	대만	1.0	오스트리아	1.5	러시아	1.5	벨기에	2.0	스위스	1.8
18	싱가포르	1.0	덴마크	1.2	스웨덴	1.5	멕시코	1.7	스페인	1.7
19	멕시코	0.9	중국	1.2	말레이시아	1.5	사우디	1.4	UAE	1.7
20	중국	0.9	멕시코	1.2	아일랜드	1.2	브라질	1.3	베트남	1.6
21	한국	0.9								

자료 : WTO Statistics

다극화와 지역화

세계주의와 지역주의 사이의 긴장은 항상 존재해 왔다. 세계주의는 관세 인하 및 기타 무역 양보가 비차별적임을 보장하는 최혜국 시스템하에서 작동하는 반면, 지역주의는 일반적으로 지리적 근접성에 따라 제

한된 그룹 내에서 무역을 촉진하려 한다. 글로벌 무역이 전반적으로 확장하는 가운데에서도 지역별 집중화도 함께 확장되었다. 특히 글로벌 금융위기 이후 글로벌 가치사슬의 심화가 둔화되는 속에서 아시아권은 '중국', 유럽권은 '독일', 북미권은 '미국'을 각각 거점으로 지역 내 무역이 확대되면서 국제무역의 다극화와 지역화(regionalization) 경향도 거세지고 있다. 즉, 중국, 독일, 미국의 최종재 수출로 해외에 유발된 부가가치 중 아시아, 유럽, 북미의 비중은 각각 2017년 38.4%(33.3%, 2013), 59%(57.1%, 2012), 16.5%(15.5%, 2014)에 달하고 있다. 동기간 아시아 국가들의 GVC 참여지수는 소폭 상승에 그쳤고, 유럽권과 북미의 경우 참여지수는 모두 하락하였다. 반면 전 세계 역내무역 비중은 2012년 51.0%를 기록한 뒤 매년 꾸준히 상승하여 2017년에는 54.7%까지 높아졌다. 권역별로 보더라도 북미, 유럽, 아시아에서 2012년을 기점으로 역내의 무역 비중이 상승으로 바뀌며 최근까지 상승세를 이어가고 있다. 이에 따라 아시아권, 북미권, 유럽권 내 전체 교역 중 역내 비중은 각각 53.1%, 50.1%, 68.2%(2017)으로 나타나고 있다. 역내 중간재 교역 비중[17]을 보더라도 중국, 미국, 독일 모두 2011년을 기점으로 상승 전환하며 각각 아시아권 내, 북미권 내, 유럽권 내 중간재 교역 비중은 2017년 중 59.5%, 32.3%, 66.0%을 보이고 있다.[18]

제2차 세계대전 이후 지역주의는 3번의 파고를 거쳐 왔다(WTO, 2011). 1950년대와 1980년대에 각각 시작된 첫 번째와 두 번째 파고는 서유럽에서 1957년에 유럽경제공동체(European Economic Community)를 구성하며 시작되었고 1993년에 유럽 단일시장(European Single Market)으로 심화되었다. 두 번째 파고는 RTA의 광범위한 확산으로 이어졌다. 이는 지역주의에 대한 미국의 입장이 전환되었고 많은 개발도상국들은 수입대체전략을 포기하였으며, 냉전 종식으로 동유럽과 서유럽의 통합을 포함한 다양한 여러 요인이 결합한 결과였다(Frankel 1997). 1993년에 기록적인 27개의 RTA가 발효되었으며 4개를 제외한 모든 RTA는 유럽에서의 일종의 동서 통합과 관련되었다. 이후 지역화는 특히 유럽연합, 동아시아, 북미, 남미에서 역내 무역을 중심으로 진행되어 왔다. 이는 지역적 근접성 외에도 인접국 간의 지역무역협정(Regional Trade Agreement ; RTA)의 확산에도 기인한다 : 유럽의 단일시장, 북미자유무역협정(North American Free Trade Agreement ; NAFTA),

그림 8-24 WTO에 통보된 RTA 발효건수와 지역별 분포

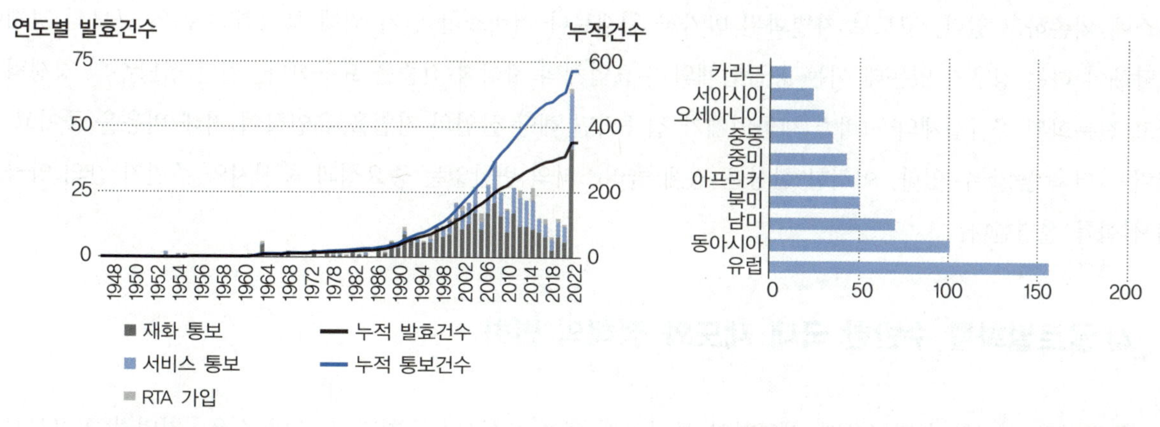

자료 : World Trade Organization, Regional Trade Agreements Database(rtais.wto.org)

17. 중국, 미국, 독일 각각의 대세계 중간재 수출입 대비 대권역별 중간재 수출입 비중을 말한다. 단 중국에 홍콩도 포함하여 중국의 역내(아시아) 교역 비중이 산출되었다.

18. 유럽의 경우 북미, 동아시아, 중동과 북아프리카가 주요 수입지역이자 주요 수출지역이 되고 있다. 동아시아는 북미, 유럽, 남동아시아가 주요 수출 및 수입지역이다. 한편 북미는 남미, 유럽, 동아시아가 주요 수출 및 수입 지역이다.

Association of South East Asian Nations(ASEAN), Asia Pacific Economic Cooperation(APEC), Mercosur. 1990년대 이래 RTA가 급증하여 2020년에 WTO에 통보되고 발효 중인 RTA는 496건에 달한다. 현재 세계는 지역주의의 세 번째 파고에 놓여 있으며, 협상 조건에서 서비스의 중요성이 커지고 있다. RTA 체결 횟수(42개)는 아태 지역이 가장 많다. 아태 지역에는 일본 중국과 같은 경제대국부터 동남아시아의 작은 신흥시장에 이르기까지 수많은 대외지향적 경제가 많기 때문이다. 북미 3대 경제국은 이웃한 남미와 28개의 RTA를 갖고 있지만 지역 내 RTA는 단 하나뿐이다. 지역 통합의 첫 선구자인 유럽은 31개의 지역 내 협정을 체결했다.

RTA가 다자주의를 강화하는지 약화시키는지에 대해서는 논란이 계속되고 있다. RTA의 처음 두 파고는 성공적인 다자간 협정으로 귀결되었는데, 특히 두 번째 파고는 1994년 WTO 설립으로 절정에 달했다. RTA는 무역창출보다 무역전환에 가까워 무역으로부터의 이득을 감소시킬 위험이 있다. 하지만 비회원국과의 무역 중요성이 감소하고 압력이 증가함에 따라 비회원국과의 관세가 낮아질 수도 있다. 한편 다자주의와 RTA는 보완적 측면도 있는데, RTA가 무역 경색 시에 일종의 보험을 제공하며, 관세 이외의 서비스, 지적재산권, 자본흐름, 노동, 환경기준과 같은 비관세 문제를 다룰 수 있는 경로로도 작용하기 때문이다.

한편 중국, 인도 등 신흥국의 도약은 세계 경제의 다극화(multi-polarization)를 낳고 있다. 향후 2025년까지 우리나라를 포함하여 중국, 인도, 러시아, 브라질, 인도네시아 등 6개 신흥국들이 전 세계 성장의 절반 이상을 담당할 것으로 예상되는 가운데(World Bank), 전 세계 생산 및 교역에서 신흥시장국이 차지하는 비중은 증가 추세에 있다. 즉, 신흥시장국의 생산 비중은 2004년 30%에서 2011년 37%으로 높아졌으며, 교역 비중은 1995년 30%에서 2010년 45%로 커졌다. 신흥시장국 한국과 대만뿐만 아니라 BRIC(브라질, 러시아, 인도, 중국) 국가 그리고 개발도상국으로 분류되는 말레이시아, 남아프리카공화국, 멕시코 등의 기업들이 새로운 경쟁기업으로 등장하고 있다. 이들 기업은 잘 알려진 제품을 훨씬 저렴한 가격에 제공할 뿐만 아니라 혁신적인 비즈니스 모델을 제시함으로써 전통적인 기업의 위치를 위협한다.

세계화가 진행될수록 특정 지역의 특정 산업에 대한 전문화가 심화되며 지역적 이점의 역할이 커지는 역설이 생겨나고 있다. 전 세계적으로 사업을 전개하는 기업들의 성과는 점점 더 차별화된 반가공 원재료나 서비스에 의존하고 있다. 고도로 차별화된 반가공 원재료나 서비스를 얻기 위해 특정한 수준의 규모의 경제에 도달해야 하는 경우가 있는데 이는 공급업체와 수요업체의 지리적 집중을 요구한다. 일단 상당수의 경쟁력이 있고 전문화된 공급업체와 서비스 제공업체가 집중되면 해당 산업의 기업을 유인하며 거래 비용을 줄이고 경쟁력을 더욱 높일 수 있다. 이러한 현상은 경제 클러스터의 변함없는 중요성과 중심지와 주변지 간의 양극화의 심화를 설명한다.

4) 글로벌화를 수반한 국내 제도와 정책의 변화

글로벌화와 더불어 각국에서 민영화와 투자규제 완화, 글로벌 규칙과 표준의 수용, 기업과 공공부문의 투명화, 정보접근의 확대를 포함한 많은 변화가 병행되었다. 무엇보다도 각국 정부는 무역 레짐의 자유화를 시도하였다. 관세 및 비관세장벽이 모두 낮추어졌으며, 서비스 부문 역시 국제경쟁에 노출되었다. 양자 간, 지역 간, 다자간 협정을 통한 국제협력도 확대되었다.

글로벌화에 발맞추어 국제경쟁력을 높이기 위해 각국 경제는 규제완화와 민영화의 길을 밟아 왔다. 민영화는 동시에 민간투자에 대한 개방을 포함하는데, 이 과정에서 서비스 부문을 포함한 많은 산업부문이 외국인 투자자에게도 개방되었다. 비차별 조항이 국내외 투자자 모두에게 적용되어야 하기 때문이다. 예를 들어 WTO의 최혜국 대우(Most-Favored-Nation)와 내국인 대우(National Treatment)가 일반화되었다. 외국인 직접투자와 대외차입과 함께 단기 외국자본의 흐름도 크게 증가하였다. 또한 공통지역통화의 도입 역시 글로벌화에 크게 기여하였다.

각국의 상품, 노동, 자본시장이 통합되며 각국에서는 이를 규율하는 합의된 공통의 글로벌 규칙과 표준이 발전하였다. 국제무역, 금융거래, 국제분쟁조정 절차, 제품과 공정에서 각국이 준수해야 하는 공통의 표준이 새로이 만들어지고 확대되었다. 노동과 환경, 인권 등에서의 보편적 · 사회적 표준에 대한 요구의 증가, 공공업무에서의 더 높은 투명성, 보다 투명하고 더 단순한 규제제도, 투명성을 확보하기 위한 글로벌 감시의 증대, 시민사회의 더 광범위한 참여가 나타나고 있는 것이다.

1.2 무역 특화 패턴의 결정요인

각국이 자국의 부존자원, 기술, 기후와 문화에 맞는 상품을 수출하고 자국이 자립하기 어려운 상품을 수입한 역사는 오래되었다. 국가별로 재화를 생산하는 능력(생산성)의 차이가 국제무역을 낳을 것이라는 인식은 오래되었다. 하지만 Ricardo는 중요한 것이 절대적 격차가 아니라 상대적 격차라는 비교우위(comparative advantage)의 원리를 제시하였다. 특정 재화를 더 효율적으로 생산할 수 있는 다른 국가가 있다고 해서 이 국가가 그 재화를 수출하지 못하는 것은 아니다. 생산성이 낮다고 해도 다른 모든 부문에서의 생산성이 더 낮다면, 낮은 임금(기회비용)이 생산성에서의 불리를 상쇄할 것이기 때문이다. 결론적으로 비교우위의 원리는 각국이 다른 나라에 비해 상대적으로 기회비용이 낮다는 의미에서 비교우위를 가진 재화를 수출한다는 것이다. 국제무역의 원인에 관한 이론은 바로 이 비교우위의 차이를 낳는 각국 고유의 특성이 무엇인가를 규명하는 과정에서 발전해 왔다.

요소부존의 격차 우선 자원격차 또는 요소비율의 차이로 드러나는 국가의 태생적 특성이 비교우위의 격차를 낳는다(Heckscher-Ohlin). 특정 국가는 상대적으로 부존이 풍부한 요소를 집약적으로 사용하는 재화를 생산하는 것이 상대적으로 효율적이다. 예를 들어 미국은 첨단기술과 농토라는 생산요소가 풍부하며, 첨단제품과 농산물을 수출한다. 세계시장에서의 경쟁은 일본으로 하여금 제조업에 그리고 미국으로 하여금 농축산 분야에 전문화하도록 이끌었다.[19]

시간이 변화함에 따라 요소 부존으로 파악한 국가의 특성이 변화할 수도 있다. 경제발전과 더불어 인적자본과 물적자본의 축적을 낳으며 이는 비교우위의 변화를 야기한다. 예를 들어 아시아의 신흥경제의 수출입국은 노동집약적이고 저기술 제조품에서 시작되었다. 하지만 물적 · 인적 자본이 축적되고 숙련 축적에 병행하여 노동비용이 증가함에 따라 노동집약적 산업은 위축하고 대신 보다 정교한 제조업이 팽창될 수 있었다.

규모와 집적화의 경제 특정 산업의 경우 생산의 규모나 생산 활동에서 지역 집중도가 높아질 경우 생산의 단위당 비용이 감소하는 현상이 발생하는데, 이는 각각 규모의 경제(economies of scale)와 집적화 효과(agglomeration effect)라 불린다. 규모의 경제와 집적화는 각국의 초기조건 격차가 무역패턴의 차이를 낳게 하

---

19. 이상적인 완전경쟁적인 시장에서는 관세, 쿼터, 조세, 보조금과 같은 정책 왜곡은 부정적 영향을 미친다.

고 또 이를 지속시키게 만들 것이다. 하지만 동시에 이들 특성은 비교우위를 변화시켜 새로운 산업이 형성될 수 있는 근거가 될 수 있다. 규모의 경제와 집적화는 부존자원이 동일한 국가들 간에도 국제무역을 발생시킬 수 있다. 예를 들어 자동차(대형차)가 주력 수출상품인 국가가 또 그만큼 많은 자동차(소형차)를 수입하기도 한다. 대다수 선진국의 주요 수출 상품 종류를 보면 주요 수입상품과 유사하다. 영국, 독일, 프랑스의 상호 간 최대 수출 품목은 승용차이다. 이처럼 동일한 산업 내에서 유사한 상품을 수출하는 동시에 수입하는 경우를 산업 내 무역(intra-industry trade)이라 한다.[20] 산업 내 무역은 수평적 산업 내 무역과 수직적 산업 내 무역으로 통상 나누어지는데, 전자는 경제발전 수준이 유사한 국가들 간에 그리고 후자는 선진국과 후진국 간에 주로 발생한다. 수평적 산업 내 무역은 주로 최종재 간에 그리고 수직형 산업 내 무역은 중간재와 최종재 간에 주로 발생한다.[21]

요소 서비스의 격차 국가의 제도적 특성은 국민경제의 성과에 상당한 영향을 미친다. 법, 금융, 노동시장 특성은 생산과정에 투입되는 요소로 간주될 수 있고, 자본이나 노동처럼 이들 요소 서비스를 상대적으로 집약적으로 사용하는 산업에 비교우위를 제공할 수 있다. 금융 산업이 발전한 국가의 경우 효율적인 외부자금조달에 크게 의존하는 재화에 특화할 것이다. 양질의 법률시스템을 가져서 법의 집행이 엄격한 국가일수록 관계특화적 투자가 활발하고 중간재 사용 비중이 높은 제품의 수출 비중이 커질 것이다. 또한 유연한 노동시장을 가진 국가는 성숙산업보다는 첨단산업처럼 수요변동성이 큰 재화의 수출 비중이 높을 것이다.

기술 격차 처음 비교우위론을 제시했을 때, Ricardo는 영국과 포르투갈의 예를 들어 영국은 포도주 생산보다 의류생산의 그 기회비용(산출 단위당 노동비용)이 더 낮기 때문에 의류생산에 비교우위를 가진다고 하였다. 그에 있어 비교우위의 원천은 산출 단위당 노동비용으로 대표되는 기술격차였다. 기술격차가 비교우위의 원천이 될 수 있는 것은 많은 기술이 수용되는 데는 일정한 발견[비용발견(cost discovery, Hausmann, Hwang and Rodrick, 2007)] 또는 혁신이 필요하기 때문이다. 선진국에서 개발된 제품이 표준적 기술(청사진)로 도입되어도 국내 요소부존과 제도적 현실은 국지적 수용(Evenson and Westphal, 1995 ; Lall 2000)을 요구한다. 기업가는 경제의 비용구조를 파악하려 노력하는데, 이러한 과정은 다른 기업가들에게 양의 외부효과를 낳을 것이다. 새로이 시도된 투자 프로젝트가 성공하면 다른 기업가들은 새로 도입된 제품이 수익을 남길 수 있다는 것을 알게 되어 모방을 시작할 것이다.

1.3 국제무역과 경제발전 그리고 시장실패

글로벌화는 경제자유화, 무역, 자본이동, 기술과 정보의 교환을 통해 각국에 새로운 기회를 제공한다. 국제무역의 경제발전에 대한 기여는 시장의 경제발전에 대한 기여와 유사하다. 첫째, 세계시장 참여는 그 자체가 본질적 자유로서 절대 다수의 인간이 가치 있게 여긴다. 가계나 기업은 모두 선택의 폭이 확대된다. 둘째, 세계시장 참여는 가격을 낮추고 수요와 소득을 높여주는 도구로도 작용한다. 거시경제적으로 이는 더 효율적인 자원배분과 특화, 위험과 투자의 다변화, 경쟁과 혁신을 촉진하며 결과적으로 경제성장을 촉진한다.

글로벌화가 낳는 경제 · 문화적 삶의 향상은 국가별로, 계층별로 충분히 공유되지 못한 채 오히려 불평등

20. 반면 요소부존의 차이가 낳는 비교우위는 보통 산업 단위에서 작동한다고 간주된다. 각국이 각기 다른 산업의 상품을 수출하고 수입하는 상황을 산업 간 무역(inter-industry trade)이라 한다.
21. 각국의 소득 수준이 높아짐에 따라 사람들이 차별화된 제품을 선호하는 경향은 강해진다.

을 심화시킬 수 있다. 불안정을 높이고 환경을 악화시키며, 부패나 공익 서비스의 악화로 이어질 수 있다.

1) 무역과 경제성장

세계시장 참여가 소득을 높여주는 경로는 다양하다. 첫 번째 경로는 비교우위에 기초한 희소자원의 재배분과 경쟁강화[22]로 인한 정태적 효율 개선 효과와 자본축적에 따른 동태적 성장효과이다. 자본이 부족한 개발도상국의 경우 선진국에 비해 투자수익률이 상대적으로 높아 자본팽창이 발생한다. 자본팽창에 따라 자본집약도가 더 높은 재화일수록 수출이 더 빠르게 팽창한다(Rybczynski 효과). 수출 부문에서 생겨난 이윤은 추가적 자본팽창을 낳으며 경제성장과 수출 증가로 이어진다. 국제무역에의 노출이 커지면 경쟁이 심화되고 제품시장이 확대되며 투입요소에 대한 접근성이 향상되어 생산성이 향상된다. 경쟁압력으로 인해 생산성이 더 높은 기업에 자원이 재분배되는 반면 생산성이 낮은 기업은 시장에서 퇴출되기 때문에 산업 수준에서 생산성이 증가한다. 수입품과의 경쟁 심화로 기업이 생존을 위해 새로운 공정, 숙련, 기술에 투자하도록 하므로 생산성이 증가한다. 더 큰 수출 시장으로 확장할 수 있는 가능성 또한 기업이 생산 효율성과 제품 품질을 개선하도록 장려한다. 그리고 중간재에 대한 접근 범위의 확대 역시 기업의 투입비용을 낮추고 제품 품질을 개선하며, 제품 다양성을 확장한다.

무역이 경제성장을 자극하는 나머지 두 경로는 주로 동태적 효율성과 관련된다. 두 번째 경로는 산업 내 무역모형이 제공한다. 무역은 더 넓은 시장을 대상으로 규모의 경제를 더 잘 활용하게 한다. 세 번째 경로는 내생적 성장모형과 관련된다. 무역과 성장 간의 관계는 매우 직접적이다. 무역과 외국인 직접투자는 국가 간의 지식 전파를 높인다. 지식 전파는 물적자본과 인적자본의 생산성을 증가시키며 기술진보를 낳는다. 외국의 R&D 투자에 의해 개발된 중간재 수입도 생산성 개선을 낳을 수 있다. 더 높은 수준의 기술이 담긴 재화를 이용할 수 있으므로 기술에 대한 일반적 지식수준을 높이며, 확대된 지식은 지식축적 또는 연구개발의 비용을 감소시킬 것이다.[23] 예를 들어 일본 승용차와 트럭을 수입한 미국에서는 자국 승용차와 트럭 제조업자의 기술진보를 낳았다. 보호무역의 강도가 약한 국가일수록 1인당 소득의 증가율이 1~2%p 높게 나타난다. 많은 실증분석들이 무역 비중과 경제성장 간에 강한 양의 상관관계를 도출하고 있다. 수십 년간 수출주도형 경제성장을 경험한 동아시아 국가의 사례가 이를 가장 뚜렷하게 보여준다.

서비스 무역 자유화 역시 경제성장에 긍정적인 혜택을 낳는다. 서비스 무역은 국경 간 거래(mode 1 : 전자상거래), 해외소비(mode 2 : 유학이나 여행), 상업적 주재(mode 3 : 지사설립), 자연인의 이동(mode 4 : 컨설팅)의 형태로 이루어진다. 이 중 상업적 주재와 자연인 이동의 경제성장에 대한 파급효과가 크다. 특히 자연인 이동은 개발도상국의 건설, IT 산업의 성장에 크게 기여한다. 한편 상업적 주재 형태로 금융, 에너지, 수송, 통신 산업에 대한 외국인 투자가 확대될 경우 다른 산업의 투자를 촉진하며 성장에 긍정적 효과를 낳는다.

---

22. 수입개방은 국내시장에서의 경쟁을 강화시켜 저비용-고품질의 투입물을 기업에게 제공할 수 있다.
23. 일국의 산출량은 투입량에 비례하지만, 투입량이 일정하더라도 투입되는 중간재 또는 부품과 소재의 수가 다양화되거나(부품소재의 다종화 또는 수평적 차별화, 다양성의 증가) 중간재의 품질이 개선(부품소재의 수직적 차별화, 품질 사다리꼴에서의 상향이동)되면 산출량이 증가할 수 있다. 즉, 총요소생산성이 높아질 수 있다. 중간재의 새로운 개발이나 품질 개선은 R&D 투자에 의해 이루어지며, 결국 총요소생산성은 R&D가 커질수록 높아진다.

그림 8-25 서비스 무역의 유형

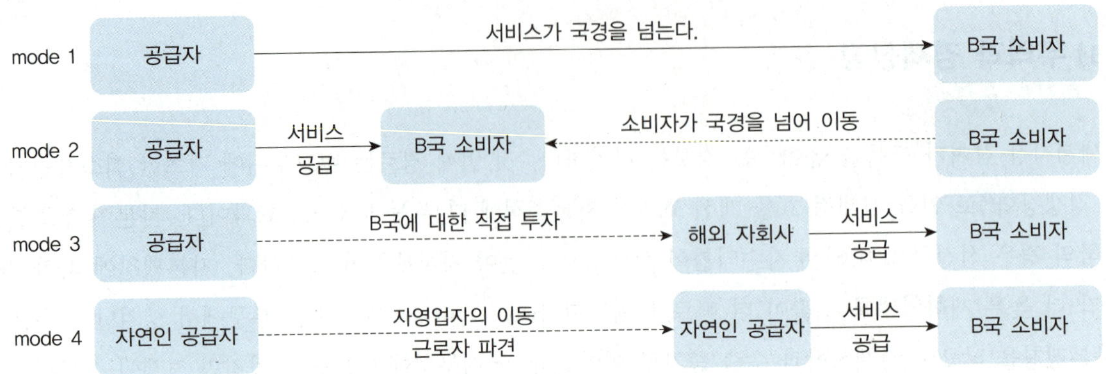

2) 무역구조 변화와 경제성장

수출 다변화와 경제성장

주류 경제학의 국제무역이론은 상대적으로 풍부한 요소가 제공하는 비교우위를 누릴 수 있는 제품의 생산과 수출로의 특화를 강조한다. 그러나 이와 달리 개발도상국의 경제성장을 가속화하는 데에 수출구조의 변화, 특히 수출 다변화(export diversification)가 중요한 도구임이 자주 지적되어 왔다. 수출 다변화란 제품과 시장이 전환될 뿐만 아니라 기존 제품과 시장에 새로운 가치가 추가되는 것을 포함한다. 사실 수출 다변화가 경제성장과 긍정적인 관계를 갖는다는 것은 경제성장의 과정이 산업구조 전환의 과정이기도 하다는 점에서 직관적이다. 산업구조 개선에서 수출 다변화는 중요한 요소이다. 특히 제품 다변화가 경제성장에 미치는 영향은 지역 다변화 효과를 크게 능가한다고 알려져 새로운 교역상대국을 찾거나 바꾸기보다는 수출 다변화에 초점을 맞춰야 할 것이 권고되고 있다.

지금까지 수출 다변화를 지지하는 이유는 매우 다양하게 제시되어 왔다. 첫째, 수출 특화의 논리를 따를 경우 개발도상국은 1차 상품의 수출에 집중하게 되어 선진국에 대한 제조품의 수입 의존성을 높일 위험이 있다고 지적되었다(Prebisch-Singer 가설과 자연자원의 저주). 1차 상품 중심으로 수출품의 범위가 협소한 국가들은 세계 수요와 그에 따른 교역조건의 불안정에 노출되어 수출소득과 소비뿐만 아니라 기업들의 적극적이고 안정적인 투자들 제한한다. 또한 자연자원의 지대에 의존하는 기득권층은 성장에 유리한 제도발전을 억제한다. 둘째, 전통적 무역이론의 가정과 달리 모든 국가가 모든 기술을 자유롭게 이용 가능하지 못한 현실에서 수출 다변화를 위한 의도적 노력은 생산 · 마케팅 · 경영 등에서 새로운 기법에 대한 지식파급 효과를 낳을 수 있다(내생적 성장모형). 수술 다변화를 통해 투자는 더 위험하고 수익성이 높은 프로젝트로 변화하며 경제가 성장한다.[24] 셋째, 1차 부문의 수출과 비교하여 제조품 수출은 범위의 경제효과와 연관 산업의 동반 발전에서 비롯하는 외부효과를 통해 개발도상국의 성장에 긍정적인 영향을 미친다.

24. 새로운 산업 · 제품에의 참여 그 자체가 지식파급을 낳지 못할 수 있다. 파급효과는 참여한 생산 단계와 그 강도에 의존하기도 한다. 예를 들어 ICT 산업은 첨단산업에 속하지만 많은 생산 단계는 표준화되어 있고 노동집약적이다.

소득수준과 수출 다변화

소득수준에 따라 수출 다변화가 경제성장에 미치는 효과가 비선형적, 특히 역 U자 형태로 나타난다. 즉, 개발도상국에서는 수출 다변화가 긍정적이지만, 중상위 소득국가나 고소득의 선진국에서는 수출 특화가 더 나은 효과를 초래하고 있다. 이는 경제성장의 초기 단계에 있는 국가들이 생산을 다양화하고, 고소득 수준에서는 특화하는 경향이 있다는 Imbs and Wacziarg(2003)가 국내 산업구조의 다변화와 1인당 소득 간에 역 U자형 패턴을 보인다는 분석과 일맥상통한다. 실제로 수출 다변화를 보이던 개발도상국은 소득이 일정 수준에 도달한 이후 다시 특정 제품으로 특화 경향을 보인다.

경제성장에서는 혁신의 역할이 중요한데, 혁신은 기존 제품의 기능이나 유용성이 다양화되는 프런티어 내부(inside-the-frontier)에서의 혁신과 신제품 개발을 통한 프런티어 경계(on-the-frontier)에서의 혁신으로 구별된다. 특성상 개발도상국은 전자가 빈번하지만, 선진국은 전자가 줄어들고 후자가 빈번하게 개발된 신제품에 특화하는 경향이 강하다. 이에 따라 국가의 소득수준에 따라 수출 확대가 이루어지는 영역이 구별된다. 즉, 개발도상국은 시장과 제품을 다변화하는 확장영역(extensive margin)에서 수출 확대가 발생한다. 선진국의 제품 간 혹은 제품 내 특화는 동일 제품을 동일 시장에서 더 많이 판매하는 집중영역(intensive margin)에서 수출 확대가 발생한다. 소득수준이 높아진 이후에는 국내 생산비용의 상승, 경쟁국의 출현, 모방의 어려움 증대 등으로 인해 다변화에 의존하기 어렵기 때문이다.

외국인 직접투자와 경제성장

직접투자의 파급효과에 대해서는 많은 논란이 존재한다. 우선 투자국 입장에서 볼 때 국내투자와 고용의 위축이 우려된다. 생산비 절감을 위해 저임금 국가로 생산시설을 이전하는 경우 국내 고용과 투자에 부정적 효과를 낳는다. 그러나 국내생산이 고부가 제품 중심으로 재편되거나 부품과 중간재의 수출이 동반될 경우 국내 투자와 고용이 증가할 수 있다. 특히 판매시장 확보를 위해 해외 현지에 생산시설을 추가 설립할 경우 국내 고용과 투자에 미치는 영향은 크지 않을 수 있다. 특히 해외현지 법인을 지원하기 위한 인사, 재무, 연구개발 등의 고용은 증가할 가능성이 크다. 미국 기업들과 같이 노동집약적인 작업들을 신흥시장국으로 이전시킨 경우에는 해외현지생산이 국내 고용과 음의 관계를 보인 반면 일본과 스웨덴 기업들과 같이 해외현지생산의 확대에 따라 국내에서 관리직 등에 대한 고용 수요가 늘어난 경우에는 양의 관계를 보이는 것으로 나타났다.

표 8-2 외국인 직접투자의 유치국에의 파급효과의 평가

순기능	한계
해외저축 증가 - FDI는 다른 형태의 자본유입보다 안정적	유치국 내에서 조달할 경우 밀어내기 효과 발생 - 투자수익금의 본국 송금은 자금유출을 야기
고용창출 - 노동생산성 개선과 임금 상승	자본집약적 기술 사용으로 고용창출이 제한적 - 본국 임금보다 유치국 임금이 낮다는 비판이 있음
기술이전의 주요 창구	유치국의 기술역량과 기술정책에 의존 - 종종 유치국은 고용, 교육훈련, 기술도입 요건을 부과
세계시장에 대한 접근기회 제공 - 개도국은 네트워크와 정보 부족으로 스스로 한계	혜택의 강도는 투자기업과 유치국 간의 관계에 의존

한편, 유치국의 경우에도 투자 목적과 유형이나 정부정책과 제도에 따라 파급효과가 구별된다. 일반적으로 다국적기업의 투자는 기술 이전과 세계시장 접근의 기회를 제공하지만, 국내 산업에 대한 통제력 상실이 우려된다. 하지만 투자 유형별로 FDI 효과가 구별되어 유치국의 보호된 국내 시장을 목표로 한 (수평적) FDI는 부정적 파급효과를 낳고 세계시장이나 경쟁적 시장에서 판매되는 공산품을 생산하는 (수직적) FDI의 경우 긍정적 파급효과를 낳으며, 1차 상품 생산이나 자연자원을 목적으로 하는 FDI는 모호한 파급효과를 낳는 것으로 알려져 있다. 또한 정부정책도 FDI의 효과에 영향을 미친다. 1970년대 일부 개발도상국은 다국적기업에게 대외경쟁으로부터 보호된 국내시장에 대한 독점적 지위를 부여하였다. 이에 따라 다국적기업은 개도국 소비자의 희생 위에서 상당한 독점이윤을 확보할 수 있었다.[25]

GVC와 경제성장

GVC 참여는 최종재의 무역보다 더 많은 생산성 향상의 기회를 제공한다. GVC는 장기적인 기업 간 관계의 형성과 특정 작업의 초전문화라는 두 가지 특성으로 인해 생산성 향상과 소득 성장을 지원한다. 생산의 일부를 해외 공급업체에 아웃소싱함으로써 선도업체는 저비용 또는 고품질의 효율성 향상을 실현할 수 있다. GVC에서 국내 기업은 노하우와 기술을 구매자 및 공급 업체와 공유하는 외국 기업과 상호 의존하게 된다. 외국 기업과 현지 공급업체가 동일한 공급사슬의 일부인 경우 사슬기능이 원활하게 작동하도록 상호 조정해야 한다. 이는 지식의 이전을 촉진하여 국내 혁신능력을 향상시킨다. 국내 공급자는 해외 시장과 구매자로부터 얻는 새로운 지식과 자원에 접근하며, GVC가 매개하는 해외 R&D 접근은 혁신을 촉진한다. 또한 다국적기업의 외국계열사는 현지 공급업체에 긍정적인 현지 파급효과를 발생시킨다. 작업과 부분품 단위로 이루어지는 초전문화로 인해 수출은 더 이상 상품의 전체 생산과정을 마스터할 필요가 없다. 국가는 생산 과정에서 몇 가지 작업만 전문화할 수 있다. 초전문화와 장기적인 기업 간 관계의 발전이라는 두 가지 이유 때문에 GVC에 참여하는 개발도상국의 기업은 더 생산적인 경향이 있으며 모든 형태의 GVC 참여는 표준무역보다 더 높은 소득 성장과 관련이 있다.

그러나 이러한 긍정적 효과는 인적자본, 자체 R&D 투자, 광범위한 제도적 역량에 의존하는 현지 기업의 흡수역량에 의존한다. 많은 개발도상국들의 현지 기업은 GVC 선도기업의 지식과 기술을 충분히 활용하지 못할 수 있다. 또한 선도기업이 현지 공급업체와의 긴밀한 협력은 오히려 현지 공급업체를 지나치게 선도기업에 의존하게 할 수 있다. 그러나 다국적기업은 자신에게 보완적인 영역의 경우 공급업체의 혁신을 지원하고 협조적이지만 자신의 핵심역량에 도전할 수 있는 경우에는 혁신을 방지할 유인을 갖는다.

생산성 및 소득 증가와 함께 GVC는 더 나은 일자리를 더 많이 제공한다. GVC에 속한 기업은 다른(특히 비교역) 기업보다 더 생산적이고 자본집약적인 경향이 있으므로 이들의 생산은 덜 노동집약적이다. 자본 설비에 대한 의존도가 높기 때문에 GVC 수출은 GVC가 아닌 수출에 비해 생산 단위당 더 적은 인력을 필요로 한다. 그러나 생산성이 향상되면 생산 규모가 증가하고 그에 따라 고용이 증가한다. 즉, 관련 기업 및 부문의 고용에 대한 전반적인 영향은 수출 참여에 따른 생산 증가로 인해 긍정적이다. GVC가 국가에 가져오는 새로운 활동은 근로자를 덜 생산적인 작업에서 더 생산적인 제조 작업으로 유인한다. 소득과 고용 성장을 촉진하

25. 개발도상국 정부의 정책 실수는 외국인 투자를 유치하기 위해 다국적기업에게 감세혜택을 주는 것이다 : 외국 정부에 지급한 세금은 다국적기업의 본국 정부에서 감면된다. 따라서 다국적기업은 결국 세금을 본국 정부에게 지급하게 된다. 이러한 현상을 역(reverse) 외국원조라 부른다.

기 때문에 GVC 참여는 빈곤 감소에 기여할 수 있다. 일반적으로 무역은 주로 성장을 통해 빈곤을 감소시킨다. GVC를 통한 경제성장의 이득은 최종재 무역보다 더 큰 경향이 있기 때문에 GVC의 빈곤감소 효과도 표준무역의 빈곤감소 효과보다 크다. 예를 들어 멕시코와 베트남에서는 GVC 참여가 더 집중된 지역에서 빈곤이 크게 감소했다.

GVC를 통한 경제발전이 지속 가능하려면 개발도상국 기업들은 점진적으로 보다 정교한 GVC 참여 형태로 이동하여야 한다. 그러나 제한된 제조에서 보다 향상된 제조와 서비스로, 그리고 더 혁신적인 활동으로의 전환은 숙련, 연결성, 규제제도 측면에서 점점 더 까다로워지고 있다.

이상의 요인으로 GVC를 통한 수출은 종종 개발도상국의 미약한 산업화 추세에 대한 만병통치약으로 여겨지지만 현실은 더 복잡하다. 개발도상국에서 생산성 증가가 반드시 고용증가와 관련이 있는 것은 아니며 생산성이 높아짐에 따라 자동화의 노동대체 효과가 커져 연관성이 부정적으로 변하기까지 한다. 더 나아가 제4차 산업혁명의 디지털 제조 진전으로 생산작업의 선진국으로의 리쇼어링은 고용 감소 압력을 심화시킬 것이다. GVC를 따라 생산활동의 규모가 크게 증가한 개발도상국에서도 생산성 수렴이나 경쟁력 개선은 보장되지 않으며 느리게 진행된다. 개발도상국이 GVC에서의 역할을 순조롭게 고도화하더라도 새로운 고용문제에 봉착할 수 있다. 고도화 기술이 숙련편향적일수록 저숙련 근로자가 고숙련 근로자로 대체되며 불평등이 심화될 수 있기 때문이다.

3) 무역의 실패

빠르게 팽창하는 글로벌 경제 속에서도 저소득 국가와 빈곤층의 무역 이익은 공유되기보다는 오히려 한계화될 수 있다.

잘못된 방향으로의 특화

무역에서 성과가 있다고 해도 지속 가능성이 의문시되거나 그 구조가 바람직하지 못할 수 있다. 자연자원에 비교우위를 가진 개발도상국들은 산업구조를 전환할 수 있는 기회를 갖지 못할 수 있다. 국제무역은 비교우위에 따른 특화를 촉진한다. 자연자원 및 1차 상품의 부존이 풍부한 남미와 아프리카의 경우 개방은 기존의 특화방향을 더욱 강화시킨다. 자연자원 기반의 수출 부문은 제조업보다 국내경제와의 통합도가 낮다. 자연자원 부문은 제조업에 비해 가치사슬이 짧고 수출은 가공 단계를 거치지 않은 1차 상품으로 제한된다. 수출부문이 전방연관관계와 후방연관관계를 통해 여타 부문과 어느 정도 통합되어 있는가가 중요하다. 잘 통합된 부문은 고용 및 산출을 제공하고 기술과 지식 파급효과를 낳을 수 있겠지만, 국내 경제와의 통합도가 낮은 자원개발 부문(엔클레이브)은 고용과 외환 획득에는 기여하지만 동태적 편익은 제한적이다.

국제시장에서의 시장실패

국제시장이 독과점 시장이거나 외부효과나 정보 비대칭성으로 불완전한 시장일 경우 무역은 경제성장이나 구조전환을 낳지 못할 수 있다. 규모의 경제가 작용하는 산업에서는 설비를 먼저 팽창한 기업과 국가가 오랫동안 시장을 지배할 수 있을 것이다. 생산에서의 수확 체증 등의 이유로 불완전 경쟁산업은 개별 국가를 넘어서는 경쟁정책을 요구한다. 기업이 자신의 연구개발에 대한 투자로부터 생겨나는 이윤을 모두 획득하기 어렵다. 특히 국제무역과 외국기업의 모방을 고려할 경우 연구개발의 동기는 더욱 악화된다.

소득 불평등과 역량훼손

무역을 통한 세계시장 참여가 소득 배분이나 역량 확장에 미치는 영향은 불확실하다. 세계화와 경제통합의 심화는 경제적 성과에 영향을 미치고 경제주체 간 격차와 양극화를 촉진할 수 있다. 무역은 대외적 경쟁을 촉진하여 비효율적 기업을 퇴출시킴으로써 기업 간 격차를 낮출 수 있으며, 평균소득을 높여 빈곤층을 감소시킬 기회를 제공한다. 하지만 동시에 기술지식의 유입과 시장규모 확대에 의한 수요 증가를 활용하는 기업 간 역량 격차로 말미암아 무역은 성과 격차와 양극화를 확대할 수 있다. 경쟁 환경의 변화와 이에 대한 조직적 대응 능력 역시 기업 간 격차와 양극화를 강화할 수 있다. 상당수의 개인들과 국가들은 자산, 소득, 숙련기술의 부족으로 글로벌화의 혜택으로부터 배제되어 있다. 수출 부문에 무역의 이익이 집중되고 수입 경쟁 부문이나 해외 외주가 집중되는 생산부문은 손실을 입고 있다. 무역으로 피해를 보는 산업은 숙련 노동을 집중적으로 사용하는 산업일 수 있고 비숙련 노동을 집중적으로 사용하는 산업일 수도 있다. 이는 소득 분배에 영향을 미친다. 또한 부문 간 근로자의 이동이 어렵다면 계층 간, 지역 간 소득불평등은 더욱 악화될 수 있다.

무역은 고용의 주요 원천이지만 최근 무역은 제조업 고용 감소와 선진국 노동시장의 양극화를 둘러싸고 첨예한 갈등을 겪고 있다. 무역은 부문별 또는 지역별 고용구조에 대한 영향 외에도 직무 및 직업별 고용 구성에 큰 영향을 미칠 수 있다. 무역이 더 생산적인 부문과 기업에서 창출하는 새로운 일자리 규모는 수입경쟁 산업과 기업에서 사라지는 일자리 규모와 반드시 같지는 않다. 오히려 기술과 함께 무역은 중 · 저숙련 노동자에 비해 고숙련 노동자에 대한 수요를 증가시키고, 일상적인 업무를 주로 수행하는 중숙련 노동자에 대한 수요를 감소시키는 경향이 있다. 전통적 무역 이론과 보다 최근의 무역 이론 모두 무역이 저숙련 노동자에 비해 고숙련 노동자에 대한 수요를 증가시킨다고 예측한다. 전통적인 요소부존 이론에 따르면 무역이 상대적으로 숙련이 풍부한 선진 경제에서 숙련에 대한 상대적 수요를 증가시킬 것이다. 글로벌화는 저숙련자에 대한 수요를 낮추고 고숙련자에 대한 수요를 높여 임금 불평등을 강화할 수 있다. 예를 들어 숙련집약도가 낮은 부문일수록 해외 이전을 야기하고 고숙련자에 대한 상대수요를 높여 고숙련자에 대한 임금상승 압력을 낳지만, 저숙련자가 풍부한 신흥국에서의 수입증가는 저숙련자 임금의 하락 압력을 낳는다. 보다 최근의 이론에 따르면 개발도상국에서도 무역이 숙련 수요를 증가시키는 몇 가지 추가 경로가 있다는 것을 알 수 있다. 무역은 숙련 편향적 기술 변화에 대한 보상을 증가시켜 숙련 수요를 더욱 높일 수 있다. 무역 자유화가 낳는 새로운 무역 기회는 가장 생산적인 기업들이 주로 누리게 되고, 이런 기업은 기술집약적인 경향이 있기 때문이다. 개발도상국의 경우 외국인 투자에 크게 의존하는 제조업은 다국적기업의 글로벌 전략에 종속된다. 다국적기업이 주도하는 제조업에서의 기술 변화는 자본 · 숙련 집약성을 높여 비숙련 노동을 흡수할 능력을 감소시키며, "일자리 없는 성장"을 낳는다. 근로자가 자본설비로 대체되어 노동에 대한 소득배분을 감소시킨다. 결과적으로 수출지향적 성장에도 불구하고 소득격차 확대를 경험한 개발도상국이 많으며, 빈곤율 감소와 무역 확대 간에 뚜렷한 상관관계를 찾기 어렵다.

GVC의 부상은 생산과정 전체뿐만 아니라 생산과정의 일부 단계의 오프쇼어링을 허용하기 때문에 무역의 고용에 대한 부정적 효과를 악화시킬 수 있다. 역외 외주비용의 감소로 선진국 기업은 더 많은 생산 단계를 개발도상국으로 이전할 수 있다. 대신 선진국은 기술적으로 업그레이드하고 마케팅이나 유통과 같이 자국의 비교우위에 상응하는 상대적으로 숙련집약적인 생산 단계로 전문화할 수 있다. 더욱이 고품질 상품에 대한 해외수요로 인해 수출업체는 공급업체의 숙련 향상을 요구하며, 이는 다시 해외로부터 더 저렴하지만 더 많은 숙련을 요구하는 투입물에 접근할 수 있게 한다. 이로 인해 숙련개선 효과가 공급망을 통해 전파된다. 최종적으로는 수입도 수출도 하지 않는 기업에서 숙련도 개선의 압력이 발생한다.

자유무역은 시장을 확대하고 기업진입과 시장경쟁을 촉진함으로써 자유 그 자체를 확대한다. 그러나 동시에 환경, 교육과 보건, 공익인프라, 경쟁법이나 노동자와 소비자 보호에 대한 영향을 통해 인간 역량을 확장할 수도, 억제할 수도 있다. 환경의 경우를 보자. 무역증가는 경제규모를 확대하여 희소한 자연자원 사용을 늘려 오염을 심화시킬 수 있으며, 외래종의 수입은 기존 생태계를 교란시킬 것이다. 또한 규제 부과의 제한이나 산업계의 압력으로 정부의 환경관리 활동을 제약할 것이다. 물론 무역자유화가 환경개선을 낳을 수도 있다. 무역자유화에 따른 경제성장과 소득증가로 더 양질의 환경에 대한 요구가 커지고 환경관리에 필요한 재원도 제공된다. 이른바 환경 쿠즈네츠곡선에 따르면 저소득에서의 소득증가는 처음에는 환경을 악화시키지만 점차 그 강도가 약화되다 마침내 환경훼손을 감소시킬 것이다.

국가의 한계와 국제지배구조의 불균형

각국 정부의 노력에도 불구하고 국내정책만으로는 시장실패와 사회적 갈등을 완화하는 데 한계가 있다. 세계시장과 국제 경쟁을 강조하는 기업과 투자자의 요구는 소득 불평등 완화와 역량확대에 기여하는 규제감독과 행정조치 그리고 분배 제도를 구사할 수 있는 국가의 능력을 제한한다. 경쟁법과 노동권 신장은 한편으로는 역량 확대에 기여하지만, 동시에 개발도상국 정책당국의 정책대안을 제한할 것이다. 공익을 위한 규제와 행정조치의 유연성과 범위가 제한되며, 수송, 통신, 에너지, 용수 등의 사회간접자본에 대한 규제감독을 약화시킨다. 사회보험의 필요성은 커졌지만, 국가주도하에 사회안전망을 구축하는 데 드는 비용을 조달하기는 더 어려워졌다. 건전성 규제가 더욱 중요해졌지만 금융기관들은 전보다 손쉽게 국가 규제를 빠져나간다. 세계경쟁은 수출기업, 다국적기업, 자본가에게 교역과 자본의 흐름을 방해한다며 국가기준과 법규를 완화하는 압력을 가하도록 한다. 노동운동가, 환경주의자, 소비자보호 운동가는 맞서고 있지만, 글로벌 통합의 강화는 기업과 개인의 과세회피를 더 쉽게 만들었다. GVC 내에서 이전가격으로 인해 법인세의 기반이 약화되었으며, 국가 간 과세 경쟁으로 세율이 감소했다.

더 나아가 세계적 단위에서의 게임의 규칙은 글로벌 수준에서 결정되며, 그것도 선진국과 다국적기업에게 유리하게 결정되는 경향이 있다. 상품이나 자본과 달리 노동의 이동은 크게 제한되어있다. 신약은 특허로 보호되지만 개도국의 전통적 지식은 그렇지 못하다. 결과적으로 글로벌화의 혜택은 부국과 초국적 기업에 의해 과도하게 포착되고 빈곤국과 빈곤층은 그렇지 못하다. 더욱이 승자와 패자의 격차는 시간이 흐를수록 확대되고 있다. 지속 가능한 글로벌화를 위해서 그 지배구조와 관련된 규칙을 설정 · 집행하는 다자간 제도를 개혁하는 요구가 커지고 있다.[26] 국민경제 내에서 볼 수 있는 광범위하고 심각한 시장실패가 글로벌 시장에서도 발생하고 글로벌 경제의 활력을 훼손하며, 이는 글로벌 수준에서의 집단행동을 통한 글로벌 공공재의 공급을 요청한다(Rodrick, 1998 ; Stiglitz, 2003). 변화하는 글로벌 경제에서 한계화된 계층과 국가들의 가속적이고 호혜적인 통합을 촉진할 수 있는 적극적 정책이 요청된다.

---

26. 글로벌화의 주창자들은 혜택의 불공평한 배분이 글로벌화된 시장의 실패보다는 정치와 정책의 실패에서 비롯한다고 주장한다.

1.4 무역정책과 그 거버넌스

무역정책의 역할과 구성

잘못된 특화, 국제시장의 실패, 소득 불평등과 역량 확장의 제한을 극복하기 위해서는 정부나 사회조직에 의한 집단행동이 요구된다. 글로벌화는 국민국가의 능력을 제한하지만 동시에 국민국가의 새로운 역할을 요청한다. 글로벌 경제에 자국 경제를 효과적으로 통합하여 글로벌화가 제공하는 기회를 활용하고 통합이 낳는 이득을 보다 공정하게 배분하는 한편 빈곤을 경감하여 환경을 보호하고 인권을 촉진하는 등 경제발전에서 중요한 역할을 할 수 있다. 다양한 가치가 공존하는 다원적 사회에서는 시민사회와 민간부문이 적극 참여하는 참여적 정책결정을 허용하는 거버넌스를 만들어내어야 한다. 아울러 각국은 글로벌화에 따른 규칙을 설정하는 데 적극 참여하여야 한다. 각국의 효과적인 글로벌화를 위한 정책은 다양하지만 시장기회의 촉진과 제품역량의 확충, 무역-성장 또는 무역-발전의 연계, 무역정책은 국가 간 협력으로 나누어 볼 수 있다. 국가능력 구축의 단기적 목표는 국민경제를 글로벌화 과정에 통합하는 것이지만 궁극적 초점은 인간발전에 두어야 한다. 사람들로 하여금 자신들의 삶에 대한 통제를 강화하면서 스스로 문제를 해결하고 글로벌 변화를 지지하도록 하는 것이야 한다.

양면게임과 통상거버넌스

무역정책에서 정부는 외국 정부와의 국제협상을 진행하는 동시에, 국내 이해당사자와 국내협상을 양면에서 진행해야 하는 양면게임(two-level game, Putnam, 1988 ; 최병일 외 2006)의 상황에 놓여있다.[27] 즉, 협상자는 상대편 국가와 협상하지만 동시에 국내의 유관집단과도 협상해야 한다. 이는 국내 이해당사자와의 협상을 중심으로 전개되는 다른 경제정책과 무역정책을 구분하는 중요한 특징이다. 양면게임으로서의 무역정책에서 국내 이해당사자와의 협상은 정부가 외국정부와 합의 가능한 범위를 제한한다. 정부가 이 범위를 넘어 정책을 결정하면 국내 비준과정에서 저항에 부딪히고 비준에 실패할 수 있다. 실제로 양면게임 이론에 따르면 국내 유관집단이 협상자에게 더 많은 제약을 부여한 측이 국제협상에서 유리하다. 즉, 자국 내에서의 제약이 큰 협상자는 그만큼 국제협상에서 양보 가능한 범위가 줄어들고 상대방의 양보를 얻어내기가 쉽다. 국가의 국제적 협상능력은 국내정치구도가 낳는 제약의 크기에 의해 결정된다는 것이다. 결국 정부와 국내 이해당사자 사이에서 이루어지는 국내협상은 '통상거버넌스'로 불릴 만큼 중요한 위치를 점한다. 통상거버넌스는 3단의 계층 구조를 가진다. 통상거버넌스는 ① 국민정서를 기반으로 ② 사회안전망이라는 제도적 장치 위에서 이루어지는 ③ 정책 결정으로 구성된다. 즉, 국내협상의 결과물로서의 정책결정은 국민의 개방정서와 제도 기반을 토대로 그 위에서 이루어지는 것이다.

그림 8-26 양면게임으로서의 통상정책

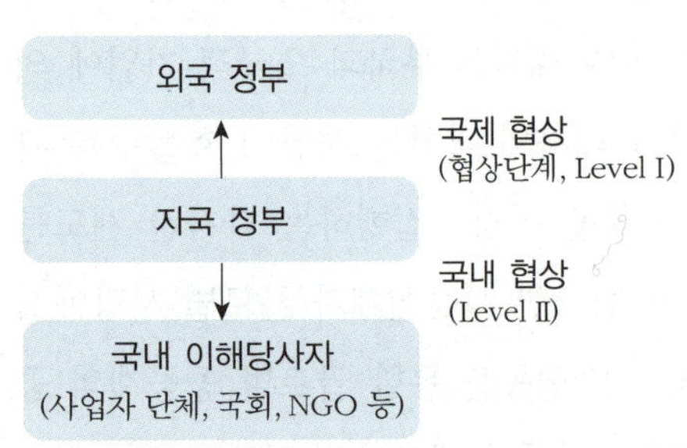

자료 : 최병일 외(2006).

권위주의 사회에서는 소수의 행정 관료 집단이 주도하는 신

27. 국제협상을 위해서는 내부 지지를 극대화하고 반대를 최소화하기 위해 대내 협상이 필요하며 대외와 대내 협상 간 상호작용을 통해 상호 합의에 도달한다. 국제협상이 타결되더라도 국내비준이 되지 않을 수 있으므로 국제협상은 국내협상과의 상호작용을 통해 협의되고 타결된다.

속하고 과단성 있는 의사결정으로 통상정책의 효율성을 증대시킬 수 있지만, 정책결정 과정에서 많은 이해관계자들이 자신들의 입장을 제시할 기회를 갖지 못한다. 그러나 다원적 사회에서 통상거버넌스는 효율적이어야 하지만 동시에 정치적으로 정당해야 한다. 효율성은 정책목표를 얼마나 최소의 비용으로 달성하는가를 측정하는 잣대이며, 정당성은 통상정책이 제안-논의-확정-집행되는 일련의 과정이 정해진 절차에 따라 이루어졌는가, 얼마나 투명했는가, 이해당사자의 참여를 얼마나 유도했는가로 평가된다. 이해 당사자로 민간은 다양하게 구성되며 행정부나 의회 역시 마찬가지다.

글로벌화의 삼자택이 문제

통상정책의 양면게임적 속성에 비추어 볼 때 세계적 경제통합, 주권국가, 민주정치 세 가지 중 두 가지를 결합할 수 있지만, 세 가지를 동시에 완전한 형태로 가질 수는 없다[globalization trilemma(세계화 트릴레마), Rodrik, 2011]. 세계화, 주권 국가체제 그리고 민주정치는 서로 갈등을 야기할 수 있다. 세계화는 국경을 자유롭게 넘나드는 흐름과 세계 공통의 정책을 요구하는 반면 주권은 독립된 자치 국가를 의미하며, 세계화를 결정하는 것은 주권국가가 수립한 정책이다. 그리고 각국이 민주정하에 있다면 글로벌화를 결정짓는 정책들은 각국 내에서의 시민 다수의 선호를 반영하여야만 한다. 세계화의 혜택은 본질적으로 자유 무역이 플러스-섬 게임이라는 점에 기초하지만, 그 혜택이 모든 시민에게 고르게 나누어지는 것은 아니며 승자와 패자가 생겨난다.

그림 8-27 세계화 트릴레마

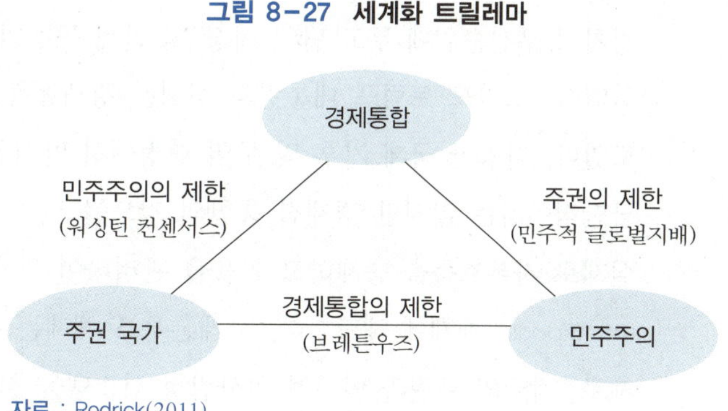

자료 : Rodrick(2011)

- **민주주의의 제한 : 독재화**(golden straitjacket) 세계적 경제통합과 주권국가를 선택한다면 기술관료가 지배하는 독재적 기관에 대한 민주적 통제를 포기해야 한다. 국부를 극대화하고 국내정치를 통제할 수 있는 능력은 글로벌화와 주권국가를 양립하게 한다. 그러나 유권자에 대한 책임을 져야 하는 민주정치는 도전을 받는다.[28] 주권국가를 유지하지만 세계 경제의 요구에만 대응하도록 하는 것으로, 다른 국내 목표를 희생하면서 세계적 경제통합을 추구하는 국가이다. 현재의 WTO 중심의 국제무역질서도 이에 속하는데, 세계 각국은 주권을 지키면서 상품, 노동, 자본의 국가 간 이동을 자유롭게 하는 규범을 만든다. 자유무역에 따른 이익은 극대화되지만 각국에서는 양극화, 실업 등의 세계화에 따른 부작용이 생기더라도 국제 규범에 크게 어긋나는 독자적인 민주적 의사결정을 적절히 하지 못하고 있다. 이로 인해 각국에서 세계화에 대한 반발이 일어난다. 세계화가 성공적으로 이루어졌지만 각국에서 세계화에 대한 반발 역시 커져가는 세계화의 역설(globalization paradox)이 생겨난다. 자유민주주의가 쇠퇴하며 더 독재적인 정권으로의 전환이 나타나는 것이다. 19세기 금본위제(gold standard)는 이런 종류의 국가에 대한 역사적인 예다. 현재의 중국은 국가의 주권 유지를 주요 정책 목표로 삼아 경제통합

28. 주권국가 체계에서의 경제적 효율성과 경제통합에 대한 요구는 세계화로 말미암은 패자가 승자를 수적으로 압도하는 사회에서 민주적 의사결정의 범위를 제한하라는 압력을 야기하였다. 민주주의 자체가 공격을 받고 제약을 받고 있는 것이다.

과 국가주권을 고수한다. 그러나 이를 위해 민주주의를 희생하고 있다. 실제로 중국은 기존의 정치적 자유화를 향한 잠정적 조치조차 취소하고 있다.

- **주권의 제한 : 민주적 글로벌지배**(democratic global governance) 세계적 경제통합과 민주정치를 선택한다면 정부의 권한을 초국가적 기관으로 이전하여 주권국가의 지위를 포기하여야 한다. 이는 세계가 하나의 국가가 되는 것으로 국제무역과 투자가 완전히 자유롭고 글로벌 수준에서 민주정치가 실현되는 것이다. 다만 각국의 주권은 포기되는 체제이다. 민주정치의 범위를 글로벌 시장의 범위에 맞추는 것이다. 현실적으로 이는 글로벌 단위로 실현되기 어렵다. 경제통합은 각국이 고유한 국내정책을 결정할 수 있는 영역을 제한한다. EU 국가들은 민족국가의 고유 권한과 관할권을 범유럽 기관으로 이전하였다.
- **경제통합의 제한 : 민주적 주권국가의 지배**(democratic nation states) 주권국가와 민주주의를 선택한다면 세계적 경제통합을 포기하여야 한다. 민족주의를 지지하고 세계화를 제한하는 포퓰리즘이 지배적인 경우이다. 브렉시트 국민투표(Brexit referendum)로 영국의 유권자들은 국가 주권과 민주주의를 정치적 우선순위에 두고 단일 시장 및 관세 동맹의 혜택을 제공하던 EU를 탈퇴하며 세계화에서 후퇴하였다. 도널드 트럼프 대통령의 정책은 경제통합을 희생하면서 국가주권과 민주주의을 높이려는 시도였다. 다양한 국제 기후 및 무역 협정에서 탈퇴했으며 수많은 국가와 무역분쟁을 일으켰다. 이렇게 극단적이지는 않지만 경제적 통합의 강도를 낮추는 경우도 이에 해당한다. 이는 민주적 주권국가가 실제로 자본흐름을 통제하고 환율을 관리하여 관세와 쿼터로 무역을 제한했던 전후 브레튼우즈(Bretton Woods) 체제에 해당한다. 브레튼우즈 체제는 주권과 민주정치를 선택하고 경제통합은 제한한 체제로, 각국의 주권과 민주적 의사결정 시스템을 침범하지 않을 정도까지만 국제무역과 투자가 허용되었다.
- **3자 병행, 글로벌 경제통합과 민주적 주권국가의 공존**(hyper-globalized democratic nation states) 네덜란드와 스웨덴은 글로벌 경제통합이 주권국가와 민주정치와 병행하는 경우이다(Palley, 2017). 민주주의는 인류가 이루어낸 위대한 성취 중 하나이다. 또한 효과적인 글로벌 정부를 상상하기 어려우므로 경제 세계화는 비례적으로 제한되어야 한다. 이를 위해서는 국경을 초월한 작업과 가치사슬의 과잉 특화보다는 사회 전반에 걸친 세계화로 일자리와 소득이 확산되는 스마트 세계화가 요구된다(Rodrik, 2011).

1) 효과적 글로벌화

세계 경제와의 성공적인 통합은 시장 기회의 확보와 제품 경쟁력을 요구한다.

시장 확보

시장 문제는 시장접근이나 수송 등의 거래비용 또는 무역촉진 정책의 문제로 나누어 검토할 수 있다. 우선 시장접근은 다양하게 영향받을 수 있다.[29] 수입제한은 세금을 부과하는 관세장벽이나 수입물량을 제한하

29. 무역정책 수단이 무역과 국민경제에 미치는 영향은 관세에 기초하여 분석할 수 있다. 관세는 관세가 부과된 재화의 생산자 판매가격을 상승시키므로 국내생산자들에게는 이득이 되고 또 정부 역시 관세수입을 얻게 되지만 국내소비자는 손해를 입게 된다. 문제는 국

그림 8-28 애로요인 진단방식에 기초한 무역정책 평가

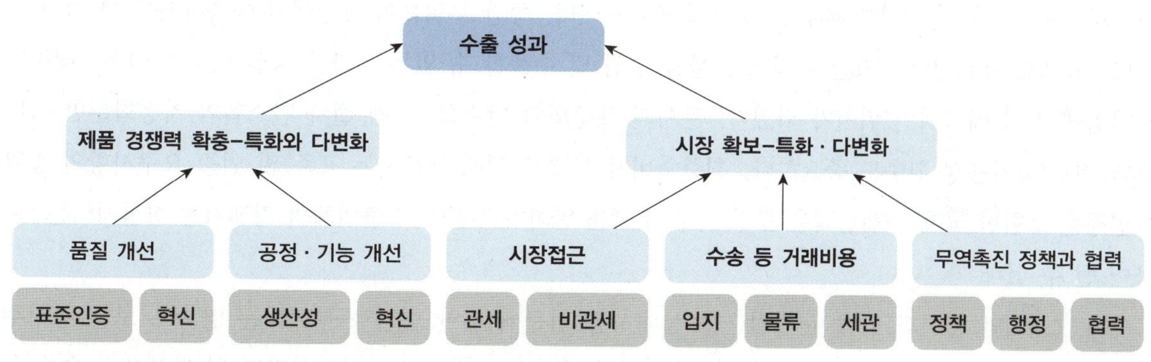

자료 : Farole et al.(2010)을 일부 수정

거나 행정절차를 까다롭게(red-tape) 하거나 정부나 기업의 수입물품을 제한하는 비관세장벽에 의존할 수 있다. 수출촉진을 위해서 통상 보조금이나 금융지원을 활용하는데 때에 따라서는 수입국의 요청에 의해 수출물량을 자율적으로 제한하는 경우도 있다. 수송 문제는 위치에서 비롯할 수도 있고 수송 · 물류 · 서비스나 세관 문제가 원인이 될 수도 있다. 무역촉진 정책은 정책 자체의 문제인가 아니면 그 집행의 문제인가로 나누어볼 수 있다.

GVC가 세계 무역의 지배적 특징이 되어감에 따라 시장 기회의 확보를 위한 무역정책의 기조에 큰 변화가 발생하게 되었다. 첫째, 무역정책의 초점이 국민국가에서 GVC 선도기업으로 옮겨가게 되었다. 즉, GVC에서의 글로벌 선도기업의 힘과 위치를 활용하여 국내 기업의 GVC 참여와 고도화를 촉진하는 접근방식이 중요해졌다. 다국적 계약 제조업체나 글로벌 선도기업과 같은 글로벌 플레이어가 국가나 기업의 GVC에의 통합이나 고도화 궤적을 형성하는 데 결정적인 역할을 하게 되었기 때문이다. 전통적 무역정책은 산업의 부가가치가 전적으로 국내 기업에 귀속된다는 가정에 기초하였기 때문에 생산구조 내에서 권력의 문제는 국민후생 분석에서 덜 중요하였다. 하지만 GVC 내에서 가치 포착은 선도 기업, 공급 기업 및 근로자 간의 권력 배열에 의존하게 되었다.

둘째, GVC가 세계 무역의 지배적 특징이 되어감에 따라 수출은 좋은 것이고 수입은 나쁜 것으로 보는 중상주의적 접근은 위험스럽고 자멸적인 것으로 변모하고 있다. 최종재로 수출되기까지 수차례 국경을 넘나드는 생산의 파편화는 관세, 비관세 장벽 및 기타 제한 조치가 외국 공급자뿐만 아니라 국내 생산자에게도 큰 영향을 미치게 되었다. 때문에 국가가 개방적이고 예측 가능하며 투명한 무역 및 투자 체제를 갖출 필요성이 커져가고 있다. 관세 및 기타 보호조치는 중간재가 국경을 넘어 여러 번 거래될 때 누적되어 생산비용과 최종 수출재 가격을 높이고 GVC와 관련된 기업의 생산 및 투자 결정에 부정적 영향을 미치게 되었다. 저평가된 통화에서 얻었던 수출에서의 이점이 수입투입재 가격의 상승으로 부분적으로 침식됨에 따라 환율정책과 무역정책의 연계성도 떨어지게 되었다.

내생산자와 정부가 얻는 이득이 소비자가 겪는 손해를 넘어선다는 데 있다. 이러한 손해는 가격 상승에 따른 소비 위축 때문에 생겨난다. 다른 무역 정책수단이 국민경제에 미치는 효과 역시 관세와 유사하다. 다만 수출보조금은 교역조건을 악화시키며, 수입할당제와 수출자율규제의 경우 정부수입은 없다는 점에 유의할 필요가 있다. 대신 정부수입은 수입업자(수입할당)나 외국인(수출자율규제)에게 넘어가게 된다.

상품이 처음에는 투입물, 그 다음에는 최종 제품으로 여러 번 국경을 넘나들기 때문에 빠르고 효율적인 통관 및 항만 절차가 공급망의 원활한 운영에 필수적이다. 중간 투입물이 국경에서 예측하지 못한 지연을 겪지 않고 빠르고 믿을 만한, 기간 내에 투입물을 수입 및 수출할 수 있는 국가는 생산 단계를 아웃소싱하려는 외국기업에게 더 매력적인 위치가 되었다. 문서의 표준화와 단순화, 국경 절차 간소화와 자동화뿐만 아니라 필요한 정보의 가용성 확충도 중요하다. 최종소비자 보호를 위해 취해지는 표준 및 인증 요구사항의 통일과 상호인정을 포함한 국제 규제협력은 규정 준수 부담을 완화하고 중소 수출업체의 경쟁력을 향상시키는 데 큰 도움이 될 수 있다.

셋째, GVC의 출현과 함께 시장접근을 상대시장 접근에 대한 대가로 부여되는 양보로 보는 중상주의적 접근 역시 그 타당성을 잃게 되었다. 국내 기업이 생산성과 경쟁력을 향상시키기 위해 세계적 수준의 상품 및 서비스 투입물을 안정적으로 수입할 수 있어야 하기 때문이다. 이런 면에서 상호 양보에서 일방적 자유화로 무역자유화를 선도하여 특화를 통해 가장 먼저 이득을 보고 하류산업의 국제 시장에서 입지를 향상시킬 수 있게 되었다. 한편 다자간 협정이 자유화에서 최선의 방법으로 널리 받아들여지지만, 지난 20년간 자유화는 지역 수준에서 주로 이루어졌다. GVC 관점에서 볼 때 지역생산 네트워크와 일치하는 지역무역협정(RTA)의 강화에 초점을 맞추어야 하지만, 동시에 RTA가 기업의 선택을 왜곡하고 여타 가치사슬과의 연계를 잃는 함정에 빠지지 않도록 주의해야 한다. 이를 위해서는 단기적으로 원산지 규정을 GVC 친화적으로 탄력적으로 운영하고 장기적으로 RTA를 통합하고 다자화하는 것이 필요하다.

넷째, GVC는 기업 네트워크의 유연한 형성에 의존하므로 네트워크 내에서의 법제가 안정적이고 예측가능하도록 계약집행에도 주의를 기울여야 한다. 지적재산권 보호는 보다 혁신적이고 복잡한 가치사슬에서 특히 중요하다. 국제표준 준수를 보장하기 위해 국가 인증 및 검사 역량을 강화하는 것도 GVC 참여를 촉진하는 한 가지 요소이다. 세제 혜택, 보조금, 현지조달요건 등의 전통적 산업정책수단은 GVC 맥락에서 생산 패턴을 왜곡할 가능성이 높다. 하지만 인적자본 투자, 무역장벽 완화, 중소기업과 GVC 선도기업 간 연계노력 등의 선제적 조치는 특히 시장실패 문제를 완화하는 데 중요하다.

제품 경쟁력 확충

타국 시장에의 접근이 호혜적이어도 이들 시장에 실제로 제품을 판매하기 위해서는 제품 경쟁력과 그 개선(upgrading)이 필요하며, 이는 정책적 관점에서 경쟁력을 제한하는 공급 요인의 개선을 요구한다. 제품 경쟁력은 품질 개선(product upgrading)과 공정 · 기능 개선(process upgrading)에 기초한 비용요인에 의존한다.[30] 품질은 혁신이나 표준 · 인증의 문제로, 비용은 노동비용, 노동 생산성(숙련), 다른 생산요소(부품과 자본장비, 자본비용)와 지원 서비스(공공 서비스의 비용과 질, 사업 서비스, 사회 간접자본 등) 문제로 접근할 수 있다. 지원 서비스의 수준은 규모의 경제와 산업 내-산업 간 외부효과의 활용을 막는 정보 · 협조의 실패와 공공재의 과소공급 여부에 의존한다. 제품 경쟁력을 결정하는 품질과 비용은 해당 산업의 시장진입과 경쟁이 제한될 경우 그 개선이 제한된다. 마지막으로 새로운 제품의 신시장 개척에 어려움이 있다면 정보 비대칭성과 협조 문제를 다루는 유인과 제도를 검토해야 한다.

GVC가 세계 무역의 지배적 특징이 되어감에 따라 제품 경쟁력 강화에서 네트워크 인프라와 보완 서비

30. 이 외에 더 많은 정보가 생산 단계를 기업 내 또는 국가 내에 통합(functional upgrading)함으로써 제품 경쟁력이 개선될 수 있다.

스가 중요해지고 있다. 가치사슬을 따라 원활하게 생산을 조정하고 상품을 이동시키는 운송, 물류, 금융, 통신, 사업 서비스 없이는 GVC도 없을 것이다. 부가가치 수출의 30% 이상을 차지하는 중간 서비스 투입은 이를 잘 대변하고 있다. 보다 효율적인 서비스 부문은 제품 경쟁력을 강화하고 GVC에 더 잘 참여할 수 있도록 한다.

2) 무역과 경제 성장 · 발전과의 연계 강화

무역은 목적을 이루기 위한 수단이지 목적 그 자체는 아니다. 무역은 경제발전을 위한 수단의 하나일 뿐이다. 경제발전의 궁극적 목표가 자유의 확장에 있다면 무역정책 역시 경제통합의 관점을 넘어 경제발전과 역량 확장의 관점을 요구한다.

무역은 각국의 비교우위 활용과 시장 확대를 통해 경제성장에 기여한다. 무역 자유화의 성과는 시장실패로 말미암아 관련된 제도와 정책지원에도 크게 의존한다. 무역 확대와 그에 따른 경제성장은 소득 증대를 통해 빈곤층을 감소시키지만 소득 불평등에 미치는 영향은 모호하다. 그러나 재취업 서비스나 훈련 등 구조적 실업을 해소하기 위한 프로그램과 사회 안전망이 미미한 경우 자유화와 GVC 확대에 따른 산업 및 작업 구조조정의 고통은 취약층에 과도하게 귀착될 것이다. 즉, 무역과 그 자유화, 특히 GVC의 확대가 국내경제에 미치는 혜택을 극대화하고 부작용을 최소화하기 위해서는 변화에 적응할 수 있도록 기업과 개인이 역량강화를 도모하는 제도와 지원정책이 필요하다.

개인의 역량강화와 이를 위한 투자는 GVC에의 참여와 이후의 고도화에서 특히 중요하다. 숙련에 대한 충분한 투자가 없으면 GVC 참여가 생산성 증가로 이어지지 않을 수 있으며 국가는 지식 기반의 글로벌경제에서 점점 더 경쟁할 수 없게 된다. 효과적인 숙련전략은 참여하는 GVC와 관련된 숙련을 발전시키는 문제를 해결해야 하지만, 평생 동안 이러한 숙련을 유지 · 개선하여 서로 협력, 경쟁, 연계함으로써 경제발전에 참여하도록 하여야 한다.

한편 무역 자유화는 공익을 위한 규제와 행정조치의 유연성과 그 범위를 제한할 수 있다. 특히 수송, 통신, 에너지, 용수 등의 인프라나 교육과 보건에서 서비스 품질과 접근성에 대한 규제감독이나 빈곤층 등을 위한 정부정책을 강화하여야 한다. 경쟁법과 노동권의 신장이 정책 대안을 제한하지 않도록 해야 할 필요가 있다. 금융 서비스 자유화가 중소기업의 금융접근을 높이도록 정책 지원과 규제가 요구되며, 금융위기를 낳지 않도록 적절한 규제를 구축할 필요가 있다. 이들을 위해서는 정부운영의 책임성과 투명성을 높이고 무역 자유화의 영향을 받는 일반 대중의 의견 투입을 강화하여야 한다. 또한 능력 있고 투명하며 청렴한 관료, 독립적인 사법당국이 요구된다.

참여적 과정

무역확대를 넘어 경제발전에 친화적인 무역제도와 정책을 설계하기 위해서는 '참여적 과정'이 요구된다. 개발도상국은 해외시장 진출을 넘어 자국의 근본적인 경제발전 과제를 고려해야 한다. 선진 산업국은 수출기업과 다국적기업의 이해관계와 이들 기업의 노동자 및 소비자의 이해관계 사이에서 균형을 잡아야 한다. 이를 위해 정부는 소비자와 공익단체, 수입기업과 수출기업, 사회조직을 포함하여 영향받는 모든 이해관계자들과의 파트너십을 확립하고 이들의 견해가 정책결정 과정에 반영되도록 해야 한다. 그리고 투명한 방법으로 여러 사회집단의 상충하는 이해관계를 조정해야 한다. 참여적 탐색과정을 통해 무역정책의 우선순위가 설정되어야 한다. 사회집단 각각은 자신의 비교우위 분야에서 무역정책의 형성과 결정 그리고 집행에 기여하도록 하여야 한다. 민간 부문은 외국인투자를 유치하고 대외교역을 확장하는 데 결정적인 시장 관련 정보를 제공할 수 있다. 시민사회는 사회적 책임과 지속 가능한 발전을 위한 글로벌 표준과 관련하여 정부가 민감하게 반응하도록 함으로써 효과적인 국제협력이 지속적으로 이루어지도록 지원할 수 있다.

3) 무역정책의 국가 간 협력

세계 경제에 대한 안정적 지배구조가 수립되어야 세계화가 안정적으로 진행될 수 있다. 무역정책의 주체는 서로 각자의 영토와 주권을 존중하는 국가들이다. 결과적으로 국가별 경계와 그로 인한 차이가 자유무역과 경제통합을 방해할 수 있다. 국가의 무역정책은 대중의 참여도가 높은 민주정치 체제하에서 자국민에 미치는 영향만을 고려하기 때문에 파괴적 보호무역으로 치닫는 죄수의 딜레마 상황이 생겨날 수 있다.[31] 각국은 다른 나라에 끼칠 외부효과를 고려하지 않고 자국에 유리한 정책을 선택(비협조적 균형)할 것이다. 각국은 시장 신뢰를 얻고 교역과 자본에 유리한 정책을 추진할 수도, 반대로 경쟁적 보호무역에 나설 수도 있다. 정치적 주체로 세계정부를 상정하긴 곤란하지만, 세계 경제 전반에 걸쳐 국가 간 협력을 필요로 하는 공공재 생산을 위한 규범과 규정을 설정하고 이를 이행하는 국제적 협력체제, 즉 세계 경제의 지배구조를 구축하여 국제적인 집단행동 문제를 해결해야 한다.[32]

세계 제1차 세계대전의 발발과 더불어 글로벌화는 멈추고 산업국은 무역장벽을 세워나갔으며 대공황은 이를 더욱 강화하게 하였다. 제2차 세계대전의 종료와 함께 보호무역의 물결은 반전되기 시작하였다. 산업국들은 관세를 인하하기 시작하고 이를 확고하게 하기 위한 방안을 모색하였으며 이는 결국 다수의 국가가 동시에 관세인하에 협상하는 다자간 무역체제(Multilateral Trading System ; MTS)로의 전환으로 나타났다. 다수의 참여국이 동시에 관세를 인하할 것을 약속함으로써 무역자유화에 반대하는 각국 내 이해집단의 반대를 극복할 수 있었다. 이러한 논의는 국제통화기금(International Monetar Fund ; IMF)과 세계은행의 자매조직인 국제무역조직(International Trade Organization ; ITO)의 설립 제안으로 이어졌다. 비록 ITO는 성사되지 못했지만, 관세 및 무역에 관한 일반협정(General Agreement on Tariffs an Trade ; GATT)이 성립하여 다자간 무역협상의 단초를 마련하였다. GATT는 다자간 무역협상을 통해 제2차 세계대전 이후 세계 무역 및 투자를 자유화하고 국제통상규범의 제정과 운영에 기여하였다. 1947년부터 1994년까지 8차례의 다자간 무역 협상이 이루어졌는데, 대부분 관세에 대한 협상을 이어갔고 후에는 쿼터, 반덤핑 등의 다른 무역문제도 다루었다. 1995년 GATT를 대체하는 새로운 조직으로 법적 구속력이 있는 무역기구인 WTO(World Trade Organization)가 설립되어 공정 경쟁을 위한 기준을 확립하고 회원국 간 분쟁을 조정하는 포럼으로서 다자간 무역협상의 중심

31. 국민국가는 법을 만들고 집행하는 독립적 권한을 지닌 영토 · 사법구역 단위를 의미한다. 대중정치는 선거권이 제한되지 않으며, 사람들이 정치적 견해를 쉽게 바꾸고, 바뀌는 정치적 견해에 따라 정치제도가 반응하는 정치체제를 의미한다.

32. 세계 경제 지배구조는 제2차 세계대전 이후 1973년 브레튼우즈 체제가 무너지기 전까지 미국이 주도하였다. 유럽의 경제적 영향력이 커지고 일본의 부상과 러시아의 등장이 이어지면서 미국의 역할을 보완하는 G-8이 성립한다. 이후 아시아 외환위기 극복 과정에서 국가 간 정책조정을 강화하기 위한 G-20 재무장관 · 중앙은행 총재 회의가 결성되었고 이후 중국 등 신흥국의 급성장과 2008년 금융위기를 배경으로 G-8은 G-20 정상회의로 격상하여 새로운 지배구조를 성립시켰다. 그러나 G-20는 아직까지 다자간 무역자유화와 세계 금융감독체제 강화 등의 현안에 적절히 대처하지 못하고 있다.

기구로 역할하게 되었다. WTO 체제의 두드러진 특징 중 하나는 국제정치관계에서의 힘(power)이 아니라 국가 간 합의로 만들어낸 규칙이 중심이 되는(rule-based) 다자무역체제로서 회원국 간의 무역분쟁을 분쟁해결기구(Dispute Settlement Body ; DSB)가 운영하는 체계적인 분쟁 해결절차(Dispute Settlement Procedure ; DSP)에 따라 규범에 바탕을 둔 법리적 심리에 의해 해결한다는 것이다. WTO는 GATT의 경험을 바탕으로 다자간 협상을 통해 국제통상체제의 개선을 위해 다양한 노력을 기울여 왔다. 또한 우루과이라운드 협상 결과 채택된 서비스 무역에 관한 일반협정(GATS)에 기초한 동 분야에서의 무역자유화를 추진하고 새로이 농업 자유화를 다루며 순조롭게 진전시키는 한편 GATT 체제에 비해 더 강력해진 분쟁해결기구를 원활하게 운영하고 있다.

이처럼 세계 각국은 국제적으로 단일한 기준을 마련하여 국가 간 제도를 통일시키는 노력을 기울이고 있지만, 동시에 일반적인 출구조치, 면책조항(escape clause), 제외조치(opt-outs) 등을 포함하는 구조도 갖고 있다. 즉, 각국은 세계시장에 편입됨으로써 얻을 수 있는 효율성 증대 효과를 누리는 동시에 각기 다른 방식으로 제도를 운용해 나가고 있다.[33] 대표적인 제외조치로 GATT나 WTO의 긴급수입 제한조치 허용을 들 수 있다. 이를 통해 각국 정부는 급등하는 수입에 대처하여 일시적으로 관세를 부과할 수 있다. GATT는 무역과 무관한 상황에 대해 영구적 면책조항을 허용하며, 농업과 섬유업 등에서 국제규약을 느슨하게 하거나 면제해줄 필요성을 인식해 왔다.[34] 노동기준과 환경, 인권 등에 대한 우려를 발생시키는 상황에까지 면책조항의 범위를 확대한다면 각 나라는 운신의 폭을 넓힐 수 있고, 무역 자유화와 충돌하는 국내의 특수한 필요를 해소할 수 있을 것이다. 물론 각국의 면책은 구체적 조건에 맞을 경우에만 다자간에 승인된 절차를 통해 적용되어야 한다. 또한 남용을 막기 위해 국내에서 이루어지는 절차는 투명하고 민주적이며, 모든 이익 집단(무역으로 혜택을 입는 집단까지 포함)에 공개해야 하고 적용 결과는 정기적으로 조사해야 한다.

그러나 이러한 성과와 유연성에도 불구하고 다자통상체제는 어려움을 겪고 있다. 무엇보다도 WTO 출범 이후 진행된 첫 번째 다자간 무역자유화 협상인 도하개발어젠다(Doha Development Agenda ; DDA)의 협상이 계속 지연되고 있다. 농산물, 서비스 등 민감한 이슈를 164개국에 달하는 다수의 회원국들이 협상해야 하는 데 따른 것이긴 하지만, 다자간 협상의 타결에 따른 이득이 과거에 비해 감소했기 때문이기도 하다. 미중 무역분쟁이 격화하는 과정에서 세계 무역을 관장하는 국제기구인 WTO가 이를 적절히 완화하거나 해소하는 역할을 하지 못함에 따라 WTO에 대한 개혁 필요성뿐만 아니라 무용론까지 나타나고 있다. 또한 자유무역협정(Free Trade Agreements ; FTA) 등 지역무역체제가 확산되면서 WTO 회원국들이 다자무역협상보다는 지역무역협상에 적극적이다.

지역무역협정에 의한 다자체제의 보완

1990년대에 들어 국가 간 무역정책 협력으로 다자체제를 보완하여 무역자유화에 기여한다는 명목하에 지역무역협정(Regional Trade Agreement ; RTA)이 활발하게 전개되고 있다. 오랫동안 다자통상체제를 주도하던 미국에서 1985년 이스라엘과의 첫 FTA를 성사시킨 데 이어 캐나다와의 FTA 그리고 북미자유무역협정

33. 피케티는 다음의 2단계 절차를 통해 각 나라가 취하는 이탈행동의 파레토 효율을 개선할 수 있음을 증명했다. ① 여러 나라가 모여 다수결 원칙에 따라 공통 정책 기준을 결정한다. ② 공통 정책기준에서 이탈할 나라는 적정비용을 지불한다.

34. 섬유업 분야의 국제섬유협정(Multi-Fiber Arrangement), 일부 산업분야의 수출자유규제(voluntary export restraints ; VERs) 등이 이러한 필요성을 반영한 사태이다.

(NAFTA)을 타결하고, 유럽에서는 유럽연합(European Union ; EU)이 동유럽 10개국을 새로운 회원국으로 받아들이며 지역주의를 본격화하였다. 이에 자극받아 다른 국가들도 FTA에 적극 나섬에 따라 1990년 22건에 불과했던 FTA 누적 건수는 2000년 83건, 2010년 214건, 2020년 303건으로 급증하였다. 한편 최근에는 여러 개의 메가(mega) FTA 협상도 진행되고 있다. 아시아 지역을 중심으로 보면 한중일 3국 간의 FTA 협상, ASEAN+5 국가들이 참여한 역내 포괄적 경제동반자 협정(Regional Comprehensive Economic Partnership ; RCEP, 2019년 11월)이 있으며. 아태 지역에서는 미국, 일본, 캐나다 등 통상대국들이 칠레, 싱가포르, 뉴질랜드 등의 소국 및 베트남, 말레이시아 등의 신흥시장과 함께 체결한 환태평양 경제동반자 협정(Comprehensive and Progressive Trans-Pacific Partnership ; CPTPP, 2018년 3월)이 있다. 또한 일본과 EU 간의 FTA 협상이 있으며 미국과 EU 간의 범대서양 무역투자동반자 협정(Transatlantic Trade and Investment Partnership ; TTIP) 협상도 대표적인 메가 FTA이다. 자유무역지역, 관세동맹, 공동시장, 경제동맹, 완전경제통합 등 그 형태가 다양한 지역무역협정은 소수의 지역 회원국들 사이에 존재하는 무역장벽을 제거하여 특혜적인 교역을 허용함으로써 GATT · WTO의 근간인 최혜국대우 원칙과 배치될 수 있지만, 다자체제를 통해서는 기대하기 곤란한 무역자유화 조치를 진전시킬 수 있다는 장점을 갖는다.

미국은 1990년대 초반 아태 지역에서의 무역협상을 전개하여 2018년 CPTPP를 체결하는 한편 2013년부터는 전통적 무역대상국인 EU과 TTIP를 추진하고 있다. 아울러 기존에 발효 중이던 지역무역협정을 상대국에게 수정하도록 강요하여 재협상하기도 하였다. EU는 제2차 세계대전 이후 미국과의 다자주의를 위한 협력과 더불어 오랫동안 독자적 경제통합경로를 밟아와 EU 미가입 유럽 국가들이나 연고를 가진 아프리카, 카리브해 및 태평양 국가를 중심으로 하는 지역무역협정 대해서는 큰 관심을 두지 않았다. 그러나 2006년부터 Global Europe 전략을 내세워 한국, 인도, ASEAN, MERCOSUR 등과의 FTA 협상과 더불어 미국과의 TTIP 협상과 일본과의 FTA 협상에 나서게 되었다. 중국은 한국 및 ASEAN 등 아시아 주요국과의 쌍무적 FTA 체결을 위한 노력하는 한편 미일이 주도하는 TPP에 대항하여 아태 지역 전체를 아우르는 RCEP 체결을 주도하고 있다. 그동안 지역무역협정에 소극적이던 일본은 1990년대 중후반부터 점차 적극적으로 변모하였다. 초기에는 아시아, 특히 ASEAN 회원국들과의 쌍무적 FTA 추진에 중점을 두었지만, 최근에는 호주, 스위스, EU, 미국, CPTPP 등으로 아시아 이외의 지역으로 확대하고 있다.

협력이 불가피한 세계 경제 지배구조하에서 각국 정부는 WTO, 지역기구와 무역협정에서 교섭할 수 있는 능력과 무역과 무역정책이 인권, 재산권, 환경, 노동, 분배 등 사회 · 경제 분야에 어떤 파급효과를 미치는지 평가할 수 있어야 하며 적절한 법규제 체계를 확충하여야 한다. 결국 국가는 공공재 공급, 인적자본 개발, 공공 서비스 제공, 무역과 투자에 유리한 법체계의 구축과 같은 내적 능력을 넘어 안정적 경제관계를 유지할 수 있는 외적 능력도 필요하다. 또한 다자간 무역규칙의 준수, 외국투자와 외국원조의 감독, 여타 국제금융 흐름의 관리, 노동자 이동의 관리, 지적재산권의 강제, 노동 및 환경 안건의 소화 등과 관련된 능력 구축이 필요하다. 그리고 이러한 국제협력에 따른 국제기구와 각국의 대외적 요구를 관리하는 능력이 필요하다.[35] 이러한 요구를 적절히 다루어야만 다양한 무역협상에 참여할 수 있고 글로벌 무역기구와 (지역 간) 무역 블록을 자국과 세계의 경제발전에 기여할 수 있도록 할 수 있을 것이다.

35. 정부는 경제의 글로벌 경쟁력을 개선하기 위한 제도적 개혁을 주도해야 한다. 글로벌 생산네트워크, 다자간 경제 감시, 규제를 고려해야 하며, 국가의 비교우위 분야와 무역특화 분야를 식별하여야 한다.

간헐적 보호무역주의의 등장

시장개방 확대를 위한 다양한 국제협력 속에서도 간헐적으로 보호무역정책이 나타났으며, 특히 세계 경제의 위기마다 반복적으로 등장했다. 전후 세계 경제에 가장 큰 충격을 주었던 1973년의 오일쇼크는 자유무역 기조에 큰 충격을 안겼다. 미국은 자국시장을 수입으로부터 보호하고 실업을 방지하기 위해 다자간 섬유협정을 도입하며 철강, 가전제품, 자동차에 대해서는 경공업 제품에 대한 시장질서 유지협정(Orderly Market Arrangement), 수출자율규제(Voluntary Export Restraint) 등 다양한 회색지대조치(Gray Area Measures)를 도입하였다. 또한 반덤핑 및 상계관세 조치 등이 위협 수단으로 사용되기도 하였으며, 주요 무역상대국인 독일과 미국에 대하여 통화가치 절상을 요구하였다. 유럽은 역내통합의 형식으로 지역주의를 빠르게 진전시켰다. 최근 들어서도 국제통상체제에서 보호무역주의 성격이 강화되고 있다. 산업보호 수단이었던 관세가 다자협상 진전으로 전 세계적으로 인하되는 반면 규제범위와 특정 기업과 국가를 목표로 삼을 수 있는 차별적 조치인 비관세장벽은 점차 증가하고 있다. MFN 평균관세율은 2007년 9.8%에서 2017년 8.9%로 하락한 데 반해, 주요 비관세장벽 건수는 같은 기간 2,330건에서 4,383건으로 88% 증가하여 세계 상품교역 중 반덤핑, 세이프가드 등 비관세장벽의 영향을 받는 비중은 2009년 40%에서 2018년 74%로 꾸준히 상승하고 있다. 중국은 기술규제와 표준정책으로 산업경쟁력을 확보하려 미국과 EU 등 선진국은 시장에서의 독과점적 지위를 유지하기 위해 비관세조치를 활용하고 있다.

그림 8-29 무역장벽의 추이

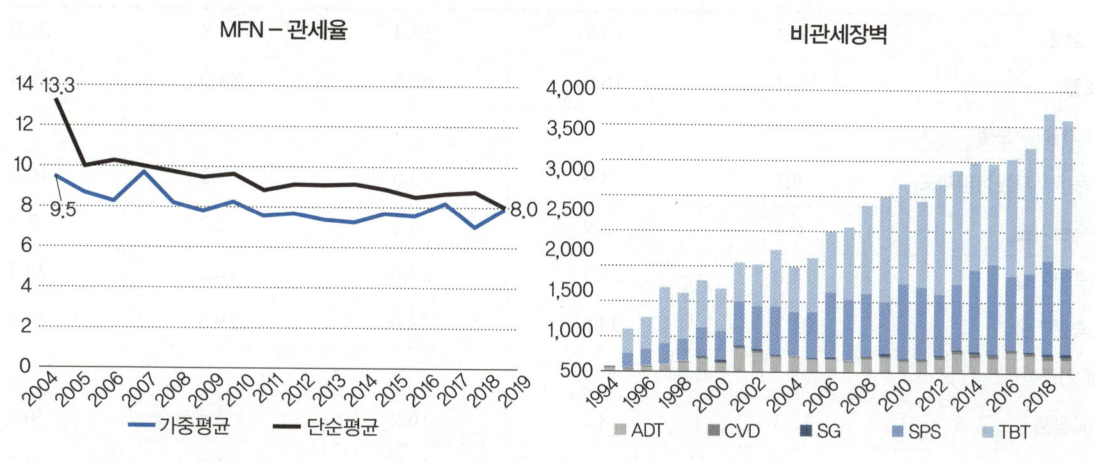

주 : 1) 비관세장벽 개시 · 발표 건수 합산기준
2) ADP = 반덤핑, CVD = 상계관세, SG = 세이프가드, SPS = 위생검역조치, TBT = 무역기술장벽

자료 : WTO STATS, Indicators, Tariff Indicators, Non-tariff measures indicators

한편 미국이 최근 자국 우선주의로 돌아서면서 수입규제 조치를 발동하고 각국이 이에 적극 대응하면서 보호무역 흐름이 전 세계적으로 확산되고 있다. 미국이 국내산업 보호를 위해 수입규제 조치를 취하면 여타 주요국들도 이에 대응하여 연쇄적인 수입규제조치를 발동하고 있다. 예를 들어 2008년 미국의 철강에 대한 수입제한조치는 뒤이어 EU, 튀르키예, 캐나다 등으로 확산된 바 있다. 이로 인해 대표적인 수입규제인 상계관세 조치의 조사 및 발동은 2017년 59건에서 2018년 401건으로 약 5.8배 증가했고, 세이프가드는 16건에서 78건으로 3.9배, 특별세이프가드는 0건에서 33건으로 증가하였다.

그러나 미국을 중심으로 한 선진국의 통상정책은 단순한 보호주의를 넘어선 다면적 성격을 갖고 있다.

통상압력이 발동되는 빈번한 이유 중 하나는 시장개방 확대를 위한 것이다. 1980년대 중반 플라자 협정을 기점으로 특히 일본을 대상으로 한 시장개방 압력이 가중되었는데 이는 엔화 가치절상으로 미국의 수출가격 경쟁력을 개선하는 시도이기도 하지만 폐쇄적 유통시장을 개방하고 산업정책과 규제환경의 개선 그리고 특허권 보호에 대한 요구도 동시에 담긴 것이다. 실제로 1980년대 미국은 다자간, 지역 내, 양자 간 협상을 동시에 진행하는 '트리플-트랙 접근방법(Triple-Track Approach)'을 취하였고 이로 말미암아 통상마찰이 높아졌지만, 그 목표는 서비스시장 개방, 지식재산권 보호 등을 통해 보다 개방적 무역환경을 강화하기 위한 노력으로 볼 수 있다.

최근 미국의 대외무역정책은 도하개발어젠다의 실패가 보여주듯 WTO의 다자주의를 통한 추가적 시장개방이 어려운 가운데 지역무역협정도 포화상태에 이른 상황을 타개하기 위해 일방주의적 압력을 선택하고 있다.

1.5 무역정책 레짐의 국가별 유형

1) 미국의 무역성과와 무역정책

표 8-3 제조품 수출의 구성 비교

	세계	프랑스	미국	독일	스웨덴
1차 상품	26.2	18.9	28.4	11.8	21.0
제조품	70.8	76.0	63.5	84.0	75.5
제조기술 수준별					
노동 및 자원집약제조	9.1	8.9	3.6	7.3	10.8
저숙련기술	6.4	5.9	4.0	6.9	7.3
중숙련기술	24.0	26.7	24.0	40.2	33.3
고숙련기술	31.3	34.6	32.0	29.5	24.0
Lall 기준					
1차 상품	13.3	8.2	16.2	5.5	6.0
자원 기반 상품	15.5	15.0	15.5	11.2	21.2
저기술제조	14.0	14.4	7.1	12.1	12.7
중기술제조	28.4	34.3	31.0	44.2	36.3
고기술제조	23.0	21.8	19.6	21.5	18.8

무역구조

미국은 무역개방도만 본다면 세계에서 가장 고립된 경제 중 하나이다. 글로벌화되지 않은 미국 대기업을 찾아보기 어렵지만, 내수시장이 매우 커서 무역규모는 상대적으로 작기 때문에 개방도가 세계 최하위권이다. 하지만 수출의 절대 규모는 세계 2위로 주로 캐나다(17%), 멕시코(16%), 중국(7%), 일본(5%)에 수출한다. 수출은 제조품이 69%이며 그 외 연료(12%), 음식료(11%), 광석과 금속(4%)이 중요한 위치를 점한다.

주요 수출품은 정유, 원유, 수송수단, IC, 항공기이다. 한편 수입액은 세계 1위로서 주로 중국(18%), 멕시코(15%), 캐나다(13%), 일본(6%), 독일 (5%)에서 승용차, 원유, 컴퓨터, 방송장비, 제약을 수입한다.

무역정책의 추이

전반적으로 미국의 무역정책은 다른 많은 선진국들처럼 이중적 태도를 보여 왔다 : 일반적으로는 시장개방 기조를 유지하지만 정치적 지지를 얻을 수 있는 일부 영역에서는 일반 원칙으로부터의 이탈이 나타난다. 무역정책 수단을 전반적 시장개방을 위한 도구로 사용하고 외국경쟁에 노출된 산업에 대해서는 단기적 구호를 제공하며 반덤핑 및 상쇄관세부과를 통해 외국경쟁을 제한한다. 아울러 항공사와 미디어는 외국소유가 제한되며, 미국 기업의 해외인수는 외국인투자심의위원회의 검토를 받아야 한다. 한편 미국 정부는 엄격하고 명시적으로 외국기업의 공공조달 참여를 제한하며, 외국의 공공조달에 대해서는 미국 기업을 대신하여 영향력을 행사한다. 세계무역기구 출범 이후 관세사용이 엄격해짐에 따라 무역정책의 일환으로 정부 조달, 수출지원, 다자간 및 양자 무역협정을 포함한 다른 메커니즘을 점점 더 많이 사용하고 있다.

16~18세기 동안 유럽의 선도국들은 무역을 국부의 원천으로 보아 공격적 중상주의 정책을 취했다. 선도국들의 국내 산업은 막 성장하기 시작했고 수입재로 인한 경쟁은 제한적이었다. 이들에게 식민지는 원재료 공급을 통해 국부를 증가시키는 수단이었으며, 이렇게 축적한 국부는 다시 전쟁과 영토 확장에 사용되었다. 그러나 영국 의회가 곡물법을 철폐하고 자유무역정책을 선택한 1840년대부터 전 세계적으로 중상주의적 무역기조의 전환이 생겨난다. 영국은 산업이 유럽보다 성숙하여 자유무역을 적극 주창하였고, 경쟁하는 유럽국가들은 저렴한 영국 제품에 노출되었다.[36] 식민지 시대에 미국은 원재료를 수출하고 영국의 공업제품을 수입하는 위치에 놓여 영국과 경합되는 공업발전이 억제되었다. 이에 대한 반작용으로 독립 후 미국은 자국산업의 보호와 발전을 위해 관세 등 보호무역 조치에 크게 의존하였다. 독립전쟁과 1810년을 전후한 국제분쟁을 계기로 유럽으로부터의 수입 두절을 경험하며 미국 공업은 자립적 발전의 계기를 마련하였다.

그림 8-30 미국의 수출 비중과 개방도 추이

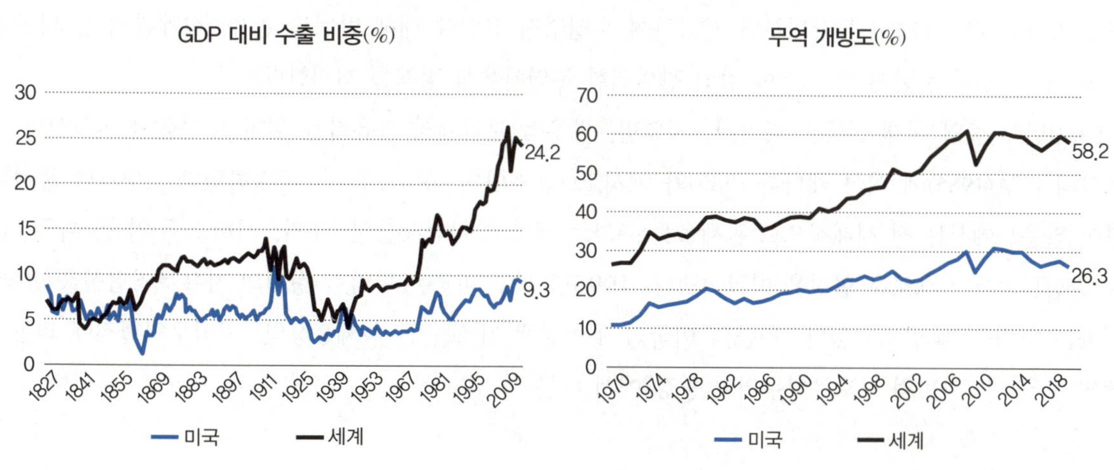

자료 : UNCTAD.Stat

36. 리스트(독일), 해밀턴(미국) 등은 유럽과 미국의 신흥산업이 영국과 경쟁하고 주권을 유지하려면 보호무역이 필요하다고 주장하였다.

1830년대부터 제2차 세계대전까지 미국은 세계에서 가장 보호주의적인 국가 중 하나였다. 1830년대 초 산업계의 로비로 인해 평균 관세는 40%에 달했으며, 이에 더해 전쟁 중의 영국과 유럽으로부터의 수입 차단은 미국 유치산업의 번성에 기여하였다.

20세기를 전후하여 각국에서는 자국의 산업성장을 목적으로 보호무역정책이 확산된다. 제1차 세계대전 이후 이탈리아, 독일, 일본 등은 식민지가 낳는 이득을 보호하기 위해, 그리고 다른 유럽 국가들과 미국은 이에 대항하기 위해 보호무역에 나섰다. 1930년대 대공황 동안 미국은 Smoot-Hawley 관세와 같은 무역장벽을 설치하여 보호무역을 강화시켰고 이에 따라 국제무역은 급격히 위축되었다. 1929~1933년 동안 전 세계 무역은 54%가량 감소한다.[37]

미국에서 본격적인 자유무역 정책의 시작은 대공황 극복을 위한 노력의 일환으로 1934년 최혜국 조건으로 쌍무무역 협정을 결정짓는 권한을 대통령에게 부여하는 호혜통상협정법(Reciprocal Trade Agreements Act)이 성립하고 수출입은행을 설립하면서부터이다. 이를 기반으로 미국은 제2차 세계대전 발발 전까지 관세를 낮추는 쌍무적 협정의 체결에 나섰고, 이에 힘입어 제2차 세계대전 동안 수출 급증을 경험하고 전후에는 국제 경제질서를 주도하였다.

전후 GATT(General Agreement on Tariffs and Trade, 1947)가 발효되며 일련의 다자간 협상(GATT 라운드)을 통해 무역자유화가 전개되었다. 동시에 대통령의 관세조정에 대한 권한이 강화되며 30%를 넘던 평균 관세율은 1951년 15% 수준까지 하락한다. 미국 무역은 제조품 수출입이 모두 팽창하면서 매년 상당한 흑자를 보였고, 이에 힘입어 1962년 무역확장법(Trade Expansion Act)은 대통령의 관세 인하 권한을 더 확대하였다. 하지만 미국은 자유무역으로 인해 피해를 입은 국내산업을 지원하는 무역정책도 지속해 왔다.

1960년대 중반 이후 각국의 성장이 둔화되며 세계 경제의 확장세가 주춤해지며 자유무역체제가 도전받았다. 관세율이 낮아졌지만, 각국은 새롭고 정교한 비관세장벽을 도입하였다. 유럽과 일본 기업들이 경쟁력을 강화하여 미국의 주력산업을 위협하고 무역적자를 확대시키자 유럽과 일본의 무역관행에 대한 비판이 커졌다. 석유위기와 고정환율 레짐의 종식 그리고 인플레이션 심화가 이어지며 각국 경제가 위축되고 보호무역에 대한 요구가 커졌다. 미국, EU, 일본, 신흥공업국 그리고 개발도상국은 서로 불공정한 무역관행을 비판하였으며, 미국은 1974년 통상법부터 시작하여 수입경쟁 산업에 대해 반덤핑 관세, 상계관세 등 다양한 무역구제법을 도입하는 한편 전 세계에 걸친 광범위한 무역자유화 정책을 재개한다.

1980년대 중엽 이래 미국은 다자간, 지역별, 쌍무적 분야에서 자유화를 위한 노력을 심화하였다. 이스라엘과의 FTA(1985)에 이어 캐나다(1989)와 멕시코(1994)와의 북미 FTA을 체결하였다. 1994년 종결된 우루과이 라운드에서는 전 세계적으로 관세율을 추가로 낮추고 지적재산권, 투자, 서비스 무역 등 미국 산업의 주요 관심분야에서 새로운 협정을 이끌어냈다. 1995년 이후 미국은 다양한 형태의 자유무역협정을 협상하고 집행하는 노력을 계속하고 있다. 최근의 미국의 무역정책 기조는 본서 제8장의 "지역무역협정에 의한 다자체제의 보완"과 "간헐적 보호무역주의의 등장"에서 다룬 바 있다.

37. 추가적 논의는 Chang, Ha-Joon(2003)을 참고.

2) 독일의 무역성과와 정책추이

무역구조

현재 독일은 세계 수출과 수입에서 모두 세계 3위에 위치하며, 무역 개방도는 80%에 달한다. 제조업과 서비스업의 수출집약도는 각각 40%, 8%에 근접하고 두 부문에서의 수입집약도 역시 높으나 수출에는 미달해 무역 흑자가 지속되고 있다.

그림 8-31 독일의 수출 비중과 개방도 추이

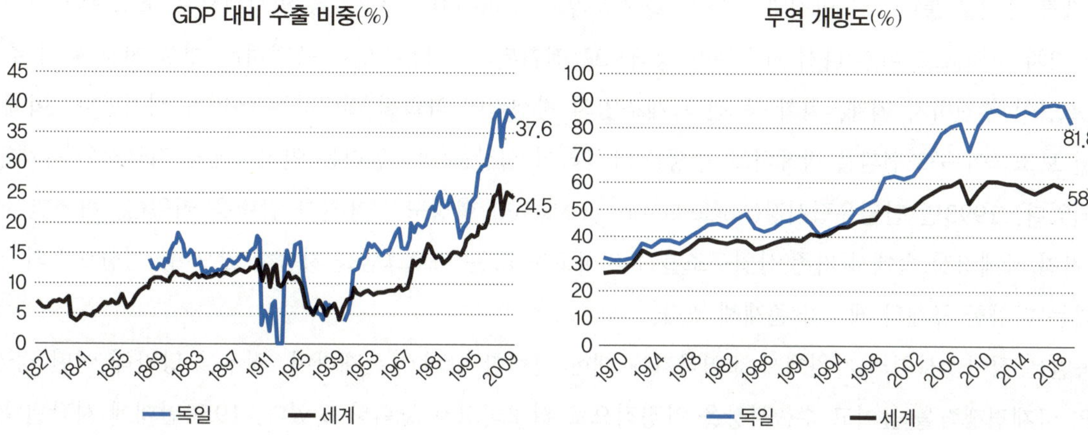

자료 : UNCTAD Stat

독일은 모든 제조업 부문이 높은 수출 비율을 보여 수출품의 88%이 제조품이며, 그중에서도 기계 및 수송장비와 그 연관산업이 특히 두드러진다. 서비스업의 경우 많은 부문에서 교역이 매우 미미하지만, 수상운송, 항공수송, 연구개발, 도매 무역의 수출 비중이 높으며, 반대로 연구개발, 금융, 수상운송은 높은 수입침투도를 보인다. 무역에서는 제조업을 중심으로 생산의 수직적 특화와 오프쇼어링도 확대되고 있다. 주요 수출대상국은 미국(9%), 중국(7%)과 EU 국가들이며, 수입은 EU 국가 외에 중국(8%), 미국(5%)이 중요한 위치에 있다. 주요 수입상품에는 수송수단, 제약, 원유, 정유가 포함된다.

무역 정책의 추이

독일은 유치산업 보호의 논리를 처음 제기하고 행동에 옮긴 국가로 알려져 있다. 그러나 실제 관세보호 수준은 영국이나 미국에 비해 작았다. 많은 제후국으로 나뉘어져 있던 독일은 1834년 프로이센 주도로 관세동맹을 통해 협약국 간 관세를 폐지하였고 대외적으로도 과도하지 않은 수준으로 관세율을 통일하였다. 특히 프랑스와의 자유무역협정(1862)과 철강관세 감소 조치(1870)로 관세동맹의 관세는 1870년대 후반까지 꾸준히 감소하였다. 1879년 재무장관 비스마르크가 지주와 중공업자 간 연대를 위해 관세를 크게 인상하며 자유무역정책으로부터 후퇴하였다. 그렇지만 보호는 주로 핵심적인 중공업, 특히 철강산업에만 부여되었고 전반적인 산업 보호도는 낮았다. 결과적으로 독일 산업의 보호수준은 19세기와 20세기 초까지 다른 국가에 비해 매우 낮은 수준에 머물렀다. 이 시기에 독일은 기계 관련 산업에서의 비교우위를 바탕으로 세계 최대의 기계 수출국으로 부상하며 수출대국으로서의 지위를 확보하게 되었다. 그러나 제1차 세계대전 이후 농산품과 산업재(특히 중화학공업 제품) 모두에 관세를 강화하였으며, 대공황이 심화됨에 따라 보호무역조치는 더욱 강화되었다.

제2차 세계대전 이후 독일은 질서자유주의(ordo-liberal) 원리하에서 무역자유화를 선도해 나갔다. 나치의 폐쇄 정책이 반전되고 전후 복구로 회복하는 유럽경제와 통합되어 갔다. 석탄 · 철강 공동시장 형성을 위한 자유무역협정인 유럽석탄철강 공동체가 탄생하고, 유럽과 세계 각국에서 무역 개방이 진전하며 독일은 빠르게 수출 선도국으로 성장해 장기간의 무역 흑자를 기록하였다. 독일은 낮은 관세율을 배경으로 1957년 EEC(European Economic Community) 설립을 주도하였으며, 1951년 가입한 GATT하의 1960~1970년대 다자간 협상에서 제3국에 대한 공동관세율 인하를 주도하였다. 고용 기회를 제공하는 신흥산업을 촉진하고 고용과 가격 유지를 통한 소득안정과 에너지 확보를 위해 1960년대 중반부터 일시적으로 보호무역 성향이 커졌지만 2차 오일쇼크 이후 다시 자유무역 정책으로 전환된다. 석유수입이 증가하는 대신 철강 등의 주요 국내 제조업이 부진하자 기계, 화학 등 전통 제조업의 경쟁력이 약화될 것이라는 우려가 생겨났다. 이에 따라 부문별 보조금이 구조전환을 방해하고 경쟁을 왜곡하여 성장을 방해한다는 인식하에서 적극적인 규제완화가 추진되었다. 1993년 단일유럽시장(Single European Market) 형성도 규제완화 압력을 키웠다. 하지만 독일의 경우 거친 국제경쟁 속에서 기존 산업구조를 유지하고자 하는 프로그램을 지속해 왔으며, 생산요소의 이동을 억제하는 다양한 규제와 제도가 존재해 왔다.

독일은 정치 · 사회적 차원에서 교역국가에 대한 강력한 합의가 존재하며, 좌우를 망라해 어떤 정권이든 상품의 국제경쟁력을 높이고 수출시장을 안정적으로 확보하고자 노력하고 있다. 1950년대에 시작된 독일의 경제 기적은 산업정책의 결과가 아니라 경쟁 촉진과 대외 무역에 대한 개방이 주효한 것으로 알려져 있다. 독일의 수출 성공에 가장 큰 기여를 한 산업은 독일이 오랫동안 경쟁력을 쌓아 온 산업들이 대부분이었다. 노동조합은 상품경쟁력 확보를 위해 적극 협력하는 자세를 취하며 이는 독일 기업의 기술적 우위로 이어지고 있다.

독일의 무역정책은 연방경제기술부가 주관하는데 경쟁력 제고를 위해 다양한 조치를 취하고 있다. 이 외에 경제수출통제청은 중소기업을 지원하고 수출입 규제를 관할하고, 무역투자청(Germany Trade and Invest ; GTAI)은 독일의 기업환경을 개선하고 해외시장에서 활동하는 기업을 지원하고 있다. 그러나 독일은 유럽연합을 통해서 간접적으로 무역정책을 통제한다. 유럽연합은 무역자유화를 경제성장을 위한 핵심적 요소로 간주하지만, 보호주의적 태도를 가진 국가들과 산업들의 이해도 반영하고 있다. 현재 EU는 서비스무역, 공공구매, 지적재산권 구매와 같은 분야에서 무역자유화를 우선시하고 원재료 공급의 확보를 중시하지만, 높은 최혜국 관세율과 농업보조금을 통해 농업 등의 분야에서 보호주의 정책을 추구하고 있다.

3) 스웨덴의 무역성과와 무역정책

무역구조

스웨덴 산업구조의 가장 큰 특징은 대외교역에 대한 높은 의존도이다. 적은 인구와 높은 인건비에 따른 압력이 야기하는 산업구조 재편을 위해 신기술 및 원천기술 개발에 주력하는 한편, 이를 실용화한 대량생산은 저렴한 인건비와 생산기반을 가진 타국에 의존하는 산업구조가 형성되어 기술협력 및 합작투자를 통한 해외진출 성향이 높은 편이다. 철광석 생산이 세계 10위 안에 들어 주요 수출품으로 자리 잡고 있지만 생산량이 상대적으로 경미한 석탄의 수입의존도가 높다. 목재, 수력, 철광석에 기반하고 수출에 주로 의존하는 제조업이 발달해 왔다. 엔진 및 기타 기계, 자동차 및 통신 장비를 포함한 수출은 GDP의 44% 이상을 차지한다. 제조품이 수출의 78%를 점하며 그 외 음식료(7%), 연료(5%), 광석과 금속(5%), 농산물원료(4%)가 수출 비중이 높다. 주요 무역 상대국에는 북유럽국과 독일(10%, 2019) 그리고 미국(8%), 영국(5%), 중국(5%)이 포함된다.

무역 정책의 추이

스웨덴 경제는 초기 산업화 시기부터 개방경제라는 기본적 특성을 유지해 왔다. 소규모개방 경제로서 인적자본의 새로운 산업구조로의 전환과 적응을 장려함으로써 장기적 성장을 낳는 추동력으로 작용하게 하고 있다.

그림 8-32 스웨덴의 수출 비중과 개방도 추이

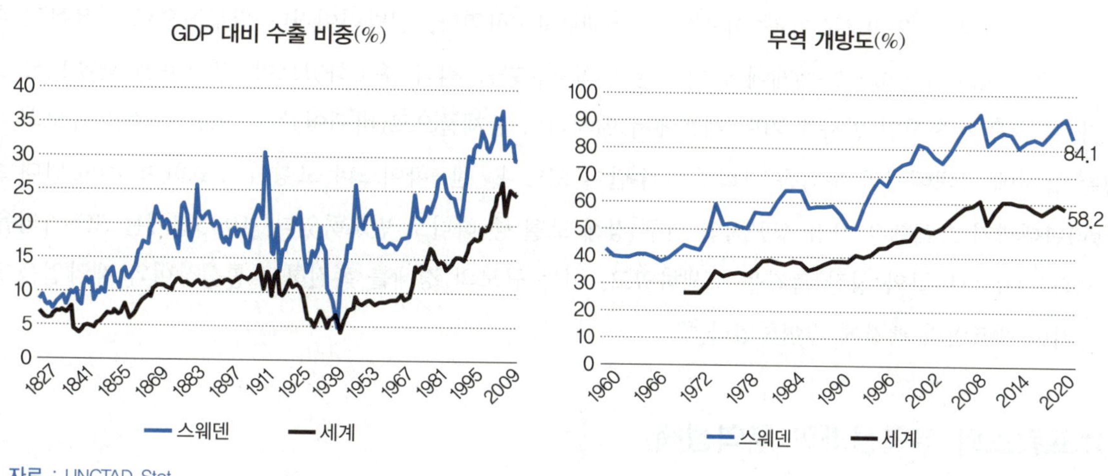

자료 : UNCTAD Stat

스웨덴은 전통적으로 자유무역 정책을 추구해 왔다. 스웨덴의 무역자유화 노력은 제조업체의 중상주의적 이해관계에 기초한다. 고용자와 근로자를 포함한 대부분의 이해집단과 정치집단 모두는 대체로 자유무역 정책을 지지해 왔다. 국내시장의 제한으로 대기업이 규모의 경제를 달성하며 성장을 이어가기 위해서는 외국시장에 대한 접근이 필요했다. 아울러 내수시장에서 독점적 경향을 가진 기업들을 규율하는 데 국제경쟁이 필요했다. 이처럼 스웨덴에게 무역은 산업국으로 발전하는 중요한 힘이었다. 그러나 동시에 규제에 의해 보호되거나 복지국가 영역에 속하거나 비교역재 부문으로 간주되는 서비스 부문에 대한 보호주의 정책 역시 지속되고 있다.

수백 년간 스웨덴은 원격지 무역으로 유명한 상업적 선원국가였다. 스웨덴의 바이킹은 러시아와 서부 · 남부의 유럽지역을 개척 · 약탈하였다. 나폴레옹 전쟁의 종식과 더불어 스웨덴은 매우 제한적 관세법을 발효하고 주요 품목의 수출입을 금지하였다. 관세율을 높게 유지하는 한편 면 제품은 수입금지에 나서는 대신 원면의 관세는 낮게 유지하였다. 18세기 말 이래 긴밀한 민관 협력에 기초하여 농업혁명과 공업(철도, 전신, 전화, 수력발전, 철강 등) 발전을 경험한 스웨덴은 이를 배경으로 1830년 이후 자유무역 정책으로 돌아섰으며 1850년대부터 농산물, 목재, 철을 중심으로 수출이 크게 늘어난다. 이에 따라 자유무역을 지향하는 많은 대외지향적 제도가 구축되었고, 식료품, 원자재, 기계를 중심으로 대부분의 관세와 무역장벽이 철폐되거나 낮추어졌고 금본위제가 실시(1873)되었다.

그러나 자유무역 정책은 1880년대 말 반전되며 엔지니어링 산업을 중심으로 국내산업 육성을 위한 보호무역 정책으로의 전환이 생겨난다. 19세기 말 장기 침체로 말미암아 많은 산업에서 가격 하락과 이윤 감소가 나타났다. 이에 따라 고관세로 보호하던 섬유, 유리 산업뿐만 아니라 미국과의 경쟁에 대응하여 농업부문을 보호하는 한편 신흥 엔지니어링 산업에 대한 관세를 급격히 강화하였다.[38] 국내시장 보호와 적극적 대외차입 그리고 기술도입을 장려하는 산업지원에 기초하여 스웨덴에서는 기계공학, 에너지, 제지, 섬유산업 등의 새로운 산업이 생겨났고 제2차 산업혁명이 일어났다.

제1차 세계대전 발발 후 중립국을 천명한 스웨덴은 철강을 중심으로 수출이 급증하고 빠른 성장을 경험하였다. 이를 계기로 전간기에 산업발전을 위한 수단으로의 보호주의가 철폐되었고, 다른 국가들과 달리 1930년대에도 관세가 인상되지 않았다. 스웨덴은 1913∼1950년 동안 고도성장을 하며 상대적으로 빈곤한 국가에서 세계의 부국으로 성장하였다. 제2차 세계대전 이후 스웨덴 정부는 무역장벽을 더욱더 감축하며 선도적으로 자유무역을 지향[북부 자유주의자(Northern liberals)]하였다. 일방적이거나 쌍무적으로 자유무역 확대에 노력하였고 GATT · WTO 체제에서 다자간 무역자유화를 적극 주도하였으며, 관세율을 낮추도록 노력해 왔다. 수출은 전통적인 원자재 기반 제품에서 엔지니어링 제품으로 바뀌어갔다. 또한 수출은 규모의 경제를 낳는 동시에 국내에서의 독점을 완화하는 수단이 되었다. 렌-마이드너 모형이 주효하며 1950년대 초부터 1960년대까지 스웨덴은 가장 성공적인 서구 경제 모델 중 하나로 변모하였다. 1995년에는 EU 가입을 통해 국제적 수요 다변화와 성장 촉진을 모색하였고, 이는 규모의 경제를 촉진하고 통신장비와 제약업을 포함한 고급기술 제조업의 팽창에 기여하였다.[39]

4) 프랑스의 무역성과와 무역정책

무역구조

프랑스는 2020년 현재 세계에서 6번째로 거대한 수출국이며 4대 수입국이기도 하다. 수출품은 항공기, 제약, 자동차 등 수송수단, 가스터빈 등의 제조품이 80%이며 포도주 등 음식품이 14%에 달한다. 수입은 승용차, 원유, 정유, 의약품, 항공기계 등을 중심으로 한다. 주요 무역상대국은 독일로 프랑스 수출의 14%, 수입의 18%를 점하며, 그 외 미국과 유럽 국가가 주요 수출처이고 유럽국가와 중국이 주요 수입처이다. 유럽이나 OECD 국가 중에서 직접투자의 유출입을 선도하고 있다.

무역정책의 추이

루이 14세 치하의 프랑스는 국가가 주도하는 경제(Colbertism)였지만, 대혁명과 나폴레옹의 지배를 거치며 자유방임 정책이 확고해져 제2차 세계대전 때까지 지속되었다. 총수입액 대비 순관세수입을 기준으로 할

38. 이들 보호조치는 외국과의 경쟁에 대처하기 위한 것이었다. 기존 산업을 지원하기도 했지만 유치산업 역시 관심을 기울였다. 관세 부과는 연대주의에 기초하였기에 다른 산업을 희생하여 특정 산업만을 보호할 수는 없었다. 조선과 같이 관세에 의해 보호되지 않는 일부 산업은 수입품에 대한 관세를 되돌려 받는 방식으로 보상받았다.

39. 추가적 논의는 Chang, Ha-Joon(2003)를 참고.

때 19세기에 영국보다 더 강력한 자유무역 레짐을 유지하였다.[40] 나폴레옹 3세는 1850년대에 자유무역 레짐을 급격히 강화하기 시작하였으며, 1860년에는 영국과 상업협정을 체결하여 자유무역의 선도국이 되었다. 특히 최혜국대우 조항을 통해 영국과 프랑스 간의 양허조건이 다른 국가들에도 적용됨으로써 독일, 스웨덴, 러시아를 포함하여 세계가 글로벌화 시대에 진입하는 데 기여하였다. 그러나 프랑스의 무역은 오랫동안 빠르게 성장하지 못했고 무역수지는 1860년 이후 악화되었다. 다행히 프랑스혁명 이후 점진적으로 진행된 산업혁명으로 산업이 성장하면서 수출품은 지속적으로 다변화되어 갔다. 1880년대부터 제1차 세계대전까지 무역 다변화의 속도는 느려졌으며, 매우 완만하지만 차별적인 새로운 보호무역 레짐이 작동하였다. 1892년 상업협정이 파기되며 관세율이 인상되었지만, 이를 수반한 산업개혁 전략이 없어 산업적 파급효과는 거의 없었다.[41]

그림 8-33 프랑스의 수출 비중과 개방도 추이

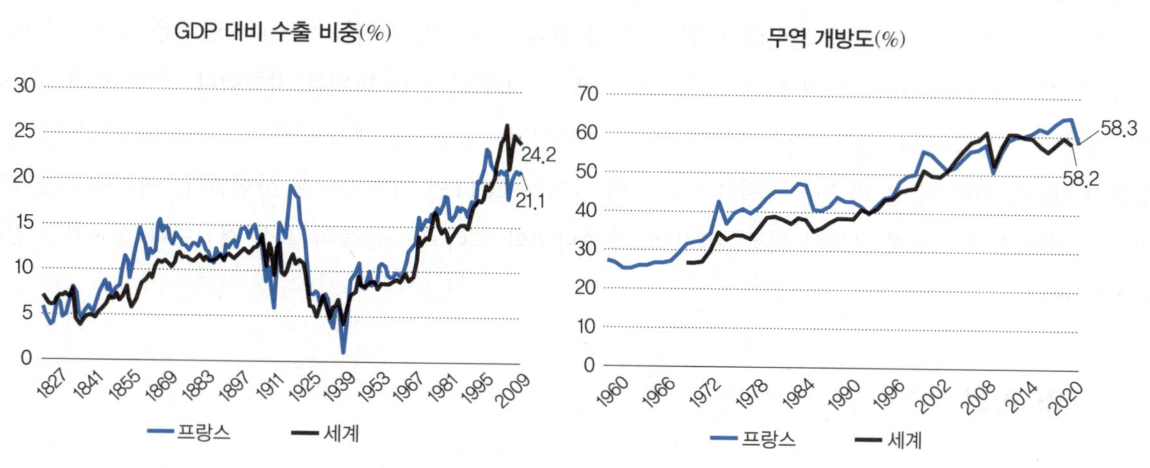

자료 : UNCTAD Stat

1920년대 프랑스는 성장 둔화와 더불어 보호주의에 빠져들었다. 프랑스는 1860~1914년 동안에 체결한 모든 무역협정에서 무조건적 최혜국 조항을 일방적으로 철회하였고 무역 블록을 구축하려 하였다. 전통적인 비교우위 산업(비단, 면직, 모직, 가죽 및 가죽제품, 금속기계)을 보호하는 조치를 이어갔고 이에 힘입어 무역의 특화구조가 안정되었으며 무역다변화가 둔화되었다. 다변화의 둔화는 경제 성숙에 따른 생산성의 둔화를 반영하지만 동시에 근대적인 대량생산 산업에 진입하지 못한 데서도 부분적으로 기인한다. 높아진 관세율에 의한 국제경쟁으로부터의 도피는 산업 구조조정의 속도를 늦추었다.

1945년 이후 EC(European Community)를 세계 무역자유화를 위한 디딤돌로 보았던 영국이나 독일과 달리, 프랑스는 세계 무역 자체보다는 국제정치의 주도를 위해 참여하였고 회원국을 중심으로 한 차별적 무역을 지속하였다. 1990년대 초 부활한 영국, 통일독일 그리고 독립적 북유럽국가들은 우루과이 라운드를 출범시키며 프랑스의 무역정책에 경종을 울렸다. 프랑스는 1950년대부터 우루과이 라운드까지 EEC에서의 역할 때문에 세계 무역자유화에의 참여를 불가피하게 치러야 할 희생으로 보았다. 하지만 세계 무역자유화 협정들

40. 1800년대 초 영국은 산업혁명을 막 경과하고 있었고 섬유 등에서 세계적인 산업국이 되었다. 1840년대부터 영국은 농업관세와 쿼터(곡물법)를 폐지한 뒤 1850년대에 소수 품목을 제외하곤 관세를 폐지함으로써 자유무역이 본격화되었다. Nye(1991).

41. 제2차 세계대전 이전의 프랑스 무역사는 Chang, Ha-Joon(2003)를 참고.

은 프랑스 무역정책에 상당한 영향을 미쳤고 다자주의와 WTO 질서를 수용하기에 이르렀다.

2. 한국경제 글로벌화의 성과와 도전

2.1 글로벌화의 추이와 현상

한국의 경제성장은 수출주도형이라 불릴 만큼 세계화를 동반하였다. 한국은 2018년 말 현재 수출이 세계 6위인 무역대국으로 글로벌 종합물류기업 DHL의 2016년 '세계화 지수(Global Connectedness Index ; GCI)'에서 13위를 기록했다. 아태 지역에서는 싱가포르와 홍콩에 이어 3위를 차지했다. GCI는 무역, 자본, 정보, 사람들의 국제적인 흐름을 깊이와 범위, 방향성 면에서 국가별 순위를 매긴다. 한국은 무역 부문에서 전 세계 7위를 차지하며 아태 지역에서는 1위, 전 세계로는 6위의 교류 범위를 기록했다. 한편 인적 교류는 43위, 정보 교류는 25위로 상대적으로 낮은 순위를 기록했고, 방향성 면에서도 해외로부터의 투자보다 국내 기업들의 해외투자가 더 큰 비중을 차지하며 교류의 깊이는 2011년 대비 9단계 하락했다. 이하에서는 우리나라의 세계화 성과를 무역 규모와 비중, 성장세, 수출다변화 그리고 수출품의 질적 개선이나 정교화를 기준으로 평가한다.

1) 무역 확대

한국경제의 성장이 수출의존적 경향을 보여온 만큼 우리 경제의 세계시장에 대한 의존도는 꾸준히 높아져 왔다. 수출과 수입의 GDP 대비 비율의 합으로 정의되는 대외의존도는 1953년 13.0%에 불과했으나 지속 상승하여 2019년 77.0%에 이르고 있다.[42] 이는 미국(26.3%)이나 일본(34.9%)보다는 매우 높지만 독일(81.8%), 스웨덴(84.1%)보다는 낮다.[43]

한국은 수출의 세계 비중은 2.9%(2020)이고 수입은 2.6%에 달하여 세계 무역액에서 3%를 담당하는 세계 9위의 무역 대국이다. 한국 산업의 국제적 위상도 크게 제고되었다. 세계 무역에서의 한국의 비중은 경제 규모에 비해 매우 높다. GDP로는 10대 경제대국이지만 세계 9위의 무역대국으로 프랑스와 유사하고 이탈리아, 캐나다, 영국, 스페인, 호주를 넘어선다. 그럼에도 이웃 일본과 중국의 경제규모가 워낙 크다 보니 글로벌 경제에서의 한국의 위치는 부각되지 못해 왔다(일본과 중국의 명목 GDP는 한국의 명목 GDP의 각각 9배, 3배).

한편 한국은 자동차, 전자, 철강 등 대부분의 주력 산업에서 세계시장 5위권 내의 생산국으로 시장지배

---

42. 2019년 총산출액 중 수출액의 비중, 즉 수출률은 17.4%(소비재 14.7%, 조립가공품 47.4%, 기초소재 30.8%로 공산품 전체는 34.5%이며 서비스는 6.3%)이며 우리나라 수출품의 82.4%가 공산품, 17.3%가 서비스이다.

43. 제조업 생산에서 제조업 수출이 차지하는 비중은 2009년에 한국, 일본, 미국, 독일이 각각 34.1%, 24.1%, 35.8%, 60.9%로서 제조업의 대외의존도는 높은 수준이 아니다. 이는 우리나라 서비스 산업의 미발달에 상당부분 기인한다. 즉, GDP의 상당 부분을 차지하는 서비스업의 비중이 낮아 GDP에서 차지하는 무역의 비중이 선진국에 비해 상대적으로 높게 나타나는 것이다[KIET(2012. 2), "우리나라와 선진국의 분업구조 비교와 시사점," 산업경제].

적 위치로 부상하였다. 이들 산업의 대표기업들인 삼성전자, LG전자, 현대자동차, POSCO 등도 세계 일류 기업으로 성장하여 포춘 500대 글로벌 기업에 속한 한국 기업의 수는 2020년에 14개(미국 121개, 중국 124개, 일본 53개)에 달한다.[44]

그림 8-34 무역을 통한 글로벌화 추이

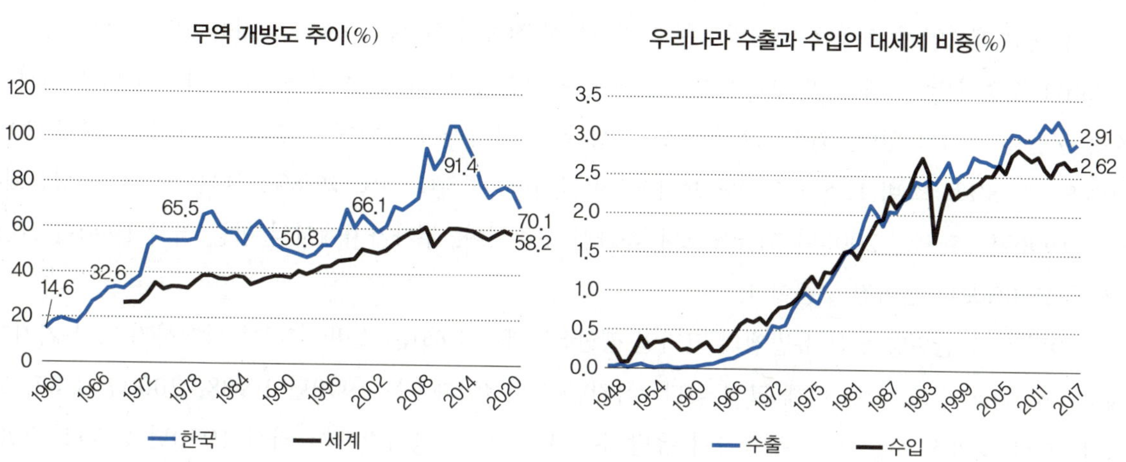

경상수지 흑자의 지속—무역수지 흑자와 서비스수지 적자

한국은 오랫동안 경상수지 적자로 대외불균형을 끊임없이 보여 왔으나 외환위기 이후에는 반대로 꾸준한 경상수지 흑자를 누리고 있다. 한국의 무역수지는 1953년 GDP의 6.6%에 달하는 적자를 기록한 이래 전후 재건과 경제성장을 위한 수입에 수출을 위한 원자재와 중간재 수입이 더해지며 1960년대 내내 경상수지 적자를 경험하였다. 1970년대에 들어서는 중화학공업을 위한 수입증대와 1, 2차 석유위기로 대변되는 국제 원자재 가격상승으로 경상수지 적자 문제가 더욱 심각해지며 '외채위기'까지 나타났다. 하지만 1980년대 중반 이후 미국의 플라자 합의로 전 세계적인 저금리와 저달러 현상에 저유가까지 더해지는 3저 현상에 힘입어 1986~1989년에 기록적인 흑자를 기록하였다. 외채원리금 상환부담 완화(저금리), 수출경쟁력 개선(저달러), 그리고 원유수입액 감소(저유가)가 그 배경이었다. 그러나 국내외 호황을 배경으로 기업들의 대내외 투자가 급증하며 무역수지는 1990년부터 1997년까지 다시 큰 적자를 이어갔고 마침내 외환위기에 봉착하였다. 외환위기 이후 무역수지는 글로벌 금융위기로 세계 경제가 급랭한 2008년을 제외하곤 흑자기조를 계속하고 있다. 그러나 이러한 무역수지 흑자나 세계 16위의 서비스 수출에도 불구하고 우리나라 서비스수지는 1990년 이후 만성적인 적자를 계속하고 있다. 서비스수지 적자는 사우디아라비아, 독일, 일본, 러시아 등의 자원수출국이나 제조업 강국에서 나타나는데 적자의 대부분은 여행(일반여행 및 유학연수)과 사업 서비스에서 나타나고 있다.

44. 삼성전자(15위), 현대차(84위), SK(97위), 포스코(194위), LG전자(207위), 한국전력(227위), 기아(229위), 한화(277위), 현대모비스(385위), KB금융(426위), CJ(437위), GS칼텍스(447위), 삼성생명(467위), 삼성물산(481위)

2) 수출과 경제성장

우리나라에서 수출 증가는 규모의 경제를 낳고 대외경쟁 노출에 따른 효율성 향상과 기술개발 촉진을 통하여 고도성장과 고용창출을 낳았을 뿐만 아니라 농업에서 경공업, 중화학공업 그리고 기술집약 산업으로의 산업구조의 전환을 이루어내는 데 큰 역할을 하였다. 내수 충족을 우선하는 산업화를 추구하는 대내지향적 발전전략 대신 제조업 수출에 초점을 맞추는 대외지향적 전략의 선택은 주효하게 작용하였던 것이다.

그러나 수출이 낳는 생산 및 부가가치 유발효과와 취업 유발효과는 수출 규모의 신장에 비해 점차 부진해지는 모습을 보이고 있다. 최종수요 항목별 총생산 및 부가가치 유발에서 수출이 점하는 비중은 2019년 32.0%와 25.8%로 소비(44.5%, 51.4%)보다 크게 낮지만, 투자(23.4%, 22.8%)보다는 높다. 총생산에서의 비중은 1990년 25.3%, 2000년 31.8%보다 높아진 수준이며, 부가가치에서의 비중 역시 1990년 20.6%, 2000년 25.0%보다 높아진 수준이다.

2019년 수출 단위당 생산 유발액의 크기인 생산유발계수(1.85)는 소비(1.70)를 상회하지만, 부가가치 유발계수(0.65)는 소비(0.83)에 비해 크게 낮다. 하지만 생산유발계수는 1990년 1.988, 2000년 1.87, 2010년 2.01보다 낮아진 수준이며, 부가가치 유발계수(부가가치율×생산유발계수) 역시 1990년 0.692, 2000년 0.633(2010년 0.563)보다 낮아진 0.65 수준이다.

표 8-4 소비, 투자, 수출의 성장, 부가가치, 취업유발 효과(2019)

	소비	투자	수출
생산유발 비중 생산유발 계수	44.5 1.70	23.4 1.92	32.0 1.85
생산유발 계수(1990)	1.69	1.72	1.99
부가가치유발 비중 부가가치유발 계수	51.4 (0.83)	22.8 (0.82)	25.8 0.65
부가가치유발 계수(1990)	0.81	0.72	0.69
취업유발 계수(10억당) (고용유발계수)	12.2명 (8.7명)	9.9명 (7.8명)	6.9명 (5.2명)
취업유발 계수(2010)	16명	12.6	7.9명

주 : 유발비중은 최종수요를 충족하기 위해 유발된 생산액. 부가가치의 비중, 유발계수는 소비, 투자, 수출의 1단위 발생에 따른 생산, 부가가치, 취업자가 유발된 크기. 취업유발 계수는 국산품에 대한 소비, 투자, 수출이 각각 10억 원씩 발생할 경우 전 산업에서 직간접적으로 유발되는 전업환산 취업자 수이다.

자료 : 한국은행(2020), 「2018년 산업연관표(연장표)」 작성 결과.

한편 수출의 취업유발 효과도 제한적이며 빠르게 둔화되고 있다. 최종수요 항목별 취업유발 구성에서 수출이 점하는 비중은 1980년 18.3%에서 2019년 21.3%로 높아졌으나 2010년에는 23.9%였던 점을 감안하면 최근 들어 감소하고 있음을 알 수 있다. 최종수요별 취업유발계수(명/10억 원)는 1985년 10.2명, 2010년 7.9명에서 2019년 6.9명으로 꾸준히 하락하고 있다. 이러한 취업유발계수는 소비(12.2명)나 투자(9.9명)보다 크게 낮은 것이다. 수출이 유발하는 일자리 규모가 수출구조 변화, 글로벌 분업 심화, 기술혁신으로 인한 노동생산성 향상 등으로 인해 꾸준히 하락세를 보이고 있는 것이다. 특히 수출품 생산을 위해 핵심 부품

소재와 기계류를 수입하는 것과 글로벌 아웃소싱이 활발해진 것이 원인이다. 수출에 의한 수입유발액을 수출총액으로 나눈 것으로 수출 1단위에 의해 유발되는 수입의 크기를 나타내는 수입유발계수는 2010년 0.35까지 상승한 뒤 최근에는 0.22까지 하락하였다. 투입중간재 중 국산이 차지하는 비중은 1990년 81.2%에서 2010년 74.7%까지 낮아진 후 2019년에는 78.2%까지 높아졌다. 중간재 수입의존도는 1990년 10.8%에서 2010년 15.9%까지 높아졌다 2019년 12.3%로 반락하였다. 이에 따라 1990년 42.8%였던 부가가치율은 2010년 36.9%까지 하락하였으나 2019년에는 43.5%까지 높아졌다.

최종재 수출의 국내 부가가치유발은 가장 높았던 1995년에도 80%를 넘지 못하였으며 이조차 2019년에는 60%대 중반으로 낮아졌다. 일본의 경우 수출의 자국 내 부가가치 창출이 88% 수준(2009)으로 우리보다 크게 높다.

경제규모와 경제구조를 고려할 때 한국경제의 생존과 번영을 위해서는 대외개방을 피할 수 없다. 협소한 국내시장의 한계를 극복하고 천연자원, 자본재, 선진기술 등의 수입을 위한 외화를 확보하기 위해서는 수출역량을 지속적으로 유지 · 제고해야 한다. 특히 향후 성장엔진 역할을 할 지식기반 산업의 경우 개방의 중요성이 크다. 소프트웨어, 의약품 등이 대표적 사례이다. 지식기반 산업의 경쟁력은 연구개발투자의 성과에 의해 결정되는데, 연구개발은 수확체증의 성격이 있어 시장의 규모가 클수록 투자 유인이 증가하기 때문이다.

표 8-5 중간재 대외의존도 추이

	1990	2000	2010	2019
중간재 수입의존도	10.8	13.1	15.9	12.3
중간재 국산화율	81.2	77.0	74.7	78.2
수입유발계수	0.245	0.286	0.346	0.220
소비	0.192	0.211	0.260	0.227
투자	0.285	0.346	0.379	0.285
수출	0.308	0.367	0.437	0.357
부가가치율	42.8	43.0	36.9	43.5

자료 : 한국은행(2020), 「2018년 산업연관표(연장표)」 작성 결과

도전 : 국내적으로 세계화의 이득을 극대화

한국의 수출은 양적 성장에도 불구하고 고용, 성장 등 경제기여 효과는 크게 약화되었으며, 무역의존도가 높아져 해외 충격에 따른 경제의 잠재적 불안정성도 높아져 있다. 수출의 고용창출 및 성장견인 효과를 높이는 한편 수출 부가가치를 높여 '수출의 질'을 개선하고 수출 다변화를 통해 경제의 안정성을 제고해야 한다.

세계 경제에의 적극적 참여와 더불어 한국의 변화한 위상과 환경에 걸맞는 무역정책의 변화도 필요하다. 한국경제의 성장은 글로벌 분업에의 참여, 특히 1990년대 초 이후 급진전된 동아시아 GVC 발전에 크게 힘입었다. 한국의 글로벌화는 GVC 발전의 전형적 과정을 따라 1960년대 저임 노동의 요소투입에 기초한 경공업 제품의 수출을 통한 GVC 참여에서 시작하여 1970년대에는 중화학공업으로 다변화한 데 이어 1980~1990년대에 또다시 GVC 내 공정 · 제품 고도화 단계를 거쳤다. 최근에는 주력산업에서 지식집약적 고부가 제조품을 수출하는 중핵기업으로 GVC를 선도하며 GVC 내에 고도로 통합되어 있다.

그림 8-35 GVC 단계별 특징

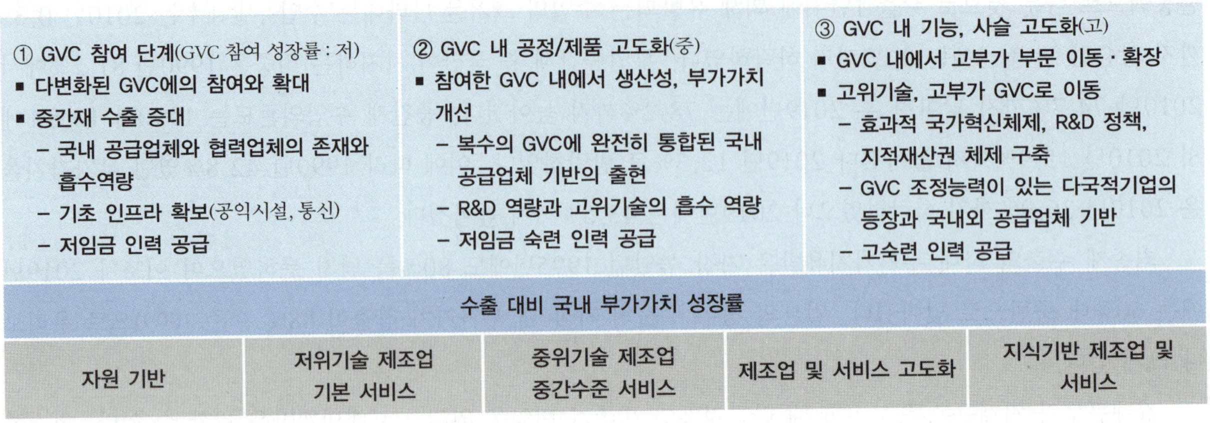

① GVC 참여 단계(GVC 참여 성장률 : 저)	② GVC 내 공정/제품 고도화(중)	③ GVC 내 기능, 사슬 고도화(고)
▪ 다변화된 GVC에의 참여와 확대 ▪ 중간재 수출 증대 – 국내 공급업체와 협력업체의 존재와 흡수역량 – 기초 인프라 확보(공익시설, 통신) – 저임금 인력 공급	▪ 참여한 GVC 내에서 생산성, 부가가치 개선 – 복수의 GVC에 완전히 통합된 국내 공급업체 기반의 출현 – R&D 역량과 고위기술의 흡수 역량 – 저임금 숙련 인력 공급	▪ GVC 내에서 고부가 부문 이동 · 확장 ▪ 고위기술, 고부가 GVC로 이동 – 효과적 국가혁신체제, R&D 정책, 지적재산권 체제 구축 – GVC 조정능력이 있는 다국적기업의 등장과 국내외 공급업체 기반 – 고숙련 인력 공급

수출 대비 국내 부가가치 성장률

자원 기반	저위기술 제조업 기본 서비스	중위기술 제조업 중간수준 서비스	제조업 및 서비스 고도화	지식기반 제조업 및 서비스

자료 : UNCTAD(2013), World Investment Report 2013–GVCs : Investment and Trade for Development.

도전 : 노동정책과 사회정책으로 글로벌화를 뒷받침하고 사회통합을 도모

세계화가 낳는 어려움, 즉 계층 간, 지역 간 구조조정에 따른 경제불안, 소득분배 악화, 환경오염 등의 피해를 최소화하여야 한다. 대외개방은 일부 산업의 급격한 구조조정을 초래할 수 있으며, 이에 따른 고용불안과 소득분배 악화, 재정부담 증가, 산업 간 불균형 확대 등의 위험도 있다. 대외개방에 따른 취약 분야에 대해서는 단순히 피해를 보전해 주는 차원을 넘어 취약 분야의 경쟁력 강화를 위한 유인을 제공함으로써 장기적으로 대외개방에 따른 피해 발생의 원천 자체를 약화시키는 것이 바람직하다(Taglioni, 2015).

세계화와 소득 불평등 간에 나타나는 U자형(Kuznets 곡선) 관계가 한국의 세계화 과정에서도 관찰된다. 경제발전을 시작한 이래 개발도상국이었던 한국은 세계화와 더불어 소득 불평등의 감소를 경험하였다. 정책당국이 세계화의 과정을 잘 관리한 결과로 볼 수 있다. 그러나 한국의 소득 수준이 높아져 고소득국가에 진입한 이래 세계화는 소득불평등의 심화를 동반하게 되었다. 불평등 심화는 기술발전과 세계화의 영향도 있겠지만, 정책당국이 이를 개선하는 데 어려움을 겪고 있다는 것도 나타낸다(Doğan and Can, 2019).

2.2 수출입 구조

1) 수출 구조

자본 · 기술집약적 중화학공업으로의 다변화

한국의 수출구조는 국내외 산업구조를 따라 변화를 겪어 왔다. 1960년대 초 한국의 수출은 1차 상품 중심이어서 전체 수출 중 제조품의 비중은 27.7%(1962)에 불과했다. 1970년대에 한국의 주력 수출품은 제조품으로 바뀌어 1972년 중 전체 수출의 88.9%가 제조품이었다. 특히 경공업이 전체 수출의 67.4%로 지배적이었다. 1980년에 중화학공업이 경공업과 대등한 수준으로 올라섰고 1982년부터는 중화학공업 제품이 경공업을 넘어 수출을 주도하였으며 최근에는 제조품 수출의 대부분을 중화학 공업제품이 점하고 있다. 2020년의 경우 중화학공업 제품 77.2%, 경공업 제품 20.2%이다. 특히 중화학 공업 제품 중 26.3%가 IT 제품이다.

표 8-6 한국의 수출상품 구조 변화(%)

	1962	1972	1980	1985	1990	1995	2000	2005	2010	2015	2020
1차 상품	72.3	11.1	7.7	5.2	5.0	4.9	2.8	1.5	2.5	2.3	2.7
공산품	27.7	88.9	92.3	94.8	95.0	95.1	97.2	98.5	97.5	97.7	97.4
경공업	–	67.4	48.4	37.7	38.5	22.5	16.2	8.9	6.3	10.4	20.2
중화학공업	–	21.5	43.9	57.1	56.5	72.7	81.0	89.6	91.2	87.3	77.2
IT	–	–	–	–	14.4	22.0	32.0	29.0	(27.1)	25.7	26.3

자료 : 관세청 무역통계연보, 한국무역협회 무역연감(1985년 이전), 한국무역협회 K-Stat

소수 품목에의 수출 집중

한국의 수출구조 변화는 주력 수출품목의 변화에 반영되어 왔다. 1960년대에 한국의 10대 수출품목군에는 중석, 흑연, 철광석 등 광물류와 더불어 오징어, 활선어 등의 수산물, 생사, 합판, 미곡, 돈모 등이 포함되었다. 이후 1970년에는 섬유류가 수출의 41%를 점하게 되고, 이어 1980년에도 여전히 의류, 신발이 주력 수출품이긴 하지만, 철강, 자동차, 선박, 전자제품(영상기기, 컴퓨터, 반도체) 등의 중화학공업 제품이 가세하였다. 이후 1990년대에 들어 수출 상위품목은 반도체, 자동차, 선박 등 중화학공업 제품이 지배하게 되었으며 2000년대에 들어서는 수출 10대 품목은 모두 중화학공업 제품으로 채워진다.

수출품목(수입품목)은 1988년 6,817개(8,487개) 품목에서 2021년에는 9,174개(10,594개)로 크게 증가하였지만, 산업구조에서처럼 한국의 수출은 다른 국가보다 소수의 품목에 매우 높은 집중도를 보인다. 2014년만 보더라도 10대 수출상품의 비중은 미국 55.4%, 중국 67.8%, 일본 69.8% 수준이지만, 한국은 75.7%에 달했다.

표 8-7 10대 수출상품의 변화추이

1961		1970		1980		1990		2000		2010		2020	
철광석	13.0	섬유류	40.8	의류	16.0	의류	11.7	반도체	15.1	반도체	10.9	반도체	19.4
중석	12.6	합판	11.0	철강판	5.0	반도체	7.0	컴퓨터	8.5	선박	10.5	자동차	7.3
생사	6.7	가발	10.8	신발	5.0	신발	6.6	자동차	7.7	자동차	7.6	석유제품	4.7
무연탄	5.8	철광석	5.9	선박	4.0	영상기기	5.6	석유제품	5.3	평판D	7.0	선박	3.9
오징어	5.5	전자제품	3.5	음향기기	3.0	선박	4.4	선박	4.9	석유제품	6.8	합성수지	3.7
활선어	4.5	과자제품	2.3	인조직물	3.0	컴퓨터	3.9	무선 통신기기	4.6	무선 통신기기	5.9	자동차 부품	3.6
흑연	4.2	신발	2.1	고무제품	3.0	음향기기	3.8	합성수지	2.9	자동차 부품	4.1	평판D	3.5
합판	3.3	연초제품	1.6	목재류	3.0	철강판	3.8	철강판	2.8	합성수지	3.7	철강판	3.1
미곡	3.3	철강제품	1.5	영상기기	3.0	인조직물	3.6	의류	2.7	철강판	3.6	컴퓨터	2.6
돈모	3.0	금속제품	1.5	반도체	3.0	자동차	3.0	영상기기	2.1	컴퓨터	2.0	무선 통신기기	2.6
합계	62.0	합계	81.1	합계	47.6	합계	53.4	합계	56.6	합계	61.9	합계	54.5

자료 : 한국무역협회, KOTIS

기술집약도 상승과 중간재 증가

1990년대 이후 한국의 수출구조에서는 과거 저가의 완제품 위주에서 점차 고가의 차별화된 완제품과 중간재, 즉 부품, 소재, 기계 설비류 중심으로 변화가 나타났다. 한국은 독일(65.7%)이나 일본(73.2%)과 유사하게 중고위 기술산업의 수출 비중(75.5%, 2020)이 압도적으로 높다.

표 8-8 국가별 상품수출의 구조(2020)

	세계	산업국	미국	독일	일본	한국	중국
1차 상품	26.2	25.9	28.4	11.8	7.5	10.4	5.6
제조품	70.8	69.6	63.5	84.0	86.1	89.6	93.5
제조품 기술수준별							
노동 및 자원집약제조	9.1	6.9	3.6	7.3	2.7	3.4	19.6
저숙련기술	6.4	6.4	4.0	6.9	8.0	10.3	9.3
중숙련기술	24.0	27.7	24.0	40.2	46.6	29.1	27.5
고숙련기술	31.3	28.6	32.0	29.5	28.8	46.7	37.0
Lall 기준							
1차 상품	13.3	12.4	16.2	5.5	2.7	2.9	2.7
자원기반상품	15.5	17.2	15.5	11.2	8.7	12.2	7.8
저기술제조	14.0	11.3	7.1	12.1	7.4	9.0	29.0
중기술제조	28.4	33.3	31.0	44.2	53.2	40.2	25.4
고기술제조	23.0	18.7	19.6	21.5	20.2	35.3	33.8

자료 : UNCTAD.Stat

그림 8-36 우리나라의 상품 수출의 구조 추이

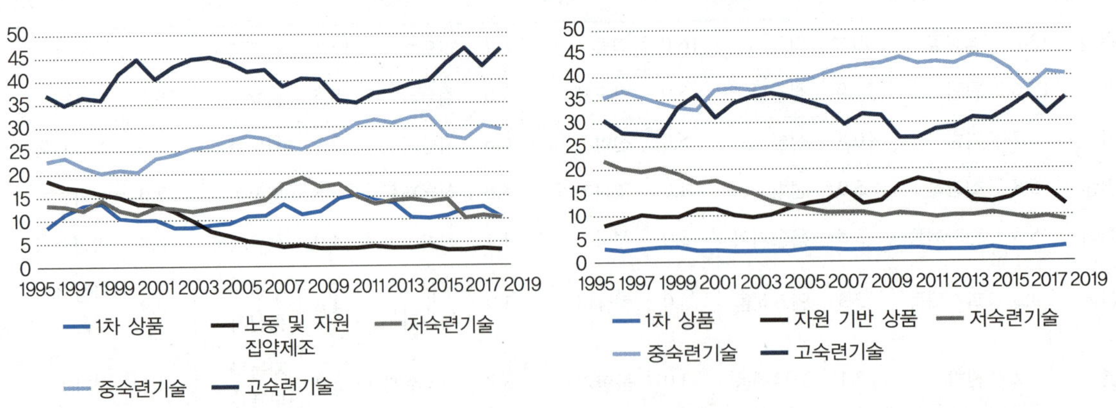

서비스 수출의 부진

우리나라는 제조업을 중심으로 한 상품무역에 과도하게 의존하여 서비스 무역이 선진국에 비해 취약하다. 한국의 전 세계 서비스 수출에서의 비중은 꾸준히 높아지고 있지만 개선의 여지가 크다. 2001~2020년 동안 한국 상품수출의 세계 비중은 2.4%에서 2.9%로 올라섰으나 서비스 수출의 세계 비중은 2.0%에서 2.4%로 커졌을 뿐이다. 이에 따라 한국의 상품수출 순위는 동기간 13위에서 7위로 높아졌으나, 서비스

수출 순위는 13위에서 16위로 하락했다. 한국의 서비스 산업은 수출 성장세가 부진한 편이며, 서비스수지도 계속 적자를 보이고 있다. 우리나라 서비스 무역의 취약점은 제조 강국인 독일이나 일본과 유사하다. 예를 들어 총수출(상품수출과 서비스 수출의 합)에서 서비스 무역이 차지하는 비중은 한국이 19.6%(2020)로 미국의 49.4%보다 크게 낮으나, 일본(25.6%)과 독일(22.8%)과 유사하다. 일본과 독일 역시 서비스수지 적자와 상품수지 흑자가 병행되고 있다. 현재 우리나라 서비스 수출은 운송, 여행, 건설 등의 순서로 높은 비중을 보이며, 수입은 운송, 여행의 두 분야에 집중되고 있다. 건설 분야를 제외하면 대부분의 서비스 분야가 적자를 보이며, 특히 서비스수지 적자의 약 50%가 여행 서비스에서 발생하고 있다.

한편 서비스는 상품의 중간투입물 형태로 간접 수출되는 경우가 많은데 이를 포함한 서비스업의 부가가치 수출 비중은 17.1%(2018)로 물량기준 수출 비중 19.6%보다 낮다. 이는 전 세계 평균(32.8%)이나 제조업 중심국가인 일본(29.2%)과 독일(29.8%)에 비해서도 낮으며, 1995년의 21.4%에 비해서도 크게 하락한 것이다.

표 8-9 **주요국 세부 업종별 서비스 수출 비중**(2019, %)

	여행	기타 사업	운송	ICT	보험 금융	지식 재산	가공	건설	유지보수	여가 · 문화
세계	23.1	22.2	16.6	10.8	10.5	6.7	2.0	1.8	1.8	1.2
미국	22.1	21.6	10.4	6.4	17.3	13.4	0.0	0.4	3.2	2.7
중국	12.2	25.9	16.2	19.0	3.1	2.3	6.9	9.9	3.6	0.4
독일	12.2	27.2	20.4	12.4	11.5	7.1	2.5	0.7	3.6	0.8
일본	22.1	22.3	12.8	3.3	7.9	22.8	0.5	5.2	0.5	0.5
한국	17.4	22.9	25.7	5.4	3.8	7.6	2.2	12.3	0.6	1.3

자료 : OECD Statistics ; WTO

한편 총수출 중 서비스(service content) 비중은 2018년 35.9%로 과거(39.9%, 1995, 36.7%, 2010)에 비해 오히려 낮아졌으며 OECD 평균 55.7%보다 크게 낮다. 이들 서비스 기여 중 외국 서비스가 기여한 비중이 10.9%에 달하고 국내 서비스가 기여한 비중은 25.1%를 기록해 다른 국가들에 비해 더 낮아진다. 한편 우리나라는 운송 서비스 비중이 매우 높지만 ICT나 보험 금융, 그리고 지식재산권의 비중이 매우 제한적이다.

그림 8-37 **OECD와 주요 제조국의 서비스 수출 비중**(%)

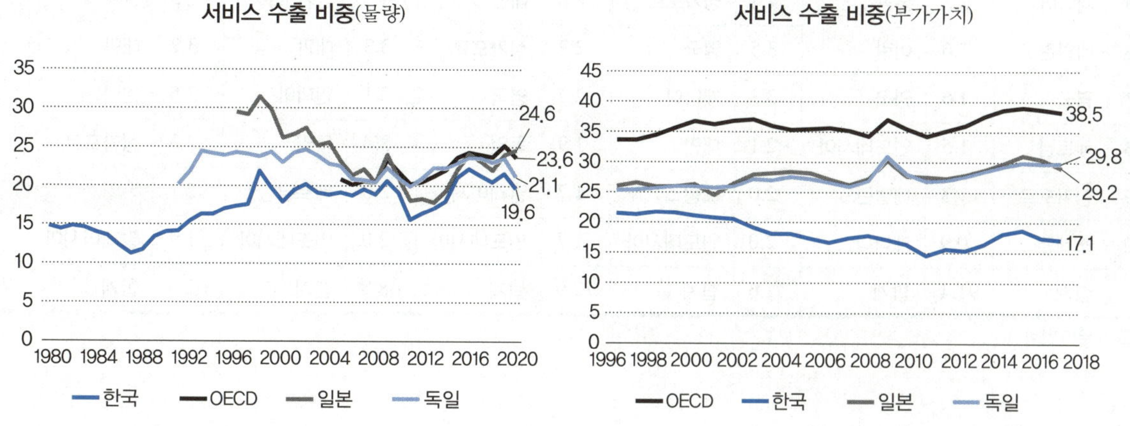

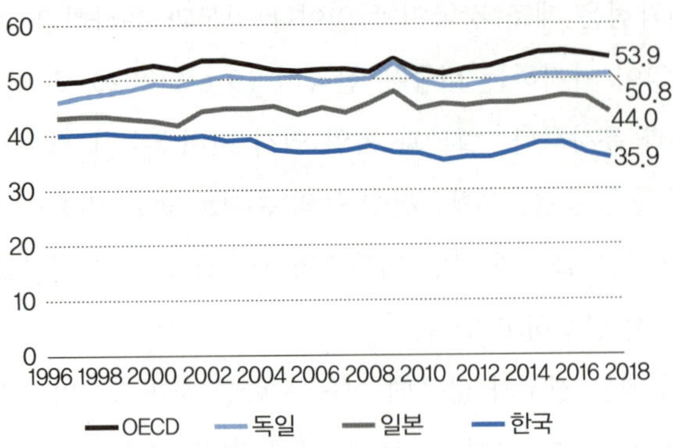

개도국으로 다변화된 수출지역 구성

수출확대와 더불어 주요 시장에서 우리나라의 수출 비중도 높아지고 동시에 수출시장도 다변화되고 있다. 우리나라의 수출대상국은 1965년 59개국에서 2017년 237개국으로 증가하였다. 주요 수출시장인 미국, 일본의 수입에서 우리 수출이 차지하는 비중이 1980년대에 꾸준히 높아졌으나 1990년 이후 정체 혹은 하락하고 있다.

반면 1990년대 중반에 들어 중국, 아세안 등 개도국에 대한 수출 비중이 선진국과 같아져 개도국이 우리나라 제조품의 주요 수출지역으로 부상하였다. 특히 2008년에 이르면 미국, 일본, 독일을 제외하면 나머지 10대 수출대상국이 모두 개도국이다. 중국은 수교가 이루어진 1990년대부터 주요 상대국으로 등장하여 현재 수출과 수입 모두에서 가장 큰 교역상대국이다. 개발도상국이 한국 무역에서 중요해진 것은 한국 기업들이 발전시켜 온 국제적 생산네트워크 때문이다. 특히 글로벌 생산네트워크 형성으로 중간 투입재의 흐름이 전체 무역에서 훨씬 큰 비중을 차지해가고 있다.

표 8-10 한국의 10대 수출시장 추이

	1960		1970		1980		1990		2010		2020	
1	미국	47.3	미국	26.3	미국	29.8	미국	21.8	중국	25.1	중국	25.9
2	일본	28.0	일본	17.4	일본	19.4	일본	11.9	미국	10.7	미국	14.5
3	홍콩	3.3	사우디	5.4	홍콩	5.8	중국	10.7	일본	6.0	베트남	9.5
4	독일	3.3	독일	5.0	독일	4.4	홍콩	6.2	홍콩	5.4	홍콩	6.0
5	캐나다	2.3	홍콩	4.7	싱가포르	2.8	대만	4.7	싱가포르	3.3	일본	4.9
6	네덜란드	1.6	이란	3.5	영국	2.7	싱가포르	3.3	대만	3.2	대만	3.2
7	영국	1.6	영국	3.3	캐나다	2.7	영국	3.1	인디아	2.5	인디아	2.3
8	베트남	1.5	인도네시아	2.1	대만	1.9	독일	3.0	독일	2.3	싱가포르	1.9
9	싱가포르	1.3	네덜란드	2.0	프랑스	1.7	말레이시아	2.0	베트남	2.1	독일	1.9
10	스웨덴	0.9	캐나다	2.0	인도네시아	1.7	인도네시아	2.0	인도네시아	1.9	말레이시아	1.9
	합계	91.4	합계	71.6	합계	72.9	합계	68.8	합계	62.4	합계	71.8

자료 : 무역협회

수출의 경제기여도 위축

전통적으로 수출을 늘리고 수입을 제한할수록 대외적 균형이 양호한 것으로 판단된다. 그러나 이러한 판단은 기업의 모든 부가가치 활동이 단일 국가 안에서만 이루어질 때를 전제로 한 것이다. 수출한 제품의 가치가 그 국가에서 생산한 제품의 가치와 일치하기 때문이다. 그러나 기업의 가치사슬의 국제분업이 확산되면서 최종재가 생산되는 지역과 가치가 창출되는 지역 간의 괴리가 점차 확대되고 있다. 이에 따라 중국이 아이폰을 많이 팔수록 미국의 對중국 무역적자가 커지고 미국의 부가가치도 커지게 된다. 실제로 우리나라는 눈부신 수출성과에도 불구하고 수출의 경제기여도는 크게 감소해 왔다.

그림 8-38 부가가치 수출 비율(%)

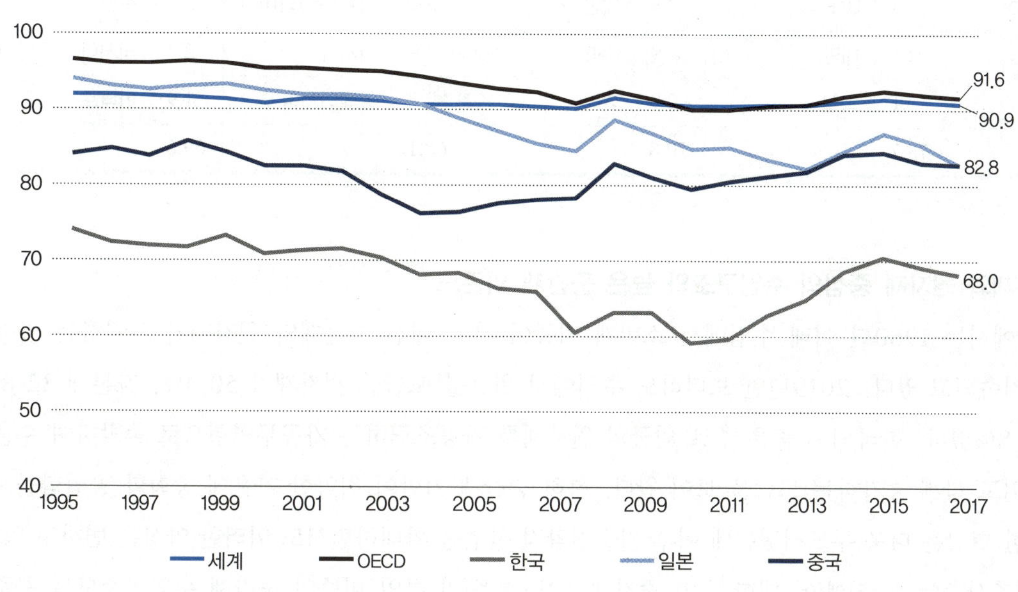

주 : VAX 비율은 DVA 수출/총수출(총수출액 중 국내 부가가치가 차지하는 비중)
자료 : OECD

총수출액 대비 부가가치 수출액의 비율인 VAX 비율은 1995년 75.0에서 2018년 68.0으로 낮아져 세계 전체(91.6)나 OECD 국가(90.9)보다 매우 낮은 수준이며 일본과 중국의 82.8에 비해서도 크게 낮다.

2) 수입 구조

수입선의 다변화

수출과 마찬가지로 한국의 수입지역 역시 다변화가 뚜렷해지고 있다. 1971년 일본과 미국에 대한 수입비중은 40%와 28.3%에 달해 두 국가로부터의 수입이 한국 총수입의 약 70%를 차지했다. 그러나 대일수입비중은 1990년 26.6%, 2000년 19.8%, 2010년 15.1% 그리고 2021년에 8.9%로 낮아졌다. 한편 2021년 중국으로부터의 수입이 약 22.5%를 차지함으로써 중국은 이제 한국의 제1위 수입상대국으로 자리 잡았다.

표 8-11 한국의 10대 수입상대국 추이

1990		2000		2010		2020		2021	
일본	26.6	일본	19.8	중국	16.8	중국	23.3	중국	22.5
미국	24.3	미국	18.2	일본	15.1	미국	12.3	미국	11.9
독일	4.7	중국	8.0	미국	9.5	일본	9.8	일본	8.9
호주	3.7	사우디아라비아	6.0	사우디아라비아	6.3	독일	4.4	호주	5.4
중국	3.2	호주	3.7	호주	4.8	베트남	4.4	사우디아라비아	3.9
사우디아라비아	2.5	인도네시아	3.3	독일	3.4	호주	4.0	베트남	3.9
인도네시아	2.3	말레이시아	3.0	인도네시아	3.3	대만	3.8	대만	3.8
말레이시아	2.3	UAE	2.9	대만	3.2	사우디아라비아	3.4	독일	3.6
캐나다	2.1	대만	2.9	UAE	2.9	러시아	2.3	러시아	2.8
대만	2.1	독일	2.9	카타르	2.8	말레이시아	1.9	카타르	1.9
	73.7		70.8		68.1		69.6		68.6

자본재와 원자재 중심의 수입구조와 높은 중간재 의존도

한국에서는 1960년 이래 수입에서 소비재 비중이 낮고 대신 자본재와 원자재가 차지하는 비중이 높은 구조가 지속되고 있다. 2019년만 보더라도 수입에서 원유를 포함한 원자재가 50.4%, 자본재 32.8%, 소비재가 16.8%였다. 한국의 수출은 주로 외국의 원자재를 가공조립하는 가공무역형으로 출발하여 수출이 증가하면 수입도 함께 증가하는 모습을 보여 왔다. 특히 중간재 기반이 취약한 가운데 중화학 공업화를 추진하면서 이러한 현상은 더욱 두드러졌는데 이후 기술집약적 산업을 확대하면서도 이러한 양상은 변하지 않고 있다.

국내총산출(=총투입액)에 대한 수입 중간재(소재 · 부품)의 투입 비중인 중간재 수입의존도는 꾸준히 하락해 2019년에 12.3%을 기록했지만 여전히 높은 편이다. 이는 부품 · 소재 및 자본재산업의 미성숙한 데 더해 전기 및 전자기기 부문의 핵심 부품에 대한 대외의존도가 높아진 데 기인한다. 우리나라 총수입 중 중간재[45] 수입액의 비중은 50.2%(2020)로 최종재(30.8%)와 1차 상품(18.4%)을 크게 뛰어넘는다. 이는 세계 평

표 8-12 용도별 수입구조 추이(%)

	수출용 자본재	내수용 자본재	수출용 원자재	내수용 원자재	소비재	기타
1991	37.4	27.6	19.0	34.5	8.7	0.5
1995	39.6	29.4	21.5	28.9	9.8	0.3
2000	40.3	23.2	26.5	24.3	8.7	0.2
2005	34.7	19.9	24.6	29.9	10.1	0.7
2008	28.3	16.5	28.2	34.2	9.2	0.1
2019	12.1	20.7	22.0	28.5	16.8	–

자료 : 경제기획원, 주요경제지표 각호 ; 한국무역협회 KOTIS

45. UN은 무역품목을 가공 단계에 따라 1차 상품, 중간재, 최종재로 구분하는데, 이 중 중간재는 가공생산품 중 생산과정에 투입물로 사용하는 재화를 말한다.

균 47.9%를 상회하며 주요국인 미국 38.3%, 일본 40.8%, 독일 44.1%, 프랑스 43.3%를 모두 뛰어넘는다. 특히 우리나라의 중간재 수입은 중국에 크게 의존하는데 그 의존 비율이 28.3%로 세계 평균인 13.3%나 일본 21.1%, 미국 13.3%, 독일 8.0%, 프랑스 5.2% 등에 비해 지나치게 높다.

한편 우리나라 수출품에 사용되는 해외 투입요소의 비중인 후방참여는 1995년 26.4%에서 2011년 41.0%로 크게 증가한 뒤 2018년 32.0%까지 낮아졌지만, 이는 OECD(8.4%)를 크게 뛰어넘으며 주요 제조국인 독일(22.9%), 일본과 중국(17.2%)에 비해서도 여전히 과도하게 높은 수준이다. 1990년대 중반 이후 글로벌 소싱을 활용하며 주요 원자재와 부품을 수입하여 가공하는 조립형 산업화의 패턴이 여전히 강하게 작용하고 있음을 알 수 있다.

국제분업 체계의 변화와 대외의존적 수출산업

한국 제조업과 수출의 성장은 오랫동안 해외수요의 적극적 발굴과 핵심 부품소재 및 기계류를 수입하고 이를 조립하여 완제품을 수출하는 대외의존적 조립형 수출산업화에 의존해 왔다. 대외의존적 조립형 수출산업화는 기술이전과 핵심 부품소재의 수입 그리고 완성품 소비시장으로 구성된 국제 분업에 대한 의존도를 심화시켜 왔다.[46] 1980년대까지 동아시아에서의 국제 분업구조는 냉전과 지정학 · 지경학적 요인으로 말미암아 한미일을 중심으로 전개되었다. 1970년대 중반까지 우리나라는 노동집약적 경공업 제품을 미국 등 선진국에 수출하고 이에 필요한 생산 수단은 일본 등에서 수입하는 구조였다. 1970년대 중반 이후 석유 위기로 선진국이 기술집약 산업으로 재편하는 과정에서 한국은 노동집약적 경공업에서 벗어나 전기전자, 자동차, 기계 등의 중화학공업에서 저부가 저기술 완성재의 조립생산이나 저부가의 부품과 중간재생산에 특화하는 국제분업체계에 참여하게 되었다.

1990년대에 들어 급진전된 무역자유화와 IT 혁신에 따른 글로벌 경쟁의 심화를 배경으로 국제분업체계는 선진국을 중심으로 전 세계적인 생산의 가치사슬 단계별 분해와 특화를 낳았다. 특히 우리나라가 중국의 부상과 더불어 중국이 포함되는 글로벌 가치사슬의 재편에 참여함에 따라 국제분업 구조가 변화하였다. 한국의 국제분업 구조에서 일본은 중 · 고급 부품소재의 공급지, 중국은 초 · 중급 부품소재 및 최종재 시장, 미국은 고급 최종재 시장으로 기능한다. 2000년대 이후 중국에 대한 부품소재 수출이 증가함에 따라 우리나라는 부품소재 분야에서 무역흑자를 지속하고 있다. 한편 제조 강국인 미국, 일본, 독일, 이탈리아 등은 기술이전과 부품소재의 공급지로서 역할해 왔다. 이에 따라 우리나라는 일반기계, 전기기계, 정밀기기 부품 등 부품소재 전반에서 일본 · 독일과는 만성적 무역적자를 기록하고 있다. 미국과도 부품소재 전반에서 2000년대 후반까지는 만성적 적자였으나 그 이후로는 흑자 기조로 돌아선 뒤 이를 유지하고 있다. 일반기계와 정밀기기 부품 분야에서는 이탈리아와 무역수지 적자를 기록하고 있다.

가공 단계별로 볼 때 한국의 대중수출에서 중간재를 중심으로 부품 · 부분품의 비중은 확대되는 반면 반제품 비중은 감소하고 자본재와 소비재는 정체되고 있다. 한국의 대중 수입은 부품의 비중이 높으며 소비재 수입 비중은 다른 국가에 비해 낮은 수준에 머물러 있어 한중 무역은 가공무역 중심임을 알 수 있다. 한편 일본의 대중 수출은 부진한 반면, 중국의 대일 수출은 빠른 속도로 확대되고 있는데, 한중 간의 교역에 비해 가공무역은 감소하고 완제품 중심의 무역구조가 유지되고 있다. 한일 간에는 고급 소재를 중심으로 기존의 국

46. 핵심 부품소재와 설비기계에서 기술과 숙련 축적을 제한하며 중간재 수입을 지속시키는 대외의존적 수출산업화이다.

그림 8-39 국제분업의 변화

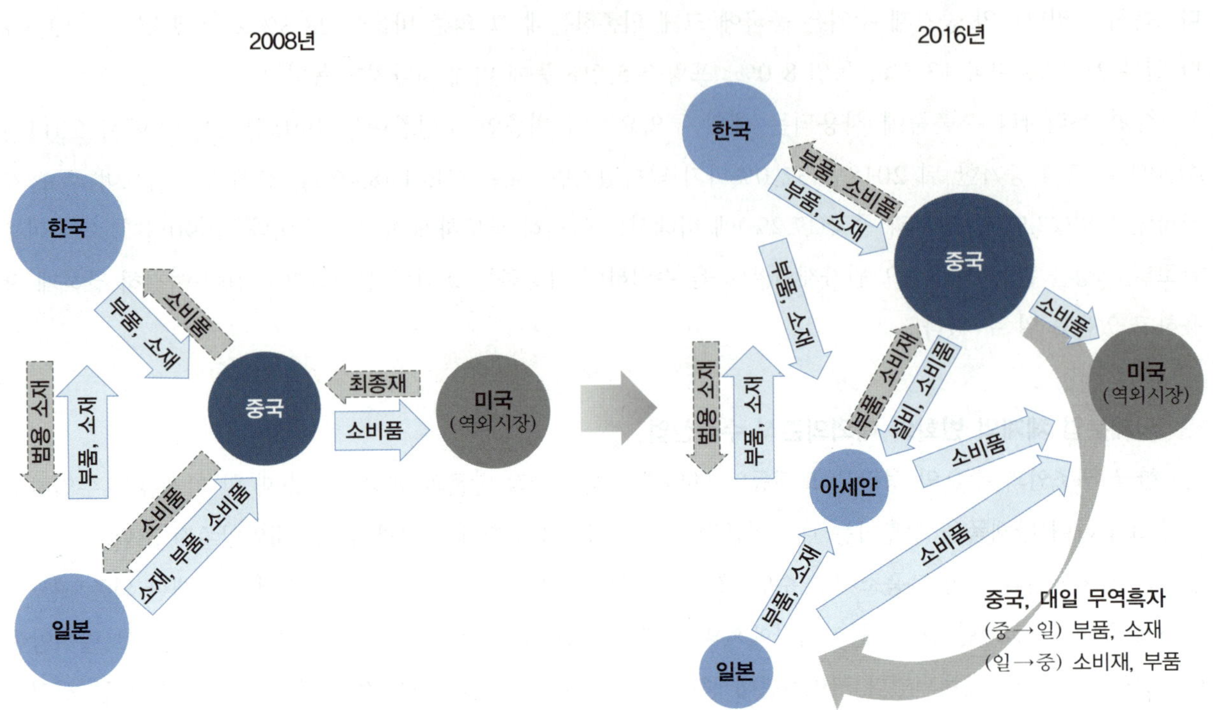

주 : 국가 크기는 해당 국가의 국제무역 비중을 의미. 화살표 실선은 무역흑자, 점선은 무역적자를 나타냄.
자료 : 한국무역협회(2017), 무역구조 변화로 본 동아시아 가치사슬 변화와 시사점.

제분업 구조는 지속되고 있지만 상호 의존도는 지속적으로 약화되고 있다.

한편 중국에 이어 아세안이 부상하며 세계 무역에서 동아시아 무역이 차지하는 비중이 지속적으로 확대되어 한국의 동아시아에 대한 무역의존도 역시 커지고 있다. 동아시아는 세계 수출에서의 비중이 높아지는 가운데 수입은 감소하고 있어 글로벌 생산기지로서의 역할이 계속 강화되고 있다. 이 과정에 한국 역시 수출입 모두 동아시아에 대한 의존도가 커지고 있지만, 일본은 그 역할이 감소하고 있다. 최근 들어 한국은 다른 나라와 유사하게 아세안의 수출대국인 베트남과의 국제분업 구조를 확대하고 있다.

2.3 직접 투자

한국경제의 글로벌화는 상품 또는 서비스의 무역만으로 이루어진 것은 아니며 그 외 기술, 자본, 지식 등 제품 생산에 필요한 요소의 국제적 이동에 의해서도 이루어지고 있다. 세계 무역의 80%는 다국적기업의 해외 직접투자(foreign direct investment ; FDI)와 비자본 참여방식(non-equity mode ; NEM)이 주도하는 국제생산 네트워크에 의해 발생하고 있다(UNCTAD, 2013). 따라서 글로벌 경제의 통합에 대한 이해는 무역 외에도 다국적기업의 가치창출 방식을 다루는 FDI와 NEM에 대한 파악도 요구한다.

FDI와 NEM

무역은 단순히 특수관계가 아닌 상호 독립적 기업 간의 시장원리에 따른 생산품 거래(arm's length transaction)이다. 하지만 시장이 불완전하고 시장실패가 존재할 경우 국가 간에 생산요소의 이동을 통해 자원이 배분된다. 다국적기업은 시장실패를 극복하고 이윤극대화를 위해, 글로벌 경영에서 시장 대신 기업 간 내부거래(예 : 모기업과 해외자회사 간 거래)에 의존(내부화)한다. 특히 다국적기업의 기술, 경영 노하우에서의 독점적 우위가 중요한 결정요인이 되며 유치국은 이러한 우위를 활용하기 위해 FDI를 유치한다. 한편 기업의 내부화가 핵심이 되는 수직적 구조를 강조하는 FDI와 달리 자본투자가 없는 기업 간 수평적 협력 구조(외부화)도 발생할 수 있다. 이러한 협력은 특히 후발자가 선도기업을 추격하고 새로운 경쟁우위를 창출하기 위해서뿐만 아니라 선도기업도 생산의 외주화를 통해 글로벌 가치를 창출하고 이윤을 극대화하기 위해 활용한다. 다국적기업의 지분투자와 소유를 통한 해외 자회사에 대한 강력한 통제를 통해 가치창출을 강조하는 FDI와 달리 NEM은 지분투자 없이 파트너 기업에 대한 통제가 가능하여 협력을 통해 가치를 창출하고 경쟁력을 향상한다. 거래의 복잡성, 정보의 표준화 가능성, 공급자 역량에 따라 국제적 교환은 시장형, 모듈형, 관계형, 포획형, 계층형(FDI)을 포함하는데 시장형과 계층형을 제외한 나머지 세 유형이 NEM에 속한다. 한편 무역과 NEM 방식을 외부화라 하고 FDI 방식을 내부화라 하는데, 글로벌 기업은 글로벌 가치활동에서 순수한 외부화 또는 내부화 방식에만 의존하지 않고 두 방식을 모두 사용한다[윤문연(2018), 글로벌가치사슬 연구에 대한 접근법 통합에 관한 소고, 국제 · 지역연구 27권 2호 ; Gereffi et al.(2005)].

외국인 직접투자

외국인 직접투자는 과거에 외자 확보 측면에서 강조되었으나 점차 첨단기술 및 신성장 산업 유치 등으로 관심이 바뀌었으며 최근에는 일자리 창출에 대한 요구가 크다. 한국의 경우 재화 · 서비스 무역에 비해 외국인의 국내 직접투자는 오랫동안 부진하였다. 이는 무엇보다도 1980년대 중반까지 FDI를 정책적으로 제한한 데 크게 기인한다. 이후 1984~1997년 동안 FDI는 점진적으로 자유화되었으며, 1997년 외환위기 이후에는 전면 자유화하였다. FDI는 1990년대 중반까지는 국내의 저임금 노동 활용이 주요 목적이 되었고, 1980년대

그림 8-40 외국인 직접투자(유입, %)

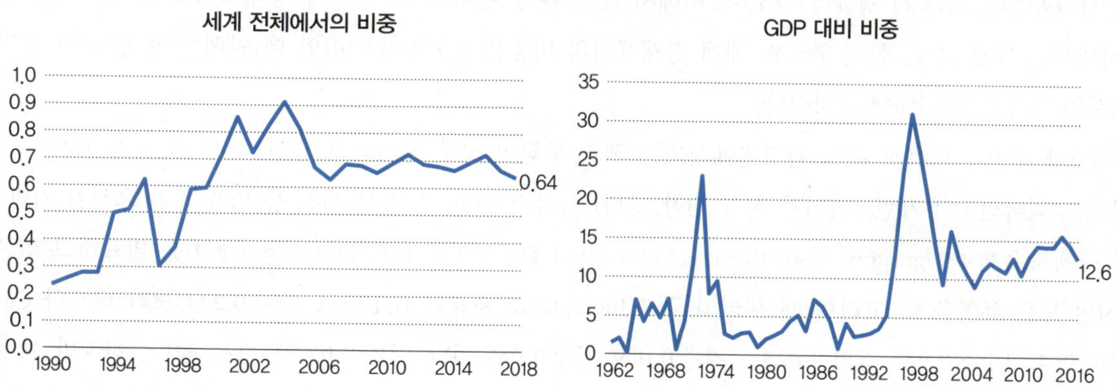

주 : 1) ( ) 안은 세계 전체에서 차지하는 비중
2) 동남유럽 및 CIS

자료 : UNCTAD, World Investment Report ANNEX TABLES FDI inward stock, by region and economy, 1990-2020 ; FDI outward stock, by region and economy, 1990~2020

중반 이후 임금상승과 더불어 국내시장을 목적으로 하는 시장지향적 FDI가 커졌다. 외환위기 이후 다국적기업들은 아시아 시장이나 세계시장을 목적으로 한국의 전략적 위치를 강화하여 의미 있는 진출을 하기 시작했고, 이에 따라 2000년대에 들어 외국인 투자기업의 국내산업에서의 지위가 점차 높아지고 있다.

그림 8-41 업종별 FDI 비중

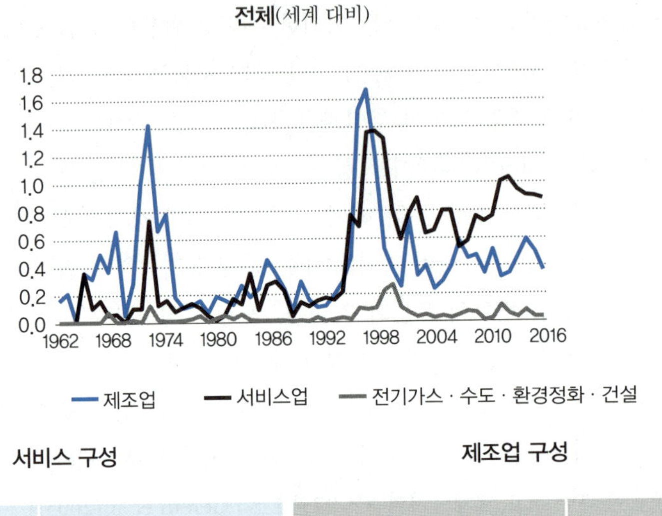

서비스 구성

정보통신 / 부동산 / 도 · 소매 (유통) / 연구개발 / 금융 · 보험 / 사업지원 · 임대 / 숙박 / 운수 / 여가 / 공공서비스

제조업 구성

화공 / 식품 / 전기 · 전자 / 제지 · 목재 / 운송용 기계 / 의약 / 금속 · 금속가공제품 / 기계장비 · 의료정밀 / 비금속 광물제품

자료 : 산업통산자원부 외국인투자통계 ; Kotra 무역투자빅데이터

한국에 대한 FDI는 증가하고 있지만, 우리의 경제규모나 무역구조에 비해서는 여전히 작은 편이다. 2020년 한국의 FDI 누적액은 GDP의 12.6%에 달한다. 이는 일본(4.7%, 중국은 21.4%)보다 크게 높으나 세계 평균(49.0%), OECD 평균(54.9%)에 비해서 낮을 뿐만 아니라 그 수준이 상대적으로 낮은 독일(29.4%)에 비해서도 크게 낮다. 한편 한국의 세계 경제에서의 비중은 1.76%(2020)인 데 반해 세계 총 FDI 유입 잔액에서의 비중은 0.64%에 불과하다.

FDI가 부진한 이유로 제도 환경면에서의 경쟁력 부진이 자주 제기되고 있다. OECD는 약 70여 개국을 대상으로 외국인 소유제한, 인허가 절차 제한, 임원의 국적 제한, 운영상 제한 등 FDI 제한 요건을 기반하여 FDI 규제지수(FDI Regulatory Restrictiveness index : 0~1 값을 가지며, 0에 가까울수록 개방적)를 발표하고 있는데, 2019년 모든 유형을 다 고려할 때 우리의 규제(Index total) 수준은 0.135로 중국(0.244)보다 낮으나 OECD 평균(0.064, 프랑스 0.045, 독일 0.023, 스웨덴 0.059, 미국 0.089)이나 일본(0.052)보다는 높다. 하지만 보다 근본적인 이유로 국내기업의 국제분업에서의 편입 경쟁력 부진이 지적된다. 즉, 우리나라 제조업 부문의 경우 규제제한 점수가 낮고, 산업기반과 기술수준, 인적자원의 전문성에서 경쟁력이 있음에도 불구하고 제조업의 FDI가 부진한 것은 제조업의 경쟁력이 일부 산업의 대기업에 편중되어 있고, 정밀화학, 기계 등 선진국의 비

표 8-13 대륙별 · 업종별 비중

지역	비중
OECD	75.6
유럽	35.6
아프리카	0.1
북미	17.3
중남미	1.8
아시아와 오세아니아	45.2

업종	비중	업종	비중
제조업	37.0	서비스	61.6
음료 · 담배	1.8	도소매	10.5
석탄 · 정유	6.1	운송 · 보관	1.8
화학물질 및 화학제품	6.8	음식 · 숙박	6.8
1차 금속 및 조립금속	2.3	정보통신	3.9
컴퓨터 전자부품	5.1	금융보험	30.3
기계장비	3.2	부동산 임대	5.1
수송수단	3.4	전문과학 기술	1.5
		사업시설 및 지원	1.1

교우위 산업에서 중소기업의 GVC 편입이 활발하지 않기 때문이다. 이에 따라 지식기반 제조업과 부품 · 소재 산업에 대한 투자 비중이 증가하지 않고, 전기전자 등 일부 산업에 집중되어 선진국에서 활발한 의약, 기계산업 등에서의 FDI 유입은 계속 낮은 수준에 머물러 있다. 선진국에 비하여 한국의 전기전자와 운송기계 업종에는 중핵기업이 있어 이들 기업을 통한 GVC 편입과 FDI가 활발하지만, 그러나 의류, 기계, 화학 등 전문공급자형, 수요자 주도형 산업은 취약한데 이는 바로 중소기업의 취약성에 기인한 것이다.

투자형태별로 보면 우리나라는 M&A형 투자 비중이 높아 2020년 69.8%에 달하며 국내 FDI의 상당 부분을 차지하고 있다. 해외기업이 직접 스스로 부지를 확보하고 생산라인을 만들기 때문에 기술 이전, 고용창출 효과가 큰 그린필드 비중은 상대적으로 낮다.

그림 8-42 FDI 제한 강도의 분포

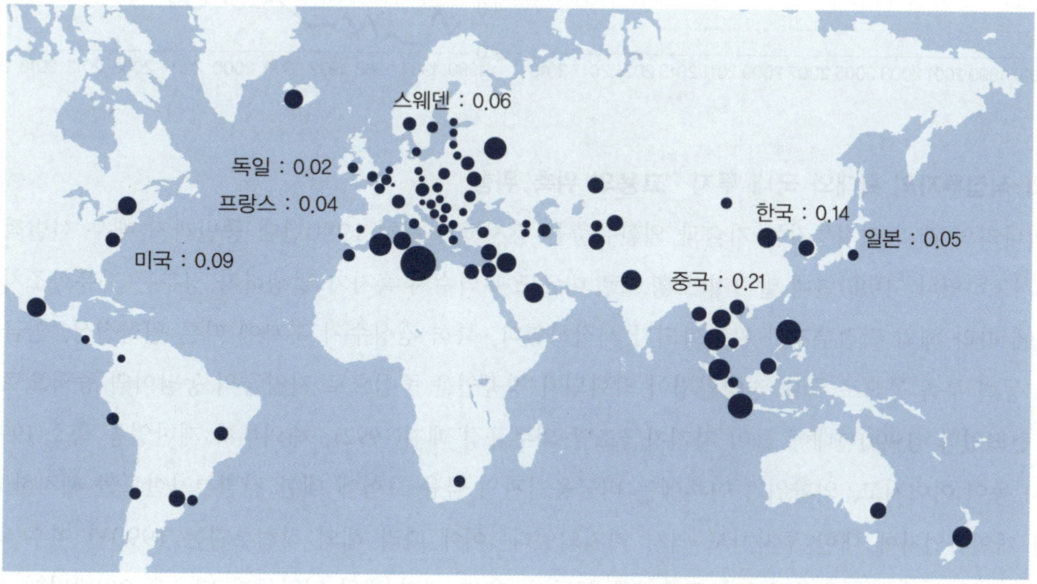

자료 : OECD(2022), FDI regulatory restrictiveness(indicator). doi : 10.1787/c176b7fa-en

우리나라는 무역이나 투자를 통해 외국인 투자를 유치하기 위해 외국인투자지역(1998), 자유무역지대(2000), 경제자유구역(2003)의 3가지 유형의 경제특구를 운영하고 있는데, 이는 전 국토면적의 0.5%이며, 여의도 면적(2.9m2)의 170배 수준에 해당한다. 이 중 외국인투자지역(Foreign Investment Zone ; FIZ)은 산업 콤플렉스나 클러스터에 외국인 기업을 유치하는 데 초점을 두며, 경제자유구역은 광범위한 지역개발을 위해 외국인투자자의 진출을 기반으로 병원, 물류, 교육, 방송, 금융 서비스를 포함하여 제조업과 서비스업의 발전을 도모한다. 또한 자유무역지대는 국내외 수출기업을 지원하여 지정된 지역의 기업들에 대해 관세 혜택을 부여한다. 이들은 모두 FDI 관련 법률에 의해 규율되지만 각 지역에의 입주조건이나 입주에 따른 경제적 혜택은 서로 다르며, 운영기관도 다르다. 그러나 이러한 혜택에도 불구하고 경제특구에 위치한 FDI는 2004~2014년 동안 유입된 외국인기업의 7%이고 전체 FDI 유입액의 21%에 머물고 있다. 경제특구 내의 외국인투자기업은 이러한 FDI의 유치 부진이 유사지역의 중복 · 과잉 지정과 특구 간 차별성 미약(29.6%)과 과도한 행정규제와 행정지원 서비스 제공 미흡(17.4%)에서 비롯한다고 지적한다. 국내에 유사한 경제특구가 중복되거나 인근에 위치하여 특구 상호 간 경쟁을 낳고 외국인투자에 혼선을 초래하고 있다. 더욱이 경제특구임에도 불구하고 많은 부문에서 다른 지역과 동일한 국내규제가 적용되고 행정 서비스 제공절차가 복잡하다. 한편 경제특구의 산업용지 가격이나 근로자 임금수준 그리고 법인세율이 아시아 주요국 대비 매우 높아 투자유인을 약화시키고 있다.

그림 8-43 직접투자의 추이

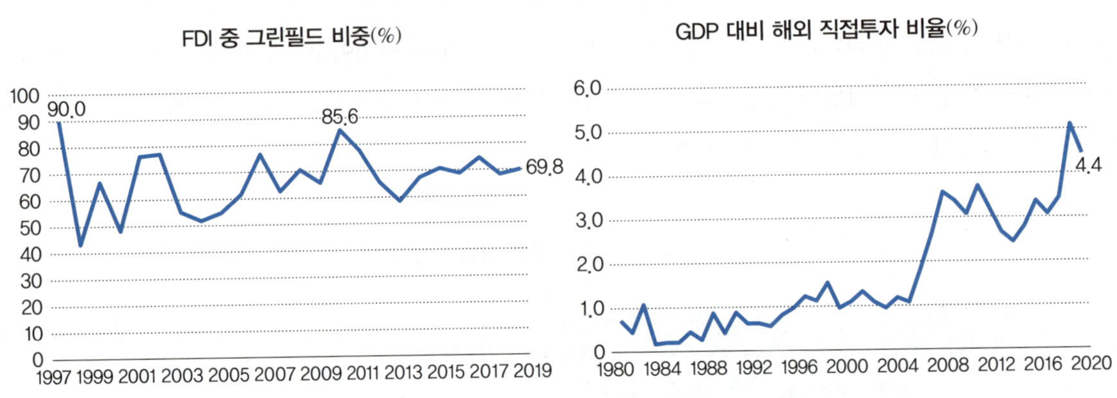

해외 직접투자의 확대와 국내 투자 · 고용의 위축 위험

우리나라의 해외 직접투자는 기술과 외환유출을 방지하기 위해 1980년대 중반까지 매우 선별적으로 허용되어 저조하였다. 1980년대 말 3저 호황으로 대규모 무역수지 흑자가 발생하자 정부는 자유화조치를 취하였고 이에 따라 해외 직접투자가 활성화되기 시작하였다. 특히 경상수지 흑자에 따른 원화절상, 임금과 지가 상승, 노동력 부족 등으로 국내 경영환경이 악화되자 경공업을 중심으로 저임금의 동남아와 중국으로 생산기지가 이전되었다. 1990년대에 들어 자기자금조달 의무규정 폐지(1992), 해외투자 제한업종 축소(1993)와 폐지(1996) 등이 이어지고, 외환위기 이후에는 비금융기관의 금융 보험에 대한 건별투자한도를 폐지하고(2005) 개인 및 개인사업자에 대한 투자한도 역시 폐지되었다. 이에 따라 해외 직접투자는 1990년 이후 외환위기 직후를 제외하곤 대부분의 산업에서 증가세를 이어가 GDP 대비 해외 직접투자 비율은 2000년대 초 1%대에서 2000년대 중반부터 빠르게 증가하기 시작하여 2020년에는 4.4%까지 높아졌다.

해외 직접투자는 1990년대 중반까지 국내생산비 증가에 대응한 해외 저임 노동력 확보를 위한 투자 비중이 60% 이상으로 만드는 것이 주된 목적이어서 국내 산업과의 연계성이 낮아 국내고용을 위축시켰다. 하지만 2000년대에 들어 각국의 무역장벽 확대, 주요국의 산업육성 정책 등에 대응하여 신시장 확보를 목적으로 한 비중이 빠르게 상승하여 2019년에 전체 제조업 해외 직접투자 중 현지시장 진출을 목적으로 한 투자 비중이 69.9%로 가장 높으며, 수출 촉진(13.8%), 저임금 활용(5.9%)이 그 뒤를 잇고 있다(한국수출입은행, 「2019 회계연도 해외직접투자 경영분석」). 한편 선진기술 도입을 위한 해외 직접투자도 7.1%에 달하고 있다. 이처럼 우리나라의 해외 직접투자는 생산 전 과정의 해외이전보다는 주로 최종 수출지에서의 단순조립이나 시장진출에 목적을 두고 있다. 이를 반영하여 우리나라 제조업의 해외 직접투자는 자동차, 전기전자, 반도체 등 중화학공업과 고도기술 부문의 비중이 높은 가운데 최근 석유화학, 철강 등 기초소재 업종도 늘고 있다. 이들의 경우 핵심 생산설비는 국내에 남기고 보조적인 생산공정만 해외로 이전하므로 국내 산업과의 연계성이 유지되고 있다. 한편 음식료, 섬유 등 소비재 업종은 1990년대 초반 이후 점차 감소하고 있다.

그림 8-44 해외 직접투자 기업의 매출과 매입의 비중(2020)

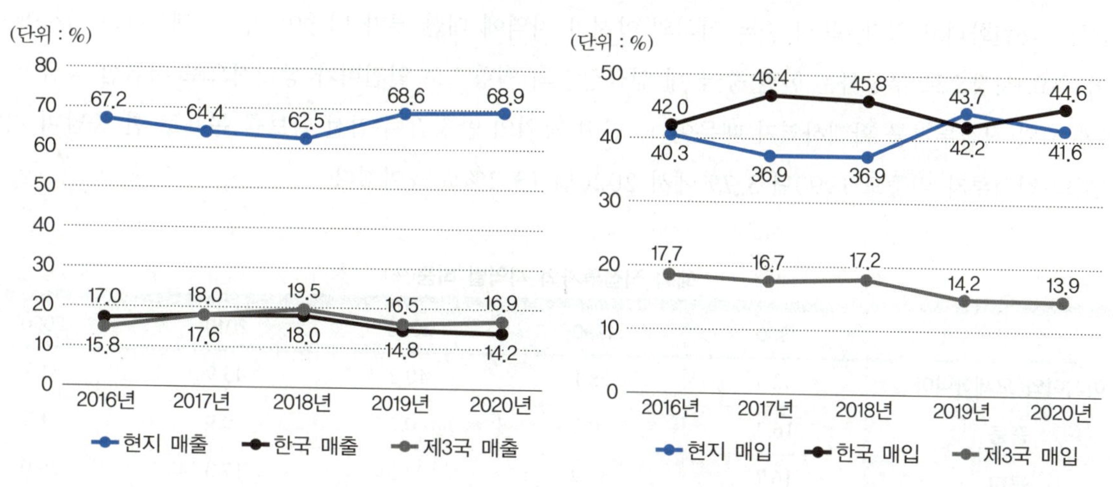

그러나 현지법인들의 부품 · 소재 생산을 위한 협력업체의 해외 동반진출 등을 통한 현지조달체계가 정착되면서 국내 제조업체들 사이의 산업연관관계를 약화시키고 일부 업종에서는 순수출 유발효과가 약화되고 있다. 철강, 석유화학 등 기초소재 업종의 해외 직접투자 확대도 이러한 우려를 높이고 있다. 2020년 현지매출 비중이 68.9%(한국 수출 16.9%, 제3국 수출 14.2%)를 차지하여 진출국 내수시장 공략을 위한 현지화 중심의 영업방식이 주류로 자리 잡고 있음을 보여주고 있다. 한편 매입의 경우에는 현지매입(41.6%)과 한국수입(44.6%)이 비교적 고른 양상을 보이고 있다.

그러나 아시아는 현지매출 비중이 타 지역 대비 낮고 한국수출 비중이 높다. 특히 아시아 제조업 중 전자부품과 신발 부문의 한국수출 비중은 각각 62.8%, 68.9%에 달하고 있어 아시아 지역이 한국 모기업의 생산 및 임가공 기지의 역할을 수행하고 있는 것이다. 한편 아시아 지역은 한국 및 제3국 수입에 비해 현지매입의 비중이 높은 경향이 있다. 중국의 경우 2020년 현지매입 비중이 62.2%로 현지화가 상당히 진행되었으나 필리핀 등 일부 국가는 한국에서의 수입 비중이 높아 현지에서의 공급망 구축이 지연되고 있다. 다만 제조업은 상대적으로 현지매입 비중이 높으며 도소매업은 한국수입 비중이 높은 특징을 보인다. 북미의 현지매출 비중이 타 지역과 비교하여 높고, 한국수출 비중이 낮은데 이는 도소매업 비중이 높은 지역적 특성에 기인한 것이다(한국수출입은행,「2020년 해외직접투자 경영분석」).

표 8-14 외국인 직접투자와 해외 직접투자의 대GDP 비중(%)

	전 세계	선진국	EU	미국	중국	한국	일본
외국인 직접투자	29.3	30.1	41.4	17.4	10.1	11.8	3.9
해외 직접투자	30.7	39.4	52.4	29.8	5.2	14.3	16.5

자료 : OECD.Stat

해외 현지생산의 확대는 특히 중소기업의 경우 국내 투자와 고용에 대한 부정적 효과가 큰 것으로 나타나고 있다(이은석 등, 2012). 대기업은 주로 시장 개척을 목적으로 현지생산을 확대하므로 국내의 생산설비를 축소할 유인이 약하지만, 중소기업은 비용절감을 위해 현지생산을 확대하므로 국내 생산설비를 축소 조정할 유인이 크다.

해외 직접투자는 2000년대 중반까지 중국과 북미 중심으로 편중되었으나, 2007년 이후 해외투자 급증과 더불어 다원화되고 있다. 특히 중국 이외의 아시아 지역에 대한 투자 비중이 커졌는데, 이는 아시아 신흥시장이 주요 시장으로 부상하는 한편 중국 내 임금상승의 영향으로 인건비가 상대적으로 저렴한 동남아 지역에 대한 해외 직접투자를 확대하였기 때문이다. 한편 자원의 안정적 수입선 확보를 목표로 한 중남미 지역에 대한 해외 직접투자 비중도 1990년 3.7%에서 2020년 13.2%로 높아졌다.

표 8-15 해외 직접투자의 지역별 비중(%)

	1980	1990	2000	2010	2020
아시아와 오세아니아	32.3	58.1	40.2	43.9	31.9
중동	16.2	0.1	0.3	0.9	1.2
북미	16.7	30.9	23.5	17.3	29.0
중남미	8.6	3.7	26.7	13.1	13.4
유럽	20.4	6.5	5.7	23.7	23.8
아프리카	5.9	0.7	3.5	1.2	0.8

2.4 세계 생산체계로의 편입과 기능 고도화

앞에서 보았듯이 한국은 비슷한 규모와 소득을 가진 다른 국가들에 비해 전통적인 무역의 규모가 불균형적으로 큰데, 이러한 모습은 GVC에서 더 두드러지게 나타난다. 이는 세계 1위의 무역국인 중국과의 관계를 보면 잘 드러난다. 한국은 부가가치를 고려하지 않은 전통적 수출물량을 기준으로 할 때 미국, 일본에 이어 중국의 3대 수출국의 위치에 있지만, GVC 상대국으로서는 제1의 위치에 놓여 세계적 위상을 잘 보여주고 있다. 한국은 중국이 세계수출에 사용하는 해외중간재 투입의 11.4%를 점하여 미국(11.2%)이나 일본(9.3%)을 상회하며 중국의 최대 후방참여국으로 자리 잡고 있다. 중국의 최대 전방참여국 역시 한국(11%)이며 그 뒤를 미국(9.2%)과 멕시코(7.7%)가 잇고 있다. 결과적으로 중국은 베트남, 멕시코 등처럼 한국의 중간재가

가공되어 수출되는 수출가공 플랫폼임을 알 수 있다.

한국은 중국을 넘어 국제 글로벌 분업 체계에 깊숙이 편입되어 세계 중간재의 사용자이자 중간재의 공급자로서의 역할을 모두 적극 수행하고 있다. 우리나라 제조업이 전 세계의 수직적 생산공정 분업에 참여하는 정도를 나타내는 GVC 참여도는 1995년 41.6%에서 2018년 64.5%로 늘어났다. 이러한 참여지수는 세계 평균이나 OECD 평균뿐만 아니라 중계무역국인 싱가포르와 홍콩에 비해서도 높다. 이는 수출품을 구성하는 중간재(소재, 부품, 서비스 등)가 해외로부터 조달되는 비중이나 동시에 우리나라 수출 중 중간재가 차지하는 비중을 통해서도 볼 수 있는데, 이들 두 수치는 세계 평균이나 OECD 평균 그리고 제조업 비중이 높은 독일이나 일본에 비해서도 매우 높은 수준을 지속하고 있다.

그림 8-45 한국의 GVC 참여로의 추이와 구조

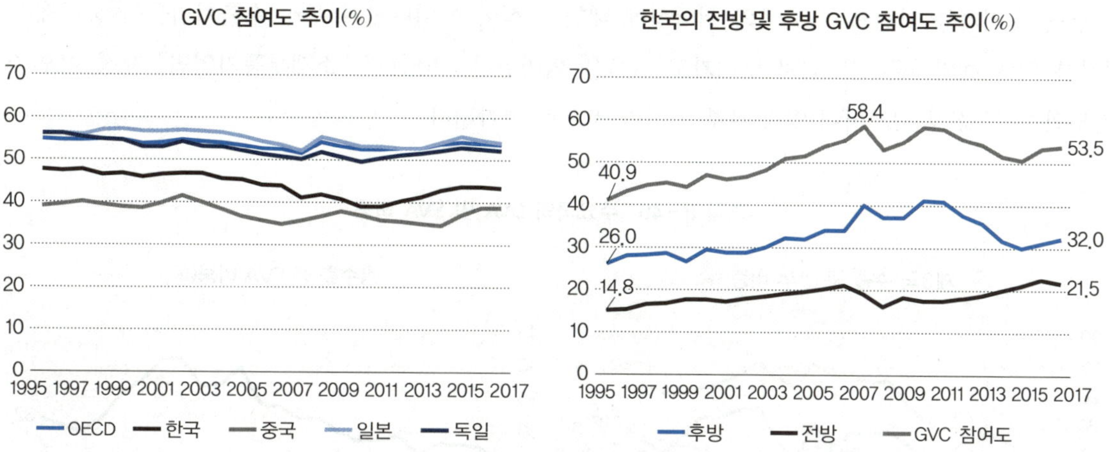

GVC 참여도 추이(%)

70 60 50 40 30 20 10 0

1995 1997 1999 2001 2003 2005 2007 2009 2011 2013 2015 2017

OECD 한국 중국 일본 독일

한국의 전방 및 후방 GVC 참여도 추이(%)

70 60 50 40 30 20 10 0

58.4 40.9 53.5 26.0 32.0 14.8 21.5

1995 1997 1999 2001 2003 2005 2007 2009 2011 2013 2015 2017

후방 전방 GVC 참여도

주 : 후방참여율은 우리나라 총수출 중 FVA 비중, 전방참여율은 수출상대국의 제3국으로의 수출에서 우리나라 VA가 차지하는 비중을 의미.

한국의 GVC 참여율(53.5%), 특히 후방참여율(32.0%)은 선진국과 개도국 평균보다 상당히 높고, 전방참여율은 다른 나라 평균과 유사하다. 총수출에 포함된 해외 부가가치로 측정되는 한국의 후방 GVC 참여는 2011년 최고점 이후 42.4%에서 32.0%까지 하락하였다. 그러나 이러한 후방참여율은 OECD 평균보다 높으며 G20 국가 중 상위에 속한다. 다른 나라와 비교하여 수출에서 상당히 많은 해외 중간재를 사용하기 때문이다. 후방 참여의 대부분이 해외 원자재 및 에너지 투입과 일본, 미국, 독일 등의 정교한 투입으로 구성됨에 따라 원자재 가격의 변화는 GVC 후방참여 통계에 큰 영향을 미치고 있다. 한편 한국은 일본에 대해 3위의 수출대상국이자 2위의 전방참여 수출대상국이다. 반면 한국의 제3국에 대한 전방참여 수출은 중국(37.1%), 베트남(6.6%), 멕시코(5.0%) 등의 조립 허브를 거쳤다. 이는 한국의 전통적 수출의 주요 대상국이 중국, 미국, 일본이라는 점에서 대조된다. 한국은 베트남이 자국 수출을 위해 활용하는 수입 중간재에서 일본(7.4%)을 앞선 위치(11.4%)에 있다.[47] 꾸준히 증가하던 GVC 참여도는 2009년 큰 폭으로 하락한 후 2년 동안 상승했다가 2011년 이후 감소 추세에 놓여있다. 이는 우리 경제가 글로벌 분업체계를 활용하는 정도가

47. 아시아 공급망에서 한국의 적극적 참여는 대부분 대기업의 중국과 동남아시아로의 해외 직접투자 급증과 밀접하게 관련이 있다. 이는 물론 특혜무역협정의 활성화, 지리적 근접성, 저부가 생산 단계의 해외이전에서 비롯한다. 한국의 다국적 대기업은 중국과 동남아의 공급업체에 많은 활동을 아웃소싱하고 자회사를 통해 이들 국가에 새로운 공장을 직접 소유하고 있다.

점차 약화되고 있음을 의미하며, 보호무역주의 확산, 미중 무역분쟁 격화 등 최근 전 세계적으로 나타나는 글로벌 공급망 재편 흐름에 기인한다.

우리나라의 GVC 참여는 전방참여보다 후방참여가 약 2~2.5배 높지만, 2010년대에 들면서 후방참여는 감소하고 전방참여는 증가하여 전후방 참여 간 격차가 완화되고 있다. 우리 수출 중에서 외국산 원료 및 중간재의 기여도가 감소하고, 다른 나라의 수출에 투입되는 우리의 중간재 기여도는 커지고 있는 것이다. 이는 우리나라 수출 중 중간재 비중이 높아지고(전방참여의 증가), 총수출 중 외국에서 부가한 가치규모가 2010년 이래 하락(후방참여의 감소)하는 데서 기인하는 것이다. 또한 이는 우리의 GVC 위치가 전체적으로 '조립·가공' 단계에서 상대적으로 부가가치가 높은 '중간재 제공'의 업스트림(upstream) 방향으로 상향 이동하고 있음을 말해준다. 전방 참여도의 증가 추세는 우리의 주력 수출품목에서 IT 부문의 부품 등 중간재 비중이 높아지고 주력 품목의 기술수준 상승에 따른 품질 경쟁력 제고에 기인한 것이다. 후방참여율의 감소 추세는 2008년 금융위기를 기점으로 GVC의 취약성에 대한 인식이 늘어나면서 우리 수출기업들이 중간재의 공급 안정화를 위해 해외의존도를 점차 낮춰가고 있음을 의미한다. 2001년 "소재부품기업법" 제정 이후 이어져 온 정부의 '소부장'정책도 이에 일정 부분 기여한 것으로 평가된다.

그림 8-46 주요국의 DVA 및 FVA 비중

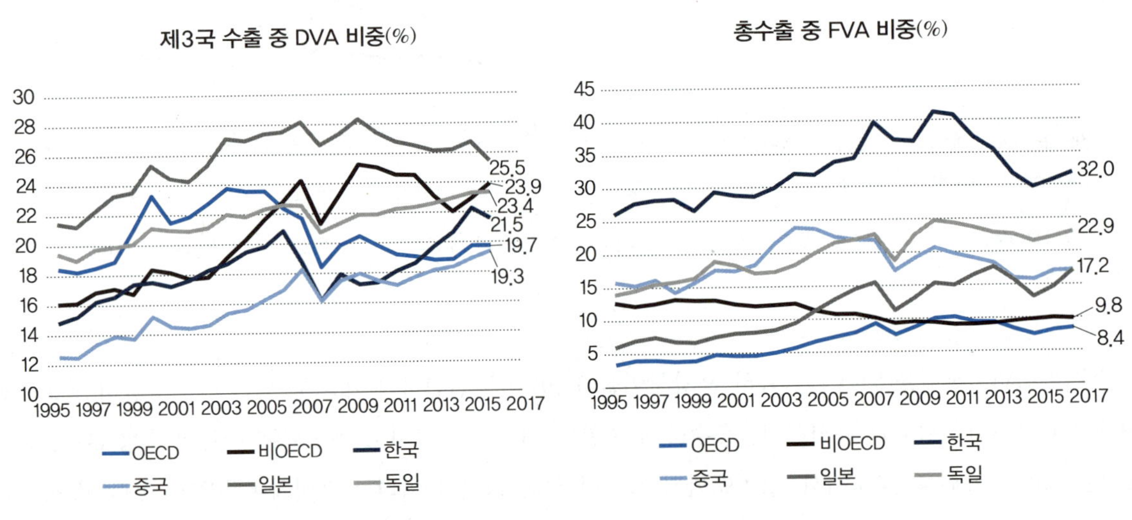

자료 : OECD Trade in Value Added(TiVA) 2021 : Principal Indicators(https://stats.oecd.org)

한국은 일본, 중국과 함께 삼각무역을 통해 연결된 지역생산망으로 이 지역생산망은 독일 중심의 유럽과 미국 중심의 북미 지역생산망과 함께 세계 3대 지역생산망에 포함된다. 한국은 최종재화와 서비스의 전통적인 무역뿐만 아니라 중간투입재의 GVC 무역에서 주요한 수급사슬로 위치한다.

내부화 중심

한국의 국제 분업이나 GVC 참여는 매우 독특한 특징을 가지고 있다. 그것은 국내에 긴밀하게 연계된 생산 네트워크를 확보하고 있기 때문에 해외 공급업체나 아웃소싱에 대한 의존이 제한적이라는 점이다. 즉, 우리나라의 선도 대기업은 글로벌 경쟁력을 갖춘 제조업체로서 GVC의 각 단계를 자신이 쉽게 통제할 수 있는 준독립적 자회사들이나 국내 중소기업으로부터의 중간재에 주로 의존하고 있다.

이는 제품개발, 마케팅, 판매의 단계에 주로 집중하고 생산활동의 대부분을 외주하는 글로벌 대기업들과 크게 대비된다. 이에 따라 우리나라 대기업은 외국인 직접투자보다는 스스로의 투자와 소유에 크게 의존하여 GVC를 통제한다. 이로 인해 한국 대기업들은 생산역량 확충을 스스로의 막대한 투자에 의존하고 막강한 직접적인 통제력을 발휘하지만 그만큼 해외 경쟁기업들에서 찾아볼 수 있는 GVC 전반에 걸친 글로벌한 협력과 조정을 할 수 있는 역량에서는 한계를 보이고 있다. 대신 다국적 대기업의 압력으로부터 벗어나 가치사슬 내에서 독자적으로 R&D나 브랜딩 등으로 기능적 고도화를 도모하는 데 자유로운 상황이다. 그러나 이러한 자유에도 불구하고 한국 기업의 가치사슬 참여는 제품개발이나 기술적 설계를 제외하곤 생산 운영에 집중하였으며 서비스 단계의 참여는 제한적이었다.

표 8-16 한국의 GVC 참여의 특성 : 장점과 단점

장점	단점
▪ 다국적기업 네트워크 구조에 갇히지 않은 국내선도 기업 중심 ▪ 수직적 통합 : 사내 제조와 생산기술 소유 ▪ 국외기술 수용의 경험 ▪ 인력개발과 응용 R&D를 위한 강력한 산업-정부 연계 ▪ 첨단기술 부문에서의 신기술 개방능력으로 일류기업으로의 브랜드를 창출(단 제품군 협소)	▪ 제조 집중으로 새로운 사업모형과 금융 기회 상실 ▪ 포획적 공급업체는 다변화에 어려움 ▪ 수직적 통합 : 혁신적 R&D에서의 위험과 서비스 공급업체 발전의 제한 ▪ 산업발전에의 정부지원과 대중적 지지에 의존 ▪ 소수 산업 집중 : 부문 간 숙련과 역량 이전 제한 ▪ 상대적으로 고립된 공급사슬 : 글로벌 스탠다드로부터의 학습을 제한

자료 : Frederick, Bamber, Gereffi and Cho(2017)

고부가 가치사슬로의 이동에 의존한 산업화

GVC 고도화 관점에서 볼 때 한국 기업이 주로 의존해 온 전략은 보다 높은 부가가치를 낳는 가치사슬로의 이동(가치사슬 간 고도화)이었다. 한국 수출의 시대별 · 산업별 구성을 살펴보면 1960년대 1차 농수산물, 1970년대 경공업(섬유, 가발), 1980년대 중공업(철강, 선박), 전자, 자동차, 1990년대 IT 및 화학, 2000년대 문화산업으로 최종재의 빠른 교체가 관찰된다.[48] 한국의 산업고도화는 빈약한 천연자원과 기술 및 자본재를 해외에 의존하되 저렴하지만 근면하고 훈련된 노동력을 기반으로 경공업 제품의 수출 플랫폼에서 출발하여 고부가가치의 중화학공업으로 옮겨갔다. 그리고 이 과정에서 갖추게 된 프로젝트 실행능력을 지렛대로 후에 기술 · 자본 집약적인 전자 및 IT 산업으로 이동했다. 한국 기업들은 신산업에 진입한 후 이들 산업에서 공정 개선에 주력하였고 점차 생산 전 단계의 제품 개발과 기술 설계에 초점을 맞추며, 공정 고도화와 제품 고도화를 이루고 이를 기반으로 다수의 제조업에서 선도적 위치로 올라섰다.

한국이 고부가 가치사슬 이동에 의존하여 산업고도화를 이룩해가는 시기에 글로벌 가치사슬은 상대적으로 초기 단계였다. 이에 따라 한국은 산업별로 국가 경계 내에서 비교적 완전한 국내 후방연계 산업을 구축하며 수입중간재의 대체와 수입 기술의 확보에 노력하여야 했다.[49] 예를 들어 의류 제조업체들은 1970년대

48. 가치사슬 간 고도화는 대만 기업에서도 관찰되는데, 대만 기업은 TV 세트와 모니터를 생산하는 공정수행 능력을 지렛대 삼아 컴퓨터 제조 산업으로 산업을 고도화하였다.

49. 결과적으로 한국의 산업정책은 수출지향과 수입대체를 병행한 독특한 특징을 가졌다. 예를 들어 정부는 국내 섬유 사용 기업이 국산 섬유를 사용하도록 강제하고 대신 수출목표 달성을 대가로 투입물에 보조금을 지급하였다. 결과적으로 이를 통해 합성섬유의 수입 대체를 이룸으로써 섬유산업의 국제경쟁력을 강화하고 환율의 평가 절하에 덜 취약하게 만들었다.

정부의 석유화학단지 조성으로 1980년대에는 화학 및 합성 섬유를 국내에서 조달할 수 있게 되었는데, 이는 국내기업이 의류 GVC에서 섬유 부문으로 이동하게 하여 섬유에서 의류생산까지 국내에서의 수직적 통합을 가능하게 하였다.[50] 이는 크게 발전한 GVC를 배경으로 전체 기반산업 없이 특정 작업기능(예 : 조립)만을 전문으로 하는 현재의 개발도상국 상황과는 크게 대비된다. 즉, 한국은 오늘날의 개발도상국에 비해 공급망 내에서 더 완전한 국내 후방 연계산업들을 구축해야 했지만, 그럼에도 초기 경제발전 단계부터 해외에서 주요 투입물을 소싱하여 수출에서의 수입 중간재의 비중은 낮지 않았다. 다행히 2000년대 이후 컴퓨터, 자동차, 선박, 무선 장치와 같은 첨단 최종재를 제외하고 한국의 상위 10대 수출의 대부분은 반도체, 석유정제 제품, 합성 물질과 같은 중요한 중간재가 차지하고 있다.

그림 8-47 GVC에서의 고도화 궤적 : 한국의 사례

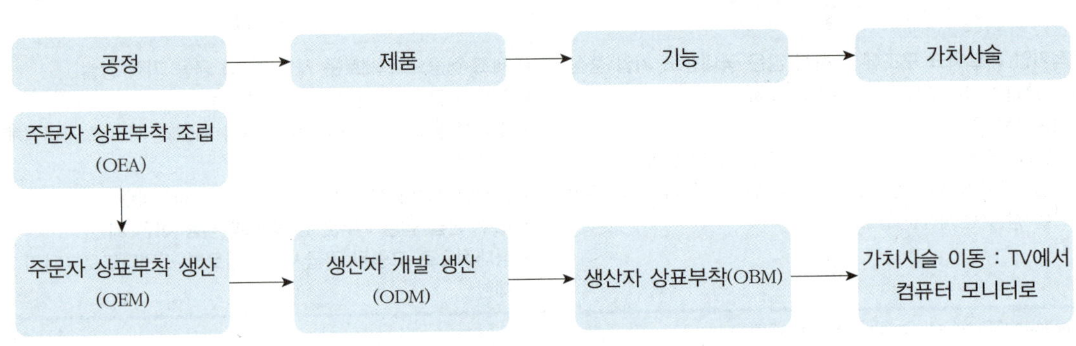

공정 고도화와 제품 고도화에 주로 의존한 GVC 고도화

한국 기업은 품질선도 전략(조선업)을 따르든 비용우위 전략(전자 산업)을 따르든 한국의 국제 경쟁력은 공정 및 제품 고도화에서 주로 비롯해 왔다. 이러한 고도화를 달성하기 위해서는 기본적인 생산 공정과 제품에 관한 핵심기술을 습득, 학습, 구현하는 것이 경제발전 초기 단계에서 핵심 과제였다. 또한 이러한 고도화에서 해외 바이어 및 파트너와의 연계 그리고 외국 동종업체와의 기술제휴를 포함한 기술이전이 중요하였다. 국가는 기술획득과 기술이전에 반복적이고 전략적으로 관여하였다. 공정 고도화는 새로운 기술을 이용한 생산공정의 자동화 투자에 크게 의존해 왔다. 한국 기업은 생산 전 단계인 R&D 및 제품설계에 초점을 맞추어 제품고도화를 도모하여 틈새시장이나 고부가가치 제품 그리고 혁신적 제품에서의 비교우위를 확보하기 위해 노력해 왔다. 외국기술의 수입과 라이선스에 대한 의존도가 낮지 않지만 제품 개발과 핵심 부품의 기술력 확보를 위해 막대한 투자를 지속하고 있다. 이는 다양한 최종재 시장을 중심으로 GVC 전체의 역량구축에 집중하며 특히 저가제품의 양적 성장에 집중하는 중국과 잘 대비된다. 기존 제품에 대한 경쟁 압력이 높아지고 자체 기술 역량이 향상됨에 따라 한 제품이나 세그먼트에서 다른 제품이나 세그먼트로 끊임없이 이동했다. 예를 들어 전자산업의 경우 라디오와 텔레비전 세트 제조를 시작으로 개인용 컴퓨터(1981), 메모리칩(1984), 전자전화교환기(1985), TFT-LCD(1992), CDMA 기술에 기반한 이동 전화 및 네트워크 시스템(1995)로 옮

50. 철강생산에 대한 정부의 전략적 투자는 자동차 산업이 일부 중간재 공급을 국산화하는 데 도움이 되었다. 또한 1970년대부터 자동차 부품의 국산화를 위해 정부와 자동차 업체들이 다양한 공동 노력을 기울였다. 이러한 후방연계 강화노력은 외국 완성차 업체와의 제휴를 통한 기술획득 노력이 큰 성과를 보이지 못해 1970년대 내내 외국 파트너에 대한 기술 의존도를 줄이는 데 실패했다. 대신 정부는 주로 현지 공급망을 기반으로 강력하고 세계적으로 경쟁력 있는 자동차 산업을 구축하는 데 핵심적인 역할을 했다.

겨갔다.

제한적이지만 점차로 기능적 고도화를 달성 : 고부가 활동으로의 이동과 오프쇼어링

한국 산업발전에서 기능적 고도화는 자주 발생하였다. 대만에서는 공정 및 제품 고도화에 중점을 둔 전문 공급업체가 중소기업 중심 경제의 초석이 된 반면, 한국은 다각화된 대기업이 산업국의 브랜드를 OEM(-Original Equipment Manufacturer)으로 수출한 후, 이를 기반으로 자체 브랜드 제품을 시장에 내놓는 OBM(-Original Brand Manufacturing)으로의 이전을 통해 기능 고도화를 반복해 왔다. 1990년대부터 후발국의 추격이 시작되자 한국을 대표하는 전통적인 전략산업은 구조조정과 고도화의 압력에 직면하여 한편으로 R&D에 의존한 제품 고도화로 대응하고 다른 한편으로 GVC 내에서의 디자인, 마케팅, 브랜딩 기능의 고도화로 대응하였다. 또한 1차 원자재와 에너지 그리고 고숙련 집약적 중간재를 해외에 의존하는 양상은 계속되었지만, 더 정교한 중간재를 공급하는 위치를 강화하고 대신 저숙련 집약적 중간재에 대한 해외의존도를 높이고 있다.[51] 특히 글로벌 수준에서의 생산분업과 모듈화가 크게 진전된 전자 및 ICT 산업에서 글로벌 플레이어로 부상하면서 고부가의 중간재 공급자로 변모하고 있다.

또한 전통적 전략 제조업에서는 국내의 고학력 근로자와 세련된 소비자에 힘입어 디자인, R&D 등 고부가 활동에 집중하고 대신 중국, 베트남 등의 수출 플랫폼으로 조립의 오프쇼어링이 이루어지고 있다. 우리나라의 오프쇼어링은 1990년대 국내 생산비 상승과 더불어 양자 간, 다자간 자유무역협정에 힘입은 바가 크다고 하겠다. GVC 내에서의 기능 고도화에 따라 국내에서의 작업과 해외에 의존하는 작업의 재편이 생겨나고 이를 효과적으로 관리하는 능력이 중요해졌다. 예를 들어 자동차산업은 신기술에 의존하여 제품 품질을 향상시키는 것 외에 디자인 고도화를 위해 국내의 생산역량과 해외 R&D 인력을 통합하는 동시에 신흥시장에 생산설비를 확충하여 저렴한 노동력을 활용했다. 애니메이션 산업에서는 국제공동제작을 통해 한국 스튜디오의 숙련된 제작역량과 창의적 개발이라는 선진역량, 금융 및 배급 자원의 결합이 나타났다(Lee et. al. 2019).

한국 산업의 기능 고도화에는 정부의 역할이 매우 컸다. 기능 고도화에는 막대한 재무 및 기술 자원과 산업 전반의 조정된 노력이 필요하기 때문이다. 섬유 · 의류 산업에서 중간재를 생산하는 상류부문으로의 진출은 화학 및 합성섬유 제조의 국산화에 힘입었는데 이는 국가와 대기업의 공조에 의한 중화학공업 육성에 의해 촉진되었다. 중화학공업 육성은 철강, 유화, 조선, 자동차의 고도화에도 기여하였다. 자동차 핵심부품의 국산화와 국산모델 구축을 위해 정부와 국내 대기업의 공동 노력이 필요했고 그에 따른 보상도 컸다. 한국은 1970년대 이후 자동차부품 국산화율을 크게 높였고, 1980년대에는 선진국에 대한 조립차 수출국이 됐다.

이러한 변화는 한국의 GVC 포지션 지수에 잘 나타나 있다. 한국의 GVC 포지션 지수는 1995년 이래 음의 값으로 나타나 전체 가치사슬에서 저부가가치를 창출하는 단계에 위치해 왔고, 2010년대 초반까지 악화되다 이후 크게 개선되고 있다. OECD 국가는 상대적으로 GVC 포지션 지수가 높아[52] 스마일 곡선상 중간재

51. 전자기계 및 ICT 산업은 GVC에서 가장 파편화된 부문이며 반도체 및 디스플레이와 같은 주요 중간재와 이를 사용하는 스마트폰 및 컴퓨터와 같은 최종재는 모두 고도로 분열된 GVC이다. 희토류 및 금속, 실리콘, 플라스틱 및 정제된 화학 물질과 같은 원자재는 다음 단계에서 메모리반도체, 집적회로, LCD, OLED 등의 전자 부품 중간재로 제조되는데 이러한 고가의 중간재는 현재 한국 수출에서 가장 큰 부분을 차지한다. 일본은 중요한 중간재를, 한국은 반도체 메모리 칩을 생산하고 중국은 최종재를 조립하며 더 낮은 품질과 비용으로 더 간단한 중간재를 공급한다.

52. GVC 포지션 지수는 전 · 후방 참여도의 상대적 크기, 즉, 포지션 지수 = ln(1 + 전방참여율) − ln(1 + 후방참여율)로 산출하며, 수치가 높을수록 상대적으로 가치사슬 중 업스트림 산업의 비중이 크다고 판단한다. 스마일곡선(Mudambi, 2008)은 가치사슬의 각 단계를 활동

그림 8-48 GVC 포지션 지수

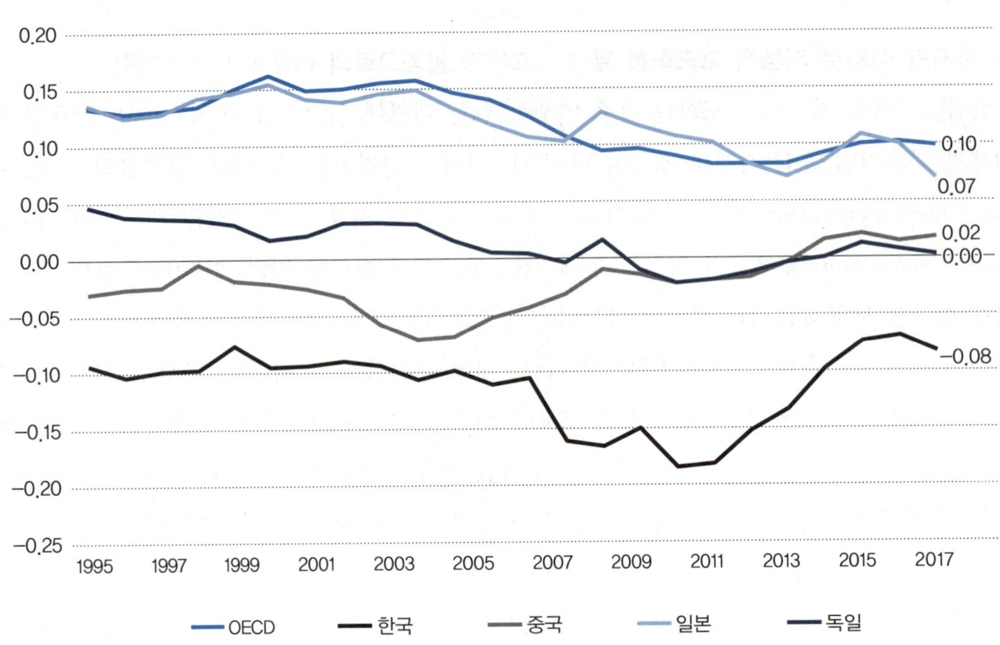

자료 : OECD Trade in Value Added(TiVA) 2021 : Principal Indicators(https://stats.oecd.org)

와 원천기술 그리고 서비스를 공급하며 고부가가치 활동을 맡는 상위 단계에 해당한다. 이런 점에서 한국 기업은 글로벌 가치사슬 내에서 보다 고부가 작업으로의 기능 고도화는 아직 제한적이다.

한국의 부가가치 수출(VAX) 비율을 살펴보면 2000년대 말 60%까지 하락하였지만 2018년에는 다시 68.0%까지 높아져 점차 교역활동이 국내에 기여하는 부가가치가 늘어나고 있음을 알 수 있다. 그러나 이는 전 세계 평균치나 OECD 평균치와 비교할 경우 크게 낮은 것으로, GVC 중 고부가 활동이 크게 취약한 것으

그림 8-49 생산과 수출에서의 국내 부가가치의 비율 추이

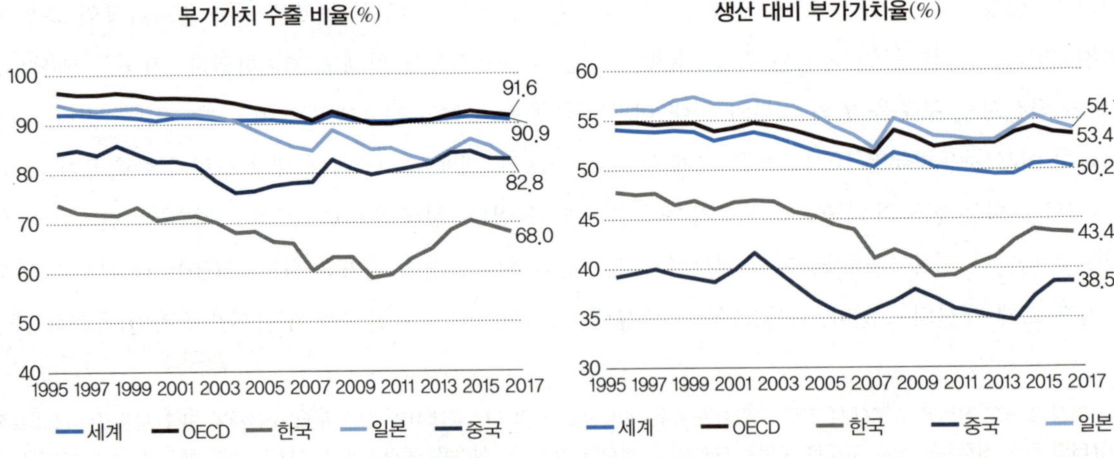

자료 : OECD Trade in Value Added(TiVA) 2021 : Principal Indicators(https://stats.oecd.org)

종류 및 부가가치 창출 정도를 기준으로 상위(up-stream), 중위(mid-stream), 하위(down-stream)의 3단계로 분류하고 있다. 그에 따르면 표준화된 제조 서비스를 제공하는 활동의 부가가치가 낮고, 연구개발지식을 활용하는 활동(연구개발, 디자인, 상업화)이나 마케팅지식을 활용하는 활동(마케팅, 광고 및 브랜드관리, 물류, 판매 후 서비스)이 부가가치가 높다고 평가된다.

로 보여진다. 그리고 VAX 비율의 증가는 최종재보다는 중간재 수출의 증가로 인해 생겨난 것으로, 한국의 중요한 국내 부가가치 획득활동은 중간재 수출에 있으며 점차 그 비율이 증가하고 있는 것이다.

그림 8-50 수출 중 중간재 비중

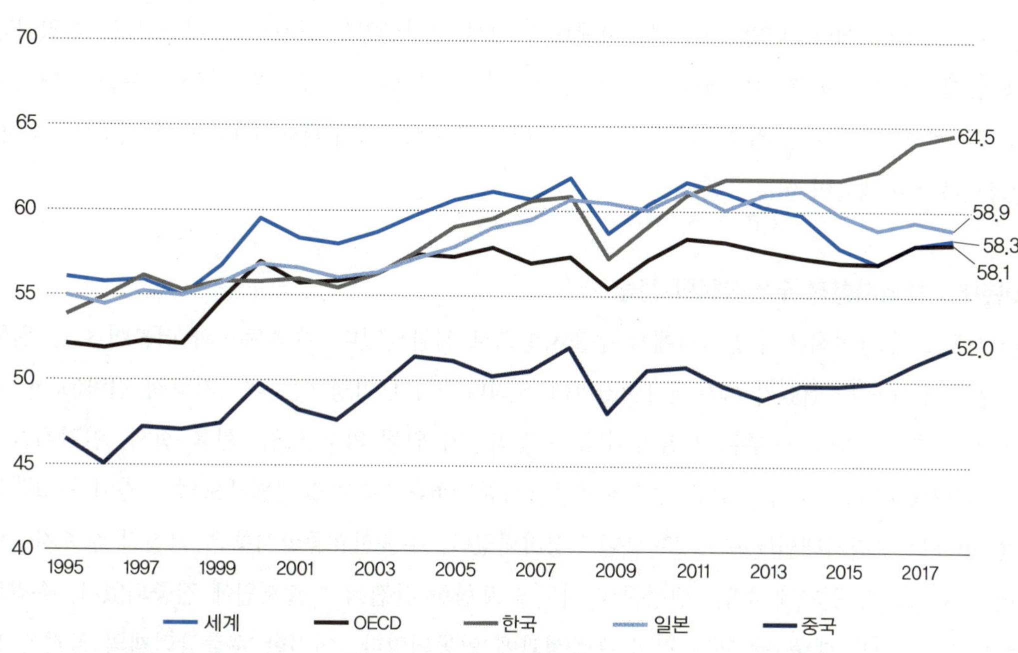

자료 : OECD Trade in Value Added(TiVA) 2021: Principal Indicators(https://stats.oecd.org)

수출품을 구성하는 중간재(소재, 부품, 서비스 등)가 해외로부터 조달되는 비중이나 우리나라 수출 중 중간재가 차지하는 비중은 세계 평균이나 OECD 평균 그리고 제조업 비중이 높은 독일이나 일본에 비해서도 매우 높은 수준을 지속해 왔다.

2.5 통상정책의 전개와 통상거버넌스의 과제

1) 통상정책의 전개

한국은 세계화를 통한 경제성장 과정에서 독자적인 길을 걸어 왔다고 할 수 있다. 정태적 비교우위에 기초한 농업 특화라는 국제기구의 권고 대신 적극적인 산업화 정책과 대기업의 도전을 통해 스스로의 비교우위를 창출하며 제품과 시장이 다변화된 무역대국을 창출하였다. 한국의 무역정책은 유치산업을 적극적으로 보호하는 정책을 근간으로 하였다. 관세 및 비관세 장벽을 이용해 국내 기업이 수입대체 또는 국내시장 확보를 할 수 있도록 한 뒤 세계시장으로 진출하는 수출 촉진책을 도모하였다. 국내시장과 잠재적인 세계시장을 염두에 두도록 함으로써 기업은 시설을 팽창해 경쟁 없이 규모의 경제를 실현할 수 있었다. 국내 기업이 기술수준을 높이고 근로자의 능력이 향상됨에 따라 염두에 두었던 세계시장 진출은 실현되었다. 수입제한의 완화와 수출 촉진책은 유효하게 작동하였다. 유치산업 보호의 과정은 처음에는 경공업, 중화학 공업 그리고 IT 산업에서 순차적으로 사용되었고 성공적이었다.

1950년대 : 소비재 수입대체

1950년대에 정부는 기초 소비재를 자급하기 위해 수입대체 산업화에 노력하였다. 무역면허와 수출입허가로 최소한의 수입만을 허용했다. 품목을 열거하며 수입수량에 제한을 가하는 한편 25~30%에 달하는 높은 관세율을 적용하였다. 수입 억제와 원조수입의 극대화를 위해서 복수환율제도를 통해 환율의 고평가를 지속하였다. 이는 제분, 제당, 면방, 피복류, 시멘트 등에서 국내산업을 보호하는 데 도움을 주었지만 부작용도 작지 않았다. 기초 소비재 산업에서 과도한 생산설비가 생겨났고 고평가된 환율로 수출을 저해하여 무역적자가 누적되었다. 당시 수출은 2차적 중요성을 가졌을 뿐이다. 다만 IMF와 IBRD에 가입(1955)하고, 한미우호통상조약(1956) 체결이 이루어졌다.

1960년대 : 대외지향적 무역정책의 성립

1960년대 초 무역정책은 수입대체에서 수출지향으로 전환되었다. 수출촉진과 더불어 이를 위한 수입에 대해서는 관용적 태도를 취했기 때문에 1960년대 우리나라의 무역정책은 대외지향적 전략(outward looking strategy)으로 부를 수 있다. 정부는 기업의 수출을 장려하기 위해 외자 도입, 환율 정책, 인력개발과 더불어 종합적인 수출지원제도를 구축하였다. 수출진흥종합시책(1964)으로 수출지원제도의 골격이 확립되었고 수출 관련 각종 법규는 무역거래법(1967)으로 통합 · 정비되었다. 수출진흥종합시책은 직접적 수출지원보다는 수출에 대한 금융, 조세, 원자재 수입, 행정상의 지원을 포함한 간접적 수출지원에 집중되었다. 수입도 수출에 종속되어 허가나 규모, 대출 등 모든 것이 수출성과에 연동되었다. 이러한 수출장려책의 골격은 1980년대 초반까지 유지되었다.

정부는 연이은 무역협정체결을 통해 수출을 뒷받침하였다. 쌍무 협정으로 미국과의 투자보장협정 외에 아시아 인접국과 1960~1962년 사이에 무역협정을 체결하고 1965년에는 한일무역협정이 이어졌다. 한편 1967년 다자간 자유무역체제인 GATT에 가입하여 대외지향적 경제체제를 공고히 하였다. 1968년 UNCTAD 총회에서는 원조보다는 무역을 통한 개발도상국의 발전 촉진을 위해 개발도상국에 대한 일반특혜관세제도를 검토하기로 합의할 정도로 국제교역질서는 한국의 수출지향정책에 유리한 환경을 조성하였다. 또한 외환관리 규정이 1964년에 처음 제정되어 외환사용을 집중 관리하고 수출에 필요한 원자재구입과 자본설비 도입에 우선적으로 사용되도록 하였다. 복수환율제도는 1964년 달러에 대한 단일 통화페그로 변경하여 원화가치를 절하시키고 이후 안정적 환율을 유지하였다. 원조를 대신할 외국자본 도입에 대해서는 1966년 외자도입법을 제정하였다.

정부의 정책지원과 우호적인 세계 무역환경에 힘입어 무역이 급증하였다. 1960년대 한국의 산업 및 수출 구조는 비제조업에서 노동집약적 경공업으로 전환되었다. 국제수지 개선에 힘입어 1960년대 중반부터 점진적인 수입자유화에 나섰다.

1970년대 : 수출촉진과 무역보호(수입대체)가 병행된 이중적 무역정책

1970년대에는 수출지원책을 지속하는 한편 중화학공업을 중심으로 적극적인 수입대체와 보호무역 조치에 나섬으로써 무역정책은 이중적(dualistic)이자 중상주의적 색채를 보였다. 정책은 유효하게 작동했다. 1980년대 초에 우리나라의 산업구조는 노동집약적 산업에서 자본 및 기능집약적 산업으로 이행하였고 중화학공업 육성정책은 수입의존도를 줄이는 데 효과적으로 작동했다.

GATT 다자간 체제를 통한 전 세계적인 관세 인하와 자유무역의 확대는 우리나라의 수출신장을 뒷받침하였으며, 1970년부터 적용된 UNCTAD의 개발도상국에 대한 일반호혜관세동맹 도입 역시 우리에게 유리하게 작용하였다. 반면 우리도 1977년 말부터 수입자유화 품목이 확대되어 1978년 말에는 수입자유화율이 68.8%에 달했고, 1979년에는 추가로 48개 품목이 자유화되었다.

1980년대 : 점진적 수동적 무역 자유화와 시장개방

수출촉진과 수입제한이라는 중상주의적 대외정책은 수출규모 급증과 국제수지 개선과 더불어 미국, EU 등 주요 교역국과 통상마찰의 요인이 되었다. 미국은 통상법 301조를 발동하여 한미통상협정을 타결하게 하고, 한국을 포함한 아시아 신흥공업국을 일반특혜관세제도로부터 졸업시켰다. 이에 따라 우리나라는 통상마찰을 피하기 위해 1960년 이래 계속되던 중상주의적 대외정책 기조를 소극적이고 점진적 시장개방으로 전환하였다. 1980년대 초부터 수입자유화 계획이 발표되고 1988년 말에는 수입 감시제도가 폐지되었다. 단순평균 관세율은 1983년 23.7%에서 1988년 18.1%로 인하되었고, 수입자유화율은 80.3%에서 95.2%로 높아졌다. 그러나 1980년대의 수입자유화는 국민 후생의 개선 외에 국내산업 육성과 경쟁력 강화를 목표로 산업별 특성에 맞게 점진적으로 추진되었다.

무역마찰은 환율운용에서도 발생하였다. 정부는 1980년에 단일통화(달러화) 대신 복수통화바스켓에 페그하는 제도(Multiple Currency Basket Peg System ; MCBP)로 이행하였다. 이는 일종의 crawling peg(통제된 변동유효환율)로서 유효환율은 미국, 일본, 독일, 캐나다를 포함한 주요 무역상대국의 통화묶음에 연계되어 결정되었다. 하지만 최종적 환율은 다른 정책적 요인을 고려하여 결정되었다. 1985년 플라자 협정 이후 엔화의 급격한 절상을 배경으로 원화가 절하되고 경상수지 흑자가 급증하자 우리의 환율제도는 통상압력의 주요 대상이 되었고 결국 1990년에 일일변동폭의 제한은 있지만 시장기능을 강화한 시장평균환율제도의 도입으로 마무리된다. 자본시장 자유화도 이루어져 외국인 직접투자 허용업종을 점진적으로 확대하고 투자인가절차를 단순화하고 이익배당금 송금 제한도 철폐하였다. 외국은행의 국내지점 영업범위를 대폭 확대하고 Korea Fund와 Korea Euro Fund를 뉴욕과 런던에 각각 설립하였다.

통상마찰 심화와 시장개방에도 불구하고 무역환경은 한국에게 매우 유리하게 전개되었다. 경쟁국 일본의 엔화 절상으로 한국제품의 가격경쟁력이 높아지고, 글로벌 경제의 안정화에 따른 유가와 금리의 하락은 수출기업의 수익성을 크게 개선하였다.

1990년대 : 포괄적 대외개방과 능동적 세계화

1980년대 중반 이후 수출이 급증하고 수출지역도 다변화되어 1990년대 중반부터는 한국의 개도국에 대한 수출 비중이 선진국과 유사해졌다. 국내산업 보호 · 육성을 넘어 해외시장의 유지 · 확대도 중요한 무역목표가 되었다. 개방된 선진국 시장만이 아니라 보호되고 있는 개도국 시장들을 개방시키는 것이 우리 무역정책의 주요 요소로 등장하였다. 대외지향적 경제성장의 성과를 이루어낸 한국에게 냉전 종식 이후 정보화와 세계화의 급진전과 경쟁격화는 위기인 동시에 새로운 성장의 기회로 작용하였다. 한국은 과거와 달리 적극적이고 능동적인 개방정책과 세계화를 선언하고, 그동안의 무역확대 노력을 가속화하는 한편 국내기업의 해외진출과 외국인의 국내투자를 적극 장려하였다. 그만큼 1990년대에 들어 한국은 교역상대국을 확대하고 국제무역체제 변화에 적극 동참하였다. 북방국가와의 통상외교를 확대하고 한중수교(1993)를 거쳐 동구권 공산국가에 대한 수출통제를 완화(1993)하였으며, 세계화를 선언한 뒤 WTO(1995)와 OECD(1996)에 잇달아 가입하였다.

이에 앞서 관세인하와 수입자유화는 이미 1980년대 말부터 활발해졌다. 관세인하가 계획에 따라 연차적으로 이루어지고 수입자유화율은 1995년에 99%에 도달하였으며, 수입다변화 품목은 지속적으로 축소된 끝에 완전히 폐지되었다. 1990년대에는 더욱 포괄적인 경제자유화를 추진하여 서비스 및 외국인투자 개방을 본격적으로 추진하였다. 유통시장 개방(1991)과 해외직접투자제도 개선(1992) 외에도 외국인투자에서는 각종 이행의무 철폐(1990), 원칙적 신고제 전환(1992) 등으로 개방이 가속화되었다. WTO 출범 이후 상당한 관세 양허를 하였고 수출 · 생산보조금 철폐의무를 지었으며, 서비스 산업을 양허하였다. 반도체, 컴퓨터, 가전, 조선, 자동차, 철강 등 대표 수출산업은 세계시장에서 경쟁력을 다지는 계기가 되었다. 외환위기는 시장개방 일정을 앞당기는 역할을 하였다. IMF와의 협의에 따라 WTO 협정에 위반되는 4개의 보조금 철폐(1998), 수입선다변화제도의 단계적 철폐(1999), 금융 서비스 분야의 자유화 이행을 WTO 양허사항으로 포함시킴으로써 금융 서비스 자유화 등을 촉진하였다.

적극적인 세계화를 위한 큰 변화는 주로 자본시장에서 나타났다. 외국인투자가 인가제에서 신고제로 전환하는 외자도입법 개정이 이루어지고 외국인 주식투자 한도를 연차적으로 확대한 데 이어 채권시장 개방도 이루어졌다. 환율제도는 1990년 3월 환율의 일일변동폭을 제한하는 시장평균변동환율제도가 시행되어 변동폭이 점차 확대되다 1997년 12월부터는 일일변동 폭 제한이 완전히 폐지되며 자유변동환율제로 이행하였다.

외환위기 이후 : 선택적 지역주의

한국은 2000년대 초반까지 WTO 중심의 다자주의에 초점을 맞춘 통상정책을 펼쳤다. 그러나 지역주의가 활성화된 세계 무역환경에 대응하여 2002년 칠레와 첫 FTA 타결을 시작으로 점차 양자 FTA로 정책방향을 선회하면서 동시다발적 협상을 진행해 왔다. 그 결과 2020년 기준으로 한국은 56개국과 19건의 RTA를 체결하였으며, 한국의 주요 무역 상대국 중에서 일본을 제외한 대부분의 국가와 RTA를 체결하였다. 미국, EU, 아세안, 중국 등 거대경제권과의 양자 FTA를 발효시켰으며, 아프리카 대륙의 국가를 제외한 모든 대륙의 국가들과 자유무역을 추진해 왔다. 즉, 미주 대륙과는 멕시코를 제외한 다수의 국가들과 유럽(EU, 영국, EFTA), 아시아(아세안, 중국, 인도), 오세아니아(호주, 뉴질랜드) 등으로 RTA의 범위를 넓혔다. 아울러 아세안과의 낮은 개방 수준의 FTA를 보완하고자 아세안 회원국 개별국가와 FTA를 추진해 왔고, 그 결과 베트남, 인도네시아와 FTA를 타결하였다. 필리핀, 말레이시아와는 FTA 협상을 진행 중에 있다.

한국은 대부분의 FTA에서 90% 이상의 높은 자유화 비율을 달성했으며, 선진국뿐 아니라 개도국과의 FTA에서도 서비스와 투자를 포함하는 포괄적 FTA를 체결해 왔다. 그동안 우리나라의 FTA는 대기업이 주로 활용하고 있고 소비자가 가격변화를 체감하기 어려우며, 피해산업과 계층에 대한 대응책은 집단행동에 적극적인 일부 이익집단에 편향되었다는 한계를 보여 왔다. 이런 상황에서도 한국무역협회(2008)에 따르면 조사대상 기업의 80% 이상이 수출입 과정에서 체결한 기존 FTA의 특혜관세를 제대로 활용하고 있지 못하고 있다고 응답(NAFTA의 경우는 미국, 캐나다, 멕시코 3개 국 기업들의 평균 활용률은 64%)한 바 있다.

2) 통상정책의 거버넌스 과제

참여적 통상정책

한국이 고도의 통상국가로 도약하려면 현재와 같은 통상거버넌스는 개선되어야 한다. 우리나라는 권력 구조가 권위주의적이고 행정부 중심의 통치 전통이 계속됨에 따라 통상정책의 결정에서 행정부의 역할이 지배적이다. 통상교섭의 조정은 산업통상자원부장관이, 경제정책의 조정은 기획재정부장관이, 그 외의 정책조정은 국무조정실장이 담당하며, 기재부 산하에 통상정책에 관한 최고의 조정기관으로 대외경제장관회의가 설치되어 있다. 통상현안은 통상교섭본부가 중심이 되어 실무회의와 대외경제장관회의의 실무조정회의를 거쳐 부총리가 주재하는 대외경제장관회의에서 주요 대외경제정책의 방향을 결정하고 있다. 조정되고 결정된 통상정책에 대해서는 주로 산자부가 통상교섭 및 협상을 주관하고 그 결과는 산자부 및 농림부에 의해 집행된다. 즉, 외교통상부를 주축으로 한 행정부처의 전문 관료들이 주도적으로 통상정책안을 기안하면 이를 최고위급 조정기구에서 결정하여 대통령에게 건의하는 형식을 띠고 있다.

그림 8-51 한국의 통상정책 시스템의 구조

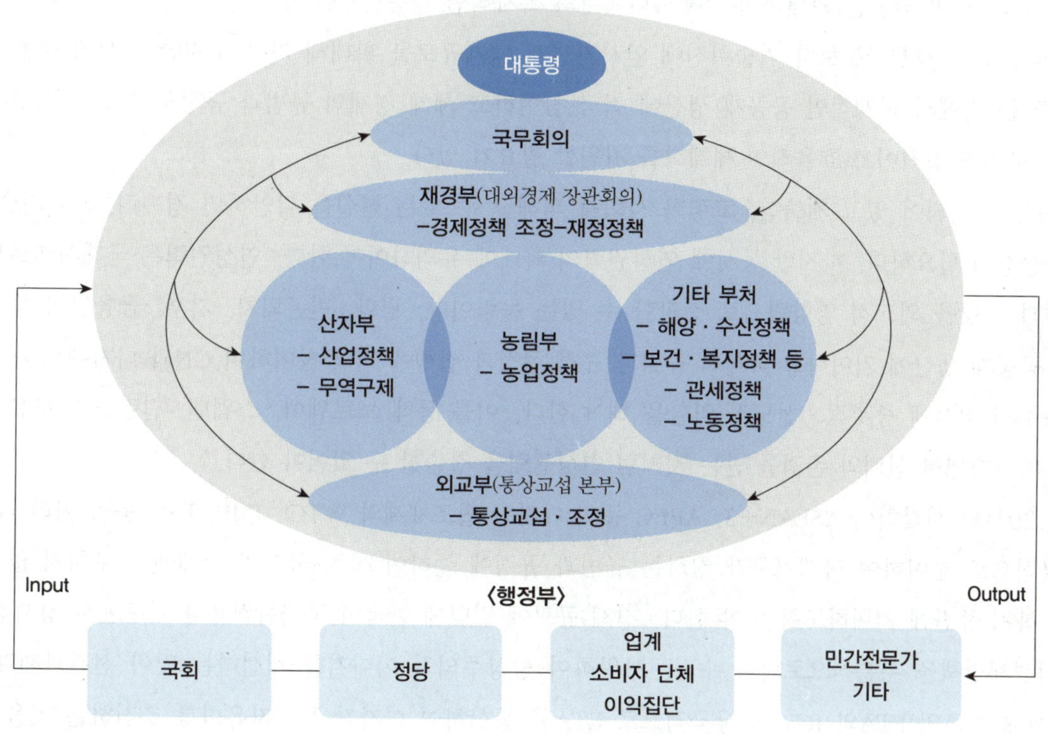

자료 : 권영민 외(2004), "한국의 개방정책 진단과 향후 통상정책 방향", 한국경제연구원

그러나 이러한 정책 수립과 결정과정에 행정부의 역할이 지배적인 반면 각종 이해집단들이나 전문가들의 의견을 반영할 수 있는 제도가 부족하다. 국회조차도 통상정책 결정과 집행에서의 직접적 역할은 제한되며 경제 관련위원회에서 통상정책의 성과를 사후 심사하는 데 머물러 있다. 정당도 당정협의회 등의 협의채널이 있으나 통상현안에 관한 협의는 부족하다. 기업단체, 소비자단체 등 이익집단의 참여 역시 제도적으로 보장되어 있지 못하고 청문회 참여, 개별 접촉, 언론매체나 연구단체, 집회 등을 통해 간접적으로 이익을 표출하

며 영향력을 행사하고 있을 뿐이다. 또한 민간전문가들의 정책참여도 의무적이지 않아 민간부문은 간접적인 영향을 미치고 있다(권영민 외, 2004).

통상정책 결정 및 협상에 있어 국회, 정당, 업계, 이익집단과의 관계에서 정보공개, 이해당사자의 의견 제시, 이해조정과 수렴이 미흡하고 체계화되지 못하고 있다. 더욱이 행정부 내에 통상정책을 수립할 전담조직이나 독립 연구기관이 발달하지 못해, 통상정책이 장기적 계획 없이 상황변화에 따른 즉흥적 대응으로 치우칠 위험에 놓여있다. 행정부 내에서도 이견을 상호 확인하는 수준으로 충분한 실무조정이나 합의 없이 통상정책이 결정되고 있다. 이에 따라 대내적으로는 확정된 통상정책에 대한 시비가 계속되고 정치 쟁점화되는 한편, 대외적으로는 형식적 조정만을 거친 통상정책으로 외국과 마주하게 되어 대외 통상협상이 지연되고 비효율적인 모습이 나타나고 있다. 이는 대부분의 통상 문제를 실무적으로 해결하고 극소수의 주요 사안만을 각료급 회의에서 대통령이 최종 결정을 내리는 미국과 대비된다. 더욱이 일단 협정이 체결된 뒤에는 국회가 비준을 거부하는 것이 사실상 어려우므로 국회는 절차상의 문제점을 부각시키거나 협정이 야기한 피해집단들에 대한 보상 문제에 치중하여 과도한 갈등상황을 연출하고 있다.

국제적 역할 확대와 국제협력

한국은 글로벌 역할을 확대하여 국제사회에서의 독자적인 행동반경을 넓혀갈 수 있는 새로운 전략을 찾아야 한다. 다른 경쟁국들보다 기술혁신에 앞서가면서 경제규모를 확대해 가야 하지만 동시에 현존 글로벌 지배구조 틀 속에서 국제적인 공공재 생산에 적극 참여하고 세계 경제의 규범과 규정의 수립과 집행에 적극 협력함으로써 안정적이고 효율적인 세계화를 지원할 필요가 있다.

영토는 제한되어 있고 저출산, 고령화 사회를 피해갈 수 없는 현실을 감안하면 경제력, 과학기술력, 군사력의 증강이 필요하다. 하지만 동시에 연성권력의 확대에 유의하여야 한다. 연성권력은 국제사회로부터 받는 존경과 사랑을 외교적 영향력으로 전환할 수 있는 능력이다. 평화, 빈곤퇴치, 기후, 금융안정 등 지구적 문제와 공공재 생산에 기여하고 국제적 규범과 규칙 설정과 집행에 적극 참여하며 UN과 다자주의 제도 중심의 다자주의 질서에 중추적 · 선도적 역할을 해야 한다. 이를 통해 노르웨이, 스웨덴, 핀란드의 북유럽 국가들이 국제사회에서 신뢰와 존경을 받는 것처럼 연성권력을 창출할 수 있어야 한다.

G-20부터 시작하여 ASEAN+3, APEC 등의 다자간 협조체제와 WTO, IMF, FSB 등의 여러 국제기구에 적극적으로 참여하여 국제기구가 정하는 규범과 규정에 준하여 특정 국가의 이해에 치우치지 않고 세계경제의 복지 증진에 기여하도록 해야 한다. 경제 규모에 걸맞게 한국이 국제협력체나 기구에서 경제정책, 특히 대외경제정책을 부분적으로나마 수정 · 보완하여 중상주의적 이미지를 개선하는 것이 선결과제라 할 수 있다. 현재 기존의 FTA와 RTA도 궁극적으로 RTA를 통합하여 다자간 무역자유화를 추진하는 것을 목표로 하여야 한다. 또한 동북아에서의 질서 형성 역시 UN과 다자주의 제도 중심의 다자질서를 중심으로 선도적 역할을 해야 한다. 특히 배타적 지역주의를 전제로 한 동맹체제보다는 동북아 각국이 모두 참여하는 다자간 협력체를 목표로 지역협력에 주도적으로 나서야 한다.

한국은 중견 국가로서 국력이 제한적이어서 선진국들과 공조할 수 있어도 그들의 수준에 맞추어 세계적인 공공재 생산에 참여하기에는 아직 역부족이다. 제한된 국력을 고려한다면 우선 아시아 지역(예 : ASEAN+3)이 공유해야 하는 공공재 생산부터 적극 주도하는 것이 효과적이다. 인간발전에 초점을 두고 아시아의 공공의 이익을 증대시키는 환경보호, 전염병 통제, 식품의약품 안전 등의 분야부터 시작할 필요가 있다. 국제협력에 참여하는 목적이 국익과 인류공영을 위한 것이므로 그에 상응하는 경제적 희생을 감수할 수 있어야 우리나라의 국제적 역할을 적절히 확대해 나갈 수 있을 것이다.

[참고문헌]

이은석 외(2012), 「국내기업 해외현지생산 확대의 영향 및 시사점」, 한국은행.

정성훈(2015), “우리나라의 글로벌 가치사슬 참여와 정책적 시사점”, KDI FOCUS.

최병일 외(2006), 「선진통상국가 실현을 위한 중장기 통상전략 연구 : 통상거버넌스」, 대외경제정책연구원.

Barro and Salai-Martin(1995), “Technological Diffusion, Convergence, and Growth,” NBER Working Paper 5151.

Borin, A., and M. Mancini(2019), “Measuring What Matters in Global Value Chains and Value-Added Trade,” Policy Research WP, No. 8804, World Bank.

Brenton, P., R. Newfarmer and P. Walkenhorst(2009), *Avenues for Export Diversification : Issues for Low-Income Countries*, World Bank.

Cadot, O., C. Carrère and V. Strauss-Kahn(2011), “Trade Diversification : Drivers and Impacts,” mimeo ILO.

Chang, Ha-Joon(2003), “Kicking Away the Ladder : The “Real” History of Free Trade,” Foreign Policy, 30.

Doğan, B., and Can, M.(2019), “The Relationship Between Globalization and Income Distribution : An Empirical Analysis in the Context of South Korea”, in B. Christiansen, I. Sysoeva, A. Udovikina, and A. Ketova(Ed.), *Emerging Economic Models for Global Sustainability and Social Development*, IGI Global, pp. 20~45.

Evenson, Robert E. and Larry E. Westphal(1995), “Technological change and technology strategy,” in Hollis Chenery and T.N. Srinivasan(ed.), *Handbook of Development Economics*, Vol. 3, Part 1, Elsevier, 1995.

Farole T., Rodríguez-Pose A. and Storper M.(2011), Human geography and the institutions that underlie economic growth, *Progress in Human Geography*, 35 : 58-80.

Frederick, S., P. Bamber, G. Gereffi and Jaehan Cho(2017), “GVCs, Industrial Transformation and Opportunities for Korea,” Duke GVC Center.

Gereffi, G., Humphrey, J. and Sturgeon, T.(2005), “The Governance of Global Value Chains,” *Review of International Political Economy*, 12, 78-104.

Hausmann, R., J. Hwang and D. Rodrik(2007), “What you export matters,” *Journal of Economic Growth*, Vol. 12(1), Springer.

Lall, S.(2000), “The Technological Structure and Performance of Developing Country Manufactured Exports, 1985-98,” *Oxford Development Studies, Taylor & Francis Journals*, Vol. 28(3).

Lee, Joonko, Sang-Hoon Lee and Gwanho Park(2019), “Revisiting the Miracle,” in : Dev Nathan, Meenu Tewari, Sandip Sarkar(ed.), *Development with Global Value Chains : Upgrading and Innovation in Asia*, Cambridge University Press.

Mudambi, Ram(2008), “Location, control and innovation in knowledge-intensive industries,” *Journal of Economic Geography*, Vol. 8 Issue 5, pp. 699~725.

Nye, J. V.(1991), “The Myth of Free-Trade Britain and Fortress France : Tariffs and Trade in the

Nineteenth Century," *The Journal of Economic History*, Vol. 51 No. 1, pp. 23~46.

OECD(2010), "Measuring Globalisation : OECD economic globalisation indicators 2010".

Palley, Thomas(2017), "The fallacy of the globalization trilemma : Reframing the political economy of globalization and implications for democracy," FMM working paper, No. 8, Hans-Böckler-Stiftung.

Putnam, R.(1988), "Diplomacy and Domestic Politics : The Logic of Two-Level Games," *International Organization*, 42(3), 427-460.

Rodrik, D.(1998), *The New Global Economy and Developing Countries : Making Openness Work*, Policy Essay, No. 24, Baltimore Johns Hopkins University Press.

__________(2011), *The Globalization Paradox : Democracy and the Future of the World Economy*.

__________(2018), "Populism and the economics of globalization," *Journal of International Business Policy*, Vol. 1(1), Palgrave Macmillan.

Stiglitz. Joseph.(2003), *Globalization and Its Discontents*, New York : W W Norton Company.

Taglioni, D.(2015), "Making Global Value Chains Work for Development," Trade and Development series, World Bank, doi : 10.1596/978-1-4648-0157-0.

UNCTAD(2014), *World Investment Report 2014*(Investing In the SDGs-An Action Plan).

Wang, Z., S. Wei, X. Yu, and K. Zhu.(2017), "Measures of Participation in Global Value Chains and Global Business Cycles," NBER WP, No. 23222, National Bureau of Economic Research.

기업과 그 조직

제9장 기업지배구조와 기업가정신 | **제10장** 기업 간 관계와 산업의 조직, 산업정책

Part three

경제성장의 주역은 생산의 주체인 기업이다. 기업 내외에 걸친 이해관계자들의 경쟁과 협력 속에서(제10장) 기업가정신이 기업과 그 전략의 순조로운 재편으로 이어질 때(제9장) 순조로운 경제성장이 발현된다.

제9장 기업지배구조와 기업가정신

1. 이론적 배경과 세계 경제 | 2. 한국 기업의 지배구조와 도전

현대 경제에서 기업은 막대한 자원을 관리하는 지배적 조직으로 자리 잡았다. 다양한 제품을 사회에 공급할 뿐만 아니라 세금을 납부하고 일자리를 만든다. 또한 자본을 축적하고 기술을 혁신하며 조직을 발전시킨다. 과거에 전쟁과 통치의 영웅이 있었다면 현대에는 기업가가 있다. 기업가의 활동은 혁신을 주도하고 새로운 제품, 기업 또는 산업과 국가 발전을 일구어내는 기업가정신(entrepreneurship)으로 요약된다. 경영 역시 일종의 기술로, 경영의 질은 생산성과 직결된다. 하지만 기업가의 행태나 기업의 지배구조에 대한 논란도 계속되고 있다. 선진국에서는 수익과 주주를 무시하는 전문 경영자가, 개발도상국에서는 이해관계자의 이익을 침해하며 전횡하는 지배주주(blockholder)가 문제시된다. 전문 경영자나 지배주주의 자기이익 방어는 기업의 부진을 낳을 뿐만 아니라 국민경제의 발전을 방해하고 사회를 갈등으로 내몬다. 반면 소유자와 경영자를 포함한 다양한 이해관계자들의 서로 다른 이해관계가 정렬되어 자발적 협력과 통합이 이루어져야 기업가정신이 열매를 맺고 기업은 혁신의 현장이 될 수 있다. 이 장에서는 기업과 기업가정신 그리고 기업지배를 중심으로 현대 기업의 속성과 한국 기업의 현상을 검토한다.

제1절에서는 기업과 기업가정신의 본질적 · 도구적 역할을 살펴본다. 기업에서의 이해 갈등 구도나 혁신 지향성은 소유의 분산-집중 여부, 지배주주의 성격, 주주와 이해관계자에 대한 태도에 따라 달라진다. 기업의 집단행동 과정을 지시하고 유인함으로써 이해관계자들의 협력을 촉진하는 메커니즘인 기업지배구조를 기업의 핵심참여자 간의 관계를 규정하는 내부지배구조와 이에 영향을 미치는 외부지배구조로 나누어 살펴본다. 계약과 시장에만 의존한 경영규율은 제한적이며 이를 위한 집단행동으로 정부(법규)와 사회조직(자율규제, 평판기관)의 역할을 살펴본다.

제2절에서는 한국 기업에서 지배주주가 중시되는 집중화된 소유구조를 검토하고 소유경영자가 중심이 되는 기업지배구조의 특징과 장단점을 제시한다. 한국의 지배주주는 회사의 '소유자'로 간주되어 계열사를 이용해 자신의 '지분'보다 훨씬 많은 '의결권(지배권)'을 행사한다. 소유경영자의 직접적이고 폐쇄적인 통제가 이루어짐에 따라 신속하고 과감한 결정은 가능하지만 동시에 사익편취와 대리인 문제가 상존한다. 이에 대한 반작용으로 문제 해소를 위한 다양한 기업지배구조 메커니즘을 도입하는 노력이 전개되어 왔다. 그러나 이런 노력에도 불구하고 소유분산 기업을 전제로 한 주주 중심의 영미식 내부지배구조 메커니즘인 사외이사와 이사회, 감사위원회, 근로자 등이 제 기능을 발휘하지 못하여 지배주주 이외의 이해관계자의 권익이 충분히 보호되지 못하고 자본시장의 인수합병, 기관투자가, 부채시장(은행)의 평가와 같은 시장규율이나 이를 뒷받침할 회계 · 공시제도 역시 미약하다. 시장규율이 취약한 만큼 법률과 소송에 의한 제재가 중요하지만, 현실의 법집행은 취약하다. 이에 따라 정부는 오랫동안 대출 중단이나 세무조사 등의 편법에 의존해 오다 점차 공정

거래법에 의한 규율을 강화해 왔고 외환위기 이후에는 기업지배구조 개선을 위한 정부와 민간 활동이 활발해졌다.

1. 이론적 배경과 세계 경제

1.1 기업과 그 조직적 한계

시장활동의 조직화에 의한 거래비용 절감

기업은 시장을 대신해 경제활동을 조직하는 대안이다. 시장에서는 재화가 교환되며, 교환은 즉흥적으로 조정된다. 기업은 재화 구매를 고용 계약으로, 그리고 즉흥적 조정을 중앙집중적 설계와 지시로 대체한다. 시장을 이용하면 재화 선택이 유연하지만, 기업을 조직하면 자원 사용이 유연해진다.

기업은 시장에서 조달할 수 있는 재화를 왜 직접 만들어 내려 할까? 즉, 기업은 왜 생겨나는가? 변화와 불확실성이 자원을 직접 통제 · 관리할 필요성을 낳는다. 변화와 불확실성이 클 경우 적절한 가격을 결정하고 계약서를 작성하는 데 따른 거래비용이 과다해진다. 새로운 시장을 매번 마주하여 협상하기보다는 권위에 의해 자원배분을 하여 스스로 생산 · 조달하는 조직인 기업이 등장한다. 불확실성과 복잡성이 큰 거래는 우월적 정보를 가진 자가 기회주의적으로 행동할 수 있으므로 기업 내부에서 이루어져야 한다. 다른 용도로는 사용할 수 없는 값비싼 장비를 구입하기 때문에 매몰비용이 발생한다면 장기계약으로 거래를 보장받거나 스스로 생산해야 한다. 기업이 구성된 후 이루어지는 많은 투자가 매몰비용의 성격을 갖는다. 따라서 기업이 성립하기 위해서는 이 매몰비용을 회수할 수 있을 만큼 충분히 많은 거래가 기업 내부에서 이루어져야 한다.

변화와 불확실성이 커 완전한 정보가 없는 상황은 판단에 특화된 개인, 즉 기업가와 기업을 필요로 한다. 많은 사람들이 가끔 기업가적으로 행동하지만, 기업가는 온전히 판단에만 전문화하는 사람이다. 기업가는 다른 사람들이 위험하다고 인식하는 곳에서 낙관과 확신을 발견하며 투자를 통해 이윤을 실현하려 한다. 과학자가 가설(비즈니스 모형)을 세워 원하는 실험 결과(수익성)를 얻으려 하는 것과 유사하다. 기업가는 판단을 행동에 옮김으로써 새로운 공급자와 구매자 그리고 시장의 창출에 도전한다.

기업가는 자신의 판단을 행동에 옮기며 다른 사람들 소유의 자원을 통제할 수 있는 기업을 형성한다. 또한 기업가는 다른 사람들의 기대에 영향을 미쳐 협조적 행동을 촉발한다. 자본가들은 기꺼이 자금을 제공하고 근로자들은 지시를 기다린다. 투자는 위험이 아니라 기회를 본 기업가 자신에 의해서만 집행될 수 있다. 판매에 앞서 최소 규모의 완제품과 재고를 비축해야 하고 이는 유동성을 요구한다. 조직 관리와 유동성 확보의 책임은 온전히 기업가의 몫이며 그에 따른 결과 역시 마찬가지다. 따라서 기업가는 자원 사용에 대한 비용을 제외한 모든 잉여에 대한 권리를 갖는 잔여청구권자(residual claimant)의 지위를 갖는다.

재화의 생산 · 판매는 다양한 활동으로 구성된다. 연구개발부터 원재료 획득, 생산, 유통, 판매, 사후 서비스로 이어지는 일련의 활동을 (수직적) 가치사슬이라 한다. 수직적 가치사슬에서 앞서 이루어지는 원재료 확보와 생산을 상류(upstream) 활동이라 하고 이에 이어지는 운송과 보관을 하류(downstream) 활동이라 한다. 기업은 권위에 의해 내부화할 활동영역을 선택하여야 한다. 활동영역은 수평적 경계와 수직적 경계로 나뉘어진다. 수평적 경계는 기업의 목표 제품과 시장을 정한다. 관련 제품으로 다변화할지 아니면 소수의 사업으로 제한할지 결정해야 한다. 수직적 경계는 각 제품과 시장에 대해 수직적 가치사슬 중 어디까지를 기업 내부에서 할지에 관한 것이다. 기업가는 활동의 경계를 어디까지 설정하며 어떤 활동을 시장거래에 의존할까를 결정해야 한다.

기업의 한계 : 관료적 비효율성

시장의 보이지 않는 손이 경영의 보이는 손으로 대체되면 근로자들은 기업 내의 일정한 절차 아래서 활동하며 상위 감독자가 규정한 역할을 수행한다. 기업은 권위에 기초하여 조직목표를 설정하고 이를 달성하려 노력한다. 권위는 아래로 위임되고 조직과 책임은 최고경영진에게 귀속된다. 경영진은 전문적 직무와 직위를 구분하고 중앙집권적 계층제를 따라 질서를 유지한다. 관료주의의 어감이 시사하듯 계층적으로 조직화된 기업 내부에서 경제활동이 이루어질 경우 또 다른 거래비용, 즉 관료적 조직이 낳는 비효율성을 걱정해야 한다. 계층제에서는 각 의사결정 단계마다 여러 명의 의사결정자가 있고 잇따른 단계를 거치며 승인이 이루어진다. 그만큼 많은 비용이 발생하고 지연도 생겨난다. 사전 단계를 거친 계획만이 검토되고, 채택되지 않은 계획은 그걸로 끝나는 만큼 오류를 범할, 즉 혁신이 저해될 가능성이 생겨난다.[1]

더 나아가 기업이 구성되면 가격기구가 제공하던 정보를 잃게 될 뿐만 아니라 새로운 불확실성과 복잡성이 생겨난다. 기업은 동일 목표를 가진 단일한 의사결정체가 아니며, 서로 충돌하는 목표를 가진 수많은 이해관계자들이 모인 곳이다. 즉, 개인은 조직의 이익만을 추구하지는 않으며, 때로는 자신의 개인적 목표를 조직적 목표 앞에 둘 수 있다. 기업 규모가 커질수록 이런 현상은 심화된다. 목표가 다양하고 노력과 성과의 측정이 어렵기 때문이다. 조직화의 비용이 지나치면 시장으로 되돌아갈 수 있다. 시장과 기업 간 관계는 끊임없는 수정이 요구된다 : 계층조직이 낳는 비효율성이 시장거래에 따른 거래비용보다 작다면 기업이 생겨난다.

1.2 기업 · 기업가정신과 국민경제

기업가는 아이디어를 가지고 자원을 결합하여 새로운 부를 창조하기 위해 기업을 창조한다. 동시에 기업은 기업 구성원 각자가 자신과 서로의 이익을 위해 계약과 단체 결성의 자유를 행사한 결과이기도 하다. 기업가는 자원 제공자, 고객 등 이해관계자에게 가치를 제공함으로써 생존하고 번영하며 국민경제적 파급효과를 낳는다.

도구적 역할 기업에 참여하는 이해관계자들은 기업과의 관계 속에서 재화(소비자), 임금(근로자), 경력, 인정, 일자리(근로자, 지역사회) 등의 다양한 가치를 획득한다. 특히 기업가정신은 자원배분을 개선하며 경제의 전반적 성과를 높이는 데 기여한다. 기업가는 새로운 시장 창출에 기여하고, 이를 통해 다른 사람에게 고용기회를 열어주며 더 나은 건강 상태, 더 나은 교육, 더 안전을 누릴 기회도 제공한다.

---

1. 계층제는 강력한 리더십 행사가 가능하다는 점에서 각 하부조직이 의사결정을 하는 다두제[poligarchies(위원회조직)]보다 위험한 결정을 내리기 용이하고 혁신의 가능성도 크다고 할 수 있다. 반대로 다두제의 경우 위험분산을 목표로 하지만, 다양한 대안이 검토되고 실험될 수 있다는 의미에서 혁신의 가능성이 열려 있다. 혼합구조, 예를 들어 각 단위 내부는 위계제이고 단위들 사이의 관계는 다두제적인 구조가 극단적인 위계제나 다두제보다 효율적이다(Stiglitz, 9장 「집권화, 분권화, 시장 그리고 시장사회주의」, 『시장으로 가는 길』, 한울 아카데미).

본질적 가치 기업과의 관계 속에서 많은 이해관계자들이 본질적 가치를 누린다. 무엇보다도 기업가는 기업가정신을 경험한다. 기업가정신은 성취감, 정체성, 인정, 독립성을 제공하고 독특한 생활방식을 제공할 수 있다. 기업가정신은 주로 정보 처리와 판단과 관련된 숙련으로 인간 역량의 하나이다. 절차에 따라 결정하는 일상적 경영기능을 넘어 절차 자체가 어떻게 되어야 할지를 판단하는 숙련이다. 아울러 보통의 절차가 적용되지 않는 의외의 상황에서 결정을 하는 능력이기도 하다. 근로자는 내면 속에서 생겨나는 심리적(직업이나 성취한 결과에 대한 만족) 또는 동작적(지식과 기능의 획득) 가치를 누릴 수 있다.

외부효과 기업과 기업가의 활동은 직접적인 거래 당사자를 넘어 제3자에게도 영향을 미친다. 지식과 기능을 창출해 제3자에게 배울 기회를 제공할 수 있으며, 다른 사람들을 자극해 부패적 행태를 하도록 할 수 있으며 환경오염을 낳을 수도 있다. 이런 이유로 제품안전, 직업안전, 환경효과를 고려하는 지배구조가 강조되며, 사회적 책임, 기업윤리, 이해관계자의 참여, 지속적 경제발전 촉진이 기업지배구조의 목표에 포함되고 있다. 기업파산과 그에 동반된 경제위기도 기업이 낳는 외부효과에 포함된다. 경영자들의 무능, 불법, 부도덕 그리고 그에 따른 기업파산은 근로자와 투자자에게 치명적 영향을 미친다. 이로 인해 다양한 제도의 발전이 동반되었다. 1700년대의 영국의 남해포말(South Sea Bubble)사건은 기업법의 혁명을 가져왔고, 1929년 주식시장 붕괴는 미국 증권법을 변화시켰다. 지난 20년간 동시다발적으로 발생한 기업문제는 기업지배문제를 세계적 관심사로 만들었다. 1990년대 말 아시아 금융위기는 개도국에서의 기업회계의 강화, 2000년대 초반 대규모 회계조작은 사베인스–옥슬리법(Sarbanes–Oxley Act)으로 이어졌다.

기업관의 다양성

기업과 기업가의 지위를 감안할 때 경영 판단은 온전히 기업가의 몫이며, 경영 판단의 책임이 맡겨진 경영진은 기업 목표를 위해 자원을 적절히 사용할 능력과 유인 그리고 재량권을 가져야만 한다. 여기서 능력이란 경영진이 조직의 자원을 통제할 수 있느냐이고, 유인이란 경영진의 목표와 조직의 목표가 서로 일치하느냐를 말한다.

하지만 기업가는 경영에서의 재량권을 오 · 남용하고 이해관계자들의 권리를 희생으로 자신의 사익을 도모할 여지를 갖는다. 이 경우 기업의 이해관계자들이 자신들의 능력을 적절히 발휘할 유인이 훼손된다. 근로자들이 작업과 숙련형성에 노력하고 주주와 금융기관이 자금을 안정적으로 공급하며, 협력기업들이 적절한 소재 · 부품을 공급하고 소비자들은 충성고객으로 남아 지역주민이 입주를 희망하게 하려면 이해관계자의 권익이 보호된다는 확신이 존재해야 한다.

결국 기업 경영은 '소수 기업가의 경영권 존중'과 '다수 이해관계자의 권익 존중'이라는 두 요건을 조화시켜 가는 과정이다. 두 요건이 반드시 모순적일 필요는 없다. 경영자가 이해관계자를 자원으로 활용하여 조직 목표를 효율적으로 달성할 수 있기 때문이다. 성공적 기업가는 고객, 근로자, 공급업체, 투자자들에게 영향을 미쳐 도전정신과 협력을 유도해야 한다. 기업과 이해관계자 간에는 갈등도 있지만 협력을 요구하는 부분도 많다. 경영자가 기업 가치를 극대화하기 위해선 이해관계자의 기대에 반응해야 한다. 이해관계자들의 역량을 보호하고 확장하는 것은 함께 할 이유를 고양함으로써 갈등을 최소화하고 협력을 촉진하여 기업의 집단 역량을 촉진한다. 기업이 고려해야 할 이해관계자 범위도 근로자, 고객, 기관투자자, 정부, 사회 전체로까지 다양해지고 있다. 존중되어야 하는 이해관계자의 범위를 따라 기업지배구조는 주주(shareholder) 모형과 이해관계자(stakeholder) 모형으로 나누어 볼 수 있다. 전자의 경우 지배구조는 상위경영진의 주주에 대한 책임성을 다루는 공식적 시스템을 의미한다. 후자의 경우 지배구조는 기업을 포함한 공식적 · 비공식적 관계망을 설명하는 데 사용될 수 있다.

주주모형 : (영미식) 주주 지향의 기업경영 주주 모형은 기업의 다양한 이해관계자들을 주주와 그 나머지로 구별한다. 근로자, 채권자, 협력기업, 소비자, 지역주민 등의 다른 이해관계자는 노동법 · 금융법 · 파산법 · 경쟁법 · 환경법 등의 법과 계약에 의해 엄격히 규정된, 따라서 상대적으로 안정된 권리를 가지는 확정청구권자(fixed claimant)다. 반면 주주는 이들 다른 이해관계자의 법적 · 계약적 권리가 다 충족되고 난 이후에 남는 것을 가지는, 따라서 상대적으로 큰 위험을 부담하는 잔여청구권자다. 주주모형에 따르면 기업의 목표는 주주의 부(또는 이윤)를 극대화하는 데 있으며, 기업 성과의 평가는 주로 시장가치(주식가치)에 의해 이루어진다.

이해관계자 모형 : (유럽 대륙식) 이해관계자 지향의 기업경영 이해관계자 모형은 기업이 주주 이외에도 근로자, 공급업체, 고객, 신용기관, 지역사회, 시민단체, 정부, 사회 전체를 포함한 다양한 이해관계자들에 대해 책임을 갖는다고 본다. 기업의 성과는 자원을 제공하는 다양한 이해관계자들의 기여가 담긴 팀워크의 결과로, 이해관계자들의 협력이 요구된다. 기업 내부의 소유자, 경영자, 근로자, 외부의 소비자와 공급업체처럼 가치를 창조하거나 기업과의 관계 속에서 위험을 분담하는 자들과 외부효과나 잘못된 정보에 영향받는 모든 주체는 이해관계자로 고려해야 한다. 기업의 성과는 이윤뿐만 아니라 다양한 이해관계자에 대한 기여를 포함하여 평가된다.

회사법은 주주를 잔여 청구권자로 규정되지만, 다른 이해관계자들의 권익을 조정하는 제도와 관행도 존재한다. 이해관계자들은 기업의 경영 판단에 영향을 미칠 기회를 가져야 하지만, 동시에 그에 따른 결과에 대한 책임도 공유해야 한다. 이해관계자 모형은 다양한 이해관계자를 포괄하므로 이들을 관통하는 사회 전반의 '암묵적 관행'이 중요해진다. 이는 기업지배의 안정성을 제공하지만, 기업 통제에 어려움을 초래한다. '협력의 원리'는 "좋은 게 좋은" 정실 자본주의(crony capitalism)로 추락할 위험을 안고 있다.

1.3 기업소유의 다양성과 기업지배

기업을 소유하는 자가 그 경영도 담당하는 것이 자본주의 본래의 모습이다. 실제로 자본주의 초기에는 한 명 또는 소수의 자본가가 회사의 모든 자본을 소유하는 동시에 경영을 직접 맡았다(소유자 지배). 하지만 경영규모가 확대되고 자금수요가 증대함으로써 개인이 모든 자금을 제공하기 어렵게 됨에 따라 다수의 투자가들로부터 널리 자본을 모집하게 되었다. 이들 투자가들은 (유한책임) 회사(corporations)의 틀 속에서 자신의 출자액만큼만 책임지고 배당금과 시세차익을 얻되, 경영에는 참가하지 않고 대주주인 경영자, 즉 소유경영자에게 맡겼다.[2]

2. 물론 주주는 주주총회의 결의를 통하여 어느 정도 기업경영에 참여할 수 있으며, 상법에는 이사의 위법행위에 대한 유지청구권, 대표소송권, 이사 · 감사의 해임청구권, 회계장부열람권 등이 있어 주주의 기업소유자로서의 권익을 보호한다.

1) 소유분산과 통제권의 위임에 의한 소유·통제의 분리

주식 분산이 더욱 심화되면 소유자는 경영 전면에서 후퇴하고 고용 경영자에게 경영을 맡길 수 있다. 기업의 주식은 시장에 공개되고 그 과정에서 주식소유의 광범위한 분산이 이루어지며 지배주주의 보유주식 비율이 상대적으로 낮아져 주주총회에서의 권력이 약해진다. 이에 따라 지배주주가 아닌 전문 경영자가 기업의 경영과 그 성과에 책임지고(전문경영체제) 소유와 경영이 분리된다. 소유와 경영의 분리는 특히 최고경영자 위치에 있던 창업자가 노환이나 사망으로 경영 일선에서 물러나며 최고경영자를 승계하는 과정에서 나타난다. 자본을 가진 자와 경영 능력이 있는 자는 다를 가능성이 높으며 이 경우 분업을 하는 것이 서로에게 이익이다. 특히 기업 규모의 확장으로 기업 경영의 복잡성이 증가함에 따라 경영에 전문화하는 전문경영자가 요구된다. 이때 회사의 소유자 지배는 경영자 지배로 전환되며 소유(자본공급)와 통제(경영)의 분리가 생겨난다. 영미권 대기업의 대부분은 소유가 분산되어 지배주주를 찾아보기 어렵다. 주식이 널리 분산되어 대주주라 해도 평균 주식보유 규모는 상대적으로 작다.

경영자 주의

지배적 대주주 없이 소유가 널리 분산된 기업을 경영하는 기업가는 자신의 의결권으로는 주주 총회를 전혀 지배하지 못할 정도로 소유와 무관하지만 어떠한 주주도 독립적으로 이 기업가를 통제할 수 없다. 소유와 경영이 분리되며 나타나는 전문 경영인에 의한 기업지배 현상을 경영자주의(managerialism)라 한다. 소유가 분산된 상황에서 전문경영자로서 소유지분 없이 최고경영자로 선임된 경영자는 기업경영을 주도하지만 동시에 견제의 대상이기도 한다. 기업경영에서 배제된 주주, 채권자, 노동자들의 이익이 부당하게 침해받지 않도록 보호되어야 한다. 소유와 경영의 분리는 주인-대리인 문제(princial-agent problem)를 야기한다. 이는 경영자들이 기업의 여러 이해관계자, 특히 주주들의 이익을 위해서가 아니라 자신의 이익을 위해서 경영을 하는 문제이다. 주인-대리인 문제는 기업 경영의 통제에 관한 시스템, 즉 지배구조를 필요로 한다.

2) 소유 집중과 소유·통제의 일치

소유 집중의 지속

기업이 확장·재편되더라도 반드시 소유와 경영의 분리로 이어지는 것은 아니다. 경영자와 소유자의 관계를 가족관계나 대인관계망으로 제한한다면 소유와 경영이 분리되지 않을 수도 있다. 실제로 대부분의 국가에서 대부분의 대기업은 소수의 가문들이 소유하고 통제한다. 이는 개도국이나 중진국에만 해당되는 것이 아니며, 선진국에서도 마찬가지다. 이 경우 지배주주는 정보를 수집하고 경영자를 감시하여 경영을 통제할 강력한 장치를 유지한다. 지배주주는 이사회에 자신의 대표자를 선출하고 경영자가 이사회를 통제하려는 시도를 제한하고 있다.

1995년 27개 선진국을 대상으로 각국별로 주식시장에 상장된 상위 20개 대기업과 10개 소기업을 대상으로 지배주주의 형태를 분석한 결과 지배주주가 없는 경우가 24.1%로 나타났고 가문이 지배주주인 경우가

그림 9-1 세계 27개국의 20개 상장 대기업의 소유구조

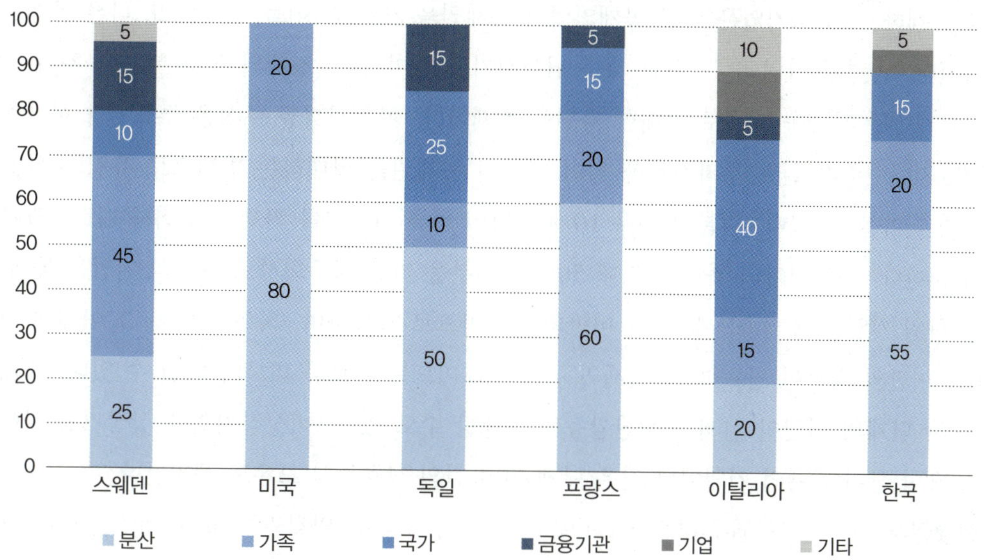

자료 : La Porta et al.(1999) ; OECD, Corporate Governance Factbook 2021 ; 전국경제인연합회, 글로벌시장에서 소유집중 구조 확산(소유집중이 강화되는 추세)

34.8%였으며, 국가가 지배주주인 경우도 20.2%로 나타났다.[3] 중소기업을 포함할 경우 가문형태의 지배주주가 존재하는 비율은 더 높아져 가문 자본주의(family capitalism)라 부를 정도로 소수의 부유 가문에 의해 지배되고 있다.

한국을 포함한 아시아 국가에서의 2,980개 공개기업(1996)에서 10% 이상의 지분보유자를 지배주주로 볼 경우 주식이 분산된 경우는 전체 기업의 3%에도 미치지 않는 것으로 나타났으며, 일본을 제외한 아시아 8개국 각각에서 최상위 10개 가족이 공개된 주식가치의 18~58%를 보유하고 있다(Claessens et al., 2000). 다만 일본과 한국은 각각 42%와 14%에 달했다. 그러나 일본에서 주식분산 비중이 높게 나타나는 것은 일본 대기업의 대부분이 상호주 보유를 통해 게이레츠(系列)를 구성하고 있기 때문이라는 점에 주의할 필요가 있다.

소유 집중의 메커니즘 : 통제 피라미드와 복수 의결권주

기업이 확장하는 과정 속에서 소유자 지배를 계속 유지하는 데 사용하는 가장 중요한 메커니즘은 통제 피라미드(control pyramid)에 의한 기업집단의 형성과 계약법과 성문법이 허용하는 복수 의결권주(multiple voting shares)와 상호 주식보유(cross-holding)에 의한 보완이다. 두 방법은 모두 현금흐름권[또는 소유권(cash flow rights : 특정 기업에 대해 지배주주가 직접적으로 그리고 간접적으로 소유하고 있는 모든 지분)]과 통제권[또는 의결권, 지배권 (control rights : 동 기업에 대해서 지배주주가 직간접적으로 영향력을 행사할 수 있는 지분)] 간의 괴리를 낳는다. 이들은 상대적으로 소규모의 초기 자본으로 통제권을 유지하도록 한다.[4]

---

3. 10% 이상의 지분을 가진 주주를 지배주주로 간주하고 지배주주의 형태를 가문 또는 개인, 국가, 상장 금융기관, 상장기업, 협동조합 등 지배주주가 없는 단체로 나누었다(La Porta et al., 1999).
4. 소유가 광범위하게 분산된 기업의 경우 피라미드 그룹이나 차등의결권주가 흔하지 않으며, 현금흐름과 통제권이 대체로 일치한다. 영미 기업에서는 지배주주나 기업 간 상호주식 보유가 미미하며, 대주주가 여러 개의 기업을 동시에 통제하지도 않고 있다. 대기업의 경

통제 피라미드 통제 피라미드에서는 최정상에 소유 가문이 위치해 50%가 넘는 지배적인 지분비율로 단일 모기업을 통제하고 이 모기업은 다른 공개기업의 통제권을 가지며, 이들 각각은 또 다른 공개기업의 주요 지분을 소유한다. 관련된 기업 수는 수십 개를 넘어서기도 하며 일국 경제의 상당 부분을 차지하기도 한다. 소유경영자는 제한된 자금을 기초로 막대한 자원을 통제한다. 차등의결권 주식은 투표권과 현금흐름권을 분리시킴으로써 지배주주가 실제 투자자금을 넘어 가족의 통제권을 확대하는 방법으로 유럽 국가들과 개발도상국에서 흔히 찾아볼 수 있다. 일본의 경우 10개 이상의 하류 자회사를 가진 지주회사 네트워크가 피라미드의 정점에 위치한다. 이탈리아의 가문은 최대 50%의 지분을 가진 지주회사로 다수의 기업을 통제한다. 이들 기업은 다시 하위 기업을 통제하는데 50% 미만의 주식만으로 가능하며, 하위 기업이 그 아래의 기업을 통제하는 데 50% 미만의 지분이 필요하다. 실제의 통제 피라미드는 이보다 더 복잡해질 수 있다. 자회사의 수도 다양하며, 중간 단계의 기업이 실제로 생산활동을 수행할 수도 있다. 비상장기업을 상장기업 사이에 배치하는 경우도 있으며 상위 단계의 기업이나 같은 단계 기업 간의 상호주식 보유도 생겨난다.

복수 의결권주 차등 의결권주(differential voting right), 초다수 의결권주(supervoting share), 소액주주의 낮은 주주총회 참여율은 가족의 통제권 강화에 도움을 준다. 차등 의결권주는 주식마다 투표권을 달리하는 것으로 많은 국가에서 널리 사용된다. 예를 들어 캐나다에서 A주식은 주당 10개의 투표권을 가지지만, B주식은 주당 1개의 투표권을 갖는다. 미국 포드사는 설립자 가문이 4%만의 주식으로 40%의 의결권을 갖고 있다. 통제 피라미드를 차등의결권과 결합하면 소수의 지분을 통한 기업통제의 범위는 급속도로 늘어난다.

기업집단 형성을 통한 소유집중 : 상호 주식보유 각국마다 통제 피라미드 외에도 다양한 형식으로 기업집단(corporate group)을 형성하여 소유가 집중되어 있다. 일본의 게이레츠에서는 지배주주가 없는 기업들이 서로 주식을 보유하여 기업 전체가 지배주주가 된다.[5] 각 기업은 그룹 내 다른 기업의 전문경영자에 의해 통제된다. 프랑스, 캐나다, 독일 등도 가족기업 없이 기업들의 모임이 통제 피라미드를 구성한다. 일부의 경우 통제권의 정점에 있는 기업의 지분이 널리 분산되기도 한다. 프랑스와 캐나다의 경우 통제 피라미드의 정점에는 국유기업이 위치한다.

소유경영자 자본주의

소유가 집중될 경우 기업의 지배주주가 경영에 대한 최고 의사결정을 직접 하는 기업가로 활동하거나 기업가를 강력하게 통제하는 소유경영 체제가 등장한다. 이를 지칭하는 소유경영 자본주의(owner-managerialism)는 대주주의 경영참여를 뜻하는 '소유경영자(owner-manager)'와 경영자의 경영권 행사에 대한 적절한 견제장치가 없음을 의미하는 '경영자 자본주의(managerialsm)'를 합성한 개념이다. 지배가족이 통제를 효과적으로 도모하는 방법은 피라미드 그룹을 따라 핵심기업의 경영진에 가족을 배치하는 것이다. 이를 통해 지배주주는 피라미드를 통한 통제뿐만 아니라 직접적으로 경영권도 행사할 수 있다. 일부 연구에서는 표본 대기업의 69%에서 지배가문이 존재하는 동시에 가문 성원이 CEO, 대표이사, 명예(부)회장으로서 경영에도 참여하고 있다(La Porta et al. 1999). 동아시아에서는 전문경영자를 찾아보기 어려우며 가족 성원들이 경영진에 배치된다(Claessens et al. 2000). 지분이 분산되지 않은 기업들의 약 60%에서 가족 성원이 최고경영자 지위를

우 회사 관계인이나 최대주주로서 연기금은 의미 있는 지분을 갖고 있지 않다.

5. 일본의 경우 1940~1950년 동안 미군정하의 재벌 해체는 주식 소유의 혼란을 낳았고 이는 주식 매입을 통한 경영권 탈취로부터의 보호를 위해 상호 주식보유를 선호하게 한 요인이 되었다.

차지하고 있다.

소유경영 체제는 주주로서의 무임승차 문제나 전문 경영체제의 대리인 문제로부터 상대적으로 자유롭다. 자산의 대부분이 한 기업에 집중되어 있는 소유경영자와 금전적 보상에 의존하는 전문 경영자는 기업의 생존과 성장에 대한 태도가 매우 다를 수 있다. 따라서 전략적 의사결정 문제에서 소유경영자는 전문경영자에 비해 신속하고 과감한 결단을 할 수 있고 보다 장기적인 관점에서 결정할 가능성이 크다. 그러나 집중적 소유구조에서는 최고경영자가 실질적으로 지배적 대주주이므로 지배적 대주주의 전횡을 견제하고, 기업경영에서 배제된 소액주주와 채권자 및 노동자들의 이익이 부당하게 침해받지 않도록 보호해야 한다.

1.4 기업의 지배와 시장의 실패

기업지배와 경영

기업은 계약의 자유와 단체결성의 자유라는 개인의 권리를 행사한 결과로 창조된 자발적 단체이며 사유재산이다. 사람들은 공동이익을 목표로 계약에 의해 회사를 형성할 수 있는 권리를 갖는다. 국가는 회사가 법적 실체임을 부여하지만, 회사가 법을 준수하는 한 국가는 무엇을 하고 무엇을 하지 말아야 할지를 말할 권한이 없다. 기업의 운영은 다수의 주주와 근로자 그리고 채권기관, 공급업체 등과 상호작용하는 집단행동의 과정이다. 서로 다른 이해관계가 충돌할 여지가 큰 상황 속에서 기업은 어떻게 생존하고 번영할 수 있을까? 이 질문에 대한 답을 "기업지배(corporate governanace)"라 하는데, 기업지배는 기업에서 이루어지는 집단행동의 과정을 지시하고 유인함으로써 이해관계자들의 적극적 혁신과 투자와 협력을 촉진하는 메커니즘이다(OECD Principles of Corporate Governance, OECD 1999).

기업지배구조는 주로 기업가의 활동과 관련된다. 기업활동은 주주들이 선임한 기업가의 통제 아래 채권자, 근로자, 공급업체 등 여러 주체가 함께 참여하는 집단행동이다. 집단행동이 성공적으로 진행되려면 참여하는 개별주체들이 합의한 대로 일하고 약속된 보수를 제대로 받는 체제가 보장되어야 한다. 특히 비대칭적 정보의 여건 속에서 각종 결정을 내리는 기업가의 행동은 실적을 은폐하면서 이해관계자들의 이익을 부당하게 훼손할 수 있다. 기업가의 경영의사결정은 기업가의 고유권한이지만 이해관계자들의 이익에 직접적으로 막대한 영향을 끼친다. 높은 위험이 수반한 투자사업의 선택은 채무 불이행과 도산의 가능성을 키움으로써 주주는 물론 채권자와 종업원들의 이익까지 크게 침해할 수 있다. 기업가의 혁신역량이 아무리 탁월해도 참여하는 개별주체의 역량이 이를 뒷받침하지 못하면 빛을 보기 어렵다. 정당한 경영권 행사는 보호하되 부당한 횡포를 막아야 다양한 참여주체들이 자신의 역할에 전념할 수 있다. 다른 참여주체들이 기업가의 행동을 일일이 감시 · 감독하지 못하는 정보비대칭성이 경영권 행사의 정당함과 부당함을 제대로 가리기 어렵게 만든다. 기업지배구조는 기업가가 정보비대칭성의 그늘에서 자신의 사적 이익을 추구하여 기업이익을 훼손하지 못하도록 견제하는 장치다. 지배(governance)는 항해를 위한 조타라는 뜻의 그리스어에 어원을 두고 있다. 조타가 풍향, 조류, 파도 등의 외부환경 변화를 감안하여 항로를 결정하는 행위라는 점에서 지배는 기업의 나아갈 방향 및 목표를 설정하고 이를 향해 나아가도록 감시 · 견제하는 행위로 해석될 수 있다. 즉, 기업지배란 기업의 방향을 결정하고 경영결정을 견제 · 감독하는 법적 · 제도적 메커니즘이다. 한편 경영(management)은 정해진 방향으로 나아가기 위한 수단을 선택하고 내부 조직을 가동하여 주어진 목표를 달성하는 과정이다. 지배는 좁게는 이사회, 넓게는 이해관계자들이 경영자가 하는 것을 감독하는 과정, 구조, 관계를 의미하지만, 경영은 기업의 목표를 정의하고 달성하기 위해 경영자가 하는 것들을 말한다. 보다 구체적으로 기업지배는 기업경영의 전략적 방향에 영향을 끼치고, 경영자의 의사결정, 업무집행에 개입·규율함은 물론, 그 결과를 감시 평가하고 경영자를 임명하는 것이다.

기업에 대한 지배권의 형태는 경영자지배, 사실상의 지배, 실질적 지배, 절대적 지배, 완전지배로 분류된다. 완전지배는 주주가 주식 전부를 소유하여 철저한 소유자 경영을 하며, 절대적 지배는 과반수 주주가 회사의 주요 정책을 거의 완전히 지배한다. 한편 주식분산이 어느 정도 이루어진 상태라도 주식을 일정 수준 이상 집중 소유한 자가 단독으로 또는 협력하여 지배하는 경우 실질적 지배와 사실상의 지배가 각각 이루어질 수 있다. 한편 주식소유가 광범위하게 분산되어 주식소유 없이도 경영진이 지배력을 발휘할 수 있는 경우를 경영자 지배라 한다(Weinberg and Blank, 1992 ; 송종준, 2009).

기업지배의 유효성은 금융시장, 소유 구조, 투자 형태, 기업가정신 그리고 궁극적으로 경제발전에 영향을 미친다. 양질의 기업지배는 국민경제와 금융안정을 위해 긴요하다. 불량한 지배는 투자자 신뢰를 훼손하고 전체 금융시스템을 위기로 내몰 수 있다.

제4차 산업혁명 및 글로벌화와 기업지배 환경의 변화

제4차 산업혁명과 GVC로 상징되는 기술진보와 글로벌화는 한편으로는 환경변화의 속도를 높이고 다른 한편으로는 기업 간 상호의존성을 강화하여 기업지배 양식에 변화를 낳고 있다.

속도 통신기술의 개선, 연산처리 능력의 강화, 사업의 혁신은 변화를 가속시키고 있다. 특히 서비스, 신제품 발전, 시장 수용에서의 속도를 높여가는 사업 혁신으로 말미암아 제품주기뿐만 아니라 사업주기도 단축되고 있다. 결과적으로 기업경영자는 효율성 제고와 사업전환 간 선택에 내몰리고 있다. 숙고나 판단의 시간이 줄어들고 빠른 결정을 강제하여 의사결정 속도가 중요한 리더십 자질로 간주되며, 전략의 구성과 집행이 실시간으로 항상 진행되기 때문에 포용적 의사결정 과정이 필요하지만, 동시에 다른 이해관계자의 동의가 없는 상황에서 선약을 해야만 하는 상황에 마주하고 있다.

상호 의존성 작업 단위로까지 깊어진 특화와 분업화가 국내외에서 전개됨에 따라 상호의존적 관계가 폭증하고 기업생태계는 매우 복잡해지고 있다. 기업들은 국내외에서 보완적 제품과 서비스를 제공하는 수많은 관련 업체를 마주해야 하고 성공은 상호의존관계의 효과적 관리에 의존하게 되었다. 하지만 어떤 기업도 자신이 담겨 있는 기업생태계 전체를 완전히 알 수 없으며, 기업생태계 내에서의 사소한 변화도 큰 파급효과를 낳을 수 있게 변해버렸다. 이러한 기업생태계는 경영효율화와 유연성을 뒷받침하지만 동시에 기술보호가 어렵고 진입장벽을 낮추는 부정적 효과도 담고 있다. 복잡해진 기업생태계에서 혁신의 원천과 잠재적 경쟁자는 매우 다양해졌다. 한편 기업 간 상호의존관계의 구성은 복잡해진 데다 기술진보와 글로벌화의 진전으로 지속적으로 변화를 겪고 있으므로 이에 대한 안정적 대응은 쉽지 않다.

속도는 빠른 창의적 직관이 작용하는 의사결정과 조직의 신축성을 요구하고, 상호의존성은 논리적 규율 및 분석, 구성 단위의 책임과 자율성에 더해 집단적 의사결정과 협력을 동시에 요구한다(Doz and Cuomo, 2017). 속도와 상호의존성은 모든 기업에 같은 정도로 영향을 미치는 것은 아니며, 그에 따라 다음 [그림 9-2]에서 보는 바와 같이 기업의 지배구조에서 우선되어야 할 능력이 달라진다.

그림 9-2 기술진보와 글로벌화하에서의 기업지배의 방향성

환경변화 속도 (저 → 고)	기업 간 상호의존성: 저	기업 간 상호의존성: 고
고	새로운 사업기회 포트폴리오 구성 : 기업가적 판단능력	전략의 구상, 선도, 실행 외향적 : 유연성, 민감성
저	운영 효율성의 추구 : 내향적, 효율 지향, 점진적 혁신	기획과 그 집행의 효율성 : 재무 및 프로젝트 관리 역량

저 ---------------------기업 간 상호의존성--------------------→ 고

자료 : Doz and Cuomo(2017)

- 천천히 변화하는 단순한 환경하에서는(낮은 속도와 낮은 상호의존성) 비용절감과 효율적 자원배분이 강조되고 혁신은 점진적으로 이루어진다. 자만과 관성이 조직에 만연하고 세부적 사항에 충분한 주의를 기울이지 않는 위험이 존재한다. 기업지배는 강력하고 전략적 지향보다 관리가 중요하기 때문에 CEO에게는 운영경험이 중요하며 기업의 일상적 관리에 초점을 맞추게 된다.
- 상호의존성이 높아 복잡한 환경에 놓여있지만 그 변화가 빠르지 않은 맥락에서는 주의 깊은 기획과 집행의 효율성이 우선시된다. 잘못된 전략적 선택이 쉽게 수정되지 못하고 집행이 제대로 통제되지 않는 위험에 빠질 수 있다.
- 빠르게 변화하지만 단순한 환경하에서는 새로이 사업기회를 잡아가며 포트폴리오를 구성해가는 기업가적 판단이 중요하다. 사전에 설정한 방안만으로는 부족하므로 신축적으로 문제와 기회를 파악하고 대응하는 역량이 중요하다. 단, 창조적 아이디어가 필요한 만큼 실제 사업으로 신속하게 구현하는 역량도 필요하다.
- 빠르게 변화하고 복잡한 환경하에서는 환경변화에 대응하여 신축적으로 조직과 경영과정을 변환하는 전략적 기민성(agility)이 요청된다. 이 과정에서 구성 단위들 간에 합의를 형성하고 새로운 시장이나 제품으로 움직여 가는 협력이 기반이 되어야 한다. 중앙조직의 능력과 통제가 약화됨에 따라 과거의 계층구조에 기반한 중앙집중적 대응 대신 책임을 갖는 자율적 구성 단위 간의 의견공유와 합의 그리고 상호조율에 기초한 분권적 대응이 요청된다. 그러나 복잡성에 짓눌려 핵심적 사업변수를 적절히 이해하지 못하는 상황이 생겨날 수 있다.

기업지배 메커니즘의 구분 : 외부규율 대 내부통제

기업지배 메커니즘은 참여자 간의 관계를 기업 스스로 설정한 내부 메커니즘과 이들 내부메커니즘이 행동의 실행과 규율을 효과적으로 하는 데 도움을 주는 시장과 연계된 외부 메커니즘이 있다. 주주를 위시한 기업의 주요 이해관계자들의 대표로 구성된 이사회에서 직접적으로 기업의 방향과 경영성과를 감독하는 기능이 대표적인 내부지배구조이고, 외부지배구조는 시장이나 사회조직 그리고 법규에 의한 통제장치이다. 좁은 의미에서 기업지배는 이사회와 관련된 내용을 대상으로 하는 내부지배를 의미하며, 넓은 의미의 기업지배는 내부지배에 더해 기업조직의 외부, 즉 시장에서 경영진을 규율 · 견제하는 시장규율을 포함하는 외부규율 방식도 포괄한다.

그림 9-3 지배메커니즘의 분류

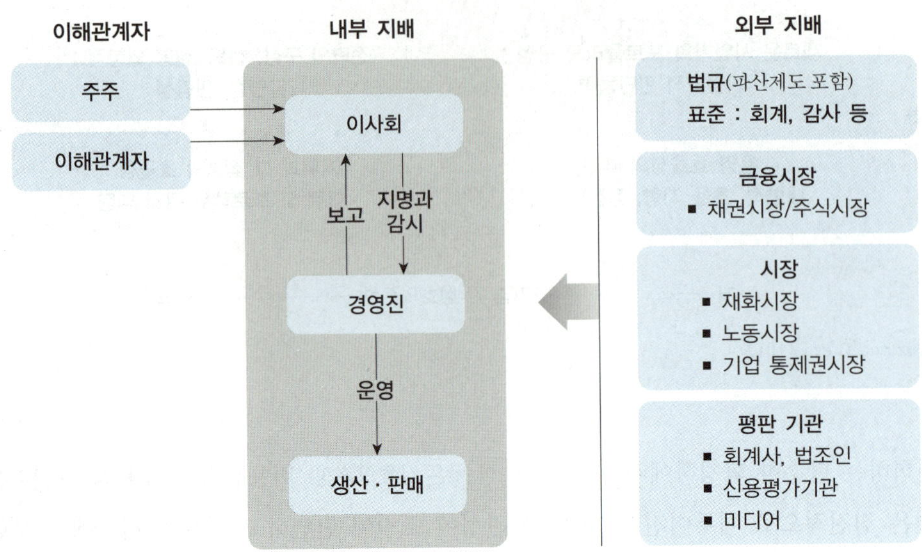

시장제도가 충분히 발달하지 못한 신흥경제에서의 기업지배 논의는 내부지배구조뿐만 아니라 시장규율과 정부규제까지 포함하는 것이 일반적이다. 기업가에 의한 혁신은 내부와 외부의 기업지배 메커니즘이 제공하는 유인체계의 영향을 받는다. 의사결정권을 가진 모든 경영층과 이들 간의 권한의 배분을 포함하기 때문이다. 동시에 기업지배의 주요 목표는 경영자의 재량으로부터 주주와 다른 이해관계자를 보호하는 데 있다. 소유와 통제의 분리 그리고 이해관계자의 상이한 이해관계는 이들의 이해관계를 정렬할 기업지배구조를 요구한다. 기업지배구조는 대리인 비용을 감소시키고 기업가치를 극대화할 수 있는 효율적인 의사결정과정을 보장한다.

1) 내부지배 메커니즘 : 주주와 경영자의 유인체계 동기화

주주 지배

내부지배구조(Internal Governance)는 회사법과 기업내부규칙에 따라 주주총회, 이사회, 기업 내 경영진 간의 견제와 균형을 확립하는 제도를 말한다. 경영자와 이사회가 주주에 대한 선의의 관리자로서의 규칙을 확립하고 은행이나 기관투자가와 같은 대주주 등 이해관계자들에 의한 감독이 이루어지도록 하는 것이다. 즉, 내부지배구조는 기업이 주주를 비롯한 이해관계자에 대한 의무를 만족하도록 경영되는 동시에 주주, 이사회, 경영자가 적절한 역할을 하도록 해야 한다.

첫째, **주주**는 배당과 주가상승에 대한 대가로 자본을 제공한다. 주주는 경영을 모니터링하는데, 이사 및 감사의 선출과 해임, 합병 또는 자본구조 결정과 같은 중대한 변화를 승인한다. 그러나 주식이 지나치게 분산되어 있으면 무임승차하려는 개인투자자는 자신의 역할에 소극적일 수 있다. 물론 대주주나 지배주주는 자신의 역할에 적극적일 수 있지만, 이로 인해 소액주주에 피해를 야기할 수 있다.

둘째, 주주총회에서 선출되는 **이사회**는 주주를 위해 경영자(의 도덕적 해이)를 감시 · 통제한다. 주주총회가 주주들의 대표로서 이사들을 선임하고 이사회를 구성한다. 이사회는 최고경영자 등 상위경영자들을 선임하고 기업경영에 관한 이들의 결정을 재가한다. 이사회의 의장(chairman)이 보통 CEO를 겸임하나 별도로 따로 선임되기도 한다. 상위 경영자들은 대체로 이사가 겸임하는데 이들을 집행이사 또는 사내이사라고 부른다. 기업경영 업무를 겸임하지 않는 이사는 비상근인데 이들을 비집행이사 또는 사외이사라고 한다. 이사회는 주주들을 대신하여 최고경영진의 업무 수행상황을 점검한다. 그러나 이사회 구성원 중 CEO와 집행이사들은 그들 자신으로 최고경영진을 구성하며, 사외이사들이 CEO를 포함한 집행이사들을 감독하게 된다.

이사회는 경영성과가 크게 미흡할 때 경영자를 교체하거나 부실 투자를 거부할 수 있다. 또한 사외이사들만으로 구성된 감사위원회는 독립적인 외부 회계감사기관을 선정하고, 이들로 하여금 적절한 재무제표가 작성되었는지의 여부를 확인한다. 이사회에서는 독립성과 전문성이 긴요하다. 이사회는 그 독립성에 기초하여 경영자, 소유자, 여타 이해관계자 간의 가교의 역할을 할 수도 있다. 그러나 반대로 이사회가 경영진과 담합하거나 소극적 태도를 취할 수 있다. 이사의 선임 과정에서 최고경영자가 관여하기 때문이다.

소유가 집중된 기업에서는 지배 대주주가 주주총회를 장악하고 자신을 최고경영자로 선임하며, 나머지 이사들도 자신이 결정하는 것이 보통이다. 이 경우 이사회의 최고경영자에 대한 견제는 무의미하며 주주의 이익을 보호하기 어렵다. 소유구조가 분산된 기업에서는 주주들이 주도하여 최고경영진을 구성하는 사내이사들을 교체하는 일이 쉽지 않다. 지배대상인 최고경영자와 내부이사들이 지배주체인 사외이사들을 선임하고 이것이 주주총회에서 그대로 수용됨에 따라 사외이사들이 사내이사들을 견제하기 어렵게 된다. 이를 막기 위해 사외이사 선임과정에서 최고경영진의 영향력을 최소화하도록 할 수 있다. 독일처럼 근로자대표의 감독이사회 참여를 법제화하고 채권은행이 이사회에 참여하도록 하거나 주주총회에서 대주주의 의결권을 제한하여 소액주주의 대표자가 이사로 선임될 수 있도록 만드는 경우도 있다.

셋째, **경영진**은 주주를 위해 효율적 경영을 할 역할을 갖는다. 주주가 사용하는 내부지배 메커니즘에는 경영자에 대한 채찍과 당근이 포함된다. 경영자를 자극하기 위해 경영자가 보인 성과에 대한 보상으로 현금보상이나 주식옵션[주식매입선택권(stock options)]이 당근으로 주어진다. 후자는 미래에 자기회사 주식을 사전에 정한 가격으로 매입할 수 있는 권리이다. 이는 주주의 이해관계와 경영진의 이해관계를 일치시키는 역할을 한다. 부실 경영 시나 인수합병 시 해고의 위협, 이사회에 임명될 가능성, 더 좋은 회사의 경영진으로 옮길 수 있는 가능성이 이에 속한다.

이해관계자 지배 : 이중 이사회

이상의 내부지배 메커니즘은 주주 관점에서 다루어진 것이다. 이해관계자 관점에서 내부 메커니즘을 다룰 수도 있는데, 이를 이해관계자 지배 메커니즘이라 부를 수 있다. 이는 기업에 대해 이해관계를 가진 집단에 의한 사업활동, 경영의사결정, 기업행태에 대한 직간접적 통제와 영향력을 말한다. 이사회에 근로자 대표가 참여하거나 일부 중대한 경영의사결정에 근로자가 참여하는 것이 그것이다.

국가별로 주주 이외의 근로자나 채권은행 등의 이해관계자들을 대표하는 사외이사를 이사회 구성원으로 포함하기도 한다. 독일 이사회는 감독이사회(aufsichtstrat)와 경영이사회(vorstand) 두 개로 나누어 운영되는데, 경영이사회는 경영을 책임지고 감독이사회는 경영이사회를 감독 견제한다. 즉, 사내이사들로 구성된 경영이사회를 사외이사들로 구성된 감독이사회가 점검하는 것이다. 단일 이사회 체제에서는 사내이사와 사외이사가 동등한 자격으로 이사회에 참여하지만 이중 이사회 체제에서는 사내이사가 사외이사의 감독을 받는 자격으로 격하된다.

기업 구성원 상호 간의 감시 · 통제는 최고경영진의 도덕적 해이를 통제하는 데 있어 매우 중요하며 효과적이다. 최고경영자가 하는 일을 가장 가까이서 지켜볼 수 있고 의사결정의 내용과 과정을 더 잘 알고 있으므로 보다 효과적으로 감시할 수 있다. 그러나 이슈에 따라 최고경영진을 비롯한 기업 구성원들이 담합할 가능성이 높으며, 기업구성원들이 최고경영진에게 저항했을 때 겪을 수 있는 불이익은 기업 구성원 상호 간의 감시 · 통제를 비효율적으로 만들 수 있다.

2) 외부지배 메커니즘 : 시장을 통한 기업지배

내부지배 메커니즘은 많은 한계를 갖는다. 기업에서 가장 큰 권력을 가진 최고 경영진을 기업 내부에서 효과적으로 감시 · 통제하는 것이 쉽지 않다. 최고 경영진의 권한 범위 밖에 있는 경제주체가 최고경영진을 감시 · 통제하는 방법을 외부지배 메커니즘이라고 한다. 기업이나 내부자를 규율하는 가장 중요한 외부지배 메커니즘은 시장이다. 재화시장, 자본시장, 경영자 시장, 기업통제권 시장(market for corporate control)이 모두 중요하다. 이들을 시장지배구조(market governance)라 부른다. 기업은 매출이 부진하면 소멸하고 자본조달에 실패하면 성장할 수 없다. 은행은 정확한 정보를 요구하고 계약에 충실하도록 요구하여 기업경영을 개선하도록 압력을 넣는다. 양질의 경영자와 근로자를 확보 · 유지하지 못하면 기업의 자원이 낭비된다.

주식시장은 경영에 대해 신속하고 직접적이며 공개적인 규율을 가한다. 투자자들은 매 순간 기업을 지속적으로 모니터하며 실적에 따라 매매를 이어간다. 기업실적의 변화와 그에 따른 매매가 낳는 주가의 급변동은 기업의 역량과 가치에 대한 시장의 평가를 경영자와 주주에게 알려준다. 한편 기관 투자가들은 기업 주식의 상당 부분을 보유하고 있기 때문에 경영진의 대리인 문제를 직접 통제할 유인이 있다. 소액 주주들은 경영자의 도덕적 해이를 직접 감시하거나 통제함으로써 얻을 수 있는 이익보다 그로 인한 수고, 즉 기회비용이 클 때가 많아 부진한 기업에 대해 실적 개선을 위해 노력하기보다는 그 주식을 매각하고 다른 곳에 투자하는 경향이 크다. 상당한 지분의 주식을 보유하였기에 기관투자가들은 경영자의 대리인 문제를 통제해 기업실적을 개선하기 위해 노력할 유인이 더 크다. 특히 특정 기업의 주식을 장기간 보유하면서 기업 경영진과 지속적으로 정보를 교환하고 감시 · 조언하는 관계(relational) 투자자는 경영진을 감시 · 통제하는 주요 주체이다.

채권시장도 경영진을 규율하는 수단이 될 수 있다. 주식과 달리 채권은 채무와 이자부담이 확정되어 경영진에 압력을 넣는다. 이자 지급은 비효율적 투자에 이용될 수 있는 현금을 감소시키며, 잘못된 경영은 채권자의 채권회수를 어렵게 하므로 채권자들은 채권보호 차원에서 기업 경영을 말접히 감시할 동기를 갖는다. 또한 사채에 대한 신용평가는 경영진과 채권자 간의 정보 비대칭성을 완화시킬 수 있다. 금융기관이 기업에게 주로 단기 자금을 대출하거나 다수의 금융 기관에 의한 공동대출 형태로 장기의 거액 대출을 하는 미국과 같은 국가에서 금융기관과 채권자에 의한 감시 · 통제는 한계가 있다. 하지만 주거래 은행 제도가 있고 기업의 금융기관에 대한 의존도가 높은 국가에서는 금융기관과 채권자의 역할이 커진다.

적대적 인수의 위협을 포함한 기업통제권 시장 역시 경영진을 규율한다. 경영자의 도덕적 해이가 심각할 경우 기업 가치 그리고 그에 따라 주가는 정상적으로 경영될 때보다 낮을 것이며, 이 경우 그 기업을 인수 · 합병하여 경영진을 교체함으로써 차익을 취할 기회가 생긴다. 결국 잠재적인 인수 · 합병의 위협이나 그로 말미암은 주가의 하락은 경영진으로 하여금 도덕적 해이에 빠지지 않고 기업 가치를 높이기 위해 자극한다. 기업통제권 시장은 소유권이 널리 분산된 경우에만 유효하다. 한편 경영자 노동시장이 활발할 경우 경영자는 자신의 시장가치를 높이기 위해 능력을 입증하려 노력할 것이다.

모든 종류의 대리인 문제를 감소시키는 효과적인 방법은 재화시장에서 작동하는 규율이다. 재화시장이 경쟁적일수록 통제권을 가진 집단이 얻을 수 있는 지대가 감소하기 때문이다. 경쟁에의 노출이 경영자를 자극하기도 하지만, 동시에 경쟁 기업은 특정 기업이 적절히 경영되는가에 대한 정보와 비교 잣대를 제공하기도 한다.

3) 내부자 체제와 외부자 체제 그리고 시장의 실패

내부 메커니즘과 외부 메커니즘 모두 독과점, 정보 비대칭성, 외부효과 등 많은 이유로 그 규율이 불완전할 수 있다.

소유집중기업의 내부자체제에서의 주인-주인 갈등 독일, 프랑스, 스웨덴을 포함한 대부분의 국가에서 관찰되듯이 지배 대주주가 과반 이상의 지분으로 주주총회를 장악하는 소유집중적 체제에서는 지배 대주주의 경영권이 결코 위협받지 않는다. 채권자들로부터의 압력은 가능하지만 기업경영권 시장은 외부제어의 기능을 전혀 발휘하지 못한다. 기업사냥꾼이 확보할 수 있는 주식의 총량이 지배 대주주의 지분을 넘어설 수 없기 때문이다. 소유가 집중되고 소유와 경영이 분리되지 않는 기업집단의 경우 전문 경영자의 기회주의는 없지만, 소유경영자의 경영독점으로 소액주주를 비롯한 여타 이해관계자와의 사이에 기회주의와 도덕적 해이 문제가 발생한다. 주인과 주인 간의 갈등이 생겨나는 것이다. 특히 피라미드형 지분구조, 상호 주식보유, 우선주 발행 등으로 소수의 지분을 가진 소유자가 실제 지분보다 훨씬 많은 통제권을 행사하는 소수자통제(controlling minority)의 기업집단에서는 소유자의 독단과 전문 경영인의 도덕적 해이가 모두 생겨난다(Bebchuk, Kraakman, and Triantis, 1999). 더 나아가 소수자 통제 기업집단은 기업통제권 시장을 통한 경영자 통제가 어렵고 기업 간 부당지원으로 중소기업 성장을 저해할 수 있으며, 소속 기업들의 동반 부실과 연쇄 도산을 낳을 수 있다. 그러므로 이 경우 지배구조는 채권은행과 근로자대표 등 내부 이해관계자의 대표가 사외이사로 이사회에 참여하는 내부제어 기제에 의존해야만 한다. 주로 내부 이해관계자들이 강력한 발언권을 행사하며 구성하는 이러한 지배구조를 내부자 체제(insiders system)라고 부른다.

소유분산기업과 외부자체제에서의 주인-대리인 갈등 소유분산이 충분히 진행된 기업의 경우 주주와 경영자가 주인과 대리인(principle and agent)의 관계를 지녀 경영자는 기회주의와 도덕적 해이 문제에 노출될 수 있다. 이에 따라 어떤 개인이나 소수집단도 주주총회를 장악할 수 없는 소유분산 체제에서는 외부제어기제가 중요하다. 소유분산 체제에서는 사외이사들은 현재의 경영진에 의해 선임되어 그 영향력을 벗어날 수 없으므로 외부제어 기제가 중요해지는데 이를 외부자 체제(outsiders system)라고 한다.

그러나 시장의 규율은 불완전하며 다양한 방법으로 실패할 수 있다. 첫째, 재화시장은 매출과 수익에 대한 실적을 통해 경영자를 규율하지만 불완전할 수 있다. 독과점적 시장에서 기업은 독점적 이윤을 향유하기 때문에 부실경영의 압박에 무디다. 아울러 기업이 막대한 고정자본을 가져 대부분의 비용이 매몰비용인 경우 기업은 변동비용만 넘기면 생존이 가능하다. 부실경영은 기업을 쇠락하게 하겠지만 상당기간 동안 존속하는 데는 어려움이 없다. 둘째, 자본 시장은 높은 차입비용을 요구하거나 신용제공을 거부함으로써 부진한 기업을 규율하지만 한계가 있다. 기관투자가들은 지배주주의 위치에 있지는 않지만 자본시장에서의 지위로 인해 기업이 무시할 수 없는 존재이다. 벤처캐피탈은 신설기업의 지배에 대한 감시역할을 수행한다. 이들은 집중적 감시를 할 만한 전문성, 자원, 책임을 가지고 있어 다른 투자자가 직면하는 정보에서의 불리함을 극복한다. 그러나 내부유보로 충분한 현금을 확보한 기업이라면 자본시장의 압박은 약하다. 또한 매몰비용이 큰 기업이거나 독점적 이윤을 누리고 있는 기업 역시 마찬가지다. 셋째, 경영자 시장도 한계를 갖는다. 이사진은 이사회에 계속 머물려 하고 경영자는 승진과 보상을 바랄 수 있다. 하지만 나이 등의 이유로 경력이 끝나가거나 이미 충분한 재산을 축적한 경영자라면 얘기는 다르다. 또한 취임 전과 달리 경영자 시장의 규율은 취임 후 그 강도가 지속적으로 약화된다.

외부효과와 시장실패

기업 내부의 소유자, 경영자, 근로자나 기업 외부의 소비자와 공급업체를 포함하여 가치를 창조하거나 기업과의 관계 속에서 위험을 부담하는 자들뿐만 아니라 기업의 외부효과나 잘못된 정보에 따른 파급효과로 고통받는 모든 사람은 가치 분배에 있어 이해관계자로 고려해야 한다. 따라서 기업에 자원을 제공하는 자와 소비자에 대한 가치를 극대화하는 것만으로는 사회적 최적화를 달성하기 곤란하다. 특히 이해관계자와 기업 간의 관계에서 재화와 대금의 교환 외에 고려해야 할 다른 요인들이 존재한다. 제품을 사용하기 위해 필요한 수단이나 정보 또는 부정적 외부효과에 대한 보호책 등이 그것이다. 판매자가 판매 제품의 중독성에 대해 충분히 알려주지 않는다면 소비자가 선택할 자유가 훼손될 수 있다. 기업은 다양한 위험과 비용을 이들 이해관계자에게 이전할 수도 있다. 반대로 기업이 근로자가 특별한 기능을 획득하도록 유인하면, 이는 근로자나 협력업체의 생산성을 높여 이들의 가치를 높일 것이다.

모든 이해관계자는 기여 정도와 상관없이 가치의 배분을 다툼으로써 외부효과를 야기할 수 있다. 예를 들어 노조는 기업을 압박하여 임금 몫을 높일 수 있다. 반대로 경영진이 평화로운 노사관계를 위해서나 주주에 대항하려 임금을 높일 수 있다. 이는 기업활동과 직접 관련되지 않은 다른 경제주체에게 영향을 미치는 부정적 외부효과를 야기할 수 있다.

1.5 사회조직과 정부에 의한 기업지배구조의 정렬

결과적으로 계약과 시장만으로 이해관계를 조율하고 성공적 집단행동을 실현하기는 어려우며, 계약과 시장을 넘어서는 방식으로 이해관계자의 권리와 의무를 정렬할 필요가 있다. 가격이 결정하는 근거리(arm's length) 시장관계를 넘어 직접적 상호작용을 요구하는 것이다.

정부에 의한 기업지배구조 : 법규 지배(regulatory governance)

정부는 기업지배가 원활하게 작동하도록 하는 법, 제도, 규제체계를 만드는 데 있어 결정적 역할을 한다. 이들 제도는 기업이 자발적으로 수용한 기업 내부의 지배구조가 강제되도록 하고 경영자가 주주와 다른 이해관계자에 대해 책임을 갖도록 만든다. 지배시스템의 효율성은 이들 주주의 권리를 규정하고 경영진이 이를 훼손할 경우 어떻게 보호되어야 하는가에 관한 법체계에 직접 의존한다. 정부는 법규와 제도를 통해 이해관계자의 이익을 보호하고 사적 수익과 사회적 수익 간의 괴리를 최소화하도록 유인과 규율을 제공한다. 이는 주로 정보 제공을 포함한 투명성 강화, 규제당국에 의한 감시의 강화, 준법감시제도에 기초한다. 회계와 감사시스템, 경쟁법, 주주권의 보호, 금융시스템의 규율, 파산제도, 기업통제를 위한 시장 등이 그것이다.

첫째, 법규는 주주, 소비자, 근로자, 관련 기업의 권리를 보호하여 이들에 대한 편취를 막는다. 회사법과 증권법은 최소한의 표준을 설정해서 주주의 권리를 설정하고 공시를 강제하여 주주의 감시를 돕는다. 공정거래와 경쟁법은 재화시장의 역할을 돕는다. 주주권의 보호와 강제, 내부거래의 금지 등 주주권을 강화하여 주주가 경영을 감시할 유인과 역량을 높인다. 경영자들로 하여금 정확하고 충분한 정보를 제공하도록 하고 이사회의 의무를 강제하며, 경영자 보상계약을 설정하고 강제하는 등의 법규 환경의 마련이 중요하다.

둘째, 채권자 보호, 계약강제 또는 파산법이 미흡할 경우 내부자를 규율하는 시장 기능 역시 약화된다. 채권자의 권리를 보호하는 파산법은 경영자를 규율하여 간접적으로 주주의 이익에 봉사한다. 주주총회에서의 투표권, 집단소송제, 대표소송제 등의 제도는 법적 권한의 강화를 통해 소액주주에 의한 통제를 강화할 수 있다. 개별 소액주주는 제한적 영향력으로 말미암아 경영에 문제를 제기하거나 주주총회에 참석하고 투표권을 행사할 가능성이 크게 낮다. 집중투표제(cumulative voting)는 2인 이상의 이사를 선임할 때 1주마다 선임할 이사의 수만큼의 의결권을 갖고, 이를 이사 후보자 1인에게 집중하여 행사하도록 허용한다. 이 경우 소액 주주들이 선호하는 사람이 이사로 선택될 가능성이 커진다. 집단소송제(class-action suits)는 소수의 소액주주가 다수의 소액주주를 대표하여 기업을 상대로 손해배상청구 소송을 할 수 있도록 한다. 주주들이 개별적으로 제각각 소송을 제기할 경우 번거로운 소송절차와 비싼 소송비용 때문에 소송을 제기할 가능성이 낮다. 집단소송제를 활용하면 기업에게 개개인의 피해를 모두 합한 전체 피해액에 대한 배상을 요구할 수 있다. 개별 주주의 소송이 유리해진 만큼 경영자들은 조심하게 될 것이다. 대표소송제(representative action)는 부당 행위로 회사에 손해를 끼친 경영진을 대상으로 일부 소액 주주들이 회사를 대표해서 소송할 수 있도록 하는 제도다. 패소한 경영진은 소액주주가 아닌 회사에 배상을 해야한다.

셋째, 기업부문과 일정한 거리를 유지하고 또 정부에 의해 잘 규율되고 있는 은행시스템과 자본시장의 확립이 중요하다. 은행이 보다 많은 양질의 정보와 계약 준수를 요구할수록 자금조달 경쟁을 해야 하는 기업들은 자신들의 기업지배구조에 보다 주의하게 될 것이다. 은행 부문과 기업 부문이 상호 밀접히 연계된 경우, 기업 내부자는 적절한 행동을 취하지 않을 수 있다. 은행이 기업 자금조달에서 중심적 위치를 점하는 개발도상국의 경우 특히 중요하다. 투명하고 효율적이며 유동성이 풍부한 증권시장의 확립은 기업경영의 평가에 대한 가격 신호를 신속히 제공하는 데 기여한다. 증권시장이 투명하지 않고 기관투자자들의 증권거래가 제한되거나, 기관투자가 자체가 적절히 지배되지 않게 된다면 증권시장의 역할은 제한적일 것이다.

넷째, 정부는 경영의사결정에 직접 영향을 미침으로써 기업지배구조에 직접적 영향을 미칠 수 있다. 가장 단순한 방법이 정부가 직접 기업을 소유하여 경영의사결정을 감시하고 경영자가 사적 이득을 취하는 것을 제한하는 것이다. 또한 정부는 간접적으로 기업을 규제할 수 있다. 기업의 활동과 자산배분을 규제하고 어떤 경우에는 특정 산업에 유리하도록 금융여건을 정비할 수도 있다. 잘 발전된 기업문화, 자본시장, 화폐시장, 규제체계, 적절한 공공정책, 적극적 정부, 정보를 가진 이해관계자가 없고 부패, 뇌물, 차별 그리고 사기적 기업비행이 퍼져 있는 개발도상국에서 적절한 기업지배 메커니즘의 확보는 어려운 문제이다. 이는 개발도상국에서 지배적인 가족 중심으로 기업들이 주로 경영되는 데서도 찾아볼 수 있다. 반면 주주는 산재해 있고 목소리가 적으며 종종 형편없는 배당금에 대해 한마디 말도 없이 경영진을 따르고 의사진행이 이루어진다. 이 경우 강력한 규제기관, 법체계, 전례의 확립이 매우 중요해진다.

자율규제기관

외부효과와 시장실패가 있다고 하더라도 기업지배 활동을 무조건 정부가 직접 규제하여야 할 활동으로 간주되어서는 곤란하다. 우선적으로 자율 규제의 가능성이 고려되어야 한다. 기업은 자발적인 민간조직이므로 규제로 인해 추가적인 부담을 가져서는 안된다. 자율규제는 산업 스스로 발전시켜 왔고 배타적으로 시행되어 온 모든 규제 체제이다. 자율규제는 기업지배구조의 개념을 넘어서며 정부 개입 없이 기업들을 규율한다. 기업 자율규제기관은 전통적으로 기업, 회계사, 감사인, 기업 컨설턴트, 변호사를 포함한 기업 관련 전문가들의 활동을 감시하는 역할을 해 왔다.

많은 국가에서 정부는 규제 · 감독을 자율규제기관과 분담한다. 자율규제기관은 기업 활동이나 그에 관련된 전문가들을 감시하는 데 중심적 역할을 해 왔다. 미국의 경우 1930년대 이래 증권법은 NYSE(The New York Stock Exchange)와 NASD(National Association of Securities Dealers), Financial Accounting Standards Board(FASB) 등이 있다. NYSE나 NASD와 같은 자율규제기관들이 규칙 제정과 시행에 일차적 책임을 맡도록 명시적으로 승인해 왔다. 이들 자율규제기관은 회계사, 변호사, 금융 컨설턴트의 영업을 감독하고 있다.

자율규제기관은 정부에 비해 많은 장점을 가진다. 규제받는 산업계의 현장 상황을 정부보다 빠르고 정확히 파악할 수 있어 탄력적 규제 적용이 가능하다.[6] 산업계가 적극 참여할 경우 규제가 보다 합리적이고 산업 전체의 집단적 이해관계를 반영하므로 규제 순응성과 효과성을 높일 수 있다. 물론 산업계의 이익을 반영하는 만큼 이해관계의 충돌이 생겨날 가능성이 크고, 그만큼 자율규제기관의 규율이나 강제 수준이 공익을 충분히 반영하지 못할 수 있다. 특히 글로벌 경쟁에 노출된 기업들이 자율규제로 인해 불리한 상황에 놓이는 것을 원치 않을 수 있다. 자율규제기관의 운영은 규제받는 기업들의 도움에 의존하는 만큼 자율규제에는 일정한 한계가 존재한다. 자율규제는 장점과 단점을 함께 가지므로 그 적용이 적절한 경우를 선별하는 것이 중요하다. 자율규제 기관들이 기업의 위법 행위를 적절히 억제해 왔다면, 정부의 역할은 기업지배구조 규제의 주요 주체라기보다는 감독자의 역할에 머물렀을 것이다. 그러나 자율규제가 지나치게 이완되었음이 알려지자 정부가 더 엄격한 법규로 기존 규제의 효과성과 집행력을 높이도록 기업지배에 개입할 여지를 만들어냈다. 따라서 현재 정부는 기업지배에 개입하여 다양한 자율규제 기관과 규제 권한과 감독을 공유하는 '복합'규제 체계를 갖게 되었다.

자율규제 기관은 규칙 준수를 자발성에 맡겨둘 수도 있고(Chartered Financial Analyst ; CFA), 광범위한 규칙을 제정하여 퇴출까지 강제할 수도 있다(NYSE, NASD). 때에 따라서 규제하지는 않지만 퇴출권한이 있는 경우도 있고(변호사 협회), 규칙만 제정하고 강제하지 않는 경우(Financial Accounting Standards Board ; FASB)도 있다. 또한 이해상충을 피해 산업을 활성화하는 기능과 규제하는 기능을 분리하는 경우(NASD, NYSE)도 있다. 마지막으로 정부와 관련하여 정부로부터 완전히 독립된 경우도 있지만 정부가 감독하는 경우(NASD, NYSE)도 있다.

자율규제나 정부규제의 구체적 형태는 원칙 중심으로 구성될 수 있고 규칙 중심으로 구성될 수도 있다. 2000년대에 들어 전례 없던 기업 스캔들을 경험한 뒤 미국의 규제 체계가 지나치게 규칙 중심적이라는 비판

---

6. 경제학자들은 강제 기구의 감시과 준수 비용을 절감하도록 법적 위반을 자발적으로 보고하는 모델로 자율규제를 강조해 왔다. 자율규제는 규제기관과 피규제자의 회피비용을 낮춰 강제를 위한 자원 배분을 효율화하며, 교정 조치의 가능성을 높이고 비용을 절감시킨다. 더욱이 자율규제는 정부가 이미 과도해진 규범적인 법과 규정을 유지할 필요를 줄임으로써 기업법을 단순화한다. 또한 자율규제는 투자자를 포함한 이해관계자들의 이익을 보호하며, 가장 효율적인 규제는 기업에 가능한 많은 자율규제를 포함함으로써 이뤄질 수 있다.

이 생겨났다. 산업계는 집행에서의 불확실성을 피하기 위해 규칙을 선호한다. 규칙은 허용된 행동이 분명하므로 단순하며 준수가 용이하다. 또한 규칙은 규제당국의 재량권을 약화시키기도 한다. 그러나 모든 가능한 경우를 포함하다 보면 규칙도 얼마든지 복잡해질 수 있고 원칙보다 더 모호해져 준수하기 어려워질 수 있다. 조세법이 대표적이어서 기업들은 세법이 다루지 않은 새로운 유형의 거래를 하는 경우가 종종 있다. 이 경우 세무 당국이 실질적인 재량권을 가질 수 있다. 더욱이 매우 단순하고 명확한 규칙조차도 입법 취지를 거스르는 거래를 막을 수 없는 경우가 생겨날 수 있다. 이를 피하기 위해 규제의 목적 달성을 위한 특정 방법보다는 목적을 강조하는 원칙 기반의 규제를 고려할 수 있다. 회계기준 FASB는 규칙중심의 회계처리기준을 개선하여 원칙기반의 규제로 전환하였다.

평판기관의 강화

평판기관(reputational agent)은 내부자와 기업에 대한 정보를 탐색하여 외부자에게 제공하고 높은 수준의 전문적 표준을 설정하여 동료 간 압력이 작동하도록 만들고, 이를 위한 제재를 가해 내부자와 외부자 간의 정보 갭을 축소하는 개인과 단체이다. 평판단체는 정보비대칭을 감소시키고 기업에 대한 감시를 개선하며 기회주의적 행동을 억제하는 민간부문 단체, 자율규제기관, 미디어, 시민사회를 의미하기도 한다. 이런 이유로 이러한 평판기관들이 번성할 수 있는 훈련과 환경을 제공하는 것이 중요하다. 여기에 회계 감사 전문가와 같은 자기규제 기관, 언론, 투자은행, 법조인, 학계, 신용평가기관, 소비자 단체, 환경단체, 적극적 투자자, 기관투자가, 벤처자본가, 비정부조직 등이 포함된다. 이들 개인이나 집단은 특정한 전문성과 자원 그리고 책임을 가져 모니터링을 주도하여 내부자와 외부자 간의 정보 갭을 메꾼다. 이들은 기업의 활동을 주시하고 관련된 정보를 공개하여 적절한 기업시민으로 행동하도록 압력을 가한다. 일부는 여론에 대한 영향력을 통해 정부에 압력을 가할 수도 있다.

1.6 기업지배구조의 국가별 유형

표 9-1 소유지배구조의 국가별 유형

소유지배구조 형태	유럽대륙형	북유럽형	남유럽형	영미형
해당 국가	독일(네덜란드, 오스트리아)	스웨덴(핀란드, 덴마크)	프랑스(이탈리아, 스페인)	미국(영국, 아일랜드)
출자 구조 (주요 대주주)	내부자 체제 : 은행 출자 및 기업 간 상호 출자 (은행, 기업)	내부자 체제 : 특정 가문과 투자회사에 지분 집중–강력한 소유권 행사 (가족, 재단)	내부자 체제 : 기업 간, 기업–금융기관 간 상호 지분보유 (가족, 정부)	외부자 체제 (개인, 기관투자자)
소유 · 경영 분리	소유, 경영 집중 : 은행의 강력한 영향력 (채권자와 지배주주로 경영 깊이 관여)	소유, 경영 집중 : 투자회사나 특정 가문이 기업 대부분의 경영권을 소유	소유, 경영 집중 : 주주 이익보다 이해관계자 이익을 우선. 정부와 기업 간 관계를 중시	철저한 소유의 분산 : 소유와 경영 분리
	소유와 경영의 일체화 또는 약한 분리			
소유지배 괴리	개선 노력 : 주주에 대한 경영자의 정보 제공 의무를 강화	존재 : 피라미드 기업 지배구조, 차등의결권 주식제도	존재 : 차등의결권주식 제도, 의결권제한제도, 황금주식제도	미미

<table>
<tr><td colspan="2">경영 목표</td><td colspan="3">이해관계자 이익 극대화
▪ 안정적 지배구조를 바탕으로 장기적 안목의 경영
▪ 지배주주의 안주화 경향
▪ (소액)주주이익 경시 가능성</td><td>주주 이익 극대화
▪ 경영자의 전문성 활용
▪ 주주와 경영자 간 대리인 문제
▪ 소액주주 보호 중시</td></tr>
<tr><td colspan="2">경영자 견제 수단</td><td colspan="3">▪ 감독이사회 등 내부조직에 의한 통제
▪ 거래은행의 감시 및 통제</td><td>▪ 이사회의 경영 감시
▪ M&A 등 시장에 의한 규율</td></tr>
<tr><td colspan="2">내부견제 체제</td><td>이원적 이사회</td><td>단일 이사회</td><td>95% 이상 단일이사회, 이원적 이사회 선택 가능</td><td>이사회에 의한 경영감독을 크게 강화(Sarbanes-Oxley Act)</td></tr>
<tr><td colspan="2">외부견제 체제</td><td>미발달 : 적대적 M&A에서 자국기업을 보호하려 2001년 기업인수법 제정, 적대적 M&A는 제한적</td><td>미발달 : M&A 시장이 활성화되어 있으나 적대적 M&A는 매우 제한</td><td>미발달 : 대기업 정책과 다양한 경영권 보호장치의 존재로 M&A가 발달해 있으나 대부분 우호적 M&A</td><td>시장에 의한 규율, 자유로운 주식 매매와 M&A 허용</td></tr>
<tr><td colspan="2">이사회 구조</td><td>이원구조</td><td>단일구조</td><td>단일구조</td><td>단일구조</td></tr>
<tr><td rowspan="3">이해 관계자</td><td>주주이익 중시</td><td>△</td><td>○</td><td>△</td><td>◎</td></tr>
<tr><td>종업원 경영참가</td><td>◎</td><td>○</td><td>△</td><td>X</td></tr>
<tr><td>은행의 역할</td><td>◎</td><td>○</td><td>○</td><td>X</td></tr>
</table>

주 : 1) 경영이사회와 종업원들이 참여하는 감독이사회로 구성
2) ◎ : 매우 강함, ○ : 비교적 강함, △ : 약함, X : 매우 약함

자료 : 신현일(2006), "기업의 소유지배구조와 경영성과간의 관계", 조사통계월보 60-5, 한국은행

1) 미국 : 소유 분산에 따른 주주 지향의 전문 경영과 시장규율

(1) 주주 지향성

영국과 미국은 관습법(common law)을 가져 매우 유사한 기업지배구조를 갖고 있다. 영미권에서 기업은 주주의 부를 창출하는 도구로 주주의 권리는 법률로 강력히 보호되며 주주의 이익 극대화를 위해 자원이 사용되도록 해 왔다. 주주는 가장 핵심적 이해관계자로서 경영의사결정에 상당한 영향력을 행사할 수 있으며, 정보에 대한 평등한 접근과 소액주주의 보호가 중시된다. 노동시장, 상품시장의 높은 경쟁도는 변화하는 상황에 빠르게 대처하게 하므로 이해관계자들 간의 장기적이고 안정적인 관계가 발전하기 어려워 이해관계자에 대한 고려를 하지 못하게 만든다.

경영의 지배가 강조되어 일상적 경영은 경영진의 책임으로 돌려지며, 경영진은 회사법하에서 기업의 최종적 소유자인 주주의 이해관계를 돌봐야 하는 신인의무[信認 義務(fiduciary duties)]를 가진다. 주주는 일상적 기업경영에는 관여하지 않지만, 기업정책을 설정하고 경영진을 선발 · 감독하는 이사회를 선출함으로써 기업경영을 통제한다. 그러나 미국의 주주는 전통적으로 이사선임 외에 기업경영에 관여하지 않았다. 공개기업의 이사회는 보통 10~15명으로 구성되지만, 다수가 임직원이 아닌 사외 또는 독립 이사로서 이사회에서의 내부거래를 억제한다. 그러나 오랫동안 사외이사는 보통 최고경영자(chief executive officer ; CEO)에 의해 임명되어 왔고 사외이사가 CEO에 반할 수 있는지에 대한 의문이 있어 왔다.

(2) 소유구조와 통제

소유구조

기업경영의 초점이 되는 주된 이해관계자가 주주이지만, 기업 소유권은 널리 분산되어 소유집중도가 낮다. 미국의 분산된 기업소유는 각국에서 발견되는 통상적인 기업소유구조에서 크게 벗어나 있다. 다른 국가들은 가족집단이 주식을 집중 보유하고 다수의 기업을 통제하며, 이를 위해 지주회사의 피라미드나 특별의결권을 활용한다. 미국의 경우 지주회사나 모기업을 통해 자회사를 통제하지 않고, 금융기관이 기업주식을 보유하여 적극적인 감시역할을 하지도 않는다. 이러한 특성은 20세기에 형성된 것으로 19세기까지는 미국에서도 가족자본주의 형태가 지배적이었다. 기업집단의 가족들은 경영자를 선택하고 감시하며, 교체하면서 기업의 방향을 결정하고 있었다. 소액주주에 대한 강력한 옹호와 보호를 배경으로 주식투자가 점차 대중화되어 갔지만 창업가족을 포함한 기존 대주주들은 의결권신탁, 피라미드 지주회사, 차등의결권의 방법으로 지배권을 유지할 수 있었고 이사회에 참여해 영향을 미칠 수 있었다. 하지만 자유시장의 옹호, 자유를 억압하는 관점에서의 독점 대기업 비판, 금산 분리, 이사회 강화(1934 증권거래법), 공익사업의 피라미드 지배의 금지를 배경으로 지배주주의 지배력은 점차 약화되었다.

통제

소유 분산에 따라 주식을 보유하게 된 소액의 개인주주는 전문성이 부족하여 기업을 밀접하게 직접 통제하는 데 한계를 보였고 결국 전문경영자가 기업경영을 주도하게 되었다. 소유분산 기업의 경우 외형적으로는 주주에 의해 선임된 이사들로 구성된 이사회가 기업경영을 하는 것으로 인식되지만 실제로는 취약한 내부 메커니즘으로 말미암아 이사회가 선임한 경영진이 경영을 담당하며 그중 CEO가 주된 권한을 갖는다. 또한 법적으로는 이사회가 CEO를 선임하는 것으로 되어 있지만, 실제로 이사회가 이러한 권한을 행사하는 경우는 CEO가 돌연 직무를 수행하지 못하게 되었거나 CEO의 리더십이나 업적이 극히 불만스런 상황처럼 회사가 위기에 빠진 경우로 제한된다. 대부분의 경우 CEO 자신이 후계자를 선임하고 이사회는 그를 승인하는 형식을 따른다. 전문경영자가 경영을 주도하는 경영자 자본주의는 1970년대까지 계속되었다. 경영자들은 주주의 이익을 기업경영의 최우선 목표로 간주하지 않았고 주주가 아닌 자신들이 기업을 대표한다고 보았다. 경영자는 다양한 이해관계자의 이해를 조정하였고 주주와 경영자의 이익 연계는 느슨하였으며, 장기적 고용과 함께 노조와의 타협이 이루어져 왔다. 20세기 중반의 상당 기간 동안 경영자 자율성을 옹호하는 운동을 가장한 이해관계자 중시 견해는 주주 중시 견해와 경쟁하였다.

하지만 1970년대 이후 국제경쟁의 심화로 대규모 복합기업의 구조조정과 해체가 발생하고, 주주의 발언권이 강화되며 주주중심 경영으로의 전환이 생겨났다. 1980년대 불황기 구조조정을 위한 적대적 M&A가 활성화되면서 주요 기업들의 과반수가 M&A 제의를 받는 상황이었기 때문에 경영진이 주주들을 심각하게 의식하게 되었다. 또한 주주들은 스톡옵션과 이사진 참여 등을 통해 경영진을 더욱더 적극적으로 감시하고 통제하게 되었다. 성과주의 보상이 도입됨에 따라 경영자의 대리인 문제는 시장규율을 중심으로 통제되었다. 경영자와 노조 간의 관계가 악화되었고 시장지향적인 고용정책이 도입되었다. 결과적으로 경영자 주도기업은 외부주주를 중시하고 주가의 단기적 부양을 통한 스톡옵션 보상과 인수를 위하여 단기경영 유인이 커졌다. 기업특화적 투자에 의한 이익증가, 경력기회 향상, 안정고용은 외부 주주에게 불리한 것으로 간주되고 스톡옵션, 경영자의 주식보유, 사외이사, 기업지배권 시장에 의한 통제가 강조된다.

한편 일부 대기업과 많은 중소기업에서 가족통제 경영이 여전히 유지되었으며, 급성장한 대기업들에서도 소유경영자 체제가 큰 역할을 하고 있다. 신기술 상업화에 성공하며 새로이 급성장한 대기업들은 벤처캐피털에 의존하여야 했다. 벤처캐피털은 창업기업의 성장과정에서 이사회에 적극 참여하였으며 지분을 보유한 산업 전문가로서 전문지식을 활용하여 경영지원과 감시기능을 수행하였다.

(3) 경영자 중심의 취약한 내부 메커니즘

경영자의 유인

1980년대 이후 최고경영진 보수의 중요한 부분이 주식옵션, 다년간 보너스제 등의 성과연동형 보상으로 구성되어 주주의 이해관계와 경영진의 이해관계를 일치시키고자 노력해 왔다.

일원적 이사회

미국의 이사회는 감독통제와 경영기능이 결합된 일원적 이사회이다. 이원적 이사회에서와 달리 일원적 이사회에서는 주주총회가 이사회에 대해 포괄적인 상위의 권한을 갖는다. 주주총회에서의 직접투표와 이사 선출은 주주총회의 지배권을 잘 보여준다. 하지만 이 권한은 분산된 소유권으로 말미암아 제한적이다. 개별 주주가 보유하는 주식보유 비중이 미미하고 대부분의 주주가 기관투자가이므로 소유권을 적극 행사할 의사와 능력에는 한계가 있다. 주주들은 기업을 일시적 투자처로 간주하므로 결국 실질적인 소유자의 역할을 하지 않고 있다. 결과적으로 대부분의 지배권한은 단일 이사회에 위임되고 이를 규율하고 통제하는 주주의 권한은 취약하다. 이사회로의 권한 집중은 최고경영자가 이사회 의장을 겸임함으로써 더욱 강화된다. 사내이사와 사외이사 간의 구별이 없지만 사외이사는 보통 다른 기업의 경영이사로서 주주의 이익을 고려하여 주요 결정에 대해 사내이사에 자문한다. 사외이사만으로 구성된 보상위원회가 경영진의 보수를 결정하며, 사외이사만으로 구성된 감사위원회가 외부감사 기관으로 지정된다. 사내이사는 기업 경영을 책임진다. 하지만 이사회는 최고경영자의 영향력 아래에 놓여있다. 결국 주주는 기업과 그 자산에 대한 통제권을 갖는 전문경영자의 행동에 크게 의존하는데, 이로 인해 영미권의 기업지배구조를 주인-대리인(principal-agent) 모형으로 부르고 있다. 주주가 어떻게 이들 대리인으로 하여금 내부자로써 자기이익을 돌보지 않고 주주와 다른 이해관계자의 이익을 돌보게 할지가 기업지배구조의 근본적 문제이며, 이를 위해 미국은 주주 보호를 위한 법규 발전에 주의를 기울여 왔다.

그러나 오래전부터 이사회가 제대로 기능하는가에 대한 의문이 제기되어 왔다. 1970년대에는 철도사 Pan Central 등 다수의 대기업이 파산하였는데 이때 이사회의 역할이 많이 미흡하였다. 이에 따라 사외이사의 규모나 경영감시 역할을 크게 강화하는 조치가 이어졌다. 특히 2000년대에 들어 대기업들의 광범위한 분식회계가 드러났고 감사법인이 경영컨설팅을 하여 여러 회사의 CEO가 서로 사외이사 역할을 하며 감시기능이 미흡하였다. 이에 따라 2002년 Sarbanes-Oxley Act를 제정하여 기업지배구조의 개혁을 도모하였다. 감사법인, 사외이사의 역할과 부정경영자에 대한 처벌을 강화하였다.

(4) 외부 메커니즘 : 외부자 모형의 성숙

영미권의 기업지배모형은 활력 있는 기업통제권 시장이 존재하고, 수익 기회에 따라 손쉬운 매매를 할 수 있는 유동적 주식시장에 기반하므로 시장기반 또는 외부자 모형으로도 불린다.[7]

경영권 시장과 경영자 시장 : 미국은 합병, 공개매수, 대리소송, 주주권위임대결, 기업담보 차입매수 등의 형태로 기업통제권 시장이 활성화되어 있다. M&A는 인수 위협으로 기업을 규율하고 경영진 교체를 통해 주식가치 극대화를 도모하도록 한다. 1980년대 후반까지 적대적 M&A가 활발하게 이루어졌다. 그러나 자본시장의 불안전성과 단기성과에 기초한 보상으로 말미암아 경영진은 단기지향성을 갖게 되었고, 이에 따라 점차 각 주에서 적대적 M&A를 제한하는 법안들이 통과되면서 기업통제권 시장은 그 활력이 약화되고 있다. 그러나 다른 나라에 비해 여전히 경영자 시장을 통한 경영자 규율이 활성화되어 있다. 특히 대기업은 외부에서 최고 경영자를 영입하는 경우가 많다.

기관투자가와 채권투자자 : 1990년대 이후 연기금, 뮤추얼펀드, 보험기관, 은행의 기관투자가들이 기업지배 주체로 등장하였다. 이들의 지분율이 크게 높아지면서 장기투자에 초점을 맞추는 관계 투자가로 바뀌어 갔고, 이와 연합하여 사외이사 선임, 경영자 보상안, 경영자 해임 위협, 주요 의사결정에의 참여 등으로 경영자를 규율하고 있다. 반면 타국과 비교해 채권자에 의한 기업통제는 약하다. 주식시장 발달로 주식에 의존한 재원조달 비중이 높아 금융기관으로부터의 차입의존이 낮기 때문이다.

마지막으로 정부는 시장 관계를 존중하며 계약 규칙과 재산권, 특히 주식회사 내 소수의 이익을 강력하게 보호하는 데 초점을 맞추는데, 이에 대한 금융시장의 평가는 세계 최고 수준이다.

2) 독일 : 제한적 소유분산과 이해관계자 중시

독일의 기업지배구조는 과두적이고 안정적 자본투자, 엄격한 지배 절차, 핵심 이해관계자 간의 지속적 네트워크가 뒷받침하는 장기전략에 초점을 맞춘다.[8] 독일의 기업지배구조는 장기투자와 고숙련을 요구하는 자동차, 정밀기기, 화학, 기계, 엔지니어링 등의 산업발전을 촉진하였다. 그러나 이러한 지배구조는 신축성이 요구되는 상황에서 단점을 드러낸다. 이해관계자 간의 긴밀하고 장기적인 관계를 수정하기 어려우므로 구조조정을 늦추고 신산업 진입과 창출을 어렵게 한다.

(1) 지향성 : 조합주의와 이해관계자 지향

기업은 주주의 소유물이라든가 사적 계약의 네트워크라기보다는 주주, 경영자, 근로자, 공급업체, 채무자, 고객 등 다양한 이해관계자가 함께 권한을 나누고 위험을 분담하며 협력하면서 영속을 도모하는 연합이자 사회조직으로 간주된다. 주주 이익보다 기업 이익이 더 중시되며, 경영자들은 이해관계자들의 갈등을 포

---

7. 시장기반 또는 외부자 모형을 영미권 국가와 관련짓는 것은 적절하지만 호주, 캐나다, 뉴질랜드 등의 소국은 영미보다 소유권 집중, 특히 가족소유기업의 비중이 높다. 그러나 주주권, 증권시장에 대한 강력한 법규, 회계 투명성을 강조한다.
8. 독일의 지배구조는 내부자, 대륙법(civil law), 지배주주(block-holder), 은행 지향성, 이해관계자 중심, 조정 또는 라인란드(Rhineland) 모형 등의 이름으로 불린다(Aguilera and Jackson, 2003).

괄적으로 논의하고 이를 협력적으로 해결해야만 한다. 경영자는 시장 지향적이지만 이해관계자의 이익을 균형 있게 다루어야만 한다. 기업의 내부질서는 공적 이해를 대변해야 하는 것으로 인식되며, 그에 따라 법과 단체협약에 따라 사회적 규제를 받고 있다.

경영진의 경영 의사결정은 근로자를 비롯한 이해관계자들에 의해 제약받는데, 수익성이나 주가보다는 기업의 장기적 성장을 우선시한다. 경쟁전략은 근로자의 숙련과 참여에 크게 의존하지만, 숙련 자체는 기업 특화적이기보다는 산업 특화적이다. 결국 독일 경제는 기업 간 조정과 근로자 포용을 기반으로 하는 내부자 지배 경제이다. 그만큼 기업이 추구하는 목표는 다원적이고 복잡하다.

이해관계자 중에서 은행은 주요 주체이고 이들의 자금제공으로 자본시장에 대한 의존성과 외부투자자에 대한 영향력이 경감된다. 높은 소유집중 역시 외부투자자가 경영에 영향을 미치는 것을 어렵게 하고 이에 따라 기업통제권 시장이 기능하지 못한다. 거래관계는 장기간에 걸쳐 진화하며 성과에 기초한 보상은 영미권에 크게 못미친다. 이를 배경으로 장기수익을 지향하고 이러한 지향성은 독일의 숙련개발 관행과 다변화된 고품질 생산(diversified quality production)이라는 생산 패러다임을 갖도록 하였다.

역사

독일의 산업화 초기(1800~1900)에는 가족기업이 지배적이어서 창업 소유자가 대부분의 주식을 보유하고 있었고 절대적 통제권을 행사하여 기업가적 기업의 성격을 보였으며 경영자는 일상적 업무를 주로 담당하였다. 19세기 말 산업화는 부유한 상인, 개인은행, 외국인 투자자 등의 자본제공에 기초하였고 금융기관은 증권시장과 병존하였다. 철도시스템의 확장과정에서 대형은행의 장기대출에 대한 의존도가 높아지면서 겸업은행과의 밀접한 관계금융이 성립하였다. 모험자본으로의 역할을 담당해 왔던 대형은행들의 이해를 보호하기 위한 조치로 감독이사회 제도(1861)가 성립되어 기업의 내부 의사결정에 참여하여 기업을 감시하게 되었다. 경제불안과 제1차 세계대전에서의 경험으로 제1차 세계대전 이후에는 카르텔, 수직적 통합, 상호출자, 지주회사 형태의 콘체른의 형성을 통해 수평적 · 수직적 기업결합이 활발히 진행되면서 기업들이 대규모 주식회사로 전환했다. 이러한 기술발전과 조직 복잡화를 감당할 수 있는 전문경영인이 급속히 늘어났고, 기업대표는 전문경영인으로 지배주주는 감독이사회 감독역할로 물러나는 경영자 혁명이 일어났다. 기업 대형화, 업종 다변화로 기업경영이 복잡해지자 경영업무의 전문화 · 조직화의 필요성이 생겨났다. 영국과는 다르게 산업 교육에 일찍부터 충실했던 독일에서는 과학과 경영기술이 발달했고 기업이 필요로 하는 전문기술인력과 경영인력의 공급이 잘 이뤄졌다. 경영자의 영향력은 커졌지만 대기업은 여전히 소수 대주주와 경영자의 과두 통제체제하에 있었고 순수한 경영자 통제체제는 소수였다. 기업은 내부의 유보이윤으로 부채비율을 낮추면서 독립성을 높이며, 복수의 은행과 거래하기 시작했다. 또한 경영이사회와 감독이사회의 권한이 명시화(1937)되고 강화됨으로써 소유와 경영 분리의 법적 뒷받침을 마련했다. 나치 시기에는 현재의 독일식 지배구조의 틀이 만들어져 경영자와 이사회의 주주에 대한 의무가 모두 없어졌고(1937), 이를 대신하여 모든 이해관계자에 대한 의무가 부과되었다. 그리고 주주의 서면 투표를 금지함으로써 모든 투표권을 은행에 위탁하도록 한 후 정부가 은행을 통제하게 되었다. 전쟁 이후 은행이 민영화되었지만 기존의 이해관계자 권리와 은행의 대리투표권은 그대로 살아남았다.

1931년 금융위기와 공황 후에 주식회사 수는 감소하였고 전간기에 도입된 차등의결권 주식은 가족통제를 쉽게 했으며 의결권 제한, 우선주 등도 기업통제에 영향을 미쳤다. 공동결정법하에서 종업원은 주식보유

없이 감독이사회에 대표를 참여시켰으므로 경영자는 종업원에게도 책임을 지게 되었다. 주주는 경영자와 종업원의 담합에 대비하여 주식보유를 늘림으로써 소유분산에 제한을 가져왔으며, 지배주주와 경영자는 감독이사회 밖에서 협의를 시도하기도 했다.

제2차 세계대전 이후 상호출자로 말미암아 기업 간 주식 보유가 크게 확대되었지만, 기업 간 출자네트워크와 긴밀한 기업-은행 관계에 기초한 제2차 세계대전 이전의 경영자 지배체제가 그대로 존속되었다. 또한 '직장평의회'와 '공동결정제도'를 통해 작업장과 기업 차원에서 노동자의 참여를 제도화함으로써 조직통제의 변화가 발생하였다.

(2) 소유구조 : 제한적 소유분산과 연대적 지분 소유

독일 기업에는 지배주주가 존재하며 매우 높은 소유집중도를 보여준다. 소유집중도는 60%를 넘으며, 1988~1998년 중 지배주주가 있는 경우가 50%를 크게 상회한다. 가족 소유는 중소기업에서 보편적으로 나타나며 일부 대기업에서조차도 여전히 상당한 수준이다. 소유권은 창업주 가문이나 이해관계를 공유하는 다른 기업들, 은행, 지방정부를 포함한 일부 주주에게 집중화되어 있다. 1990년대에 독일 상장기업의 약 25%(시가총액 65%)가 단일 대주주를 가졌다. 은행과 기업은 이해관계를 공유하는 다른 기업주식을 장기간 보유하므로 상호출자와 교차소유가 두드러진다.

독일의 경우 은행의 일반 기업에 대한 주식소유에는 제한이 없으며 은행이 때때로 지배주주로서 실질적인 정점 기업으로 활동하는 비율이 높다. 금융기관(은행)이 주요 자금조달선이 되고, 예금자가 은행에 예탁한 지분에 따른 대리권을 포함해서 은행들은 집단적으로 최대 주식 보유자의 자격으로 상당한 의결권을 가지며 감독이사회를 지배한다[하우스방크(Hausbank)]. 은행은 차입기업에 장기적 관점에서 관여하고, 은행과 산업 간의 밀접한 연계와 협력이 이루어지고 있다. 은행의 기업에 대한 높은 소유집중도는 기업 경영자를 효과적으로 감시 · 통제하고 인내 자본으로 작용해 왔다.

하지만 독일에서 가장 흔한 대주주는 비금융기업으로 1990년대에 지분의 약 40%를 보유하였고 가족과 은행(약 14%)이 그 뒤를 이었다. 일반 대중은 17%를 보유하는데 이는 미국의 50%에 비해 매우 적다. 기업 간 상호주식보유는 빈번하며, 이사진 파견도 상당한 수준이다. 기업 간 상호주식 보유는 기업 간 조율 메커니즘을 제공한다. 더욱이 독일 기업은 비의결권 주식을 의결권 주식의 절반까지 발행할 수 있으며, 개인주주의 투표권을 제한할 수도 있다. 이들 전략적 투자자는 참을성이 커서 기업에 장기적 관점으로 투자할 수 있는 환경을 제공하므로 근로자나 다른 기업과 장기적으로 안정적 관계를 갖게 한다. 비상장기업과 소기업은 대체로 가족 지배하에 놓여있으며, 경영권이 안정적으로 유지되고 있다.

기업 통제

독일의 주주는 피라미드 출자, 상호출자 이외에도 상호 의결권 협정, 차등의결권(무의결권주) 등 다양한 의결권 확보수단을 통해 소유권을 넘어서는 지배권을 행사하며 외부의 영향력을 차단하고 적대적 M&A를 불가능하게 하여 안정적 경영권을 확보하고 있다. 상호출자 관계에 있는 기업들은 서로 감독이사회에 참여하는 교차이사제도를 가지고 있다. 그러나 동시에 다양한 이해관계자들이 참여하는 이사회가 기업을 지배하는 내부자 모형을 가지고 있다. 소유집중이 높은 상황에서 기업 소유자들은 기업통제에 높은 관심을 갖지만, 동시에 소유자 이외에 은행, 종업원, 협력기업 등 다른 이해관계자의 관심사가 구체적인 제도를 통해 기업경영에 반영되고 견제와 균형을 통해 경영권이 안정적으로 유지되고 있다. 더욱이 기업 간 공동행위가 정착되어 특정 대주주나 가족경영자의 의사가 경영에 반영되는 강도가 그만큼 줄어들었다. 은행 대표의 영향력도 커서 가족경영자의 경영에 대한 통제력은 더욱 제한되었다. 주주총회가 선출한 감사들로 감독이사회를 구성해 경영이사회를 감독하는 '이원이사회' 제도 또한 가족경영자의 영향력을 감소시켰다. 은행 대표도 감독이사회를 통해 기업경영에 개입하는 것이 가능하다. 그 결과 독일의 대기업 경영권은 주주총회의 직접 지배와 거리를 두고, 이해관계자들이 감독이사회에 참여하여 주요 결정에 간여하면서 임원 선임에 목소리를 낸다.

(3) 내부 메커니즘 : 이해관계자를 중시하는 이원이사회와 공동결정제도

소유구조가 집중되어 규모가 큰 기업을 제외하고는 기업의 소유자가 대체로 경영자이며, 경영자가 소유자가 아닌 경우에는 기업 경영에 대한 감시가 기업 내부적으로 이루어진다. 따라서 독일의 기업지배구조는 폐쇄적이라고 할 수 있다. 기업내부 경영감시기구로 의결권이 행사되는 주주총회와 기업의 중요 의사결정을 내리는 감독이사회가 있으며, 주주, 은행, 종업원은 감독이사회에 대표를 파견한다. 이처럼 기업의 권력이 경영자에게 주어져 있지만, 이해관계자로 노동을 제공하는 노동자가 경영에 참여할 수 있는 방법을 제도적으로 보장하고 자본을 제공하는 은행 등 금융기관 역시 감독이사회에 참여해 경영에 참여하여 발언권을 높일 수 있는 법적 장치가 마련되어 있다. 주식소유의 낮은 분산, 노동자 대표, 은행과 기업간의 상호출자 등으로 채권자이면서 동시에 대주주이기도 한 은행, 기업 내외의 다른 경영자들이 모두 내부적으로 경영자를 감시 · 통제한다. 은행과 기업 간의 상호출자에 의한 안정적 관계가 기업경영자들로 하여금 장기적 시야에서 의사결정을 하도록 돕고 있다. 한편 독일 기업 간에는 수급관계를 넘어 상호주 보유, 신용공여, 이사회 상호 파견을 통한 네트워크가 발전해 왔으며, 경쟁법도 이를 장려해 왔다.

이원적 이사회

독일은 경영진으로 구성되는 경영이사회(vorstand)와 주주대표, 종업원대표로 구성되는 감독이사회(aufsichtsrat)가 엄격히 구분되는데, 감독이사가 경영이사를 겸임할 수 없도록 규정해 경영 기능과 감시 · 통제 기능의 분리, 즉 소유경영의 분리가 이루어지는 이원 이사제(two-tier system, 1870년 회사법)를 갖는다. 경영이사회는 일상적인 경영업무를 독립적으로 집행하고 외부에 대해 회사를 대표한다. 감독이사회에서 임면되는 순수한 사내이사로 구성되며 의사결정은 투표보다는 만장일치적 합의에 의해 이루어진다.

감독이사회는 (미국의 이사회처럼) 경영진의 선임과 해임, 감독 및 자문 기능을 수행하며 회사의 중요사항에 관해 승인권을 행사하는데 주주와 근로자에서 일정 비율로 그 대표들이 선별된다.[9] 주주대표는 주주총회에서 선출되고 근로자대표는 근로자와 노조에서 선발되는데, 감독이사회의 의장은 주주(종종 은행)의 대표로서 최종결정권을 쥔다. 감독이사회의 주주대표는 관련 제조업체나 금융기관의 인사들, 정치가나 관료 출신 인사들과 같이 다양한 부류로 구성되지만, 의장은 주거래 은행에서 파견되는 경우가 많으므로 감독이사회는 주거래 은행과 기업을 연결하는 고리로 작용한다. 근로자들은 자신들의 대표를 감독이사회에 참여시킴으로

9. 감독이사회는 1860년대부터 은행 대표자들에 의해 처음 등장하였으며, 1937년에는 주주총회의 이사 임면권과 결산서 확정권을 갖게 되었으며, 제2차 세계대전 이후에는 종업원 대표도 참여하게 되었다.

써 주주와 함께 기업경영과 관련한 중요한 정보에 접근하여 경영진을 감시 · 통제할 수 있고, 이를 기반으로 기업의 의사결정에 근로자들의 이해가 반영되도록 노력하고 있다.

공동결정제도

이원적 이사회제도와 더불어 독일의 기업지배구조를 규정하는 또 하나의 제도가 공동결정제도이다. 근로자들은 사업장이나 이사회에서의 공동의사결정(1891)에 참여한다. 근로자들은 감독이사회에 대표를 참여시키며, 경영이사회에도 노동이사가 참여하게 만든다. 감독이사회의 참여가 기업 수준에서의 종업원 참여라면 사업장 수준에서의 참여는 종업원평의회(1920)를 통해서 이루어진다. 사용자는 노동자의 대표들로 구성된 종업원평의회와 매달 1회 이상의 회합을 갖고 의견 차이가 발생한 문제들을 다루어야만 한다. 법률에 의해 문제의 성격에 따라 사용자가 종업원평의회와 합의, 동의, 협의, 제안, 통고해야 할 것이 정해져 있다. 예를 들어 종업원평의회는 임금, 작업조건은 공동결정권, 인사 사항은 동의권 또는 협의권, 경영정책은 정보요구권을 가진다. 결과적으로 독일은 산업별 노조와 사용자단체가 산업별로 임금, 근로조건 등 주요 협약을 하고 사업장 차원의 인사, 경영, 복지 관련 사항은 이사회 참여와 종업원평의회 구성을 통해 다시 영향력을 행사한다. 즉, 산업별 수준에서의 교섭 결과는 개별 기업 수준에서의 노조와 사용자에 의한 공동결정제도에 의해 개별 기업에 맞게 보완된다. 독일의 직업훈련제도에 더해 공동결정제도는 노동자의 숙련자산을 보호하고 고용안정성을 높임으로써 숙련 노동자들이 생산과정에 적극적으로 임하게 하여 품질 다변화 생산체제를 가능하게 하는 중요한 요소로 작용한다.

경영자는 해당 산업에서 오랫동안 경력을 축적하여 내부노동시장을 통해 승진한다. 성과보수가 점차 중요해지고 있지만 경영자와 일반근로자 간의 보수 격차는 미국보다 훨씬 작다.

(4) 외부 메커니즘 : 경영권시장

독일 기업은 적대적 기업인수가 사실상 불가능할 정도로 철저하게 외부로부터 경영권이 보호되어 기업통제권 시장의 발전은 매우 제한적이며 그만큼 경영은 불투명하다. 우선 소유 집중과 피라미드 출자 외에도 기업 정관에 "기업의 승인 아래서만 주식을 양도할 수 있다"라는 제한을 둘 수 있고 실제로 전체 주식회사의 3분의 1이 그런 제한 규정을 두고 있다. 기업 간 상호출자가 보편화되어 적대적 기업인수 시도가 있다 하더라도 상호출자 기업들끼리 긴밀히 협조하고 있다. 또한 소유주식의 일정 한도까지만 의결권을 행사할 수 있도록 한 의결권 상한, 복수투표권(의결지분) 등 다양한 의결권 확보수단도 기업인수를 어렵게 하는 요소들이다. 공동결정제도 주주지배권을 제한하는 요소이며, 위탁된 주식의 '의결권 대리' 행사 역시 대부분 현 경영진을 지지하는 형태로 행사되는 것이 일반적이다. 결과적으로 M&A 과정에서 과반수 이상의 지분을 확보하더라도 내부자들이 반대하는 경우에는 바로 경영권을 인수하기 어렵다. 이러한 제도들은 단기적 배당압력을 완화하여 기업이윤이 대부분 장기투자를 위해 내부에 유보될 수 있도록 하고 있다. 독일의 기업연금제도하에서는 연금충당금이 대부분 내부자금으로 활용될 수 있었기 때문에 독일 기업들은 다른 나라보다 외부금융에 대한 의존도가 낮은 편이고 감가상각비를 제외한 순 투자자금의 45% 이상을 내부금융으로 조달해 왔다. 이 같은 기업지배구조의 특성으로 말미암아 '지배적 지분보유자'의 경영 안정성도 함께 보장된다. 이에 따라 경영자와 주주의 이해가 상충이 있을 경우 소액주주 권리에 대한 보호는 영국과 미국에 비해 취약한 편이지만 대주주와 소액주주의 이해상충이 발생할 경우 소액주주에 대한 권리보장은 강력한 편이다. 법원은 대주주의 의결권 행사를 통한 전횡을 강력하게 제한함으로써 소유 집중의 폐해를 완화하고 있다.

3) 스웨덴 : 분리된 통제와 소유권 집중

(1) 지향성

주주와 경영자를 포함한 기업의 모든 이해관계자들은 상호 긴밀한 연합을 형성한다. 스웨덴 기업에서 이들 이해관계자들은 공동의 자원에 의존하며 이해집단 전체의 이익 또는 공동의 목적을 지향한다. 각 이해관계자는 집단적 책임성을 가지며 자발적으로 공동의 목적에 기여한다는 규범을 갖는다.

이해관계자에 대한 고려 스웨덴은 조합주의를 배경으로 이해관계자 모델을 지향하고 있다. 기업지배구조는 좁은 의미로 주주 중심의 관계일 뿐만 아니라 넓은 의미로는 노사 외에 다양한 이해관계자가 참여하는 관계이기도 하다.

(2) 소유구조 : 분리된 통제와 소유권 집중

소수 가족에의 소유권 집중

1930년대 이래 스웨덴 기업은 소수 가족에 집중되는 집중적 소유구조를 유지하고 있으며 소유가 분산된 기업은 소수이다. 또한 금융기관에 의한 지배도 어느 정도 비중을 차지하고 있고 정부소유 기업 비율은 다른 유럽국가들에 비해 다소 높게 나타난다. 스웨덴은 평등주의 국가이면서도 소규모의 부유한 가족들에게 기업지배를 맡기는 특징이 있다. 더욱이 스웨덴 조합주의가 극단적인 계급투쟁을 넘어 사회의 보편적 이익을 추구하는 과정에서 전국적 차원의 노사정 3자 협의를 통해 정부가 사민주의적 정책을 반영하도록 하고 복지정책의 물적 기반을 확충하도록 기업들의 요구사항인 안정적 소유권과 경영권 확보를 맞바꾸는 과정을 거쳤다.

가족 기업집단과 그에 의한 소유 집중은 자본, 노동, 정부가 소유경영자의 공격적 투자와 소유 · 경영권의 안정을 도모하려는 공동의 이해관계에서 비롯하였다. 사민주의 정치인들은 투자를 의존할 수 있는 영속적인 대기업이 필요하였기 때문에 가족 자본주의에 대한 보증의 역할을 맡았다. 사민주의 정부는 유럽에서도 가장 낮은 법인세 수준을 유지하고 잉여금의 재투자에는 보조금을 지원하는 반면 배당에 대해서는 높은 세율을 매겼다. 그러나 기업들은 자본을 효과적으로 활용해 생산성을 높여야 하고 시장에서 살아남아 성장해야 하며, 수익을 내지 못하면 퇴출되어야 한다는 철저한 시장규율을 노동과 자본 모두에게 적용되었다.

가족집단에 의한 부의 축적은 최소화되며, 소유 · 통제도 은행과 투자기관을 매개로 한다. 이에 따라 스웨덴은 상위에 다중의결권을 갖는 지배가족이나 은행재단(은행소유주), 중간에 투자회사(Closed-End-Investment Funds ; CEIF), 하위에 상장기업이 놓이는 3단계 소유구조를 형성하고 있다. 대기업 대부분의 경영권을 소유하고 있는 특정 가문이나 투자회사는 금융자본에도 막대한 영향력을 미치고 있다. 기업 대주주는 은행 등 금융기관의 지주회사에 참여해 자체적인 네트워크에서 자본조달을 확충하는 경향을 보인다. 가족이 지배하는 가운데 상업은행이 (간접적) 지분소유와 장기대출, 이사겸직을 통한 오랜 관계 형성을 통해 지배에 참여하고 다중의결권 제도는 소유구조가 더욱 강화된 기업집단 체계를 갖게 하였다.

지배구조 : 내부자 모델

발렌베리(Wallenberg) 재단은 스톡홀름 은행 SEB와 투자기업 Investor AB를 통해, 한델스방크(Handelsbank)는 런버그(Lundberg) 가문과 함께 Industrivaarden 투자기업을 통해 각기 기업집단을 형성하며 증권거래소 시가총액의 절반 이상을 통제하고 있다. 발렌베리 가문은 지배주주의 위치에서 주요 기업들에 CEO 선임과 같은 지배적인 영향력을 행사하지만, 전문은행가들이 경영권을 장악한 한델스방크 소속 기업은 이들 전문 은행가들과 전문 경영진의 상호 참여(상호 이사회의 이사로 참여)를 통해 지배되고 있다. 한편 현재 상장기업의 자금조달은 사내유보와 은행차입에 대한 의존도가 높아 대기업들은 주거래은행과 업무연계를 긴밀히 유지하고 있으며, 상장기업의 CEO들이나 지배주주는 은행이사회에, 은행 대표들은 기업이사회에 참여한다. 즉, 스웨덴 기업소유구조는 가족지배 형태가 주류이지만 과거와 달리 가족에 의한 직접 경영보다는 투자회사를 통해 CEO를 선임하고 전략적 의사결정에 참여하는 형태이거나 독일을 따라 지배주주 없이 전문경영진이

그림 9-4 스웨덴의 피라미드 구조 : 발렌베리 기업집단(sphere, 1996년 1월)

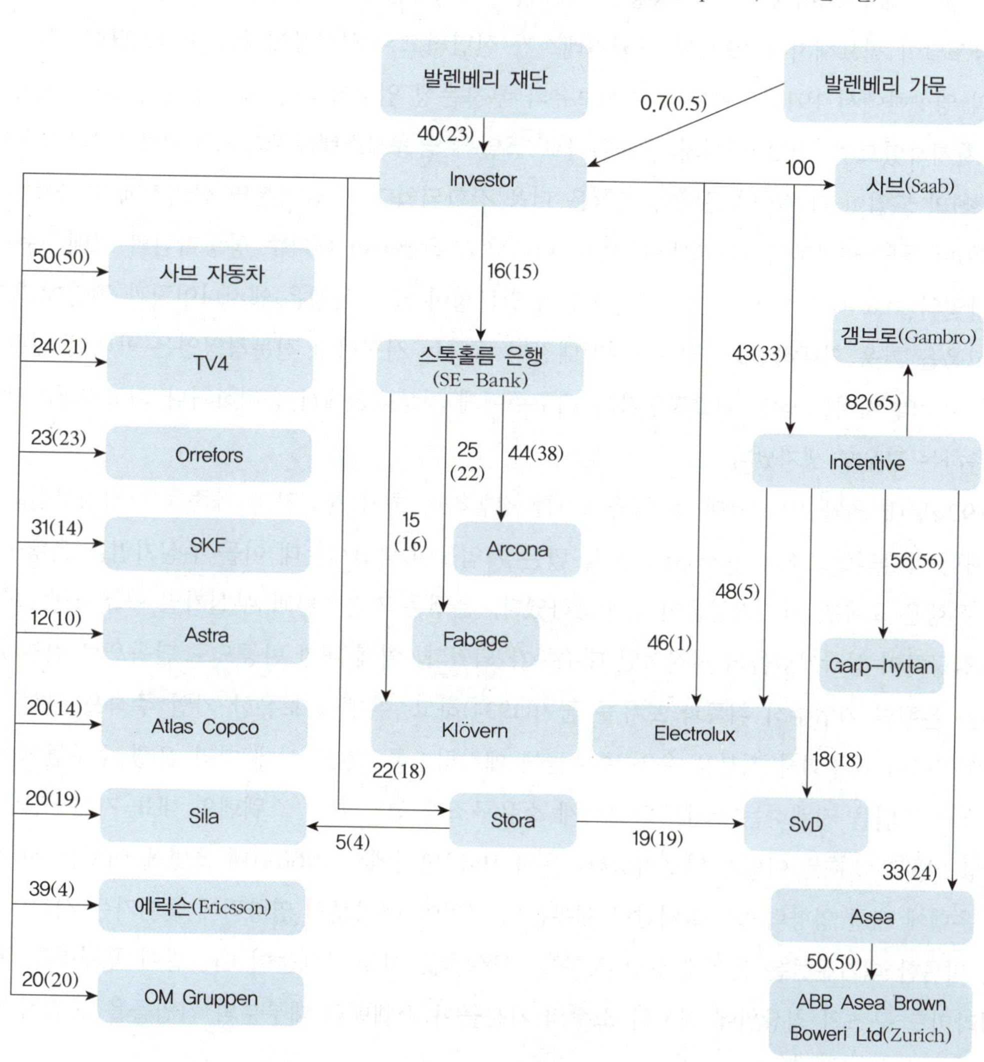

주 : ① 발렌베리 가문은 발렌베리 재단을 통해 스웨덴 증권거래소 시가총액의 40%(GDP의 30%)를 소유한다. ② 차등의결권주를 통해 많은 회사에 통제권을 행사한다. 시가총액은 4%이지만 투표권은 39%. ③ 개별 회사는 자체 이사회가 있는 전문경영자가 경영한다. ④ 투표권 비율을 나타내며 괄호 안은 지분소유 비율이다.

출처 : Sundin, A., and Sven-Ivan Sundqvist(1998), "Owners and power in Sweden's listed companies," Dagens Nyheter.

지배하는 형태를 이루고 있다. 이에 따라 스웨덴의 법과 관행은 지배주주나 창업가문이 신뢰하는 강력한 최고경영진을 중심으로 회사가 경영되는 기업가적 모형을 장려한다. 소수의 기업집단이 지배하여 그 수요가 제한적이므로 경영자들은 기업 자산의 훌륭한 청지기(stewardhip)로 평판을 쌓으며 활동하기를 지향하고, 또 그만큼 경영자는 자신의 주도하에 행동하도록 하는 경영구조가 지배적이다. 한편 소유권이 집중되었을 뿐만 아니라 소유자의 행동을 제한하는 공식적 규칙과 규정이 없는 상황에서 스웨덴의 지배주주는 미국보다 더 적극적으로 행동할 수 있다. 그럼에도 불구하고 소유자의 적극적 활동은 경영자의 생산적 활용에 초점이 맞추어진다.

스웨덴의 지배구조는 역사적 산물이다. 1860년대부터 시작된 산업화 시기에 기업은 자금조달을 내부유보(이익의 40% 가량을 재투자)와 은행 차입에 의존하였기 때문에 창업자와 가족을 중심으로 한 소규모 주주의 지배가 이어졌고 은행과 제조 기업 간의 관계가 긴밀하였다.

경제발전 초기에는 엔지니어링과 제조업에서의 자본재 수출이 경제성장을 주도하였으며 이후 자동차, 전기 제품과 같은 내수 소비재 상품이 성장을 이끌었다. 1900년대 들어 대규모 자본 확대와 성장이 있으면서부터 자금조달이 필요해지자 1901년 증권거래소가 설립되고 주식시장에서의 자금조달이 확대되었다. 그러나 독일의 영향하에서 1911년 은행의 주식보유와 투자은행 업무가 가능해져 은행을 통한 자금조달이 계속 주류를 차지하였으며, 1920년대의 금융위기로 독일식 금융시스템(은행의 의한 기업 소유와 감독이 전문경영인 지배와 병행)의 도입이 확대되며 은행의 역할은 더욱 강화되었다. 금융자본의 산업지배가 가능해짐에 따라 1914~1920년 동안 카르텔과 기업합병이 많이 나타났고 은행들이 대다수 상장기업의 지배주주가 되었다. 은행이 대기업의 주요 대주주가 되면서 기업경영에 전문성이 없는 은행은 엔지니어링과 경영에 특화된 전문경영인의 고용을 더욱 확대하였고 제2차 세계대전이 끝나는 시점까지 전문경영인은 막대한 권한을 유지하였다. 소액 주주의 지지를 받는 최고경영자가 대주주에게 지분대결에서 승리하거나 최고경영자가 자기만의 왕조를 구축하는 경우도 생겨났다.

한편 1920년대 초와 1930년대 초 금융위기를 경험하며 초기 창업자와 가족들은 경영부실화로 경영권이 상실되거나 약화되었고 Kreuger Group 등 많은 기업들이 파산했는데 이들 부실기업을 은행이 인수하면서 은행과 은행을 소유한 가족기업들이 급성장하였다. 은행은 자본조달과 부실기업 구조조정, 회생에 적극적 역할을 감당하며 상장기업들의 실질적인 대주주가 되었다. 이에 대한 반동으로 단독으로 집권(1932)한 사민당 정부는 은행의 기업주식 취득과 보유를 금지(1934)하고, 은행이 보유한 기업 주식을 신설된 CEIF 지주회사로 이양하며 지주회사 지분을 은행 주주들에 매각하도록 했다. 이에 따라 은행 주주들이 CEIF를 통해 실질적으로 기업을 지배하는 스웨덴의 3단계 소유구조가 생겨났다. 스웨덴의 대표 기업집단인 발렌베리 그룹과 한델스방크 그룹은 이렇게 탄생하였다. 특히 1940년대에서 1960년대 초반에 이르는 시기는 이른바 15가문의 은행에 대한 영향력으로 말미암아 대부분의 기업이 15가문의 영향력에 들어가는 시기이다. 발렌베리 가문을 비롯한 대가문들은 은행에 상당 지분을 가졌는데, 이들 은행들이 대기업에 통제력을 행사하기 시작하며 피라미드 구조의 최상위에 위치한 소수의 가문들이 스웨덴의 대부분의 기업들을 실질적으로 통제하게 되었다.

1950년대부터 기업들이 다국적 규모로 성장함에 따라 투자회사를 통한 경영권 장악이 어렵게 되자 차등의결권, 피라미드 출자, 상호출자 등 경영권 보호장치가 확산되었다. 결국 스웨덴 기업집단은 독일과 유사하게 상업은행이 지분소유와 장기대출, 이사 겸직을 통한 오랜 관계형성을 통해 지배되다 결국 가문이 지배하는 시스템을 갖게 되었고 여기에 다중의결권 제도가 더해지며 이들 가문의 소유지배 구조가 더욱 강화된 것이다.

통제권 강화장치

기업들은 주주(통상 창립자)가 적은 지분으로 이사회를 통제하도록 통제권 강화장치(Control-Enhacing Mechanism ; CEM)를 통해 소유 · 통제의 분리를 강화한다. (10~100배의 투표권을 갖는) 차등 의결권주는 지배주주의 강력한 권한을 뒷받침하고 상호주 보유와 피라미드 그룹구조는 많은 상장회사를 동시에 통제하도록 하고 있다.[10] 스웨덴의 경우 차등의결권 의존 기업이 66%에 달하여 유럽국가 가운데서도 가장 널리 사용되고 있으며, 피라미드 출자를 사용하는 기업의 비율도 22%에 달하고 있다. 따라서 소유권과 의결권의 괴리도 유럽 국가들 가운데 높은 수준인 79.0%를 나타내고 있다. 세법상으로는 개인에 의한 부의 축적은 억제되지만, 회사법상으로는 적은 자본으로 기업지배권을 유지하도록 허용하고 있는 것이다.

(3) 내부 메커니즘

경영자의 유인구조

일반적으로 경영자는 직업 안정성, 금전적 보상, 지위 상승으로 인해 기회주의적 형태를 보인다(Salter and Weinhold, 1988). 스웨덴의 경우 지배적인 주요 기업집단이 존재하고 경영자로서의 이익은 기업집단이나 기업집단 지배주주의 이익과 얽혀있으며 경영자와 회사 또는 지배주주 간의 이익을 분리하기 어렵기 때문에 경영자의 기회주의를 약화시키는 배경이 되고 있다. 자회사가 어려워질 경우 관계사들이 지원에 나서고 실직한 CEO는 관계사나 기업단체로 이동할 수 있는 등 비공식적인 '고용안정망'이 작동하므로 경영자들의 직업 안정성이 높은 편이다. 경영자 시장의 규모가 작다는 점뿐만 아니라 실패한 경영자라 해도 여전히 소중한 인적자원이라는 믿음이 존재한다. 경영자가 기회주의적 행동으로 금전적 보상을 획득할 기회도 크지 않다. 성과보상보다는 임금 격차에 대해 훨씬 더 많은 관심을 기울이기 때문에 일반근로자 대비 CEO의 급여 수준은 유럽에서 가장 낮은 편이며 이사들에 대한 보수는 공공기록에 대한 공공접근권 때문에 공개된다. 상대적으로 크지 않은 경영성과 인센티브와 소득세의 높은 한계세율로 인해 경영자 보상은 낮은 편이고, 더욱이 특정 기업의 경영성과는 기업집단 내의 여타 계열사에 의존하는 관계를 갖는다. 마지막으로 스웨덴에서 경영자로서의 위상은 기업집단 계열사에의 소속여부와 해당 기업집단 내에서의 지위에서 파생된다.

이사회

스웨덴에서 이사회 구조는 단일 이사회 형태이며 주주와 경영자의 관계는 장기적이고 안정적이다. 이사회는 경영자를 감시하기 위한 장치가 아니라 지식 있고 유능한 이사회 구성원을 고문으로 참여시켜 회사와 최고 경영진을 발전시키는 수단으로 간주된다. 이사회는 가족통제(가족이 최고경영을 책임짐)와 경영독립(엔지니어와 경영진이 회사를 경영) 간의 균형을 보여 CEO 외에 다수의 이사는 경영진에 대해 외부인이며 지배주주를

10. 피라미드 출자구조는 금지되거나 달리 제한되지 않고 있다. 상호출자도 자회사가 직간접적으로 모회사에서 지분을 취득하는 경우 외에는 달리 금지되거나 제한되지 않는다.

대표하거나 관계사의 상위경영자로서 구성된다.[11] 즉, 이사회는 외부(지배주주)와 (최고경영자를 포함한) 내부자가 균형 있게 대표되어 기업지배의 기업가적 통제를 지향한다. 이사회(의장)의 기능과 최고경영진의 기능이 구분되어 CEO는 이사회 의장이 될 수 없으며 이사회는 최고경영진을 넘어서는 독립성과 광범위한 권한을 갖는다. 이러한 구조는 지배주주에게 이사회와 경영진을 통제하는 광범위한 권한을 제공하며 회사를 원하는 방향으로 경영되도록 하는데 능력과 유인을 가진 강력하고 활력 있는 소유자가 기업에 도움이 된다는 믿음을 배경으로 한다.

스웨덴 법률은 CEO와 의장을 상이한 기능을 하는 별도의 직책으로 간주하는데, 이러한 분리는 미국에서처럼 주주의 이익을 위한 것이지만, 동시에 스웨덴의 평등주의적 성격에 부합한다 : 책임을 공유하고 전제는 피하는 것이다. 최고경영자는 이사회에 종속되며 이사회는 주주총회에 종속되는 계층적 지배구조를 보인다. 이사회의 권한은 주주총회에 의해 제한되며, 주주총회는 스웨덴 기업에서 최고의사결정권을 가져 이사회에 지시하고 이사회를 선출한다. CEO와 이사회 권한의 분명한 분할, 주주권에 대한 분명한 인식, 이사회와 경영진의 주주에 대한 엄격한 책임성은 노르딕 모형의 특징이다.

(4) 외부 메커니즘

경영권시장

스웨덴은 주주보상에 대한 법률을 통해 배당이나 자사주 매입을 규제함으로써 단기적 행동을 억제한다.[12] 차등주와 피라미드 구조로 통제권의 이전이 용이하지 않으므로 대주주가 안정성을 가지며, 결과적으로 스웨덴 기업에서는 동일 기관이 오랫동안 주요 주주로 남는다.

집단주의적 평등주의적 사회규범

스웨덴의 소유자들은 경영자들이 기업집단 전체의 이익을 개별 기업의 단기적 목표보다 우선시하도록 사회화되었다. 미국의 제도가 경영자들과 소유자들로 하여금 개인 간의 경쟁에 집중하도록 독려하지만, 스웨덴의 제도는 집단, 특히 기업집단 간의 경쟁에 집중하는 경향이 있다. 결국 경영자들은 사회주의의 평등주의적이고 집단주의적 규범을 내면화하고 있으며, 이를 벗어나 행동할 경우 사회의 반발에 직면한다. 예를 들어 ABB의 전 CEO인 퍼시 바네빅(Percy Barnevik)이 고용계약을 토대로 1990년대 중반 극히 이례적 보상을 받았을 때 스웨덴 사회는 평등주의적이자 집단주의적인 규범을 근거로 비판에 나섰고 결국 바네빅은 절반을 상환해야 했다.

제도적으로 노동자들은 공동결정제도와 사회적 협약에 기초하여 구조조정에 영향을 미칠 수 있다. 노동자들에게는 독일과 같이 경영에 참여할 수 있는 통로가 열려있어 노조 대표는 이사회에 참석해 다른 이사들과 똑같은 권한과 책임을 갖는다. 노조와 기업은 서로 배타적이어서 갈등하는 관계가 아닌 협력을 통해 공동

11. CEO와 지배주주는 상호의존적이다. 지배주주의 이사회는 회사정보 접근에 관해 CEO에게 의존하지만 CEO를 교체할 수 있는 권한을 가지므로 CEO는 지배주주에게 충성할 유인을 갖는다.

12. 법인세법은 내부유보에 유리하여 주주에 대한 배당보다는 기업성장을 장려하는 전통을 가진다. 배당금은 중과하고 내부유보를 통한 기업확장을 조세로 지원하여 외부자금 조달비용을 내부유보보다 높임으로써 신규기업 상장보다는 기존 기업의 팽창을 통한 기업 발전을 촉진해 왔다.

의 이익을 추구하는 사회 파트너로 인식되고 있다. 단, 근로자 대표가 이사회의 다수를 점할 수 없으며, 법률로 강제되지 않아서 근로자의 권한은 독일보다 약하다. 소유자 대표와 경영이사가 주도하는 기업경영에서 이사회에서의 근로자 대표는 신뢰와 경영문제에 대한 공동해법을 제시하는 데 기여할 수 있다.

한편 소액주주에 대한 제도적 보호는 약하지만, 높은 사회적 압력과 강력한 법 집행 그리고 투명성은 지배주주의 권한 남용을 효과적으로 억제해 왔다. 소액주주에 대한 권한 보호가 미약함에도 불구하고 영국이나 미국에서 두드러졌던 회계 부정이 나타나지 않는 것은 비공식적인 통제 수단으로 가족기업의 사회적 지위와 명예라는 '사회자본'이 작용하고 있는 것으로 평가되고 있다.

미국의 법규에 비교할 때 스웨덴의 경영진과 지배주주의 활동에 대한 제도적 제한은 매우 약하다.

4) 프랑스 : 남유럽형

유럽의 프랑스, 이탈리아, 스페인은 가족, 기업, 국가를 포함하는 핵심 이해관계자 간의 소유집중으로 특징지어진다. 특히 프랑스는 소규모의 사기업과 상대적으로 높은 수준의 국가소유가 공존한다. 이해관계자 간의 관계는 강력하며 지속성이 있어 국가가 선별한 산업에 특화하기에 적합한 안정성과 장기적 투자시야를 제공한다. 특히 프랑스는 정부가 조정하고 고용을 강력히 보호하는 내부자 지배 경제로 항공, 원자력, 첨단기차 등 국가의 영광스런 산업이 부각되어 왔으며, 국제 고급 소비재 시장에서 세계적 명성을 누려 왔다. 그러나 핵심 이해관계자들에게 책임성을 부과하는 규칙이 없고 소액주주의 이의 제기도 어려워 자본시장은 취약하여 발전이 미흡하다.

(1) 지향성

지배구조 제도는 주주와 여타 이해관계자의 이해관계를 동시에 고려하는데, 후자에는 금융지주회사, 국가, 가족이 주로 포함된다. 회사법은 경영진이 주주를 포함한 광범위한 이해관계자들의 이익을 조율하도록 하고 있다. 경영진의 일차적 관심사는 집단 이익에 있지만 그 집단은 기업집단이 아니라 직접적으로 자신이 속한 군단(grand corps), 그리고 간접적으로는 국가 자체이다. 경영자들은 군단 내에서 지위를 차지하고 행정과 기업경영을 통해 국가에 봉사하는 데 앞서려 한다. 경영자 개인은 자신의 군단이나 군단 출신인 주주의 이익을 위해 자발적으로 노력하므로 비금전적인 개인적 · 집단적 이해관계를 갖는다(Lubatkin, Lane, Collin and Very, 2005).

프랑스의 기업이론은 영미권의 주인대리인 이론 접근법과 크게 대조된다. 기업은 창출하는 가치와 그 가치의 배분방식으로써의 사업모형(business model)에 동의하는 이해관계자들 간의 합의의 산물로 인식되며 이해관계자들은 취해야 할 행동규범(convention)을 지켜야 한다(Verstraete and Jouison, 2006). 기업가는 사업모형과 행동규범을 확립하고 이해관계자가 이에 따라 행동하도록 하는 과정을 설득하고 주도해야 하는 존재이다. 기업지배구조 역시 행동 규범을 명확히 하고 보상과 제재를 통해 개인이 확립된 규칙에 따라 행동하도록 장려하는 장치이다. 이러한 기업이론은 집단주의, 권위에 대한 존중, 계층적 구분이라는 프랑스 문화의 지배적인 가치와 함께 하지만, 기업가에 대한 관점은 미국과 같은 보다 개인주의적인 문화에서 볼 수 있는 것과 상반된다.

(2) 소유구조와 경영

집중적 소유구조

금융불안이 오랜 기간 지속된 결과 자체 재원조달에 크게 의존해야만 했던 이유로 프랑스 기업의 소유권은 집중되어 있으며, 개인과 가족의 소유가 광범위하며 국유 비중도 높다. 가족기업에 의한 피라미드 출자와 기업 간 상호출자가 광범위하게 나타나며 이를 통해 기업집단이 구성되어 있다. 국영기업의 비중이 크며, 국가는 은행을 통해 민간기업에 대해서도 간접적으로 영향력을 행사한다. 가족소유, 정부통제, 상호주 보유 등으로 인해 상대적으로 장기적 관계가 장려된다.

프랑스에서 19세기와 20세기 초반까지 두드러진 대기업은 거의 없었다. 대부분의 기업들은 그 소유권이 개인과 가족에게 집중된 가족기업으로 소유경영자에 의해 경영되었다. 가족기업의 경영은 소유주의 가계 살림과 뒤섞였다. 가족기업은 작은 규모로 자족적이고 보수적으로 경영되었다. 은행과 자본시장에 대한 오래된 불신으로 대부분의 기업들은 내부유보를 통해 투자자금을 조달했으며, 은행과의 거래는 단기대출로 국한되어 왔다. 은행이 기업의 지분을 보유하는 관계형 금융은 드물었고 자본시장 역시 기업금융에서 중요한 요소가 아니었다. 가족 주주의 영향력은 독일권보다 더 크고 주주가 이사회를 자의적으로 해산하는 등 주주의 권리가 존중되지만, 그 영향력은 영미권에 미치지 못한다.

제2차 세계대전을 전후하여 국가는 전략적 산업에서 "국가 챔피언"의 육성에 나섰다. 국가계획이 수립되고 은행과 기업이 국유화되어 이사회 구성과 기업 투자전략에 대한 공적 영향력이 중요해짐에 따라 국가의 역할이 더욱 커졌다. 주식시장이 위축되어 기업의 자금조달은 정부가 보증하는 은행대출에 의존하여야 했고 이러한 맥락에서 공기업의 수가 급증하였다. 국가의 영향력이 큰 상태에서 경영자는 기업을 주주 이익이 아닌 이해 당사자에게로 향하게 했다. 전후 대기업의 확산에도 불구하고 공기업이 중요한 위치를 가졌고, 다른 기업들이 상당한 규모로 상호출자에 참여했기 때문에 소유권이 집중된 상태를 유지했다. 정부가 기간산업에 있어 국가대표기업을 육성하여 국제경쟁에 나설 수 있도록 노력하는 과정에서 대규모 기업집단 구조가 나타났다. 주요 산업에서 육성된 국가대표 기업들이 1986년부터 기존 민간기업에 민영화되는 과정에서 가족소유 비중이 높아지고 소유가 집중화되며 지주회사나 기업 간 상호출자 비중도 크게 높아지고 민간기업집단도 성장하게 되면서 현재의 프랑스 기업의 소유구조상의 특징을 낳게 되었다.

대기업 부문은 복잡한 상호 지분망을 통해 소유되는데, 이러한 지분 소유에는 정부, 은행, 연금기금의 지분과 다른 기업의 지분을 포함한다. 주식의 상호보유로 뒷받침된 내부자들은 의사결정과 구조조정에서 주도적 역할을 하고 장기적 관점을 가지며 경영진 교체를 위한 적대적 인수를 거부한다. 상호주식 보유는 소유와 경영의 안정성을 낳아 자본이 '인내'하며 기업발전에 장기적 관점을 갖게 하고 있다. 기업의 민영화와 국제화가 촉진되었지만, 안정적 투자집단[핵심주주(sécurité noyaux durs)]을 도입하여 외국의 공격적 투자자들로부터 기업을 방어할 수 있도록 하였고 그 결과 여전히 프랑스 기업들은 가족집단의 통제가 지속되고 있으며 소규모의 엘리트 집단에 맡겨지고 있다.

경영 메커니즘

프랑스 기업들은 주로 명문학교 그랑제콜(Grandes Eoles) 출신의 전문경영진에 의한 경영이 이루어지고 이들과 정치 · 행정가들 간에는 군단이 형성되어 있다. 대부분의 기업은 이사회 의장이자 CEO의 역할을 동시에 수행하는 PDG[président-directeur général(사장 또는 총장)]가 관리한다. 이들에 대한 제도적 제약은 미국보다 적으며, 존재하더라도 매우 자유롭게 정의된다. 결과적으로 PDG의 힘은 강력하게 행사되고 있다. 복잡한 상호출자로 적대적 매수에 대한 방어력이 높은 것도 PDG의 권한을 뒷받침한다. 대기업의 PDG는 일반적으로 최고경영자 직책을 맡기에 앞서 행정부에서 활동하며 사회화된다. 사전적인 업계 경험이 없기 때문에 이들의 임명은 졸업한 기관과 정치적 소속에 따라 주로 결정된다. 이들 엘리트 네트워크는 국익을 뒷받침하고 유럽에서의 대외관계를 주도하며 새로운 산업 프로젝트를 창출하고 있다.

기업경영은 장기적 관점에서 이루어지는 편이다. 엘리트층에서 충원된 경우 최고경영자는 나쁜 성과를 보였다고 즉시 제재를 받거나 해고되지 않는다. 경영자는 자신의 소속 정당이 권력을 잡았을 때 PDG에 임명될 가능성이 가장 높으며, 정당이 권력을 유지하는 한 이사회가 해고하는 경우는 거의 없다. 최고경영자에 대한 공식적 제재는 없지만 이해관계의 공유와 연계는 경영진의 도덕적 해이를 방지하는 역할을 한다. 자신이 속한 군단의 이익에 반하는 행동을 하는 경영진은 주요 네트워크와 지위를 상실할 수 있다. 이는 지위가 중시되는 사회에서 비공식적이지만 심각한 처벌이다. 경영자는 공적 책임을 가지며, 기업활동과 국가정책을 조정함으로써 국가가 계획을 집행하는 데 도움을 줄 것으로 예상된다.

이해관계자에 대한 고려

국가의 지대한 영향력으로 인해 경영자는 주주 이익보다는 이해관계자의 다양한 이해관계를 고려하게 되어 있다. 프랑스의 기업지배구조는 이해관계자(또는 은행/근로자) 모형에 속한다 : 경영자의 신탁의무는 주주뿐만 아니라 채권자와 근로자로까지 확대된다. 은행은 기업의 주된 자금조달선으로 주주이자 채권자로서 행동하므로 주주와 채권자 간의 갈등은 미미하며 그에 따라 견제와 균형의 시스템을 발전시키거나 공시체계를 강화할 필요성이 없었다. 한편 노동자 역시 기업지배구조에서 중심적 위치를 점해 왔으며, 오래된 근로자 보호의 전통으로 말미암아 최근까지 노동자에게 공정하고 합리적인 직업 안정성과 보상을 제공해 왔다. 특히 다변화된 기업집단 구조로 말미암아 내부노동시장과 부진 기업에 대한 관련 기업의 지원이 고용보호를 뒷받침한다. 그러나 독일보다 노동자 대항력의 제도화 수준은 미흡하다.

(3) 내부 메커니즘

프랑스에서 기업 이사회는 일원제나 이원제(1966년 독일 회사법에 따라 도입) 중 하나를 선택할 수 있다.

- 일원제 : 이사회가 경영의 기본정책을 결정하며 사장과 부사장이 경영을 집행한다. 이사회는 주주총회를 소집하고 사장과 부사장을 임명한다. 이사의 1/3 이하를 종업원으로부터 선출할 수 있으며, 기업노동관리위원회가 지정한 2인이 이사회에 출석하여야 한다.
- 이원제 : 감독이사회와 경영이사회가 별도로 존재한다. 감독이사회는 주주대표와 종업원 대표로 구성되어 경영이사를 선임 · 해임하며 경영 집행을 감시 · 감독한다.

대부분 일원제 이사회를 가지고, 이 경우 이사회는 기업 전반을 통제하며 회장은 영미권보다 더 광범위한 권한을 갖는다. 이는 프랑스 지배제도 일반에 나타나는 권력의 집중현상을 반영한다. PDG를 감시하는 이사회의 권한은 이사회 구성 방식으로 인해 심각하게 약화된다. 이사회 대부분의 구성원은 주주들이 선출하기보다는 PDG에 의해 직접 임명되며, 대주주인 가족의 대표나 과학기술 전문가 또는 다른 대기업의 PDG이다. 의장이 다른 회사의 이사회에 지명되면 이에 상응한 인사조치가 뒤따라야 한다 : 이는 프랑스의 독특한 인적 관계를 통한 집중화의 사례라 할 수 있다. 폐쇄적 시스템 내에서 이사는 회사의 결정에 거의 영향을 미치지 못한다. 그들은 회사의 업종에 익숙하지 않고 여러 이사회에 참여하므로 특정 회사의 상황에 집중할 시간이 거의 없다. 이사들이 전략적 지향점을 자문하는 경우는 20%에 못미치며 소수의 이사들만이 재무보고서, 예산 책정 또는 내부 통제에 대해 논의한다.

한편 이사회의 최소 2/3 이상은 사외이사로서 주요 주주, 관련 금융기관의 대표, 정부대표에서 선발된 사외이사가 주로 차지한다. 주주는 다수결로 경영이사를 지명 · 해고할 수 있다.

상위 · 하위로 구성된 이원제 이사회의 경우 근로자는 감독이사회를 대표할 권리를 갖지 못한다. 그러나 이사회의 형태와 관련없이 일정 규모 이상의 회사에서 근로자 대표는 이사회에 참석할 권리를 갖는다. 이원제 이사회에서 상위 이사회(senior or surveillance board)는 경영을 담당하는 소규모의 경영이사를 선발하고 이 중에서 이사장이 선발된다.

(4) 외부 메커니즘 : 경영권시장

기업통제권 시장은 극히 취약하다. 복잡한 상호출자가 발전하여 적대적 매수로부터 기업의 지배권을 방어하기 용이하며, 정부는 국익에 반하는 인수를 지연하고 억제한다. 기업의 민영화와 국제화가 촉진되었지만, 안정적 투자집단제도를 도입하여 외국의 약탈적 투자자들로부터 기업을 방어할 수 있도록 하였다. 결국 여전히 프랑스 기업들은 소규모의 엘리트 집단에 맡겨진다. 반면 소액주주는 기업지배구조에서는 큰 영향력을 보이지 못한다. 기업법조차도 소액주주의 권리를 충분히 보호하지 않고 있고 주식이 무기명 방식으로 보유되고 있기 때문이기도 하다.

2. 한국 기업의 지배구조와 도전

한국경제의 고도성장과 한국 기업의 글로벌 플레이어로의 부상은 소유경영자의 신속하고 과감한 활동에 비롯한 바가 크다. 우리나라에서 대기업집단은 신속한 추진력과 공격적 경영으로 고도성장의 주역이 되었으며 현재는 선진 한국을 선도하는 글로벌 대기업으로 활약하고 있다. 우리 경제와 기업의 성과만큼 부각되는 것이 우리 기업의 지배구조이다. 이른바 '주인 있는 기업'의 강한 리더쉽과 책임경영의 장점이 유효하게 작용하였기 때문인 것이다.

한국의 기업은 근대 기업으로의 역사가 짧은 만큼 가족소유 형태를 유지하는 동시에 창업자 가족과 친족이 기업을 직접 통제해 왔다. 1980년대 초반 공정거래법이 제정된 이후 재벌의 전통적인 가족 중심의 소유 · 통제 구조는 점차 이완되기 시작했고, 1997년 외환위기 이후의 재벌개혁은 이를 가속화시켰다. 이에 따라 재벌 대기업의 소유구조는 가족통제에서 가족 또는 친족 소수통제(controlling-minority)로, 통제구조는 인격적 관계에서 비인격적 관계로 점차 변화하는 추세이다. 지배주주는 직접 출자 규모가 미미하지만, 절대다수의 의결권을 통제하고 있다. 타 회사를 인수하는 경우 지배권을 확보할 수 있을 정도의 일부 지분만 인수하는 경우가 보편적이다. 이에 따라 다양한 경영활동에서 기업가치 제고보다는 사적 지배이익을 우선할 유인이 크다.

2.1 지향성 : 소유자 지향

한국 기업에서는 주주가 회사의 '소유자' 또는 '주인'이라는 생각이 지배적이며, 개인(총수)이나 그 가족은 기업(기업집단 또는 재벌)과 동일시되고 있다.

2.2 소유구조 : 소유의 집중과 외국인 투자자의 부상

개인 중심의 소유

한국의 기업은 대체로 자연인 최대주주에 집중된 소유구조를 보이고 있다. 가장 최근에 조사된 바에 따르면 국내 기업의 최대주주 중 개인의 비중이 64.1%로 압도적이며 일반 법인이 27.1%로 그 뒤를 잇고 있다. 한편 최대주주의 지분율 수준이 10% 미만으로 소유권이 잘 분산되어 실질적인 경영자지배가 이루어지는 기업은 5.9%에 불과하여 상장기업의 대부분이 최대주주에 의한 지배가 이루어지고 있다.

특히 최대주주의 지분율이 10～20%로 우호주주의 협력을 얻으면 실질적 지배를 할 수 있는 경우는 16.5%이지만, 최대주주의 지분율이 20～50%로 불완전한 지배상태인 경우가 56.0%이며 최대주주 지분율이 50~75% 이상으로 절대적 지배가 가능한 기업이 21.7%에 달하고 있다. 결국 비상장회사는 대부분 지배주주에 의한 절대적 지배하에 놓여 있으므로 우리나라 기업은 대부분 최대주주에 그 지배가 집중되어 주인이 있는 회사의 형태를 띠고 있다.

표 9-2 **우리나라 기업의 최대주주 지분율 분포**(거래소 상장 및 코스닥 등록 기업) (단위 : 기업 수, %)

최대주주 지분율(%)	최대주주						합계
	개인	일반법인	외국인	기관투자자[1]	벤처 캐피탈	정부	
0~10	13	8	5	0	0	0	26(5.9)
10~20	44	18	4	5	2	0	73(16.5)
20~50	165	69	3	6	4	1	248(56.0)
50~75	57	24	3	0	1	3	88(19.9)
75~100	5	1	1	1	0	0	8(1.8)
합계	284(64.1)	120(27.1)	16(3.6)	12(2.7)	7(1.6)	4(1)	443(100)

주 : 1) 2006. 2. 24.～4. 8. 중 지분변동이 있었던 기업의 공시내용을 기초로 작성

자료 : 신현열 · 박찬준(2006), 「기업의 소유지배구조와 경영성과 간의 관계」, Monthly Bulletin, 한국은행.

최대주주로서 자연인 대주주의 지분보유 외에 계열사를 통한 지분 보유를 고려할 수 있다. 하지만 우리나라 상장기업의 지분 구조에서 계열사를 통한 지분 보유는 최대주주의 지분 비중에 비해 크게 낮은 편이라

할 수 있다. 계열사 지분 비중은 1976~1983년 그리고 1986~2004년 기간 중 6%대에서 안정적으로유지되었다. 참고로 동 기간 중 자연인 최대주주의 지분 비중은 각각 23%, 25% 수준을 보여주었다.[13]

그림 9-5 기업의 지분구조 변화(%)

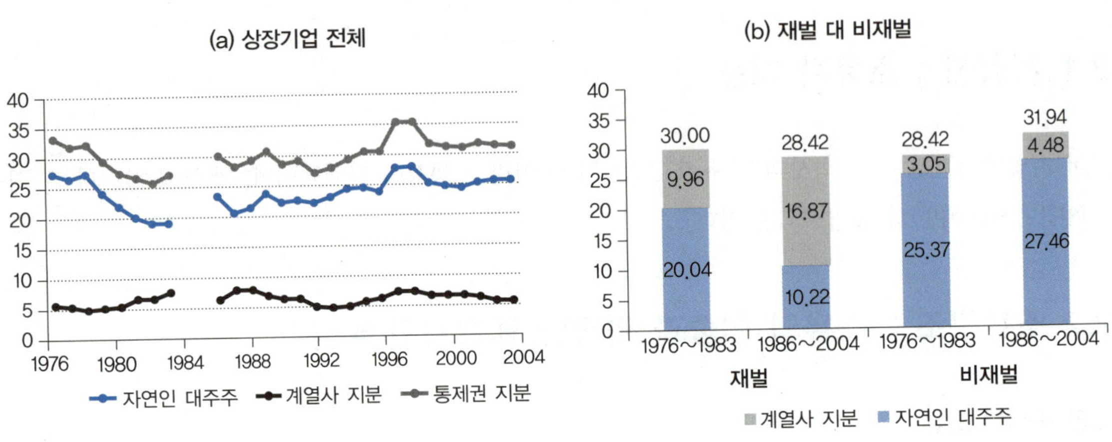

주 : 재벌 대 비재벌의 지분 구조의 경우 1976~1986년은 상장사 기준, 1986~2004는 외감기업 대상.
자료 : 이근 등(2007).

소수지배의 대기업집단

그러나 이상의 상장기업 일반에 보이는 소유구조는 우리 산업을 선도하는 대기업집단에서는 찾아보기 어렵다. 즉, 대기업집단의 경우 개인과 그 가족의 지분율은 미미하여 (지배주주가 과반수의 주식을 소유하여 경영하는) 과반 지배(majority control)에는 크게 못 미친다. 예를 들어 우리나라 상위 10대의 (총수 있는) 대기업집단에서 총수의 지분율은 1996년 2.9%였으나 2021년 현재 0.8%로 낮아졌다. 지배주주(총수)와 친인척 등 특수 관계인 지분율을 더한 총수일가의 지분율 역시 2001년 3.1%에서 2021년 2.4%로 감소하였다.

그림 9-6 기업집단의 지분율 구조와 그 추이

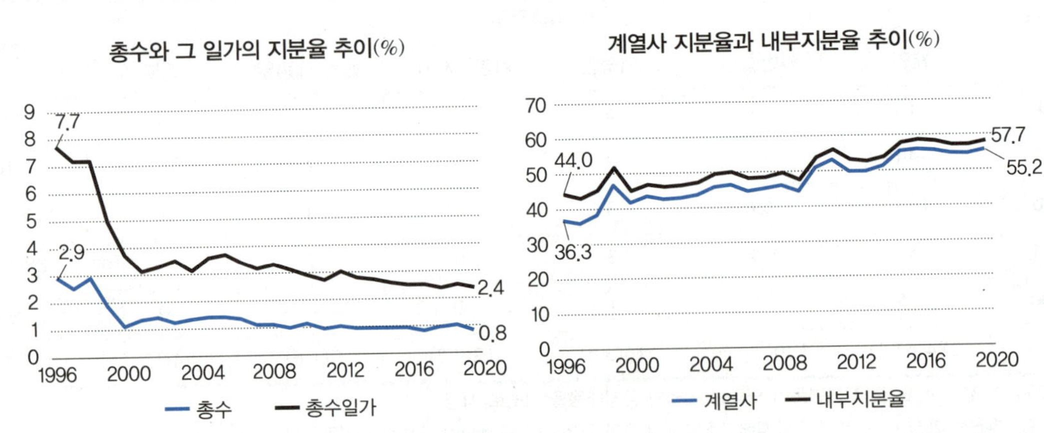

자료 : 공정거래위원회, 기업집단 주식소유현황 분석, 각년도

13. 2009년 말 기준 코스닥 상장사에서 특수관계인을 포함한 최대주주의 주식소유 비율은 벤처기업 32.3%, 일반 기업 38.5%이었고, 전체적으로는 최대주주 평균지분율은 36.7%이었다[(코스닥협회(2010. 12), 2009년 코스닥상장법인 현황, pp. 112~113)].

우리나라 대기업집단에서 자연인 대주주의 주식소유 비중이 크게 하락한 것은 1980년대 중반으로 추정된다(이근 등, 2007). 상장된 30대 재벌기업의 자연인 최대 주주의 지분율이 1976~1983년 동안 20.0%로 비재벌의 25.4%와 아주 큰 차이가 없었지만, 1986~2004년에 들어서 10.2%로 비재벌의 27.5%와 큰 격차를 보였다. 반면 계열사 지분 합계는 오히려 과거 10%에서 16.9%로 높아졌다. 즉, 대기업집단의 총수는 미미한 지분에도 불구하고 계열사를 통해 상당한 지분을 보유함으로써 다수의 기업에 대해 보유지분보다 훨씬 더 큰 통제권을 행사[소수자지배(minority control)]하게 된 것이다. 총수가 있는 상위 10개 집단의 경우 2021년의 총수와 총수 일가의 지분율은 각각 0.8%와 2.4%로 미미한 반면 내부지분율[14]은 무려 58.1%에 달하고 있다. 이러한 소수자 지배현상은 시간이 흐를수록 강해지고 있어 지난 20년간(2002~2021) 총수나 그 일가의 지분율은 감소한 반면, 내부지분율은 오히려 전반적으로 증가하는 추세를 보이고 있는데, 이는 총수(일가) 지분율의 감소폭에 비해 계열사의 지분율이 더 큰 폭으로 증가하여 전체 내부지분율의 상승을 견인하고 있기 때문이다. 그룹 총수가 계열사 지분 등으로 회사에 영향력을 행사할 수 있는 의결권[행사의결권(voting rights)]을 총수의 실제 보유지분인 소유권[현금투입지분(cash-flow rights)]으로 나눈 의결권 승수는 총수 일가가 보유 지분보다 얼마나 더 많은 의결권을 행사할 수 있는가를 보여준다. 2021년 기준 10개 대기업집단의 의결권승수는 24배로 보유한 1주를 가지고 실제 의결권 행사에서는 24배의 영향력을 행사할 수 있다. 의결권 승수는 1996년 5.7배였으므로 시간이 갈수록 높아져 가고 있음을 알 수 있다.

대기업집단 소속 기업은 그 지분이 계열사에게 분산된 일본 게이레츠와 달리 소유주 가족 성원에 의해 집중적으로 소유 · 통제되고 있는데, 이는 이른바 피라미드식 출자와 상호출자 또는 순환출자의 거미집 구조를 통해서이다. 참고로 일본의 게이레츠에서는 수평적인 거미집의 소유구조는 존재하지만 수직적인 피라미드형의 소유구조는 나타나지 않고 있다.

계열사를 통한 통제권 확장 : 피라미드형 거미집 소유구조와 소유 · 통제의 괴리

피라미드형 피라미드 형태의 소유구조(stock-pyramiding)에서 지배주주 일가는 피라미드의 가장 꼭대기에 있는 모기업을 소유하고 모기업은 피라미드 아래층에 있는 회사를 소유하며, 그 회사는 또 자기보다 아래층에 있는 회사를 소유한다. 지배주주는 자신의 개인 출자를 늘리지 않더라도 자신이 지배하는 회사들이 하위 회사에 대해 51%를 출자하도록 함으로써 경영권을 장악하는 많은 계열사를 거느린다. 피라미드 아래층에 있는 회사들은 상장사인 경우도 있고 비상장사인 경우도 있지만 대개 상장사이다. 지배주주 일가의 지분 비중은 매우 낮지만, 지주회사 또는 지주회사 역할을 하는 사업회사의 주식을 보유함으로써 전 그룹에 걸친 통제권을 유지한다.[15]

14. 내부지분율은 계열회사 전체 자본금(액면가 기준) 중 동일인 및 동일인 관련자(친족, 임원, 계열회사, 비영리법인 등)가 보유한 주식가액(자기주식 포함)이 차지하는 비중이다.

15. 이러한 소유 특징은 주식시장의 소유분포에도 반영된다. 2011년 유가증권시장 상장주식의 소유 분포는 (소유주식 수 기준) 개인 36%, 일반법인 29%, 외국인 16%, 은행 6%, 보험 4%, 기금 및 공제회 4%로 개인을 제외하곤 일반법인의 비중이 매우 높다. 이는 주식이 널리 분산되어 소유되고 기관투자가 비중이 높은 영미와는 다르다.

그림 9–7 재벌의 일반적 소유구조와 예시

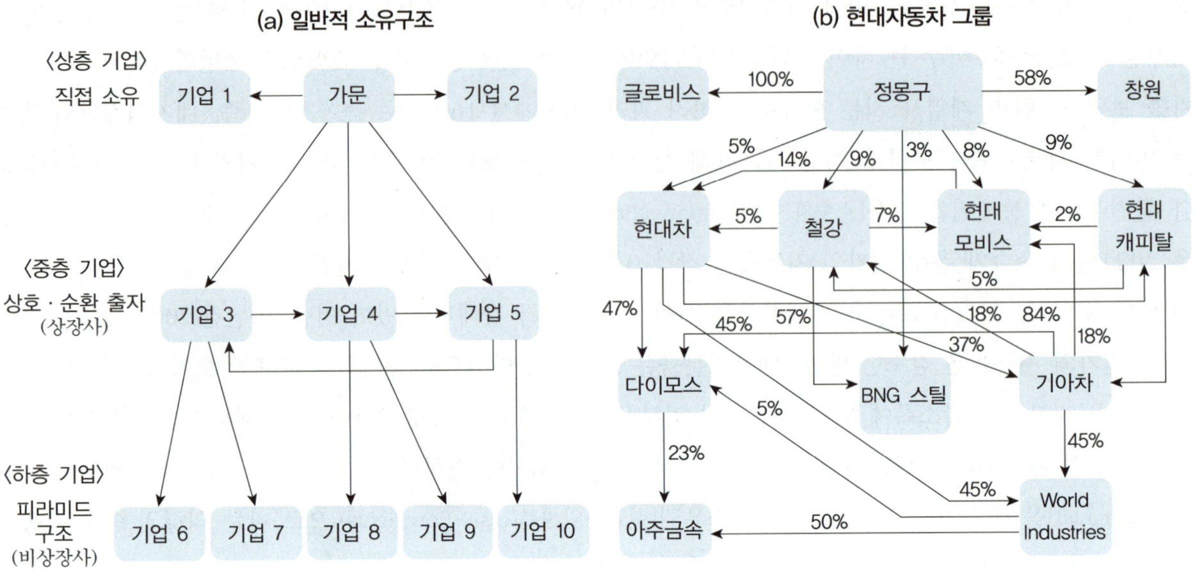

(a) 일반적 소유구조

(b) 현대자동차 그룹

자료 : Almeida et. al.(2011)

거미집 구조 기업집단은 피라미드 소유구조에서 한발 더 나아가 거미집 구조, 즉 계열사 간에 지분을 주고받는 상호출자와 순환출자 형식을 취하고 있는데, 이는 지배주주가 출자부담 없이 계열사 자금으로 새로운 계열사를 늘리면서도 전 계열사에 대한 지배력을 유지하도록 만든다. 순환출자 구조는 계열사를 늘리면서도 지배체제를 공고하게 할 수 있다. 예를 들어 그룹 계열사 내 A사가 B사에 출자하여 최대주주가 되고, B사가 C에 출자할 경우, A사가 B사와 C사의 최대 주주이므로 B사와 C사를 지배할 수 있게 된다. 이때 C사가 A사에 다시 출자한다면 A사의 자본금은 서류상 늘어나기 때문에 지배 효과가 배가된다. 현재 우리나라 공정거래법(9조)은 상호출자를 제한하지만, 간접적이고 순환적인 계열 내 출자 관행은 실질적으로 제한되지 않고 있다. 상호 지분을 보유한 기업은 장기적이고 암묵적인 협력관계를 형성하고 지배주주의 결정에 따라 일사불란한 경영을 해나간다.

피라미드에 거미집이 더해짐으로써 재벌의 소유구조는 통상적으로 3개의 층(상층, 중층, 하층)을 구성하게 된다([그림 9–7]). 일부 기업(기업 1과 기업 2)이 가장 상층에 위치하여 소유주가 직접 소유하며 다른 기업과는 아무런 관계를 갖지 않는다. 현대 자동차 그룹의 글로비스와 창원이 이에 해당한다. 한편 중층 기업(기업 3, 4, 5)은 상호주 보유로 묶여 있으며 중심적 기업들이다. 상층 기업과 달리 중층과 하층의 다른 재벌기업들을 소유한다. 이들 기업은 대체로 공개되어 있으며 평균적인 기업규모는 큰 편이며 설립된 지도 오래되었다. 현대자동차그룹의 현대자동차, 기아자동차, 현대모비스, 현대캐피탈, Ini 철강이 이에 해당한다. 한편 하층에는 비상장기업으로 규모는 더 작고 설립연수도 길지 않다. 이들 기업은 다른 기업의 지분을 크게 보유하고 있지 않다. 현대자동차 그룹의 경우 아주금속, BNG 스틸이 이에 해당한다.

기업집단의 보편성

소수자 지배라는 소유구조의 특성을 반영하여 우리나라 기업은 대기업뿐만 아니라 중견기업 그리고 중소기업까지도 다수의 계열사로 이루어진 기업집단의 조직형태를 갖는 경우가 많다. 우리나라에서 자본시장이 발달하지 못한 상태에서 산업화가 압축적으로 추진되었기 때문에 기업이 사업에 필요한 자금은 외부자본시장보다는 내부자본시장에 의존해야 했고, 이것이 계열사를 통한 자금조달로 나타나 오늘날의 복잡한 소유구조를 가진 기업집단이 형성되었다. 또한 지배주주 지분이 낮아지고 계열사의 지분이 증가한 것은 외환위기 대응책으로 부채비율을 200% 이하로 낮추기 위해 계열사들이 유상증자에 적극 참여한 데서도 부분적으로 기인한다.

기업 성장에 따라 다각화와 경제력 집중이 나타나는 것은 자연스러운 현상이지만, 우리나라의 기업집단은 다른 선진국들과는 다소 다른 특징을 보여주고 있다. 먼저 다각화 측면에서 볼 때 우리나라 대기업집단들은 1980년대 초부터 이미 상당한 다각화를 이루어 왔다. 특히 이러한 다각화는 기업집단들이 계열기업 내부에서 영위 업종의 범위를 확대하기보다는 계열기업의 신설을 통한 다각화를 추구하였으며, 비관련 다각화의 비중이 높았다.

공정거래위원회는 공정거래법에 따라 매년 5월 1일까지 공시대상기업집단을 지정하고 이 중 자산총액 10조 원 이상을 상호출자제한 기업집단으로 지정하고 있다. 2022년의 경우 76개 기업집단(소속회사 2,886개)이 공시대상기업집단으로 47개 기업집단(소속회사 2,108개)이 상호출자제한 기업집단으로 지정되었다.[16] 1987~2016년 동안 자산 상위 30대 기업집단에 속한 계열회사 수는 점진적으로 증가하여 1987년 493개, 1997년 819개, 2012년 1,220개 그리고 2016년 1,183개로 커졌다. 이에 따라 평균 계열회사 수는 1987년 16.4개에서 1997년 27.2개, 2012년 40.7개 그리고 2016년 39.4개로 증가하였다.[17] 30대 기업집단의 영위 업종 수는 통계가 이용 가능한 기간만 보더라도 2000년 9.6개 업종에서 16.0개 업종으로 증가하였다(한국경제연구원, KERI DB). 이러한 다각화는 거래비용 경감, 범위의 경제 등 긍정적인 측면을 갖지만 동시에 한계사업에의 과다투자라는 부정적 측면도 무시할 수 없다. 한편 경제력 집중 측면에서 볼 때 특히 상위 기업집단의 국민경제에서의 비중이 상당히 높게 나타나고 있다. 2020년 보더라도 상위 30대 기업집단의 매출액은 22.2%, 당기순이익은 11.4%를 점하고 있다.[18] 기업집단 중에 상위 5개 또는 상위 10개 집단의 비중이 두드러진다. 즉, 전체 공시대상 기업집단 중에서 상위 5개(10개) 기업집단이 차지하는 비중은 2022년 기준으로 자산총액 중 50.5%(65.7%), 매출액 중 54.8%(70.3%) 그리고 당기순이익 중 57.0%(67.5%)에 달하고 있다. 한편 우리나라에서 제조업뿐만 아니라 서비스업에서도 개별 시장과 산업의 집중도는 높은 수준을 유지하여 왔으며, 대기업집단들이 이들 독과점적 시장과 산업을 지배하고 있다.

소유경영체제

우리나라 대기업집단에서는 지배주주가 최고결정권자의 역할을 직접 수행하는 소유경영 체제가 발전해 왔다. 소유경영체제는 신생의 소기업이나 중견기업에서는 거의 예외 없이 등장하며, 거대 기업집단도 주식 소유의 저조한 분산을 배경으로 소유경영 체제를 유지하고 있다. 재벌 2세 혹은 3세로 넘어가더라도 창업자

16. 공시대상기업집단 소속사는 공정거래법에 따른 공시 의무, 특수관계인에 대한 부당한 이익제공금지(§47조) 등이 적용된다. 상호출자제한기업집단 소속사는 그 외에 상호출자 금지, 순환출자 금지, 채무보증 금지, 금융·보험사 의결권 제한 등이 추가로 적용된다. 한편 공정거래법에 따른 공시의무는 대규모 내부거래, 비상장회사 중요사항 및 기업집단 현황, 공익법인의 이사회 의결를 공시하도록 한 것이다.

17. 김동운(2018), 「한국의 대규모기업집단, 1987~2016년」, 『경영사연구』, 33-2.

18. 이는 2020년 경제총조사 기반 매출액과 영업이익에서 2021년 대기업집단 지정결과(공정위)에 집계된 매출액과 당기순이익이 차지하는 비중으로 각각 계산되었다.

와 그 가족은 동일인 지분과 특수관계인 지분 그리고 계열사 간 출자 지분을 모두 합한 지분을 통해 고용된 경영진의 임면에 관한 결정권을 행사함으로써 실질적인 최고경영자로서 역할하고 있다.

소유경영은 기업 오너가 확고한 주인 의식이 밑바탕이 되는 리더십을 가지고 신속하며 과감한 의사결정을 내릴 수 있도록 한다. 또한 계열사 간 수직적 의견 조율이 쉽고 신속하게 경영 전략을 조정함으로써 전체 기업집단 단위로 성장 분야에 대해 과감하고 전면적인 투자가 가능하다. 또한 '내 회사'라는 애착이 강하여 '주인 의식'을 가지고 장기적인 관점에서 일관된 방향으로 기업을 이끌어나갈 수 있다.

그러나 소유경영은 많은 단점도 동시에 가진다. 경영이 잘못되더라도 이사회로부터 경영권 박탈이 생겨날 가능성이 극히 낮기 때문에 사실상의 견제 장치가 없는 상황이므로 잘못된 결정을 내릴 가능성이 높다. 경영진을 대표하는 대표이사가 경영진을 견제하기 위해 존재하는 이사회 의장까지 겸직하고 감사위원회도 경영진의 입김이 작용하는 사외이사들로 구성된다. 더욱이 사외이사들도 이사회 이사로 활동하면서 얻는 안정적 보상에 만족한 나머지 이사로서의 감시와 조정 역할을 충분하게 수행하지 못한다. 감시와 견제 장치가 모두 무력화되어 의사결정은 불투명하고 독단적 방향으로 흐를 수 있으며 경영권 오남용을 넘어 사익 추구 행위로까지 이어질 수 있다. 자칫 오너가 잘못 판단했을 때는 오너가 책임지기보다는 회사나 소액주주, 채권자, 종업원 등 주요 이해관계자에게 큰 손실을 끼치기도 한다. 마지막으로 오너 경영은 주로 가족 단위에서 이뤄지기 때문에 기업을 이끌 역량이 부족한 자가 경영권을 잡게 될 수도 있다.

한편 민영화된 공기업(POSCO, KT 등)이나 금융기업(KB, 신한은행, 하나은행 등) 등 소유구조가 애초부터 특정인이나 일가 중심이 아니었던 기업들의 경우에는 전문경영 형태가 나타난다. 전문 경영자는 기업의 소유구조에 직접적 관계가 없으며, 기업의 의사결정은 조직 내부에서 민주적 의사소통을 통해 이루어지고, 임원들로 구성된 이사회나 주주총회에 의한 객관적인 견제 장치가 갖춰져 있다. 전문경영은 동물적인 감각과 직관력에 기초한 신속하고 과감한 의사결정보다는 이해관계자들에게 설득력 있는 합리적인 의사결정에서 장점을 보인다. 그러나 전문 경영인은 임기제로 선임되므로 장기적인 기업 발전에 대한 책임감보다는 단기적인 성과에 치중하여 장기 성장에 부정적인 결정을 내릴 수 있다. 또한 경영자로서의 지위에 얽매여 경영실패의 책임을 회피하여 기업 위기 때 신속하고 과감한 결정을 내리지 못할 수 있다. 다만 공개적 절차를 통해 경영 능력을 검증받은 경영인이 선임되는 만큼 기업을 이끌 역량을 가진 경영자가 선임될 수 있다. 또한 경영자에 대한 객관적 견제 장치가 갖춰져 기업경영이 투명해지는 효과도 거둘 수 있다.

2.3 한국 기업지배구조의 변천

우리나라 대기업집단의 현행 소유지배구조는 역사적 산물이다. 외환위기 이전까지는 주식시장보다 주거래 은행을 통해 자본을 조달하였고 이사회 구성이 내부승진자로 이뤄졌으며, 상호출자를 통해 계열사를 지배하는 구조는 표면상 일본과 유사했다. 하지만 소유주의 영향력이 절대적이고, 주거래 은행의 기업에 대한 자본조달과 감독기능의 영향력이 낮다는 점에서 일본과는 크게 구별된다. 이러한 구조의 발전에는 대기업집단의 지배주주가 정치권 및 정부와 긴밀한 관계를 맺음으로써 주거래 은행의 영향력을 차단한 국가-기업 관계의 발전국가적 특수성도 부분적으로 기여하였다.

외환위기 이후에는 독립된 이사회에 의한 운영, 최고책임자의 책임경영, 소액주주의 권리 보장 등으로 영미식의 시장중심 거버넌스로 개혁이 이루어졌다. 그러나 주주 분산이 충분히 이루어지지 못한 상황으로 말미암아 사외이사 제도 또는 감사 등의 지배구조 수단을 통하여 회사 내부의 자발적인 감독기능이 구현되지 못하고 있다. 또한 시장 메커니즘에 의한 감독기능도 미약하여 현 상태로는 자율적인 견제와 균형 시스템이 작동할 것으로 기대하기 어렵다. 또한 종업원은 기업경영에서 적극적인 감시자나 협력자로서의 역할로부터 사실상 배제되어 왔으며, 법률상 명시되어 있는 노사협의회나 우리사주제도도 실질적인 효력을 발휘하지 못하여 기업지배구조는 소유경영자의 직접 규율에 거의 전적으로 의존하고 있다.

그림 9-8 한국 주식시장과 대기업집단 중심의 지배구조 변화

1960~1980년대 : 발전국가의 직접적 견제

1945년 독립 후 대부분의 기업들은 금융기관 대출과 상거래 신용에 의존하는 전형적인 개인사업체가 대부분이어서 기업주는 모든 권리와 의무의 주체였다. 때때로 사업규모가 개인의 능력을 넘어설 경우 여러 개인 사업가들이 동업자로서 돈을 모아 합자회사를 창업하여 자산을 공동소유하기도 하였다. 그러나 합자회사의 위험성을 경험하게 되면서 점차 유한책임을 갖는 주식회사가 설립되었다. 기업은 법률상으로 인간(법인)으로 등록되어 기업을 소유하고 계약하며 책임질 수 있게 되었다. 동업자들 중 가장 많은 출자금을 낸 개인이 기업대표를 맡고 다른 출자자들은 주주로 남게 되었다. 주주들이 회사를 소유하고 회사가 자산을 소유하여 책임지게 된 것이다. 이때 은행 차입금을 갚지 못해 회사가 망하게 되더라도 주주의 책임은 자신이 출자한 자본금으로 제한될 뿐 차입금까지 책임지지 않아도 되었다. 덕분에 주주, 특히 기업대표인 주주는 과단성 있게 경영에 임할 수 있었다. 자본시장이 발전하지 못해 당시 기업들은 모두 기존 주주 외에는 외부투자를 받지 않는 비상장 회사들이었다.

원자재와 자본설비를 수입하여 조립 · 가공하며 경공업에 머물던 기업들은 1970년대에 들어 장기저리의 정책금융을 발판으로 중화학공업으로 진출하게 되었고 이에 따라 여러 산업에 걸쳐 다수의 비관련 기업들을 산하에 소유한 기업집단이 형성되었다. 1960~1970년대에는 정부주도의 경제발전 모델에서 정부보조, 국내시장 보호, 금융 및 세제지원으로 대기업집단은 공고화되었다. 물론 이 시기에 대기업들은 활발한 고용창출로 경제성장에 기여했다. 이 기업들 역시 모두 기존 주주 외에는 외부로부터 투자받지 않는 비상장 회사들이었다.

발전국가는 오랫동안 기업 소유 지배구조에 큰 주의를 기울이지 않았으며, 기업통제는 대출 중단이나 세무조사 등의 비공식적 제재수단을 이용해 왔다. 우리나라에서 기업의 소유지배구조와 그 부작용에 대한 정책은 1974년부터 시작된 자본시장 활성화와 기업공개 정책에서 비롯한다. 1970년대까지 정부와의 밀접한 관계 속에 성장한 재벌은 자금조달원이 주로 정부의 통제하에 있던 은행이었으므로 기업 규모가 커졌지만 창업가족이 비교적 높은 비율의 지분을 유지할 수 있었다. 그러나 중화학공업에는 경공업과 비교할 수 없을 정도로 많은 자본금이 필요하였다. 기업의 외부자금조달을 통한 투자와 성장의 확대를 위해 정부는 적극적인 기업공개 정책을 강제했다. 정부는 이를 위해 다양한 유인책을 고안했다. 상장대상 기업을 공개적으로 지정하고 적극적으로 주식을 분산시킬 경우에 조세 및 금융지원 편의를 제공하였다. 한편 소유권이 분산됨에 따라 기업 자본은 증가했지만, 외부세력이 주식을 매집해 주주총회에서 이사회와 경영권을 장악할 위험이 커졌다. 정부는 결국 기업공개에 따른 기업의 지배권에 대한 불안을 해소하기 위해 지배주주, 즉 창업가족에 대한 적극적인 경영권 보호정책을 고안했다. '주식 대량소유제한 제도'(1976)를 만들어 초기 주주 외 개인 혹은 법인이 별도로 10% 이상의 지분을 보유하지 못하도록 규정하여 경영권 상실을 우려할 필요가 없도록 했다. 또한 경영권을 지키는 동시에 출자금도 절감할 수 있는 방법으로 '계열사 출자'와 '상호출자'를 자유롭게 허용하여 법인이 법인을 소유하는 계열사 피라미드를 형성하게 하였다. 이러한 피라미드식 계열사 소유구조는 기업집단이 은행으로부터 대규모 자금을 유리한 조건으로 조달할 수 있는 배경이 되었다. 특정 계열사 단독으로 대출할 수 없는 자금을 다른 계열사나 그룹 전체가 보증한다면 가능해졌다. 피라미드 통제를 이용하여 사업을 다각화하고 기업집단을 형성함으로써 적은 자본으로 산업기반을 확충할 수 있었다. 상당수의 상장기업은 1970년대 기업공개촉진법에 따른 정부의 강요와 유인책을 배경으로 상장에 나섰지만 그 이후에는 오히려 지배지분 유지를 위하여 일반 공모에 의한 신주발행을 기피하였다. 한편 정부의 지원과 국민의 희생에 힘입었던 대기업의 성장이 소수의 특정인과 그 가족에 집중되는 현상에 대한 우려가 커져 과도한 차입금융과 계열확장 그리고 여신편중을 막고 금융기관 건전성 제고를 위해 여신관리제도도 도입(1974)되었다.

우리나라 발전국가는 기업 거버넌스를 기업 내부의 규율이나 시장의 자정기능에 맡겨두기보다는 정부 통제와 감시 아래 두었다. 발전국가는 경제성장을 위한 기업가적 역할을 자처하며 기업의 자금조달, 투자결정, 경영판단 기능에 대하여 전방위적 · 포괄적으로 개입하였다. 정부는 인허가권이나 국유은행을 통한 자금지원, 세제감면으로 특혜를 줄 수 있는 재량을 가졌고, 자금지원 중단, 퇴출, 형사처벌로 자유롭게 응징할 수 있었다. 정부는 제시된 목표를 잘 달성하는 기업에게는 지원책을 제공하고 부실기업 인수나 신사업 참여의 기회를 계속 부여한 반면, 그렇지 않은 기업은 구조조정 대상으로 처리하였다. 발전국가는 기업경영에 행정지도 방식으로 개입하였기 때문에 기준이나 집행방식이 불투명하였고 법치주의를 형해화시켰다.

1980년대에 들어 정부는 대기업집단의 소유 · 지배구조에 대해 본격적인 제재를 가하기 시작하였다. 경제력 집중의 억제라는 목표하에 제정된 1980년 "독점규제 및 공정거래에 관한 법률" 시행이 그 시작이었다. 정부는 우선 비주력 계열사를 처분토록 함으로써 재벌기업의 소유 · 지배구조에 큰 영향을 미쳤다. 공업발전법(1986)을 시행하면서 특정 산업을 정부주도로 육성하던 식의 직접적인 개입을 축소하였다. 1980년대 중반에는 주로 기업집단들의 높은 경제적 비중이 문제시되었고 공정거래법에 경제력집중 억제제도가 도입(1987)되어 새로이 경제력집중 억제와 업종전문화 목적이 추가된 여신관리제도와 더불어 기업집단 정책의 양대축을 형성하였다. 아울러 지주회사 설립과 지주회사로의 전환이 금지되고 '대규모 기업집단'이 지정되면서 그 소속사들에 대하여 상호출자금지와 출자총액 제한이 시행되었으며 금융보험사가 보유한 계열사 주식의 의결권 행사도 금지되었다. 1980년대 후반에는 증시 활황으로 소액주주의 수가 급증하며 소유분산이 성과를 보였다.

대기업집단은 1970년대에 독립채산 단위로 사업부제를 도입하여 전문경영인을 육성할 수 있는 기반을 마련하였다. 경영자를 선발, 육성, 평가, 보상하는 제도와 노하우가 축적되기 시작한 것이다. 그러나 소유경영자의 리더십과 정부와의 협력관계로 사업의 성공을 기약하기 충분하였기에 전문경영인의 역할은 전략 수립보다는 이미 정해진 전략에 대한 실행방안을 세우고 추진하는 데 치우쳤다(정구현 외, 2008).

민주화 이후 정부 개입의 약화

1980년대 금융기관 민영화와 자율화의 물결에 더해 1987년 이후에는 정치민주화가 진행되면서 정부의 직간접적 개입이 크게 감소하고 대신 시장에 의한 기업경영의 감시와 견제가 강화되었다. 그러나 기존의 행정지도 방식에 의한 정부개입은 여전히 지속되었고 독과점 기업, 대기업집단 그리고 소유경영자의 전횡을 견제하는 노력이 생겨났다. 1989년 산업합리화 조치를 취하면서 은행여신과 기업의 진출업종을 통제함으로써 기업의 성장과 확장을 견제하였다. 1986년 말 공정거래법을 개정한 이래 계열사 간 상호 지급보증 금지, 출자총액 제한 등을 통해 소유경영자의 기업지배에 개입하였다.

이런 상황 속에서 대기업집단은 1980년대 말 3저 호황을 배경으로 성장 재원을 자본보다는 부채에 주로 의존함으로써 경영권을 유지하면서도 외형을 빠르게 키워나갔다. 계열사 간 대출, 채무보증, 상호출자 등 내부자본시장도 큰 기여를 하였다. 하지만 1987년 이후 민주화를 배경으로 정경분리가 가속화되면서 정부는 경제력 집중 억제를 위해 대규모 기업집단에 대한 규제를 강화하였다. 특히 1990년대 전반에는 '문어발식' 다변화와 선단식 경영이 우리나라 기업의 국제경쟁력 저하의 핵심 요인으로 간주되면서 전문화와 대형화, 소유 분산, 전문 · 독립 경영 등이 추진되었다. 주요 대기업집단에 대해 계열사 간 상호채무보증을 축소하였고 출자한도를 축소(1992)하였으며, 대량주식 소유제한 조항을 삭제(1994)하였다. 또한 여신관리제도상의 주력업체제도(1991)를 실시한 데 이어 업종전문화 시책을 본격적으로 확장(1993)하였다. 한편 1995년 5월 "세계화추진위원회"에서 발표한 '경영 감시체제 세계화 방안'을 계기로 정부 차원에서 기업지배구조 개선방안이 계속 검토되었다.

정부의 직간접적 경영 개입이 완화되고 자본시장이 활성화되는 상황 속에서도 소유경영자에 의한 직접적 규율 외에는 기업지배구조가 내부규율과 외부규율 양면에서 정상적으로 작동하지 못하였다. 우선 내부규율 수단으로서 이사회 기능이 무력화되었다. 고도성장을 배경으로 증권시장이 강한 활황세를 보이고 있었던 만큼 일반 투자자는 주식의 장기보유에 의한 배당수익보다는 단기매매차익에 치중하며 기업경영을 적극 감시할 유인을 갖지 못했다. 이사회는 전원이 내부 승진자로 구성되었을 뿐 아니라 이사회 활동에 대한 외부 투자자의 평가와 감독이 부재함으로써 경영진에 종속된 거수기로 전락해 있었다. 이사회가 지배주주의 행동에 반기를 든다는 것은 기대할 수 없었다. 주주총회는 지배주주에게 장악 당하여 형식적 절차에 머물렀다. 당시 이사 선임과 관련하여 주주총회장에서 집행부의 복안을 구두로 발표하면 그에 대해서 이의가 없다는 식으로 이루어지는 경우가 84.5%에 이르렀다(1994년 상장회사협의회). 주주들이 경영진을 감독할 수 있는 이사회 및 경영권시장이나 채권자, 근로자 등의 이해관계자가 경영진을 감독할 수 있도록 하는 감사회도 발달하지 않고 있었다.

한편 소유경영자에 대한 외부규율도 취약하였다. M&A는 효과적인 경영규율장치의 하나이지만 정부는 주식의 대량소유제한(증권거래법 200조)과 주식의 공개매수의무비율(동법 21조)을 유지하며 경영권 보호정책을 계속하였다. 기업의 금융기관 대출에 대한 의존도가 높았지만 금융기관에 대한 강력한 관치로 인해 금융기관에 의한 독자적인 경영감독 기능이 구현되기도 어려웠다. 과당경쟁 및 과잉 중복투자 논리에 입각한 진입규제 정책으로 기업 간 경쟁을 원천적으로 제한하는 한편, 부실 대기업의 퇴출에 따른 부담을 우려하여 오히려 부실기업을 지원하고 상품시장에서의 성패에 의한 규율도 제대로 작동하지 못하였다. 마지막으로 회사법은 기업가 보호 기조를 이어갔으며, 감사 등의 경영감독제도는 형식적으로만 존재하여 규제공백의 상태가 이어졌다.

전문경영인의 등장 1990년대 들어 한국 기업에는 이공계 출신 경영자가 등장하기 시작하였다. 기업 규모가 커지고 사업 내용이 복잡화 · 첨단화됨에 따라 전문적 의사결정의 필요성이 더욱 증대되었기 때문이다. 소유경영자의 리더십과 정부와의 협력관계만으로는 사업의 성공이 불확실해진 것이다. 대기업집단의 경우 글로벌 시장 진출과 업종 전문화가 진척되면서 전문경영인의 기술지식과 전문적인 경영 노하우가 중요해졌다. 특히 기술력이 중시되고 상품 및 기능 고도화를 통해 글로벌 경쟁에서 살아남으려면 전문지식을 가진 전문경영인의 역할이 커져야 했다. 소유경영자는 종래 일상적 경영관리 영역에 머물던 전문경영인에게 사업 단위 수준의 의사결정권을 위양하기 시작하였다. 또한 첨단산업 진출, 글로벌화, 구조조정에 직면하여 발군의 역량을 발휘한 전문경영인들이 출현한 것도 이러한 경향을 강화하였다.

소유경쟁자의 혁신 1990년대 들어 글로벌 시장을 상대로 불확실성이 높은 첨단사업 부문에 진출하면서 전문 경영인에 대한 권한 위양이 진척되고 일부 대기업집단에서는 계열사 경영은 전문경영인에게 일임되었으며, 소유경영자는 그룹 비전을 제시하고 혁신을 주도하는 한편 전문경영인을 효율적으로 육성 · 감시하는 역할 분담이 자리 잡았다. 소유경영자는 능동적인 구조조정 또는 차세대 승계를 통해 경영혁신을 주도하였다. 소유경영자는 직접적 통제 대신 능력고과와 보상을 통해 전문경영인의 능력 발휘를 유인함으로써 빠른 의사결정과 전략구사가 이루어지도록 하였다. 소유경영자는 내부의 중앙관리조직에 크게 의존하였다. 비서실 또는 구조조정본부라 불렀던 중앙관리조직은 소유경영자의 목소리를 대변하여 전문경영인을 감시하고 조직 내에 혁신을 전파하는 역할을 하였다. 중앙관리조직은 법적 실체가 분명치 않은 가상조직이었지만 다양한 역할을 담당해 왔다. 1980년대에는 사업부 및 계열사의 경영을 감독 · 평가하던 재무본사의 기능이 확대되었다. 1990년대에는 신규사업이나 장기비전을 담당하는 전략본사의 성격이 크게 강화되고 1990년대 말부터는 구조조정을 지휘 · 지원하는 지식본사로 변신하였다(정구현 외, 2008).

외환위기 이후 다양한 기업지배구조 개선 노력

1990년대 말 외환위기가 터지면서 대기업집단은 유례를 찾기 어려운 경영위기에 봉착하였다. 부채 위주로 성장해 온 대기업집단의 재무 건전성이 급격히 악화되고 금융위기가 경제위기로 확대되었다. 기업지배구조가 경제 부실의 원인이었다는 지적이 제기되고 주주의 주권을 찾자는 소액주주운동이 일어나면서 지배주주의 독단에 의한 기업경영 방식을 바꾸려는 노력이 다각도로 전개되었다. 특히 외환위기 극복을 위해 해외자본의 이탈을 막아 주주가치가 강조되었다. 외국인 투자자들에게 한국 기업이 합리적이고 투명한 경영을 할 수 있는 제도적 장치를 가졌음을 보여주어야 했다.

결국 IMF의 자금공여 조건으로 '5+3 원칙'에 따라 소유지배구조가 영미식으로 대대적으로 개혁되었다.

5대 원칙은 ① 기업 경영의 투명성 제고(30대 집단 결합재무제표 도입, 회계공시 강화, 분식회계와 부실감사에 대한 처벌 강화), ② 상호채무보증의 해소(신규 채무보증 금지, 2000년 3월까지 기존 채무보증 해소), ③ 재무구조의 개선, ④ 핵심역량의 집중, ⑤ 지배주주 및 경영자의 책임성 확립(소수주주권 강화, 상장법인 사외이사 선임 의무화)이었다. 3대 대책은 ① 산업자본의 금융지배 차단, ② 순환출자와 부당한 내부거래 억제(출자총액제한제도 재도입, 대규모 내부거래의 이사회 의결 · 공시 의무화), ③ 변칙상속 차단(대주주의 비상장주식 거래에 대한 과세 강화와 공익법인을 통한 계열사 지배 억제)이었다. 재무구조 개선에 초점이 맞추어졌지만 사외이사의 적극적 역할과 주주 적극주의(shareholder activism)의 활성화를 위해 사외이사제도, 감사위원회제도, 이사선임을 위한 집중투표제 등이 도입되었으며, 금산분리와 순환출자 규제를 강화하고 계열사 간 지급보증제도가 완전히 폐지되었다. 증권집단소송제가 도입되고 금융회사 보유 자기계열사의 주식 의결권이 30%에서 15%로 축소되었으며, 비상장회사에 대한 공시 강화 조치도 있었다. 효과적인 구조조정을 지원하기 위해 지주회사를 허용하고, 인수합병과 관련하여 1998년에는 외국인 주식취득 한도, 의무공개 매수제도, 주식대량소유제한 제도를 전면 폐지하여 적대적 M&A를 허용하였다. 이로써 국내기업에 대한 적대적 M&A를 위한 문은 활짝 열려 외국인 투자자들이 새로운 감시집단으로 급부상한 반면, 국내 대기업집단은 계열사를 우호 주주로 활용하는 데 있어 제한을 받게 되었다.

한편 공정거래위원회 주도로 대기업집단에서 총수일가의 지분과 의결권 간 괴리를 축소하는 정책이 시행되었다. 또한 각종 시민단체는 소액주주로 대표되는 이해관계자들의 목소리를 대변하여 소유경영자의 독점적 지배행태를 견제하기 시작하였다.

결과적으로 소액주주의 권익보호가 강화되고 외국인 주주의 비중이 확대된 반면, 소유경영자의 개인지분이 감소함에 따라 시장의 감시기능이 작동할 수 있는 여건이 마련되었다. 직접금융 비중이 높아지면서 기업가치의 상승은 곧 시장에서 저렴하게 자금을 공급받을 수 있는 전제조건이 되었다. 글로벌 경쟁 환경도 시장의 역할을 강화하였다. 특히 대기업은 중소 · 중견 기업에 비해 주주 중심경영으로 빠르게 선회하였다. 고용의 안정보다는 수익의 확대를 지향하고 회계적 수익보다는 자본시장에서 평가되는 기업가치를 극대화하려는 경영 기조가 나타났다. 소유경영자에 대한 감시가 더욱 뚜렷해짐에 따라 기업집단 내에서 전문경영인의 입지가 강화되는 결과가 나타났다.

외환위기 이후 정부가 매우 짧은 기간 동안 대기업집단의 부채비율을 200% 미만으로 축소할 것을 권고하자 기업집단은 출자전환, 자산매각, 자산 재평가, 계열사 간 순환출자를 늘려 대응하였다. 이에 따라 기업구조조정 과정에서 부채가 자본금으로 전환되면서 부채비율이 낮아지는 동시에 소유경영자의 지분 비중이 감소하였다. 대신 계열사 지분을 통한 간접지배가 확대되면서 자연스럽게 소유경영자의 지배-소유권 괴리도 높아졌다. 이로 말미암아 과거 경제력 집중과 중소기업과의 불공정 경쟁을 중심으로 이루어지던 기업집단에 대한 비판과 감시는 이제 지배주주가 소유지분보다 더 많은 지배권을 행사하는 현상에 초점이 맞추어지기 시작했다. 한편 순환출자 문제 해소와 외국 자본에 대한 경영권 방어를 위해 정부는 오랫동안 금지하여 오던 지주회사를 제한적이나마 허용하였다.

그러나 2008~2009년 글로벌 금융위기가 발생하면서 대기업집단에 대한 규제가 다시 완화되었다. 2008년 출자총액제한 제도가 폐지되고 상호출자와 채무보증제한 기업집단 기정기준이 상향되었다. 지주회사의 부채비율은 200% 이하로 제한되었으나 비계열회사 주식 5% 이상 보유금지 규제가 폐지되었다. 하지만 2016년 이후에는 다시 대기업집단에 대한 지배구조 개선 요구가 강화되고 있다. 공정거래위원회는 대기업집단에 대해 자율적으로 지배구조 개선을 요구하고 있다. 또한 국민연금을 중심으로 스튜어드십 코드가 도입되고 있다.

2.4 한국 기업의 기업지배구조 : 소유경영자

소유경영자는 과감하고 신속한 의사결정으로 오늘날 한국 기업의 세계적 성과를 주도해 왔다. 그러나 조직을 구성하는 다양한 이해관계자들의 자발적 협력과 통합을 이끌어내지 못하고 기업가정신의 원만한 발휘를 방해하고 있다. 한국의 소유자경영이 문제되는 것은 소유경영자와 그 가족들이 경영역량에 대한 충분한 검증 없이 지배력을 강화·세습하는 데 1차적 목표를 두기 때문에 기업가치의 극대화를 도모하는 일반 주주의 목표와 일치하지 않고 소유주가 경영 전권을 휘두르지만 그에 대한 충분한 책임을 지지 않는다는 데 있다.

1) 소유경영자의 소수자 지배

우리나라에서 기업지배는 소유 집중을 배경으로 근면과 절제, 로비 능력 등 지배주주의 개인적 성품에 기댄 자율적 통제를 중심으로 이루어지고 있다. 그러나 대기업집단과 대기업의 사업 규모, 범위가 세계적 규모로 커진 만큼 소유경영자뿐만 아니라 경영능력에 대한 충분한 체험이나 검증 없이 세습된 새로운 세대의 역량에 한계가 생겨나고 있다. 소수자지배 문제는 한국의 대기업집단이 풀어야 할 숙제이자 한국이 극복해야 할 도전이기도 하다.

소유-경영의 일치와 피라미드적 소유에 의한 중앙집중적 통제

우리나라의 기업은 대주주가 경영에 직접 참여(소유경영자)하고 경영자는 통제 피라미드에 기초한 권한집중형 위계구조를 구성하여 적절한 견제장치 없이 경영권을 행사하는(경영자 자본주의) 소유경영자 자본주의를 형성하고 있다.

우리나라 대주주는 경영에 직접 참여함으로써 '소유와 경영의 일치'를 보이고 있다. 그러나 그룹이란 법적 실체가 없고 그룹 회장직도 허구의 직함이다. 창업자 가족들은 법적 실체가 없는 최고직위(회장 또는 총수)를 설정하고 계열기업들의 이사직을 임명하며 기업집단을 실질적으로 통제하는 것이다. 결과적으로 소유경영자는 책임이 제한된 채 사실상 종신제로 권한을 행사하며 군림한다. 이러한 소유자의 권위와 권력은 전문성과는 관련없이 자녀들에게 상속되는 경향이 지배적이다.

대주주는 중핵기업의 지배적 소유권을 확보하고 이 중핵기업은 다시 다른 회사의 지배주주가 되는 연쇄적 소유구조를 통해 계열사를 통제하는 피라미드적 소유에 힘입어 경영활동에 상당한 영향력을 행사한다. 창업주와 그 후손들은 소유권으로부터 직접적으로 파생된 권위로 기업집단 내에서 전략적 의사결정과 운영적 의사결정 모두에 깊이 참여하고 개입한다.[19] 관료적 지배체제가 발전했을지라도 사적이고 배타적인 속성과

19. 유교문화와 가부장적 전통은 가족뿐만 아니라 사회조직, 특히 기업집단의 질서를 형성하는 가장 중요한 요소로 간주되기도 한다. 유교적 규범은 사적 인간관계, 권위에 대한 존중, 친족과 공동적 집단성에 대한 충성심을 강조하며 가족주의와 집단주의의 성격을 갖는다. 가족주의와 집단주의는 개인의 출생지와 학연에 대한 충성으로 확대되어 재벌 소유주는 유교적 가정의 가부장과 같이 재벌체제의 중심을 차지하고 공식 지위도 없이 그룹 전체를 통제한다.

연줄들이 공식적인 규칙과 절차보다 중시되기도 한다.

소유경영자가 전문경영인을 감시한다는 면에서 우리나라 기업집단의 지배구조는 영미식 지배구조보다 전문경영인의 대리인 비용을 효과적으로 축소할 수 있다. 소유경영자는 주된 소유자로서 전문경영인을 감시하려는 충분한 유인을 가지며, 직접적으로 경영에 참여하고 내부정보를 가지므로 밀착된 견제가 가능하다. 또한 소유경영자가 기업의 비전제시와 전략설정을 담당하고 조직의 구심점으로 남아있기 때문에 기업은 위험한 투자에 대해서도 빠른 의사결정이 가능할 뿐만 아니라 단기 업적주의에 빠지지 않고 장기투자를 일관되게 할 수 있다. 소유경영자가 존속할 수 있는 가장 큰 이유는 소유경영자가 경영혁신을 주도하면서 기업 내 지위를 공고히 했기 때문이다. 또한 소유경영자가 기업 채무에 대해 개인적인 책임과 보증 의무를 지고 있다는 여론과 금융관행에서도 그 이유를 찾을 수 있다. 정부, 시민단체, 채권단은 소유경영자에게 경영에 대한 최종 책임을 물음으로써 그 지위를 암묵적으로 인정하고 있다. 경영위기 때마다 소유경영자에게 사재 출연을 요구함으로써 기업의 주인으로서의 소유경영자를 재신임하고 있다.

사업부제 기업집단

한국 대기업집단의 계열사들은 법적으로 각각 독립된 기업들이지만 실제로는 단일기업 내의 사업부와 마찬가지여서 기업집단은 다수 사업부(M-형) 조직 또는 사업부제 기업집단이라 부를 수 있다. 재벌 계열사들은 법적으로 독립된 지위를 갖지만 사업부제 구조를 가진 단일기업처럼 일사불란하게 행동할 수 있다. 폭넓은 상호 지분 보유를 통해 계열사를 통제함으로써 계열사들은 각각 독립적 주주와 이사회를 갖지만 그에 의한 기업지배구조는 무력화되어 마치 단일기업에 속한 하나의 사업부처럼 운영되고 있는 것이다. 대기업집단이 새로운 사업을 추진할 때 이미 존재하는 기업(계열사) 내에서 사업부를 확장하기보다는 별도의 독립된 법인을 활용한 결과이다. 외부 주주의 견제장치가 미흡하고 외부자금 접근에의 용이성, 사업 간 비관련성 때문에 기업집단은 적은 자기자본으로 신규 사업에 진출할 수 있는 계열사 확장방식을 선호해 왔다.

사업부제 기업집단 체계에서 총수는 장기계획을 수립하고 각 사업부 간의 협력을 유인하고 계열사와 그 책임자를 평가하고 보상하는 기능에 초점을 맞춘다.[20] 사업부제는 사업부 간 경쟁을 유발하고 상호협조할 영역에 대해서는 협조하도록 유인한다. 총수는 때때로 자회사의 의사결정 과정에 깊숙이 관여한다. 재벌의 최고경영자인 회장은 그룹차원의 계열사별 투자와 사업 철수 그리고 인력관리의 방향을 결정한다. 신규사업 진입, 해외 진출과 확대, 대규모 투자, 핵심 경영진의 임명 등은 모두 총수의 권한에 속하거나 최종 승인을 필요로 한다.

그룹 회장은 계열사 사장들에 대한 접촉과 통제를 위해 정기적으로 모든 계열사가 참여하는 사장단 회의와 주요 계열사가 참여하는 그룹운영위원회를 이용하여 왔다. 계열사들은 소액 투자를 독자적으로 결정할 수 있지만, 거액 투자나 다른 계열사와 중복되는 사업진출 등은 그룹 회장이 결정해 왔다. 한편 그룹운영위원회는 신규사업 진입, 자본 이전, 최고경영자 임명과 이동 등의 그룹 차원의 의사결정에서 중요한 역할을 담당한다. 그러나 사장단은 의견을 수렴하거나 또는 자발적으로 협력하기보다는 주요한 의사결정권이 거의 없는 상태에서 회장의 강력한 통제 속에서 움직인다. 결국 한국의 재벌은 다각화 기업과 유사하며 재벌 계열사들의 사장들은 사업부의 관리자와 유사한 기능을 수행한다. 이러한 조직구조는 계열사들 간의 시너지를 창출하

---

20. 사업부제 기업집단 체계는 '유연한 기업 간 네트워크' 형성을 통해 계열기업의 자율성과 기업 간 협력을 동시에 제고하는 데 기여할 수 있다.

는 데 필수적이다. 의사결정을 집중화함으로써 재벌기업들은 전략적인 분야에 자원을 집중할 수 있다.

자원공유를 통해 계열사 차원에서 창출된 가치는 종종 그룹 총수의 잘못된 전략과 부실 계열사에 대한 지원 등을 통해 그룹의 다른 부문에서 낭비될 수 있다. 즉, 계열사 간의 자원공유에 의해서 창출된 운영상의 시너지가 종종 전략적 의사결정의 실패 때문에 상쇄될 수 있다. 재벌의 약점은 무엇보다도 의사결정권의 지나친 중앙집중과 동시에 효과적인 지배구조의 부재에서 비롯한다. 1980년대 이전 재벌은 주로 정부 계획에 따라서 다각화를 추구하였다. 정부는 진입할 산업과 기업을 결정하였고 무엇인가 잘못되었을 때에는 뒤처리까지 맡아 정부가 일종의 지배구조를 제공하였다. 그러나 1980년대에 들어 재벌들은 자신이 조달한 자금을 가지고 자신들이 수립한 전략을 추구하게 되었지만, 자신들의 행동에 대한 책임을 모두 지지 않을 수 있음에 따라 자신의 잘못된 결정을 견제할 수 있는 지배구조를 갖지 못했다. 이 문제는 재벌 2세나 3세에서 증폭되었다. 이들은 종종 자신의 능력을 입증하기 위해 보다 야심찬 사세 확장에 몰두하였다. 그러나 이들 신임회장들의 잘못된 의사결정을 견제할 수 있는 기업지배구조는 아직도 부족하다.

U자형 조직에 의한 수직적 조직통합

자율성이 약한 계열사 계열사들이 각자 이사회와 사장들을 갖춘 법적으로 독립된 실체이고, 계열사들은 사업부처럼 그리고 계열사 최고경영자들은 사업부장처럼 역할을 해 왔지만, 일반적인 사업부조직에서 기대되는 분권적 자율성은 갖지 못해 왔다. 자회사 경영자의 권한은 상당히 제한되어 관계사는 비전 설정, 경영자원 구축이나 비즈니스 모델 수립 등에 있어 전략적 자율성을 갖지 못한다. 전문경영인들이 개별 기업의 관리적 · 운영적 통제를 수행하는데 비해 창업자와 그 가족은 기업집단 전체의 전략적 통제에 관심을 둔다. 총수는 다각화된 기업 전체의 전반적인 전략적 결정을 내리며, 각각의 사업부문을 담당하는 계열사 책임자들은 자신의 사업부문의 운영과 관련된 문제들만을 결정한다. 더욱이 계열사 최고경영진의 상당수는 소유주와 관련되며, 핵심적인 최고경영진은 가족들이 담당하여 전문경영자나 그에 의한 자율적 의사결정이 상대적으로 미약하다.

본사 조직 우리나라 기업집단에서는 실질적인 본사기능을 갖는 중핵기업이나 조직이 있고 동시에 상호출자 등을 통한 연계가 이루어져 있어 지배주주가 경영 전권을 가질 수 있다. 본사 기능을 갖는 중핵기업이나 조직은 계열사의 전략적 의사결정과 운영적 의사결정 모두에 깊이 개입한다.[21] 이러한 특징은 전통적인 U-형 조직구조에 가까운 것이다. 대기업집단은 중핵기업을 중심으로 법률적으로 독립된 수많은 계열사들이 상호출자 등으로 연결된 네트워크 형태의 기업조직을 구성한다. 대주주가 중핵기업의 소유권을 확보하고 이 중핵기업은 다시 다른 회사의 지배주주가 되는 연쇄적 소유를 통해 계열사들을 통제하는 피라미드 통제체제가 기업집단 전체의 사업을 통합 · 조정하는 중앙집권적인 위계구조를 형성한다. 이때 대주주(또는 가족 구성원)는 중핵기업의 대표이사 지위를 갖는 한편, 기획조정실, 구조조정본부 등 그룹본부조직을 통해 전체 계열사의 주요 의사결정에 깊이 관여한다.

이러한 구조는 일본, 미국과 대조된다. 전후 일본 기업집단의 회원사들은 법적으로 각각 독립된 기업으로 독립경영을 하지만 서로 다른 회원사의 지분을 소유하여 연계되고 회원사 사장들로 구성된 사장단 회의가 기업집단 전체에 대한 대주주들의 실질적인 이사회로서 조정역할을 담당한다. 미국의 기업집단은 반독점법

21. 몇몇 기업집단은 총수를 도울 만한 본부조직을 갖추고 있지 못하며, 본부를 갖춘 경우에도 정기적 기능은 제한적으로 대개의 기능은 필요할 때만 집중적으로 발휘되고 있다.

규제를 벗어나기 위해 외형상 단일 사업기업으로 되어있으나 실질적으로는 재무, 법률 등 현업과 무관한 부문으로 구성된 본사가 그 밑에 다수의 비관련 기업을 거느리는 M-형 조직기업이나 복합기업이다. 다만 복합기업은 M-형 조직기업에 비해 비관련 다각화 정도가 크고, 본사조직이 상대적으로 적어 사업부들에 대한 통제력이 미미하여 사업부들은 독립경영 체제를 갖추고 있다.

표 9-3 기업집단 유형별 비교

	본사조직 유무	본사통제력	계열사 간 연결	계열사 독립경영
한국 재벌	있음	강함	상호출자	거의 없음
일본 구재벌	있음	강함	없음	거의 없음
일본 기업집단	없음	없음	상호출자	강함
미국 M-형 조직기업	있음	중간	없음	중간
미국 복합기업	있음	약함	없음	강함

자료 : 강명헌(1999).

소유자와 고위 경영진을 정점으로 하는 조직의 통합은 환경변화에 따른 제품개발 조직의 기민한 대응을 가능하게 한다.[22] 하부조직 간 수평적 상호보완성이 낮아 신속한 하향식 의사결정이 보다 용이하다. 하부 조직 간의 낮은 상호보완성과 그에 따른 조직 간 갈등은 수직적으로 이루어지는 정보처리와 수직적 조정, 즉 고위 경영진의 조정을 통해 해결된다. 신속한 의사결정과 추진력 그리고 집중적인 자본동원이 가능하였고 이는 자본집약적 산업과 신규사업에 대한 투자에 있어 강점을 보여 왔다. 이에 따라 대기업은 최신의 생산설비가 경쟁적 제품 기반이 되는 범용철강, DRAM 등의 표준적인 자본집약적 재화에서 우위를 가진다.

외환위기 이후의 변화 우리나라 대기업집단은 1990년대 중반 이후 회장 직속의 중앙집중적 참모조직을 폐지 · 개편해서 계열사의 최고경영자를 포함하는 사장위원회 또는 경영위원회를 구성해 전문 경영인에게 상당한 권한을 위임하고, 동시에 중간관리직을 축소하고 각 계열사를 자율적 기업 단위로 전환해갔다. 전문 경영인과 가족 외부에서 충원한 임원들이 상위의 이사 직위를 차지하는 비율도 점차 증가하고 있다. 이전의 전문 경영인들이 소유경영자의 전략과 비전을 수행 · 추종하며 일상적 경영관리를 하는 데 그쳤다면, 이제 점차 전문적인 경영 노하우와 기술지식을 기반으로 사업 단위 수준에서의 전략적 의사결정을 주도하는 전략가로 변모하고 있다. 전문 경영인은 자신이 담당한 기업의 성과를 최대화하면서도 그룹의 전체적 성과를 목표로 하는 소유경영자에 협조함으로써 소유경영자와 긴장과 협력의 관계를 유지하고 있다. 전문 경영인의 경영 노하우와 소유경영자의 비전 전략 수립이 조화를 이루며 기업집단의 경영성과로 이어지는 것이다.

그러나 이러한 조직개편이 창업자 가족의 지배구조를 근본적으로 약화시키지 않았다. 창업자 가족의 혈통에 따른 총수 승계가 지속되고 최고 경영자는 충분한 검증 없이 직계가족이나 친족 성원이 여전히 임용되고 있다. 대체로 창업자 가족은 계열사 기업 내 최고위직을 보유하고 지주회사 또는 핵심회사 등을 통해 그룹 내부의 계열사들의 수직적으로 통합하며, 전략적 통제를 수행하고 전문경영인을 감시하는 역할을 하고 있다.

결국 아직 우리나라에서 소유자와 경영자 간의 관계는 서구 대기업에서의 소유-통제의 분리 또는 전문

22. 그러나 소극적 연구개발 투자로 인한 제품개발 능력의 한계, 엔지니어 숙련 전승의 어려움, 불공정 거래로 인한 부품업체의 불안정성, 종업원의 잠재능력을 활용하지 못하는 조직적 한계 등은 혁신을 어렵게 만들고 있다.

경영인의 자율성과는 거리가 멀다. 전문경영자와 임원들이 경영능력만으로 선임되는 것은 아니고 지역적·교육적 배경이 중요하며 내부 채용과 승진 외에도 전직 관료들을 충원하거나 특채해 왔다. 전문경영인의 영향력이 이전보다 커졌어도 임기가 짧고 지위가 불안정하며 그 역할은 대부분 운영적 관리로 제한된다. 전문경영인들의 중역 겸임은 기업집단 내부에서만 발견되고 외부까지 확대되지 못하고 있다.

내부 요소시장의 발전과 한계

독립된 계열사 형태로 다각화된 사업부제 기업집단조직에는 기술, 근로자와 경영진, 서비스, 자본 등 다양한 생산요소의 내부시장이 활성화되어 있다. 우리나라는 경제발전 초기부터 자본의 부족과 자본시장 미발전, 노동시장 경직성, 투자자의 재산권 보호 미흡, 사회적 신뢰도 부족 등으로 생산요소 시장이 정상적으로 작동하기 어려웠다. 생산요소 시장이 불완전한 상태에서 기업집단은 내부의 생산요소를 중앙집중적으로 통제하여 계열사 간에 이전·공유함으로써 생산요소를 원활하게 조달할 수 있었다. 많은 경영자원이 유리한 조건으로 신설회사나 성과가 부진한 계열사들로 제공되고 연구개발 비용과 광고비는 흑자 계열사들이 담당하였다. 특히 신규 사업에 진입했을 때 기존 계열사들은 다양한 경영자원과 노하우를 저렴하게 제공하였다. 브랜드 공유, 기술 확보, 부지 구매, 공장 설계와 건설 및 기자재 설치, 공정 설계, 인력 확보와 훈련, 원재료 공급과 완제품 수출 업무의 전반에 걸친 경영자원의 공유가 이루어졌다. 이러한 자원 공유는 지배주주가 절대적 통제권을 가졌기 때문에 가능한 것이었다. 내부노동시장은 결과적으로 기업집단과 국민경제가 효과적으로 다각화하는 데 큰 역할을 하였다. 내부노동시장은 노동 유연화를 수량적 조정이나 외부 충원이 아닌 내부 직업훈련, 숙련촉진적 작업시스템, 참여적 노사관계를 통해 달성하는 기반이 되어왔다. 이를 생산요소별로 나누어보자.

자본시장이 발전하지 못한 상황에서 투자자금 대부분은 정부가 선정한 소수의 사업에만 제공되었다. 은행 대출의 확보나 벤처캐피탈에 의존할 수 없을 때 그룹의 다른 계열사들은 지분투자, 대출, 지급보증은 안정적인 자금원이 되었다. 더욱이 계열사 간의 상호출자는 비교적 적은 투자로 많은 계열사에 대한 효과적 지배를 가능하게 하기 때문에 기업집단의 다각화를 더욱 촉진하였다. 반대로 투자자의 재산권 보호가 약했던 만큼 그룹 구조의 통합 운영을 위한 조정비용이 작았고 결과적으로 그룹의 범위가 확대하였다. 기업집단 내 기업들은 상당한 자본을 계열 내 금융기관과 기업들에서 조달해 왔고, 거꾸로 계열 금융기관과 계열사들은 주된 자금조달선으로서 계열사들을 효과적으로 감시하고 재정압박에 처할 때 구제금융을 제공하는 역할을 하였다.

기업집단은 우수한 인력의 확보와 이들의 훈련과 공유에 유리하게 작용하였다. 계열사들은 인력을 개별적으로 채용하거나 교육하기보다는 공채와 내부 노동시장(집단 내 인력이동)에 의존하여 인력을 확보하고 교육훈련은 그룹연수원이 맡도록 함으로써 규모의 경제를 창출하여 필요 인력의 채용과 훈련 비용을 절감하였다. 기업집단은 또한 기술적 자원과 경영 노하우의 공유를 용이하게 하였으며 그룹 차원의 문화가 형성되어 계열사들 간에 교류와 협력을 촉진하였다. 내부 노동시장은 근로자들이 기업 내 이동을 통해 자신에게 적합한 직무를 찾아갈 수 있도록 한다. 또한 외부 노동시장이 취약한 가운데 연공서열에 의한 내부승진이나 고용의 안정성을 제공하여 숙련인력의 이직 억제와 확보에 유리하게 작용하였으며 기업집단에 대한 종업원들의 충성을 확고하게 하였다. 비공식적 인간관계 혹은 동료 압박은 근로자의 태만 문제를 완화하였다. 더 나아가 기업집단은 다양한 경로를 통해 근로자의 교육훈련에 대한 투자를 장려하여 인적자본 축적에 기여하였다. 사업부제는 적절하게 위험을 분산하며 고용의 안정성을 제고하여 근로자의 기업집단 특수적 인적자본 투자를 유인하였다. 계열사들의 관리자들과 경영진들은 그룹 내부에서 순환보직이 이루어지기 때문에 개별 계열사보다 그룹의 일원이라는 소속감을 가진다.

기업집단의 계열사들은 상호 간 기술을 공유하여 왔다. 기술 공유를 위해 그룹 차원의 R&D 센터가 설립되었으며, 모든 계열사가 최신의 기술정보를 제공받고 최종 조립업체와 부품 공급업체들은 공동 연구개발에 자금을 지원하였으며, 그에 따른 성과를 공유하여 원가절감이나 신제품 개발에 공동 활용하였다. 다양한 분야에 동시에 투자할 수 있는 능력을 요구하는 첨단기술 산업의 육성에도 이러한 기업집단의 내부시장은 유리하게 작용하였다. 첨단기술 산업은 고도의 기술축적뿐만 아니라 대규모 시설투자와 경영기법이 필요할 뿐만 아니라 기술개발을 위해서는 대단위의 연구소가 필요하기 때문이다.

내부 요소시장의 한계 : 변화의 부진과 사익편취

내부 요소시장은 많은 부작용을 초래할 수 있다. 경제발전 과정에서는 무분별한 다각화를 초래하여 왔으며, 경제가 성숙한 뒤에는 폐쇄적 기업문화, 환경변화에 대한 적응력 저하, 창의적 아이디어 부재 등의 문제를 발생시키고 있다.

기업집단의 경영자들은 주로 내부에서 승진하며, 계열사들 간의 광범위한 인적자원의 공유를 통해서 기업집단은 문화적으로 동질적인 경영자들을 양산하였다. 더욱이 설립자 가족들은 회장직을 세습하고, 자주 개별 계열사들의 사장 자리에 취임하여 기업집단의 상위경영층은 상당히 유사한 경영 철학과 관습을 갖게 되어 있다. 이는 조직을 일사분란하게 통제하는 데는 도움이 되지만 새로운 아이디어가 발현되는 데에는 방해가 된다. 내부승진의 풍토와 동일한 그룹문화가 지배하는 한 전략적 변화나 수정이 어렵다. 이로 인해 비관련 다각화를 추구하는 것이 명백하게 잘못된 경우에도 기업집단은 이를 지속하였다. 기업집단이 갖는 경쟁우위의 실질적 원천인 자원의 공유와 그룹 차원의 조정을 통하여 시너지를 창출할 수 있는 재벌의 역량을 보존하여야 하지만, 그에 비례하여 보다 엄격한 기업지배구조를 갖추도록 하여야 한다.

폐쇄적 내부요소시장이 기업집단별로 발달함에 따라 국민경제 전체의 노동시장을 비롯한 요소시장은 분단되고 발달이 저해받아 왔으며 생산요소의 효율적 배분을 방해했다고 할 수 있다. 즉, "사업부제 기업집단 → 중앙집중형 내부노동시장 → 노동시장 분단과 이중화"의 고리가 형성되었다.

소수자 지배구조하에서 내부시장은 (지배)주주 이익 극대화에 기여하였다. 그러나 지배주주는 내부시장을 소액주주와 계열사 주주뿐만 아니라 주요 이해관계자 그리고 국민경제의 이익에 반하며, 기업의 자원을 빼돌려[터널링(tunnelling)] 사익으로 부를 편취할 수 있다. 특히 지배주주는 이전가격 설정, 우선 구매, 인수, 사모증권 발행, 대출이나 대출보증의 제공 등을 통해 자신의 지분 비중이 작은 기업으로부터 지분 비중이 큰 기업으로 자원을 이전한다.

더 나아가 외환위기 이후에는 원할한 승계를 위해 계열사 간 또는 친족 간 내부거래를 이용하여 상속세를 제대로 납부하지 않는 사례가 반복적으로 나타나고 있다. 외환위기 직후까지만 해도 계열사 간 내부거래는 부실 계열사에 대한 우량 계열사의 지원이라는 형태를 띠었다. 그러나 2000년대 이후 내부거래는 작은 비용으로 계열사 경영권이나 부를 상속하는 수단의 성격이 강해졌다. 현재와 같은 소유지배구조는 소유와 통제의 괴리를 보여 상속 시에 정상적인 상속세 납부가 이루어질 경우 유지가 어렵다. 그러나 승계자가 100% 개인출자로 설립한 신생회사에 기존 핵심 계열사의 지분을 51% 이상 출자한 후 신생회사를 퇴출시킴으로써 핵심 계열사와 그 산하회사를 상속세 없이 상속하는 것이 가능해진다.

내부시장을 통한 기업 간 자원의 이전은 재벌기업 내의 자원을 공유하고 상호 지원과 위험을 공유하며 계열사를 지원(propping)하는 데 활용될 수 있다. 계열사 지원은 자원 빼돌리기와 달리 기업집단의 성장뿐만 아니라 지원 기업의 소수 주주에게도 일시적으로 이득을 줄 수 있다는 점에서 구별된다. 그러나 빼돌리기든 지원이든 계열사 간의 내부거래는 국민경제에 적지 않은 외부효과를 낳는다. 무엇보다도 일감 몰아주기, 유리한 조건으로의 거래, 사업 기회의 제공을 통해 시장경제의 공정 경쟁과 효율성을 저해하고 기업가정신과 창업 기업의 발전을 가로막고 있다. 일감 몰아주기는 내수시장에서 중소 · 중견 기업을 구축한다.[23] 더 나아가 지배주주는 노동의 소유와 경영의 참여로부터 소유지배구조를 보호(entrenchement)하기 위해 급격한 혁신이나 숙련노동 참여에 기초한 점진적 혁신보다는 노동유연화를 통한 경쟁력 강화에 주로 의존하므로 혁신의 여지가 크게 위축될 수 있다.

2) 기업지배구조 메커니즘

우리나라 기업은 최대 주주가 이사회를 구성하여 경영과 감독이 이루어지는 소유지배 구조를 갖고 있는 만큼 소유분산 기업을 전제로 한 주주 지향의 영미식 지배구조 개선 장치가 제대로 작동하기 어렵다. 따라서 영미처럼 법률적 보호하에 분산된 주주들이 적대적 M&A 형태로 소유를 집중시켜 경영자를 견제하기 어렵고, 일본, 독일처럼 장기적 관계투자의 주체인 주거래은행이나 계열사에 의한 기업 감시도 어렵다. 은행 차입에 대한 의존도가 크지만 일본의 계열체제가 갖는 감독기능은 갖추지 못하고 있다. 은행 역시 주인이 없는 상태에서 정부 영향력이 크다보니 채무기업에 대한 감시 · 감독이 제대로 이루어지지 못하고 있다. 사업부제 기업집단을 배경으로 소유경영자의 공격적인 중앙집중적 조정 · 협력과 경영자원의 공유는 기업 · 산업 · 국민경제 발전의 동력이 되었지만 동시에 그동안의 노력에도 불구하고 보편적인 기업지배구조 면에서는 아직 많은 취약점을 드러내고 있다.

우선 우리나라는 세계은행 기업환경평가(Doing Business)의 법제상 객관적 지표만으로 평가한 소액투자자보호 순위가 꾸준히 상승하였지만 2020년 25위(2011년 79위, 190개국 기준)로 기업환경평가 종합순위(5위)를 크게 밑돌고 있다. 이해관계자에 대한 설문조사까지 추가로 고려하는 세계경제포럼과 아시아 기업지배구조협회의 지표에서 우리나라 순위가 더 낮게 나타나고 있다. 취약한 법제조차 그 운영이 실효성 있게 이루어

표 9-4 CG Watch 2020 평가 순위와 분야별 점수

	순위	점수(%)	정부 · 공공 지배구조	규제 기관	지배구조 제도	상장사	투자자	감사, 감사감독	시민사회, 언론
호주	1	74.7	68	65	82	79	66	86	80
한국	9	52.9	60	53	56	48	44	70	36
평균	–	55.0	48	53	65	57	39	71	53

자료 : CG Watch 2020

23. 2015년 4월 기준 대기업집단 49개의 업종별 내부거래는 중소기업 업종으로 지정된 컴퓨터 프로그래밍 및 시스템 통합 · 관리(59.9%), 정보 서비스(56.8%), 창고 · 운송 서비스(33.5%), 농업(30%), 펄프, 종이 및 종이제품 제조(26.2%), 인쇄 및 기록매체복제(25.4%) 등에서 특히 많았다(공정거래위원회).

지지 못하고 있는 것이다. 2019년 세계경제포럼(WEF)의 국가경쟁력평가에서 기업지배구조 부문 21위(141개국 기준, 감사 · 회계 기준 37위, 이해상충규제 21위, 주주지배 17위)로 평가받아 국가경쟁력 순위 13위를 크게 밑돌았다. 아시아 기업지배구조협회에서도 우리나라의 지배구조 순위를 2016년 이래 아시아 12개국 중 9위로 평가하고 있다.

(1) 부진한 내부 메커니즘

우리나라의 경우 소유 분산의 토대 위에서 작동하는 사외이사와 이사회, 감사위원회 등의 기업 내부의 통제장치는 제 기능을 발휘하지 못하고 있다. 정치의 민주화에도 불구하고 주주들이 소유경영자를 유인하고 감시 · 견제할 수 있는 메커니즘이 충분히 확립되어 있지 않기 때문이다.

이사회

주주총회 외환위기 이후 주주의 권리를 강화하기 위한 많은 제도 개선이 이루어진 것은 사실이다. 회계장부 열람, 이사 · 감사 해임청구권, 주주대표소송 등 주주권 행사를 위한 지분요건이 크게 낮아졌다. 집중투표제도가 도입되고 집중투표의 청구를 위한 지분요건도 완화되었다.

- **집중투표제**는 주주총회에서 2인 이상의 이사를 선출할 때 모든 주주에게 소유 주식마다 선임될 이사 수 만큼 (복수) 의결권을 부여하고 전체 후보에 대해 한꺼번에 투표하여 득표순대로, 순차대로 선임하는 방식이다. 소액주주의 의사를 이사선임에 반영할 수 있도록 한 것이다.
- **주주제안권**은 주주가 주주총회에서 결의할 수 있는 범위 내의 의안을 주총의 사안으로 제안할 수 있는 권리로 의제 제안권과 의안 제안권을 포함한다. 의제 제안권은 주총의 의제를 추가로 제출할 수 있는 권리이며, 의안 제안권은 주총 의제에 대한 수정, 반대, 선출 등의 의견을 추가로 제출할 수 있는 권리이다. 주총 안건은 이사회에서 결정되므로 대주주나 이사가 아닌 소액주주는 사실상 주총에서 아무런 영향력을 행사하지 못하고 소외되기 쉽다. 이러한 실정을 고려하여 소액주주가 안건을 제안할 수 있게 하여 주총 활성화를 도모하기 위한 제도가 주주제안권이다.
- **주주대표 소송**은 회사가 이사에 대한 책임추궁을 소홀할 경우 주주가 회사를 대신하여 이사에 대해 책임을 추궁하는 제도다. 아직 증권집단소송이 입법화되지 않았으므로 주주대표소송은 유지청구권[24]과 함께 주주가 이사를 감독하는 주요 장치 중 하나이다. 주주대표 소송에서는 손해 배상액이 회사에 귀속된다.
- **증권집단 소송**은 분식회계, 주가조작, 허위공시 등으로 피해를 본 투자자가 회사나 책임자를 상대로 소송을 제기해 승소하면 동일한 피해를 입은 다른 투자자들도 별도 소송 없이 동일한 배상 혜택을 받을 수 있는 제도다. 집단소송에서는 소송을 제기한 투자자들이 직접 보상을 받으므로 제소할 유인이 커진다. 한편 다중대표소송 제도(multiple derivative suit)란 자회사의 이사가 불법행위로 회사에 손실을 끼친 경우 모회사의 주주가 자회사의 이사를 상대로 손해배상을 청구할 수 있도록 하는 제도이다.

---

24. 유지청구권이란 이사나 회사의 위법행위에 의한 손해가 발생할 염려가 있을 때 감사 또는 주주가 사전에 회사를 위하여 당해 이사에게 그 행위를 중지할 것을 청구할 수 있는 권리이다.

그러나 우리의 경우 주주총회가 형식화되어 사전 통지기간이나 평균 총회시간이 매우 짧으며 한꺼번에 열리므로 주주의 권리를 행사하기 어렵다. 주주가 확정된 재무제표를 통해 경영성과를 확인할 수 없어 주총에 참가해 따지기 어렵고 경영에 대한 의견을 제시하는 주주제안 비율도 소수에 그친다.

한편 민사소송은 증거 접근이 어렵고 입증 책임도 가지며, 그 책임은 중간 경영자에 머문다. 주주소송과 집단소송은 승소 가능성이 낮고 소송비용도 커서 절차를 밟기 어렵다. 집단 소송은 주가조작, 회계분식, 내부거래 등의 증권 관련 사안으로만 제한되고 주주대표소송은 승소하더라도 주주에게 혜택이 없으며, 주주들에게 피해를 주었더라도 회사에만 충실했다면 선관의무가 지켜진 것으로 해석되고 있다. 결과적으로 재계의 남소 우려와 달리 대표소송의 활용도가 높지 않다. 한편 우리나라는 이중(다중)대표소송을 인정하지 않아 지배주주 또는 경영진이 자회사 이사들의 위법행위를 통해 손실을 모회사인 상장회사에 전가하지만 현실적으로 회사의 손실을 보전받을 방법이 없다. 기업의 분식회계나 부실공시에 관하여 피해 주주에게 효과적인 책임추궁 수단을 부여하는 집단소송제도도 그 활용이 부진하므로 적용 대상을 확대하고 소송 제기요건을 완화할 필요가 있다.

이사회 기업 경영을 감시 · 견제할 일차적 책임과 권한을 갖는 이사회가 제 기능을 못하고 있다. 자연인 대주주는 계열사의 최고 경영층과 이사회를 지명할 수 있는 절대적 권한을 가져 왔다. 외환위기 이전 이사회는 집행이사를 중심으로 구성되어 권한은 작고 경영의 감시 · 견제는 미흡하였으며, 중요한 의사결정에 대한 승인만 할 뿐이었다. 외환위기 이후 기업경영에 대한 전문지식과 독립성을 확보하기 위해 사외이사 제도가 도입되었다. 그렇지만 사외이사는 지배주주 또는 경영진과의 밀접한 관계를 갖고 냉각기간도 짧아 독립성은 높지 않으며, 역할은 여전히 경영진이 제시하는 안건을 통과시키는 데 머물러 있다.[25] 재벌 총수가 계열사 출자를 통해 40% 이상의 의결권을 보유하여 사외이사 선임에 결정적 역할을 하며 그 선정과정이 불투명하다. 이로 인해 사외이사를 통해 소액주주의 이익이 대변되기 어렵다. 결과적으로 사외이사가 80% 정도를 구성하고 있는 감사위원회 역시 제대로 된 기능을 기대하기 어렵다. 영미식 사외이사 및 감사위원회 제도는 주식 분산이 광범위하게 이루어져 소유와 경영이 분리된 토대 위에서 견제와 균형이 성립되고 있다. 그러나 지배주주가 경영진을 겸하는 국내 기업에서는 충분한 주식 분산이나 주주와 임원진 사이의 대립구도 자체가 존재하지 않는다. 오히려 지배주주와 경영진이 일치하기 때문에 사외이사의 감독기능은 어렵지 않게 무력화된다.

기관투자가 외환위기 이후 기업금융에서 직접금융 비중이 높아지고, 증권시장의 기관화 현상으로 주주 중 기관투자자의 비중도 높아진 것은 사실이다. 그러나 국내 기관들은 아직 지분비율 자체가 낮고, 보험사 등 금융기관이 계열사이거나 해당 기업의 자금을 운영하는 위치에 놓여있는 등 기업집단의 영향력 아래에 있어 기업 경영을 견제 · 감시할 수 있는 독립적인 위치에 있지 못하다. 즉, 의결권 행사에 매우 소극적이고, 실제 행사하는 경우에 경영진에게도 우호적이다. 그만큼 기관투자가들은 적극적으로 경영진을 감시하고 주주권을 행사하려 하지 않으며 이사회 중심의 내부장치도 강화할 위치에 있지 못하다. 대신 단기투자 성향이 강하고 회사 경영이 마음에 안 들면 주식을 팔고 떠나는 관행에 젖어 있다. 우선 금융기관의 경우 산업자본 소속 기관투자자들은 일종의 암묵적 담합을 보여 주주권 행사에 소극적이며, 소유규제가 엄격한 은행 부문을 포함한 독립적인 금융기관들은 수많은 기업, 다양한 사업과 거래를 하는 관계이기 때문에 적극적으로 경영을 견제하지 못한다. 연기금 역시 스스로의 지배구조 문제, 즉 정부나 정치인, 대기업과 자본의 영향력으로부

25. 2014년 49개 대규모 기업집단의 241개 상장회사에서 1년간 692명의 사외이사들이 3,774건의 안건에 대하여 총 13,284표를 투표하였는데 찬성이 13,243표(99.7%), 반대가 13표였다[CEO스코어(2015. 3. 10.), www.ceoscore.co.kr].

터 자유롭지 못하다는 한계를 가지고 있다. 자율협약 방식으로 도입된 영국식 스튜어드십 코드(Stewardship code)는 근본적 한계를 가지며, 기관투자자들이 연대하여 기업을 압박할 수 있는 장치도 결여되어 있다. 국내 연기금의 운영은 정부의 영향력 아래에 놓여 독립적으로 기업경영을 감시할 수 있는 상황이 아니다.

채권기관 우리나라는 전통적인 은행 중심의 금융구조하에서 은행에 대한 대출의존도가 높다. 그러나 독일, 일본과 같은 은행중심의 금융구조를 가진 국가와 비교할 때 은행은 기업과의 장기적인 관계 속에서 사전적 조정기능을 충분히 발휘하지 못하고 있다. 외환위기 이후 금융기관 소유나 주식 소유에서 외국자본의 영향력이 급증하면서 기업이 경영성과와 지배구조 문제에 민감하게 반응하며 보수적 경영전략을 취하도록 압박하고 있다.

기업의 자본조달은 계열사 상호출자, 부당내부 거래, 상호지급보증 등 내부 자본시장을 동원하거나 직접 금융보다는 소유권에 영향을 미치지 않는 은행대출 같은 간접금융에 주로 의존하고 있다. 투자신탁이나 은행신탁 계정에 편입된 주식으로는 의결권을 행사할 수 없었는데 외환위기 이후 의결권 행사가 허용되었다. 하지만 일본, 독일 등 은행 중심형 국가를 제외하면 은행은 기업경영 참여를 목적으로 기업 주식을 보유할 수 없으며, 단순한 채권자로서 기업들의 상환여력에만 초점을 맞추고 있다. 이사나 경영진을 파견하거나 경영진 교체를 통해 기업을 적극적으로 감시하지 못하고 있다.

은행에 의한 감독도 근본적 한계가 있다. 그동안 형식적으로 은행에 의한 자본조달 방식이 지배적이었지만, 실질적으로는 정부가 개입하여 자본이 공급되었기 때문에 은행이 주도하는 방식의 기업지배구조 체계가 형성되지 않았다. 더욱이 외환위기 이후 주요 대기업의 자본부채 비율이 낮아짐에 따라 은행이 회사 내부에 개입하여 심층적인 감독기능을 수행할 수 있을 것으로 기대하기는 어려우며, 부실기업에 대한 채권단의 영향력은 막대하지만 이는 일반적인 상황이 아니다. 마지막으로 부실기업을 효율적으로 구조조정할 수 있는 파산관련 법제도나 시장기구도 아직 충분히 구축되어 있지 못하다.

경영자 보상

우리나라에서 스톡옵션은 1997년 법규정이 마련되어 1999년 말 코스닥 시장의 이상 급등 이후 대기업뿐 아니라 즉시 현금을 보수로 지급할 능력이 떨어지는 벤처기업을 중심으로 급속히 보급되었다. 그러나 스톡옵션을 받은 경영자들이 기업의 경쟁력을 제고하기보다 단기적 주가 상승에 연연하고 심지어 주가의 유지나 상승을 위해 분식회계까지 가담할 수 있다는 인식이 널리 확산됨에 따라 2005년 이후 대기업을 중심으로 스톡옵션을 폐지 · 제한하거나 경영자 보상을 자율적으로 통제하는 변화가 생겨났다. 한편 우리나라에서는 이사들의 보상 기준, 절차, 지급 내역이나 성과와의 연계성에 대한 공개가 이루어지지 못하고 있다.

이해관계자에 대한 고려

기업의 최고 경영층은 주주와 더불어 근로자와 사회를 주요한 이해관계자로 생각하고 있다. 그러나 지배주주나 그 가족은 종업원이나 채권자 등 기업 안팎의 이해관계자들의 권리와 자산을 자주 침탈해 왔다. 혈연에 따른 경영권 승계를 위해 소액주주의 이익을 침해하고 부실을 숨기는 분식회계로 자주 채권자에게 손실을 전가하고 있다. 또한 하도급 기업에 대해서는 일방적 납품단가 강요나 기술탈취로, 소비자에게는 담합과 시장지배력 남용으로 소비자에게 독점가격을 강요하고 있다. 더욱이 우리나라에서 원칙적으로 근로자들은 경영에 참여할 권리를 갖지 못한다. 한때는 제3자 개입금지, 복수노조 금지, 노조의 정치활동 금지 등 노동운동에 적대적인 법제하에서 노동자의 많은 활동이 불법이었다. 아직도 많은 기업에서 권위주의적 노동규율을 유지하기 위해 단결권이라는 노동자의 기본권을 부정하고 노동자들은 가부장적 위계질서로 포섭되어 있다. 다만 회사에 따라 노사 간의 집단협상에 따라 근로자의 이익에 직접적인 영향을 미치는 사안에 대해 노조와의 사전협의 등의 형태로 근로자 참여가 이루어지고 있다.

(2) 미약한 외부 메커니즘

외환위기 이후 기관 투자자나 외국인 투자자는 물론 일반 투자자와 정부도 기업 경영의 투명성에 큰 관심을 갖게 됨에 따라 기업지배의 외부 메커니즘의 역할이 강조되기 시작하였다. 그러나 우리나라의 경우 소유경영자에 대한 자본시장의 인수합병, 기관투자가, 부채시장(은행)의 평가와 같은 시장규율, 금융위 · 공정위 등 감독기구에 의한 행정규율, 주주대표소송 등을 통한 사법규율 모두 미약하다.[26]

기업통제권 시장

우리나라의 대기업집단은 자본시장이나 기업통제권 시장의 규율로부터 상대적으로 자유롭다. M&A는 오랫동안 대기업집단에 의한 부실기업이나 공기업의 특혜적 인수에 머물렀고 영미에서와 같은 M&A 붐이 발생한 경험도 없다. 영미 국가처럼 법률적 보호하에 분산된 주주들이 적대적 M&A 형태로 일시적으로 소유를 집중시켜 경영자를 견제하기 어렵고, 다양한 제약으로 기업 인수가 매우 어렵기 때문이다. 과거 정부의 기업지배구조에 대한 관심은 중화학공업화를 위해 자본시장 발전을 도모하면서부터인데 이 과정에서 경영권 보호를 위한 조치가 구체화되었다. 정부는 1974년부터 기업공개를 장려하는 과정에서 소유권 분산으로 말미암은 지배권의 약화를 우려해 적극적인 경영권 보호조치를 취하였다. 특히 발행주식의 10%를 넘는 주식대량소유를 제한하였다. 10% 이상의 지분을 매입하려는 잠재적 인수자는 그 의도를 공개해야 하고, 인수측은 대상기업의 주식을 50% 이상 매입하여야 했으며(10% 룰), 상장사 주식을 25% 이상 사려면 반드시 50%+1주 이상을 사도록(의무공개매수) 해서 대주주의 양해 없이는 M&A가 불가능하도록 하였다. 이를 통해 기업은 경영권을 보호했고 재벌들은 암묵적 합의로 적대적 M&A를 막기 위해 협력했다.

외환위기를 전후하여 경제개혁의 일환으로 M&A에 대한 규제가 완화되었다. 10% 룰(1997)이나 의무공개매수제(1998) 등 적대적 M&A를 제한하는 제도를 폐지하고 M&A 전용 사모펀드 조성과 의결권을 허용하여 외국인에 의한 주식투자한도가 폐지되었다. 그러나 5% 이상 지분을 보유하면 1% 이상의 지분변동 사항을 신고하도록 한 주식대량보유 공시의무(5% 룰, 1998)를 두게 되었고, 또한 적대적 M&A를 위해 특정 회사의 주식을 사려는 경우 그 내역을 공개하고 공개적으로 주식을 매수토록 규정하고 있다. 이 외에 재무구조 개편(자사주 매입과 그 한도 확대, 주식의 제3자 배정, 유상증자 요건 폐지, 매수 주식 의무 보유기간 설정), 사업구조 개편(자산매각, 회사분할), 정관변경(집중투표제 배제, 이사 수 축소, 시차임기제 도입, 황금 낙하산 전략) 등의 경영권 방어장치가 보완 구축되어 있고, 주주의 적극적 활동에 대한 사회 · 정치적 거부감에 힘입어 적대적 M&A 인수 위

26. 미국의 법경제학자 블랙은 기업지배구조 개선을 위해서 사외이사, 감시위원회 등 기업 내부의 통제장치, 회계법인, 법무법인, 신용평가회사, 애널리스트 등의 평판기관, 증권거래소, 업종별 협회 등의 자율규제기구, 공적 규제감독기구, 법원 · 검찰 등의 사법기구로 이어지는 다양한 법제도가 상호보완적으로 작동하는 것이 필요함을 강조했다.

협은 최소화되어 있다.[27] 오히려 M&A는 경영성과가 부진한 경영진을 교체하고 이사회를 재편하는 규율장치보다는 기존 대주주 간의 경영권 장악을 위한 지분매집 경쟁이나 경영권 승계, 부실기업의 처리에 이용되고 있다. 지배주주 일가가 높은 지분을 가진 회사와 상대적으로 지분이 낮은 계열사를 M&A하면서 지분율을 부당하게 조정함으로써 지배주주의 경영권을 강화할 수 있다. 우리나라에서 M&A의 80% 이상이 계열사 간 합병이라는 점은 이를 대변한다. 지배주주 일가는 소유 지분이 3~4%밖에 되지 않으므로 주식이 헐값에 인수되어도 별다른 손해를 보지 않는다. 결과적으로 경영능력과 무관하게 자금력이나 우호세력 확보 능력이 M&A 결과를 좌우하여 지배구조 개선 효과가 크지 않았고 방어에 성공한 기업들도 재무적으로 큰 타격을 입는 사례가 생겨났다. 한편 외국인투자자들이 주도한 경우에도 직접적으로 경영권을 장악하기보다 기존 경영진에 대한 감독을 강화하는 선에 머무르고 있다.

채권자는 기업지배구조에서 직접적인 역할을 하지 않지만, 기업이 공개 정보나 회사 방문을 통해 획득한 정보를 검토함으로써 기업지배에 간접적으로 참여하고 있다. 채권자들은 업무 시간에 회사에 방문하여 정관, 주주총회 회의록, 주주총회에서 승인된 재무제표를 검토할 수 있다.

경영자 시장

자본시장의 성격이 강한 기업지배권 시장과 달리 경영자 시장은 노동시장에 해당한다. 우리나라에서도 외환위기 이후 외국계를 포함한 헤드헌팅 회사 다수가 활동하기 시작했고, 특히 임원급 이상의 고급인재를 대상으로 한 서비스도 생겨나고 있다. 경영자의 고용 안정성이 예전보다 감소하여 경영자들로 하여금 경영 효율성 제고에 노력하게 하는 환경이 조성되고 있다. 그러나 아직 특정 기업집단의 경영자를 타 기업집단에서 경영자로 채용하여 활용할 만큼 여건이 성숙하지 않았고, 지배주주가 여전히 실질적인 최고경영자인 상황에서 경영자 시장을 통한 지배주주를 감시하고 통제하는 효과를 크게 기대하기는 어렵다.

정부에 의한 직접 규제

발전국가는 오랫동안 기업지배구조에 큰 주의를 기울여 오지 않았으며, 대출 중단이나 세무조사 등의 편법을 통해 기업을 통제해 왔다. 다만 취약한 지배구조에 따른 부작용을 방지한다는 취지에서 공정거래법에 의해 규제해 왔다. 특히 기업집단의 방만한 외형 확장에 대한 가장 직접적이고 강력한 억제수단이 출자 또는 의결권을 직접 제한하는 것이었다. 그중에서도 계열사 주식에 대한 출자를 양적으로 제한하는 규제(법 제10조 출자총액 제한)와 금융 계열사가 보유한 계열사 주식에 대한 의결권 행사를 제한하는 규제(법 제11조 금융보험사 의결권 제한)가 대표적이다. 우선 정부는 1987년 비관련 사업의 무분별한 다각화를 막는다는 취지에서 출차총액제한 제도를 처음 도입하였다. 그러나 외환위기 이후 M&A 규제가 크게 완화됨에 따라 대기업들의 경영권 방어를 돕기 위해 일시 폐지되었다가 다시 부활하였다. 출자총액 제한 제도가 없어지자 대기업 총수는 적은 지분으로 다수의 계열사를 지배하고, 계열사들이 자기 자본의 실질적인 증가 없이 부채 비율만 축소시키는 왜곡이 나타났기 때문이었다. 이에 따라 대기업집단에 대해 순자산액의 25%를 초과하여 다른 국내 회사의 주식을 취득 또는 소유하지 못하도록 하고 출자총액 한도액을 초과하여 취득 또는 소유하고 있는

27. 재계에서는 이 외에 미국, 일본, 프랑스 등에 이미 도입되어 있는 포이즌 필(기존 주주들이 시가보다 싼 가격에 지분을 매수), 차등의결권(지배주주에게 보통주보다 더 많은 의결권을 부여), 황금주(경영 사안 등 주주총회 결의에 거부권을 행사) 등의 경영권 방어수단을 추가로 도입할 것을 요구하고 있다. 참고로 영국과 독일에 포이즌 필은 아직 도입되어 있지 않으나 차등의결권과 황금주는 도입되어 있다.

주식에 대해서는 공정거래위원회가 의결권 행사의 금지를 명할 수 있도록 하였다. 그러나 2009년 기업규제 완화를 위해 출자총액제한제도를 폐지하고 대신 기업집단 현황 공시제도를 두게 되었다.

한편 독립된 법인 간에 자본을 교환형식으로 출자하거나 채무보증을 제한하는 상호출자 제한(1987)과 채무보증 제한(1993)은 현재에도 일정 규모 이상의 기업집단에서만 적용되고 있다. 계열사 간 상호출자 및 지급보증 제한은 가공자본 창출에 의한 계열사 확장과 경제력 집중, 특정 계열사 파산이 전체 기업집단 부실로 이어지는 도미노 현상을 방지하기 위한 장치로 도입되었다. 상호출자제한 규정을 위반하여 주식 처분 명령을 받은 자는 그 명령을 받은 날로부터 당해 주식에 대한 의결권을 행사할 수 없도록 하고 있다.

한편 이외에도 증권거래법, 은행법, 금융지주회사법, 공정거래법상에 기업의 출자 또는 의결권에 대한 규제 조항이 유지되고 있다. 즉, 상호출자 총액 제한 기업집단 소속의 금융사는 소유한 계열사 주식에 대해 의결권을 행사할 수 없으며, 신탁 재산으로 소유한 경우에도 마찬가지다. 그리고 산업자본인 비금융 주력기업은 특정 은행 지분의 4%를 초과하여 보유할 수 없고, 금감위 승인을 얻어 10%까지 보유할 수 있으나 초과분에 대해서는 의결권을 행사할 수 없다.[28]

법에 의존한 기업지배구조의 확립은 효과적이지 못하다. 기업에 대한 감독권한을 가진 상법상의 주무부처(법무부 상사법무과)는 인력이나 전문성에 있어 50만 개의 회사에 대해 실질적인 감독 기능을 행사하기에 역부족이다. 경영진의 업무상 배임죄 등에 대한 형사처벌도 정치적 접근을 통해 사면이나 가석방 등이 이루어져 실질적 효력이 의문시되고, 기업 경영이나 시장의 자정 기능을 지나치게 위축시킬 위험이 있다.

소액주주권의 강화 경영진 감시는 일종의 공공재로 소액 주주들은 감시 비용을 자신이 직접 부담하지 않고 다른 주주에게 전가시키려 하는 무임승차 태도를 보인다. 특히 배당 투자가 정착되지 않은 우리나라에서는 소액 주주들이 단기 시세차익을 주된 투자 목적으로 삼는 경우가 많아 적극적으로 경영진을 감시할 유인이 더욱 적었다.

그러나 외환위기를 전후로 유수 대기업의 부실이 노출되면서 주가 폭락으로 말미암아 급격하고 막대한 손실을 입게 된 소액 주주들이 주주로서의 정당한 권리 행사에 더욱 관심을 갖게 되었다. 특히 시민단체가 소액 주주들의 의결권을 위임받아 주총에 참여하는 등 소액주주 운동을 주도함으로써 소액 주주권 행사에 전문성과 추진력을 제공하였다. 기업경영에 대한 소액주주의 관심 제고는 소액 주주권 행사 요건의 완화로 이어졌다. 이에 따라 현재 우리나라에서 소액 주주들이 기업경영을 감시하고 규율할 수 있는 주요 메커니즘으로 집중투표제, 주주제안권, 주주대표소송, 증권집단소송이 등장하였다.

회계 · 공시제도의 결함

우리나라는 고도성장 과정에서 불투명한 기업경영과 분식 회계로 말미암아 선의의 피해자가 양산되었다. 외환위기 이후 기업회계 기준은 국제 수준에 부합하도록 대폭 개정되어 1999년부터 대규모 기업집단 결합재무제표 작성 의무화, 선택적 회계처리 방법의 축소, 회계변경 요건 강화 등의 제도개선이 이루어졌다. 이에 더해 미국의 엔론, 월드컴 등의 대규모 회계부정 사건 이후 회계 · 공시 제도가 개선되었다. 즉, 회계제도 개혁으로 사베인스-옥슬리(Sarbancs-Oxley) 법안 단행 이후 한국에서도 2003년에 더 강화된 회계제도로의 개정이 이루어져 사외이사들에 의한 회계법인 선정, 6년 이상 회계 업무를 수행한 회계법인의 교체 의무

28. 대주주를 직접 규제하기도 한다. 감사 선임 시 대주주의 의결권은 3%로 제한되며(상법), 공개 법인의 감사위원회 위원 선임 시 또는 집중투표제 배제를 위한 정관 변경 시 대주주 의결권도 3%로 제한한다(증권거래법).

화, 재무제표에 대한 CEO-CFO의 인증 의무화, 주요주주 및 임원에 대한 금전대여 금지, 공시 서류 허위 기재 시 사실상의 업무 지시자에 대한 민사책임 부과 등의 조치가 시행되었다. 한편 2007년에는 나열식 규칙이나 규정 대신 회계처리의 적정성을 판단할 수 있는 원칙과 근거만을 중심으로 하는 국제회계기준(International Financial Reporting Standards ; IFRS) 도입을 골자로 한 국제회계기준 도입 로드맵이 발표되고 2009년부터 순차적으로 국내 상장기업에 도입되고 있다. IFRS는 연결재무제표가 주된 재무제표가 되고, 공시체계는 모두 연결중심으로 전환되어 기업집단의 회계투명성 증진에 긍정적 효과를 발휘하고 있다.

공시사항 및 공시의무가 확대된 것은 정보 비대칭의 해소와 기업 투명성 확보 측면에서는 바람직하다. 각종 국제 평가에서 우리나라의 회계감사 및 공시기준의 강도는 높지 않은 것으로 나타나고 있다.[29] 기업들은 정보의 생산과 공개에 과도한 비용이 수반된다고 비판하지만, 소수자지배에 따른 기업집단의 폐해를 고려하여 공시의 범위와 정확성이 강화될 수 있도록 제도를 더욱 보완할 필요가 있다.

감독 및 법 집행의 취약

아직 시장의 제재기능이 취약한 우리나라에서 법률과 소송에 의한 제재가 큰 중요성을 갖지만, 현실의 법집행은 기업지배구조에서 가장 취약한 부분으로 지적된다. 한국 기업의 지배구조 문제의 상당 부분은 현행 법체계에서도 시정 가능하며 위법 내부거래에 대한 벌칙도 낮지 않다. 예를 들어 상법에서는 자기거래, 즉 자신이 소유한 회사끼리 거래하는 행위를 금지해 왔으며, 이를 어긴 기업은 사업권 일부를 박탈당할 수 있다. 그러나 온정주의와 기업집단의 국민경제적 중요성에 따른 우려 때문에 감독기구와 사법기구의 공정하고도 엄정한 법 집행이 어렵다. 예를 들어 금융감독 당국이 분식회계나 불공정거래 혐의를 고발해도 기소율이 높지 않으며, 기소되어 유죄판결을 받아도 실형 선고 비율은 크게 낮다. 더욱이 우리나라가 따르는 유럽 대륙의 성문법 전통하에서는 명시된 부분에 한해서만 법적 판단을 내리므로 경영상의 판단을 다루기 쉽지 않으며, 대륙법 특유의 (성문법에 기초한) 사법 엄격주의도 확립되어 있지 못하다. 결과적으로 규제를 강화하고 규정을 신설해도 여전히 규제의 사각지대가 생겨나고 있다.

민사소송 절차법에 원고인 투자자가 피고인 기업으로부터 필요 자료를 징구하는 '증거개시제도'가 없어 감독당국이 분식회계 등의 불법행위를 적극적으로 적발하고 제재하지 않으면 불법 사실 자체를 인지하기 어렵고 개별 투자자가 소송에서 이기기 어렵다. 감독당국의 법 집행 의지가 중요한 것이다. 형사재판 절차가 경제 범죄에 온정적이고 경영판단 문제에 대해서는 소극적 입장을 취하고 있다는 점도 걸림돌이다. 특정범죄 가중처벌 등에 관한 법률상의 배임 · 횡령 혐의 사건에서 빈번하게 집행유예가 선고되어 왔다. 공정거래법, 하도급법 및 조세범 처벌법에서는 특정인만이 고발을 할 수 있도록 하는 전속고발 제도를 두고 있어 공정거래법 위반 등과 관련되어 직접 손해를 입은 이해당사자가 고소 · 고발할 수 없다.

사후 규제의 실효성 확보

그러나 자유시장과 법치주의 원리에 따르는 사후규제가 타당성을 인정받으려면 실제 집행이 되어 실질적 효력을 가져야만 한다. 이를 위해서는 공적 집행을 효율화하고 사적 집행을 활성화할 필요가 있다. 우리나라에서는 아직 시장과 사회조직의 제재기능이 미약하므로 법률과 소송에 의한 제재가 중요하다. 한국의 기업지

29. 2007년 WEF 지수 평가에서 우리나라는 131개국 중 11위를 차지하였는 바, 그중 회계감사 및 공시기준의 강도 평가는 35위에 그쳤다.

배구조는 영미식으로 자본시장을 매개로 주주에 의한 견제가 잘 작동하지 못하고 유럽식으로 근로자나 채권자 등의 이해관계자가 감독이사회 등에 참여하여 견제하고 있지도 못하다.

권리행사의 비용이 높거나 권리를 행사할 유인이 없어 법적 권리가 행사되지 않는다면 법제는 실효성을 상실한다. 지배주주와 경영자의 주주나 거래 상대방, 근로자, 소비자 등에 대한 법적 책임과 경영감시 · 견제장치를 강화해야 한다지만, 더 중요한 과제는 이해관계자들이 자기의 권리를 큰 어려움 없이 행사할 수 있도록 하는 제도 개선이 필요하다. 미국의 민사 반트러스트 사건 약 96%가 위법행위로 피해받는 사업자가 제기하는 사적 소송이다.

범죄사실에 대해 누구라도 수사기관에 고발할 수 있으나 공정거래법, 하도급법 및 조세범처벌법에서는 특정인만이 고발(전속고발)하도록 하고 있다. 공정거래법상 전속고발권을 완화하여 직접 이해당사자가 고소 · 고발하는 권리를 허용하고 확대할 필요가 있다. 아울러 하도급법에서는 개별 중소기업을 대신하여 중소기업협동조합법에 의한 협동조합과 상생법(제17조)의 수탁기업 협의회에 고소 · 고발권을 갖도록 할 필요가 있다. 공정거래법에 따르면 고의나 과실 여부에 관계없이 위법행위의 피해자에 대한 손해배상의 책임이 인정되지만, 공정위의 시정조치가 확정된 후에 피해구제를 받기 어렵다. 물론 피해자는 민법에 호소할 수도 있지만 그럴려면 위법행위를 입증해야만 한다. 이에 따라 공정거래법에 의거해 제기된 손해배상청구소송은 극소수에 불과하며, 그것도 공정위의 시정조치로 종료되었다. 결과적으로 공정거래정책의 실효성을 높이려면 사적 소송의 활성화가 필요하다. 대신 법의 공적 집행에 의한 규율은 외부효과 등 사적 소송의 동기가 미흡한 경우로 국한하되 법집행은 강화되어야 한다.

공공여론

재벌에 대한 가장 강력한 견제는 여론이다. 시민단체는 기업지배구조에 있어 직접적 역할을 하지 않지만, 공개 정보나 회사 방문을 통해 획득한 정보를 검토함으로써 기업지배에 간접적으로 참여한다. 외환위기 이후 기업지배구조 개선을 위한 민간 활동이 활기를 갖게 되었다. 1998년 기업지배구조 개선위원회가 구성되어 '기업지배구조 모범 규준'을 제정하였고, 증권거래소는 모범 규준에 근거하여 2001년 이래 지배구조 우수 기업을 선정해 오고 있다. 참여연대 등의 시민단체는 1997년부터 소액주주 운동을 전개하고 경영진의 불법 행위에 대해 법적 책임을 추궁해 오고 있으며, 국적 있는 자본을 주장하며 외국 자본이 적대적 인수합병을 경계하는 '자본의 국적론'을 펴기도 한다. 그러나 기업의 잘못된 관행을 밝혀 공공여론을 환기시켜야 하는 언론은 직접 소유나 광고비 지출을 통한 기업집단의 영향력하에 놓여 있어 기업지배구조에서의 역할이 제한적이다.

[참고문헌]

강명헌(1999), 「기업집단의 비교연구 : 한국, 일본, 미국」, 『산업조직연구』, 7-2, 한국산업조직학회.

김건식 외(2008), 「기업집단규율의 국제비교」, 서울대학교 금융법센터

김상조(2012), 『유럽의 기업집단법 현황 및 한국 재벌개혁에의 시사점』, IDP네트워크 정책연구 총서 2012-6호, 만주정책연구원.

김선웅(2006), "기업집단에 관한 독자적인 규제 법률의 필요성과 내용", 좋은기업지배연구소.

김용기(2006), 『각국 기업지배구조의 결정요인 비교』, 한국경제연구원.

송종준(2009), 『적대적 M&A의 법리』, 충북대 출판부.

이근 외(2007), 『해방 이후 한국기업의 진화 : 1956~1977년간의 통계의 구축과 기초분석』, 서울대학교 출판부.

정구현 외(2008), 『한국의 기업경영 20년』, 삼성경제연구소.

Aguilera, R. and G. Jackson(2003), "The Cross-National Diversity of Corporate Governance : Dimensions and Determinants," *Academy of Management Review*, 28(3), 447-465, 447.

Almeida, H., S. Y. Park, M. G. Subrahmanyam, and D. Wolfenzon(2011), "The structure and formation of business groups : Evidence from Korean chaebols," *Journal of Financial Economics*, Vol. 99(2).

Bebchuk, L., R. Kraakman, and G. Triantis(1999), "Stock Pyramids, Cross-Ownership, and Dual Class Equity : The Creation and Agency Costs of Separating Control from Cash Flow Rights," Discussion Paper, No. 249, Harvard Law School.

Claessens, S., S. Djankov, and L. Lang(2000), "The separation of ownership and control in East Asian Corporations," *Journal of Financial Economics*, 58, 81-112.

Doz, Y. L. and Cuomo, A.(2017), "Corporate Governance 4.0 : Facing Interdependency and Speed in a Complex World," *INSEAD Working Paper*, No. 2017/45/STR.

La Porta, R., F. Lopez-De-Silanes and A. Shleifer(1999), "Corporate Ownership Around the World," *Journal of Finance*, Vol. 54 Issue 2, 471-517.

Lubatkin, M. H., P. J. Lane, S. Collin and P. Very(2005), "Origins of Corporate Governance in the USA, Sweden and France," *Organization Studies*, 26.

Stiglitz, J.(2003), 『시장으로 가는 길』, 한울아카데미.

Tylecote, A. and F. Visintin(2007), *Corporate Governance, Finance and the Technological Advantage of Nations*.

Verstraete, T. and E. Jouison(2006), "Connecting stakeholdrs theory and conventions theory to highlight the adhesion of stakeholders to the business model of a start-up," International council of small business 51st World conference.

Weinberg, M. A. and M. V. Blank(1992), *Take-overs and Mergers*, Sweet & Maxwell.

제10장 기업 간 관계와 산업의 조직, 산업정책

1. 이론적 배경과 세계 경제 | 2. 한국의 산업조직과 도전

경제성장은 흔히 투자, 기술혁신 등 거시 변수에 의해 설명된다. 그러나 Schumpeter(1934) 이래 경제성장을 산업조직에 관련짓는 전통도 있다. 기업과 경제의 성과는 기업 간 관계, 즉 산업의 조직이 희소한 자원을 얼마나 효율적으로 활용하는가에도 의존한다. 기업 간 경쟁적인 환경은 우월한 경영관행을 따르게 하고 비효율적인 기업구조를 유지할 유인을 억제하여 기업 내에서의 생산성 개선을 촉진한다. 경쟁 친화적 시장은 생산성이 임금으로 빠르게 옮겨지는 환경을 촉진한다. 반면 독과점적인 시장이 낳는 지대는 자본에 귀속되어 임금 몫을 감소시키고 기업 간 생산성과 임금 격차를 높여 임금 불평등을 높인다.

기업 간에는 경쟁뿐만 아니라 협력의 관계도 중요하다. 과거에 기업은 공급선이나 고객을 크게 고려하지 않고 자신의 전략에만 몰두하며 홀로 경쟁하였다. 원재료는 익명의 시장에서 조달되었고 제품 역시 익명의 시장에 판매되며 기업 간 관계에는 큰 관심을 두지 않았다. 그러나 기업과 산업 그리고 국민경제의 발전은 기업들 간의 협력적 관계에도 의존한다. 특히 글로벌화와 글로벌 가치사슬의 보편화로 단일 기업이 수행하던 생산이 작업 단위로 분할되어 역량 있는 기업들 간의 분업에 의한 생산으로 변모하고 있다. 글로벌화와 지속적 기술혁신으로 역량 있고 환경변화에 능동적으로 대처할 수 있는 기업과의 협력적 관계는 갈수록 그 중요성을 더해가고 있으며 이들 관계를 관리하는 능력이 경제적 성과를 결정하게 되었다.

제1절에서는 기업의 규모별 분포를 논의하고 산업의 조직을 다룬다. 현실 세계에는 소수의 대기업과 매우 많은 중소기업이 공존한다. 오랫동안 대기업 우월론이 지배적이었으나 1970년대 이후 중소기업에 대한 평가가 긍정적으로 변화하였다. 기업 간의 역할 분담과 그에 따른 가치의 창출과 배분 방식을 산업조직(industrial architecture)이라 한다. 산업은 투입과 산출을 따라 분업의 수직적 체계를 구성한다. 산업에는 수평적 기업관계도 존재하는데 이는 독과점을 포함한 시장구조로 불리는 경쟁적 관계가 지배적이겠지만, 집단행동을 위한 수평적 협력관계도 포함된다. 산업조직에서도 시장실패와 조정실패가 나타나는 만큼 비교우위에 따라 다양한 조직형태가 적절히 활용되도록 하는 거시조직 정책(macro-organization policy)이 필요하다. 특히 시장 촉진정책으로 반독점법(anti-trust) 및 일반집중 규제(중소기업 정책)를 통해 시장조직을 조정하고 규제(완화)를 통해 기업행태를 조정하며, 공기업과 민영화를 통해 소유 조정을 도모할 수 있다.

제2절에서는 한국에서의 기업규모 분포의 특징을 기업집중과 양극화를 중심으로 살펴보고 우리나라의 가장 대표적인 산업조직 형태인 기업집단을 다룬다. 한국은 영세 소기업이 과다한 반면 경제력은 대기업(집단)에 집중되어 있고, 대기업의 경영성과가 여타 기업의 성과를 크게 뛰어넘어 기업 간 양극화를 보이고 있다. 대기업집단은 독립적인 여러 기업들로 구성된 기업의 집단이지만 실질적으로는 지배주주에 의해 마치 하나의 단일기업인 것처럼 운영되고 있다. 공정거래법은 대기업집단을 지정하고 이들을 대상으로 상호출자, 순

환출자, 채무보증을 금지하여 금융회사에 대해서는 의결권을 제한하고 있다. 또한 경쟁제한적 기업결합이나 부당한 내부거래를 금지하고 있지만 그 효과는 제한적이다.

기업집단은 독립된 기업들과 수직적 통합구조를 형성하며 국민경제를 폐쇄적으로 분할하고 있다. 독립적 기업임에도 종속적이며 폐쇄적인 하도급 관계가 지나치게 두드러진다. 정부는 하도급 관계에서의 공정거래를 도모하고, 대 · 중소기업 간 동반 성장을 촉진하는 데 노력하고 있다. 우리나라 기업들의 수평적 관계(시장구조)는 다른 선진제국과 마찬가지로 과점형이 지배적이어서 경쟁이 약화되는 경향을 보여 왔다. 한편 대기업집단 간에는 협력보다는 경쟁이 지배적이며 중소기업 간에도 협력을 위한 제도 발전이 미흡하다. 정부는 산업조직 정책으로 경제력집중 완화를 도모하는 동시에 경쟁촉진을 위한 공정거래법의 정착과 규제완화 그리고 공기업 민영화를 도모해 왔다. 향후에는 경쟁의 촉진뿐만 아니라 중소기업 간 협력적 네트워크의 발전을 촉진하여 활력 있는 기업 생태계가 발전하고 이를 기반으로 개방적 혁신이 이루어지도록 해야 한다.

1. 이론적 배경과 세계 경제

1.1 기업의 규모와 범위의 통합

소수의 대기업과 매우 많은 중소기업이 공존

무엇이 기업규모를 결정할까? 흔히 기술에 의존해 설명된다. 무수히 많은 기업이 동일한 기술을 이용할 수 있고 또 이 기술이 생산규모를 늘려감에 따라 수확체감을 경험한다면 모든 기업의 규모는 같아질 것이다. 다른 규모의 조직은 비효율적이다. 기업의 적정 규모는 최소비용의 수준에서 결정되고 기업의 수는 산업의 수요와 공급이 일치하는 수준에서 결정된다. 교과서상의 이러한 산업모형은 대부분의 산업에서 실제로 찾아보기 어렵다. 소수의 대기업과 더불어 매우 많은 중소기업이 공존하기 때문이다. 그렇다면 왜 다양한 규모를 가진 기업이 공존할까?

대기업과 중소기업이 공존하는 데는 몇 가지 이유가 있다. 첫째, 기업별로 기업가 역량, 노하우, 자연자원 등 생산요소에 대한 접근도가 다르기 때문이다. 자원 접근에서 가장 효율적인 기업의 규모가 수요에 비해 작다면 기업의 규모분포는 자원 분포에 대응할 것이다. 둘째, 기술진보의 누적성, 암묵성, 전유성에 비추어 보면 기업 간에는 공정기술, 품질뿐만 아니라 규모에서도 일정한 차이가 지속될 수 있다. 셋째, 효율성뿐만 아니라 유연성도 기업 규모에 영향을 미치는데, 효율성과 유연성은 종종 상충한다. 자본집약적 대기업은 노동집약적 중소기업에 비해 효율적 생산이 가능하지만, 대신 환경에 대응하여 생산규모를 조절하는 유연성이 떨어진다. 넷째, 기업규모를 조절하는 데 상당한 비용이 소요되기 때문에 비용을 감당할 수준에 도달한 기업만이 기업규모를 팽창시킨다. 다섯째, 기업 규모는 그 기업이 성장과정에서 얼마나 운이 좋았느냐에 의해 결정될 수 있다. 여섯째, 기업규모 분포는 1인당 소득 수준과 밀접히 관련된다. 자영업 비율은 소득이 높아짐에 따라 하락한다. 국가가 부유해질수록 기업가가 적어지고 소기업도 작아진다. 대기업이 지배적이고 더 많은 사람을 고용한다. 기업 규모의 평균, 산포도, 왜도는 모두 커진다(Poschke, 2014).

기업규모 분포의 역사

기업의 적정 규모나 기업 규모 분포 역시 계속 변화한다. 오늘날의 거대기업이 본격 출현한 것은 19세기 말이다. 그 전에는 수공업자 형태의 소기업들이 홀로 시장을 마주하며 생산 · 판매를 주도했다. 전기가 개발되고 자동차와 전화의 발명으로 교통 · 통신 혁명이 일어난 제2차 산업혁명과 더불어 대량생산이 유리해졌다. 대기업의 생산성은 폭증하였고 소수의 기업만으로 시장수요를 충족시킬 수 있게 되자 기업 간 치열한 경쟁과 인수합병 그리고 거대기업이 생겨났다(Chandler, 1990). 포드가 자동차 회사를 설립한 20세기 초에 미국의 자동차 회사들은 200개가 넘었지만, 1930년대에는 4개사로 줄었다. 산업집중은 다른 산업에서도 광범위하게 확산되었다. 대기업의 독과점적 행태와 중소기업의 몰락은 사회적 불만과 불안을 야기하였다. 이에 따라 미국에서는 독과점 금지법이 입법되고 중소기업 전담기구[중소기업청(Small Business Adminstration)]가 설립(1953)된다. 하지만 동시에 점차 대기업에 대한 인식도 전환되었다. 대기업의 소유권이 대중에게 개방되어 분산되고, 대기업 종사자들이 중산층을 이룬다는 인식이 생겨났다. 규모의 경제를 기반으로 하는 대기업이 생산성 향상과 경제성장을 이끈다는 점이 부각되었다. 많은 국가에서 경제의 쇠락을 극복하고자 대기업을 육성하려 했으며, 기업이 부실해지면 대기업으로의 편입을 도모했다. 대기업들은 경제성장과 기술진보의 강력한 엔진으로 칭송되었다. 대기업이 소기업의 저임금과 유연성을 활용하는 하도급(subcontracting)은 대기업의 소기업에 대한 우위를 보여주는 형태로 간주되었다. 근대적 산업기술과 과학적 경영에서 비켜난 전근대적 중소기업은 저발전의 가장 두드러진 특징이자 사라져야 할 종족이었다. 구소련의 집중적 R&D와 대규모 공기업의 외형적 성과도 이러한 인식에 기여하였다. 거대증의 경향은 선진국뿐만 아니라 20세기 초 이들 국가의 발전경험을 모방하려 했던 개발도상국의 정책당국자에게도 지배적인 현상이었다. 그 결과 대부분의 국가에서 여전히 소기업들은 다수로 굳건하게 남았지만 소수 거대기업이 국민경제를 지배하게 되었다.

1970년대를 지나면서 중소기업을 바라보는 시각에 커다란 전환이 생겨났다. 제2차 세계대전 이후부터 1960년대 말까지 선진국들은 빠른 경제성장과 낮은 실업률의 황금기를 보냈으나 1970년대 초 각국의 성장이 둔화되는 동시에 인플레이션이 격화되는 스태그플레이션을 겪었다. 반면 일본과 이탈리아 경제가 수출 증가에 힘입어 부상하자 그 배경에 중소기업의 역할이 있음이 지목되었다. 이탈리아는 중소기업 간 협업에 의해, 일본은 대기업과 중소기업 간 협업에 의해 시장변화에 신속히 대응한다는 인식이 확산되며 새로운 생산체제를 부각시켰다. 이에 따라 전근대적 중소기업은 결국 소멸할 것이라고 보았던 부정적 인식이 점차 힘을 잃고 중소기업이 갖는 긍정적 역할에 주목하게 되었다. 각국에서 중소기업이 국민경제에서 꾸준히 활력을 유지해 왔음도 부각되었다. 규모의 경제를 활용하기 위해 대기업화를 적극 추진하였던 각국의 경제가 나아진 것도 아니었고, 오히려 대기업은 방만한 경영으로 효율성을 저하시킨 것으로 평가받았다. 대부분의 개도국에서의 부진한 산업화와 구소련 경제의 종언은 집중과 중앙화가 가장 효율적인 산업구조의 버팀목이 아니라는 것을 상징적으로 보여주었다. 마침내 1990년대에 나타난 미국의 벤처기업 붐은 혁신형 중소기업이 경제성장을 견인한다고 볼 수 있는 실례를 제공하였다.

개도국과 선진국에서의 중소기업 역동성에 기초해 각국의 정책당국은 대기업의 역할을 다시 평가하였다.[1] 경제학자들은 미국을 비롯한 다양한 국가의 제조업에서 증거를 찾았다. 1977년까지 OECD 국가에서

---

1. 소기업은 실업 감소를 위한 공공정책에서 그 중요성이 커져 왔다. 1970년대와 1980년대에 세계은행과 UN 등의 국제기구는 개도국에서

자영업 비율은 감소했지만 이후 1987년까지 자영업 비율이 상승하였다. 전체 제조업 고용에서 Fortune 500 기업이 차지하는 비중이 1975년 79%에서 1985년 73%로 하락하였고 매출액 비중은 83%에서 78%로 감소하였다. 마찬가지로 대기업 내에서도 수평조직이나 카오틱 조직이라 하여 상대적으로 독립적인 사업 단위가 등장하였다.[2] 시장이 급변하는 상황에서 분권화된 소규모 조직의 장점을 활용하기 위해서였다.[3] 동시에 중소기업을 유지하면서도 대기업의 장점을 살리려는 모습도 나타났다. 산업특구(industrial district)나 유연 전문화(flexible specialization)라 하여 소기업들 간의 협조체계나 부분적 통합을 이루는 것으로 그 과정에서 중소기업의 자율성은 약화된다.[4] 결국 중소기업과 대기업이 서로 닮아가는 상황이 생겨나고 있다.

특화와 규모에의 의존 심화

디지털 혁명은 사업을 구현하고 조직하는 방식을 크게 변화시키고 있다. 디지털 경제의 선두 기업들인 디지털 기업은 제조업 시대의 기업들보다 더 크고 더 전문적인 형태를 갖는다. 예를 들어 Twilio, Stripe, Snowlake, PubNub 및 Box와 같은 매우 전문화된 대규모 클라우드 기반 벤더가 좁은 영역에서 그러나 전 세계적으로 맞춤형 디지털 서비스를 판매하고 있다. 디지털 자원(예 : 소프트웨어, 알고리즘, 데이터)에 크게 의존하거나 디지털 제품과 서비스(예 : 플랫폼, 소프트웨어, 미디어)의 판매 비중이 높은 기업을 "디지털 기업"이라 한다. 기업들의 규모와 전문성이 동시에 높아지는 현상은 디지털 자원의 확장성, 즉 핵심 활동에 집중적으로 디지털 자원을 사용했을 때 더 큰 규모로 더 많은 가치를 창출할 수 있는 능력에 의해 주도된다. 디지털 기업들은 생산자원이 상당한 규모의 경제성과 낮은 유통비용을 가지고 시장은 강력한 네트워크 효과를 가지고 있기 때문에 규모 확장의 용이성(scalability)이 높은 자원들을 보유하는 경향이 있다. 기업들이 가진 디지털 생산자원이 규모 확장의 용이성을 강화함에 따라 디지털 자원을 좁은 영역에서 집중해서 사용하고 규모를 키우는 것이 아니라 다양한 부가가치 활동에 분할하여 사용하는 통합(integration)의 기회비용도 커진다. 따라서 생산자원에서 규모확장의 용이성이 큰 경우에는 자원을 여러 활동에 분산하기보다는 핵심활동에 집중시키는 것이 더 나을 수 있으므로 전문화가 최적의 선택이 될 수 있다. 또한 생산자원에서 규모확장의 용이성이 큰 경우 기업 규모의 성장이 극적으로 추진되게 된다. 특히 이러한 성장은 핵심 사업에서의 전문화라는 형태를 취하며 한층 더 강화된다. 결과적으로 디지털 기업의 생산자원이 갖는 속성으로 말미암아 높은 수준의 전문화[초전문화(hyperspecialization)]와 막대한 규모[초규모(hyperscaling)]가 생겨난다(Ginstiziera et. al., 2021).

이렇게 규모가 크지만 사업범위가 좁은 디지털 기업과 대조적으로 전통적으로 많은 주요 제조업체는 규모와 범위 모두에서 광범위한 특성을 가지고 있었다. 전통적으로 제조업체들은 자본집약적 생산 기술에 기초하여 규모의 경제를 통한 성장을 이루어낼 수 있었다. 그러나 이러한 전통적인 규모의 경제는 두 가지 요인으로 말미암아 제한받아 왔다. 첫째, 물리적 생산능력 확장에는 근본적 제한이 존재하며 생산공정을 그대

실업감소를 위한 대안으로 소기업의 육성을 강조하였다. 개도국의 자본집약적 근대부문은 인구급증에 대한 충분한 고용기회를 창출할 수 없는 것으로 주장되었다. 하청은 소기업 육성에서 중요한 역할을 할 것으로 판단되었다.

2. 대기업은 효율성에서 품질, 유연성, 혁신성으로 초점을 바꾸어 왔다. 그에 따라 대기업 조직은 엄격한 통제하에 놓인 중앙집중적 계층조직에서 유인을 제공하는 중앙 지시에서 그리고 다시 사업 단위의 자율성을 강조하는 분권화와 사업부제하로 옮겨 왔다. 즉, 더 유연하고 신축적으로 변하기 위해 대기업은 더 소기업처럼 변해 왔다.
3. 단 소규모로 인한 약점을 보완하기 위해 협력관계를 형성하여 독립성에는 일정한 제약을 가지는 조직이다.
4. 소기업은 대기업이 가진 장점 중의 일부를 가지려 하고 있다. 독립적 기업의 네트워크와 조율을 통해 이른바 유연전문화라는 형태를 취하고 있다. 이는 다양성, 유연성이 유지되면서도 동시에 범위의 경제를 낳고 있다. 이 역시 다수의 소기업으로서의 특성을 유지하는 데서 이러한 새로운 형태의 장점이 유래하는 것이다.

로 복제하는 데에도 어려움이 컸다. 둘째, 시장수요에 한계가 존재하였다. 재화의 원격지로의 운송 · 유통 비용뿐만 아니라 더 많은 생산물을 판매하기 위해서 가격을 낮추어야 하기 때문에 규모를 무작정 늘릴 수 없었다. 이러한 수요 제한으로 말미암아 전통적으로 제조기업은 규모보다는 범위를 확장하는 '유인'을 가졌다. 수직적 통합 역시 "특별한 형태의 다양화"로 제조업체들은 성장 여력이 기존 시장에서 허용되는 것보다 클 때마다 기업 범위를 확장하는 경향이 있다. 마찬가지로 합리적 가격 수준에서 시장규모를 넘어서는 생산능력을 보이는 자본집약적 생산기술을 갖게 된 제조업체는 동일한 물리적 자산에 기반하여 범위의 경제를 얻을 수 있는 다른 부가가치 활동으로 확장하여 왔다(Chandler, 1990).

한편 글로벌화의 관점에서 볼 때 규모의 경제가 존재하는 경우 GVC는 수출입 고정비용을 감당할 수 있는 대기업에 특히 유리하다. 수출입 기업은 국내 투입과 내수에 제약을 받지 않고 성장하여 규모의 경제를 실현하는 데 도움이 된다. 기업의 규모분포는 GVC로 인해 더 왜곡될 가능성이 높으며, 이는 GVC 참여기업이 다른 기업보다 더 큰 경향이 있다는 증거와 일치한다. GVC는 수입을 통해 기업의 투입비용을 낮추고 수출이 제공하는 규모 확장을 통해 생산성을 높이지만, 비용절감은 더 낮은 가격을 통해 소비자에게 전가되기보다 높은 이윤으로 귀결되어 왔다. 결과적으로 기술변화와 GVC의 확산과 더불어 미국 산업은 시장지배력이 높고 이익 점유율도 높은 소수의 대형선도기업 또는 슈퍼스타 기업에 점점 더 집중되고 있다. GVC에서 성과배분의 양극화는 이들 대규모 선도기업이 (주로 개발도상국의) 공급업체에 대해 가질 수 있는 불균형적인 교섭력으로 인해 악화된다.

상호의존적 관계와 협력의 필요성

작업 단위로의 특화와 분업화가 국내외에서 전개됨에 따라 기업생태계는 매우 복잡해지고 있으며 상호의존적 관계가 폭증하고 있다. 이러한 상호의존적 관계는 더 이상 국내에만 머물 수 없게 되었다. 기업들은 제품과 서비스를 제공하려면 보완적 제품과 서비스를 제공하는 수많은 국내외의 관련 업체를 다루어야 하며, 관련 업체들의 시의적절한 협력이 긴요하므로 성공이 효과적인 상호의존관계의 관리에 의존하게 되었다. 성공적 제품은 전 세계 구매자들의 선호와 행동변화에 대한 대응을 요구한다. 기업 네트워크의 유연한 형성과 협력과 계약 마찰 및 불완전한 계약을 처리하는 방법이 중요하며 국가는 계약의 집행, 재산권 보호, 규제 기준을 강화해야 한다.

1.2 기업 간 관계 : 산업의 조직

교환은 일정한 신뢰와 관계망을 필요로 한다. 사회적 조화와 규칙에 대한 존중이 높은 관계가 존재할 경우 기업 역시 더 잘 작동한다. 기업은 독립적 조직으로써 서로 경쟁하지만 동시에 상호협력하는 집단을 구성하여 경쟁하기도 한다. 기업과 산업 그리고 국민경제의 발전은 기업 네트워크가 상호 이익을 도모하며 어떻게 협력해 가는가에 의존한다.[5]

기업 간 협력은 일시적으로 발생할 수도 있으며 지속적일 수도 있다. 기업결합은 후자에 속한다. 기업결합이란 기업 간 자본적 · 인적 · 조직적 결합을 통하여 기업활동을 단일한 관리체제하에 통합시킴으로써 개별

5. 개별 경제주체가 사회적 관계를 통해 다양한 자원에 접근할 수 있을 경우 이러한 관계는 가치 있는 자산, 즉 사회적 자본으로 불린다. 이미 존재하는 관계가 긴밀하면 할수록 사회적 자본의 가치는 커지며 이러한 관계가 유지될 가능성이 커진다.

기업의 독립성을 소멸시키는 과정과 형태를 말한다. 기업결합은 어느 정도 지속적인 관계 속에서 통일적인 시장행동을 취할 수 있는 정도로 결합된 상태를 전제로 하므로 일시적인 협조관계에 불과한 카르텔, 판매제휴, 기술제휴, 하도급 등과는 구별된다.

1) 가치사슬을 따라 다양한 수직적 기업관계가 공존

(1) 산업조직

산업은 가치사슬을 따라 수요 예상, 연구, 개발, 생산, 마케팅 등 수많은 활동들로 나누어지며, 분업의 체계를 구성한다. 개별 활동마다 많은 기업들이 각기 자신의 역할을 하고 또 상호작용한다. 상호작용하는 이질적 기업 간의 역할 분담과 그에 따른 가치의 창출과 배분 방식을 산업조직(industrial architecture)이라 한다. 또한 개별 기업의 가치 창출과 제공에 영향을 미치고 또 그로부터 영향을 받는 기업들(공급업체, 유통업체, 하도급 기업, 연관 재화 및 용역 제공업체)의 느슨한 네트워크를 산업 생태계(Iansiti and Levien, 2004)라 한다. 산업조직 또는 산업생태계에서는 다수의 기업들이 서로 연결되어 생존을 위한 경쟁과 상호의존 그리고 그에 따른 협력이 동시에 발생한다.

산업에서 개별 활동은 어떻게 배분되어야 하고 각 기업은 어떤 역할을 맡을까? 산업이 정상적으로 작동되기 위해 나누어진 개별 활동은 어떻게 조율되어야 할까? 특정 산업에서 활동이 나누어지는 원리는 단순하다. 각 활동이 효율적으로 이루어지기 위해서는 기술, 마케팅, 시장 지식, 평판 등에서 이질적 역량이 필요하다. 비교우위의 원리에 따라 각 활동은 그것이 요구하는 역량을 갖추고 있는 기업이 담당할 것이다.[6] 한 산업에서 특정 기업은 얼마나 많은 활동에 참여하고 또 각 활동을 어떤 규모로 수행할까? 대부분의 경우 개별 기업은 자신이 가진 역량이 허락하는 유사한 활동에 전문화하는 것이 유리하다. 하지만 동시에 분업이 진행된 산업 내에서 각 활동은 어떤 형태든 상호 간에 보완성을 갖는다. 가치사슬을 구성하는 연구개발과 생산 간에, 부품과 완제품 조립 간에, 제조와 판매 간에 상호 간의 보완이 필요하다. 기대된 제품이 소비자에게 건네지기 위해서는 가치사슬상의 각 활동은 어떤 방식으로든 조정되야 한다.

이질적 기업 간의 상호의존성은 일회적 시장거래 관계나 끝없는 경쟁에만 그치지 않는다. 협조나 협력을 통해 상호이익을 돌볼 수 있는 협력적 관계도 존재한다. 협력적 관계가 나타나는 이유는 다양하다. 우선 규모와 범위의 경제에 따른 생산비용의 절감과 기술혁신의 용이성이 있다. 프랜차이즈와 자동차 회사의 공동생산은 생산요소를 함께 사용하여 규모의 경제를 낳는다. 라이센스 협정은 장비나 노하우를 함께 활용하여 범위의 경제를 누리게 한다. 외부효과가 작용하는 기술혁신도 기업 간 협력이 낳는 중요한 혜택 중 하나이다. 전산 시스템처럼 특정 거래가 성사되기 위해서는 별도의 자산이 필요한 경우나 거래내용의 확정이 어렵거나 또는 거래의 빈도가 빈번한 경우에도 일회적 시장거래를 넘는 기업관계가 도움이 된다.

따라서 거래를 위해서나 협력을 위해서나 이미 특정 분야에 특화된 이질적 기업 간에는 상호관계를 규율할 수 있는 다양한 방법이 필요하며, 이를 통해 산업에 다양한 형태의 조직이 등장한다. 물론 상호의존성을 고려하면 한 기업이 특정 산업을 모두 지배하는 것이 합당해 보인다. 산업의 상류로부터 확실한 공급이 이뤄

6. 물론 역량이 변화함에 따라 기업의 활동 영역은 달라질 것이다. 마크앤스펜서(Marks and Spencer)는 의류와 관련된 마케팅과 조직기법을 획득했는데 이를 식료품에 응용하면서 성장하였다.

지고 판매시장이 안정적이어야 하며 또 이 과정에서 생산요소들이 자연스럽게 흐르도록 대규모의 중앙집중적인 본부가 조율해야 한다. 하지만 글로벌 경쟁의 심화, 급속한 기술변화, 제품 주기의 단축, 맞춤형 제품에 대한 선호에 기인하여 수직적 통합 기업의 효율적 대응이 갈수록 어려워지고 있다. 이에 대응하여 기업은 비교우위를 가진 핵심역량에 기초하여 특화하고 나머지는 다른 기업에 의존해가고 있다. 외부기업에 대한 의존은 부분품, 시스템, 제품 개발, 제조까지 제한이 없다. 이러한 변화는 공급업체나 전문기업의 담당 영역을 확대시킬 뿐만 아니라 이들에 대한 요구 역시 크게 변화시켜 품질 제고, 서비스 다양화, 비용 절감, 설계 및 생산에 대한 상당한 노하우까지 넓어지고 있다. 아울러 오랫동안 관계를 가져 왔던 고객기업조차도 전통적인 공급업체에게 시장 상황에 맞추어 빠르게 변화해줄 것을 요구하고 있다. 공급업체를 규율하려는 이러한 요구는 오래전부터 있어 왔지만, 협동과 상호의존성이 컸던 관계에서조차도 이러한 요구가 커지고 있다. 이는 당연히 미래의 기술 및 제조 요구사항이 불확실하며 끊임없이 변화하고 있다는 데 기인한다.

(2) 4가지 유형의 수직적 기업관계

이질적 기업 간의 상호관계나 협력하는 방식은 매우 다양하다. 교환에서 특화자산, 불확실성, 교환빈도가 커질수록 기업 간 상호의존성은 커지며 그에 따라 기업관계는 더 긴밀해지고 통합의 길을 걷게 될 것이다. 반면 관련된 기업의 수가 증가하거나 기업 간 이질성이 커질수록 소유권에 의한 위계적 통합은 어려워지고 독립 기업 간의 협력이 나타난다. 관련된 기업의 수가 증가할수록 기업 관계만을 관리하는 전문 관리기구가 필요하게 되고 공식적 제도도 강화될 것이다. 관계의 복잡성이 증가할수록 협력의 방식에 변화가 생겨난다. 예를 들어 자원의 공동소유나 공동사용이 복잡해질수록 협회, 카르텔, 컨소시엄 등 결사체적 합의를 통해 규율이 생겨나고, 자원의 교환관계가 복잡해질수록 다양한 형태의 거래적 · 의무적 계약이 나타날 것이다. 계약관계를 구체화할 수 있는 정도와 상대방의 역량을 기준으로 수요업체와 공급업체 간에는 다음의 4개의 유형을 고려할 수 있다.

그림 10-1 기업 간 관계의 분류

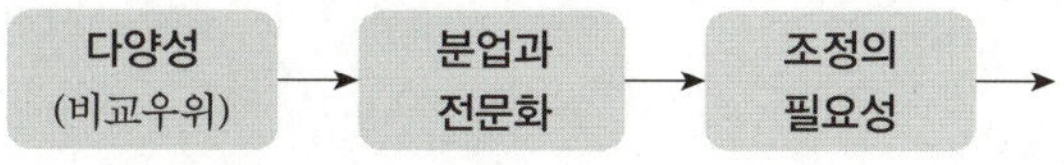

다양성(비교우위) → 분업과 전문화 → 조정의 필요성 →

조정의 유형

		사양을 구체화할 수 있는 정도	
		저(보완적 관계)	**고**(거래적 관계)
상대방의 역량	고	협력관계	시장관계(모듈 관계)
	저	소유 통합	포획관계

자료 : Gereffi, Humphrey and Sturgeon(2005)

유형 1 : 소유를 통한 기업의 통합

제품 사양을 구체화하기 어렵고 역량 있는 상대 업체가 없을 경우 소유를 통한 통합이 생겨난다. 소유를 통한 통합은 동일 산업에서 구별되는 가치사슬을 따라 수직적으로[수직적 통합(vertical integration)] 발생할 수 있고 동일한 가치사슬 수준에서 발생할 수도 있으며[수평적 통합(horizontal integration)], 이질적 산업 간에도 발생[수평적 다변화(horizontal diversification)]할 수 있다. 한국의 대기업집단은 자본참여를 통해 수직적 통합, 수평적 통합, 수평적 다변화를 동시에 도모해 왔고, 소규모 기업집단 역시 수직적 통합에 초점을 맞추는 경향을 보여 왔다. 독일 대기업의 경우 수직적으로 통합성이 높지만 수평적 다변화는 제한된다. 중국의 가족 기업은 소비재의 판매로부터 제조로 그 경계를 확장해 갔지만 통상 수평적인 다변화를 추구하는 것으로 알려져 있다.

소유를 통한 기업 통합의 가장 대표적 형태로 **수직결합**(vertical integration)이 있다. 수직결합은 특정 제품의 생산에서 판매에 이르는 서로 다른 단계를 영위하는 기업 간의 결합을 말한다. 수직결합을 통해 상이한 가치사슬 단계 간의 기술적 상호의존성을 잘 활용할 수 있다면 생산비용을 절감할 수 있다. 또한 수직결합은 원료구입처나 판매시장의 안정적 확보를 가능하게 하고 중간재의 품질수준을 높여 효율성을 제고할 수 있다. 기업이 완벽한 계약을 체결하고 이를 그대로 집행하는 것은 불가능하다. 따라서 독립된 원료 공급업체와 원재료를 공급받는 기업 간의 거래는 항상 불완전한 요소를 안고 있다. 상황 급변, 투입요소의 질적 차이, 원재료 공급의 급작스런 차질 등이 기업 간 거래의 불완전성을 높인다. 원재료를 공급하는 기업이 완제품 생산기업과 결합한다면 원료 투입과 재화 생산을 연결하는 과정이 기업 간 계약에서 기업 내부거래로 변화된다. 따라서 기업 간 거래에 따른 계약의 불완전성과 기회주의적 행태를 극복하고 거래비용을 절감시킬 수 있다. 소수의 원료제공 기업과의 교섭문제 역시 기업결합의 유인이 된다. 원재료 공급기업이 소수일 경우에는 이들이 원료시장에서 시장지배력을 행사할 수 있으므로 더욱 교섭을 어렵게 한다.

유형 2 : 시장 관계와 모듈관계

설계 사양을 쉽게 구체화할 수 있고 공급업체가 고객 기업의 조언 없이 제품을 스스로 만들 수 있는 경우에는 단기계약에 의존하는 시장관계(spot market)가 나타난다. 공급업체는 표준적 제품이나 OEM(original equipment manufacturing)이 제공한 설계에 따라 만든 부품을 판매한다. 제품에 대해 논의할 필요가 없고 협조가 적으며 단기적 시장거래 관계로 가격이 교환관계를 지배한다.

모듈관계 설계 사양을 쉽게 구체화할 수 있더라도 공급업체 스스로 제품을 설계할 수 없는 경우에는 모듈 관계(module relationships)가 생겨난다. 이 경우 수요기업이 설계는 하지만 생산은 제품과 품질 가이드라인하에서 외부 공급업체에서 이루어진다. 설계와 생산의 과정이 명확히 구분되지만 설계를 생산과정에 응용하는 과정에서 공급업체와 수요기업 간 상호 협의와 협력이 있을 수 있다. 결과적으로 수요기업과 공급업체 간에 강한 상호의존성이 존재하고 관계는 장기간 지속되며 강화될 수 있다.

유형 3 : 포획 관계 : 선도기업의 권위적 지배

제품 사양을 복잡한 수준까지 구체화하는 것이 가능하지만 공급업체의 역량이 제한적일 경우 포획(captive) 관계가 등장한다. 설계와 생산은 고객기업이 주도하며, 공급업체는 통상 특정 고객기업에 전적으로 의존한다. 공급업체로부터 적절한 제품을 얻으려면 고객기업이 계속 개입해야 하지만, 이런 과정에서 축적되는 공급업체의 역량을 다른 기업이 활용하는 것은 막아야 한다. 공급업체의 역할은 제한되고 설계, 물류, 부품구입, 공정기술 개선 등에서는 고객기업에게 의존하도록 한다. 공급기업은 고객기업이 통제하는 가치사슬에 고착되고, 단가인하 압력으로 인해 공급업체의 다양한 역량이 공동화된다. 공급업체의 혁신은 억제될 수 있고 고객 기업이 부가가치의 상당 부분을 착취할 수 있다. 그러나 때때로 고객 기업이 공급업체의 역량개선을 지원할 수도 있다. 결과적으로 공급업체는 고객 기업을 변경하기 쉽지 않지만, 대신 관계를 유지하는 한 자원과 시장을 제공받으므로 이탈의 유인도 작다. 공동문제를 해결하는 과정에서 학습은 발생하지만, 양측 모두 경쟁적 공급업체나 고객 기업과는 유사한 관계를 모색하지 않기 때문에 더 양질의 기술과 관행을 접할 기회가 제한적이다.

포획 관계에서 공급업체는 소수의 주요 수요기업에 크게 의존하며, 종종 동일한 기업집단의 계열사 간에도 포획 관계가 형성된다. 새로운 공급업체와 관계를 맺는 인증 과정은 극단적으로 길다. 선도기업은 종종 공급업체의 지분을 인수하여 통제력을 발휘하기도 한다. 선도기업은 종종 계열 공급업체로 하여금 특정 생산기술과 품질통제 시스템을 수용하라고 요구하여 필요한 기술이나 금융을 지원한다.

포획적 관계에서는 비교적 단기에 공급업체의 재편이 가능하기 때문에 높은 효율성, 공급업체의 지속적인 기술개선, 적기 인도를 위한 밀접한 조정, 시장변동에 대응한 신축성으로 나타난다. 선도기업은 공급업체에게 희생에 대한 보상을 제공하며 신규 사업을 기대하도록 한다. 포획적 관계는 자동차 산업의 린생산방식(lean production system)에서 잘 나타난다. 포획적 관계에 있는 기업들은 거래를 위해 계약에 의존하는데 계약의 범위에 따라 다양한 형식이 나타난다.

① 계약이 교환할 재화와 서비스의 내역만 구체화하는 관계는 다음이 포함된다. 첫째, 선대제(putting-out)는 핵심기업이 다른 기업에 대해 재산권을 유지하는 자재를 제공하고 최종제품을 생산하게 하는 제도이다. 둘째, 수직적으로 계층화된 기업들이 핵심역량과 불확실성을 통제하는 기업에 의해 비공식적으로 통제되는 콘스텔레이션(constellation)이 있다. 셋째, 하청관계(sub-contracting)에서는 중앙기업이 존재해서 고객(건설, 플랜트 등)과 전체 작업을 협상하고 부분 작업을 전문화된 하청기업에게 할당한다.

② 계약이 교환할 재화와 서비스 내역을 넘어 기업 간 조직 전체를 포함하는 경우는 다음이 포함된다. 첫째, 대리점(agency)은 외부 조직의 형태로 복잡한 반표준화 상품과 주로 관련된다. 둘째, 영업 허가(licensing)는 조직 관련 조항이 다수 포함되며 약품 생산처럼 계약 외 조직관계를 동반한다. 셋째, 프랜차이즈 계약은 기술, 제품, 경영의 표준화와 계층적 감독과 유인제도를 포함하는 관료적 형태의 네트워크이다.

③ 벤처캐피털은 자금조달관계를 넘어 투자자와 관련기업 간의 조직적 관계를 포함한다. 파트너에 대한 상세한 정보, 공동의사결정을 위한 채널의 설정, 경영 노하우의 이전 등이 요구된다.

유형 4 : 협력적 관계 : 기업 간 대등한 사회적 관계

제품 사양의 구체화가 어려워 거래가 복잡하지만, 공급업체의 역량이 탁월할 경우에 협력적 관계(collaborative/relational)가 등장한다. 제품의 설계와 생산에서 고객기업과 공급업체가 상호보완적인 역량을 가져 양측 모두 자신의 노하우를 기여하고 결과적으로 양측의 교섭력이 거의 대등하다는 점에서 포획적 관계와 구분된다. 양측의 역량이 제조뿐만 아니라 설계에서도 모두 필요하다는 점에서 모듈 관계와 구분된다. 물론 협력적 관계는 평판이나 사회적 · 지리적 근접성, 공동체적 관계가 있을 경우 더 용이하다.

협력적 또는 관계적 네트워크는 선도기업의 권위보다 구성기업들 간의 사회적 관계, 특히 신뢰와 평판에 의해 지배된다. 협력적 네트워크는 급변하는 시장에 잘 적응하며, 공동체로서 갖게 되는 상호 간의 신뢰는 그 구성원으로 하여금 변화하는 조건에 빠르게 반응하도록 한다. 협력적 네트워크는 특정한 지역적 경계 내에서 작동하는 경향이 있다. 북부 이탈리아의 산업지구, 독일의 지역 공급네트워크, 파리의 패션디자인 센터 주변에 클러스터되어 있는 의류조립 하청업체와 가정근로자의 클러스터, 동아시아 화교의 가족 중심의 비즈니스 네트워크, 실리콘밸리는 강건한 협력적 네트워크가 작동하는 대표적 사례이다.

협력적 관계는 다양한 형태를 가질 수 있다. 우선 공식적인 계약이 존재하지 않는 협력적 관계로 개인네트워크, 임원겸직 관계, 산업지구 등이 있다. 개인 네트워크는 경영자 간의 접촉을 통해 기업이 연계되는 것이다. 임원 겸직은 정보교환뿐만 아니라 공동의사결정을 하는 제도화된 협력 관계이다. 산업지구는 중소기업 간의 수평적 연계에 기초하는 것으로 인력의 자유로운 이동과 지리적 · 문화적 유사성에 의해 유지된다.

공식 계약이 어떤 형태로든 존재하는 수평적인 협력적 관계로는 협회, 컨소시엄, 조인트 벤처가 있을 수 있다. 기업 간 협회(associations)는 유사한 많은 기업들이 행동을 조율하는 공통 서비스를 제공하는데, 기업 간 상호의존성은 그리 구체적이거나 복잡하지 않다. 컨소시엄은 상당히 복잡한 기업관계로서 계획 및 프로그램 제도에 의한 기업 간 내부 분업의 규정, 성과 감시를 위한 통제 제도, 각 기업별 수익 분할에 기초한 유인제도, 처벌제도 그리고 일부 중앙직원이 존재한다. 이는 협정과 교환계약에 의해 공식화되는 상당히 관료적 조정메커니즘이다. 둘 이상의 모기업이 협력하기 위해서 함께 제3의 기구(조인트 벤처)를 설치, 소유 · 관리하여 효과적 의견교환, 공동 의사결정, 공동 자본투자 등을 한다. 협동조합은 '공동으로 소유하고 민주적으로 운영되는 사업체에서 공동의 경제 · 사회 · 문화적 필요와 욕구를 충족시키기 위해 자발적으로 모인 사람들의 자율적 단체'[국제협동조합연맹(ICA)]로 정의된다.

(3) 기술혁신과 글로벌화의 수직적 관계에 대한 영향

분업과 전문화가 국가, 산업을 넘어 부품과 중간재 그리고 작업(works) 단위로까지 급진전되며 가치사슬이 단편화됨에 따라 표준적인 교환관계나 국제무역이 약속하는 성장, 고용, 분배 효과가 더욱 강화되고 있다. 동시에 가치사슬의 성능과 개선, 고객의 요구 사항을 파악하고 충족시키는 능력에서 가치사슬을 구성하는 이해관계자 간의 조정 및 협업이 중요하게 되었다. 또한 조정과 협업이 요구하는 지속적인 기업 간 관계 역시 기술, 자본, 투입물에 대한 접근을 촉진함으로써 수직통합 기업, 국내생산, 완제품 무역보다 더 높은 수준의 생산성과 소득증가를 낳고 있다. 특정 가치사슬의 이해관계자에는 생산자, 공급업체, 중개기관, 구매자를 넘어 산업협회, 교육기관, 사업 서비스 제공기업, 금융기관, 경제부처, 수출 등 산업 발전의 역할을 하는 모든 행위자가 포함된다.

인더스트리 4.0과 GVC의 확장이 수반하는 정밀한 (국제)분업은 시장거래보다는 거래 상대방의 정체성이 중요한 관계형 계약에 의존하고 있다. 구매자와 판매자의 적절한 매칭이 요구되고, 상대기업과의 특수한 관계를 뒷받침할 수 있는 맞춤형 투자(전문장비 구매, 제품 맞춤화)와 기술, 지적 재산, 신용의 공유가 이루어지며, 계약의 보호장치로 반복적이고 지속적인 상호작용과 긴밀한 기업 간 관계가 생겨나고 있다.

생산이 생산 단계별로 지리적으로 단편화되고 분산되며 기업 소유권 역시 분산되지만 기업 간 협력과 조율에서 전략적 기능을 중앙집중화하는 강력한 선도기업의 역할이 작지 않다. 가치사슬의 전반적 효율성은 각 구성 단계의 효율성뿐만 아니라 전체 운영의 조정에도 의존한다. 선도기업은 적시 생산을 위해 원자재 공급에서 최종 조립에 이르기까지 전체 생산사슬을 강력하게 조정하여 동기화되도록 하며, 가치사슬에의 참여와 개선을 관리한다. 선도기업과 공급업체 간의 정보, 신용의 흐름은 후자의 능력개발을 촉진한다. 가치사슬 내의 기업들의 매우 높은 수준의 통합과 내부조직과 공급업체의 동기화로 말미암아 서로 다른 회사 간의 경계가 흐려진다.

세계 최대기업으로 떠오른 플랫폼 기업들은 가치사슬에의 참여를 촉진하지만, 비즈니스 모델이 네트워크 효과의 구축 및 활용에 의존하기 때문에 산업의 집중으로 이어질 수 있다. 플랫폼 기업들은 거래비용을 줄이고 공급자의 품질과 평판을 확인하고 잠재적 구매자와 연결하는 데 도움이 된다.

2) 경쟁기업과 수평적 기업관계

수평적 기업관계는 동일한 산업에서 동일 가치사슬 수준에서 발생(독과점)하거나 이질적 산업 간에 발생(다변화)할 수 있다.

(1) 수평적 관계와 시장구조 : 독과점

동일한 재화를 생산하는 기업 간의 수평적 기업관계는 다양하게 나타나는데 이를 시장구조(market structure)라 한다. 무수히 많은 기업이 똑같은 재화를 공급하는 완전경쟁 시장의 경우 특정 기업이 시장을 통제하기 어렵지만, 하나의 기업만이 존재하는 독점시장(monopoly)에서는 기업이 시장을 통제한다. 소수의 기업만이 활동하는 과점시장 역시 이들 소수의 기업들이 합병하거나 가격과 산출량을 결정할 때 함께 행동하기로 합의할 수 있어 독점기업처럼 행동할 수 있다. 독과점은 희소한 자원이나 생산요소의 장악, 생산기술, 정부의 인허가가 만들어내는 진입장벽 그리고 규모의 경제효과로 인해 생겨난다. 독점적 경쟁(monopolistic competition)의 경우 많은 기업이 소비자에게 다양한 차별화된 제품을 공급하지만, 자신이 공급하는 특정 제품에 대해서는 독점적 통제력을 발휘한다. 독과점으로 이어지는 동종 또는 유사제품을 생산하는 경쟁기업 간의 수평결합이다.

시장에서의 경쟁도 측정은 구조에 초점을 맞출 수 있고 성과에 초점을 맞출 수도 있다. 구조에 초점을 맞추는 경쟁도 측정은 구조－행동－성과 간에 일정한 관계가 성립한다는 가정하에 구조를 측정함으로써 경쟁도를 간접적으로 파악하는 것이다. 통상 소수 기업의 시장 점유율을 합하여 계산하는데, 경제 전체, 산업, 개별 상품(품목)을 대상으로 각각 일반집중률, 산업집중률, 품목시장 집중률을 사용한다. 단, 여기서 일반집중률에는 기업집단이 경제 전체에서 차지하는 비중도 포함되는데, 우리나라의 경우 이를 별도로 경제력 집중이라 부르고 있다. 산업집중률로 가장 널리 사용되는 지표로는 상위 3개 기업의 시장비중을 합한 상위 3사 집중률(Concentation Ratio 3 ; CR3)과 50개 기업의 시장점유율의 제곱을 합한 허쉬만－허핀달 지수(Hirschman－Herfindahl Index ; HHI : $\Sigma_{k=1}^{50}(x_k/\Sigma_{n=1}^{\text{전체기업수}} x_n)^2$, $x_k = k$기업의 시장점유율)가 있다. 시장성과에 초점을 맞출 경우 경쟁도는 통상 독점이윤(= 가격 － 한계비용)의 크기로 측정하는데 이를 Lerner 지수라 한다. 외국기업의 시각에서 본 경쟁도는 국제무역에 대한 시장개방도, GDP 대비 외국인 직접투자의 비중 등으로 판단된다.

(2) 수평적 협력 네트워크

기업 간 수평적 조정과 협력은 규모의 경제뿐만 아니라 협의체의 형성을 촉진하며, 제품에 가치를 더할 수 있는(economic upgrading) 기회를 제공한다. 중소기업이 시장에서 경쟁하기 위해서 규모의 경제가 필요하다. 구매자가 개별 중소기업과 거래하려면 거래비용이 높게 나오지만 수많은 소규모의 개별 생산자와 협력하는 것은 비용 효율적이지 못하다. 중소기업들이 상호 간 협력하고 협동조합 등으로 조직화를 추진하여 얻을 수 있는 효과는 다양하다.

- 규모의 경제와 (공통)비용의 분산 : 상호 간 협상력을 높이고 공공 및 민간 표준에 대한 인증 비용이나 물류인프라에 대한 투자비용을 분산[7]
- 취약기업들이 시장 지배력을 키워 사회적 배제를 막고 교섭력을 발휘
- 업계의 규칙 확립, 질서 유지, 구성 기업들의 경영안정과 업계 전체의 개선을 도모
- 개별 중소기업의 요구사항을 조합이 대표하여 정부 정책에 반영하며 중소기업 정책의 이용을 촉진[8]
- 정보 공유 : 생산기술이나 생산 효율화를 위한 정보에 접근
- 평판 : 중소기업 간 공동체의 구성은 도덕적 해이를 줄이고 상호 감시에 중요
- 서비스의 공유 : 신용, 생산요소, 기술 등. 거래조건 개선, 판매촉진, 자금조달 원활화, 경영 노하우의 공유로 경영 합리화를 도모

중소기업은 집단행동의 무임승차 문제로 인해 협력하고 자기조직화하기 어렵다. 따라서 중소기업의 자기조직화를 위해서는 정부나 사회조직에 의한 장려와 지원이 필요하다. 물론 동업종 협동조합이 경쟁을 제한하는 역기능을 보일 수 있지만, 중소기업의 경쟁력을 강화하는 측면이 간과되어서는 안 된다.

중소기업들의 수평적 협력 네트워크는 협동조합 모형과 대·중소 기업 상생모형(outgrower model)을 포함한다. 협동조합 모형은 공급업체가 스스로를 집단으로 조직한 후 집단적으로 구매자를 찾는 상향식 방식이지만, 상생모형은 구매자가 중소기업을 식별, 모집하여 공급업체 집단으로 조직하는 하향식 방식이다.

협동조합 모형 협동조합은 자치집단으로 구매자의 관심을 끌 만큼 충분한 규모의 경제를 달성하기 위해 제품의 공동판매에만 참여하는 단순한 생산자 협회부터 회원에게 신용 및 기술 지원에 대한 접근을 제공하고 글로벌기업에 직접 수출하는 정교한 조직에 이르기까지 다양하다. 시장접근이 보장되지 않지만, 협동조합은 자유롭게 다양한 구매자를 찾고 규모의 경제에 근거하여 더 높은 가격을 협상할 수 있다. 결과적으로 협동조합은 공급업체로 하여금 GVC 참여의 가치를 높이고 포착할 수 있는 더 큰 기회를 갖게 한다. 공동판매형 협동조합이라 하더라도 판매 전 사전 가공을 통해 제품에 가치를 추가함으로써 공급업체의 전체 소득을 높일 수 있다. 정교한 협동조합은 중소기업에게 신용, 투입물에 대한 접근을 제공하고 상당한 관리, 행정, 조

---

7. 동일한 생산 단계에 있는 기업 간의 결합은 수평결합이라 불리는데 초과 또는 예비 설비의 절약, 특화의 심화, 고정비용의 공유 등으로 생산규모가 늘어남에 따라 평균생산비용이 감소하는 규모의 경제를 기대할 수 있다.
8. 보다 구체적으로 다음의 사례를 생각해 볼 수 있다 : 표준 인증제, 인력 공동 채용창구, 공동 전시사업, 수출 컨소시엄 구성, 외부 전문인력 확보, 직업훈련, 정보화 등 공통 인프라 투자, 공동 물류시스템 구축, 공동 정부 R&D 사업 참여(과제 탐색·기획, 과제심사·선정, 연구), 공동연구, 기술지원, 인재육성 등 산학연 연계의 창구.

정의 역할을 담당할 수 있다. 단순한 협동조합은 신용이나 교육을 제공하기 위해 수출 중개업체에 의존할 수 있으며 수출업자에게 직접 제품을 판매하기로 계약할 수 있다. 이 경우 협동조합은 상생모형의 일부가 된다. 협동조합에는 임의 그룹, 이업종 교류회, 동업종 협동조합 등이 있을 수 있고, 전국을 업무구역으로 하는 전국조합, 지역을 업무구역으로 하는 지방조합 및 이의 연합체인 연합회 그리고 특정 사업을 목적으로 지역 및 단지에 기반을 둔 사업조합 등이 있다. 한편 협동조합이 확대된 지역 파트너십은 '지역의 공동 관심사를 상호 협력을 통해 해결하기 위한 집단'(Coulson and Ferrario, 2007)으로 지역의 중소기업, 대기업, 공공기관, 연구기관, 사회단체가 참여하는 파트너십이다. 지역 파트너십은 유형이 크게 달라 활발하고 잘 정착된 지역과 나라가 있는 반면 취약한 지역과 나라도 있다. 스웨덴에서는 50~60%의 중소기업이 지역 파트너십에 가입하고 있다.[9]

상생모형 상생모형은 구매자가 선도적으로 조직 · 관리하는 공급업체 집단을 나타낸다. 이 모형은 생산자들이 스스로 조직화하지 못할 때 나타난다. 공급업체는 종종 투입물, 기술, 신용 지원에 대한 대가로 제품을 구매업체에게 직접 판매한다. 공급업체는 필수자원의 제공과 판매처의 보장으로 위험을 완화시킬 수 있다. 상생모형은 구조개선의 기회를 제공하지 못할 수 있다. 복잡한 하류작업은 구매업체로 이동되고 공급업체에게 이전되는 지식은 제한적이어서 공급업체가 가치사슬의 상위 단계로 이동하는 것이 제한된다. 더욱이 단일의 구매기업과만 협력하는 것은 공급업체를 특정 생산모형에 고착시켜 시장 다양화를 방해할 수 있다. 선도 기업은 원자재, 기술, 금융, 시장 접근을 제공함으로써 중소기업들의 생산성 향상에 도움을 줄 수 있지만, 반대로 약한 교섭 위치와 자신들의 권리에 대한 지식 부족으로 인해 공정한 성과배분이 제한될 수 있다.

(3) 복합적 관계 : 무관한 다각화

복합적 관계는 서로 다른 업종을 영위하는 사업자 간의 기업 간 관계이다. 예를 들어 자동차 제조업체와 여행사가 관계하는 것이다. 기업 규모가 커지면 사업 내용도 복잡해지며, 참여하는 업종도 증가하는 것이 일반적 현상이다. 즉, 기업의 업종 다각화는 내부에서 새로운 업종을 자체 개발하거나 아니면 다른 기업을 인수 · 합병함으로써 이루어진다. 여러 업종에 동시에 참여하고 있는 다변화된 기업을 복합기업(conglomerates)이라고 한다. 다각화된 대규모 복합기업의 고전적인 예는 1700년과 1850년 사이 활동한 영국의 동인도회사(East India Company)이다. 대기업은 여러 업종에 걸쳐 사업을 펼치는 다각화된 사업구조를 가지며 각국의 국민경제에서 상당한 비중을 차지하는 특징을 갖는다. 우리나라의 대기업집단은 외국에 비해 훨씬 광범위한 업종에 다각화된 사업구조를 갖고 있다. 다각화의 정도는 매출액 비중이 가장 높은 주종 업종의 생산에 종사하는 고용자 수가 총 고용자 수에서 차지하는 비율로 측정하는데, 주종 업종에 종사하는 고용자 수의 비율이 낮을수록 기업 다각화의 정도는 높다고 할 수 있다. 대부분의 다각화는 어떤 형태로든 기존 업종과 관련된 업종에서 이루어지는 경향이 있다. 예를 들어 본래 화약 전문 생산업체였던 미국의 Du Pont사는 업종을 화약 생산과 관련된 화학제품으로 다각화해 나갔다. 이런 다각화를 관련 다각화라고 한다. 그러나 주종 업종과 전혀 관계가 없는 업종으로 다각화하는 경우도 많은데, 이를 비관련 다각화라고 한다.

9. European Foundation for the Improvement fo Living and Working Conditions(2011).

그림 10-2 기업결합의 형태

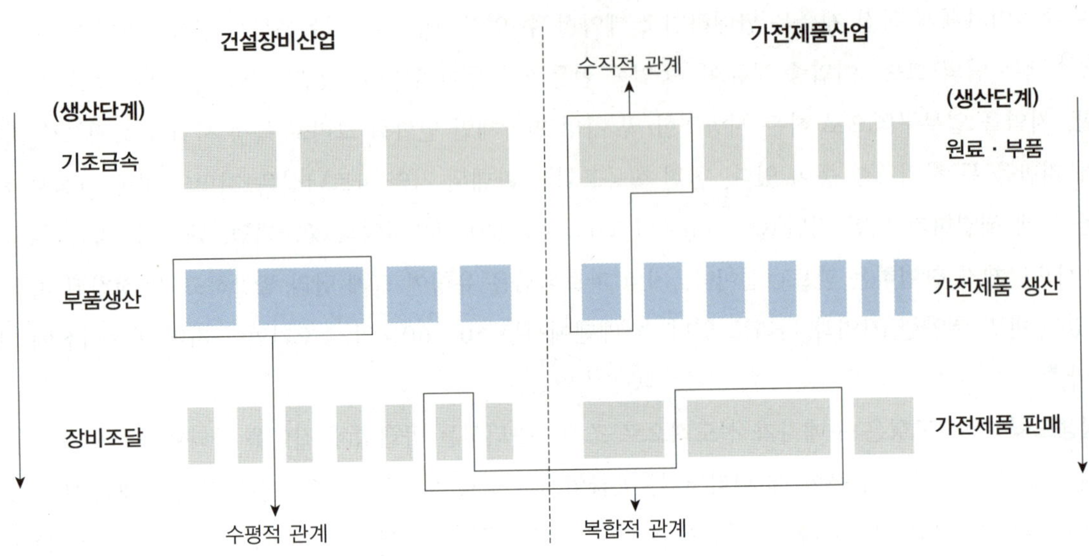

자료 : 정갑영 등(2016)

복합결합(conglomerate integration)은 복합적 관계가 갖는 다각적인 기능을 상호보완적으로 활용함으로써 생산, 판매 및 관리기술을 효율화하고 업종별 경기의 부침에 따른 위험을 분산시킬 수 있다. 다각화는 기존의 대기업이 새로운 업종에 참여하는 다변화 진입으로 해당 업종에서 경쟁을 촉진시킬 수 있다. 한편 기업이 가진 자원 중 전속성(specificity)이 높은 자원은 평가와 분할이 어려워 시장에서 거래되지 못하는 시장실패가 존재할 때 내부에서 직접적으로 활용하는 다각화가 발생할 수 있다. 기술 및 정보, 판매망, 광고를 통해 쌓은 브랜드 이미지, 상표, 연구개발로 축적한 제품개발 역량과 혁신능력, 계열사가 창출하여 형성된 내부자본, 조직에 체화된 관리능력, 기업가의 경영능력과 같은 자원[공동자원(common resources)]을 새로운 사업 분야에 공동 활용하는 것이다. 이른바 범위의 경제를 누리는 것이다. 공동자원의 활용에 의한 다각화는 개별 기업의 경영성과와 성장을 높일 뿐 아니라 사회적으로도 자원배분의 효율성을 제고하게 된다.

1.3 시장실패와 기업결합

1) 기업 간 협력과 기업결합의 배경 : 시장실패

전통적 기업관에 따르면 기업 안에서는 위계 메커니즘이 작동하고 기업 사이에서는 시장 메커니즘이 작동한다. 그러나 여러 개의 법률적으로 독립된 기업들이 상호 간에 통제 피라미드를 구성하여 기업 사이에서 시장 메커니즘을 대신하여 위계 메커니즘에 의존할 수 있다. 시장실패를 극복하기 위해서인 것이다.

(1) 효율성의 제고

기업 결합은 규모의 경제(economy of scale)나 범위의 경제(economy of scope)를 달성하기도 하고, 시너지 효과(synergy effect)를 거둠으로써 결합기업 전체의 효율성을 향상시킬 수 있으며 계약의 불완전성을 극복하고 거래비용을 감소시킬 수 있다. 기업 스스로의 경쟁력을 강화할 수 있으며, 생산성 향상으로 가격 인하가 이루어진다면 소비자 후생의 증진에도 기여할 수 있다. 기업이 협력·결합하는 산업의 조직화는 '경제력 집중'이라는 단어가 시사하듯 시장실패의 증상들이자 이를 극복하려는 노력이기도 하다.

(2) 생산요소 시장의 왜곡 완화

다각화를 통한 유휴자원의 활용은 자본시장이나 노동시장의 미성숙과 경직성, 원료와 중간재 시장의 미발달과 같은 시장 불완전성에서 비롯할 수 있다. 생산요소를 시장에 의존하기보다 기업이나 계열사 내부에서 내부거래를 통해 자체적으로 조달하는 것이다.

자본시장이 제대로 형성되지 못하고 성숙하지 못했거나 불완전한 정보 흐름으로 말미암아 정상적으로 기능하지 못할 때 결합기업은 독립기업보다 자본의 조달과 활용에서 유리하다. 다양한 사업의 영위로 독립기업에 비해 현금흐름의 안정성이 높다. 내부 자본시장(internal capital market)은 기업이 기존 사업에서의 이익을 내부에 유보하여 이를 내부의 자체 기준을 따라 다양한 새로운 사업에 배분하는 것을 말한다. 외부에 공개되지 않는 계열사의 경영 관련 정보를 접하고 계열사를 효과적으로 감독할 수 있다.[10]

노동시장이 매우 경직적이어서 외부에서 적절한 인력확보가 어려운 경우 결합된 기업들은 내부에서의 인력 이동을 통해 인적자원을 공유할 수 있다. 기존에 기업 내부에 존재하는 특화 인적자본을 응용하여 새로운 사업으로 용이하게 진출할 수 있다. 필요인력을 외부에서 채용하고 훈련하기보다는 내부 이직을 통해 비용을 절감하고 기술지식과 경영노하우를 공유할 수 있다. 내부 노동시장(internal labor market)은 비공식적인 인간관계 또는 동료 간의 압박에 의해 근로자의 태만 문제를 완화하고 기업 간 이직을 억제하여 근로자로 하여금 기업특화 인적자본에 투자하게 한다.

(3) 사유재산권과 계약 제도의 미비 극복

신흥시장에서는 일반적으로 사적 계약에 대한 보호체계가 미흡하기 때문에 계약의 체결에서 이행까지 상당한 비용이 든다. 경제주체들은 시장거래의 선택에서 더 신중해질 수밖에 없다. 기업집단의 경우 계약을 적절히 이행하지 못할 경우 그 부작용은 해당 계열사에만 국한되는 것이 아니라 다른 계열사들로 파급되므로 평판 관리에 항상 유의해야 한다. 결국 기업집단의 평판 유지는 '신뢰할 만한 구속(credible commitment)'으로 작용하기 때문에 소비자, 협력업체, 투자자들과의 거래가 상대적으로 안전하고 안정적으로 이루어질 수 있다. 사회적 신뢰자본이 낮은 상태에서 기업집단은 그룹 차원의 평판을 형성함으로써 자신과 거래 상대방의 거래비용을 낮추는 한편, 비관련 사업에 성공적으로 진출할 수 있는 기회를 얻게 된다.

투자자의 재산권이 제대로 보호되지 않는 여건하에서 기업의 대주주는 자신의 재산을 스스로 보호하기 위한 방법으로 경영권에 강하게 집착하며, 주어진 제도를 최대한 이용하여 이득을 확보하려는 유인을 갖는다. 경영 투명성을 비롯하여 경영자에 대한 규율장치로서 기업지배구조가 부실하고 재산권 보호가 취약한 경우 누가 경영권을 갖는가는 대단히 중요한 의미를 갖는다. 경영자가 자기거래나 내부자 거래 또는 분식회계

10. 그러나 계열사 경영진들 간의 친소관계로 말미암아 내부자본시장은 재원배분과 사후 감독에서 제 역할을 다할 수 없으며, 한 사업의 유동성 부족이 다른 사업에도 영향을 미치는 외부효과를 야기할 수 있다.

를 통해 금전적 이득을 챙기고 기업의 자산을 활용하여 비금전적인 특권을 얼마든지 향유할 수 있기 때문이다. 경영자의 배임이나 횡령이 알려져도 투자자는 신속히 그리고 충분히 보상받을 수 없다.

(4) 기업지배구조의 미비

기업의 소유와 통제가 분리되었지만 경영자의 재량권 행사에 대한 소유자(주주)의 감시와 견제가 완전하지 못할 경우 (과잉) 팽창과 기업결합이 발생할 수 있다. 해당 기업의 주식을 소유하고 있지 않거나 일부분만 소유한 경영자는 주주의 이익보다는 자신의 이익을 위해 자신에게 주어진 재량권을 활용하고 기업의 자원을 유용하려는 유인을 갖는다. 경영자는 자신이 받는 보수와 사회적 지위, 영향력을 극대화하거나 자신이 가진 인적자본에 대한 수요를 높이기 위해 자신이 통제하는 기업의 규모나 자원의 총량 그리고 사업의 범위를 확대할 수 있다.

(5) 정부 정책

정부의 산업정책이 기업집단의 형성과 사업구조의 다각화에 큰 영향을 미칠 수 있다. 정부가 선별적 산업정책의 성과를 높이기 위해 대규모 투자사업을 추진할 능력이 있는 기업을 선정하고자 할 때 이 과정에서 이미 경영능력을 입증한 대기업을 우선 선정할 유인이 크다. 거꾸로 정부의 선별적 자원배분 정책은 기업집단을 형성하는 유인도 제공한다. 즉, 기업집단은 로비나 정부와의 협상에서 독립기업보다 유리한 위치에 있기 때문에 지대를 추구하는 기업가는 기왕이면 정부의 특혜를 확보하기 위해 기업집단을 형성하려는 유인을 갖는다.

정부는 기업결합이 경쟁 제한적이더라도 회생이 불가능한 회사와의 기업결합을 장려할 수 있다. 도산에 따른 사회적 파장을 줄이기 위해 건실한 다른 대기업이 인수하도록 하는 것이다. 이러한 정책 역시 대마불사(too big to fail)의 믿음을 남기고 정부의 지원에 기댄다는 도덕적 해이를 부추겨 사업확장의 유인을 제공한다.

2) 기업 간 협력의 부작용

기업결합은 시장에서의 경쟁자 수를 감소시켜 시장 유효경쟁을 약화시키는 부작용을 낳을 수 있다.

수직결합은 경쟁업체에 대한 전략의 하나로서 추진될 수 있다. 경쟁사업자에 대한 원료공급 또는 제품유통의 차단으로 진입을 제한하고 시장을 봉쇄할 수 있다. 이 효과는 특히 수직적으로 결합한 전후방 기업이 독점상태에 있는 경우 더 강력하다. 또한 결합된 기업 간에 보조나 저가공급 · 고가매입 · 거래조건의 편의제공을 통하여 원가를 절감하고 이를 바탕으로 경쟁 사업자에 비해 우월한 가격경쟁력을 확보할 수 있다.

수평결합은 경쟁사업자의 수를 감소시켜 그만큼 결합기업의 시장집중도가 높아지고 유효 경쟁은 감소한다. 결합기업들이 시장지배력을 바탕으로 독과점가격을 형성하거나 경쟁사업자의 사업활동을 방해할 경우 소비자들의 피해는 물론 시장의 경쟁 질서가 침해될 수 있다. 수평결합은 경쟁을 감소시키므로 공공정책의 주요 대상이다 : 기업결합 심사기준은 시장집중도(시장점유율)를 주된 기준으로 하고, 그 밖에 해외경쟁의 도입수준, 신규진입 가능성, 경쟁자 간의 공동행위 가능성 등을 참작하여 '경쟁 제한성'을 판단하고 있다.

복합결합은 서로 경쟁관계나 전후방관계가 없는 기업 간의 결합으로 나타난다. 복합결합이 시장경쟁에 미치는 효과는 쉽게 판단하기 어렵지만 경쟁 과정에 나쁜 영향을 줄 수는 있다. 이는 결합기업 간의 상호구매를 통해 경쟁사업자의 거래기회를 차단시키며, 심지어 다업종 복합기업의 위력[混合力(conglomerate power)]을 의식한 개별적인 경쟁사업자의 시장활동이 위축될 수 있다. 특히 대기업의 다각화는 교차보조(cross-subsidization), 상호자제(mutual forbearance), 상호구매(reciprocal buying) 등의 복합력을 통해 시장지배력을 높일 수 있다. 교차보조는 한 시장에서 발생한 이익을 다른 시장에서 사용하는 지원성 내부거래를 의미한다. 상호자제는 다각화 기업들이 여러 시장에서 접촉하게 되면서 상호보복의 가능성 때문에 서로 공격적 경쟁을 자제하고 담합적 관계를 유지하는 것이다. 상호구매는 다각화 대기업들이 서로 상대방의 상품을 구매해주는 것을 조건으로 거래하여 단일 분야에서 활동하는 전문 중소 경쟁자들의 시장진입을 봉쇄하는 것이다.

표 10-1 **기업 결합의 요인과 부작용**

결합 유형	형태	동기	부작용과 폐해
수평결합	동일 재화를 공급하는 기업 간의 결합	기업규모 확대를 통한 규모의 경제와 시장 지배력 확대	독과점화
수직결합	생산 단계가 다른 기업 간의 결합	– 시장 불완전성에 따른 거래비용을 내부화에 의해 감축(계약의 불완전성에 따른 기회주의 극복) – 잠재적 진입기업의 억제	독과점화와 진입 억제
복합결합	수평적 · 수직적으로 무관한 재화를 생산하는 기업 간 결합	– 범위의 경제 또는 생산요소의 공동 활용 – 불완전한 자본시장하에서의 위험 분산 – 자본의 효율적 이동 – 교섭력 창출에서의 규모의 경제 활용	범위의 비경제 시장지배력 상승에 따른 시장가격 상승(교차보조, 잠재적 경쟁자의 흡수, 상호구매)

1.4 산업조직 정책

기업결합과 그에 따른 산업조직은 개별 기업 입장에서 효율성이나 이윤을 제고하고자 하는 노력이겠지만, 해당 산업이나 국민경제 관점에서는 효율성이 감소하는 효과를 낳을 수 있으므로 정부나 사회조직을 통한 집단행동이 필요하다.

1) 거시조직 정책

거시조직(macro-organization) 정책은 시장, 계층조직, 사회조직을 포함하여 조직의 체계에 영향을 미치도록 설계된 정부정책이다. 정부는 국민경제나 사회 전체에 대해 책임성을 가진 유일한 조직으로 시장뿐만 아니라 모든 유형의 조직 형태의 효율성에도 관심을 기울여야 한다. 정부는 두 가지 역할을 할 수 있다. 첫째, 상이한 조직형태 간의 효율적 분업을 촉진하는 데 있다. 상이한 유형의 지배 문제는 특정한 사회적 맥락에서 특정 문제를 해결하는 데 비교우위를 가진 조직들에 의해 다루어져야 한다. 민간, 공공, 제3섹터의 조직들은 각각 고유한 약점과 강점을 가지기 때문이다. 둘째, 시장, 계층조직의 통합, 기업 간 네트워크 형성 등 다양한 조직들의 역할을 제고하는 데 기여한다.

2) 네트워크 촉진 정책

기업 간 협력과 결합은 광범위하게 조직화될 수도 있지만, 상당히 파편화될 수도 있다. 대부분의 국가에서 기업 조직과 노동 조직의 수준은 이런 점에서 서로를 반영한다. 광범위한 조직화가 진척된 국가에서 개별 기업과 산업조직 또는 산업집단은 각자의 전략에 균형을 맞추며 조직화된 근로자와 타협에 이를 수 있다. 파편화된 이해집단이 보편적인 경우 기업 수준을 넘어선(기업 간에나 기업들 대표들 간에나 또는 마찬가지로 파편화된 노조 조직에서나) 집단적 이해를 정의하기는 어렵다.

네트워크 촉진정책이란 기업 간 네트워킹을 창출하고 효율을 촉진하는 정책수단을 말한다. 정부가 네트워크 형성 과정에 개입해야 할 필요가 있는 것은 네트워킹의 사적 편익과 사회적 편익 간에 괴리가 존재하기 때문이다. 단적으로 기업 간 협조적 관계를 낳을 공동의 자산이 부족할 경우 국가의 개입이 불가피하다. 연구개발에 뛰어든 기업들이 연구개발의 결과로 얻어진 과실을 사용하는 데 서로 경쟁할 가능성이 크다면 지식을 공유하며 학습하는 과정에 투자하지 않을 것이다. 반대로 연구가 이루어진 후의 경쟁이 기업들 자체적으로나 시장과 규제에 의해 적절히 조절된다면 기업들이 합작연구에 비용과 능력을 공유할 가능성이 더 커질 것이다(Gomes-Casseres, 1996).

3) 시장 촉진정책 : 산업정책과 경쟁정책

시장에서는 상품의 공급자인 기업과 수요자인 소비자가 상호작용하는 과정을 거쳐 가격, 품질, 수량과 같은 성과가 결정된다. 정부는 시장 성과가 국민경제적 관점이나 사회적 관점에서 바람직하지 않다고 판단되는 경우 이를 교정하기 위하여 개입한다.

특히 정부는 대기업과 중소기업이 공정하게 경쟁할 수 있는 친경쟁적인 환경을 조성할 필요가 있다. 이를 위해서는 중소기업의 경영요소에서의 상대적 불리를 극복하도록 하는 수평적 산업정책과 불공정한 거래 관행을 시정하는 경쟁정책이 필요하다. 경쟁정책에서는 소유 조정(국유화나 민영화), 시장구조 조정(반독점법)부터 기업형태 조정(정부규제)까지 매우 다양한 방식이 가능하다.

(1) 수평적 산업구조 정책 : 적극적 산업조직 정책

기업환경을 개선하는 수평적 산업구조 정책은 중소기업의 활성화에 기여할 수 있다. 수평적 산업구조 정책에는 시장실패를 보완하기 위한 연구개발, 교육훈련, 자금조달의 지원이 포함된다. 특히 자금, 인력, 기술, 판로, 경영, 정보, 교섭력의 측면에서 중소기업의 상대적으로 열악한 처지를 해소하고 개선하는 것이 목적이다.

중소기업에 작용하는 불공정과 불리성의 요인 중 가장 대표적인 것으로 다음 세 가지가 있다(Harvie and Lee, 2005, pp. 310~315). 첫째, '정부 정책에 의한 불리성'으로 규제, 조세 등에 대한 순응비용으로 경제적 부담이 큰 경우이다. 사회적 규제나 입법은 중소기업에게 역진적 부담으로 작용할 수 있다. 둘째, 자금접근 측면에서의 불리함이다. 중소기업은 은행에 담보와 보증을 제공하는 데 어려움이 크다. 대기업에 비하여 중소기업의 활동을 적절히 파악하기 어렵기 때문에 미래 성장가능성을 판단하기 어렵다. 중소기업의 경영에 필요한 정보는 공공재로 시장에서 자발적으로 공급되기 어렵다. 셋째, 기술 이용에서의 불리함이다. 규모의 경제에 따라 대기업이 기술을 활용하는 데 상대적으로 유리할 수 있다. 중소기업은 규모가 작고 시장 점유율이 낮으므로 인적자원에 대한 투자가 대기업보다 낮을 수밖에 없어 직원이 대기업으로 이동하는 외부성이 발생한다. 또한 중소기업이 연구개발에 투자할 경우, 이에 대한 편익을 충분히 보장할 수 없으면 외부효과가 생기며 이로 인해 과소투자가 발생한다.

중소기업에서 발현되는 기업가정신, 연구개발, 혁신 등은 그 편익이 개인에게만 머무는 것이 아니라 사회적으로 확산되고 모방되어 외부효과를 가지며 공공재적 성격이 강하다. 그만큼 시장에서 충분히 발현되지 못할 수 있다. 따라서 정부가 창업을 촉진하고 기업가정신을 확산시킬 필요가 있다. 외부효과의 문제를 해결하기 위해 정부는 규제나 재정지원, 재산권 확립 등에 의존할 수 있다.

표 10-2 중소기업 지원의 정책 유형과 수단

구분	정책유형	정책수단	대표 정책사례
중소기업 측면	자금	융자보증, 공제, 투자	Loan Guarantee Scheme(영국), Sabatani Act(이탈리아), ERP Start-up Loan(독일)
	판로	공공구매	Federal Acquisition Regulation(미국)
		공정거래(사업 보호)	Royer Raffarin Law(프랑스)
		해외진출(수출)	Finnvera(핀란드)
	행정부담	기업규제 완화	Red Tape Challenge(영국)
		창업 · 재기 규제 완화	Business Entry Point(호주), The Enterprise Guide(스웨덴)
	인프라	사이언스파크, 공동사무공간(비즈니스 지원센터), 인큐베이터 · 엑셀러레이터	Technological Incubating Program(이스라엘), Allegre Incubators(프랑스)
	신기술	R&D, 기업 · 아이디어 혁신, 기업부설 연구소	Small Business Innovation Research program(미국), Technology Strategy Board(영국)
	숙련 인력	훈련(센터), 채용	Enterprise Management Incentives(영국)
정부 측면	기업가 역량	컨설팅, 자문, 교육 · 훈련	Small Business Development Centers(미국), Business Development Service(영국)
	기업가 인식	기업가정신, 인지도	National Student-Entrepreneur Status(프랑스)
	경쟁력	혁신(유도), 생산성	Small Business Innovation Research program(미국)
	정책 대상층	청년, 여성, 원주민 등 소수계층 지원, 프리랜서(1인 기업)	Minority Business Development Agency(미국), Auto Entrepreneur(프랑스)
	지역문제	지역기업 육성	Business Birth Rate(스코틀랜드)

자료 : 최세경 등(2015), 「중소기업 지원 정책의 정당성과 정부 역할 연구」, 중소기업연구원.

(2) 산업조직정책 또는 경쟁정책 : 소극적 산업조직 정책—독과점 금지와 불공정경쟁 방지

시장경제가 정상적으로 작동하기 위해서 시장에 참여해서 활동하고 있는 사업자들 간에 자유롭고 공정한 경쟁이 유지되어야 한다. 실제 시장에서는 독과점이나 기업결합, 부당한 공동행위 등과 같은 경쟁제한 행위가 나타난다. 독과점 기업은 시장지배력(corporate power)을 남용하여 경쟁질서를 왜곡하므로 시장참여자들이 동등한 입장에서 경쟁하기 어렵다. 때때로 독점자본은 경제체제에서 정치적 영향력까지 행사하는 경향이 있다. 따라서 국가는 자유롭고 공정한 경쟁을 유지 · 촉진하기 위하여 독과점이나 경쟁제한행위를 금지 또는 제한하는 법률을 제정하여 실시한다. 이러한 법률을 독점금지법(antitrust law) 또는 경쟁법(competition law)이라 부른다. 경쟁법은 자유로운 경쟁이 이루어지는 시장의 존속을 보장하는 독과점 제한(시장경쟁의 확보 및 독과점의 방지, 독점금지법)과 공정한 경쟁 확보와 불공정거래 제한(경쟁의 공정성 확보, 불공정경쟁방지법 또는 공정거래법)을 양대축으로 운용된다. 미국의 연방독점금지법제와 한국과 일본의 공정거래법은 독점 금지와 불공정 경쟁 방지의 두 가지 요소를 가지고 있다. 기업의 경쟁제한 행위에 대해 사후적으로 경쟁법을 집행하는 것만으로는 한계가 있으므로 친경쟁적인 시장 환경을 조성하는 적극적인 경쟁주창(competition advocacy) 정책까지 추진하고 있다.

시장구조의 조정 : 반독점법과 일반집중 규제 및 중소기업 정책

시장구조의 조정은 특정 거래 분야에서 수요자를 놓고 서로 경쟁하는 기업들이 독점적 지위를 형성하거나 이를 강화하여 시장구조를 악화시키는 것을 막아 시장의 개방성을 유지하고 다수의 경쟁사업자를 확보하기 위한 통제이다.

독과점 금지는 합병 등 기업결합을 통한 인위적인 독점력 형성에 대한 금지로 세분할 수 있다. 전자에는 독과점사업자가 자신이 가지고 있는 독점력을 남용하는 행태에 대한 금지와 사업자들이 서로 담합하는 것을 금지하는 카르텔 금지가 포함된다. 반독점법의 기본적 취지는 시장이 효율적이면 시장을 장려하고, 대기업이 효율적이라면 대기업을 허용한다는 데 있다.

독과점이 국민경제에 미치는 영향이 반드시 부정적인 것만은 아니므로 독과점의 규제에 대하여는 견해가 대립한다. 특히 독과점은 규모의 경제를 실현하고 기술혁신을 촉진할 수 있다. 한편 독과점 체제를 원인적으로 금지할 경우 경쟁 그 자체를 제한할 수 있을 뿐만 아니라 현실적으로 원인적 금지 자체가 불가능할 수도 있다. 독과점은 우수한 기술과 새로운 통찰력을 가진 사업자가 치열하게 경쟁한 결과로 얻는 지위일 수 있고, 또 새로운 시장이 형성될 때 최초로 출현하는 사업자는 항상 독점일 수밖에 없다. 이에 따라 미국을 중심으로 독점에 대한 태도는 그동안 상당히 완화되어 왔다.

기업행태의 조정 : 불공정 거래의 금지와 정부규제

불공정 거래의 금지 각종 사업자가 다른 사업자와의 경쟁관계에서 보이는 여러 가지 남용적 행태를 제한하여 경쟁의 공정성을 확보하기 위함이다. 남용적 행태에는 일반적인 불공정한 경쟁수단과 방법, 덤핑, 경품 금지 등에 관한 사항 등이 포함된다. 불공정 거래는 독점사업자, 독점의 전 단계에 있는 사업자는 물론이고, 완전경쟁 혹은 이에 가까운 시장에서 거래조건을 형성할 수 있는 능력을 갖지 못하는 일반적 사업자에 대해서도 적용된다. 이 제도는 독과점 또는 시장지배적 지위를 전제로 하거나 시장구조의 악화를 방지하기 위한 것이 아니며, 사업자들이 경쟁과 관련하여 보이는 불공정한 행태 일반을 금지하는 행태통제의 속성을 지닌다.

규제 국가가 국민경제의 질서를 정당하게 형성하기 위하여 경제에 개입하는 것을 일반적으로 규제[規制(regulation)]라고 한다. 규제에는 소극적 간섭(권리의 제한)과 적극적 간섭(보호 · 조성)이 있다. 시장경제가 정상적으로 작동하고 있는 나라에서도 전력이나 가스, 방송이나 통신, 의료 등과 같은 산업은 자원 배분을 시장에만 맡겨 놓을 수 없는 경우가 있다. 이러한 산업에 대해서는 개인이나 기업의 경제활동을 제한하거나 국가가 직접 상품을 공급하기도 한다. 시장실패가 예상되거나 사회적 목적으로 경쟁을 제한하고 특정 기업에게 독점적 지위를 인정하는 한편, 가격을 통제하고 상품의 공급을 강제하고 인허가라는 진입장벽을 설정하여 기업행태를 조정하는 규제를 실시할 수 있다. 전력, 가스 등의 에너지, 통신, 상하수도 공급 등이 대표적인 공적규제 산업에 속한다. 가격을 과도하게 인상하는 것을 막는 원가기준으로 가격을 설정(cost-plus)하도록 하거나 판매가격을 일정 수준 이상이 되는 것을 금하는 가격상한제(price cap) 등 자연독점에 대한 규제가 대표적이다.[11] 아울러 이들 산업의 주주가 투자를 계속하도록 유인체계를 마련하기도 한다. 특히 정부는 지적재산권, 즉 특허, 상표, 실용신안, 의장 등 지적 창안에 대해 주관적 권리성을 인정하고 이를 보호할 수 있다. 지적인 발견 혹은 창안에 대해 독점적 혹은 배타적 지위를 인정함으로써 타인의 모방과 복사를 통한 경쟁을 제한하기 때문이다.

개별 산업에 대한 산업정책을 담고 있는 산업법은 독점금지와 상반된 이념과 취지를 가진다. 이들 법규가 사전적 규제조항을 통해 자유로운 시장진입을 막고, 영업 활동에 대해 정부가 인위적 제한을 가하는 데 비해 독점금지법은 시장에서 경쟁을 촉진하기 위해 사업자의 독점화나 담합을 금지한다. 다시 말해 정부의 시장간섭을 위한 각종 규제법과 달리 독점금지법은 시장의 내재적 질서, 그 자체로서 규제법과는 성격이 다르다.

정부규제에는 한계가 있다. 경제여건의 변화로 정부의 개입이나 규제가 더이상 필요하지 않거나 불합리하게 바뀌는 경우도 있다. 이에 따라 각국에서는 규제 완화를 추진해 왔다. OECD는 상품시장규제(product market regulation ; PMR) 지수를 개발하여 각국에서 실시되는 규제의 강도를 측정한다. PMR 지수는 0(규제가 없는 상태)에서 6(가장 규제가 심한 상태)까지의 값을 갖는다. 1998~2003년 기간 동안 PMR 지수는 감소하였는데, 특히 최초에 규제가 심했던 나라에서 지수의 감소폭이 크게 나타났다. 동기간 동안 우리나라도 PMR 지수가 크게 감소한 나라 중 하나였다.

표 10-3 **규제개혁의 요소**

요소	주요 내용
자유화 및 정부역할 축소	① 가격 및 시장진입 자유화 ② 정부가 직접 영위하던 사업을 민간부문으로 전환
새로운 규제환경 수립	① 網산업에서 경쟁이 적용될 수 없는 부문에 여러 서비스 제공자들이 효율적으로 접속할 수 있도록 하기 위한 규칙을 제정 ② 수직결합된 독점기업을 분할하는 경우 기존 기업 내에서 이루어지던 거래를 대신할 새로운 시장을 형성 ③ 비경쟁적 환경에서 규제를 통해 비경제적 성격의 공익을 추구하였던 경우 경쟁적 환경에서도 이러한 공익을 추구할 수 있는 방안을 마련 ④ 공기업을 민영화하거나 정부활동을 외주로 전환한 경우 정부소유에 기초한 규제방식을 원거리 규제방식(arm's length regulation)으로 전환

자료 : Gönenç, Maher, and Nicoletti(2001), "The Implementation and the Effects of Regulatory Reform," OECD ; 한성훈 · 임시영(2008), "규제완화가 경제성장에 미치는 영향", 한국은행 조사통계월보

11. 다른 규제방식도 있을 수 있다. 가격상한제(price cap)는 가격을 낮게 설정하되 발생한 이윤은 기업이 확보하도록 하는 방식이다. 가격비교제(benchmark regulation)는 다른 지역의 유사기업의 평균에 맞추어 가격을 설정하는 것이다. 마지막으로 슬라이드제(sliding scale regulation)는 기업이 효율성을 개선하면 그로 인한 이윤의 일부를 기업이 갖도록 하는 것이다.

지금까지 규제개혁이 규제완화와 동일시되고 '자유화' 및 '정부역할 축소'만이 강조되어 온 경향이 있었으나 규제개혁에서 마찬가지로 중요한 것이 필수적인 규제를 효과적으로 수행하기 위한 제도적 장치를 마련하는 '새로운 규제환경의 수립'이다. 시장지배력의 남용을 막기 위한 규제, 보편적 서비스와 같은 공익적 목적의 규제가 그것이다.

소유의 조정 : 공기업과 민영화

시장 왜곡을 수정하기 위해 국가가 직접 기업을 소유 · 경영하는 공기업의 형태를 취할 수 있다. 1930년대와 1940년대에 세계 각국은 정부개입에 대해 긍정적이었다. 독점이 가져오는 시장 왜곡을 시정하려는 입장이 우세하였고, 대공황 시기의 시장기능 마비, 전쟁 중의 국유화 경험, 구소련의 계획경제가 낳은 산업화 성공담도 이를 뒷받침하였다.

그러나 전후 많은 국유기업들이 실패하는 사례가 반복되고 1960년대 이후에는 직접적 정부개입이 혁신유인을 감소시킨다는 반성이 생겨남에 따라 민영화와 그에 준하는 외주화(contracting out)가 추진되었다. 민영화는 1960년대 독일에서 먼저 시도된 이후 1980년대에 들어 영국에서 본격화되었으며, 이후 유럽 주요국에서도 대규모 민영화를 추진하였다. 민영화는 주식의 매각이나 정부 업무의 민간위탁 형태로 이루어질 수 있으며 서비스 수혜자, 자산 소유자, 서비스 공급 주체, 서비스료 부담 주체가 누구냐에 따라 다양하게 나뉘어진다. 정부일 수도 민간일 수도 또 공동으로 이루어질 수도 있다.

민영화나 민간위탁의 목표가 경영 효율성 제고와 혁신에 있지만 항상 바람직한 것은 아니며, 유인체계, 거래비용, 시장구조를 고려해 종합적으로 판단해야 한다. 첫째, 유인체계의 경우 제품특성의 구체성과 민간의 혁신능력의 중요성을 판단해야 한다. 먼저 제품특성을 구체적으로 계약에 담을 수 있다면 민간이, 그렇지 않다면 정부가 직접 공급하는 것이 바람직하다. 민간기업은 품질을 낮춰 비용을 절감시킬 수 있는데, 계약에 담기 어려운 제품특성이 많은 경우 정부가 이를 통제하기 어렵다. 아울러 공급자의 혁신능력이 중요한 경우에는 처음부터 민간이 서비스 공급을 담당하도록 하는 것이 바람직하다. 둘째, 거래비용 측면에서 공급자에 대한 감독비용, 감독유인, 민간의 계약관행을 고려해야 한다. 비용구조 등을 제대로 파악할 수 있어 공급자의 행동을 감시 · 감독하기 용이하거나 공직자가 자신의 이익을 추구할 가능성이 크거나 계약관행과 법제도가 잘

표 10-4 바람직한 소유형태와 특성

기준	세부 요인	바람직한 소유 형태와 특성	
		민간	정부
유인체계	계약이 불가능한 재화특성의 존재	일부에 국한	광범위
	공급자의 혁신능력	매우 중요	중요치 않음
거래비용	대리인 비용(agency costs)	낮음	높음
	공직자의 사익 추구 가능성	높음	낮음
	법적 · 제도적 환경	잘 발달	미발달
시장구조	공급자 간의 경쟁도	높음	낮음
	공급자의 평판 유지 동기	높음	낮음
	자본시장(기업지배구조) 수준	잘 발달	미발달

자료 : Gönenç, Maher, and Nicoletti(2001)

정착된 사회에서 민간에 공급을 맡기고 원거리에서 투명하게 규제하는 것이 유리하다.[12] 셋째, 시장구조 측면에서의 경쟁도, 평판 유지의 필요성, 자본시장이 고려할 사항이다. 공급자가 치열한 경쟁에 직면하고 평판 유지를 위해 노력해야 하며 자본시장의 기업감시가 용이할 경우 민간에서 서비스를 담당하도록 할 수 있다.

1.5 산업조직의 국가별 유형

국가별 산업조직 유형은 통상 기업시스템이라 불리는데, 소유와 협력의 강도를 기준으로 대체로 4가지로 분류된다(Whitley, 1999, 2000). 소유의 강도로 두드러지게 대비되는 예로는 우리나라처럼 기업집단이 지배적인 경우와 이탈리아 산업지구처럼 특화된 다수의 소기업들이 지배적인 경우를 들 수 있다.

한편 협력의 강도가 대비되는 예로는 독일과 같이 훈련, 노사협상, 기술표준 설정과 개발, 가격 안정화와 생산 쿼터가 기업 간 협력을 통해 이루어지는 경우와 미국처럼 개별 기업 단위로 모두 분권화되어 있는 국가를 들 수 있다. 결국 우리는 국가별 기업 간 관계의 대표적 유형을 〈표 10－5〉에서 보듯이 분절적(fragmented), 군생적(clustered), 구획적[또는 모듈적(compartmentalized)], 협력적(collaborative)으로 구분할 수 있다. 여기서 마지막 두 유형은 소유자의 통제 방식, 기업 규모, 부문 간 조정에 의해 국가주도적(state-organized) 그리고 고도(highly) 협력적인 것으로 다시 구분할 수 있다.[13] 물론 이들은 이상적 유형으로 한 국가에 여러 유형이 공존할 수 있다.

표 10－5 산업구성과 국가의 형태

	저 ← 기업 간 협조 또는 중간단체 강도 → 고	
보완적 ↑ 국가의 역할 ↓ 대체적	**규제국가**(대기업 중심의 구획화) – 미국, 영국 – 홍콩, 싱가포르	조합주의적 국가(협조적 기업 간 관계) – 독일, 스웨덴 – 일본, 한국, 대만
	약탈적 또는 개발 중심의 국가(경쟁적인 소기업에 의한 **분절화**) – 약탈적 : 필리핀, 인도네시아 베트남 – 개발 국가 : 말레이시아, 태국, 중국, 인도 – 선진국 : 프랑스	보상적 국가(협조적 산업 지구) – 이탈리아, 스페인

자료 : Witt and Carney(2014) ; Whitley(2000)

1) 대기업 중심의 자유방임적 기업관계－미국

자유시장과 대 · 중소 기업

과거 대부분의 기업들이 규모가 작았고 시장 역시 지역적으로 제한되던 미국 경제는 남북전쟁 이후 근본적으로 변모하였다. 교통 · 통신의 광역화와 국내시장의 통합으로 기간 산업이 발전하고 치열한 경쟁 속에

---

12. 그러나 개발도상국들은 선진국형의 정부개혁을 시도하는 것이 바람직하지 않을 수 있다. 선진국 정부개혁의 핵심은 '계약에 근거한 정부(government by contract)'에 있는데, 개도국에서는 법질서가 충분히 확립되어 있지 못할 뿐만 아니라 비공식 부문도 광범위하게 존재하여 계약에 근거한 정부가 원천적으로 불가능하며 많은 위험을 내포하고 있다.

13. 국가가 주도하는 기업 간 관계는 구획적 관계와 유사하다. 그러나 이는 프랑스에서와 같이 대기업에 대한 신용 형태의 국가 보조금으로 인해 소유권 통제가 단편적이기보다는 직접적 형태를 갖는다.

서 소수의 대기업으로 경제력 집중이 발생하였다. 시장경쟁이 약화하고 경제불안을 배경으로 담합, 인수합병, 시장을 직접 통제하려는 다양한 시도가 나타났다. 중소 상공인을 중심으로 일반 국민은 대기업 조직을 비판하기 시작하였고, 정부는 트러스트를 기반으로 한 독점과 거래 제한을 불법으로 규정[셔먼법(Sherman Act), 1890]하고 클레이튼법과 연방거래위원회법 제정(1914)으로 시장경쟁을 강화하였다. 이에 따라 트러스트 체제가 해체된 뒤 기업집단은 다수의 사업회사를 거느리는 지주회사 형태가 지배하게 되었다. 대공황과 뉴딜 시기에 반독점 정책은 일시 완화되었지만 이후 다시 정상화되었고 1960년대에는 반독점법의 소비자 보호를 위한 역할까지 부각되었다. 1970년대에 들어 세계화가 급진전되고 독일과 일본 기업들이 미국 대기업을 추월하면서 독점 정책의 집행은 보다 자유방임적 태도로 전환하였다. 동시에 중소기업은 보호의 대상에서 고용 창출과 혁신의 견인차로 주목되었다. 즉, 중소기업은 자유경쟁과 혁신을 유지하기 위한 중요한 요소로 인식되며, 연방정부는 직접적 지원 대신 신용보증 강화, 규제완화와 감세 등으로 사업환경을 개선하고, 중소기업 활성화에 기인하는 민간기관이나 민간지원 제도의 원활한 작동을 도모하기에 이르렀다.

한편 미국의 경우 기업집단은 지주회사 형태가 지배적인데 특히 스스로 사업을 영위하면서 산하에 다수의 회사를 거느리는 사업지주회사 형태가 비교적 많으며, 지주회사의 자회사 지분보유비율이 매우 높다. 미국의 기업법은 기업집단이나 일반집중의 이유만으로 규제하지 않으며, 개별 회사에 적용되는 개별 시장에서의 독점 여부 등 경쟁법과 관련자들의 이해충돌에 관한 회사법 조항이 있을 뿐이다. 이에 따라 기업집단의 형성이나 계열사 간의 거래 등과 같은 구체적 행위가 경쟁 제한성을 가지는가만 문제 삼는다.

대기업의 분할과 자유방임적 관계

미국의 경우 대기업이 주도하는 구획적(compartmentalized) 기업 시스템하에서 특정 기업과 그 기업의 파트너 기업들(특히 하청기업) 간에는 독립적인 거래적 시장 관계나 낮은 수준의 협력이 나타난다. 대기업은 가치사슬 내에서 그리고 산업을 넘어서며 생산활동을 통합한다. 기업은 시장의 무질서한 교환 속에서 권위적 통제와 질서를 가진 섬들이다. 기업들은 상호 간에 장기간의 헌신이나 협력을 보이지 않고 사업파트너의 이해관계에 대한 고려가 경영에 중대한 영향을 미치지 못한다. 유동적인 자본시장과 자유경쟁으로 인해 기업의 진출입이 용이하다.

구획적 기업관계는 직접적 협력보다는 주로 소유관계를 통해 관계가 구성되며, 다른 형태의 관계의 제도화는 미약하다. 이에 따라 기업들이 함께 활용할 수 있는 공동자산에 대한 투자를 지원하는 제도적 협력이나 공공재가 창출되지 못하고 있다. 전국적 단위나 지역 단위에서 기업 간 협조가 미흡하므로 대신 대기업이 주도하는 구획적 기업시스템이 지배적인 기업 간 관계로 역할한다. 소유에 의한 통합에 기반한 기업시스템에서 기업들은 다른 기업과 협력하고 정보, 투자기회, 기술 그리고 권한을 공유하기를 꺼린다. 기업들 간의 직접적 협력은 활동 범위나 지속성이 제한적이며, 사업자 단체도 중요한 역할을 하지 못한다. 표준적인 시장계약이 기업의 투입과 산출을 조정하는 방법이며 공급업체와 고객기업 간의 장기적 관계는 매우 제한적이다. 국가는 경제발전의 조율에서 선도적 역할을 하려 하지 않으며 조율역을 맡을 수 있는 강력한 중간단체도 장려되지 않는다. 통상적으로 시장은 새로운 산업에 대한 진출입 장벽이 약하고 규제도 미약하다.

전형적인 독립된 위계조직으로서 대규모로 통합되고 다변화된 복수의 사업부들을 가진 대기업이 존재하며, 이들은 다양한 기업활동을 통합하기 위한 복잡한 절차를 발전시켜 왔고 기업 내에서는 권위적 통제가 지배적이다. 이들 절차는 경쟁적 환경에서 살아남고 성장할 수 있는 독특한 조직 역량을 구성하지만, 이 안에는 대다수 근로자의 적극적 활동이 빠져 있다. 중간관리층 이하 대부분의 근로자들은 임금계약을 넘어서는 상호의존성이나 소속감을 갖지 못하는 구성원이다. 노사 관련 조직은 개방적이어서 부문별 · 기업별로 다양한 형태로 존재한다. 이러한 환경에서 기업은 대체로 위계질서와 업무절차로 유지되고 있다. 근로자의 조직화가 취약하고 분권화되어 있으며, 고용주와 근로자 간의 협조관계도 유지되기 어려워 공동자산에 대한 투자를 지원하는 제도적 협력이나 집단재가 창출되지 못하고 있다. 이렇게 유동성이 큰 노동시장과 자본시장에 힘입어 기업들은 협조적 관계에서의 이탈이 용이하다.

글로벌화 디지털화에 따른 모듈러 생산 네트워크로의 변화

미국의 전자업체를 중심으로 수직적 · 수평적으로 통합된 기업은 수직적으로 분할되어 모듈러 생산네트워크라 불리는 네트워크형 기업 간 관계를 발전시키며, 시장 변동성에 적응하고 국제 경쟁을 강화하고 있다. 모듈형 생산 네트워크에서 선도 기업은 최종제품 시장의 창출 · 침투 · 방어와 서비스 제공에 집중하는 한편, 제조능력은 외부의 세계적 수준의 전문공급업체(turn-key suppliers)로 이전하여 운영한다. 모듈형 생산 네트워크는 코드화된 기업 간 링크(codified information transfer)와 전문공급업체의 전문제조 능력에 의존하여 거래 비용을 줄이고 외부 경제를 창출하고 있다. 기업 간 협력적 관계가 중요하지만 그것은 암묵적이기보다는 정보통신기술에 힘입어 보편적인 표준을 따르는 코드로 명시화된 정보의 교환이 기반이 되어 과도한 상호의존성이나 관계에 특화된 자산의 확충없이 이루어진다(thinly relational). 이에 따라 기업 간 소통이 강화되지만, 동시에 속도와 유연성이라는 시장관계의 특성도 유지된다.[14] 이 관계에서 주도업체가 비핵심적 활동을 아웃소싱하는 데 머무는 것이 아니라 아웃소싱을 통해 공급업체의 공급역량이 심화되도록 함으로써 주도기업과 공급업체의 역량(양과 질)이 함께 진화하여 추가적인 아웃소싱이 가능하도록 한다.

대 · 중소기업 관계

미국의 경우 중소기업은 대기업에 비해 열세이며 불리한 관계에 곧잘 놓일 수 있다. 하지만 대기업과 중소기업 간 거래는 당사자 간 계약에 의해 이루어지며, 협력 역시 거래 관련 사항으로 이미 계약에 명시되어 있는 것을 잘 이행하느냐가 중요하다. 따라서 기업 간 관계는 당사자들에게 맡겨진 것이고 사인의 행위를 법률을 통해 직접 규제하는 것은 어렵다. 다만 불공정 거래가 있다면 (행정이 아닌) 법률에 맡겨지고, 기업 간 거래가 소비자에게 부정적 영향을 주는 명백한 증거가 있을 경우 정부가 개입한다. 이에 따라 미국에서 기업 간 관계는 시장경쟁과 선택의 기회를 극대화하기 위해 반독점 제도에 의해 규율되고 있다.

연방정부[중소기업청(Small Business Administration)]는 기업 간 관계보다는 정부조달 시장 참여나 공공사업 보조금를 통해 중소기업을 지원한다. 한편 자금 지원의 경우 1982년 이래 직접 융자 방식의 지원은 대부분 폐지되고 대신 신용보증의 형식을 취하며, 부족한 자금은 은행대출에 의존하도록 하고 있다.

---

14. Sturgeon, T. J(2002), "Modular Produciton Network," *Industrial and Corporate Change*, 11 : 3.

2) 자율적 협력 네트워크 : 독일

(1) 규모별 균형 발전과 중소기업의 자립적 네트워크

독일의 대기업은 사업을 다각화한 지주회사 형태를 취하며 지주회사인 본사가 그룹의 전략을 결정한다. 기업집단의 반경쟁적 행위에 대해 경쟁제한법이 적용되지만, 직접 규제보다는 기업결합에 대한 규제이다. 회사법 측면에서는 독립된 기업이 통일적 지휘하에 결합된 콘체른(Konzern)에 대한 별도의 입법을 가지고 있다. 지배계약이 체결된 경우 지배회사는 종속회사 간에는 지시와 수행의 권한과 의무가 존재하고 이는 지배회사의 이익이나 콘체른의 이익에 부합하는 한 종속회사의 이익에 반하더라도 허용된다. 다만 보상제도를 통해 종속회사의 소수주주의 이익이나 결손을 보상할 의무를 갖는다. 지배계약이 없더라도 종속회사의 불이익을 보상하는 경우에는 지배적 지위를 가진 회사가 다른 회사에 영향력을 행사할 수 있도록 하고 있다(김건식 등, 2008).

독일에서는 대기업뿐만 아니라 소기업과 중기업도 모두 골고루 발전해 왔다. 2008년만 보더라도 89.9%가 10명 미만의 마이크로 기업이고 소기업(10~49명)이 7.9%, 중기업(50~249명)이 1.8%이며 대기업(250명 이상)은 0.3%에 지나지 않는다. 여기서 마이크로 기업들은 민간부문 전체 노동력의 17.2%를, 소기업, 중기업, 대기업은 각각 23.2%, 27.6%, 31.9%를 점한다. 비교적 강력한 중소기업 부문이 존재하며 대기업과 중소기업이 균형 있게 발전한 기업구조를 가지고 있다. 이에 따라 독일의 폭스바겐, 다임러, 바이에르, BASF 등 선도적 대기업이 국제적으로 잘 알려져 있지만, 독일 제조업의 척추를 구성하는 것은 중소기업(Mittelstand)이다. 중소기업들은 독일 기업의 99.6%, 수출의 70%, 고용의 80%를 담당한다. 독일의 많은 중소기업들은 널리 알려져 있지 않지만 다양한 틈새시장에서 시장을 선도하고(히든 챔피언) 전문 제품과 제조 역량, 세계적 판매망을 가지고 있다.

기업 간 관계에서 질서자유주의는 시장기능의 효율성을 강조하지만 대기업에 과도한 권력이 집중되어 남용될 경우 소비자, 중소기업, 노동자들에 대한 부당한 대우가 발생한다고 간주한다. 국가의 핵심적 역할은 공정한 기업 간 관계가 지속되도록 확실한 게임의 규칙을 만들고 이것을 경제주체들이 엄수하도록 강제하는 것이다. 독일의 산업조직 정책은 기업 간 공정한 협력을 위해 입법화된 제도적 협약을 강조한다. 독일 민법은 하청을 협력에 기초한 관계로 간주하여 하청계약을 인정하지 않는 대신 공급자와 주문자 사이의 상업계약으로 간주한다. 이에 따라 중소기업 연합체와의 협력, 대기업집단과 하청기업 간의 연대, 공급자에 대한 최장 30일 기한의 지불, 과도한 의존을 막기 위하여 주문은 하청매출액의 20~25%를 넘지 않을 것, 하청을 위한 보증의 입법화 등을 규정하고 있다.

결국 독일에서 이러한 제도적 뒷받침에 힘입어 대기업과 중소기업 간에 유기적인 협력이 이루어지고 있다. 즉, 첫째, 대기업과의 지속적인 협력관계를 유지할 뿐만 아니라 둘째, 개별 기업이 해결하기 어려운 숙련기능인력의 양성과 기술 표준화의 문제를 함께 해결하고 있다. 셋째, 지역별로 형성된 산업 클러스터는 이러한 협력을 더 원활하게 한다. 주정부가 특정 산업을 선정하여 클러스터를 육성하는 정책을 펼치고 있다. 주정부는 지역에 적합한 클러스터 선정과 운영 그리고 중소기업 지원 정책을 다양한 이해관계자들과의 협의를 통해 결정한다. 지역 특색에 맞는 클러스터 기반의 산업인프라 활용을 통해 중소기업은 다양한 자원제약을 극복하고 있다. 넷째, 지역을 기반으로 하는 상공회의소 부문을 기반으로 하는 협회와 사용자 단체 등 사업자 단체의 네트워크가 국내외에 걸쳐 지역별 · 산업별로 조밀하게 조직화되어 있다. 이들 네트워크는 기업-정부관계와 노사관계를 조정하고 기술이나 시장을 공유하도록 조정하는 역할을 한다. 시장 공유는 특히 중소기업과 주로 관련되며 종종 지역적 형태를 취한다. 기업을 넘어 경제활동의 권위적 조정이 사업단체, 기업 간 네트워크, 기업집단에 의해 이루어진다. 이들은 관련된 모든 기업들을 위해 활동할 수 있는 다른 집단들, 예를 들어 은행 등과 권한을 함께 한다. 국내 상공회의소는 제품생산, 직업교육, 표준화에 기여하고 법, 경영, 조직 등에 대해 기업들에게 자문하고 해외 상공회의소는 독일 브랜드를 발전시키며 해외에서 독일 기업들의 정착과 성장을 지원한다.

독일 중소기업의 독특한 특징은 중소기업들이 긴밀한 계약관계로 상호 의존성이 높고 협력적 관계를 발전시켜 왔지만, 동시에 개별 기업은 각자 고유한 최종재와 최종소비자에 초점을 맞춤으로써 시장에서의 자립적(self-reliant) 지위를 유지해 나간다는 점에 있다. 초과 설비를 가진 중소기업이라면 기꺼이 다른 기업들에게 디자인, 생산 또는 마케팅 서비스를 제공한다. 그러나 최종재를 독자적으로 개발 · 판매할 수 있는 독자적 역량을 포기하지 않으며, 디자인이나 생산 서비스만을 독자 사업으로 삼으려고도 하지 않는다. 최종재에 초점을 맞추는 이런 속성으로 말미암아 소기업조차도 상당히 수직적으로 통합된 채로 독립적으로 경영된다. 그러나 수직적 통합은 대규모 공급을 위한 생산역량의 확충을 억제하고 대규모의 (외부적) 규모의 경제의 발생을 억제한다.

독일에서의 기업 간 협력의 역사

독일 기업들은 산업화 초기부터 수출에 적극적이어서 앞서 있던 영미 기업과 세계시장에서 치열하게 경쟁하여야 했다. 아울러 기업 간 협력에 대해 우호적인 여론과 법률제도, 1870년대부터의 보호적 관세, 지역적으로 집중된 산업 등을 배경으로 기업들은 국내에서 상호 경쟁을 피하고 적극적으로 협력하고 담합하였다. 기업 간 협력방식도 가격과 생산량을 조절하는 카르텔 방식에서 독립적 기업들이 상호출자하며, 이윤을 공동 배분하고 이익협동체(Interessen-gemeinschaften)나 콘체른(기업결합)과 트러스트로 발전했다. 또한 100개 이상의 기업이 참여하는 국제 카르텔이나 국제 트러스트 조직이 형성되었다. 이 과정에서 정부가 적극 개입하는 복합은행(universal bank)들이 적극적인 역할을 수행하였다.

(2) 조합주의 : 부문별 · 지역별 협력의 제도화

기업들은 자립적이지만 기업 간 상당한 상호 주식보유와 광범위한 연대를 통해 협력하는 산업조직을 구성한다. 산업마다 훈련, 기술 표준화 등과 같은 문제에서 가치사슬에 존재하는 기업들, 특히 경쟁기업 간 위험 분담과 동반 발전을 위한 협력의 제도가 활발하게 작동하고 있다. 이들은 산업별 공동운명체로 개별 기업이 해결하기 어려운 인증, 숙련인력 양성, 기술 표준화 등 다양한 집단재나 공유자산을 창출 · 공유 · 보호한다.[15] 경쟁기업들은 고객을 대상으로 격렬히 경쟁하지만, 신기술 도입, 고용정책, 다양한 단체와 연대를 통한

15. 산업 내에서 노조와 고용주 모두 각각 잘 조직화되고 있고 이들 조직 간의 연대도 활성화되어 공동자산에 투자하여 임금 조정, 숙련, 훈련제도 등의 집단재를 창출하고 있다. 산업부문별로 강력한 노조는 고용주와 협조하여 강력한 공공훈련 시스템을 운영하여 산업특화적 숙련개발에 투자하고 인증에도 협조한다. 아울러 근로자들은 공동결정제도를 통해 경영에 대한 영향력을 행사할 수 있으며, 작업장에서 과업의 배분, 조직화, 성과에 대한 재량권을 가진다. 사용주와 근로자는 모두 제도상의 비교우위를 보호하고 비교우위가 개별 기업에게 제공하는 편익을 유지하는 데 공동의 이해를 갖는다.

대정부 관계에는 협력한다. 또한 생산과 이윤 공유의 연대와 이익집단을 형성할 수도 있다. 그러나 개별 기업의 경영은 당해 산업 정체의 공동 이해관계로 인해 상당히 제약된다.

산업별 협력은 산업 내에서의 소유권의 교차 보유까지 나아가 있고 소유권의 통제는 연합적으로 이루어진다. 연대적 소유는 주주, 채권자, 기업 간의 위험공유와 상호의존성을 낳는다. 소유권을 가진 단위 내에서는 수직적 통합을 하지만 이들 대기업 간에는 협력적 연계가 존재한다. 소유권에 의한 통합이나 협력은 기술적이어서 관련없는 부문에서는 발생하지 않는다. 소유권에 의한 통제와 협력은 특정 산업에 초점을 맞추기 때문에 산업별로 수직적 통합은 발전하지만, 다른 산업으로의 수평적 다변화는 제한적이다. 독일 산업계에서 무관한 분야에 진출한 기업들은 운명공동체로서 특정 산업에의 헌신도가 낮은 것으로 간주된다.

(3) 중소기업 생태계

독일의 중소기업은 대부분 창업자나 창업자의 가족과 그 친족들에 의해 경영되고 통제되는 소유와 경영이 통합되어 있는 독립적 기업이다. 독일 기업의 99%가 중소기업이고 95%가 가족기업이다. 중소기업의 강한 최종제품 지향성으로 말미암아 독일 생산네트워크는 상당히 수직적으로 통합되어 있다. 이에 따라 이들은 시장에서 대체로 자생적이다. 지역에 뿌리를 두어 최초로 설립된 작은 마을에 계속 머물며 지역교육기관과 밀접하게 교류하여 인력을 확보한다. 이들은 고객과의 긴밀한 유대관계 속에서 복잡한 제조공정을 거치며 개별 고객의 욕구를 충족하는 장인기업이다. 중소기업은 19세기 남부 독일에서 수공업을 겸업하는 소규모 자영농 중심의 사회에서 시작되었다. 토지분할 상속제로 말미암아 개인의 경작지 규모가 시간이 갈수록 영세화되었고, 농민들은 이를 보완하기 위해 가내수공업을 운영하거나 전문 수공업자에 취업함에 따라 19세기에 숙련기능공(장인)이 번성하게 되었다. 이들은 도시 공장노동자가 되는 것을 피하는 대신 전문적 기술에 기반을 두고 영국기업들이 진출하지 않은 기계, 전자 등의 부품 · 소재 산업을 개척하였다. 제2차 세계대전 이후 경제 재건과정에서 정부는 나치에 관여되었던 대기업을 배제하고 지역 소기업들을 지원하였으며, 지방분권적 전통을 따라 지방정부는 지역의 중소기업을 밀착 지원하는 정책체계를 구축하였다.

중소기업에게 기술 혁신역량은 특유의 자산이며 수출경쟁력 확보에 결정적으로 작용하고 있다. 연구개발투자가 저조함에도 불구하고 활발한 혁신성과를 거두고 있는데, 이는 혁신의 요소인 지식, 인력, 자금 면에서 독특한 지원시스템을 확보하고 있기 때문이다. 특히 중소기업은 다음과 같은 제도적 기반 위에서 대학, 연구기관, 타 기업 등 다양한 기관들과 협력하여 자신의 기술역량을 보완 · 강화함으로써 신제품개발 및 생산공정 혁신을 지속하고 R&D 성과를 높이고 있다.

첫째, 산학연 협력과 활발한 지식 및 기술이전 구조이다. 주정부 관할의 공립대학과 응용과학 대학은 주요 도시에 산재하여 기업 R&D를 수행하고, 학생들에게는 기업체 실습을 의무화하고 학위논문도 기업과 협력해 작성하도록 하고 있다. 이 외에도 대학은 학내에 기술이전기관과 특허사업화 전담조직을 개설해 연구성과를 (중소)기업에 이전하고 있다. 공공연구협회와 정부 산하의 연구소도 주요 도시에 위치해 소재지 인근 대학과 함께 지역혁신체제를 구성하여 연구과제 수탁, 특허 및 라이선스, 연구원 창업, 인적 교류를 하고 있다.

둘째, 개방형 혁신이 이루어지는 산업공동연구와 기술이전 중개조직이다. 기업 간 및 산학연 간 중개 역할을 담당하는 중간 · 매개조직이 발달하여 지식 · 기술이전과 기술확산을 강화하고 혁신활동을 촉진하고 있다. 특히 업종별 산업연구협회와 중소기업이 참여하는 산업연구조합연합회(AiF)는 대학 · 연구소와 협력하여 업종별로 공통기반기술과 공통애로기술, 기술표준 등 경쟁 전 단계 공동연구를 독자 수행 또는 위탁하는 세계 최대의 중소기업 R&D 중간조직이다. 또한 슈타인바이스 재단은 응용과학 대학을 중심으로 대학과 중소기업을 직접 연결해 기술이전과 수탁연구 중개에 주력한다. 우수역량 네트워크(Kompetenznetz)에는 대기업, 중소기업, 대학, 연구소가 참여해 업종별, 기술분야별, 지역별로 대규모 산학연 협력연구를 하고 있다.

셋째, 하우스뱅크[Housebank(주거래은행)] 및 공적 제도에 의한 협력적 관계금융이다. 중소기업은 지역주의 원칙을 따르는 저축은행과 협동조합은행으로부터 대출과 지분참여뿐만 아니라 경영자문도 받는다. 하우스뱅크는 기업과 장기적 관계를 형성하는 동반자로 공공 및 민간기금과 기업 사이의 연결고리 역할을 한다. 하우스뱅크는 중소기업과 긴밀하게 소통하며 기업의 다양한 정보를 확보하고 금융수요를 적기에 충족시켜줄 수 있다. 중소기업에 출자한 회사는 공공과 민간의 다수의 주체들이 공동으로 소유하고 있다. 정부의 중소기업을 위한 정책금융 역시 중요한 역할을 하고 있다. 제2차 세계대전 후 설립되어 중소기업을 중점 지원하는 정책금융기관인 독일재건은행그룹(KfW)은 신용대출을 제공하고 대출 후에는 경영컨설팅을 제공한다. 연방정부의 중소기업 정책자금 지원은 거의 전적으로 KfW의 중소기업은행을 통해 온렌딩(on lending) 방식으로 이루어진다. 온렌딩에서 KfW는 정책자금을 중소기업에 직접 지원하지 않고 지원대상 기업의 하우스뱅크(전대은행) 또는 벤처캐피털 등 중간금융기관에 대출 형식으로 지원하고 이 중간 단계의 금융기관이 중소기업에 자금을 지원한다. 온렌딩에서 하우스뱅크 원칙을 따라 중소기업은 하우스뱅크를 통해 KFW의 지원을 받는다. 이때 주거래은행은 신청기업의 신용, 사업성, 담보 심사를 통해 정책금융 제공 여부를 판정하고 KfW에 추천할 권한을 갖는다. 즉, KfW는 지원대상 중소기업에 대한 기준설정, 자금집행 관리 · 감독 등을 수행하고, 전대은행은 지원업체 선정, 신용평가, 대출실행, 자금회수 등을 담당하는 것이다. 이러한 하우스뱅크 원칙은 정책금융 지원이나 벤처캐피탈 지원 등 모든 기술금융 지원에 적용되고 있다. 하우스뱅크는 권한이 큰 만큼 책임도 크다. 예를 들어, 정책금융 자금이 부실화될 경우 손실의 50% 이상을 하우스뱅크가 부담한다. 따라서 하우스뱅크는 대출 이후에도 자연스럽게 여신관리나 경영컨설팅 등을 통해 해당기업의 부실화를 예방하고자 노력한다. 부실화 조짐이 보일 경우 구제금융과 경영컨설팅을 통해 기업 회생을 도모한다. 결국 온렌딩 방식에서는 민간금융기관들이 정책자금의 공급여부를 심사하고 대상 기업을 선별하면서 사후관리까지 담당한다. 특히 독일 각 도시와 농촌마다 촘촘한 점포망을 가진 저축은행의 경우 주정부 및 주립은행에서 은행발행 채권에 대한 채무보증을 하므로 장기저리 자금의 조달이 가능하고 이에 따라 기술혁신형 중소기업에 대한 기술금융 등에 더욱 과감한 투자가 가능하다.

넷째, 이원적 전문인력 양성시스템과 전문인력 계발이다. 임금체계가 산업별 단체협약에 따라 결정되므로 대기업과 중소기업 간 임금 격차가 크지 않고 지방의 고른 발전으로 대도시 선호도가 낮아 지역 우수인력이 중소기업을 마다하지 않는다. 또한 현장형 전문인력 양성을 위한 시스템을 구축해 중소기업에 풍부한 전문인력을 제공한다. 특히 이원적 직업교육시스템(Dual Training)은 기업 수요에 대응한 우수한 전문기능인을 양성하는 제도로 뿌리내렸다. 이는 중등학교(Realchule 및 Hauptshule)를 졸업한 15~19세 청소년들이 의무적으로 이수해야 하는 직업학교의 실무 중심 직업훈련제도로, 훈련생들은 3년간 일주일에 하루나 이틀만 직업학교에서 해당 직종의 전문이론과 일반교양을 배우고 나머지는 직업훈련계약을 체결한 기업이나 기관에서 실무교육과 현장훈련을 받아야 한다. 총 349개 직종에서 직업교육 중인 약 160만 명의 청소년 가운데 80% 이상이 중소기업에서 실무훈련을 받고 있으며, 거의 모든 중소기업이 직업훈련생을 고용하면서 필요한 전문인력을 확보하고 있다. 직업학교를 이수하고 수공업회의소나 상공회의소에서 주관하는 졸업시험에 합격한 자격증 취득자가 3년 동안 같은 직종에 계속 종사하면 마이스터 과정을 밟을 수 있는 자격이 주어진다. 전국의 약 2,800여 개 마이스터 교육기관에서 일정기간 교육을 받고 전공실기와 전공이론, 경영 · 법률, 교육학 등 네 부문으로 이루어진 마이스터시험에 합격한 사람에게는 마이스터라는 자부심과 함께 전문인으로서의 자격이 인정된다. 기업 내에서 마이스터는 현장작업자들과 연구개발 엔지니어 사이의 중개자 역할을 수행하면서 품질개선과 점진적 기술혁신의 주체로서 역할한다. 최근에는 이원시스템이 대학교육에도 확산되어 직장생활과 대학 수업을 병행할 수 있는 전문분야 특성화 대학이 증가하고 있다. 그러나 전문인력 양성체계 못지않은 것은 독일의 계속교육과 연수시스템이다. 직종에 따라서 의무화된 연수제도는 수공업회의소와 상공회의소, 각 산업단체와 전문학회 등 관련 기관에서 제공하는 수많은 계속교육프로그램과 연수프로그램으로 구체화된다. 이러한 연수제도는 중소기업의 전문인력에게 주기적으로 최신의 지식과 기술을 공유하고 인적 혁신네트워크를 강화할 기회를 제공한다.

(4) 지원적 국가의 협력과 지원

독일의 지원적 국가(supportive state)는 지역별 · 산업별로 형성되는 기업 간 연대와 중간 단체를 지원한다. 민간기업과 직접 위험을 공유하기보다는 기업 간의 위험공유를 우선 권장하며 이를 간접적으로 지원한다. 또한 지역별 · 산업별로 고용 관계, 작업장 대표, 숙련형성 체계가 공통되게 제도화하며, 국가는 이를 장려한다.[16] 이로 인해 기업들은 유사한 절차를 따라 경영되고 유사한 유형의 노조, 종업원협의회, 교육기관을 다루며, 그만큼 집단적 규칙과 규범이 구조화되어 있고 기업들은 제도화된 관례를 추종하도록 제약된다. 노동시장과 자본시장을 지배하는 제도는 대기업뿐만 아니라 중소기업을 포괄하므로 기업들은 유사한 정책과 관행을 따르며 그에 따라 유사한 조직적 역량을 발전시킨다. 결과적으로 기업 간 지배구조와 역량의 차이는 크지 않고 기업의 부문별 · 지역별 · 규모별 차이도 크게 부각되지 않는다. 숙련제도는 산업별로 기업들이 함께 설계 · 집행되며 특정 기업보다는 특정 산업을 중심으로 표준화된다. 이러한 상호관계 속에서 기업 간 협력은 자연적으로 이루어진다. 소기업에게 불리한 가격경쟁은 제한되고 기술이전과 공동연구를 지원하며 확산 지향형 기술정책으로 동질적인 기업 유형과 행태가 강화된다.

시장 자체는 상당한 규제가 이루어져 인허가나 협정을 통해 진입을 제어하지만, 국가는 이러한 협력관계를 규제하기보다는 촉진한다. 기업 간 연대와 협조를 가로막을 수 있는 경쟁입법의 강제도 약하다.

3) 기업집단 단위의 협력적 산업조직—스웨덴

(1) 기업집단 중심의 협력적 산업조직

스웨덴은 대기업에 비해 중소기업의 비중이 상대적으로 작은 편이며 은행과 투자회사에 의해 지배되는 기업집단(koncern)이 대표적 산업조직 형태로서 자리 잡아 왔다. 스웨덴에서 기업회계상 기업집단은 계열사

16. 경제규제의 높은 수준은 국가개입의 결과라기보다는 개별기업의 행태에 대한 제한을 두기 위한 (노동조합을 포함한) 연합체의 자발적 협의에서 기인한다. 이 유형에서 국가정책은 이들 연합회에 의해 수행되거나 금지될 때에만 효과를 발휘하는 것으로 보여질 뿐이다.

주식의 과반수 이상을 직간접적으로 보유하는 모회사와 그 계열사로 정의되는데, 계열사의 모회사 주식 보유는 금지된다. 다만 독일과 달리 기업집단에 대한 체계적인 입법 조치나 일반집중 규제는 없다. 스웨덴의 기업집단은 상호 긴밀히 연결된 독립기업들로 구성된다. 중심적 기업은 민감한 정보에 쉽게 접근할 수 있어 계열사 경영자의 행동을 면밀히 감시 · 지원할 수 있다. 계열사 경영자들의 행동을 제한하는 공식적 규칙이 거의 없으므로 기업집단은 계열사 CEO를 다른 다수의 계열사들 이사로 임명하는 권한을 정기적으로 행사하여 긴밀한 연계 네트워크를 유지한다. 발렌베리 가문은 각 계열사에서 활동하는 경영자의 경력을 통제하고 독립법인들 간에 경영자를 이동시킨다. 발렌베리 그룹 내에서 ABB, Ericsson, Electrolux 등의 계열 기업은 통신, 에너지, 자동화, 가전기기 등 다양한 산업 분야로 크게 다변화되었다. 각 계열사는 모두 각자의 분야에서 세계적 브랜드를 가진 기업이며, 기업 수준에서의 규모의 경제를 활용하고 있다.

1930년대 이래 스웨덴 산업조직은 발렌베리 그룹과 한델스방켄 그룹의 두 기업집단에 의해 주로 지배되어 왔다. 이들은 주식시가총액의 1~2위를 점한다. 기업집단의 대다수는 가족이 소유하며 다변화된 사업구조를 가지고 있다. 기업집단은 상향식으로 발전하였고 정부의 통제는 제한적이었으며, 반독점과 같은 주제는 의회와 정치의 관심을 끌지 못해 왔다. 이러한 자유방임적 태도는 산업집중을 촉진해 왔다. 그러나 기업집단의 지배는 중소기업에서의 기업가정신과 혁신을 방해하는 것으로 비판받기도 했다(Henrekson, 1996 ; Hogfeldt, 2005).

대기업집단은 19세기 말의 산업화에서 비롯하여 전간기의 위기를 통해 그리고 다양한 정책의 영향으로 그 지배력이 더욱 강화되었다. 1930년대 이래 정치지형을 지배해 온 사민주의하에서 대기업은 생산의 주요 단위이며, 대기업에 의한 규모의 경제는 생산적 자본재의 집중화와 사회화를 촉진할 것으로 간주되었고 소유집중은 자연스런 현상으로 받아들여졌다. 1930년대에 산업의 국가소유가 제한된 현실을 반영하여 사민주의 모형은 정부, 노조, (은행 연계) 기업집단 간의 제도화된 타협과 협상을 필요로 했고 이는 소수의 대기업과 소수의 소유자 집단이 존재하였기에 가능했다. 즉, 소수의 기업집단으로 말미암아 협력적 조합주의가 효과적으로 작용할 수 있었다. 결과적으로 정부정책은 개인투자자보다는 기관투자자의 소유 · 축적을 장려하고 신생기업 대신 기존 기업의 집중화를 촉진하는 다양한 조치에 나섰다. 소득세율 인상, 가속 감가상각 허용, 개인투자자에 대한 이중과세를 담은 1938년 세법개정이 가장 대표적이다.[17]

거친 자연환경에서 자원부족을 겪었던 스웨덴 사람들에게 소수의 대기업집단은 자원부족을 다루는 성공적 방식이며, 사회에서 정당한 역할을 하고 있는 것으로 받아들여지고 있어 정부도 이들을 제한하는 조치를 취하기 어렵다. 기업집단은 1920년대와 1930년대의 침체와 불황하에서 스웨덴의 산업기반을 재생하는 데 큰 역할을 하였다. 내부의 은행을 중심으로 내부 자본시장과 경영자를 위한 내부 노동시장을 조직화하였으며 기술에 투자하고 수출시장을 개척하였다. 정부도 경제를 자극하고 정책목표를 달성하기 위해 기업집단을 활용하였다. 제2차 세계대전 직후 기업집단은 기업의 전환과 구조조정에서 결정적 역할을 계속 수행했다. 스웨덴은 국내시장이 작은 국가로 신제품의 도입은 수출을 염두에 두어야만 한다. 대부분의 제조업체는 생존을 위해서라도 수출지향적이어야만 한다. 1980년대 중엽 신자유주의 물결이 거세어질 때조차도 사민당은 기업집단을 보호하려 하였다. 1990년대 말 차등의결권 제도를 유지했고 대기업집단의 가문구성원에게 소득세법의 예외조항을 통해 부유 가문이 스웨덴에 계속 머물게 하였다.

17. 전간기의 경기침체로 기업들은 대출상환에 어려움을 겪었고 담보로 맡겨진 주식은 은행에 넘겨졌다.

대기업집단의 경영

스웨덴 기업집단 시스템에서 핵심적 요소는 (차등의결권 주식에 기초한) 거대기업에 대한 소유통제, 장기 신용관계, 인적 네트워크(이사의 상호파견) 등이다.

기업집단에서 특정 소유자(가족 또는 민간재단)가 집단의 핵심적 지분을 통제한다. 일본의 주거래은행과 유사한 투자회사가 존재하므로 금융 기업집단(financial business group, banks' spheres of ownership)이라 부를 수 있다. 자금조달은 내부유보에 더해 상업은행과 투자회사에 의해 공급된다. 상업은행과 일반기업은 공생적 관계를 가지고, 투자회사는 계열사의 주식을 보유하는 지주회사이며 증권시장에서 거래되고 있다. 은행과 투자회사는 은행예금, M&A, 벤처투자로부터 단기자금과 위험자본을 계열사에 공급한다. 은행은 계열사가 국제화됨에 따라 장단기 자금에 대한 수요가 증가해 예금 기반을 확대해야만 했다. 자본시장의 글로벌화는 투자회사에게 광범위한 자금원에 대한 접근을 가능하게 하고 있다.

스웨덴 기업집단에서 정보의 교환과 기업활동의 조정은 은행을 포괄하는 다중임원제(multiple director system)에 기초한 다양한 인적 네트워크를 통해 다루어진다. 은행과 투자회사의 임원들은 계열사의 이사회에 참여하며 회사정보를 수집하여 은행과 투자회사의 이사회 회합에서 교환하는데, 이러한 절차는 기업집단 전체의 의사결정과정에 중대한 영향을 미친다. 상대적으로 소수의 다중 임원과 이사들이 이사회와 비공식 논의를 통해 기업집단의 의사결정과정에 참여함으로써 계열사의 의사결정을 조정하는 것은 용이하다. 발레베리 가문의 경우 가문구성원은 은행, 투자회사, 핵심계열사 모두의 이사회에 참여하여 최대주주 대표로서 활동하여 계열사의 사업에 상당한 영향을 미친다.

기업 간 협력적 관계가 존재

스웨덴 기업은 제품 수요, 원재료 확보, 기술의 선택을 고객 및 공급업체와 함께 조정한다. 대 · 중소 기업 간에 최초의 거래는 모든 것을 따져보며 천천히 결정되지만, 일단 거래가 시작되면 좀처럼 거래가 단절되지 않으며 장기적 관계가 유지된다. 중소 협력업체가 요구에 미치지 못할 경우, 거래 단절보다 문제가 해결되도록 모기업이 환경을 조성하고 애로요인을 제거하거나 모기업과 협력업체가 함께 문제해결에 나선다. 가격인하가 필요할 경우 발주량을 늘려 협력업체 스스로 가격을 인하할 수 있도록 하고, 원자재 조달에 어려움을 겪을 경우 모기업이 직접 나서 원자재 공급업체와 협의하여 해결하기도 한다. 거래관계가 안정적 · 장기적이므로 중소기업이 기술력 향상에 노력을 기울일 수 있는 여건이 조성된다(중소기업연구원, 2006, pp. 77~87). 한편 대기업은 협력업체가 전속거래에 함몰되는 것을 원하지 않으며 복수의 거래처를 갖도록 한다.

연대임금 정책으로 말미암아 대기업과 차이 없는 임금을 지불할 수 있는 중소기업만이 생존 가능하고 양질의 인력을 유인할 수 있다. 따라서 대기업이 중소기업의 R&D를 지원하는 등의 직접적 협력과 지원은 보편적이지 않다. 대기업이 중소기업을 인력이나 자금으로 지원한다면 그것은 대 · 중소 기업의 공동 이익이 존재하기 때문이다. 대 · 중소 기업 협력은 주로 기술개발에서 발생하는데 정부 지원하에서 대기업과 공공연구소가 컨소시엄 형태로 기술개발 프로그램을 진행할 때 여기에 중소기업을 참여시켜 보완적 기술개발을 하거나 아니면 프로그램 산하에 각종 포럼을 만들어 간접적으로 참여할 수 있다. 때때로 대기업이 대학에 출연하고 대학은 중소기업과 함께 기술개발을 한다.

스웨덴의 사회조합주의하에서 전체 체계는 대기업, 노조, 정부 간의 교섭과정으로 굳어져 중소기업이 배제되기 때문에 중소기업만을 위한 정책은 찾아보기 어렵다. 대신 대기업에 대한 정책이 결과적으로 중소기업에 영향을 미치도록 감안하여 정책이 구성된다고 할 수 있다.

(2) 덴마크의 중소기업 간 동료집단 형태의 네트워크

덴마크 제조업에는 다양한 형태의 조직이 존재하지만 핵심적인 부분은 판금가공, 가구, 목재, 의복 등 공예기반의 중소기업이다. 숙련 기업(skill container)과 프로젝트 기업(project coordinator)의 두 유형의 기업이 평판으로 연계되어 공존하는 단순한 지배구조에 기초한 동료집단 형태의 조직을 확립했다. 권력과 영향력은 균형잡혀 있다. 프로젝트 기업은 다양한 공급업체들을 선택할 수 있고, 공급업체 역시 다수의 고객에게 공급할 수 있다. 네트워크와 연대가 형성되지만 장기간 지속되는 기득권 집단이 되지 않는다. 따라서 각 산업부문은 수직적으로 통합되는 것으로 기대할 수 없다. 덴마크에는 강력한 기업집단(일본 게이레츠)이나 장인단체(이탈리아 CNA)가 없으므로 생산의 근대화를 조직화하는 전략을 전개할 수 없었다. 숙련기업들은 스스로 조직화하지 않았으며 프로젝트기업 역시 수직적 분업에서 자신의 지위 · 역할을 규정하지 않는다. 이들은 생존을 위해 소수의 가치사슬보다는 다양한 가치사슬에서 역할에 빠르게 적응해가며 활동한다. 이들은 필요할 경우 자신이 맞춤제품을 공급하는 고객기업에게 같은 유형의 제품을 대량공급하는 외국기업을 소개함으로써 고객기업이 세계시장에서 저렴한 부품과 중간재를 구매할 수 있도록 한다. 아울러 이들은 때때로 단기적 가치사슬을 조직화함으로써 자신들의 역량을 팽창시킨다.[18]

중소기업 네트워크에 대한 중요한 제도적 지원은 공공부문에서 제공된다. 덴마크에서 보듯이 이들은 높은 수준의 공인된 훈련제도, 개인과 고용주가 스스로의 기술숙련을 개선하도록 하는 강력한 유인을 제공한다. 이러한 훈련은 공통된 인지체계와 사회적 정체성을 제공하고 또 숙련이 표준화된 기계와 공식화된 절차에 쉽게 수용되지 못하게 하여 진입의 장벽으로 작용함으로써 협력을 촉진한다. 기업이 어려움에 봉착할 경우 근로자의 적극적 협력과 참여에 의존하는 만큼 소유자가 통제하는 장인적 기업과 근로자 간의 상호의존성은 높다. 사실상 상위의 경영자들보다 숙련 근로자와 기술자들이 고객과 공급업체와의 협조적 활동을 전개하는 데 더 핵심적인 역할을 한다. 모듈화된 기업관계에서 보듯이 기업의 역량이 경영 절차를 통해 공식화하고 기업의 핵심인력을 경영계층에 제한하기보다 조직역량은 개별 근로자의 역량과 현장에서 상대적으로 자기 주도의 집단적 조직과 밀접하게 관련되어 있다.

4) 대기업 주도의 산업조직—프랑스

가족기업 중심에서 대기업 주도의 경제로

국가 의존적 중소 가족기업의 전통 전통적으로 프랑스 산업에서는 가족기업이 지배적이었고, 이들은 국가의 도움하에 안정성을 확보할 수 있었다. 프랑스에서는 절대왕정하의 중앙집권화 속에서도 사회 분할이 계

18. 이와 달리 일본과 이탈리아의 중소기업들은 폐쇄적 네트워크를 형성한다 : 많은 중소기업이 통합적이고 폐쇄된 가치사슬에 참여한다. 일본의 상사(kaishas) 하청업체들은 지배적 제조업체를 중심으로 조직화한다. 하청업체 조직의 변화는 주도하는 제조업체의 조직화 능력에 의존한다. 내부근로자처럼 산하의 하청업체 간에는 경력에 따른 계층구조가 존재한다. 한편 이탈리아 제3산업지구에서는 독립적인 중개상[임파나토레(impannatore)]이 산업지구의 소규모 하청업체들이 외국업체에게 판매할 수 있도록 계약을 중개한다. 중개상 조직은 일시적이며 참여자 간의 역할은 상당히 신축적이다.

속되어 수도를 중심으로 산업발전이 일어났지만 동시에 20세기 초까지 다양하고 수많은 지역시장으로의 분할이 나타났다. 19세기와 20세기 초반의 프랑스에는 대기업이 거의 없었다. 산업화는 농업과 공업의 모든 분야에서 중소기업들이 존속하는 점진적 과정이었다. 영국이 19세기 말에 경험한 대기업의 성장과 산업집중은 1945년 이후까지 기다려야 했다. 19세기와 20세기 초의 프랑스 경제의 성과 부진의 원인은 원자적으로 파편화되고 보수적으로 경영되는 가족기업이 지배적인 데서 찾아지고 있다. 가족 기업들은 안정적 이윤을 확보하기 위해 담합과 정부에 대한 의존에 기대었다. 앙샹레짐에서 산업은 중앙 정부가 양육하는 온실 속 화초에 가까웠으며, 나폴레옹 시대에는 이러한 특성이 더 심해졌다. 사업가는 정부를 피난과 안식을 찾을 수 있는 존재로 바라보았다.

제2차 세계대전 이후 정부주도의 산업화와 경제성장으로 많은 가족기업이 전국적 시장을 대상으로 하는 대기업으로 변모하였으나, 다수는 여전히 분할된 지역시장에서 독과점적 지위를 누리며 전통적 경영방식을 고수하였다. 자본의 부족, 과도한 행정적 부담, 법적 제한, 투기와 위험부담의 기피 등이 그 원인이었다. 또한 이로 인해 기존기업에 도전하는 신생기업도 크게 부족하였다.

국가주도로 대기업 중심 산업조직이 정착 프랑스가 제2차 세계대전에서 겪은 굴욕은 변화에 대한 강력한 촉매제가 되었다. 근대화는 경제정책의 주요 목표가 되었고 계획이 경제 관리의 주요 수단이 되었으며, 엘리트 기술관료가 주요 국가기관을 통제할 기회를 제공했다. 국가에 의한 보호주의와 권위적 중앙 집권화의 오랜 전통 덕분에 이러한 전환이 용이했다. 국가는 기업 간 관계를 중재하고 국가계획과 산업 정책을 통해 기업 전략을 통제하며, 자본이 부족한 기업들의 투자를 지원하고 수익성보다는 고용 유지나 전략산업의 확대와 같은 국가목표의 달성을 우선하였다. 결과적으로 엘리트 기관에서 교육받고 공통의 이념을 공유하는 기술관료, 정치인, 경영자들에 의해 통일적으로 관리되는 이해관계자 자본주의(managed stakeholder capitalism)가 등장하였다. 기업시스템은 근대화와 국제경쟁을 선도하지만 국익을 위해 관리되어야 했고, 동시에 다른 이해관계자의 관심도 인식되고 존중되었다. 국가는 안전한 시장을 제공하기 위해 설계된 보조금과 공공조달로 신흥 산업에서 대표기업을 장려하고 철강 및 조선과 같은 일몰 산업을 보조하였다.

결과적으로 1946~1980년 동안 프랑스는 국가주도로 농업 사회에서 산업국가로 전환되었으며, 대기업이 빠르게 성장하였고 그 하청기업으로 중소기업이 재편되었다. 위험을 줄이고 높은 수준의 조정을 달성하며, 적대적 인수를 막기 위해 기업은 상호주식 소유와 이사 겸임에 의해 함께 묶인 계열집단으로 구성되었다. 엘리트층에 속한 상위경영진은 주주에 의해 제한받지 않고 전략적 의사결정을 할 수 있었다. 대기업과 이에 공급하는 소기업 간의 전통적 관계는 원자화된 하청 계약의 하나였다. 대기업이 수행할 작업을 구체화하면 하청업체는 그 실행을 담당했다. 이는 상급자의 지시에 의존하는 노동자와 경영진의 관계와 매우 유사하며 직원의 업무는 그러한 지시로 제한된다. 중소기업은 취약하고 자금이 부족하며 원자화되어 국가의 보호와 보조금의 선의에 의존해야 했다.

제2차 세계대전 후 프랑스의 경제성과는 주요 산업국가를 넘어섰고 이러한 성공은 프랑스의 기업시스템의 우월로 돌려졌다. 이 시스템하에서 국가는 경제에서 직간접적으로 중요한 역할을 했다. 부를 창출하고 산업역량을 발전시키기 위해 국가는 상호지원을 기반으로 기업 부문과 협력관계를 형성했다. 교육적 성취를 통해 자신들을 정당화한 국가 엘리트는 네트워크를 형성하여 국가주도적으로 경제성장, 국가경쟁력 향상, 국가기업 시스템의 확장에 관심을 기울여 왔다.

대기업 중심의 산업조직의 지속

1970년대에 유가 인상에 따른 경기침체와 국제경쟁의 심화로 경제성장이 크게 둔화되자 국유화와 국가 주도의 강화로 대처하였지만 경제성과는 오히려 악화되었다. 이후 전개된 글로벌화나 IT 혁명 역시 기업환경에 큰 변화를 초래하였다. 이러한 변화는 국가와 기업이 오랜 기간 유대관계를 형성해 온 기업시스템에 큰 충격을 주었다. 1980년대 중반에 국가 개입에 대한 불신이 커졌고 비효율성과 정체에 대한 처방으로 자유주의와 민간기업의 중요성이 부각되었다. 강력한 국가주도 경제(dirigisme)가 시장 지향적으로 변모하며 국유화에서 자유화와 민영화 그리고 규제완화로의 전환이 생겨났다. 기업부문에서 정부의 직접적인 통제가 뚜렷이 감소하고 국가의 재량권이 분권화되고 산업 발전의 주도권이 대기업에 넘겨졌고 대기업은 사회 · 경제 변화의 촉매제로 간주되었다. 아울러 대 · 중소기업 간의 관계나 수요기업과 공급기업 간에 협력적 관계가 자리 잡기 시작하였고 산업 클러스터가 생겨났다. 대기업은 생산 네트워크의 핵심에 위치하고 공급업체들은 이 네트워크에 기술, 조직, 금융 면에서 통합되어 "유연한 대량 생산", 즉 고품질의 맞춤형 제품 생산을 주로 하는 생산모델을 구성하였다. 선도 기업들은 규모와 범위의 경제를 위해 규모를 팽창하고 국제적으로 인수합병과 협력을 통해 확장해 왔다.

이러한 변화에도 불구하고 여전히 프랑스적 산업조직 체계는 지속되고 있다.

국가와 국익의 영향력 국가주도적 경제운영은 약화되었지만 사라진 것은 아니며 여전히 국가의 영향력을 배제할 수 없다. 프랑스의 기업 시스템은 제2차 세계대전 이후에는 국가주도로 또 1980년대 이후로는 민간주도로 변해 왔지만 모두 국가의 경쟁우위를 추구하기 위한 변화였다. 아직도 많은 제도적 유산을 통해 그 영향력을 유지하고 있다. 개방과 해외 팽창에도 불구하고 자국시장에 대한 보호주의는 지속되어 특히 공공 서비스 시장에서 두드러지게 나타나고 있다. 국제화로 지배주주들이 지위를 잃게 되었지만 여전히 핵심주주(sécurité noyaux durs)들이 역할을 하고 있다.

(엘리트) 네트워크 기반 상호주 보유나 이사겸직 그리고 공동의 교육과 민관에서의 고위직 공유로 연계된 엘리트 네트워크와 기업 간 네트워크가 지속적으로 산업을 지배하고 있다. 엘리트 네트워크는 국가와 기업과 금융을 조정하는 역할을 한다. 국가로부터 독립된 사회조직의 발전이 부진한 만큼 엘리트 네트워크의 영향력은 계속되고 있다.

대기업 주도의 기업관계 대 · 중소 기업 간 협력적 관계의 발전에도 불구하고 공급업체는 여전히 지위가 취약하며 모든 중요한 운영이 수요기업의 선의에 의존하고 있다. 대기업은 공급업체를 강력히 통제하며, 주기적으로 관계가 재확인되고 때로는 관계의 해체(계약 단절)로도 이어질 수 있다. 대기업과 공급업체가 제품 개발 책임을 거의 함께하지 않으므로 관계가 해체되어도 구매 대기업에는 큰 문제가 되지 않는다. 프랑스 기업은 이탈리아와 독일의 산업지구에서 찾아볼 수 있는 제도적으로 체화된 신뢰 모형으로 변화하지 못한 상태이다. 한편 대기업과 중소기업에 비해 중견기업의 역할은 상대적으로 크게 부족하다. 지방 자치의 부진과 지방은행의 미발전 그리고 대기업의 적극적 협력 부족은 중견기업의 발전을 막아 왔다. 아울러 정부의 산업발전 전략 역시 이에 기여하였다. 전후 발전과정에서 민간기업은 기초산업과 자본재를 독일에 포기하였고 소비재 부문에서 이탈리아와 경쟁하였다. 대신 국가는 당시에 발흥하던 원자력과 항공과 같은 부문에서 대표기업을 육성하는 데 초점을 맞추었다.

프랑스의 기업집단은 피라미드 체제와 상호주 보유를 통해 성장해 왔다. 미국과 마찬가지로 기업집단만을 대상으로 한 회사법이나 경쟁법상의 규제는 없다. 다만 이른바 로젠블룸(Rozenblum) 원칙을 통해 집단이익이라는 개념이 인정되며 자회사에 과도한 부담을 주어 존립을 위협하지 않는 범위에서 소속 집단 전체를 위한 이익추구가 용인된다(김건식 등, 2008).

2. 한국의 산업조직과 도전

2.1 기업 분포와 그 추이 : 기업 간 양극화

1) 대 · 중 · 소 기업의 분포

소기업이 과다 : 영세한 기업규모

우리나라에서 대부분의 산업은 소수의 대기업과 절대 다수를 차지하는 중소기업으로 구성되어 있다. 2019년에 전체 산업에서 1~4명을 고용한 기업 비중은 80%에 달하지만, 300명 이상을 고용한 대기업의 비중은 0.1%에 지나지 않아 중소기업의 비중이 압도적이며, 중소기업은 전체 기업 수의 99.9%, 전체 고용의 85.5%를 차지하고 있다. 우리나라 사업체나 노동자 대부분(85.5%, 74.2%)은 서비스 산업에 분포하는 만큼 서비스업이 제조업보다 중소기업 비중이 더 크다.

표 10-6 산업별 종사자 규모에 따른 사업체 수 분포

	평균 종사자 수	사업체 비율	종사자 비율	1~4인	5~9인	10~19인	20~49인	50~99인	100~299인	300인 이상
전 산업	5.4명	–	–	79.6%	12.2%	4.49%	2.47%	0.77%	0.36%	0.10%
제조업	9.4명	8.4%	18.1%	52.1%	24.4%	12.5%	8.29%	1.92%	0.71%	0.04%
서비스업	4.7명	89.1%	74.2%	67.3%	11.5%	10.4%	9.01%	1.35%	0.17%	0.11%

자료 : 통계청, 전국사업체조사 10차 개정(2006~) 시도 · 산업 · 종사자규모별 사업체 수, 종사자 수.

우리나라에서의 중소기업 범위

우리나라의 중소기업기본법과 그 시행령 그리고 소기업 및 소상공인을 위한 특별조치법은 업종의 특성과 상시근로자 수, 자본금, 매출액을 참작하여 대기업과 중소기업 그리고 중기업, 소기업, 소상공인을 규정한다. 통계청의 "광업 · 제조업 통계조사"에서 광공업체는 종사자 수에 따라 영세기업(5~9인), 소기업(10~49인), 중기업(50~199인), 중견기업(200~499인), 대기업(500인 이상)으로 분류하였다. 통상 중기업은 종사자 수 50~299인의 기업을 의미하나, 1960~1972년 동안의 통계청 자료가 300인 대신 200인을 기준으로 분류되어, 중기업 기준을 50~199인으로 하였다.

표 10-7 우리나라 기업 규모의 범위

	대기업	중소기업		
		중기업	소기업	소상공인
제조, 건설, 운수, 광업	300명 이상	50~299명	50명 미만	10명 미만
통신, 사업 서비스, 보건복지	300명 이상	10~299명	10명 미만	5명 미만
농림·어업, 전기, 가스, 수도, 도·소매, 음식·숙박, 금융보험, 문화	200명 이상	10~199명		
환경, 교육, 수리 서비스	100명 이상	10~199명		
부동산 임대	50인 이상	10~49명		

중소기업이 사업체의 절대 다수를 구성하는 것은 한국만의 현상은 아니지만, 고용에서의 역할이 지나치게 높은 것은 짚고 넘어갈 만한 사실이다. 한국의 중소기업은 전체 고용의 80%를 차지하고 있는데 이는 OECD 주요국들의 40~60% 수준에 비해 매우 높은 비중이다. 이러한 현상은 제조업에서도 그대로 재현되어 중소기업은 제조업 고용의 72.7%를 점하며 OECD 주요국의 30%대(단 일본 62.8%)를 크게 상회한다.

중소기업이 절대 다수를 점하다 보니 개별 사업체의 평균 규모는 다른 나라에 비해 매우 영세하다. 제조업체만 보더라도 우리나라 제조 사업체의 평균 고용규모는 9.5명으로 미국과 제조 강국인 독일과 일본의 1/3 수준에 지나지 않는다. 또한 기업규모가 작은 프랑스(14.5명)나 스웨덴(12.2명)에 비해서도 작다. 영세한 규모는 종사자 수 1~9인의 마이크로 기업에서 두드러지는데, 우리나라는 평균 고용규모 2.1명에 지나지 않는 마이크로 기업체의 수가 다른 국가에 비해 매우 높다. 그러나 우리나라의 소기업, 중기업 그리고 대기업의 평균 종사자 규모는 4대 주요국과 큰 차이가 없거나 상회하고 있다.

표 10-8 기업규모별 고용 비중 비교(%)

(a) 전산업

		프랑스(2016)	독일(2016)	스웨덴(2015)	한국(2015)	일본(2011)	미국(2015)
고용 비중	중소기업	63.3	63.4	66.4	80.0	52.8	42.4
	마이크로 기업	29.8	19.2	25.6	29.2	13.1	10.1
	소기업	22.1	28.4	24.0	18.7	19.0	17.2
	중기업	14.8	20.2	18.6	22.4	20.7	15.1
	대기업	36.7	36.6	33.6	20.0	47.2	57.6
사업체 수 비중	중소기업	99.9	99.5	99.9	99.9	99.6	99.4
	마이크로 기업	95.1	81.9	94.6	93.0	86.2	78.8
	소기업	4.1	15.2	4.5	6.0	11.2	17.4
	중기업	0.6	2.5	0.8	0.9	2.2	3.2
	대기업	0.1	0.5	0.1	0.1	0.4	0.6

(b) 제조업

		프랑스(2019)	독일(2019)	스웨덴(2019)	한국(2018)	일본(2019)	미국(2015)
고용 비중	중소기업	36.9	37.6	38.1	72.5	62.8	35.6
	마이크로 기업	7.7	4.5	6.6	29.2	4.7	5.2
	소기업	13.5	13.6	12.6	28.9	24.7	13.2
	중기업	15.7	19.5	18.8	24.3	33.4	17.3
	대기업	63.1	62.4	61.9	17.5	37.2	64.4
사업체 비중	중소기업	99.3	97.9	99.2	98.8	97.5	81.7
	마이크로 기업	87.3	65.0	88.3	84.2	35.7	53.0
	소기업	9.8	25.7	8.5	13.3	48.2	20.4
	중기업	2.2	7.1	2.4	2.3	13.6	8.3
	대기업	0.7	2.1	0.8	0.2	2.5	18.3

주 : 마이크로 기업(micro-firm)은 1~9명, 소기업(small)은 10~49명, 중기업(medium)은 50~249명, 대기업(large enterprise)은 250명 이상을 고용하는 기업

표 10-9 제조업 사업체 및 기업 평균 규모(명)

	전체	중소기업	a. 마이크로 기업	b. 소기업	c. 중기업	대기업
미국(2015)	31.3	13.7	3.1	20.3	65.0	110.1
일본(2019)	37.3	24.0	4.9	19.1	91.7	557.6
한국(2018)*	9.5	7.8	2.1	20.2	98.7	1045.3
프랑스(2019)	14.5	5.4	1.3	20.1	104.5	1328.5
독일(2019)	37.9	14.5	2.6	20.0	103.7	1113.4
스웨덴(2019)	12.2	4.7	0.9	18.1	94.5	899.0

주 : 한국의 중기업과 대기업 통계는 각각 1~300명, 300명 초과 기준임.
자료 : OECD, 통계청.

전체 사업체 수가 꾸준히 증가하고 있지만 마이크로 기업은 업체 수와 고용 비중이 과거에 비해 감소한 가운데 소기업의 업체 수와 고용 비중이 꾸준히 커지고 있다. 반면 소폭 증가하던 중기업은 최근 들어 사업체 수와 고용이 감소한 반면, 대기업의 경우 업체 수는 큰 변화가 없는 가운데 고용 비중이 등락을 반복하고 있다. 제조업의 경우 대기업의 수와 고용 비중은 뚜렷이 감소하고 있지만, 서비스업의 경우에는 오히려 커지고 있다. 1980년대 이후 제조업을 중심으로 창업된 수많은 중소 · 벤처가 대기업으로 성장한 경우는 드물다. 중소기업의 0.9%만이 중견기업으로 성장하고 중견기업의 41%는 중소기업으로 퇴보한다.[19]

마이크로 기업의 경우 제조업에서는 고용 비중이 크게 증가하였지만, 서비스업에서는 사업체 수 급증에도 불구하고 고용 비중이 오히려 감소하는 추세를 보이고 있다. 이러한 현상은 마이크로 기업 중 종사자 수

19. "전국사업체조사"와 "광업 · 제조업조사"는 사업체 단위, "중소기업실태조사"는 기업체 단위로 조사가 이루어져 상호 비교에 한계가 있다. 사업체는 경제활동을 수행하는 장소 기준이며, 기업체는 경제활동을 수행하는 법적 · 제도적 단위 기준이다. 광공업통계조사에서는 사업체 단위의 조사가 이루어지고 있다. 한편 OECD 회원국 거의 대부분의 기업통계는 사업체가 아닌 기업 단위로 작성 · 발표되고 있어 이용에 주의가 필요하다.

1~4인을 고용한 영세업체에서 두드러진다. 우리나라 기업은 다른 나라들에 비해 기업의 신생률이나 소멸률 모두 매우 높다. 개인들의 창업 욕구가 두드러진다고도 볼 수 있지만, 동시에 창업자 수 목표를 제시하며 이를 달성하려 하는 정책적 요인도 작용하고 있다.

표 10-10 기업규모별 사업체 수와 종업원 수의 비중 추이(%)

전체 산업	사업체 수					종업원 수				
	영세업체	마이크로	소	중	대	영세업체	마이크로	소	중	대
1993	85.6	93.2	5.6	1.0	0.12	28.9	39.0	21.7	18.4	21.0
2000	85.3	93.5	5.6	0.9	0.07	34.2	45.6	23.8	18.6	12.0
2005	83.6	92.9	6.0	1.0	0.07	31.5	44.0	24.5	19.7	11.9
2010	83.6	92.0	6.7	1.2	0.10	28.8	39.2	24.7	21.6	14.5
2015	80.7	91.9	6.8	1.2	0.10	26.8	40.1	24.5	21.2	14.2
2019	79.6	91.8	7.0	1.1	0.10	26.6	40.8	24.3	20.3	14.5
제조업	사업체 수					종업원 수				
	영세업체	마이크로	소	중	대	영세업체	마이크로	소	중	대
1993	65.2	80.5	16.0	3.1	0.43	10.5	18.6	24.6	22.3	34.4
2000	67.1	82.2	14.9	2.7	0.26	13.6	22.9	28.0	25.3	23.8
2005	64.2	81.8	15.4	2.6	0.20	12.9	24.1	30.1	25.8	20.0
2010	65.9	81.5	15.7	2.7	0.18	13.6	24.0	30.8	26.0	19.1
2015	64.3	83.7	13.7	2.4	0.17	13.9	27.4	29.1	25.2	18.4
2019	63.1	84.1	13.4	2.3	0.16	14.2	29.3	29.2	24.2	17.3
서비스업	사업체 수					종업원 수				
	영세업체	마이크로	소	중	대	영세업체	마이크로	소	중	대
1993	50.0	54.0	2.8	0.5	0.06	40.3	51.6	19.5	15.0	13.9
2000	56.6	61.4	3.1	0.5	0.04	43.3	55.2	21.1	15.9	7.8
2005	58.8	64.6	3.5	0.6	0.05	39.0	51.6	21.5	17.5	9.3
2010	86.7	93.9	5.1	0.9	0.08	34.8	45.3	22.0	19.8	12.9
2015	83.8	93.5	5.5	1.0	0.08	31.8	45.0	22.5	19.7	12.9
2019	82.9	93.4	5.6	0.9	0.08	31.3	45.0	22.2	19.2	13.6

자료 : 통계청, 전국사업체조사(8, 9, 10차 개정)

한편 1993년과 2019년을 비교하면 중소기업 수가 차지하는 비중은 큰 변화가 없으나 종사자 수의 비중이 같은 기간 79.0%에서 85.5%로 크게 증가한 점을 주의할 필요가 있다.

높은 일반집중률

소기업이 압도적 다수이지만 실질적 경제력은 대기업에 집중되어 후자가 산업 전반을 장악하고 있다. 기업집중도 또는 일반집중도는 매출액 기준 상위 대기업의 점유율로서 대기업이 산업이나 품목과 관계없이 전체 산업의 출하액에서 얼마나 높은 시장점유율을 갖고 있느냐를 나타낸다. 즉, 일반집중은 산업 전체, 제조업 등 넓은 산업영역에서 일정한 수의 상위기업들이 차지하는 비중이다.[20] 일반집중도[21]는 100대 기업으로는 2019년 46.6%이고 50대 기업으로는 41.2%이다. 100대 기업 일반집중도는 1981년 46.2%까지 높아진 후 중소기업의 팽창과 더불어 하락하며 1980년대 후반에는 40% 미만까지 낮아졌지만 이후 상승하다 최근 소폭 축소되었다. 이들 100대 기업은 주로 대규모 장치산업으로 수출에서 중요한 전자부품, 컴퓨터 · 통신장비, 운송장비, 석유화학, 철강 업종에서 활동하고 있다. 특히 광업, 담배 제조, 석유화학은 상위 5대 기업의 점유율이 100%에 가깝고, 음료 제조, 전자부품, 컴퓨터 · 통신, 기타 운송장비는 상위 5대 기업의 점유율이 50%를 상회하며, 1차 금속과 자동차는 상위 10대 기업의 점유율이 50%를 상회한다. 한편 서비스업에서 100대 기업은 금융보험업과 도소매업에서 주로 활동한다. 통신업은 상위 5대 기업의 집중률이 매우 높다.

상위기업으로의 집중률은 종사자 수보다는 출하액에서 두드러진다. 상위 100대 기업의 경우 매출액의 절반 이상을 점하지만, 종사자 수는 19%에 머물러 있다. 대기업일수록 주로 자본집약적 생산방법을 채택하기 때문이다.

표 10-11 일반집중률(%) 추이

	출하액 점유율			종사자 수 점유율		
	상위 10대	상위 50대	상위 100대	상위 10대	상위 50대	상위 100대
출하액 기준 상위기업	24.2	41.2	46.6	7.3	14.6	17.9
종사자 수 기준 상위기업	20.2	30.8	41.9	9.4	15.9	19.0

영세 소기업과 자영업이 과다

우리나라 산업계는 기업조직 면에서 대기업집단의 두드러진 활동과 더불어 영세 소기업, 특히 자영업의 비중이 매우 높다는 특징을 가지고 있다. 자영업 비중은 1963년 69.3%에서 1980년 52.8%, 2000년 30.8%, 2021년 20.2%까지 꾸준히 그리고 급속하게 감소하는 추세이지만 그래도 OECD 국가들에 비해서는 여전히 높은 편으로 그리스, 튀르키예, 멕시코, 칠레에 이어 5번째로 자영업자의 비중이 높다. 특히 18시간 이상 가족이 경영하는 사업체에서 무료로 일하는 사람까지 포함한 광의의 자영업자 비중은 더 높아진다.

한국에서 자영업 비중이 높은 것은 압축성장의 결과로 주요 전략산업 외의 산업들이 대형화, 전문화, 효율화되지 못한 데서 출발한다. 하지만 경제발전 과정에서 나타나는 개발도상국적 특징 외에도 자영업 비중이 높은 이탈리아, 포르투갈, 그리스 등 남유럽 국가들이 갖는 공통된 특징으로서 취약한 조세제도와 사회안전망의 사각지대가 기여하는 바도 작지 않다.[22] 우선 우리나라는 조세 시스템이 미비하여 기업 투명도가 낮고 개인사업자에게 유리하게 되어 있어 자영업이 선호되고 있다. 신용카드 사용 확대와 전자상거래 발전 그리고

20. 일반집중도가 갖는 경제지표로서의 의미와 한계에 관해서는 이재형 외(1999)를 참고.

21. 공정위는 공정거래법 목적의 하나인 '경제력집중 억제'를 위해 2년에 한 번씩 '시장구조조사'를 통해 시장집중도 및 독과점 구조 산업 현황 등의 정보를 제공해 오고 있다. 이에는 일반집중도, 산업집중도, 품목집중도, 독과점구조 유지산업 분석, 대규모 기업집단 산업 집중도 등이 포함된다.

22. OECD 국가들을 대상으로 한 Hipp et al.(2015)은 자영업자 비중이 ① 법규(정규직에 대한 고용보호 수준과 완화 정도), ② 노사관계(노조 조직률과 파업 및 직장 폐쇄의 강도), ③ 조세제도(창업 사업체의 조세부담 및 조세 회피 가능성), ④ 사회정책(실업급여, 창업 보조금, 육아 및 보육시설 이용의 용이성)에 의존하는 것으로 분석하고 있다.

그림 10-3 OECD와 한국에서의 자영업 비중의 추이(%)

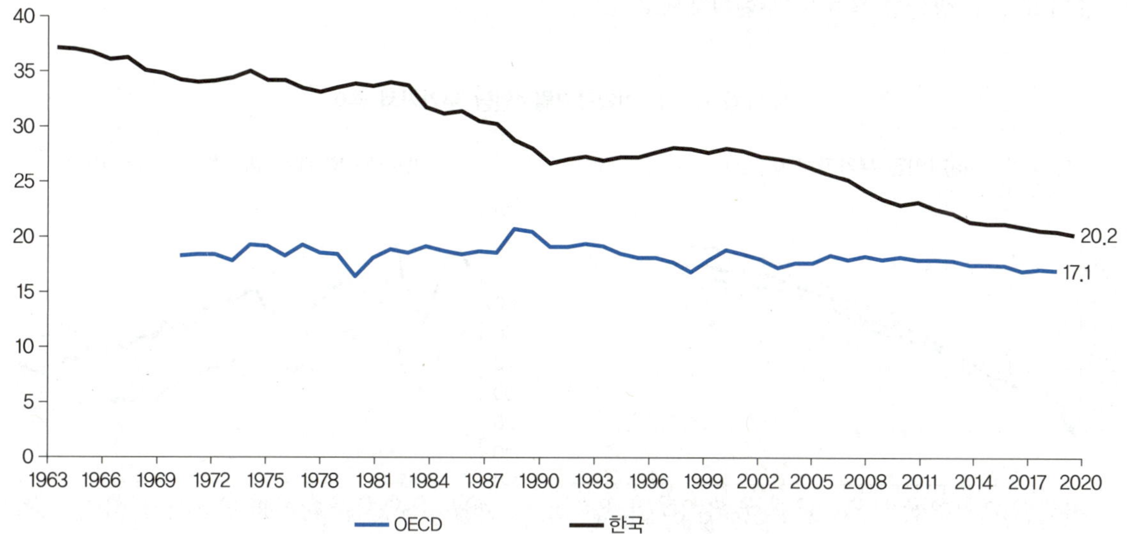

조세당국의 소득 파악력 향상과 더불어 매출 부분은 상당히 개선되었지만, 비용 부분은 여전히 불투명하여 임금 근로자보다 소득 파악이 어려워 실질 조세부담률이 낮다. 더욱이 우리나라의 경우 면세가 많아 소득세 납부 비중이 전체의 절반 정도에 그치고 있는데, 그만큼 조세회피 가능성이 큰 것이다. 아울러 노동시장의 경직성과 낮은 사회안전망도 자영업의 높은 비중을 낳는 원인이다. 노동시장이 경직적이어서 기업에서 이직할 경우 새로운 적절한 일자리를 찾기 어렵고, 취업하더라도 저임금, 고용불안의 비정규직이 대부분이다. 특히 실업급여, 노령연금 등 사회안전망 미가입과 낮은 수급액으로 말미암아 실직 시 생계를 유지하기 위해서 자영업 외에 다른 대안을 찾기 어렵다. 한편 OECD 국가들을 대상으로 한 강창희 · 유경준(2018)의 연구에 따르면 조세회피 가능성 감소와 GDP 대비 사회보장 지출의 상승은 자영업자 비율 감소에 기여하고 있으며 최근에는 중위임금 대비 최저임금 비율 상승이 자영업자 비율 감소에 직접적 요인으로 작용하고 있다고 주장한다. 최저임금 상승은 인건비 상승을 통해 기존 자영 사업체의 수익성을 악화시키는 동시에 영세 자영업자나 무급가족 종사자 스스로 임금 근로자로 전환할 유인을 제공하기 때문이다. 한편 최근에는 긱 이코노미(gig economy)의 진전에 따라 일자리 형태가 다양화되는 가운데 겸업이나 파트타임의 자영업자가 세계 각국에서 증가하고 있는데 이는 우리나라에서 높은 자영업자 비중이 지속되는 새로운 요인이 되고 있다.

2) 기업 간 양극화

경영성과의 양극화

한국에서 대기업으로 경제력이 집중되었을 뿐만 아니라 대기업의 경영성과가 여타 기업을 크게 뛰어넘으며 기업 간 양극화가 지속되고 있다.[23] 또한 한국에서는 기업 규모가 경영성과와 고용의 질을 결정하는 가장 중요한 요소 중 하나이다.

23. 광공업 출하액 기준 상위 100대 기업이 광공업에서 차지하는 비중은 51%(45.2%)이지만, 종사자 수 점유율은 17.7%(14.7%)에 지나지 않는다.

생산성 격차 대 · 중소기업 간 생산성 격차가 확대되는 것은 물론, 중소기업 내에서도 영세기업 · 소기업 · 중기업 간의 생산성 격차가 계속 확대되고 있다.

그림 10-4 기업규모별 1인당 부가가치 추이

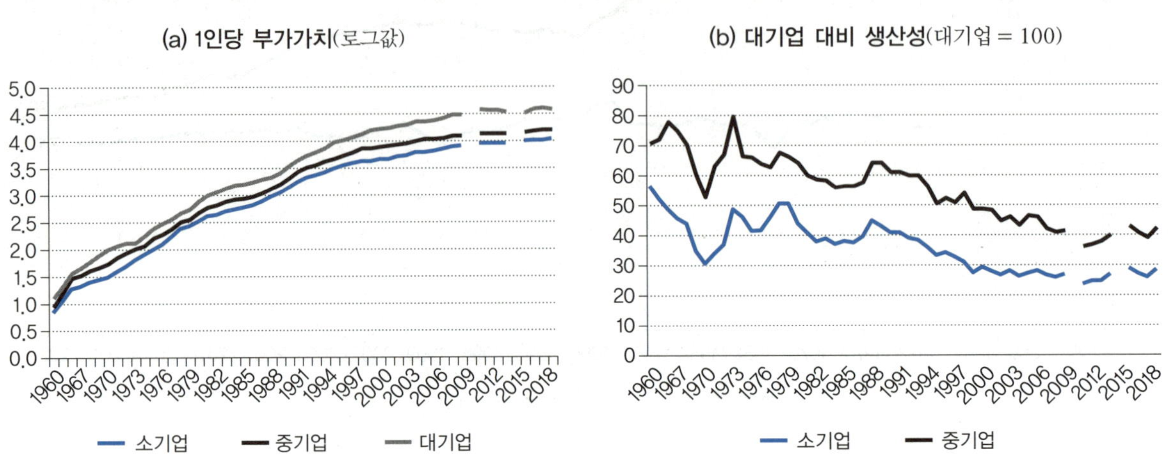

우리나라의 사업체 규모별 생산성 격차는 다른 나라에 비해 매우 크다. 1960년대에 확대되던 대기업과 중소기업 간 생산성 격차는 1970년대에 들어 완만하게 축소되어 그 상태를 유지하다 1990년대 중반 이후에는 다시 확대되었다. 현재 소기업과 중기업의 1인당 부가가치 생산성은 각각 대기업의 28.4%와 42.1%에 지나지 않는다.[24] 또한 현재 소기업과 중기업의 1인당 노동장비율은 각각 대기업의 33.8%와 45.2%에 지나지 않는다. 1997년 외환위기 이후 대기업은 노동절약적 기술진보와 외주 확대로 노동생산성을 높였지만, 중소기업은 대기업의 강화된 비용 절감 요구와 시장개방 및 저임금 국가로부터 수입 확대에 따른 글로벌 경쟁이라는 이중의 압력에 노출되어 있다. 수요독점적 시장구조 속에서 대기업이 우월적 지위를 행사하고 중소기업의 교섭력이 취약해 중소기업이 생산성을 높이더라도 수익성 향상이나 근로조건 개선으로 이어지지 못하고 있다. 우리나라의 취업자당 노동생산성에서 중소기업(1~249인)은 대기업의 약 33.1%[2019년 기준, 한국생산성본부(2021), "2021 기업규모별 노동생산성 국제비교"]로 OECD 24개국 중 대 · 중소기업 간 격차가 가장 큰 국가 중 하나이다. 프랑스, 독일, 스웨덴의 경우 대기업 대비 중소기업의 노동생산성 수준은 각각 59.5%, 55.5%, 55.9%이다. 대 · 중소기업 간 생산성과 노동장비율 격차 확대는 경영성과와 근로조건(1인당 급여)의 격차 확대로 이어져 소기업과 중기업의 급여수준은 대기업의 57.0%와 66.2%에 머물고 있다.

R&D 투자 현재 중소기업의 R&D 투자 규모는 전체 기업 R&D의 23.3%(2019)에 지나지 않으며, 연구원 수는 전체 연구원의 53.0%에 달한다. 그 결과 연구원 1인당 평균 R&D 지출 비용은 대기업의 27.6% 수준에 지나지 않고 학위별로 석 · 박사 연구원 비중이 감소하고 있으며, 대기업 대비 매우 낮은 수준이다.[25] 한편 매출액 상위 5대(10대, 20대) 기업은 전체 기업 연구개발비의 33.8%(47.0%, 52.8%)를 사용하는데 전체 연

24. 총요소생산성은 기업이 창출한 부가가치 가운데 노동과 자본 같은 요소투입의 기여분을 제외한 잔여로 측정되며, 흔히 기술진보의 효과를 반영하는 것으로 이해된다. 1984년 이후 광공업(10인 이상 사업체)에서 대기업의 총요소생산성 증가율은 중소기업보다 다소 높은 4.0%를 나타냈다. 중소기업의 생산성은 1983년 대기업의 66% 수준에서 2000년 초 80.2% 수준까지 올라섰으나 이후 격차가 확대되어 현재 중소기업의 총요소생산성은 2014년 대기업의 63.6%에 불과하다. 김원규(2017).

25. 과학기술정보통신부, 「연구개발활동조사보고서」, 각년도.

구원의 14.6%(20.3%, 23.9%), 전체 박사 연구원의 23.9%(32.7%, 40.0%)를 보유하고 있다. 중소제조업에서 R&D 투자를 하는 업체 비율은 2009년 이후 28% 수준에서 주춤하고 있고, 중소기업의 매출액 대비 기술개발투자액 비율은 2.67%으로 벤처기업 5.98%나 대기업 3.94%에 못 미친다. 2019년 매출액 상위 5대 기업의 매출액 대비 연구개발비 비율은 7.34%로 기업 전체 비율 3.51%보다 높게 나타났다. 장비투자, 연구개발 투자 부진에 따른 생산성의 격차는 경영성과와 임금 수준에 그대로 반영되고 있다.

내수 의존성 중소기업의 판로는 내수시장이 절대적이다. 2019년 우리나라 제조 중소기업의 총매출액에서 내수 비중은 91.2%이며, 수출은 8.8%에 불과하다. 중소기업이 고급기술 제품으로 진출하지 못하는 상황에서 중국 등 개발도상국에 의해 해외시장이 잠식당한 데 따른 결과다. 다만 제조업 전체의 수출에서 중소기업의 수출이 차지하는 비중은 18.6%에 달하는데 이는 독일, 스웨덴, 프랑스, 미국의 평균수준에 해당된다. 한편 직간접적으로 수출에 관여하는 중소기업은 약 21.4%(직접수출 9.4%)이며 수출하지 않는 기업은 78.6%이고, 현재 수출실적은 없으나 향후 해외진출을 계획하고 있는 중소기업은 2.4%로 낮은 수준이다. 내수(= 100)의 매출처 비중을 보면 다른 기업과 거래(수급관계)가 88.9%이며, 공공기관과 일반 소비자 및 소매업태 판매가 각각 5.2%, 5.4%이다(중소벤처기업부, 중소기업실태조사, 중소기업 수출통계).

국민경제 기여도의 양극화

우리나라 대기업이 부가가치와 생산성 면에서 중소기업을 압도하고 있지만, 전반적인 국민경제 기여도는 상대적으로 중소기업에 집중되고 있다. 중소기업의 성장이 국내 부가가치와 고용창출 면에서 대기업을 앞설 뿐만 아니라 부가가치 가운데 노동의 몫이 커서 노동소득분배율을 높이는 데에도 적합하다.

고용 고용 조건이 양호한 대규모 사업체의 고용 비율이 매우 낮고 대신 중소기업이 일자리 창출에서 중요한 역할을 한다. 2019년 중소기업의 고용 비중이 82.7%에 이르고 매출액 비중은 48.7%이다. OECD 국가의 대규모 사업체 고용비율을 보면 한국은 13.7%로 가장 낮은 수준이다. 이는 미국(500인 이상)의 50.6%, 캐나다의 50.1%, 북유럽 국가들에 비해 매우 낮으며, 남유럽 국가들과 유사하다.

표 10-12 기업규모별 생산 · 부가가치 비중 비교(%)

		프랑스(2019)	독일(2019)	스웨덴(2019)	한국(2018)	일본(2019)	미국(2015)	OECD
고용	중소기업	52.8	58.9	55.7	86.1	59.1	42.4	68.1
	마이크로 기업	25.1	19.0	19.5	43.8	21.7	10.1	28.9
	소기업	15.0	22.7	18.7	25.7	18.4	17.2	21.0
	중기업	12.6	17.2	17.4	16.6	19.0	15.1	18.2
	대기업	47.2	41.1	44.3	13.9	40.9	57.6	31.9
부가가치 비중	중소기업	44.5	47.5	49.5	61.4	–	–	59.0
	마이크로 기업	18.7	13.7	15.5	16.2	–	–	17.4
	소기업	13.1	173	15.6	24.5	–	–	16.3
	중기업	12.6	16.5	18.4	20.7	–	–	18.2
	대기업	55.5	52.5	50.5	38.6	–	–	41.0

주 : 마이크로 기업(micro-firm)은 1~9명, 소기업(small)은 10~49명, 중기업(medium)은 50~249명
자료 : OECD, SME and Entrepreneurship Outlook 2021

생산과 부가가치 중소기업의 생산유발 효과나 부가가치 유발효과 역시 대기업을 크게 넘어선다. 제조업 부문 중소기업의 생산 유발계수는 2.17이고 부가가치 유발계수는 0.57이다. 반면 대기업의 생산유발계수는 2.04이고 부가가치 유발계수는 0.45이다. 대기업 성장의 파급효과 가운데 점점 더 많은 부분이 해외로 빠져나가고 있지만, 지역경제에 뿌리내리고 있는 중소기업은 국내에 여전히 큰 부가가치와 일자리를 창출하고 있는 것이다. 매출액 대비 부가가치 비율은 중소기업이 대기업보다 월등하게 높다. 대기업의 최종생산물 가운데 설비자본, 중간투입물, 원료 등 요소투입이 차지하는 비중이 큰 반면 중소기업은 중간투입물이 차지하는 비중이 작고 노동투입 비율이 커서 부가가치율이 높은 것이다.

노동소득 분배율 중소기업의 노동소득 분배율은 대기업보다 높아 창출한 부가가치 중 노동의 몫이 대기업보다 크다. 대기업의 경우 자본집약도가 높기 때문에 부가가치에서 자본이 차지하는 몫이 크다.

중소기업의 열악한 지위

대기업으로의 경제력 집중은 기업 간의 생산성 격차뿐만 아니라 부당한 원하청관계 등 시장 왜곡에서 비롯된 부분도 크다. 즉, 우리나라 중소기업은 대기업에 비해 경영, 자금, 기술, 인력, 판로, 정보, 교섭력 등 여러 측면에서 열등한 위치에 놓여 있을 뿐만 아니라 대기업의 각종 불공정한 거래 관행으로 인하여 피해를 받고 있다. 전자는 다른 나라 중소기업들도 공통적으로 가지는 일반적인 취약점이지만, 후자는 우리나라의 대기업집단 중심적인 경제구조에 기인한 바가 작지 않다. 경제력이 소수의 대기업집단에 과도하게 집중되고 주요 산업분야의 독과점화가 심화되었다. 그리고 이는 1960년대 이래 정부가 자원과 자본이 부족하고 시장이 협소한 상태에서 성장을 위하여 소수의 검증된 기업을 집중 지원한 결과이기도 하다.

정부는 중소기업의 상대적인 취약점을 해소할 뿐만 아니라 대기업과 중소기업 간의 불공정한 거래관행을 시정할 필요가 큰 것이다. 이러한 취지에서 우리 헌법은 국가에 중소기업을 보호 · 육성할 의무를 부과하고 있으며, 국가는 이러한 의무를 실현하기 위해 중소기업과 관련된 제반 법과 정책을 마련하여 시행하고 있다. 우리나라에서 중소기업의 지원 · 육성과 관련된 법률은 중소기업기본법이나 중소기업 진흥에 관한 법률처럼 중소기업 일반을 대상으로 하는 일반 중소기업법도 있으나, 벤처기업, 여성기업, 지방중소기업으로 적용 대상을 제한하는 특별 중소기업법도 있다. 이 외에 직접적이지는 않지만 기능적으로 중소기업의 지원 · 육성에 기여하는 독점규제법이나 하도급법 등의 법률도 있다. 일반 중소기업법은 중소기업의 자금, 인력, 기술, 판로 등에서의 취약점을 보완하기 위한 법률이다. 특히 중소기업기본법은 중소기업 육성정책의 기본적 사항을 규정한다. 이를 기초로 국가는 중소기업의 설립과 그에 대한 투자를 촉진하기 위한 중소기업창업지원법, 중소기업의 구조개선 및 경영안정지원을 위한 특별법, 중소기업의 구조를 고도화하고 제품의 구매촉진과 판로 확대를 위하여 중소기업진흥 및 제품구매촉진에 관한 법률을 시행하고 있다. 또한 외환위기 이후에는 벤처기업의 창업을 촉진하기 위하여 벤처기업 육성에 관한 특별조치법을 시행하고 있다.

2.2 수직적 기업 관계 : 혁신을 억압하는 산업생태계

한국의 업종별 산업생태계는 최종재를 생산하는 선도기업들과 이에 (준)계열사로서 폐쇄적으로 납품하는 협력기업들을 중심으로 구성되어 있다. 선도기업은 연구개발, 제품개발, 최종재의 조립가공, 마케팅 등을 담당하고, 핵심 중간재는 계열사로부터 그리고 여타 중간재는 위계적으로 통제하여 내부조직과 같이 관리할 수 있는 비계열사 협력중소기업으로부터 납품받고 있다. 한국의 산업생태계는 시장을 지배하는 소수의 대기업이 수많은 중소기업을 자신의 공급사슬에 편입시켜 위계적 분업관계를 형성하고 있는 것이다.

우리나라 기업들은 수직적 (준)계열화를 통하여 원재료의 자체조달로 생산원가를 절감하고 가격경쟁력을 확보할 수 있었다. 또한 모든 생산과정을 통합 · 통제하고 수급조절을 하며 품질을 안정화할 수 있었다. 수직적 (준)계열화 체제는 제조물에 대한 책임이나 품질의 보장이 용이하고 추가적 서비스 제공으로 수요 확대를 기할 수 있다. 외부환경에 효과적 대응이 가능한 만큼 소비자 요구에 빠르게 반응할 수 있고 제품 차별화를 기민하게 추진할 수 있다.

대기업은 수직적으로 계열화된 기업집단 체제와 준계열적인 협력기업 공급사슬을 기반으로 기업 간 거래비용을 낮추고 공급업체들의 기회주의적 행동을 통제할 수 있다. 중간재는 임금비용이 저렴한 계열사 및 외부기업들이 공급하도록 함으로써 중간재 공급가격을 낮게 유지할 수 있고 (준)계열화된 관계를 유지함으로써 공급측면의 불확실성을 통제하고 공급을 안정화시키는 동시에 경영환경 변화에 기민하게 움직일 수 있도록 하고 있다. 준계열화된 공급 네트워크는 전속성이 강한 관계특수적 투자에서 흔히 생겨나게 되는 공급기업의 '과소투자' 문제를 해소할 수 있다. 대기업들과 준 계열화된 협력기업들의 거래관계는 지속적이고 안정적이며 이러한 안정성이 중소기업의 공격적 투자의 배경으로 작용했다.

한국 대기업 고유의 공급사슬은 선진기업의 추격에서 막대한 역할을 했다. 대기업들은 추격과정에서 선발 산업국보다 제품설계 능력에서 뒤처지기 때문에 생겨났던 잦은 설계변경과 사양 변화에 효과적으로 대응할 수 있었다. 제품 개발, 생산, 부품공급, 마케팅 등 가치사슬 전반에서 기민함을 발휘할 수 있었다. 중국, 유럽, 아시아로 확장된 글로벌 생산체제를 구축하는 과정에서 선도기업들은 매우 빠른 시간에 현지 생산라인을 구축할 수 있었다. 또한 안정적 수급 환경하에서 수요기업이나 공급기업 모두에서 공격적 투자가 촉진되었고 그만큼 기술추격 기간을 단축시켰다. 공급기업들은 수요기업의 요구에 적극 반응하며 제조역량을 키워왔다. 삼성전자 휴대폰의 경쟁력은 휴대폰 기기의 금형을 떠서 콘셉트와 도면을 내려보내면 부품업체들이 이를 받아 불량률을 낮추며 일사불란하게 부품을 만들 수 있었던 데 기인한다.

1) 수직적으로 계열화된 대기업집단 형태의 팽창

우리나라에서 기업 간의 수직적 관계는 수직적으로 통합된 기업집단 형태가 지배적이다. 수직적 결합은 다른 거래 단계에 속하는 사업자 사이의 결합, 즉 원재료 의존관계에 있는 사업자 사이의 결합이나 특정 제품의 제조업자와 유통업자 사이의 결합을 말한다. 최종재를 생산하는 대기업은 연구개발투자, 제품개발, 최종재의 조립가공, 마케팅을 담당하고 중간재를 중소 하청업체로부터 제공받지만, 다른 한편으로 부가가치가 크고 핵심적인 중간재의 공급 라인은 수직적인 계열사 체제로 구축하였다. 최종재를 생산하는 모회사는 계열사를 수직적 가치사슬 중 핵심활동에 배치하여 가치사슬 전체를 기업집단 내에서 중앙집중적으로 통제 · 조정한다. 스마트폰 제조기업은 스마트폰의 핵심부품인 AP, 반도체, 디스플레이, 배터리, 판매, 물류 등 가치사슬의 전반을 수직 계열화한다. 부품 가공에 더해 구매와 판매도 계열사에 주로 의존하여 계열사를 중심으로 가치사슬을 구성한다. 계열사 체계는 공동기술 개발, 핵심 엔지니어 공유를 통한 기술공유와 공정혁신으로 계열사 내에서의 기술 수준을 전체적으로 제고하고 제품도 고도화한다.

중간재를 공급하는 재벌 계열사들은 기술 경쟁력을 높이고 세계시장에 중간재를 수출하며 기업집단에 대한 의존도를 낮추고 세계적 기업으로 자리 잡아가기도 하였다. 재벌 계열사는 최종재를 세계시장에 판매하는 모회사라는 안정적 수요처가 존재하므로 설비와 연구개발에 대한 공격적 투자가 가능하다. 또한 최종재를 생산하는 모회사로부터 설계지원을 받을 뿐만 아니라 경쟁하는 중간재 업체로부터 획득한 기술과 정보를 지원받을 수 있다.

그러나 이러한 기업집단을 통한 수직결합은 수직적 거래제한의 속성을 지니는 것으로서 특정한 거래분야에서의 경쟁을 직접적으로 제약하는 것은 아니지만 경쟁사업자의 다른 거래 단계에 대한 접근성을 봉쇄하거나 제약할 수 있다. 이에 따라 우리나라의 공정거래법은 취득 회사 등과 피취득회사 간의 수직형 기업결합에 대해 잠재적 경쟁의 저해, 경쟁사업자 배제, 진입장벽 증대의 부작용이 존재하는가를 검토하여 경쟁 제한성을 판단한다.

재벌계 기업이 수직적 통합체계의 정점에 위치하고 체계 안에 계열사와 협력사를 배치하는 방식은 기업집단을 경계로 각 기업군 사이의 상호작용을 폐쇄적으로 만들고 있다. 결과적으로 기업생태계가 기업집단을 넘어 통합적으로 형성되고 그 과정에서 경쟁을 통해 다양성이 확보되어 효율성이 개선되는 것이 아니라 기업집단별로 파편적으로 나뉘어져 있다. 기업집단들 간에는 협력보다는 경쟁이 표준이다. 기업집단을 대표하는 사업자단체로 전국경제인연합회가 있지만, 이들의 활동은 기업집단 간 협력보다는 정치권과의 조정기능에 집중되어 있다.

2) 수직적 협력과 하도급 관계

(1) 하도급 거래

수직적 계열화 외에 우리나라에서의 지배적인 수직적 기업관계의 또 하나의 형태는 하도급 관계이다. 하도급 관계는 자동차, 전자, 철강, 조선 등 중화학공업과 건설업뿐만 아니라 도소매와 기업, 공공기관의 각종 서비스, 청소, 경비, 식당 운영 등에서도 일반화되어 조립 중심의 대기업과 부품 중심의 중소기업, 혹은 원사업자와 하청사업자 등의 구분이 나타난다. 도급(都給)거래는 원사업자와 수급사업자 간 장기계약에 기초한 제조 · 건설 · 용역의 위탁을 의미한다.[26] 도급은 일의 완성이 중요하므로 수급인(受給人) 자신이 수행해야만 하는 것은 아니며 제3자에게 재위탁할 수도 있기 때문에 하도급[下都給(subcontracting)] 또는 하청이라 부른다. 하도급 거래는 지속적 거래가 이루어지지만 진입과 탈퇴도 자유로워 시장거래와 협력 네트워크의 속성을 공유한다.

대기업의 협력 중소기업과의 관계는 다수 가격경쟁형, 소수 기술경쟁형, 지명 발주형으로 나눌 수 있다(김기찬, 1995). 다수 가격경쟁형은 기술수준이 낮고 범용부품을 공급하는 기업들로 대기업과는 단기거래가 중심이며 거래의 공정성과 안정을 중시한다. 소수 기술경쟁형은 대기업의 계열기업이나 핵심부품 기업은 아니지만 특정 대기업에 관계 특수적인 부품을 공급하는 협력업체다. 전속거래가 발전한 우리나라에서 협력 중

26. 하도급 거래 공정화에 관한 법률에서는 하도급 거래의 당사자인 원사업자 및 수급사업자 간의 교섭력 차이를 감안하여 원사업자 및 수급 사업자의 범위를 규정하고 있다. 원사업자는 대기업자 및 연간 매출액 또는 상시 종업원 수가 수급사업자의 2배를 초과하는 중소기업자로 한정하고 있다. 한편 '위탁기업'은 타기업에 위탁을 주는 기업을 말하고, '수급기업'은 타 기업으로부터 위탁을 받아 납품하는 기업과 타기업으로부터 위탁받은 물량 중 일부를 다른 기업에 재위탁하는 기업을 모두 포함한다.

소기업 중 다수가 이에 속한다. 지명발주형은 대기업 스스로도 협력기업의 역량 발전과 동반 성장을 중시하는 유형으로 핵심부품과 관련되어 주로 대기업의 계열사이거나 대기업과 안정적인 거래를 지속해 온 중견 공급기업들로 구성되어 있다. 이 유형의 기업들은 독자적인 연구역량과 설계능력을 가진 기업들로 대기업이 제시한 기본 설계 사양에 맞게 부품의 세부 설계능력을 갖추고 있다.

우리나라 중소 제조업체의 타 기업에 위탁을 주기만 하는 위탁기업 비중은 2.9%인 반면, 타 기업의 주문을 받아 제품을 생산 · 납품하는 수급기업 비율은 50.6%로 나타난다. 수급기업 비율은 1970년 17.4%에서 2000년 72.8%까지 꾸준히 확대되다 2000년에 들어 낮아졌다.

표 10-13 중소 제조업에서의 수급기업 비중의 추이 (단위 : %)

	1970	1975	1980	1985	1990	1995	2000	2005	2010	2015	2019	2021
수급기업	17.4	17.4	30.0	42.0	70.0	72.1	72.8	65.5	51.5	47.3	42.1	50.6
위탁기업	–	–	–	–	–	–	–	–	6.0	1.1	1.2	2.9
수위탁 없음	–	–	–	–	–	–	–	–	48.5	51.7	56.7	46.5

주 : 수급기업은 타 기업으로부터 위탁받아 납품하는 기업과 타 기업으로부터 위탁받아 일부 물량을 다른 기업에 재위탁하는 기업을 모두 포함.
자료 : 중소기업중앙회, 중소기업실태조사, 각년도 ; 통계청, 수 · 위탁 거래유형.

2021년 중소 제조업 수급기업의 매출에서 위탁기업과의 거래를 통한 매출이 차지하는 비중은 75.7%이다. 한편 중소 제조업 전체 매출에서 위탁기업과의 거래를 통한 매출이 차지하는 비중은 32.8%이다. 제조 중소기업의 성장동력으로 하도급 생산의 중요성이 감소하고 있지만 여전히 중요한 것이다. 한편 수급기업은 평균 10.2개의 기업으로부터 위탁받는데, 이 중 1순위 위탁기업은 중소기업이 82.2%, 대기업이 17.8%이다. 그러나 중기업의 경우 1순위 위탁기업이 대기업 53.9%, 중소기업 46.1%로 대기업의 비중이 소기업보다 더 높게 나타난다.

표 10-14 수급기업의 모기업 평균 납품액 및 의존도 (단위 : %)

	2001	2002	2003	2004	2005	2006	2007	2008	2009	2010	2015	2019	2021
의존도	82.0	81.6	81.7	79.9	83.7	83.1	85.0	81.6	76.7	81.2	83.7	83.3	75.7
납품액 비율	52.3	49.8	50.0	48.5	50.5	50.5	42.0	35.7	34.7	35.9	42.0	37.8	32.8

주 : 의존도는 납품액/수급기업 매출액이며, 납품액 비율은 모기업 납품총액/제조업 총매출액.

중소기업 간 하도급 거래가 더 큰 비중

하도급 거래는 대기업 간에만 존재하는 것은 아니며 중소기업 간 하도급 거래가 더 큰 비중을 차지한다. 2020년 수급기업의 거래 모기업이 대기업인 경우는 기업 수 기준으로 11.7%, 납품액 기준으로는 16.1%로 2007년까지 증가하다 이후 감소세가 이어지고 있다.[27] 하도급 거래는 단층에서 끝나지 않고 위탁 모기업 → 1차 수급기업 → 2차 수급기업 → 3차 수급기업 등으로 이어지는 다층적인 위계적 구조를 가지고 있다. 위탁 모기업은 다수의 1차 협력기업들로부터 중간재를 매입하며, 이들에 납품하는 기업들은 다시 2차 협력기

27. 대기업에 대한 납품액이 차지하는 비중은 1998년 56.9%, 2003년 46.6%, 2011년 44.5%로 감소해 왔다.

업들과 3차 협력기업들로부터 중간재를 공급받는다. 우리나라의 경우 과거에는 위탁 모기업을 정점으로 1차 수급기업이 큰 비중을 차지하는 역피라미드 형태에서 수급 단계가 내려갈수록 기업 수가 커지는 일본 형태의 피라미드 형태로 바뀌고 있다. 2021년 현재 수급기업 구성에서 1차 수급기업 비중이 20.5%이고 2차는 29.6%이지만 3차는 50.0%에 달하고 있다. 1차 수급기업이 감소하고 2차 이상이 증가하는 중층화 현상은 소수 정예화된 1차 수급기업이 2차 이하의 수급기업을 직접 관리하면서 단순 기능의 단품이 아닌 반제품, 일정 기능을 완결적으로 수행하는 모듈형 부품을 공급함으로써 최종 조립 단계에 있는 모기업의 생산공정을 대폭 단축하는 데 기여하도록 한다. 중기업이 소기업보다 상대적으로 1차 수급자 위치 비중이 높고, 소기업은 2차 및 3차 이상의 비중이 높아지고 있어 2021년 현재 소기업은 3차 이상의 거래 단계가 52.2%로 가장 높으며, 중기업은 1차 거래 단계가 46.9%로 가장 높다. 모듈화에 따라 소기업은 단품생산에 특화하고 중기업은 여러 부품을 하나로 통합해 생산 · 공급하는 만큼 1차 수급기업이 기술적 · 재무적 능력을 가지고 최종 조립 단계의 모기업에 대해 협상력을 발휘하는 전문 중견기업들로 서서히 증가하고 있는 것이다.[28] 그러나 그 강도는 아직 충분치 않다.

표 10-15 제조기업에서 납품액 비중 1순위 기업 납품거래 단계 (단위 : %)

	1차	2차	3차
1993	70.5	26.2	3.3
1995	72.6	23.2	4.2
2000	62.5	35.4	2.1
2005	58.2	35.9	5.9
2010	51.6	39.6	8.8
2015	52.9	38.1	8.9
2019	30.2	37.9	31.9
2020	38.2	45.6	16.1
2021	20.5	29.6	50.0

자료 : 중소기업중앙회, 중소기업실태조사, 각년도 ; 통계청, 수 · 위탁 거래유형.

표 10-16 전속거래 유무 및 전속거래 매출 비율 (단위 : %)

구분	전속거래 유무		전속거래 매출 비중					
	없음	있음	100%	80~100%	60~80%	40~60%	20~40%	20% 미만
제조업	94.1	5.9	43.5	17.6	16.7	12.1	4.3	5.8

자료 : 중소기업중앙회, 중소기업실태조사 2021.

위탁기업과 거래 시 1개의 모기업에 의존하는 전속거래 수탁기업의 비중은 2001년 18.4%에서 2006년 9.8% 그리고 2021년에는 5.9%로 감소하고 있다. 전속거래를 통한 매출액이 100%인 기업은 43.5%였다. 전속거래란 위탁기업이 수탁기업으로 하여금 '자기' 또는 '자기가 지정하는 특정 사업자'와만 거래하도록 함

28. 하위 단계에 위치한 기업일수록 불공정 거래에 직면할 개연성이 높고 구조조정과 비용 절감 압력이 크다면 다단계구조의 확대가 하도급 거래의 역기능을 심화시킬 수 있다.

으로써 협력업체들의 수익성과 혁신역량을 제한할 가능성이 있다는 비판을 받고 있다.

폐쇄적 · 적대적 · 의존적 관계

우리나라의 수직적 기업관계에서 선도기업들은 주요 협력기업들이 다른 기업들에게 납품하는 것을 제한함으로써 공급사슬을 폐쇄적으로 강화하고 있다. 대기업들은 핵심부품을 계열사로부터 공급받을 뿐만 아니라 여타 부품도 대안적인 공급처를 확보하고 있어 공급독점의 위험을 사전에 방지한다. 선도기업은 협력 중소기업에게 중간재 시장을 제공하고, 기술지원을 하는 동시에 성장의 유인책을 제공하여 폐쇄적 공급라인을 유지할 수 있었다. 반면 이러한 생산체제는 협력기업들이 독립적 수요처 형성, 제품개발 능력을 발전시키는 데 소홀하도록 했으며 선도기업에 대한 의존도를 크게 높이고 협상력을 낮추었다. 우월한 협상력에 기초하여 대기업들은 협력기업을 계열사처럼 활용하여 비용을 절감하고 시장위험을 전가한다.

협력기업들은 주거래 기업 외에 다른 수요처를 개척하기 어려우며, 선도기업의 수요가 기업의 존속과 성장에 결정적이므로 선도기업의 일방적 단가인하와 기술탈취에 적절히 대응하기 어렵다. 이러한 속성은 납품단가 결정에서 서구에서 일반화된 고정가격제(fixed pricing)와 구별되는 원가연동 가격제(cost-plus pricing)를 적용하는 데서 쉽게 찾아볼 수 있다. 원가연동 가격에서 대기업은 중소기업이 납품하는 중간재의 생산비용에 일정 비율의 이익 마진을 더해 납품가격을 결정한다. 고정가격제에서는 중간재 공급기업과 수요기업 간에 대등한 계약관계가 성립하며 계약기간 중 비용이 변동해도 최초 계약 시 정한 가격으로 거래가 이루어진다. 하지만 원가연동 가격제하에서는 비용변동 요인이 발생하면 협력기업에게 보장된 마진폭은 일정하게 유지하는 선에서 수시로 납품단가를 변동시킬 수 있다. 협력기업은 안정적 영업이익과 성장을 보장받았지만, 혁신의 성과는 납품단가 인하를 통해 수요기업에 이전된다. 납품가격이 비용에 연동되므로 중소기업이 기술투자로 원가를 절감하면 납품가격도 하락하며 그 이익이 수요 대기업에 귀속되기 때문에 중소기업의 기술개발투자 유인이 약해진다. 실제로 중소기업 유형별 매출액 대비 기술개발 투자 지출액 비중을 보면, 경공업을 제외한 모든 분야에서 시장판매 기업의 기술개발투자 지출비중이 상대적으로 더 높다(홍장표 · 김종호, 2015). 이로 말미암아 정부의 중소기업 지원정책이 기대했던 성과를 제대로 내지 못하고 있다.

우리나라 하도급 거래에서 대기업의 불공정 거래는 납품단가 결정에만 머물고 있지 않다. 장기어음 교부, 하도급 대금의 부당감액 등이 그것이다. 또한 대기업뿐만 아니라 하도급 거래의 불공정 거래행위는 1차 하도급 거래에서 2차 하도급 거래, 3차 하도급 거래로 내려갈수록 단가인하의 압력과 어음 결제기간 및 대금 지급 기일의 장기화가 더욱 가중되어 영세한 하도급업체일수록 불공정 하도급 거래로 인하여 더 큰 어려움을 겪고 있다.

수급기업이 위탁기업과 납품거래 시 겪은 주요 애로사항(복수응답)으로는 2020년 중 납기 단축 · 촉박(43.0%), 납품대금 결제기한 미준수(21.7%), 원자재 가격 상승분 등 납품단가 미반영(28.2%) 등이 나타나고 있다. 한편 부당한 기술자료 요구로 인한 애로는 0.5%로 작게 나타나고 있는데, 실제로 위탁기업과 거래 시 기술자료를 제공한 경험이 있는 수급기업은 3.3%에 불과한 것으로 나타나고 있다. 여기서 기술자료란 수급기업의 기술개발 · 생산 · 영업활동에 유용하고 독립된 경제적 가치가 있는 정보 또는 자료를 말한다. 결국 우리나라 하도급 거래에서 납품단가 문제가 압도적인 애로사항이며 납품대금 결제 등 계약의 체결 및 이행과 관련한 기초 질서나 거래의 안정성이 제대로 보장되지 않는다.

표 10-17 수급기업의 위탁기업과의 거래 시 애로사항 (단위 : 개, %)(복수응답)

	계약 단계				생산 단계				
	약정서 등 서면 미발급	부당한 대금 결정[d]	부당한 발주 중단[a]	수시 발주	원자재 가격 상승분 납품 단가 미반영	부당한 대금 감액	위탁기업 제품 구매 강요	부당한 기술자료 요구[b]	경영간섭 (전속거래 강요, 인사개입 등)
2020	0.9	6.5	2.1	9.1	28.2	3.9	0.0	0.5	0.2
2019	0.8	40.0	2.3	4.2	17.2	6.9	0.4	0.4	0.1
2017	5.1	22.6	5.8	12.9	26.4	10.6	2.8	1.5	1.9
2016	0.7	13.7	5.2	19.9	42.2	9.7	0.3	2.6	0.3
2010		42.4	2.7	23.0	48.8			1.4	
2005		71.2	16.5	44.3	–				
2001		80.2	12.5	53.9	–				

	납품 단계			정산 단계				
	부당한 수령 거부 · 지연	지나친 품질 수준 요구	납기 단축 · 촉박	납품대금 결제기한 미준수	부당한 대물변제	어음할인료 · 현금성 결제수단 수수료 미지급[c]	지연이자 미지급	불공정 거래 행위 신고 시 보복 조치
2020	0.5	1.9	43.0	21.7	0.6	3.6	0.7	0.0
2019	2.9	13.4	19.4	34.6	0.5	11.3	0.7	0.0
2017	4.7	10.5	22.1	12.5	2.0	2.8	4.0	0.7
2016	2.1	8.6	34.1	34.6	2.5	2.6	8.0	0.3
2010		16.2	22.8	26.6		7.6		
2005		34.0	37.4	28.4		10.7		
2001		38.5	47.1	24.6		18.3		

주 : 조사표 변경에 따라 애로사항 명이 변경된바 2001~2010의 경우 a는 거래선 변경 시도, b는 기술자료 제출요청, c는 60일 초과 어음할인료 미지급, d는 납품단가 인하에 해당.

자료 : 중소기업중앙회, "중소기업실태조사" 자료에서 하도급기업의 애로사항에 대한 설문조사 결과.

한편 하도급법 위반행위 유형 중 자주 나타났던 서면 미발급의 경우 제조업에서 위탁기업과 거래 시 약정서를 모두 교부받은 기업은 64.8%, 일부만 받은 기업은 30.6%로 나타났으며, 약정서를 전혀 받지 못한 기업은 4.6%로 나타나고 있다(2020). 위탁기업으로부터 약정서를 교부받은 이들 기업 중 전부 표준약정서를 사용한 기업은 49.5%에 지나지 않았으며, 표준약정서를 일부만 사용한 기업은 41.0%, 개별양식을 활용한 기업은 9.6%로 조사되었다.

또한 제조업, 용역업, 건설업을 조사한 공정거래위원회에 따르면 모든 하도급 거래에서 서면계약서를 작성 · 교부하는 원사업자는 64.3%에 지나지 않아 여전히 구두계약의 관행이 잔존하고 있다. 계약서를 교부하더라도 표준 하도급 계약서 사용 비율(원사업자 기준)은 2000년 50.9%에서 2019년 67.4%까지 높아졌으나 2020년에는 오히려 감소한 61.6%를 기록하였다. 공정위 조사에 따르면 하도급 대금 결제에서 현금결제비율은 75.6%(현금성 결제비율 : 84.7%)로 압도적인 상황이어서 지급수단이 과거보다 크게 개선되었다. 대금 지급기일에서 원사업자가 하도급법상 법정 지급기일(목적물 수령일부터 60일) 이내에 하도급대금을 지급한 비율

(원사업자 응답 기준)은 90.0%로 꾸준히 개선되고 있음을 알 수 있다.

원자재 구매가격 결정 방법에 대해 수급사업자는 '상호 충분히 협의 후 결정한다'고 답한 비율은 59.1%에 그쳤고 '협의는 하고 있으나 불충분하다'(17.3%), '원자재 공급처가 일방적으로 결정한다'(23.6%)가 여전히 낮지 않은 비중을 유지하고 있다. 마지막으로 수급사업자에게 기술자료를 요구한 원사업자 비율은 3.3%로 과거에 비해 소폭 높아졌으며, 이는 주로 제품 하자의 원인을 규명하고자 하는 데서 비롯하는 것으로 나타나고 있다.[29]

표 10-18 **하도급 실태조사 결과**(제조업, 용역업, 건설업, %)

	2009	2010	2015	2019	2020
모든 거래에서 서면계약서 교부 여부(원사업자)	–	–	–	71.0	64.3
표준하도급계약서 사용비율(원사업자)	66.7	65.1	–	67.4	61.6
현금 결제비율	78.2	75.6	76.4	83.7	75.6
법정지급기일(60일) **초과 업체**	27.0	17.2	14.1	12.7	10.0
기술자료 요구 업체 비율	2.1	2.6	–	3.8	3.3

주 : 1) 현금성 결제비율은 현금과 외상매출채권담보대출, 기업구매 전용카드 등 어음대체결제수단을 포함한 비율(어음, 기타 대물변제 제외)
2) 기술자료를 요구한 이유로 2020년의 경우 원사업자는 제품하자 원인 규명(61.5%), 공동기술 개발(16.7%), 공동특허 개발'(8.0%)로 응답하였고, 수급사업자는 제품하자 원인 규명(39.0%), 공동기술 개발(12.6%), 공동특허 개발(6.1%)뿐만 아니라 '사유 모름'(14.8%), 기타(39.5%) 등을 응답.

자료 : 공정거래위원회, "하도급거래 실태조사 결과 발표", 각년도.

대기업이 중소기업에 비용을 전가하는 불공정한 기업관계, 경쟁기업에 대한 교차판매(cross selling)를 허용하지 않는 종속적 거래 시스템은 중소 부품업체의 독자적 기술개발, 전문화된 분업체제, 새로운 시장 개척에 대한 유인을 낮춰 중소기업의 기술 경쟁력과 발전을 저해하는 요인으로 작용하고 있다.[30]

계열사 중심의 조달체계 또는 일감 몰아주기는 한편으로 계열사 외부의 독립기업의 성장을 어렵게 하고 경쟁력이 없는 계열사에의 의존은 기업집단 내에서의 자원 배분을 왜곡시킬 수 있다. 후자는 흔히 터널링 효과(tunneling effect)로 불린다. 터널링은 기업집단에서 선도기업이 창출한 수익을 재벌가의 특정인 지분이 많거나 상장하지 않은 계열사로 가치를 이전시키는 것이다. 터널링은 선도기업의 주주 이익에 반할 뿐만 아니라 기업경쟁력도 약화시킨다. 독일에서는 콘체른(기업집단)법에 따른 책임으로, 프랑스에서는 로젠블룸 판례에 의하여 이를 다루고 있지만, 우리나라에는 도입되지 않고 있다.

대기업의 시장지배와 불균등한 협상력은 기업 간 격차를 야기한다. 자동차, 전자, 기계, 조선 등 주요 제조업에서와 같이 대기업과 중소기업 간 거래가 규칙적이고 반복적으로 이루어지는 경우 공급사슬의 최상층에 위치하는 대기업이 중소협력업체의 비용정보를 입수해 이를 단가협상에서 활용하기 때문에 하위의 협력기업이 창출한 성과가 거래 단계를 거쳐 상위의 대기업으로 이전된다. 하위 단계의 협력기업이 창출한 성과가 공급사슬을 따라 상위로 이전되면 대기업과 중소협력 업체뿐 아니라 중소협력 업체 내에서도 거래 단계에

29. 공정거래위원회에서는 서면 미발급(구두 발주), 부당 단가인하, 기술탈취를 3대 핵심 불공정행위로 간주하고 있다.
30. 우리나라 대기업과 강한 연계를 맺고 있는 수직계열화된 도급관계가 하도급기업 혁신에 부정적 영향을 주는 것(장지상 · 홍장표, 2016)으로 나타난다.

따라 수익성(매출액 영업이익률) 격차가 발생한다(홍장표. 2015). 삼성전자, 현대자동차, 현대중공업 등 공급사슬의 최상층에 있는 제조 대기업들의 매출액 영업이익률은 중소 협력업체과 비교할 때 많게는 2배 이상 차이를 보이고 협력기업 내에서도 거래 단계별로 이익률 격차가 나타난다.

하도급 정책

하도급 거래에서는 원사업자의 대금 미지급, 부당 감액, 어음 할인료의 미지급 등 부당한 거래가 발생할 소지가 많다. 이에 따라 하도급 거래 역시 공정거래법의 대상이 되지만, 중소기업이 많고 하도급 거래의 비중이 높은 우리나라 산업조직의 상황을 감안하여 별도 법령으로 규율되고 있다. 즉, 공정거래법과 별도로 "하도급거래 공정화에 관한 법률"(1984, 하도급법)은 제조 및 위탁사업에 관한 원사업자와 수급사업자의 공정한 거래를 규정한다.

(2) 동반성장과 수직적 협력

수직적 협력은 최종 제품의 가치사슬 내에서 부품소재 공급자–중간제품 생산자–최종제품 생산자로 전방과 후방으로 연결되는 기업 간 관계에서 이루어지는 이업종 기업 간 협력과 협업이다. 대부분의 협업은 동일한 지역적 기반을 가진 20인 이하의 영세 규모의 이업종 기업 간에 이루어진다. 현재 수직적 협력은 주로 대기업과 1차 벤더 간에 추진되고 있다. 그러나 하도급은 중층적 구조를 가진 것이 일반적이며, 2, 3차 수탁기업은 1차 수탁기업에 비하여 매출액, 이익률, 임금 수준 등이 상대적으로 더 열악함에도 1차 → 2차 → 3차로 갈수록 중소기업 간 협력 및 협업의 사례가 감소한다. 하도급 거래에서도 대 · 중소기업 간 거래보다는 중소기업 간 거래에서 더 많은 불공정 행위가 보고되고 있다. 협업 참여 기업이 생산, 판매, 기술개발 등 전문화된 영역에서 각자의 전문성을 발휘하여 협업함으로써 신제품을 개발하고 신시장을 개척하는 사례는 중소기업의 혁신, 사업 전환 등을 촉진하는 수단으로 활용될 수 있다.

공급사슬의 동반 성장 효과

대기업 중심의 공급생태계의 일방적 관계에도 불구하고 이 구조하에서 공급기업들은 기술역량을 축적하고 성장할 수 있는 계기를 가졌다. 선도기업들은 협력기업들에게 안정된 중간재 시장을 보장함으로써 협력기업을 성장시켰다. 현대자동차나 삼성전자 등 주력 대기업들은 상대적으로 낮은 중간재 가격으로 인해 가격경쟁력을 갖는 반면 경쟁하는 선진국 기업들에 뒤지지 않는 제품경쟁력을 통해 세계시장에서 점유율을 꾸준히 확대해 왔다. 이는 다시 중간재를 납품하는 협력기업들의 성장을 유인했다. 협력기업은 선도기업이 요구하는 부품을 상대적으로 낮은 단가에 공급할 수 있는 능력을 갖출 수 있다면 꾸준한 시장을 확보할 수 있었다. 우리나라에서 대 · 중소기업 간 거래는 단기적 시장계약의 형태를 띠기보다 장기적인 관계적 거래 관행을 유지하고 있었기 때문이다. 그 결과 협력기업들의 수익률은 선도기업에 비해 낮았지만 매출액 성장률은 선도기업 성장률과 같은 궤적을 그릴 수 있었다.

대기업 공급사슬에 참여하는 협력기업과 독립기업으로 분류할 경우 1차 협력기업은 물론이거니와 2차 협력기업들은 규모, 제조역량, 기술 수준 모두 독립기업보다 높다. 대기업 공급네트워크에 참여하기 위해서 세계시장의 경쟁에 노출된 대기업 공급네트워크에서 요구되는 중간재의 질을 만족시킬 수 있는 기술적 역량과 제조역량이 존재해야 한다. 수요기업들은 장기의 안정적인 중간재 시장을 공급기업에게 제공하여 공급기업들로 하여금 적극적 투자를 하도록 하였으며, 공급기업은 이를 기반으로 수요기업이 요구하는 기술 사양과 납품 단가를 맞출 수 있다. 이것이 대기업 협력기업들의 규모나 부가가치 생산능력이 여타 독립기업과 비교되지 않는 이유이다. 한국 제조업의 고도성장기에 이러한 산업 생태계는 매우 효과적으로 작동했다. 수출 주도 대기업들은 산출을 꾸준히 증가시켰고 협력기업도 동반 성장했다. 선도기업의 수익성이 높고 선도기업에 소속된 노동자들의 임금이 더 빠르게 상승했지만 협력기업들의 생산성도 꾸준히 향상되었고 실질임금도 증가했다. 한국은 OECD 국가들 가운데 노동생산성 상승률, 총요소생산성 상승률, 실질임금 상승률이 가장 높은 국가군에 속했다(OECD statistics).

그러나 이와 같은 관행은 협력기업들의 혁신성과 세계시장에 대한 적응력을 낮추는 부작용을 수반하였다. 협력기업들은 선도기업이 요구하는 사양에 맞춰 중간재를 공급하면 되었기 때문에 공정혁신을 통해 제품 단가 인하를 위한 노력은 충실히 수행했지만, 제품 개발을 통한 새로운 시장을 개척하는 데는 큰 관심을 두지 않았다. 세계시장의 개척은 선도기업의 과제였고 협력기업들은 그 선도기업의 경쟁력에 의존하여 매출액을 증가시키고 기업 규모를 확대하고자 했다. 결국 모기업과 수탁기업의 교섭력의 차이는 분배의 형평성 문제뿐만 아니라 수탁기업의 혁신 의지를 상실시켜서 성장동력을 상실할 수 있다는 문제를 야기한다.

상생협력법

우리나라는 "대 · 중소기업 상생협력 촉진에 관한 법률"(2011, 상생협력법)에 기초하여 민간 대기업과 중소기업 그리고 공익 대표가 참여하는 민간의 동반성장위원회를 중심으로 대기업집단의 사회적 책임과 윤리 경영을 촉진하고 있다. 동반성장위원회는 중소기업에 대한 지원 실적과 설문조사를 통해 대기업의 동반성장 노력을 평가한 동반성장지수를 발표하고 있다. 또한 중소기업 적합업종과 품목을 선정 · 발표하고, 선정된 업종이나 품목에 대해 대기업의 자율적인 진입 자제와 사업 이양을 유도하고 있다. 하지만 중소기업 적합 품목 선정에서 대기업과 중소기업 사이에 이해관계가 대립하여 자발적 합의는 사실상 어렵고 그렇다고 합의를 강제할 마땅한 수단도 없다.

현재 대기업과 중소기업 간의 하도급 거래 계약은 사적자치 원칙에 일임되어 왔다. 그러나 대기업 원사업자와 중소 수급사업자의 관계는 실질적으로 교섭력에 의존하여 준내부조직 형태를 갖고 있다. 따라서 사적자치의 원칙을 일정 정도 수정하는 공적 규율을 강화하여 대 · 중소기업 간 협력적 관계를 촉진하도록 하여야 한다. 하도급법과 상생협력법은 수 · 위탁 기업 간의 불공정거래 관행을 시정하려 하고 있지만, 실효성은 제한적이다. 정부가 기업 간에 이루어지는 수많은 거래를 일일이 감시하고 불공정 행위를 처벌하기란 쉽지 않으며, 처벌 규정도 너무 약하여 수탁기업은 거래 단절의 위험을 무릅쓰고 법에 호소할 유인이 적다. 공정거래 정책의 엄격한 집행이 필요한 것이다. 남용적 거래행위에 대한 손해배상의 범위와 규모를 지속적으로 확대하는 한편 원사업자가 실질적 통제권을 갖게 되는 2~3차 수급업체들에 대해서도 원사업자가 감독 책임을 갖고 이들 수급업체의 배상 요구에 응할 수 있도록 하여야 한다. 피해보상액에는 소송 패소의 리스크, 소송비용 등이 고려되어야 비로소 손해를 입은 중소기업들이 소송에 나설 수 있을 것이다. 내부 고발의 도입도 적극 검토할 필요가 있다. 궁극적으로 수직적 거래관계에서의 불공정성은 중소기업들의 협상력이 커져야 문제가 근본적으로 해결될 수 있다. 수탁기업의 위탁기업에 대한 과도한 판로 의존성을 완화하고 하도급 기업의 경쟁력을 제고하는 정책이 필요하다.

3) 수직적 기업관계의 추이 : 대기업 · 중소기업 관계

한국의 경제성장은 발전국가–기업 간 협력과 이를 뒷받침하는 대기업 중심의 수직계열화에 기초한 기업 간 협력에 기반하였다. 글로벌 기업으로 성장한 대기업의 국제경쟁력은 부품기업들과의 폐쇄적인 장기 거래관계와 협업에 기초하며, 이는 부품기업의 기술적 성장에 기인한다. 한국 대기업집단의 소유권에 기초한 자족적인 수직계열화 체제는 일본 대기업집단과 구별된다. 일본은 조립 대기업과 부품기업 간 기능적 분업과 상호 협력에 기초한 수직계열화 체제를 발전시켜 왔다. 그러나 한국에서 기업 간 상호의존도와 협력은 일본에 비해 낮고 거래관계가 더 단기적이며, 신뢰도 약한 수직적 관계를 가지고 대신 대기업집단에 속한 기업과 하청기업과의 자유방임적인 관계를 특징으로 하는 미국과 유사하다.

이에 따라 정부는 대기업에 비하여 열악한 처지에 놓인 중소기업을 지원 · 육성하고, 대기업과 중소기업 간의 불공정거래 관행을 시정함으로써 중소기업이 대기업의 조력자 내지 협력자의 역할을 하도록 하는 동시에 중소기업이 대기업과 함께 경제의 주역으로 성장할 수 있도록 노력해 왔다. 실제로 대기업 중심적 경제구조에서 중소기업도 동반 성장할 수 있었지만 성장의 격차가 지속되고 있다.

1970년대 중화학 공업화와 중소기업의 계열화

우리나라에서 수직적 기업관계가 본격적으로 부각되기 시작한 것은 중화학공업 육성정책이 전개되면서부터이다. 하지만 부품 · 소재 기업에 대한 높은 의존도를 특징으로 하는 중화학공업의 특성에도 불구하고 짧은 기간에 규모의 경제와 수출산업화를 실현할 수 있는 조립 대기업을 우선 육성하는 정책으로 말미암아 중소기업의 지배적인 부품 · 소재 업체로의 성장은 오히려 방해받았다. 부품산업의 발달이 미흡한 데다 수출산업에서의 부품의 자유로운 수입을 허용하는 정책으로 수출 대기업은 국내의 부품업체와 긴밀한 관계를 유지할 이유가 부족했다. 조립 완제품을 생산하는 대기업은 우선의 수출 경쟁력을 위해 부품조달을 계열사에 의한 직접 생산이나 (빠른 내재화가 곤란한 경우) 수입에 의존했다. 계열사에 의한 부품조달도 해외에서 들여와 조립만 거친 부품에 주로 의존해 왔다. 이에 따라 완제품 조립 대기업들의 국내 부품기업들과의 하청거래 관계나 장기 협력적 관계는 충분히 형성되지 못하고 자유방임적 시장관계가 특징적이었다. 하청관계가 있더라도 장기적인 전용계약보다는 불규칙하거나 불투명한 일시적인 관계가 지배적이었다. 하청기업들은 대기업과의 거래관계에서 과다한 경쟁과 낮은 주문단가 및 대금결제 지연으로 기술개발, 설비개선, 생산성 향상을 위한 투자에 어려움을 겪었다.

수직적 협력은 조립업체의 부품업체에 대한 일방적 지원을 통해서만 가능하였다. 하지만 조립업체의 부품산업 진입을 제한하고 동시에 핵심부품마다 단일의 전문 부품업체를 육성하여 다수의 조립기업에 동일한 부품을 납품하도록 하여 규모의 경제를 달성할 수 있는 '수평적 계열화'[31] 정책하에서 부품업체에 대한 지원 효과가 경쟁업체로 넘어갈 것을 우려하였기 때문에 긴밀한 협력관계가 형성되기 어려웠다. 결과적으로 1970년대까지 중소 부품업체는 그 발달이 부진하여 단기계약에 의존하고 주변화되었으며, 대기업에 종속적인 시장관계를 가졌다.

---

31. 정부가 수평 계열화 정책으로 구현하려 했던 산업구조는 전문 부품업체들과 완성차 업체들 간에 수평적으로 협력하는 독일식 산업구조였다. 그러나 이를 위해서는 먼저 높은 기술력을 가진 부품업체들의 성장이 선행되어야 했다. 하지만 자동차 산업의 경우 완성차의 경우 규모의 경제 실현을 우선시하여 차종별로 완성차업체마다 하나의 조립라인만을 허용하는 일원화 정책을 추진하였다.

1970년대 중반 정부는 중화학공업 육성을 위한 소재와 부품산업의 중요성을 인식하여 중소기업에 관심을 두게 되었다. 계열화 업종과 품목을 지정(중소기업계열화촉진법, 1975 ; 지정계열화제도, 1980)하여 중소기업에 위탁하게 하였으며, 신용보증기금(1976)을 설립하였다. 당시의 중소기업의 '대기업 계열화'는 상호보완적인 대 · 중소 기업 관계에 주목했던 것으로 평가할 수 있다. 이는 대기업을 중심으로 한 수출 증가가 내수 확대와 경제성장으로 연결되도록 하고 중소기업의 경쟁력을 높이는 데 기여하였지만, 대기업의 하청 의존성이 커지는 단초를 제공하였다. 대기업은 초기에 이미 만들어진 중간재를 납품받아 최종재로 단순 조립하여 수출하는 형태여서 기술 수준이 높지 않았고 최종재의 부가가치도 높지 않았다. 특히 설계기술이나 핵심부품들을 독일이나 일본에 의존하였기에 수출이 증가하면 무역적자도 동시에 증가하였다. 또한 계열화를 추진하면서 1970년대 후반부터 대기업과 중소기업의 격차가 커지기 시작했다. 그러나 대기업은 중소기업을 통한 외부계열화보다는 유입된 외국자본을 활용해 기업을 직접 인수하거나 계열사를 창업해 내부거래를 확대하며 규모를 키웠다. 대기업에 생산자원이 집중되면서 중소기업은 만성적인 자금난을 경험하였다. 결과적으로 대기업은 지속적으로 규모를 키우고 중소기업은 만성적 자금난을 겪으면서 대기업과 중소기업의 격차는 더욱 커졌다.

중화학공업에 치중했던 산업정책은 중화학 업종에의 참여나 대기업과의 계열화 여부에 따라 기업 간, 산업 간 격차를 야기하였고, 모기업과 수탁기업 간의 협상력 차이와 불공정거래는 수탁기업의 혁신 의지를 약화시켰다. 이러한 문제는 추가적으로 균형성장에 대한 요청으로 이어졌는데, 정부는 중소기업 업종을 고유중소기업형 업종(고유업종제도, 1979), 전문 · 계열화형 업종, 대기업화형 업종 등 3개 유형으로 분류하여 별도의 정책을 추진하였다. 특히 대기업을 보완하는 전문 · 계열화 시책에서 벗어나 자체 경쟁력 강화를 위한 근대화 시책(중소기업진흥법, 1978)을 포함하기 시작하였다. 그리고 중소기업 제품구매촉진법(1981)을 제정하여 단체수의계약제도의 도입을 통해 중소기업의 공공기관에 대한 수주 기회를 확대하였다.

1980년대 : 대 · 중소기업 계열화의 본격화

중화학 공업화가 심화되면서 1980년대에 들어서도 대 · 중소기업 계열화는 지속되었다. 오히려 자동차, 전자, 철강, 조선 등 중화학공업의 외형적 성장에 따라 하부구조 육성의 필요성이 대두하여 정부 정책도 하도급 계열화에 중점이 두어졌다. 특히 대기업들은 핵심부품을 의존하는 일본 공급업체에 부가가치가 잠식되는 상황을 타개하고자 부품 국산화를 추진하며 국내 부품기업의 양성에 나섰다. 1975년에 제정된 중소기업계열화촉진법을 개정(1982)하여 자율적 계열화를 촉진하기 위한 계열화촉진협의회와 모기별 수급기업협의회를 설치하도록 하였다. 아울러 대기업들은 기술 지도, 설계 확보와 지원, 엔지니어 교육, 공정혁신 지원 등 다양한 형태로 중소기업 성장을 유인하여 중간재 공급을 안정화시키고 공급가격을 낮추고자 하였다. 다만 하도급 중소기업의 불리를 개선하기 위해 하도급 거래 공정화에 관한 법률을 제정(1984)하여 하도급 거래에서 장기계약의 체결을 규정하였고, 불공정 하도급 단가와 하도급 대금의 지급 지연에 대한 벌칙을 강화하였다. 모기업과 부품공급자 간의 긴밀한 연계를 위해 매년 지정 계열화 품목 수를 확대했고, 부품공급자를 지원시책의 운용에서 우대하는 유망 중소기업으로 지정하였다. 이러한 조치에 힘입어 각 업종별로 다수의 공급기업들이 형성되면서 최종재를 생산하는 대기업과 계층적인 공급관계를 이루어 갔다. 다만 대기업 입장에서는 자신이 요구하는 설계 사양에 따라 중간재를 생산하는 공급업체면 충분하였기에 중소기업은 수요독점적 지위를 가진 선도기업의 요구에 맞는 중간재를 납품하는 데 머물고 중소기업 스스로 독자적 기술개발, 설계능력 함양, 다양한 수요처 개척에 나서지는 못했다. 결과적으로 완제품을 생산하는 대기업과 기술수준이 낮은 부품 · 소재를 선도기업의 요구에 맞추어 생산하는 중소기업의 공존이라는 이중구조가 심화되었다(핫토리 다미오, 2007, p. 248).

1990년대 : 대기업이 주도하는 폐쇄적 · 수직적 계열화의 발전

결과적으로 수직적 계열화는 1980년대를 거치면서 더욱 강화되었다. 중화학공업이 내수시장을 넘어 수출산업화가 되기 위해서 독자적인 완제품 모델이 필요하였고 이는 대기업으로 하여금 자체 부품의 안정적 조달체계를 요구하게 하였다. 결과적으로 하나의 독립적인 전문 부품업체가 여러 조립업체에 동일한 부품을 납품하는 수평계열화 체제 대신 조립업체별로 하청 부품업체를 조직화하는 수직계열화 체제로 전환할 것이 요구되었다. 이에 따라 정부주도의 계열화 정책은 1990년대에 민간 중심의 계열화 제도로 전환하였다. 그러나 결과적으로 부품기업의 특정 조립업체에 대한 종속성은 심화되어 부품산업의 성장이 조립 대기업의 이해에 의존하게 되었지만, 그만큼 조립기업이 부품기업을 적극적으로 육성하는 유인은 크게 강화되었다.

그러나 기업 간 수직적 관계는 상호협력적 관계보다 대기업의 시장 지배력과 기술적 우위, 하청기업의 기술적 열위와 모기업의 필요에 따른 일방 지원에 기초하여 형성되었고 때때로 불공정한 종속적 관계였다. 이에 따라 1990년대 초까지 자동차 부품업체의 70%가 대여도 부품에 의존하였으며, 부품업체들은 내수시장에만 의존하였다. 그럼에도 불구하고 우리나라의 기업 간 관계는 폐쇄적 전속성이 강하여 모기업의 부품기업에 대한 기술 지원은 미국이나 일본보다 더 적극적이었다. 대기업들은 1980년대 초 수탁기업체협의회를 결성하여 자사 부품업체들을 관리하고 지원해 왔다. 대기업의 협력 부품업체 지원은 더욱 체계화되었다. 대기업 인력을 협력사에 상주하며 기술지도에 나서고 협력사들의 기술개발을 독려하고 지원하였다.

2000년대 이후 : 폐쇄적이지만 협력적인 수직적 계열화로의 진전

외환위기 극복 후 기술혁신 심화, 지식기반산업 성장, 글로벌화를 배경으로 대기업 중심으로 준계열화된 공급사슬은 더욱 강화되었다. 선도 대기업들은 제품혁신, 공정혁신, 공격적 투자를 통해 최종재의 기술 및 제조역량에서 세계적인 경쟁력을 갖춰 나갔고 전자, 조선, 자동차, 석유화학 등에서 세계시장 점유율을 빠르게 확대해 갔다. 동시에 기술축적을 해 온 협력업체들은 자체 설계능력을 꾸준히 확대하여 선도기업의 제품개발에 참여하거나 세부 설계를 일임받는 수준으로 성장하게 되었고 중간재를 공급하는 협력기업의 수와 규모도 커졌다. 하지만 대기업 체제가 보다 공고화되는 동시에 대기업과 중소기업 간 격차와 대기업과의 연계 여부에 따른 중소기업 간 격차가 심화되었다.

글로벌화와 부품업체의 급성장을 배경으로 조립 대기업들은 국내 부품업체들과의 협력에서 오는 품질관리 비용의 절감, 기술개발 부담의 경감, 글로벌 부품업체와의 교섭력 강화 등의 중요성이 커지면서 국내 부품업체들과 협력적 관계를 발전시킨다. 부품개발 초기부터 아이디어를 공유하며 각자 기술개발하고 독자 개발이 어려울 경우 초기 단계부터 공동으로 부품을 개발하였다. 이에 따라 과거 지배적이던 단기적인 시장계약 관계가 변화하여 장기적 거래가 확대되며 관계적 계약이 확장되었다. 특히 고객사가 요구하는 수준을 협력업체들이 맞추지 못할 경우 바로 거래를 중단하기보다는 협의를 통해 서로 조정하게 되었다. 기업 간 관계의 장기적 거래관행과 협업 관계로의 확장은 혁신체제의 유연성과 빠른 혁신에 강점으로 작용하게 되었다.

부품업체들은 대기업들과의 장기 거래와 협업으로 기술개발 수준을 높임으로써 글로벌 부품업체들과 경쟁하는 위치로까지 올라서서 국내 대기업을 넘어 글로벌 고객사들로 범위를 확장해 가고 있다. 글로벌 업체에 뒤지는 기술개발 역량은 '제품고객화 능력'으로 보완하여 경쟁하고 있다. 부품업체는 전문화 · 대형화가 이루어지면서 독자적 연구개발 능력도 갖게 되었다. 특히 1차 부품업체를 중심으로 독자적인 부품설계 능력을 갖추어 승인도 방식의 부품공급으로 전환하기도 하였다.[32] 부품업체들의 협업은 고객사는 물론 정부 출연연이나 대학 연구소에도 확장되어 R&D 역량을 보완하고 있다.

기업 간 관계의 조정은 여전히 대기업 중심의 위계 구조에 의존

이러한 발전에도 불구하고 우리나라에서 기업집단을 단위로 하는 기업 간 관계의 폐쇄적 구조는 지속되고 있다. 협력기업들도 상당 수준의 기술력을 확보하게 되었고 과거에 비해 전속적 거래 정도는 낮아진 것은 사실이다. 그럼에도 불구하고 여전히 단일의 대기업과 거래하는 경우가 많고, 특정 대기업에 대한 의존도는 여전히 과도하게 높다. 협력기업들의 전속성이 유지된 만큼 수직 계열화의 정점에 위치한 선도 대기업의 협력기업에 대한 지원 · 관리 체계도 크게 변화하지 않고 있다. 이에 따라 2000년대에는 대 · 중소기업 양극화 문제가 심각해지고 대 · 중소기업 협력이 경쟁력 확보를 위한 불가결한 요소로 인식되기 시작함에 따라 2005년을 전후하여 대 · 중소기업 상생협력 정책이 추진되기 시작하였다.

표 10-19 대 · 중소기업 관계의 변화

성장	요소투입형	혁신주도형
중소기업의 위상	생산 하청기업	기술 중심의 전략적 파트너
성과 배분	최종 조립기업 주도	성과 공유
거래관계	수직적 · 전속적 관계	수평적 · 개방적 관계
중소기업 지원	약자구제의 논리	동반자적 협력

자료 : 산업자원부(2005), "대 · 중소기업 상생협력 강화방안", 대 · 중소기업 상생협력 대책회의.

2.3 수평적 기업 관계

우리나라에서는 개별 산업마다 수직적으로 계열화를 이룬 대규모 기업집단들이 수평적으로는 과점기업으로서 광범위한 영향력을 미치고 있다. 특히 산업마다 강력한 진입장벽을 형성하여 신생기업이나 중소기업의 진입과 성장을 제한하고 있다.

1) 시장 구조 : 독과점

수평적 관계 또는 시장구조 측면에서 우리나라 시장은 집중화되며 경쟁이 약화되는 경향을 보여 왔다. 세계시장에서는 경쟁하지만, 국내시장에서는 독과점력을 발휘하는 수출 지향적 제조업과 경쟁적이지만 내수

32. 대여도 방식은 선도하는 수요업체가 부품의 상세설계를 하여 그에 따른 도면을 부품업체에 대여하는 방식이며, 승인도 방식은 수요업체의 기본설계를 기반으로 부품업체가 세부설계를 하여 도면을 소유하고 해당 부품의 품질에 대한 책임도 지는 방식이다. 즉, 수요업체가 최종재에 대한 기본설계를 하고 각각의 부품에 대해서는 대략적 설계를 제시하며, 부품업체는 세부설계를 맡아 시제품과 설계도를 수요기업에게 제공한다. 수요기업은 부품을 결합한 최종재의 품질을 확인하면 납품계약을 구체화한다.

를 지향하며 활력이 떨어진 상태에 놓여있는 서비스업이 공존하고 있다. 더욱이 정부 소유의 공기업이 활동하는 시장도 완전경쟁과는 먼 상태에 놓여있다.

독과점 체제가 무조건 나쁜 것은 아니며 과잉 경쟁을 방지하고 국제경쟁력을 향상시키기 위해 과거 독일이나 일본에서는 정책적으로 독과점을 허용하기도 하였다. 우리나라도 규모의 경제가 중요한 수출지향적 제조업을 기반으로 경제가 성장해 온 성장전략이 독과점화에 적지 않은 영향을 미쳤다. 국내 자원, 특히 국내 저축이 미흡한 가운데 오랜 기간 막대한 투자를 요구하는 자본집약적 산업의 육성을 위해서는 불가피했다. 이에 더해 실적 중심으로 기업을 지원해 온 정부정책 운영 방식 역시 큰 기여를 했다.

그러나 독과점적 시장구조는 소비자에게 후생손실을 야기하는 한편 신생 기업에게 진입장벽으로 작용하며 경제의 활력을 약화시키기도 하였다. 수직 계열화를 이룬 대기업집단들이 주요 산업에서 독과점까지 형성함으로써 국가 경제가 몇몇 대기업집단에 지나치게 의존하게 되었다. 기업으로서 사업 수익과 위험을 균형 있게 고려하여 경영하기보다는 대마불사(too big to fail)의 기대에 의존하여 기업 스스로 위험에 적극 대응할 유인이 충분하지 못하다. 즉, 국민경제를 볼모로 사업실패의 위험을 사회로 전가시키는 위험부담의 외부화(externalization)가 발생할 수 있는 것이다.

산업에서의 집중률

우리나라 광공업에서는 상위 3개사 점유율(CR3)이 20~40%인 산업들의 수(36.9%, 2019)와 출하액(25.5%) 비중이 가장 높다. 상위 3개사 점유율이 60~80%인 산업 수와 출하액 비중이 확대되어 2019년 각각 20.0%, 13.1%까지 높아졌지만 CR3 80% 이상의 고집중화된 산업들의 출하액 비중은 2017년 23.1%에서 2019년 21.5%로 축소되었다. 시장 내 각 기업의 점유율을 제곱하여 합산한 HHI에 의한 경쟁유형별 산업분포를 보면 2019년 경쟁형이 35.1%(출하액 기준, 산업 수 기준 42.1%)이고 과점형이 55.4%(53.2%), (준)독점형이 9.6%(4.8%)로 나타나 우리나라 기업들의 지배적 형태는 과점형이라고 할 수 있다. 그러나 HHI지수를 지수구간별로 집계하여 영국 CMA의 기업결합 평가 기준으로 보면 광공업의 64.0%(산업 수 기준, 출하액 기준으로는 51.7%)가 집중화되지 않은 시장으로 나타난다.

표 10-20 HHI에 의한 경쟁유형별 산업분포(%)

HHI	기업 수 기준	경쟁유형별	산업 수	출하액
0~500	20개 이상	경쟁형	42.1	35.1
500~5,000	5~20개	과점형	53.2	55.4
5,001~9,000	2개 미만	(준) 독점형	4.8	9.6

[그림 10-5]는 1980년 이후의 CR3와 HHI의 단순평균 및 가중평균의 연도별 추이를 정리한 것이다. 이에 따르면 집중률은 1980년 이래 꾸준히 하락하다 1990년대 중반 이후에는 등락을 거듭하고 있다. 우리나라의 경우 단순평균 집중률에 비해 가중평균 집중률이 높은 수치를 기록하는데,[33] 이는 출하액 기준으로 규

33. 산업규모가 커질수록 집중률이 낮아지지만 초대형 산업의 경우 오히려 집중률이 높아져 산업규모에 따라 평균집중률은 "U"자 형을 보인다.

모가 큰 산업의 집중률이 높기 때문이다.

그림 10-5 산업집중률의 추이

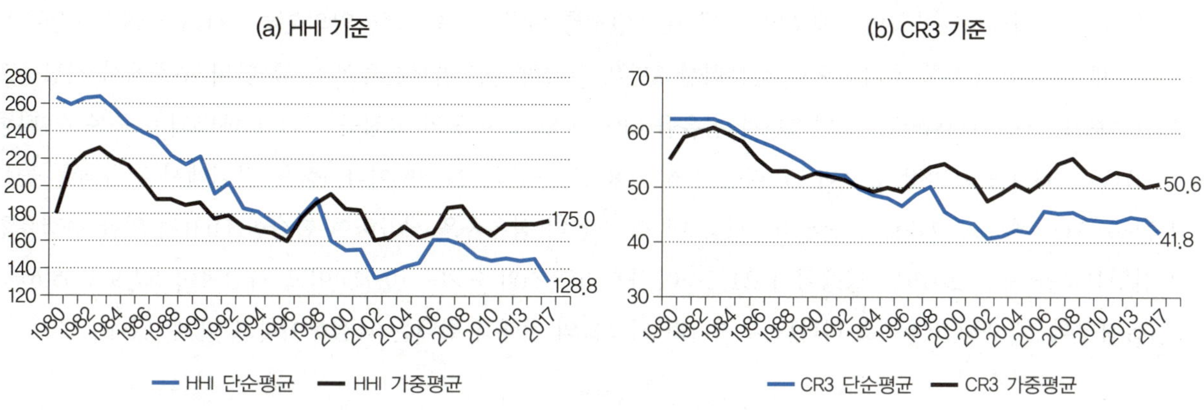

한편 우리나라는 생산재 산업의 출하액이 전체 광공업의 82.9%를 차지하고 있다. 생산재 산업 중에서는 중간재 비중이 매우 큰데, 중간재 산업의 출하액은 광공업 출하액의 66.9%이며 기업 수 기준으로는 54.9%를 차지한다. 소비재 산업의 출하액은 17.1%이며, 기업 수는 16.3%이다. 소비재 산업 중에서는 내구 소비재의 출하액 비중이 상대적으로 크다. 내구 소비재를 영위하는 기업 수는 비내구 소비재의 절반에 미치지 못하지만 출하액 규모가 상대적으로 커서 상대적으로 대기업들이 분포되어 있음을 알 수 있다. 재화특성별 산업들의 평균집중률을 살펴보면 내구 소비재 산업의 경우 상위 3개사 점유율이 매우 높게 나타나고 있다. 즉, 생산재(자본재 및 중간재) 및 비내구 소비재 산업은 CR3 40% 미만의 경쟁적인 산업들의 비중이 크지만, 내구 소비재의 경우 CR3 80% 이상의 고집중화된 산업의 비중이 크다. 이는 국내 내구 소비재 부문이 고비용 구조라는 점 그리고 이러한 산업 특성상 시장 진입 시 상당한 진입비용이 발생할 수 있어 신규기업들의 진입을 통한 경쟁이 활성화되기 어려운 상황 때문으로 보인다.

표 10-21 **재화특성별 산업들의 평균집중률**(%)

	생산재		소비재	
	자본재	중간재	내구재	비내구재
출하 비중	15.9	66.9	9.3	7.8
기업 수 비중	28.7	54.9	5.1	11.3
단순평균(CR3)	36.4	43.1	48.5	42.5
가중평균(CR3)	37.3	51.6	79.4	39.2

우리나라 공정거래법 제4조는 특정 시장에서 상위 1개사의 시장점유율이 50% 이상이거나 상위 3개사의 평균 시장점유율이 75% 이상인 사업자를 당해 시장에서의 시장지배적 사업자로 정의하고 있다. 시장지배적 사업자 기준에 5년 연속으로 해당되는 산업을 독과점구조 유지 산업으로 규정하고 동 기준에 해당하는 산업들을 식별하면 2015~2019년 기간 중 광공업 480개 산업 중 47개 산업이 이에 해당하는데 중간재 부문의 30개 산업(자본재, 내구소비재, 비내구소비재는 각각 6개, 5개, 6개)도 여기에 포함되며 출하액 기준으로

59.9%를 차지하여 가장 높은 비중을 차지한다.

품목시장 집중률

통계청이 시행하는 "광업 · 제조업조사" 및 "경제총조사" 등을 위한 임의분류로서 한국표준산업분류(KSIC) 세세분류(5단위)를 추가적으로 세분화한 8단위 분류체계인 품목분류로 상품 단위 수준에서 시장구조를 살펴보자. 우리나라에서는 상위 3개사 점유율(CR3)이 80% 이상의 고집중 구간에 해당되는 품목 수 비중이 2019년 38.1%로 가장 높으며 그 다음이 60~80% 구간의 21.8%이다. 품목 단위에서 관찰되는 높은 집중도는 HHI에서도 그대로 관찰된다. 시장 내 각 기업의 점유율을 제곱하여 합산한 HHI에 의한 경쟁유형별 산업분포를 보면 2019년 경쟁형이 21.3%(출하액 기준, 산업 수 기준 10.7%)이고 과점형이 57.9%(68.6%), (준)독점형이 20.9%(20.8%)로 나타나 우리나라 기업들의 지배적 형태는 과점형이라고 할 수 있다.

표 10-22 HHI에 의한 경쟁유형별 품목분포(%)

HHI	기업 수 기준	경쟁유형별	품목 수	출하액
0~500	20개 이상	경쟁형	10.7	21.3
500~5,000	5~20개	과점형	68.6	57.9
5,001~9,000	2개 미만	(준) 독점형	20.8	20.9

[그림 10-6]은 1980년 이후의 CR3와 HHI의 단순평균 및 가중평균의 연도별 추이를 정리한 것이다. 이에 따르면 품목시장 집중률은 1980년 이래 꾸준히 하락하다 2000년대에 들어 반등하여 이후에는 등락을 거듭하고 있다. 단순평균 집중률이 가중평균 집중률보다 높게 나타나지만 과거와 같은 큰 격차는 상당 부분 사라졌다.

그림 10-6 품목시장 집중률의 추이

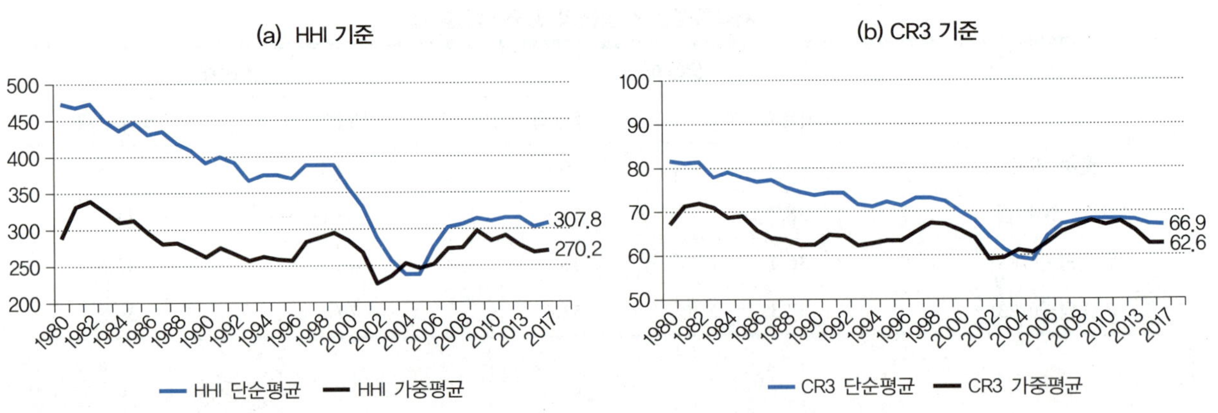

주 : 2000~2005년까지는 5인 이상의 사업체, 2006~2008년은 10인 이상의 사업체 기준.

자료 : 2007년 이전 수치는 이재형(2010) 참조.

독과점 형성과 고착화의 배경

우리나라의 독과점 구조는 기술적 특성, 즉 규모의 경제도 작용했지만, 과거 정부주도의 경제개발 과정에서 사업자 수를 제한하고 가격규제를 통해 '적정 이윤'을 보장하는 규제 독과점 형태로 운영한 데서도 부분적으로 기인한다. 교역재 부문에서는 국내 시장규모가 협소하고 재원도 제한된 가운데 국제경쟁력 확보에 필요한 기술력과 규모의 경제를 갖출 수 있도록 진입을 제한하는 한편, 세계시장에서 경쟁하도록 독려하였다. 한편 비교역재 부문에서는 주요 이해관계자의 지대적 이해관계와 서민 생활에 미치는 영향 등을 고려하여 정책을 조율하였다.

1990년대 후반 이후 이러한 산업들 중 상당수에서 가격 자유화가 이루어지고 진입 제한이 완화되었으나 이미 형성된 독과점 구조는 이후에도 지속되고 있다. 예를 들어 정유산업에서는 1980년대에 4개 사업자 구조가 형성되어 정부가 가격을 규제하는 통제를 계속하였고 1990년대 후반 이후에는 가격 규제 철폐나 수입자유화가 이루어졌음에도 불구하고 동일한 과점구조가 현재까지 지속되고 있다. LPG, 통신, 항공, 자동차, 맥주, 설탕, 담배 등에서도 마찬가지다. 이미 독과점 구조가 고착화된 산업에서는 기존 사업자가 시장지배력을 행사하며, 가격을 일시에 큰 폭으로 낮추거나 신규 기업의 잠재적 수요처와 장기계약을 체결하여 신규기업의 시장진입을 방해하고 있다.

개발연대의 성공적인 산업정책의 유산으로 말미암아 개별 산업별 규제당국은 현재의 규제 독과점 구조를 자연스럽게 바라보는 경향이 크며, 시장 내 '경쟁'보다는 '경쟁자(기존 사업자)'를 보호하는 정책이 운영되고 있다. 예를 들어 최소 시설기준 요건에 대한 규제가 그것이다. 이 때문에 신생기업의 진입 활성화를 위한 정책적 노력은 큰 성과를 보이지 못하고 있다. 또한 기업들 역시 규제 독과점구조를 자연스럽게 받아들일 뿐만 아니라 담합 등 경쟁제한행위의 위법성을 심각하게 인지하지 않고 있다.

결과적으로 독과점 구조와 그로 말미암은 부작용에 비해 우리나라 경쟁법의 규율은 상대적으로 미흡하다. 담합이나 시장지배적 지위 남용과 같은 경쟁법 위반행위에 대한 과징금만 보더라도 외국에 비해 지나치게 낮다. 또한 공정위는 경쟁법 위반 혐의를 강제로 조사할 권한이 없다. 담합이나 시장지배적 지위 남용행위의 경우 각각 관련 매출액의 10%와 3%의 과징금을 부과하도록 되어 있으나 실제로는 대부분 이보다 크게 낮은 과징금이 부과되었다. EU만 보더라도 과징금은 총매출액의 10%이며, 미국은 기업뿐만 아니라 개인까지 처벌할 정도로 엄격하다.

수평적 산업조직에 대한 시장구조 정책 : 공정거래정책

우리나라에서 반독점 정책은 공정거래정책을 중심으로 구성된다. 이 정책은 "사업자의 시장지배적 지위의 남용...을 방지하고, 부당한 공동행위 및 불공정 거래행위를 규제하여 공정하고 자유로운 경쟁을 촉진함으로써, 창의적인 기업활동을 조장하고 소비자를 보호함과 아울러 국민경제의 균형 있는 발전을 도모한다." 공정거래법은 독과점의 형성 그 자체를 사전에 방지하거나 독과점으로 인한 폐해를 사후에 규제할 수 있다. 시장의 독과점화를 사전에 방지하기 위한 수단으로는 과도한 시장집중을 초래하는 기업결합을 제한하며, 부당한 공동행위와 불공정거래 행위(거래거절이나 차별취급 등)를 통하여 시장지배적 지위를 취득하는 행위를 방지하고 있다. 사후규제 수단으로는 시장지배적 사업자[34]가 소비자를 해치고 경쟁기업을 방해 · 배제하는 지위

34. 시장지배적 지위란 시장의 행태나 성과에 결정적인 영향을 미칠 수 있는 지위를 말하는데, 그 남용행위에는 부당하게 이루어지는 가격결정, 출고조절, 사업활동 방해, 시장진입 제한과 더불어 경쟁자의 배제 또는 소비자의 이익저해행위를 포함한다.

남용의 금지를 들 수 있다. 그러나 우리나라에서는 기존의 독과점적 시장 구조는 용인되고, 독점구조 자체를 규율·부정하는 구조규제(원인금지, 독점규제)보다는 행태규제(폐해규제, 공정거래 또는 경쟁 촉진)가 주로 이루어진다. 이에 따라 공정거래법은 시장지배적 사업자의 지위남용과 부당한 공동행위 및 불공정거래행위의 제한 등 행태 규제를 주로 다루어 왔다. 기업결합의 제한도 기존 독점기업을 규제하는 것이 아니라 신규 독점구조의 형성을 억제하는 것을 주목적으로 한다.[35] 그러나 정부가 개발연대에 소수의 기업을 집중 지원함으로써 많은 산업분야가 독과점으로 고착되어 온 경우가 많기 때문에 이렇게 사후적으로 폐해만을 금지하는 것만으로는 독과점 시장을 경쟁적 시장으로 개선하기가 매우 어렵다고 하겠다.

우리나라에서 독과점 규제를 본격적으로 실시하게 된 것은 오래되지 않았다. 정부주도로 압축적 성장을 도모해 왔기 때문에 소비자 후생에 대한 고려와 독점에 대한 문제의식이 약하고 본격적 규제가 상당히 지연되었다. 특히 정부는 압축적 경제성장을 기존 기업과 소수의 전략산업의 집중 지원에 의존하였으므로 독과점화는 경제성장 정책의 일부였다고 할 수 있다. 정부는 1962년부터 경제개발 과정에서 기존 대기업을 파트너로 삼았으며, 성장을 주도할 산업과 그 산업에 참여할 기업을 정부가 직접 선정했다. 정부는 이들 기업들을 국내외 경쟁으로부터 보호하고 지원하였다. 이러한 상황은 1970년대까지 지속되어 반독점 입법은 이루어지지 못하였으며, 다만 물가안정을 위한 대기업이나 시장지배적 사업자의 행태를 규제하는 제도만이 도입되었다. 우리나라에서 반독점 정책의 시작은 1961년의 "물가조절에 관한 임시조치법"에서부터 찾아볼 수 있으나, 이는 직접적인 독점금지나 경쟁촉진보다 독과점이 야기한 물가불안을 완화하기 위한 조치였다. 이 법은 1973년에 폐지되고 대신 "물가안정법"이 제정되었다. 1975년의 "물가안정과 공정거래에 관한 법률" 역시 물가안정이 주된 목적이었지만, 물가 상승을 주도하고 있는 주범이 독과점기업이라는 판단 아래 독과점기업의 가격남용 행위와 기타의 경쟁제한 행위를 규제하기 시작하였다. 이에 따라 공정거래는 물가안정을 위한 수단 정도로밖에 인식되지 않았다.

1970년대 말의 과도한 인플레이션 심리의 만연, 독과점 심화를 배경으로 시장기능을 회복하기 위하여 "독점규제 및 공정거래에 관한 법률"을 1981년부터 시행하게 되었다. 시행 초기에는 불공정거래행위와 부당한 공동행위 등과 같은 거래 행태를 규율하는 데 치중해 오다가 1990년대 중반 이후에는 재벌에 의한 경제력집중의 억제와 하도급 거래의 공정화에 주력해 왔으며, 외환위기 이후에는 기업 구조조정에 수반되는 기업결합의 규제에 관심을 가지게 되었고, 2006년 이후에는 시장지배적 사업자의 지위남용과 독과점적 구조의 개선에도 관심을 갖게 되었다.

시장구조의 규제 : 수평적 기업결합의 제한 수평적 결합은 당해 시장에서의 사업자 수를 줄이고 결합체의 점유율을 높여 시장구조를 악화시킬 수 있다. 우리나라 공정거래법은 취득회사 등과 피취득회사 간의 수평적 기업결합에 대해 경쟁이 감소하여 특정 기업이나 기업집단이 가격이나 수량 등의 거래조건 결정에 영향을 미쳐 경쟁을 제한할 것으로 판단되는 기업결합을 제한한다.

시장행태의 규제 : 시장지배적 사업자의 규제 공정거래법은 일정한 거래분야의 공급자나 수요자로서 매출액과 점유율 비중이 크게 높아 단독으로 또는 다른 사업자와 더불어 재화나 용역의 거래조건을 결정할 수 있는 사업자를 '시장지배적 사업자'로 규정하고 이들이 제품의 가격과 출고를 조절하거나 신규기업 진입을 방해하는 등의 행위를 금지한다.

35. 이러한 특성은 공정거래 위반사건의 유형별 시정실적에서 불공정 하도급 거래와 불공정 거래행위의 처리 건수가 압도적으로 많다는 점에서도 부분적으로 살펴볼 수 있다.

시장행태의 규제 : 불공정 거래행위의 규제 공정거래법은 공정한 거래를 저해할 우려가 있는 행위들을 불공정거래 행위의 유형[36]으로 규정해 놓고, 그 규정에 포함되는 행위를 금지하고 있다. 당사자들이 민법상의 손해배상이나 금지청구와 같은 제도를 통하여 사법적으로 해결하기보다 정부가 행정력을 동원하여 이를 강제적으로 규제하는 방법을 따르고 있는 것이다. 공정한 거래란 공정한 경쟁보다 넓은 개념으로, 경쟁 수단이나 방법의 공정성을 넘어 경쟁의 자유를 제한하는 경쟁 제한성이나 거래조건의 공정성까지 포함하는 매우 포괄적 개념이다. 따라서 불공정거래 행위의 금지는 경쟁 그 자체의 공정성뿐만 아니라 경쟁자와 거래 상대방 및 소비자의 이익도 함께 보호하는 제도라고 할 수 있으며, 그런 점에서 시장지배적 지위의 남용금지와는 구별된다. 시장지배적 지위의 남용행위는 독점금지의 성격을 지녀서 사업자의 시장지배적 지위를 전제로 하고 있기 때문에 시장지배적 사업자에게만 적용되는 반면, 그러한 지위를 전제로 하지 않는 불공정거래행위는 모든 사업자에게 적용된다.

부당한 공동행위의 제한 공정거래법은 계약 · 협정 · 결의 등에 의하여 경쟁을 제한하는 부당한 공동행위를 규제한다. 부당한 공동행위에는 가격을 공동으로 결정 · 유지(가격 카르텔), 상품과 용역의 판매조건 · 대금의 지급조건 설정, 생산 · 출고, 수송 또는 판매의 제한, 거래지역과 거래상대방의 제한, 생산 또는 용역의 제공을 위한 설비의 신 · 증설, 장비 도입의 제한, 생산판매 시에 상품의 종류 · 규격을 제한, 영업의 주요 부문을 공동으로 수행하거나 관리하기 위한 회사의 설립, 다른 사업자의 사업내용 또는 활동을 부당하게 제한하는 것이 포함된다. 부당한 공동행위를 약정하는 사업자 간 계약도 무효로 규정된다. 다만 산업합리화와 불황의 극복, 산업구조의 조정, 중소기업 경쟁력의 향상, 거래조건의 합리화를 목표로 하는 경우에는 적용을 배제하고 있다.

사업자단체 활동의 규제 어떤 형태이든 둘 이상의 사업자가 공동의 이익을 증진할 목적으로 조직한 결합체나 연합체를 사업자단체라고 한다. 각종 업종별 협회, 협의회, 조합 등이 전형적인 사업자단체로서 해당 업종의 유일 또는 소수의 결사로 독점력을 발휘할 수 있다. 공정거래법에서는 사업자단체가 공동행위로의 경쟁 제한, 사업자 수 제한, 회원 사업자의 사업내용이나 활동의 부당한 제한, 재판매가격 유지, 불공정 거래 등을 금지한다.

공정거래 당국의 역할 강화 거래의 혁신성과 복잡성이 커지고, 사전규제보다 실제 행태를 규율하는 데 초점을 맞출 경우 재량권을 가진 정책당국의 역할이 중요해진다. 정책 집행의 기준과 절차 그리고 적용 결과에 대한 투명성과 책임성을 제고하여야 하며, 이를 위해서는 공정거래 당국의 전문성과 독립성을 지속적으로 높여 가야 한다. 우리나라 공정거래 위원회의 경우 거래 분쟁이나 경쟁자 간 갈등의 해결을 위한 사건처리를 지양하고 경쟁을 보존 · 강화하는 사건 처리에 집중할 필요가 있다. 이를 위해 경쟁 당국의 조사 권한(압수수색, 계좌추적을 포함한 강제조사)과 시정 권한(복합결합 심사와 그에 따른 계열분리)을 강화하여 경쟁법 집행의 실효성을 높여야 한다. 한편 과징금 부과는 공정위의 재량에 맡겨져 있으나, 가격 고정, 입찰 조작 등 명백한 담합 행위는 과징금 부과를 의무화하여 억지 효과를 높여야 한다.

---

36. 불공정거래 행위는 ① 부당한 거래 질서나 거래 상대방의 차별, ② 경쟁사업자의 부당한 배제, ③ 부당한 고객 유인과 강제, ④ 부당하게 지위를 이용하여 상대방과 거래, ⑤ 거래 상대방의 사업 활동을 부당하게 구속하는 조건으로 거래하거나 부당하게 다른 사업자의 사업 활동을 방해, ⑥ 허위 · 기만적 표시 광고, ⑦ 부당하게 특수관계인이나 다른 회사에 대하여 자금, 자산, 인력 등을 무상 또는 현저히 유리한 조건으로 지원하는 것을 포함한다.

경쟁촉진정책 또는 규제완화

우리나라에서 대규모 기업집단으로의 경제력 집중과 시장 독과점은 정부의 빈번했던 경쟁제한적 규제, 특히 무엇보다도 인허가 등 진입규제, 사업영역 제한, 외국인투자 제한 등에 의한 진입 제한에서 기인한다. 많은 산업에서 가격규제가 행해지고 있는데, 카르텔 등 경쟁제한행위가 '법령에 따른 정당한 행위'로서 합법적으로 행해지는 경우도 흔하다. 이 밖에 비공식적 · 묵시적 규제수단으로 빈번히 법령에 의거하지 않은 행정지도나 통제가 행해졌으며, 기술도입신고서 수리, 공장설립허가 등의 행정절차를 통해 진입제한 등 경제적 규제가 행해지는 경우도 많다.[37]

1960년대와 1970년대에는 정부가 경제성장에 주안점을 두고 장기간에 걸쳐 경제개발계획을 추진하면서 규제가 양산되었다. 정책담당자들은 규제를 성장 정책을 추진하는 주요 수단으로 인식했다. 그러나 당시 규제는 민간기업이 주어진 목표를 달성하도록 규율하는 경제적 규제 중심으로 구성되어 노동, 복지, 환경 등 사회적 규제는 매우 제한적이었다. 규제개혁도 주로 민간기업의 목표달성에 어려움을 초래하는 행정제도의 개선에 초점이 맞추어졌다.

1970년대 말의 극심한 경제침체와 경제력 집중에 대한 비판을 배경으로 정부의 과도한 민간 부문 개입에 대한 반성이 생겨났다. 특히 1980년대에 정부주도형 경제운용을 민간주도로 전환하는 과정에서 과도한 정부 개입과 규제를 완화하게 되었다. 이에 따라 인허가제도, 건축행정, 수출입 관련 제도, 조세행정 등 행정제도 개선이나 행정절차 간소화를 도모하고 정책금융의 축소나 환율 결정에서 시장 영향력의 확대를 추진했다. 그러나 이 시기에 추진된 물가안정을 위해 임금이나 농산물 가격에 대한 통제로 인해 규제가 더욱 강화된 측면도 있다. 아울러 여전히 경제성장에 초점을 맞춘 규제완화 정책이어서 사회적 규제에 대해서는 소극적이었다. 1980년대 말 정치민주화 이후에 마침내 규제개혁이 '규제완화'라는 이름으로 추진되기 시작하였고 지방 위임이나 이양, 규제완화, 민간위탁 등의 규제완화 건수는 크게 증가하였다. 산업안전이나 소비자보호 그리고 환경 등에 대한 사회적 규제에도 관심을 두기 시작했다. 그러나 외형적 실적에 지나치게 집착하고 실질적인 사회적 규제 개선조치는 미흡하였다(최유성, 2009).

우리나라의 규제개혁은 1997년 초까지 주로 행정절차의 간소화나 손쉬운 규제완화에 치중하였고, 특정 산업의 진입 제한이나 금융 · 토지이용 등 주요정책과 관련된 핵심규제는 그대로 유지되었다. 이에 따라 정부는 규제개혁의 법과 제도적 틀을 확립하기 위해 행정규제기본법(1997)을 제정하였고, 이를 기반으로 외환위기 이후 위기극복을 위해 대대적 규제개혁에 나섰다. 규제개혁 기구를 규제개혁위원회(1998)로 단일화하여 기존 규제의 50% 철폐뿐만 아니라 새로이 신설되는 규제에 대해서도 OECD의 규제개혁 제도 및 운영체계를 따라 법령에 의한 심사, 등록, 존속기한 설정이 이루어지도록 하였다. 그러나 외환위기 극복에 따른 위기감이 줄어들며 정책의 우선 순위에서 멀어지는 한편 규제의 양보다는 질을 개선한다는 규제개혁이 강조되면서 점차 규제완화의 진전이 부진해졌고 이로 말미암아 정책당국은 우리나라의 규제수준이 주요 선진국에 비해 과도하다는 비판에 꾸준히 직면하고 있다. 그러나 동시에 선진국의 규제개혁 제도가 단기간에 급격하고 강압적으로 도입되어 그 실효성이나 부작용이 꾸준히 지적되고 있다. 특히 선진국 수준의 경제적 규제 완화에 상응하는 만큼 사회적 규제의 강화나 완화가 이루어지지 못했다. 기존 기업들이 원하는 규제완화에는 많은 성과를 거두었으나, 진입장벽 제거나 독과점 시장구조의 개선을 통하여 경쟁을 촉진하기 위한 규제개혁에

37. 한국에서의 규제의 형성과 그 개혁에 대한 전반적 추이는 최유성(2009)을 참고.

서는 큰 성과를 거두지 못하고 있다. 이에 따라 대표적인 국별 규제지수인 OECD의 상품시장규제지표(product market regulation indicator)에 의하면[38] 우리나라 규제 수준은 OECD 38개국 중 33위로 규제가 6번째로 강한 나라로 나타나고 있다.

그림 10-7 OECD의 상품시장 규제지표

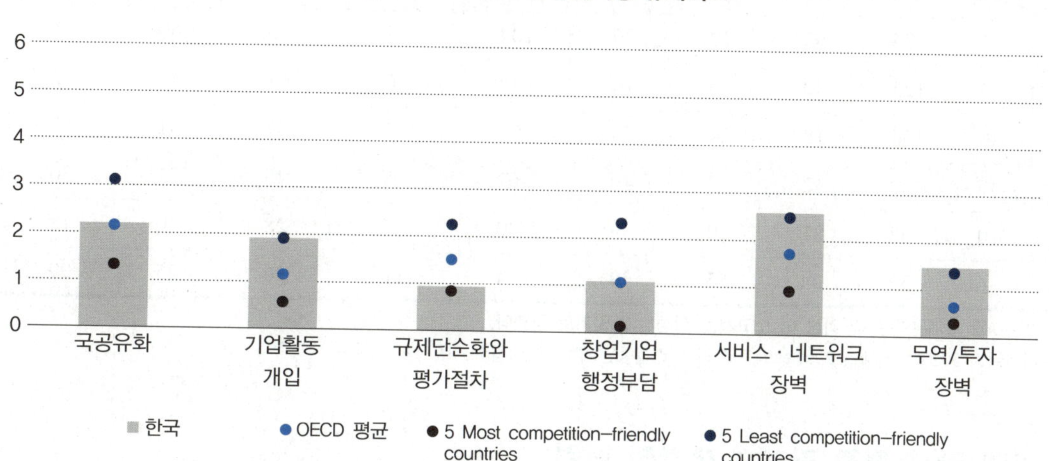

주 : 국 · 공유화(24)는 공기업 범위(15), 네트워크 정부개입(20), 정부 직접통제(24), 공기업 지배구조(30)를 포함한다. 기업활동 개입(36)은 가격통제(37), 명령–통제성 규제(38), 공공조달(14)의 강도를 평가한다. 규제 단순화, 평가(5)는 경쟁영향 평가(12), 이해관계자 참여(13), 규제절차 복잡성(1)을 포함한다. 창업기업 행정부담(21)은 유한책임회사 · 개인회사 행정부담(5), 면허 · 허가(24)를 포함한다. 서비스 · 네트워크 부문 장벽(36)은 서비스 부문 장벽(33), 네트워크 부문 장벽(35)을 포함한다. 무역 · 투자 장벽(37)은 외국인 직접투자 규제(33), 관세 장벽(38), 외국기업 차별(33), 무역촉진 저해 장벽(28)을 포함한다(괄호 안의 수치는 순위를 뜻한다).

자료 : OECD 2018 PMR database.

한국의 상품시장 규제는 대부분의 OECD 국가보다 경쟁 친화적이지 않다. 기업활동에 대한 정부개입(36위), 특히 지시와 통제 규제와 가격통제를 통한 개입이 대부분의 다른 OECD 국가보다 강하다. 특히 서비스 · 네트워크 산업에서 소매가격 통제 등 가격통제가 심하고, 규제방식이 인센티브 부여보다는 허가, 금지 등의 강제적 방식을 주로 사용하여 명령–통제성 규제가 38위로 최하위권이다. 다만 공공조달의 규제체계나 공공사업은 OECD 모범사례에 부합하고 있다. 그러나 네트워크 및 서비스 산업의 규제체계(36위)는 경쟁 친화적이지 못하여 진입장벽이 높다. 한편 국 · 공유화(24위)는 OECD 평균보다 덜 광범위하지만 국유기업의 기업지배구조는 OECD 모범에 미달한다. 또한 국제무역과 외국인 직접투자에 높은 장벽 때문에 '무역 · 투자 장벽'의 순위가 낮다. 즉, 높은 실효 관세율로 관세장벽이 38위로 최하위이고, 외국인 지분 한도, 심사절차, 외국인 고용 제한 등의 외국인 직접투자 규제가 33위로 역시 낮기 때문이다. 또한 회계 및 부동산 관련 전문서비스에 대한 규제장벽이 매우 높고 전문 서비스 분야에서 진입장벽이 높은 상황이다. 반면 규제 단순화와 평가분야는 OECD 국가 중 5위로 매우 높다. 신생기업에 부과되는 행정 요구사항은 OECD에서 가장 낮고 규제 절차가 간단하며, 새로운 규제의 영향에 대한 평가는 대체로 모범 사례와 일치한다. 법규에 대한 접근과 이해가 용이(1위)하고 전자정부의 확대로 기업의 순응비용이 하락하고 있으며, 이해관계자 참여(13위) 규제비용의 사후 리뷰가 용이하다.

38. 이는 객관적 관찰과 측정이 가능한 변수(창업 시 인허가를 받는 데 필요한 최소 기간과 비용 등)들의 측정치와 피규제자의 주관적 평가를 동시에 고려하여 각 나라의 규제 수준을 지수화하여 비교한다.

한편 기업활동에 대한 규제수준과 그 집행강도를 세계은행의 "Doing Business" 지수를 보면 우리나라의 기업활동 단계별 규제강도는 190개국 중 5위로 미국을 앞서고 있다.

표 10-23 기업활동의 용이성 순위의 비교(위)

	전체	창업	건축허가	전기	재산등록	대출	투자자보호	납세	무역	계약집행	폐업
프랑스	33	36	52	17	99	104	4	45	60	1	17
독일	22	125	30	5	76	48	6	61	46	42	14
일본	30	106	18	14	43	92	5	57	51	57	50
한국	5	32	12	2	40	67	5	25	21	36	2
스웨덴	10	38	31	10	9	80	7	28	30	18	39
미국	6	55	24	65	39	4	11	36	25	39	18

주 : 2021년 9월 세계은행은 더 이상 이 보고서를 작성하지 않기로 하였다.
자료 : 세계은행의 2020년 "Doing Business" 지수의 기업활동단계별 세부 지수 기준(190개 국가를 포함)

2) 기업 간 수평적 관계 : 제한적 협력

정부는 경제발전 정책의 원활한 집행과 상호협력을 지원하도록 산업 수준에서 수많은 산업단체를 만들어냈다. 정치민주화와 더불어 산업단체는 이후 통제 수단으로서의 기능을 떨쳐냈지만, 아직 활력 있는 자생적인 산업 내 협력관계를 창출하지 못하고 있다. R&D 컨소시엄 내의 협력도 일본보다 크게 미약하다(Sakakibara and Cho, 2002). 한편 제도화된 관계가 미약한 가운데 기업 간 관계는 비공식적 관계, 즉 인맥에 크게 의존하고, 인맥이 기업 간 관계의 형성에 상당한 영향력을 발휘하고 있다. 이러한 상황은 사법체계와 법집행 또는 대기업을 포함한 사회제도에 대한 광범위한 불신에서 상당 부분 기인하는 것으로 보인다. 선진국과 비교해 볼 때 공식적 규칙과 체계는 완전하지 못하다. 기업 활동에 대한 규제는 과도하거나 예측하기 어렵고, 관련 법규는 모호하고 효과적으로 집행되지 못하고 있다. 공식적 제도의 불완전성이 야기하는 불확실성을 다루기 위해 개인들은 인맥에 의존할 수밖에 없다. 개인들은 자신들이 필요한 조직에 속한 개인들과 인맥을 형성하고 필요할 때마다 이들을 동원한다. 결과적으로 혈연, 학연, 지연 등에 기초한 인맥이 광범위하고 문제와 갈등 해결에서 중요한 기반이 된다. 또한 인맥은 기업 네트워크에서 긴요한 신뢰의 기반을 형성한다. 그러나 인맥은 그만큼 시장거래의 효율성을 막는 요인으로 작용하고 있다. 기업들이 자신의 집단을 벗어나 기업 간 관계를 만들려는 경우 신뢰가 필요하지만, 신뢰를 가족이나 집단 내로 제한하는 획득된 사회적 관계가 지배적이기 때문에 쉽지 않다(Fukuyama, 1995).

대기업 간 수평적 관계

서로 다른 재벌기업 간에는 협조보다는 경쟁이 지배적이다. 재벌의 대표적인 소유자 가족들 간의 관계는 경쟁적이며 적대적이기까지 하다. 대규모 기업집단들은 주도권을 잡기 위해 치열하게 경쟁하지만, R&D 프로그램, 사회공헌 등 협력을 요구하는 활동에서는 적극적이지 못하다. 새로운 산업이나 신규투자는 종종 주도권을 잡기 위한 재벌들 간의 치열한 경쟁으로 특징지어지고 있다. 결과적으로 독일이나 일본 등과 달리 기업(집단) 간 조정은 우리나라에서 잘 작동하지 못하고 있다(Fukuyama, 1995). 은행은 오랫동안 민간의 이해관계보다 정부의 통제하에서 정부정책에 따라 운영되었고, 대기업의 자금 조달선이 이미 충분히 다변화되어 있어 산업 전체적인 문제를 조율할 입장에 있지 못하다.

우리나라 대기업집단은 다양한 업종에 걸쳐 계열기업을 가지고 있어 기업집단 간의 관계에는 경쟁을 넘어 담합적 관계도 존재할 수 있다. 즉, 두 기업집단이 활동하는 업종들은 수평적 경쟁관계일 수도 있고 수직적 납품관계일 수도 있으며 또 서로 아무런 관련이 없을 수도 있다. 또한 각 계열 기업이 개별 시장에서의 비중의 차이에 따라 우위, 열위 또는 대등의 관계가 모두 성립 가능하다. 대등한 시장비중을 가질 경우 두 기업집단이 경쟁하겠지만, 서로 상대방이 우위에 있는 업종에서는 상대방을 인정하고 경쟁을 자제[세력범위 가설(spheres of influence hypothesis)]하고 협조적 체제를 유지할 수 있다. 또한 업종에 따라 수직적인 납품 관계가 나타나 서로 상대방에게 타격을 가할 수 있는 위치에 있을 수 있고 때에 따라서는 상호구매를 통해 서로 협조하는 관계를 가질 수도 있다.

중소기업 간 수평적 관계 : 중소기업 간의 제한적 협력

중소기업들은 내부 자원 부족 문제를 해결하는 과정에서 외부 네트워크에 의존하는데, 특히 성장하는 중소기업의 경우 외부 네트워크의 성장 기여도가 높다. 그러나 우리나라에서 중소기업의 조직화율은 2019년에 약 2.02%로 일본의 70.5%(2007)에 비하면 현저히 낮다. 더욱이 조직화율은 1994년 5월 말 3.1%에서 2000년 2.4%를 거쳐 현재까지 지속적으로 감소하는 추세에 놓여있다. 특히 중소기업의 85%를 점하는 도 · 소매업(2.6%)과 서비스업(0.3%)의 조직화율이 특히 저조하다.

현재 우리나라 중소기업들 간의 협력은 수직적인 생산 분업 형태의 협력이 지배적이다. 그것도 대기업의 생산비 인하 요구에 대처하기 위하여 하위기업의 저임금을 간접적으로 활용하기 위한 것이다. 이러한 수직적 분업 관계를 넘어 기능적 분업, 예를 들어 중소제조업체와 중소 서비스 업체 간 협력관계는 부진하다.

우리나라에서 중소기업 간 협력에 대한 정부 시책은 "중소기업기본법" 제8조를 기반으로 하고 있으며, "중소기업 진흥에 관한 법률"은 중소기업청의 중소기업 협업지원사업의 대표적인 근거법이다. 또한 산업융합 시대로의 전환을 준비하고 산업융합을 통한 신성장동력 육성을 위해 "산업융합촉진법"을 두고 있다. 중소기업청은 중소기업 간 협력 및 협업정책을 총괄하고 지방자치단체와 산업단지공단은 지역과 단지 내 중소기업 간 협력 및 협업을 촉진 · 지원한다. 그리고 대 · 중소기업협력재단과 중소기업융합중앙회는 각각 대 · 중소기업 간의 협력과 이업종 교류와 융합을 증진하고 있다. 그러나 협업을 위한 네트워크 형성, 협업자금 지원, 판로개척 지원 등은 여러 기관에 걸쳐 중복되고, 지원은 대부분 직접적 자금 지원에 치중되어 그 지원 규모가 작을 뿐만 아니라 주로 협업을 준비하는 초기 단계 기업에게 자금이 편중 지원되고 있다. 자발적으로 기업 간의 정보교류 등이 일어날 수 있는 시스템은 없으며 협업을 위해 정부에서 네트워크 지원을 하는 정책들이 있으나, 각 사업마다 지원기관과 부처가 상이하고 지원 금액, 방식, 신청양식이 다르기 때문에 중소 · 중견기업들의 접근이 쉽지 않다. 협업을 진행하는 과정에서 발생하는 애로요인을 해결하고, 조언을 하는 등 중간에서 조정하는 역할을 수행할 전문가도 부족하다. 협업은 기업 스스로의 필요에 의하여 자발적으로 추진되는 것이 바람직하므로 기업의 자발적 협업을 촉진하도록 기업의 인력 · 자금 등 협력 추진 여건을 보완하고 협력을 체계적으로 지원하는 전문기관을 두는 한편 관련된 법률과 지원제도를 확충할 필요가 있다.

공동사업 수행에 취약한 협동조합

대부분의 국가들에서는 중소기업만을 특정하여 협동조합이 조직화되기보다 협동조합이라는 틀 속에서 산업, 업종, 기업규모 구분 없이 조직화되지만, 조직화 실태를 국가 차원에서 파악하고 있지는 않다. 2018년 말 현재 우리나라 사업체가 약 360만 개, 협동조합 조합원이 약 66만 명으로 협동조합의 가입률은 18.6%로 저조하다. 이탈리아, 독일 등의 유럽 국가와 비교할 때 우리나라의 협동조합 활동은 너무나 저조하다. 나아가 우리나라의 경우 협동조합 본래의 목적인 공동사업을 수행하는 조합이 76.3%(2018)에 불과하고, 그중에서도 단체수의 계약이 공동사업의 대부분을 차지하며 공동기술개발, 공동생산, 공동배송보다는 대부분 공동구매와 판매를 중심으로 하고 있다. 우리나라 협동조합은 공동사업을 추진하는 전담인력과 자금이 부족한 상황으로 정부의 공문을 전달하는 문서수발 기능과 정부조달 사업에서 입찰참여 또는 수의계약의 자격을 충족시키는 기능 이외에는 하는 일이 크게 없다. 일본의 경우, 중소기업 협동조합 대부분이 공동사업을 수행하고 있으며, 그중에서도 형태 자체가 사업조합인 협동조합이 전체의 80%가 넘는다.

다수 중소기업들의 수평적 공동사업을 활성화하려면 그 전제조건으로 공정거래법 제19조의 담합금지 규정에 대한 예외 인정이 요구된다. 공동사업은 곧 담합으로 간주될 수 있기 때문이다. 독일의 경쟁제한금지법은 카르텔을 금지하는 EU 경쟁법에도 불구하고 중소기업의 공동행위에 대해서만은 유일하게 적용 제외 조항(제3조)을 유지하고 있다. 우리나라의 현행 공정거래법에도 유사 조항으로 중소기업 경쟁력 향상을 담합금지의 예외 인정 사유 중 하나로 두고 있지만 인가 요건과 절차가 매우 엄격하여 적용한 실례를 찾기 어렵다.

취약한 지역 파트너십

한국의 기업 네트워크는 정부주도 형태이거나 업종 단위 협의체 형태가 대다수로 행정에 대한 의존성과 대기업 중심 산업구조로 인해 중소기업 중심의 지역 파트너십 발달이 제한되어 있다. 시·도별 발전 협의회, 노사민정 협의회, 지역고용 심의회 등은 모두 법률에 근거하여 정부 예산으로 설치, 운영되는 정부주도형 파트너십이다. 정부가 주도하는 지역 파트너십은 대부분 독자 재원을 통한 상설기구와 인력이 없어 독립성과 전문성이 제약된다. 또한 기업, 대학, 연구소, 시민단체의 적극적 참여도 제한적이다. 한편 동일 업종의 중소기업이 밀집한 지역에는 협동조합, 업종 협의체 등이 상당수 있지만 지역 차원의 이슈가 심도 있게 논의되고 행동으로 옮겨지는 경우는 미미하다.

2.4 다각화와 대기업집단 그리고 경제력 집중

이상에서 우리나라 개별 산업 내에서 수직적으로 계열화를 이룬 대기업집단들이 수평적으로는 과점체제를 형성하여 진입장벽을 형성하고 있음을 살펴보았다. 더 나아가 대기업집단은 사업 다각화를 통하여 다양한 산업을 지배하고 그만큼 경제 전반에 미치는 영향력이 매우 크다. 우리나라 주요 기업들은 ① 수직 계열화와 ② 독과점 체제에 더해 ③ 사업 다각화까지 개별적인 기업관계들이 입체적으로 결합하면서 대기업집단을 형성하고 있다. 기술적 관점에서 볼 때 우리나라는 다각화한 대기업집단 내에서의 기술적 분업을 심화시키는 내부경제(internal economy)를 중심으로 운영된 반면 상대적으로 독립적 기업, 특히 중소기업 간 협력에 기초한 사회적 분업의 외부경제(external economy)는 제한적 발전상을 보여 왔다.

우리 경제의 발전경험을 반영하면서 기업 양극화를 해소하고 경제발전을 기약하기 위해 우리나라는 대기업 중심적인 경제구조를 대기업과 중소기업이 상생하는 다원적 구조로 전환하기 위해 노력해 왔다. 즉, 글로벌 경쟁력을 갖춘 대기업을 확충하고 이를 뒷받침하는 중소기업이 동반 성장할 뿐만 아니라 자립적 중소기업들이 상호의존하며 성장하는 산업생태계도 활성화되는 다원적 산업조직을 형성시키려 노력해 왔다. 이를 뒷받침하기 위해서는 ① 불공정 관행을 시정하는 경쟁정책뿐만 아니라 ② 중소기업의 불리를 극복하는 수평적 산업조직 정책이 요청된다.

1) 대기업집단의 다각화 현황

우리나라의 경우 경제발전 초기 단계에 기업가 저변이 상대적으로 좁았기 때문에 특정 분야에서 사업적 성취를 이루어낸 기업가가 고도성장 환경하에서 새로운 사업 분야로 진출하는 과정을 통해 다수의 사업 분야에 걸쳐 많은 계열기업을 거느리는 대규모 기업집단이 탄생하였다. 예를 들어 삼성그룹은 기존에 영위하던 사업들을 확장하기보다 새로운 사업에 대한 다각화를 통해서 성장하였다. 1960년대에 삼성그룹은 섬유, 식료품, 보험사업 등이 주요한 사업이었다. 1970년대에는 가전산업이, 1980년대에는 기계, 조선, 무역, 반도체 등이 주요 사업이었으며, 이는 사업으로의 진출을 통해서 성장하였다. 1990년대 이후에는 물류, 통신부문을 통해 성장이 이루어지고 있다. 여기서 다루는 "대규모 기업집단"(이하 대기업집단)이란 매년 공정거래위원회가 지정하여 발표하는 "공시대상 기업집단"을 주로 다루는데, 공정거래법 제14조 제1항에 따라 자산총액 5조 원 이상인 기업집단을 의미한다. 더불어 공시대상 기업집단 중 자산총액 10조 원 이상인 기업집단은 "상호출자제한 기업집단"으로 추가 분류하고 있다. 2019년 공정위가 발표한 "공시대상기업집단(이하 대규모 기업집단)"으로 지정된 대규모 기업집단 수는 총 59개이며 소속된 회사 수는 2,103개사다.

계열회사 수 계열회사 수는 단순 자산 상위 30대 기업집단을 보면 2001년 620개에서 시작해 2012년 1,220개로 최고치를 보인 이후 다소 감소하는 듯 했으나 2015년 이후 계열사가 다시 증가하는 것이 관측되었다. 상위 30개 집단 소속 '총 계열회사'는 493개(1987) → 819개(1997) → 544개(2000) → 1,220개(2012) → 1,183개(2016) → 1,389(2021) 등으로 변하였다. 이에 따라 '1개 집단 평균 계열회사'는 16.4개(1987) → 27.2개(1997) → 40.7개(2012) → 39.4개(2016) → 48.5개(2021) 등이다. 30대 집단 중에서는 10대 · 5대 집단의 비중이 커서 총 계열회사 수에서 10대 집단이 1/2 내외, 5대 집단이 1/3 내외를 차지하였다.

영위업종 수 대기업집단은 우리나라의 거의 모든 산업에 참여하고 있다. 외환위기 이후 구조조정과 계열 분리 등으로 재벌의 영위업종 수가 일시 줄었으나 2000년대에 들어 다시 증가하고 있다. 외환위기 이전 평균 20개 수준이던 30대 기업집단의 영위업종 수는 2002년 12.6개로 감소하였으나, 2003년 이후 지속 증가하고 있으며 2008년 평균 15.9개, 2013년 16.0개에 달하였다. 공기업을 제외하고 동일인이 자연인인 기업집단(재벌)들만 대상으로 할 경우 2008년의 평균 영위업종 수는 20.4개로 외환위기 이전과 같은 수준으로 대표업종만을 기준으로 하더라도 임업, 어업, 공공행정 등 공공 서비스 분야를 제외하고 거의 모든 업종에 진출하였다.

시장 집중 대기업집단은 진출한 많은 산업에서 독과점적 지위를 누리고 있다. 대기업집단이 진출한 산업에서 대기업집단 계열사가 상위 3개사에 해당하는 산업들의 출하액 비중은 2019년 79.8%이며, 기업집단 소속 회사가 진출해 있으되 상위 3개사에 해당하지 않는 산업의 출하액 비중은 2019년 13.7%로 나타났다.

대기업집단이 진출해 있으며 당해 산업 내에서 출하액 점유율이 상위 3개사에 해당되는 경우 산업집중도는 나머지 산업들의 집중도 수준을 상회한다. 2019년 광공업 전체 단순평균 CR3는 41.4%이며, 대기업집단이 진출하지 않은 산업의 CR3 단순평균치는 41.9%이나 대기업집단 계열사가 진출하여 상위 3개사에 해당하는 산업들의 단순평균 CR3는 48.0%이다. 특히 가중평균 기준으로는 대기업집단이 진출한 산업과 그렇지 않은 산업 간 격차가 조금 더 확대된다. 즉, 대기업집단이 독과점적 지위를 차지하는 산업일수록 당해 시장의 집중도가 높은 것이다.

참고로 2010년의 경우 대기업집단은 우리나라 전체 1,131개 업종(세세분류 산업) 가운데 626개에 참여하며, 이들 대기업집단 계열기업이 시장점유율 1위인 산업은 전체의 23.7%이지만, 이들 산업이 전체 산업 매출액에서 차지하는 비중은 48.5%이다. 그만큼 대기업집단이 시장점유율 1위인 산업이 상대적으로 규모가 크다는 것을 알 수 있다(이재형, 2013).

경제력 집중 타인의 의사나 행동을 자신이 원하는 방향으로 조정할 수 있는 가능성을 힘(power)이라고 하며, 토지, 자본, 기술과 같은 자원을 기초로 형성된 힘을 경제력(economic power)이라 한다. 예컨대 시장에서 한 기업이 시설과 규모 면에서 다른 기업들보다 우월하여 생산량이나 가격을 마음대로 결정할 수 있고, 그것으로 다른 기업들에 영향을 미칠 수 있다면 그 기업은 경제력을 가지고 있는 것이다. 이러한 경제력이 소수의 개인이나 기업에게 집중되는 경우를 경제력 집중이라 한다. 경제력 집중은 경제적 힘 그리고 이에 수반하는 여러 가지 사회적 영향력이 특정한 기업 또는 기업집단에 쏠리는 현상, 즉 일반집중(general concentration)을 가리킨다. 일반집중은 독점금지의 전제인 시장집중(market concentration)과 다르며, 특정한 기업의 소유지분이 특정인 또는 특정한 기업으로 집중되는 현상을 가리키는 소유집중과도 다르다.[39] 경제력 집중 억제 제도는 다양한 업종을 영위하는 기업들을 폐쇄적으로 지배하는 재벌규제에 국한되는 것이 아니라 대규모 경제력을 가진 기업집단 일반에 대한 것이며 단위 대기업도 탈법행위의 적용과 관련하여 규제대상이 될 수 있다. 총수가 없는 민간 기업집단은 물론, 문어발까지는 아니지만 수직적으로 계열화된 기업집단(과거의 현대자동차 그룹)도 마찬가지다. 이처럼 경제력 집중억제 제도는 재벌규제가 아니라 대규모 결합기업체 일반에 대한 규제의 성격을 가지는 만큼 '지나치게 큰 규모는 나쁘다(Big is ugly)'라는 발상이라고 비판되기도 한다.

광공업 기준으로 볼 때 전체 대기업집단이 진출해 있는 산업들의 수는 480개 광공업 중 310개를 조금 상회하는 가운데 대기업집단이 진출한 산업들의 출하액이 전체 광업 및 제조업에서 차지하는 비중은 90%를 상회한다. 그만큼 기업집단들은 우리나라 주력산업에서 높은 비중을 차지하며, 서비스업과 같이 규모가 작은 산업에서는 비중이 그다지 높지 않다. 제조업에서 기업집단의 비중이 높은 산업은 음료, 석유정제, 화학, 1차 금속, 전자, 자동차 등의 우리나라 주력산업이기도 하다. 서비스업의 경우에는 은행업에 대한 산업자본의 진입 제한, 공공행정 및 보건 · 복지에서의 높은 공공부문 비중, 소규모 사업자가 주로 활동하는 전통 서비스업 등으로 말미암아 대기업집단의 비중이 높지 않다.

전체 계열사 중에 광업과 제조업에 속하는 일부 소속 기업들만 분석하더라도 대규모 기업집단 소속 기업들의 광공업 출하액(부가가치)은 점차 증가해 현재 절반 수준에 달한다. 한편 단순 자산순위 상위 30대 재벌(공기업 제외), 즉 '대기업집단'으로의 경제력 집중도[40]는 2019년 43.6%(42.3%)에 달하고 있다.

39. 경제력집중은 특정 대기업군이 한 나라 경제에서 차지하는 비중으로서의 '일반집중', 개별 산업에서의 독과점도를 의미하는 '시장집중', 대기업의 다변화력을 의미하는 '복합집중' 그리고 자연인 또는 가문에 의한 '소유집중'을 포괄하는 개념이다.

40. 공정위는 매년 대규모 기업집단을 지정하고 자산, 매출, 순이익 등의 자료를 제공하고 있다.

표 10-24 대기업집단의 규모별 분포(%)

	출하액			부가가치			종업원 수		
	2010	2015	2019	2010	2015	2019	2010	2015	2019
상위 5대	19.0	17.2	29.6	23.4	19.8	32.5	8.4	7.7	11.7
상위 10대	36.1	32.4	37.7	39.3	33.8	38.3	13.7	12.1	13.8
상위 15대	39.0	36.8	38.6	41.0	36.7	39.3	14.1	13.9	14.5
상위 30대	45.5	40.2	43.6	45.1	39.2	42.3	16.2	15.3	16.2

자료 : 한국개발연구원, 「시장구조조사」

다각화 대기업은 보편적 형태

기업집단은 많은 나라에서 관찰되는 기업조직의 한 형태로서 영미식 사업부제 기업과 달리 통제 피라미드로 연결된 독립적인 기업들을 이용하여 광범위한 업종에 다변화하고 있으며, 재벌 조직도 그 하나이다. 미국 500대 기업의 평균 영위업종 수는 10.9개에 달하여 마이크로소프트나 모토로라와 같은 전문기업도 있지만, 반면에 20개 이상의 광범위한 업종에서 활동하고 있는 대기업의 비중도 상당하다. 다만, 우리나라 재벌은 외국에 비해 훨씬 광범위한 업종에 다각화된 사업구조를 가지고 있다. 미국의 대기업은 단일기업 내에 여러 사업부를 두거나 자회사에 대한 100% 출자를 통해 사업을 펼치는 사업부제 형태를 취하는 반면, 재벌은 경영권 확보에 필요한 최소의 지분만을 투자하고 그것도 상당 부분 계열사 출자에 의해 충당하며 법률적으로 독립된 여러 개의 계열사 형태로 신규 사업에 진출하고 있다.

2) 다각화의 경제적 효과 : 시너지와 경제력 집중

우리나라에서 나타나고 있는 다각화 형식의 경제력 집중은 자본주의의 발전과정에서 나타나는 자유경쟁의 결과물이기도 하지만 동시에 정부주도형 성장정책의 부산물이기도 하다. 자유경쟁은 시너지 창출이라는 기업의 효율성 제고와 더불어 자본시장의 불완전성으로 대표되는 시장 조건을 극복하고자 하는 자구책 그리고 시장지배력을 활용하고자 하는 노력에서 비롯하였다.

(1) 정부 정책 : 경제개발 전략과 기업 구조조정 정책

우리나라의 경우 기업집단이 형성되고 사업구조 다각화 형태의 경제력 집중이 야기되고 가속화되는 데 정부의 경제정책이 큰 역할을 하였다. 우선 경제개발 초기 단계에는 부존자원과 자본 부족을 극복하기 위하여 이미 경영 능력을 입증한 소수의 기업을 우선 지원하는 이른바 불균형 성장을 추구하였다. 이에 따라 일부 기업에 지원과 특혜가 집중됨에 따라 이들 기업들은 각 시장에서 독과점적인 지위를 차지하였다. 이는 1970년대 중화학공업 육성 과정에서 두드러지게 나타났는데, 정부는 새로운 산업 분야에서의 투자 계획 대부분을 입안하고 기존 대기업(집단)을 중심으로 이를 집행하도록 하고 다양한 지원과 특혜를 제공하였다.

정부는 도산의 위기에 처해 있거나 은행관리하에 있는 대기업의 파산에 따른 국민경제적 파급효과를 고려하여 위기 기업을 기존 기업집단에 인수시키고 반대급부로 구제금융이나 인·허가의 우선권을 부여하였다. 이는 개별 산업의 독과점화와 기업집단의 다각화를 촉진하였다. 이러한 정책은 기업가에게 최악의 경우 정부 지원에 기댈 수 있다는 기대를 부추김으로써 보다 적극적인 사업확장의 유인을 제공하였다. 이는 1980년대 중화학공업의 중복 투자에 따른 문제점을 해소하기 위해 정부가 주도한 기업 간 인수 · 합병과정이 잘 보여준다.

(2) 다각화의 시너지

다각화 형태의 경제력집중이 발생하는 기업 내부의 요인으로 기업집단 스스로의 효율성 제고, 즉 다각화에 따른 시너지(synergy)와 범위의 경제성(economies of scope)의 추구를 들 수 있다. 즉, 기술과 브랜드, 무형자원, 인적자원, 자본 등과 같은 무형자원을 공유함으로써 시너지를 창출하려는 것이다. 시너지는 개별 기업이 가지고 있는 생산적 자원의 상호보완성에 기초한다. 자원의 상호보완성이란 금융자본, 기술 및 정보, 판매망, 상표, 조직에 체화된 관리능력과 같이 특정 자원을 한 가지 용도에 배타적으로 이용하기보다 여러 가지 용도에 공동 활용하는 것이 보다 유리한 경우를 말한다.[41] 이 경우 다각화는 개별 기업의 경영성과 개선에만 그치지 않고 사회적으로 자원배분의 효율성을 제고하는 데 기여한다.

시너지가 가장 두드러지게 나타나는 영역이 금융자본이다. 기업이 자본조달을 이익의 사내유보, 주식공모, 차입에 의존하는데, 소득수준이 낮고 고율의 인플레이션이 지속되면서 부동산 등과 같은 투기적 투자대상이 존재하는 경우 주식공모를 통한 자본 동원이 어렵다. 또한 차입금 비중이 큰 기업은 원리금 상환부담으로 인하여 충분한 유보이익을 축적할 수 없으며, 특히 자본집약 산업에서는 차입금 비중이 낮아도 단기간의 유보이익은 신규투자의 재원으로 크게 부족하다. 따라서 자본형성의 기반이 취약한 경제발전의 초기 단계에서는 기업의 외부금융 의존도가 높아진다. 이 상황에서 기업집단들은 해외자본 도입이나 정부의 금융지원과 더불어 계열사의 다양한 금융지원에 힘입어 다른 산업분야에 진출하는 데 필요한 금융자본을 쉽게 확보할 수 있다. 그 결과 기업의 차입 의존도는 높아지는 반면 총자본에 대한 자기자본의 비중은 낮은 수준에 머무르게 되었다. 이러한 자본조달 방법은 기업집단이 형성 · 강화되는 과정에서 소유 분산을 이루지 못하는 원인이 되었다. 개인 자본으로 시작한 기업이 타인의 주식참여 없이 자신의 유보이익과 외부금융에 의지하여 기업을 확장하면 경제력은 기업집단뿐만 아니라 그 기업집단을 소유한 소수의 개인에게 집중된다.

(3) 다각화의 복합력

다변화된 기업집단은 자본, 노동, 지식의 공동자원 활용, 마케팅에서의 상호 연계 등 복합력(conglomerate power)으로 독립기업보다 유리한 위치에 있게 되며, 그 결과 시장지배력을 높일 수 있다. 기업집단 계열사는 집단 내의 타 계열기업으로부터 금융이나 판매상의 지원을 받거나 내부거래를 통해 제품가격을 생산비 이하로 낮추어[약탈가격 책정(predatory pricing)] 경쟁기업을 축출할 수 있다. 기업은 시장지배력을 강화하기 위

---

41. 기계, 건물과 같은 유형자산과 달리 오랜 시간에 걸쳐 기업조직 내에 축적된 지식과 경험, 핵심 경영역량 등은 해당 자원의 불가분적인 성격 때문에 시장거래에 어려움이 따른다. 또 분할이 가능하다고 해도 일단 그 기업에서 분리되면 가치가 급감하는, 다시 말하면 해당기업에의 전속성(specificity)이 높은 자원은 매도 · 매수가격에 대한 거래 당사자 사이의 크게 엇갈린 평가 때문에 거래가 성사되기 어려울 수 있다.

해 다각화를 추진하고, 다각화 기업은 효율성 때문이 아니라 복합력에서 비롯되는 우월적 지위를 이용하여 비다각화 전문기업을 도태시키면서 성장할 수 있다. 이 경우 개별 기업의 성패는 개별 기업만의 경쟁력이 아니라 기업집단과 어떠한 관계를 맺고 있느냐에 따라 좌우될 수 있다. 아울러 개별 기업과 기업집단의 계열사 간에는 공정한 경쟁이나 공정한 거래조건을 기대하기가 매우 어렵다. 더욱이 기업집단의 계열사들 상호 간에 자금, 자산 · 상품, 인력, 매출 등에서 부당지원행위가 자주 나타나고 있다.

이로 말미암아 기존의 대기업이 새로운 업종의 진입은 신생기업과 달리 경쟁을 촉진시키기보다는 경쟁을 제한하는 효과가 클 수 있다. 계열사 간 횡적 보조와 상호 구매는 경쟁기업의 배제를 통해 시장을 독점화할 뿐만 아니라 경쟁력 없는 한계사업의 퇴출을 억제하여 기업집단으로나 국민경제로나 시장을 비효율적으로 만들어 왔다. 전통적인 경쟁정책은 개별 단위기업 상호 간의 경쟁이 그 전제로 깔려 있다. 우리나라의 경우 개별 기업에 의한 경쟁이 아니라 기업집단 대 기업집단의 경쟁 또는 기업집단 대 개별기업의 경쟁이 흔히 나타났다. 이에 따라 우리나라 경쟁법은 계열사 상호 간의 교차지원과 부당한 내부거래를 배경으로 경쟁상의 우위를 확보하는 재벌과 그 계열회사에 대해서도 적용된다.

3) 기업집단 정책과 중소기업 정책의 추이

우리나라에서 기업집단을 대상으로 한 정책을 본격적으로 실시하게 된 것은 오래되지 않았다. 오히려 정부주도로 경제성장을 기존 기업에 의존하여 압축적 성장을 도모해 왔기 때문에 경제력 집중의 강화는 오랫동안 경제성장 정책의 일부이기도 하였다. 고도 경제성장은 수출 대기업(집단)을 중심으로 이루어졌으며, 중소기업은 대기업의 지원과 경제력집중 해소를 위한 보호 · 육성 단계를 거쳐 글로벌 경쟁 속에서 경쟁력을 제

표 10-25 기업집단 정책과 중소기업 정책의 추이

시기	성격	주요 시책
1950년대	국민경제 형성기	▪ 전후 복구기로서 기업 자금지원을 제외하곤 체계적 중소기업 정책은 부재
1960년대	중소기업 정책 제도화	▪ 수출 대기업이 급속히 성장 ▪ 중소기업 지원 · 육성을 위한 법률적 체계를 마련 ▪ 협동조합법(1961), 단체수의계약제도(1965), 중소기업기본법(1966)
1970년대	중소기업 계열화	▪ 대기업 중심의 중화학공업정책 추진에 따라 부품조달 및 하청 중소기업 위주로 육성 ▪ 중소기업 육성을 위한 법제 및 정책수단이 다원화 ▪ 고유업종제도(1979), 지정계열화제도(1980), 신용보증기금(1976), 중소기업진흥공단(1979) 설립
1980년대	보호 · 육성	▪ 대기업에의 경제력 집중 심화를 완화하고자 중소기업 보호 · 육성 정책을 전개 ▪ 지정계열화(1980), 중소기업진흥장기계획(1981), 중소기업제품구매촉진법(1982), 유망 중소기업제도(1983), 하도급거래 공정화 법률(1984), 중소기업 우선 육성 업종제도(1985)
1990년대	자율 · 경쟁을 통한 구조 고도화와 벤처 육성	▪ WTO 출범(1995), 중국 진입에 대응해 중소기업의 자생적 글로벌 경쟁력 강화 도모 : 구조개선 및 경영안정지원 법 제정(1995) ▪ 고유업종 해제 예시(1994), 단체수의계약품목 축소(1995) 등으로 중소기업 보호를 완화했으나 오히려 대기업 확장의 계기를 제공 ▪ 코스닥 시장 개설(1996), 벤처기업특별법(1997), 창조혁신중소기업 육성(2000)
2000년대~	정책 다원화와 동반성장	▪ 재벌개혁과 더불어 대기업은 자율성을 보장하고 중소기업은 혁신기업, 중견기업, 소상공인으로 나누어 정책을 다원화하고 대 · 중소기업 간 동반성장을 도모

자료 : 중소기업연구원(2006), "중소기업정책의 변천과 혁신".

고해 왔다. 정부는 혁신기업의 창업을 장려하는 한편 취약중소기업에 대한 지원과 대·중소기업 간 동반 성장을 모색해 왔다(박양신 외, 2016 ; 오철호 외, 2012).

(1) 1950년대 : 지역 중소기업과 대기업의 등장

독립 후 경제적 혼란과 남북분단 및 전쟁으로 생산이 교란되고 소비재 원조물자가 범람하였고, 원자재, 기술, 자금 모두 제한적인 상황에서 경제는 지역시장에 기반을 둔 영세 중소기업을 중심으로 운영되었다. 산업복구가 시급한 과제여서 자금지원을 제외하곤 일관되고 체계적인 중소기업 정책은 없었다. 일제 귀속재산의 불하, 원조물자 도입, 재정투융자에서의 특혜를 기반으로 소비재 산업에서 일부 무역업자와 제조업자를 중심으로 대기업이 형성되며 소비재 경공업에서 공업화가 우선적으로 진척되었다. 또한 일부 업종에서는 대기업으로의 독과점화나 경제력 집중이 나타나기 시작하였다. 그러나 공업화는 국내 원자재 기반이나 생산재 공업 기반이 없는 소비재 공업화에 머물렀다. 1960년대 초까지 완제품 산업이나 부품산업 모두 수공업적 생산방식에서 벗어나지 못하였다.

(2) 1960년대 : 수출산업화와 대기업 성장 및 중소기업 정책의 제도화

1960년대에 기업 규모와 관련 없이 근대적 시설을 갖춘 노동집약적 경공업을 중심으로 수출산업화가 이루어졌다. 실적에 기초한 정부의 수출지원이나 외자도입은 대기업에 유리하게 작용하여 대기업의 성장 계기를 마련하였다. 정부는 1962년부터 경제개발 5개년 계획을 수립·집행하는 과정에서 기존 대기업을 파트너로 삼았으며, 1960년대를 거치면서 대기업 조립업체들은 KD 조립을 통해 근대적 생산체제를 갖추어 간 반면 부품산업의 성장이 부진하여 조립업체와 부품업체 그리고 대기업과 중소기업의 격차는 심화되었다. 경공업 위주의 산업구조였지만, 수출산업을 중심으로 대공장이 상대적으로 급증하고 대·중소 기업 간 격차가 확대되어 중소기업은 경제적 중요성이 감소하였다.

경제발전 초기까지 우리나라에서 별도의 중소기업정책을 고려하기 어려웠다. 전후 복구기에는 경제 정상화가 주요 목표였고 수출산업화에서도 산업의 중심이 노동집약적 경공업에서는 생산활동에서 대기업과 중소기업 간에 큰 차이가 없었기 때문이다. 그럼에도 불구하고 비교적 이른 시기에 중소기업의 조직화가 이루어지고 법체계가 갖추어지고 전담행정기구가 신설되었다. 우선 중소기업 간 과당경쟁을 조정하고 상호조정 및 협력을 위해 중소기업사업조정법(1961)과 중소기업협동조합법(1961)이 제정되었으며 중소기업협동조합중앙회가 설립(1962)되는 한편 업종별 조합도 1968년 말 176개에 이르게 되어 조직화율이 크게 신장되고 조합의 체질 강화와 공동사업의 확대가 이루어지고 조합원을 대상으로 한 기업진단 및 지도사업이 활발히 이루어졌으며 경쟁입찰을 지양하고 협동조합을 매개로 한 단체수의계약제도도 도입되었다. 또한 중소기업 전담기구로서 상공부에 중소기업과가 설립(1960)된 뒤 중소기업국으로 확대 개편(1968)하고, 중소기업의 보호와 지원 육성의 의무를 규정한 중소기업기본법이 성립(1966)[42]하고 중소기업정책심의회도 대통령 직속으로 만들어졌다(1967). 또한 중소기업은행 설립(1966)에 이어 중소기업 의무대출비율제도(1965), 중소기업신용보증법

42. 단 이 법률에 규정된 중소기업 시책을 구체화하는 시행령은 1983년까지 미루어졌다.

(1967) 등 금융지원체계가 성립하였다. 그러나 대기업 위주의 수출산업 육성이 산업정책의 기조를 이루어 중소기업은 정책에서 상대적으로 소외되었으며, 그에 따라 중소기업기본법 시행령의 제정은 1983년까지 미루어졌다.

(3) 1970년대 : 대기업집단 체제의 본격화와 중소기업 보호 및 계열화 정책의 병행

1970년대에 우리나라의 산업 및 수출 구조가 중후장대한 중화학공업으로 전환됨에 따라 대기업 체제가 본격적으로 우리 경제에 자리 잡았고, 건설사들의 해외진출 역시 대기업집단의 위상을 공고히 하는 데 기여하였다. 중화학 공업화에서 정부는 대규모 투자사업을 성공적으로 추진할 경영능력이 입증된 기업을 선정하여 특혜적 지원을 해줌으로써 대기업집단의 형성과 사업구조의 다각화에 크게 기여하였다. 당시 럭키그룹의 계열사는 1974년 17개에서 1978년 43개로 크게 늘어났고, 롯데의 경우 6개에서 15개로 늘어났다. 신산업에 진출한 기업들은 외국 기업에 대한 진입장벽이나 과당 경쟁과 중복투자 억제를 위한 각종 인허가제도에 기대어 상당 기간 독과점적 지위를 누릴 수 있었다. 특히 대기업 전문업종에서 대기업과 경쟁하던 중소기업들의 사업 전환을 촉진함으로써 대기업은 독점력을 확보할 수 있었다.

경제력집중 정책의 시작

1974년부터 시작된 동일인이 지배하는 계열기업군에 대한 여신관리제도하에서 대기업집단은 주거래 은행의 경영진단을 받으며 여신 편중 시정의 대상이 되었다. 한편 대기업집단에 대한 비판은 주로 소유 집중에 머물렀다. 하지만 중화학공업화로 대기업집단이 빠르게 성장하고 국민경제적 비중이 크게 높아짐에 따라 대기업이나 기업집단의 국민경제적 비중과 계열회사 간의 출자관계가 주목받기 시작하였다. 이에 따라 1980년에 '경제력 집중'이 공식적인 법률 용어가 되었고, "과도한 경제력 집중의 방지"를 "독점규제 및 공정거래에 관한 법률"(1980)에 명시하게 되었다. 당시 정부는 대기업으로 하여금 비주력 계열사를 처분하도록 하는 한편 여신관리에 경제력집중 억제와 업종 전문화 목적을 추가하였다.

중소기업 계열화 정책과 보호정책의 병행

중화학공업화와 더불어 대기업에 자원이 집중됨에 따라 중소기업은 여전히 소외되어 인력 수급과 자금 조달에 어려움을 겪었으며, 수입대체를 위한 원화의 고평가로 수출부진과 함께 수익성이 크게 위축되었다. 이에 대응하여 정부는 중소기업의 업종을 전문 · 계열화형 업종, 고유 중소기업형 업종, 대기업화형 업종으로 분류하고 각각의 특성에 맞게 중소기업 근대화 정책(1971)을 추진하였다. 전문 · 계열화형 업종의 경우 중소기업 계열화촉진법이 제정(1975)[43]되어 중화학공업 육성의 일환으로 소재 부품을 공급하는 전문 중소기업을 육성하여 대기업과의 협력적 관계를 유도하였다. 대기업화형 업종에서는 적정규모에 미달하는 중소기업의 합병이나 업종전환을 유도하였고 고유 중소기업형에서는 대기업의 생산억제 등 보호 · 지원이 추진되었다. 특히 중소기업사업조정법을 개정(1978)하며 중소기업 사업영역보호와 함께 모 · 수급 기업 간 상호이익

43. 1969년에 전문계열화 업종 선정기준을 고시하고, 22개 업종을 계열화 촉진 대상 업종으로 지정하였다. 그러나 대규모 조립산업과 부품을 공급하는 전문 중소기업 간의 계열화가 본격화하기 시작한 것은 중화학공업의 육성으로 부품 · 소재의 수요가 급증하기 시작한 1970년대 중반이었다.

증진과 납품대금 지급 지연을 제한하고 신용보증기금법을 제정하여 중소기업의 담보부족 애로를 해소토록 하였다. 또한 중소기업 의무대출비율을 상향조정하는 한편 중소기업 근대화시책의 체계적 추진을 위해 중소기업진흥법(1978), 중소기업진흥공단(1979)을 추가하고 중소기업 근대화 계획을 수립하여 우선 육성업종을 지정(1980)하며 중소기업보호 정책을 함께 시행하였다. 이런 노력에도 불구하고 보호시책은 단편적이고 선언적이었으며 그조차도 대기업의 부품조달 관계에 있는 중소기업에 한하였다.

(4) 1980년대 : 기업집단 규제와 중소기업 보호 · 육성

대기업집단은 1980년대에 들어 과잉투자 조정, 금융업 진출, 해외 진출 등을 통해 국민경제 내에서 그 위치를 점차 공고히 해갔다. 특히 정부주도의 중화학공업 투자조정, 산업 합리화, 부실기업 정리를 통해 대기업집단은 시장에서의 지위를 강화하였다. 부실 대기업에 대해서는 도산에 따른 사회적 파장을 줄이고 산업 합리화를 도모하기 위해 부실기업을 상대적으로 건실한 다른 대기업이 인수하도록 함으로써 살아남은 기업집단은 더욱 고도로 다각화된 사업구조를 형성하게 되었다. 대기업에의 경제력 집중이 심화되고 후발 개도국의 성장으로 중소기업의 국제경쟁력이 악화되는 상황에서 대기업(집단)에 대한 특혜를 줄이고 경제력 집중에 따른 부작용을 규제하는 한편 중소기업에 대한 다양한 보호와 지원이 본격화되었다.

기업집단의 경제력집중 규제

독점규제 및 공정거래에 관한 법률(1980)은 시장지배력 남용, 불공정거래 행위 등을 금지하는 경쟁법에서 출발하여 지주회사 설립 금지, 상호출자 금지, 출자총액제한, 금융보험회사의 의결권 제한 등(1986)으로 대기업 규제정책의 효시가 되었다. 1980년대 중반에는 기업집단의 경제력집중 억제를 위한 구체적 제도가 도입(1987)되면서 기존의 여신관리제도와 더불어 기업집단 정책의 양대 축을 형성하였다.[44] 지주회사 설립과 지주회사로의 전환이 금지되었고, '대규모 기업집단'이 지정되면서 그 소속사들에 대하여 상호출자 금지와 출자총액 제한이 시행되었고 금융보험사가 보유한 계열사 주식의 의결권 행사가 금지되는 등 경제력 집중 억제시책의 기본적 틀이 형성되었다. 이는 한국의 대기업집단의 특성으로 인해 경제력집중이 일반집중으로 진행되었고 결과적으로 시장구조의 왜곡을 가져와 시장 안에서 공정경쟁이 이루어지기 힘든 시장집중의 가능성이 증대된다는 문제의식에서 설계된 것이다. 공정거래법상에서 경제력집중 제한정책을 다루는 것은 독과점시장 문제에 대한 원인 규제적 접근이라고 평가되고 있다(이재구, 2000 ; 조성봉 2004).

중소기업의 보호 · 육성

1980년대 중소기업 지원은 대기업에 대한 과도한 경제력집중과 중소기업의 불리가 문제시되어 '보호와 육성'이라는 패러다임하에서 이루어졌다. 정부는 헌법에 중소기업 육성을 명시할 만큼 중소기업 육성에 대한 강한 의지를 표명하였다. 중화학공업 육성 과정에서 대기업에 편중된 지원으로 중소제조업 발전이 지체되었고, 이로 인해 산업 전반의 효율성이 저해되는 구조적 문제가 결과했다고 인식한 것이다. 특히 중화학육성 정책의 성과가 가시화되는 가운데 대기업은 연구개발투자를 확대하며 경영을 지속적으로 고도화하여 간

44. 이때 지주회사의 설립금지, 상호출자의 금지, 출자총액의 제한, 금융 · 보험회사의 의결권 제한이 도입되었다. 계열회사의 채무보증에 대한 제한은 1992년에 도입되었다.

반면 중소기업은 자본과 인력 조달 모든 면에서 불리한 상황이 지속되었다. 이에 따라 중소기업의 사업영역을 보호 · 육성하기 위한 다각도의 노력이 전개되었다. 중소기업사업조정법이 개정(1982)되어 특화업종을 고유업종으로 전환한 뒤 지정 업종을 확대해 나갔고 대기업의 고유업종 영위를 원칙적으로 금지(1986)하고 진입 시에 신고하도록 규정하였다. 또한 정부는 산업발전과 고용창출에서 선도적 역할을 하도록 중소기업의 성장과 창업에 유리한 기업환경의 조성에 관심을 기울였다. 중소기업진흥법의 개정으로 분야별로 다원화되어 있던 지정 업종이 육성업종으로 통합(1982)되었다. 특히 중소기업진흥장기계획(1982~1991)의 수립을 계기로 중소기업 보호 육성시책이 다양하게 전개되었다. 중소기업제품구매촉진법(1982), 유망 중소기업제도(1983), 하도급 거래 공정화에 관한 법률(1984), 중소기업 우선육성 업종제(1985), 중소기업의 경영안정 및 구조조정 촉진에 관한 특별조치법(1989), 한국은행 재할인 제도 등이 그것이다. 경쟁력 있는 중소기업의 창업을 촉진하기 위하여 1986년 "중소기업창업지원법"을 제정하여 창업을 지원하는 정보제공, 전문인력 양성, 지원기금 설치, 투자 회사 및 조합의 설립, 절차 간소화를 도모하였다. 한편 1980년대 후반에는 공업발전법 제정(1986)을 계기로 중소기업 지원시책이 기능별 지원으로 전환되어 기계류, 부품 · 소재 국산화지원제도의 확충과 중소기업 창업지원법 제정이 이루어졌다.

1980년대 중반부터는 임금 급등과 국제화에 따른 고비용-저효율 구조가 성장 애로요인으로 부각되자 정부는 기술개발에 관심을 기울이기 시작하였다. 기술도입 자유화 조치(1984)에 이어 기업부설 연구소 설립을 장려하고 전문인력 확보를 위한 병역특례제도를 도입하는 한편 공업기반기술개발사업의 시행(1987)과 더불어 중소기업에 대한 자금, 정보, 인력 접근성을 개선하고 공통 애로사항인 기술개발과 유망 중소기업에 대한 기술지원이 이루어지도록 하였다.

담보 부족 문제의 완화를 위해 신용보증기금 금융지원 확대와 회사채 보증 요건 완화에 이어 한국은행 재할인제도가 도입되는 한편 지방은행의 중소기업 의무대출 비율이 상향되었다. 또한 중소기업에 직접금융의 기회를 부여하기 위해 증권시장에 상장하기 전 단계인 장외시장을 개설(1987)했고, 기술신용보증기금이 설립(1989)되어 신기술을 개발 · 사업화하는 기업에 채무보증을 제공하였다.

(5) 1990년대 : 기업집단 전문화와 자율 · 경쟁의 중소기업 정책

WTO 출범(1995)과 중국 개방을 배경으로 세계화가 급진전되는 가운데 국내적으로는 토지가격과 인건비가 상승함에 따라 경공업을 중심으로 많은 기업들이 국제경쟁력이 약화되며 어려움에 직면하였다. WTO 체제하에서 중소기업을 보호하기 위한 고유업종제도 등의 제도가 존속할 수 없게 되어 중소기업도 글로벌 경쟁력을 갖추어 전 세계 기업과 경쟁하여야 한다는 시각이 자리 잡게 되었다. 특히 고기술 산업의 중요성이 커지면서 이를 뒷받침할 수 있는 부품 · 소재 산업의 발전에도 주목하게 되었다. 한편 빠른 구조조정과 사업전환을 통하여 세계화에 적극 대처하는 대기업과 달리 중소기업의 대응이 부진한 가운데 대기업과 중소기업의 양극화가 부각되기 시작하였다.

기업집단 전문화

1990년대 전반기에는 비관련 부문으로의 과도한 다변화와 중앙집중적 경영이 경쟁력 저하의 요인으로 간주되면서 전문화 · 대형화, 소유분산, 전문 · 독립경영 등이 추진되었다. 또한 30대 재벌에 대해 계열사 간 상호채무 보증의 축소와 출자제한총액의 하향 조정(1992)이 이루어졌다. 특히 여신관리제도상의 주력업체제도(1991)를 실시한 데 이어 업종전문화 시책을 크게 강화(1993)하였다. 1995년 공정거래위원회는 경제기획원 소속에서 중앙행정기관으로 독립하여 경쟁정책과 중소기업 보호 그리고 소비자 보호정책까지 담당하게 되었다.

자유주의적 중소기업 정책으로의 전환

중소기업 정책의 기본방향은 중소기업에 대한 '보호와 지원'(사업영역보호, 경영안정 지원, 사업전환 지원) 기조에서 벗어나 '자율과 경쟁'을 통해 중소기업의 글로벌 경쟁력 강화와 구조 고도화를 추진하게 되었다. 중소기업의 보호와 지원 정책은 기업 구조조정을 지연시키고 기업가정신이 위축되는 부작용으로 중소기업 발전에 역행한다는 비판이 제기되는 가운데 결국 단계적으로 축소되었다. 공공기관의 중소기업제품 구매에 관한 단체수의계약제도의 법적 근거가 삭제되고 중소기업 간 경쟁체제를 도입하였고, 중소기업 고유업종의 해제예시가 포함(1994)되었으며 단체수의 계약 품목을 축소(1999)하였다. 이러한 조치는 중소기업의 구조조정을 촉진하였지만 동시에 대기업 확장의 계기를 제공하였다. 특히 유통시장 개방은 대기업의 중소 유통분야로의 진입을 자극하여 전통시장과 소상공인들의 어려움을 초래하게 되었다. 이에 따라 이 기간에도 부문별 중소기업 정책이 전개되고 지역 중심의 중소기업 구조개선 노력이 이어졌다. 중소기업의 생산성 향상과 기술개발을 통한 구조 고도화를 위해 중소기업구조 개선사업(1993)을 시행하고 지방중소기업 지원을 위해 지역균형개발 및 지방중소기업 육성에 관한 법률(1994), 구조개선 및 경영안정지원법의 제정(1995), 소기업지원 특별법(1997) 등을 제정하였으며, 중소기업정책을 전담하는 행정기구로 중소기업청을 신설(1996)하였다.

1990년대 중반부터 가장 두드러졌던 중소기업정책은 기술개발 지원과 벤처 육성에 있었다. 우선 기술개발 활동을 지원하는 인력 · 정보 · 연구시설 등의 기반을 정비 보강하여 기술개발과 개발된 기술의 확산을 촉진하고자 중소기업기술혁신 3개년 계획을 수립(1997)하고 관련 기술개발사업을 시작하였으며 정부 · 공공기관의 중소기업 기술혁신지원 제도 도입(1998), 산업기술기반조성에 관한 법률 제정(1999) 등을 이어갔다. 특히 기술혁신 기능의 집적과 네트워크 형성 또는 기술연구의 집단화를 중시하는 시스템적 접근이 이루어졌다. 현장기술의 공동개발과 실용화를 촉진하기 위하여 지역을 단위로 지역기술혁신센터, 지역협력연구센터 등이 설립되었으며, 테크노파크(TP)가 설립(1997)되었다. 기존의 기술지원정책이 정부주도로 대기업 중심의 국가적 기술개발과제에 편중되고 중소기업을 대상으로는 주로 생산현장의 기술 애로를 타개하기 위한 기술 지도와 자문에 그쳤지만 이제 기술혁신형 중소기업의 발굴 · 육성, 신기술 아이디어의 사업화 지원, 산학협동 공동기술개발, 개발기술의 사업화 지원, 기술개발자금지원 등을 포괄하게 되었다. 특히 이 시기에 대기업과 독립적인 혁신형 기업을 육성하기 위해 벤처기업육성에 관한 특별조치법을 제정(1997)하여 기존 중소기업의 벤처기업 전환과 벤처기업의 창업 촉진과 그에 관한 금융 · 인력 · 기술 · 입지 기반과 환경을 마련하고자 하였다. 특히 자금공급의 원활화를 위하여 벤처캐피탈의 확충과 신용보증의 확대 외에 코스닥시장을 개설(1996)하게 되었다. 이러한 노력을 통해 중소기업은 기술혁신의 중요한 주체로 역할하게 되었다.

(6) 2000년대 : 외환위기 이후의 혁신 촉진과 상생의 노력

외환위기에 이은 재벌개혁을 거친 후 재무구조가 건실하게 된 대기업은 IT 혁신과 생산 국제화로 가치사슬에서 고부가 부문으로 집중하는 반면 저부가 부문은 중소기업으로 외주해 갔다. 이에 따라 중소기업 부문은 양적으로 팽창할 수 있었지만 대기업과의 격차는 더욱 커졌고 저부가 부문에서 저임금의 후발국과 경쟁하여야 했으며, 내수 부진이 겹치면서 중소기업의 경영성과가 악화되었다. 이에 따라 정부는 대기업에 대해서는 자율성을 보장하는 한편, 중소기업에 대해서는 기술혁신과 고용 창출의 원천으로 집중지원에 나섰다. 1997년 외환위기 이후 대기업은 중소기업의 전통적인 사업영역으로까지 침투하면서 중소기업의 활동공간이 크게 축소되었다. 특히 2006년에는 중소기업 고유업종제도가 폐지되면서 대기업들은 중소기업이 영위하던 사업으로 대거 진출하였다. 중소기업이 주로 활동하던 부문에 대기업의 진입을 규제하던 고유업종제도가 폐지되자 대기업들은 IT 서비스업, 운송업, 유통업 등에 진입하며 사업확장에 나섰다. 특히 대기업들은 소모성 자재 구매대행 업체를 설치하여 중소기업이 설 자리를 잃게 만들었으며, 대형마트와 기업형 슈퍼마켓을 앞세워 골목상권까지 잠식하였다.

경제력 집중 정책

1997년 외환위기 극복에 초점이 맞추어지면서 정부는 재벌개혁과 구조조정의 일환으로 경제력 집중과 관련하여 순환출자 제한(출자총액제한제도 재도입)과 더불어 대규모 내부거래에 대해 이사회 의결과 공시를 의무화하여 부당 내부거래를 차단하려 했다. 한편 이 과정에서 효과적인 구조조정을 지원하기 위해 지주회사를 허용하였다. 1998년 외환위기를 거치며 폐지된 출자총액제한제도는 출자총액 대상그룹들의 출자비율이 높아지자 2001년 다시 도입되었지만 2009년에 다시 폐지되었다. 기업투자를 장려하고 외국기업의 적대적 M&A에 대한 경영권 방어를 용이하도록 하기 위함이었다. 2012년 대선을 거치면서 경제민주화가 부각되어 그동안 사각지대였던 신규 순환출자 금지와 기존 순환출자의 자발적 해소가 이루어지도록 하였다.

중소기업 정책

중소기업 정책의 근간으로서 자율과 경쟁촉진을 통한 글로벌 경쟁력제고가 계속 이어졌다. 중소기업 정책은 조밀해져 기존의 전형적인 중소기업 외에 혁신선도 기업, 중견 자립기업, 소상공인 등 기업유형별로 분류하여 대책이 다양하게 전개되었으며, 주로 혁신형 기업 육성과 대 · 중소기업 간 동반성장에 초점을 맞추었다.

- 이 시기의 가장 두드러진 변화는 기술혁신의 원천으로 혁신선도형 기업에 주목하게 된 것이다. 벤처육성 정책에 더해 혁신형 기업을 성장동력으로 육성하기 위해 첨단 고도기술의 제조업뿐만 아니라 지식기반산업, 즉 고부가 서비스업의 지원을 포함하였다. 중소기업의 기술혁신을 체계적으로 지원하기 위해 중소기업기술혁신촉진법이 제정(2001)되었다. 특히 지역과 연계된 혁신주체로서 중소기업의 역할이 강조되었다.
- 중소기업과 대기업 사이에서 허리 역할을 하는 중견기업의 순조로운 성장을 통해 양질의 일자리를 창출하도록 하였다. 중견기업 특별법이 2014년에 제정되고 중견기업연합회가 법정단체로 2014년에 만

들어졌다.

- 전통적인 중소기업 지원 정책들도 지속해 갔다. 다만 중소기업의 경쟁력 향상에 초점을 맞추고 보호적 정책은 완화하였다. 중소기업 고유업종 지정과 지정 계열화제도를 폐지(2004)하고 단체수의계약제도를 폐지(2007)하였다. 그러나 소상공인, 자영업자, 전통시장을 포함한 취약 중소기업에 대한 지원을 이어가고 지자체의 참여를 유도해 생계형 소상공인에 대한 지역 밀착형 지원체제를 구축하였다. 소상공인은 가내수공업, 유통업, 음식업, 서비스업 등 생계형 업종을 영위하는 소규모 자영업자로서 외환위기 이후 기업 구조조정에 따른 실업증가로 생계형 소상공인 창업자가 증가하였으며 한 지역 내에 일부 업종이 편중되어 과당경쟁이 발생하였다.
- 대 · 중소 기업관계의 자율적 개선을 도모하는 동반성장 정책이 새로이 추진되었다. 특히 글로벌 경쟁 속에서 기업의 지속가능한 경쟁력을 확보하고 과도한 양극화를 해소하기 위해 공정한 시장질서와 더불어 협력관계를 확립함으로써 대기업과 중소기업의 동반 발전을 유도하였다. 이를 위해 대 · 중소 기업 협력재단을 설치(2004)하고 대 · 중소 기업 상생협력법을 제정(2006)하는 한편 2010년 동반성장위원회를 설립하여 민간주도로 공정 거래질서의 확립과 사업영역의 보호(중소기업 적합업종 선정)가 이루어지도록 하였다.

4) 기업집단 정책과 중소기업 정책의 현재

(1) 기업집단 정책

기업집단은 법적 실체라기보다는 상업적 실체이므로 이사회와 같은 통상적인 지배기구가 존재하지 않고 그에 따라 그 권리나 의무가 제대로 다루어지지 못하고 있다. 각국에서는 법원 판례(미국)나 별도의 규제, 법제(독일)를 두어 기업집단과 관련한 다양한 입법이 이루어져 왔다.[45] 우리나라 법제는 그룹이 아닌 각 회사들의 독립적인 법인격을 전제로 하지만, 일부 기업집단의 실체를 인정하는 수정조항도 가지고 있다. 회사법에서는 지배회사와 종속회사를 전제로 하는 별도의 기업집단 법제를 규정하지 않고, 모회사와 자회사 간 법률관계에 몇 가지 특칙만 마련하고 있다. 공정거래법은 기업결합과 경제력 집중과 관련하여 다양한 장치를 도입하였는데, 계열사 간 상호출자와 채무보증, 금융 · 보험사에 대한 의결권과 부당내부거래를 제한하며, 지주회사를 규제하고 있다. 한편 1999년 지주회사제도를 도입한 이래 지주회사는 꾸준한 증가세를 보여 2015년 9월 말 현재 그 수는 140개에 달한다. 이 중 재벌 대기업 소속 지주회사(30개)와 대기업집단(15개)은 최근 정체 상태를 보이고 있다(공정거래위원회, 2015). 지주회사 체제는 지배구조 투명화에 어느 정도 기여했지만, 재벌 분가와 친족분리, 그리고 총수지배력을 유지하는 합법적인 수단으로 활용되어 왔다.

일부에서는 지배소수주주(controlling minority shareholder)의 지배를 받는 우리나라 기업집단의 특성상 지

45. 대체로 영미권은 개별 법인을 단위로 하는 회사법 체계를 갖고 있어 지배회사와 종속회사가 별개 법인으로 간주되지만, 지배회사의 행위가 오남용되면 예외적 구제수단을 제공한다. 독일을 포함한 일부 유럽국가에서는 성문법을 통해 기업집단을 법적 권리와 의무의 주체로 인정하여 행위의 부당성 여부와 무관하게 종속회사의 이해관계자들을 보호하기 위한 책임을 자동적으로 부과하고 있다. EU 통합과정에서 각국은 기업집단법을 제정하지 않았지만 그 핵심 요소를 부분적으로 도입해 왔다. 지배회사와 종속회사의 연결재무제표, 연결납세 등이 그것이다.

배주주가 계열사 간 거래를 통해 소수주주나 채권자의 부를 자신에게 이전시키는 현상(tunnelling effect)을 막고 종속회사의 소수주주와 채권자를 보호하기 위해[46] 공정거래법에서 추상적으로 규정된 대규모 기업집단 지정을 넘어 규모와 관계없이 기업집단의 법적 실체를 인정하고 그 존재와 구성 요건을 회사법으로 보다 명확히 규정할 것을 주장한다.[47] 즉, 총수와 그 참모조직에 의한 지휘통제 구조를 명시해 기업집단 계열사에 대한 실질적 통제권이 법적인 계열사의 최고경영자가 아니라 기업집단의 총수에게 있음을 명시하여 상법상의 권리와 함께 주주와 채권자, 이해관계자에 대한 책임도 자동적으로 규정받도록 해야 한다는 것이다. 이러한 법제는 기업집단의 실체를 인정하고 자회사 이사의 의무를 탄력적으로 적용하여 그 장점을 살리되, 실체 인정에 따른 법적 안정성과 사적 자치에 기여하여 주로 종속회사의 소수주주, 채권자 등 이해관계자를 보호하고자 하는 것이다. 특히 우리나라 기업지배구조에서 내 · 외부통제장치가 아직 효과적으로 작동하지 못하므로 별도의 특례법으로 기업집단을 규율하자는 것이다. 이러한 법제로 기업집단의 실체가 인정되면 관련 이해관계자들에게 투명성과 적절한 보상을 담보할 수 있다는 것이다. 그러나 독일의 콘체른 법제가 보여주듯이 지배회사의 개입에 따른 손익을 평가하기 어려우며, 동시에 소수주주와 채권자 보호는 일반적 기업지배구조를 강화함으로써 해결 가능하다. 실제로 OECD의 지배구조 원칙은 기업집단 지배구조 법제와 관련하여 법적 형식은 다양성을 수용하고 투명성과 이사회의 신의성실 의무를 강조하는 원칙론에 머물러 있다.

한편 일부에서는 대기업집단에서의 계열사 간 지원이 지배주주의 사익추구로 인한 부의 이전현상 효과도 있지만 순수한 계열사 지원과 그에 따른 과감한 사업다각화와 신사업 진출, 즉 기업집단의 시너지 경영을 도모할 수 있는 위험 공유/상호 지원(propping) 효과도 있는 만큼 기업집단의 경제적 실체를 법적으로 인정하고, '기업집단 공동의 이익'의 개념하에 종속회사 경영진의 의무를 탄력적으로 해석(프랑스의 Rosenblum 원칙)할 필요가 있다고 주장한다. 즉, 대기업집단의 내부거래가 사회적으로 효율적일 수 있으므로 이러한 이익과 기업집단의 실체를 인정해야 한다는 것이다. 그러나 기업집단 공동의 이익을 확정하기 어려우며, 현재와 같은 미약한 내외부 통제장치를 가진 기업지배구조는 지배회사와 지배주주 그리고 종속회사 경영진의 독주를 제한하지 못할 것이다(김건식 등, 2008).

경제력집중 완화를 위한 경쟁정책

우리나라 공정거래법은 독과점과 불공정 거래의 금지뿐만 아니라 대기업집단과 그 역기능을 규제하는 일반집중 억제의 목표도 가진다. 즉, 공정거래법은 그 입법목적 중의 하나로 "과도한 경제력의 집중을 방지하고… 국민경제의 균형 있는 발전을 도모함을 목적으로 한다"(제1조)라고 규정하고 있고, 제3장의 '기업결합과 경제력 집중'에서 기업집단과 관련된 다양한 규제를 규정하고 있다. 특히 자산총액을 기준으로 상호출자제한기업집단(채무보증제한 기업집단)을 지정하고 이들에 대해 상호출자 제한, 채무보증 제한, 금융 · 보험사 의결권 제한, 지주회사 규제, 부당 내부거래의 제한을 두고 있다.

일반적으로 외국의 경쟁 관련법에서는 경쟁제한효과가 나타나는 경우에 기업 및 기업집단을 규제하는 반면, 우리나라는 경제력집중 억제정책으로 경쟁제한 효과에 대한 추가적인 판단 없이 일정 규모 이상의 기업집단을 규제대상으로 하고 있어 경쟁법의 전통적 접근방법과 구별된다. 일반적으로 독점금지법은 개별 단위 기업 상호 간의 경쟁이 그 전제로 깔려 있으며, 상대적으로 복합적 기업결합에 대해서는 경쟁 제한성보다 효

46. 예를 들어 기업집단의 계열사 A가 다른 부실 계열사 B를 지원할 경우 A 계열사의 소수주주와 채권자들은 피해를 입게 될 수 있다.
47. 한겨레신문(2012. 4. 10), "오락가락 재벌개혁, '기업집단법' 제정이 대안이다"; 송원근(2016).

율성 제고의 시각이 지배적이었다. 이에 따라 대기업집단은 공정거래법의 고유한 과제가 아니라는 주장도 있었다. 그러나 우리나라 현실에서 거대 기업집단의 형성이 특히 두드러지고 상호출자를 통해 계열사가 생겨나며, 계열사 간 상호 채무보증에 힘입은 과다차입을 통해 계열사를 확장하고, 내부거래와 그룹의 브랜드 파워를 통해 초기시장을 확보 · 확대하여 시장지배적 지위를 확보해 왔다. 결과적으로 우리나라의 경우 개별 단위기업에 의한 경쟁이 아니라 기업집단 대 기업집단의 경쟁, 혹은 기업집단 대 개별기업 사이의 경쟁이 지배적이다. 특히 과거 대기업집단의 계열사들은 다른 계열사에 의한 채무보증을 통해 공금융에 쉽사리 접근할 수 있었고, 기업집단 내에서의 자금, 자산, 인력의 지원을 통해 특정한 시장에서 경쟁상의 우위를 손쉽게 점할 수 있었다. 이러한 상황하에서 계열사 상호 간의 교차지원과 부당한 내부거래를 배경으로 경쟁상의 우위를 확보한 재벌과 그 계열회사는 경쟁정책의 중요한 과제로 여겨져 왔다.

우리나라의 공정거래법은 개별 산업 차원의 시장집중 규제(기업 간 경쟁촉진)뿐만 아니라 국민경제 차원의 일반집중 규제를 목적으로 재벌을 규제하여 재벌로의 과도한 경제력집중을 억제 · 완화하려 한다. 다만 우리나라의 공정거래제도는 구조 → 행태 → 성과의 체계에서 구조보다는 행태를 주로 규제한다. 즉, 이미 성립한 경제력 집중은 용인되어 대기업집단이라는 구조에 대한 규율보다는 불공정 거래 행태를 규율하는 성격이 강했다. 이에 따라 공정거래법상 경제력집중 억제제도는 기업집단의 경제력집중 문제를 근본적으로 해결하기보다는 기업집단의 계열확장 수단으로 이용되는 상호출자나 상호채무 보증을 금지 또는 제한하는 데 그친다.[48] 또한 공정거래법은 모든 기업집단을 다 규제하는 것이 아니라 일정 규모 이상의 기업집단만 규제한다.

현행의 일부 대기업집단을 대상으로 한 경제력 집중 규제는 대부분 사전적인 공적 규제로서 OECD 국가에서 찾아보기 어려운 방식으로 대부분의 국가들이 따르는 사적 책임 추궁을 강조하는 사후 규제로 전환할 것이 요청되고 있다. 그러나 사후규제가 효과적이기 위해서는 이해관계자들이 기업집단에 책임을 물을 수 있는 효과적 메커니즘이 존재하고, 이를 뒷받침하는 법제도 전반의 강제력을 갖추고 있을 때 가능하다고 하겠다. 그러나 우리나라의 경우 피해를 입은 소액주주나 채권자들이 기업집단을 상대로 사적 책임을 묻기보다는 검찰이 배임죄를 적용하는 식으로 공적 강제가 이루어지고(김건식 등, 2008, p. 142), 그에 따른 책임추궁 역시 과소하여 이른바 '유전무죄 무전유죄'의 법 현실이 지속되고 있다.

(2) 중소기업 정책 : (중소) 기업 생태계의 구축

우리나라에서 기업집단에 비교하여 중소기업이 겪는 상대적 어려움은 영세성과 과도한 창업, 양질의 인력과 투자 부족과 혁신역량의 제한 등의 중소기업 자체의 문제점과 더불어 독립적 판로부족과 높은 대기업 의존도, 독과점적 시장, 대기업집단의 복합력 행사 등 중소기업을 둘러싼 시장 구조적 문제에서 비롯하고 있다. 이에 정부가 다각도의 중소기업 정책을 전개하고 있으나 중소기업 문제를 완화하는 데 근본적인 한계를 보이고 있다.

---

48. 2017년 개정된 현행법은 규제대상 기업집단을 자산 규모에 따라 공시대상 기업집단(자산규모 5억 원 이상)과 상호출자제한 기업집단(자산규모 10조 원 이상)으로 구분한다.

정부주도의 직접적 지원 · 보호 정책의 지속

우리나라는 수출 대기업 중심으로 경제가 운영되는 대신 중소기업에 대해서는 보호와 육성이라는 패러다임을 지속하고 있다. 정부의 중소기업 지원은 개별 기업이나 특정 사업에 대한 개별적이며 직접적인 형태를 취하고 있다. 중소기업 지원정책으로 2017년 기준 중앙정부 288개, 지자체 1,059개로 총 1,347개가 있으며, 자금, 인력, 기술, 컨설팅, 판로 등 다양한 경영요소를 백화점식으로 지원하고 있다. 특히 정책금융 규모(2014년 기준 83조 원)는 GDP 대비 4% 수준으로 1% 이하인 타국에 비해 압도적이다.

장기간에 걸친 지원과 육성 정책에도 불구하고 경쟁력 제고 효과는 판단하기 어려운 가운데 중소기업의 만성적인 자금과 인력 부족 현상은 계속되고 있으며, 불공정한 경쟁환경에 대한 불만과 대 · 중소기업 간 갈등 등이 지속되고 있다. 이에 따라 한국의 중소기업 지원은 양적으로 세계적 수준임에도 불구하고 정책의 효과성에 대한 의문이 계속되며 나누어주기식, 살포식 지원이라는 비판까지 제기되고 있다. 정부는 세분화된 기업 유형에 따라 기업의 창업–성장–성숙–구조조정–퇴출–재창업의 라이프 사이클로 나누어 기능별로 기업의 애로사항을 파악하고 이를 해결하기 위한 정책을 추진해 왔다. 그러나 본질적으로 여전히 정부의 정책 대상은 개별기업이며 기업 애로사항 해결 중심의 정책에서 벗어나지 못하고 있다.

더욱이 정부는 중소기업에게 부족한 경영요소를 시장과 별도로 직접 공급함에 따라 요소시장을 위축시키고 있다. 예를 들어 정책금융은 민간 중소기업 금융의 발전을 저해해 왔다. 해당 요소를 공급하는 기업들 역시 정부 산하기관과 밀접한 관계를 맺으려 노력한다. 정부의 직접적인 경영요소 공급은 중소기업 발전까지 저해할 수 있다. 예를 들어 중소기업이 마케팅을 전적으로 공공조달 또는 적합업종에 의존하면 혁신이나 중견기업으로의 성장 유인이 저하된다. 중소기업의 판로 지원은 생계형 사업자를 제외하곤 오히려 기업 경쟁력을 훼손한다.

중소기업 정책의 재편

공정한 경쟁질서의 확립 우리나라 중소기업은 대기업과의 수직적 기업관계나 수평적 기업관계에서 교섭력의 불균형에 의한 대기업의 우월적 지위 남용, 독과점적 시장구조, 기업집단으로의 높은 경제력 집중에 따른 복합력으로 말미암아 경쟁의 불공정성을 지속적으로 겪고 있고 이는 중소기업의 혁신유인을 약화시키고 있다. 그러나 공정한 경쟁질서를 확립할 법률이 그 역할에 한계를 보이고 있을 뿐만 아니라 사법제도 자체가 대기업(집단)의 영향력 아래에 놓여 있다는 비판이 자주 제기되고 있다.

공공인프라 확충을 통한 자생력의 확립 중소기업이 대기업(집단)의 우월한 교섭력, 불공정 경쟁, 복합력과 경쟁할 수 있도록 하는 지속가능한 해법은 경쟁할 수 있는 자생력의 확립에 있다. 그것도 개별 기업에 대한 지원보다는 모든 중소기업이 경쟁적으로 이용할 수 있는 R&D, 기술혁신, 직업훈련, 금융 등 공공인프라를 확충하고 그에 대한 접근성을 높임으로써 중소기업의 자생력을 확립하여야 한다. 경쟁을 통해 선발된 기업을 대상으로 선별적으로 개별 기업을 지원한다고 하여도 공공인프라가 미흡한 상황에서는 예산 낭비로 이어질 가능성이 크다. 특히 정책집행에서 단기실적과 형평성이 강조될 경우 상황은 더욱 악화된다.

중소기업이 필요한 생산요소를 정부를 통해 공급받기보다는 각각의 개별 시장에서 원활하게 공급받도록 할 필요가 있다. 더욱이 개별 경영요소 시장의 발달은 그 자체가 국민경제 발전의 한 요소이다. 정부는 중소기업에 필요한 경영요소 시장이 중소기업 친화적으로 디자인, 금융(은행, 벤처캐피털 등), 인력공급(학교, 직업훈련 기관 등), 국내외 판로 개척, 기술, 경영컨설팅 등 전문 기업 서비스 제공을 원활하게 하여 중소기업을 간접적으로 지원하는 것이 바람직하다. 이를 통해 금융, 기술, 마케팅, 인력개발, IT 등 사업 서비스업 발달로 우리가 취약한 전문 서비스업 발전을 촉진할 수 있을 것이다. 중소기업의 부족한 내부 역량을 보완할 외부 경영요소 시장을 발전시켜 중소기업이 자율적으로 커가고 대기업과 경쟁할 수 있는 여건으로 작용할 수 있도록 하여야 한다.

지역협력 네트워크 활성화 중소기업을 지원하는 공공인프라와 기업 간에는 대기업집단 내에서 이루어지는 계열사 간 상호지원에 버금가는 협력이 존재하여야 중소기업이 대기업(집단)과 유효하게 경쟁할 수 있다. 이런 점에서 중소기업을 지원하는 공공 인프라와 기업들 간의 관계를 상징하기 위해 종종 중소기업 생태계라는 표현이 사용된다. 중소기업은 가치사슬 또는 활동 단위별로 다른 기업이나 외부 조직, 외부 자원 등과 유기적 관계, 즉 생태계를 형성하여 경영활동을 전개하여야 한다. 활동 단위별 생태계의 총합을 기업 생태계라 할 수 있는데, 중소기업 정책은 개별기업의 특정 애로사항 해결에서 벗어나 생태계의 형성, 촉진, 발전을 도모하는 것이다. 이러한 생태계는 가능한 한 특정 지역을 중심으로 서로를 잘 이해하는 이해관계자들을 중심으로 구성되어야 한다. 지역의 학연 네트워크에 기초한 기술혁신 지원, 지역은행이 주거래 은행으로 제공하는 지역밀착형 관계금융, 역내 기업 실정을 가장 잘 파악할 수 있는 지역상공회의소의 협력 지원이 요구되는 것이다.

대기업(집단)과의 유효한 경쟁을 위해서는 중소기업 간 수평적 협력네트워크의 형성과 그를 통한 공동행위가 요구된다. 네크워크는 산업과 지역에는 내부적이지만 기업에는 외부적인 집합적 효율성(Schmitz, 1999)을 낳는다. 중소기업들은 규모가 영세하여 대기업에 비해 자금과 인력, 기술, 자원이 모두 부족하여 개별적 차원에서 경영 합리화나 경쟁력 향상을 도모할 수 있는 능력이 없는 경우가 많다. 협업과 협력의 공동행위는 제한된 자원의 한계를 극복하는 데 도움을 준다. 또한 공동 투자는 대규모 투자에 따른 위험을 분산시킬 수 있다. 아울러 생산, R&D, 판매, 해외시장 개척 등의 기능을 분담하고 보완함으로써 자신에게 부족한 자원이나 경영기능을 보완할 수 있다.[49] 협업은 단독으로는 어려운 새로운 기회를 제공하여 신기술, 신제품을 개발하거나 신시장을 개척하는 데 유효하다. 또한 협업은 참여기업 내부의 경영혁신을 촉진하는 계기로 작용하고 사업전환의 기회를 낳기도 한다. 한편 중소기업의 협업과 협력은 대기업과의 경쟁이나 협상에서 한계를 극복하는 데 도움이 된다. 공정거래위원회는 공동행위에 의한 중소기업의 품질 또는 기술의 향상으로 인한 생산성 향상 효과나 거래조건에 관한 교섭력 강화의 효과가 분명한 경우 이를 허용하고 있다.

중소기업이 개별적으로 모든 문제를 해결하기는 어려운 만큼 업종별 또는 지역별로 공동이해관계를 갖는 사업자들 간에 수평적 협력 네트워크를 구축하는 것이 필요하다. 그러나 중소기업들이 구매 · 판매 및 해외시장 개척, 연구개발 및 디자인 개발 등의 공동사업을 펼치는 데는 무임승차에 따른 집단 행동의 문제가 있을 뿐만 아니라, 공정거래법 제19조의 '부당한 공동행위의 금지', 즉 담합에 해당될 가능성이 있다. 따라서 중소기업들의 일정 공동행위에 대해서는 담합 금지의 예외를 적극적으로 인정하여야 하며 더 나아가 공동행위를 지원할 필요도 있다. 선진국도 중소기업의 공동행위는 예외 인정을 하고 있다. 예를 들어 독일은 중소기업의 공동행위에 대해서만큼은 EU 경쟁법에도 불구하고 유일하게 카르텔 적용 제외 조항으로 존치하고 있

49. 동종 사업자는 같은 시장을 대상으로 사업을 전개한다는 점에서 경쟁 관계에 있다. 그러나 공동생산을 통해 규모의 경제효과를 추구하는 동종 중소기업들의 협동화 사업은 비용 절감 효과를 거둘 수 있으며 정보공유, 공동 마케팅 등을 통해 협력효과를 증대시킬 수 있다. 동종 기업 간 협동화 사업에는 기계장비의 공동사용, 공동구매 및 물류, 공동상표 등 규모의 경제 확보를 통해 공동으로 경쟁력을 제고하는 사업들이 포함된다.

다. 독일의 중소기업 카르텔은 구매 공동체와 판매 공동체 등으로 중소기업은 납품 시 공동 컨소시엄을 구성하여 함께 대기업에 납품함으로써 협상력을 제고하고 있다. 물론 우리나라의 현행 공정거래법도 중소기업에 대해서는 담합 금지의 예외를 인정하고 있으나, 그 요건이 너무 엄격하여 실제 적용 사례가 거의 없다.

우리나라에서 중소기업 간 협력에 대한 정부 시책은 "중소기업기본법" 제8조를 기반으로 하고 있으며, "중소기업 진흥에 관한 법률"은 중소기업벤처부의 중소기업 협업지원사업의 대표적 근거법이며, 산업융합시대로의 패러다임 전환에 대비하고 산업융합을 통한 신성장동력 육성을 위해 "산업융합 촉진법"을 두고 있다. 중소기업벤처부는 중소기업 간 협력 및 협업 정책을 총괄하고 지방자치단체와 산업단지공단은 지역과 단지 내 중소기업 간 협력 및 협업을 촉진 · 지원한다. 그리고 대 · 중소기업협력재단과 중소기업융합중앙회는 각각 대 · 중소기업 협력과 이업종 교류와 융합을 증진하고 있다. 그러나 협업을 위한 네트워크 형성, 협업자금 지원, 판로개척 지원 등은 여러 기관에 걸쳐 중복 진행되고 있고, 지원은 대부분 자금에 치중되고, 규모가 작고 주로 협업을 준비하는 초기 단계 기업에 편중된다.

자발적으로 기업 간의 정보 교류 등이 일어날 수 있는 시스템이 없고 협업을 위해 정부에서 네트워크 지원을 하는 정책들이 있으나, 각 사업마다 지원기관과 부처가 상이하며, 지원 금액, 방식, 신청양식이 다르기 때문에 중소 · 중견기업들의 접근이 쉽지 않다. 협업을 진행하는 과정에서 발생하는 애로요인을 해결하고, 조언을 하는 등 중간에서 조정하는 역할을 수행할 전문가도 부족하다. 협업은 기업 스스로의 필요에 의하여 자발적으로 추진되는 것이 바람직하므로 기업의 자발적 협업을 촉진하도록 기업의 인력 · 자금 등 협력 추진 여건을 보완하고 협력을 체계적으로 지원하는 전문기관을 두는 한편 관련된 법률과 지원제도를 확충할 필요가 있다.

중소기업 정책의 지배구조 : 정부의 역할과 참여적 정책플랫폼

지역을 중심으로 서로를 가장 잘 이해하는 이해관계자들로 구성된 기업 생태계를 활성화하기 위해서는 정부가 법률을 제정하고 정책을 수립하지만, 중앙집권적인 정책 운용을 지양하고 대신 지역 기업의 실정을 가장 잘 알고 지역 거버넌스에 직접 참여할 수 있는 지방자치단체가 중소기업 정책을 주도적으로 추진하고 구체적 지원은 중소기업중앙회, 상공회의소 등이 참여하는 민관협력기구를 통해 제공할 필요가 있다. 또한 중소기업 생태계를 구성하는 다양한 이해관계자에게 적극적인 역할을 부여하고 이들 민간부문의 전문성을 활용할 필요가 있다. 공공, 특히 중앙정부는 시장에 덜 민감하고 시장의 수요를 민간이 더 잘 이해하는 만큼 민간기구 또는 민간중개 지원기관이 전체 생태계의 경쟁력을 높이는 데 기여하도록 유도해야 한다.

현재 우리나라에서 중소기업 정책은 중소기업을 보호하고 지원 · 육성하는 차원의 문제로 보아 중소벤처기업부를 중심으로 이루어지고 있다. 즉, 정부가 중소기업 육성계획을 수립하고 그 실적 및 성과를 평가하는 과정은 전적으로 행정기관 중심으로 이루어지고 있으며, 중소기업가나 관련 단체들의 참여는 매우 제한적이다. 중소기업 지원은 대부분 해당 부처 산하기관에서 집행하여 해당 부처-산하기관-협회 및 기업을 거치면서 비효율성과 불투명성을 동반하고 있다. 이에 따라 관련기관이나 협회 그리고 대상기업들은 정부예산 획득을 위해 관련 전관 인력을 활용하게 된다. 중소기업과 이해관계자와 관련 단체의 장이 참여하고 중소기업 관련법과 정책 전반에 걸쳐 의견을 제출할 수 있도록 하여야 한다.

참고로 이탈리아의 경우 중소기업과 협동조합 지원정책은 개인 또는 기업에 보조금을 직접 제공하는 방식보다 금융 접근성을 제고하기 위한 기금의 조성, 금융중개 지원기관의 육성, 세제혜택 등처럼 간접적 방식이 발달했다. 정부는 중소기업과 협동조합을 지원하기 위해 직접 개입하는 것을 자제하고 이들이 자생력을 갖출 수 있도록 제도적 여건을 조성하는 역할에 주력했다. 대신에 중소기업과 협동조합의 설립, 유지, 성장을 위한 금융, 경영, 혁신의 지원은 상공회의소, 중소기업중앙회 등과 같은 민간기구가 주도한다. 예를 들어 협동조합은 정부가 협동조합의 자금을 손쉽게 조달할 수 있는 법제도를 마련해주고, 이에 따라 협동조합 연합체가 자체 금융네트워크(협동조합은행, 협동조합금융회사, 코프펀드 등)를 구축하여 각 협동조합을 지원하는 방식을 통해 발전할 수 있었다.

[참고문헌]

강창희 · 유경준(2018), 「자영업자 비중 결정요인의 국제비교 : 사회정책적 요인을 중심으로」, 『예산정책연구』, 제7권 제2호.

김건식 · 송옥렬 · 노혁준(2008), 「기업집단규율의 국제비교」, 서울대학교 금융법센터.

김기찬(1995), 『시스템 간 경쟁구조를 향한 대기업-중소기업 간 분업적 협력모형의 개발, 일본의 사례연구와 응용을 중심으로』, 중소기업연구원.

김원규(2017), "기업규모별 생산성 격차 분석과 해소 방안", 산업연구원.

박양신 · 강민지 · 김영민(2016), 『기업규모별 정책의 현황 및 추진방향』, 산업연구원.

송원근(2016), 「외환위기 이후 재벌정책 변화와 개혁 방향」, 『기억과 전망』, 34, 한국민주주의연구소.

장지상 · 홍장표(2016), 「수직계열화를 통한 내부거래가 기업의 총요소생산성에 미치는 영향 : 거래비용이론, 재산권적 기업이론, 대리인이론의 실증적 검토」, 『경제발전연구』, 23-2.

오철호 외(2012), "중소기업 정책 50년사와 중소기업 정책의 미래", 한국정책학회.

이재구(2000), 「기업집단에 대한 규제」, 권오승 편, 『공정거래법 강의 II』, pp. 286~304.

이재형(2013), "한국의 산업조직과 시장구조", 한국개발연구원.

이재형 외(1999), "독과점 시장구조 분석", 한국개발연구원.

________(2010), "시장구조조사", 한국개발연구원.

정갑영 등(2016), 『산업조직론』, 박영사.

조성봉(2004), 「경제력집중 억제정책의 현황과 문제점」, 『한국질서경제학회지』, 7권 1호, 한국경제연구원.

중소기업청 · 한국중견기업연합회(2016), "2015년 중견기업 실태조사".

최유성(2009), 「시장과 정부 : 한국 규제개혁의 회고와 전망」, 한국행정연구원.

최정표(2016), 『산업조직경제학』, 형설출판사.

핫토리 타미오(2007), 『개발의 경제사회학』, 유석춘 · 이사리 공역, 전통과 현대.

홍장표(2015), 「계층적 공급네트워크에서 기업 간 준지대의 이전과 수익격차」, 『사회경제평론』, 제28권 제2호, 한국사회경제학회, pp. 65~102.

홍장표 · 김종호(2015), 「중소기업 금융지원의 효과분석 : 대 · 중소기업 간 거래네트워크의 영향을 중심으로」, 『한국경제의 분석』, 21-3.

Audretsch, David B.(1997), "Industrial Organization and the New Industrial Policy".

Brock, W. A. and D. S. Evans.(1989), "Small business economics," *Small Business Economics*, Vol. 1.

Chandler, A. D.(1990), *Scale and Scope : The Dynamics of Industrial Capitalism*, Belknap.

Coulson, A. and C. Ferrario(2007), "'Institutional Thickness' : Local Governance and Economic Development in Birmingham," England, 31(3).

Fukuyama, F.(1995), *Trust*, Free Press, 구승회 역, 『트러스트—사회도덕과 번영의 창조』, 한국경제신문사.

Gereffi, G., J. Humphrey and T. Sturgeon(2005), "The Governance of Global Value Chains," *Review of International Political Economy*, 12(1).

Giustiziero, G., T. Kretschmer, D. Somaya, B. Wu(2021), "Hyperspecialization and hyperscaling : A resource-based theory of the digital firm," *Strategic Management Journal*.

Gomes-Casseres, B.(1996), *The Alliance Revolution : The New Shape of Business Rivalry*, Harvard University Press.

Harvie, C. and Lee, B.C.(2005), "The Role of Small and Medium-Sized Enterprises in Achieving and Sustaining Growth and Performance," Edward Elgar Publishing.

Henrekson, M.(1996), "Sweden's Relative Economic Performance : Lagging Behind or Staying on Top?," *The Economic Journal*, 106(439).

Hipp, Lena, J. Bernhardt and J. Allmendinger(2015), "Institutions and the prevalence of nonstandard employment," *Socio-Economic Review*, 13(2).

Hogfeldt, P.(2005), "The History and Politics of Corporate Ownership in Sweden," *SSRN Electronic Journal*.

Iansiti, M. and R. Levien(2004), "Strategy as Ecology," *Harvard Business Review*.

Poschke M.(2014), "The Firm Size Distribution across Countries and Skill-Biased Change in Entrepreneurial Technology," *IZA Working Paper*.

Sakakibara, M. and D-S. Cho(2002), "Cooperative R&D in Japan and Korea : a comparison of industrial policy," *Research Policy*, 31.

Schmitz, H.(1999), "Collective efficiency and increasing returns," *Cambridge Journal of Economics*, 23.

Schumpeter, Joseph A.(1934), *The Theory of Economic Development*(An Inquiry into Profits, Capital, Credit, Interest, and the Business Cycle), University of Illinois.

Whitley, R.(1999), *Divergent Capitalisms : The Social Structuring and Change of Business Systems*, Oxford University Press.

__________ (2000), "The Institutional Structuring of Innovation Strategies : Business Systems, Firm Types and Patterns of Technical Change in Different Market Economies, 21(5) : 855-886.

Witt, Michael A. and Carney, Richard W.(2014), "The Role of the State in Asian Business Systems," in : M. A. Witt and G. Redding(eds.), *The Oxford Handbook of Asian Business Systems*, Oxford University Press

자본 형성과 금융시장

제11장 자본조달과 금융시장 | **제12장** 금융 글로벌화와 대응

Part four

성장과 발전을 위한 필요조건 중 하나는 투자이다. 투자에 필요한 재원은 소비를 뒤로 미루는 저축을 통해서 조달될 수 있다. 금융시스템은 저축을 투자로 잇는다. 제4부에서는 자본형성과 경제발전 간의 관계를 검토한다. 금융시스템의 전반적 역할을 개관한 뒤(제11장) 이어서 국제금융의 역할과 한계를 살펴본다(제12장).

제11장 자본조달과 금융시장

1. 이론적 배경과 세계 경제 | 2. 한국의 금융발전과 도전

금융시장은 아이디어를 가진 사람과 자금을 가진 사람이 만나는 곳이다. 금융은 투자자가 자신과 국민경제 모두에게 이득이 되는 방식으로 자금을 사용하도록 돕는다. 특히 금융은 혁신이 언제 어디서 어떻게 발생할지에 지대한 영향을 미친다. 금융 스스로도 혁신을 통해 그 다양성과 유연성이 높아질수록 더 큰 사회적 혜택을 제공한다. 하지만 동시에 금융은 소득배분이나 빈곤을 악화시킬 수 있으며 불안과 위기에 휩싸일 수도 있다.

제1절에서는 금융제도를 개관하고 금융발전의 역사를 살펴본다. 금융은 지급결제나 무역과 전쟁을 뒷받침하기 위해 발전해 오다 제2차 산업혁명 이후 자유방임적 금융시스템이 본격 발전하였으나 전쟁과 빈번한 금융불안으로 국가규제에 직면하였다. 하지만 1960년대 들어 금융혁신과 금융규제 완화가 급진전되었다. 금융역량 역시 개인이 가질 역량의 하나로 삶을 편리하게 하며 금융발전은 장기성장과 관련 있지만, 특정 금융구조가 경제성장에 보다 유리한 것으로 나타나지 않는다. 금융시장은 정보 비대칭성이나 공급 독점으로 효율성이나 접근성에 있어 한계를 보일 수 있다. 바람직한 금융정책은 금융접근 기회의 확대, 절차적 기회, 금융안정성 확보와 소비자 보호로 나누어 볼 수 있다. 정부는 금융접근 기회를 확대하여야 하며 금융역량을 높여 나가는 동시에 소비자를 보호하여야 한다. 금융 안정성을 위해 미시적 건전성뿐만 아니라 거시적 건전성을 확보하여야 하는데, 이를 위해선 중앙은행과 금융감독기구의 독립성과 책임성이 요구된다. 기업의 혁신은 금융과 산업 간의 긴밀한 관계망을 요구한다.

제2절에서는 한국의 금융발전 현황과 도전을 다룬다. 우리나라에서 금융산업은 순차적으로 발전하며 은행중심에서 시장중심으로 변화해 왔다. 엄격한 정부 통제 아래 신속한 산업화를 위해 은행시스템이 우선 정착하였고 이어 자본시장이 육성되었다. 1980년대 이후 금융자유화와 금융개방이 추진되었으나 금융감독의 동반발전이 미흡하여 외환위기를 겪게 되면서 시장중심의 금융시스템으로 전환하고 독자적 성장산업으로의 발전과 글로벌화의 비전을 추구하였다. 외환위기 이후 세계 금융산업의 조류에 걸맞게 우리나라 금융시장에서도 증권화가 빠르게 진행되었고 간접금융에 비해 직접금융(자본시장)의 역할이 커져 시장중심 금융제도의 속성도 강해졌다. 아울러 금융기관은 겸업화와 대형화의 길을 걸어 왔다. 이처럼 한국은 국민소득 대비 금융발전이 두드러지는 금융심화의 과정을 밟아 왔지만, ① 자본시장이 아직은 기업자금의 안정적 공급원으로 기능하지 못하고, ② 은행과 기업 사이의 장기적 관계에 기초한 정보생산과 관계 대출은 외환위기 이전보다 오히려 위축되었으며, ③ 기업들은 보다 안정적 자금원인 내부금융에 의존할 여지가 많다. 마지막으로 ④ 발전국가적 금융체제가 지속되는 가운데 금융 접근성과 소비자보호, 금융 안정성은 아직 취약하다. 현재 우리나라 금융기관은 경쟁 제한과 과도한 업무 규제, 경제정책에 지배되는 금융정책과 금융감독이 지속되는 한편

정부뿐만 아니라 기업(집단)의 영향력으로부터도 자유롭지 못하다. 우량기업의 자금 수요가 위축한 가운데 가계금융이 급성장했으나 신용보다는 보증이나 담보에 과도하게 의존하여 금융소외가 계속되고 있다. 이를 보완해야 할 정책금융 역시 외환위기 이후 꾸준히 위축되어 왔다. 한편 우리나라 금융기관은 수익성이나 국제경쟁력이 낮아 아직 성장 동력으로의 발전을 모색하기에는 역부족이며 반복적인 금융불안을 보이고 있다.

우리나라 금융발전을 위해 국가주도에서 시장 및 관계금융 주도로 이행하고, 금융정책과 금융기관의 독립성을 강화해야 한다. 또한 지배구조와 보상체계를 개선하되 감시도 강화하여야 한다. 금융역량을 제고하여 금융의 선별기능을 활성화하고 시장기능을 촉진하기 위해 진입 및 업무규제를 완화하며 경쟁을 촉진하여야 하지만 동시에 협력금융이나 금융 접근성 · 포용성 · 안정성을 강화하여야 한다.

1. 이론적 배경과 세계 경제

1.1 금융과 그 역사

1) 금융의 편익

금융의 기능과 금융시스템

금융은 자금의 융통으로 정의되며 저축의 투자로의 중개(intermediation)와 지급 결제를 포괄한다. 금융의 역할은 다양하다. 투자는 오랫동안 대규모로 이루어지며 위험할 수 있다. 투자가 가능하려면 수많은 저축자들을 한데 모아야 하고 수많은 계약서가 작성되어야 한다. 투자 전에는 사업과 기업을 평가해 역선택을 막아야 하며, 투자 후에는 자금 사용을 감시해 도덕적 해이를 막아야 한다. 투자에 수반되는 위험도 적절히 관리되어야 한다. 결국 금융은 ① 저축으로의 유인과 집중, 투자 정보의 창출과 자금의 배분, 투자 이후의 감시와

그림 11-1 금융시스템의 개요

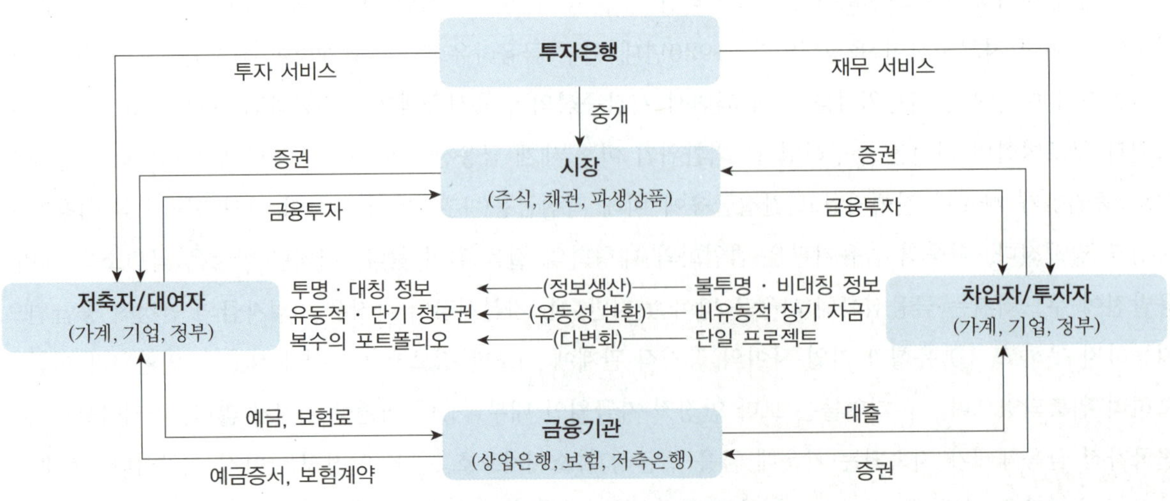

주 : 국제금융을 고려할 경우 저축자나 차입자, 금융시장, 금융기관 모두 외국의 참여가 포함되어야 한다.

대응[1] ② 위험 관리를 가능하게 한다. 한편 지급결제 시스템은 국가의 기본 인프라로 지급결제 수단인 ③ 화폐가 안정적으로 관리되도록 하여야 한다. 저축의 투자로의 중개나 지급결제에서는 금융활동에 전문화된 제도, 즉 금융시스템을 요구한다([그림 11-1]).

금융시장과 금융기관

금융시스템은 금융시장과 금융기관으로 구성된다. 금융은 은행, 보험사, 투자회사와 같은 금융중개기관을 통해서 간접적으로 이루어지거나(간접금융), 저축자와 투자자가 직접 만나는 금융시장을 통해서도 이루어질 수 있다(직접금융). 후자는 주식시장과 채권시장이 대표적이다. 금융중개기관은 예금기관과 계약기반 저축기관(보험사, 연기금) 또는 은행과 보험으로 분류되며, 금융시장에는 증권 브로커와 딜러, 투자은행, 거래소 등의 투자중개기관이 참여한다. 금융중개기관은 때로는 투자중개기관을 포괄하여 일반적으로 금융기관 또는 금융회사라 불린다.

금융시장 기업은 금융시장에서 공개된 정보를 바탕으로 다수의 대여자와 접촉하여 저축을 동원할 수 있다. 대여 조건, 특히 이자율과 증권가격은 모든 정보가 반영되며 경쟁적으로 결정된다. 인적 관계보다는 가격 신호에 의해 투자가 결정되고 자원이 배분된다. 대여자는 계약으로 보호되고 법원은 이를 강제한다. 채무불이행이 낳는 문제는 법을 통한 계약의 강제나 금융시장에서의 자유로운 증권의 매각을 통해 규율된다. 특히 자금조달이 이루어진 후에도 적대적 인수나 성과에 연동한 경영자 보상을 통해 기업을 지배할 수 있다.

금융시장 역시 위험관리를 가능하게 한다. 미래의 수익을 증권화하여 매매할 수 있고, 다양한 금융상품의 조합을 통해 위험을 분산할 수 있다. 개인들은 증권을 매각하여 유동성 위험을 피할 수 있고 기업들은 상황에 맞게 필요한 자금을 계속 조달할 수 있다.[2] 시장에서는 참여자들이 동의하지 않을 자유를 가지므로 유사한 투자의견을 가진 사람들끼리 연대하여 자금을 제공할 수 있다. 이에 따라 관련된 정보가 제한적이고 투자의견이 매우 다양할 수밖에 없는 새로운 투자 프로젝트에 자금을 제공하는 데 있어 매우 효과적이다. 즉, 시장은 혁신적이고 높은 위험의 프로젝트에 자금을 공급하는 데 적절하다.

금융기관 금융기관은 투자안의 선별과 감시, 위험관리의 역할을 하는 계층적 조직이다. 가계는 금융기관이 발행한 증권을 매입하고, 금융기관은 이렇게 조달한 자금을 차입자에게 대여한다. 금융기관은 거래비용을 낮추어 저축동원과 위험관리를 촉진한다. 규모의 경제에 힘입어 거래 규모가 증가할수록 거래 비용이 낮아진다. 개인과 달리 금융기관은 대규모의 안전자산을 축적하여 경기 변동에 따른 위험을 분산한다. 금융기관은 다양한 저축 만기를 희망하는 개인들을 조합함으로써 장기대출을 가능하게 하는 동시에 유동성 위험도 완화한다. 장기대출이 용이하므로 금융기관은 기업의 투자가 연구개발-시험생산-대량생산으로 이어질 때마다 그에 부합하는 자금조달을 가능하게 한다. 특히 은행대출은 회사채와 달리 만기와 금액의 재협상이 쉽다. 금융시장에서 재협상이 이루어지려면 무수히 많은 채권자들이 함께 모여 합의에 이루어져야 하기 때문이다.

---

1. 차입자는 대여자에게 상환약속을 하는데 이를 채무(financial debts)라 한다. 채무는 대여자가 지급을 요구할 수 있는 권리이므로 청구권(claim) 또는 금융자산(financial assets)이라고 한다. 채무 또는 청구권은 증권, 금융계약 또는 금융수단이라고 한다. 교환을 매개하는 화폐도 금융수단에 포함된다.
2. 금융시장을 통해 정보 수집에 경쟁적인 자본시장은 분산된 정보신호를 집계하여 이를 투자자에게 효과적으로 전파한다. 대규모의 유동성을 갖춘 시장에서 정보를 통해 이윤을 획득할 수 있으므로 기업에 대한 정보를 수집 · 처리하려는 동기를 자극한다.

금융기관은 통상적으로 3가지로 분류된다. 첫째, 예금기관(depository institutions) 또는 은행은 개인과 기업으로부터 예금을 받아 대출한다. 둘째, 계약저축기관(contractual savings institutions)은 계약에 기초하여 주기적으로 자금을 받아 계약기간이 종결될 때 만기가 도래하는 금융수단에 투자하는 기관이다. 계약기관은 부채의 만기를 예측할 수 있으므로 자금을 주식, 채권, 주택담보채권 등처럼 장기증권에 투자한다. 보험회사, 연금 등이 이에 포함된다. 셋째, 투자중개기관(investment intermediaries)은 개인과 기관의 금융자산 투자를 촉진하는데, 증권사, 뮤추얼 펀드, MMF, 벤처캐피털 등이 이에 포함된다.

예금기관(은행), 계약저축기관(보험사) 그리고 투자중개기관(증권, 금융투자사)

예금기관(은행)의 주요 사업은 고객 예금을 수집하여 대출하거나 증권에 투자한다. 은행은 지점망을 통해 고객과 대면한다. 은행은 주로 대출선의 신용위험과 유동성 위험에 직면하는데, 이에 대해 신용 등급제와 위험다변화를 도모하며 장외파생상품에 의존한다. 투자중개기관(증권, 금융투자사)의 경우 자산은 주로 금융자산과 차입증권과 리포에 따른 잔고이고 부채는 고객의 잔고와 공매도에 따른 채무이다. 주로 시장위험과 유동성 위험에 노출되어 이에 대비하여 자산과 부채를 시가로 평가하여 상시 관리하고 장외파생상품을 이용한다. 계약저축기관(보험사)은 보험료를 대가로 위험을 인수하며, 장래보험금 지급을 위해 준비금을 누적하고 금융자산에 투자한다. 보험사는 연계 대리점이나 독립적 중개인을 통해 고객을 대면한다. 이들의 주요 위험은 인수위험(준비금이나 보험료가 과소할 위험)과 투자위험(금융자산이 충분한 수익을 낳지 못할 위험)으로, 재보험에 크게 의존해 위험을 관리한다.

표 11-1 **은행업, 보험업, 증권업의 비교**

	예금기관(은행)	계약저축기관(보험)	투자중개기관(증권)
주요 자산	대출, 은행 간 자산, 증권	투자 포트폴리오	증권담보 수취계정(대출, 미수 등), 단기 금융상품
주요 부채	예금, 은행 간 부채	책임준비금	고객 예수금
판매채널	지점	설계사, 중개인	판매회사
기간 범위	중간	장기(생보), 장단기(손보)	단기
주요 위험	신용위험, 유동성위험	인수위험, 투자위험	시장위험, 유동성 위험
위험전가	증권화, 신용 및 장외파생상품	재보험	장외파생상품
위험관리	자본과 준비금	준비금 비중 높음(특히, 생보)	자본금 비중 높음
주 감독사항	시스템 위험, 예금자 보호	계약자 보호	투자자 보호, 시스템 위험, 공정 · 효율적 시장 형성
주 감독수단	자본규제, 업무영역 제한, 건전한 신용정책과 신용절차	자본규제, 준비금 적정성, 투자 규준, 재보험 규준	자본규제, 계정분리, 기록 보관, 영업 관리

자료 : Dierick, Frank(2004), "The Supervision of Mixed Financial Services Groups in Europe," European Central Bank.

한편 복합은행(universal banking)은 금융기관 중 업무의 포괄범위가 가장 넓은 기관으로 은행업, 보험업, 증권업을 모두 총괄하여 4가지 유형으로 나누어진다(Saunders and Walter, 1996).

- **완전통합 복합은행** : 단일 금융기관에서 모든 금융 서비스를 제공
- **부분통합 금융그룹**(financial conglomerate) : 복합은행과 동일하나 모기지, 리스, 보험 등은 자회사에서 제공
- **은행-자회사** : 은행은 상업은행 업무에 초점을 맞추고 보험업과 증권업은 법적으로 독립된 자회사가 수행
- **지주회사** : 지주회사가 법적으로 독립되고 개별적으로 자본을 조달한 자회사로 은행과 비은행을 소유. 안전성, 건전성, 이해상충을 고려하여 각 금융기관은 차단벽(Chinese wall)으로 격리. 지주회사가 비금융기업을 소유하거나 지주회사 자체가 비금융기업이 될 수 있으며 이에 따라 중앙은행이 비금융기업을 구제해야 하는가하는 문제를 야기

기업은 사업발전 단계에 따라 특정 유형의 자금조달을 필요로 하는데 [그림 11-2]는 이를 벤처기업과 일반 기업으로 나누어 살펴본다. 벤처에 필요한 자금 규모는 점차 증가하는 반면, 위험과 금융 문제는 성숙

그림 11-2 스타트업 기업의 성장단계에 따른 자본조달 구조

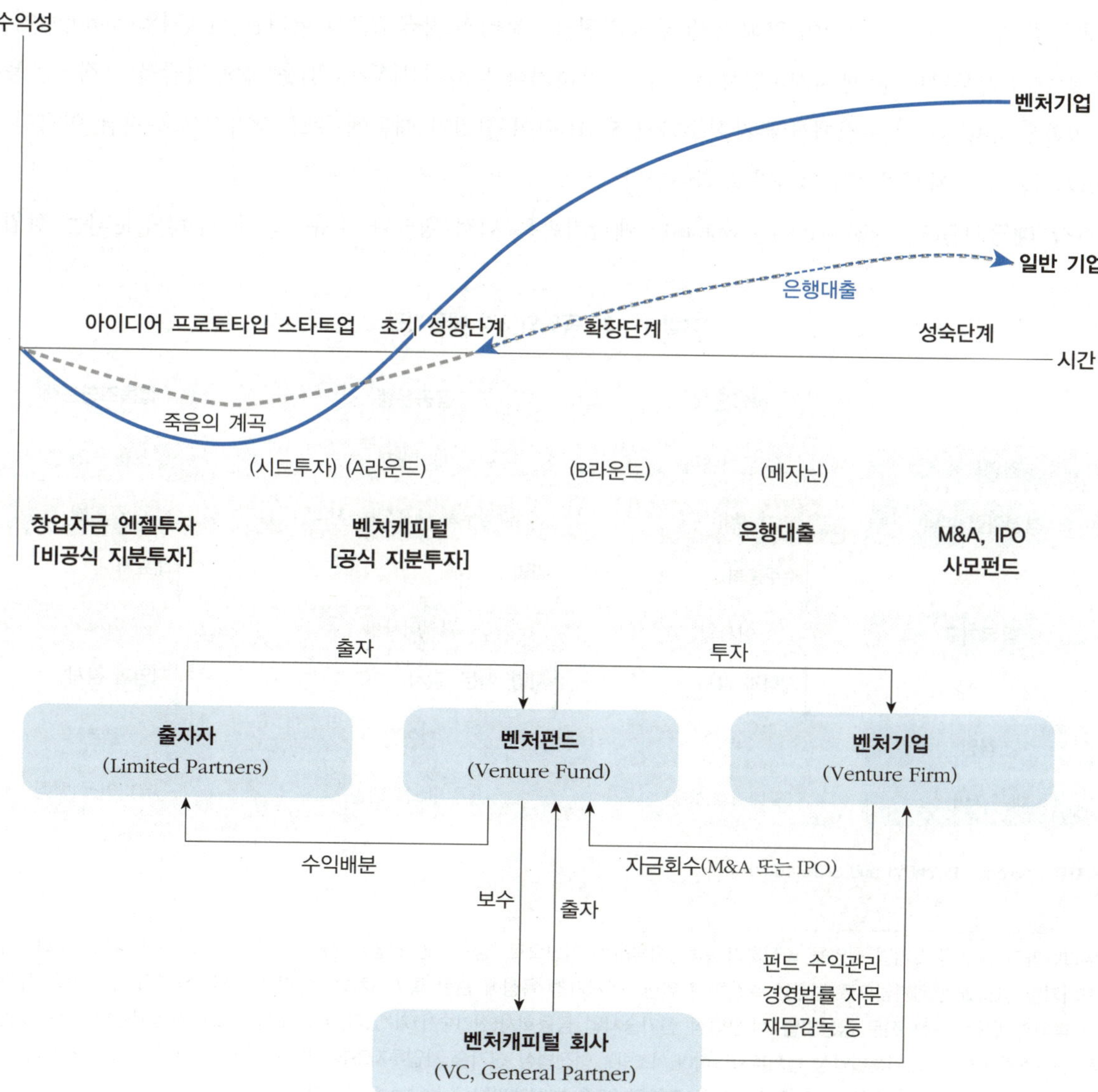

단계에서 감소한다. 첫 단계에서 새로운 벤처의 자금조달원은 대체로 비공식적이다. 우선 3F(founders, families, friends)와 일부 공공재원이 창업자금을 제공하고, 후에 성장성이 높은 기업을 중심으로 비즈니스 엔젤(business angels)이 자본과 경험과 네트워크를 제공하여 죽음의 계곡(death valley)을 극복하도록 돕는다. 이 단계 이후의 자금조달 대안은 사업유형에 관련된 위험과 기대에 따라 달라진다. 일반 기업은 주로 은행 대출에 의존하지만, 고위험, 고수익의 벤처기업은 창업 이후 여전히 위험이 높은 단계에 주식자금을 제공하는 벤처캐피털에 접근해야 한다. 수평축의 세 번째 눈금의 스타트-업(start-up) 단계는 아이디어에서 프로토타입 제품이 만들어지고 초기 검증이 마무리되어 제품의 확정만을 거치면 시장에 출시할 수 있는 상태가 되는 단계이다. 즉, 이제 벤처는 구체적인 비즈니스 플랜을 가지게 되어 자금 규모가 구체화되고 그 규모의 자금이 투자(시드 투자)되면 즉시 제품의 최종화 및 출시가 이루어질 수 있는 단계에 도달한다. 시드 투자를 유치한 이후 제품의 초기 성장과 그 이후의 추가 성장에 상응하여 A라운드(Series A)와 B라운드(Series B)가 있다. 성장과 더불어 위험이 감소함에 따라 마침내 상업은행 대출이나 기업공개(initial public offering ; IPO)와 같은 전통적인 자금조달 대안이 등장한다.

투자중개기관 중 투자수익률, 운용 규모, 전문성 측면에서 투자 역량을 인정받는 벤처캐피털사(투자회사, General Partner ; GP)가 벤처투자 아이디어를 제시하여 출자자(Limited Partner ; LP)를 모집하고 이어서 기술력을 갖추었지만 아직 경영기반이 약해 일반 금융기관으로부터의 자금조달이 어려운 신생기업(startups)에 지분 인수를 대가로 투자한다. 벤처캐피털사는 직접 투자하거나 투자계약(투자조합)을 통해 자금을 모집 · 운용하는 GP 역할을 수행한다.[3] 모집에서 투자회수까지 5~10년이 걸리기 때문에 주로 장기적으로 자금 여력이 풍부한 연기금과 고액자산가들이 출자자로 참여한다.

3각 예금기관(3-pollar banking system) 예금기관은 법적 형태나 소유구조가 서로 구분되는 상업은행

그림 11-3 독일의 3각 예금기관

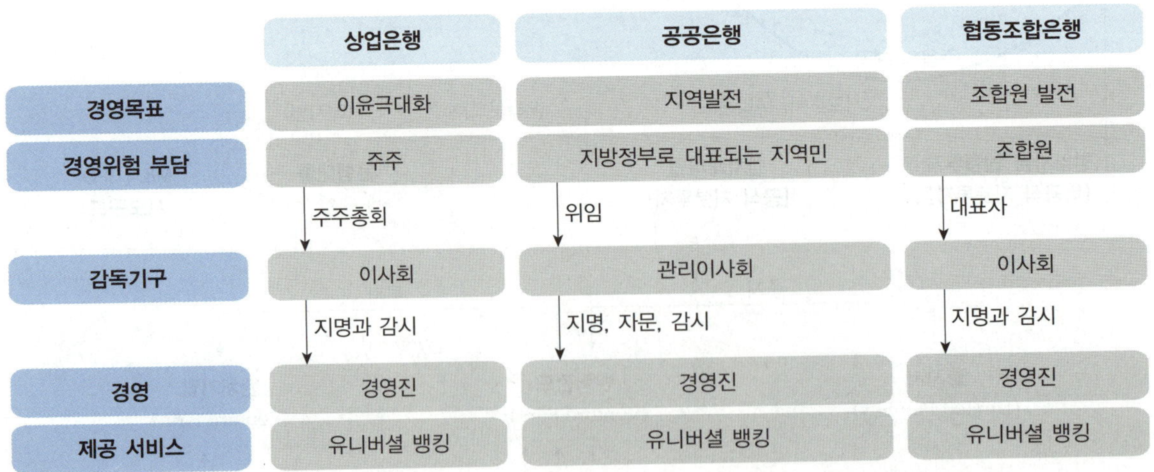

자료 : Gischer, Reichling and Stiele(2007)

3. 우리나라의 경우 중소기업 창업을 촉진하기 위해 지원하는 기업으로 "중소기업 창업지원법"(이하 창업지원법)상 창업투자회사(창투사), 벤처기업 창업과 벤처기업으로 전환을 촉진하기 위한 "벤처기업 육성에 관한 특별조치법"(벤처특별법)상 유한회사, 신기술사업자에 대한 투자를 위한 "여신 전문 금융업법"(여전법)상 신기술사업 금융회사(신기술사)가 있다. 투자조합으로는 창업지원법상 중소기업 창업 투자조합(창투조합), 벤처특별법상 벤처투자조합(벤처조합), 여전법상 신기술 사업투자조합(신기술조합)이 있다. 우리나라의 경우 대부분의 벤처 투자는 투자조합을 통해 이루어지고 이 조합의 GP를 벤처캐피털사가 맡는 구조이다.

(commercial banks), 공공은행(public sector banks), 협동조합은행(cooperatives)의 3각 기관으로 구분되며 이외에 부동산을 담보로 중장기 신용을 제공하는 모기지 은행과 건축 및 대부조합이 존재하여 3각 예금기관 각각에서 활동한다. 이하에서는 3각 예금기관 체제가 두드러지게 제도화된 독일을 중심으로 살펴본다. 첫째, 상업은행은 사적 소유자가 존재하며, (주주) 이익을 극대화한다. 전국적으로 영업하는 전국은행, 특정 지역에 집중하는 지방은행이나 특정 업무에 집중하는 특화은행, 외국계 은행을 포함한다.

둘째, 공공은행은 주로 지역에 집중하여 저축동원에 초점을 맞추는 저축은행(savings bank)과 그 중앙협의회, 지역 및 전국개발은행 그리고 체신은행을 포함한다. 원래 저축은행은 안전한 예금수취기간으로 출발하였으나 저축액의 급증으로 곧 지역공동체를 위한 대출기관으로 변모하였다. 지자체를 단위로 존재하는 저축은행은 공법(public law)으로 설립되어 공익을 목표로 하면서 민간 주주 없이 지역공공기관이 통제하는 공립은행으로 지역저축은행과 지방정부, 지역저축은행, 중앙정부가 소유권을 갖는 주립은행(state bank, 독일의 Landes-banken)이 있다. 지역정치인, 기업인, 근로자, 일반대중의 대표로 구성된 감독위원회가 경영진을 임명한다. 저축은행은 주주보다는 소재 지역민과 소재 지역의 공익(일자리, 경제 활성화, 재산형성 증진)에 봉사해야 하고 휴양시설과 문화행사와 같은 지역공공활동을 지원하지만 동시에 통상적인 사업처럼 지속 가능하게 경영되어야 한다. 이처럼 저축은행은 지역원칙(regional principle)을 따라 특정 지역에 대한 공적 책임을 가지며 다른 지역과의 경쟁에서는 제한된다. 이에 따라 각 지역의 저축은행은 경쟁자라기보다 협력자로 간주되며 법률적으로는 독립적이지만 조밀한 협력 네트워크를 구성하여 조직구조와 정보를 공유하고 공통업무를 외주함으로써 경쟁력을 강화한다. 주립은행은 지방자치단체의 주거래은행이자 지역저축은행의 청산소이면서 지역저축은행이 감당하기 어려운 규모의 고객을 대상으로 공동대출, 투자은행 서비스, 국제 서비스 등을 제공한다.[4] 저축은행은 저축은행협회가 감독하며 국가가 채무와 영업을 계속 보증하지만 개별 저축은행의 자본확충은 지역연합과 지자체가 감당한다. 개발은행은 전국 단위와 지역 단위로 존재하는데, 이곳에서는 개발업무를 담당한다.

셋째, 협동조합(cooperatives)은 조합원의 발전을 도모한다. 협동조합은행은 지역조합과 그 상위기구인 중앙조합으로 구성된다. 원래 협동조합은 조합원 대상으로 지역의 연망에 의존한 소액대출을 목적으로 설립되었으나 재원을 높이기 위해 지역민 저축기능을 추가해갔다. 협동조합적 전통에 따라 자조의 원리[self-help(자율 민간조직)], 조합원 중심 원리[identity(조합원이 주요 고객)], 민주적 원리[democracy(보유주식 규모와 상관없이 각 조합원은 1표만 행사가능)]가 협동조합은행을 지배한다. 지분을 소유한 조합원들이 협동조합적 전통 아래에서 공동으로 경영한다. 조합원으로서 주주는 예금자이자 대출자이기 때문에 조합과 장기적 금융거래 관계를 갖게 된다. 조합은 강력한 지역적 토대를 가지고 고객과 밀접한 관계를 가지며 협소한 지역을 대상으로 한다. 대부분의 조합은 공공부문의 보증이 없지만, 저축은행과 매우 유사한 특성을 가지며 저축은행과 경쟁한다. 지역금융기관으로서 지역원칙을 따르며 긴밀한 협력 네트워크를 구성한다. 각 협동조합은 독립적인 감독 및 경영이사회를 구성하지만 하나의 브랜드로 움직인다. 저축은행과 마찬가지로 조합원의 경제활동을 지원해야 하지만 동시에 통상적인 사업처럼 지속 가능하게 경영되어야 한다. 협동조합에서 조합원은 탈퇴를 하려면 조합에 주식을 돌려주어야 하며 대신 투자금과 누적 수익의 일부를 상환받는다. 다만 조합원은 주식의 매

---

4. 독일에서 최초의 저축은행은 19세기 초이며 서민의 저축을 장려하는 사회사업의 일환으로 생겨났다. 이에 자극받아 공공저축은행이 만들어지며 보편화되었다. 저축은행이 꾸준히 증가하자 이들의 연합체가 만들어졌고 결국 주 단위의 청산소 역할을 하는 주립은행이 설립되기에 이르렀다. 이들 저축은행들과 주립은행 그리고 이들의 연합체가 구성한 조밀한 네트워크에 특정 목적의 저축장려기관들이 꾸준히 더해졌지만 이들 네트워크의 핵심은 여전히 지역의 저축은행들이다.

각이 불가능하고 1인 1표만 행사하므로 경영자를 감시할 유인이나 능력이 제한된다. 저축은행과 협동조합은 은행에서 배제되어 연고집단이나 대부업체에 의존해야만 하는 빈곤층과 소상공인을 포함한 인근 지역민에게 금융 서비스를 제공하여 포용적 금융(inclusive finance)과 현대 마이크로 금융(microfinance)의 기원이되었다.

이상의 3각의 예금기관은 독일로 대표되는 유럽 은행시스템의 중요한 특징이지만, 일본뿐만 아니라 미국에서도 그 구조를 찾아볼 수 있다. 미국의 경우 예금기관은 예금 위주로 자금을 조달하여 대출 및 유가증권으로 운용하는 상업은행(국법은행과 주립은행으로 양분), 저축기관(저축-대부조합과 상호 저축은행으로 양분), 조합원이 소유하고 조합원을 위해 경영되는 신용협동조합(credit unions) 등으로 세분된다.

3각 예금기관은 지역 금융이나 포용적 금융과 관련해 그 필요성을 찾아볼 수 있다. 독일에서 가계나 중소 상공인을 대상으로 지역 밀착형 금융 서비스를 제공하는 주된 기관은 저축은행과 협동조합은행이며, 미국의 경우에도 주립은행과 주에서 인가한 저축은행과 신용협동조합이 지역금융을 담당하고 있다. 미국은 다른 어떤 나라보다 시장경제에 충실한 금융제도를 유지하고 있지만, 지역 자치와 시장실패 보완의 원리하에서 지역 경제와 기업 그리고 저소득층을 대상으로 하는 지역금융기관이 발전해 왔고 동시에 다양한 지역금융정책도 실시해 오고 있다. 지역금융정책은 지역사회에서의 여신수요를 충족시킴으로써 지역경제를 활성화하는 동시에 금융 서비스 소외지역에 대해 금융 서비스를 확충해 나가는 것을 도모하고 있다. 특히 규제, 재정지원, 감세, 기금 조성을 통해 금융기관이 지역발전에 필요한 투자나 대출에 노력하도록 하는 유인제도를 발전시켜 왔다. 글로벌 금융위기는 지역 금융기관들을 부각시키는 계기가 되었다. 대형은행은 지나친 위험투자와 부외거래로 막대한 손실을 경험했지만 지역금융기관들은 지역밀착형 은행업에 집중하며 보수적으로 경영되어 큰 피해 없이 운영될 수 있었다. 그러나 독일을 제외한 많은 국가에서 이상의 저축은행과 협동조합의 규모는 크게 퇴화하였고 공적 특성이나 긴밀한 협력 네트워크 역시 크게 약화되었음에 주의할 필요가 있다.

2) 금융 발전사

오랫동안 지급결제 중심으로 금융이 발전

산업혁명 이전의 금융발전은 주로 지급결제 수단의 발전과 관련된다. 물물교환은 비효율적이었고 거래비용이 과도했다. 점차 단순하고 안전한 귀금속이 화폐로 사용되었고, 정부는 화폐의 품질과 수용성을 높이기 위해 직접 주조를 담당하거나 규제하였다. 이어 점차 저렴하고 편리한 종이에 기초한 지급수단이 등장했다. 유럽에서 원격지 무역이 팽창하면서 지급의뢰서, 신용장, 어음이 나타났다.

17세기에 금세공인, 공증인, 상인들은 은행권을 발행하며 은행가로 발전해 갔으며, 은행권 발행에 정부 특권 은행들도 참여하게 되었다. 은행권의 과잉 발행은 18~19세기 내내 문제를 야기하여 은행권 규제와 중앙은행의 지폐발행 독점으로 이어졌다. 이 과정에서 개인수표의 사용이 확산되고 법률로 강제통용력을 부여한 법화(legal tender)가 생겨났다. 법화는 은행권에 대한 불신문제를 해결했지만, 동시에 중앙은행에 의한 과잉증발 문제로 이어졌다. 정부가 재정적자를 화폐증발에 의존하자 아시아, 유럽, 남미의 각지는 초인플레이션 문제로 고통을 받았다. 20세기에 IT 발전을 배경으로 신용카드, 전자이체 등 결제수단의 혁신이 생겨나며 결제시스템의 효율성이 높아지고 있다. 아울러 중앙은행은 결제 시스템에서 지배적 역할을 담당하고 있다.[5]

5. 이 과정에서 정부의 역할은 제한되었지만 종이화폐의 발전과 더불어 다시 중요한 역할을 하게 된다. 정부는 종이화폐를 직접 발행하거나 발행특권을 부여하였다.

제1차 산업혁명까지는 무역과 전쟁을 배경으로 금융이 발전

은행의 역사는 고대 이집트의 공공 곡물 저장소에서 비롯하는데, 각지의 곡물 저장소는 농산물의 예금에 이어 지급결제도 맡게 되었다. 현대 은행과 유사한 기관은 고대 그리스에 이어 로마에서도 등장하여 대출도 취급했고 이자 수수도 이루어졌다. 또한 빈곤층을 위한 공공은행도 등장하였다. 중세에 들어 교회가 이자 수수를 금지함에 따라 은행은 위축되었지만, 수도원이 보관 은행의 역할을 이어갔다. 산업화 이전 금융활동은 정부의 전비 조달이나 해상무역에 필요한 자금조달로 대부분 담보대출이었으며, 그 외 소규모의 무역신용, 농업대출, 가계대출이 이루어졌다. 금융시스템은 환전상, 대금업자, 부유층 대상의 금융 서비스를 제공하는 소수의 민간 은행으로 구성되었으며, 동시에 다양한 종교시설이 금고 역할을 하였다.

중세 이래 무역박람회와 해양기술의 진전으로 상업망이 확장되고 각종 다양한 화폐가 유통됨에 따라 보관 · 대체 업무를 중심으로 환전은행들이 생겨났으며, 르네상스 시기에 들어서 이탈리아 은행가들은 일상적 거래로 위장된 은행 서비스를 귀족층에게 제공하였고 이에 따라 해양보험이 발전하였다. 특권과 유한책임을 갖는 무역회사가 등장하여 이들 회사에 대한 청구권이 발행되고 거래되었다. 정부는 평화유지와 무역회사나 지폐발행 은행에 대한 특권부여를 통해 금융발전에 간접적으로 기여했다. 특히 전비 조달은 잉글랜드 은행이나 특허 은행의 탄생과 정부채권의 등장으로 이어졌다.

산업혁명과 더불어 근대적 은행업이 활성화되었다. 산업혁명은 저축하는 도시 중산층을 낳았고 산업 팽창은 자금수요를 급증시켰다. 산업혁명을 주도한 영국에서 자금 수요가 증대함에 따라 보관 귀금속을 바탕으로 은행권이 발행되어 대부가 이루어졌고, 이어서 잉글랜드 은행이 은행권 발행을 독점함에 따라 다른 은행들이 예금에 기초한 자금으로 대출하는 대부은행으로 발전하였다. 18세기 말 도시화와 사회간접자본 건설은 새로운 자금조달 방법을 필요로 했다. 그러나 초기 기업의 자본요건이 크지 않아 산업혁명 그 자체는 금융에 큰 효과를 미치지 못했다 : 많은 기업인이 부유한 무역상 가족이나 장인 가족에서 출발해 제조업으로 다각화하였다. 자금 대부분을 스스로 조달하였고 가족, 친구, 부유한 개인투자자가 나머지를 채웠다. 은행은 주로 단기 운전자본을 제공하였고 만기 연장은 일상적이었다. 그럼에도 은행과 기업인들은 상호 파트너십 형태로 밀접한 관계를 발전시켰다. 새로이 저축은행과 협동조합 은행도 등장하였다. 저축은행은 영국에서 사회사업가나 기업가들이 주도한 무한책임의 신용조합 형태로 산업노동자에게 신용을 제공하였다.

19세기 제2차 산업혁명으로 자유방임적 금융시스템이 본격 발전

철도 팽창과 19세기 후반의 대규모 산업화는 금융발전을 가속화하였다. 기계 · 전기 공학과 전기 · 화학 생산규모의 증대로 기업의 자금수요가 급증하여 산업금융에 큰 변화가 생겨났다. 대규모 사회간접자본시설과 막대한 자본설비에 필요한 재원 동원이 중요해졌다. 출자자들이 유한책임만 지는 유한책임회사의 설립으로 기업의 자본조달이 용이해졌다. 증권거래소가 발전하여 채권과 주식의 발행과 유통을 촉진하였고, 은행과 보험사는 영업을 팽창시켰다. 규모는 작았지만 직종별 연기금과 투자회사 등 새로운 금융기관도 태어났다. 저축은행, 신용조합, 농민은행, 주택은행, 건축조합, 저축대부조합이 설립되어 상업은행이 무시하였던 농부, 무역상, 가계, 주택 소유자들의 금융욕구를 충족시켰다. 오늘날 친숙한 대부분의 금융기관들은 19세기 후반 등장하였다. 산업화 기간 중 고리대금법, 특허제도, 독점제도, 무한책임의 부과 등 금융활동이나 자본가 활동에 대한 전통적 제약이 제거되고 유한책임 은행이 용인되며 금융활동에 대한 규제는 크게 약화되었다. 자유방임적 규제하에서 은행이 빠르게 번창하였다. 처음에는 은행의 수가 급증하였지만 이후 집중화가 시작되며 소수의 은행이 남아 금융중심지에 집결하며 금융을 지배하였다.[6] 주식시장이 중요해짐에 따라 은행은 전통적 예대업무를 넘어 인수와 중개업으로 확장하고 주식도 보유하는 복합은행으로 활동하였다. 복합은행은 기업과 긴밀한 관계를 발전시켰고 자금 제공에 상당한 신축성을 발휘하여 산업화와 산업의 집중에 기여하였다. 기업의 자금수요가 거대화 · 장기화됨에 따라 은행들은 위험노출을 제한하기 위해 평판있고 위험이 제한된 기업으로 고객을 제한하였고, 장기금융에서는 은행 대신 주식시장의 역할이 커졌다.[7] 미국의 경우 주간영업 제한이 전국적 은행의 출현을 막음에 따라 뉴욕 증권거래소가 산업금융의 중요한 원천이 되었다. 남북전쟁 후 연방정부의 채무 상환과 뉴욕에서의 은행 예금과 신탁기금의 축적은 투자자금의 공급증가를 낳았다. 복합은행으로 허가된 민간은행은 20세기까지 상당한 영향력을 발휘하며 거대 산업집단 형성을 지원했다. 최소한 19세기 말까지 미국의 선도 상업은행은 영국의 예금은행보다는 독일식 복합은행처럼 운영되었으며 산업과의 관계 역시 영국보다는 친밀했다.[8]

16~17세기에 특허 무역회사의 주식과 채무증서를 거래하던 관행에서 발전한 증권거래소가 영국, 네덜란드 등에 등장하였다. 19세기 중엽 증권거래소는 국내외 국채와 철도 및 기반시설의 주식과 채권을 주로 거래하였다. 뉴욕증권거래소를 제외하고 공업 기업의 증권은 상대적으로 중요하지 않았다. 그러나 모든 주요 국가에서 공업 부문을 위한 주식과 장기채를 통한 자금조달 채널이 비공식적으로 존재했다. 19세기 후반 공업의 자본규모가 커짐에 따라 증권거래소는 그 중요성이 더 커졌고, 19세기 말 주식과 채권시장은 영국과 미국에서 이미 충분히 발전하였다. 그러나 오늘날의 개도국에서처럼 대규모 기업금융은 상업은행에 의해 지배되었고, 보험사와 다른 금융기관의 비중은 사소했다. 한편 독일에서 지방정부, 종교단체, 노동조합이 설립한 조합 형태로 중산층에 저축 · 대부 서비스가 제공되었다. 이들 저축조합은 활동지역을 지역 공동체로 엄격히 제한하여 소매은행, 중소기업 금융, 모기지에 주력하였지만 점차 협력하며 전국연합체의 탄생으로 이어졌다.

20세기에 들어 빈번한 금융불안으로 국가규제가 심화

자유방임적 금융시스템의 발전에 따라 점차 금융 안정성이 문제되기 시작했다. 은행 간 거래가 전국적 단위로 확장되며 상호의존성이 커지자 19세기 말부터 20세기 초 사이에 은행의 집단 파산이 이어졌다. 특히 증권시장이 제공하는 투기적 기회와 장기대출과 단기예금 간의 만기 불일치는 은행위험을 높였다. 심각한 금융 경색과 위기가 이어진 끝에 1930년대 대공황이 발발하였다. 위기를 막기 위한 긴축적 금융정책은 오히려 실업률 급증과 은행위기를 심화시켰다. 결국 근로자, 농민 등 금융위기의 희생자를 중심으로 건전성 규제와 입법의 요구가 커졌다.

이에 대응하여 각국 정부는 은행위기로 인한 피해를 제한하기 위해 주로 정부의 은행으로 기능하던 중앙은행들에게 민간은행에 대한 최종대부자 기능을 담당하도록 하였다. 특히 대공황 이후에 각국 정부는 새로운

6. 아울러 이 시기 각국의 금융시스템은 국제금융에서 금본위제에 참여하는 특성도 가졌다.

7. 메이지 유신 이후 산업화를 본격화한 일본의 경우 전통 상업기관(미쓰이, 스미토모)이 대은행으로 발전하였고, 다양한 산업 · 금융 분야에서 활동하는 가족 기반 콩글로머레이트인 자이바츠가 출현하였다. 자이바츠 내에서 선도은행은 관계사에 장기금융을 제공했고 여타 기업들에는 단기신용만 제공했다. 후에 자이바츠 소속기업의 금융자립도가 높아짐에 따라 이들 은행은 다른 기업에도 장기금융을 제공하였고 점차 복합은행으로 변모하였다.

8. 영국은 대형 합자은행이 단기금융을 선호함에 따라 장기의 산업금융은 제한되었다. 대신 소수 부유층에 집중된 민간 자본을 기반으로 증권을 통한 자금조달이 팽창하였다. 이들은 처음에는 비공식적 경로로 이루어졌으나 후에는 증권시장을 통했다. 그러나 증권시장은 취약하여 신흥산업에 대한 투자자의 불신을 낳았다. 결국 대규모의 산업화는 지연되었고, 내부자금으로 자금조달이 가능한 전통산업만이 발전을 이어갔다.

규제를 도입하였고, 이에 따라 각국별로 독특한 금융제도를 갖게 되는 계기가 마련되었다.[9] 미국의 경우 은행의 산업체 주식보유와 투자은행업 참여가 금지되었고 은행합병과 지점설치도 제한되었으며 예금보험공사가 설립되었다. 결국 상업은행의 그 성장은 제한되었고 산업체에 대한 장기자금 제공도 어려워졌다. 대신 증권시장이 그 역할을 대신하였다.[10] 반면 독일이나 일본은행들의 경우 복합은행업은 제한되지 않았고 영국의 경우에는 대형은행들 스스로 예금수취에 집중하였다. 결국 독일에서 대규모 상업은행은 1920~1930년대에 산업에 대한 참여를 크게 늘렸는데, 광범위한 기업파산이 기업들의 채무를 주식으로 전환하도록 함에 따라 은행과 기업 간의 관계는 더욱 긴밀해졌다.

제2차 세계대전 이후 각국 정부는 투자, 수출, 주택과 같은 최우선 부문의 자금조달에 큰 관심을 가져 장기금융에 특화한 신용기관이 설립되었다. 프랑스의 Credit Naitonal이나 일본의 산업은행과 같은 국립투자은행이 만들어져 장기대출과 지분참여를 통해 산업발전을 촉진하였다. 프랑스와 이탈리아에서는 대규모 상업은행의 국유화와 함께 정부 개입도 늘어났다. 독일과 스위스의 지방정부와 연관된 체신저축은행, 체신지로, 저축은행에서 보듯이 공공은행도 활동 영역을 넓혔으며, 미국의 수출입은행과 같은 특별 수출신용기관이 설립되어 수출금융을 담당하였다. 대부분의 선진국은 직접통제를 통해 신용의 팽창을 규제하고 부문별 신용배분에 영향을 미치려 하였다. 예금과 대출에 이자율 상한을 부여하고 은행의 지점설치를 제한하였다. 또한 재정정책을 통해 생명보험과 직종별 연금제도를 통해 장기저축을 장려하였다.

1960년대 이후의 금융규제 완화와 금융혁신 그리고 글로벌 금융위기

1960~1970년대 들어 과도한 물가상승과 금융혁신은 금융규제의 실효성을 약화시켰다. 유로 시장의 성장, 새로운 금융수단의 출현, IT 발전으로 규제회피가 용이해졌으며, 신용배분에 대한 정부의 간섭이 자원배분의 효율성을 낮추고 금융시스템 발전을 저해한다는 자각이 생겨났다. 이후 세계적인 금융자율화 및 규제완화의 흐름이 시작되었다. 금융자율화란 자율적 시장기능에 의해 금리가 결정되고 금융자원의 배분이 이루어지도록 하는 변화이다. 규제 완화와 금융 자율화, 그에 따른 경쟁 심화와 금융 혁신의 과정에서 세계금융은 급변하였다. 금융의 겸업화와 증권화 그리고 세계화(국제화와 통합화)가 이어졌고 각국의 금융시스템의 유사성이 높아져 갔다. 첫째, 증권, 보험, 은행 업무를 겸영하는 겸업 금융기관이 확대되었다. 유럽의 복합은행과 경쟁하기 위해 미국은 금융서비스현대화법(1999)을 제정해 상업은행과 투자은행 업무를 자회사로 포괄하는 CIB(Commercial Investment Banking) 모형을 받아들였고 이에 자극받아 각국에서 다양한 금융그룹이 증가하였다. 둘째, 자금의 조달과 운영을 증권에 의존하는 증권화(securitization)가 심화되었다. 선물, 옵션, 스왑 등 파생증권 시장이 팽창하였고 은행은 대출채권을 담보로 한 증권이나 단기증권으로 자금을 조달하였다. 은행은 규제가 경미한 독립기관[그림자 금융기관(Shadow Banking)]을 설립해 위험자산을 이전하였고, 이들 기관은 이들 위험자산을 기반으로 파생증권을 조합해 전 세계적으로 다양한 금융기관과 투자자에게 매각하였다. 이 과정에서 은행들의 자기자본비율은 낮아졌고 위험평가가 어려운 파생증권이 늘어났다. 셋째, IT 발달과 시장개방에 힘입어 국제금융이 확대되고 다국적 금융기관의 역할과 경쟁이 심화되었다. 이와 더불어 공정하고 투명한 금융거래를 뒷받침하도록 회계기준 및 정보와 법규의 국제 표준화가 확산되었다. 결과적으로 금융은 양적 성장과 질적 변화를 겪게 되었고, 금융수단도 매우 다양화되고 복잡해졌다. 금융은 각국 국민경제에서 차

9. 각국의 금융제도 역시 각국이 가진 국가 개입과 사회조직의 역할의 차이를 반영하는데 이에 대한 자세한 논의는 후술한다.
10. 캐나다, 프랑스, 이탈리아에서도 상업은행과 투자은행의 분리가 강제되었고 예금과 대출의 만기규제도 시행되었다.

지하는 양적 비중도 증가하고 각국 금융부문의 질적 구성도 크게 달라졌다. 실물거래를 뒷받침하기 위한 금융거래를 넘어 금융거래를 위한 금융거래가 시장을 주도하는 금융화(financialization) 현상이 나타났다. 아울러 금융부문의 국제적 연계성도 커졌다. 금융혁신은 국가 간 금융투자, 파생상품거래의 활성화 등으로 금융거래를 폭발적으로 증가시켜 범세계적 금융시장의 통합을 가속화하였다. 그러나 미국 주택가격은 하락으로 출발하였고 은행의 과도한 부채의존과 가치평가가 복잡한 파생증권으로 증폭된 2008년 글로벌 금융위기는 규제완화에 대한 반성의 계기를 마련했다. 특히 규제와 감독이 자본건전성 규제로 위축되고 자율적인 시장규율에 대한 의존도가 과도해져 금융부문의 취약성이 커졌을 뿐만 아니라 소득불평등과 저소득층 배제를 심화시켰다는 인식이 생겨났다.

1.2 금융시스템과 금융구조

금융구조는 국가별로 상이

금융구조는 기업의 자금조달 형태, 특히 부채 구성을 통해 파악할 수 있다. 〈표 11-2〉에 의하면, 주식·출자금을 통한 자금조달 비율은 일본(43%), 미국(56%), 유럽(51%) 모두 높다. 채권의 비율은 미국 21%, 일본 6%, 유럽 4% 수준이지만, 대출의 경우 반대로 일본 28%, 유럽 31%인 반면 미국은 7%로 낮은 수준이다. 기업의 자금조달을 금융기관이 개입하는 간접금융(대출)과 기업이 시장에서 자금조달을 한 직접금융(주식·출자금과 채권)으로 구분하면, 일본과 유럽의 간접 금융비중은 모두 36%인 반면 미국은 8%이다. 그러나 잔액 기준으로 보면 현재 이들 국가들의 직접금융 비중은 모두 높아지고 있다.

표 11-2 금융부채잔액 구성비

	일본	미국	유럽
기타	24	16	14
차입	28	7	31
채권	6	21	4
주식출자금	43	56	51

자료 : 일본은행 자금순환통계, FRB Flow of Funds, ECB Euro Area Accounts

한편 가계금융자산의 구성비에서도 금융구조에서 미국의 가계는 주식·출자금에 주로 투자하고 유럽과 일본은 현금·예금 투자 비중이 높음을 알 수 있다. 반면 보험연금 투자 비중은 대체로 유사한 비중을 보이고 있다.

표 11-3 각국의 가계금융자산 구성비(2013. 6)

	현금예금	주식출자금	채권	투자신탁	보험연금	기타
일본	54	8	2	5	27	4
미국	13	32	9	11	32	3
유럽	36	16	6	7	32	3

자본시장 중심의 금융시스템은 영국과 미국을 대표로 한다. 산업혁명을 주도한 영국의 경우 새로운 투자에서 기업의 내부유보 자금이나 자본시장에서의 증권발행을 통해 점진적으로 재원이 조달되었다. 후발 산업국인 독일은 내부자금과 자본시장이 발달하지 못한 상황에서 대규모 위험자본을 조달하기 위해 전통적인 예대업무와 투자은행업무를 모두 담당하는 복합은행(universal bank)에 의존하여야 했다. 대형 복합은행은 대출뿐만 아니라 주식보유를 통해 기업 이사회에 진출하는 등 기업과 밀접한 관계를 누려 왔다. 특히 은행은 20세기 초 출자 네트워크에 기초해 카르텔 형성을 지원하여 산업 구조조정에 일익을 담당하였고 전후에는 민간주도의 산업화에 큰 힘이 되었다. 결과적으로 대주주가 지배적인 독일 기업은 내부자금과 장기 은행차입에 주로 의존하며 자금을 조달해 왔다.[11]

미국은 산업화 초기에 독일처럼 은행에 의존하여 발전하며 대공황 이전까지 은행이 산업 구조조정에서 적극적인 역할을 수행하였다. 그러나 대공황을 전후로 반독점법과 상업은행의 업무규제(글래스-스티걸 법, 1933)가 시행되며 대형은행의 역할이 급속히 위축되고 자본시장 중심의 금융시스템이 자리 잡게 되었다. 결과적으로 미국 기업의 내부자금에 대한 의존도나 외부자금의 은행에 대한 의존도는 상대적으로 낮으며, 장단기 회사채 시장이 크게 발전하였고 주식발행 비중 역시 독일, 일본 등에 비해 상당히 높은 수준이다. 특히 은행을 통한 자금조달은 단기금융에 치중되어 있다.

1980년대에는 독일이나 일본의 은행기반 제도가 장기투자와 성장을 장려하지만 미국의 금융제도는 단기지향적이고 장기성장에 부정적 영향을 미친다는 의견이 지배적이었다. 그러나 1990년대에 들어 일본의 장기침체와 미국의 신경제 현상에 따라 벤처캐피털을 중심으로 자본시장 중심의 금융시스템에 대한 믿음이 매우 커졌다. 이에 따라 시장에 기반을 둔 금융중개와 새로운 금융상품이 도입되며 금융에 대한 접근도가 전 세계적으로 높아졌다. 특히 은행시스템 외부에서 발생하는 신용중개[shadow banking system(그림자 은행)]가 큰 폭으로 확대되었다. 은행은 규제가 경미한 독립된 비은행기관을 설립하고 자산을 이전하였으며, 이들 기관은 넘겨받은 은행 자산을 바탕으로 새로운 증권을 만들어 전 세계적으로 다양한 금융기관과 투자자에게 매각하였다. 그러나 이 과정에서 창출된 증권은 복잡성이 과도해져 적절한 위험 평가가 이루어지기 어려웠고 참여자 간 위험부담 역시 모호했으며 오래된 금융규제로 이를 다루기에는 역부족이었기 때문에 결국 2008년 글로벌 금융위기를 낳게 되었다.

최적 금융구조에 대한 논쟁

금융구조는 통상적으로 영미 모형과 유럽대륙 모형을 대조하여 각각 시장중심 구조와 은행중심 구조로 구분된다. 일본, 독일 등이 대표적인 은행중심 구조를 가지며 미국, 호주 등은 자본시장 중심 구조를 갖고 있다. '은행 대 자본시장'이라는 2분법은 널리 사용되고 있지만 사실상 거의 모든 금융시스템이 두 채널을 모두 활용할 뿐만 아니라 어디서부터 은행중심으로 보아야 할지도 불분명하다. 더욱이 산업 자금의 조달에 있어 기업 자체의 내부유보가 두 금융시스템에서 모두 가장 중요한 원천으로 자리 잡고 있다. 시장중심의 금융

---

11. 독일의 복합은행은 상이한 법적 지위와 지배구조를 갖는 대형민간은행, 공공부문 저축은행(Sparkassen과 지역 LB) 그리고 협동조합의 3그룹으로 나뉘어진다. 주정부는 오랫동안 지역 LB에 지분을 출자하고 대출결정에 관여해 왔기 때문에 Zysman(1983)은 독일의 금융시스템을 자율적인 은행과 국가지원이 지배하는 신용시스템이라고 불렀다. 1990년대 은행업무의 4/5가 중소기업(Mittelstand)금융에 특화된 공공부문 은행들에 의해 이뤄졌다. 한편 상장된 대형민간은행은 오랫동안 3대은행(Deutsche, Dresdner and Commerzbank)이 주도하고 있다. 그러나 독일의 금융시스템은 상대적으로 분절화되어 있어 5대 은행은 총금융자산의 22%만을 보유하고 있다.

시스템을 가진 국가에서조차도 주식을 통한 자금조달은 상당히 사소한 기여를 하고, 일본을 제외하곤 은행을 통한 자금조달의 우월성을 찾아보기 어렵다. 더욱이 1980년대 이래 전 세계에서 전개되고 있는 금융규제 완화로 말미암아 이러한 구별은 더 희미해지고 있다.

두 시스템은 비교 우위의 영역이 다르며, 실제로 많은 연구들은 은행과 자본시장이 모두 각각 경제발전에 강한 독립적 영향을 미친다고 밝혔다. 즉, 은행중심은 저위험의 안정적 자금조달에, 시장중심은 고위험의 자금조달에 적절한 것이다. 주식시장이 발전한 경제가 신산업을 발전하고 경제성장을 촉진하는 데 더 효율적일 수 있다. 이런 면에서 자본시장과 은행은 서로 다르지만 동시에 보완성이 있는 금융 서비스를 제공한다고 한다. 은행은 담보로 뒷받침된 저위험의 표준화, 단기 금융에 관련된 시장 마찰을 감소시키는 데 비교우위가 있다. 반면 분권화된 자본시장은 무형의 투입물에 크게 의존하는 장기의 고위험 신규 프로젝트에 필요한 자금조달에서 맞춤형 금융을 제공하는 데 상대적으로 더 유효하다고 강조한다. 아울러 자본시장은 과도한 은행의 시장지배력이 낳는 부정적 효과도 감소시킬 수 있다. 이런 면에서 자본시장은 은행을 보완할 수 있다.

한편 소득 수준이 유사한 경우 금융구조 차이는 경제발전 자체보다 특정 산업(전통산업 대 혁신산업 등)의 성장과 더 큰 관련이 있을 수 있다.[12] 혁신활동에 대한 자금공급에서 기업통제권 시장의 존재와 그 영향력과 효과성이 은행에 비해 자본시장의 상대적 중요성을 설명하는 핵심적 특징 중의 하나였다. 정보공개(회계시스템의 유효성), 은행 시스템의 낮은 집중도, 주식 중심의 자금조달, 숙련집약적 산업 간에는 양(+)의 관계가 존재한다(Carlin and Mayer, 2003). 집중화된 은행은 더 성숙하고 덜 위험한 기업과 관련된다. 첨단기술 기업은 표준적인 감시장치를 제공하는 은행보다 주식시장과 같은 다양한 견해를 허용하는 금융시스템을 요구한다. 더 나아가 두 시스템은 보완적일 수도 있다. 두 시스템은 금융 서비스 제공을 위해 경쟁을 촉진할 수 있다.

많은 연구들이 전반적 금융발전 수준이 장기성장과 관련이 있음을 확인하고 있지만, 금융구조와 경제성장 간에 유의한 관련성을 찾는 데는 어려움을 겪고 있다. '금융기능 견해'에 따르면 시장중심 아니면 은행중심과 같은 금융구조의 선택보다 금융발전의 전반적 수준, 즉 시장과 은행이 공급하는 금융 서비스의 양과 질이 자원배분과 경제성장에 핵심적이다. 또한 금융은 근본적으로 미래에 더 많은 돈을 돌려줄 것이라는 약속을 기반으로 돈을 제공하는 교환이다. 따라서 이러한 교환의 발생 여부는 계약의 법적 강제성뿐만 아니라 거래 상대방을 신뢰할 수 있는 강도 또는 사회적 자본의 수준에도 의존한다.

이와 관련하여 금융기능의 수준, 즉 금융발전의 국가별 격차를 법률체계의 차이에서 찾을 수 있다(law and finance 견해, La Porta et al. 2000). 즉, 금융은 계약의 집합으로서 법적 권한과 강제방식에 의해 정의되고 효력이 강화된다. 잘 기능하는 법률시스템은 시장과 금융기관의 기능을 촉진한다. 한편 사회적 자본 역시 법률을 대신하여 협조적으로 행동하도록 강제할 수 있다. 사회적 자본이 충분히 축적된 관계에서는 계약 자체가 필요 없으며, 금융시장의 작동이나 발전을 위해서는 신뢰가 요구된다. 이러한 사회적 자본은 사회 네트워크에 의존한다. 사회 네트워크는 담보로 활용될 수 있기 때문이다.[13] 사회 네트워크에서 처벌당하고 쫓겨날 가능성이 책임 있는 신용거래를 하도록 강제할 수 있다. 동일한 법률시스템을 가진 국가라 하더라도 사회 네트워크의 발전 수준에 따라 금융시스템의 발전 수준이 달라질 수 있다.

---

12. 경제발전 초기에 대부분의 국가에서 은행의 역할이 크고, 경제나 금융이 일정 수준이 이상 발전한 후에야 비로소 자본시장 비중이 확대되며 자본시장 역할이 증대하는 것으로 나타난다.
13. 일반적인 네트워크에서 신뢰 수준은 차입자와 대여자를 연결하는 모든 경로 중에서 가장 취약한 경로의 가치의 합과 일치한다. 그래프 이론에서는 이를 최대 네트워크양(network flow)이라 한다.

금융구조의 선택

금융시스템은 일반적으로 은행중심 제도와 시장중심 제도로 나뉘어진다. **은행중심 제도**에서는 은행이 기업에게 자금을 공급하며 기업지배구조에서 주된 역할을 한다. 은행과 기업이 상호주식을 보유하거나 거래관계를 장기적으로 유지함으로써 서로 밀접한 관계를 형성한다. 금융기관과 기업 간에 긴밀한 관계가 형성됨으로써 기업에 대한 안정적 자금지원이 가능하며, 시장의 정보생산능력이 다소 취약해도 금융이 가능하다는 장점을 지닌다. 기업의 주요 자금조달원은 은행의 대출이므로 은행은 대출 심사와 기업에 대한 자금공급을 통해 실물 부문에 커다란 영향력을 행사한다. 반면 금융기관과 기업 간에 부정적 유착관계가 형성될 수 있으며, 정부의 금융 개입이 상대적으로 용이해지는 단점을 갖는다. 이에 따라 은행중심 금융구조는 시장기반의(market-based) 은행중심적 금융구조와 정부주도적(government-led) 은행중심 금융구조로 구분된다. 전자에서는 금융기관과 기업 간 관계에 시장원리가 작용하며 민간금융기관에 대한 정부의 직접적 경영관여가 배제된다. 독일이 이에 해당된다. 한편 후자에서는 금융기관과 기업 간 관계가 정부의 매개로 형성되며 정부가 정책금융, 경영개입 등을 통해 자금배분에 직접 관여하므로 한계기업의 생존이 연장되는 부작용이 있다. 프랑스가 이에 해당한다.

시장중심 제도에서는 자본시장이 기업의 자금공급과 기업감시 측면에서 중심적인 역할을 한다. 영국과 미국이 이에 해당되며 영미형 시스템으로도 불린다. 시장정보에 기초해 기업에 대한 수시 평가가 이루어지고 금융기관과 기업 간의 부정적 유착관계 형성을 억제한다. 금융기관과 기업이 서로 소유 · 지배관계를 갖지 않고 독립적 관계를 유지하는 형태이다. 따라서 기업은 은행에 대해 상대적으로 독립성을 가진다. 대신 기업은 주식 또는 채권 시장을 통해 자금을 조달하며, 기업의 실물부문 투자에 대한 건전성 평가도 자본시장에서의 가격조정을 통해 이루어진다. 그러나 시장중심 제도는 은행중심 제도에 비해 금융거래 관계의 불안정성과 근시성이 촉발될 가능성이 크다.

중요한 것은 금융구조의 선택이 아니라 시장이나 은행이 공급하는 금융 서비스의 양과 질이다. 자본시장과 은행 모두 거래비용과 정보비용을 감소시켜 저축을 동원할 수 있다. 다만 자본시장과 은행은 다른 방법을 통해 이러한 기능을 수행하고 서로 보완적인 역할을 한다. 은행중심 제도와 시장중심 제도는 효율성과 안정성 면에서 우월성을 따지기 어렵고 상호 대체적이라기보다는 상호보완적이며, 이러한 상호보완을 통해 금융발전이 경제성장을 촉진한다는 것이 지배적 견해[금융기능 견해(financial functions view)]이다. 즉, 특정 금융구조보다는 전반적 금융발전 수준이 중요하다. 전반적 금융발전이란 금융제도가 얼마나 정보비용과 거래비용을 절감하는지 그리고 그에 따라 얼마나 양질의 금융 서비스를 제공하는가를 말한다. 물론 일국의 금융시스템이 갖추어야 할 목표에 따라 최적 금융구조—은행과 시장의 최적 비중—는 나라마다 다를 수 있다.

1.3 금융과 경제발전 : 효율성, 공평성, 안정성

금융의 발전

과거에 사람들의 금융활동은 상당히 단순하였고 공식적인 금융시장과의 연관성도 적었다. 금융거래는 현금으로 이루어졌고 직장과 연계된 사회보험과 연금이 존재하였으며 좋은 신용등급이 아파트 임차나 구직에 필요한 것은 아니었다. 이제 이 모든 것이 변하였다. 기술혁신과 글로벌화는 사람들의 금융 생활에 광범위한 영향을 미쳐서 은행 서비스, 저축, 보험, 자산운용에 관한 다양한 금융기법이 일상생활의 일부로 자리 잡게 되었다. 금융관리를 보다 쉽고 보다 생산적이도록 만드는 금융 서비스의 진전이 생겨난 것이다. 예를 들어 ATM, 직불카드, 모바일 금융 등은 금융관리를 크게 개선하였다. 덕분에 공과금 지급, 은행 업무, 재무 관리 그리고 사업 경영까지도 온라인에서 전 세계를 대상으로 손쉽게 할 수 있게 되었다. 그만큼 사람들의 금융 서비스에 대한 의존도는 갈수록 커지고 있다. 사람들은 상당한 지식과 관리를 요구하는 복잡한 금융세계에 살게 되었고, 약간의 실수나 착오가 삶에 치명적 결과를 초래하게 되었다.

금융 역량 : 금융의 본질적 가치와 수단적 가치

금융발전 논의는 대부분 금융 서비스나 그에 대한 접근성의 확대에 초점이 맞추어져 금융 서비스만 확대하면 사람들의 삶의 질이 그만큼 확대될 것이라고 가정한다. 하지만 금융 서비스 이용 가능성과 질적 수준을 넘어 금융 소비자 스스로 상황에 맞추어 지급 결제와 자금 조달 · 운용을 할 수 있는 능력, 즉 금융역량(financial capability)이 중요하다. 금융역량은 사람들이 선택할 수 있는 다양한 금융 서비스의 묶음이자 이를 이용하여 개인이 스스로 가치 있게 여기는 삶을 성취하는 다양한 방식이다. 개인의 경우 금융역량은 일상적 금전 관리, 돌발상황에 대한 유연성 확보, 문제가 되는 부채의 해결, 미래의 삶에 대한 준비를 포함한다. 금융역량은 지식과 정보에 기초하여 금융결정을 내리고 필요한 경우 조언과 안내를 구할 수 있는 능력을 전반적으로 요구한다. 금융역량은 금융발전의 토대이자 궁극적인 금융소비자 보호의 수단이다. 금융역량은 금융기회(financial inclusion)와 금융이해력(financial literacy)으로 구분된다. 금융기회란 사람들이 은행, 신용, 저축, 투자, 보험 등에 있어 제도권 금융과 정책에 연계된 정도를 말한다. 금융이해력은 현명한 금융선택을 할 수 있는 지식과 기능을 말한다. 즉, 금융역량이란 금융 서비스, 금융정책, 그리고 다른 기회들에 실질적으로 접근할 수 있느냐와 함께 무엇을 알고 무엇을 스스로 할 수 있느냐를 말한다. 금융활동을 할 기회와 함께 금융활동을 할 수 있는 능력을 포괄한 것이 금융역량이다. 역량접근법에 따르면 금융발전은 금융 서비스에의 접근성보다는 금융 서비스가 사람들이 삶의 질을 얼마나 그리고 어떻게 개선하는가가 중요하다. 따라서 금융복지는 보유한 자산 수준과 청구서를 제대로 지불하는 능력과 같은 객관적 요소뿐만 아니라 얼마나 자주 돈에 대해 걱정하고 자신의 금융상황에 대해 얼마나 긍정적으로 생각하는가 등 주관적 요소도 포함한다(Storchi and Johnson, 2016).

그림 11-4 금융역량과 전환요인

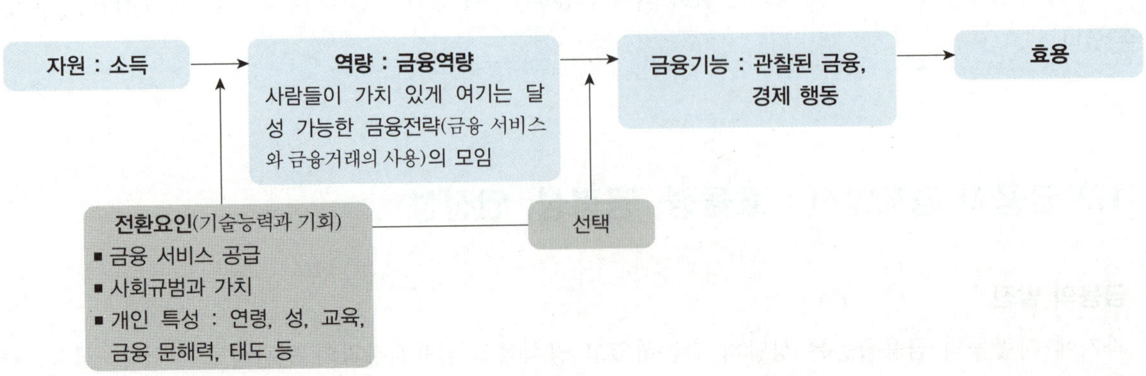

금융역량은 사람들이 가치 있게 여기는 삶을 달성하는 자유의 본질적 부분이기도 하다. 예를 들어 다양한 대출 서비스의 활용능력은 본질적 가치를 갖는다. 차입자가 될 수 있다는 것은 공동체가 믿고 의지할 만한 존재라는 것을 상징한다. 동시에 금융자원 또는 금융자산과 금융 서비스는 물질적 삶의 질을 달성하는 데 있어 도구적으로도 중요하다.[14] 적절한 비용으로 적시에 금융 서비스에 접근 가능하다는 것은 개인과 기업의 경제 활동에 큰 영향을 미친다. 금융기회는 개인과 기업의 선택폭을 확대하고 삶의 안정성을 높인다. 신용경색은 신용에 의존하는 현대경제에서의 개인이 삶을 꾸려나가는 역량에 심각한 영향을 미친다. 대출이 손쉽다면 개인은 소비와 불규칙한 소득의 갭을 보다 쉽게 메꿀 수 있고 삶의 질도 그만큼 높아진다. 금융 부문의 미발전은 빈곤한 개인의 선택 가능한 대안을 제한하고 이는 다시 빈곤을 악화시킴으로써 개인을 빈곤의 함정에 빠뜨린다. 금융기회의 제한과 그에 따른 경제적 기회에 대한 접근 장애는 개인들이 스스로 가치 있게 여기는 삶을 추구하고, 대안적 삶을 자유롭게 선택할 수 있게 하는 주도적 능력을 왜곡한다. 또한 금융 능력이 부족한 사람들이 겪는 문제는 매우 심각하다. 실직이나 출산과 같은 상황 변화가 생겨나면 이미 분투하는 사람들은 주택 손실과 같은 심각한 금융 문제에 봉착한다. 부모의 금융 상황이 안정적이면 영양, 주거 안정성, 교육 등 가족들에게 보다 안정된 생활기반을 제공할 수 있을 것이다.

금융자산이 삶의 질을 달성하는 수단들이라면, 금융자산을 효과적으로 관리하는 다양한 방식은 금융소비자층, 특히 빈곤계층이 가치 있게 여기는 인간의 자유가 된다. 이러한 도구적 자유는 금융 포용성과 마이크로 금융과 관련된다. 마이크로 금융기관의 목표는 기업가들에게 벤처발전을 위한 소액 대출의 기회를 제공함으로써 도구적 금융 자유의 결핍에 대응하는 것이다. 기업가적 활동을 자극함으로써 빈곤한 개인들은 보다 효과적으로 시장에 참여할 수 있다. 기업가적 활동은 경제성장, 사회적 변화와 발전의 핵심적 부분으로 빈곤퇴치의 선행변수이다. 따라서 마이크로 금융과 같은 포용적 금융은 영세적 기업가의 중요한 역량이 된다.

금융발전과 경제성장

금융이 개인의 경제활동을 촉진하는 것이라면 금융발전은 경제성장을 낳는 중요한 원천 중 하나가 될 것이다. 하지만 경제학자들은 다양한 논점을 제시한다. (실물)기업이 앞서가면 금융은 그 뒤를 따라가기 때문에 금융이 실물수요를 추종할 수도 있지만, 금융시장이 경제성장에 기여할 수도 있다. 금융을 보는 시각의 편차가 크지만 실물경제가 성장 · 발전할 수 있도록 자금흐름을 뒷받침하는 것이 금융의 역할이라는 점에는 이론의 여지가 없다. 그러므로 금융시스템이 어떤 방식으로 조직화될 때 그러한 역할을 효율적으로 수행하는지에 관심을 쏟는 것이 중요하다.

1.4 금융실패 : 효율성, 공평성, 안정성

효율성과 공평성의 왜곡

금융시장은 다양한 이유로 효율성이나 (접근의) 형평성 달성에 실패할 수 있다. 정보 비대칭성이나 공급독점으로 금융시장이나 금융기관이 실패할 수 있다. 특히 금융시장 실패는 신흥 산업이나 중소기업, 취약계

14. 금융자원이란 개인(또는 가구)이 처분할 수 있는 금전적 자원을 말하며 일상적인 금융 비용을 충당할 뿐만 아니라 예상치 못한 또는 예상보다 큰 비용에 대처하기 위해 사용할 수 있다. 여기에는 수입, 저축, 기타 자산 및 대출 상품이 포함된다. 수단은 금융복지에 큰 영향을 미친다. 금융자원의 일시적이거나 장기적으로 부족 또는 예기치 않은 재정적 압박이 열악한 금융 복지의 주요 이유이다.

층의 경우 심각하며 실물경제 불안기에 심화된다. 선진국의 금융시스템에 대한 다음의 평가는 이를 잘 보여준다 : "금융기관 종사자들은 금융시장이 일반 재화시장처럼 움직이지 않으며, 정보가 비대칭적인 상황에서 시장경쟁의 원리가 작동하지 않는다는 것을 배워 왔다. 도덕적 해이, 복잡성, 불투명성은 모두 금융기관 종사자들이 일종의 지대를 확보하는 데 도움을 주었다. 금융기관 종사자들은 가격 왜곡, 변동성, 넘쳐나는 금융상품을 통해서 이득을 누려 왔다. 금융중개 비용과 수수료, 가격책정에서의 비효율성은 저축자가 마땅히 얻어야 할 이득을 잠식하는 데 기여하고 있다"(Woolley and Vayanos, 2012).

금융 활동에는 정보의 비대칭성이 항상 존재한다. 금융기관과 기업 간에 그리고 금융기관과 예금자 간에 정보의 비대칭성이 존재한다. 금융 상품의 질과 금융기관의 성과와 신뢰성을 제대로 감시 · 평가하기는 어렵다. 시장에서는 지나치게 위험한 금융기관이나 기업만 활동하는 역선택 문제와 금융기관이나 기업이 과도한 위험을 추구하는 도덕적 해이 문제가 발생한다. 이러한 과정이 반복되면 금융거래가 위축되거나 금융시장 자체가 아예 형성되지 않을 수 있다. 한편 소비자 개인에 의한 감시는 무임승차 문제로 어느 개인도 감시하려하지 않는 문제를 안고 있으며, 감시에는 규모의 경제가 작용한다. 아울러 금융기관과 관련된 소수의 이해관계자가 정보를 독점하여 내부거래를 할 수 있으며, 규모의 경제가 작용하는 지급결제 시스템은 자연독점의 성격을 가진다.

금융 소외

많은 국가에서 인구의 상당 부분이 금융 소외에 처해 있다. 금융 소외란 금융활동을 할 수 있는 능력(지식, 기능, 자신감, 동기)이나 금융을 활용할 수 있는 기회(양질의 적절한 구매가 가능하고 공정한 금융상품, 서비스, 프로그램에의 접근)를 갖지 못함에 따라 금융역량이 부족하여 삶을 영위하는 역량이 심각하게 저하되는 상황이다. 즉, 금융 소외란 제도권 금융회사의 금융 서비스로부터 배제된 상태를 말한다. 금융 소외자들은 금융채무 불이행으로 정상적인 경제활동이 어렵고 생활, 교육, 주거 자금 조달에 애로가 생기며 사금융 등에 따른 고금리와 불법추심 문제 등으로 고통을 겪게 된다. 금융소외는 다양한 이유에서 비롯할 수 있다(World Bank, 2008). 소득이 불충분하거나 신용위험이 높아서[수요자의 비적격성(ineligibility)], 금융 계약이나 금융상품 정보가 복잡하고 어려워서[금융문맹(financial illiteracy)], 인종, 사회 계층 등을 이유로 금융 서비스 공급자가 차별적으로 공급해서[이용불가(non-availability)], 금융상품의 가격이 너무 높거나 최소 잔액 등의 가입조건으로 지불가능한 가격수준이 아니어서[부적격(non-affordability)] 금융 소외가 발생할 수 있다.

World Bank가 2012년부터 구축한 금융포용 데이터베이스 Global Findex에 따르면 세계 인구의 38%(2015년, 선진국 6%, 개도국 53%)가 은행 계좌를 갖고 있지 못하다. 금융 문해력(financially literacy)[15]에는 성별, 연령, 소득, 교육에 따른 격차가 존재하여, 특히 금융문맹은 낮은 사회 · 경제적 지위와 깊이 관련되어 있다. 남성, 근로연령, 중상위 소득, 고학력자일수록 금융 문해력이 높다. 반대로 소득이 낮고 나이가 어리며, 교육이 부족하고 여성이며, 지방에 거주할수록 금융 문해력이 낮고 금융소외가 심화되는 경향이 있다. 반면 시간이 흐를수록 금융시스템은 복잡해지고 있으며 제도적 연계와 탐색 능력을 더더욱 요구한다. Global Financial Literacy Survey에 따르면 세계 인구의 2/3가 금융 문해력 결핍이고(Klapper et al., 2015) 은행 계좌를 관리하는 방법을 알지 못하며, 25%가 매일의 소비에 관한 단순한 재무결정을 하지 못하고 90%가

15. 여기서 금융 문해력은 이자율, 복리, 인플레이션, 위험 다변화라는 4가지 기초적인 금융개념 중 최소 3가지에 대해 적절히 답하는 경우를 말한다.

이자소득세와 같은 단순한 금융개념을 이해하지 못한다.

금융소외 계층이 많아지면 금융산업 발전이 저해될 뿐만 아니라 안정적인 사회통합을 저해한다. 금융채무 불이행이 늘어나고 사금융 이용이 증가한다는 것은 전반적으로 제도권 금융에서 신용위험이 높아지고 그 이용자가 감소하기 때문이다. 생활, 교육, 주거 등으로 어려움을 겪고 있음에도 제도권 금융의 지원을 받지 못하는 사람들이 늘어나면 사회 불안이 커지고 사회구성원이 잠재력을 발휘하지 못하게 될 것이다.

금융시스템 위험

금융은 거대 금융기관조차도 감당하기 어려운 시스템 위험의 수준도 매우 높다. 금융기관은 차입금을 운영자금으로 활용하고 그에 따라 일반 기업에 비해 높은 부채비율을 보인다. 즉, 부채비율은 일반 기업이 평균 100% 정도이지만 우량 상업은행의 경우에도 1,500~2,000%에 달한다. 이에 따라 금융위기가 발생하면 대형 금융기관도 단기간에 도산에 직면할 수 있다. 예금 중 일부분만 지급준비금으로 보유하는 부분 예금준비금제도하에서 건전한 금융기관도 유동성 부족으로 도산할 수 있다. '단기 조달-장기 운용', '외화차입-국내통화 대출' 등으로 인해 자금 조달과 운영상의 불일치가 상존하는 것도 금융기관의 위험을 높이는 요인이다. 더욱이 금융시스템은 외부효과에 민감하여 개별금융기관이 파산하고 이를 계기로 금융시장에서 갑작스런 예금인출쇄도(bank run)가 발생하면 전체 금융시스템이 불안정해지며 실물경제가 침체한다.

금융 확대와 금융혁신의 이면에서 금융시스템 불안정성도 계속 증가해 왔다. 겸업화의 일환으로 수익 변동폭이 큰 증권 · 보험업을 은행이 취급하면서 은행 자산의 위험이 커져 인출쇄도의 가능성이 커졌다. 증권화로 증권화 상품을 판매하고 보유해 온 은행도 금융시장의 군집행동(herding behavior)에 더 크게 노출되게 되었다. 개별 은행 입장에서는 경쟁 상황에 대한 합리적 대응이지만, 은행시스템 전체로는 조정실패를 낳게 된 것이다. 금융 세계화로 국내자본의 해외유출과 투기성 자금의 유출입 증대는 국내금융기관들의 국가위험, 신용위험, 환위험에 대한 노출도를 높였다.

개인의 금융활동에는 비합리적인 행동이 존재한다. 많은 소비자가 저축보다는 당장의 소비를 선호한다. 일부 소비자는 모든 정보를 제시받고도 자신의 금융 상황을 최적화할 수 있는 인지능력을 갖지 못할 수 있다. 개인적 경험은 느리게 축적되고 노이즈에 오염된다. 이로 인해 종종 위험하다는 인식만으로도 금융기관 파산이 가능하다.

1.5 금융정책

금융시장에서 나타나는 다양한 시장실패나 참여자의 비합리적인 행동은 정부와 사회조직을 통한 집단행동을 요구한다. 금융당국은 시장에 개입하여 금융시장 참여자들을 규제 · 감독하여 사회후생을 증대시킬 수 있다. 금융정책의 범위는 시장의 실패를 보완하면서 정부나 금융감독기관에 의한 규제감독의 부작용을 최소화한다는 원칙에 의해 정해질 수 있다. 이에 따라 각국 정부는 경제 전체에 영향을 미치는 금융실패의 위험을 감소시킬 수 있도록 금융규제를 발전시키고 있다. 주주의 이익을 도모하는 민간금융기관들이 위기와 파산은 피할 수 있더라도 그로 말미암은 평판의 훼손에는 치명적 영향을 받는다. 그러나 금융기관은 자신들의 위험만을 고려할 뿐이며 사회 전체에 미치는 파급효과를 고려하지 못한다. 정부가 금융기관을 구제할 때 그 파산비용을 감당하는 것은 결국 주주와 납세자들이다.

1) 금융접근 기회의 확대

동일한 금융 기회가 제공되어도 개인마다 그 기회를 활용할 수 있는 금융역량은 차이가 있다. 이러한 차이에 영향을 미치는 전환요인에는 개인적, 사회적, 환경적 요인이 포함된다. 전환요인은 개인의 기능을 제한하는 동시에 무엇을 가치 있고 달성 가능한 것으로 보는 가, 즉 금융 선택에도 영향을 미친다. 사람들에게 ① 금융 문제를 다룰 수 있는 능력, 지식, 태도와 동기를 갖추도록 하고, ② 금융적으로 능력 있는 행동이 가능하게 하거나 억제하는 외부적 여건에 영향을 미쳐야 한다.

(1) 금융 교육과 훈련 : 내적 금융역량

개인적 요인은 내적 금융역량이라 불리는데, 금융 능력과 사고방식으로 구성된다. 금융 능력은 지식과 기술을 말한다. 지식은 금융시장과 정보에 접근하고 상황에 맞는 금융 결정을 내리는 데 필요한 금융상품, 개념, 서비스, 재무 상황에 대한 이해가 포함된다. 한편 기술은 수리력, 식자 능력, 문제해결 능력 등 재무관리에 필요한 인지 · 정서적 기술을 포함한다. 사고방식은 동기와 태도를 말한다. 동기란 행동을 유도하는 사고방식으로 목표와 열망을 포함한다. 태도는 행동의 의도에 영향을 줄 수 있는 근본적 신념이다. 이에는 금전적 태도(미래 대비를 위한 저축의 가치)뿐만 아니라 자신에 대한 태도(예 : 자신감)가 포함된다. 금융역량을 개선하기 위해 생애주기별 금융교육, 금융상담 등 사람들의 금융 지식과 기술을 확장시키도록 하여야 한다. 미국의 금융소비자보호국(Consumer Financial Protection Bureau ; CFPB)과 금융소비자 보호법(2010)은 금융소비자 보호의 일환으로 금융소비자가 현명한 금융의사결정을 하는 데 필요한 정보, 절차, 수단을 갖추도록 함으로써 소비자의 권리를 강화하고 교육시킬 것을 목표로 하고 있다.

(2) 금융 접근의 확대 : 효율성과 공평성 — 외적 금융역량과 전환요인

외적 금융역량 또는 전환요인은 접근성과 사회적 영향으로 구성된다. 접근성은 금융상품, 서비스 및 정보의 용이성과 접근성을 포함하며 물리적 장애(지리적, 기술적), 사회적 장애(기술 및 지식수준에 영향을 미치는 비공식적인 재정적 조언을 결정하는 사회네트워크), 기타 접근장애(사람의 언어적 · 인지적 능력과 신체적 · 감각적 장애와 관련된 것)를 말한다. 사회적 장애에는 사회규범을 포함한다. 부채를 정상적으로 여기거나 특정 소비문화를 장려하는 상업광고를 포함한다. 아울러 특정 방식으로 소비 또는 저축하도록 하는 또래 압력과 같은 개인적 영향도 포함된다.

정부 개입은 금융 접근성 문제를 극복하는 데 큰 영향을 미칠 수 있다. 시장기능이 적절히 작동하지 않아 금융 접근성이 왜곡되어 정태적으로나 동태적으로 자원배분의 효율성이 하락할 때 국가가 직접 금융기관을 소유하여 금융 서비스를 제공하거나 신용보증, 이자율 제한, 수수료 제한, 보조금과 조세 등으로도 대처할 수 있다.[16] 장기신용, 사회간접자본, 농업금융, 중소기업금융에서 자주 관찰되듯이 금융시장의 실패로 인해 시장의 상업적 원리로 해소하지 못하는 금융수요를 자금의 가용성, 금융비용, 만기 측면에서 보완하여 금

16. 신용보증 등은 직접 대출에 비해 재정부담이 적고 실제 대출은 여전히 민간금융기관의 선택에 의존한다는 점에서 시장친화적인 정부 개입이라고 할 수 있다.

융접근도를 높이는 공공적 성격의 금융을 정책금융[development finance(개발금융)]이라 하고, 이를 담당하는 금융기관을 통상 개발은행(development banks)[17]라 부르는데, 선 · 후진국 모두에서 활동한다. 정책금융은 시장기능을 보완하여 시장실패와 조정실패를 극복한다는 의미에서 긍정적인 역할이 있는 반면, 상업금융을 구축(crowding-out)하거나 정치적 개입, 대리인 비용 유발 등 정부실패의 부작용도 나타날 수 있다. 전 세계적으로 정책금융기관이 은행산업에서 차지하는 비중은 17(유럽)~25%(개발도상국) 수준에 이르는데, 소득수준이 높은 독일, 영국, 노르웨이 등의 국가에서 공공금융기관의 역할이 지속되고 있다. 선진국의 공공금융기관은 소유구조를 제외하곤 지배구조, 투명성, 리스크 관리에 있어 상업은행과 유사한 관행을 발전시켜 왔다.

금융 접근성의 개선은 차별의 해소, 즉 공평성의 차원에서 이루어질 수 있다. 금융소외계층은 정량적 지표에 절대적으로 의존하는 신용평가 시스템을 통과하는 것이 어렵고, 규모가 영세하여 높은 대출집행 비용이 발생하므로 제도권 금융회사가 다루기 곤란하다. 이에 따라 과거 유럽을 중심으로 저축은행이나 협동조합이 발전해 왔으며, 1970년대부터는 세계 각국에서 비영리 민간기구를 중심으로 저소득 빈곤층, 여성, 소외계층 등 사회적 약자를 대상으로 소규모 무담보 대출을 제공하는 마이크로 크레딧(micro credit)이 발전해 왔다. 이들은 차주가 직접 운영하거나 종사하는 소규모 자영업이나 영세기업에 창업 및 운영자금을 공급함으로써 이들의 소득창출기반 강화를 지원하는데, 지역사회 또는 대면 관계인과의 공동 연대 보증, 강제 저축 등의 보완책을 통해 연체로 인한 손실 발생에 대응한다. 후진국에서 출발해 대출에 국한되었던 마이크로 크레딧은 상당한 성과를 거두었고, 이에 따라 선진국으로 확대되며 저소득층의 자활을 돕는 원리는 유지하되 금융 서비스는 저축계좌, 자금이체, 보험 등으로까지 확대되어 현재에는 마이크로 금융으로 거듭나고 있다. 마이크로 크레딧은 크게 미국 · 유럽 등의 선진국형과 아시아 · 중남미 등의 개도국형으로 나누어 볼 수 있다. 전자는 금융적 · 사회적 배제의 극복과 고용 창출을 위한 프로그램의 성격을 가지며, 후자는 빈곤퇴치 프로그램의 일환으로 자활을 도와 부족한 공적 복지를 보완하는 제도로 자리 잡고 있다.

표 11-4 선진국형 vs 개도국형 마이크로 크레딧 사업 비교

	미국 · 서유럽의 선진국형	아시아 · 중남미의 개도국형
서비스 내용	소액 신용대출과 더불어 창업훈련, 교육 등 컨설팅 서비스를 함께 제공	소액 신용대출에 집중
재원 조달	공공부문의 지원 및 민간 기부금 등의 외부재원 조달에 의존	기존에는 외부재원에 의존 : 최근 상업은행 형태로 발전하며 자체 재원조달을 확대하고 다양화
대출 대상	실업자 및 저소득 창업자	저소득 빈곤층, 특히 여성
특성	이자율 상한제 등으로 이자율 제한 창업훈련 비용, 각종 교육 프로그램 제공 등 고비용 체제	높은 대출 이자율 등으로 상업성 구현 신용위험 감소를 위해 다양한 대출 방식을 활용 재원이 비교적 국제화, 다양화
대표 기관	ACCION USA(미국), ADIE(프랑스), GRF(영국) 등	Grameen Bank(방글라데시), BRK(인도네시아), ACCION(브라질) 등

자료 : 남주하 · 김정렬 · 이규복(2012), 『금융위기와 한국의 금융제도 개혁』, 율곡출판사.

한편 전 세계적으로 1970년대 이후 규제 완화로 소비자 금융이 급증하고 개인 소비자가 과도한 채무에 시달리며 개인파산이 급증하자 파산 관련 법규가 강화되어 왔다. 파산 관련 법률은 '채무자의 보호'와 '채권

17. 정책금융을 공급하는 공공 금융기관은 개발은행 외에 정책은행(policy bank), 개발금융기관(development financial institution), 공공금융기관(public financial institution), 공공은행(public bank) 등의 이름을 가진다.

자의 권리'라는 두 가지 목표를 조화하여 과잉채무 문제를 해결하고 금융거래 질서를 유지하고자 한다. 개인 신용 회복제도는 채무변제가 곤란한 개인채무자를 대상으로 상환기간 연장, 분할상환, 이자율 조정, 변제기간 유예, 채무 감면 등으로 신용회복을 도와주는 제도이다. 개인파산, 개인회생과 같이 사법적 파산절차 및 채무 재조정 절차를 포함하는 공적제도와 사전 채무조정(프리 워크아웃), 개인 워크아웃과 같이 민간 신용상담기구의 중재에 의존하여 채무 재조정이 이뤄지는 사적 제도로 구분된다. 개인파산에 앞서 개인 워크아웃이나 개인회생을 통한 신용회복이 우선 이루어지도록 하고 파산의 남용을 막아 채무 불이행자의 양산을 최소화하는 것이 중요하다.

금융법규와 정보인프라의 제공 금융계약은 소유와 통제를 분리시키고, 자산에 대한 소득 향유권과 통제권을 분리시킨다. 따라서 그 결과로 훼손될 수 있는 투자자의 권리가 적절히 보호될 것이라는 확신이 있어야 투자 동기를 가지며 금융자원의 교환과 배분이 제대로 될 수 있다. 이처럼 계약은 금융활동의 기초가 되므로 ① 사유재산권을 보호하는, 즉 채권자를 지지 · 보호하는 법규가 존재하고 ② 계약이 법규에 의해 효과적으로 강제되며, ③ 계약 작성과 강제의 기준이 되는 채무자 정보가 공개되고 있을 때 채권자는 자금을 제공하고 금융이 활발할 것이다. 사유재산권을 존중하는 법규만 존재한다면 시장 참여자들이 스스로 모든 계약을 만들어낼 수 있다. 그러나 이를 위해서는 법원이 사적 계약을 불편부당하게 강제하고 복잡한 계약과 기술적 조항을 판독하는 능력과 의지를 가져야 하지만, 이에는 한계가 있다. 결국 금융거래를 조직하고 채권자들을 보호하는 표준적인 체계로서 회사법, 파산법, 증권법이 필요하다. 표준화는 계약 관련 거래비용을 낮추지만, 지나치게 경직적이면 개별 계약에 맞추기 어려워지고 계약 성립을 방해할 수 있다. 즉, 표준화의 부작용이 있더라도 채권자 보호를 넘어선 상세한 법규, 강제기구, 정보공개 체계가 요구된다.

반경쟁행위와 정보비대칭성에 따른 투자자 보호 규제 금융 시장에서는 소수의 거대 금융기관이 시장에서 지배적인 위치를 갖는다. 따라서 금융산업 역시 반경쟁 행위의 가능성이 상존하고 규제가 필요하다. 이는 경쟁과 효율성 · 안정성 간의 관계에 대한 논쟁을 낳고 있는데, 지금까지의 연구결과에 따르면 경쟁은 시장 효율성과 금융접근도를 높이지만, 시장 안정성과의 관계는 모호하다. 영업행위(business conduct) 규제는 개별 금융기관이 고객에게 적시에 충분한 정보를 제공하며 투명하고 공정하게 거래를 수행하는지 여부를 감시하고 유효경쟁을 촉진하여 소비자를 보호하고자 한다. 영업행위 규제는 궁극적으로 금융시스템에 대한 신뢰를 제고하여 소비자를 보호함으로써 시장 참여를 확대하는 데 그 목적이 있다. 금융지식과 능력이 부족한 개인을 대상으로 한 위험 상품의 판매에는 일정한 규제가 존재해야 하므로 광고, 부실공시, 내부거래, 신탁책임의 불이행 등의 남용 행위에 대응하여 투자자를 보호해야 한다. 금융감독당국은 금융소비자 보호를 목적으로 자본시장 규제, 회계감독, 금융소비자 보호업무를 관장한다.

금산 관계망과 정부정책 : 관계금융

혁신유형과 관련 없이 기업의 성장과 혁신은 금융과 산업 간의 긴밀한 관계망을 요구한다. 급진적 혁신은 기술혁신에 대한 이해도가 높은 자본가를 필요로 하며, 점진적 혁신은 인내할 수 있는 자본가를 필요로 한다. 아울러 네트워크의 형성은 자원과 정보를 보다 광범위하게 접근 가능하다는 것을 의미하기도 한다. 정부는 네트워크 촉진 정책을 통해 금산 관계망을 강화하도록 할 수 있다.

2) 절차적 기회 : 이탈의 대안과 목소리 내기

절차적 자유의 관점에서 볼 때 금융결정에서 금융소비자가 적절한 자율성을 행사하고 있는가가 중요하며, 이를 위한 여건이 확보되어야 한다. 중소기업에 대한 금융공급이 소수의 금융기관에 집중된 경우 은행의 재량 역할이 너무 커질 수 있다. 금융정책 역시 금융소비자보다는 서비스 공급자인 금융기관을 중심으로 정책의 틀이 갖춰져 있다. 이에 따라 금융소비자는 합리적 금융 이용에 어려움을 겪고 있고 기업은 혁신에 제약을 겪고 있다.

금융 소비자의 금융역량은 금융발전의 토대이자 궁극적인 소비자 보호의 수단이다. 개인의 경우 날로 복잡함을 더해 가는 금융활동에 대한 지속적 교육이 필요하며, 금융 이해도가 낮아 과잉부채와 금융사기 위험이 높거나 새로운 금융 서비스 활용에 소외된 계층에 대해서는 별도의 교육도 필요하다. 신흥기업과 중소기업이 보여주듯 금융 대안에 대한 인식과 이해 부족은 기업금융의 활성화를 제한한다. 이를 극복하기 위해서 금융 대안에 대한 지식과 선택능력을 높이는 것이 중요하다.

3) 금융 안정성의 확보

금융안정은 다양하게 정의되지만 대부분의 금융시스템이 시스템 전반에 걸쳐 기능의 실패(금융위기)를 나타내지 않는 것을 의미하며 스트레스로부터의 복원력을 보이는 것을 의미한다. 안정적 금융시스템은 금융기관과 금융시장이 지급결제, 자원배분, 위험관리를 원활하게 수행하도록 하여 산출 수준을 잠재수준에 가깝게 유지하는 동시에 예상하지 못한 외부적 충격으로 야기된 금융불균형을 자체적으로 소멸시킨다.

금융위기는 일반적으로 경제 주체와 금융기관에서 대규모의 채무 불이행 상태가 발생하여 금융시스템이 와해된 상태로, 이때 각종 금융지표들이 급변하고 자산가치의 폭락이 발생한다. 금융위기는 결국 파열되는 자산가격 버블과 부채 누적이 종종 선행한다. 금융시스템이 발달한 국가에서 경제 주체들은 미래 수익을 기대하며 자금을 조달(leveraging)하고 경제활동을 하여 조달된 자금으로 부채를 상환(deleveraging)한다. 가계는 소비와 자산 구입을 위해, 기업은 영업과 설비투자를 위해, 정부는 사회간접자본 투자나 경제 변동과 위기 대처, 전쟁 수행을 위해 부채에 의존하고, 각각 소득과 자본이득, 영업이익, 조세를 통해 이를 상환한다. 미래 수익에 대한 기대와 금융여건의 우호적 변화는 차입과 투자 증가를 넘어 자산가격 상승도 동반한다. 자산가격 상승은 지속적인 상승 기대로 이어지며, 이는 다시 실제 수익으로 뒷받침되지 않는 (과잉) 부채와 투자[폰지 금융(ponzi finance)]를 빠르게 팽창시킨다. 자본이득에 대한 기대는 자산 수요뿐만 아니라 담보가치 상승으로 신용공급 역시 자극한다. 기대는 실제로 자산가격 상승으로 실현되며, 경제 주체는 위험을 과소평가하고 폰지 금융을 더욱 확대시킨다. 폰지 금융의 원리금 상환은 보유자산 매각이나 신규차입에 의존해야 한다. 결국 보유자산 매각이나 신규차입에 어려움을 낳는 충격이 발생하면 다수가 동시에 건전한 자산까지 헐값에 매각[민스키 모멘트(Minsky moment)]하게 한다. 결국 자산가격 급락과 금융 부실이 생겨나면서 금융위기가 발생한다[금융 불안정 가설(financial instability hypothesis, Minsky, 1992)].

여기서 폰지 금융의 팽창은 많은 이유로 통제되지 못한다. 금융기관은 유동성이 풍부한 환경에서 고수익과 혁신을 도모하며, 금융시장은 새로운 금융상품과 금융기법 그리고 이를 다루는 금융기관에 대한 위험평가와 신용평가를 적절히 하지 못한다. 금융 혁신은 규제나 감독의 사각지대에 놓여 규제 감독의 소홀이 생겨난다. 언론과 정치인들은 자유로운 시장과 투자를 위한 규제완화의 목소리를 높인다. 한편 자산가치를 시가로 평가함에 따라 자본규제는 경기가 좋을 때에는 신용과잉을, 경기가 나쁠 때에는 신용붕괴를 야기한다.

그림 11-5 금융위기의 발생 원인과 과정

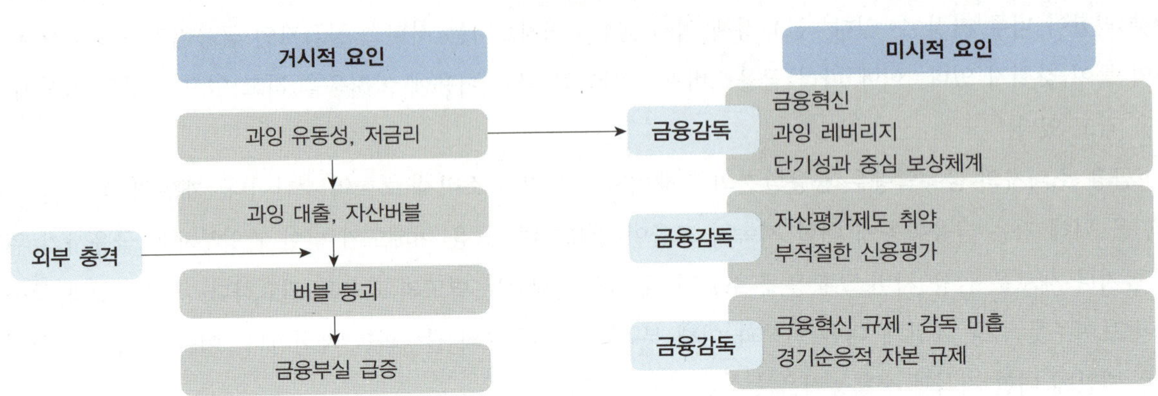

주 : 과잉대출은 약탈적 대출과 같이 충분한 자본이득 외에는 상환 가능성이 적은 대출.
자료 : 남주하 등(2012, p. 134)을 수정.

국제적으로 과다부채는 부채가 GDP 대비 60~90% 또는 소득(수입) 대비 20~30%를 초과하는 경우에 해당한다. 보다 구체적으로 가계, 기업, 정부 부채의 과다 여부는 GDP 대비로 각각 75~85%, 80~90%, 85~90%로 제시된다(Cecchetti et al., 2011). 또한 원리금 상환액의 과다 여부를 가계는 가처분소득 대비 20%, 기업은 GDP 대비 25%, 정부는 재정수입 대비 30%가 제시되고 있다.

금융위기는 다양한 형태를 취하지만 통상적으로 외환 · 급정지(sudden stop) 위기와 부채 · 은행시스템 위기의 두 가지 유형으로 분류된다(Reinhart and Rogoff, 2009). 외환위기는 환율의 급격한 절하를 낳는 통화에 대한 투기적 공격으로 정책당국으로 하여금 막대한 외환보유고의 고갈이나 이자율의 급격한 인상 또는 자본통제를 하게 만든다. 급정지(또는 자본통제 또는 국제수지 위기)는 신용 스프레드의 급등과 더불어 급작스런 자본유입의 감소나 자본흐름의 급반전으로 나타난다. 부채 · 은행시스템 위기에서 외채 위기는 특정 국가가 민간 또는 공공 대외채무를 상환하지 못하는 경우에 발생하며, 국내채무 위기는 대규모의 지급불능이 발생할 때 생겨난다. 특히 정부의 채무 위기는 실제로 지급불능이 발생하거나 인플레이션이 발생하거나 통화가치를 하락시키거나 다른 형태의 금융억압을 통해 실질적으로 채무 상환을 하지 못하게 되는 경우를 말한다. 금융시스템 위기는 인출쇄도와 파산에 따라 은행이 부채상환을 거절하거나 정부가 대규모의 유동성 및 자본지원으로 은행의 지급불능을 방지하는 상황에 이르렀을 때이다. 은행은 본질적으로 취약하여 예금자의 인출쇄도가 발생할 잠재성을 가지며, 또한 개별 은행의 문제는 전체 은행시스템으로 파급될 수 있다. 예금보험과 같은 안전망은 이러한 위험을 제한하겠지만, 예금자의 감시이완과 도덕적 해이로 말미암아 오히려 위기 가능성이 높아질 수 있다. 이처럼 금융위기는 다양하지만 동시에 서로 중첩되기도 한다. 예를 들어 은행위기는 급정지나 외환위기와 자주 관련된다. 금융안정을 위한 정책수단은 금융위기 발생 전의 선제적 · 예방적 정책과 금융위기 발생 후의 위기관리와 치유 정책으로 나눌 수 있다.[18]

18. 이는 한국은행의 한국의 거시건전성 정책(한국은행, 2015)과 한국의 통화정책(한국은행, 2017)을 주로 참고하였다.

표 11-5 금융불안 발생 전 · 후 단계의 정책

사전적 위기관리	사후적 위기관리
▪ 금융제도 및 인프라의 정비 : 내부통제, 금융규제와 감독, 시장규율, 금융안전망, 지급결제 시스템 ▪ 금융시스템 안정성에 대한 모니터링 및 평가 ▪ 거시경제의 안정 ▪ 선제적 조치	▪ 자발적 채무조정 유도 ▪ 긴급유동성 지원(최종대부자) ▪ 금융 및 기업 구조조정 ▪ 거시경제정책

(1) 사전적 위기관리

내부 통제체제(기업지배구조) 개별 금융기관이 내부 통제와 리스크 관리를 통해 스스로 위기를 예방하는 것이다. 많은 금융기관의 도산이 지배구조의 미흡에서 비롯하여 1990~1991년만 보더라도 286개 도산 은행 중 175개 은행이 내부자 대출과 관련 있었다.

금융규제 및 감독 : 미시건전성 감독 금융감독기관은 개별 금융기관의 도산위험을 제한하려 평소 금융기관들이 지나치게 경쟁을 하지 않도록 감시하고 금융기관이 취하는 위험을 규제한다. 전자는 경쟁 제한적 규제, 후자는 건전성 규제라 한다(김대식 · 이민환, 2006). 경쟁 제한적 규제에는 진입 · 퇴출, 소유구조, 지배구조, 업무영역 규제를 포함한다. 건전성 규제에는 최저자기자본 규제, 자산 건전성 규제, 편중여신 규제, 경영실태평가, 적기시정조치, 유동성 규제가 포함된다. 개별 금융기관의 건전성 확보는 금융안정의 필요조건 중 하나다. 개별 금융기관에서 발생한 위기가 금융기관 간 상호 대차관계를 통해 금융시스템 전체로 파급될 수 있고, 금융시스템에 대한 신뢰를 약화시켜 금융불안을 야기할 수도 있기 때문이다. 효율성을 위해 경쟁제한 규제는 완화하고 건전성 규제는 강화하는 것이 세계적 추세이다. 규제감독은 전통적으로 중앙은행이 담당해 왔으나 금융산업 발달과 더불어 독립된 공적기구에서 담당하는 경우도 많아졌다.

위험관리에는 모든 금융기관에 공통된 손실 흡수를 목적으로 적립하는 자본금(주로 증권사)과 준비금(주로 보험사, 은행은 대손충당금)으로서 최소자본금 요건과 업종별 특성을 반영한 요건이 있다. 은행은 부분지급제도로 인해 신뢰 위기에 취약하고 지급결제제도를 통해 은행 간 연관 관계가 크기 때문에 시스템 위험이 중요하다. 또한 건전한 신용정책과 절차를 장려하고 업무영역에 대한 제한이 부과된다. 증권은 위험상품을 취급하므로 투자자 보호가 중시되며, 고객자산과 고유자산의 분리가 요구된다. 보험은 투자와 재보험에 대한 규제가 중시된다.

시장규율 금융감독기구는 시장에서 개별 금융기관의 위험과 가치가 평가되고 불건전한 금융기관이 걸러져 금융기관이 건전하게 운영되도록 하는 시장규율이 작동하도록 노력해야 한다. BIS 자기자본 규제제도도 위험평가에 대해 은행의 내부모형과 신용평가 기관의 역할을 강조한다. 시장규율이 적절히 작동하지 않을 경우에는 금융감독당국의 감시와 개입 강화로 대처하여야 한다. 시장규율의 순조로운 작동을 위해서 금융시장 내부에서의 정보 비대칭성 문제가 완화되어야 한다. 이를 위해서는 금융시장에서 회계정보의 투명성과 신용정보의 원활한 공급이 확보되어야 한다. 회계 정보의 투명성을 위해서는 적절한 회계기준과 회계법인, 외부감사가 요구되고 유용한 정보가 적기에 공시되어야 한다. 원활한 신용정보 공급을 위해서 공신력 있는 제3자(신용정보회사)의 역할이 필요하다. 신용의 조회 및 조사(크레딧 뷰로), 평가(신용평가회사), 채권 추심(채권추심회사)의 고른 발전이 필요하다.

지급결제위험 축소 경제에서 자금이 이동하는 지급결제 시스템도 다양한 위험에 노출되어 있으며 때에 따라 금융불안이 확대되는 경로로도 작용한다. 특정 금융기관이 다른 금융기관에 대하여 채무를 불이행할 수 있는데(신용 리스크) 이는 지급결제 시스템에 참여하여 채권채무관계를 가진 금융기관 전반으로 확산되면서 금융불안을 야기할 수 있다. 전산시스템 오작동이나 운영 실수(운영 리스크)로 결제가 제시간에 완결되지 못하여 금융기관이 채무를 이행하기 어려울 수도 있다. 이러한 지급결제 위험을 축소하려 중앙은행은 자격요건, 채무 한도, 담보 확보, 손실 공동분담 등의 제도를 운영하고 모니터링한다.

금융안정망 – 예금자보호와 최종대부 금융 안정성을 위해서 감독 당국 외에도 공적인 금융안전망으로 예금자보호제도와 중앙은행의 최종대부자 제도가 요구된다. 전통적으로 은행은 예금에 대해 일부만을 지급준비로 보유해 왔으며, 단기예금을 장기대출로 운용해 왔다. 따라서 예금인출이 집중될 경우 대출자산을 즉시 처분하여 대응하지 못하므로 지급능력이 있는데도 지급할 자금이 부족(solvent but illiquid)하기 때문에 예금이나 차입금 지급이 중단되어 도산에 이를 수 있다. 이는 개별금융기관에 멈추지 않고 금융시스템 전반에 대한 신뢰를 급격히 떨어뜨리면서 금융불안을 가속화시킬 수 있다. 예금보험제도는 은행이 지급불능 상태에 이르면 예금을 환불해 주는 제도로 예금손실에 대한 불안감을 불식시켜 한 금융기관의 도산이 타 금융기관으로 확산되는 효과(외부효과)를 줄여준다. 한편 예금보험은 예금자의 예금인출을 억제하지만, 일시적 유동성

표 11-6 거시건전성 정책수단의 작동체계

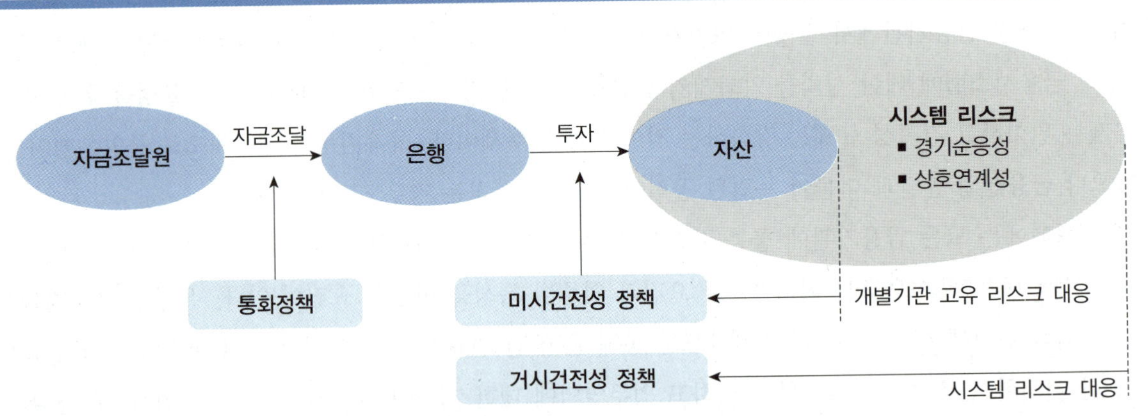

취약성	은행 또는 예금취급기관		비은행 투자기관	증권시장	금융 기반시설
	대차대조표	대출계약			
레버리지	▪ 자기자본 비율 ▪ 위험가중 자산기준 대손충당금 적립 ▪ 이익배당 제한 ▪ 신용한도 설정	▪ LTV, DTI 규제 ▪ 대출만기 상한		▪ 증거금 및 담보비율 규제	
유동성, 시장위험	▪ 유동성비율 규제, 지급준비금 제도 ▪ 외화대출 규제 ▪ 통화불일치 규제 ▪ 외환포지션 관리 제도	▪ 시가평가 기준 조정	▪ 지급준비금 제도 (국내통화 및 외환)	▪ 위기 시 중앙은행의 유동성 지원	▪ 거래소 제도
내부 연관성	▪ 거액여신 한도 ▪ SIFI에의 추가자본 부과 ▪ 외은지점의 현지 법인화				▪ 중앙청산소

주 : SIFI = 시스템적으로 중요한 금융회사(systemically important financial institutions)

자료 : BIS(2010), "Macroprudential instruments and frameworks: a stocktaking of issues and experiences," BIS CGFS Papers No. 38.

부족으로 파산하는 은행에 대해 유동성을 공급하는 기능을 수행하지 못하므로 이를 위한 최종 대부자로써 중앙은행이 필요하다. 금융 안전망은 예금자나 금융기관이 스스로는 위험 부담을 지지 않으면서 위험이 지나친 전략을 추구(도덕적 해이)하게 하는 부작용도 가진다.

금융시스템 감시 · 감독 : 거시건전성 감독 정부는 금융시스템 전체의 위험을 제한하는 거시건전성 정책을 실시한다. 개별 금융기관의 건전성만 잘 관리한다고 전체 금융시스템의 건전성이 자동적으로 성립하는 것은 아니다(합성의 오류 : fallacy of composition). 거시건전성 감독은 평상시 시스템 위험을 분석하고 필요할 경우 정책 수단을 활용하여 시스템 리스크를 억제한다. 시스템 리스크는 시간적 차원(경기순응성)과 횡단면 차원(군집행동과 시스템 상 중요성)으로 구성된다. 전자는 금융과 실물이 상호작용하여 경기변동과 금융불안정이 증폭되는 경향이며, 후자는 어떤 시점에서 군집 행동이나 구성의 오류 등에 기인하는 시스템 위험이다.

거시건전성 감독은 시스템 전반의 리스크를 기준으로 개별 금융기관 대상의 정책수단을 조절하는 하향식 접근을 취한다. 거시건전성 정책 수단은 은행의 투자, 대출 등 영업활동 과정에서 금융시스템 또는 특정 부문의 시스템 위험이 누증된다고 판단되는 경우 그 영업활동과 관련한 최소한의 안전장치(예 : 손실 발생에 대비한 자본요구량 증대)를 요구함으로써 경제 전반 또는 특정 부문에 대한 과도한 신용 팽창을 억제한다. 시간적 차원의 수단으로 지급준비금 부과, 경기대응 완충자본, 최대 담보대출비율 규제, 외환대출 총량 제한, 자본이동 통제 등이 있는데 이들은 국민경제 전체의 신용팽창 상황과 연계하여 조절할 수 있다. 횡단면 차원의 수단으로 예금보험료 차등 부과, 시스템적으로 중요한 은행의 자기매매 거래금지 등이 있다.

거시경제의 안정 경기 확장기에는 신용 팽창이 과다하게 이루어지면서 리스크가 누적되었다가 경기 긴축기에 대규모 부실로 이어져 금융위기가 발생할 수 있다. 금융안정을 위해서 경기조절정책을 통해 금융 불균형을 야기하는 원인 중 하나인 거시경제 변동성을 완화하는 것이 요구된다. 이를 위해 정책금리의 조정이나 세율 또는 재정지출 규모의 조정이 요구된다. 거시건전성 감독은 미시건전성 감독뿐만 아니라 통화정책과도 조화되어야 한다. 이를 위해서는 기관 간의 협력 · 조정 체계와 운영 방식이 중요해진다.

선제적 조치 금융시장 불안이 금융위기까지 확산하는 것을 선제적으로 억제할 필요가 있다. 시장 참가자의 불안감 고조, 금융기관 부실화, 예금인출 사태, 특정 부문에 대한 급격한 대출 증가, 자산 가격의 급등, 지급 결제 교란 등이 대표적인 금융시장 불안 사례이다. 부족하고 부정확한 정보에 의해 금융불안이 고조되는 경우에는 투명하고 정확한 정보의 공개로 경제 주체가 보다 합리적인 결정을 하도록 유도하여야 한다. 개별 금융기관의 경영에 실질적 문제점이 포착되는 경우에는 감시를 강화하고 자본금 확충 등의 적절한 시정조치를 권고하거나 제재를 부과할 수 있다. 한편 지급결제에 어려움이 생겨나는 경우 지급 결제시간을 연장하거나 일시적으로 긴급자금을 지원할 필요가 있다.

(2) 사후적 위기관리

예금자보호와 긴급유동성 지원(최종대부자) 예금자가 동요하여 금융기관에 맡긴 예금을을 회수하는 경우, 금융기관이 지불능력이 있더라도 당장의 자금이 부족할 경우 예금보험제도하에서 예금을 환불해 주어 예금인출을 억제할 수 있다. 한편 일시적인 유동성 부족이 나타나는 금융기관에 대해서는 최종대부자로서 중앙은행이 유동성을 공급할 수 있다.

자발적 채무조정 유도 일시적 유동성 부족을 넘어 지불능력 부족으로 도산할 위험이 발생했으나 금융시스템 위기로 이어지지 않을 것으로 판단되면 정책당국은 민간의 자율적인 구조조정을 유도하여 손실부담이 납세자에게 전가되지 않도록 한다. 구조조정은 문제 금융기관의 회생 가능성에 따라 청산 혹은 합병 등을 통한 구조조정을 하고 손실은 주주 및 채권 금융기관이 분담한다.

금융 및 기업 구조조정 도산이 대형 금융기관이나 다수의 금융기관에서 발생하여 금융시스템 위기가 나타나는 경우 민간자율에 의한 해결이 어려우므로 정부 개입이 필요하다. 위기 발생 초기에는 정책당국이 유동성 지원과 예금보장 확대로 혼란을 진정시킨다. 이어서 문제 금융기관의 부실규모를 파악하여 합병이나 해외매각으로 구조조정을 추진한다. 구조조정 과정에서 금융기관 부실을 야기한 차주에 대한 구조조정도 동반된다.

거시경제 정책 거시경제 정책은 금융시장의 가격 메커니즘에 의존하기 때문에 금융불안 시기에는 정책 효과가 매우 제한적이다. 금융불안 시기에는 유동성 및 신용 위험이 급증하여 시장의 가격기능이 정상적으로 작동하지 않고 금융기관 형태도 만기 연장을 거부하거나 신용한도를 축소하여 시장에 유동성 위기를 초래한다. 이 경우 정책금융을 통해 시장에 유동성을 대신 공급하여 공백을 메울 수 있다. 또한 금융 및 기업 구조조정을 위한 금융부문으로의 공적자금 투입뿐만 아니라 경기회복을 위한 재정확대 정책도 필요하다.

금융위기의 유동성 함정과 재정위기로의 확산

자산가격 버블 붕괴 등으로 금융위기가 발생하여 구제금융이 이루어질 경우 정부부채가 크게 증가한다. 또한 가계와 기업부문의 채무상환(디레버리징)에 따른 수요 축소는 경기침체를 야기하고 디플레이션을 초래한다. 이 경우 통화정책을 사용하여 경기침체를 탈출할 수 있지만, 경기침체가 극심하여 명목 이자율이 0% 수준까지 하락한 경우에는 더 이상 이자율을 인하할 수 없는 만큼 정책적 한계에 봉착한다. 가계나 기업은 과다부채를 디레버리징하는 상황이어서 통화수요가 확대(유동성 함정)되므로 통화정책의 신용창조 효과가 크게 약화된다. 또한 디플레이션은 실질 이자율(= 명목 이자율 − 기대인플레이션율)을 상승시키며 총수요를 더욱 위축시킨다. 이러한 상황에서 정부지출에 대한 의존도가 높아지고 정부부채가 급증한다. 한편 디레버리징에도 불구하고 경기침체는 소득 대비 민간부채 비율도 상승시킨다.

4) 금융소비자 보호

글로벌 금융위기 이후 나타난 큰 변화 중 하나는 금융소비자 보호의 강화이다. 미국은 2010년 금융개혁의 일환으로 소비자금융보호국(Consumer Financial Protection Bureau ; CFPB)을 신설하였다. 금융상품이 복잡해지는 상황에 비례하여 정보 제공이나 상품 및 영업행위에 대한 규제가 적절히 이루어지지 못한 것이 소비자의 파국뿐만 아니라 금융시장과 경제의 위기를 초래하였다는 반성 때문이다. 국제소비자연맹은 소비자가 향유할 수 있는 기본권리로 알 권리, 안전할 권리, 선택할 권리, 안전하고 쾌적하게 소비할 권리, 교육을 받을 권리, 의견을 반영할 권리, 피해를 보상받을 권리, 단체를 조직 · 활동할 권리를 제시하고 있다.

금융소비자의 권리 역시 이와 다르지 않으며 이를 위한 금융소비자 보호 체계는 당국의 개입 시점을 기준으로 정보 비대칭성 완화를 위한 상품 · 회사 · 종사자에 대한 정보 제공이나 금융회사의 상품이나 그 판매행위에 대한 사전적 규제, 분쟁 조정이나 사금융 피해구제와 관련한 사후적 개입, 그리고 상시 추진되어야 할 금융소비자 교육 또는 역량 강화 등으로 구분할 수 있다. 사전적 규제는 금융기관의 건전영업과 소비자

정보제공(약관, 광고, 설명의무, 공시 등 정보제공, 금융 관행 · 제도 개선), 금융회사 부실 방지를 통한 소비자 재산보호(인허가와 적격성 심사, 부실회사의 적기시정조치, 부실방지를 위한 건전성 감독, 지급불능 금융기관으로부터의 소비자보호-예금자 보호), 전자금융거래 안전 확보, 자본시장 투명성 제고 및 거래질서 확립(신뢰성 있는 기업 재무정보 제공, 기업공시제도를 통한 투자판단자료 공개, 보험사기 및 불공정거래행위 적발 및 예방)이 포함된다.

그림 11-6 우리나라에서의 금융과 소비자기본법상 권리의 관계

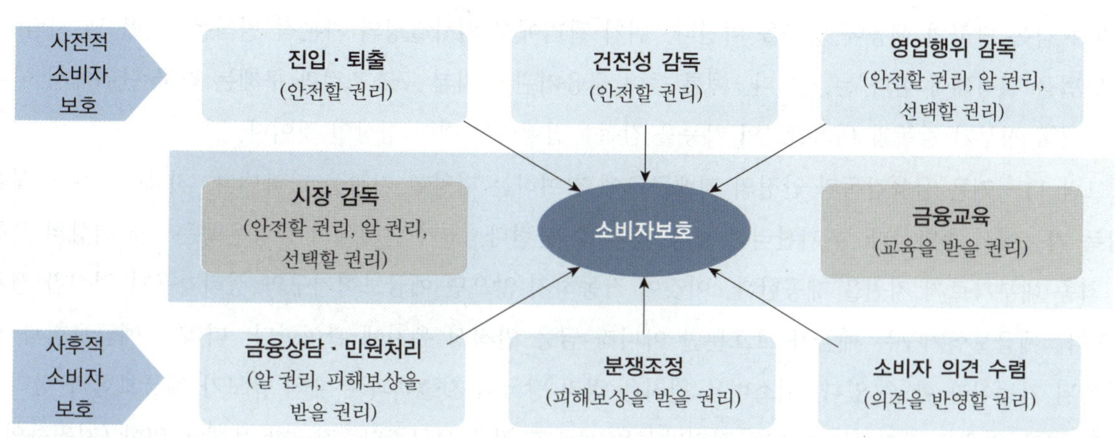

자료 : 금융감독원(2011), 금융소비자보호 백서

금융소비자 보호는 금융감독 체계로까지 이어지고 있다. 전통적으로 금융감독은 금융업자가 수행하는 업무내용에 기초한 기능별 접근(functional approach)과 금융업자의 법적 지위(은행, 금융투자업자, 보험회사 등)에 기초한 기관별 접근(institutional approach)이 있어 왔다. 그러나 금융상품과 금융시장의 발전으로 금융업종 간 경계가 모호해진 상황에서는 업권별 감독이 바람직하지 않다. 이에 따라 우리나라와 영국은 단일 규제기구가 전체 금융업에 대해 건전성과 영업행위 규제를 총괄하는 통합형 방식(integrated approach)을 따르고 있다. 기관별 혹은 기능별 접근에서와 같이 규제 관할을 둘러싼 혼란이나 갈등 없이 통합된 규제와 감독을 시행할 수 있다는 점에서 강점을 지니기 때문이다. 그러나 목적에 따른 규제(regulation by objective)를 추구하는 쌍봉형(twin-peaks approach) 방식에 대한 관심이 커지고 있다. 쌍봉형 방식에서는 건전성 감독 기능과 영업행위규제 기능이 별도의 규제기구에 의해 수행되며, 호주, 네덜란드, 캐나다 등이 이에 해당한다. 금융기관의 건전성 도모가 위험에 대한 이해가 부족한 금융소비자들에 대한 위험 전가로 뒷받침될 수 있으므로 금융기관 건전성과 금융소비자 보호는 이해상충을 야기할 수 있다는 것이다. 통합형 접근의 장점을 취하면서도 통합형 접근하에서 건전성 규제의 목적과 소비자 보호 및 투명성 확보라는 목적 간에 발생할 수 있는 상충구조를 해결하기 위한 것이다.

5) 금융감독의 지배구조

금융 건전성을 위한 지배구조

금융 건전성 유지를 위한 지배구조는 규칙을 설정하는 정부 당국으로써 통상 재무부에서 출발한다. 재무부는 금융입법을 준비하며 국회는 이를 수정하고 승인한다. 재무부는 규제감독체계의 전반적 설계에 대한 최종적 책임을 가지며 정책결정 어젠다를 주도한다. 행정부와 입법부 간의 권한 분할은 국가마다 상이하다. 미국은 의회가 주도적 역할을 한다. 예를 들어 미 의회는 연방준비제도(Federal Reserve System, 1913)와 SEC(Securities and Exchange Commission, 1934)를 만들어냈다. 아시아와 유럽의 경우 행정부가 주도하는 표준적 형태를 취한다. 지배 구조의 두 번째 단계는 감독이다. 감독 당국은 금융위기 발생을 억제하는 데 목적이 있으므로 예방적 위기관리의 한 형태이다. 반면 중앙은행(최종 대부자), 정리공사, 예금보험기구는 금융위기가 발생한 이후에 최종 처리를 담당한다. 예방과 처리는 상호 연계되어 있다. 최종 처리 단계에서 어떤 일이 생겨나는가가 감독 당국의 행동에 영향을 미친다. 위기 관리에서 의사결정의 기본적 원칙은 "돈을 낼 사람이 돈 쓰는 방법을 결정해야 한다"는 것이다. 예를 들어 금융기관의 자본 구조조정과 구제는 각국 단위에서 이루어지므로 각국 정부가 감독과 위기관리의 기능을 감독 · 집행하는 것이 정상인 것이다.

[그림 11－7]은 금융감독과 안정의 지배구조에 참여하는 다양한 기관을 나타낸다. 지배구조는 규칙설정과 감독 기능에서 출발한다. 위기관리는 보통 '정리'로 불린다. 초기 단계에서 중앙은행은 1개 이상의 은행에 대한 최종 대부자로써 지원을 제공한다. 이것이 작동하지 않으면 예금보험기구와 정리기구가 적절한 절차를 결정한다. 예금보험기구는 예금자 보호뿐만 아니라 금융 안정성 유지에 관여한다. 따라서 예금보험과 정리는 통합된 기능이라 할 수 있다. 최소비용 원칙은 정리 당국이 지출액과 부채의 규모가 예금보험과 정리기금에 가장 낮은 비용을 야기하는 형태로 정리방식을 선택할 것을 요구한다. 건전한 은행에 의한 (지원하의) 인수, 공공지원 프로그램 또는 예금보험하에서 소매예금자 지급과 청산의 방식이 기초적인 정리방식이다. 최소비용 원칙에서 유일한 예외가 금융시스템에 영향을 미치는 체계적 위험이 존재할 경우이다.

지배구조의 마지막 단계는 재정방어(fiscal backstop)이다. 은행들에게 영향을 미치는 위기는 대체로 속성상 국민경제 전반에 영향을 미쳐서 자산시장 붕괴와 경기침체를 수반한다. 따라서 예금보험과 정리기금은 고갈될 수 있으며, 기금의 신뢰성을 확보하기 위해 정부에 의한 재정지원이라는 최종적 방어가 필요하다. 이는 입법을 통해 재무부로부터의 대출을 명시하거나 암묵적 보증을 제공함으로써 이루어진다.

그림 11－7 금융감독의 지배구조

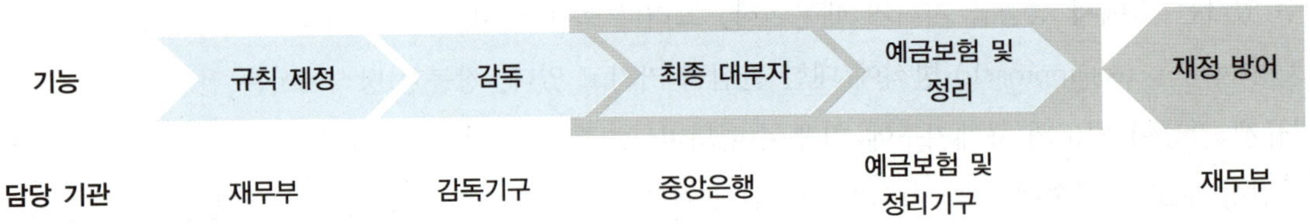

기능	규칙 제정	감독	최종 대부자	예금보험 및 정리	재정 방어
담당 기관	재무부	감독기구	중앙은행	예금보험 및 정리기구	재무부

중앙은행과 금융감독기구의 독립성과 책임성

중앙은행과 금융감독기구에는 독립성을 부여하는 동시에 그에 맞추어 책임성이 부과된다. 금융감독기구는 목표를 달성하기 위한 수단의 선택과 집행에서 정치권이나 민간금융기관으로부터 독립성을 가져야 한다. 그러나 감독되어야 할 산업이나 금융기관이 오히려 감독기구를 통제(산업 포획)하며 규정을 약화시켜 제정 · 운영하거나 예외를 인정하게 하는 규제유예(regulatory forbearance)가 생겨날 수 있다. 감독기구가 정치적 압력으로 인해(정치 포획) 부도 위기에 있는 은행에 대한 감독 조치를 일정 기간 미루는 규제유예를 극복해야 한다. 또한 중앙은행이 물가 안정을 도모하기 위해서도 정치적 독립이 필요하다. 독립성과 책임성은 상호보완적이다. 금융정책 기구에게 독립성이 주어진다면 책임성을 물을 수 있으며, 감독기구는 자신에게 부과된 책임성을 근거로 자신의 독립성을 지켜나갈 수 있는 것이다.

6) 금융기관의 지배구조

공적 규제가 중요한 역할을 하는 금융기관 지배구조

금융기관, 특히 은행은 일반 기업과는 다른 특수성으로 인하여 일반 기업과는 다른 지배구조를 가지게 되고, 특히 정책당국의 지배구조에 대한 개입은 불가피한 측면이 있다. 은행은 지급결제 제도에서 중추적 기능을 담당하여 신용과 유동성을 제공하는 주체이기 때문에 은행 부실화는 해당 은행과 직접적 거래관계를 갖는 금융소비자를 넘어 경제 전체에 막대한 부작용을 미친다. 또한 은행은 자기자본이 적고 대부분 타인의 자금을 가지고 영업하며 부분지급 준비로 말미암아 시스템 리스크에 항상 노출되어 있다. 이러한 이유 때문에 은행업 초창기부터 영국과 미국은 정부가 인가할 때 핵심적인 이해관계자로서 주주의 은행 경영에 대한 통제권을 제한하는 동시에 과도한 경쟁을 억제해 왔다. 과도한 레버리지를 막기 위한 자본규제, 지급준비 규제, 영업 활동의 제한, 감독 등을 통해 은행이 공공기관의 역할을 하는 민간기관이 되도록 한 것이다. 소유권이 분산된 주식회사의 주주들과 마찬가지로 정책당국이 직면한 문제는 은행 경영진이 공익에 부합하게 행동하도록 하는 것이었으며, 이는 규제, 감독, 법적 제재를 통해 달성해 왔다. 1930년대 광범위한 은행실패를 경험한 미국은 규제를 강화하여 파괴적 경쟁을 막기 위해 이자율을 규제하고 예금보험을 도입하며 은행의 신규 진입을 제한하였고 은행의 증권업 진출을 막았으며, 은행 지주회사나 은행과 산업자본의 상호진출을 금지하였다. 결과적으로 1940~1950년대에 은행의 혁신, 팽창, 위험부담은 낮게 유지되었지만, 경쟁의 제한으로 은행 소유주와 경영자들은 안정적 수익을 확보하였다. 한편 은행의 지배구조 문제는 예금보험과 감독으로 말미암아 복잡해졌다. 예금보험이 제공하는 안전망에 기대어 은행 경영자들은 더 위험한 경영을 하려 하고 예금자들의 견제와 감시 유인도 줄어들기 때문이다. 이를 제한하려면 결국 정부가 규제와 감독 그리고 제재를 통해 규율하여야 한다.

그러나 1960년대부터 시작된 규제 완화는 많은 변화를 가져 왔다. 이자율에 대한 규제와 주간 지점 개설 제한이 소멸되었고, 지주회사와 은행 자회사의 업무 영역이 확대되었다. 규제 완화는 소유권이 분산된 대규모의 복잡한 은행조직을 낳았으며 경영진이 주주의 이해와 일치하지 않는 은행경영의 여지를 넓혔다. 하지만 동시에 대규모 은행은 시스템 위험을 높여 규제를 정교하게 하는 결과도 낳았다. 감독 당국은 위험조정 자본요건과 위험을 중시하는 감독이 강화되었으며, 수익과 위험, 이윤과 안전성에 대한 은행 경영진의 태도를 평가하도록 강화되었다.

금산분리의 소유구조 제한

금융 본연의 역할은 기업에 대한 평가와 선별 그리고 감시에 있다고 할 수 있는데, 그 대상인 기업이 금융을 지배한다면 금융기관의 기업규율 기능이 약화될 뿐만 아니라 모기업 또는 그 계열사나 소유자를 지원하는 데 동원되고 그로 인해 동반 부실화되거나 공정경쟁을 저해할 수 있다. 이에 따라 특히 공공성이 큰 은행과 산업 간에 일정한 경계를 두려는 정책당국의 제한은 널리 관찰된다. 미국의 경우 1956년 은행지주회사법을 제정한 이래 은행을 지배하는 은행 지주회사는 일반 기업을 동시에 소유할 수 없도록 하고 있으며, 이탈리아, 캐나다, 호주 역시 우리나라처럼 산업자본의 은행지분 소유에 제한을 두어 왔다. EU 국가들과 북유럽 국가들은 일반 기업의 은행소유를 직접 제한하지 않지만, 일정 수준(10%, 25%, 33%)을 넘어서면 적격성 심사를 받아 건전하고 신중하게 경영될 수 있을 경우 승인하고 있다(The EC Second Banking Directive). 이에 힘입어 유럽에서는 유통업체, 보험사를 중심으로 광범위한 은행경영 참여가 이루어지고 있다. 금산분리에 대한 각국의 규제를 비교한 Barth, Caprio and Levine(2000)에 따르면 62개국 중에서 산업자본의 은행소유에 대한 제한이 없는 국가는 24개국(38.7%)이고, 은행의 산기업의 소유를 제한하지 않는 나라는 12개국(19.4%)이다. 한편 OECD 25개국 중에서 산업자본의 은행소유에 대한 제한이 없는 국가는 13개국(52.7%)이고, 은행의 일반 기업의 소유를 제한하지 않는 나라는 9개국(36.0%)이다.

표 11-7 은행과 산업자본 결합에 대한 62개국과 OECD의 규제 비교

		산업자본의 은행 소유에 대한 규제				
		무제한	사전 허가·승인	최고한도 제한	금지	합계
은행의 일반 기업 소유에 대한 규제	무제한	9(7)	2(1)	1(1)	0(0)	12(9)
	은행자본기준 제한	3(2)	8(3)	3(1)	0(0)	14(6)
	한도 제한	8(8)	5(1)	13(5), 한국	1(0)	27(10)
	금지	4(0)	5(0)	0(0)	0(0)	9(0)
	합계	24(13)	20(5)	17(7)	1(0)	62(25)

주 : 괄호 ( )안은 OECD 회원국

자료 : Barth, Caprio and Levine(2000), p.36~27의 Table 1을 정리한 류근옥(2005).

소유구조에 따라 지배구조가 차별화 : 영미형과 유럽 대륙형

정부의 은행 경영과 지배구조에 대한 개입으로 말미암아 세계 100대 상업은행들만 보더라도 지배주주[19]가 없는 것이 일반적 현상이다. 하지만 영미계 은행들이 대체로 지배주주가 없고 소유구조도 분산된 반면, 프랑스, 독일 등 대륙계 국가 은행들은 지배주주도 있고 소유구조도 집중되어 있다. 다만 지배주주가 있는 경우에도 독일에서 보듯이 지배주주가 정부인 경우가 많다. 소유구조의 차이로 말미암아 효율적 경영을 위해 각국에서 발전한 지배구조의 양식은 달리 나타나고 있다. 지배주주가 없는 분산형 소유구조를 가진 영미계 은행들은 경영진의 독단적 경영이나 방만한 경영을 통제하기 위해 경영진으로부터 독립된 사외이사 중심의 이사회가 경영진을 견제하는 지배구조를 발전시켜 왔다. 반면 지배주주가 있는 집중형 소유구조를 가진 대륙계 은행들은 소액주주의 이익을 무시하는 지배주주의 전횡을 방지하는 지배구조를 발전시켜 왔다. 특히 독일의 경우 감독 이사회와 경영 이사회를 구분하여 지배주주를 견제하고 있는데, 경영 이사회는 경영에 대한 책임을 지고 경영정책과 경영실적 등을 감독 이사회에 정기적으로 보고하며, 주주총회에서 선임주주대표와 종업대표로 구성된 감독 이사회는 경영 이사회의 이사를 선암하고 경영 이사회의 업무를 감독한다.

1.6 금융 레짐의 국가별 유형

금융에서 정부와 사회조직이 역할하는 유형은 국가마다 다르다.

19. 미국법에 따르면 은행지분율이 25% 이상이면 은행을 지배하는 지배 대주주로, 20% 이상이면 은행 경영에 영향력을 미치는 주요 주주로 보고, 5% 미만이면 지배하지 않는 것으로 보며, 그 사이에 있으면 감독당국이 지배 여부를 판단한다(이병윤, 2007).

정부의 역할

정부의 역할과 금융시스템의 구조는 상호 관련될 수 있다. 금융시스템에서 정부의 역할은 시장에 맡기는 자유방임부터 적극적 참여까지 다양하다. 중앙집중적 국가에서 관료들은 엄격하고 분할된 금융시스템을 유지하고 시장 기능을 약화시키는 의무마저 가질 수 있다. 또한 다양한 분야와 목적에 부합하는 자금조달을 위해 시장을 중앙집중화할 가능성이 크다. 특정 금융기관의 암묵적 국가보증이나 상호보증이 중앙정부에서 기원할 수 있다. 정부가 금융기관 소유, 금융기관의 통제를 통해 투자나 대출 결정에 영향력을 행사하고, 은행 규제와 감독의 과정 등에 광범위하게 참여하여 신용배분에 영향을 미친다. 기업지배구조와 은행-산업 관계의 특성은 정부가 산업적 성과에 대해 영향을 미치려는 의사와 능력에 상당한 영향을 미친다. 연방제 국가의 경우 규제당국과 관료는 다양하게 관련되고 분할되어 경쟁하며 광범위하게 산재할 수 있다. 지역의 자치도가 높아 금융기관의 중앙집중에 반하는 지역금융기관이 발전하는 경향도 나타난다. 지방자치단체는 지역금융기관에 대해 암묵적 보증이나 상호보증을 제공할 수 있다.

국가별 금융시스템의 중요한 차이는 정부가 신용배분에 참여하는 정도를 기준으로 살펴볼 수 있다. 신용배분에의 국가 개입은 시장실패 문제를 극복하고 집단적 경제사회적 목표를 달성하는 데 금융시스템을 국가의 중요한 도구로 사용할 수 있다.

정부의 개입적 역할은 기존의 은행구조에 의해 촉진되기도 하지만 억제될 수도 있다. 예를 들어 은행의 겸업범위가 넓고 은행과 산업이 긴밀히 연계될수록 정부는 적극적 산업정책을 실행할 가능성이 크다(Herring and Santomero, 1990 ; Dermine 1990). 한편 금융 타게팅은 시장추세를 잘못 읽거나 경쟁 또는 발전 전략보다 국가에 대한 특혜적 관계에 기초한 자원의 배분이 이루어지는 후원적 관계(clientelism)를 낳아 금융자원의 잘못된 배분으로 연결될 위험을 갖는다. 독일은 공공금융기관에 일본과 유사한 규모의 금융자산이 존재하지만(25~30%) 미국과 유사하게 중소기업과 같은 보편적 기준 이외의 방식으로 신용을 배분하는 경우는 거의 없다. 일본의 경우 공공신용의 타게팅은 신호기능을 통해 민간신용배분에 큰 영향을 미쳤다(Calder 1993).

국가에 의한 법률과 그 집행의 엄격성은 투자자가 어떤 권리를 가지며 얼마나 잘 보호될 것이냐에 중대한 영향을 미친다. 투자자에 대한 법적 보호의 차이는 기업이 자금을 조달하고 소유되는 방식에도 영향을 미쳐 왔다. 또한 강력한 법적 강제시스템은 취약한 법규를 대체할 수 있다. 적극적이고 제대로 기능하는 법정은 경영진이 훼손한 투자자의 권리를 회복하기 위해 개입할 수 있다. 프랑스 성문법(civil-law)을 따르는 국가들은 채권자들에게 보호를 제공한다. 북유럽은 독일계보다는 약하지만 프랑스보다는 더 강한 보호를 제공한다. 한편 관습법 국가들, 특히 독일의 성문법은 채권자에게 가장 강력한 법적 보호를 제공하고 있다. 독일 성문법 국가들은 채권자들을 가장 잘 보호하고 있다. 한편 관습법(common law) 국가들이 주주에게 가장 양질의 법적 보호를 제공하지만, 프랑스 성문법 국가들은 주주에게 가장 취약한 법적 보호를 제공한다. 법률의 집행 강도에서는 북유럽, 독일 성문법, 불문법, 프랑스 성문법의 순이며, 회계표준의 엄격성에서는 북유럽이 가장 높고 불문법, 독일 성문법, 프랑스 성문법이 그 뒤를 따른다. 한편 일반적으로 부국일수록 법집행의 강도가 더 높다.

네트워크의 역할

국가마다 금융제도에서 네트워크(관계에 기초한 금융제도)의 역할이 달라질 수 있다. 네트워크의 형성은 더 넓은 자원과 지식으로의 접근을 허용한다. 프랑스, 독일, 이탈리아, 스페인은 지배적인 핵심적인 은행들이 부각되지만 동시에 강력한 지역기반을 가진 상호은행이나 협동조합은행이 강건하게 존재한다. "관계기반형 금융제도"는 금융중개기관이 고객의 특수정보를 획득하는 데 투자하고 장기간에 걸친 다양한 상호작용으로 성과를 평가하는 자본을 제공한다. 밀접한 기업과 은행 간 관계를 통해 심각한 정보문제를 다루고, 금융기관은 기업지배에서 중요한 역할을 한다(정승일, 2005, p. 157).

표 11-8 금융자본주의의 양식

		조합주의	
		약	강
국가	집중	국가기반, 관리형 신용제도	투자회사 기반제도
	분산	자본시장 기반 제도(미국)	은행기반 제도(독일)

자료 : Zysman(1983)을 확대 ; Tylecote and Visintin(2008).

1) 자본시장 기반 제도 : 미국

미국의 자유방임적 시장중심 시스템은 시장이 부를 극대화하는 가장 효율적 방법이라는 믿음에 기초한다. 또한 자유시장이 민주주의와 가장 부합한다는 관점도 담겨있다. 기업에 대한 자금배분은 주로 대규모의 유동성이 높은 자본시장에 의해 결정되고, 연기금과 보험사 같은 투자기관의 역할이 중요하며 국가는 개입하지 않는다. 자본시장에서 주식은 보험사, 뮤추얼펀드, 연기금 등 금융기관를 통해 직간접적으로 보유되며, 적극적으로 거래된다. 특히 투자은행은 전략적 재무 컨설팅을 적극 제공하는데 때때로 지분을 소유하기도 한다. 기업 구조조정은 주가 변화와 M&A를 통해 촉발되고 진행되며, 정부에 의존해 구조조정이나 인수를 피하려는 기업 로비는 거부된다. 감사기관은 투명하게 기업정보를 공개하고 투자자와 애널리스트가 상시로 감시한다. 적대적 인수위협하에서 경영진은 주주의 이익에 초점을 맞추지만, 상당수 주주는 주식을 투자보다는 거래목적으로 보유한다.

공공연금 대신 기여 확정형 민간연금이 발전하였고 가계는 안정적 자산운용보다 적극적 투자를 선호한다. IPO 단계에서의 자본이득을 목표로 하는 벤처캐피털이 발달하였지만, 중소기업과 은행 간 관계는 다른 나라와 유사한 관계중심형 제도를 보이고 있다.

그림 11-8 미국의 시장중심의 금융레짐

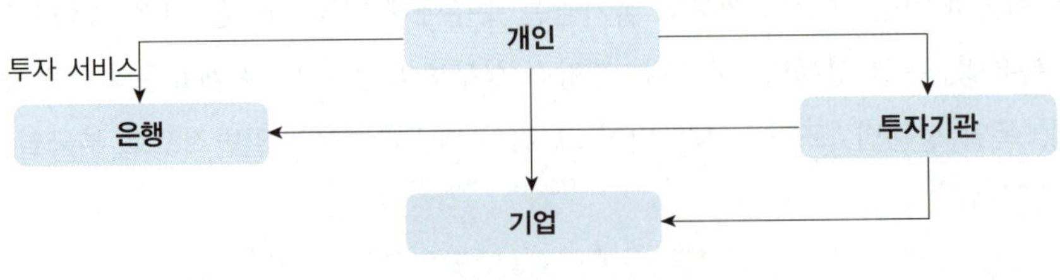

개인
투자 서비스
은행
투자기관
기업

증권거래소는 원래 증권업자 간의 자율 규제의 카르텔에서 출발하였으며, 증권발행과 거래나 감독에 대한 뚜렷한 법규가 없었다. 그러나 대공황 시기 금융위기에 대한 대응으로 정부는 자본시장이 기능할 수 있는 최소한의 법규를 제공하는 데 머무르고 대신 민간이 연성법(soft law)의 수립과 집행에 참여하는 민간주도의 금융지배구조를 선택하였다. 즉, 자발주의(voluntarist)의 이념하에서 독립기관에 규칙제정권을 위임하는 한편 투명성을 높이고 지배력을 가질 수 있는 시장참여자에 대해 공정한 규칙을 부과하도록 하였다.[20] 규칙은 행정법을 따라 제정되고 사법제도를 배경으로 민간이 집행을 주도하도록 한 것이다. 가장 중요한 입법조치는 증권법(1933)과 증권거래소법(1934)이었다.[21] 이처럼 독립적 기관에 의한 공정한 규칙의 부과와 사법부의 집행이 은행 대비 자본시장의 상대적 강화를 낳았다(정승일, 2005, p. 157).

금산분리

미국은 후발국으로서 넓은 영토에 걸쳐 산업발전이 단기간에 급속하게 이루어졌기 때문에 자금조달에서 상업은행의 능력으로는 역부족이어서 투자은행들이 중요한 역할을 해야만 했다. 은행, 신탁회사, 보험회사 등의 금융기관을 지배하고 해외자본 도입의 능력을 갖추었기 때문이었다. 특히 주간 영업제한이 전국 은행의 출현을 막아 상업은행과 기업집단 간 연계를 제한함에 따라 자본시장이 기업금융을 담당하게 되었다. 상업은행과 투자은행의 영업을 분리할 법규가 없었기 때문에 상업은행 예금도 투자은행의 증권 인수 · 주선 업무(underwriting)에 자금을 지원하는 데 사용될 수 있었다. 투자은행가들은 회사 설립과 주식 및 회사채의 인수와 매각 등을 통해 창업과 기업 합병에서 두드러진 역할을 하였으며, 소유지분을 배경으로 이사겸임제를 통해 투자한 기업을 지배하였다. 그러나 대공황이 발발하며 투자은행에 집중된 금융통제력에 불신이 생겨났고 금융기관의 지분 소유와 경영개입을 제한하여 기업 소유를 분산하려는 노력이 생겨났다. 특히 1933년 은행법(글래스-스티걸 Glass-Steagall 조항)은 투자은행과 상업은행의 분리를 강제하고, 은행과 기업 간 관계도 대출기업의 주식소유를 제한하여 고객과 일정한 거리를 두는 계약에 기반한 거래적 대출관계에 머물도록 하였다. 한편 취약한 전국적 은행규제도 1933년과 1934년 은행법에 의해 강화되어 예금보험제도가 도입되었고 중앙은행에 의한 예금이자율 규제도 도입되었다.

1980년대 금융혁신, 세계화, 규제완화의 물결 속에서 은행에 대한 기존 규제의 효과가 약화되는 반면 미국 금융의 국제경쟁력이 약화되고 지역금융기관의 부실이 초래됨에 따라 미국 금융제도는 기존의 금융규제조치에 근본적인 변화를 도모하였다. 즉, 상업은행의 주간영업규제(1982)와 상업은행과 투자은행의 분리규정(1999)을 모두 폐지하기에 이른다.

미국의 금융기관은 자금 조달형태에 따라 예금기관, 계약저축(contractual savings)기관, 투자중개기관(investment intermediaries)의 세 가지로 분류된다. 예금기관은 예금 위주로 자금을 조달하여 대출 및 유가증권으로 운용하는 상업은행(국법은행과 주립은행으로 양분), 저축기관(저축대부조합과 상호저축은행으로 양분), 조합원이 소유하고 조합원을 위해 경영되는 신용협동조합(credit unions) 등으로 세분된다.[22] 이 중 주립은행, 주에서 인가한 저축은행과 신용협동조합은 지역금융을 주도한다.

---

20. 이 점에서 자유주의 레짐과 자유방임 규제가 반드시 일치할 필요는 없다. 실제로 자유롭고 공정한 계약이 가능할 조건을 마련하기 위해서 강력한 규제국가가 필요하다.

21. 증권법은 증권발생 시 정보공개요건을 제시하였고 대통령 직속의 증권감독기관으로 증권거래위원회(Securities and Exchange Commission ; SEC)를 설치하였다. 증권거래법은 SEC에게 유통시장 거래규칙을 세우도록 하였다. SEC는 증권발행요건, 최소정보요건, 가격의 공정한 결정, 주주권의 행사와 경영진과의 소통, 시장지배력의 남용, 내부정보의 남용, 인수규칙 등에 대한 광범위한 규칙과 관행을 만들었다.

22. 한편 계약저축기관에는 생명보험, 손해보험, 연기금이 투자중개기관에는 금융회사, 뮤추얼펀드, MMMF로 구성된다.

참고로 미국은 McFadden Act(1927)와 주내 단점은행제(unit banking state)에서 보듯이 역사적으로 은행의 지점 수나 주간 영업을 제한하여 대부분의 은행은 지역금융기관으로 구성된 국가였다. 지역금융기관 중심의 금융제도는 은행 권력을 제한하고 지역예금이 지역 대출에만 사용되도록 해야 한다는 관점에 기반하였다. 1990년에 미국의 상업은행은 12,427개에 달했고 이 중 87개만이 지점을 가졌었다. 하지만 세계 금융환경 변화에 따라 자유화와 규제완화의 길을 걷게 되었다. 특히 지점 수나 주간영업에 대한 제한이 점차 제거[23]됨에 따라 규모의 경제와 위험분산을 위해 은행들의 대형화가 진전되었고 그 속에서 지역금융기관이 꾸준히 축소되어 왔다. 1984년 14,200개에 달하던 상업은행은 2016년 5,000개로 감소하며, 많은 지역금융기관이 사라졌고 종종 주립은행이나 국립은행으로 대체되어 갔다. 하지만 5,000개에 달하는 상업은행 수는 여전히 다른 국가에 비해 많은 수이며 그만큼 지역금융기관이 건재함을 반증하고 있다. 결과적으로 미국은 글로벌 경쟁력을 갖는 전국금융기관과 더불어 다수의 지역금융기관이 공존하는 이중구조를 통해 대기업, 중소기업 및 벤처기업 모두에게 다양한 자금공급을 하고 있다. 이에 따라 미국은 세계 어느 나라보다 시장경제에 충실한 금융제도를 가지고 있지만, 지역자치와 시장실패 보완의 원리하에서 지역경제, 중소기업, 저소득층 등을 지원하는 다양한 금융기관이 발전해 왔고 동시에 다양한 지역금융 지원정책도 실시해 오고 있다. 특히 지역금융의 경우 지역재투자법(Community Reinvestment Act ; CRA)에 의해 금융산업을 규제하기도 하지만 다른 한편으로는 보조금이나 감세를 통해 금융기관이 지역 발전에 필요한 투자나 대출을 할 수 있는 유인제도(NMTC, CDFI 등)를 발전시켜 왔다.

표 11-9 미국 예금기관의 설립기관, 감독기관 및 보증기관

	인가	감독	검사	예금보험	우선 조달원	우선 운용처
상업은행					예금	상공대출, 조기지 소비자신용, 국채, 지방채
국법은행	통화관리위원회(OCC)			FDIC		
주립은행 1(연준 회원)	주정부	연준위		FDIC		
주립은행 2(비연준)	주정부	FDIC		FDIC		
주립은행(FDIC 비가입)	주정부					
저축기관(저축대부조합과 상호저축은행)					예금	모기지, 기업대출은 20% 미만으로 제한
연방인가	통화관리위원회(OCC)			FDIC		
주인가(FDIC 가입)	주정부	OCC와 주정부		FDIC		
주인가(FDIC 비가입)	주정부					
신용협동조합					예금	소비자 신용
연방인가(연방보험 가입)	National Credit Union Administration(NCUA)			NCUSIF		
주인가(연방보험 비가입)	주정부			NCUSIF 또는 주정부		

출처 : Hubbard et. al.(2018) ; Mishkin(2019) ; 민기식(2000), 미국 저축대부조합의 영업현황과 서민금융기관에의 시사점.

23. 특히 1994년 '리글-닐 주간은행 영업효율화법(Riegle-Neal interstate banking and branching efficiency law)'에 의해서 주간영업금지가 폐지되었다.

미국의 지역금융기관은 중소기업 금융에서 대형금융기관에 비해 경쟁우위를 보이고 있다. 특히 신축적인 대출 기준은 중소기업 차입자를 유인하는 요인으로 작용한다. 대부분의 대형은행에서 사용되는 표준화된 대출 승인 소프트웨어는 10년에 달하는 재무데이터를 요구하므로 중소기업이 접근하기 어렵다.

2) 은행 주도의 신용기반 시스템 : 독일

개인이나 기업의 자금운용에서 은행이 주도적 역할을 하고 있다. 개인부문의 금융자산 구성에 있어 개인저축의 40%(1995)가 은행에 맡겨져 있다. 은행은 기업의 자금공급에서도 중심적 역할을 하고 있다. 기업의 외부자금 조달에서 은행대출에 대한 의존도가 매우 큰 만큼 자본시장의 발전이 제한적이다. 겸업은행 제도는 주식의 공모, 증자를 통한 자금 조달의 필요성도 약화시켰다. 확정된 급부를 지급해야 하는 형태의 민간 연금제도가 발전하여 고위험 투자를 꺼림에 따라 자본시장의 발전은 제한되었다. 1995년 말만 보더라도 GDP 대비 상장 주식의 시가총액은 미국이 90.8%인 데 반하여 독일은 23.9%에 불과하였다.

(1) 전국 금융기관과 지역금융의 이중구조

독일의 금융기관은 중앙은행인 독일연방은행을 중심으로 한 은행과 은행 성격을 지니지 않은 비은행으로 구성된다. 은행은 다시 모든 은행 업무를 겸영하며 지배적 위치에 있는 일반은행(겸업은행)과 특정 서비스에 전문화한 특수은행으로 구분된다. 금융기관의 대부분을 점하는 일반은행은 민영 상업은행, 저축은행, 신용협동조합으로 나누어진다. 지역 간 금융격차가 존재하고 이것이 지역경제에 악영향을 미치는 만큼 금융시스템은 전국금융과 지역금융으로 이원화되었다. 전국금융기관은 대도시를 중심으로 전국과 해외시장을 대상으로, 지역금융기관은 중소도시와 시골 등의 지역시장을 대상으로 활동해 왔다.

전국적 민영 상업은행 민영 상업은행은 주주 가치를 추구하며 전국적 지점망을 가진 대형은행, 지방은행, 기타 상업은행, 외국은행지점, 개인은행을 포괄한다. 도이체방크, 코메르츠 뱅크 등을 포함하는 대형민간은행은 지역 제한 없이 글로벌 투자은행으로 활동해 왔는데, 일반 대중 상대의 금융 서비스는 1960년대 중반에 들어서야 제공하기 시작하였다. 외국은행은 주로 자국계 기업을 대상으로 금융 서비스를 제공하며,

표 11-10 독일의 3각(three pillar) 은행시스템

	상업은행	저축은행	협동조합은행
소유자	주주	지방정부로 대표되는 지역민	조합원
목적	이윤극대화	지역발전	조합원 발전
기관 수	259[1]	386[2]	871
지점 수(개, 2019)	7,876(6,223 : 대형은행)	9,593(242 : Landes)	9,377
종사자 수(명, 2018)	156,200	238,400	155,850
총자산 비중(2019)	43.6	24.7	16.7

주 : 1) 대형은행 4개, 지역은행 등 147개, 외국은행지점 108개
2) Landesbanken 6개, 저축은행 380개

자료 : Deutsche Bundesbank(2020. 7), Banking statistics ; Deutsche Bundesbank(2019. 9), Monthly Report ; Rudolf Faltermeier(2013) 그림 3.

지방은행 및 기타 상업은행은 특정 지역의 도시를 거점으로 예금 및 대출업무를 수행하여 그 규모와 지점 수가 많지 않다.

지역금융 : 저축은행과 신용협동조합 독일에서 가계나 중소 상공인 등 일반 대중에게 금융 서비스를 제공하는 주된 기관은 지역밀착형의 저축은행과 협동조합은행이다. 이들은 지역원칙(regional principle)을 고수하여 법적으로 독립되어 있지만 상호 간에 경쟁하지 않고 지역단위로 영업이 제한한다. 대신 은행들은 독립적인 동료의 위치에 서서 네트워크를 구성하여 다양한 서비스를 협력하여 고객에게 제공한다. 독일에서 지방자치의 전통에 따라 지역금융기관은 태생적으로 지역주민의 이익을 위한 기관으로 인식되어 왔다. 그렇다고 지역금융기관 발전이 지자체에만 맡겨진 것은 아니며, 중앙정부에서도 지역균형 발전과 시장실패 완화를 위해 지역금융을 육성해 왔다. 글로벌 금융위기는 독일 지역금융을 부각하였다. 대형은행은 지나친 위험투자와 부외거래로 막대한 손실을 경험했지만 지역금융기관은 큰 피해 없이 경영되었다. 지역금융기관들이 핵심적인 은행업에 집중하고 자신의 미션과 전통을 고수했기 때문이었다. 지역은행들은 고객예금을 유인하는 경쟁력과 기업 고객과의 긴밀한 관계로부터 큰 힘을 얻었다. 이들의 보수적인 사업모델은 위험사업에 참여하는 것을 제한하였다.

저축은행은 각 지역마다 위치하는 단위 저축은행과 이들의 상부기관으로, 주 단위로 저축은행 간 결제와 모든 은행업무를 담당하는 주립은행(Landesbanken), 최고 상부기관으로서 모든 저축은행을 전국적으로 통합하여 그룹의 일반 정책을 형성하는 역할을 하고 정책당국, 공공기관, 일반대중에 대해 저축은행 그룹을 대표하는 독일저축은행협회(DSGV : German Savings Banks Association)의 3단계로 구성된다. 최초의 저축은행은 약 200년 전에 저소득층의 저축 장려를 위해 민간에서 시작하였고 이후 곧 시립 및 공공 저축은행이 만들어져 지배적 형태가 되었다. 즉, 저축은행은 지방정부와 공공 컨소시엄이 주요 주주로서 그에 따라 상업은행과 달리 투자자보다 소재 지역민과 지역 전체를 대상으로 하는 공익(일자리, 경제 활성화, 재산형성 증진)에 봉사하는 공영 금융기관이다. 주립은행은 각 주에서 개별 근거법에 의해 주정부와 지역 내 저축은행 협회의 소유로 설립되며, 상업은행 업무와 더불어 주정부와 지역 저축은행의 은행 역할을 하고 있다.

협동조합은행은 저축은행과 마찬가지로 조밀한 지역연합, 단일의 전국 협회, 청산은행(중앙신협은행 DZ-Bank-AG 및 WGZ-Bank-AG)을 갖추고 있다. 지분을 소유한 조합원들이 예금자이자 대출자이기도 한 은행으로 조합원이 공동으로 경영하는 협동조합적 전통 아래에서 기존 은행으로부터 소외된 농촌과 도시 중소상공업자와 기술자의 신용조합으로서 겸업금융 서비스를 제공하고 있다. 조합원인 주주는 동시에 예금자이자 대출자로서 조합과 장기적 신용관계를 형성하며, 조합의 목적은 조합원의 발전에 두어진다.

(2) 조합주의적 금융시스템

1931년 은행위기를 배경으로 은행부문의 집단적 자율 규제와 이에 대한 국가의 구속력 인정, 리더들의 책임 있는 영향력 행사를 중심으로 하는 조합주의적 메커니즘에 의존하는 규제체제가 생겨났다. 이자율과 수수료에 대한 은행협회 차원의 제한, 중앙은행과 은행 단체의 자문을 받는 은행규제 위원회를 중심으로 한 진입, 최소자본, 유동성, 건전성을 규제하였다. 제2차 세계대전 후 재건기에 국가, 은행, 산업의 삼자 관계는 부활하였고 은행은 산업에 필요한 자본의 주요 제공자이자 상담역으로 다시 역할하였다.

민영금융기관만으로는 금융공급이 제한적이었던 만큼 특별법하에서 자본금의 전부나 일부(통상 50% 이상)가 연방정부, 연방 특별기금, 주와 지자체, 공공단체에 의해 출자된 공영 금융기관도 큰 역할을 하고 있다. 공영금융기관은 설립취지에 따라 국가의 경제정책을 효율적으로 지원해 왔지만, 금융중개 과정에서 국가나 정치인의 직접적 개입은 찾아보기 어렵다. 공영금융기관으로서 지역 · 서민 · 중소기업 금융에서 지배적 위치를 점하는 저축은행과 협동조합은행이 있으며, 그 외에 우편은행, 공영저당은행 등도 포함한다.

은행은 산업구조 전환과 지역발전을 선도

국가나 산업정책의 적극적 역할에 대한 대중적 지지가 미약함에 따라 은행이 산업 활동의 선도층이자 조직가로서 활동하며, 산업의 구조적 문제가 지나치거나 은행들이 다루기 어려운 경우에만 국가가 개입한다. 독일의 후발 산업화에 있어 소규모 개인은행, 상공인 주도의 유한책임 은행이 차례로 출현하며 거액 · 장기의 대출 제공, 주식발행 지원, 직접 출자를 함께하는 겸업은행을 발전시켰다. 중화학공업을 통한 산업화는 대규모 자본조달을 요구하였고 긴밀한 은행-산업 관계가 형성되며 이를 뒷받침하였다. 제1차 세계대전 이후 혼란기에 합병을 통해 대형상업은행으로 성장한 은행들은 카르텔을 형성하고 강화된 자본력으로 기업 지원과 산업 구조조정을 주도하였다.

각 주정부가 제정한 저축은행법에 근거하여 해당 지역의 지자체가 출자 · 설립한 공공금융기관인 저축은행은 지역경제 발전에 있어 중심적 위치를 점하고 있다. 저축은행은 지역주의 원칙에 따라 지역 소재의 중소기업과 수공업자에게 자금을 안정적으로 공급하면서 기업경영 전반에 걸친 자문을 하고 있다.

(3) 겸업은행이 기업금융에서 주도적 역할

소수 특수은행을 제외한 독일 은행은 부동산저당금융이나 주택금융 등 특수업무를 제외하곤 상업은행 업무, 투자은행 업무, 증권중개업무를 모두 영위하는 복합은행이다. 독일 은행법은 은행업무를 예금과 대출, 어음의 할인, 보증 및 지로업무, 투자신탁, 증권매매, 증권임치, 대출채권 인수로 규정하고 있다. 결과적으로 은행은 단기 상업금융은 물론 주식발행 주선이나 회사채 인수와 같은 투자금융도 담당하며, 주주들이 위탁한 주식에 대한 의결권의 대리행사와 감독이사회 참여를 통해 기업경영에 영향을 미치고, 기업이 부도 위기에 직면할 경우에는 대출금의 출자 전환, 매각주선 등의 업무까지 수행하게 된다.

주거래은행 중심으로 금산 협력

독일은 금융자본, 특히 은행과 산업자본이 긴밀한 상호관계를 갖는다. 겸업은행 제도하에서 독일 은행은 주거래은행(Hausbank) 제도를 발전시켜 왔다. 오랜 기간을 두고 발전해 온 주거래은행 관계를 통해 은행은 거래기업과 긴밀하게 소통하며 경영상황을 수시로 파악하여 금융수요를 적기에 충족시키며 든든한 후원자로 역할해 왔다. 주거래은행은 필요한 정보를 제공하고 전문적 자문 및 컨설팅 활동을 통해 기업의 성장을 지원한다. 기업은 은행을 신뢰하여 어려울 때 지원을 요청하면 도움을 줄 동반자라는 인식이 확립되어 있다.

긴밀한 장기적인 은행-기업 관계를 통해 은행은 정보의 흐름을 원활히 하여 대리인 문제를 완화할 수 있고, 채권자인 동시에 주주로서 기업의 위험을 분담하여 안정적으로 자금을 공급할 수 있다. 더 나아가 이는 기업이 외부자본시장의 단기주의적 통제와 간섭에서 벗어나 기업 내부 자원을 안정적으로 통제하며 고품질을 지향하는 점진적 혁신을 도모할 수 있게 한다.

은행은 기업지배구조에서 큰 역할

은행이 금융시장에서 주도적 역할을 함에 따라 기업지배구조에 큰 영향을 미쳐 왔다. 은행은 기업 주식의 소유자이면서 채권자로서 기업경영을 감시하고 통제하는 역할을 한다. 독일 기업은 일정비율의 주주대표와 근로자 대표로 구성된 감사회(Aufsichtsrat)와 집행임원으로 구성된 이사회(Vorstand)의 이원적 지배구조를 갖는다. 은행 직원은 공동의사결정법(Mitbestimmungsgesetz)에 따라 종업원 대표로 감사회에 참여한다. 감사회는 이사회를 감독하고 투자예산 등에 관한 승인권을 가지기 때문에 기업과 은행 간의 정보 교환을 용이하게 하여 대리인 비용을 감소시킨다. 한편 독일 은행은 기업주식 보유 비중이 타국에 비해 높다. 또한 주식보유도 투자보다는 지배를 목적으로 하며, 자체 소유주식이 많지 않아도 의결권 대리행사를 통해서 기업에 상당한 영향력을 행사하고 있다. 소액주주들은 소유주식 관리를 주로 은행에 위탁하여 주식의 보관과 배당의 대리수령 그리고 의결권 행사를 은행에 맡기고 있다.

3) 소수의 투자회사가 주도하는 금융시스템 : 스웨덴

스웨덴에서 금융시스템은 수요가 주도하며 상황 변화에 따라 새로운 제도와 규제가 만들어지며 발전해 왔다. 이미 앞에서 다룬 것처럼 스웨덴은 1870년대 들어 급속한 산업화를 경험하여 자연자원 기반산업에서 출발하여 자본재 산업이 수출을 주도한 뒤 이어 내수용 소비재 산업이 발전하였다. 금융발전이 미흡한 상황에서 산업화를 뒷받침할 기반시설의 투자재원은 대외차입에 크게 의존하였다. 기업은 내부유보, 은행대출, 채권발행 등을 통해 자금을 조달하였고 지분은 창업자와 그 가족에게 집중되었다. 급성장한 수출 기업의 투자 급증으로 주식시장의 중요성이 커져 갔지만, 외부자본 조달은 주로 은행에 의존하였다. 독일 산업화를 뒷받침한 복합은행이 스웨덴 금융의 표준이 되었다. 상업은행은 투자은행 업무를 하고 주요 기업의 주식을 직접 보유하여 지배주주가 되었다. 기업경영에 전문성이 없는 은행들은 전문 경영인에 크게 의존하였다.

그림 11-9 스웨덴의 투자회사 중심의 금융레짐

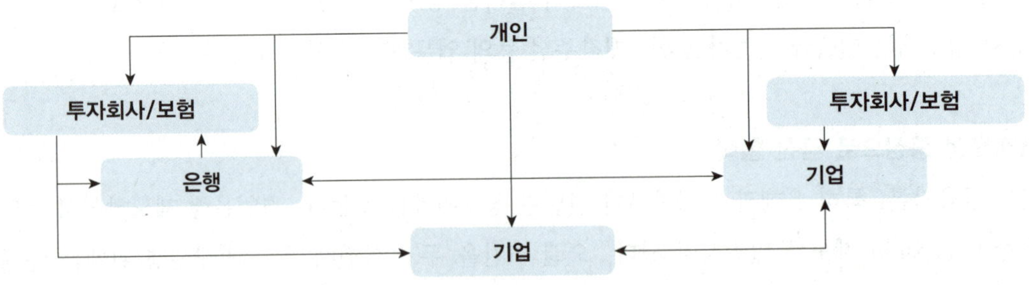

1930년대 금융위기로 은행의 주식보유가 금지되자 은행의 지배주주는 주식을 투자회사로 이전하여 통제권을 유지하였다. 이에 따라 발렌베리 가문과 같이 지배주주가 투자회사를 통해 CEO를 선임하고 이사회에서 활동하며 전문경영진과 협력적 파트너를 구성하는 전략적 기업가 역할을 하는 형태와 독일을 따라 은행 · 기업관계를 매개로 지배주주 없이 전문경영진이 지배하는 형태가 스웨덴 기업의 대표적인 지배 형태로 확립되었다. 스웨덴만의 독특한 기업 지배형태라 할 수 있는 전자의 경우 투자회사는 기업과 은행의 지주회사로서 산업자금의 공급을 담당하여 은행이 담당해야 할 산업적 역할을 수행하며, 은행은 이를 지원하는 간접적 역할에 머문다. 지배주주나 CEO들은 은행의 이사회에 참석하고, 은행 대표들은 기업의 이사회에 참여하여 주요 은행과 기업 경영진 간에는 밀접한 관계가 존재한다. 은행의 지배주주는 비즈니스 리더가 되어 자본과 포트폴리오 관리를 통해 산업의 구조조정을 주도해 왔다.

금융시스템이 은행을 기반으로 하는 만큼 자본시장 규모는 작고 엄격히 규제된다. 광범위하고 관대한 사회보장에 필요한 재원을 고소득층에 대한 누진세에 의존하므로 그만큼 고소득층의 자본시장 투자는 저조하다. 소득 불평등도가 낮아 가계는 예금보다 다른 금융자산을 선호한다. 그러나 강제적인 민간연금과 보험제도를 포함한 광범위한 사회보장제도 때문에 자본시장보다는 연금, 보험 시장이 보다 발전되어 있다. 자본수요 확대 속에서도 통제를 유지하기 위해 피라미드, 상호주 보유, 차등의결권 주식 제도가 발전하였다. 결과적으로 상장 대기업의 통제는 스웨덴 가문에 남겨졌지만, 자본은 제도화 · 국제화되었다. 즉, 1980년대 후반부터 시작된 글로벌 금융시장의 개방화로 외국인 지분율이 확대되고 외국인 투자자의 영향력이 커졌다. 스웨덴 상장기업의 주식소유 비중(2007)은 외국인 투자자 비중(38%)이 가장 높고, 그 뒤를 민간금융기업(27%), 개인투자자(16%) 그리고 민간 비금융기업(9%), 공공부문(8%)이 잇고 있다.

4) 국가주도의 은행중심 시스템에서 시장중심 시스템으로 : 프랑스

프랑스는 국가주도의 신용기반 시스템을 토대로 은행이 주도적 역할을 하지만 국가도 신용중개에 일정한 영향을 미친다. 저조한 금융발전 수준, 은행의 지배적 역할, 국가의 직접적 개입으로 특징지어지는 국가주도의 신용기반 시스템이다.

프랑스의 금융발전은 영국보다 100년 이상 뒤졌다(Kindleberger, 1984). 18세기 이후 계속되어 온 전쟁, 내전, 침략의 정치적 혼란의 부작용이었다. 은행과 주식시장은 전쟁과 혁명이 야기한 막대한 국가차입을 뒷받침하였으므로 민간부문은 자금 부족과 John Law의 Mississippi System의 생성 · 붕괴와 혁명정부 화폐(assignats) 발행으로 촉발된 주가 버블로 연이어 심각한 금융불안을 경험했다. 전쟁과 사치로 인한 국가재정 파탄을 주식 매각, 주가 부양, 통화 증발을 통해 해소하는 과정에서 반복적인 금융위기와 과격한 인플레이션이 발생하면서 은행권, 은행시스템, 주식시장에 대한 불신과 금속화폐에 대한 의존이 장기간 강화되어 왔다. 종교적으로 이자가 금기시되어 기업은 회사채 발행을 통한 자본조달도 불가능하였다. 결국 고리대금업이나 공증인이 매개하는 금융거래가 성행하고 기업은 자기금융(self-financing)에 과도하게 의존하여 기업의 소유권은 개인과 가족에게 집중되었으며, 투자자들은 자산을 주식보다는 국채와 부동산 또는 외국증권에 주로 투자하는 보수적 태도를 지님에 따라 자본시장의 부진세는 20세기 초까지 지속되었다. 프랑스 기업들은 내부유보만으로 투자하여 기업을 확장하였고, 기업집단의 창업자 가족은 몇 세대를 두고 기업집단을 지배하였다. 반복되는 금융위기를 경험한 결과 몇몇의 부호가 기업을 소유 · 지배하며 보수적으로 경영하며 정부와의 연줄에 의존하여야 했다. 결과적으로 19세기와 20세기 초에 프랑스에는 대기업이 거의 없었다. 회사들은 내부유보로 투자자금을 조달했으며 단기대출을 위해서만 은행과 거래했다. 관계형 뱅킹(은행이 기업의 지분을 보유한다는 의미에서)은 드물었다. 증권시장은 기업금융에서 중요한 요소는 아니었다.

제2차 세계대전 이후 프랑스는 자본시장의 발전이 부진한 가운데 산업화를 위해 정부가 직접 금융에 개입하여야 했다. 프랑스 정부는 1945년 은행법을 개정하여 프랑스 은행(Banque de France)과 다른 4대 대형 예금은행을 국유화하고, 은행 전문화 원칙하에서 은행들은 단기 예금은행, 투자은행, 장기신용은행으로 나뉘어 경쟁을 제한하며 국고 기능이 맡겨져 자산의 거의 절반을 국채 매입에 투입하도록 하였다. 1960년대 중반까지 정부의 국고국이 중심이 되어 금융을 직접 통제하고 저축을 동원하였다. 국고국은 시설현대화기금을 설치하여 국영기업에 설비자금을 제공했으며, 비은행 금융기관과 특수 금융기관을 설립하여 민간 기업을 지원하도록 하였다. 이에 따라 1950년만 보더라도 국고국과 비은행 금융기관들이 전체 신용의 40~50%, 기업신용의 80%를 담당했다. 1950년대 초반 누적된 재정적자에 직면하여 프랑스 정부는 국가사업 규모를 축소시키고 그에 따라 금융시스템에서 국고국이 차지하는 비중은 점차 감소하기 시작하였다. 이에 따라 1960년대 중반에 이르러서는 은행에 의한 신용제공이 전체의 90%를 차지할 정도로 은행의 비중이 커지고, 투자은행의 업무도 수행하는 복합은행으로 변모하면서 정부가 통제하는 국유의 복합은행이 중심이 되는 금융시스템이 등장하게 되었다.

1980년대 들어 프랑스는 금융자유화와 자본자유화에 나서게 되고 프랑스 금융시스템은 이전과는 전혀 다른 시스템으로 변모하기 시작했다. 국유은행들이 민영화되었고, 금융전문화 정책이 폐기되어 금융기관 간 칸막이가 사라졌다. 예금 · 대출과 관련한 정부의 직접적 규제도 사라지고 자본자유화와 자본시장 발전을 위한 노력이 다각도로 이루어졌다. 이에 따라 프랑스 정부의 금융개혁과 EU 금융시장의 통합을 계기로 프랑스 금융기관들은 겸업화, 증권화, 대형화, 국제화의 길을 걷기 시작했다. EU 시장에서 우위를 점하기 위한 노력으로 전개된 인수합병의 물결은 주요 상위 은행들뿐만 아니라 저축은행과 신용협동조합 모두에서 나타났다. 이 과정에서 예금과 대출 중심의 상업은행업에 집중해 온 이들 은행에서 증권거래와 투자은행업 비중이 커졌다. 금융기관의 규모가 대형화되며 은행 산업의 높은 집중도가 더욱 높아졌으며 소매은행업을 중심으로 글로벌 은행으로서의 위치도 확대되었다. 결과적으로 1980년대 금융자유화 과정에서 은행중심 시스템은 더욱 강화되었으며, 은행 내에서 투자은행업 비중이 현격하게 높아졌다.[24]

금융발전에도 불구하고 프랑스 기업들의 자금조달 구조는 여전히 사내유보 비중이 압도적으로 높아지고 은행대출과 증권발행 비중은 크게 감소되는 변화를 겪었다. 이러한 변화는 프랑스 정부가 민영화 과정에서 과거 대출과 사업관계가 밀접한 기업 및 은행들끼리 핵심주주가 되어 대기업집단을 구성하도록 상호지분을 보유하도록 했던 노력과는 거리가 먼 변화이다. 급속히 통합되는 EU 시장에서 우위를 점하기 위해 국내외적으로 인수합병을 추진하는 과정에서 자금조달을 위해 은행과 기업 모두 관계기업의 지분을 처분해야 했기 때문이었다. 또한 자본시장 개방으로 외국계 투자가들이 부상하면서 경영권 방어를 위해 자금조달 창구로서 주식시장에 대한 의존도를 줄여야 했기 때문이기도 하다.

그림 11-10 프랑스의 국가중심 금융레짐

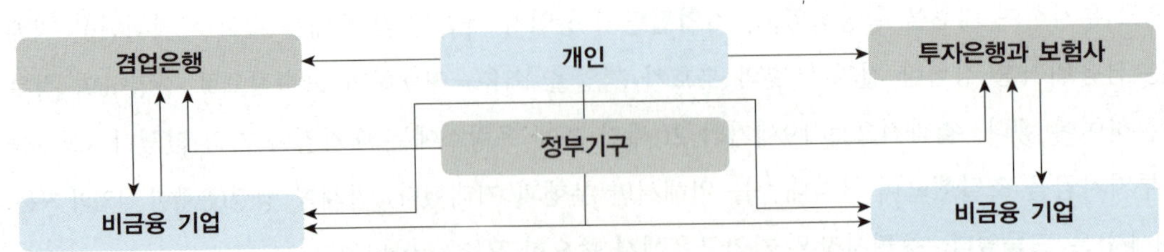

자료 : State and financial system in Europe and the USA.

24. 정세은(2014), 「1980년대 이후 프랑스 금융시스템의 특징과 최근 은행법 개혁의 평가」, 『EU학 연구』, 19(1), 한국EU학회.

프랑스의 협동조합은행

프랑스 은행시스템에서 일반 예금은행 외에 지역금융기관으로서 오랜 전통을 가진 저축은행과 협동조합 은행의 역할도 작지 않다. 최초의 저축은행은 1818년 파리에서 민간 주도로 설립되었으며, 19세기 후반부터 공공적 역할을 하는 민간기관으로 인식되었다. 1950년대까지 저축은행의 역할은 대중의 저축을 촉진, 수집, 관리하는 것으로 제한되었고 대신 과세혜택을 받았다. 1950년대 이후 몇 차례의 개혁으로 저축은행의 서비스 범위가 확대되고 지역을 중심으로 한 유니버셜뱅크와 더 유사하게 되었다. 또한 1870~1890년대에 걸쳐 프랑스에는 협동조합 은행으로 Banque Populaire(동남부), Crédit Mutuel(알자스 로렌), Crédit Agricole(쥐라)이 등장하여 민간 상업은행과 달리 전통적으로 발달 수준과 인구밀도가 낮은 지역에서 농업 부문과 서민 가계에 신용을 제공하는 역할을 맡게 되었다. 저축은행은 1980년대 이후 전개된 인수합병의 물결 속에서 합병으로 구조조정을 거친 후 1999년에는 법에 의해 협동조합 은행으로 그 지위가 바뀌었고 2009년에는 협동조합 그룹 Banque Populaires와 합병되었다. 그러나 저축은행과 달리 협동조합 은행은 여전히 은행시스템에서 주요한 위치를 점하고 있다. 프랑스 6대 은행 중 3개가 협동조합 은행이며 2012년만 보더라도 이들의 자산은 6대 은행 전체 자산의 53%를 차지하였다. 협동조합 부문은 Banques Populaires Caisses d'Épargne(BPCE), Crédit Mutuel(CM), Crédit Agricole(CA)의 세 그룹으로 구성된다. 이들은 전체 은행자산이나 가계 및 기업 대출과 예금의 거의 절반을 차지할 정도로 그 규모가 크다. 이들 각각은 지역은행 네트워크와 강력한 중앙기관을 가진 거대은행으로 자리 잡고 있다. 지역은행은 전통적 의미에서 민간 협동조합의 형태를 갖지만, 중앙기관은 지역 협동조합, 외부기관, 개인투자자가 그 지분을 보유하고 있다.

1980년대 중반까지 모든 협동조합 은행 그룹은 프랑스 정부의 통제를 받아야 했다. 1980년대 정부에 의해 엄격하게 규제되고 파편화된 은행 시스템이 자유화되었을 때 지역영업에 집중하며 안전하게 경영되던 이들 협동조합은행이 대형 민간과 공공은행을 인수하며 급성장하였다. 비록 이들은 영업지역이 더 이상 제한받지 않고 있지만, 지역 원칙을 고수함으로써 각자의 지역 네트워크에서 협력하고 있다. 이에 따라 이들의 사업구조는 대출 및 예금 비중이 일반은행보다 더 크며, 전체 대출에서 개인사업자나 가계에 대한 비중이 여전히 지배적이다.

2. 한국의 금융발전과 도전

2.1 한국의 금융발전

1) 금융심화의 과정

OECD의 한국 금융발전지수는 회원국 평균 0.667을 크게 상회하는 0.854로 총 183개 조사대상국 중 6위였다. 그러나 금융자산 잔액을 국민총소득(GNI)로 나눈 금융연관비율(financial interrelation ratio)은 아직 선진국에 비해 낮다. 우리나라의 금융 연관 비율은 1975년 2.6에서 2019년 9.7로 증가했다. 이는 상당수 OECD 국가, 특히 영미계와 북구 각국에 비하여 낮은 수준이지만, 대체로 8~9 수준을 보였던 대부분의

OECD 회원국과 유사한 수준이다. 한편 금융산업이 창출하는 부가가치는 소득 수준 대비 다소 높다. GDP 대비 부가가치(2018)를 기준으로 할 때 미국은 전체 부가가치의 7.7%이고 우리는 5.6%로 독일과 일본의 4.2%, 스웨덴의 4.5% 그리고 프랑스의 4.3%를 크게 상회한다.

우리나라에서 GDP 대비 예금액, 대출액, 회사채 잔액, 주식시가총액, 금융보험업 부가가치는 모두 꾸준히 증가하여 선진국과 유사해졌다. 다만 GDP 대비 주식시가총액 비중은 선진국보다 낮고 GDP 대비 대출액과 예금액, 민간신용 비중은 선진국보다 높아 은행중심의 우리나라 금융구조의 특징을 반영한다.[25] 자본시장 중심의 금융시스템이 구축된 영미계 국가를 제외하면 우리나라의 직접금융시장 규모는 다른 OCED 국가에 비하여 뒤처지지 않고 간접금융시장 규모도 OECD 평균 수준과 유사하다.

표 11-11 경제규모 대비 금융시장 규모 : 2018년

	예금	민간신용	보험료	주식시가 총액	회사채발행 잔액	부가가치 중 금융보험업 비중(2016)
한국	140.5	151.7	10.5	99.7	2.1	5.6
미국	84.3	190.8	5.88	150.7	4.5	7.7
독일	98.0	80.2	4.7	54.0	3.3	4.2
프랑스	88.0	107.6	8.4	121.9	3.8	4.3
스웨덴	82.8	132.6	7.3	123.1	5.5	4.5
일본	228.1	176.8	7.8	113.8	2.5	–

주 : 모두 GDP 대비 규모이며 민간신용은 민간부문(금융부문 제외)에 대한 신용공여.
자료 : World Bank Global Financial Development Database, BIS.

그러나 금융발전지수의 상위 순위는 과도한 신용 팽창과 자산가격 상승에서 비롯할 수 있으므로 반드시 좋은 것만은 아니며, 오히려 금융시스템이 실물 경제나 금융 감독 측면에서 감당할 수 있는 한계를 넘어 부풀려졌음을 시사할 수도 있다. 실제로 우리나라 금융에 대한 상반된 국제적 평가도 적지 않다. 세계경제포럼은 한국의 금융발전 수준을 세계적으로 중간 수준에도 못미치고 있는 것으로 평가한다. 우리나라 금융의 상

그림 11-11 금융자산 규모와 금융 연관 비율

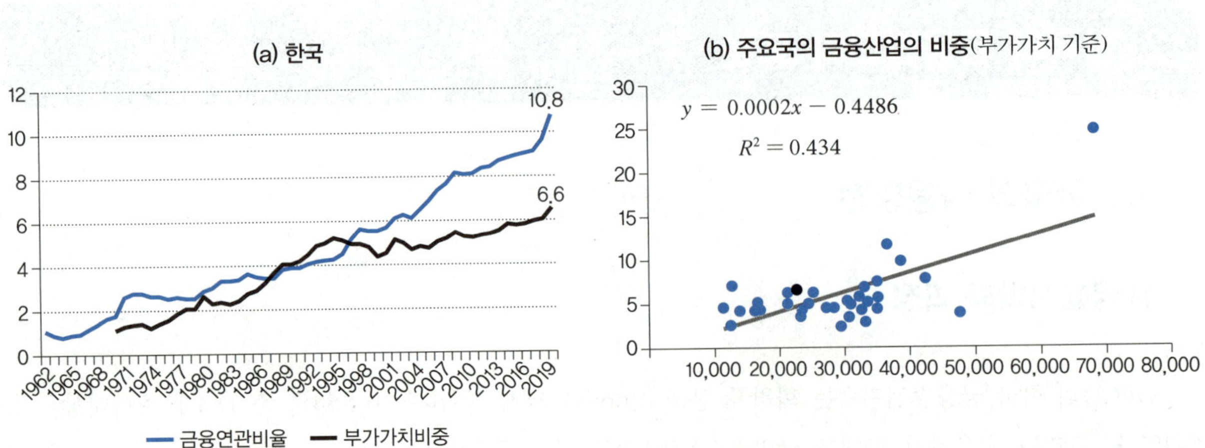

자료 : 한국은행 자금순환표, 국민계정.

25. 강환구 · 정천수(2011), 「금융발전과 경제성장 간 관계」, 표 1, 『조사통계월보』.

대적 위치는 2017년에 조사대상국 137개국 중 74위로 나타나고 있다. 실제로 우리나라는 ① 자본시장이 기업자금의 안정적 공급원으로 기능해 온 것으로 보기는 어렵고, ② 은행과 기업 사이의 장기적 관계에 기초한 정보생산과 관계대출은 은행위기 이전보다도 오히려 위축되었으며, ③ 기업들은 보다 안정적 자금원인 내부금융의 비중을 늘려야 할 여지가 많은 것(정운찬 · 김홍범, 제4판, 2012, pp. 281~284)이 현실이다.

2) 금융시장 구조의 변화

외환위기 이후 세계 금융산업의 조류에 걸맞게 우리나라 금융시장에서도 증권화가 빠르게 진행되었고, 금융기관의 간접금융에 비해 자본시장의 직접금융의 역할이 커져 시장중심 금융제도의 속성도 강해졌다. 아울러 금융기관은 겸업화와 대형화의 길을 걸었다.

(1) 증권화와 시장중심 기업금융의 발전

국내총생산 대비 주식과 채권의 유가증권 잔액은 1962년 0.19배에서 2020년 4.1배로 증가해 괄목할만한 성장을 이루어냈다. 이는 특히 채권시장 발달에 크게 힘입었다. 1975년에 유가증권 잔액의 80% 이상을 차지하던 주식(및 출자금)의 구성비는 꾸준히 감소하다 외환위기 이후 급성장을 거듭해 채권과 유사한 규모를 보이고 있다. 우리나라 주식거래 규모는 경제규모를 감안하면 독일보다는 크고 프랑스와는 비슷하지만, 미국이나 영국보다는 작다. 한편 채권은 대부분 국공채를 중심으로 거래가 이루어지고 회사채 거래는 거의 없다. 주식거래량 중 개인투자자 비중은 1990년대 70% 수준에서 2000년대 말 50% 수준으로 감소하였으나 2020년에는 65.8%까지 증가하여 선진국에 비해 그 비중이 매우 높다. 현물시장과 함께 파생금융상품시장도 통화 및 금리 관련 장외상품을 중심으로 그 거래규모가 빠르게 증가해 왔다. 2007년 이후 파생금융상품 중 장외 비중은 98~99%에 달한다. 장내 파생금융상품시장의 경우 국고채 선물과 통화선물이 주로 이루어지며, 장외파생금융상품의 경우 통화와 관련한 선물환, 통화스왑, 금리스왑이 주로 거래되고 있다.

한편 기업의 자금조달 방식은 은행 대출 등 간접금융으로부터 직접금융으로 전환되고 있다. 기업의 부채 중 1962년 43%에 달하던 간접금융은 2020년 23.8%로 감소하였으며, 대신 직접금융은 27.8%에서 56.8%로 커졌다. 대출채권도 금융시장에서 꾸준히 증권화되고 있다. 기업 및 금융 구조조정 과정에서 발생하는 부실채권과 각종 담보의 신속한 유통을 위해 자산유동화에 관한 법률(1998)과 주택저당채권 유동화회사법(1999)이 시행되면서부터 자산유동화 증권이 1998년 신용카드채권을 기초로 처음 발행된 이후 점차 대상

표 11-12 기업의 부채 구성(%)

	1962	1970	1980	1990	2000	2010	2020
직접금융	27.8	19.9	23.4	36.8	41.1	58.0	56.8
주식	27.8	19.4	15.1	18.3	18.4	44.9	47.7
채권	0.0	0.4	8.3	18.5	22.7	13.1	91.0
간접금융	42.9	35.5	32.4	36.6	31.6	22.7	23.8

자료 : 한국은행 자금순환표

자산이 부동산, 부동산담보대출, 부실채권, 리스채권, 오토론 등으로 확대되면서 꾸준히 증가하고 있다.

2008년 자본시장 통합법 시행에 따라 증권화도 새로운 전기를 맞이하였다. 자본시장 통합법에서는 금융투자 상품에 포괄주의가 도입돼 다양한 금융상품 개발이 가능해졌다. 기존에는 증권과 파생상품이 법령에 열거되어 있었으며, 이를 만족시키는 금융상품만이 개발 가능했지만 이제 '투자성'을 가지는 모든 금융투자 상품을 포괄하도록 정의하여 요건에 맞는 모든 금융상품의 설계와 취급을 허용하고 있다.[26]

(2) 국제화

1998년에 외국인의 주식 및 채권투자 한도 폐지, 외국인 직접투자의 단순 신고제로의 전환을 통해 외국인의 직간접 투자를 사실상 완전히 자유화하였다. 1999년에는 자본거래에 관한 법체계를 거래를 규제하고 관리하던 기존의 체제에서 자유로운 거래를 보장하고 시장기능을 활성화하는 방향으로 재편하였다. 이후 자본거래 자유화 조치는 국내 기업, 금융기관 및 개인의 해외투자를 중심으로 단계적으로 확대되었다. 이에 따라 현재 자본거래가 거의 자유화되어 우리나라의 자본자유화 정도는 선진국 수준에 근접하였다.

3) 금융기관의 변화

표 11-13 **우리나라의 금융기관 현황**(2017년 12월 말 현재)

<table>
<tr><td>금융지주회사(9)</td><td></td><td></td></tr>
<tr><td rowspan="2">은행</td><td>일반은행</td><td>시중은행(6 : 인터넷전문은행 2), 지방은행(6), 외은지점(38)</td></tr>
<tr><td>특수은행</td><td>한국산업은행, 한국수출입은행, 중소기업은행, 농협은행, 수협은행</td></tr>
<tr><td rowspan="2">비은행
예금취급기관</td><td>신용협동기구</td><td>신용협동조합(898), 새마을금고(1,315), 농협 · 수협산림조합의 상호금융(1,358)</td></tr>
<tr><td colspan="2">우체국예금(1), 상호저축은행(79), 종합금융회사(1),</td></tr>
<tr><td rowspan="2">금융투자업자</td><td>투자매매중개</td><td>증권회사(55 : 외국사지점 11), 선물회사(5)</td></tr>
<tr><td colspan="2">집합투자업자(215), 투자일임자문업자(179), 신탁업자(56)</td></tr>
<tr><td rowspan="3">보험회사</td><td>생명보험사</td><td>25(외국사 9)</td></tr>
<tr><td>손해보험사</td><td>손해보험사(19 : 외국법인 4. 외국사지점 4), 재보험회사(10 : 외국사지점 9), 보증보험사(3 : 외국사지점 1)</td></tr>
<tr><td colspan="2">우체국보험(1), 공제기관(수협, 신협, 새마을)</td></tr>
<tr><td rowspan="3">기타 금융기관</td><td>금융지주사</td><td>은행지주(8), 비은행지주(1)</td></tr>
<tr><td>여신전문사</td><td>리스(26)/카드(8)/할부금융(21)/신기술금융(42)</td></tr>
<tr><td colspan="2">벤처캐피털사(중소기업 창업투자회사, 120), 증권금융(1), 대부업(8,084)</td></tr>
<tr><td>공적 금융기관</td><td colspan="2">한국무역보험공사, 한국주택금융공사, 한국자산관리공사, 한국투자공사, 서민금융진흥원</td></tr>
</table>

자료 : 한국은행(2018), "한국의 금융제도"

---

26. 자본시장법은 자본시장 관련 법률을 단일 법률로 통합한 것으로 다음의 내용을 담고 있다. ① 금융투자상품 개념을 추상적으로 정의해 새로이 출현하는 금융신상품을 모두 법률의 규율대상으로 포괄할 수 있도록 하고 금융투자회사의 취급가능 상품을 대폭 확대하는 포괄주의 규율체계로 전환하였다. ② 금융투자업, 투자자, 금융투자상품을 경제적 실질에 따라 재분류하고 취급금융기관과 상관 없이 경제적 실질이 동일한 금융기능을 동일하게 규율하는 기능별 규율체계를 도입하였다. 그리고 금융기능을 금융투자업, 금융투자상품, 투자자에 따라 분류하였다.

대형화와 산업 집중도 심화

금융산업은 외환위기 이후 부실 금융기관들의 퇴출과 인수 · 합병으로 금융기관 수가 크게 감소한 대신 대형화가 급진전되었다. 상위 3개 은행의 시장점유율 합계인 CR3(Concentration Ratio 3) 지수는 1997년 말 29.6%에서 2020년 초 60%로 이미 두 배 이상 상승하였다. 일반은행 기준으로 2016년 이후만 보더라도 61~62% 수준이고 HHI 역시 1600~1700으로 매우 집중된 시장은 아니지만 다소 집중된 시장 중에서는 매우 높은 편에 속한다고 할 수 있다.

제2금융권의 대형화도 유사한 추세를 보이고 있다. 과점 형태를 보이던 생명보험사는 외환위기 이후 우량사 선호도가 높아지며 시장집중도가 더욱 상승하였다. 신용협동조합, 상호저축은행 등 서민금융기관들은 주로 합병, 퇴출 등 구조조정을 거치면서 집중도가 크게 높아졌다. 그러나 우리나라 은행들의 세계 순위는 경제 규모에 비해 왜소하다.

영국의 금융전문지 The Banker에서 발표한 2022년 중 총자산 기준으로 볼 때 신한금융은행이 61위로 가장 높고, 국민은행(64위), 농협(75위), 하나금융(78위), 우리은행(85위), 기업은행(94위)이 그 뒤를 이으며 세계 100대 은행에 포함되어 있다. 세계 100대 은행에 포함된 은행들의 자산규모를 보면 한국 은행들은 10위로 중국(1위, 자산규모는 한국 대비 11.5배), 미국(2위 5.8배), 일본(3위, 5.0배), 프랑스(4위, 4.0배), 독일(8위, 1.4배) 등에 뒤처지고 있다.

표 11-14 일반은행의 시장집중도 추이

구분		2016	2017	2018	2019	2020
총자산기준	CR3	61.1	61.2	61.5	62.3	62.3
	HHI	1,675	1,677	1,688	1,695	1,693
원화예금기준	CR3	61.8	61.7	61.6	61.7	61.8
	HHI	1,691	1,675	1,679	1,682	1,675
원화대출기준	CR3	62.4	62.2	62.6	62.0	61.7
	HHI	1.71	1,696	1,716	1,702	1,684

주 : 미 법무부 합병 가이드라인(Merger Guidelines)에 따르면 HHI가 1,000 이하면 "경쟁적", 1,000~1,800이면 "다소 집중된", 1,800 이상이면 "매우 집중된" 시장으로 간주됨.

자료 : 금융감독원

겸업화

오랫동안 금융업종별로 각기 고유의 서비스만을 제공하는 전업주의가 유지되던 우리나라 금융산업은 1993년 자회사 방식을 통한 겸업화가 허용됨에 따라 은행들은 증권사, 투신사, 종금사, 리스사 등의 자회사를 두게 되었다. 이후 신탁업, 신용카드업 등으로 확대되던 은행의 업무영역은 외환위기 이후 종금사 합병(1998), 수익증권 판매(1998), 방카슈랑스 도입(2003) 등으로 타 업종의 핵심 업무를 제외한 대부분의 금융업무를 겸업하는 복합은행 형식의 금융그룹 형성도 보편화되었다. 이어서 자본시장 통합법(2008) 시행으로 기존의 증권업, 선물업, 자산운용업의 내부 겸영이 허용되면서 등장한 금융투자회사는 복합 · 대형화된 증권

회사, 즉 본격적인 투자은행(Investment Bank ; IB)이라고 볼 수 있다.[27] 한편 기존의 자회사 방식에 의한 겸영 및 겸업 체계에서 2000년 이후에는 지주회사 방식에 의해 금융그룹이 형성되는 변화가 나타났다. 이에 따라 2017년 말 현재 은행지주회사 8개, 비은행지주회사 1개로 9개가 존재한다.

금융산업의 대형화·겸업화로 인한 시장지배력 강화와 여타 금융영역 잠식에 따라 소비자 후생의 실질적인 증진은 미흡했다.[28] 즉, 합병은 은행의 시장지배력 강화로 과점적 이익을 높인 만큼 소비자 후생 증진은 미흡하였고 인건비 또는 운영경비 경감 효과도 뚜렷하지 않다(정형권 · 강종구, 2008).

국제화

전문분야에서 세계 1~2위를 다투거나 시장 영향력을 행사하는 우리나라 제조 대기업과 중소기업의 세계적 위상에 비추어보면 금융기관의 국제화는 오히려 뒷걸음쳐 왔다. 1997년 외환위기 이후 해외 네트워크를 축소 운영하게 되었고 국제금융 인력 양성 역시 소홀해져 왔다. 한국 금융기관의 해외영업 비중(해외지점과 해외현지법인이 해외에서 영업한 자산규모 기준)의 경우 국제화에 노력해 온 대형은행도 5% 미만이며, 국내 영업에 치중하는 은행들의 해외영업 비중은 1~2% 수준에 불과하다. 이들 해외영업마저도 해외에 진출한 한국 기업이나 교포와의 거래가 대부분이다. 주요 제조 대기업의 해외영업 비중은 40~50%에 이르며, 중소기업도 50%가 넘는 경우가 허다하다. 국외 점포의 왜소한 해외영업 규모만큼 미흡한 것이 국내에서의 외화자금 융통기능이다. 금융기관은 직접적인 해외투자국 외에도 국내 기업의 수출입거래와 해외투자나 외화대출을 위해 외화자금을 조달하고 운용해야 하며, 실제로 국내은행의 외화자금의 조달·운용규모는 총자산의 10~15%에 달한다. 그러나 2008년 글로벌 금융위기 당시 국내은행은 양호한 재무 건전성에도 불구하고 외화조달에 어려움을 겪어서 외환보유액과 미국 연준위와의 통화스와프 자금의 지원을 받아야만 했다.[29]

2.2 발전국가적 금융체제의 변천

한국의 금융발전 과정은 통상적인 금융 심화의 과정을 밟아 왔다.

표 11-15 발전국가 금융체제의 변천

구분	기간	주요 조치
금융제도 도입	1948~1960	– 한국은행법 제정(1950) – 은행법 시행(1954) – 한국산업은행(1954), 농업은행(1956), 대한증권거래소(1956) 설립

27. 투자매매업, 투자중개업, 집합투자업, 투자일임업, 투자자문업, 신탁업의 여섯 가지 금융투자업들 상호 간 겸영을 허용하고 모든 부수 업무의 영위 역시 허용하였으며, 투자권유대행인 제도를 도입하고 금융투자업 관련 모든 외국환업무를 허용하는 등 업무범위의 확대를 허용하였다.

28. 한편 1998~2004년 중 우리나라 은행산업의 합병효과에 관한 실증분석을 수행한 양원근(2005)은 은행이 지주회사 설립을 통해 그룹화될 경우 중소기업대출 비중이 높아진다는 것을 보인 바 있다.

29. 외화의 단기차입에 의한 장기운용에 따른 만기 불일치 문제도 있었지만, 은행이 차입한 외화를 국내 거주자에게 외화 대출한 것도 일조했다.

개발금융 체제	1961～1979	- 한국은행법 개정(1962) - 농협(1961), 중소기업은행(1961), 국민은행(1963), 외환은행(1967), 주택은행(1969) 등 특수은행 설립 - 사금융 양성화 3법(1972), 종합금융회사 관련 법(1975) - 한국투자신탁(1974), 국민투자기금(1974) - 증권관리위원회 및 증권감독원(1977)
시장자율화	1980～1989	- 시중은행 민영화(1981~1983), 금융기관 신설, 금융기관 취급업무 다양화 - 통화관리 간접규제 방식 도입, 금융시장 대외개방 점진 확대
자유화 · 개방화	1990～1997	- 금융기관의 합병 및 전환에 관한 법률(1991) - 종합금융회사에 관한 법률(1995) - 금리자유화 추진(1991) - 주식시장 개방(1992) - 금융실명제(1993) - 동아시아 외환위기(1997)
선진화	1998～현재	- 금융지주회사법 제정(1998) - 선물거래소(1999), 한국증권선물거래소(2005) - 금융기관 건전성 규제 강화 - 금융기관의 회계 및 공시제도 강화 - 사외이사 중심의 이사회 제도 도입

자료 : 한국은행(2018), 한국의 금융제도 ; 유재원 등(2012), 『금융분야 개발협력 방안』, 대외경제정책연구원 · 국제경제연구소

1) 1950년대 금융제도 도입

일제 강점기의 금융체계는 일본의 금융시스템에 통합되어 조선인의 저축을 일본인의 사업과 전쟁 준비를 위해 활용하고 있었다. 독립 후 발권력을 가진 조선은행은 적자재정을 보전하고 금융기관은 단기 상업 대출에 머물렀다. 1950년 한국은행법과 일반은행법이 제정되어 금융 제도의 골격이 세워지고 1956년 일반은행의 민영화가 완료됨에 따라 물가 안정에 유의하는 중앙은행과 정부의 개입으로부터 자유로운 상업적 금융기관의 체계가 만들어졌다. 그러나 동시에 전후 복구와 각계의 압력으로 재정자금과 한국은행 차입금에 의존하는 한국산업은행(1954), 농업은행(1956) 등의 특수은행의 설립도 생겨났다. 한편 일제가 전비조달을 위해 발행한 공채 소화를 위해 1943년 설립한 조선증권거래소를 대신해 대한증권거래소(1956)를 개장하였으나 활동은 제한적이었다.

금융억압 이러한 금융제도 구축에도 불구하고 전형적인 금융억압(financial repression) 상황이 계속되었다. 저금리 정책과 과도한 인플레이션으로 실질이자율은 상당 기간 마이너스(-)를 지속하였다. 국민들은 금융자산보다 실물자산에, 제도권 금융기관보다 비공식 금융기관에 크게 의존하였다.

2) 1960~1970년대 개발금융 체제

정부가 주도하는 금융시스템의 등장 1962년 경제개발계획을 추진하면서 은행이 이윤을 추구하는 사적 상업기관보다는 경제개발 등 공적기관으로서의 역할이 강조되고 정부가 자금조달과 배분을 주도하는 개발금융 체제가 등장하였다. 1962년 한국은행법 개정을 통해 통화정책에 대한 궁극적 책임을 정부에 이전하였고, 일반은행을 부정축재 재산 환수처리의 일환인 정부 소유로 다시 귀속시키는 한편 금융시스템이 실물경제와 기업을 지원하도록 통제하였다. 아울러 국민 저축의 조달과 산업진흥, 중소기업 지원 등 특정 부문에 대

한 지원을 위해 농업협동조합(1961), 중소기업은행(1961), 국민은행(1963), 한국외환은행(1967), 한국주택은행(1969) 등 다양한 특수은행을 설립하였다. 은행중심의 금융시스템은 관치하에 놓여 있었다 : 공식적이거나 비공식적인 정부 보증의 은행 대출이 정부가 선별한 영역에 투자하는 민간기업에 할당되었다. 이에 따라 은행은 시장 역학을 따르거나 이윤을 추구하는 독립적 경제 주체보다는 국가주도의 산업화에 있어 정부의 대리인에 머물렀다. 정부는 수출실적과 같은 명확한 기준에 따라 금융자원을 배분하였다. 필요 자금은 해외 차입에 크게 의존하였고 국유화된 은행을 통해 전달되었다. 인위적으로 규제된 저금리는 극심한 신용 부족과 신용할당으로 이어졌다. 신용할당은 보조금, 인허가제, 정치적 개입에 의해 강화되었다.

지역금융제도의 구축 우리나라에서 지역 금융의 발전은 1967년 대통령 연두교서에서 '지방은행 설립 추진' 발표를 계기로 지방은행 설립이 본격화되면서부터 시작되었다. 당시 '1시도 1지방은행'의 원칙으로 충청은행(1968)을 비롯한 10개 지방은행이 1967년에서 1971년 사이에 설립되었다. 이는 경제개발계획의 추진에 필요한 내자 동원의 극대화를 도모하기 위한 것으로 업무의 지역적 분산과 지역경제 균형 발전을 위해 영업지역을 제한하였다.

비은행금융기관의 발전 1960년대 후반 이래 기업 부문에서 광범위한 지급불능이 반복되어 발생하자 정부는 사금융을 제도 금융화하기 위해 투자금융회사, 상호신용금고, 신용협동조합, 종합금융회사 등 다양한 비은행금융기관을 신설 또는 정비하여 금융구조를 다원화하였다. 특히 지점 설치가 지역적으로 제한되는 지역금융기관으로 상호신용금고(현 상호저축은행)가 설립되어 영세상공인과 서민 등 대상의 서민금융 발전에 기여하였다. 이에 더해 신용협동조합, 농협 및 수협의 단위조합, 산림조합, 새마을 금고 등의 신용협동조합(상호금융기관)도 꾸준히 설립되었다. 상호금융기관은 인적인 협동조직체로서 금융 여수신 업무 외에도 경제 및 지도사업, 지역개발, 복지사업 등에도 성과를 보이며 지역금융과 지역경제 발전에 기여하였다. 지역 중소기업이 조합원으로 참가하는 만큼 중소기업의 활동 사항이 신용 평가에 체계적으로 유용하게 작용하였다.

자본시장의 육성 1960년대 후반까지 자본시장의 역할은 미미하였으며, 기업은 과도할 정도로 은행 차입에 의존하여 자금을 조달하였다. 정부는 은행대출, 사채, 차관 등 간접금융에 편향된 기업금융 체제를 직접금융으로 유도하기 위해 "기업공개 촉진법"을 제정하여 기업공개를 장려하였다. 이어 증권투자신탁 전문회사를 설립(1974)하고 증권관리위원회와 증권감독원을 설치(1977)하여 증권시장을 감독 · 관리하도록 하였다.

비대칭적 대외 금융거래 대외 금융거래는 비대칭적으로 폐쇄적이었다. 은행 간 대출을 통해 유입되는 외국자본에 대해서 아무런 제약이 없었지만, 자본유출에 대해서는 다양한 제한이 가해졌다. 하지만 자본 유입에서도 FDI보다 해외차입 형태로 집중되었고, 그조차도 차관에 대한 지급보증(1962)을 매개로 국가에 의해 철저히 통제되었다.

경제발전과 더불어 은행의 규모와 역할은 크게 확대되었지만, 중화학공업 육성을 뒷받침하도록 통제가 더욱 강화되어 질적인 성장은 정체되었다. 동시에 중화학공업을 위한 대규모 자본조달은 자본시장을 필요로 하였기에 은행은 상대적으로 위축되고 비은행 금융기관과 자본시장이 발전하였다. 결과적으로 국내 금융산업은 제도적으로나 금융상품의 다양성과 깊이 모두에게 제한적이었으며, 수출성과를 기준으로 민간부문에 정부가 보증하는 해외차입을 전달하는 역할에 머물렀다.

3) 1980~1990년대 금융자유화와 개방화

1980년대 금융자유화

1980년대 들어 정부주도의 경제운영에 대한 반성으로 시장기능을 강화시키는 금융자유화와 시장 개방의 긴 여정에 들어섰다.

금융시장에서는 금리와 수수료의 자유화를 통해 가격 기능을 정상화하는 한편 금융기관에 대해서는 금융자유화 조치가 이어졌다. 1980년대 초반 정책금융의 금리 우대를 완화하고, 대출금리의 차등제 도입, 금융상품 발행금리 자유화에 이어 1988년에는 정책금융을 제외한 모든 여신금리와 금융기관의 만기 2년 이상 장기수신금리에 대한 최고이율규제를 철폐하는 등 광범위한 금리 자유화를 실시하였다.

은행의 자율경영체제 확립을 위해 1972년 상업은행의 민영화 이후 처음으로 1981~1983년 동안 시중은행을 민영화하고 은행 경영의 자율성을 제약하는 규정을 축소하였다. 또한 금융기관 간 경쟁을 촉진하기 위하여 진입 제한을 완화하였고 1982~1983년 동안 2개 시중은행과 12개 투자금융회사, 58개 상호신용금고 및 1개 투자신탁회사가 그리고 1988~1989년 동안 시중은행으로 동화은행, 중소기업 전문은행으로 동남은행과 대동은행, 5개 지방 투자신탁회사, 11개 지방 리스회사가 설립되었다. 그리고 은행을 중심으로 취급업무가 다양화해지고 여신관리도 완화되었다. 규제완화가 집중된 은행 부문은 그동안의 열세에서 벗어나 금융산업에서 보다 적극적이고 주도적인 역할을 하는 계기를 갖게 되었다. 자본시장도 1990년대에 들어 채권시장을 중심으로 은행부문과 유사한 강도의 규제 완화의 과정을 거쳤다. 한편 외국은행의 지점 증설이 허용되고 외국 생명보험회사의 지점 설치와 합작회사 또는 현지법인 설립이 이루어졌다. 또한 외국인 전용 수익증권, 외국투자전용회사를 통한 외국인의 국내증권에 대한 간접투자도 가능해졌다.

은행은 민영화에도 불구하고 민간 상업기관보다 산업정책 지원 등 공적기관으로서의 역할이 강조된 결과 이사회보다는 정부가 실질적 영향력을 행사하면서 엄격한 규제와 경영 간섭하에 놓여졌다. 대주주의 사금고화를 막으려 동일인(친·인척, 비영리 법인, 30% 이상의 지분을 소유한 회사 및 그 임원 등)이 은행의 의결권이 있는 발행주식 총수의 10%(지방은행은 15%)를 초과해서 보유하지 못하도록 동일인 주식보유 한도를 설정(1982)하였다. 은행의 소유한도를 제한한 결과 대주주가 없는 가운데 소액주주의 은행경영감시 유인이 제한되고 정부가 은행 경영진의 선임과 연임, 자산운용 등의 중요한 의사결정에 직간접적으로 개입할 배경을 제공하였다. 특히 은행 경영진의 선임이 정치적 연출과 정책목표에의 순응도에 좌우됨에 따라 정책 차원의 대출, 뇌물수수 등에 의한 대출 등으로 인해 은행의 재무구조 악화와 경쟁력 약화는 불가피하였다. 더욱이 은행의 경영상태를 외부자가 파악할 수 있는 경영 투명성이 결여되어 감독 당국이나 주주에 의한 경영감시가 제대로 이루어질 수 없었다.[30]

1990년대 자유화·개방화

1990년대에는 거세어지는 금융시장 개방압력에 대응하여 시장개방이 적극 추진되고, 금융기관의 경쟁력 강화에 노력한 시기였다. 우선 1992년부터 외국인에 대하여 일정 한도 내에서 국내 상장주식에 직접 투

30. 1991년 BIS 비율에 의한 건전성 규제제도가 도입되었으나 외환위기 전까지 한 번도 적용된 사례가 없으며, 대출이나 자산운용에 따른 손실이 발생할 경우 이에 대한 충당금 설정은 지나치게 탄력적으로 적용되어 부실의 이연이 반복되었다.

자할 수 있도록 허용하였다. 1996년 OECD 가입을 전후해서는 외환시장과 자본시장 개방에 있어 새로운 전기를 마련하였다. 장기간 지속된 외환포지션 관리, 실수요 증빙제도 등의 외환거래에 대한 규제가 완화되었으며, 자본거래에서도 해외 직접투자와 증권투자, 상업차관과 연지급 수입 등 기업의 외자조달, 외국인의 국내증권 투자 등에 대한 규제가 완화되었다.

한편 자유화 정책도 계속 이어졌다. 1997년에는 초단기 수신금리와 재정자금 대출금리를 제외한 대부분의 금리가 자유화되었다. 또한 외환은행, 국민은행, 주택은행을 포함하여 특수은행까지 일반은행으로 전환되며 민영화가 이어졌다. 금융기관이 겸업하는 업무의 범위를 지속적으로 확대하여 시장경쟁을 강화하였다. 그러나 외환위기 이전의 금융자유화나 시장개방은 정부의 장기계획하에서 서서히 진행되었으며, 정부의 직접적인 신용통제도 계속되었다. 금융기관에 대한 행정지도나 열거주의식 규제도 유지되었고 대기업에 대한 여신관리를 강화하고 중소기업 금융을 확대하도록 통제하였다. 금융기관은 엄격한 법과 규정을 따라야 했고, 동시에 정부나 감독당국의 특정 기업에 대한 대출, 임원 선임 요구를 거의 그대로 받아들여야만 했다.

한편 정부는 1993년 은행장 추천 위원회 제도를 도입하고, 이를 통해 은행장을 선출함으로써 정부의 개입 여지를 축소하였다. 그러나 이 위원회는 일회적으로 경영권 창출에만 기능함으로써 은행경영에 대한 지속적 감시와 견제 기능을 결여하였으며 정부와 현 경영층의 입김이 여전히 과도하게 작용한다는 비난을 초래하였다. 1997년에 은행의 확대이사회제도를 도입하여 비상임이사 중심의 이사회에서 은행장의 선임을 결정하도록 하여 정부의 개입여지를 더 축소시켰지만, 은행 이사회는 여전히 경영진의 영향력하에 운영됨으로써 경영을 감독하는 본래의 기능을 수행하지 못하였다.

4) 2000년대 시장중심의 금융시스템으로의 전환과 글로벌화의 비전

시장중심의 금융시스템으로의 전환 노력

1997년 외환위기 이후 정부는 공적자금을 조성 · 투입하고 금융기관의 생존 가능성을 판단하여 퇴출 · 인수 · 합병을 주도하며 부실 금융기관을 정리하였다. 이에 따라 1997년 말 33개에 달하던 은행이 2005년 말에 19개로 감소하였다. 종합금융회사나 상호저축은행 등 서민금융기관도 다수가 경영부실로 퇴출되었다.

정부는 당면한 금융부실 해소를 넘어 시장중심의 금융시스템으로의 전환을 도모하였다. 정부의 직접적 통제에서 벗어나 금융당국의 권한과 자율성을 강화하였고, 명시적 목표를 가진 독립적 중앙은행과 금융감독기구를 확립하여 통화정책과 금융정책을 행정부와 정치적 압력으로부터 차단하였고 관용적 태도를 제한하였다. 과거에는 적절한 건전성 기준과 규제도 없었고 규제를 집행하는 기관은 독립성도 결여되어 정부는 엄격한 통제를 유지해야 했다.

관료적 재량권의 여지를 최소화하고 소유지배구조 규제를 완화하고 금리 · 외환 자유화와 금융기관의 업무영역 확대와 같은 규제 완화를 실시하였다. ① 우선 1998년에는 금융기관 보유 유가증권에 대한 가치평가 방식을 시가평가 방식으로 전환하고 회계정보의 공시 주기를 단축하였고, 금융기관의 회계 · 공시제도를 강화하였다. 1999년에는 대주주와의 거래 및 신용공여에 대한 규제를 강화하고 금융기관의 주요 출자자 요건 및 최저자본금 등을 명시하였다. 2000년에는 금융기관에 대해 사외이사 중심의 이사회 제도를 도입하고 감사위원회 설치를 의무화하였다(2005년에는 증권 관련 집단소송제도를 도입). 2002년에 은행 및 은행지주회사의 의결권이 있는 주식에 대한 동일인 보유 한도를 4%에서 10%로 확대하여 소유 제한을 완화하였다. ② 금융개방과 관련해 1997년에 관리변동환율제도에서 자유변동환율제도로 이행하고 대외송금을 전면 자유화하는 등 외환자유화 조치를 시행하였고 외국인주식투자한도를 1998년에 폐지하였다. 2004년에 요구불예금에 대한 금리규제를 폐지하여 1991년부터 추진된 4단계 금리자유화 계획을 마무리하였다. ③ 금융기관 업무영역에 대한 규제를 완화하여 은행의 수익증권 판매(1998)와 방카슈랑스(2003)를 허용하고 간접투자증권 판매(2004)를 활성화하였다. 또한 자산운용 및 점포에 대한 규제를 완화하고 보험사, 증권사 등 금융기관의 설립기준을 완화하였다.

규제완화에 대응하여 건전성 규제와 시장기반 통제의 강화가 이루어졌다. 적기시정조치(1998)를 점차 확대해 나갔고, 차주의 미래 채무상환능력을 감안하는 미래지향적 자산건전성(Forward Looking Criteria ; FLC) 분류제도를 도입하여 그 대상을 점차 확대하여 건전성 규제를 정비해 왔다.

금융기관은 관치에서 벗어나 자율경영을 추구할 수 있는 계기를 가졌고, 금융상품 판매나 투자에서 더 많은 자유를 갖게 되었다. 정치 권력이나 감독 당국의 지원 대신 건전성과 주주의 이익이 생존의 조건으로 확립됨에 따라 금융기관은 위험관리 업무와 역량이 중시되었다. 점차 은행들의 건전성은 크게 높아졌지만 위험을 지나치게 회피하는 보수적 경영을 함에 따라 우량기업과 가계 위주의 담보대출을 선호하는 현상이 지배하게 되었다. 한편 자본시장 발전을 위해 간접투자 관련 법률을 정비하고 직접금융 활성화를 위해 자산유동화 제도(1998), 회사형 투자수익증권 제도(1998), 모기지론(1999) 도입, 펀드 활성화, 공적 자산운영사 설립, 연기금에 의한 장기수요 기반 확충을 도모함으로써 기관 투자가의 급성장과 펀드 폭증을 낳았다. 선물거래소(1999), 거래소와 코스닥시장에서 거래되지 않는 주식에 대한 장외주식 호가중개시장(제3시장, 2000)이 개설되고 거래소와 코스닥시장의 종목을 정규시장 종료 이후에도 거래하는 전자 장외증권 중개시장(ECN 시장, 2001)이 개설되었다.

금융산업의 성장동력화

아울러 금융산업을 독자적 성장동력 산업으로 육성하고자 하는 노력도 나타났다. 특히 자본시장과 금융투자업에 대한 규제를 재편하여 직접금융시장을 확충함으로써 기존 은행중심의 간접금융체계와의 조화를 도모하였다. 정부는 금융산업을 독자적 성장동력 산업으로 천명하고 그 선도 산업으로 자산운용업에 초점을 맞추었다. 동북아 금융허브 추진전략이 제시되는 한편 증권거래법, 간접투자자산운용업법, 신탁업법 등 자본시장과 관련된 기존의 6개 법률을 통합한 자본시장과 금융투자업에 관한 법률(자본시장법, 2007)을 시행함으로써 금융투자업에 대한 겸영 허용 등을 통해 글로벌 투자은행의 성장을 유도하고 포괄주의를 적용하여 다양한 금융상품 개발이 가능하도록 하였다.[31] 이러한 제도 정비로 2000년대 중반 이후 금융투자매매업자(증권회사) 11개, 집합투자업자 39개 등 증권 관련기관의 신설이 크게 늘어났다.

한편 2008년 글로벌 금융위기 이후에는 글로벌 금융규제 및 감독의 변화에 따라 국내 금융규제 및 감독을 강화해야 한다는 의견도 커졌지만, 동시에 대형화–글로벌화를 통한 '아시아 리딩 뱅크'가 발전해야 할 필요성이 제시되었다. 한편 과거의 금융자본 유치에 중점을 둔 '금융허브' 전략 대신 해외 진출을 함께 고려하

31. 금융투자업을 투자매매업 · 투자중개업 · 집합투자업 · 신탁업 · 투자일임업 · 투자자문업으로 구분하고 금융투자업을 영위하려는 자가 필요 업무를 선택적으로 인가 · 등록한 후 영업하도록 하였다. 자본시장법은 금융투자상품을 포괄주의를 기준으로 원본손실 가능성이 있는 모든 금융상품으로 정의하였다. 금융투자상품을 증권(채무증권, 지분증권, 수익증권, 증권예탁증권, 투자계약증권, 파생결합증권)과 파생금융상품(장내, 장외)으로 구분하였다.

는 '허브 & 스포크(Hub & Spoke)' 전략도 제시되었다.

글로벌 금융위기 후 금융건전성 강화와 포용성 제고

2008년 글로벌 금융위기를 계기로 세계적으로 금융시스템 리스크의 억제를 위한 금융규제 강화 노력이 계속되고 있다. 한국도 2011년 발생한 저축은행 부실사태에 자극받아 바젤Ⅲ를 중심으로 금융규제를 강화하고 있다. 은행의 건전성을 강화하기 위하여 2013년 말부터 바젤Ⅲ 규제를 국내은행에 대하여 단계적으로 도입하였다. 우선 은행이 위험가중 자산과 관련하여 보유해야 하는 자본의 최저규모를 보통주 자본 4.5%, 기본 자본 6.0%, 총자본 8.0%로 세분화하고 자본의 유형별(보통주 자본, 기타 기본자본, 보완자본, 공제항목)로 자본인정 요건을 강화하였다. 유동성 커버리지 비율(2015), 자본보전 완충자본 및 국내 시스템적으로 중요한 은행(Domestic Systemically Important Bank)에 대한 추가자본 적립(2016)을 실시하였으며, 순안정자금조달 비율 및 레버리지 비율 규제(2018)도 실시하였다.

금융위기 이후 지배구조의 중요성이 크게 부각되었다. 건전 경영을 위하여 "금융회사의 지배구조에 관한 법률"을 제정(2015)하였다. 이 법은 금융회사의 임원 자격요건, 이사회 구성과 운영, 내부통제제도 등 지배구조에 관한 기본 사항을 정하였다. 또한 경제력 집중과 이해상충을 막기 위하여 금산분리를 강화하여 비금융 주력자(산업자본)의 은행 및 금융지주회사에 대한 주식보유한도를 의결권 있는 발행주식 총수의 9%에서 4%로 축소(2013)하였다.

외환위기 이후 은행의 인수합병과 부실 금융기관 정리로 인해 서민의 생활자금을 취급하는 금융기관이 크게 위축됨에 따라 대부업체가 빠르게 증가하였다. 이에 따라 정부는 미등록 사채업자와 대부업자의 지나친 고율의 이자와 불법적인 영업으로부터 (저신용) 서민계층을 보호하고자 관련 제도를 정비하게 되었다. 2007년 미등록 사채업자로부터 소비자를 보호하기 위하여 폐지하였던 "이자제한법"을 제정하였다. 아울러 서민들의 금융 접근성을 높이는 미소금융, 즉 마이크로 금융 활성화 방안도 적극 추진하였다.

글로벌 금융위기 이후 세계적으로 금융소비자 보호에 대한 인식이 제고되었다. 2012년 금융감독원은 감독·검사부문으로부터 금융소비자보호부문을 분리하여 금융소비자보호처를 설치하였다. 이를 통해 금융소비자의 피해를 사전에 차단하고 발생한 피해에 대한 구제를 강화하였다.

2.3 발전국가적 금융체제의 현재

외환위기 이후 정부는 시장중심의 금융시스템으로의 전환과 글로벌화의 비전을 추구하였지만, 여전히 발전국가적 금융체제를 탈피하지 못하고 있다. 금융기관 진입과 업무에 대한 규제가 지속되며 금융산업의 경쟁력 확충에 한계가 나타나고 금융 포용성도 충분히 개선되지 못하고 있다.

경제정책과 금융정책에 지배된 금융감독

금융은 경제활동을 감시·선별하고, 금융정책은 금융산업의 발전을 도모하며 금융감독은 금융정책을 감시하는 역할을 한다. 금융정책은 경제정책과 일정 거리를 유지할 필요가 있고, 특히 감독정책은 금융정책과 분리되어 견제와 균형이 이루어질 것이 요구된다. 그러나 우리나라의 경우 경제정책이 금융정책을 지배하고, 금융정책이 금융감독을 지배하는 구조를 가지고 있다. 이로 인해 금융은 제 역할을 하기 어려울 뿐만 아니라 오히려 금융과 실물경제를 불안하게 하는 요인이 되고 있다. 개발연대에 금융을 정책수단으로 활용하여 경제성장을 견인해 온 성과가 남긴 역사적 유산인 것이다. 물론 외환위기 이후 금융정책은 재경부로, 금융감독 정책은 금융감독위원회로 이원화되며 금융정책 결정기구는 견제와 균형을 이루었다. 그러나 후에 재경부와 기획예산처가 기획재정부로 통합되면서 금융정책국이 금감위로 이전됨에 따라 새로이 탄생한 금융위원회는 금융정책과 금융감독을 병행하여 관장하고 있을 뿐만 아니라 감독집행 기구인 금융감독원에 대해 예산이나 업무를 지도 · 감독하고 있다. 이로 인해 금융감독이 금융정책을 견제하기 어렵고 금융감독은 금융정책에 종속되며, 금융정책은 경제정책의 맥락에서 규정되는 구조가 만들어졌다.

그러나 1990년대 후반 외환위기, 2003년 신용카드 사태, 2011년 저축은행 부실화 그리고 2020년 라임 · 옵티머스 사모펀드 사태는 동일한 문제점을 반복해서 보여주고 있다. 사모펀드 사태만 보더라도 2015년 금융위는 사모펀드 발전을 위해 투자자 요건 등 운용규제를 완화(금융정책)하면서 보고사항 · 주기까지 완화(감독정책)한 것이 사모펀드 부실화의 원인이 되었던 것이다. 금융사고가 터진 후에도 금융위는 금감원의 감독 수행 행태에 책임이 있다고 하는 반면, 금감원은 규제 완화로 인해 사모펀드 감독 권한이 거의 없다고 반박하고 있다.

금산분리를 따르는 금융기관 소유구조[32]

산업자본이 금융기관을 소유할 경우 자기거래(自己去來)를 통하여 고객이 맡긴 재산을 기업의 사적이익 추구에 활용함으로써 고객과 금융기관 간의 이해상충 문제를 야기하고 특히 모회사 재벌이 재정적 어려움에 처할 때 이해상충 문제가 심화될 수 있다. 예를 들어 계열사에 유리한 조건의 대출 · 지급보증을 제공하고 계열사가 발행하는 증권을 우선적으로 인수하는 한편 계열사 주식 및 주가를 관리하고 경쟁기업과의 금융거래로부터 획득한 정보를 계열사에 제공하는 상황이 발생할 수 있다.

정부는 1980년대 초 은행 민영화를 추진하면서 대기업의 사금고화를 막기 위해 동일인의 은행 주식 보유한도 제도를 도입한 이후 산업자본의 은행지배금지 원칙을 견지하면서 금융 자율화와 함께 책임경영체제를 강화하기 위한 제도보완을 꾸준히 모색해 왔다. 은행법에 의하면 시중은행의 경우 동일인이 10%를 초과하여 그 지분을 보유할 수 없으며, 지방은행의 경우 영업지역이 제한되고 자산규모가 크지 않은 점을 고려하여 동일인 소유한도를 15%로 두고 있다. 다만 정부의 승인을 받을 경우 시중은행과 지방은행의 지분을 각각 25%, 33%를 초과하여 보유할 수 있다. 반면에 산업자본의 은행지배를 방지하기 위하여 비금융 주력자의 경우 소유한도를 4%로 제한하고 있다.

결과적으로 우리나라 은행들은 외국계 은행을 제외하고 최대주주 지분율과 상위 3대주주의 지분율을 기준으로 볼 때 대체로 소유가 분산되어 있다. 또한 일반 기업에 사금고화, 기업 감시와 위험관리 미흡에 따른 부실화, 기업 간 공정경쟁의 침해 등의 이유로 금융과 산업의 분리(금산분리)를 위한 제도적 틀을 갖추고 있다.[33] 공정거래법에서는 일반지주회사와 금융지주회사가 상호 주식을 보유하는 것을 금하고 있다. 그러나 우

32. 우리나라와 주요국은 은행지분 소유에 대한 사전규제나 사후감독을 통해 특정 주주의 경영 전횡을 억제한다. 대표적인 사전 규제로 주주 자격 제한이나 기준 초과 지분 소유에 대한 신고 및 승인과 더불어 산업자본의 은행 소유를 금지하는 금산분리와 일정 지분(대체로 10%) 이상 소유를 위해서는 금융당국의 신고나 승인이 필요하도록 하고 있다. 한편 사후 감독으로는 대주주 적격성 심사, 거래 제한 등 지분 취득 이후에 이루어진다.

33. 그러나 은행과 달리 산업자본의 비은행 금융기관들에 대한 소유에 대해서는 거의 규제가 없어 왔다. 이에 따라 2012년 6월 현재 전체 63개 기업집단 중 33개 기업집단에서 166개의 금융보험사를 보유하고 있다. 한편 2012년 현재 63개 상호출자 제한 기업집단 가운데

리나라의 경우 지주회사가 주된 회사의 형태가 아니며, 법률상 산업자본의 금융자본 지배 제한은 개별 금융회사의 소유 규제에 의해, 금융자본의 산업자본 지배 제한은 개별 금융회사의 자산운용 규제에 의해 규율되고 있다. 이 중 금융법은 은행에 대해서는 산업자본의 소유 제한을 두고 있으나 은행 이외 금융회사에 대한 산업자본의 소유 제한은 없다. 다만 보험사의 경우 대주주에 대한 보험업 허가요건으로 충분한 출자능력과 건전한 재무상태 그리고 건전한 경제질서를 해친 사실이 없다는 허가요건을 두고 있다. 1980년대 이전에는 산업자본의 은행 주식 소유가 제한되지 않았지만, 대주주의 의결권 행사 범위를 10%로 제한한 데다 은행 자체도 국유화되었다. 이후 1982년에 소유한도가 8%로 제한되어 오다 1994년부터는 4%로 축소되었다가 2009년 이후 9%(의결권 미행사 시 10%)로 상향 조정되었다. 결과적으로 은행업은 지배주주가 허용되지 않고 있고 산업자본으로부터 독립성을 유지하고 있다. 산업자본은 은행을 제외한 금융사를 소유 · 지배할 수 있지만, 정부가 그에 따른 폐해를 막기 위해 산업자본을 감독 · 검사할 수 있고 금융회사가 보유한 자기계열사 주식의 의결권 행사에 제한을 두고 있다. 한편 금융기관이 일반 기업을 소유하는 데에서의 제한은 개별 금융기관의 자산운용 규제에 의존하고 있다. 은행과 보험사는 다른 회사의 의결권 주식을 15%를 초과하여 소유할 수 없다. 이에 더해 보험사는 대주주와의 신용공여, 주식 및 채권 거래에 제한을 두고 있으며 대주주가 발행한 주식에 대해 의결권을 제한하고 있다. 한편 상호출자 제한 기업집단 소속 금융 · 보험사는 이에 더해 계열사 주식에 대해 의결권 행사를 크게 제한하고 있다.

그림 11-12 금산분리 구조

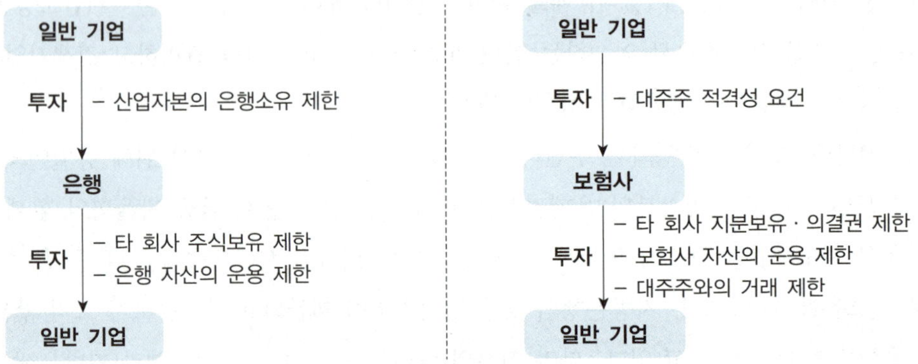

일반 기업		일반 기업	
투자	- 산업자본의 은행소유 제한	투자	- 대주주 적격성 요건
은행		보험사	
투자	- 타 회사 주식보유 제한 - 은행 자산의 운용 제한	투자	- 타 회사 지분보유 · 의결권 제한 - 보험사 자산의 운용 제한 - 대주주와의 거래 제한
일반 기업		일반 기업	

우리나라 법규는 금산분리 원칙하에서 사전규제와 사후감독 규제를 통해 주요국보다 엄격하게 은행 지분의 소유를 제한하고 있다. 은행지주회사 지분의 10% 초과 보유를 금지하며,[34] 예외적으로 예금보험공사, 국민연금 등 국가재정법에 따라 설립된 기금, 금융위원회의 승인을 받은 경우(10%, 25%, 33% 초과한 경우)에 대해 초과지분 소유를 허용한다. 또한 지분 4%를 초과할 경우 금융위에 신고하여야 하며, 산업자본도 10%까지 보유는 가능하지만 4%를 넘어서는 지분에 대해서는 의결권 행사가 제한된다. 아울러 대주주[35] 적격성 심

29개 기업집단의 204개 계열기업에서 산업자본과 금융자본의 상호 간 출자관계가 존재하고 있다.

34. 한국, 미국, 영국, 독일 등은 10%를 은행 경영에 대한 실질적 영향력 행사가 가능한 지분율로 판단하여 지배주주 여부를 구분한다. 아울러 상위 3대 주주의 지분 합계가 10%를 초과하면 과점주주 구조, 10% 이하이면 분산소유로 구분한다.

35. 국내 은행법은 지분 10% 초과 혹은 4% 초과 보유한 최대주주이거나 임원 임면으로 사실상 영향력을 행사하는 주주를 대주주로 정의하며, 금융지주회사법은 최대주주나 지분의 10% 이상을 소유하고 있거나 임원 임면 등 통해 사실상의 영향력을 행사하는 주주를 대주주로 정의한다.

사와 대주주와의 거래 제한과 같은 사후감독 규제도 적용된다. 우리나라의 금융그룹은 지배주주가 없고 대신 경영권에 잠재적인 영향력을 행사할 수 있는 투자자가 다수 존재하는 과점주주 구조(최대주주 지분율은 10% 이하이지만, 상위 3대 주주의 지분 합계가 10%를 초과한다)를 가지고 있다.

금산분리는 저축은행 사례만 보더라도 그 타당성을 쉽게 찾아볼 수 있다. 최대주주가 개인인 저축은행의 비중이 감소하는 추세이지만, 대부분의 저축은행이 소유와 경영이 분리되지 않은 개인 대주주 중심의 지배구조 형태를 띠고 있다. 또한 저축은행은 거의 대부분이 비상장회사로 특정 주주에게 지분이 집중되어 있고 사외이사가 포함되지 않은 이사회를 운영하는 곳도 상당수 있어 주주에 의한 경영진 및 최대주주의 감시 및 견제가 제한적이다. 저축은행의 경우 이사회 결의와 금융위원회 신고 등의 절차를 통해 1인 주주가 최대 100%까지 지분을 소유할 수 있어 타 금융기관에 비해 최대주주 및 특수 관계자 지분율이 높게 나타난다.[36] 국내 저축은행의 경우 소유규제 부재에 따른 소유 집중 현상은 대주주 경영진의 불법부당 행위들을 상당 부분 가능하게 하였고, 이러한 불법 부당행위에 기반을 둔 부실 대출(2011년 저축은행 사태에서의 부동산 PF 대출 부실화)들로 이어져 왔다.

우리나라의 비은행 금융기관은 은행과 달리 해방 이후 현재까지 동일인 소유한도 규제를 적용받지 않아 왔다. 은행과 달리 지급결제기능이 없고 신용창조기능이 제약되어 특정 금융기관의 부실이 금융시스템 전체에 주는 충격이 상대적으로 작기 때문이다. 다만 정부는 무분별한 금융기관 설립에 따른 금융부실화와 경제상황을 고려해 비은행금융기관의 소유를 제한해 왔다. 부실기관 인수, 새로운 금융업 허용과 함께 진입 규제의 강화와 완화가 일관성 없이 반복되는 과정에서 재벌의 비은행 금융시장에서의 지배력은 지속적으로 확대되어 왔다. 산업재벌에 의한 비은행 금융기관 소유는 이미 1950년대 후반부터 시작되어 일부 대기업집단은 손해보험업에 진출하였다. 1960년대 중반 이후 1970년대 초 기간에는 은행 국유화로 은행 대신 보험업을 중심으로 재벌의 비은행권 진출이 보다 가시화되었다. 재벌들은 1972년 8 · 3 조치 이후 사금융시장의 제도금융권으로의 흡수를 위하여 새로이 허용된 투자금융업에도 진출하게 된다. 외자도입 다변화의 취지에서 1976년에 최초로 설립된 종합금융회사도 외국 금융기관 간 합작 형태로 몇몇 재벌이 진출하였다. 증권업의 경우에도 1980년대 이전에 이미 재벌에 의한 소유체제가 확고해졌다. 1980년대 후반에 지방투신사 신설이 허용되면서부터 재벌은 투신업에 진출하기 시작하였다.

은행과 달리 일반 기업의 비은행금융기관 소유는 오래전에 허용되어 이미 많은 산업자본이 비은행금융회사를 소유하고 있다. 특히 거의 모든 대기업집단은 제2금융권의 보험, 증권, 투신, 여신전문업 등에서 1~2개사 이상의 금융 계열사를 소유했거나 소유하고 있다. 더욱이 이들 금융계열사들은 해당 금융업종에서 지배적 위치를 점하며 총수나 그 친척보다는 계열사를 통해 소유되고 있다. 이에 따라 이들 금융기관의 기업규율 기능이 제한적일 뿐만 아니라 사금고화되어 모기업이나 그 계열사나 소유자를 지원하는 데 동원되고 때로는 손실이 전가되어 동반 부실화되거나, 금융기관의 교섭력을 이용하여 공정경쟁을 저해하고 소액주주들의 권리를 침해해 왔다. 특히 대기업집단은 계열 금융기관을 지배주주의 지배력을 유지 · 강화하는 데 활용해 왔다. 더욱이 감독 당국의 비은행 금융기관에 대한 지배구조 개선 노력은 사외이사제와 금융감독 강화에 머물고 의결권 제한 심화나 소유제한으로까지 나아가지 못하고 있다.

---

36. 예금보험공사에 따르면 구조조정된 저축은행을 대상으로 진행된 손해배상 청구소송에서 경영진보다 대주주에게 훨씬 높은 수준의 책임이 부과되었다. 이는 실제적으로 소유와 경영의 분리가 엄격하게 이루어지지 않은 저축은행에서 대주주가 경영에 깊이 관여하고, 불법, 부당행위 등을 통해 저축은행의 위험을 키웠음을 인정한 결과로 저축은행 지배구조 및 소유구조 개선의 필요성이 제기된다.

취약한 지배구조

금융기관의 지배구조는 시장규율 및 금융감독과 함께 금융 발전과 안정성을 유지하는 데 또 하나의 축이다. 과거 은행 산업은 이사회보다 정부가 실질적인 영향력을 행사하면서 엄격히 규제되고 경영을 간섭받아 왔다. 이는 경제성장에 중점을 두는 정책목표하에 은행이 상업기관으로서보다 산업정책을 지원하는 공공기관으로서의 역할이 강조된 결과이다. 정부는 은행주식 소유나 주주들의 지분권 행사도 제한하였다. 소유한도의 제한으로 대주주가 없고 소액주주도 경영감시 유인이 제한된 결과 정부가 은행 경영진의 선임과 연임, 자산운용 등 주요한 의사결정에 직간접적으로 개입하여야 했다. 대주주가 없는 가운데 은행 경영진의 선임을 정부가 좌우하고 이를 통해 은행경영이 주주보다는 정부의 정책 목표에 초점이 맞추어졌다. 은행 경영진은 그 선임이 연고와 정책목표 순응에 좌우됨에 따라 주주이익에 반하는 경영형태를 보였으며 정책적 대출로 인해 은행의 건전성과 경쟁력 약화를 야기하여 왔다. 더욱이 정부개입으로 책임의 소재도 모호하고 경영상태를 외부자가 파악하기 어려워 주주나 시장에 의한 경영감시가 제대로 이루어지기 어려웠다.

결국 지배구조와 내부의 자율감시 기능이 취약하고 규제나 감독도 미비한 가운데 이뤄진 1990년대의 금융자율화는 정부의 암묵적 보증하에서 금융기관 부실화를 가속시키고 결국 외환위기가 야기되었다. 외환위기 이후 정부는 지배구조 개선을 위해 많은 노력을 기울여 왔다. 주주의 경영진에 대한 견제기능 강화, 사외이사 중심의 이사회 구성, 감사기구 강화, 경영투명성 제고 등 국제기준에 부합하는 지배구조의 제도적 형식을 갖추게 되었다. 그러나 그동안의 지배구조 개선 노력이 실질적 효과를 낳고 있는지는 의문이 남는다. 현재 우리나라 은행은 대주주 없이 그 소유가 널리 분산되어 주주보다 정부의 영향력이 여전하여 경영진 선임이나 경영의 자율성이 제한받고 있다. 우리나라 은행의 기업지배구조는 일본 기업과 유사하여 경영권이 세습되지 않지만 그렇다고 독립적 이사회가 운영되지도 않는다. 사외이사는 그 수나 역할이 제한적이고 대부분 내부에서 올라온 사람들이 이사회를 폐쇄적으로 구성하고 운영한다. 그에 따라 금융기관으로서 적극적인 역할을 찾아보기 어렵고, 대기업집단에서 나타나는 환경 변화에 따른 신속한 구조조정도 이루어지지 못하고 있다. 물론 외국에서 대부분의 은행은 대주주 없이 소수 지분을 가진 과점주주들이 주주를 구성하지만, 주주권이 존중되어 은행 경영진에게 경영책임을 묻기 용이하기 때문에 우리와 같은 은행 지배구조 문제가 경미하다.

이사회 구성 및 운영 우리나라 은행은 지배주주가 없는 분산형 소유구조로 인해 경영진이 주도적 영향력을 행사하는 만큼 이사회는 주주를 대신하여 경영진을 감시할 책임을 갖고 있다. 정부는 오랫동안 주주들의 경영 참여와 관련한 지분권 행사를 제한하였는데, 마침내 1997년 '확대 이사회제도'를 도입하여 비상임이사 중심으로 전환함으로써 정부의 개입 여지가 축소되었다. 이사회는 경영진의 학연, 지연에 기반한 영향력 때문에 이사회, 사외이사, 감사(위원회)가 독립적이지 못하여 내부에서 경영진을 감시 · 견제하지 못하고 있다. 이에 따라 정부는 사외이사 중심으로 이사회를 강화하여 이사회 산하에 사외이사 위주의 다수의 위원회를 설치하고 준법감시인을 선임하게 하였다. 그러나 사외이사는 은행 경영에 대한 전문성이 부족한 가운데 충분한 경영정보나 유인의 제공이 미흡하여 제 기능을 발휘하지 못하고 있다. 한편 대형은행으로 재편된 은행이 금융시장에서 영향력으로 말미암아 기관투자가와 신용평가제도나 외부회계감사제도에 의한 견제가 제대로 작동하지 못하고 있다.

경영진 선임 및 경영자 시장 오랫동안 정부(감독기관)는 은행임원 선임에 대한 승인권을 보유하여 은행 경영진의 선임에 절대적 영향을 미쳤다. 1982년 이후 은행 민영화가 추진되었지만 소유가 분산되어 정부의 은행장 선임에 대한 개입은 이어졌다. 이렇게 선임된 은행장은 여전히 주주의 견제를 받지 않는 동시에 정부의 지시와 부과된 경영 목표에 순종하였다. 1993년 '은행장 추천위원회 제도'가 성립하여 정부의 개입여지가 축소되었지만 경영에 대한 지속적 감시와 견제는 미흡하여 정부와 현 경영진의 주도가 계속되었다. 1997년 '은행의 확대이사회제도'를 도입하여 비상임이사 중심의 이사회('후보추천위원회')에서 은행장을 선임하도록 하게 되었다. 이를 기반으로 외환위기 이후에는 외국계 자금이 은행권에 유입되면서 전문 경영자가 선임되기 시작하였고 정부로부터 독립된 경영형태를 보이고 있다.

기업지배권시장 외환위기 이전까지만 해도 M&A에 의한 시장감시 기능이 거의 작동하지 않았다. 은행업의 신규 진입이 극히 제한적이었고 소유제한으로 M&A가 어려웠다. 외환위기 이후 부실은행의 구조조정 과정에서 인수합병이 활발하였고, 이어 2000년 말에 새로이 도입된 금융지주회사를 통한 M&A도 활발하게 진행되었지만, 이후 소강상태로 접어들었다.

경영자 인센티브 과거 국내 은행의 경영진 보상은 성과와 연계되기보다 업계 평균에 맞추어졌으며, 보수 형태도 획일적으로 결정되어 성과향상을 위한 동기가 부족하였다. 외환위기 이후 외국계 금융사들의 국내 진입과 외국계 전문 경영인의 경영참여가 본격화되면서 성과 중심의 경영문화가 금융권에 도입되었다.

정부의 역할 은행은 국민경제와 직결된 시스템 위험이 상존하고 소액 다수의 채권자(예금자)자가 주요 이해관계자인 동시에 예금자보호장치로 인한 잠재적 부담으로 인해 정부는 은행의 소유구조와 경영 전반에 대한 규제와 감시에 큰 주의를 기울인다. 은행 산업의 진입과 퇴출에서부터 은행 소유한도, 경영진 선임 및 이사회제도 등 지배구조 전반에 대하여 은행법을 통하여 규제한다. 또한 겸업 제한, 자회사 출자제한 등 영업 측면에서도 감독과 규제가 엄격하다. 이러한 정부 규제는 과도한 경쟁을 제한하고 영업을 규제하여 금융시스템의 안정화에 기여한다. 그러나 금융기관 도산위험은 예금자 보호장치를 통해 상당부분 보증됨에 따라 금융시장에 의한 규율은 제한적이다.

경쟁의 제한

금융기관 신규 설립이 준칙주의를 따르는 미국이나 유럽과 달리 우리나라는 은행의 신규 진입이 엄격한 통제를 넘어 실질적으로 금지되고 있으며, 국내 은행산업은 소수의 대형은행이 국내시장을 과점적으로 지배하고 경쟁이 제한적이다. 우리나라의 경우 전국적 영업이 가능한 은행의 설립자본금은 1,000억 원이고 지방은행도 250억 원에 달하는데, 이는 독일과 영국의 500만 유로(약 65억 원)이나 일본(196억 원)에 비해 과도하게 많으며, 미국은 종전 200만 달러(약 22억 원)의 설립 자본금 규제조차 폐지하였다.[37] 2곳의 인터넷전문은행(카카오뱅크, 케이뱅크)을 제외하곤 1997년 외환위기 이후 새로 설립된 은행은 없으며, 증권사나 보험사의 신규 설립도 제한적이었다. 모든 금융업종에서 신규 진입이 엄격히 통제되고 있기 때문이다. 금융기관 설립기준이 불투명하고 정책당국이 자의적으로 금융기관 신규 설립을 금지하고 있다.

진입규제가 낳은 독과점적 시장구조하에서 경쟁이 미흡하고 업무와 상품에 대한 사전규제로 금융혁신의 여지가 크지 않으며 전문인력의 양성도 기대하기 어렵다. 감독 당국은 미시적 형태 규율에 초점을 맞추고 금융기관 간 협력이나 지도력을 발휘하지 못하고 있다.

---

37. 보험사의 자본금요건(종합보험사)은 300억 원으로 미국(200만 달러 ≒ 21억), 영국(370만 유로 ≒ 48억), 일본(10억 엔 ≒ 98억) 등에 비해 높다. 증권업은 등록제로 운용되는 미국이나 일본과 달리 인가제로 운용하고 자본금도 5~500억을 요구하여 미국(5천~150만 달러)이나 일본(5천 만~30억 엔)에 비해 과도하게 높다. 자산운용업 역시 인가제로 운용되고 자본금요건이 1~15억 원이다. 반면 미국은 등록제로 운영되고 자본금 요건이 없다.

과도한 영업규제

금융기관에 대한 규제가 취급 업무와 상품에 대한 사전 규제를 중심으로 구성되어 건전성보다는 법규 위반 검사에 초점이 맞추어져 있다. 금융기관은 대부분 법규에 열거된 업무와 관련된 금융상품만을 다루어야 하고, 새로운 업무나 상품을 취급하려면 당국의 허가를 받거나 사전에 신고하여야 한다. 사전 규제는 많은 부작용을 초래한다. 금융기관의 전문성을 심화시키지 못하고 금융혁신을 저해시킨다. 금융기관이 상품개발보다는 인맥과 마케팅에 도움이 되는 업무와 인재를 더 중시하게 만든다. 감독당국 역시 업종별 기관 수가 많지 않고 사전에 알고 있는 업무와 상품만을 취급하므로 관리가 용이한 만큼 전문성이 약화되었고, 법규 위반을 잘 찾아내고 금융기관을 잘 관리하는 인력에 주목해 왔다(정대영, 2011).

기업 구조조정에서의 역할 제한

우리나라 금융기관은 기업 구조조정에서의 역할이 매우 제한적이어서 경제성장과 관련하여 금융기관이 자원배분을 효율화하는 근본적인 금융기능을 제대로 수행하지 못하고 있다. 독일의 경우 주거래은행은 기업 성장과정에서 긴밀한 관계를 유지하는 관계형 금융(relationship banking)을 관행으로 확립하고 있고 그 과정에서 정보도 쌓이고 실질적 협상력을 갖게 되는데, 이러한 정보와 협상력은 효과적인 기업 구조조정을 주도하고 수행하는 기반이 된다. 그러나 우리나라의 경우 워크아웃의 중요한 결정권이 정부에 있어 은행이 채권은행 또는 주채권은행으로서의 역할이 제한되어 구조조정 시 기업들과의 협상력을 제한할 뿐만 아니라 평소의 적극적인 관계금융의 동기 역시 제한받고 있다. 기업 구조조정을 주도하고 효과적으로 수행하는 위치에 있지 못하므로 관계의 확립이나 그를 통한 권한과 정보 대신 담보의 확보를 우선시할 수밖에 없는 것이다. 관계금융이나 원활한 산업 구조조정을 통해 금융기관의 자원배분 기능을 정상화하기 위해서 정책금융기관들의 주채권은행 역할을 민간은행으로 옮기는 것이 절대적인 것이다.

2.4 한국금융의 평가

각국의 금융발전 수준을 적절히 평가하기 위해서 금융자산과 금융거래의 (실물경제 대비) 규모를 넘어 금융 접근성, 금융 효율성, 금융 안정성 등을 종합적으로 평가할 필요가 있다. 금융발전의 대표적인 종합적 평가 지표로 IMF가 발표하는 금융발전지수(financial development indicator)가 있는데, 이는 각국의 금융시스템을 금융기관과 금융시장으로 나누고 각각의 발전 정도를 심도, 접근성, 효율성으로 평가한 뒤 하나의 지수로 종합한 것이다. 여기서 심도는 금융자산 및 금융거래 규모, 접근성은 개인 및 기업의 금융 서비스 접근 가능성 그리고 효율성은 금융기관의 경우에는 수익성, 자본시장 경우에는 유동성을 의미한다. 우리나라의 금융발전지수는 0.854로 183개 국가 중 6위로 신흥시장국 평균(0.328)보다 현격하게 높을 뿐 아니라 더 나아가 선진국 평균(0.718)에 비해서도 크게 높다. 다만 금융기관 발전지수(0.789)는 16위로 선진국 평균(0.783)과 비슷하지만, 금융시장 발전지수(0.902)는 2위로 선진국 평균(0.640)을 큰 폭으로 상회한다. 결론적으로 IMF 금융발전지수는 우리나라 금융부문은 금융기관과 금융시장 모두 심도, 접근성, 효율성에서 선진국에 상응하는 수준임을 보여주고 있다. 실제로 우리나라 금융발전지수는 OECD 평균인 0.667을 크게 넘어서 전체 34개국 중 6위로 상위권에 있다.

그림 11-13 IMF 금융발전지수의 구성

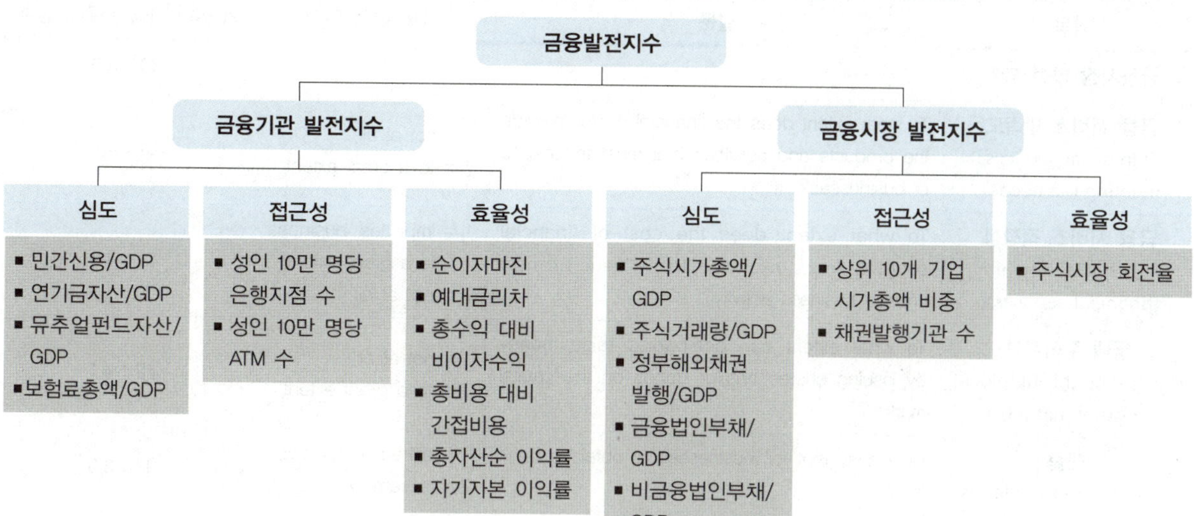

그러나 IMF의 금융발전지수는 많은 양적 지표가 갖는 다양한 한계를 가지고 있다. 특히 저개발국도 평가 대상국에 포함하기 위해 모든 국가로부터 입수 가능한 단순한 지표에 기초하여 계산된다. 또한 금융소비자인 가계와 기업의 만족도나 금융국제화, 금융 서비스의 다양성, 금융 안정성 등에 대한 평가는 매우 미흡하다.

이하에서는 금융 효율성, 금융 접근성 그리고 금융 안정성 관점에서 우리나라 금융발전에 대한 질적인 평가를 다루어 본다.

1) 금융 효율성

IMF 금융발전지수 체계(Svirydzenka, K. 2016)에 따르면 우리나라 금융기관 효율성 지수는 선진국 수준(0.659)을 상회하는 0.711로 전체 183개국 중 11위에 위치하고 있다. 또한 금융시장 효율성 지수는 선진국 수준(0.534)을 상회하는 1.000으로 전체 1위에 있다. 단 여기서 금융기관과 금융시장의 효율성 지수는 각각 금융기관 수익성과 주식시장회전율(주식거래량/시가총액)을 기준으로 측정하고 있다. 앞에서 지적하였듯이 금융 효율성은 다양한 속성을 가지고 있기 때문에 이러한 두 가지 기준만으로 평가를 하는 데는 무리가 있다. 예를 들어 우리나라의 주식투자자들은 장기투자보다 단기투자에 치중하는데, 그 수준이 세계에서 가장 높다는 점에서 금융시장이 효율적이라고 평가하는 것은 곤란한 것이다. 이 점은 WEF의 금융발전지수 중 전 세계 기업인들을 대상으로 한 주관적 설문조사를 토대로 작성했던 2016년의 결과를 보면 잘 알 수 있다. 〈표 11-16〉에 나타난 금융부문 경쟁력의 순위 모든 항목에서 우리나라 국가경쟁력 순위인 26위에 크게 못 미칠 뿐만 아니라 138개국 중 우리나라의 금융발전 수준은 80위에 머물러 있다. 결국 우리나라 금융은 경제발전수준에 비추어볼 때 다른 분야와 다른 국가들에 비해 발전 정도가 매우 미흡한 것으로 해석 가능하다. 물론 이 순위는 기업인들의 주관적 설문조사를 바탕으로 산정되었다는 한계가 있으나, 세계의 기업인들의 눈에 비춰진 우리 금융의 모습이라고 해석할 수 있다. 이러한 한계에 더해 이하에서는 국내 금융시장 참여자들에게 자주 다루어지는 논의를 중심으로 우리나라 금융의 효율성을 세밀히 살펴본다.

표 11-16 **WEF의 금융시장 발전도 세부 항목 및 평가 결과**

항목	설문	지표 값의 의미	2016년 한국 순위 : 점수
금융시장 발전 지수			80 : 3.9
금융 서비스 만족도 (Financial services meeting biz needs)	To what extent does the financial sector provide the products and services that meet the needs of businesses?	1 = not at all, 7 = to a great extent	81 : 4.1
금융 서비스 적정성 (Affordability of financial services)	To what extent does the cost of financial services (e.g., insurance, loans, trade finance) impede business activity?	1 = impedes business to a great extent, 7 = not at all	43 : 4.2
국내 주식시장 (Financing through local equity market)	To what extent can companies raise money by issuing shares and/or bonds on the capital market?	1 = not at all, 7 = to a great extent	42 : 4.1
대출 (Ease of access to loans)	How easy is it for businesses to obtain a bank loan?	1 = extremely difficult, 7 = extremely easy	92 : 3.5
중소기업 대출 (Financing of SMEs)	To what extent can small- and medium-sized enterprises (SMEs) access finance they need for their business operations through the financial sector	1 = not at all, 7 = to a great extent	37 : 4.3(2019년)
벤처자본 (Venture capital availability)	How easy is it for start-up entrepreneurs with innovative but risky projects to obtain equity funding?	1 = extremely difficult, 7 = extremely easy	76 : 2.7(51 : 3.4, 2019년)
은행의 건전성 (Soundness of banks)	How do you assess the soundness of banks?	1 = extremely low, 7 = extremely high	102 : 4.2
거래소 규제 (Regulation of securities exchanges)	To what extent do regulators ensure the stability of the financial market?	1 = not at all, 7 = to a great extent	71 : 4.2
법적 권리 지표 (Legal rights index)	Degree of legal protection of borrowers' and lenders' rights	0~12(best)	68 : 5

자료: World Economic Forum, "The Global Competitiveness Report 2016 and 2019".

저조한 금융기관 수익성과 금융 서비스 수준

우리나라 금융기관의 수익성과 건전성은 외환위기 이후 크게 개선되었다. 부실금융기관 구조조정과 더불어 회계 규정과 건전성 규제의 국제 모범기준 적용 등에 힘입었다. 대형은행은 꾸준히 이익을 실현하고 BIS 자기자본 비율이나 부실여신 비율 역시 모두 양호하다. 금융기관의 임금 수준이나 직장 선호도가 높으며, 외국인 주식소유 비율도 상당 수준에 이르고 있다.

그러나 국내 은행들은 세계 100대 은행그룹 평균과 비교해 자산 건전성은 양호했지만, 수익성과 자본 적정성은 떨어진다. 세계 100대 은행 중 기본자본(Tier 1 Capital, 2016) 기준으로 국내은행은 5개가 포함되며 60위권 밖에 머물러 은행들의 규모가 경제 규모에 비해 왜소하다. 이들 5개 은행은 수익성 지표인 ROA(총자산순이익률)가 0.4%, ROC(기본자본이익률)는 7.1%로, 세계 100대 은행그룹 평균인 0.9%와 13.5%의 절반에 지나지 않는다. 또한 주요국에 비해 이자수익에 대한 의존도가 높은 반면 비이자수익이 낮으며 주로 수수료 수익에 의존한다. 자본 적정성을 나타내는 BIS 기준 자기자본비율도 국내 은행이 15%로 100대 은행의 16.5%에 다소 못 미친다. 단 부실채권 비율은 1.4%로 세계 100대 은행(2.3%)보다 우수하다.

표 11-17 한국 은행그룹과 세계 100대 은행그룹의 재무지표 비교 (단위 : 백만 달러, %)

FY 2015	총자산	기본자본	세전이익	ROA	ROC	CIR	NPL 비율	BIS 비율	Tier1 레버리지 비율
한국 은행그룹	277,675	19,335	1,816	0.7	9.3	46.7	2.2	14.0	7.0
세계 100대 은행그룹	797,790	49,466	7,081	0.9	14.2	52.8	2.5	16.1	6.4
하위권(50~100위)	313,568	19,006	2,780	1.0	14.7	50.3	2.4	16.0	6.6
FY 2016	총자산	기본자본	세전이익	ROA	ROC	CIR	NPL 비율	BIS 비율	Tier1 레버리지 비율
한국 은행그룹	281,845	20,591	1,379	0.4	7.1	47.7	1.4	15.0	7.4
세계 100대 은행그룹	814,949	50,871	6,892	0.9	13.5	53.1	2.3	16.5	6.5
하위권(50~100위)	334,192	20,572	3,020	1.0	14.7	50.7	2.0	16.3	6.8

주 : 한국 은행그룹 재무수치는 FY 2015와 FY 2016 Tier1 capital 기준 세계 100대 은행에 포함된 국내 금융회사 5개사(KB금융지주, 한국산업은행, 신한금융지주, 하나금융지주, 우리은행) 재무지표의 단순평균 기준.

자료 : 한국기업평가(2017. 9).

낮은 국제경쟁력

스위스 국제경영개발대학원(IMD)의 국가경쟁력 평가[38]결과 63개국 중 27위(2022)를 기록한 가운데 기업효율성을 구성하는 요인으로서 금융부문은 23위로 상대적으로 양호해 보인다. 그러나 이러한 평가는 상당부분 매우 양호한 양적지표에 기인한 것으로 질적 수준은 반대로 뒤처져 있다고 볼 수 있다. 예를 들어 IMD 설문조사는 우리나라의 금융 서비스 사업활동 지원도를 47위, 기업에 대출이 용이한 정도를 39위로 평가하고 있다.

성장 동력으로의 발전을 모색하나 한계를 노정

금융산업을 실물경제에 대한 지원을 넘어 신성장 동력산업으로 발전시키려는 노력이 지속되고 있지만 지금까지 큰 성과를 거두지 못하고 있다. 간접금융에서 중소기업과 서민과 취약층에 대한 자금공급에 한계를 보이고 있으며, 직접금융에서는 선진 금융기법과 자본투자 기능이 취약한 상태를 계속하고 있다.

금융산업 자체의 발전을 위한 가장 구체적 노력이 동북아 금융허브 전략과 국제적인 투자은행 육성전략이다. 2003년에 제시된 '동북아 금융허브 전략'은 서울을 동북 아시아의 금융 중심지로 육성하는 방안으로, 이를 위해 자산운영업이 전략업종으로 선택되어 금융규제와 감독의 선진화가 도모되고 외국의 대형 자산운영사를 유치하고 금융전문대학원들이 설립되었으며, 국내자산 운용사로서 외환보유고를 활용하여 한국투자공사를 설립(2005)하기도 하였다. 자산운영업 중심의 동북아 금융허브 전략을 뒷받침하기 위해 연기금의 주식투자를 허용하고 퇴직연금제도를 도입(2005)하여 주식수요 기반을 확충하며 투자신탁의 간접투자를 확대하여 펀드시장과 사모펀드를 활성화하였다. 자본시장과 관련된 기존의 6개 법률을 통합한 "자본시장과 금융투자업에 관한 법률(자본시장통합법, 2007)"을 시행하여 증권사, 자산운용사, 선물회사의 경계를 허물고 글로벌 투자은행의 성장을 유도하였다. 이 법은 증권회사에 은행의 지급결제 기능을 허용하고 금융투자상품을 투자성 있는 모든 금융투자상품(단, 예금과 보험은 제외)'으로 포괄적으로 규정함으로써 다양한 상품개발의 가능성을 열었다. 이에 힘입어 기관투자가의 급성장과 펀드계좌 수의 폭증이 생겨났다. 그러나 아직까지 금융허브

---

38. 국제경영개발원(IMD)의 국가경쟁력 평가는 경제성과, 정부효율성, 기업효율성, 인프라의 4부문으로 나뉘어 하는데, 금융부문은 기업효율성 평가의 한 구성 요소로서 양적 평가와 설문조사 평가가 비슷한 비중을 차지하고 있다.

전략은 뚜렷한 성과를 낳지 못하고 있다.

한편 이명박 정부는 '국제적인 투자은행 육성' 전략을 제시하였다. 이를 위해 2008년 산업은행을 민영화하여 골드만삭스, 메릴린치 등과 같은 세계적인 투자은행을 만들겠다는 계획을 세웠다. 그러나 2008년 미국발 글로벌 금융위기 이후 주요 투자은행이 도산하면서 투자은행 모델이 몰락하여 전략의 타당성이 크게 훼손되었다. 이에 따라 투자은행 육성전략에 대한 비판도 적지 않다. 무엇보다도 투자은행은 도매금융으로 고용창출 효과가 크지 못하고, 고수익 · 고위험 분야로서 정부가 직접 나서기보다 민간이 주도하고 정부가 법 · 규제 개선 등을 통해 이를 지원하는 형태를 취해야 한다는 비판이 지배적이다. 특히 오랫동안 일반 대중의 주식거래 중개업무에 주력해 온 국내 증권사로서 주식과 채권의 인수와 투자, 기업합병의 주선 등으로 짧은 기간에 도약한다는 것은 기대하기 어렵다. 이에 따라 글로벌 금융위기 이후에는 대형화-글로벌화를 추구해 국제경쟁력을 갖춘 '아시아 리딩뱅크' 출현을 유도하고 금융자본 유치에 중점을 둔 '금융허브' 전략을 바꿔 해외진출을 고려하는 '허브 & 스포크' 전략이 제시되었다.

2) 금융 접근성

IMF의 금융발전지수와 같은 양적 지표에 초점을 맞출 경우 우리나라의 금융 접근성은 양호한 것으로 평가된다. 우선 금융시장 접근성 지수는 선진국의 0.627을 상회하는 0.754로 9위에 있지만, 금융기관 접근성 지수는 선진국의 0.732을 소폭 하회하는 0.700으로 28위에 머물고 있다. 주의할 것은 금융 접근성은 상위기업의 시가총액 비중, 채권발생 기관 수, 은행지점 수, ATM 수로 평가하고 있어 소기업이나 저소득층 등 금융소외계층에 대한 접근도를 전혀 반영하지 않고 있다는 점이다. 양적지표 그 자체만 보더라도 우리나라의 경우 모바일 및 인터넷 뱅킹의 확산으로 은행의 지점이나 ATM에 대한 의존도가 크게 감소하였다는 점을 이 지표들은 반영하지 못하고 있다. 또한 WEF의 중소기업 대출의 용이성과 벤처자본 이용가능성은 각각 37위와 51위에 달하고 있어 소기업과 신흥기업의 금융 접근성이 상대적으로 취약함을 알 수 있다.

표 11-18 WEF 2019년의 금융시장 접근성에 대한 평가 결과

항목	설문	지표 값의 의미	한국 순위 : 점수
중소기업 대출 Financing of SMEs	To what extent can small- and medium-sized enterprises (SMEs) access finance they need for their business operations through the financial sector	1 = not at all, 7 = to a great extent	37 : 4.3
벤처자본 Venture capital availability	How easy is it for start-up entrepreneurs with innovative but risky projects to obtain equity funding?	1 = extremely difficult, 7 = extremely easy	51 : 3.4

자료 : World Economic Forum, The Global Competitiveness Report 2019.

우리나라 가계나 기업 모두 금융시스템 이용에서 자금 접근성이나 가용성 그리고 금융비용 면에서 다양한 금융배제(financial exclusion)를 경험하고 있다. 영세기업이나 신용도가 떨어지는 개인, 새로이 사업을 시작하는 기업이 한국에서 담보 없이 제도 금융권에서 대출을 받기란 거의 불가능한 일이다. 이러한 한계는 정보의 비대칭성이나 외부효과로 말미암은 상업은행이나 자본시장의 시장실패에 상당 부분 기인하며 이를 극복할 수 있는 정책금융의 기능이 미흡한 데서도 찾아볼 수 있다.

기업금융의 경색 : 기업금융의 위축

우리나라의 GDP 대비 민간신용 비율은 주요국에 비해 크게 높지만, 이는 가계신용에서 비롯한 것으로 GDP 대비 기업신용 비중은(2020년 1분기) 105.1%로 선진국의 94.5%와 유사하다.

담보 · 신용 · 단기 대출 중심 은행은 신용평가 기반의 신용대출보다 담보 및 보증 대출 위주로 대출업무를 지속하고 있어 중소기업들의 자금조달 애로가 계속되고 있다. 국내 은행의 기업규모별 신용대출 비중은 2010년 이후 대기업이 72% 내외에서 등락을 거듭하는 반면, 중소기업은 2016년 32.4%(2010년 43.4%)까지 급감하였다. 기업대출 중 담보대출(보증대출 포함) 비중은 글로벌 금융위기 이후 2010년 말 48.3%(중소기업 54.1%, 대기업 20.6%)에서 2017년 말 65.2%(중소기업 71.2%, 대기업 30.1%)로 크게 증가하였다. 대기업의 경우는 고신용 대출비중이 안정적이지만, 중소기업 대출의 경우 1~3등급의 고신용 등급 취급 비중을 크게 확대하고 있어 대출의 양극화가 지속되고 있다(한국은행 금융안정보고서, 2016. 12).

그림 11-14 신용대출 비중과 신용등급별 대출 비중

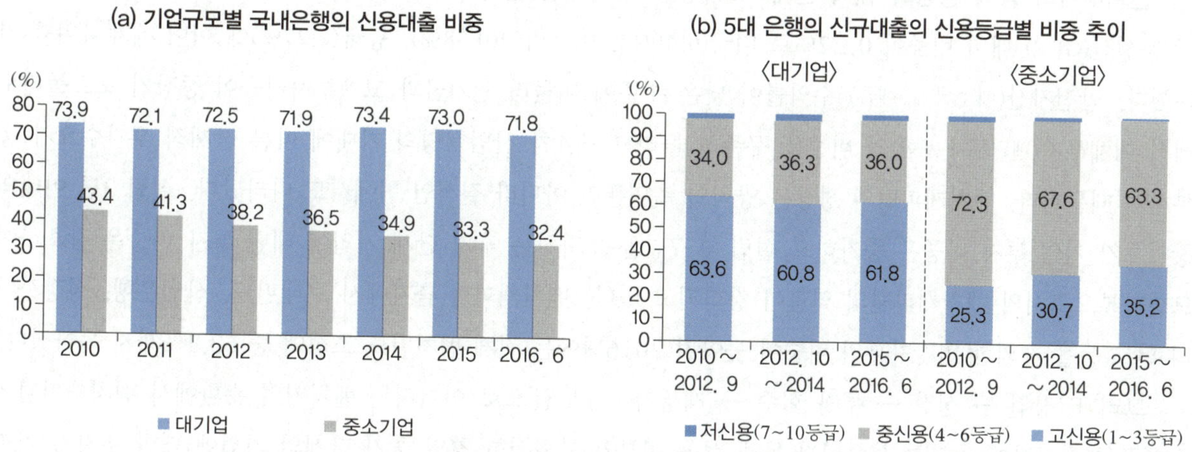

(a) 기업규모별 국내은행의 신용대출 비중

(b) 5대 은행의 신규대출의 신용등급별 비중 추이

주 : 5개 은행은 KB국민은행, 신한은행, 우리은행, 하나은행, IBK기업은행.

자료 : 한국은행 금융안정보고서(2016. 12), 이시은(2017) "기업금융시장 특징 분석 : 대출시장을 중심으로", 산은조사월보 제738호.

반면 담보 · 보증 대출은 정보 비대칭성이 높은 중소기업에 대한 연성 정보 등의 수집을 소홀하여 관계형 금융을 저해한다. 특히 우리나라의 GDP 대비 신용보증 잔액 비율은 일본(7.3%, 2013)을 제외한 주요 선진

표 11-19 신용 · 보증 · 담보 대출 비중(2020년 말)

(단위 : %)

	담보 (A)						보증 (B)	신용 (C)
		부동산	동산	유가증권	예수금	기타		
시중은행	53.4	51.9	0.0	0.4	0.6	0.4	18.5	28.1
인터넷 전문은행	1.1	1.1			0.0		25.5	73.4
지방은행	54.1	51.9	0.1	0.4	0.6	1.1	19.1	26.8
일반은행	52.6	51.0	0.1	0.4	0.6	0.5	18.7	28.8
특수은행	52.2	49.4	0.1	0.5	0.9	1.4	15.6	32.2
국내 은행	52.4	50.5	0.1	0.4	0.7	0.8	17.6	29.9

자료 : 2021년판 은행경영통계

국(미국 0.4%, 2013년 ; 독일 0.05%, 2010년 ; 프랑스 0.62%, 2010)에 비해 현저하게 높은 5.1%(2019년, 2013년 5.2%)에 달하고 있다.

표 11-20 GDP 대비 신용보증 잔액 비율(%)

1997	2000	2005	2010	2015	2019
3.2	5.5	4.8	5.6	4.8	5.1

한편 총대출 중 만기 1년 이하의 단기 비중은 54.9%(2012)로 독일(13.0%), 일본(26.6%) 등에 비해 매우 높은데, 기업 대출은 단기 비중이 68.8%에 달한다. 특히 중소기업일수록 이러한 대출만기는 더 짧아진다. 차주의 신용 상태 변동에 따른 부실화 위험을 대출 기간, 금리 등에 신속히 반영하기 위해 대출의 만기 구조를 단기화하려 하기 때문이다.

벤처투자의 양적 성장과 질적 한계 오랫동안 부진했던 벤처투자가 근년 들어 급증하여 2019년에는 국내 총생산(GDP) 대비 비중이 0.22%로 미국(0.40%), 이스라엘(0.38%), 중국(0.27%)에 이어 세계 4위를 기록했다. 안전자산(예 : 국채, 예금) 수익률이 낮은 수준에 머물러 연기금과 고액투자자들이 중장기 포트폴리오에서 대체투자(벤처투자 포함)의 비중을 꾸준히 늘리고 제4차 산업혁명의 기대에 따른 잠재적 투자수요가 풍부하기 때문이다. 벤처캐피털의 성장은 양적인 측면뿐만 아니라 질적인 면에서도 나타났다. 설립 3년 이내의 창업초기 기업 투자 비중은 증가하고 설립 후 7년을 초과하는 후기 단계 기업에 대한 투자 비중은 감소하여 모험자본으로서의 벤처캐피털의 역할이 강화되고 있다. 벤처캐피털 출자에서 모태펀드, 산업은행, 성장사다리 펀드 등을 제외한 민간자본의 비중이 높아져 2016년에는 전체 벤처펀드 조성액 중 63.1%까지 높아졌다.

그러나 '창업 → 성장 → 투자 회수 → 재투자 · 재도전'으로 이어지는 벤처기업 순환에서 벤처캐피털의 투자금 회수시장이 충분히 성숙되지 못해 성공 여부가 불확실한 창업 초기 단계의 기업에 대한 투자가 기피되어 벤처 생태계의 발전이 저해되고 있다. 미국과 달리 사실상 채권이거나 상환권이 추가된 주식 그리고 장외증권시장 상장(IPO, 27%)의 비중이 높고 기업 M&A(3%)는 미국(89%)에 비해 매우 미미하고 다른 벤처캐피털이 보유한 기업 주식을 사들이기 위해 조성한 세컨더리(secondary) 펀드나 기업형 벤처캐피털(corporate venture capital ; CVC)의 역할도 부진하다. 벤처투자와 회수뿐만 아니라 대 · 중소기업 간의 전략적 연계 등 벤처 생태계에서 그 역할이 널리 알려진 CVC는 일반지주회사의 금융회사 소유의 금지, 대기업집단에 대한 상호출자의 제한으로 말미암아 설립과 투자 활동을 왜곡하여 전략적 투자보다는 재무적 투자로 흐르게 하고 있다.[39] 전체 벤처투자 건수에서 CVC의 비중은 미국이 10~15%, 아시아 시장이 15~20%에 달하고 있다. 한편 IPO의 경우에도 VC가 투자한 벤처기업이 코스닥에 상장하기까지의 기간(10년)에 비해 VC의 평균 투자기간(5년)이 짧아 기업 M&A나 세컨더리 펀드의 발전이 절대적이다. 또한 벤처펀드에서 정책자금 비중은

39. 대기업집단(상호출자 제한 기업집단) 소속회사로서 중소기업 창업지원법에 의한 창투사는 국내계열회사 주식의 취득 또는 소유가 금지(공정거래법 제9조 제3항)되어 있다. 따라서 대기업 계열 벤처캐피털이 벤처에게 투자하여 계열사로 편입된 경우 계열사 투자 금지 규제에 의해 후속 투자는 금지된다. 따라서 대상 중소기업이 계열회사가 되지 않는 범위 내에서만 출자(30% 미만 출자하거나 최다출자자가 되지 않은 경우 등)하게 되고 이 경우 재무적 투자로만 기능할 가능성이 높다. 한편 일반지주회사는 금융회사를 소유할 수 없기 때문에 지주회사의 벤처투자를 위한 창투사 소유가 금지(공정거래법 제8조의2, 제2항)되어 있으며, CVC가 지주회사의 손자회사인 경우 증손회사 지분을 100% 의무적으로 보유(공정거래법 제8조의2, 제4항)하도록 되어 있다.

33.2%(2019)에 달해 미국(12%)이나 유럽(21%)에 비해 혁신기업투자가 투자 목적(예 : 부품소재 투자)에 제한을 두는 정책자금에 크게 의존하고 있다[벤처투자정보센터(2020), "2020년 1분기 Venture Capital Market Brief" 한국벤처캐티컬협회]. 마지막으로 창업투자회사, 벤처특별법상 유한회사, 신기술 사업금융회사에 적용되는 규제가 각각 다르고 이들을 관리하는 주무부처도 달라 벤처캐피털 관리 · 규제감독 체계도 일원화되지 못하고 있다(이태규, 2017).

그림 11-15 CVC의 전략적 활용

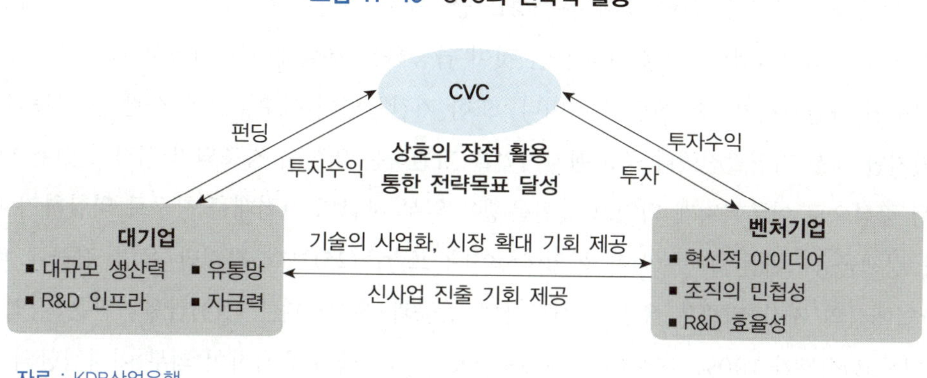

자료 : KDB산업은행

외환위기 이전에 은행은 대기업 위주로 대출해 왔는데, 정부를 매개로 은행과 대기업 간 오랫동안 밀접한 관계를 유지하면서 상대적으로 기업에 대한 감시와 정보 확보가 용이했기 때문이었다. 이후 대기업의 대출수요가 줄어들면서 은행의 기업금융은 중소기업 대출에 집중하게 되었다. 그러나 은행이 상대해야 할 중소기업은 그 수가 많고 정형화가 어렵기 때문에 밀접한 관계 형성에 의한 정보 비대칭성의 완화가 쉽지 않다. 이에 따라 은행의 자금 공급은 더욱더 담보, 보증 등 원리금의 안전한 회수 수단에 의존하게 되었다. 더불어 외환위기 이후 금융감독 당국은 세계 금융환경 변화에 따라 금융기관의 건전성 규제를 꾸준히 강화해 왔다. 결국 금융기관은 가계금융보다 정보와 담보가 부족하여 채권 보전 가능성이 낮은 중소기업에 대한 대출 확대에 한계를 가질 수밖에 없었다.

정책금융과 그 한계

우리나라에서는 경제발전 과정에서 시장실패를 보완하고 경제발전을 지원하기 위해 정부 재정을 직간접적으로 투입하는 다양한 정책금융이 공급되어 왔다. 1950년대에는 외국 원조를 대출 재원으로 산업은행과 농업은행을 중심으로 전후 복구와 수입대체 산업의 육성을 도모하였다. 1960년대에는 수출산업으로까지 저리의 선별적 정책금융이 확대하며 시중은행을 국유화하여 직접 통제하는 한편 기업은행과 외환은행 그리고 농협과 수협 외에 국민은행과 주택은행 등의 특수은행들을 설립하였다. 1970년대는 중화학공업에 대한 설비금융을 대폭 확대하고, 선별금융 제도를 확립하는 등 정책금융이 크게 확대되었으며, 정부는 특수은행뿐만 아니라 일반은행의 자금배분에 깊이 개입하였다. 1980년대는 기능적 산업정책의 대두에 따라 정책금융 역시 전략산업에 대한 직접 지원 방식에서 기술개발, 중소기업 육성, 지역발전 등의 기능별 체제로 개편하였으며, 중소기업과 지역 균형발전을 위한 정책금융의 역할을 강화하였다. 정부주도로 금융 자율화도 진척되어 은행이 민영화되고 신규로 설립되었지만, 은행은 여전히 정책금융의 창구 역할을 하였고 정부의 통제하에 놓였다. 하지만 정책금융에서 차지하는 대출 비중이 줄고 보증과 보험의 비중이 상승하기 시작하여 시장 친화적으로 변모하였다. 총 정책금융에서 예금은행이 취급한 정책금융 비중은 1980년대 중반 40%에 이른 뒤 감소하기 시작하였다. 또한 정책금융 중 대출 비중은 줄고 보증 · 보험 비중이 꾸준히 커져갔다. 1990년대도 정책금융과 각종 여신규제가 축소 · 폐지되고, 정책금융의 주된 경로는 기존의 일반은행에서 정책금융기관으로 전환되었다. 외환위기 이후에는 금융시장 자율화가 급진전되었음에도 불구하고 정책금융은 새로운 역할을 담당하기 시작하였다. 우선 1997년 외환위기, 2008년 금융위기 등 반복된 경제위기를 극복하는 과정에서 기업의 자금난을 해소하고자 금융시장에 유동성을 공급하는 역할이 빈번하게 나타났으며 산업 및 기업 구조조정에서의 역할이 강화되었다. 가장 대표적인 것이 급증하는 부실채권을 신속하게 처리하기 위해 부실채권정리 전담기구인 자산관리공사가 설립된 것이다. 또한 기간산업이나 수출산업 지원 등 전통적 기능에 대한 필요성이 줄었지만 대신 지역발전이나 중소벤처기업을 지원하는 역할이 강조되기 시작하였다. 하지만 정책금융은 특수은행 중심으로 이루어지게 되었고 일반은행은 일부 자금의 간접대출 창구로 역할하기 시작하였다.

우리나라 정책금융기관은 그 수(9)가 독일(44)이나 프랑스(25)보다 작지만 유럽 평균에 비해 많은 편이며, 은행산업에서의 자산 비중은 유럽과 개도국의 평균과 유사하다.[40] 정책금융기관은 기업은행(정부지분 76.3%)을 제외하고 정부가 100% 소유하며, 지배구조도 상업은행과 유사하여 외부 이익집단의 영향을 덜 받는 구조를 갖고 있다. 목표시장은 선진국의 정책금융기관들과 유사하며 자금조달은 정부의 암묵적 보증하에 차입, 채권발행, 출연금 등에 의존하고 운용 역시 직접 대출에 의존하며, 대출만기도 대부분 장기라는 점에서 선진국과 유사하게 운영되고 있다.

표 11-21 우리나라의 정책금융기관 현황

분류	기능	현황
대내외 개발금융	개발금융	산업은행 : 사회간접자본, 개발 설비 금융, 신성장산업에 자금 지원
	수출입금융	수출입은행 : 수출입기업 자금지원, 신흥국 수출지원, 해외프로젝트 금융지원
		무역보험공사 : 대외거래 위험 인수 통한 수출입기업 지원
중소기업금융	기업은행	중소기업 대출, 해외진출 지원
	신용보증	신용보증기금 : 담보가 부족한 중소기업에 대한 보증 제공
		기술보증기금 : 기술혁신형 중소기업에 대한 보증 제공
주택 · 서민금융	주택금융	주택도시보증공사, 한국주택금융공사
	서민금융기관	민간서민금융기관(저축은행, 상호금융, 신협 등), 4대 정책서민금융기관

우리나라 정책금융은 상업은행이 담당해야 할 대기업 여신 비중이 지나치게 높다. 전체 대기업 여신 중 정책금융기관이 차지하는 비중은 2015년 25.4%에서 2019년 39.4%까지 높아졌다. 반면 중소기업 대출에서 정책금융이 차지하는 비중은 25.0%까지 하락하였다. 대기업이 주력산업을 주도하는 데다, 대형 해외투자나 신생분야 역시 대기업이 선도하기 때문이다.[41] 하지만 정책금융기관이 대기업까지 대규모로 계속 지원

40. 우리나라 정책금융기관은 산업은행, 수출입은행, 무역보험공사, 기업은행, 신용보증기금, 기술신용보증기금, 지역신용보증재단, 중소기업진흥공단, 주택금융공사 등을 포함한다.

41. 수출입무역통계 홈페이지(https://unipass.customs.go.kr:38030/ets/index.do) 기업특성별 무역통계 참조. 2012년에 수출입업무를 하

하는 것은 금융발전과 자원배분의 효율성 그리고 국민경제의 균형발전을 저해할 수 있다.

다수의 정책금융기관이 공존하고 대다수가 중소기업과 수출기업과 같이 유사한 대상을 목표로 하여 정책자금을 공급하거나 또는 보증 및 보험을 제공함으로써 기관 간 동시 다발적으로 유사한 정책금융을 제공하며 과도한 금융지원을 낳는 비효율이 생겨나고 있다. 예를 들어 대출은 중소기업진흥공단, 특수은행이 중복 운영하고, 보증은 신용보증기금, 기술신용보증기금, 지역신보, 무역보험공사의 업무가 중복되며, 무역금융은 국제기구가 인정하는 수출신용기구인 수출입은행과 무역보험공사가 무역금융 지원(특히 대외채무보증)과 수출입보험을 각각 제공하고 있다. 이에 따라 일부 중소기업은 다수 혹은 동일한 정책금융기관으로부터 중복 지원을 받는 반면, 대다수의 중소기업은 정책금융의 지원을 전혀 받지 못하고 있다. 한편 중복 지원보증 외에 장기보증, 고액보증, 우량등급에 대한 자금지원 방식들은 중소기업과 소상공인에 대한 광범위한 자금지원을 어렵게 만들고 있다.

외환위기 이후에도 산업은행 등 정책금융기관들이 주채권은행으로서 기업 구조조정 업무와 그에 대한 부담을 주로 감당하고 있다. 이는 외환위기 때 시중은행들 자체가 대부분 도산하여 민간 영역에서 기업 구조조정을 할 수 없게 된 데서 비롯한다. 향후에는 기업 구조조정에서 은행이 채권은행 또는 주채권은행으로서의 적극적 역할이 기대된다. 기업들에게 은행과의 자율협약 또는 법정관리 중 선택하게 함으로써 상업은행은 기업들과의 협상력을 높이고 관계금융 활성화의 발판을 마련할 수 있을 것이다. 협상력의 제고와 정보의 축적은 효과적이며 상시적인 기업 구조조정을 가능하게 할 것이다.

중소기업 금융

우리나라에서 중소기업 금융지원 제도는 ① 중소기업대출 의무제도와 한국은행의 금융중개지원대출(구 총액한도대출제도) 등에 의한 중소기업의 가용자금 공급 확대(정책 융자), ② 신용보증기금, 기술보증기금, 지역신용보증재단 등이 물적 담보가 부족한 기업에 대해 '공적 기관'이 채무이행을 보증하여 중소기업의 담보력과 신용도를 보완(정책 보증), ③ 재정자금에 의한 융자와 모태펀드 출자를 통한 중소기업 지원제도(재정 지원)로 운영된다.

이를 좀 더 구체적으로 보자. 우선 금융중개지원 대출은 중소기업 대출실적을 토대로 한국은행이 총액한도 내에서 은행별로 저리의 자금을 지원하는 제도로 1994년부터 운용해 오고 있다. 중소기업 의무대출비율제도는 1965년부터 운용하고 있고, 각 금융기관이 원화대출 증가액의 일정 비율을 중소기업에게 대출하도록 한다. 시중은행은 1965년 30%에서 1980년 35%, 1992년 이후 45%로 운영하고 있다. 신용보증정책은 1976년 신용보증기금 설립으로 시작되었고 1989년 신기술 투자를 위해 기술신용 보증기금을 설립하였으며, 1996년에는 지역 중소기업을 위해 지역신용보증재단을 설립하였다. 마지막으로 모태펀드는 중앙정부의 각 부처와 지방정부가 예산으로 직접 지원하는 자금이거나 중소기업 진흥기금을 통해 저리로 융자해 주거나 모태펀드에 출자하여 위험분담을 통해 기술혁신형 중소기업에 대한 직접투자를 유도하고 있다. 중소기업 정책자금은 상당 부분 중소기업진흥공단을 통해 위탁 운영된다. 지자체들은 지방중소기업 육성기금을 조성하여 은행을 통해 대출하거나 협력은행 자금으로 대출하되 이자를 보조하고 있다. 일부 지자체는 현장실사 없이 서류만으로 지원을 결정하고 은행은 담보심사와 채권보전 후 대출하고 있다. 일정 수준 이상의 신용등급을

는 기업의 총 수는 235,627개이고, 이 중 50인 이하의 기업 수가 214,655개로 약 91%에 달한다. 수출기업으로만 한정하여 보더라도 총 87,177개의 기업 중 50인 이하의 기업이 77,815개로 약 90%를 차지한다.

가진 중소기업만 지원하여 사업성과 기술력이 우수하나 담보력이 취약한 중소기업이 자금지원에서 배제되는 상황이 발생할 수 있다. 한편 정책금융공사는 전대제도(온랜딩), 신용위험분담, 간접투자제도 등을 통해 중소기업을 지원한다.

그림 11-16 중소기업 관련 정책금융의 체계

한국은행
(금융중개지원대출)
중앙정부
(재정자금 · 기금)
지방자치단체
(재정자금 · 기금)
자금위탁
자금위탁
자금위탁
중소기업진흥공단
(중기청 산하 집행기관)
각 부처 및 지자체
산하 집행기관
한국산업은행
자금
제공
출자
자금위탁
(대상 추천)
출자
예수금 등
자금조달
금융기관
(자체자금 + 정책자금)
자금 전대
한국벤처투자
(모태펀드)
한국성장금융
(성장사다리펀드)
1. 대출상담, 신청
2. 신용조사
3. 담보설정, 신용보증
4. 대출결정 통지
5. 대출계약, 담보취득
6. 대출실행
7. 사후관리
신용보증기관과 TCB
(신용보증, 기술신용정보)
신용보증
출자
출자
VC 펀드
(창투, KVF)
VC 펀드
(신기술)
대출
직접
대출
출자
출자
신생 · 벤처 · 중소기업

우리나라 정책금융은 중앙부처나 지방정부의 출자 또는 출연 형식으로 운영된다. 중소기업청(과 산하의 중소기업진흥공단)이 전문 중소기업 지원기관으로 중소기업 관련 정책자금 지원, 벤처기업 육성, 자산유동화 등

그림 11-17 모태펀드 운용구조

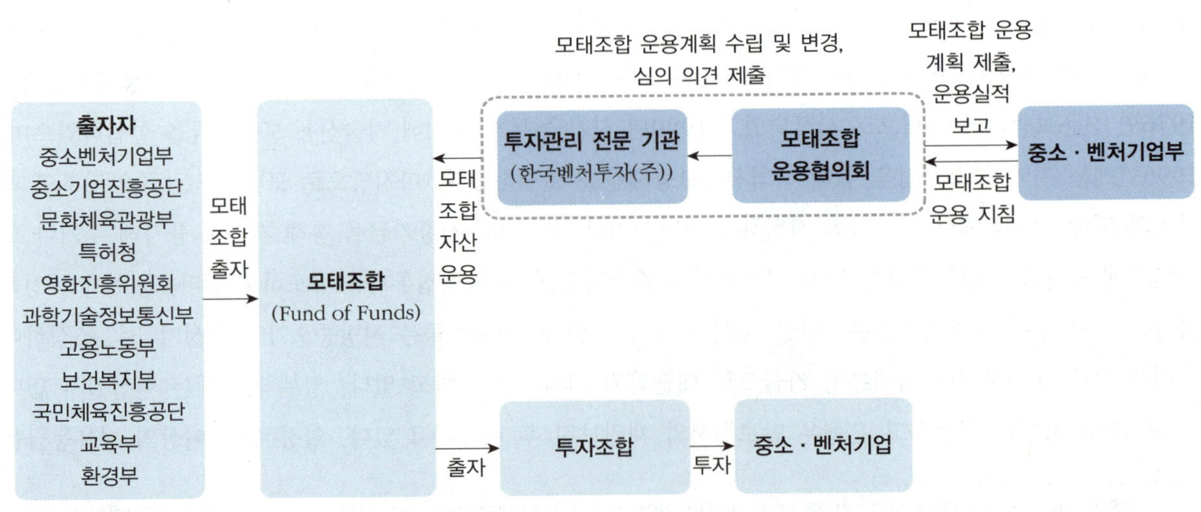

출처 : 한국벤처투자

다양한 중소기업 지원업무를 수행하며, 산업은행, 기업은행, 수출입은행 등의 특수은행도 금융소외 기업과 수출입기업에 대해 정책자금을 대출하고, 한국은행도 중소기업 대출(금융중개지원대출) 확대를 유도하고 있다.

한편 신용보증기금, 기술신용보증기금 및 지역신용보증재단은 중앙 · 지방 정부의 출연금이나 금융기관 출연금으로 중소기업, 기술창업기업, 소상공인 등에 대해 신용을 보증하고 있다. 마지막으로 정부출연기금으로 운영되는 무역보험공사는 수출입기업에게 무역보험과 선적 전후 신용보증 등을 지원한다.

우리나라에서 중소기업 대상의 정책금융은 자본시장을 이용한 기술개발과 창업지원을 위한 직접금융보다 설비와 운전자금 공급 등 개발경제 시대부터 이어져 온 전통적인 융자(간접금융) 방식의 양적 지원에 주로 의존해 왔다. 융자형조차도 상업금융기관의 신용정보 분석 능력의 취약으로 관계형 금융이 제대로 이루어지지 못하여 정책금융의 실효성이 기대에 미치지 못하는 상황이다. 이러한 문제점을 인식하고 우리나라 정책금융기관을 간접금융뿐만 아니라 직접금융에서도 그 역할을 확대해 왔다. 특히 직접 기업에 투자하지 않고 중소 · 벤처기업에 투자하는 벤처투자 조합이나 창업투자 조합에 투자하는 이른바 '펀드에 투자하는 펀드(fund of fund)'로서 재정에서 출자하는 모태펀드가 있다.

우리나라에서 모태펀드의 시초는 2005년 "벤처기업육성에 관한 특별조치법"에 근거하여 결성되어 운영 중인 한국모태펀드로 투자재원 공급은 정부가 하되, 투자 결정은 전문기관인 한국벤처투자가 담당하고 있다. 정부가 대상기업 선정에 직접 개입하던 기존 방식과는 크게 차별화되는 셈이다. 한편 재정자금으로 창업 단계에 주로 투자하는 모태펀드와 달리 산업은행과 기업은행의 정책자금과 민간 금융자본을 합쳐 성장 단계에 접어든 중소기업에 주로 투자함으로써 벤처생태계를 촉진하는 성장사다리펀드(2013년 조성)가 있다. 성장사다리펀드의 투자 결정은 전문기관인 한국성장금융투자운용에서 담당하고 있는데, 한국성장금융은 기업생태계 조성을 목적으로 하는 이상의 성장사다리펀드 외에 혁신기업 성장자금공급(성장지원펀드), 자본시장 중심의 기업구조혁신 지원(기업구조혁신펀드), 중소기업의 기술혁신 활동지원(기술혁신전문펀드)을 위해 정책자금과 민간자금을 공동 투자하고 있다.

금융 소외층의 증가

한국은 다른 나라보다 상대적으로 서민금융제도가 잘 갖춰져 있어 서민들의 금융 접근성이 양호한 편이다. Global Findex(2017)에서 고소득국 평균으로 성인의 6%와 하위 40% 소득층의 10%가 금융계좌가 없고, 우리나라는 성인의 5%와 하위 40% 소득층의 8%가 금융계좌를 갖고 있지 못하여 계좌보유율은 160개국 중 22위에 있다. 한편 우리나라의 금융기관에 대한 물리적 접근성과 거래 편의성은 98개국 중 각각 8위와 9위에 해당하며, 종합적 금융 접근성은 5위로 평가된 바 있다. 다만 거래비용에 있어서는 98개국 중 28위로 취약하다(Arora, 2010). 참고로 여기서 물리적 접근성은 금융 서비스 제공자에 대한 접근의 용이함에 대한 것으로 일정 인구 수 대비(예 : 인구 1,000명당) 금융기관 지점 및 ATM 수 등으로 측정하고, 거래 편의성은 금융회사와의 거래를 어렵게 하는 비가격적 요인으로 금융거래 시 요구되는 서류의 수, 최소 예금잔고 요구액, 대출 실행 소요 시간 등으로 측정한다. 거래비용은 예금잔고유지 수수료, 대출이자 및 관련 수수료, 이체비용, ATM 이용 수수료 등 거래에 수반되는 비용을 의미한다.

우리나라는 그간 예금기관, 계약저축기관, 투자중개기관이 고르게 발전해가며 물리적 접근성이 빠르게 개선되어 왔다. 아울러 예금기관에서도 '1시 · 도 1지방은행'의 원칙하에 1960년대 말에 지방은행을 확충하였고, 1970년대에 들어서는 지역금융기관으로 상호신용금고(현 상호저축은행)를 출범시켜 은행을 이용하기에는 신용이 부족하고 대부업체를 이용하기에는 신용도가 높은 고객을 주대상으로 하여 영세상공인과 서민들의 제도권 금융기관 이용을 촉진하였다. 아울러 협동조합형 금융기관이 꾸준히 설립되며, 여수신 업무 외에도 경제 및 지도사업, 지역 개발, 복지사업 등에도 성과를 볼 수 있었다. 뿐만 아니라 도서산간 지역에까지 지점이 고르게 분포한 우체국에서도 예금과 계약저축 서비스를 제공함으로써 금융소외를 완화할 수 있었다. 또한 외환위기 이후에는 미소금융, 햇살론, 새희망홀씨 등 다양한 서민금융도 제공되고 있어 외형적 금융포용이 더욱 확대될 수 있었다.

그러나 이러한 발전에도 불구하고 우리나라의 금융소외 문제는 적지 않다. 2018년 말 대부업체 이용자 중 신용등급 4~6등급이 27.6%, 7~10등급이 72.4%로 7~10등급의 저신용 차주가 대부업체의 주이용층이다. 우선 신용등급 7~10등급의 저신용층이 약 353만 명(2019)이고 (불법)사금융을 이용하는 사람은 41만 명(전체 성인 인구의 1.0%, 2018)에 달한다[한국대부금융협회(2019), 「2018년 하반기 대부업 실태조사 결과」]이다. 한편 대출금 등을 50만 원 이상, 3개월 이상 또는 50만 원 미만, 2건 이상, 3개월 이상 연체한 가계대출 금융채무 불이행자는 2020년 말 약 75만 명이며 자영업 금융채무 불이행자는 3.5만여 명에 이른다. 금융채무 불이행자는 신규 대출이나 카드발급 등 신용거래가 되지 않으며, 대부분 신용등급 7등급 이하이다. 한편 사금융시장의 대출 금리는 연평균 26.1%고 최대 60.0%에 이르는 등 법정 최고금리(24%) 초과 이용 비중이 45%에 달해 정상적인 소득을 통해 사금융에서 벗어나기 쉽지 않다. 이상과 같은 금융소외계층의 증가와 더불어 대부시장도 과도하게 확대되어 왔다.

표 11-22 대부업 시장규모 추이 (단위 : 개, 만 명, 조 원)

	2009. 3	2010. 6	2011. 6	2012. 6	2013. 6	2014. 6	2015. 6	2016. 6	2017. 6	2018. 6	2019. 6
등록업체 수	15,724	15,380	13,384	11,702	10,223	8,794	8,762	8,980	8,075	8,168	8,294
거래자 수	143.2	189.4	247.4	250.5	248.7	255.5	261.4	263.0	249.5	221.3	200.7
대부잔액	5.2	6.8	8.6	8.5	9.2	10.9	12.3	14.4	15.4	17.4	16.7

자료 : 금융감독원, "대부업 실태조사 결과", 각년도.

표 11-23 금융권역별 평균 대출금리 (단위 : %)

	2015년 말	2016년 말	2017년 말	2018년	2019년
은행	3.46	3.44	3.62	3.72	3.22
상호금융	3.98	3.81	4.04	4.14	3.80
새마을금고	3.95	3.79	4.08	4.50	4.32
신용협동조합	4.61	4.52	4.73	4.82	4.41
상호저축은행	11.46	10.67	10.50	10.28	9.74
대부업체	–	23.5	21.9	19.6	
법정최고금리	34.9(2014. 4~)	27.9(2016. 3~)	27.9	24.0(2018. 2~)	24.00

자료 : 한국은행, 금융기관 가중평균금리, 각 월호 ; 한국대부금융협회(2017. 11), 신용대출상품금리비교, 23개 업체 신규대출금리 단순 평균.

사회적 취약계층이 빈곤을 탈피하기 위해서는 창업을 해야 하나 자금 부족이 가장 어려운 문제인 것으로 나타나고 있다. 저소득층이 자금 부족으로 어려움을 겪는 이유는 축적된 자산이 부족하고 금융기관으로부터의 자금 조달이 어렵기 때문이다. 저소득층은 소득수준이 낮아 대부분의 소득을 생활자금으로 사용함에 따라 긴급자금, 노후, 창업을 위한 자산 형성에 어려움을 겪고 있다. 또한 저소득층은 소득 부족과 고용불안, 담보와 신용도 부족으로 금융기관에서의 자금 조달이 어려우며 이는 상업금융기관의 수익성 확보가 중요시됨에 따라 더욱 심화되고 있다.

지방에서의 금융소외

우리나라에서 금융소외 현상은 지역적 특성도 동반하여 지방이 서울과 수도권에 비해 금융자산의 축적이나 금융산업 발전이 미흡하다. 2019년 말 예금취급기관(예금은행과 비은행금융기관) 예수금의 69.6%, 대출금의 60.6%가 수도권(서울 + 인천 + 경기)에 집중되어 있다. 2018년 금융 · 보험업 부가가치의 65.6%가 서울 · 수도권 지역에서 발생하고 있다. 한편 2018년 말 총부가가치에 대한 금융보험업의 비율은 지방이 3.9%로 서울(11.4%)의 1/3, 수도권(7.0%)의 1/2 수준에 지나지 않는다. 이러한 지역금융의 격차는 실물경제 활동의 격차보다 더 크다. 수도권의 금융산업 부가가치 비중은 서울 · 수도권의 전 산업 부가가치 비중(51.8%)보다 높게 나타난다. 2018년 전국 총생산 대비 지방 총생산 비중이 48.2%이나 예금 취급기관의 총여신 대비 지방여신 비중은 39.8%에 지나지 않는다. 이에 따라 금융 연관 비율은 지방(2.0)이 서울(5.6)이나 수도권(3.5)에 비해 모두 저조하다.

지역금융은 지역경제 활성화에도 긍정적 영향을 미치지 못하고 있을 뿐만 아니라 자금의 역외 유출을 야기하며 오히려 지역경제에 부정적 영향을 미치기까지 하고 있다. 수도권은 서울을 제외하면 자금이 순유입되고 있으나 지방은 대부분 시 · 도에서 자금이 역외로 순유출되고 있다. 특히 이러한 자금 순유출은 예금은행보다 지역금융기관인 저축은행과 신협 등에서 주로 나타나고 있다. 더욱이 중소기업대출은 예금은행의 경우 수도권보다 지방이 더 높게 나타나고 있지만, 저축은행은 수도권의 중소기업 대출에 집중하고 있고 상호금융, 신협, 새마을금고는 중소기업 대출 비율 자체가 상대적으로 낮게 나타나고 있다.

우리나라의 지역 금융은 실물 경제활동보다 과도하게 위축되어 직간접적으로 지역경제 활성화의 걸림돌이 되고 있다. 금융업이 지역의 부가가치를 오히려 잠식할 뿐만 아니라 또한 지역 고용, 특히 금융업 특성상 지식기반 일자리에 대한 직접적 기여도가 부진하다. 지역 금융의 부진은 그 자체로 문제이지만 그 파급효과 또한 무시할 수 없다. 주지하다시피 금융산업은 사업과 기업의 선별 · 지원을 통해 산업의 재생과 발흥에 직접적 역할을 수행하는 만큼 지역경제 침체는 지역금융 부진에서 직접적으로 기인한다고 할 수 있다. 지역 정보에 밝은 지방은행과 지역밀착형 금융기관이 해당 지역에 적합한 사업과 기업의 선별 및 지원에 보다 적합하며, 지역의 공동운명체로서 지역경제 발전의 주역이라 할 수 있다.

서민금융과 지역금융의 구조조정과 위축

지역 서민금융기관의 대표 주자인 저축은행이나 협동조합 등은 1997년 아시아 외환위기와 2007년 글로벌 금융위기 이후 구조조정을 거치며 크게 위축되었다.[42] 지역 금융에 발생한 가장 큰 충격은 외환위기 이후

42. 서민금융기관 육성모형이 될 수 있는 독일 신협은행은 독일 전체 은행의 절반 이상을 차지하고 있다. 조합원 수는 경제활동인구의 40%이며 자산규모는 은행산업의 16%(2008)를 차지하고 있다.

지방은행이 구조조정되며 1도 1행 원칙이 무너지면서 지방은행으로서의 면모를 크게 상실한 것이다. 구조조정으로 10개 지방은행은 6개로 축소되고 이 중 4개사는 절반씩 2개의 지주회사 산하로 편입되었으며, 1개사(제주은행)는 전국금융기관(신한금융지주)의 자회사로 변모하였고 오직 1개사만이 독립적 지주회사를 설립하여 경영하게 되었다. 이와 병행하여 영업지역 제한도 크게 완화되며 서울시와 광역시에 설치할 수 있는 점포 수 제한 규제를 1998년 11월 폐지함에 따라 지방은행으로서의 특성이 크게 약화되었다. 전국 금융기관과 동일한 규제를 지방은행에까지 적용해 온 것도 지방은행으로서의 특성을 약화시켰다. 즉, 지방은행은 일반 상업은행과 마찬가지의 국내감독 및 BIS 기준을 만족하여야 하며, 지역 고객에 대한 금리 우대나 맞춤형 상품제공은 크게 제한되었다.

지방은행에 더해 2008년 글로벌 금융위기 이후에는 저축은행도 지역 금융기관으로서의 정체성을 크게 상실하게 되었다. 즉, 당시 부동산 관련 대출 부실이 급증함에 따라 2011~2014년 동안 구조조정과 규제완화 과정에서 저축은행의 영업구역이 서울, 인천 · 경기, 부산 · 경남, 대구 · 경북, 광주 · 전라, 대전 · 충청 등 6개 영업구역으로 광역화하여 구분됨에 따라 지역성이 크게 퇴색되었다. 또한 구조조정 과정에서 복수의 저축은행이 단일 소유주에게 인수되며, 영업 구역을 복수로 보유하는 저축은행이 등장하고 이들 저축은행의 대부분이 서울 지역을 복수영업구역에 포함함에 따라 지역금융기관으로서의 정체성이 급격히 약화되었다.

한편 지역 서민금융기관은 은행권의 우량 중소기업 및 가계에 대한 자금공급을 확대하면서 고객 기반을 상실해 갔지만, 역량부족으로 서민금융에 집중하지 못하며 어려움이 지속되고 있다. 상업은행은 1997년 외환위기 이후 대기업의 자금 수요가 감소하고 여신금지 업종이 해제되면서 기업금융보다 소매금융에 주력하였고 지역 서민금융기관의 영역을 크게 잠식하여 갔다. 상업은행은 외환위기 이후 강화된 건전성 규제로 서민금융보다는 안정성 · 수익성이 높은 주택담보대출과 우량고객을 중심으로 대출 기반을 주로 확대해 왔다.[43] 지역 서민금융기관은 본래 서민금융기관 고유의 장점을 기반으로 본래의 기능을 만족하기 위해 지역 서민에 대한 신용대출이 확대되어야 한다. 지역 서민금융기관은 은행과 달리 관계형 · 지역밀착형 금융을 통해 고객에 대한 정성적 정보를 확보하는 것이 은행과 차별화되면서 경쟁력을 갖출 수 있는 기반이 되었던 것이다. 특히 조합형 금융기관은 경제사업, 지도사업, 복지사업, 지역개발사업 등을 추진하는 과정에서 얻을 수 있는 고객의 정보를 활용 가능하며, 그렇게 하는 것이 조합형 금융기관의 이익에 봉사하는 것이다. 그렇지만 서민금융기관은 심사 및 리스크 관리능력 부족을 이유로 담보나 보증에 의존하고, 지역 서민에 대한 대출은 낮은 신용도와 담보 부족을 이유로 기피해 왔다. 또 신용대출을 하더라도 신용도에 따라 차별화하기보다는 획일적인 고금리 부과로 대처해 왔다. 결과적으로 신협이나 새마을금고는 대출 등 자금운영 능력이 영세하여 들어온 예금도 서민에게 충분히 공급하지 못함에 따라 낮은 예대율을 계속 나타내고 있다. 신협은 서민대출보다 중앙회를 통한 유가증권 위탁투자 비중이 높으며, 저축은행 상당수는 서민대출보다 고위험 부동산 개발사업의 초기 자금을 대출(프로젝트 파이낸스 대출)하는 데 주력하여 서민금융은 위축되고 저축은행 자체의 건전성도 위협받고 있다.

43. 서민의 범위가 다소 모호하다. 중산층 이하일 수도 있고 저소득층, 영세자영업자, 취약계층을 의미할 수도 있으며, 기초생활수급자와 차상위계층만을 포함할수도 있다. 상대소득 면에서 OECD가 정의하는 빈곤층(중위소득의 50% 미만 가구)과 중저소득층(중위소득의 50~75%)을 대상으로 정의하는 것이 현실적이며, 신용도 측면에서 신용등급 7~10등급 개인을 대상에 포함할 수 있다.

공적 서민금융제도와 그 한계

외환위기 이후 지속된 저소득층과 영세상공인 등 서민의 금융난을 해소하기 위하여 다양한 공적 서민금융지원 제도(정책 서민금융과 민간기구의 서민금융지원 사업)가 도입되었는데, 이에는 창업·복지·고용연계, 채무조정, 금융지원이 포함되며 이를 서민금융진흥원이 총괄하고 있다. 첫째, 국가보호대상 특수 요건의 대상이 되는 서민들은 정부와 지자체가 주관하는 고용·복지 지원제도를 받을 자격이 있다. 이에는 기초생활수급자를 포함한 저소득층이나 실직자, 장애인, 노인, 여성가장들이 포함된다. 보호대상자들은 사회복지 지원(생계급여, 의료, 교육, 돌봄 등)과 함께 정책서민금융을 연계하여 창업과 재산형성을 돕고 일자리(자활근로사업)를 연계하여 자활을 돕는다.

둘째, 보호 대상자는 아니지만 신용 상태가 좋지 않은 경우 채무조정 프로그램이 있다. 이에는 공적 신용회복지원제도로서 국민행복기금에서 시행하는 채무감면과 상환기간을 조정하는 채무조정 프로그램(한국자산관리공사 즉, 캠코에서 운용)과 법원에서 시행하는 개인회생 및 개인파산이 있고, 사적 신용회복지원제도로서 신용회복위원회의 개인·프리 워크아웃이 있다. 상대적으로 채무가 심각한 상황일 경우에는 법원의 신용회복 프로그램이 적용된다. 장래에 계속적·반복적 수입 가능성이 있으면 5년간 수입 중 생계비를 공제한 금액을 변제에 사용하면 잔존 채무를 면책하고(개인 회생), 장래에 계속적 수입이 없는 지급불능 상태라면 현재 재산을 청산하여 채권자에게 평등하게 배당하여 면책(개인 파산)받을 수 있다. 한편 신용회복위원회는 3개월 이상의 장기 채무자에게 제공되는 원금이 최대 50%까지 감면되는 개인 워크아웃과 한 달에서 3개월의 단기 채무자에게 적용되고 원금감면이 없는 약정 이자율만 50%까지 감면되는 프리 워크아웃이 있다. 금융채무 연체자에게는 채무조정 지원 외에도 일자리 연계를 통해 상환능력을 높이고 재산현성 지원을 통한 자활동 지원한다.

셋째, 보호 대상자도 아니고 연체자도 아닌 일반 서민 중에서 소득이 적거나 신용이 낮아 제도권 금융기관에서 대출받기 어려운 경우(예를 들어 연소득 4천만 원 이하이고 신용 6~10등급 또는 연소득 3천만 원 이하 등) 정책서민금융을 활용할 수 있다. 정책서민금융에는 은행의 소액 신용대출(새희망홀씨), 제2금융권의 보증부 대출(햇살론), 창업·운영자금 등 자활을 위한 소액신용대출(미소금융), 고금리 채무 저금리전환대출(바꿔드림론)이 포함된다. 정책서민금융은 금융지원을 넘어 창업과 재산형성 그리고 복지제도 이용을 지원하여 자활을 돕는다.

그러나 현재 운용되는 공적 서민금융은 서로 중첩되고 민간 서민금융기관의 영역과도 중복되어 서민금융기관 발전을 크게 저해할 수 있다. 공적 서민금융은 많은 경우 무원가성 자금을 재원으로 하고 있어 정상적 예수금에 의존하는 서민금융보다 저리의 대출이 가능하다. 한편 공적 서민금융은 대출과 함께 창업 컨설팅, 사후관리 등의 비금융 서비스가 필수적이나 비용이 크고 경험의 축적이 필요하여 어려움을 겪고 있다.

우리나라에서 마이크로 크레딧은 2000년 '신나는 조합' 창립 이후 시민단체를 중심으로 성장해 왔지만, 오랫동안 영세한 기금 규모로 인해 서민의 접근성이 높지 못하고 그 성장세도 부진했다. 글로벌 금융위기 이후 미소금융(2009), 저축은행과 상호금융회사 등 서민금융회사의 보증부 대출(햇살론, 2010), 은행의 서민대출(새희망홀씨대출, 2010) 등으로 본격화되었다. 그러나 신용정보의 제한과 금융 전문성 부족 그리고 높은 관리비용으로 어려움을 겪고 있다. 또한 채무 불이행자의 신용회복 지원, 대부업체 및 여전사의 대출금리 인하도 병행 추진하고 있으나 규모에서 충분치 않을 뿐더러 추진 방법도 비효율적이다.

그림 11-18 공적 서민금융 흐름도

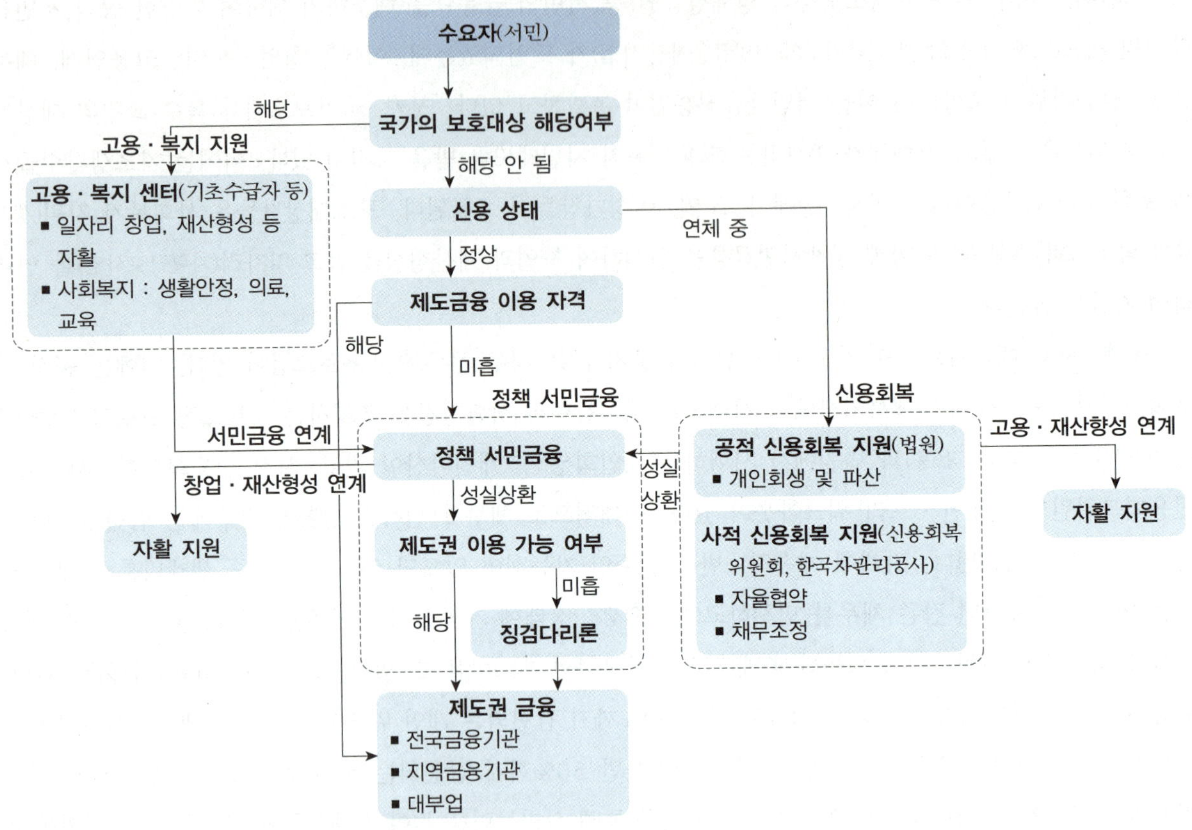

자료 : 금융위원회(2016), "서민금융 지원 강화방안"

우리나라의 신용회복 지원제도는 사적 제도로 신용회복위원회의 프리 · 개인 워크아웃과 신용회복 기금 등의 채무조정제도, 개별 금융회사가 제공하는 구제제도가 있으며, 공적 제도로 "채무자 회생 및 파산에 관한 법률(이른바 통합도산법)"에 의하여 법원이 실시하는 개인회생제도와 개인파산제도가 있다.

금융소비자 보호 미흡

2008년 글로벌 금융위기를 겪으면서 키코, 파워인컴펀드 사건 등을 계기로 우리나라에서도 금융소비자 보호의 강화 필요성이 크게 부각되었다. 무엇보다도 금융소비자에 대한 보호는 건전성 감독에 비하여 소홀히 취급되므로 금융위 · 금감원과 별도로 금융소비자보호 전담기구의 신설 방안이 제기되어 왔다. 우리나라는 금융위원회와 금융감독원으로 이어지는 단일 규제기구가 전체 금융업에 대해 건전성과 영업행위 규제를 총괄하는 통합형 방식을 따르고 있다. 그러나 실제 감독업무는 업권별 방식을 크게 벗어나지 못하고 있다. 건전성 규제와 금융소비자 보호 규제를 단일기관이 담당함에 따라 금융소비자 보호는 조직에서의 위상이나 인력배정, 업무 우선순위 등에서 소홀히 취급될 수밖에 없다.

실제로 민원 · 소송을 통해 드러난 금융소비자의 불만이 지속적으로 커지고 있음을 감안하더라도 기존의 금융소비자보호 체계로는 역부족임을 알 수 있다. 예를 들어 금감원에 제기된 민원 건수는 2000년 20,057건에서 2019년 82,209건으로 급증하였다. 민원과 분쟁은 보험(62.3%), 비은행(20.0%), 은행(12.4%), 금융투자(5.4%) 순으로 나타나는데, 보험에서는 불완전 판매(과대광고, 부당권유, 상품설명 불충분) 등 보험모집 유형

민원과 보험금 산정 · 지급에서 압도적으로 높은 비중을 보이고 있다. 비은행의 경우에는 신용카드의 추심과 관련한 비중이 가장 높게 나타나며, 은행의 경우 여신업무와 관련한 자금회수의 비중이 크다. 이처럼 대출 등 소비자 신용과 보험금 지급 문제가 금융소비자의 불만 및 분쟁의 주요 영역이며 동시에 이들은 일상적 삶과 깊이 관련되어 있다는 점에서 금융소비자 보호 체계의 조속한 강화가 필요하다. 채무불이행은 경제적 지위에 제약을 받거나 담보권 제한 또는 보증채무 이행으로 재산의 추가적 손실을 낳을 수 있고, 보험금 지급의 지연은 보장이 필요한 시점에 보험의 혜택을 누릴 수 없는 큰 불편을 초래하기 때문이다.

표 11-24 약탈적 대출의 주요 유형과 내용

유형	내용
반복적 차환	반복적으로 새로운 대출로 갈아타게 하면서 수수료 수익을 취득
상환능력 미고려	원리금 상환능력이 없는 사람에게 수수료 수입 또는 주택 압류를 겨냥하여 대출 실행
만기 일시상환 대출	원금은 상환하지 않으면서 이자만 상환하도록 하는 대출
조기상환 벌과금	만기 전 상환을 억제하기 위해 높은 수수료를 부과
상환금액 급증	초기에는 원리금 상환부담이 낮지만 일정 시점 이후 원리금 상환액 급증
강제 중재조항	대출기관이 차입자가 법적대응을 하지 못하도록 강제 중재조항 설정

자료 : 한국은행(2007), 「미국 서브프라임 모기지의 불건전 대출 규제와 한계」, 3면, 『해외경제정보』, 제2007-75호, 한국은행 해외조사실 구미경제팀.

펀드 및 투자상품 판매가 증가하면서 불완전 판매가 증가하고 그로 인한 금융소비자 피해가 커지고 있다. 또한 보증 또는 담보에 크게 의존하여 상환능력을 적절히 고려하지 않는 대출, 즉 약탈적 대출(predatory lending)이 발생할 유인이 많음에도 불구하고, 금융기관 대출 과정에서 이에 대한 적절한 규제 장치가 존재하지 않는다. 반면 분쟁 조정과 법원 판결 과정에서 금융소비자들의 책임 소재를 과중하게 묻고 있다. 금융소비자들은 정보가 부족하기 때문에 금융 서비스 공급자에 의해서 제시된 정보와 상품을 토대로 금융거래 여부를 결정할 수밖에 없으므로 금융기관이 제공하는 정보 및 자문의 내용을 사전적으로 규제할 필요가 있다.

이런 문제점과 더불어 라임 사태, 해외금리연계 DLF 사태 등 대형 금융사고가 잇따라 터지면서 마침내 2021년에는 그동안 금융권역별로 흩어져 있던 금융소비자 보호 관련 규정을 단일화한 금융소비자보호법(금소법)이 시행되게 되었다. 금소법에서는 금융상품 판매업자들이 금융소비자를 상대로 한 금융상품 영업활동에서 준수할 판매원칙을 규정하고 청약 철회권과 같이 금융소비자 권익 보호를 위한 장치를 제도화하고 위법행위로 인한 소비자 손해에 대한 엄정한 배상을 실시하고 적정하며 신속한 분쟁해결 절차를 마련하였다.

3) 금융 안정성

(1) 우리나라의 금융안정 정책

금융안정은 사전적 금융안정과 사후적 금융안정으로 구분할 수 있다. 사전적 금융안정은 금융시스템 전체의 안정을 유지하고 위기를 예방하기 위한 사전적 정책기능을 말하는데 이는 거시건전성 정책과 미시건전성 정책으로 분류된다.

미시건전성 정책

우리나라에서 금융위원회는 미시건전성 감독의 정책업무를, 금융감독원은 그 집행업무를 각각 담당한다. 금융위원회는 금융정책에 관한 최고의결기구로서 모든 업종의 금융기관과 시장을 감독하는 통합감독 당국이자 금융정책 · 제도기획 업무와 금융 관련 법률 제 · 개정권을 가진 금융정책 당국인 정부조직이다.[44] 한편 기획재정부는 거시경제의 운용과 국제금융정책의 총괄 및 경제정책을 조정하는 업무를 담당한다. 1997년 말 외환위기를 계기로 감독 기능의 집중과 중립성 확립을 원칙으로 금융위원회와 금융감독원으로 이원적으로 구성되는 통합금융감독체계가 확립되었다. 2008년부터 금융위원회는 금융감독은 물론 국내 금융정책까지 관장하도록 확대 개편되었고 기획재정부는 국제 금융정책을 관장하게 하였다.[45] 결과적으로 금융위원회와 금융감독원은 국내 금융정책과 감독 정책을 수립 · 집행하는 것은 물론 기재부, 한국은행, 예보 등과 정책협의, 정보공유, 공동검사 등을 통해 정책적 협력 조정관계를 유지하고 있다. 금융정책은 산업정책적 이슈를 다루어 위험부담의 촉진을 도모하는 반면, 금융감독은 위험관리 강화를 통한 금융안정을 지향하는 만큼 금융위원회의 금융정책에 대한 고려가 금융감독보다 우선할 가능성이 상존하게 되었다.

그림 11-19 한국의 통합형 금융감독체제

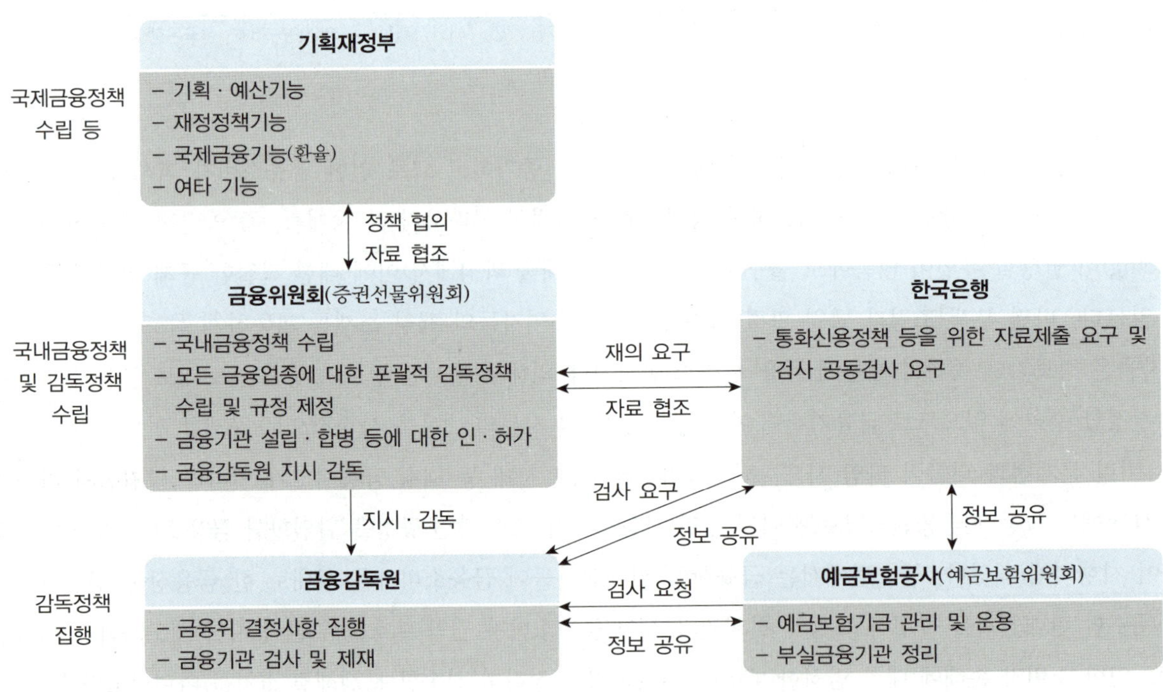

44. 금융위원회는 통합금융감독기구로 금융정책 · 제도 기획, 금융기관 설립 등 진입규제, 금융기관 감독 · 검사 · 제재 등 금융기관 경영 전반에 대한 규제 · 감독 권한을 가지며, 자본시장 감독 · 감시, 금융소비자 보호와 외국환 업무 취급기관에 대한 건전성 감독까지 담당한다. 아울러 금감원에 대한 지도 · 감독권도 갖는다.

45. 기획재정부는 국가발전전략수립, 경제 · 재정정책의 수립 · 조정, 예산의 편성 · 집행, 화폐 · 외환 · 국고 · 정부회계 · 세제 · 국제금융, 공공기관 관리, 경제협력 · 국유재산 · 민간투자 및 국가채무 사무를 담당한다. 금융위에 국내 금융정책에 대한 권한을 이관하였지만 외환과 국제금융정책에 관한 권한은 계속 가지고 있다. 예를 들어 외환 및 국제금융에 관한 정책의 총괄, 외국환거래에 관한 법령 및 제도의 입안 · 기획, 원화의 국제화에 관한 정책의 입안, 국제수지와 외환수급에 관한 정책 수립, 외환시장 정책의 수립, 대외부문 조기 경보체제의 운영, 외화 결제시스템, 금융국제화 관련 외환 및 국제금융에 관한 사항을 담당한다.

금융감독원(금감원)은 금융위원회의 지시 · 감독을 받아 금융감독 업무를 집행하는 공적 민간기구이다. 금융감독원은 미시건전성 정책에 집중하여 개별 금융기관에 대해 건전성 기준을 사전에 제시하고 주기적으로 건전성을 감시하며, 필요한 경우 검사를 실시하여 건전성이 악화된 금융기관에게는 경영개선 명령 등의 적기시정조치를 취한다. 우리나라에서 금융기관 건전성 규제는 개별 금융권역별 규제법(금융지주회사법, 은행법, 자본시장법, 보험업법, 여신전문금융업법 등)에서 정하고 있다.

그림 11-20 금융감독의 지배구조

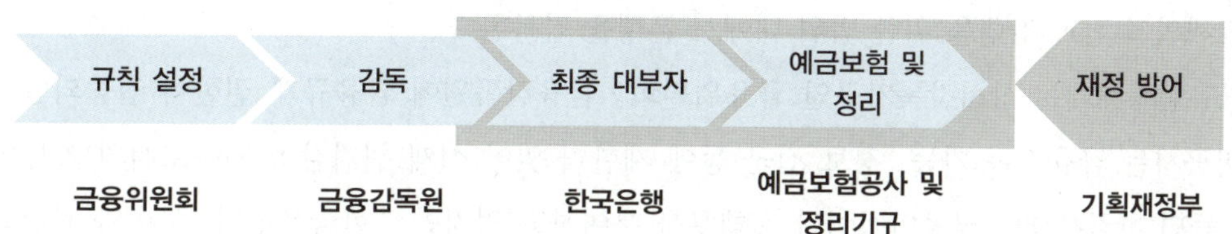

거시건전성 정책 현재 우리나라는 기획재정부, 금융위원회, 한국은행 등이 개별 법률에 따라 기관별로 금융안정을 위한 거시건전성 정책 업무를 수행하고 있다. 전통적으로 금융감독의 궁극적 목적은 개별 금융기관뿐만 아니라 금융시스템의 안정을 도모하는 데 있는 만큼 거시건전성 도구는 금융감독기구에 집중되어 있지만, 기획재정부는 거시경제의 운용과 국제금융정책의 총괄 및 경제정책을 조정하는 업무를 통해 그리고 한국은행은 통화신용정책의 수립과 집행을 통해 물가안정 및 금융안정을 도모함으로써 거시건전성 확보에 기여하고 있다. 주요국은 거시건전성 정책을 집행하기 위한 새로운 규제기관이 설립되었다. 미국의 금융안정감시협의회(Financial Stability Oversight Council ; FSOC), 독일의 금융안정위원회(Financial Stability Committee ; FSC)가 이에 해당하며 우리나라에서 2012년 신설된 거시경제금융회의는 금융안정 유관기관 간 부기관장급 상설 협의기구로 다른 나라의 정책협의체와 유사한 정책을 수행한다. 또한 거시건전성을 점검하고 관계기관 간 정보교환을 하는 데 머물고 법률에 근거한 공식적인 조직으로 컨트롤 타워로서의 지위를 갖지 못하여 책임성에는 한계가 있다.

선진 주요국과 달리 우리나라는 거시건전성 정책 체계의 개편이 본격적으로 추진되지 못하였다. 다만 금융위기 이후 거시건전성의 중요성이 부각되면서 부분적인 제도 개선이 이루어졌다. 2011년 한은법 개정으로 한국은행에 금융안정 책무를 부여하였고 외화유출입 규제로서 선물환포지션 한도, 외국인 채권투자 과세, 외환건전성부담금 제도 등을 도입하였다.

사후적 금융안정

사전적 금융안정 정책에도 불구하고 개별 금융기관의 경영실패나 대외충격이 발생하여 금융시스템의 안정성이 유지되지 못하거나 실물 경제활동이 위축되는 현상, 즉 금융위기가 발생할 수 있다. 금융위기가 발생한 경우 사회 · 경제적 비용을 최소화하기 위해서 위기관리 정책이 수행되어야 한다. 동 정책은 주로 금융위기 발생이 임박한 상황과 그 직후의 사후적 대응에 초점을 맞추는 일련의 조치를 의미한다. 이러한 조치에는 완화적 통화정책, 최종 대부자로서의 긴급유동성 지원, 예금보험제도, 부실금융기관 정리, 공적보증 및 자본확충 지원 등이 있다.

사후적 금융안정은 금융불안정 내지 위기 발생 시 예금보험공사가 금융기관이 파산 등으로 말미암아 예금을 지급할 수 없는 경우 적립한 목표기금 범위 안에서 우선적으로 예금을 대지급하는 예금지급보장 업무를 수행하고 부실금융기관 정리 업무를 수행한다. 예금보험료 부과 대상에는 은행, 투자매매업자, 투자중개업자, 보험회사, 종합금융회사, 상호저축은행 등이 포함된다. 그리고 위기로 이어지면 공적자금의 투입을 포함하여 정부가 위기관리 체제를 가동한다.

우리나라에서 최종대부자 역할을 하는 중앙은행으로서 물가 안정 외에 금융안정의 책무를 수행하는 한국은행이 있다. 한국은행은 최종대부자로서 자금조달 및 운용의 불균형 등으로 유동성이 악화된 금융기관 등에 대해 긴급유동성을 지원할 수 있으며 외환보유액 운용을 통해 외화자금시장의 안정을 도모하고 있다. 한국은행은 통화정책의 수립과 집행을 위한 범위 내에서 은행을 감독한다.

국내 금융감독체계는 상시감독기구인 금융위원회 · 금융감독원에 금융규제 권한이 집중되면서 한국은행과 예금보험공사는 금융감독 기능, 정보 접근 등에 제한이 있어 실제 위기감독 기구로서의 기능이 제한되어 있다. 예를 들면 한국은행에 금융안정이라는 책무를 부여하고 있지만, "한국은행법"에 이와 관련된 세부적인 정책이나 수단들은 명확하게 규정하고 있지 않다.[46] 예금보험공사의 경우에도 부실우려금융기관에 대한 조사 권한이 사실상 이미 부실이 객관적으로 확인된 적기시정조치 대상에 해당하는 경우 등에 한정되어 있다.[47] 금융안정을 위한 정부정책이 효과적으로 수행되기 위해서는 관련기관 간의 협력체제를 구축하면서 금융감독기구의 업무와 기능을 재조정할 필요가 있다.

기획재정부와 금융위원회는 금융부문 안정성에 대한 최종 책임을 가져 시스템 위기 시에 주도적 역할을 한다. 평상시에 기획재정부는 금융 동향을 주시하지만 금융시스템 관련 기관들과 거리를 유지한다. 금융안전망을 구성하는 각 기관이 정치적 영향력으로부터 독립되어 각기 고유의 전문적 역할을 수행하도록 하기 위함이다. 실질적으로 금융위원회가 금융기관 부실 처리에 대한 모든 권한을 가지며, 예금보험공사는 그에 따른 자금의 조달 및 투입과 자금회수에 참여한다. 예금보험공사는 금융기관에 자료요청 권한, 금감위 · 금감원에 금융기관에 대한 검사 및 공동검사 요청 권한, 검사결과 통지요청 권한, 사실 확인을 위한 금융기관 조사 권한 등 제한적인 감독 권한을 가진다. 부실징후 금융기관의 부실 지정과 처리 과정에서 적기시정조치의 경영개선권고에서 영업정지까지의 기간이 지나치게 길어질 경우 예금보험공사의 손실이 확대될 수 있다. 부실징후금융기관을 정상화시키려 강력한 조치를 유보하는 규제유예를 견제할 수 있는 장치가 필요하다.

(2) 우리나라의 금융안정 상황

가계부채 누적으로 디레버리징 압력이 과도

우리나라는 1997년 기업부문의 부실채무로 경제위기를 겪었으나 건전한 가계와 정부가 있었기에 위기를 극복할 수 있었다. 이후에는 기업 부채가 다시 증가하는 가운데 가계와 정부마저 건전성이 약화되고 있다. 명목 GDP 증가세가 둔화되는 가운데 민간신용은 증가세가 커지면서 민간부문의 레버리지 수준을 나타내는

46. 한국은행은 금융감독기관으로서의 지위는 없지만 통화신용정책과 지급결제 업무에 필요한 경우 금융기관에 자료제출을 요구하거나 금감원에 금융기관(공동)검사를 요청할 수 있다. 하지만 예금인출쇄도 등의 금융불안 시 금융기관에 대한 신속한 자금지원을 통해 위기 확산을 조기에 차단하는 최종대부자 기능을 수행하려면 건전성을 감시하는 기능이 필요하다.

47. 예금보험공사는 금융기관의 지급불능 시 예금자를 보호하기 위해 조성한 예금보험기금을 관리한다. 금융기관 부실 시 예금을 대지급하므로 금융기관 건전성을 상시 파악할 필요가 있다. 이에 따라 예보는 금융기관에 자료 제출요구권과 금감원과의 공동검사 요구권을 가진다. 예보는 금융위원회의 포괄적인 지도 · 감독을 받고 있어 독립적 정책기능이 취약하다.

민간신용/명목 GDP[48] 비율이 상승세를 지속하고 있다. 우리나라의 2020년 2/4분기 말(BIS 통계 기준) 민간신용/명목 GDP 비율은 206.9%로 BIS 조사대상국 43개국 중 13위를 기록하고 있다.

기업부채 GDP 대비 기업 부채비율(BIS)은 1988년 63.4%에서 1997년 107.2%로 증가했다. 기업 부실은 결국 은행 부실로 이어져 유례없는 경제위기를 겪게 되었다. 그 이후 이어진 기업 구조조정으로 기업 부채비율이 2005년에는 73.3%까지 낮아졌으나 2020년 2분기에는 108.3%(43개국 중 17위)로 높아져 외환위기 전 수준을 이미 넘어섰다. 주요 국가들의 GDP 대비 기업부채 비율의 평균값과 중앙값이 각각 94.0%와 83.6%이므로 우리의 기업부채 비율은 이미 상대적으로 높은 수준에 올라섰다. 더욱이 기업의 채무상환 능력이 영업이익 감소로 약화되고 있다. 채무상환 능력을 나타내는 이자보상배율, 즉 이자비용 대비 영업이익은 2017년 5.4배(제조업 9.1배)에서 2019년 3.3배(5.0배)로 최근 다소 악화되었다. 2018년 미국과 일본 제조업의 이자보상배율은 각각 3.9배와 13.4배이며, 우리나라 기업들의 1991~1997년 동안의 이자보상비율은 1.2배였다. 2019년 중 이자보상비율이 100% 미만이어서 영업이익으로 이자비용도 감당하지 못하는 기업은 조사대상 기업의 34.1%(2017년 28.3%)까지 높아졌다. 한편 조사대상 기업 중 영업손실을 낸 기업의 비중은 2017년 19.6%, 2018년 21.6%, 2019년 23.4%로 증가하였다.

그림 11-21 한국의 부채 증가(단위 : %, GDP 대비, 2020년은 2분기 기준)

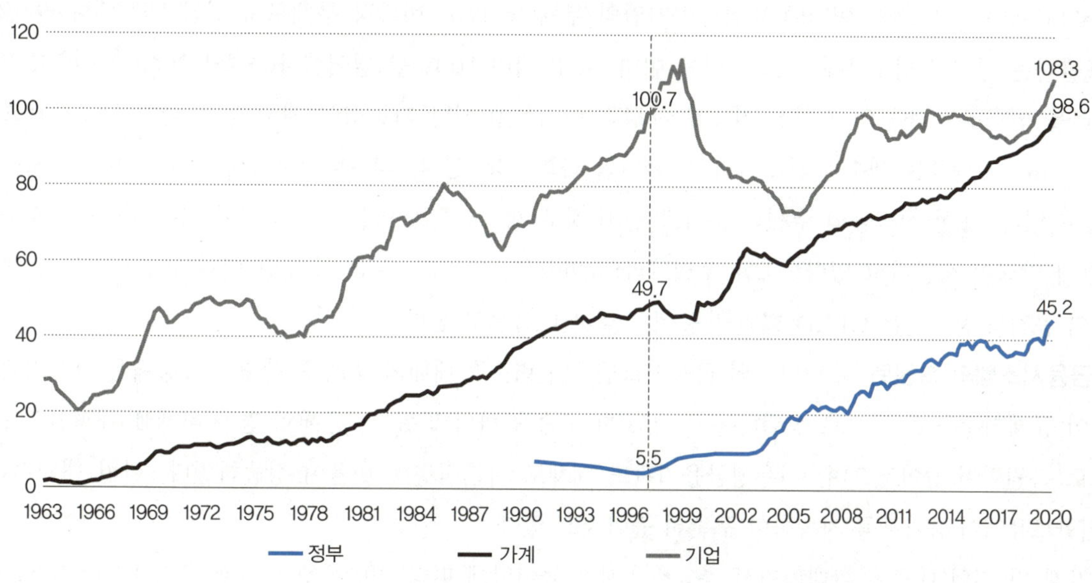

자료 : 국제결제은행

가계부채 한국은 다른 국가들에 비해 가계부채 수준이 높으며 그 증가 속도 또한 상대적으로 빠르다. 2008년 기준 한국의 가계부채 수준은 GDP 대비 74.2%로 서브프라임 당시 미국의 95.9%보다 낮았으나, 2020년 2분기에는 98.6%(43개국 중 7위)까지 높아졌다. 명목 GDP나 개인 가처분소득에 비해 가계신용이 더 빠르게 증가한 결과이다. 다만 높은 신용을 가진 차주의 비중이 늘고 있고, 다중 채무자이면서 저소득(하

48. 바젤은행감독위원회(Basel Committee on Banking Supervision BCBS, 2010, Guidance for national authorities operating the countercyclical capital buffer)는 민간신용을 '가계 및 비금융기업에 공급하는 모든 형태의 채무'로 폭넓게 정의한다. 이에 따라 민간신용 지표는 자금순환통계 기준으로 가계(대출금, 정부융자)와 기업(대출금, 채권, 정부융자) 부채의 합계를 이용한다.

위 30%) 또는 저신용(7~10등급) 계층에 속하는 취약 차주의 비중은 감소하고 있는 것은 고무적이다. 이는 금융당국이 만기 일시상환 대출 방식을 지양하고 비거치 분할상환 대출 방식을 권장하며 모든 주택대출 원리금 상환액과 기타대출 이자상환액을 더한 값을 연간소득으로 나눈 DTI에 이어 총부채원리금 상환비율(Debt Service Ratio ; DSR)을 점차 강화하는 결과물로 판단된다.

정부부채 1997년 외환위기를 겪으면서 정부 부채가 급증하였으며, 2008년 글로벌 경제위기의 여파로 일반정부 기준 정부 부채 수준은 GDP 대비 45%(2020), 공공부문 기준 56.9%(2017, 공공부문 부채 = 일반정부 부채 + 비금융 공기업 부채 – 일반정부 공기업 간 내부거래)까지 높아지고 있다. OECD 국가들의 정부 부채가 110.5% 수준이라는 점을 고려할 때 한국의 국가채무 수준은 상대적으로 양호하다. 질적으로도 잔존 만기 3년 미만인 국가채무 비중이 30.0%, 3~5년 미만 18.1%, 5~10년 25.3%, 10년 이상 26.6%로 만기 구조가 안정적으로 분산되어 있으며, 잔존 만기 1년 미만인 국가채무 비중 또한 감소 추세에 있다. 또한 외국인 보유 국가채무 비중이 2017년 기준 12.5%로 주요 선진국(23.1%, 2016)과 비교할 때 상대적으로 낮다. 또한 IMF(2018)에 따르면 3～4년 정도의 단기 시계에서 정부가 재량적인 재정정책을 펼칠 수 있는 여력을 측정할 때 우리나라는 여력이 상대적으로 높게 평가되고 있다.

그러나 이러한 정부부채 규모는 IMF가 1986년에 제정한 현금주의에 기초하여 중앙 · 지방정부의 회계 · 기금만을 포괄하는 협의의 국가채무 개념을 따른 것으로 IMF의 2014년 기준에 따라 비영리공공기관 부채(2018년 GDP 대비 4.2%), 여기에 비금융공기업의 부채(16.8%), 비확정 부채로서 연금충당 부채(49.6%)[49]까지 포괄하는 광의의 정부부채는 2018년에 이미 GDP 대비 100%를 넘어섰다(조경엽, 2020). 한편 IMF는 우리나라를 인구구조 변화와 저성장 기조로 재정적 어려움에 처할 가능성이 매우 높은 국가로 분류하고 있다(IMF, 2018). 고령화는 세수를 감소시킬 뿐 아니라 사회보장, 연금, 의료비와 관련된 경직적인 정부지출 확대를 낳고 있다. 또한 성장률의 추세적 둔화로 인해 정부 재정정책의 역할이 강조되어 지속적인 정부지출 확대와 감세 압력이 상존하고 있다. 또한 우리나라의 비금융공기업의 부채비율뿐만 아니라 중소기업 등에 대한 정부의 공적보증 수준은 OECD 회원국 중에서 일본 다음으로 높다.

금융시스템의 복원력 우리나라의 금융시스템 복원력, 즉 대내외 충격을 감내하는 능력은 금융기관 자본비율이 규제기준을 큰 폭으로 상회하는 등 양호한 모습을 나타내 왔다. 은행의 경우 바젤Ⅲ 개편안의 조기도입으로 복원력이 높아졌으며, 비은행금융기관도 대체로 자본적정성 비율이 상승하였다. 한편 대외지급능력은 외환보유액이 증가세를 지속하여 꾸준히 높아지고 있다.

가계 및 기업 대출이 확대되면서 총익스포저가 늘어남에 따라 일반은행의 레버리지 비율(총익스포저를 기준으로 산출하는 기본자본비율)은 증가했지만 모든 은행이 규제기준(3%)을 많이 웃돌고 있다. 아울러 위험가중자산에 기반한 최저자기자본, 즉 바젤 Ⅲ 총자본비율이 규제 기준(10.5%, D-SIB2) 11.5%, 인터넷 전문은행(8.625%)을 크게 상회하여 자본적성성을 보이고 있고, 예상손실에 대한 흡수능력을 나타내는 대손충당금적립비율도 마찬가지다. 유동성 커버리지 비율은 부침이 있지만 모든 은행이 규제기준을 상회하고 있다. 또한 장기적 측면에서 은행 자금조달 구조의 안정성을 나타내는 순안정자금조달 비율도 모든 은행들이 규제기준(100%)을 충족하고 있다. 바젤Ⅲ 규제는 아니나 스트레스 상황하에서도 기업에 외화를 안정적으로 공급할

---

49. 비금융공기업은 정부의 국책사업을 대신하는 경우가 많아 국민세금에 의한 보전가능성을 배제하기 어렵다. 연금충당부채는 군인 연금과 공무원 연금과 관련되는데 정부는 특수직에 대한 보상차원에서 연금을 덜 내고 더 받는 구조로 설계되어 매년 적자를 국민세금으로 보존하고 있다.

수 있도록 2017년부터 공식 규제로 도입된 외화 LCR은 수출입은행, 인터넷 전문은행 그리고 외화부채가 소규모인 일부 지방은행(광주은행, 제주은행)을 제외한 대부분의 국내은행에 적용되며, 규제 비율은 2017년 이후 단계적으로 상향 조정되어 2019년 최종 규제기준(일반은행 80%)에 도달하였다.

대외지급능력 우리나라의 대외지급능력은 안정적인 모습을 보였다. 우리나라는 2020년 3/4분기 말 4,614억 달러의 순대외채권(대외채권 – 대외채무)을 보유하고 있고 명목 GDP 대비 대외채무 비율은 2020년 3/4분기 말 31.8%이며, 대외채무 대비 단기외채 비중은 28.2%이지만 대외채권 대비 단기채권 비중은 60.4%이다. 한편 2021년 5월 말 기준 우리나라 외환보유액은 4,564.6억 달러로, 규모 면에서 중국, 일본, 스위스, 러시아, 인도, 대만, 홍콩에 이어 세계 8위 수준이며, 2020년 말 외환보유액 대비 단기외채 비율은 36.0%이다.

[참고문헌]

류근옥(2005. 9), 「산업자본(보험)의 은행소유 제한 정책의 타당성 검증」, 『보험개발연구』, 제16권 제2호, p.132.

문우식(2018), 『통화정책론』, 율곡출판사.

양원근(2005), 「은행대형화가 중소기업 여신에 미친 영향」, 『기은조사』, 2005년 겨울호.

이병윤(2007), 「해외사례 분석을 통한 은행 지배구조 개선방안」, 한국금융연구원.

이태규(2017), 「벤처캐피털 국내외 비교 및 평가와 정책적 시사점」, *KERI Brief*, 한국경제연구원.

정대영(2011), 『한국 경제의 미필적 고의』, 한울.

정승일(2005), 「기술혁신 친화적인 기업지배구조와 금융시스템의 한국적 형태」, 과학기술정책연구원.

정운찬 · 김홍범(2018), 『화폐와 금융시장』 제5판, 율곡출판사.

정형권 · 강종구(2008), 「은행 대형화 및 시장집중도 상승이 은행 효율성에 미친 영향」, 『한국금융산업에 대한 진단과 과제』, 한국은행.

조경엽(2020).

Arora, R. U.(2010), "Measuring Financial Access," *Working Paper*, No.2010-07, Griffith University.

Barth, J. R., Caprio, G., Jr. and Levine, R.(2000), "Banking Systems around the Globe : Do Regulation and Ownership Affect the Performance and Stability?," *Policy Research Working Paper*, No. 2325, World Bank.

Calder, Kent E.(1993), *Strategic Capitalism : Private Business and Public Purpose in Japanese Industrial Finance*, Princeton University Press.

Carlin, W. and C. Mayer(2003), "Finance, investment, and growth," *Journal of Financial Economics* 69(1).

Cecchetti, S, M Mohanty and F. Zampolli(2011), "The future of public debt : prospects and implications," in S Gokarn(ed), Challenges to Central Banking in the Context of the Financial Crisis, Academic Foundation.

Dermine, Jean. ed.(1990), "European Banking After 1992," Basil Blackwell.

Gischer, H., P. Reichling and M. Stiele(2007), "Germany's three-pillar banking system from a corporate governance perspective," Chapter 11 in *Corporate Governance in Banking*, Edward Elgar Publishing.

Herring, Richard J. and A. M. Santomero(1990), "The Corporate Structure of Financial Conglomerates," *Journal of Financial Services Research*, December 1990.

Hubbard, R. Glenn and O'Brien, A. Patrick(2018), *Money, Banking, and the Financial System*, Third edition, Pearson.

Kindleberger, Charles P.(1984), *A Financial History of Western Europe*, Routledge.

Klapper et al.(2015), "Financial Literacy Around the World," World Bank Development Research Group.

La Porta, R., F. Lopez-de-Silanes, A. Shleifer, and R. W. Vishny(2000), "Agency Problems and

Dividend Policies around the World," *The Journal of Finance*, 55(1).

Minsky, Hyman P.(1992), "The Financial Instability Hypothesis".

Mishkin, Frederic S.(2010), *The Economics of Money, Banking and Financial Markets*, Pearson Harlow.

Reinhart, C. M. and K. S. Rogoff(2009), "The Aftermath of Financial Crises," *The American Economic Review*, 99(2).

Rudolf Faltermeier(2013), "The German Banking System," TU Munich Business School.

Saunders, Anthony and Ingo Walter eds(1996), *Universal Banking in the United States*, Irwin Professional.

Storchi, Silvia and Susan Johnson(2016), "Financial capability for wellbeing : An alternative perspective from the capability approach," Bath Papers in International Development and Wellbeing, No : 44/2016, Centre for Development Studies, University of Bath.

Svirydzenka, K.(2016), "Introducing a New Broad-based Index of Financial Development," IMF WP/16/5.

Tylecote, Andrew and F. Visintin(2008), *Corporate Governance, Finance and the Technological Advantage of Nations*, Routledge.

Woolley, Paul and Dimitri Vayanos(2012), "Taming the finance monster," *Central Banking Journal*, December, 2012 Issue.

World Bank(2008), *Finance for All : Policies and Pitfalls in Expanding Access*.

Zysman(1983), *Governments, Markets, and Growth*, Cornell University Press.

제12장 금융 글로벌화와 대응

1. 이론적 배경과 세계 경제 | 2. 한국의 금융 글로벌화와 도전

국제금융을 통한 각국 금융시장의 통합은 국내금융이 제공하는 혜택을 글로벌하게 실현되게 한다. 자국을 벗어나 전 세계에 걸쳐 보다 광범위한 위험 분산이 가능해지고 일시적 재해나 침체를 극복하기 위한 도움(차입)을 구할 수 있으며, 국내저축 부족을 극복하여 투자와 혁신 그리고 경제성장이 촉진된다. 또한 정책당국이 국내 금융시장을 왜곡하거나 금융규제가 미흡하거나 과도한 차입에 나서는 등 불건전한 정책을 사용할 경우 자본유출과 이자율 상승이 촉발되어 이를 규율한다. 하지만 국제금융이 주는 혜택은 불평등하여 승자와 패자를 낳을 수 있으며, 때때로 국제금융의 위기는 모두를 패자로 만들 수 있다. 국제 금융거래 역시 국내금융에서와 같이 상대방이 계약을 준수하리라는 기대에 기반하지만, 다수의 주권 국가가 관련되므로 감시나 계약 강제가 한층 어렵다. 더욱이 국제 금융위기가 발생할 경우, 이에 대응할 최종 대부자(초국가기구)가 없기 때문에 국내 위기보다 그 대응은 더 어렵다. 개발도상국이 국제신용평가에 유념하듯이 국제 자본시장은 각국의 국내 경제정책을 제약하기까지 한다.

제1절에서는 금융 글로벌화의 추이를 검토하고 국제금융과 경제발전의 관계를 소비 안정화와 위험 분산 그리고 투자촉진 효과로 나누어 살펴본다. 국제 자본이동은 국내금융의 시장실패에서처럼 독과점, 불완전 정보와 그에 따른 역선택과 도덕적 위험, 외부효과 문제에 노출되어 있다. 따라서 금융 글로벌화의 긍정적 효과는 제한되며 각국에서 기업의 단기 실적주의와 불평등을 심화시킬 수 있다. 특히 금융 글로벌화는 금융불안이나 금융위기와 종종 관련된다. 따라서 금융 글로벌화의 긍정적 효과를 극대화하기 위해서 적절한 제도와 거시경제 정책이 필요하다.

제2절에서는 한국의 금융 글로벌화 추이와 현황을 살펴보고 금융안정과 환율안정을 위한 정책적 노력을 검토한다. 우리나라에서 국제금융은 순차적으로 확대되어 1990년대 중반까지 무역 확대와 개방압력에 대응하여 점진적으로 경상거래에 대한 규제를 완화하는 가운데 국제수지 사정에 따라 자본거래의 규제와 완화가 반복되었다. 이후 외환위기를 겪으면서 금융개방이 급진전되고 그에 비례하여 금융안정을 위한 노력도 병행되고 있다. 하지만 금융기관의 해외 진출은 아직 부진하며 원화의 국제화도 미흡하다. 금융의 글로벌 통합과 안정을 위해 아시아 역내에서의 금융협력을 이어가고 있지만 아직은 그 성과가 제한적이다.

1. 이론적 배경과 세계 경제

1.1 국제금융과 금융통합

국제금융과 그 구조

국제금융은 국경을 넘나드는 금융 활동으로 지급결제와 자금의 대차 그리고 위험관리가 국경을 넘나들며 이루어지는 것이다. 국제 금융시장은 국제 화폐시장과 국제 자본시장으로 나누어지는데, 전자는 각국의 화폐가 교환되는 외환시장을 말한다.

국제 자본이동은 금융기관을 통한 이동과 주식이나 채권이 거래되는 자본시장을 통한 이동으로 대별되는데, 국제수지표(Balance of Payments ; BOP)의 금융계정을 통해 그 규모를 파악할 수 있다. 금융계정은 직접투자, 증권투자, 기타투자, 준비자산 거래로 나누어진다. 직접투자는 외국에 있는 기업에의 영속적 경영 참여를 위한 대외투자로서 최초의 지분거래뿐만 아니라 자금대여도 포함한다. 증권투자는 경영 참여보다는 차익을 목적으로 하는 주식, 채권, 파생금융상품 거래를 나타낸다. 직접투자와 증권투자에 포함되지 않는 외국과의 모든 금융거래를 기타 투자라 불리는데, 이에는 대출 및 차입, 외상 수출입에 따른 무역신용, 현금과 예금 등의 금융거래가 기록된다. 정부가 외환시장에 개입하여 외국금융자산을 매입, 매도할 경우 준비자산이라는 항목으로 분리하여 기록하는데, 이 경우 중앙은행의 준비자산 수준이 변화한다. 자본거래는 유무형의 고정자산의 매매, 채무면제 등을 포함한다.[1] 국내 거주자와 외국인이 금융거래를 하고 나면 국내 거주자의 대외 금융자산과 부채에 변화가 생기는데, 국제투자대조표(International Investment Position ; IIP)는 한 나라가 보유하

그림 12-1 국제투자대조표(IIP)와 국제수지표(BOP)의 관계

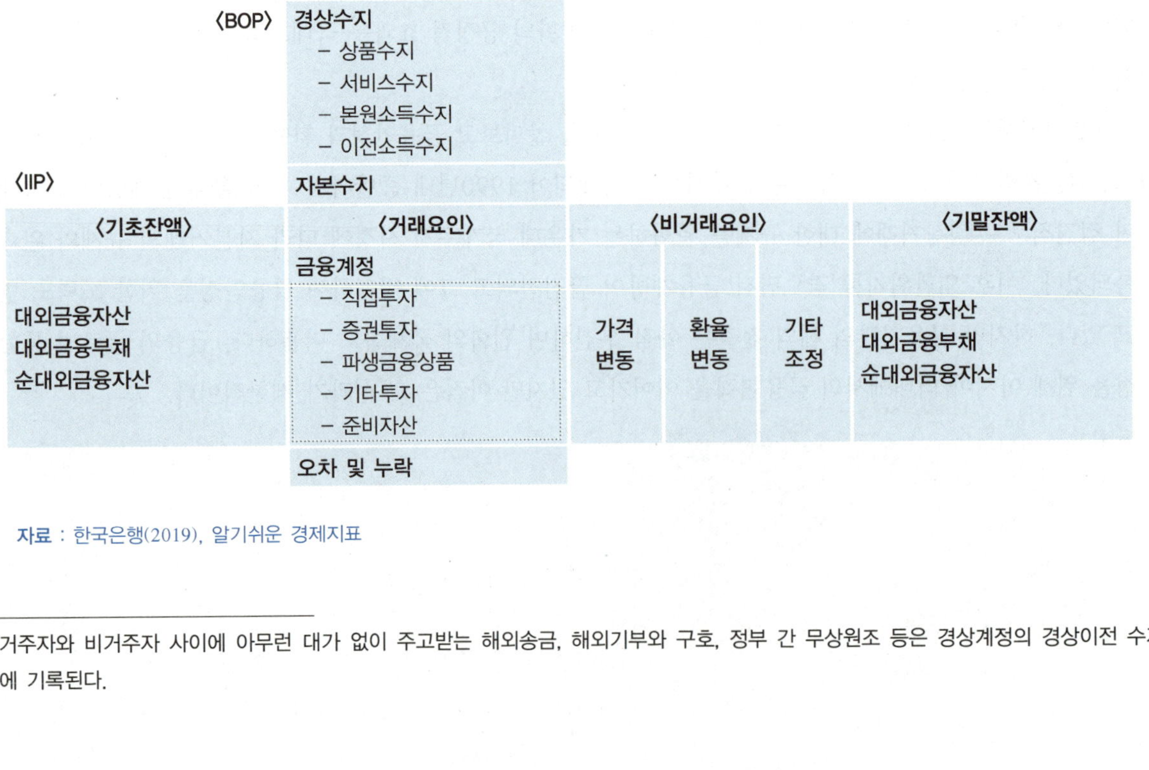

〈BOP〉

경상수지
- 상품수지
- 서비스수지
- 본원소득수지
- 이전소득수지

자본수지

〈IIP〉

〈기초잔액〉	〈거래요인〉	〈비거래요인〉			〈기말잔액〉
대외금융자산 대외금융부채 순대외금융자산	금융계정 - 직접투자 - 증권투자 - 파생금융상품 - 기타투자 - 준비자산	가격 변동	환율 변동	기타 조정	대외금융자산 대외금융부채 순대외금융자산
	오차 및 누락				

자료 : 한국은행(2019), 알기쉬운 경제지표

1. 거주자와 비거주자 사이에 아무런 대가 없이 주고받는 해외송금, 해외기부와 구호, 정부 간 무상원조 등은 경상계정의 경상이전 수지에 기록된다.

고 있는 대외 자산 · 부채의 규모 및 그 변화를 나타내며, 그 항목은 국제수지표의 금융계정과 일치한다. 다만 IIP는 BOP에 기록되는 경제적 거래뿐만 아니라 자산가격이나 환율의 변화에 따른 변화도 포함한다. 대외자산과 관련된 자료를 이용하여 한 나라가 다른 나라에 대해 채권국인지 아니면 채무국인지의 여부를 판단할 수 있다. 한 나라의 대외 금융자산은 그 국가가 소유한 외국 자산을 의미하며, 대외 채무는 외국이 소유한 그 국가의 자산을 의미한다. 따라서 대외자산 규모가 양(+)의 값을 나타내는 경우 채권국, 음(−)의 값을 나타내는 경우 채무국이라 한다. 국제투자대조표에서 직접투자, 주식투자, 파생금융상품을 제외하면 대외 채권채무 통계를 구할 수 있다.

국제 금융시장의 참가자는 국내금융과 마찬가지로 자금부족(차입자) 그룹, 중개기관, 자금잉여(투자자) 그룹으로 나누어 볼 수 있다. 차입자 그룹 중 정부는 재정적자 조달을 위해, 기업들은 무역금융과 더불어 낮은 이자율로 외국자본을 조달하기 위해 국제 금융시장에 참가한다. 투자자들은 무역 흑자국(1970년대 중동국가와 1980년대 일본 등)이나 부국의 연금기관, 상호기금, 보험회사를 중심으로 국제적인 자산운용을 하고 있다. 국제상업은행, 국제투자은행, 딜러 및 브로커 기관 등의 금융기관은 차입자와 투자자를 연결하고 있다. 국제상업은행은 주로 대출과 예금을 취급해 자금중개기능을 수행하고 국제투자은행은 주식과 채권의 발행과 유통을 중개하며, 딜러 및 브로커 기관은 전용 통신망을 통해 다수의 금융기관과 다국적기업과 접촉해 국제 금융거래를 원활히 성립시키는 역할을 담당하고 있다.

금융 글로벌화와 금융 통합

금융 글로벌화는 각국의 개인과 기업이 전 세계의 금융시스템에 참여하여 금융거래를 수행하는 것이다. 금융의 완전한 글로벌화가 이루어진 세계에서는 금융 서비스가 국적과 무관하게 전 세계적으로 제공 · 이용된다. 금융 글로벌화가 이루어지기 위해서 금융 자유화가 달성되어야 하며, 금융 글로벌화는 금융통합으로 이어진다.

금융통합은 금융개방의 결과로 각국의 경제 주체들이 다른 나라의 금융산업에 자유롭게 접근하고 각종 금융기관과 금융시장이 제공하는 서비스를 활용할 수 있게 되며 그에 따라 결과적으로 금융자산이 세계 어디서나 동일한 가격으로 거래되는 상황을 말한다. 금융 글로벌화에 따른 금융통합은 가격 지표(각국 이자율의 격차)나 양적 지표(GDP 대비 대외자산 · 채무의 비중, Lane and Milesi-Ferretti, 2007)로 파악하며, 종종 자본통제 수준으로 평가되기도 한다. 양적 지표는 금융 글로벌화의 시간적 추이를 파악하는 데 도움이 된다.

금융 개방 또는 금융 자유화란 국가 간 자본이동의 제도상 통제 · 제한을 감소시키는 것으로 금융산업 개방과 금융계정의 자유화(외환 자유화)로 구성된다. 금융 개방에 이렇게 두 측면이 있는 것은 재화와 달리 생산과 소비가 분리되기 어려운 금융 서비스의 성격 때문이다. 재화의 경우 무역장벽은 관세 등 국경 간 조치의 완화를 통해 해소되지만, 금융 서비스는 외환거래 자유화라는 국경 간 조치보다는 국내 금융시장 진입에 제한을 두는 국내조치를 통해 무역장벽이 생겨나므로 국내조치의 완화를 요구한다.

- 금융산업 개방은 국경에 구애받지 않고 금융 서비스를 이용하는 것으로 외국인의 국내 금융시장 참여를 허용하거나 내국인이 대외 금융시장에 참여하도록 허용하는 것이다.[2] 외국의 금융 서비스를 이용하

2. 한편 금융자유화(financial liberalization)는 금융억압(financial repression)에 반대되는 개념으로 통상 대내적으로 금융분야에 대한 규제나 제약을 완화하는 것을 의미한다.

는 방법에는 국경 간 공급, 해외소비, 상업적 주재, 자연인의 주재가 포함된다. 하지만 통상적으로 금융시장을 개방하면 해외 금융기관들이 국내에서 영업활동을 할 수 있도록 허용하거나 내국인이 해외시장에서 금융상품을 구매할 수 있도록 허용하는 것을 의미한다.

- 외환 (거래의) 자유화는 한 나라의 거주자와 다른 나라의 비거주자 간의 금융거래에서 자국 통화와 외환의 이동 또는 유출입을 자유롭게 하는 것을 말한다. 특히 자국 통화의 이동 자유화는 통화의 국제화를 의미한다. 국제수지를 기준으로 경상거래의 자유화와 자본(거래) 자유화로 나누어진다. 자본 자유화는 외환의 유출입을 자유화하는 것과 자국 통화의 유출입을 자유화하는 것으로 나뉘며, 후자는 통화 국제화라 블린다. 신흥국의 경우 통화 국제화는 거의 이루어지지 못하고 있다. 자본 자유화는 비거주자의 국내투자(직접투자, 증권투자 순), 거주자의 해외투자 순으로 추진되며, 비거주자의 국내 투자는 직접투자, 증권투자 등의 순으로 이루어진다.

금융 글로벌화와 금융통합의 추이

국제금융은 중세 이탈리아의 머천트 뱅크에서 그 유래를 찾을 수 있다. 교역로 부근에 금융 및 교역을 위한 시설을 보유한 머천트 뱅크들은 해외 송금과 지급결제를 담당했고 무역에도 직접 참여하였다. 국제 금융거래의 중심지는 각 지역의 성쇠와 더불어 계속 바뀌어 지중해 지역(13~15세기의 메디치), 네덜란드 및 벨기에 지역(15~17세기의 앤트워크, 리옹, 암스테르담)을 거쳐 프랑스와 영국(18~19세기의 파리와 런던)으로 옮겨갔다. 산업혁명과 더불어 런던이 국제금융의 중심지로 자리 잡았고 유럽 은행들은 식민지 개척을 따라 지점망을 늘려나갔다. 제1차 세계대전 이후에 미국의 뉴욕이 부상하며 런던을 대신해 세계 제일의 국제금융센터로 부상하였으며, 미국 은행들은 해외로 진출했다.

역사적으로 금융 글로벌화는 최근의 현상만은 아니지만, 현재 이루어지고 있는 금융 글로벌화의 깊이와 범위는 전례가 없다. 자본흐름은 오랫동안 존재해 왔고, 일부에서는 약 100년 전의 자본이동 규모는 현재와 비교할 만한 수준이었다고 주장한다. 그러나 당시에는 소수의 국가와 부문만이 금융 글로벌화에 참여했다. 자본 흐름은 주로 이민을 따랐으며 무역 흐름을 지원하는 방향으로 이루어졌다. 대부분의 경우 자본 흐름은 채권의 형태를 취했으며 장기적 속성을 가졌다. 국제투자는 소수의 독립 기업이 지배하였고 금융중개는 소수의 가족집단에 집중되었다. 국제통화제도는 통화제도가 금보유에 의존하는 금본위가 지배하였다.

제1차 세계대전, 대공황, 제2차 세계대전이 연이어 금융 글로벌화에 큰 충격을 주었고, 무역 위축과 외채 위기는 국제금융을 쇠락시켰다. 특히 각국 정부는 통화정책의 자율성을 회복하기 위해 자본 통제를 실시하며 금융 글로벌화를 반전시켰다. 결국 자본이동은 1950~1960년대에 역사적으로 낮은 수준을 보였다. 국제통화제도는 고정되지만 조정 가능한 환율제, 자본이동 규제, 자율적 통화정책을 가진 브레턴우즈 체제에 의해 규율되었다. 1970년대는 오일 충격과 브레턴우즈 체제의 붕괴로 국제금융제도와 글로벌화에 있어 새로운 시대가 시작되었다.

유가 급등에 따른 중동 산유국의 자금 축적에 힘입어 국제은행은 개도국에 공격적인 신규 투자를 할 수 있었다. 이들의 자금은 신디케이트대출 형태로 국가채무 조달에 주로 사용되었다. 한편 고정환율제의 브레턴우즈 제도가 해체되면서 각국은 자본이동을 허용하는 동시에 통화정책의 자율성을 회복하였다. 1970년대와 1980년대 초 개도국으로의 자본유입은 결국 미국이 주도했던 전 세계적인 금리 상승을 배경으로 1982년 멕시코에서 시작된 외채위기를 낳았다. 1980년대 외채위기 해결책으로 기존 대출이 채권으로 전환되면서 신흥

경제를 대상으로 한 국제채권시장이 발전하였다. 아울러 규제완화, 민영화, 기술진보를 배경으로 개도국에 대한 FDI와 주식투자가 선진국의 관심을 끌었다. 1990년대는 개도국으로의 FDI와 포트폴리오 투자 붐이 생겨났다.

1970년대 이후 금융통합은 날로 확대되어 왔다. 즉, 세계 전체의 GDP 대비 대외자산·부채 규모는 1970년 66%, 1980년 73%, 1990년 132%로 증가한 뒤 2009년에는 360%로 급증하였다. 이후 금융 글로벌화는 2011년 341% 수준으로 위축한 뒤 등락을 반복하고 있다. [그림 12-2]는 세계 GDP 대비 대외자산의 추이를 보여주고 있다.

글로벌 금융통합은 선진국과 개발도상국 간에 서로 다른 추이를 보여 왔다. 대외자산부채 비율로 볼 때 선진국(437%, 2011)이 개발도상국(109%)보다 금융통합이 더 진행되었다. 특히 선진국은 지속적 확대세를 이어왔지만, 개도국은 금융통합과 (위기로 인한) 반전을 번갈아 경험했다. 선진국의 경우 금융통합은 주로 FDI나 주식보다는 채권 중심으로 진행되었다. 한편 개발도상국의 경우에도 역사적으로 가장 중요한 형태는 채권이며 FDI가 그 뒤를 잇는데, 1990년대 이후에는 채권 비중이 감소하고 대신 FDI 비중이 늘고 있다.

그림 12-2 세계 GDP 대비 대외자산 비율

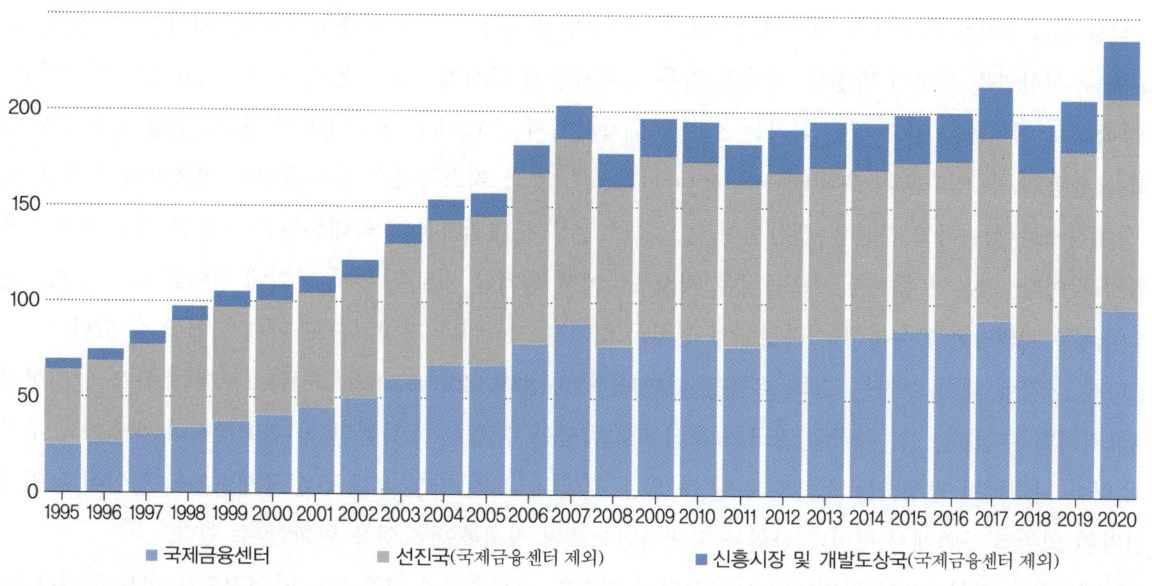

자료 : Gian Maria Milesi-Ferretti(2021. 12) "The external wealth of nations 1970-2020: December 2021 update" Brookings ; Philip R. Lane & Gian Maria Milesi-Ferretti(2018), "The External Wealth of Nations Revisited," IMF Economic Review volume 66

대외 자산부채의 구성은 금융 글로벌화의 추이나 대외적 위험노출을 이해하는 데 도움을 준다. 특히 개발도상국에서의 대외자산과 부채의 두드러진 변화는 보다 안전한 금융통합 형태로의 이동에 있다. 부채 측면에서 주식투자가 증가하고 채권은 감소한 반면 자산 측면에서는 막대한 외환보유고를 축적하였다. 이로 말미암아 개발도상국은 채권에서 순채권자가 되었고 대신 주식에서는 순채무자가 되었다. 이는 채권에서 거대한 순채무자 위치를 가졌던 1990년대에 비해 더 안전한 상태임을 말해준다. 개발도상국의 외환 표시 채무는 그 규모가 일정하더라도 국내통화가 절하될 경우 국내통화 표시 채무는 증가하기 때문이다. 물론 외환보유고를 보유할 경우 국내통화 절하는 자산가치 증가를 낳는다.[3] 더욱이 대규모 외환보유고는 외환위기와 은행위기를 억제하는 데 유용하다. 결과적으로 과거에 비해 통화가치나 자산가치 하락이 발생해도 금융충격에 보다 잘 버틸 수 있게 변화한 것이다.

1.2 금융 글로벌화의 효과와 한계

1) 금융 글로벌화와 경제발전

경제적 충격으로 국내금융 상황이 악화되더라도 각국은 국제금융시장을 활용함으로써 소비를 안정적으로 유지하고 투자를 효율적 수준에서 유지할 수 있다. 이에 따라 개방된 각국은 국내 금융여건에 제약받지 않고 국민의 후생 수준을 유지하고 경제성장을 가속화시킬 수 있다. 각국은 자국의 경제활동 수준의 끊임없는 부침 속에서도 국제적 차입과 대부에 의존하여 안정적 소비를 유지[소비평탄화(consumption smoothing)]할 뿐만 아니라 일시적 소비 증가에 효과적으로 대처하도록 한다. 재해로 인한 생산 감소나 전쟁으로 인한 일시적 소비 증가를 경험하는 국가는 국제차입을 통해 대처한다.

금융 글로벌화는 각국에서 나타나는 새로운 투자와 생산의 기회를 창출하는 데도 기여할 수 있다. 천연자원이나 신산업을 새로이 발견한 국가의 경우 국제차입에 나서게 된다. 높은 자본수익률에도 불구하고 저축 부족으로 어려움을 겪고 있는 국가는 소비를 위축시키지 않고 대신 국외에서의 자본조달을 함으로써 투자기회를 활용할 수 있다[투자 촉진(investment promotion)]. 결국 저소득국은 산업발전이 미흡하여 그만큼 자본이 상대적으로 희귀하고 자본의 생산성이 높으므로 정부가 대외자본의 국내유입을 허용할 경우 외국자본이 유입될 것이다. 자본이 풍부한 고소득국은 저소득국에서 생겨난 새로운 투자 기회에 참여할 수도 있다. 한편 저소득국은 대외자본을 유치하는 과정에서 선진국의 기술 지식이나 경영기술도 함께 도입할 수 있다.

다른 국가에 대한 투자는 소득 흐름을 다변화[위험다변화(risk diversification)]함으로써 소득을 안정화시키는 데 기여할 수 있다. 즉, 각국은 자국의 생산에서 발생할 수 있는 소득뿐만 아니라 주식과 채권에의 투자를 통해 다른 나라에서 발생하는 소득도 누릴 수 있는 것이다. 특히 자본 부족국은 국제자본에 힘입어 농업이나 자연자원 의존적 산업에서 벗어나 산업을 다변화함으로써 경제불안 요인을 완화할 수 있다.

국제금융은 차입국이나 차입기업을 규율하여 건전한 정책운영과 효율적인 기업경영을 하도록 규율을 제공한다. 즉, 금융개방은 국내 금융산업의 발전, 법 · 제도 개선, 거시경제 운영에 대한 규율의 강화로 이어지는 간접적 효과를 낳기도 한다. 이들은 다양한 왜곡을 해소하여 금융중개나 기술수용에 있어 효율성을 높일 것이다. 특히 독과점적으로 운영되던 금융시장에서 경쟁과 혁신이 촉진될 수 있다. 실제로 금융 통합과 생산성 증가 간에는 양의 상관관계가 존재한다.

여기서 금융산업의 발전이란 은행 산업과 주식 시장의 규모 그리고 감독과 규제의 수준을 말하는데, 외국 은행의 출현은 금융 서비스의 질과 금융중개의 효율성을 높이고 외국인의 주식투자는 주식시장의 유동성과 효율성을 높이게 된다. 또한 외국인 투자자들의 요구로 인해 기업지배구조를 비롯한 다양한 제도적 개선으로 이어지게 된다. 한편 자본자유화는 정책실패의 비용을 높임으로써 거시경제적 규율을 강화하도록 한다.

3. 한편 주식 형태의 순채무는 주가 하락 시 대외부채를 감소시킨다.

특히 금융 개방도가 높은 국가일수록 통화정책은 낮은 인플레이션을 달성하는 것으로 나타난다. 이러한 모든 요인들은 결과적으로 금융통합이 생산성의 향상으로 이어지는 메커니즘으로 작용하도록 한다.

그림 12-3 글로벌화와 금융통합의 경제적 효과

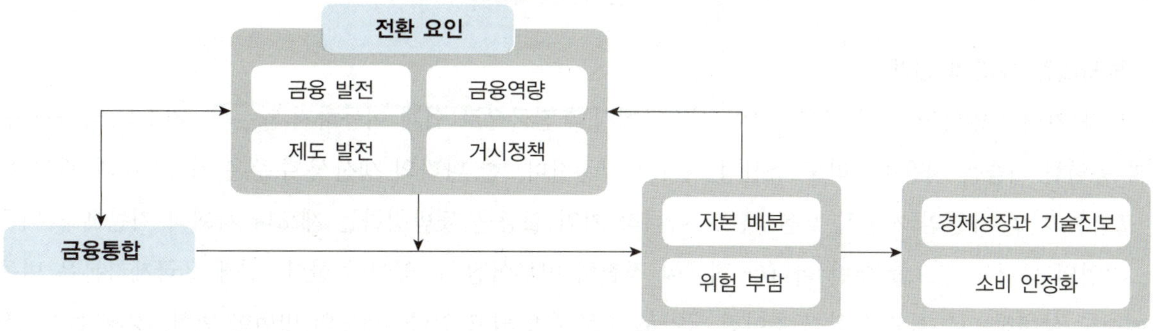

자료 : Kose, Prasad, Rogoff, and Wei(2006, 2007).

2) 금융 글로벌화의 한계와 금융위기

국제 자본이동은 국내 금융에서처럼 독과점, 불완전 정보와 그에 따른 역선택 및 도덕적 위험, 외부효과 문제에 노출되어 있다. 결과적으로 선진국의 경우 저리로 자금을 차입하고 고리로 자금을 대출하는 것이 일반적이지만, 개도국은 국가 위험 때문에 국제 금융시장에서 자금을 차입하기도 쉽지 않으며, 차입이 이루어지더라도 높은 금리를 부담해야 하는 경우가 흔하다. 대외채무가 일정 한도를 넘어서거나 국제금융 시장이 경색할 경우 신규 자금유입이 급작스럽게 중단(sudden stop)되는 것은 물론 기존 대출금을 회수하기까지 한다. 이 경우 단기적으로 국내투자가 위축되고 성장 잠재력에 영향을 미쳐 소비 역시 감축이 요구된다. 또한 금융시장의 글로벌화에 제동이 걸리면서 금융시장에서는 불안 요인이 확산되어 혼란을 겪고 위기가 생겨나 결국 채무 불이행 사태로까지 진행된다. 또한 국제 자본이동은 투자자의 비합리적 행동과 정책당국의 정책운영 방식에도 영향을 받는다. 금융시장에서 형성되는 가격은 종종 합리적 투자자들보다 과도한 차입에 의존하는 투기자들에 의해 지배될 수 있고 비효율적 균형과 다중균형을 보일 수 있다. 결과적으로 국제금융의 소비 평탄화나 투자촉진 효과는 미약하며 경제성장 효과는 제한적인 반면 경제 불안정을 높이고 때때로 위기를 낳기도 한다.

(1) 금융 글로벌화 효과의 제한

제한적인 경제 안정화

비대칭 정보로 말미암은 금융시장 실패 때문에 소비 변동성의 완화가 충분히 이루어지지 못할 수 있다. 특히 금융 글로벌화가 소비를 안정화시키는 것은 선진국으로 국한된다. 저소득국의 경우 대부분의 개인이나 기업들은 금융 저발전에 따른 신용경색으로 국제금융은 물론 국내금융의 이용도 쉽지 않다. 금융개방을 진행하는 신흥경제에서도 건전성과 규제 문제로 인해 개인이나 기업이 자유롭게 금융시장을 이용할 수 없는 경우가 대부분이다. 이처럼 저소득 국가의 경우 신용경색이 관찰되고 급기야 자본유입이 급작스럽게 중단되는 경우가 나타난다. 대규모 자본유입을 경험한 개도국에서 소비는 오히려 그 변동성이 확대되었다. 자본유입은 불황기보다 호황기에 더 커지는 경향을 보였다. 저소득국에서는 필요한 해외자금을 적시에 차입할 수 없는 상황에 대비하여 대외자산을 사전에 비축하려는 현상이 나타나고 있다. 중앙은행은 외환보유고 적립규모를 계속 늘려가고 있으며, 정부 소유의 자산관리회사로 국부펀드(sovereign wealth funds)도 증가하고 있다.

투자촉진 효과의 한계

투자 기회가 많다고 하여 국제자본이 선진국에서 후진국으로 쉽게 이동하지 않는다. 저소득 국가가 선진국과 동일한 기술을 사용하더라도 생산성 격차가 상존한다. 한 나라의 생산성 수준은 기술수준과 관리 능력를 포함한 기업 차원의 기술적 효율성뿐만 아니라 기업 활동을 뒷받침하는 제도나 사회적 기반에도 의존한다. 기업의 능력이 필요할 뿐만 아니라 집행이 적절히 이루어질 수 있어야 한다. 실제로 국제자본은 빈곤국 중에서도 상대적으로 제도가 잘 갖추어진 국가로 주로 유입되고 있다. 제도의 빈번한 변화, 강제 몰수, 정치적 위험 등에 대한 보상[위험할증(risk premium)]이 요구되면 자본 이동이 억제되며, 그 요구가 지나치면 자본은 거꾸로, 즉 개발도상국에서 선진국으로 이동할 수 있다(Feenstra and Taylor. 2016).

국제투자가 증가해도 문제가 된다. 독과점과 정보 비대칭성 그리고 일관성이 없는 거시경제정책이 낳는 왜곡은 금융 글로벌화의 성장촉진 효과를 방해하고 부정적 효과를 증폭시킨다. 예를 들어 국제자본은 무역장벽으로 보호되는 산업에 유입되어 후생손실을 낳을 수 있다. 금융 제도의 투명성 부족은 정보 비대칭성을 악화시켜 자원배분을 왜곡하고 만기 불일치를 낳아 위기로 이어진다. 또한 무역과 금융 글로벌화가 특정 산업으로의 특화를 촉진함에 따라 해당 국가는 특정 산업의 충격에 취약해질 수 있다. 금융통합이 (단기) 외채에 과도하게 의존할 경우 세계 이자율 변동에 따른 충격이 커질 수 있다. 즉, 금융 글로벌화는 금융과 경제의 불안전성을 높일 수 있다.

위험 분산의 한계

자산거래를 통한 위험 분산 또는 추가적인 소득 창출의 기회도 매우 제한적이다. 비상장 주식에서 볼 수 있듯이 거래할 수 있는 외국자산의 규모가 아직 제한적이다. 또한 외국자산을 구매하거나 관련 정보를 얻은 것이 자국 자산의 경우보다 상대적으로 더 어렵고 복잡하며 불확실하기까지 하다. 게다가 투자자들은 전 세계적으로 다변화된 포트폴리오를 구성함으로써 위험을 더 분산할 수 있음에도 불구하고 자국 자산을 선호하며 집중 투자하려는 경향[자국 편향현상(home bias)]을 가진다.

글로벌화 효과에 영향을 미치는 요인들

이상의 논의를 통해 우리는 금융통합의 경제 안정화, 투자 촉진, 위험분담 효과는 해당 국가의 금융부문 발전수준, 제도의 질, 거시경제적 규율에 의존함을 알 수 있다.

금융부문의 발전 국내 금융산업은 국제자본이 경쟁력 있는 투자 프로젝트로 배분될 수 있게 만드는 통로이다. 아울러 국제자본 흐름의 급작스런 방향 전환에 따른 파급효과도 제한적이다. 금융 부문이 발전한 국가일수록 자본 유입의 성장 효과가 커지고 위기에 대한 취약성이 완화된다. 동시에 금융부문이 발전한 국가일수록 거시경제적 안정성이 높아 자본흐름의 규모와 구성에 영향을 받는다. 금융부문의 발전이 미흡한 국가에서는 자본흐름의 급작스런 전환이 해당 국가의 호황과 불황의 순환을 심화시킨다.

규율 있는 거시경제정책 규율 있는 거시경제정책의 존재는 자본유입의 규모와 구성 그리고 위기에 대한 취약성에 영향을 미친다. 건전한 통화재정정책은 금융계정 자유화의 성장 효과를 높이며 위기 발생 가능성을 완화한다. 환율이 경직적이어서 시장가격으로서의 규율 기능이 약화된 경우 자본자유화는 위기를 불러오게 된다. 더욱이 국내 금융산업의 자유화가 부적절할 경우 금융통합은 위기를 불러올 수 있다.

제도의 질 지배구조, 법체계, 부패수준, 정부 투명성은 국제자본이 적절하게 배분되도록 하는 데 큰 영향을 미친다. 자본통제는 정치적 연계관계를 갖춘 대기업에게 유리하게 작용할 것이다. 사유재산 보호가 취약할 경우 국제자본이 장기의 투자집약적인 프로젝트로 유입되기 어렵다. 제도의 질은 자본유입 구성에서 FDI와 지분투자의 구성 비중을 높이게 된다. 경영진에 대한 감시나 공시제도, 그리고 기업통제권 시장이 발전하여 양질의 기업지배구조가 발전하면 자본비용을 감소시킨다. 결론적으로 금융부문 발전수준, 제도의 질, 거시경제적 규율이 높은 국가일수록 금융통합의 강도나 질이 높아진다.

(2) 제도와 불평등에의 영향

금융 글로벌화는 국제 자본이동에서 FDI와 주식의 비중을 높이면서 주식시장의 역할을 높이는 결과를 초래하였다. 기업 경영에서 주주의 권리가 강화되고 기관투자가의 영향력이 확대되었으며 경영목표로서 주주가치 극대화가 널리 수용되었다. 스톡옵션을 중심으로 한 보상체계는 경영자들의 이해관계를 주주 이익과 일치하게 만들었다. 그러나 주식시장의 역할 증대는 장기투자 대신 단기 실적주의와 빠른 수익에 대한 선호를 낳을 수 있다. 주식시장은 기업과 관련된 정보가 모든 참여자들에게 전파된다는 의미에서 효율적[정보효율성(information arbitrage efficiency)]이지만 주가는 빈번하고 오랫동안 기업의 기본적 가치에서 벗어나 있다는 점에서 비효율적(가치효율성)이기 때문이다. 결과적으로 기술변화를 도입하고 비용을 인하하여 제품을 개선하는 장기적인 기업가적 임무보다 단기적인 실적을 높이는 금융공학이 기업경영을 지배하는 결과를 초래할 수 있다(Singh, 2012).

불평등

대외 금융계정의 자유화는 개별국가 내에서 불평등의 확대에 가장 큰 영향을 미치며, 추가적인 국내금융의 자유화는 빈곤층에 부정적 파급효과를 낳는다(Arestis and Caner, 2010). 경제 불평등은 과도한 부채와 자산가격 상승을 초래하는 것으로 알려져 있다 : 소득이 정체되고 소비를 부채에만 의존해야 하는 가계로 부채가 과잉 팽창되고 고수익을 좇는 부유층 간의 경쟁적인 자산 매입은 자산가격 버블을 초래한다. 경영자에 대한 스톡옵션은 경제적 불평등의 중요한 원천이 되어 왔다.

이에 따라 IMF는 자본통제와 자유로운 자본이동의 위험성에 대한 정책기조를 변화시켰다. 즉, 여전히 자유로운 자본이동의 기조는 유지하지만 자유로운 자본이동이 국민경제를 해치고 자본통제가 경제정책에 유효한 기여를 할 수 있다는 것을 인식하게 되었다. 정부가 소득 배분을 개선하고 고용을 촉진하는 적절한 정책수단을 사용하면 자본자유화는 빈곤감소에 도움이 된다.

(3) 시스템 위기 : 외환위기, 금융위기, 디폴트 위기

제11장에서는 주로 국내로 국한하여 금융안정과 금융위기의 문제를 다루었다. 금융위기는 종종 여러 나라에서 동시 다발적으로 발생하기 때문에 글로벌한 요인도 중요하다. 미래 수익에 대한 기대와 금융시장 조건의 우호적 변화에 따라 부채가 누적되다 금융위기를 경험하는 현상이 반복된다. 개방 경제에서 금융위기는 환율의 급변(외환위기)과 자본 흐름의 급반전(sudden stop) 그리고 외채위기를 동반한다.

개인처럼 국가도 소득 이상의 지출을 영원히 이어갈 수 없다. 대외 차입은 위기상황에서 안전장치로 사용될 수 있지만 한계가 있다. 공공부문에서 정부가 국가채무에 대한 원금과 이자를 갚지 못하는 상황에서 채무불이행을 선언할 수 있는데 이를 채무불이행 위기(default crisis)라 하고, 주권국가가 대외 채무에 대하여 지불하기로 한 법적 약속을 이행하지 못하는 국가 채무불이행(sovereign default)이라 한다.

은행위기 단기로 차입하여 장기로 대출하는 은행의 속성상 금융시스템에는 항상 은행위기가 발생할 위험이 내재되어 있다. 국제 투자자들의 군집적인 투자 행동이나 돌발적인 자금회수나 세계이자율 급변, 은행의 지급 가능성에 대한 의심과 그에 따른 예금자의 급작스런 예금인출은 은행 위기를 촉발할 수 있다. 정부가 금융기관 부채를 암묵적으로 지급·보증하고 있다고 기대하거나, 금융기관에 대한 금융감독이 미비하여 부실이 발생하고 적기에 시정되지 못할 경우에도 그렇다.

외환위기 자본이동이 자유로운 상태에서 환율을 고정하는 환율제도는 환율을 적정 환율로부터 괴리되게 만들 수 있고 이는 결국 환투기를 유발하여 통화가치가 단기간에 큰 폭(선진국 10~15%, 신흥경제 20~25%)으로 평가 절하되는 현상, 즉 외환위기를 일으킬 수 있다. 외환위기는 고정환율제도와 모순되는 정책(예 : 만성적 재정적자)을 지속하는 경우뿐만 아니라 투자자가 (이자율 조정이라는 통화정책의 자율성이 필요해) 고정환율 제도를 포기할 것이라고 의심하여 투자 형태를 변화시킬 경우에도 발생할 수 있다. 변동환율제하에서도 속성상 환율의 과도한 변동이 가능해 외환위기가 초래될 수 있다. 대규모의 지속적인 자본 유입이 발생할 경우 환율이 적정환율에서 괴리되어 과도하게 절상되고 무역수지가 악화되는 과정 속에서 자산가격 거품을 초래할 수 있는데, 이에 반응하여 자본이 유출로 반전할 경우 환율이 급등하고 외환위기뿐만 아니라 은행위기와 외채 위기를 함께 겪을 수 있다.

국제자본 이동성과 금융위기

과거 역사를 볼 때 국제금융 통합은 은행위기를 포함한 금융불안이 병행되어 대외불균형의 심화와 금융위기의 발발 간에는 일정한 상관관계가 존재해 왔다. 역사적으로 국제자본 이동성은 U자 형태를 보여 왔으며, 금융위기 역시 같은 모습을 보여 왔다. 과거 금본위제하에서 1913년까지 국경을 넘는 금융흐름에 어떠한 정책적 장애도 없었으며, 케이블의 사용과 더불어 마지막으로 남았던 심각한 기술적 장애도 극복되었다. 금융불안정은 1800년대 말 모든 선진국의 일상적 특징이었고 이는 대공황으로 위기가 고조된 1930년대까지 지속되었다.

1940년대부터 1970년대 초까지 세계는 실질적으로 금융위기로부터 자유로웠다. 일부 위기가 신흥시장에서 나타났지만 선진국에서는 자취를 감추었다. 비정상적으로 길었던 금융안정의 시기는 그 이전 시기나 그 이후 시기와 뚜렷이 대비된다. 1940~1970년의 비정상적인 안정기는 (IMF가 브레턴우즈 고정환율 레짐을 뒷받침하기 위하여) 역사적으로 가장 엄격한 자본통제를 실시한 시기이기도 하므로 대외불균형은 발생하지 않았다. 전간기, 특히 1930년대에 각국의 정책은 자급자족으로 반전되어 1970년대까지 이 기조가 지속되었다. 정부가 전쟁이나 대공황과 같은 충격에 직면하여 자본통제로 대응하였기 때문이다. 이 시기는 세계 대부분의 국가에서 엄격한 국내 금융규제가 시행되었던 시기이기도 하다. 정책당국자들은 1930년대의 은행 패닉과 금융불안에 대해 규제와 감독 그리고 지원과 보험(미국의 경우 글래스-스티걸 입법, 감독기구, 지급준비 규제, 예금보험공사, 연방준비위원회)으로 강력히 대응하였다. 동시에 국내 금융시스템은 위험도가 떨어지고 레버리지도 작은 구조로 옮겨갔다.

1980년대에 접어들어서야 변동 환율제의 수용으로 통화정책의 자율성이 확보됨에 따라 자본이동에 대한 제약을 해소하는 정책을 가능하게 하였다. 이러한 추이는 선진국에서 가장 뚜렷하게 나타났다. 1980년대와 1990년대에 신흥시장국은 많은 금융위기를 경험하였고 선진국 역시 소수지만 금융위기를 겪었으며 2008년에는 역사적으로 가장 글로벌하게 발생한 금융위기를 경험하였다.[4]

1980년대 많은 국가에서 자본이동의 허용, 외국 투자자와 금융기관의 진입과 경쟁으로 특징지어지는 금융의 대외개방과 더불어 은행과 외환 양 부문에서 동시에 위기가 발생하는 쌍둥이 위기가 나타났다(Kaminsky and Reinhart, 1999). 새로운 금융위기는 아시아나 멕시코 등의 신흥시장뿐만 아니라 북유럽 국가(1990년대 초), 일본(1980년대 후반과 1990년대) 등 선진국에서도 나타났는데, 이들 위기는 모두 금융 자유화와 그에 이어 나타나는 심각한 신용팽창이 그 시작을 알렸다. 팽창한 신용은 대리인 문제를 악화시켜 자산가격 버블을 낳았다.[5] 이후 버블이 파열하며 자산시장이 붕괴하였다. 많은 경우 주식과 부동산 시장에 과도하게 노출된 은행과 여타 그림자 금융기관으로 말미암아 자산시장 붕괴에 이어 은행 위기가 발발했다. 자본 유입은 주식 등 자산 가격을 높임으로써 자산의 질을 하락시키고 은행, 기업 등 민간부문 대차대조표의 만기와 통화 구성에 부정적 영향을 미침으로써 금융부문을 약화시킬 수 있다. 더욱이 신흥시장에서는 정부가 은행위기를 완화하기 위해 이자율을 낮추거나 또는 환율 방어를 위해 이자율을 높임으로써 종종 외환위기도 병행하였다. 이들 위기에 이어 생산이 급감하고 경기침체에 진입하는 실물 위기가 나타났다.

1997년 아시아의 위기로 대표되는 많은 위기에서 금융위기는 전염성을 나타내기 시작했다. 초기에 특정 지역과 부문에만 영향을 미치는 사소한 충격은 전염에 의해 전체 금융부문으로 전염되고 이어 전체 경제로 전염되어 외환시장을 통해 다른 국가로도 전염된다. 은행시스템의 상이한 지역이나 부문이 은행 간 시장을 통해 서로 중첩되는 청구권을 가질 경우 발생할 수 있다. 한 지역에서 은행위기가 발생하면 다른 지역은 위기 지역에 대한 청구권의 가치가 훼손되어 손실을 겪는다. 이러한 파급효과가 지나치게 클 경우 인근 지역에 위기를 낳으며 위기의 전염이 생겨난다.

1970년 이래 신흥시장에서 3차례의 외채 위기를 경험

1970년 이래 신흥시장을 중심으로만 보더라도 모두 4차례의 부채 누적이 나타났다. 제1차(1970~1989)는 남미와 사하라 이남 아프리카 국가들, 제2차(1990~2001)는 동아시아 및 태평양 연안 국가들, 제3차(2002~2009)는 유럽과 중앙아시아 국가들, 그리고 제4차(2010~현재)는 대부분의 신흥시장국에서 전개되었

4. 외환위기, 은행위기, 디폴트 위기, 국가디폴트 위기는 모두 국가 경제에 치명적인 상황을 야기할 수 있으며, 서로 밀접하게 연관되어 있고 동시에 발생할 가능성도 매우 높다.

5. 부동산과 주식시장의 투자자들은 외부자금을 활용한다. 자금제공자가 투자의 속성을 파악할 수 없다면 투자자의 유한책임 때문에 위험전가가 생겨난다. 위험전가는 위험자산에 대한 수익을 높이고 자산가격을 기본적 가치 이상으로 높이며 버블 생성으로까지 이어진다.

다. 과거 3차의 부채 누적은 유사성을 가진다. 모두 장기간의 매우 낮은 실질금리 시기 동안 전개되었으며 급속한 차입을 낳은 금융시장에서의 혁신과 환경변화가 이를 촉진했다. 부채 누적은 모두 광범위한 금융위기로 끝났으며 글로벌한 경기침체를 겪었다(1991, 1998, 2001, 2009). 이 금융위기는 종종 투자자의 위험 기피와 위험 프리미엄의 급등이나 선진국 통화정책의 긴축에서 비롯한 차입비용의 급증이 낳은 충격으로 말미암아 촉발되었다. 이 위기는 통상적으로 국제자본흐름의 급정지를 동반하였다. 자본이동의 급정지는 경기 하강과 침체를 낳았을 뿐만 아니라 대외적 취약성을 낮추고 정책체계를 강화하는 개혁으로 이어졌다. 또한 유치국은 재정준칙을 수용하였으며 금융부문에 대한 규제와 감독을 강화하였다.

① **제1차 누적기**(1970~1989) : 1970년대 상당기간 동안 지속된 낮은 실질금리를 배경으로 새로이 등장한 '신디케이트 론'이 급성장하며 남미와 사하라 이남 아프리카 저소득 국가들의 막대한 차입을 자극하였다. 부채 누적은 1980년대 초에 몇 차례에 걸친 금융위기를 낳았다. 부채의 탕감과 구조조정에 오랜 시간이 소요되었고 결국 대부분의 남미국가들은 1980년대 말 브래디 플랜(Brady Plan)을 성사시켰으며, 1990년대 중반과 2000년대 초에는 다른 국가들에 대한 채무탕감이 이루어졌다.

② **제2차 누적기**(1990~2001) : 1990~1991년 선진국에서의 경기침체에 따른 세계 이자율의 하락은 신흥시장국으로의 자본흐름을 자극하였다. 영국과 미국을 포함한 선진국에서 은행 대형화의 결과로 국제영업이 증가하였고 이는 동아시아 및 태평양 연안 국가들을 중심으로 신흥시장에서의 금융시장과 금융계정 자유화와 맞물렸다. 이는 상업은행과 민간기업들 그리고 유럽 및 중앙아시아 정부들이 대규모의 단기외채를 누적하도록 자극하였다. 그러나 1994년 멕시코 외환위기에 이어 다른 신흥시장국으로 전염된 글로벌 투자자들의 위험기피는 급작스런 자본이동 중단과 자본흐름의 반전을 낳아 일련의 금융위기가 발생하였고 1998년에 글로벌 경기침체를 낳았다. 이 위기는 러시아, 아르헨티나, 튀르키예를 포함한 다른 국가로도 전파되었다.

③ **제3차 누적기**(2002~2009) : 미국에서는 상업은행과 투자은행 간의 장벽을 제거하는 등의 규제 완화를 배경으로 메가뱅크가 출현하였고 회사채 시장의 급성장을 낳았다. EU에서도 국경 간 거래에 대한 규제완화로 은행 간 연계가 확대되며 급팽창하였다. 당시 미국은 경기침체로 실질 정책금리가 마이너스를 보이는 등 세계 이자율이 크게 낮아졌다. 메가뱅크들은 해외 대출, 자회사를 통한 대출, 신흥시장 채권투자를 급증시켰다. 특히 미국과 EU에 본부를 둔 대형은행들의 유럽 및 중앙아시아 국가들의 민간기업들과 가계에 대한 대출을 급증시켰다. 결국 미국 주택시장의 위기에서 비롯한 글로벌 금융위기와 유럽에서의 부채위기와 경기침체는 2008~2009년 동안 신흥시장국에 대한 국제대부를 급감시켰고 유럽 및 중앙아시아 국가들을 심각한 경기침체로 내몰았다.

④ **제4차 누적기**(2010~현재) : 글로벌 금융위기 이후, 국제금리는 0%대의 낮은 상황이 지속되었고 높은 수익을 찾아 국제투자자들의 신흥시장국에 대한 투자가 고조되었다. 2010년부터 공공부채의 증가와 함께 민간부문 부채도 급증하며 신흥시장국 전반에 걸쳐 글로벌 부채 수준은 크게 높아졌다.

1.3 국제금융 안정을 위한 금융 협력

금융정책에서의 삼자택이

선진국의 경우 자국 통화가 국제적으로 통용되고 국내금융과 외화금융 간 구분이 사실상 어려우므로 국내 금융과 외화 금융에 대한 건전성 규제를 구분하는 것은 별 의미가 없다. 그러나 국제화가 미약한 통화를 가진 대부분의 신흥국들은 해외자금 조달에서 자국통화가 기축통화가 아니라는 태생적 한계(original sins)를 갖고 있다. 특히 자본시장이 거의 완전 개방된 상황하에서 자유변동 환율제를 채택한 신흥국의 경우 통화 불일치(currency mismatch)와 만기 불일치(maturity mismatch) 위험이 크기 때문에 외화 건전성을 적절히 관리해야 한다.

그러나 각국 금융당국의 금융 건전화 노력은 어려움에 봉착하고 있다. 첫째, 다수의 국가에서 전 세계적 규모로 경영되는 대규모 은행과 투자활동 때문이다. 글로벌 차원에서 시스템적으로 중요한 은행(global systemically important banks ; G-SIBs)들은 자신들의 사업의 25~80%를 해외에서 수행한다. 이에 따라 각국 단위에서 이루어지는 금융감독의 유효성이 약화되었다. 금융 거래가 역외로 이전하고 신흥시장과 대형 그림자 은행과 증권화가 성장함에 따라 금융감독의 어려움이 커졌다. 둘째, 금융기관들은 가장 위험한 활동을 규제가 가장 미약한 국가에 두려한다[규제 차익(regulatory arbitrage)]. 셋째, 다국에 걸쳐 영업활동을 전개하는 다국적 은행들은 파산 시 해체에서 큰 어려움을 야기한다. 넷째, 각국은 국제금융에서의 우위를 점하려 경쟁하며, 완화된 규제를 적용하여 국가를 대표하는 금융기관을 양성하려 한다. 각국의 금융감독기구는 종종 자국의 금융기관으로부터 극심한 로비를 마주한다. 이들은 엄격한 규제로 인해 해외 경쟁사들에 비해 불이익을 받으며, 규제는 국제경쟁 때문에 효력이 없다고 주장한다. 다섯째, 자국을 넘는 문제에 대한 각국 금융감독당국의 감독 의지가 제한적이다. 각국의 정책당국은 자국 영토 내에서의 부실은행이 낳는 파급효과만 다룰 뿐이고 국경을 넘는 외부효과는 무시한다. 또 일부 금융기관은 지나치게 커서 구제하기 어렵다. 결국 각국 단위의 금융감독과 정리(위기관리)는 글로벌화한 금융안정성 문제를 다루는 데 한계가 있고 국제적 협력의 필요성을 증가시켰다.

결론적으로 금융시장과 금융기관은 글로벌하게 작동하지만, 주권은 각국 영토 안으로 제한되는데, 이에 따른 조정 문제는 금융 삼자택이(financial trilemma) 문제로 나타낼 수 있다 : ① 금융 안정성, ② 금융 통합

그림 12-4 금융 통합, 금융 안정, 금융주권의 삼자택이

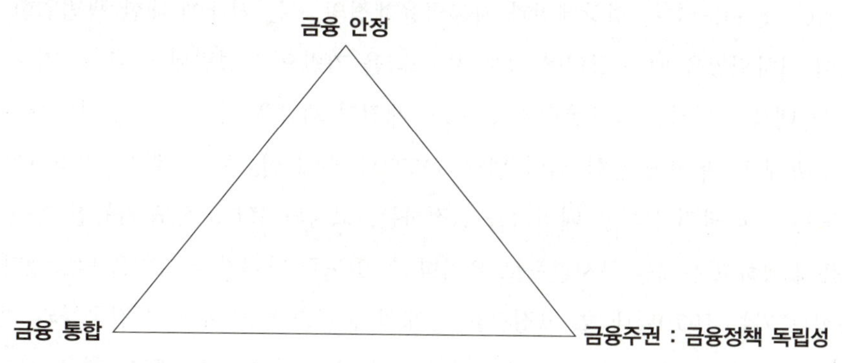

출처 : Schoenmaker(2011 ; 2013)

(국제자본이동의 자유), ③ 국가 단위의 자율적 금융정책은 공존하기 어렵다. 목표 2개는 달성 가능하지만 3개를 모두 달성할 수는 없다. 즉, 특정 국가의 정치적 압력에서 자유로운 글로벌 규제기관에게 금융안정의 계획과 집행을 일임할 경우에도 금융안정을 확보하고 금융통합을 달성할 수 있다(세 번째 목표인 자율적 금융정책을 포기). 글로벌 은행처럼 감독 역시 글로벌 표준을 따르도록 재편하여 금융안정을 달성하는 것이 이 방법이다. 아니면 세계로부터 고립된 금융시스템을 갖는 국가는 자본이동에 대한 걱정 없이 자국 은행들을 강력히 규제함으로써 국내에서의 금융안정을 유지할 수 있다(두 번째 목표인 금융통합을 포기). 이 경우 글로벌 은행은 국가별로 별도로 허가된 독립적인 자회사로 재편해야 할 것이다(Schoenmaker, 2013).

글로벌한 금융기관이 활동하는 세계에서 각국의 금융당국은 한편으로는 독립적 감독정책을 펼치고, 다른 한편으로는 국제협력을 모색하는 상황이다. 그동안 각국의 규제당국은 글로벌 규제기관이 없는 가운데 국제협력 증대를 통해 금융 안정과 금융 글로벌화 간의 조화를 이루고자 노력해 왔다. 즉, 다자간 국제협력을 통해 금융정책에 대한 국가 통치권을 일부 제한함으로써 각국 정부가 금융부문 규제와 충분한 감독에 반대하는 국내에서의 정치적 압력을 극복하고 부분적으로나마 금융 삼자택이 문제를 해결한다. 그러나 각국 감독당국 간의 협력에는 죄수의 딜레마 상황이 나타날 수 있고 그에 따라 금융불안정이 야기될 수 있다. 각국의 금융당국은 자국의 이익을 우선해야 하므로 서로 협력과 합의를 이끌어내기 어렵다. 비협력적 행태는 글로벌 금융위기 시 글로벌 은행들의 파산처리 과정에서 어려움으로 잘 드러난 바 있다. 국제은행이 낳는 금융불안정 문제는 개별 국가 단위에 머무는 금융감독이 금융 글로벌화 속에서 금융 안정성을 유지하기에는 역부족이라는 것을 시사한다. 하지만 글로벌 규제기관은 주권 국가들의 정치적 우위를 극복하기 어렵다.

국제금융협력의 추이

제2차 세계대전 이후 국제 금융협력과 이를 위한 지배구조(의사결정 권한의 배분)는 조약에 기반하고 정부가 주도하는 고정환율의 브레턴우즈 시스템으로부터 다원화된 세계를 전제로 한 다층적인 지배구조로 진화해 왔다. 상대 국가의 신용도나 금융 안정성을 우려하는 각국의 은행 감독당국은 국제 문제에도 관심을 가져 왔다. 유럽의 은행들은 최소한 14세기부터 해외 지점을 운영해 왔으며, 국경 간 리스크는 은행의 건전성에 큰 영향을 미쳐 왔다. 중앙은행 총재들은 두 차례의 세계대전 사이에 국제결제은행(Bank for International Settlement ; BIS)이 창설된 이후로 바젤에서 열린 정기 회의에서 각국 은행시스템의 건전성을 논의해 왔다. 은행 감독을 위해 별도의 부서를 만들거나 별도의 은행 감독기관이 설립됨에 따라 감독기관의 대표자들 역시 바젤에서 만나야 하는 것이 당연했다. 제2차 세계대전 이후 브레턴우즈 협정은 국제 경제협력을 위한 글로벌 질서 창출을 위한 첫 시도였다. 경상계정과 자본금융계정의 모든 거래에 대한 광범위한 통제정책은 국제금융시장의 기능이 저하되었을 때 도입되어 정부 간 조약을 기반으로 설립된 국제기구가 감독하도록 하였다 : 즉, 국제통화 시스템을 관리하는 국제통화기금(IMF), 재건과 개발을 위한 금융을 담당한 세계은행, 무역 자유화를 위한 틀로 관세 및 무역에 관한 일반 협정(GATT)과 후에 설립된 세계무역기구(WTO, 1995). 브레턴우즈 조약은 금 또는 미국 달러로 환율 패리티를 설정하는, 고정되지만 조정도 가능한 환율 시스템에 합의했다. IMF는 감독을 수행하고 통화를 공시환율로 유지할 수 있도록 단기자금 지원을 담당했다.

자본의 이동성 증가는 1970년대 초 고정환율 체제의 붕괴를 낳고 주요 선진국들의 변동환율 제도로의 이행을 재촉했다. 이에 따라 IMF의 협정 조항이 수정되어 각 회원국이 선호하는 환율 체제를 채택할 수 있도록 허용했지만, 동시에 IMF에 국제통화체제를 감독하는 임무를 부여하고 IMF가 '회원국의 환율정책을 감시'하도록 했으며, 환율정책과 관련하여 모든 회원국에 적용되는 원칙을 채택하였다. 국제금융협력의 기본구조 역시 변화하여 정부주도 및 조약기반 시스템에서 시장주도 시스템으로 변모하였다. IMF 협정조항의 개정으로 각국은 자신의 환율제도를 자유롭게 결정하도록 변화하였다. 이는 환율이 정부가 아니라 시장 펀더멘털에 의해 결정되어야 하며 이에 필요한 자금은 개방된 자본시장이 공급할 것이라는 믿음에 기초한 것이다. 이제 국제기구보다 통화 및 금융정책을 담당하는 중앙은행 및 규제 당국이 더 중요한 역할을 맡게 되었으며, 이들의 활동이 갈수록 국제금융체제를 결정짓게 되었다. 국제금융(통화)체제의 성격 변화는 이를 뒷받침하는 지배구조의 변화도 동반하였다. 변동환율의 세계에서 환율정책의 중요성이 커짐에 따라 각국의 재무장관이 주도하는 G7 체제가 중앙은행이 지배하는 G10 체제를 대체하였다. 하지만 G10 체제는 BIS(Bank for International Settlements) 주도하에 작동하는 중앙은행과 감독기구 네트워크의 출현을 가져 왔다. 이에는 Basel Committee on Banking Supervision(BCBS), Committee on the Global Financial System(CGFS), Committee on Payment and Settlement Systems(CPSS)이 포함된다. 규제당국과 감독당국 역시 International Organization of Securities Commissions[IOSCO(증권)]과 International Association of Insurance Supervisors[IAIS(보험)]과 같은 단체를 결성하였다.

결과적으로 금융시장과 금융기관의 글로벌화는 국제 금융시장의 안정성에 대한 공통된 우려에 기초하여 금융시장 및 금융기관의 감독과 규제 · 감독 정책의 상호조정에 초점을 맞춘 분권화된 협력 모델을 낳게 된 것이다. 주요국의 정책당국은 자국 금융기관의 국제경쟁력에 대한 관심이 규제 및 감독의 과도한 완화로 이어질 수 있음을 우려해 국제적 규제정책은 모든 국제금융기관이 공평한 경쟁을 펼칠 수 있는 장을 만들도록 노력했다. 이 모델은 주요국 사이의 양자 합의에 의해 뒷받침되는 고위 정책당국자들의 정기적 회의에 의존했다. 이 모델의 초기 목표는 겸손하여 감독체제를 조화롭게 하기보다는 정보를 교환하며 각자의 감독제도를 개선하는 데 두어졌다. 하지만 위원회들은 공통의 문제에 대한 공통의 접근 방식을 파악하고 주요 감독 및 규제 관행에 대한 합의를 얻었다. 이 관행은 처음에는 상대적으로 유사한 국가에서 온 소수의 기술자 그룹에 의해 합의되었고, 시간이 지남에 따라 결국 국제 금융규제를 위한 체계의 기초가 되었다.

아시아 금융위기는 각국의 감독 및 규제 체계에 심각한 결점을 드러냈고 곧 감독, 회계, 공시에 대한 건전한 관행의 구현과 금융시스템의 감독당국 간 긴밀한 국제협력이 금융 안정성 강화에 핵심적인 것임이 제시되었다. 이를 배경으로 주요 금융센터, 국제금융기구, 감독 당국, 중앙은행이 참여하여 글로벌 금융안정을 목표로 활동하는 금융안정포럼(Financial Stability Forum ; FSF)과 재무장관과 중앙은행 총재가 참여하여 세계경제 및 금융 안정성과 관련된 주요 문제를 논의하는 G20이 구성되었다. 이러한 노력에도 불구하고 금융위기가 계속 발생하였고 2007~2009년의 글로벌 금융위기 이후에는 G20이 국제금융구조 개혁을 위한 주요 포럼으로 부상했으며, FSF는 금융안정위원회(Financial Stability Board ; FSB, 2009)로 확대되고 Basel Committee 회원국 역시 G20에 맞게 확충하였다.

국제금융시장과 그 참여자를 규제하고 감독할 권한을 가진 초국가적 기구가 없는 상황에서 효과적인 규제와 감독은 협력을 통해 달성되어야 한다. FSB는 주권 국가들의 세계에서 전 세계적으로 통합된 금융시스템을 위한 일관된 규제체계를 만드는 것을 목표로 한다. FSB를 통해 개발된 표준이나 정책이 법의 효력을 갖지 않지만, 회원이 주도하는 개발과정은 참여 당국이 이를 자국의 법규로 변환하려는 의지를 더욱 강화한다.

그림 12-5 글로벌 금융규제의 구조

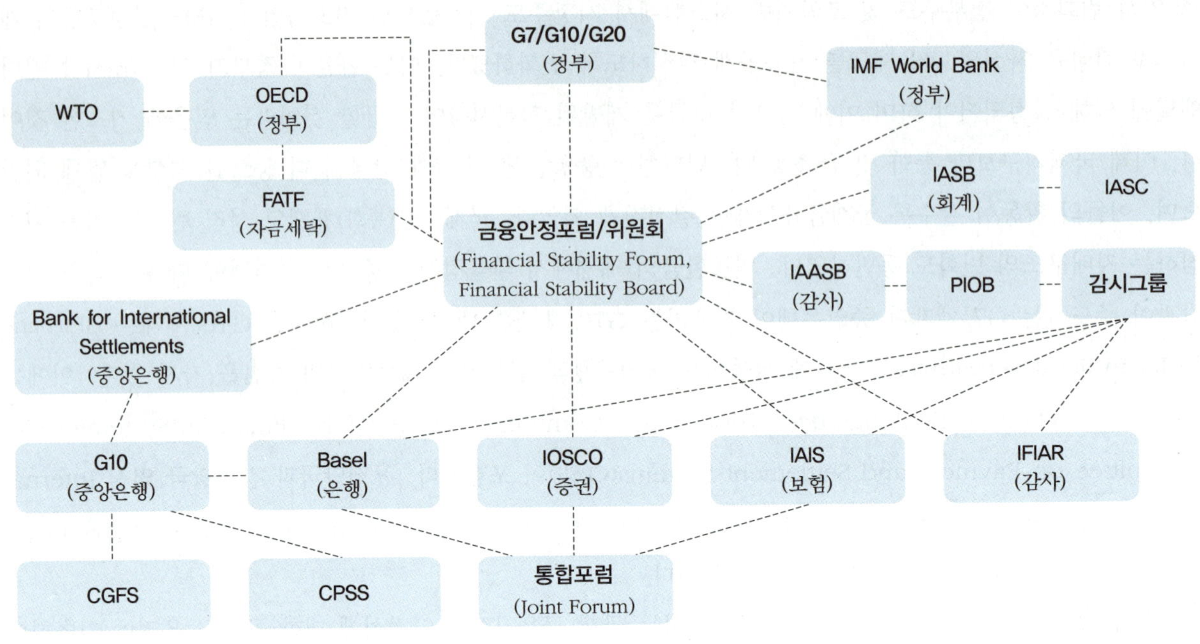

자료 : Davies, H. and D. Green(2008), *Global Financial Regulation*, Polity Press.

국제금융에 대한 협력체계의 현황

국제 무역과 통화에 대한 체계는 제2차 세계대전 이후 WTO 및 IMF와 함께 등장했지만, 국제 금융에 대한 체계는 아시아 위기와 금융위기 이후에야 등장하였다.

글로벌 금융지배구조는 국제정책 어젠다를 설정하는 G20의 주도하에 FSB가 집행한다. 규제당국은 국제표준에 대해 합의적 접근을 취한다. 일상적 감독은 글로벌 은행의 모국과 진출국의 감독 당국이 공동 수행하지만, 위기 관리의 경우에는 모국과 진출국은 위험관리 그룹을 구성해 위기관리에 협력한다.

FSB는 24개 주요국의 재무부, 중앙은행, 감독당국이 참여하는데, G20의 지침하에서 국제 금융시스템에 대한 정책과 규칙을 주관하면서 국제금융정책의 설계와 집행에서 핵심적 역할을 한다. 한편 바젤은행감독위원회, 국제증권위원회(IOSCO), 국제보험감독자협회(IAIS)는 각각 은행, 증권, 보험 규정의 국제표준을 설정하는 역할을 담당하는데. FSB는 이 국제표준을 설정하는 기관들의 업무를 감독한다. 또 FSB는 BIS의 권고에 따라 글로벌 시스템적으로 중요한 은행 G-SIB(global systemically important bank) 목록을 설정하고 수정하는 등 국제감독의 범위를 정의한다.

BIS 관할 아래 구성된 바젤은행 감독위원회는 독자적인 법인격이나 초국가적 감독권을 갖지 못하며 공표된 표준 역시 법적 효력이 없다. 바젤위원회는 광범위한 감독 표준을 설정하고 권고하는데, 이는 각국의 정책당국이 경성법(hard law)으로 집행되어야만 효력이 생기는 일종의 연성법(soft law)이다. 그럼에도 바젤표준은 법적으로 의미있는 영향을 미쳐서 세계 각국에서 은행감독을 위한 효과적인 표준이 되었다. 법적 지위가 없기 때문에 바젤위원회는 각국이 합의한 표준을 집행하고 강제하지 않을 경우의 제재나 위기가 발생할 경우의 정리는 개별 주권국가의 고유 영역으로 간주하여 관여하지 않고 있다. 결과적으로 국제금융과 관련된 일상적 감독은 글로벌 은행의 모국과 유치국 감독당국이 독립적으로 수행하며 동시에 필요한 경우 상호 협력한다. 또한 위기가 가시화되면 그 관리를 위해 모국과 유치국 당국은 위기관리 집단을 구성해 협력한다. 이러한 접근 방식은 법적 구속력이 없는 양해각서와 양국의 감독시스템에 대한 상호 리뷰에 의해 뒷받침된다.

이러한 자발적 협력은 자주 와해되는데 특히 협력이 절실한 위기의 순간에 그렇다. 금융부실이 크고 자국 의회를 책임져야 하는 각국 정부는 국제은행 실패의 국내적 영향만 다룬다. 금융 건전성 유지에서 지배적인 접근방식은 국가 단위에서 이루어져 파산 시에 국내의 이익을 우선한다. 그러나 상위 60개 국제은행의 절반은 자산의 25% 이상을 해외에서 운용하므로 국경 간 외부효과는 상당한 것이며 가볍게 볼 수 없다.

그림 12-6 금융감독과 안정성의 글로벌 지배구조 : 규칙 설정에서 재정 방어까지

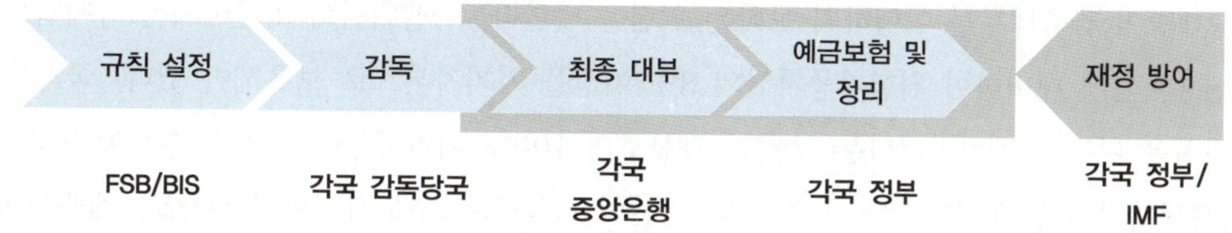

글로벌 은행에 대한 규제 : 바젤협약 I, II, III

BIS는 바젤협약을 통해 국제업무를 하는 상업은행의 위험관리를 규율한다. 바젤협약은 ① 충격을 흡수할 수 있는 은행 부문의 역량 향상, ② 위험관리와 지배구조 개선, ③ 은행의 투명성과 공시 강화를 목표로 한다. 바젤협약은 전 세계적으로 적용되지만 각국은 자국 상황을 고려하여 조정할 수 있다.

1974년 이후 선진국의 은행감독기구로 구성된 바젤은행 감독위원회는 국제영업 영위 은행과 관련한 정책조정을 담당하게 되었는데, 국제은행들 간의 공평한 경쟁을 위한 자본 기준을 설정하는 역할을 주로 한다. 국제금융시장의 심각한 혼란, 특히 서독의 작은 은행인 헤르슈타트(Herstatt) 은행의 실패로 인해 10개국 중앙은행장은 바젤은행 감독위원회(1974)를 설립하였다. 당시 독일 시장이 폐장되었지만 미국 시장이 개장하기 전에 헤르슈타트는 지급불능에 빠졌다. 이에 따라 독일은 마르크화는 수령했지만, 달러화는 지불할 수 없었고, 결국 글로벌 외환시장에 연쇄적으로 손실을 안기게 되었다. 1975년 바젤에서 은행감독자 간 첫 합의(Basel Concordat)에 도달하여 처음으로 외환거래와 관련한 모국과 유치국의 책임을 규정하고 외국은행의 지점과 지사의 감독에 대한 원칙을 규정하였다. 이후 위원회는 각국의 감독조치에 대한 정보를 교환하였다 : 국제은행 업무의 감독을 위한 기술적 효율성을 개선하고 감독의 최소 기준을 설정하는 것이었다.

이후 은행감독 위원회가 초점을 맞춘 주제는 자본 적정성이었다. 국제 무역과 투자의 지속적 성장으로 은행의 해외 영업규모도 빠르게 성장했으며, 외국 은행들은 주요 국제금융센터에서 상당한 시장 점유율을 차지하기 시작했다. 은행 간 경쟁이 심화되었을 때 감독 제도, 특히 필요자본이 국가마다 크게 다르다는 점이 인식되었다. 또한 약탈적 행동과 자본이 부족한 외국 은행의 파산에 대한 두려움을 낳았다. 외국계 은행이 적절히 자본화되었는지 확인하는 방법과 각국의 필요자본의 차이가 낳는 불공정한 경쟁의 원인을 제거하는 방법에 대한 논쟁이 이어졌다. 1980년대 남미 국가들의 과도한 외채로 인한 채무 불이행이 이를 가속시켰다. 일부는 해외지사의 진입국 규제당국이 지급능력을 감독해야 한다고 주장했으며, 일부 국가에서는 실제로 그렇게 하려 시도했지만 성공은 상당히 제한적이었다. 장기적으로 실행 가능한 유일한 접근 방식은 모국 감독자가 자국 은행에 대한 자본요건을 설정하는 것이다. 금융기관이 영업 과정에서 급작스런 손실을 입은 경우 정부나 중앙은행의 지원 없이 스스로 손실을 감당할 수 있을 만큼의 최소자본을 사전에 쌓아두도록 하기 위함이었다. 협상은 1980년대 중반에 미국, 영국, 일본 등 해외지사 문제를 가장 우려하는 3개국 사이에서 시작되었다. 목표는 자본을 측정하고 설정하는 공통 기반에 도달하는 것이었는데, 이를 상호 인정의 기반으로 사용하여 외국 은행이 자본을 별도로 검토하지 않고 진입국 시장에 진입할 수 있도록 했다. 자본을 측정하는 과정과 최소 허용비율을 수정하는 과정에 모두 동의해야 했다. 결국 공통기준에 도달했고 허용되는 최소값도 고정되었다.

바젤협약 Ⅰ 그 첫 성과가 바젤협약 Ⅰ(Basel Capital Accord 또는 Basel I, 1988)인데, 이는 처음으로 단일의 글로벌한 자본규제 기준(BIS 자기자본비율)을 발전시켰다. 바젤협약 Ⅰ은 투자위험이 높아질수록 자본도 더 확보하도록 하여 신용위험(Credit Risk)과 위험가중자산(Risk Weighted Assets ; RWA)에 중점을 두었다. 신용위험이란 거래 상대방이 금융채무를 이행하지 못하는 위험을 말한다. 바젤위원회 회원국에서 국제업무를 영위하는 은행은 신용위험에 대비하여 위험가중자산의 8% 이상을 자기자본으로 보유해야 했다. 국제은행의 총자산은 모든 자산을 단순 합계하기보다는 무위험 자산부터 100% 위험자산까지 위험 수준에 따라 구분한 뒤 위험도로 가중평가하여 합계(위험가중자산)하였다. 자산의 위험도는 거래 상대방의 신용도, 채권의 만기, 당보 및 보증 유무에 기초하였다. 한편 자기자본 역시 자본의 신뢰성을 명확히 하기 위해 자본금과 자본잉여금으로 구성된 기본자본(Tier 1 capital, core capital) 외에도 대손충당금, 전환사채, 자산재평가이익, 장기후순위채 등 부채성격의 보완자본(tier 2 capital, supplementary capital) 그리고 단기후순위채 등의 기타자본(Tier 3 capital)으로 분류하였다. 국제업무를 영위하는 상업은행은 BIS 자기자본비율을 1992년부터 준수하게 되었고, 우리나라 상업은행도 1995년부터 이를 따르게 되었다.

바젤협약 Ⅱ 바젤협약 Ⅱ는 1992년 이후 국제금융시장에서 상당한 금융위기를 경험한 뒤 도입되었으며, 미흡한 위험관리 관행에 대한 반성으로 최저자기자본 규제(Pillar 1)를 강화하는 한편 감독(Pillar 2)과 시장규율(Pillar 3)을 도입하였다. 최저자기자본 규제에서 고려하는 위험에 기존의 신용위험 외 시장위험과 운영위험을 추가하고, 이들 위험의 평가에서 표준화된 측정 방식을 사용하도록 강제하는 한편, 정교한 내부의 위험평가 모형을 갖춘 은행에 대해서는 은행의 재량을 허용함으로써 여유자본을 확보하도록 하였다. 또한 신용위험에서도 차주의 신용도에 따라 위험가중치를 달리 적용하도록 하였다.

- **최저자기자본 규제**(Pillar 1) : 신용위험, 운영위험, 시장위험으로부터 보호하기 위한 규제자본의 유지를 다룬다. 시장위험이란 금리와 주가 등 시장가격의 변동에 따라 채권이나 주식 등의 자산가치가 하락할 위험을, 운영위험이란 부적절하거나 잘못된 내부의 인력, 절차, 시스템 또는 외부사건으로 손실이 발생하는 것을 말한다.
- **감독**(Pillar 2) : Pillar 1에 상응하여 은행이 스스로 리스크를 관리하는 시스템을 갖추되 감독당국이 시

그림 12-7 Basel Ⅱ and Basel Ⅲ pillar

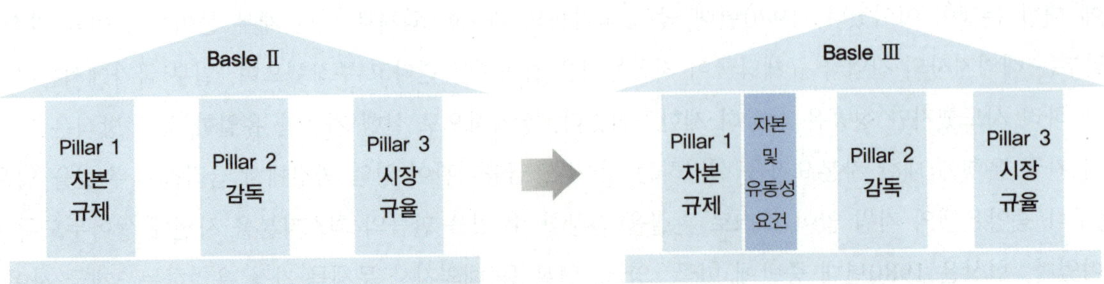

스템의 적정성을 점검하고 필요 시 감독조치를 하도록 한다.

- **시장규율**(Pillar 3) : 은행의 위험에 관한 표준화된 정보공시를 확충하여 시장참여자가 스스로 이를 평가하고 대응하도록 시장규율을 장려함으로써 규제를 보완한다.

바젤협약 Ⅲ 2008년 글로벌 금융위기 당시 과도한 단기부채와 레버리지가 부각되자 2010년에는 자산의 부실화에 초점을 맞춘 금융규제의 결함에 대응하여 레버리지 활용과 유동성 부족에도 대비하도록 하는 바젤협약 Ⅲ가 공표되었다.

자본요건(Capital requirements) 바젤 Ⅲ는 자본요건을 강화하고, 자본의 손실흡수력을 높여 경기 순응성을 완화하기 위해 완충자본(buffer captal)을 도입하였다. 우선 총자본비율(Total Capital Ratio)은 8%로 유지하되 자본요건을 강화하여 금융기관 부실 시에 보통주 주주의 최종적 책임성을 높이기 위해 보통주 자본비율(Common Equity Tier 1 ; CET1)을 2%에서 4.5%로 높였다. 아울러 자본의 손실 흡수력과 경기 대응성도 높였다. 자본보전 완충자본(Capital Conservation Buffer)은 위기 상황에서 손실을 흡수하도록 설계되었다. 모든 금융기관에 대해 상시적으로 보통주 자본을 추가로 2.5% 추가 보유하도록 하는 것으로 총보통주 자본은 7%(보통주 자본 4.5%와 자본보전 완충자본 2.5%)가 확보되어야 한다. 자본보존 완충자본을 유지하지 못할 경우 배당금 지급, 자사주 매입, 보너스가 제한된다. 또한 자기자본의 경기순응성에 대응하도록 경기대응 완충자본(countercyclical buffer)을 보통주로 0~2.5% 수준으로 확보하도록 하였다. 자본보전 완충자본을 추가하면 금융기관이 보유해야 하는 총자본은 위험가중자산의 10.5%로 증가하며, 이 중 8.5%는 Tier 1 자본이어야 한다. Tier 2 자본은 조정되고 Tier 3 자본은 폐지되었다.

레버리지 비율(Leverage ratio) 글로벌 금융위기에서 은행들의 과도한 레버리지(부채) 활용이 큰 영향을 미쳤음을 고려하여 명목금액 기준으로 자본을 규제하는 레버리지 비율규제가 시행되었다. 레버리지 비율은 Tier 1 자본을 은행의 평균 총자산으로 나누어 계산하는데, 이는 자기자본비율(자본/위험가중자산)과 대비된다. 즉, 레버리지 비율규제는 위험기반의 최소자본 요건을 보완하도록 비위험기반 측정 방법에 기초한다.

유동성 요건(Liquidity requirements) 바젤 Ⅲ는 두 가지 필수 유동성 비율을 도입했다. 유동성 커버리지

표 12-1 Basle Ⅲ의 자기자본 규제

		Basle Ⅱ	Basle Ⅲ	
최저 필요자본	총자본	> 8.0	> 8.0	–
	기본자본 (Tier 1)	> 4.0	> 6.0	보통주 이외의 자본수단(우선주, 신종자본증권 등)에 대해 기본자본 편입요건 강화
	보통주 자본	> 2.0	> 4.5	
	보완자본 (Tier 2)	2 + 3 ≤ 1	> 2.0	후순위채권의 경우 발생 시 최소만기 5년 이상으로 하고 최종만기 도래 5년 전부터 정액 상각
	Tier 3	단기 후순위채자본 인정	폐지	–
완충자본	자본보전용	없음	≥ 2.5	위기 시 손실 흡수에 사용
	경기대응용	없음	0~2.5	
레버리지 비율	Tier 1 > 총자산	없음	≥ 3.0	과도한 레버리지 증가 억제

자료 : 금융위원회

비율(Liquidity Coverage Ratio ; LCR)은 은행의 단기 현금인출 사태에 대한 대응력 확보를 위해 급격한 자금유출이 1개월간 지속되어도 이를 극복할 수 있는 현금, 국공채 등의 고유동 자산을 보유하도록 한다. 한편 순안정자금 조달 비율(Net Stable Funding Ratio ; NSFR)은 은행의 중장기적 위기에 대한 대응능력 제고를 위해 1년 동안 스트레스가 지속되는 상황에서 안정적 자금조달원이 그렇지 못한 자금조달원을 넘어설 것을 요구하는 것이다.

바젤협약 Ⅲ와 병행하여 FSB는 시스템적으로 중요한 금융기관(systemically important financial institution ; SIFI)에 대한 공통된 접근을 발전시켜 지급불능에 빠진 금융기관을 안전하게 해체시켜 파산 시 전체 금융시스템에 위협이 되지 않도록 하였다. 특히 G-SIFI(global SIFI)에 대해서는 보통주 자본비율 기준 1~3.5%p의 자본을 추가적으로 적립하도록 했다.

IFRS 9 2008년 금융위기 이후 국제회계기준위원회(International Accounting Standards Board ; IASB)는 재무회계 기준심의회(Financial Accounting Standards Board ; FASB)와 협력해 금융자산과 부채 회계를 결정짓는 국제기준으로 작용해 온 국제회계기준과 미국 회계기준을 검토하였다. 또한 2014년 새로운 국제회계기준 IFRS 9(International Financial Reporting Standard 9)을 발표하여 2018년부터 집행하도록 했다. IFRS9의 핵심 내용은 금융권의 대손충당금 산출 시 객관적 증거가 있는 손실을 넘어 예상되는 손실까지 추정해 대손충당금(완충자본)에 반영하는 것이다. 예상 손실까지 고려하므로 연체가 발생하지 않아도 미리 부실화 가능성이 높은 여신은 대손충당금을 높이고 구조조정에 나서도록 함으로써 금융기관의 건전성을 개선시키는 효과를 낳았다.

1.4 외환 자유화의 관리 : 외환제도에 관한 정책

외환 제도에 관한 정책은 금융기관, 기업, 개인 등 경제주체의 대외 경상거래 및 자본거래와 관련한 제반 정책을 말한다. 선진국의 경우 이미 외환자유화가 거의 완전히 이루어져 있지만, 신흥경제국은 경제발전 단계, 금융산업 발전 수준, 제도의 질적 수준, 거시경제적 규율 수준 등을 고려하여 외환자유화의 범위와 속도를 단계적으로 추진해 오고 있다.

자본이동 관리 정책

각국의 정책당국은 자본자유화 기조하에서 자본 유출입의 규모와 속도를 적절히 조절하는 자본이동 관리 정책(Capital Flow Management Measure ; CFMs)을 활용하고 있다. 자본이동관리 정책은 자본흐름 자체를 직접적으로 조절하기 위해 사용되는 행정조치, 조세 부과, 건전성 조치이다. 자본자유화 기조를 유지하는 상황에서 자본이동의 관리는 거시경제 정책(금리, 환율, 외환시장 개입)을 적절히 조합하는 방안을 우선 고려하여야 한다. 예를 들어 자본의 과다한 유입이 우려되는 경우 기준금리 인하, 외환매입 개입, 평가절상 용인 등으로 대응할 수 있으며, 이 중 어떤 수단을 사용하는가는 각각 경기, 외환보유고 보유, 통화의 대외적 가치 수준에 의존한다. 결과적으로 자본이동 관리정책은 경기가 과열되고 외환보유고가 과잉 축적되었으며, 자국 통화가치가 고평가된 상황에서 사용할 수 있다.

그림 12-8 자본이동 관리정책의 구성

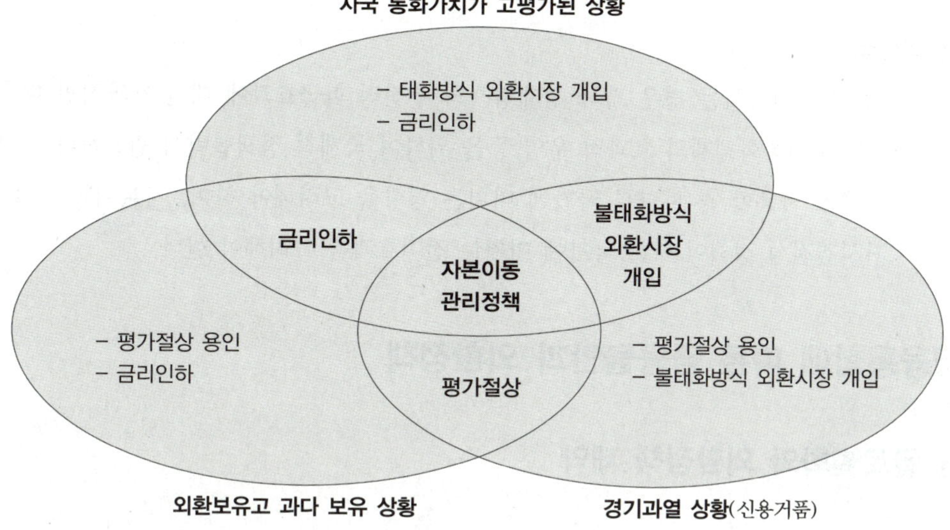

자료 : IMF(2012), "The Liberalization and Management of Capital Flows".

다만 거시경제 정책의 여력이 제약되거나 정책 수행에 시간이 소요될 때 또는 자본유출입이 금융시스템 안정을 크게 저하시킬 경우 자본이동관리 정책을 보완적으로 사용할 수 있다.[6] 즉, 대규모 자본유입 등에 대해 환율 절상 용인, 외환보유액 축적, 통화정책 및 재정정책 등과 같은 전통적 방법이나 거시건전성 차원의 정책 대응이 여의치 않을 경우 자본이동 관리정책이 유용한 정책대안이 될 수 있다. 자본이동 관리정책에서 규제회피 거래의 증가에 따른 규제의 유효성 저하, 효율적 자본배분의 왜곡 등 부작용이 나타날 수 있고 특정 국가의 규제도입으로 규제 차익거래가 발생하면 주변 국가들에 연쇄적인 규제도입을 유발할 수 있다. 한편 환율정책과 통화정책의 주요 목표는 각각 환율안정과 물가안정으로 자본유출입 대응을 직접적 목표로 하는 자본이동 관리정책과는 구별된다.

자본이동 관리정책은 우선 거주 여부에 따라 차별적으로 부과하는 차별적 조치로 자본통제가 있는데, 이에는 비거주자의 국내 금융투자에 대한 금융거래세 부과, 비거주자 예금에 대한 지급준비금 부과 등이 포함된다. 거주 여부를 따지지 않는 비차별적 조치에는 외화대출 상한, 외화예금에 대한 지급준비금, 외환건전성 부담금, 외환파생상품 포지션 비율 규제 등의 통화 관련 조치와 특정 투자에 대한 세금 부과, 최소 보유기간 설정 등의 기타 조치가 있다. 한편 금융 안정성을 도모하는 거시건전성 정책은 시스템 리스크 축소를 통해 간접적으로 자본흐름에 영향을 미치는 정책이라 할 수 있지만 이를 자본이동 관리정책과 구별하기 어렵다.

자본이동 관리정책은 행정규제와 시장기반 규제로 나누어 볼 수 있다. 행정규제에는 비거주자의 국내증권투자에 대한 승인, 비거주자에 대한 국내 금융기관의 대출 제한, 거주자의 해외차입 제한 등이 있다. 시장기반 규제는 자본 유출입에 대한 세금이나 예치 의무 등을 부과하여 내외 금리차 등에 따른 이익을 축소함으로써 자본 유출입을 억제하며 행정규제에 비해 투명성과 예측 가능성이 높다는 장점이 있다. 대표적인 시장규제로는 가변예치 의무제도(variable deposit requirement), 한계 지급준비 제도(marginal reserve requirement),

6. 자본유출입관리 방안을 시행하더라도 거시경제정책의 우선적 고려, 시장교란 최소화, 거주자와 비거주자 간의 차별 최소화 등의 원칙을 준수해야 한다.

금융거래세 등이 있다.[7]

국제적 정책협력

자본이동 관리정책을 사용하는 경우 각국 경제정책의 부정적 파급효과에 대한 효과적인 대응, 자본이동에 따른 리스크 완화, 국제통화체제의 효과적 운영 등을 위하여 국제적 정책협력이 필요하다. 자본유입 국가는 자본이동 관리정책을 사용할 경우 다른 국가에 미치는 영향을 고려해야 하며, 자본이동을 초래하는 국가도 자국의 통화 · 거시건전성 정책이 다른 국가에 미치는 전이효과를 고려해야 한다.

1.5 금융통합에 따른 금융불안과 외환정책

1) 금융 글로벌화와 외환정책 제약

국제 상품 및 금융거래 확대는 자본 이동성을 확대

금융 글로벌화가 낳는 파급효과는 이에 대한 정책 대응을 요구한다. 상품거래와 금융거래에 따른 외환거래 제도를 수립 · 운영하는 외환제도 정책이 필요한 것은 바로 이 때문이다. 하지만 국경 간 자본흐름을 적절히 통제하는 데는 근본적 한계가 있다. 자본은 경상계정을 통해 이동할 수 있으며, 국제금융시장이 외환을 보유함으로써 자본통제를 회피할 수도 있기 때문이다. 이는 1960년대 브레턴우즈 체제하의 강력한 자본통제하에서도 자본 이동성이 증가해 온 이유를 보면 알 수 있다. 우선 상품거래와 관련하여 거래 송장을 조작하여 투기적 자본 흐름을 무역 관련 거래로 위장할 수 있다. 대표적인 것이 이른바 리드 앤 래그이다. 예를 들어 달러 대비 원화의 평가 절하가 예상된다면 국내 기업은 원화 결제는 서두르고 달러 결제는 지연할 수 있다. 더 노골적으로 다국적기업은 내부 송장을 조절하여 수입액과 수출액을 가감할 수도 있다. 무역이 증가할수록 이렇게 자본통제를 피할 동기와 수단을 모두 가진 개인과 기업의 수가 증가한다. 금융거래에서도 미국의 자본통제는 런던의 유로달러 시장과 같은 국제통화시장을 탄생시켰다. 유로달러 시장은 미국의 국경 밖에서 미국통화인 달러를 대규모로 거래하므로 미국 재무부의 통제권 밖에 놓이게 되었다.

자본이동성 확대는 통화정책과 환율정책을 제한 : 삼자택이

글로벌화에 따른 자본 이동성 증가는 특정 국가가 선택할 수 있는 통화정책과 환율정책의 조합을 제한한다. 여기서 환율정책은 환율 제도의 선택과 환율의 안정적 운용을 말하는데 주로 환율의 자유로운 변동을 허용하는가(변동환율제) 아니면 일정 수준의 환율을 유지하는가(고정환율제)의 선택에 관한 것이다.[8] 환율의 안정은 안정적 대외교역을 위해서 긴요하다. 반면 특정 국가는 자국 내의 경기 상황에 부합하는 통화정책을 사용

---

7. 가변예치 의무제도는 거주자의 해외차입이나 외화증권 발행에 대해서 일정 비율을 중앙은행에 무이자로 예치하는 방법으로 예치 대상이나 예치 비율의 조정 등을 통해 자본이동 규모를 신축적으로 조절할 수 있다. 한계 지급준비 제도는 일정 한도를 넘는 비거주자 예금에 중앙은행이 지급을 준비하는 제도로 동 예금에 대한 금리 인하를 병행 실시하는 것이 일반적이다. 금융 거래세는 거주자가 해외로부터 자금을 차입할 경우 또는 비거주자가 국내증권에 투자하거나 투자 원리금을 회수할 경우 일정률의 세금을 부과하는 제도이다. 모든 국가 간의 자본유출입 거래에 대해 단일세율을 적용하는 외환거래세로 Tobin이 제안한 토빈세(Tobin tax), 1963~1974년 미국에서 국내외 금리차에 대해 세금을 부과한 이자평형세(interest equalization tax) 등이 금융거래세의 일종으로 분류된다.

8. 외환제도 정책과 환율정책은 총괄하여 외환정책이라 불린다. 한국은행(2016), 『한국의 외환제도와 외환시장』.

할 수 있어야 한다. 그러나 금융 글로벌화는 이를 제한한다. 환율 안정성(고정환율), 금융 글로벌화(국제자본이동), 통화정책의 자율성의 세 가지 정책 목표 중 두 가지만 추구할 수 있다는 삼자택이의 제한이 그것이다. 삼자택이는 주권 국가가 글로벌 금융시스템에서 직면하는 제약조건에 대한 것이다. 삼각형의 각 점은 정부가 선택할 수 있는 정책의 조합을 나타내고 있다. 각 점과 연결되는 두 변에는 성취 가능한 정책 목표가, 각 점을 마주보는 변에는 포기해야 하는 정책 목표가 각각 제시되었다. 이 모형은 환율정책(고정 대 변동)과 외환제도 정책(완전자본이동 대 금융시장 폐쇄)을 선택해야 하는 소규모 개방경제를 다룬다. 삼각형의 세 변은 바람직한 정책 목표로 통화정책 독립성, 환율 안정성(환율정책), 금융 통합(외환제도정책)을 나타낸다. 삼각형의 세 변에 동시에 머무를 수는 없지만, 꼭지점이라면 두 목표는 달성 가능하다.

그림 12-9 금융 글로벌화의 삼자택이(trilemma)

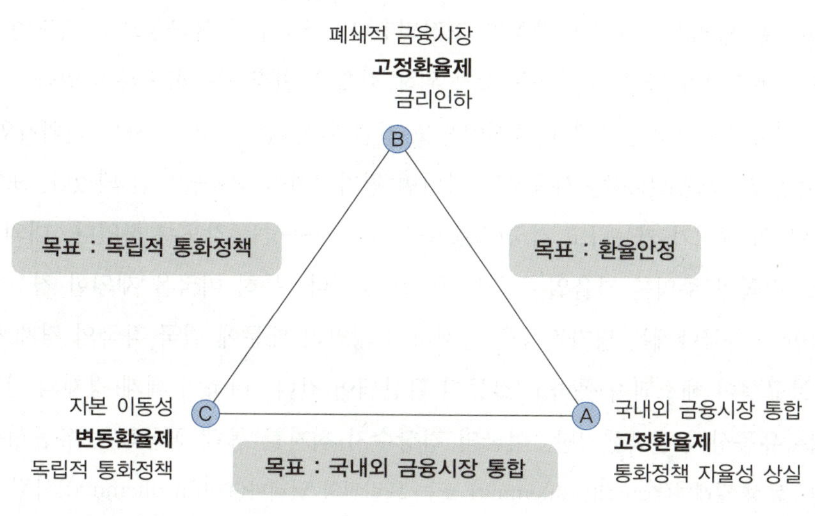

자료 : Rodrik(2000)

A : 고정환율 체제와 통화정책의 제한

[그림 12-9]의 오른쪽 꼭지점 A는 금융통합과 환율 안정성을 갖지만, 통화정책의 독립성은 포기하는 "고정환율 체제"이다. 유로존의 국가들은 역내 국가 간에 환율을 고정하고 자본의 자유로운 이동을 허용하였다. 그러나 대신 개별 국가들은 독립적인 통화정책을 펼칠 수 없게 되었다. 금본위제도하에서 각국의 통화 가치를 금의 일정 중량으로 정해 통화 간 교환비율, 즉 환율이 금을 통해 고정됨으로써 안정적인 교역환경을 창출하였다. 자본 이동이 자유(외환제도 정책)로운 상황에서 안정적 무역환경을 위해 고정환율제도(환율정책)를 가지려면 각국이 자국의 대내적 정책목표(물가안정과 완전고용)를 위해 통화정책을 활용할 수 없다. 통화정책이 금리와 환율에 직접적 영향을 미치기 때문이다.

대외불균형은 자본 이동과 그에 따른 국내 경기의 부침으로 조정되었다. 경상수지 적자국에서는 흑자국으로 금의 유출이 발생한다. 적자국에서는 경기침체를 겪으며 가격과 임금이 하락하여 수출품의 경쟁력이 높아지고, 흑자국에서는 경기활황 속에서 가격과 임금이 상승하여 국제경쟁력이 악화된다. 무역 흑자국은 금의 유입과 그에 따른 통화증가, 경기활황 그리고 물가상승을 경험하여 무역흑자의 축소가 생겨나 대외불균형이 해소되었다. 이러한 조정방식은 국내경제에 어려움을 낳게 한다. 이를 피하려면 무역장벽을 통해 수입과 무역적자의 확대를 제한하여야 한다. 고전적 금본위제가 시행되는 동안 경상수지의 조정이 실업률을 높이고 사회지출을 삭감하는 긴축 정책의 형태로 이루어졌고 각국 정부가 고정환율을 방어할 것이라는 약속은 의심받지 않았다. 이는 당시 보편적 참정권이 확립되지 않았고 투표가 자산가와 귀족에게 제한되어 있었기 때문이다. 각국 정부는 완전고용을 추구하거나 사회정책을 제공하라는 국내의 압력으로부터 격리되었다. 그러나 20세기 초 선거권이 노동계급으로 확대되면서 환율 안정의 목표보다 완전고용의 목표가 중시되었다. 보호무역주의가 확산되고 경쟁적 평가절하가 생겨났다.

B : 자본이동의 제한과 가변적인 고정환율의 브레턴우즈 체제

중국은 현재 환율을 안정화하고 독립적인 통화정책을 추구하기로 하였지만, 대신 국제자본이동에 제한을 부과하고 있다. 제2차 세계대전 종식을 전후하여 국제 무역질서를 회복하기 위해 보호무역주의를 거부하고 환율안정을 중시하는 체제로 고정환율제도가 복귀하였다. 미국을 중심으로 달러화와 금의 상대가치가 고정되었고 다른 통화들은 달러화와의 상대가치가 고정되었다. 국제수지 불균형으로 과도한 경기침체를 겪는 경우 보호무역주의의 목소리가 확산되는 것을 막기 위해 환율은 변경 가능하도록 하였다.[9] 적자국은 외환 보유고와 통화공급이 위축되어 경기침체와 디플레이션을 경험한다. 경상수지 적자는 해외차입을 통해 메꿀 수 있으며, 이것이 어려우면 외환보유고를 사용하고 아니면 평가절하를 허용받으면 되었다. 또한 자본통제를 실시하여 국내외 이자율의 괴리가 가능하고 각국이 통화정책의 자율성을 갖도록 하였다. 대외적 목표뿐만 아니라 대내적 목표에도 각국이 주의를 기울일 수 있도록 한 것이다. 특히 미국을 제외한 경상수지 적자국은 평가절하를 허용했지만 흑자국에게는 평가절상을 강제하지 않았기 때문에 결국 각국의 경제 상황의 격차 속에서 환율에 심각한 불균형이 해소되지 못하고 갈등이 확산되어 갔다. 더욱이 세계 경제의 안정적 성장을 위해서 달러가 제공하는 유동성이 필요했지만, 미국의 경상수지 적자를 통해 공급되는 유동성은 달러화에 대한 신뢰를 계속 약화[유동성 딜레마(liquidity dilemma) 또는 트리핀의 딜레마(Triffin dilemma)]시켰고 결국 가변적인 고정(fixed but variable) 환율제인 브레턴우즈 체제는 붕괴되었다.

브레턴우즈 체제는 고정되었지만 조정 가능한 환율체제로 국제무역의 발전을 지원하기 위해 고안되었으나, 자본 이동은 적극 억제되었다. 각국의 통화정책은 공식적으로 자율적이었지만 미 달러화가 기준이 되었다. 그러나 무역의 순조로운 확대를 기반으로 자본 이동성이 증가함에 따라 브레턴우즈 체제는 압박을 받기 시작했다. 마침내 각국의 통화정책의 자율성을 포기하지 않고 자본이동의 완전한 자유화를 허용하기 위해서 조정 가능한 페그 시스템을 포기해야 했다. 배분 효율성을 손상시키지 않으면서 그렇게 할 수 있는 방법은 없다. 결국 환율의 결정은 시장에 넘겨졌고 이러한 방식으로 각국의 통화정책 자율성이 회복되거나 보존되었다.

C : 변동환율 체제와 통화정책의 독립성

국제적인 무역 및 투자의 확대로 인해 자본의 자유로운 이동을 통제하는 것이 불가능하다면 참정권이 보편화된 상태에서 환율 안정(대외목표)과 국내 재정 · 통화 정책(대내목표) 간에 갈등이 존재한다. 환율 안정이나 통화정책의 독립 둘 중의 한 가지 목표는 포기되어야만 한다. 자본흐름이 통제될 수 있어야 환율 안정성과 통화정책의 독립성을 확보할 수 있다. 이제 정책의 우선순위는 각국 경제의 특성과 구성에 따라 그리고 대내적 목표와 대외적 목표 간의 균형을 취하는 선에서 이루어질 것이다. 이는 사회 내의 서로 다른 이해집단에

---

9. 통화위원회처럼 극단적인 환율제도를 가진 경우에 고정환율제에 대한 신뢰성은 끊임없이 변화하며 중앙은행도 통화위원회의 규칙을 엄격하게 따르지 않는다. 즉, 때때로 평가절하를 통해 경기침체가 정치적 안정성이나 경제적 번영을 해치지 않도록 하고 있다.

대한 파급효과와 이들이 정치적으로 자신들의 관심을 반영할 수 있는 능력을 반영할 것이다. 미국처럼 대규모의 내수시장을 가진 경제는 상대적으로 외국무역의 변덕스러움으로부터 상대적으로 고립되어 국내정책의 자율성을 유지하는 것이 선호된다. 반면 대부분의 유럽과 같이 무역에 크게 의존하는 소규모 개방경제는 시민들의 직접적인 경제적 이익과 관련된 환율 안정성을 높게 평가할 것이다. 그리고 이에 따라 다양한 통화체제가 공존하고 있다. 즉, 자유변동 환율제도, 자유로운 자본이동, 독립적인 통화정책을 선택하고 있는 선진국과 어느 정도의 환율 고정, 완전하지 않은 자본이동, 독립적인 통화정책을 선택하고 있는 개도국 및 신흥시장국이 공존하고 있다. 미국은 독립적인 통화정책과 금융계정의 개방을 유지하고 있지만, 그 결과로서 환율은 시장에 맡겨놓게 되었다. 브레턴우즈 이후의 국제통화체제는 이런 의미에서 국제통화체제가 존재하지 않은 무체제 체제(non-system) 또는 혼합형 체제(hybrid system)라 할 수 있다. IMF는 환율 변동의 신축성과 형태에 따라 환율제도를 세 가지로 나누고 환율 운용 방식에 따라 9개 집단으로 나눈다. 2019년 기준 변동환율제를 채택한 국가의 비중은 191개 회원국 중 35%(66개국)이고, 그중 자유변동 환율제를 채택한 국가는 16%(31개국)이다.

[그림 12-9]의 왼쪽 꼭지점 C도 1971년 이래 선진국을 중심으로 많은 국가에서 선택하게 된 변동환율체제이다. 금융통합과 통화정책의 독립성을 갖지만, 환율의 안정성은 포기한 경우이다. 외환제도 정책으로

표 12-2 IMF의 환율제도 분류체계

대분류	소분류	주요 내용
고정 환율제도 (24)	통화동맹 (13)	▪ 고유의 법정통화가 없을 때 선택 ▪ 역내 단일통화제(유럽통화동맹), 미 달러를 자국의 통화로 사용하는 달러화 통용제도(dollarization)가 대표적 ▪ 국내 통화정책에 대한 통화당국의 통제가 불가능
	통화위원회제 (11)	▪ 자국 통화의 환율을 특정 통화에 고정시킨 후 외환보유고 범위 내에서만 자국 화폐 발행을 허용 ▪ 자국화폐 소지자의 요구 시 고정환율로 외화로의 무제한 태환 허용 ▪ 중앙은행의 독립적인 통화관리 수행 불가능
중간 단계 환율제도 (88)	전통적 페그제 (42)	▪ 자국 통화를 외국의 통화(들)에 연동시켜 고정 ▪ 기준환율을 중심으로 시장환율을 좁은 범위(±1% 또는 최소 6개월간 최대-최소 환율의 차이가 2%) 내에서 관리
	안정적 환율제 (25)	▪ 환율을 6개월 이상 2% 이내에서 변동하도록 운영
	크롤링 페그제 (3)	▪ 단기적으로 자국 통화를 외국 통화(들)에 연동시켜 고정된 기준환율을 유지하고, 장기적으로는 주요 교역국과의 인플레이션율 차이 등 지표 변화를 감안하여 기준환율을 조정
	유사크롤링제 (18)	▪ 6개월 이상 기간 중 환율 추세가 2% 내에서 변동하고 최소 변동범위는 안정적 환율제보다 크게 설정.
	밴드내 페그제 (1)	▪ 기준환율로부터 시장환율이 최소 ±1% 또는 최대-최소 환율의 차이가 2% 이내의 범위에서 변동하게 허용
변동 환율제도 (66)	관리변동제 (35)	▪ 원칙적으로 환율의 신축적인 변동을 허용하되 정책당국이 외환시장에 개입하여 과도한 환율 변동성을 완화하는 제도
	자유변동제 (31)	▪ 환율이 시장에서의 수공에 따라 자유롭게 결정되는 가장 신축적인 환율제도 ▪ 시장개입이 예외적 상황에서 6개월간 3회(매회 3영업일 이내) 이루어지고(smoothing operation) 개입정보를 공개

주 : 1) ( ) 안은 IMF 회원국 중 비중(2012년 4월 기준).
2) 위에 속하지 않는 나머지 회원국(13)은 기타로 분류

자료 : IMF(2019) "Annual Report on Exchange Arrangements and Exchange Restrictions"

완전자본 이동을 선택한 경우 만약 통화정책의 독립성을 유지하려면 고정환율을 포기하여야만 한다. 이는 물가안정이나 완전고용과 같은 대내적 균형을 통화정책과 재정정책의 주된 목표로 삼는 경제에서 자본통제가 어렵다면 고정환율을 유지할 수 없는 것이다. 각국은 자본의 차입과 대부가 가능하지만 환율을 유지할 필요가 없다. 환율은 시장의 수요와 공급에 의해 결정되어 흑자국에서 화폐가치의 절상이, 적자국에서는 절하가 발생하여 재화의 상대가격이 조정됨으로써 경상수지의 불균형이 해소되었다.

2) 현 국제통화체제의 특성

(1) 달러 중심의 기축통화체제

현행 국제통화체제는 미 달러화를 기축통화[준비통화(reserve currency)]로 하는 체제로 종종 단일체제(uni-polar system)라고도 불린다. 외환 거래의 86%가 달러화와 관련 있으며 공식 외환보유고(준비금)의 63%가 달러화(유로화 27%)로 보유되고 있다.[10] 66개국이 달러에 대해 환율을 고정하거나 관리하고 있으며, 27개국은 유로화에 대해 동일한 조치를 취하고 있다. 그리고 석유와 대부분의 글로벌 상품은 달러로 가격이 책정된다. 미국은 경상수지 흑자 국가들이 창출해 온 막대한 준비금의 주요 투자대상국이었다. 그러나 외환거래나 공식 준비금에서 사용 비중이 늘면서 유로는 점차 보조적인 준비통화로 부상하고 있다. 유로존은 통화연합이지만 완전한 재정 · 정치 연합은 아니며, 금융시장의 규모와 깊이가 부족하다. 엔화와 스털링화를 포함한 다른 통화는 보유나 사용이 제한적이어서 준비통화 역할을 하지 못하고 있다. 또한 중국의 경우에는 위안화의 다른 통화로 전환이 불완전하고 금융시장의 발전이나 유동성 수준이 부족하다. 일단 특정 통화가 준비통화로 널리 사용되면 네트워크 외부성까지 작용하기 때문에 관성이 크게 작용하여 달러화의 준비통화로서의 지위에는 당분간 큰 변화가 없을 것이다.

복수의 준비통화 제도에 비해 단일의 준비통화 체제는 국경 간 거래의 비용을 축소시키고 거래를 효율적으로 만든다는 의미에서 규모의 경제를 실현할 수 있다. 또한 단일의 준비통화국의 금융시장이 매우 발달한 경우 안정적인 자산배분을 할 수 있다. 그러나 단일 준비통화 체제는 적지 않은 비용도 수반한다. 단일 준비통화국은 세계 무역의 성장에 걸맞게 준비통화를 전 세계에 공급하여야 한다. 이는 준비통화국의 수입 초과를 통한 준비통화의 유출로 가능하다. 그러나 수입초과에 따른 경상수지 적자는 해외순부채 증가를 의미하므로 준비통화의 유동성 공급은 준비통화의 신인도 하락을 야기할 수 있다. 반면 준비통화국이 경상수지 흑자를 유지하려면 다른 국가의 유동성 수요를 충족하기 어려워 준비통화로서의 역할을 수행할 수 없게 된다. 국제통화체제에는 이처럼 근본적인 내재적 불안요인을 가지고 있다.

준비통화국의 과도한 특권

한 나라, 즉 미국이 발행하는 통화가 기축통화의 지위를 갖고 이에 지배적으로 의존하는 국제통화제도는 주권국가들 사이에 많은 비대칭적 지위를 초래하고 있다. 준비통화국의 지위에는 상당한 편익과 비용이 수반된다. 미 달러화를 보유하고자 하는 타국의 거주자에게 달러화를 공급함으로써 화폐주조세(seinorage)를 얻을

10. IMF는 정기적으로 미국 달러화, 유로화, 위안화, 엔화, 파운드화, 호주 달러, 캐나다 달러, 스위스 프랑을 중심으로 각국 중앙은행들이 보유하는 준비통화의 보유 실태를 보여주는 COFER(composition of official foreign exchange reserve)를 발표한다.

수 있고, 미 달러화 채권에 투자하는 타국 덕분에 미국 정부, 기업, 가계는 낮은 비용으로 자금을 조달할 수 있다. 그러나 외국자본의 미국유입은 달러화의 절상을 낳아 미국 수출산업이나 수입경쟁 산업의 경쟁력을 약화시키는 비용도 부담해야 한다.

준비 통화국의 통화 건전성을 결정하는 요인들은 비준비 통화국에 큰 영향을 미친다. 미국 경제가 안정적으로 성장하고 금융시스템의 건전성이 유지되면 국제무역과 금융거래의 안정성이 유지될 수 있다. 하지만 그렇지 않을 경우 국제무역과 금융거래의 안정성은 훼손된다. 특히 단일 준비통화체제에서 준비통화국은 독자적으로 글로벌 유동성의 수준을 결정할 수 있는 독특한 지위를 갖는다. 이러한 글로벌 유동성 수준을 결정하는 데에 미국은 다른 국가나 세계 전체의 경제상황보다 자국의 경제상황을 우선적으로 고려할 것이다. 국제적 공조 없이 단일 준비통화국의 거시경제정책이 자국의 경제적 상황을 반영하여 독립적으로 수립 · 시행되는 만큼 단일 준비통화국의 정책기조, 특히 정책금리 수준이 다른 국가에 지대한 영향을 미친다.

글로벌 경기의 기축 통화국에 대한 의존성

신흥시장국으로 자본의 반복적인 급속한 유출과 유입은 금융이 통합된 글로벌 경제의 속성이며 많은 신흥시장국에서의 통화 · 재정 정책에서 경기 순응성이 나타나는 중요한 이유가 된다. 미국의 유동성과 위험(에 대한 태도)의 변동은 신흥경제국으로의 자본흐름 급변을 초래한다. 자본흐름의 변화는 자본을 유입받는 신흥시장국 입장에서 외생적으로 결정되는 일이다.

미국에서 긴축적 통화정책이 실시되어 글로벌 유동성이 위축되거나 금융시장에서의 위험 수준이 높아지며 안전자산이 선호되는 경우 자본은 선진국의 안전자산으로 이동하고 신흥국으로의 자본유입이 급감한다. 자본흐름의 급작스런 반전(급정지)은 자산가격 하락과 신용경색을 야기하며 금융 및 거시경제적 불안정성의 원인이 된다. 또한 신흥국 통화의 급속한 절하가 생겨난다. 변동환율국은 자본유입의 감소에 반응하여 환율의 절하를 허용하여 국제수지 균형을 회복함으로써 통화정책의 독립성을 유지할 수 있다. 하지만 이러한 국제수지 조정이 야기하는 고통은 과도하다. 특히 자본흐름이 급변하는 환경에서는 더욱 그러하다. 물론 위기상황에서 신흥국은 보유 외환을 매각하여 외환시장에 개입함으로써 환율의 과도한 절하를 막는다. 자본유입의 급정지와 그로 말미암은 국내신용의 위축이 생겨나는 순간에 환율안정을 위한 외환공급 증가로 말미암아 긴축적 통화정책[11]이라는 경기순응성이 나타나는 것이다. 한편 선진국의 완화적 통화정책을 배경으로 글로벌 유동성이 풍부해지고 금융 경색과 위험수준이 낮아지면 안전자산 선호도가 약해지면서 신흥시장으로의 자본유입이 커지며 과열의 위험이 생겨난다. 과도한 신용 창출, 자산가격 버블 그리고 인플레이션 폭증이 생겨나 금융과 경제의 불안정을 초래할 수 있다. 자본 유입은 신흥국 통화가치의 급격한 절상으로 이어질 수 있다. 과도한 절상이 생겨나면 신흥국은 외환보유고를 축적하며 대응하는데, 이는 팽창적 통화정책과 그에 따른 신용팽창 및 경기 과열을 낳게 된다.

급작스럽고 감당하기 어려운 자본유출이나 자본유입이 발생할 때 외환시장에 개입하는 것은 환율제도의 선택과는 무관할 수 있다. 변동환율제하의 국가에서도 환율안정을 위해 외환시장 개입에 나서게 된다는 것이다. 2008년 글로벌 금융위기는 안전자산 선호로 신흥시장으로의 자본유입을 급감시켜 환율 절하를 낳았다.

---

11. 중앙은행은 통화긴축을 막기 위해 감소한 통화공급에 대응하여 국내채권 매입과 통화공급 증가라는 불태화(sterilized) 개입에 의존할 수 있다. 그러나 자본통제가 없다면 국내투자자는 한편으로 외화표시채권을 매입하고 다른 한편으로는 국내통화표시 채권을 매각함으로써 중앙은행의 불태화개입을 무력화할 수 있다.

변동환율국에서는 자본유입 급감에 대응하여 환율 절하를 용인하고 자유롭게 완화적 통화정책을 펼치기보다(고정환율국과 마찬가지로) 외환보유고를 매각함으로써 외환시장에 적극 개입하여 환율의 절하를 막았다. 이론상으로 변동환율국은 중앙은행이 완전한 통화 자율성을 갖지만, 막대하고 변동성이 큰 자본흐름에 직면하여 경제를 안정화하려 노력하였고 그 결과 사용된 최적 통화정책은 환율 안정화 정책과 구별할 수 없게 되었다. 변동이 심한 자본흐름의 환경에서 환율이 변동할 수 있더라도 통화 독립성은 제한받을 수밖에 없다. 결과적으로 국제금융의 삼자택이는 실제로 양자택일인 것이며, 독립적 통화정책은 자본통제나 금융계정의 관리가 이루어질 경우에만 가능하다는 것을 알 수 있다. 그러나 자본통제의 효과에 대한 실증적 증거는 모호한 측면이 있다. 항구적 자본통제는 효과적일 수 있지만 일시적 자본통제는 제한적으로 나타난다(Klein, 2012 ; Klein and Shambaugh, 2015).

비 준비통화국의 원죄

원죄 자국통화가 국제화되지 않거나 준비통화가 아닌[원죄(original sins)] 국가들은 국제금융시장에서 자금을 조달하려 할 때 자국통화로 표시된 채권의 발행은 어렵기 때문에 준비통화로 표시된 채권을 발행하여야 한다. 대출받을 때도 자국 통화가 아닌 외국 통화로만 대출받을 수 있다.

통화불일치 원죄가 존재하면 자금 조달과 운용에서 통화 불일치 문제가 발생하고 외환위기가 발생할 잠재적 위험을 가지므로 사전에 이에 대비할 필요가 있다. 준비 통화국은 이러한 문제로부터 자유롭다. 미국은 유동성이 부족하면 미 달러화 발행을 늘리면 되기 때문이다.

대외준비자산의 축적 미국을 제외한 다른 국가들은 위기 예방 및 대응 목적으로 달러화나 미국 국채로 대외준비 자산 또는 외환보유고를 사전에 충분히 보유해야만 한다. 결국 외환보유에 따른 비용부담이 상존하고 더불어 외환보유 자산이 대부분 단일 준비통화로 이루어지게 됨에 따라 외환 보유자산의 환위험이 크다.

글로벌 불균형의 지속

재화와 용역 그리고 자본의 이동이 특정 국가나 지역에 편중되어 준비 통화국과 여타 국가 간에 경상수지 불균형이 지속되는 글로벌 불균형이 생겨난다. 경상수지 흑자 형태의 글로벌 불균형은 1980년대에 독일과 일본에서, 1990년대 중후반에는 독일, 일본에 더해 산유국과 아시아 신흥국에서, 그리고 2000년대에는 이에 더해 중국에서 나타났다. 미국 이외의 국가들이 미국을 상대로 경상수지 흑자를 기록하고, 이를 통해 외환보유고를 미 달러화 표시자산으로 보유할 수 있다. 이렇게 창출된 미국의 금융수지 흑자는 미국의 경상수지 적자 보전에 활용된다.[12] 글로벌 불균형은 적자국 미국에서의 대내외 채무 누적, 인플레이션과 신용위험의 증가, 보호무역주의를 초래하고 흑자국의 경우에는 높은 해외의존도로 말미암아 거시경제적 불안정을 잠재하고 있다.

---

12. 기축통화를 발행하는 국가에서 경상수지 적자가 발생하는 경우 비기축통화국들은 기축통화국에 대한 자본투자를 증가시키고 이는 기축통화국의 경상수지 적자를 확대시킨다. 이러한 현상이 지속되는 경우 기축통화국의 경상수지 적자가 이어질 수 있다. 이는 비기축통화국의 지속적인 경상수지 흑자가 가능할 수 있다는 의미이기도 하다. 이러한 비대칭적 체제는 글로벌 불균형과 같은 국제적 대외 불균형이 상당 기간 조정되지 않는 상태로 유지될 수 있는 배경이 된다.

국제통화제도 개편논의

현행 국제통화제도는 글로벌 불균형이 장기간 지속되고 기축통화국과 여타국 간의 비대칭성이 과도한 만큼 복수의 기축통화체제를 구축하거나 별도의 국제결제통화를 창출하자는 논의로 이어지고 있다.

(2) 통화 협력의 필요성

균형 환율의 과도한 이탈

변동환율이 원활한 대외불균형의 조정을 보장하고 상충되는 경제정책을 조율하며, 외부적 제약으로부터 자유로워질 것이라는 희망은 실망으로 나타났다. 1973년 자유변동환율제로 이행한 이후 선진국에서 시장 환율은 변동성이 급증하였고 펀더멘털로부터 광범위하고 지속적으로 벗어났기 때문이었다[환율이탈(exchange rate misalignment)]. 환율은 대내외 불균형을 해소하기보다는 지속시켰고 자원 배분을 왜곡하여 무역관계를 과도하게 긴장시켜 왔다. 미 달러화가 강세를 유지하는 동안 큰 타격을 받은 미국의 제조업체를 중심으로 보호무역에 대한 압력을 키웠다. 반대로 미 달러화가 약세를 보이는 동안 일본이나 유럽의 통화를 강세로 전환시켜 이들 국가의 거시경제 상황을 악화시키기도 하였다. 1980년대 말 일본은 엔화 강세를 완화하고자 팽창적 통화정책을 시행하였는데, 이로 말미암아 투기적 버블의 형성과 붕괴를 거치며 일본 경제는 장기불황으로 빠져들었다.

국제 통화협력의 필요성

변동환율제하에서 자본 이동성을 제한하는 것이 바람직하지 못하고 현실성도 없는 만큼 환율 안정성을 높이기 위해서 주권국가 간의 정책 조율과 그에 수반된 경제정책에 대한 규율이 요청된다. 1985~1987년의 루브르 협정(Louvre Accord)과 플라자 협정(Plaza Accord)이 대표적 사례이다. 정책조율은 일정한 규칙과 재량을 요구하는데, 주권 국가로 구성된 국제사회에서 재량의 행사는 단일의 지도국을 상정하기 어려우므로 협력적 방식으로 행사되어야 한다. 민주주의 사회에서는 협력이 필요할 경우 언제든지 현실화될 것이라고 기대하기 어렵기 때문에 IMF와 같은 국제기구의 더 강력한 역할이 요구된다.

1973년 이래 새로운 시장주도 시스템하에서 금융시장은 글로벌하지만 정책기구가 국가별로 산재하여 주권이 작용하고 있다는 비대칭성으로 말미암아 제도상의 공백을 낳고 있다. 주권 국가의 항속성에도 불구하고 시장이 세계 경제의 통합요인이 되어감에 따라 시장주도의 국제통화시스템의 제도적 요건이 국가 간의 느슨한 제도보다 단일 국가 내에서 성립해야 할 체계를 닮아갈 것이다. 국제통화체제의 제도 중 국제결제와 은행감독 분야와 관련하여 중앙은행과 감독당국 간의 비공식적인 협력을 통해 시스템의 안정성을 확보하기 위한 공통의 규칙과 전략이 큰 진전을 보이고 있다. 그러나 통화 및 환율정책 영역에서 IMF와 같은 국제기구가 이미 존재해 왔지만 제도적 진전은 부진하다. 플라자와 루브르의 성공적인 조율이 성립한 이후 통화문제에서의 G7 국가 간 정책협력은 비공식적 의견교환으로 제한되었고 중앙은행의 간헐적인 조율만이 있었을 뿐이다. 한편 주요 산업국의 정책에 대한 IMF의 영향력은 점차 감소해 왔으며, 대신 IMF는 조건부 대출로 정책을 통제할 수 있는 국가에 초점을 맞추어 왔다.[13]

---

13. 국제통화제도 유지를 위해 IMF는 회원국에게 여러 의무를 부과한다. 회원국이 준수해야 할 대표적인 의무로 '환율제도 안정적 유지의무'가 있다. IMF는 환율제도 안정적 유지 의무와 회원국이 정책시행 시 이행해야 할 원칙 준수 여부를 감시하는 정례회의를 매년 개

결국 분산된 시장 환경에서 움직이는 국가들 간의 관계를 관리하도록 설계된 브레턴우즈 체제는 시장주도 시스템에서는 부적절한 것으로 나타났다. 대규모의 국제적 자본이동과 급격한 포트폴리오 변동은 각국의 통화정책의 집행을 교란하고 글로벌 통화 여건을 왜곡해 왔다. 동시에 변동환율은 경제적 금융적으로 상호의존적인 국가들을 격리하는 데 부족할 뿐만 아니라 경제정책에 대한 시장규율을 일관되게 부과하는 데도 미흡하였다.

3) 환율정책 : 환율의 안정적 운용

환율정책은 환율제도의 선택을 넘어 환율의 안정적 운용을 포함한다. 변동환율제하의 국가는 종종 외환시장의 환율결정 과정에 적극 개입하기도 한다. 환율이 시장에서 결정되며 자유롭게 변동되도록 하고 자본의 자유로운 이동을 허용하였다 하더라도 외환 수급의 불균형과 쏠림현상 그리고 그에 따른 환율의 과도한 변동을 완화할 필요가 있다. 환율의 과도한 변동은 국제거래를 교란하고 미래 계획을 세우는 것을 어렵게 만들기 때문이다. 더 나아가 변동환율제하에서도 경상수지 흑자국은 환율의 절상을 막아 안정화시킴으로써 자국 상품의 국제경쟁력을 유지하려 할 것이다. 경상수지 적자국은 국내경기의 침체를 완화하고자 관세 등의 보호무역주의를 피하고 대신 환율 절하에 의존할 수 있다. 이자율을 하락시키는 팽창적 통화정책을 통해 환율에 영향을 미침으로써 수출품의 경쟁력과 수입품의 매력을 하락시키는 노력을 기울일 수도 있다. 미국과 같은 경상수지 적자국의 팽창적 통화정책과 이자율 하락은 경상수지 흑자를 보이는 신흥시장국으로의 자본이동 그리고 환율 절상과 경쟁력 악화를 초래할 수 있다.

외환 당국은 외환을 매매하여 자국 통화량과 외화자산의 상대 규모를 변화시키거나 시장 참가자들의 기대를 변화시켜[구두개입(oral intervention)] 환율의 수준이나 변동성에 영향을 미치는 시장 개입정책을 할 수 있다.[14] 외환시장 개입은 외환 매매에 따른 부산물로 국내 통화량에 변화가 생겨난다. 예를 들어 중앙은행이 외환시장에서 외환을 매입한다면 이는 통화량 증가를 낳고 이를 해소하고자 공개시장 조작 등을 통해 증가한 통화를 환수할 수 있다. 외환시장 개입으로 나타난 통화량 변화를 해소하는 것을 불태화(sterilized) 개입이라 하고 그렇지 않은 경우를 태화(non-sterilized) 개입이라 한다.

외화유동성 관리

국제 금융시장의 신용경색(credit crunch) 등으로 국내 은행이 외화자금 조달에 오랫동안 어려움을 겪는 경우 당국은 외화시장에 유동성을 직접 공급할 필요가 있다. 물론 통화가 국제화된 국가들의 경우에는 중앙은행이 특별하게 금융기관에 외화대출 등을 통해 외화 유동성을 공급하는 제도를 운영할 필요성이 없다. 자국통화를 언제든지 국제금융시장에서 다른 나라 통화로 교환할 수 있고 외환시장의 유동성도 풍부하여 공개시장 조작에 의한 자국 통화공급으로 외화유동성 지원 효과를 충분히 거둘 수 있다. 그러나 통화가 국제화되지 못한 국가이거나 금융위기 때와 같은 예외적인 경우 중앙은행은 외화대출, 통화스왑 등을 통해 외화 유동

최한다. 개별 회원국에 대해 매년 정례협의와 금융부문(의 안정성과 구조적 취약성) 평가프로그램를 실시[양자 간 감시(bilateral surveillance)]하고 회원국 전체 또는 회원국 그룹별로 기타 감시활동을 실시[다자간 감시(multilateral surveillance)]한다.

14. 자유변동환율제하에서 외환시장 개입은 환율이 원칙적으로 외환시장에서 결정되게 하되 일시적 수급불균형이나 시장 불안심리로 환율이 급변할 때에 한 해 변동속도를 조절한다는 의미에서 스무딩 오퍼레이션(smoothing operation)이라 한다.

성을 공급할 수 있다. 2008년 글로벌 금융위기 시기에 유로 지역, 영국, 일본 등의 중앙은행들은 미 연준과 통화스왑 협정을 체결하고 이를 통해 조달한 상당한 규모의 달러화를 외화대출로 금융기관에 공급한 바 있다. 또한 스왑시장의 불균형을 완화하고 외채증가를 억제하기 위해 중앙은행이 직접 스왑시장에 참여하여 외은 지점의 역할을 대신할 수도 있다.

준비금으로서 외환보유액

외환보유액은 중앙은행이나 정부가 보유하고 있는 대외지급준비자산을 말한다.[15] 외환보유액은 외화유동성 부족 상황에 직면한 국가가 최우선적으로 활용 가능한 위기대응 수단이자 위기예방을 위한 자가보험(self-insurance) 역할을 하며 외환시장 안정과 결제능력에 대한 국가 신인도를 높여 기업과 금융기관의 해외자본조달 비용을 낮추고 외국인투자 촉진을 기대할 수 있는 수단이 된다. 위기발생 시 외환보유고는 해외차입을 못해 어려워지는 대외결제에 대비하고 자본이 해외로 급격히 유출될 때 이를 완충하며, 외환시장에서 외화가 부족하여 자국통화의 가치가 급락하는 것을 막아 대외채무의 외화 표시금액이 급등하지 않도록 할 수 있다. IMF에 따르면 외환보유액은 교환성이 있고 유동성이 높은 자산으로 통화당국이 해외에서 운용하면서 언제든지 현금으로 바꾸어 사용할 수 있는 외화자산으로 정의된다. 이에 따라 외환보유액은 달러화나 달러표시 자산으로 보유하며, 최소 수개월간의 수입대금을 충당할 수 있는 규모로 보유한다.

일반적으로 선진국은 국가신인도가 높고 자국 통화가 국제적으로 널리 사용되므로 외환보유액을 많이 축적할 필요성이 적다. 그러나 신흥국들은 국제금융시장에서 자국 통화의 사용이 제한적이고 금융위기 시 해외로부터의 외화차입이 어려우므로 외환보유액을 여유 있게 보유할 필요성이 크다. 외환보유액의 적정성에 관한 통일된 기준은 존재하지 않지만, 그 보유 비용과 대외지급 수요 그리고 과거의 위기 경험에 의존한다. 각국에서 자본자유화가 진전되기 이전에 적정 외환보유고는 수입 규모나 경상거래 지급 규모가 중시되어 연간 경상지급액의 25% 또는 최근 3개월 수입액에 상당하는 금액이 자주 제시되어 왔다. 자본자유화가 크게 진전된 이후에는 자본유출 확대 가능성에 초점을 두게 되었다.

그림 12-10 세계 외환보유액의 구성통화 비중

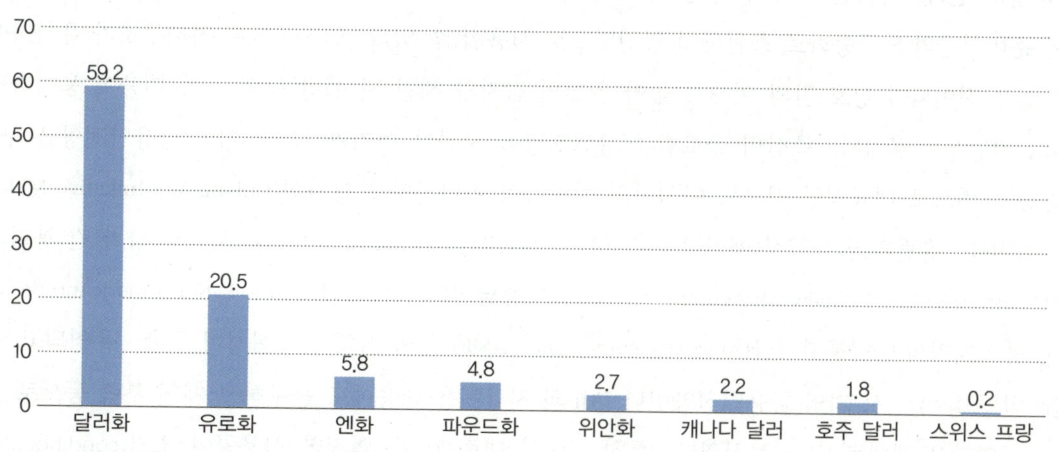

자료 : World Official Foreign Exchange Reserves by Currency

15. 대외지급 준비자산은 비거주자에 대한 청구권(claims to non-residents)이어야 하며 필요 시 즉각 활용 가능해야 하므로 유동성, 시장성을 갖춘 통화표시자산으로써 일반적으로 신용등급이 적격투자등급 이상인 자산이어야 한다.

우선 그린스펀-기도티 준칙(Greenspan-Guidotti rule)은 신흥시장에서 위기 발생 시 외채의 만기 연장이 되지 않는다는 가정하에 1년 이내에 만기가 돌아오는 외채(유동외채) 규모 이상으로 보유하여야 적정하다고 본다. Wijnholds and Kapteyn(2001)은 유동외채에 거주자의 자본유출 예상규모를 더한 수준을 고려하였다. 또한 IMF(2015)는 외환보유액의 적정 수준을 유동외채, 외국인 투자잔액, M2, 수출액 규모 등을 고려하여 산출하는 방식을 제시하였다. 한편 Jeanne and Ranciere(2005) 등은 외환보유의 한계편익과 한계비용을 일치시키는 보유액 규모를 적정수준으로 제시하였다.

국부를 생산적 투자로 사용하지 않고 준비금이라는 비상금으로 보유한다는 것은 기회비용을 낳는다. 이에 따라 적정 외환보유고 수준에 대한 논란이 많다. 그러나 외환보유액은 그 보유 목적으로 인해 필요할 때 즉시 사용 가능하도록 유동성 및 안전성을 우선 고려하여 운용되고 있다.

환율 안정을 위한 유동성 협력

개별 국가는 외화유동성 부족에 대처하기 위한 금융안전망으로 외환보유액을 중시해 왔다. 그러나 많은 신흥국들이 꾸준한 외환보유액 확충에도 불구하고 2008년 글로벌 금융위기 과정에서 또다시 외화유동성 부족을 경험하였다. 신흥국은 통화가 국제화되지 않아 대규모의 외환보유액을 보유하더라도 외환의 최종대부자(lender of last resort) 역할을 수행하는 데 근본적인 한계가 있다. 또한 경제 및 금융의 통합화의 진전으로 다수의 국가가 무역 및 금융거래에 서로 복잡하게 얽혀 있어 금융위기는 몇몇 국가보다는 지역 단위나 전 세계적 규모가 될 가능성이 크므로 지역이나 세계적 차원의 공동 대응방안이 중요하다. 따라서 개별 국가는 외환보유액을 넘어 지역 또는 글로벌 차원에서 외화유동성의 부족을 야기하는 금융위기에 대응하여 각국이 외화유동성을 인출하거나 지원받는 각종 체제 및 협정들인 글로벌 금융안전망(Global Financial Safety Nets ; GFSN)을 구축할 수 있다. 글로벌 금융안전망에는 중앙은행들의 양자 간 통화스왑, 다자간 스왑협정, 지역금융협정(Regional Financial Arrangements ; RFA), 국제통화 · 금융기구의 자금지원제도 등이 포함된다. 금융협력은 공동준비 단계부터 공동 통화제도, 경제통화 동맹 그리고 정치동맹까지 다양하게 전개될 수 있다(Dieter and Higgott, 2003).

공동준비 단계 각국은 자국의 외환보유고의 일부를 공동준비금에 할당하고, 위기가 닥칠 때 자국의 통화를 이 준비기금의 외국통화로 스왑하여 안전망으로 사용할 수 있다. 인접국들은 경제구조가 유사하여 금융불안이 쉽게 전이되며 상호 간의 이해가 높아 위험의 감지와 해결 및 예방 등의 공동 대응이 용이하므로 지역 금융안전망은 기존 IMF 중심의 글로벌 금융안전망을 보완할 여지가 크다. 지역 금융안전망을 구축하기 위한 공동 노력으로 대표적인 것으로 아시아의 치앙마이 이니셔티브 다자화(Chiang Mai Initiative Multilateralization ; CMIM), 유럽의 금융안정 메커니즘(European Stability Mechanism ; ESM), 북미의 양자 간 통화스왑 네트워크(North American Framework Agreement ; NAFA), 중남미의 준비기금(Fondo Latino Americano de Reservas ; FLAR), 중동지역의 아랍통화기금(Arab Monetary Fund ; AMF) 등의 지역 금융협정이 구축 · 운영되고 있다.

글로벌 금융위기 시 지역 금융안전망이나 IMF의 자금이용 허용에도 불구하고 재원 부족 등으로 공동 준비금은 그 역할을 제대로 하지 못하였다. 특히 IMF의 대출제도는 엄격한 신용공여 조건(conditionality)이나 자금지원에 따르는 낙인효과 등으로 인해 글로벌 위기의 확산 방지에 효과적이지 못했다. 또한 글로벌 금융위기 시 체결된 미 연준과 각국의 중앙은행 간 통화스왑은 글로벌 금융위기의 파급을 억제하고 그 충격을 완화하는 데 큰 역할을 한 것으로 평가되나 위기 이후 계약이 종료됨에 따라 한시적 조치라는 한계를 보였다. 이에 따라 상시적인 글로벌 금융안전망(global financial safety net ; GFSN) 구축이 필요하다는 인식이 대두되었다.

표 12-3 통화협력의 단계와 주요 내용

	1단계 공동 준비금	2단계 공동 통화제도	3단계 경제통화 동맹	4단계 정치 동맹
주요 내용	공동준비금 기금의 창출	환율변동폭을 갖는 공동 환율제 도입	지역 단일화폐의 창출, 항구적인 역내 고정환율제 도입	정치 · 경제적 통합 달성(일국의 정치 시스템은 존재하고 대부분의 문제를 관할)
정책 수단	중앙은행포럼(지역 통화위원회) 창설	지역금융위원회 정기모임	공동의 정치기구 창설, 지역 중앙은행의 설립	일부 분야에서 초국가적 기구의 창설
위기관리	민간유동성기금의 창설	지역유동성기금의 부보 범위의 확장		
위기예방	UCROP의 이행, 개별 국가의 자본 통제는 유지		자본통제의 폐지	
무역분야 구성요소		규범 및 표준에 의한 지역무역의 촉진	관세동맹	노동의 자유로운 이동
거시경제 정책	금융 재정정책의 공동 감시 ; 금융시장의 지역 감독	금융 · 재정정책의 조정과 협력(특히 이자율과 채무)		

주 : UCROP(Universal Debt-Rollover Option with Penalty)

자료 : Dieter and R Higgott(2003)

공동 통화제도 공동 통화제도 단계에서는 각국 중앙은행들이 공동통화위원회를 구성하여 정기적 모임을 가진다. 유럽은 공동통화를 사용하는 동시에 지역에서 하나의 중앙은행을 가지고 있으므로 통화통합 수준이 매우 높다. 1972년 유럽의 여러 국가들이 스네이크 체제라고 불리는 공동변동 환율제도를 도입함으로써 1단계 공동 준비금 단계를 넘어 2단계의 공동 통화제도로 이행하였다. 그리고 경제통화동맹 단계에서는 공동통화가 창출되고 공동의 정치기구가 구축되며 통합 중앙은행이 설립된다. 통합 중앙은행은 한 지역에 국제금융기관으로서 단일통화를 공급하고 금융정책을 맡는 통합은행이다. 각국이 가진 통화발행 권한을 제한하고 역내 공동통화를 창출하는 한편 각국이 금융정책에 대한 주권을 통합 중앙은행에 이양하는 것이다. EU의 경우 유럽 중앙은행에 의해 유럽 공동통화인 유로(Euro)가 도입(1999)됨으로써 3단계인 경제통화동맹으로 옮겨갔다.

금융 글로벌화가 진행된 세계에서 안정적인 무역환경을 창출하기 위한 통화협력의 수준은 관련국의 실물경제가 상호 간에 얼마나 통합되어 있고 또한 경제구조가 얼마나 유사하느냐에 의존한다. 실물경제가 긴밀하

표 12-4 글로벌 금융안전망의 비교 평가

	외환 보유액	지역금융 안전망	통화스왑	IMF 자금지원
예측가능성	우수	보통	보통	우수
신속성	우수	열등	우수	보통
확실성	보통	보통	보통	보통
비용	열등	보통	우수	열등
정책유인	열등	보통	보통	우수

자료 : IMF(2016), "Adequacy of the Global Financial Safety Net" ; 현정환(2019), 『국제금융론 : 이론과 정책』, 박영사.

게 통합되어 있을수록 안정적 환율의 편익은 커진다. 한편 경제구조와 그에 따른 경기순환이 일치할수록 독자적 통화정책의 편익은 작아진다. 실제로 EU는 1972년에 공동변동환율제도를 도입하였지만, 지속적인 환율 불안에 시달려야만 했다. 각국의 경제상황의 격차가 큰 상황에서 제도에 의해서만 환율고정을 도모하였기 때문이었다. 이에 따라 EU는 마스트리히트 조약(1991)에서 경제수렴 조건을 충족하는 국가만이 단일통화 유로를 사용하게 해서 현재와 같은 단일통화체제로 이행할 수 있었다.

2. 한국의 금융 글로벌화와 도전

한국의 국제금융은 경제발전 초기에는 필요한 자본을 조달하고 대외무역 등 경상거래를 지원하는 것이 기본적 목표였다. 마침내 1990년에 들어 세계금융시장의 통합이 진전되면서 한국은 본격적인 금융개방의 길을 걷게 된다. 외환 자유화를 통해 대외금융거래의 자유화가 진전되었고, 자본 자유화를 시행하여 자본이동을 확대하는 한편 금융산업의 개방을 추진하여 금융 서비스의 경쟁과 발전을 도모하는 정책을 펴나갔다. 급속한 금융개방이 외환위기로 이어졌다는 평가에도 불구하고 외환위기 이후 한국은 오히려 외환부문을 중심으로 금융개방을 더욱 확대하였다. 국가 간 자본이동이 자유로워지면서 자본 유출입이 경제에 미치는 영향도 커지게 되었다. 자본 자유화에 따른 금융발전, 경제성장 등 긍정적 효과가 커졌지만, 동시에 통화팽창, 자산가격 급등, 환율 변동성 확대 등 국민경제 운영의 어려움도 커졌다. 2008년 글로벌 금융위기는 미국과 금융시장이 긴밀하게 연계된 국가뿐만 아니라 한국을 비롯한 금융개방도가 높은 국가에도 큰 충격을 낳았다. 이에 따라 금융개방과 관련된 제도적 개선이 국내외에서 화두로 등장하였다.

우리나라에서 외환정책의 수립 · 운용과 외환 관련기관에 대한 감독 · 검사는 외국환거래법에 따라 기획재정부가 맡았으며, 기획재정부는 그 권한과 업무의 일부를 한국은행, 금융위원회, 금융감독원, 관세청, 외국환업무 취급기관에 위탁하거나 위임하고 있다. 우리나라의 외환정책은 경제규모와 대외개방의 확대 그리고 금융 및 외환시장의 발전에 따라 규제 위주에서 시장원리를 중시하는 방향으로 발전해 왔다.

2.1 자본 이동의 추이 : 국제금융의 점진적 확대와 한계

1) 자본 자유화

(1) 현황

현재 우리나라의 자본자유화 정도는 선진국 수준에 근접해 있으며 신흥시장국 중에서는 국제금융 시장이 형성되어 있는 홍콩과 싱가포르를 제외하고 가장 높은 것으로 평가한다. 예를 들어 Gwartney et al.(2012)가 금융개방도나 자본통제로 평가한 우리나라의 경제자유지수(Economic Freedom Index)는 선진국 수준이다.

표 12-5 한국의 자본자유화 추세

자유도 기준	1970	1975	1980	1985	1990	1995	2000	2005	2010	2015	2018	2019
금융개방	1.66	1.66	4.16	1.66	4.16	4.16	4.16	4.16	5.97	10.00	10.00	10.00
자본통제	0.00	0.00	0.00	2.00	5.00	5.00	0.00	1.54	7.69	6.15	6.15	6.15

자료 : Fraser Institute, "Economic Freedom of the World : 2020 Annual Report".

우리나라는 자본거래를 포함한 모든 외환거래를 자유롭게 인정하되 필요한 부분만 예외적으로 규제하는 방식(negative system)을 따르고 있다. 경상거래는 완전 자유화되어 있으며, 금융자본거래는 원칙적으로 은행 등에 신고만 하면 거래가 가능하다. 단 외환거래에 대해 모니터링 체계를 구축하고 유사시 안전장치로서 가변예치 의무제, 자본거래 허가제 등을 실시하고 있다. 또한 외국환업무 취급기관 제도를 두어 외국환거래의 효율화를 위해 요건을 갖춘 금융기관에 대해 등록만 하면 외국환 업무를 허용하고 외국환거래 관련 권한의 일부를 위탁하고 있다.[16] 원화 국제화에서 원화 결제는 경상거래의 경우 자유원 계정을 통해 자유화되어 있으나, 금융거래의 경우에는 국내 장내거래와 일부 장외거래에서만 허용되고 있다.

표 12-6 우리나라의 외환자유화 현황

구분	현행	비고
경상거래	재화와 용역의 수출입, 해외유학생과 여행자 경비, 해외 이주비	완전 자유화(한도가 없으면 신고도 불필요)
금융거래	예금과 신탁, 증권의 발행·취득, 대차와 보증, 해외지사의 설치, 현지금융, 파생금융상품 거래, 해외 직접투자(신고 수리), 외국인 직접투자(외국인투자 촉진법)	자유화(신고면제 또는 기획재정부, 한국은행, 은행 신고제)
	해외 부동산 거래, 실수요 주거 목적, 투자 목적용 해외 부동산	자유화(한도 폐지) 한도 300만 달러
지급수단 유출입	▪ 지급수단의 휴대 유출입	자유화(1만 달러 초과 시 세관 신고)
	▪ 지급수단의 일반 유출입	100만 달러 초과 시 허가 필요

- 거주자의 해외 증권투자는 1985년에 증권사의 외화증권 인수단 참여와 관련한 규정이 신설되면서 처음 허용되었다. 1994년부터 일반 투자가의 외화증권 투자가 허용되었다. 현재 거주자의 해외 증권투자 절차는 투자가별로 다르다. 기관투자가는 신용파생결합증권을 제외하고는 투자의 대상과 절차에 대한 사전 제한이 없고 사후보고 의무만 있다. 일반투자가는 외화증권 투자 대상에는 제한이 없지만, 집합투자증권 이외의 증권의 경우 증권사에 매매를 위탁하고 외국환은행에 개설된 외화증권투자 전용 계정을 통해야만 한다. 집합투자증권은 증권사를 통해 거래를 해야 한다. 개인은 연간 5만 달러까지는 증빙서류 없이 해외에 송금 가능하다. 해외 직접투자와 부동산투자는 신고하기 전에 투자금액 일부 지급을 허용하고 있으며, 해외여행 시 여행사 등에 송금방식으로 간편히 결제할 수 있다. 기업은 연간

16. 외환거래 관련 법규에는 외환관리와 직접 관련되는 기본법규, 간접 관련되는 관련법규로 구분되는데 기본법규로는 외국환거래법, 외국환거래법시행령, 외국환거래규정이, 관련 법규로는 대외무역법, 외국인투자촉진법, 한미행정협정(Status of Forces Agreement ; SOFA), 한국은행법, 자본시장과 금융투자업에 관한 법령이 있다.

수출입 실적 5천만 달러 이상은 증빙 없이 송금이 가능하다.

- 외국인 투자가는 원화표시 국내증권의 매매는 외국환은행에 개설된 투자 전용 대외계정과 원화계정을 통해서 한다. 이때 유가증권 투자는 금융감독원에 투자자로 등록하여 투자자 등록번호를 부여받아야 한다. 외국인의 국내 주식 및 채권투자는 각각 1992년과 1994년부터 부분적으로 허용되었다. 이후 증권투자 한도는 점차 확대되다가 채권투자 한도는 1997년 말에, 주식투자 한도는 1998년에 각각 완전히 폐지되었다.

(2) 자본자유화의 추이

1990년대 중반까지 정부는 무역 확대와 개방압력 증대에 대응하여 점진적으로 경상거래에 대한 규제를 완화하는 가운데 국제수지 여건에 따라 자본거래에 대한 규제와 완화를 반복하였다.

우리나라에서 금융시장이 본격적으로 개방되기 이전에는 주로 경상거래만이 자율적인 거래의 특성이 강했고 금융거래는 자율적인 경상거래가 낳는 불균형을 보정하기 위한 성격이 강했다.[17] 이에 따라 1990년대 중반까지 우리나라는 민간자본(준비자산을 제외한 금융계정)의 흐름은 주로 경상수지 적자를 메꾸어주는 선에서 이루어졌다. 경상수지 흑자로 창출된 자본은 한편으로 금융거래를 통해 해외에 투자되기도 하였지만 상당 부분이 외환보유액(준비자산)의 증가로 나타났다. 결과적으로 1990년대 초반까지 경상수지와 금융수지가 대칭적인 모습을 보였다. 예를 들어 경상수지가 적자가 되면 이를 해외차입 등을 통해 지불해야 했기 때문에 금융수지도 적자로 나타나곤 하였다. 실제로 금융수지(준비자산 제외)는 경상수지와 마찬가지로 1980년대 중반까지 적자를, 1980년대 후반에 흑자를, 그리고 이후 1990년대 초반에는 다시 적자를 기록하였다. 그러나 금융시장의 개방폭이 크게 확대되면서 경상거래와는 무관하게 증권투자 등 투자수익을 목적으로 한 자본이동

그림 12-11 금융수지 추이

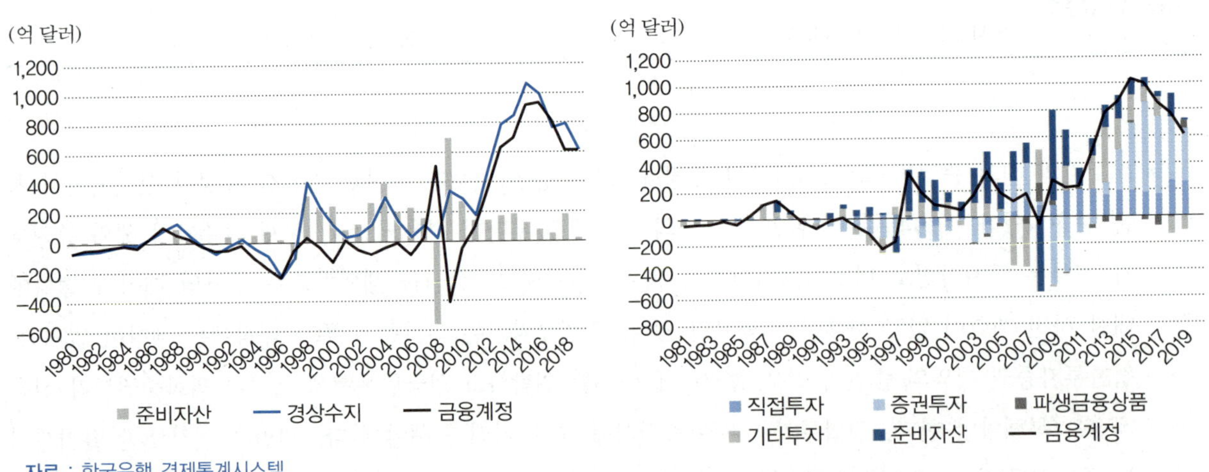

자료 : 한국은행 경제통계시스템

---

17. 수출업체가 제품을 수출한 후 수출대금을 미 달러화로 수취하는 경우, 경상거래인 제품의 수출은 자율거래이고 금융거래인 수출대금의 수취는 보정적 거래로 판단한다. 자율적 거래는 경제적 거래의 목적에 해당하는 거래이며, 보정적 거래는 자율적 거래에 수반하는 부차적 거래를 뜻한다. 자율적 거래에서 외환수취액이 외환지급액보다 큰(작은) 경우 국제수지는 흑자(적자)로 판단한다. 국제수지는 사후적으로 항등적이지만 이것이 국제수지의 균형을 의미하지는 않는다. 국제수지의 균형 여부에 대한 판단은 자율적 거래만을 대상으로 한다.

이 증가함에 따라 대부분의 금융거래도 자율적 거래의 특성을 나타내게 되었다. 따라서 자본이동이 본격적으로 개방되기 시작한 1990년대 중반 이후에는 경상수지와 금융수지 간의 대칭적 관계가 약화되었다.

1960~1970년대 : 원조에서 차입에 의존하는 자본유입로의 전환

경제발전 초기에 지속된 국내저축 부족 문제는 1960년대 초반까지 외국 원조에 주로 의존하며 해결되었다. 이후 원조가 축소되었고 그에 따라 1970년대 전반까지 지속적인 경상수지 적자와 국내저축 부족으로 인해 외환통제가 지속되는 가운데 적극적인 외자 도입책과 자본유입 자유화 정책이 지속되었다. 정부는 1960년 외자도입촉진법을 제정하여 해외차입과 외국인 직접투자를 가능하게 하였다. 그러나 외국인의 국내산업 지배를 우려하여 증권투자나 외국인 직접투자는 제한하고 대신 차관에 주로 의존하도록 하였다. 그리고 모든 차관은 정부의 승인이 필요하였으며 국가 소유의 은행을 경유하여야 했다. "외자도입 촉진법" 제정에도 불구하고 해외차입이 부진하자 정부는 공공차관은 물론 개인이나 기업이 차입하는 상업차관에 대해서도 지급을 보장하는 "외국차관 지급보증법(1962)"을 제정하고 그 업무를 산업은행과 일반은행에 맡겼다.[18] 은행 간 대출을 통한 외국자본의 유입에는 실질적으로 아무런 제한도 없었지만, 자본유출에 대해서 별도의 환율을 적용하는 등 다양한 제한이 가해졌다.

국내외 자본시장 간의 금리차로 인해 정부 지급보증을 배경으로 무역신용, 현금차관, 직접투자 등의 형태로 막대한 외자유입으로 이어졌다. 1960년대 말 많은 차관기업이 부실화되었음에도 불구하고 1970년대에 들어서도 수출 및 소득의 급속한 증가로 해외로부터의 자금조달은 상대적으로 용이했고, 1970년대 후반에 이르면 국내투자의 근 1/3이 대외차입으로 조달되었다. 외국으로부터의 차입 증가는 외국인에 대한 국가채무가 늘어나는 것이지만, 차입금을 산업설비를 확충하는 데 사용한 만큼 공급능력이 확충되어 순조로운 외채상환을 기대할 수 있었기 때문에 외채 자체가 문제되지 않았다. 특히 1970년대 후반에는 국제수지 사정이 다소 호전되자 해외여행경비 지급한도가 확대되는 등 경상거래에 대한 규제가 완화되었다.

독립 이후 우리나라는 부족한 외환의 효율적 사용에 노력하고 무역과 금융의 모든 외환거래에 면허제를 실시하여 엄격히 통제하였지만, 정상적인 외환거래 제도 확립에는 못미쳤다. 1960년대부터 수출 활성화로 수출업자의 외화 획득이 늘어나면서 외환거래 제도는 과거 외환지급을 중점 관리하던 체제에서 외환의 확보와 사용에 대한 관리에 중점이 두어졌다. 이를 위해 정부는 모든 외환을 외국환은행에 개설한 계좌에 의무적으로 예금해 놓도록 하는 외환집중제와 외환의 사용에 엄격한 제한을 두는 외국환관리법의 제정(1961)을 통해 엄격한 외환통제를 실시하였다. 외국환관리법은 해외송금, 해외 부동산 취득, 해외 관광지출 등에서 외환사용을 매우 엄격하게 제한하였다. 한편 한국은행에 집중되었던 외환업무는 일반은행으로 확대되었다. 1970년대 들어서는 큰 폭의 국제수지 적자가 발생한 가운데 투자와 경제성장을 위한 해외자본 도입의 필요성이 커지면서 외환거래 제도는 수입억제와 수출촉진을 통한 외환의 확보에 초점을 맞추게 되었다. 이를 위해 외국환은행의 외화예금 유치와 차관도입을 촉진하고 수출선수금 영수의 허용범위를 확대하는 한편 수입담보금 제도를 강화하였다. 1970년대 후반 해외건설 수주를 배경으로 국제수지 사정이 일시적으로 호전되자 수입자유화 조치를 단계적으로 확대하고 해외여행경비의 지급한도를 늘리며 외환관리를 완화하였다.

---

18. 이상 두 개의 법률은 1966년 외자도입법으로 통합된다.

1981~1987년 : 점진적 개방화

1980년대에 들어 정부는 자본 자유화, 특히 자본시장 개방을 점진적으로 추진하였다. 1970년대의 과감했던 중화학공업 투자는 외채 급증을 동반하여 1978년 149억 달러이던 외채가 1983년에는 400억 달러를 넘어서며 외채망국론까지 등장하였다. 이에 대한 대책으로 정부는 외채보다 외국인 직접투자와 자본시장 개방을 통한 비채무성 외자 도입을 적극 추진하게 되었고, 1985년에는 국내 기업의 해외증권 발행이 허용되며 서서히 자본시장이 개방되기 시작하였다.

그림 12-12 자본유입 구조의 변화 추이

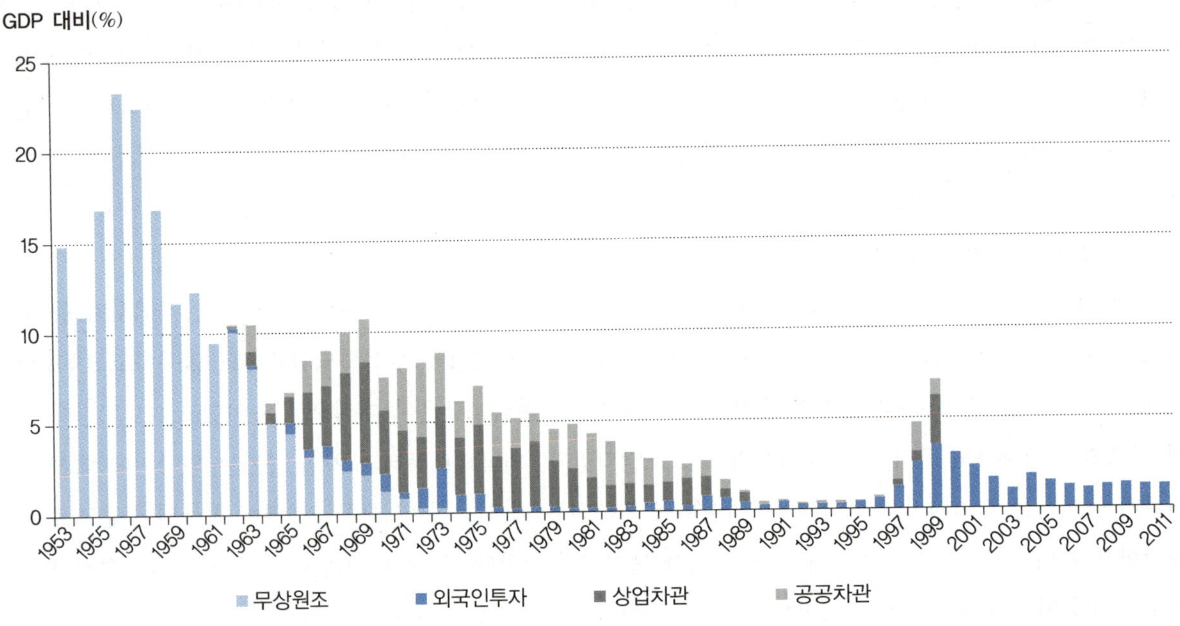

1988~1997년 : 자본유입 급증과 외환위기

1980년대 중반 이후에 경상수지가 흑자로 전환되는 한편 해외로부터의 자본유입도 증가하여 통화 불안정과 원화가치의 절상이 초래되자 자본유출의 자유화에 나서게 되었으며, 해외여행경비 등 경상적인 외환 지급과 해외 직접투자 등 자본거래와 관련된 외환유출 제한이 완화되었다. 특히 1988년에는 경상지급 제한 철폐 등의 의무를 규정한 IMF 8조국으로 이행함으로써 경상계정 거래에서 원화가 다른 통화로 쉽게 교환될 수 있는 태환성을 확보하였다. 해외 증권투자는 우선 증권사의 국내법인 발행 외환표시채권의 인수를 허용(1985)한 뒤 이어서 일반 투자자의 외화증권투자를 허용(1994)하고 한도와 범위를 확대하는 후속조치(1996)가 이어졌다. 한편 1995년부터 해외예금과 신용공여를 허용하는 한편 자기자금조달 의무규정 폐지(1992), 해외투자 제한업종 축소(1993)와 폐지(1996)를 이어가면서 해외 직접투자에 대한 자유화 조치가 이어졌다.

한편 기업의 국제적 팽창에 필요한 재원조달을 위해 자본자유화(금융계정 자유화) 조치가 본격화되었다. 금융계정 자유화는 주로 단기신용을 중심으로 이루어졌고 장기신용과 주식투자에 대한 통제는 점진적이었다. 민간부문, 특히 대기업집단이 국제적 확장에 필요한 자금을 조달하도록 국제금융시장에 대한 접근을 제공하려는 목적이 컸다. 이와 더불어 금융규제 완화에 힘입어 대기업집단은 상업은행, 투자신탁, 보험회사와 같은 비은행 금융기관을 장악함으로써 외국자본을 활용할 수 있는 여러 채널을 확보할 수 있었다. 이런 과정에서 대기업집단은 투자 의사결정에서 국가로부터 자율성을 확보할 수 있었으며, 그 결과는 1990년대 초반의 투자 급증으로 나타났다. 정부가 적극적 산업정책과 정책대출을 단계적으로 폐지함으로써 대기업집단은 자율성을 갖게 되었지만, 국민경제에서의 지배적 지위를 감안할 때 정부 구제의 가능성 또한 상존하였다. 실제로 이 문제는 외국 채권자들이 기업부문에 단기대출을 집중함으로써 촉발된 1997~1998년 외환위기에서 그 실체를 드러냈다. 1990년대 초의 투자 붐은 그 재원조달의 90%를 단기증권투자와 은행대출, 그것도 종종 대기업 소유의 종합금융사에 의존하였다. 대기업은 이들의 도움으로 해외에서 단기자금을 차입하였고 계열사에 장기대출을 제공하였다. 결과적으로 종합금융사의 차입금과 대출금의 만기 구조에는 큰 불일치가 생겨났고 결국 아시아 금융위기 과정에서 이러한 체제는 붕괴되었다. 한편 정책당국은 1992년에 이미 주식시장을 개방했지만, 비거주자의 지분총량에는 10%의 상한을 두었고 이를 1996년까지 18%로 올렸다. 더욱이 대부분의 채권에 대한 비거주자 투자를 허용하지 않았고 허용한 경우에도 제한을 두었다.

1990년대에 들어 냉전체제 종식으로 세계경제 질서가 변화하고 금융의 글로벌화가 심화되는 과정 속에서 선진국으로부터의 개방요구를 수용하고 국내 경제의 효율성을 높이기 위해 외환 및 자본자유화를 적극 추진하였다. 1992년에는 경상거래의 규제를 '원칙규제 · 예외허용 체계'(positive system)에서 '원칙자유 · 예외규제 체계'(negative system)로 개편하였다. 이어 1993년부터 비거주자자유원계정[19]을 신설하여 이를 통한 경상거래의 원화결제를 허용하였다. 또한 1995년에는 해외예금과 신용공여를 허용하였고, 1996년에는 경상거래의 지급 · 수령에 대한 외국환 은행 허가제를 신고제로 전환하는 한편 외국환 은행의 설치와 외환업무를 자유화하였다. 1996년 말에는 OECD의 자본이동에 관한 자유화규약을 수용함으로써 자본계정 거래에 수반되는 외환거래도 상당부분 허용하였다.

1997년 ~ 글로벌 금융위기 : 개방의 급진전

국내 기업의 공격적인 산업투자가 자본자유화를 배경으로 단기외채를 급증시켰고 결국 외환위기로 이어졌다. 공교롭게도 그동안 국제수지 사정에 의존하던 자본 자유화(금융계정 자유화)는 1997년 말 외환위기 이후 금융발전의 필요성과 IMF 관리체제하에서의 제도개혁의 일환으로 급진전을 보였다. 그동안 실물경제의 점진적 개방과 점진적인 자본자유화 기조에서 벗어나 전면적인 자본자유화에 나서게 된 것이다.

외국인 증권투자의 경우 1992년 제한적인 국내상장 주식투자만 허용했던 정부는 상장채권(1997)에서 시작하여 상장주식과 단기금융상품(1998)에 대한 외국인투자를 자유화하였고 기업의 1년 이상 중장기 외화차입 및 해외증권발행을 자유화(1998)하였으며, 외국인의 비상장주식 및 채권에 대한 전면적 투자를 허용하였다. 아울러 외국인 직접투자의 활성화를 위해 정부는 허가제의 신고제로의 전환, 조세감면대상 확대 등을 담은 외국인투자 촉진법을 제정(1998)하여 제도적 기반을 다지는 한편 점진적으로 외국인투자 업종을 확대하였다. 특히 금융부문에서의 지분참여와 투자가 허용되었다.

한편 외환거래에 대한 사전규제보다 사후보고 및 건전성 감독위주의 사후관리에 중점을 둔 외환관리 체계를 구축하기 위해 "외국환거래법"을 제정 · 시행하고 "외국환관리법"을 폐지하는 한편 외환거래를 2단계에 걸쳐 전면 자유화하는 계획을 발표하였다. 1998년 1단계 자유화 조치로 기업과 금융기관의 국제영업과 관련한 대부분의 외환거래를 자유화하였다. 한편 자본거래에 대한 규제방식을 종전의 '원칙규제 예외자유' 체계

19. 자유원 계정은 비거주자가 국내 금융기관에 개설할 수 있는 원화예금계좌로, 원화에 의한 국제결제로 사용되고 외환과의 교환이 보장된다.

에서 자본 거래를 포함한 모든 외환 거래를 원칙적으로 자유롭게 허용하되 필요한 부분만을 예외적으로 규제하는 '원칙규제, 예외허용' 시스템으로, 다시 '원칙자유, 예외규제'로 개편하였다. 이와 더불어 자유화에 따른 외환 유출입의 급변동에 대비하여 가변예치, 자본거래 허가, 외환집중제, 일시정지 등의 안전장치 운용에 대한 제도적 근거를 마련하였다. 2001년부터 2단계 자유화 조치로 개인, 기업, 금융기관의 해외투자에 대한 제약을 단계적으로 추진하였다. 우선 개인의 외환거래를 자유화(2001)하여 대외지급한도나 외국환은행으로부터의 외환 매입한도, 해외예금 제한을 폐지하고 동시에 해외신탁을 허용하면서 해외차입과 해외 직접투자에 대한 규제를 완화하였다. 2002년에는 제1 · 2단계 외환자유화에도 불구하고 남아 있는 외환규제를 단계적으로 완화하도록 하고 우선적으로 개인의 증여성 송금을 전면 자유화하였으며, 증권사 및 보험사의 은행간 외환시장 참여를 허용하고 원화수출 자유화를 실시하였다.

2000년대 중반에는 경상수지 흑자 지속과 원화절상 압력에 대응하여 외환보유고를 축적해가는 외환 과잉공급의 지속을 해소하고 국내 기업의 여유 외환을 활용한 해외진출을 촉진하도록 하였다. 이를 위해 일반기업의 금융 · 보험업 건별 투자한도 폐지, 개인의 해외 직접투자와 해외부동산취득 한도 확대, 자산운용회사 등의 부동산 취득제도 개선이 이루어졌다.

결과적으로 2000년대 중반에 이르러 외국인의 국내 투자나 내국인의 해외투자와 관련된 대다수의 통제는 소멸되었으며, 공식적 규제를 기준으로 한국 금융시장은 개방도가 가장 높게 되었다. 즉, 자본자유화의 국제 규범에 해당되는 "OECD 자본이동 자유화 규약"에 따른 자본자유화 지수(Code of Liberalization of Capital Movement, 2009)로 비교할 때 우리나라의 외환자유화 정도는 on/off 방식으로 90.9%이고 OECD 국가 중 중간수준인 18위까지 올라섰다.

표 12-7 **OECD 자유화 규약에 의거한 자본자유화 수준(2009) 비교** (단위 : %)

	한국	OECD 전체[1]	신흥 시장국[2]	미국	일본	EU	멕시코	폴란드
전체[3]	90.9	90.3	86.5	94.9	84.8	90.4	85.9	85.9
A List	89.1	90.0	87.0	90.9	85.5	90.5	85.5	87.3
B List	93.2	90.7	86.0	100.0	84.1	90.2	86.4	84.1

주 : 1) 우리나라는 제외
2) OECD 국가 중 튀르키예, 멕시코, 체코, 헝가리, 폴란드, 슬로바키아
3) ( )는 on/off 방법에 의한 평가
4) 단기 및 장기 자본거래 등 국가 간의 가능한 모든 형태의 자본거래를 99개 의무 항목으로 규정. 자유화 조치 이후 재유보가 불가능한 항목은 A List, 경제 사정에 따라 재유보가 가능한 항목은 B List의 소항목으로 각각 분류

2006년에는 자본거래 중 허가사항이 신고사항으로 모두 전환되어 외환거래의 절차적 제한이 완화되었고 외국환은행의 외환포지션 한도도 확대되었다. 또한 개인의 해외 직접투자 및 거주자의 해외부동산 취득 규제를 완화하고 일반투자가의 투자대상 외화증권의 범위를 확대하였다. 원화 국제화의 단계적 추진과 더불어 외화유출의 촉진을 위해 내국인의 해외투자를 촉진하는 한편, 원화수출입 허가제를 신고제로 전환하고 외국인투자자의 국제예탁결제기구 명의 통합계좌(omnibus account)를 통한 채권 매매를 허용하였다. 2008년에 투자목적 해외부동산 취득 한도를 상향 조정한 뒤 폐지하였고 기업의 해외 자금통합 관리한도를 확대하였다.

한편 2007년 하반기의 미국 금융위기가 2008년에는 세계적 금융위기로 확산되자 금융시장 개방이 잠정

중단되었다. 특히 투자은행 중심으로 금융시장을 개편하여 금융시장 발전과 금융허브 추진 계획들이 멈췄으며, 금융시장 개방도 그동안의 성과와 향후 개방의 속도와 방향을 검토하는 기회를 갖게 되었다.

글로벌 금융위기 이후

글로벌 금융위기 이후에는 자본유출입의 변동성 확대에 대응하여 외환부문의 거시건전성 정책을 도입하였지만 동시에 외환시장과 외환제도의 개선 조치를 이어나갔다. 즉, 외국환은행의 외환파생상품 포지션 비율(2010), 외화대출 용도, 외국환업무 취급기관의 국내 발행된 외화표시채권에 대한 투자 등을 제한하고 외국환은행의 비예금성외화부채에 대해 부담금을 부과하는 외환건전성부담금 제도(2011)를 실시하였다. 외환시장 선진화 조치로 2014년에 원/위안 직거래시장을 개설하였고 해외투자 활성화조치를 취했으며, 2015년에 외환의 수수절차 개선, 자본거래 사전신고제나 대외채권 회수의무를 폐지하여 외환거래의 자율성을 제고하였다.

글로벌 금융위기 이후 급격한 자본유출입에 따른 시스템 위험을 제어하기 위해 정부는 다양한 정책수단을 도입하였다. 2008년 리먼 사태 직후 단기 대외차입 자금이 급격히 유출되면서 국내 은행의 외화유동성이 악화되고 환율 변동성이 대폭 확대되어 시스템 위기의 재발 우려가 커졌기 때문이었다. 급격한 자본유출입 위험을 완화하기 위해 2010년 자본유출입 변동 완화방안 외에 외국인 채권투자 과세 부활, 외환건전성 부담금제도 등이 도입되었다. 은행권의 과도한 단기 대외차입을 억제하기 위해 선물환 포지션제도, 외환건전성 관리, 외환건전성 부담금 등의 제도를 도입하였다. 비교역재 부문의 개인 · 기업이 과도하게 외화로 자금을 차입하는 것을 억제하여 환율 급변 시 나타날 수 있는 부실화를 방지하기 위해 외화 대출용도 제한을 실시하였다.

그러나 이러한 제도변화와 함께 규제를 우회할 가능성을 막고 위험요인을 조기에 인식할 수 있도록 지속적인 모니터링의 필요성이 커졌다. 상대적으로 안정적인 외국인 직접투자의 경우에도 자본유출입 규제가 강화될 경우 우회 수단으로 활용될 여지가 있다. 또한 규제 도입에 따라 은행을 통한 외화차입 비용이 상승할 경우에 국내 기업은 직접 해외에서 자금을 차입할 수 있다. 매출이 주로 원화로 창출되는 기업이 직접 해외에서 자금을 빌려 운영자금으로 사용할 경우, 급격한 자본유출이 발생하면 원화가치가 하락하여 부채상환능력이 낮아지면서 부실화될 수 있다.

2) 자본유입

(1) 외국인의 국내투자

외국인의 국내투자 잔액은 1990년대부터 2000년대 전반까지 완만하게 증가하다 2000년대 중반부터 급증하였다. 2008년에는 글로벌 금융위기의 여파로 외국인의 국내투자는 잔액 자체가 감소하기도 하였으나 이후 증가세로 반전되었다. 1990년대의 외환위기와 2000년대의 글로벌 금융위기 기간에는 유입이 축소되거나 외국인의 회수금액이 투자금액을 상회하여 음(–)의 자본 유입이 발생하는 경우도 있어 왔다. 2019년 말 현재 국내에 유입된 외자 잔액은 1조 1,988억 달러(IIP 기준)에 달한다.

자본이동은 주식투자, 채권투자, 차입 등 수시 유출입성 자본과 직접투자로 나누어 볼 수 있다. 우리나라의 경우 집계기준이나 기간을 막론하고 수시 유출입성 자본의 비중이 80%대에 달하여 유입자본 구성의 안정성 면에서 매우 취약하다. 한 국가의 경제발전 단계가 성숙할수록 직접투자보다 주식투자나 채권투자 등 단기수익 목적의 자본이 많이 유입되는 경향이 있다. 한편 대외부채 중 외국인 증권투자(주식, 채권, 파생상품) 비중은 64.3%에 달한다. 2020년 말 현재 외국인은 상장주식 764조 원(시가총액의 31.4%), 상장채권 150조 원(상장잔액의 7.3%) 등 총 914조 원의 상장증권을 보유하였다(금융감독원, 외국인 증권투자 동향, 각월호).

자본유입 추이를 유형별로 보면 1990년대까지 주로 채권투자와 차입을 중심으로 자본 유입이 확대되었으며, 그것도 정부에 의해 엄격히 규제되고 통제되었다. 결과적으로 자본 유입이 국내금융에 미친 영향은 미미하였다. 그러나 2000년대에 들어 채권투자와 차입 외에 주식투자 형태의 유입 규모도 증가하였으며 외국인 직접투자의 규모가 크지는 않았지만 꾸준히 유입세를 유지하였다. 이에 따라 2019년 현재 증권투자는 7,413억 달러로 전체의 61.8%를 차지하면서 외자유입을 견인하는 가운데 기타 투자(1,892억 달러, 15.8%) 및 외국인 직접투자(2,385억 달러, 19.9%)가 그 뒤를 잇고 있다. 한편 증권투자 중 주식투자는 4,975억 달러(41.5%)이며 채권투자는 2,438억 달러(20.3%)에 달한다.

그림 12-13 외국인투자 추이

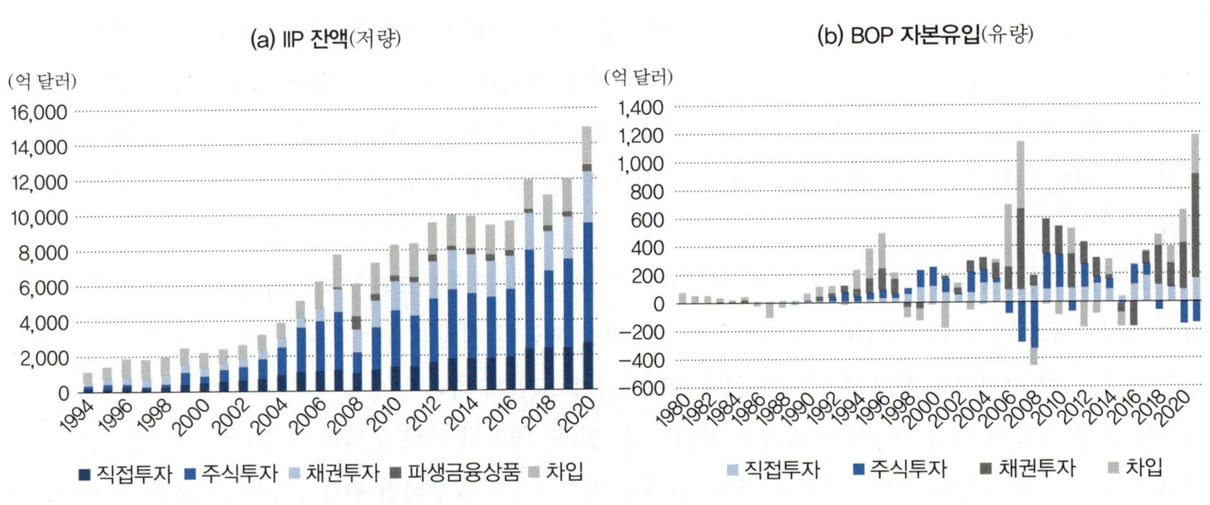

주 : 1) 준비자산(외환보유액) 제외, IIP 잔액기준

외국인 직접투자

외환위기 전에 한국에 대한 외국인 투자는 경제 규모나 성과에 비해 선진국은 물론이고 말레이시아, 태국 등의 동남아 국가들에 비해 크게 부진하였다. 우리나라가 외자 유치에 소극적인 데다 정부도 강하게 규제하였기 때문이다. 1997년 외환위기 이후 구조조정 과정에서 다수의 한국 기업들이 해외에 매각되어 외국인 직접투자가 다소 증가하였으나, 이후 다시 급감하였다. 이에 따라 우리나라의 FDI 비율은 2005년부터 2021년까지 OECD 37개국 중 26~36위 사이의 하위권에 놓여 왔다. 2021년만 하더라도 우리나라 GDP 대비 FDI 비중은 0.8%에 불과하여 31위를 기록하였는데, 이는 OECD 평균(1.7%)이나 세계 평균(1.4%)을 모두 하회하는 수준이다. 뒤에서 다루지만 이 기간 동안 우리나라 기업이 해외에 투자하는 해외투자의 GDP 대비 비율은 2005년 27위(0.9%)에서 2021년 12위(3.3%)로 올라섰다. 그만큼 국내외 투자가 우리나라 고용에 부정적 영향을 미쳤을 가능성이 높은 것이다. 외국인 직접투자가 이렇게 부진한 것은 물론 외국 기업

들이 한국에의 투자 매력도를 높게 평가하지 않고 있기 때문이다. 실제로 AT Kearney가 조세정책, 규제투명성, 인프라, 시장규모 등 19개 요인을 종합하여 구축한 FDI 신뢰지수(Foreign Direct Investment Confidence Index)는 우리나라가 25개국 중 21위(2021)로 매우 낮게 나타나고 있다. 특히 G5(미국, 영국, 독일, 프랑스, 일본) 국가와 비교해볼 때 우리나라는 인프라 경쟁력(102.4, 100 기준)과 혁신역량(97.8)은 그들과 유사하지만 조세경쟁력(82.8), 규제경쟁력(77.3) 그리고 시장개방도(86.3)에서 뒤처지는 것으로 조사되었다.

비거주자의 국내 증권투자

비거주자(외국인, 외국법인 및 국민인 비거주자)의 국내 증권투자는 1981년에 투자신탁회사에 대한 외국인 전용 수익증권 발행 허용과 함께 간접적 방식으로 처음 시작되었다. 1984년에는 외국투자전용회사의 국내 증권 매매가 허용되면서 Korea Fund가 설립되었다. 1992년에 국내 주식시장이 개방되어 비거주자 및 외국인 거주자는 국내 상장주식을 일정 한도 내에서 직접 매매할 수 있게 되었다. 당시 종목별 한도는 10%, 종목별 1인당 한도는 3%로 하였다. 다만 예외적으로 공익사업과 산업 정책상 보호가 필요한 업종이나 해외증권 발행 기업 등에 대해서는 한도를 설정할 수 있도록 했다. 1996년 5월에 비거주자의 국내 주가지수 선물거래, 1997년 7월에 비거주자의 국내 주가옵션지수가 각각 허용되었다. 이후 외국인 주식투자 한도는 점진적으로 확대되어 오다가 1998년 5월 완전 폐지되었다. 다만 한국전력과 같은 공공적 법인에 대한 종목별 투자 한도는 1인당 투자 한도가 제한되었다.

국내 채권시장은 1994년에 처음 개방되었다. 비거주자의 채권투자는 중소기업이 발행한 무보증 상장 전환사채 및 증권관리위원회가 지정한 국공채에 한해 가능해졌다. 전환사채의 경우 종목별 투자 한도는 상장 금액의 30%, 종목별 1인당 투자 한도는 상장 금액의 5%로 하였다. 이후 외국인 채권투자 대상 및 한도는 점진적으로 확대되어 오다 1997년 말 완전 폐지되었다.

(2) 국내 금융산업에의 외국계 진출과 특징

오랫동안 외국금융기관은 자국 기업의 한국 진출과 동반한 지점 형태로 국내 금융산업에 진출해 왔으나 국내 금융산업에는 큰 영향을 주지 못하였다. 그러나 1996년 OECD 가입 협상과 1997년 외환위기를 계기로 큰 폭의 개혁 및 개방화 조치가 진행되었고 또한 금융 구조조정 과정에서 정부는 외국자본의 참여를 적극적으로 장려하였고 그에 따라 외국인의 국내 금융산업에 대한 소유지분이 빠르게 늘어났다. 특히 국내금융기관 인수를 통해 외국자본의 금융산업 점유율이 크게 증가하였다. 현재 우리나라의 경우 상업적 주재를 통한 금융 서비스 제공은 전 업종에 걸쳐 개방되었지만 국경 간 거래를 통한 금융 서비스 제공은 대부분 개별 입법을 통해 제약하고 있다. 다만 건전성 관리 및 모니터링을 위해 일부 제한조치는 남아 있다. 특히 은행의 예금 및 대출, 생명보험업의 경우 국경 간 공급이나 해외소비가 대표적 예이다.

외국 금융기관들의 국내 영업활동 허용 조치를 의미하는 금융시장 개방은 한국에서 OECD 가입(1996)과 외환위기(1997)로 인해 빠르게 진행되었다. 외화 조달창구의 중요성을 인식해 외국 은행의 국내지점 개설이 허용된 것은 1950년부터지만 실제로 가시화된 것은 1967년(체이스맨해튼 은행)이었고 이후 미국계 · 일본계 · 유럽계 은행들이 국내에 지점을 개설하게 된다. 한편 생명보험업의 경우 1987년에 외국인 지점, 현지법인 및 합작 법인 설립이 허용되었고, 1990년에 외국증권회사에게 지점 개설이 허용된 뒤 영국계, 미국계 증권회사가 국내 지점을 개설하였다. 그러나 1980년대 후반 이후 추진된 국내 금융시장의 개방에 따라 포트폴리오 투자는 확대되었으나, 외국계 금융회사들의 설립이나 인수합병을 통한 직접적 진출에는 소극적이었다.

국내 금융산업의 대외개방이 본궤도에 오르기 시작한 것은 정부가 1996년에 OECD 가입 요건 충족의 일환으로 금융 서비스 분야에서 외국인 직접투자에 대한 장벽을 점진적으로 해소할 것을 천명하면서부터이다. 외환위기는 이러한 계획을 크게 앞당기는 계기를 제공하였다. 1998년에 외국계 은행과 증권사가 현지법인까지 설립하도록 허용하여 금융 서비스 공급기업의 법적 형태에 대한 제한은 대부분 철폐되었다. 아울러 외국 금융기관의 국내 금융기관에 대한 M&A에 참여할 수 있게 되었다. 국내은행(4%)과 지역은행(15%)에 대한 지분소유 상한은 완화되었고, 1999년에 외국인이 국내 금융기관의 지분을 100% 소유하는 것을 허용하였으며, 외국인의 이사회 참여도 허용되었다. 1999년 제일은행은 미국의 사모펀드인 뉴브리지 캐피털에 매각되었고, 이어서 미국 사모펀드인 론스타에 외환은행이 매각되었으며, 제일은행은 2005년에 스탠다드차타드 은행에 다시 매각되어 외국계 대형은행들의 진입이 확대되었다.

2개(SC제일은행 · 한국씨티은행)의 외국계 시중은행뿐만 아니라 국내 4대(KB국민은행 · 신한은행 · 하나은행 · 우리은행) 금융지주는 외국인의 지분율이 절반을 넘어 외국인이 최대주주일 뿐만 아니라 외국인이 이사회 구성원의 과반수를 차지하는 등 실질적 경영권을 행사하고 있다. 1998년 외국인의 국내은행 소유가 허용된 이후 외국자본의 국내 은행 인수가 본격화되었다. 반면 국내 은행에 적극 투자할 수 있는 국민연금 등의 국내 장기투자자는 동일인 주식보유한도 10% 규정으로 말미암아 지분을 더 높이지 못하고 있는데, 이는 또한 출자총액 제한제도에 의한 출자 제한, 금산분리 원칙 등 국내 산업자본의 은행 출자를 제약하는 규제가 있기 때문이다. 우리나라 은행산업에서 나타나고 있는 외국인들의 높은 점유율은 여타 국가들에 비하여 높은 수준으로 평가된다.

표 12-8 외국인 지분율 및 시장점유율 추이(%)

	구분	2000	2005	2010	2020
외국인 지분율	시중은행	21.7	70.3	50.3(2013)	53.9
외국계 은행 시장점유율	총자산	10.6	23.6	12.0	8.9
	예수금	8.9	17.7	4.0	2.2
	대출금	6.2	17.2	3.0	1.7

주 : 시중은행은 우리은행, 하나은행, 구 외환은행, 신한은행, KB국민은행 평균 ; 2013년과 2020년은 KB국민은행, 신한은행, 우리은행, 하나은행 평균, 외국계 은행 점유율은 은행계정 말잔기준, 지분율은 당해연도 말 기준.

자료 : 금융감독원 은행경영통계.

외국계 금융기관의 국내금융시장 진출은 은행뿐만 아니라 증권, 보험, 저축은행 등 모든 금융업에서 공통적으로 나타나는 현상으로, 외국금융기관의 수가 증가하고 있고 업종별 시장에서의 점유율도 무시할 수 없는 수준으로 높아졌다. 하지만 과거 우리나라에서 2003년 '동북아 금융허브 추진 전략'을 발표하면서 야심차게 내세웠던 "2007년까지 세계 50대 자산운용사 주요 거점 유치, 2012년까지 특화 금융허브 완성, 2020년까지 대형 상업은행과 투자은행 지역본부 유치"에는 크게 못 미치고 있다. 이에 따라 약 20년이 지난 현재 금융허브 전략은 사실상 실패한 것으로 평가된다.

표 12-9 연도별 외국계 금융회사 국내진입 현황(개)

	은행	증권	자산운용	투자자문	생명보험	손해보험	여신전문	저축은행	합계
2010	56	21	23	1(선물)	11	21	14	–	146
2015	60	23	25	8	10	19	15	6	166
2020	54	23	29	9	9	19	13	8	164
2021	54	24	29	12	9	18	14	8	168

자료 : 금융감독원, "외국계 금융회사 국내점포 현황".

이와 같은 외국 자본의 국내 금융기관 소유의 급속한 확대와 점유율 증가는 많은 논란을 낳고 있다. 한편으로는 외국 자본유입에 따른 폐혜와 악영향이 지적되고 다른 한편으로는 외국 자본 유입과 외국인의 참여에 따른 금융시장의 효율성 증가나 선진화 등 긍정적 효과가 강조되고 있다.

3) 자본유출

(1) 거주자의 해외투자

내국인의 대외투자 잔액은 1990년대부터 2000년대 초반까지 큰 변화가 없었으나 이후 빠르게 증가하였다. 이는 외환자유화를 따라 내국인의 해외투자를 자유화한 데 기인한 것이다. 대외투자 잔액을 유형별로 살펴보면 1990년대에는 대출과 직접투자가 대부분이었으나, 2000년대에는 직접투자가 지속적으로 증가하는 가운데 주식투자도 크게 증가하였다. 자본유출도 자본유입과 유사하게 위기 이전 시기에 증가하다 위기 기간 중에는 감소하는 형태를 나타내고 있다. 주식투자, 채권투자, 차입 등 수시 유출입성 자본과 직접투자로 나누어 볼 때, 거주자가 보유한 금융자산 중 수시 유출입성 자본의 비중이 66%(2019)에 달하고 해외 직접투자 비중은 34%이다. 한편 거주자가 보유한 해외금융자산 중 증권의 비중은 44.3%(주식 26.7%, 채권 17.6%)이

그림 12-14 대외투자 추이

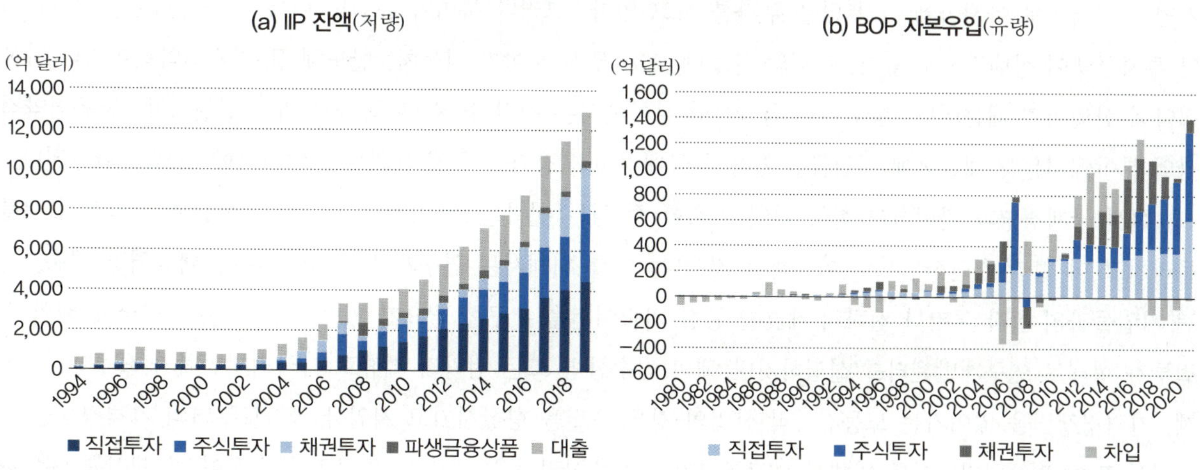

(a) IIP 잔액(저량)

(억 달러)
14,000
12,000
10,000
8,000
6,000
4,000
2,000
0
1994 1996 1998 2000 2002 2004 2006 2008 2010 2012 2014 2016 2018

■ 직접투자 ■ 주식투자 ■ 채권투자 ■ 파생금융상품 ■ 대출

(b) BOP 자본유입(유량)

(억 달러)
1,600
1,400
1,200
1,000
800
600
400
200
0
−200
−400
−600
1980 1982 1984 1986 1988 1990 1992 1994 1996 1998 2000 2002 2004 2006 2008 2010 2012 2014 2016 2018 2020

■ 직접투자 ■ 주식투자 ■ 채권투자 ■ 차입

주 : 1) 준비자산(외환보유액) 제외, IIP 잔액기준

다. 우리나라의 대외금융자산과 부채는(2016) GDP 대비 각각 88.0%와 68.3%로 선진국(각각 258.6%와 263.6%)과는 상당한 격차를 보이고 있으며 신흥국(각각 55.1%와 58.6%)과 비슷한 수준이다(이현진 · 이혜민, 2018). 직접투자, 지분증권 및 부채성 증권의 GDP 대비 비율은 2007년에 각각 6.7%, 9.3%, 4.8%에서 2017년에 각각 23.2%, 16.4%, 11.1%로 상승하였다.

해외 직접투자

1980년대까지 해외 직접투자(Overseas Direct Investment)는 정체된 상태를 지속하다 1990년대 소폭 증가했지만 연 50억 달러 이하였다. 하지만 2000년대에 들어 국내기업의 해외진출이 활발해지면서 해외 직접투자가 급증하며 정체된 외국인 직접투자와 대비되기 시작하였다. 2006년부터 해외 투자가 외국인 투자를 넘어서는 직접투자 역조현상도 발생하였고 이에 따라 국내투자 및 해외수출 유발 효과 감소, 일자리 창출 저해 등 부정적 영향에 대한 우려가 커지고 있다.

그림 12-15 외국인 직접투자와 해외 직접투자의 추이

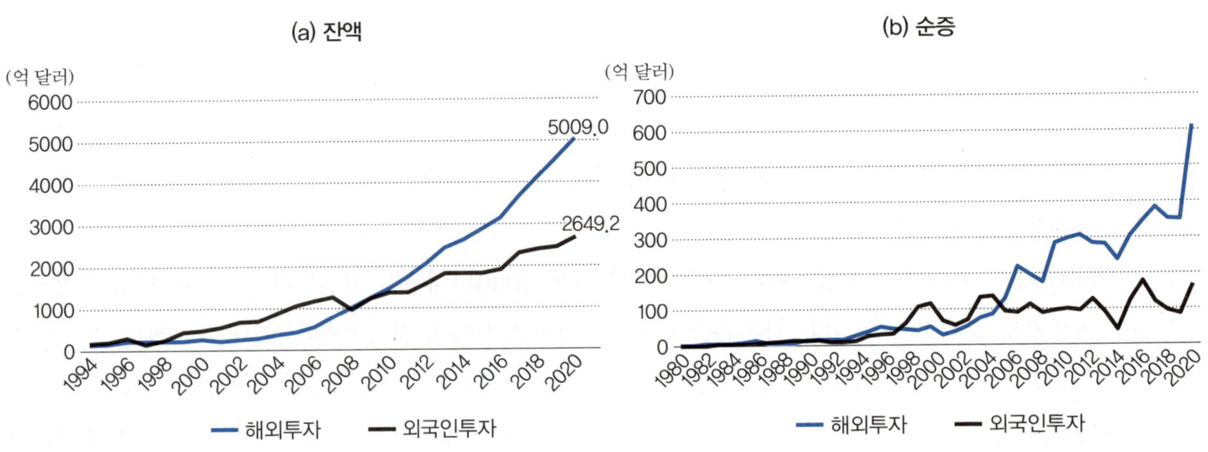

2020년 현재 우리나라의 GDP 대비 해외 직접투자(잔액 기준)의 비중은 29.8%로 OECD 국가들의 57.6%나 세계 평균 수준인 45.7%에 비해 상대적으로 낮은 수준이다. 수출입은행 통계에 의하면 우리나라 기업은 지역별로 아시아에 가장 많은 투자를 하고 있다. 그러나 북미와 유럽도 비록 투자 건수는 작으나 건당 투자금액이 상대적으로 높다. 북미와 유럽에 대한 투자 분야가 자동차, 반도체 등 기술집약적이거나 자본집약적 산업이기 때문이다. 향후에도 첨단산업 분야에서는 첨단기술을 획득하기 위해 선진국에, 노동집약적 산업 분야에서는 저개발국에 저임금을 활용한 국제경쟁력 강화를 위해 해외투자를 지속할 것으로 판단된다.

현재 국제경영과 관련하여 한국 기업이 취할 수 있는 전략은 세 가지이다. 첫째, 선진국 기업의 견제를 물리치고 더 빨리 첨단산업으로 이전하는 것이다. 이를 위해서는 연구개발에 대한 투자, 핵심역량 구축, 선진 기업들과의 합작 투자나 전략적 제휴를 통한 기술이전을 추구할 필요가 있다. 여기에는 선진국에 해외 직접투자 형태로 연구개발센터를 설립하거나 해외 인수합병 또는 전략적 제휴로 다국적기업화가 요구된다. 둘째, 가격경쟁력을 잃어가는 노동집약적 산업의 경우 품질을 향상시키고 저임금 국가로부터의 가격경쟁을 극복하는 것이 필요하다. 이를 위해서는 고부가가치의 생산활동을 남기고, 임금의 중요성이 큰 생산활동은 해외 직접투자를 통해 저임금 국가로 이전시켜 가격경쟁력을 유지하여 다국적기업으로 변신하여야 한다. 셋째,

부존자원이 빈약한 우리나라가 경제성장을 지속하기 위해서는 안정적 자원의 확보가 결정적이므로 해외 자원개발 등을 위한 해외투자 및 사업 확대를 지속해 나가야 한다.

선진국들뿐만 아니라 개발도상국들과의 해외투자 및 해외자원 확보를 향한 경쟁이 심화됨에 따라 수출입은행과 무역보험 공사는 한국 기업들의 해외 직접투자 및 자원 관련 투자경쟁력의 제고에 기여할 수 있는 효율적인 상품 및 금융지원이 필요하다. 아울러 우리나라는 보험·보증으로 간접적인 금융지원을 담당하는 무역보험공사와 무역금융과 관련한 직접적인 대출 업무를 담당하는 수출입은행을 포함하는 2개의 공적수출신용기관(Export Credit Agency ; ECA) 간 명확한 역할분담이 필요한 동시에 긴밀한 협력이 필요하다.

거주자의 해외 증권투자

우리나라에서 거주자의 해외 증권투자는 1985년에 증권사에 대해 국내 법인이 해외에서 발행하는 외화표시채권과 주식예탁 증서의 인수를 허용하면서 처음 시작되었다. 이후 투자기관과 투자대상 증권의 범위는 점차 확대되었다. 1994년에는 일반투자가의 외화증권 투자가 허용되었으며, 1996년에는 일반 투자가의 외화증권 투자한도가 폐지되고 투자대상 외화증권 범위가 확대되었다. 1999년 4월에는 역외펀드 설립이 가능해지고 기관 투자가의 투자대상 외화증권 범위 제한이 폐지되었으며, 외화증권투자 전용 거주자 계정의 예치 제한도 폐지되었다. 그러나 2000년까지 거주자의 해외증권투자는 그 규모가 크지 않았다. 그러나 2001년부터 거주자의 해외채권투자가 증가하기 시작하였으며 2002년부터는 해외주식투자도 차츰 늘어났다. 2006년 3월에는 일반투자가의 투자 대상 외화증권 범위 제한이 폐지되어 모든 외화증권에 대한 투자가 가능해졌다.

(2) 금융회사의 해외 진출

우리나라 금융기관에서의 해외 진출은 협소한 국내 시장에서 주택 대출이나 우량 중소기업 대출을 중심으로 한 과당 경쟁에서 벗어나는 한 가지 대안이다. 선진국 은행들은 해외진출을 해외에 진출한 자국 기업에 대한 금융 서비스에서 시작하였으나, 1990년대 이후에는 위험 분산과 국내 시장에서의 성장한계를 극복하기 위한 방안으로 여겼다. 그러나 아직 우리나라 금융기관의 해외부문이 취약하여 해외 진출이 미흡하고 그로 인해 해외부문이 취약해지는 악순환이 이어지고 있다.

1997년 외환위기 이후 부실 점포 통폐합을 통해 해외사업을 대거 정리했던 국내 금융기관은 2005~2007년부터 해외 진출을 재개하였다. 2018년 국내 금융회사의 해외점포 수는 총 433개로 2011년 이후 은행을 중심이었던 증가세가 2016년 이후에는 여신전문 금융회사 등으로 범위가 확대되었다.[20] 전체 국가 중 중국과 미국의 비중이 축소되긴 했으나 여전히 높은 수준이며, 우리나라는 상대적으로 성장잠재력이 높은 아시아 신흥국으로의 진출이 활발하다. 한편 과거 금융투자회사를 중심으로 활발히 진출하였던 홍콩, 싱가포르, 영국 등의 금융 중심지는 영업 부진이나 손실 등으로 인해 소폭 확대 혹은 정체 상태이다. 다행인 것은 최근 진출이 확대된 아시아 신흥국의 해외점포에서는 과거와 달리 현지 영업력 확대를 도모하여 외화 대출이나 해외 진출 법인의 유가증권 투자가 빠르게 증가하고 있다. 과거 2010년 이전 은행을 중심으로 한 금융기관의 초기 해외 진출은 주로 국내 기업들의 해외 이전 및 수출, 무역 등의 서비스 제공을 위한 사무소 중심

20. 은행 그룹별로 보면 상업은행 성격의 시중은행들보다 정책금융기관 성격의 산업은행 및 수출입은행의 해외진출이 활발하다.

이었다. 그러나 영업기능이 없는 사무소의 비중은 2011년 말보다 축소된 반면 신규설립 규제를 극복하려 현지 금융사 인수합병 등을 통한 현지법인 및 지점은 확대되어 2017년 말 기준 전체 해외점포의 68%를 차지하고 있다. 또한 상대적으로 진입장벽이 낮은 소액대출업, 할부금융업 등으로 여전사의 진출이 활발하다. 하지만 아직 우리나라 금융기관의 해외 진출은 아시아권의 특정 국가에 집중되고 영위업무는 국내 기업의 해외지사 및 현지법인 그리고 해외교포 등과의 거래가 대부분이어서 국내 업무의 연장에 머물고 있다. 또한 대출 등 자금수요에 맞춰 현지나 본점에서의 차입금을 통하여 자금을 조달하는 단순한 수준이다. 자금조달 중 예금의 비중이 낮고 차입금의 비중이 높기 때문에 자금조달 비용이 높아 국내외 금융시장의 상황에 따라 조달 규모나 조건이 큰 폭으로 변동하는 취약한 상태이다. 또한 대출 역시 국내 기업의 현지법인이나 교민 기업을 대상으로 보증 또는 담보를 받고 대출하고 있다. 그만큼 적극적인 업무 전개나 새로운 시장의 창출이 어려운 것이다. 또한 이러한 자금조달이나 대출관행이 정착되어 진출국 현지에 대한 조사 · 분석과 판단 능력 그리고 전문성이 모두 취약하다. 그만큼 현지에서의 금융 · 산업 전문인력들과 외국 기업과의 교류, 존재감이 미약하다. 더욱이 이는 IMD World Competitiveness에서 볼 수 있듯이 금융기관을 효과적으로 경영할 수 있는 전문 경영자가 드물고, 그들의 국제적 경험도 아직 크게 부족하다. 여기에 더해 직원과 고객의 현지화 비중도 낮고 그에 따라 자금조달과 자금운용의 현지비중 또한 낮은 상황이다. 결과적으로 외국 기업이 해외점포와 거래를 희망하더라도 전문성 부족으로 인해 성사될 가능성이 희박하다. 또한 현지의 전문가를 채용하더라도 그의 심사결과를 확인, 검증, 승인, 관리할 수 있는 해외점포 본점의 능력, 시스템에서 한계를 보인다 (서병호, 2011).

표 12-10 국내 금융회사의 해외점포 현황 (단위 : 개)

	2009년	2010년	2015년	2020년	2021년 9월
은행	132	132	170	196	198
금융투자	101	115	113	118	125
보험	71	70	84	73	74
여전	18	16	26	58	60
금융지주	–	–		2	2
계	322	333	396	447	459

자료 : 금융감독원

2.2 외환 건전성 정책 : 금융안정과 금융협력

1) 금융안정과 건전성 정책

우리나라의 경상수지는 흑자 기조가 유지됨에 따라 대외자산이 대외부채를 넘어서고 있으며, 외환보유고나 외채의 만기구조 역시 상당히 안정적이다. 특히 2019년 바젤 Ⅲ 기준 본격 시행으로 은행의 신용위험과 외화유동성 위험 관리능력이 현저하게 향상될 계기를 마련하였다.

(1) 금융기관 외환건전성 정책

금융안정에 있어 금융기관에 대한 외환건전성 규제는 매우 중요하다. 특히 자본시장이 거의 완전히 개방되고 자유변동 환율제를 채택한 신흥경제국의 경우에 통화 불일치 및 만기 불일치 위험이 크기 때문이다. 은행부문의 통화 불일치는 대외 외화자산과 외화부채의 차이로 파악할 수 있고,[21] 만기 불일치는 대외 외화자산과 외화부채 간의 차이를 단기와 장기로 구분하여 파악할 수 있다. 우리나라 은행 부문은 항상 대외채무가 대외채권보다 많아 만성적인 통화 불일치 문제를 갖고 있다. 그리고 대외채무가 단기에 집중되어 있어 단기에서의 통화불일치 규모는 장기에서보다 더 크게 나타난다. 국내 은행의 경우 기업 등에 필요한 외화자금을 공급하기 위해서 해외로부터 외화를 차입할 수밖에 없고, 외국 은행 국내지점도 국내에서의 영업 및 채권투자를 하기 위해서 해외(주로 본점)로부터 외화자금을 빌려와야 되기 때문이다. 특히 외국은행 지점은 국내 은행에 비해 상대적으로 외화조달 여건이 유리하고 외화 유동성 규제를 적용받지 않아 외화차입에 유리하다. 은행 부문의 통화 불일치 규모가 크게 증가한 상황에서 글로벌 금융위기에서처럼 외국은행 지점과 외국인의 자금 회수가 본격화될 경우 국내 은행들은 심각한 외화 유동성 부족을 겪게 된다.

한편 통화당국의 순대외 채권은 은행 부문의 통화 불일치 규모에 비해 많고 단기에서의 만기불일치 규모에 비해서도 많다.[22] 이는 은행부문이 외화유동성 위기에 처할 경우 통화당국이 순조롭게 외화유동성을 공급할 수 있다는 것을 말하며, 국내외 충격이 발생하더라도 금융시스템 리스크로 발전될 가능성은 크지 않다. 그러나 통화당국의 외환보유액은 규모가 충분하더라도 은행부문의 통화 및 만기불일치 문제를 해결하는 과정에서 감소 추세가 이어지면 대외 신인도가 하락하는 요인으로 작용하고 외환보유액을 이용한 최종대부자 기능도 그 성격상 장기간 계속 발휘되기 어렵다. 또한 은행들이 부족한 외화유동성을 통화당국에 지나치게 의존하면 국제금융시장에서 은행의 신용도가 악화되어 결과적으로 국가 신인도에 부정적 영향을 준다.

따라서 은행부문의 만성적인 통화 불일치 및 만기 불일치 문제를 완화하기 위해서 평상시 은행들의 건전성을 꾸준히 유지해야 할 것이다. 우리나라 금융기관의 외환 건전성과 관련한 최종적 규제 권한은 기획재정부에 있으며 한국은행과 금융위원회에 분산 위탁된다. 이 중 한국은행에 위탁된 사항은 특정 외화부채에 대한 지급준비금의 최저한도, 외국환은행에 대한 외국환 포지션,[23] 외화대출 용도, 선물환 포지션 등에 대한 한도이다. 금융위원회에 위탁된 사항은 외국환은행 이외의 외국환 업무 취급기관에 대한 외국환 포지션 한도, 외화자산 및 외화부채의 비율, 역외계정,[24] 외국환계정 계리기준, 외국환 업무에 따른 위험관리기준이다. 특히 금융위원회는 개별 금융기관의 외화자산과 부채 간의 규모 및 만기 불일치에 따른 외화유동성 위험을 막기 위하여 외화유동성 비율과 외화 자산부채의 만기 불일치 비율(갭 비율), 중장기 외화대출 재원조달비율, 외

---

21. 은행의 통화불일치는 대외 외화자산과 외화부채의 차이에 대내 외화자산과 외화부채의 차이를 합한 것으로도 파악된다. 이러한 은행의 통화불일치 규모는 대외 외화자산과 외화부채 간의 차이로 파악한 은행부문의 통화불일치 규모보다 작아지게 된다. 이는 우리나라의 경우 은행들이 대내 외화자산(주로 기업에 대한 중장기 외화대출)의 재원을 대부분 대외 외화부채로 조달하기 때문이다. 그런데 국제금융시장 사정이 악화되면 국내 은행들은 해외 은행들의 급격한 자금 회수로 대외 외화부채를 대규모 상환해야 되지만 기업에 대한 외화대출을 회수하기 어려워 외화유동성 부족에 빠진다. 결국 은행의 통화불일치 규모는 대외 외화자산과 외화부채의 차이로 파악하는 것이 보다 현실적이고 유용하다.

22. 리먼 사태 발생 직후인 2008년 9월 말 통화당국의 순대외채권은 은행부문 통화불일치 규모를 상회하였고 단기 만기불일치 규모를 웃돌았다.

23. 외국환포지션은 일정 시점에서 외국환은행의 외화자산과 외화부채의 차이를 의미한다.

24. 역외금융이란 외국환은행이 비거주자로부터 자금을 조달하여 비거주자를 대상으로 운용하는 것을 말한다.

화 안전자산 보유 비율 등을 설정한다.

(2) 외환 관련 거시건전성 정책

1997년 외환위기 이후 경제 전체의 대외채권과 대외채무가 비슷한 수준으로 대외 순채무가 안정적 범위에 있었고 은행의 외환건전성 강화를 위한 각종 규제가 도입되었으며 국내은행들이 규제를 충실히 준수하였다. 그럼에도 불구하고 막상 2008년 글로벌 금융위기가 발생하자 우리나라 은행에서 외화유동성 위기가 다시 생겨났다. 단기 외화차입이 연장되지 않았고 원/달러 환율이 급등하였다. 따라서 정부는 외환 관련 미시건전성 규제를 보완하여 2010년 하반기에 외환 관련 거시건전성 규제를 도입하였다.

외환 관련 거시건전성 규제에는 소위 “거시건전성 3종 세트”라 불리는 선물환포지션 규제, 외환건전성 부담금제도, 외국인 채권투자 과세가 포함된다. 선물환포지션 규제와 외환건전성 부담금제도는 은행권의 과도한 단기 대외차입을 억제하기 위한 것이다. 선물환포지션 제한은 은행의 자기자본 대비 선물환포지션 비율을 일정 수준 이하로 제한하는 것으로서 은행의 선물환거래를 통한 과도한 레버리지 확대를 억제하고자 한다. 외환건전성 부담금제도는 은행의 비예금 외화부채 잔액에 대하여 만기별로 차등화된 부담금을 부과하여 시스템 위험을 억제하고 위기대응 재원을 확보하기 위한 제도이다. 외국인 채권투자 과세는 외국인의 과도한 원화 채권에 대한 투자 유인을 약화시키기 위한 조치이다.

2) 자본이동관리 정책

우리나라는 대외무역 의존도 및 금융 · 실물 부문의 개방도가 높아 자본 유출입의 변동성이 크다. 즉, 선진국에 비해 무역 관련 외화자금의 유출입이 빈번한 데다 외환위기 이후 자본시장이 대부분 개방됨에 따라 해외차입이 자유로워지면서 자본 유출입의 제한이 거의 없어졌기 때문이다. 특히 은행 부문의 경우 단기외채의 외은지점 의존도가 매우 높은 데다 외은지점을 통한 자본 유출입 변동이 빈번하다. 외은 지점은 단기외채로 조달한 외화자금을 주로 국내 은행에 외환스왑 및 통화스왑 거래를 통해 공급하고 있다. 외은 지점은 그 과정에서 조달된 원화 자금을 회수하기가 쉽고 고정이자를 안정적으로 받을 수 있는 원화표시 국고채나 통화안정증권에 주로 운용하여 차익을 얻는다. 이러한 외은 지점의 영업방식은 해외 본점의 자금 사정이나 국제금융시장의 변화에 민감하게 영향을 받는 통로가 되고 있다. 국내 조선 · 중공업체, 자산운용사 등은 환율하락 위험을 회피하기 위해 장래에 받을 수출대금이나 해외투자 회수자금을 미리 은행에 매도(선물환 매도)한다. 반면 선물환을 매입한 은행은 장래에 외화를 받는 시점에서 환율이 하락할 경우 손해를 보게 되므로 선물환을 매입한 시점에서 외화를 차입하여 이를 매도하고 추후에 외화를 받아 차입금을 상환한다. 이러한 거래는 우리나라 단기외채 증가의 주요인으로 작용하였으며 우리 경제의 시스템리스크를 크게 증가시키는 요인이 되었다.

이에 따라 금융 · 외환 위기 재발 방지를 필수 과제로 자본유출입 변동성을 완화시켜야 한다는 주장이 제기되고 있다. 하지만 우리나라는 이미 외국인의 국내 투자가 거의 완전 자유화되었기 때문에 외국자본의 유입 규제 방법을 찾기가 쉽지 않다. 따라서 자본 자유화와 시장개방의 기본 틀을 유지해 나가되, 자본유입에 대해서 속도나 규모 면에서 과도한 단기 외화수요를 축소 · 관리하고 자본 유출에 대해서는 대응능력을 확충함으로써 과도한 자본유출입 변동성을 제어하는 한편 거시 건전성을 제고하는 것이 요구된다. 이를 위한 방안으로 외화지급준비금 제도, 외화유동성 비율 규제, 외환건전성부담금 제도, 외화대출 용도제한, 외환파생상품포지션 비율 규제, 비거주자 채권투자 과세 등이 있다.

표 12-11 자본이동 관리 정책

제도	내용
외환파생상품포지션 비율 규제	선물, 외환스왑, 통화스왑, 차액결제선물환(Non-Deliverable Forward ; NDF) 등 통화 관련 파생상품거래 포지션을 일정 수준으로 제한
외환건전성 부담금 제도	금융기관의 과도한 외화차입을 억제하고 외채구조의 장기화를 유도
외국인 채권투자 과세	외국인의 국내 채권투자 시 이자 및 양도 소득에 대한 과세를 면제
외화대출 관리 강화	외화대출 용도를 해외 사용자금 및 제조업체의 국내 시설자금으로 제한
외환건전성 감독 강화	만기불일치 비율, 외화유동성 비율, 중장기 외화자금조달비율, 외화안전자산 보유비율, 선물환거래 한도, 외화여유자금비율, 스트레스 테스트

2.3 외환시장과 환율정책

1) 외환시장

우리나라 외환시장은 미 달러화나 엔화와 같은 외국통화에 대해 원화가 거래되는 시장이다. 우리나라 원화는 태환통화(convertible currency) 또는 국제화된 통화가 아니어서 외국통화와 원화의 거래 및 결제가 주로 국내에서 이루어지고 세계 다른 지역에서 아직 거의 이루어지지 못하고 있다. 이에 따라 다른 외환시장과 달리 우리나라 외환시장은 24시간 시장이 형성되지 않고 9시부터 15시까지만 개장된다. 외환거래는 금융기관과 기업 또는 개인(내국인 및 외국인) 간에 이루어지는 대고객 거래와 국내 금융기관의 본점과 종합금융회사, 외국은행의 국내 지점, 보험사와 증권사들이 참여하는 은행 간 거래가 있다. 한국은행은 보통 은행 창구를 이용해 시장에 개입한다. 외환시장은 지역적으로 국내에서 외환이 거래되는 역내(on-shore) 시장과 주로 국외에서 거래되는 역외(off-shore)시장으로 구성된다. 역내시장은 현물환 시장, 선물환 시장, 외환스왑 시장으로 구성되고, 역외시장으로는 차액결제 선물환(non-deliverable forward ; NDF)시장이 있다. 역내 선물환제도는 1968년 처음 도입되어 외국환은행의 대고객 매입거래에 한하여 이용되었고, 은행 간 거래는 1976년에 허용되었으나 외국통화 간의 거래에만 한정되다 원화 대 외국통화 간 선물환거래는 1980년부터 시작되었다. 한편 NDF는 만기에 원금을 교환하지 않고 계약 선물환율과 만기 시의 기준환율 간의 차액만을 결제하는 거래이다. 국제투자자들은 우리나라에 대한 투자금액이 점차 늘어남에 따라 원/$ 환율을 헤징하기 위해 싱가포르와 홍콩 등지에서 NDF가 1995년 이후 조금씩 거래되다 1996년부터 양성화되었다.

외환거래는 현물환 거래 38.4%, 선물환 거래 20.1%, 외환스왑 41.4%(2018)로 구성된다. 미 달러화와 원화 간의 거래가 전체 거래의 78.4%이고 다른 통화들 간의 거래는 미미하며, 그것도 미 달러화와 엔화 또는 유로화 등 미국 달러화가 연계된 거래가 상당하다.

우리나라의 외환시장은 아직 경제 및 무역 규모에 비해 다소 뒤쳐져 있다. 우리나라의 경제 규모를 보면 2021년 말 기준으로 국내총생산(GDP)은 세계 10위(1조 8,239억 달러), 무역규모는 세계 8위(1조 2,596억 달러)로 소규모 경제로 보기는 어렵다. BIS가 3년마다 하는 전 세계 외환 및 장외파생상품 시장조사(Triennial Central Bank Survey of Foreign Exchange and OTC Derivatives Markets)에 따르면 한국의 일평균 외환거래량은 553.2억 달러(2019년 4월 중 기준)로 전 세계 외환상품시장에서의 비중은 0.7%이고 조사대상국 중 15위를 기록하고 있다.[25] 외환시장이 소규모이므로 자본의 사소한 유출입에도 외환수급의 균형이 깨져 외환시장과 원화 가치가 불안정해져 대외거래에 큰 부담이 되고 있다. 더욱이 비공식적인 역외 원/달러 선물환(Non Deliverable Forward ; NDF) 시장이 공식적 시장보다 그 규모나 기능에서 더 크게 발달하여 서울 외환시장에 큰 영향을 미치고 있다.

우리나라는 선진국에 비해 외환시장 규모가 상대적으로 작고 환율이 외부 충격에 민감하게 반응하는 특징을 보인다. 또한 높은 대외의존도와 개방도로 인해 환율변동이 경제 전반에 미치는 영향이 매우 크다. 환율변동은 수입재 가격의 변동을 통하여 물가에 직접적 영향을 줄 뿐만 아니라 교역재와 비교역재의 상대가격 변화를 통하여 국내 총수요에 영향을 미침으로써 간접적으로도 물가에 영향을 미친다. 또한 환율 변동은 수출입 상품의 가격경쟁력을 결정하는 주요 요인으로 작용하고 해외자본의 유출입에도 큰 영향을 미치게 된다.

원화 국제화는 미흡

우리나라의 협소한 외환시장은 원화의 해외 사용이 제한되어 태환성 또는 국제화가 부족하다는 사실에 기인한다. 원화 국제화란 원화의 사용범위가 해외로 확대되는 것, 즉 원화가 국내에서 누리는 통화로서의 회계단위, 결제수단, 가치저장의 기능이 국제무역, 국제금융, 외환거래로 확대되는 것을 말한다. 이에 따라 원화는 국제거래의 표시, 거래의 지불, 가치저장 수단으로 사용되고, 각국의 보유 외환 혹은 국제증권(거주자의 비거주자에 대한 청구권과 거주자 부채)의 발행 통화로 사용되며, 거주자와 비거주자 간의 거래와 비거주자 간 거래에서 원화가 널리 사용된다.

원화 국제화는 우리나라 경제에 많은 영향을 미친다. 무역결제와 국제신용이 원화로 이루어지므로 외국통화 이용 시의 대외결제비용이나 환전수수료 등의 거래비용을 절감하고 금융기관은 자금조달 비용을 낮출 수 있다. 자산운용을 국제적으로 다변화할 수 있으며, 국민들도 해외에서 물품을 구입하거나 투자할 때 외화사용의 위험과 부담을 줄일 수 있으므로 환위험과 외환유동성 위험, 헤징 비용을 감소시킨다. 나아가 외국에서 원화를 보유하려는 만큼 무상의 구매력[화폐주조차익(seigniorage)]을 획득하게 한다. 중앙은행은 금융위기 시 국가 간 담보제도의 이용이 가능해짐에 따라 외환유동성 확보가 용이해지고 그만큼 외환보유고 관리부담이 완화될 것이다. 아울러 외환시장의 발전, 대외신인도 제고 등 여러 혜택을 누릴 수 있다.

반면 원화 표시 신용거래가 해외에서 이루어짐에 따라 국내 금융시장과 해외금융시장의 연계성이 커지고, 그만큼 해외로부터의 충격이 쉽게 국내로 전이된다. 또한 원화에 대한 투기적 공격의 증대, 단기자본 이동의 확대와 더불어 금융당국은 원화 표시 신용의 공급량을 통제할 수 없게 되어 통화신용정책의 독립성과 유효성이 제약된다. 원화 국제화로 원화에 대한 국제적 수요가 늘어나면 원화 가치의 상승이 나타나 국산제품의 가격경쟁력에 불리한 영향을 미치게 된다. 이러한 부작용과 위험요인은 경제정책의 일관성과 투명성 증대, 자본시장과 외환시장의 효율성 개선, 민간 경제주체의 리스크관리 향상, 금융규제와 감독의 선진화 등으로 해결해 나갈 수 있다.

---

25. 참고로 영국은 3.6조 달러로 거래비중(43.1%)이 가장 높으며, 그 뒤를 미국(1.4조 달러, 16.5%), 싱가포르(0.63조 달러, 7.6%), 홍콩(6.3조 달러, 7.6%), 일본(0.38조 달러, 4.5%), 스위스(0.28조 달러, 3.3%)가 잇고 있다.

원화의 국제적 사용은 발행국인 우리나라가 허용하고 시장 참여자들이 그 필요성을 가질 때 가능하므로 다수 통화 간의 경쟁을 거쳐 선택될 것이다. 역사적으로 국제통화로서 가장 먼저 두드러졌던 것은 제1차 세계대전 이전의 영국 파운드화이다. 이후 점차 미국 달러화 사용이 늘면서 제2차 세계대전 이후에는 달러화가 국제통화의 위치를 갖게 된다. 그러나 1980년대 이후 유럽에서 독일의 마르크화, 동아시아에서 일본의 엔화 사용이 확대되면서 달러화와 더불어 마르크화와 엔화도 국제통화로서의 위상과 역할을 높였다. 2002년부터 유럽 연합국가들이 유로화를 사용하게 됨에 따라 유로화가 마르크화를 대체하여 국제통화로서의 비중을 점진적으로 늘리고 있다.

원화 국제화는 원화의 국제적 사용에 대한 규제, 즉 금융 개방도뿐만 아니라 원화가치의 안정성에 따른 신뢰도, 통화의 운용 수단을 제공하는 국내 금융시장의 규모와 발전도에 의존하며, 세계 무역과 국제금융 거래에서의 중요성, 국제무역에서의 결제 비중, 국제외환거래에서의 거래 비중, 전 세계 외환보유액에서 점하는 비중, 국제채권시장에서 비거주자에 의한 원화표시채권의 보유 비중 등을 통해 원화 국제화의 정도를 가늠할 수 있다.

이러한 기준에 비추어볼 때 원화 국제화는 실물경제와 금융시장의 개방 수준에 비추어 볼 때 매우 저조하다. 우리나라의 대외무역 거래 시 원화 결제수요는 소폭이지만 꾸준히 증가해 오고 있다. 주요 국제결제통신망인 SWIFT를 통한 주요 통화별 국제결제비중(2022년 1월)은 미 달러(39.9%)와 유로(36.6%)가 지배적이고 그 뒤를 영국 파운드(6.3%), 중국 위안(3.2%), 일본 엔(2.8%), 캐나다 달러(1.6%), 호주 달러(1.3%), 홍콩 달러(1.5%)가 잇지만 한국 원화의 비중은 0.1% 수준으로 20위 내에도 들지 못할 만큼 미미하다. "세계외환상품조사 결과"(BIS)에 따르면 2019년의 경우 원화의 거래 비중은 2.0%에 지나지 않았다. 미국 달러화가 88.3%로 1위였고 유로화 32.3%, 엔화 16.8% 등의 순이었다. 2021년 9월(IMF) 세계 외환보유액에서 달러가 차지하는 비중은 59.2%였으며 유로 20.5%, 엔 5.8%, 파운드 4.8% 등이었다. 한국 원화는 이 비중이 0.2% 미만으로 추정된다. 다만 우리나라 수출입에서 원화결제가 차지하는 비중은 1995년 0.2%에서 2021년 4%(수출 2.4%, 수입 6.5%)까지 증가하였다.[26] 원화표시 자산에 대한 비거주자의 수요는 증가하는 추

표 12-12 통화기능별 원화국제화 추진현황(제도적 측면)

주요 기능	제도적 자유화 정도
가치척도 기능 (가격 표시, 계산 단위)	▪ 경상거래 측면에서의 원화거래 : 자유화(1988~1991) ▪ 자본거래 측면에서의 원화거래 : 자유화(1992) ▪ 국내외에서의 원화 환전 : 자유화
교환수단 기능 (결제수단)	▪ 경상거래에서의 원화결제 : 자유화("자유원 계정"을 통해서만 가능 : 1996) ▪ 자본거래에서의 원화결제 : 부분적 허용(국내증권 · 선물 투자절차에 따른 지급 · 결제, 해외거래소의 장내거래 결제 등)
가치저장수단 기능 (대외준비자산 보유, 차익 거래활동 등)	▪ 실물 원화의 국경 간 반출입 : 자유화 ▪ 원화 예금 : 제한적/"자유원 계정"을 통해서만 가능(1999~2001) ▪ 비거주자의 원화표시 차입 : 300억 원까지 허용(2001~2007) - 300억 원 초과 시에는 한국은행 신고 등 ▪ 비거주자에 의한 원화표시 증권 발행 : 허용(2001~2006) 및 기획재정부 신고

자료 : 김경수(2014), 「원화국제화 : some conceptual issues」, 국제경제학회 하계정책포럼 발표자료 참고 ; 국제무역연구원(2014), "원화의 국제화 현황과 과제"

26. 우리나라의 수출에 대한 결제 통화 비중은 미 달러화 83.9%, 유로화 5.9%, 일본 엔화 2.6%, 중국 위안화 2.0% 순이다.

세에 놓여있다. 비거주자의 원화채권 보유액이나 역외선물환(Non Deliverable Forwards ; NDF) 거래가 커지고 국내 주식시장에서의 외국인 투자 비중이 늘고 있다.

원화 국제화를 위한 제도에서 외환위기 이후 이어진 경상수지 흑자기조하에서 국내 원화사용에는 진전이 있었다. 원화의 환전과 수출입을 전면적으로 자유화하고 경상거래에서 원화표시 거래 체결과 원화 결제를 자유화하였다. 그러나 금융거래에서는 비거주자의 원화표시 자금조달을 신고제로 허용하지만 금융거래에 따른 원화결제는 일부만 허용하고 있다. 특히 2002년에 '3단계 외환자유화 계획'에서 원화의 국제화 등 외환거래의 완전 자율화를 2011년까지 완성하려 하였고, 2006년 동북아 금융허브전략을 추진하는 과정에서 외국인의 원화 보유와 거래 확대를 위한 조치가 취해졌지만, 2008년 글로벌 금융위기 이후 마지막 셋째 단계(원화 국제화)의 실행을 연기하였다. 이에 따라 해외에서의 원화 사용이나 원화지급에 대해서는 당국의 사전 허가를 받도록 하는 등 아직 제한이 있다. 즉, 비거주자의 원화사용이 자유원 계정을 통해 국내에서만 가능하게 제한하고 금융거래에서는 부분적 허용에만 그치고 있어 비거주자가 국내에서 원화로 자금을 조달하거나 거주자가 외국에서 원화를 자유롭게 사용되는 데 상당한 제약이 있다.

한편 지나치게 여러 단계를 거치고 있는 원화의 국제유통구조가 원화 국제화의 걸림돌로 작용하고 있다. 해외에서 유통되는 원화는 주로 홍콩에 위치하는 글로벌 투자은행에서 국내 은행을 통해 구매되어 제3국 은행으로 다시 팔려나간 뒤 현지의 환전상에게 최종 판매된다. 이에 따라 해외에서 원화를 구입하는 최종 소비자는 20~30%에 달하는 환전수수료를 지불한다. 국내 은행들의 해외영업망이 충분히 갖추어져 현지 직거래가 정착되도록 원화의 해외유통경로를 단순화할 필요가 있다. 특히 달러를 매개로 하지 않는 중국, 일본, 유로지역 등과의 이종통화 직거래 시장을 지속적으로 활성화하고 확대해 갈 필요가 있다. 현재 1996년 10월 개설되었던 엔-원 직거래시장은 4개월 만에 폐쇄되었는데 유동성이 적고 대규모 엔-원 거래 시 금융기관이 수수료를 절감해주고 있어 직거래 시장 재개설에 따른 거래비용 절감효과가 미미하여 재개설이 좌절되고 있다. 대중 무역거래 증가와 국제금융시장에서의 위안화 위상 제고에 힘입어 2015년 원-위안 직거래 시장이 개설되었지만 기업들의 위안화 결제수요 부족에 더해 미중 무역갈등의 지속되며 부진세를 면치 못하고 있다. 경상거래에서는 우선 아시아지역 국가를 중심으로 무역 거래에서 원화결제 비중을 확대할 필요가 있다. 자본거래 부문에서도 비거주자의 원화 수요가 높아지고 있으므로 비거주자의 원화표시 증권에 대한 투자를 꾸준히 확대해 가는 한편 원화차입 한도 상향 조정과 원화계좌이체 제한을 완화할 필요가 있겠다.

결론적으로 비거주자에 대한 원화차입 제한의 철폐와 해외에서의 원화사용 허용을 골자로 하는 외환규제 개혁이 필요하며, 성공적인 원화 국제화는 제도적 기반의 조성뿐만 아니라 중장기적인 원화에 대한 수요 증대와 원화 가치에 대한 국제적 신뢰도를 제고함으로써 해소되어야 한다.[27]

2) 환율제도

1997년 외환위기 이전까지 우리나라는 고정환율제를 거쳐 중간 단계 환율제에 있었으며, 외환위기 이후 온전한 변동환율 제도로 이행하였다. 즉, 우리나라의 환율은 현재 외환시장의 수요와 공급에 따라 전적으로 결정되고 있다. 우리의 변동환율제도는 자유로운 자본이동을 배경으로 하고 있으며 외부충격이 환율변동으

27. 이장영(2016), "원화 국제화를 위한 국내 제도개선 방안" 대외경제정책연구원.

로 흡수됨으로써 국내 경제상황을 고려한 통화정책의 자율적인 수행이 용이하다. 다만 외환시장 규모가 작고 외부충격의 흡수능력이 아직 미약하여 환율 변동성이 높아짐으로써 경제의 교란 요인으로 작용할 가능성이 크다.

환율제도의 경과

우리나라의 환율제도는 1970년대 말까지 사실상 달러 중심 환율제도하의 단일고정 환율제도를 운용하였다. 특히 1964년 이전까지는 명시적으로 고정환율제도를 채택하였고, 외환 부족과 물가 상승을 이유로 10여 차례에 걸쳐 큰 폭으로 환율을 인상하는 조치를 취해 왔다. 환율이 고정된 상태에서 국내의 인플레이션이 외국에 비해 훨씬 높아 수출품의 가격경쟁력이 약화되어 이를 간헐적인 평가절하로 대응해 온 것이다. 1964년 들어 고정환율에서 변동환율로 옮겨가는 중간 단계 환율제도로서 처음에 단일변동환율제도를 채택하지만 실제로는 고정환율처럼 운용되어 왔으며, 가끔 대폭적인 환율 인상을 실시하였다. 1970년대 주요 선진국들이 변동환율제로 이행함에 따라, 달러에만 연동된 원화는 달러가치의 변동에 의해 그 가치가 변동하였다. 특히 오일쇼크 이후 달러가 주요국 통화에 대하여 강세를 보임에 따라 원화 역시 강세가 심화되었다. 이를 간헐적인 평가절하로 대응하였으나 경제 전반에 미치는 충격이 컸다. 이에 따라 정부는 1980년에 미 달러화에만 연동시켜 오던 환율을 주요 선진국과 주요 교역국 통화에 대해서도 연동하는 복수통화 바스켓제를 실시하였다. 미 달러화뿐만 아니라 주요 선진국과 주요 교역상대국 통화에 대해서도 환율이 안정적으로 변동하도록 하여 우리의 가격경쟁력을 유지하고 실효환율을 안정화시키려 한 것이다. 한편 환율의 결정에는 금리차, 물가상승률, 국제수지 및 외환 수급 전망 등에 기초한 외환의 실세 반영장치도 포함하였다.

그러나 이상의 환율결정 과정은 불투명했고 환율 조작국으로 지정되는 문제로까지 이어지자 1990년에는 직전일의 시장환율의 평균값을 사용하되 일일 변동폭에는 제한을 두어 환율을 설정하는 시장평균환율 제도(market-average exchange rate regime)로 이행하였다. 기본적으로 외환시장에서의 수요과 공급에 의해 결정되게 하되 일중 변동폭에 대해 제한을 설정한 셈이다. 이 시스템하에서 원/달러 환율은 일정 범위 내에서 시장에 의해 결정되었기 때문에, 이때부터 은행 간 외환시장이 발전하기 시작하였다. 초기에 일일변동폭은 상

표 12-13 우리나라 환율제도의 변천

환율제도		시기	내용
고정환율제		1945년 10월~	■ 복수환율제와 단일환율제를 번갈아 시행 – 원조자금에 적용되는 대충자금 환율 외에 정부 보유의 외환에는 공정환율을, 기타 외환에는 일반환율을 적용하는 복수 환율제를 시행 – 이후 단일환율제 도입을 위해 경매율, 은행률, 대충자금환율을 공정환율로 채택 – 환율의 실세조정을 위한 평가절하가 이루어짐
중간 단계 환율제	단일변동 환율제	1964년 5월~	■ 시장환율의 상하 2% 이내에서 일일환율을 결정
	복수통화 바스켓제	1980년 2월~	■ 주요 교역상대국의 통화가치 변동과 더불어 국내외 금리차, 국제수지 및 외환 수급 전망, 물가상승률 등을 반영하여 원화 환율을 연동
	시장평균 환율제	1990년 3월~	■ 시장평균환율을 기준으로 일일 변동제한폭을 두어 환율을 설정 – 환율의 일일변동 허용 폭은 점차 확대되어 ±0.4%에서 ±10.0%까지 확대됨.
자유변동 환율제		1997년 12월~	■ 은행 간 시장에서 외환수급에 따라 원/달러 환율을 결정 ■ 환율의 일시적 급변동을 완화하는 smoothing operation을 시행

하 각각 0.4% 이내로 설정하였는데 이후 변동폭이 점차 확대되다 1997년 외환위기에 직면하면서 변동 제한폭을 상하 10%로 대폭 확대한 후 완전히 철폐됨으로써 자유변동 환율제도로 이행하였다.

적정 환율

일부에서는 종종 우리나라의 외환시장 개입이 통상적인 완급 조정의 범위를 넘어서고 환율의 유연성이 부족하며 과도하게 저평가되어 있다는 지적을 하고 있다. 환율의 저평가는 국민들 간의 부를 재분배하고 기업의 국제경쟁력에 부정적 효과를 낳을 수 있다. 인위적인 고환율은 수입물가 상승을 통한 물가 상승으로 소비자의 삶을 곤란하게 하고, 수출기업들은 질적 경쟁력 개선보다 환율이 낳은 가격경쟁력에 과도하게 의존할 수 있다. 우리 경제는 대외의존도가 매우 높아 환율이 수출입이나 기업 채산성에 큰 영향을 미치는 만큼 환율 수준에 대한 평가가 경제 주체마다 크게 다르다. 수출업자는 환율이 높을수록 수출 증가나 채산성 개선에 유리하지만, 수입업자는 환율이 낮을수록 수입대금 감소와 채산성 개선에 도움이 되며, 일반 국민들의 경우에는 환율이 낮을수록 낮은 수입 물가로 도움을 얻는다. 따라서 환율 수준은 특정 경제 주체에 치우치기보다 경제 전체의 관점에서 대내균형과 대외균형을 동시에 만족할 수 있는 환율(균형 환율)에 초점을 맞추어야 한다. 널리 활용되는 균형환율로는 국제 결제은행(BIS)의 실질실효환율 지수를 들 수 있다.

같은 물건이라면 세계 어디에서나 가격이 같아야 한다('1물 1가'의 법칙). 세계적인 패스트푸드 업체 맥도날드에서 파는 가장 대표적인 햄버거인 빅맥도 마찬가지다. 미국에서 팔리는 빅맥의 가격을 기준(달러기준 P^*, 원화기준 SP^*)으로, 한국에서 팔리는 빅맥의 가격(원화 기준 P)을 비교할 때 우리나라 빅맥 가격이 원화표시 미국 빅맥가격보다 낮다면, 즉 $1 > P/SP^*$, 또는 $P/P^* < S$이라면 S가 지나치게 높거나 달러가치가 지나치게 높게 되면 원화가치가 저평가되었다 할 수 있다. 미국 빅맥이 5달러이고 한국에서의 가격이 5,000원이라면 양국의 구매력 비율은 5,000/5.0 = 1,000이다. 만약 환율이 1달러 대 900원이라면 1000 > 900으로 원

그림 12-16 원/달러 명목환율과 실질실효환율 추이

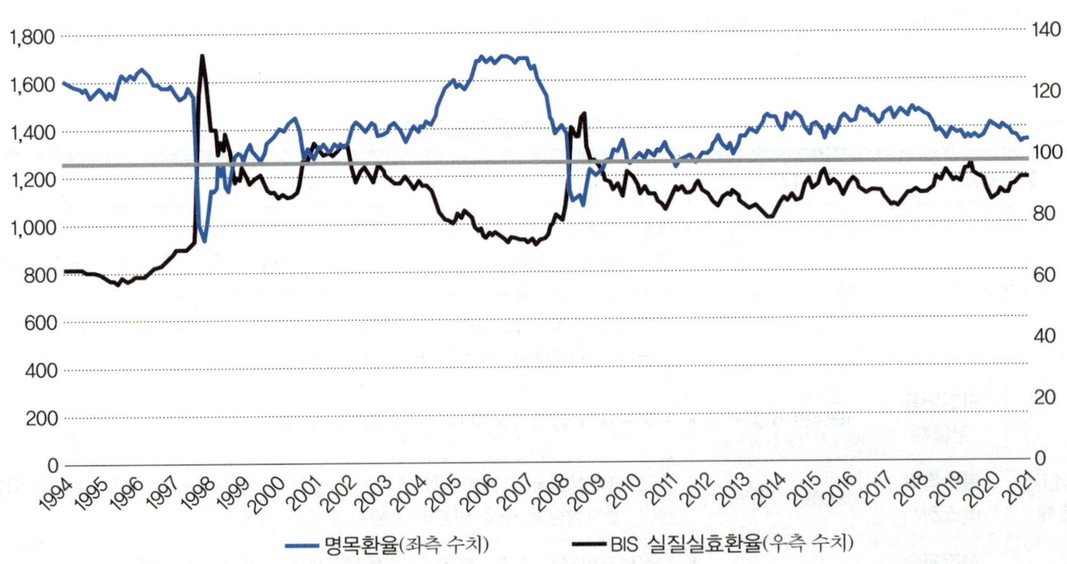

자료 : FRED Economic Data, BIS Effective Exchange Rate Indices.

화가 과대평가된 것을 알 수 있다.[28] 통화 가치를 정확히 측정하기 위해 빅맥이라는 단일 제품 대신 소비 품목 전체를 반영하여 환율 수준을 평가할 수 있다. P를 우리나라 소비자물가, P^*를 외국의 소비자물가라 하면 명목환율을 물가상승률로 조정한 실질환율(real exchange rate)은 $s = P/SP^*$로 계산되는데, 이 값이 1을 초과하면 원화가 고평가되어 있음을, 1 미만이면 원화가 저평가되었음을 알 수 있다. 우리나라의 통화가치를 평가하는 비교 국가로 미국을 포함한 우리나라의 교역상대국 전체를 대상으로 할 수 있는데, 자국통화와 주요 교역상대국 통화 간의 실질환율을 계산하고 이를 무역비중으로 가중평균하여 산출할 경우 얻어지는 지표가 실질실효환율(Real Effective Exchange Rate ; REER)이 된다. 실질실효환율 지수는 명목환율의 절대적 수준이 통화별로 상이하기 때문에 기준 시점과의 비교를 통한 지수 형태로 산출된다. 이에 따라 실질실효환율이 기준시점 값 100을 초과하면 원화가 고평가되었다고 평가한다. BIS 등 여러 국제기구에서도 산정하여 발표하는데 기준연도, 물가지수, 국별 가중치 부여 방법 등에 따라 상이한 값을 나타낼 수 있다.

3) 환율안정화 정책

1997년 외환위기 이전까지 우리나라는 환율정책의 목표를 명목환율의 안정보다 국제수지 흑자 달성에 두고 고정환율 제도와 중간 단계 환율제도를 유지하고 있었다. 외환위기 이후 자본자유화 급진전과 더불어 온전한 변동환율제도로 이행함에 따라 환율정책 목표도 국제수지 흑자보다는 환율의 변동성 완화와 같은 시장안정에 가장 높은 비중을 두도록 변화하였다.[29] 현재 정부가 환율정책의 최종적인 권한을 보유하지만, 정부와의 협의하에 한국은행이 외환시장에 개입하여 환율의 안정적 운용을 위해 노력하고 있다. 이를 위해 국고채 발행으로 조성된 외국환 평형기금의 원화 및 외화자금이 이용된다. 시장개입을 위한 원화 재원으로는 본원통화나 외환시장 안정용 국고채 발행자금이 있으며 외화 재원은 한국은행이 보유 · 운용하고 있는 외환보유액과 외국환평형기금 자금이 있다.

우리나라는 자본자유화가 거의 완전히 이루어졌기 때문에 일일 환율변동폭을 제한하기 어려우며, OECD 회원국으로서 자본 자유화를 약화하기 어렵다. 그만큼 우리나라 원화 환율의 변동성이 관리변동 환율제를 채택하고 있는 다른 신흥국 통화에 비해 높은 것은 어느 정도 불가피하다. 따라서 어느 정도의 환율변동은 환위험 헤지 등을 통한 시장 참가자들의 자체 노력으로 흡수하도록 하면서 환율의 과도한 변동성을 완화하는 데 정책의 초점을 두고 있다. 즉, 정책당국은 자유변동 환율제와 자본 자유화의 근간을 유지하면서 외환 수급의 불균형과 쏠림 현상을 완화되도록 노력하고 있다.

(1) 외환시장 개입

우리나라에서의 외환시장 개입 역시 구두 개입(verbal intervention)과 (실제로 외환 매매가 이루어지는) 실세 개입으로 나눌 수 있다. 실세 개입을 위한 원화 재원으로 본원통화, 외환시장 안정용 국고채 발행자금

---

28. 영국의 경제 주간지 『이코노미스트』는 매년 3개월에 한 번씩 분기별로 120개국의 빅맥지수를 발표하고 있다.
29. 특히 우리나라가 외환위기 이후 전환한 통화정책 운영방식인 물가안정목표제(inflation targeting)하에서 환율은 정책목표가 아니라 통화량, 금리와 더불어 실제 인플레이션이 목표치에 수렴할 수 있도록 하는 하나의 정보변수(information variable)의 역할에 머물게 되었다.

등을 사용하며, 외화 재원으로 외환보유액과 외화표시 외환시장 안정용 국고채 등을 사용하고 있다.

실세 개입은 외환시장에서 외화자산(주로 미 달러)을 매입 혹은 매각하여 환율의 상승폭 혹은 하락폭을 둔화시키고 환율의 변동속도를 조절하는 것이다. 당국의 외환 매매는 자연히 통화량의 변화를 수반하는데 이를 그대로 두는 태화 개입과 통화량 변화를 상쇄하는 불태화 개입이 있다. 우리나라에서 불태화 개입에서는 해외에서 유입되는 유동성을 통화안정증권 발행, 환매조건부 증권 발행, 지급준비율 인상을 통해 흡수하여 통화량을 안정적으로 유지하도록 한다.

표 12-14 **외환시장 개입 사례**

시행 시기	내용
1997년 외환위기 이후	– 원화가치 급락 방지를 목적으로 현물환 및 통화선물 시장 개입을 통해 공격적인 달러화 매도 – 단기 외화차입금 상환 요구에 따른 금융기관들의 외화결제 부족자금을 지원하기 위해 외환보유고 활용 – 감소하는 외환보유고 조정을 위한 일시적 달러화 매입 병행 – 2003년 이후 글로벌 달러화 약세로 인한 원화 강세를 억제하기 위해 달러화 매입
2008년 글로벌 금융위기	– 국제금융시장의 신용경색 등으로 원/달러 환율이 급상승하여 5월부터 달러화 매도 개입 – 해외 금융기관의 자금회수가 가속화되면서 한국은행은 자체 자금으로 경쟁입찰방식의 외환스와프 거래를 통해 총 7차례에 걸쳐 외국환은행에 102.7억 달러 규모의 자금 공급 – 미국과의 통화스와프 자금을 활용한 경쟁입찰방식의 외화대출을 통해 163.5억 달러 규모의 유동성 공급
2009년~	– 2009년 경상수지 흑자 확대, 외국인 주식자금 유입 지속, 국내 은행의 외화자금사정 호전 등을 감안하여 외환스와프 거래자금을 점진적으로 회수(8월 전액 회수) – 2012년 일본의 엔화 약세 유도정책으로 인한 수출경쟁력 하락에 대비하기 위해 달러화 매입 – 최근 미국의 양적완화 축소 관련 불확실성에 기인한 외환시장 변동성 확대로 구두 개입 시행

자료 : 윤덕룡 · 김수빈 · 강삼모(2013), 「금융개방의 확대와 환율의 영향 변화 분석」, 대외경제정책연구원.

(2) 외화자금시장에서의 외화유동성 공급

외화자금시장(foreign currency money market)은 금리를 매개로 외환의 대차거래가 이루어지는 시장이다. 이는 환율을 매개로 외환이 거래되는 외환시장과 구별된다. 이에는 외환스왑 시장, 통화스왑 시장, 외화 콜시장 등이 포함된다. 국내 은행들은 은행 간 또는 대고객 외환거래, 수출입 기업의 대금결제, 외화 대출, 외화증권 발행 · 상환 등의 업무를 하면서 일시적인 외화 과부족이나 환위험에 직면하는데, 이때 외화 자금시장에서 외국 은행으로부터 차입하거나 외환스왑 또는 통화스왑에 의존하는 경우가 많다. 외화 자금시장에서는 경제위기나 글로벌 신용경색이 심화되는 시기에 단시간 내 유동성 회수가 일어나 외자가 급격히 유출되고 국내 금융기관의 외화유동성 사정이 크게 악화될 수 있다.

이 경우 외환당국은 외국환 은행 등을 대상으로 외화 유동성을 직접 공급하는 시장개입으로 외환시장 안정화를 도모하고 환율 변동성을 완화한다. 실제로 2008년 글로벌 금융위기 이후 국제금융시장에서 극심한 신용경색이 발생하고 해외금융기관의 자금회수가 가속화되면서 국내 은행의 외화유동성이 크게 악화되자 한국은행 자체 자금의 외환스왑과 미 연준과의 통화스왑 자금의 외화대출을 통해 외환유동성을 외국환 은행에게 공급하였다. 이러한 외화유동성 공급으로 외환시장 및 외화자금시장이 점차 안정되고 환율의 변동성도 크게 축소되었다. 이후 국제금융시장 여건이 개선되고 국내 금융기관의 외화자금사정이 크게 호전되자 그동안 공급하였던 자금의 만기도래분을 점진적으로 회수하기 시작하여 2009년 말에 이를 전액 회수하였다.

다음은 기업의 수출대금이 급증한 경우 외화자금시장의 변화와 외환당국의 대응을 예시한 것이다.

그림 12-17 수출대금 급증 시의 외화자금시장 변화

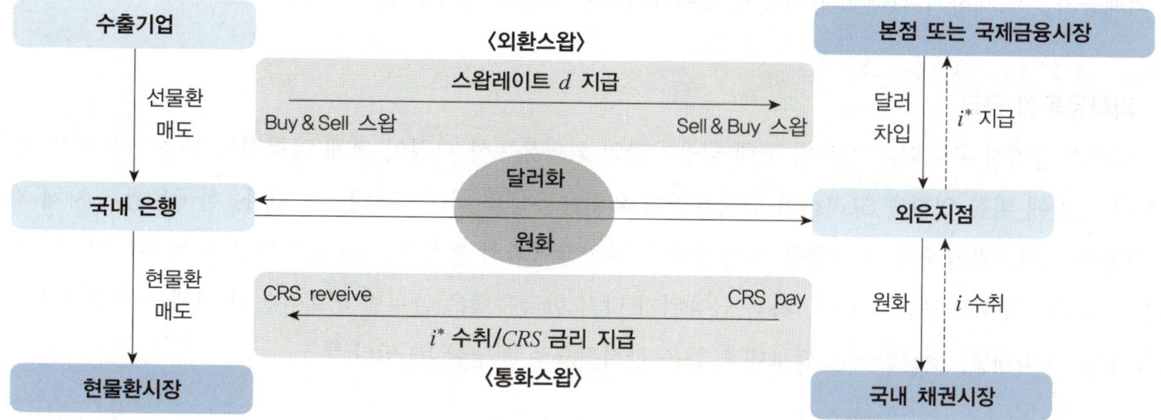

주 : CRS(Cross Currency Interest Rate Swap) receive 쪽은 원화고정 이자를 수취하고 달러 변동이자를 지급하며, 원금은 원화 자금을 주고 달러화를 받는데, 만기에 원금을 다시 교환해 마치 외화자금의 차입 또는 buy & sell 외환스왑 거래와 같은 구조가 된다.

- 우리나라 수출기업이 미래에 수출대금으로 수령할 달러 가치가 하락할 위험을 피하고자 현재 시점에서 국내 은행에 확정된 환율(선물환율)을 미리 팔아놓는다. 즉, 달러 선물환 매도(①)를 한다.
- 수출 기업에 응해 선물환 매입 포지션에 놓이게 된 국내 은행은 달러가치 하락 위험을 떠안게 되고 이를 피하기 위해 현물환 매도를 해야 하는데, 매도할 현물환을 국내은행은 외은지점으로부터 조달한다: 즉, 국내 은행은 (i) 달러를 차입(②)하거나, (ii) Buy & Sell USD/KRW 외환스왑(현 시점에 원화를 담보로 건네주고 환율로 S달러를 수취하며, 미래에 원화를 돌려받고 F 환율로 달러를 지급, 즉 현물매입/선물매도)을 취하거나(두 방식은 대체적이다. 전자의 비용은 세계이자율 i^*이고 후자의 비용은 국내이자율에서 기대절하율을 차감한 $i-d$인데, 이는 이자율 평가관계 $i-d=i^*$가 성립한다.) (iii) CRS receive 통화스왑을 취한다. 외환스왑 계약 완료 시 국내 은행은 원화를 받는 대신 달러화를 외은 지점에 상환하는데, 공급할 달러화는 수출기업으로부터 공급받는다.
- (ii)의 외환스왑 거래나 (iii)의 통화스왑 거래에 참여한 외은지점은 수출업체의 선물환 매도에서 비롯한 선물환율의 하락과 선물 프리미엄(스왑 레이트)의 축소가 낳은 차익을 획득한다. 즉, 수출업체의 선물환 매도는 선물환율의 하락을 가져와 선물프리미엄(스왑레이트)을 내외금리차보다 작게 만든다. 수출기업의 헤징이 재정거래를 유발하는 것이다.
- 외은지점은 국내 은행에 공급할 미국 달러를 본점으로부터 차입(차입금리 i^*)하는데, 이는 Sell & Buy 외환스왑(현물매도/선물매입)을 통해 국내 은행이 제공하는 원화와 교환된다.
- 외은지점은 (ii) Sell & Buy 외환스왑(현물매도/선물매입)으로 조달한 원화를 국내 채권시장에 투자한다. 이 채권은 만기에 원금과 이자 i를 제공하고, 원화원금은 계약한 선물환율(F)을 달러화로 교환되어 차입금은 상환되어 차입이자 i^*를 지급한다. 이때 외은지점은 '원화이자 i – 달러화 이자 i^* – 스왑레이트 $[d=\frac{(F-S)}{S}]$'의 차익을 획득한다.
- 외은지점은 (iii) CRS pay 통화스왑(달러화 이자 수취와 CRS 이자 지급을 야기)을 통해 국내 은행이 제공하는 원화와 교환한다.
- 외은지점은 외환스왑이나 통화스왑으로 조달한 원화를 국내 채권시장에 투자(③)한다.

이러한 외환 수급의 불균형과 그로 인한 환율 급변동에 직면한 중앙은행은 스왑시장의 불균형을 완화하고 외채증가를 억제하기 위해 스왑시장에 참여하여 외은지점의 역할을 할 수 있다.

외화유동성 공급

외자가 급격히 유출되는 가운데 국내 금융기관의 외화유동성 사정이 크게 악화되는 경우 금융시장 및 실물부문 전반에 미칠 영향을 고려하여 한국은행이 외화유동성을 직접 공급할 수 있다. 한국은행은 자체 자금을 활용한 외환스왑거래와 미 연준을 포함한 외국 중앙은행과의 통화스왑 자금을 활용한 외화대출을 통해 달러를 외국환은행에게 공급해 왔다. 특히 금융위기 당시 한국은행은 글로벌 외화유동성 경색을 완화하기 위해 스왑거래, 외화대출, 수출환어음 담보대출 등을 한시적으로 시행한 바 있다.[30]

(3) 외화 유출입 조절

외환시장 또는 외화자금시장이 극도로 불안할 경우 자본자유화의 기조하에서도 외환당국이 외화자금의 유출입 자체를 직접 조절하여 환율안정을 도모하기도 한다. 앞에서 보았듯이 외화유출입에 대한 규제는 행정규제와 시장기반 규제로 나뉘어진다. 우리나라는 경제위기나 거시경제정책 수행에서 심각한 어려움이 있는 경우가 아니면 외국 자본의 유출 방지 조치나 국내 거주자의 해외투자 통제는 현실성이 없으며, 외국자본의 유입규제 역시 이미 외국인의 국내투자가 거의 자유화되어 있어 곤란하다. 따라서 자본유입 규모를 적절히 억제하거나 유입 속도를 조절하기 위한 방안에 초점이 맞추어져야 한다. 우리나라의 경우 가변예치의무제는 "외국환거래법"에 유사시의 안전장치로서 규정되어 있지만, 외국인의 증권투자에 대한 금융거래세는 도입되어 있지 않으며, 외국인의 주식투자에 대한 자본이득세는 대주주 등에만 제한적으로 적용되어 한계가 있다. 한편 이른바 거시건전성 3종 세트로 선물환포지션한도 제도, 외환건전성부담금 제도, 외국인 채권투자과세를 운영하고 있다.

① 선물환 포지션 한도를 제한하면 선물환 시장의 수급불균형을 개선할 수 있다. 특히 국내 은행의 한도를 실거래의 100%로 제한하면 투기적 거래를 억제할 수 있다. 선물환 포지션 한도를 제한하면 국내 은행의 단기외채 규모를 통제할 수 있다.

② 외환건전성 부담금은 국내 은행의 외환표시 부채에 대한 세금부과를 통해 외환스왑의 유인을 약화시킨다(외화로 징수되어 외국환 평형기금에 적립하고 외환위기 시 예치, 대여, 스왑을 방식으로 금융기관의 유동성을 지원한다).

③ 외국인의 채권투자에 대한 과세는 외환스왑에 대한 유인을 약화시킨다.

30. 1997년 외환위기 이전에는 외화예탁 및 수출환 어음 담보대출과 같은 금융기관에 대한 외화대출 제도를 상시적으로 운용하였다.

4) 외환보유고 관리

1997년 말에 있었던 외환위기나 글로벌 금융위기가 있었던 2008년 9월 외화유동성 위기는 외환 보유액의 중요성을 확인시켰다. 특히 2008년 9월 리먼 사태 발생으로 외국은행 본점과 외국인 증권투자자들이 국내 외화대출 자금과 주식 및 채권투자 자금을 대규모로 회수함에 따라 우리나라는 심각한 외화유동성 위기를 겪었다.

우리나라의 외환보유액은 긴급한 상황이 발생할 때를 대비하여 한국은행과 정부(외국환평형기금)가 보유하면서 국외에서 운용하는 유동성이 높은 대외 지급준비 자산이다. 외환보유액의 관리와 운용은 한국은행이 맡는다. 한편 한국투자공사에 위탁된 외화자산은 한국은행의 투자운용 지침에 따라 외환보유액의 성격을 유지하는 범위 내에서 운용되므로 외환보유액에 포함된다. 이들은 통화안정증권, 외환시장 안정용 국고채 등의 시장성 부채를 대가로 취득한다.

과거 우리나라의 외환보유액은 1987년까지 거의 변화가 없다가 경상수지 흑자의 상당 부분이 준비자산의 증가로 흡수되면서 1988년 이후 크게 증가하였다. 외환위기 발생 직후인 1997년 위기로 인한 대규모 자본 유출과 이로 인한 원화가치 하락을 방어하기 위해서 외환당국이 적극적으로 외환시장에 개입함에 따라 1997년 12월 18일 39억 달러까지 감소하였으나 2001년 9월에는 1,000억 달러를, 2005년 2월에는 2,000억 달러를 처음 상회하였다. 이후에도 증가세가 계속되어 2008년 3월 2,643억 달러까지 커졌으나 2008년 9월 리먼 사태에 따른 금융기관의 외화유동성 부족에 대응하여 한국은행 및 정부가 외화 유동성을 공급하면서 2008년 말 2,012억 달러까지 감소하였다. 글로벌 금융위기가 완화되며 2020년 말 4,431억 달러를 기록했다. 이는 규모 면에서 중국, 일본, 스위스, 러시아, 인도, 대만, 홍콩, 사우디아라비아에 이어 세계 9위 수준이다. 외환보유액은 국채, 정부기관채, 회사채, 자산유동화증권(MBS, 커버드본드) 등의 유가증권(92.5%), 예치금(4.6%), 금(1.1%), IMF로부터 국제유동성을 인출할 수 있는 수시인출권(IMF 포지션, 1.1%)과 특별인출권(Special Drawing Rights ; SDR 0.8%)으로 구성된다.

외환보유고의 필요성에 대해서 의문의 여지가 없다 하더라도 적정 보유수준에 대해서는 상당한 견해차가 있다. 적정 외환보유고는 무역거래와 관련된 경상수지뿐 아니라 자본 유출입과 관련된 금융수지도 고려되어야 하는데, 특히 급격한 자본 유출입에 대비하기 위해서 외환보유고가 적어도 단기유동외채(향후 1년 이내에 상환해야 할 외채의 원리금 및 이자부담)를 상회해야 할 필요가 있다. 금융수지에 기반한 대표적인 기준인 그린스펀-기도티 준칙에 따르면 우리나라는 오래전부터 이미 충분한 외환보유고를 확보하고 있다. 그러나 글로벌 금융위기 이전 외환보유액이 통상적인 적정 수준에 비해 더 많았다는 점을 고려할 필요가 있다. 대표적인 적정 외환보유고 지표로 3개월 경상지급액과 만기 1년 미만 단기외채를 고려할 수 있는데, 당시 외환보유액은 이 기준을 만족하였다. 하지만 막상 금융위기가 발생하니 원화가치가 급격히 떨어지고 자본유출이 발생하였다.

외환보유고는 유사시에 대비한 비상금으로 수익률이 낮더라도 유동성이 높은 안전자산으로 운용되어야 하므로 보유비용이 생겨난다. 결국 적정 외환보유고 규모는 그 편익과 비용에 대한 고려가 필요하다. 그러나 통상적인 적정 외환보유액 지표들은 보유비용을 적절히 고려하지 못하고 있다. 이에 따라 외환보유고 보유비용을 최소화하기 위해 외환보유고의 운용수익을 제고시킬 수 있는 방안이 다양하게 검토되고 있다. 외환보유고의 일부를 국부펀드(sovereign wealth fund)로 운용하자는 움직임이 대표적인데, 우리나라의 경우 한국투자공사(Korea Investment Corporation ; KIC)가 그 역할을 하고 있다. 그러나 외환보유고 보유 목적이 유사시에 대비한 것인데 지나친 운용수익 제고 요구는 외환보유고 본래의 목적에 상충될 수 있다. 외환보유에 따른 비용은 납세자가 부담하고 그 편익은 대외채무자가 받는 분배 문제도 고려되어야 한다. 더 나아가 위기 시 중앙은행이 외환보유액을 이용하여 금융기관을 지원해 줄 것이라는 기대는 민간에게 과도한 채무를 유발시킬 유인을 제공한다. 따라서 만기불일치, 통화 불일치에 따른 위험을 대외채무자 스스로가 관리할 수 있도록 규제할 필요가 있다.

5) 금융협력

각국이 위기 시 안정적인 외환유동성 공급과 환율안정을 위해 외환보유고를 축적하는 이유는 위기 시 유동성을 공급받을 수 있는 초국적 보험시장이 없기 때문이므로 국제 공조체계를 바탕으로 공동준비금을 공유함으로써 위험을 나누는 시스템을 구축할 필요가 있다. 보험의 특성상 가장 효과적인 방안은 유지비용이 상대적으로 적은 금융안전망, 즉 주요국과의 통화스왑 협정, 역내 금융안전망, 그리고 IMF의 금융안전망 기능이다. 이에 따라 정부는 G20 회의 등 국제 협의체의 글로벌 금융안전망 논의에 적극 참여하는 가운데 외국 중앙은행들과의 통화스왑 체결을 위해 꾸준히 노력하고 있다.

그러나 지역 및 글로벌 단위의 금융안전망이 우리나라의 안전망을 대체하기 어렵고 보완하는 역할에 그칠 것으로 예상된다. 따라서 금융위기에 대비하기 위해서는 1차적으로 자체 안전망의 강화가 우선되어야 하며, 무엇보다 거시경제 정책의 건전성 유지가 필요하다. 재정의 건전성 제고와 함께 통화정책의 안정적 운용으로 경제가 지나치게 과열되지 않도록 해야 한다. 외환부문에서도 거시건전성을 제고하는 노력은 계속되어야 한다.

(1) 통화스왑

한국은행은 안정적인 재원조달 수단을 사전에 확보하여 금융위기 시 대응할 수 있도록 미국, 일본, 중국 및 신흥국 중앙은행들과 통화협력을 강화하여 왔다. 특히 2008년 미 연준과의 통화스왑은 글로벌 금융위기에 따른 국내 금융시장의 불안을 조기에 수습하는 데 크게 기여하였다. 또한 2011년에는 유럽 재정위기에 대비하여 일본 및 중국과의 통화스왑을 확대하였다. 이는 국내금융 및 외환시장 안정에 기여하고 국가신용등급에도 긍정적 영향을 미쳤다. 2013~2014년에는 아랍에미리트연합, 말레이시아, 호주, 인도네시아 중앙은행과 자국통화(local currency) 스왑을 체결하였다. 이를 통해 자국통화 무역 결제가 촉진되고 기축통화에 대한 의존도를 낮추는 데 일조하고 있다.

(2) 동아시아 지역금융협력

동아시아 국가에서 1990년대 후반 이후 수출주도형 경제성장과 금융자유화를 이어가며 역내 무역비중이나 금융시장 간 연계성이 커져 동조화 현상이 나타났다.[31] 특히 1997~1998년 동아시아 외환위기에 직면

31. 일부에서는 이러한 동조성이 아시아 국가 간의 직접적 연관성보다는 글로벌 금융시장을 통한 간접적인 연관성에서 비롯하는 측면이 크다고 지적한다.

하여 금융위기의 전염과 극복의 과정에서 역내 금융시장의 안정을 위한 금융협력의 중요성을 인식하게 되었다. 이러한 인식은 위기극복 과정에서 각국 정부와 IMF 간의 소통의 어려움으로 말미암아 더욱 증폭되었다. 이에 따라 아시아 각국은 역내에서의 금융 및 통화 안정뿐만 아니라 금융통합을 위해 꾸준히 노력하고 있다.

다자간 유동성지원과 상호감시 기구

아시아 역내 금융협력은 단기 유동성 부족에 공동 대응하고 기존 국제금융기구를 보완하는 다자간 유동성 지원기구의 발전에서 가장 두드러진 성과를 보였다. 아시아 국가들은 1997년 외환위기를 거치며 IMF를 보완하기 위해 역내 금융협력체제를 모색하였으나 1990년대 말까지는 역내 국가들 간 통화스왑 계약을 제외하고는 큰 성과를 이루지 못하였다. 이후 ASEAN 10개국과 한중일 3개국은 2000년 치앙마이 이니셔티브(Chiang Mai Initiative ; CMI)에 합의하였다. 이에 따라 역내 국가 간 외화유동성 지원을 위한 ASEAN 5개국(인도네시아, 말레이시아, 태국, 필리핀, 싱가포르)과 한중일 3국 간의 양자 간 통화스왑과 ASEAN 통화스왑(ASA : ASEAN Swap Agreement)으로 이루어진 스왑 네트워크가 구축되어 아시아 역내에서의 최초의 역내 금융협력 조치가 생겨났다. 이들 양자 간 스왑협정은 단일계약에 의한 다자간 스왑협정 CMIM[Chiang Mai Initiative Multilateralisation(치앙마이 이니셔티브 다자화)]을 2010년 출범시켰다. 이는 위기 예방이나 위기 발생 시 자금지원 요청국은 자국통화를 제공하고 지원국은 분담금 비율에 따라 미 달러화를 지원하기로 한 것이다.

다자간 유동성지원 제도는 특정 국가 간에 체결된 것이 아니어서 이를 관장할 독립적 기관을 요구하므로 이에 대응하여 CMIM의 출범과 함께 회원국들의 거시경제 상황과 금융건전성에 대한 분석 및 감시 업무를 수행하는 ASEAN+3 거시경제 조사기구(AMRO ; ASEAN+3 Macroeconomic Research Office)가 2011년에 설립되었다.

역내 금융통합을 위한 노력

역내 금융협력에서 진전을 보이고 있는 또 하나의 영역은 역내 금융통합을 위한 노력이다. 동아시아 각국의 금융구조와 제도는 국별 차이가 있지만, 동시에 다양한 특징을 공유하고 있다. 특히 저축률이 높고 외환보유고도 막대한 수준이지만 금융시장이나 금융기관이 발전되어 있지 못한 국가들이 많아 선진국 금융기관들이 상당수 진출해 있다. 반면 정부의 투자자금 수요가 큰 상황이며 위기 대응을 위해 축적한 막대한 외환보유고는 역내 채권시장의 발전 부진으로 역외의 채권과 통화로 보유되고 있고, 또한 무역과 투자는 달러를 중심으로 이루어지고 있다. 결과적으로 아시아 각국은 역외 자금의존도를 낮추는 한편 역내 자금조달을 활성화하는 역내 금융환류, 즉 금융통합의 필요성이 존재한다.

그동안 역내 금융통합은 역내 채권시장의 육성과 아시아 채권펀드 조성을 중심으로 전개되고 있다. 역내 채권시장 육성을 위해 신용보증, 예탁결제 등의 기반시설을 점진적으로 추진하고 있으며, 중앙은행 간 투자자산의 역내 환류를 위해 아시아 채권펀드를 확대하고 있다. 그러나 채권시장 인프라를 완비하기까지 오랜 기간이 소요될 것으로 보이며, 아시아 채권펀드의 규모 역시 아직 역내 전체 금융시장 규모에 비하여 매우 작은 수준에 머물고 있다.

금융협력 지배기구의 확충

아시아 역내 신흥시장국들은 선진국보다 성장률과 금리 수준이 모두 높아 외국인 투자와 은행의 외화차입이 늘어나면서 과도한 자본유입을 경험하고 이후 자본유입의 급작스런 중단이나 반전으로 말미암아 환율이 불안해지며 외환위기와 은행위기 그리고 경제위기를 겪는 공통점을 갖는다. 자본이동의 반전을 통한 외환위기에 대응하여 외환보유고를 확충하고 글로벌 혹은 지역 금융안전망을 구축해 외환을 적시에 공급받는 것도 중요하며, 과도한 자본유입 제한을 위한 규제방안의 역내 공조도 중요하다.

이에 따라 아시아 각국은 상호 간 금융시장 동향을 점검하고 역내 금융정책을 효율적으로 추진하기 위하여 아세안+3 재무장관회의(2000)와 한중일 재무장관회의(2002)를 매년 정례적으로 개최하고 있다. 이는 중앙은행 총재들의 정기회의(EMEAP)와 더불어 동아시아 국가들 사이의 금융 및 통화신용 정책을 협의하고 있다. 특히 역내 경제동향의 점검, 단기 자본의 공동 모니터링, 그리고 조기경보체제의 개발 · 활용을 다루는 한편 아시아 공동통화나 지역금융기구 설립을 논의하고 있다. 그러나 아직 아세안+3 국가들의 재무장관회의를 전담할 기구는 상설화되어 있지 못하고 있다.

공동 통화제도를 위한 통화협력

우리나라 대외교역에서 차지하는 아시아 역내 무역과 투자를 비추어 볼 때 아시아 역내에서의 공동통화제도를 위해 통화협력을 통한 역내환율 안정 방안이 중요하다. 아시아 역내에서 고정환율 제도를 실시하거나 단일통화 단위를 창출하려는 노력이 이에 해당한다. 그러나 회원국 간 쌍방의 환율을 안정하기 위해 역내의 지역적 · 집단적 환율시스템의 모색은 동아시아의 지역금융협력의 가장 부진한 부분이다. 이로 인해 아시아에서의 정책협력은 주로 금융정책 협력이 중심이고, 거시경제정책 협력에 대한 논의도 크게 진전되어 있지 않다.

아시아 역내에서의 통화협력에 대한 초기 구상은 일본이 제시한 일본 엔화를 역내에서 기축통화로 하는 역내 환율제도 엔블럭 구상이 대표적이다. 이 구상은 1997년 외환 위기 시 일본이 최종 대부자의 기능을 하지 못하면서 실현 가능성이 낮아졌고, 이에 따라 일본은 미국 달러화, EU의 유로화, 일본의 엔화로 구성된 통화 바스켓에 동아시아 국가들의 환율을 페그시키는 방안을 제시하기도 하였다. 하지만 역외통화로 구성된 바스켓 제도가 역내 환율안정에 얼마나 기여할 수 있는가는 의문이다. 한편 중국 경제가 여타 역내 경제와의 동조성이 강하고 중국 정부 역시 위안화 국제화에 적극적이어서 위안화 중심으로 동아시아 통화협력이 이루어질 수 있다. 그러나 각국은 자국 환율을 국내 경기의 안정화 수단으로 이용하므로 신뢰성 높은 중심통화 역할을 하기에는 한계가 존재한다.

이에 따라 일본은 ADB(Asian Development Bank)가 제시한 지역통화단위(Regional Currency Unit ; RCU)와 유사한 아시아 통화단위(Asian Currency Unit ; ACU)안을 제시하고 있다. ACU나 RCU안은 역내 환율제도로 EU와 같은 제도를 구축하는 구상이다. 각 회원국 통화를 바스켓으로 만든 RCU와 각국 간의 환율을 만들되 일정 범위의 변동을 허용하는 것이다. 그리고 역외국가에 대해서는 자유변동 환율을 허용하는 것이다. 그러나 동아시아 국가들이 현재로는 EU와 같이 경제수렴 조건이나 상호교류의 경험과 같은 충분한 조건을 갖추지 않았고[32] 또한 위안화 블록을 추구하는 중국과 중국 중심의 역내 통화질서를 반대하는 다른 국가들을 포함

32. 일반적인 수렴조건에는 생산요소의 충분한 이동성, 높은 역내 교역의존도, 외부충격의 대칭성이 포함된다. 역내 노동의 이동성이 높다면 무역불균형이 노동력 이동으로 해소될 수 있어 별도의 안정화 정책에 대한 수요가 제한되며, 노동력 이동이 어려워도 외부충격

한 각국의 이해관계가 엇갈려 실시되기 쉽지 않다. 더욱이 미국 또한 대아시아 영향력이 약화될 것을 우려하여 아시아 지역에서의 단일통화 창출에 반대한다. 공동통화제도나 단일통화안의 경우 각국이 독립적 환율정책과 통화정책을 사용할 수 없어 수용하기 어려우며, 각국의 경제여건의 차이가 커 수렴조건이 충족되지 못하는 만큼 유지될 수도 없다.

따라서 역내 환율안정을 위해서 공동 통화제도나 단일통화보다 변동환율제도를 유지하면서 동시에 경제수렴 조건을 충족시키도록 협력하는 것이 더 현실적이다. 다만 역내 통화협력과 수렴조건을 보다 구체적으로 추진하기 위해서 공동 통화제도와 단일통화를 중심으로 검토하는 것이 바람직하다.

이 유사하다면 안정화 정책의 내용도 유사해진다. 교역의존도가 크면 환율 안정의 효과가 충분히 크기 때문이다. 동아시아의 경우 EU에서 관찰되는 이러한 수렴 조건을 충분히 만족 못하고 있다.

[참고문헌]

강환구 · 정천수(2011), 「금융발전과 경제성장 간 관계」, 『조사통계월보』.

서병호(2011), 『국내은행의 해외진출 현황 및 과제』, 한국금융연구원.

안병찬(2011), 『글로벌 금융위기 이후 외환정책』, 한나래.

이현진 · 이혜민(2018), 「글로벌 관점에서 본 우리나라 대외금융자산 · 부채 현황」, *Quarterly National Accounts Review*.

자본시장연구원(2018), "국내 금융회사의 해외진출 현황".

한국은행(2007), 「주요 선진국 은행의 해외진출 경험과 시사점」.

______(2016), 『한국의 외환제도와 외환시장』.

Aretis, Pand A. Caner, "Capital Account Liberalization and Poverty," *Cambridge Journal of Economics*, Vol. 34-2.

Dieter. H. and R. Higgott(2003), "Exploring alternative theories of economic regionalism : from trade to finance in Asian co-operation?," *Review of International Political Economy*, 10(3).

Feenstra, Robert C., Alan M. Taylor, 이성구 역(2016), 『국제금융론』, 제6장 「국제수지 I : 금융 글로벌화에 따른 이득」, 교보문고.

Gwartney, J., Hall, J. and Lawson, R.(2012), "Economic freedom of the world : 2012 annual report," The Fraser Institute.

International Monetary Fund(2015), "Assessing Reserve Adequacy-Specific Proposals," *IMF Policy Papers*, April.

Jeanne, Olivier and Rancière, Romain(2005), "The Optimal Level of International Reserves For Emerging Market Countries : A New Formula and Some Applications," IMF.

Kaminsky, G. L. and C. M. Reinhart(1999), "The Twin Crisis : The Causes of Banking and Balance of Payments Problems," *American Economic Review*, Vol. 89-3.

Klein, M. W.(2012), "Capital Controls : Gates versus Walls," *Brookings Papers on Economic Activity*, 45(2).

Klein, M. W., and J. C. Shambaugh(2015), "Rounding the Corners of the Policy Trilemma : Sources of Monetary Policy Autonomy," *American Economic Journal : Macroeconomics*, 7(4).

Kose, M. Ayhan, E. Prasad, K. Rogoff, and Shang-Jin Wei(2006), "Financial Globalization : A Reappraisal," *IMF Working Papers*, No 2006/189.

______(2007), "Financial Globalization : Beyond the Blame Game," *Finance and Development*, 44(1).

Lane, Philip R. and Gian-Maria Milesi-Ferretti.(2007), "Europe and Global Imbalances," *IMF Working Paper*, 07/144.

Rodrik, D.(2000), "How Far Will International Economic Integration Go?," *Journal of Economic Perspectives*, 14.

Schoenmaker, Dirk(2011), "The Financial Trilemma," *Economics Letters*, Vol. 111.

________________(2013), *Governance of International Banking : The Financial Trilemma*, Oxford University Press.

Singh, Ajit(2012), "Financial Globalization and Human Development," *Journal of Human Development and Capabilities*, 13(1).

Wijnholds, De Beaufort and Kapteyn, A.(2001), "Reserve Adequacy in Emerging Market Economies," *Working Paper*, No. 01/43, IMF.

World Bank(2018), *Global Financial Development Report 2017/2018 : Bankers without Borders*.

인적자본 형성과 노동·사회 정책

제13장 노동시장과 노사관계 | **제14장** 교육과 훈련 | **제15장** 사회위험과 사회정책

성장과 발전을 위한 또 하나의 필요조건은 인적자본의 순조로운 형성이다. 인적자본 형성은 노동시장과 작업 환경(제13장)뿐만 아니라 교육과 훈련(제14장) 그리고 사회정책(제15장)에 직간접적으로 의존한다.

제13장 노사관계

1. 이론적 배경과 세계 경제 | 2. 한국의 고용구조와 노사관계의 도전

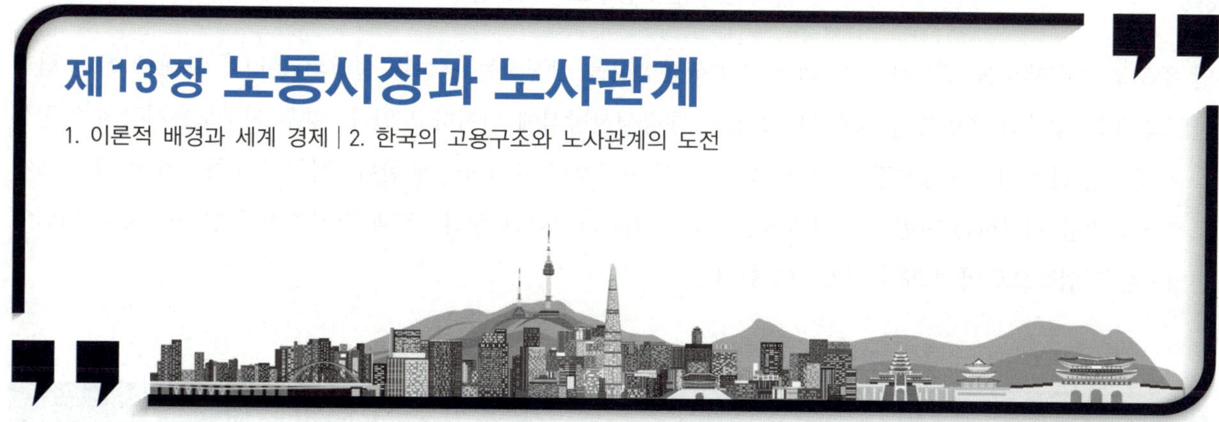

글로벌화와 기술혁신 그리고 이에 더해 인구구조 변화는 노동시장과 노사관계 그리고 더 나아가 개인의 삶에 작지 않은 변화를 낳고 있다. 노동시장은 직업을 찾는 개인과 직원을 찾는 기업으로 구성되어 고용과 임금 수준을 결정한다. 다양한 개인들은 노동시장을 통해 저마다의 기량으로 소득을 확보하고 가치 있게 여기는 삶을 실현하며 사회에 생산적으로 기여할 기회를 갖는다. 노동과 직업의 활성화는 사회통합에서 가장 우선되어야 한다. 노동을 통한 사회적 참여는 사회에 대한 소속감과 신뢰를 창출하며 열망을 갖도록 하기 때문이다. 그동안 기술혁신과 세계화는 소득의 전반적 향상을 낳아왔지만 동시에 일자리의 유형에 막대한 변화를 초래하고 있다. 생산방식과 작업조직이 유연해지며 장기적인 안정적 전일제라는 전통적 일자리의 특성이 바뀌는 한편 소득 격차가 확대되는 가운데 많은 근로자들이 일자리와 사회적 소속감을 잃고 있다.

제1절에서는 생산인구비율, 고용률, 노동시간을 중심으로 고용이 경제성장에 미치는 영향을 검토하고 거꾸로 경제성장이 고용에 미치는 효과도 검토한다. 글로벌화와 기술혁신을 배경으로 하는 경제성장이 고용 증대로 연결되는 고리의 취약함, 고용의 질 하락과 보상 격차가 문제시되고 있다. 특히 생산방식과 기술에 의존하는 작업조직이나 고용형태는 고용의 질을 결정하는 데 큰 영향을 미친다. 노동시장은 불완전 정보, 불완전 경쟁, 협조의 실패, 과도한 불평등뿐만 아니라 분단이나 차별로 말미암아 사회조직이나 정부에 의한 집단행동을 요청한다. 글로벌화된 경쟁 환경에서 직장보다 고용과 소득의 안정성이 중시되는 유연안전성(flexicurity)이 요구되며, 이를 위해서 취업능력의 확대와 더불어 취업기회의 확대가 동시에 요청된다. 개인과 사회 또는 국가 모두의 노력이 필요한 것이다.

제2절은 한국이 수급 양면에서 노동문제를 가지고 있다는 문제의식을 토대로 고용구조를 분석한다. 공급 측면에서 한국은 26번째 인구 대국이며, 출산율 하락으로 생산가능인구 감소와 고령화가 병행되어 노동력의 양과 질이 감소하고 있는 위기에 처해 있다. 한편 수요 측면에서 세계화와 기술혁신의 영향으로 일자리 창출력이 약화되고 있다. 고용 구조에서 제조업, 대기업, 생산직의 고용비중이 낮아지는 가운데 서비스업, 중소기업, 전문직의 고용 비중이 높아지고 있으며 비정규직으로 대변되는 비정형 일자리가 늘고 있다. 우리나라의 고용보호 수준은 OECD 국가들에 비해 높지 않아 고용유연성은 높지만 소극적 노동정책(실업급여)이 미흡하고 소득 안정성은 매우 낮은 편이며, 적극적 노동시장 정책 역시 크게 미흡하다. 장시간의 근로시간과 가사노동이 높은 고용불안과 공존하며 실질임금 증가는 노동생산성 증가로 이어지지 못한다. 한편 노동시장은 임금 수준, 근로조건, 고용안정성 측면에서 양호한 1차 내부 노동시장과 열악한 2차 외부 노동시장으로 나눠진 이중적 구조를 형성하고 있다.

우리나라의 생산방식과 작업조직은 대륙유럽형이나 북유럽형보다는 영미형에 가깝다. 한국경제는 대기

업 주도로 첨단제품을 생산하지만, 과거 대량생산방식을 상징하는 구상과 실행의 분리를 토대로 한 조립형 산업화 또는 수량적 유연화에 의존하는 소품종 대량생산방식에 의지하고 있다. 향후 외부노동시장의 안정성을 강화하는 한편 내부노동시장에서는 기능적 유연화에 보다 유념하여야 한다. 적극적 노동시장 정책을 매개로 취업능력을 제고하는 한편 실질적 고용 기회 확대를 도모하고 생산조직과 작업조직의 변화를 통해 개인이 번영하는 작업장으로의 변화가 생겨나야 한다.

1. 이론적 배경과 세계 경제

1.1 노동과 경제성장

경제성장과 노동의 관계를 검토하기 위해 다음 항등식을 고려하자.

$$\frac{GDP}{\text{총인구}} = \frac{\text{생산가능인구}}{\text{총인구}} \times \frac{\text{취업자}}{\text{생산가능인구}} \times \frac{\text{총시간}}{\text{취업자}} \times \frac{GDP}{\text{총시간}} \qquad \text{(식 13.1)}$$

$$= \text{생산인구비율} \times \text{고용률} \times \text{평균노동시간} \times \text{노동생산성}$$

이에 따르면 노동의 관점에서 생활수준(1인당)은 인구구조(생산인구비율), 노동시장(고용률과 평균노동시간), 노동 생산성에 의존한다.

생산인구비율 : 인구의 창과 인구배당

인구구조는 인구가 연령별로 어떻게 구성되어 있는가에 대한 것이다. 보통 전체 인구 중 일할 수 있는 능력이 있는 연령(15~64세)에 있는 인구(POP 15), 즉 생산연령인구의 비율(생산인구비율)로 파악한다.

표 13-1 주요국의 인구구조 변화 : OECD와 주요국

(a) 생산인구 비율(%)

	1950	1960	1970	1980	1990	2000	2010	2020	2030
미국	64.9	59.7	61.9	66.1	65.8	66.2	67.1	64.2	61.0
스웨덴	66.5	65.8	65.5	64.1	64.3	64.3	65.1	61.8	60.2
한국	–	54.8	54.4	62.2	69.3	71.7	72.8	71.1	63.1
프랑스	65.9	62.0	62.3	63.7	65.9	65.1	64.7	61.6	59.3
독일	67.1	67.2	63.1	65.9	69.0	67.9	65.9	64.6	59.8

(b) 부양비 : 노년 부양비(%)

	1950	1960	1970	1980	1990	2000	2010	2020	2030
미국	12.5	15.5	15.8	17.1	19.0	18.8	19.5	26.1	33.3
스웨덴	15.3	17.9	20.9	25.4	27.7	26.8	28.1	32.9	36.7
한국	–	5.3	5.7	6.1	7.4	10.1	15.2	22.1	38.6
프랑스	17.3	18.8	20.7	21.9	21.3	24.7	26.0	33.4	39.8
독일	14.5	17.1	21.6	23.7	21.6	24.2	31.3	34.6	45.5

인구구조는 계속 변화해가며 경제 성과에 영향을 미친다. 대표적으로 전통사회가 산업화됨에 따라 출산율과 사망률은 점차 낮아지는데, 이때 생산인구비율이 크게 높아지며 인구의 창(demographic window) 시기가 나타난다. 이는 노동공급과 저축이 동시에 증가하고 경제성장이 자극되는 시기를 말한다. 인구의 창이 등장하며 경제성장이 자극받는 현상을 인구배당(demographic dividend)이라 한다. 인구배당은 1965~1990년 동안 동아시아 고도성장의 1/3 가까이를 설명한다(Bloom, Canning and Malaney, 2000). 최근의 중국과 인도의 고도성장 역시 인구배당에 상당 부분 기인한다. 인구구조 변화가 경제성장에 유리하게만 작용하는 것은 아니다. 남미는 동아시아와 유사한 인구의 창을 경험했지만 인구배당을 맛보지 못했다. 반면 일본은 인구의 창과고령화가 병행되어 장기침체를 경험하고 있다.

주요 선진국의 생산연령인구 비율은 2020년 현재 61~64%이고 2030년까지 점진적으로 감소할 전망이다. 반면 생산가능인구 대비 65세 이상 인구의 비율(노년부양비)은 주요 선진국에서 26~35% 수준이며 2030년까지 빠르게 증가할 전망이다. 노년부양비 증가는 생산연령인구에 대한 조세와 사회보장비 부담을 높이고 세대 간 갈등을 유발하고 있다.

고용성과로서의 고용률 : 경제활동 참가율과 실업률

고용성과는 고용률에 의해 주로 평가된다. 고용률은 생산가능인구 대비 취업자 비중($e = E/POP15$)으로 정의되어 근로능력이 있는 사람 중 얼마나 많은 사람이 실제로 취업하고 있는지를 뜻한다. 고용률은 실업률과 경제활동 참가율의 영향을 받는다 :

$$\text{고용률} = \frac{\text{취업자}}{\text{생산가능인구}} = \frac{\text{경제활동인구}}{\text{생산가능인구}} \times \frac{\text{취업자}}{\text{경제활동인구}} = \text{경제활동 참가율} \times (1 - \text{실업률})$$

경제활동 참가율은 근로능력이 있는 국민 중 일할 의사가 있는 사람인 경제활동인구(economically active population) 또는 노동력(labor force ; LF)의 비율($PR = LP/POP15$)이다. 일할 의사가 없어 직업을 갖지 않는 사람들은 비경제활동인구(N : not economically active population)로 분류한다. 일할 능력이 있다고 또 일할 의사가 있다고 모두 일할 수 있는 것은 아니다. 그래서 경제활동인구는 실제 일을 하고 있는 사람인 취업자(E)와 일을 하지 못하고 있는 실업자(U)로 분류된다. 소득수준이 높아질수록 평균 노동시간이 감소하는 경향이 있기 때문에 정책당국은 고용률의 상승, 경제활동 참가율의 증가와 실업률의 감소에 큰 관심을 기울인다. 실업률은 경제활동인구에 대비한 실업자 비중($u = U/LF$)이다. OECD에서는 국제비교를 위한 고용률 지표로 노동연령대 인구 계층인 15~64세를 기준 통계로 제시하고 있다. 국가별로 볼 때 스웨덴, 덴마크 등 북유럽과 미국, 영국 등 자유주의 국가들은 높은 고용률을 보여 왔지만, 이탈리아, 스페인, 프랑스는 고용률 성과가 부진하며 독일은 그 중간에 머물고 있다.[1]

표 13-2 **주요국의 고용구조**(2010~2018, %)

	프랑스	이탈리아	한국	미국	독일	스웨덴	OECD 평균
고용률	65.9	58.5	66.6	70.7	75.9	77.5	68.5
실업률	8.8	10.8	3.9	3.9	3.5	6.5	5.5
경제활동 참가율	72.3	65.6	69.3	73.6	78.7	82.9	72.5

노동시간

노동시간은 유급 노동에 소비되는 시간으로 많은 국가에서 법률로 규제(표준 근무시간)된다. 전 세계적으로 표준 근무시간은 주당 약 40~44시간이며 추가 근무에 대해 보통 25~50%의 추가 근무수당을 지급한다. 산업혁명으로 노동이 계절과 무관해졌고 인공조명이 가능해지면서 매일 더 오래 일할 수 있게 되었으며 기업들은 고정설비의 활용도를 높이기 위해 노동시간을 크게 늘려 하루 12~16시간까지 증가시켰다. 하지만 20세기에 노동운동과 사회정책 입법 그리고 임금상승에 따라 노동시간은 거의 절반으로 단축되었고 대부분의 선진국에서 제2차 세계대전 이후 표준 근무시간은 주당 약 40시간까지 꾸준히 하락하였다. 이러한 평균 노동시간 감소에는 노동생산성을 높이는 기술발전, 여성의 경제활동 참가, 출산율 저하에 따른 총 육아시간 감소 등이 기여하였다. 미국의 경우 19세기 후반 60시간에서 현재 약 33시간으로 하락하였는데, 꾸준히 하락하던 노동시간은 대공황으로 소폭 반등한 후 그 수준에서 계속 머물고 있다. 따라서 역사적으로 노동시간은 대부분의 국가에서 U자형을 취하고 있다.

그림 13-1 **주간근로시간의 추이 : OECD와 주요국**

	미국	프랑스	이탈리아	영국
1890년	35.9	39.7	43.4	35.4
1913년	31.4	37.1	40.1	32.5
1929년	27.3	32.0	32.0	26.9
1938년	20.2	24.7	26.3	28.5
1960년	23.8	25.1	24.2	28.5

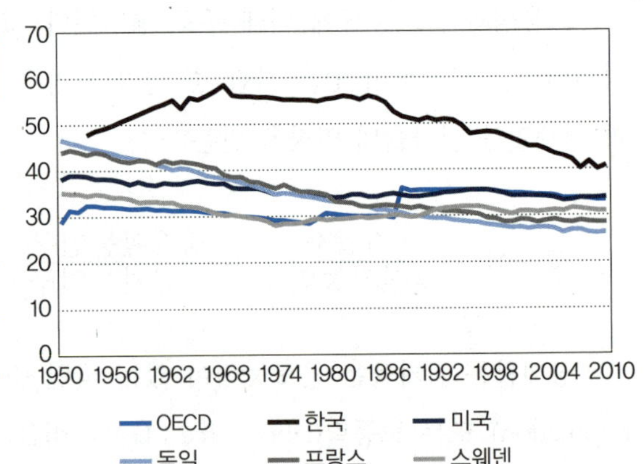

주 : 근로연령 15~64세 인구에 대한 주간 평균 근로시간

자료 : Maddison(1995) for total hours and Mitchell(1980) and US Historical Statistics for the working age population ; Penn World Table, version 9.0, Average annual hours worked by persons engaged

1. 고용률 격차는 산업구조 면에서 고용비중이 큰 서비스업에서의 고용격차가 큰 데서 주로 비롯한다. 특히 서비스업 중에서 고용규모 차이를 낳는 주요 산업은 사회복지, 음식 · 숙박, 공공 국방행정, 금융, 교육 서비스업의 순이다[황덕순(2011), 「OECD 주요국의 고용률과 서비스업 고용규모 비교」, 『노동리뷰』, 한국노동연구원].

기술혁신 및 글로벌화와 고용구조

제4차 산업혁명에 의한 작업 자동화로 여러 분야에서 기계가 인간을 대체하며 인간의 일자리를 위협할 것이라는 우려가 있다. 특히 2015년 ImageNet Challenge에서 AI가 인간을 처음으로 추월하였고 그 이후 여러 분야에서 기계가 인간을 대체할 수 있는 기술적 가능성이 커져 갔다. 특히 비정형적, 인지적 직무까지 AI, Big Data 기술로 기계가 인간을 능가하는 현상이 고임금의 사무직종에서조차도 자주 등장하고 있다. 실제로 미국의 경우 직업 중 47%가 향후 10~20년 동안 자동화될 위험에 직면해 있으며, OECD 국가 전체로는 평균 57%의 일자리가 자동화될 위험에 노출되어 있다(Frey and Osborne, 2013). 그러나 기술혁신은 과거 제1~3차 산업혁명에서 그랬듯이 일자리를 대체하기보다 더 많은 일자리를 창출할 수도 있다. 노동생산성 증대로 인한 소득증대와 그에 따른 수요증가뿐만 아니라 신기술에 보완적인 일자리의 창출이 있기 때문이다. 또한 자동화로 어떤 일을 더 신속하고 저렴하게 완수함에 따라(ATM의 증가) 자동화되지 않은 일을 하기 위한 노동수요가 발생(지점의 확장)한다. 신기술을 활용하는 직업으로 기본인력이 재배치 될 수 있다면 제4차 산업혁명은 임금 상승과 더불어 근로시간 단축도 동시에 가져올 수 있는 가능성을 가지고 있다. 물론 이를 위해서 신기술 관련 직무를 적기에 파악하고 그에 대응하는 교육 · 훈련 제도를 갖추는 것이 우선되어야 한다.

그러나 모든 일자리가 증가하는 것은 아니다. 제4차 산업혁명은 숙련 인력에 대한 수요와 보상수준이 높아지는 방향으로 기술이 변화하는 숙련편향적 기술진보(Skill-Biased Technological Change ; SBTC)를 보이며, 반복적인 업무를 대체하는 방향으로 기술변화가 진행되는 정형편향적 기술진보(Routine-Biased Technological Change ; RBTC)의 특성을 갖는다.

그림 13-2 미국 노동시장에서의 작업별 고용구조

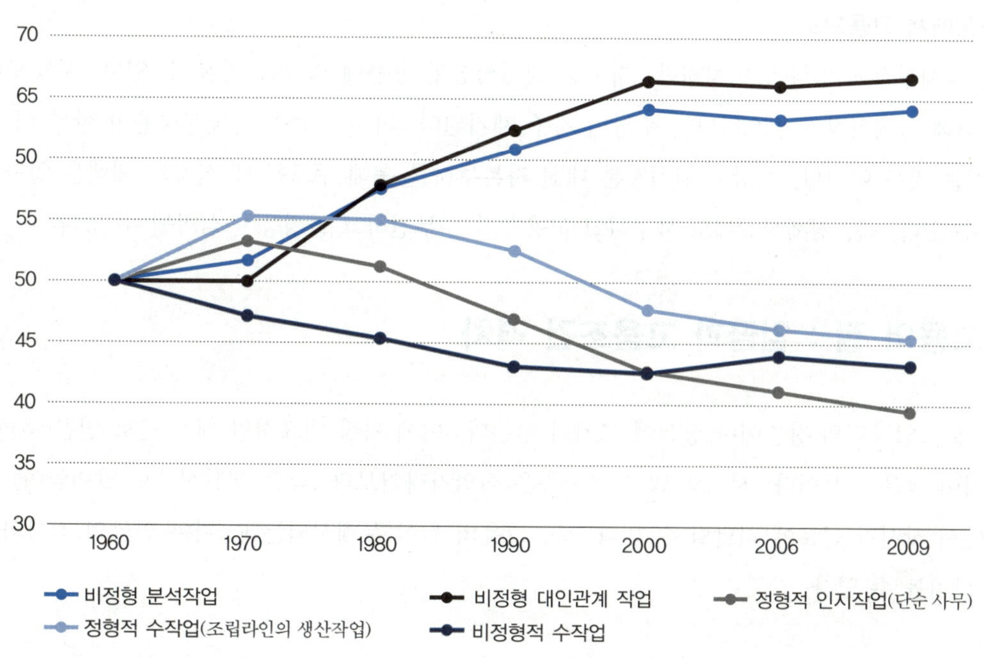

자료 : WEF(2015), "New Vision for Education".

1960~1970년대에 증가하던 정형적인 인지작업과 수동작업은 1980년대 이후 급감하여 컴퓨터 SW에 의한 대체가 이루어졌다. 정형적 작업은 충분히 잘 정의된 작업으로 프로그램을 실행하는 컴퓨터나 최소 재

량으로 작업하는 개도국의 교육 수준이 낮은 근로자에 의해 수행될 수 있다. 부기, 단순 사무, 조립라인에서의 반복적 생산 업무와 같은 많은 중간숙련의 인지 및 생산활동이 정형적 작업의 특징이다. 대부분 이들 직업의 핵심 업무는 명확하고 잘 알려진 절차를 따른다. 그에 따라 컴퓨터 및 통신기술의 품질향상과 가격 하락으로 정형적 작업은 컴퓨터 SW로 점차 체계화되어 기계에 의해 수행되거나 또는 저임금 근로자에 의해 수행되도록 전자적으로 해외 작업장으로 보내진다.

컴퓨터에 정형적 작업이 인계되는 대신 자동화된 활동을 보완하는 '비정형'적 업무에 대한 수요가 증가하였다. 이에는 두 가지 범주가 있는데 이 두 범주는 직업숙련 분포의 양 극단에 놓여 있다. 상부는 문제해결, 직관, 설득, 창의성을 필요로 하는 '추상적' 작업이다. 이 작업에는 법률, 의학, 과학, 공학, 마케팅, 디자인 등 전문직, 관리직, 기술직 및 창의적 직업이 속한다. 이러한 작업에 가장 능숙한 근로자는 높은 수준의 교육 및 분석 능력을 가지며, 정보의 전송, 구성, 처리를 용이하게 하는 컴퓨터의 이점을 이용할 수 있다. 즉, 컴퓨터화와 추상적 작업 사이에 상호보완성이 잠재되어 있다. 이는 형식적인 분석기술(예 : 공학 및 과학)과 관련된 (분석적) 추상 작업, 비정형적 인지분석 작업과 관리 및 대인관계 숙련을 포함하는 (관리적) 추상 작업, 비정형적 대인관계 작업으로 나뉘어진다. 비정형적 인지분석 작업과 대인관계 작업은 1980년대 이후부터 빠르게 증가하고 있다. 직업숙련 분포의 하부는 안정적 비중을 유지하고 있는데 상황 적응성, 시각 및 언어 인식, 대면 상호작용을 요구하는 이른바 '수동' 작업이다. 식사 준비, 시내를 통과하는 트럭 운전, 호텔 객실 청소와 같은 작업은 SW엔지니어링을 하기에는 매우 복잡한 문제를 야기한다. 하지만 인간의 관점에서 보면 이러한 수작업은 손재주, 시각, 언어 인식과 같은 선천적 능력과 약간의 훈련을 필요할 뿐이다[모라벡의 역설(Moravec's Paradox) : 어려운 것은 쉽고, 쉬운 것은 어렵다].

경제성장에서 고용으로

고용은 경제성장에 영향을 미치지만, 거꾸로 경제성장이 고용에 영향을 미칠 수 있다. 무엇보다 고용문제 해소를 위해 경제성장이 필요하다는 주장이 자주 제기된다. 하지만 높은 경제성장률이 항상 더 많은 일자리로 이어지는 것은 아니다. 성장이 인적자본 대신 자본투자를 통해 주도될 때 성장의 혜택은 일자리로 나타나지 않을 수 있다. 즉, 경제성장에도 불구하고 고용성과는 부진하고 불평등이 심화될 수 있다.

1.2 고용의 질 : 임금과 고용조건 격차

고용문제는 일자리의 창출이나 상실에 그치지 않는다. 이에 가장 대표적인 예가 근로 빈곤(working poor) 또는 생산성이 낮은 고용이다. 사회의 많은 극빈층은 실업자라기보다 (낮은 생산성으로 말미암아) 보수가 낮은 일자리에서 장시간 근로에 시달릴 수 있다. 즉, 고용의 질이 문제시되는데, 이는 임금의 격차와 고용조건의 격차로 살펴볼 수 있다.

1) 임금의 격차 : 인적자본과 일자리의 격차

근로소득과 임금

근로소득과 임금에 관련하여 매우 다양한 용어가 등장하여 보는 이를 어리둥절하게 한다. 이를 잠시 정리해 보자. 우선 노동에 대한 일반적인 보수는 근로소득(earnings)이라 하고 그중 임금 근로자에 대한 보수를 임금(wages)이라 한다. 임금에서 물가변화의 영향을 제거할 경우 실질임금이라 하고 그렇지 않은 경우 명목임금이라 부를 수 있다. 기업은 근로자에 대해 ① 노동에 대한 보수(임금) 외에도, ② 휴가, 공휴일, 병가 등의유급 처리를 하고, ③ 무료급식 등을 지급하며, ④ 의료보험, 산재보험, 고용보험, 국민연금 등의 법정 복리비를 지급하고, ⑤ 법이 정한 퇴직금을 준비하는데, ②~⑤는 부가급여[fringe benefits(비임금 비용)]라 하며 임금과 부가급여의 합을 노동보수(compensation)라 한다[조우현 · 황수경(2016), pp. 59~65].[2] 노동과 무관하게 주어지는 비근로소득에는 재산소득, 이자소득과 배당금, 정부로부터의 이전소득(기초생활보장제 대상자에게 지급되는 식품비, 주거비 등의 보조)이 포함되는데, 소득(income)은 근로소득과 비근로소득의 합이다.

한편 고용주 입장에서는 노동보수에 신규채용, 교육 · 훈련 등에 따른 일체의 비용을 포함하여 노동비용이라 한다. 비임금비용, 채용비용, 해고비용은 생산수준과 큰 관련 없이 고정적으로 지출되어 자본비용과 유사하므로 준고정 비용으로 간주된다. 기업은 준고정 비용이 상승하면 신규채용 대신 기존 근로자의 초과근무를 증가시키고 신규채용도 파견직이나 임시직 등 비정규직에 더 의존한다. 특히 기업들은 숙련 인력은 경기수준과 상관없이 정규직으로 유지[노동저장(labor hoarding)]하는 반면, 미숙련 인력은 조정이 용이한 비정규직으로 대체하려 한다.

소득 격차

소득 격차와 불평등도는 각 소득층의 공평 배분으로부터의 이탈 정도를 종합하는 지니계수(Gini coefficient)와 저소득층(하위 10%의 가계)의 소득 대비 고소득층(상위 10% 가계)의 소득의 비율로 파악한다. 일반적으로 각국의 지니계수는 0.25~0.60의 값을 갖는다.

전 세계에서 가장 장기간에 걸친 소득분배 자료를 가진 국가는 영국이다. 상위 5% 소득계층의 소득점유율과 지니계수를 기초로 할 때 산업화 이전 영국의 소득불평등도는 매우 높았으며 큰 변화가 없었다. 소득은 상위 5%가 총소득의 40%까지 점할 정도로 소득이 집중되었다. 그러나 19세기부터 불평등은 급감하기 시작하여 1970년대에는 역사상 가장 낮은 수준으로 떨어졌다. 그러던 것이 1980년대에 들어 불평등이 다시 급증하기 시작하였다. 특히 지니계수는 큰 변화가 없었지만 상위 소득자를 중심으로 한 소득불평등이 심화되었다. 한편 미국의 경우에 제2차 세계대전 이전까지 상위 1% 소득자가 소득의 18%를 점하던 불평등은 이후 급감하였다. 하지만 1970년대부터 불평등이 감소하는 폭이 둔화되다 1980년대 이후에는 다시 상승 반전하여 제2차 세계대전 이전 수준으로 복귀하였다. 이러한 상위층의 소득비중의 U자형 추이는 영미권에서 보편적 현상이었다(Roser and Ortiz-Ospina, 2017). 그러나 일본과 일부 유럽국가의 불평등 추이는 상당히 다르

---

2. 임금은 정액급여, 초과급여, 특별급여로 나눠진다. 정액급여는 근로계약, 단체협약 또는 취업규칙으로 정한 근로시간에 대한 기본급과 수당이다. 기본급은 연령과 근속을 고려한 연공급 요소와 직무 · 직능급 요소로 구성된다. 수당은 직책, 직급, 직무, 가족, 통근, 주택 등 직무와 생활보조를 목적으로 지급되는 급여이다. 초과급여는 연장, 휴일, 야간 등 정한 근로시간 이상으로 근무한 경우의 급여로, 정액급여보다 가산해 지급한다. 특별급여란 매월 지급되는 급여 외에 분기별 · 반기별 혹은 연말에 별도 지급하는 상여금과 성과급이다.

다. 부유층의 소득 비중은 수십 년간 감소한 끝에 1970년대에 들어 저점에 도달했다. 하지만 이후 비중은 그 상태에 머물거나 소폭 증가하는 선에 그치는 L자형을 보여 왔다. 이에 따라 일본과 유럽의 소득불평등은 20세기 초보다 크게 낮아진 상황이다.

그림 13-3 주요국의 누적 상위 1% 소득자의 소득점유비중

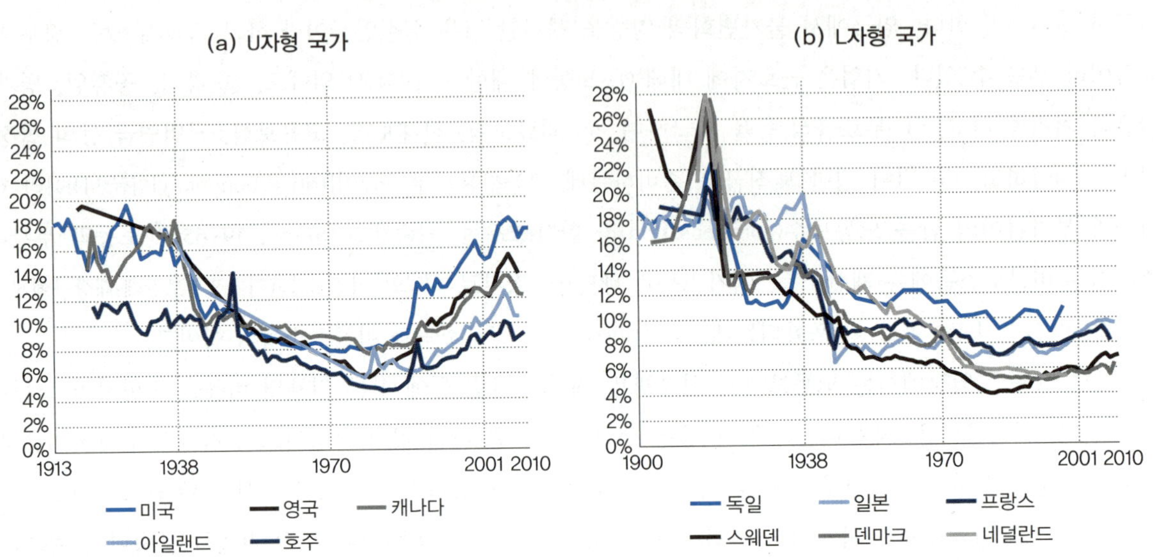

자료 : The World Top Income Database

자본소득과 노동소득의 격차 : 노동소득 배분율의 하락과 기술진보

기능적(functional) 소득분배는 경제 전체의 소득이 생산요소별로 분배되는 상황, 즉 임금, 이자, 이윤, 지대의 상대적 비중을 본다. 특히 노동소득 분배율에 큰 주의를 기울이는데 이는 일반적으로 국민소득(National Income ; NI)에서 피용자 보수가 차지하는 비중으로 측정된다. 노동소득 분배율은 측정에 대한 국제적 합의가 없어 측정 방법과 측정치가 다양하다. 특히 고용주이자 근로자이기도 한 자영업 부문의 소득에서 노동소득이 분리되는 방식에 따라 분배율이 달라질 수 있다. GDP 중의 노동소득 분배율은 과거와 달리 1980년대 이후 선진국과 신흥경제국 모두에서 하락하고 있다(Great Divergence). 이러한 현상은 서비스업 부문보다 상대적으로 자본집약적인 제조업 부문에서 더 확연하게 나타난다. 2017년의 GDP 대비 노동소득 비중은 OECD 조사 대상국 34개국에서 평균 54.1%로 나타난다. 자영업 부문이 제외되는 법인(기업)에 국한된 노동소득 분배율(총부가가치 대비 피용자보수의 비중, OECD)과 자영업 소득을 반영한 보정 노동소득 분배율(ILO) 역시 마찬가지의 추세를 보여준다.

노동소득 분배의 감소는 소득 성장, 중산층 임금의 정체와 불평등, 소비자 구매력의 상실 등 다양한 우려를 낳고 있으며, 자본과 노동 간의 공정한 배분에도 관심을 야기시키고 있다. 노동소득 분배의 약화에 대한 논의는 기술혁신(자동화), 글로벌화, 노조의 약화, 시장 독과점도의 상승 등에서 비롯한 노동자에 대한 기업 교섭력의 상승에 초점이 맞추어져 왔다. 결과적으로 노동자 보호, 자본과세와 보편적인 기본소득(basic income)의 필요성, 자본주의의 지속가능성에 대한 논란이 생겨나고 있다.

IT와 산업로봇 그리고 인공지능과 같은 기술개선은 투자재의 가격 하락으로 이어져 노동에서 자본으로의 대체와 자동화를 촉진하고 있다. 지식집약적 산업을 중심으로 신흥의 산업 · 기업 · 지역이 부상하고 이들이 확보하는 독점력과 그에 따른 이윤과 부가가치 비중이 커짐에 따라 자본가들이 보다 많은 배분 몫을 확보하고 있다. 한편 저임금 국가로부터의 수입과 오프쇼링(off-shoring)이나 아웃소싱의 위협은 임금과 고용에 하방 압력을 낳고 있다. 이런 가운데 단기에 최저임금이 상승하거나 교섭력이 커진다 해도 이는 결국 자본으로의 대체를 강화할 뿐이다. 의존도가 높아진 지적 재산권과 무형자산은 기계나 건물에 비해 감가상각이 큰 만큼 노동과 유형자산에 대한 배분율을 하락시킨다. 에너지 산업이나 광업 그리고 건설업 등은 제품가격의 급등락을 경험하고 있는데, 이는 결국 시장환경 변화에 유연하게 대응할 수 있는 자본에 유리한 배분으로 이어지고 있다.

근로자 간 임금 격차 : 생산성, 기술진보, 글로벌화 그리고 노동시장 제도

지난 30년간 세계 전역에서 임금 불평등이 확대되며, 포용적 성장에 대한 논의가 널리 확산되고 있다. 임금 격차 확대는 경제 전체에서뿐만 아니라 산업 간, 산업 내, 기업 간, 기업 내에서 다각도로 발생하고 있다. 특히 기업 내보다는 기업 간에서 주로 전개되고 있다. 또한 기업 간 임금 격차의 대부분은 산업 간 격차보다 산업 내 격차를 반영하고 있다. 임금 격차는 전통적으로 생산성이나 직업 속성의 격차 때문인 것으로 설명된다. 특정 산업이나 특정 직업 그리고 특정 근로자가 더 높은 임금을 받는 것은 보유한 인적자본의 격차가 생산성과 그에 따른 임금 격차로 이어졌기 때문이거나 근무조건, 고용 안정성, 업무강도 등 금전으로 환산하기 어려운 직업적 속성 때문[보상적 임금 격차(compensating differential)]이라는 것이다. 그러나 실증분석에 따르면 보상적 임금격차는 사망 위험의 경우를 제외하곤 그 효과가 모호하게 나타나고 있다. 대신 임금격차와 생산성 간에는 자주 밀접한 상관관계가 관찰된다. 우선 임금 격차의 확산은 동일 산업 내에서의 기업 간 노동생산성과 총요소생산성(multi-factor productivity) 격차를 동반하고 있어 생산성 격차와 임금 격차 간에 일정한 양의 관계가 존재한다는 것을 시사한다. 생산성 격차의 확대 역시 산업 간 격차보다는 산업 내 격차의 확대가 지배적이었다. 그리고 생산성 격차가 크게 발생하는 산업일수록 임금 불평등도도 더 빠르게 진행되어 왔다. 결국 임금 격차는 기업 간 생산성 격차를 반영한다고 할 수 있다. 생산성이 높은 근로자일수록 생산성이 높은 기업에서 근무하게 되어 숙련 근로자는 고임금을 지급하는 기업에 결집하게 된다. 생산성이 높고 그에 따라 급여수준이 높은 기업에 숙련 근로자가 집중되는 것은 기업에 의한 외주의 증가를 반영한다 : 핵심적이지 않은 활동은 다른 기업들에서 외주가 되고 저숙련 근로자를 감소시킨다. 숙련 근로자의 집중은 숙련 근로자들 간의 보완성이나 숙련과 자본의 보완성, 무역 그리고 기술변화가 일정한 기여를 하고 있다.

그러나 생산성 격차는 노동생산성뿐만 아니라 총요소생산성에서도 발생하고 있으므로 임금 격차를 모두 자본집약도의 격차 확대로만 돌릴 수 없다. 즉, 글로벌화와 숙련편향적 기술혁신과 같은 구조적 요인과 노동시장 정책 · 제도는 임금 불평등에 영향을 미칠 뿐만 아니라 생산성 격차가 임금 격차로 이어지는 강도에도 영향을 미치고 있다(Berlingieri, Blanchenay, and Criscuolo, 2017). 이는 신기술 사용이 확대된 산업일수록 그리고 대외개방도가 높은 산업일수록 임금 격차의 확대가 큰 것으로 나타나기 때문이다. 이에 비추어 보면 최근의 전 세계적인 임금 격차의 확대는 숙련 근로자에게 유리하게 작용한 숙련편향적 기술진보와 비숙련 노동의 퇴출, 숙련 근로자에 대한 수요를 촉진한 무역개방과 외주를 낳은 글로벌화에서 찾을 수 있다. 기술진보나 글로벌화가 임금불평등을 확대시키는 것은 숙련편향성 때문이다. 이는 기술혁신이 상대적으로 높은 숙련의 노동자들의 생산성을 상대적으로 더 빠르게 높이고 있는 것이다. IT 기술을 더 많이 활용하는 자료분석, 연구개발 등의 업무에 종사하는 사람들의 생산성을 더 크게 향상시킬 것이다. 또한 인공지능 기술은 숙련노동에는 보완재로, 비숙련 노동에는 대체재로 작용하여 숙련노동자의 생산성을 더욱 높이고 비숙련 노동자 수요를 약화시킨다. 숙련(고학력)노동자들이 많은 선진국은 이를 활용하는 제품을 수출하며 비숙련집약적 업무는 해외로 아웃소싱하여 임금격차를 확대시킨다.

노조 가입, 임금 협상, 고용보호, 최저임금 등의 노동시장 제도와 정책은 임금 격차를 완화하는 역할을 한다. 따라서 글로벌화와 숙련편향적 기술진보와 같은 구조적 요인이 임금과 생산성 간의 관계에 미치는 파급효과는 노동 제도와 정책에 의해 영향받는다. 그리고 각각의 제도와 정책은 그 영향이 서로 다르다. 기업 단위로 임금 협상이 이루어질 경우 임금에는 개인의 생산성이 더 잘 반영되므로 임금 협상이 분권화될수록 기업 단위의 생산성과 임금은 밀접한 상관성을 갖게 될 것이다. 최저임금, 노조의 강도 등은 임금과 생산성의 관계를 약화시킬 것이다. 이러한 관계 약화는 산업 간, 기업 간 자원 배분에 왜곡을 낳는다. 임금과 생산성이 양의 관계를 가지면 생산성이 떨어지는 기업은 위축될 것이고 자원은 생산성이 높은 기업에 배분될 것이다. 결국 노동시장 정책은 단기적으로 근로자를 보호해 생활수준을 높이고 공평성을 개선하지만, 장기적으로는 생산적 기업으로의 자원이동을 억제하여 총생산성 증가를 억제할 것이다. 실제로 유럽만 하더라도 국가 별로 임금불평등 추이에서 큰 차이가 나타나는데, 이는 최소임금, 노조가입률, 고용보호입법, 임금 협상의 분권화 등 제도적 · 정치적 요인이 상당한 역할임을 말해준다. 특히 일부 유럽대륙 국가의 경우 저숙련 근로자 임금의 보호를 통해 임금 격차의 변화보다 실업 변화(증가)를 낳았던 것으로 추정된다.

2) 고용의 질과 작업환경 : 조직구조, 생산방식, 작업조직

근로자 관점에서 고용 여부와 임금 수준뿐만 아니라 고용의 질도 중요하다. 임금 수준도 고용의 질을 구성하는 한 가지 요소지만 근로자는 거기에만 머물지 않는다. 경제학자들은 금전적 측면, 특히 시간당 임금, 부가급부, 노동시간을 보고 사회학자들은 숙련, 자율성, 통제에 관심을 두며, 심리학자들은 직업 만족도와 같은 주관적 측정치를 강조한다. 고용의 질이 의미하는 내용은 관점마다 달라지며, 무엇이 양질의 일자리인지에 대한 일반적 합의는 없다. ILO(1999)는 노동시간, 임금, 휴가, 노동 내용 등이 인간의 존엄과 건강을 해치지 않고 인간다운 생활을 지속적으로 영위할 수 있으며, 작업에서의 표준과 권리의 존재, 사회적 보호, 사회적 대화에 의해 이러한 상황이 보장되는 일자리를 양질의 일자리(decent work)로 부르고 있다.

그림 13-4 자원, 역량, 기능, 효용의 체계 : 역량접근

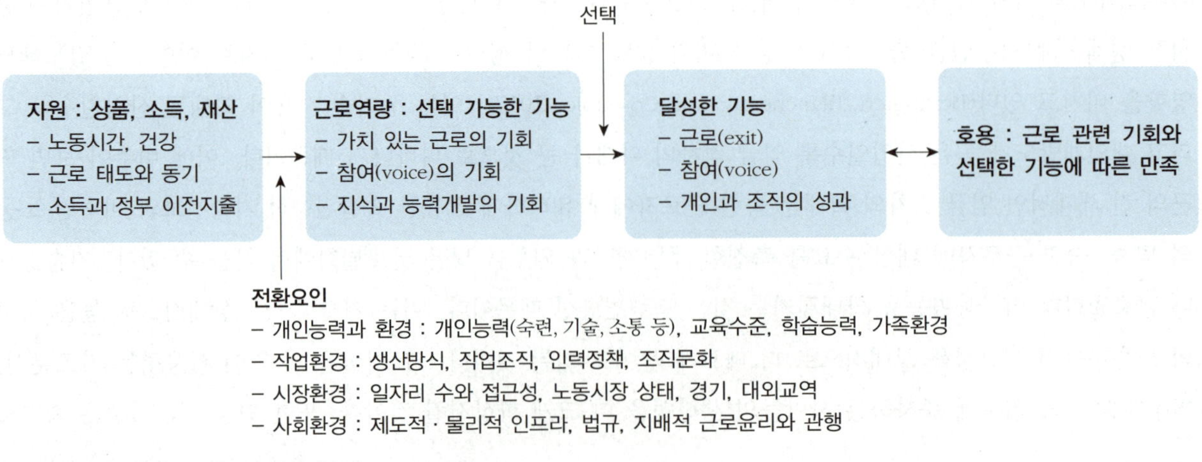

자본에 보완되는 생산요소로서나 소득과 성장을 위한 수단으로서의 노동을 바라보는 관점을 넘어 양질의 노동이 개인의 삶에서 갖는 의미를 조망하기 위해 역량접근에 의존해 보자. 역량접근에서 노동은 수단적 역할과 본질적 역할을 동시에 갖는다. 이들은 노동이 낳는 소득뿐만 아니라 직업 특성에도 의존한다. 직업 특성은 개인적 전환요인과 사회적 전환요인의 영향하에서 기능으로 전환되어 효용을 낳는다. 따라서 고용의 질은 일련의 기능과 효용을 낳는 모든 특성의 함수이다. 노동을 통해 어떤 능력을 발휘하는가도 중요하지만, 노동이 개인의 삶에서 어떤 역할을 하는가도 보아야 한다. 다음과 같이 노동은 소득과 1인당 GDP(경제성장)와도 관련되지만 동시에 역량 확장(경제발전)과도 관련된다.

첫째, 노동은 생산에 투입되어 소득과 급부 자격을 제공하는 수단이다. 개인은 노동을 통해 당장의 생존을 확보하며 동시에 직업, 연금, 실업보험을 통해 미래소득을 확보한다. 가정에서는 기존 노동의 재생산을 위해 노동이 투입된다. 요리와 같은 가정 생산이나 돌봄노동, 가계노동, 비공식노동도 노동으로 간주할 수 있다. 경제학에서 노동 그 자체는 효용의 손실을 낳으며, 여가만이 효용의 원천이다. 고용 그 자체는 경제성과를 판단하는 중요한 요소이다. 근로는 무엇보다도 소득 창출을 통해 개인적 · 사회적 목표와 가치를 달성하도록 한다. 실업은 생산자원의 일부가 활용되지 못함으로써 경제 전체에도 영향을 미친다.

둘째, 노동은 삶의 질을 높이는 수단이다. 개인은 노동을 통해 자존, 인격 성장, 사회참여, 일과 가족생활 간 균형을 도모한다. 노동역량은 이처럼 시장에서 직업을 얻을 기회(수량)뿐만 아니라 근로의 조건(질)도 포함한다. 반대로 실업이 낳는 박탈을 고려하면 고용의 중요성을 쉽게 알 수 있다. 실업은 개인에 대한 경제적 처벌과 노동시장 문제뿐만 아니라 삶의 질에도 영향을 미친다. 실업은 실업자 개인의 고통을 통해 개인복지에 직접적 영향을 미친다. 실업자는 소득 손실과는 별개로 삶을 낮게 바라보며 스트레스나 고뇌를 겪는다. 특히 청년의 장기실업은 소득과 경력 손실뿐만 아니라 스트레스, 질병과 우울에 대한 취약성 증가, 구직의 어려움을 통해 생애에 걸쳐 영향을 미친다. 근로는 소득 이외의 자기성취의 기회와 같은 혜택을 제공하므로 실업은 불평등이 나타나는 공간 중 하나이다.

셋째, 노동은 본질적으로 가치 있는 활동으로 역량을 구성한다. 노동역량은 단순히 일할 수 있는 것을 넘어 어떤 일을 할 수 있는가 또는 자신이 가치 있게 여기는 일을 할 수 있는가와 관련되기 때문이다. 근로역량은 "스스로 가치 있다고 여기는 직업을 선택할 수 있는 실질적 자유 또는 기회"이다. 무엇이 가치 있는가는 근로로부터 기대하는 바에 의존한다. 개인이 어떤 직업을 선택하고 직업에 무엇을 투영하며, 또 직업으로부터 무엇을 얻느냐를 고민하는 것은 어떻게 살고 있고 어떤 삶을 살고 싶은가와 관련된다.

개인은 가치 있는 다른 대안을 얻어 일을 거절[이탈(Hirschman, 1970)]할 기회를 가져야 하거나 아니면 근로내용, 조직, 조건, 보상방법의 정의에 효과적으로 참여하여 일을 가치 있게 전환할 기회(목소리 내기)를 가져야 한다. 노동에 따른 효용은 개인이 달성한 기능뿐만 아니라 개인이 선택할 수 있었던 기회(역량)와도 관련된다.

한편 노동역량을 위한 자원은 시간, 사회복지제도가 제공하는 현금 급부를 포함한다. 또한 근로역량을 높이려면 자원을 역량으로 전환시키도록 하는 개인적 · 사회적 조건(전환요인)이 필요하다. 개인적 전환요인에는 일반적 능력(협동, 소통 등), 숙련, 노하우와 기술, 건강, 교육, 학습능력이 포함된다.

사회적 전환요인에는 작업의 내용과 환경, 시장환경, 사회환경이 포함된다. 작업환경은 근로시간, 근로강도, 안전성, 건강에의 영향, 숙련의 필요성, 자율성과 책임성 등을 담고 있으며, 과업 구조와 근로 요구와 같은 근로조직의 특성과 기업의 인력정책을 포함한다. 노동시장 환경에는 이용 가능한 일자리의 수, 형태 그리고 접근 가능성, 경기상태, 국제무역 등이 포함된다. 사회환경은 제도적 · 물리적 인프라, 법규, 지배적 근로 윤리와 관행을 포함하는데 작업환경이나 차별 등과 관련한 노동 관련 법규, 단체합의의 용이성, 근로 윤리, 노동의 성에 따른 구분을 예로 들 수 있다. 이하에서는 기술발전과 글로벌화에 따른 고용형태, 조직환경 그리고 작업환경의 변화를 보다 자세히 다루어본다. 기술변화와 세계화는 생산성, 고용, 소득 불평등을 넘어 고용형태, 조직환경 그리고 작업환경을 변화시킨다. 사회가 이러한 변화에 적응하고 또한 새로운 기술에 빠르게 적응할 수 있다면 노동자와 조직 모두에게 이득으로 이어질 수 있다. 그러나 이러한 경향은 직업 만족도의 저하, 일과 생활의 밸런스 저하, 장기적인 경력 개발의 소홀 등 예기치 않은 부정적인 결과를 초래할 수 있다.

근로자가 가치 있게 여기는 근로역량 또는 근로의 질(도구적이냐 본질적이냐 또는 일자리의 질)은 작업환경에 의존한다. 기업은 양질의 일자리와 작업환경을 제공함으로써 사회에서 역량을 강화하는 역할을 할 수 있다. 작업환경은 궁극적으로 기업 목표와 전략에 의존하지만 직무의 내용뿐만 아니라 조직구조, 작업조직, 고용형태, 인력관리[3] 정책에 의해서도 영향받는다. 조직구조와 고용형태는 작업환경에 영향을 미침으로써 역량강화 기제로 작용한다. 조직구조는 직무에서 자유재량권을 얼마나 가지며, 어떤 경력과 숙련 유형을 갖고 다른 구성원과 어떤 관계를 가질 것인가를 규정짓는다. 전통적인 기능 조직에서는 대부분의 직원이 업무기능 범주 내에서 선발되어 전문적인 지식을 쌓도록 해 왔고 사업부 조직에서는 경영자 교육과 개발이 추가되었으며, 매트릭스 조직에서는 프로젝트 매니저에 의해 프로젝트 팀의 구축역량의 양성이 추가되었고 프로젝트 팀을 옮겨다니며 커리어를 개발하도록 하였다.

(1) 고용형태와 그 변화

다양한 고용형태

취업자는 '종사상 지위'에 따라 임금 근로자, 자영업자, 무급가족종사자로 나누어지는데, 이 외에도 다양한 고용형태가 있다. 특히 전일제 직접고용 외에 임시직, 계약직과 같은 간접고용도 있다. 고용형태가 달라지는 이유를 기업의 "자작(自作)-구입(購入)(make-or-buy)" 결정 방식에 따라 살펴볼 수 있다(Miles and Snow, 1984). 기업은 고용을 내부화하여 훈련 · 개발을 통해 근로자의 숙련도를 높이려 하지만, 동시에 일부

표 13-3 고용형태의 다양한 유형

		기업에의 기여도(고용형태)	
		저	고
특화성 (고용관계)	고 (협조적)	▪ 제휴 근로자(특화적 지식) – 협력적 · 관계적 근로	▪ 핵심근로자 – 충성과 장기적 유인체계, 참여, 재량, 권한위임 – 내부개발과 훈련
	저 (거래적)	▪ 계약근로자(보조적 지식) – 외주와 하청 등 거래관계 – 절차 준수를 강조, 정해진 표준적 · 제한적 업무 범위에서의 단기적 효율성 강조, 훈련과 성과관리는 절차 준수로 제한	▪ 전통적 근로자 – 생산성이 강조되는 표준적 직무, 즉시 활용 가능한 인력의 고용에 의존, 단기의 결과 지향

3. '인력관리'는 조직목표 달성을 위해 설계되는 채용, 보상, 훈련, 승진의 관행으로 정의된다.

기능을 외부조직에 위탁하여 고용을 외부화할 수 있다. 각각은 장단점을 갖는다. 내부화는 기업의 숙련 · 능력의 안정화, 협력 · 통제, 거래비용 절감이라는 편익을 주지만, 동시에 고용관리 비용 상승과 고용조정 능력의 제한을 낳는다. 외부화는 고정비용과 관리비용을 감소시키고 조직 유연성을 높이며 핵심능력 개발에 집중하도록 편익을 주지만, 고유 능력의 약화라는 비용을 치러야 한다.

고용의 내부화 여부는 기업에 대한 기여도(또는 가치)와 기업 특화성(asset-specificity)에 의존한다. 노동은 비용을 낮추거나 편익을 제공하여 기업에 기여함에 따른 가치를 갖는다. 기여가 클수록 기업은 직접고용을 선택 · 개발해야 한다. 시장에서 손쉬운 획득이 곤란한 기업 특화성은 경로의존적이고 암묵적 지식을 요구하므로 내부 개발을 요구한다.

- 첫째, 특화성과 기여도가 모두 높은 지식기반 직무는 내부 고용[핵심 근로자(core workers)]을 필요로 한다. 가치 있고 특화적인 인력은 기업의 (종종 암묵적 형태의) 핵심지식을 구성하고 경쟁력의 원천이 된다. 내부 개발과 적극적 훈련개발 투자가 이루어진다.
- 둘째, 특화성은 낮지만 기여도가 높은 거래적 직무는 내부 고용[전통적 근로자(traditional workers)]을 필요로 한다. 시장에서 언제든지 고용이 가능한 인력으로서 고용 시 충성도보다는 숙련의 보유 여부와 경력이 중시된다. 시장을 통한 충원과 즉각적 활용이 중시되며, 기업 특화적 숙련은 아니므로 훈련 · 개발을 위한 투자는 제한한다. 즉, 광범위하게 이용될 수 있는 일반 숙련을 가진 인력으로써 조직에 대한 충성도가 낮고 기업이 자신의 경쟁력을 차별화하는 요인이 되지 못한다.
- 셋째, 특화성과 기여도가 모두 낮은 직무는 외부조직과의 계약을 통한 외주와 하청, 임시직의 계약 근로자(contract workers)로 조달된다. 계약 고용인 만큼 기업은 고용 규모와 시점에 상당한 유연성을 가지며, 장기적 관계는 존재하지 않는다. 이들은 저숙련 근로자들로서 숙련의 특화성에 대한 요구가 낮으므로 적극적 훈련 · 개발 투자는 제한된다.
- 넷째, 기여도는 낮지만 특화성이 높은 숙련 직무는 조직 외부의 근로자와의 적절한 제휴가 필요하다. 법무, 회계 등 지식집약적 전문 서비스 업무가 이에 해당한다.

고용형태의 유연화

노동시장의 유연성(flexibility)은 기업이 노동 투입의 규모와 구성, 임금, 숙련, 고용보호와 같은 다양한 고용관계의 요소를 적기에 조정할 수 있는 능력으로 수량 유연성, 기능 유연성, 임금 유연성으로 구분된다.[4]

표 13-4 고용 유연화 모형

		전략적 초점	
		내부	외부
유연성 모형	노동량	근로시간 유연화	수량적 유연화
	노동의 조직화	기능적 유연화	외부화

자료 : Grenner et al(1997).

4. 한편 Piore and Sabel(1984)은 조직 유연성을 "변화하는 시장 조건에 적응하기 위해 서로 다른 조합으로 기계와 노동자를 사용하는 능력"으로 정의한다.

수량 유연성은 외부적으로 채용 및 해고를 통해 근로자의 수를 조절할 수 있는 능력과 내부적으로 근로시간을 신축적으로 연장 또는 단축할 수 있는 가능성을 말한다. 기능 유연성은 업무 재배치를, 임금 유연성은 기업이 법규나 단체협상에 구애받지 않고 임금을 자율적으로 결정할 수 있는 능력이다. 한편 노동시장의 안정성은 근로자 입장에서 현재의 일자리를 유지하고(직장 안정성), 실직 후에도 신속한 재취업(고용 안정성)이나 일정 수준의 소득이 보장되는 환경(소득 안정성), 일과 삶이 조화로운 상태(결합 안정성) 등을 의미한다. 유연성과 안정성은 상충적이거나 상호보완적일 수 있다. 즉, 해고 유연성은 단기적으로 근로자의 직장 또는 결합 안정성과 상충되지만 장기적으로 기업의 고용유인을 강화하여 고용 안정성을 개선할 수 있으며, 기능 유연성은 직장 안정성을 높일 수 있다.

그러나 사용자를 중심으로 대안과 기회가 증가하는 이상의 유연성 개념을 넘어 근로자를 중심으로 대안과 기회를 증가시킨다는 의미에서 유연성에 접근할 수 있다. 일과 직업에서 유연성은 노동자들이 대안적 행동을 취할 수 있다는 것이며, 안전성은 노동자들이 이 대안을 통제하며 좋지 않은 일을 막을 수 있다는 것이다. 개인에게 필요한 것은 환경, 사용자, 과거의 이력으로 인한 임의적이거나 강제된 유연성이 아니라, 근로자가 선택한 경로에 부합하는 노동기회가 주어지고 또 선택할 수 있는 유연안전성이다.

표 13-5 **노동시장 유연성 및 안정성의 유형과 제도**

유형			내용	제도
유연성	수량 유연성	외부	상용직 · 임시직의 고용 및 해고를 통한 근로자 수 조정	■ 해고 사유 및 절차 규제 ■ 근로 계약기간 규제 ■ 임시직 고용 규제
		내부	근로시간 조정	■ 법정 근로시간 및 연장근로 제한 ■ 시간제 일자리 정책
	기능 유연성		업무 재배치 및 조직 재편	
	임금 유연성		임금 조정	■ 최저임금 · 단체교섭 규제
안정성	직장 안정성		현재 직장을 유지	■ 해고 사유 및 절차 규제
	고용 안정성		실직 시 신속한 재취업 보장	■ 고용중개 서비스 및 직업훈련 ■ 근로장려 세제
	소득 안정성		실직 시 소득수준을 안정적으로 유지	■ 실업급여 · 주택보조금
	결합 안정성		여가의 향유 및 가정에 대한 책임 이행	■ 육아휴직 · 근로시간 규제

자료 : Wilthagen et al.(2003).

유연 생산기술이 확산되고 개인주의화[5]가 심화되는 세계에서 일과 직업에서의 역량확대는 다양한 기회를 갖고 스스로 선택하는 유연안전성을 높임으로써 가능하다. 사회는 기회를 확대하여 개인들이 독자적인 저마다의 삶의 궤적 또는 생애 프로젝트를 추구하는 것이 가능하도록 해야 한다. 이 기회는 개인이 중요한 순간마다 다양한 대안을 선택할 수 있도록 할 것이다. 독자적 생애 프로젝트를 추구하는 개인들은 주체성을 발휘

5. 산업화된 사회에서 사람들은 상대적으로 풍요하게 살아 대부분의 생활수준이 기초적 욕구를 크게 만족시킨다. 기초적 욕구는 상대적으로 사람마다 동질적이며, 기초적 욕구가 만족되어야 상위의 욕구가 의미를 갖는다. 사람들은 식사, 주거, 의복 등의 기초적 욕구가 만족되면 사람마다 잉여를 이질적인 방식으로 사용하기 시작한다. 부가 증가하며 복잡성, 이질성, 개인화가 생겨나는 것이 현대사회의 특징이다. 사회 구성요소 간의 관계가 매우 다양해지고(복잡성) 선호와 사회적 위치가 대비되며(이질성), 사회를 구성하는 기본 단위로 개성 있게 활동하는 개인들이 부각된다(개인화).

해야 한다. 유연생산과 개인주의화에 대응한 유연안전성 정책은 속성상 표준적인 대응을 넘어 개인별 맞춤성을 가져야 한다. 유연안정성 정책의 핵심이라 할 수 있는 훈련은 근로자에게 새로운 가능성을 열어줌으로써 개인적 발전을 가능하도록 해야 하고 개인의 구체적 상황에 보다 부합하여야 한다.

초전문화와 내부조직 및 핵심인력의 축소

디지털 기술의 발달과 글로벌화는 작업이 정형화된 업무들로 분할되고, 각각의 업무는 외주되어 그 업무의 완수 여부로 성과를 측정할 수 있게 되었으며, 이에 따라 업무의 기여도와 특화성에 큰 변화가 발생하게 되었다. 초전문화(hyperspecialization)가 진행되어 기업이 고유의 핵심역량을 발휘할 수 있는 전문분야로 활동영역을 좁힘에 따라 기업에 대한 기여도가 높은 근로자군이 크게 감소하게 되었다. 아울러 보다 세분화되고 정형화된 업무로의 분화(disgaggregation)는 업무 특화성을 약화시켜 조직 내부에서보다 외부에서 업무가 이루어지는 것이 용이해졌고, 협력적 거래보다 시장거래에 대한 의존 비중을 높였다. 그 결과 조직의 핵심인

표 13-6 새로운 고용형태 유형

구분	정의(특성)	주요 분야	특징	우리나라
ICT 기반 이동식 노동 (ICT-based mobile work)	▪ 태블릿 노트북 이용 ▪ 사업장 외부에서 작업	▪ ICT 분야 ▪ 전문과학 분야 ▪ 부동산, 금융	▪ 높은 유연성, 자율성 ▪ 장시간 근무와 적은 휴식시간	▪ 원격근무
플랫폼 노동 (Platform work)	▪ 온라인 플랫폼, 앱(App) 매개	▪ 운송(택시 · 배달) ▪ 가사 서비스 사무, 데이터 입력	▪ 노동시장 접근성 증대 ▪ 높은 유연성 ▪ 낮은 급여와 낮은 자율성 ▪ 모호한 고용관계	▪ 음식 배달 ▪ 대리운전 ▪ 크라우드 워커
캐주얼 노동 (Casual work)	▪ 불안정 · 단속적 노동 ▪ 불명확한 작업량 (0시간 계약 등)	▪ 농업, 관광, 간병, 소매, 오락	▪ 간소한 채용 절차 ▪ 높은 일생활 균형 ▪ 낮은 급여와 약한 사회보장	▪ 일용 등
직원 공유 (Employee sharing)	▪ 다수사용자+노동자 1명 ▪ 공동 고용관리	▪ 회계, 관리, 상담, 관광, 공예, 무역, 제조, 금속	▪ 고용소득 안정, 노동관계법 보호 ▪ 높은 작업 강도 및 스트레스 ▪ 불규칙한 근무시간	–
일자리 공유 (Job sharing)	▪ 하나의 일자리+복수 노동자(주로 2인)	▪ 교육, 돌봄, 금융, 행정	▪ 높은 일생활 균형 ▪ 경력개발 가능성 ▪ (업무조정 실패 시) 높은 작업 강도 및 스트레스	▪ 시간제 근로
바우처 기반 노동 (Voucher-based work)	▪ 바우처를 통한 노무 제공(근로계약×)	▪ 가사서비스 ▪ 농업, 수산업, 임업	▪ 높은 유연성, 자율성 ▪ 최저임금 보장 고용소득 불안정 ▪ 경력개발 곤란	▪ 공공근로 ▪ 바우처(사회서비스) ▪ 아이돌봄, 간병 등
협력적 고용 (Collaborative employment)	▪ 종사자 간 협력체계 (협동조합 등) ▪ 작업 공간 공유	–	▪ 높은 일생활 균형 ▪ 높은 유연성, 자율성 ▪ 사회적 고립 감소 ▪ 불명확한 고용상태 ▪ 사회적 보호 미흡	▪ 노동자 협동조합
임시 관리 (Interim management)	▪ 주로 전문직 ▪ 관리회사가 종사자를 다른 회사에 임대	–	▪ 높은 유연성, 자율성 ▪ 흥미로운 작업 내용 ▪ 낮은 사회적 보호	▪ 파견, 업무지원
포트폴리오 노동 (Portfolio work)	▪ 다수 고객과 소규모 계약+동시 수행	–	▪ 직업적 고립 ▪ 경력개발 곤란	

자료 : Weber, Tina et. al.(2020), "Labour market change : Trends and policy approaches towards flexibilisation," Eurofound.

력과 전통적 근로자는 모두 위축되고 대신 제휴 근로자, 계약근로자, 그리고 단계약, 임시직, 시간제를 포함한 비정규직 활용이 확대되며 많은 노동계약이 상업계약으로 전환되었다. 조직은 조직 사명에 비추어 핵심적이지 않은 운영조직과 인사조직이 축소되는 다운사이징, 중간관리자층의 축소, 광범위한 권한 이양의 리엔지니어링[re-engineering(조직의 재구성)]을 거쳐 더 얇게 변모하였다. 한편 잔존한 핵심노동자의 경우 다기능적 숙련화와 유연한 작업조직 도입을 통해 기능적 유연화가 생겨났다.

고용형태 변화는 ICT 기술의 진보와 글로벌화로 뒷받침되어 수요변화에 보다 신축적으로 대응하는 유연화가 기업 내외에서 다양한 방식으로 구현되는 데 따른 결과이다. 즉, ICT 기술로 개인이 전례 없는 방법으로 연계와 조정을 할 수 있게 됨에 따라 수요자가 필요할 때 필요한 만큼만 제공하는 온-디맨드 경제 또는 긱 경제(Gig economy)[6]가 확대되고 그에 따라 개인은 기업과 임시적(temporary)이며, 독립적(independent)인 계약자로 마주하는 고용형태가 보편화되고 있는 것이다. IT 기반 작업 플랫폼의 등장은 새로운 방식으로 작업을 정의하고 분산을 지원하게 되었다. ICT는 거래 및 검색 비용을 절감할 수 있으며, 이는 시장 기반의 상호작용과 임시 계약으로 이어진다. IT 기반 작업 플랫폼은 인터넷 기반 통신과 스마트폰 앱을 사용하여 일자리를 구성하고 입찰, 제안, 공모 등의 메커니즘을 따라 개인 또는 집단에 해당 작업을 할당한다. 크라우드 소싱, 오픈콜, 오픈 이노베이션 플랫폼을 사용하여 작업 특성이 재정의되어 조직 내외에 걸쳐 구성 · 배포되는 방식을 변경할 수 있다. 예를 들어 크라우드 소싱 플랫폼은 작업을 더 작은 단위로 분해한 다음 오픈콜 또는 옥션 메커니즘을 통해 엄격하게 정의된 작업팀이나 조직 경계를 넘어선 사람들에게 제공된다. 크라우드 소싱이나 콘테스트는 사내의 고용된 직원들 사이에서 실시될 수 있는데, 이는 작업의 실시 방법의 설계, 생산 공정과 노동의 관리, 품질의 보증은 물론 종업원의 작업 내용이나 그 방법에까지 영향을 미친다. 관리자는 더 이상 직원이 시간을 어디에 어떻게 투자하는지에 대한 과거의 권한을 갖지 못할 수 있다. 근로자는 자신의 성과를 통제할 수 있는 능력이 더 엄격히 제한되거나 그 반대로 특정 산출물을 제공할 책임이 있지만 제공의 방법을 자유롭게 선택할 수 있다. 이러한 메커니즘에 의해 협업과 근로관계가 형성될 수 있고 약화될 수도 있다.

많은 근로자들이 독립적인 계약을 통해 고용과 관련된 작업 일정과 그 내용을 통제할 수 있는 유연성, 다양한 수입원, 다양한 능력을 선호하지만 이는 보편적 경험이 아니다. 내부 조직의 안정성이 떨어지고 임시직과 비정규직은 불확실하며 위험하다. 파트타임 또는 단기 고용, 간헐적 또는 예측 불가능한 근무 시간, 낮은 임금 또는 불안정한 직업 때문이다. 임시직이나 비정규적 고용형태의 확대가 근로자에게 불이익을 주는 것이 아니라 직업생활을 통제할 수 있는 새로운 기회를 제공한다는 것을 확실히 하기 위해서는 제도의 변화가 필요하다. 한편 IT 발전은 종래의 고용관계의 왜곡을 푸는 데 도움이 된다. 그동안 많은 기업들이 근로유인 자극을 위해 근로자들에게 상대적으로 높은 임금을 지불하려 해 왔다. 그러나 IT에 의한 감시와 아웃소싱이 용이해짐에 따라 근로동기 자극을 위한 급여지급의 필요성이 감소했다. 따라서 인건비가 절감되고 근로자들이 고용관계에서 누리는 "경제적 지대"가 감소하였다.

6. 긱(Gig)이란 공연장을 뜻한다. 연예인들이 특정 도시에서의 공연이 결정되면 공연에 필요한 연주자와 스태프들을 그 도시에 모아 공연 기간 중 잠시 같이 일하고 공연이 끝나면 모두 흩어지는데 디지털경제의 작업 형태가 이와 유사하다 하여 긱 경제로 불린다.

(2) 조직구조와 그 변화

조직구조는 기업조직을 통해 작업이 전개되는 방식으로 정의되는데, 조직구조는 구성원들이 직무를 수행하기 위해 개별적 기능 내에서 함께 작업하도록 한다. 기업의 조직구조는 제품–시장 전략에 의해 결정되며 기술과 시장환경 변화에 따라 꾸준히 변화해 왔다. 전통적 조직구조는 보다 형식화되어 직원들의 기능, 지역, 제품라인에 의해 집단을 구성하였다. 반면 시간이 흐를수록 조직구조는 변화하는 사업환경에 신속히 대응하도록 그 경계가 희미해지고 유연해지고 있다. 기술진보와 글로벌화는 노동의 기업 내에서의 분업과 지역적 분업을 변화시킴으로써 조직을 재구성한다. 생산성 향상을 위해서 기술도입만으로 부족하며 인적자원 관행을 포함한 기업의 조직구조의 변화를 수반해야 한다.

기능 조직의 등장

19세기에는 소유경영자 기업이 지배적이었다. 단일 제품을 생산하고 소유경영자가 주요 의사결정과 경영활동을 주관하고 직원들은 기능적 전문성 없이 소유경영자의 의지를 대리하는 데 머물렀다. 소유경영자의 역량이 발휘되는 소수의 분야에서 과감한 사업 전개가 이루어졌다. 그러나 19세기 말 규모가 커지고 복잡해짐에 따라 업무가 생산, 판매, 재무, 회계 등의 기능들로 분할되고 전문인력이 육성 · 선발 · 유지되며 관리되고 전체 운영계획을 맞추도록 중앙집중적으로 관리되는 기능 조직(functional organization)이 등장하였다. 기능 조직은 생산기술이 공통된 소수의 제품군을 중앙집중적 조정과 통제에 의존하여 낮은 비용으로 생산하는 데 초점이 맞추어졌다. 성장은 주로 수직적 통합과 시장침투를 통해 이루어졌다. 기업들은 전방으로 통합되며 자사제품이 효과적으로 배송 · 판매되도록 도소매 채널을 확보하였고 후방으로도 통합되어 원재료와 부품의 안정적 공급이 이루어지도록 하였다. 여러 생산 단계를 수직적으로 통합하는 데 따른 거래 · 통신 비용이 과도하여 기업과 공급업체는 지리적 근접성에 의존하여 긴밀한 장기적 관계를 발전시켰다. 디트로이트 지역

그림 13–5 조직구조의 개요

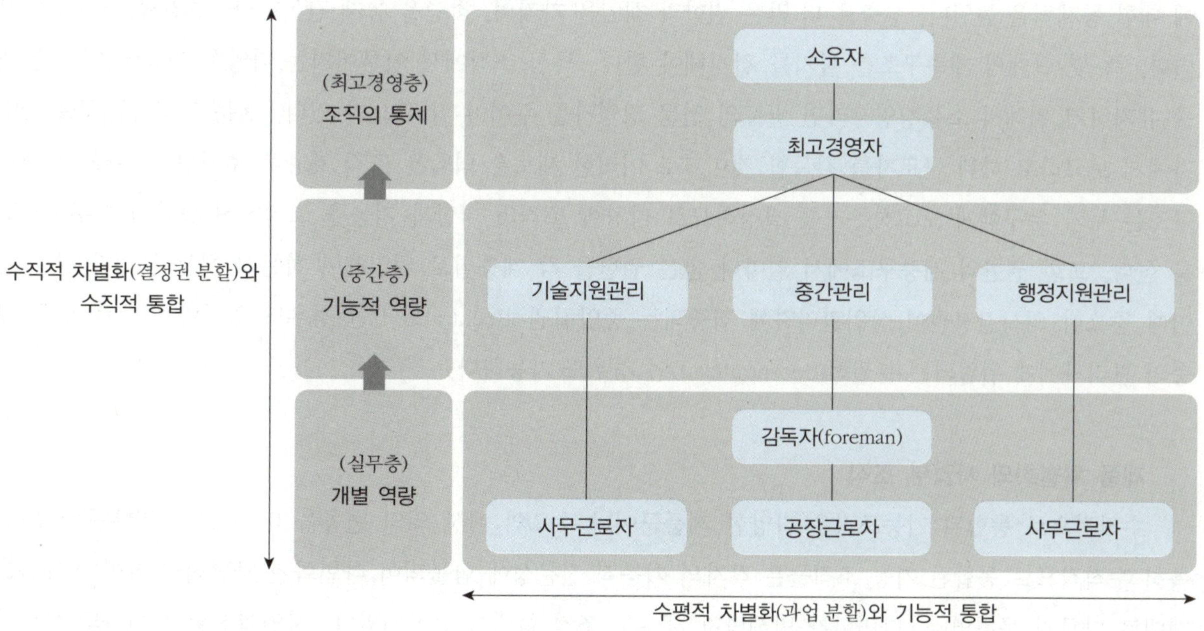

의 다양한 공급업체에 둘러싸인 자동차 산업이 이러한 구조의 대표적 예였다. 시간이 지남에 따라 통합적 기능 조직은 장기근속, 내부승진, 노동자의 목소리와 보호를 위한 중개기구로서의 노동조합으로 특징지어지는 독특한 고용관계를 발전시켰다.

기능적 기업조직은 최고경영층, 중간층, 실무층으로 구성된다. 조직의 최상층과 최하층에 각각 최고 경영자와 실무자가 위치하고 중간관리자가 이들을 매개한다. 최고경영층은 전략과 목표를 제시한다. 중간층은 수립된 전략이 실무층에서 실행되도록 하고 이를 조정하는 중간라인(middle line), 전문적 · 기술적 자문을 하는 기술지원(technostructure), 정보 소통을 지원하는 관리지원(support staff)으로 구분된다. 실무층(operating core)에서는 개별 근로자에 의해 조직의 목표가 실질적 업무로 구체화되어 실현된다.

기능조직에서의 분할과 통합 기능적 기업 조직은 기능이 다른 과업단위로 나누어지고 전체적으로 조정된다. 기능조직의 형태는 과업의 분할(수평적 차별화, 기능별 전문화), 의사결정 권한의 분할(수직적 차별화, 계층적 책임성), 통합 형태에 따라 분류된다. 과업이 분할되어 자원과 사람이 할당되고 의사결정 권한이 배분되는 현상을 **차별화**(differentiation)라고 한다. 조직원에게 요구되는 과업과 관련한 일련의 행태들을 역할이라 하는데, 조직은 책임과 권한이 서로 다른 역할들로 구성된다. 역할을 구별해 기능이나 사업 단위별로 묶는 것을 **수평적 차별화**(horizontal differentiation)라 한다. 제조업체에서는 디자인, 생산, 판매 기능별로 수평적 차별화가 생겨난다. [그림 13 – 5]의 조직도에서 상자는 조직의 역할과 기능을 대표한다. 수평적 차별화는 노동의 분업을 확립해 구성원들이 전문화되도록 유도한다.

수평적 차별화에 따라 과업, 기능, 사업별로 분업이 이루어지면 이들 사이에 장벽이 생겨날 수 있다. 구성원들은 자신의 역할을 각자 자신에게 부여된 과업, 기능 또는 사업의 관점에서만 생각하기 때문이다. 결국 구성원 간의 의사소통과 조정, 즉 **통합**(integration)이 요구된다. 통합의 가장 단순한 방법은 권한의 계층구조를 두는 **수직적 차별화**(vertical differentiation) 또는 직접적 감독을 통한 조정이다. 통합은 직접적 감독 외에도 표준화된 규칙과 규범의 확립(표준화), 태스크 포스나 통합팀의 구성 또는 개인적 판단과 당사자 간의 협의(상호조정)를 통해서도 이루어질 수도 있다. 수직적 차별화는 역할과 하위단위를 연결하기 위해 조직이 권한의 계층을 설계하고 보고 관계를 만들어내는 방식에 대한 것으로 계층 간 권한의 배분을 확립하여 조직이 활동에 대한 통제력을 높인다. 상층은 더 많은 권한과 책임을 가지며, 하층을 통제 감독한다. 경영자는 수직적 차별화, 즉 몇 단계의 계층구조를 둘지를 결정해야 한다. 특정 조직에서 이루어지는 다양한 기능에 대한 통제를 유지하기 위해서 소유경영자라면 별도의 전문 경영자를 두어야 할 필요가 있다. 전문 경영자는 소유경영자에게 보고하고 하위 근로자를 감독할 것이므로 이러한 새로운 역할은 조직 계층을 추가한다. 아울러 계층구조는 누가 누구에게 보고하는가를 결정하므로 다양한 조직의 역할과 기능을 조정하여 통합이 이루어지도록 한다. 또한 권한의 계층구조에서 얼마나 많은 권한을 각 계층별로 위임해야 하는가 하는 문제가 남는다. 이때 중요한 의사결정권이 상위관리자에 집중되는 중앙집권적(centralized)인 경우도 있지만 반대로 모든 계층의 관리자에게 위임되는 분권적(decentralized)인 경우도 가능하다.

제품 차별화와 사업부 조직

수직적으로 통합된 기능조직은 다양한 제품군이나 수요의 예상 외의 변동을 다루기에는 역부족이었다. 특히 수직적으로 통합된 기능 조직들은 각자의 기능적 전문성에 함몰되어 다변화된 차별적 시장이나 제품을 제대로 다루지 못하였다. 다변화가 방해받자 새로운 조직 형태가 요청되었다. 사업확장이 용이하되 통제가 유지되도록 시장별로 자율성을 가진 독립적인 분권적 사업부가 활동하는 대신 성과평가와 자원배분은 중앙집중적으로 통제되는 사업부조직이 등장하였다. 사업부조직(divisionalized organization)은 신규시장에 자원을 신속히 배치하여 범위의 경제와 유연성을 보였다. 사업부조직은 시장별로 실적을 평가하는 동시에 조직 전체의 자원을 기존 사업부로 확장하고 신규사업부의 창설과 획득에 배치하는 데 유리하였으며, 기술과 경영 노하우를 공유함으로써 새로운 시장기회에 반응하는 데 신속하였다.

표 13-7 환경 대응에 따른 기업조직의 다원화

		수요 급변동에의 대응 : 기능의 공유	
		기능의 내부화	기능의 특화와 공유
제품 다변화, 복잡화 대응 : 의사결정권	집중화	수직적 통합과 기능조직	매트릭스 조직
	분권화	사업부 조직	네트워크 조직

신흥 시장과 매트릭스 조직

1960~1970년대에 많은 기업들이 효율성(기능 조직의 강점)과 대응성(사업부 조직의 강점)이 동시에 요구되는 시장상황에 마주하였다. 기능조직을 가졌던 기업은 제품개발 능력의 향상이 필요하여 프로젝트 구조를 추가하였다. 사업부조직을 가졌던 기업들은 일부 기능(예 : 제조)을 중앙집중화하고 복수의 사업부를 지원하도록 하여 기능조직을 가진 경쟁업체의 비용 효율성을 따라잡으려 했다. 기업들은 안정적 시장과 새로운 시장을 동시에 다루기 위해 기능조직과 사업부조직의 혼합 조직, 특히 매트릭스 조직(hybrid or matrix organization) 형태를 도입하였다. 안정적 시장의 인력들은 그 기능적 전문성을 따라 중앙집중적으로 관리되고 새로운 신흥시장이 등장할 때마다 임시로 차출되어 자율적 임시조직을 구성하여 대응하도록 하였다.

정보통신기술과 네트워크 조직

국제 경쟁과 급격한 기술 변화가 산업 전반에 걸쳐 대규모 구조조정을 강요했던 1980년대에는 네트워크 조직(network organization)으로의 변화가 분명해졌다. 컴퓨터 및 통신 기술의 점진적 기술 변화를 배경으로 공급업체와의 지리적 근접성의 중요성이 감소했으며, 작업의 일부를 용이하게 아웃소싱할 수 있는 보다 세밀한 분업을 가능하게 했다. 컴퓨터 통신과 정보 기술을 통해 기업은 생산의 많은 단계를 더 저렴하게 수행할 수 있는 지역으로 오프쇼어할 수 있었다. 또한 선진국에서 제품의 설계만 이루어지고 다른 국가에서 생산된 많은 부품이 또 다른 국가에서 조립하여 생산되게 되었다. 국내에서 생산되는 제품도 과거에 비해 지리적 근접성이 크게 작용하지 않게 되었다. 이러한 변화로 시장과 계층조직에 대한 대안으로 네트워크 조직이 등장하였다.

기존 기업들은 핵심역량에 따라 규모를 축소하여 관리 단계를 축소하고 가치사슬의 특정 단계에 집중하며, 이를 지원하는 다양한 활동은 아웃소싱과 전략적 협조에 의존하게 되었다. 신생기업은 수직적 통합을 통한 성장을 피하고 대신 독립적인 공급업체와 유통업체와의 제휴에 의존하여 성장을 도모하고 있다. 탈집중화와 느슨한 결합을 특징으로 하는 다양한 조직구조가 등장하게 된 것이다. 계획, 일정 설정, 이전가격에 의존하여 내부자원의 동원을 조정하는 대신, 계약과 협정에 기초하여 네트워크를 형성하고 필요한 기능을 외부에 의존하고 있으며, 독립적인 공급업체, 생산업체, 유통업체 간의 장기적인 안정적 관계가 등장하고 있다. 결

과적으로 일련의 자율적 집단들이 제품을 설계하고 다른 집단들은 생산하며, 또 다른 집단은 지원 서비스를 제공하고 또 다른 집단은 이들 집단 전체를 조정한다. 기능은 기업 가치사슬을 따라 구성 요소들이 하나의 프로젝트 또는 제품에 대해 계약을 통해 결합되었다가 또 다른 신규사업의 새로운 가치사슬의 일부가 되기 위해 분리된다. 네트워크 조직의 효율성은 상류와 하류의 파트너 그리고 궁극적으로는 고객들의 새로운 요구에 부응하는 능력에 의존한다.

네트워크 조직은 몇 가지 점에서 기존 조직과 구별된다. 첫째, 기존 기업들은 특정 제품을 생산하는 데 필요한 모든 자원을 사내(또는 독점 계약)에 보유해 왔다. 하지만 네트워크 조직은 구성 기업들의 자원을 집단적 자산으로 공유한다. 둘째, 네트워크는 자원흐름의 관리를 관리 프로세스보다 시장 메커니즘에 의존한다. 그러나 이는 독립적 기업 간의 단순한 "장기적" 관계가 아니라 상호 간에 의존성을 인식하고, 자발적으로 정보를 공유하고, 서로 협력하고, 각자의 제품이나 서비스를 맞춤화한다.

지리적으로 분산된 팀에는 국내 거점뿐만 아니라 종종 다른 국가 및 대륙의 협력자가 포함되게 되었다. 그동안 팀원 간의 소통과 협업은 시공상 함께 존재해야 했지만, IT에 힘입어 함께 있지 않더라도 팀워크를 실현할 수 있게 되었다. 분산된 팀 구성을 통해 기업은 장소에 구애받지 않고 전문 지식을 활용할 수 있으며, 24시간 프로젝트가 가능해졌다. 팀원들은 기술적 수단을 통해 상호 작용하며, 보다 다양한 복잡한 작업을 수행하고 보다 효율적으로 작업하여 기술을 연마할 수 있도록 설계되었다. 또한 하나의 프로젝트에서 다른 프로젝트로 원활하게 전환할 수 있다. 그러나 분산된 팀의 증가로 훈련경험, 직업정신, 팀 역할의 이해, 소통기법, 어휘, 문제해결 대응방식이 분야마다 달라 팀원들 간에 공통의 이해가 부족할 수 있고 이는 팀 성과에 부정적 영향을 미칠 수 있다. 가상도구에 대한 의존으로 인한 문제(예 : 대면 소통을 통해 제공되는 비언어적 단서 이용의 어려움)를 완화하기 위해 효과적인 규범을 만들어야 하고, 팀 성과의 제고를 위해 팀워크 훈련에 더 많은 투자가 필요하다.

(3) 생산방식과 작업조직

작업조직이란 생산과정에서 노동이 활용되는 방식 또는 생산의 전반적 구조에서 직무가 규정되는 방식으로 근로자가 직무에서 갖는 재량권과 전문성, 감독의 강도나 형태를 말한다. 작업조직은 과업들을 묶어서 직무를 어떻게 구성할 것인가, 그리고 그 직무활동들을 어떤 방식으로 통합할 것인가를 결정하는데, 전자는 직무의 기능 또는 숙련 요건으로 부르고 경력과 훈련기간으로 압축된다. 후자는 직무와 직무 사이의 작업관계를 의미하는데, 이는 다시 작업자와 작업자 간 관계, 작업조와 작업조의 수평적 관계, 감독자들이 작업자들의 직무활동을 통제 · 조정하는 수직적 권한관계 등으로 구분된다. 이들 작업관계를 표현하는 대표적 용어는 작업자 간 상호 의존성이나 자율성 개념 등이다.

'목표시장'과 '생산기술'에 따른 생산조직 형태와 작업조직

작업조직의 구체적 형태는 생산방식과 기술에 의존한다. 생산이 관리되는 방식, 즉 생산방식은 생산성과 품질에 대한 통제를 위해 재화가 생산 · 배송되는 과정의 전반적 조직에 관련되는데, 재화의 유형과 생산 · 배송에 사용되는 기술의 속성과 관련된다. 예를 들어 생산과정은 연속, 배치, 유닛 방식에 따라 달리 조직화되며, 생산과정이 짜여지는 방식(조립라인인가, 모듈 단위인가)과 원재료 전달방식(완충재고의 규모와 관리 등)에도 의존한다. 또한 생산과정의 특정 부분이 생산과정에 내부적인가, 외부적인가(하청이나 외주가 사용되는가)와도 관련된다. 작업조직은 기계와 인간의 결합으로 이루어지므로 기술적 체계와 사회적 체계로 구성된다. 기술체계는 기술발전에 의해서 제약받고 사회체계는 경영전략, 노사관계, 정부의 노동정책 등의 제도적 요인 등에 의해서 영향받는다.

작업조직은 목표 시장(범용성)과 생산기술 특성(표준성)에 따라 나누어볼 수 있다. 표준기술을 이용하여 범용품을 생산하는 대량생산조직, 특화기술을 사용해 특화제품을 생산하는 맞춤생산조직, 표준기술로 특화제품을 생산하는 유연 대량생산 조직과 특화기술로 범용품을 생산하는 첨단기술조직이 있다. 작업조직에 따라 시장환경 변화에 대응하는 유연화 방식에서 차이가 발생한다.

표 13-8 목표시장과 생산기술에 따른 작업조직 분류

		생산기술	
		특화기술(범위의 경제)	**표준기술**(규모의 경제)
목표 시장	특화상품 (수요 불확실성)	**전문생산**(전문적 관료조직) 공예품, 디자인 집약적, 슬로우 푸드 - 품질 평가 : 구매자 만족도 - 경쟁 : 품질 중심 - 수요변동 : 차별적 경쟁제품 등장에 따른 불확실	**유연생산**(협력적 관료조직) 유제품, 자동차(독일, 일본) - 품질평가 : 국지적 산업표준 - 경쟁 : 가격 중심(품질을 추가로 고려) - 수요변동 : 국지적 단기
	대중상품 (수요 예측성)	**첨단기술 생산**(혁신 조직) 의약품, 기능성식품, GMO - 품질평가 : 과학기술 규칙준수 여부 - 경쟁 : 노하우 확보, 학습 - 수요변동 : 제한적	**대량생산**(기계적 관료조직) 의류, 패스트푸드, 자동차, 휴대폰 - 품질평가 : 일반 산업표준 - 경쟁 : 가격중심, 통합기업 - 수요변동 : 경기변동에 의존

자료 : Storper and Salais(1997).

전문생산과 전문 관료 조직

전문기술을 사용해 고객유형별 특화시장을 목표로 하는 전문생산(professional production)에서는 대학, 병원, 대형 법률회사, 전문제조업체에서 나타나는 **전문 관료조직**(professional bureaucracy)의 역할이 크다. 조직이 표준화되어 개별 전문가가 전문영역에서 비정형적인 과업을 수행한다. 전문가의 혁신과 전문성의 활용을 극대화하고자 분권적 구조를 가지며, 제품과 작업과정에 대한 통제는 전문가의 표준화된 숙련과 직업적 전통에 의존한다. 이러한 전통은 숙련제도를 통해 학습된다. 경영진은 규모가 작고 지시사항은 최종 제품의 사양, 가격 등으로 제한되며, 중요한 결정은 전문가가 주도한다. 중간층은 작지만 전문가에 대한 지원을 위한 지원인력 규모는 크다. 환경이 안정적이고 높은 수준의 전문성이 요구될 때 적합하지만 학습은 전문지식 내로 제한된다. 전문가들은 혁신적이지 않으며, 환경의 급변에 직면할 때 심각한 위기에 빠져들 수 있다.

고전적인 전문생산체제인 장인적 맞춤생산은 숙련공이 신체나 간단한 범용공구를 사용하여 제품을 한 번에 하나씩 생산하는 수공업 생산방식에 해당한다. 수제화나 수작업 스포츠카가 이에 해당한다. 경영자의 노동과정에 대한 통제가 확립되지 않고 장인이 구상과 실행을 모두 담당한다. 장인집단은 직종의식을 가지며 숙련에는 당시의 생산기술이 집약된다. 선대제(putting-out system)에서 비롯한 하청근로자들의 직장에 해당하는 현장관리자는 관할 작업단위에 속한 인력 채용과 해고, 재료 구입, 품질관리 등 현장에 관한 모든 권한을 보유한다. 수공업 생산방식은 19세기 말 유럽에서 자동차산업이 출현할 때 따랐던 방식이다. 자동차 제조

업체는 생산량이 적었고 부유한 고객의 기대를 만족시키려 다양한 모델을 제공하여 품질중심의 경쟁이 이루어졌다. 자동차 제조업체의 생산 기능 중 많은 부분이 하청되었고 유통에 대해서는 통제력이 거의 없었다.

유연화 전략 전문생산에서 수요 변화는 제품 다변화로 대응된다. 제품변경이 용이한 생산기술을 사용하고 수직적 통합도가 낮으며, 유연성은 조직 내부보다 기업 간 조정에 의존한다. 지리적 · 수직적(학습을 통한) 이동을 통해 작업이 배분된다. 시장개척을 위해 기업은 구매자와 긴밀히 접촉하고, 제품을 신속히 설계할 수 있는 전문집단과 수시로 교류한다. 이탈리아와 독일의 기업 네트워크와 산업지구에서 보듯이 전문집단은 특정 지역에 집중되어 직업적 가치와 전통을 공유하는 공동체적 특성을 갖는다. 작업의 질은 수요자가 직접 평가하며, 이는 제품가격에 반영된다. 임금은 완성된 작업에 기초하여 협상되며, 전문가로서 일종의 준지대를 누린다.

고품질의 틈새시장 전략(High-quality niche market strategy) : 장인 중심의 작업장과 연관되어 기업보다 산업에 특화된 장인적 기술에 의존한다. 대기업 중심의 일본과 달리 중소기업을 중심으로 제품시장이 형성된 덴마크가 이에 해당된다. 수요변화에 대해 중소기업은 수량적 유연성(해고)으로 대응하며, 숙련(노동자) 보호는 개별 기업의 고용보장보다 산업별 실업보호에 의존한다. 노동자들은 기업특화 숙련보다 산업특화 숙련을 습득한다.

유연 전문화(flexible specialization) : IT에 의존하여 시장변화의 신속한 파악, 생산방식의 유연한 전환, 기업 간 협력의 촉진을 도모하여 전문화를 바탕으로 신속한 기능적 결합을 실현한다. 즉, 주문생산방식으로 장인적 맞춤생산에 유연성을 추가하여 범위의 경제를 실현한다. 고도의 숙련자들이 생산을 담당하며 구상과 실행을 함께 담당하므로 능동적으로 노동에 임한다.

대량생산과 기계적 관료조직

표준기술로 대중적 상품을 생산하는 대량생산(mass production)은 생산기술의 구상과 실행이 구분되어 제품과 생산의 설계는 실무층이 배제된 채 전문가에 의해 사전에 계획되며, 특정 제품 전용의 생산(dedicated manufacturing)설비를 사용하고, 그 생산설비를 중심으로 작업의 장소, 업무, 절차를 표준화하여 소수의 품목을 대량으로 생산한다. 전용생산체제는 고정된 자동화된 전용설비가 생산효율성을 높이는 방향으로 단계별로 배치된다. 기계와 시스템은 고정된 구조를 가져 그 변경이 매우 어렵다. 작업조직 측면에서 구상과 실행의 분리, 과학적 행동 · 시간관리 기법에 기초한 테일러주의[또는 시간 할당의 원리(Coriat, 1992)]가 적용된다. 시간과 동작 분석에 기초하여 전체 작업동작이 최소 단위까지 분해되어 작업시간으로 측정되며, 이에 기초해 작업범위나 직무범위가 할당된다. 생산기술 측면에서 테일러주의를 따른 작업동작이 일정 속도로 움직이는 조립라인에 따라 이루어지도록 노동자가 배치되고 개별 노동자에게 할당되는 시간은 조립라인의 속도에 의해 규정된다(포드주의 또는 시간 강제의 원리). 근로자는 준숙련에 머물며 객관적 규칙에 의해 직무와 작업라인에 할당된 존재로 간주된다. 개별 근로자의 특성이나 자율성은 중시되지 않고 계층적 절차에 의한 기업의 통제가 강력하다. 포드주의-테일러 주의는 대량생산이 가진 규모의 경제 효과와 노동분업에 의한 학습경험 효과를 결합하여 효율성을 극대화한다. 노동통제 면에서 흐름생산의 기계화는 노동자의 자율성과 숙련요구를 사전에 차단하고 생산과정에 대한 통제를 확고히 한다. 이를 통해 직접적인 생산부문과 간접적인 서비스관리 부문이 분리되고 효율성을 높이기 위해 중앙집중적인 계층적 기업구조가 구성된다.

안정적 환경에서 내부 효율성을 도모하는 조직을 기계적 관료제(machine bureaucracy)라 한다. 경영자는 규칙과 절차에 책임을 지고 작업은 근로자별로 분업 · 특화되며, 기획, 생산조직 설계, 연구개발 등과 관련된 기술지원을 중심으로 지원직의 규모가 크고 작업 표준화로 업무조정을 한다. 의사결정은 중앙집권적이며 많은 계층을 포함하므로 수평적 조정이나 분권화의 필요성은 적다.[7] 위로 올라갈수록 권한이 강화되고 밑으로 내려갈수록 하급관리자의 권한은 약화된다. 일선작업자의 작업은 미숙련공에 의해서도 수행될 정도로 세분화됨에 따라 이를 관리하는 현장관리자의 위상과 권한 역시 축소된다. 노동과정 전체를 조망하는 생산 관련 기능과 능력은 전문 스태프가 보유하므로 현장관리자는 일반작업자와 큰 차이가 없이 좁은 직무범위에서의 숙련만을 구비한다. 생산과정에서 생산부품의 호환성을 추구했던 테일러식 생산방식은 부품뿐만 아니라 탈숙련화를 통해 인력의 호환성도 높였으며, 현장관리자의 호환성 또는 대체 가능성 역시 높였다. 자신이 관할하는 작업단위에서 인력의 채용과 해고, 임금 결정, 부품과 원료 구입, 작업방식 결정, 작업계획의 입안, 품질관리 등의 권한이 모두 상부 전문 스태프로 이관된 상황에서 현장관리자는 현장책임자가 아닌 반숙련 검사자로 전환된다.

전용 생산기계의 확보, 직무 세분화에 따른 대규모 인력 필요 등의 이유로 초기 자본투입의 양이 막대하므로 규모의 경제를 통해 제품 원가를 낮춘다. 품질보다 가격에 기초해 경쟁하므로 최대한의 공장 가동과 인력 활용, 동일 제품의 생산이 요구되는 생산방식이다. 가동률 극대화와 생산비용 최소화를 위해 자동화 · 외주 · 재배치 · 근로규칙 조정을 이어가야 한다. 대량생산방식은 1915년경부터 확산되기 시작하였고, 자동차산업의 이동식 조립라인이라는 기술적 요인과 결합되면서 20세기의 지배적인 생산방식으로 자리 잡았다.

노동자는 특정 기업 또는 산업에 특화 숙련기술보다 일반기술을 습득한다. 대량생산은 미숙련 · 반숙련 노동자면 충분하므로 숙련노동자의 보호를 위한 내부노동시장의 형성이나 특별한 훈련시스템을 갖추지 않는다. 따라서 숙련노동자들의 내부노동시장 형성에 도움을 주는 고용보호나 기업복지제도 그리고 숙련노동자의 지위를 유지하기 위한 높은 수준의 실업보호제도가 이루어지지 않는다. 고용보호와 소득보장이 제도화되지 않은 상태에서 노동자는 기업 또는 산업특화적 숙련보다 일반숙련 습득에 나선다(양재진, 2004).

유연화 전략 대량생산은 기업별로나 산업별로 숙련을 필요로 하지 않으므로 숙련 풀을 유지할 유인도 적다. 따라서 수요 변화는 재고, 근로자, 하청조직의 탄력적 조정으로 대응(수량적 유연화)된다. 근로자의 고용은 일반숙련의 보유 여부에 의존하며, 연공서열을 따르는 내부노동시장으로 고용관계가 안정화된다. 근로자는 일반숙련을 가진 준숙련자로서 직무는 개인 특성과 무관한 규칙으로 규정된다. 규칙적 문제를 처리하는 데는 효율적이지만 변화나 혁신을 다루기 어렵다. 한편 네오 포드주의, 네오테일러주의, 컴퓨터 지원 테일러주의(computer-aided Taylorisation)는 발전된 컴퓨터 기술에 의거하여 테일러주의적 작업조직 원리를 강화함으로써 생산의 유연성을 확보하려고 한다.

유연 대량생산과 협력적 관료조직

표준기술이 허용하는 표준화된 사양의 조합으로 특화 제품을 생산하는 유연 대량생산(flexible mass production)은 생산 유연성과 공정 표준화를 도모하는데, 기계적 관료제에 혁신조직을 부분적으로 결합한 협력적 관료제에 의존한다. 유연생산(flexible manufacturing) 시스템은 프로그래밍 가능한 범용설비가 다양한 부

7. 대량생산은 지역별 · 제품별로 다양한 사업을 병행하는 사업부제 형식을 취할 수 있다. 전체조직은 사업부 단위로 분할 · 분권화되고, 사업부 간 조정은 본사에 맡겨진다. 이때 각 사업부는 기계적 관료제를 따른다. 본사의 전문기술조직을 제외하고 지원인력은 사업부에 배치된다.

분품을 다루어 다양한 제품을 생산할 수 있다. 한편 범용설비가 모듈성을 가져 그 첨가, 제거, 대치, 배치변경이 가능한 재구성생산 시스템(reconfigurable manufacturing system ; RMS)은 수요의 규모와 제품종류의 변동에 따라 조정될 수 있어 고객맞춤형 제품의 생산에 대응한다.

유연 대량생산에서 업무는 감독이나 표준화보다 당사자들 간 소통을 통해 조정 · 개선된다. 협력적 생산관계 속에서 점진적 학습이 이루어지고 기업특화적 집단적 역량과 문제해결 관례의 개발을 통해 혁신역량이 생겨난다. 일본의 대기업에서 전형적으로 나타난다. 현장숙련에 기초한 문제해결과 상이한 기능 간의 소통이라는 조직공동체가 중요하다. 관료조직의 안정적 효율성과 임시조직(adhocracy)의 유연성, 팀의 동학이 결합되며, 공식적인 계층적 경영조직과 수평적 팀 구조가 병행한다. 실행과 상호작용을 통해 학습이 이루어지며 점진적이고 연속적인 혁신을 창출한다. 이는 평생에 걸쳐 숙련형성과 경력관리가 이루어지는 안정적 내부노동시장으로 뒷받침된다. 안정된 조직구조 속에서 조직에 체화되는 암묵적 지식을 함양 · 공유하고 이의 지속적 개선에 초점을 맞추므로 외부 지식의 학습과 그에 따른 근본적 혁신은 방해된다. 1990년대 소프트웨어와 생명공학 분야에서 일본 기업의 저조한 성과가 이를 잘 대변해준다.

유연화 전략 유연 대량생산은 포드주의적 대량생산체계에 유연성을 첨가한 것으로 위계적 통제의 근간을 유지하면서 신기술을 부분적으로 도입한다. 전통적인 과학적 관리가 갖는 문제점을 유연한 범용기술, 작업자의 직무 확대, 하청이나 외주 및 임시직의 활용, 작업현장 중심의 팀 조직을 통해 극복하려는 시도이다. 즉, 이는 대량생산을 유지하며 수요에 따른 유연성을 갖추는 것일 뿐만 아니라 노동시장의 유연성을 적극적으로 활용하는 형태이다. 수요변화에 따라 기업 내의 근로자와 관련 부서 그리고 기업 밖의 공급업체, 하청업체들이 신속히 협력 · 조정한다. 각 구성원에게 숙련과 학습능력 그리고 협력이 요청되며, 제한적 수요와 대량생산의 공존으로 과잉생산의 위험이 상존한다. 이에 대응하여 기업은 설비 하도급에 의존하고 간헐적으로 설비, 임시직, 노동시간을 조정한다. 수요변화는 임시직과 하청기업을 중심으로 한 작업량 조정을 통해 이루어진다.

포스트 포드주의 : 유연한 기술체계와 재전문화된 장인적 숙련노동자들로 유연한 작업체제를 구성한다. 프로그램 가능한 컴퓨터 시스템이 제공하는 유연성을 극대화하여 테일러주의적 작업조직 원리의 근본적 변혁[숙련의존적 혁신(skill-dependent innovation)]을 도모한다. 구상과 실행의 통합과 교섭에 기초한 노동자 참가로 작업현장의 민주화와 숙련형성을 통해 생산효율도 동시에 제고하고자 한다. 장인적 숙련노동자들이 구상과 실행을 모두 담당하여 능동적으로 작업을 수행한다.

린 생산방식(lean production, diversified mass production) : 제품 다양성에 대한 요구와 원자재 부족에 대응하여 다운스트림 중심의 생산(풀 시스템)방식을 통해 일정한 품질을 유지하고 수요 변화에 대처한다. 현장감독자의 지도하에 상호협력하는 자율적 작업팀 단위로 과업과 작업량이 할당된다. 작업팀을 구성하는 근로자는 다기능 숙련자로 고정된 직무와 작업시간을 갖지 않는다. 테일러주의의 '시간할당'과 포드주의의 '시간강제'에서 벗어나 있는 것이다. 자율적 작업팀은 시장수요 변동에 대응한 유연한 노동력 활용을 가능하게 한다. 작업기계의 다기능화와 라인의 용이한 변형을 통해 제품생산의 전환의 신속성을 도모한다.

실업보호가 없어도 기업별로 연공임금, 승진제도, 평생고용을 제공하는 내부노동시장을 형성하여 숙련노동자를 유인하고 보호한다. 숙련수준은 임금과 장기고용과 연계되어 기업특화적 숙련의 형성을 촉진하고 이는 품질향상과 제품차별화의 토대가 되고 있다. 숙련풀을 유지하기 위해 불황 시에도 인력을 유지하며, 고용조정은 수량적 유연성보다 기업 내 배치전환 등의 기능적 유연성을 선호한다.

다변화된 품질지향 대량생산(diversified quality production ; DQP) : DQP 생산은 대량생산과 품질경쟁-고객맞춤형 생산이 결합된 것이다. 즉, 특화된 생산자들이 노동자들의 숙련을 활용하여 높은 품질의 제품을 생산 · 개선하면서도 규모의 경제를 유지하고 높은 임금을 지불하는 모델이다. 높은 숙련의 노동자, 노동자와 고용주 간의 협업, 주문자와 공급자 간의 안정적 관계를 요구한다. 독일의 이원적 노사제도는 DQP가 요구하는 안정적 관계를 제도적으로 뒷받침한다. 즉, 산업별 노조가 산업표준을 설정하고 기업별 노동자평의회와 공동결정제도가 현장의 문제해결에 노동자들을 제도적으로 참여시킴으로써 생산 시스템의 효율성과 양호한 근로조건을 유지한다. 기업별로 내부노동시장이 형성되어 고용이 보호되고 산업별로 실업급여를 보장한다. 임금에 비례하는 높은 실업급부는 숙련실업자를 저임금 근로로 내모는 압력을 차단하여 숙련노동자의 인력풀이 유지되도록 한다. 노동자들은 1차적으로 기업의 내부노동시장의 고용 보호와 2차적으로 사회보장을 배경으로 기업특화 및 산업특화 숙련에 투자하며, 자본이 함께 산업별로 직업훈련체계와 사회보장제도의 형성 · 운영에 참여한다(양재진, 2004).

첨단기술 생산과 혁신조직

범용상품을 목표로 특화기술에 의존하는 첨단기술 생산은 혁신조직(adhocracy)에 의존한다. 비공식적인 소통으로 업무가 조정되고 선택적으로 권한이 위양된다. 기술전문가가 실무를 직접 담당하며, 지원인력 규모가 상당하다. 다양한 숙련과 지식을 가진 전문가들이 프로젝트 팀 형태로 활동한다. 유동적인 직종별 노동시장이 존재하여 시장과 기술이 변화하면 전문인력이 재구성 된다. 조직의 경계가 개방적이어서 다른 새로운 아이디어의 유입이 용이하다. 신규인력의 채용이나 조직 내외의 개방적 전문가 네트워크를 통해 이루어진다. 조직의 역량이 전문가에게 체화되어 구성원이 떠나면 지식이 소실되어 조직에 축적되지 못한다. 결국 혁신조직의 생존은 직종별 공동체나 지역화된 기업 네트워크라는 안정적인 사회적 구조의 존재에 의존한다. 혁신조직은 지식이나 작업과정이 표준화되지 않은 유기적 형태를 갖는다. 개별전문가가 가진 지식과 문제풀이 능력에 의존한다. 전문파트너 조직, 소프트웨어 공학기업, 경영컨설팅 업체가 대표적인 예이다. 공식적인 전문지식은 제한적 역할만 한다 : 문제풀이 활동의 많은 부분은 새로운 상황에 적응하는 경험과 역량과 더 관련된다. 이는 매우 유연하고 혁신적 형태의 조직이다. 유동적 구조와 변화 속도는 학습된 것을 조직의 기억 속으로 재생산하는 데 문제를 야기한다. 임시조직은 개인이 조직을 떠날 때 지식을 상실한다.

범용제품의 생산을 위해 과학규칙과 전문가 규범이 같은 규격화된 방법론을 따라야 하며, 전승보다 규정과 규칙이 중요하다. 대량생산과 유연생산 업체의 내부부서, 주요 기업의 R&D 프로젝트, 전문기업도 이런 활동을 할 수 있다. 과학적 또는 전문적 실천이 중시되며 생산성의 판단은 절차적 규범으로 평가된다.

1.3 노동시장의 실패와 불평등

1) 노동시장의 실패

노동시장은 일자리를 찾는 많은 근로자, 이들 근로자로 채워질 많은 일자리 그리고 이를 제공하는 기업들로 구성된다. 일자리와 근로자는 시간과 비용을 요구하는 탐색 과정을 통해 매칭된다. 근로자는 적절한 직업을 찾기 어렵고 기업 역시 적절한 근로자를 찾기 어렵다. 더욱이 근로자와 기업은 모두 노동 서비스의 적절한 가격에 대한 정보가 부족하다. 아울러 개별 근로자나 기업이 홀로 영향력을 행사하여 협상을 통해 임금을 설정할 수 있다. 이 때문에 노동시장은 다양한 상태에 머물 수도 있다. 사회적으로 바람직한 상태에 머물 수 있고 그렇지 않은 상태에 빠질 수도 있다. 더욱이 경제활동은 끊임없이 변동한다. 이런 맥락에서 좋은 상태에 이르도록 사회조직이나 정부를 통한 집단행동이 필요하다.

노동의 수요와 공급이 노동자원의 효율적 배분을 낳지 않을 때 노동시장 실패가 생겨난다. 이 때문에 일자리가 남아돌거나 부족하고 훈련과 배치가 적절하지 못하며 임금이 생산성을 반영하지 못한다. 이는 기업의 노동비용을 높이고 경제 전체적으로 자원의 낭비를 낳거나 노동 동기를 현저히 약화시킨다.

불완전 정보 노동 서비스는 동질적이지 않고 그 수준을 관찰하기도 곤란하다. 근로자와 사용자는 서로에 대한 정보가 불완전할 수 있다. 채용 전에는 서로를 모르며, 채용 후에도 근로자의 근무행태를 완전하게 관찰하기 어렵다. 근무 기강의 해이를 막기 위해 감시를 강화하고 보너스, 스톡옵션, 집단성과급, 이윤공유, 소사장제(intrapreneurship) 등을 포함해서 성과에 연동된 보수를 지급하거나 그 수준을 넘어서 시장보다 높은 임금[효율 임금(efficiency wage)]을 지급하고 퇴직금, 연공급(seniority), 훈련비용의 분담 등으로 보수의 지급을 연기하여 도덕적 해이에 따른 처벌을 높이고 있다.

불완전 경쟁 노동시장은 완전경쟁과는 거리가 멀다. 사용주가 수요독점자일 수도 있고 근로자가 우월한 교섭력을 가질 수도 있다. 기업은 특정 산업에서 독과점적 지위를 가져 상품가격뿐만 아니라 임금의 결정을 스스로 할 수 있다. 근로자들은 자신의 가족이 특정 지역에 거주해야 하고 나이와 더불어 인적자본을 잃어감에 따라 사용주는 수요 독점의 위치에 놓일 수 있다. 임금과 근로조건이 기업과 근로자의 독과점도를 반영하므로 지나치게 높거나 낮은 임금이 생겨날 수 있다. 근로자는 자신의 노동에 대한 소유 통제권을 가지며, 작업현장과 필요한 숙련에 대한 정보를 더 많이 가지고 있고 노동조합을 통해 노동공급의 독점권을 획득할 수 있으며, 숙련자일수록 이런 경향은 더 강해진다.

협조의 실패 근로환경은 일종의 공공재적 속성을 가질 수 있어 선호 표현의 문제가 생겨난다. 안전 규제, 현장의 조명과 환기, 불만 처리 절차, 해고 정책 등이 그것이다. 이 서비스가 존재할 경우 특정 근로자가 안전해진다고 해서 다른 근로자가 불안전해지는 것은 아니다. 한편 외부효과도 존재한다. 기업의 혁신은 기업 내 인력의 상호작용과 타 기업, 연구기관, 공공기관과의 상호작용 및 네트워크에 의존한다. 수출 대기업의 임금 인상은 국내의 비교역재 부문에서의 임금상승을 유발하는 외부효과를 낳을 수 있다. 고용의 질은 근로자에 의존하는 가족의 역량에 영향을 미친다. 가장이 정기적 소득을 제공하는 안정적인 직업을 갖는다면 자녀들은 숙련을 높이거나 교육과 같은 다른 목표를 추구할 것이다. 가장이 직업을 잃거나 부정기적인 소득을 가진 불안정한 직업을 가진다면 청소년은 교육을 마치거나 높은 자격을 갖추기 전에 노동시장에 진입할 것이다.

불평등 고용은 실업률뿐만 아니라 직업 특성 그 자체를 통해 불평등이 나타나는 중요한 공간이다. 고용의 질은 임금의 불평등과 사회보장급부의 불평등으로 이어진다. 실업을 해소하고 모든 수준에서의 고용의 질을 제고하는 것은 사회적 평등을 높이며, 이는 다시 경제성장과 사회적 응집성을 제고한다. 이 모든 요인은 개인에 더 많은 역량을 낳게 만든다.

2) 노동 이동성의 제한과 차별화 : 내부노동시장과 노동시장의 분단

다양한 이유로 노동의 이동은 자유롭지 못하다. 다른 지역으로 이동하는 데에는 장애가 있으며, 주택가격 차이, 가족이나 교육 등 사회적 단절로 노동 이동성이 악화될 수 있다. 산업 간 이동도 쉽지 않다. 자동차업계에서 단번에 보험업계로 옮겨갈 수 없다. 특히 숙련이나 자격을 요구하는 산업으로의 직종 전환은 쉽지 않다. 직종, 산업, 지역에 적응하지 못하는 근로자의 이동 제한은 구조적 실업, 지역 간 실업차, 과도한 임금격차를 낳을 수 있다. 한편 이동을 막는 또 다른 요인인 차별은 자원의 비효율적 배분과 불공평한 임금 격차를 낳는다. 차별받는 집단은 동일한 직무에 대해 보상수준도 낮고 일자리를 찾기도 어려우며, 승진, 직무, 교육 · 훈련에서 무시된다.

근로자 이동이 어려울 경우 노동시장에는 동질의 근로자가 달리 취급되어 여러 부문으로 나뉘어지는 **분단**(segmentation)이나 **이중화**(dualization) 현상이 나타나는데, 이는 공급이 경직적 상태에서 경제적 지대를 낳으며, 자원의 비효율적 배분을 야기하고 차별을 지속시킨다. 즉, 노동시장은 하나의 경쟁적 시장이 아니라 다양한 비경쟁적 부문들로 구성되어 동일한 인적자본을 가진 근로들 간에도 보상의 차이가 발생한다. 숙련노동의 유인과 규율을 위해 1차 노동시장이 생겨나기도 하고 이해집단이 1차 노동시장을 형성하기도 한다. 이중 노동시장은 개도국과 선진국 모두에서 나타난다. 개도국의 경우 2차 부문은 비공식 부문(informal sector)이라 불리는데, 규제에 의해 보호되지 않고 생산성도 낮다.[8] 농업을 제외한 비공식부문의 고용은 비농업부문 고용의 50~75%를 차지한다.[9] 선진국의 경우 노동 유연성을 높이는 과정에서 임시직, 파트 타임, 자영업을 포함하는 비정형 직업(non-standard work)이 크게 증가하고 있다. 비정형 직업의 상당 부분은 규제를 받는다는 점에서 개도국과 비교된다. 비정형 근로자는 정형적 일자리와 달리 유연한 고용과 해고, 고용기간 제한, 부가급부 미지급, 조직과의 연계 미약 등의 고용관계를 가진다.

감시가 어려운 근로자를 유인 · 유지하기 위한 효율 임금이 광범위하게 시행될 때 노동시장이 내부시장과 외부시장으로 이중화 또는 분단하는 현상이 나타난다. 기업은 일자리 서열구조(job hierarchy), 즉 하급 직원, 대리, 과장, 부장, 이사, 부사장, 사장 등의 서열구조(내부 노동시장)를 둔다.[10] 내부 노동시장은 입직구를 제외하곤 외부 경쟁과 차단되고 내부승진에 의해 폐쇄적으로 충원되며, 임금은 역량보다 일자리 서열에서의 직무와 근속연수와 연계되어 그만큼 비효율적일 수 있다(Doeringer and Piore, 1971).[11] 효율 임금을 지급하는 부문(1차 노동시장, 내부노동시장)에서 장기고용이 관행화하고 대기 실업이 나타나지만, 다른 부문(2차 노동시장)

8. ILO는 안전한 계약, 급부, 또는 사회적 보호가 없는 비공식부문은 두 가지 유형으로 구성된다고 본다. 하나는 소규모 또는 등록되지 않은 비공식 기업부문에서의 자영업자이고 다른 하나는 재택, 비등록, 임시, 보호받지 못하는 근로자 등 비공식 직업에서 일하는 임금 근로자를 말한다.

9. 인도의 경우 농업부문을 포함한 비공식 부문은 총 고용의 93%(ILO, 2002)에 달하고 멕시코는 62% 수준이다.

10. 내부 노동시장은 노동의 가격결정과 배분이 일련의 규칙과 절차에 의해 지배되는 하나의 관리 단위(Doeringer and Piore, 1971)로, 시장원리를 따르는 외부 노동시장과는 다른 원리, 즉 장기고용, 직무위계, 최하위 직급으로의 입직통로 제한, 숙련향상과 연계된 내부승진을 특징으로 한다. 내부 노동시장은 숙련의 특수성(과 이를 낳는 현장훈련), 관습(노동자 집단의 통제 필요성이나 노조의 압력)에서 비롯한다.

11. 그러나 내부시장에서 정보 비대칭성으로 입직구에서는 근로자의 신호(signaling)와 기업의 선별(screening)로 기업과 근로자 간 성공적인 짝짓기(good matching)를 유도하며, 내부승진과 성과연동 급여로 성과에 기초해 솎아내어(sorting) 근로자가 기업특수적 인적자본을 투자하도록 할 수 있다. 이에 따라 노동시장의 분단은 높은 수련, 다양한 직무, 책임감, 상호연관성 있는 고난도의 일자리에 종사하는 근로자와 지시를 받아 이루어지는 단순 반복적 업무를 높지 않은 숙련을 가지고 일하는 근로자의 분단을 반영하고, 임금과 경력수준은 개인의 생산성과 밀접하게 관련될 수 있다.

에서는 시장임금을 지급한다. 만약 준고정적 노동비용 때문에 2차 노동시장에서 비정규직을 채용하는 경우, 이중 노동시장은 근로자 간에 현격한 임금 격차를 지속시킨다. 역량접근에서 볼 때 분단구조는 2차 시장에 참여한 노동자가 가치 있는 삶을 주도할 능력이 훼손된다.

노동시장은 내 · 외부 여부와 숙련도에 의해 구분할 수 있다. [그림 13-6]은 좌측으로 외부 노동시장을, 우측으로 내부 노동시장을 두고 상측으로 고숙련을, 하측으로 저숙련을 두고 있다. 임금노동자들은 이 두 기준의 조합으로 나타낼 수 있는데, 대기업 임원과 고위공무원은 B로 생각할 수 있다. 높은 숙련을 배경으로 다수의 고객에게 서비스를 제공하는 고액의 프리랜서는 A로, 물류단지의 분류업무 훈련생처럼 안정적 대기업 특정 직무의 하위직은 D로, 가을 수확철에 임시로 과일을 수확하는 근로자는 C로 둘 수 있다. 이 모형은 조직 구조조정을 이해하는 데 도움을 준다. 유럽과 같이 근로자가 엄격한 노사협정으로 보호되고 내부 노동시장의 경계선이 명확한 경우 양질의 일자리로부터의 배제는 매우 공식적이고 급격하게 전개되며, 보유한 숙련 역시 기업이나 산업 특화적이기에 '실업'의 형태를 취하게 될 것이다. 반면 내부 노동시장이 주는 혜택이나 보호정도가 크지 않은 경우 고용주들은 조직 구조조정을 주로 임시직이나 외주를 통해 전개한다.

그림 13-6 노동시장의 이중화와 조직 구조조정에서의 동학

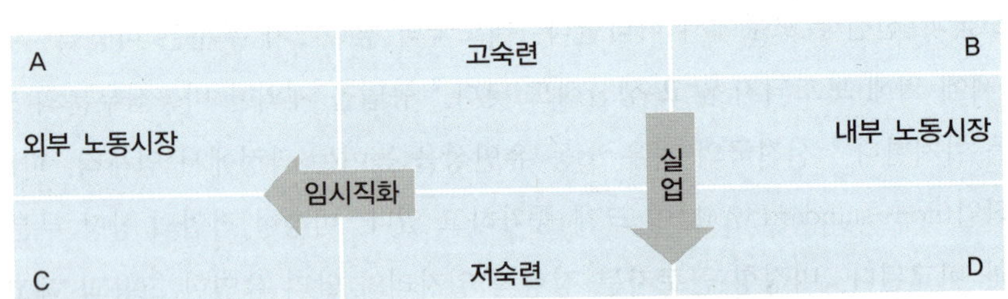

1.4 노동시장에서의 집단행동 : 노동정책과 노사조직

노동시장은 시장원리의 지배가 순수하게 적용되기보다 법률, 행정수단, 단체협상 등과 같은 다양한 제도에 의해 규제되어 왔다. 이러한 제도적 규제는 고용보호, 실업급여, 노동시간 규제, 임금구조라는 노동시장의 다양한 영역에 대한 규제로 나타난다. 시장에 대한 규제는 노동시장의 불완전성, 불확실성, 정보의 비대칭성에 따른 시장실패를 상쇄시킨다. 또한 복지국가는 노동시장에 대한 규제의 한 형태로서 노동의 재생산 비용을 사회화하므로 노동비용을 낮춰준다.

1) 노동시장 정책 : 고용가능성과 유연안전성 정책

노동 권리의 보장을 위한 하향적 집단행동은 정부로 대표된다. 정부의 노동시장 개입은 노동시장 제도(노동조합, 사용자단체, 공공기관), 법규(최저임금, 고용보호, 사회 및 실업 보험), 노동시장 정책을 포함한다. 노동시장 정책은 수요와 공급 그리고 이들 간의 상호작용에 관련된 조치로 일자리 확대와 보호, 수급 매칭 개선을 포함한다. 여기에는 실업자 대상의 구직지원과 훈련 등의 적극적 노동시장 정책과 소득의 일부를 지원하는 소극적 노동시장 정책이 있다.

노동시장 유연안전성의 확대 : 유연성에서 유연안전성으로

장기의 안전한 전일제 직업으로서의 고용안정성은 글로벌화된 경쟁이 일상화된 환경에서 현실적이지 못한 목표다. 기업과 산업의 부침이 격심한 상황에서 동일 직업이나 동일 기업 내에서의 고용안정성은 보장될 수 없다. 하나의 직업이나 기업에서 다른 직업이나 기업으로의 이행이 촉진되도록 하는 고용가능성(employability)이나 노동역량의 증대로부터 안정성을 모색하여야 한다. (역량접근에서) 노동역량이란 개인이 가치 있게 여기는 직업(과 삶)을 선택할 수 있는 실질적 자유를 말한다. 노동역량의 확장 속에서는 안정성과 유연성이 반드시 모순될 이유는 없다. 실질적 자유란 직업의 내용과 조건을 협상할 수 있는 능력(목소리 내기)과 적절한 부담으로 근로를 거부할 수 있을 가능성(이탈)을 포함한다. 즉, 노동역량은 기회의 자유(노동시장에서의 이용 가능한 능력과 기회)와 절차적 자유(직업이나 사회정책을 설계하는 데 참여할 능력과 기회)의 두 가지 측면을 모두 고려하여야 한다. 노동역량의 확대는 불완전한 노동시장이나 경영자 또는 근로자 일방에게만 맡겨질 수 없으며 집단행동이 요구된다. 집단행동은 정부주도로 하향적으로 이루어질 수 있고 반대로 사회조직을 따라 상향적으로도 이루어질 수 있다.

정부와 사회조직은 직업 기회를 제공하고 개인이 가치 있는 일을 선택하며, 이를 변형시킬 충분한 목소리를 허용하고 개인이 일과 다른 역량(예 : 돌봄) 간의 균형을 유지할 수 있도록 해야 한다. 노동역량 확대가 국가나 사회조직의 집단적 의무이므로 노동계약의 모든 당사자들은 'No!'라고 말할 수 있는 이탈(exit)의 실효성을 가져야 하며, 근로조건이 고용주 일방의 권한으로 인식되지 않아야 한다.

(1) 기회의 자유

취업 능력의 확대

우선 공급 측면에서 개인들은 능력이나 자격을 적절히 갖추어 고용주에게 매력적인 존재가 되어야 한다. 취업능력은 개인이 자기를 표현하고 성장할 수 있는 기회를 제공하는 직업을 얻고 유지하고 다른 새로운 직업을 얻을 수 있는 능력으로 정의된다.

취업능력은 아는 정도(지식), 할 수 있는 정도(숙련) 그리고 상호작용하는 방식(태도)에 의존하며, 교육 훈련, 구직 서비스, 고용 지원을 담는 적극적 노동시장 정책(active labor market policy ; ALMP)이 필요하다. 즉, 정부는 지식과 기능을 빠르게 전환할 수 있도록(교육훈련과 생애학습) 하고 복지수혜자가 직업을 적극 탐색하도록 하며[활성화(activation)구직 서비스, 고용지원)], 현금 급부로 인한 부양함정을 없애야(사회복지 제도의 재편) 한다.

표 13-9 적극적 노동시장 정책의 유형

		인적자본 투자		
		무	약	강
노동시장 재진입 지향성	약	소극적 급부	단기의 임시 근로와 교육 ▪ 공공 일자리와 공공 인턴 ▪ 단기 교육 · 훈련 프로그램	기초 교육
	강	근로유인 강화(activation) ▪ 근로 장려세제 ▪ 실업급부 감축, 기간 제한, 자격 제한	고용 지원 ▪ 구직 보조금 ▪ 구직상담, 구직서비스	숙련향상 투자(investment) ▪ 일자리 관련 직업훈련

자료 : Bonoli(2013), *The Origins of Active Social Policy*, Oxford University Press.

취업능력의 유지를 위해서 개인의 번영을 낳는 작업장이 필요하다. 개인의 삶의 궤적은 개인이 취하는 일련의 결정에 의해 만들어지지만, 어떤 삶의 궤적에 놓였느냐에 따라 노동역량이 크게 영향받을 수 있다. 몸 담고 있는 직업이 낳는 기능과 역량이 고려되어야 하는 것이다. 역량 확장에 도움이 되도록 노동이 구성되는 작업장도 있지만, 낙후된 숙련에 함몰시키는 작업장도 있다. 모든 작업장은 역량이 과거에 이루어진 선택에 크게 의존하지 않도록 새로운 기회를 지속적으로 제공하여야 한다.

취업 기회의 확대

기회의 자유는 노동시장의 수요와 공급 모두를 다루어야 한다. 개인이 직업을 얻을 기회는 구직자로서의 개인적 특성뿐만 아니라 구인하는 기업의 존재와 요구 조건에 의해서도 영향받는다는 의미에서 노동시장 여건은 근로자에게 전환요인으로 작용한다. 취업의 책임이 과도하게 개인에게 돌려져서는 곤란하며, 수요 측면에서 가치 있는 고용기회, 즉 일자리가 노동시장에서 창출되어야 한다. 일할 자리가 부족하다면 고용가능성은 구두선이며, 이를 극복하고 더 나아가 새로운 일자리가 끊임없이 창출되도록 기술, 기업, 산업 정책이 요구된다. 고용량뿐만 아니라 근로조건(보상 수준, 근무시간표. 근로 내용, 고용안전 등)도 개선되어야 한다. 모든 사람이 양질의 직업을 가질 수 있는 것은 아니지만, 그 기회는 가능한 한 평등하게 배분되어야 한다. 이 점에서 절차적 자유는 핵심적 역할을 한다.

현재 노동과 관련된 많은 논의들에서 권리가 종종 기회, 특히 취업능력으로 바뀌어져 있다.[12] 이들은 개인에게 취업의 책임을 돌리며, 정부가 개인을 규율해 취업능력을 높이도록 해야 한다고 주장한다. 세계인권선언이 시민권과 정치적 권리뿐만 아니라 근로에 대한 권리를 포함하고 있듯 근로의 의무가 아니라 근로의 권리가 인정되어야 한다. 한편 노동시장은 다수의 시장으로 분단되며 동일한 노동자라도 속한 노동시장에 따라 다른 노동조건에 처할 수 있다. 따라서 노동정책도 단순히 취약층 중심으로 머물러서는 곤란하며, 노동시장마다 달라야 한다.

개인적 전환조건의 보완

취업능력과 취업기회는 건강, 학력, 전문성, 기호와 욕구와 같은 개인의 특성에도 의존한다. 개인이 어떤 일자리를 원하는 것은 자아 성취를 위해서이기도 하지만, 단순히 소득을 얻기 위한 수단에 머물 수도 있다. 따라서 일자리는 동일해도 그 유연성의 의미는 개인마다 다를 수 있다. 가사부담, 가족의 금전 욕구, 성역할 등의 가계 상황 역시 개인의 특성을 결정한다. 개인의 취업 능력은 이 모든 것에 의존한다. 모든 차별적 관행을 금지하여야 하며, 동시에 모든 사람이 노동시장이 제공하는 기회에 동등한 조건으로 접근할 수 있도록 정부와 사회조직의 역할이 필요하다.

---

12. 실업급부 제공의 조건으로 구직노력을 요구하는 활성화(activation) 정책, 실업자로 하여금 가능한 한 빨리 직업을 찾도록 강제하는 Work First 활성화 모형이나 장기적 숙련과 개인개발에 초점을 맞추는 인간자본개발(Human capital development) 접근은 모두 고용가능성에 초점을 맞춘다.

(2) 절차적 자유

기회의 자유만으로는 부족하며 개인이 스스로 가치 있다고 여기는 일자리를 선택할 수 있는 자유를 가져야 한다. 근로자가 기회를 수동적으로 받기만 하는 것으로 간주되거나 기회 접근을 위해서는 근로자의 적절한 행동이 요구되기보다 근로자가 독립적으로 기회의 자유를 증진시키는 데 능동적으로 참여해야 한다. 이에는 새로운 기술을 보다 효율적으로 사용하는 방법을 포함해 조직과 제도를 어떻게 재편할 것인가에 관한 논의가 필요하다.

확장할 노동역량의 참여적 결정

작업내용, 조직, 조건, 보상 방법 등을 결정하는 과정에 참여하는 참여역량 역시 고용의 질과 노동역량을 구성하는 핵심 요소이고, 실업급부와 같은 근로로부터 이탈할 수 있는 대안은 참여역량의 필수조건이며, 그 외 참여역량은 4가지 조건에 주로 의존한다(Bonvin, 2008).

- 정치적 자원의 이용가능성 : 적절한 행동과 압력수단 동원을 통해 노동정책 결정과정에 영향을 미칠 수 있도록 단체를 구성하고 연대할 수 있는 근로자의 능력
- 인지적 자원의 이용 가능성 : 협상 능력, 협상하거나 주장할 수 있는 능력, 정보에 대한 접근
- 법규 제정과 집단적 노동협상을 통해 권리의 부여와 행동의 수단
- 근로자가 표출한 우려에 귀를 기울이는 교섭 상대자의 적시성(고용주와 주주)

노동역량에는 많은 요인이 개입하며 그것도 개인마다 달라진다. 법규이건 단체협상이건 집단적 규제이건 모든 상황에 맞는 근로역량의 정의는 곤란하며 구직자, 공직자, 노조, 사용자 등 모든 관련 당사자들의 노동시장 정책을 설계하고 집행하는 과정에 참여할 수 있는 제도가 마련되어야 한다. 한편 절차적 자유(목소리 내는 역량)에만 초점을 맞출 경우 모든 부담을 구직자 개인의 책임으로 넘길 위험이 있다. 집단적 책임도 동시에 인정되어야 한다. 즉, 구직자와 관련 기관이 정책개발과 집행에서 근로자가 목소리를 낼 수 있고 자유재량을 누릴 수 있으며, 전환요인 전체를 다룰 수 있어야 한다.

수동적 권한 부여(passive empowerment)

기회의 자유와 절차의 자유만으로 모든 사회 구성원의 근로역량 향상을 보장하기에는 충분하지 않다. 집단적 의사결정 과정에 적극 참여하는 사람들만이 자신의 역량을 키우고 발전시킬 수 있는 위험성이 있다. 성별, 인종과 같은 귀속적 특정이 아니라 참여하고 의견을 반영하는 능력이 사람마다 다르다는 점이 새로운 불평등을 야기할 수 있다. 빈약한 소통력 등의 이유로 정의와 집행에 적극 관여하지 않았다 해도 기본적 권리를 갖도록 하여야 한다. 개인의 행태적 기준에 의존하지 않는 무조건적인 사회적 권리가 존재하는 것이다.

2) 노동시장의 조직

노동시장에서 이해집단은 노동자와 자본가집단으로 대별될 수 있으며 노동자집단은 다시 숙련노동자 집단, 준숙련 · 미숙련 집단의 실업자로 구분될 수 있다. 이 외에 인종, 성, 연령, 지역에 따른 상이한 이해집단을 생각할 수 있다.

(1) 노동조합

효과적으로 노동조건을 협상하고 정책결정에 영향을 미치기 위해서 노동조합이나 작업장에서의 대표 조직(또는 근로자평의회)이 필요하다. 근로 환경, 해고 억제 등은 공공재적 속성을 갖고 이는 무임승차 문제를 야기한다. 외부효과가 존재해 안전기준, 근로환경, 분규 처리절차 등은 공공재에 해당한다. 자기 이익을 추구하는 근로자들은 무임승차 문제를 경험하고 결국 이러한 공공재가 과소 공급될 수 있다. 한편 비대칭 정보, 이동 비용 등으로 인해 노동시장이 불완전해지며, 근로자는 다양한 형태의 급여 방식에 대해 자신의 선호를 밝히기 어려울 수 있다. 이때 노동조합 형태로 집단적 목소리를 냄으로써 무임승차는 극복될 수 있고 근로자들의 선호에 관한 정보가 집약될 수 있다. 개인이 대응하기에는 상당한 비용이 들지만, 그 혜택은 모든 근로자에게 돌아간다.

노동조합이 근로자들을 대표할 경우 어떤 파급효과가 생겨날까? 노조는 근로자의 협상력을 높여 임금과 부가급부를 높이고 성과에 기초한 보상을 억제한다[독점화 효과(monopoly effect)]. 임금 상승이라는 가격 왜곡은 자원배분에 왜곡을 낳아 고용을 제한하고 가격상승을 낳아 투자자, 비노조 근로자, 소비자의 희생이 불가피하다. 하지만 반대로 노조가 경영 효율성을 높일 수 있다. 근로자는 자신의 선호를 전직(exit)이 아닌 노조를 통해 표출(voice)할 수 있고 이는 조직에 대한 충성(loyalty)을 높이는 데 기여한다. 정보가 불완전한 세계에서 노조는 근로자의 대리인으로 활동한다. 노조는 기업의 성과를 감시하고 평가할 수 있으며(지배 대행), 임금, 인사, 안전, 공정에 대한 현장 상황을 경영진에게 전달[소통효과(communication effect)]할 수 있다. 이는 노사관계를 안정시키고 현장 훈련을 촉진하며, 기업에게 적절한 임금제공의 책임을 부과하여 생활수준 유지를 위한 조세수입 확보의 필요성을 완화한다.

최초의 노동조합은 직종별 노조(craft union)였다. 근로자는 공예적 기능을 자신의 소유물로 생각했으며, 근로자들은 함께 모여 훈련권한(도제제도)을 활용해 진입을 제한함으로써 자신의 가치를 보호하려 했다. 일반노조 또는 산별노조는 다른 길을 밟았다. 대규모 공장제가 확산되던 산업화 과정에서 농업 부문으로부터 비숙련 노동자의 막대한 공급이 발생했고 노동 공급의 조절은 불가능했다. 이런 상황에서 노조는 정당과의 연대와 조합원의 증대를 도모했다. 대부분의 산별 노조와 일반 노조는 개방형 노조의 형태를 취했다.[13] 노동조합은 그 구성원이 누구냐에 따라 조직형태와 지향점을 결정해 왔다. 정치적, 종교적, 인종적 분열이 전국적 노동운동을 억제하고 급진과 개혁, 전국과 지역, 직종과 부문 간의 분할을 낳는다. 대부분의 북유럽과 유럽 대륙 국가들에서는 영미의 직종별 노조를 극복하고 산별노조가 지배적으로 되었다. 기존의 지위 격차를 따라 사무직 근로자, 전문가, 공무원들은 별도 조직을 결성해 왔다. 이념적 · 기능적 분열 역시 전국적 노동운동을

13. 폐쇄적 노조(closed union)는 직종별 노조는 아니지만 진입규제가 존재한다. 소규모의 안정적 회원을 가지며, 노동공급을 늘리고 임금을 억제시킬 수 있기 때문에 회원을 증대시키려는 욕구도 없다. 예를 들어 의사협회와 같은 전문가 협회가 이에 해당한다.

방해한다. 사업장에서 노조의 역할 역시 다를 수 있다 : 충분한 노조원을 가지면 영미, 일본 또는 북유럽 작업장과 같이 단일의 대표체계를 가질 수 있다. 하지만 독일의 공동결정처럼 유럽대륙에서는 노조가 법적인 사업장 대표를 통해 공존하고 이익을 공유하기도 한다.

노조의 강도는 종종 노조 가입률로 측정되는데 이는 국가별로 상당한 격차를 보인다. 노조 가입률은 사회지출 규모와 관련 있는 것으로 알려져 있다. 북유럽 노조운동은 가입자에게 선택적 유인을 제공하는 노조가 운영하는 실업보험기금에 힘입어 복지국가로부터 이익을 얻으며, 예외적으로 잘 조직화되어 있다. 대륙유럽의 노조는 조직률이 더 낮다. 그러나 이들은 강력한 고용주 조직이나 국가개입에 힘입어 광범위한 집단협상 적용범위의 확장을 통해 이득을 본다. 자유시장 경제는 노조조직률이 더 낮고 그조차도 하락하는 추세에 놓여있다. 더욱이 분권화로 인해 뉴질랜드와 호주를 제외하곤 집단협상은 더 제한되는데 이는 일본의 기업기반 노조주의에서도 관찰된다.

근로자와 그 조직은 국가개입으로부터 도움을 받을 수 있다. 핵심근로자에 대한 관대한 사회적 보호와 광범위한 노동시장 규제와 법률은 조직화된 근로자에 우호적인 제도적 지원을 제공한다. 높은 수준의 노조조직률은 미국보다 큰 영국의 사회지출을 설명할 수 있지만, 노동시장 규제완화와 빈약한 공공복지 제공이 결합하여 자유주의 복지국가와 자발적(voluntarist) 노사관계의 관계를 강화한다. 북유럽의 경우 강력한 노동운동이 복지국가의 팽창에서 핵심적인 역할을 해 왔지만, 동시에 실업보험과 노동시장 정책에서의 노조의 강력한 역할과 보편주의적 사회정책은 노조의 영향력을 유지하는 데 도움이 되었다. 유럽 대륙에서 조직력과 독립적으로 사회보험과 고용 관계에서 사회 파트너의 제도화된 역할은 조직화된 노동과 획득한 사회권의 방어에 대한 기반이 되었다. 하지만 동시에 동원역량을 약화시키기도 하였다.

표 13-10 노조의 경제적 효과

	효율성에 대한 영향	소득 배분에 대한 효과	노조의 사회적 속성
독점화 효과	▪ 임금을 경쟁수준보다 높여 고용위축 ▪ 노조의 작업규칙은 생산성을 감소 ▪ 빈번한 파업으로 산출이 위축	▪ 고숙련 근로자의 임금을 높여 소득불평등을 증가 ▪ 유사한 근로자 간에 차이를 낳아 수평적 공평성을 저해	▪ 고용할당에서 차별화 역할 ▪ 정치적 이득을 추구 ▪ 노조의 독점력은 부패와 비민주성을 초래
소통 효과	▪ 생산성에 긍정적 효과 ▪ 이직 억제, 생산방식 변경에 협조하고 근로의식을 자극 ▪ 임금 · 인력 정책 수립에 협조	▪ 단일임금으로 임금 격차를 해소 ▪ 승진, 해고, 재고용의 임의성 제한 ▪ 한계근로자와 종신근로자의 차별제한	▪ 회원의 이해를 대표하는 정치적 조직 ▪ 저소득의 불리한 계층의 정치적 이해관계를 대표

(2) 사용자조직

사용자 역시 집단협상에 참여하고 공공영역에서 이익을 증진시키기 위해 자신들의 결사에 의존한다. 결사는 사용자 단체, 동업자 단체, 상공회의소 등으로 다양하게 나타난다. 사용자 단체는 집단적 협상의 상대방인 노조와 국가에 대해 고용주의 이익을 조직화한다. 민간부문과 공공부문 간, 제조업과 서비스업 간 또는 대기업과 소기업 간 그리고 고용주 간에 분할이 생길 수 있다. 독일과 스웨덴 등 소수의 국가에만 독립적인 사용자 단체가 있으며 대부분의 국가에서는 정상단체(business association)가 고용주와 생산자의 이익을 대표한다. 상공회의소와 동업자 단체는 지역 수준에서 주로 중소기업들을 조정한다. 유럽대륙의 경우 회원가입은 종종 강제이며 독일의 이중 직업훈련처럼 자율적인 공공기능을 가지기도 한다. 사용자조직은 집단협상을 통해 고용조건을 규제하지만, 고용법과 사회정책과 관련하여 정부에 영향을 미치려 한다. 다국적기업을 포함한 대기업은 국가 수준에서 정부에 영향을 미칠 수 있다.

(3) 노사관계

노사관계(industrial relations)는 노동자와 그 단체 그리고 사용자와 그 단체 간의 관계로 각자의 이해관계를 돌보기 위해 형성된 조직들과 그 관계를 지칭하는데 개별기업, 산업, 국민경제 차원에서 노사관계가 나타날 수 있다. 노사관계의 대상에 국가별로 큰 차이가 있어 업무·조직·근로조건의 결정에서의 직접적 참여(기업 차원)나 근로자 대표의 경영의사결정에의 접근(기업 차원), 고용관계에 대한 노사 간 집단협상(기업, 산업, 국가 차원), 노사정에 의한 고용보험 및 직업훈련기금 관리와 사회경제 이슈에 대한 협의(지역, 국가 차원)까지 포함된다. 전국적 노사관계는 노사관계 정책의 형성에 관심을 두는데, 정부, 사용자, 근로자와 이들의 대표기관이 참여하는 노사정 협의를 통해 이루어진다. 산별 노사관계는 경영자 조직과 노조 간의 단체협상의 형태를 취하는데, 산업이나 부문의 근로조건과 임금을 결정할 뿐만 아니라 훈련과 분쟁해소 등을 다루기도 한다.

현재 서구에서 노동조합은 위축되고 있으며, 노사관계 기능을 가진 기업의 수는 매우 제한적이다. 아울러 자유 방임을 강조하는 신자유주의로 인해 제도적 개입을 강조하는 노사관계가 위기를 맞고 있다. 대신 개별기업 단위에서 경영자, 개별 근로자 그리고 근로자 그룹들 간의 이해관계를 상호합의된 기업 목표를 중심으로 정렬하여 기업의 경쟁우위를 강화하기 위한 인간관계(human relations)가 보편화되고 있다. 이는 물론 경영자와 개별 근로자 간의 관계를 가장 우선시함으로써 노조의 역할을 제한한다.

근로자와 경영자들의 조직화 강도, 국가개입의 강도와 역할, 단체 협상의 제도, 노사갈등 수준 그리고 경영의사 결정에의 참여유형에 따라 노사관계는 4가지 유형으로 나뉘어진다. 갈등적 관계는 계급 갈등, 비협력, 자기 조직화의 부족으로 특징지어지는데, 이들 국가에서 사회적 동원은 종종 국가 개입을 유발한다. 역사적으로 다원주의는 고용주들이 정치적 법적 변화에 지원받아 공멸을 피하는 방식으로 노동자와의 갈등을 관리해 왔다(Crouch 1993). 그러나 다원주의는 여전히 단기적이고 배타적인 이익대표로 인해 어려움을 가지며, 국가는 개입을 주저하고 있다. 포용적 조합주의하의 북유럽의 경우 상대적으로 집중화되고 포괄적인 조직 그리고 국가에 의한 제도적 지원을 기반으로 모든 이해관계자들 간에 장기적으로 공유할 수 있는 이득에 기초한다. 한편 부문별 조합주의하의 유럽대륙의 노조는 훨씬 낮은 조합가입률을 가지며 역사적으로는 정치적으로 더 분할되어 왔으며, 보수적 복지국가에 의존하고 거꾸로 보수적 복지국가를 재생산해 왔다.

표 13-11 노사관계의 유형

		사회관계 : 네트워크 통합도	
		갈등(결속형) : 약	협력(연결형) : 강
국가의 역할	개입적(대체적)	프랑스 : 다극화(polarization)	스웨덴 : 포용적 조합주의(inclusive corporatism)
	보완적	미국 : 다원주의(pluralism)	독일 : 부문별 조합주의[사회 파트너십(social partnership)]

자료 : Ebbinghaus (1998) ; Ebbinghaus and Visser(1999) 등

글로벌화와 기술혁신에 따른 노사관계의 변화와 대응

노동조합은 관료적으로 조직된 수직적 통합기업의 시대에 중요한 역할을 해 왔다. 노동조합은 노동자들에게 목소리를 제공하여 임금 인상뿐 아니라 근로조건 개선도 협상했다. 전통적인 노사관계에서는 이탈, 목소리내기, 충성의 균형이 강조된다. 노동자는 조직에 대한 충성도가 높을 때 자신의 지식과 요구를 전달하기 위해 목소리에 의존한다. 목소리를 낼 기회가 없다면 이탈이라는 대안을 사용할 수도 있다. 이러한 노사관계는 개념적으로 명확하지만 오늘날 적용하는 데는 한계가 있다. 즉, 잔류의 필요성과 의사가 있음에도 더 많은 근로자가 퇴사를 선택하거나 강제당하고 있다. 목소리보다 이탈이 더 매력적이라면 조직은 전통적 노조가 제공할 수 있던 소통 채널을 잃게 된다. 이제 노동자는 노동조건뿐만 아니라 보다 광범위한 사회문제에 대해서 계속 발언권을 가질 수 있는 새로운 조직경로가 필요하다.

노동조합이 현저히 쇠퇴하고 있는 업종에서 노조가 할 수 있는 최선은 종종 다른 노동자들을 희생시키면서 남은 조합원들을 위해 더 나은 거래를 협상하는 것이다. 점점 더 유동적인 작업환경에 직면하여 근로자가 효과적으로 목소리를 낼 수 있는 새로운 조직경로가 더 중요해지고 있다. 기술진보와 글로벌화가 낳는 보다 유연하고 불확실한 경제에서 노동자에게 발언권을 보장하려면 완전히 새로운 조직형태가 필요하다. 독일식 작업협의회는 협상 못지않게 소통과 조정에 초점을 맞추고 있어 유동적 조직의 시대에 역할을 할 수 있을 것이다. 북유럽의 기업 전반에 걸친 산별노조와 직종별 노조는 기업 전반에 걸친 매우 높은 유동성 앞에서 유연성을 높인다. 산업이나 직종이 적절한 수준의 집약이 아닐 수 있으므로 변화한 환경에 적합하지 않을 수 있지만, 적절한 소통 경로를 위한 발판을 제공할 수 있다.

1.5 생산 · 고용 레짐의 국가별 유형과 노동시장 성과

1) 자유주의 노사관계 : 미국

대량생산 작업조직의 발전

대량생산 작업조직 미국의 작업조직은 표준화된 제품의 대량생산을 목표로 하며 규모의 경제를 추구하였다. 미국은 전국적인 노동이동의 활성화와 저숙련의 이질적 이민의 대량 유입으로 근로자가 주도하는 단일의 동업자 조직의 형성이나 노동의 조직화(를 통한 내부규율) 또는 표준적인 고용규제가 모두 지연되었다. 따라서 기업들은 숙련 의존도를 낮춘 표준화된 대량생산체제를 지향하였으며, 고정장치 기술을 활용해 일괄 작업대열 형태의 자동화 원리를 적용해 왔다(포디즘 : 포드의 컨베이어 시스템[14]). 직무와 작업은 높은 수준으로 세분화하여 시간당 개별 동작을 단순 반복하도록 하였다. 기술 · 생산의 표준화와 직무의 단순화로 몇 번 보고 바로 작업이 가능하므로 근로자의 기대학습 수준이나 숙련 축적은 모두 저조하다. 현장 노동자들의 노동은 단조롭고 반복적이다.

작업조직 : 구상과 실행분리 대량생산방식은 테일러의 과학적 관리법[15]에 기초한 작업조직에 의해 뒷받

14. 포드주의는 테일러주의의 구상과 실행의 분리 그리고 직무의 분할에 대량생산을 위해 자동화 기술체제(컨베이어 벨트)를 결합시킨 생산체제이다. 즉, 테일러주의 "작업조직 원리"에 대량생산을 가능케 하는 "기술적 장치"가 결합된 것이다. 컨베이어 벨트로 인해 기계의 속도와 흐름에 의해 작업내용이 결정되고 노동자는 기계의 보조도구로 위치한다.

15. 테일러의 과학적 관리는 작업(생산)관리와 인사관리(채용 훈련 및 임금 결정)의 과학화를 의미한다. 미국의 경우 이는 현장감독의 권한

그림 13-7 영미권의 분리적 작업조직

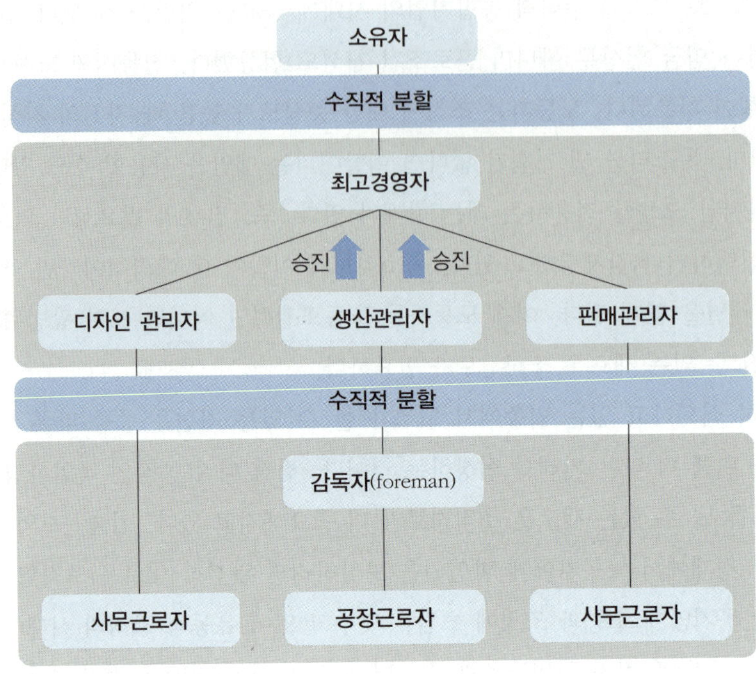

침되었다. 소유가 분산된 상황에서 고용 경영자는 기업을 효과적으로 통제할 수 있었으며, 생산방식이나 작업조직의 구성 그리고 훈련에 대한 주도권을 갖게 되었고 구상 노동과 실행 노동은 엄격하게 분리되었다. 구상과 관리를 담당하는 일부 관리자와 기술자를 제외하고 대부분의 근로자들은 재량권이 약화된 미숙련자들로서 생산시스템의 호환부품과 같은 지위에 놓였다. 취약해진 작업동기는 과업 달성에 따른 성과급제로 보완되었다.

관리직 · 기술직의 중간관리자들은 승진을 통해 경영자에 오르므로 중간관리자나 경영자들은 기능적으로 통합된다. 하지만 이들과 하위의 근로자는 뚜렷이 분할된다. 상위 경영자와 관리자에 대한 투자는 막대하지만, 사무직과 생산직은 대체 가능한 존재로 간주되어 인적자본 투자는 제한적이다. 대학교육은 중간관리직에 초점을 맞추며, 고교 교육은 사무직과 생산직에 집중한다. 일반 근로자들은 감독자(직능별 직장) 지위까지 오를 수 있지만, 감독자는 집단협상에서 대표의 자격을 갖지 못하고 경영층으로의 승진도 어렵다. 숙련자들은 훈련자나 중개자로서의 역할보다는 반숙련 노동에 대한 하급 감독직을 담당한다. 숙련노동이 절약적인 기술변화와 상품시장 압력은 거꾸로 숙련자나 그들을 뒷받침하는 숙련형성 체제를 더욱 약화시킨다. 이에 따라 중등교육과 대학교육은 일반숙련 중심으로 이루어지며 직업교육 발전에 부정적 결과를 낳고 있다.

상당수 근로자가 자영의 개인들이거나 당장 처리해야 할 직무요건 외에 장기의 직업 안전성이나 승진 기회가 거의 없는 임시직이나 파트타임직들이다. 고교 졸업장을 넘어서는 자격증은 자비나 부모 도움으로 획득된다. 노동시장은 양극화 현상이 두드러져 다수의 임시적 노동 대중과 소수의 중간관리자와 경영자 간에 상당한 생활수준 차이가 나타난다.

신축적 대량생산 작업조직 1970년대 초부터 생산성 둔화와 산업경쟁력 약화에 직면하여 신축적 대량생

에 속하던 사항이 전문 관리부서로 흡수되어가는 과정이었다. 1880년대 이래 엔지니어가 현장감독의 권한을 약화시키면서 생산과정을 재조직하였고, 제1차 세계대전 이후에는 인사관리자가 고용관계 영역(채용, 임금 결정 및 승진)에서 현장감독의 역할을 담당하게 되었다.

산 조직과 인력자원(human resource ; HR) 모형이 도모되었다. 신축적 대량생산은 파트 타임과 임시고용 비중을 더욱 높여 유연성을 강화하고 전자기술로 조직의 유연성을 제고하였다. 인력자원 모형은 조직과 개인 간의 목표의 동일성을 강조하며 근로자의 동기유발과 협조 유도를 강조한다. 그러나 미국의 성장산업의 기업들은 여전히 생산직 노동자를 배제하고 기업경영자와 전문기술인력을 생산과정에서 통합하는 전통적인 테일러주의 생산방식을 채택하고 있다. 고숙련 지식노동자들이 생산과정에 통합됨으로써 성장산업의 혁신을 적극 주도하지만 구상과 실행의 분리라는 전통적 테일러주의는 바뀌지 않았다. 1990년대 이후 확산되고 있는 린 생산체제는 핵심노동자들의 현장참여와 고용안정을 중시하고 이들의 유연한 다기능 역량을 활용하려는 긍정적 측면을 갖는다. 그러나 미국의 린 생산체제는 근본적으로 무노조를 지향하며, 생산과정의 핵심적 기능 이외의 부분은 외부의 유연한 생산관계망과 외주에 의존하도록 함으로써 조직 내 통합에서 배제시키고 수량적 유연성을 더욱 강화하는 성격도 갖고 있다. 생산직 노동자들의 고용비중이 매우 작고 부가가치 생산에서 하는 역할도 크지 않기 때문에 배제에 따른 노사 갈등의 문제도 크지 않다. 기업의 노조 배제적 전략으로 인해 노동시장은 분절화되고 노조의 조직 기반은 열악하다. 핵심 노동자는 과거 노조로부터 제공받던 서비스를 기업으로부터 직접 얻을 수 있어 노조를 필요로 하지 않고, 통합에서 배제된 주변 노동자는 노조의 교섭력 약화로 노조의 보호를 제대로 받을 수 없음에 따라 노조를 떠나고 있다.

기업별 노사관계의 발전

영미권에서 고용 규제가 최소화되어 있으며 근로자의 조직화는 경직성을 낳는 부정적 요소로 간주되며, 근로자는 경영의사결정 과정에서 중요한 역할을 하지 못하도록 배제된다. 국가는 사회적 투입 없이 노동정책을 형성할 수 있지만, 국가의 역할은 제한적이어서 많은 것이 사회나 시장에 맡겨져 있다. 법률로 위임되기보다 더 적은 법이 있을 뿐이다.

노사협상이 공장이나 기업 수준으로 분권화되며, 정상조직에서 고용주들 간의 협력은 필요하지 않다. 정부의 역할은 제한되며, 개별 사업장이나 기업에서의 공정한 집단협상과 시장의 힘을 통해 해소된다. 기업별 노조가 지배적이어서 불평등을 해소하는 노조의 역할이 제한적이다. 단체교섭은 주로 기업별로 이루어지는데 노동조합 조직률이 낮고 단체협약 효력 확장도 적용되지 않아 임금 불평등이 크다. 노동조합의 힘이 매우 제한적이고, 임시직뿐만 아니라 정규직 모두에 대한 고용보호 입법이나 단체협약도 발전하지 않았다. 기업별 노사관계가 지배적이어서 전국적 조율은 부재하며, 임금 협상은 분권화되고 집단협상의 확대 적용 역시 제한적이다.

이해관계 조율을 위한 강력한 중앙조직이 결여된 채 노사 간 협상은 생산과정보다 경영성과 배분(고임금)과 근로시간(단축)에 집중되어 대립적인 노사관계가 나타난다. 아울러 기능적 유연성보다 수량적 유연성에 의존함에 따라 노조는 고용안정의 확보와 연공서열제를 강조하게 되고 그에 따라 대립적 노사관계가 강화된다.

로비 제도 등을 통해 간헐적으로 노사조직이 정부의 정책형성에 영향을 미친다. 집단적 합의는 법적으로 강제되지 않으며, 대부분 기업수준에서 이루어진다. 경영권이 중시되고 사용자가 허용하는 경우에만 경영 참여를 할 수 있으며, 그것도 생산성 향상 등을 목표로 하여 경영권에 영향을 미치지는 못하는 수준에서 이루어진다. 단체교섭권은 경영자의 허용이나 근로자 투표를 통해서만 인정된다.

분권화된 배타적 임금 협상으로 인한 외부비용, 특히 인플레이션 압력이 발생할 경우 완급을 조절하는 거시경제정책이 요구된다. 각 사업장과 개별 기업의 고용주와 근로자는 자유로운 집단협상을 통해 배타적 이익을 추구한다. 노사갈등은 법적 구속요소 없이 공정한 경쟁의 규칙에 의해 규제된다. 경영의사결정에서의 노동의 역할은 제한되며 제도적 통제는 부정된다. 노동과정에 대한 제한적인 근로자 참여, 경영자의 엄격한 통제, 높은 노동강도, 소유자와 경영자 간에 일정한 거리를 두는 시장관계가 지배적이다. 소유주는 고용 경영자와 일정한 거리를 가지며 상당한 권한을 이들에게 위임하여 경영자는 경영성과에 의해 구속된다. 고용과 해고에서 외부노동시장에 대한 의존은 숙련형성을 어렵게 하며, 계약적 권위관계의 만연으로 기업 내에서 공통된 정체성과 충성의 개발을 방해한다.

공공훈련 시스템은 발전하지 않았고 직업훈련에서의 기업과 노조와의 협력도 요청하지 않는다. 노조는 지나치게 취약하여 기업들에게 훈련에 투자하도록 압력을 가하지 못하고 경기변화에 따라 고용을 유지하도록 강제하지 못한다.

높은 고용유연성과 낮은 수준의 사회적 보호

자유주의 국가는 완전히 유연화된 노동시장과 노동시장에서의 패자에 대한 제한적 · 선별적 지원으로 특징지어지는 최소주의 · 잔여주의 복지국가를 지향한다. 자유로운 시장이 사회후생을 극대화하지만 국가 개입은 오히려 이를 왜곡한다는 믿음과 개인의 노동시장에의 적극 참여를 통한 자조를 강조하는 근로윤리가 결합하고 있다. 시장임금은 개인이 사회 후생에 기여한 바를 반영하는 만큼 시장임금의 상승이 존중되고 그만큼 시장이 낳는 임금 불평등이 수용되는 대신 민간부문 주도로 완전고용을 도모한다. 법과 질서와 같은 소수의 중요한 공공재를 제외하곤 시장의 자유로운 운행을 방해하는 정책은 개인의 자유 추구를 위협한다고 본다. 고용보호 수준은 낮으며, 공정한 계약이 이루어지도록 하는 데에 정부역할의 주요 목적이 있다. 노동시장에 대한 법적 규제가 약하고 '임의고용의 원칙'이 중시되므로 노동자의 고용 안정성이 낮고 노동시장 유연성이 크다. 대신 임시직 노동자는 많지 않으며, 고용이 시장 메커니즘에 맡겨지므로 적극적 노동시장 정책이나 직업 교육 · 훈련 역시 약하다. 상품시장에서의 경쟁이 중시되므로 기업은 불리한 충격에 대해 가격(및 임금)조정과 수량조정으로 신속하게 대응한다. 그만큼 직업 간, 고용형태 간, 고용과 실업 간 이동이 매우 크며, 고용 안전성 수준이 낮다.

정부는 노동시장의 가장 좋지 않은 결과만을 개선하기 위해 개입한다. 노동시장에 참여할 수 없는 사람들에게 자산조사(means-tested)를 통해 선별적으로 소득대체 프로그램을 도입하거나 노동시장에는 참여하지만 충분한 소득을 벌 수 없는 사람들에게 세금을 공제해주는 것이 그것이다. 사회보험과 실업보험의 대상자는 포괄적이지만 소득대체율과 실업급부 수준은 선별적이며 매우 낮다. 낮은 고용보호와 낮은 대체율은 실업 상태를 불안정하게 만듦으로써 실업률을 낮추며 유연한 노동시장을 뒷받침한다. 대신 구직 프로그램이나 상담과 같은 구직지원제도가 노동시장 참여를 촉진하며 근로유인을 강화하는 근로장려세제가 발달되어 있다. 규제되지 않은 노동시장은 호황기에 강력한 고용 성장을 촉진하지만 경기침체 동안에는 기업 내에서의 완충[노동저장(labor hoarding)] 효과를 감소시킨다.

기업 또는 산업특화적 숙련은 고용보호나 복지제도에 의해 보호되지 않고 빠른 경제구조 변화에 의해 훼손되므로 근로자의 투자 유인도 크지 않다.

영미권은 글로벌화와 기술혁신이 낳는 산업의 부침, 새로운 고용형태의 등장, 복지재원의 부족에 직면하여 기존의 노동 및 사회정책 기조를 강화함으로써 대응하였다. 즉, 고용유연화를 통해 민간부문에서 (저임금) 직업이 창출되도록 하고 그에 따른 임금 격차도 허용하며 민간부문의 활력을 유지함으로써 고용이 창출되도록 한 것이다. 특히 저임금 노동자의 소득을 보완하는 임금보조제도가 강화되었다. 이에 병행하여 민영화와 근로연계 복지를 강화하여 사회지출을 삭감함으로써 재정 건전화를 도모하였다. 그러나 저임금 서비스 직종이나 새로운 고용형태에 여성, 청년, 이민자 등 미숙련 노동자들이 취업하여 실업률이 낮아졌으나 근로 빈곤층이 크게 늘어남으로써 소득 그리고 사회보험에서의 양극화와 빈곤 문제가 더욱 심화되었다. 이에 따라 영국을 중심으로 국가의 역할을 최소화하고 빈곤층에게 고용지원보다 시장의 채찍을 통한 일자리 복귀를 고무하던 방식에서 벗어나 교육과 훈련, 적극적 노동시장정책을 강조하고 근로연계복지를 강화하는 사회투자 국가 또는 제3의 길로 불리는 노동시장 정책이 추진되었다.

2) 부문별 조합주의 노사관계와 합의적 작업조직 : 독일

맞춤생산의 작업조직

독일의 생산방식은 품질 및 맞춤성과 대량생산을 함께 하는 다변화된 품질 생산(Diversity Quality Production : 맞춤대량생산)으로 대표된다. 맞춤형 제품을 가격경쟁이 제한적인 고급품 시장에 대량공급하는 것이다. 장인적 숙련을 갖춘 근로자를 활용하여 대중시장을 분할하고 성능과 맞춤설계로 높은 가격을 요구할 수 있는 고부가 제품을 대량생산해 공략한다. 독일의 생산방식은 전문성 있고 지속적인 교육 · 훈련으로 뒷받침되는 숙련 근로자의 존재와 이들의 기능적 분할과 수직적 통합에 기초한다. 차별성과 고품질을 지향하는 생산이 요구하는 점진적 혁신은 숙련 근로자의 적극적 참여를 요구한다. 작업조직은 숙련 종업원의 존재, 종업원에 의한 분권적인 문제해결, 종업원 간 긴밀한 조정과 협력을 필요로 한다. 또한 디자인과 생산공정을 유연하게 하는 다기능 설비의 도입도 이를 뒷받침한다.

독일의 지역 내 협력에 의한 숙련형성

독일의 숙련형성제도는 지역 수준에서 사용자 단체, 근로자 조직, 지방정부 간 협력을 통해 통제된다. 대규모 사업자는 도제 재원조달에서 차지하는 비중이 큰 만큼 지역의 중소기업 기업의 훈련을 지원하는 셈이 된다. 제2차 세계대전 이후 독일산업의 강점은 상이한 규모의 기업의 공생적 생산을 지원하는 숙련 근로자의 지역적 축적에 있었는데, 그에 의해 고품질 상품을 생산할 능력은 지역 내에서 대기업과 중견기업 모두에 축적되게 되었다. 이런 지역의 대표적 사례가 Robert Bosch, Mercedes division of Daimler-Benz, Porsche가 소재하고 자동차 산업을 중심으로 엔지니어링과 금속세공에 초점을 두는 중소기업이 활동하는 Baden-Württemburg주다. 지역의 선도 대기업들은 중소규모의 공급업체의 혁신적 기여를 구조화하는 데 중요한 역할을 하며, 지역정부, 비영리기관, 사업자 단체가 조직한 금융 및 기술 관련 기관은 지역 혁신을 집단적으로 지원한다.

종업원들은 도제제도를 통해 산업특화적 숙련을 받은 후 고용되고, 생애에 걸쳐 숙련을 개발하고 활용하도록 한다. 이를 위해 강력한 고용안정과 보호가 제공된다. 그러나 고용안정은 일본처럼 내부승진 유인과 기업특유적인 숙련에 기초하는 것이 아니며, 연공에 대한 보상도 낮은 편이다. 종업원의 고숙련은 노사 공동으로 참여하여 설계되고 집행되는 준공공의 직업훈련에 따른 것으로 훈련 내용도 산업특수적으로 직업적 정체성이 강하다. 특히 고용안정은 이를 중시하는 종업원평의회, 해고에 대한 법적 보호, 훈련과 대체를 통한 내부 재배치 등에 기인한다. 해고가 어려워서 경영자는 자연 및 조기퇴직, 배치전환 등을 택하게 되며, 대신 직장평의회는 노동력의 생산성과 유연성 증대를 위한 협상에 응한다. 그러나 고용안정의 핵심은 숙련과 훈련으로, 높은 직업기반 숙련은 기능적 유연성을 높여 외부노동시장 의존도를 낮추었고 업무 간 중첩되는 숙련의 강화는 변화에 따른 내부조정능력을 높이고 있다.

산별 단체협상은 기업수준에서의 임금과 작업조건 격차를 축소하고 동일작업 동일임금 원칙에 따라 개인 간 임금 격차도 약화시킨다. 노동자의 자격조건에 따라 직위와 직무에 대한 접근가능성이 결정되며, 임금구조상 소득 불평등이 낮고 임원과 생산직 간 소득격차도 작다. 공동의사결정 제도는 조직의 수직적 통합에 기여한다. 근로자 대표는 사업장과 전사 수준에서 의사결정에 참여한다. 노동자 대표가 종업원평의회에서 작업 방법을 검토하고 조정을 협의하며, 전략 결정에 참여한다. 한편 최고경영자는 기업 내 경력자에서 충원되며, 최고경영자들의 경영위원회가 전략을 집행하지만 감독위원회의 승인이 필요하다. 근로자는 감독위원회에 참가하며 종업원평의회를 통해 기업과 공장 단위에서 투자활동, 임금, 근로조건, 재배치, 재훈련 결정을 경영진과 협의한다.

그림 13-8 독일의 대량 맞춤 생산을 뒷받침하는 수직적 통합조직

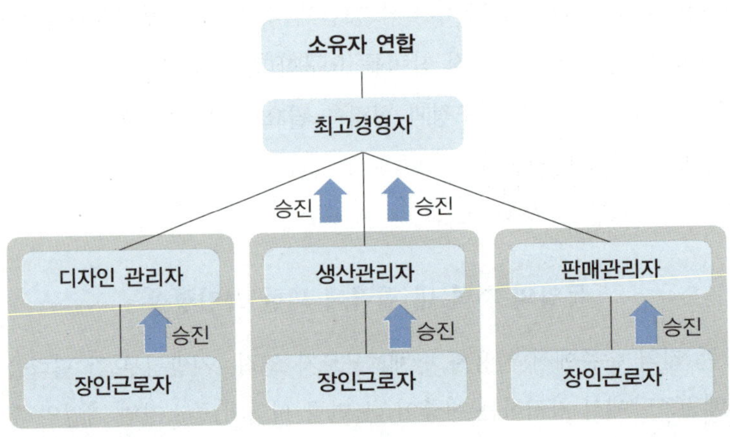

분권화된 협력적 노사관계

분권적 국가 조합주의가 지배하는 독일에서 국가는 정상단체로 조직화된 사업가와 노동자들과 함께 경제정책을 형성하고 집행한다. 그러나 독일의 노사관계는 북유럽보다 중앙집권화 정도가 다소 떨어져 분권적이다. 근로자의 임금과 근로조건을 결정하는 단체교섭에 제3자, 특히 국가가 개입하지 않고 노사가 자율적으로 최저조건을 결정하는 자율적 단체협약은 단결권을 규정한 기본법(헌법)과 단체협약법으로 보장된다. 특히 근로조건을 규정하는 근로계약은 주로 노조와 사용자단체가 체결되는 단체협약을 통하여 이루어지고 있다. 중앙정부는 단체협약이 체결되는 기본구조를 설계하는 역할을 하지만, 단체협약에서 노사 자율성이 보장되므로 단체교섭 과정에 정부가 개입하지는 않는다. 노동조합은 단체협약 체결을 통하여 해당 산업에 종사하는 조합원의 이익만을 대표하며 이를 위해 파업권을 갖는다. 보통 특정 지역의 특정 산업에서 가장 먼저 체결되는 단체협약(선봉협약)의 결과가 다른 단체교섭에 큰 영향을 미치며 한계기업의 상황이 크게 고려된다. 주로 선봉협정을 따르며 광역화하여 체결되는 산별 광역단체협약(Flächentarifvertrag)은 해당 산업의 해당 지역에

서 활동하는 사용자 단체의 모든 회원과 노동조합의 조합원에게 법적 구속력을 갖는다. 노조가입률이 북유럽 수준보다는 낮지만 매우 높은 수준이며, 노동조합가입 여부와 관계없이 단체협약의 결과를 적용받는 노동자의 비율이 높고 임금설정의 조정 수준이 높다.

단체교섭 구조의 집중화와 더불어 노동의 경영에 대한 참여 권한을 제도화하고 있다. 우선 사업장 단위 교섭이 병존하는 이원적 교섭체계가 지배한다. 근로자 대표기관은 자기규율 기능을 가진 지역 단위[16]의 산업별 노조뿐만 아니라 사업장에서의 종업원평의회로 이원화되어 있다. 종업원평의회는 노동쟁의는 할 수 없지만 사용자와 근로조건에 관한 사업장협정을 체결하여 해당 기업 소속 근로자의 이익만을 대표한다. 종업원평의회는 작업 조건에 관하여 사용자와 공동으로 결정할 수 있는 공동결정권을 가지며 경영자 선임과 기업경영에 관한 사항에 대하여 협의권 및 정보청취권을 가지기도 한다. 사업장 수준에서의 공동결정과 더불어 기업 수준에서는 종업원과 노동조합의 대표가 감독이사회에 구성원으로 기업의 주요 계획, 결정 및 기업경영정책에 참여하고 있다.

높은 고용보호와 소극적 노동시장 정책

대륙 유럽의 노동제도는 남성 생계부양자를 중심으로 구성되어 고용보호 수준이 높으며, 고용과 연계된 기여기반의 사회보험이 발전되어 있다. 고용보호는 법적 규제와 더불어 단체협약에 의존한다. 북유럽과 같은 강도의 근로자 재훈련은 이루어지지 않아 고용의 유연성과 산업구조의 빠른 재편이 어렵다. 소극적 노동시장 정책에 비해 적극적 노동시장정책의 역할이 크지 않지만, 산업별로 포괄적인 직업교육과 훈련제도가 발전되어 있다. 도제적인 직업교육훈련을 거쳐온 숙련 인력의 안정적 확보와 유지 그리고 이들의 신축적 배치에 기초해 시장변화에 대응한다.

글로벌화와 기술혁신 그리고 인구구조 변화가 낳은 산업의 부침, 새로운 고용형태의 등장, 복지재원 부족문제에 접하게 된 대륙 복지국가들은 온 가족이 남성 가장의 임금과 복지급여에 의존하는 체제하에서 높아진 노동비용을 극복하고 국제경쟁력을 유지하기 위한 고용주의 채용기피와 조기퇴직 장려 그리고 그에 따른 실업 증가와 비정규직의 증가를 심각하게 경험하였다. 이에 대응하여 네덜란드를 중심으로 한 유연안전성 제도개혁이 생겨났다. 즉, 정규직의 보호는 유지하되 비정규직과 임시직에 대한 고용보호조치를 대폭 완화하여 이들의 고용을 크게 증대시키는 한편 이를 뒷받침하도록 비정규직 내에서의 균등대우 조치와 함께 고용계약, 실업급여의 수급요건, 적극적 노동시장정책을 강화하였다.

3) 북유럽 사회조합주의 모형

사회기술체계와 자율적 작업조직

북유럽 국가의 작업조직은 노동의 기술적 측면과 사회적 측면의 조화 또는 효율화와 인간화의 조화를 도모하므로 사회기술 체계(sociotechnical system)라 불린다. 강력한 노조와 적극적인 노동시장 정책으로 인해 근로자 권리에 대한 보호가 철저하며 근로자들의 발언권이 강한 편이다. 근로 환경은 열려 있고 격식이 없는 편이며, 상관에게 자신의 의견을 자유롭게 피력한다. 평생교육 시스템을 통해 모든 임직원이 직업적으로, 또

16. 단 금융업, 공공 서비스 · 수송 · 교통부문 등은 전국교섭이 이루어진다.

개인적으로 언제든지 자기계발에 나설 수 있도록 하고 있다. 수평적 조직구조와 잘 정착된 복지제도는 적은 근무시간에도 불구하고 높은 산업 생산성에 크게 기여하고 있다.

자율적 근로자와 작업조직 개별 노동자들은 다양한 기능을 확보하여 다양한 작업을 할 수 있다. 노동자 스스로 과업을 조직 · 수행하는 재량권이 큰 자율 작업조직을 갖는다. 생산, 품질관리, 유지보수별로 수 개의 작업팀으로 구성되는 자율 작업집단이 작업의 기본단위이다. 제품조립 시간이 증가하지만 팀 내에서 소화되는 유지보수, 공정조정, 품질통제 개선으로 보완된다. 작업팀은 자율적 의사결정권을 가져 노동과정의 구상과 실행이 부분적으로 통합되어 작업조직의 구성, 공정의 실행과 그 개선을 책임진다. 이에 따라 조직이 분권화되어 관리직이 축소되고 조직 계층구조가 평탄화되어 있다. 노동은 소득을 넘어 자아를 실현하는 원천이다. 노동자는 각 작업에서의 재량권이 크며 작업조직의 결정에 참여한다. 노동자는 생산결정과 문제해결 활동에 참여해 조직학습의 기회를 가지며, 이 과정에서 설계 · 조립 능력과 효율성이 지속적으로 개선될 기회를 갖는다. 자율조직은 훈련지원, 이윤 공유, 집단단위 보상 등 인사 · 보상제도로 뒷받침된다. 평가 도구에 덜 의존하며, 잘난 체하거나 사회적 거리감을 조성하는 것을 싫어하고 집단 내에서의 우애나 합의에 더 잘 승복한다.

협의 · 협력에 의한 통제 계층구조 대신 조직 내외에 걸친 협의 · 협력 구조가 통제 메커니즘으로 작동한다. 조직 내에서 자율 작업집단 간에 정보교류, 상호조정, 학습이 이루어지며, 이는 기업 외부의 공급업체와 고객으로까지 확대된다. 작업과정 개선에 필요한 정보와 채널이 집단 전체에 광범위하게 보급되어 과업의 공동 해결에 대등하게 접근 가능하고 모든 아이디어가 결집된다.

개인의 만족과 완성은 노동을 통해 공동체를 발전시키고 집단 성원의 애정을 얻는 데 있다고 여겨진다. 대신 조직은 개인에게 맞도록 작업과정이 설계되도록 노력해야 한다. 예를 들어 스웨덴은 장애자에 대한 지원에서 세계적 수준을 보인다. 한편 상급자들은 주도적이고 창의적이지만 동시에 적극적으로 권한을 위임하여 하급자의 주도력과 창의력을 기대한다. 고객은 권한을 가지고 주도적으로 응대하는 직원을 마주할 수 있다.

중앙집중화된 협력적 노사관계

노동조합 조직률이나 단체협약 적용률 모두 극히 높다. 사용자와 노조 간의 상호작용은 전국적으로 제도화된 공간에서 이루어지며 주로 교섭과 단체협약에 기반한다.

협력적 노사관계 스웨덴은 19세기 말부터 등장한 사회개혁운동에 힘입어 1920년대에는 민주주의로의 대전환을 이루어낸다. 급진적 계급혁명은 없었지만, 급속한 산업화와 노동운동의 성장으로 노사분규가 1930년대 초까지 이어졌고 중앙이 집중화되고 단일화된 노사조직들이 나타났다. 산업화와 더불어 수출대기업 중심의 산업구조가 자리 잡아가는 가운데 1932년 사민당이 집권한 후 노조는 사민당 정부를 통로로 정부의 정책결정에 대한 참여를 확대하였다. 노사문제에 대한 정부 간섭에 대응하여 1938년에는 노사 타협에 의해 살츠요바단 기본협약이 체결되어 노사관계를 우선 중앙에서 정부 개입 없이 노사의 자율적 타협으로 풀어가는 집단협상의 제도적 틀에 도달하였다. 노사합의에 실패할 경우 기본협약은 정부와의 협의를 거쳐 조정하며, 이도 여의치 않은 경우 노동법원의 결정을 따르기로 하였다. 1956년부터 기본협약은 국법으로 뒷받침되어 전국 수준으로 확대 적용되었다. 결과적으로 모든 조직구성원들이 장기적으로 공동의 이익에 기여하도록 전국적 단위로 중앙집중적이며 포괄적인 이해관계의 조정이 이루어지게 되었다. 이는 ① 상대적으로 중앙집권화되고 포괄적인 이해집단조직들, ② 상호인정, ③ 국가의 제도적 지원과 협력적 정치적 교환을 배경으로 한다(Crouch 1993).[17] 결과적으로 파업은 마지막 수단으로 제한되었다.

- 이익집단은 중앙집중적으로 조직화 · 제도화되어 있다. 노조가입률이나 사용자 단체의 참여율은 모두 높은 수준을 유지하고 있다. 집단협상체제는 제도화되어 있으며, 노사 단체협의나 노사정 공동관리를 통해 자기 규율기능을 갖추고 있다. 조직력이 상당하며 조직에 대한 순응이 존재한다. 중앙집권화된 강력한 노 · 사 중앙단체가 포괄적인 지도력을 가지고 전국 또는 산업 차원의 교섭을 통해 전체 임금 근로자를 대상으로 임금과 근로조건을 결정할 수 있으며, 상대적으로 안정적 노사관계를 유지할 수 있다. 고용주와 노조는 모두 잘 조직화되어 자발적인 집단협상을 강제할 수 있으며 그에 따라 국가의 개입을 거의 필요로 하지 않는다.
- 사회조직들은 모든 수준에서 서로를 인정한다. 상호인정에 기초하여 쌍방은 전국적 집단협상과 현장에서의 일상적인 협력이 이루어지는 협력적 시스템을 발전시켰다.
- 정부는 정책결정에서 정례적으로 협의하며 고용주와 노조의 의견을 반영한다. 정부는 노동시장 정책에 대해서는 개입하지만, 임금결정 과정 그 자체에는 개입하지 않아 임금의 집단협상 과정에서 대체로 빠져 있다. 임금은 시장에 의해 궁극적으로 결정되는 것처럼 보인다. 국가는 협력적 시스템과 관련된 입법과 노동법원, 근로환경, 직업훈련 등에 대한 재원조달을 지원해 왔다. 국가와 조직화된 노동과 조직화된 자본 간에는 공식적인 교환관계를 가진다. 중앙집중적인 쌍방 합의 또는 사회정책 입법을 대가로 이루어지는 국가와의 정치적 교환을 통해 자기규율적 기능을 수행한다.

렌-마이드너 모델 살츠요바단 협약 이후 노사 간의 산별 교섭이 1956년부터 중앙단체 교섭으로 전환되었으며 노동과 자본의 대표가 정부의 각종, 각급 위원회에 참여하여 자신들의 이해를 표출하고 조정 · 협력하며, 사회 · 경제 문제 해결에 나섰다.[18] 그 과정에서 특히 중요한 것은 렌-마이드너 모델로 알려진 1959년의 연대임금 정책과 적극적 노동시장 정책이다. 연대임금정책은 정부 개입 없이 노사 간 중앙집중적 협의로 동일 노동에 대해 동일 임금을 보장하되 그 격차가 크지 않고 높은 수준에서 평준화되도록 하였다. 이는 일할 수 있는 모든 사람에게 (ETIC의 최소 소득이 아니라) 인간적이고 여유로운 환경에서 일할 수 있게 하며, 높은 소득을 보장하여 근로를 장려하는 한편 임금의 경쟁적 인상을 억제하여 거시경제적 안정에 기여하였다. 연대임금정책은 생산성이 높은 (수출 대)기업에게는 초과이윤을 보장하여 투자를 이어가도록 하였고, 비효율적인 (중소)기업은 생존을 위해 효율성을 높이거나 시장에서 퇴출시키는 산업 합리화와 고용불안으로 이어졌다. 고용불안 또는 고용유연성 문제는 '직장' 보호가 아닌 '고용' 보호를 추구하는 '적극적 노동시장정책'에 의해 해소되었다. 적극적 노동시장정책은 사양산업 부문에서 발생한 실업자들을 생산성이 높은 부문으로 신속하게 이동시키고 노동생산성을 상향 평준화하였다. 연대임금정책과 적극적 노동시장정책은 완전고용, 거시경제적 안정, 평등이라는 목표를 실현하면서 산업 구조조정을 가속화하여 대기업 발전, 국제 경쟁력 제고, 경제성장을 촉진하였다.

---

17. 그러나 이러한 조합주의관계에 대해서는 타협을 통한 협의의 필요성으로 인해 제도적 내성을 낳고 변화에 대한 적응 지연을 낳을 것이라는 비판이 있어 왔다.
18. 스웨덴의 노사정 3자 협의제는 법적 근거가 없는 비공식적 특징을 지녔지만, 독일은 산업별로 노사가 타협하고 공동결정제도와 이원적 이사회의 공식적인 제도화를 통해 노사가 합의하였다.

정책협의의 중앙집중은 1960년대 후반부터 크게 약화되고 대신 더 느슨하고 분권화된 정책협의 구조가 생겨났다. 1980년대에 지방정부로의 광범위한 정책결정의 분권화가 이루어졌다. 입법과정은 보다 덜 지시적인 '틀'의 형식을 취하였고 행정기구들과 지방정부에 더 많은 재량권이 부여되었다.

노동 중시와 유연안정성

북유럽은 강력한 평등주의적 정신을 가져 소득의 평등을 지향하며, 노동을 집단적 정체성과 자부심의 원천으로 간주하여 높은 고용수준이 중시된다. 조합주의적 노사관계하에서 전국을 포괄하는 중앙집중적 임금교섭이 이루어지고 임금이 평준화된다. 높은 수준의 경제개방으로 인해 국제경쟁의 압력이 높아 노동 유연성과 신속한 산업 구조조정을 요구한다. 이에 대응한 노동체제의 유연안정성 모델은 높은 수준의 고용유연성과 모든 노동자에 대한 고용 기회의 보장을 결합한다. 이를 떠받치는 것이 고용보다는 시민권에 연계된 복지제도와 보편적인 교육 · 훈련이 낳는 고숙련 근로계층이다. 적극적 노동시장 정책은 노동시장 참여를 촉진하는 구직 프로그램, 상담과 직업훈련을 통해 실업자에게 추가 기술을 제공하는 숙련향상 조치를 포함한다. 고용보호 입법 수준은 강하지 않은 편이지만, 장기로 제공되는 높은 소득대체율의 실업급부 제공은 실업자에게 확실한 안정감을 준다.

사민주의는 글로벌화와 기술혁신 그리고 인구구조 변화가 낳는 산업의 부침, 새로운 고용형태의 등장, 사회복지 재원 부족에 직면하여 사회 서비스를 중심으로 한 공공부문에서 일자리를 창출하고 적극적 노동시장 정책과 관대한 실업급여를 통해 원할한 구조조정을 촉진함으로써 대응하였다. 한편 덴마크를 중심으로 실업보험 수급요건을 강화하고 수급 중 적극적 노동시장 정책 참여를 강제하는 조치가 이루어져 민간부문에서 고용이 증대되었다.

4) 남유럽 다극화 모형

계층적 작업조직과 대량생산방식

프랑스의 기업조직은 집단주의, 권위에 대한 존중, 계층적 구분을 특징으로 한다. 나폴레옹 시대에서 비롯한 국가기구에 의해 창출된 파워 엘리트가 공공부문과 기업을 선도한다. 전국적 경쟁을 통해 입학한 그랑제콜을 거쳐 관료로 진출하고 이어서 사기업 최고경영층으로 이직한다. 1990년의 경우 200대 기업의 최고경영층의 45%가 이들 출신으로 구성되었다. 교육적 배경과 사회화가 유사하고 상호 의존적 네트워크에 대한 의존성 때문에 기업 리더들은 현재의 직책을 유지 · 강화하거나 더 큰 회사에 지명되는 것을 목표로 삼는다. 이는 국가를 위해 뛰어난 역할을 하고 조직에서 자신의 권한을 유지하여 간접적으로 사회적 지위를 유지함으로써 성취 가능하다. 따라서 최고경영자들은 여러 면에서 과거의 지사(intendent)나 임명직 도지사(prefet)의 뒤를 잇는다고 할 수 있지만, 그 과정에서 국가의 이익보다 자신이 속한 군단의 이익을 우선한다고 할 수 있다.

최고 경영진이 파워 엘리트로서 믿음과 선호를 가지고 행동하므로 '국가 엘리트'로서의 자신과 하위 관리자 사이에는 넘을 수 없는 장벽이 존재한다고 생각하는 것은 당연하다. 제품 설계와 운영을 관할하는 중간관리층은 공학자들로 최고경영층이 될 가능성이 거의 없다. 마찬가지의 장벽이 중간관리자와 하위관리자 사이에도 존재한다. 중간간부 밑에 배치된 기술자들은 실무 중심의 교육(2년 기술학위)과 경험을 거치며 중간간부

그림 13-9 남유럽의 작업조직

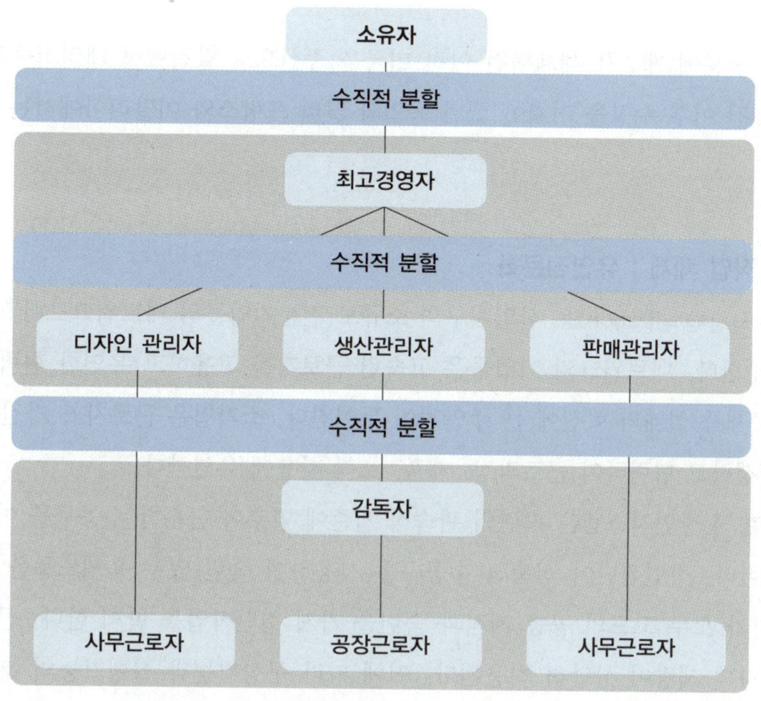

로 승진할 가능성은 극히 제한적이다. 기술자계층과 분리되어 준숙련과 미숙련의 생산근로자 계층이 있는데 제2차 세계대전 이후 본격적 산업화로 작업장에 대거 등장하였다. 이들은 노조조직률이 낮지만 전투적으로 활동한다.

직업 경력은 자신이 속한 집단에 할당된 직무로 제한된다. 각 집단은 자신의 의무가 대체로 자신의 직업(예 : 회계사, 전기 기술자, 기계공)에 의해 결정되는 것으로 간주하며, 자신의 행동의 기반을 직업의 규범에 두는데, 각 집단은 위계질서 내에서 독립된 지위를 가지며 집단 간에는 서로를 이어주는 다리가 존재하지 않는다. 누군가가 더 높은 위치로 승진하는 드문 경우가 나타날 경우 이들은 원래 집단에 의해 배신자로 간주되

표 13-12 국가별 작업조직의 구성 비율(%)

	학습조직	린 생산	테일러주의	단순구조
독일	44.3	19.6	14.3	21.9
프랑스	38.0	33.3	11.1	17.7
이탈리아	30.0	23.6	20.9	25.4
영국	34.8	40.6	10.9	13.7
스웨덴	52.6	18.5	7.1	21.7
EU_15	39.1	28.2	13.6	19.1

주 : 학습조직은 근로자들의 학습동학과 문제해결 능력이 두드러진다. 테일러주의는 학습조직과 정반대의 내용을 가지며, 린 생산은 학습조직의 속성을 갖지만 노동의 자율성이 낮고 노력통제를 위해 엄격한 생산목표를 설정한다. 단순구조는 전통적 작업조직으로 공식적 구조가 매우 취약하며 노동자에 대한 직접감독 통제가 지배적이다.

자료 : 다음을 인용한 김영용(2005), 「최근 유럽연합국가들의 작업조직 형태의 다양성에 관한 검토」, 『국제노동브리프』, 한국노동연구원 ; Lorenz, E. and Antoine Valeyre(2005), "Third Working Constitution Survey, European Foundation for the Improvement of Living and Working Condition".

고 새로운 집단에서는 동료로 받아들여지지 않는다. 결국 거의 변화될 수 없는 자기 강화적 계층 구조를 갖고 있다.

이러한 계층조직 덕분에 제2차 세계대전 이전 미국을 중심으로 발전했던 테일러-포드주의의 대량생산 방식은 제2차 세계대전 이후 수정을 거쳐야 했던 독일과 달리 프랑스와 이탈리아에서는 비교적 용이하게 전파될 수 있었다.

이탈리아 생산 · 작업 체제 : 유연전문화

유연전문화(flexible specialization)는 산업지구의 소규모 전문기업들의 네트워크로서[19] 이들의 전통 제조품은 세계시장에서 경쟁한다. 네트워크의 기업들은 고숙련 근로자를 고용하고 유연한 협력관계를 확립하여 수요 변화에 반응한다. 제품 설계의 혁신에 큰 주안점이 두어진다. 소기업은 근로자가 가진 숙련, 신축성, 혁신성의 기반 위에서 경쟁하고 협력하여 근로과정, 제품, 조직 활용에 유연하다.

기업 내 숙련지향적 장인시스템은 숙련의 관습적 기준에 맞추어 단순한 수공구를 이용하여 제품을 생산하는 장인에게 의존한다. 장인집단이 신축적 수공구를 사용하여 숙련 있는 육체노동을 계획하고 집행한다. 소유경영자와 근로자가 모두 고도의 공통 지식과 숙련을 가져 집단작업을 함께 한다. 근로자의 숙련에 대한 의존성이 높고 근로자의 재량이 상당히 허용된다. 이에 따라 구상기능과 실행기능의 분리에 따른 노동소외 문제는 크게 완화된다. 생산방법과 작업흐름에 대한 의사결정에 노동자의 참가가 활성화되어 있다. 도제는 마스터의 지도를 받는다. 고용주와 근로자 간의 상호 헌신도는 낮으며 높은 수준의 기업 간 근로자의 이동, 기업의 생멸이 나타난다.

기업 간 특화를 통해 효율성을 달성하고 협력을 통해 유연성을 달성하는 소규모 생산자의 강력한 네트워크가 형성된다. 소기업들 사이에 생산 네트워크가 존재해 전문화를 바탕으로 기능적 결합이 가능해 전체적으로 범위의 경제와 규모의 경제가 나타날 수 있다. 장인적 생산방식(artisan production)을 따르는 기업들은 생산사슬을 따라 투입과 산출을 조율하기 위해 다양한 시장계약에 의존하고 작업 범주는 유동적이며 근로자들은 전문성이 높고 유연하다. 기업들이 신제품 생산을 위해 새로이 결합될 때 현장학습이 발생한다. 근로자가 기업을 자유롭게 이동하며 다양한 숙련을 축적하며 동시에 실업의 위험도 완화한다. 네트워크에서 기업들은 상호 신뢰하고 필요시 기술과 상품시장에 대한 정보 공유를 통해 협력하지만 동시에 고객을 두고 여전히 경쟁한다. 결과적으로 산업지구나 기업 간 네트워크에서 각 기업은 범위의 경제를 달성할 수 있다.

근로조직에 대한 경영자의 통제는 성과평가의 어려움과 숙련 근로자의 유지 때문에 제한받는다. 장인이 성과 개선 메커니즘의 주체가 된다. 기량 수준에 자극받고 자신들의 작업결과를 관례적 수준과 비교함으로써 경험으로부터 학습한다. 강력한 노조가 근로자의 이익을 대표하여 전국적 수준에서 임금기준을 협상하고 작업조직에 대한 협력적 해결책을 도모하며, 지역 수준에서 노동을 유연하게 재편한다는 것이다.

19. 기업규모가 이제 더 이상 유연전문화의 본질적 특성이 아니라는 지적에 주의하여야 한다. 대기업 역시 분권화된 구조를 가지고 하청업체와 안정적이고 비약탈적인 관계를 가지고 시장급변과 수요급변에 반응하여 혁신제품을 개발하는 데 네트워크의 다른 기업과 전략적 연대를 형성하고 개혁하는 데에 뛰어나다면 유연 전문화를 달성했다고 간주될 수 있다.

권위적 · 갈등적(contestive) 노사관계

노동조합과 사용자단체의 힘이 모두 약하며, 그조차도 양측 모두 내부적으로 분열되어 전통적으로 자신들의 기반 조직을 강력히 통제하지 못해 왔다.

노동조합 현재 단지 9%의 프랑스 노동자만이 노동조합에 가입되어 있는데 이는 산업국가들 중에서 가장 낮은 수준이다. 1791년 헌법은 프랑스대혁명(1789)의 영향으로 노동자의 이익을 대변하는 모든 단체의 결성이 금지되어 근 1백년간 노조 설립이 방해받았다. 뒤늦은 산업화에 따라 점차 파업(1864)과 노조설립(1884)이 인정되고 1936년이 되어서야 단체협상을 할 수 있었고 1968년에는 회사 차원의 대표자를 둘 수 있었다. 이후 20세기의 프랑스 노동운동은 단일 전국노조로 통합하려는 노력이 무산되고 분열을 거듭해 왔다.[20] 노조활동은 활동적이고 대립적이며 맹렬하지만, 공공부문을 제외하곤 취약하다. 노조는 중앙집권적이고 계층적이지만 효과적으로 조직을 통제하지 못하고 내부 응집력이 매우 낮다. 하위 조직을 통제하고 파업을 억제하는 능력이 제한적이어서 사용자들에게 바람직한 협상 파트너가 되지 못하고 있다. 가부장적인 고용주들은 투쟁적이고 단체행동에 자주 의존하는 노조와 협상하는 것을 꺼려한다.

사용자 단체 사용자 단체의 경우 1919년 결성된 단일조직 Medef가 결성되어 있는데, 업종별 · 지역별로 세분화되어 있다. Medef는 전통적으로 임금 협상 권고안을 발표해 왔지만 회사 차원에서 협상의 중요성이 커짐에 따라 이 관행에서 물러나 있다. 단체협상은 결코 전국적 차원에서 성립되지 않는다. 매우 강력한 업종별 협회가 존재하고 전국 조직이 이들에 재정적으로 의존하고 있는 데서 비롯한다. Medef는 사용자 협회라기보다 이익단체, 로비단체, 싱크탱크로 활동하는데 중소기업협회인 CGPME보다 훨씬 더 큰 정치적 영향력을 갖는다.

노사관계 노사 상호 간에는 정통성에 대한 인식이 부족하고 적대감이 존재하며 협상문화는 대체로 존재하지 않는다. 이에 따라 노동조합과 사용자 단체 양측은 자신들 간의 관계를 국가가 법령을 통해서 규제하는 방식을 추구해 왔고, 정부는 사회관계의 규제에서 지배적인 역할을 수행하여 왔다. 이러한 상황하에서 국가 수준의 3자 간 정책협의는 역사적으로 사실상 불가능하였고 합의는 예외적인 것이었으며, 갈등과 국가중재의 양상이 보편적 모습이었다. 그러나 이론적으로나마 노조와 사용자단체는 단체협상, 협의기구, 사회보장기금의 관리뿐만 아니라 일상적인 로비활동을 통하여 국가 수준의 정책 과정에 개입하였다.

노사 양측은 매우 적대적이고 대립적인 만큼 국가는 노사관계에서 강력한 역할을 한다. 국가는 사회 집단에 대해 가부장적이고 종종 후원적 태도를 보인다. 기업들과는 밀접하게 연계되는 반면, 취약한 노조는 좀처럼 진지한 협상 상대로 여기지 않았다. 대신 정부는 노동계를 대신하여 일종의 대리노조(ersatz union)로 행동한다. 국가는 최저임금을 통해 그리고 전국적으로 적용되는 임금협약을 선언함으로써 임금결정에 개입한다. 전국 수준의 협의체로 노조를 끌어들이고 회사 수준에서는 이들의 입지를 강화했다. 국가는 입법조치를 통해 교섭이 이루어지는 영역을 조성한다. 입법 주도를 통해 대리노조로 활동할 뿐만 아니라 노동조건은 백과사전식 노동법을 통해 규제되고 있다. 노조와 사용자단체들은 노동과 사회 정책에서 특정 입법조치에 대

20. 남유럽 국가 역시 노사갈등이 크고 노조는 자주 대중동원에 의존하며 정치화되어 있고 내부 조직은 분열적이다. 집단현상의 결과는 법이나 행정적으로 비노조 근로자들에게 적용된다. 그러나 적대적 노사관계는 작업장이나 업종별, 전국적 수준 모두에서 국가의 개입이 완화되고 점차 합의적 시스템으로 변화하고 있다. 임금 협상도 마찬가지로 변모하고 있다. 특히 임금이 경기 상황이나 생산성을 반영하도록 하고 인플레이션 억제를 위해 협력하며, 투자 장려를 위해 생산성 개선의 일부를 이윤으로 돌리고 있다.

해 자문을 받지만, 협의가 구속력을 갖진 못한다.[21] 1936년 단체교섭이 허용된 이래 국가는 단체교섭에 직접 개입하지 않는다. 그러나 국가는 1958년 최저임금을 일방적으로 결정했으며 이후 모든 근로자들에 대해 법적 구속력을 갖게 되었다. 또한 노동부나 노사의 주도로 집단적으로 합의된 부문별 최저임금은 특정 산업 또는 특정 지역 내의 모든 기업에 적용된다. 노동부는 또한 관련된 전문분야에 구속력을 갖는 최저임금을 선언(enlargissement)할 수도 있다.

정부 프랑스 체제의 사회규제 특성 중 하나는 단체협상과 법률 사이의 명확한 구분이 있다는 것이다. 직업훈련과 사회보장기금의 관리와 같은 몇몇의 영역에서 전국적 단체협상이 확립되어 있는 반면에, 다른 영역들의 경우는 국가의 개입이 필요하였으며 또한 법의 힘을 빌려 합의의 존속을 담보하기 위하여 사용자나 노동조합의 국가 개입 요구가 있었다. 국가는 또한 법률안 통과를 협박의 수단으로 이용하여 사용자와 노동조합의 협상을 압박하기도 한다. 이러한 현상은 종종 입법화를 촉진하는 수단으로 보여졌는데, 국가는 몇 년 후 상황을 평가하여 법률이 지속되어야 할지, 수정되어야 할지, 아니면 사용자 단체와 노동조합의 이슈 협상을 통한 합의에 비추어 철폐되어야 할지를 검토한다. 더욱이 낮은 수준의 합의더라도 바람직한 것으로 간주되면 정부에 의해서 전 경제영역으로 파급될 수 있다.

프랑스의 노사관계는 전투적이지만 비교적 취약한 노조, 가부장적인 사용자, 고도의 개입주의적이며 종종 대리노조로 역할하는 국가 사이의 불신과 적대적 관계로 특징지어진다. 노사 모두 국가를 두려움의 대상으로 인식하는 경향이 강하며 자신들의 자율성에 대해서 방어적 자세를 견지한다. 노동조합은 한편으로 국가에 의존하는 경향을 보이면서도 다른 한편으로는 적대적 감정으로 대한다. 간혹 노사 간에 일시적 연합이 형성되기도 하지만 노사 간에 존재하는 뿌리 깊은 불신과 불균형 때문에 이러한 연합이 지속적인 추세로 발전하지는 못했다. 정부는 사회관계의 규제에서 전통적으로 지배적 역할을 해 왔다. 노동조합과 사용자 단체의 힘이 약하며, 정통성에 대한 상호 인식과 협상문화가 부재하고 양측에서 적대감이 존재하였기 때문에 노조와 사용자 단체 양측은 자신들 간의 관계를 국가가 통상 법령을 통해서 규제하는 방식을 받아들여 왔다.

남유럽 역시 이러한 프랑스와 유사한 노사관계가 지배적이다. 강력한 국가개입의 전통하에서 정치화되어 다양하게 분할된 노동조합과 결속력이 미흡한 사용자단체가 병존하여 사회조직의 제도화가 부족하며 상대를 인정하지 않는 적대적 노사관계를 유지하고 있다. 집단협상은 포괄성이 낮다. 근로자들은 숙련개발과 과업에 대해 영향을 미칠 기회가 적으며, 일과 삶의 균형에서 만족도도 낮다. 정치적 · 종교적 분할과 그에 따른 노동관계의 다극화의 진전은 국가와의 후원자적(clientelistic) 관계를 강화한다. 자본 측의 가부장적인 노조반대가 노사관계에서 특히 문제시된다. 분할되고 다극화된 시스템에서 고용주와 근로자조직은 대표권과 국가로부터의 인정을 위해 분투한다. 양측 간의 관계나 국가와의 관계 모두 갈등적이어서 국가개입을 자극한다. 특히 취약한 조직률로 인해 노조는 국가개입을 요구하기 위해 사회적 · 정치적 동원에 의존하는데, 이 방법만이 고용주로 하여금 노조운동을 인정하고 협상하도록 할 뿐이며, 국가의 도움하에 노동갈등을 해소할 수 있다.

---

21. 프랑스에서는 국가중심적(state centred)으로 사회집단과의 체계적 협의 없이 정책이 설계되며, 사회집단의 요구는 신축적 집행과정을 통해 후속적으로 수용된다. 그렇지 못하면 사회집단들은 투쟁에 나선다. 한편 이탈리아는 국가중심적 모형과 조합주의적 모형의 중간에 위치한다. 하지만 양측 모두에서 취약하고 국가는 조합주의적 형태보다는 후원자적(clientelistic) 관계를 보인다. 조합주의를 뒷받침하는 법률이 미흡하고 일관성 없는 정부에 대한 의존도가 크다. 국가개입은 상대적으로 덜 조직화되고 대표성이 낮은 협상 파트너들 간에 협상된 집단합의를 경제 전체로 확대하는 데 결정적일 수 있다.

강한 고용보호와 낮은 사회적 보호

남유럽 모형의 경우 유럽대륙 모형보다 고용보호는 더 강하지만, 사회적 보호가 약하며 적극적 노동시장 정책에 대한 투자도 낮아 (장기) 실업으로부터 근로자를 적절히 보호하지 못하고 있다(Tamesberger and Foissner, 2017). 노동시장에서 경제적 안전을 보장하는 제도와 정책들에서 단체협약보다 법적 규제에 의존하는 경향이 크다. 남성 가계부양자 이념이 강해 주로 대기업에 종사하는 남성 정규노동자로 구성되는 내부자에는 고용보호와 실업보험이 집중되어 잘 보호되는 내부자와 그렇지 못한 청년층, 중소기업을 중심을 한 한계상황의 외부자 간의 이중구조가 존재한다(fragmented legal security regime). 내부자와 외부자 간의 격차는 유럽대륙에서보다 훨씬 더 크다. 상품시장에서의 상대적으로 낮은 경쟁이 이러한 고용보호를 가능하게 하고 있다. 기업들은 비정규 노동자를 중심으로 한 주변 노동력을 적극 활용해 왔기 때문에 높은 수준의 노동시장 분단이 나타난다. 여기에 경제의 이중구조적 성격이 강하고 중소 영세기업과 지하경제의 비중이 크다는 조건까지 더해져 주변 노동력의 규모가 다른 나라에 비해 크다. 주변적 노동자들은 노조에 가입되어 있지 않고 단체협약의 보호를 받지 못한다. 이를 보완할 수 있는 적극적 노동시장 정책 역시 미약하다. 한편 가족 내 여성노동의 중요성으로 말미암아 여성의 높은 실업률이 사회문제로 인식되는 것을 막고 있다. 교육 및 숙련 수준이 제한되는 만큼 고임금-고숙련을 지향하는 산업전략을 전개하는 데에는 한계가 있다.

산업발전은 일부 도시와 지방으로 제한되어 지역개발은 파편화되어 있다. 이에 따라 포드주의적 생산은 소수 도시에서 우세하고, 전국적으로 중소기업이 지배적이다. 경제발전의 지역적 파편화 외에도 복지제공이 크게 분할되어 중 · 대기업의 공장노동자과 달리 근로 경험이 없는 실업자, 공식노동시장 외부의 노동자, 자영자에 대한 복지급부는 무시된다. 후자는 노동자의 상당부분을 차지하여 이들의 사회 통합은 주로 탈세에 대한 관용과 광범위한 지하경제를 통해 이루어지고 있다.

2. 한국의 고용구조와 노사관계의 도전

한국도 세계화, 기술혁신이 낳은 노동시장 충격에서 충분하게 적응하지 못하고 있다. 여기에 더해 저출산 · 고령화로 생산가능인구 비중이 감소하는 가운데 일자리 창출이 부진하고 청년층과 고령자를 중심으로 낮은 고용률을 보인다. 취업자들은 과도한 소득 및 근로조건 격차와 불안한 고용으로 어려움을 겪고 있다. 이러한 특징은 우리의 생산방식과 노사관계 그리고 복지제도와 긴밀히 관련되어 있다.

2.1 인구와 그 구조의 변화

출산율 하락으로 고령화가 병행

2022년의 우리나라 인구 수는 세계 인구의 0.6%인 5천 2백만 명 정도로 세계에서 59번째로 인구가 많다. 도시국가와 소규모 섬 국가를 제외하면 세계에서 25번째(2020)로 인구밀도가 높다.

표 13-13 1960~2010년 기간 중 인구 변화 (단위 : 만 명, %, 명)

연도	1960	1970	1980	1990	2000	2005	2010	2015	2020	2021
총인구	2,501	3,224	3,812	4,287	4,701	4,814	4,941	5,102	5,184	5,174
인구증가율	2.90a	2.21	1.57	0.99	0.84	0.21	0.50	0.53	0.14	−0.18
합계출산율	5.63b	4.53	2.82	1.57	1.47	1.08	1.23	1.24	0.84	−

주 : a : 1961년 인구증가율, b : 1965년의 합계출산율.
자료 : 통계청, 「추계 인구」, 「인구동향조사」; OECD, Country Statistical Profiles.

한국의 인구증가율은 출산율 급증과 사망률 하락에 힘입어 1960년대 말까지 꾸준히 상승해 1955~1960년 동안 3.1%에 달했다. 가임 여성(15~49세) 1명이 평생 낳을 것으로 기대하는 평균 출생아 수, 즉 합계출산율(total fertility rate)은 1960년대에 평균 5.6명 수준이었다.

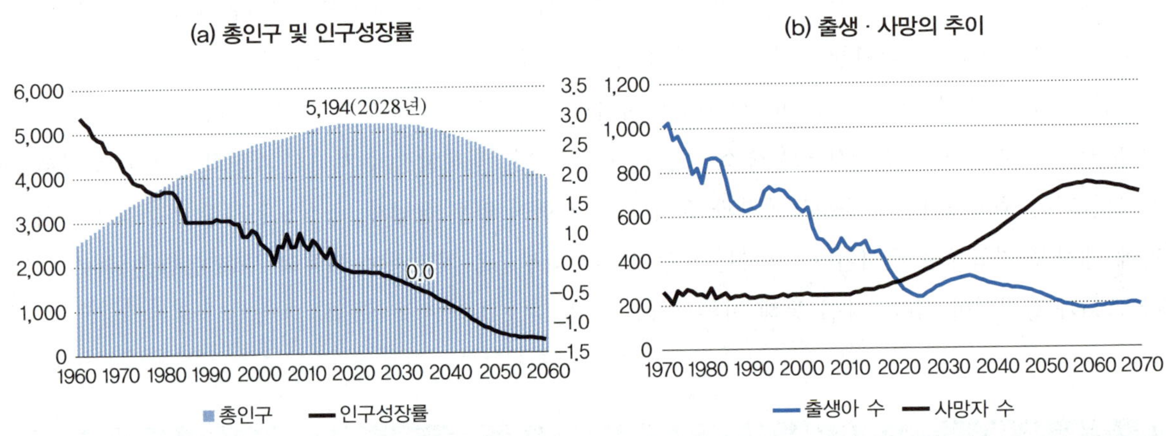

그림 13-10 총인구와 출생 · 사망의 추이

인구급증이 낳는 부양 부담을 우려해 정부는 출산 억제책(가족계획사업, 1962)을 실시하였고, 합계출산율은 1980년대 이후 급락하여 1990년대 1.5명, 2000년대 1.2명 내외를 유지하다 2018년부터 1.0명을 하회하기 시작하였고 2021년에는 세계 국가(지역) 중 가장 낮은 수준인 0.81명으로 떨어졌다. 이는 OECD 평균(1.3~2.0)에도 미치지 못할 뿐만 아니라 세계 224개국 중 219위, OECD 35개국 중 최하위이다. 인구증가율 역시 1960~1985년 2.0%에서 1985~2000년 0.9%로 그리고 다시 2000~2009년 0.4%로 하락하였다. 인구증가율이 급락하자 정부는 2000년대 들어 출산 장려책으로 돌아선다. 사망률 하락에 힘입어 2010년에 4,941만 명으로 인구 규모는 커져 왔지만 2021년부터 반락하였고 2067년에는 3,929만 명이 될 것으로 예상되고 있다.

출산율과 사망률의 동반 하락은 청년인구 감소와 고령화를 수반하고 있다.[22] 출산율 하락에 따라 15세 미만의 인구 수는 지속적으로 하락하고 15~29세 청년 인구와 30~54세의 장년 인구가 1990년 그리고 2010년을 기점으로 감소하고 있다. 반대로 65세 이상 인구는 1960년 이후 2020년까지 급증하며, 노인인구 비율(65세 이상 인구 비율)은 1980년대 초까지 3%대에 머물렀으나 이후 빠르게 증가하여 1990년 5.0%에서

22. 평균수명은 2020년 현재 83.5세로 과거에 비하여 크게 높아져 북미(77.9)와 유럽(77.7)보다 높다.

2010년에는 12.7%로 올라섰다. 이에 따라 한국은 이미 2000년에 '고령화 사회(65세 이상 인구 비중 7% 이상)'로 진입했으며, 2026년에는 '초고령 사회(65세 이상 인구 비중 20% 이상)'로 변화할 전망이다. 선진국에서 고령화 사회에서 초고령 사회로 진입까지 소요된 기간이 일본을 제외하면 평균 70년 이상이지만 한국은 26년으로 매우 짧다. 현재의 속도대로라면 2065년 한국은 65세 이상 인구가 42.5%에 달하고 14세 이하는 9.6%에 불과하며, 국민 평균연령은 54.7세에 달할 것이다.[23]

그림 13-11 연령별 인구 추이

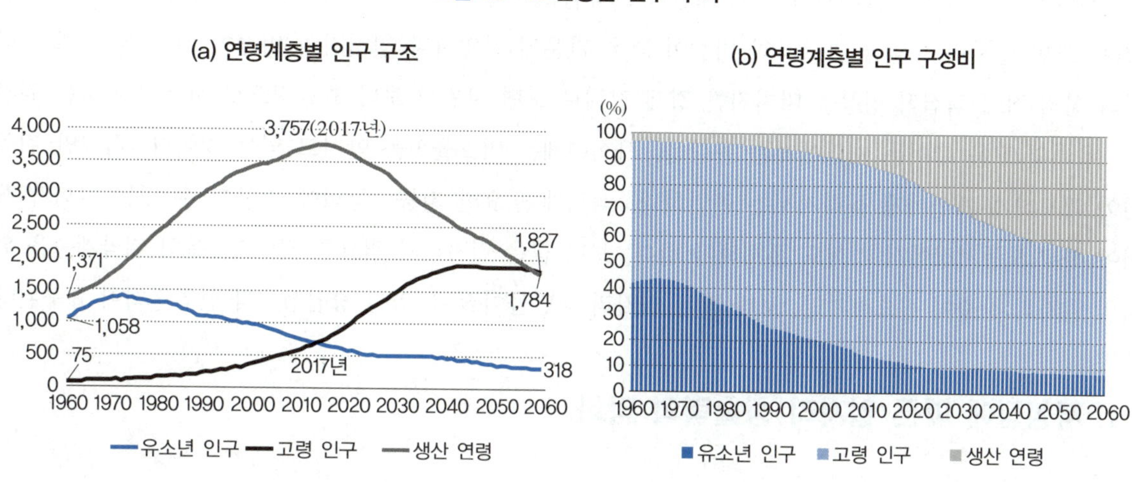

한국은 1990년 이후 출산율이 더 낮아져 남유럽 국가군의 평균 출산율 이하로 떨어졌다. 노인부양비 역시 남유럽 국가군과 유사하고 다른 국가군에 비해서는 매우 높은 60% 전후의 비율을 보일 것으로 예측하고 있다. 낮은 출산율과 높은 노인인구 비중은 공적연금과 의료보장을 경색시키고 관련 지출을 압박하고 있다.

생산가능인구 감소로 노동력의 양과 질이 감소

고령화보다 더 심각한 문제는 생산가능인구의 감소이다. 생산가능인구 감소는 노동공급을 축소시킬 뿐만 아니라 상대적으로 새로운 지식과 기술을 습득한 청년 노동력의 감소로 노동 생산성도 저해할 것이다. 전후 베이비 붐 세대(1955~1963년 출생자)가 1970년대 노동시장에 진입함에 따라 생산가능인구는 1980년대까지 2% 중반 정도의 높은 증가율을 유지하였다. 그러나 이들 세대의 노동시장 진입이 1980년대 말 정체되었으며 1990년대부터 생산가능인구 증가세가 크게 둔화되다 2020년부터 감소세로 돌아섰다. 생산가능인구의 증가는 1960~1980년대 사이에 1인당 GDP 증가에 큰 영향을 미쳤으나 점차 약화되어 왔다. 생산가능인구는 2016년에 3,704만 명으로 정점에 달한 뒤 현재 급감하고 있으며, 2020년 이후에는 매년 30만 명 이상 감소할 전망이다. 2030년에는 65세 이상의 인구가 전체 인구의 1/4이 되어 일본, 독일과 함께 세계에서 가장 늙은 국가가 될 것이다.

생산가능인구 감소의 여파가 가장 직접적으로 나타나는 것은 생산직의 평균연령의 급상승이다. 1960~1970년대 산업화 초기에 20대 남성 생산직, 10대 여성 생산직이 다수였으나 이제는 40대 이상의 고령자가 생산직의 절대 다수를 구성하게 되었다. 그동안 정부는 다양한 출산 장려책을 보다 많은 계층에게 확대해 왔

23. 생애주기에서 소비가 정점에 이르는 45~49세 연령대 인구의 감소를 인구절벽(demographic cliff)이라고 칭하는데 우리나라는 이 현상이 2018년에 나타났다.

다. 우리나라는 혼외 출산을 널리 인정하는 유럽식의 결혼 · 출산 분리 정책을 채택하기 어렵고, 미국식의 적극적 이민정책도 쉽지 않다. 일본의 경우 우리와 마찬가지로 결혼 장려책이 결혼율에 큰 영향을 미치지 못하고 저출산이 지속되고 있다.

2.2 고용기회의 축소와 청년층 및 여성의 고용 부진

우리나라는 경제활동 참가율이 낮고 그만큼 고용률도 부진하다. 이는 여성과 청년층에서 두드러지게 나타난다. 또한 일자리도 임금 근로자의 비중이 낮은 가운데 자영자나 임시직의 비중이 매우 높다. 일자리는 개인의 삶의 질에 직접적 영향을 미치지만 경제 전체로 보면 자원이 보다 효율적으로 사용되게 하는 원천이 된다. 우리의 고용 추이는 개인에게는 곤란을, 사회에게는 비효율성을 안기고 있는 것이다. 하지만 취업의 책임이 과도하게 개인에게 돌려져서는 곤란하다. 직업에 필요한 기능 · 능력에 접근할 수 있는 기회가 제공되어야 하고 노동시장에서 기회도 존재해야 한다. 보다 많은 일자리가 필요한 것이다. 특히 취약계층을 위해 단기의 일자리 창출이 필요하지만, 보다 많은 일자리가 만들어질 수 있는 창업정책과 산업정책이 요구된다.

1) 저성장에 따른 일자리 창출력의 약화

우리나라의 경제성장률 둔화 추세는 취업자 증가율의 둔화를 동반하고 있다. 동시에 경제성장이 일자리 창출에 기여하는 효과도 계속 약화되고 있다. 일자리 창출에 대한 기여효과는 취업계수(생산 10억 원 당 취업자 수), 고용계수(생산 10억 원당 피고용자 수), 고용(의 성장) 탄력성 또는 고용탄성치로 파악한다. 취업계수는 1995년 14.8, 2000년 10.9에서 2018년 5.6으로 감소하였으며, 고용계수는 1995년 9.8, 2000년 7.0에서 2018년 4.1로 감소하였다.[24] 한편 취업자 수 증가율을 경제성장률로 나눈 값으로, 경제성장이 일자리 창출로 얼마나 이어지고 있는가를 가늠하는 고용탄력성은 1970년대 이래 1997년까지 0.350 내외였으나 그 후(1998~2012) 0.323으로 급락한 뒤 점점 낮아져 2018년에는 0.136까지 하락했다. 이는 OECD 평균 0.44에 비해 매우 낮은 수준이다. 고용 창출능력이 저하한 원인은 다양하다. 자동화로 대변되는 노동 절약적 생산방식이 심화된 데다 고용유발 효과가 낮은 산업이 성장을 주도하고 있기 때문이다. 또한 능력을 갖춘 대기업과 공공부문조차 아웃소싱, 원하청 관계에 의존해 비용을 낮추면서 일자리 창출능력이 크게 감소해 왔다. 또한 국제분업의 확산 속에서 우리나라 기업의 해외진출과 해외 아웃소싱이 활발해짐에 따라 일자리가 해외로 유출되고 있다.

2) 낮은 노동시장 참여율

우리나라는 남유럽과 유사하게 노동시장 참여율이 다른 OECD 국가들에 비해 낮으며, 특히 이는 여성과 청년층에서 두드러지게 나타난다.

---

24. 한국은행 경제통계국(2008), 『우리나라의 고용구조 및 노동연관효과』. 취업계수와 고용계수는 노동생산성의 역수이므로 이는 동시에 노동생산성이 향상되고 있다는 의미를 가진다는 점에 주의할 필요가 있다.

낮은 경제활동 참가율과 고용률

우리나라는 생산가능인구 중에서 구직 자체를 포기하는 사람들이 너무 많다. 경제활동 참가율은 1963년 56%에서 1990년 60%까지 꾸준히 상승하였지만 이후 증가세가 둔화되어 외환위기 이후 최근까지 62~63%에서 정체되고 있다. 남성과 달리 여성의 경제활동 참가율은 점차 높아지고 있지만, 15~64세 여성 고용률은 56.7%(2020)로 미국(62.2%), 독일(73.2%)이나 정부의 직접 고용에 적극적인 스웨덴의 80% 수준에 크게 못 미치며 이웃 일본(70.7%, 2004)보다 낮다. OECD 국가들과 비교하면 생산가능인구(15~64세 기준) 가운데 학업이나 가사 등으로 경제활동에 참여하지 않는 비경제활동인구 비중이 2017년 현재 31%로 여전히 높다.

그림 13-12 고용률과 국제비교

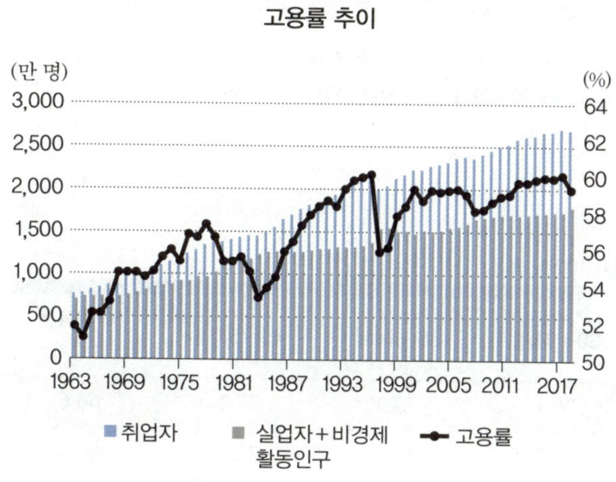

국제비교(2020)

	경제활동 참가율			고용률		
	전체	남자	여자	전체	남자	여자
한국	68.6	77.9	59.1	65.9	74.8	56.7
OECD	71.5	79.4	63.8	66.3	73.7	59.0
프랑스	71.0	74.5	67.6	65.3	68.5	62.2
독일	79.2	82.6	75.8	76.2	79.0	73.2
스웨덴	82.5	84.6	80.3	75.5	77.3	73.5
미국	73.0	78.3	67.8	67.1	72.1	62.2
일본	79.6	86.5	72.5	77.3	83.8	70.6

주 : 우리나라의 고용률추이는 15세 이상 기준, 국제비교는 15~64세 기준.
자료 : 통계청, 경제활동인구조사 ; OECD labor force statistics.

고용률은 외환위기 직후 큰 폭으로 하락하였다가 꾸준히 상승하여 2021년 현재 66.5%(15~64세 기준)로 OECD 평균(67.8%)에 근접한 수준이다. 하지만 미국(69.4%), 프랑스(67.2%), 스웨덴(75.4%), 독일(75.8%) 등 주요 선진국이나 일본(77.7%)보다 낮은 수준이어서 고용률을 높일 여지가 크게 남아있다.

연령계층별 · 성별 : 청년층과 여성의 고용 부진

우리나라는 구직을 원하는 여성이나 청년은 괜찮은 일자리를 찾기 어렵고, 고령자는 최저임금도 보장받기 어려운 일자리에 취업해야 한다. 2017년 고용률은 현재 성별로 보면 남성 76.3%, 여성 56.9%이고, 연령별로 보면 30~50대가 70% 이상이지만 20~29세와 60~64세는 각각 57.6%와 60.6%에 그친다. 이러한 취업자 구조는 인구구조 변화를 반영한다. 20~30대 취업자 비중이 1990년대부터 감소해 온 반면, 40대와 60대 이상 취업자 비중은 꾸준히 증가해 왔다. 40대 취업자 비중은 2000년대에 들어 안정화되었고, 60대는 지금까지 상승세를 지속하고 있다. 한편 2000년대에 들어 50대 취업자의 비중이 급증하여 현재 30~40대가 취업자의 50% 가까이를 점하고 그 뒤를 이어 50대가 20%를 넘고 있다. 55~64세의 경우 한국의 평균 고용률은 60.9%로 OECD 평균(54%)보다 높다.

그림 13-13 연령별 취업자 비중과 고용률 추이

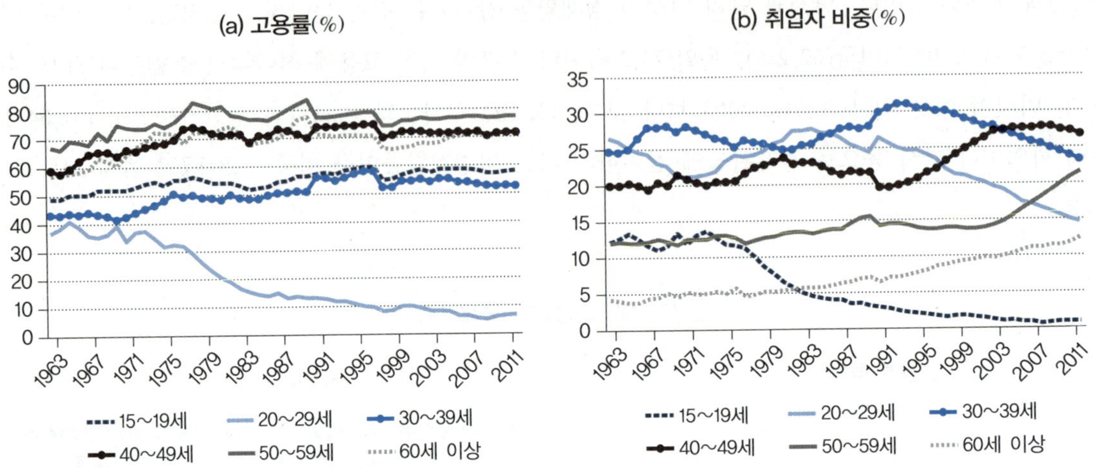

(a) 고용률(%)

(b) 취업자 비중(%)

자료 : 통계청.

표 13-14 **연령별 고용률**(2020, %)

	15~19세 (청년층)	20~24세 (청년층)	25~29세 (청년층)	30~34세	35~44세	45~54세	55~64세 (고령자)
한국	6.6	41.1	67.6	76.1	75.3	77.2	66.6
OECD	21.8	54.7	72.1	75.9	77.8	77.0	60.4
프랑스	10.1	48.8	74.5	79.4	82.1	82.7	53.8
독일	27.2	66.3	80.9	84.7	86.3	85.9	71.8
스웨덴	21.0	57.5	76.8	83.5	86.9	88.4	77.8
미국	28.3	59.7	73.5	75.6	77.0	75.5	60.3
일본	18.3	71.6	86.5	83.8	84.8	86.1	76.7

자료 : OECD.Stat, LFS by sex and age-indicators : Labour force participation rate.

청년(15~29세)의 고용률은 2004년에 45.1%를 기록한 이후 하락하여 40% 수준에서 정체되고 있는데, 이는 OECD 청년 고용률에 비해 10%p 이상 낮다. 청년 인구가 1990년대 초반부터 감소하고 있는데도 청년실업률은 2008년 7.1%에서 2018년 9.5%까지 오히려 상승하여 전체 실업률의 3배 가까이 높다. 한편 청년의 졸업 · 중퇴 후 첫 직장에 취업할 때가지의 소요기간은 2004년 이래 10개월 내외로 나타나고 있는데, 이는 청년의 일자리 선택이 평생의 커리어를 선택하는 의미를 갖기 때문에 1차 노동시장에 대한 탐색을 계속하거나 취업 준비를 해야 하기 때문이다. 한편 이로 인해 비경제 활동인구에 머무는 청년, 즉 일을 하지 않고 일할 준비도 하지 않은 청년(Not in Education, Employment or Training ; NEET)이 꾸준히 늘고 있다. 청년실업 증가는 기본적으로 고학력화와 1차 노동시장의 축소 또는 정체를 배경으로 청년층이 원하는 일자리에 미스매치가 생겨나기 때문이다. 대학진학률이 1990년대 초반 30%대에서 2017년 69%까지 높아졌지만 세계화와 숙련편향적 기술혁신으로 1차 노동시장의 규모는 축소되고 있다. 한편 학력별로 고졸 실업률

(2008~2018년 동안 1.7%p 증가)보다 대학 졸업자 실업률(4.0%p 증가)과 전문대 졸업자 실업률(1.9%p 증가)이 더 빠르게 증가하였다.

그림 13-14 청년 고용률의 국제비교와 청년 인구 수 및 실업률

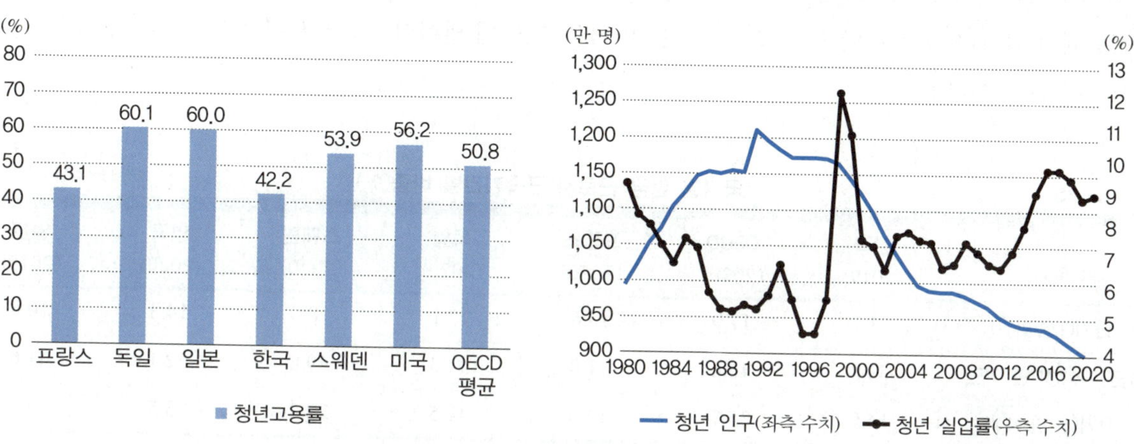

주 : 청년은 15~29세 기준, 전체는 15~64세 기준.
자료 : OECD.Stat, Labor Statistics, LFS by sex and age.

여성 고용률이 꾸준히 상승하여 전체 고용률 상승에 기여해 왔으나 2017년 현재 56.9%로 OECD 평균(60.1%)에 비해 여전히 낮으며, 남성과의 고용률 갭은 16%p로 OECD 국가 중 네 번째로 높은 수준이다. 이 국제통계는 군대, 높은 대학진학률, 사회초년생의 높은 이직률 그리고 여성에게 집중된 임신, 출산, 육아 부담 등 가족제도의 영향을 감안하여 주의 깊게 해석되어야 한다. 예를 들어 우리나라 30대 초반 연령대의 남성 고용률은 주요 선진국 수준이지만, 30대 초반 여성들의 고용률은 주요 선진국보다 10~20%p 정도 낮다.

2.3 고용의 질과 고용형태의 변화 : 낮은 고용의 질

근로기준법의 제한적 적용과 비공식 고용의 존재

노동시장에서 근로기준법이 아직도 전면적으로 적용되지 못하여 취약근로자층을 적절히 보호하지 못하고 있다. 현재 상시 근로자가 5인 미만인 사업체에 대해 핵심적인 근로기준법 조항이 적용되지 않는다. 기간제 제한, 집단해고와 부당해고의 제한, 휴업수당, 연장근로에 대한 제한 및 연차유급휴가 등이 대표적인 적용제외 조항이다. 한편 근로기준과 사회보험의 근거가 되는 고용계약서를 작성하는 비중이 50%를 조금 넘는 수준으로 비정규직의 50%, 임시일용직의 80% 이상이 고용계약서를 쓰지 않는 비공식 고용이다. 비공식 고용은 규제의 부재, 규제 미순응, 정책 집행의 미비에 기인한다. 하지만 80%의 비공식 고용이 법과 정책의 미준수 때문에 발생하므로[25] 법집행 강화(적발, 제재)와 공식고용의 유인 제고(영세사업장에 대한 사회보험료 지원, 공공조달 연계, 조세정책 등)가 요구된다.

25. 사회보험 가입이 낮은 이유로는 개인적 선택보다는 제도적 배제 및 사용자의 의무불이행이 압도적이다.

높은 고용불안

근속연수 기준이든 종사상 지위이든 한국의 고용불안은 OECD 국가 중에서 최상위권에 속한다.[26] 2019년 현재 우리나라는 장기근속자 비율(근속기간 10년 이상) 14.5%, 단기근속자 비율(근속기간 3년 미만) 57.1%로 OECD 평균의 35.7%(장기)와 43.8%(단기)보다 열악하다. 임금노동자 가운데 절반 남짓만이 3년 내내 같은 직장에서 일하며, 1년 미만으로 일하고 있는 인력은 32%에 달한다. 그만큼 취업과 실직을 반복하는 불안정 고용이 큰 것이다.

표 13-15 **국가별 임금 근로자 근속기간별 비중**(%)

	한국 (2019)	OECD (2020)	프랑스 (2020)	독일 (2020)	스웨덴 (2020)	영국 (2020)	일본 (2015)
단기(1년 미만)	31.7	17.9	13.6	13.1	18.0	14.3	10.6
1년 이상 10년 미만	53.8	46.4	41.8	44.3	49.8	52.1	41.6
장기(10년 이상)	14.5	35.7	44.6	42.5	32.2	33.5	47.8

주 : OECD의 경우 근속기간 1~3년 10.1%, 3~5년 25.2%, 5~10년 11.1%, 한국은 1~3년 26.4%, 3~10년 27.4%.

자료 : OECD.Stat, Employment by job tenure intervals-frequency ; 정한나(2019), 「고용보험DB를 이용한 지역별 장기근로자 특징 분석」, 『지역고용동향 브리프』, 2019 가을호, 한국고용정보원.

표 13-16 **임시직과 파트타임 비율의 국제비교**(2020, %)

	한국	OECD	프랑스	독일	스웨덴	영국	일본
파트타임	15.4	16.7	13.1	22.0	14.1	22.4	25.8
임시직	26.1	11.4	15.4	12.0	15.4	5.3	15.4
합계	41.4	28.1	28.5	34.0	29.5	27.8	41.2
연간 근로시간	1,908	1,687	1,402	1,332	1,424	1,767	1,598

자료 : OECD.Stat, Employment by permanency of the job, FTPT employment

평균 근속연수는 꾸준히 증가하고 있지만 2021년 현재 5.8년(정규직 8년, 비정규직 2.4년[27])으로 OECD 평균 9.0년(프랑스 11.0년, 독일 11.2년, 스웨덴 8.8년)에 크게 못 미친다(경제활동 인구조사 근로형태별 부가조사). 임시직 비율이 26.1%(2020)로 OECD 회원국(평균 11.42%) 중 두 번째로 높고 파트타임 비율은 청년층과 50대 이상을 중심으로 15.4%로 OECD 회원국(평균 16.7%) 중 네 번째로 높다. 임시직과 파트타임 비율을 단순 합산하면 41.4%로 OECD 평균 28.1%를 훌쩍 넘어선다.

---

26. OECD는 고용의 한시성을 기준으로 하는 임시직(temporary employment)이라는 용어를 사용한다. 이에는 기간제 근로자, 파견 근로자, 계절 근로자, 호출 근로자, 일용 근로자, 훈련생, 공공근로 참여자가 포함된다. 반면 한국의 비정규직은 고용의 지속성 여부뿐만 아니라 근로제공 방식도 고려하고 있기 때문에 용역, 특수 고용, 가정 내 근로와 기간을 정하지 않는 무기 상용형 시간제 근로도 비정규직에 포함된다. 김유선(2003) 참조.

27. 2020년의 300인 이상 대기업의 평균 근속기간은 10.6년과 11.1년이며, 1~4인 마이크로 기업은 3.3년, 5~9인 사업장은 3.8년, 10~29인 5.3년, 30~99인 7.2년, 100~299인 8.0년이다(통계청, 경제활동인구조사).

장시간의 근로시간과 가사노동

우리나라는 오랫동안 장시간 근로가 관행으로 정착되어 왔다. 근로자의 연간 근로시간은 법정 근로시간 단축에 크게 힘입어 꾸준히 하락해서 1983년 2,911시간(OECD 평균 1,895시간)에서 2020년에는 1,908시간으로 감소하였다. 하지만 이는 OECD 국가의 평균(1,687시간)에 비해 1달 반을 더 일하는 셈이다. 일단 취업한 근로자는 장시간 노동을 감수하며 괜찮은 수준의 소득을 벌기 위해 노력한다. 노동시간이 아닌 일자리 단위로 임금과 준고정 비용이 결정되는 기업에게도 장시간 노동은 매우 효과적인 비용절감 방식이었다. 특히 중소기업의 인력 부족으로 초과근로가 상시적으로 나타나고 있다. 한편 법제도 역시 이러한 장시간 근로의 동기를 제공해 왔다. 우리나라는 1953년 주당 법정 근로시간을 48시간으로 명시한 근로기준법을 제정한 이후 1989년 46시간, 1990년 44시간(1991년 모든 사업장에 적용), 2004년 40시간(주 5일 근무제)으로 주당 법정 근로시간을 꾸준히 단축해 왔다. 그러나 기존의 근로기준법에서는 휴일(토, 일)을 근로일로 보지 않아 법정 근로시간(40시간)을 초과하지만 노사 간의 합의에 의해 12시간까지 연장할 수 있는 연장근로로 52시간을 모두 일했어도 휴일에 추가로 일하는 것에 대해서 법적으로 아무런 문제가 없어 실질적 주당 근로시간은 68시간에 달했다. 2018년에는 근로시간 단축법안이 시행되어 휴일도 근로일에 포함하여 실질적 주당근로시간은 52시간으로 감소하여 고질적인 야근과 연장근로에서 벗어날 수 있게 되었다.

장시간 노동은 경제활동인구, 특히 단시간만 일하기를 희망하는 자의 상당수를 노동시장에서 배제시켜 고용률을 전반적으로 낮추고 있다. 가사노동 부담이 큰 여성의 경제활동 참가율이 유난히 낮고 남성과 큰 격차를 보인다. 여성들의 결혼에 따른 임신, 출산, 육아를 고려하지 않은 장시간 전일제 고용의 사회적 규범도 여성 고용, 맞벌이 모델로의 이행에 큰 걸림돌이 되고 있다. 아울러 과도한 장시간 노동은 작업공정, 품질관리, 개선활동을 지체하여 혁신이나 일–생활 균형에 어려움을 낳고 있다.

표 13-17 **하루 중 가사노동에 대한 시간 배분**(시간/1일, 2020년 기준 최근 데이터)

	한국	OECD 평균	프랑스	독일	스웨덴	미국	일본
남자	0.8	2.3	2.2	2.5	2.9	2.8	0.7
여자	3.6	4.4	3.7	4.0	3.7	4.5	3.7

자료 : http://www.oecd.org/gender/data

중고령층의 조기퇴직과 비정규직화 현 고용 시스템은 젊은 사회를 전제로 만들어져 왕성한 세대(24~54세)의 장시간 노동에 의한 노동시간 독점과 인생의 1/3 정도만 고용되는 짧은 고용기간 그리고 조기퇴직이 핵심적 특징이어서 일하는 노인 빈곤층을 양산하고 있다. 과거 기대수명이 70세 안팎이던 때의 근속기간이 그대로인 상태에서 급격한 고령화로 인해 소화되지 못하고 있는 것이다 : 저급한 일자리, 노인 빈곤층 증가, 노인복지 부족.

우리나라는 고용률이 낮지만, 중고령층(55~64세)의 고용률은 66.6%(2020, 통계청 고령자 통계)로 OECD 국가 중 중상위권에 속한다(OECD 평균 60.4%, 미국 60.3%, 스웨덴 77.8%, 프랑스 53.8%). 연금 등 노후소득 안전망이 구축되어 있지 않기 때문에 나이가 들어서도 어떻게든 수입원을 가지려 비정규직이나 자영업자로 취업하며, 거의 70세가 되어서야 실제로 퇴직하는 상황이기 때문이다. 중고령 근로자는 50세를 전후하여 '생애 주된 일자리'에서 퇴직하여 그보다 질이 낮은 일자리로 이동한다. 기업들은 근로자들이 왕성하게 활동하는 25~54세까지 장시간 노동을 포함한 집중적인 노동을 시킨 뒤에 중고령자가 되면 퇴출시키는 조기퇴직을 관행화해 왔다. 단일정년제를 채택하고 있는 기업의 평균 정년은 2014년 58.1세(고용노동부, 고령자 고용현황, 2015)였지만 2017년에 60세 이상 정년제가 시행되면서 61.1년이 되었다. 이에 따라 정년의 경우 주요 선진국의 실제 퇴직 연령인 59~63.7세와 유사하게 되었다고 할 수 있다.[28]

높은 고용 유연성

우리나라의 고용구조는 외환위기를 거치며 파견과 사내하청 확대와 같은 고용관계의 외부화와 유연화가 꾸준히 진행되었다. 동시에 내부노동시장은 그 규모가 축소되고 고용안정성이 약화되면서 임금에서 연봉제 등의 성과주의가 확산되었다. 고용보호제도는 기간제 · 단시간근로자 등 비정규직, 파견 · 용역 등 간접고용에 대한 규제와 집단해고에 대한 규제 등으로 이루어진다. 과도한 고용보호 때문에 우리나라의 노동시장이 경직적이라는 주장이 제기되지만 실제로 우리의 고용보호는 다른 OECD 국가에 비해 강하지 않다. 고용보호제도가 노동시장에서 실질적으로 준수되고 있다고 보기 어렵기 때문이다. 노동조합이 영향력을 가진 일부 민간 대기업이나 공공부문, 금융업 등에서 집단해고에 대한 규제가 지켜지지만, 기간제 등 비정규직에 대해서는 실질적 규제가 약하며, 탈법적인 간접고용도 남용되고 있다(은수미 외, 2011).

우선 **외부 수량유연성**(해고의 용이성)을 보면 상용직 해고 규제지수가 2.42(2019)로 OECD 평균 2.06과 비슷하다. 단 개별 해고는 해고절차, 부당해고 구제절차 등에 대한 규제가 엄격하여 더 경직적이지만, 집단해고는 통지 기간이 길지 않고 퇴직금 등 추가 비용이 없어 상대적으로 약하다. 한편 파견근로에 대한 강력한 규제로 임시직 고용규제(2.13)는 OECD 평균(1.74)을 큰 폭으로 상회한다. 우리나라의 임시직 고용은 법제지표로만 보면 다소 경직적이다. 그러나 임시직 근로자가 전체 근로자에서 차지하는 비중이나 임시직의 상용직 전환율과 같은 실효적 유연성을 나타내는 지표들을 감안하고 임시직 대부분을 차지하는 기간제 근로자에 대한 고용 규제가 이용 사유와 근로계약의 연속 갱신 횟수에 무제한이므로 OECD 평균 수준에 비해 매우 약하다고 할 수 있다.

표 13-18 해고규제지수

	한국	OECD	프랑스	독일	스웨덴	미국	일본
상용직 해고	2.42	2.06	2.56	2.60	2.45	0.09	1.37
임시직 해고	2.13	1.74	3.00	1.38	0.81	0.25	1.00

자료 : OECD.Stat.

내부 수량유연성(근로시간 조정의 용이성)에서 World Bank(2018, "Doing Business 2018")에 따르면 여타 국가와 비슷한 근무시간 규제가 존재하며, 주당 최대 근로일수도 OECD 평균과 비슷하다. 하지만 연장근로에 대한 추가수당이 상대적으로 높은 점을 추가로 고려하여야 할 때 내부 수량유연성이 높은 편이다. 또한 연간

28. 그러나 평균 퇴직연령은 지난 49세 내외에 머물며 법정 정년인 60세에 크게 미치지 못하고 있다. 통계청 경제활동인구조사 고령층 부가조사에 따르면 2021년 기준 55~64세 연령층의 주된 일자리 퇴직연령은 평균 49.3세, 퇴직 시 평균 근속기간은 12.8년으로 나타났다. 이에 따라 퇴직사유는 정년퇴직이 9.6%에 그치고 권고사직 · 명예퇴직 · 정리해고(15.6%), 사업부진 · 조업중단(16.0%), 직장휴 · 폐업(9.7%) 등 비자발적 조기퇴직 비중이 41.3%를 차지했다.

유급 휴가일수는 17.0일로 OECD 평균 21.7일을 하회하고 있다.

임금 유연성에서 높은 임금소득 격차(10분위 배율)와 낮은 노조 조직률에 비추어 OECD 국가들 중에서 높은 수준이라고 평가할 수 있다. 아직 우리나라 최저임금 수준이 그다지 높지 않고 최저임금을 지키지 않는 비순응률이 매우 높은 수준에 머물러 있다. 한국에서 중위임금(임금을 크기 순서로 나열했을 때 한가운데에 위치하는 임금) 대비 최저임금(1인 이상 사업체 풀타임 노동자의 정액급여 기준)은 2020년 평균값 기준 50%이고 중위값 기준 62%이다.[29] 제도가 1988년에 처음 도입되었을 때 중위임금 대비 30%를 조금 넘던 최저임금이 1990년대 후반까지 계속 하락하다 2000년 이후 다시 상승하기 시작했다. 단 최저임금은 유럽 '10인 이상, 일본 5인 이상, 한국 1인 이상 사업체를 기준으로 하므로 주의가 필요하다. 2019년의 경우 5인 이상 사업체 정규직의 시간당 통상임금(정액급여 + 특별급여)의 중위수준 대비는 44.2%이며(미국 42.9%, 일본 43.6%), 평균 수준 대비는 34.5%로 나타난다. 또한 OECD는 2019년 US 달러 구매력 평가 기준으로 우리나라의 시간당 최저임금을 8.6달러로 OECD 회원국 중 11위로 중간 수준으로 분석하고 있다(민주노동연구원, 2021, 문재인 정부 최저임금 1만원 공약 평가).

그림 13-15 중위 및 평균소득 대비 최저임금 수준의 국제 비교

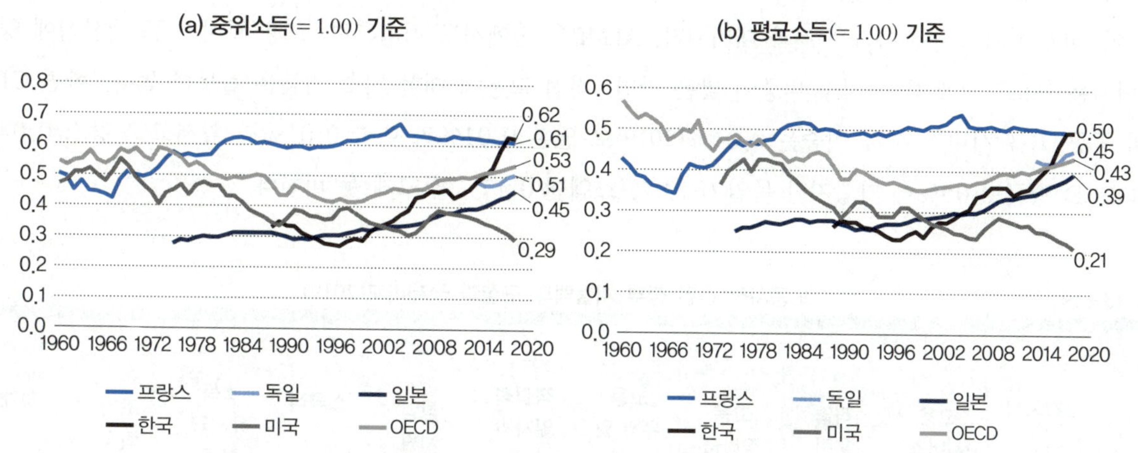

자료 : OECD.Stat, Minimum relative to average wages of full-time workers

낮은 직업 · 고용 · 소득 안정성

유연화가 꾸준히 진행되는 경제환경 속에서 기업 단위로 직업안정을 추구하는 내부노동시장보다 기업 내외에서의 숙련형성 촉진과 보편적 사회보장에 기반한 소득안정성을 결합하는 유연안정성(Schmid, 2006)이 필요하다. 그러나 한국 노동시장의 현실은 이에 미치지 못하고 있다.

우리나라에서 직장 안정성을 나타내는 동일 직장에서의 근속기간은 매우 짧아 5년 10개월(2016)로 OECD 평균 9년 7개월의 절반 수준에 불과하며, 동일 직장에서 근무하는 기간이 3년 미만인 근로자의 비중은 53.3%로 OECD 평균 28.5%를 크게 상회하고 있다. 그만큼 직업 안정성이 낮다. 물론 직업안정성이 낮

29. 저임금 노동자가 많을수록 최저임금 대비 중위임금의 비율이 높게 나타나는데 우리나라의 저임금 노동자 비율은 23.7%로 OECD 3위이다. 노동부는 고용형태별 근로실태조사에서 1인 이상 사업체 풀타임 노동자의 정액급여 기준의 임금 수준을 OECD에 보고한다. 5인 미만 사업체는 근로기준법이 적용되지 않는 비공식 부문이므로 임금통계를 신뢰할 수 없다. 일본은 5인 이상 사업체 조사결과를, 유럽연합은 10인 이상 사업체 조사결과를 보고한다.

더라도 실업에 대한 사회적 보장이 충분하고 노동시장이 효율적이면 근로자들의 소득 안정성과 고용 안정성이 확보될 수 있을 것이다. 그러나 근로자 실직 시 신속한 재취업을 보장하는 고용 안정성 또한 OECD 평균을 밑돌고 있다. 실업급여의 소득대체율이 매우 낮고 재취업의 효율성도 높다고 볼 수 없다(장근호, 2018). 훈련을 통해 노동시장의 기능 유연성을 제고함과 동시에 기업의 생산성을 향상시키고, 개인의 취업능력을 높임으로써 직장 및 직종 간 이동을 원활하게 하여 노동시장 전반의 유연성을 높여 고용안전을 도모하는 적극적인 역할이 제대로 발휘되지 않고 있다. 외환위기 이후 실업급여와 같은 소극적 노동시장 정책에서 출발하여 일자리 창출, 고용 서비스, 직업능력개발 등 적극적 노동시장 정책에 대한 인식과 정책 노력이 강화되어 왔지만, 취업 알선이나 훈련, 고용보조금, 일자리 창출 등 적극적 노동시장 지출 수준이 매우 낮다.

소극적 노동시장 정책 지출로 본 소득안정성은 OECD 평균에 크게 못 미친다. 우리나라 PLMP 지출의 GDP 대비 비중은 0.47%(2019)로 OECD 평균 0.65%을 크게 하회한다. 그만큼 실업자에 대한 생계지원이 제한적이다. 우리나라의 순소득 대체율[30]은 실직 후 5년 평균이 약 10.4%(OECD 약 30.7%, 2015)로 매우 낮다. 실업부조가 없고 실업급여 지급기간이 짧기 때문이다.

적극적 노동시장 정책에 대한 사회지출은 GDP의 0.38%(2019)에 불과하여 OECD 평균 0.63%의 절반 수준이고, 공공 훈련투자는 GDP의 0.07%로 OECD 평균 0.03%보다 높지만, 학령기 교육투자의 대 GDP 비중이 OECD 최고 수준이라는 것과 대비된다. ALMP 지출에서도 직업훈련, 고용 서비스 등 생산성에 영향을 미치는 프로그램에 대한 지출 비중이 낮은 반면, 직접 고용에 대한 지출 비중은 월등히 높다. 한편 GDP 대비 공공 고용 서비스 투자 비중은 0.04%(2019)로 일본 0.01%과 미국 0.01%를 앞서고 프랑스 0.04%와 OECD 평균 0.05%에 가깝지만 독일 0.19%, 스웨덴 0.17%에 크게 못 미친다.

표 13-19 **노동시장 관련 정부 지출액의 구성과 국제비교**(2019)

	적극적							소극적			합계
		고용 서비스	직업 훈련	고용 장려금	고용 유지 및 재활	직접적 일자리 창출	창업 지원		소득 유지와 보조	조기 퇴직	
한국	0.38	0.05	0.07	0.10	0.03	0.10	0.04	0.47	0.47	0.01	0.86
OECD	0.63	0.12	0.03	0.24	0.09	0.05	0.01	0.65	0.62	0.03	1.29
프랑스	0.71	0.23	0.26	0.02	0.09	0.06	0.04	1.87	1.87	0.00	2.58
독일	0.60	0.34	0.18	0.02	0.02	0.02	0.01	0.72	0.72	0.00	1.32
일본	0.15	0.07	0.01	0.06	0.01	0.00	0.00	0.16	0.16	0.00	0.31
스웨덴	1.02	0.26	0.06	0.46	0.23	0.00	0.00	0.42	0.42	0.00	1.44
미국	0.11	0.02	0.03	0.01	0.03	0.00	0.00	0.79	0.79	0.00	0.90

자료 : OECD.Stat, Public expenditure and participant stocks on LMP.

다만 우리나라의 실업급여 지급기간 상한(18세부터 22년간 계속 실업 보험료를 내온 40세 근로자가 실직했을 경우의 실업급여 최장 지급기간)은 기존 3~8개월에서 2021년 4~9개월로 확대되었다. 이러한 수준은 OECD 회원

30. OECD는 순소득 대체율(=실업상태의 순소득 ÷ 취업상태의 순소득×100)을 계산할 때, 오랫동안 계속 취업상태에 있었던 40세 근로자를 기준으로 삼아 계산하며, 실업 후 1년 평균과 실업 후 5년 평균으로 구분하여 산출한다.

국 중 가장 낮은 것이며, 실업급여가 보호하는 실업자 범위도 좁다.

2.4 노동 이동의 제한과 차별 : 노동시장 분단과 이중화

우리나라 노동시장은 분단되어 노동 이동이 제한되며 고용 차별이 발생하고 있다. 특히 기업의 생산성이나 수익성 또는 시장에서의 독과점적 지위에 기대어 임금이 결정됨으로써 기업규모 간 격차가 확대되고 있으며, 임금 수준, 근로조건, 고용 안정성 측면에서 양호한 1차 시장과 열악한 2차 시장으로 나뉜 이중구조를 형성하고 있다. 1990년대 이후 기업들은 인건비 절감과 해고의 용이함을 위해 노동의 외부화 전략을 선택해 왔다. 그에 따라 내부노동시장에 기반하여 상대적으로 직업안정을 누리면서 장기근속과 고임금을 확보할 수 있는 1차 노동시장이 축소되었고 대신 비정규직, 사내하청, 하도급 등 비정규 노동으로의 대체가 나타나고 있다. 아울러 내부노동시장 역시 중도채용과 같은 숙련의 외부조달이 증가하고 성과임금 및 연봉제가 도입되며 입직구 제한, 연공임금, 내부 승진이 모두 약화되고 있다. 이런 가운데 노동조합의 활동이나 정부의 고용 및 사회 정책은 고용차별을 완화하기보다 오히려 심화시키는 양대축으로 작용하고 있다. 우리나라는 남유럽과 유사하게 임금 근로자 비중이 낮으며, 사회보험 적용이 기술적으로 매우 어려운 자영자나 무급 가족종사자 등의 비중은 남유럽보다 매우 높다. 또한 임금 근로자 중 비정형 고용에 속하는 임시직의 비중도 남유럽보다 더 높다. 결과적으로 사회복지 수혜율이 낮고 사회복지 대상자 안에서도 기업규모별, 정규직 여부에 따라 임금과 근로조건뿐만 아니라 사회복지에서 격차가 크게 나타난다.

1) 소득 및 임금 격차

임시직과 비정규직 그리고 새로운 형태의 고용이 확대되는 가운데 임금체계도 유연화되어 근로자 간의 임금 격차를 낳고 있다. 이러한 임금격차는 기업별 교섭체제, 분단노동시장 그리고 독과점적 시장에 기인하는 바가 크다. 이를 해소하기 위한 방안으로 기업의 경계를 넘어 직무에 연계되어 보상이 이루어지는 직무급 체계와 이를 뒷받침할 수 있는 직무평가 제도를 마련해 나가야 할 것이 제안되고 있다.

노동소득 분배의 악화 : 생산성과 임금의 괴리

1997년 외환위기 이후의 소득분배 불평등 심화는 노동소득 분배율이 크게 하락한 것과 관련 있다. 노동소득 분배율은 국민소득 가운데 노동소득이 차지하는 비중인데, 외환위기 이후 크게 하락하였다. 노동소득 분배율의 하락은 이전과 달리 생산성 상승폭에 비례하지 못한 실질임금 상승에서 기인한다. 1997년 이후의 자영업자 소득의 정체도 노동소득 분배율 하락에 영향을 미쳤다. 과거에는 자영업자 1인당 소득이 임금 근로자의 임금과 함께 증가하였지만, 1997년 이후에는 거의 정체되었고 임금 근로자 1인당 보수와의 격차가 크게 벌어졌다.[31] 1987년 이후 대기업들은 노동자들의 임금 인상 요구에 직면하여 고용을 줄이고 설비투자를 늘리는 방식으로 대응하였다. 대기업은 직접고용 비중을 줄이고 외주를 늘려 인건비 부담을 줄였다. 외환위

---

31. 임금 근로자 1인당 피용자 보수 = 피용자 보수 / 임금 근로자 수, 자영업자 1인당 총소득 = (가계 부문 영업잉여 + 가계 부문 고정자본 소모)/자영업자 수, 자영업자 1인당 순소득 = 가계 부문 영업잉여 / 자영업자 수. 자영업자 소득은 노동소득과 자본소득이 혼합되어 있다는 점에 주의할 필요가 있다(홍장표, 2014).

기 이후에는 노동시장의 유연화가 진행되면서 정규직–비정규직 노동자, 대기업–중소기업 노동자 간 임금격차가 확대되었다. 대기업들이 노동집약적 공정의 외주를 늘림에 따라 노동의 몫이 줄었고, 중소기업들은 지불능력이 취약해 임금을 올려주기 어려웠다. 고용 증가율 둔화와 자영업자 증가는 자영업 부문에서 과당경쟁을 초래했으며, 이로 인해 자영업자 1인당 소득이 정체된 것이다.

「OECD 생산성 지표 개요 2019」(OECD, 2019)에 따르면 우리나라 제조업 부문의 부가가치 대비 노동 보상 비중은 2016년에 50.4%로 조사대상국 평균인 55.5%를 하회하고 2004년에 비해서도 낮아졌다. 서비스업의 노동 보상 비중은 72.4%로 조사대상국 평균 64.9%나 제조업 평균을 상회하였지만, 2004년 대비 하락폭은 더 컸다. 우리나라는 ILO의 보정 노동소득 분배율(2016)은 세계평균 51.4%보다 높은 53.8%를 보여 조사대상국 중 중위권 국가에 속하였지만 다른 국가들과 마찬가지로 하락세를 보였다(안성배 외, 2019).

임금 불평등

우리나라에서 임금 불평등은 소득 불평등의 추이와 유사하게 1990년대 초까지 하락하다 상승 반전하였지만 글로벌 금융위기 이후 상승세가 다소 둔화되고 있다. 즉, 시간당 임금의 최상위 9분위 평균(Q9)과 최하위 1분위 평균(Q1)의 차이(Q9−Q1)로 정의되는 임금 10분위 배율로 본 임금 불평등도는 1980~1994년 사이에 하락했으나 1995~2008년 기간에는 급상승하다 이후 완만히 하락하는 모습을 보여 왔다. 이는 1980년대 이후 대부분의 선진국에서 일관되게 임금 불평등이 확대된 사실에 비추어보면 다소 의외다. 선진국의 경우 빠른 기술진보로 고숙련 인력에 대한 수요가 늘어났으나 대학졸업자의 공급이 제한되어(race between education and technology, Goldin and Katz, 2007) 학력 간 임금격차가 커졌지만, 한국의 경우 1990년대 중반 대학설립 준칙제 이후 대학졸업자가 급속히 증가하여 임금격차의 확대를 제한했다고 할 수 있다.

그림 13-16 임금 10분위 배율의 추이

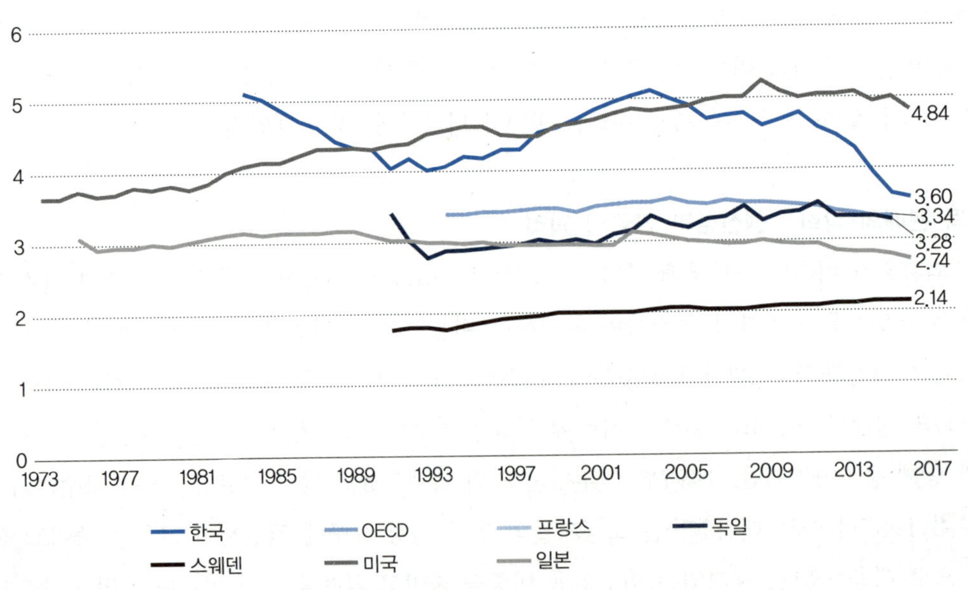

자료 : OECD.Stat, Earnings, Decile ratios of gross earnings.

근로자 간 임금 격차에서 학력, 직능, 산업에 따른 격차 외에도 기업 규모, 정규성 여부 등에 따른 격차가 지속되거나 확대되고 있다. **산업별**로 임금 추이를 볼 때 제조업 임금은 서비스업, 농림어업을 하회하며, 제조업 내에서 기초소재와 조립가공의 중화학공업은 소비재 업종을 꾸준히 상회한다. 전통 서비스 부문의 임금은 2000년대 초반까지만 하더라도 제조업의 기초소재나 조립가공 업종과 유사한 수준이었으나 2000년대 초반 급락하여 소비재 제조업을 소폭 상회하는 수준까지 하락하였다. 지식기반 서비스업은 제조업이나 전통 서비스업에 비해 현격히 높은 수준을 장기간 지속하고 있다.

직종별 임금격차는 과거에 비해 감소하고 있다. 평균임금 대비 고기능 사무직의 임금은 꾸준히 감소한 반면 하락하던 중간기술직, 노무직의 경우 소폭 상승하고 있다.

그림 13-17 산업별 임금격차(전 산업 = 100)

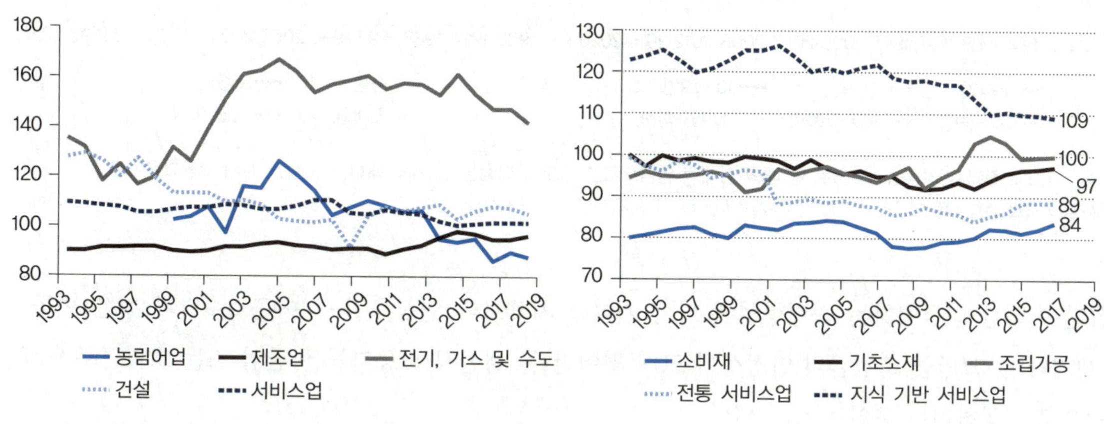

자료 : 고용노동부, 『사업체노동력조사』, 각 호.

기업규모별 임금격차에서 제조 중소기업의 임금이 크게 증가하지 못하는 상황이 계속되면서 대기업 대비 중소기업의 상용근로자 임금 수준은 2010년 이후 낮아지는 추세를 이어가고 있다(고용노동부의 "사업체 노동력 조사", 2016). 산업 양극화와 대기업의 시장지배적 지위가 강화되며 경제성장의 성과가 대기업에 지나치게 집중되며, 하청 중소기업에는 충분히 돌아가지 않고 있는 것이다.

정규직과 비정규직의 임금 격차는 전반적으로 감소하는 추세지만 격차는 계속 유지되고 있다. 성, 연령, 학력, 경력, 근속연수 등이 같다고 가정할 때 시간당 임금총액[32]에서 비정규직은 정규직의 72.9%(2021년 6월)를 받고 있다. 임금뿐만 아니라 고용보험, 건강보험, 국민연금 가입율의 차이도 크다. 정규직의 수혜율은 각각 94.2%, 98.5%, 98.3%지만, 비정규직은 76.1%, 66.4%, 63.0%에 그쳤고 산재보험 수혜율은 대체로 유사하다. 한편 퇴직금과 상여금 수혜율의 차이도 커서 정규직의 수혜율은 각각 62.1%, 59.1%지만, 비정규직은 22.2%, 24.6%에 그쳤다(2013).[33] 정규직과 비정규직의 시간당 임금총액 격차는 대기업보다 중소기업에서 더 작게 나타나고 있다. 종사자 수 300인 이상 대기업에서 비정규직은 정규직의 69.1% 수준의 임금을 받지만, 5인 미만의 소기업에서 비정규직은 정규직의 86.3%의 임금을 받고 있다. 한편 중소기업 정규직은 대기업 정규직의 57.3% 수준이었지만 대기업 비정규직의 임금총액(2만 2,353원)이 중소기업 정규직보

32. 시간당 임금총액은 정액급여, 초과급여, 총근로 시간으로 나눈 전년도 연간 특별급여 환산액의 합계이며 여기서 정액급여는 기본급+통상수당+기타수당이다.

33. 한편 정규직의 노조가입률은 13.1%이지만 비정규직은 0.7%에 그치고 있다.

다 3700원 더 많은 것으로 조사되었다(고용노동부, "고용형태별 근로 실태조사", 2021년 9월).

그림 13-18 기업규모별 · 학력별 임금격차

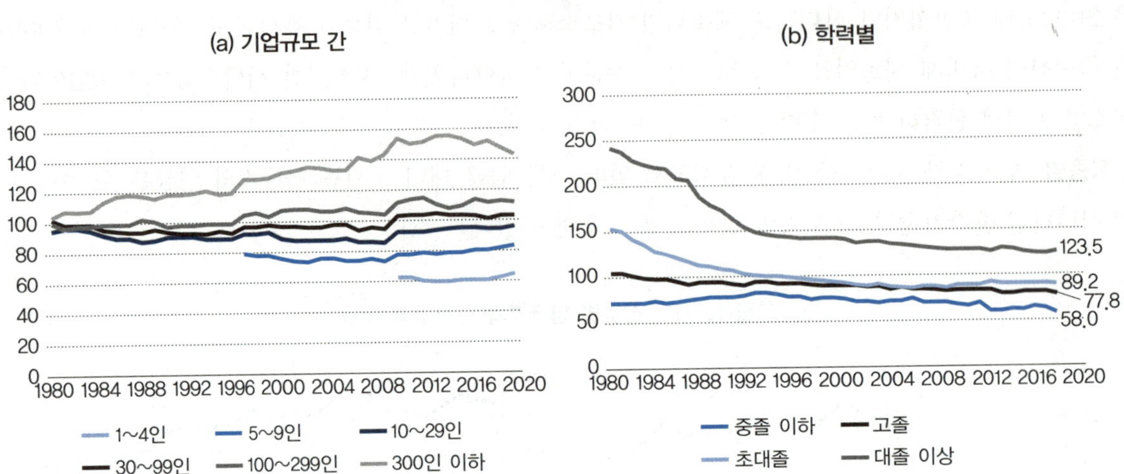

주 : 고교 졸업자 임금을 100으로 할 때의 상대적 임금으로 고등교육 이상은 전문대, 대학을 포함한 전체 고등교육기관.
자료 : 자료:고용노동부, 『임금구조기본통계조사』 및 『고용형태별근로실태조사』 원자료.

한편 이러한 임금격차는 숙련형성에 따른 기본급 자체보다 연장휴일-심야근로수당과 같은 변동수당에 의해 생겨나며, 그만큼 고임금의 안정성이 크게 떨어진다. 생산직 노동자들은 잔업 또는 초과근무가 많은 생산라인으로 이동하려는 유인을 갖고 있다.

우리나라에서 대학 졸업 이상(145, 고졸 100 기준, 2015), 전문대졸(115), 고졸(100), 중졸 이하(72) 순의 학력 간 임금격차가 조금도 해소되지 않고 지속되고 있다. 임금격차는 특히 대졸 이상과 여타 집단 간에 크게 나타나며 전문대졸과 고졸 간의 격차는 1990년대 초에 비해 확대되었지만, 고졸과 중졸 이하 간의 임금격차는 그대로 유지되고 있다. 다만 우리나라의 학력별 임금격차는 선진국에 비하여 작다.

성별 임금격차는 1994년까지 일정하게 유지되다가 이후 꾸준히 완화되고 있다. 남성 근로자의 임금 대비 여성 근로자의 임금 수준은 2017년에 64.7% 수준에 머물고 있다. 1990년대 중반 이후의 인사제도의 변화, 1995년 남녀 고용평등법의 개정 등에 힘입은 것이다. 그러나 이러한 남녀 간 임금격차는 많은 OECD 국가들의 평균(14.5%, 2015) 수준을 두 배 이상 뛰어 넘는 높은 수준이며 주요 회원국 중에서 가장 높은 수준이기도 하다. 이는 많은 여성이 출산 · 육아 등으로 인한 경력단절 후 재취업함에 따라 남성들보다 더 영세한 산업이나 소규모 사업체에서 많이 일하며 고용도 훨씬 불안한 비정규직이 많기 때문이다.

연령별 임금격차와 연공급 및 직무급

우리나라 임금구조의 가장 큰 특징은 연공적 임금체계에 있다. 연공적 임금체계는 노동자의 임금이 동일 사업체에 근속한 기간에 연동되는 임금체계를 말한다. 우선 우리나라에서는 연령별로 역 U자형의 임금격차를 찾아볼 수 있다. 19세 이하, 20~24세, 25~29세, 30~34세, 35~39세, 40~44세 순으로 평균임금이 높아지지만, 45~49세, 50~54세, 55~59세, 60세 이상 순으로 평균임금이 낮아지고 있다. 참고로 우리나라에서 근속연수는 54세까지 연령과 비례해 증가하지만 55세 이상에서는 연령이 높아짐에 따라 근속연수가 감소한다. 기업이 경력을 우대하는 방향으로 변화하고 있지만, 여전히 경력보다 근속이 중시되고 또 근속은 연령에 대체로 비례하는 고용 관행이 지속되고 있는 것이다.

연공적 임금체계는 고령화, 저성장 기조에 부합하지 않을 뿐만 아니라 고용안정과 기업의 국제경쟁력에 부정적 영향을 미치고 있다고 비판받고 있다. 그러나 생산성과 괴리된 임금의 연공성은 세계적 현상의 하나로서 젊은 근로자는 생산성보다 낮은 임금을, 나이 든 근로자는 생산성보다 높은 임금을 받도록 지연 보상하는 것이 근무태도를 자극하여 근로자뿐만 아니라 사용자에게도 이득을 안겨줄 수 있다(Lazear, 1979). 현재 우리나라의 주요기업들은 근속에 따라 기본급이 상승하는 연공급이 일반적이며, 특히 중소기업은 상대적으로 연공성이 높은 편이다.

그럼에도 불구하고 우리나라의 임금 연공성은 다른 나라에 비해 지나치게 강하다고 할 수 있다. 우리나라 비농림 전 산업(공공행정 제외)에서 근속연수 30년 이상 근로자의 월 임금총액(정액급여와 특별급여로 초과급여는 제외)은 697.1만 원(2020)으로 근속연수 1년 미만 근로자의 월 임금총액 236.5만 원보다 2.95배 많게 나타나고 있다. 이는 일본(2.27배)과 EU 평균(1.65배, 2018)보다 월등히 높은 수준이다.

표 13-20 연령에 따른 임금격차의 국제 비교

구분	1년 미만	1~5년	6~9년	10~14년	15~19년	20~29년	30년 이상
월 임금 총액(만 원)	237	303	392	468	548	659	697
1년 미만 대비(배)	100	128	166	198	232	279	295
일본	100	122	139	162	180	213	227
독일	100	110	135	149	162	170	180
스웨덴	100	123	135	140	139	139	130
영국	100	117	134	135	138	145	152
프랑스	100	113	124	132	139	150	163
EU(15) 평균	100	115	132	136	145	154	165

자료 : 경총(2021), 「한 · 일 · EU 근속연수별 임금격차 국제비교와 시사점」.

표 13-21 읽기, 쓰기, 셈하기의 가능성과 일상생활 활용에 대한 문해력 분포

연령	수준 1 : 불가능	수준 2 : 가능하나 단순한 활용이 미흡	수준 3 : 가능하나 복잡한 활용은 미흡	수준 4 이상 : 가능하며 충분한 활용
18~29세	1.2	0.6	4.6	93.6
30~39세	1.3	1.2	4.9	92.6
40~49세	0.7	1.4	6.6	91.3
50~59세	3.3	4.7	11.6	80.4
60~69세	14.2	10.9	20.9	54.0
70~79세	28.7	21.7	22.0	27.6
80세 이상	67.7	11.9	7.8	12.5
전체 응답자	7.2	5.1	10.1	77.6

자료 : 교육부 · 국가평생교육진흥원, 2017년 성인문해능력 조사

참고로 이러한 연령에 따른 임금격차는 우리나라 국민의 연령별 문해능력 수준과 부합하지 않는다. 2017년 성인문해능력 조사결과에 따르면 일상생활에 필요한 기본적인 읽기, 쓰기, 셈하기가 가능하고 활용하기에 충분한 문해력을 갖춘 문해 인구의 비율이 연령이 높을수록 하락한다.

이에 따라 임금 연공성에 대한 반성이 생겨나고 있으며 대기업을 중심으로 성과와 연동한 보상을 위해 연공급은 유지하되 임금 인상을 연공서열(근속연수)이 아닌 성과에 기초하거나(연봉제, 성과급제, 성과관리제도) 아니면 연공급을 대신하여 직무급으로 전환하고자 하는 변화가 생겨나고 있다. 직무급은 직무의 특징에 맞게 사람을 선발하고 직무의 가치에 따라 기본급을 결정하는 보상체계이며, 연공급은 수행 업무의 내용과 관계없이 그 사람이 보유한 속인적 특징, 특히 근속연수에 따라서 기본급이 결정되는 보상체계이다. 이때 직무의 가치는 숙련, 기여도와 리더십, 사업 전반에 대한 영향에 따라 결정된다. 서구는 분업과 전문화에 기초한 테일러-포드주의하에서 세분화된 직무에서의 업적(merit)에 기반을 둔 보상체계를 발전시켜 왔다. 직무에 따라 임금이 결정되므로 누가 그 직무를 수행하든 동일한 임금이 적용되고 상위 직무로의 이동이 있어야 임금이 변동되며, 직무의 변화가 없으면 임금조정도 없는 구조이다. 그러나 1980년대부터 다품종 소량생산으로의 시장수요 변화와 작업장 혁신에 따른 유연한 작업체계, 직무능력 등 근로자의 속인적 특성이 중요해짐에 따라 순수한 직무급에서 직무등급을 간소화하고 직무역량이나 성과 등을 고려하는 역량급으로의 변화가 생겨나고 있다.

2) 근로조건의 격차 : 유연성과 안정성의 격차

정규직과 비정규직 간에는 임금 외에 사회보험 가입, 교육 · 훈련, 근속연수 등 근로조건의 차이도 크게 나타난다. 이를 임시 · 일용의 정규직을 중심으로 살펴보면 법정 최저임금 미달자가 33.3%에 달하여 상용 정규직 2.5%에 비해 15배를 넘으며, 월평균 임금은 상용 정규직의 56%에 지나지 않는다. 이들의 근속연수는 2.7년으로 상용 정규직의 8.4년에 비해 크게 낮다. 한편 사회보험 적용률은 29~38%로 상용 정규직의 85~ 99%에 현격히 미치지 못한다. 한편 1년간의 교육 · 훈련 경험은 22.7%로 상용 정규직의 1/3 수준에도 미달이다. 임시 · 일용 정규직의 노조 조직률은 0.9%로 비정규 임시 · 일용직에 비해 두 배 수준이지만 상용 정규직의 19.8%와 비교할 때에는 실질적으로 노동조합 활동을 찾아보기 어렵다.

표 13-22 근로 형태별 노동조건의 비교(%)

	비중	최저임금 미만	월 평균 임금(만 원)	근속연수 (년)	국민연금	건강보험	고용보험	교육훈련 경험	노조 조직률
비정규 임시 · 일용직 ①	4.9	11.4%	206	2.5	25.8	33.3	39.0	16.0	1.2
정규 임시 · 일용직 ②	24.1	66.9%	141	1.4	17.0	24.1	32.5	27.0	0.5
비정규 상용직 ③	14.3	10.4%	238	4.1	74.5	94.6	87.1	49.4	8.0
정규직 상용직 ④	56.7	11.3%	345	8.5	94.2	98.8	96.0	58.9	19.9

자료 : 김유선(2021), 「비정규직 규모와 실태」, 『이슈페이퍼』, 2021-18, 한국노동사회연구소.

3) 차별과 이중 노동시장

우리나라 노동시장은 이중화되어 있어서 높은 임금을 받으며 고용 안정성을 누리는 1차 노동시장과 실업상태는 아니지만 저임금과 고용불안이 결합된 2차 노동시장으로 나뉘며 이 두 시장 간 이동이 원활하지 않다. 특히 2차 노동시장은 그 규모가 점점 더 커져가고 있으며, 그에 속한 노동자는 1차 노동시장보다는 미취업상태로 이동할 가능성이 크다. 우리나라에서 노동시장의 이중화는 오랫동안 꾸준히 진행되었다. 1970년대 이래 주력산업은 대기업의 대규모 자본투자와 규모의 경제에 기반하여 육성되었고 이후 자동화가 계속되면서 숙련에 기초한 내부 노동시장의 형성도 제한되어 정규직 노동시장의 규모가 상대적으로 작다. 부진한 신산업 창출 역시 1차 노동시장의 확대를 어렵게 하고 있다. 대신 1990년대 중반 이후 비용 절감을 위해 서비스 부문의 외부화가 추진되었고 외환위기를 계기로 노동시장의 유연화가 급진전되며 계약직과 간접고용 등 다양한 비정규적 고용이 크게 증가하여 2차 노동시장이 확대되었다. 또한 이 과정에서 자영업과 비공식 부문을 중심으로 전근대적인 고용형태가 유지되며 2차 노동시장에서 큰 비중을 점해 왔다. 1차 노동시장의 구조조정과 경쟁력 유지를 위하여 부담을 생산성이 낮은 영역으로 전가하는 구조를 형성하고 있는 것이며, 이로 인하여 사회정책과 복지제도의 부담이 매우 커져 있다.

노동시장 이중구조가 심화되면 인적자본 투자에 부정적 영향을 미칠 수 있다. 2차 노동시장은 비정규직 비중이 높아 근무 연한이 짧다. 이 상황에서 기업들은 근로자에 대한 훈련 유인이 크지 않고 근로자들도 오래 다니지 못할 직장에 특화된 업무지식을 습득할 유인이 작다. 또한 2차 노동시장의 종사자들은 생계나 대안 일자리의 부족으로 인해 비자발적으로 일자리를 선택하는 경향이 높다. 이 경우 근로자들은 업무 몰입이 어려워 노동생산성이 낮아지게 되고 숙련 축적도 어렵다. 한편 1차 노동시장에 속한 근로자들은 노조의 배타적 이권 보호를 통해 지대를 추구할 수 있으므로 인적자본 투자 유인이 약화되게 된다.

이중 노동시장

우리나라 노동시장은 기업 규모 · 노조 유무 · 정규성에 따른 격차가 두드러진 이중구조를 가지고 있으며, 두 부문 사이의 격차가 완화되지 않으며 노동시장의 양극화를 낳고 있다.

표 13-23 1, 2차 노동시장 근로자 수 및 비중 (단위 : 명, %)

	기업규모	종사상 지위	인원	비중
1차 노동시장	대기업	정규직	231만	11.0
2차 노동시장	대기업	비정규직	48만	2.3
	중소기업	정규직	1,061만	50.6
	중소기업	비정규직	759만	36.2
	소계		1,868만	89.0
합계			2,099만	100.0

자료 : 통계청(2021. 8), “경제활동인구조사 근로형태별 부가조사”.

2018년 8월 현재 대기업 정규직에 근무하는 1차 노동시장 종사자는 216만 명으로 전체 임금 근로자의 약 11%이며, 2차 노동시장 종사자는 전체 임금 근로자의 약 89%인 1,788만 명인 것으로 추정된다. 1차 노동시장의 기업 내 노동시장의 경직성과 2차 노동시장의 과도한 유연성이 병존한다. 대기업과 공공부문에서는 기업별 고용 시스템과 노동시장 이중구조로 인해 다른 기업으로의 이동이 쉽지 않아 경직성이 나타난다. 반면 중소기업 근로자들이나 비정규직은 직장이나 직업에 대한 불만을 이직으로 표출하여 과도한 이동성을 보인다.

대체로 대기업 · 유노조 · 정규직이라는 세 조건을 갖춘 1차 부문 또는 내부노동시장은 제조 대기업이나 공공부문의 정규직으로 구성되고 종종 노조가 이들을 대표하며 고용관계가 경직적이고 상당한 **고용보호**를 누리고 있다. 수요 변화에 대응한 인력조정이 쉽지 않아 기능적 유연성뿐만 아니라 수량적 유연성도 매우 낮다. 한편 2차 부문 또는 외부노동시장은 정규직을 갖지 못하고 전통 서비스 부문이나 중소기업에 종사하며 유연한 고용관계를 갖는다. 이들은 고용보호 수준 또는 직업 안정성이 OECD 평균에 비해 낮으며, 기능적 유연성은 이들에게 무관한 개념이다. 예를 들어 1차 노동시장은 2차 노동시장보다 임금은 1.8배, 근속연수는 2.3배에 달한다. 더욱이 1차 노동시장과 2차 노동시장 간의 근로조건 격차는 해소되기보다 계속 확대되고 있다. 1980년대 10~29인 기업 노동자의 임금은 300인 이상 기업 노동자 임금의 90% 수준이었으나 1980년대 후반 이후 대기업과 중소기업 간 임금 격차가 확대되었다. 뒤이어 근속연수도 2000년 이후 대체로 격차가 확대되는 양상이어서 정규직 대비 비정규직 근속연수는 2004년 34.8%에서 2018년 33.3%로 하락하였다.

표 13-24 이중 노동시장의 유연성과 안전성 비교

	주된 직종	유연성		직업안전성		
		수량적 유연성	기능적 유연성	고용보호도	사회안전망	적극적 노동시장 정책
1차	제조업과 대기업의 정규직	매우 낮은 유연성	매우 낮은 유연성	높다	효과적이지 않지만 적용 대상	효과적이지 않지만 적용 대상
2차	서비스 부문과 중소기업의 비정규직	높은 노동 이동성과 낮은 직업 안전성	없음	매우 낮음	대부분 적용에서 배제됨	대부분 적용에서 배제됨

이중 노동시장의 형성 · 유지에는 대기업과 중소기업 간 생산성 격차를 중심으로 다양한 원인이 작용하고 있다. 대기업은 성장 과정에서 세계 시장에서의 경쟁에 더 많이 노출되고 인적자본과 R&D를 위한 투자재원이 상대적으로 풍부하여 중소기업에 비해 생산성 향상을 더 신속하게 도모해야만 했으며, 또 그렇게 할 수 있었다. 이에 따라 수출 제조업 중심의 대기업 선도부문과 내수 위주의 중소기업과의 생산성 격차가 두드러지게 되어 중소기업 생산성(대기업 대비)은 한국이 32%인 반면 선진국은 50~60%에 달한다. 한편 상품시장에서 대기업의 높은 독과점도는 하청기업(중소기업)에 대해 수요독점적 지위를 낳음에 따라 하청기업에 비용상승 충격을 전가하기가 용이하다. 결국 중층적인 하도급의 아래 단계로 갈수록 임금 지불능력의 격차가 확대되면서 근로조건이 더욱 열악해지는 것이다. 글로벌화에 따른 경쟁 심화는 이러한 하도급을 더욱더 확대하고 중층화함으로써 대기업에서 고용비중이 감소하는 대신 임금과 근로조건이 상대적으로 열악한 중소기업의 고용비중 증가를 낳고 있다.

표 13-25 한국 노동시장 유연안전성의 종합평가

	유연성		안정성	
	수량적	기능적	사회안전망	적극적 노동시장정책
대기업-정규직	경직적(고용보호)	경직적	비효과적	비효율적
중소기업-비정규직	유연적(고용불안)	부재	사각지대	사각지대

노동조합으로 말미암은 고용격차의 심화

기업별 노사관계 역시 노동시장 이중화에 기여하고 있다. 노조가 조직된 1차 노동시장(대기업, 공공부문)에서 높은 노조 조직률과 강한 교섭력이 임금, 근로조건, 복지를 높이는 데 기여했다. 노조가 거의 없거나 있더라도 매우 약한 2차 노동시장(하청 중소기업, 비정규직)에서는 교섭력이 우위에 있고 지불 능력이 취약한 사용자가 정하는 대로 낮은 임금과 열악한 근로조건이 받아들여져 왔다. 한국은 OECD 국가 중 노조 가입률이 매우 낮은 국가로 기업 규모별 노조 가입률은 300인 이상 대기업이 63%에 달하지만, 30인 미만 소기업은 0.1%에 지나지 않는다. 결국 노동조합 활동은 대기업 중심으로 이루어질 수밖에 없는 것이다.

한편 기업별로 조직된 노조는 1차, 2차 노동시장 전체를 아우르는 전략이나 체제 구축을 하지 못하고 있다. 정부와 사용자도 과거에 제3자 개입 금지를 법으로 강제할 만큼 기업별 노사관계체제를 강제하는 데 집착해 왔고 현재도 산업별·업종별 노동시장에 대한 전국적 조율은 극히 제한적이다. 노사 협상의 상급단체 집중도가 낮으며, 노사협약의 적용 범위를 나타내는 단체협약 적용률도 OECD 국가 중 최하위 수준이라는 점이 이를 잘 보여준다.

정부 정책에 의한 고용격차의 제도화

대륙유럽 국가들에서 사회보험이나 사회부조 강화의 형식으로 기존 제도를 고치거나 새로운 제도를 도입함으로써 노동시장과 사회보장체계의 이중 구조화를 형성해 가고 있는 현상을 '이중구조의 제도화(Institutionalization of Dualism)'라고 부르고 있다. 우리나라 역시 정부의 노동정책이나 사회정책은 노동시장의 이중구조와 그 파급효과를 완화하기보다 오히려 강화하며, 근로 빈곤과 소득 양극화 문제를 해소하지 못하고 있다. 우리나라 사회보장제도는 적용 배제를 명시적으로 제도화하지 않아 형식적으로 모든 근로자를 대상으로 한다. 그동안 공적연금은 전 국민을 대상으로 확대되었고 근로자를 대상으로 하는 고용보험과 산재보험은 전체 사업장을 대상으로 확대되었다. 그러나 사회보장제도는 노동시장에서의 지위에 연계하여 법적으로 적용 제외로 규정되거나 미가입을 허용함으로써 실질적으로는 상당한 규모의 노동자를 노동시장의 지위에 따라 배제하고 있다. 즉, 사회보장제도가 일자리에 연계된 사회보험에 크게 의존함으로써 2차 노동시장에 속하고 소득단절의 위험이 큰 사람들이 사회보험제도의 수혜 영역 밖에 놓이게 되었다. 1차 노동시장은 국민연금, 실업보험 등 복지제도의 주 보호 대상이며, 직업훈련 등 적극적 노동시장 정책의 대상이지만, 2차 노동시장은 사회복지제도나 적극적 노동시장 정책에 따른 보호 범위가 제한적이다. 국민연금, 퇴직급여, 상여금 수혜율에서 1차 노동시장은 95%를 상회하는 반면 2차 노동시장은 70%를 하회하고 있다. 한편 조세 기반의 보조금제도와 사회부조 제도가 존재하지만, 그 규모가 작아서 2차 노동시장에 집중되는 사회보험의 사각지대를 충분히 해소하지 못하고 있다. 즉, 사회보험의 혜택을 받지 못하는 2차 노동시장의 사각지대에 더해 공공부조를 받을 수 없는 사각지대가 더해지며 사회보장의 이중적 사각지대가 공존하는 것이다.

4) 2차 노동시장 중심의 고용확대 : 서비스업, 중소기업, 임시일용직, 자영업

산업구조 면에서 서비스 부문에서의 고용팽창

우리나라의 취업구조는 산업구조의 변화를 반영해 왔다. 1970년대 초까지 한국은 대규모의 농촌인구를 가진 농업사회였다. 농림어업 종사자의 비중은 산업화와 더불어 1963년 63.4%에서 계속 하락하여 2021년 5.3%에 이르렀다. 제조업의 고용 비중은 산업화와 더불어 팽창하다 1989년 28%에서 정점을 찍은 후 하락하기 시작해 2021년 현재 16.0%에 머물러 있다. 대신 1963년 전체 취업자의 26%에 불과하던 서비스업 취업자 비중은 상승세를 이어가 2021년 70.1%까지 높아졌다. 한편 서비스업에서의 취업자 증가는 주로 지식기반 서비스업에서 비롯하고 있다. 1992년 15.1%에 불과하던 지식기반 서비스업 종사자 비중은 2021년 33.6%로 두 배 이상 증가하였다. 반면 전통 서비스업(도소매, 음식숙박 포함)은 2000년대에 들어 완만하게 하락하고 있다.

그림 13-19 산업별 취업자(%)

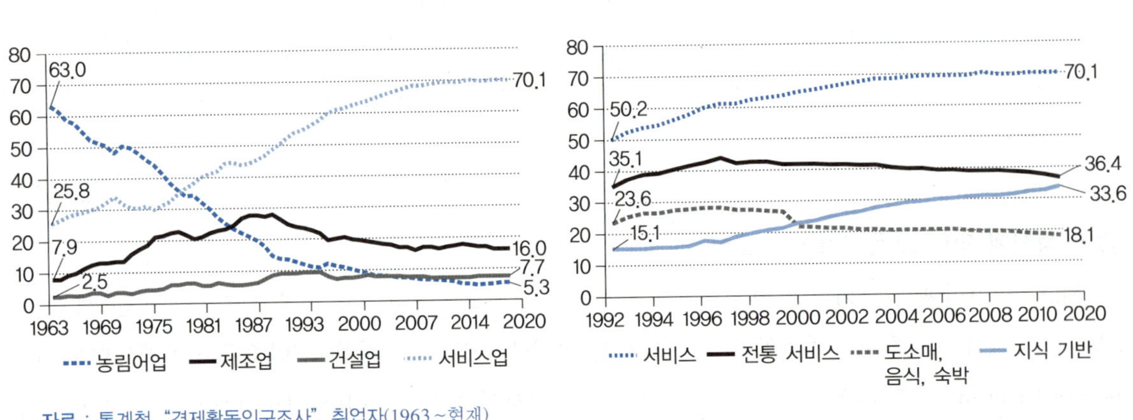

자료 : 통계청, "경제활동인구조사", 취업자(1963~현재)

산업조직 면에서 중소기업과 자영업의 고용이 팽창

우리나라는 다른 국가에 비해 중소기업 종사자 비중이 상대적으로 높다. 종업원 수 300인 미만 중소기업에 근무하는 취업자 비중은 85.4%(20인 미만 소기업 취업자 비중은 51.7%)에 달한다. 국제 비교가 가능한 종업원 250인 미만 기업의 고용 비중(OECD SDBS Database, 2015)은 한국 87.2%, 미국 40.7%, 일본 52.9%, 독일 62.9%에 달한다. 중소기업에서도 10인 미만 기업이 40.5%이고, 20인 미만 기업은 51.5%이다.

한편 자영업자와 무급 가족종사자가 꾸준히 감소해 왔지만 아직도 취업자의 28.3%(2018)에 달한다. 자영업 종사자 비중도 꾸준히 감소해 왔지만 25.1%로 OECD 국가 중 다섯 번째로 높다. 양질의 임금 근로자 일자리가 부족함에 따라 고령층을 중심으로 서비스 업종에서 집중적으로 자영업자로 진출한 결과이다.

과도한 임시 · 일용직과 비정규직

1990년대 중반 이후 인건비 절감과 해고의 용이함을 위해 기업들이 외부화 전략을 택함에 따라 노동시장의 이중구조화가 나타났으며, 이후 외환위기 그리고 이어진 세계화와 기술혁신의 심화와 더불어 노동시장 유연화가 급진전되었고 계약직과 간접고용 등 다양한 형태의 비정규적 고용이 크게 증가하였다.

그림 13-20 종사상 지위의 구성비 추이(%)

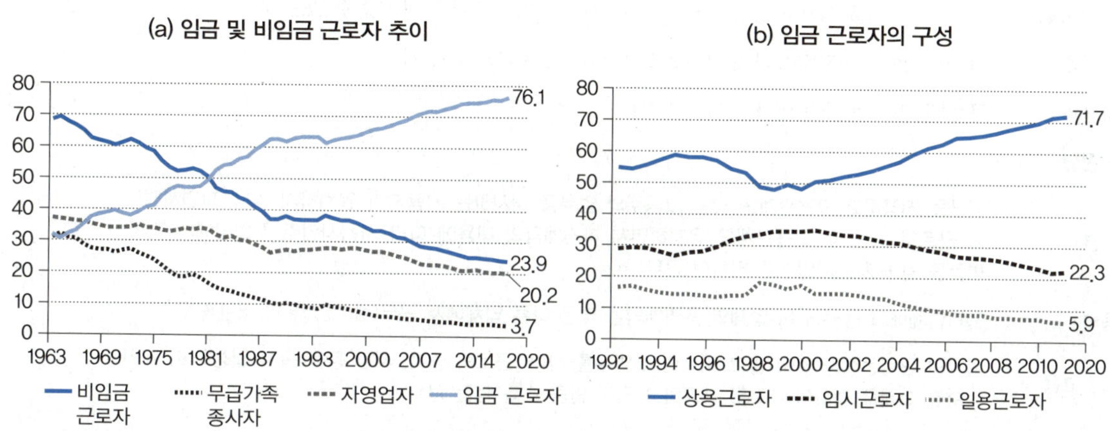

자료 : 통계청, "경제활동인구조사", 취업자(1963~현재), 성, 종사상 지위별 취업자.

한국에서 비정규직 문제가 본격적으로 부상한 것은 외환위기를 거치면서이다. 주로 아르바이트생, 건설일용직과 같이 특수한 직업군에서만 나타났던 비정규직이 외환위기 이후 평범한 일자리에서도 크게 증가하였기 때문이다. 외환위기 이후 비정규직 급증은 비정규직에 관한 논쟁을 낳았다. 기존의 "경제활동인구조사"에서 종사상 지위(실제로 일하고 있는 신분 또는 지위 상태)에 따라 통상적으로 고용계약 기간이 1년 이상(초과)인 정규직원을 상용직과 그렇지 못한 지위를 가진 임시 · 일용직으로 구분하고 후자를 비정규직으로 파악하였다. 그러나 모든 임시 · 일용직을 비정규직으로 파악하는 것은 고용형태의 다양화를 충분히 감안하지 못한 것이다. 이에 따라 2002년에 노사정위원회를 중심으로 기존의 상용직(③+④) 대 임시 · 일용(①+②)의 분류방식을 벗어나 장기 고용관계에 있고 전일제로 일하는 직접고용 근로자를 정규직(①+④)으로 파악하였다. 그 외 고용의 지속성이 한시적이거나 근로시간이 시간제이거나 근로 제공방식이 비전형적인 모든 다른 형태의 근로자(한시적, 시간제, 비전형 일자리로 불리는 ②+③)를 비정규직으로 분류하게 되었고, 그 통계를 매년 두 차례씩(3월과 8월) "경제활동인구조사 근로형태별 부가조사"를 통해 공표하고 있다. 이러한 비정규직 분류기준은 국제기준, 예를 들어 OECD 분류방식과도 차이가 있다. OECD는 전체 근로자 중 정규직(Full-time worker)을 제외한 나머지에 대해 임시직(temporary worker)과 흔히 '알바'라고 불리는 파트타이머(part-time employment) 통계자료를 제공하고 있는데, 국제비교 통계에서 비정규직이라 하면 바로 이 임시직을 지칭하는 것이 관행으로 자리 잡고 있다. 임시직은 유기계약 근로자(worker with fixed-term contract), 파견 근로자(temporary agency worker), 계절 근로자(seasonal worker), 호출 근로자(on-call worker) 등을 포함하는데, ②+③의 비정규직의 구성 통계를 상세히 설명하고 있는 〈표 13-26〉에서 ×부분이 OECD 통계에서 배제되는 비정규직이다. 한편 노동계에서는 비정규직을 비정규직 전체인 ②와 ③, 그리고 정규직이지만 임시 · 일용직인 ①을 모두 보호받아야 할 비정규직으로 분류하는데 이에 따르면 전체 임금 근로자의 23.0+9.9+9.5=

42.4%(2017)가 비정규직으로 분류된다(김유선, 2018).

표 13-26 한국의 비정규직 구분

비정규직	근로형태	비교	비중
1. 한시적			18.3
기간제	근로계약 기간을 정한 자	○	
단기기대+	근로계약 기간을 정하지 않았으나 비자발적 사유로 계속 근무를 기대할 수 없는 자	○	
반복갱신	기간이 정해져 있지 않으나 반복적으로 갱신되어 근로하고 있는 자		
2. 시간제	근로시간이 짧은 근로자(파트타임 근로자)	×	11.6
3. 비전형			16.1
파견	임금을 지급하고 고용관계를 갖는 고용주와 업무를 지시하는 사용자가 일치하지 않음. 파견사업주가 근로자 고용 후 고용관계를 유지하면서 파견계약의 내용에 따라 사용사업주 사업장에서 지휘, 명령을 받아 사용사업주를 위하여 근무	○	
용역	용역업체에 고용되어 이 업체와 용역계약을 맺은 다른 업체에서 근무(예 : 청소용역, 경비용역)	×	
특수고용	독자의 근로현장을 갖지 않고 비독립적 업무를 하나, 근로의 방법, 시간 등을 독자 결정하고, 개인적으로 고객을 접하여 재화를 제공하고 일한 만큼 소득 얻는 근무	×	
가정 내	사업체가 마련한 공동작업장(재택근무, 가내하청)이 아닌 가정 내에서 근무	×	
일일(단기)	계약을 정하지 않고 일거리가 생길 경우 며칠 또는 몇 주씩 근로	○	

자료 : 통계청, "경제활동인구조사", 각년도 보도자료.

표 13-27 '임금 근로자' 유형에 대한 경제활동인구 본조사와 부가조사 결과 비교

		본조사		소계
		상용	임시일용	
부가조사	정규직	④ 11,456천 명(57.6%)	① 1,885천 명(9.5%)	①+④ 13,341천 명(67.1)
	비정규직 (한시적, 시간제, 비전형)	③ 1,970천 명(9.9%)	② 4,572천 명(23.0%)	②+③ 6,542천 명(32.9)
소계		③+④ 13,426천 명(67.5%)	①+② 6,457천 명(32.5%)	①+②+③+④ 19,883천 명(100.0)

주 : 통계청, 임시 × 일용 = ①+②, 비정규직 = ②+③, 노동계의 비정규직 = ①+②+③.
자료 : 통계청, 경제활동인구조사 부가조사 2018년 8월 ; 김유선(2018), 「비정규직 규모와 실태」, 『이슈페이퍼』, 제101호, 한국노동사회연구소.

하지만 경활 부가조사에 따른 비정규직 근로자는 2018년 8월 현재 임금 근로자에서 차지하는 비중이 32.9%로 2004년 이래로 계속 감소해 왔다. 한편 비정규직의 국제 비교통계로 사용되는 임시직 비중은 2020년에 23.0%로 OECD 평균 11.4%의 두 배 이상 높다.

한편 정규직의 장시간 노동과 비정규직 및 불완전 취업자의 과소노동이 병존하는 경향을 노동시간 양극화 현상이라 하는데 우리나라는 정규직과 비정규직의 양극화에도 불구하고 노동시간의 양극화는 아직 확인되고 있지 않다. 즉, 우리나라의 시간제(파트타임직)는 15.4%로 OECD 평균에 미치지 못하며, 제조강국인 독일과 일본의 22~25% 수준에도 크게 못 미치지만 스웨덴이나 프랑스보다는 다소 높은 편이다. 그동안 장시간 노동 비중이 큰 폭으로 감소하는 동시에 단시간 노동 비중이 꾸준히 증가하여 왔지만 아직 OECD 수준의 노동시간 양극화는 나타나고 있지 않은 것이다. 우리나라에서 임시직의 정규직으로의 이동 가능성은

그림 13-21 종사상 지위에 따른 OECD 기준 비정규직 비중의 추이(%, 2020)

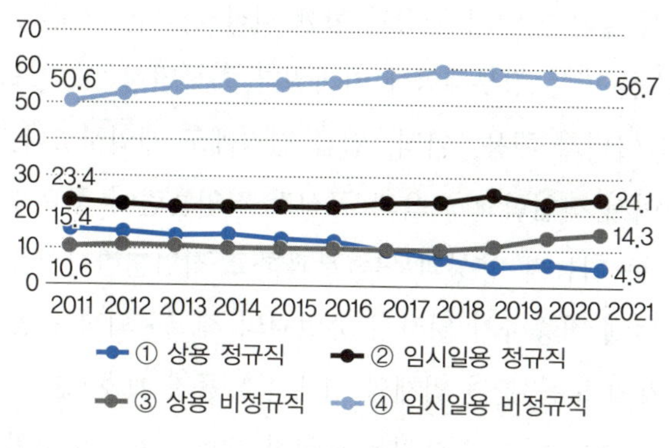

	자영업	임시직	파트타임
한국	24.6	23.0	15.4
독일	9.6	12.0	22.0
스웨덴	9.9	15.4	14.1
프랑스	12.4	15.4	13.1
미국	6.3	4.0	22.4(영국)
일본	10.0	15.4	25.8
OECD	15.3(EU 28개국)	11.4	16.7

주 : 2020년 기준 또는 가장 최근 년. OECD의 파트타임 근로자는 주당 36시간 또는 30시간 미만 일하는 근로자를 말한다.
자료 : 통계청

OECD 국가 중 가장 낮은 편에 속한다. 임시직으로 머물 가능성이 가장 높은 편이며, 실업에 빠질 가능성도 높다. 임시고용이 정규고용을 위한 디딤돌이 아니라 함정으로 작용하고 있는 것이다.

2.5 고용체제의 변천

생산방식과 작업조직, 노동시장 분단, 노동조합과 노사관계, 노동시장 정책 · 제도(최저임금, 고용보험, 적극적 노동시장 정책 등)를 포괄하는 의미에서 노동체제 또는 노동레짐을 생각할 수 있다. 우리나라의 노동체제는 대륙 유럽형이나 북유럽형보다는 영미형에 가깝다(정이환, 2011) 여기서는 한국기업을 대표하며 상대적으로 많은 연구가 축적되어 온 자동차산업과 조선산업을 중심으로 노동체제의 변천과정을 살펴본다.

표 13-28 노동시장 여건 및 정책변화

	1970년대	1980년대	1990년대	2000년대
주력 산업	경공업	중화학공업	고부가 제조업	정보통신기술 융복합산업
생산방식	대량생산 기반 구축 (가공의 기계화)	소품종 대량생산 확립 (가공 · 조립 자동화)	정보기술을 이용한 자동화 : 대량생산의 유연성 제고	다품종 대량생산 –불완전한 유연생산
기술체계	포드주의 도입	포드주의와 일본식 JIT	시스템 합리화	시스템 합리화, 모듈화, 품질경영
작업조직	병영적 테일러주의와 일본식 작업관행의 병존	변형된 테일러주의와 노조의 등장	네오테일러주의와 작업장 갈등	네오테일러주의의 변형 (노조우위의 작업장 노사관계)
노동시장 현상	불완전고용 도시 비공식부문 소멸	생산직 임금상승, 인력 부족현상 발생	고직능직 임금상승, 3D 직종 인력부족	일자리 부족, 청년층 구직난, 임금격차 확대, 자영부문 축소
핵심 노동수요	단순기능직	숙련기능직	고직능노동	환경변화에 적응능력이 높은 고직능 노동
1차 노동시장 구성원	근대적 산업 부문 근로자	대기업 근로자, 성장산업 근로자	대기업 근로자	(유노조 · 대기업) 정규직 근로자
인사조직	위계적 의사결정		팀제 운영 시도	팀(team) 단위 운영 본격화

자료 : 조성재 · 정준호 · 황선웅(2008)

일제 강점기 : 근대산업과 임노동 관계의 등장

우리나라에서 근대적 산업과 임노동 관계는 식민지하에서 일본 기업의 등장과 함께 시작되었다. 그 전까지 (수)공업은 주문자로부터 공사의 완료에 대한 노력의 보수를 받는 청부계약에 가까웠다.[34] 식민지, 그것도 전시 경제하에서 국가는 군수공업을 중심으로 숙련형성뿐만 아니라 채용, 이직, 임금 결정에도 개입하였다. 근대 산업인 만큼 숙련형성은 기존의 영세적 도제방식을 넘어서 직업학교 교육과 공식적 직업훈련이 중요해졌고 총독부는 사업자 단체에 위탁훈련의 관리를, 사업장에는 기능자 양성의무를 부과하고 직업훈련시설을 갖추었다. 총독부는 숙련공의 쟁탈을 막고 노동력을 군수산업에 집중하기 위하여 종업원의 해고 · 퇴직을 공공기관장이 인가하도록 하였고 임금 상승도 규제하였다. 국가의 노동 관련 법제와 정책은 노동자 보호보다는 자원 동원의 관점에서 다루어졌다. 일본 본토에서와 달리 노동력에 대한 처분권을 포함한 개별 노동자로서의 권리는 물론, 단결권과 단체행동권과 같은 권리 또한 인정되지 않았다. 일본인들이 숙련위계의 상층부를 점하고 조선인 노동자들은 중하위를 점하는 민족차별적 방식으로 구조화되고 자율적인 직종별 노동조합이 형성되어 숙련형성과 노동력 공급을 자율적으로 통제하며 노동시장을 규율할 수 없었다.[35] 일본인 숙련노동자들은 자신들의 숙련을 독점하려 노력하였다. 결과적으로 일제 강점기에 근대 산업이 시작되었지만, 식민지적 조건 때문에 자율적인 직종별 노동시장은 발육부진 상태에 머물렀다.

1950년대 : 수공업적 생산과 근대적 노동법의 점진적 도입

독립 후 한국의 산업생산은 오랫동안 일제 말의 수준에 미치지 못하여 생산 규모나 그 제품 수준도 후퇴하였으며 공장 가동률도 저조하였다. 생산직, 대졸 기술자, 사무직, 관리직에 대한 수요나 활용 모두 제한적이었다. 노동시장에서의 채용 기회가 많지 않음에 따라 노동자들의 고용은 대단히 불안정하였고 노동자들의 이직 가능성도 낮았다.

수공업적 숙련생산 기업의 생산방식은 수공업적 숙련생산방식에서 출발했다. 그러나 수공업 발전과 숙련의 전통은 식민지배와 전쟁으로 왜곡 · 단절되었고 몇몇 방직공장에서만 숙련기술자와 기능인을 찾아볼 수 있었다. 많은 제품이 특별한 설계기술을 필요로 하지 않았고 설계가 필요할 경우에는 과거 설계도가 사용되었으며, 그 생산은 소수의 노련한 숙련기술자들이 책임졌다. 적산 불하된 기업에서 생산을 원활하게 진행하는 것조차 버거운 시기였다. 생산기술과 노동과정에서 공정의 표준화와 기계화가 더디었고 기업의 통제력도 미약했다.

작업조직과 숙련 업무량이 많지 않고 불안정한 가운데 원조자금과 물자의 배정이 중요하였으므로 기업은 작업능률과 생산관리에 큰 관심을 두기 어려웠다. 채용기회가 많지 않았던 만큼 숙련공의 이직 여지는 적었고 숙련노동력 확보를 위한 숙련제도의 필요성이 없었다. 임금 및 직급체계는 식민지 유제를 반영하여 별도의 인사관리부서와 규정을 마련하였고 고용관계의 관료화가 진행되었다. 특히 식민지 시기부터 직종별 노

34. 목수는 오직 자신의 경험과 판단에 의해서만 보조자와 함께 작업하고, 고용주의 지시에 의해서 일하는 임금노동의 성격과는 거리가 멀었다. 한편 조선목공의 숙련형성은 전통적인 도제제도하에서 이루어졌다.

35. 영국은 산업화의 선두주자로 직종별 노동시장이 일찍 성립하여 각종 기술적 · 조직적 혁신을 흡수하였다. 일본의 경우 19세기 말 직종별 노동시장이 미약하게나마 성립하여 직장을 매개로 한 간접적 노무관리제도가 이루어졌다. 그렇지만 러일전쟁, 제1차 세계대전, 제2차 세계대전을 거치면서 직접적 노무관리체제로 변화해가고 20세기 중반까지 기업내부 노동시장으로 재편 · 해체되었다. 직종별 횡단적 노동시장은 대기업의 고용기회를 둘러싼 신규입직 시장의 경쟁과 협소한 승진기회를 둘러싼 경쟁으로 폐쇄되며, 임시공, 사외공 등을 이용한 고용조절제도가 정착되었다(신원철, 2004).

동조합의 전통이 결여된 상황에서 직무가 아닌 사람 중심으로 조직 운영, 임금 결정, 승진이 이루어지는 연공급 인사제도가 나타났다. 그러나 작업관리는 현장의 직장이 주도하였고 인사관리도 직장의 권한이 매우 커서 작업조직과 노동과정에 대한 관리부서의 통제는 이루어지지 못하였다.[36] 직장만이 생산직의 기능 수준과 작업실적을 평가할 수 있었고 채용, 평가, 임금결정, 승진, 승급에 권한을 가졌다. 그러나 점차 직장의 권한이 약화되고 대졸기술자들의 역할이 늘어나며 대졸기술자와 직장 층의 갈등이 생겨났다.

분단 노동시장 : 내부 노동시장 공장 가동률이 불안정하여 고용관계도 불안정했고 조선업의 경우 고용조절 기제로 임시공이 활용되며 본공, 임시공, 하청 청부공의 분단구조가 나타났지만, 숙련된 본공 자체도 고용 안정성이 높지 못하였다. 일부 국영기업 중심으로 경력자 채용을 제한하고 근로조건 향상을 꾀하는 폐쇄적 노동시장이 형성되었다.

노동시장 지배구조 주요 노동관계법(노동조합법, 노동쟁의조정법, 노동위원회법)이 제정되고 근로기준법이 공포(1953)되어 노동시장과 고용관계를 규율할 수 있는 법제가 마련되었다. 노동조합법은 단체협약 체결을 사업장 단위로 제한하여 기업별 교섭을 강제함으로써 기업별 노동조합 체제가 형성되기 시작하였다. 파업을 감행하고 단체협약을 체결하는 등 노동자들이 노동조합을 통해서 계약관계의 당사자로서 권리를 행사하게 되었다. 그러나 고용관계의 불안정은 노동조합 활동을 제한하였고 한국전쟁을 거치며 노동조합은 극우·반공의 조류에서 자주성을 상실하고 준 정부단체로 변모하였으며, 좌익계 노조가 소멸한 후 대한노동조합총연맹(노총, 1954)이 유일한 노동조합이 되었다. 1945년 조선노동조합전국평의회(전평)가 산업별로 활동하고 일부 직종별 노조도 설립되었으나 높은 고용 불안정성과 유동적인 노동시장을 배경으로 기업별 노조가 지배적이었다. 노동운동에 대한 정부의 억압과 회유가 계속되었고, 노총은 간부의 정치적 목적을 위한 수단으로 전락하였다.

1960년대 : 무제한 노동공급과 수공업적 숙련생산

1960년대에는 경공업 중심의 수출 증대에 힘입어 산업이 성장하고 고용도 팽창하여 고용의 기회와 안정성이 커졌다. 지배적 생산형태였던 중소 영세자본에 의한 소생산을 넘어 기계제 대공업이 본격화되었다. 하지만 생산은 농촌으로부터 대량 유입되는 비숙련 노동력의 단순기술에 의존하는 조립가공 수준으로 자동화설비에 의존한 포드주의적 생산방식에는 이르지 못했다. 국가의 산별노조를 통한 단위노조의 통제가 적극화되었지만, 기업별 노조와 기업단위 교섭구조하에서 내부 노동시장이 형성되기 시작하였다.

수공업적 숙련생산 1960년대의 수출산업화는 식민 경제가 남긴 수공업적 숙련기술자와 기능인들에 힘입어 경공업을 중심으로 이루어졌다. 자동차산업을 비롯한 중화학공업은 전승된 기술과 숙련은 갖지 못했고 다른 산업으로부터 모집한 숙련노동자들에 의존하는 수공업적 숙련생산방식에 의존하였다. 현대자동차는 단일차종 소량생산에 매달려서 포드자동차와 합작하고 지역 부품업체와 협력하였는데, 조립생산 경험조차 없던 상황에서 포드사 기술자의 통제와 지도하에 수입 부품을 조립하며 조립기술을 습득하고 포드주의 생산방식을 작업조직에 적용하여 생산안정화에 노력하였다. 생산방식은 수공업적 숙련에 의존하고 생산관리는 불안정했지만, 1968년 승용차를 처음 생산하였고 이어 승용차–화물차–상용차의 차종 계열화를 실현하였다. 공장에 직업훈련원이 설립되어 미숙련 노동자의 기능교육을 통해 생산공정 및 생산량의 안정화에 크게 기여

36. 우리나라에서 과학적 관리가 소개되고 생산관리부서에 의한 작업관리가 시도된 것은 1960년대 이후다.

하였다.

작업조직과 숙련 1960년대에는 숙련공의 경험에서 탈피하여 설계도면에 따라 작업이 이루어졌고 확인 · 검사 절차를 위해 작업조직의 관료화가 촉진되었으며, 현장 숙련공(직장)에 대한 대졸 기사층의 우위가 생겨났다. 작업조직이 개편되어 직장 중심의 생산관리에서 중앙집중적인 테일러적 생산관리가 시도되어 일선 생산부와 후방 지원부가 분립되었다. 하지만 체계적 공정관리가 부족하여 현장에서는 직장에 의한 직접 통제가 여전하였다.

정부는 노동집약적 경공업이 주도하는 산업구조에서 단순 기능공 양산에 노력하였다. 근로기준법에 의한 기능자양성령(1962)하에서 실업계 고교나 기업 내 '견습공' 제도로 기능인력의 양성이 분산적으로 이루어졌고, 직업훈련법(1967)에 의해 사업장 내 직업훈련소와 공공직업훈련소가 운영되고 직업훈련에 정부 보조가 제공되었다.

분단 노동시장 : 내부 노동시장 도시의 근대 산업에서 단순 기능인력이 1차 노동시장을 형성하였고 도시 주변에서는 다수의 임시일용직이 2차 노동시장을 형성하였다. 농촌과 산업 부문 간 이중 노동시장이 형성되어 농촌에서 도시로 최저 생존비 수준의 임금으로 무제한의 노동 공급이 이루어졌다. 산업부문은 노동수요가 증대해도 임금 상승 없이 노동력을 조달받을 수 있었다(신원철, 2004).

산업화에 따른 고용 확대를 배경으로 생산과정을 노동자들이 주도하고 숙련공들에게 생산관리가 상당부분 위임된 상황에서 대기업을 중심으로 내부노동시장 관행이 형성되기 시작하였다. 사내에서 양성된 기능공들의 정착에 사용자들의 관심이 적지 않은 상황에서 노동시장의 내부화를 주도한 것은 노동조합이었다. 당시의 노동정책은 노조에게 어느 정도의 자율적 공간을 허용하였다. 직급별 호봉체계를 따라 정기적인 호봉승급이 이루어지는 내부 승진제도, 근속에 따라 높아지는 연공 임금체계, 퇴직금 누진제를 기반으로 하는 제한경쟁형 연공임금체계가 성립하여[37] 노동자들의 장기근속을 유인하였으며, 실제로 이에 힘입어 근속연수가 늘고 이직률이 저하하였다. 당시에는 낮은 설비가동률과 작업공정의 불규칙성으로 임시공이 요구되었는데 노조는 상용직으로 채용되도록 입직구를 제한하며 외부 노동자들과의 경쟁을 차단하였다. 대기업의 생산직들에게 이처럼 내부노동시장이 형성될 여건이 조성되었지만, 공장가동률은 여전히 낮아 중소기업 중심으로 유동적 노동시장이 지속되었고 임시직 유형의 노동자들은 지역 업종별 노동조합으로 단결을 모색하였다.

노동시장 지배구조 노동시장은 자본가나 경영자의 자의에 의한 단순 통제가 지배적이었다. 노동자들은 임금이 정기적으로 지급되는 직업에 만족하였다. 1960년대 경공업 중심의 수출지향 산업화는 풍부한 저임금의 노동력에 기반하였고 지속적으로 고용증대를 가져옴으로써 숙련형성이나 이를 뒷받침할 기업복지나 사회복지가 이슈화되지 못했다. 정부는 사용자를 대신하여 노동운동과 임금상승을 제한하였지만 동시에 사용자를 대상으로 근로기준 행정을 강화하고 인사관리를 합리화하도록 하였으며 직업훈련법을 제정하였다.

정부는 단체교섭과 노동쟁의의 범위를 기업단위로 제한하면서 위로부터 조직한 한국노동조합총연맹을 정점으로 산별노조에 독점적 지위를 보장하며 노동에 대한 국가조합주의적 통제와 제재를 강화하였다. 산별노조는 독점적 이해대표권과 산하조직에 대한 통제권을 가졌다. 기업노조의 산별노조 가입을 강제화하고 산하조직의 쟁의행위에 대해 소속 산별노조의 승인을 얻도록 하여 쟁의행위에 대한 산별노조의 통제를 보장하

37. 반면 근속연수 이외에 능력과 업적에 대한 평가가 승급 · 승진에서 중요하게 작용한다면, 이는 노동자들 간의 경쟁을 강화하며 '경쟁형 연공임금체계'를 성립시킨다. 하지만 평가가 개인의 능력과 업적보다 평가자와 피평가자 사이의 개인적 관계에 따라서 자의적으로 이루어질 경우에 평가가 이루어져도 경쟁형 연공임금체계가 효율적이지도 합리적이지도 않을 것이다.

였다. 국가는 산별노조 중앙을 통제하고 이를 통해 다시 단위노조를 통제하였다. 한편 사업장에서 노동쟁의가 발생할 경우에는 쟁의조정기구 외에 행정관청과 치안기구가 개입하였다. 1970년 한국경영자총협회(경총)가 출범하여 노사관계에서 사용자의 대표조직으로 활동하며 정책 건의를 하였다. 1970년대와 비교할 때 정부는 상대적으로 노조 활동에 관대하였고 노조 운동은 활발하였다.

산별노조는 단체교섭에서 산하지부의 독자성을 인정함으로써 산업별 통일행동, 통일교섭을 전개하고 단일한 단체협약을 체결하는 서구와는 전혀 달랐다. 대신 기업별 노조와 기업단위 교섭구조는 상호 결합되어 한국형 노사관계로 자리 잡기 시작하였다. 단체교섭은 기업별 지부에 교섭권이 '상시위임'되며 산별이 아닌 기업별 단위로 이루어졌다. 경영자 측에서도 기업별 노사관계를 중시하였다. 노동쟁의를 제약하는 대신 대립보다 협력을 강조하는 노사협의제를 도입(1963)하여 상하주종적 노사관계가 두드러졌다. 국가는 노동자의 집단행동을 직접 규제하였다.

1970년대 : 대량생산 기반과 병영식 통제하의 일본식 작업조직의 구축

1970년대에 들어 중화학공업에서 노동력 수요가 급증하였고, 이에 따라 노동시장의 개방적 성격이 강화되었다. 기업은 숙련인력을 확보하기 위하여 기업별로 내부노동시장의 관행과 장치를 마련하기 위해 노력하였다. 아울러 국가의 노조정책은 억압적 성격이 강화되었고 이는 고용관계에서 경영자의 우위를 보장하였다.

대량생산방식의 도입 1970년대 국내기업이 주도한 중화학 공업화는 수요예측을 토대로 하는 대량생산방식에 기초하였는데 이를 뒷받침한 것은 일본식 작업조직이었다. 1960년대에 학습한 생산기술에 기초하여 일관 공정의 생산기술이 도입되었고 자동화에 기초하여 대량생산체제가 구축되었다. 이와 함께 수공업적 숙련노동자에 대한 수요는 점차 감소하고 표준적 작업을 수행하는 단순 반복적 노동력의 수요가 증가하기 시작하였다.

작업조직과 숙련 1970년대에 들어 작업조직은 직장층이 주도하는 직종별 작업관리 방식에서 흐름작업으로 개편되었다. 작업장은 여러 직종의 종사자들이 번갈아 작업하는 방식에서 한정된 직종만이 고유업무를 수행하도록 변화하였다. 동시에 작업장은 단위작업이 지시 · 관리되는 최소의 단위로서 작업장 관리자가 설정되고 전체 생산계획과 일정에 맞추어서 위로부터의 작업장 관리가 강화되었다. 전체 작업은 테일러주의를 따라 단순한 소작업 단위로 분해하여 표준공정을 확립하여 중앙집중적으로 관리되었다. 흐름작업 방식이 작업장별 관리를 가능하게 하고 작업 표준화, 기계화, 자동화의 진전으로 작업지시 및 감독, 평가체계가 개선됨에 따라 노동과정에 대한 경영자의 통제력이 증가하였다.

흐름작업으로의 개편과 더불어 공정의 분할과 작업방식의 표준화가 이루어지면서 기업별 특수성이 발생함에 따라 숙련에는 기업특수적 요소가 증가하였고 대기업을 중심으로 숙련형성을 위해 노력해갔다. 흐름작업 체계와 기계화 자동화의 증가를 통해 품질관리와 개선 제안 활동에 적극 참여하는 새로운 숙련노동자상이 중요해졌다. 독일이나 스웨덴과 같은 사회화된 숙련형성은 아니었지만 중앙정부 역시 기능인력 양성을 추진하였다. 중화학공업 육성정책이 추진되면서 기존 경공업에 비해 상대적으로 많은 고숙련 · 고기능의 노동력을 요구하였기 때문이다. 정부는 사내훈련의 의무화, 산업별 공업고교 확충, 직업훈련제도 정비, 병역특례, 국가기술자격제도 도입을 통해 기능인력 공급을 주도했다.

분단 노동시장 공격적인 중화학 공업화는 숙련공 수요와 숙련기능공들의 이직 기회를 급증시켰고 경영자는 숙련 인력의 확보에 적극 나섰으며 노동시장의 횡단화 · 개방화를 야기하였다. 그러나 대기업과 공기업을 중심으로 한 내부노동시장 구조나 노동시장의 규모별 분절구조 또한 유지되었다. 기업들은 상용직뿐만 아니라 임시 · 일용의 기존 숙련공의 이직을 방지하고 사내 직업훈련을 통해 기능공을 양성하도록 노력하였다. 1960년대에 형성된 본공 중심의 내부노동시장은 확장되어 임시직은 상용직으로 충원하거나 약화되었고[38] 장기근속자에 대한 유인을 제공하여 노동자의 소속감을 높였다. 동시에 사내 직업훈련을 통하여 기능공이 채용되고, 이들이 기업 내에 정착하여 숙련을 향상시켜 가는 과정이 확립되었다. 내부노동시장은 노조 주도로 형성된 제한 경쟁형에서 경영자의 주도하에 기업 내 노동자 간 경쟁이 보다 체계적으로 조직되는 경쟁형으로 재편되었다. 숙련노동력 확보가 중요해진 가운데 대량생산체제 도입으로 노동과정에 대한 경영자의 통제력이 증가하여 기업은 내부노동시장 형성에 적극 나섰다. 그러나 직무능력이나 회사의 경영 실적과는 무관하게 사람을 중심으로 근속기간에 따라 정기적으로 승급이 이루어지는 연공급형 인사제도는 변화하지 않았다. 승급에 차등이 두어졌지만, 대체로 자동승급에 가깝게 운영되어 승급을 둘러싼 경쟁은 상대적으로 미약했다.

내부노동시장 관행이 강화되면서 장기근속자 비중이 증가하고 이직률은 저하되었으며, 임시 · 일용직도 감소세를 이어가 1970년대 말 30%대 초반까지 감소하였다. 1970년대 중반 이후 기업규모가 클수록 그리고 전문화된 생산부문일수록 승진 사다리가 길어지고 정기승급 실시 비율이 높아졌다. 내부승진제도는 사무직 노동자를 넘어 공장 노동자에까지 확장되었다. 작업조직 개편과 더불어 생산직 노동자들의 직급 및 호봉의 위계가 성립되고, 속인급(연공급)형 직급체계에서 직무와 독립적으로 운영되는 직책(직위) 승진, 직급 승격, 호봉승급 등과 같은 승진제도가 만들어졌다.

이 시기에 수출 확대와 중화학공업화 그리고 활발한 국내외 건설경기로 고도성장을 이루면서 노동수요가 증대하여 임금이 인상되어야 기업이 원하는 노동력을 구할 수 있었다. 결국 이농(離農)에 의한 도시 근대산업으로의 무제한적 노동 공급은 1970년대 중반에 멈추고 임금이 상승하며 우상향하는 노동공급 곡선이 나타났다[전환점(turning point), 배무기, 1982].

노동시장 지배구조 : 노동시장 정책과 노사관계 정부는 노사문제의 해결을 위해 적극 개입하여 노사관계를 주도하였으며, 일관되게 노동에 대한 배제와 억압정책을 이어나갔다. 노조의 조직기반과 교섭력이 취약한 가운데 정부와 경영계에 종속된 노사관계가 나타났다. 정부는 노사관계 법제의 집행과 개선을 주도하고 노사갈등 시 중재보다 질서유지에 초점을 두었다. 정부가 노조운동을 통제하며 노사관계에 개입하여 대기업의 파업이나 장기 파업 사업장에 개입하여 분쟁 해결에 나섰다. 분쟁 해결은 노사 간의 조정 중재보다는 법률 집행기관으로서의 질서유지에 초점이 맞추어졌다. 또한 정부는 민주화 세력과 노동자의 연계 및 임금과 노동조건을 둘러싼 기업 수준의 요구까지 공안사건으로 대처하였다. 정부는 노동세력을 배제하고 집단적 노동통제와 경영자들의 병영적 개별 노동통제 속에서 저임금, 장시간 노동, 권위적 사업장을 구조화였다.

1972년에 유신헌법이 공포되며 근로자들의 노동 3권이 크게 제한되었다. 특히 산별노조체제가 부정되고 단체교섭권과 단체행동권이 제한되며, 고용관계에서 경영자가 힘의 우위를 점할 수 있게 되고 노동법 개정을 통해서 기업별 노조체제가 확립되었다. 노동조합법은 기업별노조를 원칙으로 하고 기업횡단적 교섭은 행정관청의 승인을 요구하여 기업별 교섭을 강제하였다. 또한 제3자 개입금지 조항을 신설하여 기업별 노조

38. 임시공 제도의 폐지로 고용조절 기제가 사라지면 고용의 탄력성은 하청공 확대로 대체된다. 경영 및 자본 능력이 제한된 상황에서 단기간의 중화학공업화를 위해 대기업은 중소기업뿐만 아니라 사내하도급을 적극 활용하였다. 또한 직접고용–내부노동시장의 정규인력과 간접고용–외부노동시장의 사내하도급의 고용형태가 포스코, 현대중공업 등에 등장하였다. 사내하도급은 대규모 노동력의 작업능률을 효과적으로 관리 · 통제하고 표준 작업량을 설정하여 일정 기한 내 능률적으로 이를 달성하기 위해서 활용되었다.

의 폐쇄성을 강제하였다. 노동쟁의조정법에서는 일반사업에 대해서 직권강제 중재를 허용하여 노조의 단체행동권을 제약하였다. 이는 기업별로 경영자가 경쟁형의 내부노동시장을 구축하는 배경이 되었다.

노사의 자율교섭보다 공장새마을운동을 통해 노사협조주의가 보급되고 협력 중심의 노사협의회의 기능을 강화하였으며, 기업복지 제도의 형성을 촉진하는 한편 노동조합(집행부)은 노무관리를 위한 보조적 역할로 전락하였다. 노동조합은 경영자가 주도적으로 기업별 내부노동시장을 재편해나가는 보조적 역할에 머물렀다. 노조는 경영자와 협력을 추구하면서 조합원들의 실리를 추구하는 협조적이고 실리적인 조합주의 노선을 취하였다. 새마을운동뿐만 아니라 각종 경영개선, 경영합리화조치에 대해서 노동조합은 이를 적극적으로 지지하였다. 노사협의회의 기능을 노동조합과 분리하여 생산 증강과 불만 처리에 관해 근로자 대표와 사용자가 협의 · 협조하도록 하였다.

1980년대 : 대량생산 방식의 정착과 일본식 작업조직의 병존

1979년의 2차 오일쇼크 이후 세계 경제성장이 둔화됨에 따라 산업 구조조정과 함께 비용 절감, 품질관리, 생산성 향상을 위한 경영합리화에 노력하였으며 작업장에 대한 감시와 통제가 강화되었다.

대량생산의 정착 1980년대에는 수출시장과 독과점적 내수시장을 전제로 규모의 경제를 추구하며 1970년대에 도입된 대량생산방식을 본격적으로 정착시켰다. 정보기술이 산업에 널리 응용되기 시작하면서 1980년대 후반에는 단위 기계의 일부 자동화가 이루어지고 자동화기기가 빠르게 확산되었다. 대량생산방식은 규모의 경제를 실현하며 가격경쟁력을 뒷받침하였다. 현대자동차의 경우 1980년대 말 저가 소형차의 대량수출과 내수시장에서의 자동차 대중화를 따라 공장 증설을 이어가며 대량생산방식을 확립하고, 부품 조달에서 완성차 업체를 중심으로 하는 수직 계열화를 추진하여 부품업체와의 협력관계 구축에 나섰다.

작업조직과 기업특수적 숙련의 형성 작업조직은 컨베이어 벨트로 대변되는 흐름작업 방식이 정착되어 단순반복적 작업을 수행하는 노동과정이 정착하였다. 작업조직에서 병영적 통제와 더불어 일본식 작업조직도 함께 이용되었다. 생산관리 능력을 확보한 경영자는 능률급을 통해서 노동자들에 대한 병영적 통제를 강화하며 장시간-저임금-고강도 노동을 정착시켰다. 대량생산 체제와 포드주의적 노동과정은 미숙련 · 무숙련 노동자의 신규채용 증가로 이어졌다. 이들은 주로 사내공고를 통한 연고제 추천과 직업훈련원 출신자라는 공통적 특성을 가졌다.

기업 내부에서는 흐름작업의 구성에 따라 현장 안팎에서의 특수 훈련을 요구하였고 이는 노동자로 하여금 기업특수적 숙련을 습득하게 하였는데, 중소기업보다 대기업에서, 경공업보다 중화학공업에서 그리고 기계 장비율이 높을수록 강했다. 1970년대에 전통적 숙련을 함양한 기능인들은 자동화 · 정보화를 주도하며 새로운 숙련까지 습득 · 체화하였다.

내부 노동시장 대기업에서 중화학공업이 정착됨에 따라 숙련노동에 대한 수요가 커졌으며, 기업 특수적인 전통적 숙련과 새로운 숙련을 축적한 집단을 유지하기 위해 내부노동시장이 발전했다. 체계화된 내부 승진체계와 임금관리가 강화되며 새로이 형성된 숙련집단의 내부화를 촉진하였다. 대기업 중심의 사회보험에 일본식 노사관계와 기업복지가 병행하여 성장하였다. 1984년 정부는 기업에 대해 사내기금, 재산형성저축, 공동복지시설, 장학제도, 구판장, 공제조합, 통근편의 제공, 주택조합, 종업원지주제를 권장하며 기업복지를 시행하도록 하였다. 일부 사무직으로 제한되던 대기업 내부노동시장은 생산직까지 확대되었다. 중화학공업의 신성장 산업과 대기업 노동자로 확장된 내부노동시장이 부상하였고 경공업의 사양산업과 중소기업이 외부노동시장을 구성하였다. 내부노동시장에서는 직무급과 정기승진보다 근무 기간에 임금이 연동되는 연공제가 더욱 강화되었다. 한편 중화학공업의 합리화가 이어지며 꾸준히 감소하던 임시 · 일용직 비중이 1980년대 초에 상승 반전하여 증가 추세를 이어갔다.

노동시장 지배구조 : 노동시장 정책과 노사관계 1980년대 들어서도 국가는 노동에 대한 억압적 통제를 이어갔다. 다만 근로기준법, 산재재해보상보험법, 직업안정 및 고용촉진에 관한 법률 등 주로 노동자 개인의 노동조건과 긴밀히 관련된 개별적 노동관계법은 점차 개선되었다. 그러나 노조의 설립은 행정적으로 억제되었으며 구사대에 의한 노조파괴 행위를 용인하였다. 피용자 대비 노조 조직률은 1972년 12.6%, 1975년 15.8%, 1980년 14.7%로 낮은 수준이었고 1986년에는 12.3%로 더욱 저하되었다.

기업별 노조와 기업별 교섭체제를 강제하고 복수노조 금지, 제3자 개입 금지,[39] 정치활동 금지, 유니온 숍(union shop)[40] 폐지 조항을 시행하여 노동운동이 전국적으로 또는 산업별로 조직하여 자본가와 대등한 지위에서 단체교섭을 전개할 수 있는 길을 봉쇄하고 기업의 경계를 넘어 확장하는 것을 적극 차단하였다. 대형 작업장의 분규에는 공권력이 수시로 동원되었다. 아울러 노사협의회법이 노동조합법으로부터 떨어져 나와 독립법률로 제정되었다. 노사관계에서 사용자 주도의 노사관계 질서가 구축되었고 한국노총 중심의 노조운동에서는 노사협조적인 노선이 주류였다. 유신체제하에서 시작된 지하 노동운동은 더욱 확산되었고 대학생들이 직접 생산현장에 취업하여 노조를 결성하기도 하였다.

1990년대 : 대량생산방식의 자동화와 작업조직 재편의 진통

1990년대 세계화로 국제시장에서 경쟁과 구조조정 압력은 더욱 심화되었고 IT 기술을 중심으로 기술변화도 거세어졌다. 국제경쟁은 이제 가격경쟁에 더해 품질경쟁까지 가세하게 되었다.

생산방식의 자동화와 유연화 규모의 경제를 추구하는 소품종 대량생산방식에서 정보통신기술의 확산에 따라 자동화와 유연화가 진전되었다. 자동화는 개별 작업공정뿐만 아니라 단위 자동화 기기들을 상호결합하거나 생산라인 전체를 자동화하고 기업 간 관계로까지 확장하여 LAN, VAN 등 정보기술을 통해 부품의 적기 공급과 부문별 생산 동기화가 이루어졌다. 이를 위해 각 생산공정에서 자동화와 작업 표준화가 급진전되고 이를 바탕으로 공정 간 연계가 강화되었으며 이를 협력업체의 부품공급으로까지 확장하였다. 특히 하향식으로 지속적인 품질개선 활동을 전개하고 이를 부품 협력업체들에게도 강제하였다.

작업조직 유연화와 탈숙련 대량생산방식의 유연화와 연동하여 작업조직에서 일본 산업의 린 생산방식이 강화되며 병영적 · 위계적 노동통제가 완화되고 대신 유연화가 결합하였다. 작업조직의 노동 편성은 테일러주의에 기초하였지만, 직무 배분 및 작업 할당은 회사 지시 대신 자율에 의존하도록 한 것이다. 고용안정에 기반을 두고 숙련을 갖추는 다기능 노동자의 형성과 이들의 적극적 참여와 협력, 자율적 작업교대에 의한 품질 및 생산성 향상이 도모되었다.

그러나 1987년 정치민주화로 노동자나 노조의 영향력이 커지는 반면 경영자나 현장 감독자의 권위와 더불어 현장의 작업규율과 작업장의 병영적 · 위계적 통제체제가 모두 악화되었고 이를 대신할 다기능 노동자의

---

39. 직접 근로관계를 맺고 있는 근로자나 당해 노동조합 또는 법령에 의해 정당한 권한을 가진 자만을 노조의 결성, 운영, 단체교섭 당사자로 제한하였다(노동조합법, 1980).

40. 사업장은 노조원인 근로자에 한하여 기업이 근로자를 채용할 수 있는 클로즈드 숍, 채용 후 일정기간 내 노조에 가입해야 하는 유니온 숍, 채용 전이나 채용 후에도 노조가입 의무가 전혀없는 오픈 숍으로 나누어진다.

참여 · 협력을 전제로 한 작업조직도 약화되었다. 직무배치는 사용자보다 노동자와 노조에 의해 주도되어 다기능화나 그에 기초한 생산성 증대보다 노동강도 완화와 직무 평등화의 수단으로 활용되었다. 작업조직에서 사용자의 현장 통제력과 근로자의 다기능화가 제약받음에 따라 유연화의 잠재력은 충분히 발휘될 수 없었다.

임금 인상과 노동과정에 대한 통제력의 약화에 대응하여 점차 기업들은 작업현장의 규율을 회복하기 위해 엔지니어와 설비 · 기계에 의존하는 노동배제적 · 숙련절약적 자동화로 대응하였다. 생산직 근로자들의 저숙련과 낮은 참여율 속에서도 높은 성과를 내도록 하기 위해서였다. 자동화가 진전되며 작업자들은 장비를 관리하고 보전하는 역할을 별도의 보전공에 넘기고 기계에 종속된 상태에서 탈숙련화되어 갔다.

내부 노동시장 1987년 이후 노조의 위상이 제고됨에 따라 노동자와 노조는 내부노동시장의 경직성과 폐쇄성을 강화하였다. 노동자들은 집단행동을 통해 임금 인상에 집중하였으며 노동자들 간의 경쟁을 가져 왔던 성과급(혹은 능률급), 인사고과제도 등의 장치를 약화시켰고, 노동자들 간의 차등 역시 완화시켰다. 이는 작업규율의 이완, 경영진의 통제력 약화, 노무비용 증가를 초래하였다. 이에 따라 기업들은 유연성 강화를 위해 외주업체에 의한 사내하청과 사외하청의 비율을 증가시킴으로써 대응하였다. 하청 노동자들은 근로조건 면에서 직영 노동자들에 비해서 다양한 차별을 받았다. 내부 하청을 통해 경영자의 작업능률에 대한 직접적 통제능력을 회복하고 사외하청은 노무비를 절감하였으며, 고용을 조절하는 장치로서 이용되었다.

한편 외환위기를 배경으로 '경영상 필요'에 따른 해고의 자유가 제도화됨에 따라 상시 구조조정을 통하여 소수의 핵심인력만 남기고 인원을 감축할 수 있었고, 이는 생산현장의 아웃소싱과 사무관리직의 명예퇴직제 및 조기퇴직제로 나타났다. 내부인력은 비정규직으로 전환 대체되었으며, 비정규직 중 일부는 파견법 제정 이후 불법 또는 합법의 사내하청 증가로 나타났다. 기업 내부의 인사관리에서 성과주의 임금체계의 확산도 시장 규율을 강화시켰다. 아울러 사용자들은 법적으로 손해 배상, 가압류 등을 활용함으로써 새로운 자원을 동원하였다.

노동시장 지배구조 : 노동시장 정책과 노사관계 1987년의 정치민주화는 노동과 노사관계에 대한 국가통제를 이완시켰다. 노조 설립이 대기업의 중화학공업과 제조업, 사무직을 중심으로 증가하였고 노사갈등이 대형화되며 전국적으로 표출되었다. 기업 단위로 분산화된 노조들은 대기업을 중심으로 경쟁적으로 임금인상, 노동조건 향상, 작업장 발언권 강화에 나섰고 기업복지가 강화되며 내부노동시장을 강화하였다. 노사관계에서 국가의 전통적 역할이 약화된 가운데 기업별 노사관계가 지배적인 상황에서 이중적 노사관계가 출현하였다. 임금인상과 고용안정을 도모하는 실리주의로 정규직 노사가 담합한 반면, 비정규 근로자는 차별과 배제를 경험하였다. 비정규직 종사자, 중소기업 종사자, 특수고용직의 이해가 대변되는 기회가 매우 제약됨에 따라 기업수준에서나 중앙수준에서 노사 자율로 노동시장의 양극화가 시정 · 규율될 수 있는 가능성은 매우 적어졌다.

민주화 분위기와 노조에 밀리던 사용자들은 자동화, 고용조정, 외주를 확대하고 회피와 대결로 노조에 대응하는 한편 노사관계에서 정부의 역할을 강조하며 노사분쟁의 신속 처리를 위한 정부 조정과 엄정한 법집행을 요구하였다. 특히 세계화 속에서 사용자들은 3제(정리해고제, 파견근로제, 변형근로제)를 중심으로 노동시장의 유연성 요구를 강화하였다. 결국 노동법이 개정되어 3금(복수노조 금지, 3자 개입 금지, 정치활동 금지)과의 교환으로 3제 중 정리해고제와 변형근로제가 유예기간을 두고 도입되었다. 1997년 외환위기를 계기로 노동시장 유연성(고용형태의 다양성)이 획기적으로 진전되면서 노사관계의 주도권은 국가가 아니라 자본으로 넘어갔고 시장 규율을 통한 사용자의 입지 강화가 나타났다.

노동자들은 기업규모와 업종 차이 등에 따라 상이한 연대조직을 결성함으로써 전국적 단일 결사체를 출범시키지 못했다. 대기업 노조의 노동운동은 특정 사업장 내에서의 고용안정과 임금인상, 기업복지 등 내부 노동시장의 형성으로 한정되었다. 기업별 노조 또한 노조원들의 위임을 받은 대표라는 점에서 자기 조합원이 아닌 실업자나 비정규직을 포함하는 노동계급 전체의 문제에 적극 개입하기 어려웠다.

1987년 이후에는 단체교섭제도가 확산되고 노사정 협의가 제도화되었다. 그러나 노사정 협의 기구는 반복적으로 어려움에 봉착하였다. 1990년에 한국노총과 경총의 대표 간의 임금인상 억제를 위한 두 차례의 사회협약은 작동하지 못하였다. 노조들은 자신의 정상조직의 대표가 합의한 임금 가이드라인을 준수하지 않았고, 대기업들은 임금 가이드라인으로 억제된 임금을 보너스와 추가 수당으로 보상해 주었다. 1996년 민주노총, 한국노총, 경총, 공익대표로 구성된 노사관계개혁위원회(노개위)가 발족하여 노동개혁안을 마련하였으나 정부가 위원회에 직접 참여하지 않아 개혁의 이행이 보장되지 못한 상황에서 노조대표와 경총 간에 심각한 의견 대립이 이어졌다.

1997년 말 경제위기 극복을 위한 노사정 사회협의기구인 노사정위원회가 설립되었다. 노사정위원회는 집단 이익의 실질적 대표자를 확보하였고, 협정을 따라 정책으로 전환할 수 있는 능력을 가진 정부대표가 참가하였으며, 정당대표가 참여하여 합의사항을 법제화할 수 있는 잠재력이 높았다. 말하자면 노사정위원회는 대표성, 집행력, 제도화가 크게 진전된 3자 협의기구였다. 정부는 노사관계의 민주화와 노동시장의 유연화 동시 달성이라는 목적을 가졌으나 후자가 전자를 압도하였고, 그에 따라 노동시장의 유연화가 진행되면서 적대적 노사관계가 심화되었다.

2.6 생산 · 고용 레짐의 현재

1) 생산방식 : 대량생산 방식의 유연화

우리나라의 생산현장은 오랫동안 구상과 실행이 분리되어 "대규모 일관조립라인을 중심으로 실행이 이루어지는 기술체계"와 "철저한 노동분업을 특징으로 하는 작업조직"에 의거해 소수품목의 대량생산에 초점을 맞추어 왔다. 그러나 대량생산체제는 시장 조건과 생산조직 측면에서 어려움에 봉착하였다. 수요의 다양화는 생산 다각화를 요구하고 포드적 노동조직은 노동자의 몰입과 동기부여 저하로 생산성 향상을 둔화시켰기 때문이다.

시장변화에 능동적으로 대응하기 위해서 유연한 기술체계와 숙련노동자들로 구성하여 산기술의 잠재력을 최대한 활용하는 더 혁신적이고 유연한 작업체제가 필요하다. 한국 기업의 생산기술은 대량생산체제를 유지한 상태에서 다양한 제품을 높은 생산성으로 유연하게 제조하는 생산유연성을 확보하기 위해 노력해 오고 있다(이영희, 1998 ; 김형기, 1997). 그러나 유연화되는 기술체계에 반해 작업조직은 그렇지 못하다. 테일러주의적 작업조직은 그대로 둔 채 자동화를 강화하면서 임금 및 고용의 유연성을 추구하고 있다는 점에서, 또 발전된 정보통신에 의거하여 테일러주의적 작업조직 원리를 강화하여 생산유연성을 확보하려고 한다는 의미에서 미국을 중심으로 전개된 컴퓨터 지원 테일러주의화(computer-aided Taylorization), 네오 포드주의 혹은 네오 테일러주의적 성격을 지닌다(김형기, 1997).

자동화 · 정보화 한국은 지속적인 자동화와 정보화를 통해 기술체계의 경직성을 완화시키고 유연성을 증대시켜 왔다. 수치제어, 다목적 기계, 산업용 로봇을 통한 '공장 자동화'로 생산기술의 유연성을 높였으며, 정보통신기술에 기반한 중앙집중적이고 통합적인 작업통제 시스템을 도입하였다. 기업들은 1980년대 후반에 단위기계의 일부 자동화를 추진하는 수준에 머물다 1990년대 초중반을 거치면서 단위 자동화 기기들을 상호결합하거나 생산라인 전체를 자동화시키는 방향으로 나아갔다. 자동화는 또한 컴퓨터와 통신기술에 기초한 정보화와 결합되어 갔다. 현대자동차의 경우 통합생산관리시스템을 꾸준히 발전시켜 제품개발과 생산관리의 통합(1980년대)에서 협력업체의 부품공급과의 동기화에 이어 공장자동화와 사무자동화의 연계(1990년대 초반)로까지 확장하였다.

규모의 경제와 범위의 경제 : 다품종 대량생산 소품종 대량생산방식은 다품종 대량생산방식으로 옮겨갔다. 제품 모델을 다양화하여 범위의 경제를 실현하되 플랫폼 통합 · 공용화, 부품 모듈화, 조립공정의 자동화에 의존하여 다양한 모형을 신속히 생산하였고 수요변화에 대응하여 규모의 경제를 동시에 실현하고 있는 것이다. 부품업체는 모듈화된 부품을 미리 조립하고 최종재 업체는 이들로부터 넘겨받은 소수의 모듈 부품을 단순 조립하는 공정을 수행하며, 대기업은 이들 조립공정에 대해 꾸준히 자동화를 확대해가고 있다. 모듈화는 기능과 인접성에 따라 다수의 부품을 부위, 혹은 분야, 기능별로 결합하여 하나의 부품단위(모듈)로 사전 조립하여 조립라인에 투입하는 것[41]으로 다수의 업체가 모듈업체로 육성되었고 정보통신 기술을 활용하여 이들과 여타 부품업체와의 생산 동기화가 심화되며 생산방식의 유연화가 이루어졌다. 모듈화는 생산작업을 합리화하지만, 노조의 참여 없이 이루어질 수 있으며 고용 축소와 불안을 초래하고 있다.

2) 작업조직 : 혼합형 작업조직과 숙련 공동화

구상과 실행이 분리된 혼합형 작업조직

1987년 정치민주화 이래 노조의 교섭력 강화로 현장에서 노동자들의 직무 자율성이 증대하였으나, 지배적인 작업조직은 여전히 테일러주의에 기반하고 있다. 우리나라 공장은 대규모 일관조립라인을 중심으로 하는 기술체계와 철저한 노동분업을 특징으로 하는 작업조직에 의거해 생산활동을 유지하고 있기 때문에 작업자들이 생산과 관련하여 자율권을 갖는다는 것은 기술적으로 매우 어렵다. 작업조직은 노동자들로 하여금 세분화된 자신의 단순한 업무만을 기계적으로 반복하면 되도록 설계되어 있기 때문이다.

테일러주의는 현장 작업자들로부터 '구상' 기능을 관리자와 엔지니어에게 집중화하여 '실행' 기능과 체계적으로 분리하고 실행해야 할 직무는 단순반복적으로 수행될 수 있게 세분화 · 표준화하여 작업자의 자의적 판단이 개입될 여지를 줄여 노동에 대한 작업자 자율성의 결여를 특징으로 한다. 세분화 · 파편화된 직무는 숙련이 거의 필요치 않은 단순반복성을 특징으로 한다. 현대자동차의 경우 창업자는 '도전적 실행' 또는 '프로젝트형 문제해결'을 건설과 조선에서 거듭 보였으며, 이후 이를 내면화한 것이 엔지니어를 중심으로 하는 중간관리층이었다. 즉, 소유경영자의 기민한 전략 제시와 실행을 가치사슬 전반에서 구현하는 것은 생산관리자(엔지니어) 집단이었다. 이들은 '프로젝트형 문제해결 능력'을 가지며 구상을 책임진다. 엔지니어의 주도는 생산기술의 유연성이 높아지고 있음에도 그에 상응하는 작업조직의 유연성을 달성할 수 없다는 한계로 인해

41. 모듈화는 단순조립, 조립 · 물류모듈, 부품통합모듈, 시스템모듈로 구분된다. 단순조립은 개별 부품들을 단순조립 후 공급하는 것이고, 조립 · 물류 모듈은 1차 업체가 납품받은 부품 및 물류관리를 총괄하여 공급하는 것이다. 부품통합모듈은 부품업체의 개발진이 개발하여 공급하는 것이며, 시스템모듈은 모듈의 설계, 개발, 시험, 제조의 모든 과정을 모듈 공급업체가 책임지는 것을 말한다.

생겨났다. 엔지니어들은 산업화 초기에 수입된 제품디자인과 설비에 기반한 최종재 생산에 필요한 공정기술을 확보하기 위해 활동해 왔으며, 1990년대 이래 숙련을 절약하는 자동화 설비와 정보시스템을 통해 생산직의 저숙련을 보완하여 품질관리를 해 왔다. 결과적으로 자동화와 유연화가 진행될수록 기술과 설비의 중요성이 점차 커지면서 노동은 구상을 담당하는 엔지니어와 관리직을 제외하곤 보조적 수단의 위치로 전락하고 있다(조형제, 2016).

1987년 정치민주화와 더불어 1970년대에 형성된 기존 미국식 테일러주의에 린 생산방식이 부분적으로 도입됨에 따라 우리나라 기업의 작업조직은 '뒤섞인' 혼합형 성격을 가지게 되었다. 혼합형 작업조직은 대립적 노사관계에서 경영진과 노동조합의 비협조적 전략에 따른 결과물이었다. 즉, 경영진은 국내 산업의 독과점적 구조에 상응하여 대량생산을 위한 병영적 · 위계적 노동통제하의 테일러주의 작업조직을 유지하였고 노조는 직무부담의 균등화 및 노동강도의 약화를 실현하기 위해 부분적으로 자율적 작업교대를 도입하였다.

제한적 숙련형성

생산방식에서 기술적 유연성을 위한 자동화 · 정보화는 노동을 대체하거나 단순히 기계를 보조하거나 기계에 의해 감시되는 역할로 격하되고 있다. 작업조직과 작업현장은 개인의 근로역량에 영향을 미친다. 단조로운 직무는 개인의 근로역량을 약화시켜 특정 작업장에 고착화시키지만, 기능적 유연성은 새로운 지식과 숙련 형성에 기여할 수 있다. 1987년 이후 린 생산방식의 도입과 노조의 교섭력 증진을 배경으로 노동자들의 현장에 대한 직무 자율성과 직무순환, 상호협력이 확대되었다. 그러나 직무순환은 작업반 내에서 머물며, 그 이상의 작업은 여전히 위계제 속에서 상급조직의 명령과 지시에 따른다. 린 생산에서 나타나는 노동자의 다기능화에 기초한 숙련형성에는 미치지 못한다.

숙련자를 풀링하고 이를 재배치하는 '기능적 유연화'에 기초한 숙련형성도 찾아보기 어렵다. 자동화가 진전되고 생산과정에서의 문제해결과 품질향상이 주로 엔지니어를 통해 이루어지며 경험적 숙련이 엔지니어링으로 흡수되어 왔기 때문이다. 자동화는 기존 직무의 축소를 가져왔고 생산은 현장 숙련보다 사무기술직 엔지니어의 전문지식에 보다 의존하게 되었다. 고숙련 작업은 더욱 더 단순화 · 표준화시켜 엔지니어링으로 흡수하였고, 프로그램이 가능한 기계 · 장비의 도입 역시 작업장 숙련 축적의 필요성을 낮춘다. 현장에서는 숙련이나 개선의 역할 자체가 축소되고 현장 작업자가 갖는 숙련의 중요성이 줄어든다(숙련 공동화). 즉, 작업조직은 숙련 절약적 형태로 별다른 숙련이 없는 현장 작업자도 쉽게 조립업무를 수행할 수 있도록 한다(조형제, 2016).

결과적으로 일부 숙련자들을 제외하고 다수의 정규직은 숙련이 개발 · 활용되지 않는 '비숙련화'를 경험하고 있다. 전체 기능인력의 규모가 계속 감소하는 가운데 기능인력 구성에서 숙련 기능직과 생산 기능직의 비중이 감소하며 단순노무직으로 대체되고, 대기업을 중심으로 숙련도가 상대적으로 높은 전문기술직과 기술기능직 비중이 지속적으로 증가하고 있다.

생산방식 및 작업조직과 내부노동시장의 괴리

우리나라의 내부노동시장은 생산방식이나 작업조직의 특성과 일관성이 떨어진다. 오랫동안 대량생산 전략에 의존해 기업숙련이나 산업숙련의 필요성이 낮고 그만큼 기업 스스로 내부노동시장을 형성할 유인이 미약하다. 대신 기업규모별 노동조합의 교섭력 차이, 기업 단위의 노사협상, 대기업 우위의 원 · 하청 관계 등의 제도적 요인이 상존한 가운데 글로벌화와 ICT 기술혁신에 따른 자동화가 내부노동시장을 꾸준히 축소시키고 있다.

1980년대에서 1990년대 중반까지 우리나라는 정치민주화를 배경으로 대기업을 중심으로 기업 내부노동시장이 강화되어 왔다. 중앙화 수준이 낮은 기업별 노조체제하에서 교섭력이 강한 대기업 정규직과 공공부문에서의 노사 간 타협의 산물로 등장한 것이다. 기업별 노조체제에서 노조 지도부는 노조원들의 고용안정과 임금인상에 집중하고 사내외하청 노동자를 포함한 비노조원들의 이해를 적극적으로 대변하지는 않아 왔다. 이에 따라 1987년 정치민주화 이후 고용관계는 대기업을 중심으로 임금상승에 따른 이직률 하락과 외부 경력의 인정 범위 제한, 임금 결정의 규칙화와 집단화 등 내부노동시장의 요소들이 많이 확대되었다. 내부 노동시장은 대기업 정규직을 중심으로 학력, 연령 등의 인적 특성에 비중을 두는 보상체계를 갖지만, 중소기업, 비정규직과 같은 외부 노동시장은 직무 특성에 따라 보상이 이루어지는 직무급 체계를 가지고 있다.

이렇게 형성된 우리나라 내부노동시장은 1990년대 말 외환위기 이래 글로벌화와 ICT 혁신의 영향 아래 노동시장 유연화로 큰 변화를 겪게 되었다. 즉, 내부 노동시장이 점차 축소되고 개방형 체제로 변화하는 길을 가게 된 것이다. 우리나라 생산방식의 특성과 ICT 혁신의 영향으로 말미암아 기업들은 기능적 유연성이나 임금 유연성을 통한 내부 노동시장의 유연화보다 고용조정과 같은 수량적 유연화에 더 의존하였고 그 결과 내부 노동시장 규모가 크게 축소된 반면, 생산조직의 말단이나 비핵심 업무를 중심으로 파견이나 사내하청을 통해 외부 노동시장이 확대되었다. 이 과정에서 정규직 입직구가 더욱 좁아져 노동시장 신규 진입자를 비정규직 노동시장으로 내몰고 있다. 하위직급에 한정했던 채용은 다양한 직급의 중도채용 확대로 확대되었고, 기술 · 숙련 인력도 내부 육성보다는 외부 채용 방식으로 바뀌어 내부 근로자의 숙련형성 기회와 유인이 약화되었다. 임금체계에서 연봉제 등 성과주의의 도입은 근로자 집단 간 임금격차와 경쟁 격화를 가져왔다. 사용자는 사내하청과 임시 · 일용직을 인건비 절감의 출구로 활용하였고 정규직은 고용안정의 완충지대이자 기피업무를 넘기는 출구로 활용하였다.

우리나라 노동시장의 분단과 이중구조, 고용불안과 저숙련-저생산성의 함정에서 벗어나기 위해서 1차

그림 13-22 한국 노동시장의 분단과 정책대안 : 대량생산의 유연화와 기능 유연화

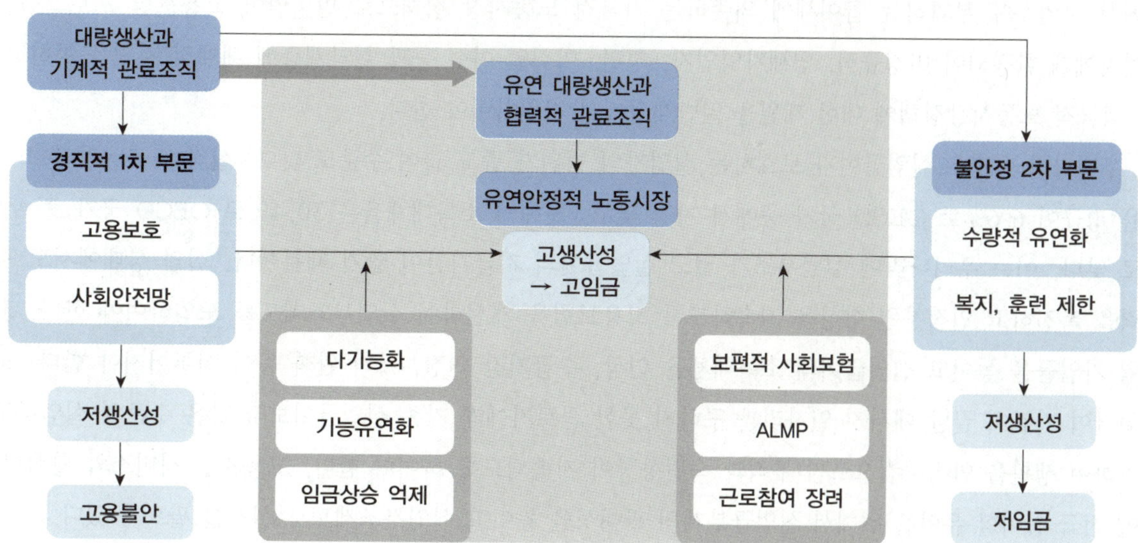

부문의 경직성과 2차 부문의 불안정을 완화할 필요가 있다(전병유 등 2018). 그러나 이는 우리나라의 전통적인 대량생산방식이 지속되는 한 지속가능하지 못하며, 지속가능성을 확보하기 위해서 서구나 일본에서 대량생산방식의 출구로 활용해 온 유연 대량생산방식으로의 전환과 첨단기술생산과 혁신조직의 확산이 필요하다. 이러한 기술과 생산방식의 뒷받침을 전제로 생산성 향상을 목표로 하는 1차 부문의 경직성과 2차 부문의 불안정 완화의 정책을 개관하면 [그림 13-22]와 같다.

1차 부문 경직성 완화 대기업과 정규직을 포함한 1차 노동시장의 경직성 완화는 노동시장 전반의 불안전성과 사회안전망의 부족을 감안할 필요가 있다. 고용보호법제의 개선이 자칫 과도하게 고용불안 심리를 낳고 노사관계의 불안정을 초래할 수 있기 때문이다. 대신 정규직이 누리고 있는 고용안정, 사회안전망, 적극적 노동시장 정책에 부합하는 생산성 향상이 이루어지도록 다기능화와 기능 유연화를 실현할 필요가 있다. 아울러 사회통합을 위해 과도한 임금상승을 자제하는 노력이 필요하다.

2차 부문 불안정 완화 노동시장 정책에서 환경변화에 능동적으로 대처할 자원과 기회를 가진 1차 부문 노동자보다 그렇지 않은 2차 부문의 근로자가 우선 고려되어야 한다. 특히 임금에 대한 직접적 규제보다 근로참여를 장려하고 지속적 숙련향상이 이루어지도록 하는 방향에서 이루어져야 한다. 임금 근로의 매력을 높임으로써 자영업과 비공식노동의 감소를 촉진할 필요가 있다. 이를 위해서 저임금 근로자에 대해 고용보험료를 포함하여 사회보험료를 경감하여야 한다. 그러나 저임금-영세자영업 영역의 비중이 높은 상태에서 보편적 복지를 확충하면 과도한 재정부담이 발생할 수 있다. 따라서 저임금-영세자영업 비중을 줄여 생산성과 임금은 높이는 구조조정이 필요하고, 그 과정에서 발생하는 사회적 부담을 감당할 수 있는 전략이 필요하다. 저임금 근로에 대해서 최저임금과 근로기준 준수와 사회보험 적용, 산업안전기준 강화를 통해 안정적 일자리로 만들고, 최소한의 노동-사회적 보호기준을 따르는 영세사업장에 대해 기업주의 지불능력을 상회하는 부분에 정부가 지원할 필요가 있다. 영세자영업 종사자에 대해서는 임금근로의 유인을 높이는 등 취업지원을 강화하여야 한다. 최저임금의 실효성 제고, 근로기준법, 노동시간 단축의 확대 적용, 저임금 근로자에 대한 사회보험료 지원 정책 등으로 임금 근로에 대한 보상이 요구되는 것이다.

적극적 노동시장 정책을 통해 저임금 근로자의 고용 가능성을 높여야 한다. 개인이 역량을 발휘하게 자원과 기회를 제공하여야 한다. 한국의 적극적 노동시장 정책에 대한 재정규모는 크지 않은 편이며, 고용보험 틀에서 사업주에 부과하는 급여세에 의존하는 적극적 노동시장 정책으로 말미암아 고용보험 프로그램들이 기여자에게 한정되어 비정규직, 영세자영업자, 청년, 미취업 여성 등과 취약계층에 체계적 지원을 못하고 있다. 적극적 노동시장정책에 대한 재원을 일반재정에서 지원하여야 한다.

우리나라의 경우 실업급여가 보호하는 실업자의 범위가 좁고 급여 수준도 낮다. 실직 후 5년간의 소득대체율 평균이 6.6%로 OECD 국가 중에서 가장 낮고, 첫해의 소득대체율은 30.4%로 OECD 국가 중 두 번째로 낮다. 이는 우리나라에 실업부조가 없고 실업급여의 지급기간이 짧기 때문이다. 실업 상태에서도 구직노력을 촉진하고 인적자원 향상을 지속하도록 고용보험을 개선하여 실업부조제도를 도입하여야 한다. 고용보험 가입률을 높이고 실업급여의 소득대체율 인상, 수급기간 연장, 자격 완화 등이 이루어져야 한다. 또한 실업급여 기간이 끝날 때까지 일자리를 구하지 못한 근로자에게 기존 실업급여보다 낮은 수준의 실업부조를 제공하여 생활을 안정시킴으로써 구직과 숙련향상이 지속되도록 하여야 한다. 고용지원 서비스와 활성화 조치에 적극 참여할 유인을 위해서 실업급부제의 관대성을 높이고 실업부조제도도 실시할 필요가 있다.

3) 노동 거버넌스 : 정부 역할과 취약한 (기업별) 노사조직

우리나라의 노사 대표 조직은 조직화 수준이 낮으며, 정책역량도 취약하다. 대신 정부가 노사관계 법제도의 집행과 제도개선 과정에서 역할이 크다. 실제로 1996년 노사관계개혁위원회, 1998년 노사정위원회 등 노사관계 개혁 추진과정에서 정부가 주도적으로 참여해 왔다. 이러한 유산으로 말미암아 정부가 노사관계 개혁에 소극적일 경우 노사관계에 큰 변화를 보기 어렵다. 그럼에도 불구하고 노사관계에서 정부의 역할도 '조정 중재'보다는 '질서 유지'에 가깝다. 정부의 노사관계 개입은 과거 권위주의 정권에 비해 크게 줄어들었지만 아직도 영향력이 강한 편이다. 그러나 정부의 노사관계정책 기조는 정권이 바뀔 때마다 변화하여 정책적 일관성이 유지되지 않고 노사단체의 정부정책에 대한 신뢰도는 낮은 수준에 머물고 있다. 정부 노동정책의 '공정성'에 대한 신뢰도도 낮아 정부의 개입 과정에서 노사 갈등이 노정 갈등으로 부각되거나 사정 갈등이 부각되기도 하였다. 정부가 바뀔 때마다 변하는 노사정 관계의 불안정으로 인해 노동정책 협의과정이나 의견수렴절차가 형식적인 경우가 많아 노동정책의 수용성과 정책 실효성이 낮다. 마지막으로 정부의 정책 과정에 노사의 참여가 형식적인 경우가 대부분이며 정책을 주도하는 경우는 찾아보기 어렵다.

(1) 사용자조직과 정책역량

사용자조직은 전국 조직으로 전국경제인연합회, 한국경영자총협회, 대한상공회의소, 한국무역협회, 중소기업중앙회가 있고 업종별로 해당 사업체들의 이익을 대변하는 협회나 협동조합들이 조직되어 있다. 전국조직인 경총과 대한상의는 지역별로 조직되어 있지만 중앙조직과의 연계는 미미하다. 한편 전경련은 주로 대기업의 이익을 대변하며, 경총은 임금체계, 단체교섭, 노무관리 등 노사관계 영역에서 기업의 입장을 대변한다. 대한상의는 다양한 기업지원 활동, 자격검정 업무, 직업훈련을 수행한다. 전경련과 경총의 고위직은 정부의 정책 수립 및 집행과 관련된 각종 위원회에 참여하여 재계의 입장을 대변한다. 과거 사용자조직은 정부의 하위 파트너로 정부 정책에 순응해 왔지만, 민주화 이후 시간이 흐를수록 오히려 정부 정책에 영향을 미칠 정도로 영향력이 커지고 있다. 하지만 국민경제적 관점에서의 국가정책에 대한 이해와 정책역량이 부족하며, 특히 노동계와 함께 하려는 노력이 미흡하다.

업종별 단체는 해당 업종의 이익을 대변하며, 일부 협회는 상당한 응집성과 정책역량, 사회적 영향력을 행사하지만, 전체적으로는 조직역량이나 전문 역량이 취약하고 영향력도 크지 못하다. 과거 업종 단체는 정부가 관련 정책을 집행하는 통로로 이용했으며, 정부 영향력으로부터 자유롭지 못했는데, 그러한 잔재가 아직도 남아 있는 것이다. 지금도 많은 업종별 단체장이나 고위직은 퇴직한 전직 고위관료들이 맡고 있다. 결국 정부 영향력에서 그리 자유롭지 못한 사용자조직들이 제대로 된 구실을 하지 못하는 것은 불가피한 결과라 할 수 있다.

(2) 노동조합 조직 : 기업별 노조 체계

한국의 노동시장이 불안정한 이유 중의 하나는 노동조합이 노동시장의 안정성을 높이고 격차를 완화하는 데 실패하고 있기 때문이다. 노조 조직률과 단체협약 적용률이 낮을 뿐만 아니라 노조가 조직된 부문이 대규모 사업체와 정규직을 중심으로 특정 부문에 집중되었기 때문이다. 현재 노동기본권은 선진국 수준으로 보장되고 있지만 노조활동은 전반적으로 부진하다. 대부분의 국가에서처럼 노동 3권(단결권, 단체교섭권, 단체행동권)이 보장되며, 적법한 절차에 따르는 파업은 정당한 단체행동으로 허용된다. 파업 등의 쟁의행위는 노조의 지도와 책임하에 실행되어야 하며, 조합원의 과반수 찬성을 얻어 행할 수 있다. 단 노조의 쟁의행위가 관계법령과 사회질서를 위반하지 말아야 하며, 폭력적 단체행동과 공익에 필수적인 업무에 대한 쟁의행위를 금지하거나 제한한다. 1999년과 2004년에 각각 노동조합의 결성이 허용된 교원과 공무원의 경우에는 원칙적으로 단체행동이 금지되고 있다.

낮은 노조조직률과 적용범위 노동조합의 부진은 기본적으로 노조의 낮은 조직률 때문이다. 2013년 현재 노조 조직률은 10.3%(2014)이다. 1987년 15.7%이었던 노조 조직률은 노동운동이 활성화되며 1989년 19.8%로 정점을 이룬 후 계속 하락하여 2010년에 처음 한 자릿수(9.8%)까지 떨어졌으나, 2011년 복수노조 허용을 계기로 10%대를 회복하여 현재에 이르고 있다. 많은 국가에서 노사 간에 단체협약이 체결되면 그 결과가 법률적으로 또는 행정부의 규칙을 따라 비조직 부문으로 확대 적용되므로 노조조직률과 단체협약의 적용범위가 다를 수 있다. 프랑스와 독일의 경우 근로자 중 노조가 조직된 분야에서의 단체협약에 의해 본인의 임금과 근로조건이 결정되는 정도는 각각 90%, 62%, 82%에 이른다. 그러나 한국의 경우 노조 협약의 적용범위(10%, 2010)는 OECD 국가 중 멕시코 다음으로 낮다. 노동조합이 대부분 기업별로 조직되어 있어서 노동조합 조직률과 단체협약 적용률에서 차이를 찾아보기 어렵다.

1차 노동시장 중심의 노조 조직화 노동조합은 조직률이 낮을 뿐만 아니라 조직기반이 편중되어 노동시장이 분단된 것처럼 노동조합 역시 분단되어 있다. 조합원 수 50인 미만 노조는 전체의 51.4%를 차지하나 조합원 수의 전체 대비 비중은 2.4%(4만 5천 명)에 불과하고, 조합원 수 1,000명 이상인 노조의 전체 대비 비중은 4.3%(226개)에 불과하나 조합원 비중은 전체의 72.8%(1,345천 명)를 차지한다. 즉, 전체 조합원 수 대비 대규모 노조의 조합원 수 비중, 즉 노동조합의 대기업 편중성이 크다. 이 외에 공무원, 교원과 공공 서비스를 포함한 공공부문 노동조합, 금융부문 노동조합이 조합원의 다수를 차지한다. 민간의 조직률은 9.1%인데 반해, 교원은 16.8%, 공무원은 63.5%로 민간부문에 비해 공무원 · 교원의 노조조직률이 월등히 높다.

국가 기간산업 부문의 대기업 노조나 공기업, 공공부문 노조는 상당한 독립성을 가지며, 비교적 강력한 교섭력을 행사한다. 정부의 관련 정책에도 직간접적으로 관여하는 경우가 적지 않다. 하지만 취약한 노동자일수록 법적으로 보장된 권리조차 누리지 못할 뿐만 아니라 노동조합을 통해 자신의 이익을 보호하지 못하며 교섭력 역시 취약하다. 또한 조직된 노동조합이 광범위하여 미조직 노동자들의 이익을 대표하는 체계를 마련하지 못하고 있다. 1987년 이후 대기업과 중소기업, 정규직과 비정규직 노동자들의 고용조건의 격차가 커진 것은 이처럼 분단된 노사관계체제에 기인된 바 크다.

폐쇄적 기업별 노조-단체교섭 우리나라 노사관계 체제는 기업 단위를 주축으로 하여 노사의 세력이 조직되고, 기업별로 단체교섭이 이루어지는 분권화된 기업별 노사관계체제를 전통으로 지속하고 있다. 특히 복수노조제 도입에서 교섭단위가 '사업 또는 사업장 단위'로 명문화돼 사실상 기업별 교섭을 원칙으로 함에 따라 기업별 교섭이 더욱 구조화되었다.

표 13-29 OECD 주요국의 단체교섭의 집중도와 상호 조정정도

	집중도			상호 조정정도		
	1975~1979	1985~1989	1995~2000	1975~1979	1985~1989	1995~2000
프랑스	2	2	2	2	2	2
독일	3	3	3	4	4	4
이탈리아	2	2	2	2	2	4
일본	1	1	1	4	4	4
한국	1	1	1	1	1	1
스웨덴	5	3	3	4	3	3
미국	1	1	1	1	1	1

주 : 가장 분권적인 경우를 1, 가장 중앙집권적인 경우를 5로 한 5점 척도 점수 자료. OECD Employment Outlook, 2004, p. 151.

노동시장과 단체교섭이 기업단위로 분절됨에 따라 임금과 근로조건이 표준적인 직종 · 직무 · 숙련 수준보다 기업별 상황과 교섭 결과에 의해 결정된다. 직종별-직무별-숙련도별 표준임금의 개념이나 이를 결정할 산업별 임금교섭제도의 정착이 어렵다. 거꾸로 직종-숙련수준별 임금 표준이 제한적인 만큼 임금 근로조건이 기업별로 결정되는 데에는 조정이 어렵다.[42]

분권화된 노사관계는 노사대립을 낳는 주된 요인이 된다. 산업보다 기업 단위에서 이루어지는 교섭인 만큼 노동조합은 대부분의 비정규직을 배제한 채 내부자인 조합원의 임금과 고용조건 그리고 기업 내부에서의 고용안정성을 보호하려는 이익단체로서의 역할에 치중한다. 특히 노동조합은 연령, 학력, 성을 기준으로 하는 신규채용 방식, 호봉제를 근간으로 하는 연공적 임금체계, 내부 승진을 통한 인력관리, 종신고용 등 기업별 내부노동시장에 유리한 전통적 체계를 벗어나지 않으려 한다. 대기업노조 등 조직력을 갖추고 있는 경우 투쟁적이고, 중소기업 노조와 같이 노조의 교섭력 취약한 경우 사용자의 노조 회피주의가 강화되고 있다. 결국 기업단위에서는 분배적 쟁점을 둘러싼 빈번한 노사 대립을 낳고 작업조직의 유연성이나 작업장 혁신을 약화시킨다.

기업별 교섭구조하에서 중소 영세기업 근로자, 비정규직 근로자의 조직률이 낮을 수밖에 없고, 협약 적용률도 낮을 수밖에 없어 노조의 교섭력과 영향력이 약할 수밖에 없다. 결과적으로 기업별 교섭구조는 노동조합과 노사교섭이 노동시장의 양극화를 완화하기보다 악화시키고 있다.

분할된 정상단체의 낮은 대표성 노동 조합의 대다수는 기업단위에서 조직되지만 동시에 전국조직과 일정한 관계를 갖는다. 한국노총과 민주노총의 2개의 전국조직이 있지만, 상급단체에 가맹하지 않은 단위노조도 많다. 조합원 수 기준으로 한국노총은 전체 근로자의 4.6%, 민주노총은 3.5%를 조직하여 양대 노총을 합하여도 노조의 대표성은 약 8%에 불과하다. 낮은 근로자 대표성은 전국 혹은 지역 단위에서의 합의를 이끄는 데 큰 걸림돌이 되고 있다. 공식적 단체교섭 구조에서 맺어진 단체협약이 하나의 패턴이 되어 여타의 기업에서 동일한 내용의 협약이 그대로 수용되는 패턴교섭이 없으며, 타 산업의 상부조직에 의한 비공식 조정이나 정부의 조정이 없는 국가에 속한다.[43]

42. 일본은 산업간담회 등을 통해 임금교섭 조정장치가 작동하고 있다.

43. 현재 노조 정상조직은 거의 대등한 규모와 영향력을 가진 두 개의 조직으로 나뉘어져 있다. 상대적으로 타협적인 한국노총은 정부의

산별조직 및 협상의 제한 노동운동은 분권적 노사관계의 조율 수준을 높이기 위해 오랫동안 노동조합 조직구조를 산업별 조직으로 개편하고 기업별 교섭을 산별교섭으로 전환하는 산별 체제를 추구하여 왔다. 1998년 이래 기업별 조직의 한계를 극복하고자 민주노총에서 과학기술노조를 시작으로 병원, 금속, 택시, 증권 업종에서 산별노조가 설립되었고, 한국노총에서도 1987년 이전부터 산업별 노조로 활동해 오던 섬유(면방), 버스, 택시, 체신, 전기, 섬유업종에 더해 금융노조 등이 산별노조로 전환하였다. 그러나 아직까지 산별노조나 산별교섭 모두 정착되지 못하고 있다.

일천한 산별노조 경험으로 인해 기업별로 노사조건의 차이가 큰 가운데 기업별 노조들은 기득권을 고수하려 하고, 사용자는 노사갈등을 외부화할 수 있는 장점보다는 이중 교섭으로 인한 교섭비용의 증가[44]와 교섭력 약화를 우려하고 있기 때문이다. 산별교섭은 표면적으로만 산별교섭 형태이지 실제로는 기업별 교섭의 성격이 강했다. 즉, 원칙적 문제만 산별교섭이 이루어지고 임금 및 근로조건 등 핵심쟁점은 기업별 보충교섭으로 미루어졌다.

(3) 갈등적 노사관계와 제한적 협력

노사관계는 다소 적대적이며 서구와 유사한 갈등적 상황에 놓여있다. 노조의 경영진에 대한 전투적 태도로 말미암아 노사관계의 협조적 태도는 133개국 중 131위(WEF, 2009 ; The Global Competitiveness Report 2009~2010)로 매우 낮은 수준이다. 사용자 측 역시 노조나 그 조직원에 대해 적대적 태도를 보이며, 근로자가 노조에 가입하는 것을 억제하기까지 한다. 때때로 기업과 노조 간의 갈등은 적대적 대치와 폭력으로까지 발전하기도 한다. 우리나라는 다른 나라에 비해 파업발생률이 높고 파업이 발생했을 때 파업 참가의 지속기

표 13-30 파업 속성의 국제비교(2000~2004)

국가	파업 발생률	평균 파업기간	파업 참가율	파업 강도
덴마크	39.4	1.3	27.9	37.6
프랑스	101.0	–	–	5.9
독일	3.5	1.4	4.0	–
이탈리아	140.3	1.0	157.4	4.9
일본	0.4	2.0	0.2	1.7
한국	100.6	11.1	9.7	2.2
미국	46.8	24.5	1.4	0.0

주 : 1) 파업 발생률 : 근로자 1,000명당 노동손실 일수, 평균 파업기간 : 파업참가자의 평균 파업일 수, 파업참가율 : 근로자 1,000명당 파업 참가자의 비중, 파업강도 : 근로자 10만 명당 파업 횟수

자료 : Boeri and van Ours(2013), *The Economics of Imperfect Labor Markets*, p. 70.

정책 수립 · 집행에 참여하여 사안별로 정부와 다른 입장을 보이기도 하지만 기본적으로 정부와의 협력 기조를 유지한다. 민주노총은 출범 이래 비타협적인 노동운동을 유지해 왔고 정부정책의 친사용자적 경향에 대해 반대해 왔으며, 정부의 각종 기구에 참여하는 경우도 매우 제한적이다.

44. 기업별로 임금 근로조건 격차가 크기 때문에 산업별 또는 업종별 표준 임금인상률을 적용하는 것이 사실상 불가능하기 때문에 산업별 중앙교섭 이후에 기업별 보충교섭을 하는 방식으로 산별교섭이 진행되어야 한다.

간도 매우 길다.[45]

2000년대 중반 이후 파업발생 건수 감소 등 외형적인 노사갈등 지수는 낮아졌지만, 노사갈등 발생 시 대화와 협상보다 실력행사 위주의 대립적인 노사교섭 관행은 크게 변하지 않고 있다. 노조는 극단적 투쟁에, 사용자 측은 노조 회피나 법제도에 근거한 공세적인 태도로 나서고 있다. 특히 비정규직, 사내하청 관련 노사갈등에서 사용자 측의 교섭대상 당사자 불인정, 교섭거부에 맞서 노조 측에서는 극단적 투쟁으로 나서 극단적인 대립이 빈발하고 있다.

갈등적 노사관계인 만큼 숙련개발과 같은 상호 호혜적 의제들은 적극적으로 다루어지지 못하고 있다. 노동조합은 제안 활동, 현장 개선활동에 관련되지 않고 기업의 교육 · 훈련이나 혁신전략에 대한 협력도 무관심하다. 1990년대 이후 정부와 경영계는 작업장수준의 참여협력과 혁신 정책을 도모해 왔다.[46] 하지만 현장과 유리된 노동배제적 연구개발중심 혁신전략과 더불어 노동조합이 노동운동의 정체성에 대한 부담을 극복하기 어려워 소극적으로 임할 수밖에 없어 한계를 보여 왔다.

4) 참여와 사회적 합의

많은 노동시장 정책이 다양한 이해 당사자의 처지를 개선할 것이라는 취지에서 만들어진다. 그러나 정책목표를 달성하는 대안은 다양하므로 이해 당사자들이 정책결정에 참여함으로써 협상되어야 한다. 기회적 자유를 촉진하는 정책이라도 그것이 정당성을 가지려면 숙의와 절차적 자유가 존중되어야 한다. 때때로 사용자 조직과 노동조합 간의 협상이 입법을 대신할 수도 있다. 사회 파트너를 넘어서 시민단체를 포함한 사회조직이 협상에 영향력을 발휘할 수 있다.

우리나라 정부는 기업 단위의 노사협력의 확산을 지원하고 중앙단위와 지역에서 정책협의를 확산시키기 위해 노력하고 있다. 1998년의 2 · 6 사회적 합의가 노사관계의 민주화와 경제 구조조정에 기여하였으나 제도화로는 이어지지 못하였다. 경영계는 정부의 종용에 의해서 참여하는 소극적 참여자에 머물고 있다. 사용자단체는 정부의 영향력으로부터 독립적이지 못하고 경영계 전체에 대한 리더십을 발휘하기도 어려워 책임 있는 사회적 대화 주체로서의 역할에 한계를 갖는다. 그리고 노동계는 정책참여를 추구하지만 정부가 주도하여 만들어진 정책협의를 위한 각급 사회적 대화 채널에의 참여는 주저해 왔다. 민주노총은 많은 대기업을 조직기반으로 하여 정책협의의 파급효과가 크고 한국노총은 어용시비 부담으로 정책협의에 소극적으로 대응해 왔다. 또한 노조는 노사정 사회적협의에 대해 아예 논의 자체를 거부하거나(민노총) 개별 사업장 현안 해결 등과 같은 단기적 성과주의에 집착하는 경향(한노총)이 강하다. 또한 사회적 협의의 내용 역시 눈 앞의 정치적 효과를 거두기 위한 경우가 많았고 노사정의 정책적 조정을 제도화하지 못하고 있다. 특히 노사정이 자신들에게 부담이 되는 결정을 견제하는 데 주력하고 책임 있는 참여를 회피하고 있다. 성과 부진은 노사관계의 분권화된 체제에 기인된 바가 크다. 분권적 조직구조로 전국단위 노사단체의 리더십 구축이나 전국단위의 교섭력 집중이 어렵고, 사회협약이 기업 단위의 노사를 기속하는 영향력이 크지 않아 실효성이 크지 않다.

---

45. 파업은 생산활동이나 업무수행을 일시 중단하는 집단행동이며, 태업 혹은 부분파업은 노동력 제공을 부분적으로 거부하는 것이다. 집단행동은 대체로 노동조합이 지휘하지만, 노동자들이 자발적으로 벌이는 와일드캣 파업(wildcat strike)도 있다.

46. 일본 역시 기업별 노조를 토대로 하는 기업별 교섭이 지배적이다. 숙련 문제는 교섭의 주요 의제가 아니지만, 노조는 제안 활동, 현장 개선활동에 적대적이지 않으며, 기업의 교육 · 훈련이나 혁신전략에도 협력한다.

정책협의에 참여하는 노사의 대표가 산하단체를 통제할 수 있는 지도력이 확립되어야 타협이 이루어지고 합의된 사항이 이행될 수 있기 때문이다. 특히 노사가 정체성의 부담을 감당하기 어려운 포괄적 의제의 사회적 합의는 타협에 성공할 여지를 더욱 줄이고 있다. 노사정의 사회적 협의과정이 제대로 작동되지 않다 보니 입법과정에서 국회에서 또다시 논의를 하는 등의 혼선을 빚고 교섭비용 부담이 커지고 있다.

기업별 노조체제와 기업별 교섭구조가 전국단위 노사단체 리더십과 노사관계 협의에 힘을 실어주지 않는 전통이 지속되고 있어 노동정책이나 전국적인 노사관계 현안에 대한 협의 · 조정이 취약하다. 노사 모두 기업단위를 뛰어넘는 전문성과 정책역량을 갖추기 어려운 점도 전국단위 사회적 협의기능의 취약성을 낳는 원인으로 작용하고 있다. 전국단위 지도력이 취약해 노조 내부의 이견을 조정해 합의를 도출하고 이를 집행하는 능력도 부족해 "주장은 많고, 책임 있는 실천은 취약"하다. 노사정위원회는 위기대응과 의제발굴을 통한 대화의 장을 마련하는 데 일정한 기여를 하고 있으나 합의의 성과는 많지 않으며, 합의가 이루어져도 실질적 이행으로 이어지지 못하고 있다.

과도한 대립과 갈등

노사단체의 조직률이 높지 않고 노동자 정당이나 사회적 타협의 경험 등이 일천한 가운데 우리나라 노사관계의 근간이 되고 있는 기업별 노조체제는 대립적 · 갈등적 노사관계를 야기하고 있다. 과거에 비해 고용불안정성이 커짐에 따라 정규직 노동자들은 고용유지를 위한 집단행동을 주저하지 않으며, 비정규직의 근로조건 개선 요구는 제도화된 기업별 노조체제 밖에서 발생하므로 생존적 갈등으로 그 투쟁이 극한적 형태를 띠고 있다. 정규직 인력 운용의 경직성과 고용을 둘러싼 갈등은 사용자의 노동 배제적 자동화나 아웃소싱은 물론, 해외진출을 촉진하여 다시 일자리를 더욱 불안정하게 만들고 다시 노사 간의 고용을 둘러싼 갈등을 고조시킨다. 특히 노동자들이 목소리를 형성하고 이로 인해 노사 간의 대립과 갈등이 생겨나지만 그 초점은 생산과 혁신에서의 자신의 역량과 역할 그리고 이를 뒷받침하는 숙련형성보다 분배와 고용보호에 과도하게 편향되어 있다.

임금교섭이 중요한 위치를 점하고 대립과 갈등이 상시화된 노사관계에서 벗어나 유연안전성과 생산성 향상을 고민하는 노사관계로 전환하여야 한다. 한편으로 사회적 대화를 이어가고 이를 지속할 수 있는 여건(예 : 산별노조)을 마련해 가는 것이 중요하다. 사회적 대화체제를 중층화하여 중앙뿐만 아니라 지역 · 업종 등 중위 수준과 기업과 작업장 수준에 이르기까지 참여와 혁신이 기업과 사회의 운영 원리가 되어야 한다.

직업훈련-사회복지에서의 역할 제한

우리나라의 경제성장 과정에서 복지제도나 직업훈련제도는 대부분 정부가 주도한 가운데 기업이 큰 역할을 하는 구조로 도입되어 왔다. 사회복지제도의 도입 또는 운영과정에서 노사 단체가 근로자와 사용자를 대표하여 주도적인 역할을 하거나 적극적으로 참여하지 못해 왔다. 이는 복지제도 발전 과정에서 노동운동과 '노동자 정당'이 중심적 역할을 한 유럽과 대비된다. 사회보험제도 운영과정에서 노사단체 대표들이 운영위원회 위원 또는 이사로 상층 차원에서만 형식적으로 참여하는 수준이다. 노조 조직률이나 단체협약 적용률이 낮고, 경영계의 경우 사용자들에 대한 대표성이 부족하여 책임 있는 참여나 실효성을 제고는 데 주도적 역할을 하기 어렵기 때문이다. 결과적으로 노사단체의 사회보험제도 운영 전반에 대한 이해도와 전문성이 낮은 상태가 지속되고 있다. 산재보험, 고용보험, 국민연금, 건강보험의 도입과 운영에 노동조합과 사용자단체의 기여도는 낮고 실제 운영과정에서 정책 참여도도 낮은 편이다.

1987년 이후 노조운동이 비약적으로 성장하였으나, 기업별 노조체제하에서 노조는 경제적 이해관계에 집중하며 기업복지를 확충하는 데 주력하였고, 사회개혁적 요구나 보편적 복지제도의 도입과 운영에 대한 관심이 적었다. 기업별 복지도 대기업 위주로 발전하여 중소기업과 비정규직은 복지제도의 사각지대에 놓여 왔다. 한편 직업훈련에서 대기업은 자체 내부노동시장을 위해 끊임없이 교육·훈련에 투자할 유인과 여력을 가지고 있으나, 중소기업은 투자할 재원이나 인원 측면에서의 '여유'가 없고 적극적 교육·훈련의 유인도 적다. 더욱이 대기업들은 신규 노동시장 진입자를 훈련시키는 대신 중소기업에서 경험을 축적한 근로자를 채용하는 등 훈련투자에서 시장실패가 발생하고 있다. 결과적으로 대기업을 중심으로 기업에 내부화된 고용–복지–직업훈련 제도가 발전하여 외부 노동시장에서의 사회적 복지, 고용 서비스, 직업능력개발 시스템은 취약한 상태이다. 기업복지의 영향이 큰 탓에 정부의 이전지출이 불평등을 교정하는 정도가 다른 나라들에 비해 매우 미약하다.

[참고문헌]

김유선(2017), 「비정규직 규모와 실태」, 한국노동사회연구소.

_____(2003), 「한국 노동시장의 비정규직 증가 원인에 대한 실증연구」, 고려대학교 경제학박사 학위논문.

김형기(1997), 『한국노사관계의 정치경제학』, 한울.

배무기(1982), 「한국노동경제의 구조변화」, 『경제논집』 21(4), 서울대학교 경제연구소.

신원철(2004), 「기업내부노동시장의 형성과 전개 : 조선산업을 중심으로」, 『경제와 사회』 제64호, 비판사회학회, 한울아카데미.

안성배 등(2019), 『주요국의 노동소득분배율 결정요인 비교 분석』, 대외경제정책연구원.

양재진(2004), 「한국의 산업화시기 숙련형성과 복지제도의 기원 : 생산레짐 시각에서 본 1962~1986년의 재해석」, 『한국정치학회보』 38집 제5호.

은수미 · 김기성 · 박제성(2011), 「간접고용 국제비교」, 한국노동연구원.

이영희(1998), 「경제와사회–특집–한국의 생산체제는 변화하고 있는가」, 『경제와 사회』 40.

장근호(2018), 「우리나라 고용구조의 특징과 과제」, BOK 경제연구 제2018–34호.

전병유 · 황인도 · 박관용(2018), 「노동시장의 이중구조와 정책대응 : 해외사례 및 시사점」, BOK 경제연구, 한국은행.

정이환(2011), 『경제위기와 고용체제 : 한국과 일본의 비교』, 한울아카데미.

_____(2013), 『한국 고용체제론』, 휴마니타스.

조성재 · 박준식 · 전명숙 · 전인 · 김기웅(2013), 「한국의 산업발전과 숙련노동 : 명장의 생애사를 중심으로」, 한국노동연구원.

조성재 · 정준호 · 황선웅(2008), 「한국경제와 노동체제의 변화」, 한국노동연구원.

조우현 · 황수경(2016), 『새로운 노동경제학』, 법문사.

조형제(2005), 「숙련형성과 교육훈련 제도」, 『한국적 생산방식은 가능한가?(Hyundaism의 가능성 모색)』, 한울아카데미.

_____(2016), 『현대 자동차의 기민한 생산방식』, 한울아카데미.

홍장표(2014), 「한국의 노동소득분배율과 총수요 변화 : 임금주도성장모델의 적용가능성」, 『사회경제평론』 제43호.

Berlingieri, G., P. Blanchenay, and C. Criscuolo(2017), "The great divergence(s)," OECD Science, Technology and Industry Policy Papers, No. 39, OECD.

Bloom, D., D. Canning, and P. Malaney.(2000), "Demographic Change and Economic Growth in Asia," *Population and Development Review*, 26(Supp.) : 257–290.

Boeri, Tito and J. van Ours(2013), *The Economics of Imperfect Labor Markets*(2nd ed.), Princeton University Press.

Coriat, B.(1992),『逆転の思考 : 日本企業の労働と組織』(花田昌宣 · 斉藤悦則訳), 藤原書店.

Crouch, Colin(1994), *Industrial Relations and European State Traditions*, Oxford : Clarendon Press.

Doeringer, P. and M. Piore(1971), *Internal Labor Markets and Manpower Analysis*, Lexington.

Ebbinghaus, B.(1998),"When labour and capital collude : the political economy of early retirement in Europe, Japan and the USA" In Comparing Welfare Capitalism,

Ebbinghaus, B. and J. Visser(1999), "When Institutions Matter : Union Growth and Decline in

Western Europe, 1950~1995," *European Sociological Review*, 15 : 135–158.

Frey, C. B. and M. A. Osborne(2013), "The Future of Employment : How susceptible are jobs to computerisation?," Oxford Martin School Working Paper.

Grenier, J–N., A. Giles and J. Bélanger(1997), "Internal Versus External Labour Flexibility : A Two–Plant Comparison in Canadian Manufacturing," *Relations Industrielles*, 52 : 4, 683–711.

Hirschman, Albert O.(2017), "Exit, Voice and Loyalty," Havard Univ. Press, 『떠날 것인가 남을 것인가』, 강형구 옮김, 나남출판, 2005.

ILO(1999), "Report of the Director–General : Decent Work, Technical Report," International Labour Conference, 87th Session, Geneva.

Lazear, Edward P.(1979), "Why Is There Mandatory Retirement?," *Journal of Political Economy*, Vol. 87 No. 6.

Lindbeck, A. and Dennis J. Snower(1990), "Inter–industry wage structure and the power of incumbent workers," in ed. by Renato Brunetta and Carlo Dell'Aringa, *Labour Relations and Economic Performance*, The Macmillan Press.

Miles, R. E. and C. C. Snow(1984), Designing strategic human resources systems, *Organizational Dynamics*, 13(1).

OECD(2013. 3. 14), *Strengthening Social Cohesion in Korea*, Paris : OECD.

Piore, Michael J. and Charles F. Sabel, *The Second Industrial Divide : Possibilities For Prosperity*, Basic Books.

Roser, Max and Esteban Ortiz–Ospina(2017), "Income Inequality," Published online at Our World in Data.org. Retrieved from : https://ourworldindata.org/income–inequality/

Schmidt, J. D.(2006), "Flexicurity, Casualization and Informalization of Global Labour Markets," in B. N. Ghosh, and H. M. Guven(Eds.), Globalization and the Third World.

Storper, Michael and Robert Salais(1997), "Worlds of Production : The Action Frameworks of the Economy," Harvard University Press.

Tamesberger, D. and F. Foissner(2017), "A Typology of labour market regimes and their performance during the crisis".

Wilthagen, T., F. Tros, and Harm van Lieshout(2003), "Towards 'Flexicurity'? Balancing Flexibility and Security in EU Member States," *SSRN Electronic Journal*, 6(2).

제14장 교육과 훈련

1. 이론적 배경과 세계 경제 | 2. 한국의 교육 발전과 도전

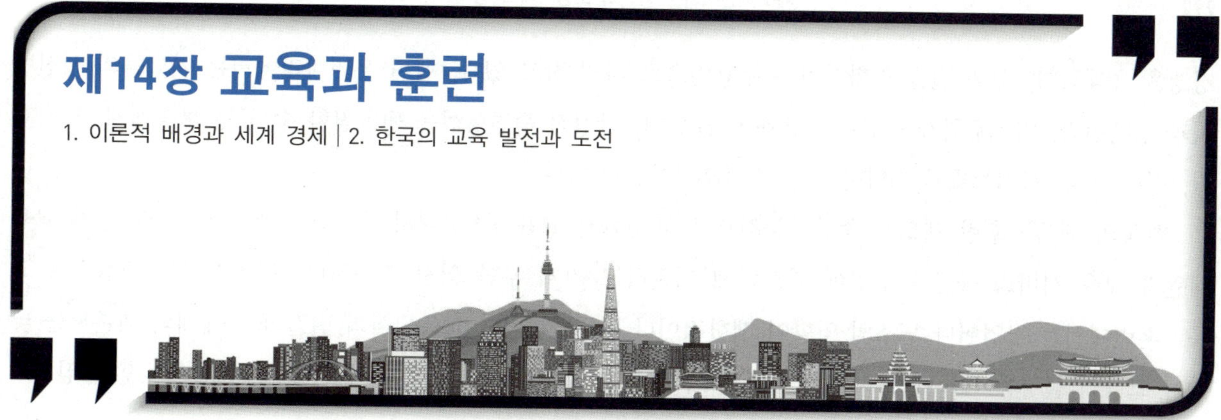

선진국이나 개발도상국 모두에서 교육은 경제성장을 낳고 불평등을 완화시킬 핵심 요소로 강조되어 왔다. 경제학자들은 이러한 믿음과 동아시아의 발전 경험에 비추어 교육과 경제 간의 직접적 관계를 중시해 왔다. 그러나 선 · 후진국 모두에서 학력과 상관없이 실업이 증가하고 소득 불평등이 심화하고 경제성장이 부진하자 교육 · 훈련을 진보의 동력으로 여기던 믿음도 약화되고 있다. 아울러 교육 · 훈련은 기술혁신과 글로벌화에 따른 산업 부침과 직업 특성 변화로 도전에 직면하고 있다. 단순반복적 업무는 자동화되어 사라지고 학습능력과 문제해결능력을 요구하는 업무와 일자리가 부각되며, 직업의 생성 · 소멸 속도도 빨라지고 있다. 교육 · 훈련체제, 생산체제, 복지체제는 상호 보완적이다. 그 나라가 어떤 생산물과 생산방식을 도모하느냐에 따라 그 나라가 필요한 숙련이 달라진다. 거꾸로 그 나라가 축적한 숙련은 그 나라의 생산물 특성과 생산방식을 좌우한다. 교육 · 훈련 투자는 적절한 사회적 보호를 전제로 한다.

교육 · 훈련은 경제성장뿐만 아니라 개인의 번영과 사회통합을 위해서도 핵심적이다. 지식을 얻는 교육 · 훈련은 일자리나 소득을 얻는 수단일 뿐만 아니라 그 자체로 삶의 가치를 고양하는 데도 기여한다. 교육 · 훈련은 노동의 배분 몫을 높이고 저소득층의 임금을 지지함으로써 경제성장의 성과를 더 넓게 공유하게 하고 사회갈등을 완화한다. 교육 · 훈련이 제 역할을 하기 위해서는 교육 · 훈련의 질 향상 이상으로 중요한 것이 교육기회를 가로막고 교육유인을 왜곡하는 제약요인의 해소이다.

제1절에서는 교육제도와 직업교육 · 훈련제도를 개관한다. 교육 · 훈련 시장은 외부효과로 인해 시장실패에 직면하므로 사회조직이나 정부에 의한 집단행동이 필요하며, 이런 이유로 공교육이 지배적인 비중을 차지한다. 교육제도는 모두에게 교육받을 수 있는 기회를 제공하여야 하며, 개인이 자율적 주체로서 참여하지만 교육의 내용에 다양한 이해관계자의 요구가 반영되어야 한다. 글로벌화와 기술혁신은 직업훈련교육이 특정 직업이나 직무에 제한되어 이루어지기보다는 삶의 역량을 확장하고 자율성을 가진 현장가로의 발전을 모색할 것을 요구하고 있다.

제2절에서는 우리나라 교육제도의 특징을 학제, 계층성, 직업 지향성을 중심으로 개관하고, 그동안 이루어낸 교육적 성과를 검토한다. 우리나라는 단선형 종합교육이 지배적이며, 낮은 직업 지향성과 일반숙련 중심으로 교육 및 숙련형성이 이루어지고 있다. 교육이 단계별로 순차적으로 팽창하여 현재에는 세계적 수준의 높은 학업 성취도를 나타내고 있지만 학습 동기나 소속감이 매우 낮다. 교육에 따른 취업률 향상과 소득 증가 효과는 OECD 평균보다 낮으며, 고급인력과 하급인력의 공급이 부족한 가운데 중급인력은 공급과잉 상태에 있다. 오랫동안 교육 형평성 실현에 노력해 왔으나 지역 간 · 계층 간 학업 성취의 격차가 심각하며, 사회 이동성 제고에는 한계가 나타나고 있다. 특히 대학 서열과 내부자 중심의 생산 · 복지 구조가 취업 · 교육

경쟁을 초래하며, 삶의 질을 악화시키는 주요인으로 자리 잡고 있다. 한편 우리나라에서는 기업들의 생산방식과 경쟁전략, 비교우위가 숙련에 기초하지 않으며, 안정적 숙련형성을 뒷받침할 수 있는 보상체계, 노사협력, 정부 역할, 사회보호가 취약한 만큼 직업훈련이 부진하다.

한국의 교육 · 훈련 제도는 중앙집중적으로 표준화된 교육과정하에서 운영되지만, 선진국과 달리 교육재원과 교육 서비스 공급을 민간에 과도하게 의존하고 가계 부담 역시 과중하다. 직업훈련을 중심으로 교육 · 훈련에서는 기업이나 노조의 역할이 제한적이다. 교육 재원과 교육에서의 민간과 가계에의 의존도를 낮추어 교육의 불평등 해소에 보다 적극적으로 나서야 하며, 학생과 학부모, 기업, 노조가 교육 · 훈련 정책의 설정과 그 운영에 참여하는 제도적 방안이 요구된다.

1. 이론적 배경과 세계 경제

1.1 인적자본과 교육 · 훈련

1) 교육 단계와 목표

국제표준교육 분류(International Standard Classification of Education, ISCED-2011)는 교육 단계를 다음과 같이 나눈다. 첫째, 영유아교육(ISCED 0)은 가정을 벗어나 학교와 사회에의 참여에 필요한 인지적 · 신체적 · 사회적 · 정서적 능력 발달을 목표로 하며, 통합적 학습방식을 취한다. 둘째, 초등교육(ISCED 1)은 읽기, 쓰기, 수학에 대한 기초숙련을 제공하며, 지식, 개인 및 사회적 개발을 위한 핵심영역에 대한 학습과 이해를 위한 기반을 확립한다. 일반적으로 5~7세에 시작되며, 4~7년의 교육과정을 갖는다. 셋째, 전기중등교육(ISCED 2, 중학교)은 생애학습과 인간발달을 위한 기반을 확립하여 추가적인 교육기회가 이루어지도록 한다. 초등교육보다 전문성을 갖춘 교사가 과목 중심으로 교육하며, 광범위한 영역에 걸친 이론적 개념을 도입한다. 일부 국가에서는 취업과 관련된 숙련을 제공하며, 일반계와 직업계로 구분하기도 한다. 넷째, 후기중등교육(ISCED 3, 고등학교)은 전기중등 교육보다 전문화하고 다양하게 구성된 교육과정으로 대학 진학을 준비하거나 취업과 관련된 숙련을 배운다. 지향하는 바에 따라 일반계와 직업계로 나뉘어지는데 교사는 특정 과목에서 높은 자격이나 학위를 가진다.

초중등 교육은 출석 여부와 무엇을 학습할지에 대한 선택이 부모와 국가에 맡겨진 의무교육제도로 구성된다. 학생들은 학습량을 선택한다. 학생들이 원하는 것만을 학습하도록 놓아둘 경우 미래에 그들이 누릴 수 있는 기회를 제한할 수 있기 때문이다. 초중등 교육은 특정 능력(예 : 수영) 외에 미래에 가질 기회나 자유를 넓히는 능력(예 : 수학)도 포함한다. 또한 미래에 마주할 선택의 순간에 자율적으로 행동할 수 있도록 하기 위한 준비도 한다. 의무교육제도는 청소년의 역량 확장에 부정적으로 작용할 수 있다. 교육제도가 지나치게 하향식이고 경쟁력을 강조할 경우 학생들은 시험에서 요구되는 주제에 주로 집중하게 될 수 있다. 이 경우 청소년들은 스스로 선택하기보다는 다른 이가 말하는 것을 추종하고 자율적 학습에 어려움을 가진다.

다섯째, 학사 단계(ISCED 6)는 전문분야에 대한 학습활동을 하며, 복잡성과 전문성을 갖는다.[1] 고등교육은 학문적 교육으로 이해되지만 높은 수준의 직업적 또는 전문적 교육을 포함한다. 입학은 후기중등교육에서의 과목 선택, 성적, 입학시험에 기초한다. 중급의 지식, 기술, 능력을 목표로 하며, 교육과정은 이론적 기반을 갖지만 실용적 요소도 포함할 수 있고 첨단의 연구나 최고의 전문업무에 대한 정보가 제공된다. 수업은 석박사 학위자나 상급 전문가에 의한 강의의 형태를 취하고 연구 프로젝트나 논문 작성을 포함할 수 있다. 3~4년의 수학 연한을 갖는 전일제 과정으로 학사학위를 수여받는다.

여섯째, 석사 단계(ISCED 7)는 학문적 또는 전문적 고급의 지식, 기술, 능력을 목표로 학사보다 현저히 난이도가 높고 전문화된 과정이다. 교육 프로그램은 이론적 기반 외에 실용적 요소도 가질 수 있다. 첨단의 연구나 최고의 전문업무에 대한 정보가 제공되며, 상당한 연구과정이 포함될 수 있고 연구 프로젝트나 논문이 요구될 수 있다. 일곱째, 박사 단계(ISCED 8)는 고급 학문과 연구에 초점을 맞추고 고급 연구자격으로서 박사학위를 수여한다. 관련 분야의 지식에 상당한 기여를 하고 출판 가능한 형태의 논문이 통상 요구된다. 따라서 과목 수강과 독립적인 연구가 요구된다. 학문적 전공분야와 전문적 전공분야로 나누어진다.

고등교육은 개인의 열망과 자율적 선택에 기초한다는 점에서 초중등 교육과 근본적 차이를 보인다. 대학교육은 양질의 직업과 같은 경제적 가치뿐만 아니라 지식의 흡수나 창출 등의 본질적 가치 때문에 선택될 수도 있다. 고등교육은 높은 수준의 노동력을 공급하지만 동시에 연구개발 인력을 공급하고 연구개발 활동을 수행하여 기술진보를 촉진하는 데 기여한다. 후자가 초중등 교육과 근본적으로 다른 점이다. 따라서 고등교육에 대한 평가는 개인의 다양한 열망에 얼마나 부합하였는가에 기초하여야 한다. 고등교육은 학습에서 공동 생산자가 되는 자율적 개인을 상정하며, 자율적 추론을 촉진하는 원리적 지식에 접근한다. 대부분의 산업국가에서 고등교육은 사회, 경제, 기술의 변화에 대응하여 지난 30~40년간 엘리트 교육에서 대중교육으로, 그리고 최근에는 보편교육으로 나아가고 있다(Trow, 2007). 자격과 직업의 미스매치, 사회 · 경제 · 기술변화의 급속함은 일반숙련에 대한 요구를 강화하고 있다. 일반숙련에는 인지적 능력, 문제해결능력, 자율 학습과 사회적 숙련, 근로 동기 등이 포함된다. 이는 "고용 가능성" 숙련으로도 불리는데 고등교육의 졸업생이 가져야 할 특징으로 간주된다.

성장 단계와 가치사슬의 고도화 단계에 따라 주요 숙련, 인력 수요 그리고 그에 대응한 숙련개발과정은 변화한다. GVC에의 진입이 이루어지는 요소주도의 성장 단계에 있는 개발도상국의 근로자들은 공식적 교육을 받지 못했으며, 종종 미숙련 노동자로 특징지어진다. 하지만 생산성과 경쟁력에 유의하게 영향을 미치는 현장훈련이 강조된다. 이는 속성상 민간기업의 훈련투자를 요구한다. GVC의 공정 및 제품 고도화 단계에서는 가공이나 새로이 더 복잡한 작업활동이 요구된다. 이에 따라 구체적인 기술적 역량이 요구되며, 기술 및 직업훈련 기관에 대한 의존이 생겨난다. 기능 및 가치사슬 고도화가 이루어지는 혁신주도 경제는 지식 집약적이어서 전문적 숙련이 요구되며, 이에 따라 근로자들은 고등교육의 학위가 필요하다.

1. 후기중등과정과 고등교육과정 사이에 중등 후 비고등교육(ISCED 4)과 단기고등교육(ISCED 5)이 있다. 중등 후 비고등교육은 후기중등교육에서의 지식, 기술, 역량을 심화하기보다 넓히는데 취업이나 고등교육 진학을 모두 목표로 하지만 통상적으로 노동시장 진입을 목표로 하는 직업계 속성을 가진다. 단기고등교육은 후기중등교육을 넘어서는 전문적 지식, 숙련, 능력을 제공하는데 실용적이고 직업에 특화하여 취업을 준비하지만 고등교육으로의 진학이 목표가 될 수 있다.

표 14-1 성장 단계와 가치사슬의 고도화 단계에 따른 인력 수요와 주요 숙련개발과정

성장단계(VC 단계)	요소주도, GVC 진입	투자주도(공정 및 제품 고도화)	혁신주도(기능 및 사슬 고도화)
주요 숙련	수작업 숙련	기술 및 전문 숙련	특화된 전문 숙련
핵심인력	대규모의 미숙련 노동자 감독자 경영자 품질 통제	중소규모의 숙련 노동력 감독자 기술자 관리자	소규모의 숙련 노동력 박사학위자 엔지니어 디자이너 마케팅 전문가 경영자
주요 숙련개발과정	현장훈련 내부훈련	단기훈련, 인증 전문학위 학사학위	학사학위 석사학위 박사학위

자료 : Sakamoto, Akiko and J. Sung eds.(2018) "Skills and the Future of Work", ILO.

기술변화와 글로벌화에 따른 교육 · 훈련 요구의 변화

오늘날 대부분의 교육 시스템은 1세기 전에 시행된 모형에 기초하고 있다. 그러나 기술혁신과 글로벌화에 따른 일자리의 변화는 과거와 다른 교육 · 훈련 제도의 혁신을 요구하고 있다. 이에는 교육의 내용뿐만 아니라 교육방법의 변화도 포함된다. 노동시장 환경의 급변으로 말미암아 단지 하나의 숙련이나 좁은 전문지식에 의존하는 개인이 장기적으로 같은 경력을 계속 유지할 가능성이 낮아지고 있다. 학습자에게 "평생직업"을 선택하도록 재촉하는 것이 아니라 변화하는 직업의 세계를 헤쳐 나갈 수 있는 숙련을 개인이 갖출 수 있도록 하는 것에 초점을 맞추어야 한다. (중등학교가 기초 숙련이나 직업적 숙련 제공에서 더 효율적이도록) 기존의 교육기관을 개선하고 일반숙련을 습득하도록 장려하는 새로운 방법을 촉진하는 새로운 교육정책이 필요하다. 이에 따라 일상업무에 핵심숙련을 적용하는 기초적 문해력 외에 구조화되지 못한 복잡한 과제를 다루는 데 필요한 협업, 창의성, 문제 해결 능력 등의 역량과 더불어 변화하는 환경을 다루는 데 필요한 끈기, 호기심, 진취성과 같은 인성이 필요하다. 기초적 문해력에는 읽고 쓰는 능력과 계산 능력뿐만 아니라 과학, 금융, 문화적 · 시민적 문해력 그리고 우리가 교류하고 일하는 방식을 급속히 변화시키고 있는 ICT에 대한 문해력(즉, 디지털 숙련의 보유와 디지털 숙련의 사용 방법의 이해)이 포함된다. 경제환경과 노동시장의 변화는 모든 개인이 이러한 숙련을 갖추어야 할 필요성을 고조시켰다. 더불어 유연한 노동시장에서 노동자들이 성장하기 위해 필요한 기초숙련이 갈수록 중요해지고 있다. 또한 교육과정은 인턴십, 멘토링, 현장 방문 등 직업세계에 대한 노출을 담아 모두 청년들이 다양한 진로를 구상하고 관련 역량을 갖추도록 도움을 제공해야 한다. STEM(Science, Technology, Engineering, Math)의 강조는 서비스화를 견인하는 데 필요한 비STEM 역량의 약화로 이어질 수 있다. 기술지식을 넘어 광범위한 문화적 배경을 가지고 고객 및 소비자 관계를 관리하기 위해서는 대인관계 및 언어기술이 필요하며, 이는 서비스화를 견인하는 데 필수적이다.

한편 교육 시스템은 매우 다양할 수 있지만(공공 대 민간, 중앙집권적 vs 분권적) 기업을 포함한 보다 다양한 이해관계자로부터의 투입을 받고 협력하며, 교육과정의 정기적이고 지속적인 재검토, 개발, 갱신, 조정을 통해 노동시장과 사회적 요구에 부응할 필요가 있다. 학습방법에서는 이론적 지식의 수동적 흡수만큼 경험이 주도하도록 하는 "배우는 방법"을 학습하도록 하는 것이 중요해졌다. 교육내용과 교육방법의 변화에 부응하여 교사의 역할 역시 변화하였다. 교사는 학생들의 능동적 학습의 촉진자로서의 역할이 부각되며, 동시에 교사들이 숙련을 다시 습득하고 전문성 개발을 계속하도록 지속적 투자가 필요하다.

표 14-2 기술진보와 글로벌화에 따른 교육내용과 학습 그리고 교육 시스템의 변화

	전통적 학교 교육	기술혁신과 글로벌화에 따른 영향
학생의 역할	미성숙 존재로서 타율적 관리의 대상 교육 대상이 되는 수동적 존재 근면성실한 국민으로 지적 수월성 추구	ICT로 강화된 개별 맞춤형 학습의 가능성 학습의 주체로서의 역할 능동적 개인, 융합적 창의성 지향
교육내용	학문에서 파생된 분과적인 교과 중심 이론적 교과지식 함양 입시를 위한 암기식 지식습득 방식	필요한 문해력(교과지식)의 확대 복잡성과 변화를 다룰 수 있는 역량과 인성의 요구 정기적이고 지속적인 교육과정의 개편
교사의 역할	지식 교육의 권위자 학업 성취도의 평가 및 관리	능동적 학습의 '촉진자' 역할 등장
학교의 역할	독점적이고 고립된 정규 학습기관 ▪ 관료적 학습조직	학습 네트워크 중 하나로 학교의 '구심점' 역할 약화 ▪ 유동적 학습조직

자료 : WEF(2015), 「제4차 산업혁명 시대의 교육 : 학교의미래」.

교육제도 : 계층화와 직업 지향성

교육제도는 계층화(stratification)와 직업 지향성에 따라 국가별로 달리 나타난다.

첫째, 계층화는 진로 선택의 시기, 진로별 교육과정의 차이, 진로 변경의 용이성에 대한 것이다. 계층화가 가장 심한 국가가 독일인데, 독일의 학생들은 중학교 때부터 능력에 따라 진로별 교육과정으로 분리되고 진로별로 교육과정이 매우 다르며, 진로 변경은 크게 제한된다. 반면 미국과 북유럽은 진로 선택이 늦고, 진로별 교육과정에 큰 차이가 없어 일반교육과 직업교육이 병행되며, 진로 변경도 자유롭기 때문에 대학 진학의 가능성이 상대적으로 높다.

둘째, 각국의 교육은 직업 지향성에 따라서도 차이가 난다. 직업지향 제도는 구체적 직업능력의 개발을 강조하는 반면 학문지향 제도[종합교육제도(comprehensive schooling)]는 가급적 많은 수의 학생이 더 높은 수준의 일반능력을 갖도록 한다. 직업지향 제도(stratified schooling)는 구체적인 직업능력의 개발을 강조하여 근로자가 최초의 직업에 쉽게 정착하는 효과를 가진다. 그러나 특정 직업학교에 일단 입학하면 다른 유형으로 전환할 수 있는 기회가 제한된다. 독일, 네덜란드, 스위스, 오스트리아 등은 직업지향 교육제도를 갖는다. 독일은 특정 직업에서 요구하는 자격에 부합하도록 학생들을 가르친다. 교육과정에 기업들의 참여도가 높고 학교교육과 현장훈련이 병행된다. 반면 종합교육제도는 일반지식의 제공에 초점을 두어 교육은 직장에서의 관리직을 목표로 하는 대졸 이상에 집중된다. 중등과정에서는 고등과정을 위한 학업 준비가 강조된다. 직업훈련은 공식 교육과정 종료 후 시작한다. 이와 같은 교육제도는 기술변화에 빠르게 적응할 수 있다는 장점을 가진다. 미국, 일본, 영국 등에서는 일반교육과 직업교육이 종합되어 이론 중심으로 교육이 이루어진다. 프랑스는 숙련보다는 일반적 이론을 중시하며, 직업교육은 일반적 능력이 낮은 학생에게 최소한의 자격을 갖추도록 하는 데 초점이 두어지는 잔여적 교육의 형태를 취한다. 프랑스 중등과정에서는 학업 준비가 강조되고 직업훈련은 통상 공식 교육과정이 종료된 후에 이루어진다.

2) 직업교육 · 훈련 제도 : 학교 vs 작업장

직업교육 · 훈련(vocational education and training ; VET)이란 특정 직무에 필요한 지식을 가르치도록 설계된 활동 또는 기술적 · 직업적 기능과 지식을 습득하거나 향상할 수 있는 모든 훈련(국제노동기구 : ILO)이다. 직업교육 · 훈련은 국가의 필요 인력을 공급하는 역할을 하고 취약계층의 학습과 사회적 통합을 지원한다. 특히 청소년들에게 노동수요에 부합하는 직업능력을 길러주어 직업세계에 진입하도록 돕는다. 일반적으로 고등교육과 직업교육 · 훈련은 상이한 인간 주체를 상정한다(Buchanan et al., 2009). 즉, 고등교육은 자신의 학습에서 공동생산자로서의 자율적인 개인을 상정하지만, 직업훈련은 다른 사람의 지시하에 놓인 근로자를 상정한다. 고등교육은 자율적 추론을 촉진하는 원리적 지식에 대한 접근을 제공하지만, 직업훈련은 특정 직업을 배경으로 하는 맥락적 지식과 절차적 지식에 초점을 맞춘다.

직업훈련의 대상이 되는 숙련은 특화숙련과 일반숙련으로 구별된다. 전자는 특정 기업이나 산업에만 유용하고, 후자는 읽기 · 쓰기 능력 등으로 모든 기업에게 유용하다. 기업 특화적 숙련일수록 근로자에게는 위험이 크다. 다른 기업이나 산업에는 이용되기 어렵기 때문이다. 반면 일반숙련은 다른 산업에서도 손쉽게 이용될 수 있다.[2] 일반숙련과 기업특화숙련의 중간 단계로서 통용 가능 숙련(transferable skills) 또는 산업특화숙련이 있다. 이는 다수의 기업에게 유용하며, 해당 노동자들을 고용하려는 기업 간 경쟁이 존재하지만 임금이 생산성에 도달할 정도로 경쟁이 치열하지는 않다. 많은 숙련이 이들 중간 어딘가에 해당하며, 기업마다 숙련들의 배합은 달라진다. 결국 하나의 숙련은 일반적일 수 있지만 그 배합 자체는 특수하다. 기업특화숙련은 직장 내 교육 · 훈련을 통해, 산업특화숙련은 도제제도와 직업학교를 통해 그리고 일반숙련은 학교교육을 통해 습득된다.

근로자의 노동시장으로의 이행을 손쉽게 하는 한 가지 방법은 학생들을 직업교육이나 도제제도를 통해 직업에 밀접하게 연계시키는 것이다. 그러나 이행은 근로생애의 시작일 뿐이다. 직업교육의 효과는 장기적 고용기회나 생애 소득과 같은 전 생애에 걸친 결과를 고려해야만 한다. 진입 시의 직업자격의 분명한 우위(즉각적 생산성과 관련된 고용 가능성의 제고나 네트워크 기능)는 시간이 흐름에 따라 중요성을 잃게 된다. 이들 기능의 일부는 점차 근로경험으로 대체된다. 더욱이 교육제도가 제공하는 숙련은 낙후될 수 있고 이는 지식기반 사회의 확대나 신기술의 도입으로 근로환경이 급변할 때 더 심해진다. 이러한 변화는 평생학습에의 참여를 통한 근로자 숙련 프로파일의 정기적 개선과 방향의 전환을 요구한다. 한편 교육제도에서 가르치는 숙련이 특화도가 높을수록 근로자가 보유한 숙련 프로파일의 적응 가능성은 시간이 흐를수록 더 낮아진다. 반면 학문지향적 시스템은 좀 더 많은 학생들을 대상으로 일반숙련(수학, 읽기 등)에 초점을 맞춘다. 이러한 기초적 능력은 추가적 학습의 기초가 되며, 적응력을 높인다.

결과적으로 기술혁신이 심화됨에 따라 이에 대응할 수 있는 일반숙련이 갈수록 중요해지고 직업훈련에서도 일반숙련에 대한 요구가 커지고 있다. 아울러 고용 안정성 감소와 이동성 증가는 근로자의 고용주나 기업과의 동질감을 약화시키고 직업과의 동질감을 강화시키고 있다. 생산과정과 기술체계가 복잡하지만 이들이 체계적인 시스템으로 전환되고 제품의 개발과 생산 그리고 뒤이은 서비스 과정이 고도로 융합됨에 따라 지식을 축적하고 활용할 수 있는 능력이 더욱 강하게 요구되고 있다. 이러한 능력에는 전통적 의미에서의 작동적

2. 일반숙련과 특수숙련의 습득은 서로 보완적이다. 즉, 기업 특수숙련에 대한 교육은 일반숙련을 가르치는 데 드는 비용을 줄이며, 그 역 또한 성립한다.

숙련뿐만이 아니라 새로운 지식을 습득 · 축적하고 활용하는 인지적 숙련과 더불어 문제해결 숙련과 사회적 숙련도 포함되게 되었다. 이에 따라 직업훈련은 특정 현장직무나 역할에 맞추어 사람들을 준비시키기보다는 일반숙련을 갖추고 자율적 추론을 할 수 있는 현장가의 양성을 도모하고 있다. 기존 관행에 기초하거나 잘 정의된 작업장 직무보다는 복잡한 판단을 돕고 지속성이 있는 숙련에 보다 주목하는 것이다. 이에 따라 실용적 숙련 외에 이론적 지식과 직업 내에서의 사회적 정체성의 확립이 강조되고 있다.[3]

정규교육 이후의 직업교육 · 훈련

정규교육 이후의 직업훈련은 단순훈련부터 인턴제, 비공식 견습, 작업장 내 학습, 견습까지 매우 다양하다. 직업훈련은 정규교육기관, 기업, 공공기관, 사설기관 등 다양한 곳에서 이뤄질 수 있으나 보통 학교 중심제도와 작업장 중심제도로 구분된다. 학교 중심 제도는 산업 특화적 숙련에 초점을 맞추며, 덴마크, 노르웨이, 스웨덴이 대표적 국가이다. 공공훈련기관이나 지자체 운영기관이 주체가 되어 중앙정부 재원으로 숙련 획득과 직업 탐색을 지원하며, 때때로 기업훈련과 결합되기도 한다. 학교 중심 제도는 점차 학교 내 훈련과 직장 내 훈련을 결합하는 방식으로 변화하고 있는 중이다.

한편 작업장 중심 제도는 산업 특화적 숙련과 기업 특화적 숙련의 학습이 병행되는데 독일의 이중 직업훈련으로 대표된다. 고용주, 노조, 정부가 함께 참여하고 작업장 훈련과 직업 교육이 동시에 이루어진다. 참여기업은 정부 지원금을 받을 수 있고 임금을 낮출 수 있으며, 학교는 금융지원을 받을 수 있다. 일본의 직업훈련은 작업장 중심으로 이루어지고 이를 공공훈련과 직업교육이 보완하고 있다. 일본은 기술 훈련 외에 고용관계를 강조하여 직원 간 동질성을 확보하는 데 많은 노력을 기울인다. 중등 및 대학의 정규교육에서의 성취도에 따라 채용된 신입 인력을 대상으로 집단교육이 진행된다. 이후 훈련은 숙련 근로자와 함께 일하고 합의적 의사결정에 참여하는 비공식 교육 외에 공식적 교육 형태로 주어지며, 이는 다시 보상 · 승진과 연계된다. 미국의 직업훈련제도는 상당히 분권화되어 구조를 확정하기 어렵다. 근로자나 기업이 훈련결정을 하며, 직장 내 훈련일 수도 있고 외부 전문기관이나 정규 교육기관일수도 있으며, 정부 프로그램일 수도 있고 민간기관일 수도 있다. 정부는 저소득층의 직업훈련을 지원하지만 공인 자격증제도는 없다.

그러나 몇 가지 예외를 제외하고 대부분의 국가에서 기술 및 직업 교육 · 훈련(technical and vocational education and training ; TVET)은 최근 수십 년 동안 교육 시스템 내에서 방치되어 왔다. 제4차 산업혁명은 TVET 교육의 내용과 전달에 대한 근본적인 재검토를 요구한다. 이는 이중교육과 견습제도가 잘 확립된 국가에서도 마찬가지다. 품질 높은 TVET는 의료, 건설, 고급 제조와 같은 성장분야에서 기술과 숙련이 요구되는 직업을 위해 근로자를 교육하므로 경제성장의 핵심 추동요인이다. 그러나 선진국과 개도국 모두에서 대학 학력에 대한 프리미엄은 TVET가 학습자들에게 "차선책"으로 여겨지고 있음을 잘 보여준다. 더욱이 TVET는 품질이 고르지 않고 학교에서 직장까지 그 경로를 따라가는 기회는 제한적이고 복잡하다. 기술자격은 종종 고용주나 산업 단체의 도움 없이 설계되어 시장성이 거의 없는 자격증으로 남아 있다. 교육 · 훈련은 질 높은

---

3. 독일에서 능력(Kompetenze)은 영미권의 숙련보다 훨씬 광범위한 의미를 갖는다. 능력은 체계적으로 관련된 이론적 지식의 체계, 일련의 실용적 숙련, 이를 획득한 개인의 사회적 정체성을 가진 직종 Beruf의 일부로 행사된다. 이는 독일의 이원적 직업교육제도에 잘 드러나 있다. 독일에는 100개의 Beruf가 존재하는데 각각은 잘 정의된 사회적, 법률적 그리고 고용 역할과 지위를 갖는다. 독일 고등교육의 계열 시스템 역시 광범위한 능력의 개념을 갖는데, 졸업생을 포괄적 의미를 가지는 Beruf에 준비를 시킨다. 대조적으로 호주의 고등교육의 계열 시스템은 졸업생을 특정 직업에 대해 준비하는 영미식 숙련개념을 갖는다.

기술교육에 긴요한 숙련 있는 교사가 부족하며, 시설과 인프라 부족으로 인해 제약을 받고 있다. 변화하는 경제 및 고용환경에 대응하기 위해 미래 지향적인 TVET 생태계는 몇 가지 조치가 필요하다. ① 잘 발전되고 현대적인 TVET 연구와 자격증에 대한 접근성 증가, ② 합의된 업계 표준과 학습자와 고용주 모두의 구체적 요구에 기초한 인증 및 자격증 시스템의 발전과 지속적인 개선, ③ 학습자, 가족, 고용주, 정책당국 및 기타 이해관계자 사이의 실행 가능한 교육 경로로서 TVET의 사회적 지위 개선이 그것이다. 이 과정에서 적극적인 민간부문의 참여가 극히 중요하다. TVET 수준은 근본적으로 고용주가 그 설계에 얼마나 참여하느냐에 의존한다.

표 14-3 정규교육과정 이후의 훈련제도

분류		해당 국가	특징
학교 중심	지자체 운영 기관에서의 훈련(중앙정부 재원조달)	덴마크, 노르웨이, 스웨덴	정규교육기관, 사설기관을 포함한 다양한 교육전문기관에서 직업훈련과 비직업 일반훈련을 실시하고 직업 탐색을 지원
	사설기관	미국	개인의 자발적 훈련 투자, 숙련에 대한 자격증 제도가 없음
	중앙정부 재원에 기초한 훈련으로 도제계약과 결합	프랑스, 이탈리아	정부 재원으로 공공훈련기관이 기업 훈련과 결합해 이론적인 학교 기반 훈련을 제공. 고용주에게 노동비용을 부과하지 않으면서 청년층에 특화된 규제된 도제계약 패키지와 결합되어 제공됨
작업장 중심	이중 도제제도	덴마크, 독일, 오스트리아	고용주, 노조 정부가 훈련과 프로그램 구성에 적극적 역할을 하고 교육제도의 일부분을 구성하며, 청년층은 스스로 도제 자리를 선택 숙련은 자격증으로 이어지며, 훈련 기간 중 낮은 임금을 지급하고, 훈련받은 인력을 고용하는 데 있어 보조금을 지급.
	기업 특화적 훈련제도	일본	교육 성취도로 선발한 근로자에 대해 기술과 고용관계 훈련을 병행하며, 이를 보상 · 승진과 연계. 훈련은 생산과정에 내재되고, 선임근로자가 큰 역할. 기업 간 전직이 제한적이어서 기업의 훈련제공 동기가 적극적
	직장 내 훈련	미국	기업 스스로 직장 내 훈련을 주도 개인이 자신의 훈련에 필요한 재원을 조달할 수 있음 직장 이동률이 높고 탈취 위험 때문에 기업은 훈련 투자 유인이 낮음

평생학습의 재정비

거의 모든 산업에서 기술 변화로 근로자들의 숙련 유효기간이 짧아지고 있다. 이제 성인의 훈련과 학습 기회를 개선하여 직업생활 전체에 걸쳐 재숙련이 필요하게 되었다. 그러나 현재의 교육 시스템은 성인보다는 청소년 중심으로 구성되어 있다. 성인학습은 개인들 대상의 틈새 시스템으로 전체 노동자의 지속적이고 체계적 집단 훈련, 재교육, 기술 향상을 목표로 하지 않는다. 체계적인 성인학습을 위해서는 정부, 교육자, 민간부문이 협력하여 모든 경력 단계에서 근로자에게 지속적인 학습 및 훈련 기회를 제공하고 강화해야 한다 : ① 생애 초기의 선행학습에서 삶의 모든 단계에서의 학습으로 이행하여 제2의 기회와 복수의 경로를 체계적으로 제시, ② 생애 전체에 걸쳐 보다 세분화한 숙련을 인증, ③ 학생이 학습의 주체로 역할.

평생학습 시스템은 공공과 민간 모두가 참여하고 책임져야 하며, 훈련과 재훈련 기회는 직무 역할이 바뀜에 따라 달라지는 고용주의 요구에 부응하고 학습자의 요구와 이익을 충족하며, 품질 보증, 이전성, 접근성이 확보되어야 한다. '공식' 및 '비공식' 과정과 온라인 및 오프라인 전달이 모두 존재해야 하며, 이에는 학습자 주도의 자율학습, 지역사회 기반, 현장 학습체계, 성인대학이 포함된다. 직장에서의 평생학습문화 구축은 '취업을 위한 교육'에서 '취업 가능성 교육'으로, '일자리 안정 교육'에서 '경력 안정 교육'으로 이행하는 것을 수반한다. 아울러 개인의 요구와 관심사에 적합하고 전통적인 교과 중심의 학습 대신 숙련과 훈련을 포함하는 학습자 중심의 접근, 그리고 근로자의 단기 생산효율성과 장기적 성장 간의 긴장을 감안하여 고용주에 대한 인센티브와 지원이 요청된다. 특히 기존의 학위기반 모델을 보완, 대체하는 역량기반(competency-based) 채용이 필요하다. 역량기반의 인증 시스템은 정부 및 산업에 의해 복수 이해당사자가 참여하는 방식이이어야 하고 전국적이거나 글로벌 수준에서 설정될 수 있다. 이를 노동시장 예측 기능과 결합하여 노동시장과 교육 시스템 간에 지속적인 피드백이 이루어져 연속적 · 점진적 적응이 되도록 하여야 한다.

기업혁신과 생산방식 그리고 교육 · 훈련의 차별화

혁신의 양상은 기업마다 상이하며, 그에 따라 작업장에서 숙련이 전개되는 양상과 필요한 교육 · 훈련 내용이 달라진다. 기업은 혁신의 새로움과 내부 혁신 노력에 따라 혁신선도 기업, 기술수정 기업, 기술수용 기업, 비혁신 기업으로 구분된다. 혁신선도 기업은 창조적인 내부 혁신활동이 기업전략의 중요한 부분이다. 이들은 내부 R&D를 통해 공정이나 제품의 혁신에 나선다. 기술수정 기업은 다른 기업에서 개발한 기술을 수정함으로써 혁신한다. 대부분 공정혁신에 초점을 맞추는데 내부에서 스스로 R&D를 수행하지 않으며, 내부 혁신보다는 새로운 생산설비 구매 등을 통해 외부에서 획득한다.

한편 기업들은 활동 시장이나 생산방식 그리고 그에 따라 개발되는 숙련과 숙련이 사용되는 방식이 제각각이다. 표준제품의 대량생산을 위해서는 맞춤형, 고품질, 혁신적 제품의 소량생산에서와는 매우 다른 노동형태가 필요하다. 맞춤형 소량생산에서는 재량적 학습 작업장이 효과적이며, 여기에 높은 수준의 자율성과 학습, 문제풀이, 직무복잡성이 결합된다. 재량적 학습 작업장은 작업장에 대한 제약이 적으며, 덜 단조롭고 덜 반복적이다. 팀워크가 중시되며, 수평적 직무 전문화가 이루어져 직무순환은 부각되지 않는다. 독일 근로자는 다른 나라의 생산근로자에 비해 더 많은 작업을 수행하며, 여러 생산라인을 모니터링하고 품질에 대한 책임을 맡는다. 생산방식이 상이한 제품의 소량 일괄처리에 집중했을 때 일괄처리 사이의 전환이 복잡할 수 있으므로 작업자의 숙련이 공정의 필수적 부분이었다. 한편 린 생산 조직은 작업장과 작업방법을 설정하는 데 근로자의 재량수준이 낮다. 대신 직무순환과 팀워크가 모두 높고 근로는 양적 생산기준과 작업조직의 집단적 특성에 의해 제약받는다. 품질 표준이 엄격하여 품질관리에서 근로자의 책임 부담이 크다. 조직학습은 구조화된 또는 관료제적 스타일을 유지한다. 반면 표준제품을 대량생산하는 기업은 단순히 기계를 감시하는 근로자로부터의 피드백이 중요하지 않고 숙련 요구도 낮다. 즉, 근로자의 재량권과 학습, 문제풀이의 수준이 모두 낮다. 한편 전통적 작업조직에서는 단조로운 노동, 낮은 학습, 낮은 수준의 직무복잡성 그리고 임금에 대한 제약이 거의 없다. 근로방식은 대부분 비공식적이고 코드화되어 있지 못하다.[4]

기업의 혁신행태와 작업조직의 형태는 상관관계를 갖는다(OECD). 혁신선도기업이나 기술수정기업과 재량적 학습조직 간에는 양의 관계가 나타나고 비혁신기업과 재량적 혁신 간에는 음의 관계가 나타난다. 교육 · 훈련 제도는 숙련을 공급할 수 있지만 그 숙련이 의미를 가지려면 작업현장에서 숙련이 효과적으로 전개되어야만 한다. 반대로 고용주가 숙련을 효과적으로 전개하려면 이를 뒷받침하는 교육 · 훈련제도가 있어야 한다. 특히 혁신적 작업현장은 자율적이고 재량적인 학습에 참여할 수 있는 근로자를 창출하는 교육 · 훈

---

4. 이러한 연관성이 항상 성립하는 것은 아니다. 고부가 생산이 지배적으로 저숙련 근로자에 의해서나 고숙련 근로자의 저비용 생산으로 이루어질 수 있다. 똑같은 공정을 직원 수를 제한하면서 높은 수준의 숙련 근로자에게 의존할 수 있다. 기술 수준을 낮게 유지하도록 작업공정에 대한 엄격한 통제를 유지할 수도 있으며, 린 생산을 도입한 조직은 더 높은 수준의 훈련을 실시한다.

련 제도가 요구된다.

1.2 교육 · 훈련과 경제발전

교육 · 훈련에는 교육 참여, 과제 완성, 기능 습득, 자기 능력 확인, 시험, 자율적 사고, 민주적 과정에의 참여 등 다양한 기능들이 포함된다. 교육은 역량 발전과 관련하여 두 가지 기능을 가진다. 첫째로 교육과정 그 자체에 대한 것으로 교육과정에 참여하는 기능이 있다. 둘째는 교육으로 말미암아 가능해진 기능으로 이는 교육을 통해 얻게 된 도구적 역량과 사회적 태도의 역량으로 자원과 다른 역량 그리고 선호에 직간접적인 영향을 미친다. 이처럼 교육은 그 자체로 삶의 질을 높일 뿐만 아니라 다른 역량 그리고 미래의 역량 형성과 팽창에 기여하기 때문에 기초적 역량으로 간주된다(Saito 2003 ; Pandolfini and Poli, 2015).

1) 교육받는 역량과 경제발전

교육 · 훈련을 받는 것 자체는 하나의 기능으로 볼 수 있으며, 이때 개인이 학습과정에 완전히 참여할 수 있는 자유를 교육받는 역량으로 정의할 수 있다. 이에는 교육 · 훈련기관에 출석하고 참여 · 이해하는 요소가 포함된다.

표 14-4 교육과 관련된 역량, 기능과 그 수단적 가치

	목표	경제적 수단	사회 · 정치적 수단(전환요인)
역량	교육받고 지식을 생산 · 사용하는 역량	일하는 역량	정치와 사회에 참여하는 역량
(측정)	교육 기회	노동시장에서의 기회	정치 · 사회적 삶에 참여할 기회와 건강한 삶
기능	획득된 숙련과 지식	직업상 지위, 조건, 임금	a) 적극적 효과적인 정치 참여(정당원으로 활동) b) 사회관계의 빈도나 강도, 사회조직에의 참여 c) 정치적 이해에 대한 교육이 한계효과 d) 건강 e) 고용 복지
(측정)	- 교육성취도 - 능력 - 능력과 직업의 매칭	- 근로유형(정규, 임시, 전일, 파트타임) - 연금제도	- 정치, 인권, 종교집단에의 참여 - 자발적 또는 자선 단체에의 참여 - 국민투표에의 참여 - 정기적 운동 - 근로 만족도
달성방법	a) 학교에의 접근, 학교 품질지표와 자원(도서관, 컴퓨터, 장학금 등) b) 도서, 언론, 문화자원 등	주제와 학년에 따른 교육 달성 수준, 경험 연수, 전문숙련과 능력, 적극적 노동시장 정책	a) 정당과 조직의 수 : 통신기술에의 접근(정보접근의 대리변수) b) 사회조직의 수 : 통신기술에의 접근(정보접근의 대리변수)

교육의 본질적 가치

교육받는 것은 본질적 가치를 갖는다. 교육받고 그 과정에서 지식을 사용하고 생산하는 것 자체를 가치있게 여길 수 있다. 학교를 다니고 새로운 기능을 얻고 새로운 개념을 마주치며, 충만한 정신적 삶을 누릴 수 있다. 문학작품을 읽거나 장르가 다른 음악을 감상하거나 모형을 설계 · 구축하며, 즐거움과 열정을 발견할

수 있다. 교육에 참여할 수 있는 역량에서 얻을 수 있는 복지는 교육과정 내에서의 복지 또는 "교육적 복지(education well-being)"로 불린다. 이는 교육복지의 핵심적 기능의 달성, 즉 교육기관에의 참석, 수업 참여, 이해와 학습 등을 포함한 공식교육에의 완전한 참여와 관련된다. 교육 · 훈련에 참여하는 역량이 제한적이라면 교육복지의 수준은 낮다고 평가되어야 한다.

교육 기회로 본 교육의 성과 : 교육의 본질적 가치의 측정

본질적 가치로서의 교육의 성과는 개인 수준에서 학교 재학 연수(학위), 최고학력 성적, 가치관, 인지 · 기술 능력, 일반지식과 특수지식 수준으로 측정될 수 있다. 국가적으로는 읽기 · 쓰기 등에 대한 전국적 시험에서의 평균 성적으로 단기적 성과가 평가되며, 각급학교 등록률,[5] 평균 교육연수, 중등학교 중퇴자의 비율, 평균학력, PISA와 같은 학생성과나 IALS와 같은 기능적 문해능력 등으로 중기적 성과를 평가한다. 아울러 가족 · 공동체 · 학교의 특성과 교육 유형(일반교육 대 직업훈련 과정) 및 교육과정 연수를 감안할 필요가 있다. 한편 비용 측면에서 교육에 얼마나 많은 자원이 투입되었는가로 교육 성과를 측정하기도 한다. 이러한 역량의 확보에 필요한 투입물과 자원에는 공식교육에 투입되는 금융 · 인적 자원(지역 내의 공사립학교의 수, 교원-학생 비율, GDP 또는 국가예산 대비 교육지출, 교내시설, 특수학생을 위한 시설과 지원), 민간자원(가계소득), 도서관, 극장, 신문 등의 매체, 공개토론과 문화 활동을 위한 공간이 포함된다. 그러나 이런 평가는 교육의 질을 고려하지 않아 한계가 있다.

2) 교육의 도구적 가치와 경제발전

일단 교육에 참여하면 교육을 통한 지식과 기능의 습득은 거기에 머물지 않고 더 나은 삶과 직업의 기회를 제공하고 사회 참여를 도움으로써 다른 삶의 역량을 확장한다.

그림 14-1 교육참여에 따른 파급효과

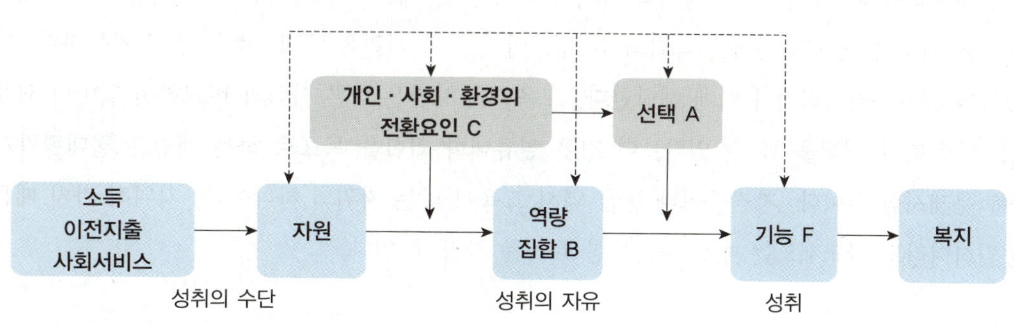

첫째, 교육은 특정 자격을 요구하는 취업, 건강문제 이해 등의 다양한 인간 역량을 획득하고 확장하게 하는 도구로 작용한다. 교육을 더 잘 받은 사람이 더 오래, 더 건강하게 살며, 자녀들에 대한 문화적 혜택으로 더 많은 자산을 전달한다. 특히 교육 · 훈련은 인적자본을 축적시켜 보다 다양하고 보다 높은 문해력을 요

5. 총등록률은 특정 연령 범위의 인구 대비 해당 수준의 교육에 등록된 학생의 비율이다. 순등록율은 특정 교육수준에 등록한 정상연령대 인구 중 학생의 비율이다.

구하는 직업과 그에 따른 소득 확보에 도움을 준다. 인적자본은 개인에게 체화된 "지식, 기능, 능력 그리고 속성"이다. 교육 · 훈련은 기술이나 기능을 획득할 기회를 더 많이 낳고 이는 개인의 생산성을 높일 것이다. 또한 더 많은 사람들이 더 많은 교육을 받는다면 국가 전체의 생산성은 높아진다.[6] 인적자본은 생산요소로 생산에 기여할 뿐만 아니라 기술혁신과 모방을 이끌고 양질의 제도 구축을 통해 생산에 기여한다. 학생들은 시민의식과 폭넓은 시야를 가지며, 경제발전에 유리한 행태변화를 보인다.

둘째, 교육은 직접적 도구 역할 외에도 대안의 탐색, 추론, 반성할 수 있는 능력, 대안들에 제약이 있을 경우 이를 극복하는 방법에 대한 지식을 갖추게 해준다. 또한 추론과 독립적 사고를 통해 개인이 가치 있게 여기는 대안을 선별하고 보다 자율적으로 선택하는 데 기여한다. 예를 들어 여성의 교육과 관련된 혜택으로 여성이 자율성을 행사할 자유를 신장하고 유아사망률을 하락시키는 것이 있다.

셋째, 개인은 교육을 통해 읽고 소통 · 공감하고 주장하게 됨으로써 시민사회와 정치과정에 참여한다. 교육은 개인의 심리적 · 물질적 복지와 가족의 삶을 고양할 뿐만 아니라 세대 간 소통과 시민적 삶에 참여할 능력과 동기에 영향을 미친다.

교육의 도구적 가치를 검토하면 교육 · 훈련 또는 숙련(형성)체제는 기술 · 생산 체제[7] 그리고 사회적 보호체제와 상호작용하고 있음을 알 수 있다. 숙련은 생산과정 속에서 노동의 핵심요소 중 하나로서 생산방식과 생산물의 특성에 영향을 미친다. 거꾸로 생산물과 생산방식은 숙련 특성과 이를 위한 교육 · 훈련에 영향을 미친다. 생산체제를 구성하는 중요한 요소들인 기업의 경쟁전략이 품질에 있는가, 가격에 있는가에 따라 필요숙련이 달라진다. 교육 · 훈련제도는 숙련 분포에 영향을 미침으로써 소득 분배구조에도 영향을 미치는데 일반숙련보다는 특정숙련에 의존하는 경제에서 소득분배가 보다 형평하게 이루어진다. 숙련에의 투자는 사회적 보호에 의존하며, 노사조직과 교섭력 그리고 정부 개입은 숙련(형성)에 영향을 미친다.

교육의 지위적 가치

교육은 학생이 참여한 학교의 명성과 위치 그리고 동급생에 따른 지위적 가치를 갖는다. 대학을 다닌 엘리트층만이 대학교육에 접근할 경우 지위적 가치가 나타난다. 제2차 세계대전 이후 고등교육의 대중화로 대학학위의 선별 기구나 신호적 성격은 약화되었지만, 아직 일부 기관은 엘리트층만 접근 가능하다. 미국의 아이비리그나 영국의 옥스브리지가 이에 해당한다. 교육받은 사람은 다른 사람과 비교하여 얼마나 교육에서 성공적이었는가에 따라 혜택을 볼 수 있다. 이 경우 일류대학 입학을 목표로 하는 개인은 절대평가가 아니라 상대평가를 문제시할 뿐이다. 자격증이나 등급 역시 교육이 낳는 지위의 하나이다. 지위적 가치 때문에 교육내용이 동일하더라도 학교제도는 매우 불평등한 효과를 가질 수 있다.

노동시장의 성과 : 교육의 도구적 가치

교육 · 훈련과 그에 따른 인적자본 형성이 경제적 성과로 이어지는 과정은 생애 단계별로 나누어진다. 교육 수준이 결정되면 이어서 교육 성과가 나타나고 이는 최종적으로 노동시장에서의 개인의 성과와 국민경제의 성과를 결정한다. 각각은 비용, 산출, 소득의 관점에서 측정될 수 있다. 즉, 인적자본 형성에 얼마나 많은

---

6. 평균 교육연수가 1년 증가할 경우 1인당 GDP의 장기적 상승효과는 4~7%에 달한다(OECD, 2003).
7. 생산체제는 기업생산의 여러 요소들(기술, 자본, 노동, 경영)이 부가가치 창출의 목적하에 조직적으로 결합하여 움직이는 시스템으로 이해된다.

자원이 투입되었고(투자비용), 그 결과로 얼마나 많은 인적자본이 사회 내에 생겨났으며(교육수준), 또 그러한 인적자본이 생산에 참여하여 얼마나 보상을 받았는지(소득, 노동시장 및 국민경제 성과)로 경제적 성과가 측정된다. 개인 입장에서 교육이 낳는 노동시장에서의 성과는 고용 여부로 결정되고 노동시장으로의 이전율(이동기간), 실업률, 직업상의 지위로 평가된다.

그림 14-2 교육수준, 교육 성과, 그리고 노동시장 성과

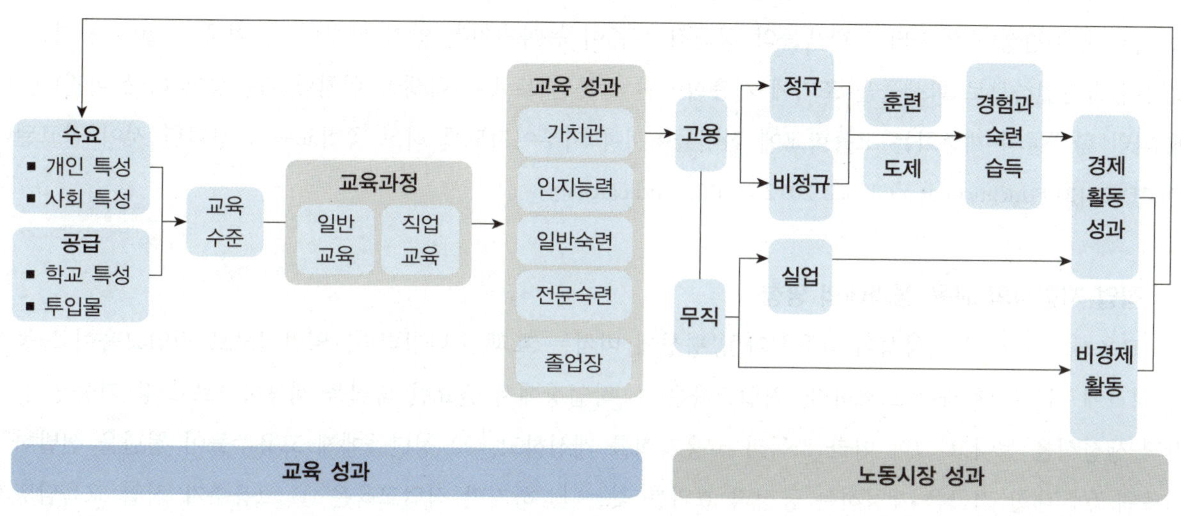

자료 : Fasih(2008)

OECD 등은 인적자본에 대한 투자(교육기간, 지출액 등)와 질적 수준(교육 성취도 평가) 그리고 교육의 결과(교육과 직업의 부합도, 교육에 대한 수익)를 종합하여 인적자본 측정치를 제시하고 있다. 한편 교육기관은 인적자본을 발전시키는 기능의 원천으로 간주되어 그 기능의 효율성이 평가된다. 교육제도에 대한 현재의 평가는 투입(수업료와 교사의 질)과 산출(학생의 학업성과와 특정 분야에서 상응하는 기능)만을 기초로 한다. 인적자본론에 기초하여 교육의 목표는 생산성과 고용 가능성을 높이는 기능의 획득에 있으므로 평가는 시험결과나 능력평가로 이루어진다.[8]

교육의 성과에는 이와 같이 소득이나 GDP 수준뿐만 아니라 다양한 역량과 기능 또는 자유에 미친 영향도 포함되어야 한다. 경제적 성과지표로 보면 성공적이라 해도 교육의 경제적 성과만 강조하는 것은 경제적으로뿐만 아니라 민주적으로도 잘 기능하는 사회에서 적극적으로 사회에 참여하는 적극적 시민으로 활동하는 사람들의 역량의 정도를 적절히 파악하지 못한다.

---

8. 개인의 경우 교육 성취도가 소득에 상당히 긍정적 영향을 미치는 것으로 나타나지만 국민경제 전체로는 교육의 효과가 모호하게 나타난다는 점에 주의할 필요가 있다. 이에는 다양한 요인이 작용한다(Pritchett, 2001). 첫째, 교육의 질이다. 교육이 개인 능력에 대한 신호의 성격을 가진다면 교육은 개인 소득을 높일 뿐 생산성을 높이지는 못한다. 둘째, 노동시장 구조와 경제제도의 문제다. 경제개방이나 기술혁신으로 숙련 수요가 변화하면 숙련 근로자라도 소득 하락을 경험할 수 있다. 셋째, 사적 수익과 사회적 수익 간의 괴리이다. 교육을 통해 얻은 기능이 재분배 활동이나 로비 등 비생산적 활동에 활용된다면 사적 수익은 증가하지만 사회적 수익의 변화는 없을 것이다. 많은 개도국에서 대다수의 숙련 근로자는 정치적 압력 때문에 공공부문에서 직업을 구한다. 따라서 생산성과의 관련성은 크게 약화된다.

교육 계층화의 교육 성과에의 영향

교육제도의 계층화가 교육의 성과에 미치는 효과는 어떠한가? 첫째, 이론적으로 계층화는 교육의 효율성과 공평성에 미치는 효과가 모호하다. 관심과 능력이 유사한 학생이 함께할 경우 교육 전문성을 높일 수 있지만 학생들이 잘못 배치되면 효율성이 하락할 수 있으며, 이질적 학생이 함께 하는 것이 오히려 상호 간에 도움이 될 수 있다. 실증분석에 따르면 계층화는 공평성을 약화시키지만 효율성에는 의미 있는 영향을 미치지 못하는 것으로 나타난다. 즉, 학생들을 일찍 계층화하면 낮은 트랙에 소속된 학생들에게 부정적 효과가 나타나 공평성이 악화되고 학생들의 평균적 수준이 높아지지는 않기 때문이다. 아울러 일반 능력은 그 측정이 불완전하므로 학생들을 조기에 계층화하면 잘못된 트랙에 학생이 위치할 가능성이 더 높아진다. 이에 따라 학생들의 계층화는 고등학교에 접어들어서야 이루어지도록 하고 종합교육을 강화할 것이 권고된다[OECD(2012) Education at a Glance 2012 : OECD Indicators].

직업 지향성의 교육 성과에의 영향

교육제도의 직업 지향성이 효율성과 공평성에 미치는 효과는 다양하다. 일반적으로 직업교육이 노동시장 성과에 미치는 효과는 모호하다. 직업교육은 ① 작업장에서 필요한 숙련을 제공하므로 고용 가능성과 즉각적 생산성을 높이고 그에 따라 소득과 고용기회를 개선하고, ② 청년들에게 고용주들이 청년을 선발하는 네트워크에 대한 접근을 제공하는 긍정적 효과를 갖는다. 하지만 직업교육은 ① 고용주가 직업 교육담당자를 능력과 동기가 부족한 직원으로 낙인을 찍을 수 있고 ② 저소득층이나 근로자층의 배경을 가진 학생들이 능력 외의 요인으로 직업교육을 받게 되면 사회 불평등이 재생산되는 부정적 효과도 낳는다.

학문 지향적 교육제도하에서 직업교육은 부정적 효과가 크게 작용할 뿐만 아니라 직업별 교육이 제한적이므로 교육의 성과와 노동시장 성과 간의 관계가 낮아진다. 반면 직업 지향적 교육제도에서는 긍정적 효과가 부정적 효과를 상회할 것으로 기대할 수 있다. 직업 지향적 교육제도를 가진 국가의 경우 신규근로자의 채용에서 경험보다는 자격의 보유 여부가 중요하기 때문이다. 자격은 노동시장 가치가 높고 학생의 노동시장 성과(실업확률, 임금, 지위)를 결정하므로 직업 지향적 제도는 종종 직업 중심 노동시장(occupational labour markets ; OLM)이라 불린다. 이에 반해 내부 노동시장(internal labour markets, ILM)은 경험이 훨씬 더 중요하며, 직장 내 훈련(on-the-job-training ; OJT)의 역할이 매우 크다. 즉, OLM 국가에서 교육은 (경험이 중요한) ILM 국가보다 노동시장 성과를 더 잘 설명한다. 반면 남유럽 국가는 비공식 · 가족 경제가 갖는 중요성 때문에 교육과 노동시장 성과 간의 상관관계가 매우 낮다.[9]

---

9. 남유럽의 경우 자격은 직업을 찾는 청년들에게 가장 중요한 자원이겠지만 유일한 자원은 아니다. 자격이 일정할 때 사회적 배경은 교육 성과뿐만 아니라 노동시장으로의 이행 성과도 결정한다. 예를 들어 가족이나 친구와 같은 비공식적 네트워크는 잠재적 고용주와 접할 수 있도록 하는 도움을 준다. 이행기에 교육적 자격의 중요성이 작을수록 고용을 찾는 데 사회적 자본의 역할이 더 중요해진다. 따라서 계층성이 낮은(특히 표준성이 낮은) 제도에서 이러한 역할은 고용에의 접근에서 사회계층적 불평등을 강화할 것이다(Hannan, Raffe, and Smyth, 1996) 부모의 배경이 갖는 직접적 효과는 스페인, 그리스, 이탈리아에서 가장 높으며, 핀란드와 스웨덴에서 가장 낮고 벨기에, 프랑스, 오스트리아가 그 중간에 위치한다. 계층화의 결핍이 아니라 교육제도의 속성이 남유럽 국가들에서의 이러한 격차를 설명한다.

3) 전환요인과 선호를 결정하는 교육

전환이란 자원을 삶의 역량으로 바꿀 수 있는 가능성과 능력이다. 교육은 개인적 · 사회적 전환요인으로 작용한다. 교육 과정을 통해 습득하는 읽고 쓰기 능력, 열망과 태도 등은 자원을 역량으로 변환하는 능력을 결정하는 개인적 특성으로 작용한다. 예를 들어 교육은 건강 유지라는 역량에 전환요인으로 기여한다.

교육은 사회적 특성(공공 정책, 제도, 법규, 사회적 규범 등)과 같은 외적 요인과도 관련이 있다. 교육은 사회적 규범을 개인이 내재화하도록 함으로써 개인 선호 형성에 영향을 미칠 뿐만 아니라 제도적 전환요인이 작동하는 통로로도 작용한다. 또한 교육은 의사결정에의 참여 능력을 높여 사회적 역할을 한다. 기초교육이 공개적 숙의에 필요한 요건이라면, 고등교육은 숙의 과정의 개선과 관련이 있다. 문해능력은 대화와 공론 형성을 촉진하며, 법적 권리를 행사할 수 있게 한다. 정치과정과 언론에 대한 이해력은 투표할 대상을 고르는 역량을 제공한다. 교육은 취약계층이 사회 · 정치적 제도에 참여할 능력을 촉진해 불공정을 바로잡을 수 있기 때문에 경제성과의 배분에도 역할을 한다. 교육의 결핍은 법적 권리를 이해하고 그로부터 도움을 받을 수 있는 기회를 감소시킨다. 문맹은 약자가 정치에 참여하고 자신의 요구를 효과적으로 표현할 수 있는 능력을 감소시켜 약자의 정치적 기회를 제거할 수 있다. 따라서 교육은 사회집단 간, 가계 간 그리고 가족 내에서 재분배 효과를 갖는다.

1.3 인적자본과 시장의 한계 : 과소투자와 외부효과/네트워크 효과

1) 교육 · 훈련시장의 실패

완전한 시장은 개인이나 기업과 근로자가 자발적으로 일반숙련과 특화숙련에 투자하는 수단이 될 수 있다. 첫째, 일반숙련은 완전경쟁적 노동시장에서 거래될 수 있다. 일반숙련을 가진 근로자를 채용한 기업은 인력 사냥(poaching) 위협 때문에 일반숙련이 기여(한계 생산성, 또는 간단히 생산성)한 만큼 충분히 보상하므로 근로자들은 스스로의 비용으로 일반숙련을 획득하려 한다. 더욱이 완전시장이라면 근로자는 숙련이 낳을 미래의 기대수익을 적절히 알 수 있으며, 훈련비용도 경쟁적 금융시장에서 조달할 수 있을 것이다. 결국 숙련에 대한 투자 여부는 개인 문제다 : 훈련이 기업에서 직장 내 훈련형태로 제공되어도 근로자는 기꺼이 낮은 임금을 받아들이고 훈련비용을 부담할 것이다. 반면 기업은 수익을 획득할 수 없으므로 적극적으로 훈련에 투자하려 하지 않을 것이다. 하지만 합리적 근로자의 의사결정에 의한 훈련투자는 사회적으로도 적절한 것이다.

둘째, 기업 특화적 숙련에는 다른 유인이 작동한다. 기업 특수적 숙련은 오직 현재의 고용주에게만 가치가 있으므로 기업은 인력 사냥을 걱정하지 않고 숙련에 투자할 것이다. 그러나 훈련받은 근로자가 이직하면 손해를 볼 수 있기 때문에 기업은 시장보다 높은 임금을 지급하여 근로자를 묶어두기 위해 훈련투자에 따른 수익의 일부를 근로자에게 돌려줄 것이다. 그러나 높은 임금은 근로자의 과잉공급을 낳으므로 그 경우 기업은 훈련비용의 일부를 근로자에게 전가시킬 것이다. 근로자 역시 당해 기업에서만 사용할 수 있는 훈련을 받음으로써 시장임금보다 더 높은 임금을 받을 것이다. 결국 기업 특화적 숙련의 경우 근로자와 기업은 훈련비용과 숙련투자에 따른 지대를 공유하는 형태를 취하게 된다.

하지만 현실세계에서 기업들은 근로자에게 일반숙련을 제공하며, 훈련비용의 일부를 부담한다. 독일에서 볼 수 있듯이 많은 국가에서 특정 기업은 자기 사업장에 필요한 숙련(기업 특화적 숙련)뿐만 아니라 다른 기업에서도 사용할 수 있는 숙련(산업 및 일반숙련)에 투자한다. 독점기업이나 제도적인 이유로 근로자가 다른 기업으로 옮겨가기 어렵거나(불완전 노동시장) 근로자에 대한 숙련정보를 다른 기업이 알기 어려울 경우(불완전 정보) 또는 임금 평준화로 숙련에 대한 보상이 제한된 경우 기업은 일반숙련에 적극 투자한다. 기업이 훈련비용의 일부를 부담하는 대표적 사례가 등록금 변제제도이다. 고용주들은 대학에서 제공하는 과정을 다닌 근로자에게 해당 등록금을 변제해 준다. 강의와 학위부여가 제3의 기관에 의해 이루어지고 그렇게 습득된 숙련은 다른 기업이 관찰 가능하고 이전 가능한 것이다.

기업숙련 및 산업숙련 시장의 실패

기업과 근로자가 훈련에 따른 생산성 증가 효과를 제대로 알 수 없고 또 완벽한 계약서를 사전에 작성할 수 없으며, 시장 불완전성이 존재하는 세계에서 기업 특화적 숙련은 적절히 이루어지지 못할 수 있다. 기업이 제공할 수 있는 직무에 비해 훈련을 받은 근로자가 소수일 경우에는 근로자가, 직무가 근로자에 비해 소수일 경우 기업이 더 높은 협상력을 가질 것이다.

산업숙련은 당해 숙련을 제공하지 않은 기업에서도 사용될 수 있지만 그 수는 제한적이다. 노동시장에서 기업들 간의 경쟁이 불완전한 경우 임금은 훈련받은 근로자의 생산성만큼 상승하지 않을 것이다. 이러한 상황은 근로자들로 하여금 숙련을 획득하고자 하는 동기를 약화시킨다. 훈련에 대한 자신의 투자에 대해서 임금 형태로 충분한 보상을 거둘 수 없기 때문이다. 반면 생산성에 못 미치는 임금을 지급하는 기업은 산업숙련에 투자할 유인을 가진다. 그러나 훈련을 받은 근로자가 다른 기업으로 옮겨갈 가능성이 있기 때문에 사회적 최적수준에는 모자라는 투자를 할 것이다.

교육과 일반숙련 시장의 실패

일반숙련에 대한 투자 역시 사회적 최적 수준에 미달할 수 있다. 첫째, 자본시장이 불완전하다. 금융기관은 담보를 잡기 어려운 교육 대출을 꺼린다. 훈련생 스스로가 투자하기에도 수익이 불확실하고 채무불이행 위험이 커 신용대출도 어렵고 보험시장도 미흡하다. 둘째, 일반교육에의 투자는 부모가 부담하므로 이타적 태도를 요구한다. 교육당사자는 자신들이 받을 교육수준을 결정하지만 스스로는 책임지기 어렵다. 대신 부모가 책임지고 그에 따른 교육비 부담도 진다. 하지만 교육의 편익은 자녀에게 주로 귀속되므로 교육지출 수준은 부모의 이타적 태도에 전적으로 의존한다. 셋째, 학생 수가 작은 소규모의 지역사회에서 교육 서비스 제공은 고정비용으로 말미암아 교육이 제한될 수 있다. 학생이 추가되는 데 따른 한계비용은 각 학생의 평균비용을 하회하게 되는 규모의 경제 현상을 낳는다. 이러한 논의는 학생 수가 많은 곳에서의 전문교육 서비스에도 적용된다. 넷째, 개인은 교육이 낳는 사회적 편익을 고려하지 않기 때문에 과소투자가 발생한다. 교육받은 근로자는 많은 사회적 편익을 낳는다. 인구의 상당 부분이 문맹인 경우 책과 신문 시장은 제한적이다. 경제 전반에 영향을 미치는 범용기술의 진보나 도입 그리고 산업기술 발전에 기초한 산업구조의 변화는 교육받은 근로자를 필요로 한다. 자신과 주변 근로자들이 신기술을 받아들이고 이를 개선하는 데 도움을 준다. 다섯째, 교육을 통해 사람들은 좋은 삶에 대해 다른 견해를 배울 수 있고 이는 보다 관대한 사회에 기여할 수 있다. 예를 들어 남성이 유아를 보살피는 데 적합하지 않다는 지역사회의 생각은 보편적이지 못하며, 자녀들의 양육에 참여하여 삶이 더 풍성해질 수 있다. 지역사회에서 지배적인 생각을 무비판적으로 따르기보다는 자신이 가치 있다고 여기는 삶을 살 수 있는 기회를 넓힐 수 있으며, 충분한 사람이 이러한 지식을 습득하면 사회에서 규범이 바뀔 수 있다. 교육은 범죄와 사회적 혼란을 감소(이른바 사회화)시킬 뿐만 아니라 민주 사회를 위해서는 교육받은 유권자가 필요하다.

교육 · 훈련 또는 숙련과 직업 간의 미스매치

현실세계에서는 전기기사나 의사같은 전문직과 같이 일부 규제된 직업 외에는 직업교육과 필요숙련 간에 미스매치가 발생하고 있다. 특히 대학교육에서 이러한 현상이 광범위하게 발생하고 있다. 어떤 대학졸업생은 그 정도의 교육이 필요하지 않은 직업에 종사하고(과다 고용) 어떤 직업은 더 높은 수준의 장기 교육을 요구하고(과소교육) 어떤 근로자는 특정 자격을 요구하지 않는 직업에 종사하고(과다 자격) 또 어떤 근로자는 자신의 모든 숙련을 사용하지 않는 직업에 종사하며(과다숙련), 일부 근로자는 충분히 숙련이 없는 직종에 종사한다(과소 숙련).

물론 이러한 현실은 직업교육이 실용적이거나 직종과 관련되어서는 안 된다라기보다는 연계관계가 낮다는 것을 의미한다. 결과적으로 직업자격의 설계는 역할이나 직무에 지나치게 초점을 두지 말고 포괄적이어야 하며, 관련된 광범위한 직종영역에 대한 더 큰 이해를 갖도록 실습을 뒷받침하는 지식기반을 강조하여야 한다는 것이다. 더 나아가 시장기구가 직업과 근로자를 적절히 매칭하는 데 어려움이 있다는 것을 시사하기도 한다.

2) 공평성에 대한 고려 : 가치재로서의 교육

교육은 본질적 가치를 지니므로 교육 자체의 불평등이 문제가 될 수 있다. 또한 도구적 가치에 주목한다면 빈곤의 세습에 기여하는지의 여부도 중요한 문제이다. 전 세계적으로 더 많은 사람들이 초등, 중등, 고등교육에 접근함에 따라 교육의 평등성도 높아져야 하겠지만 반드시 그런 것은 아니다. 오히려 교육 수준의 제고가 교육 불평등의 악순환을 더욱 심화시키는 것으로 자주 비판된다. 교육 배분의 불평등은 학생들의 학습 성취, 소득 기회, 인간발전 격차로 이어진다. 행동하고 사고하는 능력은 교육, 학습, 사회화의 산물로서 불평등하게 배분될 수 있다(Green, 1985). 교육 불평등은 당사자인 자녀 세대가 스스로 통제할 수 없으므로 공정하지 못하다. 사회는 모든 이들이 교육에 대해 동등한 접근을 이룰 수 있도록 하여야 한다. 정부가 직접 기초교육이나 소득과 연계된 교육비 보조금을 제공할 필요가 있는 것이다.[10]

교육에 대한 평등의 문제를 소득이나 재산과 같은 자원에 기초한 평등 문제로만 볼 수 없다. 자원을 역량으로 전환하는 데 개인 간 능력 차이가 존재하기 때문이다. 계층, 장애, 성 차이로 인해 사람들은 서로 다른 제약에 직면하며, 이는 삶의 계획을 꾸려나가는 능력의 차이를 만들어낸다. 개인이 자신의 삶을 책임질 수 없는 일이 생겨나는 것이다.

---

10. 그렇지만 정부가 소득배분을 넘어 특정한 서비스, 즉 교육 서비스를 직접 재배분해야 하는가에 대한 논란은 남는다. 선택의 범위를 넓힌다는 점에서 현물보다는 현금의 재배분이 취약계층에게 더 유리하다. 하지만 반드시 그런 것은 아니다. 목표 계층에게 목표로 하는 서비스를 이전하는 효과나 정부가 특정한 선택을 강제할 필요가 있을 경우 현물 서비스가 적절하다. 그러나 현물 서비스는 특정 산업이 공급하게 되므로 해당 산업의 이해가 지나치게 관철되는 상황이 발생할 수 있다.

1.4 교육 · 훈련 제도 : 정부와 사회조직

교육 · 훈련은 시장 불완전성과 재분배적 관점에서 집단행동, 특히 정부와 사회조직의 개입이 요청된다.

1) 교육정책

글로벌화와 기술혁신 그리고 그에 따른 일자리 변화에 직면하여 각국 정부의 교육 · 훈련 정책은 시장에 적응하는 지식과 기능을 강조하는 인적자본 또는 고용 가능성 중심의 다양한 교육 접근법들로 이어졌다. 이들은 노동에 대한 수요와 공급을 각각 달리 다루지만 인적자본 축적에서 출발하고 단기적 적응에 초점을 맞춘다는 공통점을 갖는다. 그러나 단기의 노동시장 상황에 치중할 경우 개인들이 안정된 생애를 갖지 못할 위험을 낳으며, 시장경제를 뒷받침하는 사회적 조건의 재현을 어렵게 한다. 사람들이 가치 있는 삶을 선택하고 온전히 참여할 수 있어야만 경제는 사회적으로도 지속가능하다. 교육 역시 개인이 삶의 모든 영역에 온전히 참여하도록 준비하여야 한다. 교육은 직업 중심의 역량과 기능뿐만 아니라 사회 환경에서 알고, 행동하고, 함께 살 수 있도록 평생의 기능과 삶의 대안을 제공해야 한다.

교육 · 훈련 투자에 대한 개인의 결정은 투자의 비용과 그것의 인식된 이익에 의해 영향받는다. 저소득 가정의 개인의 경우 교육비가 전체 지출에서 차지하는 비중이 높고 교육재원의 조달능력은 제한적이며, 조달비용은 높다. 이에 따라 저소득층은 교육 · 훈련 투자에 제한을 받으며, 이는 결국 인적자본 형성과 생산성 저하로 이어진다. 정부는 투자비용을 줄이고 순편익을 높임으로써 인적자본 투자를 촉진하도록 도울 수 있다. 공적으로 제공되는 교육과 직업훈련은 이러한 비용을 줄일 수 있다. 또한 정부의 가족정책과 공적부조 역시 가계의 소득을 높여 교육 · 훈련 투자의 상대적 비용을 감소시킨다. 출산휴가 정책은 여성들이 일–가정 균형을 맞추어 여성들이 노동시장에 참여하고 숙련에 투자하도록 장려한다. 이 정책으로 출산과 육아 후에도 계속 일할 수 있고 숙련을 잃거나 낭비하지 않을 것임을 알기 때문에 교육 · 훈련에 투자가 이루어지는 것이다. 현금이전과 현물 서비스를 제공하는 다양한 복지 프로그램과 가족정책은 일거양득의 효과를 낳는다. 낮은 비용의 보육은 부모들의 숙련 투자를 장려하는데 이것이 아이들을 키우면서 일하는 것을 용이하게 하기 때문이다. 양질의 보육은 또한 아이들의 학업과 사회성을 향상하고 후년에 학생과 근로자로서의 그들의 성과에 도움을 줄 수 있으며, 결국 생산성에 기여할 수 있다.

(1) 교육받을 수 있는 기회의 확보

교육정책은 자원과 사회적 전환요인 그리고 개인적 전환요인을 다룰 수 있어야 한다.

역량 관점에서 볼 때 모든 교육은 성, 사회적 배경, 금전 상태, 출신지와 무관하게 모든 사람이 이용할 수 있어야 한다. 또한 내용(전공의 다양성), 형식(직업프로그램, 일반 프로그램, 단일 과목), 조직(원거리 학습, 학습 및 지역의 선택, 휴학을 할 수 있는 가능성 등)에서 교육적 성취를 위한 다양한 방법이 존재해야 한다. 아울러 교육–근로 연계를 위한 자원도 모든 사람이 이용할 수 있도록 하여야 한다. 특히 학습기간 중에도 노동시장에 접근하고 일정 수준 이상의 직업 및 학습 상담을 할 수 있어야 한다.

전환요인의 확충

교육자원을 교육 · 훈련에 참여할 수 있는 역량, 즉 교육 · 훈련에 참여하고 이해 · 생산하는 능력으로 전환하는 데 영향을 미치는 교육여건은 학교 내외 모두에 존재하며, 개인적 특성, 사회 제도와 규범, 환경 요인을 포함한다. 교육이나 훈련 기회의 제공에 있어 개인적 특성, 사회제도, 사회규범이 미치는 영향을 고려하여야 한다.

개인적 특성에는 성, 연령, 신체 특성, 능력과 재능, 학술적 학습이나 장인적 능력에 대한 열망 정도 등이 포함된다. 능력, 재능과 같은 내적 요인은 이러한 전환과정에 긍정적 영향을 미쳐야 하며, 성, 인종, 국적과 같은 귀속적 특성이 영향을 미쳐서는 안 된다. 개인 간 차이가 고려되지 않는 사회 · 경제 환경은 개인 간 차이가 불평등으로 이어지게 만든다. 동일한 교육자원이 투입되어도 학습결과에서 차이가 생겨난다. 자산, 소득, 교육 불평등을 가진 사회인가의 여부, 인종이나 성에 따른 교육 차별을 가진 사회인가의 여부가 영향을 미친다. 학생 각자가 자신의 역량을 발휘하도록 교육과정과 관리방식이 구성되고 이를 위한 자원들이 제공되어야 하며, 사회제도와 규범이 교육에 긍정적이고 교육의 기회가 제공되어야 한다. 예를 들어 시각에 장애가 있는 개인에게는 장애를 극복할 수 있도록 교육시설을 적절히 설계하고 필요한 설비를 제공하여야 한다.

사회, 문화, 경제적 환경 요인은 성 차별, 인종 차별, 노동시장에서의 격리를 결정하여 개인의 역량집합에 부정적 영향을 미칠 수 있다. 예를 들어 근로나 삶에서 가치 있는 것을 달성할 수 있는 여성의 자유는 가계 내에서 책임, 돌봄활동과 가사 간의 불균형 부담에 영향을 받는다. 경험 있는 교사, 학습을 위한 시간과 자원, 학습에 대한 주위의 지지 등은 교육역량에 긍정적 영향을 미친다. 문화적 규범과 복지 서비스(유아 돌봄과 노인 돌봄)는 전환율 그리고 그에 따라 여성과 남성이 가진 실질적 기회와 선택에 영향을 직접적으로 미친다.

교육 · 훈련에서 일자리로 이행하는 과정에서의 장애요인에 대한 고려가 필요하다. 개인적 특성이나 사회적 네트워크를 강조하는 노동시장은 개인을 제약할 수 있다. 예를 들어 노동시장에서 자신을 고용주 입맛에 맞도록 표현하는 능력이 강조되고 있다. 개인적 특성에 대한 초점은 공식적 장점 대신 이례적 경험의 상대적 중요성을 지나치게 부각시킨다. 마찬가지로 사회 네트워크에 참여하는 것이 교육보다 더 중요해질 수 있다. 구직과정을 지원하는 다양한 제도적 보완조치가 필요하다. 이 외에도 교육적 능력의 직업적 효용, 개인의 직업적 능력과 정체성, 적합한 직업의 종류에 대한 정보, 교육기간 중의 직업실습 경험, 구직상담, 구직기관이 필요하다.

(2) 절차적 자유의 확보

자율적 주체

역량접근에서는 개인을 삶의 주체로 간주하는 것이 핵심이며, 교육에서는 자율성을 촉진하는 것이 교육의 핵심이다. 모든 아동과 청소년은 자율적 성인이 될 기회를 가져야 한다. 자율은 개인이 스스로를 알아보고 원하는 대로 삶을 살 수 있는 능력을 향상한다. 개인들은 다양한 가치를 평가하고, 잘 사는 것의 의미를 개발하고, 다른 삶을 비교하고, 스스로 좋은 삶을 선택할 필요가 있다. 이렇게 자율성을 촉진하는 교육은 Nussbaum의 "실질적 추론(practical reason)" 역량과 유사하다 : 선의 개념을 형성할 수 있고 자신의 삶의 계획에 대한 비판적인 성찰에 참여할 수 있다. "좋은 삶에 대한 하나의 착상"에 사로잡혀서는 안 되며, 다른 삶의 방식에 노출되어 비판적으로 반성하고 계획할 수 있는 능력을 가져야 한다.

절차적 자유를 위한 전환요인

절차적 자유의 관점에서 교육과정 자체에서 자율성이 행사되고 있는가 또는 스스로 교육경로를 선택할 수 있는가가 중요하다. 자율성은 이를 행사할 수 있는 조건을 갖추도록 함으로써 확보된다(Brighouse 2002 ; Saito 2003). 특정 교육 · 훈련과정에 참여할 것을 선택한 것은 이를 가치 있는 것으로 간주하게 하는 정보에 근거한 판단의 결과이다. 결국 교육 정보에 접근하고, 토론에 참여하고 평가할 기회를 가지며, 폭력이나 부끄러움 없이 교육 · 훈련에 접근하는 결정을 할 수 있어야 한다. 청소년의 경우 교육이라는 복지적 권리를 보호하고 학교 참여를 통해 자율성을 개발할 잠재성을 보호하는 것과 관련된다.[11] 상이한 교육과 관련된 미래의 근로와 삶의 대안에 대한 정보가 제공되어야 하는 것이다. 스웨덴에서는 법률에 의해 학습상담과 직업상담이 강제되며, 교육기관은 교육을 시작하려는 누구도 그 교육에 관해 필요한 정보에 접근할 수 있도록 하여야 한다. 이를 위해 고등교육제도 내에서 모든 학과는 최소한 한 명 이상의 학습상담사를 고용하고 있다.

교육 평등

역량접근에서 평등은 표준화된 측정치보다 개인이 가치 있게 여기는 교육의 속성과 그것을 실현하도록 하는 조건에 관심을 둔다. 이는 평등에 대한 배분적 관점과 조건에서의 평등을 결합한다. 결과적으로 정부는 개인의 특성과 상관없이 각각의 그리고 모든 개인에 대한 조건을 확립하고 유지할 의무가 있다. 이러한 조건의 확립은 일정 수준의 교육적 획득을 낳지만, 가치 있는 결과를 스스로 명확히 하고 달성하도록 하는 자유가 보장되어야 한다.

특정 집단이 가치 있는 결과에 관한 의사결정에 참여할 기회를 갖지 못하면 자유와 역량에 한계가 있다. 역량접근법은 역량이 표현될 다양한 사회 환경의 중요성을 강조하지만, 역량을 표현하는 데 있어서의 자유로운 토론과 결사의 중요성을 강조한다.

가치의 교육

교육을 통해 사람들이 자율적으로 변모하도록 하는 동시에 역량과 그 행사에 대한 판단능력도 개발되도록 하여야 한다. 특히 교육 · 훈련은 상이한 가치를 가르치는 데 중요한 역할을 하여야 한다. 역량을 실현하여 이루어진 행동의 결과가 항상 좋은 것은 아니기 때문이다. 즉, 역량의 창출은 역량 사용에 따른 결과의 좋고 나쁨에 대한 가치 평가와는 다른 것이다. 교육을 통해 어떻게 역량을 사용하는 것이 적절한지에 대한 가치판단을 할 수 있는 개인의 판단능력을 발전시켜야 한다.

(3) 역량접근과 목소리 내는 역량 : 기업과 사회조직의 역할

목소리 낼 수 있는 역량은 개인이 의견을 표현하고 그 의견이 공론화 과정에 반영되도록 하는 능력을 말한다. 교육과정이나 직업훈련과정이 항상 이상적으로 작동하리라는 보장은 없다. 교육은 공공 및 경제 생활 대부분의 영역에 영향을 미치지만 현재의 교육 시스템은 종종 정부의 지시만을 따르며, 다른 관련 이해당사자나 그 대리인의 역할은 거의 또는 전혀 없다. 이상적인 교육 환경을 갖추었다 해도 함양할 역량의 종류, 개

11. 아동과 청소년의 경우 교육은 성인으로서의 역량을 확장하는 방식으로 경험되어야 하며, 이들이 성장하였을 때 더 많은 자유를 줄 수 있어야 한다. 결국 아동과 청소년의 경우 교육복지가 보호되고 자율성을 함양하는 것이 핵심이다(Saito, 2003).

인적 특성과 사회환경과 같은 전환요인의 영향으로 말미암아 교육 환경의 유불리가 달라질 수 있다. 학생이나 맥락에 따라 달라질 수 있는 가치 있는 역량을 결정하기 위해서는 개인의 참여와 대화가 필요하다. 적극적 참여와 대화 없이는 개인이 갖추어야 할 역량들이 무엇인지 또 그 역량을 달성하기 위한 교육환경이 무엇인지를 결정할 수 없다.

교육의 내용과 활용에는 다양한 이해관계자가 존재하며, 그 요구도 다양하다. 개인은 고용과 역량실현 기회의 증대와 보호에, 기업은 재직 근로자나 미래 근로자의 개발에 관심을 갖는다. 정부와 사회는 가능한 한 다수가 양질의 고용에 접근하는 데 관심을 갖는다. 결국 교육 거버넌스에서 다양한 이해관계자의 요구를 정책 결정에 보다 광범위하게 반영하여야 한다.

개인들이 교육 훈련에 대해 자신들의 의견을 밝히고 그 의견이 고려되도록 하는 제도가 존재해야 한다. 모든 종류의 학습은 품질평가의 일부로 교육에 대한 학생의 의견을 받아들여 후속조치가 이루어지도록 의무화되어야 한다. 학생과 청년 졸업생을 위해 직접적으로 활동하는 학생조직, 노동조합, 이익집단이 요구되며, 이들이 정의하는 문제와 조치가 전국적 수준에서 부각되어 '고용 가능성을 촉진하는 요소'를 누구나 고르게 이용 가능하도록 하여야 한다. 노동조합, 시민사회단체, 사용자단체는 개인들의 관심이 반영되는 공론의 장을 창출하는 데 핵심적인 자원이다.

2) 삶의 역량을 확장하는 직업훈련정책

(1) 자율적 추론을 할 수 있는 현장가의 육성

사회 · 경제적 변화는 직업교육 · 훈련에 대한 새로운 접근을 요구한다. 기존의 직업훈련을 대표하는 능력기반훈련(competency based training ; CBT)은 특정 직업 및 직무, 역할에 사람들을 준비시키는 훈련에 초점을 맞추어 왔다. 특정 작업장이 요구하는 다양한 능력들이 설정되고 각 능력단위별로 필요한 지식과 기능이 정의된다. 이들 지식과 기능의 학습결과로 나타난 것이 현존하는 특정 직무에 부합한 노동자이다. 단위로 나누어진 지식과 기능 요건은 그 단위가 대표하는 특정 직무에 필요한 숙련을 반영해야 하지 그것을 넘어서는 안 된다. 또한 능력기반훈련은 기반 지식체계 대신 특정 직무에 유효한 지식요소에 초점을 맞추므로 습득한 지식과 기능을 새로운 직무나 혁신에 사용할 수 있는 능력을 제한할 수 있다.

이제 사회는 모든 국민을 급속한 기술과 사회 · 경제적 기술 변화에 대해 준비시켜야 하는데 이는 특정 직업을 넘어 특정 인간을 염두에 둔 직업교육 · 훈련을 요구한다. 혁신적 작업장에서 숙련의 행사는 특정 직무를 넘어 보다 근본적이고 복잡하고 광범위한 지식, 숙련, 능력을 구현하는 발현적 속성을 갖는다. 직업훈련은 다양한 숙련의 연습이 아니라 독립적 계획, 활동, 평가를 할 수 있는 자율적 근로자의 발전을 지원해야 한다. 역량접근에서 말하듯이 교육 · 훈련은 특정 직무나 특정 숙련이 아니라 특정 개인으로부터 출발해야 한다. 일련의 성과를 얻기 위해 사람들에게 필요한 역량이 무엇인지를 먼저 물어야 한다.

일반숙련 자율적 추론과 발현적 숙련을 발휘할 수 있는 현장가를 위해서는 다양한 숙련을 관통하는 기반지식이 요구된다. 초점이 근로와 개인의 발전에 있다면 개인들이 특정 현장을 넘어 직업이나 더 광범위한 직종 영역에서 일하는 데 필요한 지식, 숙련, 역량에 접근할 수 있도록 해야 한다. 또한 직업과 전문 직종에서의 관행을 관통하는 응용 이론지식뿐만 아니라 특정한 작업장을 넘어서는 산업 특화적 숙련이나 일반숙련 또는 기반지식에 대한 접근을 요구한다. 또한 교육 · 훈련은 개인이 다음 단계의 지식과 관행의 복잡성으로 나아갈 수 있도록 하여야 한다. 많은 작업장에서의 핵심적 활동은 상황적 지식을 필요로 하지만, 더 높은 수준으로 발전하기 위해서는 더 보편적인 상황적 지식과 더 복잡하고 추상적인 이론적 지식이 요구된다.

직업적 정체성 그러나 일반숙련과 기반지식이 강조된다 해도 숙련은 여전히 개인들이 대비해 온 직종의 종류와 완전히 별도의 것일 수 없다. 자율적 추론을 뒷받침하는 일반 지식 · 숙련발전만큼 중요한 것이 직종에 특화된 전문가적 지식 · 숙련과 직종에 대한 사회적 정체성이다. 결과적으로 직업교육 · 훈련은 자율적 추론을 할 수 있는 현장가의 발전을 도모해야 하는데 이는 체계적으로 연계된 산업 특화적 또는 일반숙련과 지식, 직종에 특화된 전문가적 숙련과 지식, 직종 내에서의 사회적 정체성을 목표로 하여야 한다.

(2) 직업훈련의 전환요인

그림 14-3 직업훈련의 전환요인 : 역량접근

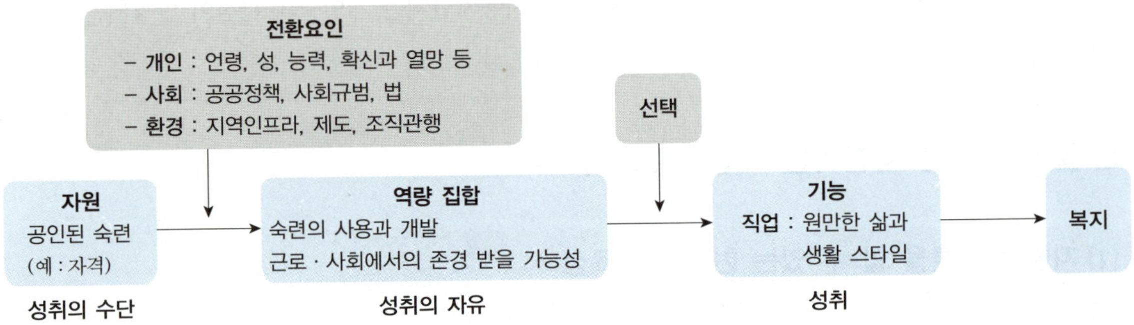

직업훈련은 통상 달성된 숙련에 초점을 맞추었지만 이를 달성할 자유를 적절히 다루지 못해 왔다. 달성할 수 있는 자유를 확장하기 위해서는 전환 요인을 고려해야 한다. 이들 전환요인에는 제어 가능한 요소가 있고 그렇지 않은 요소도 있다. 예를 들어 조직에서 어떤 일이 일어나고 있는가(관행과 구조), 지리적 위치와 그 특징, 일정한 사회관습이나 구조와 관련된 역사 또는 문화적 전통 등이 그것이다. 가족, 지역사회, 고용주, 관리자, 동료는 숙련 개발과 사용을 제한하거나 가능하게 한다. 예를 들어 직업훈련에서 시장실패는 정부의 역할을 요구한다. 이에는 정부보조, 표준화 · 인증서 · 직종별 훈련 프로파일의 공식화를 통한 모니터, 학문적 고등교육에 대한 대안으로 직업교육 · 훈련제도의 인정과 지원 등이 포함된다.

(3) 직업교육에서의 공론 문제

직업교육은 학교의 전유물이 아니라 기업과 학교가 공동으로 발전시켜야 하는 사회제도로서 직업교육에서 기업의 능동적 참여와 협력적 역할이 강조되고 있다. 기업은 필요한 숙련내용을 학교에 알려주고, 교육과정과 자격제도 개발에 참여하며, 훈련 후 취업에 협력함으로써 훈련에서 직업세계로의 원활한 전환을 도모한다. 영국과 독일을 필두로 많은 나라에서 직업교육과 훈련이 기업의 주된 기능일 정도로 산업계의 참여가 활성화되어 있다. 교육과정의 내용과 방법의 결정에 기업과 학교의 협의 운영이 의무화되어 있다. 이에 따라 학교는 학습능력과 이론중심의 전문기술 교육을, 기업은 직무와 관련된 직업기술 교육을 담당하고 있다. 이러한 강한 연계는 학생이 폭넓은 기업에서 훈련을 받을 수 있도록 하고, 학생들에게 전문적인 노동시장 지식을 제공하며, 원활한 직업세계로의 진입을 촉진하는 기능을 한다.

1.5 교육·훈련제도의 국가별 유형

산업숙련 형성에 정부와 기업이 적극적으로 나설 수 있다는 점을 감안해 다음 표와 같이 각국의 산업숙련 형성체계를 유형화할 수 있다(Busemeyer and Trampusch, 2012).

표 14-5 교육·훈련체제의 국가별 특징

		직업훈련에의 정부의 역할(교육과정에서의 직업훈련의 고려 정도)	
		약 - 인증제가 없고 이전이 곤란한 숙련 - 교육제도의 직업특화성 약함 - 실업보호(산업숙련 보호) 약	강 - 인증되고 이전이 가능한 숙련 - 교육제도의 직업특화성이 높음 - 실업보호(산업숙련 보호) 강
기업 역할 정도	강 - 도제제도가 지배적 - 학교는 보조적 역할 - 고용보호(기업숙련 보호) 강	기업 기반의 분할적 숙련 형성 : 일본, 이탈리아 - 고용보호 강, 실업보호 약	작업장 기반 제도 : 독일 - 집단적 숙련 형성 - 기업·산업 특화숙련 - 학교(교육)와 작업장(훈련)이 병행하는 이중제도 - 고용보호 강, 실업보호 강
	약 - 학교제도가 지배적 - 도제제도는 보완적 역할 - 고용보호(기업숙련 보호) 약	자유주의적 숙련 형성(미국, 아일랜드) - 일반숙련과 교육 중심 - 일부 기업 내 직업훈련이 존재 - 극히 제한된 도제제도 - 고용보호 약, 실업보호 약	국가주도의 학교 기반 제도(스웨덴, 프랑스) - 국가숙련 형성 - 고숙련 근로자에 대한 일부 도제제도도 존재 - 고용보호 약, 실업보호 강

표 14-6 교육과 직업훈련 유형 : 독일, 프랑스, 스웨덴, 미국

		독일	프랑스	스웨덴	미국
초중등 교육	계층화와 직업 지향성	이원적 교육(일반교육과 직업교육의 조기분리)	일원적 제도와 보완적 직업교육	이동성을 가진 일원적 제도(평생교육의 준비)	일반교육 중심의 일원적 제도
고등 교육	목표	충성스런 관료 및 과학 연구자 양성	전문 엘리트 : 국가 공무원 및 기업관리직 양성	모든 시민	민주시민 : 자기개발할 수 있는 개인
	대상 집단	교육적 엘리트	엘리트(능력 위주)	능력 있는 모든 개인	중산층 이상(영국 : 상류층)
	교육기관 형태	종합대학(연구 중심)과 전문대학의 이중 평준화	그랑제콜과 평준화된 일반 국립대	종합대학	전문대부터 연구 중심 대학까지 비평준화
직업 훈련	목표	포괄적 직업능력	직업 준비	평생교육	특정 작업의 수행 능력
	대상집단	모든 사람	모든 사람, 특히 성적이 낮은 학생	모든 사람	성적이 낮은 학생, 저소득층 청소년
	조직 형태	이중제도(사내 훈련과 직업학교 교육 병행)	직업학교 교육 중심이며, 도제훈련도 일부 포함	학교	사업장
지출 수준	가족지원 : 교육 : 훈련	중위 : 중하위 : 중상위	하위 : 하위 : 하위(남유럽)	상위 : 상위 : 상위	하위 : 중하위 : 하위

자료 : Powell, Bernhard and Graf(2012) ; Sakamoto(2018) ; 정주연·최희선(2013) ; Grugulis(2008).

1) 자유주의적 교육 · 훈련제도 : 미국

자유주의 국가들에서는 교육재원의 사적조달과 고등교육 지출이 선호되며, 대신 초중등 공립학교에 대한 정부지출과 교육의 질적 수준이 낮다. 이는 교육적 · 경제적 불평등을 야기하여 고소득층은 사립학교와 좋은 대학을 활용하지만 저소득층은 공립학교에 갈 수밖에 없고 대학 이전에 교육을 중단할 수도 있다. 이러한 교육 불평등은 비숙련 노동자들의 낮은 숙련수준을 야기한다. 고용주와 노조 간의 협력과 조율이 부족하므로 교육 시스템은 민간재원과 대학교육에 주로 의존하며, 직업훈련 제도는 대학교육의 현실적 대안이 되지 못한다. 직업훈련제도의 부족은 저숙련의 학생과 근로자들이 겪는 숙련형성 기회의 부족을 더욱 악화시킨다.

일원적 교육제도

미국은 자유주의적 숙련형성체제를 가지고 있어 교육이 상품으로 간주되며, 숙련형성은 시장을 통해 이루어지는 것으로 간주된다. 교육 · 훈련에 대한 참여는 학습자의 구매력과 선택에 의존하며, 고용주와 개인의 책임이지 국가의 책임이 아니다. 교육투자를 사회적 이동을 향한 최선의 경로로 간주해 경쟁하며, 교육을 가족이 투자해야 하는 것으로 간주하는 문화적 태도가 존재한다. 이러한 제도는 소수의 전문 엘리트 근로자를 만들어 내는 데는 성공적이지만 이 과정에서 평균적이고 낮은 숙련의 근로자가 무시된다. 기업들은 낮고 일반적인 숙련을 주로 사용하는 대량생산에 전문화한다.

미국에서 교육 · 훈련은 일반교육제도 내에서 제공되는 일원적 교육제도하에서 이루어지고 있다. 숙련형성이 일반숙련에 초점을 맞추고 있는 만큼 국가와 기업의 참여가 낮고 대신 시장과 일반교육 기관의 역할이 크다. 교육과정, 교사의 수준, 강의 효과성, 시험절차, 학교자원, 자금조달에서 표준화가 미흡하고 개별 교육기관별로 광범위한 차이가 있다. 교육기관은 대중교육 기회를 제공하는 데 초점을 맞춘다 : 이질성에도 불구하고 높은 지리적 이동성을 가진 대국에 필요한 상대적으로 균일한 기초교육 제도가 존재한다.

직업훈련

직업훈련 시스템은 시장을 중심으로 분권화되어 있다. 훈련과 관련된 거의 모든 결정은 공공기관 참여가 거의 없이 개별기업이나 근로자에 의해 이루어지는데 재원조달 역시 개인에게 위임된다. 많은 기업은 숙련을 외부 훈련기관이나 이민자에 의존한다. 일반교육제도, 특히 고등교육은 일반적 · 학문적 숙련 촉진에 초점을 맞추며, 이후 기업에서의 직장 내 훈련으로 보완될 수 있다. 그러나 기업에서 이루어지는 숙련형성은 주로 인턴십과 입사 초기의 직장 내 훈련으로 제한된다. 고등학교에는 직업 트랙이 있지만 대학입학을 준비하는 학문경로보다 평판이 낮으며, 재원공급이 부족하다. 결과적으로 교육제도는 양극화된 숙련구조를 낳는다. 숙련 획득의 기회가 부족하고 중등교육에서의 인증과 고용결정의 연계가 취약하므로 대학 진학생을 제외하곤 학교에서 학업에 충실할 유인을 갖지 못한다. 학교에서의 근로로의 이행과 교육에서의 훈련으로의 이행은 취약하게 제도화되었다. 높은 수준의 직업숙련은 공동체, 직업대학이나 지역대학에서 제공되지만 이들의 노동시장과의 제도적 연계성은 제한적이며, 학생들이 수업료를 부담해야 한다.

과거에 미국 경제에서 대량생산 방법의 경이로운 성공은 근로자 숙련의 역할을 위축시켰다. 건국 초기에 상대적으로 비숙련노동에서 출발한 테일러주의 또는 포드주의적 생산전략은 근로자 숙련보다는 자본장비, 근로조직, 숙련 있는 경영자의 통제의 응용에 기초하여 높은 수준의 생산성을 달성하는 데 주안점을 두었다. 1차 산업과 저숙련 서비스 부문과 함께 이들 포드주의적 기업은 오늘날에도 존재한다. 그러나 미국 대기업 중 더 많은 기업이 탈 포드주의 모형을 수용하고 있다. 조직 전체에 걸친 높은 수준의 숙련에 의존하는 고성과 작업장(high performance workplace)이 한 가지 예이다. 이들은 자발적 작업팀, 직무순환, 품질관리 서클과 문제해결 그룹, 전사적 품질경영을 강조한다. 그러나 높은 노동교체율과 단기 수익에 초점을 맞추는 자본시장의 감시로 인해 근로자의 숙련에 대한 장기적 투자가 저해되고 있다. 미국에서의 직업훈련은 기업 필요에 맞게 설계된 사내훈련이 조직화되기보다는 근로자가 사적으로 선택한 교육과정을 중심으로 운영되고 있다.[12] 동시에 미국은 (자신의 인적자본에 집중적으로 투자한 개인들에 의해 시작되는) 첨단기술과 서비스 부문에서 소규모의 기업가적 기업의 발전을 장려하는 데 극단적으로 성공적이었다.

고등교육기관

미국의 대학 시스템은 매우 광범위하고 수준이 다양하다. 미국의 대형 연구대학(research university)이 세계의 고등교육과 연구를 주도한 것은 비교적 최근이다. 원래 미국 대학은 영국계 이주민들에 의해 설립되어 풍부한 재원을 바탕으로 한 전문 직업교육보다는 교양교육을 강조한 영국의 대학모형을 따랐으나 실질적으로 개인이나 종교단체의 빈약한 재정으로 인해 경건한 중산층 시민의 교양교육에 집중되었다. 이에 따라 전문적 학문수련은 유럽, 특히 독일 유학에 의존하였다. 1876년 존스홉킨스대학 이후 '연구와 교육의 일치'를 지향한 독일 대학모형이 미국의 대학원과 학과제로 변형 · 이식되었다. 상위 교육기관으로 대학원을 두고 대학교육은 교양교육에 분과학문의 전공교육을 더해 학과제로 재편해 대학원에서의 연구자 양성을 대비하도록 하는 대학원 중심 연구대학을 성립시킴으로써 예비연구자와 신진연구자가 대량생산되는 체계가 확립되었다(정준영, 2013).

지배구조

교육 · 훈련에서 국가의 역할은 시장원리가 작동하는 환경을 조성하는 것으로 제한되며, 주로 시장실패의 영역(실업자의 훈련)에 초점을 맞춘다. 연방정부는 국방 분야를 제외하고 독자적인 교육기관을 유지하지 않고 있다. 연방정부는 교육정책을 규정하지 않지만 교육기회의 평등을 위해 노력한다. 다양한 배경을 가진 광범위한 중산층이 이끄는 사회발전에서 교육제도의 확대가 가장 큰 중요성을 가진다. 자유주의와 평등주의 이상의 공존으로 교육 시스템의 목표는 기회의 평등을 확보하는 데 있다. 불평등한 교육기회와 학교성과 그리고 그 원인에 대한 논의가 19세기 중엽 이래 미국 교육제도의 발전에 동반되었다. 그러나 진로기회 배분에서 교육기관의 평판이 큰 역할을 했으며, 1960년대까지 계속된 인종 차별적 교육제도는 사라졌지만 사립교육기관의 상당한 수업료 부과로 인한 교육장벽은 사라지지 않고 있다. 이를 민간이 주도하는 장학제도가 보완하고 있으며, 연방정부 역시 도움이 필요한 학생을 위해 다양한 장학금과 대출 프로그램을 운영하고 있다.

미국은 주정부와 교회 및 지역공동체를 중심으로 발전한 대중교육의 오랜 전통을 가지며, 광범위한 전국적 공공교육 시스템을 유지해 왔다. 인증에 대한 연방정부의 규제가 없고 대신 민간기관과 교육가들이 발전시킨 교육표준이 널리 받아들여졌다. 일반교육을 위한 전국적 공공교육 시스템과 더불어 시장과 개별 회사가 핵심적인 훈련기관을 구성한다. 교육 · 훈련에서 공공기관과 사용자 집단의 집단적 단체의 역할이 취약하고

---

12. 모토로라, GE, 제록스와 같은 일부 거대기업의 경우 자사 근로자, 공급업체와 고객기업의 근로자 모두의 지속적 교육을 위해 별도의 부서를 가지며, 기업에 초점을 맞춘 기업학교와 대학을 건립하고 있다.

고용주 역시 공식적 교육 · 훈련 제도에 목소리를 내지 못하며, 작업장에서의 현장훈련을 제한적으로 제공하는 데 머물고 있다. 다른 기업에 의한 인력탈취를 막을 수 있는 장벽이 거의 없다. 근로자들은 짧은 근무기간과 유동성 있는 노동시장에 직면하여 다른 많은 기업에서 사용할 수 있는 일반숙련을 선호한다.

2) 산업 및 기업 특화적 이중 교육 훈련제도 : 독일

보수주의체제의 교육 시스템은 계층화된 중등교육제도(일반교육과 직업교육)와 엘리트주의를 따르는 대학교육이 공존하며, 교육에 대한 공공지출은 제한적이어서 교육제도에서 공공부문에 의한 평등화와 재분배의 역할이 작다. 반대로 이 체제에서는 계층화와 사회적 지위가 보존되며, 저소득층과 비숙련 노동자들의 이익보다 고소득층과 숙련 노동자들의 이익이 지지되고 있다. 그러나 대륙 국가에서는 고용주와 노조 간의 경제적 조정과 효과적인 숙련형성제도의 필요로 인해 직장에 기반을 둔 직업훈련 시스템이 발전하였고, 상당한 직업훈련이 이루어지는 교육 시스템을 만들어 왔다. 이 시스템은 교육과 사회 · 경제적 지위의 계층화를 보존한다. 숙련제도는 저숙련의 학생들과 근로자들이 비록 학문적 성취가 모자라도 안전한 일자리를 얻을 수 있는 대안을 제공하고 있다. 결과적으로 근로자들은 일반적으로 높은 숙련(특히 산업 특화적 숙련)을 가지고 있으며, 이에 따라 직업훈련제도는 청년 실업과 불평등을 완화하는 데 도움이 되고 있다.

이원제 교육제도

독일에서는 종교개혁 이후 성경을 읽을 수 있는 문해력, 성직자 양성, 지역 제후국과 연방의 행정력이 중시됨에 따라 계몽시대 이전부터 학교와 대학 시스템이 널리 확산되었다. 독일은 모든 교육 수준에서 직업교육과 보통교육을 분리하는 이중 시스템(dual system)을 유지해 왔다. 직업교육은 교육과정 초기(초등 4년)부터 보통교육에서 분리되어 다른 경로를 따르도록 한다. 여기에 직업교육이 고등교육을 대신하거나 추가되어 이루어지도록 하고 있다. 독일 아이들은 3~6세에는 사회생활을 훈련하는 유치원을 다니며,[13] 6세에는 가장 가까운 거리에 있는 4년제 초등학교(Grundschule)에 진학한다. 동일한 담임교사가 모든 과목을 가르치고 아이들의 성적과 재능을 평가해서 부모 면담을 통해 진학을 결정한다. 사회적 능력을 길러주고 타고난 성향과 재능을 존중해 그 방향으로 교육개발을 시키는데 집중적으로 공부를 잘하는 아이, 사회성이 좋은 아이, 기술적 재능이 있는 아이 등으로 구분을 한다.

조기 직업지도는 인문교육과 직업교육 · 훈련의 동등성을 확보하는 기반이 되고 있다. 다양한 수준의 기초교육을 오랫동안 이수한 청소년들이 존재함에 따라 기업은 우수인력의 선발이 용이하다. 학생들은 4년의 초등학교를 졸업한 후 인문계와 직업계의 진로를 결정하며, 그 진로는 김나지움(인문계 학교, 5~13학년), 레알 슐레(실업학교, 5~10학년), 하웁트슐레(Hauptschule, 보통학교, 5~10학년)로 구분이 된다.[14] 김나지움은 9년 과정의 전통적 인문계 학교로 졸업시험을 거쳐 대학에 진학한다. 하웁트슐레는 6년 과정으로 직업교육(Ausbildung)에 해당한다. 하웁트슐레에서 학생들은 직업훈련을 받으면서 직업학교(Berufsschule, 3년)나 직업

13. 유치원은 의무교육에 포함되지 않으며 부모 소득수준에 따라 원비가 책정되어 수입이 좋은 경우 전체 원비를 내지만 그렇지 않은 경우 시에서 지원한다.

14. 이 외에 지나친 조기 진로결정에 따른 문제점을 해결하기 위해 설립된 종합학교(Gesamtschule)가 있는데 이는 하우프트슐레, 레알슐레, 김나지움을 종합한 학교로 5학년에서 10학년까지의 과정이다.

전문학교(Berufsfachschule, 2년)에 진학한다. 레알슐레는 6년 과정으로 졸업 후 직업전문학교나 전문고등학교(Fachoberschule)에 진학해 각각 상급 단계의 직업훈련을 받거나 김나지움 상급 학년에 편입한다.

산업현장의 숙련요구가 높아지면서 중등교육 1단계 수준의 졸업생 비중은 크게 하락하고 대신 중등교육 2단계 졸업생들까지 고등교육 수준의 이원화된 직업훈련 프로그램에 대한 참가 요구가 커지며, 직업교육이 고학력화되고 있다. 이에 따라 고등교육 단계에서 현장교육과 학교교육이 연계하는 이원화 프로그램이 활성화되고 있다.

이중 도제훈련에 의한 직업훈련

독일에서는 기업에서의 작업장 기반 훈련과 직업학교에서의 이론적 교육이 결합되어 이중 도제훈련 모형(dual apprenticeship training model)이 정착되었다. 즉, 학생들은 직업교육기관인 직업학교, 직업전문학교, 전문고등학교에서 일주일에 1~2일간 이론을 배우고 나머지는 일선 사업체에서 실습을 한다. 노동청 관할로 학생이 희망기업에 직접 지원하며, 해당 직업인협회(수공업회의소나 상공회의소)에서 주관하는 졸업시험에 합격하면 도제자격증이나 전문인증을 취득한다. 학생들은 유급근로자의 자격으로 일정액의 보수를 받으며, 보험(건강, 간호, 연금, 실업, 사고)에 가입된다. 임금이 인증에 연동되고 숙련자에 대한 임금 프리미엄은 훈련참여를 장려하며 인력탈취를 어렵게 한다. 높은 고용보호는 기업 특화적 그리고 산업 특화적 숙련에의 참여를 촉진해 왔다.

독일의 직업훈련은 근로자의 초기훈련에 집중한다. 추가훈련은 주로 초기훈련 부족을 보완하는 역할을 하며 기업 특화적이고 외부노동시장에 사용할 수 있는 이동 가능한 인증된 자격을 제공하지 않는다. 독일의 직업훈련은 매우 효과적인 산업 특화적 훈련 시스템으로 중간 수준의 숙련을 가진 숙련 근로자를 서비스를 포함한 다양한 산업에 공급하고 있다. 그러나 낮은 수준의 기초훈련은 취약한 서비스 부문을 낳고 있다. 특히 기초적인 일반숙련의 과소공급은 서비스 부문 팽창이나 IT 혁명을 이용하는 데 도움이 되지 못했다.

독일의 직업훈련제도는 길드가 관할하는 도제제도에서 기원한다. 도제제도하에서는 개인이 도제 단계에서 기술을 습득하여 자격요건을 갖추면 스스로 점포를 개설하여 도제를 거느리며, 독립된 사회생활을 하는 것이 보편적이었다. 산업화와 더불어 도제훈련 외에도 산업협회, 자영 장인의 수공업회의소, 노조, 대기업 등 다양한 단체들이 숙련 형성에 경쟁적으로 참여하였다. 다양한 산업현장에서 진행되어 오던 실습은 점차 근대적 직업훈련체제로 단일화되었고 연방정부의 직업훈련법(1969)을 근거로 연방직업훈련연구원의 이사회를 통해 국가의 규제와 감독이 가능하게 되었다. 이사회는 노조대표, 고용주, 직업교육전문가, 연구원의 대표 등으로 구성되어 직업훈련과 관련된 연방정부 자문을 담당하였다. 따라서 통일적인 직업훈련에 대한 노동과 자본의 사회적 파트너십의 토대가 구축되었고 산학이 협력하는 이원적 직업훈련제도가 정립되었다.

연구중심 대학제도

독일 대학은 훔볼트(Karl Wilhelm Humboldt)가 1810년에 베를린 대학을 세우며 제시한 새로운 지식의 창출과 혁신에 초점을 두는 '연구'대학에 바탕을 두지만 오늘날에는 응용 · 실용 분야를 가르치는 대학이 많이 생겨났다.[15] 독일 대학은 지역 제후국 간 인재확보 경쟁을 배경으로 한 연구 중심의 국가기관에서 비롯하며,

15. 대표적인 것이 전문대학으로 농업, 엔지니어, 전산, 디자인, 사회복지 분야에서 실무 교육을 하며, 학사학위로 졸업한다.

동시에 중세대학처럼 신분보장과 인사 및 강좌 운영의 자치를 포함한 대학 운영의 자율권을 가졌다. 대학은 교양 교육보다 전문지식 교육과 연구자 양성에 역점을 두어 왔다.[16] 독일 대학은 새로운 전문분야 개척과 혁신을 통해 학문연구의 중심지로 부상하였다. 발견의 제도화와 발명의 산업화를 도모하는 연구대학으로서의 훔볼트 대학의 이념은 근대대학의 모델로 미국뿐만 아니라 영국, 프랑스를 비롯한 유럽 각국에 큰 영향을 미쳤다(정준영, 2013). 대학의 확충, 설립과 재정의 기본틀은 연방과 주가 함께 확정하지만 주가 대학을 설립하면 대학은 독립적으로 학칙을 확정하고 행정을 한다. 이들 대학들은 과학과 공학에서 두드러졌고 이에 공학과 응용과학에 초점을 두는 폴리테크닉 및 기술 대학도 등장하여 가세하였다. 이들 학교는 교육받은 신흥 중산층의 교육수요를 충족시켰다. 또한 지멘스(Werner von Siemens) 등의 엔지니어 공학자가 주체가 된 공공연구 실험 시스템이 등장하여 기업가, 정부, 과학자들이 주도하는 산업연구가 활발하게 이루어졌다. 이들 대학과 폴리테크닉 기관들의 과학적 발견은 기업가들에 의해 신속하게 응용되었다. 전기공학은 근대 통신업, 에너지 공학, 화학과 의료산업 그리고 새로운 발명과 그 상업적 응용에 초점을 맞추는 민간 산업연구실의 설립으로 이어졌다.[17] 이들 혁신의 전통은 지금까지도 이어져 산학의 긴밀한 협력에 기초한 독일 대기업의 기술혁신을 가능하게 하여 왔다.

현재 독일 기업들은 대학과 연구소에 계약연구를 맡기지만 그리 적극적이지는 않다. 연구중심 대학제도를 확립하였지만 대학들이 지식과 기술이전보다는 기초연구와 교육(과학 · 공학 인력 공급)에 초점을 맞추므로 산학 연계는 다소 미흡한 편이다. 많은 대학은 공공연구소에 할당된 자금의 50% 이상을 지원받으며, R&D 프로젝트에 참여한다. 산업계로의 기술이전은 과학자와 기업 간의 직접적 접촉보다는 기술이전 중개기관을 통해 중재된다. 대학과 기업 간 인력 교류도 드물다.[18] 특허와 라이센스의 역할은 단체나 네트워크 메커니즘에 비해 약하다. 대학은 정부 재정지원을 받지만 '교육과 연구의 자유'의 원칙하에 자율성을 보장받는다. 그러나 대학교수들의 공공연구소 겸직 근무, 공공연구소와 대학의 공동 학위과정, 공공연구소의 대학 내 배치를 통해 대학의 자율적 연구활동을 국가연구개발체제와 연계 또는 통합하고 있다.

지배구조 : 협력적 사회 파트너

독일에서는 국가, 기업, 사회조직이 숙련 제공과 재원조달에 협력하는 조합주의를 따른다. 우선 일반교육의 경우 각 주가 고유 권한으로 고유한 교육정책을 수립 · 추진한다. 하지만 교육 과정 편성 · 운영과 관련된 교육 표준의 설정은 각 주의 교육장관들이 모여 그 대강을 결정한다. 각 주는 그 결정에 근거하되 주의 특수 상황을 반영하여 운영 방향을 수립하고 이를 단위 학교에 제시한다. 단위 학교는 주 교육부의 방향을 반영하여 운영되지만 학교별로 교사와 시설여건을 고려하여 주 교육부가 정한 범위 안에서 재량을 행사할 수 있다. 이때 학생 대표, 학부모, 교사들이 참여한 학교운영위원회가 중요한 역할을 한다.

독일은 직업훈련에서 조합주의적 원리를 따르고 있다. 즉, 연방정부는 훈련정책의 결정 · 집행에 사회조

16. 이에 따라 독일 대학에는 우리나라의 기초교양교육에 해당하는 필수교과 과정이 존재하지 않는다. 대학신입생이 이미 대학 수학을 위한 각종 기초능력을 중등학교(김나지움)에서 배양하고 입학하였다는 것을 전제로 교육체계를 편성한다는 것을 의미한다. 교양강좌가 개설된다 해도 이는 학생에 의해 자발적으로 선택되고 학점으로 학생을 평가하지도 않는다.

17. 이 시기에 정부는 철도 시스템의 구축을 통해 기계공학과 기계제조업의 발전에 기여하여 독일의 기계산업에서의 세계적 비교우위를 확립시키고 기계공업을 대표적 수출산업으로 자리 잡게 하였다.

18. 특히 독일 교수들의 공무원 지위에 따른 직업 안정성과 공공연금자격을 민간고용으로 이전할 수 없다는 사실은 장애로 작용한다. 그러나 동시에 특히 독일 기술대학은 산업계의 양질의 연구자를 교수로 고용하는 오래된 전통을 가지고 있다.

직을 적극 참여시키며, 주정부, 사업자단체, 상공회의소, 노사정위원회 등 준공공기관화된 사회조직에게 권한을 위임하고 그에 대한 개입은 자제한다. 훈련의 질에 대한 공적 참여는 훈련공급의 질적 표준 진흥이라는 형태를 취한다. 사회조직은 훈련 집행을 감시하고 요구숙련 변화에 맞추어 교육과정을 관리 · 개선한다. 특히 기본법(1949)에 따라 주정부는 교육, 학문, 문화 분야에서 법제정과 행정 · 관리를 책임지는 교육자치제도를 유지하고 있다.[19] 전국단체인 연방직업훈련소는 훈련 법, 표준, 교육과정에 대한 규제를 설정하는데 이 과정에 고용주, 노조, 주정부의 각 대표가 모두 대등하게 참여한다.

지역의 숙련형성에서는 잘 조직된 사회조직이 중요한 역할을 수행한다. 이에는 근로자 대표로 작업장 수준의 노동조합과 근로자위원회가 있고 사용자 대표로 고용주 단체, 부문별 협회, 지역별 상공회의소가 있다. 고용주 단체, 노조, 교육전문가들 간의 합의에 의해 훈련과정이 설계 · 운영된다. 주 정부 규제하에서 기업훈련을 감독하는 직업훈련위원회(상공회의소)는 노조 대표와 직업교육 교사들의 자문을 구한다. 위원회는 회원사의 훈련 적절성을 결정하고 훈련을 감시하고 회원사를 규율한다. 상공회의소와 노사협의회는 훈련상황을 밀접히 모니터링한다.[20] 기업은 직업훈련의 제공 · 관리에 적극 참여하고 비용의 상당부분을 부담하며, 훈련생들은 별도의 비용부담을 하지 않는다. 훈련생의 활동은 기업 생산에 기여하지만, 그 보수는 숙련 근로자에 비해 낮다. 작업장에서의 훈련은 국가표준을 따라야 하며, 이에 따라 전국적 인증이 제공되어 이전이 가능하여 숙련자의 이동성이 높다.

직업훈련은 학교와 기업에서 병행되는 이중 훈련 또는 도제제도로 이루어져 산업부문과 학교가 적극 협력한다. 기업 작업장에서 실용적인 훈련을 받고 공립직업학교와 대학에서 일반 주제와 이론적인 직종 관련 주제들을 배운다. 도제는 학생이라기보다는 기업의 (임금지급) 근로자로 간주된다.

훈련제도의 형성과 운영에 근로자 참여가 제도화되어 있다. 근로 설계와 과정을 통해 직접적으로 그리고 노조와 근로위원회를 통해 간접적으로 근로자 참여가 이루어지고 있다. 노동조합은 직업훈련에서 표준 설정 외에는 공식적 역할이 제한적이다. 근로자위원회는 숙련품질을 감시하며, 경영진에 문제점을 지적하고 관련 정보를 노동조합에 제공한다. 이를 통해 노조와 근로자위원회는 직업훈련이 미흡한 고용주를 견제한다. 집단협상 역시 도제제도 유지에 도움을 준다.

3) 통합적 교육 · 훈련 제도 : 스웨덴

교육 · 훈련 정책에서 북유럽 국가들은 저숙련과 저소득 계층의 가족과 학생들을 포괄하여 모두에게 고른 혜택을 주는, 공공재원으로 뒷받침되는 보편적 교육체제를 선호한다. 이 체제는 초중등교육뿐만 아니라 고등교육에 대한 대규모 공공투자와 모든 계층의 자유로운 접근을 보장하여 교육 불평등과 경제적 불평등을 줄일 뿐만 아니라 국민경제의 경쟁력을 높이고 있다. 이러한 목표를 달성하고 계층분리를 해소하기 위해 종합학교제도가 선호된다. 종합학교제도는 소득분배의 하위계층에 속한 학생과 노동자의 학력과 숙련수준을 높여 평균적 노동자의 질적 수준을 높이는 데 기여한다. 양질의 공교육에 의해 양육되는 높은 숙련들은 북유

19. 주 교육부는 초중등교육과 직업교육과 관련하여 과정별 · 종류별 일반학교교육의 실시, 직업교육 기관의 관리, 평생교육, 교원 인사, 교육 및 학습 계획 개발을 모두 관할한다.

20. 상공회의소는 훈련생 등록, 훈련강사의 기술적성 증명을 담당하고 훈련을 완료한 도제 대상의 시험을 주관한다. 문제기업의 경우 개선을 권고하고 개선사항이 지켜지지 않으면 직업교육 자격을 취소할 수 있다.

럽 국가들이 정보통신이나 사업 서비스 등 지식 집약적 산업에서 성공하는 데 도움을 주고 있다. 북유럽 국가들의 보편적 교육체제는 사민주의 정당과 노조의 영향력에 기인한다. 이들의 임금 불평등 완화와 생산성 증가 전략(렌-마이드너 모델)은 노동자의 실업에서 재취업으로의 전환을 원활히 하고 노동시장 효율성을 높이기 위해 고안된 적극적 노동시장정책에 대한 높은 공공지출로 이어지고 있다. 포괄적이고 보편적 교육 시스템을 선호하므로 직업훈련 시스템도 학교기반으로 발전하고 있다.

이동성을 가진 일원적 제도

스웨덴의 교육제도는 오랜 전통을 가지며, 종교개혁 이후 크게 확장되었다. 1800년에 이미 어린이의 절반이 교회를 통해 교육을 받았다. 1842년에는 의무교육과 국립초등학교가 도입되고 국립 교사양성기관이 설치되었다. 1862년에 종합학교와 9년의 의무교육제가 확립되었으며, 상급학교 진학이 증가하자 모든 청소년을 대상으로 한 대학 진학을 포함한 17개의 직종별 교육 · 훈련과정을 갖춘 3년의 고등학교 과정이 도입되었다. 학술 지향적인 학생은 14세에 학술학교(gymnasie)로, 기술적 주제에 관심 있는 학생은 소수의 기술학교에 그리고 숙련 수공예를 추구하는 학생들은 도제 기반의 직업학교(yrkesskolor)로 이동하였으며, 나머지 학생은 취업을 선택했었다. 그러나 1970년 이후 작업장의 직업훈련을 학교로 가져와 학술, 기술, 직업학교의 구별을 소멸시킨 종합고등학교(gymnasieskolor)로 재편하였다. 그렇지만 종합고등학교는 일반교육 시스템이 아니어서 학생들에게 특정 직업과정과 그에 필요한 숙련과 기법과 관련된 특정 전공을 선택하도록 하였다. 상당한 규모의 공통 교육과정을 유지하고 학생들에게는 자주 전공 간 이동 기회를 주었다. 광범위한 무상의 기초교육과 더불어 코뮌야간수업, 야간 김나지움, 적극적 노동시장 정책을 위한 직업 및 전문교육 · 훈련 등 성인을 위한 다양한 교육과정이 제공된다. 이로 인해 인구의 약 40%가 어떤 형태로든 교육에 참여하고 있다(Boucher 1982, p. 1).

스웨덴의 교육제도는 유치원, 초등학교 예비과정, 초중등학교(Compulsory school), 학생보육시설(Skolbarnsomsorg, 스콜반스옴소리), 고등학교, 대학교로 구분되며, 그 밖에도 특수교육 및 성인교육 등의 추가적인 교육제도가 있다. 강제적 중등교육으로부터 중등교육 이후의 훈련 그리고 훈련에서 고등교육으로의 이전이 모두 수월하며, 고등교육에 대한 근로자의 접근성을 개선하기 위한 정책이 계속 추진되어 왔다. 코뮌[Kommun(자치구)]의 유치원은 1세 이상부터 부모들이 직업과 보육을 병행할 수 있도록 지원한다. 3세 이상에 대해서는 연간 525시간이 무료로 제공되며, 유치원 학비를 받을 경우에도 학비에 상한이 존재한다. 6세에 시작되는 초등학교 예비과정은 자율 학교로 학습능력 개발과 초등학교 적응을 위한 과정이다. 역시 연간 최소 525시간을 무료로 참여할 수 있다. 7세~16세에게 무상으로 의무 제공되는 초중등교육은 코뮌이 운영하는 코뮌 학교와 별도의 자율학교에서 이루어진다. 교육내용은 전국이 동일하며, 상급학교 진학을 위한 기초를 다진다. 학생보육시설은 초등학교 예비과정을 포함한 의무교육 과정에 있는 12세까지의 아동들을 대상으로 신체적 · 지적 성장을 돕고 부모의 육아부담을 덜어준다. 3년의 고등학교 과정은 의무교육이 아니지만 무상으로 제공된다. 17개의 국가 프로그램이 운영되며, 프로그램별로 필수과목(영어, 미술, 체육, 수학, 일반과학, 종교, 사회, 스웨덴어), 선택과목, 프로젝트가 지정되는데 상급학교 진학과 취업을 지원한다. 대학교는 학사과정(180학점 이상, 풀타임 3년), 20개의 전문직업과정 또는 석사과정(1~2년), Licentiate(120학점, 2년), 박사학위(240학점, 4년)과정으로 구성된다. 대학교 내에서 학부와 대학원의 뚜렷한 구분이 없지만 학사과정과 석사과정이 기본 학부과정을 구성하며, 박사과정부터는 연구원 과정으로 구분되고 있다.

의무교육 이후에도 생애 학습에 대해 국가가 책임을 가져 높은 수준의 지출을 유지하며, 생애에 걸쳐 개개인의 모든 능력을 조화롭게 발전시키는 학습에 대한 전인적 접근은 북유럽 교육모형의 중요한 특성이다. 학습서클, 시민학교, 성인교육센터에 의해 무상으로 제공되는 성인교육은 양질의 삶을 결정하는 복지정책의 핵심요소로 강력히 규제된다. 중앙정부주도로 규제와 교육 공급의 감독을 통해 모든 이들의 성인학습에의 대등한 접근으로서의 공정이 강조된다. 성인은 생애학습권의 사용을 통해 이해하고, 비평하고, 자신을 표현하고 정치 · 사회 문제에 참여할 능력을 발전시킨다. 이에 따라 스웨덴, 핀란드, 노르웨이는 국제성인문해조사(International Adult Literacy Survey ; IALS)에서 선두그룹에 속한다.

직업훈련

스웨덴은 1930년대에 취약한 중소기업의 부담을 고려해 수공업 유형의 숙련에 초점을 맞춘 독일식 도제모형을 폐쇄하고 대량생산 산업을 중심으로 한 직업훈련으로 전환하였다. 스웨덴이 강한 결사체를 가진 국가이지만 독일의 상공회의소(Kammer)에 상응할 기관이 부재하여 숙련 제공에 소기업의 참여가 어려웠기 때문이었다. 현대적 대량생산체제는 근로자의 숙련요구를 약화시킬 수 있지만 대신 일반적이고 직업에 유용한 교육의 증가를 가능하게 할 것으로 생각되었다. 제조업에서의 고급품 대량생산에 초점을 두는 노동시장이 형성되어 일종의 정교한 포드주의를 뒷받침할 수 있었다. 1960년대 이래 특화숙련보다는 자동화가 요구하는 일반숙련을 강조해 왔다. 즉, 국가는 지속적으로 일반교육에서의 핵심적 역할을 계속하고 기업 간 이전 가능한 숙련에 기초한 추가적인 훈련을 지원한다. 대부분의 공식적인 직업교육 · 훈련은 국가에 의해 직접적으로 관리되고 있다. 숙련을 획득하는 비용은 대체로 사회화되었다. 훈련비용은 주로 정부나 고용주가 부담하고 관련된 근로자의 부담은 거의 없다. 스웨덴의 숙련형성 레짐은 국가주의적으로, 정부가 기술교육과 훈련에 적극 개입하며, 종합고등학교로 대표되는 학교 의존적 기술교육과 훈련이 지배적이다. 직업학교에서 제공되는 일반직업훈련은 후에 기업의 현장숙련으로 이어진다. 근로자 훈련은 고용주 책임하에 기업과 정규교육기관에 의해 제공되며, 노동조합은 사내훈련과 관련된 의사결정에 참여하여 작업장에서의 성인교육과 훈련을 촉진하는 데 일정한 역할을 해 왔다. 근로자에게 제공되는 현장숙련은 특정 고용주에 특화되지 않았다는 점에서 이전이 가능하다. 훈련인증은 고용주들이 인정하는 직업인증서(vocational diplomas) 형태로 부여된다. 직업훈련은 적극적 노동시장 정책과 체계적으로 통합되어 있다. 적극적 노동시장정책은 실업자를 위한 기금으로 소득지원보다는 숙련훈련, 임시 근로경험, 경력조언을 제공한다.

지배 · 통제 구조

스웨덴 교육제도의 운영에는 사회조직의 참여가 제도화되어 있다. 또한 정부도 국회, 지방자치단체(콤뮨), 교육부와 산하기관(교육청, 감사청 등) 간 역할 분담으로 특징지어진다. 교육부는 전체적 목표와 틀만 제시할 뿐 산하기관의 개별 업무 집행에는 관여하지 않는다(목표기반시스템). 교육부의 정책 결정은 산하기관과의 충분한 협의를 거친다. 특정 업무수행에서 교육부의 직접적(구체적) 간섭을 일체 금지하는 만큼 교육청은 독립적으로 활동하며, 성과에 따라 예산배분이 이루어진다. 초중등교육을 관할하는 교육청은 교육의 방향과 틀을 제시하고 학교발전을 지원하고 평가한다. 대학교육은 대학들이 교육기관이자 산하기관으로서 활동한다. 각 대학은 국회 · 정부가 정한 큰 틀에 따라 독자적으로 대학업무 관련 행정업무를 맡는 기관(고등교육청, 중앙학생지원청)과 함께 대학교육 관련 업무(조직, 지출, 입학사정, 예산분배 등)를 한다.

스웨덴에서는 24개 주와 280개 지방자치단체로 분할된 지역공동체가 발전하여 국가와 집단협상에 참여하는 전국적 정당조직에 대한 균형추로 작용한다. 지자체의 중심조직은 주민이 선택한 평의회이고 평의회는 각종 위원회를 선발한다. 각 위원회는 그 장이 지역평의회의 장이고 나머지 구성원은 최소 7명의 전문가와 이해관계자들로 이루어진다. 교육제도 운영과 관련된 의사결정권은 지자체에 주어지는데 이들이 교육부와 산하기관이 정한 관련법령과 지침을 따라 교육업무를 수행한다. 단, 지역제도의 개발 · 확대는 지자체가 자율적으로 결정한다. 재원은 중앙정부와 조세부과권이 있는 지자체에서 동시에 조달된다. 지자체의 자율성이 매우 커서 공급을 독점적으로 통제하므로 학교기구는 지역별로 상당한 차이가 있다.

스웨덴 정부는 무상교육과 더불어 학업을 수행하는 모든 사람들에게 학업보조금을 지급하고 학생 대출 서비스를 제공하여 유치원에서부터 대학까지 빈부와 상관없이 원하는 사람들은 누구나 공부를 할 수 있도록 하고 있다. 이와 더불어 교사 양성과 교원능력개발 지원을 위한 교사지원 시스템을 가지고 있다.

교육과정 제공에서 학교와 산업 간에는 협력이 제도화되어 있다. 사업자 단체와 노동조합은 학교행정에 전국적으로, 그리고 지역적으로 계속 참여해 왔다. 사업자 단체는 학교의 직업경로에 대한 교육과정을 구성하는 데 도움을 제공한다. 개별 기업의 일상 행정, 품질 인증, 변화 등에서의 참여는 크게 제한적이다. 각 학교는 각 직업경로별로 산학이 함께하는 자문위원회를 구성하지만 실제 훈련은 기업보다는 학교작업장에서 제공되도록 하고 있다.

스웨덴 노사정의 행정적(정책결정) 기구인 노동시장위원회는 정상 조직과 지역조직이 상호협력하며, 적극적 노동시장정책을 실현하는 데 협력한다. 적극적 노동시장정책은 초기에 단순한 전국적 노동교환 시스템에서 출발하였지만 노동시장 정보 제공(훈련필요사항에 대한 신호 제공)과 훈련과정을 제공하는 역할을 담당하게 되었다. 기업들은 훈련계획을 가지고 지역 AMS와 상의하고 지역 AMS는 그 적절성을 결정한다. 이어서 고용주와 노조 간에 세부사항이 확립된다.

교육 · 훈련에 대한 중앙집중적 통제는 재원조달을 제외하고 점차 분권화되고 있다. 시간이 흐름에 따라 노사정의 행정적(정책결정)기구인 노동시장위원회는 분권화되어 지역노동시장 문제 해결을 위해 지역 기업과 교육당국과 긴밀히 협력하고 개별기업의 욕구에 반응하도록 변화했다. 아울러 1990년대 이래 생애학습정책도 변화하여 조직적으로 미리 짠 체계적 전략에 기초한 집단적으로 조직화된 해결책 대신 보다 개별 수요에 부합하도록 하는 성인학습을 위해 분권화가 강조되고 있다.

4) 국가주도적 · 기업 특화적 교육 · 훈련 제도 : 프랑스와 남유럽

프랑스에서 앙상레짐하에서 크게 발전한 교회 중심의 교육체제는 프랑스 혁명 이후 폐지된다. 이후 국민통합과 평등을 목표로 하는 전 국민 대상의 공교육체제로 공립학교 중심의 중앙집권적 교육체제가 들어선다. 나폴레옹은 고급 국가인재 양성을 목표로 중앙집중적 고등교육기관(academies, 1896년에 대학으로 전환)과 중산층을 위한 일반고(리세)를 확립하였고,[21] 1881년에는 종교학교를 대체하여 6~13세 아이들을 위한 보편적인 무상의 국립 초등교육제도가 도입된다.

프랑스 시민권의 개방성, 지위와 계층 구조에 대한 존중, 인간관계에 기반한 중앙집중은 프랑스 교육 시

21. 중산층과 일반국민 간의 교육차별은 제2차 세계대전 이후 소멸된다.

스템의 발전에 크게 영향을 미쳤다. 예를 들어 프랑스 교육부는 모든 아동이 동일한 교육기회에 접근할 수 있도록 보장함으로써 다른 민족 공동체를 프랑스에 동화시키려고 시도한다. 동시에 교육제도는 '합리주의'를 교육함으로써 권위의 중요성을 강조한다. 합리주의는 일련의 연역을 통해 지식 계층구조(맨 위는 이론, 아래는 실행)에 기반을 둔 구조화된 사고방식을 가르친다. 전형적인 프랑스 교사는 이론적 모형을 소개하는 데서 출발하여 그 모형의 실용적 유용성에 대해 상당한 정도로 논쟁한다. 이러한 교수 스타일에 대한 의존은 높은 수준의 '권력거리'를 학생들에게 암묵적으로 전달한다(Hofstede, 1984).

단일적 교육제도

프랑스는 국가주의적이고 관료주의적인 학교 기반 교육 · 훈련제도를 가지는 바 일반교육제도가 핵심 교육 · 훈련을 제공하며, 후에 기업에서의 직장 내 훈련으로 보완된다. 정규교육은 정부가 관리하고 모두가 이용할 수 있는 유치원(Ecole maternelle, 3세 이상 대상)에서 시작한다. 의무교육이 시작되는 초등학교는 5년제로 국어와 시민 교육이 이루어진다. 유치원과 초등학교는 무상인 공립과 유료인 사립이 공존한다. 중학교(college)는 4년제(6, 5, 4, 3학년)이며, 마지막 학년(12세)에서 내신성적과 졸업자격시험 점수에 기초해 인문 · 기술계와 실업계로 분할되어 전자는 일반고(리세), 후자는 실업고로 각각 진학한다. 초등학교부터 엄격한 유급제가 시작되며, 우열반이 철저하다. 고등학교 일반 계열은 문과, 경제 · 사회, 이과 계열로 나누어진 졸업시험(바칼로레아)을 거쳐 대학에 진학한다. 기술 계열은 산업기술, 실험기술, 경영 · 서비스, 사회 · 의료로 나누어진다. 실업고(2년제)는 바칼로레아를 칠 수 있고 직업적성 자격증이나 직업교육증서를 취득할 수도 있다. 후자의 경우 2년 추가 교육 후 직업 바칼로레아(서비스와 산업기술)에 응시하여 2년제 고등기술자 학교나 단기 기술대학에 진학할 수 있다.

고등교육은 기능인력을 양성하는 단기기술대(2년제), 학문을 연구하는 일반대학, 실무 전문지식을 다루는 그랑제콜(grandes ecoles)과 특수분야의 각종 사립 에콜[ecoles(직업전문학교)]로 나누어진다. 일반대학은 1968년 5월 혁명 이후 평준화되어 단과대가 사라지고 계열별로 분류되는데, 파리대학은 법정, 인문, 의학 · 자연, 사회, 기술, 사회 · 영화예술, 경제 · 경영 계열로 나뉘어졌다. 이후 EU가 결성된 뒤 유럽 공동체를 따라 대학의 학사(3년), 석사(2년), 박사(3년) 과정 운영방식이 표준화되었다. 나폴레옹 개혁에서 자라난 평등주의 교육제도는 고등교육 수준에서 매우 엘리트적으로 변모하며, 최고의 국립대학으로 실무전문가를 양성하는 그랑제콜에 의해 지배된다. 그랑제콜은 150여 개로 사범 · 연구(에콜노르말), 행정(국립행정학교), 사회(시앙스 포), 국방(에콜 폴리테그닉), 상경(고등상업학교) 등으로 특화되고 공립과 사립이 공존한다. 사립 에콜은 요리, 화장, 패션, 무용, 영화, 통역 · 번역, 보석, 미술, 문화재 복원, 건축 등 특화 분야에서 실기 위주로 전문기술을 익힌다. 그랑제콜의 미션은 프랑스 최고의 학생(상위 약 10%)을 발굴 · 훈련하여 과학, 공학, 공공 행정 및 비즈니스의 미래 리더가 되도록 하는 것이다.

그랑제콜 입학은 공화국의 평등주의에 따라 전적으로 능력에 기초한다. 그랑제콜 졸업생은 프랑스 사회에서 엘리트 카스트(계층)를 대표하는 군단(grand corps)을 구성한다. 군단은 각자가 고유한 정체성과 인적 네트워크를 갖는데 이는 구성원이 함께하는 잦은 공동식사와 전문적인 상호작용에 기반한다. 각 군단은 자신들의 네트워크를 사용하여 다른 부서나 민간 또는 국영기업의 상위 직책이나 필요 이상의 구성원을 배치한다. 누군가 민간부문으로 이동할 준비가 되면 카스트 네트워크는 정보를 유통하여 적절한 직책을 발견하고 지명에 이르도록 한다. 이러한 재취업과정의 효과성은 상당한 영향력을 미쳐 왔다. 예를 들어 1987년 프랑스 최대 20개 회사 중 14개 사의 사장이 그랑제콜 출신이었다.

직업훈련

프랑스의 직업훈련제는 초기 직업훈련과 추가 직업훈련으로 나누어진다. 전자는 국립교육제도의 일부로 학교에서 제공된다. 청년층과 그 가족의 사회 이동에 대한 강한 기대로 학문 및 기술 교육 · 훈련이 절대적으로 선호되며, 대부분의 직업훈련은 일반숙련을 위한 요건을 갖추지 못한 계층이 선택한다는 좋지 않은 평판을 갖는다. 추가 훈련은 국가가 주로 출연하며, 공공기관이 교육 · 훈련을 주관하는 국가주도의 파트너십 모형이다. 1970년 이후 프랑스 정부는 직업훈련 부진을 개선하기 위해 중앙집권적이지만 독일의 사회적 파트너 모형을 빌려와 정부, 기업단체, 노조 간 협력을 통해 운영되는 추가 직업훈련제도를 확충해 왔다.[22] 이는 집단협상의 압력, 개인의 훈련 권리, 부담금을 결합한 것으로 사용자와 근로자 간에 정상조직의 훈련 제공에 대한 협상이 이루어지도록 하였고(1984), 지역조직에는 미래 직무 및 훈련 수요조사가 맡겨졌으며(1988), 지역조직과 지자체 간의 공동훈련제도 운영제도를 도입(1993)하였다. 아울러 기업 차원에서 노조에게 기업 내 훈련 제공에 대한 협상권을 부여하였다. 모든 근로자는 직업훈련을 위한 유급휴직을 가질 권리를 가지며, 일정 규모를 넘는 모든 기업은 매년 훈련에 일정액을 지출하도록 요구되고 있다. 그러나 국가 규제와 부문 간 협상의 결과로 이루어지는 만큼 그 운영이 경직적이며, 주로 경영자와 교육 · 훈련수준이 높은 집단에 교육 · 훈련이 집중된다.

고등교육을 받은 대부분의 청년은 대기업에 진입할 것이라는 희망을 가지고 불안정한 제2차 노동시장에서 사회생활을 시작한다. 그러나 정규직과 비정규직 간 노동시장이 분할되어 전자는 엄격한 고용보호를 받고 비정규직은 정규직으로의 전환은 어렵다. 내부노동시장을 가진 대기업에서 근로자들은 기업 특화적 숙련 훈련을 받으며 계층을 따라 승진한다. 공식적 인증제도가 부진하며, 직업훈련이 고용경로에 미치는 영향도 미미하다. 일반교육과 고등교육이 확대되는 반면 직업교육과 도제에 대한 의존도는 계속 약화되어 왔다.

고등교육

지식의 생산, 학문연구에 대해서도 프랑스는 철저하게 국가주도형을 취하고 있다. 혁명을 겪은 프랑스에서 대학은 중세의 잔재로 간주되어 해체되었는데 대학 조직 중 교양학부는 완전히 쇠퇴하여 전통적 대학이 사라졌다. 반면 법률, 의학 등의 자유전문직(professions)을 양성하는 전문학부(faculty)들은 근대적 직업훈련을 실시하고 '직업면허'를 발급해주는 교육기관으로 살아남았으며, 그 외 교육기관들은 근대 직종을 위한 직업훈련기관으로 탈바꿈했다. 특히 나폴레옹 시기 프랑스는 중국의 과거제도를 학교교육에 적용한 제수이트 교육체제를 모방하여 엄격한 시험을 통해 학생의 우열을 판가름하고 그에 따라 졸업 후의 사회적 대우를 달리하는 성과주의 교육체제를 확립하였다. 학부와 전문학교와는 별도의 연구기관, 즉 아카데미와 연구소가 설립되어 중앙정부 감독 하에 연구가 수행된다. 이들 전문학교와 아카데미는 일정한 자치의 권한을 갖는 '우니베르시타스'와는 달리 철저한 국가기관이었다. 따라서 제3공화국 이후 다시 '대학'이 부활하기는 했지만, 프랑스의 대학은 전문교육 및 직업교육을 실시하는 전문학부가 느슨하게 결합하는 형태로 유지되었고, 국가의 통제력이 강하게 작용했다.

---

22. 독일 모형은 공동체 유대와 고용주와 노조 간의 조합주의적 규제라는 유산에 기초하지만 프랑스의 직업훈련은 국가가 교육에 직접 개입하며, 사회 파트너를 규제한다.

지배 · 통제 구조

교육과 훈련은 중앙집중적으로 계획된다. 교육은 중앙정부 책임으로 고용주의 참여는 배제된다. 직업훈련은 지방정부 책임으로, 초기 직업훈련에는 지방정부가 직접적으로 주도하여 훈련은 지방정부가 운영하거나 자금을 제공하는 직업학교에서 이루어지며 고용주의 역할은 한계적이다.

2. 한국의 교육 발전과 도전

2.1 교육제도의 구조와 성과

한국에서 교육은 급속한 산업화와 경제성장의 원동력이었으며, 개인들에게는 개인적 · 사회적 성취와 계층 이동의 가장 중요한 통로였다. 우리나라의 주요 수출품 생산은 필요한 전문성, 숙련 그리고 지식을 가진 능력 있는 근로자가 없었다면 불가능했을 것이다. 최근 국내외에 걸쳐 전문직과 기술직에 대한 수요가 점증하면서 일반숙련과 이를 뒷받침하는 대학교육을 둘러싼 경쟁이 심화되고 있다. 특히 한국은 노동시장에서의 분단적 서열이 고학력과 대학의 분단적 서열로 이어짐에 따라 공교육 밖에서 경쟁에 앞서기 위한 과열된 교육투자가 생겨나고 있다. 이에 따라 초 · 중등 교육에 대한 공적투자는 OECD 평균보다 약간 낮지만 사교육비와 고등교육비를 고려할 경우 GDP 대비 교육투자는 세계에서 가장 높은 수준이다. 노동시장에서 좋은 성과를 내는 대학과 전공에 선발되기 위해 치열하게 경쟁하고 학교 교육과정까지 입시 준비로 파행이 계속되고 있다. 교육투자는 주로 일반숙련에 대한 투자로 한국 학생들의 인지능력은 국제학업성취도평가 PISA에서 최상위 수준으로 평가받게 하고 있지만 기업이 필요한 산업 특화숙련 또는 기업 특화숙련은 적절히 공급하지 못하고 있다. 이와 같은 고비용-저효율의 교육체제는 숙련형성을 저해할 뿐만 아니라 노동시장에서의 불평등을 고착화하고 있다. 더욱이 교육은 그 본질적 가치보다 사회적 지위의 획득과 향상을 위한 도구적 가치가 지나치게 강조되고 있다.

1) 교육제도

(1) 단선형 종합교육이 지배적

미국을 따라 1948년에 우리나라에서 구축된 기간학제[23]는 교육내용의 계통을 구분하지 않고 하나로 설정하는 단선형으로 초등학교-중학교-고등학교-대학으로 연결되는 6-3-3-4제를 갖는다. 단선형 학제는 일제하의 유럽형 복선형 학제를 버리고 교육 기회균등의 원칙에 따라 모든 국민에게 균등하게 교육을 받을 기회를 제공하기 위한 것이었다. 학교는 지식을 학습 가능한 형태로 바꾼 교과화된 지식을 중심으로 교수-학습하고 있다.(장수명, 2017) 기간학제에 더해 그에 준하는 사회교육을 하는 기술학교, 특수학교, 산업체 부

23. 학제는 학교들의 계통과 단계를 연결하는 제도로서, 계통과 단계는 각각 교육 내용과 교육 수준에 따른 구분이다.

설 중 · 고등학교, 방송통신고등학교, 한국방송통신대학교 등의 방계학제가 있다. 이처럼 우리나라 학제는 단선형의 기간학제에 방계학제가 더해지고 복선형적 요소를 가지며, 중학교 이후 학교의 종류가 다양화되는 분기형의 특색도 가진다.

우리나라에는 초등학교에 앞선 교육기관으로 보육시설과 유치원이 있다. 미취학 아동을 대상으로 보호 · 양육에 초점을 맞추는 보육시설(어린이집)은 아동을 장시간 보육하며, 여성의 사회활동을 지원해 왔고, 유치원(취학 적령인구 만 5세)은 교육 기능에 중점을 두어 왔다. 아동은 대체로 만 2세까지는 어린이집에 다니다가 만 3세부터는 유치원 이용이 증가하기 시작한다. 그러나 여성의 경제활동 참여가 확대되면서 부모와 사회의 필요에 의하여 두 기관의 기능이 유사해지고 있다. 2004년 유아교육법으로 유치원에서 종일제 운영이 명문화되어 보호 기능이 강화되었고 보육시설에서는 표준보육과정의 도입, 생활기록부 작성 등의 교육 기능이 강화되었다.

초등학교와 중등학교는 시민 양성의 목적을 갖는 의무교육기관으로 학업 성취에 따라 조기에 진로를 결정하지 않고 공통된 교육과정을 밟는다. 본격적인 직업교육은 고등학교에서 시작된다. 고교 교육은 대학으로 연계되는 일반계열과 졸업 후 고용과 연계되는 직업계열(실업계열 또는 전문계열)로 분리된다. 전자에는 일반계 고교, 학생을 별도로 선발하여 교육하는 외국어 · 과학 · 예체능 계열별 특수목적고교(이하 특목고)와 자립형 사립고(이하 자사고)가 있으며, 후자에는 특성화 고등학교와 마이스터고가 포함되어 매우 다양하다. 일반계 고교의 직업과정은 자체 직업과정, 교육기관 내 위탁교육(직업학교, 공고 부설 직업과정), 직업훈련기관(기업체 포함) 위탁 과정, 사설학원 위탁교육으로 세분된다. 전체 고교생 중 일반계 고교의 학생의 비율이 약 70%에 이르고 이중 5% 정도만이 직업교육과정에 참여하고 있어 실질적 직업교육은 실업고교에서만 이루어지고 있다.

학생들은 준전문가를 목표로 하는 직업 중심 대학(전문대학 등)이나 학자 · 고등전문가를 교육하는 학문 중심 대학으로 진학한다. 전자는 2~3년제 전문대학, 폴리텍, 4년제 산업대학 등이고 후자는 일반대학이다. 일반대학에서도 직업과 관련된 전문가와 준전문가를 배출하며, 법학전문대학원, 의과 · 한의과대학, 교육대학과 사범대학 역시 특정 영역의 전문가를 배출한다. 전문대학과 일반대학 외에 방송통신대학, 교육대학, 산업대학, 사이버대학, 기능대학, 대학원 대학 등 매우 다양한 형태의 대학이 뚜렷한 경계 없이 활동한다. 특히 전문대학과 일반대학의 구분이 미미하며, 편입 경로가 다양하지만 전문대학의 위상은 낮다. 한편 대학 졸업 후에 입학하는 대학원 석사과정(2년)과 박사과정이 있다.

(2) 낮은 직업 지향성과 일반숙련 중심의 교육 및 숙련형성

실업계 고교는 그 중요성에도 불구하고 열등한 학교로서의 낙인을 면치 못하고 있으며, 제한된 직업교육과정을 이수한 학습자들은 사회의 전반적 학력 상승과 숙련 향상으로 인해 취업이 어려워져 졸업 후 실업자로 남게 됨으로써 실업계 고교의 목적 자체가 크게 약화되었다. 직업학교 학생들은 일반고 학생들보다 취약한 사회 · 경제적 배경을 가지며, 일반 교육과정에서 또래보다 성취도가 낮다.[24]

24. PISA 2006 database, http://pisa2006.acer.edu.au/downloads.php

일반숙련 중심

한국의 숙련형성은 과거 기술추격 단계에서 보였던 생산기능직과 숙련기능직 중심의 기업 특수적 숙련체제에서 고학력자와 경력자 중심의 일반숙련체제로 점차 옮겨가고 있다. 한국은 오랫동안 대량생산체제를 도입 · 발전시켜 왔지만 동시에 일본과 같은 유형의 기업 특수적 숙련형성에 의존해 왔다. 삼성, 현대자동차, LG 등 대기업의 1980년대 후반 이후 기술추격과 글로벌 기업으로의 부상 과정이 그러했다. OECD 국가의 평균수준보다 다소 양호한 고용보호가 이를 뒷받침하였다(조성재 · 정준호 · 황선웅, 2008).

1990년대에 들어 한국은 점차 기업 특수적인 일본형 숙련형성체제에서 영미형 일반숙련 형성체제로 옮겨가고 있다. 특히 한국의 생산은 첨단기술과 대량생산체제에 의존하여 소수 기술자 등에 의한 근본적 혁신이나 우수한 생산기술자(엔지니어)층에 의존한 노동 배제적 자동화 중심의 혁신이 지배적이다. 이에 따라 대다수의 생산직 노동자뿐만 아니라 숙련기능직조차 고용 위축과 저숙련 상태로 몰리고 있다. 생산기능과 숙련기능직이 지배하는 작업장에서의 숙련형성보다는 엔지니어와 같은 기술기능직에 의한 일반숙련 형성에 의존하고 있는 것이다. 그리고 이에 따라 생산기능직에서 숙련기능직으로 상향 이동이 이루어지지만 그 이상으로의 상향 이동은 극히 제한적이어서 기술기능직은 시장에서 새로이 충원되는 경우가 많다.

기업 특수적 숙련의 강도를 보여주는 근속연수는 외환위기 이후 정체되고 있는 반면 일반숙련형성이 지배적인 대졸자 이상 숙련 근로자의 비중은 꾸준한 상승세를 보여주고 있고 교육 프리미엄 역시 1990년대 중반 이후 상승 반전하여 그 추세를 이어가고 있어(전근하, 2006) 일반숙련 형성을 자극하고 있다. 기업 또는 산업 특수적 숙련형성에서 핵심적인 기능인력의 비중은 1990년대 초 이후 외환위기 때를 제외하곤 지속적으로 감소하는 추세이다. 특히 핵심인력인 대졸 이상의 기술기능직 비중은 증가하고 대신 고졸 중심의 숙련기능과 생산기능이 감소하면서 사무관리직과 단순노무직으로 대체되고 있다(황수경, 2007). 전체 취업자 대비 직업훈련자 수는 외환위기 이후 꾸준히 증가하고 있지만 지원금액은 감소하고 있다.

2) 교육의 성과

우리나라는 경제발전에 맞추어 꾸준히 교육 수준을 양적 · 질적으로 높여 왔다.

(1) 교육접근 기회의 확대와 고학력화

한국은 교육접근 기회에서 짧은 기간에 큰 성과를 보였다. 일제 말기 한국인의 취학률[25]은 초등교육 50.9%, 중등교육 3.2%, 고등교육 0.2%에 불과하였다. 교육에 접한 인구는 전 인구의 14%였고 그중 12%는 초등교육 졸업 이하였으며, 전체 인구의 1% 미만만이 중등 이상의 학력을 가졌다. 하지만 독립 후 초등교육, 중학교교육, 고등학교 교육은 각각 1957년, 1990년, 1999년에 90% 이상의 취학률을 달성하여 보편교육 단계에 진입했다. 초등학교 졸업자의 중학교 진학률은 1995년부터 연이어 99.9%이며, 중학교 졸업자의 고등학교 진학률은 2000년부터 99.7%를 유지하고 있다.

우리나라에서 교육 접근기회의 확대는 산업발전 단계에 상응하였다. 1960년대 노동집약적 경공업 중심

25. 취학률은 각 교육 단계의 학령인구(초등학교 6~11세, 중학교 12~14세, 고등학교 15~17세, 대학교육 18~21세) 중 각급 학교에 등록한 사람의 비율이다. 진학률은 각급학교 졸업생 중 다음 단계 교육으로 옮겨간 사람의 비율이다.

의 수출주도 산업화에 앞서 초등교육이 보편화되어 생산성이 높은 단순 노동력을 대량으로 양성, 공급되었다. 1970년대에는 중등교육이 순차적으로 팽창하여 실업계 고교, 공공직업훈련기관, 사내직업훈련이 강화되었다. 이로 인해 숙련 기능인력을 단기간에 공급할 수 있었으며, 중화학공업 및 외국어 분야를 중심으로 부분적으로 대학 정원을 확대함으로써 중화학공업 중심의 산업화에 기여하였다.

1980년대 이후에는 대학교육이 빠르게 확대되며, 고학력자를 공급하는 역할을 수행하고 있다. 1980년대 이후 선도 산업이 중화학공업에서 기술집약적 산업으로, 그리고 다시 지식 · 정보집약 산업으로 이행하고 지식집약적 서비스산업도 크게 성장하여 고학력자에 대한 수요가 증가하였다. 이러한 산업구조의 변화는 1970년대까지 억제되었던 고등교육이 1980년대 졸업정원제와 1990년대 대학설립 자유화를 거치며, 대졸자가 급증함으로써 인력 수요에 대응할 수 있었다. 고등교육 확대는 정부와 대기업에 엔지니어 등 중간관리자를 공급하여 산업인력 확보에 기여하였다. 관리자와 엔지니어는 대부분 다른 나라에 비해 상대적으로 높은 대졸자 수준의 교육을 받았다. 전문기술직의 경우 중등 · 고등 교육이수자는 1980년 70.7%, 1985년 72.5%였으며, 행정관리직의 경우 중등 · 고등 교육이수자는 각각 60.6%와 57.6%였다. 건축기술자, 공학기술자, 관련 기술공의 경우 중등 · 고등 교육이수자는 각각 62.7%, 62.6%였고, 사무직인 사무원 감독자의 경우에는 각각 67.3%, 59.7%가 고등교육 이수자였다(이종재 외, 2009).

대학교육 내에서도 많은 변화가 이루어졌다. 1975년까지 대학 취학률이 9% 수준에 머물러 엘리트형이었으나 1980년에는 15.9%로 높아져 대중화 단계로 이행하였으며, 1995년에는 55.1%에 이르러 보편화 단계에 들어섰다.[26] 2003년에는 대학입학 정원이 대학입학 지원자보다 많아져 원한다면 누구나 대학에 진학할

표 14-7 **Trow의 고등교육 시스템의 단계이행에 수반되는 변화의 도식**

고등교육의 단계	엘리트형	대중형	보편화
교육 기회	소수자의 특권	상대적 다수의 권리	만인의 의무
교육의 목적	인간 형성 · 사회화	지식 · 기능의 전달	새로운 넓은 경험의 제공
교육의 주요 기능	엘리트 · 지배계급의 정신과 성격 형성	전문화된 엘리트 양성 + 사회지도층 육성	산입사회에 적응할 국민 양성
교육 과정	고도로 구조화	구조화 + 탄력화	비구조화
교육 방법과 수단	개인지도 · 세미나	강의 · 파트타임형	통신 · TV · 컴퓨터
진학 · 취학 유형	중등교육 수료 후 바로 진학, 낮은 탈락률	중등교육 수료 후 바로 진학, 탈락률 증가	성인 · 근로 청소년 · 직업 경험자의 재입학 격증
교육기관의 특색	수준의 동질성	수준의 다양성, 종합교육기관 증대	극도의 다양성, 공통의 일정 수준 상실
사회와 대학 간 경계	명확한 구분, 닫혀 있는 대학	상대적으로 희박, 열린 대학	경계 · 구분의 소멸, 대학과 사회의 일체화
권력의 소재 및 의사 결정의 주체	소규모 엘리트 집단	엘리트 집단 + 이익집단 + 정치집단	일반대중
학생 선발의 원리	중등교육 성적, 선발주의, 능력주의	능력주의 + 개인의 교육기회 균등화 원리	만인을 위한 교육 보장
대학 관리자의 특색	비전문 대학인의 겸임	전임화된 대학인 + 거대한 관료 스태프	관리 전문직

자료 : 김안나 · 이병식(2004), 「한국 고등교육의 보편화에 따른 대학 재구조화의 현황과 정책 방향」, 『한국교육』 제31권 제2호.

26. 일반적으로 취학연령 중 고등교육기관에의 취학비율이 15%를 넘어서면 고등교육이 엘리트 단계에서 대중화 단계로 옮겨갔다고 보며, 50%를 넘으면 보편화 단계에 이른 것으로 본다(Trow, 1974).

수 있게 되었다. 더구나 방송통신대학, 사이버대학, 사내대학, 독학에 의한 학위 취득, 학점인정으로 대학학위 취득과정이 다양화되었다.[27] 고등교육이 짧은 기간에 급속하게 확대되다 보니 고등교육체제는 과거의 엘리트형 또는 대중형 체제의 특징을 여전히 유지하고 있다.

대학교육의 확대에 힘입어 성인의 평균 교육연수(남 12.5년, 여 11.1년)와 어린이의 기대 취학연수(17.0년)를 종합한 학업 성취도에서 한국은 189개국 중 11위(0.863, 2013)를 기록하여 모든 아시아 국가를 앞서게 되었다.

표 14-8 **교육수준별 인구 비중**(2020)

	중학교 이하		고등학교		대학 이상							
							전문대학		학사		석사(박사)	
연령	한국	OECD	한국	OECD	한국	OECD	한국	OECD	한국	OECD	한국	OECD
25~64	10.6	20.9	38.6	40.8	50.7	38.6	14.1	7.2	32.2	18.2	4.4	16.5(1.3)
25~34	2.0	14.8	28.2	40.2	69.8	45.5	21.1	7.9	45.3	24.5	3.4	14.7(1.0)
35~44	2.1	18.1	31.8	38.1	66.1	44.2	20.0	7.8	40.4	20.6	5.7	16.4(1.7)
45~54	6.3	22.7	48.1	42.1	45.6	35.6	11.6	7.7	28.9	12.8	5.2	12.8(1.4)
55~64	31.0	29.2	43.9	42.5	25.1	28.8	5.1	7.2	16.7	10.0	3.3	10.0(1.1)

자료 : 교육부 · 교육개발원, 2021 OECD 교육지표.

한편 무상교육 및 보육지원 방식에 대한 논란 속에서도 유아교육은 양적인 면에서 빠르게 성장하고 있다. 지난 수년간 어린이집 또는 유치원을 이용하는 아동 비율이 크게 증가하였다. 만 2세 이하 아동의 어린이집 이용이 2001년 9.4%에서 2018년 77.4%로 크게 증가하였으며, 3세 이상 어린이집 및 유치원 이용률은 동기간 28.2%에서 93.7%로 급증하였다(사회보장위원회). 만 3세 미만과 만 3~5세 취학률은 2019년 각각 65.2%, 93%로 OECD 평균(24.9%, 83%)에 비해 매우 높은 수준이다.

(2) 학업 성취도는 높지만 교육의 질은 저조

양호한 학업 성취도 속의 저조한 교육경쟁력

취학률과 같은 양적 성장과 더불어 질적 척도에서도 한국 교육제도는 그 성과가 양호하다. 2018년 국제학업성취도(Programme for International student Assessment ; PISA) 비교[28]에서 만 15세의 어린 학생들은 읽기, 수학, 과학의 세 교과 영역에서 꾸준히 최상위권을 차지하고 있으며, 창조적 문제해결능력 평가에서도 OECD 국가 중 가장 우수한 결과를 보였다. 그러나 2015년부터 전체 순위의 하락과 평균 점수의 하락이 두

27. 고등교육은 진학 인구의 자연 감소에 대비하지 못한 채 보편화 과정을 거쳐 왔다. 그 결과 대학들의 정원미달 사태가 심화되고 있다. 정원미달은 지역에 따라서도 큰 편차를 보인다. 정원을 충원하지 못함에 따라 대학 재정이 학생들의 등록금에 전적으로 의존하는 대학들의 교육여건은 더욱 악화되고 있다.

28. PISA 평가 결과는 국제적인 표준 평가도구를 통해 참여국 학생들의 학습 성과를 측정한 결과뿐만 아니라 학생 개인의 학습 관련 정보, 학생의 가정 배경에 관한 정보, 학생이 재학하고 있는 학교 정보 등과 같이 학업 성취도에 영향을 미칠 수 있는 다양한 정보를 제공한다.

드러지게 나타나고 있다.

표 14-9 PISA 주기별 우리나라의 평균 점수와 순위

영역		PISA 2000	PISA 2003	PISA 2006	PISA 2009	PISA 2012	PISA 2015	PISA 2018
읽기	평균 점수	525	534	556	539	536	517	514
	순위	6	2	1	1~2	1~2	3~8	2~7
수학	평균 점수	547	542	547	546	554	524	526
	순위	2	2	1~2	1~2	1	1~4	1~4
과학	평균 점수	552	538	522	538	538	516	519
	순위	1	3	5~9	2~4	2~4	5~8	3~5

자료 : 한국교육과정평가원(2019), "OECD 국제학업성취도 평가 연구 : PISA 2018 결과 보고서".

OECD의 2020년 BLI(Better Life Index) 지표에서도 우리나라 교육부문의 경쟁력(8위, 전체 지표 28위, 35개국 중)은 높은 수준으로 나타났다. 한편 World Economic Forum(WEF)이 발행하는 Global Competitiveness Report의 국가경쟁력 교육 관련 지수별 순위(2018~2019)를 보면 비판적 사고 교육이 크게 미흡하고 초등교육에서 학급이 과밀하며, 교육연수(25~27), 대졸자 숙련 수준(34), 직업훈련의 질적 수준(23) 모두 국가경쟁력 순위(13위)를 크게 밑돌고 있다. 다만 과학논문 게재(18)는 다른 속성에 비해 다소 양호한 편이다. 한편 IMD 평가에서도 국가경쟁력 순위는 23위(2021)이지만 교육경쟁력 순위는 30위에 머물고 있다.

표 14-10 WEF 교육경쟁력 순위 (단위 : 위)

구분		2018	2019
인적자본(숙련)	평균 교육연수	23	27
	직업훈련의 질적 수준	32	23
	대졸자의 숙련 수준	43	34
	기대 교육연수	21	25
	비판적 사고 교육	90	82
	초등교육 학생 대 교사 비율	53	57
혁신생태계(혁신역량)	과학논문 게재	18	18

출처 : World Economic Forum, The Global Competitiveness Report

고등교육의 질 부족

우리나라 고등교육의 국가경쟁력상 순위는 개선이 되고 있지만 아직 산업현장의 요구나 학문연구와 진리탐구의 본질적 역할을 고려하여서는 개선의 필요성이 많이 관찰된다. 스위스 IMD(2021년 국가경쟁력보고서)에 따르면 한국의 국가경쟁력은 23위이고 교육 경쟁력은 30위이지만 대학교육이 경쟁사회가 요구에 부합하는 정도에서는 47위에 머물고 있어 대학교육이 산업현장에서 요구하는 지식, 역량과의 연계성이 부족하다고 평가받고 있다. 고등교육의 보편화에 따른 학생 수 급증은 교수 1인당 학생 수 비율의 증가와 같은 교육 여건의 악화를 초래하였다. 전임교원 1인당 재학생 수는 1970년 20명에서 1985년 36명으로 높아졌다가 이후

감소하였지만 여전히 23.7명(2019년, 일반대학) 수준으로 OECD 국가들의 평균(14명)을 크게 웃돌고 있다. 그만큼 대형 강의가 증가하고 학생의 교과 선택 폭이 감소할 뿐만 아니라 교육 과정과 과제를 충실하게 관리할 수 있는 물적 여건이 조성되어 있지 못하다고 하겠다.

표 14-11 **한국의 IMD 교육경쟁력 세부지표 순위 및 점수**(2016~2021)

교육경쟁력 세부지표		2016년	2021년
교육분야 우리나라 순위/참가국 수(위)		33/61	30/64
정량지표	GDP 대비 교육 관련 공공지출(전체 교육 단계, %)	30(4.9)	38(4.3)
	학생 1인당 교육 관련 공공지출(전체 교육 단계)	–	26(6900)
	초등학교 교사 1인당 학생 수(명)	43(17.3)	40(16.5)
	중등학교 교사 1인당 학생 수(명)	48(16.2)	37(12.8)
	중등학교 취학률(%)	10(98.1)	27(96.6)
	25~34세 인구의 고등교육 이수율(%)	2(67.7)	4(69.8)
	25~65세 여성의 고등교육 이수율(%)	50(50.5)	21(47.6)
	인구 천 명당 고등교육 외국인 유학생 수(명)	38(1.2)	41(16.4)
	학업성취도(PISA, 점)	4	6
	성취 수준이 낮지 않은 학생 비율(PISA, %)	–	7
	대학교육 지수	–	20(17.8)
	15세 이상 문맹률(%)	–	1(1.0)
정성지표	초등 및 중등교육(경쟁사회 요구에 부합 정도, 점)	–	38(5.9)
	대학교육(경쟁사회 요구에 부합 정도, 점)	55(4.2)	47(5.3)
	경영교육(산업계 요구에 부합 정도, 점)	52(4.7)	46(5.7)
	언어능력(기업 요구에 부합 정도, 점)	33(5.9)	35(6.2)

출처 : IMD World Competitiveness Yearbook(각 년도).

중등교육 이후의 학생들의 역량 약화

우리나라 15세 학생들은 PISA 평가에서 세계 최상위권을 보였지만 성인들의 역량 수준은 학생들에 비해 상대적으로 크게 낮은 것으로 나타난다. 15세 이상 성인(16~65세)을 대상으로 한 언어능력, 수리력, 문제해결력 등을 검토한 2018년 국제성인역량조사(Program for the International Assessment of Adult Competencies ; PIAAC, 31개국 참여)에서 우리나라는 언어 역량과 수학 역량에서는 중간 정도에 위치해 있다(언어 역량 16위, 수학역량 18위).[29] 한편 문제해결 역량에서는 12위로 언어나 수리 영역에 비해 상대적으로 높은 점수를 기록하고 있다. 이런 순위 자체는 크게 나쁘지 않지만, 15세 학생들이 PISA에서 거둔 성적에 비교하면 결과가 매우 좋지 않다고 평가되어야 한다. 특히 수리 영역에서 세계 평균에 미치지 못하는 것은 대학 입시와 중 · 고교 교육에서 수학이 강조되는 것에 비추어 의외의 결과이다.

29. PISA가 학업능력과 지식에 대한 평가에 주안점을 둔다면 PIAAC은 일상생활이나 직업생활에 적용할 수 있는 다양한 기술의 평가에 주안점을 둔다.

한편 우리나라는 연령대가 높아질수록 성인들의 역량이 감소하여 40대에 이르면 OECD 평균을 하회하게 된다. 다른 나라도 연령대가 높아질수록 성인들의 역량이 감소하기는 하지만 우리나라의 경우 유난히 격심한 것은 우리나라의 교육체제의 문제점보다는 취학률의 압축적 성장 때문이다. 즉, 우리나라에서 교육성취도가 단기간에 급속도로 높아진 결과 연령대가 높을수록 전반적 교육수준이 다른 나라에 비해 아직 크게 낮을 수밖에 없다. 역량은 교육수준과 일정한 상관관계를 가지므로 성인의 낮은 교육수준이 낮은 역량수준으로 연결되고 있는 것이다.

그림 14-4 연령에 따른 성인역량의 추이 비교

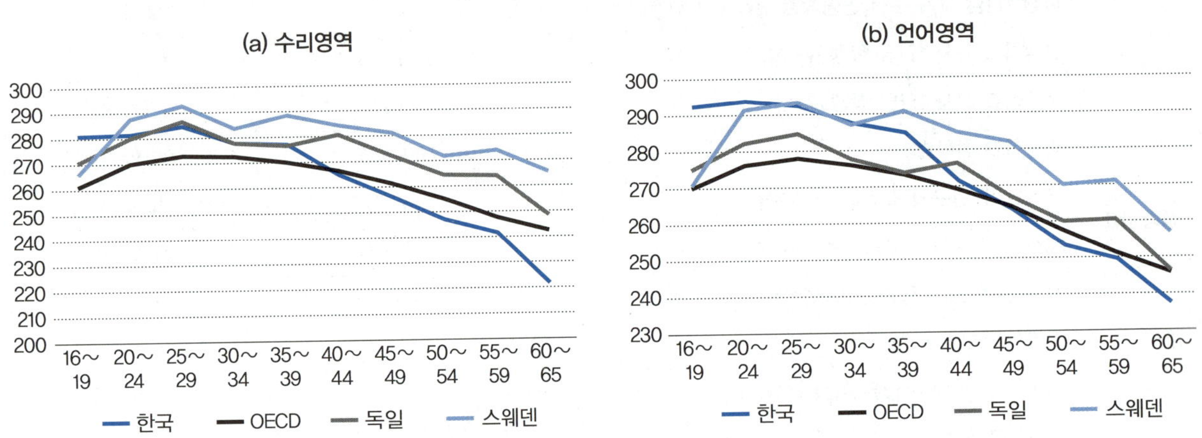

인력 수급 불일치 : 미래 사회에의 대비 부족

우리나라에서는 경제발전 수준보다 크게 앞선 수준의 인적 자본을 축적하며, 과잉투자와 인력수급의 부문별 불균형이 나타나고 있다. 전문계 고교 학생까지 대학 진학률이 높아지면서 중급인력은 공급이 과잉 상태지만 핵심 고급인력과 하급인력의 공급이 부족한 인력수급의 불일치가 지속되고 있다. 이에 따라 제조업 및 서비스업 대부분 부문에서 중소기업의 초 · 중급 숙련인력 조달에 어려움이 계속되고 있다. 반면 구직자, 특히 대학을 졸업한 청년들은 구직에 어려움을 겪고 있다. 2020년 기준 15~29세 청년실업률(만 15~29세)은 9.0%로 전체 실업률 4.0%의 두 배를 넘는 높은 수치다. 반대로 우리나라 20대 청년고용률은 2000년의 60.2%에서 2020년 55.7%로 지속적인 하락 추세이며, OECD 국가 중 최하위 수준이다.

우리나라 25~34세 청년층의 학사급 이상 이수율은 49%(2019)로 조사대상 44개국 중 다섯 번째로 높고 OECD 평균인 40%보다 높다. 특히 전문학사급과 학사급이 각각 21%, 46%로 OECD 평균인 8%와 24%보다 현격히 높다.[30] 그러나 모든 분야의 학문에서 핵심 연구인력을 구성하는 석 · 박사급 이수율은 3%에 불과하여 OECD 평균인 15%보다 크게 낮고 조사대상 44개국 중 33위에 그쳤다. 주요국의 석 · 박사급 이수율은 프랑스 21%, 독일 15%, 미국 12% 등으로 우리와 비교하면 상당히 높은 수준이다. 우리나라는 고등학교 이상의 교육 이수율, 고등교육 이수율, 학사학위급 이상의 이수율 모두 OECD 국가들 중에서 최상위권에 속해 있으나 석 · 박사급 이수율은 하위권 수준이다. 제4차 산업혁명에 대응하여 정부는 학문분야별 · 신산업분야별로 석 · 박사급 우수 연구인력을 적정 수준으로 양성할 수 있도록 대응방안을 시급히 마련

30. 우리나라의 25~34세 청년 중 고등학교 이수율은 OECD 평균에 비하여 낮은데 이는 우리나라 청년들이 대학 진학 등을 선호하여 OECD 평균 대비 고등교육 이수율이 높기 때문이다.

해야 한다.

표 14-12 전공별 고등교육 졸업생 분포(2019) : 전문대, 4년제 대학 학부, 석사, 박사

	일반 및 자격증	교육	예술 및 인문	사회과학, 언론, 정보과학	경영, 행정, 법	자연과학, 수학, 통계학	정보 통신	공학	농립 어업	보건 및 복지	서비스
OECD	0.1	10.0	9.7	9.6	24.6	5.5	4.4	14.2	1.8	15.4	4.9
한국	0.0	7.4	15.7	5.5	14.5	4.5	4.7	20.5	1.4	16.0	10.0
독일	0.0	9.7	10.0	6.9	24.5	8.1	4.5	24.2	1.9	7.1	3.0
미국	0.0	6.4	19.4	11.8	19.0	7.7	4.4	7.2	0.9	17.4	5.9
스웨덴	0.0	13.0	6.3	12.1	16.1	4.1	4.3	19.0	0.8	22.1	2.3
프랑스	0.0	4.1	8.5	7.5	34.5	8.2	3.6	14.0	1.6	14.1	3.8
일본	0.0	8.8	15.0	7.2	20.3	3.3	..	18.5	2.8	15.8	8.3

자료 : OECD.Stat, Distribution of graduates and new entrants by field.

고등교육에서의 전공별 입학생 분포는 사회가 높은 수준의 기술과 지식을 보유한 정도를 자세히 나타낸다. 한국의 경우 공학, 제조, 건축 등의 비중이 OECD를 크게 상회하고 있으나, 사회과학, 경영, 법학의 비중은 상대적으로 낮은 편이고 과학과 같이 순수학문 분야를 전공하는 학생 비율도 OECD 평균보다 낮은 편이다. 이는 실용적 학문을 중시한 정부정책의 결과로 볼 수 있지만 동시에 국가 과학기술 발전을 취약하게 하는 원인으로 작동하고 있다.

(3) 교육의 본질적 가치

저조한 학생 행복도

OECD의 'PISA 2018—학생 행복도' 조사에 따르면 만 15세의 한국 학생이 보인 삶의 만족도 평균 점수는 10점 만점에 6.52점에 불과해 전체 71개국 중 65위였으며, 특히 "삶에 만족하지 못한다"라고 응답한 학생의 비율도 22.8%에 달했다. 학생들이 자신이 소속된 학교에서 협동과 경쟁이 중시되고 있는지에 대한 평가에서 우리나라 학생들은 협동과 평등 모두 OECD 평균보다 중시되고 있다고 평가하고 있다(PISA 2018). 특히 협동지수(0.16, OECD 평균 −0.01)보다 경쟁지수(0.52)가 크게 높아 최상위로 나타났다. 한편 학생 정서와 관련하여 우리나라 학생들은 긍정적 감정(0.03), 삶의 의미(0.09) 그리고 자기효능감(−0.04)에서는 OECD 평균(0)과 유사한 태도를 보이고 학교 소속감(0.28)[31]과 삶에 대한 실패에 대한 두려움(0.19)에서는 OECD 평균보다 양호하였다.

따라서 우리나라 학생들이 정서적 측면에서 OECD 평균에 비해서 전반적으로 낮다고 확정할 수는 없지만 학교생활에서 심한 경쟁을 하고 학업에 대한 부담감이 크며, 이로 인하여 자신의 삶에 대한 전반적인 만족감이 OECD 다른 국가들에 비해서 낮다는 것을 알 수 있다.

31. 79.5%(OECD 평균 73%, 한국 7위)의 학생이 소속감을 느끼며, 8.7%만이 국외자의 느낌을 가져 OECD(평균 17.2%) 국가 중에서 가장 양호한 수준으로 파악되고 있다.

(4) 공평성을 강조하나 사회 이동성 제고에 한계

우리나라 헌법 제31조는 "모든 국민은 능력에 따라 균등하게 교육을 받을 권리를 가진다"라고 명시하여 교육평등을 중요한 가치로 규정하고 있지만 실제 교육현실은 그렇지 못하다. 특히 최근에 이를수록 교육이 계층 간 간극을 메우고 사회 이동을 돕기보다는 계층을 재생산하는 핵심요인이라는 우려가 점차 커지고 있다. 이하에서는 교육평등을 교육기회, 교육조건, 교육결과로 나누어 차례대로 검토한다.

교육 기회의 양적 평등을 위한 노력

한국에서 교육평등은 교육기회의 평등을 중심으로 전개되었다. 교육기회의 평등은 원하는 사람은 누구나 학교교육을 받을 수 있어야 한다는 취학기회의 평등을 뜻한다. 그동안 우리나라는 초등 · 중등교육에서의 의무교육 체계를 기반으로 국민 공통 교육과정을 통해 교육의 기회균등 이념 실현을 도모해 왔다. 교육기회의 분배를 나타내는 대표적 지표로 취학률과 진학률이 있다. 이들 지표는 우리 사회가 독립 이후 교육기회를 보편화하는 데 상당한 성공을 거뒀음을 보여준다. 중학교 취학률은 1970년 36.6%에서 2021년 97.9%로, 고등학교 취학률은 동기간 20.3%에서 96.1%로 크게 상승하였다. 아울러 대학 취학률도 5.4%에서 71.5%까지 높아졌다. 진학률도 마찬가지다. 1970년에 각각 66.1%, 70.1%였던 중학교 진학률과 고등학교 진학률은 각각 100.0%, 99.7%로 높아졌고 대학 진학률은 1970년 26.9%에서 2021년 73.7%로 50년 만에 3배 가까이 증가하며, 고등교육이 여타 선진국들보다 더 보편화되어 있다. 이로 말미암아 2020년 기준 25~34세 인구의 고등교육 이수 수준은 70%이다. 이는 전 세계에서 가장 높은 수준으로 OECD 평균 45%에 비해서도 압도적으로 높다.

한국과 OECD 국가의 연령별 취학률(2019)을 비교할 경우 초등학 학령기인 6~14세 집단의 취학률은 OECD와 마찬가지로 99%이며, 중등교육 학령기인 15~19세의 취학률과 고등교육 학령기인 20~24세의 취학률은 각각 84%, 50%로 OECD 평균(84%, 41%)에 비해 높아 비교적 어린 나이에 학교생활을 보내고 있다. 반면 25~29세, 30~39세, 40~60세 집단의 취학률은 각각 8%, 2%, 1%로 OECD 평균(16%, 6%, 2%)을 하회하여 평생교육 면에서는 미흡함을 알 수 있다. 한편 3세 미만과 3~5세의 취학률 역시 65%, 93%에 달하여 이제는 OECD 평균(각각 25%, 83%) 수준을 넘어서고 있다. 이는 부진했던 유아교육 부문에서 교육기회가 크게 확대되었음을 나타낸다.

우리나라에서 교육기회의 평등화에 기여한 것으로 중등교육에 대한 평준화 제도와 고등교육 확대정책이 자주 제시된다. 중학교와 고등학교의 평준화 제도가 순차적으로 도입되면서 중학교와 고등학교 모두의 진학수요가 증가하였고 그 결과 중학교와 고등학교에 보다 많은 학생들이 진학하여 중등교육 기회를 평등화하는 데 크게 기여하였다. 평준화 제도의 도입으로 초등학생들과 중학생들이 입시경쟁에서 해방되고 중등교육에서 엘리트주의가 사라지게 되었다. 한편 고등교육 확대 정책은 상위 단계에서의 교육기회를 보편화하여 교육의 기회균등을 강화하였다. 특히 한국 사회에서 지위적 가치를 지니는 대학졸업장의 속성에 비추어볼 때 고등교육 확대는 교육평등 및 사회적 평등과 관련하여 상당히 큰 의의를 지닌다.

교육 여건의 평등을 위한 노력과 한계

교육조건의 평등은 학교의 시설, 교사의 질 등 교육 여건의 차이를 줄여 평등한 환경에서 교육받을 수 있도록 하는 것이다. 우리나라는 중학교 무시험제와 고교 평준화, 대학졸업정원제 도입 등으로 이어지는 각 단계의 선발방식인 입시제도를 변경하면서 이를 뒷받침하도록 지역 간 학교시설 격차와 교원격차 해소를 위한 평준화 정책을 전개함으로써 교육의 양적 성장과 교육 여건의 상향적 보편화를 이끌었다. 우선 중학교 무시험추첨 입학제와 그에 따른 중학교 진학 확대를 뒷받침하도록 정부의 재정 지원과 수익자 부담을 병행하여 중학교의 시설 및 교원의 평준화 정책을 실시함으로써 교육여건의 균등화에 나섰다. 이어서 진행된 고교평준화 정책에 병행하여 고등학교의 수용능력 확충과 시설 및 교원의 평준화에 나섰다. 평준화는 학교 간 교육여건과 학생의 질적 격차를 해소하고 특히 낙후되고 열악했던 비인기 학교들도 일정 수준으로 끌어올렸다. 이로써 중고교들이 상향 평준화되었다. 선택기회의 균등화(학군 내 학생 추첨배정)와 교육여건의 균등화를 중심으로 한 평준화 정책은 우리나라 중등교육과 고등교육이 소수정예 교육에서 대중교육을 거쳐 보편교육의 단계로 빠르게 발전할 수 있는 계기를 만들었다.

한편 학교 평준화 속에서 학습능력, 가정환경, 학습경험이 다른 학생이 함께 모이는 이질적인 학생집단이 형성됨으로써 학교 간 차이가 감소한 가운데 학교 내에서의 학생 간 격차는 거꾸로 확대되었다. 평준화 노력에 대해서는 일반 국민은 호의적이다. 1990년 이후 지금까지의 여론조사에서 평준화에 대한 찬성의견이 일관되게 높게 나왔다. 특히 1995년 이후부터 국민의 60% 정도가 일관되게 찬성하고 있으며, 학생 · 학부모는 일관되게 높은 평준화 확대 · 유지 의견을 보였다. 그러나 일부는 교육전문직, 관리직 교원, 소수 사학들을 중심으로 자율성을 주장하며, 평준화에 반대하고 있다.

고등교육에서의 기회와 과정의 불평등

대부분의 선진국과 달리 우리나라 대학교육은 국가 개입에도 불구하고 사립대학과 개인부담 중심으로 구조화되었다. 그만큼 교육기회나 교육여건의 평준화가 상대적으로 크게 미흡하다. 이러한 고등교육 체계는 경제발전 초기 단계에서 국가의 교육재정이 제한된 상황에서 비롯하였다. 특히 사립대학 위주의 대학제도는 독립 후 미군정기와 제1공화국 시대에서 비롯한다. 기독교계와 지주들의 자주적 사립대학 설립 노력과 더불어 대중의 고등교육 수요를 재정적 지원 없이 만족시킬 수 있고 인가 규제를 통한 통제와 학교설립 세력의 포섭이라는 국가의 이해와 맞물려 정부에 의존하는 사립대학체제가 생겨났다. 한편 미군정이 미국의 주립대학을 모형으로 관공립 고등교육기관을 통합하여 종합대학으로서의 국립대학(국대안)을 설립하고 수도권 소재의 사립대학들과 경쟁하는 체제를 형성하였다. 이때부터 고등교육은 공공성이 낮은 사립대학에 의존하고 대학 재정은 등록금에 의존하게 되었으며, 사립학교법 제정으로 대학 규제가 강화되었다. 그러나 초중등 교육에서와 같은 국공립화나 재정의 공공부담과 같은 공공성을 위한 일관성 있는 국가 정책은 형성되지 못하였다. 대신 1980년 이후 대학 확대와 사립대학 법인의 권한과 자율성의 강화하는 데 집중하였다. 고등교육기관에 대한 국가 개입은 경제발전을 위한 고등교육의 중요성뿐만 아니라 사립대학의 재정적 취약성에서 비롯하였다. 자치나 학문의 자유보다는 국가 재건과 경제발전에 필요한 것을 지원하는 실용적 접근이 대학의 성격을 결정지었다.

사립대학과 개인부담 중심의 고등교육체제는 1980년 교육개혁의 졸업정원제와 1995년 교육개혁의 설립준칙주의 및 정원 자율화 정책으로 더욱 심화되었다. 학생들을 공부에 집중하도록 압박하고 대학 간 유치

경쟁을 통하여 고등교육의 수준을 높이겠다는 정책은 고등교육의 기회를 확대하였지만 동시에 국가의 재정적 부담을 지지 않는 방식으로 진행되어 결국 교육여건의 악화와 학생 부담의 증가로 귀결되었다. 정부는 국공립대학과 사립대학을 구별하지 않고 거의 동일한 기준으로 평가하여 정부의 교육 및 연구 자금에 대해 공개 경쟁하게 함으로써 강한 국가 개입 속에서도 시장원리 중심의 고등교육이 자리 잡게 하였다. 특히 정부는 신공공관리론을 배경으로 자금배분을 성과와 연계하고 대학의 거버넌스와 운영 목적과 방식을 기업경영과 같은 틀로 이루어지도록 하고 있다.

결과적으로 대학 진학률 확대 속에서 대학 간 여건의 격차나 서열구조는 계속되고 있다. 대학체제는 수도권 대학, 정원 조정을 통해 공급을 통제하는 특정 계열(의약학 · 법학 · 교육대학), 정부 지원 대학(과학기술대학이나 특수목적대학, 경찰대학 등)을 중심으로 서열화를 보여주고, 그에 따라 대기업 중심의 노동시장에서의 성과도 비례한다. 중상층 계층의 자녀들이 사교육을 통하여 상위 고등학교와 대학이나 계열에 입학하고 노동시장에서 보다 좋은 성과를 거두고 있다.[32] 사적 재원이 중심이 되고 수도권과 특정 계열 위주로 체계적으로 서열화된 고등교육체제는 중하계층에게 절대적으로 불리하다.

등록금이 비싼 사립대학에 대한 높은 의존도는 대학교육 참여의 기회를 제한한다. 대학 중 사립대학의 비율이 85.4%(2020)에 달하며, 대학평가에서 상위를 점하는 국립대학교가 적다. 따라서 학생들은 등록금이 비싼 사립대학에 진학할 수밖에 없다. 미국의 경우 등록금 수준이 높지만 학생들이 자신의 형편과 기호에 따라 주립대학 혹은 사립대학을 선택할 수 있는 폭이 넓고 학생 지원체계가 잘 발달되어 있다. 우리나라는 등록금 수준이 높은데 그와 비례하여 학생 지원체제의 발달은 제한적이다. GDP 대비 고등교육에 대한 정부투자 비율은 0.6%(2018)로 OECD 평균 1.0%에 크게 모자란다. 교육역량강화 사업 등을 통해 정부가 대학교를 지원하지만 역부족이다. 이런 면에서 국립대의 강화와 더불어 우수한 사립대 중 원하는 대학을 선정하여 '준국립화'하는 것이 요청된다고 하겠다.

사교육으로 인한 교육 평준화의 한계

우리나라에서는 공교육보다 가정의 소득수준과 밀접히 관련된 사교육비 투자에서 교육 양극화가 심각하게 나타나고 있다. 사교육비, 학습시간, 학업 성취, 대학 진학, 부모의 문화 지원 등 가정 배경과 관련되거나 그로 인한 결과라 할 수 있는 지표에서 양극화가 두드러지게 나타나고 있다.

우리나라 교육에서 사교육이 가진 비중과 학업 성취에 대한 영향력을 고려하면 교육기회에 관한 논의는 제도권 교육에 대한 접근기회를 넘어 사교육 기회까지 포함하여야 한다. 교육 경쟁과 취업경쟁에서 앞서기 위한 사교육 투자가 학교교과를 대상으로 하는 교습학원, 개인과외, 공무원 시험 준비와 자격증 과정에서 이루어지고 있다. 초중등 사교육비만 2017년 약 18.6조 원에 달하는데 이는 초 · 중등 교육예산 46조 원에 비해 지나치게 크다. 재수생 교육비, 대학생 해외연수, 영어교육 등의 취업 사교육비, 졸업생들의 취업 사교육시장에서의 사교육비를 고려하면 사교육비 규모는 방대하며, 이에 투자해야 하는 시간 역시 길다. 이를 중하층이 감당하고 경쟁에서 살아남기가 쉽지 않다. 사교육 기회를 둘러싸고 지역별 · 계층별로도 상당한 격차가

32. 낮은 고용률과 임금노동자 비율, 비자발적 시간제 근로자와 자영업자의 높은 비중, 정규직과 비정규직으로 나뉘고 대기업과 중소기업으로 나뉘는 임금노동의 내부자와 외부자 간의 분단된 이중구조(여유진 외 2014) 등으로 인해 노동시장 진입경쟁이 치열하며, 이는 서열 우위를 차지하려는 치열한 교육경쟁을 일으키고 있어 고등교육 확대를 통한 교육수준 평등화가 노동시장 평등으로 이어지지 못했다.

존재한다. 사교육 참여는 지역별로 서울에서 가장 활발하며, 읍면지역에서 가장 부진하다. 또한 소득이 높을수록 사교육에 더 적극적이고 비용도 더 많이 지출하고 있다.

(5) 교육 결과의 평등

학교의 교육조건이 똑같다 해도 가정, 계층, 지역의 배경의 영향이 있을 수 있으므로 학업 성취의 평등이라는 의미에서 결과의 평등도 고려되어야 한다. 우리나라에서 교육기회가 빠르게 확대되면서 양적 측면에서는 불평등이 사라진 것으로 보인다. 하지만 질적 측면에서는 여전히 개인의 노력으로는 극복하기 어려운 구조적 격차가 존재한다. 교육결과를 반영하는 가장 대표적인 지표인 학업 성취를 중심으로 지역 간 · 계층 간 실태를 살펴보자. 한국 사회에서는 지역 간 · 계층 간 차이에 따라 학업 성취의 격차가 심각한 수준에 이르렀다는 비판에 자주 접한다. 그러나 국제 비교연구에 따르면 한국 교육은 일부의 지적만큼 과도하게 계층적이지 않는 것으로 나타난다.

교육 성과의 격차

우리나라와 OECD 평균을 비교하였을 때, 전체 집단의 경우 우리나라의 2수준 미만 비율은 OECD 평균보다 낮으며, 5수준 이상 비율은 OECD 평균보다 높았다. 우리나라가 OECD 평균보다 높은 읽기 · 수학 · 과학 성취 수준을 보여주고 있음을 확인할 수 있다. 그러나 우리나라 15세 학생들의 PISA 점수 범위는 중상위권에 주로 밀집하고 최하위 수준(성취 수준 2 미만)과 최상위 수준(성취 수준 5 이상)의 비율이 다른 OECD 회원국에 비해 낮게 유지되어 왔다. 그러나 PISA 2015부터 최상위 수준의 비율에 큰 변화가 없는 가운데 최하위 비율이 급증하는 양상이 뚜렷해지고 있다. '기초소양'을 평가하는 PISA의 성격에 비추어 볼 때 이는 심각하게 받아들여야 할 결과라고 할 수 있다.

표 14-13 우리나라 학생들의 기초소양 영역별 성취도 비율 추이 (단위 : %)

영역	수준	PISA 2000	PISA 2003	PISA 2006	PISA 2009	PISA 2012	PISA 2015	PISA 2018
읽기	5수준 이상	5.7	12.2	21.7	12.9	14.2	12.7	13.1
	2수준 미만	5.7	6.8	5.8	5.8	7.6	13.7	15.1
수학	5수준 이상	–	24.8	27.1	25.5	30.9	20.9	21.3
	2수준 미만	–	9.6	8.8	8.1	9.1	15.4	15.0
과학	5수준 이상	–	–	10.3	11.6	11.7	10.6	11.8
	2수준 미만	–	–	11.2	6.3	6.6	14.4	14.2

자료 : 한국교육과정평가원(2019), "OECD 국제학업성취도평가 연구 : PISA 2018 결과 보고서".

지역 간 교육격차

지역별로는 읍면지역 학생들에 비해 도시 지역의 학력이 상당히 높게 나타나 우려를 낳고 있다. 읍면지역은 여타 지역에 비해 성취 수준이 뚜렷하게 낮다. 역대 정부의 다양한 육성책에도 불구하고 수도권 집중화로 지방대 위기가 심화되고 있다. 수도권으로의 인구이동 현상이 계속되어 입학자원이 유출되고 이에 더해 대학입학 학령인구가 급감함에 따라 미충원으로 위기를 겪는 지방대학이 증가하여 대학이 소재한 지역의 사회와 경제도 침체되고 있다. 지역을 떠나 수도권에 진학하는 지역 학생들의 교육비 부담으로 지역 주민의 삶이 피폐해진다. 지방 대졸자나 지방 인기 학과에 진학한 수도권 학생은 취업으로 수도권에 유입하여 지역 발전에 대한 공헌이 제한적이다. 지식기반 경제에서 지방대학은 교육과 연구를 통해 지역경제의 구심체 역할을 하지 못하고 있는 것이다.

부모의 계층지위에 따른 교육 참여기회의 격차

고등학교 진학 단계에서 가정의 사회 · 경제적 배경에 따라 진학하는 학교의 유형과 계열에서 차이가 나타나는데 가정의 사회 · 경제적 배경이 좋을수록 직업계 고교보다는 인문계 고교에 진학할 가능성이 크다. 한국사회에서 사회계층에 따라 거주지 분리가 이루어지는 상황에서 거주지를 중심으로 근거리 배정을 하는 평준화 제도가 오히려 교육평등을 저해할 수 있다. 가정환경이 곧 교육환경을 결정하는 위험성이 있는 것이다. 교육부는 평준화 정책으로 수월성 교육, 학교선택권 행사에 어려움이 많다는 지적을 받아들여 1980년대 중반부터 과학고(1983)를 시작으로 외국어고(1992), 자립형 사립고(1995), 국제고(1998), 영재고(2002), 개방형 자율학교를 평준화 예외 학교로 도입해 왔지만 이들이 중학교 이하에서의 사교육에 의존한 교육경쟁을 더욱 심화시키고 있다. 가정의 소득수준, 가구주의 직업위계, 사교육비 지출 규모의 영향을 받는 특목고나 자사고 역시 교육 불평등을 낳는다. 한편 고등교육에서는 가정배경에 따라 진학하는 대학에 차이가 나타나고 있다. 여전히 소득 수준에 따라 대학 진학률의 차이가 나며, 진학하는 대학 유형에서도 부모의 소득수준과 학력이 높을수록 전문대학보다 4년제 대학에 그리고 4년제 대학 중에서 보다 평판이 좋은 대학에 진학할 가능성이 더 크다.

표 14-14 부모의 학력에 따른 자녀의 교육수준 변화

부모	한 명 이상 고등교육 이수(a)			부모 모두 고등교육 미이수(b)			a − b		
자녀	고등교육 미만	B형 고등교육	A형 고등교육	고등교육 미만	B형 고등교육	A형 고등교육	고등교육 미만	B형 고등교육	A형 고등교육
OECD	31	16	55	69	12	20	−38	4	35
한국	21	25	54	52	23	25	−31	2	29

주 : A형 고등교육기관은 대학(교), 일반대학원 및 대학원 대학의 석사 과정, 전문대학원 박사과정을 포함, B형 고등교육기관은 전문대학 교육대학 산업대학 기술대 등

자료 : 교육과학기술부 · 한국교육개발원, OECD 교육지표 2017, 부모의 배경이 교육수준에 미치는 영향, 표 A4.1

우리나라의 영유아와 초중고 교육 역시 마찬가지로 중하계층에 불리한 교육체제이다. 영유아 교육은 사립체제에 대한 의존성과 차별성이 크고 고교 단계의 직업교육 · 훈련에 대한 기업의 협력 기피와 공공투자 부족으로 직업교육 · 훈련이 고등교육에 대한 매력적 대안이 되지 못하여 중등교육 또한 크게 위축된 채 사부담 위주의 대학 및 전문대학 진학을 위한 경로가 되고 있다. 더 나아가 대기업(또는 우량 중소기업)의 자체 훈련을 통한 기업 특수적 숙련을 받는 고졸이나 전문대졸 노동자들이 직업교육 · 훈련의 혜택을 받지만 제한적이다.[33]

33. 고교 교육비에 대한 부담, 기능하지 못하거나 부실한 직업계 고교의 교육 · 훈련, 사립학교 · 사부담과 서열화가 특징인 고등교육체제,

부모의 계층지위에 따른 교육 성취도 격차

우리나라의 경우 전통적으로 부모의 사회 · 경제적 지위가 학생들의 성적에 영향을 주는 비중(14.2%)은 OECD 평균(20.3%)보다 낮은 반면, 개인의 노력과 학교교육 등이 차지하는 비중은 그만큼 높다(OECD, 2005).

OECD가 주관하는 '2006 국제학업성취도평가(PISA)'에서 최상위권(1~6등급 중 5, 6등급)으로 분류된 학생들과 부모들의 수입과 교육수준, 재산 등과의 상관관계를 분석한 결과에 따르면 한국의 상관계수는 0.43으로, 36개국 중 8번째로 낮으며, 미국(0.80), 핀란드(0.57) 등 대다수 선진국보다 낮다.

우리나라도 다른 OECD 국가들과 마찬가지로 부모의 사회 · 경제적 지위(ESCS)[34]가 학업 성취와 연관이 있다. 우리나라 학생들 중 2수준 미만의 비율과 5수준 이상 학생 비율은 각각 15.1% 및 13.1%지만, ESCS가 25% 미만인 학생 집단의 경우 2수준 미만 학생들의 비율은 더 높고(24.2%) 5수준 이상 학생 비율은 더 낮다(5.9%). 한편 ESCS가 75% 이상인 학생들의 경우 2수준 미만 학생들의 비율은 더 낮고(7.1%) 5수준 이상 학생 비율은 더 높게(22.1%) 나타났다. 문제는 그 강도가 얼마나 다른가인데 우리나라의 ESCS에 의한 읽기성취도 설명량(8%)은 OECD 평균(12.0%)보다 조금 작았으며, ESCS의 1단위 상승에 따른 읽기 성취도 점수의 차이는 37로 OECD 평균과 같다(박종효, 2009년 교육과학기술부 · 한국교육개발원). 한편 읽기, 수학, 과학 성적 상위 25% 학생 중 ESCS 하위 25%인 학생 비율인 '개천용 비율'에서 우리나라는 OECD보다 상대적으로 매우 높은 수준의 교육 형평성을 보이고 있다. 그러나 2006년의 교육 형평성(개천용 비율 13.5%)이 2018년(개천용 비율 11.7%)에 이르러 유의적으로 훼손되어진 것으로 나타났다. 2006년에 읽기, 수학, 과학에서 15.3%, 12.1%, 14,3%에 달했던 개천용 비율은 2018년에 각각 13.0%, 10.8%, 13.4%로 하락한 것으로 나타나고 있기 때문이다(황성수 · 이지은 · 금예진, 2020).

교육격차에 따른 노동시장 참여의 격차

고용률은 학생들이 교육을 통하여 성장을 한 후 사회와 얼마나 쉽게 통합되는가를 가늠한다. OECD의 경우 직업계 고교, 일반계 고교, 전문대학, 일반대학으로 교육 단계가 상승할수록 고용률이 높아진다. 학력이 높을수록 교육투자 비용을 회수하기 위해 노동시장에 더 적극적으로 참여하고 축적한 인적자본으로 취업하기가 더 수월하기 때문이다. 그러나 최근의 개선에도 불구하고 우리나라에서 학력에 따른 고용률 상승은

표 14-15 교육 수준별 고용률(2020) (단위 : %)

구분	중학교 이하	고등학교	고등교육				
			전문대학	학사	석사	박사	고등교육 전체
OECD	57.6	74.7	81.0	83.1	87.7	92.6	84.4
한국	61.4	70.0	76.1	76.3	84.7(박사 포함)	–	77.0

출처 : 교육과학기술부 · 한국교육개발원, OECD 교육지표 2021.

이를 지원하는 사교육비가 교육영역에서 한국사회를 긴 양육기간 동안 부모에 따라 계층이 구분되는 계급 사회로 이동시키고 있다. 입시경쟁과 취업경쟁에서 중상층이 사교육 투자를 주도하여 중하층이 계층 이동할 가능성이 매우 낮다.

34. 부모의 사회 · 경제적 배경은 각 연도 PISA에서 제공하는 부모의 직업 수준, 교육 수준, 가정의 보유 자산에 대한 정보를 기초로 표준화하여 산출 · 제공하는 지표(economic, social and cultural status ; ESCS)가 사용되었다.

OECD 국가들에 비해 저조하다. 특히 25~64세 인구에서 고등교육 이수자의 취업률이 77.0%로 OECD 평균보다 낮으며, 고등학교 이수자의 취업률 대비 고등교육 이수자의 취업률 향상 정도 역시 7%p로 OECD 평균보다 낮다.

보유 지식과 기술을 노동시장에서 적절히 활용하는가를 나타내는 경제활동 참가율도 교육의 성과를 판단하는 데 사용된다. OECD 국가의 경우 학력이 높아질수록 경제활동 참가율이 높아지고 있다. 한국 역시 학력이 높아질수록 경제활동 참가율이 높게 나타나지만, 초등교육을 제외하곤 모든 경제활동 참가율이 OECD에 비해 낮다. 한편 교육과 소득은 연관성이 높아 OECD 모든 국가에서 대학 이수자는 고교 졸업자보다 훨씬 높은 소득을 얻으며, 대학과 고교 졸업자 간의 소득 차이는 고등학교와 중학교 교육 이하 졸업자 간의 차이에 비해 뚜렷하다. 하지만 우리나라의 경우 이러한 학력에 따른 소득격차는 대부분의 OECD 국가들보다는 다소 낮다.

표 14-16 **학력 수준별 경제활동 참가율**(2020) (단위 : %)

구분	중학교 이하	고등학교	대학교 이상	전체
OECD	64.6	80.2	88.6	80.9
한국	64.2	73.3	79.5	75.5

출처 : 교육과학기술부 · 한국교육개발원, OECD 교육지표 2021.

우리나라의 경우 부모의 배경이 자녀의 교육 성과와 노동시장 성과에 모두 영향을 미치는데 부모의 교육과 소득 수준이 높을수록 자녀의 4년제 대학 진학률이 높아지는 것으로 나타난다. 또한 부모의 교육과 소득 수준이 높을수록 자녀의 수능성적에서 1~2등급 비율이 높아지고 그에 따라 상위권 대학으로의 진학 가능성이 더욱 높아져 자녀의 임금 역시 높아지는 것으로 나타난다(최필선 · 민인식, 2015). 고소득층은 소득에 영향을 덜 받고 안정적으로 자녀에 대한 교육비 지출을 하는 데 반해 저소득층의 자녀교육에 대한 투자는 소득에 크게 영향을 받기 때문이다. 하지만 부모의 학력이 자녀의 학력에 미치는 효과는 크지만 자녀의 직업 지위에 미치는 효과는 제한적이며(남기곤 2008), 부모의 사회 · 경제적 지위가 자녀의 소득에 미치는 직접적인 영향보다는 자녀의 학력을 통한 간접적인 영향이 높게 나타난다(여유진, 2008)는 점에 주의할 필요가 있다.

교육격차에 따른 노동시장 성과의 격차

우리나라에서는 공동체 사회의 특성상 학벌을 매개로 한 연고망이 활성화되어 있고, 이로 말미암아 연고망 형성의 지렛대로서 교육의 역할이 과도하다. 특히 노동시장의 이중구조가 심화될 뿐만 아니라 제1차 노동시장이 왜소해짐에 따라 고등교육이 과도하게 선별도구로 작용하고 있다. 10% 비중을 가진 대기업 정규직의 제1차 노동시장과 그 외의 제2차 노동시장 간의 근로조건이 임금과 고용 안정성 면에서 격차가 확대되고 있으나 이를 완화해야 할 사회정책마저 제2차 노동시장에 불리하게 작용하고 있다. 더욱이 제1 · 2차 노동시장 간 이동이 매우 제한적이다. 예를 들어 우리나라 임시직의 3년 후 정규직 전환율은 22%(2013년, Strengthening Social Cohesion in Korea, OECD)로 16개 OECD 국가 중 가장 낮다. 더욱이 제1차 노동시장으로의 진입 기회가 주로 청년기로 제한되고 대학이 선별기구로 작용함에 따라 우리나라 교육이 한국 사회를 지나치게 왜곡시키고 있다. 즉, 이중구조의 노동시장은 대학입시를 향한 경쟁적 교육체제와 연계하면서 대학

입시를 정점으로 하는 '입학 경쟁'과 안정된 대기업 정규직을 향한 '취업 경쟁' 사회를 만들고 있다. 입학 경쟁은 과거처럼 고교 시기에만 가열되는 것이 아니다. 초기 단계인 초·중학교 단계에서부터 자사고, 과학고, 외고 등의 특목고에 입학하기 위한 사교육 경쟁이 가열되고 있다. 또한 자격증 취득이나 기술과정 재입학에 따라 소모적 비용이 추가로 지불되고 있으며, 대학 졸업자의 노동시장 진입에서 대기기간이 장기화되고 있다.

2.2 직업 교육·훈련 제도의 구조와 성과

우리나라에서 고등교육을 포함한 일반교육은 충분히 보편화되었고 초중등 교육의 성취 수준도 높은 반면 직업교육이나 직업훈련은 상대적으로 허약하다. 학교에서의 직업교육은 기간학제와 방계학제로 나누어 실시된다. 기간 학제로는 중등학교의 실업가정교육, 전문대학의 중견직업인 양성을 위한 직업교육 등이 있으며, 방계학제로는 고등공민학교, 기술학교, 고등기술학교 등에서 실시되는 직업교육이 있다. 학교 밖에서 이루어지는 직업교육은 직업훈련이 대표적이다.

우리나라의 경우 직업고교와 전문대학이 취약하여 중급 숙련의 부족현상이 지속되고 있으며, 이는 중소기업의 상대적 취약성을 상호 강화시키고 있다. 허약한 중소기업 부문이 숙련에 대한 투자를 위축시키고 동시에 숙련 부족이 중소기업의 어려움을 가중시키고 있는 것이다. 숙련의 부족은 국내 중소기업보다는 수입부품과 기계류에 의존하는 대기업의 생산전략(기업 간 관계)과 포드-테일러주의적 대량생산방식(기업 내 관계)에 기인한다. 대중소기업 간 격차와 기업의 연공급 체계로 말미암아 직업교육이나 기술교육보다는 고등교육을 이수하려는 유인을 갖게 되었고 그 결과가 일반교육과 고등교육의 과잉팽창을 동반하며 숙련부족과 소득(분배의) 양극화로 표출되고 있다.

한국 기업은 숙련이나 품질이 아닌 비용 중심의 경쟁전략에 편향되어 지식과 숙련의 형성·공유·활용에 관심이 크지 않다. 또한 이를 완화할 노동조합이나 노사관계의 역할도 극히 제한적이다. 기업들의 숙련에 의존한 경쟁전략도 일반적 숙련에 집중되어 있어 산업 특수적 또는 기업 특수적 직업 교육·훈련의 역할이 크지 않아 직업계열 학교나 현장 경험이 바탕이 되는 숙련이 충실한 대안적 경로가 되지 못하고 있다. 결과적으로 한국은 직업 교육·훈련을 통하여 저숙련자를 사회적으로 통합하는 시스템이 취약하다. 작업장도 자동화의 진전으로 숙련과 협력을 통한 생산성 향상과 일터 혁신이 약화되고 있다.

우리나라에서 직업 교육·훈련은 학교 중심의 직업교육과 학교 밖에서의 사회교육 형태의 직업훈련으로 2가지가 있다.[35] 학교에서는 정규교육과정에 따라 초중등 단계에서 직업기초능력 양성부터 고등교육 단계에서 전문지식과 기술교육까지 이루어지며, 이처럼 학교 교육을 통해 다양한 수준의 숙련 인력이 노동시장에 공급되고 있다. 직업훈련은 학교 교육에 비해 상대적으로 유연한 교육과정을 통해 다양한 숙련수준별로 인력을 탄력적으로 공급한다. 직업훈련은 생산현장의 기능인력, 생산기술과 중간관리 능력을 갖춘 현장의 기술공, 연구개발지원기능도 수행하는 일반 기술공을 포함하여 다양한 수준의 숙련인력을 공급한다. 직업교육이 학교급별 교육기관에 의해 제공되는 데 반해 직업훈련은 공공훈련시설, 민간훈련전문시설, 사업 내 훈련시설 등 전통적 훈련시설은 물론 대학, 사업주단체, 노동조합 등 다양한 방식으로 이루어진다. 이들의 역할과 그

35. 평생교육을 통해서도 일부 직업능력 개발이 이루어지지만 미미하다. 공교육에 직업교육이 도입된 것은 대한제국이 1899년 4월에 발표한 '상공학교관제'에서이며, 일제하에서는 최소한의 기능교육으로 축소되었다(주인중, 2000, "직업훈련과 직업교육의 상호 연계 방안 연구", 한국직업능력개발원).

변화를 개관하면 다음과 같이 요약된다.

- 공공 · 민간 직업훈련시설은 전통적으로 숙련인력 양성에서 중요한 역할을 해 왔다. 최근 민간훈련시장의 중요성이 점차 커지고 있다.
- 기업은 숙련발전의 핵심 주체이다. 기업은 숙련개발의 핵심 재원인 고용보험 직업능력개발사업 보험료를 부담하고 이 사업을 통해 직접이나 위탁 방식으로 숙련개발을 도모한다.
- 노동조합은 근로자 숙련개발의 또 다른 핵심 주체이지만 아직 숙련개발에서 큰 역할을 하지 못하고 있다. 전국 수준에서 노사정 합의를 통해 숙련개발의 주체로 등장하려 하지만 그 역할은 선언적 의미에 그치고 있다. 다만 기업 · 작업장 수준에서의 교육 · 훈련에서 노조의 중요성이 점차 커지고 있다.

(1) 중등교육에서의 직업교육

학교 교육은 일반숙련을 형성하는 역할을 한다. 중등 단계에서 전문계 고등학교(구 실업계 고등학교)의 직업교육이 산업 기술기능인력을 양성하고 있지만 양적으로나 질적으로 과거에 비해 크게 위축되어 있다. 전문계 고교를 졸업한 수준의 기능인력들이 주로 취업하던 일자리들이 기계화와 자동화로 크게 감소하였기 때문이다. 한편, 전문계 고교 졸업생의 절대 다수가 대학에 진학하면서 중등 직업교육(전문계 고교)의 종국(終局)교육(terminal education) 기능이 크게 퇴조하고 있다. 전문계 고교 교육과정과 산업현장 수요의 괴리가 커지면서 전문계 고교 졸업생들의 현장 활용성이 크게 떨어지고 있는 것도 문제이다.

직업계 중등교육의 위축

우리나라 중등교육에서 직업교육 · 훈련은 계속 약화되고 있다. 1965년 44.5%에서 1995년 42.2%로 안정적이던 직업계고[마이스터고 + 특성화고(직업계열) + 일반고(직업계열)] 학생의 고등학교 교육에서의 비중을 의미하는 직업계고 학생 비율은 2000년 36.1%로 낮아진 뒤 2010년 23.8% 그리고 2017년 19.9%까지 낮아졌다. 직업계열 학생 비율만 보더라도 2011년 17.5%에서 2021년 15.3%까지 지속적으로 하락하고 있다. 결국 대부분의 학생들이 인문계 고교에 진학하여 체계적 직업교육에 접근하지 못하고 소수의 실업계 학생들에게만 직업교육이 이루어지는 구조인데 그조차도 점차 악화되고 있는 것이다. 이 때문에 일반계 진학자 중 대학 진학을 포기하는 청소년은 불가피하게 직업에 대한 준비교육 없이 사회로 나갈 수밖에 없다. 현재 기준으로 우리나라 직업계고 학생 비율은 OECD 평균 48.1%이나 경쟁국 일본(27.8%)보다 낮다. OECD 역시 평균적으로 직업계 고교에 재학 중인 학생의 비율은 2000년에서 2010년까지 다소 감소하였다. 우리의 경우 1975년 직업계 고교 졸업생은 일반계 고교 졸업생의 1/10도 되지 않았지만 1980년대 초반에는 입학자 비율이 유사해졌다. 이후 직업계 고교 진학률이 꾸준히 감소하였고 이에 따라 2000년대에 들어 직업계 고교에서는 입학정원을 축소해야 하는 상황이 생겨나고 있다. 참고로 대부분의 OECD 국가에서 고등학교는 크게 대학 진학을 준비하는 일반계(general)와 취직을 준비하는 직업계(vocational)로 분류된다.[36] 한국은 기존의 일반

---

36. 일반계 교육과정은 상위교육 단계로의 진학을 위해 일반적 지식, 기술, 문해, 수리 능력을 개발한다. 직업계 교육과정은 특정 직업과 사업을 위해 습득해야 할 지식, 기술, 능력을 제공하여 노동시장 진입에 필요한 기술 습득과 기술 자격증 취득을 목표로 삼는다. 한편 이 외에 준직업계(pre-vocational) 교육과정이 있는데 이는 취업과 상위 수준의 직업 · 기술 교육으로의 진학 준비를 목표로 한다. 직

계와 전문계의 분류에서 벗어나 2010년부터 일반고, 특수목적고(이하 특목고), 자율고, 특성화고로 재분류하게 되었다. 이 중 특목고 및 자율고는 주로 대학 진학을 목적으로 하므로 일반고로 분류할 수 있고, 특성화고와 특목고 중 마이스터고는 직업계로 분류할 수 있다.

표 14-17 직업교육 유형별 고등학교 재학생 비율 비교

	전 연령		연령대별 직업계 과정 학생 비율		
	일반계	직업계	15~19세	20~24세	25세 이상
한국 2015	82	18	18	17	–
한국 2019	83	17	17	27	–
OECD 평균 2019	57	43	37	63	62
독일 2019	52	48	34	90	98
미국 2019	100	0	0	0	0
일본 2019	78	22	22	–	–
프랑스 2019	61	39	36	96	100
스웨덴 2019	65	35	31	45	37

자료 : OECD.Stat, Enrolment by gender, programme orientation, mode of study and type of institution.

국가마다 직업교육 및 훈련을 위한 학생선발 구조는 다양하다. 독일처럼 조기에 직업계와 인문계로 나누어지는 구조를 갖는 나라가 있고 미국처럼 종합형 고등학교로 대학에 이르기까지 학교 유형이 분화되지 않는 국가도 있다. 대다수 국가에서 직업계열은 일반계열에 비해 위상이 낮아 학생들이 직업계를 기피하는 데 영향을 미치고 있다. 우리나라에서도 오랫동안 직업교육은 인문교육과 구분되는 실과교육이나 교육적 성취가 낮은 학생들에게 적합한 기능교육을 시키는 것으로 인식되어 일반 교양교육과 대비되는 특수교육으로, 계속교육과 대비되는 종국 교육으로 이해되어 왔다. 이에 따라 청소년 직업교육의 중심이 되어야 할 직업계 고교가 열등한 학교라는 낙인을 면치 못하고 있으며, 이는 청소년 직업교육을 기피하게 만들고 있다. 특히 1990년대 중반 이후 직업계 고교 졸업 후 취업과 진학을 선택할 수 있도록 하여 각 개인의 직업생활에 공헌하는 (평생)교육으로서의 의미가 커졌지만, 동시에 직업계 고교의 정체성이 크게 약화되는 계기도 제공하였다.

직업계 고교의 낮은 성취도

PISA 학업성취도평가에서 한국은 일반계 학생들의 학업 성취가 OECD 평균보다 30여 점 높지만 직업계 학생들의 평균점수는 OECD 평균보다 오히려 15점 정도 낮게 나타난다. 특히 단기 목표에 치중한 단순 지식이나 기능 위주의 교육과 학습 결손의 누적으로 말미암아 직업 기초역량 등 미래 변화에 적응하는 데 요구되는 능력이 부족한 것으로 평가되고 있다. 예를 들어 PISA 2015의 경우 한국 직업계고 학생의 수학 기초학력 미달 비율이 15%로 나타나는데 이는 일본 4%, 독일 2%에 비해 매우 높다.

OECD 국가와 비교해 우리나라 고교 직업교육 비중은 공업계(공학 43.6%, 5개국 평균 29.5%, 2019)에 치중되어 서비스 계열(6.5%, 5개국 13.3%)이나 보건복지 계열(3.0%, 5개국 평균 12.8%)은 매우 낮다.

업계와 달리 기술 자격증 취득을 목표로 하지 않는다.

표 14-18 직업계 고등학교의 전공별 구성비

	일반 및 자격증	교육	예술 및 인문	사회과학, 언론, 정보	경영, 행정, 법	자연, 수학 통계	정보 통신	공학	농림 어업	보건 및 복지	서비스	기타
5개국 평균	1.3	0.5	4.8	0.6	23.0	2.9	2.0	29.5	4.9	12.8	13.3	4.4
한국	0.0	0.3	15.0	0.0	23.0	1.0	5.6	43.6	2.1	3.0	6.5	0.0
독일	0.0	0.0	3.2	0.1	32.2	0.3	3.2	36.8	2.6	9.4	11.8	0.4
영국	4.2	1.5	11.6	2.0	16.6	9.0	3.8	14.7	2.4	19.4	14.8	0.1
스웨덴	0.0	0.0	0.9	0.1	5.5	0.0	0.0	27.0	5.3	12.5	10.1	38.6
프랑스	0.0	0.0	1.4	0.0	22.8	0.3	0.0	36.7	6.0	13.8	18.8	0.1
일본	0.0	0.0	0.0	0.0	25.5	0.0	0.4	36.5	11.3	4.3	6.1	15.9

졸업생 진로 마이스터고는 취업률이 매우 높으나 특성화고는 취업률이 50%에 못 미치며, 그중 정규직 취업률은 더 낮은 수준이다. 대졸자를 우대하고 직업계 고교 졸업자를 경시하는 풍조는 직업계 고교로의 진학을 방해하고 대학 진학을 자극해 왔다. 즉, 우리나라의 인사관리는 학력에 따라 달라져 대졸 숙련기능직과 관리직을 우대하고 고졸 생산직의 임금, 교육 · 훈련, 승진기회를 제한해 왔는데, 이는 대학에 대한 수요를 높이고 실업계 고교에 대한 수요 위축을 낳는 또 하나의 요인이 되고 있다. 한편 직업계 고교에서도 취업을 선택하는 졸업자는 급감하고 대신 대학 진학율이 증가하고 있다.

표 14-19 고교 졸업생들의 대학 진학률 추이

구분	일반계 고교 대학 진학률(%)				직업계 고교 대학 진학률(%)			
년도	졸업생(만 명)	전체	4년제	2년제	졸업생(만 명)	전체	4년제	2년제
1970	8	40.2	33.6	3.3	0.3	10.1	–	–
1980	27	39.2	26.5	6.9	20.0	11.4	4.6	5.5
1990	49	47.2	31.1	15.4	27.0	8.3	2.7	5.5
2000	47	83.9	66.4	17.1	29.0	42.0	11.0	30.5
2010	48	81.5	63.1	17.6	16.0	71.1	24.4	46.0
2020	37	78.6	60.9	17.5	7.0	47.8	16.3	31.5

자료 : 교육부, 교육통계서비스, 교육통계, 유초중등통계, 연도별 추이, 연도별 고등학교 유형별 졸업 후 상황

열악한 교육지원 환경

직업교육은 최근으로 올수록 교육지원 환경이 열악해지고 있다. 개별적 적성이나 능력에 관계없이 획일적 교육과정이 제공되며, 그조차도 기본자질 교육(언어, 수학, 컴퓨터 등)이 부실하게 운영되고 있고 기본자질 소지 여부를 판단하는 검증 장치가 확보되지 못하고 있다. 자격증 취득은 교과과정과의 제도적 연계 없이 교육체계 밖에서 개별적 노력으로 이루어지고 있어 전문적인 기술교육기관으로서의 특성을 살리지 못하고 있다. 또한 자격증을 취득해도 그 자격증이 기업 수요를 반영하여 만들어진 것이 아니어서 자격증 취득이 곧바로 직업세계로의 원활한 진입을 보장하지 못하고 있다.

중등 직업교육 · 훈련이 주로 학교에서 제공됨에 따라 학교가 이론교육과 현장 훈련을 모두 책임지며, 기업의 체계적 참여와 관여가 거의 없다. 직업계 고교 학생들은 재학기간 중 1~3개월 정도의 현장실습을 의무화하고 있으나 여건 조성이 미흡하여 실질적 효과를 보지 못하고 있다. 2년의 학교수업과 1년의 기업 현장실습을 결합한 2 + 1 체제를 도입해 활성화를 도모하고 있으나 개별 고교에서 개별적으로 협력기업을 찾는 방식으로 산발적으로 진행되고 실습 기업의 확보 부족과 경비 지원 미흡, 지원조직 부재로 산업체와 학교 간에 원활한 협조체제가 이루어지지 못하고 있다. 즉, 학교에서는 현장실습 지도 계획 수립이 미흡하고, 기업체에서는 프로그램이 임의대로 운영되고 학생을 무임 노동력으로 활용하는 경향을 보인다. 마이스터고에 상대적으로 기업들의 참여가 높으나 그 수가 많지 않다.

(2) 고등교육 부문의 직업교육

고등교육 단계에서 직업교육은 2~3년제의 전문대학과 공공 직업훈련기관으로서의 기능대학(폴리텍)을 중심으로 구성된다. 이들은 짧은 교육기간을 갖는 단기 고등직업교육기관으로 전공 분야별로 전문학사 학위를 부여하며, 산학 연계적인 실용성 있는 교과과정을 제공한다. 기술혁신과 세계화는 작업과 직무적 역할을 강조하지만 동시에 지식기반 경제로의 전환에 따라 일반교육에 대한 요구가 강화되고 있다. 이에 따라 고등교육에서도 학문중심 교육과 실용적 직업교육의 통합을 요구하고 있으며, 전문 직업교육기관뿐만 아니라 일반대학에서도 교육 기능의 재편이 나타나고 있다.

기능대학

폴리텍 대학은 기술 중심의 실무 전문인을 양성하는 국책 특수대학으로 기술의 습득은 물론 정규 과정을 마치면 학위를 받을 수 있다. 산업근로자들에게는 재교육의 장소로서 재직자 위탁과정, 실업대책 훈련과정 등 다양한 직업훈련 프로그램을 제공하며, 단기간에 급성장하였다. 이들 기관의 입학요건은 대학과 유사하지만 실업계 고교 졸업자를 우대하고 있다.

전문대학

전문대학은 양적으로 크게 팽창했지만 질적인 면에서의 숙련개발체제에 대한 기여는 위축되고 있다. 전문대학은 4년제 대학 입학이 제한되었던 시기에 4년제 대학에 진학하지 못하는 고졸자에게 교육을 공급하는 완충적 기능을 제공한 데서 출발하였고 1990년대 중반에는 직업교육의 중심적 위치로 부상하였다. 그러나 대학교육이 일반화되어 4년제 대학으로의 진학이 증가함에 따라 기존의 전문대 졸업자가 진출한 직업 영역에 4년제 출신의 진입이 확대되며 전문대 졸업자의 위상과 그들에 대한 처우가 낮아져 전문대학은 위축세를 보여왔다. 이 외에도 전문대학의 역할이 위축된 데는 여러 가지 원인이 작용하였다. 필요 지식이 빠르게 변화하는 산업 기술 환경에서 2년의 전공교육을 통해 얻게 되는 지식의 한계가 있고 전문대학의 교육과정과 학위가 국가기술표준과 체계적으로 연계되어 있지 못한 것도 있지만, 직업훈련에 대한 사회적 낙인으로 전문대학 진학이 학업 성취가 낮은 학생들의 경로로 간주되는 문제점도 크다. 전문대학 졸업생에 대한 노동시장에서의 낮은 처우는 이런 현상을 심화시키고 있다. OECD에 비해 전문대졸자와 4년제 대졸자의 임금격차가 크며, 대부분의 전문대 출신이 고졸자와 거의 같거나 약간 높은 임금을 받고 있다. 25~64세 성인 인구의 고등학교 졸업자가 받는 임금을 100이라 할 때 대학교와 대학원(석 · 박사)은 167로 OECD 평균(165)보다 높았지만 전문대학은 115로 OECD 평균(124)보다 낮다(OECD, Education at a Glance, 2012).

1990년대까지 급증하던 전문대학 입학자 비율은 2000년에 들어 정체되고 있는 반면, 일반 대학 입학자 비율은 급증세를 지속해 왔다. 이에 따라 전문대학의 미충원과 중도탈락 비율이 커져 2022년의 경우 전문대학 입학정원 대비 신입생 충원율은 87.0%에 불과하다. 또한 전문대 졸업자들 중 상당수가 4년제 대학에 편입함에 따라 전문대학은 종국 직업교육기관으로서의 위상과 역할을 잃어 가고 있다. 이에 대응하여 다수의 전문대학이 고유의 직업교육 취지와는 달리 교육연한, 교육과정, 명칭 면에서 4년제 일반대학(의 학문적 지향성)을 모방함에 따라 고등직업교육기관으로서의 성과가 더욱 취약해지는 한편 단기 직업교육기관으로서의 정체성이 더욱 모호해지고 있다.

일반대학

글로벌화와 기술혁신 그리고 그에 따른 산업구조 변화로 말미암아 고급 기술과 관리 인력에 대한 수요가 늘어나고 고등교육이 대중화되면서 대학도 직업교육과 숙련개발에서 중요한 축으로 부상하고 있다. 특히 지식기반 경제로의 전환에 따라 대학졸업자에게도 산업현장에 직접 응용 가능한 지식을 갖출 것을 요구하는 경향이 커지고 있다. 이에 따라 우리나라 대학 교육과정의 산업현장에서의 숙련 수요와 동떨어진 학문 지향성이 종종 비판받고 있으며, 기업들은 대졸 신입사원에 대해 막대한 교육 · 훈련비를 지출한다는 데 불만을 제기하고 있다. 이에 따라 대학교육의 보편화와 직무능력 중심의 사회에 걸맞게 국가직무능력표준(National Competency Standards ; NCS)이 대학 교육과정에 반영되고, 사회가 이를 인정하도록 변해야 한다는 주장이 제기되고 있다.

(3) 직업훈련과 평생학습

우리나라 직업훈련제도는 1960년대에 제1차 경제개발 5개년 계획의 집행 과정에서 정부가 기능인력 양성의 필요성을 인식하여 직업교육과 견습공 제도를 둠으로써 본격화되었다. 그러나 직업교육만으로는 수용능력이 부족하고 교육과정이 현장인력 양성에 한계가 있었다. 이에 따라 1967년에 직업훈련법 제정으로 직업훈련의 제도적 근거를 마련한 뒤 정부는 공공직업훈련소를 설치 · 운영하고 사업(체)내 직업훈련을 의무화하였다. 직업훈련제 도입으로 직업훈련 규모는 급성장하였다.

중화학 공업화와 더불어 원활한 인력공급을 위한 기업의 직업훈련 촉진을 위해 1976년에는 직업훈련기본법을 제정하고 사내 기초훈련을 실시해야 할 사업주가 직업훈련을 실제로 실시하지 않으면 분담금을 납부하게 하였다. 이에 따라 초기 산업화 단계에 있던 중화학공업의 소품종 대량생산에 필요한 기능인력을 정부주도로 대폭 양성하게 되고 동시에 기업 내 직업훈련과 민간의 훈련기관들이 늘어나면서 직업훈련시장의 기반이 구축될 수 있었다. 당시에는 학교교육이 충분한 기능 인력을 공급하지 못하고 있었고, 민간직업훈련시장 또한 거의 형성되지 못하였으며, 기업의 자율적인 직업훈련에 대한 관심이 결여된 상태에서 기업은 외부에서 양성된 기능인력을 스카우트하는 데에만 치중하였다.

정부주도형 경제발전전략과 소품종 대량산업 육성과 궤를 같이하던 직업훈련은 1990년대에 들어 한국경제가 고부가가치의 다품종 대량생산방식으로 넘어감에 따라 변화가 요구되었다. 기존의 직업훈련제도로는 직업훈련시장을 확충하고 민간의 자율적 훈련을 활성화하는 데 한계를 보였다. 이에 따라 1990년대에 들어서는 고용보험법(1993) 및 근로자직업훈련촉진법 제정(1999)과 규제완화를 통해 근로자 직업훈련의 제공 주체를 공공에서 민간으로 대폭 이전하였다. 직업훈련은 고용보험 3대 사업의 하나인 직업능력개발사업으로 변모하였고 이 사업은 사용하지 않은 직업능력개발비를 소멸시켜 고용주들의 직업훈련을 유도하여 직업훈련 규모를 대폭 확대시키는 계기를 제공하였다. 한편 근로자 직업훈련촉진법은 그동안의 기능인력 양성 중심의 직업훈련을 재직근로자 대상의 직무능력 향상훈련으로 전환시킴으로써 직업훈련의 영역을 확장시켰다. 외환위기 이후 1998년부터 실업자직업훈련이 확대되었으며, 공공직업훈련은 생산적 복지의 일부로서 사회통합책이자 적극적 노동시장 정책으로 작용하게 되었다.

2000년대에 들어서는 'NCS' 제도를 도입하여 현장 직무와 일치하지 않는 직업교육 및 자격제도를 현장 직무에 맞게 개편하였다. NCS 제도는 교육계나 개별 산업체가 아닌 직무분야 전문가들(현장전문가, 교육 · 훈련 전문가, 자격전문가)로 구성된 산업별 인적자원협의체가 직무분석을 통해 직무수행능력을 도출하고 국가가 인증 · 고시한다. 산업현장의 직무를 수행하기 위해 필요한 능력을 국가적 차원에서 표준화한 일종의 '직무수행 명세서'이다. 전문대학을 포함한 교육기관은 NCS 기반 교육과정을 운영하고 자격검정기관은 NCS 기반으로 자격 검정 기준을 설치하는 한편 기업은 채용, 인사배치, 경력개발과 인사관리에 NCS를 활용하도록 하고 있다.

우리나라에서 고등학교부터 평생학습까지의 현행 직업훈련을 개관하면 다음과 같다. 고교 재학생은 특성화고 2~3학년이라면 고용노동부의 산학일체형 도제학교에 참여하거나 일반고 자연계 고교생이라면 국가기간 · 전략산업 직종훈련을 통해 현장경험을 선택할 수 있다. 대학생은 학부에서 전공분야별로 고용노동부 지원 일학습병행, 산업통상자원부 지원 전문인력양성사업, 교육부 사회맞춤형 산학협력선도대학사업, 중소기업벤처부 지원 중소기업계약학과에 참여하여 현장경험을 쌓을 수 있다. 학부 졸업 후 대학원에 진학하는 경우 산업통상자원부가 지원하며, 산-학 연계로 추진되는 전문인력 양성사업에 참여하여 R&D 전문인력으로 기업에 입직할 수 있다[박명준 외(2020), 『기계산업 인적경쟁력 강화방안 연구(I)』, 한국노동연구원].

재직자는 노동부 직무능력 향상훈련에 참여하거나 국가기술 자격을 취득함으로써 직무능력을 향상할 수 있다. 노동부 재직자 직무능력향상훈련(NCS 중심)에 참여하여 자기개발과 이직을 시도할 수 있고 취업 후 학습근로자로 참여하여 직무 전문성을 강화하면서 동시에 학위를 취득할 수 있다. 또 자격증을 취득함으로써 자기개발 및 승진을 하거나 일정 경력을 갖춘 자를 대상으로 별도로 선정하는 자격을 취득하여 산업현장 전문가로서 입지를 강화할 수 있다. 한편 노동부는 평생직업능력개발을 위해 중장년층을 대상으로 별도의 직업훈련과정을 제공하는바 퇴직 이후 혹은 전직을 위하여 해당 직업훈련과정에 참여한 뒤 재취업에 나설 수 있다. 반면 정부는 오랜 현장경험을 축적한 자들을 대상으로 국가 차원에서 전문가로 인정해 특성화고, 폴리텍대 등에서 전문기술을 전수하도록 함으로써 숙련형성에 활용하고 있다.

이상에서 산업통상자원부는 주요 산업분야별 전문인력을 양성하는 사업을 전개하며, 노동부는 고용보험기금을 활용하여 NCS 제도를 기반으로 전 국민을 대상으로 근로자에게 직업에 필요한 직무수행능력을 습득 · 향상시키는 목적의 직업능력개발(직업훈련)사업을 운영한다. 직업능력개발사업은 기본적으로 NCS 기준을 준용하여 훈련과정을 개발하는데, 민간직업훈련기관[37] 지원사업, 공공직업훈련기관 지원사업, 기업 지원

37. 고용노동부 직업훈련과정을 운영하는 전국의 민간 훈련기관과 공공훈련기관은 각각 7,228개소와 85개소(2018)가 있는데 이들 기관들은 직업능력심사평가원의 규정에 따라 훈련과정을 운영하고 있다. 민간훈련기관은 규모가 공공훈련기관보다 월등하게 크지만 대학

사업으로 구분된다. 한편 산업통상자원부 인력양성사업은 주관기관을 두고 대학 및 일정 규모를 갖춘 기관을 활용하여 산업협력을 통해 인재를 양성하며, 노동부 훈련과정은 폴리텍대를 제외하고는 민간 직업훈련기관을 중심으로 운영되고 있다.

그림 14-5 직업훈련의 개관 : 기계산업을 중심으로

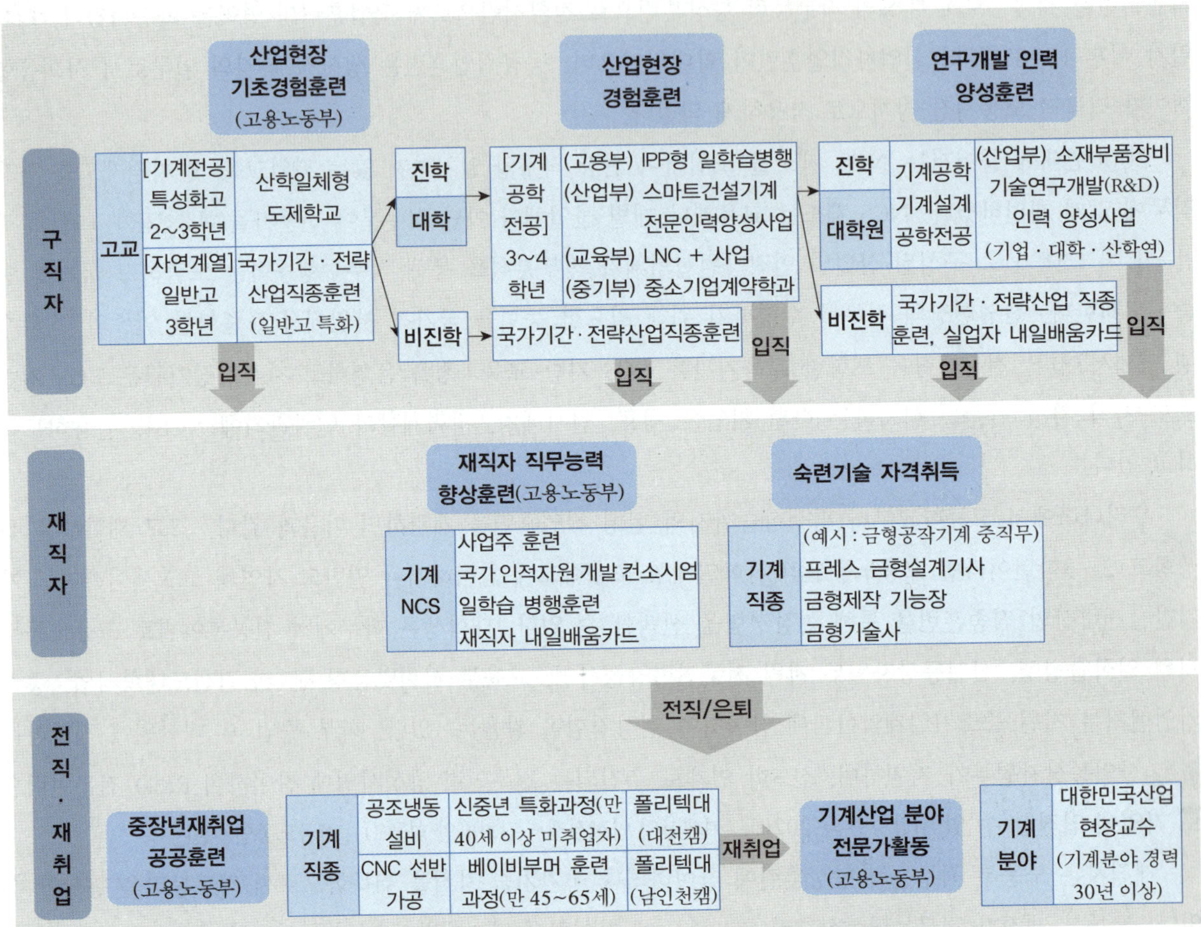

자료 : 박명준 등(2020), 기계산업 인적경쟁력 강화방안 연구(I), 한국노동연구원, 그림 5-1.

우리나라에서 평생학습[38] 참여율은 2007년 29.8%에서 2019년 43.4%로 크게 증가하였지만 많은 문제점을 노출하고 있다. 우선 정부 중심의 직업훈련제도가 공공직업훈련부문을 과대 성장시키고 변화하는 훈련수요에 유연하게 대처하지 못하고 있다. 정부주도의 직업능력개발사업(실업자훈련 등)은 주로 저숙련 훈련으로 고숙련자 양성에는 미흡하다. 또한 공급자(직업훈련기관) 위주의 프로그램으로 재직자의 수요를 반영한 다양하고 전문적인 프로그램이 부족하다. 이에 따라 직업교육훈련기관의 졸업장과 학위, 국가기술자격증 등은 노동시장에서 인정받지 못하고 있다. 한편 민간부문의 기업 내 훈련에서도 기업 필요에 의한 훈련보다는 기금납부 면제를 위하여 또는 비용환급을 목적으로 하는 소모적 훈련을 실시하는 낭비가 발생하고 있다. 또한 직

및 공공기관에 의존하는 산업통상부 인력양성사업에 비해 훈련교사와 훈련장비가 불리하다.

38. 우리나라에서 평생학습은 학교 · 언론기관 · 기업에서 설립한 평생교육시설에서 이루어지는 교육이다. 방송통신대 · 사이버대나 각 대학 부설 평생교육원, 백화점에서 운영하는 문화센터 등이 대표적 평생교육기관이다.

업훈련 대부분이 기업이 직업훈련을 실시하고 환급받는 사업주 지원방식이어서 이직이나 전직에 필요한 근로자의 훈련 수요에는 충분히 부응하지 못하고 있다. 반대로 훈련생의 선호에 의해 개설되는 직업교육·훈련(바리스타, 제빵 등)은 미래의 산업 수요와 차이가 있다. 즉, 취업과 고용유지에 지나치게 편향된 교육·훈련은 경제발전과 국민의 삶의 질 제고를 효과적으로 연계시키지 못하는 문제를 낳고 있다. 마지막으로 소득 수준에 따라 평생학습 참여율의 격차가 크며, 수도권에 평생교육기관의 65%가 집중돼 있어 지역 간 편차도 상당하다.

제한적 직업훈련

역량은 모든 연령에 걸쳐서 학교나 대학에서의 교육을 통해서뿐만이 아니라 직장 내외에서 다양한 방식의 학습을 통하여 축적된다. 우리나라에서 직업훈련은 개인이 선택할 문제로 간주되고 있지만 추가 훈련의 활용이나 보상이 부족한 상황에서 사용자와 근로자 모두 직업훈련에 기초한 경력개발에 큰 관심을 두지 않고 있다. 학령인구의 재학 비율은 높지만 성인의 교육 참여율은 17.3%로 OECD 회원국(35.0%)의 절반에 불과하다(최돈민, 2004, '한국의 평생교육 수준 비교 분석'). 교육 단계별로 35세 성인이 중등교육기관과 고등교육기관 재학생에서 차지하는 비중은 각각 0.01% 미만과 2.87%로 낮은 수준에 머물고 있다. 우리나라 정규교육이 학교를 떠난 성인들의 재교육에 폐쇄적이고 효율적으로 대처하지 못하고 있기 때문이다. 한편 훈련 강도는 기업 규모에 비례하며, 훈련 이후의 활용가능성을 고려하여 정규직이 비정규직보다 더 많은 훈련을 받는다. 훈련은 주로 강의로 이루어져(67.1%) 현장훈련은 상대적으로 비중이 작다(12.2%). 기업들은 미숙련 노동자들에게 23개월의 일반관리업무 교육과 30개월의 기술교육을 통해 기업이 필요로 하는 숙련을 갖도록 하고 있다(Park, 2007).

OECD PIAAC에 따르면 한국 성인 남성은 '학습 의지' 지표는 최하위권이며, '직장 내 학습' 지표 역시 모든 연령집단에서 비교 국가들 중 최하위이다. 교육을 받고 직장에 취직한 후 다양한 형태로 전개될 수 있는 역량 축적 활동이 매우 미약한 것이다. 또한 한국 성인의 학습 의지는 연령이 높아질수록 다른 나라에 비하여 더 급격하게 하락하는 것으로 나타나고 있다. 개인들의 부진한 학습(의지)은 무엇보다도 임금이 직무수행능력보다는 연공급에 의해 주로 결정되기 때문에 근로자 입장에서 적극적인 참여 유인이 약하기 때문이다. 더 나아가 대기업과 중소기업 간 격차(임금, 근로 여건, 안정성 등)의 심화로 청년층의 중소기업 기피 및 직업교육 비선호 현상이 가중되고 있다. 결과적으로 직업교육의 필요성에 대한 이해는 있으나, 직업교육에 대한 사회적 평가와 인식이 낮은 수준에 머물고 일반교육에 대한 선호 현상이 지속되고 있다. 근로자들은 직업훈련에 대한 지원을 부가 급여로까지 간주하고 있다.

정규직과 비정규직 간의 차별도 기업 내에서 이루어지는 근로자 재교육과 훈련에 대한 근로자의 참여 동기를 약화시키고 있다. 정규직의 경우 숙련 또는 직무수행능력보다는 연공급에 의해 임금이 보호되므로 숙련형성의 의지가 크지 않다. 아울러 학력 차이에 의해 직급이 엄격히 구별되는 만큼 개인들은 숙련형성을 도모하더라도 개별 산업이나 기업에 특화된 숙련보다는 사무·관리로의 경력을 높이는 일반교육에 보다 주력한다. 퇴직이 다른 나라에 비해 조기에 이루어지고 또 전직도 쉽지 않은 것도 기업 특수적 숙련에 투자할 유인을 약화시킨다. 비정규직의 경우에도 계속 고용되리라는 보장이 없는 상황 때문에 기업특화 기술보다는 기업 간에 높은 이동성이 보장되는 일반기술을 습득하기를 원한다. 우리나라에는 대졸 관리직은 제품개발, 실험, 기계설계를, 공고 출신은 기계의 유지·보수를, 인문고졸 이하의 단순기능직급은 조업생산을 맡는 분리형(分

離形) 숙련형성 방식이 정착되어 있다(조우현, 2007). 즉, 고졸 생산직은 단순반복적 조립업무만 수행하여 숙련향상 기회가 부족하고, 교육 · 훈련을 받더라도 그 결과가 승진이나 보수에 반영되어 숙련기능직이나 관리(기술)직으로 승진할 수 있는 기회도 대졸자에 비해 제한적이다.

기업들은 일반적으로 훈련 지출을 거의 하지 않으며, 필요한 경험과 숙련을 가진 인력을 고용하는 것을 선호한다. 기업의 훈련사업에 대한 지출은 미미하여 기업의 총 노동비용에서 직업훈련비가 차지하는 비중은 2005년 0.8%, 2010년 0.6%에서 2020년에는 0.4%까지 하락하였다(고용노동부, 「기업체노동비용조사보고서」). 기업은 시간이 흐를수록 근로자를 '양성'하기보다는 '구입'하는 것을 선호하고 있는 것이다.

정부의 직업훈련에서의 역할도 제한적이다. 2018년 기준 GDP 대비 공교육비 투자 비중은 우리나라가 5.1%로 OECD(4.9%)보다 높지만, 직업훈련 공공지출은 0.06%로 OECD 평균인 0.11%의 1/2 수준에 그치고 있다.[39] 이들은 기능인력 양성훈련, 실업대책에 따른 직업훈련 그리고 재직자 직무능력 향상훈련에 지출되고 있다. 우리나라 25세 이상 64세 이하 성인 근로자의 직무 관련 훈련 참여율은 14.3%(2004)에 불과하여 OECD 평균(37.1%)의 절반에도 미치지 못하고 미국과 영국 등 OECD 주요 국가 중에서는 최저 수준에 놓여 있다.

중소기업의 과소투자

기업들의 근로자들에 대한 직업훈련투자가 전반적으로 저조한 가운데 정부의 정책지원은 결과적으로 대기업을 우대하는 상황을 낳고 있다. 대기업 인력은 입사부터 시작하여 재직기간 동안 다양한 재교육 · 훈련을 받을 기회를 제공받고 있지만, 중소기업은 신입 근로자의 기술수준이 미흡할 뿐만 아니라 재직 인력을 위한 양성 및 재교육 · 훈련 체계도 취약하다.

신입사원 교육은 중소기업일수록 제한적이고 평균교육비용이나 1인당 교육비용도 대기업에 비해 크게 뒤처지고 있다. 재직자 교육도 마찬가지다. 고용보험기금으로 운영되고 있는 재직자의 직업능력개발 지원 사업은 본래 중소기업체 근로자들의 직업능력개발을 도모하기 위함이나 기업 규모가 작아질수록 훈련 참여율이 낮아 훈련보조금 지원이 도리어 대기업에 편중되는 역진적 효과가 나타나고 있다. 더욱이 중소기업 종사자들은 이직률도 높아 현장 경험에 의한 직능 습득이 어렵다.

특히 기업규모가 작을수록 훈련비용이 더 미미하다. 종업원 1인당 교육시간(6.5시간), 교육 · 훈련비(56유로), 교육 · 훈련 참여 종업원 비중(30.8%, 소기업 24.3% 대기업 35.3%) 모두 EU에 비해 크게 뒤진다(10.0시간, 245유로, 40.8%, 소기업 30.0%, 대기업 47.7%). 중소기업의 교육 · 훈련 투자가 적은 것에는 조업 차질 우려, 인식 부족, 투자여력 부족 등 기술적인 문제 외에 대기업과 중소기업 간의 현저한 기술격차도 중요한 원인으로 자리 잡고 있다. 즉, 대부분의 중소기업들은 자체의 기술력이 부족하여 저부가가치의 단순 소재 · 부품을 대기업(의 1차 하청업체)에 납품하는 지위에 놓여 있어 기술력을 제고하기 위한 교육 · 훈련 수요가 부족한 것이다.

생산방식과 직업훈련 유인의 제한

우리나라의 생산방식은 직무를 수행하는 과정에서 발생할 수 있는 광범위한 숙련 향상의 기회를 제한하고 있다. 또한 한국 기업들의 경쟁전략과 비교우위가 직업 · 산업 · 기업 특수적 숙련에 기초하지 않으며, 안

39. 고용 서비스 및 행정 지출 비중은 한국이 0.05%이나 OECD 평균은 0.12%이며, 직업일자리 창출 비중은 한국이 0.15%이나 OECD 평균은 0.05에 그치고 있다. OECD, Stat, Public expenditure and participant stocks on LMP.

정적 숙련형성을 뒷받침할 수 있는 노사협력, 정부의 조정과 투자, 사회보호(고용보호나 실업보호)가 모두 취약하다. 고용보호는 높게 나타나지만, 대상이 정규직에 제한되고 있어 전반적으로 남유럽과 유사하다(양재진 · 최영준, 2014)

노동시장 진입 이후에는 일을 하는 방식, 특히 역량을 꾸준히 활용하고 있는가가 역량 축적에서 중요한 역할을 한다. 그러나 우리나라의 경우 성인의 직장에서의 읽기, 쓰기, 수리, ICT 역량 활용은 OECD 평균 수준이고 직장에서의 문제해결 역량의 활용도는 OECD PIAAC 국가 중 하위권(33개국 중 29위)이다. 특히 문제해결 역량의 사용이 특히 요구되는 고숙련직('고위임직원 및 관리직'과 '전문직')에서 활용이 부진하다. 업무 관련 전문지식을 습득하고 이를 향상하는 의미에서 '동료나 상급자로부터의 학습'이나 '업무를 통한 학습'을 경험한 근로자의 비율이 OECD 평균을 크게 하회한다. 우리나라 직장문화가 문제해결 역량의 활용을 부진하게 만들고 있기 때문이다. 소통 · 협력적 직장문화(업무방식)와 역량 활용도는 밀접한 연관성이 있는데 우리나라의 경우 '직장 내 교류'나 '직장동료 간 협력' 정도가 매우 낮다. 또한 PIAAC '과업 재량' 지표는 전 연령집단에서 비교 국가 중 최하위이다.

숙련향상이 어려운 생산방식 생산직에서의 숙련투자 미흡은 우리의 산업발전과정에서 반복되어온 문제다. 1970년대까지 기업들은 선진국 기업의 하청업체로서 조립공정 중심의 노동집약적 산업에 포진하여 요구되는 숙련수준이 낮았고 숙련향상의 필요성이 크지 않았다. 1970년대 이후 중화학공업이 확충 · 발전하면서 숙련기능공에 대한 수요가 증가하였으나 기업들은 양성보다는 채용을 통해 해소해 왔다. 다행히 국가주도의 기능인력 양성체제가 이를 보완할 수 있었다(이주호, 1992). 1987년 정치민주화로 대규모 제조업 사업장을 중심으로 노동운동이 분출되면서 1990년대 이후 기업들은 생산 자동화를 추진하고 생산기능직을 사내하청[40] 등으로 외주화하였다. 또한 제조업 생산방식은 점차 고급 일반적 숙련을 가진 대졸 출신 엔지니어와 중간 관리자들이 주도하는 영미식 모델에 근접해가고 있어 숙련형성을 제한하고 있다.

한편 일과 교육 · 훈련, 자격을 연계하고 특정 직무에 대한 역량 중심 인력 양성을 위하여 2000년대 초반부터 도입되기 시작한 NCS 제도도 다양한 이유로 한계를 보이고 있다. 무엇보다도 채용, 승진, 배치, 임금 등 인사관리체계는 특정 직무에 대한 역량 중심으로 이루어지고 있지 못하고 계속 연공서열에 의존하고 있다. 실제 산업현장에서의 직무수행은 포괄적 직무수행을 관행으로 하고 있어 세분화된 국가직무표준의 활용도가 낮다. 더욱이 노동시장이 기업별로 파편화되어 산업별 · 업종별 직무표준인 NCS가 직무 대표성을 갖기 힘든 구조이다. NCS의 추진이 정부의 강력한 주도하에 산업계 전문가들을 동원하는 형태로 이루어지고 있어 산업계의 자발성이나 노조의 참여가 부족하다.

2.3 한국 교육 · 훈련 레짐의 변천

1) 전통사회

가정과 사설 교육기관이 교육의 중심을 구성해 오다 근대에 들어서야 국가가 교육 운영의 주체가 되었던 서구와 달리 우리나라에서는 국가가 주도하는 관학이 항상 학교교육의 근간을 이루어 왔다(이성호, 2011,

40. 사내하청이란 중소협력업체가 직접 대기업의 생산라인의 일부를 맡아 조업을 하는 고용형태를 말한다.

2013). 국가는 과거제 시행의 주체로 과거시험의 내용을 통해 관료의 자질과 능력에 대한 기준을 설정하였고 이는 교육의 내용과 방법까지도 규격화하였다. 과거제는 통일신라, 고려, 조선을 거쳐오면서 국가의 동량을 선발하여 관료로 등용하는 제도로 정착하여 왔는데 이는 계급과 연고에 기초한 신분과 지위의 승계가 아닌 능력을 기준으로 한 선발장치로 고안된 것이다. 국가는 관학의 설립과 운영을 통해 교육기관의 설치는 물론, 재정, 수업활동, 교원인사 등 교육에 관한 사안들을 직접 관리하였다. 지방에는 양반들이 세운 사학이 존재했지만 이는 어디까지나 관학의 기능과 역할을 보완하는 장치였을 뿐이다.

대한제국하에서 근대적 교육이 본격 도입되었지만 여전히 국가가 학교교육을 주관하였으며 이를 보완하는 노력으로 선교사나 민족주의자들에 의해 사립학교가 설립되었다. 중앙집권적이고 관료적 교육행정은 조선이 일제에 강점되며 더욱 강화되었다. 일제는 식민통치의 촉진을 위해 중앙집권적이고 권위주의적으로 학교교육을 엄격히 통제 · 감시하였다.

표 14-20 우리나라 교육제도와 인력 수요의 변화

	1948~1960	1961~1980	1981~1997	1998~현재
교육제도의 변화	교육제도의 재건, 초등교육의 보편화와 문맹 퇴치	중등교육의 보편화, 직업교육의 활성화	직업교육 강화와 고등교육 확대 · 대중화, 교육의 질 개선	창의성, 전문 교육, 평생교육 확대
노동수요와 산업의 변화	경제발전의 기반 조성	노동집약적 제조 노동력 숙련을 요구하는 중화학공업	높은 숙련의 노동력 산업의 기술집약화	지식기반 노동력 지식기반 첨단산업

2) 1948~1961년 : 교육체제 정비와 초등교육 보편화

독립 후 정부의 교육발전 노력은 국가교육제도 수립을 위한 다양한 법제 제정에서 출발하였다. 교육법, 교육공무원법, 교육재정에 관한 법률을 제정하고 교육과정을 제정 · 공포하였으며, 6-3-3-4 학제와 군을 단위로 하는 교육자치제를 수립하였다. 1949년에 제정된 교육법은 교육이념을 '홍익인간(弘益人間)'에 두고 같은 민족으로 남녀 · 상하 차별 없는 '일민주의(一民主義)'의 보수적이고 전통적인 국가 공교육체제를 내세웠다. 당시 교육과정은 동일한 교수요목을 중심으로 교사가 주도하는 일제 학습이었다.

정부는 우선 문맹 퇴치와 초등교육 확대에 집중하였다. 1948년 78.2%에 달하던 문맹률을 문맹퇴치교육을 통해 1958년 4.1%까지 낮추었다. 헌법과 교육법에 명시된 초등의무교육제(1948)로 의무교육완성 6개년 계획에 따라 전체 학령아동의 취학률을 96%(1959년, 1945년 54%)까지 끌어올렸다. 이는 당시 세계 전체의 초등교육 취학률(62.1%)를 크게 상회하며, 개발도상국은 물론 선진국보다도 높은 수준이었다. 1960년에 중등과 고등교육의 취학률은 각각 27%와 4.7%로 당시 개발도상국의 평균 취학률보다 다소 높은 수준이었다. 이는 우리나라 초등 · 중등 · 고등 교육이 병행 발전하기보다는 순차적으로 팽창하였음을 잘 보여준다.

초등교육 확대는 다양한 기능을 하였다. 무엇보다도 근로자로 하여금 산업사회에 필요한 최소한의 의사소통 능력, 조직생활에 필요한 근면과 규칙의 가치를 내재화하는 데 도움을 주었다. 특히 초등교육은 농업 등 제1차 산업이 지배적인 경제에서 경공업 육성에 필요한 노동력을 제공하는 데 기여했을 뿐만 아니라 토지개혁으로 보편화된 자작농이 농업 생산성을 높일 수 있도록 하였다. 또한 초등교육의 보편화는 남녀에게 비교적 균등한 교육기회를 제공함으로써 1960년대 주요수출 산업분야에서 여성들이 산업화의 주역으로 활

동할 수 있는 배경이 되었으며, 농업과 비공식 부문에서도 생산성 증대에 기여하였다. 한편 초등학교는 마을 단위의 공중보건 활동(탈의실, 목욕탕 등)과 영양공급 활동(분유, 건빵 등)의 통로로 기여하였다. 한편 초등교육의 보편화는 이후 중등교육에 대한 수요를 형성하였는데, 이에 대응하여 정부는 중등 및 고등교육의 확충 계획을 수립하였고 교원 부족 문제를 해결하기 위하여 사범학교와 사범대학을 설립하였다.

해방 이후 1950년대까지는 산업발전이 부진하여 실업교육 이수자들의 취업 기회가 부족한 가운데 인문 숭상의 사회풍조가 지배적이었다. 정부는 실업교육 진흥을 위한 정책을 추진하였으나 큰 성과를 거두지 못하였다. 특히 오랫동안 별도의 실업계 중등학교가 설립되지 않은 가운데 실업계 고등학교 교육과정이 마련되었지만 명목상으로만 실업계일 뿐 실질적으로는 인문계 고등학교로 운영되었다. 우리나라에서는 학교교육(직업계 고교와 전문대학)이 먼저 도입되어 직업교육 훈련을 주도하였다.

해방 직후부터 1950년대까지 자유방임적 고등교육 정원정책에 따라 고등교육이 팽창하였다. 해방 이후 고등교육 제도가 일제시대 전문학교와 대학으로 이원화되어 있던 체제에서 4년제 대학으로 일원화되고 일부 대학 운영자들이 정원 확보의 한 방편으로 부설의 전문부와 초급대학을 활용하고 국립종합대학의 설립이 이어졌기 때문이다. 그러나 취학가능 인구가 적었기 때문에 팽창 규모는 그다지 크지 않았다.

3) 1962~1980년 : 중등교육 보편화와 직업교육 활성화

1960년대 : 국가주도적 교육레짐의 형성과 기술교육의 대두

경제개발을 뒷받침하는 교육발전을 국가주도로 계획적으로 조성하는 한국식 교육의 틀이 형성되었고 경제성장과 더불어 교육 부문에도 급격한 양적 성장과 발전이 있었다. 국가주도의 교육 행정체제하에서 교육행정은 중앙집권화되어 거의 모든 교육정책이 중앙에서 결정되고 지방 교육행정기관은 중앙정부의 결정사항을 집행하는 수준에 불과하였다. 국가와 민족을 중시하는 국민통합과 경제성장을 뒷받침하는 국가주의 교육체제를 도모하여 1969년에 교육지표로 국민교육헌장을 제정하고 처음으로 종합적인 교육발전계획을 수립하였다.

해방 후 대학의 지나친 양적 팽창에 대한 비판이 1950년대 후반부터 거세어짐에 따라 군사정부는 대학 정비를 단행하였다. 대학의 설립과 정원 규모에 대한 정부 통제를 제도화하였으며, 대학입학 전형방법도 통일하여 대학정원과 국가 인력 수급정책을 유기적으로 연계하였다. 사학의 공공성을 확립하기 위하여 사립학교법을 제정하였고 사립 중등학교에 대한 재정 지원에 나섰다.

1960년대에 고등교육에 대한 접근을 제한하는 대신 실업교육을 본격화하는 한편 기술과학교육을 확대함으로써 공업화와 수출 증대에 필요한 기술기능공 양성을 본격화하였다. 1963년 "공업교육진흥법" 제정으로 학생들의 직업훈련을 장려하였고, 일반계 고등학교와 별도로 실업계 교육과정을 제정하였으며, 노동집약적 산업발전에 필요한 기능기술자 양성을 위해 실업계고가 꾸준히 증가하였다.

유교적 전통을 가진 한국 사회에서 부모의 인문계 교육에 대한 선호가 강한 가운데 경공업과 대량생산에 필요한 숙련공급은 실업계 학교만으로는 역부족이었다. 따라서 정부는 경공업 중심의 수출산업화에 필요한 인력 부족 문제에 대처하기 위해 학교 밖에서 체계적으로 기술인력을 양성하는 정책을 추진하여 1967년 "직업훈련법"을 시행하였다. 1970년대 중반까지는 경공업제품 수출에 필요한 단순 기능공 확보를 중시하였다. 전국적으로 많은 직업훈련기관이 설립되었으며, 산업계도 상위 학교에 등록하지 못한 근로자를 위한 훈련과정을 관리했다. 1960년 이후 직업훈련이 체계화되며, 직업교육을 앞서게 되었다[41].

1960년대 후반부터는 중학교를 시작으로 중등교육의 기회가 확대되었다. 일제하에서 중등교육은 매우 제한되어 소수의 엘리트만을 위한 교육이었고 독립 이후에도 수익자 부담과 민간 주도 원칙이 유지되어 그 팽창속도는 더디었다. 그러나 1950년대 초등교육 보편화로 중학교 진학 희망자가 급증한 것을 배경으로 중학교 교육 확대 정책이 본격화되었다. 1960년대 말은 저렴한 노동집약적 경공업제품이 주도하는 경제성장의 시기였고 공장 노동에 참여할 수 있는 숙련과 지식을 가진 노동자를 확보하기 위해서도 중학 교육의 팽창이 필요했다. 이에 따라 정부는 1969년 무시험입학제, 추첨제 그리고 소수 명문중학교의 폐쇄를 통한 중학교 평준화를 실시하였고 이렇게 확대된 중학교 진학 기회에 힘입어 초등학생의 중학교 진학률이 빠르게 높아졌다. 경제성장의 시기에 자녀들이 교육을 통해 획득한 숙련과 지식을 이용해 직장을 잡고 사회적 성취를 이루어감에 따라 부모들은 자가부담으로도 자녀교육에 투자하게 되었으며, 이들 학생들은 노동집약 산업의 공장노동자의 핵심을 점하게 되었다.

1970년대 : 중등 교육과 직업교육 · 훈련의 확충

1970년대에도 인문계 교육에 대한 선호가 계속되며 고등학교 교육이 확대되었다. 실업계 고등학교의 확충과 직업훈련 강화에 힘입어 비숙련과 반숙련 기능인력이 공급됨으로써 중화학공업 중심의 산업화에 기여하였다.

1970년대 초까지 고등학교와 실업계 고교의 취학률은 30% 미만이었고 고등학교는 대학 진학을 두고 경쟁하는 우수학생을 위한 교육기관으로 간주되고 있었다. 그러나 1969년부터 증가한 중학교 취학생들이 고등학교에 진학하기 시작하였던 1972년도에는 고등학교 입시경쟁이 더욱 치열해지며, 가정에 커다란 부담을 낳고 사회문제를 야기하였다. 과열된 고교입시 문제를 해소하기 위해 1974년에는 정부주도로 고등학교 교육의 평준화 정책을 시행하게 되었다. 이는 시도별 연합고사 합격자를 대상으로, 추첨으로 학교를 배정하는 입시제도의 도입과 함께 고등학교 입학정원을 대폭 확대하는 한편 모든 고등학교를 평준화하는 정책이었다. 정부는 "지방교육재정교부금법"(1963)과 "지방교육재정교부금법"(1971)을 시행하여 증가하는 학생들의 수용을 위한 교육시설 건설과 교원 고용에 필요한 교육 재정을 공고히 하였다. 이러한 노력에 힘입어 1970년대 말에는 고등학교 진학률이 60%를 넘어서게 되었다.

1960년대 말의 중학교 무시험진학과 1970년대 초의 고등학교 평준화 정책에 힘입어 중등교육인구가 크게 팽창하여 생산인력의 구성이 초등학교 졸업자에서 중등학교 졸업자로 전환하며, 중등교육 수준의 숙련기능을 가진 인력이 주축 인력이 되었다. 생산직에서 1960년에 대다수인 80.4%가 초등교육 이하의 교육을 이수하였고 중등교육 이수자는 18.5%에 불과하였으나 이후 중등교육 이수자의 비율이 빠르게 증가하여 1975년에는 각각 50.9%와 46.9%로, 그리고 1980년에는 각각 34.6%와 58.5%로 높아졌다.

이 가운데 공업계 고등학교 교육과 직업훈련 체계의 확충이 두드러졌다. 정부는 실업계 고교생 수를 크게 증가시켜 우수한 학생을 확보할 수 있었다. 공업고등학교의 업종별 특성화 정책을 추진하고 대학에서의 공대 특성화를 추진하였다. 이에 따라 전체 고등학교 학생 중 실업계 학생의 비율은 1975년 42.3%에서 1980년 45%로 증가하였다.

---

41. 1963년에 실업계 고교의 교육과정이 제정되었고 1967년에는 직업훈련법이 제정되어 오늘날의 직업교육 · 훈련의 원형이 성립되었다.

정부는 중등교육기관을 평준화하면서도 대학 입시전형을 여전히 직접 통제하고 입학정원 확대를 제한하였다. 그러나 1970년대 후반 고등학교 등록이 증가함에 따라 대학을 개방해야 하는 사회적 압력이 증가했다. 또한 중화학공업 확장에 따라 대기업을 중심으로 엔지니어와 사무 전문인력이 부족해지면서 대졸자에 대한 수요가 증가했다. 이에 따라 정부는 1970년대 중반부터 이공계를 중심으로 대학 정원을 확대하고 전문대학을 확충하며, 대학의 역할을 점차 강조하여 갔다. 우선 직업교육 기관을 개편하여 초급대학(1950), 실업고등전문학교(1963), 전문학교(1970)로 다원화되어 있었던 대학 단계의 직업교육기관을 전문대학으로 일원화하였다. 전문대학은 대학을 졸업한 엔지니어와 공고를 졸업한 기능공의 중간 수준의 중견기술자를 양성하여 고등교육 인력을 합리적으로 배분하고 분야별 전문성 향상으로 산업기술 발전에 이바지하였다. 한편 정부는 공학계열을 중심으로 대학을 특성화하고 공학에 집중적으로 투자함으로써 기술인력을 양성하였다. 특히 지역별 산업배치를 고려하여 중화학 공업계, 경상계, 외국어 학과 등을 중점 증원하였지만 그 외 학과는 증원을 계속 억제하였다.

중화학공업화의 진전으로 기술 · 기능인력이 부족해지고 인건비가 급증하여 산업인력 양성의 필요성이 더욱 커졌다. 이에 대응하여 정부는 "직업훈련에 관한 특별조치법"(1974)에 근거한 '직업훈련의무제'를 도입하여 기업에게 매년 일정 비율의 인원을 의무적으로 양성토록 하였다. 이어 이를 강화한 직업훈련기본법(1976)을 제정하여 대기업은 정부가 정한 규모로 신규근로자 양성훈련을 실시하거나 직업훈련분담금을 납부해야 했다. 직업훈련의무제 및 훈련분담금제는 1999년 직업훈련기본법이 폐지될 때까지 산업인력 양성과 숙련개발을 뒷받침하였다. 직업훈련분담금은 공공훈련시설을 통해 기능인력을 양성 · 공급하는 재원으로 활용되었는데 이를 위해 다수의 공공훈련기관이 설립 · 운영되었다. 정부는 훈련 및 기술자격 검증을 총괄하는 한국직업훈련관리공단(1982년, 현 한국산업인력공단)을 설치하였다.

4) 1981~1997 : 대학 교육기회 확대와 교육 분권화 · 자율화 노력

1980년대에 들어 전자제품과 자동차를 비롯한 중화학공업은 한국 산업과 수출의 중심으로 자리 잡았고 기업은 제품 부가가치 상승을 위해 기술발전을 도모하였다. 특히 수출에서 저임의 노동집약 제품에서 고부가의 기술집약 제품으로의 전환이 강조되었다. 1970년대 후반부터 이어져 온 대학정원의 확대에 힘입은 고학력 노동자의 출현은 민간기업의 기술발전을 지원하였다. 1980년대에는 기술발전이나 공장 운영에 필요한 전문 엔지니어와 더불어 경영관리, 마케팅, 제품설계 분야에서 사무직에 대한 수요가 대기업을 중심으로 크게 늘어났다. 1985년에 상위 50대 재벌은 4년제 대학 졸업생의 절반가량을 채용하였으며, 공무원, 교직, 언론 분야에서도 대학졸업자에 대한 수요가 계속되었다. 결과적으로 국민들은 학력 신장을 사회적 성취를 위한 가장 효과적 수단으로 간주하게 되었다. 지속적인 고도성장에 힘입어 1990년대에 들어서도 임금 상승과 소비 확대가 이어지며, 대학 진학에 대한 욕구는 꾸준히 높아졌다.

자율과 분권을 위한 교육개혁

정치민주화와 세계 각국에서의 정보화와 세계화에 따른 교육개혁 추진을 배경으로 우리나라에서도 단위학교 중심으로 자율과 책무를 강조하는 교육개혁이 정권(교육개혁심의회 1985 ; 교육정책자문회의 1988 ; 교육개혁위원회 1994)마다 연이어 시도되었다.

표 14-21 1980년대 교육개혁의 방향

개념	수준	목적
분권화	정부	국가 교육과정의 획일적 적용으로 지역과 단위학교의 요구를 제대로 반영하지 못하는 부분을 지역과 학교에 일임하여 중앙집중적 방식의 단점을 보완함. 단, 국가 교육과정 기준은 양호하게 유지함(학교 교육의 청사진, 교육과정 질 관리 기준 등).
지역화	교육청(시 · 도 및 지역)	국가-지역-학교의 구도하에 지역 및 단위학교의 특성과 교육 수혜자의 요구를 반영하고 학교 교육과정의 창의적 편성과 운영을 촉진함.
자율화	학교	국가 교육과정을 기준으로 하되 학교의 상황과 지역 사회 및 학습자, 학부모 등 교육 수혜자의 요구를 고려하여 교육과정을 구성함.

1991년부터 지방자치제의 실시와 함께 교육위원과 교육감을 선출하는 실질적 지방교육자치제가 실시되면서 중앙정부의 행정 권한이 상당 부분 지방행정기관에 이양되거나 위임되며, 분권화되었다. 우리나라에서 분권화는 그동안의 중앙집권 방식을 보완하는 방향에서 이루어졌다. 연방국가나 다민족 · 다언어 국가도 아니며, 교육 예산과 재정자립도에서 지역차가 컸기 때문이다. 이에 따라 교육 분권화는 교육과정 지역화와 단위학교 재량권 확대로 요약되었다. 즉, 국가적 기준만을 교육부가 정하고 시 · 도 교육청에서 이를 기준으로 각각 교육과정 지침을 작성하고 일선 학교는 이 지침하에서 학교 실정에 따른 교육과정을 운영하였다.

직업교육 및 훈련의 쇠퇴와 반전

1980년대에 들어 산업구조는 자본집약적 중화학공업이 기술집약적으로 변모하기 시작했고 단순 기능기술인력 대신 고급기술인력과 인력이 요구되었다. 이에 따라 고등교육이 강조되고 실업계 고교나 전문대학의 정원과 정부지원이 감축되며, 직업교육이 침체되고 학생들의 직업교육과 취업 의지도 약화되었다. 그러나 기술집약 산업 위주로 산업구조가 바뀜에 따라 대학 졸업 이상의 고급 기술인력의 비중이 높아졌지만 동시에 전문대 졸업 정도의 중간 기술인력이나 고교 졸업 이하의 기능인력에 대한 수요도 유지되었다. 1980년대 말에는 일반계 고교나 대학 졸업인력이 과잉공급되는 가운데 중소제조업을 중심으로 심각한 기능인력 부족이 나타났다. 이에 대응하여 정부는 공업고등학교의 신증설과 지원 확대, 현장실습 의무화, 교육여건 개선 등에 나섰고 전문대학에 대해서도 육성조치로 정책 방향을 전환하였다. 이에 따라 전문대학 수와 학생 수가 빠르게 팽창하고 교육분야도 다양해졌지만 직업계 교육은 산업계 협조의 미흡과 고등교육기회 확대, 학력 간 임금격차의 심화로 인해 한계에 봉착하였다.[42]

고등교육의 보편화와 경쟁체제 확대

1980년대에 들어 정부는 본격적인 고등교육 기회 확대에 나서 대학 본고사를 폐지하고 정원은 확대하지만 적격자만 졸업하는 졸업정원제를 도입하여 대학이 더 많은 학생을 수용하도록 하였다. 이에 힘입어 대학

42. 1980년대 이후 직업교육은 새로운 환경변화에 직면하게 된다. 한국경제의 성장에 따른 전문기술인력의 수요 증대와 학력 중시 풍토로 실업계 고교의 역할이 위축되었고 그 결과 상급학교 진학의 통로인 일반계 고교의 선호가 비정상적으로 증대되었고, 실업계 고교의 입학학생의 질이 상대적으로 낮아졌다. 따라서 실업계 진학 학생들의 평균적 학습능력이 일반계 진학 학생들에 비해 상대적으로 낮아 보다 질 높은 직업교육을 전수하는 데 장애로 작용하였다. 더욱이 실업계 진학 학생들조차 상급학교로의 진학에 치중함으로써 직업교육 고유의 교과 과정보다는 입시 위주의 학업에 집중하는 결과를 초래하였다.

교육은 빠르게 팽창해 대학 진학률이 1995년 51.4%, 1997년 64.5%를 기록하여 대학교육의 보편화 단계가 실현되었다. 그러나 세계화 · 정보화의 물결이 커지는 가운데 고등교육과 평생교육에 대한 수요가 나날이 증가하였다. 이에 따라 정부는 대학경영의 자율성을 높이는 한편 최소 요건만 갖추면 대학 설립을 허가하는 대학설립 준칙주의(1996)를 내세우며, 고등교육 기회를 더욱 확대하였다. 대신 대학평가인정제를 도입하고 사립대학의 운영에서도 그동안의 수익자 · 설립자 부담원칙에서 벗어나 재정지원을 시작하는 한편 재정지원을 대학의 자율능력과 책임 경영실적에 대한 평가에 따라 차등지원하는 방식으로 바꾸었다. 대학 정원과 이어진 대학 설립의 확대는 대학졸업자의 과잉 공급으로 이어졌다. 이는 노동시장에서 대학졸업자의 임금 프리미엄을 하락시켜 학력에 따른 임금격차가 감소하였지만 대신 기업규모에 따른 임금격차가 꾸준히 확대하였다.

5) 1998년 이후 : 교육 책무성 강화와 고등교육 발전 노력

외환위기 이후 기술과 산업은 팽창을 이어갔지만 성장세는 둔화되었고 산업조직, 기업조직, 작업조직의 구조변화를 경험하며, 노동시장이 양극화되고 인력 수급의 불균형이 지속되었다. 기업은 비정규직과 임시직을 늘리거나 하청에 대한 의존도를 높이게 되었다. 한편 대기업의 구조조정으로 중소기업이 빠르게 팽창하여 고용이 크게 증가하였으나 대기업에 비해 임금격차가 확대되었다. 이에 따라 중소기업 일자리는 기피되었고 청년 실업률은 고공행진을 계속하였다. 대학졸업자가 공급초과를 보이고 대기업은 상위대학 졸업생을 중심으로 고용하고 있어 여전히 대학 학위는 사회적 소외에서 벗어나는 것을 넘어 좋은 일자리를 얻고 사회적 지위를 높이는 최선이자 유일한 통로로 작용하고 있다. 이에 따라 초중등학교부터 상위대학에 입학하기 위한 치열한 경쟁은 지속되고 있다.

교육 자율화와 책무성 확대

자율학교를 확대하고 단위학교가 교육 과정과 교직원 인사의 권한을 갖도록 하여 교육 수요자 중심의 교육 다양화를 유도하는 교육자율화 정책이 이어졌다. 그러나 동시에, 학력, 교원, 학교, 시 · 도 교육청에 대한 광범위한 평가를 시행하고 학교의 운영 실태와 성과를 공개하는 '학교정보공시제'를 시행하여 학교 간의 경쟁과 책무성도 동시에 강화하였다. 하지만 정부가 신자유주의의 세계적 추세에 따라 교육을 인적자원 개발이라는 의미로 재정의하며, 국가주도적 역할이 계속되고 있다.

고등교육의 질 제고와 경쟁력 강화

1990년대 말 이후 지식집약적 첨단산업의 중요성이 날로 점증함에 따라 창의적 인재에 대한 수요가 크게 증가하였다. 이에 정부는 정원 조정, 대학 평가제를 통해 대학에서의 교육의 질을 높이는 한편 연구역량과 산학협력을 강화하는 조치를 이어나갔다. 정부는 대학의 글로벌 경쟁력을 높이기 위한 대학 간 경쟁을 장려하며, 대학평가를 강화하는 동시에 재정지원도 강화하였다. 또한 학생들이 우수한 글로벌 인재로 성장할 수 있도록 세계적 수준의 대학원(WCU : WCU, Brain Korea 21 : BK21 등) 육성사업 등을 진행하였다. 동시에 사회통합을 위한 지역균형발전을 위한 고등교육정책을 추진하고 있다. 지역균형발전과 사회통합을 위해 지역 대학을 지원하고 산학협력을 강화하기 위한 전략적 프로젝트(예 : 지역혁신신대학 : 누리, 산학협력단 : LINC)를 추진하고 있다.

직업훈련의 변화

지식기반경제는 전문화된 산업인력의 양성을 요구한다. 한국의 산업구조는 1990년대 중반 이후 기술집약산업 중심으로 재편되기 시작하였고 그에 따라 인력 수요 역시 제조업의 전통적 기능인력에서 다양한 직종과 기술 수준의 인력으로 확대되었다.

대기업집단의 노동시장에서의 위치가 높아지면서 대기업집단은 내부노동시장과 장기고용 제공을 통해 기술 형성과정을 내부화해가고 있다. 이러한 상황에서 기술형성의 장소가 대기업집단의 내부노동시장으로 이동하는 반면 종래의 훈련의무제를 중심으로 한 국가주도의 기능인력 양성체제의 재편이 요구되었다. 이에 따라 훈련의무제와 같은 훈련 관련 규제의 완화와 폐지를 통해 직업능력개발은 민간 주도로 전환하게 되었으며, 종래 기능인력 양성 위주의 숙련개발체제가 재직근로자의 직업능력개발 향상 및 근로자의 평생 직업능력개발 중심으로 전환되었다.

첫째, 사업체의 직업훈련의무제를 대신하여 고용보험법(1995)과 근로자직업훈련촉진법('근촉법', 1997) 또는 근로자직업능력개발법(2004)하에서 사업체가 납부하는 고용보험에 의한 직업능력개발사업이 직업훈련의 중심축이 되었다. 고용보험은 실업보험제도의 틀을 넘어 고용안정과 직업능력개발 등 적극적 노동시장정책 수단들을 포함하는 포괄적인 고용정책제도로 시작되었다. 이에 따라 많은 변화가 발생하였다. 먼저 직업훈련 재원이 과거 일반회계와 직업훈련촉진기금에서 일반회계와 고용보험기금으로 전환되고 직업훈련기관에 영리기관도 참여하게 되었다. 훈련 대상은 실업자, 비진학 청소년, 재직근로자를 포함한 모든 근로자로 확대되었고 훈련 분야도 제조업 중심에서 전 분야로 확대되었으며, 근로자의 근로생애에 걸친 훈련이 이루어지도록 하였다. 정부는 직업훈련의 수요 변화에 대응하여 사업주의 자발적 직업훈련을 촉진할 뿐만 아니라 근로자의 자율적 능력개발을 장려하였다. 더불어 노사 공동의 직업훈련사업을 지원하였는데 개별 사업주 및 개별 훈련과정 지원방식의 한계를 넘어 초기업 단위의 숙련개발 사업이 활성화되었다. 또한 노사공동훈련사업과 같이 사업주단체 및 노동조합의 직업훈련 참여를 촉진하는 사업들도 확대되었다. 노동법은 직업능력개발 기본계획에 노사단체의 참여를 의무화하고 사업주가 근로자 대표와 협의하여 실시하는 직업훈련을 우대 지원하게 하였다. 특히 사업주, 노사단체 등이 중소기업 근로자에게 직업훈련을 실시할 경우 우대 지원할 수 있도록 하였으며, 노사단체 또는 그 연합체가 직업훈련 등 직업능력개발사업을 실시할 경우 그에 필요한 비용을 지원 또는 융자할 수 있게 하였다. 마지막으로 정부에서 지원하는 모든 직업능력개발사업에 대한 평가를 제도화하고 평가결과에 따라 차등적 지원을 함으로써 직업훈련체제를 성과 연계적으로 전환하였다.

그러나 근촉법의 시행으로 직업훈련의무제가 폐지되자 개별 기업의 직업훈련시설 및 장비에 대한 투자가 급감하고 기업체 기능인력 양성과정인 사업 내 직업훈련 역시 크게 위축되었다. 그에 반해 재직근로자를 대상으로 하는 단기간의 향상 훈련은 급증하였다. 특히 1999년부터 시작된 인터넷 및 통신훈련 지원제도는 향상훈련의 양적 증가에 크게 기여하였다.

둘째, 직업교육의 초점은 고등교육 단계의 직업교육과 평생교육으로 옮겨졌다. 고교 단계의 직업교육은 산업발전에의 기여보다는 개인의 수요를 존중하여 '개인의 소질과 적성'을 발현하도록 하기 위해 다양한 직업부문을 탐색 · 준비하는 특성화 고교정책으로 전환하고 취업과 진학을 선택할 수 있도록 하였다. 동시에 일부 직업계 고교는 산업계의 중견인력 양성을 위한 마이스터고로 육성되기도 하였다. 1998년 부산디자인고등학교를 시작으로 기존의 특성화고등학교가 특성화되기 시작하였다.

셋째, 1980년대 말부터 인문계 위주로 운영되어 온 고교교과 과정에서는 직업 교육적 성격이 강화되었다. 1965년에 직업교육 이수자는 15세 이상 인구의 0.6%였으나 2008년에는 12.3%로 증가하였다. 그동안 경제발전을 위한 도구적 기능이 주로 강조되어 온 직업교육 · 훈련에서 내재적 기능이 주목받기 시작하였다.

평생학습체제의 요구

우리나라는 1990년대 중반 이후 서비스산업이 발달하고 지식정보화가 진전됨에 따라 고등교육뿐만 아니라 평생교육에 대한 수요가 크게 증가하였다. 학교교육 중심으로 전개되어 오던 교육은 평생학습을 강조하는 평생교육으로 확장되었다. 평생학습체제의 법적 기반인 평생교육법이 제정(1999)되고 평생교육의 총괄적인 집행기구로서 평생교육진흥원이 설립(2008)되었다. 평생교육진흥원을 중심으로 성인 계속교육을 위한 학점은행제가 정착되었으며, 학교를 중심으로 하는 평생교육 프로그램이 활성화되었다.

2.4 한국 교육 · 훈련의 레짐

1) 정부가 주도하는 중앙집중적 교육레짐

한국은 발전국가의 국가주도적 경제발전 전략의 연장선상에서 교육 · 훈련 역시 국가주도적 시스템을 유지해 왔다. 정부는 교육전문 연구기관의 지원을 받아 교육제도, 과정, 정책, 고등교육 정책을 체계적으로 관리하고 있다. 국가주도의 교육 · 훈련 시스템과 그 확장은 경제발전 단계별로 그에 걸맞는 지식과 숙련을 가진 인력을 조달하는 데 기여했고 고도성장의 견인차 역할을 하였다. 민주화 이후에도 정책의 초점은 변하였지만 국가의 역할은 지속되고 있다. 민주화와 대기업의 역할 확대에도 불구하고 1980년대에 들어 산업정책에서 수평적 수단이 강조되었는데 이는 1990년대 이후 혁신주도 성장 단계로 전환하면서 우리나라의 지속적인 경제발전에서 교육 · 훈련이 갖는 중요성이 갈수록 증대해 왔기 때문이다. 물론 교육 · 훈련에서도 종래의 국가주도에서 탈피하여 민간 주도로 이행하려 노력하지만 이 역시 역설적으로 국가주도로 진행되고 있다.

정부주도

우리나라 교육정책의 기획과 실행은 정부주도로 이루어져 중앙의 교육부나 지방의 교육지자체 모두 인적자원, 교육, 학술의 광범위한 영역에 걸쳐 방대한 업무를 주관하고 있다. 대학을 포함하여 공립 · 사립을 구분하지 않고 모든 고등교육기관이 교육부의 관할하에서 유 · 초 · 중등학교와 똑같이 교육부의 지도 · 감독을 받는다. 교육부는 방향을 제시하고 지원하기보다는 모든 대학과 모든 교육청, 모든 학교에 중간기구의 도움 없이 교육자원을 직접 제공하고 직접 모든 것을 통제 · 집행하고 지도 · 감독하고 있는 것이다.

결과적으로 교육부와 교육 지자체의 지도 · 감독하에서 지방교육자치나 단위학교 중심의 자율권이 위축되고 사립학교의 자유가 제한되어 헌법에서 보장한 교육의 자주성, 전문성, 정치적 중립성, 대학의 자율성이 확보되지 못하고 있다. 교육부의 정책은 '과장 → 국장 → 실장 → 차관 → 장관'의 결재 라인의 계층제에서 경정되며 결정되고 '교육부 → 시 · 도 교육청 → 교육지원청 → 학교'로 이어지는 상명하달적 구조로 집행되고 있다. 또한 정책결정 이후의 집행과정에서 구체적이고 세부적인 정책 결정에는 일선 관료들이 결정적 영향력을 행사하고 있다.

정부 예산의 20% 가까이를 점하는 교육예산 대부분이 교육부에서 직접 다루어지고 있다. 초 · 중등교육에서는 지방교육자치제가 실시되고 있지만 교육예산 중 15% 정도만 지방에서 조달되고 나머지 85%를 중앙인 교육부에서 지방에 내려준다. 인건비 등 거의 자동으로 배분되는 비용 이외 사업비의 대부분을 투명한 방식에 의해 중간기구를 통해 자동 배분하기보다는 교육부 관리들이 직접 임의로 배정한다.

대학의 경우에는 재정지원을 매개로 대학의 자율성이 제한되고 있다. 재정지원이 정부가 제시하는 평가기준에 따라 이루어지므로 대학의 발전 모델과 교육 방향이 개별대학의 특성보다는 정부의 의도에 따라 이루어지고 있다. 평가기반 시장형 지원방식은 대학에 대한 정부의 조성(助成) 책임을 약화시키며, 단기적이고 양적 평가지표에 맞춘 대학 운영을 초래한다. 더욱이 재정지원 사업에서 대학 교육 및 연구와 직접적 관련이 없는 정책을 유도하는 지표(총장직선제, 논술비중 등)가 추가되어 재정지원 사업의 취지 자체를 모호하게 만들고 있다.

중앙집중적 교육과정

우리나라의 교육과정은 국가 수준에서 방침과 내용이 결정되고 구체화된다는 의미에서 중앙집중식 교육과정의 양식을 채택하고 있다. 그로 인해 다양한 수요를 가진 개인과 기업, 시민사회와 지역사회를 제대로 고려하지 못하고 있다. 특히 중앙집중형 국가 중에서도 국정교과서 제도와 교과서 내 출제 원칙을 지켜야 하는 평가제도를 채택하여 교육 내용의 획일화 정도가 가장 심한 편이다.[43] 교과서는 단 한 종의 교과서에 교육과정을 모두 담아내는 국정 교과서와 종수는 다양하지만 실질적 차이는 없는 국가검정체제를 따른다. 교육부는 교육과정의 일반 지침과 교육목표, 상세한 교과 내용을 규정하고 학교급별-교과별-주별 수업시간 수를 교육과정에 상세히 규정하여 모든 학교가 준수하게 하고 있다. 학교나 교사의 수업에 대한 영향력의 정도는 서구 학교 교사에 비하면 매우 미미하다. 서구의 경우 학급에 따라서 평가 방법이나 내용이 다르기 때문에 학급 간의 성적 비교는 하지도 않고 할 수도 없다.

정부는 각급 학교를 지원하고 교원을 배치하며, 의무 교육기간 동안 개별 학생에게 교과서를 무상으로 제공한다. 이러한 체제는 표준적인 지식을 효율적으로 전달하는 데 효율적이었다. 국가 교육과정에서 정해진 내용을 전국의 학교들에서 학생들의 능력이나 학교, 교사와 관계없이 유사한 내용과 유사한 방식으로 교육함으로써 일정 수준과 일정 양의 지식을 다수의 학생들에게 공통적으로 습득시켜 일정 수준 이상의 표준화된 지식수준을 가진 양질의 단순 노동자를 배출할 수 있었다. 표준적 지식을 획일적 방식으로 전달해 온 이 방식은 소품종 대량생산체제에 적합하였지만 혁신주도 경제에서는 한계가 있다. 다만 최근 우리나라 학교교육은 제7차 교육과정에서 선택중심 교육과정체제를 도입함으로써 다양하고 창의적인 내용을 가르치기에 적절한 체제로 점차 전환하고 있다.

교육 · 훈련 분권화의 제한

중앙집중적 교육행정은 한계를 보이기 마련이다. 단위 학교와 지방교육청으로 권한과 책임을 충분히 이양 · 이관하지 않고 모든 이해관계의 충돌을 중앙에서 해결하려다 보니 관련 당사자들의 요구와 필요를 제대로 반영하지 못한다. 특히 우리나라의 경우 교육이나 행정의 전문직보다는 일반직이 행정인력의 다수를 점하여 교육이나 행정의 전문성이 제한적이다. 더욱이 잦은 부서 이동은 이러한 상황을 악화시키고 있다.

---

43. 한편 미취학 아동의 교육과 보육은 각각 법으로 정한 유치원 교육과정과 표준보육과정에 의하여 실시된다. 시 · 도 및 지방 교육청에서는 유치원 장학을 실시하며, 2008년에는 유치원평가제도를 도입하였고 어린이집에 대해서도 2006년부터 평가인증제도를 도입하였다. 2011년 4월 기준으로는 전체 어린이집의 70%가 평가인증을 받았다.

경제 발전과 정치민주화와 더불어 교육 관계자들의 범위가 확장되고 참여와 요구의 강도가 높아짐에 따라 정부도 시장, 시민사회, 교원, 학부모의 역할을 확대하는 조치를 이어 왔다. 특히 자율화가 교육정책의 기조로 인식되면서 중앙정부는 결정 권한을 시 · 도 교육청과 단위 교육기관에 위임 · 위양하거나 교육 규제를 철폐 혹은 완화하는 정책을 꾸준히 실천해 왔다.

무엇보다도 우리나라는 1991년부터 시작된 교육 지방자치제를 통해 지방교육의 자율성과 지역주민들의 참여를 증진하기 위해 교육분권을 추진해 왔다. 그러나 이는 중앙집권적이고 권위주의적인 정부주도형 교육행정의 주체가 중앙정부의 교육부에서 지역 교육감과 교육청으로 바뀐 것에 불과하다. 중앙정부로부터 지방정부로의 이양 · 위임은 진행되었지만, 지방정부에 의한 이양 · 위임은 미미했다. 광역 지자체장이 군수나 구청장 등과 권한을 분할하는 일반 지방행정체제와는 달리 지역 교육감의 권한은 분산되어 있지 않다는 의미에서 집권적이다. 중앙정부는 물론 광역지자체장도 교육감의 업무에 관한 감독권을 갖고 있지 않아 교육감은 정책 결정과 업무수행에서 그 권한이 적절하게 견제를 받지 못해 균형을 이루지 못한다.

참여의 제한

그동안 중요한 교육 · 훈련 정책들은 중앙정부에 의해 입안되고 집행되었고 그 과정에서 다수의 교육 · 훈련 주체들은 의사결정과정에서 소외되었다. 물론 교육 이해관계자들이 협력하고 교육과정에 참여하는 변화가 생겨나고 있다. 그러나 이러한 변화도 중앙정부주도로 하향적으로 추진되어 왔고 참여도 형식적이고 최소한의 진입만 허용되어 왔다. 또한 연구기관이나 시민단체와 전문단체의 참여는 구색 갖추기에 머물고 있고 공청회는 요식행위에 그치는 경향이 있다는 비판이 계속되고 있다. 예산편성이나 사업계획, 업무계획 단계에서부터가 아니라 결정을 미리 다 해놓고 중간 단계나 마지막 단계에서 관련 단체와 시민단체를 참여시키고 있어 어디까지나 정해진 틀에 맞추는 형식이고 교육 이해관계자의 의견은 자문과 참고사항에 불과하다. 헌법에 명시된 교육의 자주성과 전문성 · 정치적 중립성 및 대학의 자율성과는 거리가 아직 멀다고 할 수 있다.

한편 초 · 중등의 단위 학교는 교육 현장의 최일선에서 교육 수요자들과 끊임없이 접촉하고 문제점을 파악하고 해결해 가야 할 조직으로서 다른 어느 조직보다 자율성을 기조로 창의적 차별화 노력이 필요하다. 이를 위해 학부모회, 교무회의, 학교운영위원회 등으로 부모와 교사, 지역인사들이 학교 경영에 참여할 수 있는 통로를 확보하였으나 아직 그 역할이 제한적이다.

직업교육과 훈련에서는 민간기업의 훈련에 대한 규제와 직업훈련의 공공독점이 수시로 변동하는 기업의 숙련 필요에 효과적으로 대응하기 어렵게 하고 있다. 수요자인 기업과 근로자는 여전히 훈련정책의 입안, 집행, 평가 및 환류 과정에서 훈련정책의 주체라기보다는 객체로서 주변화된 상태를 벗어나지 못하고 있다. 민간기업, 훈련기관, 노동조합은 정책결정 과정에서 거의 배제되어 자신들의 훈련 필요를 전달할 수 없다. 훈련 수요정보가 적절히 파악 · 전달되지 못함으로써 훈련 수급이 괴리되고 산업인력 수요를 충족시키지 못하고 있다. 정부의 영향하의 공공훈련기관이 여전히 관료적 통제에서 벗어나지 못하고 있으며, 민간 훈련시장도 성과를 거두지 못하고 있다.

2) 교육 재원 · 공급의 과도한 민간 의존

사립학교와 학부모들로 구성된 민간은 사립학교의 설립, 수업료 등 납입금의 납부, 사교육 등을 통해서 교육의 성장에 크게 기여하였다.

공공 교육재원의 부족

교육비는 학교교육에 지출하는 공교육비와 학교 밖에서 이루어지는 지출인 사교육비로 구성된다. 공교육비는 부담 주체에 따라 정부부담 공교육비[44]와 민간부담 공교육비[45]로 구분한다.

한국의 GDP 대비 공교육비(초 · 중등 교육 4.7%, 고등교육 2.6%)는 8.0%로 OECD 평균 6.3%(초중등 교육 4.0%, 고등교육 1.6%)보다 높다. 1950년대와 1960년대에 공공부문은 더 적극적인 역할을 했지만, 점차 민간 부문의 역할이 더 두드러지게 되었고 현재 한국의 높은 교육투자는 주로 민간부담에 기인한다. 1960년대 이래 GDP 대비 정부부담 공교육비 비율은 매우 낮은 수준을 유지해 왔고 2018년에도 3.8%로 OECD 평균(4.1%)이나 다른 개발도상국에 비해서도 낮다. 초 · 중등교육 단계 공교육비 중 공공재원이 차지하는 비율은 교육기회에서 기회균등이 어느 정도 실현되고 있는지를 대변한다.

표 14-22 **원천별 교육재원의 규모**(GDP 대비, 2018)

	전체 교육단계			초 · 중등 교육			고등 교육		
	정부부담	민간부담	전체	정부부담	민간부담	전체	정부부담	민간부담	전체
OECD	4.1	0.8	4.9	3.1	0.3	3.4	0.9	0.4	1.3
한국	3.8	1.3	5.1	3.1	0.4	3.5	0.6	0.9	1.5
프랑스	4.5	0.7	5.2	3.4	0.3	3.7	1.1	0.3	1.4
독일	3.7	0.6	4.2	2.6	0.4	3.0	1.0	0.2	1.2
일본	2.8	1.1	4.0	2.4	0.2	2.6	0.4	0.9	1.4
스웨덴	5.3	0.2	5.5	4.0	..	4.0	1.3	0.2	1.5
미국	4.1	1.9	6.0	3.2	0.3	3.5	0.9	1.6	2.5

출처 : OECD.Stat, Total expenditure on educational institutions as a percentage of GDP, by source of INITIAL funds

낮은 정부부담에도 불구하고 우리나라 교육이 급속히 성장할 수 있었던 것은 교육투자의 선택과 집중, 교육비의 효율적 활용 그리고 무엇보다도 민간의 역할에 기초한다. 정부는 독립 직후부터 한정된 재정을 초등교육 확대에 집중 투자하였다. 우리는 다른 개발도상국과 달리 독립 후에 초등교육에 우선 순위를 두어 투자하였으며, 1980년대에 들어 초등교육에의 투자 비중이 크게 낮아지고 대신 중등교육에의 투자 비중이 높아지기 시작하였다. 또한 대규모 학교를 유지하여 건축 시설비를 최소화하는 한편 학급당 학생 수 또는 교사

44. 정부부담 공교육비는 정부가 교육기관에 직접 보조한 교부금, 학생 · 가계에의 지원금, 민간이전금으로 구성된다. 민간 이전금은 산학협력기업 보조금을 포함한다.

45. 민간부담 공교육비는 가계 재원과 기타 민간재원으로 구성된다. 가계 재원은 학생, 학부모가 교육기관에 납부한 비용이다. 기타 민간재원은 사기업체, 종교단체, 민간 개인, 기타 비영리조직이 학교에 납부하는 각종 지원금으로 기부금, 산학협력 프로그램에서 교육생 훈련을 위해 기업이 지원한 비용 등이 해당된다.

대 학생 비율을 높게 유지하면서 이렇게 생겨난 재정 여유분을 교재나 교원의 현직교육에 투입하였다. 우리나라의 단위 교육비용은 비슷한 소득수준의 다른 국가에 비해 훨씬 낮았다.

한편으로 민간부문이 학교 설립에 적극 참여하고 다른 한편으로 학부모가 교육비의 상당 부분을 부담하여 학교교육의 급성장에 크게 기여하였다. 정부는 기본적으로 기초교육만을 재정 지원하고 고등교육에는 수익자 부담 원칙을 적용하였으며, 사립학교에 대해서는 설립자 부담 원칙을 적용하였다. GDP 대비 민간부담 비율은 1.3%로 OECD 평균(0.8%)에 비해서 높다. 민간부담이 크게 나타나는 이유는 사립학교가 많고 수익자부담(가계부담)이 높은 데 기인하는데 특히 후자의 역할이 크다. 이에 따라 공교육비에서 가계가 부담하는 비율은 26.4%로서 다른 나라에 비해 높은 편이고 기타 민간이 부담하는 비중도 7.2%로 상당한 수준인데 이는 고등학교와 고등교육에서의 사립학교 비중이 높아 재단전입금 등의 기타 민간재원이 다른 국가보다 많기 때문이다.

표 14-23 **공교육비의 정부재원과 민간재원의 상대적 비중**(2018)

(단위 : %)

	전체 교육 단계				초 · 중등교육				고등교육			
	정부	민간재원			정부	민간재원			정부	민간재원		
	재원	가계	기타	전체	재원	가계	기타	전체	재원	가계	기타	전체
OECD	82.4	12.2	4.0	16.2	89.7	7.9	2.1	11.4	66.2	21.6	8.5	30.1
한국	73.6	19.2	7.2	26.4	86.6	9.4	2.0	114.0	39.7	41.4	18.9	60.3
프랑스	86.7	8.9	3.9	12.8	90.7	7.8	1.5	9.2	76.5	11.6	10.1	21.7
독일	86.4	..	..	13.1	87.6	..	..	12.4	83.4	..	..	14.8
일본	71.3	22.0	6.6	28.7	92.3	5.6	2.1	7.7	32.1	52.7	15.2	67.9
스웨덴	95.3	0.4	2.9	3.4	99.8	0.2	0.0	0.2	83.9	1.1	10.4	11.6
미국	68.2	23.5	8.3	31.8	91.7	8.2	0.1	8.3	35.6	44.7	19.7	64.4

출처 : 교육과학기술부 · 한국교육개발원(2022), OECD 교육지표 2021

이를 교육 단계별로 보자.

첫째, 초 · 중등교육 단계에서 정부부담의 비중은 86.6%로 OECD 평균(89.7%, 2018)보다 낮고 회원국 중 가장 낮다. 민간부담은 대부분을 가계가 부담(공교육비의 11.4%)하고 있다. 이는 학교 외 사교육비를 제외한 것이므로 우리나라 학부모의 교육비 부담은 다른 OECD 국가들에 비하여 더욱 크다. 그만큼 빈곤계층과 같은 소외집단에게 중등교육 기회가 부담으로 작용하고 있는 것이다. 가계 부담이 이렇게 높은 것은 고등학교에서 의무교육이 아직 이루어지지 못했을 뿐만 아니라 의무교육이 이루어진 초등학교(1950년대 의무교육화)와 중학교(2002년 의무교육화)에서도 많은 교육비가 수익자부담으로 남아 있기 때문이다.[46]

둘째, 한국의 고등교육기관은 초 · 중등 교육기관에 비해 민간재원에 의존하는 비중이 훨씬 높다. 민간재원의 비중은 덴마크, 핀란드, 그리스, 노르웨이의 4% 미만부터 한국의 60.3%까지 분포되어 있다. 한국은

46. 경제발전 과정에서 우리나라 정부가 초등교육에 우선적으로 투자한 것이 우리나라 교육발전의 중요한 특징이다. 즉, 1965~1975년간 교육비의 65% 전후를 초등교육에 투입하였고 중등교육과 고등교육에 각각 20~25%, 10% 전후를 투입하였다. 초등교육 의무화가 완성 단계에 이른 1970년대를 지나 1980년대에 들어서며, 초등교육에의 투자 비중이 크게 낮아지고 대신 중등교육에의 투자 비중이 높아지기 시작하였다.

고등교육에서의 정부재원 비중이 39.1%로 초 · 중등 단계(86.6%)나 OECD 평균(66.2%)에 비해 매우 낮다. 국공립 기관의 비중이 매우 낮고 사립대 운영이 대부분 등록금에 의존하고 있기 때문이다.[47]

아울러 매우 높은 대학 진학률도 이에 기여하고 있다. 우리나라의 25~34세 인구의 고등교육 이수비율은 70%로 OECD 평균(45%, 2020년, 2021 OECD 교육지표)보다 크게 높으며 대학등록금도 사립 8,582달러(공립 4,792달러, 2019~2020학년도)로 최고 수준인 미국 사립대 31,875달러(국공립대 9,212달러)의 1/3 수준에 못 미치지만 OECD 국가 중에서 7번째(사립, 국공립은 8번째)로 높다.

과중한 사교육비 부담

이상은 공교육비에 대한 사항이었다. 하지만 우리나라의 경우 민간부문은 방과 후 교육, 즉 사교육에서 막대한 역할을 해 왔다. 부모들은 자녀들에게 과외교사와 보조적인 교육재료를 제공해 왔고 선행학습을 하는 기관에 보내왔다. 부모들은 미취학 자녀에게도 어린이집이나 보육시설에서 특기적성 교육나 학원, 학습지 형태로 사교육비를 지출한다. 결과적으로 우리의 민간 교육투자는 GDP 대비 3.1%에 달해 OECD 평균 0.9%의 3배 이상으로 높다(공공 교육투자는 한국 4.9%, OECD 5.4%). 이렇게 높은 비중은 여러 가지 이유에서 비롯한다. 첫째, 이는 한국 부모가 자녀 교육에 대한 태도가 얼마나 강한가를 반영한다. 둘째, 교육투자에 대한 유효수익률을 반영한다. 셋째, 한국의 부모가 자녀에 대한 투자를 고령을 대비한 보험으로 보고 있다는 징표일 수 있다. 넷째, 정부의 교육에 대한 개입이 적절하지 못하다는 부모들의 인식을 반영한다. 역설적으로 교육에서의 정부의 역할에 대한 대부분의 부모가 갖는 강한 좌절감을 반영할 수도 있다.[48]

표 14-24 교육에 대한 GDP 대비 공공지출 및 민간지출(2009)

	한국	OECD	미국	독일	스웨덴	프랑스	일본
공공 (초중등, 대학)	4.9 (3.6, 0.7)	5.4 (3.7, 1.1)	5.3 (3.9, 1.0)	4.5 (2.9, 1.1)	6.6 (4.2, 1.6)	5.8 (3.8, 1.3)	3.6 (2.7, 0.5)
민간 (초중등, 대학)	3.1 (1.1, 1.9)	0.9 (0.3, 0.5)	2.1 (0.3, 1.6)	0.8 (0.4, 0.2)	0.2 (–, 0.2)	0.5 (0.2, 0.2)	1.7 (0.3, 1.0)

출처 : OECD Factbook 2013, Education

고등교육에 대한 왜소한 공공재원과 과중한 가계부담

고등교육 재정부담의 주체는 정부(재정사업지원 및 학생들을 위한 학자금 지원), 학생 및 학부모(등록금), 기업 및 사회단체(기부금)으로 구분된다. 추가로 국공립대학은 정부로부터 대학 운영 · 시설비와 인건비 등의 경상비 지원을 받고 사립대학은 재단으로부터의 전입금으로 재원을 충당한다(반상진, 2008). 정부의 경우 우리나라는 주로 중앙정부를 의미하나 대부분의 OECD 국가는 지방정부(광역과 기초 포함)도 큰 역할을 하고 있다.

47. 한국은 미국 다음으로 OECD 국가 중에서 대학등록금이 가장 높다. 한국 다음으로는 영국이 정부재원 비중이 29.6%로 낮으며, 일본이 35.3%, 미국이 38.1%의 순서로 낮게 나타나고 있다. 2009년 기준으로 영국은 정부의존형 사립이 대학의 100%이며, 미국은 국공립 4년제 대학의 비중이 71.5%로 높지만 등록금이 OECD 최고 수준으로 높아 민간재원 비중이 한국, 영국, 일본 다음으로 높다. 일본도 4년제 대학의 75.4%가 독립형 사립기관이다.

48. 좀 오래된 통계이지만 PISA에서는 지난 3년 동안 학교 밖에서 교육과정에 참여한 적이 있는지를 만 15세 학생들에게 질문한 바 있다. 이를 항목별로 살펴보면 우리나라의 경우 일본과 더불어 검사언어 과정과 기타교과 과정 및 개인 과외 등에서 OECD 국가들 중 가장 높은 비율의 학생들이 학교 외 사교육을 받고 있는 것으로 나타났다(OECD 교육지표 2002, 지표 D1).

우리나라 사립대학은 등록금에 의존하는 비중이 지나치게 높고 국공립대학에 비해 정부지원이 크게 부족하다. 고등교육기관 사업비는 1980년대까지 대부분이 국립대학에 집중되다 점차 사립대학에 대한 지원이 증대되고 있다. 하지만 기준성 경비는 대부분 국립대로 지원되었고 대학 전체를 대상으로 하는 사업은 국립대학에 치중되고 있다. 고등교육 단계의 경우, 대부분의 OECD 국가들이 전체 교육비의 66%를 정부가 부담하고 나머지 22%만을 가계가 부담하는 반면 우리나라와 일본은 40% 이상을 가계가 부담하고 있다. 이는 대부분의 OECD 국가들에서 고등교육 단계 학생들이 대부분 국·공립 교육기관이나 정부의존형 사립 교육기관에 재학하고 있는 것과 달리 우리나라와 일본의 경우에는 대부분의 대학생들이 사립대학에 재학하고 있기 때문이다. 그러나 사립대학은 정부로부터의 재정지원이 제한적이어서 등록금이 중요한 재원이 되고, 때문에 높은 등록금 수준을 유지하여야만 한다. 국립대학과 사립대학의 연평균 등록금은 국립대학이 418만 원(2020)으로 사립대학 749만 원의 56%에 불과하다.

더 나아가 대학생 스스로 '취업 스펙'을 높이기 위해 지출하는 사교육비가 크게 증가하여 가계에 큰 부담으로 작용하고 있다. 취업포털 '잡 코리아'가 2021년도에 일반대학 3학년 이상 대학생들을 대상으로 취업 사교육 현황을 조사한 결과에 의하면 취업 사교육 경험자 비율은 31.6%에 달하며, 연평균 취업 사교육비는 218만 원에 달했다.

교육 서비스 전달에서의 과도한 민간의존

한국 교육이 급팽창할 수 있었던 것은 민간 부문이 적극 참여해 왔기 때문이다. 교육재정의 한계를 극복하고자 정부는 세제 혜택과 교육비 지원을 통하여 민간 부문이 사립학교를 설립·운용하도록 유도하였다. 사립학교 운영에 소요되는 일체의 비용을 면세하였으며, 학교법인의 자산에 대해서도 세금 감면의 혜택을 주었다. 또한 사립학교에 교육비를 지원하여 등록금이 공립학교와 동일하게 책정될 수 있도록 해 왔다. 정부의 사립학교 지원제도로 우리나라 학교교육에서 사립학교가 차지하는 비중은 매우 크다.

1965년에 사립학교 재학생 수 비중은 중학교가 전체의 44.4%, 고등학교가 50.7%에 달하였다. 2010년을 기준으로 사립학교 재학생 수 비중은 중학교 단계에서는 1970년대 이후 꾸준히 감소하여 18.2%를 차지하였고, 고등학교 단계에서는 45.2%에 달한다. 특히 우리나라의 사립학교는 중학교와 고등학교 모두 정부의존형 사립학교로 분류되고 있다. OECD 국가 평균의 경우 사립학교는 중학교가 13.9%(정부의존형 10.5%, 독립형 3.4%), 고등학교가 18.6%(정부의존형 13.3%, 독립형 5.3%)에 지나지 않는다. 한편 2012년 현재 우리나라 대학(대학, 전문대, 산업대, 교육대, 사이버대 포함) 363개 중 국공립대학은 53개로 14.6%(학생 수 23.6%)인 반면 사립대학은 310개로 85.3%(학생 수 76.3%)이다. 한편 2008년 OECD 주요국 교육지표에 따르면 일본을 제외한 대부분의 국가에서 국공립 대학의 재학생 비중이 70~90% 이상인 반면 우리나라는 사립대 재학생 비중이 77.8%에 달하고 있다.

한편 유아교육 단계 역시 학생 수 분포는 사립 교육기관이 84%(2014년 기준)로, OECD 평균(31.5%)에 비해 매우 높다. 국·공립 어린이집의 시설 수는 5.3%로 보육 아동의 10.7%만 보육하며, 유치원은 국·공립 유치원이 50%를 넘지만 주로 초등학교의 소규모 병설로 3~5세 유치원 이용 아동의 23.4%만 교육한다. 높은 신뢰도와 저렴한 비용으로 국·공립 어린이집과 유치원 이용자 만족도가 민간시설 이용자보다 높게 나타나고 있다. 부모들은 국·공립을 희망하지만 초기 설립 비용 부담과 민간시설의 반대로 확충은 사실상 어렵다.

3) 교육 · 훈련에서의 기업과 노조의 역할 제한

우리나라 교육 · 훈련의 두드러진 특징 중 하나는 교육 · 훈련을 위한 비용을 부담하고 그 결과물인 숙련을 활용하는 근로자와 사용자의 역할이 제한적이며, 더 나아가 노 · 사 · 학 · 정의 협력구조를 찾아보기 어렵다는 점이다.[49] 이에 따라 교육 · 훈련 제도와 기업의 경쟁전략 간의 연계가 불분명하고 산업 차원에서 노사의 체계적인 숙련전략은 거의 없다. 그동안 교육 · 훈련 제도의 발전이 부진했던 것은 아니다. 대학교육의 보편화가 잘 대변하듯이 학교는 일반 숙련 배양에 기여하고 있고 직업훈련기관으로는 공공기관에 더해 민간기업들이 활성화되며 그 역할을 키워가고 있다.

근로자들이 장시간 근로, 고용주의 무관심 등으로 교육 · 훈련에 적극 참여하지 못하는 가운데, 노조는 적대적인 노사관계와 연공서열제 속에서 근로조건과 고용문제에 집중되어 숙련개발은 전직 훈련 외에는 무관심한 것을 넘어 교육 · 훈련에 대한 전문성도 없고 교육 · 훈련을 사용자의 고유 권한으로 생각하고 있다. 기업별 단위노조뿐만 아니라 산업별 상급 단체와 총연맹들도 마찬가지다.[50] 기업별 노조체계로 말미암아 숙련문제를 노조 본연의 과제로 여기지 못하고 있다.

기업은 기업 특수 숙련이 사용자 주도로 개발되는 장으로 기능하지만, 적극적으로 훈련투자를 확대하지 않고 있다. 제품혁신이 현장의 숙련보다는 현장 바깥에서 대졸 이상의 연구원과 기술자들의 주도로 연구개발 부문에서 이루어지고 있기 때문이다. 그것도 원천기술 개발보다 선진기술의 모방 · 응용에 중점을 둔다. 숙련 수준이 낮은 만큼 시장경쟁에서 가격경쟁이 중요하고 이는 노동 절약적 기술의 도입을 자극하며, 상황을 더욱 악화시킨다. 더욱이 교육 · 훈련을 사용자의 고유 권한, 즉 경영권으로 인식하여 노조의 교육 · 훈련 참여가 우리나라의 노사관계 수준에 비추어 시기상조로 보고 있다.

우리나라의 경우 산업별 노동시장 · 교섭 · 숙련 체제가 매우 미숙하다. 노사 대표조직은 조직화 수준이나 정책역량 수준이 매우 낮으며, 상호 간의 거부감이 크고 사회경제 현안들에 대해 정보와 의견을 조율하는 협력적 관계와는 거리가 멀다. 물론 정부는 위원회를 통해 국가 수준의 근로자 참여를 조직하고 법령과 정책을 통하여 참여를 유도하고 있다. 산업발전법의 경우 산업별인적자원개발협의체에 사업자(단체), 교육훈련기관, 연구기관과 더불어 노조가 참가할 수 있도록 규정하고 있다(제12조). 그러나 아직 정부의 의지는 크지 않으며, 교육 · 훈련 정책 수립 및 집행과정에 대한 참여는 형식적 수준에 머물러 있다.[51] 특히 고등교육에서 교육과 노동시장의 숙련수요를 연계하며, 국가, 교육훈련기관, 기업을 연계 · 조정하는 사례는 몇 가지 예(의 · 약학 분야와 초등학교 교사 교육)를 제외하면 거의 없다.

---

49. 독일은 노사정 간의 숙련 파트너십이 강하며 활발하게 작동한다. 양성훈련은 학교와 기업이 협력한다. 재직근로자의 숙련개발은 기업의 책무로 간주되지만 산업별 · 기업별 협력적 노사관계를 배경으로 산업별 노동시장 · 교섭 · 숙련 체제가 발전하여 높은 임금 수준과 높은 수준의 일반 및 산업 특수적 숙련을 바탕으로 고품질의 차별화 전략을 구사하고 있다.

50. 유럽의 초기 노조는 동종 숙련을 가진 노동자들의 권익보호를 위한 직종별 노조로 설립되어 산별 노조로 발전하여 숙련의 유지 · 향상이 핵심적 관심사항이었다. 이러한 전통하에서 현재도 산별 노조는 재직 조합원뿐만 아니라 실업자와 청소년의 양성훈련에까지 적극 개입하고 있다.

51. 정원호 · 임운택 · 인수범(2005), "근로자 및 노동조합의 참여를 통한 직업능력개발 활성화 방안", 한국직업능력개발원.

4) 불균형적 숙련형성

지금까지 우리나라는 오랫동안 투자주도형 성장을 거치면서 대기업 주도로 준수직 계열화 체제를 구성하여 소수의 대량생산체제에서 막대한 초기 설비투자와 엔지니어가 주도하는 최신의 생산 및 공정기술을 기반으로 제품 수준의 고도화를 성취해 왔으며 상대적으로 작업장 숙련의 형성이나 축적에는 큰 주의를 기울이지 못해 왔다. 특히 세계화의 진전은 글로벌 아웃소싱의 확대와 디지털화와 자동화로 대응해 왔다. 이에 따라 우리나라에서의 혁신은 작업 현장을 중심으로 한 중간숙련은 경시되고 그 활용이 점차 협소화되어 제품개발 역량, 공정기술 역량, 현장 숙련 역량의 균형 있는 성장이 이루어지지 못하고 기술과 숙련 그리고 엔지니어와 현장 근로자의 분리가 생겨났다. 특히 중소기업은 대기업의 종속적 파트너로서 그 지위에 안주함으로써 독립적 설계능력과 기술력의 확보가 장려되지 않았으며, 중소기업 생태계의 부진으로 집단적 숙련형성도 여의치 못했다.

더욱이 균형 있는 숙련형성에 필요한 집단행동을 선도할 노동조합은 생산과 혁신에서의 노동자의 역량과 역할 확대 그리고 이를 뒷받침하는 숙련형성보다는 분배와 고용보호에 과도하게 편향되어 외주와 사내하청을 촉진함으로써 숙련형성의 불균형 문제를 개선하기보다는 오히려 악화시키는 데 기여해 왔다.

[참고문헌]

남기곤(2008), "부모의 학력이 자녀의 학력 및 직업지위에 미치는 효과 : 국제비교 분석", 『교육재정경제연구』, 제17권.

반상진(2008), 『고등교육경제학』, 집문당.

장홍근 · 정승국 · 오학수(2009), 「숙련개발체제와 노사관계－한국 · 일본 · 독일의 사례－」, 한국노동연구원.

양재진(2004), 「한국의 산업화시기 숙련형성과 복지제도의 기원 : 생산레짐 시각에서 본 1962~1986년의 재해석」, 『한국정치학회보』, 38(5).

양재진 · 최영준(2014), 「한국 복지국가의 진단과 개혁과제 : 남부 유럽과 자유주의 복지국가의 혼합형에서 벗어나기」, 『동향과 전망』, 제92호.

여유진(2008), 「한국에서의 교육을 통한 사회이동 경향에 대한 연구」, 『보건사회연구』, 제28권 제2호.

여유진 외(2014), 『한국형 복지모형 구축 : 한국의 특수성과 한국형 복지국가』, 한국보건사회연구원.

이성호(2011), 「과도한 국가주도형 교육행정의 문제점과 새로운 패러다임의 모색」, 『한국교육문제연구』, 29(2).

_____(2013), 「한국의 정부주도형 교육체제의 비판과 새로운 지향점에 관한 철학적 논의」, 『한국교육』, 제40권 제4호.

이종재 등(2009), 「한국교육 60년 : 성취와 과제」, 한국교육과정평가원.

이주호(1992), 『직업훈련과 산업경쟁력』, 한국개발연구원.

장수명(2017), 「한국의 교육 및 숙련형성의 정치경제」, 『한국의 민주주의와 자본주의』; 『한국형 복지모형 구축』, 한국보건사회연구원.

장홍근 · 정승국 · 오학수(2009). 「숙련개발체제와 노사관계－한국, 일본, 독일의 사례－」, 한국노동연구원.

정주연 · 최희선(2013), 『도제훈련제도의 국가별 특성 및 한국직업훈련제도 개편에 대한 시사점』, 산업연구원.

정준영(2013), 「해방 직후 대학사회 형성과 학문의 제도화－학과제 도입의 역사사회학적 의미」, 『한국 근현대사연구』, 67, 41－87.

조성재 · 정준호 · 황선웅(2008), 『한국경제와 노동체제의 변화』, 한국노동연구원.

조우현(2007), 『노동경제학』, 법문사, pp. 270~271.

최필선 · 민인식(2015), 「부모의 교육과 소득수준이 세대 간 이동성과 기회불균등에 미치는 영향」, 『사회과학연구』, 제22권 제3호.

황성수 · 이지은 · 금예진(2020), 「PISA를 활용한 국가별 · 시점별 교육 형평성 측정방안 연구」, 『직업능력개발연구』, 23(3).

황수경(2007), 『한국의 숙련구조 변화와 핵심기능인력의 탐색』, 노동연구원.

Boucher, Leon(1982), "Tradition and Change in Swedish Education," Pergamon.

Brighouse, H.(2002), "Egalitarian Liberalism and Justice in Education," *Political Quarterly*, Vol. 73(2).

Buchanan, R. S., B. Gueldner, O. Tran and K. W. Merrell.(2009), "Social and Emotional Learning in Classrooms : A Survey of Teachers' Knowledge, Perceptions, and Practices," *Journal of Applied School Psychology*, 25(2).

Busemeyer, M. and C. Trampusch(2012), *The Political Economy of Collective Skill Formation*, Oxford University Press.

Fasih, T.(2008), *Linking Education Policy to Labor Market Outcomes*, World Bank.

Green, P.(1985), *Retrieving Democracy*(In Search of Civic Equality), Rowman and Allanheld Publishers.

Grugulis, Irena(2008), "Skill Formation," In : Blyton, P., Henry E., Bacon, N., and Fiorto, J.(eds.) *The Sage Handbook of Industrial Relations*, SAGE.

Hannan, D. F., D. Raffe and E. Smyth(1996), "Cross–National Research on School to Work Transitions : An Analytical Framework".

Hofstede, G.(1984), *Culture's Consequences : International Differences in Work–Related Values*(2nd ed), SAGE Publications.

OECD(2003), *Learners for Life*(Student Approaches to Learning : Results from PISA 2000).

______(2003), *Student Engagement at School*(A Sense of Belonging and Participation, Results from Pisa 2000).

______(2013), *Strengthening Social Cohesion in Korea*.

______(2015), *Education at a Glance*.

Pandolfini, V. and S. Poli(2015), "Education as a capability for young adults' life trajectories : some evidence from an Italian case study".

Park, I.(2007), "The labour market, skill formation and training in the 'post–developmental' state : the example of South Korea," *Journal of Education and Work*, 20(5) : 417–435.

Powell, J. J. W., N. Bernhard and L. Graf(2012), "The Emergent European Model in Skill Formation : Comparing Higher Education and Vocational Training in the Bologna and Copenhagen Processes," *Sociology of Education*, 85(3).

Pritchett, L.(2001), "Where Has All the Education Gone?," *The World Bank Economic Review*, 15(3).

Saito, M.(2003), "Amartya Sen's Capability Approach to Education : A Critical Exploration," *Journal of Philosophy of EducationVolume*, 37, Issue 1.

Sakamoto, T.(2018), "Four Worlds of Productivity Growth : A Comparative Analysis of Human Capital Investment Policy and Productivity Growth Outcomes," *International Political Science Review*, 39(4).

Trow, Martin(2007), "Reflections on the Transition from Elite to Mass to Universal Access : Forms and Phases of Higher Education in Modern Societies since WWII" in James J. F. ForestPhilip G. Altbach ed. International Handbook of Higher Education, Springer

West, A. and R. Nikolai(2013), Welfare regimes and education regimes : Equality of Opportunity and Expenditure in the EU(and US).

제15장 사회위험과 사회정책

1. 이론적 배경과 세계 경제 | 2. 한국의 사회복지 발전과 도전

시장경제에서 개인은 소득 또는 역량이 훼손될 위험에 노출되어 있으며, 적절하게 대처하지 못하면 자신이 가치 있게 여기는 삶을 실현할 기회를 잃는다. 동시에 이는 개인의 문제로 그치지 않고 사회 · 경제적 손실과 갈등으로 이어진다. 시장경제는 개인의 경제적 능력에만 의존하여 운영되기 때문에 사회위험을 적절히 다룰 수 없다는 근본적 한계를 가지며, 사회조직이나 정부에 의한 집단 행동을 요청한다.

제1절은 사회위험과 사회정책에 대한 담론과 대표적인 사회복지 레짐을 검토한다. 사회위험의 관리는 국민경제의 효율성과 공평성을 개선하여 경제성장과 사회안정 모두에 핵심적 역할을 한다. 위험관리를 개인이나 시장에 맡겨두면 독점, 정보 비대칭성, 외부효과로 인해 실패할 수 있으므로 위험의 사회적 관리가 필요하다. 서구가 산업화의 문제점에 대응하며 구축해 갔던 사회복지제도는 1970년대 이후 큰 어려움에 봉착하게 되었다. 기술혁신과 글로벌화에 따른 고용구조 변화와 인구구조, 성 역할, 가족구조 변화, 복지국가의 성숙 등의 사회 · 경제적 변화로 말미암아 새로운 사회위험이 출현하고 가족임금의 확보에 초점을 맞춘 전통적 사회복지제도는 위기에 봉착하였다. 사회복지제도는 이후 개인의 책임을 강조하거나(신자유주의) 개인의 고용 가능성을 높이는 데(사회투자론) 중점을 두게 되었다. 그러나 이는 개인의 책임을 지나치게 강조하여 삶을 경제활동에 맞게 조정할 것을 강요하는 것이며, 사람들이 자신의 삶과 사회를 구성해 간다는 점을 간과한 것이다. 더욱이 일할 기회가 적절히 존재하지 않는 한 고용 가능성 제고를 통한 사회위험 대처는 비현실적인 방안이다. 역량접근에 기초할 때 사회복지제도는 개인이 자아를 실현할 기회(안전 · 인권 · 시민권과 그에 기초한 생산 · 재생산 · 분배 영역에서의 자원 제공과 위험관리)와 절차를 제공할 수 있어야 한다.

제2절에서는 한국 사회에서의 사회위험 누적 현상을 검토하고 현재의 사회복지제도가 갖는 한계를 논의한다. 한국에서는 사회복지지출이 커지고 있으나 아직은 저복지-저부담을 주요 특징으로 하며, 복지제도에서도 재생산과 안전망보다 생산과 경제성장이 우선되고(생산주의적 복지) 가족과 시장에 대한 의존이 지나치게 크다(가족주의). 일자리와 연계된 사회보험 중심으로 복지제도가 발전해 왔기 때문에 유연해지고 있는 노동시장 현실과의 괴리가 날로 커지고 있다. 복지에 대한 시민권이 보편적 원칙으로 자리 잡지 못하고 생산영역에서는 근로기회의 보호를 위한 고용 · 임금 규제, 실업보호와 적극적 노동시장 대책이 미흡하다. 공공부조와 사회보험을 통한 사회안전망 제도는 기능이 취약하여 다수가 삶의 기회를 적절히 보호받지 못하고 있다. 한편 돌봄, 의료, 교육, 주거 등 재생산에서도 개인(과 가족)의 책임이 지나치게 강조되고 있다. 결과적으로 한국 사회복지제도는 많은 개선을 요구한다. 시민권의 기초 위에서 생산 · 재생산 · 안전망의 균형 잡힌 확장이 요구된다. 개인과 가족의 책임을 경감하고 국가의 책임과 역할을 강화하되 그 운영에서는 지역의 역할을 강화하고 복지 수혜자가 정책 형성과 집행의 파트너로 참여하여야 한다.

1. 이론적 배경과 세계 경제

1.1 사회위험과 대응

1) 산업화와 사회복지

개인은 소득 또는 역량이 훼손되어 가치 있게 여기는 삶을 실현하지 못할 위험에 항상 노출되어 있다. 인류는 개인적으로나 집단적으로 위험을 완화하거나 미리 대비하려 노력해 왔다. 대가족과 공동체를 구성하여 손실을 분담하거나, 식량을 비축하고 수확물을 다변화했다. 지금도 많은 개도국에서는 여전히 비공식적 제도에 크게 의존하여 위험에 대응한다. 개인을 위협해 온 위험은 인류 역사와 더불어 변해 왔다. 전통적 농업 사회에서는 자연재해와 질병이 주요 위험이었다.

산업화가 시작되며 생활수준이 크게 높아졌지만 대량생산이 확산되어 다수의 인구가 임금 근로자로 편입됨에 따라 농업 사회에는 없었던 '실직'에 대한 우려가 생겨났고 산업재해나 실업의 위험이 중대해졌다. 산업 사회에 들어와 전에 없던 사회위험이 등장하였지만 전통사회에서 사용되던 위험관리 수단은 오히려 약화되었다. 가족제도가 약화하고 일자리에 따른 이동과 도시화로 대가족, 공동체 등 전통적인 사회조직의 역할

표 15-1 이전의 사회위험과 새로운 사회위험의 차이

	이전의 사회위험(old social risks)	**새로운 사회위험**(new social risk)
원인	산업화	노동시장 변화 : 고용 다양화, 숙련 형성과 그 개선이 중요 인구구조 변화 : 인구 고령화, 성 역할 변화, 가족구조 다양화
내용	남성 가장의 고용과 소득의 유지 고용상실 위험 대응(실업, 노령, 질병, 장애)	▪ 고용 불안정, 확보한 숙련의 빠른 부식에의 대응 ▪ 일 · 가정 양립의 어려움, 돌봄(특히 노인, 보육)의 사회화 ▪ 복지 수준과 지속가능성의 제고와 민영화
정책	소극적 사회정책 : 현금 이전 중심	적극적 사회정책 : 사회 서비스 강화 및 노동참여 활성화

자료 : 장지연 등(2012) ; Bonoli(2007) ; Huber and Stephens(2006) ; Taylor-Gooby(2004).

은 급감하였다. 위험에 맞설 새로운 수단이 필요해진 것이다. 전에 없던 사회위험에 대한 우려는 19세기 후반 정부와 사회를 괴롭혔고 그 때문에 산업재해, 의료, 노령과 관련하여 의무적 "사회보험(social insurance)"이 도입되기 시작하였다. 현재 대부분의 선진국은 장애, 실업, 산업재해, 질병, 사망 등을 위한 공적 사회복지제도를 갖추며 복지국가로 거듭났다.

복지국가는 표준 "남성 가장(male breadwinner)" 가정에게 완전한 고용과 소득 증가가 적절히 이루어지도록 보장하였고, 주로 노후나 직장생활 중 짧은 기간의 실업으로 인해 발생하는 빈곤과 배제의 사회위험을 완화하기 위하여 노력하였다. 특히 사회복지 지출은 노인들을 대상으로 한 공적연금에 집중되었고 그 대부분도 현금급부로 구성되었다. 복지국가는 대체로 활력 있는 제조업 부문을 중심으로 안정적 성장이 이루어진 것을 배경으로 일반 대중이 일자리를 통해 상대적으로 높은 수준의 임금을 확보할 수 있었기 때문에 가능했다. 아울러 핵가족(과 여성)은 유아, 노인, 장애인에게 돌봄을 제공할 수 있었다. 산업 사회에서 복지국가는 시장을 통해 적절히 충족될 수 없는 욕구(퇴직, 실업, 장애 등으로 인한 소득의 중단)를 해결하거나 삶의 생애주기상 소득과 욕구의 미스매치를 해소하거나 의료와 교육과 같이 정보 비대칭성, 외부효과 등으로 말미암아 국가개입이 바람직하게 간주되었던 영역을 중심으로 활동하였다. 하지만 이런 상황에서도 돌봄은 대부분 가족제도에 의존하였다. 가족에 대한 국가개입이나 지원은 제한적이었고 그에 상응하는 돌봄 서비스는 대부분의 국가에서 미약하게 발전했다. 그 결과 복지국가는 시장과 가족이 충족시키지 못하는 필요에 대응하는 선에서 멈추었다.

2) 새로운 사회위험과 복지국가 위기

글로벌화와 기술혁신 그리고 그에 따른 노동시장 변화, 인구구조 · 성 역할 · 가족구조 변화는 새로운 사회위험(new social risk, Bonoli, 2005 ; Hausermann, 2013)을 낳으며 전통적 복지국가를 압박하고 있다. 경제성장의 둔화와 그 속성의 변화는 남성 가장 모형을 약화시켰고, 성 역할과 가족구조 변화는 가족에 대한 (돌봄) 복지 의존을 어렵게 만들었다. 사회위험은 더욱 다양해졌고 노후나 일시적 실업 시기를 넘어 개인의 인생 과정의 다양한 국면에 걸쳐 발생하게 되었다.

(1) 노동시장 유연화에 따른 소득불평등과 고용불안정 심화

경쟁 심화와 고용 유연화

1960년대 이후 제조업을 중심으로 한 성장의 황금시대(golden age)를 뒤로하고 경제성장은 둔화되고 불확실해졌다. 기술변화는 제조업이 더이상 안정적인 고용을 대량으로 제공할 수 없게 하였고 준숙련 또는 비숙련 노동자는 고용안정을 기대하기 어렵게 되었다. 세계화가 촉발한 경쟁의 심화는 고용 유연화를 압박하였다.

숙련 편향적 기술진보와 글로벌화는 숙련자들에게 생산성 개선과 성장의 기회를 제공했지만 저학력 · 저숙련층에게는 직업 불안정과 실직이나 사회적 배제 그리고 저임금의 가능성을 높이며, 불평등과 빈곤을 강화하고 있다. 글로벌화에 따라 국내시장에서만 활동하던 전형적인 내수기업들도 국제경쟁에 노출되고 숙련 근로자라도 국제경쟁력을 상실할 경우 쉽게 실직의 위기에 내몰리게 되었다.

상품과 자본 시장의 국제적 통합의 증가는 노동시장의 기능에 큰 변화를 초래해 왔다. 개방경제가 요구하는 국제경쟁의 심화는 노동비용을 증가시키는 세금과 사회보장 기여를 약화시킴으로써 사회복지를 위한 재원조달을 어렵게 만들고 있다. 하지만 동시에 국제 무역과 투자 개방성의 증가는 무역과 아웃소싱으로 인한 일자리 소멸과 외부충격에 따른 취약성을 심화시키고 사회복지에 대한 의존성을 높이고 있다.

고용관계의 다양화

유연 생산기술의 보편화와 글로벌 경쟁의 심화는 노동 유연화를 요구하며, 고용관계를 다양화시키고 자영업을 확대시켜 고용 불안정성을 높아지게 한다. 전통적 고용형태는 사라지거나 변형되고 시간제 근무, 기간제 계약 및 자영업 등의 새로운 고용형태가 늘고 있다. 새로운 고용형태의 다수는 비정규직 형태로 그동안 노동시장이나 사회복지정책의 기준점이 되어 온 전일제로 기간 제한 없이 노동하는 남성 생계 부양자 모형과는 벗어나 있다. 이러한 새로운 고용형태는 노동시장과 사회적 보호에 기회와 도전을 낳고 있다. 파트타임과 임시직 등 전통적인 비정규직은 사람들로 하여금 근로생활과 가정생활의 조율을 용이하게 하고 일-삶 균형을 촉진하며, 플랫폼 노동이나 원격 노동 등 새로운 형태의 노동은 돌봄노동자나 장애노동자에게 보다 유연한 방식으로 추가소득의 기회를 제공하고 있다.

고용형태의 다양화는 보다 다양한 인구집단의 고용기회를 확대하지만 그것은 동시에 일자리가 근로자들에게 제공하는 보호에 더 큰 변화를 초래하고 있다. 일부 일자리는 보수가 낮고 보호가 미흡하며, 이에 종사하는 근로자들은 때때로 장기간에 걸쳐 그 안에 갇히거나 단순히 그러한 직업들에서만 이동할 수도 있다. 고용관계의 차별화는 또한 노동시장에서 개인의 생애경력 궤적의 차별화를 심화시키는 데 기여하고 있으며, 그것은 일과 비경제활동 사이의, 다른 유형의 직업들 간의, 그리고 다른 경력들 간의 더 빈번한 전환으로 이어지고 있다.

불평등 증가와 양극화 : 여성 및 청년층의 위기와 중산층의 소멸

숙련 편향적 기술진보와 글로벌화, 그에 따른 경제성장과 일자리 그리고 고용형태의 변화는 모든 국가에서 소득 불평등의 심화와 중산층 약화 또는 양극화를 낳아 왔다. 한편 빈곤이 집중되는 인구집단과 생애 단계에도 변화가 발생하여 과거 주로 노령과 관련되어 나타났던 빈곤뿐만 아니라 청소년 시절의 빈곤경험이 증가하고 이는 인적자본의 축적과 그로 말미암은 사회적 이동을 저해하는 결과를 초래하고 있다.

계층적으로 볼 때 과거에는 생활 불안정이 은퇴 후 노년기에 집중되었던 반면에 현재에는 청년기와 성인기에도 생활 불안정을 빗겨가기 어렵게 되었다. 숙련을 충분히 갖추지 못한 청년들은 실업이나 비정규직으로 숙련을 형성할 기회나 사회복지의 수급자격을 확보하지 못하게 되었으며, 성인들은 직업 안정성 저하로 생활 안정성이 갈수록 약화되고 있다. 또한 여성은 기존의 사회위험에 대한 사회복지정책에서 배제된 가운데 새로운 사회위험의 한가운데에 있게 되어 빈곤층에의 편입이 가속화되고 있다.

사회위험이 집중되는 주요 대상이 과거에는 저소득층이나 빈곤층이었으나 현재에는 중산층으로 확대되는 소득 양극화 현상도 나타나고 있다. 많은 OECD 국가들에서 중간 소득은 평균 소득보다 그 증가율이 낮았으며, 어떤 국가에서는 전혀 증가하지 않았다. 숙련 편향적 기술진보와 구조조정의 일상화 그리고 노동시장 유연화에 따라 중산층에 이르는 길은 좁아지는 반면 중산층의 지위를 유지하는 어려움이 더 커졌기 때문이다. 기술혁신으로 인해 많은 중산층 근로자가 몸담고 있는 중간 숙련 직업이 자동화된 지 오래되었다. 안정되고 전망 있고 연금을 제공하는 일자리가 감소한 데 더해 임금이 정체되고 이직이 어려워지고 있다. 중산층의 라이프스타일에 핵심적인 주거비와 교육비는 소득과 인플레이션보다 더 빠르게 상승해 왔다. 이로 인해 중산층은 저축능력이 약화되고 있고 가계부채의 짐이 무거워지고 있다(OECD, 2019, Under Pressure : The Squeezed Middle Class).

(2) 인구구조 변화

출산율 감소와 기대수명 증가의 복합적 효과 때문에 사회보호의 인구구조적 맥락도 크게 바뀌었다. 선진국에서는 1세기 전부터 고령화가 시작되었으며, 개발도상국에서는 최근에 고령화가 급속도로 진행되고 있다. 인구구조 변화는 노동시장과 사회보장제도에 큰 영향을 미친다. 노인의 규모가 절대적으로나 상대적으로 빠르게 증가함에 따라 돌봄 수요가 급증되고 여성 돌봄을 가중시키고 있다. 대부분의 가정 돌봄은 여전히 여성들에 의해 제공된다. 이러한 전통적 치료형태는 유급 일자리를 찾는 여성에게 스트레스를 주고 남성, 민간부문 및 국가 등 대체수단을 모색하게 하고 있다. 돌봄 책임은 여성 고용에 미치는 영향을 통해 가정 빈곤의 위험에 영향을 미친다. 보다 취약한 집단일수록 ① 스스로 허약해지거나 허약해졌을 때 가족의 지원이 부족한 상황이거나 반대로 허약한 고령의 친척들을 보살필 상황에 대처하여야 하고 ② 유급 업무와 가족 책임(특히 돌봄) 간의 균형을 달성할 필요성이 크다.

(3) 가족구조 변화

가족구조의 변화는 노동시장의 유연화와 임금노동자의 여성화 및 고령화와 더불어 근로자들이 직면하는 사회위험을 변화시키고 있다. 가족 내 자원 공유는 개인의 행복에 근본적인 영향을 미친다. 가구 크기의 감소와 가족구조의 다양성 증가는 다른 가족 구성원이 제공하는 돌봄의 가용성이나 가족 구성원 간의 비용과 재화(예 : 주택)를 공유할 수 있는 능력을 감소시키고 있다. 가구 크기의 감소는 다양한 이유에서 비롯한다 : 혼인율 하락, 혼인연령 증가, 낮은 출생률, 가족성원의 지리적 이동성 증가, 독립적 삶의 선호, 소득 증가와 건강 향상.

가족구조의 다양화도 다양한 이유에서 비롯한다 : 결혼의 중요성 감소, 이혼율 증가, 한부모 가족의 증가. 삶의 위험에 대응하기 위해 맞벌이를 선택하는 부부가 늘면서 어린 자녀를 둔 부부들 사이에서 정규직 남성과 비취업 여성의 조합은 모든 OECD 국가에서 중요성이 감소했다. 고용의 인구학적 구성변화(고령화와 여성화)는 근로 일정의 다양화와 근로시간 규제에 대한 정부 개입의 강화를 낳고 있다. 남성 가장 모형의 약화는 단독가구를 중심으로 소득부족의 위험을 높이고 있다. 경제활동 참가율의 상승이 실업률 하락보다는 사회적 박탈, 빈곤 그리고 사회정책에의 의존성을 높이고 있다. 결과적으로 노동시장 참여와 복귀를 장려하고 소수의 가계로의 실업 집중이 나타나지 않도록 하는 효과적인 사회정책 방안에 대한 요구가 커지고 있는 것이다.

한편 여성의 교육 · 취업 확대와 평등요구 증대로 여성에 의존하는 전통적인 무보수의 가족 돌봄에 어려움이 나타나고 있다. OECD 국가들의 경우 오래전부터 여성의 경제활동 참여율이 꾸준히 높아져 왔다. 여성의 노동시장 진출이 늘면서 여성이 전담해 왔던 가족 내 돌봄은 더욱 어려워졌으며, 돌봄과 경제활동 사이의 양립 문제가 심화되었다. 일과 가정의 양립이 상대적으로 더 어려운 저숙련 여성층은 새로운 사회위험에 처하게 되었다. 돌봄을 필요로 하는 위험에 더해 돌봄을 제공해야 하기 때문에 고용단절이 생겨나고 비정규노동과 경력단절로 말미암아 사회복지에서 배제되는 사회위험이 나타났다. 이혼이나 별거 등 혼인의 불안정성이 증가하고 불안정한 한부모 가족이 확대되며, 여성의 책임을 가중시키고 있다.

가구 형성에서 유사한 사회-경제적 특성을 가진 사람들 사이의 결합 확률이 높다. 특히 교육수준이 사회 · 경제적 특성을 결정하는 데 큰 역할을 하고 있다. 이로 인해 불평등이 세대 간에 이전되고 개인의 사회 · 경제적 성취를 결정하는 데 교육이 중요한 역할을 하기 때문에 유사한 교육적 성취를 이룬 개인들 간의 결합은 미래 세대의 교육과 소득의 불평등의 심화를 낳을 수 있다. 마지막으로 여성들이 교육과 고용에서의 참여를 확대하고 더 평등한 기회를 계속 요구함에 따라 성별 분업에 기초한 전통적인 무보수 사회복지가 가정에 큰 부담을 주고 있다.

(4) 사회정책의 위기

새로운 사회위험의 등장과 심화로 인해 사회보호에 대한 요구가 높아지고 복잡해졌지만, 사회보험의 기여와 세금 기반이 잠식되는 가운데 전통적인 사회보장제도가 이를 대처하는 데 한계가 나타나고 있다. 이에 따라 후기 산업 사회에서는 비정형 고용, 장기실업, 근로빈곤, 돌봄의무나 숙련부식으로 인한 노동시장 참여 기회의 결핍 등의 새로운 사회위험이 부각되고 있다. 이러한 새로운 사회위험을 다루기 위한 새로운 사회정책(new social policy)이 요구되고 있다.

사회정책의 기능 저하 : 노동시장 구조변화

고용관계의 다양화와 개별화는 지속적인 표준적 고용관계를 전제로 구성된 사회정책 프로그램을 훼손하고 있다. 다양한 새로운 고용형태는 낮은 급여, 짧은 근무기간 등으로 말미암아 기존의 사회보장 제도의 적용에서 배제되거나 적용되더라도 그 급부 수준과 기간이 제한적이다. 그러한 직업을 가진 근로자들은 때때로 장기간에 걸쳐 불만스런 직업에서 헤어나지 못하거나 그런 직업을 옮겨다니기만 할 뿐이다. 전통적 형태이든 새로운 형태이든 비정규직은 불안정한 근로로서 일자리와 소득의 안전성이 낮고 근로조건이 열악하며, 사회보험 적용범위가 좁다. 이러한 모든 변화는 지속적인 고용관계를 전제로 한 소극적인 소득대체를 중심으로 구성되는 기존의 사회복지 프로그램을 약화[노동시장 실패(labor market failure), Esping-Anderson, 1999]시킨다.

장기고용이 약화됨에 따라 특정 고용주와의 관계를 뛰어넘어 모든 노동자에게 보장을 제공하는 방법을 고려할 필요가 있다. 사회보장의 이전 가능성을 높이는 것은 개별 기업이 달성할 수 있는 것이 아니므로 기본적 보장을 제공하는 보편적 사회복지 제도가 요청된다. 모든 형태의 고용에 대한 사회적 보호 확대는 고용형태 · 작업배치 변화에 수반되는 고용 및 소득의 불안을 완화할 뿐만 아니라 다양한 형태의 고용을 위한 보다 평등한 경쟁의 장을 만듦으로써 노동 이동성을 촉진하고 노동시장 분단을 완화할 것이다.

사회정책의 기능 저하 : 인구구조와 가족구조 변화

인구 고령화는 다른 사회복지 프로그램을 축소시키고 노령 연금과 돌봄 서비스를 증가시킨다. 가족구조와 관련하여 가족형태가 다양화하는 것은 일부 사람들이 특별한 불이익을 받으며 자랄 수 있는 위험이 커졌다는 것을 의미한다. 이는 가족 배경이 개인의 삶의 기회에 미치는 영향을 조절할 수 있는 제도의 중요성을 높인다. 가족구조의 변화는 또한 가족의 돌봄과 지원이 더 이상 당연시되어서는 안 된다는 것을 의미하며,

어린이, 장애인, 노령인구들을 위한 돌봄의 중요성을 증가시킨다. 이에 따라 가족 요구가 다양해지면서 이에 적절히 대응해야 할 필요성이 커졌다. 기능이 저하[가족 실패(family failures), Esping-Andersen, 1999]된 가족(여성) 돌봄에 기초한 전통적 사회복지제도를 대신할 사회적 보호, 특히 돌봄 서비스를 확대하여야 한다. 이를 통해 노동자가 일-가정 양립에 어려움을 겪거나 가족지원을 받거나 주기 어렵거나 허약한 친인척의 보살핌을 요청받는 상황을 극복하도록 하여야 한다. 특히 현금 지원보다는 서비스 지원을 강화하여야 한다.

사회정책의 지속가능성 약화 : 적극적 사회정책의 필요성 증가

경제적 불안과 빈곤 그리고 사회적 배제의 심화는 사회지출의 급증을 요구한다. 일자리 및 소득의 불안정성 증대와 저임금은 세금으로 재원을 조달받고 최소한의 보호를 제공하는 보편적 사회보장에 대한 요구를 높인다. 하지만 다른 한편으로는 기여와 과세의 기반을 약화시켜 사회복지 재정의 지속가능성을 낮춘다. 여기에 전 세계적인 조세 경쟁이 가세하여 재정제약이 강화되는 가운데 정부는 거꾸로 사회지출과 정책대상을 감축하고 있다. 더욱이 더 높은 세금과 이전지출의 증가는 근로유인 약화를 통해 경제성장을 둔화시킬 위험을 확대하고 있다. 더 나아가 생산가능인구에 비해 고령자가 증가함으로써 인구 고령화는 연금제도의 지속가능성을 약화시키고 있다. 인구구조 변화는 개인이 사회보험료로 기여하는 기간(조기퇴직과 함께 교육훈련 기간의 증가)을 감소시키는 반면 연금급부의 수령 기간을 증가시키고 있다.

시장성과에 기초하는 본원적 소득분배의 양극화는 세금과 이전지출에 주로 의존하는 사회정책의 역할을 약화시키고 사회복지 재정의 지속가능성을 훼손하고 있다. 현재 진행 중인 노동시장, 인구구조, 가족구조 변화에 비추어볼 때 소극적인 소득대체 또는 소득재분배만으로는 시장소득의 불평등 심화에 대응하기에 부족하다. 따라서 사람들의 생산적 잠재력에 투자하고 노동시장 통합에 더 큰 관심을 기울이는 적극적 사회정책(active social policy)을 통해 시장소득의 불평등을 사전에 방지할 것이 요청된다(ILO, Social Protection Floors Recommendation No. 202). 즉, 고용 가능성과 활성화(employability and activation)를 통해 수급자를 생산적인 고용으로 복귀(사전적 보호)시키고 더 높은 수준의 보호를 제공하는 기여적 사회보호제도를 강화하여야 한다. 기여적 사회보호제도에서는 그 적용범위를 확대하는 한편 소득, 근무기간의 최저기준 완화 혹은 제거, 기여단절 기간에 대한 유연성, 자격의 이전 편의성과 최저수준을 강화하여 새로운 고용형태와 자영업자에 대한 보호를 강화할 수 있도록 하여야 한다. 기여적 사회보호의 강화는 조세와 이전지출에 의존하는 공적 사회보호에 대한 압력을 감소시킬 것이다.

1.2 사회위험 관리와 경제발전

사회위험에 대한 대응 : 예방, 완화, 사후 대처

사회위험 확대가 역량을 훼손하고 삶의 질을 악화시킴에 따라 사회위험을 관리하는 역량이 중요해지고 있다. 사회위험 관리는 위험의 실현을 중심으로 나누어볼 수 있다. 첫째, 사회위험 발생 후 파급효과를 덜어주는 사후 대처이다. 노동 참여나, 자산 매각, 차입 등이 포함된다. 정부가 제공하는 현금과 물품, 즉 사회부조라 불리는 소득이전도 빼놓을 수 없다. 둘째, 사회위험 발생에 앞서 위험의 발생확률을 낮추는 위험 예방이다. 고용보호를 통해 소득원을 보호하거나 교육훈련을 통해 실업 확률을 낮추고 재취업 확률을 높여 선택 가능한 직업의 범위를 넓히는 것이다. 셋째, 사회위험 발생에 앞서 그 파급효과를 사전에 완화하는 위험

완화이다. 자산을 다양하게 보유하거나 보험에 가입하는 것이 이에 해당한다. 저축에 대한 조세 지원과 강제 연금은 파급효과 완화를 위한 대표적인 정부정책이다.

사회위험 관리는 생산, 재생산, 분배, 안전 · 인권 · 시민권으로도 나누어진다(Kaufmann, 2013).

표 15-2 사회위험 관리의 다양한 구분

		개인	시장	공공
위험 예방		이민, 저위험 기술 사용 적절한 의 · 식 · 주 위생과 질병 예방 교육 · 기술 다양화 평생 교육	현장교육 · 훈련 금융지식 함양 사립 교육기관 자발적 근로기준	건전한 거시정책 취업 전 교육훈련 적극적 노동시장 정책 : 구직지원, 훈련, 고용지원, 근로기준법, 근로장려세, 장애인 정책, 청소년 노동규제 공공보건
위험 완화	포트폴리오	복수 직업 인적자산과 물적자산에 투자 사회적 자본에 대한 투자	다수 금융자산에의 분산 마이크로 파이낸스	다층의 보험(연금)제도 사회투자기금, 이전지출 사유재산권 보호 저소득층의 금융기관 이용지원
	보험	결혼/가족, 공동체 참여 공동주거, 연계노동	생명보험, 상해보험 노령연금, 의료보험	실업, 고령, 장애, 질병, 유족을 위한 사회보험
	헤징	대가족, 노동계약	파생상품	
사후대처		자산매각, 차입, 공동체 지원, 기부, 아동노동, 임시 이주	금융자산 매각 금융기관 차입	공공부조, 일반보조, 재난구조, 공공사업

자료 : Holzmann and Jorgensen(2001) ; Holzmann and Kozel(2007) ; Murphy and Gardoni(2012) ; Dubois and Rouseau(2008)

① 생산영역에서의 사회위험 관리는 현세대 근로자가 생산현장에서 노동에 참여하고 건강과 생산성을 확보하도록 하는 것이다. 이를 위해서는 사유재산권과 기업가적 자유뿐만 아니라 근로자의 권리가 보장되어야 한다. 생산영역에서의 사회위험 관리는 소득의 직접적 획득을 위한 노동을 넘어 소득에의 접근성을 확보하거나 개선하는 교육훈련과도 연계된다. 노동시장 참여는 근본적 · 예방적 수단이자 가장 중요한 위험관리 수단이다. 근로소득은 안정적 소비를 가능하게 하고, 저축이나 의료보험과 같은 위험완화 수단을 확보할 수 있도록 한다. 개인이 스스로 소득을 얻으려면 생산에 참여하여야 하며 작업장에서의 생존 위협에 대처해야 한다.

② 재생산 영역에서의 사회위험 관리는 차세대 근로자와 시민의 재생산을 도모하는 것이다. 경제와 사회가 유지되려면 새로운 세대가 재생산되고 삶의 기회가 제공되어야 한다. 노동시장에서는 근로자의 생애 전체가 새로운 자본이 되고 있으므로 시간이 흐름에 따라 재생산을 통해 개인의 역량이 형성 · 유지되어야 한다. 재생산은 근로활동을 가능하게 하고 더 나아가 역량과 자유를 확장한다. 재생산에는 생물학적 재생산과 노동력 및 돌봄의 재생산이 포함된다. 생물학적 재생산은 일정 수준 이상의 의식주, 출산, 의료를 요구하는 출산 · 육아와 인간 존재의 육체적 개발을 포함한다. 노동력의 재생산은 노동 서비스를 공급할 수 있도록 하는 일상적 재생산과 근로자로 성장하는 과정과 관련된 세대에 걸친 재생산을 포함한다. 후자는 생존뿐만 아니라 교육, 훈련, 사회 참여[1]를 포함한다. 돌봄 자체도 재

1. 사회 참여는 개인이 자신이 속한 공동체의 사회 · 경제적 삶에 적절히 융합될 필요를 말하는데, 이를 확보하지 못한 경우를 사회적 배제(social exclusion)라 부른다.

생산되어야 한다. 식사준비, 육아, 고령자 돌봄, 공동체 활동, NGO 참여, 가족에 대한 심리적 버팀목 제공 등은 기능적 가치를 갖지만 본질적 가치도 가진다. 삶과 노동의 질을 뒷받침하는 개인과 집단 역량의 재생산 과정은 소득과 공공 서비스 체계를 필요로 한다.

③ 분배 영역에서의 사회위험 관리는 고령, 질병, 장애, 실직을 겪는 사람들이 스스로를 지탱할 수 있도록 돌보는 데 있다. 일할 동기가 없어서가 아니라 일할 능력이 없는 경우 그리고 일을 하더라도 빈곤한 경우에 대해 최소한의 생존수단 및 역량과 자유를 확보하도록 할 필요가 있다. 개인들이 가치 있는 삶을 스스로 규정하고 주도하는 여건을 창출하여야 한다. 산업재해 · 고령, 양육, 실업과 질병 시의 소득보장이 그것이다.

④ 안전 · 인권 · 시민권은 신체와 재산의 안전(사유재산권)과 정치적 권리, 성, 인종, 종교와 관련 없는 (법 앞에서의) 평등한 대우 등을 포함한다.[2] 안전 · 인권 · 시민권은 시장이나 가족이 공급하기 어려운 재화로 사회정책의 전제조건이다. 인권과 시민권이 보장되지 않으면 사회정책에서 배제되는 집단이 생겨난다. 기초적 인권과 시민권이 확보된 사회라도 이 문제를 완전히 무시할 수 없다. 모든 법률은 시민권, 영주권 또는 기여 여부에 따라 포괄하는 인구의 범위를 제한하며, 불법이민자처럼 이 범위에 포함되지 않는 사회구성원도 존재한다. 이들에게는 보호가 미흡하고, 이들의 위험 노출은 결국 다른 사회구성원에게도 추가적인 사회위험 관리 문제를 야기한다. 예를 들어 불법이민자가 의료체계에서 배제되었을 때 그가 전염성 결핵에 걸리면 이는 그뿐만 아니라 전체 인구에 영향을 미친다.

사회위험 관리와 경제발전

사회위험 관리는 경제발전과 인간발전에 중요하다. 첫째, 사회위험 관리는 경제의 효율성을 개선한다. 위험 기피적 개인들과 사업가들의 투자 범위를 넓혀 생산성과 성장을 높인다. 사회위험 관리는 역량의 유지와 확보를 용이하게 하고 투자 범위를 넓혀 경제의 생산성을 높인다. 둘째, 사회위험 관리는 공평성을 개선한다. 빈곤층은 위험에 더 노출되는 반면, 사회위험 관리 수단에 대한 접근은 더 제한적이므로 위험이 실현될 경우 역량의 훼손이 크며 가족 구성원에 대한 파급력도 더 크다. 역량의 발휘를 스스로 제한하며, 역량 개선에의 참여도 소극적이어서 본인과 가족 그리고 사회를 정체시킨다. 개인과 가계의 자산이 사업에 과도하게 묶여 있는 영세소기업은 위험에 민감하고 그것을 관리하는 데 과도하게 매달린다. 사회위험 관리는 더 큰 사업위험을 감당하도록 함으로써 빈곤에서 벗어날 기회를 제공한다. 이처럼 사회위험 관리는 역량의 훼손을 낳는 사회위험을 완화하고 극복하게 한다는 측면에서 도구적 역할을 하지만, 동시에 육아나 요양처럼 본질적 가치도 가진다. 결론적으로 사회위험 관리는 지속가능하고 평등한 경제성장을 넘어 역량이 확장되는 경제발전에서도 핵심적이다.

---

2. Marshall(1967)은 사회위험을 완화하고 기본적 위험들을 재분배하기 위한 사회정책으로 공민권, 정치권과는 다른 사회권(social right)으로 규정하였다.

1.3 사적 위험관리와 한계

시장에 의한 위험관리와 그 실패

개인들은 금융상품과 보험의 구매처럼 스스로의 노력과 능력에 기초하고 시장에 의존하여 위험을 관리할 수 있다. 그러나 독점, 정보 비대칭성, 외부효과로 인해 위험관리 시장은 실패할 수 있다.

보험은 관리비용이 커 규모의 경제를 낳으므로[3] 독과점적 시장이 지배적이다. 여기에 더해 보험수요자가 많지 않다면 보험료가 과다하게 책정될 수 있고 그에 따라 보험공급이 제한될 수 있다. 정보 비대칭성도 위험관리 시장의 작동을 방해한다. 보험사는 가입자의 건강상태를 완전히 파악할 수 없으며, 육아, 진료, 요양의 경우 수혜 당사자가 스스로 서비스 품질을 판단하기 어렵다. 보육과 요양의 경우 소비자(아동, 고령자)를 대신하는 구매자(보호자)가 별도로 존재하므로 대리인 문제를 갖는다. 더욱이 사람들은 근시안적으로 또 부주의하게 행동하여 강제적용이 없다면 보험 가입을 기피한다.

위험에 대한 보험은 외부효과를 낳는다. 독감 주사를 맞지 않는 사람 때문에 감기가 쉽게 전파될 수 있다. 돌봄을 위한 사회 서비스는 혜택을 받는 당사자를 넘어 제3자에게 편익과 비용을 초래한다. 유아, 장애인, 노인의 돌봄은 가족들의 안정적 직장생활을 허용한다. 특히 적절한 보육은 미래 사회구성원에 대한 투자로 사회에 기여한다. 사회 서비스는 부정적 외부효과도 낳는다. 노숙인, 장애인, 노인, 정신질환자 등의 거주를 위한 시설은 '혐오시설'로 종종 인식되어 외곽지역에 주로 위치한다. 이들 외부효과로 인해 시장만을 통한 사회 서비스 공급은 과다하거나 과소할 수 있다.

마지막으로 위험관리 시장은 여러 사람에게 동시에 나타나고 전국적 영향을 미치는 위험을 다루는 데 한계를 갖는다. 곤경에 처한 사람을 열 사람이 도울 수 있지만, 모든 사람이 곤경에 처하면 누구도 도울 수 없기 때문이다.

환경의 영향과 형평성

개인은 자신의 선택이 낳은 결과를 스스로 책임을 져야 하지만, 통제할 수 없는 외부환경의 변화가 낳은 어려움은 책임지기 어렵다. 재능부족, 장애와 취약한 신체, 자연환경, 운을 개인이 모두 감당할 수는 없다. 감당할 수 없는 위험을 모두 개인에게 그 책임을 돌리는 것은 곤란한 일이다.

형평성(equity)은 수평적 형평[equal treatment for equals(평등한 것은 평등하게)]과 수직적 형평[unequal treatment for unequals(불평등한 것은 불평등하게)]으로 대별되는데, 수평적 형평은 모든 사람이 인간의 존엄과 인격면에서 동등하므로 동일하게 보상되어야 한다는 것이며, 수직적 형평은 인간의 욕구, 능력, 노력, 공헌 등에서 차이가 있는 경우 다르게 보상해야 한다는 것이다. 전자의 사례로는 빈부나 능력 차이에 상관없이 무조건 지급되는 아동수당, 노인수당 등이 있으며, 후자의 사례로는 소득비례의 원칙으로 운영되는 사회보험제도가 있다.

형평성은 특수 형평성(specific egalitarianism)과 보편적 형평성(general egalitarianism)으로도 나누어 볼 수 있다. 일부 희소자원(의료, 건강, 법률 서비스)은 소득이나 자산보다 덜 불공평하게 배분되어야 한다(특수 형평성). 이는 서비스 접근 문제로 불리는데 장애, 보육, 고령 등에 잘 적용된다. 보편적 형평성은 접근을 넘어 서비

---

3. 미국의 경우 민간보험시장의 보험료의 12%가 관리비용이지만 Medicare/Medicaid의 경우 3.2%로 알려져 있다. 이러한 차이는 보험의 경우 가입자 집단이 클수록 규모의 경제가 크게 작용해 효율성의 우위가 생겨난다.

스의 공평한 제공을 말한다. 예를 들어 모든 저소득층 가계들이 최소의 보육 서비스를 이용하도록 하는 것이 특수한 형평성, 모든 시민이 동일한 수준의 보육 서비스를 이용하도록 하는 것이 보편적 형평성이다(Blank, 2000). 보편적 형평성은 사회보장기본법 제9조("모든 국민은 사회보장 관계 법령에서 정하는 바에 따라 사회보장급여를 받을 권리를 가진다.")에서도 잘 드러난다.

1.4 사회정책

개인이 가족이나 시장을 통해 사회위험을 효과적으로 관리하지 못할 때 집단행동 또는 정부나 사회조직의 개입이 요구된다. 사회조직과 국가에 의한 사회위험의 관리를 사회위험의 사회적 관리(social management of risk)라 부른다.

1) 사회정책의 전개와 역량접근

사회정책과 복지국가

전통적으로 사회위험 관리의 많은 부분은 사회정책이나 복지국가의 역할로 정의되어 왔다. 사회정책은 현금이나 서비스를 제공하여 시민의 복지에 직접적 영향을 미치는 정부정책으로 사회보험, 공적부조, 사회서비스, 주택정책, 교육, 범죄 대처 등을 포함한다(Marshall, 1967, p. 7). 한편 복지국가는 넓은 의미로는 특정한 국가형태, 특정한 정체 또는 특정 사회유형을 지칭한다. 예를 들어 '북유럽 국가는 복지국가다'라는 표현이 사용된다. 즉, 복지국가는 사회위험으로부터의 개인의 보호와 형평성 확보에 높은 우선 순위를 부여하는 경제정책과 사회정책을 가진 국가다. 한편 복지국가는 좁은 의미로 공공부문 중에서 (사회보장과 사회부조를 통한) 재분배와 재분배적 요소가 큰 사회 서비스(의료와 교육)의 공급과 관련된 부문을 의미한다. 실업보험은 어떤 의미로든 대표적인 복지국가 정책에 속하지만, 실업을 억제하는 거시경제정책은 넓은 의미로만 복지국가 정책에 속하게 된다. 물론 넓은 의미의 복지국가는 공공부문이 재배분과 사회적 지출에 높은 우선순위를 두는 사회로 볼 수 있기 때문에 이들 두 개념이 양립 가능하기도 하다. 보다 구체적으로 복지국가가 시장의 역할을 수정하는 재배분과 사회지출에는 3가지 영역이 대표적으로 포함된다(Briggs, 1967) : ① 개인과 가족에게 재산과 관련 없이 최소 소득을 보장하는 것, ② 질병, 고령, 실업 등의 돌발 상황에서 개인과 가족이 위기에 몰리지 않게 대처하도록 지원하는 것, ③ 모든 시민이 사회적 지위와 관계없이 일정한 최선의 사회서비스를 이용하도록 하는 것. 이러한 복지국가는 기회와 결과의 평등, 보편적 형평성과 특수적 형평성 모두 추구한다. 소득의 평등뿐만 아니라 특정 재화의 소비나 특정 자원에의 접근에서의 평등도 추구한다. 그러나 돌발 상황에 대해 개인과 가족을 보호한다는 것이 복지국가의 대표적 정책 중 하나라면 복지국가는 실업문제 해소를 넘어 완전고용까지 포함한다. 그렇다면 안정화 정책이나 산업정책 그리고 무역 정책 등 대부분의 경제정책은 복지국가의 정책과 중첩된다고 할 수 있다.

(1) 복지국가의 형성과 확대

제2차 세계대전 이후의 급속한 경제성장이 뒷받침되어 이른바 황금시대라 불릴 만큼 사회복지제도가 급속히 확대되었고 이는 1970년대에 정점을 이루었다. 산업 사회에서 제조업을 중심으로 발전한 포드주의적 생산방식은 표준적인 근로관계[4]를 대규모로 제공하여 저숙련 근로자들도 안정적 일자리를 통해 비교적 높은 수준의 임금을 보장받고 안정적 사회보험료 납부를 가능하게 하였다. 이에 따라 소득보장 제도 중심의 복지제도가 발전하였다. 근로자는 높은 보험료를 오랫동안 납입하고 이후 근로가 곤란한 시기에 사회보험으로부터 급여를 받을 수 있었다. 남성 생계 부양자의 전일제 고용과 그에 기초하여 개인이 자립할 수 있게 되었다. 그와 함께 교육을 받는 아동기, 전일제 근로를 하는 성인기, 은퇴 후 근로가 없는 노령기의 생애주기를 구분하여 복지제도가 설계되었다. 노인 세대에 비해 그 수가 훨씬 많았던 청년 세대로 인해 사회복지비용을 안정적으로 조달하는 것이 가능했다. 복지국가는 돌봄을 위한 복지 서비스보다는 개인의 소득이나 소득 능력의 상실을 보상하는 현금이전에 초점을 맞췄다. 돌봄 서비스는 대부분 가족제도에 의존하였다. 국가의 가족에 대한 개입은 제한적이었고 공적 돌봄 서비스는 대부분의 국가에서 미약하게 발전했다. 그 결과 복지국가는 시장과 가족이 충족시키지 못하는 복지수요에 대응하는 선에서 멈추었다.

복지국가 발전은 안정적이어서 근로 여부와 그에 따른 자원의 결핍이라는 기준이 지배적이었고 그에 따라 능력이나 의지에 대한 적절한 평가 없이 무직자에 대한 보상이 점증해 갔다. 사회보험은 계속 커갔고, 사회부조는 더 많은 한계집단에게 제공되었다. 이런 체계에서 목표는 근로역량의 신속한 회복이 아니라 소득손실의 보상 또는 자원의 평등화에 두어졌다. 사회정책이 본격 실시된 초기 단계에서는 (사회적 책임으로 간주된) 자원의 평등과 (개인의 책임으로 간주된) 기회의 평등은 엄격히 구분되었다. 기회의 평등은 국가가 개입할 문제로 간주하지 않았으며, 공공정책은 총수요정책으로 고용기회를 창출하는 것으로 제한되었다. 이런 이유로 복지국가를 케인스주의적 복지국가(Keynesian welfare state)로 칭해 왔다. 더욱이 개인의 행태와 윤리성은 사회부조를 제외하곤 국가의 관심 영역 밖의 문제로 간주되어 급부수령자의 자발적인 노력이나 도덕적 해이는 개인적 문제로 간주되었다.[5] 개인의 선택에 대한 국가의 간섭은 사회통제로 인식되었기 때문이다. 사회복지는 현금급여 중심으로 구성되어 수급자는 여전히 홀로 삶의 기회를 얻으려 분투해야만 했다.

(2) 새로운 사회위험에 따른 복지국가의 위기

1970년대부터 인구구조 · 성 역할 · 가족구조 변화와 글로벌화과 기술혁신 그리고 그에 따른 노동시장 변화는 새로운 사회위험을 낳으며, 전통적 복지국가를 압박하여 위기를 초래하였다. 위기는 수요 증가와 재원 부족 모두에서 비롯하였다. 앞에서 보았듯이 사회적 · 경제적 변화와 그에 따른 개인의 삶과 고용의 유연화 · 다양화 그리고 고령화는 위험 노출을 높이고 새로운 위험을 낳으며, 복지 수요와 복지지출을 증대시켰다.

근로자들은 더 이상 안정적 고용을 확보할 수 없게 되었으며, 고용관계의 다양화와 개별화는 지속적인 표준적 고용관계를 전제로 구성된 전통적인 사회정책 프로그램을 훼손하였다. 다양한 새로운 고용형태는 낮

---

4. 표준근로관계는 크게 무기계약, 직무의 안정성, 표준시간 근로를 특징으로 한다. 이로 인해 근로자는 비교적 높은 임금을 받을 수 있었고 쉽게 해고되지 않아 안정적인 승진, 꾸준한 사회보험료 납부가 가능했다.

5. 단 북유럽 사회민주주의의 경우 이미 1960년대부터 적극적 노동시장 정책이 시행되기 시작하였다.

은 급여와 짧은 근무기간으로 말미암아 기존 사회보장 제도의 적용에서 배제되거나 적용되더라도 그 급부 수준이나 급부를 받을 수 있는 기간이 제한적이었다. 그만큼 경제적 불안과 빈곤 그리고 사회적 배제가 심화되며, 사회복지지출의 급증을 요구하였다. 인구 노령화는 노령 연금과 돌봄 서비스 수요를 증가시켰으며, 가족구조의 변화는 가족의 돌봄과 지원을 어렵게 만들었다.

성장이 둔화하고 서비스업을 중심으로 저임금 일자리가 확대되는 가운데 저출산과 기대수명 증가에 따른 생산가능인구 축소는 사회보험의 기여와 과세기반을 약화시키고, 경제 글로벌화에 따른 국가 간 조세경쟁 확대와 자본 이동성 증대는 사회복지 지출과 조세부담의 축소를 강제하였다. 생산가능인구에 비해 고령자가 증가함으로써 인구 고령화는 연금제도의 지속가능성을 약화시키고 있다. 인구구조 변화는 개인이 사회보험료로 기여하는 기간(조기퇴직과 함께 교육훈련 기간의 증가)을 감소시키는 반면 연금급부의 수령 기간을 증가시켰다.

(3) 새로운 사회정책의 등장 : 사회투자국가와 돌봄의 사회화

새로운 사회위험에 따른 복지국가의 위기에 대응하여 다양한 방향에서 정책 대응이 이루어졌다.

긴축과 신자유주의

가장 단순한 형태의 대응은 이른바 긴축(retrenchment) 정책으로 전통적 사회정책의 개혁에 초점을 맞추는 것이다. 새로운 사회위험으로 말미암아 기존의 사회복지 혜택과 권리가 지속 불가능해져서 긴축이 불가피해졌기 때문이다. 정부는 전통적 사회정책의 모든 영역에 걸쳐 복지혜택 규모를 줄이고 자격 기준을 강화하는 것을 목표로 하였다.

주류 경제학의 뒷받침을 받은 신자유주의는 기존 사회정책의 주요 문제로 직접적인 복지 비용 외에 조세제도가 낳는 왜곡 효과와 무조건적 현금급부가 낳는 도덕적 해이로 인한 간접적 비용도 강조하였다. 또한 정치인과 관료들의 역량 부족이나 사익 추구에 따른 정책실패도 지적되었다. 이에 따라 현금급부를 감축 · 억제하거나 더 엄격한 자격조건을 도입할 것이 주장되었다. 무조건적으로 급부가 제공되지 않는다면 개인은 삶을 위해 더 노력할 것이다. 국가의 후퇴가 개인의 책임을 촉진하는 중요한 전제조건으로 제시되었다.

표 15-3 전통적 사회정책과 새로운 사회정책

	전통적 사회정책	새로운 사회정책	
	고용보호 & 소득보장	사회투자와 활성화	욕구기반 사회보호 정책
가족정책	가족수당과 아동수당(이전지출)	유아 · 고령자 돌봄 서비스 육아 휴가제도	저소득층 : 유아돌봄 보조
노동시장/실업정책	내부자에 대한 소극적 실업급여(소득대체)	적극적 노동시장 정책	(장기) 실업자 : 욕구기반 소득지원
	고용보호	훈련과 인적자본 투자	
노후 연금정책	내부자에 대한 소득대체	외부자를 위한 연금보험자원	자녀양육에 대한 연금공제 보편적인 기초연금
장애보험	소득대체(이전지출)	사회통합 지원(경제활동 참여)	
사회부조	빈곤구제(이전지출)	활성화와 재통합 프로그램	근로빈곤층 : 소득지원(부의 소득세)

자료 : Hausermann(2012) 115쪽의 표 6-2.

그러나 1990년대 들어 각국의 정책당국 사이에서 사회복지의 위기가 경제 글로벌화, 기술혁신, 사회변화 그리고 복지국가의 성숙에서 비롯하는 구조적 문제이기도 한다는 인식이 확산되었다. 이에 따라 신자유주의의 급진적 복지 축소보다는 변화한 사회경제의 새로운 사회위험을 다룰 수 있도록 새로운 사회정책(new social policy) 또는 적극적 사회정책(active social policy)을 도모하였다. 이는 소득과 일자리의 보호를 희생하면서 활성화와 사회안전망의 확충을 도모한다. 새로운 사회정책은 추구하는 정책 전략에 따라 두 가지로 나누어 볼 수 있다.

사회투자와 활성화

새로운 사회정책 중 하나는 소극적인 소득 대체보다는 고용 가능성을 높이고 활성화하는 데 초점을 맞추는 정책으로 사회투자 및 활성화 정책이라 불린다. 이는 수급자들을 노동시장으로 재진입시킴으로써 사전적 보호를 제공하는데 수동적 소득대체 대신 고용 가능성(employability)과 활성화(activation)를 강조한다. 여기서의 목표는 수혜자가 일자리를 확보하도록 하는 것이다. 노동시장 · 실업정책에서는 적극적 노동시장 정책 지출이 이루어지고 가족정책 영역에서는 노인 주거돌봄 지출, 모성 및 부모휴가 지출이 사용된다.

특히 1990년대 중엽 '제3의 길'이 등장하여 자원의 직접적 제공보다는 사회적 투자, 즉 인적자본과 사회적 자본에 대한 투자를, 복지국가보다는 사회투자 국가를 강조하였다(Giddens, 1998).[6] 인적자본 투자는 고용가능성을 높임으로써 근로를 통해 개인의 소득과 생활수준의 향상을 낳을 것이다. 각 개인은 가공되어야 할 자본의 한 형태로 훈련과 적극적 노동시장 프로그램이 중요하다. 인적자본의 기반인 가족과 커뮤니티 등 공동체가 생산적으로 되어야 하며, 사회적 자본에의 투자가 중요하다. 사회투자국가는 소득보장이나 사회적 보호보다는 근로능력을 계발할 기회를 보장하는 데 초점을 맞춘다. 소득보장이 결과의 평등을 지향한 것과 달리 사회투자는 기회의 평등을 지향한다. 즉, 시장에서 배제된 자를 위한 사후적 소득보장보다는 시장에서 적극적으로 활동하려는 자를 위한 투자를 통해 기회의 평등을 모색한다. 정의의 문제는 시장참여의 기회를 평등화하는 것으로 제한되며, 일단 이것이 보장되면 시장의 결과는 공정한 것이다. 기회를 제공함으로써 사회투자 국가는 소극적인 급부수령 대신 적극적 위험부담을 자극한다. 이는 시장의 결과가 효율적이지만 불공평할 수 있다고 보고 시장으로부터 사회를 보호하려 했던 전통적 사회정책과 대비된다. 결과적으로 사회투자국가는 사회지출 중 소득보장 성격을 갖는 소비적 지출에 엄격하며, 선별적으로 제공하려 한다. 복지국가의 무조건적 급부 지급이나 신자유주의의 제한 없는 시장논리 모두에서 사회적 배제는 불가피하다. 이와 달리 사회투자국가는 평등을 사회적 포용에서 찾고 배제를 불평등으로 정의한다. 모든 구성원의 포용은 근로와 교육에 대한 접근 기회를 통해 이루어진다.

사회투자국가는 국가가 핵심적 역할을 한다는 점에서 전통적 복지국가와 일맥 상통하지만 사회지출을 자원보다는 기회의 형태로 할당한다는 점에서 다르다. 평등화할 주요 자원은 현금자원이 아니라 인적 자본과 사회적 자본이다. 자원에서 기회로의 이동은 금융자원의 재분배를 조직하는 방식에서 나타난 큰 변화와 일치한다. 전통적 복지(사회보험) 대신 근로를 통해 소득을 획득하게 하고 소득손실을 보상하는 대신 실제 소득을 보조하는 방식으로 재분배가 이루어진다.

---

6. 즉, 소득 재배분 대신 기회의 균등화, 노동시장의 유연화, 근로참여를 통한 사회적 포용, 보상적 이전급부보다는 지원적 사회급부에 초점을 맞춘 사회투자 국가를 강조하였다. 이런 맥락에서 사회정책은 시장 압력으로부터의 근로자 보호보다는 시장 효율성을 높이고 근로자의 생산성과 고용 가능성을 높이는 공급 측면의 경제정책의 한 요소로 간주되었다.

일-가족 양립 새로운 사회위험의 부상으로 위험을 직접 감당할 당사자가 기존의 남성노동자뿐 아니라 취업과 결혼, 출산 및 양육 문제를 해결해야 하는 여성노동자와 돌봄을 필요로 하는 아동 및 노인 등으로 확대되었다. 새로운 사회위험으로 말미암아 남성 부양/여성 돌봄 모델을 전제로 한 전통적 복지체제가 더 이상 적절하지 않게 되었다. 여성의 경제활동 참여가 요구되는 한편 가족 돌봄이 국가 책임이나 시장 서비스로 전환되며, 일-가족이 양립될 수 있는 변화가 발생하고 있다. 일과 가족생활이 조화롭게 이루어지도록 하는 일-가족 양립 지원 또는 가족지원 노력이 생겨났다. 가족지원정책은 수당이나 세금공제와 같은 재정지원, 부모휴가나 육아휴직과 같은 시간 지원, 근무 형태의 다양화, 돌봄의 사회화로 나타났다. 가족지원정책은 근로자, 특히 여성이 겪은 출산 양육기의 경력단절과 일·돌봄의 양립을 도움으로써 저출산을 완화하고 여성 인력의 적극적 활용을 도모하는 목표를 가진다. 이러한 변화에는 여성이 여전히 양육의 주요한 책임을 맡은 상태에서 시간제로 취업을 하는 남성 부양/여성 시간제 돌봄 모델, 국가가 돌봄을 맡는 2인 생계 부양/국가 돌봄 모델, 전통적인 양육관련 서비스가 시장에서 공급되는 2인 소득/돌봄 시장화 모델 그리고 남녀가 모두 소득자이자 돌봄의 책임을 맡는 2인 부양, 2인 돌봄 모델이 포함될 수 있다. 이에 따라 남성 부양/여성 돌봄 모델을 보여왔던 독일과 영국은 각각 남성 부양/여성 시간제 돌봄 모델과 2인 소득/돌봄 시장화 모델로 전환하였고 2인 부양/2인 돌봄 모델을 지향하여 왔던 스웨덴은 그 지향점을 더욱 명확히 하고 있다.

욕구기반 사회보호 정책

욕구기반 사회보호는 새로운 사회위험이 초래하는 새로운 요구와 수요에 초점을 맞춘다. 특히 오래된 남성 부양자 중심의 복지제도에 의해 무시되고 고용 관련 자격기준이 부족하여 고용을 통해 자신의 사회적 보호를 확보할 수 없는 새로운 위험 집단(2차 노동시장의 주변 노동자, 한부모 등)을 사후적으로 보호하는 데 초점을 맞춘다. 정책의 목표는 사후적으로 이루어지는 전통적인 사회보험 제도와 달리 노동시장 참여와 이전소득에 대한 의존성이 약한 욕구 기반(needs-based)의 사회보호를 제공하는 것이다. 새로운 사회위험의 등장으로 인해 노동시장을 통해 안정적인 고용을 확보할 수 없게 됐고, 결혼과 가정을 통한 주변 노동자에 대한 간접보호도 불안정해졌기 때문이다. 욕구기반 사회보호에는 가족정책 영역에서 저소득계층에 대한 아동보호 서비스, 노동시장·실업정책 영역에서 장기실업자 지원, 연금정책 영역에서 기초연금이 포함된다.

(4) 역량접근과 사회정책

전통적으로 사회정책은 주로 빈곤과 사회적 배제에 대한 인본주의적 우려로 정당화되어 왔다. 경제발전의 목적을 개인의 번영, 즉 가치 있는 삶을 실현하는 데 두는 역량접근은 빈곤과 사회적 배제를 역량의 박탈로 해석한다. 이에 따라 역량접근에 기초한 사회정책은 역량이 박탈될 위험을 막고 완화하고 더 나아가 역량의 확장을 목표로 한다. 역량의 확장은 개인이 가치 있게 여기는 삶을 선택할 실질적 자유를 확장하는 데 있다. 이를 위해 개인은 삶의 다양한 영역에 참여할 기회를 가져야 하고 또 그 기회가 보호되고 확장되어야 한다. 실질적 자유란 사회복지의 내용과 조건을 협상할 수 있는 능력(목소리 내기)과 적절한 부담으로 요구조건을 거부할 수 있는 가능성(이탈)을 포함한다. 이러한 목표는 모든 개인에게 동등하게 성립해야만 한다.

개인과 경제의 발전을 자신이 가치 있게 생각하는 삶에 대한 선택의 자유를 확대하는 것으로 보는 역량접근 관점에서 볼 때 사회투자국가는 많은 문제점을 안고 있다. 무엇보다도 인간 존재를 인적자본으로 축소

표 15-4 사회투자와 역량접근

	사회투자	역량접근
목표	경제성장과 국제경쟁력 제고	인간 발전, 인간 번성, 역량 확장
인류에 대한 태도	인적자본	인간은 경제활동의 최종 목표이며, 인간은 주체로서 역할
사회적 배제	▪ 노동시장에서의 배제(노동시장 내에서의 빈곤과 불평등을 간과)	▪ 사회에 완전히 참여하지 못하는 무능력(노동을 하더라도 발생 가능)
실업의 원인	기능의 결핍	역량의 결핍(직업, 숙련의 부족)
국가의 역할	시장논리를 수용하고 사회적 이유가 아닌 성과와 수익 있는 투자가 있다면 개입	사회적 필요를 만족하기 위해 경제를 규제(사람들의 가치와 복지)
민주적 참여	불참, 기술관료적, 하향적, 전문가가 개발한 협소한 경제적 접근	참여. 참여적 민주적 과정, 목소리를 낼 수 있는 역량
사회정책	▪ 근로 우선 정책(임금근로가 가치의 유일한 원천으로 돌봄과 같은 다른 활동이나 생산성이 떨어지는 사람은 배제) ▪ 숙련에의 투자 : 일/가정의 균형정책	▪ 삶의 일부로 근로를 선택하고 가치 있는 직업을 선택할 가능성 ▪ 교육과 건강의 개선 ▪ 빈곤감소를 위한 사회정책 : 인간의 자유와 풍요를 팽창하는 것을 목표로 하는 정책

시켜 경제를 위해 봉사하는 존재로 제한할 수 없다. 사회투자 국가는 인간을 생산성 향상을 위한 수단이나 인적자본으로 축소시키고 어린아이와 교육을 도구화하였다. 생산성이 떨어지는 사람을 사회에서 배제시킬 위험에 노출시켰으며, 실업을 개인의 문제로 간주하였다. 사회적 권리가 노동시장의 기회로 축소되어 사회적 배제는 노동시장으로부터의 배제로 협소하게 정의되었고, 노동시장 내에서의 사회적 배제(근로빈곤)와 노동시장을 넘어선 사회적 배제를 간과한다. 사람들이 자신의 삶을 조직하고 근로할 권리를 가졌다는 것을 인식하지 못하며 삶을 근로에 맞게 조정하도록 한다. 사회투자국가는 민주적 정당성도 결여하고 있다. 사회투자국가라는 아이디어는 하향식으로 개발되어 시민을 고객이나 소비자로 간주하여 국가가 어떻게 발전할 수 있고 또 어떻게 발전해야 하는가에 대한 민주적 숙의에 참여할 수 있는 존재임을 간과하였다.

2) 사회정책의 구조

사회정책은 기회의 자유(복지제도를 통해 이용 가능한 기회)와 절차적 자유(사회복지정책을 설계하는 데 적극 참여할 능력)의 두 측면을 모두 포함하여야 한다.

(1) 기회의 자유 확장

역량으로 전환할 수 있는 자원이 모두에게 이용 가능해야 한다. 자원에는 개인이 스스로 획득한 소득과 재화 · 서비스뿐만 아니라 생산, 재생산, 재분배의 영역에서 사회보험 또는 사회부조에 의해 제공된 이전소득과 사회 서비스도 포함된다. 적절한 자원에 접근하지 못한다면 원하는 삶을 주도할 능력이 감소한다. 주로 소득유지를 통해 삶의 기회를 보호하는 사회부조와 사회보험에 의한 사회안전망, 근로 기회를 보호하는 고용보호, 임금 · 근로조건 규제, 실업대책 등의 생산을 위한 복지, 재생산 기회를 보호하는 돌봄, 의료, 교육, 주택 서비스의 제공 등의 재생산 복지자원이 필요하다.

한편 노동시장 제도를 사회적 보호의 관점에서 다루면 노동법적 규제나 단체협상을 통해 도모되는 근로 기회의 보호(고용보호)는 삶의 기회의 보호(사회적 보호 = 사회안전망과 재생산 복지)와 기능적 등가물(functional equivalents)이 된다고 볼 수 있다. 즉, 자본주의 사회에는 노동자와 그 가족이 구조적 변화나 경기에 대응하여 경제적 안전을 확보하는 다양한 수단들이 존재하는데, 그 수단들 중 노동법적 규제(노동법, 최저임금 등), 단체협상, 공적소득이전제도 또는 사회적 보호가 모두 기능적으로 유사한 것이다(Bonoli, 2003). 한편 국가마다 경제적 안정을 보장하는 제도와 정책들, 특히 고용보호제도(유연성)와 사회적 보호제도(안전성)의 수준에 차이가 있을 수 있다. 어떤 국가는 고용보호와 사회적 보호에 모두 강하고 다른 국가는 모두 취약할 수 있다. 또한 한 나라에서도 고용보호의 수준과 사회적 보호의 수준이 대상 집단별로 이중화되어 나타날 수 있다. 이에 따라 글로벌화와 기술혁신이 낳는 구조조정 압력에 대한 대응방식도 상이하다. 자유주의 국가는 낮은 고용보호와 낮은 사회보장을 이어가며 유연화의 길을 간다. 사민주의는 모두에게 높은 고용보호와 사회적 보호를 제공하며 안정을 추구한다. 보수주의와 남유럽은 노동시장과 사회보장이 내부자와 외부자로 나뉜 상황에서 사회복지의 외부자 보호를 강화하지만 이중화의 길이 지속된다(Amable, 2008 ; Obinger et al., 2012 ; 장지연 등, 2012).

빈곤과 재분배 영역의 자원과 위험관리 : 사회적 보호

시장원리에 따라 생산에 대한 기여에 의해 결정되는 분배는 1차 소득배분이라 불린다. 국가는 1차 소득배분을 사후적으로 조정할 수 있는데, 이를 2차 소득배분(소득이전)이라 하며, 일할 수 없거나 일을 하더라도 빈곤한 경우 최소한의 생존 수단과 역량을 확보하도록 하는 것이다. 행동하고 원하는 삶을 주도할 최소의 역량을 확보하는 데에는 사회부조와 사회보험이 활용된다. 국가별로 소득이전에 요구되는 자금을 조달하는 방식(조세 또는 보험료)과 급부자격 그리고 운영조직에 차이가 있다.

일정 소득을 유지하게 하는 사회보호제도는 자산조사에 기초하여 기초적 소득을 보장하는 사회부조와 보험원리에 기초하여 일정 소득을 보장하는 사회보험으로 나눌 수 있는데, 사회보험은 다시 수급권의 기초를 시민권에 두고 기초적 소득을 보장하는 보편적 연금과 근로자의 근로과정에서 납부한 기여에 따라 수급권리가 발생하는 소득을 보장하는 보험으로 나뉜다.

사회부조 사회부조는 ① 소득 또는 자산 조사에 기초해 일정 수준 이하인 경우에만 제공하는 빈곤구제(생계급여, 주거급여, 기초노령연금), ② 질병, 노령, 아동부양 여부 등 빈곤 현상과 밀접한 관련성을 가지며, 쉽게 관찰될 수 있는 빈곤 지표에 기초한 빈곤구제, ③ 자력으로 빈곤을 탈피하도록 유인하는 방안(근로장려세제)으로 나뉜다.

사회보험 사회보험은 개인의 보험가입 경력을 토대로 실업, 상해, 장애 등의 위험이 발생할 경우 보호를 하는데, 기여형 급여라고도 한다. 정부는 민간보험에 최소 기준을 설정해 규제하거나 보험가입에 보조금을 지급할 수도 있다. 사회보험은 ① 가입이 강제적이고, ② 자격과 편익이 개인 및 고용주의 기여에 의존하되 보험료는 개개인의 위험에 의존하지 않고, ③ 편익이 은퇴, 실업, 상해 등의 특정 사건에 의존하고, ④ 편익이 자산조사 결과에 관련되지 않고, ⑤ 약관이 구체적이고 명시적이지 않으며, 시간이 경과함에 따라 급여 내용과 수준이 수시로 변화한다는 특징을 가진다. 비대칭적인 정보 때문에 사회보험은 도덕적 해이를 낳을 수 있다. 한편 연금이란 일정 간격으로 이뤄지는 지불로서 개인이 스스로 준비하는 개인연금, 직장에서 퇴직금을 연금형태로 지급하는 퇴직연금, 일반 국민을 대상으로 정부가 관리하는 공적연금(public pension)으로 구분된다.[7] 공적연금은 가입자, 사용자, 국가가 일정액의 보험료를 부담하고 이를 재원으로 상실된 근로소득을 보전한다. 장래 지출에 대하여 어떻게 재원을 준비하느냐에 따라 부과방식(pay-as-you-go)과 적립방식(funding)으로 나누어진다. 전자는 매년의 지출을 매년 부과하여 조달하는 방식이고, 후자는 먼 장래의 지출도 고려하여 이를 감당할 수 있도록 미리 적립하는 것으로서 보험료의 부담이 대체로 매년 일정하게 유지된다.[8]

질병 및 상해보험 상해보험은 대부분의 국가에서 민간상해보험 중심으로 운영되고 있다. 그러나 질병 · 장애 위험 역시 국민보험에 통합 · 운영된다면 규모의 경제효과가 발생할 수 있다. 한편 장기요양보험 역시 통상적으로 사회보험으로 제공되는데 서비스 내용이 유사하고 민간연금에 비해 낮게 유지하는 것이 가능하기 때문이다.

역량 관점에서 볼 때 빈곤은 삶의 기회의 박탈로서 소득 부족뿐만 아니라 주택, 장애, 배제, 차별 등 다양한 차원에서 발생할 수 있다. 빈곤은 물질적이거나(소득, 기초 서비스 등), 물질적이지 않은 요소(취약성, 발언권 부재, 무기력, 정신 질환 등) 등을 모두 아우르는 박탈이다. 경제적 빈곤은 빈곤의 한 단면으로 빈곤의 서로 다른 원인과 결과물들도 고려해야 한다. 또한 노숙자, 약물 중독자, 문해력 부족, 육체적 · 정신적 학대의 피해자들에서 보듯이 모든 불행(ill-being)이 소득 결핍에서만 비롯하는 것은 아니다. 삶의 기회는 다양한 차원을 가지며, 상품이나 소득은 수단에 지나지 않기 때문이다. 따라서 빈곤 완화는 소득을 넘는 접근이 요구된다. 더 나아가 사람들이 욕구가 다양한 만큼 빈곤을 극복해 동일한 삶의 기회를 누리기 위해서는 채워져야 할 자원이나 전환요인이 달라야 할 것이다. 장애인과 실직자가 동일한 삶의 기회를 누리려면 필요한 것이 다를 수밖에 없다. 빈곤의 영역에서의 사회정책은 모든 개인이 동등한 삶의 기회를 갖도록 기회를 제공하고 자원에 대한 접근성을 강화하는 것이어야 한다.

생산 영역에서의 자원과 위험관리 : 고용 및 실업보호

인간은 생산 또는 근로라는 삶의 영역에 참여하고 보호될 기회를 가져야 한다. 생산 영역에서의 위험관리를 위해 정부는 세 가지 방식으로 개입한다. ① 고용 · 해고 규칙이나 직종상 권리와 같은 **고용규제**, ② **최저임금제**나 작업장 보건 · 안전과 같은 **임금 · 근로조건 규제**, ③ 교육 · 훈련이나 실업 보험과 같은 노동시장 정책(또는 **실업대책**)이 그것이다. 노동시장 정책에는 재분배 정책에도 포함되는 실업보험, 공공부조, 보조금 지원, 실업자에 대한 신용경색 완화 등 주로 위험 완화나 사후적 대처에 집중된 소극적 노동시장 정책이 있지만 취업 서비스 제공, 직업훈련, 고용 창출과 같이 고용 가능성을 높이는 적극적 노동시장 정책도 포함된다. 적극적 노동시장 정책은 실업의 위험과 근로자의 소득획득 역량을 높이는 사전적 위험관리 방식에 가까운데, 사회구성원이 생산활동에 참여하도록 하는 사회적 기능과 더불어 직접적으로는 실업자의 구직 가능성을 높이거나 생산성과 소득을 높이는 경제적 기능을 동시에 수행한다. 특히 장기실업자, 빈곤 근로자 등 노동시장에서 차별받는 특정 근로계층을 목표로 하는 경우가 많다.[9]

---

7. 공적연금은 기초연금, 적립식, 부과식으로 구분되는데, 통상적으로 1층 기초연금, 2층 적립식 · 부과식 공적연금, 3층 자발적 민간연금으로 구성된 다중 연금제도가 권고된다. 한편 빈곤층은 여유가 없으므로 1층의 기초연금이, 비공식부문의 근로자는 공적연금 참여 유인이 작으므로 개인연금이, 공식부문 근로자는 강제적 공적연금 참여가 주가 된다.
8. 민간연금에서 주로 사용되는 적립식은 납부한 보험료가 적립되어 연금이 지급되며, 확정급여(기업연금)와 확정기여(개인연금, 기업연금) 방식으로 구분된다. 부과식은 퇴직세대의 연금지급을 근로세대에 대한 세금(보험료)에서 조달한다. 적립방식은 재정이 안정적이지만 장기근속자에게 유리하게 설계되어 노동 이동을 저해하고 인플레이션에 취약하다.
9. 노동시장 개입은 이 외에도 비공식 부문 종사자나 비전형 근로자를 대상으로 이루어질 수 있다. 이들은 사회보장제도, 산업재해제도, 근

실업자에 대한 소득지원은 보험 성립이 어려워 실업이나 근로에 대한 보조금을 지급하거나(실업급여) 근로에 대한 보조금을 제공(근로장려세제)하는 양식을 따르는 것이 효율적이다. 실업급여와 근로유인은 소득대체율, 급여구조(최대수급기간), 적극적 노동시장 정책에 의존한다. 한편 연금제도는 조기퇴직 유인을 자극할 수 있다.

재생산에서의 자원과 위험관리 : 사회 서비스

인간은 돌봄 또는 재생산이라는 삶의 영역에 참여하고 보호될 기회를 가져야 한다. 돌봄 또는 사회 서비스, 공공 의료, 공교육, 공공 주택정책은 모두 삶의 질을 위해 중요한 서비스를 보편적으로 제공하는 것을 목표로 한다.

돌봄 또는 사회 서비스 사회 재생산활동은 사람들이 부양 능력과 경제적 능력을 갖추고, 결혼과 출산 · 양육을 이어가고, 본인과 자녀의 사회 참여와 직업역량을 키우고, 가족 · 부모를 부양하는 활동이다(Laslett and Brenner, 1989). 이를 통해 가족, 기업, 공동체, 국가는 존속과 발전을 위한 필요조건인 구성원의 확보 · 유지 · 증진을 달성할 수 있다. 그리고 인구의 증감, 노동력의 변화, 공동체 구성원의 충원 등은 이러한 사회 재생산활동의 집합적 결과이다. 자본주의는 흔히 생산체제의 조직적 원리를 중심으로 정의되지만, 기업이나 국민경제의 원활한 발전을 위해서는 사회 재생산의 적절한 관리가 필요하다. 현대 사회체제들은 생산과 재생산을 각각 그리고 상호 연관적으로 관리하는 데 있어 여러 가지 모습을 보여 왔다.

재생산영역에서 사회정책은 민간 돌봄 서비스를 공적으로 규제하고 보조하거나 또는 전적으로, 공적으로 재원이 조달되는 재생산 서비스를 제공하는 것이다. 서비스 제공기관에 대한 국가, 공동체, 비영리기관, 기업의 책임은 다양하며, 정부에 의한 재원조달이나 법적 통제의 종류와 강도는 국가별로 상이하다. 인적자원의 재생산을 위해서는 여성에 의존하는 전통적 가족에만 의존할 수 없으므로 다양한 사회조직과 국가가 필요하다.

돌봄을 찾고 받아들이는 자유 그리고 돌봄을 제공할 수 있는 능력은 근로의 능력과 자유만큼 중요한 인간 역량의 일부분이다. 기능으로서 돌봄은 보수와 상관없이 근로의 한 형태로도 간주되어야 하며, 그 자체로 가치를 갖는 삶의 영역이다. 근로자는 유급 고용과 무급 가족 돌봄에 대한 책임을 결합시키거나 조화시키는 데 어려움이 없어야 한다. '일-생활 조화(work-life balance)'는 돌봄을 넘어 일상생활과 일이 조화되어야 함을 말해준다.

의료 및 건강 인간다운 삶에 대한 권리를 규정한 대표적인 국제인권기준인 사회권규약(International Covenant on Economic, Social and Cultural Rights)은 모든 이들이 달성 가능한 가장 높은 표준의 육체적 · 정신적 건강에 대한 권리를 인정하고 있다. 하지만 건강에 대한 권리는 대체로 건강 돌봄 또는 의료 서비스에 대한 대등한 접근으로 해석되어 왔다. 결과적으로 전통적 보건정책은 건강 그 자체보다는 의료보험의 재원조달과 조직, 의료 서비스의 조직과 제공, 의사의 공급과 보상, 의약품을 위한 재원조달, 배분 및 규제 등에 초점을 맞추어 왔다. 가치 있는 삶을 이끌어갈 역량에 초점을 맞추는 역량접근에서 이러한 보건정책은 건강을 위한 수단임에는 분명하지만 본질적이지 않아 궁극적 목표로 보기 어렵다. 건강은 삶의 질을 구성하는 중요한 역할을 하며, 육체적 · 정신적 능력과 주관적 복지로서 장애와 고통에 반대되는 상태라 할 수 있다. 의약과 건강 돌봄은 능력의 회복과 고통의 경감을 추구한다. 건강한 아이와 신진대사 장애로 고통을 받는 아이의 비교에서 나타나듯이 개인마다 건강에 대한 선호와 욕구 그리고 전환요인이 다르다. 따라서 각 개인이 평등한

로조건 규제에서 벗어나 있고 의료 서비스 혜택도 미흡하므로 노동시장 개입은 직업적 사회위험을 방지, 완화, 보상하는 형태를 취한다.

건강을 가지려면 그에 필요한 자원이나 돌봄은 개인마다 다를 것이다.

주거 전통적으로 주택정책은 물질적 자원, 금전적 자원, 만족에 초점을 맞추어 왔으며, 주거복지의 비교는 대체로 주택공급 수, 공공임대주택비율, 주거의 질(면적, 설비, 구조 등의 물리적 조건), 주택부문에 대한 정부지출, 소득 대비 주거비 지출비율 등 주택 관련 자원 현황에 관심을 두어 왔다. 또한 주택의 물리적 특성이나 주거 보유 유형에 따른 만족도가 주택복지 평가에 등장하였고 자가소유욕에 기초해 자가주택 보유를 촉진하는 주택정책이 자주 추진되어 왔다. 종종 주택구입부담(housing affordability)도 빈곤층과 취약계층의 주택문제에 접근하는 한 가지 방법으로 자리 잡고 있다. 주택은 갈수록 금융상품화하여 부를 축적하는 수단이자 금융거래를 뒷받침하는 담보로 활용되며, 본래의 주거 기능에서 크게 벗어나고 있다. 서구의 경우 1990년대 이래 자가주택은 개인의 경제적 안전을 보장하는 수단으로 강조되었다. 또한 자산 불평등이 확대되는 속에서 주택도 불평등의 심화에 크게 기여하고 있다.

역량 관점에서 바라볼 때 소득 등의 자원은 사람들에게 더 많은 기회를 제공하는 수단이고, 주관적 만족은 정책의 실제 효과를 이해하는 데 중요한 정보가 되지만 자원이나 만족이 주택정책의 최종 목표가 될 수는 없다. 특히 만족도는 사람들의 선호가 환경에 적응하며 바뀌어가고 수많은 여건에 의존한다는 면에서 불평등이나 박탈의 기준으로 삼기 어렵다.

주택복지 정책은 사람들이 가치 있게 여기는 방식으로 살 수 있도록 하는 주거기능을 선택할 자유를 확대하는 것이며, 주택은 안식, 주거 단위와 그 구성원의 사생활의 보호, 사회 · 경제적 환경의 상대적 입지(물적 편익시설, 이웃관계, 직장과 교육적 문화적 기회에의 접근) 확보라는 주거 기능을 제공하는 수단이며, 소유의 긍지나 안정성을 제공하는 재산 수단으로 작용한다. 사람들이 추구하는 주거 기능이 다양하기 때문에 동일한 주거의 기회를 누리기 위해 채워져야 할 주거 기능이나 전환요인은 달라야 할 것이다. 대기업의 신입 사원과 고령자가 도모하는 주거기능은 크게 다를 수밖에 없다. 주택정책은 모든 개인이 동등한 주거의 기회를 갖도록 기회를 제공하고 자원에 대한 접근성을 강화하는 것이어야 한다(Clapham and Foye, 2019).

교육 전통적으로 경제발전을 위한 도구적 가치로 교육의 의미가 크게 강조되어 왔다. 교육은 개인의 소득을 높이고 국가의 경제성장을 가져올 뿐만 아니라 빈곤과 불평등을 줄이는 역할을 하는 것으로 여겨져 왔다. 교육은 "발전의 원동력이며 빈곤을 줄이고 건강을 증진하고 양성 평등과 평화와 안정을 유지시키는 가장 강력한 도구"인 것이다(World Bank, 2011).

개인들이 스스로 가치 있게 여기는 삶을 영위할 기회의 확장에 초점을 맞추는 역량접근에서 교육은 경제적 능력을 증진하는 수단을 넘어서는 가치를 갖는다. 교육은 자신이 처한 부자유한 환경을 개선하는 선택과 사회 · 정치적 참여를 이끌어 사회적 · 정치적 변화를 낳는다. 또한 교육은 그 자체의 본질적 가치를 가지며, 역량을 구성한다. 교육은 인적자본의 축적을 넘어 인간 역량을 확장하는 역할을 한다. 교육을 받음으로써 읽고 소통하고, 보다 근거 있는 선택을 할 수 있게 되고 타인의 존중을 받게 되기 때문이다.

역량접근의 관점에서 교육을 평가할 때 투입물로서 단순히 교사, 교과 시간, 학습도구를 보거나 또는 산출물로서 특정 교육이나 기술의 습득 여부 또는 학업성취를 평가하는 데에 그쳐서는 안 된다. 역량접근은 결과의 평등이 아니라 기회(역량)의 평등을 다루며, 개인의 기회(역량)을 얼마만큼 확장시켰는가를 보는 것이 중요해진다. 또한 교육을 받는 개인의 특성이나 사회적 · 물리적 환경에 대한 고려도 필요하다.

전환요인의 변화

안전 · 인권 · 시민권과 그에 기초한 생산 · 재생산 · 분배의 사회정책은 개인 역량의 확충뿐만 아니라 이를 막는 개인의 특성이나 사회적 · 구조적 장애를 포함한 전환요인에 대한 정책 대응도 요구한다.

우선 개인의 특성이 충분히 고려되지 못할 경우 자원의 역량으로의 전환이나 삶을 주도할 자유는 제한될 수 있다. 개인적 특성의 일부는 성이나 연령처럼 귀속적인 것이고 자격이나 경험과 같은 다른 것들은 획득한 것일 수 있다. 한편 일자리가 절대적으로 부족한 노동시장에서의 고용 가능성 개발만으로는 급부자의 역량을 확장하는 데 충분하지 못할 것이며, 일자리가 주어져야만 한다. 사회정책은 실직의 고통을 다룰 뿐만 아니라 그 원인이 되는 실직 그 자체에 대한 조치, 즉 고용정책이나 금융안정을 동반하여야 한다. 현대 복지국가의 시작을 알린 1942년 비버리지 보고서는 비버리지가 작성한 "자유사회에서의 완전고용"이라는 보고서에 의해 보완된 바 있다.

성, 연령, 지역이나 개인적 특성에 기초한 취업에서의 차별과 같은 사회적 태도도 역량 실현을 방해한다. 사회계층상의 지위는 특정 업종에서의 전문가로서의 통합과 사회적 통합을 방해하며, 차별로 이어질 수 있다. 또한 사회규범이 특정 계층이 가질 직업상의 역할을 제한하면 직업 탐색을 심각하게 방해할 것이다. 따라서 사회정책은 전통적인 사회정책 밖에서의 제도적 변화를 요구하는 경제문제를 극복하는 구조적 능력과 사회적 · 문화적 변화를 도모하는 사회적 능력이 필요하다. 이를 위해서는 국가, 시장, 사회조직 모두에 걸쳐 중앙정부와 지방자치단체, 사회조직, 기업 등 수많은 이해관계자가 참여하여야 한다. 또한 기회의 제약과 제한은 현실에서 언제나 나타나며, 제약과 제한을 완전히 소멸시키기보다는 가능한 한 기회가 평등하게 배분되도록 하여야 한다. 이 점에서 절차적 자유는 핵심적 역할을 한다.

그림 15-1 사회위험과 역량접근

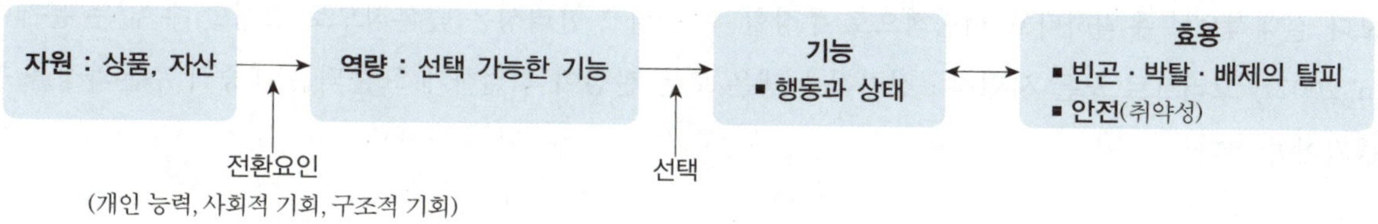

(2) 절차적 자유의 확장—참여와 사회조직

참여와 숙의민주주의 : 목소리 낼 수 있는 능력

기회의 자유만으로는 가부장적 관행에 함몰되어 수동적이거나 순종하는 복지수령자에 머물 수 있다. 수혜자는 정부에서 창출해 준 기회를 수동적으로 받기만 하는 것으로 간주되거나 더 나아가 기회에의 접근이 정부가 설정한 적절한 행동기준의 수용에 따라 결정되기도 한다. 예를 들어 구직자가 이용 가능한 훈련의 종류나 직업기회의 선택은 행정적으로 제한되며, 순응하지 않을 경우 더욱더 제한된다. 물론 최근의 복지정책은 복지수혜자로 하여금 복지 서비스의 소비자로서 보다 많은 목소리를 내도록 하고 있다. 고객의 평가와 불만처리 그리고 상담 등이 그것이다. 이러한 조치는 시장 메커니즘을 통한 참여기회의 확장이다. 시장을 통해 선호가 표출되도록 하는 이러한 방식에서 개인은 소비자라는 경제주체로 제한된다. 그러나 이를 넘어 복지수혜계층이 자신의 목소리를 내는 경우는 드물다.

번영하는 삶을 누리기 위해 개인수급자는 선택의 자유를 가져야 하며 기회의 자유를 증진시키는 데 능동적으로 참여하여야 한다. 선택의 자유는 충성, 이탈, 목소리 내기(Hirschman, 1970)라는 세 가지 대안의 가용성에 의존한다. 복지수혜자를 강요(충성)해서는 안되며, 또한 감당할 수 없는 처벌을 받지 않고 공식적 요구를 따르지 않아야 한다(이탈). 또한 사회정책의 내용을 협상하고 영향을 줄 수 있어야 한다(목소리 내기). 목소리 내는 역량이란 복지수혜자가 자신들과 관계 있는 복지정책의 정의, 내용, 집행방식과 관련하여 자신들의 의견과 생각을 표출하고 감안되도록 개인이 복지전문가와 협상할 수 있는 능력을 말한다. 복지수혜자가 중앙정부에서 설계한 복지정책을 재해석하고 개인 상황에 맞게 조정할 수 있어야 한다. 개인들은 민주적 과정을 통해 자신의 의견을 표명할 수 있어야 하며, 복지기회에의 접근이나 복지공급이 이루어지는 제도와 관련하여 목소리를 낼 수 있어야 한다.

기능과 역량의 보편적 처방전은 존재하지 않으며, 사회 선택적 절차를 거쳐 구체화되어야 한다. 완전한 선택의 자유는 제공될 수 없겠지만, 복지수혜자가 자신의 열망에 대해 목소리를 낼 수 있어야 한다. 사회 정책의 수혜자에 대한 기대가 고용주나 전문가 또는 공공 행정에 의해서만 결정되어서는 안 된다. 국가기구는 권위주의적으로 처방하기보다는 중재하고, 복지수혜자는 개인적으로나 집단적 숙의를 통해서 생애계획을 스스로 구성하고 주장하고 실현하는 데 적극 참여할 수 있어야 한다. 국가는 시민의 역량에 의해 유지되고 그것을 지향하여야 한다.

오히려 불완전한 공공정책이 중요해진다. 설계된 정책의 운영방식과 목표가 더 정확하고 더 철저할수록, 복지수혜자는 이 요구사항을 준수하는 데 급급하며, 개인 상황에 대한 해석과 조정의 여지가 적다. 반면에 일반적인 목표만 제시되고 개인 상황에 따라 목표와 집행수단이 조정될 수 있다면 개인은 보다 많은 선택의 자유를 누리고 사회정책의 진정한 파트너가 될 수 있다. 관련된 모든 사람들의 목소리가 집단적(기업, 공공 또는 기타) 전략의 설계뿐만 아니라 구현 중에도 고려되어야 한다. 특정 견해가 다른 모든 사람들의 견해보다 절대적으로 우월하다고 선험적으로 주장할 수 없다 : 합리성은 근본적으로 결정할 수 없는 문제이다(Sen, 2002). 그러므로 모든 사회적 · 정치적 논쟁은 모든 관점이 적절하게 표출되는 대중의 추론과정을 통해 해결되어야 한다.

사회조직

가족이나 공동체 내에서의 개인적 관계도 개인이 능력을 실현하는 데 관련된다. 개인적 관계는 지지적이며, 가족과 이웃과의 긴밀한 연계는 사회에의 참여를 장려하고 행동할 수 있는 사회적 능력을 높인다. 어린이, 고령자, 장애인들은 낮은 개인적 능력을 가지며, 자신들의 복지를 개인적 관계에 의존한다. 어린아이나 청년기의 불리함은 빈곤뿐만 아니라 개인적 관계에도 의존한다. 지지하는 가족이 없는 개인은 삶에서 불리한 출발을 하며, 능력을 실현하는 데 어려움을 갖는다. 때때로 사회적 연대와 공동체적 태도는 사회정책의 목표에 종종 포함되어 왔다. 현재의 신자유주의적 상황에서 공동체의 강조는 사회변화보다는 복지지출 감소를 배경으로 한다.

시장을 보완하여 사회복지를 공급하는 주체에는 국가를 넘어 비영리의 사회조직이나 가족, 친구, 이웃, 동료, 무급 자원봉사자 등 비공식 기관(informal sector)도 포함되어야 한다. 프랑스 등의 일부 국가에서는 법률로 가족에 의한 돌봄을 강제한다. 비영리부문은 비정부 기관으로 유급 종사자뿐만 아니라 무급의 자원자에 의한 돌봄을 제공한다. 이 때문에 복지제공의 주체에 국가뿐만 아니라 시장, 가족, 비영리부문이 포함되어 복지국가(welfare state) 대신 복지레짐(welfare regime)이라는 용어를 사용한다(Esping-Andersen 1999).

그림 15-2 복지서비스의 공급체계

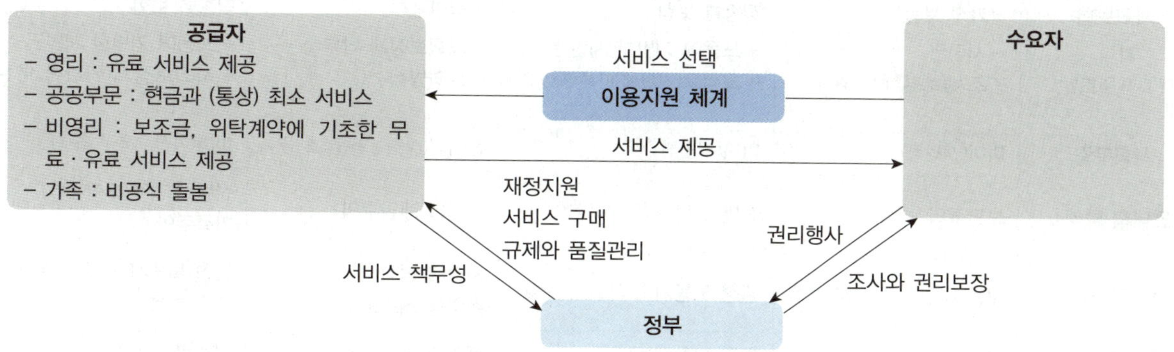

(3) 수동적 권한 부여

기회의 자유와 절차의 자유의 결합이 모든 사회 구성원의 역량 향상을 보장하기에는 충분하지 않다. 집단적 의사결정 과정에 적극 참여하는 사람들만이 자신의 역량을 키우고 발전시킬 수 있다. 집단적 결정과정에 참여하고 의견을 반영시키는 능력의 차이는 새로운 불평등을 야기할 수 있다. 예를 들어 소통능력이 빈약하기 때문에 단체행동이나 규범의 내용에 대해 심의, 협상할 수 없거나 거부하는 사람들은 불이익을 받을 위험이 있다. 이를 피하기 위해 "실질적 자유"의 두 가지 의미를 구별하여야 한다. 사람들의 적극적 참여를 의미하는 직접적 자유(즉, 자신의 자유가 스스로의 행동에서 비롯된 경우)와 더불어 자신이 자유를 증가시킨 당사자는 아니지만 선택의 자유가 강화되는 간접적 자유도 있다. 후자는 이른바 "수동적 권한 부여(passive empowerment)"라 불린다. 이에 따르면 모든 사람은 그 정의와 집행에 적극 관여하지 않았다 해도 기본적인 권리를 가질 수 있다. 이는 행태상의 사전요건을 충족했느냐와 무관하게 개인에게 무조건적인 사회적 권리가 있음을 의미한다. 수동적 권리에 대한 무조건적 보장은 자율성이나 적극적 시민의식의 진흥과 모순되지 않는다. 반대로, 그것은 절차적 자유 이상으로 역량 개발의 필수적 조건이다. 다시 말해, 무조건적 권리(또는 "수동적 안전")가 없다면 사회통합 프로그램의 중심에 놓인 "적극적 안전" 개념은 의미가 없다.

1.5 사회정책 레짐의 국가별 유형

표 15-5 사회정책 레짐의 국가별 유형과 그 특징

복지체제	사회민주적 보편주의	유럽대륙 부문별 조합주의	자유주의	배타적 후원주의
	강한 고용 및 사회 보호	**강한 고용 및 사회 보호**	약한 고용 및 사회 보호	강한 고용보호와 약한 사회 보호
고용보호	제한적	높은 수준	낮은 수준	높은 수준
고용보호	보편적	직종별 보호	보편적	직종별 보호
단체협상 노동법 규제	– 중앙집중화 – 제한적	– 직종별 – 엄격	– 분권화/제한적 – 제한적	– 직종별 – 고용보호 입법 엄격
실업보호	보편적이며 높은 대체율	직종별 보호로 관대한 수준	제한적, 구직활동 요구	지위에 따른 차이와 낮은 대체율
적극적 노동정책	충실	제한적	제한적	낮은 수준
돌봄 서비스	국가가 가족 대체	가족의 책임	가족의 책임, 시장 활성화	국가보다는 가족의 책임

소득보호	매우 높은 수준	높은 수준	낮은 수준	낮은 수준(정규직 高)
사회보험	국가적 보험	직종별 보험	공적연금	직종별 보험
자격 재원조달	– 시민권 – 조세(보편적 PAYG)	– 노동에 기반한 시민권 – 보험료(지위에 따른 PAYG)	– 사회보장세 납부 – 부과방식	– 노동에 기반한 시민권 – 사회보장세(지위에 따른 PAYG)
사회부조	미미(시민권)	미미(시민권)	잔여적(자산 · 욕구 조사)	미미(자산 · 욕구 조사)
연대의 방식	보편주의	산별 조합주의/국가주의	기업별 개인주의	산별 조합주의(이중화), 가족주의
정부의 역할	모든 시민을 적절히 보호	남성 노동자의 사회적 보호	시장 활성화 취약층 최소보호	남성 노동자 보호와 취약층 최소 보호
대표 국가	북유럽	유럽대륙	영미권	남유럽

자료 : Esping-Andersen(1999) ; Ferrera(2010) ; Schroder(2013)

1) 자유주의 사회복지 — 잔여적 복지 : 미국

자유주의 레짐은 자유시장 원리와 기초적 시민권을 결합하는 복지레짐으로 영국의 사회정책 전통에서 비롯한다. 시장 메커니즘의 본질적 역할이 중시되며, 복지국가의 보호대상은 가장 취약한 계층으로 한정되는데 자산 및 욕구 조사가 사회권 부여의 기초이다.[10] 시민의 복지는 국가가 아닌 시장에서의 개인(가족)의 자력에 의존하는 것으로 인식되며, 근로유인과 개인의 선택을 왜곡하지 않도록 국가 개입은 2차적 역할로 제한된다. 시장에서 실패한 사람을 제외한 대부분의 국민은 사적 영역에서 복지를 확보하도록, 특히 시장에서 복지를 구매하도록 유도된다. 시장경쟁이 중요시되어 고용의 유연성과 낮은 수준의 고용보호를 초래하고 기업특수적 숙련의 형성을 위한 유인체계가 없으며, 사회적 보호의 발전수준은 낮다. 노동법과 사회입법에 의한 규제가 약하며 단체협상의 역할이 매우 제한적이다.

생산활동에 대한 보호와 안정화 : 고용보호와 실업보호

자유주의에서 고용보호를 위한 노동법적 규제와 단체협상이 모두 제한적이다. 임금과 고용조건의 결정에서 정부개입이 최소화된다. 시장을 통한 완전고용과 공정한 임금이 보호를 충분히 제공하며, 유연한 노동시장은 적응과 혁신을 촉진함으로써 고용과 임금을 높이는 데 가장 효율적이라는 믿음이 강하다. 실업은 빈곤에서 탈출해 생산활동으로 되돌아가는 자극제로 간주된다. 적극적 노동시장 정책에 대한 관심이 적고 목표도 실업률 하락이 아니라 복지의존자를 노동시장에 복귀시키는 데 집중한다. 이에 따라 평균소득의 꾸준한 상승에도 불구하고 빈곤율은 낮아지지 않는다. 근로자에 대한 고용보호 입법도 거의 없으며, 실업부조 제도 없이 실업보험제도만 운영되고 있는데, 실업보험은 고용주가 납부한 세금으로 충당되고 포괄적이지만 급부 수준 또는 소득대체율이 낮으며, 구직활동을 요구한다.

노조 조직률이 낮고 노조가 대표하는 집단의 범위가 좁아 임금과 고용조건은 전국 또는 산업 단위보다는 개별기업 단위로 결정되며, 이에 따라 인플레이션 압력이 자주 나타날 수 있다. 경영자들은 노조를 배제하고

10. 시장에 참여할 수 없는 사람을 대상으로 자산조사(means-test)한 특정 계층에만 선별적으로 복지를 제공한다. 즉, 공공복지에 대한 권리가 노동성과와 관련이 적으며, 증명할 수 있는 욕구와 관련된다. 욕구조사(needs-tests)로 인정되는 욕구의 범위는 매우 제한적이며, 급여 수준도 최소한에 머문다. 새로운 사회위험이 대두하여도 여전히 그 해결책을 시장에 의존한다.

경영판단을 한다. 노조의 교섭력이 매우 제한적이지만 노조 사업장의 경우 노조가 집단교섭을 통해 임금, 해고, 승진, 인력운영에 관한 규정을 조정하고 무노조 사업장의 경우 조정이 없으며, 이는 노조 유무에 따른 기업 간 임금 격차를 낳는다.

소득 보호를 위한 사회보험과 사회부조

대공황기에 도입된 공적연금은 중산층을 대상으로 소득 비례로 운영되며, 미국 복지제도에서 가장 큰 비중을 차지하는데 가장 대표적인 것이 우리나라의 국민연금에 해당하는 은퇴유가족장애보험(Old Age, Survivors and Disability Insurance ; OASDI)이다. 근로기간 중 임금을 기준으로 근로자와 고용주에게 부과되는 사회보장세에 비례하여 은퇴 후 소득을 보장해주는 비자산조사형 제도이다. 현재의 근로자와 자영업자가 납부한 사회보장세를 현재의 은퇴자들에게 직접 지급하는 미적립(부과) 방식으로 운영되고 있다. 이 외에 공적연금제도는 장애를 갖게 된 근로자와 사망한 근로자의 유족들에 대한 지원을 포함한다.

공적연금 외에 자산조사에 기초하여 소득이나 부가 일정 수준 이하인 개인이나 가구만을 대상으로 하는 사회부조가 있다. 이에는 빈곤가정일시부조(TANF), 보충적 소득보장(SSI), 영양보조프로그램(SNAF)이 포함되는데, 공공부문이 최저한의 급여를 전 국민에게 제공하고 최저선 이상의 욕구는 개인과 시장의 책임이 강조된다는 점에서 보편주의를 갖는다. 빈곤은 개인적 책임감이 결여되어 초래된 것으로 간주되어 필요계층이나 수급연수를 제한하고 급여수준도 최소한에 머물며 엄격한 노동참여를 강제하는 한편 근로장려세제(Earned Income Tax Credit ; EITC)를 통해 노동참여를 장려한다.

조세와 공적이전의 빈곤율 감소효과가 낮은 편이다. 공적 소득보장제도가 제공하는 복지급여 수준이 매우 낮아 부족분을 민간보험이나 기업복지, 즉 시장을 통해 보충하므로, 민간보험과 기업복지의 적용을 받는 중산층과 공공부조의 적용을 받은 빈곤층으로 인구가 분리되는 '이중구조(dualism)'라는 계층화가 발생한다.

재생산과 사회 서비스

자유주의에서 재생산활동은 가족의 책임이며, 민간공급에 크게 의존한다. 돌봄 서비스는 제공기관이 공립, 비영리, 영리, 개인 등으로 다양하며, 이들의 수입원도 민간기부, 개인부담, 정부지원 등 다양하다. 저소득층을 대상으로 하는 사회 서비스는 자산조사에 기초하여 제한적으로 이루어지며, 지방정부가 결정한 사업에 연방정부가 포괄적으로 지원하고 감시하는 형태로 운영되고 있다. 돌봄에 대한 정부지원은 제한적이고 사적 돌봄의 가격은 높아 어린아이를 가진 가족(특히 여성)에서 매우 높은 빈곤율이 나타난다.

의료 서비스의 경우 전 국민을 대상으로 한 공적보험은 없고 대부분의 미국인은 고용주가 제공하는 민간보험에 가입한다. 의료보험에 가입되지 않은 인구 비중이 작지 않다. 가입되지 않는 나머지 사람들은 65세 이상 인구를 위한 메디케어[Medicare(노인의료보험)] 또는 저소득층 가족, 장애인, 노인 대상의 메디케이드[Medicaid(국민의료보조제도)]에 의해 보호받는다. 공적 의료보험은 사회취약계층으로 대상이 한정되므로 중소기업 근로자나 임시직 근로자는 무보험자가 많다.

교육은 주로 주정부나 지방정부에 의해 공급되며, 학생들 중 소수만이 사립학교에 다닌다. 교육이 순수공공재는 아니지만 시장의 작동이 원활하지 않으며, 교육에 따른 공공편익을 높게 보고 있다. 초중고 재학생의 89%, 대학의 76%가 공립에 재학 중이다. 초중고의 경우 학생 1인당 공교육비 지출은 대부분의 나라들보다 높지만 학업 성취도는 매우 낮다. 고등교육기관의 운영은 매우 성공적이다. 한편 공공주택제도는 대형

아파트 형태의 공공주택건립사업과 민간임대주택에 대한 임대료 보조제도가 있는데 모두 저소득 가구를 대상으로 한다.

새로운 사회 위험과 적극적 사회정책

미국에서는 1970년대 이후 고용 및 재정 위기에 직면하여 복지 긴축과 더불어 노동시장의 규제 완화와 유연화에 의존한 (저임금) 일자리의 확충을 모색하였다. 새로운 사회위험에 대한 정책 대응은 소위 '일을 통한 복지'로 자조를 강조하고 돌봄에 대한 책임을 가족과 시장에 의존하는 전통을 계속하는 것이었다. 기존 복지의 수급권을 축소하는 한편 새로운 위험집단에 대한 적용 확대를 위해 별도로 노력하지 않으며, 최소한의 방빈책에만 의존하려 한다. 소득보장, 고용보호, 단체협상의 역할이 모두 취약하며, 적극적 노동시장 정책이나 여타 사회 서비스에 대한 지출 역시 크게 낮아 새로운 사회위험에 대해 국가의 역할은 제한적이다.

자조의 촉진을 위해 실업과 복지급여 수준은 동결되거나 낮추어졌고 복지수급보다 임금노동을 하는 것이 합리적 선택이 되도록 하는 정책을 중심으로 적극적 노동시장 정책이 개발되었다. 인적자본 투자보다는 근로장려세제에 기반하는데 정책 대상에는 아동 양육의 책임이 있는 여성들, 청년층이 포함된다.

돌봄의 책임은 여전히 가족과 시장의 책임으로 남아있고, 일-가족 양립을 위한 충분한 제도적 지원은 없다. 여성의 경제활동 참여는 유럽대륙 국가보다 높지만, 잔여적 복지제도로 말미암아 여성 고용의 촉진이나 공공정책을 통한 가족지원이 미약하다. 공적 보육시설은 취약계층으로 제한되고 대부분은 시장을 통해 보육서비스를 구매하도록 하며, 양육비용의 일부가 지원된다. 효율성을 위해 서비스 지원보다 현금 지원이 선호되어 돌봄 서비스의 시장 의존이 크다. 일-가족 양립을 돕는 가족휴가는 다양하지만 여전히 무급이다. 일-가족 양립에 대한 공적 · 제도적 지원이 부족함에도 이미 높은 수준에서 남성 부양모형에서 보편적 부양모형으로의 전환이 이루어지고 있다.

2) 유럽대륙 부문별 조합주의 : 독일

독일에서는 임금노동(에 기초한 기여금 납부)에 의존하여 사회적 보호에 대한 권리가 성립한다. 수혜조건은 특정 상황(사고, 질병, 노령, 실업)으로 노동이 불가능하게 된 노동자를 배제(labor-shedding)하는 경우로 제한되어 부분적으로나마 이들이 소득을 유지하도록 하며, 재분배 목표는 제한적이다. 독일 경제는 위험으로부터 구성원을 보호하는 '사회'와 자본주의적 '시장'을 결합한 '사회적 시장경제(social market economy)'로 불려진다. 독일 사회복지제도는 다양한 직업 집단 또는 산업별로 나뉘어져 급여의 자격은 직종 또는 산업에 따라 부여되고 급여수준은 소득 또는 사회보장부담금 기여에 기초하여 결정된다.[11] 급여가 생산활동(근로)을 기초로 한 기여(보험료)에 연동되어 복지제도는 불평등을 완화하기보다는 사회적 지위를 유지 · 강화하는 역할이 더 크다. 사회 서비스에서는 가족의 역할이 강조되므로 상대적으로 국가의 개입은 낮은 편이다. 결국 남성 생계 부양자의 소득원에 따라 복지 수준이 결정된다는 점에서 가구주의 고용과 수입을 유지시켜 주는 것이 매우 중요하며, 이로 인해 노동시장에서 가구주의 고용을 유지하기 위한 고용과 해고, 최저임금, 노동조건 등에 대한 정부의 규제가 매우 엄격하다.

11. 복지제도의 직종적 분단으로 인해 상이한 직종 간, 산업 간 재분배는 제한되며, 사회 서비스보다 이전지출을 강조하는 결과를 낳고 있다. 이로 말미암아 공공부문 확대를 통해 탈산업화와 서비스경제로의 이전에 대응할 역량을 제한하고 있다.

임금노동자의 경제적 안전성을 제공하기 위한 수단으로 정규직을 중심으로 고용보호가 노동법 규제나 단체협약의 양면 모두를 통해 높은 수준으로 발달하였고, 사회보험은 소득과의 연계가 강하다.

남성 생계 부양자와 가족주의 독일의 사회복지 혜택은 남성 생계 부양자를 통해 접근되도록 설계되어, 여성은 남성 소득에 의존하며 전통적 성역할 분담이 지속된다. 즉, 남성이 노동시장의 참여자로서 주된 생계 부양자가 되고 사회적 재생산의 상당 부분이 가사노동형태로 가족, 즉 여성에게 맡겨진다는 의미에서 가족주의적 레짐이라 할 수 있다. 결국 가족은 복지제공의 핵심적인 주체로 간주된다. 대신 정부는 지위와 노동소득의 연속성 그리고 남성 부양자의 생활수준을 확실하게 함으로써 사회질서의 안정을 도모한다. 여성의 사회참여를 제한하고 남성 부양노동자에 대한 높은 고용보호를 유지하지만, 돌봄 서비스에 대한 보조금 지급이나 파트타임으로 일하는 부모에게 급부 지급이 지속되도록 함으로써 여성이 무보수인 전통적 돌봄책임과 일을 병립시킬 수 있도록 지원한다. 새로운 사회위험에 대해 여전히 가족에 대한 의존도를 높게 유지한 채 연금과 의료 등 수동적 복지정책에 의존하였다.

사회 파트너십 독일에서는 사회집단의 사회보험에 대한 지지도가 높을 뿐만 아니라 이해 당사자가 참여하는 운영 방식으로 인해 국가의 의도에 따라 제도를 변화시키는 것이 매우 어렵다. 고용주 및 노동조합은 사회보험료를 통한 공동재원조달에 기여하면서 단체협상을 넘어 고용 규제와 사회적 보호와 같은 사회정책 결정에도 참여하는 동시에 사회보험과 고용 서비스의 일상적 관리에도 참여하고 있다. 사회 파트너는 정책 조율과 복지개혁에서 중요한 역할을 하지만 동시에 기득권을 방어함으로써 개혁을 저해할 수 있다.

기업에게 상대적으로 높은 사회복지 부담금이 요구되므로 저숙련 노동자의 고용을 확대하는 것이 어려우며, 노동시장은 안정적 직장과 높은 복지급여를 받을 자격을 갖고 있는 내부자와 그렇지 못한 외부자로 구분된다. 한편 사회 서비스에서 가족의 역할이 강조되어 공공부문의 고용이 제한된다. 결과적으로 이 유형에서는 실업이 크게 증가하는 경향이 나타나며, 근로기록과 긴밀히 연관된 사회보장제도로 인해 노동시장에서의 이동이 쉽지 않다는 특징이 보인다. 따라서 적극적 노동시장 정책의 측면에서 보면 교육이나 훈련보다는 가능한 한 기존의 산업 분야에서 일자리를 유지할 수 있도록 하는 고용보조제도의 확대를 강조하게 된다.

생산활동의 보호 : 고용보호와 실업보호

독일에서는 산업별 연대와 노사교섭이 존중되고 단체협약 적용률이 높아서 산업별로 임금 평등이 도모되며, 정규직인 남성 생계 부양자의 고용보호 수준이 높다. 고용보호가 노동법 규제나 단체협약의 양면 모두를 통해 높은 수준으로 발달되어 있다. 해고로부터의 보호는 우선 법률로 규제되며, 단체협약과 법원의 판결에 의한 보호가 어우러져 최종적 보호 수준이 결정된다. 노조 가입률이 북유럽보다는 낮지만 매우 높은 편이며, 노조 가입 여부와 관계없이 단체협약의 결과를 적용받는 노동자의 비율과 임금의 조정 수준이 높다. 단체협상은 점차 분권화되는 추세이며, 파견 근로를 중심으로 사회보험 적용이 제한되는 비정규직이 팽창하고 있다. 한편 산업별 단체협상 외에도 노조는 기업 내의 직장평의회와 감독이사회를 통해 노동조건과 경영 의사결정에서도 공동결정권을 누리고 있다.

실업자의 소득보장을 위한 소극적 노동시장 정책이 발전하여 기존 소득수준에 연동되어 보험원리가 적용되는 실업보험과 장기 실업으로 말미암아 실업보험이 소진된 자를 대상으로 자산조사에 기초한 실업부조가 매우 관대하게 발전하여 있다. 최후의 사회안전망인 공공부조가 따로 있었지만, 2005년 하르츠 개혁으로 실업 부조에 통합됨으로써 핵심 노동자에게는 기존 사회보험체계를 적용하는 반면 주변 노동자에 대해서는 지위보호를 포기하고 빈곤방지 원리를 적용하여 이원화가 강화되었다. 산업별로 포괄적인 직업교육과 훈련제도가 발전되어 있음에도 불구하고 근로자의 이직을 돕는 적극적 노동시장 정책은 제한적이다.

재생산과 사회 서비스

독일에서는 가장의 생산활동(노동)에 연계된 사회보장체계를 통해 상당 부분 '(가부장적) 가족으로 연계하여' 재생산의 여건을 마련하고 있다. 즉, 남성이 생계 부양을 책임지고 여성은 집에서 가사를 책임지며, 영유아나 청소년의 양육이나 요양 등을 가정과 지역 민간조직에서 일차적으로 해소한다. 공공기관의 주된 역할은 민간조직을 지원하는 데 있으며, 가정과 민간조직이 미흡할 경우만 공공기관이 개입한다. 결과적으로 육아 및 보육, 요양, 직업재교육 등의 사회 서비스 산업은 여타 유럽국가들에 비해 부진하다.

사회적 보호 : 사회보험과 사회부조

사회보험이 직종별로 체계적으로 촘촘히 갖추어져 독일을 사회보험 국가로 부를 수 있으나 사회부조는 상대적으로 미약하다. 공적연금, 의료보험, 산재보험, 요양보험, 실업보험 등은 보험가입자가 기존에 납부한 기여에 기초해 지급되며, 최소급부에 대한 보장은 없다. 독일은 직종별로 분리된 사회보험제도를 기반으로 전 국민을 포괄한다는 의미에서 보편주의를 갖추고 있지만, 동시에 노동시장에서의 지위에 따라 소득보장의 격차가 발생하는 '지위 차별화(status segmentation)'를 보이고 있다. 지급이 가족 여건과 무관하여 소득이전의 강도는 낮은 편이다. 이는 상당한 소득불평등을 낳을 수 있지만 1차 소득에서 평등성이 높기 때문에 실제로 그렇지는 않다. 사회보험은 노사가 함께 통제하는 준공영의 자율 기구로 공공부문과는 독립적이며, 공공부문은 감독권만을 가진다.

사회부조는 자선의 의미가 아니라 시민의 명백한 권리로 인정되어 지방자치단체가 재정을 주로 부담하고 사회보험 급여가 낮거나 없어서 최저 수준의 욕구를 충족할 수 없는 사람들만을 대상으로 한다. 하지만 급여 수준은 상대적으로 관대하다.

새로운 사회위험과 대응

독일의 보수주의 체제는 적극적 노동시장 정책의 요소를 오래전부터 가지고 있다. 이에 따라 독일의 사회보험제도는 노동자들을 통합하고자 구성되었고, 복지급여 수준은 고용된 동안 이루어지는 기여노력에 비례하도록(동등성 원칙) 하고 노사 공동으로 노동시장을 규제하고 직업훈련을 운영하였다. 그러나 마땅한 권리인 실험보험 수령에 추가로 구직과 재취업을 요구하는 것은 모순적이므로 최근까지 독일의 노동정책은 소극적 색채를 띠어 왔다. 즉, 1960년대 노동력 부족은 이민을 통해 대처하였고, 1970년대 말 이후 고용과 재정 위기에 직면하여서는 복지제도에 의존하여 조기퇴직을 장려하고 여성 고용을 억제하는 동시에 일자리 창출보다는 훈련과 배치 서비스를 강조하는 적극적 노동시장 정책이 전개되었다. 하지만 새로운 사회위험의 점증에 따라 고실업과 재정적자를 완화하고자 2000년대에 들어 하르츠 개혁에서 실업급여와 연금이 축소되는 속에서 활성화(activation) 패러다임도 수용되었다. 장기실업 급여를 축소시키고 자격 조건을 강화하고 구직요건을 도입하였으며, 연금은 확정급여에서 확정기여로 전환하고 수급연령을 높였다. 한편 기혼여성, 학생 등에게는 저임금 일자리(mini-job)를 확충하여 노동시장에 참여할 수 있도록 하고 있지만 사회보험 기여가 면제되어 사회보험의 사각지대가 확대되고 있다.

독일은 '남성 생계형 모델'의 전형으로서 전통적 가족제도의 역할을 보존하고 개입하지 않는 원칙을 유지하여 여성의 경제활동 참가는 저조하며, 보육 서비스, 맞벌이 부부 지원 등의 가족정책은 상대적으로 미숙하다. 독일의 가족정책은 보육 서비스 제공보다 전업주부들을 위한 현금 혜택에 더 중점을 두고 있다. 많은 대륙 국가들에서는 1990년대 중반부터 2000년대까지 일-가정 양립정책에 대한 지지가 커짐에 따라 보육 지원이 활성화되고 확대되었으며, 그에 힘입어 여성 고용이 크게 증가했다.

3) 사회민주적 보편주의 : 스웨덴

스웨덴에서는 노동자의 경제적 안전성을 제공하는 수단으로 단체협상에 의한 고용보호와 보편적 · 사회적 보호가 고르게 발전해 있다. 산업화 과정에서 전 국민을 대상으로 비기여의 보편적 복지제도가 등장하였는데 별도의 사회 · 문화적 갈등이 대체로 부재한 상황에서 농부와 노동자의 공통된 이해관계가 반영된 것이다. 농부와 노동자들의 상향이동 욕구가 낳은 포괄적이고 포용적인 교육제도는 산업 사회로의 이전을 도왔다. 시민권에 연계되어 사회적 보호의 권리가 성립하며, 위험에 대한 높은 수준의 사회적 보호가 이루어지고 상당한 사회적 서비스가 공급된다. 임신과 분만, 교육과 훈련, 사회활동 또는 여가활동을 포함할 만큼 사회적 욕구의 개념이 광범위하게 확대되어 있다. 그 재원은 누진적 성격의 조세에 의해 이루어지는데 사회적 재분배를 통한 정의의 실현을 목표로 한다.

사민주의의 사회정책은 복지를 시민의 권리로 이해하여 시민권에 기반한 보편적 복지, 높은 표준급여, 복지 제공에서의 공공부문의 실질적 독점을 특징으로 한다. 급여자격은 시민권에 의해 부여되어 모든 국민의 기본적 권리로 간주된다. 즉, 급부권은 모든 개인에게 대등하게 제공되며, 노동시장 참여자로서의 지위와는 무관하다. 급여수준도 매우 높아 시민권을 기반으로 한 최소의 기초적 소득 안정성을 위한 기초보장과 소득이나 노동시장 업적과 연관되는 소득 연관적 급여를 모두 제공한다. 국가는 모든 개인에게 복지급부에 대한 권리를 제공할 뿐만 아니라 동시에 모든 합당한 성인들이 노동에 적극 참여할 것을 장려한다. 남성의 생계 부양자로서의 지위가 약하며, 모든 사람이 생계 부양자가 된다. 정부가 사회복지 서비스에 일찍부터 개입하여 여성의 노동시장 참여율이 매우 높다. 가족과 시장에 대한 의존도를 줄이고 국가가 적극적 노동시장 정책과 사회 서비스 제공을 통해 맞벌이를 수월하게 함으로써 사회위험에 효과적으로 대비하게 한다. 복지 제공과 배분을 공공부문이 실질적으로 독점하고 단일국가 체제를 가졌지만 지방행정기구도 상당한 사회정책상의 재량권을 가지고 있다.[12] 단, 복지제도 운영에 막대한 비용이 수반되므로 복지 의존집단을 최소화하고 생산성이 높은 일자리를 갖도록 하는 것이 중요하다. 그에 따라 노동력을 생산성이 높은 산업으로 이동시키는 것이 고용과 복지의 선순환을 위해 중요하다. 결국 이 유형에서는 적극적 노동시장 정책은 무엇보다도 교육 훈련을 중심으로 운영된다.

---

12. 하지만 최근에 와서 북유럽 국가들은 사민당이 집권하더라도 규제 완화 조치를 취하는 경우가 많고, 또 이미 공공부문 고용이 확립된 부문을 민영화하기도 한다.

생산활동에 대한 보호 : 고용보호 제한과 높은 실업 보호

노동지향 사회(Arbeitsgesellschaft)에서 경제정책은 기존 산업기반의 보존보다는 (소규모 개방경제로) 변화를 촉진하고 지지하는 데 중점을 두어 왔다.[13] 이에 따라 노동시장 위험에 대한 고용보호의 입법 정도는 낮아 채용과 해고, 노동절약적 기술도입 모두에서 유연하다.

대신 정부에 의한 실업보호와 사회적 보호가 충실하며, 정부는 적극적 노동시장 정책을 통해 실업자들의 숙련을 향상시켜 노동시장 재진입을 유도하고 있다. 노동자의 이동성을 높이기 위해 초중등교육은 일반숙련에 초점을 맞추고 있다. 실업급부는 높은 대체율을 자랑하며, 실업급부에 대한 자격이 오랫동안 유지되고, 고용보호 입법수준은 낮아 재직기간이 단기(11개월 미만)인 근로자의 비율이 높다. 노동조합 조직률이나 단체협약 적용률이 역시 매우 높다.

국가의 지원 없이 노조와 사용자 조직이 발전하여 전국 단체가 1900년경에 형성되었고 정부에 의해 매개되는 이들의 중앙집중적 협상방식은 근로와 임금에 대한 규제의 방향을 결정하였다. 즉, 작업장에 대한 규율은 법률에 의한 강제보다는 사회 파트너 간 협상을 통해 결정되었다. 특히 고도로 중앙집중화되고 조정하는 협상 시스템은 연대임금 정책을 통해 임금 불평등을 완화해 왔으며, 과도한 임금인상을 억제함으로써 인플레이션 압력을 통제할 수 있었다. 반면 실업문제는 정부개입이 필요한 구조적 문제로 정의되어 정부가 안정화 정책과 적극적 노동시장 정책을 통해 수출지향적 경제에 나타날 수 있는 높은 실업위험을 제한해 왔다. 노동자 권리의 보호에서 국제노동조합연맹(International Trade Union Confederation)은 노르딕 국가들에게 가장 높은 평가를 내놓고 있다(2014 Global Rights Index).

재생산과 사회 서비스

북유럽 국가들은 재생산 영역에서 공적 지원과 관리에 주력해 왔다. 특히 재생산 전반의 사회적 보장과 관리를 '개인별' 사회권 보장 차원에서 접근하여 재생산의 사회화 혹은 탈가족화를 가장 적극적으로 실천해 왔다. 이에 따라 여성이 시민-근로자로서 기능할 수 있도록 지원하는 사회 서비스의 전통을 확립하였다. 국가는 시민들이 권리를 가진 사회 서비스의 직접적인 공적 제공을 책임진다. 국가의 돌봄 서비스 제공은 여성의 노동시장 참여를 장려해 왔을 뿐만 아니라 돌봄 서비스 부문의 팽창과 그에 따른 여성의 고용기회 확장으로 이어졌다.

사회적 보호 : 사회보험과 사회부조

스웨덴에서는 고용보호 수준이 높지 않은 대신 사회적 보호는 매우 양호하게 유지되고 있다. 직종별 격차를 없애고 모든 국민을 하나의 복지제도에 포괄하고 높은 급여를 보장하는 보편주의를 보인다. 보편적 복지 제공을 통해 사회의 취약한 개인과 집단에 대한 보호를 제공하여 개인의 안전을 확보하고 사회에의 참여를 장려한다. 광범위한 보편적 복지급부가 건강, 교육, 실업, 연금 등 모든 삶의 영역에 퍼져 있다. 문제 집단에 대한 기초적 복지보다는 모든 국민을 대상으로 한 보편적 복지를 확보하는 것을 목표로 한다. 특히 자녀를 가진 여성들과 고령자와 장애인에 대한 서비스 지출 수준이 매우 높다. 공적 소득보장제도가 제공하는

---

13. 변화를 촉진하고 지지하는 태도는 글로벌 금융위기에서 잘 드러났다. 예컨대 스웨덴 정부는 자동차 산업에 대한 선별적 지원을 거부했다. 특정 산업에 지원하는 것은 다른 산업과의 형평성에 어긋나는 것이라고 여겼기 때문이다. 스웨덴 정부는 자동차 산업에 지원하는 대신 교육과 적극적 노동시장 정책을 확대하는 정책을 고수했다.

복지급여의 수준도 매우 높다.

한편 보편적 복지만으로 부족한 상황에 내몰린 개인의 경우 선별적 복지로서 공공부조가 제공되어 최후의 보루로 역할하는데 이는 기초지방정부의 책임에 속한다. 출산과 양육, 보육과 교육, 의료와 요양, 노후 등 삶의 모든 단계에서 개인들이 누리는 복지혜택은 25%의 부가가치세, 모든 국민의 모든 소득을 과세표준으로 삼는 평균 30% 내외 정률의 지방소득세, 고소득층에 대한 누진적인 20%의 국세소득세, 38.42%(개인 7%, 고용주 31.42%)의 사회보험료에 기반한다.[14]

새로운 사회위험과 대응

북유럽 국가들은 1950년대 중반부터 적극적 노동시장 정책을 활용해 왔고, 출산율과 양성 평등의 제고를 위해 돌봄의 사회화를 강조해 온 전통적인 사회투자 국가들이다. 극단적 노사갈등을 극복하기 위해 협력적 노사관계를 발전시키며, 연대적 임금결정이 촉진하는 기업 구조조정에 따른 실직자들을 재교육을 통해 취업시킬 수 있도록 노력해 왔다. 1970년대 경제위기로 공공고용을 급격히 확대하였으나 1990년대 중반 이후 배제된 개인의 노동시장 재진입을 촉진하는 방향으로 적극적 노동시장 정책이 정상화되었다.

북유럽 국가들은 복지제도 발전 초기부터 남성 부양자가 노동시장에서 직면하는 실업, 질병, 노령 위험뿐만 아니라 가족 내에서 발생하는 임신, 출산, 양육의 문제에 함께 대응하며, 발전해 왔다. 이에 따라 남녀 모두 생계 부양자로서 지위를 가지고, 동등한 복지정책의 대상이 되어 왔으며, 공공보육 서비스가 일찍부터 체계적으로 발전하였다. 1930년대에 남성의 돌봄 참여와 여성의 노동 참여가 강조되었고, 1970년대에 들어서부터 여성은 교육, 보건, 복지 분야의 공공부문 일자리에 흡수되었다. 1970년대에 부모 모두에게 권리가 부여되는 부모휴가를 도입하고, 1990년대에 부모휴가의 아버지 할당제를 도입였다. 여성의 노동시장 참여는 육아수요를 창출했는데, 이에 대응한 공보육의 확대는 더 많은 여성 고용을 창출했다. 이러한 발전은 또한 육아 휴직과 복리후생에 대한 수요를 창출했고, 정부는 후한 휴직과 복리후생 제도를 만들었다. 보육은 또한 후기 인적자본 형성에 중요하게 작용하는 유아교육의 기초가 되었다. 최근에는 돌봄 서비스의 민영화가 진행되어 부 · 모가 직접 아동을 돌보거나 민간에 위탁하는 비율이 확대되고 있다. 전 국민을 대상으로 비기여의 보편적 복지제도가 발전한 만큼 새로운 위험집단에 대해서도 높은 수준의 보편적 복지혜택이 제공되고 있다.

4) 배타적 – 후원주의 : 남유럽

남유럽 복지제도는 보수주의 복지국가의 변형으로 분류되지만, 강한 고용보호와 약한 사회적 보호가 특징이다. 급여 자격은 고용과 연관되어 직종 또는 산업에 따라 부여되고, 급여 수준은 소득 또는 사회보장 부담금과 연관된다. 그러나 경제발전이 미흡하여 복지수준은 초보적이어서 최소에 머물고 그 범위가 좁아 잔여적이며, 노동시장에의 참여를 강제한다. 프랑스와 이탈리아는 경계적 국가에 해당하고 포르투갈과 스페인은 민주주의와 산업발전 지연으로 복지가 크게 지연되어 왔다. 개별 전문집단은 공권력과 특수한 관계를 만들려 노력하며, 그 결과 특혜적 연금 및 보험기금이 발전해 있고 사회 서비스 대신 이전지출, 사회부조나 실업급부 대신 연금, 핵심 내부노동자의 욕구에 맞추어진 직종별 소득이전 제도를 과도하게 강조한다. 대조적으로

14. 스웨덴의 법인세율은 26.3%로 OECD의 평균수준이며, 대신 근로자를 위한 각종 복리후생비, 부양수당, 통근 수당 등의 부담은 거의 없다. 결과적으로 임금에 복리후생비, 세금, 사회보험료 등을 모두 더한 노동비용은 여타 유럽국가들에 비해 낮은 편에 속한다.

외부자에 대한 사회보호는 매우 미발전된 상태이며, 이는 사회 서비스나 사회부조 모두에서 그렇다. 적극적인 사회정책은 실질적으로 존재하지 않는다.

생산활동에 대한 보호와 안정화 : 고용보호와 실업보호

남유럽에서는 남성 생계 부양자에 대한 강력한 고용보호가 이루어져 개별 해고나 임시직 제한으로 나타나는 고용보호 입법의 엄격성은 OECD에서 최고 수준이다. 급진적이고 파편화된 노조의 전투적 운영과 갈등적 노사관계가 존재하여 조합주의의 흔적은 찾아보기 어렵다. 결국 임금조정의 결핍은 높은 인플레이션율과 낮은 국제경쟁력으로 연결된다.

실업보호는 소수 근로자에만 집중되지만 그조차도 취약하여 실업보험 적용 대상과 소득 대체율이 낮고, 적극적 노동시장 정책에 대한 투자도 낮아 실업으로부터 근로자를 적절히 보호하지 못하고 있다. 노동시장은 잘 보호되는 내부자와 한계상황의 외부자 간의 이중구조가 존재한다. 이로 인해 청년실업률은 높고 여성의 노동 참가율이 낮다.

고용 경직성은 비공식부문(지하경제) 고용과 자영업이라는 비공식적 유연성으로도 보완되고 있다. 가족기업과 그에 수반한 비공식 고용의 경제적 역할이 커서 국가는 세제 혜택으로 이를 꾸준히 보호해 왔다. 따라서 가계의 비임금 소득과 비공식 일자리가 과도하게 확산하는 한편 소기업, 가족기업, 독립근로자의 과세회피에 대한 정부의 관용으로 말미암아 임금 근로자의 과세부담이 과도하여 지하경제와 비공식 일자리를 양산시킨다.

사회적 보호 : 사회보험과 사회부조

남유럽에는 두 개의 구별되는 사회적 보호체계가 공존한다. 하나는 사고, 질병, 실업, 노령으로 인한 소득 손실을 보상하는 직종별 사회보험으로 시민권보다는 노사관계 안정화를 위해 등장하였다. 이는 노동을 통해 획득되고 기여액에 비례하며, 소득대체율이 OECD 평균보다 매우 높다. 그러나 노동시장의 양극화 구조를 따라 사회보험 역시 양극화되어 높은 복지급여는 핵심 정규직에만 해당되며, 주변부 비정규직에게는 최소한의 급여가 주어진다. 이러한 소득보장의 양극화 구조로 인해 급여의 평균 수혜율이나 수혜수준은 여타 복지체제에 비해 매우 낮다. 노조는 정치화되고 후원주의적 정치가 지배하여 노조결성 부문과 공공부문을 중심으로 양호하게 보호된 집단과 다수의 제대로 보호받지 못하는 근로자나 시민들 간의 격차가 큰 것이다. 연금제도의 통합과 급부의 평준화나 제한 그리고 보편화를 도모하고 있지만, 비공식 노동의 확장으로 소득보장 양극화가 지속되는 등 그 성과는 크지 못하다.

다른 하나는 '국가적 연대'로 모든 사회구성원은 직업 여부와 기여 능력에 관계없이 최소한의 생활 수준을 누릴 권리를 갖는다. 자격은 필요와 시민권을 기반으로 하며, 급부는 보편적(건강 및 가족 수당)이거나 자산-소득 검증을 따르고 국세로부터 자금이 조달된다. 즉, 정규노동시장에 진입할 수 없는 노동자에게는 (있다면) 빈약한 보조금이 주어질 뿐인 것이며, 조세와 사회보장에 따른 빈곤율 경감효과는 미흡하다. 결국 남유럽의 소득보장은 노동시장 지위에 따른 복지보상의 차이가 극심하며, 아예 소득보장의 혜택을 받지 못하는 사각지대가 광범위하다.

재생산과 사회 서비스

남유럽은 가족주의 전통으로 가족, 특히 여성이 재생산에서 매우 중요한 역할을 한다. 즉, 여성이 아동과 노인을 돌보는 높은 가족책임을 전제로 한 사적인 돌봄 서비스가 제공되고 있다. 핵가족을 넘어선 확대가족적 유대감이 강하고 그 기능도 돌봄 서비스에 국한되지 않고 경제적으로 어려운 가족 상호 간에 사적이전을 하는 소득보장의 기능까지 담당한다. 유럽대륙과 달리 가족 수당과 면세 혜택도 제한적이어서 국가가 가족을 지원하지도 대체하지도 못하고 있다. 국가가 이전지출과 사회 서비스를 통해 가족을 충분히 지원하지 못하여 가족수당이나 아동 돌봄 수준은 EU 평균에 미치지 못한 가운데 복지급부는 고령자에 집중된다. 가족구조의 변화는 복지제도에 큰 영향을 미치고 있다. 여성의 경제활동이 증가하여 남성 부양-여성 돌봄 모형은 맞벌이(dual-earners) 모형으로 바뀌며, 여성이 제공하던 비공식 돌봄 역시 변화하고 있다. 유아 돌봄에서 국가의 역할이 팽창되었지만 역부족으로 조부모의 아이 돌봄이 확대되고 시장에서의 돌봄 서비스 구매가 늘고 있다. 한편 노인 돌봄에서는 국가의 역할은 빈곤층을 중심으로 한 잔여적 역할에 머물고 있어 외국인 이주노동자에 의존하는 비공식 돌봄이 커가고 있다.

새로운 사회위험과 그 대응

전통적으로 고용 및 소득 보호와 현금이전 중심의 복지국가를 운영해 왔던 남유럽 국가들의 경우 신사회위험이 점증하는 상황에서도 기존 복지구조에 고착되는 양상을 보이고 있다. 이른바 복지 보호주의(welfare protectionism)가 지배하여 새로운 위험집단의 욕구를 희생하여 기존 수급자의 혜택을 보호하고 있다(Hausermann, 2012). 경제활동 참가율이 증가했지만 이는 노동법 완화와 기존에 핵심 노동자들이 누리던 고용보호와 소득보장을 제공하지 않는 새로운 유형의 노동계약 도입에 기초한 것이다. 이에 따라 이원화된 복지(dualized welfare)제도가 자리 잡아 내부자 또는 핵심 노동자는 기존의 소득 및 근로 연계 사회보험을 지속적으로 누리는 반면 비정형적인 일자리를 가지거나 실업상태에 있는 외부자 또는 주변 노동자는 조세로 재원을 조달하고 욕구에 기반을 두어 제공되는 새로운 사회위험정책에 의존한다. 전통적인 사회정책에서 발견되는 높은 수준의 관대함은 새로운 사회정책에서는 찾아보기 어렵다. 외부자의 희생을 기초로 내부자가 (점차 축소되는) 기존 복지복지 혜택을 누리는 셈인 것이다.

적극적 노동시장 정책, 일-가정 양립 정책은 제도적으로 확충되고 있지만 다른 나라들에 비해 상당히 덜 발달되어 있다. 시장에서 제공되는 민간 돌봄 서비스도 마찬가지다. 노동시장 정책은 소극적 정책이 지배적이고, 적극적 정책 지출은 매우 제한적이고 실업급여는 재교육이나 구직 요건이 부과되지 않고 있으며, 다양한 적극적 정책은 실제로 실시되지 못하고 있다. 대신 1990년대 이후 비정형적 고용에 대한 규제 완화와 고용 서비스에 대한 국가독점이 폐지되었다. 일-가정 양립을 위한 유아교육, 보육 서비스 보조제도에도 불구하고 유치원은 맞벌이 부모를 위한 육아보다는 교육적 목적에 봉사하고 있으며, 보육 서비스는 아직 자리 잡지 못하고 있다. 결과적으로 돌봄은 대가족(특히 조부모)이나 이민자들에 의존하고 있으며, 출산율과 여성의 고용률 모두 매우 낮다.[15]

15. 단 프랑스는 전통적으로 여성의 고용이 상대적으로 높았던 나라로 정부는 노동자와 보호자로서의 어머니의 이중 역할을 꾸준히 지원해 왔고 종합적인 취학 전 시스템이 조기에 발전하였다.

2. 한국의 사회복지 발전과 도전

2.1 전통적 사회위험에 대한 대응

(1) 전통적 위험의 현황

우선 한국에서 나타나고 있는 장애, 실업, 산업재해, 질병 등 전통적 사회위험의 현황을 살펴보자.

장애위험의 경우 한국의 15세 이상 장애 출현율은 5.4%(2017)로 미국(12.7%), 스웨덴(13.1%), 독일(21.8%), 프랑스(25.2%)나 일본(7.6%)에 비해서 상당히 낮은 수준이다. 중증장애인 출현율 역시 마찬가지다. 그러나 장애출현율이 낮은 것은 장애를 인정받기 어렵기 때문이며, 그만큼 많은 장애인들이 제도권 밖에서 일상생활이나 직업생활에 상당한 제약을 겪고 있다. 장애인은 노동시장 진입이 어렵고 실직의 상태에 놓임으로써 소득 불안정과 빈곤을 겪는다. 장애인들은 비장애인에 비해 심각하게 낮은 고용률과 높은 실업률을 경험하며,[16] 전일제 종사 비중은 높지만 단순 노무직과 비숙련직 비중이 높다.

실업위험과 관련하여 우리나라의 비고용률은 외환위기 직후 크게 상승하였다가 꾸준히 하락하여 2020년 현재 34.1%로 OECD 평균 32.6%에 근접한 수준(15~64세 기준)이다. 하지만 유럽 선진국의 경우 비고용률이 25% 수준인 점을 고려할 때 아직 개선의 여지가 크다.

한편 산재위험의 경우 우리나라 산재 사망률(10만 명당)은 5.1명(2018)으로 OECD 평균인 2명 수준보다 크게 높다. 그러나 산업재해율(재해자 수 ÷ 근로자 수)은 0.54%로 OECD 평균 1.00%에 비해 크게 낮아 산재사고에 대한 보상 적용률은 월등히 낮다(한국의 사회동향, 2020). 안전에 대한 관심과 기대는 높아지고 있으나 아직 기업의 안전투자가 부족하고 안전보다 효율을 중시하는 현장 분위기와 노사의 낮은 안전의식이 상존하고 있기 때문이다. 한편 사고사망자 중 하청노동자 비중(42.5%, 2014)과 50인 미만 소규모 영세사업장 비중(72%)이 높게 나타나고 있다. 외주의 확대로 안전 관련 주체들 간 책임관계가 복잡해져 안전관리의 공백도 더해지고 있다.

건강상태를 나타내는 대표적 지표는 기대수명과 영아사망률이다. 기대수명은 0세의 출생자가 향후 생존할 것으로 기대되는 평균 생존연수를 말한다. 한국인의 기대수명은 1970년 62.3세에서 2010년을 전후로 80세까지 높아지면서 선진국 수준에 도달하였고 2019년에는 83.3세에 달하고 있다(OECD Health Statistics 2021). 출생 후 1년 이내에 사망한 영아 수를 해당 연도의 1년 동안의 총출생아 수로 나눈 영아사망률은 1천 명당 2.7명으로 OECD 평균(4.2명)보다 크게 낮다. 그러나 소득분위별로나 시군구별 기대수명의 격차가 커져 건강 불평등이 심화되고 있음을 알 수 있으며, 주관적 건강수준의 소득 5분위 간 차이도 주요 선진국에 비해 큰 편이다.

빈곤은 통상적으로 절대빈곤보다는 상대빈곤을 기준으로 평가된다. 절대빈곤은 생계를 유지하기 위한 최소한의 소득(최저생계비)의 결핍상태로 삶에 필수적인 기본재를 충족시킬 수 없는 상태를 말한다. 정부는 그

16. 2019년 OECD 국가에서 평균 고용률 66.3%, 장애인 평균 고용률 48.9%이며, 우리나라에서 평균고용률 66.8%, 장애인 고용률 50.0%로 그 격차가 대체로 유사하다.

동안 매년 가구원 수별 최저생계비를 공표하고, 이를 국민기초생활보장제도 수급자 선정과 급여기준으로 활용해 왔다. 그러나 절대빈곤의 영향을 받는 인구가 2% 수준으로 크게 감소함에 따라 국민기초생활보장제도의 빈곤 기준은 상대빈곤으로 전환되었다. 상대빈곤은 빈곤을 상대적 박탈과 불평등의 관점에서 파악하여 사회의 대표적 소득수준에 미달하는 경우를 의미한다.[17] 상대빈곤은 사회적 배제의 한 요소로 사회의 관습적 재화와 서비스를 거부당한 개인과 가족의 박탈을 강조한다. 상대빈곤이 증가하면 더 많은 수의 사람들이 경제 및 사회생활에서 제외될 위험이 커지는 것이다. 이때 특정 비율의 기준은 40%, 50%, 60% 중에서 선택된다. 가구소득의 범위는 시장소득만 가지고 가구소득을 사용하거나 조세납부분과 공적이전소득을 반영한 가처분소득을 사용하기도 한다. 전체 가구 중 빈곤가구, 즉 빈곤선 이하의 가구의 비율을 빈곤율(poverty rate)이라 한다. 한국의 상대빈곤율(중위소득 50% 이하[18])은 시장소득 기준으로 19.9%(2018)로 OECD 국가의 평균 28.4%를 하회하고 있다.

한편 삶에 대한 낙관적 전망은 아동의 출산과 양육을 선택하도록 할 것이고 비관적 전망이 자살로 이어질 것이다. 우리나라의 자살률은 OECD 회원국 가운데 1위이다. 주관적 건강 인식은 35개국 중 33위로 최하위에 속한다. 아동청소년 행복 수준은 82(2016)로 OECD 평균(100)에 크게 못 미쳐 22개국 중 22위이다.

(2) 전통적 사회정책의 형성과 발전

표 15-6 우리나라에서의 시기별-영역별 사회복지제도의 확대 추이

	발전국가(1960~1987)	민주화(1988~1997)	선진화(1997년 이후)
사회보험	산재보험(1964)	고용보험(1995)	산재/고용보험 확대(2000~2005)
	건강보험 시행(1977)·확대	전 국민 건강보험(1989)	의약분업(2000), 건보통합(조직 2000, 재정 2003), 노인장기요양보험(2008), 의료보장성 강화(2013~), 장기요양 치매 특별등급 신설
	공무원연금(1960), 군인 연금(1963), 사학 연금(1975)	국민연금 시행(1988)과 확대	전 국민 국민연금 기반구축(1999), 국민연금법 개정(급여인하 등, 2007), 공무원 연금법 개정(2009)
공공부조	생활보호제도(1962), 국가보훈(1962), 의료보호제도(1977), 영세민종합대책(1982), 사회복지전문요원(1987)	저소득층 영구임대 주택(1989)	경로연금(1998), 국민기초생활보장 제도(2000), 차상위계층 지원(2004), 장애수당확대(2005), 기초노령연금(2008), 장애인연금(2010), 기초연금(2014), 일을 통한 빈곤탈출(2013) : 근로장려세제(EITC, 2009)와 확대
사회서비스	가족계획사업(1962), 심신장애지 종합대책(1978), 노인복지 기반 마련(1981), 재가 노인복지 사업(1987)	장애인복지 대책위원회(1989), 장애인 등록제(1988), 공중보건, 건강증진 확대(1995), 보육시설 확충계획(1995)	장애인복지 5개년 계획(1998), 보육 확대(2004), 사회 서비스 일자리(2004), 다문화가족센터(2006), 퇴직연금제도(2005), 적극적 노동시장 정책(2008), 5세아 누리과정, 0~2세아 무상보육(2012), 무상보육·무상교육 실현과 내실화(2013~), 든든학자금대출(ICL, 2010), 맞춤형 국가 장학금(2012)

1950년대 구호의 사회복지

우리나라 제헌헌법(1948)은 복지국가의 이념을 담았지만 그 이념은 냉전과 전쟁 그리고 분단의 현실에서 부정되었다. 특히 재정 및 행정체계의 결여와 산업부문의 부진으로 복지정책은 체계적으로 실시되기 어려웠

17. 보통 중위값(median)을 사회의 대표적 소득수준으로 보고 중위값 1 미만을 빈곤선(poverty line)으로 간주해 그 이하의 소득을 빈곤으로 정의한다.

18. 우리나라 주요 사회복지급여는 주로 중위 40%나 50%를 기준으로 한다.

다. 복지재원의 상당부분을 외국(특히 미국) 원조에 의존하면서 복지체제는 미국의 영향을 크게 받아 미국식의 잔여적 복지와 민간 사회사업 중심으로 도입되었다. 복지국가나 사회권적 복지권 그리고 노동기본권에 대한 인식은 미흡하여 복지가 이재민과 빈민에 대한 구호에 머물러야 했고, 국가보다는 외국 원조와 민간에 의존하였다. 국가는 구호와 더불어 민간시설에 대한 재정지원과 관리 감독을 할 필요가 있다는 인식이 전부였다. 특히 정부 정책은 보훈적 성격의 군경원호에 치중되었고, 외국원조기관에 의해 사회 서비스 활동이 주도되었다. 주요 복지법도 '군사원호법', '경찰원호법', '공무원연금법' 등으로 제한되어 체제 유지에 필요한 세력을 포섭하는 데 주목적을 두었다. 그 외 복지제도는 전재민 구호나 생활보호 사업을 중심으로 주로 공공부조로 국한되었다. 대부분의 사회 서비스는 고아원 등 시설보호 중심의 민간구호로 이루어졌고 이 시설들은 대부분 정부의 역할을 대행하는 민간기관으로서 외국원조기관들에 의해 직접 운영되거나 재정지원을 받았다. 복지시설뿐만 아니라 교육시설에 대한 국가의 투자도 낮아 민간법인 중심의 교육 · 복지 인프라가 구축되었다.

1960~1970년대 발전국가형 복지제도의 형성

1980년대 말 민주화 이전의 복지는 성장을 전제로 한 남성 가구주에 의한 가계부양 체계로 연금을 제외한 사회보험의 형식적 구비와 생활보호로 국한된 공공부조가 거의 전부였으며, 여기에 대기업 종사자들이 누리는 기업복지[19]가 더하여졌다. 사회복지를 적극 고려하지 못했지만 경제성장과 고용증대는 빈곤과 불평등(상대적 빈곤)을 완화하였고, 자조, 상부상조의 가족문화, 기업복지가 이에 힘을 보탰다.

발전국가의 생산주의적 복지관 이 시기 국가는 직접적이고 권위적 방식으로 경제개발을 주도하였듯이 사회복지의 발전을 주도하였고 노사의 역할은 거의 없었으며, 그 내용과 시기 역시 경제성장의 범위 내에서 국가가 결정하였기에 발전국가형 복지제도의 시기라 부를 수 있다. 발전국가는 국가주도의 경제발전에 몰입하면서 이 체계 내에서 복지 전반에 걸쳐 법 · 제도를 구축해갔다. 공무원연금법(1960)과 생활보호법(1961)에 이어 군인연금법(1962), 산업재해보상보험법(이하 산재보험, 1963), 사회보장에 관한 법률(1963), 의료보험법(1963), 의료보호법, 사회복지사업법, 사립학교교직원연금법(1973) 등이 모두 이 시기에 제정되었다.

또한 복지가 비용으로 간주되고 경제성장이 일자리를 창출함으로써 최선의 복지가 제공된다는 생산주의적 관점이 지배하였다. 노동생산성 향상과 경제성장에 직접적 도움이 되는 교육과 보건에 대한 투자는 활발하였지만, 포괄적이고 보편적인 사회복지의 필요성은 미약하였다.

사회정책의 목적은 경제성장이라는 목표에 종속되었고, 노동권을 포함한 사회적 권리에 대한 인식은 크지 않아 국가의 사회복지 개입은 최소한에 머물렀고 개인과 가구의 복지는 거의 전적으로 개인과 시장에 맡겨두다시피 하였다. 남성 가구주의 가계부양과 가족 · 공동체에 의한 자조와 근로 유인 그리고 기업복지가 강조되며 국가의 역할은 최소화하는 잔여적 성격[20]이 강했다. 아울러 제정된 복지제도들도 생활보호법, 군인연금법, 산업재해보상보험법을 제외하곤 그 대부분은 시행이 유보되거나 제한적으로 시행되었다.

핵심 생산층에의 집중 사회복지제도는 그 자체의 목적, 즉 사회위험으로부터 시민을 보호한다는 목적보

---

19. 산업화 초기에 사회보장제도의 미비로 정부는 노동법의 개별적 근로기준 관련 조항을 관대하게 하는 방식으로 기업에 복지수요의 일정 부분을 맡겼다. 이러한 유제 때문에 아직도 기업복지의 영향이 크며, 이로 인해 정부의 이전지출이 시장소득의 불평등을 교정하는 정도가 다른 나라들에 비해 미미하다.

20. 잔여적 복지제도는 1963년의 사회보장에 관한 법률에서 출발하는데, "정부는 사회보장사업을 행함에 있어 국민의 자립정신을 저해하지 않도록 하여야 한다"(제3조 제2항)라고 하고 있다.

다는 체제 안정과 경제성장의 필요와 밀접하게 관련지어져 체제 유지와 산업화에 핵심적인 노동력을 보호하는 데 초점이 두어졌다. 특히 대기업이 주도하는 산업화인 만큼 대기업 근로자에게 집중된 사회복지제도가 발전하였다. 1960년 공무원 연금법, 1961년 군인연금법이 우선 제정되었고 산업화 과정에서 발생하는 산업재해로부터 근로자와 산업체를 보호하는 산재보험(1963)이 도입되었지만 광업과 제조업의 500인 이상 사업장의 노동자만이 대상이 됨으로써 그 적용범위는 매우 제한적이었다. 이어서 1973년의 사립학교원연금법이 실시되고 1977년에는 강제 적용규정이 누락되어 실시가 지연되던 의료보험이 500명 이상 사업장 근로자를 대상으로 시행되었다.

기여 비례의 사회보험과 잔여적 공공부조 소득보장은 기업과 노동자가 부담하고 국가는 이를 관리만 하는 사회보험에 주로 의존함으로써 국가의 재정부담을 최소화하는 방식으로 사회보험의 제도적 기틀이 마련되었고, 이후 이 기본 틀 위에서 그 적용 대상을 확대하고 제도를 개선하여 좀 더 많은 혜택을 부여하게 되었다.[21] 산업재해로부터 산업화에 필요한 노동력과 기업활동을 보호하기 위해 1963년에 산재보험을 도입하였으나 적용범위가 한정적이었고 의료보험은 1977년, 국민연금은 1988년에 도입되었다. 한편 일제가 남긴 생활보호제도는 극단적으로 잔여적이고 급여도 소규모로 형식적이었으며, 근로 가능한 이들에 대한 공공부조는 논의조차 되지 못했다.

사회 서비스의 민간 위탁 사회 서비스 공급에서는 민간위탁이 자리 잡았다. 사회복지사업법의 경우 사회 서비스의 1차적 책임과 의무를 정부에 두고, 서비스 제공은 외국원조기관 대신 민간 비영리기관인 사회복지법인에 위탁하는 민영화 구도가 계속되었다. 사회복지법인은 국가의 복지조치 위탁에 따랐고 재원은 국가보조금, 수익사업, 이용료 징수에 의존하였다. 사회복지법인은 필요 자산을 구비하고 인가받은 자만이 설립할 수 있었으며, 당국은 보조금 집행의 감독, 경영 감사, 설립과 임원 인가를 취소할 수 있었다. 1980년까지 아동에 비해 장애인이나 노인에 대한 사회 서비스는 미흡하여 저소득층 대상의 생활보호법에 의한 시설수용보호에 머물렀으며 그 외 산발적 정책이 시행되었다. 1980년대에 들어서는 사회복지법인 이외에 재단법인, 종교단체, 특정 개인 등 영리기관의 참여가 허용되고 자원봉사가 활성화되는 한편 복지시설이나 재원 마련에서도 다양화가 이루어졌다. 복지시설은 이용시설로서 복지관 사업을 확대하였고, 체계적인 재원 마련을 위해 사회복지사업기금법(1981)을 제정한 뒤 사회복지공동모금법(1997)을 제정하여 민간모금과 자율집행을 허용하였다.

1980년대 중반까지 계속된 억압적 노동통제와 이상과 같은 제한적인 사회정책에도 불구하고 경제성장과 산업구조의 고도화로 전일제의 일자리가 꾸준히 확충되고 개선되어 빈곤과 불평등은 꾸준히 개선될 수 있었다.

1987년 이후 민주화와 사회복지 제도의 확대

1980년대 말 정치민주화에 따라 경제정책과 사회정책의 기조에 변화가 생겨났다. 경제정책에서는 국가주도성이 약화되고 시장과 민간의 자율성이 강화되었다. 하지만 경제성장은 여전히 가장 중요한 국가목표로 남았다. 시장과 민간 그리고 경제성장이 강조되는 속에서 기존의 발전주의적이고 생산주의적인 사회정책의 기본 틀이 유지되었다. 하지만 1987년 정치민주화에 힘입어 다양한 노동운동 및 시민단체가 등장하여 사회

21. 의료보험은 점진적으로 적용범위가 확대(1981년 1월 100인 이상, 1986년 4월 16인 이상 고용사업장)되었고, 무기한 연기되었던 국민연금도 1988년 상시노동자 10인 이상 사업장을 대상으로 우선 시행하였다.

정책 수립에 영향을 주기 시작하였고 사회정책에서 보편주의적 변화가 나타나고 복지지출이 증가하기 시작하였다.

사회보험의 확대 1995년에는 사회보장에 관한 법률이 폐지되고 사회보장기본법이 제정되어 사회보장제도의 법적 토대가 형성되었다. 기존에 공무원, 군인, 사립학교 교직원 등의 특수 직역과 대기업을 중심으로 시행되던 사회보험의 대상에 농어촌(1988)과 도시(1989)를 포함하게(의료보험) 되었다. 근로동기를 약화시키는 제도라는 이유로 도입이 미루어져 왔던 고용보험이 1995년 30인 이상 사업체를 대상으로 도입됨으로써 4대 사회보험제도의 틀이 완성되었다. 고용보험은 소득보장 중심의 실업보험 대신에 직업 안정과 훈련을 강화하는 적극적 노동시장 정책의 일환으로 산업 구조조정과 노동시장 유연화에 대비하기 위함이었다. 하지만 고용보험은 여전히 정부의 재정부담을 최소화하면서 근로동기를 약화시키지 않고 기존 노동자를 보호하려는 발전국가적 성격을 가졌다.

공공부조와 사회 서비스 사회보험 대상자가 대폭적으로 확대되고 사회복지와 관련된 추가적 입법이 이루어졌지만 체감할 수 있는 실질적 급여 확대가 이루어지지 못했다. 특히 공공부조나 사회 서비스에서는 별다른 변화가 없었다. 영유아보육법이 제정되고 장애인과 노인 등을 위한 사회 서비스 확대가 이루어졌지만 보편적 서비스라기보다는 생활보호 수혜자와 의료부조 대상자, 저소득층에만 한정되어 공공부조를 보완하는 성격을 가졌다. 선별적 · 잔여주의적 제도는 근로능력이 결핍된 노인, 장애인, 고아에게 생존 수준에도 미달하는 낮은 급여만을 제공하였다. 1994년 당시 생활보호제도 거택보호 대상자의 월 급여는 최저생계비의 절반 수준에 불과하였다. 이 시기에 사회 서비스 기본법과 관련 법들이 제정되며 사회 서비스 영역의 체계화가 이루어졌다. 남녀고용평등법(1987), 모자복지법(1989), 장애인복지법(1989), 장애인고용촉진법(1989), 영유아보육법(1991), 고령자고용촉진법(1991) 사회보장기본법(1995), 여성발전기본법(1995), 청소년기본법(1995), 청소년보호법(1997), 장애인 · 노인 등 편의증진법(1997) 등이 제정되었다.

1997년 외환위기 이후 복지제도의 보편화

우리나라 헌법 제34조는 "모든 국민은 인간다운 생활을 할 권리를 가지고 국가는 사회보장 · 사회복지의 증진에 노력할 의무를" 지며, "신체장애자 및 질병 · 노령 기타의 사유로 생활능력이 없는 국민은… 국가의 보호를 받는다"라고 하여 복지사회를 지향하고 있다. 사회보장에 대한 총칙을 정한 사회보장기본법에 따르면 사회보장제도는 사회보험, 공공부조, 사회복지 서비스 및 관련 복지제도로 규정되는데, 국가와 지자체는 국가발전 수준에 부응하는 사회보장제도를 확립하고 매년 이에 필요한 재원을 조달하여야 한다. 외환위기 이후 우리나라는 사회보험, 공공부조, 사회 서비스의 모든 분야에서 선진 복지국이 가진 대부분의 복지제도들을 도입하거나 그 대상 범위를 보편화함으로써 형식적이나마 복지국가의 틀을 완성하였다. 이에 따라 공적 사회지출은 빠르게 증가하였고 이에 힘입어 외환위기 이후 심화된 빈곤과 불평등이 완화되기 시작하였다. 피어슨(Pierson, 1998)은 서구에서 복지국가 시작의 세 가지 조건으로 포괄적 사회보험제도 도입, 시민권으로서의 복지, 3~5%의 공적사회지출을 제시하고 있는데, 이에 따라 2000년대에 한국은 복지국가(초기 단계)에 진입하였다고 평가되었다(김연명, 2013).

그러나 사회복지제도의 보편화 속에서도 발전국가적 사회정책의 기본 틀은 여전히 유지되었다. 사회보험의 보편화는 국가주도로 하향식으로 이루어졌으며, 사회정책의 기본 방향으로 '생산적 복지'나 '사회투자국가'가 제시되어 복지의 생산적 기능이 계속 강조되었다. 생산적 복지는 사회의 가장 불우한 위치에 있는 사람에게 최소한의 기본생활을 충족하도록 하고, 복지를 고용 및 인간개발과 연계하는 생산주의적(workfare) 성격을 강조하였다. 생산적 복지의 시각은 '사회투자전략'으로도 이어졌는데 사회투자로서 복지를 강조하며, 복지지출을 통해 노동의 질을 향상시킴으로써 경제적 성과를 개선하자는 것이었다. 근로장려세제는 저소득 근로자의 소득 보전과 더불어 근로유인 제고를 목표로 두었으며, 사회 서비스에서는 공공성 확보보다 일자리 창출과 신산업 육성이 강조되었다. 또한 재정 건전성에 대한 우려가 사회정책의 형성과 집행에 지속적으로 영향을 미쳤다. 재정 안정성을 위해 소득대체율을 약화시키는 1998년 연금개혁에 이어 2007년에는 제2차 급여 축소가 이루어졌다. 의료산업화를 추진하고 실손보험을 도입하여 건강보험의 토대를 시장화하려는 정책도 추진되었다.

사회보험의 전 사업장 확대 4대 사회보험의 도입이 1995년 고용보험으로 완성된 뒤 적용 범위가 전체 사업장 혹은 자영업자를 포괄함으로써 적어도 형식적으로는 대상의 포괄성과 보편성을 달성하였다. 그러나 여전히 노동시장에서의 지위가 사회보험 가입을 결정짓는 가장 중요한 기준으로 작용하였다. 1988년에 도입된 국민연금은 적용 대상이 1999년에 5인 미만 사업장 및 도시지역 자영업자까지 확대되었으며, 1995년에 30인 이상의 사업장으로 시작한 고용보험도 1998년 적용 대상이 1인 이상의 사업장까지 확대되었다. 1963년에 사회보험제도 가운데 가장 먼저 도입된 산재보험도 2001년 1인 이상의 사업장까지 강제적 적용 대상이 되었다. 이로써 이미 전 국민으로 확대 적용되고 있던 의료보험과 함께 4대 사회보험제도에 전 국민이 포함되게 되었다. 2000년 지역과 직장으로 나누어져 있던 의료보험 양대 조직을 통합하여 의료보험은 기존의 조합방식에서 전국 단일의 통일된 부과기준을 적용하는 통합방식의 건강보험으로 다시 출범하였다.

공적부조의 내실화 국가의 의무이자 국민의 권리로서 모든 국민에게 최저한의 생활을 보장하는 근대적 공적부조 제도로 국민기초생활보장제도(2000)가 실시되었다. 시혜적인 생활보호제도 대신 빈곤 해소를 국가의 기본적 책임으로 받아들인 것이다. 생활보호제도는 근로능력 있는 자활보호자와 근로능력 없는 거택보호자로 수급 대상을 나누고 전자에게는 자활근로와 교육지원 등 현물급여를, 후자에게는 현물과 일부 현금급여를 지급하는 범주적 공공부조였으나 국민기초생활보장제도는 근로능력과 무관하게 자산 및 부양의무자 기준을 만족하면 욕구에 따라 생계급여, 주거급여, 의료급여 등을 지원하는 일반적 공공부조이다. 건강하고 문화적 생활을 하는 데 드는 최소 비용, 즉 최저생계비를 설정하고 그에 모자라는 부분을 보충해 주는 보충급여 방식을 채택하여 '국민최저'의 원리를 실현하고자 하였다.

한편 사회보험과 기초보장의 간극을 메워줄 다양한 현금성 급여들도 추가로 도입되었다. 적립방식, 낮은 연금급여, 부양의무자 기준으로 인한 기초보장 사각지대의 문제를 극복하여 현세대 노인의 빈곤문제에 대응하기 위해 경로연금제도를 확대한 기초노령연금을 개시(2008)하였다. 기초보장제도의 엄격한 재산 및 부양의무자 기준으로 위기에 처한 사람들을 구제하기 위한 것으로 2006년에 긴급복지지원제도가, 그 뒤를 이어 차상위 의료지원제도가 건강보험과 의료급여의 사각지대에 놓인 사람들을 위해 실시되었다. 2012년부터 10인 미만 영세사업장의 저소득 근로자에게 고용보험과 국민연금을 지원하는 두루누리 지원사업이 실시되었다. 노후소득보장의 사각지대를 메꾸는 준사회수당으로서의 기초연금, 근로하는 저소득층 가족의 소득을 보전하는 근로장려세제와 자녀장려세제, 기초보장제도의 사각지대를 축소하고 위기 대응을 위한 긴급복지지원, 장애인의 소득 안정을 위한 장애인연금 등 기존 소득보장의 사각지대를 보완하는 다양한 소득보장제도들이 도입되었다. 5인 이상 사업장을 대상으로 퇴직연금제도를 도입(2005)하고, 5인 미만 사업장 근로자에게까지 확대(2010)하였다. 2010년에는 기초보장 수급자와 차상위계층인 중증장애인을 대상으로 장애인연금이 지급되기 시작했다.

노동정책 1988년 10인 이상 제조업체부터 시작된 최저임금제 역시 대상 사업장과 산업이 확대되다 2000년 이후에는 모든 사업장까지 확대되었다. 직업능력개발훈련, 고용안정사업, 고용보조금, 실업급여, 공공근로사업 등 적극적 노동시장 정책을 본격적으로 추진하였다.

사회 서비스 저출생 · 고령 사회의 새로운 사회위험에 대응하여 보육 서비스, 노인장기요양보험 등의 사회 서비스가 확장되었다. 우선 취약계층에 국한된 선별적 보육을 넘어 모든 영유아들이 보육 서비스를 이용할 수 있는 보편적 권리가 있음이 천명되었다. 차등보육료와 기본보조금 도입으로 중산층까지 보육지원이 확대되고, 전 계층에 걸쳐 0~5세 영유아에 대한 무상보육 시대가 시작되었다. 소득 수준이나 맞벌이 여부와 상관없이 보편적 무상보육을 실시한 나라는 OECD 국가 중 우리나라가 유일하다. 2009년에는 보육시설을 이용하지 않는 영유아를 키우는 가정에 지급하는 양육수당이 신설되었다. 그러나 급격한 무상보육 확대로 공공성과 보육의 질 문제가 계속 제기되었고, 유치원과 보육시설 간의 이른바 '유-보 통합' 갈등과 중앙정부와 지방교육청 간 보육예산을 둘러싼 갈등이 고조되었다.

2000년대 중반부터 사회 서비스도 보완이 이루어져 왔다. 인구 고령화로 인한 돌봄 문제를 위해 장기요양보험제도가 2008년부터 도입되어 빠른 속도로 정착되었다. 이 밖에도 보육, 노인복지, 장애인을 위한 다양한 사회 서비스가 도입되거나 빠르게 확대되었다. 이에 따라 보건의료지출을 제외한 현물이 공적 사회지출에서 점하는 비중은 1990년에 8.90%에 불과하였으나 2003년 이래 빠른 속도로 성장하여 2011년 26.8%까지 급증하였다.

한편 사회 서비스를 효율적으로 운영할 수 있도록 인프라도 강화되었다. 지역균형발전의 일환으로 사회 서비스의 지방 이양이 단행되었고(2005) 공공복지 전달체계 구축의 일환으로 주민생활지원 서비스 체계가 도입(2007)되는 등 사회 서비스 전달체계의 구축에서도 중요한 성과가 나타났다.

(3) 전통적 사회정책의 한계

저부담-저복지 국가

1990년 이래 우리나라 사회지출(social expenditure, 공공 사회복지지출 + 법정 민간사회복지지출)은 두 자릿수의 증가율을 보여 1990년 GDP 대비 2.8%에서 2000년에는 4.8%로 증가하였으며, 2019년에는 12.2%로 올라섰다. 그러나 이는 아직 OECD 평균(20.0%)은 물론 주요 선진국보다 크게 낮으며, 38개 회원국 가운데 35위 수준이다.[22] 특히 고령, 장애, 가족, 주택 분야에서 공적지출 수준이 크게 낮게 나타나고 있다. 더욱이 우리나라는 강제적인 민간지출이 많아 이를 제외하고 순수 공공지출만 비교하면 더 낮은 수준이다. 이에 따라 우리와 비슷한 국민소득을 가진 OECD 국가들과 비교할 때 우리나라 복지제도는 저복지의 제도가 계속되고 있다는 평가를 피하기 어렵다.

22. OECD가 정의하는 사회지출은 국민계정에서의 사회보호 및 보건에 대한 지출과 다르다. 사회지출은 국민계정에서 economic affairs와 community development로 각각 분류되는 적극적 노동시장 프로그램과 주택에 대한 지출은 물론 퇴직금과 같은 의무적 지출도 포함한다. 고령화율을 통제해도 한국은 OECD 평균에 크게 못 미친다. 예를 들어 2011년 한국의 고령화율은 11.3%이며 공공복지지출 수준은 10% 미만이지만 OECD 국가 중 1980년 이후 고령화율 11.3%에 도달한 11개국 공공복지지출은 평균 GDP 16.3%였다[고제희(2014), 우리나라의 복지레짐 전망과 부담수준에 관한 연구, 한국보건사회연구원].

그림 15-3 사회복지 지출의 추이와 평가

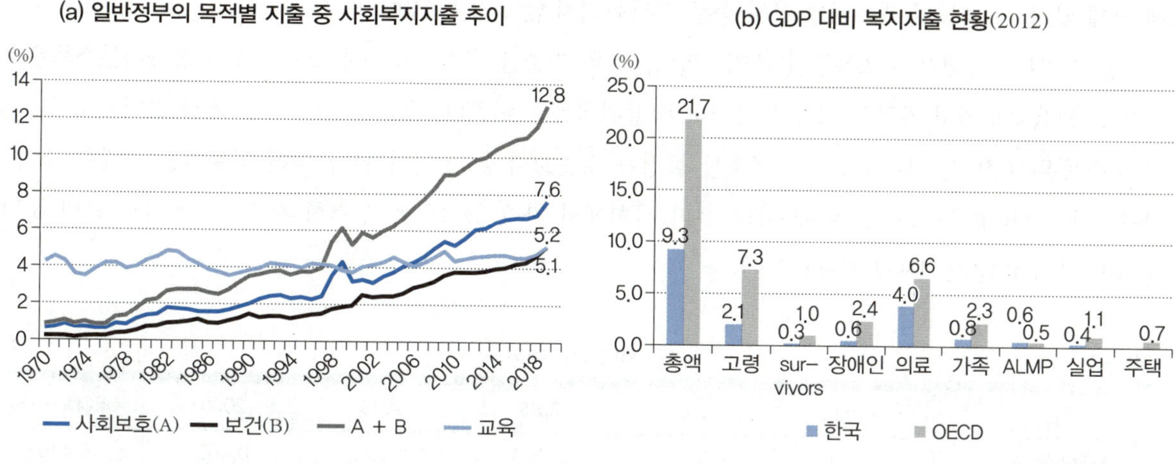

2016년에 한국의 국민부담률은 OECD 35개국 중 30위로 '저부담 저복지' 국가로 분류됐다. OECD 평균 국민부담률(조세부담률 + 사회보장부담률)은 34.2%(24.9% + 9.3%)로 한국의 25.4%(18.8% + 6.6%)보다 크게 높다. 국민부담률은 국민이 한 해 동안 내는 세금(국세 + 지방세)과 사회보장기여금(국민연금, 건강보험료, 고용보험료 등)을 더한 뒤 GDP로 나눈 값이다. 한편 우리나라 순조세부담은 OECD 국가에 비해 크게 뒤떨어지며, 특히 사회보장세보다 소득세에서 부담률이 매우 낮다. 구체적으로 순조세부담률은 8.6%로 OECD 평균 14.9%보다 크게 낮고, 소득세 부담은 1.5%로 OECD 평균(10.1%)에 비해 극히 낮은 수준이다. 우리나라의 사회보장 기여금은 미국, 독일, 일본 등과 유사하여 어느 정도 OECD의 평균 수준이지만, 조세부담률은 다른 나라들과 큰 차이가 있다. 즉, 사회보험은 비슷하지만 조세부담에서 매우 뒤진다는 것은 소득재분배나 보편적 복지제도 발전이 그만큼 뒤진다는 의미이다. 이에 따라 시장의 열패자들을 사회적으로 보호해 주지 못해 이들은 시장뿐만 아니라 복지에서도 이중으로 한계화되고 있다.

성장둔화의 기조 하에서 고령화에 따른 연금, 의료비 등의 의무성 복지지출 증가, 저출산에 따른 생산층 감소, 노동시장의 양극화로 인해 현재의 저부담-저복지 구조는 향후 큰 변화를 경험할 것으로 전망된다. 특히 경직적인 복지지출 비중이 지속적으로 증가하여 복지지출이 OECD 평균 수준으로 높아지겠으며, 이와 동시에 보험료 인상, 세금인상 등으로 국민부담 역시 증가할 수밖에 없고 그에 따라 한국은 중복지-중부담 국가로 변모할 것이라는 전망이 지배적이다(고제이 외, 2014).

낮은 빈곤완화 효과 : 조세와 사회복지제도의 소득재분배 기능이 취약

전통적 사회복지제도의 효과를 평가하는 데 자주 사용되는 지표는 소득빈곤과 소득불평등이다. 한국의 상대빈곤율(중위소득 50% 이하)은 16.7%(가처분소득 기준, 2018)로 OECD 국가의 평균 11.9%을 크게 넘어선다. 한국은 시장소득 기준의 빈곤율(지니계수)과 가처분소득 기준 빈곤율(지니계수) 간에 차이가 거의 없는 유일한 국가이다. 결국 우리나라의 사회정책은 노동시장의 양극화된 구조를 완화하기보다는 오히려 강화하고 있다.

우리나라의 가처분소득 불평등은 주요국의 불평등과 비교하여 상대적으로 더 심각한 수준으로 보기 어렵다. 소득재분배에서 매우 낮은 조세와 공적이전 효과를 가지고 있기 때문이다. 지니계수가 외환위기 이후 전반적으로 악화되는 가운데, 조세와 공적이전 후의 지니계수는 약간씩 개선되고 있다. 그러나 그 개선율은 아직도 미미하다. 불평등 감소에 대한 조세 및 공적이전의 기여도에서 한국은 18.3%로 OECD 평균(33%)에 비해 크게 낮다. 불평등이 재분배에 의해 충분히 완화되지 않고 있는 것이다.

한편 가처분소득에서 기초욕구인 주거, 의료, 교육 지출을 차감한 가처분소득, 즉 조정가처분소득은 주거, 의료, 교육부문에서 가구의 지출 부담이나 박탈위험을 보여준다. 우리나라의 경우 조정 가처분소득을 활용한 불평등은 조정 전 가처분소득에 기초한 불평등 수준보다 높게 나타나며, 특히 의료비를 차감한 소득의 불평등도가 높다(이현주, 2016). 이에 따라 우리 사회에서 자주 등장하는 생계형 사건사고에서 의료비 부담, 돌봄 부담이 주요한 요인으로 작용하고 있다.

표 15-7 지니계수 추이

구분	2006	2010	2015	2018	2020	OECD(2018)
시장소득 A	0.330	0.341	0.396	0.402	0.405	0.470
가처분소득 B	0.306	0.310	0.352	0.345	0.331	0.315
개선도	7.3	9.0	11.1	14.2	18.3	33.0

주 : 시장소득 = 근로소득 + 재산소득 + 사업소득 + 사적이전소득, 가처분소득 = 시장소득 + 공적 이전소득 − 공적 비소비지출
자료 : 통계청, 「가계금융복지조사」

기초보장의 사각지대와 낮은 대체율

노후의 소득보장을 위한 사회안전망인 국민연금은 경제활동인구 대비 납부자 비율이 2017년 78%, 국민연금 수급자 수 비율은 2016년 38.2%로 사각지대가 상당한 상황이다. 여기에 공무원연금(3.6%)과 사학연금(0.6%)의 수급자 수 비율을 더하면 65세 이상의 공적연금 수급률은 42.4%에 머물고 있다. 한편 유럽 복지선진국의 경우 공적연금과 자산조사를 하는 연금을 합산하면 연금 수급률은 대체로 100% 수준에 달하지만, 한국은 2010년 기준 61세의 연령집단 중 연금수급률이 77.6%에 불과하다(ILO, 2017, pp.361~365). 또한 국민연금 가입 의무가 있는 18~59세 인구 중에서 약 50% 정도만이 연금보험료를 납부 중이다.

사회보험에 가입되어 있는 자라 하더라도 공적제도가 제공하는 복지 수준(이른바 '탈상품화' 수준)이 낮아 소득대체율이 낮고 사회보험의 역할이 크게 미흡하다. 우선 의료비는 GDP 대비 8.1%로 과거 6~7%대에서 크게 높아졌지만, 여전히 OECD 평균(8.8%, 독일 11.2%, 프랑스 11.2%, 미국 16.9%, 스웨덴 11.0%)에 못 미친다. 경상의료비 중 정부 · 의무가입제도 59.8%, 민간의료비 40.2%로 OECD 국가 평균(각각 73.8%, 20.6%)에 비해 정부 지원이 특히 부족하다(OECD Health Statistics 2019).

노후소득보장은 전통적으로 근로연령기의 연금 가입과 기여 그리고 개인적 저축에 의존할 수 있다. OECD는 노후소득의 적정 수준을 소득대체율 70%로 보는데 우리나라는 장기적으로 국민연금의 소득대체율이 30~35%로 예상되어 퇴직연금 13%를 합산해도 20% 이상이 부족하다. 또 2018년 연금수급자의 평균 급여액으로 본 소득대체율은 21.7%에 불과하다. 국민연금에 40년 가입했다는 전제로 산출한 2028년 법정 소득대체율은 40%인데 실제 가입자들의 가입 기간은 40년보다 짧기 때문에 실질대체율은 이보다 낮은 30~35%로 추정된다.[23] 다만 우리나라의 경우 조세에 의해 충당되는 기초노령연금이 존재하여 소득 백분위

23. 퇴직연금은 2017년 가입률이 50.2%이고, 만 55세 이상 퇴직급여 대상자 중 일시금 선택이 2018년 97.9%에 달하여 사회안전망으로서의 기능이 제한적이다.

하위 70%에 속하는 노인에게 월 일정액을 지급하고 있다. 한편 공공부조는 최소한으로 유지하여 소득격차 해소의 일부는 공공사업투자에 의존하고 있다.

실업 보장을 위한 고용보험의 경우 실업자 수 대비 실업급여 수급자 비율[유사적용률(pseudo-coverage rate)]은 2007년 30.6%에서 2014년 38.4%로 높아졌지만, OECD 평균 수준(58.6%)에 비해 크게 미흡하다. 수급률이 낮은 이유는 고용보험의 적용과 가입의 사각지대가 크기 때문이다. 또한 수급자라 하더라도 소득대체율이 낮고 수령기간도 짧아 실업자에 대한 소득보장 안전망의 역할을 충실하게 하지 못한다. 우리나라의 실업급여 지급기준의 엄격성은 OECD 국가들 중에서 중간 정도이다(Venn, 2012 ; 장지연, 2018). 근로소득 대비 실업급여 수준으로 정의되는 순소득 대체율(net replacement rate ; NPR)[24]은 10%(실직 후 5년 평균)로 OECD 평균(28%, 2014)보다 낮고 실직 후 1년 평균(31%)이나 초기 대체율(60%) 역시 OECD 평균(53%, 64%)보다 모두 낮다. 실업급여 수준이 낮을 뿐만 아니라 기간(120~270일)도 매우 짧기 때문이다. 사회보험의 급여수준(소득대체율)이 낮아 빈곤문제 해결에도 한계가 있는 만큼, 연금수급 이후에도 빈곤상태에 놓여 공공부조에 의존해야만 하는 상황인 것이다.[25] 다만 실직 상태의 저소득층 등에게 최소한의 생활비를 지급하는 실업부조(국민취업지원제도)가 2021년에 도입되었다.

한편 OECD 국가와 비교할 때 우리나라는 장애인복지 예산, 소득보장, 고용보장 및 사회 서비스 정책 영역의 거의 모든 지표에서 최하위권의 국가로 나타나고 있다. 예를 들어 GDP 대비 장애 급여 및 상병급여 비율은 0.4%(OECD 평균 1.5%, 2019)로 튀르키예를 제외하곤 가장 낮다.

공적부조 · 사회복지 서비스의 발전 제한

한국의 공공부조와 사회 서비스를 통한 사회안전망 제도는 기능이 취약하여 다수가 삶의 기회를 적절히 보호받지 못하고 있다. 부족한 소득을 보전하기에는 규모가 작고 도움이 절실한 집단의 빈곤을 완화할 정도로 효율적이지도 않다. 예를 들어 복지 선진국들의 경우 실업급여의 소득대체율이 80%를 넘지만 한국은 1/4 이하 수준이다. 극빈층을 대상으로 한 공공부조의 규모는 과거보다 더 약화되어 현재 10분의 1 수준에 머무르고 있다. 가계가 정부로부터 받는 공적 이전소득은 가계소득의 약 4%로 OECD 평균(22%)에 크게 못 미쳐 공적이전에 따른 불평등 개선 효과도 매우 미미하다. 국민연금 등 보험가입 여력이 없는데도 공공부조에서도 제외된 준극빈층 또는 차상위계층의 비율은 전체 인구의 10% 수준에 달한다. 이들은 노동시장에서 빈곤 근로자로 활동하는 저임금 근로자나 영세자영업 계층으로 노동시장이나 기초생활보장제도의 공공적 보호 모두로부터 제대로 보호받지 못하고 있다. 노동시장에서 한계적 상황에 놓여 있는 집단들이 사회보험뿐만 아니라 공적부조로부터도 제외되어 숙련이나 생산성 향상을 위한 준비보다는 당장의 생존을 위해 노동시장으로 내몰리고 있다.

한편 우리나라는 사회 서비스를 공급하는 일자리에서도 뒤지고 있다. 보건 및 사회복지 서비스업 취업자 비중은 7.1%로 2000년 2.0%에서 꾸준히 증가하고 있으나 OECD 회원국 평균(11.3%)보다 낮다. 한국

24. 순소득 대체율(NPR)은 실업 전 순소득 대비 실직 후 순소득 비율이다. 계산은 현금소득(고용주가 부담하는 피고용인 건강보험 및 연금보험 비용과 현물 이전은 제외)과 근로자가 지급하는 소득세 및 사회보장 의무 분담금을 고려한다. 실업급여에는 실업보험과 실업부조가 포함된다.

25. 이는 일본의 상황과도 매우 유사하다. 일본의 생활보호제도 수급자 중 65세 이상 노인의 약 절반이 공적연금을 수급하고 있다. 내각부(内閣府, 2014), 『고령사회백서(高齢社会白書)』, 제2장 고령자의 경제상황 참조.

은 자유주의 국가보다도 사회복지 서비스 일자리의 비중이 매우 낮다. 한편 우리나라의 교육 서비스업 취업자 비중(2016) 역시 7.1%로 OECD 평균(7.7%)보다 낮다. 2009년 7.8%까지 상승하다가 2010년 7.5%로 소폭 둔화하면서 최근에는 7.0~7.1%에서 움직이고 있다. 또한 공공행정 및 사회보장 행정 서비스업 취업자 비중(2016)을 보면 우리나라는 3.8%로 2000년 이후 3%대 중후반에서 횡보하고 있으며, OECD 평균(6.0%)보다 낮아 일본(3.7%)과 함께 가장 낮은 국가군에 속한다.

제도의 지속가능성에 대한 의문

우리나라의 복지지출은 OECD 국가들에 비해 빠르게 증가하고 있으며, 인구 고령화와 저출산으로 사회보장제도의 재정적 지속가능성에 대한 우려와 논쟁이 끊이지 않고 있고 이에 대응한 연금개혁안에 대해 학계나 정당의 합의도 요원한 상태이다. 우리나라에서도 사회보장위원회는 사회보장제도의 안정적 운용과 사회보장재정의 지속가능성을 위한 방향을 제시하기 위해 재정추계를 하고 있다.[26] 이하에서는 공식추계에서 과대 추정되는 사망률과 과소 추정되는 출산율을 개선한 박유성 · 류재린 · 김균(2018)에 따라 사회보장제도의 재정적 지속가능성을 소개한다.

첫째, 사회복지지출은 인구구조 변화에 크게 의존하는데 중위적 인구추계에 따르면 생산가능인구는 2017년부터 꾸준히 감소하는 반면, 65세 이상 인구는 1차 및 2차 베이비부머들이 65세에 이르는 시점인 2026년과 2034년에 급증하고 그 증가세가 2050년까지 이어진 뒤 2063년부터는 하락 반전하여 2069년부터 본격 감소하고 이때부터 노인 관련 복지지출이 서서히 줄어들기 시작한다. 한편 15세 미만 인구, 생산가능인구, 65세 이상 인구 비율을 포함한 인구구조가 2069년부터 안정화되어 경제활동인구의 사회복지비용 부담이 증가하지 않게 되고 사회보장제도의 안정적 운영이 어렵지 않게 된다.

둘째, 향후 사회복지지출에서 가장 큰 비중을 차지할 항목은 국민연금과 건강보험(그리고 공무원연금)으로 나타나므로 이들의 지속가능성을 높이는 것이 긴요하다. 사회복지지출에서 고령화와 관련성이 작고 그 수혜자 수가 감소하는 고용보험, 산재보험, 기초생활보장, 의료급여, 유아보육이 차지하는 비중은 점차 감소한다. 국민연금의 지출액은 2069년까지 빠르게 증가하다 이후 증가세가 완만해지며, 건강보험 지출은 2069년부터 일정한 수준을 유지한다. 한편 국민연금은 그 적립금이 2053년에 소진되고 이후 적자폭이 빠르게 증가하다가 2069년부터 그 증가세가 둔화된다. 건강보험은 2069년 이후로 재정적자가 더 이상 늘어나지 않는다. 급속한 고령화로 2055년까지는 건강보험 지출액이 사회지출 중 가장 큰 비중을 차지하고 2056년 이후에는 국민연금 지출액이 가장 높게 나타난다.

셋째, 연기금은 장기요양보험(2018), 건강보험(2019), 사학연금(2034), 국민연금(2053) 순으로 적립금이 소진될 것으로 추계되는데 적립금이 소진된 이후 발생하는 재정적자는 정부부담금에 편입되어 중앙정부 총지출의 일부로 방어된다. 이는 결국 조세부담으로 귀착되는 것이다. 우리나라의 경우 중앙정부총지출 대비 총정부부담금 비중은 2020년 15.6%에서 국민연금 적립금 소진(2053년)을 계기로 31%로 증가한 후 2069년부터는 점차 그 비중이 감소한다. 이 같은 총정부부담금의 증가 추이는 사회보장을 위한 조세부담률이 필연적으로 증가할 것임을 시사한다.[27] 우리나라의 GDP 대비 사회복지지출(SOCX) 비중이 증가하여 2037년

---

26. 사회보장위원회의 사회보험 및 기초연금의 추계는 각 소관부처의 추계결과를 원용하며, 기초연금을 제외한 일반재정 지출부문에 대한 추계만을 독자적으로 수행한다. 사회보험 중 가장 규모가 큰 국민연금의 경우 국민연금재정추계위원회를 중심으로 이루어진다.

27. '총정부부담금'은 '정부부담금'과 '정부보전금'의 합계이다. 정부부담금에는 공공부조와 사회 서비스 제공에 필요한 일반재정 지출액과

15%를 넘어서고 2069년 18.1%까지 상승한 후 65세 인구의 감소를 따라 함께 서서히 감소한다. OECD 평균 GDP 대비 SOCX 비중이 2009년 이후 21%를 상회하는 수준임을 감안하면(OECD, 2016) 18%의 수준은 한국사회가 경제규모 면에서 충분히 감내할 수 있는 수준으로 판단된다. 다만 2053년에 발생이 예상되는 국민연금 기금의 소진과 그로 인한 조세부담율 급등에 따른 충격은 단기에 집중되므로 이를 완화할 필요성이 크다. 특히 2069년 이후에는 65세 이상 인구가 본격 감소하여 국민연금 지출 증가속도가 크게 낮아지고 건강보험지출도 늘지 않는다는 점을 감안하여 국민연금 소진시기를 2069년 이후로 연장할 필요가 있고, 인구정책과 사회보험 제도개선을 통해 소진 시기의 재정적자 규모를 낮출 필요가 있다.

2.2 새로운 사회위험의 확장과 대응

한국 역시 선진국과 마찬가지로 재해, 실업 등 구 사회위험이 커지는 가운데 세계화와 기술혁신 그리고 가족구조 변화에 따른 새로운 사회위험을 동시에 경험하고 있다. 이에 따라 과거에 양립하기 어려웠던 고용과 빈곤이 병존하며, 불안정 고용과 근로 빈곤층이 양산되고 있다. 이 점에서 현재 한국 사회정책의 최대 당면 과제는 '전통적 복지(old welfare)'와 '새로운 복지(new welfare)'를 동시에 달성해야 하는 것이라고 할 수 있다.

(1) 새로운 사회위험

노동시장 유연화와 비정형 근로의 확대

OECD 국가들과 비교할 때 우리나라에서는 상용 근로자에 대한 해고는 규제되고 있으나 임시직 고용의 유연성은 비교적 높다. 더불어 실직 시 재취업이 보장되거나 소득 수준을 안정적으로 유지할 수 있는 고용 및 소득의 안정성은 상당히 낮다.

우리나라도 세계화와 숙련 편향적 기술혁신의 여파로 작업 속성이 변화되며, 비정형적 근로형태가 크게 늘고 있다. 아울러 기업들은 노동유연성 확보와 임금비용 절감을 위하여 정규직보다는 비정규직의 활용을 선호하고 있다. 특히 상위직에서는 비정규직과 정규직 모두 늘어나고 있지만 하위직 및 중간직에서는 비정규직이 증가하고 정규직은 감소하고 있으며, 이 과정에서 공통적으로 불안정한 일자리가 확대되고 있다. 임시직 비중은 OECD 국가들(11.2%)의 두 배에 가까운 20.6%로 높은 수준이며, 비자발적으로 시간제 일자리를 선택한 근로자의 비중은 다른 국가에 비해 높다.

양극화와 중산층 약화 일하는 방식과 근로형태 변화는 빈곤과 소득 불평등의 심화, 특히 소득양극화 또는 중산층 몰락(disappearance of middle class)으로 이어지고 있다. 즉, 노동시장이 안정적이고 고소득인 대기업 · 정규직(제1차 노동시장, 전체 임금 근로자의 11%, 2017년 8월) 및 공공부문과 지위가 불안하고 소득이 낮은 중소기업 · 비정규직(제2차 노동시장, 전체 임금 근로자의 약 89%)으로 분단되고 이동 가능성이 제약되면서 노동

사회보험에 투입되는 재정지원이 포함되며, 정부보전금은 사회보험들이 적립된 기금과 수입을 통해 급여를 충당하지 못해 생기는 적자를 보전하는 투입금을 말한다. 공무원연금, 사학연금, 고용보험은 정부보전금이 법령으로 의무화되어 있으나 국민연금, 건강보험, 장기요양보험, 산재보험은 의무가 아니다. 다만 후자의 경우 법령에 국가가 재정지원을 할 수 있다는 조항이 있거나 국가가 해당 제도들이 안정적 · 지속적으로 운영되는 데 필요한 정책을 시행할 책무를 지니고 있다.

시장의 양극화가 나타나고 있는 것이다. 2017년만 보더라도 현재 제1차 노동시장 근로자는 제2차 노동시장 근로자에 비해 월평균임금이 약 1.8배, 평균 근속연수 2.3배, 국민연금, 퇴직급여, 상여금 수혜율이 1.4배 이상이었다. 반면 제2차 노동시장은 이직율과 해고율이 제1차 노동시장보다 높아 고용 안정성이 낮다.

경제성장과 더불어 꾸준히 개선되던 양극화 추세는 1990년대 중반부터 반전된 뒤 외환위기의 충격으로 급격히 악화된 후 개선되지 못하고 있다. 산업화에 힘입어 형성된 중산층은 사무직 중간관리층이 다수를 차지함에 따라 기술혁신과 글로벌화로 말미암은 고용 유연화의 주요 대상층이 되어 왔다. 결과적으로 중산층은 안정된 직장과 안정된 소득 확보에 어려움을 겪고 있다.

그림 15-4 중산층 약화의 메커니즘

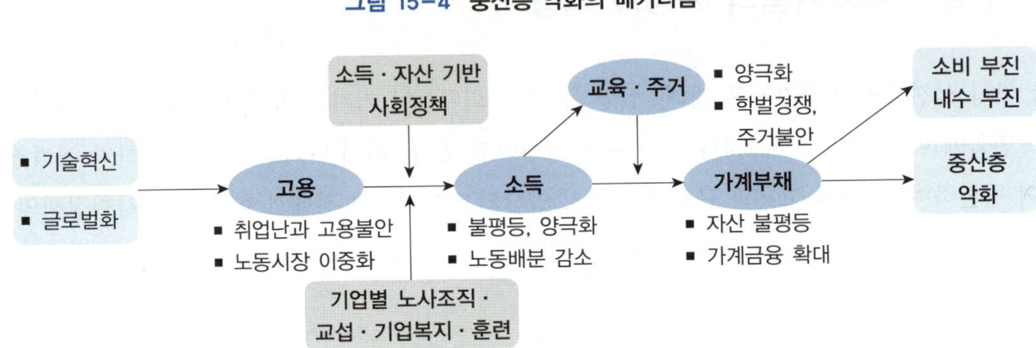

노동시장 양극화는 기술혁신과 글로벌화에 따른 경쟁 심화에 대한 대응으로 수출 대기업들이 핵심업무를 국내에 남기고 해외이전과 외주화를 확대한 결과이자 대기업과 중소기업 간의 생산성 격차에서 비롯하기도 하지만, 생산비용 절감의 부담이 대기업 우위의 원 · 하청 관계하에서 교섭력이 취약한 중소기업에 전가된 결과이기도 하다. 더욱이 노동조합은 그 조직률이 14.2%(2019)로 미국(9.9%), 프랑스(10.8%, 2016)와 더불어 다른 선진국들(독일 16.3%, 영국 23.5%, 덴마크 67.0%)에 비해 매우 낮고 대기업과 공공부문을 중심으로[28] 기업단위로 단체교섭이 이루어져 근로조건의 격차를 완화하기보다는 오히려 확대시키는 요인으로 작용하고 있다.

청년층 위기 우리나라에서 청년(15~29세) 인구가 1990년대 초반부터 감소하고 있지만, 오히려 실업률은 상승하는 추세여서 한국의 청년실업률(15~24살, 2010~2020년 평균 10.1%)은 전체 실업률(3.6%)의 2.82배로 OECD(2.08배)를 크게 넘어서고 있다. 고용보험에 가입할 기회 자체가 없었던 청년층에게는 거의 아무런 사회보장 체계가 없는 상황이다. 질병이나 사고로 인하여 노동할 수 없는 기간 동안 소득을 지원하는 제도도 마련되어 있지 않아서 이것도 빈곤으로 빠지는 경로가 되고 있다. 특히 높은 청년실업은 청년들이 업무를 통해 숙련을 쌓을 기회를 감소시켜 인적 자본의 축적을 훼손하고, 자신의 적성과 전공을 활용할 가능성을 낮추어 노동인력의 효율적 배치를 어렵게 하고 있다.

여성 고용률 역시 꾸준히 상승하면서 전체 고용률 상승에 기여하여 왔으나 2020년 56.7%로 OECD 평균(58.9%)에 비해 여전히 낮게 유지되고 있다. 더욱이 여성 고용 내용을 보면 비정규직 형태의 고용 비중과

---

28. 2020년 노조 조직률은 민간 11.3%, 공공 69.3%,공무원 88.5%, 교원 16.8%이며, 사업장 규모별로 근로자 300명 이상 사업장이 49.2%, 100~299명 10.6%, 30~99명 2.9%, 30명 미만 0.2%로 나타났다[고용노동부(2021), 2020년 전국노동조합 조직현황].

취업시간이 짧은 시간제 고용비중이 높아 근로시간이 짧고 월평균 임금도 낮아 임금 및 고용 안정성이 떨어지는 불완전 고용이 차지하는 비중이 높다. 그만큼 여성 가구주 가구는 남성 가구주 가구에 비해 빈곤에 처할 위험이 높을 수밖에 없다. 한편 비정규직은 고졸 이하 학력이 72.9%이며, 직업은 서비스직과 판매직, 단순노무직에 종사하고 있는 것으로 나타난다.

인구구조 변화 : 고령화와 노인빈곤

우리나라는 1990년대 이후 고령화가 급진전되며, 고령 실업과 빈곤 문제가 점차 커져가고 있다. 지난 2000년에 이미 65세 이상 고령인구가 총인구의 7%를 넘어 고령화 사회(aging society)에 진입하였고, 2018년에는 14%를 넘어 고령사회(aged society)로 진입하였다. 이는 선진국에서 짧게는 24년(일본), 길게는 115년(프랑스)이 걸렸던 고령화 사회에서 고령사회로의 진입속도가 한국에서는 18년에 불과하며, 고령사회에서 노령인구 비율이 20%를 넘는 초고령사회로 진입하는 데 소요되는 시간은 7년이 될 것으로 전망된다. 15~64세 생산연령인구 100명이 부양해야 하는 65세 이상 고령인구의 수로 정의되는 노년부양비는 2019년 21.6로 OECD 평균(29.8)을 밑돌고 있지만 50년 후에는 100.4로 급증하여 OECD 국가 중 최초로 100을 넘게 되는 사례가 되며, 가장 높은 수준의 노년부양비를 가진 사회로 변화할 것으로 전망된다. 한편 아동인구 비중은 계속 감소하고 있다. 고령화는 노인과 장애인 등 돌봄 서비스 대상을 증가시킨다. 특히 노인은 질환과 장애의 발생율이 높아서 의료보장과 장애인 지원의 필요성을 증가시킨다.

한국의 경우 노인빈곤이 특히 심각하며, 매년 그 상황이 악화되고 있다. 근로연령층 18~65세의 빈곤율은 OECD 평균과 큰 차이가 없지만, 40세 이후부터의 상대빈곤율은 OECD 평균을 넘어서기 시작하여 은퇴시점이 집중된 51~65세의 빈곤율은 OECD 평균을 크게 상회한다. 65세를 넘는 고령자 가구의 빈곤율은 무려 43.4%(가처분소득, 시장소득 59.9%)를 웃돌아 OECD 국가 평균 15.2%(69.5%)의 3배 수준이다. 다행히 아동빈곤율(17세 미만의 아동 중 중위소득 50% 미만 가정 아동의 비율)은 2015년 7%로 2012~2015년간 OECD 국가의 아동빈곤율 13%보다 크게 낮아졌다(OECD, Tackling Child Poverty in Korea). 장애인 빈곤율은 40.4%(가처분소득, 시장소득 51.8%)로 전 국민 기준 상대빈곤율보다는 2배 이상 높다.

가족구조의 변화와 대응

1975년 이래 한국 사회에서는 가족 규모가 축소되고 세대 구성이 단순화되며, 직계가족이 감소하고 핵가족이 증가하는 한편 정형적인 가족구조가 쇠퇴하고 비정형 가족(atypical family)이 증가하고 있다. 결과적으로 가족의 사회구성원 충원 기능은 물론 가족 돌봄 기능이 약화되고 있다. 비정형 가구의 하나인 1인 가구는 1975년 4.2%에서 2020년 31.7%로 급증한 반면 2세대 가구는 70%에서 44.0%로 감소하였다.[29] 이는 젊은 연령층에서 미혼율이 증가하고 노년층에서 노인 1인 가구가 늘어난 결과이다. 1인 가구 비중은 2047년 37.3%로 높아져 북유럽 수준에 근접할 것으로 전망되는 만큼 가족 기능을 지역사회와 국가가 담당해야 할 상황이다. 한편 가족의 해체와 불안정성을 나타내는 조이혼율과 이혼 건수는 2003년 정점(3.4%)을 보인 후 계속 감소하고 있지만 2020년 2.1%로 아직 1990년대 수준을 크게 상회하고 있다.[30] 30대의 미혼율은

29. 2017년 우리나라의 1인 가구는 전체 가구 중 약 28.5%로 비슷한 시기의 OECD 평균 30.9%보다 아직 낮다. OECD 국가 중에는 노르웨이(47.5%), 덴마크(43.5%), 핀란드(41.7%) 등 주로 북유럽에 위치한 국가에서 1인 가구 비율이 높다.

30. 다만 2014년 10.5%까지 높아졌던 한부모 가구 비율도 2019년에 1990년대 수준인 7.3%까지 낮아져 OECD 평균(9.1%, 2000년대 초)보

1990년 6.8%에서 2020년 42.5%로 급증하였다.

여성의 노동시장 참여율은 다른 OECD 국가들에 비해 낮은 편이지만 1970년 39.3%, 1980년 42.8%, 1990년 49.9%, 2000년 52.1%, 2020년 59.1%로 증가 추세에 있다. 또한 이에 따라 맞벌이 가구 비중은 1990년 27.4%에서 2000년 35.4%, 2020년 45.4%까지 높아졌다. 결과적으로 돌봄의 사회화가 이루어지지 않고 있어 여성이 취업한다고 해도 비정규직에 종사하는 경우가 많고 구한 일도 출산 후 그만두는 경향이 많아 직장과 가정 양립의 어려움을 겪고 있다. 또한 여성이 담당해 왔던 가족 돌봄 기능이 빠르게 약화되고 있다.

그림 15-5 부양비의 구조와 국제 비교

(a) 총부양비, 유소년 부양비 및 노년 부양비

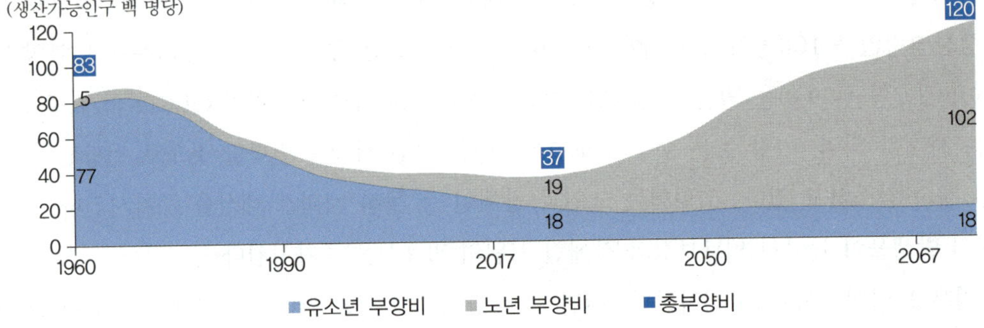

(b) OECD 국가의 총부양비 비교, 2015, 2065년

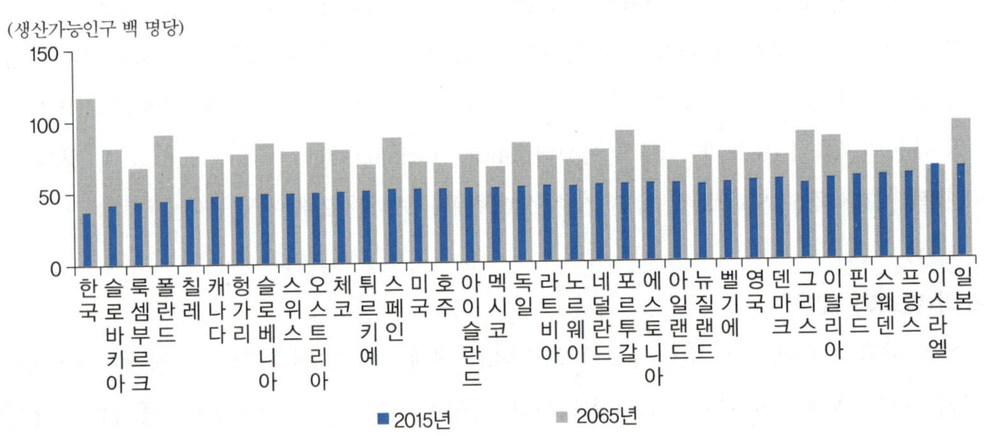

주 : 한국은 2017년 추계치이며 다른 국가들은 2015년 추계치
자료 : UN(2017), 「World Population Prospects : The 2017 Revision」; 통계청(2019), 「장래인구특별추계 : 2017-2067년」

수명 연장으로 노인인구는 급증하고 있으나 노인 부양이 더 이상 가족이 해결할 책임이 아니라 사회책임이라는 인식 또한 확대되고 있다. 2002년과 2018년 노부모 부양책임에 대한 태도를 비교해 보면 노부모 돌봄이 가족책임이라는 견해는 70.7%에서 26.7%로 급감한 반면 가족과 정부 · 사회의 공동책임이라는 견해가 18.2%에서 48.3%로 크게 증가하였다. 실제로 노부부만 따로 사는 노인 단독가구의 비율이 1998년

다는 낮은 상황이다.

43.1%에서 2018년 70.4%로 급증하였다. 이러한 변화는 아들, 특히 장남이 노부모를 모시는 직계가족 유형의 급감과 병행되었다.

사회보장의 계층화 : 지위 차별화와 이중화

우리나라에서는 사회보장 적용률이 낮으며, 사회보장의 보편주의가 제대로 실현되지 않고 있다. 소득보장제도에서 노동시장 지위에 따른 복지 보상의 차이가 큰[지위 차별화(status segmentation)로 인한 계층화 효과] 동시에 소득보장의 혜택을 전혀 받지 못하는 사각지대[이중화(dualism)로 인한 계층화 효과]도 광범위하다. 이에 따라 핵심·정규직 노동자에게는 관대한 급여, 주변부·비정규직에게는 최소의 급여, 정규노동시장 진입이 어려운 노동자에게는 (있다 해도) 빈약한 공적부조(Ferrera, 2010)가 지급되는 남유럽형의 사회보장제도가 나타나고 있다. 외환위기 이후 전 국민 국민연금 달성과 고용보험의 전 사업장 확대에도 불구하고 사회보험 적용인구가 경제활동인구에서 차지하는 비중은 여전히 낮다. 전체 인구의 약 3.7%에 달하는 비수급 빈곤층과 약 86만 명에 이르는 빈곤위험층이(이현주 외, 2004) 여전히 빈곤위험에 노출되어 있고 전 국민의 40.5%가 국민연금에 가입하지 못하고 있다.

지위 차별화 우리나라는 정부 일반회계나 사회보장 조세보다는 일자리와 가입자의 기여에 연계된 보험료로 기여하고 그에 상응하여 수급권이 성립하는 (사회)보험 중심의 복지제도를 운영하고 있다. 산업화에 필요한 핵심 생산층 보호를 우선하고, 보험료는 일자리와 가입자의 기여에 연계되어 국가의 재정적 부담이 상대적으로 적다. 그러나 이러한 고용연계 복지제도로 노동시장의 구조적 특성이 복지제도의 특성으로 그대로 이어지고 있다. 즉, 노동시장 지위에 따른 사회복지의 차이가 크게 나타나고, 노동시장의 내부자와 외부자 간의 분단 현상이 사회보장의 내부자와 외부자 간의 복지 분리 또는 이중화 현상으로 연결되며, 전체적 보장 수준을 크게 낮추고 있다.

이중화 노동시장 지위에 따른 차별화와 더불어 민간보험과 기업복지의 적용을 받는 중산층과 공공부조의 적용을 받은 빈곤층으로 인구가 분리되는 '이중화'라는 계층화도 동시에 발생하고 있다.

사각지대 조세를 기반으로 하는 사회보장제도의 규모가 작아 사회보장제도는 광범위한 사각지대를 가지고 있다.[31] 또한 사회보험의 혜택을 받지 못하고 있고 그렇다고 공공부조의 급여를 받을 수도 없는 사각

표 15-8 **고용형태별 사회보험 적용률**(2021년 8월) (단위 : %)

	국민연금			건강보험					고용보험		
	미가입	직장 가입자	지역 가입자	미가입	직장 가입자	지역 가입자	의료 수급권자	직장가입 피부양자	미가입	가입	비대상
임금노동자	23.8	69.4	6.8	0.8	77.0	11.5	0.7	10.0	23.0	69.7	7.2
정규직	5.2	94.1	0.7	0.0	98.8	0.7	0.1	0.3	3.5	84.4	12.1
비정규직	48.4	36.7	14.9	1.9	48.0	25.9	1.5	22.7	48.8	50.3	0.9
임시근로	49.8	34.6	15.6	2.0	45.3	27.3	1.6	23.8	50.9	48.3	0.8

자료 : 김유선(2021. 8), 「비정규직 규모와 실태」, 한국노동사회연구소

31. 우리나라는 사회보장 중 사회보험의 비중이 커서 2014년 기준 공공부문지출이 총 사회복지지출 중 80.7%이며, 이 중 61.2%가 사회보험, 사회 서비스는 18.1%이다.

지대도 현저하다. 우리나라에는 법적으로 가입이 제외되어 있는 (적용의) 제도적 사각지대와 법적으로 보장되어 있으나 실제로는 가입되지 않은 실제 사각지대가 항상 존재해 왔다. 제도적 사각지대의 경우 사회보험 특성상 고용 안정성이 낮은 집단 중 다수가 법적으로 적용에서 제외되는 것이며, 실제 사각지대의 경우 고용주나 근로자의 인식 부족과 보험료 부담 때문에 사각지대로 남아 있는 것이다. '비정규직'으로 통칭되는 유연화된 고용형태의 확대는 제2차 노동시장에 속하고 소득단절 위험이 높은 사람들의 사회보험 미가입을 계속 야기하고 있다.

기술 실업과 긱 경제의 확산은 사회보험에서 고용주 책임을 모호하게 하며, 고용주의 기여 기반을 취약하게 만들고 있다. 기존의 사회보험은 정규직 고용에 기반한 것으로 실업과 은퇴에 따른 개인의 위험을 집단적으로 대처한 것이다. 이로 말미암아 새로운 고용형태의 확산을 따라 기존 사회보험체계의 사각지대가 계속 확대하고 있다. 근로형태별 국민연금 가입률 추이를 보면 전체 가입률이 증가하지만 비정형 근로자 가입률은 오히려 낮아지고 있다(한국노동연구원, 2016, p.41). 고용보험은 전체적으로 가입률이 높아지고 있지만 특수형태 근로자는 예외이다.

(2) 대응 : 적극적 사회정책

기존 사회보장제도에서 배제되어 온 근로연령층과 새로운 형태로 고용되는 근로자를 포괄할 수 있도록 사회복지제도의 재편이 요구된다. 청년, 실업자, 저숙련자, 여성, 비정규직을 대상으로 교육, 직업훈련이나 재훈련이 필요하다. 동시에 일가족 양립을 가능하게 하는 돌봄의 사회화가 요구된다. 그와 함께 서비스 공급 중 공공의 역할을 높여 서비스 공급의 시장 의존성을 낮추어 서비스 공급의 안정성을 확보하여야 한다.

생산적 복지 및 사회투자와 적극적 노동시장 정책

1990년대 중반 고용보험제도 도입과 더불어 고용 가능성을 유지 또는 제고하는 고용 서비스, 직업훈련, 고용장려금, 고용보조금 및 자활사업, 일자리 창출, 창업 인센티브를 포함한 적극적 노동시장 정책이 제도화되었다. 하지만 우리나라에서 적극적 노동시장 정책은 오랫동안 교육 · 훈련을 통한 취업능력의 향상보다는 취업으로의 조속한 복귀 또는 근로연계 복지에 머무르고 있다. 취약계층 지원을 위해 오랫동안 활용되어 왔던 직접 일자리 사업은 청년보다는 노인이나 취약계층을 중심으로 적극적 노동시장 정책에서 가장 큰 비중을 차지해 왔다. 이에 따라 취약계층의 노동능력과 취업 가능성을 높여 노동생산성을 높임으로써 복지수요를 줄여나가는 효과를 충분히 얻지 못하고 있다. 특히 고령층과 여성의 (재)취업, 장애인의 이동성 제고와 취업 촉진도 부족하다.

한편 외환위기 직후 근로연계 복지 또는 '생산적 복지(workfare)'가 천명되며, 복지수혜자가 노동 참여를 통해 자조하도록 하였다. 국민기초생활보장제도는 근로능력이 있는 수급자에게도 생계급여를 제공하는 대신 자활사업 참여를 조건으로 내세웠다. 노무현 정부에서는 '사회투자 정책'이 제시되어 '미래에 양질의 노동력을 확보할 수 있는 아동에 대한 적극적인 투자'와 '돌봄 사회화'를 통한 여성의 노동시장 참여를 촉진하는 노력이 전개되었다. 이를 배경으로 근로와 연계된 근로장려금을 지급하였다. 한편 국가역량표준(NCS) 제도의 발전으로 산업현장의 다양한 직업과 필요숙련 정보가 제공되고 있고 NCS를 기반으로 한 국가기술자격제도의 역할이 강화되고 있다. 또한 '국민내일배움카드'는 평생학습 시스템의 하나로 자리 잡아 숙련의 권리가 확장되고 숙련의 이전 가능성을 높이고 있다.

일-가정 양립 정책과 돌봄의 사회화

우리나라에서도 새로운 사회위험, 특히 출산율 저하와 고령화 심화에 대응하여 1990년대부터 일-가정 양립 정책을 실시해 왔다. 일-가정 양립 정책은 크게 부모휴가(출산휴가, 육아휴직), 유연근무제, 돌봄 지원정책으로 구분된다. 1980년대 이후 핵가족이 확산되고 여성들의 학력과 경제활동 참여가 높아짐에 따라 맞벌이 가정과 돌봄부재 문제가 커져갔고 출산율은 인구대체율 이하로 떨어져 저출산 사회에 진입하였다. 이에 따라 1990년대 중반까지 영유아보육법과 남녀고용평등법(남녀고용평등과 일-가정 양립 지원에 관한 법률), 노인복지법이 제정되어 보육과 출산 · 육아, 노인 돌봄이 국가 책임으로 부분적으로 옮겨지기 시작하였다. 남녀고용평등법은 근로자의 일-가정 양립에 대한 지원을 국가의 책무로 규정하였다. 그러나 돌봄은 여전히 가족(여성)에 대한 의존도가 컸다.

1990년대 후반에 보육사업 발전계획이 세워지고 모성보호 관련 법이 함께 개정되어 고용보험제도에 출산휴가 및 육아휴직의 유급화가 도입되었으며, 노인 돌봄정책도 활성화되었다. 2000년대에 노인 돌봄과 노인빈곤 완화를 위해 노인복지법과 고령자고용촉진법이 강화되고 연금제도의 개정이 이루어졌다. 2000년대 중반 이후에는 보육시설이 양적으로 확대하는 동시에 부모휴가제도의 유형들이 추가로 신설되었으며, 노인장기요양보험제도가 도입되어 노인 돌봄정책으로 자리 잡았다.

그러나 이러한 노력에도 불구하고 정책의 효과는 제한적이었다. 무엇보다도 남녀고용평등법은 일-가정 양립제도의 대상을 근로자로 한정하여 고용보험 대상자만을 지원하고 있다. 고용보험에 가입하지 않는 영세사업장의 자영업자나 일부 근로자와 용역 혹은 도급계약 형태로 고용된 특수고용직 근로자들은 배제되고 가입 대상이라 하더라도 여건상 사용 못하는 경우가 많다. 한편 돌봄 서비스 수요는 증가하고 있지만 아동 돌봄 분야를 제외하고는 공급이 미흡하거나 고가의 서비스로 접근성이 낮다. 한국에서는 전체 사회지출에서 사회 서비스가 차지하는 비중이 높지만, 사회지출 자체가 낮기 때문에 GDP 대비 사회 서비스 공급은 부족하다. 사회 서비스의 공급은 하루 8시간 노동을 전제로 하고 있어 시간제 근로와 같은 유연근무제나 저녁근무, 주말근무 등의 노동방식에 조응하지 못하며, 보육지원도 주중, 주간 제공으로 한정되어 주말 근무가 상대적으로 빈번한 저소득 취약계층의 욕구와 부합하지 못하고 있다.

사회 서비스에서 국가의 역할이 제한적인 만큼 의료, 교육, 주거 등을 중심으로 개별 가구의 부담이 과도하다. 예를 들어 한국 가계의 보건의료 지출의 GDP 대비 비율은 2.7%(2015년, OECD. stat, Health expenditure and financing)로 스웨덴(1.7%), 프랑스(0.8%), 독일(1.4%), 미국(1.9%) 등에 비해 높다. 주거, 의료, 교육의 박탈 위험은 기초적 소득보장만으로는 대응하기 어려우며, 관련 지출은 생존과 관련된 필수적인 생계비이다. 사회적 불안의 많은 부분은 필수재인 서비스 공급의 부족, 기초욕구 영역인 주거, 의료, 교육 부분의 가구 부담 과중에서 비롯된다. 최저임금을 비롯하여 소득보장제도들이 실효성을 갖기 위해서도 의료, 주거, 교육, 필수적 돌봄과 같은 기초욕구 영역에서 서비스가 보장되고 해당 영역의 가구지출 부담이 줄어야 한다.

우리나라의 경우 사회 서비스 공급의 시장 의존성이 지나치게 높다. 공공 공급은 민간 공급자의 행태를 관리하는 기반이 되기도 하는데 공급부족은 이를 어렵게 하고 있다. 서비스 공급자의 다수가 민간이며, 이들은 비영리적 성격과 사업의 수익성 사이에서 혼란을 경험하여 건전한 서비스 공급자로서의 위상을 지켜내기 어려운 환경이다. 의료공급체계의 90% 이상(병상 기준)을 영리 지향적 민간의료기관이 차지하며 보육과 장기요양 서비스도 유사한 상황에 놓여있다.

소극적 사회정책의 재편 : 사회보험과 공적부조

공적연금에서는 재정의 지속가능성과 제도의 보편성을 확보하고 사각지대를 해소하는 변화가 요구되고 있다. 새로운 사회위험은 소극적 사회정책을 보편화해야 할 당위성을 높이고 있다. 글로벌화와 기술혁신 속에서 심화되고 있는 고용형태의 다양화와 유연화 그리고 인구 및 가족구조 변화로 말미암아 새로운 사회위험에 노출된 계층이 나날이 확대되고 있으며, 기초소득 보장이나 돌봄 서비스에 대한 수요는 보편화되고 있다.

연금제도의 지속가능성을 영구히 확보하기 위해서는 국민연금에 혼재되어 있는 재분배에 의한 기초소득보장 기능과 소득에 비례한 노후소득 보장기능을 분리할 필요가 있다. 소득비례연금은 근로기간 중 축적한 연금자산에 한정하여 급부액이 결정되는 확정기여 방식으로 전환하되 특수직 연금과 통합하고, 기초소득은 자산 및 소득평가를 통해 최저생계비 부족분을 보충해주는 방향으로 전환하는 것이다(전병유 外, 2006). 기초소득 보장은 근로유인의 강화가 병행되어야 하지만 현재의 지나치게 낮은 복지급여로는 빈곤을 벗어나기 어려운 만큼 보장성 확보에 충실할 필요가 있다. 한편 소득비례 공적연금은 현재 특수직을 제외하고 있으며, 새로이 등장하는 여타 고용형태도 충분히 수용하지 못하고 있다. 특수직 연금과의 통합성을 높이는 한편, 새로운 고용형태를 가입 대상으로 적용범위를 확대하는 동시에 사회보험 가입과 보험료 납부 동기를 강화하고 기여에 비례하는 급여구조를 갖추어야 한다.

2.3 한국 사회복지 레짐의 특징

표 15-9 사회위험 영역별 한국 사회복지 레짐의 특징

구분	한국 복지레짐의 특징
〈생산 보호〉 ▪ 고용보호 – 단체협상 – 노동법 규제	낮은 노동 참가율, 높은 자영자 · 비정규직 비율 높은 내부자 보호와 주변부의 수량적 유연성 공존 – 기업별 정규직 노조 중심 – 고용보호 입법 엄격(고용재해 가입률이 제한적)
▪ 실업보호 ▪ 적극적 노동시장 정책	모든 임금 근로자가 대상이지만 지위에 따른 격차와 낮은 대체율 – 정규직의 실업위험만 보장(낮은 실질 가입률과 높은 비수급률) 모두에게 낮은 수준으로 지속적 고용을 뒷받침하기에는 역부족
〈재생산 – 돌봄〉	공공 돌봄보다는 가족(여성)의 책임에 크게 의존(가족주의) – 국가는 서비스 공급을 민간에 의존
〈소득보호〉 사회보험 – 자격 – 재원조달 사회부조	 전 국민이 대상이 되는 기여에 따른 보험으로 실질가입률이 낮음 – '지위 차별화'와 대규모의 복지 사각지대(이중의 계층화) – 보험료 잔여적(자산 · 욕구 조사)으로 불평등 완화효과는 제한적
연대의 방식	기업별 개인주의, 가족주의
정부의 역할	핵심 노동자 보호와 취약층 최소 보호

발전국가형 성격이 지속

한국의 사회정책은 경제성장을 가장 우선된 국가목표로 삼았던 발전국가 시기에 경제발전을 위한 도구로 마련되었다. 이후 사회정책은 경제발전을 위한 필요에 의해 발전해 왔으며, 지금까지도 발전국가형 복지체제가 지속되고 있다. 특히 민주화 이후에도 사회정책은 성장 우선주의와 노동 유인 장려 등 발전주의적 성격을 강하게 나타내고 있다. 사회정책이 노동 이중화와 소득의 양극화를 개선하고 역량발전에 기여하려면 발전주의적 복지체제를 넘어서는 새로운 패러다임이 필요한 것이다.

국가주도 사회복지정책이 결정되는 과정에서 노사나 시민사회의 목소리가 담길 수 있는 통로가 점차 확대되고 있지만 국가중심적 전통하에서 그리고 입법부의 과도한 위임으로 인해 행정부가 광범위한 권한을 행사하고 있으며, 노사와 시민사회가 배제되고 있다. 특히 경제부서를 중심으로 하향적으로 사회정책이 결정되고 있다. 경제부서인 만큼 사회정책은 경제성장에 최우선적 가치를 두는 발전주의적 사고에서 벗어나지 못하고 있고 재정 안정성의 원칙이 지속적으로 관철되고 있다.

오랫동안 사회복지제도의 도입은 주로 정부가 기획하였고 노사의 역할은 거의 없었다. 노조의 경우 노조 조직률이 낮고(2010년 9.8%), 사용자조직의 경우 대표성이 부족하여 사회보험제도 운영과정에 대한 책임 있는 참여나 실효성을 제고하는 데 주도적인 역할을 하기 어렵다. 정치민주화 이후 사회보험은 적용범위가 꾸준히 확대되어 왔지만 노사나 시민사회는 거의 개입하지 못하였다. 오히려 퇴직금 혜택도 받지 못하는 저임금 근로자들이 집중되어 있는 소규모 사업장이 적용 범위에서 제외되며, 사회보험은 역진적인 모습을 보였다. 노조 조직률이 낮은 가운데 기업별 단체협약 체결 관행으로 단체협약 적용률도 10% 수준을 넘지 않아 대기업 위주의 기업별 복지는 발전했지만, 중소기업과 비정규직은 기업복지제도의 사각지대에 놓여 있다. 즉, 노조는 기업별 노조체제하에서 기업복지를 확충하는 데 주력하고 보편적 복지제도의 도입이나 그 운영에 대한 관심이 적다. 1987년 이후 노조운동이 비약적으로 성장하였으나 경제적인 이해에 집중하면서 복지제도 확충 등 사회 개혁적인 요구는 주변화되어 왔다. 이는 복지제도 발전 과정에서 노동운동과 '노동자 정당'이 중심적인 역할을 한 유럽과 잘 대비된다. 외환위기 이후의 사회복지 보편화도 노사 참여 없이 정부주도로 이루어졌다.

복지제도의 도입뿐만 아니라 그 운영에서도 노동계나 사용자 단체의 개입과 역할이 크지 않다. 그만큼 노사단체는 모두 사회보험제도 운영 전반에 대한 이해도와 전문성이 낮은 편이고 복지제도의 실효성을 높이는 역할을 제대로 하지 못하고 있다. 이런 이유로 사회보험제도 설계 및 운영 개선과 관련하여 노사단체보다는 오히려 학계의 역할이 큰 상황이 계속되고 있다.

경제정책에 종속된 사회정책 오랫동안 우리나라 사회정책은 사회질서 유지(독일)나 사회정의 실현(북유럽)과 같은 독자적 목표나 정책 영역을 갖지 못했다. 경제성장이라는 경제정책 목표가 우선시되며, 사회정책은 주변화되었고 정부지출에서는 산업투자가 복지지출에 우선하였다. 사회복지지출도 사회 보호보다는 교육과 기초 건강 분야에 집중되어 왔다. 복지정책은 국가의 재정부담을 최소화하는 방향에서 시행되며, 국가는 주로 관리와 규제의 역할에 머물려 한다. 더 나아가 자본 동원이나 핵심 생산층과 지지층 안정을 목적으로 했던 국민연금 도입이나 교육정책과 노동정책에서 볼 수 있듯이 사회정책에 경제성장을 촉진 · 지원하는 수단적 역할이 부여되었다. 다만 외환위기 이후 사회정책이 독자적 영역을 갖게 되는 변화가 나타나고 있다.

핵심 생산층에의 집중과 생산주의적 복지 사회정책에서는 사회안전망보다 생산활동의 보호가 우선되고 있다[생산주의적 복지모형(productivist welfare model), Holliday, 2000]. 사회권은 모든 국민들을 대상으로 하는 보편주의를 갖기보다 공무원과 군인 등 특수직역을 대상으로 하거나 산업화에 필요한 생산적 부문으로 간주된 집단에 우선적 · 선별적으로 인정되었고 교육훈련이나 보건처럼 생산성 강화와 관련된 경우로 제한되었다. 즉, 경제성장에 직접적인 연관성을 갖는 사회정책만을 선별적으로 실행하였고 선별된 부문은 특혜적 지위를 누렸으며, 이로 말미암아 결국 사회정책이 계층화나 불평등을 완화하기보다는 오히려 강화하는 효과를 가지게 되었다.

사회복지제도는 생산주의적 색채를 띠어 시장과 자립이 강조되고 복지비용의 억제가 중시되었다. 공적부조에서는 근로 능력자에게 무상급여를 주는 것이 오히려 근로의욕을 저해할 수 있다는 우려가 크게 작용하고 있다. 외환위기 이후 국민기초생활보장제도를 통해 저소득층을 주 대상으로 하는 공공부조가 활성화되었지만 복지도 생산적일 수 있음을 강조하는 '노동을 통한 복지' 또는 '생산적 복지'를 제시하며, 근로능력이 있는 수급자의 경우 생계급여를 제공하는 대신 자활사업 참여를 조건으로 내세우고 있다. 뒤이어 도입된 저소득층 대상의 근로장려세제는 근로연계형 소득지원제도로 저소득층의 부족한 소득을 지원하되 근로장려금을 세금환급 형태로 지급해 근로유인을 제고하도록 하였다. 뒤이어 등장한 '사회투자국가'는 사람에 대한 (복지) 투자가 개인의 고용증대 및 노동생산성 향상을 통한 경제발전으로 이어질 것임이 제시되며, 미래를 위한 선제투자로 사회 서비스가 강조되었다.

생산주의 복지제도는 시장과 근로 · 자립을 강조하고 사회복지 비용의 억제와 건전재정을 강조한다(Rudra, 2007). 정부는 사회복지정책에서 적극적 역할을 꺼려 정부에 의한 보건이나 사회복지 서비스의 직접적 공급이 매우 제한적이며, 대부분이 민간을 통해 이루어진다. 또한 한국은 순사회지출이 총공공사회지출보다 더 높은 자유주의 체제와 유사하여 사회복지 서비스 제공에서 공공보다 시장이나 민간의 역할이 중요한 위치를 점하는 특성을 가진다(Rudra, 2007 ; 최영준, 2011). 더욱이 국민기초생활보장제도에서도 부양의무자 기준을 유지하여 확대가족 간의 사적 부양의무를 국가의 공적 부양책임보다 앞세운다(잔여주의).

국가 책임의 취약과 가족의 과잉부담 : 가족 책임주의

우리나라는 비록 사회보험을 구비하고 있지만 주택, 의료, 교육, 연금 등에 대한 책임과 비용에서 국가의 역할을 최소화하고 최대한 근로자 개인이나 가족에게 그 역할을 돌려 왔다. 결국 사회복지 지출에서 민간의 부담 비중이 매우 높으며, 그 대부분은 근로자 자신과 여성에게 떠맡겨져 왔다. 공공사회지출(Public Social Expenditure)과 복지급여에 대한 세금과 복지 관련 조세지출, 강제성을 보이는 법정민간복지지출과 자발적 민간복지지출을 모두 감안한 순사회지출(net social expenditure)을 기준으로 할 때 한국은 영미의 복지체계와 유사하게 순사회지출이 총공공사회지출보다 더 높은 구조를 가지며, 공공의 역할보다 민간의 역할이 중요하다.

노인가구의 소득원천 구성비에서 시장소득의 비중이 높고 국가부문의 비중은 매우 낮으며, 또한 이 두 부문을 합친 비중이 노인가구 총소득의 절반을 조금 넘고 나머지는 가족부문에 의해 보충되고 있다. 시장소득의 비중이 상대적으로 높지만 사회보장이전의 비중도 그만큼 높은 영미권 국가들과 달리 사회보장이전과 개인연금의 비중은 다른 나라에 비해 지극히 낮다. 한국을 제외한 나라들은 시장소득과 개인연금, 사회보장이전의 합이 모두 100%에 가까운 수치를 보이지만 한국은 이 세 가지 소득원천을 모두 합하여도 50%를 넘는 정도이다. 이는 한국 노인가구의 소득이 시장소득과 개인연금, 사회보장이전 이외의 소득원천에 상당 정도로 의존하고 있다는 것을 보여주는 것이며, 또한 사회보장의 발달수준이 아직 전반적으로 미미하다는 것을 나타내는 것이다. 부족분을 메꾸고 있는 것은 가족으로부터의 비공식적 소득이전이다. 가족의 역할이 큰 것은 자유주의 유형에 속하는 영미권의 특성이라기보다는 보수주의 유형 대륙유럽권과 남유럽권의 특징이다. 한국은 자녀와 동거하는 노인의 비중이 다른 나라에 비해 월등히 높으며, 여성의 주당 가사노동시간은 세계 전체적으로 보면 중간수준이다.

고용을 통한 소득 확보와 사회보장이 불가능한 집단(노인, 아동, 청소년, 미혼모, 장애인 등)에 대해 공적 서비스의 비중이 약하며, 자신과 가족에게 비공식 돌봄을 강제하고 있다. 국가는 가족에 의한 돌봄이 실패할 경우에만 개입한다. 국가의 역할이 필요할 경우에도 그 수준을 최소화하면서 나머지에 대해서는 자립을 통한 해결을 강조하고 있으며, 공적 수당 대신 금융지원이나 부조형 제도에 그쳐 왔다(Gough, 2001). 고령가계는 소득의 상당한 부분을 자녀에게 의존하여 한국은 44.3%에 달하고 대만은 53.2%이지만 미국과 덴마크는 거의 0% 수준이다(Peng, 2001).

개인과 가족의 과잉 복지부담과 복지의 고용에의 과잉의존은 다양한 부작용을 야기하고 있다. 기업별 노조체제 속에서 고용된 노동자들은 고용안정을 유지하고 임금과 기업복지에 과도하게 의존하는 전투적 투쟁을 지속해야만 하는 상황이 계속되고 있다. 개인에게 전가된 과도한 주거비, 교육비, 양육비는 만혼으로 이어지고 출산을 기피하는 중요한 요인으로 작용하고 있다. 또한 아동과 노인에 대한 사회적 돌봄이 충분히 제공되지 않음으로써 여성의 경제활동을 억제하고 있다. 주거비, 양육비, 교육비, 돌봄을 감당하기도 힘든 상황은 개별가구들이 복지확장을 위한 조세나 사회보장세 형태로 추가적 조세부담에 선뜻 동의하기 힘들게 하고 있다. 복지제도를 도입하고 복지지출을 확대하기에 앞서 해결해야 할 문제가 있다. 노동시장에서 발생하는 고용불안과 저임금을 최소화하고 가구 단위의 주거비와 교육비 등 생활물가를 통제하는 일이다.

복지공급 : 시장에 대한 의존이 과다

우리나라 사회복지에서 민간부문과 시장기구가 직간접적으로 큰 역할을 하고 있다. 즉, 사회보험의 포괄집단과 포괄범위가 제한적이어서 기업복지와 민간보험의 비중이 크고 가족과 민간 사회 서비스 기관을 중심으로 시장의 역할이 매우 크다. 예를 들어 2006년만 보더라도 생명보험의 보험료 수입액(66.4조 원)은 직접세 납부액(62.8조 원)보다 많았다. 한편 전체 의료기관의 약 10%만이 공공의료기관으로 이는 OECD에서 최저수준이며(보건복지부 2005), 대학의 14%만이 국공립대학이다. 보육 서비스나 장기요양과 같은 돌봄은 사회서비스보다는 가족 돌봄에 의존하며, 사회 서비스가 공급되는 경우에도 공공시설보다는 민간 (비)영리시설에 과도하게 의존하고 있다. 가족에 의존할 수 없는 개인들에 대한 보호(수용)제도나 사회 서비스 공급에서 국가는 공공책임을 최소화하고 가능한 모든 민간을 동원하였다. 이 과정에서 비영리 민간단체들의 (법적으로 허용되지 않는) 영리적 동기 및 행위에 대해서도 관용적 태도를 보여 왔다. 심지어 피수용자들의 노동 착취, 학대, 종교자유 침해 등에 대해서도 인권이나 시민권 훼손보다는 일상적 부작용으로 치부하는 일이 잦았다.

현재 한국에서 관찰되는 연대의 양식은 개인주의적 양식도, 보편주의적 양식도 아니며, 가족이나 친족 혹은 그것의 확대된 형태로서 연고망에 둔다는 점에서 보수주의적 양식을 가지고 있다. 시장은 가족이나 연고망에 기초를 둔 친족 중심적 계층화의 하나로 동원된 것이지, 시장 그 자체의 가치를 가진 것으로 존중된 것이 아니었다. 따라서 국가는 복지급부와 사회 서비스 공급을 기업과 민간기관에 크게 의존하지만 기업의 부가급부에서 민간의 (비)영리기관의 사회복지제도까지 중앙집권적 행정규제를 통해 지대한 영향력을 발휘하고 있다(White and Goodman, 1998).

중앙 · 지방 관계 : 지방자치의 확충과 견련성 원칙

사회복지 제도의 유형의 차이에도 불구하고 대부분의 국가에서 나타나고 있는 공통된 현상 중 하나는 복지제도 운영이 전국적으로 통일적으로 운영되지만, 동시에 지방자치를 강화해 가고 있다는 점이다. 이는 사회복지가 대부분 당사자의 수요를 현장에서 직접 그리고 적시에 반영해야 하는 대인(對人) 서비스이고 이용자와 서비스 품질에 대한 모니터링이 필요하기 때문이다. 우리나라 지방자치법에서도 주민복지 사업, 사회복지시설의 설치 · 운영, 노인 · 아동 · 장애자에 관한 사무는 지자체의 고유사무로 규정하고 있다. 그러나 아쉽게도 지방재정제도는 이를 뒷받침하는 재원조달 방안, 특히 중앙정부와 지방정부 간의 재원분담 기준이 마련돼 있지 않아 안정적인 사회 서비스 유지가 어렵다. 사회복지의 재원조달 문제의 근본적 원인은 1995년 지방자치제 시행 이후 중앙정부가 수행해 오던 복지사무를 중심으로 많은 국가사무가 대폭 지자체로 이양되었지만 그에 부합하는 재원이양은 이루어지지 않았다는 점에서 비롯한다. 중앙정부와 지방정부 간의 사회복지 재원조달 문제를 규율할 수 있는 원칙으로 독일의 견련성(牽聯性)[32] 원칙을 참고할 필요가 있다.

2.4 부문별 사회위험의 현황과 사회정책 현황

1) 안전 · 인권 · 시민권

안전 · 인권 · 시민권은 시장이나 가족이 제공하기 어려운 재화로 이들은 사회정책의 전제조건이다. 그러나 우리나라에서 시민권은 헌법상의 선언에도 불구하고 사회복지제도를 관통하는 보편적 원칙으로 충분히 구현되지 못하고 있다. 스스로 안정적 고용을 확보하기 어려운 집단들에 대해 그 책임과 부담을 가족에게 강제하며, 가족에 의존할 수 없는 사회집단들에 대해서는 국가 책임을 최소화하고 가능한 한 민간부문을 동원하려 노력하고 있다.

2) 생산 영역 : 근로기회의 보호를 위한 고용규제, 임금 · 근로규제, 실업대책

우리나라에서 고용보호 수준은 OECD 국가들보다 낮다. 무엇보다도 노동시장을 규율하는 제도들이 다양한 한계를 갖고 있다. 특히 정규직 여부에 따라 고용보호 수준이 크게 다르다. 정규직은 노동법, 기업 관행, 노사관계의 결과로 특히 대기업에서 높은 보호를 받는다. 경제적 이유로 인한 해고는 노동자와의 협의, 정리해고 회피 또는 최소화를 위한 조치의 이행, 해고해야 할 직원의 엄격한 선발 기준 같은 많은 절차적 장애가 존재하며, 엄격하게 규제된다. 모호하고 법정에서 입증하기 어려운 기준인 "긴급한 경영상의 이유"가 있어야 한다. 반면 비정규직은 계약 해지 후 쉽게 해고할 수 있다. 노동시장을 규율하는 기본적 제도인 "근로기준법"이 일부 조항을 제외하고는 5인 미만 사업체에는 핵심 조항이 적용되지 않고 있다. 휴업수당, 연차유급휴가, 연장근로에 대한 제한, 기간제 근로에 대한 제한, 집단해고 및 부당해고에 대한 제한 등이 대표적인 적용 제외 조항이다.

32. 이는 업무의 수행과 그에 대한 책임이 동일한 주체에게 귀속되어야 한다는 것이다. 즉, 국가가 지자체에게 위임한 사무가 지자체에 재정 부담을 야기하는 경우 국가가 비용을 분담해야 한다.

우리나라는 노동조합 조직률과 단체협약 적용률에서도 OECD 국가 중 가장 낮은 국가에 속하고 노동조합의 조직도 일부 산업에만 집중되어 있어서 노동조합이 노동시장에서 발생하는 문제를 완화하거나 견제하여 근로기회를 보호하고 노동자들 내부의 지나친 불평등을 완화하는 역할을 충분히 못하고 있다.

노동조합의 교섭력이 작용하는 일부 대기업이나 공공부문, 금융산업에서는 집단해고에 대한 규제가 지켜지고 있지만 비정규직에 대한 실질적 규제가 약하고 사내하도급과 같은 탈법적 간접고용이 남용되고 있다. 저임 노동을 규제하는 법정 최저임금 수준이 최근에 상승했지만 최저임금을 지키지 않는 비순응률이 매우 높다. 2016년 최저임금 미준수율은 13.6%(최저임금위원회)로 주요 선진국 중에서 가장 높으며, 이 중 10인 미만 사업체가 68.2%를 차지했다. 최저임금 대상 노동자 462만여 명이 시급 7,530원을 적용받아 한 달에 209시간을 일하면 157만 원을 받는다. 1인 가구 표준생계비(216만 원)의 73% 수준에 지나지 않는다.

근로능력이 있는 근로자의 경우, 일시적인 실업과 같은 위기상황에서 실업급여나 직접 일자리 사업을 통해 생활을 꾸려가고 동 기간 정부의 고용 서비스를 통해 다른 일자리로 옮겨가는 것이 고용 안전망의 핵심사항이다. 실업급여와 고용 서비스는 수당과 알선으로 구분되는데 수당은 고용노동부의 고용센터, 알선은 공공고용 서비스나 민간위탁기관이 전담하고 있다. 직업훈련은 직업훈련 제공기관이, 직접일자리 지원사업은 중앙정부의 각 부처나 지자체가 관련 사업을 담당하고 있다.

표 15-10 고용안전망 사업의 개요

<table>
<tr><th colspan="2" rowspan="2">구분</th><th rowspan="2">전달체계</th><th colspan="3">고용보험 가입이력이 있는 실업자</th><th rowspan="2">고용보험 가입 이력이 없는 실업자</th></tr>
<tr><th>구직급여 수급자</th><th>수급종료자</th><th>구직급여 미수급자</th></tr>
<tr><td rowspan="2">실업급여 · 고용 서비스</td><td>수당</td><td>고용센터</td><td>구직급여, 재취업 지원수당</td><td>–</td><td colspan="2">청년구직활동지원금, 취업성공패키지, 구직활동지원금</td></tr>
<tr><td>알선</td><td>공공고용 서비스(고용센터 등) 또는 민간위탁기관</td><td>알선 서비스 (신청자에 한함)</td><td colspan="3">취업성공 패키지</td></tr>
<tr><td colspan="2" rowspan="2">직업훈련</td><td rowspan="2">직업훈련제공기관</td><td colspan="3">전직 실업자의 능력개발지원</td><td>실업자 능력개발지원</td></tr>
<tr><td colspan="4">폴리텍대학 비학위 과정</td></tr>
<tr><td colspan="2">직접 일자리</td><td>사업수행기관(지자체 또는 중앙부처)</td><td>–</td><td colspan="3">직접 일자리 사업</td></tr>
</table>

자료 : 국회예산정책처(2019), "고용안전망 확충 사업 분석"

그러나 우리나라에서 소극적 노동시장 정책과 적극적 노동시장 정책은 사회적 보호와 고용 가능성 제고에 제대로 역할을 하지 못하고 있다. OECD 국가 중에서 실업자에 대한 소극적 노동시장 지출 수준은 매우 낮고 실업급여의 지급기간이 짧고 실업급여의 소득대체율은 매우 낮다.[33] 임금의 실질적 하한으로 작용하는 실업급여는 보호하는 실업자의 범위가 좁고 급여 수준도 낮다.

우리나라는 1995년 고용보험 도입과 더불어 평생 직업능력개발을 강조하는 직업훈련을 도입하며, 적극적 노동시장 정책을 수용하였다. 외환위기 이후 실업 대책으로 적극적 노동시장 정책을 본격적으로 고려하기 시작하였으며, 청년층과 중장년층을 대상으로 공공근로, 청년인턴 등의 고용창출 사업을 마련하였다. 그럼에도 한국의 적극적 노동시장 정책은 투입규모가 낮고 질적 한계를 가지고 있다. 취업 알선이나 훈련, 고용보

33. 한국의 실업 초기(1년 동안) 대체율은 50%(31%)로 OECD 평균 64%(53%)보다 낮다. 실직 후 5년 평균은 10%로 OECD 평균 28%의 3분의 1 수준이다(OECD, Employment Outlook 2018).

조금, 일자리 창출 등 다양한 적극적 노동시장 정책도 현재 그 지출규모가 GDP에서 차지하는 비율은 매우 낮다. 노인 일자리, 취약계층 일자리, 공공업무 지원 등 직접 일자리 사업이 적극적 노동시장 정책의 가장 큰 범주를 차지하는 반면 고용 서비스, 직업훈련, 고용장려금은 활성화되어 있지 못하며, 그 성과도 부정적 평가가 다수이다. 일자리 사업은 실제 노동시장에의 적극적 참여가 어려운 취약계층이 대상이며, 참여했던 사람이 반복적으로 참여하여 오히려 노동시장에의 접근 가능성을 낮추고 있다. 우리나라의 적극적 노동시장 정책은 취업을 우선하여 장기적 교육이나 직업훈련보다 임금보조 취업이나 공공근로 등을 통한 조기취업을 강조한다.[34] 대부분의 OECD 국가가 교육훈련에 치중하는 반면 우리나라의 적극적 노동시장 정책에 대한 공공지출비 구성에서는 공공근로가 63.1%로서 가장 높으며, 교육훈련의 비중은 23.9%에 지나지 않는다.

고용 서비스의 경우 공공 서비스의 규모가 작고 질적 수준도 민간 서비스에 비해 미흡하다. 특히 고용 서비스를 제공하는 전문인력은 민간위탁인 경우가 많고 근무 형태도 비정형 노동자(혹은 비정규직)인 경우가 있어 충분한 서비스를 제공하지 못하며, 전문성의 한계도 드러내고 있다. 전국적으로 다양한 기관들이 운영되지만 대면 서비스나 실제로 필요한 서비스를 충분히 받지 못하고 있다.

한편 고용장려금은 채용보다 고용 유지에 과도하게 치중되고 다른 정책과의 연계가 부족하다. 직업훈련은 단기간 훈련 프로그램 중심으로 제공되는 한계가 있다. 다만 2020년부터 도입된 내일배움카드제는 경제활동 상태나 고용보험 가입 여부와 관계없이 시민이 자기주도로 평생직업능력개발을 이용할 수 있도록 한 제도로서 직업능력개발 사각지대를 해소하고 취약층의 노동시장 진입을 촉진할 것으로 기대되고 있다.

고용보험 : 사각지대가 광범위

우리나라의 고용보험은 1995년에 대기업의 근로자부터 적용이 시작되어 점차 중소기업으로 확대되어 왔다. 고용보험의 기여금은 사업주와 피보험자인 근로자가 각각 절반을 분담한다. 각 사업별 보험요율은 실업급여 1.0%, 고용안정사업 0.3%이며, 직업능력개발사업은 기업 규모에 따라 0.1~0.7%를 적용한다. 한국의 고용보험은 몇몇 예외를 제외하면 근로자를 사용하는 모든 사업장에 의무 적용되지만 적용상의 사각지대 문제가 심각하다. 이는 의무가입 여부를 중심으로 크게 두 가지 문제로 인해 발생하는데 하나는 법적으로 가입 대상에서 제외되는 (적용의) 제도적 사각지대 문제이며, 다른 하나는 법적으로 가입이 보장되어 있으나 실제로는 가입하지 않은 실질적 사각지대 문제이다. 다음 〈표 15-11〉은 2019년 8월 통계청의 경제활동인구조사 부가조사 자료를 이용하여 고용보험의 사각지대를 도식화한 것이다. 우선 고용 안정성이 낮은 집단 중 다수가 법적으로 가입 대상에서 제외되어 있다. 최근 법 개정으로 예술인과 산재보험법상 특수형태근로종사자(이하 특고, 14개 업종)까지 고용보험에 포괄하게 되었으나 광의의 특고 · 프리랜서를 비롯한 자영업자는 여전히 대상이 아니다. 이들의 경우 임의가입은 가능하나 가입 비중이 1% 미만이다. 한편 임금 근로자에서는 가사 서비스업 종사자와 농림어업의 5인 이하의 소규모 사업장이 의무가입 대상에서 제외된다. 이밖에 65세 이상 고령층, 월 60시간 미만 단시간 근로자, 공무원, 교원, 우체국 직원 등 임금 근로자의 15.7%도 의무가입 대상에서 제외된다. 한편 가입 대상인 임금 근로자 중에서도 임시일용직 근로자들을 중심으로 한 18.7%(387만 명)가 고용보험에 가입되어 있지 않고 실질적 사각지대를 구성하고 있다. 고용보험에 대한 인식 부족과 보험료 부담 때문이다. 다행히 임시일용직의 감소와 더불어 실질적 사각지대의 비중은 빠르게 줄

34. 한국은 직접 일자리 창출에 대한 지출이 GDP 중 0.3%로 상위 4개 국가군에 속했다. 또한 직접 일자리 창출이 적극적 노동시장 정책 지출의 70%를 넘나드는 유일한 국가이다(박준식 · 김영범, 2009).

고 있다. 현재 고용보험 가입률은 1~4인 규모의 영세기업에서 일하는 정규직은 18%이지만 300인 이상 대기업에서 일하는 비정규직 근로자는 81%에 달한다.

한편 고용보험의 사각지대에 있는 구직자를 지원하기 위해 한국형 실업부조로 국민취업지원제도(2021~)가 도입되어 고용보험과는 별도로 국가 재정지원을 통해 중위소득 60%, 순자산 4억 원 이하 저소득가구의 취업 경험이 있는 구직자에게 6개월간 월 50만 원의 구직촉진수당과 취업지원 서비스를 제공한다. 이에 따라 다른 나라에서처럼 우리나라에서도 실업부조는 실업보험과 함께 실업자에 대한 지원의 중요한 두 축을 형성하게 되었다.

그러나 일자리가 없는 사람 중 우리나라 실업급여 수급자의 비중은 지나치게 낮다. 비경제활동인구와 실업자 중 고용보험에 가입하지 않았거나 수급기간이 경과한 경우가 그러하다. 월평균실업자 수 대비 실업급여 수급자의 비율을 계산하면 40% 정도로 추정되는데 선진국과 비교하면 크게 낮은 수준이다. 다른 국가는 실업보험뿐 아니라 실업부조 형식의 급여제도를 가지고 있어 실업자 수 대비 급여 수급자 비율이 80%를 넘어서기도 한다. 우리나라 실업자의 급여 수급률이 낮은 것은 실업급여를 신청 시 지급 기준을 엄격하게 적용하기 때문이라기보다는 고용보험의 가입률 자체를 낮추는 사각지대에서 주로 기인하는 것으로 보인다. 고용보험 미가입과 전직 비임금 근로자 지위가 전체 실업급여 비수급 사유의 50%를 넘는 것으로 알려져 있다.

표 15-11 **고용보험 사각지대**(2019년 8월)

<table>
<tr><td colspan="7">15세 이상 총인구</td></tr>
<tr><td rowspan="4">비경제활동인구</td><td colspan="6">경제활동인구</td></tr>
<tr><td rowspan="3">실업자</td><td colspan="5">취업자 2,736만 명</td></tr>
<tr><td rowspan="2">비임금 근로자
680만 명
(24.9%)</td><td colspan="4">임금 근로자 2,065만 명</td></tr>
<tr><td>고용보험 적용 제외[1)]
178만 명(6.5%)[8.6%]</td><td>미가입자 387만 명
(13.8%)[18.7%]</td><td>고용보험 가입 1,353만 명
(49.4%)[65.5%]</td><td>공무원 등[2)] 147만 명
(5.4%)[7.1%]</td></tr>
<tr><td colspan="2">공식적으로 제외</td><td colspan="2">법 적용의 사각지대</td><td>실질적 사각지대</td><td></td><td></td></tr>
</table>

주 : 1) 5인 미만 농림어업, 가사서비스업, 65세 이상, 평소 주당 근로시간이 15시간 미만으로 3개월 미만 일하고 일용직이 아닌 근로자, 특수형태근로에 종사하는 근로자.
2) 공무원, 사립학교 교직원, 별정우체국 직원 등 특수직역연금 가입자
3) [ ]는 임금 근로자 중 비중

자료 : 통계청, 「경제활동인구조사부가조사」(2019. 8)에서 계산.

3) 사회안전망 영역 : 빈곤정책

(1) 빈곤층에 미흡한 공적부조

국민에게 최저소득을 보장하는 공적부조 제도는 국민기초생활보장제도(2000)를 근간으로 하며,[35] 이 외에 기초노령연금(2009), 중증장애인연금(2010) 등 특정 인구집단을 지원하는 공공부조 제도들도 확대되는 추

35. 우리나라는 공적부조제도로 1961년 재정부담 최소화와 근로유인 장려를 위해 근로무능력자에게만 혜택을 주는 전근대적인 생활보호제도를 실시하였고, 근로능력자들에게는 자활을 통한 소득증대를 강조하는 자활프로그램을 실시하여 상당 기간 지속했다.

세이다.

기초생활보장제도는 최저소득보장을 사회적 권리로 인정한 것이다. 우리나라에서는 빈곤 문제를 1차적으로 가족 단위에서 해결해야 할 것으로 간주하여 수급 대상을 개인보다는 가족 단위로 설정하고 직계혈족을 부양의무자로 두었다. 이에 따라 4인 가구를 표준으로 최저생계비를 계산하고 소득과 재산을 평가한 소득인정액으로 수급자를 선정하여 필요한 급여(보충급여)를 통합해 지급하되 근로능력이 있는 실직수급자에게는 조건부로 급여를 보장한다. 우리나라의 공적부조 제도는 근로의욕을 자극하는 동시에 부정수급자와 재정 문제를 최소화하고자 하고 있다. 기초보장제도는 근로능력이 있는 자에게 직업훈련 참여나 구직자 등록 조건을 부과하고 있다. 또한 근로장려세제(2009)로 근로 저소득층에 대해 세금 환급을 실시하고 있다. 그러나 소액의 근로유인 정책으로 자립지원을 촉진하기에는 역부족이다.

통합급여방식으로 불리는 현재의 제도는 가구유형, 필요욕구의 다양성을 고려하지 못하여 수급자 간, 수급자와 비수급자 간의 형평성 문제를 낳고 있다. 예를 들어 생계급여와 주거급여가 합쳐져 현금급여로 지급되므로 자가가구에게도 주거급여가 지급됨으로써 과잉주거급여가 나타나며, 동일한 현금급여에서 월세를 지불해야 하는 가구와는 형평성 문제가 제기된다.

더 큰 문제는 취업상태의 변화가 잦은 근로빈곤층에 대한 소득과 재산 파악이 정확하지 않아 차상위층이 급여를 수급하는 가운데 빈곤층이 오히려 누락되어 수급 후 소득배분의 역전현상이 나타난다는 것이다. 부양의무 규정과 재산평가액 반영 등으로 저소득층 중 상당수가 수급 대상에서 제외되어 기초생활보장제도에 의하여 직접 도움을 받는 계층은 전 인구의 3.6%(2019)에 불과하다.

표 15-12 **국민기초생활보장제도 수급 기준과 비율**(2019)

구분	선정기준	전체 인구/가구 대비 수급 비율
국민기초생활보장	기준 중위소득의 30~50% 이하	3.6%(대상자, 대상가구 6.4%)
생계급여	기준 중위소득의 30% 이하	4.3%(가구)
의료급여	기준 중위소득의 40% 이하	5.7%(가구)
주거급여	기준 중위소득의 44% 이하	2.5%
교육급여	기준 중위소득의 50% 이하	0.5%
자활근로	-	0.09%
상대빈곤율(2018)	기준 중위소득의 50% 이하(시장소득)	20.8%

주 : 2019년 현재 가구 수는 2,011만 가구이고 인구수는 5,171만 명이며, 기준 중위소득은 1인 가구 기준 1,707,008원이고 3인 가구 기준 3,983,950원이다.

자료 : 통계로 보는 사회보장 2020

또한 일단 수급자가 되면 모든 급여를 수급할 수 있는 자격을 갖게 되어 빈곤층의 제도 진입 유인을 증폭시키고 탈출 유인을 약화시키고 있다. 이에 취업수급자는 소득을 축소 신고하고, 자활사업 참여자는 취업을 하고도 제도에서 벗어나지 않으려 한다. 요약하면 기초생활보장제도는 다양한 욕구를 충족하는 형평성 있는 급여지급이 이루어지지 못하고 있으며, 동시에 빈곤층의 경제적 자립을 촉진하는 데 한계를 보이고 있다.

(2) 국민연금

공적연금제도는 납부 예외로 한계를 노출

우리나라에서 노령, 장애, 사망 등으로 소득이 중단되거나 감소할 경우 이에 대처할 수 있는 공적 노후소득보장은 국민연금, 기초연금, 기초생활보장제도로 구성되어 있다. 국민연금은 1차적인 사회보장의 역할을 담당하므로 2층 제도로 분류하고 기초생활보장과 기초연금은 자산조사를 따르므로 1층 제도로 분류한다. 단, 극빈층을 위한 마지막 사회보장제도의 특성을 가져 연금제도의 속성이 약한 기초생활보장제도를 제외하면 공적연금은 1층의 기초연금과 2층의 국민연금으로 구성된다고 할 수 있다.

그림 15-6 우리나라의 노후소득보장 체계도

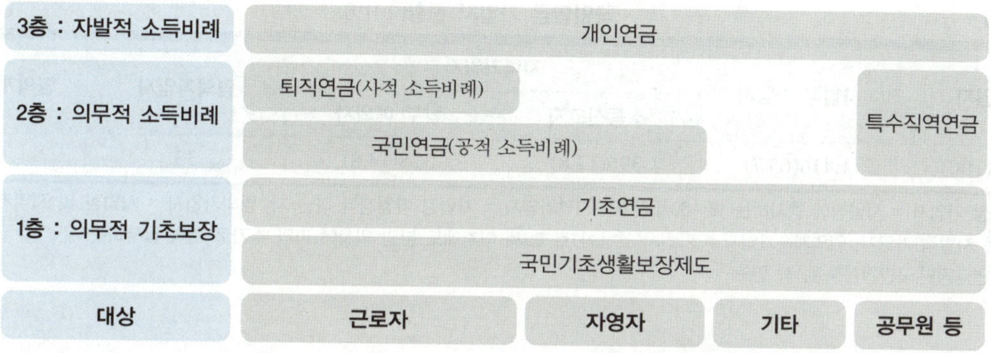

3층 : 자발적 소득비례
개인연금
2층 : 의무적 소득비례
퇴직연금(사적 소득비례)
국민연금(공적 소득비례)
특수직역연금
1층 : 의무적 기초보장
기초연금
국민기초생활보장제도
대상
근로자
자영자
기타
공무원 등

자료 : 이용하 · 최옥금 · 김형수(2015), "제3장 국민연금의 개혁방향과 과제" ; 윤희숙 편(2015), "연금연구-연금개혁을 중심으로", 한국개발연구원.

우리나라에서 공적연금제도는 공무원(1960), 군인(1960), 사립학교 교직원(1974)을 대상으로 한 특수직역 연금이 시초였다. 일반국민 대상의 국민연금제도는 1988년부터 적용되었는데 5인 이상 사업장(1992), 농어촌(1995), 지역 자영업자(1999)로 적용 대상이 확대되고 현재 18세 이상 60세 미만의 국민은 당연 가입자가 되었다. 공적연금보다 상위층에 퇴직연금(2005)과 개인연금(1994)이 각각 2층과 3층을 구성함으로써 기초연금과 국민연금을 통해 기본적 노후소득을 보장하고 퇴직 및 개인연금으로 보완하여 은퇴 후 적정소득을 유지하게 하고 있다.

국민연금제도는 조세가 아닌 보험료로 기여하고 그에 상응하여 소득보장을 받는 사보험 형식을 취하고 있고 이에 소득재분배 기능이 더해져 있다. 사회보험이지만 근로에 연계되어 개인의 책임(부담 및 급여)이나 근로 유인을 강조한 것이다. 특히 연금가입자의 연금재원 감당 능력과 자격관리 및 징수의 용이성을 고려하여 저소득-고위험층보다는 특수직역, 대기업 종사자 등 고소득-저위험층부터 먼저 적용하고 점차 적용 대상을 확대하여 왔다.[36]

국민연금은 전 국민을 적용 대상으로 하나[37] 납부 예외로 인해 많은 취약계층이 보호되지 못하고 있다. 2019년 현재 국민연금 가입자 수는 약 2,221만 명에 달하여 20~59세 경제활동인구의 약 95% 이상을 포

36. 고소득-저위험층보다는 실질적으로 보호대상이 되는 저소득-고위험층에서 출발한 서유럽은 조세 방식으로 재원이 조달되는 기여 방식의 연금제도를 가지고 있다.

37. 단, 다른 연금법의 적용을 받는 자와 국민기초생활보장법에 따른 수급자 등은 제외되고 있다.

괄하고 있다. 그러나 가입자지만 실직과 사업 중단, 생활 곤란으로 말미암아 보험료 납부가 어려운 납부예외자(14.8%)와 소득신고를 했지만 보험료를 장기간(1년 이상) 미납하고 있는 장기체납자(5.4%)가 전체 가입자의 약 20%에 해당할 정도로 사각지대의 규모가 커서 다수의 취약계층이 실제로는 노후의 소득보장을 누리지 못하고 있다.

한편 국민연금에서 역할이 가장 큰 노령연금은 최소 10년 이상 보험료를 내고 기준 노령(61세, 2020년 기준)이 되면 지급된다. 노령연금 규모는 가입 기간과 생애 평균 소득월액(B값), 전 가입자 평균 소득월액(A값)으로 결정되며, 40년간 가입한 평균 소득자(표준가입자)의 경우 소득대체율은 40%에 달한다. A값은 본인 소득과 상관없이 전 가입자의 평균 소득을 감안하여 급여를 산정하는 기준으로 사용되는 만큼 저소득층은 기여에 비해 상대적으로 높은 소득대체율을 보장받고 있다.

표 15-13 국민연금 가입자 현황(2019)

총가입자	사업장 가입자	지역가입자		임의가입자	임의계속가입자
		소득신고자	납부 예외자		
2,221(100)	1,416(63.7)	396(17.8)	328(14.8)	33	50

주 : 사업장 가입자 = 사업장에 종사하는 18~60세인 자, 지역가입자 = 사업장 가입자가 아닌 자, 임의가입자 = 사업장 및 지역가입자 외로 주부 등 자발적 가입자, 임의계속가입자 = 가입자(였던 자)로 60세 이후에도 본인 의사에 따라 추가로 계속 납부하는 자

자료 : 국민연금공단,국민연금통계, 각 연도

국민연금은 지속가능성에 한계

국민연금의 재원은 보험료 수입과 기금 운용을 통한 수입으로 구성되고 보험료는 가입자 소득의 9%가 조세처럼 부과되고 있다. 지역 가입자는 가입자 본인이 전액 부담하지만 사업장 가입자는 본인과 사업장의 사용자가 각각 절반인 4.5%씩 부담한다. 국민연금 제도는 역사가 짧아 아직 연금을 받고 있는 수급자보다 보험료를 내고 있는 가입자가 많아 초과수입이 발생하고 있어 정부가 이를 기금으로 적립한 후 되돌려 주는 적립식 속성을 가지고 있다. 즉, 우리나라의 국민연금은 부과적 속성과 적립식 속성을 동시에 갖는 '부분적립방식(partially funded)'을 채택하고 있다. 이에 따라 국민연금은 인구구조 변화에 민감할 뿐만 아니라 적립금 누적의 문제점도 동시에 가진다. 즉, 고령화가 크게 진전되지 않은 제도 시행 초기에는 지급보다 수입이 많아 적립금이 누적되지만 고령화가 진행될수록 수입보다 지급이 커져 적립금이 급감할 수 있다. 특히 제도 시행 초기에 저부담-고급여로 설계되어 적립금 감소 속도가 매우 가파르므로 연금고갈 우려가 계속되고 있다.[38] 정부는 이를 개선하여 공적연금제도의 지속가능성을 높이기 위해 기여와 급부의 연계를 높이고 적립성을 강화하고자 노력하고 있다. 하지만 먼 미래를 대상으로 하는 장기추계는 늘 불확실하고 필요한 조정을 하는 데 정치적 결단을 요구하므로 어려움을 겪고 있다. 아울러 필요한 조정을 하더라도 그러한 조정이 역으로 국민연금의 노후소득 보장기능을 크게 약화시키고 있어 국민연금 무용론까지 자극해 왔다. 실제로 1998년과 2007년의 두 차례의 연금개혁에 따라 연금급여가 크게 인하되었는데 그 결과 평균 근로자의 40년 가입 기준 소득대체율이 장기적으로 30%대로 낮아질 것이 예상되고 있다. 이러한 점을 감안하여 현재 국민연금에 혼재되어 있는 재분배 기능과 소득에 비례하는 노후소득보장기능을 구분하고 일반재정에서 재원을 조달하여

38. 제4차 국민연금 재정계산은 2042년에 적자가 발생하고, 2057년에 기금 완전 소진을 전망하였다.

기초보장을 담당하는 기초연금(1층)과 기여와 급부의 연계가 명확한 확정기여형 소득비례연금(2층)으로 운영되 특수직역연금과의 통합성을 도모하고 그 위에 노후소득의 적절성 확보를 위해 기업연금이나 개인연금(3층)을 배치하는 방안이 권고되고 있다(World Bank, 1994 ; ILO, 2000).

영구적인 노인 기초보장제도로 2014년에 도입된 기초연금은 65세 이상 노인을 대상으로 소득 평가액 하위 70%를 대상으로 급여를 지급하고 있다. 기초연금의 재원은 전액 국고(국비와 지방비)로 마련되며, 이 중 지방비는 각 지자체의 재정 자립도나 노인인구 비중을 고려하여 분담하고 있다.

2019년 말 기준으로 65세 이상 노인의 42.6%가 국민연금을 받고 있으며, 기초연금은 67% 정도가 받고 있다. 기초연금만을 받는 수급자는 40%이며, 기초연금과 국민(노령)연금을 함께 받는 수급자는 26.7%, 국민연금만 받는 수급자는 15.9%이다. 전체 노인 중 17.4%는 기초연금과 국민연금 모두를 받지 못하고 있다. 국민(노령) 연금 수준을 보면 2019년 말 기준으로 평균 노령연금이 53만 원이고 이중 가입 기간 20년 이상인 수급자의 평균 노령연금액은 92만 원이다. 한편 기초 · 국민연금 동시 수급자의 국민연금 평균연금액은 28만 원이다.

이러한 공적연금제도에도 불구하고 우리나라는 여전히 OECD 국가 중 노인빈곤율이 가장 높은 국가라는 점을 고려할 때 우리 사회가 빈곤 문제에 효과적으로 대처하지 못하고 있다고 할 수 있다. 2016년 기준 가처분중위소득의 50% 이하로 측정된 노인빈곤율은 43.8%로 OECD 평균(13.5%)에 비해 크게 높고, 평균소득 대비 65세 이상 노인소득 비중은 65.1%로 OECD 평균(87.4%)에 비해 매우 낮다(OECD, 2019). 이처럼 노인빈곤율과 노인소득의 상대적 수준에 따르면 한국은 OECD 국가 중에서 노후소득 위험도가 높은 국가군에 속한다.

산업재해보험 : 사각지대가 광범위

한국에서 산업재해는 그 발생률이 매우 높아 경제적 인적 손실이 매우 크다. 한국의 2016년 재해율은 0.49%였으며, 사망 만인율(근로자 1만 명당 사망자 비율)은 0.53이었다. 독일의 경우 재해율은 매년 2.5~3%로 한국에 비해 5~6배 높지만 사망 만인율은 2014년 0.16에 그쳤다. 2014년 사고사망 만인율을 발표한 OECD 15개국의 평균도 0.30으로 한국의 절반에 불과하다. 우리나라에서 산업재해 보상보험은 1963년에 처음 도입되어 광공업의 500인 이상 사업장에서 시작하였고 적용사업자 규모를 계속 확대하여 2000년에는 1인 사업장에까지 확대 적용하였다. 그러나 가내근로자, 농민, 자영업자, 견습생, 직업훈련생은 가입 대상이 아니며, 특수형태 근로자의 90% 이상에게는 적용되지 않고 있다. 이에 따라 2010년 기준 산재보험법 적용을 받는 근로자는 1,398만 명으로 취업근로자의 59%, 경제활동인구의 57%, 총인구의 28%에 머물고 있다. 독일의 경우 총인구의 92%에 달한다.

4) 재생산 영역 : 사회 서비스―돌봄, 의료, 교육, 주거, 사회 참여

1948년에 채택된 세계인권선언(Universal Declaration of Human Rights)은 "모든 사람은 자신과 그 가족의 건강과 행복을 위해 적절한 생활수준에 대한 권리를 가지고 있다. 여기에는 의 · 식 · 주와 의료, 필수적인 사회 서비스가 포함된다. 또 모든 사람은 실업, 질병, 장애, 배우자 사망, 고령화, 기타 스스로 통제하기 어려운 환경에서 생계의 어려움 등으로부터 보호받을 권리가 있다"(Article 25.1)라고 하여 기본적 인권에서 사회 서비스가 갖는 중요성을 밝히고 있다. 우리나라 사회보장기본법에서는 "사회 서비스"를 국가 · 지방자치단체 및 민간부문의 도움이 필요한 모든 국민에게 복지, 보건의료, 교육, 고용, 주거, 문화, 환경 등의 분야에서 인간다운 생활을 보장하고 상담, 재활, 돌봄, 정보의 제공, 관련 시설의 이용, 역량 개발, 사회 참여 지원 등을 통하여 국민의 삶의 질이 향상되도록 지원하는 제도로 규정하여 광범위한 내용을 담고 있다.

우리나라에서 재생산 복지제도들은 대부분 고유한 지향점을 갖지 못한 채 경제성장을 지원하거나 부담을 최소화하는 방향에서 대응하여 사회 재생산의 책임과 비용을 최대한 노동자 자신 혹은 가족에게 전가하여 왔다. 무엇보다도 대부분의 영유아, 장애인, 고령자에 대한 돌봄 책임은 가족(특히 여성)에게 떠넘겨져 왔다. 사회 서비스는 가족의 돌봄을 받을 수 없고 노동능력이 없는 사회계층만을 대상으로 운영되어 정부가 재원조달을 담당하되 비영리기관이 운영하는 시설에서 치료적 돌봄을 제공하는 형태를 취해 왔다.

대다수 국민들은 급속한 경제성장에 수반된 전반적 소득 향상에 힘입어 각자의 가족 책임으로 사회재생산에 충실했다. 정부는 보건의료, 교육, 직업훈련처럼 인적자본형성에 상대적으로 높은 투자를 유지해 왔지만, 가족은 구성원의 의료, 주거, 교육훈련을 뒷받침하였고 자녀 · 형제의 경제활동을 지원해 왔다. 또한 주택, 의료, 교육 서비스 공급의 상당 부분은 민간의 비영리기관이 지배하는 시장기능에 의존하도록 하였고 정부는 관리감독에 집중하며, 경제개발 전략에 부합하는 사회 서비스 공급이 이루어지도록 해 왔다.

그러나 가족을 중심으로 한 사회재생산 체제는 갈수록 그 한계를 드러내고 있다. 대다수 노동자들은 고용불안과 저임금으로 가족부양자로서의 역할을 안정적으로 수행하기 위한 소득기반 확보에 큰 어려움을 갖게 되었다. 생산(고용-소득) 불안은 가족에 크게 의존하는 재생산의 불안정화로 이어졌다. 남성 가장 노동자의 '가족생계 임금'의 안정적 확보가 어려워짐에 따라 가족 돌봄과 의료, 교육, 주거가 곤란해지고 있는 것이다. 더욱이 여성들의 사회진출 증가뿐만 아니라 강제된 부인 취업이나 가족단위 자영업이 늘어나 여성 의존적 재생산 체제의 근간을 흔들고 있다. 특히 가족이 자원보다는 부담으로 작용함에 따라 혼인 · 출산의 동기가 약화되며, 가족 형성 자체가 교란받고 있다. 즉, 위험을 회피하기 위해 결혼을 미루거나 포기하고 결혼을 하더라도 자녀 출산을 최소화하고 적극적으로 이혼이나 별거를 선택하는 등의 추세가 커졌다. 결과적으로 세계 최저 수준의 출산율, 세계 최고 수준의 이혼율, 초혼 연령의 급격한 상승이 나타나고 있다.

(1) 돌봄 : 사회 서비스

사회 서비스의 제도화가 아직 미흡

우리나라에서 **아동, 장애인, 고령자**에 대한 돌봄은 "사회복지사업법"에 제시된 '사회복지사업'을 중심으로 전개되어 왔다. 동법은 돌봄의 1차적 책임을 국가와 지자체에 두지만 서비스 제공은 민간기관에 위탁하고 있다. 특히 저소득층, 노인, 장애인 등 취약계층 중심의 전통적 돌봄에서는 민간비영리 부문이, 수혜계층이 넓은 아동 분야에서는 민간 영리부문의 비중이 압도적이다.

돌봄을 위한 재원조달, 기획, 자원관리 등은 중앙집중적으로 이루어지고 그 집행은 지자체에 맡겨져 있다. 지자체는 전문인력 부족, 업무 과다, 시설 부족으로 어려움을 겪고 있다. 아울러 만성적인 국공립시설 부족이 문제이며, 시설을 관리하는 민간기관의 도덕적 해이 문제도 지속되고 있다. 보육을 제외하곤 우리나라에서는 돌봄은 정부의 관리 · 감독 하에서 비영리기관의 시설 중심으로 제공되고 있지만 시설 이용자가 잠재적 수요자의 10%에도 미치지 못하므로 돌봄의 대부분은 가족에게 맡겨져 있다. 그 결과 우리나라에서 사회 서비스의 제도화가 아직 미흡하다. 우리나라의 사회 서비스는 다른 나라에 비해 지출과 고용 비중이 모두 낮다. 보건 및 사회 서비스의 GDP 대비 지출 비중은 5.1%로 EU 평균(7.4%)이나 주요국(7.6%~10.6%)에 비해 현저히 낮으며, 고용 비중(8.1%)은 주요국(12.5%~14.6%)에 비해 크게 낮다.

고령화와 소득향상 그리고 여성의 경제활동 참가 확대로 인해 사회 서비스 수요는 모든 사회계층에서 보편화되고 있어 사회 서비스가 '취약계층 서비스'에서 벗어나 '보편적 서비스'로, 그리고 '비공식적인 가족 돌봄'에서 '공식적인 사회 돌봄'으로 재편될 것이 요구되고 있다.

표 15-14 **보건 및 사회 서비스 비중**(2019) (단위 : %)

	한국	프랑스	독일	스웨덴	영국	일본	EU
지출 비중	5.1	9.0	7.8	10.6	7.6	7.9	7.4
고용 비중	8.1	14.6	13.2	14.4	13.4	12.5	–

공급 주체와 그 지원

한국에서는 공공부문에 의한 직접적인 사회 서비스 공급은 미미한 채, 민간부문 의존이 주를 이루고 있다. 재정지원 방식은 민간공급자를 지원하는 방식을 중심으로 서비스 이용자에게 재정을 교부하는 방식이 추가되었다.[39] 현재의 돌봄 서비스 공급주체는 공급자 지원방식의 경우 비영리 민간부문이 중심을 이루고 있으며, 수요자 지원방식을 도입한 이후 비영리 민간부문의 폭이 넓어지고 또한 영리부문이 약진하고 있다. 민간 비영리단체들은 판매를 통한 수입원 마련에 치중하지만 동시에 자발적 기부 및 회비 납부보다는 정부 지원에 대한 의존도가 높은 편이다. 생활시설이나 이용시설을 운영하는 서비스 공급자에 대한 재정지원은 전통적으로 보조금 방식으로 이루어졌으며, 이후 이용시설을 민간기관에 위탁 운영하면서 위탁 지원이 나타나게 되었다. 위탁계약은 시설의 관리운영 위탁계약과 서비스에 대한 위탁계약의 두 유형이 발전되어 왔다. 이후

그림 15-7 사회 서비스의 수급체계

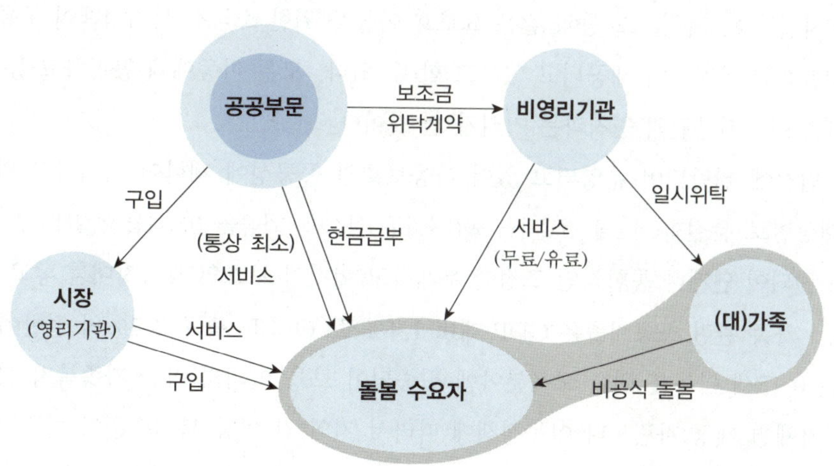

39. 역사적으로 일본의 조치위탁제도와 유사하게 사회복지의 민간기관은 서비스 제공을 위탁받는 대리인이 거의 전부였다. 정부가 민간기관으로 하여금 사회 서비스를 제공하도록 하고 필요에 따라 보조금을 지급하는데 수탁자의 사무처리 권한은 실질적으로 유보되고 위탁자가 수탁자의 사무처리를 지도·감독하는 상하 수직적 관계가 형성되었다. 외국 원조가 단절되면서 정부 의존으로 편입된 대리적 제공기관과 정부의 공백을 채워 왔던 과거 미신고 시설이 민간 복지 서비스 기관의 전통적 구성이다.

2007년에 들어 사회 서비스 바우처가 도입되고 노인장기요양보험이 실시되면서 공급자가 아닌 수요자에 대한 재정지원을 통해 서비스 공급을 확대하고 있다.

아동 복지

아동 복지에 관한 기본법인 아동복지법에 의하면 아동은 18세 미만의 모든 자로 영유아와 청소년을 모두 포함한다. 우리나라에서는 아직 정부가 아동들의 총괄적인 삶의 질을 파악하지 못하고 있지만 OECD와 UNICEF와 같은 국제기구들은 아동 · 청소년 삶의 질 지표를 구축하여 국가 간 비교를 시도해 왔다. 한국의 아동빈곤율은 14.5%(2017)로 OECD 평균(13.1%)이나 18~25세의 청년빈곤율(11.3%), 26~65세의 성인 빈곤율 12.9%보다도 높게 나타나고 있어[40] 아동들이 누리는 물질적 격차가 크다는 것을 알 수 있다. 특히 우리나라 아동의 물질적 결핍을 측정한 결과, 기초적인 의복, 식사 등을 제공받는 데는 큰 문제가 없지만, 여가활동, 친구와의 교류, 가족행사 등에 대한 결핍은 높게 나타났다. 한국은 OECD 국제학업성취도평가(Programme for International Student Assessment ; PISA)에서 수년째 상위권을 유지해 오고 있지만 이로 인한 학업 스트레스와 중압감이 높으며, 여가에 대한 권리가 제대로 보장되지 못하고 있고 학업의 즐거움이 떨어지고 있다. 더 나아가 우리나라 아동의 행복도는 OECD 국가들 중 최하위권에 머물고 있다. 단일문항의 캔트릴의 사다리(Cantril's ladder) 척도로 측정한 아동 · 청소년의 행복도(삶의 만족도) 평균은 6.6점으로 최하위이다. 특히 일반아동에 비해 빈곤아동의 영역별 삶의 만족도가 모든 영역에서 낮게 나타났다(유민상, 2019).

1950~1960년대의 한국의 아동 복지는 민간과 외국원조기관의 주도하에 고아, 미아, 기아들을 수용 · 보호하는 응급구호에 치중하였다. 1961년 아동복리법으로 아동 복지에 대한 국가책임의 원칙이 법제화되고 국가주도하에 '요보호 아동'의 보호가 이루어지게 되었다. 1981년에는 아동복리법이 아동복지법으로 개정되어 요보호 아동을 넘어 전체 아동을 대상으로 한 아동 복지를 지향하게 되어 시설수용보호에서 입양, 위탁 등으로 아동 복지가 다양화되었고, 1991년에는 영유아보육법을 제정하여 근로 또는 질병 등의 이유로 영유아에 대한 국가책임을 천명하게 되었다. 2000년 아동복지법의 개정과 더불어 아동 학대 및 안전과 공보육 등 모든 아동들을 대상으로 한 보편적 아동 복지정책이 구체화되기 시작하였다. 그러나 아직까지 우리나라의 아동 복지정책은 시설보호, 가정보호 등과 같은 요보호 아동을 위한 소극적 복지정책이 주류이고 일반아동을 위해서는 매우 제한적인 복지만이 제공되고 있다고 할 수 있다. 모든 아동에게 공평하고 동등한 발달의 기회를 제공해야 한다는 아동기본권의 원칙과는 거리가 먼 것이다.

아동 복지는 민간에 위탁되어 운영되고 있어 아동보호의 공공성에 제한이 생겨나고 있다. 더욱이 아동 복지 서비스는 대상별로 분절화(아동을 전담하는 보건복지부, 청소년 · 가족을 전담하는 여성가족부, 학교 내의 아동문제를 전담하는 교육부 등)되어 연계나 통합적인 조정이 부재하고 이것이 보호의 사각지대를 낳고 있다.

2017년 아동 · 가족 관련 공공지출은 GDP 대비 1.1%로, OECD 평균 2.2%의 절반에 그치고 있다. 또한 그것도 대부분 0~5세 아동을 위한 보육분야에 집중되어 보육 이외의 아동 가족복지 지출은 0.2%로 크게 낮다. 또한 지자체별 재정 자립도나 아동정책에 따라서 지역 간 아동 복지수준이 큰 격차를 보이고 있다. 우리나라에서 아동 복지는 사전예방과 사후보호로 구분될 수 있다. 사전예방은 아동이 원래의 가정에서 부모와 가족으로부터 적절한 양육과 보호를 받도록 아동과 가족을 지원하는 것으로 소득 지원과 서비스 제공으

---

40. OECD Income Distribution Database(http://www.oecd.org/social/income-distribution-database.htm)

로 나누어진다. 소득지원에는 국민기초생활보장제도, 소년소녀가정 세대 지원, 저소득가정지원이 포함되며, 서비스 제공으로는 보육 서비스, 아동과 가족상담, 학대피해 아동보호, 실종아동 보호, 지역사회 아동보호가 있다. 이 중 보육 서비스는 여성가족부에서 담당하고 전국의 보육시설(어린이집)을 통해 아동의 보호와 교육을 제공하고 있으며, 저소득 가정에 대해 보육료를 차등 지원한다. 사후보호는 아동이 보호자에 의하여 보호되지 못할 경우 대체 가정을 제공하는 것으로 일시보호시설과 영구보호시설(가정위탁보호, 입양, 공동생활가정(그룹홈)보호, 시설보호)이 있다.

우리나라 보육은 사적 시장을 중심으로 성장하여 왔다. 2020년 유치원의 약 29%(취원율 34%)가, 어린이집의 약 20.4%(공공보육 이용률 32%)가 공립이고 나머지는 모두 시장에 의존하고 있다.

장애인 복지

장애는 신체적 · 정신적 손상이나 기능 상실이 오랜 기간에 걸쳐 개인의 일상과 사회생활에 상당한 제약을 초래하는 것을 말한다. 장애는 자칫 개인적 수치와 죄의 결과로 간주되어 폐쇄적인 생활을 함에 따라 개인과 가족의 어려움과 더불어 인적자원의 유휴화를 넘어 사회적 차별과 갈등을 낳을 수 있다. 우리나라의 장애인은 장애범주가 협소하게 규정되어 인구의 5.4%로 WHO 기준 10%에 비하면 크게 낮다. 다만 장애등록률은 꾸준히 높아져 추정 장애인의 94% 수준까지 올라섰는데 이는 장애 사실의 노출을 꺼리는 현상은 크게 완화되었음을 의미한다. 장애 인구의 약 88.2%가 질병 · 사고 등에 의한 후천적 장애이고, 65세 이상 노인의 비율이 46.6%로 꾸준히 높아지고 있고 1인 가구의 비중도 늘고 있다. 후천적 원인 중 질환(56.0%)이 사고(32.1%)보다 크게 높아 건강증진과 사고예방이 중요함을 말해준다.

우리나라의 장애인은 소득보장, 경제활동, 사회활동, 일상생활 등 모든 면에서 어려움을 겪고 있으며, 차별의 상황이 계속되고 있다. 2017년 장애인 실태조사에 따르면 장애인이 국가 및 사회에 대해 우선적으로 요구하는 사항은 소득보장(38.5%), 의료보장(32.8%), 고용보장(8.5%)의 순으로 나타난다. 소득보장에 대한 욕구가 여전히 높다는 점을 보면 많은 장애인들이 경제적 어려움에서 벗어나지 못하고 있음을 알 수 있다.

15세 이상 장애인 중 경제활동 참가율은 38.9%(전체인구 63.4%), 고용률은 37%(전체 인구 61.3%)에 불과하여 취업율이 낮으며, 취업분야도 주로 단순 노무, 서비스, 농업 등이다. 한편 2019년의 경우 50인 이상 민간기업, 국가 · 지자체 공무원, 공공기관의 장애인 고용률(의무고용률)은 각각 2.8%(3.1%), 2.9%(3.4%), 3.3%(3.4%)로 의무고용률 기준은 공공부문에서조차 제대로 지켜지지 못하고 있다. 장애인 가구의 월 평균 소득은 242만 원으로 도시근로자 가구 소득 대비 67%에 불과하나 의료비와 교통비로 월 약 17만원을 추가 지출하여 장애가 빈곤으로 이어지고 있다.

장애인은 사회활동에서도 상당한 제약에 직면하고 있으며, 일상생활을 수행할 때에도 장애인의 32.2%가 타인의 도움을 필요로 하고 있다. 일상생활에 대한 도움 제공자는 가족구성원이 81.5%로 대부분을 차지하고 있다. 한편, 장애인의 일상적 외출 비율은 증가하고 있으나 교통수단 이용 시 어려움이 있다는 비율이 39.8%로 높으며, 장애인 차별에 대한 인식을 보면 여전히 79.9%(2017)의 장애인은 차별이 있다고 인식하고 있다. 우리나라의 공적 장애인복지 지출은 1990년 GDP 대비 0.3%에서 2000년 0.4%, 2006년 이후 0.6%로 정체되어 2017년에도 0.61%로 이는 OECD 국가 평균인 2.0%의 1/3 수준에도 못 미치는 최하위권이다.

전통적으로 수용구호 위주였던 우리나라 장애인 복지정책[41]은 1980년대부터 본격화하기 시작하여 1990년대에 저소득 장애인에 대한 생계비 지원과 장애인에 대한 의료, 재활, 교육, 직업의 기초를 마련하여 인권과 인간다운 삶을 보장하는 기틀을 마련하였고, 2000년대에는 편의시설이 확대되고 수당과 연금제도(2010)가 추가되었다. 과거 장애인의 사회 서비스는 경제적 자활을 중요시하는 '치료와 보호 중심'에 오랫동안 머물렀다. 이에 따라 재활치료와 갱생의 목적에 부합하지 못하는 장애인은 보호시설 수용으로 지역과 격리된 생활을 하게 하거나 각 가정에 부양 책임을 떠넘겨 장애인의 자립을 어렵게 하였다. 그러나 장애인 복지 서비스가 사회적 자립을 위한 '참여와 선택 중심' 서비스로 전환함에 따라 많은 변화가 생겨나고 있다. 장애인 주거시설은 과거에는 외부와 단절된 집단생활 형태가 대부분이었으나 최근에는 지역사회에서의 공공임대주택, 그룹홈 등 소규모의 가정형 주거시설이 증가하고 있으며, 생활지원 서비스 제공과 더불어 장애인이 거주구역에서 벗어날 수 있게 되어 활동범위가 확대되고 있다.

장애로 인한 소득손실을 완화하고 비용을 경감하기 위해 지급하는 장애수당 및 장애인연금은 부양의무자 기준이나 장애인 등급제로 인해 복지혜택이 충분히 제공되지 못하고 있다. 장애수당은 기초생활보장 생계급여 수급자를 대상으로 하지만 장애로 인한 추가 소요비용에 비하면 크게 밑돌며, 장애인연금은 저소득 중증장애인을 대상으로 한다. 장애인복지 서비스 제공 기관으로는 무연고 및 저소득 장애인에 대한 생활시설, 경쟁 고용이 어려운 중증장애에 대한 직업재활, 복지관을 포함한 지역사회시설이 있다. 하지만 장애인의 재활을 위한 전문인력과 재활 프로그램의 다양성이 부족하다.

노인 복지

현재 우리 사회에서는 돌봄이 필요한 노인의 증가세가 가파르다. 돌봄의 주요 대상인 65세 이상 인구가 1970년 전체 인구 중 3.1%에서 2018년 14.3%로 증가하였고, 평균수명도 증가하여 1970년에 62.3세이던 평균수명이 2020년 83.5세로 약 20세 이상 증가하였다. 반면 평균 자녀 수는 1970년 4.1명에서 2020년 2.1명으로 감소하였고 노후 부양의 책임이 가족이라는 응답이 1998년에서 89.9%였으나 2018년에는 26.7%까지 감소하였다. 또한 가구규모의 소규모화, 노인단독가구와 노인부부가구의 증가, 자녀동거가구의 감소 등으로 인해 가족의 노인 돌봄 역량이 크게 약화되고 있다. 또한 자녀가 동거하는 가구는 이중 돌봄으로 인해 가족이 노인 돌봄에 충분히 집중하기 어려운 실정이다.

노인복지 서비스는 사회복지 서비스의 한 영역으로 노인의 4고(빈곤, 질병, 소외, 무위)를 넘어 다양한 욕구충족을 위해 서비스의 형태로 급여가 제공되는 것으로, 욕구의 종류나 서비스 제공 장소에 따라 구분할 수 있다. 우리나라에서 노인복지 서비스는 부양가족이 없는 빈곤 노인을 대상으로 하는 시설 서비스(무료양로원)에서 출발되어 1981년에는 "노인복지법" 제정으로 노인이 독자적 서비스 대상으로 부각되었다. 1990년대에는 여가시설과 재가 서비스가 확충되었고, 고령화율이 7%를 넘어선 2000년 이후에는 인구 고령화에 대한 대응이 사회적 관심사로 부각되며, 노인돌봄바우처(2007), 노인장기요양보험과 기초노령연금(2008)이 도입

---

41. 서구의 경우에도 장애인에 대한 태도는 무능력자에서 출발하여 제한적 보호가 필요한 자 그리고 치료나 교육의 대상자로 변화해 왔다. 제2차 세계대전 이후 현대적 의미의 장애인 복지가 등장하여 1976년 UN의 제31차 총회에서 '완전참가와 평등'을 주제로 장애인 복지가 확장되어 '재활치료 및 갱생'에서 '평등권 획득과 조화로운 참여'로 그 지향점이 변화하였다. 이에 따라 장애인 복지도 "장애를 가진 사람이 국민의 한 사람으로서 사회에 참여하고 풍요로운 삶을 영위할 수 있도록 생활환경을 충실히 갖추기 위한 활동이나 그런 생활상태"를 의미하게 되었다.

되어 보호 서비스가 급성장하였다. 노인보호와 달리 권익 보호, 여가지원, 일자리 지원 등은 2000년대에야 본격화되었으나 아직 미흡하고 제공기관 다양화에 그치고 있다. 현재 노인돌봄은 시설 서비스와 재가 서비스로 구분된다. 시설 서비스는 양로시설과 입소 노인요양시설로 나누어지며, 재가 서비스는 방문요양, 방문간호, 주야간보호, 단기보호, 방문 목욕, 재가노인지원 등을 포함한다. 자격요건은 장기요양 서비스만 노인의 기능적 건강상태만을 위주로 선별하고, 그 외는 소득수준과 독거노인 여부를 기준으로 하여 대상자를 선정한다. 노인 돌봄 서비스는 영리 서비스를 제공하는 민간이 절대적 다수를 차지하며, 주도하고 있다. 국가보조를 대신한 바우처 방식 역시 서비스의 시장화를 촉진하고 있다.

노인인구 증가와 더불어 새로운 정책이 도입되며 노인복지예산은 꾸준히 증가해 왔지만 여전히 사각지대가 발생하고 있다. 특히 일상생활이 어려운 노인조차 서비스 대상에서 제외되고 있다. 목욕, 식사, 화장실 이용 등 기본적 일상생활 수행능력(activities of daily living ; ADL)에 어려움이 있어 돌봄이 필요한 노인은 65세 이상 노인 중 9.4%(2017)로 추정됐다. 한편 신체적 자립능력은 있지만 집안일, 외출, 금전관리 등 수단적 일상생활 수행능력(instrumental activities of daily living ; IADL)에 제한이 있는 노인은 11.3%으로 추산됐다. 노인복지 서비스가 독거노인 및 저소득층 중심으로 지원되어 장기요양 서비스나 돌봄 서비스의 대상자들의 규모는 ADL 제한 노인규모보다 작기 때문에 독거노인 지원사업 대상자를 제외하곤 IADL 제한 노인은 모두 서비스 대상에서 배제되고 있다.

(2) 의료 서비스와 건강권

법률에 의해 강제 적용되는 사회보험과 의료부조가 병존

우리나라의 의료보험은 법률에 의한 사회보험을 근간으로 발전해 왔다.[42] 1963년에 의료보험법이 처음 제정된 뒤 1977년에 이르러 500인 이상 사업장 근로자를 대상으로 한 직장건강보험제도로 의료보험이 처음 실시되었고, 이후 공무원 및 사립학교 교직원과 300인 이상 사업장 근로자로 확대(1979)되었고 농어촌지역(1988), 도시 자영업자(1989)를 대상으로 한 건강보험이 실시되면서 모든 국민이 의료보험을 적용받게 되었다. 이후 분리해서 관리되어 온 의료보험은 지역의료보험과 공무원-교직원 의료보험 통합, 직장과 지역의료보험 통합이 단계적으로 이루어졌다. 현재에는 근로자 1인 이상의 모든 사업장의 사용자 및 근로자와 한 달에 80시간 이상 일하는 시간제 근로자도 건강보험 직장가입자로 적용받게 되었다.

한편 1979년부터 의료급여제도가 성립하여 생활이 어렵거나 생활유지 능력이 없는 국민들의 의료문제를 지원하고 있다. 이 제도는 질병으로 인한 빈곤을 막기 위하여 국가가 보장하는 공공부조제도로 운영되고 있다. 이는 기초생활수급자뿐만 아니라 의료비 부담이 과중하여 기초생활수급자로 전락할 우려가 많은 차상위계층의 만성질환자와 희귀난치성 질환자에 대하여도 적용되고 있다.

42. 급작스럽고 과도한 의료비로부터의 보호를 위해 각국은 다양한 의료 서비스 제도를 운영하고 있다. 많은 국가에서 정부가 직접 의료 서비스를 공급하거나 공보험 가입을 지원하지만 기업 등이 집단적으로 사보험에 가입하거나 개인적으로 사보험에 가입하기도 한다. 공보험의 경우 보험 가입자가 많을수록 질병위험이 높은 사람만 보험에 가입하는 위험을 감소시키고 위험분담의 규모가 커져 보험의 효과가 커진다.

높은 사적 의료비 지출

사회보험체제하에서 공공부문을 통해 기초적인 의료욕구를 어느 정도 해결하고 있으나 여전히 사적의료비 지출이 상당한 비중을 차지하고 있다. 한국은 2019년에 총 의료비지출(GDP 대비)이 8.2%로 OECD 평균(6.6%)을 크게 웃돌고 있다(OECD Stat, Health spending). 이 중 공공의료비는 GDP 대비 5.0%로 OECD 평균(6.6%)을 하회하지만, 환자 개인이 부담하는 본인 부담분(out-of-pocket payments)의 비중은 2.5%로 다른 OECD 국가(1.7%)는 물론, 총의료비 지출이 16.8%로 OECD 국가 중에서 가장 높은 미국(1.9%)에 비해서도 높은 수준이다. 한편 자발적인 민간보험 가입은 0.7%로 OECD 평균(0.5%)를 넘어서고 있다.

한편 의료기관의 분포에서도 민간의 절대적 우위가 나타나고 있다. 전체 의료기관 중 공공보건의료기관이 차지하는 비중은 1980년에 17.5%를 차지했지만 2002년 7.7%, 그리고 2019년 5.4%까지 하락하였는데 이는 OECD 평균(55.2%)의 1/10에도 미치지 못하는 수준이다. 아울러 공공의료기관의 병상 수가 전체 병상 수의 9.7%(2019)에 지나지 않아 OECD 평균 71.6%에 비해 매우 낮으며, 민간의료보험이 매우 발달한 미국의 21.4%보다도 낮다.

체납과 비급여로 사각지대가 발생하고 의료보장의 보장성이 미약

우리나라는 법적으로 전 국민이 건강보험 가입자이므로 자격 측면의 사각지대는 없다고 생각할 수 있지만 그렇지 않다.

첫째, 생계곤란으로 보험료를 체납하여 법으로 급여를 제한받는 한계계층이 존재한다. 2019년 8월 기준 건강보험료 전체 체납자는 378만 세대이다. 이 중 6개월 이상 체납해 보험 적용에 제한을 받는 가구가 약 190만 가구로 지역가입자의 20%대에 달한다. 한편 이 중 월 보험료 5만원 이하의 생계형 체납자가 141만 세대로 74.2%에 달한다.

둘째, 건강보험에서 제공되지 않는 비급여 부분이 많고 제공되는 급여의 범위가 제한적이어서 가입자가 부담하는 진료비가 많아 급여가 충분하지 못하다. 건강보험에서는 가입자 또는 피부양자가 요양급여를 받는 때에는 그 진료비용의 일부(입원의 경우 진료비 총액의 20%, 외래의 경우 요양기관별로 30~50% 차등 적용)를 본인이 부담해야 한다. 이는 의료이용 남용 억제나 재정 건전성 유지에 도움이 되지만 국민들의 의료비 부담을 높여 의료 보장성을 약화시키고 있다. 보험 적용이 되지 않는 비급여 역시 마찬가지다. 본인 부담률이 너무 높아 소득이 충분치 못한 계층이나 중증질환자의 경우 의료 보장의 사각지대에 노출되며, 필요한 의료욕구를 충분히 충족하지 못하는 상황도 낳을 수 있다. 지금까지 연구들에 따르면 전체 진료비 중 실질 본인 부담이 40%(법정 본인 일부 부담, 비급여 본인 부담, 전액 본인 부담)를 넘어 급여가 미흡하고 이로 인해 의료 보장의 사각지대가 생겨나고 있다. 현행 의료보장체계의 보장성이 약해 의료비 지출 때문에 생계에 지장을 받는 의료비 과부담가구(의료비 지출이 소득의 10%를 넘는 가구)가 전 국민의 15.9%[2008년 기준, 한국보건사회연구원(2010), "의료비 과부담이 빈곤에 미치는 영향"]에 이르고 있다.

셋째, 건강보험에서 보험료 부담능력이 결여된 빈곤계층이 의료급여제도 대상에 포함되지 못하고 건강보험에 포함되어 발생하는 사각지대이다. 즉, 최저생계비로 대표되는 빈곤선 바로 위의 계층인 차상위계층은 소득을 기준으로 최저생계비의 120% 미만의 집단 중 여러 조건들로 인하여 수급자로 선정되지 못한 비수급

집단[43]이다. 이들은 보험료 부담능력이 결여되었을 뿐만 아니라 본인 부담으로 인해 역차별을 받고 있다. 즉, 차상위계층 중 의료수요가 많은 경우 의료비를 지출한 후 소득이 의료 급여수급권자의 소득보다 낮아지는 역차별이 발생하는 문제가 있다. 따라서 국민기초생활보장 대상자에서 제외된 비수급 빈곤층(최저생계비 이하이지만 소득 인정액이 빈곤선을 넘거나 부양의무자가 있어도 실제로 부양을 받지 못하는 계층) 또는 잠재적 빈곤층(현재는 최저생계비 이상의 소득이 있으나 의료비 등의 지출로 가처분 소득이 최저생계비 이하의 계층)으로 최소한의 의료욕구를 국가가 해소해 주지 못하는 계층이 존재한다.

특히 차상위계층 중 의료욕구가 긴요한 저소득 취약계층 중 희귀난치성이나 만성질환을 보유하고 있는 자들이 필요한 의료 서비스를 제대로 받지 못하거나 과도한 의료비로 인해 기초생활보장 수급 대상자로 전락할 가능성이 높다.

우리나라의 1인당 의료비 지출은 전체 OECD 국가 중 가장 낮은 수준이지만, 그 증가율은 가장 높아 2000년 이후 대부분의 선진국에서 1인당 의료비 증가율이 4%를 넘지 않는 데 반해 우리나라는 8%를 초과하고 있다.

관리는 정부가, 공급은 민간이

우리나라의 의료보험은 정부가 주로 건강보험재정을 관리하되 의료 서비스 공급은 민간(비영리)기관에 대부분 의존하는 형태를 취하고 있다. 이에 따라 가입자는 소득과 자산에 비례하는 의료비를 지급하되 의료 서비스 가격과 품질에 반응하며, 의료 서비스 소비처와 소비량을 결정하고 의료공급자 역시 소비량에 영향을 미치고 있다. 한편 정부는 환자와 의사가 결정한 진료에 대해 사후적으로 비용을 지불하는 형태를 취하고 있어[44] 진료를 많이 할수록 의료공급자의 수익이 증가하는 구조이다. 우리나라의 경우 중소병원과 대형병원 간 본인 부담의 차이가 미미하여 대형 병원으로 환자가 집중되는 한편, 의료 공급자들은 장비와 시설 확대에 노력하여 비용 증가를 심화시키고 있다. 아울러 건강보험 혜택의 확대를 위해 급여항목을 확대하고 본인 부담을 축소하는 정책적 노력이 이어짐에 따라 의료 서비스 가격이 꾸준히 감소하는 것도 진료 이용량의 증가를 초래하고 있다.

표 15-15 국민의료비의 지출 구성과 재원조달

의료비 지출	A. 건강보험 급여비 B. 질병관리, 예방 등 공공보건지출	C. 본인 부담	D. 비급여(의료적)	E. 비보험 등 기타 (성형, 보약, 건강식품 등)
재원	공공재원(건강보험료, 조세)	민간재원(본인 부담금, 민간보험료, 기타)		

주 : 1) 비급여는 의료적 비급여로서 임의 비급여 및 법정 비급여를 포함.
2) A~D는 의료기관 및 약국에서 지출된 의료비이며, E는 기타 의료비임.

자료 : KDI(2012. 12), "견실한 경제성장과 안정적 사회발전을 위한 정책제언"

43. 차상위계층 중 소득이 최저생계비 이하이면서 국민기초생활보장제도 수급자가 아닌 집단을 일반적으로 비수급빈곤층이라 하며, 소득이 최저생계비를 초과하면서 최저생계비의 120% 미만인 경우를 잠재적 빈곤층이라고 한다. 전체 차상위계층은 전 국민의 약 7.51%(비수급 빈곤층 5.22%, 잠재적 빈곤층 2.29%)로 추정된다(신영석, 2004). 잠재적 빈곤층을 포함한 우리나라 절대빈곤인구는 10.36%로 이 중 의료급여를 받는 계층이 2.85%에 지나지 않으며, 7.51% 빈곤계층이 의료급여제도 대상에 포함되지 못하고 건강보험 대상에 포함되는 사각지대가 발생하고 있다.

44. 현재의 진료비 지불방식은 고정자산, 진료행위, 재료, 약제에 대해 실제 사용한 양만큼 진료비를 지불하는 것으로 행위별 수가제(fee-for-service)라 불린다. 한편 질병단위별로 진료비를 결정하는 포괄수가제(Diagnostic Related Groups ; DRG)하에서는 진료가 이루어지기 이전에 이미 진료비의 상당분이 결정되기 때문에 의료공급자가 진료량을 늘릴 유인을 감소시킨다고 알려져 있다.

국민건강보험법상 건강보험사업을 관리 · 운영하는 주체는 보건복지부, 국민건강보험공단, 건강보험심사평가원이다. 보건복지부는 건강보험사업의 관장자로 관련 정책을 결정하고 사업 전반을 총괄한다. 국민건강보험공단은 건강보험의 보험자로 가입자와 피부양자의 자격관리, 보험료 부과 · 징수, 가입자의 건강 증진, 의료 서비스 가격의 설정을 통해 건강보험 재정을 관리하고 국민건강보장 주체로서 역할하고 있다. 건강보험심사평가원은 요양기관이 제공한 의료 서비스와 그 비용 그리고 요양급여의 적정성을 평가한다. 요양기관은 공단과 계약한 서비스 비용으로 가입자에게 의료 서비스를 제공하고 있다. 의료급여 환자는 제1차 의료급여기관 → 제2차 의료급여기관 → 제3차 의료급여기관의 순으로 단계적으로 진료를 받을 수 있다.

그림 15-8 국민건강보험제도의 관리운영체계

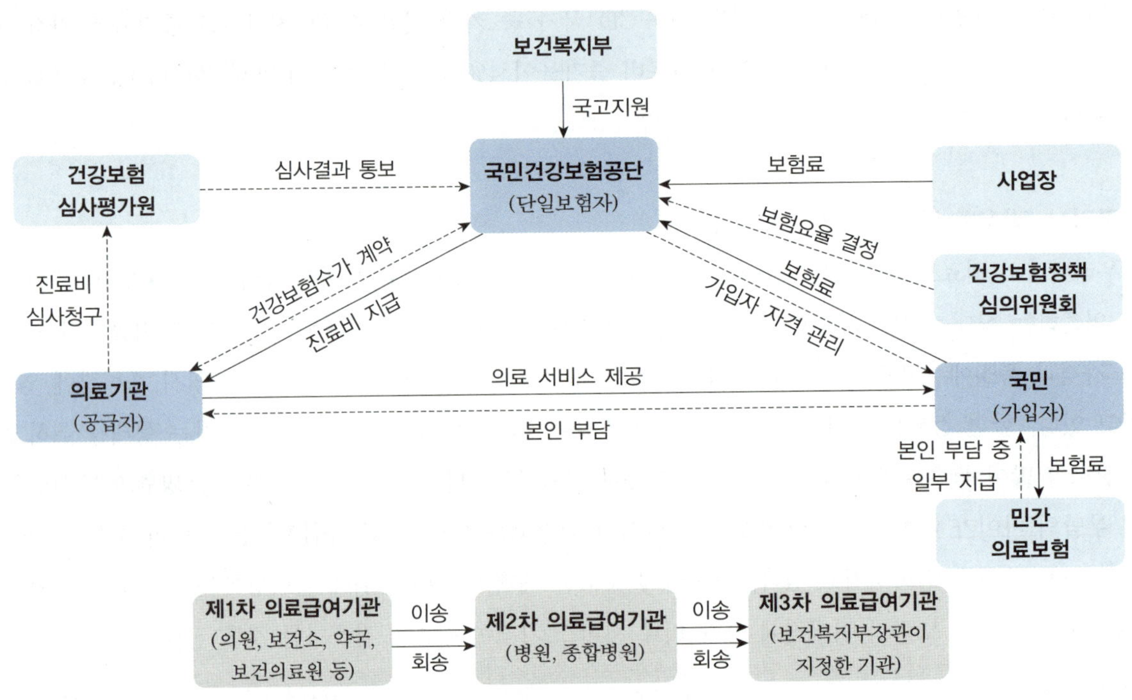

자료 : 이은경(2010), "우리나라 건강보험제도에 관한 고찰", 「재정포럼」.

(3) 주거복지 서비스

주거 현황

주거는 그 입지와 물리적 환경, 점유의 안정성, 다른 서비스의 접근성으로 인해 가구 또는 구성원의 건강, 교육, 소외나 배제에 영향을 미친다. 이에 따라 인류는 오래전부터 인권이나 사회권으로 적절한 주거에 대한 권리를 천명하고 있다. 우리나라 헌법에도 건강하고 쾌적한 환경에서 생활할 권리가 명시되어 있으며, 사회보장기본법에서는 주거에서 인간다운 생활을 보장하고 있다. 경제발전과 더불어 우리나라의 전반적인 주거 수준도 크게 향상되었다. 2018년 주택보급률은 104.2%(자가보유율 61.1%)를 나타냄으로써 오랫동안 심각했던 주택의 양적 부족이 해소되었다.[45] 1975년에 방 1개에 평균 2.5명이 거주했지만 2010년에는 0.8

45. 주택보급률은 일본 115.2%(2008), 미국 111.4%(2008), 영국 106.1%(2007) 수준이다. 한국(32.9m², 2019)의 1인당 주거면적은 미국(65.0m², 2017), 일본(40.2m², 2018)이나 영국(40.9m², 2017)보다 작고 인구 천 명당 주택 수도 403.2호로 일본 450.1호(2005), 영국

인으로 감소하였고 주택의 97.0%에 수세식 화장실이 설치되었다.

주택의 양적 부족은 크게 완화되었지만, 주택의 질적 문제와 불평등 문제는 아직 충분히 해소되지 못하고 있다. 불평등 문제의 경우 시장에 의존하는 주택 공급이 지배적이어서 주택을 구입하거나 임대료를 지불할 능력이 없는 계층에게는 주택이 남아돌더라도 주택이 배분되지 못하여 시장소외계층의 주거문제가 상존한다. 질적 문제에서는 시설, 침실, 면적, 구조 · 성능 · 환경의 최저주거기준을 만족하지 못하는 "최저주거기준 미달"과 과도한 주거비로 인하여 다른 생활에 어려움을 겪는 "주거비 과부담" 문제를 가진 주거빈곤층이 존재한다. 우선 전체 가구의 5.3%(106만 가구, 2019)가 비닐하우스, 쪽방, 지하주거 등으로 최저 주거기준에 미치지 못하고 있다. 도시지역의 경우에는 면적이, 농촌은 시설 부족이 주된 이유로 나타나고 있다. 주거비가 소득의 일정 비율(20~30%)을 초과하는 경우를 주거빈곤 가구로 보는데 수도권 월 임대료는 2019년 20.0%(광역시 16.3%, 도지역 12.7%)에 달하고 있으며, 저소득층(소득 1~4분위)의 소득 대비 임차료 비율은 26.7%(2017)로 나타나고 있다.

주거복지 정책 : 시장과 개인에의 과잉 전가

주거복지는 광의로는 국민의 주거 욕구를 충족시키기 위한 주거 서비스를 의미하며, 협의로는 일부 국민, 특히 저소득층의 기본적 주거욕구를 충족하기 위한 주거 지원 및 관련 서비스를 의미한다. 주택은 교육이나 의료에 비해 사적 소비재로 인식될 수 있다. 그러나 열악한 주거 상황은 주거를 넘어 고용과 교육 기회를 가로막아 삶의 질 전반을 악화시키는 원인이 된다. 또한 일부의 주거 사정이 열악해지면 인근 지역 전체의 쇠락을 초래하는 부정적 외부효과를 발생시키므로 시장을 넘어 정부의 정책개입이 필요하다.

서구는 제2차 세계대전 이후 정부주도의 공공임대주택 공급을 중심으로 다양한 계층의 주거 수요에 대응해 왔다. 우리나라도 서구처럼 오랫동안 저소득층이나 무주택 서민의 주거 안정에 주로 초점을 맞추어 왔다. 그러나 경제발전 초기 단계에는 주택투자의 우선순위가 타 부문에 비해 낮았고, 경제성장으로 산업화와 도시화가 급속히 이루어짐에 따라 도시를 중심으로 주택난이 가중되었다. 이에 정부는 주택 분양을 중심으로 공급 확대를 도모하여 구입능력이 취약한 저소득층에게 지원이나 혜택이 충분히 돌아가지 못했다. 1990년대에 들어 공공임대주택 공급이 시작되며, 주거 복지에 대한 관심이 시작되었지만 주거복지정책은 아직까지 최저소득계층을 대상으로 하는 잔여적 성격을 띠고 있다.

주거복지 정책은 주택 공급과 주거비 지원이라는 두 방향에서 진행되어 왔다. 가구 수보다 주택 수가 부족하여 발생하는 주거부족 문제는 주택 공급 · 개선으로, 주거비 지불능력 부족 문제는 주거비 지원으로 대처하는 것이다. 주택 공급을 위해서 정부는 그동안 저소득층을 대상으로, 저렴한 임대료로 안정적으로 장기간 거주할 수 있는 공공임대주택 공급에 주력해 왔다. 이에는 국민기초생활수급자 등 최빈층에 대한 영구임대주택과 소득 10분위 중 소득 4분위 이하인 저소득층에 대한 국민임대주택이 대표적이다. 이 외에 현재 거주하고 있는 주거환경을 개선해 주는 사업도 함께 추진해 왔는데 농어촌 지역이나 취약계층의 주택환경을 개선하며, 여기에는 개보수, 에너지 효율 개선, 지붕 개량 등이 포함된다. 우리나라 주택 공급은 거의 압도적으로 민간에 의해 이루어져 주택을 개인 스스로의 금융자산과 가족의 원조를 통해 시장에서 주로 구매한다. 결국 우리나라에서 주거는 시장 공급에 과도하게 의존하고 가족에 과잉부담을 안기고 있어 특히 중산층 및 저

438.7호(2009), 미국 409.8호(2010)보다 작다.

소득계층의 가계를 압박하는 요인으로 작용하고 있다. 공공임대주택 재고는 전체 주택 재고 대비 약 7.6%로 OECD 평균 11.5%(스웨덴·영국 17%, 프랑스 19%)에 크게 미달하며, 수혜 계층이 제한적이고 대부분 상환을 전제로 하는 것이어서 실질적 혜택이 작다. 소형분양주택이나 공공임대주택은 모두 무주택자로 청약저축에 가입한 사람을 대상으로 하므로 저소득층을 대상으로 한다고 보기 어렵다. 또한 영구임대 이외에는 정부의 공공임대에 대한 지원이 부족하여 최하위 소득계층보다는 다소 높은 소득계층이 실질적 대상이 되고 있어 최하위소득계층에 대한 주거대책이 여전히 미흡하다.

주거비 지원에는 융자와 보조 방식이 있는데 융자는 일정 소득 이하인 계층에게 주택구입 자금 및 전세자금을 지원하는 것이며, 보조는 그보다 소득이 낮은 극빈계층에게 주거비의 일부 또는 전부를 무상 지원하는 것이다. 예를 들어 기초생활수급자에게 주거급여가 지급되어 왔다. 국민기초생활보장 체계하의 주거급여제도는 수급자로 선정되어야만 주거급여를 포함한 모든 급여를 받을 수 있고 수급자 선정에서 탈락하거나 자격을 상실하면 생계급여를 포함한 모든 급여를 동시에 받을 수 없게 되므로 빈곤으로부터의 탈출을 어렵게 하고 있다.

공공주택에서의 미약한 정부의 역할

공공주택정책에서 정부 지원에는 재정, 기금, 택지, 조세지원 등이 있지만 매우 미약하다. 과거 한때 영구임대주택은 정부가 재원의 85%를 지원하였지만 그후 공공임대주택은 정부에 의한 지원이 재원의 50%로 감소하였고 이조차도 후에 국민주택기금 지원으로 변경되었다. 50년 공공임대주택[46]은 국민주택기금(융자) 70%, 자기자금 30%로, 5년 공공임대주택은 전액 국민주택기금(융자)으로 건설되어 정부 재정지원은 없다. 1997년부터 도입된 10년형과 20년형의 국민임대주택에는 재정 30%, 국민주택기금융자 40%가 지원된다.

이처럼 공공주택을 위한 재원은 정부의 재정 지원이 제한적인 가운데 주로 국민주택기금 융자에 의존하고 나머지는 사업자와 임차인에게 전가하는 방식으로 조달되어 왔다. 주택 공급과 관련하여 정부가 광범위하게 규제하고 있지만 재원의 대부분을 민간자금에 의존하고 있어 공공주택 정책의 효과가 제한적이고 민간에 대한 의존도가 높다. 우리나라 공공임대주택의 건설에서 한국토지주택공사가 차지하는 비중이 크고 지자체나 민간부문에서의 건설 참여는 저조하다. 전세 위주의 임대시장하에서 임차인들은 임대료 부담이 크고 사업자로서는 자본회수기간이 매우 길기 때문이다. 더욱이 임대주택을 주로 저소득층 주거안정의 관점에서 접근하고 그에 따라 임대주택에 대한 부정적 인식이 커 주민들과 지자체는 임대주택 건설을 회피하고 있다.

제한된 정부 지원조차 수요자보다는 공급자에 치중되고 있다. 국민주택기금에서 공공주택건설에 지원되는 자금규모는 매년 2~4조 원에 이르지만, 영세민 전세자금 지원은 연간 300~500억에 지나지 않는다. 기존의 주택정책은 주택 공급 확대에 초점을 맞추었기 때문에 공급자 지원이 주로 이루어지게 된 것이다.

---

46. "임대주택법"에 따르면 공공임대주택은 국가나 지자체가 재정으로 건설하여 임대하거나 국민주택기금에 의한 자금을 지원받아 건설하여 임대하는 공공건설임대주택을 말한다. 한편 공공주택에는 소유권, 처분권, 관리권이 공공기관에 귀속되는 주택을 넘어 국민주택기금의 지원을 받아 민간건설업체가 건설한 주택도 포함된다. 이러한 기준으로 말미암아 공공부문의 비중이 평균 30%가 넘는다는 사실에는 주의가 필요하다. 국가, 지자체 등 순수한 공공기관이 공급한 주택 비중은 1990년대 후반에는 20% 수준이었으나 최근에 10% 전후로 감소하였다.

(4) 교육 서비스

교육 복지는 넓게는 모든 국민을, 좁게는 특정한 교육취약집단을 대상으로 할 수 있는 바, 협의로 '최소한의 교육기회 제공으로 교육기회의 불평등을 완화'를, 광의로 '교육 욕구 충족 및 교육기회, 과정, 결과의 불평등 해소를 통해 인간을 육성하는 복지실현'을 의미한다. 즉, 광의로 교육복지는 모든 사람이 자신에게 필요한 교육 서비스를 제공받음으로써 자신의 잠재능력을 최대한 개발하여 자아실현과 사회의 구성원으로서의 역할을 하는 것이며, 이는 개인의 기본권인 학습권을 실현하는 동시에 사회통합 및 인적자원 개발에 기여하는 것으로 교육복지의 과제는 '교육 소외의 해소'에 있다(김인희, 2016. 5. 4).

표 15-16 교육복지 대상의 범주

교육 소외의 유형		현상
절대적 소외	교육기회 접근 제한	교육기회에의 접근이 미흡함
	교육기회 공급 부족	교육 자원이 부족한 경우
	교육 부적응	교육 내용, 방법, 환경이 부적합하여 학습 저해
상대적 소외	교육 불평등	교육 차별이나 격차가 발생

한국은 교육기회 측면에서 상당히 높은 수준에 도달해 있다. 각 교육 단계별로 취학 적령 인구 가운데 실제 해당 교육 단계에 재학하고 있는 학생들의 비율인 취학률은 초등학교 97.6%, 중학교 98.0%, 고등학교 82.4%로 실질적인 보편교육에 도달하였고 대학 취학률(66.9%) 역시 세계적 수준으로 보편교육에 도달하였다. 유치원 취원율은 50.8%로 낮아 보이나 이는 어린이집에 다니는 아동을 포함하지 않은 것이고, 이를 포함할 경우 만 4세 취학률은 2017년 97.3%로 OECD 평균 88.1%보다 높다.

한국 학생들은 학업 중단율이 낮고 다른 나라에 비해 학교에서 가장 오랜 시간을 보내고 있다. 학업 중단율은 중등교육의 경우 0.9%로 상당히 낮고 결석, 지각 등의 비율도 가장 낮아 학교활동 참여도가 매우 높으며, 학교 수업시간도 OECD 국가 중에서 가장 긴 편이다. 그렇지만 학교에 대한 만족감과 학교생활의 행복감은 OECD 국가 중에서 가장 낮다. 한국 학생들의 학교 만족도(OECD/PISA 2012)는 65%로 OECD 평균 78.2% 등에 비해 매우 저조하다. "학교에 있는 것이 행복한가"라는 질문에 대한 응답도 역시 최하위를 기록하였다. 중등학생의 교육내용 만족도는 50%(2018)를 겨우 넘는 수준이고 교육방법 만족도는 이보다 훨씬 낮은 40%대에 머물고 있다.

교육여건의 불충분은 적절한 학습기회를 제공하지 못하여 교육 소외를 초래하는 또 다른 요인이 된다. 다행히 최근 저출산의 영향이 지속되면서 모든 교육 단계에서 교원 1인당 학생 수와 학급당 학생 수는 OECD 평균 수준에 접근하고 있지만 아직 다소 높은 편이다. 학생 1인당 공교육비(2016)는 초중등교육의 경우 OECD 평균(2019)보다 높지만 고등교육은 매우 낮은 수준이다.

상대적 교육 소외

상대적 교육 소외란 교육기회가 공정하게 제공되지 못함에 따른 교육에서의 차별이나 격차로 교육기회의 균등, 교육 형평성이라고도 한다. 헌법에서는 "모든 국민은 능력에 따라 균등하게 교육을 받을 권리를 지닌다"라고 규정(제31조 제1항)하고 있다. 이에 따라 우리나라에서는 저소득층 학생을 대상으로 한 교육복지 정책, 사업 또는 프로그램이 시 · 도교육청에 따라 다양하게 도입 · 시행되고 있다. 교육복지 정책사업에는 "국민기초생활보장법"에 의한 교육급여, 급식, 정보화를 위한 교육비 지원사업, 저소득층 학생이 밀집한 학교에 대한 교육 · 복지 · 문화 프로그램의 지원, 사회 · 경제적으로 불리한 위치에 있는 소외계층에게 교육의 기회를 제공하기 위한 사회통합전형, 소득분위별 등록금 부담 완화를 위한 국가장학금, 저소득층을 포함한 모든 학생을 대상으로 한 보편복지 프로그램으로 인 누리과정, 무상급식 그리고 교과서 지원사업이 있다.

한국은 다른 나라와 비교해도 교육의 형평성이 점차 약화되고 있고 부모의 사회 · 경제적 지위가 자녀들의 학업성취도, 상급학교 진학뿐만 아니라 노동시장 지위에까지 광범위하고 유의미한 영향을 미치고 있는 나라이다. 우선 인간개발지수에서 '소득수준별 교육연수'로 측정한 교육불평등지수는 8.8(2021)로 평등도는 세계평균(21.7)보다는 낮으나 OECD 국가 평균(6.7)과 주요국 및 일본보다 높아 세계 191개국 중에서 63위의 불평등도를 보이고 있다. 한편 선진국의 교육 불평등 현황을 조사한 유니세프는 한국의 경우 15세 아동의 86%가 OECD가 규정한 "효과적이고 생산적으로 사회에 참여할 수 있을 정도"의 독해능력인 기초 독해능력(PISA 2등급 이상)을 갖추고 부모 직업에 따른 고등교육 이수 여부의 편차가 조사 대상국 중 가장 낮았지만 학업성취도가 비슷하여도 부모가 고소득층일 경우 고등교육을 받게 될 가능성이 더 높다는 결과를 발표하였다. 한편 영유아의 교육 접근성이 90.8%로 41개 선진국 중 35위로 하위권에 있다.

표 15-17 교육 불평등 지수 현황

	한국	프랑스	독일	스웨덴	미국	일본	OECD	세계
교육불평등	8.8	7.7	2.7	3.9	2.7	4.5	6.7	21.7
불평등조정 교육인간개발지수	0.799	0.762	0.917	0.885	0.883	0.829	0.808	0.053

자료 : UNDP(2021), Human Development Report

PISA에 참여한 OECD 전체 학생 중 한국에서 하위 25% 사회 · 경제적 배경을 지닌 학생으로 수학 성취도가 상위 25% 이내에 포함된 비율은 2006년 57.0%에서 2015년 41.3%로 급락했다. 기초학력 미달 학생의 비율이 증가하면 학생들의 전반적 성취도가 저하되고 계층 간 교육격차도 확대되고 있을 개연성이 크다. 기초학력 미달 학생 비율은 최근 높아져서 중학교와 고등학교의 경우 2018년 현재 각각 2018년 6.9%와 4.6%에 달한다.

더 큰 문제는 가정 배경에 크게 좌우되는 학업성적이 다시 상급학교 진학에 영향을 미친다는 점이다. 외국어고, 과학고 등 특수목적 고등학교와 자립형 사립고들이 생겨나 입시 명문고로 자리 잡으면서 중학교 때부터 이미 대학 진학의 전초전을 치른다. 교육 고용 패널 자료에 기초하면 부모의 합산소득을 5분위로 나누었을 때 1분위 가구의 4년제 대학 진학 비율은 7.4%에 그쳤지만, 5분위 가구는 81.4%에 달한다. 가구 소득이 높을수록 4년제 대학에 갈 확률이 높아지는 것이다. 부모의 소득 수준의 격차에 따라 생겨난 대학 진학률의 격차는 대학 졸업 후 노동시장 진출에까지 영향을 미친다(한국교육개발원, 2017, "교육격차 실태 종합분석"). 통계청의 경제활동인구 조사 자료(2014년 8월)에 따르면 학력별로 정규직을 가질 확률이 대졸 이상 78.2%, 고졸 63.4%, 중졸 이하 41.7%로 나타난다. 교육수준의 격차는 고용형태의 격차뿐만 아니라 임금 격차에도 영향을 미친다. 2015년 3월 기준 고졸 학력 임금 근로자의 월 평균임금은 196만 원으로 초대졸 230만 원,

대졸자 300만 원과 비교할 때 고졸자와 대졸자의 월 평균 임금이 100만 원 넘게 차이가 나고 있다[전병유 외(2016), 「2016 한국의 불평등」의 '제3장 교육불평등'].

우리나라 교육의 불평등은 우선 민간의 공급이나 개인의 교육비 부담이 과다한 데서 비롯한다. 우리나라의 GDP 대비 공교육비는 5.0%(2017)로 OECD 국가 평균 4.9%에 비해 높은 수준이다. 이러한 공교육비에서 정부부담분은 3.6%로 OECD 국가들의 평균인 4.1%보다 낮으며, 대신 민간부담률이 1.4%로 OECD 국가들의 평균부담률인 0.8%보다 높게 나타난다. 특히 공교육비 중 정부투자의 상대적 비율은 72.1%(2017)인데 초중등교육이 87.3%, 대학교육이 38.1%로 OECD 평균(초중등 90.1%, 대학 68.2%)보다 낮으며, 특히 대학에 대한 민간부담이 매우 높다는 것을 알 수 있다. 그러나 민간부담 공교육비에는 학교 밖에서 부담하는 학원이나 과외 등의 사교육비 부담은 포함되어 있지 않다. 이를 감안하면 민간의 초등학교 교육비 지출(GDP 대비)은 0.36%(2017-2019, OECD Data, Private spending on education)로 OECD 평균 0.32%를 넘어서고, 민간의 대학교 교육비 지출은 0.94%로 OECD 평균 0.48%의 두 배에 달하고 있어 가계의 부담이 과중함을 알 수 있다. 한편 사교육은 그동안 교육 기회의 균등을 크게 상쇄시키고 있다. 절대 다수의 학생이 사교육에 의존하고 있지만 사교육비 지출 규모는 가구의 소득수준에 따라 다르다. 사교육 참여율은 초등학생과 중학생은 2016년까지 완만하게 하락하다가 2017년부터, 그리고 고등학생은 2014년부터 상승세를 보여 현재 각각 82.5%, 69.6%, 58.5%를 보이고 있다. 소득수준 700만 원 이상 집단은 83.9%가 사교육에 참여한 반면, 소득수준 200만 원 미만 집단은 47.3%가 사교육에 참여하고 있는데 최근에는 저소득층의 사교육 참여율이 크게 높아지고 있다. 통계청의 사교육비 조사 자료에 따르면 학업성취도 상위 10% 학생들은 월 30만 원 이상을 사교육에 지출하는데, 하위 81~100% 학생들은 월 15만 원을 지출하여 두 배 정도 차이가 나타난다.

[참고문헌]

고제이 외(2014), 「우리나라의 복지레짐 전망과 부담수준에 관한 연구」, 한국보건사회연구원 수시연구보고서.

김연명(2013), 「한국 복지국가의 성격과 전망 : 남부유럽복지 체제와의 비교를 중심으로」, 한국사회복지조사연구, 제36권.

김인희(2016. 5. 4), "[특별기획] 교육과 복지 ③ 우리나라 교육복지 수준, 어디까지 왔나?", 에듀인뉴스.

박유성 · 류재린 · 김균(2018), 「우리나라 사회보장제도의 재정적 지속가능성」, 『사회보장연구』 제34권 제3호, 한국사회보장학회, pp. 59～89.

박준식 · 김영범(2009), 「적극적 노동시장 정책의 다양성 : 복지국가 유형에 따른 차이를 중심으로」, 『경제와 사회』, pp. 195～196.

신영석(2004), 「저소득층 취약계층의 의료사각지대 해소를 위하여—자격을 중심으로—」, 『보건복지포럼』 2004년 12월 통권 제98호, 한국보건사회연구원.

유민상(2019), 「아동 · 청소년 삶의 질 지표 분석 결과」, 『kostat 통계플러스』 2019년 겨울호, 통계개발원.

이현주(2016), 「조정가처분소득 불평등 변화」, 한국사회정책학회 춘계 학술대회, 한국보건사회연구원.

이혜경(1998), 「민간 사회복지부문의 역사와 구조적 특성」, 『동서연구』 제10권 2호.

장지연 · 최영준 · 김기선 · 강성태(2012), 『OECD 주요국의 고용보호와 사회적 보호』, 한국노동연구원.

전병유 외(2006), 「미래 한국의 경제사회정책 패러다임 연구」, 경제인문사회연구회 협동연구총서.

최영준(2011), 「한국 복지정책과 복지정치의 발전」, 『아세아연구』 제54권 2호.

Amable, Bruno(2008), "Structural reforms in Europe and the (in)coherence of institutions," CEPREMAP Docweb No. 0809.

Barr, N., 이정우 · 이동수 역(2008), 『복지국가와 경제이론』, 학지사.

Briggs A.(1967), "The Welfare State in Historical Perspective," Cambridge University Press.

Blank, Rebecca M.(2000), "When Can Public Policy Makers Rely on Private Markets? The Effective Provision of Social Services," *Economic Journal*, Vol. 110(462), Royal Economic Society, pp. C34～49.

Bonoli, G.(2005), "The politics of the new social policies : providing coverage against new social risks in mature welfare states," *Policy and Politics*, 33(3).

__________(2007), "Time Matters : Postindustrialization, New Social Risks, and Welfare State Adaptation in Advanced Industrial Democracies," *Comparative Political Studies*, 40(5).

Clapham, D. and C. Foye(2019), "How should we evaluate housing outcomes?," UK Collaborative Centre for Housing Evidence.

Dixon, J.(1981), *The Chinese welfare system, 1949–1979*, Praeger.

Dubois, Jean-Luc and S. Rouseau(2008), "Reinforcing households' capabilities as a way to reduce vulnerability and prevent poverty in equitable terms," in F. Comim, M. Qizilbash, S. Alkire(eds), *The Capability Approach*, Cambridge University Press.

Esping-Andersen, G.(1990), *The Three Worlds of Welfare Capitalism*, Princeton University Press.

________________(1999), *Social Foundations of Postindustrial Economies*, Oxford University Press.

Ferrera, M.(2010), "The South European countries," in Castles, F, G., Leibfried, S., Lewis, J.,

Obinger, H. & Pierson, Ch. (eds.) *The Oxford Handbook of the Welfare State*, Oxford University Press.

Giddens, A.(1998), *The Third Way : The Renewal of Social Democracy*, Polity Press.

Gough, Ian.(2001), "Globalization and Regional Welfare Regimes : The East Asian Case," *Global Social Policy*, Vol. 1, No. 2, pp. 163~189.

Häusermann, S.(2013), "The Politics of Old and New Social Policies," in G. Bonoli and D. Natali(eds.), *The Politics of the New Welfare State*, Oxford University Press.

Hirschman, Albert O.(1970), *Exit, Voice, and Loyalty*, Harvard University Press.

Holliday, Ian(2000), "Productivist Welfare Capitalism : Social Policy in East Asia," *Political Studies*, Vol. 48, pp. 706~723.

Holzmann, R and S. Jørgensen.(2001), "Social Risk Management : A New Conceptual Framework for Social Protection, and Beyond," *International Tax and Public Finance*, Vol. 8.

Holzmann, R. and V. Kozel(2007. 5), "The Role of Social Risk Management in Development : A World Bank View," *IDS Bulletin*, Vol. 38 No. 3.

Huber, E. and J. D. Stephens(2006), "Combating Old and New Social Risks," in Armingeon, K. and Bonoli, G.(eds), *The Politics of Post-Industrial Welfare States : Adapting Post-War Social Policies to New Social Risks*, Routledge.

Kaufmann, Franz-Xaver(2013), *Variations of the Welfare State : Great Britain, Sweden, France and Germany Between Capitalism and Socialism*, German Social Policy 5.

Laslatt, B., and J. Brenner(1989). "Gender and Social Reproduction : Historical Pespectives," *Annual Review of Sociology*, Vol.15.

Marshall, T. H.(1967), *Social policy in the twentieth century*, Hutchinson.

Murphy, Colleen and Paolo Gardoni(2012), "The Capability Approach in Risk Analysis," *Handbook of Risk Theory*, pp. 979~997.

Obinger, Herbert, Peter Starke, and Alexandra Kaasch(2012), "Responses to Labor Market Divides in Small States Since The 1990s," *The Age of Dualization*, Oxford University Press.

Peng, Ito(2001), "Higashi Ajia Fukushi Kokka to Sono Aratana Chosen(East Asian Welfare State and Its New Challenges)," Society for the Study of Social Policy, Perspective of Welfare State, Minerva Shobo.

Pierson, P.(2001), *The New Politics of the Welfare State*, Oxford University Press.

Rudra, Nita(2007), "Welfare States in Developing Countries : Unique or Universal?," *Journal of Politics*, 69, No. 2.

Schroder, M.(2013), *Integrating Varieties of Capitalism and Welfare State Research*(A Unified Typology of Capitalisms), Palgrave Macmillan.

Sen, A.(2002), "Why health equity?," *Health Economics*, Vol. 11(8).

Taylor-Gooby, Peter(eds.)(2004), *New Risks, New Welfare : The Transformation of the European Welfare State*, Oxford University Press.

White, G. and Goodman, R.(1998), "Welfare Orientalism and the search for an East Asian welfare model," in Goodman, R., Kwon, H. J, and White, G.(eds.), *The East Asian Welfare Model*, Taylor & Francis.

World Bank(2011), "Learning for All : The World Bank Group Education Strategy 2020".

| 찾아보기 |

ㄱ

ㅅ

ㅇ

ㅈ

ㅍ

ㅎ

숫자 및 영문

최희갑(崔熙甲)
서강대학교 경제학과
미국 컬럼비아 대학교(뉴욕) 경제학 석사
미국 컬럼비아 대학교(뉴욕) 경제학 박사
삼성생명 증권사업부/삼성금융연구소
삼성경제연구소
현재 아주대학교 사회과학대학 경제학 전공교수

한국경제론
—성취와 유산, 그리고 도전

초판 1쇄 인쇄 2023년 2월 17일
초판 1쇄 발행 2023년 2월 24일

지은이 최희갑
펴낸이 박기남
기획 · 영업 박정헌
펴낸곳 **율곡출판사**
08590 서울시 금천구 가산디지털1로 84(에이스하이엔드 8차), 803호
전화 (代) 02) 718-9872/3
팩스 02) 718-9874
홈페이지 http://www.yulgokbooks.co.kr
이메일 yulgokbook@naver.com
등록 1989.11.10. 제2014-000031호
ISBN 979-11-91812-41-1 93320

정가 48,000원